KB164937

朴通事諺解辭典

朴通事諺解辭典

박 성 훈 편저

태학사

題字 :『新增類合』에서 集字

머리말

본 사전은『박통사언해(朴通事諺解)』의 한어문(漢語文)에서는 한자(漢字)로 된 어휘를, 언해문(諺解文)에서는 우리 옛말 어휘를 채록하고 주석한 뒤 대역어(對譯語)를 붙여 한글 음순으로 배열한 것이다.

『박통사(朴通事)』는 본래는 한어문으로 간행되다가 훈민정음(訓民正音) 창제 이후 직역체(直譯體) 형식의 언해문을 덧붙이게 되었는데, 한어문을 한글로 언해한 것으로는 번역본(飜譯本)과 언해본(諺解本)이 있다. 전자는 현전하는 번역본 가운데 가장 오래된 것으로서, 중종(中宗) 때 최세진(崔世珍)의 번역으로 추정되는『번역박통사(飜譯朴通事)』(上)이고, 후자는 규장각(奎章閣) 소장의『朴通事諺解』(上,中,下)와 서울대학교 일사문고(一簑文庫) 소장의『박통사신석언해(朴通事新釋諺解)』(卷一,卷二,卷三)이다. 현재 한어본(漢語本)으로는『박통사신석(朴通事新釋)』이 유일하다.

『박통사언해(朴通事諺解)』는 목판본으로서 표지와 판심의 서명이『朴通事諺解』(上,中,下)이고 상하화문어미(上下花紋魚尾)이다. 이 간본의 서문에는 불에 타서 없어진『박통사언해(朴通事諺解)』를 조선 숙종(肅宗) 3년 정사년(丁巳年: 1677)에『노박집람(老朴集覽)』에 근거하여 변섬(邊暹), 박세화(朴世華) 등 12명이『박통사언해(朴通事諺解)』를 만들었다는 내용이 기록되어 있다. 본 사전은 1943년에 경성제국대학(京城帝國大學) 법문학부(法文學部)에서 규장각총서(奎章閣叢書)로 영인본을 낸 적이 있고, 2004년 서울대학교 규장각자료총서(奎章閣資料叢書) 어학편(語學篇)으로 펴낸 규장각(奎1810)를 저본으로 하였다. 이 간본은 서문이 있고 권말(卷末)에「노걸대집람(老乞大集覽)(上,下)」과「단자해(單字解)」가 첨부되어 있으며, 쌍정관(雙正官)과 서사관(書寫官)의 명단이 각각 기록되어 있다.

이 외에 동국대학교(東國大學校) 소장으로 최세진이 『번역노걸대(飜譯老乞大)』와 『번역박통사(飜譯朴通事)』를 집필하면서 난해한 문자와 어휘들을 뽑아 풀이한 것이라고 전하는 어휘집(語彙集)인 『노박집람(老朴集覽)』(1517 이전)이 있다. 그 안에 「단자해(單字解)」, 「누자해(累字解)」, 「노걸대집람(老乞大集覽)(上,下)」, 「음의(音義)」, 「박통사집람(朴通事集覽)(上,中,下)」이 있다. 「박통사집람(朴通事集覽)」은 을해자(乙亥字) 동주자본(銅鑄字本)이고, 판심은 흑구내향쌍엽어미(黑口內向雙葉魚尾), 판심 서명은 「박통사집람(朴通事集覽)(上,中,下)」이다. 「노걸대집람(老乞大集覽)」의 어휘는 이미 『노걸대언해사전(老乞大諺解辭典)』에 뽑아 실었기 때문에 본 사전에서는 제외 하고, 그 외의 다른 것의 어휘는 모두 채록하여 실었다.

『박통사(朴通事)』의 내용은 고려 상인이 중국을 여행하면서 나눈 대화를 서술한 것으로, 고려 시대에는 물론이고 조선 후기에 이르기까지 『노걸대(老乞大)』와 더불어 사역원(司譯院) 한어(漢語) 교육의 중요한 교재였다. 그 내용은 담 쌓기, 잡기(雜技) 보기, 전당 잡히기, 달 구경, 수수께끼 맞히기, 목욕하기, 결혼 풍속, 돌잔치, 산후 조리, 활 쏘기, 문서 쓰기, 제사 지내기 등 106가지의 다양한 대화로 구성되어 있는 한어문으로 된 대화체의 책인데, 이를 언해(諺解)한 것이 『박통사언해(朴通事諺解)』이다. 따라서 이 자료는 언어학적 가치 외에도 원말(元末) 명초(明初)의 중국 사람의 생활 풍습과 제도, 풍물, 놀이 등에 관한 연구에 중요한 역사적 자료를 제공하고 있다.

본 사전에서는 옛말과 한자어의 비교 연구에 작은 도움이라도 주고자 주석의 끝에 대역어(對譯語)를 실었다. 표제어 중에는 뜻은 같으나 대역어가 다른 것도 있고, 뜻도 다르고 대역어도 다른 것도 많은 데, 독자는 이 대역어로 인하여 어휘의 다양한 뜻과 그에 관련된 다른 정보를 손쉽게 접할 수 있다. 또한 대역어만 보면 옛말에 대한 해당 한자어는 어떻게 대역되었으며, 한자어에 대역된 옛말은 어떻게 표기되었는지 단번에 알 수 있다. 예로, '수레[車]'의 대역어로는 '거(車), 거아(車兒), 거자(車子), 차량(車輛)'이, '가다[去]'의 대역어에는 '거(去), 거래(去來), 도(到), 도래(到來), 상(上), 전거(前去), 지(至), 행(行)'이 쓰였는데, 이는 이

형동의(異形同義)의 표제어이다. '개(開)'의 대역어에는 '개독ᄒᆞ다(開讀-), 개창ᄒᆞ다(開倉-), 내다, ᄠᅳᆯ다, 열다, 펴디다, ᄑᆡ다'가, '기(起)'에는 '긔동ᄒᆞ다, 니ᄅᆞ혀다, 도티다, 되다, 시작ᄒᆞ다'가 쓰였는데, 이는 이형이의(異形異義)의 어휘이다. 한자어로 된 어휘 가운데에는 조기(早期) 백화어(白話語)도 많이 있어, 한국과 중국의 백화어에 관한 비교 연구에도 도움을 줄 것이라 생각된다.

본 사전을 펴낸 뒤에는 『박통사(朴通事)』와 같은 계열 중 가장 뒤에 발간되었으며, 『박통사(朴通事)』를 기초로 하여 그 내용에 많은 수정을 거쳐 언해한 『박통사신석언해사전(朴通事新釋諺解辭典)』도 펴낼 예정이다. 현재 원고가 상당 부분 정리되어 있어 빠른 시일 안에 독자의 앞에 선보이게 될 수 있을 것이다.

사전을 펴낼 때마다 독자에게 잘못된 정보를 제공한 것은 없는지 항상 걱정이 앞선다. 그럼에도 불구하고 지금까지 종이에 먹물을 묻히는 것은 오직 독자의 연구와 편의를 위한다는 일념에서 '봉산개로우수질교(逢山開路 遇水迭橋 : 山을 만나 길흘 열고, 믈을 만나 ᄃᆞ리롤 놋는다)'하는 것임을 밝혀 둔다.

잘못된 곳은 독자의 질정(叱正)을 겸허하게 받아들여 수정 보완할 것이다.

출판계의 위기라는 이 어려운 때, 흔쾌히 출판을 해준 지현구(池賢求) 사장님과 관계자 여러 분, 그리고 귀중한 자료와 정보를 제공해 준 분, 그리고 제가 알고 저를 아는 모든 분께 영광과 깊은 감사를 드린다.

2012年 8월 5일

忍堂室에서 朴 成 勳 謹識

일러두기

1. 어휘의 수록

본 사전은 『박통사언해(朴通事諺解)』의 한어문(漢語文)과 언해문(諺解文)에서 채록한 우리 옛말, 한자어, 백화어(白話語), 구(句) 등과 노박집람(老朴集覽) 가운데 「단자해(單字解)」, 「누자해(累字解)」, 「음의(音義)」, 「박통사집람(朴通事集覽)(上,中,下)」의 어휘도 함께 수록하였다.

2. 기술 순서

표제어 → 품사 → 주석[相應語] → 대역어 → 출전 → 예문

3. 표제어

(1) 우리 옛말과 한자어를 대상으로 하였다.

(2) 실사(實辭)인 체언, 용언, 수식언, 감탄사와 허사(虛辭)인 조사와 어미, 접두사와 접미사를 실었다.

(3) 독자의 편의와 혼동을 막기 위하여 오자(誤字)가 든 어휘도 표제어로 싣고 주석한 뒤 그 잘못을 밝혔다.

(4) 오자가 든 어휘는 그 오자를 정자로 바꿔 표제어로 삼은 뒤 일반 어휘와 같이 처리하였다.

(5) 한자의 이체자(異體字)도 표제어로 삼고 본자(本字)와의 관계를 간단히 설명하였다.

(6) 표제어는 모두 12,300여 개이다.

4. 배열

(1) 자모(字母)의 배열

① 초성(初聲) : ㄱ ㄲ ㄴ ㄷ ㄸ ㄹ ㅁ ㅂ ㅲ ㅳ ㅃ ㅄ ㅴ ㅵ ㅶ ㅷ ㅅ ㅺ ㅼ ㅽ ㅆ ㅾ ㅿ ㅇ ㅈ ㅉ ㅊ ㅋ ㅌ ㅍ ㅎ

② 중성(中聲) : ㅏ ㅐ ㅑ ㅒ ㅓ ㅔ ㅖ ㅗ ㅘ ㅙ ㅚ ㅛ ㅜ ㅝ ㅞ ㅟ ㅠ ㆌ ㅡ ㅢ ㅣ ㆍ ㆎ

③ 종성(終聲) : ㄱ ㄳ ㄴ ㅧ ㄵ ㄶ ㄷ ㄹ ㄺ ㄻ ㄼ ㄽ ㅀ ㅁ ㅂ ㅄ ㅅ ㅿ ㅇ ㅈ ㅊ ㅋ ㅌ ㅍ ㅎ

(2) 표제어의 배열

① 모든 표제어는 한글 음순에 따랐다.

② 옛말과 한자어의 독음이 같을 경우에는 옛말을 먼저 실었다.

③ 음절의 수효가 작은 것을 먼저 실었다.

④ 한자어의 독음이 같을 경우 획수가 적은 것을, 획수도 같을 경우에는 부수가 앞선 것을 먼저 실었다.

⑤ 표제어도 같고 음절의 수효도 같을 경우에는 품사의 한글 음순에 따랐다.

⑥ 표제어와 음절의 수효와 품사도 같을 경우에는 대역어(對譯語)의 음순에 따랐다.

⑦ 품사에 따른 표제어의 인위적인 배열은 하지 않았다.

5. 표제어의 표기

(1) 원문에 기록된 표기대로 실음을 원칙으로 하였다.

(2) 체언은 독립형을 표제어로 싣는 것을 원칙으로 하되, 조사와 연철(連綴)된 형태를 싣기도 하였다.

(예) 남기 [명] 나무가. 가희 [명] 개의. ᄀᆞ히 [명] 개의.

(3) 용언은 활용형을 기본형으로 고쳐 싣는 것을 원칙으로 하되, 일부 특수한 활용 형태를 싣기도 하였다.

(예) 실로 [부] 실(實)로. 빅브리 [부] 배불리. 빅블리 [부] 배불리.

(4) 한자어는 한글로 독음을 달고 ( ) 안에 한자를 넣었다.

(5) 어간말에 유기음을 가진 표제어는 아래와 같이 기본형을 다르게 표기하였다.

(예) 같다[同] : ᄀᆞ튼 → ᄀᆞᇀ다　ᄀᆞᇀ디 → ᄀᆞᇀ다

빛[光] : 빗체 → 빗ㅊ　빗치 → 빗ㅊ　빗촐 → 빗ㅊ

낯[面] : ᄂᆞᆺ촐 → ᄂᆞᆺㅊ　ᄂᆞᆺ치 → ᄂᆞᆺㅊ

곁[邊] : 겻틔 → 겻ㅌ

(6) 어간말 자음이 'ㄷ'과 'ㅅ'으로 혼용된 경우에는 두 가지 모두 표제어로 삼았다.

(예) 믿다[信] : 믿다 → 믿다　밋다 → 밋다

묻다[問] : 묻고 → 묻다　뭇디 → 뭇다

(7) 어간말에 'ㅎ'을 가진 체언은 'ㅎ'을 붙여 표제어로 삼았다.

(예) 개[犬] : 가희 → 가ㅎ　ᄀᆞ히 → ᄀᆞㅎ

땅[地] : ᄯᅡ히 → ᄯᅡㅎ　ᄯᅡ흘 → ᄯᅡㅎ

돌[石] : 돌흘 → 돌ㅎ　돌호로 → 돌ㅎ　돌히 → 돌ㅎ

짚[草] : 딥흘 → 딥ㅎ

(8) 복합어 여부가 불분명한 경우 복합 형식이나 개별 형식을 모두 표제어로 삼았다.

(예) 낯[面] : ᄂᆞᆺ가족 → ᄂᆞᆺ가족, ᄂᆞᆺ, 가족

(9) 한자어의 대역어로 만들어진 옛말의 복합어도 복합 형식이나 개별 형식을 모두 표제어로 삼았다.

(예) 매간아(煤簡兒) : ᄆᆡᆺ덩이 → ᄆᆡᆺ덩이, 매, 덩이

결과(結裹) : ᄆᆡᆺ숨이다 → ᄆᆡᆺ숨이다, ᄆᆡᆺ다, 숨이다

주반아(做伴兒) : 벗짓다, 벗, 짓다

(10) 한자어의 대역어로 만들어진 옛말이 현대 맞춤법에서 복합어로 쓰이지 않는 것 일지라도 특수한 경우 복합어로 인정하여 표제어로 삼았다.

(예) 유타(由他) : 더뎌두다　점어학아(鮎魚鶴兒) : 머유기연

(11) 불교 용어를 비롯한 한자어의 독음은 현재 일상적으로 쓰는 음으로 달았다.

(예) 車輪 → 차륜　車輿 → 거여　車輛 → 차량　車子 → 거자

茶褐 → 다갈　茶果 → 다과　茶 → 차　茶飯 → 차반

布施 → 보시　菩提 → 보리

(12) 종성(終聲) 표기 'ㆁ'는 'ㅇ'으로 표기하였다.

(13) 영(寧)자의 앞 음절에 받침이 없을 경우에는 '령'으로 독음을 달았다.

(14) 인명에서, 이름에 두음법칙을 사용하였다.

6. 방점(傍點)

(1) 일부 노박집람(老朴集覽) 가운데 보이는 방점은 예문에 원문대로 표기하였다.

(2) 표제어에는 방점을 찍지 않았다.

7. 주석

(1) 표제어의 주석은 옛말의 음과 뜻에 상응(相應)하는 현대어, 곧 상응어(相應語)로 표기함을 원칙으로 하였다.

(2) 상응어가 없을 경우에는 그 뜻을 풀이하였다.

(3) 널리 쓰이지 않는 상응어나 일부 특수한 복합어에는 ( ) 안에 그 뜻을 간략하게 풀이하였다.

(4) 상응어 표기만으로는 뜻이 불충분하거나 모호할 경우 유의어(類義語)나 대역어의 뜻을 보충하였다.

(5) 한자어라 하더라도 첫 주석은 가능하면 대역어가 되는 옛말의 상응어로 표기하였다.

(6) 모든 보조 주석은 ( ) 안에 넣었다.

(7) 속자(俗字), 본자(本字), 오자(誤字) 등이 있는 표제어는 그에 해당하는 표제어만 표기하고 그 이유를 밝혔다.

8. 뜻갈래의 표기와 순서

(1) 뜻갈래가 둘 이상 있을 경우 ❶❷❸…으로 그 순서를 나누었다.

(2) 뜻갈래의 순서는 대역어의 한글 음순에 따랐다.

(3) 옛말과 한자어로 된 대역어가 있을 경우 옛말의 뜻갈래를 먼저 실었다.

(4) 한자어로 된 대역어가 서로 독음이 같을 경우에는 획수가 적은 것을, 획수도 같을 경우 부수가 앞선 것을 먼저 실었다.

(5) 뜻풀이에 대역어가 있는 것과 없는 것이 있을 경우 없는 것을 먼저 실었다.

9. 대역어(對譯語)의 표기

(1) 옛말에는 한자어로 된 대역어를, 한자어에는 옛말로 된 해당 대역어를 주석이 끝난 뒤에 '⇔' 표를 지르고 표기하였다.

(2) 속자(俗字), 본자(本字), 오자(誤字)가 든 어휘를 표제어로 삼은 경우 대역어는 생략하였다.

10. 출전 및 예문

(1) 출전은 노박집람의 단자해, 누자해, 박통사집람, 그리고 박통사언해의 상(上), 중(中), 하(下)의 순으로 실었다.

(2) 출전의 서명은 약어(略語)로 표기하였다.

(3) 출전은 ≪ ≫ 안에 서명의 약어, 권, 쪽수와 앞쪽(ㄱ), 뒷쪽(ㅎ)의 순서로 표기하였다.

(4) 예문은 원전의 표기대로 싣되 독자의 편의를 위하여 현대 어법에 준하여 적절히 띄어쓰기를 하였다.

(5) 예문의 길이는 원문에서 나누어 놓은 단락(분절 표시인 'ㅇ')대로 인용하였다.

(6) 물명 따위의 예문은 독자의 이해를 돕기 위하여 원문에서 표시한 단락을 벗어나 가능하면 모두 실었다.

(7) 문장의 일부, 또는 글자가 일실(逸失)된 곳에는 [ ]를 하고 그 안에 정자(正字)로 추정되는 글자를 밝혔다.

(8) 한어문이나 언해문 가운데 오자(誤字)가 있을 경우, 그 글자 옆에 ( )를 하

고 그 안에 정자로 추정되는 글자를 넣었다.

(9) 주(注) 표기에 있어서, 박통사언해는 한 단락 안에 여러 단어가 있을 경우 해당 단락 끝에 한데 모아서 순서대로 실었으나, 본 사전에서는 독자의 편의와 예문의 양을 생각하여 해당 한어문의 단어 아래에 각각 나누어 실었다.

(10) 주(注)가 길 경우 해당 어휘의 이해에 필요한 부분만 뽑아 실었다.

(11) 박통사집람의 주(注) 가운데의 상, 중, 하, 또는 ㅈ, ㅎ 따위는 노박집람 중 박통사집람의 출전 표기이다.

(12) 주(注)의 문장 가운데 〈 〉 표는 박통사언해의 주에서 표기한 글자이다.

(13) 예문은 모두 31,000여 개이다.

11. 약호

[감] 감탄사	[명] 명사	[조성] 조성모음
[관] 관형사	[부] 부사	[형] 형용사
[구] 구	[의] 의존명사	⇔ 대역어
[대] 대명사	[접두] 접두사	≪ ≫ 출전
[동] 동사	[접미] 접미사	〈불〉 불교용어
[매개모음] 매개모음	[조] 조사	

12. 약어(略語)

≪朴諺≫박통사언해(朴通事諺解)

≪朴集≫박통사집람(朴通事集覽)

≪集覽≫노박집람(老朴集覽)

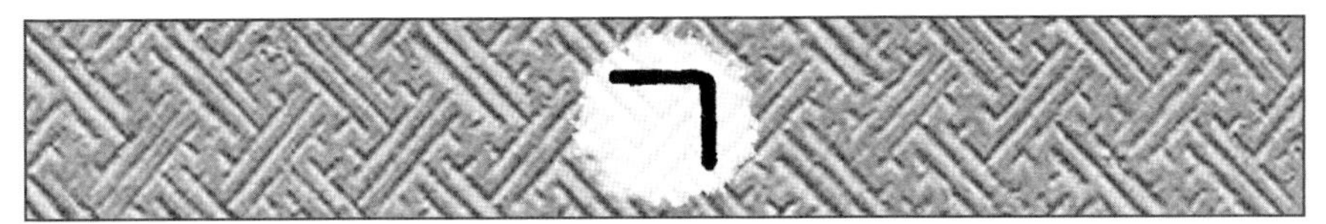

가(加) 동 더하다. ⇔더으다. ≪朴諺, 下, 53ㅎ≫不合加刑, 형벌을 더으미 맛당티 아니타 ᄒᆞ엿ᄂᆞ니.

가(可) 부 가(可)히. ❶⇔가히. ≪朴諺, 上, 21ㅈ≫可憐見, 가히 어엿브다. ≪朴諺, 上, 53ㅎ≫豈可望賞, 엇디 가히 샹을 ᄇᆞ라리오. ≪朴諺, 下, 9ㅎ≫這佛法最尊最貴不可不信, 이 佛法이 ᄀᆞ장 尊ᄒᆞ고 ᄀᆞ장 貴ᄒᆞ니 가히 밋디 아니티 못홀 써시라. ≪朴諺, 下, 36ㅈ≫人不可貌相, 사ᄅᆞᆷ은 가히 얼굴로 상티 못ᄒᆞ고. 海不可斗量, 바다흔 가히 말로 되디 못ᄒᆞᆫ다 ᄒᆞ니. ❷⇔가히(可-). ≪朴諺, 上, 60ㅈ≫深淺長短不可量, 深淺 長短을 可히 혜아리디 못ᄒᆞ고. ≪朴諺, 中, 23ㅎ≫如是菩薩不可不參, 이런 菩薩을 可히 참견티 아니티 못홀 거시라. ≪朴諺, 中, 24ㅈ≫尙有可得日, 오히려 可히 어들 날이 이시려니와. ≪朴諺, 下, 58ㅎ≫無德可表, 德이 可히 表홀 거시 업고.

가(茄) 명 가지. ⇔가지. ≪朴諺, 中, 6ㅈ≫醋, 초와. 醬, 쟝과. 塩, 소금과. 芥末, 계ᄌᆞ ᄀᆞᄅᆞ와. 葱, 파과. 蒜, 마ᄂᆞᆯ과. 薤菜, 부치와, 油, 기름과. 生蘿蔔, 댓무우과. 瓜, 외와. 茄等, 가지 등.

가(家) 대 이. 사람. (어떤 업계에서 경영하는 사람이나 어떤 신분을 가진 사람) ⇔이. ≪朴諺, 中, 3ㅎ≫染房裏染東西去來, 믈집의 잡은것 믈드리라 가쟈. 染家你來, 믈드리ᄂᆞᆫ 이아 이바. ≪朴諺, 下, 36ㅎ≫管着他官人家莊土種田來, 뎌 官人의 농소를 ᄀᆞ옴아라 種田ᄒᆞ더니.

가(家) 명 ❶부대(部隊)나 기관(機關)에 소속된 사람이 업무를 보는 장소. ≪朴諺, 下, 48ㅈ≫司天臺家, 司天臺家ㅣ. ❷집. ⇔집. ≪朴諺, 上, 10ㅈ≫你家墻如何, 네 집 담은 엇더ᄒᆞ뇨. 我家墻也倒了幾堵, 우리 집 담도 여러 도림이 믄허뎌시니. ≪朴諺, 上, 16ㅈ≫如今張黑子家裏去來, 이제 張黑子의 집의 가쟈. ≪朴諺, 上, 28ㅎ≫積善之家必有餘慶, 積善ᄒᆞᆫ 집은 반ᄃᆞ시 餘慶이 잇다 ᄒᆞ니라. ≪朴諺, 上, 37ㅈ≫家後一群羊箇箇尾子長, 집 뒤희 ᄒᆞᆫ 무리 양이 낫낫치 ᄭᅩ리 긴 거시여. ≪朴諺, 上, 45ㅈ≫迴家喫飯, 집의 도라와 밥 먹고. ≪朴諺, 上, 56ㅎ≫早起家裏有客人來, 아ᄎᆞᄆᆡ 집의 나그ᄂᆡ 왓거ᄂᆞᆯ. ≪朴諺, 中, 2ㅎ≫木匠家裏旋做一箇櫃子, 木匠의 집의 ᄒᆞᆫ 櫃를 마초이되. ≪朴諺, 中, 15ㅎ≫來到家裏害熱時, 집의 오니 熱ᄒᆞ여. ≪朴諺, 中, 25ㅎ≫徐五家的, 徐五의 집의셔 ᄒᆞᆫ 거시라. ≪朴諺, 中, 39ㅎ≫將賃房人家內應有直錢物件, 집 세낸 사ᄅᆞᆷ의 집의 應有ᄒᆞᆫ 갑ᄊᆞᆫ 物件을다가. ≪朴諺, 中, 45ㅈ≫家齊而後國治, 집이 ᄀᆞᄌᆞᆫ 후에 나라히 다ᄉᆞ린다 ᄒᆞ니라. ≪朴諺, 中, 52ㅎ≫是誰家的牢子, 이 뉘 짓 牢子ㅣ러뇨. ≪朴諺, 下, 1ㅈ≫家裡好生囑付, 집의 ᄀᆞ장 당부ᄒᆞ여. ≪朴諺, 下, 10ㅈ≫到家裏敬重父母, 집의 가ᄂᆞᆫ 父母를 敬重ᄒᆞᄂᆞ니. ≪朴諺, 下, 16ㅈ≫他一家住的漢兒人, 뎌 ᄒᆞᆫ 집의 사ᄂᆞᆫ 漢 사ᄅᆞᆷ이. ≪朴諺, 下, 26ㅎ≫你不賣將家去就飯喫, 네 ᄑᆞ디 아니ᄒᆞ고 집의 가져가 밥ᄒᆞ여 먹을싸. ≪朴諺, 下, 40ㅈ≫他家裏事多, 데 집의 일이 만ᄒᆞ니. ≪朴諺, 下, 54ㅎ≫你醉家去, 네 醉ᄒᆞ여 시니 집의 가라.

가(家) 접미 ❶(사람을 가리키는 명사 뒤에

ㄱ

쓰여) 어떤 부류에 속함을 표시한다. ≪朴諺, 下, 60ㅎ≫咱婦人家也聽的這衆人之言, 우리 婦人도 이 衆人의 말을 드ᄅᆞ니. ≪朴諺, 下, 60ㅎ≫更是男子漢家怕甚麽, 또 이 男子漢이 므서슬 저퍼ᄒᆞ리오. ❷-가(哥). ≪集覽, 字解, 單字解, 5ㅎ≫ 家. 止指一數之稱. 一箇家 ᄒᆞᆫ 낫식, 幾箇家 몃 낫식, 又현 낫식, 幾年家 현 ᄒᆡ식. 又槩也. 大家 대개. 又擧姓呼人之稱. 李家·張家. 又呼皇帝曰官家. 又語助. 沒有家 업다. ❸-씩. ⇔-식. ≪集覽, 字解, 單字解, 5ㅎ≫家. 止指一數之稱. 一箇家 ᄒᆞᆫ 낫식, 幾箇家 몃 낫식, 又현 낫식, 幾年家 현 ᄒᆡ식. 又槩也. 大家 대개. 又擧姓呼人之稱. 李家·張家. 又呼皇帝曰官家. 又語助. 沒有家 업다. ≪朴諺, 上, 10ㅎ≫二錢半一板家, 두 돈 반에 ᄒᆞᆫ 판식 호ᄃᆡ. ≪朴諺, 上, 20ㅎ≫一日三遍家, ᄒᆞᄅᆞ 세 번식. ≪朴諺, 上, 21ㅈ≫十箇人一宿家輪着喂, 열 사ᄅᆞᆷ이 ᄒᆞᆫ 즘식 돌려 먹이게 ᄒᆞ라. ≪朴諺, 上, 30ㅈ≫四錢一箇家將去麽, 너 돈에 ᄒᆞ나식 ᄒᆞ여 가져갈다. ≪朴諺, 上, 35ㅎ≫一箇脚上三壯家灸的, ᄒᆞᆫ 발 우희 三壯식 ᄠᅳ되. ≪朴諺, 上, 42ㅎ≫依體例十兩裏一兩家除時, 體例대로 열 량에 ᄒᆞᆫ 냥식 덜면. ≪朴諺, 上, 44ㅎ≫一箇月五錢家, ᄒᆞᆫ ᄃᆞᆯ에 닷 돈식이라. ≪朴諺, 上, 49ㅈ≫一邉五箇家分着射, ᄒᆞᆫ 편에 다ᄉᆞᆺ식 ᄂᆞᆫ화 ᄡᅩ쟈. ≪朴諺, 中, 4ㅈ≫每一疋染錢四錢家, 每 ᄒᆞᆫ 필에 믌갑시 너 돈식이니. ≪朴諺, 中, 8ㅈ≫一日九站十站家行, ᄒᆞᄅᆞ 아홉 站식 열 站식 녜거늘. ≪朴諺, 中, 20ㅈ≫錢半一束家, 돈 반에 ᄒᆞᆫ 뭇식 ᄒᆞ야. ≪朴諺, 中, 40ㅈ≫一根一根家拔的乾浄着, ᄒᆞᆫ 낫식 ᄲᅢ혀 乾浄히 ᄒᆞ고. ≪朴諺, 下, 26ㅈ≫燒子二兩家賣了幾串, 구은 이예 두 냥식 몃 쒜옴이나 ᄑᆞ란ᄂᆞ다. ≪朴諺, 下, 27ㅈ≫八錢一顆家買你的, 여ᄃᆞᆲ 돈에 ᄒᆞ낫식 ᄒᆞ여 네 하ᄅᆞᆯ 사쟈. ≪朴諺, 下, 27ㅎ≫九錢一顆家, 아홉 돈에 ᄒᆞ낫식 ᄒᆞ쟈. ≪朴諺, 下, 30ㅈ≫四五對家簇簇趲的, 네다ᄉᆞᆺ 빵식 무둑무둑 나아드러. ≪朴諺, 下, 48ㅎ≫各自一火家, 各各 ᄒᆞᆫ 무리식.

가(哥) 명 형. ❶⇔형. ≪朴諺, 上, 36ㅈ≫大哥山上擂鼓, 큰형은 山에셔 붑 티고. ≪朴諺, 上, 36ㅈ≫二哥來來去去, 둘재 형은 오락가락ᄒᆞ고. ≪朴諺, 上, 36ㅈ≫三哥待要分開, 셋재 형은 ᄂᆞᆫ호고져 ᄒᆞ고. ≪朴諺, 上, 36ㅈ≫四哥是針線, 넷재 형은 이 바ᄂᆞ실이로다. ≪朴諺, 上, 36ㅈ≫大哥是棒鎚, 큰형은 이 방취오. ≪朴諺, 上, 36ㅈ≫二哥是運斗, 둘재 형은 이 다리우리오. ≪朴諺, 上, 36ㅈ≫三哥是剪子, 셋재 형은 이 ᄀᆞ애오. ≪朴諺, 上, 36ㅈ≫四哥是針線, 넷재 형은 이 바ᄂᆞ실이로다. ❷(같은 또래의 남자에 대한 존칭) ⇔형. ≪朴諺, 上, 8ㅈ≫好院判哥, ᄆᆞᄋᆞᆷ 됴ᄒᆞᆫ 院判 형아. ≪朴諺, 上, 13ㅎ≫太醫哥, 太醫 형아. ≪朴諺, 上, 14ㅈ≫太醫哥不說時, 太醫 형이 니ᄅᆞ디 아니면. ≪朴諺, 上, 48ㅈ≫哥你聽的麽, 형아 네 드런ᄂᆞᆫ다. ≪朴諺, 上, 49ㅈ≫哥你放心, 형아 네 放心ᄒᆞ라. ≪朴諺, 上, 52ㅈ≫不敢哥, 不敢ᄒᆞ여라 형아. ≪朴諺, 上, 53ㅎ≫秀才哥, 秀才 형아. ≪朴諺, 中, 31ㅈ≫哥你說甚麽話, 형아 네 므슴 말을 니ᄅᆞᄂᆞᆫ다. ≪朴諺, 中, 38ㅎ≫哥你寫與我房契, 형아 네 날을 집 글월 써 주고려. ≪朴諺, 中, 45ㅎ≫同知哥, 同知 형아. ≪朴諺, 下, 27ㅎ≫坐的哥, 안ᄌᆞ라 형아. ≪朴諺, 下, 28ㅎ≫哥我與你這一箇刷牙一箇掠頭, 형아 내 너를 이 ᄒᆞᆫ 刷牙와 ᄒᆞᆫ 귀밋빗기를 줄 쩌시니. ≪朴諺, 下, 36ㅎ≫哥你們, 형아 너희들이. ≪朴諺, 下, 38ㅈ≫你哥, 네 형이. ≪朴諺, 下, 50ㅈ≫秀才哥, 秀才 형아. ≪朴諺, 下, 56ㅈ≫請的哥來把一盞, 형을 請ᄒᆞ여 와 ᄒᆞᆫ 盞을 자브마.

가(假) 명 ❶가짜. ≪朴諺, 上, 64ㅎ≫便見眞假, 곳 眞이며 假ᄅᆞᆯ 보리라. ❷거짓. ⇔거즛. ≪朴諺, 下, 20ㅎ≫變做假行者, 변ᄒᆞ여 거즛 行者ㅣ 되어.

가(街) 명 거리. ⇔거리. ≪朴諺, 下, 55ㅎ≫着他沿街吅, 뎌로 ᄒᆞ여 거리를 조차 웨려 ᄒᆞ노라. ≪朴諺, 下, 57ㅈ≫大街街東, 큰 거리 거리 동녁.

가(駕) 동 걸터타다. ⇔걸타다. ≪朴諺, 下, 31ㅎ≫駕海紫金梁, 바다흘 걸탄ᄂᆞᆫ 紫金梁이로다.

가(駕) 명 대가(大駕). (임금이 타는 수레) ⇔대가. ≪朴諺, 上, 48ㅈ≫京都駕幾時起, 셔울 대개 언제 긔동ᄒᆞ실러뇨. ≪朴諺, 中, 12ㅎ≫我慢慢的跟駕去, 내 날회여 대가를 ᄯᆞ와 가마.

가(價) 명 값. ⇔갌. ≪朴諺, 上, 46ㅎ≫今年馬價如何, 올히 ᄆᆞᆯ 갑시 엇더ᄒᆞ뇨.

-가 접미 ❶-가(哥). (성(姓) 뒤에 붙여 쓰는 말) ≪朴諺, 上, 2ㅎ≫光祿寺裡着姓李的館夫討去, 光祿寺에ᄂᆞᆫ 姓이 李가 館夫로 ᄒᆞ여 어드라 가게 ᄒᆞ고. ≪朴諺, 上, 3ㅈ≫內府裡着姓崔的外郎討去, 內府에ᄂᆞᆫ 姓이 崔가 外郎으로 ᄒᆞ여 어드라 가게 ᄒᆞ라. ❷-가(哥). (성(姓) 뒤에 붙여 쓰는 말) ⇔사(舍). ≪朴諺, 上, 16ㅈ≫張舍你來, 張가야 이바. ≪朴諺, 上, 46ㅎ≫孫舍混堂裏洗澡去來, 孫가아 混堂에 목욕곰으라 가쟈. ≪朴諺, 上, 52ㅎ≫王舍來了, 王가ㅣ아 오라. ≪朴諺, 上, 57ㅎ≫孟舍有兩箇油紙帽兒, 孟가의게 두 油紙帽ㅣ 이시니. ≪朴諺, 中, 30ㅎ≫孫舍那醜厮, 孫가 뎌 더러온 놈이. ≪朴諺, 下, 34ㅈ≫那箇新來的崔舍, 뎌 새로 온 崔개아. ≪朴諺, 下, 34ㅎ≫借與崔舍打, 崔가를 빌려 주어 티게 ᄒᆞ라. ≪朴諺, 下, 36ㅈ≫崔舍又打上, 崔개 ᄯᅩ 텨 올리니. ≪朴諺, 下, 45ㅈ≫宋舍看打春去來, 宋개아 닙츈 노롯ᄒᆞᄂᆞᆫ 양 보라 가쟈.

-가 조 -인가. ≪朴諺, 上, 49ㅎ≫小厮兒那女孩兒, ᄉᆞ나회가 간나희가. ≪朴諺, 上, 52ㅈ≫板闥門那甚麽門, 널문가 므슴 문고. ≪朴諺, 中, 56ㅎ≫那的不賣猫兒的, 뎨 아니 괴 ᄑᆞᄂᆞ니가. ≪朴諺, 下, 20ㅈ≫這的不是大讎, 이거시 큰 원쉬 아니가.

가가(哥哥) 명 형. (자신보다 나이가 많고 친분이 있는 남자에 대한 존칭) ⇔형. ≪朴諺, 上, 9ㅈ≫哥哥你幾時起身, 형아 네 언제 起身홀다. ≪朴諺, 上, 14ㅈ≫拜揖哥哥那裏去來, 拜揖ᄒᆞ노니 형아 어ᄃᆡ 갓던다. ≪朴諺, 上, 63ㅈ≫好哥哥弟兄們裏頭, ᄆᆞᄋᆞᆷ 됴흔 형 아ᄋᆞ들 듕에. ≪朴諺, 中, 15ㅎ≫好哥哥弟兄們央及我, ᄆᆞᄋᆞᆷ 됴흔 형 아ᄋᆞ들히 내게 빌거늘.

가경(佳境) 명 경치가 좋은 곳. ≪朴諺, 上, 59ㅎ≫揮使你曾到西湖(集覽, 朴集, 上, 15ㅈ: 西湖. 在玉泉山下, 泉水瀦而爲湖, 流入宮中. 西苑爲太液池, 出都城爲玉河, 東南流注于大通河. 環湖十餘里, 荷·蒲·菱·芡與夫沙禽·水鳥出沒, 隱暎於天光雲影中, 實佳境也.)景來麽, 揮使ㅣ아 네 일즙 西湖ㅅ 景에 갓던다.

가구(可口) 형 맛있다. 입에 맞다. 감칠맛이 있다. ≪朴諺, 上, 4ㅎ≫虎刺賓(集覽, 朴集, 上, 2ㅈ: 虎刺(刺)賓. 質問云, 如李長大, 半靑半紅色, 食之可口.), 굴근외얏이오.

가구(家具) 명 집안 살림에 쓰는 기구. ≪朴諺, 下, 43ㅈ≫誰碎盆(集覽, 朴集, 下, 9ㅎ: 碎盆. 未詳源流. 但本國送殯之晨, 在家者見靈輀登道, 卽隨以瓦器擲碎於門外, 大聲作語曰, 持汝家具而去. 云爾者, 盖使亡人無留念家緣之術也.)來, 뉘 소라를 ᄡᅳ리ᄃᆞ뇨.

가국(家國) 명 자기의 집안과 나라. ≪朴諺, 下, 18ㅎ≫做羅天大醮(集覽, 朴集, 下, 4ㅎ: 大醮. 上元金籙齋, 帝王修奉, 設普天大醮. 中元玉籙齋, 保佑六宮, 輔寧妃后, 設周天大醮. 下元黃籙齋, 臣民通修, 普資家國, 設羅天大醮.), 羅天大醮를 ᄒᆞ더니.

가권(家眷) 명 가족. 식구. ≪朴諺, 上, 46ㅈ≫大小家眷小娃娃們, 大小 家眷과 져근 아ᄒᆡ들로.

가난ᄒᆞ다 형 가난하다. ⇔빈(貧). ≪朴諺, 上, 32ㅈ≫人貧只爲慳少債快說謊, 사ᄅᆞᆷ

이 가난ᄒᆞ면 그저 다랍고 빗지면 거즛말 니ᄅᆞ기 잘ᄒᆞᆫ다 ᄒᆞᄂᆞ니라.

가다 동 ❶가다. ⇔거(去). ≪集覽, 字解, 單字解, 1ㅈ≫休. 禁止之辭. 休去 가디 말라. ≪集覽, 字解, 單字解, 5ㅈ≫往. 向也. 往那裏去 어드러 향ᄒᆞ야 가ᄂᆞᆫ다. 又昔也. 往常 아릐. ≪朴諺, 上, 1ㅈ≫去那有名的花園裏, 뎌 有名ᄒᆞᆫ 花園에 가. ≪朴諺, 上, 19ㅈ≫你今日那裏去, 네 오ᄂᆞᆯ 어ᄃᆡ 가ᄂᆞᆫ다. ≪朴諺, 上, 31ㅈ≫那狗骨頭知他那裏去, 뎌 가희ᄢᅵ 모로리로다 어ᄃᆡ 간디. ≪朴諺, 上, 43ㅎ≫其餘的你如今買去, 그 남은 거스란 네 이제 사라 가라. ≪朴諺, 上, 59ㅈ≫做人情去, 人情을 삼아 가. ≪朴諺, 中, 1ㅈ≫去時怎麽得入去的, 가면 엇디 드러가료. ≪朴諺, 中, 16ㅎ≫我去也, 내 가노라. ≪朴諺, 中, 24ㅎ≫今日上直去, 오ᄂᆞᆯ 上直 가니. ≪朴諺, 中, 32ㅈ≫咱那箇山裏去好, 우리 어ᄂᆡ 산에 가야 됴호료. ≪朴諺, 中, 36ㅈ≫你那裏去, 네 어ᄃᆡ 가ᄂᆞᆫ다. ≪朴諺, 中, 47ㅈ≫只那般去了, 그저 그린 재 가니. ≪朴諺, 中, 51ㅎ≫官人那裏去, 官人아 어ᄃᆡ 가ᄂᆞᆫ다. ≪朴諺, 下, 1ㅈ≫你臨去時莭(節), 네 갈 ᄢᅢ예 다ᄃᆞ라. ≪朴諺, 下, 10ㅎ≫這幾日我家裏有人去, 요ᄉᆞ이 우리 집의 사ᄅᆞᆷ 가리 이시니. ≪朴諺, 下, 23ㅎ≫右邉搭左邉去, 우편으로 건디려 ᄒᆞ면 좌편으로 가매. ≪朴諺, 下, 34ㅈ≫一箇去百箇來, ᄒᆞ나히 가매 ᄇᆡᆨ이 온다 ᄒᆞᄂᆞ니라. ≪朴諺, 下, 38ㅈ≫鋪馬裏去也, 鋪馬로 가냐. ≪朴諺, 下, 50ㅈ≫我不去, 내 가디 못ᄒᆞ리로다. ≪朴諺, 下, 55ㅈ≫不知去向, 간 ᄃᆡᄅᆞᆯ 아디 못ᄒᆞ니. ❷가다. 가자. 갑시다. ⇔거래(去來). ≪集覽, 字解, 單字解, 4ㅈ≫來. 來往. 又語助. 你來 이바, 夜來 어제, 有來 잇더라, 去來 가다. 又數物而有餘數, 未的知之辭. 十來箇 여라믄, 十里來地 십 리만ᄒᆞᆫ ᄃᆡ, 十來日 여라믄 날. ≪朴諺, 上, 16ㅈ≫如今張黑子家裏去來, 이제 張黑子의 집의 가쟈. ≪朴諺, 上, 29ㅈ≫店裏買獭皮去來, 店에 獭皮 사라 가쟈. ≪朴諺, 上, 38ㅎ≫將那裏治去來, 가져 뎌긔 고티라 가. ≪朴諺, 上, 46ㅎ≫孫舍混堂裏洗澡去來, 孫가아 混堂에 목욕ᄀᆞᆷ으라 가쟈. ≪朴諺, 上, 65ㅈ≫聽說佛法去來, 佛法 니ᄅᆞᄂᆞᆫ 양 드르라 가쟈. ≪朴諺, 中, 1ㅈ≫抅欄裏看雜技去來, 抅欄에 雜技 보라 가쟈. ≪朴諺, 中, 9ㅈ≫我本待要請你去來, 내 본ᄃᆡ ᄒᆞ마 너ᄅᆞᆯ 청ᄒᆞ라 가고져 ᄒᆞ더니. ≪朴諺, 中, 20ㅎ≫參見觀音菩薩眞像去來, 觀音菩薩 眞像을 參見ᄒᆞ라 가쟈. ≪朴諺, 中, 36ㅎ≫茶房裏喫茶去來, 茶房에 차 먹으라 가쟈. ≪朴諺, 中, 56ㅈ≫咱河裏浪蕩去來, 우리 내히 ᄀᆞᆯ래라 가쟈. ≪朴諺, 下, 8ㅈ≫我也隨喜去來, 나도 구경ᄒᆞ라 가쟈. ≪朴諺, 下, 16ㅎ≫我兩箇部前買文書去來, 우리 둘히 部 앏픠 ᄎᆡᆨ 사라 가쟈. ≪朴諺, 下, 27ㅎ≫喫些茶去來, 져기 차 머그라 가쟈. ≪朴諺, 下, 40ㅎ≫咱兩箇去來, 우리 둘히 가. ≪朴諺, 下, 55ㅈ≫我別處望相識去來, 내 다ᄅᆞᆫ 고ᄃᆡ 아ᄂᆞᆫ 이ᄅᆞᆯ 보라 가.

가다 동 ❶가다. ⇔도래(到來). ≪朴諺, 上, 59ㅎ≫我不曾到來, 내 일즙 가디 못ᄒᆞ여시니. ≪朴諺, 中, 15ㅈ≫是小人昨日張少卿的慶賀筵席裏到來, 올흐니 小人이 어제 張少卿의 慶賀 잔채에 갓더니. ❷⇔상(上). ≪朴諺, 上, 31ㅎ≫上他家門前, 뎌 집 門 앏히 가셔. ❸⇔전거(前去). ≪朴諺, 下, 54ㅈ≫前去街上勾當, 거리에 일로 가드니. ❹⇔행(行). ≪朴諺, 上, 9ㅎ≫咱會同着一時行, 우리 모다 ᄒᆞᆷᄢᅴ 가쟈. ≪朴諺, 中, 14ㅎ≫遠行知馬力, 멀리 가매 ᄆᆞᆯ 힘을 알고. 日久見人心, 날이 오라매 사ᄅᆞᆷ의 ᄆᆞᅀᆞᆷ을 보ᄂᆞ니라. ≪朴諺, 下, 38ㅈ≫幾時行, 언제 가뇨. ≪朴諺, 下, 47ㅈ≫街上兩行擺着行, 거리예 두 줄로 버러 가며. ≪朴諺, 下, 47ㅎ≫這般擺隊行, 이리 隊ᄅᆞᆯ 버러 가.

가다 동 가다. 이르다. ❶⇔도(到). ≪朴諺, 上, 3ㅈ≫我到那衙門裡堂上官說了, 내 뎌

衙門에 가 堂上官의게 니ᄅᆞ니. ≪朴諺, 上, 23ㅎ≫到處裏破別人誇自己(己), 간 곳마다 다ᄅᆞᆫ 사ᄅᆞᆷ을 해야ᄇᆞ리며 내 몸을 쟈랑ᄒᆞ고. ≪朴諺, 上, 34ㅈ≫到處裏養老婆, 간 곳마다 겨집을 어르니. ≪朴諺, 上, 45ㅈ≫却到學裏上書念一會, ᄯᅩ 學에 가 글 ᄇᆡ화 ᄒᆞᆫ 디위 念ᄒᆞ고. ≪朴諺, 上, 59ㅎ≫揮使你曾到西湖景來麽, 揮使ㅣ아네 일즙 西湖ㅅ 景에 갓든다. ≪朴諺, 上, 62ㅎ≫到寺裏燒香隨喜之後, 뎔에 가 향 픠오고 구경ᄒᆞᆫ 후에. 却到湖心橋上玉石龍床上, ᄯᅩ 湖心 橋上 玉石 龍床에 가. ≪朴諺, 中, 10ㅈ≫隨問到本都在城某坊住某官人處賣與, 隨問ᄒᆞ야 本都 잣 안 아므 坊에셔 사ᄂᆞᆫ 아므 官人의손ᄃᆡ 가 ᄑᆞ라 주되. ≪朴諺, 中, 20ㅈ≫將二兩銀到西山裏, 두 냥 은을 가지고 西山에 가. ≪朴諺, 中, 24ㅈ≫咱也到佛所, 우리도 佛所에 가. ≪朴諺, 中, 24ㅎ≫都一打裏將到直房裏等我着, 다 ᄒᆞᆫ번의 가지고 直房에 가 날을 기ᄃᆞ리고. ≪朴諺, 中, 28ㅎ≫將棍繩到那家裏, 막대과 노흘 가지고 뎌 집의 가. ≪朴諺, 中, 35ㅈ≫到那一箇人家裏, 아모 ᄒᆞᆫ 人家에 가. ≪朴諺, 中, 51ㅈ≫你到那裏, 네 어ᄃᆡ 가ᄂᆞᆫ다. ≪朴諺, 下, 4ㅎ≫到西天取將經來, 西天의 가 經을 가져와. ≪朴諺, 下, 10ㅈ≫到家裏敬重父母, 집의 가ᄂᆞᆫ 父母ᄅᆞᆯ 敬重ᄒᆞᄂᆞ니. ≪朴諺, 下, 14ㅎ≫便到家裏那怎的, 곳 집의 가ᄂᆞ냐 엇디ᄒᆞᄂᆞ뇨. ≪朴諺, 下, 18ㅎ≫正到城裏智海禪寺投宿, 졍히 셩 안 智海禪寺에 가 드러 자다가. ≪朴諺, 下, 39ㅈ≫送到三四日辭迴來, 보내여 三四日에 가 하딕고 도라오면. ≪朴諺, 下, 54ㅈ≫到某處, 아모 곳에 가. ≪朴諺, 下, 57ㅎ≫二人到那門首敲門道, 두 사ᄅᆞᆷ이 뎌 믄(문) 앏희 가 문을 두드려 닐오ᄃᆡ. ≪朴諺, 下, 61ㅈ≫先到宮門前等的萬千人, 몬져 宮門 앏희 가 기ᄃᆞ리리 萬千人이나 ᄒᆞ니. ❷⇔지(至). ≪朴諺, 下, 52ㅎ≫約至某處, 거의 아므 곳에 가되.

가다 동 돌아가다. 죽다. ⇔거(去). ≪朴諺, 上, 66ㅎ≫不到三歲下世去的也有的, 三歲에 니ᄅᆞ디 못ᄒᆞ여셔 下世ᄒᆞ여 가ᄂᆞ니도 잇ᄂᆞ니라.

가도다 동 가두다. ⇔감(監). ≪朴諺, 下, 15ㅎ≫把我家小廝拿將去監了貳日, 우리 집 놈을다가 잡아가 가도완디 이틀이오. ≪朴諺, 下, 16ㅈ≫把我小的監了, 우리 아히ᄅᆞᆯ다가 가도완ᄂᆞ니라. ≪朴諺, 下, 37ㅎ≫監下老安要追裡, 老安을 가도고 물리고져 ᄒᆞᄂᆞ니라.

가두(家頭) 명 갓머리[宀]. 한자 부수(部首)의 이름. ⇔갓머리. ≪朴諺, 中, 42ㅈ≫家頭下木字便是, 갓머리 아ᄅᆡ 木字 ᄒᆞᆫ 거시 곳 이라.

가라간쟈ᄉᆞ죡ᄇᆡᆨ몰 명 오명마(五明馬). (몸의 털 빛깔은 검고 이마와 네발은 흰 말) ⇔흑오명마(黑五明馬). ≪朴諺, 上, 26ㅈ≫騎着一箇墨丁也似黑五明馬, ᄒᆞᆫ 墨丁 ᄀᆞ튼 가라간쟈ᄉᆞ죡ᄇᆡᆨ믈을 ᄐᆞ고.

가락 명 손가락. ⇔지두(指頭). ≪朴諺, 中, 1ㅎ≫指頭上轉, 가락 우희 구을리다가.

가락지 명 가락지. ⇔계지아(戒指兒). ≪朴諺, 上, 20ㅈ≫一對窟嵌的金戒指兒(集覽, 朴集, 上, 7ㅎ: 窟嵌戒指. 事物紀原云, 古者后妃羣妾御于君, 所當御者, 以銀環進之, 娠則以金環退之, 進者着右手, 退者着左手. 今有指環, 卽遺制也. 今按, 窟嵌者, 指環之背剜空爲穴, 用珠塡穴爲飾. 總龜〈亀〉云, 亦名手記, 所飾玉石呼爲戒指面. 舊本作指纏兒. 音義, 窟, 音왕, 窟是空字之誤. 窟音쿵, 空音왕.), ᄒᆞᆫ 빵 날박은 금 가락지.

가람(伽藍) 명 〈불〉 승가람마(僧伽藍摩). 절[寺]. ≪朴諺, 中, 22ㅈ≫起浮屠於泗水之間(集覽, 朴集, 中, 5ㅈ: 起浮屠於泗水之間. 神僧傳云, 僧伽大士, 西域人, 姓何氏. 唐龍朔初, 於泗州臨淮縣信義坊, 將建伽藍, 掘得古香積寺銘記幷金像一軀, 上有普照王佛字, 遂建寺焉.), 浮屠ᄅᆞᆯ 泗水ㅅ ᄉᆞ이에 니ᄅᆞ혀고. ≪朴諺, 中, 21ㅈ≫

扇慈風於剎土(集覽, 朴集, 中, 4ㅈ: 剎土. 瓔珞經云, 剎土, 乃聖賢所居之處. 又剎土猶言法界也. 又號伽藍曰梵剎者, 以柱爲表也.), 慈風을 剎土에 붓ᄂᆞᆫ또다.

가래 명 갈래. ⇔차(叉). ≪朴諺, 上, 60ㅎ≫兩閣中間有三叉石橋, 두 집 ᄉᆞ이에 세 가래 石橋ㅣ 이시니.

가련견(可憐見) 부 가엾이. 사랑스럽게. ⇔어엿비. ≪朴諺, 中, 8ㅈ≫相公可憐見, 相公은 어엿비 너기라.

가련견(可憐見) 형 가엾다. 불쌍하다. ⇔에엿브다. ≪朴諺, 下, 43ㅈ≫咳那小孩兒可憐見, 애 뎌 어린아히 에엿블샤.

가례(家禮) 명 책 이름. 명대(明代)에 구준(丘濬)이 가례에 관한 주자(朱子)의 학설을 수집하여 만든 책. 주로 관혼상제(冠婚喪祭)의 사례(四禮)에 관한 사항을 담았다. ≪朴諺, 上, 44ㅎ≫師傅上唱喏(集覽, 朴集, 上, 12ㅎ: 唱喏. 但家禮集註說云, 揖者, 拱手着胷也. 恐非所謂唱喏也. 今中朝俗以鞠躬拱手爲唱喏.), 스승님씌 읍ᄒᆞ고. ≪朴諺, 下, 29ㅎ≫碎家事和將瀝青(集覽, 朴集, 下, 5ㅎ: 瀝青. 家禮儀制云, 生蛤粉·桐油, 合熬爲之.)來, 준 연장과 瀝青을 가져다가.

가례회통(家禮會通) 명 책 이름. 중국의 탕탁(湯鐸) 지음. 가례에 대한 내용을 기술하였다. ≪朴諺, 上, 41ㅈ≫下多少財錢(集覽, 朴集, 上, 11ㅎ: 下多少財錢. 亦云下財. 家禮會通云, 婚有六禮, 納采·問名·納吉·納徵·請期·親迎.), 언멋 財錢을 드리더뇨.

가리온 명 가리온. (몸은 희고 갈기가 검은 말) ≪朴諺, 上, 55ㅎ≫一箇黑鬃青馬快走, ᄒᆞᆫ 가리온총이ᄆᆞᆯ이 잘 ᄃᆞᄅᆞ되.

가리온총이ᄆᆞᆯ 명 갈기가 검은 총이말. ⇔흑종청마(黑鬃青馬). ≪朴諺, 上, 55ㅎ≫一箇黑鬃青馬快走, ᄒᆞᆫ 가리온총이ᄆᆞᆯ이 잘 ᄃᆞᄅᆞ되.

가마 명 가마. 가마솥. ❶⇔과(鍋). ≪朴諺, 下, 22ㅈ≫咱如今燒起油鍋, 우리 이제 기름 가마에 블 ᄣᅵᆺ고. ≪朴諺, 下, 22ㅈ≫入鍋裏, 가마에 드니. ≪朴諺, 下, 22ㅎ≫脚踏鍋邊待要出來, 발로 가맛 ᄀᆞ을 드듸고 나오고져 ᄒᆞ다가. ≪朴諺, 下, 22ㅎ≫油鍋兩邊看着, 기름 가마 두 편의셔 보와. ❷⇔과아(鍋兒). ≪集覽, 字解, 單字解, 1ㅎ≫安. 安鍋兒 가마 거다. 又安下 사ᄅᆞ미 자리 븓다. 又吏語, 安挿 사ᄅᆞᄆᆞᆯ 안졉ᄒᆞ게 ᄒᆞ다.

가마오디 명 가마우지. ⇔수로아(水老鴉). ≪朴諺, 上, 62ㅈ≫河邊兒窺魚的是無數目的水老鴉, 믈ᄉᆞ의 고기 엿ᄂᆞᆫ 거슨 이수 업슨 가마오디오.

가방(街坊) 명 거리. ⇔거리. ≪朴諺, 下, 57ㅈ≫你來街坊有賃的驢麽, 이바 거리에 셰낼 나귀 잇ᄂᆞ냐.

가부(葭莩) 명 갈대의 줄기 안쪽에 붙어 있는 아주 얇고 흰 막. ≪朴諺, 下, 48ㅈ≫放一堆灰(集覽, 朴集, 下, 10ㅎ: 放一堆灰. 立春之日, 以葭莩灰實〈宲〉律之端, 氣至則灰飛.), ᄒᆞᆫ 무둑 ᄌᆡ를 노흐면.

가빈(家貧) 형 집안이 가난하다. ≪朴諺, 上, 48ㅎ≫家貧不是貧路貧愁殺人, 家貧은 이 貧이 아니오 路貧이아 사ᄅᆞᆷ을 근심케 ᄒᆞᄂᆞ니라.

가사(家司) 명 조상의 사당(祠堂). ≪朴諺, 下, 49ㅈ≫好兒不看春, 好兒ᄂᆞᆫ 看春 아니ᄒᆞ고. 好女不看燈(集覽, 朴集, 下, 11ㅈ: 好女不看燈. 容齋隨筆云, 漢家祠太乙, 以昏時祠到明. 今人正月望夜, 夜遊觀月, 是其遺事.), 好女ᄂᆞᆫ 看燈 아니ᄒᆞᆫ다 ᄒᆞᄂᆞ니라.

가사(家事) 명 ❶가재도구. 기물. ≪朴諺, 下, 43ㅈ≫花果·酒器家事, 花果와 酒器家事를. ❷연장. 도구. ⇔연장. ≪朴諺, 下, 5ㅈ≫沒家事時筭甚麽泥水匠, 연장이 업ᄉᆞ면 므슴 泥匠이라 혜리오. ≪朴諺, 下, 29ㅎ≫碎家事和將瀝青來, 준 연장과 瀝青을 가져다가.

가사(家舍) 명 집. ≪朴諺, 上, 20ㅎ≫典一箇大宅子(集覽, 朴集, 上, 8ㅈ: 宅子. 俗總

稱〈総称〉家舍曰房子, 自稱〈称〉曰寒家, 文士呼曰寒居, 自指室內曰屋裏, 人稱王公·大人之家曰宅子.), 흔 큰 집을 典儅ᄒᆞ리로다.

가사(假使) 뷔 가령. 만일. 만약. ≪集覽, 字解, 累字解, 2ㅈ≫假如. 猶言假使之意.

가사(袈裟) 명 〈불〉 중이 장삼 위에 왼쪽 어깨에서 오른쪽 겨드랑이 밑으로 걸쳐 입는 법의(法衣). ≪朴諺, 上, 33ㅈ≫披着袈裟(集覽, 朴集, 上, 10ㅈ: 袈裟. 反(飜)譯名義云, 袈裟是外國三衣之名. 或名離塵服, 由斷〈断〉六塵故, 或名消瘦服, 由斷煩惱故, 或名無垢衣. 一曰金縷僧伽黎, 卽大衣也, 入王宮聚落時衣, 乞食時着. 二曰欝〈鬱〉多羅僧, 卽七條也, 此云上着衣也, 入衆時衣, 禮誦齋講時着. 三曰安陁會, 卽五條也, 院內行道雜作衣. 華嚴云, 着袈裟者, 捨離三毒. 戒壇云, 五條下衣, 斷〈断〉貪身也, 七條中衣, 斷〈断〉嗔口也, 大衣上衣, 斷痴心也. ≪朴諺, 上, 65ㅎ≫到江南地面石屋(集覽, 朴集, 上, 16ㅈ: 石屋.遂以袈裟表信曰, 衣雖今日, 法自靈〈灵〉山流傳至今, 今附於汝, 汝善護持, 母〈毋〉令斷〈断〉絶.)法名的和尙根底, 江南 싸 石屋이라 法名 ᄒᆞᆫ 즁의손ᄃᆡ 가니. ≪朴諺, 上, 65ㅎ≫得傳衣鉢(集覽, 朴集, 上, 16ㅈ: 傳衣鉢. 書言故事云, 傳授佛法, 謂之傳衣鉢. 衣, 卽袈裟三事衣也, 鉢, 應供器也. 詳見上.), 衣鉢 傳홈을 어더. ≪朴諺, 中, 49ㅈ≫我做袈裟裏, 내 袈裟ᄅᆞᆯ ᄆᆡᆫᄃᆞ노라.

가사장(假使長) 동 사장(使長)을 가장하다. 또는 그런 사장. ≪朴諺, 中, 43ㅈ≫跟着假使長, 假使長을 ᄯᆞᆯ와.

가상(街上) 명 거리. 가두. 노상. ⇔거리. ≪朴諺, 上, 16ㅎ≫街上放空中的小厮們好生廣, 거리에 박핑이 틸 아ᄒᆡ들 ᄀᆞ장 흔터라. ≪朴諺, 上, 45ㅎ≫街上休遊蕩, 거리에 遊蕩티 말고. ≪朴諺, 中, 24ㅎ≫街上休撒潑皮, 거리예 가 보피로온 톄 말고. ≪朴諺, 中, 26ㅈ≫休道是街上百姓的, 이 거릿 百姓의 거슨 니ᄅᆞ디 말리라. ≪朴諺, 中, 29ㅎ≫街上泥凍的, 거리예 즌흙 언 거시. ≪朴諺, 中, 51ㅈ≫街上有路麽, 거리예 길히 잇더냐. ≪朴諺, 中, 60ㅈ≫街上人道的是, 거릿 사ᄅᆞᄆᆡ 닐옴이 올흐니. ≪朴諺, 下, 47ㅈ≫街上兩行擺着行, 거리예 두 줄로 버러 가며. ≪朴諺, 下, 54ㅈ≫前去街上勾當, 거리에 일로 가드니.

가석(可惜) 형 (몹시) 아깝다. ⇔앗갑다. ≪朴諺, 下, 1ㅈ≫咳可惜了, 애 앗가올셔. ≪朴諺, 下, 6ㅈ≫枉可惜了飯, 쇽졀업시 밥이 앗갑다. ≪朴諺, 下, 6ㅈ≫不可惜了工錢, 工錢이 앗갑디 아니ᄒᆞ랴.

가설(柯雪) 명 나뭇가지에 쌓인 눈. 이[齒]가 희고 가지런함을 형용한 말이다. ≪朴諺, 中, 23ㅈ≫齒排柯雪(集覽, 朴集, 中, 6ㅈ: 齒排柯雪. 謂齒如雪堆枝柯之上, 淨白頓整之形, 似人所編排然. 佛三十二相, 有四十齒相, 有齒白淨相, 有齒齊密相.), 니는 柯雪이 버럿ᄂᆞᆫ ᄃᆞᆺᄒᆞ고.

가섭(迦葉) 명 〈불〉 불교의 선종(禪宗)을 이르는 말. ≪朴諺, 上, 65ㅎ≫得傳衣鉢(集覽, 朴集, 上, 16ㅈ: 傳衣鉢. 釋迦佛生年十九出家, 住世四十九年, 傳衣鉢于迦葉初祖達摩, 達摩傳衣鉢于二祖, 二祖傳于三祖, 至於六祖, 至三十二祖弘忍. 盖以此爲傳道之器也.), 衣鉢 傳홈을 어더.

가쇄(枷鎖) 명 칼과 수갑. 곧, 형구(刑具). ≪朴諺, 中, 23ㅎ≫尋聲救苦應念除災(集覽, 朴集, 中, 6ㅈ: 尋聲救苦應念除災. 史記, 昔盧景裕繫晉陽獄, 志心念觀世音菩薩, 枷鎖自脫. 又有人當死, 志心誦觀世音菩薩普門品經千百遍, 臨刑刀折, 因以赦之.), 尋聲 救苦ᄒᆞ며 應念 除災ᄒᆞᄂᆞ니.

가시(街市) 명 저자. 시장. ⇔져제. ≪朴諺, 上, 2ㅈ≫街市酒打將來怎麽喫, 져젯 술을 가져오면 엇디 머그리오. ≪朴諺, 上, 59ㅈ≫有心拜莭(節)(集覽, 朴集, 上, 14ㅎ: 拜節. 歲時樂事記云, 元日, 士庶自早互相慶賀, 車馬交馳, 衣服華煥, 雜遝街市, 三四日乃止〈三四日而乃止〉.), 莭(節)에 拜

홀 ᄆᆞ음이 이시면.

가신(家臣) 명 측근자. 시종. 하인. ≪朴諺, 上, 16ㅈ≫張舍(集覽, 朴集, 上, 6ㅈ: 張舍. 王公·大人之家, 必有舍人, 卽家臣也. 如本國伴倘〈儻〉之類, 爲權勢倚任之人, 貧賤之所羨慕者也〈貧賤之所羨慕者〉. 故街巷呼親識爲張舍·李舍, 乃一時推敬之稱〈称〉.)你來, 張가야 이바.

가ᄉᆞ 부 가사(假使). 가령. 만약. 만일. ⇔가여(假如). ≪朴諺, 上, 11ㅈ≫假如明年倒了時, 가ᄉᆞ 明年에 믄허디면. ≪朴諺, 中, 4ㅎ≫假如明日這搽兒上的顏色, 가ᄉᆞ ᄂᆡ일 이 견양엣 빗체셔.

가ᄉᆞᆷ거리 명 가슴걸이. ⇔반흉(攀胸). ≪朴諺, 上, 27ㅈ≫攀胷下滴溜着一箇珠兒網盖兒罕荅哈, 가ᄉᆞᆷ거리 아ᄅᆡ ᄒᆞᆫ 구슬로 망ᄆᆡ자 ᄢᅵᆫ 罕荅哈ᄅᆞᆯ 드리웟더라. ≪朴諺, 上, 28ㅎ≫攀胷下滴溜着, 가ᄉᆞᆷ거리 아ᄅᆡ 드리온 거슨.

가여(假如) 부 ❶가사(假使). 가령. 만약. 만일. ⇔가ᄉᆞ. ≪集覽, 字解, 累字解, 2ㅈ≫假如. 猶言假使之意. ≪朴諺, 上, 11ㅈ≫假如明年倒了時, 가ᄉᆞ 明年에 믄허디면. ≪朴諺, 中, 4ㅎ≫假如明日這搽兒上的顏色, 가ᄉᆞ ᄂᆡ일 이 견양엣 빗체셔. ❷만일. 만약. 가령. ⇔만일. ≪朴諺, 中, 28ㅈ≫假如明日事發起來時, 만일 明日에 일이 니러나면.

가연(家筵) 명 집안사람들이 모여서 벌이는 잔치. ≪朴諺, 下, 50ㅈ≫我棄了這名利家筵, 내 이 名利 家筵을 ᄇᆞ리고.

가연(家緣) 명 집안 일. 또는 집과의 인연. ≪朴諺, 下, 43ㅈ≫誰碎盆(集覽, 朴集, 下, 9ㅎ: 碎盆. 未詳源流. 但本國送殯之晨, 在家者見靈輀登道, 卽隨以瓦器擲碎於門外, 大聲作語曰, 持汝家具而去. 云爾者, 盖使亡人無留念家緣之術也.)來, 뉘 소라ᄅᆞᆯ ᄣᅡ리ᄃᆞ뇨.

가온대 명 가운데. ❶⇔중(中). ≪朴諺, 中, 44ㅎ≫那中柱上釘一箇釘子, 뎌 가온댓 기동에 ᄒᆞᆫ 낫 못을 박고. ≪朴諺, 下, 21ㅎ≫說與先生櫃中有一顆桃, 先生ᄃᆞ려 궤 가온대 ᄒᆞᆫ 낫 복셩홰 잇다 닐럿더니. ≪朴諺, 下, 21ㅎ≫飛入櫃中, ᄂᆞ라 궤 가온대 드러가. ≪朴諺, 下, 23ㅈ≫跳入油中, ᄠᅱ여 기름 가온대 드러가. ❷⇔중간(中間). ≪朴諺, 上, 4ㅎ≫當中間裡, 가온대ᄂᆞᆫ.

가온ᄃᆡ 명 가운데. ❶⇔간(間). ≪朴諺, 下, 46ㅈ≫當間裏按一箇木頭做的明珠, 가온ᄃᆡ ᄒᆞᆫ 남그로 ᄆᆡᆫ든 明珠ᄅᆞᆯ 박고. ❷⇔심중(心中). ≪朴諺, 上, 60ㅈ≫湖心中, 믈 싸온ᄃᆡ.

가인(佳人) 명 용모가 아름다운 여자. ≪朴諺, 中, 18ㅈ≫隔簾聽笑語燈下看佳人, 발을 즈음ᄒᆞ여 笑語ᄅᆞᆯ 듯고 燈下에 佳人을 봄이라 ᄒᆞ니. ≪朴諺, 下, 62ㅈ≫賣劒賣與烈士, 劒을 ᄑᆞᆯ매 烈士의게 ᄑᆞᆯ고. 臙粉贈與佳人, 臙粉은 佳人의게 준다 ᄒᆞ니라.

가인(家人) 명 하인. 종. ≪朴諺, 上, 5ㅎ≫叫教坊司十數箇樂工和做院本(集覽, 朴集, 上, 2ㅎ: 院本. 質問云, 院本有曰外, 或粧先生·採訪使·考試官·老人·達達之類, 皆是外扮, 曰淨, 有男淨·有女淨, 亦做醜態, 專一弄言取人歡笑, 曰末, 粧扮不一, 初則開場白說, 或粧家人·祗候, 或扮使臣之類, 曰丑, 狂言戲弄, 或粧醉漢·太醫·吏員·媒婆之類.)諸般雜技的來, 教坊司의 여라믄 樂工과 院本에 여러 가지 雜技ᄒᆞᄂᆞ니ᄅᆞᆯ 블러오라.

가일(暇日) 명 한가한 날. 짬이 있는 날. ≪朴諺, 中, 44ㅎ≫掛十八學士(集覽, 朴集, 中, 8ㅈ: 十八學士. 秦王暇日, 至館中討論文籍, 使閻立本圖像, 褚亮爲贊. 得與其選者, 世謂之登瀛洲.)大畫, 十八學士 그린 큰 그림을 걸고.

가옴열다 형 가멸다. 부(富)하다. ⇔부(富). ≪朴諺, 中, 41ㅈ≫家富小兒嬌, 집이 가옴열면 아희 ᄒᆞ건양ᄒᆞᆫ다 ᄒᆞᄂᆞ니라.

가자(架子) 명 공을 넣을 수 있도록 윗부분에 구멍이 뚫려 있는, 나무로 만들어 세운 틀. ≪朴諺, 下, 35ㅈ≫咱打那一箇窩兒(集覽, 朴集, 下, 7ㅎ: 窩兒. 質問云,

如人打毬兒, 先掘一窩兒, 後將毬兒打入窩內, 方言謂之窩兒. 又一本質問畫毬門架子, 如本國抛毬樂架子. 而云木架子, 其高一丈, 用五色絹結成彩門, 中有圓眼, 擊起毬兒入眼過落窩者勝.), 우리 어닉 훈 굼글 티료.

가자(茄子) 명 가지. ⇔가지. ≪朴諺, 中, 34ㅎ≫種些冬瓜, 동화. 西瓜, 슈박. 甜瓜, 춤외. 揷葫, ᄌᆞᄅᆞ박. 稍瓜, 수세외. 黃瓜, 외. 茄子, 가지를 시므라.

가전(價錢) 명 값. ❶⇔갑. ≪集覽, 字解, 單字解, 4ㅎ≫索. 求也. 索價錢 갑 받다. 又鄕習傳解曰 빋 쇠오다, 亦通. 又須也. 不索, 今皆罕用. ❷⇔값. ≪朴諺, 上, 29ㅎ≫這六箇商(商)量價錢着, 이 여슷 갑슬 혜아리쟈. ≪朴諺, 上, 29ㅎ≫老實價錢, 고디식훈 갑슨. ≪朴諺, 上, 30ㅈ≫沒來由胡討價錢怎麽, 쇽졀업시 간대로 갑슬 쇠옴은 엇디오. ≪朴諺, 上, 46ㅎ≫出不上價錢, 노픈 갑시 나디 아니ᄒᆞ리라. ≪朴諺, 上, 64ㅎ≫說賣的價錢, 풀 갑슬 니ᄅᆞ라. ≪朴諺, 上, 64ㅎ≫老實價錢六兩銀子, 고디식훈 갑슨 엿 냥 은이라. ≪朴諺, 中, 37ㅎ≫你休胡討價錢, 네 간대로 갑슬 쇠오디 말라. ≪朴諺, 中, 38ㅈ≫我老實價錢, 내 고디식훈 갑슨. ≪朴諺, 中, 57ㅈ≫女的價錢大, 암은 갑시 만흐니라. ≪朴諺, 中, 57ㅈ≫賣的價錢老實說, 풀 갑슬 고디식이 니ᄅᆞ라. ≪朴諺, 中, 57ㅈ≫有甚麽討價錢處, 므슴 갑슬 쇠올 곳이 이시리오. ≪朴諺, 中, 57ㅎ≫你爲甚麽胡討價錢, 네 므슴아라 간대로 갑슬 쇠오ᄂᆞᆫ다. ≪朴諺, 下, 25ㅎ≫你敢要玉價錢, 네 감히 옥 갑슬 밧고져 ᄒᆞᄂᆞᆫ다. ≪朴諺, 下, 26ㅈ≫但與的便是價錢, 믈읫 주ᄂᆞᆫ 거시 곳 올흔 갑시니. ≪朴諺, 下, 26ㅎ≫好顔色圓淨的價錢大, 빗 됴코 圓淨ᄒᆞ니ᄂᆞᆫ 갑시 만흔디라. ≪朴諺, 下, 27ㅈ≫老實價錢一兩一顆家, 고디식훈 갑슨 훈 냥에 훈 낫식이라. ❸⇔빋. ≪集覽, 字解, 單字解, 4ㅎ≫討. 求也, 探也. 討去 어드라 가다, 討債去 빋 주니 바ᄃᆞ라 가다, 討價錢 빋 받다. 又本國傳習之解曰 빋 쇠오다, 亦通.

가져가다 동 가져가다. ❶⇔나거(拿去). ≪朴諺, 中, 12ㅈ≫買些柴·拳頭菜·茶葉拿去, 져기 나모와 고사리와 茶葉을 사 가져가라. ❷⇔장거(將去). ≪朴諺, 上, 13ㅈ≫一車兩擔家推將去, 훈 술위에 두 짐식 ᄒᆞ여 미러 가져가쟈. ≪朴諺, 上, 30ㅈ≫四錢一箇家將去麽, 너 돈에 ᄒᆞ나식 ᄒᆞ여 가져갈다. ≪朴諺, 上, 55ㅈ≫將錢來贖將契去, 돈 가져와 갑고 글월 가져가라. ≪朴諺, 中, 6ㅎ≫這米麤將去再篩一篩, 이 ᄡᆞᆯ이 구즈니 가져가 다시 슬흐라. ≪朴諺, 中, 13ㅈ≫銜將去了, 믈러 가져 갓더니. ≪朴諺, 中, 26ㅈ≫將去饋李大做定錢, 가져가 李大를 주어 마초ᄂᆞᆫ 갑슬 삼고. ≪朴諺, 中, 30ㅎ≫將去再吊一吊, 가져가 다시 ᄃᆞ리오라. ≪朴諺, 中, 35ㅎ≫便着鈎子鈎出來將去, 곳 갈고리로 그러내여 가져가ᄂᆞ니라. ≪朴諺, 中, 57ㅎ≫賣便賣不賣便將的去, 풀거든 곳 풀고 ᄑᆞ디 아니커든 곳 가져가라. ≪朴諺, 下, 2ㅎ≫都偸將去了, 다 도적ᄒᆞ여 가져가니. ≪朴諺, 下, 11ㅎ≫與兄弟佛童將去, 아ᄋᆞ 佛童을 주어 가져가니. ≪朴諺, 下, 24ㅈ≫把先生的頭拖將去, 先生의 머리를다가 ᄭᅳ어 가져가니. ≪朴諺, 下, 26ㅎ≫你不賣將家去就飯喫, 네 ᄑᆞ디 아니ᄒᆞ고 집의 가져가 밥ᄒᆞ여 먹을싸. ≪朴諺, 下, 28ㅎ≫將去使休吊了, 가져가 ᄡᅳ고 ᄲᅥᄅᆞ티디 말라. ≪朴諺, 下, 55ㅎ≫着他將的去, 뎌로 ᄒᆞ여 가져가게 ᄒᆞ고. ≪朴諺, 下, 57ㅈ≫將一百箇錢去, 一百 낫 돈을 가져가. ≪朴諺, 下, 62ㅈ≫這的高麗筆墨和二十張大紙將去, 이 高麗ㅅ 筆墨과 스므 당 큰 죠히를 가져가.

가져오다 동 가져오다. ❶⇔나래(拿來). ≪朴諺, 上, 3ㅎ≫在那裏拿來我看, 어ᄃᆡ 잇ᄂᆞ뇨 가져오라 내 보쟈. ≪朴諺, 上, 53ㅎ≫拿紙·墨·筆(筆)·硯來我寫與你, 紙·墨·筆(筆)·硯을 가져오라 내 써 너를 주

마. ≪朴諺, 下, 2ㅈ≫拿些水來我漱口, 져기 믈 가져오라 내 양지질ᄒᆞ쟈. ❷⇔득래(得來). ≪朴諺, 上, 57ㅎ≫不曾將得來, 일즙 가져오디 몯ᄒᆞ여시니. ❸⇔장래(將來). ≪集覽, 字解, 單字解, 1ㅎ≫稍. 寄也. 稍將來 브텨 가져오라. ≪集覽, 字解, 單字解, 4ㅈ≫將. 持也. 將來 가져오라, 將着 가지라, 將咱們 우리를다가. 又將次 쟝ᄎᆞ. ≪朴諺, 上, 2ㅈ≫街市酒打將來怎麽喫, 져젯 술을 가져오면 엇디 머그리오. ≪朴諺, 上, 14ㅈ≫你將來我看, 네 가져오라 내 보쟈. ≪朴諺, 上, 29ㅈ≫那裏將不好的來, 어ᄃᆡ 됴티 아니니를 가져오리오. ≪朴諺, 上, 46ㅈ≫稍將來了, 브텨 놀 가져왓노라. ≪朴諺, 上, 55ㅈ≫將錢來贖將契去, 돈 가져와 갑고 글월 가져가라. ≪朴諺, 上, 65ㅈ≫將銀子來, 은을 가져오라. ≪朴諺, 中, 5ㅎ≫將闕字來, 闕字 가져오라. ≪朴諺, 中, 13ㅎ≫馬們都好將來也麽, ᄆᆞᆯ들흘 다 잘 가져온다. ≪朴諺, 中, 29ㅎ≫將交床來, 됴상을 가져오라. ≪朴諺, 中, 34ㅈ≫都拔將來, 다 킈여 가져오나든. ≪朴諺, 中, 38ㅈ≫將銀子來, 은을 가져오라. ≪朴諺, 中, 49ㅎ≫將過碁盤來, 바독판 가져오라. ≪朴諺, 中, 51ㅎ≫將我木綿衣撒來穿, 내 목면 이삭ᄃᆡ녕을 가져오라 닙쟈. ≪朴諺, 中, 53ㅎ≫將曆頭來我看, 칙녁 가져오라 내 보쟈. ≪朴諺, 下, 4ㅎ≫到西天取將經來, 西天의 가 經을 가져와. ≪朴諺, 下, 14ㅈ≫纔只掾史們將文卷來, ᄀᆞᆺ 掾史들히 文卷을 가져와. ≪朴諺, 下, 25ㅈ≫你將來, 네 가져오라. ≪朴諺, 下, 33ㅎ≫這間壁磨房裏取將來, 이 ᄉᆞ잇 ᄇᆞ롬매(애) ᄀᆞ는집의 가져오쟈. ≪朴諺, 下, 45ㅈ≫點將燈來喫飯, 등잔블 혀 가져오라 밥 먹쟈. ≪朴諺, 下, 56ㅈ≫與他一半兒錢贖將來, 뎌를 一半 갑슬 주고 믈러 가져오리라. ≪朴諺, 下, 61ㅎ≫疾快將茶來, ᄲᆞᆯ리 茶를 가져오라.

가족 명 가죽. ⇔피(皮). ≪朴諺, 上, 26ㅎ≫獐皮心兒藍斜皮邊兒的皮汗替, 獐皮 心兒에 藍斜皮 邊兒 ᄒᆞᆫ 가족 ᄯᅳᆷ어치에. ≪朴諺, 上, 29ㅈ≫做坐褥·皮搭連, 아답개와 가족 대련을 ᄆᆡᆫ들려 ᄒᆞ노라. ≪朴諺, 中, 30ㅈ≫凍面皮都打破了不中, 언 ᄂᆞᆺ가족이 다 히여딜 거시니 맛당티 아니ᄒᆞ니. ≪朴諺, 中, 43ㅈ≫每日馬肚皮塵埋三尺, ᄆᆡ일에 ᄆᆞᆯ 빗가족에 틧글이 석 자히나 무텻고. ≪朴諺, 下, 40ㅎ≫畫虎畫皮難畫骨, 범을 그리매 가족은 그려도 ᄲᅧ 그리기 어렵고.

가지 명 가지. ❶⇔가(茄). ≪朴諺, 中, 6ㅈ≫醋, 초와. 醬, 쟝과. 塩, 소금과. 芥末, 계ᄌᆞ ᄀᆞᄅᆞ와. 葱, 파과. 蒜, 마ᄂᆞᆯ과. 薤菜, 부칙와, 油, 기름과. 生蘿蔔, 댓무우과. 瓜, 외와. 茄等, 가지 등. ❷⇔가자(茄子). ≪朴諺, 中, 34ㅎ≫種些冬瓜, 동화. 西瓜, 슈박. 甜瓜, ᄎᆞᆷ외. 揷葫, ᄌᆞᄅᆞ박. 稍瓜, 수세외. 黃瓜, 외. 茄子, 가지를 시므라.

가지 의 가지[種]. ❶⇔건(件). ≪朴諺, 上, 29ㅈ≫這兩件東西做時, 이 두 가짓 거슬 ᄆᆡᆫᄃᆞᆯ려 ᄒᆞ면. ≪朴諺, 上, 63ㅈ≫咱有一件東西, 우리 ᄒᆞᆫ 가짓 거시 이시니. ≪朴諺, 中, 17ㅈ≫再有一件, ᄯᅩ ᄒᆞᆫ 가지ᄂᆞᆫ. ❷⇔건아(件兒). ≪朴諺, 上, 20ㅈ≫這六件兒儅的五十兩銀子, 이 여ᄉᆞᆺ 가지로 五十兩 銀에 典儅ᄒᆞ려 ᄒᆞ니. ❸⇔등(等). ≪朴諺, 上, 17ㅈ≫有幾等鶴兒, 여러 가지 연이 시니. ≪朴諺, 上, 17ㅈ≫有六七等鶴兒, 여ᄉᆞᆺ 닐굽 가지 연이 이시니. ≪朴諺, 上, 29ㅎ≫這一等花兒勻大的, 이 ᄒᆞᆫ 가지 소홈 고로고 크니를. ❹⇔반(般). ≪集覽, 字解, 單字解, 7ㅈ≫般. 名數也. 諸般 여러 가짓. 又等也. 一般. 又多也. ≪朴諺, 上, 5ㅎ≫叫教坊司十數箇樂工和做院本諸般雜技的來, 教坊司의 여라믄 樂工과 院本에 여러 가지 雜技ᄒᆞᄂᆞ니를 블러오라. ≪朴諺, 上, 6ㅈ≫杏兒·櫻桃諸般鮮果, ᄉᆞᆯ고와 잉도와 여러 가지 鮮果를. ≪朴諺, 上, 42ㅈ≫好文章諸般才藝, 文章이 됴코 여러 가지 才藝오. ≪朴諺, 上, 43ㅈ≫諸般絨線砌山子吊珠兒的麄白

線, 여러 가지 보ᄃᆞ라온 실과 귀여ᄉᆞ 무오고 진쥬 돌 굴근 흰 실과. ≪朴諺, 上, 61ㅎ≫諸般殿舍且不索說, 여러 가지 殿舍ᄂᆞᆫ 아직 다 니ᄅᆞ디 아니ᄒᆞ거니와. ≪朴諺, 中, 1ㅎ≫他的主兒拿着諸般顏色的小旗兒, 제 님재 여러 가지 빗체 젹은 旗를 가져다가. ≪朴諺, 中, 2ㅈ≫有呈諸般把戲的那, 여러 가지 노롯 뎡ᄒᆞᄂᆞᆫ 이 잇ᄂᆞ냐. ≪朴諺, 中, 6ㅈ≫諸般菜蔬·鷄鴨和升·斗·等子, 여러 가지 ᄂᆞᄆᆞᆯ과 ᄃᆞᆰ긔알과 되과 말과 저울을. ≪朴諺, 下, 23ㅎ≫百般搭不着, 빅 가지로 호ᄃᆡ 건디디 못ᄒᆞ니. ≪朴諺, 下, 37ㅈ≫諸般的都納與了租稅, 여러 가짓 거ᄉᆞᆯ 다 租稅예 밧티고. ≪朴諺, 下, 43ㅎ≫三寸氣在千般有, 三寸氣ㅣ 이시매 쳔 가지나 잇다가. 一日無常萬事休, 一日에 常이 업ᄉᆞ면 萬事ㅣ 休ᄒᆞᄂᆞ니라. ❺⇔양(樣). ≪朴諺, 中, 12ㅈ≫各樣帳房室車, 여러 가지 帳房ᄒᆞᆫ 室車와. ❻⇔잡(雜). ≪朴諺, 上, 61ㅎ≫諸雜名花奇樹不知其數, 여러 가지 名花 奇薵(樹)ᄂᆞᆫ 그 수를 아디 못ᄒᆞ고. ≪朴諺, 中, 32ㅈ≫松栢·檜栗諸雜樹木上, 松栢·檜栗 여러 가짓 남게.

가지(可知) [부] 그렁거니. ⇔그리어니. ≪集覽, 字解, 累字解, 1ㅎ≫可知. 그러 아니려. 又그러커니ᄯᆞ나. 本朝傳習之釋曰새로왼셔. ≪朴諺, 上, 2ㅎ≫可知道好, 그리어니 됴커니와. ≪朴諺, 上, 22ㅈ≫可知便賽, 그리어니 곳 던기쟈. ≪朴諺, 上, 32ㅈ≫可知快說謊, 그리어니 거즛말 니ᄅᆞ기를 잘ᄒᆞᄂᆞ니. ≪朴諺, 上, 42ㅈ≫可知都去裏, 그리어니 다 가ᄂᆞ니라. ≪朴諺, 上, 42ㅎ≫可知有福裏, 그리어니 有福ᄒᆞ다. ≪朴諺, 上, 51ㅎ≫可知難裏, 그리어이(니) 어려오니. ≪朴諺, 中, 15ㅎ≫可知得這證候, 그리어니 이 證候를 엇도다. ≪朴諺, 中, 25ㅎ≫可知那廝使長也做裏, 그리어니 뎌 놈이 使長의 큰갓도 민ᄃᆞ니. ≪朴諺, 中, 31ㅎ≫可知貌隨福轉, 그리어니 얼굴이 福을 조차 옴ᄂᆞ니라. ≪朴諺, 中, 41ㅈ≫可知道裏, 그리어니 닐럿ᄂᆞ니. ≪朴諺, 中, 53ㅈ≫可知道裡, 그리어니 닐럿ᄂᆞ니. ≪朴諺, 下, 13ㅎ≫可知每日兩箇羊爲頭兒, 그리어니 每日에 두 羊을 읏듬으로 ᄒᆞ고.

가지(可知) [형] 새롭다. ⇔새로외다. ≪集覽, 字解, 累字解, 1ㅎ≫可知. 그러 아니려. 又그러커니ᄯᆞ나. 本朝傳習之釋曰새로왼셔.

가지다 [동] 가지다. ❶⇔나(拿). ≪朴諺, 下, 31ㅈ≫拿劒的, 劒을 가지니와. ≪朴諺, 下, 47ㅎ≫拿茶椀把盞的跟着, 茶椀 가지며 잔 잡은 이 ᄯᆞ롸. ≪朴諺, 下, 48ㅎ≫各拿棍棒, 各各 막대를 가지며. ❷⇔나착(拿着). ≪朴諺, 上, 55ㅎ≫你拿着多少銀子買, 네 언머 은을 가지고 사려 ᄒᆞᄂᆞᆫ다. ≪朴諺, 中, 1ㅎ≫他的主兒拿着諸般顏色的小旗兒, 제 님재 여러 가지 빗체 젹은 旗를 가져다가. ≪朴諺, 中, 35ㅈ≫拿着取燈兒, 取燈을 가지고. ❸⇔원(援). ≪朴諺, 下, 50ㅎ≫我援琴一張酒一壺, 내 琴 一張 酒 一壺를 가지고. ❹⇔장(將). ≪集覽, 字解, 單字解, 1ㅎ≫稍. 寄也. 稍將來 브터 가져오라. ≪集覽, 字解, 單字解, 4ㅈ≫將. 持也. 將來 가져오라, 將着 가지라, 將咱們 우리를다가. 又將次 쟝ᄎᆞ. ≪朴諺, 上, 12ㅎ≫將米貼兒來對官號, ᄡᆞᆯ 톄ᄌᆞ 가져다가 官號 마초고. ≪朴諺, 上, 23ㅎ≫將一張紙來, ᄒᆞᆫ 댱 죠히를 가져다가. ≪朴諺, 上, 35ㅈ≫將一根兒草來, ᄒᆞᆫ 낫 플을 가져다가. ≪朴諺, 上, 40ㅈ≫先將那稀筅子攙了, 몬져 뎌 성귄 춤빗 가져다가 빗기고. ≪朴諺, 上, 66ㅎ≫咱兩箇將些布施和香去, 우리 둘히 져기 보시와 향을 가지고 가. ≪朴諺, 中, 12ㅈ≫你這車子先將到門外, 네 이 술위를 몬져 가지고 문 밧긔 가. ≪朴諺, 中, 19ㅎ≫將五兩銀子下馬莊裏去, 닷 냥 은을 가지고 下馬莊에 가. ≪朴諺, 中, 24ㅎ≫你將鋪盖送去, 네 鋪盖 가져 보내고. ≪朴諺, 中, 37ㅈ≫小廝將那厨裏夾板來, 아ᄒᆡ아

뎌 듀방에 협판을 가져다가. ≪朴諺, 中, 47ㅈ≫又將筆來面皮上畫了, 또 붓을 가져다가 ᄂᆞ체 그렷더니. ≪朴諺, 中, 58ㅈ≫將碎塼塊來, 즌 벽 덩이 가져다가. ≪朴諺, 下, 2ㅈ≫將兩根香來燒, 두 ᄌᆞᄅᆞ 향을 가져다가 픠오라. ≪朴諺, 下, 21ㅈ≫和將一塊靑泥來, ᄒᆞᆫ 덩이 프른 흙을 닉여 가져다가. ≪朴諺, 下, 29ㅎ≫碎家事和將瀝靑來, 즌 연장과 瀝靑을 가져다가. ≪朴諺, 下, 34ㅎ≫將我那提攬和皮俗來, 내 뎌 광주리와 皮俗를 가져다가. ≪朴諺, 下, 50ㅎ≫將一葉小漁艇, 一葉 小漁艇을 가지고. ❺⇔장착(將着). ≪集覽, 字解, 單字解, 4ㅈ≫將. 持也. 將來 가져오라, 將着 가지라, 將咱們 우리를다가. 又將次 쟝ᄎᆞ. ≪朴諺, 上, 33ㅈ≫穿着衲襖將着鉢盂, 누비옷 닙고 에우아리 가지고. ❻⇔취(取). ≪朴諺, 上, 57ㅎ≫我家裏取氈衫和油帽去, 우리 집의 氈衫과 油帽를 가질라 가노라. ≪朴諺, 下, 3ㅈ≫西天取經去時莭(節), 西天의 經 가질라 갈 제. ≪朴諺, 下, 12ㅎ≫你只取將墨斗, 네 그저 먹고조와. 墨篴, 먹갈과. 和鎊, 갓괴와. 鏟子, 항괴와. 退鉋, ᄃᆡ패와. 鑿子, 솔과. 斧子, 도치와. 銼子來做生活, 줄을 가져다가 셩녕ᄒᆞ라. ≪朴諺, 下, 17ㅎ≫唐僧往西天取經去時莭(節), 唐僧이 西天을 향ᄒᆞ여 經 가질라 갈 제. ❼⇔토(討). ≪朴諺, 上, 3ㅈ≫討酒的都迴來了, 술 가질라 갓더니 다 오나다. ❽⇔파(把). ≪朴諺, 下, 44ㅈ≫把那煤爐來, 뎌 煤炉를 가져다가.

가지도(可知道) 부 그렇거니. ⇔그리어니. ≪朴諺, 上, 2ㅎ≫可知道好, 그리어니 됴커니와. ≪朴諺, 中, 59ㅎ≫可知道不肯用心, 그리어니 즐겨 用心티 아니ᄒᆞᄂᆞ니.

가천하(家天下) 동 삼왕(三王)이 나라를 자기 개인의 집으로 여기다. ≪朴諺, 上, 53ㅈ≫官裏(集覽, 朴集, 上, 14ㅈ: 官裏. 呼皇帝爲官家, 亦曰官裏. 五帝官天下·三王家天下, 故云耳〈三王家天下故耳〉.)前面摼柳射弓的多有, 황뎨 앏픠셔 버들 곳고 활 뽀ᄂᆞ니 만히 이시니.

가치(價直) 명 값. 값어치. ≪朴諺, 上, 15ㅎ≫着鑌鐵(集覽, 朴集, 上, 6ㅈ: 鑌鐵. 總〈聡〉龜云, 出西番, 面上自有旋螺花者, 有芝蔴花者. 凡刀劍器打磨光淨, 價直過於銀, 鐵〈銕〉中最利者也.)打, 鑌鐵로 티이되. ≪朴諺, 下, 1ㅈ≫把我的銀鼠(集覽, 朴集, 下, 1ㅈ: 銀鼠. 形如靑鼠而差小, 色純雪白, 出達子地, 價直甚高.)皮背子, 내 銀鼠皮 背子와.

가칭(假稱) 동 어떤 이름을 임시로 정하여 부르다. 또는 그 이름. ≪朴諺, 下, 27ㅎ≫茶博士(集覽, 朴集, 下, 5ㅈ: 茶博士. 音義云, 進茶人之假稱.)們, 茶博士들히.

가탈ᄒᆞ다 동 가탈거리다. 절뚝거리다. ⇔점(點). ≪朴諺, 上, 56ㅈ≫點的細, 셰가탈호되.

가티다 동 갇히다. ⇔감금(監禁). ≪朴諺, 下, 15ㅎ≫冷鋪裏監禁着, 冷鋪에 가텻ᄂᆞ니라.

가톨ᄒᆞ다 동 가탈거리다. 절뚝거리다. ⇔점(點). ≪朴諺, 中, 7ㅈ≫五箇細點的馬來, 다ᄉᆞᆺ 셰가톨ᄒᆞᄂᆞᆫ ᄆᆞᆯ을 가져오고.

가평(嘉平) 명 음력 12월에 지내는 납제(臘祭)를 하대(夏代)에 일컫던 이름. ≪朴諺, 中, 53ㅎ≫今日臘(集覽, 朴集, 中, 8ㅎ: 臘. 無定日, 冬至後第〈苐〉二戊日是也. 夏曰嘉平, 殷曰淸祀, 周曰大禧, 秦曰臘, 漢仍之.)月二十五日, 오ᄂᆞᆯ이 臘月 二十五日이라.

가항(街巷) 명 거리. 가(街)는 넓고 곧은 거리, 항(巷)은 좁고 굽은 거리. ≪朴諺, 上, 16ㅈ≫張舍(集覽, 朴集, 上, 6ㅈ: 張舍. 王公·大人之家, 必有舍人, 卽家臣也. 如本國伴倘〈儻〉之類, 爲權勢倚任之人, 貧賤之所羨慕者也〈貧賤之所羨慕者〉. 故街巷呼親識爲張舍·李舍, 乃一時推敬之稱〈称〉.)你來, 張가야 이바. ≪朴諺, 下, 49ㅈ≫好女不看燈(集覽, 朴集, 下, 11ㅈ: 好女不看燈. 其寺觀街巷, 燈明若晝. 士女夜遊, 車馬塞路, 有足不躡地浮行數十

步者.), 好女는 看燈 아니ᄒᆞᆫ다 ᄒᆞᄂᆞ니라.

가흠(呵欠) 동 하품하다. ⇔하회옴ᄒᆞ다. ≪朴諺, 下, 9ㅈ≫內中一箇達達只管呵欠, 그 듕에 ᄒᆞᆫ 達達이 그저 ᄉᆞ리여 하회옴ᄒᆞ다가.

가흠(呵欠) 명 하품. ⇔하회옴. ≪朴諺, 中, 51ㅈ≫矮子呵欠氣兒不長, 난장의 하회옴은 긔운이 기디 아니타 ᄒᆞᄂᆞ니라.

가희 명 개의. ⇔구(狗). ≪朴諺, 上, 31ㅈ≫那狗骨頭知他那裏去, 뎌 가희ᄡᅵ 모로리로다 어ᄃᆡ 간디.

가희(可喜) 형 곱다. 사랑스럽다. 귀엽다. ⇔곱다. ≪朴諺, 上, 41ㅎ≫那女孩兒生的十分可喜, 뎌 새각시 얼굴이 ᄀᆞ장 고아. ≪朴諺, 上, 55ㅎ≫一箇赤馬生的十分可喜, ᄒᆞᆫ 졀다ᄆᆞᆯ이 얼굴이 ᄀᆞ장 고오되. ≪朴諺, 中, 26ㅎ≫李大的帽兒樣兒可喜不走作, 李大의 갓이 모양이 곱고 듦ᄣᅳ디 아니케 믠드랏고. ≪朴諺, 中, 31ㅎ≫那厮如今倒可喜, 뎌 놈이 이제 도로혀 곱더라. ≪朴諺, 下, 47ㅈ≫第二一箇十分可喜的衏衏, 第二는 ᄒᆞᆫ ᄀᆞ장 고온 녀기와.

가희ᄡᅵ 명 개새끼. 개자식. 짐승 같은 놈. (욕하는 말) ⇔구골두(狗骨頭). ≪朴諺, 上, 31ㅈ≫那狗骨頭知他那裏去, 뎌 가희ᄡᅵ 모로리로다 어ᄃᆡ 간디.

가히 부 가(可)히. ⇔가(可). ≪朴諺, 上, 21ㅈ≫可憐見, 가히 어엿브다. ≪朴諺, 上, 53ㅎ≫豈可望賞, 엇디 가히 샹을 ᄇᆞ라리오. ≪朴諺, 下, 9ㅎ≫這佛法最尊最貴不可不信, 이 佛法이 ᄀᆞ장 尊ᄒᆞ고 ᄀᆞ장 貴ᄒᆞ니 가히 밋디 아니티 못ᄒᆞᆯ 써시라. ≪朴諺, 下, 36ㅈ≫人不可貌相, 사ᄅᆞᆷ은 가히 얼굴로 상티 못ᄒᆞ고. 海不可斗量, 바다흔 가히 말로 되디 못ᄒᆞᆫ다 ᄒᆞ니.

가히(可-) 부 가(可)히. ⇔가(可). ≪朴諺, 上, 60ㅈ≫深淺長短不可量, 深淺 長短을 可히 혜아리디 못ᄒᆞ고. ≪朴諺, 中, 23ㅎ≫如是菩薩不可不參, 이런 菩薩을 可히 참견티 아니티 못ᄒᆞᆯ 거시라. ≪朴諺, 中, 24ㅈ≫尙有可得日, 오히려 可히 어들 날이 이시려니와. ≪朴諺, 下, 58ㅎ≫無德可表, 德이 可히 表ᄒᆞᆯ 거시 업고.

가히 명 개[犬]의. ≪朴諺, 中, 40ㅎ≫都是你兩箇小畜生的勾當, 다 너희 두 가히ᄡᅵ의 일이라.

가히ᄡᅵ 명 개새끼. 개자식. 짐승 같은 놈. (욕하는 말) ⇔소축생(小畜生). ≪朴諺, 中, 40ㅎ≫都是你兩箇小畜生的勾當, 다 너희 두 가히ᄡᅵ의 일이라.

각 관 각(各). ⇔각(各). ≪朴諺, 下, 28ㅈ≫這帽刷·靴刷各一箇, 이 帽刷·靴刷 각 ᄒᆞᆫ나와.

각(各) 관 ❶각(各). ⇔각. ≪朴諺, 中, 12ㅎ≫今年那裏慶尙·全羅·黃海·忠淸·江原各道裏, 올히 뎌긔 慶尙·全羅·黃海·忠淸·江原 各 道에. ≪朴諺, 下, 28ㅈ≫這帽刷·靴刷各一箇, 이 帽刷·靴刷 각 ᄒᆞᆫ나와. ❷여러. ⇔여러. ≪朴諺, 上, 57ㅎ≫各衙門官人們, 各 衙門 官人들을. ≪朴諺, 中, 12ㅈ≫各樣帳房室車, 여러 가지 帳房 ᄒᆞᆫ 室車와.

각(各) 부 각각. 각자. 제각기. ❶⇔각각. ≪朴諺, 下, 4ㅎ≫度脫衆生各得成佛, 衆生을 度脫ᄒᆞ고 각각 成佛ᄒᆞ엿ᄂᆞ니. ≪朴諺, 下, 11ㅎ≫各俱壹裏, 각각 ᄒᆞᆫ 안흘 ᄀᆞ초와. ≪朴諺, 下, 20ㅎ≫各上禪床坐定, 각각 禪床에 올라 안ᄶᅵ를 定ᄒᆞ고. ❷⇔각각(各各). ≪朴諺, 下, 48ㅎ≫各拿棍棒, 各各 막대를 가지며.

각(却) 부 또. ⇔ᄯᅩ. ≪集覽, 字解, 單字解, 5ㅈ≫却. ᄯᅩ. 又却來·却有來 뉘 아니라커니, 却有 ᄯᅩ 그. ≪朴諺, 上, 12ㅈ≫却不虧着我, ᄯᅩ 내게 섭디 아니ᄒᆞ냐. ≪朴諺, 上, 23ㅈ≫我却怎麽贏了這三十路碁, 내 ᄯᅩ 엇디 이 셜흔 집 바독을 이긔여뇨. ≪朴諺, 上, 32ㅎ≫却拿着那和尙, ᄯᅩ 뎌 즁을 잡아. ≪朴諺, 上, 45ㅈ≫却到學裏上書念一會, ᄯᅩ 學에 가 글 ᄇᆡ화 ᄒᆞᆫ 디위 念ᄒᆞ고. ≪朴諺, 上, 57ㅎ≫八舍你却那裏去, 八舍ㅣ아 네 ᄯᅩ 어ᄃᆡ 가ᄂᆞᆫ다. ≪朴諺, 上, 62ㅎ≫却到湖心橋上玉石龍床上, ᄯᅩ

ㄱ

湖心 橋上 玉石 龍床에 가. ≪朴諺, 中, 17ㅎ≫却不說, 또 닐ᄋ디 아녓ᄂ냐. ≪朴諺, 中, 25ㅈ≫却要打, 또 티리라. ≪朴諺, 中, 27ㅈ≫却打死那人, 또 그 사ᄅᆞᆷ을 텨 죽여. ≪朴諺, 中, 35ㅎ≫却吹殺那燈, 또 그 등잔을 부러 죽이고. ≪朴諺, 中, 46ㅈ≫你却不道首領官署了卷聽上不曾押裏, 네 또 首領官은 권에 일홈두고 廳上이 일즙 슈례두디 아녓다 니ᄅᆞ디 아니ᄒᆞ던다. ≪朴諺, 中, 53ㅎ≫却沒一件兒新衣裳怎麽好, 또 ᄒᆞᆫ 볼 새 衣裳이 업스니 엇디 ᄒᆞ여야 됴흐료. ≪朴諺, 下, 14ㅈ≫却喫粸子, 또 粸子썩을 먹고. ≪朴諺, 下, 16ㅈ≫却說我家漢子偷了, 또 닐오ᄃᆡ 우리 집 놈이 도적ᄒᆞ다 ᄒᆞ니. ≪朴諺, 下, 19ㅈ≫却把伯眼打了一鐵棒, 또 伯眼을다가 ᄒᆞᆫ 쇠막대로 티니. ≪朴諺, 下, 22ㅈ≫却是桃核, 또 이 복셩화 씨라. ≪朴諺, 下, 37ㅎ≫却點饋那官人, 또 뎌 官人의게 뎍어 주니. ≪朴諺, 下, 38ㅎ≫你却爲甚麽不跟去, 네 또 므서슬 위ᄒᆞ여 ᄯᆞᆯ와 가디 아니ᄒᆞᆫ다. ≪朴諺, 下, 41ㅈ≫却不沒了老曹來, 또 老曹ㅣ 죽디 아니ᄒᆞ냐. ≪朴諺, 下, 52ㅎ≫却跳墻出去, 또 담을 ᄯᅱ여 나가시니.

각(角) 명 ❶각수(角宿). 이십팔수(二十八宿)의 하나. 동방(東方) 창룡 칠수(蒼龍七宿)의 첫째 별. ≪朴諺, 中, 54ㅈ≫角安, 角은 安ᄒᆞ고. ❷뿔로 만들어 국악 연주에서 쓰던 나발. ≪朴諺, 下, 47ㅈ≫前面動細樂·大樂吹角, 앏픠 細樂·大樂을 動ᄒᆞ며 角을 불고.

각(角) 명 구석. ⇔구석. ≪朴諺, 中, 48ㅈ≫眼脂兒眼角裏流下來, 눈곱이 눈 ᄉᆞ석에 흘러ᄂ리되.

각(角) 의 ❶모. 모서리. ⇔모. ≪朴諺, 上, 17ㅈ≫鵝老翅鶴兒, 쇼로기연. 鮎魚鶴兒, 머유기연. 八角鶴兒, 여듧모연. 月樣鶴兒, ᄃᆞᆯ ᄀᆞᄐᆞᆫ 연. 人樣鶴兒, 사ᄅᆞᆷ ᄀᆞᄐᆞᆫ 연. 四方鶴兒, 네모연. ❷모. 모퉁이. ⇔모ㅎ. ≪朴諺, 上, 60ㅎ≫兩角獸頭都是青瑠璃, 두 모헤 獸頭ᄂᆞᆫ 다 青瑠璃오.

각(刻) 명 시각. ≪朴諺, 下, 48ㅈ≫甚時幾刻立春, 아므 때 현 刻에 立春 ᄒᆞᆫ다 ᄒᆞ면.

각(脚) 명 ❶다리. ⇔다리. ≪朴諺, 下, 44ㅎ≫煮一脚羊肉着, ᄒᆞᆫ 다리 양의 고기를 ᄉᆞᆯ므라. ❷발. ⇔발. ≪朴諺, 上, 24ㅎ≫脚穿着皀麂皮嵌金線藍條子, 발에 신은 거슨 거믄 기ᄌᆞ피예 金線 남 오리로 갸품 씨고. ≪朴諺, 上, 35ㅈ≫脚內踝上灸了三壯艾來, 발 안쉬머리 우희 三壯 ᄡᅮᆨ으로 ᄠᅳ니. ≪朴諺, 上, 35ㅈ≫放在脚內踝尖骨頭上, 발 안쉬머리 뽀족ᄒᆞᆫ 뼈 우희 노하. ≪朴諺, 上, 35ㅎ≫一箇脚上三壯家灸的, ᄒᆞᆫ 발 우희 三壯식 ᄠᅳ되. ≪朴諺, 下, 7ㅎ≫放着一箇三隻脚鐵蝦蟆兒便是, ᄒᆞᆫ 세 발 가진 쇠두텁이 노흔 거시 곳이라. ≪朴諺, 下, 22ㅎ≫脚踏鍋邊待要出來, 발로 가맛 ᄀᆞ을 드ᄃᆡ고 나오고져 ᄒᆞ다가. ≪朴諺, 下, 31ㅈ≫脚穿着朝雲靴, 발에 朝雲靴를 신고. ≪朴諺, 下, 47ㅈ≫脚穿朝雲靴, 발에 朝雲靴를 신고. ❸발톱. ⇔발돕. ≪朴諺, 上, 47ㅈ≫修脚五箇錢, 발돕 다듬기ᄂᆞᆫ 다ᄉᆞᆺ 낫 돈이니. ≪朴諺, 上, 47ㅎ≫梳刮頭修了脚, 머리 긁빗고 발돕 다듬고.

각(閣) 명 집. 전각. ⇔집. ≪朴諺, 上, 60ㅎ≫兩閣中間有三叉石橋, 두 집 ᄉᆞ이에 세 가래 石橋ㅣ 이시니. ≪朴諺, 上, 61ㅎ≫閣前水面上, 집 앏 믈 우희.

각(覺) 동 ❶깨닫다. ⇔ᄭᆡᄃᆞᆮ다. ≪朴諺, 下, 52ㅈ≫不覺有賊人入來本家東屋內, 賊人이 이셔 本家 東屋 안희 드러오ᄆᆞᆯ ᄭᆡᄃᆞᆮ디 못ᄒᆞ여. ❷깨치다. 깨닫다. ⇔ᄭᆡ티다. ≪朴諺, 中, 47ㅈ≫他酒醒了起來不覺, 뎌 술이 ᄭᆡ여 니러나 ᄭᆡ티디 못ᄒᆞ고.

각각 부 각각. 각자. 제각기. ❶⇔각(各). ≪朴諺, 下, 4ㅎ≫度脫衆生各得成佛, 衆生을 度脫ᄒᆞ고 각각 成佛ᄒᆞ엿ᄂᆞ니. ≪朴諺, 下, 11ㅎ≫各俱壹裏, 각각 ᄒᆞᆫ 안흘 ᄀᆞ초와. ≪朴諺, 下, 20ㅎ≫各上禪床坐定, 각각 禪床에 올라 안ᄶᅵ를 定ᄒᆞ고. ❷⇔각자(各自). ≪朴諺, 上, 23ㅈ≫咱就那一日各自說箇重誓, 우리 임의셔 그 날에 각

각 듕ᄒᆞᆫ 밍셔를 닐러. ≪朴諺, 上, 49ㅈ≫咱各自用心儘氣力射, 우리 각각 用心ᄒᆞ야 氣力을 잇긋ᄒᆞ야 뽀쟈. ≪朴諺, 上, 50ㅈ≫各自丢入去, 각각 드리텨든. ≪朴諺, 中, 12ㅎ≫到那裏各自省睡些箇, 뎌긔 가 각각 ᄌᆞᆷ을 져기 덜고. ≪朴諺, 下, 31ㅈ≫各自腰帶七寶環刀, 각각 허리예 七寶 ᄒᆞᆫ 環刀를 ᄎᆞ고. ≪朴諺, 下, 32ㅈ≫咱各自愛喫甚麽飯, 우리 각각 므슴 밥을 즐겨 먹ᄂᆞᆫ고. 各自說, 각각 니ᄅᆞ쟈. ≪朴諺, 下, 32ㅈ≫官人們各自說, 官人들히 각각 니ᄅᆞ라. ≪朴諺, 下, 33ㅎ≫咱各自儘飽喫, 우리 각각 잇긋 ᄇᆡ블리 먹쟈.

각각(各各) 부 각각. 각자. 제각기. ❶⇔각(各). ≪朴諺, 下, 48ㅎ≫各拿棍棒, 各各 막대를 가지며. ❷⇔각자(各自). ≪朴諺, 下, 48ㅎ≫各自一火家, 各各 ᄒᆞᆫ 무리식.

각두(角頭) 명 ❶모롱이. 또는 일정 지역의 중심지. ⇔모롱이. ≪朴諺, 上, 10ㅈ≫去角頭(集覽, 朴集, 上, 5ㅈ: 角頭. 音義云, 東南西北住來人煙〈烟〉湊集之處. 今按, 角頭, 卽通逵達道要會之衝, 傭力求直之人坌集之所. 然漢俗呼市纏亦曰角頭, 爲歸〈故〉市者必指角頭而去, 故云尒.)叫幾箇打墻的和坌工來築墻, 모롱이에 가 여러 담 ᄡᆞᄂᆞᆫ 이와 조역을 블러다가 담 ᄡᆞ이리라. ≪朴諺, 上, 14ㅈ≫角頭買段子去來, 모롱이에 비단 사라 갓ᄃᆞ니라. ≪朴諺, 上, 51ㅎ≫小人在那東角頭堂子間壁下着裏, 小人이 뎌 동녁 모롱이 堂子ㅅ ᄇᆞ롬을 ᄉᆞ이ᄒᆞ여 브리워 잇노라. ≪朴諺, 上, 55ㅈ≫東角頭牙家去處廣, 동녁 모롱이에 즈름 가ᄂᆞᆫ ᄃᆡ 만ᄒᆞ니. ≪朴諺, 中, 36ㅈ≫角頭店裏買段子去裏, 모롱이 店에 비단 사라 가니. ≪朴諺, 下, 39ㅎ≫他在樞密院角頭住裏, 뎨 樞密院 모롱이에 이셔 사ᄂᆞ니라. ≪朴諺, 下, 55ㅎ≫各處橋上角頭們貼去, 各處 ᄃᆞ리 모롱이들헤 브티고. ❷모. 모퉁이. ⇔모ㅎ. ≪朴諺, 下, 30ㅎ≫四角頭立地的四箇將軍, 네 모히 셧ᄂᆞᆫ 네 將軍이.

각락(閣落) 명 구석. 모퉁이. ⇔구석. ≪朴諺, 中, 59ㅎ≫颩在櫃子閣落裡, 궤 구석에 드리티고.

각래(却來) 부 도리어. 거꾸로. 그 실상은. ≪集覽, 字解, 單字解, 5ㅈ≫却. 또. 又却來·却有來 뉘 아니라 커니, 却有 또 그.

각력(脚力) 명 다리의 힘. 두 다리의 힘. ≪朴諺, 中, 52ㅈ≫年時牢子們走(集覽, 朴集, 中, 8ㅎ: 牢子走. 南村輟耕錄云, 牢子走者, 元時, 每歲一試之, 名曰放走, 亦名貴由赤, 俗謂快行是也. 以脚力便捷者膺上賞, 故監役之官, 齊其名數而約之以繩, 使無後先參差之爭, 然後去繩放行.)的你見來麽, 젼년에 牢子들희 ᄃᆞ롬질을 네 본다.

각배(脚背) 명 발등. ⇔발ᄯᅳᆼ. ≪朴諺, 中, 1ㅎ≫脚背上轉, 발ᄯᅳᆼ에 구을리고.

각벼리 부 각별히. ⇔영(另). ≪集覽, 字解, 單字解, 2ㅎ≫另. 音零, 去聲. 別也, 零也. 另的 ᄠᅡᆫ 것. 吏語, 另行 각벼리 ᄒᆞ다.

각별이 부 각별히. ⇔별(別). ≪朴諺, 中, 9ㅈ≫相公們別沒擎賫錢粮, 相公들이 각별이 錢粮을 擊賫홈이 업고. ≪朴諺, 中, 45ㅎ≫別沒不了的事件, 각별이 ᄆᆞᆺ디 못ᄒᆞᆫ 일이 업고.

각삭(脚索) 명 지달로 말의 발을 묶을 때 쓰는 바. ⇔지달쏠바. ≪朴諺, 中, 11ㅎ≫少梯子, 술위앏괴오ᄂᆞᆫ나모. 撑頭, 술위뒤괴오ᄂᆞᆫ나모. 套繩, 멠줄. 撒繩, ᄭᅳ을줄. 拘索, 목집게. 籠頭, 바굴레. 脚索, 지달쏠바. 鞍子, 기ᄅᆞ마. 肚帶, 빗대 업세라.

각살료(覺撒了) 동 알다. 깨닫다. ⇔아다. ≪集覽, 字解, 單字解, 1ㅎ≫撒. 散之也. 撒了 헤티다. 又覺也. 覺撒了 아다. 又放也. 撒放罪人 죄인을 앗아라 노타.

각색(各色) 명 갖가지 빛깔. ≪朴諺, 中, 54ㅎ≫着他搓各色線, 뎔로 ᄒᆞ여 各色 실을 븨이고.

각수(脚手) 명 발과 손. ⇔발손. ≪朴諺, 下, 6ㅈ≫一般動脚動手做生活, ᄒᆞᆫ가지로 발손을 놀려 ᄒᆞᆫ 셩녕이.

ㄱ

각시 명 각시. 젊은 계집. ⇔저저(姐姐). ≪朴諺, 上, 42ㅎ≫好姐姐, ᄆᆞ음 됴흔 각시아.

각심(脚心) 명 발바닥. ⇔발빠당. ≪朴諺, 中, 1ㅎ≫放在他脚心上轉, 뎌 발빠당에 노하 구을리고.

각아(脚兒) 명 양곡(糧穀)을 운반하는 역부(役夫). ≪朴諺, 上, 13ㅈ≫與他小脚兒錢, 뎌를 젹은 삭 갑슬 주되.

각아전(脚兒錢) 명 삯 값. 각아(脚兒)에게 주는 삯돈. ⇔삭갑. ≪朴諺, 上, 13ㅈ≫與他小脚兒錢, 뎌를 젹은 삭 갑슬 주되.

각양(各揉) 명 각양(各様). '揉'은 '㨾'과 같다. ≪朴諺, 中, 45ㅈ≫那書案上的各揉書冊, 뎌 셔안 우희 各揉 書冊을.

각양(各樣) 명 갖가지 모양. ≪朴諺, 中, 45ㅈ≫那書案上的各揉書冊, 뎌 셔안 우희 各揉 書冊을.

각우(却又) 부 또. ⇔ᄯᅩ. ≪朴諺, 下, 15ㅎ≫却又招災, ᄯᅩ 징화롤 브ᄅᆞ니.

각이(各異) 형 각각 다르다. ≪朴諺, 上, 3ㅈ≫內府裡着姓崔的外郞(集覽, 朴集, 上, 1ㅎ: 外郞. 泛稱各衙門吏典之號. 俗嫌其犯於員外郞之號, 呼外字爲上聲. 大小衙門吏典名稱各異.)討去, 內府에는 姓이 崔가 外郞으로 ᄒᆞ여 어드라 가게 ᄒᆞ라.

각인(各人) 명 각각의 사람. ≪朴諺, 上, 1ㅎ≫各人出一百箇銅錢, 各人이 一百 낫 銅錢을 내면.

각자(各自) 부 각각. 각자. 제각기. ❶⇔각각. ≪朴諺, 上, 23ㅈ≫咱就那一日各自說箇重誓, 우리 임의셔 그 날에 각각 듕흔 밍셰롤 닐러. ≪朴諺, 上, 49ㅈ≫咱各自用心儘氣力射, 우리 각각 用心ᄒᆞ야 氣力을 잇긋ᄒᆞ야 쏘쟈. ≪朴諺, 上, 50ㅈ≫各自丟入去, 각각 드리텨든. ≪朴諺, 中, 12ㅎ≫到那裏各自省睡些箇, 뎌긔 가 각각 즘을 져기 덜고. ≪朴諺, 下, 31ㅈ≫各自腰帶七寶環刀, 각각 허리예 七寶 ᄒᆞᆫ 環刀롤 ᄎᆞ고. ≪朴諺, 下, 32ㅈ≫咱各自愛喫甚麽飯, 우리 각각 므슴 밥을 즐겨 먹는고. 各自說, 각각 니ᄅᆞ쟈. ≪朴諺, 下, 32ㅈ≫官人們各自說, 官人들히 각각 니ᄅᆞ라. ≪朴諺, 下, 33ㅎ≫咱各自儘飽喫, 우리 각각 잇긋 빅블리 먹쟈. ❷⇔각각(各各). ≪朴諺, 下, 48ㅎ≫各自一火家, 各各 ᄒᆞᆫ 무리식.

각자(脚子) 명 다리. ⇔다리. ≪朴諺, 中, 30ㅈ≫乾羊脚子煮着裏, ᄆᆞ론 羊의 다리롤 ᄉᆞᆯ맛노라.

각전(脚錢) 명 삯 값. 운반비. ❶⇔삭갑. ≪朴諺, 上, 11ㅎ≫咱們且商(商)量脚錢着, 우리 아직 삭 갑 혜아리쟈. ❷⇔삭값. ≪朴諺, 上, 12ㅈ≫你與多少脚錢, 네 언머 삭 갑슬 주려 ᄒᆞᄂᆞ다.

각조(却早) 부 벌써. 또는 일찍이. ⇔불셔. ≪集覽, 字解, 單字解, 5ㅈ≫早. 早裏 일엇다, 却早 불셔. ≪朴諺, 上, 6ㅈ≫如今却早有賣的拳杏麽, 이제 불셔 拳杏 풀 리 인ᄂᆞ냐. ≪朴諺, 中, 45ㅎ≫却早滿三十箇月, 불셔 三十月이 찻도다. ≪朴諺, 中, 53ㅎ≫咳却早年莭(節)下也, 애 불셔 年莭(節)이 다ᄃᆞ랏ᄯᅩ나. ≪朴諺, 下, 23ㅈ≫却早不見了, 불셔 보디 못홀러라.

각지 명 깍지. 각지(角指). ⇔제기(濟機). ≪朴諺, 上, 49ㅈ≫饋你濟機, 너를 각지를 주마.

각처(各處) 명 여러 곳. ≪朴諺, 下, 55ㅎ≫各處橋上角頭們貼去, 各處 ᄃᆞ리 모롱이 들헤 브티고.

각타(覺他) 동 〈불〉 스스로 깨달음과 동시에 남을 개오(開悟)시켜 생사고(生死苦)에서 떠나게 하다. ≪朴諺, 上, 33ㅈ≫你是佛(集覽, 朴集, 上, 9ㅎ: 佛. 梵云婆加婆, 唐言佛. ヒ者, 覺也, 自覺·ヒ他. 一切有情咸具此道, 悟者卽名佛, 迷者曰衆生.)家弟子, 너는 이 佛家 弟子ㅣ라.

간 의 간. 칸살. ⇔간(間). ≪朴諺, 上, 37ㅎ≫一間房子裏五箇人剛坐的, ᄒᆞᆫ 간 방에 다ᄉᆞᆺ 사ᄅᆞᆷ이 계요 안는 거시여. ≪朴諺, 中, 39ㅈ≫正房幾間, 正房이 현 간. 西房幾間, 西房이 현 간. 東房幾間, 東房

이 현 간. 暖閣幾間, 暖閣이 현 간. 花房幾間, 花房이 현 간. 捲蓬(篷)幾間, 무랑각이 현 간. 佛堂一間, 佛堂이 훈 간. ≪朴諺, 中, 39ㅈ≫庫房幾間, 庫房이 현 간. 馬房幾間, 馬房이 현 간. 廚房幾間, 廚房이 현 간. ≪朴諺, 中, 39ㅈ≫客位幾間, 客位ㅣ 현 간이오.

간(干) 동 간섭(干涉)하다. ⇔간셥ᄒᆞ다. ≪朴諺, 中, 10ㅈ≫並不干買主之事, 다 산 님자의게는 간셥디 아닌 일이라. ≪朴諺, 中, 36ㅎ≫干你甚麽事, 네게 므슴 일이 간셥ᄒᆞ뇨.

간(看) 동 ❶(맥을) 보다. 진맥하다. 진찰하다. ⇔보다. ≪朴諺, 中, 15ㅈ≫與我把脉息看一看, 날을 脉을 보아 주고려. ❷보다. ⇔보다. ≪朴諺, 上, 3ㅎ≫在那裏拿來我看, 어ᄃᆡ 잇ᄂᆞ뇨 가져오라 내 보쟈. ≪朴諺, 上, 14ㅈ≫你將來我看, 네 가져오라 내 보쟈. ≪朴諺, 上, 22ㅎ≫咱擺着看, 우리 버려 보쟈. ≪朴諺, 上, 35ㅈ≫一箇太醫看我小肚皮上使一針, 훈 太醫 날을 보고 져근ᄇᆡ 우희 훈 번 침 주고. ≪朴諺, 上, 47ㅎ≫分付這管混堂的看着, 이 混堂 ᄀᆞ음아ᄂᆞ니게 分付ᄒᆞ여 보라 ᄒᆞ고. ≪朴諺, 上, 60ㅈ≫近看時遠侵碧漢, 갓가이셔 보면 멀리 碧漢을 侵ᄒᆞ고. ≪朴諺, 中, 1ㅈ≫拘欄裏看雜技去來, 拘欄에 雜技 보라 가쟈. ≪朴諺, 中, 4ㅎ≫你將樣子來我看, 네 樣子를 가져오라 내 보쟈. ≪朴諺, 中, 18ㅈ≫隔簾聽笑語燈下看佳人, 발을 즈음ᄒᆞ여 笑語를 듯고 燈下에 佳人을 봄이라 ᄒᆞ니. ≪朴諺, 中, 40ㅈ≫你看那瓦有破的時, 네 보아 뎌 디새 ᄲᆡ여디니 잇거든. ≪朴諺, 中, 56ㅈ≫我先跳你看, 내 몬져 ᄠᅱᆯ 거시니 네 보라. ≪朴諺, 下, 9ㅈ≫衆人看他的中間, 모든 사ᄅᆞᆷ이 뎌를 볼 ᄉᆞ이예. ≪朴諺, 下, 13ㅈ≫臨窓看書亦看花, 窓에 臨ᄒᆞ여 글을 보고 ᄯᅩ 곳출 보쟈. ≪朴諺, 下, 22ㅈ≫着將軍開槓看, 將軍으로 ᄒᆞ여 槓를 여러 보니. ≪朴諺, 下, 25ㅎ≫我看便知道, 내 보면 곳 알리라. ≪朴諺, 下, 29ㅎ≫你看我這帽頂子, 네 보라 내 이 가ᄉᆡᆺ 頂子ㅣ. ≪朴諺, 下, 36ㅈ≫看那一箇毬兒老時, 어ᄂᆡ ᄒᆞ나 당방올티기 니그니를 보와. ≪朴諺, 下, 43ㅎ≫你看那飯, 네 뎌 밥을 보라. ≪朴諺, 下, 56ㅈ≫你看這告子, 네 이 방을 보라. ❸보다. 지키다. ⇔보다. ≪朴諺, 中, 25ㅈ≫好生用心看家着, ᄀᆞ장 用心ᄒᆞ여 집을 보라.

간(看) 동 ❶보살피다. ⇔보ᄉᆞᆯ피다. ≪朴諺, 中, 12ㅎ≫黑夜用心好生看着, 밤의 用心ᄒᆞ여 ᄀᆞ장 보ᄉᆞᆯ피라. ❷보이다. 보게 하다. ⇔뵈다. ≪朴諺, 上, 53ㅎ≫着我看了之後, 날을 뵌 후에. ≪朴諺, 上, 64ㅎ≫着別人看, 다른 사ᄅᆞᆷ으로 ᄒᆞ여 뵈면. ≪朴諺, 中, 14ㅎ≫請將范太醫來看, 范太醫를 請ᄒᆞ여 와 뵈라. ≪朴諺, 中, 26ㅎ≫着我看了的之後, 날로 ᄒᆞ여 뵌 후에. ≪朴諺, 下, 27ㅎ≫着別人看去, 다른 사ᄅᆞᆷ으로 ᄒᆞ여 뵈라 가라.

간(揀) 동 가래다. 분별하다. 가리다. ⇔ᄀᆞᆯ히다. ≪朴諺, 上, 29ㅎ≫你自揀(揀)着要, 네 손ᄌᆞ ᄀᆞᆯ히여 사라. ≪朴諺, 上, 33ㅈ≫揀(揀)那清淨山庵裏, 뎌 清淨훈 山庵을 ᄀᆞᆯ히여. ≪朴諺, 上, 55ㅎ≫你自馬市裏揀(揀)着買去, 네 손ᄌᆞ ᄆᆞᆯ 져제 ᄀᆞᆯ히여 사라 가라. ≪朴諺, 中, 8ㅈ≫揀(揀)定了馬也, ᄆᆞᆯ을 ᄀᆞᆯ히여 뎡ᄒᆞ여다. ≪朴諺, 中, 49ㅎ≫咱休揀(揀)着擺, 우리 ᄀᆞᆯ히여 버리디 말고. ≪朴諺, 中, 51ㅎ≫揀(揀)路兒行來, 길흘 ᄀᆞᆯ히여 오롸. ≪朴諺, 中, 55ㅈ≫揀(揀)着十分細的大紅腰線上, ᄀᆞ장 ᄀᆞᄂᆞᆫ 大紅 감기엣 치를 ᄀᆞᆯ히라. ≪朴諺, 下, 44ㅎ≫揀(揀)着那乏煤, 뎌 ᄠᅳᆫ믹탄을 ᄀᆞᆯ히여. ≪朴諺, 下, 48ㅈ≫這般揀(揀)定時辰, 이리 ᄣᅢ를 ᄀᆞᆯ히여 定ᄒᆞ고.

간(間) 명 ❶가운데. ⇔가온ᄃᆡ. ≪朴諺, 下, 46ㅈ≫當間裏按一箇木頭做的明珠, 가온ᄃᆡ 훈 남그로 ᄆᆡᆫ든 明珠를 박고. ❷사이. ⇔ᄉᆞ이. ≪朴諺, 上, 51ㅎ≫小人在那東角頭堂子間壁下着裏, 小人이 뎌 동녁 모롱

이 堂子ㅅ ᄇᆞ름을 ᄉᆞ이ᄒᆞ여 ᄇᆞ리워 잇노라. ≪朴諺, 中, 22ㅈ≫起浮屠於泗水之間, 浮屠를 泗水ㅅ ᄉᆞ이에 니ᄅᆞ혀고. ≪朴諺, 中, 25ㅎ≫如今搬在法藏寺西邊混堂間壁住裏, 이제 法藏寺 셔편 混堂 ᄉᆞ이 ᄇᆞ람에 올마 사ᄂᆞ니. ≪朴諺, 下, 33ㅎ≫這間壁磨房裏取將來, 이 ᄉᆞ잇 ᄇᆞ롬매(애) ᄀᆞ는집의 가져오쟈. ❸섞다. ⇔섯ㄱ다. ≪朴諺, 下, 25ㅈ≫沒有, 업고. 靑白間串的上等玉珠兒有幾串, 靑白 섯거 웬 샹등 옥구슬 여러 웨옴이 이셰라.

간(間) 의 간. 칸살. ⇔간. ≪朴諺, 上, 37ㅎ≫一間房子裏五箇人剛坐的, ᄒᆞᆫ 간 방에 다ᄉᆞᆺ 사ᄅᆞᆷ이 계요 안는 거시여. ≪朴諺, 中, 39ㅈ≫正房幾間, 正房이 현 간. 西房幾間, 西房이 현 간. 東房幾間, 東房이 현 간. 暖閣幾間, 暖閣이 현 간. 花房幾間, 花房이 현 간. 捲蓬(篷)幾間, 무량각이 현 간. 佛堂一間, 佛堂이 ᄒᆞᆫ 간. ≪朴諺, 中, 39ㅈ≫庫房幾間, 庫房이 현 간. 馬房幾間, 馬房이 현 간. 廚房幾間, 廚房이 현 간. ≪朴諺, 中, 39ㅈ≫客位幾間, 客位ㅣ 현 간이오. ≪朴諺, 下, 13ㅎ≫能盖萬間房, 능히 萬間 房을 지어도. 夜眠一廈間, 밤의 一廈 間에 잔다 ᄒᆞᄂᆞ니라.

간(幹) 동 ❶이루다. 또는 세우다. ⇔일오다. ≪朴諺, 中, 60ㅎ≫這般兒當着幹時, 이리 숨어 일오면. ≪朴諺, 中, 60ㅎ≫不使錢幹勾當, 돈을 ᄡᅳ디 아니ᄒᆞ고 일을 일오려 ᄒᆞ면. ❷하다. 일하다. 처리하다. ⇔ᄒᆞ다. ≪朴諺, 中, 52ㅈ≫我也沒甚麽幹的勾當, 나도 아므란 ᄒᆞᆯ 일이 업고. ≪朴諺, 下, 11ㅎ≫孩兒這裏所幹已成完備, 孩兒ㅣ 여긔 ᄒᆞ는 배 임의 完備케 되여시니.

간(慳) 형 다랍다. 인색하다. ⇔다랍다. ≪朴諺, 上, 32ㅈ≫人貧只爲慳少債快說謊, 사ᄅᆞᆷ이 가난ᄒᆞ면 그저 다랍고 빗지면 거즛말 니ᄅᆞ기 잘ᄒᆞᆫ다 ᄒᆞᄂᆞ니라.

간(趕) 동 ❶밀다[推]. 또는 몰다. 부리다. ⇔밀다. ≪集覽, 字解, 單字解, 2ㅎ≫趕. 音干, 上聲. 亦作趕. 趁也, 及也. 趕上 밋다. 又逐也. 趕出去 내티다. 又驅也. 趕牛 쇼 모다. ≪朴諺, 中, 26ㅈ≫陝(陜)西趕來的白駝氈大帽兒一箇, 陝(陜)西셔 미러 온 白駝氈 큰갓 ᄒᆞ나흘 ᄆᆡᆫ드되. ❷미치다. ⇔밋츠다. ≪朴諺, 中, 54ㅈ≫赶也赶上做裡, 밋츠믄 미처 지으리라. ❸따르다. ⇔ᄠᆞ로다. ≪朴諺, 下, 24ㅎ≫先生變做老虎赶, 先生이 변ᄒᆞ여 老虎ㅣ 되여 ᄠᆞ로거ᄂᆞᆯ.

간(趕) 동 몰다[驅]. ❶⇔모다. ≪集覽, 字解, 單字解, 2ㅎ≫赶. 音干, 上聲. 亦作趕. 趁也, 及也. 赶上 밋다. 又逐也. 赶出去 내티다. 又驅也. 赶牛 쇼 모다. ❷⇔몰다. ≪朴諺, 上, 22ㅎ≫殺一殺入一入赶一赶扭將去打拟, 주기리 주기고 드리리 드리고 몰 리 모라 에워 가 패 티쟈. ≪朴諺, 中, 13ㅎ≫我赶着一百疋馬, 내 一百 疋 ᄆᆞᆯ을 몰고. ≪朴諺, 下, 46ㅎ≫立地赶牛, ᄊᆞ히 셔셔 쇼를 몰면.

간(趕) 동 쫓다. ❶⇔ᄧᅩᆺ다. ≪集覽, 字解, 單字解, 2ㅎ≫赶. 音干, 上聲. 亦作趕. 趁也, 及也. 赶上 밋다. 又逐也. 赶出去 내티다. 又驅也. 赶牛 쇼 모다. ≪朴諺, 中, 55ㅎ≫將蠅拂子來都赶了, ᄑᆞ리채 가져다가 다 ᄧᅩᆺ고. ❷⇔ᄶᅩᆺ다. ≪朴諺, 下, 48ㅎ≫這般赶退了, 이리 ᄶᅩ차 믈리티고.

간(趕) 부 뒤미처. ⇔미처. ≪集覽, 字解, 單字解, 2ㅎ≫赶. 音干, 上聲. 亦作趕. 趁也, 及也. 赶上 밋다. 又逐也. 赶出去 내티다. 又驅也. 赶牛 쇼 모다. ≪朴諺, 中, 54ㅈ≫赶也赶上做裡, 밋츠믄 미처 지으리라.

간(澗) 명 시내. ⇔시내. ≪朴諺, 中, 32ㅎ≫有深深淺淺澗, 深深 淺淺ᄒᆞᆫ 시내 이시며.

간각(趕脚) 동 (말·당나귀·노새 등을 몰고 다니면서) 삯짐을 싣다. 마바리를 끌다. ≪朴諺, 上, 11ㅈ≫那挑脚(集覽, 朴集, 上, 5ㅈ: 挑脚. 舊本作赶脚的. 謂赶脚者, 賃驢〈駬〉取直之人, 謂挑脚者, 負擔重物求直之人也.)的, 뎌 삭짐 지는 이아.

간각자(趕脚者) 명 간각(趕脚)하는 사람.

곧, 마부. 말몰이꾼. ≪朴諺, 上, 11ㅈ≫那挑脚(集覽, 朴集, 上, 5ㅈ: 挑脚. 舊本作赶脚的. 謂赶脚者, 賃驢〈駉〉取直之人, 謂挑脚者, 負擔重物求直之人也.)的, 뎌 삭짐 지는 이아.

간각적(赶脚的) 명 간각(赶脚)하는 사람. 곧, 마부. 말몰이꾼. ≪朴諺, 上, 11ㅈ≫那挑脚(集覽, 朴集, 上, 5ㅈ: 挑脚. 舊本作赶脚的. 謂赶脚者, 賃驢〈駉〉取直之人, 謂挑脚者, 負擔重物求直之人也.)的, 뎌 삭짐 지는 이아.

간경(看經) 동 〈불〉 불경(佛經)을 소리 내지 않고 속으로 읽다. ⇔간경ᄒᆞ다(看經-). ≪朴諺, 上, 33ㅎ≫歸佛敬法看經(集覽, 朴集, 上, 10ㅈ: 經. 般若經序云, 經者, 徑也. 是成佛之徑路.)念佛也好, 歸佛 敬法ᄒᆞ며 看經·念佛홈이 됴커늘.

간경ᄒᆞ다(看經-) 동 〈불〉 불경(佛經)을 소리 내지 않고 속으로 읽다. ⇔간경(看經). ≪朴諺, 上, 33ㅎ≫歸佛敬法看經(集覽, 朴集, 上, 10ㅈ: 經. 般若經序云, 經者, 徑也. 是成佛之徑路.)念佛也好, 歸佛 敬法ᄒᆞ며 看經·念佛홈이 됴커늘.

간고(艱苦) 동 고달프게 하다. 힘들고 어렵게 하다. ≪集覽, 字解, 累字解, 1ㅈ≫生受. 艱苦也. 又貧乏也.

간관(幹管) 동 어떤 임무나 사무를 맡아 처리하다. ≪集覽, 字解, 單字解, 3ㅎ≫勾. 平聲, 曲也. 勾龍, 社神, 勾芒, 春神, 勾吳, 地名. 今按, 俗語勾了 유여ᄒᆞ다, 又 에우다. 又能勾 어루, 又유여히. 又吏語, 勾取 자피다, 又勾攝公事 공ᄉᆞ로 블리다, 又勾喚 블리다. 又去聲, 勾當, 幹管也, 又事也, 勾當亦去聲.

간난(艱難) 형 곤란(困難)하다. 어렵다. 힘들다. ❶⇔간난ᄒᆞ다. ≪朴諺, 中, 52ㅈ≫路上盤纏艱難怎麽去, 길히 盤纏이 간난ᄒᆞ니 엇디 가리오. ❷⇔간난ᄒᆞ다(艱難-). ≪朴諺, 上, 48ㅈ≫今年錢鈔(艱難, 올히 錢鈔ㅣ 艱難ᄒᆞ야.

간난ᄒᆞ다 형 곤란(困難)하다. 어렵다. 힘들다. ⇔간난(艱難). ≪朴諺, 中, 52ㅈ≫路上盤纏艱難怎麽去, 길히 盤纏이 간난ᄒᆞ니 엇디 가리오.

간난ᄒᆞ다(艱難-) 형 곤란(困難)하다. 어렵다. 힘들다. ⇔간난(艱難). ≪朴諺, 上, 48ㅈ≫今年錢鈔(艱難, 올히 錢鈔ㅣ 艱難ᄒᆞ야.

간대로 부 함부로. 되는대로. ❶⇔호(胡). ≪集覽, 字解, 單字解, 2ㅈ≫胡. 亂也, 胡亂 간대로. ≪朴諺, 上, 30ㅈ≫沒來由胡討價錢怎麽, 쇽졀업시 간대로 갑슬 쐬옴은 엇디오. ≪朴諺, 中, 37ㅎ≫你休胡討價錢, 네 간대로 갑슬 쐬오디 말라. ≪朴諺, 中, 57ㅎ≫你爲甚麽胡討價錢, 네 므슴아라 간대로 갑슬 쐬오ᄂᆞ다. ❷⇔호란(胡亂). ≪集覽, 字解, 單字解, 2ㅈ≫胡. 亂也. 胡亂 간대로. ≪朴諺, 上, 56ㅎ≫且胡亂騎時怕甚麽, 아직 간대로 ᄐᆞ면 므서시 저프리오.

간대롭다 형 부질없다. ⇔등한(等閑). ≪集覽, 字解, 單字解, 7ㅎ≫閑. 雜也. 閑雜人. 又替也. 파직ᄒᆞ다, 罷閑了·替閑了. 又遊息曰閑. 흥뚱여 ᄃᆞ닐시니, 遊閑了. 又練熟也. 弓馬熟閑. 又空也. 空閑田地 뷔엿ᄂᆞᆫ 싸. 又等閑 부질업시, 又힘히미, 又간대롭다.

간댱 명 간장(肝腸). ⇔장(腸). ≪朴諺, 中, 32ㅎ≫只是這箇愁人腸, 그저 이 사ᄅᆞᆷ의 간댱을 시름ᄒᆞ게 ᄒᆞᄂᆞ니라.

간등(看燈) 동 등불놀이를 구경하다. ≪朴諺, 下, 49ㅈ≫好兒不看春, 好兒ᄂᆞᆫ 看春 아니ᄒᆞ고. 好女不看燈(集覽, 朴集, 下, 11ㅈ: 好女不看燈. 容齋隨筆云, 漢家祠太乙, 以昏時祠到明. 今人正月望夜, 夜遊觀月, 是其遺事.), 好女ᄂᆞᆫ 看燈 아니ᄒᆞᄂᆞ다 ᄒᆞᄂᆞ니라.

간상(看上) 동 보다. 또는 (살펴본 후에) 마음에 들다. 눈에 들다. ⇔보다. ≪朴諺, 中, 17ㅎ≫姐姐我看上(集覽, 朴集, 中, 3ㅈ: 看上. 猶言見取之意.)你, 姐姐ㅣ아 내 너를 보니.

간상(趕上) 동 따르다. ⇔ᄯᆞᆯ오다. ≪朴諺, 下, 54ㅈ≫張千前來赶上, 張千이 나아와 ᄯᆞᆯ와.

간상(趕上) 동 미치다. 따라잡다. ❶⇔밋다. ≪集覽, 字解, 單字解, 2ㅎ≫赶. 音干, 上聲. 亦作趕. 趁也, 及也. 赶上 밋다. 又逐也. 赶出去 내티다. 又驅也. 赶牛 쇼 모다. ❷⇔및다. ≪朴諺, 上, 63ㅎ≫我的帖裏怎麽赶上你的綉帖裏, 내 텰릭이 엇디 네 슈텰릭에 미ᄎᆞ리오. ≪朴諺, 中, 54ㅈ≫赶也赶上做裡, 밋ᄎᆞ믄 미처 지으리라.

간성(看成) 동 ❶기르다. ⇔기르다. ≪集覽, 字解, 累字解, 2ㅎ≫看成. 보ᄉᆞᆲ피다. 又기르다. 又삼다. ❷보살피다. ⇔보ᄉᆞᆲ피다. ≪集覽, 字解, 累字解, 2ㅎ≫看成. 보ᄉᆞᆲ피다. 又기르다. 又삼다. ❸삼다. (…로) 간주하다. (…라고) 여기다. ⇔삼다. ≪集覽, 字解, 累字解, 2ㅎ≫看成. 보ᄉᆞᆲ피다. 又기르다. 又삼다.

간셥ᄒᆞ다 동 간섭(干涉)하다. ⇔간(干). ≪朴諺, 中, 10ㅈ≫並不干買主之事, 다 산 님자의게ᄂᆞᆫ 간셥디 아닌 일이라. ≪朴諺, 中, 36ㅎ≫干你甚麽事, 네게 므슴 일이 간셥ᄒᆞ뇨.

간수(看守) 동 보살피고 지키다. ⇔간슈ᄒᆞ다. ≪朴諺, 中, 48ㅎ≫你好生用心看守着, 네 ᄀᆞ장 용심ᄒᆞ여 간슈ᄒᆞ라.

간슈ᄒᆞ다 동 간수(看守)하다. ❶⇔간수(看守). ≪朴諺, 中, 48ㅎ≫你好生用心看守着, 네 ᄀᆞ장 용심ᄒᆞ여 간슈ᄒᆞ라. ❷⇔수습(收拾). ≪集覽, 字解, 累字解, 1ㅈ≫收拾. 간슈ᄒᆞ다. 又설엇다. 又거두다.

간시(艮時) 명 이십사시(二十四時)의 4번째 시. 오전 2시 반에서 3시 반까지이다. ≪朴諺, 下, 41ㅎ≫艮時身故, 艮時예 身故ᄒᆞ여.

간시(看視) 동 살피다. ≪朴諺, 下, 28ㅈ≫先喫甜的金橘蜜煎(集覽, 朴集, 下, 5ㅈ: 蜜煎. 須時復看視, 纔覺蜜酸, 急以新蜜煉熟易之.)·銀杏煎, 몬져 ᄃᆞᆫ 金橘蜜煎과 銀杏煎을 먹어든.

간우(趕牛) 동 소를 몰다. ≪集覽, 字解, 單字解, 2ㅎ≫赶. 音干, 上聲. 亦作趕. 趁也, 及也. 赶上 밋다. 又逐也. 赶出去 내티다. 又驅也. 赶牛 쇼 모다.

간일간(看一看) 동 보다. ⇔보다. ≪集覽, 字解, 累字解, 2ㅎ≫看一看. 보다. 難於單字之語, 故重言爲句也. 一, 語助辭.

간자(竿子) 명 횃대. ⇔홰. ≪朴諺, 中, 35ㅎ≫不論竿子上的櫃子上的物件, 홰옛 거시나 궤옛 物件을 혜디 아니ᄒᆞ고.

간졍히 부 건정(乾淨)히. 깨끗이. ⇔건정(乾淨). ≪朴諺, 中, 44ㅎ≫將苕箒來掃的乾淨着, 닛븨 가져다가 ᄡᅳᆯ기ᄅᆞᆯ 간졍히 ᄒᆞ고. ≪朴諺, 中, 47ㅎ≫捽了他軃帶揩的乾淨着, 제 코ᄅᆞᆯ 프러 슷기ᄅᆞᆯ 간졍히 ᄒᆞᄂᆞ니라. ≪朴諺, 中, 48ㅈ≫我饋你揩的乾淨着, 내 너ᄅᆞᆯ 슷기ᄅᆞᆯ 간졍히 ᄒᆞ여 주마. ≪朴諺, 下, 33ㅎ≫只要乾淨休着冷了, 그저 간졍히 ᄒᆞ고 ᄎᆞ게 말라.

간질(簡帙) 명 책을 이르는 말. ≪集覽, 凡例≫兩書諺解簡帙重大, 故朴通事分爲上·中·下, 老乞大分爲上·下, 以便繙閱.

간초(稈草) 명 조짚. 또는 볏짚. ⇔조딥ㅎ. ≪朴諺, 中, 19ㅎ≫放稈草(集覽, 朴集, 中, 3ㅎ: 稈草. 稈, 禾莖也, 卽稭之和皮者也. 中國北方士〈土〉地高燥, 宜粟不宜稻, 故治田好種粟. 收粟者截穗取實, 留〈畱〉其稭以飼馬, 因名其稭曰稈草, 亦曰穀草. 稭, 音戛, 稻稭曰稻草.)五錢一朿(束)家放, 조딥헤 노호되 다ᄉᆞᆺ 낫 돈에 ᄒᆞᆫ 뭇식 ᄒᆞ여 노코.

간춘(看春) 동 봄놀이를 구경하다. ≪朴諺, 下, 49ㅈ≫好兒不看春, 好兒ᄂᆞᆫ 看春 아니ᄒᆞ고.

간출거(趕出去) 동 내치다. 쫓아내다. 몰아내다. ⇔내티다. ≪集覽, 字解, 單字解, 2ㅎ≫赶. 音干, 上聲. 亦作趕. 趁也, 及也. 赶上 밋다. 又逐也. 赶出去 내티다. 又驅也. 赶牛 쇼 모다.

간편(簡便) 형 간단하고 편리하다. ≪朴諺,

上, 41ㅈ≫下多少財錢(集覽, 朴集, 上, 11ㅎ: 下多少財錢. 亦云下財. 家禮會通云, 婚有六禮, 納采·問名·納吉·納徵·請期·親迎. 今制, 納采·問名·納吉揔〈総〉一次行禮, 以從簡便, 謂之定禮, 亦爲之定親, 亦曰下紅定, 亦送幣物.), 언멋 財錢을 드리더뇨.

갈(喝) 동 혀 차다. ⇔혀ᄎᆞ다. ≪朴諺, 下, 10ㅈ≫便喝跳起來道, 곳 혀ᄎᆞ고 뛰여 니러 닐오ᄃᆡ.

갈(渴) 형 ❶갈(渴)하다. 목마르다. ⇔갈ᄒᆞ다. ≪朴諺, 下, 15ㅈ≫受多少渴, 언머 갈호믈 바다시리오. ❷나쁘다. 부족하다. 절실하다. ⇔낫브다. ≪朴諺, 上, 21ㅈ≫那們時不渴睡, 그리면 좀이 낫브디 아니ᄒᆞ리라.

갈(蝎) 명 갈(蠍). '蝎'은 '蠍'의 본자. ≪朴諺, 下, 21ㅈ≫變做靑母蝎, 변ᄒᆞ여 프른 암 젼갈이 되여.

갈(蠍) 명 전갈(全蠍). ⇔젼갈. ≪朴諺, 下, 21ㅈ≫變做靑母蝎, 변ᄒᆞ여 프른 암 젼갈이 되여.

갈경지(葛敬之) 명 갈(葛)은 성씨, 경지(敬之)는 자(字). ≪朴諺, 下, 57ㅎ≫沈進中和葛敬之教授兩箇, 沈進中과 葛敬之 敎授 둘히. ≪朴新諺 3, 56ㅎ≫ 在下姓葛字敬之, 在下ㅣ 姓은 葛이오 字ᄂᆞᆫ 敬之라.

갈고리 명 갈고랑이. ⇔구자(鉤子). ≪朴諺, 中, 35ㅈ≫使鉤子的賊們更是廣, 갈고리 ᄡᅳᄂᆞᆫ 도적이 ᄯᅩ 흔ᄒᆞ여. ≪朴諺, 中, 35ㅎ≫便着鉤子鉤出來將去, 곳 갈고리로 그러내여 가져가ᄂᆞ니라. ≪朴諺, 下, 22ㅎ≫將軍使金鉤子, 將軍이 쇠갈고리로 ᄢᅧ. ≪朴諺, 下, 23ㅈ≫將軍用鉤子搭去, 將軍이 갈고리로 ᄢᅧ 건디라 가니.

갈도(喝道) 동 높은 벼슬아치가 다닐 때 길을 인도하는 하인이 앞에서 소리를 질러 행인들을 비키게 하다. ⇔갈도ᄒᆞ다(喝道-). ≪朴諺, 下, 38ㅎ≫擺着四五里喝道, 四五里에 버러 喝道ᄒᆞ고.

갈도ᄒᆞ다(喝道-) 동 높은 벼슬아치가 다닐 때 길을 인도하는 하인이 앞에서 소리를 질러 행인들을 비키게 하다. ⇔갈도(喝道). ≪朴諺, 下, 38ㅎ≫擺着四五里喝道, 四五里에 버러 喝道ᄒᆞ고.

갈랄(旮旯) 명 구석. 모퉁이. ≪朴諺, 中, 59ㅎ≫颩在樻子閣落(集覽, 朴集, 中, 9ㅈ: 閣落. 音ㄱ·랄, 指一隅深奧之處. 舊本未得本字, 而借用栲栳二字. 按韻〈韵〉書, 栲栳, 木名, 箸篂, 柳器. 並音쾊랄, 皆上聲, 與本語字音大不相同. 但免疑韻略〈韵畧〉及字學啓蒙字作旮旯, 音·ㄱ랄.)裡, 궷 구석에 드리티고.

갈색(褐色) 명 갈색. ≪朴諺, 下, 29ㅈ≫一箇蝦蟆·鼈兒和蝎虎(集覽, 朴集, 下, 5ㅈ: 蠍〈蝎〉虎. 守宮卽蠍〈蝎〉虎也. 褐色四足, 偃伏壁間, 名蝘蜓, 亦曰守宮.)盞兒, ᄒᆞᆫ 蝦蟆鼈兒와 蝎虎盞을 ᄆᆡᆫᄃᆞ라 주고려.

갈자(蝎子) 명 갈자(蠍子). '蝎'은 '蠍'의 본자. ≪朴諺, 上, 37ㅈ≫這箇是蝎子, 이거슨 이 전갈이로다. 를 사고.

갈자(蠍子) 명 전갈(全蠍). (전갈목의 절지동물의 하나) ⇔전갈. ≪朴諺, 上, 37ㅈ≫這箇是蝎子, 이거슨 이 전갈이로다. 를 사고.

갈적(羯的) 명 수. 수컷. ⇔수. ≪朴諺, 上, 1ㅎ≫休買母的都要羯的, 암을 사디 말고 다 수를 사고.

갈채(喝保) 동 혀 차다. ⇔혀ᄎᆞ다. ≪朴諺, 下, 22ㅈ≫王喝保的其間, 王이 혀촐 ᄉᆞ이예. ≪朴諺, 下, 23ㅎ≫衆人喝保佛家贏了也, 모든 사ᄅᆞᆷ이 혀ᄎᆞ고 佛家ㅣ 이긔어다ᄒᆞ더라. ≪朴諺, 下, 27ㅈ≫你看那厮唧唧的喝保, 네 보라 뎌 놈이 唧唧히 혀ᄎᆞᄂᆞᆫ고나. ≪朴諺, 下, 36ㅈ≫衆人喝保道, 모든 사ᄅᆞᆷ이 혀ᄎᆞ고 닐오ᄃᆡ.

갈호(蝎虎) 명 갈호(蠍虎). '蝎'은 '蠍'의 본자. ≪朴諺, 下, 29ㅈ≫一箇蝦蟆·鼈兒和蝎虎(集覽, 朴集, 下, 5ㅈ: 蠍〈蝎〉虎. 蠑蚖·蜥蜴·蝘蜓·守宮, 一物而四名. 在壁曰守宮, 在草曰蜥蜴. 守宮卽蠍〈蝎〉虎也. 褐色四足, 偃伏壁間, 名蝘蜓, 亦曰守宮.

五月五日捕其生者, 飼以朱砂, 明年端午搗〈擣〉之, 點宮人臂上, 經事則消, 否則雖死不改, 故名曰守宮. 漢武帝嘗試之, 果驗, 常捕全蠍食之, 故名蠍虎.)盞兒, 흔 蝦蟆鼈兒와 蝎虎盞을 뮌드라 주고려.

갈호(蠍虎) 명 도마뱀붙잇과의 하나. 도마뱀과 비슷한데 몸의 길이는 12cm 정도이며, 야행성으로 주로 인가 가까이 살며 작은 소리로 운다. ≪朴諺, 下, 29ㅈ≫一箇蝦蟆·鼈兒和蝎虎(集覽, 朴集, 下, 5ㅈ: 蠍〈蝎〉虎. 蠑蚖·蜥蜴·蝘蜓·守宮, 一物而四名. 在壁曰守宮, 在草曰蜥蜴. 守宮卽蠍〈蝎〉虎也. 褐色四足, 偃伏壁間, 名蝘蜓, 亦曰守宮. 五月五日捕其生者, 飼以朱砂, 明年端午搗〈擣〉之, 點宮人臂上, 經事則消, 否則雖死不改, 故名曰守宮. 漢武帝嘗試之, 果驗, 常捕全蠍食之, 故名蠍虎.)盞兒, 흔 蝦蟆鼈兒와 蝎虎盞을 뮌드라 주고려.

갈호잔(蠍虎盞) 명 갈호(蠍虎)가 그려져 있는 잔. ⇔갈호잔아(蠍虎盞兒). ≪朴諺, 下, 29ㅈ≫一箇蝦蟆·鼈兒和蝎虎盞兒, 흔 蝦蟆鼈兒와 蝎虎盞을 뮌드라 주고려.

갈호잔아(蠍虎盞兒) 명 갈호(蠍虎)가 그려져 있는 잔. ⇔갈호잔(蠍虎盞). ≪朴諺, 下, 29ㅈ≫一箇蝦蟆·鼈兒和蝎虎盞兒, 흔 蝦蟆鼈兒와 蝎虎盞을 뮌드라 주고려.

갈ᄒᆞ다 형 갈(渴)하다. 목마르다. ⇔갈(渴). ≪朴諺, 下, 15ㅈ≫受多少渴, 언머 갈호믈 바다시리오.

감(敢) 보형 듯하다. 감히 …하다. ❶⇔듯ᄒᆞ다. ≪朴諺, 中, 49ㅎ≫你敢怪我的摸(模)搽, 네 날을 허믈홀 듯홀 양이로다. ≪朴諺, 中, 50ㅎ≫敢是這矬漢喫來, 이 킈 져근 놈이 먹은 듯ᄒᆞ다. ❷⇔둣ᄒᆞ다. ≪集覽, 字解, 單字解, 5ㅎ≫敢. 忍爲也. 你敢那 네 구틔여 그리홀다. 又疑似也. 敢知道 아ᄂᆞᆫ 둣ᄒᆞ다. ≪朴諺, 上, 55ㅈ≫敢知道, 알 둣ᄒᆞ니. ≪朴諺, 上, 64ㅈ≫舍人敢不識好物麽, 舍人이 됴흔 거슬 아디 못ᄒᆞᄂᆞᆫ 둣ᄒᆞ다. ≪朴諺, 下, 23ㅈ≫行者敢死了也, 行者ㅣ 죽은 둣ᄒᆞ다.

감(敢) 부 구태여. ⇔구틔여. ≪集覽, 字解, 單字解, 5ㅎ≫敢. 忍爲也. 你敢那 네 구틔여 그리홀다. 又疑似也. 敢知道 아ᄂᆞᆫ 둣ᄒᆞ다.

감(敢) 부 감(敢)히. ❶⇔감히. ≪朴諺, 上, 34ㅈ≫你再敢偷別人媳婦麽, 네 다시 감히 놈의 겨집 도적홀다. ≪朴諺, 上, 37ㅈ≫墻上一箇琵琶任誰不敢拿他, 담 우희 흔 琵琶를 아므도 감히 뎌를 잡디 못ᄒᆞᄂᆞᆫ 거시여. ≪朴諺, 中, 16ㅎ≫小人豈敢有違, 小人이 엇디 감히 어긔옴이 이시리오. ≪朴諺, 中, 50ㅈ≫不敢違了姐姐的言語, 감히 姐姐의 말을 어긔오디 말고. ≪朴諺, 中, 57ㅎ≫怎麽不敢罵你, 엇디 감히 너를 수짓디 못ᄒᆞ리오. ≪朴諺, 下, 25ㅎ≫你敢要玉價錢, 네 감히 옥 갑슬 밧고져 ᄒᆞᄂᆞᆫ다. ≪朴諺, 下, 26ㅈ≫我不敢言語, 내 감히 말 못호리라. ≪朴諺, 下, 45ㅈ≫黑夜不敢喫多, 밤이니 감히 먹기를 만히 못홀로다. ❷⇔싱심이나. ≪朴諺, 上, 34ㅈ≫那和尙說再也不敢, 뎌 즁이 닐오ᄃᆡ 뇌여란 싱심이나. ≪朴諺, 中, 56ㅈ≫你敢那, 네 싱심이나. ≪朴諺, 中, 57ㅎ≫你敢罵我, 네 싱심이나 날을 수지즐다. ≪朴諺, 下, 36ㅎ≫再也敢和我打毬麽, 뇌여 싱심이나 날과 댱방올티기 홀싸.

감(嵌) 동 끼다. 끼우다. ⇔씨다. ≪朴諺, 上, 24ㅎ≫脚穿着皀麂皮嵌金線藍條子, 발에 신은 거슨 거믄 기ᄌᆞ피예 金線 남 오리로 갸품 씨고. ≪朴諺, 上, 27ㅎ≫嵌八寶骨朶雲織金羅比甲, 八寶 씨고 굴근 운문흔 織金 뽀 比甲에.

감(減) 동 ❶감하다. ⇔감ᄒᆞ다. ≪朴諺, 上, 4ㅈ≫罷罷減不多, 두어 두어 감흔 거시 하디 아니ᄒᆞ다. ❷덜다. ⇔덜다. ≪朴諺, 上, 3ㅎ≫都是官人們剋減了, 다 官人들이 골겨 더도다. ❸입사(入絲)하다. (그릇 표면에 은사(銀絲)로 장식하다) ⇔입ᄉᆞᄒᆞ다. ≪朴諺, 上, 26ㅎ≫鴈翅板上釘着金絲減鐵事件, 둥울 우희 金 입ᄉᆞ흔 事件을

박앗고.

감(監) 동 ❶가두다. ⇔가도다. ≪朴諺, 下, 15ㅎ≫把我家小厮拿將去監了貳日, 우리 집 놈을다가 잡아가 가도완디 이틀이오. ≪朴諺, 下, 16ㅈ≫把我小的監了, 우리 아히롤다가 가도완ᄂᆞ니라. ≪朴諺, 下, 37ㅎ≫監下老安要追裡, 老安을 가도고 물리고져 ᄒᆞᄂᆞ니라. ❷갇히다. ⇔갓티다. ≪朴諺, 下, 16ㅈ≫種稻子那厮因何監着, 벼 시므든 뎌 놈은 므스 일을 인ᄒᆞ여 갓텬ᄂᆞ뇨. ≪朴諺, 下, 36ㅎ≫監在牢裏, 옥에 갓텬ᄂᆞ뇨.

감간(監干) 명 벼슬 이름. 신라(新羅) 때 두었다. 그 직능(職能)과 관등(官等)은 미상(未詳)이다. ≪朴諺, 下, 61ㅈ≫移都松岳郡(集覽, 朴集, 下, 13ㅈ: 都松岳郡〈松岳郡〉. 時新羅監干八元善風水, 到扶蘇郡, 見扶蘇山形勝而童, 告康忠曰, 若移郡山南, 植松使不露巖〈岩〉石, 則統合三韓者出矣.), 松岳郡에 移都ᄒᆞ니.

감결(甘結) 명 관청에 제출하는 서약서 또는 보증서. (서약하거나 보증한 일이 사실과 다를 경우 처벌을 받겠다는 내용의 문서이다) ≪朴諺, 中, 9ㅈ≫你與我甘結(集覽, 朴集, 中, 2ㅈ: 甘結. 吏學指南云, 所願曰甘, 合從曰結. 今按, 如保擧人材者, 必寫稱所擧之人, 並無喪過及干娼優子嗣, 委的賢能, 如虛甘伏重罪云云. 擧此爲辞, 以成文狀, 與彼收執, 或呈報上司, 以憑後考, 謂之不致扶同, 重甘結狀.)·應付, 네 날을 甘結과 應付를 주고려. ≪朴諺, 中, 9ㅈ≫何故不與甘結, 므슴 연고로 甘結을 주디 아니ᄒᆞ리오.

감금(監禁) 동 갇히다. ⇔가티다. ≪朴諺, 下, 15ㅎ≫冷鋪裏監禁着, 冷鋪에 가텬ᄂᆞ니라.

감기 명 실감개. ⇔요선(腰線). ≪朴諺, 中, 55ㅈ≫揀(揀)着十分細的大紅腰線上, ᄀᆞ장 ᄀᆞᄂᆞᆫ 大紅 감기엣 치롤 ᄀᆞᆯ히라.

감납(監納) 동 곡물이나 조세 따위를 거두어 들이다. ⇔감납ᄒᆞ다(監納-). ≪朴諺, 上, 12ㅎ≫監納(集覽, 朴集, 上, 5ㅎ: 監納. 質問云, 收米粮官名.)官人們處說, 監納ᄒᆞᄂᆞᆫ 官人들의게 닐러.

감납관(監納官) 명 감납(監納)하는 일을 맡아하는 벼슬아치. ≪朴諺, 上, 12ㅎ≫監納(集覽, 朴集, 上, 5ㅎ: 監納. 質問云, 收米粮官名.)官人們處說, 監納ᄒᆞᄂᆞᆫ 官人들의게 닐러.

감납ᄒᆞ다(監納-) 동 곡물이나 조세 따위를 거두어 들이다. ⇔감납(監納). ≪朴諺, 上, 12ㅎ≫監納(集覽, 朴集, 上, 5ㅎ: 監納. 質問云, 收米粮官名.)官人們處說, 監納ᄒᆞᄂᆞᆫ 官人들의게 닐러.

감로(甘露) 명 감로수(甘露水). ≪朴諺, 中, 22ㅎ≫傾甘露於瓶中濟險途於飢渴(集覽, 朴集, 中, 5ㅎ: 傾甘露於瓶中濟險途於飢渴. 佛經云, 佛洒甘露水. 又云, 開甘露門. 又云, 手執青楊枝, 徧洒甘露之水. 然甘露源流未詳.), 甘露를 瓶中에 기우려 險途를 飢渴에 구졔ᄒᆞ놋다.

감로문(甘露門) 명 〈불〉 생사를 벗어나 열반(涅槃)으로 들어가는 더없이 높은 경지. ≪朴諺, 中, 22ㅎ≫傾甘露於瓶中濟險途於飢渴(集覽, 朴集, 中, 5ㅎ: 傾甘露於瓶中濟險途於飢渴.佛經云, 佛洒甘露水. 又云, 開甘露門. 又云, 手執青楊枝, 徧洒甘露之水. 然甘露源流未詳.), 甘露를 瓶中에 기우려 險途를 飢渴에 구졔ᄒᆞ놋다.

감로수(甘露水) 명 천하가 태평할 때에 하늘에서 내린다는 단 이슬. ≪朴諺, 中, 22ㅎ≫傾甘露於瓶中濟險途於飢渴(集覽, 朴集, 中, 5ㅎ: 傾甘露於瓶中濟險途於飢渴. 佛經云, 佛洒甘露水. 又云, 開甘露門. 又云, 手執青楊枝, 徧洒甘露之水. 然甘露源流未詳.), 甘露를 瓶中에 기우려 險途를 飢渴에 구졔ᄒᆞ놋다.

감모(感冒) 동 감모(感冒)하다. 감기 들다. ⇔감모ᄒᆞ다(感冒-). ≪朴諺, 上, 49ㅎ≫只怕産後風感冒, 그저 産後에 ᄇᆞᄅᆞᆷ에 感冒홀가 저프니. ≪朴諺, 中, 15ㅈ≫感冒風寒, 風寒에 感冒ᄒᆞ엿다.

감모ᄒᆞ다(感冒-) 동 감모(感冒)하다. 감기 들다. ⇔감모(感冒). ≪朴諺, 上, 49ㅎ≫只怕産後風感冒, 그저 産後에 ᄇᆞᄅᆞᆷ에 感冒홀가 저프니. ≪朴諺, 中, 15ㅈ≫感冒風寒, 風寒에 感冒ᄒᆞ엿다.

감복(甘伏) 동 기꺼이 받아들이다. 승복하다. ≪朴諺, 中, 9ㅈ≫你與我甘結(集覽, 朴集, 中, 2ㅈ: 甘結. 今按, 如保擧人材者, 必寫稱所擧之人, 並無喪過及干娼優子嗣, 委的賢能, 如虛甘伏重罪云云.)·應付, 네 날을 甘結과 應付를 주고려.

감분(感奮) 동 느낀 바가 커서 떨쳐 일어나다. ≪朴諺, 下, 58ㅎ≫咱本國是太祖(集覽, 朴集, 下, 12ㅈ: 太祖. 夫人柳氏曰, 妾聞諸公之言, 尙有感奮, 況大丈夫乎. 提甲領以披之, 諸將扶擁而出, 令人呼曰, 王公已擧義旗, 國人來赴者不可勝計.)姓王諱建表德若天, 우리 本國이 太祖의 姓은 王이오 諱ᄂᆞᆫ 建이오 字ᄂᆞᆫ 若天이니.

감사(監事) 명 중앙 관서의 하급 벼슬아치. ≪朴諺, 上, 3ㅎ≫官人們文書分付管酒的署官(集覽, 朴集, 上, 1ㅎ: 署官. 良醞署, 卽光祿寺屬官也. 有署正·署丞·監事等官.)根底, 官人들이 文書를 술 ᄀᆞᅀᆞᆷ아ᄂᆞᆫ 署官의게 分付ᄒᆞ여.

감자(柑子) 명 홍귤나무의 열매. (운향과(芸香科)의 상록 활엽 소교목(小喬木). 열매는 장과(漿果)로 등황색이며 약용한다) ≪朴諺, 上, 4ㅎ≫柑子, 柑子와. 石榴, 石榴와. 香水梨, 香水梨와. 櫻桃, 櫻桃와. 杏子, ᄉᆞᆯ고와.

감죄(甘罪) 동 죄를 기꺼이 인정하다. ≪朴諺, 下, 53ㅈ≫執結(集覽, 朴集, 下, 12ㅈ: 執結. 今按, 凡供狀內皆云執結是實, 謂今所供報之詞, 皆實非虛, 如虛甘罪云云之意, 非徒謂所志詞語也.)是實, 執結이 이실ᄒᆞ니.

감찰어사(監察御史) 명 벼슬아치들의 비위 감시, 회계 감사, 형명(刑名) 심의, 의전(儀典) 감독 따위의 일을 맡았다. 수대(隋代)에 두어 명·청대(明淸代)까지 존속되었다. ≪朴諺, 上, 8ㅈ≫都堂(集覽, 朴集, 上, 4ㅈ: 都堂. 唐制, 尙書省曰都堂. 元時亦有尙書省. 今按, 華制, 都察院有左右都御史·副都御史·僉都御史, 在外十三布政司及都司, 皆有御史一員, 都御史所在謂之都堂, 監察御史所在謂之察院.)捴兵官的詔書, 都堂 捴兵官의게 ᄒᆞᄂᆞᆫ 詔書라.

감초(甘草) 명 콩과의 여러해살이풀. 붉은 갈색의 뿌리는 단맛이 나는데 먹거나 약으로 쓴다. ≪朴諺, 上, 7ㅈ≫都着些細料物(集覽, 朴集. 上, 3ㅎ: 細料物. 事林廣記食饌類, 細料物, 官桂·良薑·蓽撥草·豆蔻·陳皮·縮砂仁〈砂仁〉·八角·茴香各一兩, 川椒二兩, 杏仁五兩, 甘草一兩半, 白檀末半兩. 右共爲細末用之.), 다 져기 ᄀᆞᄂᆞᆫ 교토를 두고.

감합(勘合) 명 거가(車駕)의 황성(皇城) 출입, 군대의 파견, 벼슬아치의 역참(驛站) 이용 때 진위를 가리기 위하여 부절(符節)을 맞추어 보던 일. 또는 그 부절. ≪朴諺, 上, 3ㅈ≫勘合(集覽, 朴集, 上, 1ㅎ: 勘合. 吏學指南云, 勘合, 卽古之符契也. 質問云, 官府設簿冊二扇, 凡事用印鈐記, 上寫外字幾號, 發行去者曰外號, 上寫內字幾號, 留在官府者曰內號.)有了不曾, 勘合이 잇ᄂᆞᆫ가 몯ᄒᆞ엿ᄂᆞᆫ가. ≪朴諺, 上, 3ㅈ≫寫勘合就使印信與我來, 勘合을 써 이믜셔 인텨 나를 주드라.

감히 부 감(敢)히. ⇔감(敢). ≪朴諺, 上, 34ㅈ≫你再敢偸別人媳婦麽, 네 다시 감히 ᄂᆞᆷ의 겨집 도적홀다. ≪朴諺, 上, 37ㅈ≫墻上一箇琵琶任誰不敢拿他, 담 우희 ᄒᆞᆫ 琵琶를 아므도 감히 뎌를 잡디 못ᄒᆞᄂᆞᆫ 거시여. ≪朴諺, 中, 16ㅎ≫小人豈敢有違, 小人이 엇디 감히 어긔옴이 이시리오. ≪朴諺, 中, 50ㅈ≫不敢違了姐姐的言語, 감히 姐姐의 말을 어긔오디 말고. ≪朴諺, 中, 57ㅎ≫怎麽不敢罵你, 엇디 감히 너를 ᄭᅮ짓디 못ᄒᆞ리오. ≪朴諺, 下, 25ㅎ≫你敢要玉價錢, 네 감히 옥 갑슬 밧고

져 ᄒᆞᄂᆞ다. ≪朴諺, 下, 26ㅈ≫我不敢言語, 내 감히 말 못호리라. ≪朴諺, 下, 45ㅈ≫黑夜不敢喫多, 밤이니 감히 먹기를 만히 못홀로다.

감ᄒᆞ다 동 감(減)하다. ⇔감(減). ≪朴諺, 上, 4ㅈ≫罷罷減不多, 두어 두어 감ᄒᆞᆫ 거시 하디 아니ᄒᆞ다.

갑 명 값. ❶⇔가전(價錢). ≪集覽, 字解, 單字解, 4ㅎ≫索. 求也. 索價錢 갑 받다. 又鄕習傳解曰 빋 ᄡᅵ오다, 亦通. 又須也. 不索, 今皆罕用. ❷⇔전(錢). ≪集覽, 字解, 單字解, 1ㅈ≫還. 猶尙也, 再也. 還有多少 당시론 언메나 잇ᄂᆞ뇨. 又다하. 還要多少 다하 언메나 받고져 ᄒᆞ나뇨. 還有·還要之還, 或呼如孩字之音. 此或還音之訛, 或別有其字, 未可知也. 又償也. 還錢 갑 주다. ≪朴諺, 上, 11ㅎ≫咱們且商(商)量脚錢着, 우리 아직 삭 갑 혜아리쟈.

갑(甲) 명 갑옷. ⇔갑옷. ≪朴諺, 中, 24ㅎ≫盔·甲一副, 투구와 갑옷 ᄒᆞᆫ 부와.

갑다 동 갚다. 돌려주다. ❶⇔귀환(歸還). ≪朴諺, 上, 54ㅈ≫歸還數足, 갑기를 수에 죡히 ᄒᆞ고. ❷⇔속(贖). ≪朴諺, 上, 19ㅎ≫多儅時多贖, 만히 典儅ᄒᆞ면 만히 갑고. 少儅時少贖, 젹게 典儅ᄒᆞ면 젹게 갑ᄂᆞ니라. ≪朴諺, 上, 55ㅈ≫將錢來贖將契去, 돈 가져와 갑고 글월 가져가라. ❸⇔환(還). ≪集覽, 字解, 單字解, 1ㅈ≫還. 猶尙也, 再也, 還有多少 당시론 언메나 잇ᄂᆞ뇨. 又다하, 還要多少 다하 언메나 받고져 ᄒᆞ나뇨. 還有·還要之還, 或呼如孩字之音, 此或還音之訛, 或別有其字, 未可知也. 又償也, 還錢 갑 주다. ≪朴諺, 上, 31ㅎ≫只還我本錢, 그저 내게 本錢만 갑고. ≪朴諺, 上, 31ㅎ≫一分利錢也不肯還, 一分 利錢도 즐겨 갑디 아니ᄒᆞ니. ≪朴諺, 上, 31ㅎ≫討了半年不肯還我, 달라 ᄒᆞ연 디 半年이로ᄃᆡ 즐겨 내게 갑디 아니ᄒᆞ매. ≪朴諺, 上, 54ㅎ≫代保人一面替還, 代保人이 一面으로 ᄀᆞᄅᆞ차 갑게 ᄒᆞ라. ≪朴諺, 中, 37ㅎ≫討的是虛還的是實, ᄡᅵ오ᄂᆞᆫ 거슨 이 거즛 거시오 갑ᄂᆞᆫ 거시아 이 실ᄒᆞ니라.

갑문달(蓋文達) 명 당(唐)나라 기주(冀州) 신도(信都) 사람. 자는 예성(藝成). 벼슬은 숭현관 학사(崇賢館學士). 당초(唐初) 진왕부(秦王府) 십팔학사(十八學士)의 한 사람. 많은 책을 섭렵하였고, 특히 춘추 삼전(春秋三傳)에 정통하였다. 갑문의(蓋文懿)와 함께 유학(儒學)으로 유명하여 이갑(二蓋)이라 불리었다. ≪朴諺, 中, 44ㅎ≫掛十八學士(集覽, 朴集, 中, 8ㅈ: 十八學士. 唐太宗秦王時, 開館延文學之士, 杜如晦·房玄齡〈岭〉·虞世南·褚遂良·姚思廉·李玄道·蔡允恭·薛元敬·顔相時·蘇勗·于志寧·蘇世長·薛收·李守素·陸德明·孔穎達·蓋文達·許敬宗爲文學館學士, 分爲三番, 更日直宿.)大畫, 十八學士 그린 큰 그림을 걸고.

갑사(甲士) 명 갑옷을 입은 군사. 또는 조선(朝鮮) 시대에 오위(五衛) 가운데 중위(中衛)인 의흥위(義興衛)에 속한 군사. ≪朴諺, 下, 30ㅈ≫穿着花袴皀靴的勇士(集覽, 朴集, 下, 5ㅎ: 勇士. 華制, 以紅毡裁成勇字, 附於方帛之上, 施長帶於四角, 橫負於背. 侍衛則用之, 故曰勇士, 卽本國甲士也.), 아롱 바디예 거믄 훠 신은 勇士ㅣ.

갑수(甲首) 명 10호(戶)로 편성된 일갑(一甲)의 우두머리. ≪朴諺, 下, 52ㅈ≫叫到隣人幷巡宿総甲(集覽, 朴集, 下, 11ㅎ: 總甲. 又里制, 每里一百戶, 五家爲一火, 十家爲一甲, 每十戶, 甲首一名.)人等, 隣人과 巡宿ᄒᆞᄂᆞᆫ 総甲人 等을 아오로 블러.

갑ᄉᆞ다 형 값지다. 값나가다. ⇔치전(直錢). ≪朴諺, 中, 27ㅈ≫但是直錢物件來儅時, 믈읫 갑ᄉᆞᆫ 物件으로 와 뎐당ᄒᆞ면.

갑ᄊᆞ다 형 값지다. 값나가다. ⇔치전(直錢). ≪朴諺, 上, 54ㅎ≫將借錢人在家應有直錢物件, 돈 ᄭᅮᆫ 사ᄅᆞᆷ의 집의 應有ᄒᆞ엿ᄂᆞᆫ 갑ᄊᆞᆫ 物件을다가. ≪朴諺, 中, 39ㅎ≫將賃房人家內應有直錢物件, 집 세낸 사

ᄅᆞᆷ의 집의 應有ᄒᆞᆫ 갑ᄊᆞᆫ 物件을다가.

갑오(甲午) 명 날의 간지(干支)가 갑오인 날. ≪朴諺, 上, 10ㅈ≫後日是天赦日(集覽, 朴集, 上, 5ㅈ: 天赦日. 春戊寅·夏甲午·秋戊申·冬甲子, 謂天道生育萬物而宥其罪也. 甲戊爲陽干之德, 子午爲陰陽之成, 寅申爲陰陽之立, 以干德配之爲赦也, 可修造起工〈土〉.), 모뢰ᄂᆞᆫ 이 天赦日이니.

갑옷 명 갑옷. ⇔갑(甲). ≪朴諺, 中, 24ㅎ≫盔·甲一副, 투구와 갑옷 ᄒᆞᆫ 부와.

갑자(甲子) 명 날의 간지(干支)가 갑자인 날. ≪朴諺, 上, 10ㅈ≫後日是天赦日(集覽, 朴集, 上, 5ㅈ: 天赦日. 春戊寅·夏甲午·秋戊申·冬甲子, 謂天道生育萬物而宥其罪也. 甲戊爲陽干之德, 子午爲陰陽之成, 寅申爲陰陽之立, 以干德配之爲赦也, 可修造起工〈土〉.), 모뢰ᄂᆞᆫ 이 天赦日이니. ≪朴諺, 下, 45ㅎ≫粧點顏色(集覽, 朴集, 下, 10ㅈ: 粧點顏色. 納音, 如甲子日立春, 納音屬金, 用白色之類. 餘倣此.), 빗촐 ᄭᆞ미고.

갑주다 동 값을 지불하다. ⇔환전(還錢). ≪集覽, 字解, 單字解, 1ㅈ≫還. 猶尙也, 再也. 還有多少 당시론 언메나 잇ᄂᆞ뇨. 又다하. 還要多少 다하 언메나 받고져 ᄒᆞᄂᆞ뇨. 還有·還要之還, 或呼如孩字之音. 此或還音之訛, 或別有其字, 未可知也. 又償也. 還錢 갑 주다.

갑플 명 칼집. ⇔초아(鞘兒). ≪朴諺, 上, 15ㅈ≫起線花梨木鞘兒, 실 도틘 花梨木 갑플에. ≪朴諺, 上, 25ㅎ≫鞘兒都全, 갑플이 다 ᄀᆞ잣고.

갑ㅎ다 동 갚다. 돌려주다. ❶⇔귀환(歸還). ≪朴諺, 上, 54ㅈ≫如至日無錢歸還, 만일 날이 다ᄃᆞ라 갑흘 돈이 업ᄉᆞ면. ❷⇔환(還). ≪朴諺, 上, 32ㅈ≫只說明日後日還我, 그저 닐오ᄃᆡ ᄂᆡ일 모뢰 내게 갑호마 ᄒᆞ니.

값 명 값. ❶⇔가(價). ≪朴諺, 上, 46ㅎ≫今年馬價如何, 올히 ᄆᆞᆯ 갑시 엇더ᄒᆞ뇨. ❷⇔가전(價錢). ≪朴諺, 上, 29ㅎ≫這六箇商(商)量價錢着, 이 여슷 갑슬 혜아리쟈. ≪朴諺, 上, 29ㅎ≫老實價錢, 고디식ᄒᆞᆫ 갑ᄉᆞᆫ. ≪朴諺, 上, 30ㅈ≫沒來由胡討價錢怎麽, 쇽졀업시 간대로 갑ᄉᆞᆯ ᄢᅬ옴은 엇디오. ≪朴諺, 上, 46ㅎ≫出不上價錢, 노픈 갑시 나디 아니ᄒᆞ리라. ≪朴諺, 上, 64ㅎ≫說賣的價錢, ᄑᆞᆯ 갑ᄉᆞᆯ 니ᄅᆞ라. ≪朴諺, 上, 64ㅎ≫老實價錢六兩銀子, 고디식ᄒᆞᆫ 갑ᄉᆞᆫ 엿 냥 은이라. ≪朴諺, 中, 37ㅎ≫你休胡討價錢, 네 간대로 갑ᄉᆞᆯ ᄢᅬ오디 말라. ≪朴諺, 中, 38ㅈ≫我老實價錢, 내 고디식ᄒᆞᆫ 갑ᄉᆞᆫ. ≪朴諺, 中, 57ㅈ≫女的價錢大, 암은 갑시 만ᄒᆞ니라. ≪朴諺, 中, 57ㅈ≫賣的價錢老實說, ᄑᆞᆯ 갑슬 고디식이 니ᄅᆞ라. ≪朴諺, 中, 57ㅈ≫有甚麽討價錢處, ᄆᆞᄉᆞᆷ 갑슬 ᄢᅬ올 곳이 이시리오. ≪朴諺, 中, 57ㅎ≫你爲甚麽胡討價錢, 네 ᄆᆞᄉᆞᆷ아라 간대로 갑슬 ᄢᅬ오ᄂᆞᆫ다. ≪朴諺, 下, 25ㅎ≫你敢要玉價錢, 네 감히 옥 갑ᄉᆞᆯ 밧고져 ᄒᆞᄂᆞᆫ다. ≪朴諺, 下, 26ㅈ≫但與的便是價錢, 믈읫 주ᄂᆞᆫ 거시 곳 올ᄒᆞᆫ 갑시니. ≪朴諺, 下, 26ㅎ≫好顏色圓淨的價錢大, 빗 됴코 圓淨ᄒᆞ니ᄂᆞᆫ 갑시 만ᄒᆞᆫ디라. ≪朴諺, 下, 27ㅈ≫老實價錢一兩一顆家, 고디식ᄒᆞᆫ 갑ᄉᆞᆫ ᄒᆞᆫ 냥에 ᄒᆞᆫ 낫식이라. ❸⇔전(錢). ≪朴諺, 上, 11ㅎ≫絟馬錢與他一捧兒米便是, ᄆᆞᆯ ᄆᆡ엿든 갑ᄉᆞᆯ 뎌를 ᄒᆞᆫ 우흠 ᄡᆞᆯ을 줌이 곳 올타. ≪朴諺, 上, 12ㅈ≫你與多少脚錢, 네 언머 삭 갑ᄉᆞᆯ 주려 ᄒᆞᄂᆞᆫ다. ≪朴諺, 上, 12ㅎ≫與他一百箇斗子錢, 뎌를 一百 낫 말 되ᄂᆞᆫ 갑ᄉᆞᆯ 주고. ≪朴諺, 上, 13ㅈ≫與他小脚兒錢, 뎌를 져근 삭 갑ᄉᆞᆯ 주되. ≪朴諺, 上, 51ㅎ≫一箇月二兩妳子錢, ᄒᆞᆫ ᄃᆞᆯ에 두 냥 졋 갑시오. ≪朴諺, 上, 58ㅈ≫散饋喂馬的草料錢, ᄆᆞᆯ 먹일 딥과 콩 갑슬 흐터 주라. ≪朴諺, 中, 26ㅈ≫將去饋李大做定錢, 가져가 李大를 주어 마초ᄂᆞᆫ 갑슬 삼고. ≪朴諺, 中, 39ㅎ≫賃房錢每月銀二兩, 집 세내ᄂᆞᆫ 갑슬 ᄃᆞᆯ마다 은 두 냥에 ᄒᆞ여. ≪朴諺, 中,

57ㅎ≫錢是你上有, 갑슨 네게 잇고. ≪朴諺, 下, 56ㅈ≫半張裏寫時與一半錢贖, 半張에 써시면 一半 갑슬 주고 므ᄅ미니라.

갓 명 가죽. ≪朴諺, 下, 1ㅈ≫貂鼠皮丟袖(集覽, 朴集, 下, 1ㅈ: 丟袖. 音義云, ·ᄉ·ᄆᆡ〈매〉 조처 :내·브·틴 갓·옷.), 貂鼠皮 ᄉ매 조차 내브틴 갓오ᄉ다가.

갓 명 갓. 모자. ❶⇔모(帽). ≪朴諺, 下, 29ㅎ≫你看我這帽頂子, 네 보라 내 이 가ᄉ 頂子ㅣ. ❷⇔모아(帽兒). ≪朴諺, 上, 25ㅎ≫江西十分上等眞結綜(椶)帽兒上, 江西 ᄀ장 上等에 진짓 綜(椶)으로 ᄆ존 갓우희. ≪朴諺, 中, 25ㅈ≫你的帽兒那裏做來, 네 갓을 어ᄃᆡ셔 ᄆᆡᄃ란ᄂ뇨. ≪朴諺, 中, 25ㅎ≫這帽兒也做得中中的, 이 갓을 ᄆᆡᆫ돌기를 알맛게 ᄒ엿다. ≪朴諺, 中, 26ㅎ≫李大的帽兒樣兒可喜不走作, 李大의 갓이 모양이 곱고 듧쁘디 아니케 ᄆᆡᆫ드랏고. ❸⇔모자(帽子). ≪朴諺, 上, 47ㅈ≫衣裳·帽子·靴子, 옷과 갓과 훠를.

갓ᄀ다 동 깎다. ⇔체(剃). ≪朴諺, 上, 40ㅈ≫剃了, 갓가다.

갓가이 부 가까이. ⇔근(近). ≪朴諺, 上, 60ㅈ≫近看時遠侵碧漢, 갓가이셔 보면 멀리 碧漢을 侵ᄒ고. ≪朴諺, 中, 58ㅎ≫跳蚤那廝近不的, 벼록이란 뎌 놈이 갓가이 못ᄒᄂ니라.

갓갑다 형 가깝다. ⇔근(近). ≪朴諺, 中, 55ㅎ≫這房子水芹田近, 이 집이 미나리 밧티 갓가오니.

갓괴 명 까뀌. ⇔화방(和鎊). ≪朴諺, 下, 12ㅎ≫你只取將墨斗, 네 그저 먹고조와. 墨復, 먹갈과. 和鎊, 갓괴와. 鐴子, 항괴와. 退鉋, ᄃᆡ패와. 鑿子, 슬과. 斧子, 도치와. 銼子來做生活, 줄을 가져다가 셩녕ᄒ라.

갓기 명 깎기. ⇔체(剃). ≪朴諺, 上, 39ㅎ≫你剃的乾淨着, 네 갓기를 乾淨히 ᄒ고. ≪朴諺, 上, 47ㅈ≫剃頭兩箇錢, 머리 갓기는 두 낫 돈이오.

갓다 동 깎다. ⇔체(剃). ≪朴諺, 上, 39ㅎ≫叫將那剃頭(集覽, 朴集, 上, 11ㅈ: 剃頭. 漢俗, 凡梳頭者必剃去腦後頂上髮際細毛, 故曰剃頭.)的來, 뎌 머리 갓는 이를 블러오라. ≪朴諺, 上, 39ㅎ≫我剃頭的, 나는 머리 갓는 이라. ≪朴諺, 上, 50ㅈ≫纔只洗了孩兒剃了頭, 그제아 아ᄒᆡ를 싯기고 머리 갓고.

갓머리 명 갓머리[宀]. 한자 부수(部首)의 이름. ⇔가두(家頭). ≪朴諺, 中, 42ㅈ≫家頭下木字便是, 갓머리 아ᄅᆡ 木字 ᄒᆞᆫ 거시 곳 이라.

갓옷 명 갖옷. 가죽옷. ≪朴諺, 下, 1ㅈ≫貂鼠皮丟袖(集覽, 朴集, 下, 1ㅈ: 丟袖. 音義云, ·ᄉ·ᄆᆡ〈매〉 조처 :내·브·틴 갓·옷.), 貂鼠皮 ᄉ매 조차 내브틴 갓오ᄉ다가.

갓티다 동 갇히다. ⇔감(監). ≪朴諺, 下, 16ㅈ≫種稻子那廝因何監着, 벼 시므든 뎌 놈은 므스 일을 인ᄒ여 갓텬ᄂ뇨. ≪朴諺, 下, 36ㅎ≫監在牢裏, 옥에 갓텬ᄂ뇨.

강(舡) 명 배[舟]. ⇔ᄇᆡ. ≪朴諺, 上, 62ㅈ≫官人們也上幾隻舡, 官人들도 여러 ᄇᆡ에 올라.

강(剛) 부 겨우. 가까스로. 간신히. 어렵사리. ❶⇔계요. ≪朴諺, 上, 37ㅎ≫一間房子裏五箇人剛坐的, ᄒᆞᆫ 간 방에 다ᄉ 사ᄅᆞᆷ이 계요 안는 거시여. ❷⇔계우. ≪集覽, 字解, 單字解, 1ㅎ≫剛. 僅也. 剛坐 계우 앗다. 纔也. 剛纔 ᄀᆞᆺ.

강(强) 동 고집하다. 우기다. ⇔세오다. ≪朴諺, 中, 49ㅎ≫我忒强時也不是, 내 너모 세오면 올티 아니ᄒ니. ≪朴諺, 下, 45ㅎ≫你休强不要去, 네 세오디 말고 가디 말라.

강(强) 형 낫다[優]. 우월하다. 훌륭하다. ⇔낫다. ≪朴諺, 下, 20ㅈ≫强的上拜爲師傅, 나으니를 拜ᄒ야 스승을 삼쟈. ≪朴諺, 下, 48ㅎ≫其中那一火兒强的, 그 듕에 아모 ᄒᆞᆫ 무리 나은 이.

강(繮) 명 후릿고삐. 고삐. ≪朴諺, 上, 39ㅈ≫狗有濺草之恩, 개는 濺草ᄒᆞᆫ 恩이 잇고. 馬有垂繮之報(集覽, 朴集, 上, 11ㅈ: 馬有垂繮之報. 漢高祖與項王會鴻門, 舞

ㄱ

劒事急, 謀脫. 匹〈疋〉馬南行, 道傍有一眢井, 馬到井邊不肯行. 漢王恐追者至, 下馬入井.), 물은 垂繮혼 報ㅣ 잇다 ᄒᆞ니라.

강남(江南) 명 중국 양자강(揚子江)의 남쪽 지역을 이르는 말. ≪朴諺, 上, 65ㅎ≫到江南地面石屋法名的和尙根底, 江南 ᄯᅡ 石屋이라 法名 ᄒᆞᆫ 즁의손ᄃᆡ 가니. ≪朴諺, 下, 2ㅎ≫我如今又往江南地面裡布施去, 내 이제 ᄯᅩ 江南 ᄯᅡ흘 향ᄒᆞ여 보시ᄒᆞ라 가려 ᄒᆞ니. ≪朴諺, 下, 4ㅎ≫慢慢的到江南沿門布施, 날호여 江南의 가 집마다 보시ᄒᆞ여.

강도(强盜) 명 폭행이나 협박 따위의 수단으로 남의 재물을 빼앗는 도둑. ≪朴諺, 中, 35ㅎ≫不是强盜, 强盜ㅣ 아니라.

강론(講論) 동 해설하며 토론하다. 비평하다. ⇔강론ᄒᆞ다(講論-). ≪朴諺, 下, 56ㅎ≫尋他講論些文書來, 뎌를 ᄎᆞ자 글을 講論ᄒᆞ노라.

강론ᄒᆞ다(講論-) 동 해설하며 토론하다. 비평하다. ⇔강론(講論). ≪朴諺, 下, 56ㅎ≫尋他講論些文書來, 뎌를 ᄎᆞ자 글을 講論ᄒᆞ노라.

강보(襁褓) 명 포대기. ≪朴諺, 上, 50ㅎ≫上頭鋪兩三箇襦子(集覽, 朴集, 上, 13ㅎ: 襦子. 音義云, 襁褓, 接瞖汚穢之物. 今按, 襁卽綳子, 褓卽襦子, 音義混而一之, 誤矣. 但譯語指南, 亦呼綳子, 混稱爲襁褓. 未詳是否. 襦子, 깃.), 우희 두세 깃을 ᄭᆞᆯ고.

강분(糨粉) 명 쌀 풀. 무리풀. ≪朴諺, 上, 43ㅎ≫三尺半白淸水(集覽, 朴集, 上, 12ㅎ: 白淸水絹. 무리 ·픗〈플〉:긔 ·업·시 다 ᄃᆞ·마 :돌호로 미·론 :깁·이·니, 光滑緻硬, 如本國擣砧者也. 卽不用糨粉而鍊〈練〉生絹, 以石碾者.)絹, 석 자 반 제믈엣 깁이야.

강사(絳紗) 명 붉은 빛깔의 깁. ≪朴諺, 上, 41ㅎ≫幾時下紅定(集覽, 朴集, 上, 12ㅈ: 紅定. 晉武帝多簡良家女以充內職, 而自擇美者入選, 則以絳紗繫臂. 鎭軍將軍胡奮女入選, 亦以絳紗繫臂, 故俗謂定婚曰紅定.), 언제 紅定을 드리더뇨.

강사계비(絳紗繫臂) 동 강사(絳紗)로 팔뚝을 묶다. 진(晉)나라 무제(武帝)가 양가(良家)의 딸을 내직(內職)에 충원할 때, 직접 미인을 뽑아 팔에 붉은 빛깔의 깁을 묶게 하였던 고사. 뒤에 약혼(約婚)한 사람의 표식으로 쓰기도 하였다. ≪朴諺, 上, 41ㅎ≫幾時下紅定(集覽, 朴集, 上, 12ㅈ: 紅定. 晉武帝多簡良家女以充內職, 而自擇美者入選, 則以絳紗繫臂. 鎭軍將軍胡奮女入選, 亦以絳紗繫臂, 故俗謂定婚曰紅定.), 언제 紅定을 드리더뇨.

강서(江西) 명 중국 강서성(江西省). ≪朴諺, 上, 25ㅎ≫江西(集覽, 朴集, 上, 9ㅈ: 江西. 古楊(揚)州地, 今置承宣布政使司.)十分上等眞結綜(椶)帽兒上, 江西 ᄀᆞ쟝 上等에 진짓 綜(棕)으로 ᄆᆡ존 갓 우희.

강습(講習) 동 일정 기간 동안 학문·기예·실무 따위를 배우고 익히다. ≪朴諺, 下, 35ㅈ≫却打花房窩兒(集覽, 朴集, 下, 7ㅎ: 花房窩兒. 又云擊鞠, 騎而以杖擊也, 黃帝習兵之勢. 或曰起於戰國, 所以練〈鍊〉武士, 因嬉戲而講習之, 猶打毬, 非蹋鞠之戲也.), ᄯᅩ 花房 굼글 티쟈.

강시(殭屍) 명 쓰러져 있는 시체. ≪朴諺, 中, 22ㅈ≫隨相現相(集覽, 朴集, 中, 5ㅈ: 隨相現相. 飜譯名義云, 佛昔爲帝釋時, 遭飢歲, 疾疫流行, 醫療無功, 道殣相屬. 帝釋悲愍, 思所救濟, 乃變其形爲大蟒身, 殭屍川〈殭屍出于〉谷, 空中遍告, 聞者感慶, 相率〈宰(攣)〉奔赴, 隨割隨生, 療飢療疾.)救苦惱於三塗, 상을 조차 상을 뵈야 苦惱를 三塗에 救ᄒᆞᄂᆞᆫ또다.

강약(强弱) 명 강하고 약함. 또는 그런 정도. ≪朴諺, 上, 52ㅎ≫你要打幾箇氣力(集覽, 朴集, 上, 13ㅎ: 氣力. 音義云, 弓强弱之力, 重十二斤曰一箇氣力.)的弓, 네 언머 힘에 활을 ᄆᆡᆼᄀᆞᆯ고져 ᄒᆞᄂᆞ다. ≪朴諺, 上, 53ㅈ≫官裏前面揷柳(集覽, 朴集, 上, 14ㅈ: 삽〈揷〉柳. 總龜〈総亀〉云, 端午

日, 武士射柳爲閗(鬪)力之戲, 各料强弱相敵. 〈此作揘恐誤〉.)射弓的多有, 황뎨 앏희셔 버들 곳고 활 뽀ᄂᆞ니 만히 이시니.

강여(强如) 형 ❶낫다[優]. (…를) 뛰어넘다. ⇔낫다. ≪朴諺, 中, 18ㅎ≫强如良藥治病, 良藥으로 病 다ᄉᆞ림도곤 나으리라. ≪朴諺, 下, 45ㅎ≫强如親自看, 친히 보니도곤 나으리라. ❷더하다[加]. 초과하다. 상회하다. ⇔더으다. ≪集覽, 字解, 累字解, 1ㅎ≫强如. 더으다.

강원(江原) 명 강원도(江原道). ≪朴諺, 中, 12ㅎ≫今年那裏慶尙·全羅·黃海·忠淸·江原各道裏, 올히 뎌긔 慶尙·全羅·黃海·忠淸·江原 各 道에.

강자(腔子) 명 ❶몸통. 몸뚱이. ⇔몸ᄯᅩᆼ. ≪朴諺, 下, 24ㅈ≫血瀝瀝的腔子立地, 피 ᄠᅳ듣ᄂᆞᆫ 몸ᄯᅩᆼ만 ᄊᆞᄒᆡ 셔고. ❷(제사나 잔치 때에 쓰던, 대가리를 제거한 동물의) 몸뚱이. ⇔얼골. ≪朴諺, 上, 59ㅈ≫五錢銀子買一箇羊腔子(集覽, 朴集, 上, 14ㅎ: 羊腔子. 韻會云, 骨体曰腔. 音義云, 羊無首之名. 羊有首, 則人猒〈厭〉看. 今按, 漢俗屠羊出賣者, 皆去其首.), 닷 돈 은에 ᄒᆞᆫ 양의 얼골을 사.

강재(剛纔) 부 갓. 금방. 이제 막. 방금. ⇔ᄀᆞᆺ. ≪集覽, 字解, 單字解, 1ㅎ≫剛. 僅也. 剛坐 계우 앗다. 纔也. 剛纔 ᄀᆞᆺ. ≪集覽, 字解, 單字解, 2ㅎ≫纔. 方得僅始之辭. ᄀᆞᆺ, 纔自. 又剛纔, 又方纔, 又恰纔.

강좌(剛坐) 동 겨우 앉다. ≪集覽, 字解, 單字解, 1ㅎ≫剛. 僅也. 剛坐 계우 앗다. 纔也. 剛纔 ᄀᆞᆺ.

강주(講主) 명 〈불〉 경문(經文)의 뜻을 풀어 가르치는 법사(法師). ≪朴諺, 下, 9ㅈ≫那講主見那達達跌破鼻子, 뎌 講主ㅣ 뎌 達達의 구러뎌 코 ᄣᅢ이믈 보고.

강주(轠輈) 명 일륜차(一輪車). (바퀴가 하나 달린 수레) ≪朴諺, 上, 13ㅈ≫那的有四箇小車兒(集覽, 朴集, 上, 6ㅈ: 小車. 一輪車也. 卽轠輈.), 뎌 네 적은 술위 이시니.

강직(剛直) 형 올곧다. 마음이 꼿꼿하고 곧다. ≪朴諺, 中, 37ㅎ≫官人十分休駁彈(集覽, 朴集, 中, 7ㅎ: 褒彈. 今按, 包孝肅公名拯, 性剛直不撓, 其所彈劾, 不避權勢, 故時人呼爲包閻羅, 曰關節〈莭〉不到, 有閻羅包老.), 官人아 ᄀᆞ장 나므라디 말라. ≪朴諺, 中, 59ㅈ≫那寃家們打關莭(節)(集覽, 朴集, 中, 9ㅈ: 打關節. 宋包拯剛直好駁, 時人語曰, 關節〈莭〉不到, 有閻羅包老. 如本國俗語 쇼쳥〈쳥〉ᄒᆞ다.)時, 뎌 寃家ㅣ 쇼쳥ᄒᆞ니.

강축(轠軸) 명 일륜차(一輪車). (바퀴가 하나 달린 수레). ≪朴諺, 下, 15ㅎ≫煤場裏推(集覽, 朴集, 下, 3ㅎ: 推, 用轠軸載煤炭, 一人推運而來.)煤去時莭(節), 煤場에 숫 실라 갈 ᄢᅢ예.

강충(康忠) 명 고려(高麗) 태조(太祖) 왕건(王建)의 4대조. 패강진(浿江鎭)의 두상대감(頭上大監)인 김팔원(金八元)의 풍수지리설을 믿고 부소산(扶蘇山)의 남쪽으로 옮겨 살며, 소나무를 온 산에 심고 부소군(扶蘇郡)을 송악군(松嶽郡)이라고 고쳤다. ≪朴諺, 下, 61ㅈ≫第二年, 第二年에. 移都松岳郡(集覽, 朴集, 下, 13ㅈ: 都松岳郡〈松岳郡〉. 今開城府. 高麗太祖之先有康忠者, 居五冠山摩訶岬. 時新羅監干八元善風水, 到扶蘇郡, 見扶蘇山形勝而童, 告康忠曰, 若移郡山南, 植松使不露巖〈岩〉石, 則統合三韓者出矣. 於是康忠與〈与〉郡人徙居山南, 栽松遍嶽, 改名松岳.), 松岳郡에 移都ᄒᆞ니.

강하군(江夏郡) 명 남조 송(南朝宋) 때 두었다. 소재지는 호북성(湖北省) 무한시(武漢市)에 있었다. 수(隋) 초에 폐하였다가 양제(煬帝) 때 다시 두었다. ≪朴諺, 下, 13ㅈ≫上面畫六鶴舞琴(集覽, 朴集, 下, 3ㅈ: 六鶴舞琴. 善惡報應錄云, 江夏郡辛氏沽酒爲業, 有一先生人坐曰, 有好酒飮吾否. 辛飮以巨杯. 明日復來, 如此半載.), 上面에 六鶴舞琴을 그리고.

강해(强解) 동 뜻을 억지로 풀이하다. ≪集

ㄱ

覽, 凡例≫質問者, 入中朝質問而來者也. 兩書皆元朝言語, 其沿舊未改者, 今難曉解. 前後質問亦有抵捂, 姑幷收以袪初學之碍. 間有未及質問, 大有疑碍者, 不敢强解, 宜竢更質.

강향(降香) 동 향(香)을 사르고 절을 하다. ⇔강향ᄒᆞ다(降香-). ≪朴諺, 上, 9ㅈ≫我也往金剛山禪院·松廣等處降香去, 나도 金剛山 禪院·松廣 等處ᄅᆞᆯ 향ᄒᆞ야 降香ᄒᆞ라 가노라.

강향ᄒᆞ다(降香-) 동 향(香)을 사르고 절을 하다. ⇔강향(降香). ≪朴諺, 上, 9ㅈ≫我也往金剛山禪院·松廣等處降香去, 나도 金剛山 禪院·松廣 等處ᄅᆞᆯ 향ᄒᆞ야 降香ᄒᆞ라 가노라.

강형(强形) 명 험준한 형세. ≪朴諺, 中, 20ㅈ≫將二兩銀到西山(集覽, 朴集, 中, 3ㅎ: 西山. 在順天府西三十里太行山首, 始于河內, 北至幽州, 强形鉅勢, 爭奇擁翠, 雲聳星拱于皇都之右.)裏, 두 냥 은을 가지고 西山에 가.

강회(江淮) 명 장강(長江)과 회수(淮水) 지역. 지금의 강소성(江蘇省)과 안휘성(安徽省) 일대이다. ≪朴諺, 上, 9ㅎ≫水渰過蘆溝橋(集覽, 朴集, 上, 4ㅎ: 蘆溝橋. 橋之路西通關陝, 南達江淮. 兩旁多旅舍, 以其密邇京都, 行人·使客絡繹不絶.)獅子頭, 믈이 蘆溝橋 獅子ㅅ 머리ᄅᆞᆯ ᄌᆞᆷ가 너머. ≪集覽, 朴集, 上, 8ㅎ≫搭護. 事物紀原云, 隋內官多服半臂, 餘皆長袖. 唐高祖減其袖, 謂之半臂, 卽今背子也. 江淮間或曰綽子, 庶人競服之. 今俗呼爲搭護, 더그레.

갑다 동 갚다. 돌려주다. ⇔환(還). ≪朴諺, 下, 27ㅈ≫我還與你價錢, 내 네게 갑ᄉᆞᆯ 가프되.

개 명 개. ⇔구(狗). ≪朴諺, 上, 39ㅈ≫狗有濺草之恩(集覽, 朴集, 上, 11ㅈ: 狗有濺草之恩. 晉太和中, 楊生養狗, 甚愛之. 後生飮酒醉, 行至大澤, 草中眠. 時値冬月, 野火起, 風又猛, 狗呼喚, 生不覺. 前有一坑水, 狗便走往水中, 還以身洒生, 左右草沾水得着, 地火尋過去, 生醒而去.), 개ᄂᆞᆫ 濺草ᄒᆞᆫ 恩이 잇고. 馬有垂繮之報, ᄆᆞᆯ은 垂繮ᄒᆞᆫ 報ㅣ 잇다 ᄒᆞ니라. ≪朴諺, 下, 20ㅎ≫變做狗蚤, 변ᄒᆞ여 개벼록이 되여. ≪朴諺, 下, 20ㅎ≫見那狗蚤, 뎌 개벼록을 보고. ≪朴諺, 下, 24ㅈ≫變做大黑狗, 변ᄒᆞ여 큰 거믄 개 되여. ≪朴諺, 下, 24ㅎ≫不見了狗, 개도 보디 못ᄒᆞ고.

개(改) 동 고치다. 바꾸다. ⇔고티다. ≪朴諺, 中, 4ㅈ≫改染做桃紅碾到着, 고텨 桃紅 드려 다듬기ᄅᆞᆯ 잇긋 ᄒᆞ라. ≪朴諺, 中, 50ㅈ≫實說定了時不要改, 실로 닐러 뎡ᄒᆞ고 고티디 마쟈.

개(改) 형 다르다. ⇔다ᄅᆞ다. ≪朴諺, 上, 52ㅎ≫改日迴望大舍去, 다른 날 大舍ᄅᆞᆯ 迴望ᄒᆞ라 가.

개(芥) 명 겨자. ⇔계ᄌᆞ. ≪朴諺, 中, 6ㅈ≫醋, 초와. 醬, 쟝과. 塩, 소금과. 芥末, 계ᄌᆞ ᄀᆞᄅᆞ와. 葱, 파과. 蒜, 마ᄂᆞᆯ과. 薤菜, 부칙와, 油, 기름과. 生蘿蔔, ᄃᆡᆺ무우과. 瓜, 외와. 茄等, 가지 등.

개(皆) 부 다. 모두. ⇔다. ≪朴諺, 下, 8ㅎ≫經律論皆通, 經律論을 다 通ᄒᆞ니. ≪朴諺, 下, 27ㅎ≫寸心不昧, 寸心이 어둡디 아니ᄒᆞ면. 萬法皆明, 萬法이 다 ᄇᆞᆰᄂᆞ니라.

개(疥) 명 옴. (피부병의 하나) ⇔옴. ≪朴諺, 下, 6ㅎ≫我害疥痒當不的, 내 옴 알파 ᄀᆞ려옴을 당티 못ᄒᆞ니.

개(盖) 동 '盖'는 '蓋'의 속자. ❶개(蓋)의 ❶. ≪朴諺, 上, 60ㅈ≫四面盖的如鋪翠, 四面에 녠 거시 비취ᄅᆞᆯ 션 ᄃᆞᆺᄒᆞ야. ≪朴諺, 上, 60ㅎ≫盖的都是龍鳳凹面花頭·筒瓦和仰瓦, 녠 거슨 다 龍鳳을 우묵겨 면 ᄃᆞᆺ게 ᄒᆞᆫ 막새와 수디새와 암디새오. ❷개(蓋)의 ❷. ≪朴諺, 上, 50ㅎ≫上頭盖着他衣裳, 우희 제 옷 덥고. ≪朴諺, 中, 27ㅎ≫用板盖在上頭, 널로 ᄡᅧ 우희 덥고. ❸개(蓋)의 ❸. ≪朴諺, 上, 60ㅈ≫有聖旨裏盖來的兩座瑠璃閣, 聖旨로 지은 兩座

瑠璃閣이 이시니. ≪朴諺, 下, 12ㅈ≫相公支分怎的盖, 相公이 긔걸ᄒᆞ쇼셔 엇디 지으리잇고. ≪朴諺, 下, 12ㅈ≫我要盖一座書房, 내 一座 書房을 짓고져 ᄒᆞ니. ≪朴諺, 下, 13ㅈ≫盖了這房子, 이 집을 짓고. ≪朴諺, 下, 13ㅎ≫別要盖甚麽房子, 다른 므슴 집을 지으실고. 不要盖, 짓디 말고져 ᄒᆞ노라. ≪朴諺, 下, 13ㅎ≫能盖萬間房, 능히 萬間 房을 지어도. 夜眠一廈間, 밤의 一廈 間에 잔다 ᄒᆞᄂᆞ니라.

개(揩) 동 씻다. 닦다. ⇔슷다. ≪朴諺, 中, 47ㅎ≫擤了他軆帶揩的乾浄着, 제 코를 프러 슷기를 간졍히 ᄒᆞᄂᆞ니라. ≪朴諺, 中, 48ㅈ≫不曾揩來, 일즙 슷디 아니ᄒᆞ여시니. 我饋你揩的乾浄着, 내 너를 슷기를 간졍히 ᄒᆞ여 주마.

개(開) 동 ❶제왕의 조서를 펼쳐 낭독하다. ⇔개독ᄒᆞ다(開讀-). ≪朴諺, 上, 8ㅈ≫開詔去, 詔書 開讀ᄒᆞ라 가노라. ≪朴諺, 上, 8ㅎ≫往永平·大寧·遼陽·開元·瀋陽等處開去, 永平·大寧·遼陽·開元·瀋陽 等處를 향ᄒᆞ여 開讀ᄒᆞ라 가노라. ≪朴諺, 上, 9ㅈ≫開詔後頭, 詔書 開讀ᄒᆞᆫ 후의. ❷관아의 창고를 열어 안에 넣어 두었던 곡식을 내다. ⇔개창ᄒᆞ다(開倉-). ≪朴諺, 上, 11ㅈ≫今日開, 오늘 開倉ᄒᆞᄂᆞ니라. ❸내다. ⇔내다. ≪朴諺, 上, 52ㅈ≫朝南開着一箇小墻門便是, 남을 향ᄒᆞ여 ᄒᆞᆫ 小墻門 낸 거시 곳 이라. ❹뚫다. ⇔뚤다. ≪朴諺, 中, 35ㅈ≫舌尖兒潤開了窓孔, 혓긋ᄒᆞ로 불워 창 굼글 뚤고. ❺열다. ⇔열다. ≪朴諺, 中, 27ㅈ≫開着一座解償庫, 一座 解償庫를 열고. ≪朴諺, 中, 33ㅈ≫逢山開路遇水迭橋, 山을 만나 길흘 열고 믈을 만나 ᄃᆞ리를 놋ᄂᆞ다 ᄒᆞᄂᆞ니라. ≪朴諺, 中, 60ㅎ≫衙門處處向南開, 衙門이 곳곳이 南을 향ᄒᆞ여 여러시나. ≪朴諺, 下, 22ㅈ≫着將軍開櫃看, 將軍으로 ᄒᆞ여 櫃를 여러 보니. ❻펴지다. ⇔펴디다. ≪朴諺, 上, 55ㅎ≫只腿跨不開(集覽, 朴集, 上, 14ㅈ: 腿跨不開. 音義, 지·페딘 믈.), 다믄 뒷 지페 펴디디 못ᄒᆞ고. ❼피다[發]. ⇔픠다. ≪朴諺, 上, 36ㅈ≫下雨開花刮風結子, 비 오면 곳 픠고 ᄇᆞ람 블면 여름 여ᄂᆞᆫ 거시여.

개(箇) 명 이. 사람. ⇔이. ≪朴諺, 上, 12ㅎ≫不去時呌別箇, 가디 아니면 다ᄅᆞ니를 브ᄅᆞ쟈.

개(箇) 의 ❶낱. ⇔낫. ≪集覽, 字解, 單字解, 5ㅎ≫家. 止指一數之稱. 一箇家 ᄒᆞᆫ 낫식, 幾箇家 몃 낫식, 又현 낫식, 幾年家 현 ᄒᆡ식. ≪朴諺, 上, 1ㅎ≫各人出一百箇銅錢, 各人이 一百 낫 銅錢을 내면. 共通三千箇銅錢, 대되 三千 낫 銅錢이니. ≪朴諺, 上, 12ㅈ≫五十箇銅錢一擔家去來, 五十 낫 銅錢에 ᄒᆞᆫ 짐식 ᄒᆞ여 가쟈. ≪朴諺, 上, 13ㅈ≫三十箇錢一擔家, 三十 낫 돈에 ᄒᆞᆫ 짐식 ᄒᆞ고. ≪朴諺, 上, 40ㅎ≫與你五箇銅錢, 너를 다ᄉᆞᆺ 낫 銅錢을 주마. ≪朴諺, 上, 47ㅈ≫湯錢五箇錢, 湯錢은 다ᄉᆞᆺ 낫 돈이오. 撓背兩箇錢, 등 므디ᄅᆞ기ᄂᆞᆫ 두 낫 돈이오. 梳頭五箇錢, 머리 빗기기ᄂᆞᆫ 다ᄉᆞᆺ 낫 돈이오. 剃頭兩箇錢, 머리 갓기ᄂᆞᆫ 두 낫 돈이오. 修脚五箇錢, 발톱 다듬기ᄂᆞᆫ 다ᄉᆞᆺ 낫 돈이니. 全做時只使的十九箇錢, 다 ᄒᆞ려 ᄒᆞ면 그저 열아홉 낫 돈을 ᄡᅳ리라. ≪朴諺, 中, 1ㅈ≫一箇人與他五箇錢時放入去, ᄒᆞᆫ 사ᄅᆞᆷ이 뎌를 다ᄉᆞᆺ 낫 돈을 주면 노하 드려보내ᄂᆞ니라. ≪朴諺, 中, 14ㅈ≫草一錢銀子十一箇家大束(東)兒, 딥흔 ᄒᆞᆫ 돈 은에 열ᄒᆞᆫ 낫 큰 뭇이니. ≪朴諺, 中, 44ㅎ≫那中柱上釘一箇釘子, 뎌 가온댓 기동에 ᄒᆞᆫ 낫 못을 박고. ≪朴諺, 中, 57ㅈ≫兒的五十箇錢, 수ᄂᆞᆫ 쉰 낫 돈이오. ≪朴諺, 中, 57ㅈ≫一百箇錢短一箇錢也不賣, 一百 낫 돈에 ᄒᆞᆫ 낫 돈이 업서도 ᄑᆞ디 이(아)니ᄒᆞ리라. ≪朴諺, 下, 28ㅎ≫將二百箇銅錢來, 二百 낫 銅錢을 가져오라. ≪朴諺, 下, 57ㅈ≫將一百箇錢去, 一百 낫 돈을 가져가. ❷번. ⇔번. ≪朴諺, 下, 23ㅈ≫打一箇跟㪲, ᄒᆞᆫ 번 跟㪲질 ᄒᆞ여. ❸필(疋). ⇔필.

≪朴諺, 上, 46ㅈ≫貴眷稍的十箇白毛施布, 貴眷이 브틴 열 필 흰 모시뵈과. ≪朴諺, 上, 46ㅎ≫五箇黃毛施布, 닷 필 누른 모시뵈와. 五箇黑帖裏布, 닷 필 거믄 텰릭 뵈를. ≪朴諺, 中, 3ㅎ≫這十箇絹裏, 이 열 필 깁에셔. ≪朴諺, 中, 3ㅎ≫五箇大紅碾着, 닷 필은 다홍 드려 다듬고. 五箇染小紅乾色罷, 닷 필은 小紅 드려 건식으로 홈이 므던ᄒᆞ니. 十箇絹練的熟到着, 열 필 깁을 누우기를 닉게 잇긋 ᄒᆞ라. ≪朴諺, 中, 4ㅈ≫五箇大紅絹, 닷 필 다홍 깁은. ≪朴諺, 中, 4ㅈ≫五箇小紅絹, 닷 필 小紅 깁은. ≪朴諺, 中, 14ㅈ≫只將的八九十箇馬來了, 그저 八九十 필 ᄆᆞᆯ을 가져오다가. ≪朴諺, 下, 11ㅈ≫孩兒今將金色茶褐段子一箇, 孩兒ㅣ 이제 金色 차헐빗치 비단 ᄒᆞᆫ 필과. ≪朴諺, 下, 11ㅈ≫藍長綾一箇, 藍 자 긴 綾 ᄒᆞᆫ 필을.

개(蓋) 동 ❶(지붕을) 이다. 덮다. ⇔네다. ≪朴諺, 上, 60ㅈ≫四面盖的如鋪翠, 四面에 녠 거시 비취를 ᄭᆞᆫ 둧ᄒᆞ야. ≪朴諺, 上, 60ㅎ≫盖的都是龍鳳凹面花頭·筒瓦和仰瓦, 녠 거슨 다 龍鳳을 우묵겨 면 듯게 ᄒᆞᆫ 막새와 수디새와 암디새오. ❷덮다. 씌우다. ⇔덥다. ≪朴諺, 上, 50ㅎ≫上頭盖着他衣裳, 우희 제 옷 덥고. ≪朴諺, 中, 27ㅎ≫用板盖在上頭, 널로 써 우희 덥고. ❸짓다. 만들다. ⇔짓다. ≪朴諺, 上, 60ㅈ≫有聖旨裏盖來的兩座瑠璃閣, 聖旨로 지은 兩座 瑠璃閣이 이시니. ≪朴諺, 下, 12ㅈ≫相公支分怎的盖, 相公이 긔걸ᄒᆞ쇼셔 엇디 지으리잇고. ≪朴諺, 下, 12ㅈ≫我要盖一座書房, 내 一座 書房을 짓고져 ᄒᆞ니. ≪朴諺, 下, 13ㅈ≫盖了這房子, 이 집을 짓고. ≪朴諺, 下, 13ㅎ≫別要盖甚麽房子, 다른 므슴 집을 지으실고. 不要盖, 짓디 말고져 ᄒᆞ노라. ≪朴諺, 下, 13ㅎ≫能盖萬間房, 능히 萬間 房을 지어도. 夜眠一廈間, 밤의 一廈 間에 잔다 ᄒᆞᄂᆞ니라. ❹끼다[挾]. ⇔찌다. ≪朴諺, 上, 28ㅎ≫珠結子的蓋兒野狗尾子罕荅哈, 구슬로 ᄆᆡ자 낀 여ᄋᆞ ᄭᅩ리 罕荅哈ㅣ 러라.

개(槩) 명 개(概). '槩'는 '概'와 같다. ≪朴諺, 上, 12ㅎ≫與他一百箇斗子(集覽, 朴集, 上, 5ㅎ: 斗子. 執斗槩量穀之人.〈槩, 卽平斗斛木〉.)錢, 뎌를 一百 낫 말 되ᄂᆞᆫ 갑슬 주고.

개(概) 명 평미레. ≪朴諺, 上, 12ㅎ≫與他一百箇斗子(集覽, 朴集, 上, 5ㅎ: 斗子. 執斗槩量穀之人.〈槩, 卽平斗斛木〉.)錢, 뎌를 一百 낫 말 되ᄂᆞᆫ 갑슬 주고.

개(磕) 동 ❶스치다. 부딪히다. ⇔다티다. ≪朴諺, 下, 29ㅎ≫帳房門上磕着, 댱 방 문에 다텨. ❷조아리다. ⇔좃다. ≪朴諺, 上, 31ㅈ≫那般磕頭禮拜央及我, 뎌리 머리 좃고 禮拜ᄒᆞ여 내게 빌거늘. ❸짓이기다. ⇔즛긔티다. ≪朴諺, 下, 20ㅎ≫便拿下來磕死了, 곳 잡아 ᄂᆞ리와 즛긔텨 죽이고.

개개(箇箇) 부 낱낱이. ❶⇔난나치. ≪集覽, 字解, 單字解, 3ㅈ≫箇. 一枚也. 俗呼一枚爲一箇, 亦曰箇把. 又箇箇 난나치. 單言箇字, 亦爲一枚之意. 有箇人 ᄒᆞᆫ 사ᄅᆞ미. 又語助. 這箇·些箇. 又音이. 舌頭兩箇 혓 그토로, 今不用. ❷⇔낫낫치. ≪朴諺, 上, 37ㅈ≫家後一群羊箇箇尾子長, 집 뒤희 ᄒᆞᆫ 무리 양이 낫낫치 ᄭᅩ리 긴 거시여. ≪朴諺, 下, 9ㅈ≫箇箇擎拳合掌, 낫낫치 擎拳 合掌ᄒᆞ야.

개골산(皆骨山) 명 겨울의 금강산을 이르는 말. ≪朴諺, 上, 9ㅈ≫我也往金剛山(集覽, 朴集, 上, 4ㅎ: 金剛山. 一名皆骨山, 卽白頭山南條也. 南至淮陽縣之東, 高城郡之西爲金剛山, 凡一萬二千峯.)禪院·松廣等處降香去, 나도 金剛山 禪院·松廣 等處를 향ᄒᆞ야 降香ᄒᆞ라 가노라.

개관(開館) 동 학관(學館)을 개설하다. ≪朴諺, 中, 44ㅎ≫掛十八學士(集覽, 朴集, 中, 8ㅈ: 十八學士. 唐太宗秦王時, 開館延文學之士, 杜如晦·房玄齡〈岭〉·虞世南·褚遂良·姚思廉·李玄道·蔡允恭·薛元敬·顔相時·蘇勗·于志寧·蘇世長·薛收·李

守素·陸德明·孔穎達·蓋文達·許敬宗爲文學館學士, 分爲三番, 更日直宿.)大畫, 十八學士 그린 큰 그림을 걸고.

개구연석(開口筵席) 명 약혼하는 이바지. 약혼하는 잔치. ≪朴諺, 上, 40ㅎ≫今日做筵席(集覽, 朴集, 上, 11ㅎ: 今日做筵席. 舊本作開口筵席, 古所謂言定, 今俗云求親.), 오늘 이바디ᄒᆞᄂᆞ니라. ≪譯語類解, 上, 婚娶≫開口筵席, 언약ᄒᆞᄂᆞᆫ 잔치.

개궁(開弓) 동 활을 쏘다. ≪朴諺, 上, 49ㅈ≫饋你濟機(集覽, 朴集, 上, 13ㅈ: 濟機. 音義云, ·ᄡᅳ·로 밍·ᄀᆞ·론〈밍근〉 혈거피 ·ᄀᆞ·ᄐᆞᆫ 것. 今按, 漢人或牛角或鹿角爲之, 形如環, 着於拇指, 亦所以鉤〈所以鉤〉弦開弓.), 너를 각지를 주마.

개다 동 개다[晴]. ⇔청(晴). ≪朴諺, 中, 51ㅈ≫雨晴了也, 비 개엿다.

개당(開堂) 명 〈불〉 선종(禪宗)에서, 새로 주지가 된 중이 절에 들어가 처음으로 설법(說法)하는 의식(儀式). ≪朴諺, 上, 65ㅈ≫法名喚步虛(集覽, 朴集, 上, 15ㅎ: 步虛. 還大都, 時適丁太子令辰十二月二十四日, 奉傳聖旨, 住持永寧禪寺, 開堂演法.), 法名을 步虛ㅣ라 브르ᄂᆞᆫ 이.

개독ᄒᆞ다(開讀-) 동 제왕의 조서를 펼쳐 낭독하다. ⇔개(開). ≪朴諺, 上, 8ㅈ≫開詔去, 詔書 開讀ᄒᆞ라 가노라. ≪朴諺, 上, 8ㅎ≫往永平·大寧·遼陽·開元·瀋陽等處開去, 永平·大寧·遼陽·開元·瀋陽 等處로 향ᄒᆞ여 開讀ᄒᆞ라 가노라. ≪朴諺, 上, 9ㅈ≫開詔後頭, 詔書 開讀ᄒᆞᆫ 후의.

개말(芥末) 명 겨자가루. ⇔계ᄌᆞᄀᆞᄅᆞ. ≪朴諺, 中, 6ㅈ≫醋, 초와. 醬, 장과. 塩, 소금과. 芥末, 계ᄌᆞ ᄀᆞᄅᆞ와. 葱, 파과. 蒜, 마늘과. 薤菜, 부칙와, 油, 기름과. 生蘿蔔, 댓무우과. 瓜, 외와. 茄等, 가지 등.

개명(改名) 동 이름을 고치다. ≪朴諺, 上, 4ㅈ≫核桃(集覽, 朴集, 上, 2ㅈ: 核桃. 張騫使西域, 得胡桃回, 種于中國. 後五胡時, 避胡字, 改名核桃.), 호도와.

개벼록 명 개벼룩. ⇔구조(狗蚤). ≪朴諺, 下, 20ㅎ≫變做狗蚤, 변ᄒᆞ여 개벼록이 되여. ≪朴諺, 下, 20ㅎ≫見那狗蚤, 뎌 개벼록을 보고.

개별(改別) 동 구별하거나 변경하다. ⇔개별ᄒᆞ다(改別-). ≪朴諺, 上, 24ㅈ≫定體已後不得改別, 定體ᄒᆞᆫ 후의 改別티 마쟈.

개별ᄒᆞ다(改別-) 동 구별하거나 변경하다. ⇔개별(改別). ≪朴諺, 上, 24ㅈ≫定體已後不得改別, 定體ᄒᆞᆫ 후의 改別티 마쟈.

개암 명 개암. ⇔진자(榛子). ≪朴諺, 下, 28ㅈ≫賣榛子的你來, 개암 ᄑᆞᄂᆞᆫ 이아 이바. ≪朴諺, 下, 28ㅈ≫我和你拿榛子, 내 너와 개암 더ᄂᆞ기 ᄒᆞ쟈. ≪朴諺, 下, 28ㅈ≫一霎兒赢了二升多榛子, 져근덧에 두 되 나믄 개암을 이긔어다. ≪朴諺, 下, 28ㅈ≫乾得那些榛子喫, 공히 뎌 개암을 어더먹으니.

개약(疥藥) 명 옴이 났을 때 피부에 바르는 약. ≪朴諺, 下, 7ㅈ≫買將一兩疥藥來搽一遍, ᄒᆞᆫ 냥 疥藥을 사다가 ᄒᆞᆫ 번 ᄇᆞᄅᆞ면.

개얌 명 개암. ⇔진자(榛子). ≪朴諺, 上, 4ㅈ≫榛子, 개얌과. 松子, 잣과. 乾葡萄, ᄆᆞᄅᆞᆫ葡萄와. 栗子, 밤과.

개양(開陽) 명 북두칠성의 여섯째 별 이름. ≪朴諺, 上, 18ㅎ≫後面北斗(集覽, 朴集, 上, 7ㅈ: 北斗左輔右弼. 凡九星, 曰樞宮貪狼, 曰璇宮巨門, 曰璣〈幾〉宮祿存, 曰權宮文曲, 曰衡宮廉貞, 曰闓(開)陽宮武曲, 曰瑤光宮破軍, 曰洞明宮左輔, 曰隱元宮右弼.)七星板兒做的好, 後面 北斗七星 돈은 민ᄃᆞᆯ기를 잘ᄒᆞ엿고.

개양(闓陽) 명 개양(開陽). '闓'는 '開'의 잘못. ≪朴諺, 上, 18ㅎ≫後面北斗(集覽, 朴集, 上, 7ㅈ: 北斗左輔右弼. 凡九星, 曰樞宮貪狼, 曰璇宮巨門, 曰璣〈幾〉宮祿存, 曰權宮文曲, 曰衡宮廉貞, 曰闓(開)陽宮武曲, 曰瑤光宮破軍, 曰洞明宮左輔, 曰隱元宮右弼.)七星板兒做的好, 後面 北斗七星 돈은 민ᄃᆞᆯ기를 잘ᄒᆞ엿고.

개왕(改往) 동 과거의 잘못을 고치다. ≪朴諺, 下, 10ㅈ≫改往修來着, 改往 修來ᄒᆞ라.

개왕수래(改往修來) 동 개왕(改往)하고 미래의 선행을 닦다. ≪朴諺, 下, 10ㅈ≫改往修來着, 改往 修來ᄒᆞ라.

개원(改元) 동 연호(年號)를 바꾸다. ≪朴諺, 下, 59ㅈ≫上泰封王弓裔(集覽, 朴集, 下, 12ㅎ: 弓裔. 一日, 持鉢赴齋, 有烏啣(啣)牙籤落鉢中, 視之, 有王字. 遂叛, 據鉄圓郡爲都, 卽今鐵〈鉄〉原府也. 國號摩震, 改元武泰, 後改國號〈号〉泰封.)手下, 泰封王 弓裔 手下에 올라.

개원(開元) 명 땅 이름. 본래 숙신(肅愼)의 땅. 주대(周代)에 황복(荒服)이 되었다가, 원대(元代)에 개원로(開元路)라 하였는데, 원말(元末)에 나하추(納哈出)에 예속되었다. ≪朴諺, 上, 8ㅎ≫往永平·大寧·遼陽·開元(集覽, 朴集, 上, 4ㅈ: 開元. 遼誌云, 本肅愼氏地, 虞舜時高麗有其地, 周時爲荒服, 元設開元路, 元末屬納哈出, 今設三萬衛, 又設遼海衛. 永樂年間, 設安樂·自在二州, 俱隷遼東都司. 城東陸路, 舊有設站, 至三散口子, 通朝鮮後門, 管屬外夷往來朝貢之路, 四面皆古設站之地.)·瀋陽等處開去, 永平·大寧·遼陽·開元·瀋陽 等處를 향ᄒᆞ여 開讀ᄒᆞ라 가노라.

개원로(開元路) 명 원대(元代)에 두었다. 소재지는 길림성(吉林省) 농안현(農安縣)에 있었다. 명대(明代)에 폐하였다. ≪朴諺, 上, 8ㅎ≫往永平·大寧·遼陽·開元(集覽, 朴集, 上, 4ㅈ: 開元. 遼誌云, 本肅愼氏地, 虞舜時高麗有其地, 周時爲荒服, 元設開元路, 元末屬納哈出, 今設三萬衛, 又設遼海衛.)·瀋陽等處開去, 永平·大寧·遼陽·開元·瀋陽 等處를 향ᄒᆞ여 開讀ᄒᆞ라 가노라.

개일(改日) 명 다른 날. 후일(後日). 뒷날. ≪朴諺, 上, 52ㅎ≫改日迴望大舍去, 다른 날 大舍를 迴望ᄒᆞ라 가.

개장(開場) 동 (공연을) 시작하다. 개막(開幕)하다. ≪朴諺, 上, 66ㅈ≫皇帝聖旨裏開場說法裏, 皇帝 聖旨로 開場 說法ᄒᆞᄂᆞ니라.

개정(開呈) 동 장만하여 벌여 놓다. ⇔개정ᄒᆞ다(開呈-). ≪朴諺, 中, 44ㅈ≫開呈村味, 村味를 開呈ᄒᆞ고.

개정ᄒᆞ다(開呈-) 동 장만하여 벌여 놓다. ⇔개정(開呈). ≪朴諺, 中, 44ㅈ≫開呈村味, 村味를 開呈ᄒᆞ고.

개창(疥瘡) 명 옴. (피부병의 하나) ≪朴諺, 下, 7ㅎ≫撓破了疥瘡搽那藥, 疥瘡을 글거 헐우고 뎌 약을 ᄇᆞᆯ라.

개창ᄒᆞ다(開倉-) 동 관아의 창고를 열어 안에 넣어 두었던 곡식을 내다. ⇔개(開). ≪朴諺, 上, 11ㅈ≫今日開, 오ᄂᆞᆯ 開倉ᄒᆞᄂᆞ니라.

개춘(開春) 동 봄이 시작되다. 봄에 들어서다. (일반적으로 음력 정월 또는 입춘 전후를 일컫는다) ⇔개춘ᄒᆞ다(開春-). ≪朴諺, 上, 17ㅎ≫開春時, 開春ᄒᆞ면.

개춘ᄒᆞ다(開春-) 동 봄이 시작되다. 봄에 들어서다. (일반적으로 음력 정월 또는 입춘 전후를 일컫는다) ⇔개춘(開春). ≪朴諺, 上, 17ㅎ≫開春時, 開春ᄒᆞ면.

개평부(開平府) 명 원대(元代)에 두었다. 내몽고자치구(內蒙古自治區) 정람기(正藍旗) 북동쪽 섬전하(閃電河)의 북쪽, 음산(陰山)의 남쪽에 있었다. ≪朴諺, 上, 65ㅈ≫南城(集覽, 朴集, 上, 15ㅎ: 南城. 大元以燕京爲大都, 俗號南城, 以開平府爲上都, 俗號北城. 開平府在陰山之南. 自燕京至上都, 地勢一步高一步, 四時多雨雪.)永寧寺裏, 南城 永寧寺에.

개포(開鋪) 동 가게를 열다. ⇔개포ᄒᆞ다(開鋪-). ≪朴諺, 上, 19ㅈ≫我今日印子鋪(集覽, 朴集, 上, 7ㅎ: 印子鋪. 音義云, 是典儅錢物濟急之所. 質問云, 有錢之人開鋪, 那無錢之人拿衣服或器皿, 儅借銅錢或銀子使用, 每十分加利一分, 亦與有印號帖兒, 以爲執照.)裏儅錢去, 내 오ᄂᆞᆯ 印子鋪에 돈 典儅ᄒᆞ라 가노라. ≪朴諺, 下,

40ㅎ≫他不曾開鋪的, 뎨 일즙 開鋪티 아니혼 이니.

개포ᄒᆞ다(開鋪-) 동 가게를 열다. ⇔개포(開鋪). ≪朴諺, 下, 40ㅎ≫他不曾開鋪的, 뎨 일즙 開鋪티 아니ᄒᆞᆫ 이니.

개할(開割) 동 풀어 헤치다. ≪朴諺, 中, 17ㅎ≫怎剖劃(集覽, 朴集, 中, 3ㅈ: 剖劃. 排擠開割之意. 剖, 韻書不收, 免疑韻略音〈免疑韻略音作〉百.)我這一場愁, 엇디 내 이 一場 愁를 헤와드료.

개호(改号) 동 개호(改號). '号'는 '號'의 속자. ≪朴諺, 下, 17ㅈ≫唐三藏引孫行者(集覽, 朴集, 下, 4ㅈ: 孫行者. 其後唐太宗勑玄奘法師, 往西天取經, 路經此山, 見此猴精壓在石縫, 去其佛押出之, 以爲徒弟, 賜法名吾空, 改号〈號〉爲孫行者, 與沙和尙及黑猪精·朱八戒偕往, 在路降妖去怪, 救師脫難, 皆是孫行者神通之力也.), 唐三藏이 孫行者를 ᄃᆞ리고.

개호(改號) 동 당호(堂號)나 호(號) 따위를 고치다. 또는 그 당호나 호. ≪朴諺, 下, 17ㅈ≫唐三藏引孫行者(集覽, 朴集, 下, 4ㅈ: 孫行者. 其後唐太宗勑玄奘法師, 往西天取經, 路經此山, 見此猴精壓在石縫, 去其佛押出之, 以爲徒弟, 賜法名吾空, 改号〈號〉爲孫行者, 與沙和尙及黑猪精·朱八戒偕往, 在路降妖去怪, 救師脫難, 皆是孫行者神通之力也.), 唐三藏이 孫行者를 ᄃᆞ리고.

개화(開化) 동 교화(敎化)를 펼치다. ≪朴諺, 中, 24ㅈ≫萬刼(集覽, 朴集, 中, 6ㅈ: 萬劫. 上天開化, 建五劫〈刼〉紹運, 曰龍漢, 曰赤明, 曰上皇, 曰延康, 曰開皇. 五劫〈刼〉旣周, 復從其始.)再逢難, 萬劫이라도 다시 만나기 어려오니라.

개황(開皇) 명 〈불〉 오겁(五劫) 가운데 다섯 번째 겁. ≪朴諺, 中, 24ㅈ≫萬刼(集覽, 朴集, 中, 6ㅈ: 萬劫. 上天開化, 建五劫〈刼〉紹運, 曰龍漢, 曰赤明, 曰上皇, 曰延康, 曰開皇. 五劫〈刼〉旣周, 復從其始.)再逢難, 萬劫이라도 다시 만나기 어려오니라.

객(客) 명 손. 여객(旅客). 여행자. ≪朴諺, 中, 44ㅈ≫對客飮酒吟詩句, 客을 對ᄒᆞ야 술을 먹고 詩句를 읇프며. ≪朴諺, 下, 39ㅈ≫接客不如送客, 客을 接호미 客을 送ᄒᆞᄂᆞᆫ 이만 ᄀᆞᆺ디 못ᄒᆞ니. ≪朴諺, 下, 58ㅈ≫小人門前有客是誰, 小人의 문 앏픠 客이 이시니 이 뉘고. ≪朴諺, 下, 58ㅈ≫主人先行客從之, 主人이 몬져 힝ᄒᆞ여든 客이 조ᄎᆞ리라.

객관인(客官人) 명 손님에 대한 경칭(敬稱). ≪朴諺, 下, 27ㅎ≫問客官人們喫甚麽茶, 客官人ᄃᆞ려 무로ᄃᆡ 므슴 차 머글짜.

객상(客商) 명 도붓장수. 행상(行商). ≪朴諺, 上, 29ㅈ≫店(集覽, 朴集, 上, 9ㅎ: 店. 停物貨賣之舍, 客商〈啇〉往來者多寓之. 官所營建收稅者曰官店.)裏買猠皮去來, 店에 猠皮 사라 가쟈. ≪朴諺, 中, 13ㅎ≫抽分(集覽, 朴集, 中, 2ㅎ: 抽分. 今按, 中朝設抽分竹木局, 如遇客商〈啇〉興販竹木·柴炭等項, 照例抽分.)了幾箇馬, 여러 ᄆᆞᆯ을 츄렴ᄒᆞ고.

객위(客位) 명 객청(客廳). 객실. 응접실. ≪朴諺, 上, 47ㅎ≫却出客位裏歇一會兒, 또 客位에 나가 ᄒᆞᆫ 디위 쉬고. ≪朴諺, 中, 39ㅈ≫客位幾間, 客位ㅣ 현 간이오. ≪朴諺, 中, 44ㅈ≫這客位收拾的好不整齊, 이 客位 收拾기를 ᄀᆞ장 경졔히 못ᄒᆞ여시니.

객인(客人) 명 나그네. 여객(旅客). 여행자. ⇔나그내. ≪朴諺, 上, 56ㅎ≫早起家裏有客人來, 아ᄎᆞᆷ의 집의 나그내 왓거늘. ≪朴諺, 中, 45ㅈ≫來的客人們也道我精細, 오ᄂᆞᆫ 客人들토 날을 精細타 닐ᄋᆞ리라.

객적(客啇) 명 객상(客商). '啇'은 '商'의 잘못. ≪朴諺, 上, 29ㅈ≫店(集覽, 朴集, 上, 9ㅎ: 店. 停物貨賣之舍, 客商〈啇〉往來者多寓之. 官所營建收稅者曰官店.)裏買猠皮去來, 店에 猠皮 사라 가쟈.

갱(坑) 명 지함(地陷). 구덩이. ⇔디함. ≪朴諺, 中, 27ㅎ≫也打殺撇在坑裏, 또 터 죽여 디함에 드리티고. ≪朴諺, 中, 27ㅎ≫也打殺撇在那坑裏, 또 터 죽여 그 디함에 드리티고. ≪朴諺, 中, 28ㅎ≫家後坑裏, 집 뒤 디함에.

갱(更) 부 ❶그런 것이. ⇔그리. ≪朴諺, 下, 39ㅈ≫更不時, 그리 아니면. ❷또. ⇔또. ≪朴諺, 上, 33ㅎ≫更不時, 또 그리 못ᄒᆞ거든. ≪朴諺, 中, 9ㅈ≫更沒多騎鋪馬, 또 鋪馬를 만히 툼이 업고. ≪朴諺, 中, 10ㅎ≫更待怎的, 또 므서슬 기ᄃᆞ리리오. ≪朴諺, 中, 31ㅎ≫如今更秋凉丹楓八月好時節(節), 이제 또 秋凉 丹楓 八月 됴흔 때니. ≪朴諺, 中, 35ㅈ≫使鉤子的賊們更是廣, 갈고리 ᄡᅳᄂᆞᆫ 도적이 또 흔ᄒᆞ여. ≪朴諺, 下, 13ㅎ≫這衙門更是好湯食, 이 衙門이 또 湯食이 됴흐니라. ≪朴諺, 下, 20ㅈ≫更打了我兩鐵棒, 또 우리를 두 번 쇠막대로 티니. ≪朴諺, 下, 55ㅈ≫你更有傷有何愁, 너ᄂᆞᆫ 또 傷ᄒᆞᆫ ᄃᆡ 이시니 므슴 근심이 이시리오. ≪朴諺, 下, 57ㅎ≫那般時更好, 그러면 또 됴타. ≪朴諺, 下, 60ㅎ≫更是男子漢家怕甚麽, 또 이 男子漢이 므서슬 저퍼ᄒᆞ리오.

갱미(粳米) 명 멥쌀. ≪朴諺, 中, 6ㅈ≫一瓶米酒(集覽, 朴集, 中, 1ㅈ: 米酒. 舊本作一瓶半酒, 新本作米酒. 今造酒用粳米·糯米·黃米.)和駱, ᄒᆞᆫ 병 米酒와 타락과.

갱수(坑水) 명 웅덩이에 고인 물. ≪朴諺, 上, 39ㅈ≫狗有濺草之恩(集覽, 朴集, 上, 11ㅈ: 狗有濺草之恩. 晉太和中, 楊生養狗, 甚愛之. 後生飮酒醉, 行至大澤, 草中眠. 時値冬月, 野火起, 風又猛, 狗呼喚, 生不覺. 前有一坑水, 狗便走往水中, 還以身洒生, 左右草沾水得着, 地火尋過去, 生醒而去.), 개ᄂᆞᆫ 濺草ᄒᆞᆫ 恩이 잇고. 馬有垂繮之報, ᄆᆞᆯ은 垂繮ᄒᆞᆫ 報ㅣ 잇다 ᄒᆞ니라.

갸품 명 의복 따위의 솔기를 꾸미는 오라기. ⇔조자(條子). ≪朴諺, 上, 24ㅎ≫脚穿着皂麂皮嵌金線藍條子, 발에 신은 거슨 거믄 기ᄌᆞ피예 金線 남 오리로 갸품 ᄢᅵ고.

갸품ᄒᆞ다 동 갸품을 끼워 넣다. ⇔협봉(夾縫). ≪朴諺, 上, 26ㅎ≫藍斜皮細邉兒金絲夾縫的鞍座兒, 藍斜皮 細邉児에 金絲로 갸품ᄒᆞᆫ 鞍座児에.

거(去) 동 가다. ⇔가다. ≪集覽, 字解, 單字解, 1ㅈ≫休. 禁止之辭. 休去 가디 말라. ≪集覽, 字解, 單字解, 2ㅎ≫也. 在詞之上者. 又也. 也好 또 됴타, 也是 또 올타. 在詞之中者, 承上起下之辭. 我也去 나도 가마. 在詞之終者, 語助. ≪集覽, 字解, 單字解, 5ㅈ≫往. 向也. 往那裏去 어드러 향ᄒᆞ야 가ᄂᆞᆫ다. 又昔也. 往常 아ᄅᆡ. ≪朴諺, 上, 1ㅈ≫去那有名的花園裏, 뎌 有名ᄒᆞᆫ 花園에 가. ≪朴諺, 上, 19ㅈ≫你今日那裏去, 네 오ᄂᆞᆯ 어ᄃᆡ 가ᄂᆞᆫ다. ≪朴諺, 上, 24ㅈ≫便儘氣力去救一救, 곳 氣力을 다ᄒᆞ여 가 救ᄒᆞ쟈. ≪朴諺, 上, 36ㅎ≫白日去黑夜來, 나죈 가고 밤은 오ᄂᆞᆫ 거시여. ≪朴諺, 上, 59ㅈ≫做人情去, 人情을 삼아 가. ≪朴諺, 上, 66ㅎ≫咱兩箇將些布施和香去, 우리 둘히 져기 보시와 향을 가지고 가. ≪朴諺, 中, 1ㅈ≫去時怎麽得入去的, 가면 엇디 드러가료. ≪朴諺, 中, 16ㅎ≫我去也, 내 가노라. ≪朴諺, 中, 24ㅎ≫今日上直去, 오ᄂᆞᆯ 上直 가니. ≪朴諺, 中, 32ㅈ≫咱那箇山裏去好, 우리 어ᄂᆡ 산에 가야 됴흐료. ≪朴諺, 中, 36ㅈ≫你那裏去, 네 어ᄃᆡ 가ᄂᆞᆫ다. ≪朴諺, 中, 47ㅈ≫只那般去了, 그저 그런 재 가니. ≪朴諺, 中, 51ㅎ≫官人那裏去, 官人아 어ᄃᆡ 가ᄂᆞᆫ다. ≪朴諺, 中, 55ㅎ≫一壁廂去浪蕩不的, ᄒᆞᆫ ᄇᆞ롬 구석의 가 골래디 못ᄒᆞᆯ소냐. ≪朴諺, 中, 56ㅈ≫背後河裡洗澡去, 뒷 내헤 목욕ᄒᆞ라 가라. ≪朴諺, 下, 1ㅈ≫你臨去時節(節), 네 갈 때예 다ᄃᆞ라. ≪朴諺, 下, 10ㅎ≫這幾日我家裏有人去, 요ᄉᆞ이 우리 집의 사ᄅᆞᆷ 가리 이시니. ≪朴諺, 下, 15ㅎ≫煤場裏推煤去時節

(節), 煤場에 숫 실라 갈 때예. ≪朴諺, 下, 17ㅎ≫唐僧往西天取經去時莭(節), 唐僧이 西天을 향ᄒᆞ여 經 가질라 갈 제. ≪朴諺, 下, 23ㅎ≫右邉搭左邉去, 우편으로 건디려 ᄒᆞ면 좌편으로 가매. ≪朴諺, 下, 34ㅈ≫一箇去百箇來, ᄒᆞ나히 가매 빅이 온다 ᄒᆞᄂᆞ니라. ≪朴諺, 下, 38ㅈ≫鋪馬裏去也, 鋪馬로 가냐. ≪朴諺, 下, 50ㅈ≫我不去, 내 가디 못ᄒᆞ리로다. ≪朴諺, 下, 55ㅈ≫不知去向, 간 ᄃᆡ를 아디 못ᄒᆞ니. ≪朴諺, 下, 61ㅎ≫咱去也, 우리 가노라.

거(去) 동 ❶죽다. 돌아가다. ⇔가다. ≪朴諺, 上, 66ㅎ≫不到三歲下世去的也有的, 三歲에 니ᄅᆞ디 못ᄒᆞ여셔 下世ᄒᆞ여 가ᄂᆞ니도 잇ᄂᆞ니라. ❷보내다. ⇔보내다. ≪朴諺, 上, 57ㅈ≫打發他去了纔來, 뎌를 打發ᄒᆞ여 보내고 ᄀᆞᆺ 올와. ≪朴諺, 下, 10ㅎ≫先生你寫與我書稍的去, 先生아 네 날을 글 써 주어든 브텨 보내쟈. ❸버리다. 빼다. 제거하다. ⇔ᄇᆞ리다. ≪朴諺, 中, 16ㅈ≫去滓溫服, 滓를 ᄇᆞ리고 더온 이를 먹으라. ❹없이하다. 제거하다. ⇔업시ᄒᆞ다. ≪朴諺, 上, 40ㅈ≫將風屑去的爽利着, 비듬을다가 업시ᄒᆞ야 싀훤케 ᄒᆞ라.

거(車) 명 수레. ⇔술위. ≪朴諺, 上, 13ㅈ≫一車兩擔家推將去, ᄒᆞᆫ 술위예 두 짐식 ᄒᆞ여 미러 가져가쟈. 不要小車, 젹은 술위란 말고. 只着大車上裝去, 그저 큰 술위예 시러 가쟈. ≪朴諺, 中, 19ㅎ≫先載將一車來, 몬져 ᄒᆞᆫ 술위를 시러 가져오고. ≪朴諺, 下, 18ㅈ≫便拿着曳車解鋸, 곳 잡아 술위 ᄭᅳ이고 톱질 시겨. ≪朴諺, 下, 46ㅈ≫絟在牛車上, 쇠 술위예 ᄆᆡ고.

거(居) 동 거(居)하다. 머물다. ⇔거ᄒᆞ다(居-). ≪朴諺, 中, 21ㅎ≫身嚴瓔珞居普陁空翠之山, 몸에 瓔珞으로 장엄ᄒᆞ여시니 普陀 空翠의 山에 居ᄒᆞ엿도다.

거(鋸) 명 톱. ⇔톱. ≪朴諺, 下, 18ㅈ≫便拿着曳車解鋸, 곳 잡아 술위 ᄭᅳ이고 톱질 시겨.

거(擧) 동 들다. ⇔들다. ≪朴諺, 下, 60ㅎ≫王公已擧義兵了也, 王公이 블셔 義兵을 드럿ᄂᆞ니라.

거가필용(居家必用) 명 책 이름. ≪朴諺, 下, 32ㅈ≫羊肉餡(集覽, 朴集, 下, 5ㅎ: 餡. 或肉或菜及諸料物拌勻〈匀〉爲胎, 納於餅中者曰餡. 酸餡·素餡·葷餡·生餡·熟餡, 供用合宜. 詳見事林廣記·事文類聚·居家必用等書, 劑法不一. 今不煩註.) 饅頭, 羊肉 소 녀흔 상화과.

-거나 어미 -거나. ≪朴諺, 上, 55ㅈ≫空處寫大吉利, 빈 곳에 大吉利라 쓰거나. ≪朴諺, 中, 10ㅈ≫神奴來歷不明, 神奴ㅣ 來歷이 不明ᄒᆞ거나. ≪朴諺, 中, 23ㅎ≫咱這衆生知不知, 우리 이 衆生이 알거나 아디 못ᄒᆞ거나. ≪朴諺, 下, 39ㅈ≫你的伴當着一箇替當, 네 伴當 ᄒᆞ나흐로 替當ᄒᆞ거나.

-거늘 어미 -거늘. -매. -므로. ≪朴諺, 上, 31ㅈ≫那般磕頭禮拜央及我, 뎌리 머리 좃고 禮拜ᄒᆞ여 내게 빌거늘. ≪朴諺, 上, 33ㅎ≫歸佛敬法看經念佛也好, 歸佛敬法ᄒᆞ며 看經·念佛홈이 됴커늘. ≪朴諺, 中, 3ㅈ≫這横子多直的一兩銀儘勾也, 이 横 만히 싸야 ᄒᆞᆫ 냥 銀이 잇긋 유여ᄒᆞ거늘. ≪朴諺, 中, 8ㅈ≫一日九站十站家行, ᄒᆞᄅᆞ 아홉 站식 열 站식 녜거늘. ≪朴諺, 中, 15ㅎ≫好哥哥弟兄們央及我, ᄆᆞ음 됴흔 형 아ᄋᆞ들히 내게 빌거늘. ≪朴諺, 中, 28ㅎ≫便要打殺那媳婦, 곳 뎌 媳婦를 텨 죽이고져 ᄒᆞ거늘. ≪朴諺, 中, 46ㅈ≫衙門令史們送的來了, 아문 령ᄉᆞ들히 보내여 왓거늘. ≪朴諺, 中, 47ㅈ≫昨日那厮我家裏來了, 어제 뎌 놈이 내 집의 왓거늘.

-거니와 어미 -거니와. ≪朴諺, 上, 2ㅎ≫可知道好, 그리어니 됴커니와. ≪朴諺, 上, 35ㅎ≫氣脉通行便好了, 氣脉이 通行ᄒᆞ야 곳 됴핫거니와. ≪朴諺, 上, 61ㅎ≫諸般殿舍且不索說, 여러 가지 殿舍ᄂᆞᆫ 아직 다 니ᄅᆞ디 아니ᄒᆞ거니와. ≪朴諺, 中, 43ㅎ≫你自說村莊無人來訪, 네 스스로

닐오듸 村莊에 와 ᄎᆞ즐 사ᄅᆞᆷ이 업다 ᄒᆞ거니와. ≪朴諺, 中, 46ㅈ≫只是一步高如一步除將去, 그저 ᄒᆞᆫ 거름에 ᄒᆞᆫ 거름식 놉하 除ᄒᆞ여 가거니와. ≪朴諺, 下, 55ㅈ≫狀不過三日便告時好, 狀은 三日이 디나디 아녀셔 곳 告홈이 됴커니와.

-거놀 어미 -거늘. -매. -으매. ≪朴諺, 上, 56ㅎ≫早起家裏有客人來, 아ᄎᆞᆷ의 집의 나그ᄂᆡ 왓거놀. ≪朴諺, 下, 19ㅈ≫小先生到前面教點燈, 小先生이 앏픠 와 블 혀이거놀. ≪朴諺, 下, 20ㅎ≫要動禪, 禪을 動코져 ᄒᆞ거놀. ≪朴諺, 下, 24ㅈ≫待要接, 닛고져 ᄒᆞ거놀. ≪朴諺, 下, 24ㅎ≫先生變做老虎赶, 先生이 변ᄒᆞ여 老虎ㅣ 되여 �로거놀.

-거다 어미 -도다. -었다. ≪朴諺, 中, 51ㅈ≫咳那矬金舍倒了也, 애 뎌 킈 져근 金舍ㅣ 것구러디거다. ≪朴諺, 下, 22ㅈ≫先生又輸了, 先生이 또 디거다. ≪朴諺, 下, 45ㅈ≫這飯熟了, 이 밥이 닉거다.

거도다 동 거두다. ⇔수(收). ≪朴諺, 中, 13ㅈ≫謝天地只願的好收着, 天地ㅅ긔 謝ᄒᆞ노니 그저 원컨대 잘 거도게 ᄒᆞ쇼셔. ≪朴諺, 中, 35ㅈ≫今年天旱田禾不收, 올히 하늘이 ᄀᆞ므라 田禾를 거도디 못ᄒᆞ여시니.

거동(擧動) 동 몸을 움직이다. 또는 그런 짓이나 태도. ≪朴諺, 上, 5ㅎ≫叫教坊司十數箇樂工和做院本(集覽, 朴集, 上, 2ㅎ: 院本. 或曰, 宋徽宗見爨國人來朝, 衣裝・鞵履・巾裹, 傅粉墨, 擧動如此, 使優人効之以爲戲. 其間副淨有散說, 有道念, 有筋斗, 有科範. 盖古教坊色長有魏・武・劉三人, 而魏長於念誦, 武長於筋斗, 劉長於科範, 至今樂人皆宗之.)諸般雜技的來, 教坊司의 여라믄 樂工과 院本에 여러 가지 雜技ᄒᆞᄂᆞ니를 블러오라.

거두다 동 거두다. ❶⇔수(收). ≪朴諺, 上, 48ㅈ≫把田禾都收割了時, 田禾를다가 다 거두어 븨면. ≪朴諺, 中, 33ㅎ≫夜來箇都收割了麻, 어제 삼을 다 거두어 븨여시니. ≪朴諺, 下, 53ㅈ≫收捉上件賊人, 上件 賊人을 거두어 잡아. ≪朴諺, 下, 55ㅎ≫收討的六兩, 거두어 어드니는 엿 냥을 ᄒᆞ여. ❷⇔수습(收拾). ≪集覽, 字解, 累字解, 1ㅈ≫收拾. 간슈ᄒᆞ다. 又설엇다. 又거두다. ❸⇔염(斂). ≪朴諺, 上, 23ㅈ≫斂些錢做甑月會, 져기 돈 거두어 甑月會를 ᄒᆞ쟈.

-거든 어미 ❶-거든. ≪集覽, 字解, 單字解, 2ㅎ≫怕. 疑懼之意. 怕人知道.又設若之辭. 怕你不信 ᄒᆞ다가 너옷 믿디 몯거든. 又恐也. 害怕 두리여ᄒᆞ다. ≪朴諺, 上, 7ㅎ≫有酒有花以爲眼前之樂, 술이 잇고 곳치 잇거든 ᄡᅧ 眼前의 樂을 ᄒᆞ라. ≪朴諺, 上, 24ㅈ≫那一箇有喜事便去慶賀, 아모나 ᄒᆞ나히 喜事ㅣ 잇거든 곳 가 慶賀ᄒᆞ고. 有官司灾難, 官司 灾難이 잇거든. ≪朴諺, 上, 47ㅎ≫凉定了身巳(己)時, 몸이 凉定ᄒᆞ거든. ≪朴諺, 上, 54ㅈ≫我讀你聽, 내 닐거든 네 드르라. ≪朴諺, 上, 63ㅎ≫有苦時同受, 고로옴이 잇거든 ᄒᆞᆫ가지로 밧고. 有樂時同樂, 즐거옴이 잇거든 ᄒᆞᆫ가지로 즐겨 홈이. ≪朴諺, 上, 64ㅎ≫怕你不信時, 저프건대 네 미더 아니ᄒᆞ거든. ≪朴諺, 中, 1ㅎ≫吊下來踢上去, ᄂᆞ려오거든 차 올려. ≪朴諺, 中, 16ㅈ≫煎至七分, 달혀 七分에 니르거든. ≪朴諺, 中, 23ㅎ≫若人有難, 만일 사ᄅᆞᆷ이 어려옴이 잇거든. ≪朴諺, 中, 40ㅈ≫你看那瓦有破的時, 네 보아 뎌 디새 ᄢᅢ여디니 잇거든. ≪朴諺, 中, 57ㅎ≫愛錢買東西, 돈을 앗기며 자븐것 사려 ᄒᆞ거든. ≪朴諺, 中, 57ㅎ≫你也不買便罷, 너도 사디 아니커든 곳 말라. ≪朴諺, 中, 61ㅈ≫有理無錢休入來, 理 이셔도 돈이 업거든 드러오디 말라 ᄒᆞᄂᆞ니라. ≪朴諺, 下, 11ㅈ≫有人來時, 사ᄅᆞᆷ 오리 잇거든. ≪朴諺, 下, 20ㅈ≫那一箇輸了時, 아므나 ᄒᆞ나히 지거든. ≪朴諺, 下, 22ㅎ≫先生待要出來, 先生이 나오고져 ᄒᆞ거든. ≪朴諺, 下, 26ㅈ≫相公知道時, 相公이 알거

든. ≪朴諺, 下, 27ㅎ≫怕你錯買時, 네 그릇 사는가 서(저)프거든. ≪朴諺, 下, 53ㅈ≫檢驗是實, 檢驗ᄒᆞ야 이 실커든. ≪朴諺, 下, 60ㅎ≫心裡疼殺, ᄆᆞᄋᆞᆷ에 셟거든. ❷-매. -므로. -는데. ≪朴諺, 上, 37ㅈ≫一箇老子當路睡, ᄒᆞᆫ 늘근 사ᄅᆞᆷ이 길히 당ᄒᆞ여 자거든.

거래(去來) 동 가다. 가자. 갑시다. ⇔가다. ≪集覽, 字解, 單字解, 4ㅈ≫來. 來往. 又語助. 你來 이바, 夜來 어제, 有來 잇더라, 去來 가다. ≪朴諺, 上, 16ㅈ≫如今張黑子家裏去來, 이제 張黑子의 집의 가쟈. ≪朴諺, 上, 24ㅎ≫午門外前看操馬去來, 午門 밧긔 ᄆᆞᆯ 됴습ᄒᆞᄂᆞᆫ 양 보라 가쟈. ≪朴諺, 上, 29ㅈ≫店裏買猠皮去來, 店에 猠皮 사라 가쟈. ≪朴諺, 上, 38ㅎ≫將那裏治去來, 가져 뎌긔 고티라 가. ≪朴諺, 上, 48ㅎ≫咱們教場裏射箭去來, 우리 敎場에 활 뽀라 가쟈. ≪朴諺, 上, 65ㅈ≫聽說佛法去來, 佛法 니ᄅᆞᄂᆞᆫ 양 드르라 가쟈. ≪朴諺, 中, 1ㅈ≫扐欄裏看雜技去來, 扐欄에 雜技 보라 가쟈. ≪朴諺, 中, 3ㅎ≫染房裏染東西去來, 믈집의 잡은것 믈드리라 가쟈. ≪朴諺, 中, 9ㅈ≫我本待要請你去來, 내 본ᄃᆡ ᄒᆞ마 너를 쳥ᄒᆞ라 가고져 ᄒᆞ더니. ≪朴諺, 中, 20ㅎ≫參見觀音菩薩眞像去來, 觀音菩薩 眞像을 參見ᄒᆞ라 가쟈. ≪朴諺, 中, 31ㅎ≫遊山翫景去來, 遊山 翫景ᄒᆞ라 가쟈. ≪朴諺, 中, 36ㅎ≫茶房裏喫茶去來, 茶房에 차 먹으라 가쟈. ≪朴諺, 中, 56ㅈ≫咱河裏浪蕩去來, 우리 내헤 ᄀᆞ래라 가쟈. ≪朴諺, 下, 8ㅈ≫我也隨喜去來, 나도 구경ᄒᆞ라 가쟈. ≪朴諺, 下, 16ㅎ≫我兩箇部前買文書去來, 우리 둘히 部 앏픠 칙 사라 가쟈. ≪朴諺, 下, 27ㅎ≫喫些茶去來, 져기 차 머그라 가쟈. ≪朴諺, 下, 31ㅎ≫咱們食店裏喫些飯去來, 우리 밥뎜에 밥 먹으라 가쟈. 那裏喫去來, 뎌긔 먹으라 가쟈. ≪朴諺, 下, 40ㅎ≫咱兩箇去來, 우리 둘히 가. ≪朴諺, 下, 45ㅈ≫宋舍看打春去來, 宋개아 닙츈 노롯ᄒᆞᄂᆞᆫ 양 보라 가쟈. ≪朴諺, 下, 50ㅈ≫咱們打魚兒去來, 우리 고기 잡으라 가쟈. ≪朴諺, 下, 55ㅈ≫我別處望相識去來, 내 다른 고ᄃᆡ 아ᄂᆞᆫ 이를 보라 가.

거령신(巨靈神) 명 중국의 화산(華山)을 쪼개어 갈라놓았다는 신(神) 이름. ≪朴諺, 下, 17ㅈ≫唐三藏引孫行者(集覽, 朴集, 下, 4ㅈ: 孫行者. 大聖被執當死, 觀音上請于玉帝, 免死. 令巨靈神押大聖前往下方去, 乃於花菓山石縫內納身, 下截畫如來押字封着, 使山神·土地神鎭守. 飢食鉄〈鐵〉丸, 渴飮銅汁, 待我往東土尋取經之人, 經過此山, 觀大聖, 肯隨往西天, 則此時可放.), 唐三藏이 孫行者를 ᄃᆞ리고.

거록군(鉅鹿郡) 명 진대(秦代)에 두었다. 소재지는 하북성(河北省) 평향현(平鄕縣)에 있었다. ≪朴諺, 下, 39ㅎ≫是眞定(集覽, 朴集, 下, 9ㅈ: 眞定. 禹貢冀州之域, 周爲幷州地, 秦爲鉅鹿郡, 漢置恒山郡, 元爲眞定路, 今爲眞定府, 直隷京師.)人, 이 眞定 사ᄅᆞᆷ이라.

거리 명 거리. ❶⇔가(街). ≪朴諺, 下, 55ㅎ≫着他沿街叫, 뎔로 ᄒᆞ여 거리를 조차 웨려 ᄒᆞ노라. ≪朴諺, 下, 57ㅈ≫大街街東, 큰거리 거리 동녁. ❷⇔가방(街坊). ≪朴諺, 下, 57ㅈ≫你來街坊有賃的驢麽, 이바 거리에 세낼 나귀 잇ᄂᆞ냐. ❸⇔가상(街上). ≪朴諺, 上, 16ㅎ≫街上放空中的小厮們好生廣, 거리에 박핑이 틸 아ᄒᆡ들 ᄀᆞ장 흔터라. ≪朴諺, 上, 45ㅎ≫街上休遊蕩, 거리에 遊蕩티 말고. ≪朴諺, 中, 24ㅎ≫街上休撒潑皮, 거리예 가 보피로 온 톄 말고. ≪朴諺, 中, 26ㅈ≫休道是街上百姓的, 이 거릿 百姓의 거슨 니ᄅᆞ디 말리라. ≪朴諺, 中, 29ㅎ≫街上泥凍的, 거리예 즌흙 언 거시. ≪朴諺, 中, 51ㅈ≫街上有路麽, 거리예 길히 잇더냐. ≪朴諺, 中, 60ㅈ≫街上人道的是, 거릿 사ᄅᆞᆷ의 닐옴이 올흐니. ≪朴諺, 下, 47ㅈ≫街

上兩行擺着行, 거리예 두 줄로 버러 가며. ≪朴諺, 下, 54ㅈ≫前去街上勾當, 거리에 일로 가드니.

거름 명 걸음. ⇔행(行). ≪朴諺, 中, 48ㅎ≫我也做饋他一對學行的綉鞋, 나도 ᄒᆞᆫ 빵 거름 비호ᄂᆞᆫ 슈신을 지어 뎌를 주리라.

거름 의 걸음. ⇔보(步). ≪朴諺, 中, 46ㅈ≫只是一步高如一步除將去, 그저 ᄒᆞᆫ 거름에 ᄒᆞᆫ 거름식 놉하 除ᄒᆞ여 가거니와.

거마(車馬) 명 말과 수레. ≪朴諺, 上, 59ㅈ≫有心拜莭(節)(集覽, 朴集, 上, 14ㅎ: 拜節. 歲時樂事記云, 元日, 士庶自早互相慶賀, 車馬交馳, 衣服華煥, 雜遝街市, 三四日乃止〈三四日而乃止〉.), 莭(節)에 拜홀 ᄆᆞ음이 이시면. ≪朴諺, 下, 38ㅎ≫車馬, 車馬와. 茶褐羅傘, 차할빗치 羅傘과. ≪朴諺, 下, 49ㅈ≫好女不看燈(集覽, 朴集, 下, 11ㅈ: 好女不看燈. 其寺觀街巷, 燈明若晝. 士女夜遊, 車馬塞路, 有足不躡地浮行數十步者.), 好女ᄂᆞᆫ 看燈 아니ᄒᆞᆫ다 ᄒᆞᄂᆞ니라.

거문(巨門) 명 구성(九星)의 둘째 별 이름. 탐랑성(貪狼星)의 아래 녹존성(祿存星)의 위에 있다. ≪朴諺, 上, 18ㅎ≫後面北斗(集覽, 朴集, 上, 7ㅈ: 北斗左輔右弼. 凡九星, 曰樞宮貪狼, 曰璇宮巨門, 曰璣〈幾〉宮祿存, 曰權宮文曲, 曰衡宮廉貞, 曰闓(開)陽宮武曲, 曰瑤光宮破軍, 曰洞明宮左輔, 曰隱元宮右弼.)七星板兒做的好, 後面北斗七星 돈은 민돌기를 잘ᄒᆞ엿고.

거믄고 명 거문고. ⇔금(琴). ≪朴諺, 中, 44ㅈ≫撫琴一操觧千愁, 거믄고 ᄒᆞᆫ 곡됴를 어ᄅᆞ문져 千愁를 프ᄂᆞ니.

거믄콩 명 검은콩. ⇔흑두(黑豆). ≪朴諺, 中, 14ㅈ≫黑豆一錢銀子二斗, 거믄콩은 ᄒᆞᆫ 돈 은에 두 말이오. ≪朴諺, 中, 19ㅎ≫放黑豆, 거믄콩에 노하. ≪朴諺, 下, 37ㅈ≫稻子, 벼. 薥秫, 슈슈. 黍子, 기장. 大麥, 보리. 小麥, 밀. 蕎麥, 모밀. 黃豆, 콩. 小豆, ᄑᆞᆺ. 菉豆, 녹두. 莞豆, 광쟝이. 黑豆, 거믄콩. 芝蔴, ᄎᆞᆷᄭᅢ. 蘇子, 듧ᄭᅢ.

거민(居民) 명 그 땅에 오래 전부터 사는 백성. 곧, 주민(住民). ≪朴諺, 上, 23ㅈ≫斂些錢做翫月會(集覽, 朴集, 上, 8ㅈ: 翫月會. 東京錄云, 中秋夜, 貴家結飾臺榭, 民間爭占酒樓翫〈玩〉月, 絲簧鼎沸, 近內庭居民, 夜深遙聞笙竽之聲, 宛若雲外天樂, 閭里兒童連宵嬉戲, 夜市駢闐, 至於通曉.), 져기 돈 거두어 翫月會를 ᄒᆞ쟈.

거배(巨杯) 명 큰 술잔. ≪朴諺, 下, 13ㅈ≫上面畫六鶴舞琴(集覽, 朴集, 下, 3ㅈ: 六鶴舞琴. 善惡報應錄云, 江夏郡辛氏沽酒爲業, 有一先生入坐曰, 有好酒飮吾否. 辛飮以巨杯. 明日復來, 如此半載.), 上面에 六鶴舞琴을 그리고.

거부(巨富) 명 부자 가운데에서도 특히 큰 부자. ≪朴諺, 下, 13ㅈ≫上面畫六鶴舞琴(集覽, 朴集, 下, 3ㅈ: 六鶴舞琴. 遂取藍橘皮, 於壁上畫鶴, 曰, 客來飮酒, 但令拍手歌之, 其鶴必舞, 將此酬汝. 後客至, 如其言, 鶴果舞, 觀者沓至, 酬之以錢, 遂致鉅〈巨〉富.), 上面에 六鶴舞琴을 그리고.

거부(鉅富) 명 거부(巨富). '鉅'는 '巨'와 통용. ≪朴諺, 下, 13ㅈ≫上面畫六鶴舞琴(集覽, 朴集, 下, 3ㅈ: 六鶴舞琴. 遂取藍橘皮, 於壁上畫鶴, 曰, 客來飮酒, 但令拍手歌之, 其鶴必舞, 將此酬汝. 後客至, 如其言, 鶴果舞, 觀者沓至, 酬之以錢, 遂致鉅〈巨〉富.), 上面에 六鶴舞琴을 그리고.

거사(居士) 명 ❶재주와 덕망을 가지고도 은거하는 선비. ≪朴諺, 中, 21ㅎ≫或分身居士·宰官(集覽, 朴集, 中, 5ㅈ: 居士宰官. 隱居之士, 宰輔之官. 佛書云, 應以居士得道者必在居士, 應以宰官得道者必現宰官. 禮記玉藻曰, 居士錦帶. 注, 道藝處士也. 飜〈翻〉譯名義云, 愛談名言, 清淨自居, 又多積財貨, 居業豐〈豊〉盈, 皆謂之居士.), 或 居士·宰官에 分身ᄒᆞ고. ❷〈불〉 출가(出家)하지 않고 속세에 있으면서 삼귀(三歸)와 오계(五戒)를 받은 신도를 두루 일컫는 말. ≪朴諺, 中, 21ㅎ≫或作童女(集覽, 朴集, 中, 4ㅎ: 童男童女.

觀音現三十二應, 曰佛身, 曰辟支〈支〉, 曰圓覺, 曰聲聞, 曰梵王, 曰帝釋, 曰自在天, 曰大自在天, 曰天大將軍, 曰四天王, 曰四天太子, 曰人王, 曰長者, 曰居士, 曰宰官, 曰婆羅門, 曰比丘, 曰比丘尼, 曰優婆塞, 曰優婆夷, 曰女主, 曰童男, 曰童女, 曰天身, 曰龍身, 曰藥叉, 曰乾達婆, 曰阿脩羅, 曰緊那羅, 曰摩睺羅, 曰樂人, 曰非人. 應作種種身, 或在天上, 在人間, 隨其所樂, 皆令見衆生形相各不同, 行業音聲亦無量.), 혹 童女ㅣ 되며.

거성(去聲) 명 사성(四聲)의 하나. 처음에는 높이 시작해서 나중에는 낮추어 내는 음. ≪朴諺, 中, 15ㅈ≫奪腦(集覽, 朴集, 中, 2ㅎ: 奪腦. 奪字未詳. 鄕習傳解曰, 뒤고리 뽄 앏〈알〉프다. 奪, 音ᄃᆞ, 去聲讀.) 疼的, 골치 뽓 앏프고.

거스리다 동 (돈을) 거스르다. 또는 보태다. 보충하다. ⇔첩(貼). ≪朴諺, 中, 36ㅎ≫貼些銅錢, 져기 銅錢을 거스려.

거아(車兒) 명 수레. ⇔술위. ≪朴諺, 上, 13ㅈ≫那的有四箇小車兒, 뎌 네 젹은 술위 이시니.

거아(鋸兒) 명 톱. ⇔톱. ≪朴諺, 上, 15ㅎ≫鋸兒上鈒一箇好花樣兒, 톱 우희 ᄒᆞᆫ 됴ᄒᆞᆫ 花樣을 사기고.

거아도자(鋸兒刀子) 명 톱칼. (자루를 한쪽에만 박아 혼자 잡아당기어 켜는 톱) ⇔톱칼. ≪朴諺, 上, 15ㅎ≫鋸兒刀子一箇, 톱칼 ᄒᆞ나흘 호되.

거업(居業) 명 가업(家業). 산업(産業). ≪朴諺, 中, 21ㅎ≫或分身居士·宰官(集覽, 朴集, 中, 5ㅈ: 居士宰官. 飜〈翻〉譯名義云, 愛談名言, 淸淨自居, 又多積財貨, 居業豐〈豊〉盈, 皆謂之居士.), 或 居士·宰官에 分身ᄒᆞ고.

거여(車輿) 명 수레. 또는 가마. ≪朴諺, 下, 42ㅎ≫諸般彩亭子(集覽, 朴集, 下, 9ㅈ: 彩亭子. 漢俗皆於白日送殯, 凡結飾車輿·幢幡·傘盖及紙造人馬爲前導者, 連亘四五十步.), 여러 가지 彩亭子를 세내고.

거의 부 거의. ⇔약(約). ≪朴諺, 下, 52ㅎ≫約至某處, 거의 아므 곳에 가되. ≪朴諺, 下, 52ㅎ≫約賊幾人, 거의 도적 현 사ᄅᆞᆷ이.

거자(車子) 명 수레. ⇔술위. ≪朴諺, 上, 13ㅈ≫將車子來載, 술위 가져와 시르라. ≪朴諺, 上, 50ㅎ≫買將車子來, 술위를 사다가. ≪朴諺, 中, 12ㅈ≫你這車子先將到門外, 네 이 술위를 몬져 가지고 문 밧ᄭᅴ 가.

거전괴오ᄂᆞᆫ나모(車前-) 명 수레의 앞을 괴는 나무. 또는 사닥다리. ⇔제자(梯子). ≪朴諺, 中, 11ㅎ≫少梯子(集覽, 朴集, 中, 2ㅈ: 梯子. 音義云, 車前괴오·ᄂᆞᆫ나모.), 술위앏괴오ᄂᆞᆫ나모. 撑頭, 술위뒤괴오ᄂᆞᆫ나모. 套繩, 멘줄. 撒繩, ᄡᅳ을줄. 拘索, 목집게. 籠頭, 바굴레. 脚索, 지달쏠바. 鞍子, 기ᄅᆞ마. 肚帶, 빗대 업세라.

거족 명 거죽. 겉감. ❶⇔면(面). ≪朴諺, 中, 3ㅎ≫這被面大紅身兒, 이 니블 거족 다홍 몸똥과. ❷⇔표(表). ≪朴諺, 中, 4ㅎ≫被表帶裏兒八錢, 니블 거족과 안쳐ᄂᆞᆫ 여듧 돈이니.

거즛 명 거짓. ⇔허(虛). ≪朴諺, 中, 37ㅎ≫討的是虛還的是實, 뫼오ᄂᆞᆫ 거슨 이 거즛 거시오 갑ᄂᆞᆫ 거시아 이 실ᄒᆞ니라.

거즛말 명 거짓말. ⇔황(謊). ≪朴諺, 上, 32ㅈ≫只是快說謊, 그저 거즛말 니ᄅᆞ기를 잘ᄒᆞ니. ≪朴諺, 上, 32ㅈ≫可知快說謊, 그리어니 거즛말 니ᄅᆞ기를 잘ᄒᆞᄂᆞ니. ≪朴諺, 上, 32ㅈ≫人貧只爲慳少債快說謊, 사ᄅᆞᆷ이 가난ᄒᆞ면 그저 다랍고 빗지면 거즛말 니ᄅᆞ기 잘ᄒᆞᆫ다 ᄒᆞᄂᆞ니라.

거즛말ᄒᆞ다 동 거짓말하다. ⇔황(謊). ≪朴諺, 中, 30ㅎ≫那謊鬆一箇財主人家裏, 뎌 거즛말ᄒᆞ고 섭섭ᄒᆞᆫ ᄒᆞᆫ 財主人 家에셔.

거지국(車遲國) 명 서역(西域)에 있었다는 나라 이름. ≪朴諺, 下, 17ㅎ≫到車遲國(集覽, 朴集, 下, 3ㅎ: 車遲國. 在西域. 未詳所在.), 車遲國에 가. ≪朴諺, 下, 17ㅎ≫喚做車遲國, 車遲國이라 브ᄅᆞᄂᆞᆫ디라.

≪朴諺, 下, 18ㅈ≫外名喚燒金子道人(集覽, 朴集, 下, 4ㅈ: 燒金子道人. 西遊記云, 有一先生到車遲國, 吹口氣以磚瓦皆化爲金, 驚動國王, 拜爲國師, 號伯眼大仙.), 外名은 燒金子道人이라 브르ᄂᆞ니.

거즛 명 거짓. ⇔가(假). ≪朴諺, 下, 20ㅎ≫變做假行者, 변ᄒᆞ여 거즛 行者ㅣ 되어.

거티다 동 넘어지다. 절다. ⇔실(失). ≪朴諺, 上, 55ㅎ≫只是前失(集覽, 朴集, 上, 14ㅈ: 前失. 音義云, 거·티·는 ᄆᆞᆯ. 譯語指南云, 앏거·티·ᄂᆞᆫ ᄆᆞᆯ.), 그저 앏 거티고.

거향(去向) 명 간 곳이나 방향. ≪朴諺, 下, 52ㅎ≫不知去向, 去向을 아디 못ᄒᆞ더니. ≪朴諺, 下, 55ㅈ≫不知去向, 간 ᄃᆡ롤 아디 못ᄒᆞ니.

거후괴오ᄂᆞᆫ나모(車後-) 명 수레의 뒤를 괴는 나무. ⇔탱두(撑頭). ≪朴諺, 中, 11ㅎ≫少梯子, 술위앏괴오ᄂᆞᆫ나모. 撑頭(集覽, 朴集, 中, 2ㅈ: 撑頭. 音義云, 車後괴오·ᄂᆞᆫ나모.), 술위뒤괴오ᄂᆞᆫ나모. 套繩, 멘줄. 撒繩, 쓰을줄. 拘索, 목집게. 籠頭, 바굴레. 脚索, 지달쏠바. 鞍子, 기ᄅᆞ마. 肚帶, 빗대 업세라.

거후로다 동 거우르다. 기울이다. ⇔공(控). ≪朴諺, 中, 30ㅎ≫控一控, 거후로고.

거ᄒᆞ다(居-) 동 거(居)하다. 머물다. ⇔거(居). ≪朴諺, 中, 21ㅎ≫身嚴瓔珞居普陁空翠之山, 몸에 瓔珞으로 장엄ᄒᆞ여시니 普陀 空翠의 山에 居ᄒᆞ엿도다.

걱걱ᄒᆞ다 형 바삭바삭하다. ⇔수(酥). ≪朴諺, 下, 33ㅈ≫黃燒餠(集覽, 朴集, 下, 7ㅈ: 黃燒餠. 事林廣記云, 每麵〈糆〉一斤, 入油一兩半, 炒塩一錢, 冷水和搜得所, 骨魯槌砑開, 鏊上爂〈熯〉熟, 得硬煻火燒熟, 甚酥美. 酥, 걱걱ᄒᆞ다〈석석ᄒᆞ다〉.), 누론 쇼병과.

건(件) 의 ❶가지[種]. ⇔가지. ≪朴諺, 上, 29ㅈ≫這兩件東西做時, 이 두 가짓 거슬 ᄆᆡᆼ돌려 ᄒᆞ면. ≪朴諺, 上, 63ㅈ≫咱有一件東西, 우리 ᄒᆞᆫ 가짓 거시 이시니. ≪朴諺, 中, 17ㅈ≫再有一件, ᄯᅩ ᄒᆞᆫ 가지ᄂᆞᆫ. ❷벌. ⇔볼. ≪朴諺, 下, 16ㅈ≫不見了幾件衣裳, 여러 불 오ᄉᆞᆯ 일코. ≪朴諺, 下, 27ㅈ≫咳一件好物, 애 ᄒᆞᆫ 불 됴ᄒᆞᆫ 거시라.

건(建) 동 세우다. 건국(建國)하다. ⇔건ᄒᆞ다(建-). ≪朴諺, 下, 58ㅎ≫當初怎生建國來, 當初에 엇디 國을 建ᄒᆞ뇨.

건(乾) 동 마르다[乾]. ❶⇔ᄆᆞᄅᆞ다. ≪朴諺, 上, 4ㅈ≫榛子, 개얌과. 松子, 잣과. 乾葡萄, ᄆᆞ른葡萄와. 栗子, 밤과. ≪朴諺, 上, 6ㅈ≫將些乾按酒來, 져기 ᄆᆞ른按酒을 가져오고. ≪朴諺, 中, 30ㅈ≫乾羊脚子煮着裏, ᄆᆞ른 羊의 다리롤 ᄉᆞᆱ맛노라. ≪朴諺, 下, 44ㅎ≫乾的煤簡兒有麼, ᄆᆞ른 밋덩이 잇ᄂᆞ냐. ❷⇔ᄆᆞᆯ라다. ≪朴諺, 中, 51ㅎ≫你的靴子怎麼乾, 네 훠ᄋᆡ 엇디 ᄆᆞᆯ랏ᄂᆞ뇨.

건(乾) 동 말리다[乾]. ⇔ᄆᆞᆯ뢰다. ≪朴諺, 下, 44ㅎ≫一打裡和着乾不的, ᄒᆞᆫᄃᆡ 버므려 ᄆᆞᆯ뢰디 못ᄒᆞᆯ소냐.

건(乾) 부 ❶공으로. 거저. ⇔공히. ≪集覽, 字解, 單字解, 2ㅈ≫乾. 音干. 徒然之辭. 공히. 又쇽졀업시. ≪朴諺, 下, 28ㅈ≫乾得那些榛子喫, 공히 뎌 개얌을 어더먹으니. ❷속절없이. ⇔쇽졀업시. ≪集覽, 字解, 單字解, 2ㅈ≫乾. 音干. 徒然之辭. 공히. 又쇽졀업시. ≪朴諺, 上, 52ㅈ≫大舍夜來乾走了一遭, 大舍ㅣ 어제 쇽졀업시 ᄒᆞᆫ 디위 ᄃᆞᆫ녀다.

건건정정(乾乾淨淨) 형 (매우) 좋다. 말끔하다. 깨끗하다. ⇔조타. ≪集覽, 字解, 累字解, 3ㅈ≫乾乾淨淨. 조타. 又조히 ᄒᆞ다. 重言之者, 甚言其乾淨也. 凡疊字爲說者, 倣此.

건과(巾裹) 명 (건·갓·모자 따위의) 쓰개. ≪朴諺, 上, 5ㅎ≫叫教坊司十數箇樂工和做院本(集覽, 朴集, 上, 2ㅎ: 院本. 或曰, 宋徽宗見爨國人來朝, 衣裝·鞋履·巾裹, 傅粉墨, 擧動如此, 使優人効之以爲戱. 其間副淨有散說, 有道念, 有筋斗, 有科範.) 諸般雜技的來, 教坊司의 여라믄 樂工과 院本에 여러 가지 雜技ᄒᆞᄂᆞ니롤 블러

오라.

건녕(乾寧) 명 당(唐)나라 소종(昭宗)의 연호(894~898). ≪朴諺, 下, 59ㅈ≫唐昭宗乾寧三年, 唐昭宗 乾寧 三年에.

건달바(乾達婆) 명 〈불〉 팔부중(八部衆)의 하나로, 수미산(須彌山) 남쪽의 금강굴(金剛窟)에 살며 제석천(帝釋天)의 아악(雅樂)을 맡아본다고 한다. ≪朴諺, 中, 21ㅎ≫或作童女(集覽, 朴集, 中, 4ㅎ: 童男童女. 觀音現三十二應, 曰佛身, 曰辟支〈支〉, 曰圓覺, 曰聲聞, 曰梵王, 曰帝釋, 曰自在天, 曰大自在天, 曰天大將軍, 曰四天王, 曰四天太子, 曰人王, 曰長者, 曰居士, 曰宰官, 曰婆羅門, 曰比丘, 曰比丘尼, 曰優婆塞, 曰優婆夷, 曰女主, 曰童男, 曰童女, 曰天身, 曰龍身, 曰藥叉, 曰乾達婆, 曰阿脩羅, 曰緊那羅, 曰摩睺羅, 曰樂人, 曰非人. 應作種種身, 或在天上, 在人間, 隨其所樂, 皆令見衆生形相各不同, 行業音聲亦無量.), 혹 童女ㅣ 되며.

-건대 어미 -건대. ≪朴諺, 上, 53ㅎ≫只願的爲頭兒射着, 그저 원컨대 읏듬으로 쏘쇼셔. ≪朴諺, 上, 56ㅎ≫料着你那細詳時, 혜아리건대 네 뎌리 細詳ᄒᆞ면. ≪朴諺, 上, 64ㅎ≫怕你不信時, 저프건대 네 미더 아니ᄒᆞ거든. ≪朴諺, 中, 13ㅈ≫謝天地只願的好收着, 天地ㅅ긔 謝ᄒᆞ노니 그저 원컨대 잘 거도게 ᄒᆞ쇼셔. ≪朴諺, 中, 18ㅎ≫怕沒治病的心那, 저프건대 病 고틸 ᄆᆞᄋᆞᆷ이 업스랴마ᄂᆞᆫ. ≪朴諺, 中, 29ㅎ≫請官人屋裏喫飯, 청컨대 官人은 집 안희셔 밥 먹으라. ≪朴諺, 中, 37ㅈ≫要時請下馬來看, ᄒᆞ려커든 청컨대 ᄆᆞᆯ ᄂᆞ려 보라. ≪朴諺, 中, 60ㅎ≫只怕反過來, 그저 저컨대 두르티면. ≪朴諺, 下, 11ㅈ≫望稍書來着, ᄇᆞ라건대 글을 브터 보내쇼셔. ≪朴諺, 下, 38ㅎ≫比丞相爭甚麽, 丞相에 比컨대 므서시 ᄠᅳ리오. ≪朴諺, 下, 60ㅈ≫願主公用心救百姓受苦, 願컨대 主公은 用心ᄒᆞ야 百姓의 受苦호ᄆᆞᆯ 救ᄒᆞ쇼셔.

건덕문(健德門) 명 북경(北京) 내성(內城)에 있는 성문. 안정문(安定門) 서쪽에 있는 덕승문(德勝門)의 원대(元代)의 이름이다. ≪朴諺, 上, 11ㅎ≫我在平則門(集覽, 朴集, 上, 5ㅎ: 平則門. 永樂十九年, 營建宮室, 立門九, 南曰正陽, 又曰午門, 元則曰麗正, 南之右曰宣武, 元則曰順承, 南之左曰文明, 元則曰崇文, 又曰哈噠, 北之東曰安定, 北之西曰德勝, 元則曰健德, 東之北曰崇仁, 一名東直, 元名同, 東之南曰朝陽, 元則曰齊華, 西之北曰西直, 西之南曰阜城, 元則曰平則. 元設十一門, 而今減其二.)邊住, 내 平則門 ᄀᆞᇫ의 이셔 사노라.

건디다 동 건지다. ❶⇔증(拯). ≪朴諺, 中, 22ㅈ≫以聲察聲拯悲酸於六道, 소릐로 뻐 소릐를 솔펴 悲酸을 六道에 건디고. ❷⇔탑(搭). ≪朴諺, 下, 23ㅈ≫搭出箇爛骨頭的先生, ᄒᆞᆫ ᄆᆞ르노가 쌔만 잇ᄂᆞᆫ 先生을 건뎌 내니. ≪朴諺, 下, 23ㅈ≫王說將軍你搭去, 王이 닐오ᄃᆡ 將軍아 네 건디라 가라. ≪朴諺, 下, 23ㅈ≫將軍用鉤子搭去, 將軍이 갈고리로 뻐 건디라 가니. ≪朴諺, 下, 23ㅎ≫左邊搭右邊趖, 좌편으로 건디려 ᄒᆞ면 우편으로 숨고. ≪朴諺, 下, 23ㅎ≫右邊搭左邊去, 우편으로 건디려 ᄒᆞ면 좌편으로 가매. 百般搭不着, 빅 가지로 호ᄃᆡ 건디디 못ᄒᆞ니.

건디쥐다 동 속여서 빼앗다(훔치다). ⇔날괴(捏拐). ≪朴諺, 中, 3ㅈ≫好生捏拐東西, ᄀᆞ장 ᄂᆞᆷ의 것 건디쥐기 ᄒᆞᄂᆞ니.

-건마ᄂᆞᆫ 어미 -건마는. ≪朴諺, 下, 40ㅈ≫和我兩箇至好麽, 날과 둘히 ᄀᆞ장 됴컨마ᄂᆞᆫ.

건무래유(乾無來由) 부 속절없이. ⇔쇽졀업시. ≪朴諺, 下, 49ㅈ≫乾無來由做甚麽去, 쇽졀업시 므슴 ᄒᆞ라 가리오.

건반(乾飯) 명 된밥. ⇔된밥. ≪朴諺, 上, 35ㅎ≫且着乾飯·肉湯, 아직 乾飯과 肉湯으로. ≪朴諺, 中, 6ㅎ≫做乾飯那水飯, 乾飯을 지으랴 水飯을 지으랴. ≪朴諺, 中, 30ㅈ≫乾飯也做着裏, 된밥도 지엇고.

건색(乾色) 명 가공하거나 손질하지 아니한 본바탕 그대로의 재료. ⇔건싁. ≪朴諺, 中, 4ㅈ≫五箇染小紅乾色罷, 닷 필은 小紅 드려 건싁으로 홈이 므던ᄒᆞ니.

건싁 명 건색(乾色). 가공하거나 손질하지 아니한 본바탕 그대로의 재료. ⇔건색(乾色). ≪朴諺, 中, 4ㅈ≫五箇染小紅乾色罷, 닷 필은 小紅 드려 건싁으로 홈이 므던ᄒᆞ니.

건아(件兒) 의 가지[種]. ⇔가지. ≪朴諺, 上, 20ㅈ≫這六件兒儅的五十兩銀子, 이 여슷 가지로 五十兩 銀에 典儅ᄒᆞ려 ᄒᆞ니.

건아(件兒) 의 벌. ❶⇔발. ≪朴諺, 上, 16ㅈ≫你這五件兒刀子, 네 이 다ᄉᆞᆺ 발 칼을. ❷⇔불. ≪朴諺, 上, 15ㅎ≫你打幾件兒, 네 몃 불을 ᄆᆡᆼ들다. ≪朴諺, 上, 16ㅈ≫這五件兒刀子, 이 다ᄉᆞᆺ 불 칼을. ≪朴諺, 上, 25ㅎ≫五六件兒刀子, 다엿 불 칼은. ≪朴諺, 中, 53ㅎ≫却沒一件兒新衣裳怎麽好, 또 ᄒᆞᆫ 불 새 衣裳이 업스니 엇디 ᄒᆞ여야 됴흐료.

건안주(乾按酒) 명 마른안주. ⇔ᄆᆞ른안주(-按酒). ≪朴諺, 上, 6ㅈ≫將些乾按酒來, 져기 ᄆᆞ른按酒을 가져오고.

건어(乾魚) 명 말린 물고기. ≪朴諺, 中, 17ㅈ≫這海菜·乾魚·脯肉, 이 머육과 乾魚와 脯肉을.

건자(建子) 명 제기. ⇔뎌기. ≪朴諺, 上, 17ㅎ≫一冬裏踢建子(集覽, 朴集, 上, 6ㅎ: 建子. 아ᄒᆡ〈아히〉 ᄎᆞ는 뎌기. 建, 免疑雜韻〈韵〉內字作毽, 音健, 俗自撰也.), ᄒᆞᆫ 겨올은 뎌기ᄎᆞ기 ᄒᆞ고.

건정(乾淨) 부 건정(乾淨)히. 깨끗이. ❶⇔간졍히. ≪朴諺, 中, 44ㅎ≫將苕箒來掃的乾淨着, 닛븨 가져다가 ᄡᅳᆯ기를 간졍히 ᄒᆞ고. ≪朴諺, 中, 47ㅎ≫揨了他鼺帶揩的乾浄着, 제 코룰 프러 슷기를 간졍히 ᄒᆞᄂᆞ니라. ≪朴諺, 中, 48ㅈ≫我饋你揩的乾浄着, 내 너를 슷기를 간졍히 ᄒᆞ여 주마. ≪朴諺, 下, 33ㅎ≫只要乾淨休着冷了, 그저 간졍히 ᄒᆞ고 ᄎᆞ게 말라. ❷⇔건졍히(乾淨-). ≪朴諺, 上, 16ㅈ≫這般打的可喜乾淨時, 이리 ᄆᆡᆼ들기를 곱고 乾淨히 ᄒᆞ려 ᄒᆞ면. ≪朴諺, 上, 20ㅎ≫着鉋子刮的乾淨着, 글게로다가 긁빗기기를 乾淨히 호되. ≪朴諺, 上, 20ㅎ≫每日洗刷鉋的乾乾淨淨地, 每日에 싯빗겨 글게질ᄒᆞ기를 乾乾淨淨히 ᄒᆞ고. ≪朴諺, 上, 39ㅎ≫你剃的乾淨着, 네 갓기를 乾淨히 ᄒᆞ고. ≪朴諺, 中, 30ㅈ≫你把那鑞壺瓶汕的乾淨着, 네 뎌 鑞瓶을다가 부싀기를 乾淨히 ᄒᆞ야. ≪朴諺, 中, 40ㅈ≫一根一根家拔的乾浄着, ᄒᆞᆫ 낫식 ᄡᅢ혀 乾浄히 ᄒᆞ고. ≪朴諺, 中, 45ㅈ≫堆的乾浄着, 싸키를 乾浄히 ᄒᆞ라. ≪朴諺, 下, 2ㅈ≫綽的乾淨着, ᄡᅳᆯ기를 乾淨히 ᄒᆞ고. ≪朴諺, 下, 44ㅈ≫淘的米乾淨着, ᄡᆞᆯ 일기를 乾淨히 ᄒᆞ라.

건정(乾淨) 형 건정(乾淨)하다. 깨끗하다. 정결하다. ⇔건졍ᄒᆞ다(乾淨-). ≪朴諺, 上, 39ㅈ≫乾淨田地上樹底下絟着, 乾淨ᄒᆞᆫ 싸 나모 아래 ᄆᆡ고.

건정히(乾淨-) 부 건정(乾淨)히. 깨끗이. ⇔건졍(乾淨). ≪朴諺, 上, 16ㅈ≫這般打的可喜乾淨時, 이리 ᄆᆡᆼ들기를 곱고 乾淨히 ᄒᆞ려 ᄒᆞ면. ≪朴諺, 上, 20ㅎ≫着鉋子刮的乾淨着, 글게로다가 긁빗기기를 乾淨히 호되. ≪朴諺, 上, 20ㅎ≫每日洗刷鉋的乾乾淨淨地, 每日에 싯빗겨 글게질ᄒᆞ기를 乾乾淨淨히 ᄒᆞ고. ≪朴諺, 上, 39ㅎ≫你剃的乾淨着, 네 갓기를 乾淨히 ᄒᆞ고. ≪朴諺, 中, 30ㅈ≫你把那鑞壺瓶汕的乾淨着, 네 뎌 鑞瓶을다가 부싀기를 乾淨히 ᄒᆞ야. ≪朴諺, 中, 40ㅈ≫一根一根家拔的乾浄着, ᄒᆞᆫ 낫식 ᄡᅢ혀 乾浄히 ᄒᆞ고. ≪朴諺, 中, 45ㅈ≫堆的乾浄着, 싸키를 乾浄히 ᄒᆞ라. ≪朴諺, 下, 2ㅈ≫綽的乾淨着, ᄡᅳᆯ기를 乾淨히 ᄒᆞ고. ≪朴諺, 下, 44ㅈ≫淘的米乾淨着, ᄡᆞᆯ 일기를 乾淨히 ᄒᆞ라.

건정ᄒᆞ다(乾淨-) 형 건정(乾淨)하다. 깨끗하다. 정결하다. ⇔건정(乾淨). ≪集覽,

字解, 累字解, 3ㅈ≫乾乾淨淨. 조타. 又 조히 ᄒᆞ다. 重言之者, 甚言其乾淨也. 凡疊字爲說者, 倣此. ≪朴諺, 上, 39ㅈ≫乾淨田地上樹底下絟着, 乾淨ᄒᆞᆫ ᄯᅡ 나모 아래 ᄆᆡ고.

건주(建州) 명 요대(遼代)에 두었다. 소재지는 요령성(遼寧省) 조양시(朝陽市) 경계의 황하탄(黃河灘)에 있었다. ≪朴諺, 上, 8ㅎ≫往永平·大寧·遼陽·開元·瀋陽(集覽, 朴集, 上, 4ㅎ: 瀋陽. 今設瀋陽中衛, 地方廣衍, 東逼高麗, 北抵建州, 去衛治東北八十里, 有州曰貴德, 或謂玄菟郡.)等處開去, 永平·大寧·遼陽·開元·瀋陽等處를 향ᄒᆞ여 開讀ᄒᆞ라 가노라.

건포도(乾葡萄) 명 마른 포도. 건포도. ⇔ ᄆᆞ른포도(-葡萄). ≪朴諺, 上, 4ㅈ≫榛子, 개얌과. 松子, 잣과. 乾葡萄, ᄆᆞ른葡萄와. 栗子, 밤과.

건ᄒᆞ다(建-) 동 세우다. 건국(建國)하다. ⇔건(建). ≪朴諺, 下, 58ㅎ≫當初怎生建國來, 當初에 엇디 國을 建ᄒᆞ뇨.

걷다 동 걷다. ❶⇔보(步). ≪朴諺, 中, 48ㅎ≫便那的步兒, 곳 논힐훠 거ᄅᆞᆯ 쎠시니. ❷⇔주(走). ≪朴諺, 中, 8ㅈ≫快走的點的都有了, 잘 걷ᄂᆞᆫ 이와 셰가탈ᄒᆞᄂᆞᆫ 이 다 이셰라.

걸다 동 걸다. 매어달다. ❶⇔고(叩). ≪朴諺, 中, 36ㅈ≫把了吊子叩上了, 걸새로 걸고. ❷⇔괘(掛). ≪朴諺, 中, 43ㅎ≫堂上掛佛端然坐, 堂上에 블상을 걸고 단정히 안자. ≪朴諺, 中, 44ㅎ≫掛幾軸畫兒, 여러 튝 그림을 걸고. ≪朴諺, 中, 44ㅎ≫掛十八學士大畫, 十八學士 그린 큰 그림을 걸고.

걸다 동 (솥을) 걸다. ⇔안(安). ≪集覽, 字解, 單字解, 1ㅎ≫安. 安鍋兒 가마 거다. 又安下 사ᄅᆞ미 자리 븓다. 又吏語, 安插 사ᄅᆞᄆᆞᆯ 안졉ᄒᆞ게 ᄒᆞ다.

걸류곡률(乞留曲葎) 동 구부러져 걸리다. ⇔굽걸오다. ≪朴諺, 中, 32ㅈ≫纏着乞留曲葎藤, 굽걸온 藤이 얼켯고.

걸새 명 걸쇠. ⇔조자(弔子). ≪朴諺, 中, 36ㅈ≫把了吊子叩上了, 걸새로 걸고.

걸식(乞食) 명 〈불〉 십이두타행(十二頭陀行)의 하나. 비구(比丘)가 자신의 색신(色身)을 돕기 위하여 남에게 음식을 비는 일. ≪朴諺, 上, 33ㅈ≫披着袈裟(集覽, 朴集, 上, 10ㅈ: 袈裟. 一曰金縷僧伽黎, 卽大衣也, 入王宮聚落時衣, 乞食時着.), 袈裟 닙고.

걸음 명 걸음. ⇔행(行). ≪朴諺, 上, 56ㅈ≫只是小行上遲, 그저 ᄌᆞᆫ 걸음이 ᄯᅳ고.

걸타다 동 걸터타다. ⇔가(駕). ≪朴諺, 下, 31ㅎ≫駕海紫金梁, 바다흘 걸탓ᄂᆞᆫ 紫金梁이로다.

검(劍) 명 칼. ≪朴諺, 下, 31ㅈ≫拿劍的, 劒을 가지니와. ≪朴諺, 下, 62ㅈ≫賣劒賣與烈士, 劒을 ᄑᆞᆯ매 烈士의게 ᄑᆞᆯ고. 臙粉贈與佳人, 臙粉은 佳人의게 준다 ᄒᆞ니라.

검(臉) 명 ❶낯. ⇔ᄂᆞᆾ. ≪朴諺, 上, 44ㅎ≫洗臉到學裏, ᄂᆞᆾ 싯고 學에 가. ❷빰. ⇔빰. ≪朴諺, 中, 50ㅎ≫大家休打臉, 대개 빰 티디 말고.

검교(檢校) 동 검사하고 대조하다. 대조하여 확인하다. ≪朴諺, 下, 7ㅎ≫這七月十五日(集覽, 朴集, 下, 2ㅈ: 七月十五日. 道藏經云, 七月十五日, 謂之中元, 地官下降人間, 檢校世人, 甄別善惡, 上告天曹.)是諸佛解夏之日, 七月 十五日은 諸佛 解夏ᄒᆞᄂᆞᆫ 날이라.

검기(鈐記) 명 (예전에 관아에서 사용하던 긴) 도장. ≪朴諺, 上, 3ㅈ≫勘合(集覽, 朴集, 上, 1ㅎ: 勘合. 質問云, 官府設簿冊二扇, 凡事用印鈐記, 上寫外字幾號, 發行去者曰外號, 上寫內字幾號, 留在官府者曰內號.)有了不曾, 勘合이 잇ᄂᆞᆫ가 못ᄒᆞ엿ᄂᆞᆫ가.

검다 형 검다. ❶⇔조(皁). ≪朴諺, 上, 24ㅎ≫脚穿着皀麂皮嵌金線藍條子, 발에 신은 거슨 거믄 기ᄌᆞ피에 金線 남 오리로 갸품 ᄢᅵ고. ≪朴諺, 下, 30ㅈ≫穿着花袴

皂靴的勇士, 아롱바디예 거믄 훠 신은 勇士ㅣ. ❷⇔흑(黑). ≪朴諺, 上, 46ㅎ≫五箇黑帖裏布, 닷 필 거믄 텰릭 뵈를. ≪朴諺, 中, 14ㅈ≫黑豆一錢銀子二斗, 거믄콩은 흔 돈 은에 두 말이오. ≪朴諺, 中, 19ㅎ≫放黑豆, 거믄콩에 노하. ≪朴諺, 下, 24ㅈ≫變做大黑狗, 변ᄒ여 큰 거믄 개 되여.

검험(檢驗) 동 검사하여 증명하다. ⇔검험ᄒ다(檢驗-). ≪朴諺, 下, 53ㅈ≫檢驗是實, 檢驗ᄒ야 이 실커든.

검험ᄒ다(檢驗-) 동 검사하여 증명하다. ⇔검험(檢驗). ≪朴諺, 下, 53ㅈ≫檢驗是實, 檢驗ᄒ야 이 실커든.

겁(劫) 명 ❶(바둑의) 패(覇). ⇔패. ≪朴諺, 上, 22ㅎ≫殺一殺入一入赶一赶扭將去打刼, 주기리 주기고 드리리 드리고 몰 리 모라 에워 가 패 티쟈. 我輸了這刼時遲了, 내 이 패을 지면 사오나오니. ❷어떤 시간의 단위로도 계산할 수 없는 무한히 긴 시간. 하늘과 땅이 한 번 개벽한 때에서부터 다음 개벽할 때까지의 동안이라고 한다. ≪朴諺, 中, 24ㅈ≫萬刼(集覽, 朴集, 中, 6ㅈ: 萬劫. 儒曰世, 釋曰劫〈刼〉, 道曰塵. 一說, 儒家曰數, 道家曰劫〈刼〉, 佛家曰世. 道經云, 天地一成一敗謂之劫〈刼〉. 上天開化, 建五劫〈刼〉紹運, 曰龍漢, 曰赤明, 曰上皇, 曰延康, 曰開皇. 五劫〈刼〉旣周, 復從其始. 又六十年一甲子, 一百年爲一小劫〈刼〉, 一千年爲一中劫〈刼〉, 三中劫〈刼〉爲一大劫〈刼〉. 佛家初劫〈刼〉爲釋迦牟尼佛, 二劫〈刼〉爲寶髻佛, 三劫〈刼〉爲燃燈佛. 漢武帝鑿昆明池, 其底有灰, 帝問東方朔, 對曰, 此劫〈刼〉灰也.)再逢難, 萬劫이라도 다시 만나기 어려오니라.

겁(刼) 명 겁(劫). '刼'은 '劫'의 속자. ❶겁(劫)의 ❶. ≪朴諺, 上, 22ㅎ≫殺一殺入一入赶一赶扭將去打刼, 주기리 주기고 드리리 드리고 몰 리 모라 에워 가 패 티쟈. 我輸了這刼時遲了, 내 이 패을 지면 사오나오니. ❷겁(劫)의 ❷. ≪朴諺, 中, 24ㅈ≫萬刼(集覽, 朴集, 中, 6ㅈ: 萬劫. 儒曰世, 釋曰劫〈刼〉, 道曰塵. 一說, 儒家曰數, 道家曰劫〈刼〉, 佛家曰世. 道經云, 天地一成一敗謂之劫〈刼〉. 上天開化, 建五劫〈刼〉紹運, 曰龍漢, 曰赤明, 曰上皇, 曰延康, 曰開皇. 五劫〈刼〉旣周, 復從其始. 又六十年一甲子, 一百年爲一小劫〈刼〉, 一千年爲一中劫〈刼〉, 三中劫〈刼〉爲一大劫〈刼〉. 佛家初劫〈刼〉爲釋迦牟尼佛, 二劫〈刼〉爲寶髻佛, 三劫〈刼〉爲燃燈佛. 漢武帝鑿昆明池, 其底有灰, 帝問東方朔, 對曰, 此劫〈刼〉灰也.)再逢難, 萬劫이라도 다시 만나기 어려오니라.

겁설(怯薛) 명 궁중(宮中)에서 갈마들어 숙위(宿衛)하던 호위병. 몽고(蒙古)에서 온 이름이다. ≪朴諺, 上, 27ㅎ≫嵌八寶骨朶(集覽, 朴集, 上, 9ㅈ: 骨朶. 南村輟耕錄云, 國朝有四怯薛中有云都赤, 三日一次輪流入直, 負骨朶於背〈於肩〉, 余究骨朶字義, 嘗記宋景文筆記云, 關中人以腹大爲胍肝, 音孤都, 俗謂杖頭大者亦曰胍肝, 後訛爲骨朶.)雲織金羅比甲, 八寶 끼고 굴근 운문흔 織金 罒 比甲에.

겁회(劫灰) 명 〈불〉 세상이 파멸할 때 일어난다고 하는 큰불의 재. ≪朴諺, 中, 24ㅈ≫萬刼(集覽, 朴集, 中, 6ㅈ: 萬劫. 佛家初劫〈刼〉爲釋迦牟尼佛, 二劫〈刼〉爲寶髻佛, 三劫〈刼〉爲燃燈佛. 漢武帝鑿昆明池, 其底有灰, 帝問東方朔, 對曰, 此劫〈刼〉灰也.)再逢難, 萬劫이라도 다시 만나기 어려오니라.

것 명 ❶것. ≪朴諺, 上, 7ㅎ≫官人們待散也, 官人들히 ᄒ마 흐터딜 써시니. ≪朴諺, 上, 36ㅈ≫四哥待要一處, 넷재 형은 흔ᄃ 모호고져 ᄒᄂ 거시여. ≪朴諺, 上, 38ㅈ≫兩箇先生合賣藥一箇坐一箇跳, 두 先生이 모다 약 ᄑ노라 ᄒ나흔 안잣고 ᄒ나흔 뛰노ᄂ 거시여. ≪朴諺, 上, 49ㅈ≫咱十數箇弟兄們去時勾了, 우리 여라믄 弟兄들히 가면 유여흘 거시니. ≪朴諺,

上, 57ㅈ≫喫筵席儘晩入城來, 이바디 먹고 잇긋 늣게야 자 안에 드러올 거시니. ≪朴諺, 上, 64ㅎ≫一打裏饋你十兩銀子, 흔번에 너를 열 량 은을 줄 거시니. ≪朴諺, 中, 7ㅎ≫使臣這站裏不宿, 使臣이 이 站에 자디 아니흘 거시니. ≪朴諺, 中, 8ㅈ≫他不保好生打, 뎨 긔수티 아닐 거시니 ᄀ장 티라. ≪朴諺, 中, 11ㅈ≫一兩日上位郊天去, ᄒᄅ 이틀만 ᄒ면 上位ㅣ 郊天ᄒ라 가실 거시니. ≪朴諺, 中, 15ㅎ≫我如今先與你香蘇飮(散)子, 내 이제 몬져 너를 香蘇飮(散)子를 줄 거시니. ≪朴諺, 中, 56ㅈ≫我先跳你看, 내 몬져 뛸 거시니 네 보라. ≪朴諺, 下, 4ㅈ≫撞多少猛虎·毒虫定害, 언머 猛虎·毒虫의 보채는 거슬 만나며. ≪朴諺, 下, 7ㅎ≫放着一箇三隻脚鐵蝦蟆兒便是, 흔 세 발 가진 쇠두텁이 노흔 거시 곳 이라. ≪朴諺, 下, 26ㅎ≫不是這般說, 이리 닐은 거시 아니라. ≪朴諺, 下, 51ㅈ≫漁翁之味萬無迭, 漁翁의 마슨 만 가지도 迭흔 거시 업ᄉ니라. ≪朴諺, 下, 58ㅎ≫無德可表, 德이 可히 表흘 거시 업고. ❷겉. ⇔표(表). ≪朴諺, 上, 41ㅈ≫十表十裏, 열 것과 열 안과.

것 명 것. 물건. ❶⇔동서(東西). ≪朴諺, 上, 29ㅈ≫這兩件東西做時, 이 두 가짓 거슬 민들려 ᄒ면. ≪朴諺, 上, 31ㅈ≫誆惑人東西不在家, 사름의 것 소기노라 집의 잇디 아니ᄒ니. ≪朴諺, 上, 63ㅈ≫咱有一件東西, 우리 흔 가짓 거시 이시니. ≪朴諺, 上, 63ㅈ≫咱對換甚麽東西, 우리 므스거슬 막밧고료. ≪朴諺, 中, 3ㅈ≫好生揑拐東西, ᄀ장 놈의 것 걷디쥐기 ᄒᄂ니. ≪朴諺, 中, 60ㅈ≫與他甚麽東西, 뎌를 므스거슬 주리오. ≪朴諺, 下, 27ㅈ≫這的甚麽東西, 이거시 므스것고. ❷⇔물(物). ≪朴諺, 上, 7ㅎ≫無子無孫盡是他人之物, 無子 無孫ᄒ면 다 他人의 거시라 ᄒ니. ≪朴諺, 上, 14ㅎ≫好物不賤賤物不好, 됴흔 거슨 쳔티 아니ᄒ고 쳔흔 거슨 됴티 아니ᄒ니라. ≪朴諺, 上, 64ㅈ≫舍人敢不識好物麽, 舍人이 됴흔 거슬 아디 못ᄒ는 ᄃᆺᄒ다. ≪朴諺, 中, 17ㅈ≫這般稀罕的好物, 이런 稀罕흔 됴흔 거슬. ≪朴諺, 中, 25ㅈ≫常防賊心莫偸他物, 샹히 도적 ᄆ음을 막고 놈의 것 도적디 말라 ᄒᄂ니라. ≪朴諺, 中, 27ㅈ≫便奪了那物, 곳 그 거슬 앗고. ≪朴諺, 下, 20ㅈ≫第二槓中猜物, 둘째는 槓中엣 거슬 알고. ≪朴諺, 下, 27ㅈ≫咳一件好物, 애 흔 볼 됴흔 거시라. ≪朴諺, 下, 62ㅈ≫正是所用之物, 졍히 쁨 즉흔 거시로다. ≪朴諺, 下, 62ㅈ≫正是難得之物, 졍히 엇기 어려온 거시로다. ❸⇔적(的). ≪集覽, 字解, 單字解, 2ㅎ≫另. 音零, 去聲. 別也, 零也. 另的 뽄 것. 吏語, 另行 각벼리 ᄒ다. ≪集覽, 字解, 單字解, 3ㅎ≫的. 指物之辭. 你的 네 것, 好的 됴흔 것. ≪朴諺, 上, 14ㅈ≫這的幾托, 이거시 몃 발고. ≪朴諺, 上, 28ㅎ≫兩箇舍人打扮的風風流流, 두 舍人의 비온 거시 風風流流ᄒ고. ≪朴諺, 上, 58ㅈ≫又不喫了他的, ᄯ 뎌의 거슬 먹디 아닐 거시니. ≪朴諺, 上, 62ㅈ≫撒網垂鈎的是大小漁艇, 撒網 垂釣흔 거슨 이 大小 漁艇이오. ≪朴諺, 中, 2ㅈ≫好看的甚麽沒, 보기 됴흔 거시 므서시 업ᄉ리오. ≪朴諺, 中, 17ㅎ≫這般的有甚麽稀罕, 이런 거시 므슴 稀罕홈이 이시리오. ≪朴諺, 中, 26ㅈ≫休道是街上百姓的, 이 거릿 百姓의 거슨 니ᄅ디 말리라. ≪朴諺, 中, 30ㅎ≫他如今喫的穿的無處發落裏, 뎨 이제는 먹을 것 닙을 것시 發落흘 곳이 업스니라. ≪朴諺, 中, 37ㅎ≫討的是虛還的是實, 쇠오는 거슨 이 거즛 거시오 갑는 거시아 이 실ᄒ니라. ≪朴諺, 中, 54ㅎ≫這明綠通袖膝欄綉的做帖裏, 이 明綠빗체 通袖 膝欄 슈흔 거스란 텰릭 짓고. ≪朴諺, 下, 26ㅈ≫但與的便是價錢, 믈읫 주는 거시 곳 올흔 갑시니. ≪朴諺, 下, 27ㅈ≫這珊瑚帶的過, 이 珊瑚ㅣ ᄎ든 거시로다. ≪朴諺, 下, 37ㅈ≫諸般的都納與了租稅, 여러 가짓 거슬 다 租稅예 밧티고.

≪朴諺, 下, 37ㅎ≫孩兒使爺娘的, 조식은 어버의 거슬 쓰고. 奴婢使使長的, 종은 뇌연의 거슬 쓰ᄂᆞ니. ≪朴諺, 下, 42ㅎ≫供養的是豆子粥, 供養ᄒᆞᆫ 거슨 이 ᄑᆞᆺ쥭과. ≪朴諺, 下, 59ㅎ≫恰說的是甚麽官職, ᄀᆞᆺ 니ᄅᆞᄂᆞᆫ 거시 이 므슴 벼슬고.

것고지 명 비녀. ⇔도침(挑針). ≪朴諺, 上, 40ㅈ≫將那挑針(集覽, 朴集, 上, 11ㅈ: 挑針. 用牛角作廣篦, 篦〈ㄷ〉一端作刷子者. 多髮者髮厚難梳, 故先梳之髮, 以此篦挿置上頭, 更梳下髮. 今俗猶然.)挑起來, 뎌 것고지 가져다가 것곳고.

것곳다 동 걷어 올려 꽂다. ⇔도기(挑起). ≪朴諺, 上, 40ㅈ≫將那挑針挑起來, 뎌 것고지 가져다가 것곳고.

것구러디다 동 거꾸러지다. ⇔도(倒). ≪朴諺, 中, 47ㅈ≫倒在床上打鼾睡, 상 우희 것구러뎌 코 고오고 자거늘. ≪朴諺, 中, 51ㅈ≫咳那矬金舍倒了也, 애 뎌 킈 저근 金舍ㅣ 것구러디거다.

것다 동 ❶걷다[步]. ⇔주(走). ≪朴諺, 中, 7ㅈ≫我騎的十分快走的馬將來, 나 ᄐᆞᆯ 이란 ᄀᆞ장 잘 것ᄂᆞᆫ ᄆᆞᆯ을 가져오라. ❷꺾다. 또는 말다. ⇔권(捲). ≪朴諺, 上, 24ㅎ≫捲尖粉底, 부리 것고 디즈에 분칠ᄒᆞ고.

것다 동 걷다. 말아 올리다. ⇔권기(捲起). ≪朴諺, 中, 55ㅎ≫把這簾子都捲起, 이 발을다가 다 것고.

것ᄭᅮ러디다 동 거꾸러지다. ⇔도(倒). ≪朴諺, 中, 14ㅈ≫瘦倒的倒了, 여위어 것ᄭᅮ러디리 것ᄭᅮ러디고.

것ㅊ 명 겉. 겉감. ⇔표아(表兒). ≪朴諺, 中, 4ㅈ≫這肉紅婦人搭忽表兒, 이 肉紅빗체 婦人의 더그레 것ᄎᆞᆫ.

게 대 거기. 거기에. ⇔나리(那裏). ≪集覽, 字解, 單字解, 5ㅎ≫就. 卽也. 就將來 즉재 가져오라, 就有了·就去了. 又遂也. 就那裏睡了 게셔 자다, 就便 곧. 又就行 드듸여셔 ᄒᆞ다. ≪朴諺, 上, 57ㅈ≫明日就那裏上了墳, ᄂᆡ일 임의셔 게셔 上墳ᄒᆞ고.

게 명 게[蟹]. ⇔해(蟹). ≪朴諺, 中, 43ㅎ≫稻熟蠏肥魚正美, 볘 닉고 게 ᄉᆞᆯ지고 고기 졍히 아ᄅᆞᆷ다오매.

-게 어미 ❶-게. ≪集覽, 字解, 單字解, 1ㅎ≫安. 安鍋兒 가마 거다. 又安下 사ᄅᆞ미 자리 븓다. 又吏語, 安挿 사ᄅᆞᄆᆞᆯ 안졉ᄒᆞ게 ᄒᆞ다. ≪朴諺, 上, 1ㅎ≫着李四買果子·拖爐·隨食去, 李四로 ᄒᆞ여 과실과 拖爐·隨食을 사라 가게 ᄒᆞ라. ≪朴諺, 上, 12ㅎ≫着斛起, 휘로 되게 ᄒᆞ라. ≪朴諺, 上, 30ㅎ≫覓得高麗錢大快三十年, 高麗ㅅ 錢을 어든들 크게 三十年을 즐기랴. ≪朴諺, 上, 40ㅈ≫將風屑去的爽利着, 비듬을다가 업시ᄒᆞ야 싀훤케 ᄒᆞ라. ≪朴諺, 上, 54ㅈ≫不致拖欠, 믄그어 ᄢᅥᄅᆞ팀애 니ᄅᆞ게 말고. ≪朴諺, 上, 65ㅎ≫大發明得悟, 크게 發明 得悟ᄒᆞ야. ≪朴諺, 中, 10ㅎ≫故立此文字爲用, 짐즛 이 글월을 셰워 쓰게 ᄒᆞ엿ᄂᆞ니. ≪朴諺, 中, 11ㅈ≫買饋他木料·席子整理, 뎌를 木料와 삿글 사 주어 整理케 ᄒᆞ라. ≪朴諺, 中, 25ㅎ≫這帽兒也做得中中的, 이 갓을 ᄆᆡᆫ돌기를 알맛게 ᄒᆞ엿다. ≪朴諺, 中, 29ㅎ≫咳今日天氣冷殺人, 애 오늘 하ᄂᆞᆯ 긔운이 차 사ᄅᆞᆷ을 죽게 ᄒᆞ니. ≪朴諺, 中, 49ㅎ≫只好生和勻着, 그저 ᄀᆞ장 섯기를 고로게 ᄒᆞ여. ≪朴諺, 中, 55ㅈ≫紐子不要底似(注: 底似, 너모)大恰好着, ᄃᆞᆯ마기를 너모 크게 말고 마치 됴케 ᄒᆞ라. ≪朴諺, 下, 11ㅈ≫與父親用來之後, 父親긔 밧ᄌᆞ와 쓰게 ᄒᆞᆫ 후에. ≪朴諺, 下, 19ㅈ≫師傅上說知, 스승의게 닐러 알게 ᄒᆞ고. ≪朴諺, 下, 26ㅈ≫虧死我也, 셜워 날을 죽게 ᄒᆞᄂᆞᆫ고나. ≪朴諺, 下, 33ㅎ≫你來飮汁熱着, 이바 마실 즙을 덥게 ᄒᆞ고. ≪朴諺, 下, 36ㅈ≫着先打, 몬져 티게 ᄒᆞ쟈. ≪朴諺, 下, 42ㅈ≫直念到明, 잇긋 念홈을 ᄇᆞᆰ으매 다ᄃᆞᆺ게 ᄒᆞ고. ≪朴諺, 下, 46ㅈ≫簸箕來大一對耳朶, 키만치 크게 ᄒᆞᆫ ᄒᆞᆫ 빵 귓바회와. ≪朴諺, 下, 55ㅎ≫着他將的去, 뎔로 ᄒᆞ여 가져가게 ᄒᆞ고. ❷-하게. ≪朴諺, 上, 18ㅎ≫南斗六星板兒做得忒圓了些, 南斗六星 돈은

민둘기를 너모 두렷게 ᄒᆞ엿고.

-게 조 ❶-게. -에게. ≪集覽, 字解, 單字解, 5ㅎ≫虧. 損也, 少也. 虧你多少 네게 언메나 난브뇨, 虧着我 내게 난배라. 又次也. 吏語, 虧兌 원수에셔 ᄭᅵ다. ≪朴諺, 上, 12ㅈ≫却不虧着我, 또 내게 쇏디 아니ᄒᆞ냐. ≪朴諺, 上, 22ㅈ≫那裏抵當的我, 어ᄃᆡ 내게 抵堂홀다. ≪朴諺, 上, 32ㅈ≫只說明日後日還我, 그저 닐오ᄃᆡ ᄂᆡ일 모뢰 내게 갑흐마 ᄒᆞ니. ≪朴諺, 上, 43ㅈ≫我有明綠紵絲, 내게 明綠빗치 비단이 이시니. ≪朴諺, 上, 55ㅎ≫我有三十兩銀子, 내게 三十兩 銀이 이셰라. ≪朴諺, 上, 57ㅎ≫我只有一箇油絹帽兒裏, 내게 다만 ᄒᆞᆫ 油絹帽ㅣ 잇고. ≪朴諺, 上, 65ㅈ≫濫賤的賣與你, 濫賤히 네게 풀리라. ≪朴諺, 中, 2ㅈ≫我有零錢, 내게 ᄠᅳᆫ 돈이 이시니. ≪朴諺, 中, 15ㅎ≫好哥哥弟兄們央及我, ᄆᆞᄋᆞᆷ 됴흔 형 아ᄋᆞ들히 내게 빌거늘. ≪朴諺, 中, 37ㅎ≫我再沒高的了, 내게 또 노프니 업ᄉᆞ니. ≪朴諺, 中, 50ㅎ≫咳那矬漢你那裏抵當的我, 애 더 킈 져근 놈이 네 어ᄃᆡ 내게 더당ᄒᆞ리오. ≪朴諺, 中, 57ㅎ≫錢是你上有, 갑ᄉᆞᆫ 네게 잇고. ≪朴諺, 下, 5ㅈ≫你有泥鏝·泥托麽, 네게 흙손과 흙밧기 잇ᄂᆞ냐. ≪朴諺, 下, 25ㅎ≫實要二兩銀子賣與你, 실로 두 냥 은을 밧고 네게 폴마. ≪朴諺, 下, 26ㅈ≫你有好珊瑚麽, 네게 됴흔 珊瑚ㅣ 잇ᄂᆞ냐. ≪朴諺, 下, 28ㅎ≫李舍哥好生定害你, 李舍형아 ᄀᆞ장 네게 너리과라. ≪朴諺, 下, 29ㅈ≫元寶我有半錠了, 元寶ㅣ 내게 반 뎡이 이시니. ❷-게. -에게. ⇔여(與). ≪朴諺, 上, 44ㅈ≫多多的與你人事, 만히 네게 人事ᄒᆞ마. ≪朴諺, 上, 48ㅈ≫到家慢慢的與你洗塵, 집의 가 날회여 네게 마지ᄒᆞ마. ≪朴諺, 上, 65ㅈ≫濫賤的賣與你, 濫賤히 네게 풀리라.

-게도 조 -게도. -에게도. ≪朴諺, 中, 6ㅈ≫休多要你的, 네게도 만히 말고. 休少了我的便是, 우리게도 젹게 말미 곳 올흐니라.

-게라 어미 -할 것이라. -하겠도다. ≪朴諺, 下, 2ㅈ≫不知道那裡躥死了一箇蝤蜒, 아디 몯게라 어ᄃᆡ ᄒᆞᆫ 지차리 불펴 죽엇ᄂᆞ뇨. ≪朴諺, 下, 9ㅈ≫不知怎生滾在底下, 아디 몯게라 엇디ᄒᆞᆫ디 구으러 아ᄅᆡ 이셔. ≪朴諺, 下, 55ㅈ≫不知怎生走了, 아디 몯게라 엇디 돌아난디.

게셔 대 게서. 거기에서. ≪朴諺, 上, 57ㅈ≫明日就那裏上了墳, ᄂᆡ일 임의셔 게셔 上墳ᄒᆞ고.

-게야 어미 -게야. -어야. -어서야. ≪朴諺, 上, 31ㅎ≫到今一年半了, 이제 一年半이 다ᄃᆞᆺ게야. ≪朴諺, 上, 57ㅈ≫喫筵席儘晚入城來, 이바디 먹고 잇긋 늣게야 자 안에 드러올 거시니. ≪朴諺, 中, 43ㅈ≫直到點燈時分恰下馬, 잇긋 블혈 빼예 다ᄃᆞᆺ게야 ᄀᆞᆺ ᄆᆞᆯ게 ᄂᆞ리니. ≪朴諺, 下, 14ㅎ≫直到日平西纔上馬, 잇긋 날이 平西호매 다ᄃᆞᆺ게야 ᄀᆞᆺ ᄆᆞᆯ을 ᄐᆞᄂᆞ니라. ≪朴諺, 下, 14ㅎ≫時常這般早聚晚散麽, 시샹에 이리 일 모다 늣게야 흗터디ᄂᆞ냐.

게어리 부 게을리. 게으르게. ⇔살라(撒懶). ≪朴諺, 下, 15ㅈ≫跟官人時休撒懶, 官人을 조츨쟉시면 게어리 말고.

게얼리 부 게을리. 게으르게. ⇔살라(撒懶). ≪朴諺, 上, 45ㅎ≫你休撒懶, 네 게얼리 말고.

게엄ᄆᆞ옴 명 계염. 검은 마음. ⇔흑심(黑心). ≪朴諺, 下, 18ㅈ≫便使黑心, 믄득 게엄ᄆᆞ옴을 ᄡᅳ려.

게여ᄅᆞ다 형 게으르다. ⇔나(懶). ≪朴諺, 上, 21ㅈ≫懶小厮們一發滿槽子饋草, 게여른 아히들히 홈믜 귀유에 ᄀᆞ득이 여믈을 수고.

게오 명 거위. ⇔아(鵝). ≪朴諺, 上, 5ㅈ≫燒鵝·白煠鷄, 구은 게오와 ᄆᆡᆫ기름에 지진 ᄃᆞᆰ과.

게지(揭地) 명 신(神) 이름. ≪朴諺, 下, 24ㅈ≫行者念金頭揭地·銀頭揭地·波羅僧揭地(集覽, 朴集, 下, 5ㅈ: 金頭揭地·銀頭

揭地·波羅僧揭地. 西遊記云, 釋迦牟尼佛在靈山雷音寺演說三乘敎法, 傍有侍奉阿難·伽舍諸菩薩·聖僧·羅漢·八金剛·四揭地·十代明王·天仙·地仙. 觀此則揭地神名, 然未詳何神.)之後, 行者ㅣ 金頭揭地와 銀頭揭地와 波羅僧揭地를 念혼 後에.

겨 명 깃. (이불의 위쪽이나 베개의 겉에 덧대는 천) ⇔대(帶). ≪朴諺, 中, 4ㅎ≫被表帶裏兒八錢, 니블 거족과 안쪄는 여돏 돈이니.

겨올 명 겨울. ⇔동(冬). ≪朴諺, 上, 17ㅎ≫一冬裏踢建子, 혼 겨올은 뎌기추기 후고. ≪朴諺, 中, 20ㅈ≫一冬裏這頭口們勾喫了, 혼 겨올을 이 즘싱들이 유여히 먹으리라. ≪朴諺, 中, 34ㅈ≫一冬裏熬喫好, 혼 겨올의 술마 먹기 됴흐니라.

겨집 명 계집. 아내. ❶⇔부(婦). ≪朴諺, 中, 17ㅎ≫男兒無婦財無主, 수나희 겨집이 업스면 직믈이 님재 업고. ❷⇔부인(婦人). ≪朴諺, 中, 17ㅎ≫婦人無夫身無主, 겨집이 지아비 업스면 몸이 님재 업다 후누니. ❸⇔혼가(渾家). ≪朴諺, 中, 27ㅎ≫他有兩箇婘(渾)家, 뎨 두 겨집이 이시니.

겨집 명 계집. 여자. ❶⇔낭낭(娘娘). ≪朴諺, 上, 36ㅎ≫皷皺娘娘裏頭睡, 찡긘 겨집이 안히셔 자는 거시여. ❷⇔노파(老婆). ≪朴諺, 上, 34ㅈ≫到處裏養老婆, 간 곳마다 겨집을 어르니. ❸⇔부인(婦人). ≪朴諺, 中, 53ㅎ≫五六箇婦人們坐的縫時, 다엿 겨집들이 안자 지으면. ❹⇔식부(媳婦). ≪朴諺, 上, 32ㅎ≫一箇和尙偸弄別人的媳婦, 혼 즁이 눔의 겨집을 도적후여 어르노라. ≪朴諺, 上, 33ㅎ≫而今沒來由偸別人的媳婦怎麽, 이제 속졀업시 눔의 겨집을 도적홈은 엇디오. ≪朴諺, 上, 34ㅈ≫你再敢偸別人媳婦麽, 네 다시 감히 눔의 겨집 도적홀다. ❺⇔여아(女兒). ≪朴諺, 中, 55ㅈ≫又一箇女兒繳手帕着, 쏘 혼 겨집은 手帕를 마모로되.

격(隔) 동 사이에 두다. 격(隔)하다. ⇔즈음후다. ≪朴諺, 中, 18ㅈ≫隔簾聽笑語燈下看佳人, 발을 즈음후여 笑語를 듣고 燈下에 佳人을 봄이라 후니.

격구(擊毬) 명 예전에 젊은 무관이나 민간의 상류층 청년들이 말을 타거나 걸어 다니면서 구장(毬杖)으로 공을 치던 무예. 또는 그런 운동. 고려(高麗)·조선(朝鮮) 시대에는 무예의 한 과목으로 인정하여 크게 성행하였다. ≪朴諺, 下, 35ㅈ≫却打花房窩兒(集覽, 朴集, 下, 7ㅎ: 花房窩兒. 但本國龍飛御天歌云, 擊毬之法, 或數人, 或十餘人, 分左右以較勝負.), 쏘 花房 굼글 티쟈.

격국(擊鞠) 명 고대 무술 경기의 한 가지. 말을 타고 달리면서 구장(毬杖)으로 공을 쳐서 우열을 가리던 경기이다. ≪朴諺, 下, 35ㅈ≫却打花房窩兒(集覽, 朴集, 下, 7ㅎ: 花房窩兒. 又云擊鞠, 騎而以杖擊也, 黃帝習兵之勢. 或曰起於戰國, 所以練〈鍊〉武士, 因嬉戲而講習之, 猶打毬, 非蹋鞠之戲也.), 쏘 花房 굼글 티쟈.

격기(擊起) 동 공 따위를 높이 쳐 올리다. ≪朴諺, 下, 35ㅈ≫滾子, 방올과. 鷹觜擊起毬兒(集覽, 朴集, 下, 7ㅎ: 擊起毬兒. 質問云, 如人將木圓毬兒打起老高, 便落於窩內, 方言謂之擊起毬兒.), 鷹觜와 擊起毬兒를. ≪朴諺, 下, 35ㅈ≫咱打那一箇窩兒(集覽, 朴集, 下, 7ㅎ: 窩兒. 又一本質問畫毬門架子, 如本國抛毬樂架子. 而云木架子, 其高一丈, 用五色絹結成彩門, 中有圓眼, 擊起毬兒入眼過落窩者勝.), 우리 어닉 혼 굼글 티료. ≪朴諺, 下, 35ㅈ≫咱且打毬門窩兒(集覽, 朴集, 下, 7ㅎ: 毬門窩兒. 質問云, 如打毬兒, 先竪一毬門, 上繫毬窩, 然後將毬打上, 方言謂之毬門窩兒. 又云, 平地窟成圓窩, 擊起毬兒落入窩者勝.)了, 우리 아직 毬門 굼글 티고.

격렴청소어등하간가인(隔簾聽笑語 燈下看佳人) 구 발을 사이에 두고는 우스갯소리를 듣고, 등불 아래에서는 가인(佳

人)을 본다는 뜻. ≪朴諺, 中, 18ㅈ≫隔簾聽笑語燈下看佳人, 발을 즈음ᄒᆞ여 笑語ᄅᆞᆯ 듯고 燈下에 佳人을 봄이라 ᄒᆞ니.

격례(格例) 명 격식으로 되어 있는 관례. ≪朴諺, 上, 42ㅎ≫依體例(集覽, 朴集, 上, 12ㅈ: 體例. 謂官私通行格例曰体禮〈體例〉.)十兩裏一兩家除時, 體例대로 열 량에 ᄒᆞᆫ 냥식 덜면.

격숙(隔宿) 동 하룻밤을 넘기다. ≪朴諺, 下, 32ㅎ≫麻尼汁經卷兒(集覽, 朴集, 下, 6ㅈ: 麻尼汁經卷兒. 飮膳〈饌〉正要云, 白麪一斤, 小油一斤, 小椒一兩炒去汗, 茴香一兩炒. 右件, 隔宿用酵子·塩·減(鹼)·温水一同和麵〈麪〉, 次日入麪, 接肥, 再和成麪, 每斤作二箇入籠蒸.), 춤ᄽᅢ즙 經卷兒와.

격재(擊賫) 동 격재(擊齎). '賫'는 '齎'의 속자. ≪朴諺, 中, 9ㅈ≫相公們別沒擊賫錢粮, 相公들이 각별이 錢粮을 擊賫홈이 업고.

격재(擊齎) 동 탄핵하여 가져가다. ⇔격재ᄒᆞ다(擊齎-). ≪朴諺, 中, 9ㅈ≫相公們別沒擊賫錢粮, 相公들이 각별이 錢粮을 擊賫홈이 업고.

격재ᄒᆞ다(擊齎-) 동 탄핵하여 가져가다. ⇔격재(擊齎). ≪朴諺, 中, 9ㅈ≫相公們別沒擊賫錢粮, 相公들이 각별이 錢粮을 擊賫홈이 업고.

격환(擊丸) 명 원대(元代)에 구장(毬杖)으로 공을 쳐서 우열을 가리던 경기의 한 가지. ≪朴諺, 下, 35ㅈ≫却打花房窩兒(集覽, 朴集, 下, 7ㅎ: 花房窩兒. 毬棒杓兒之制, 一如本國武試毬杖之設, 卽元時擊丸之事.), 또 花房 굼글 티쟈.

견(見) 동 ❶보다. ⇔보다. ≪朴諺, 上, 22ㅈ≫眼下交手便見輸贏(贏), 眼下에 交手ᄒᆞ면 곳 지며 이긔믈 보리라. ≪朴諺, 上, 30ㅎ≫這兩日不見他, 이 두어 날 뎌ᄅᆞᆯ 보디 몯ᄒᆞ니. 你見來麼, 네 보앗ᄂᆞᆫ다. ≪朴諺, 上, 34ㅎ≫咳貴人難見, 애 貴人을 보기 어렵다. ≪朴諺, 上, 50ㅎ≫見孩兒啼哭時, 아히 울믈 보면. ≪朴諺, 上, 52ㅈ≫留下一箇拜貼來見來麼, ᄒᆞᆫ 拜貼을 머므럿더니 보신가. 是小人見來, 올흐니 小人이 보앗노라. ≪朴諺, 上, 64ㅎ≫便見眞假, 곳 眞이며 假ᄅᆞᆯ 보리라. ≪朴諺, 中, 3ㅈ≫大人不見小人過, 大人은 小人의 허믈을 보디 아니ᄒᆞᄂᆞ니라. ≪朴諺, 中, 7ㅎ≫你不見這金字圓牌, 네 이 金字圓牌ᄅᆞᆯ 보디 못ᄒᆞᄂᆞᆫ다. ≪朴諺, 中, 10ㅎ≫見人某, 본 사ᄅᆞᆷ 아모. ≪朴諺, 中, 28ㅈ≫大妻見那般說, 大妻ㅣ 그리 닐옴을 보고. ≪朴諺, 中, 48ㅎ≫娘子見了時聒譟難聽, 娘子ㅣ 보고 짓궤니 듯기 어렵더라. ≪朴諺, 中, 52ㅈ≫年時牢子們走的你見來麼, 젼년에 牢子들희 ᄃᆞ롬질을 네 본다. ≪朴諺, 下, 4ㅈ≫見多少怪物·妖精侵他, 언머 怪物·妖精이 뎌를 침노홈을 보며. ≪朴諺, 下, 11ㅈ≫未見回書, 回書ᄅᆞᆯ 보디 못ᄒᆞ니. ≪朴諺, 下, 14ㅎ≫但早散時實不見早回家, 다믄 일 흣터디되 실로 일즉이 집의 도라오믈 보디 못ᄒᆞ니. ≪朴諺, 下, 18ㅈ≫但見和尙, 믈읫 즁을 보면. ≪朴諺, 下, 28ㅎ≫明日再厮見, ᄂᆡ일 다시 서ᄅᆞ 보ᄂᆞ니라. ≪朴諺, 下, 41ㅎ≫你過來時莭(節)不曾見, 네 디나올 제 일즙 보디 못ᄒᆞᆫ다. 我不曾見, 내 일즙 보디 못ᄒᆞ여시니. ≪朴諺, 下, 55ㅈ≫捉賊見贓, 도적 잡기는 장믈을 보고. ❷봄. 보는 일. ⇔봄. ≪朴諺, 下, 12ㅈ≫勝如見面, ᄂᆞᆺ출 봄도곤 나으리이다. ❸여기다. ⇔너기다. ≪朴諺, 中, 8ㅈ≫相公可憐見, 相公은 어엿비 너기라.

견(肩) 명 어깨. ⇔엇게. ≪朴諺, 下, 22ㅎ≫拿着肩膀彫在裏面, 엇게ᄅᆞᆯ 잡아 안희 드리티라 ᄒᆞ엿더니.

견(牽) 동 이끌다. ❶⇔잇글다. ≪朴諺, 下, 57ㅈ≫牽將來鞴了也, 잇그러 와 기ᄅᆞ마 지어다. ❷⇔잇ᄭᅳᆯ다. ≪朴諺, 上, 39ㅈ≫慢慢的牽將去, 날회여 잇ᄭᅳ러 가.

견(牽) 의 마리. ≪朴諺, 上, 41ㅈ≫十羊十酒(集覽, 朴集, 上, 12ㅈ: 十羊十酒. 羊十

牽, 酒十甁也. 制禮亦隨貴賤異秩〈帙〉, 卽送禮也. 詳見諸司職掌.)裏, 十羊과 十酒를 드리더라.

견(絹) 명 깁. 비단. ⇔깁. ≪朴諺, 上, 43ㅎ≫三尺半白淸水(集覽, 朴集, 上, 12ㅎ: 白淸水絹. 무·리 ·픗〈플〉:긔 ·업·시 다ᄃᆞ·마 :돌호로 미·론 :깁·이·니, 光滑緻硬, 如本國擣砧者也. 卽不用糨粉而鍊〈練〉生絹, 以石碾者.)絹, 석 자 반 제믈엣 깁이야. ≪朴諺, 中, 3ㅎ≫這十箇絹裏, 이 열 필 깁에셔. ≪朴諺, 中, 4ㅈ≫十箇絹練的熟到着, 열 필 깁을 누우기를 닉게 잇긋 ᄒᆞ라. ≪朴諺, 中, 4ㅈ≫五箇大紅絹, 닷 필 다홍 깁은. ≪朴諺, 中, 4ㅈ≫五箇小紅絹, 닷 필 小紅 깁은. ≪朴諺, 中, 27ㅈ≫有一日賣布·絹的過去, ᄒᆞᄅᆞᆫ 布와 깁 ᄑᆞᆯ 리 디나가거늘. ≪朴諺, 中, 27ㅎ≫把那布·絹來都奪了, 뎌 뵈와 깁을 다 앗고.

견방(肩膀) 명 어깨. ⇔엇게. ≪朴諺, 下, 31ㅎ≫三尺寬肩膀, 석 자나 너른 엇게오.

견백(絹帛) 명 깁. 비단. ≪朴諺, 中, 4ㅎ≫你將掾子(集覽, 朴集, 中, 1ㅈ: 掾兒〈子〉. 染家有簿冊一本, 有人求染絹帛者, 必於簿上記其物數及染色, 幷其染直以當契約者, 謂之掾兒.)來我看, 네 掾子를 가져오라 내 보쟈.

견별(甄別) 동 심사하여 가리다. 선별(選別)하다. ≪朴諺, 下, 7ㅎ≫這七月十五日(集覽, 朴集, 下, 2ㅈ: 七月十五日. 道藏經云, 七月十五日, 謂之中元, 地官下降人間, 檢校世人, 甄別善惡, 上告天曹.)是諸佛解夏之日, 七月 十五日은 諸佛 解夏ᄒᆞᄂᆞᆫ 날이라.

견성(見性) 동 〈불〉 모든 망념과 미혹을 버리고 자기 본래의 성품인 자성을 깨달아 알다. ≪朴諺, 上, 65ㅈ≫一箇見性得道的高麗和尙, ᄒᆞᆫ 見性 得道ᄒᆞᆫ 高麗ㅅ 즁.

견양 명 견양(見樣). 본보기. ⇔양아(樣兒). ≪朴諺, 中, 4ㅎ≫假如明日這掾兒上的顔色, 가ᄉᆞ 닉일 이 견양엣 빗체셔.

견조다 동 견주다. ⇔험(驗). ≪朴諺, 下, 5ㅎ≫在墻上驗的正着, 담 우희 견조기를 바로 ᄒᆞ라.

견초다 동 견주다. ⇔비(比). ≪朴諺, 上, 35ㅈ≫比着只一把長短鉸了, 그저 ᄒᆞᆫ 뽐 기릐를 견초와 ᄇᆞ텨.

견활(堅滑) 형 단단하고 매끄럽다. ≪朴諺, 上, 27ㅎ≫指頭來大紫鴉忽(集覽, 朴集, 上, 9ㅎ: 紫鴉忽. 瓓也. 出南番·西番. 性堅滑, 有紅瓓·紫瓓, 亦有淡者, 色明瑩. 有大如指面者, 儘大儘貴.)頂兒, 손싸락 굴긔 紫鴉忽 頂子에.

결(缺) 형 없다. ⇔없다. ≪朴諺, 上, 54ㅈ≫今爲缺錢使用, 이제 돈 ᄡᅳᆯ 것 업ᄉᆞ믈 위ᄒᆞ여.

결(結) 동 ❶(열매가) 열다. 결실(結實)하다. ⇔열다. ≪朴諺, 上, 36ㅈ≫下雨開花刮風結子, 비 오면 곳 픠고 ᄇᆞ람 블면 여름 여ᄂᆞᆫ 거시여. ❷짓다[作]. ⇔짓다. ≪朴諺, 中, 22ㅎ≫結草廬於香山之上, 草廬를 香山 우희 지엇ᄯᅩ다.

결(結) 동 맺다. ❶⇔ᄆᆡᆽ다. ≪朴諺, 上, 43ㅎ≫結裹不出來, ᄆᆡᆺ솖여 내디 못ᄒᆞ리라. ❷⇔ᄆᆡᆽ다. ≪朴諺, 上, 25ㅎ≫江西十分上等眞結綜(棕)帽兒上, 江西 ᄀᆞ쟝 上等에 진짓 綜(棕)으로 ᄆᆡ존 갓 우희. ≪朴諺, 上, 27ㅈ≫攀胷下滴溜着一箇珠兒網盖兒罕荅哈, 가숨거리 아릐 ᄒᆞᆫ 구슬로 망 ᄆᆡ자 씬 罕荅哈를 드리웟더라. ≪朴諺, 上, 28ㅈ≫底下垂下着兩頭靑珠兒結串的駝毛肚帶, 미틔 드리온 거슨 두 머리예 프른 구슬로 ᄆᆡ자 께온 약대 털로 ᄒᆞᆫ 빗대오.

결과(結裹) 동 맺어 꾸미다. ⇔ᄆᆡᆺ솖이다. ≪朴諺, 上, 43ㅎ≫結裹不出來, ᄆᆡᆺ솖여 내디 못ᄒᆞ리라.

결단ᄒᆞ다 동 결단(決斷)하다. ⇔합단(合斷). ≪朴諺, 中, 59ㅈ≫合斷與小人, 결단ᄒᆞ여 小人의게 주엄 즉ᄒᆞ매.

결백(潔白) 형 깨끗하고 희다. ≪朴諺, 上, 4ㅈ≫荔子(集覽, 朴集, 上, 2ㅈ: 荔子. 子作支〈支〉. 荔支〈支〉, 生巴峽間, 形狀團如帷盖, 葉如冬靑, 花如橘, 春榮. 實如丹

夏, 朶如葡萄, 核如枇杷, 殼如紅繒, 膜如紫綃, 瓤肉潔白如冰霜, 漿液甘如醴酪. 如離本枝, 一日色變, 二日香變, 三日味變, 四五日外色·香·味盡〈尽〉變.), 녀지오.

결상식(結相識) 동 벗을 짓(삼)다. ⇔결상식ᄒᆞ다(結相識-). ≪朴諺, 上, 63ㅈ≫咱們結相識知心腹多年了, 우리 結相識ᄒᆞ여 心腹 아란디 여러 ᄒᆡ로ᄃᆡ.

결상식ᄒᆞ다(結相識-) 동 벗을 짓(삼)다. ⇔결상식(結相識). ≪朴諺, 上, 63ㅈ≫咱們結相識知心腹多年了, 우리 結相識ᄒᆞ여 心腹 아란디 여러 ᄒᆡ로ᄃᆡ.

결선편(結線鞭) 명 버드나무로 된 채 끝에 마(麻) 또는 저(苧)나 사(絲)를 오색으로 물들여 잡아 맨 채찍. ≪朴諺, 下, 46ㅎ≫手拿結線鞭(集覽, 朴集, 下, 10ㅈ: 手拿結線鞭. 鞭子用柳枝, 長二尺四寸, 按二十四氣, 上用結子. 立春在孟日用麻, 仲日用苧, 季日用絲, 用五彩色醮染.), 손에 結線鞭을 잡고. ≪朴諺, 下, 47ㅎ≫手拿結線鞭, 손에 結線鞭을 잡고.

결성(結成) 동 엮거나 결합하여 이루다. ≪朴諺, 上, 25ㅎ≫江西十分上等眞結綜(棕)帽兒(集覽, 朴集, 上, 9ㅈ: 結椶帽. 椶, 木名, 高一二丈, 葉如車輪, 旁〈髣〉無枝, 皆萃於木杪. 其下有皮, 重疊裹之, 每皮一匝爲一節〈莭〉, 花黃白色, 結實作房, 如魚子狀, 其皮皆是絲而經緯如織, 傍有細縷, 交相連綴不散. 取其絲理之, 以結成大帽.)上, 江西 ᄀᆞ쟝 上等에 진짓 綜(棕)으로 ᄆᆡᄌᆞᆫ 갓 우희. ≪朴諺, 上, 41ㅈ≫珠鳳冠(集覽, 朴集, 上, 11ㅎ: 珠鳳冠. 音義云, 珠子結成鳳的冠.), 珠鳳冠과. ≪朴諺, 上, 43ㅈ≫諸般絨線砌山子(集覽, 朴集, 上, 12ㅎ: 砌山子. 音義云, 귀·여ᅀᆞ 類·엣 것. 今按, 山子, 卽귀·여ᅀᆞ, 砌, 卽結成之意. 俗呼築城曰砌城, 謂疊石而築成之也.)·吊珠兒的䩦白線, 여러 가지 보ᄃᆞ라온 실과 귀여ᅀᆞ 무오고 진쥬 ᄃᆞᆯ 굴근 흰 실과. ≪朴諺, 下, 35ㅈ≫咱打那一箇窩兒(集覽, 朴集, 下, 7ㅎ: 窩兒. 又一本質問畫毬門架子, 如本國抛毬樂架子. 而云木架子, 其高一丈, 用五色絹結成彩門, 中有圓眼, 擊起毬兒入眼過落窩者勝.), 우리 어ᄂᆡ ᄒᆞᆫ 굼글 티료.

결소(缺少) 동 그쳐지다. 끊어지다. ⇔그쳐디다. ≪集覽, 字解, 單字解, 6ㅈ≫少. 多少. 又欠也. 少甚麽 므스거시 업스뇨. 少債 ᄂᆞᄆᆡ 비들 ᄢᅥ디워 잇다. 又缺也. 缺少口粮 양시기 그쳐디다. ≪集覽, 字解, 單字解, 5ㅈ≫典. 凡人或缺少口粮, 或遇事用錢者, 以物折直, 立限賣與人爲質而求錢取用. 至限償還其直取物而還也. 律條疏議云, 以價易去, 而原價取贖曰典.

결식(結飾) 동 맺고 꾸미다. ≪朴諺, 上, 23ㅈ≫斂些錢做翫月會(集覽, 朴集, 上, 8ㅈ: 翫月會. 東京錄云, 中秋夜, 貴家結飾臺榭, 民間爭占酒樓翫〈玩〉月, 絲簧鼎沸, 近內庭居民, 夜深遙聞笙竽之聲, 宛若雲外天樂, 閭里兒童連宵嬉戲, 夜市駢闐, 至於通曉.), 져기 돈 거두어 翫月會를 ᄒᆞ쟈.

결실(結實) 동 열매를 맺다. ≪朴諺, 上, 25ㅎ≫江西十分上等眞結綜(棕)帽兒(集覽, 朴集, 上, 9ㅈ: 結椶帽. 椶, 木名, 高一二丈, 葉如車輪, 旁〈髣〉無枝, 皆萃於木杪. 其下有皮, 重疊裹之, 每皮一匝爲一節〈莭〉, 花黃白色, 結實作房, 如魚子狀, 其皮皆是絲而經緯如織, 傍有細縷, 交相連綴不散. 取其絲理之, 以結成大帽.)上, 江西 ᄀᆞ쟝 上等에 진짓 綜(棕)으로 ᄆᆡᄌᆞᆫ 갓 우희.

결을ᄒᆞ다 형 한가하다. 한가롭다. ⇔한(閑). ≪朴諺, 中, 49ㅈ≫我生活忙不閑耍, 내 셩녕이 밧바 놀기를 결을티 못ᄒᆞ여라.

결자(結子) 동 맺다. ⇔ᄆᆡᆽ다. ≪朴諺, 上, 28ㅎ≫珠結子的蓋兒野狗尾子罕荅哈, 구슬로 ᄆᆡ자 ᄡᅵᆫ 여ᄋᆞ ᄭᅩ리 罕荅哈ㅣ러라.

결자(結子) 명 매듭. 고. ≪朴諺, 下, 46ㅎ≫手拿結線鞭(集覽, 朴集, 下, 10ㅈ: 手拿結線鞭. 鞭子用柳枝, 長二尺四寸, 按二十四氣, 上用結子. 立春在孟日用麻, 仲日用苧, 季日用絲, 用五彩色醮染.), 손에 結線鞭을 잡고.

결절(決絶) 형 (태도가 매우) 단호(斷乎)하다. 결연(決然)하다. ≪集覽, 字解, 單字解, 3ㅈ≫了. 語助, 去了. 又決絶之意, 了不得. 又了當.

결제(結制) 명 〈불〉 음력 4월 16일 또는 5월 16일에 여름 안거[夏安居]를 시작하는 일. ≪朴諺, 下, 7ㅎ≫這七月十五日是諸佛解夏(集覽, 朴集, 下, 2ㅈ: 解夏. 荊楚歲時記云, 天下僧尼, 於四月十五日, 就禪刹掛搭不出門, 謂之結夏, 亦曰結制.)之日, 七月 十五日은 諸佛 解夏ᄒᆞᄂᆞᆫ 날이라.

결주(結做) 동 짓다. 삼다. 맺다. ⇔짓다. ≪朴諺, 上, 23ㅎ≫結做好弟兄時如何, ᄆᆞ옴 됴흔 弟兄을 지음이 엇더ᄒᆞ뇨. ≪朴諺, 上, 23ㅎ≫結做弟兄時不中, 弟兄 지음이 맛당티 아니ᄒᆞ니.

결직(結織) 동 짜다[織]. ⇔ᄧᆞ다. ≪朴諺, 上, 14ㅎ≫經·緯合線結織, ᄡᅵ·놀을 合線ᄒᆞ여 ᄧᆞ시니.

결집(結集) 명 〈불〉 석가모니가 죽은 뒤에 제자들이 모여 스승의 가르침을 집대성하여 경전을 만들던 일. ≪朴諺, 下, 3ㅈ≫往常唐三藏(集覽, 朴集, 下, 1ㅈ: 唐三藏法師〈三藏〉. 三藏, 經一藏, 律一藏, 論一藏. 曰脩多羅, 卽阿難聖衆結集爲經. 曰毗奈耶, 一曰毗尼, 卽優波尊者結集爲律. 曰阿毗曇, 卽諸大菩薩衍而爲論.)師傅, 뎌적의 唐ㅅ 三藏 師傅ㅣ.

결채(結彩) 명 경축할 일이 있을 때 문이나 지붕 위에 여러 빛깔의 색실·종이·헝겊 따위를 내다 걸어 아름답게 장식하던 일. ≪朴諺, 下, 42ㅎ≫賃魂車(集覽, 朴集, 下, 9ㅈ: 魂車. 作小腰輿, 以黃絹結爲流蘇垂飾〈餙〉, 如本國結彩之施, 以貯魂〈寃〉帛, 爲前導.), 魂車와.

결하(結夏) 명 〈불〉 음력 4월 16일 또는 5월 16일에 여름 안거[夏安居]를 시작하는 일. ≪朴諺, 下, 7ㅎ≫這七月十五日是諸佛解夏(集覽, 朴集, 下, 2ㅈ: 解夏. 荊楚歲時記云, 天下僧尼, 於四月十五日, 就禪刹掛搭不出門, 謂之結夏, 亦曰結制.)之日, 七月 十五日은 諸佛 解夏ᄒᆞᄂᆞᆫ 날이라.

겸비(兼俻) 동 겸비(兼備). '俻'는 '備'의 속자. ≪朴諺, 下, 50ㅎ≫彈一曲流水高山(集覽, 朴集, 下, 11ㅈ: 流水高山. 孔子曰, 仁者樂山, 智者樂水. 子期嘆伯牙仁智兼俻.), 一曲 流水高山을 ᄠᅳ며.

겸비(兼備) 동 두루 갖추다. ≪集覽, 字解, 單字解, 5ㅈ≫該. 備也·載也·當也·屬也·合也·管也·攝也. 有此數意, 而俗用兼備於一處者有之. ≪朴諺, 下, 50ㅎ≫彈一曲流水高山(集覽, 朴集, 下, 11ㅈ: 流水高山. 孔子曰, 仁者樂山, 智者樂水. 子期嘆伯牙仁智兼俻.), 一曲 流水高山을 ᄠᅳ며.

겸양(謙讓) 동 겸양하다. (남에게 양보하거나 사양하다) ⇔겸양ᄒᆞ다. ≪朴諺, 下, 61ㅎ≫何須謙讓, 엇디 모로미 겸양ᄒᆞᄂᆞ뇨.

겸양ᄒᆞ다 동 겸양(謙讓)하다. (남에게 양보하거나 사양하다) ⇔겸양(謙讓). ≪朴諺, 下, 61ㅎ≫何須謙讓, 엇디 모로미 겸양ᄒᆞᄂᆞ뇨.

겸자(鉗子) 명 집게. ⇔집게. ≪朴諺, 下, 29ㅎ≫鐵鎚, 마치. 鉗子, 집게. 鐵枕, 모로. 鍋兒, 도관.

겯ㅌ 명 곁. 옆. ⇔방변(傍邊). ≪朴諺, 上, 28ㅈ≫傍邉揷孔雀翎兒, 겯틔 孔雀의 짓촐 고잣고.

경 명 〈불〉 경(磬)쇠. 놋으로 주발과 같이 만들어, 복판에 구멍을 뚫고 자루를 달아 노루 뿔 따위로 쳐 소리를 내는 불전 기구. ⇔경(磬). ≪朴諺, 下, 42ㅈ≫擂皷撞磬, 붑 티며 경 티고.

경(京) 명 서울. ⇔셔울. ≪朴諺, 上, 31ㅈ≫他京裏臨起身時莭(節), 뎌 셔울셔 起身홀 ᄢᅢ에 臨ᄒᆞ여.

경(亰) 명 경(京). '亰'은 '京'의 속자. ≪朴諺, 上, 31ㅈ≫他亰裏臨起身時莭(節), 뎌 셔울셔 起身홀 ᄢᅢ에 臨ᄒᆞ여.

경(挳) 동 꽂다. ⇔곶다. ≪朴諺, 上, 53ㅈ≫官裏前面挳柳(集覽, 朴集, 上, 14ㅈ: 钊〈挳〉柳. 質問云, 端午節日, 赴敎場內, 將

三枝柳植之三處, 走馬射之. 歲時樂事記云, 武士軍校褙柳于擊場. 今按, 褙字, 卽㓡音, 而㓡字韻〈韵〉書不着〈著〉, 唯免疑雜韻〈韵〉內音乍, 卽與揷字音意同. 總龜〈総亀〉云, 端午日, 武士射柳爲閗(鬥)力之戲, 各料强弱相敵. 〈此作揑恐誤〉.)射弓的多有, 황뎨 앏희셔 버들 곳고 활 쏘ᄂᆞ니 만히 이시니.

경(景) 명 경치. 경관(景觀). 풍경. ≪朴諺, 上, 59ㅎ≫揮使你曾到西湖景來麽, 揮使ㅣ아 네 일즙 西湖ㅅ 景에 갓든다.

경(硬) 부 구태여. 억지로. 무리하게. ❶⇔굿ᄐᆞ여. ≪朴諺, 上, 22ㅎ≫硬道是着麽, 굿ᄐᆞ여 이리 닐을다. ❷⇔굿힉여. ≪朴諺, 中, 57ㅈ≫硬道是這們, 굿힉여 이리 니ᄅᆞᆯ다.

경(硬) 형 세다. 딱딱하다. ⇔세다. ≪朴諺, 下, 44ㅈ≫硬了也不中喫, 세여도 먹기 맛당티 아니ᄒᆞ니.

경(傾) 동 ❶기울이다. ⇔기우리다. ≪朴諺, 中, 22ㅎ≫傾甘露於瓶中濟險途於飢渴, 甘露ᄅᆞᆯ 瓶中에 기우려 險途를 飢渴에 구졔ᄒᆞᄂᆞᆺ다. ❷녹이다. 용해시키다. ⇔디우다. ≪朴諺, 上, 30ㅈ≫每一兩傾(集覽, 朴集, 上, 8ㅈ: 傾銀. 質問云, 將碎銀子與銀匠, 化了傾成整錠.)白臉(集覽, 朴集, 上, 8ㅈ: 白臉. 質問云, 將好銀子與銀匠, 化了傾成細絲雪白錠兒. 又有光色好看, 卽十成銀也.)銀子出一錢裏, 每 ᄒᆞᆫ 냥에 白臉銀을 디워 ᄆᆡᆫ들려 ᄒᆞ면 ᄒᆞᆫ 돈을 내리라.

경(敬) 동 공경(恭敬)하다. ❶⇔경ᄒᆞ다(敬-). ≪朴諺, 下, 9ㅎ≫入寺敬三寶, 뎔에 드러ᄂᆞᆫ 三寶ᄅᆞᆯ 敬ᄒᆞ고. ≪朴諺, 下, 18ㅈ≫見國王敬佛法, 國王의 佛法 敬호믈 보고. ≪朴諺, 下, 24ㅎ≫越敬佛門, 더옥 佛門을 敬ᄒᆞ여. ❷⇔공경ᄒᆞ다. ≪朴諺, 中, 31ㅈ≫他敬我五分刺(刺), 뎌 날을 五分을 공경ᄒᆞ면. 我也敬他十分, 나도 뎌ᄅᆞᆯ 十分을 공경ᄒᆞ고. 他敬我一分時, 뎌 날을 一分을 공경ᄒᆞ면. 我敬他五分, 나ᄂᆞᆫ 뎌ᄅᆞᆯ 五分을 공경ᄒᆞ리라. ≪朴諺, 中, 31ㅎ≫他不敬我時, 뎌 날을 공경티 아니ᄒᆞ면. ≪朴諺, 中, 31ㅎ≫我敬他甚麽屁, 내 뎌ᄅᆞᆯ 므슴 밋티나 공경ᄒᆞ랴.

경(經) 동 지내다. 겪다. ⇔디내다. ≪朴諺, 上, 34ㅎ≫一年經蛇咬三年怕井繩, ᄒᆞᆫ ᄒᆡᄅᆞᆯ ᄇᆡ얌 믈려 디내면 三年을 드렛줄도 접퍼ᄒᆞᆫ다 ᄒᆞ니라. ≪朴諺, 下, 3ㅎ≫經多少風寒暑濕, 언머 風寒과 暑濕을 디내며.

경(經) 명 〈불〉 ❶경장(經藏). 삼장(三藏)의 하나. 불경을 이르는 말로, 불경 속에는 사물의 도리와 진리가 포함되어 있다는 뜻이다. ≪朴諺, 下, 3ㅈ≫往常唐三藏(集覽, 朴集, 下, 1ㅈ: 唐三藏法師〈三蔵〉. 三藏, 經一藏, 律一藏, 論一藏. 曰脩多羅, 卽阿難聖衆結集爲經. 曰毗奈耶, 一曰毗尼, 卽優波尊者結集爲律. 曰阿毗曇, 卽諸大菩薩衍而爲論.)師傅, 뎌적의 唐ㅅ 三藏師傅ㅣ. ≪朴諺, 下, 3ㅈ≫西天取經去(集覽, 朴集, 下, 1ㅈ: 西天取經去. 西遊記云, 昔釋迦牟尼佛在西天靈山雷音寺, 撰成經·律·論三藏金經, 須送東土, 解度郡〈羣〉迷. 問諸菩薩, 往東土尋取經人來.)時莭(節), 西天의 經 가질라 갈 제. ❷불경(佛經). ≪朴諺, 下, 3ㅈ≫西天取經去(集覽, 朴集, 下, 1ㅈ: 西天取經去. 西遊記云, 昔釋迦牟尼佛在西天靈山雷音寺, 撰成經·律·論三藏金經, 須送東土, 解度郡〈羣〉迷. 問諸菩薩, 往東土尋取經人來.)時莭(節), 西天의 經 가질라 갈 제. ≪朴諺, 下, 4ㅎ≫到西天取將經來, 西天의 가 經을 가져와. ≪朴諺, 下, 42ㅈ≫念經念佛, 經을 념ᄒᆞ고 佛을 념ᄒᆞ야.

경(經) 명 날. 날실. ⇔놀. ≪朴諺, 上, 14ㅎ≫經·緯合線結織, ᄡᅵ·놀을 合線ᄒᆞ여 ᄧᅡ시니.

경(輕) 부 경(輕)히. 가볍게. ⇔경히. ≪朴諺, 中, 8ㅈ≫這厮們打的輕, 이 놈들을 티기ᄅᆞᆯ 경히 ᄒᆞ면.

경(慶) 동 경하(慶賀)하다. ⇔경하ᄒᆞ다. ≪朴諺, 上, 51ㅈ≫親戚們都來慶, 親戚들히

다 와 경하ᄒᆞᄂᆞ니라.

경(慶) 명 경사(慶事). ≪朴諺, 中, 23ㅎ≫ 百姓有安祥之慶, 百姓이 安祥ᄒᆞᆫ 慶이 잇도다.

경(磬) 명 〈불〉 경(磬)쇠. 놋으로 주발과 같이 만들어, 복판에 구멍을 뚫고 자루를 달아 노루 뿔 따위로 쳐 소리를 내는 불전 기구. ⇔경. ≪朴諺, 下, 42ㅈ≫擂皷撞磬, 붑 티며 경 티고.

경(擎) 동 받치다. 받쳐 들다. ⇔바티다. ≪朴諺, 下, 31ㅎ≫這的擎天白玉柱, 이는 하ᄂᆞᆯ을 바텨ᄂᆞᆫ 白玉柱ㅣ오.

경고(更鼓) 명 초경(初更)·이경·삼경·사경·오경으로 나눈 밤의 시간을 알리기 위하여 치던 북. ≪朴諺, 中, 5ㅈ≫站家擂皷(集覽, 朴集, 中, 1ㅈ: 站家擂鼓. 舘驛門上皆設更鼓〈皷〉之樓, 凡使客入門必擊其鼓〈皷〉, 招集人衆, 應辦事務.), 站에셔 붑 티니. ≪朴諺, 下, 7ㅈ≫你去更皷樓北邉王舍家裏, 네 更皷樓 北邉 王舍의 집의 가.

경고루(更鼓樓) 명 경고(更鼓)를 달아 놓는 누. ≪朴諺, 下, 7ㅈ≫你去更皷樓北邉王舍家裏, 네 更皷樓 北邉 王舍의 집의 가.

경과(經過) 동 (장소·시간·동작 등이) 지나다. 경과(經過)하다. ≪朴諺, 中, 5ㅎ≫分例支應(集覽, 朴集, 中, 1ㅈ: 分例支應. 元制, 正官一員, 一日宿頓, 該支〈支〉米一升, 麵一斤, 羊肉一斤, 酒一升, 柴一束, 經過減半, 從人一名, 止支〈支〉米一升, 經過減半. 今制, 正官一員, 一日經過, 米三升, 宿頓五升, 從人一名, 經過二升, 宿頓三升. 漢俗今云行三坐五.), 分例로 支應ᄒᆞ라. ≪朴諺, 下, 17ㅈ≫唐三藏引孫行者(集覽, 朴集, 下, 4ㅈ: 孫行者. 大聖被執當死, 觀音上請于玉帝, 免死. 令巨靈神押大聖前往下方去, 乃於花菓山石縫內納身, 下截畫如來押字封着, 使山神·土地神鎭守. 飢食鉄〈鐵〉丸, 渴飮銅汁, 待我往東土尋取經之人, 經過此山, 觀大聖, 肯隨往西天, 則此時可放.), 唐三藏이 孫行者ᄅᆞᆯ ᄃᆞ리고.

경관(經關) 동 아직 거치지 아니하다. 아직 …하지 못하다. ≪朴諺, 下, 17ㅈ≫唐三藏引孫行者(集覽, 朴集, 下, 4ㅈ: 孫行者. 行者, 僧未經關給度牒者, 謂之僧行, 亦曰行者.), 唐三藏이 孫行者ᄅᆞᆯ ᄃᆞ리고.

경괴(瓊瓌) 명 옥(玉)에 버금가는 아름다운 돌. ≪朴諺, 中, 23ㅈ≫身瑩瓊瓌(集覽, 朴集, 中, 6ㅈ: 身瑩瓊瓌. 瑩, 玉色潔也. 瓊瓌, 石次玉者也.), 몸은 瓊瓌ㅣ ᄀᆞ티 ᄆᆞᆰ고.

경권(擎拳) 동 공수(拱手)하다. (두 손을 앞으로 모아 포개어 잡다) ≪朴諺, 下, 9ㅈ≫箇箇擎拳合掌(集覽, 朴集, 下, 2ㅎ: 擎拳合掌. 飜譯名義云, 此方以拱手爲恭, 外國以合掌爲敬. 手本二邊, 今合爲一, 表不散誕, 專主一心. 西域記云, 致敬之式, 其儀九等, 四曰合掌平拱.), 낫낫치 擎拳合掌ᄒᆞ야.

경권아(經卷兒) 명 밀가루에 기름·산초(山椒)·회향(茴香)을 넣어 버무린 뒤 효모(酵母)를 넣고 발효시켜 찐 음식. ≪朴諺, 下, 32ㅎ≫麻尼汁經卷兒(集覽, 朴集, 下, 6ㅈ: 麻尼汁經卷兒. 飮膳〈饌〉正要云, 白麪一斤, 小油一斤, 小椒一兩炒去汗, 茴香一兩炒. 右件, 隔宿用酵子·塩·減(鹹)·溫水一同和麵〈麪〉, 次日入麪, 接肥, 再和成麪, 每斤作二箇入籠蒸. 麻, 卽脂麻也. 搗脂麻爲汁, 如稀泥然, 故曰麻尼汁. 尼, 作泥是.), ᄎᆞᆷᄭᆡ즙 經卷兒와.

경권합장(擎拳合掌) 동 공수(拱手)하고 합장(合掌)하여 예(禮)를 행하다. ≪朴諺, 下, 9ㅈ≫箇箇擎拳合掌(集覽, 朴集, 下, 2ㅎ: 擎拳合掌. 飜譯名義云, 此方以拱手爲恭, 外國以合掌爲敬. 手本二邊, 今合爲一, 表不散誕, 專主一心. 西域記云, 致敬之式, 其儀九等, 四曰合掌平拱.), 낫낫치 擎拳 合掌ᄒᆞ야.

경기(京圻) 명 경기(京畿). '圻'는 '畿'와 같다. ≪朴諺, 上, 64ㅈ≫這的是眞陝(陜)西(集覽, 朴集, 上, 15ㅎ: 陝(陜)西. 古雍州

地, 漢所都長安之地. 唐置京圻〈畿〉道, 宋置陝(陜)西路, 元置陝(陜)西行中書省, 今置陝(陜)西布政使司〈司使〉.)地面裏來的, 이거시 이 진짓 陝(陜)西 짜흐로셔 온 거시로다.

경기(京畿) 명 수도(首都) 및 그 주변 지역. 예전에는 수도의 사방 1천 리 지역을 이르던 말이었다. ≪朴諺, 上, 64ㅈ≫這的是眞陝(陜)西(集覽, 朴集, 上, 15ㅎ: 陝(陜)西. 古雍州地, 漢所都長安之地. 唐置京圻〈畿〉道, 宋置陝(陜)西路, 元置陝(陜)西行中書省, 今置陝(陜)西布政使司〈司使〉.)地面裏來的, 이거시 이 진짓 陝(陜)西 짜흐로셔 온 거시로다.

경대면(經帶麵) 명 칼국수. ⇔칼국슈. ≪朴諺, 下, 32ㅎ≫水滑經帶麵, 제믈엣 칼국슈와. ≪林園十六志, 鼎俎志 2, 炊餾之類, 麵≫經帶麵方. 頭白麪二斤, 減一兩, 塩二兩硏細, 新汲水破開和搜, 比捍麪劑微軟, 以拗棒拗百餘下, 停一時間許, 再拗百餘下, 捍至極薄, 切如經帶樣, 滾湯下候熟, 入凉水拔汁任意.

경도(京都) 명 서울. 수도. ⇔셔울. ≪朴諺, 上, 48ㅈ≫京都駕幾時起, 셔울 대개 언제 긔동ᄒᆞ실러뇨. ≪朴諺, 上, 48ㅈ≫京都也沒甚麽買賣, 셔울도 아ᄆᆞ란 買賣ㅣ 홀 거시 업드라. ≪朴諺, 中, 38ㅎ≫京都在城黃華坊住人朱玉, 셔울 셩 안 黃華坊에셔 사는 사ᄅᆞᆷ 朱玉이. ≪朴諺, 下, 45ㅈ≫宋舍看打春(集覽, 朴集, 下, 9ㅎ: 打春. 音義云, 如今北京迎春時, 唯牛芒而已. 在前只有府縣官員, 幷師生耆老引赴順天府, 候春至之時. 此節〈莭〉皆杭州所行, 非京都之事.)去來, 宋개아 닙츈 노롯ᄒᆞᄂᆞᆫ 양 보라 가쟈.

경동(驚動) 동 놀라서 움직이다. ≪朴諺, 下, 18ㅈ≫外名喚燒金子道人(集覽, 朴集, 下, 4ㅈ: 燒金子道人. 西遊記云, 有一先生到車遲國, 吹口氣以磚瓦皆化爲金, 驚動國王, 拜爲國師, 號伯眼大仙.), 外名은 燒金子道人이라 브ᄅᆞᄂᆞ니.

경량전(景凉殿) 명 중국 서호(西湖)에 있던 전각 이름. ≪朴諺, 中, 52ㅎ≫上位在西湖景凉殿裏坐的看, 上位ㅣ 西湖 景凉殿에 안자 보시더라.

경력(經歷) 명 벼슬 이름. 문서의 출납을 관장하였다. ≪朴諺, 中, 46ㅈ≫你却不道首領官(集覽, 朴集, 中, 8ㅈ: 首領官. 今宗人府經歷爲首領官, 六部主事爲首領官之類, 然未詳取義. 但各衙門有首領官, 如有司之任, 主出納一司公事.)署了卷廳上不曾押裏, 네 쏘 首領官은 권에 일홈두고 廳上이 일즙 슈례두디 아녓다 니ᄅᆞ디 아니ᄒᆞ던다.

경로(徑路) 명 지름길. 또는 오솔길. ≪朴諺, 上, 33ㅎ≫歸佛敬法看經(集覽, 朴集, 上, 10ㅈ: 經. 般若經序云, 經者, 徑也. 是成佛之徑路.)念佛也好, 歸佛 敬法ᄒᆞ며 看經·念佛홈이 됴커늘.

경론(經論) 명 〈불〉 삼장(三藏) 가운데 경장(經藏)과 논장(論藏). ≪朴諺, 下, 9ㅎ≫不信佛法不聽經論, 佛法을 밋디 아니ᄒᆞ고 經論을 듯디 아니ᄒᆞ니.

경룡(景龍) 명 당(唐)나라 중종(中宗: 李顯)의 연호(707~710). ≪朴諺, 中, 22ㅈ≫起浮屠於泗水之間(集覽, 朴集, 中, 5ㅈ: 起浮屠於泗水之間. 中宗聞名, 遣使迎師, 居薦福寺, 頂上有一穴, 以絮窒之, 夜則去絮, 香從頂穴中出, 非常芬馥. 及曉, 香還頂中, 又以絮窒之. 景龍四年, 端立而終.), 浮屠를 泗水ㅅ ᄉᆞ이에 니ᄅᆞ혀고.

경률론(經律論) 명 〈불〉 삼장(三藏). 곧, 경장(經藏)·율장(律藏)·논장(論藏)의 세 가지 불서(佛書)를 통틀어 이르는 말. ≪朴諺, 下, 8ㅎ≫經律論(集覽, 朴集, 下, 2ㅎ: 經律論. 解見三藏法師下.)皆通, 經律論을 다 通ᄒᆞ니.

경면(硬麵) 명 기름을 넣지 않고 소량의 찬물을 넣어 만든 밀가루 반죽. ≪朴諺, 下, 33ㅎ≫硬麵燒餠(集覽, 朴集, 下, 7ㅈ: 硬麵燒餠. 質問云, 此不用油, 徒以冷水和麵〈糆〉烙熟.)都有, 硬麪으로 ᄒᆞᆫ 쇼병이

다 잇다.

경면소병(硬麵燒餠) 명 경면(硬麵)을 구어 만든 떡. ≪朴諺, 下, 33ㅎ≫硬麵燒餠(集覽, 朴集, 下, 7ㅈ: 硬麵燒餠. 質問云, 此不用油, 徒以冷水和麵〈麪〉烙熟.)都有, 硬麪으로 흔 쇼병이 다 잇다.

경묘(輕妙) 부 경쾌하고 묘하게. ⇔경묘히(輕妙-). ≪朴諺, 上, 15ㅈ≫粱兒·東兒打的輕妙着, 무른쇠와 뭇금싀(쇠)를 민들기를 輕妙히 흐고.

경묘히(輕妙-) 부 경쾌하고 묘하게. ⇔경묘(輕妙). ≪朴諺, 上, 15ㅈ≫粱兒·東兒打的輕妙着, 무른쇠와 뭇금싀(쇠)를 민들기를 輕妙히 흐고.

경문(景文) 명 송(宋)나라 송기(宋祁)의 시호(諡號). ≪朴諺, 上, 41ㅎ≫第三日做圓飯筵席(集覽, 朴集, 上, 12ㅈ: 圓飯筵席. 邵氏聞見錄, 宋景文公納子婦, 其婦家饋食.)了時, 第三日에 圓飯 이바디흐면.

경문(經文) 명 〈불〉 불경(佛經)의 문구. ≪朴諺, 中, 20ㅎ≫理圓四德(集覽, 朴集, 中, 4ㅈ: 理圓四德. 大抵梵語, 經文釋義不一, 今不煩鮮.), 理는 四德에 ᄀ잣고.

경방(經邦) 동 나라를 다스리다. ≪朴諺, 下, 48ㅎ≫太保(集覽, 朴集, 下, 10ㅎ: 太師太保. 元以太師·太傅·太保爲三師, 以太尉·司徒·司空爲三公. 漢·唐舊〈旧〉制也. 三師, 師〈ヒ〉範一人, 儀刑四海, 三公, 論道經邦, 爕理陰陽.)家的, 太保ㅅ 집.

경법(敬法) 동 불법(佛法)을 존중하다. ≪朴諺, 上, 33ㅎ≫歸佛敬法看經念佛也好, 歸佛 敬法흐며 看經·念佛홈이 됴커늘.

경부(耕夫) 명 농부(農夫). ≪朴諺, 下, 45ㅈ≫宋舍看打春(集覽, 朴集, 下, 9ㅎ: 打春. 東京夢華錄云, 立春前五日, 造土牛·耕夫·犁具, 前一日順天府進農牛入禁中鞭春, 府縣官吏·士庶·耆社, 具鼓樂出東郊迎春, 牛芒神至府前, 各安方位.)去來, 宋개아 닙춘 노롯흐는 양 보라 가자.

경사(京師) 명 서울. 수도. ≪朴諺, 上, 8ㅎ≫往永平(集覽, 朴集, 上, 4ㅈ: 永平. 洪武二年, 改永平府屬北平布政司, 北平卽燕都, 永樂都燕京, 以此直隷京師.)·大寧·遼陽·開元·瀋陽等處開去, 永平·大寧·遼陽·開元·瀋陽 等處를 항흐여 開讀흐라 가노라. ≪朴諺, 上, 12ㅈ≫平則門離這廣豊倉(集覽, 朴集, 上, 5ㅎ: 廣豐倉. 質問云, 在京師, 收天下米粮處也.)二十里地, 平則門이 이 廣豊倉에셔 뽐이 二十里 짜히니. ≪朴諺, 上, 18ㅈ≫是抅欄(集覽, 朴集, 上, 6ㅎ: 抅欄. 今按, 北京有東抅欄·西抅欄. 俗謂宿娼者曰院裏走. 質問云, 是京師樂工住處.)衚衕裏帶匠夏五廂的, 이 抅欄 골 띄장이 夏五ㅣ 견메웟느니라. ≪朴諺, 下, 38ㅈ≫除在南京應天府丞(集覽, 朴集, 下, 8ㅎ: 南京應天府丞. 南京, 古金陵之地, 吳·晉·宋·齊·梁·陳·南唐建都, 大明太祖定鼎於此, 爲京師, 設應天府, 以燕京爲北平布政司.), 南京 應天府丞을 除흐엿느니라. ≪朴諺, 下, 39ㅎ≫是眞定(集覽, 朴集, 下, 9ㅈ: 眞定. 禹貢冀州之域, 周爲幷州地, 秦爲鉅鹿郡, 漢置恒山郡, 元爲眞定路, 今爲眞定府, 直隷京師.)人, 이 眞定 사름이라.

경사(經事) 동 일을 경험하다. 곧, 처녀를 상실하다. ≪朴諺, 下, 29ㅈ≫你打饋我一箇立鼈兒, 네 날을 흔 立鼈兒와. 一箇蝦蟆·鼈兒和蝎虎(集覽, 朴集, 下, 5ㅈ: 蠍〈蝎〉虎. 五月五日捕其生者, 飼以朱砂, 明年端午搗〈擣〉之, 點宮人臂上, 經事則消, 否則雖死不改, 故名曰守宮. 漢武帝嘗試之, 果驗, 常捕全蠍食之, 故名蠍虎.)盞兒, 흔 蝦蟆鼈兒와 蝎虎盞을 민드라 주고려.

경사팔경(京師八景) 명 북경(北京)의 여덟 곳의 명승지. 곧, 계문연수(薊門烟樹)·금대석조(金臺夕照)·태액청파(太液晴波)·경도춘음(瓊島春陰)·옥천수홍(玉泉垂虹)·서산제설(西山霽雪)·노구효월(盧溝曉月)·거용첩취(居庸疊翠). ≪朴諺, 中, 20ㅈ≫將二兩銀到西山(集覽, 朴集, 中, 3ㅎ: 西山. 在順天府西三十里太行山首, 始于

河內, 北至幽州, 强形鉅勢, 爭奇擁翠, 雲聳星拱于皇都之右. 每大雪初霽, 千峯萬壑〈砮〉, 積素凝華, 若圖畫然, 爲京師八景之一, 曰西山霽雪. 今見北京西城外有山一座, 卽是.)裏, 두 냥 은을 가지고 西山에 가.

경상(慶尙) 명 경상도(慶尙道). ≪朴諺, 中, 12ㅎ≫今年那裏慶尙·全羅·黃海·忠清·江原各道裏, 올히 뎌긔 慶尙·全羅·黃海·忠清·江原 各 道에.

경성(京城) 명 서울. 수도. ≪朴諺, 上, 2ㅈ≫酒京城槽房雖然多, 술은 京城에 술집이 비록 만흐나. ≪朴諺, 中, 52ㅈ≫你今年怎麽京城不曾去, 네 올히 엇디 京城에 일즙 가디 아니흔다.

경성(傾城) 명 성 전체. 온 성. ≪朴諺, 上, 59ㅈ≫寒食(集覽, 朴集, 上, 14ㅎ: 寒食. 東京錄云, 唐明皇詔寒食上墓, 近代相承, 皆用此日拜掃丘墓, 都人傾城出郊, 四野如芳市〈四野如市〉, 樹之下〈芳尌之下〉, 園圃之間, 羅列杯〈盃〉盤, 抵暮而歸.)不遲, 寒食이라도 더듸디 아니타 흐느니라. ≪朴諺, 下, 49ㅈ≫好女不看燈(集覽, 朴集, 下, 11ㅈ: 好女不看燈. 今漢俗, 上元夜行過三橋, 則一年度厄, 謂之過橋. 傾城士女, 夜遊徹明, 頗有穢聲.), 好女는 看燈 아니흔다 흐느니라.

경수사(慶壽寺) 명 중국 순천부(順天府) 남서쪽에 있었다. 절 안에 비홍(飛虹)·비도(飛渡)의 두 다리가 있는데, 돌에 새긴 여섯 글자는 금(金)나라 장종(章宗)의 필체라고 한다. 정통(正統) 연간에 중건(重建)하고 대흥륭사(大興隆寺)라 사액(賜額)하였다. ≪朴諺, 下, 8ㅈ≫慶壽寺(集覽, 朴集, 下, 2ㅎ: 慶壽寺. 一統志云, 在順天府西南, 內有飛虹·飛渡二橋, 石刻六大字, 極遵勁. 相傳金章宗所書. 又有金學士李晏碑文, 正統間重建, 賜額大興隆寺, 僧錄司在焉.)裏爲諸亡靈, 慶壽寺에셔 모든 亡靈을 위흐여.

경아(驚訝) 동 놀라다. 의아해 하다. ≪集覽, 字解, 單字解, 2ㅈ≫嗳. 五音集韻, 烏盖切, 氣也. 今呼驚訝之聲曰嗳, 借用爲字也. 考韻書作欸是.

경안(輕安) 형 몸이 가볍고 편안하다. 곧, 건강하다. ⇔경안흐다(輕安-). ≪朴諺, 中, 22ㅎ≫執楊柳於掌內拂病體於輕安(集覽, 朴集, 中, 5ㅎ: 執楊柳於掌內拂病體於輕安. 佛圖澄, 天竺〈竺〉人也. 妙通玄術, 善誦呪, 能役使鬼神. 石勒聞其名, 召試其術, 澄取鉢盛水, 燒香呪之, 須臾, 鉢中生青蓮花. 勒愛子暴病死, 澄又取楊枝沾水, 洒而呪之, 遂蘇. 自後凡謝僧醫病曰辱沾楊枝之水.), 楊柳를 손에 잡아 病體를 輕安흔듸 떨티고.

경안흐다(輕安-) 형 몸이 가볍고 편안하다. 곧, 건강하다. ⇔경안(輕安). ≪朴諺, 中, 22ㅎ≫執楊柳於掌內拂病體於輕安(集覽, 朴集, 中, 5ㅎ: 執楊柳於掌內拂病體於輕安. 佛圖澄, 天竺〈竺〉人也. 妙通玄術, 善誦呪, 能役使鬼神. 石勒聞其名, 召試其術, 澄取鉢盛水, 燒香呪之, 須臾, 鉢中生青蓮花. 勒愛子暴病死, 澄又取楊枝沾水, 洒而呪之, 遂蘇. 自後凡謝僧醫病曰辱沾楊枝之水.), 楊柳를 손에 잡아 病體를 輕安흔듸 떨티고.

경위(經緯) 명 날과 씨. 날실과 씨실. ⇔씨늘. ≪朴諺, 上, 14ㅎ≫經·緯合線結織, 씨·늘을 合線흐여 짜시니. ≪朴諺, 上, 25ㅎ≫江西十分上等眞結綜(棕)帽兒(集覽, 朴集, 上, 9ㅈ: 結椶帽. 椶, 木名, 高一二丈, 葉如車輪, 旁〈旁〉無枝, 皆萃於木杪. 其下有皮, 重疊裹之, 每皮一匝爲一節〈莭〉, 花黃白色, 結實作房, 如魚子狀, 其皮皆是絲而經緯如織, 傍有細縷, 交相連綴不散. 取其絲理之, 以結成大帽.)上, 江西 ㄱ장 上等에 진짓 綜(棕)으로 믹준 갓우희.

경은(傾銀) 동 은 조각을 은장(銀匠)에게 주어 녹여 만든 말굽은. ≪朴諺, 上, 30ㅈ≫每一兩傾(集覽, 朴集, 上, 8ㅈ: 傾銀. 質問云, 將碎銀子與銀匠, 化了傾成整錠.)

白臉銀子出一錢裏, 每 흔 냥에 白臉銀을 디워 믿들려 흐면 흔 돈을 내리라.

경조부(京兆府) 명 당(唐)나라 개원(開元) 3년(715)에 경조군(京兆郡)을 고친 이름. 송·금대(宋金代)에도 그대로 따랐다. ≪朴諺, 下, 3ㅈ≫西天取經去(集覽, 朴集, 下, 1ㅈ: 西天取經去. 乃以西天去東土十萬八千里之程, 妖恠〈怪〉又多, 諸衆不敢輕諾. 唯南海落伽〈迦〉山觀世音菩薩, 騰雲駕霧往東土去, 遙見長安京兆府, 一道瑞氣衝天, 觀音化作老僧入城.)時莭(節), 西天의 經 가질라 갈 제.

경중(敬重) 동 공경하여 소중히 여기다. ⇔경중흐다(敬重-). ≪朴諺, 下, 10ㅈ≫到家裏敬重父母, 집의 가는 父母를 敬重흐누니.

경중(輕重) 명 가벼움과 무거움. 또는 그러한 정도. ≪朴諺, 上, 48ㅈ≫今年錢鈔(集覽, 朴集, 上, 13ㅈ: 錢鈔. 錢者, 金帛之名. 古曰泉, 後鑄而曰錢. 古者天降災戾, 於是乎量資幣, 權輕重, 以救民困. 代各鑄錢, 輕重不一.)艱難, 올히 錢鈔ㅣ 艱難흐야.

경중흐다(敬重-) 동 공경하여 소중히 여기다. ⇔경중(敬重). ≪朴諺, 下, 10ㅈ≫到家裏敬重父母, 집의 가는 父母를 敬重흐누니.

경지(敬之) 명 갈(葛)씨 성을 가진 사람의 자(字). ≪朴諺, 下, 57ㅎ≫沈進中和葛敬之教授兩箇, 沈進中과 葛敬之 教授 둘히. ≪朴新諺 3, 56ㅎ≫在下姓葛字敬之, 在下ㅣ 姓은 葛이오 字는 敬之라.

경천(擎天) 동 하늘을 떠받치다. (매우 굳고 높은 기개와 역량을 이른다) ⇔경천흐다(擎天-). ≪朴諺, 上, 61ㅎ≫擎天耐寒傲雪蒼松, 擎天흔 耐寒 傲雪흐는 蒼松과.

경천흐다(擎天-) 동 하늘을 떠받치다. (매우 굳고 높은 기개와 역량을 이른다) ⇔경천(擎天). ≪朴諺, 上, 61ㅎ≫擎天耐寒傲雪蒼松, 擎天흔 耐寒 傲雪흐는 蒼松과.

경체(更替) 동 갈다. 바꾸다. 교체하다. ≪朴諺, 上, 2ㅎ≫光祿寺裡着姓李的館夫(集覽, 朴集, 上, 1ㅎ: 館夫. 應當舘〈館〉驛接待使客之役. 質問云, 府·州·縣百姓擇撥〈差〉無差〈身〉役者, 做館夫荅應使客, 待三年更替.)討去, 光祿寺에는 姓이 李가 館夫로 흐여 어드라 가게 흐고.

경치(景致) 명 자연이나 지역의 풍경. ≪朴諺, 上, 59ㅎ≫你說與我那裏的景致麽, 네 날드려 뎌긔 景致를 니르라. ≪朴諺, 上, 62ㅎ≫遠望滿眼景致, 멀리 브라매 滿眼 景致ㅣ. ≪朴諺, 中, 32ㅈ≫那山景致, 뎌 山 景致는. ≪朴諺, 中, 33ㅈ≫沿山沿峪隨喜那景致去來, 山을 조추며 골을 조차 뎌 景致를 구경흐라 가쟈.

경탄(驚嘆) 동 몹시 놀라 탄식하다. ≪集覽, 字解, 單字解, 2ㅈ≫咳. 五音集韻, 何來切, 小兒笑也. 口漑切, 咳嗽逆氣也. 今呼驚嘆之聲曰咳. 音해, 借用爲字也. 考韻書作唉是.

경하(慶賀) 동 경사스러운 일을 치하하다. ⇔경하흐다(慶賀-). ≪朴諺, 上, 24ㅈ≫那一箇有喜事便去慶賀, 아모나 흐나히 喜事ㅣ 잇거든 곳 가 慶賀흐고. ≪朴諺, 上, 59ㅈ≫有心拜莭(節)(集覽, 朴集, 上, 14ㅎ: 拜節. 歲時樂事記云, 元日, 士庶自早互相慶賀, 車馬交馳, 衣服華煥, 雜遝街市, 三四日乃止〈三四日而乃止〉.), 莭(節)에 拜흘 무음이 이시면. ≪朴諺, 中, 15ㅈ≫是小人昨日張少卿的慶賀筵席裏到來, 올흐니 小人이 어제 張少卿의 慶賀 잔채에 갓더니.

경하흐다 동 경사스러운 일을 치하하다. ⇔경(慶). ≪朴諺, 上, 51ㅈ≫親戚們都來慶, 親戚들히 다 와 경하흐누니라.

경하흐다(慶賀-) 동 경사스러운 일을 치하하다. ⇔경하(慶賀). ≪朴諺, 上, 24ㅈ≫那一箇有喜事便去慶賀, 아모나 흐나히 喜事ㅣ 잇거든 곳 가 慶賀흐고.

경히 부 경(輕)히. 가볍게. ⇔경(輕). ≪朴諺, 中, 8ㅈ≫這厮們打的輕, 이 놈들을 티기를 경히 흐면.

경ᄒᆞ다(敬-) 동 공경하다. ⇔경(敬). ≪朴諺, 下, 9ㅎ≫入寺敬三寶, 뎔에 드러ᄂᆞᆫ 三寶를 敬ᄒᆞ고. ≪朴諺, 下, 18ㅈ≫見國王敬佛法, 國王의 佛法 敬호믈 보고. ≪朴諺, 下, 24ㅎ≫越敬佛門, 더옥 佛門을 敬ᄒᆞ여.

곁 명 곁. ⇔방변(傍邊). ≪朴諺, 上, 32ㅎ≫傍邉看的閑人們說, 겨ᄐᆡ셔 보든 힘힘ᄒᆞᆫ 사ᄅᆞᆷ들히 닐오ᄃᆡ. ≪朴諺, 中, 50ㅎ≫傍邉看捽校的人們道, 겨ᄐᆡ셔 시름 보ᄂᆞᆫ 사ᄅᆞᆷ들이 닐오ᄃᆡ.

계(係) 동 매이다. ⇔ᄆᆡ이다. ≪朴諺, 下, 54ㅈ≫係本府本縣附籍人戶, 本府 本縣에 ᄆᆡ여 附籍ᄒᆞᆫ 人戶ㅣ.

계(契) 명 글월. 문서. 문안(文案). ⇔글월. ≪朴諺, 上, 55ㅈ≫將錢來贖將契去, 돈 가져와 갑고 글월 가져가라. ≪朴諺, 中, 10ㅎ≫買人的契, 사ᄅᆞᆷ 사ᄂᆞᆫ 글월은. ≪朴諺, 中, 38ㅎ≫哥你寫與我房契, 형아 네 날을 집 글월 써 주고려. ≪朴諺, 中, 38ㅎ≫這房契寫了, 이 집 글월 써다.

계(計) 명 계교(計巧). ⇔계교. ≪朴諺, 下, 2ㅎ≫沒計奈何, 계괴 엇디호미 업서.

계(繫) 동 (띠를) 띠다. ⇔ᄯᅴ다. ≪朴諺, 下, 43ㅎ≫都繫着孝帶, 다 孝帶를 ᄯᅴ엿더라. ≪朴諺, 下, 47ㅈ≫腰繫白玉帶, 허리예 白玉帶를 ᄯᅴ고.

계(鷄) 명 닭. ❶⇔ᄃᆞᆰ. ≪朴諺, 上, 5ㅈ≫燒鵝·白煠鷄, 구은 게오와 ᄆᆞᆫ기름에 지진 ᄃᆞᆰ과. ≪朴諺, 上, 36ㅎ≫這箇是鷄喣, 이거슨 이 ᄃᆞᆰ의알이로다. ❷⇔ᄃᆞᆰㄱ. ≪朴諺, 中, 6ㅈ≫諸般菜蔬·鷄喣和升·斗·等子, 여러 가지 ᄂᆞᄆᆞᆯ과 ᄃᆞᆰ긔알과 되과 말과 저울을.

계관(鷄冠) 명 맨드라미. ⇔만도람이. ≪朴諺, 中, 54ㅎ≫這鷄冠紅綉四花做搭護, 이 만도람이빗체 四花 슈ᄒᆞᆫ 거스란 더그레 짓고.

계관홍(鷄冠紅) 명 맨드라미꽃의 빛깔. 곧, 붉은색. ⇔만도람이빗ㅊ. ≪朴諺, 中, 54ㅎ≫這鷄冠紅綉四花做搭護, 이 만도람이빗체 四花 슈ᄒᆞᆫ 거스란 더그레 짓고.

계교 명 계교(計巧). ⇔계(計). ≪朴諺, 下, 2ㅎ≫沒計奈何, 계괴 엇디호미 업서.

계교(計較) 동 헤아리다. 계산하다. 셈하다. ⇔혜아리다. ≪朴諺, 上, 56ㅎ≫萬事不由人計較, 萬事ㅣ 사ᄅᆞᆷ의 計較를 말ᄆᆡ암디 아니ᄒᆞᄂᆞ니라. ≪朴諺, 上, 63ㅎ≫那裏計較, 어ᄃᆡ 혜아리리오.

계다 동 지나다. 넘다. ⇔좌(剉). ≪朴諺, 下, 1ㅎ≫比及晌午剉正熱時分收拾, 낫계어 정히 더울 ᄢᅢ예 미처 收拾ᄒᆞ여.

계단(鷄喣) 명 달걀. ❶⇔ᄃᆞᆰ긔알. ≪朴諺, 上, 6ㅎ≫第二道金銀豆腐湯(集覽, 朴集, 上, 3ㅎ: 金銀豆腐湯. 質問云, 豆腐用油煎熟, 其色黃如金, 白如銀, 細切作湯食之. 又云, 用雞〈鷄〉喣清同喣黃相制爲之.), 第二道ᄂᆞᆫ 金銀豆腐湯이오. ≪朴諺, 中, 6ㅈ≫諸般菜蔬·鷄喣和升·斗·等子, 여러 가지 ᄂᆞᄆᆞᆯ과 ᄃᆞᆰ긔알과 되과 말과 저울을. ❷⇔ᄃᆞᆰ의알. ≪朴諺, 上, 36ㅎ≫這箇是鷄喣, 이거슨 이 ᄃᆞᆰ의알이로다.

계단청(鷄喣淸) 명 달걀의 흰자위. 계자백(鷄子白). ≪朴諺, 上, 6ㅎ≫第二道金銀豆腐湯(集覽, 朴集, 上, 3ㅎ: 金銀豆腐湯. 質問云, 豆腐用油煎熟, 其色黃如金, 白如銀, 細切作湯食之. 又云, 用雞〈鷄〉喣清同喣黃相制爲之.), 第二道ᄂᆞᆫ 金銀豆腐湯이오.

계동(季冬) 명 음력 12월을 달리 이르는 말. ≪朴諺, 下, 45ㅈ≫宋舍看打春(集覽, 朴集, 下, 9ㅎ: 打春. 今按, 月令曰, 季冬出土牛, 以示農之早晩.)去來, 宋개아 닙츈 노롯ᄒᆞᄂᆞᆫ 양 보라 가쟈.

계란(鷄卵) 명 달걀. ≪朴諺, 下, 35ㅈ≫却打花房窩兒(集覽, 朴集, 下, 7ㅎ: 花房窩兒. 毬用木爲之, 或用瑪瑠〈瑙〉, 大如雞〈鷄〉卵.), ᄯᅩ 花房 굼글 티쟈.

계량(計量) 동 계산하다. 헤아리다. ≪朴諺, 上, 22ㅎ≫咳這官人好尋思計量大, 애이 官人이 ᄀᆞ장(장) 尋思 計量이 크다.

계방(戒方) 명 전반[翦板]. (예전 서당의 훈

장이 학생을 체벌할 때 사용하던 목판) ⇔젼반. ≪朴諺, 上, 45ㅈ≫手心上打三戒方(集覽, 朴集, 上, 12ㅎ: 戒方. 音義云, 學罰에 티ᄂᆞᆫ 것. 質問云, 讀書小兒送入學堂, 師傅教寫字, 不用心寫好字, 師傅拿二尺長·寸半寬·半寸厚的木板條打手掌, 使後日寫好字, 免打手掌, 謂之戒方.), 손바당을 세 번 젼반으로 티ᄂᆞ니라.

계법(戒法) 명 〈불〉 불제자가 받는 계(戒). 오계(五戒)·팔계(八戒)·십계(十戒)·구족계(具足戒) 따위가 있는데, 속세(俗世)의 신자는 오계와 팔계를, 비구(比丘)와 비구니(比丘尼)는 십계와 구족계를 지켜야 한다. ≪朴諺, 下, 10ㅈ≫一年一日解說戒法時, 一年 一日에 戒法을 解說ᄒᆞ되.

계비(繫臂) 동 팔뚝을 묶다. ≪朴諺, 上, 41ㅎ≫幾時下紅定(集覽, 朴集, 上, 12ㅈ: 紅定. 晉武帝多簡良家女以充內職, 而自擇美者入選, 則以絳紗繫臂. 鎭軍將軍胡奮女入選, 亦以絳紗繫臂, 故俗謂定婚曰紅定.), 언제 紅定을 드리더뇨.

계산(計筭) 동 계산(計算). '筭'은 '算'의 속자. ≪朴諺, 上, 12ㅎ≫西邉對籌(集覽, 朴集, 上, 5ㅎ: 籌. 音義云, 出倉之計筭. 質問云, 以木爲之. 此收·放米計數之籌, 每米一石, 對籌一根.)去, 셔편에 사술 마초라 가.

계산(計算) 동 수효를 헤아리다. ≪朴諺, 上, 12ㅎ≫西邉對籌(集覽, 朴集, 上, 5ㅎ: 籌. 音義云, 出倉之計筭. 質問云, 以木爲之. 此收·放米計數之籌, 每米一石, 對籌一根.)去, 셔편에 사술 마초라 가.

계상(階上) 명 섬돌이나 층계의 위. ≪朴諺, 下, 35ㅈ≫却打花房窩兒(集覽, 朴集, 下, 7ㅎ: 花房窩兒. 掘地如椀, 名窩兒. 或隔殿閣而作窩, 或於階上作窩, 或於平地作窩.), 또 花房 굼글 티쟈.

계수(計數) 동 수효를 헤아리다. ≪朴諺, 上, 12ㅎ≫西邉對籌(集覽, 朴集, 上, 5ㅎ: 籌. 音義云, 出倉之計筭. 質問云, 以木爲之. 此收·放米計數之籌, 每米一石, 對籌一根.)去, 셔편에 사술 마초라 가. ≪朴諺, 上, 12ㅎ≫將米貼兒(集覽, 朴集, 上, 5ㅎ: 米貼. 月俸之貼. 質問云, 收米·放米計數之票〈標〉也.)來對官號, 쌀 톄ᄌᆞ 가져다가 官號 마초고.

계수(稽首) 동 머리가 땅에 닿도록 몸을 굽혀 절하다. ⇔계수ᄒᆞ다(稽首-). ≪朴諺, 下, 19ㅎ≫先生也稽首迴禮, 先生도 稽首ᄒᆞ고 迴禮ᄒᆞ더라.

계수ᄒᆞ다(稽首-) 동 머리가 땅에 닿도록 몸을 굽혀 절하다. ⇔계수(稽首). ≪朴諺, 下, 19ㅎ≫先生也稽首迴禮, 先生도 稽首ᄒᆞ고 迴禮ᄒᆞ더라.

계아(鷄兒) 명 닭. ⇔ᄃᆞᆰ. ≪朴諺, 中, 8ㅎ≫明日鷄兒叫一聲便上馬, ᄂᆡ일 ᄃᆞᆰ이 ᄒᆞᆫ 번 울어든 곳 ᄆᆞᆯ을 ᄐᆞᆯ 거시니. ≪朴諺, 中, 8ㅎ≫相公鷄兒叫起來, 相公아 ᄃᆞᆰ이 우니 닐라.

계약(契約) 명 쌍방 간의 약속이나 그 문서. ≪朴諺, 中, 4ㅎ≫你將摽子(集覽, 朴集, 中, 1ㅈ: 摽兒〈子〉. 染家有簿冊一本, 有人求染絹帛者, 必於簿上記其物數及染色, 并其染直以當契約者, 謂之摽兒.)來我看, 네 摽子를 가져오라 내 보쟈.

계요 부 겨우. ❶⇔강(剛). ≪朴諺, 上, 37ㅎ≫一間房子裏五箇人剛坐的, ᄒᆞᆫ 간 방에 다ᄉᆞᆺ 사ᄅᆞᆷ이 계요 안는 거시여. ❷⇔재(才). ≪朴諺, 中, 43ㅈ≫我每日才聽明鍾一聲響, 내 날마다 계요 明鍾 ᄒᆞᆫ 소릐를 듯고.

계요(繫腰) 명 띠. ⇔ᄯᅴ. ≪朴諺, 上, 25ㅈ≫珊瑚鈎子繫腰, 珊瑚 鈎子 ᄒᆞᆫ ᄯᅴ오.

계우 부 겨우. ⇔강(剛). ≪集覽, 字解, 單字解, 1ㅎ≫剛. 僅也. 剛坐 계우 앗다. 纔也. 剛纔 ᄀᆞᆺ.

계월(季月) 명 각 계절의 끝 달. 곧, 계춘(季春)·계하(季夏)·계추(季秋)·계동(季冬)에 해당하는 음력 3월·6월·9월·12월을 통틀어 이르는 말. ≪朴諺, 下, 12ㅈ≫某年秋季月十有五日, 아므 ᄒᆡ 秋季月 十五日에.

계일(季日) 명 지지(地支)가 진(辰)·미(未)·술(戌)·축(丑)인 날. 일 년 사계절의 끝 달의 지지(地支)인 음력 3월의 진(辰), 6월의 미(未), 9월의 술(戌), 12월의 축(丑)을 통틀어 이르는 말이다. ≪朴諺, 下, 46ㅎ≫手拿結線鞭(集覽, 朴集, 下, 10ㅈ: 手拿結線鞭. 鞭子用柳枝, 長二尺四寸, 按二十四氣, 上用結子. 立春在孟日用麻, 仲日用苧, 季日用絲, 用五彩色醮染.), 손에 結線鞭을 잡고.

계자(鷄子) 명 달걀. 계란(鷄卵). ≪集覽, 字解, 單字解, 1ㅎ≫彈. 平聲, 鼓爪曰彈. 又糾也, 劾也. 去聲, 丸也. 俗呼雞子曰雞彈, 通作鴠. ≪朴諺, 上, 6ㅎ≫第二道金銀豆腐湯(集覽, 朴集, 上, 3ㅎ: 金銀豆腐湯. 質問云, 豆腐用油煎熟, 其色黃如金, 白如銀, 細切作湯食之. 又云, 用雞〈鷄〉鴠淸同鴠黃相制爲之. 今按, 鴠, 卽雞〈鷄〉子也.), 第二道ᄂᆞᆫ 金銀豆腐湯이오. ≪朴諺, 上, 6ㅎ≫第三道鮮笋燈籠湯(集覽, 朴集, 上, 3ㅎ: 鮮笋燈龍湯. 質問云, 鮮笋, 以笋雕爲玲瓏花様, 空其內, 糝肉作羹食之. 又云, 以竹芽切成寸段, 鷄子煮熟, 去黃, 粧肉做湯.), 第三道ᄂᆞᆫ 鮮笋燈籠湯이오.

계자청(鷄子淸) 명 달걀의 흰자위. 계자백(鷄子白). ≪朴諺, 上, 7ㅈ≫第六道鷄脆芙蓉湯(集覽, 朴集, 上, 3ㅎ: 雞脆芙蓉湯. 質問云, 將雞〈鷄〉腰子作芙蓉花, 做湯食之. 又云, 以鷄子淸做成芙蓉花, 每碗三朶.), 第六道ᄂᆞᆫ 鷄脆芙蓉湯이니.

계지(戒指) 명 가락지. ≪朴諺, 上, 20ㅈ≫一對窟嵌的金戒指兒(集覽, 朴集, 上, 7ㅎ: 窟嵌戒指. 事物紀原云, 古者后妃羣妾御于君, 所當御者, 以銀環進之, 娠則以金環退之, 進者着右手, 退者着左手. 今有指環, 卽遺制也. 今按, 窟嵌者, 指環之背剜空爲穴, 用珠塡穴爲飾. 總龜〈亀〉云, 亦名手記, 所飾玉石呼爲戒指面.), ᄒᆞᆫ 빵 날박은 금가락지.

계지(界地) 명 벽돌. ⇔벽드르. ≪朴諺, 中, 54ㅎ≫這深肉紅界地穿花鳳紵絲做比甲, 이 디튼 肉紅빗체 벽드르에 穿花鳳 문ᄒᆞᆫ 비단으란 比甲을 짓고.

계지면(戒指面) 명 가락지에 옥석(玉石)을 장식한 면. 또는 그 옥석. ≪朴諺, 上, 20ㅈ≫一對窟嵌的金戒指兒(集覽, 朴集, 上, 7ㅎ: 窟嵌戒指. 事物紀原云, 古者后妃羣妾御于君, 所當御者, 以銀環進之, 娠則以金環退之, 進者着右手, 退者着左手. 今有指環, 卽遺制也. 今按, 窟嵌者, 指環之背剜空爲穴, 用珠塡穴爲飾. 總龜〈亀〉云, 亦名手記, 所飾玉石呼爲戒指面. 舊本作指纏兒. 音義, 窟, 音왁, 窟是窆字之誤. 窟音쿵, 窆音황.), ᄒᆞᆫ 빵 날박은 금가락지.

계지아(戒指兒) 명 가락지. ⇔가락지. ≪朴諺, 上, 20ㅈ≫一對窟嵌的金戒指兒(集覽, 朴集, 上, 7ㅎ: 窟嵌戒指. 事物紀原云, 古者后妃羣妾御于君, 所當御者, 以銀環進之, 娠則以金環退之, 進者着右手, 退者着左手. 今有指環, 卽遺制也. 今按, 窟嵌者, 指環之背剜空爲穴, 用珠塡穴爲飾. 總龜〈亀〉云, 亦名手記, 所飾玉石呼爲戒指面. 舊本作指纏兒. 音義, 窟, 音왁, 窟是窆字之誤. 窟音쿵, 窆音황.), ᄒᆞᆫ 빵 날박은 금가락지.

계집 명 계집. 여자. ⇔부인(婦人). ≪朴諺, 中, 27ㅎ≫又一日一箇婦人, 또 ᄒᆞᄅᆞᆫ ᄒᆞᆫ 계집이. ≪朴諺, 中, 28ㅎ≫那婦人便走了, 그 계집이 곳 ᄃᆞ라나.

계ᄌᆞ 명 겨자. ⇔개(芥). ≪朴諺, 中, 6ㅈ≫醋, 초와. 醬, 쟝과. 塩, 소금과. 芥末, 계ᄌᆞ ᄀᆞᄅᆞ와. 葱, 파과. 蒜, 마ᄂᆞᆯ과. 薤菜, 부치와, 油, 기름과. 生蘿蔔, 댓무우과. 瓜, 외와. 茄等, 가지 등.

계ᄌᆞᄀᆞᄅᆞ 명 겨자가루. ⇔개말(芥末). ≪朴諺, 中, 6ㅈ≫醋, 초와. 醬, 쟝과. 塩, 소금과. 芥末, 계ᄌᆞ ᄀᆞᄅᆞ와. 葱, 파과. 蒜, 마ᄂᆞᆯ과. 薤菜, 부치와, 油, 기름과. 生蘿蔔, 댓무우과. 瓜, 외와. 茄等, 가지 등.

계취부용탕(鷄脆芙蓉湯) 명 달걀의 흰자나 닭의 콩팥을 연꽃과 같이 만들어 넣고 끓인 탕. ≪朴諺, 上, 7ㅈ≫第六道鷄脆芙

蓉湯(集覽, 朴集, 上, 3ㅎ: 雞脆芙蓉湯. 質問云, 將雞〈鷄〉腰子作芙蓉花, 做湯食之. 又云, 以鷄子淸做成芙蓉花, 每碗三朶. 今按, 上文五㨾湯名之釋, 恐或失眞.), 第六道ᄂᆞᆫ 鷄脆芙蓉湯이니.

계탄(鷄彈) 명 달걀. ≪集覽, 字解, 單字解, 1ㅎ≫彈. 平聲, 鼓爪曰彈. 又糾也, 劾也. 去聲, 丸也. 俗呼雞子曰雞彈, 通作鴠.

계품(啓稟) 동 (상급자나 상급 관청에) 보고하다. ⇔계품ᄒᆞ다(啓稟-). ≪朴諺, 中, 59ㅎ≫不肯家啓稟, 즐겨 啓稟티 아니ᄒᆞ니. ≪朴諺, 下, 14ㅎ≫啓稟公事, 公事를 啓稟ᄒᆞ면.

계품ᄒᆞ다(啓稟-) 동 (상급자나 상급 관청에) 보고하다. ⇔계품(啓稟). ≪朴諺, 中, 59ㅎ≫不肯家啓稟, 즐겨 啓稟티 아니ᄒᆞ니. ≪朴諺, 下, 14ㅎ≫啓稟公事, 公事를 啓稟ᄒᆞ면.

고 명 달구. ⇔저(杵). ≪朴諺, 上, 10ㅎ≫着石杵慢慢兒打, 돌고로다가 날회여 다이되.

고(叩) 동 걸다. 매어달다. ⇔걸다. ≪朴諺, 中, 36ㅈ≫把了吊子叩上了, 걸새로 걸고.

고(古) 명 예. 옛적. ⇔녜. ≪朴諺, 下, 60ㅈ≫自古有之, 녜브터 잇ᄂᆞ니.

고(告) 동 고(告)하다. 고발하다. 신고하다. ❶⇔고ᄒᆞ다. ≪集覽, 字解, 單字解, 7ㅎ≫發. 酒發 술 괴다. 發將來 자바 보내다. 一發, 見下. 又吏語, 告發 고ᄒᆞ야나다. ≪朴諺, 下, 16ㅈ≫妄告官司抵罪反坐, 망녕되이 官司에 고ᄒᆞ면 죄 反坐에 니ᄅᆞᄂᆞ니라. ≪朴諺, 下, 19ㅈ≫到國王前面告未畢, 國王의 앏픠 가 고ᄒᆞ기를 ᄆᆞᆺ디 못ᄒᆞ여셔. ❷⇔고ᄒᆞ다(告-). ≪朴諺, 中, 8ㅈ≫爲頭兒老漢們告道, 爲頭ᄒᆞᆫ 老漢들이 告ᄒᆞ여 닐오ᄃᆡ. ≪朴諺, 中, 28ㅎ≫走到官司告了, 官司에 ᄃᆞ라가 告ᄒᆞ니. ≪朴諺, 下, 3ㅈ≫告諸佛·菩薩, 諸佛과 菩薩ᄭᅴ 告ᄒᆞ여. ≪朴諺, 下, 15ㅎ≫那廝先告官, 뎌 놈이 몬져 구의에 告ᄒᆞ야. ≪朴諺, 下, 37ㅎ≫這兩日官司裡告了, 이 두어 날에 官司에 告ᄒᆞ여. ≪朴諺, 下, 54ㅈ≫狀告, 狀을 告ᄒᆞᄂᆞ니. ≪朴諺, 下, 55ㅈ≫狀不過三日便告時好, 狀은 三日이 디나디 아녀셔 곳 告홈이 됴커니와.

고(故) 명 연고(緣故). ⇔연고. ≪朴諺, 上, 58ㅎ≫何故不來, 므슴 연고로 오디 아니ᄒᆞᆫ다. ≪朴諺, 中, 9ㅈ≫何故不與甘結, 므슴 연고로 甘結을 주디 아니ᄒᆞ리오.

고(故) 부 이러므로. 이로 인해. 그러므로. ⇔이러모로. ≪朴諺, 中, 23ㅈ≫故得人天之喜躍鬼神之歡欣, 이러모로 人天의 喜躍과 鬼神의 歡欣을 어더.

고(故) 부 짐짓. 고의로. 일부러. ❶⇔짐즛. ≪朴諺, 中, 10ㅎ≫故立此文字爲用, 짐즛 이 글월을 세워 쓰게 ᄒᆞ엿ᄂᆞ니. ≪朴諺, 中, 39ㅎ≫故立此賃房文字爲用, 짐즛 이 집 셰내ᄂᆞᆫ 글월을 셰워 쓰게 ᄒᆞ노라. ❷⇔짐즛. ≪朴諺, 上, 54ㅎ≫故立此文契爲用, 짐즛 이 글월을 셰워 쓰게 ᄒᆞ엿ᄂᆞ니.

고(苦) 동 보채다. 괴롭게 하다. ⇔보채다. ≪朴諺, 下, 60ㅈ≫怎受他苦, 엇디 뎌의 보채믈 바드리오.

고(苦) 형 괴로움. ⇔고로옴. ≪朴諺, 上, 63ㅎ≫有苦時同受, 고로옴이 잇거든 ᄒᆞᆫ가지로 밧고.

고(苦) 형 셟다. 괴롭다. ⇔셟다. ≪朴諺, 下, 43ㅎ≫咳苦㧹苦㧹, 애 셟다 셟다.

고(高) 부 높이. ❶⇔노피. ≪朴諺, 中, 48ㅈ≫把那手來提的高着, 뎌 손을다가 들기를 노피 ᄒᆞ여. ❷⇔노ᄑᆡ. ≪朴諺, 下, 47ㅎ≫拿着三丈來高的大旗號上寫着明現眞君, 三丈 노ᄑᆡ 큰 긔예 明現眞君이라 쓴 거슬 잡고. ❸⇔놉히. ≪朴諺, 上, 60ㅈ≫遠望高接靑霄, 멀리 ᄇᆞ라매 놉히 프른 하늘에 졉ᄒᆞ엿고.

고(高) 형 낫다[優]. ⇔낫다. ≪朴諺, 中, 26ㅎ≫高如師傅, 스승어(에)셔 나으니라.

고(高) 형 높다. ❶⇔놉ㅎ다. ≪朴諺, 上, 23ㅈ≫高碁輸頭盤, 놉흔 바독은 첫 판을 진다 ᄒᆞᄂᆞ니라. ≪朴諺, 中, 46ㅈ≫只是一步高如一步除將去, 그저 ᄒᆞᆫ 거름에 ᄒᆞᆫ

거름식 놉하 除ᄒᆞ여 가거니와. ❷⇔높다. ≪朴諺, 中, 1ㅈ≫一箇高卓兒上脫下衣裳, ᄒᆞᆫ 노픈 卓子 우희 옷 벗고. ≪朴諺, 中, 37ㅈ≫鮮與官人高的, 官人을 노픈 이를 프러 주라. ≪朴諺, 中, 37ㅎ≫你再饋我絶高的, 네 쏘 날을 ᄀᆞ장 노프니를 주고려. 我再沒高的了, 내게 쏘 노프니 업ᄉᆞ니. ≪朴諺, 中, 46ㅎ≫你高官裏轉除的有愁甚麽, 너는 노픈 벼슬에 쳔뎐ᄒᆞ여 뎨슈홈이 이실 쩌시니 므슴 근심ᄒᆞ리오. ≪朴諺, 下, 5ㅎ≫這高處鑽些土, 이 노픈 곳의 흙을 ᄠᅮᆯ고.

고(袴) 명 바지. ⇔바디. ≪朴諺, 下, 30ㅈ≫穿着花袴皀靴的勇士, 아롱바디예 거믄 훠 신은 勇士ㅣ.

고(雇) 동 세(貰)내다. 고용(雇用)하다. ⇔셰내다. ≪朴諺, 下, 55ㅎ≫又雇一箇小廝, 쏘 ᄒᆞᆫ 아ᄒᆡ를 셰내여.

고(鼓) 명 북. ⇔붑. ≪朴諺, 上, 36ㅈ≫大哥山上擂皷, 큰형은 山에셔 붑 티고. ≪朴諺, 中, 5ㅈ≫站家擂皷, 站에셔 붑 티니. ≪朴諺, 下, 42ㅈ≫擂皷撞磬, 붑 티며 경 티고. ≪朴諺, 下, 60ㅎ≫擂皷打鑼, 붑 티고 바라 티고.

고(敲) 동 두드리다. ⇔두드리다. ≪朴諺, 下, 57ㅎ≫二人到那門首敲門道, 두 사름이 뎌 믄(문) 앏희 가 문을 두드려 닐오ᄃᆡ.

고(靠) 동 의지(依支)하다. 기대다. ⇔의지ᄒᆞ다. ≪朴諺, 下, 20ㅎ≫靠師傅立的, 師傅의게 의지ᄒᆞ여 셰고.

-고 어미 -고. (연결어미) ≪朴諺, 上, 1ㅈ≫風調雨順, 風調 雨順ᄒᆞ고. ≪朴諺, 上, 13ㅎ≫着唾沫白日黑夜不住的搽, 춤으로다가 白日 黑夜에 머므로디 말고 ᄇᆞᄅᆞ라. ≪朴諺, 上, 34ㅈ≫這一等和尙不打他要做甚麽, 이런 즁을 티디 아니ᄒᆞ고 므슴ᄒᆞ리오. ≪朴諺, 上, 54ㅎ≫照依時價准折無詞, 時價에 照依ᄒᆞ야 准折ᄒᆞ야도 말 못ᄒᆞ고. ≪朴諺, 上, 67ㅈ≫今日脫靴上炕, 오늘 훠를 벗고 炕에 올랏다가. ≪朴諺, 中, 12ㅎ≫到那裏各自省睡些箇, 뎌긔 가 각각 좀을 져기 덜고. ≪朴諺, 中, 20ㅈ≫商量着放饋, 혜아려 노하 주고. ≪朴諺, 中, 26ㅎ≫刺的細匀着, 치질ᄒᆞ기를 ᄀᆞ늘고 고로게 ᄒᆞ라. ≪朴諺, 中, 30ㅈ≫乾飯也做着裏, 된밥도 지엇고. ≪朴諺, 中, 40ㅈ≫換箇新的, 새로 밧고고. ≪朴諺, 中, 55ㅈ≫緻的細匀着, 마모로기를 ᄀᆞ늘고 고로게 ᄒᆞ라. ≪朴諺, 中, 59ㅎ≫彫在槓子閣落裡, 궷 구석에 드리티고. ≪朴諺, 中, 60ㅈ≫口也順, 입도 슌ᄒᆞ고. ≪朴諺, 下, 1ㅎ≫這的是恠不的人, 이거슨 이 사ᄅᆞᆷ도 허믈 못ᄒᆞ고. ≪朴諺, 下, 10ㅈ≫便喝跳起來道, 곳 혀ᄎᆞ고 뛰여 니러 닐오ᄃᆡ. ≪朴諺, 下, 21ㅈ≫大仙叫一聲, 大仙이 ᄒᆞᆫ 번 소ᄅᆡ디ᄅᆞ고. ≪朴諺, 下, 37ㅎ≫監下老安要追裡, 老安을 가도고 물리고져 ᄒᆞᄂᆞ니라. ≪朴諺, 下, 46ㅈ≫絟在牛車上, 쇠 술위예 ᄆᆡ고. ≪朴諺, 下, 55ㅎ≫與他二兩告子錢, 뎌를 두 냥 告子錢을 주고. ≪朴諺, 下, 60ㅎ≫衆將軍們扶侍上馬, 모든 將軍들히 븟드러 ᄆᆞᆯ 틔오고.

-고 조 -인고. (의문의 종결어미) ≪朴諺, 上, 8ㅈ≫甚麽差使, 므슴 差使고. ≪朴諺, 上, 8ㅈ≫甚麽詔, 므슴 詔書고. ≪朴諺, 上, 13ㅎ≫你那腮頰上甚麽瘡, 네 뎌 ᄲᅣᆷ에 므슴 瘡고. ≪朴諺, 上, 18ㅈ≫多少分兩, 언멧 分兩고. ≪朴諺, 上, 44ㅈ≫你幾箇學生, 너희 몃 學生고. ≪朴諺, 上, 44ㅎ≫你師傅是甚麽人, 네 스승이 이 엇던 사ᄅᆞᆷ고. ≪朴諺, 上, 52ㅈ≫板闥門那甚麽門, 널문가 므슴 문고. ≪朴諺, 上, 64ㅎ≫舍人甚麽銀子, 舍人아 므슴 은고. ≪朴諺, 中, 53ㅎ≫今日幾, 오늘이 몃츨고. ≪朴諺, 下, 10ㅈ≫怎的是佛法, 엇디홈ᄋᆞᆫ 이 佛法고. ≪朴諺, 下, 25ㅎ≫這不是燒子的甚麽, 이 구으니 아니오 므섯고. ≪朴諺, 下, 27ㅈ≫這的甚麽東西, 이거시 므스것고. ≪朴諺, 下, 39ㅎ≫他是那裏人氏, 뎨 이 어ᄃᆡ 人氏고. ≪朴諺, 下, 41ㅈ≫甚麽人情, 므슴 人情고. ≪朴諺, 下, 53ㅎ≫甚

麽状子, 므슴 고장고. ≪朴諺, 下, 56ㅈ≫怎的是一半兒錢贖, 엇디홀슨 이 一半 갑슬 주고 므르기고. ≪朴諺, 下, 58ㅎ≫表德何似, 表德은 므섯고. ≪朴諺, 下, 59ㅎ≫恰說的是甚麽官職, ᄀᆞᆺ 니ᄅᆞᄂᆞᆫ 거시 이 므슴 벼슬고.

고가(告假) 동 말미를 얻다. 휴가를 청하다. ⇔고가ᄒᆞ다(告假-). ≪朴諺, 上, 44ㅈ≫我今日告假來, 내 오ᄂᆞᆯ 告假ᄒᆞ고 왓노라.

고가(告暇) 동 말미를 얻다. 휴가를 청하다. ⇔고가ᄒᆞ다(告暇-). ≪朴諺, 下, 39ㅈ≫上直官人前告暇, 上直 官人의게 告暇ᄒᆞ고.

고가ᄒᆞ다(告假-) 동 말미를 얻다. 휴가를 청하다. ⇔고가(告假). ≪朴諺, 上, 44ㅈ≫我今日告假來, 내 오ᄂᆞᆯ 告假ᄒᆞ고 왓노라.

고가ᄒᆞ다(告暇-) 동 말미를 얻다. 휴가를 청하다. ⇔고가(告暇). ≪朴諺, 下, 39ㅈ≫上直官人前告暇, 上直 官人의게 告暇ᄒᆞ고.

고거(固拒) 동 굳게 거부하다. ≪朴諺, 下, 58ㅎ≫咱本國是太祖(集覽, 朴集, 下, 12ㅈ: 太祖. 年二十, 始仕弓裔, 拜波珍飡. 其時, 洪儒等四人詣建第(第), 請擧義兵, 公固拒不從.)姓王諱建表德若天, 우리 本國이 太祖의 姓은 王이오 諱ᄂᆞᆫ 建이오 字ᄂᆞᆫ 若天이니.

고경(鼓磬) 명 북과 경쇠. ≪朴諺, 下, 43ㅈ≫十餘對幢旛·寶盖·螺鈸·鼓磬, 열아믄 빵 幢旛과 寶盖와 螺鈸과 鼓磬이러라.

고고(高高) 형 매우 높다. ≪朴諺, 中, 32ㅈ≫有高高下下坡, 高高 下下ᄒᆞᆫ 언덕이 이시며.

고공(雇工) 명 종업원. 고용된 노동자나 근로자. ≪朴諺, 下, 32ㅈ≫過賣(集覽, 朴集, 下, 5ㅎ: 過賣. 食店内執役供具之人, 如雇工者也.)你來有甚麽飯, 過賣아 이바 므슴 밥이 잇ᄂᆞ뇨.

고관(告官) 동 관청에 고(告)하다. ⇔고관ᄒᆞ다(告官-). ≪朴諺, 下, 16ㅈ≫那廝告官, 뎌 놈이 告官ᄒᆞ여.

고관ᄒᆞ다(告官-) 동 관청에 고(告)하다. ⇔고관(告官). ≪朴諺, 下, 16ㅈ≫那廝告官, 뎌 놈이 告官ᄒᆞ여.

고금(鼓琴) 동 거문고를 뜯다. ≪朴諺, 下, 50ㅎ≫彈一曲流水高山(集覽, 朴集, 下, 11ㅈ: 流水高山. 列子, 伯牙善鼓〈皷〉琴, 鍾子期善聽. 伯牙鼓〈皷〉琴, 志在高山. 子期曰, 善犾, 巍巍乎, 志在高山.), 一曲 流水高山을 ᄩᆞ며.

고기 명 고기[肉]. ⇔육(肉). ≪朴諺, 下, 44ㅎ≫煮一脚羊肉着, ᄒᆞᆫ 다리 양의 고기를 ᄉᆞᆯᄆᆞ라.

고기 명 물고기. ❶⇔어(魚). ≪朴諺, 上, 62ㅈ≫河邊兒窺魚的是無數目的水老鴉, ᄆᆞᆯᄉᆞ의 고기 엿ᄂᆞᆫ 거슨 이 수 업슨 가마오디오. ≪朴諺, 中, 43ㅎ≫稻熟蟹肥魚正美, 베 닉고 게 ᄉᆞᆯ지고 고기 졍히 아름다오매. ❷⇔어아(魚兒). ≪朴諺, 下, 50ㅈ≫咱們打魚兒去來, 우리 고기 잡으라 가쟈.

고기(高起) 동 공 따위가 높이 솟아오르다. ≪朴諺, 下, 35ㅈ≫却打花房窩兒(集覽, 朴集, 下, 7ㅎ: 花房窩兒. 棒形如匙, 大如掌, 用水牛皮爲之, 以厚竹合而爲柄棒, 皮薄則毬高起, 厚則毬不高起.), 또 花房 굼글 티쟈.

고기(高碁) 명 수가 높은 바둑. 또는 바둑의 고수(高手). ⇔놉흔바독. ≪朴諺, 上, 23ㅈ≫高碁輸頭盤, 놉흔 바독은 첫 판을 진다 ᄒᆞᄂᆞ니라.

고기수두반(高碁輸頭盤) 구 바둑을 두거나 내기를 할 때 고수(高手)는 상대편에게 일부러 첫 판은 져 준다는 뜻. ≪朴諺, 上, 23ㅈ≫高碁輸頭盤, 놉흔 바독은 첫 판을 진다 ᄒᆞᄂᆞ니라.

고뇌(苦惱) 동 괴로워하고 번뇌하다. ≪朴諺, 中, 22ㅈ≫隨相現相救苦惱於三塗, 샹을 조차 샹을 뵈야 苦惱를 三塗에 救ᄒᆞᄂᆞᆫ또다.

고도(胍肫) 명 ❶배[肚]가 큰 모양. ≪朴諺, 上, 27ㅎ≫嵌八寶骨朶(集覽, 朴集, 上, 9ㅈ: 骨朶. 南村輟耕錄云, 國朝有四怯薛中

有云都赤, 三日一次輪流入直, 負骨朶於背〈於肩〉, 余究骨朶字義, 嘗記宋景文筆記云, 關中人以腹大爲胍肫, 音孤都, 俗謂杖頭大者亦曰胍肫, 後訛爲骨朶.)雲織金羅比甲, 八寶 씌고 굴근 운문흔 織金 뎌比甲에. ❷쇠나 나무로 된 장대 끝에 마늘 또는 질려(蒺藜) 모양을 단 것으로, 당대(唐代) 이후에는 형장(刑杖)으로, 송대(宋代) 이후에는 의장(儀仗)으로 사용하였다. ≪朴諺, 上, 27ㅎ≫嵌八寶骨朶(集覽, 朴集, 上, 9ㅈ: 骨朶. 南村輟耕錄云, 國朝有四怯薛中有云都赤, 三日一次輪流入直, 負骨朶於背〈於肩〉, 余究骨朶字義, 嘗記宋景文筆記云, 關中人以腹大爲胍肫, 音孤都, 俗謂杖頭大者亦曰胍肫, 後訛爲骨朶.)雲織金羅比甲, 八寶 씌고 굴근 운문흔 織金 뎌 比甲에.

고든굿 명 뚫을곤[丨]. 한자 부수의 하나. ⇔직로조(直老條). ≪朴諺, 中, 42ㅎ≫東字怎的寫, 東字를 어이 쓰ᄂᆞ뇨. 一箇直老條, 흔 고든굿 ᄒᆞ고. 一ノ一乀便是, 흔 긋밧그로 비티고 흔 긋 안흐로 비틴 거시 곳 이라.

고디식이 부 고지식이. ⇔노실(老實). ≪朴諺, 中, 49ㅎ≫老實擺着下, 고디식이 버리고 두쟈. ≪朴諺, 中, 57ㅈ≫賣的價錢老實說, 풀 갑슬 고디식이 니ᄅᆞ라.

고디식ᄒᆞ다 형 고지식하다. 정직하다. ⇔노실(老實). ≪朴諺, 上, 29ㅎ≫老實價錢, 고디식흔 갑슨. ≪朴諺, 上, 64ㅎ≫老實價錢六兩銀子, 고디식흔 갑슨 엿 냥 은이라. ≪朴諺, 中, 38ㅈ≫我老實價錢, 내 고디식흔 갑슨. ≪朴諺, 中, 47ㅎ≫老實常在, 고디식ᄒᆞ니는 덧덧이 잇고. 脫空常敗, 섭섭흔 이는 덧덧이 패흔다 ᄒᆞᄂᆞ니라. ≪朴諺, 下, 27ㅈ≫老實價錢一兩一顆家, 고디식흔 갑슨 흔 냥에 흔 낫식이라.

고라 명 나각(螺角). (소라의 껍데기로 만든 옛 군악기) ⇔나(螺). ≪朴諺, 下, 42ㅈ≫吹螺打鈸, 고라 불고 바라 티고.

고라몰 명 고라말. ⇔토황마(土黃馬). ≪朴諺, 上, 55ㅎ≫那裏有一箇土黃馬好本事, 뎌긔 흔 고라몰이 이셔 직죄 됴호되.

고락(苦樂) 명 괴로움과 즐거움. ≪朴諺, 中, 22ㅈ≫以聲察聲(集覽, 朴集, 中, 5ㅈ: 以聲察聲. 聞其聲而察其苦樂之狀.)拯悲酸於六道, 소리로 뻐 소리를 슬펴 悲酸을 六道에 건디고.

고래(古來) 부 자고이래(自古以來)로. 고래(古來)로. 예부터. ≪朴諺, 上, 66ㅎ≫人生七十古來稀, 人生 七十이 古來稀라 ᄒᆞ니.

고래희(古來稀) 형 예로부터 매우 드물다. ≪朴諺, 上, 66ㅎ≫人生七十古來稀, 人生 七十이 古來稀라 ᄒᆞ니.

고려(高麗) 명 나라 이름. ❶고구려(高句麗)의 별칭. ≪朴諺, 上, 8ㅎ≫往永平·大寧·遼陽·開元(集覽, 朴集, 上, 4ㅈ: 開元. 遼誌云, 本肅愼氏地, 虞舜時高麗有其地, 周時爲荒服, 元設開元路, 元末屬納哈出, 今設三萬衛, 又設遼海衛.)·瀋陽等處開去, 永平·大寧·遼陽·開元·瀋陽 等處를 향ᄒᆞ여 開讀ᄒᆞ라 가노라. ❷918년에 왕건(王建)이 궁예(弓裔)를 내쫓고 개성에 도읍하여 세운 나라. 삼국(三國)을 통일한 왕조로 불교와 유학을 숭상하였다. 문종(文宗) 때 문물이 가장 발달하였으나 무신(武臣)의 난 이후 외부의 침입에 시달리다가 1392년에 이성계(李成桂)에 의하여 망하였다. ≪朴諺, 上, 9ㅈ≫高麗地面裏去麽, 高麗 짜히 갈다. ≪朴諺, 上, 30ㅎ≫覓得高麗錢大快三十年, 高麗ㅅ 錢을 어든들 크게 三十年을 즐기랴. ≪朴諺, 上, 64ㅈ≫你怎麽謾的我高麗人, 네 엇디 우리 高麗ㅅ 사름을 소기는다. ≪朴諺, 上, 65ㅎ≫到江南地面石屋(集覽, 朴集, 上, 16ㅈ: 石屋. 至永明, 其道傳于高麗國. 此卽普虛之傳也.)法名的和尙根底, 江南 짜 石屋이라 法名 흔 즁의손듸 가니. ≪朴諺, 中, 13ㅈ≫又高麗地面裏來載千餘筒布子的大船, 또 高麗ㅅ 짜흐로셔 오는 千餘 筒 뵈 시른 큰 비를. ≪朴諺,

中, 20ㅎ≫南海普陀落伽山(集覽, 朴集, 中, 3ㅎ: 南海普陁落伽山. 普陁落伽, 唐言小白花, 卽山欅花也. 山多小白花, 故仍名. 往時高麗·新羅·日本諸國, 皆由此取道以候風汛.)裏, 南海 普陀 落伽山에. ≪朴諺, 下, 7ㅈ≫我不知道那家有甚麽幌〈慌〉字(集覽, 朴集, 下, 2ㅈ: 幌字. 今按, 漢俗, 凡出賣諸物之家, 俱設標幟之物, 置於門口, 或於門前起立牌榜, 如曰張家出賣高麗布扇. 一如賣酒家標植青帘之類, 俗呼青帘曰酒家望子.), 내 아디 몯ᄒᆞ니 뎌 집의 므슴 보람이 잇ᄂᆞ뇨. ≪朴諺, 下, 56ㅎ≫只聽的高麗新事來, 그저 高麗ㅅ 新事롤 드런노라. ≪朴諺, 下, 60ㅈ≫娘子柳氏(集覽, 朴集, 下, 12ㅎ: 娘子柳氏〈柳氏〉. 貞州柳天弓女也. 高麗太祖初爲弓裔將軍, 領兵過貞州, 憩古柳下, 見川上有一女子甚美, 問誰. 女對曰, 天弓之女.)出來說道, 娘子 柳氏ㅣ 나와 닐오ᄃᆡ.

-고려 어미 -구려. -고 싶은 것이여. ≪朴諺, 上, 13ㅎ≫你教與我這好法兒, 네 나롤 이 됴흔 법을 ᄀᆞᄅᆞ쳐 주고려. ≪朴諺, 上, 18ㅈ≫你饋我趲短些, 네 날을 져기 주려 주고려. ≪朴諺, 上, 30ㅎ≫你饋我尋見了拿將來, 네 ᄎᆞ자보아 잡아다가 날을 주고려. ≪朴諺, 上, 42ㅎ≫你做饋我一副護膝, 네 날을 ᄒᆞᆫ 부 슬갑을 ᄆᆡᆫᄃᆞ라 주고려. ≪朴諺, 上, 49ㅈ≫你借饋我包指)麽, 네 나롤 혈거피롤 빌려 주고려. ≪朴諺, 上, 53ㅎ≫你與我寫一紙借錢文書, 네 나롤 ᄒᆞᆫ 댱 돈 �华는 文書롤 써 주고려. ≪朴諺, 上, 57ㅎ≫借與我一箇, 날을 ᄒᆞ나흘 빌려 주고려. ≪朴諺, 中, 9ㅈ≫你與我甘結·應付, 네 날을 甘結과 應付롤 주고려. ≪朴諺, 中, 15ㅈ≫與我把脉息看一看, 날을 脉을 보아 주고려. ≪朴諺, 中, 37ㅎ≫你再饋我絶高的, 네 또 날을 ᄀᆞ장 노프니롤 주고려. ≪朴諺, 中, 38ㅎ≫哥你寫與我房契, 형아 네 날을 집 글월 써 주고려. ≪朴諺, 中, 55ㅎ≫將一把扇兒來與我, ᄒᆞᆫ ᄌᆞᄅᆞ 부체 가져다가 날을 주고려. ≪朴諺, 中, 58ㅈ≫孩兒你饋我買將草布蚊帳來, 아희아 네 날을 얼믠 뵈로 ᄒᆞᆫ 모긔댱을 사다가 주고려. ≪朴諺, 中, 58ㅎ≫你摘饋我些葉兒, 네 날을 져기 닙흘 � 주고려. ≪朴諺, 下, 6ㅎ≫你的長指甲饋我掐一掐, 네 긴 손ᄐᆞᆸ으로 날을 ᄃᆡᆨ여 주고려. ≪朴諺, 下, 6ㅎ≫你饋我掐一遍兒, 네 날을 ᄒᆞᆫ 번 ᄃᆡᆨ여 주고려. ≪朴諺, 下, 29ㅈ≫你打饋我一箇立鼈兒, 네 날을 ᄒᆞᆫ 立鼈兒와. 一箇蝦蟆·鼈兒和蝎虎盞兒, ᄒᆞᆫ 蝦蟆鼈兒와 蝎虎盞을 ᄆᆡᆫᄃᆞ라 주고려. ≪朴諺, 下, 30ㅈ≫你就饋我掠飭, 네 임의셔 날을 빗 아사 주고려. ≪朴諺, 下, 53ㅎ≫你饋我寫一箇狀子, 네 날을 ᄒᆞᆫ 고장을 써 주고려.

고로(栲栳) 명 멀구슬나무. (멀구슬나뭇과의 낙엽 활엽 교목. 나무는 가구재 따위로 쓰고, 뿌리껍질과 열매는 약용하며 정원수로 재배한다) ≪朴諺, 中, 59ㅎ≫颩在槓子閣落(集覽, 朴集, 中, 9ㅈ: 閣落. 音ᄀᆞ·랖, 指一隅深奧之處. 舊本未得本字, 而借用栲栳二字. 按韻〈韵〉書, 栲栳, 木名, 笲笼, 柳器.)裡, 궷 구석에 드리티고. ≪朴諺, 下, 38ㅎ≫銀栲栳交椅, 銀栲栳交椅와. 銀盆, 銀盆과. 水罐, 水罐과. 金瓜, 金瓜와. 古朶, 보리알과. 金鐙, 金鐙과. 鉞斧, 鉞斧와.

고로(笲笼) 명 대오리나 고리버들 가지로 결어 만든 그릇. ≪朴諺, 中, 59ㅎ≫颩在槓子閣落(集覽, 朴集, 中, 9ㅈ: 閣落. 音ᄀᆞ·랖, 指一隅深奧之處. 舊本未得本字, 而借用栲栳二字. 按韻〈韵〉書, 栲栳, 木名, 笲笼, 柳器.)裡, 궷 구석에 드리티고.

고로다 형 고르다. ⇔균(匀). ≪朴諺, 上, 29ㅎ≫這一等花兒匀大的, 이 ᄒᆞᆫ 가지 소홈 고로고 크니롤. ≪朴諺, 中, 26ㅎ≫刺的細匀着, 치질ᄒᆞ기롤 ᄀᆞᄂᆞᆯ고 고로게 ᄒᆞ라. ≪朴諺, 中, 49ㅎ≫只好生和匀着, 그저 ᄀᆞ장 석기롤 고로게 ᄒᆞ여. ≪朴諺, 中, 55ㅈ≫緻的細匀着, 마모로기롤 ᄀᆞᄂᆞᆯ고 고로게 ᄒᆞ라. ≪朴諺, 下, 1ㅈ≫着菖蒲末

兒撒的勻了着, 菖蒲 ㄱㄹ로 쌔리기를 고로게 ᄒᆞ고. ≪朴諺, 下, 5ㅎ≫把那麻刀一打裏和的勻着, 더 삼써울을다가 ᄒᆞᆫ 번의 섯기를 고로게 ᄒᆞ라.

고로옴 형 괴로움. ⇔고(苦). ≪朴諺, 上, 63ㅎ≫有苦時同受, 고로옴이 잇거든 ᄒᆞᆫ가지로 밧고.

고롬 명 고름. ⇔농수(膿水). ≪朴諺, 下, 6ㅎ≫滿指甲疙瀼和膿水怎麽當, 손똡의 ㄱ득ᄒᆞᆫ 더덩이와 고롬을 엇디 당ᄒᆞ리오.

고루(鼓樓) 명 큰북을 단 누각. ≪朴諺, 下, 48ㅈ≫到皷樓前面, 皷樓 앏히 니ㄹ러.

고만(考滿) 동 벼슬아치의 임기가 만료되다. ≪朴諺, 中, 45ㅎ≫鮮由(集覽, 朴集, 中, 8ㅈ: 鮮由. 吏學指南云, 考滿職除曰解, 歷其殿最曰由.)得了不曾, 鮮由를 어덧ᄂᆞ냐 못ᄒᆞ엿ᄂᆞ냐.

고문(古文) 명 고문으로 쓰여진 전적(典籍). 흔히 진대(秦代) 이전의 문헌을 이른다. ≪集覽, 字解, 單字解, 4ㅎ≫甚. 合. 俗語, 甚麽 므슴, 猶何也. 又有呼爲신音者, 故古文·語錄有什麽之語, 音시모. 以甚爲什, 殊無意義. 甚字用終聲, 連呼麽字, 則難於作音, 語不圓熟. 故甚字不用終聲之音, 今俗亦呼爲ᄉᆞ마.

고미(苦味) 명 쓴 맛. ≪朴諺, 上, 2ㅎ≫苦酒(集覽, 朴集, 上, 1ㅎ: 苦酒. 質問云, 酒有苦味, 少甜味. 又云, 麯多米少之酒, 其味最苦.)一桶, 苦酒 ᄒᆞᆫ 통과.

고발(告發) 동 고발하다. ⇔고ᄒᆞ야나다. ≪集覽, 字解, 單字解, 7ㅎ≫發. 酒發 술 괴다. 發將來 자바 보내다. 一發, 見下. 又吏語, 告發 고ᄒᆞ야나다.

고방(庫房) 명 곳집. 곳간. ⇔곳집. ≪朴諺, 中, 39ㅈ≫庫房幾間, 庫房이 현 간. ≪朴諺, 中, 56ㅎ≫庫房槓子裏放的米都喫了, 곳집 궤예 둔 쌀을 다 먹고.

고보(告報) 동 알리다. 보고하다. ⇔고보ᄒᆞ다(告報-). ≪朴諺, 下, 60ㅈ≫咱衆人們特來告報, 우리 모든 사ᄅᆞᆷ들히 특별이 와 告報ᄒᆞ노니.

고보ᄒᆞ다(告報-) 동 알리다. 보고하다. ⇔고보(告報). ≪朴諺, 下, 60ㅈ≫咱衆人們特來告報, 우리 모든 사ᄅᆞᆷ들히 특별이 와 告報ᄒᆞ노니.

고사리 명 고사리. ⇔권두채(拳頭菜). ≪朴諺, 中, 12ㅈ≫買些柴·拳頭菜·茶葉拿去, 져기 나모와 고사리와 茶葉을 사 가져가라.

고사리치 명 고사리. ⇔권두채(拳頭菜). ≪朴諺, 中, 34ㅎ≫買些拳頭菜, 져기 고사리치. 貫衆菜, 회초미치. 搖頭菜, 두룹치. 蒼朮菜來, 삽듀치를 사 오라.

고산(高山) 명 높은 산. ≪朴諺, 下, 50ㅎ≫彈一曲流水高山(集覽, 朴集, 下, 11ㅈ: 流水高山. 列子, 伯牙善鼓〈皷〉琴, 鍾子期善聽. 伯牙鼓〈皷〉琴, 志在高山. 子期曰, 善㦲, 巍巍乎, 志在高山.), 一曲 流水高山을 ᄠᅳ며.

고상(高尙) 명 고결한 절조를 이르는 말. ≪朴諺, 上, 32ㅎ≫一箇和尙(集覽, 朴集, 上, 9ㅎ: 和尙. 萬里相和曰和, 外道相尙曰尙. 又和者, 太和也, 尙者, 高尙也.)偸弄別人的媳婦, ᄒᆞᆫ 즁이 ᄂᆞᆷ의 겨집을 도적ᄒᆞ여 어ᄅᆞ노라.

고성(古城) 명 예전에 지은 오래된 성. ≪朴諺, 下, 60ㅈ≫娘子柳氏(集覽, 朴集, 下, 12ㅎ: 娘子柳氏〈栁氏〉. 貞州, 今豐〈豊〉德昇天浦古城北二里是也.)出來說道, 娘子 柳氏ㅣ 나와 닐오ᄃᆡ.

고성(故城) 명 옛 성터. ≪朴諺, 中, 19ㅎ≫東安州(集覽, 朴集, 中, 3ㅎ: 東安州. 在東安縣西北. 金以前皆爲縣, 元陞爲州, 今避水患移今治, 在順天府南一百里, 故城遂廢〈癈〉, 洪武初改爲縣.)去, 東安州에 가.

고성군(高城郡) 명 강원도(江原道) 고성군(高城郡) 지역에 있었다. 본래 고구려(高句麗)의 달홀(達忽)이었는데, 신라 진흥왕(眞興王) 29년(568)에 달홀주(達忽州), 경덕왕(景德王) 때에 고성으로 고쳐 군(郡)이 되었다. 고려 때에 현(縣), 조선 세종(世宗) 때에 군(郡), 1919년 간성군

(杆城郡)에 병합되어 고성군이 되었다. ≪朴諺, 上, 9ㅈ≫我也往金剛山(集覽, 朴集, 上, 4ㅎ: 金剛山. 一名皆骨山, 卽白頭山南條也. 南至淮陽縣之東, 高城郡之西爲金剛山, 凡一萬二千峯.)禪院·松廣等處降香去, 나도 金剛山 禪院·松廣 等處로 향ᄒᆞ야 降香ᄒᆞ라 가노라.

고소(告訴) 동 고(告)하여 하소연하다. ≪朴諺, 下, 53ㅎ≫你饋我寫一箇状子(集覽, 朴集, 下, 12ㅈ: 狀子. 猶本國所志. 吏學指南云, 狀, 貌也, 以貌寫情於紙墨也. 亦曰告狀, 謂述其情, 告訴於上也.), 네 날을 ᄒᆞᆫ 고장을 써 주고려.

고수(高手) 명 기술이나 능력이 매우 뛰어난 사람. ≪朴諺, 中, 26ㅎ≫這一箇高手的人做的生活, 이 ᄒᆞᆫ 高手엣 사ᄅᆞᆷ의 ᄆᆡᆫᄃᆞᆫ 셩녕이.

고승(高僧) 명 〈불〉 덕이 높은 중. ≪朴諺, 上, 66ㅎ≫這的眞善智識(集覽, 朴集, 上, 16ㅎ: 善知識. 善知〈智〉識者, 指高僧之稱. 知亦作智.)那裏尋去, 이런 진짓 善智識을 어ᄃᆡ 어드리오. ≪朴諺, 下, 3ㅈ≫西天取經去(集覽, 朴集, 下, 1ㅈ: 西天取經去. 此時唐太宗, 聚天下僧尼, 設無遮大會, 因衆僧擧一高僧爲壇主說法, 卽玄裝〈奘〉法師也.)時莭(節), 西天의 經 가질라 갈 제.

고싀 명 고수[香荽]. (산형과(繖形科)의 한해살이풀. 절에서 많이 재배한다) ⇔원유(園荽). ≪朴諺, 中, 33ㅎ≫蘿蔔, 댓무우. 蔓菁, 쉿무우. 萵苣, 부로. 葵菜, 아혹. 白菜, ᄇᆡ치. 赤根菜, 시근치. 園荽, 고싀. 蔘子, 역괴. 葱, 파. 蒜, 마ᄂᆞᆯ. 薤, 부치. 荊芥, 형개. 薄荷, 박하. 茼蒿, 믈ᄡᅮᆨ. 水蘿蔔, 믈한댓무우. 胡蘿蔔, 노론댓무우. 芋頭, 토란. 紫蘇都種來, 紫蘇를 다 시므라.

고시관(考試官) 명 시험을 주관하는 벼슬아치. ≪朴諺, 上, 5ㅎ≫叫教坊司十數箇樂工和做院本(集覽, 朴集, 上, 2ㅎ: 院本. 質問云, 院本有曰外, 或粧先生·採訪使·考試官·老人·達達之類, 皆是外扮, 曰淨, 有男淨·有女淨, 亦做醜態, 專一弄言取人歡笑, 曰末, 粧扮不一, 初則開塲白說, 或粧家人·祗候, 或扮使臣之類, 曰丑, 狂言戲弄, 或粧醉漢·太醫·吏員·媒婆之類.)諸般雜技的來, 教坊司의 여라믄 樂工과 院本에 여러 가지 雜技ᄒᆞᄂᆞ니를 블러오라.

고아(袴児) 명 고아(袴兒). '児'는 '兒'의 속자. ≪朴諺, 上, 25ㅈ≫衫兒·袴児·裹肚等裏衣且休說, 젹삼·고의·裹肚 等 속옷으란 아직 니ᄅᆞ디 말려니와.

고아(袴兒) 명 고의(袴衣). (남자의 여름 홑바지) ⇔고의. ≪朴諺, 上, 25ㅈ≫衫兒·袴児·裹肚等裏衣且休說, 젹삼·고의·裹肚 等 속옷으란 아직 니ᄅᆞ디 말려니와.

고악(鼓樂) 동 북을 치고 음악을 연주하다. ≪朴諺, 下, 42ㅎ≫諸般彩亭子(集覽, 朴集, 下, 9ㅈ: 彩亭子. 漢俗皆於白日送殯, 凡結飾車輿·幢幡·傘盖及紙造人馬爲前導者, 連亘四五十步. 僧尼·道士及鼓〈皷〉樂·鍾鈸塡咽大路, 遠近大小親鄰〈隣〉男女, 前後導從者, 不知幾人, 後施夾障從之.), 여러 가지 彩亭子를 셰내고. ≪朴諺, 下, 45ㅈ≫宋舍看打春(集覽, 朴集, 下, 9ㅎ: 打春. 東京夢華錄云, 立春前五日, 造土牛·耕夫·犁具, 前一日順天府進農牛入禁中鞭春, 府縣官吏·士庶·耆社, 具鼓樂出東郊迎春, 牛芒神至府前, 各安方位.)去來, 宋개아 님쥰 노롯ᄒᆞᄂᆞᆫ 양 보라 가쟈. ≪朴諺, 下, 49ㅈ≫好女不看燈(集覽, 朴集, 下, 11ㅈ: 好女不看燈. 道經云, 正月十五日, 謂之上元, 天官下降人閒〈間〉, 考定罪福. 是夜張燈, 士女鼓〈皷〉樂遊街.), 好女ᄂᆞᆫ 看燈 아니ᄒᆞᆫ다 ᄒᆞᄂᆞ니라.

고안(䈑眼) 명 눈에 난 치. ('치'는 말이나 노새 등의 눈 가운데가 부어올라 연골과 같이 굳어지는 병) ≪集覽, 朴集, 上, 11ㅈ≫骨眼. 質問云, 馬害肚疼打滾, 割眼内肉, 方言謂之䈑眼, 音姑.

고약(膏藥) 명 고(膏). 고약. ≪朴諺, 上, 13ㅎ≫不湏(須)貼膏藥, 모로미 膏藥을 브티

디 말라.

고오다 동 (코)골다. ⇔타(打). ≪朴諺, 中, 47ㅈ≫倒在床上打鼾睡, 상 우희 것구러뎌 코 고오고 자거늘.

고온 형 고운[麗]. ≪朴諺, 下, 47ㅈ≫第二一箇十分可喜的衏衏, 第二는 흔 ᄀ장 고온 녀기와.

고용(雇用) 동 삯을 주고 부리다. 고용하다. ≪集覽, 字解, 單字解, 6ㅈ≫賃. 俶屋以語曰賃, 지블 돌마다 銀 현 량곰 삭 물오 드러 이셔 살 시라. 又雇用驢馬·舟車之類曰賃, 라괴와 물돌홀 삭 주고 브릴 시라.

고을 명 고을. ⇔현(縣). ≪朴諺, 下, 54ㅎ≫當有某縣某村住人王大戶爲證, 곳 아모 고을 아모 촌에 사는 사름 王大戶ㅣ 이셔 證ᄒ엿ᄂ니이다.

고의 명 고의(袴衣). (남자의 여름 홑바지) ⇔고아(袴兒). ≪朴諺, 上, 25ㅈ≫衫兒·袴児·裹肚等裏衣且休說, 젹삼·고의·裹肚 等 속옷으란 아직 닐ᄋ디 말려니와.

고인(古人) 명 옛사람. ≪集覽, 字解, 單字解, 4ㅎ≫麽. 本音모. 俗用爲語助辭, 音마, 古人皆呼爲모, 故或通作莫. 怎麽 엇디, 來麽 오나라. 又用如乎字之意者則曰, 去麽 갈다, 有麽 잇ᄂ녀. 元語, 麽道 니르ᄂ다, 麽音ᄆ, 今不用. ≪朴諺, 上, 7ㅎ≫古人道, 古人이 니르되. ≪朴諺, 中, 2ㅈ≫古人道, 古人이 닐오ᄃ. ≪朴諺, 下, 15ㅈ≫古人道, 古人이 닐오ᄃ.

고인(故人) 명 옛 친구. 오래전부터 사귀어 온 친구. ≪朴諺, 中, 16ㅎ≫故人誠信病中知, 故人의 誠信은 病中에 아ᄂ니라.

고자(告子) 명 방(榜). ⇔방. ≪朴諺, 下, 55ㅎ≫你寫與我告子, 네 날을 방을 써 주라. ≪朴諺, 下, 55ㅎ≫與他二兩告子錢, 뎌를 두 냥 告子錢을 주고. 着他沿街吗, 뎔로 ᄒ여 거리롤 조차 웨려 ᄒ노라. 這告子寫了也, 이 방을 써다. ≪朴諺, 下, 56ㅈ≫你看這告子, 네 이 방을 보라.

고자전(告子錢) 명 방문(榜文)을 쓴 값으로 주는 돈. ≪朴諺, 下, 55ㅎ≫與他二兩告子錢(集覽, 朴集, 下, 12ㅈ: 二兩告子錢. 鈔之兩數也.), 뎌롤 두 냥 告子錢을 주고. 着他沿街吗, 뎔로 ᄒ여 거리롤 조차 웨려 ᄒ노라. 這告子寫了也, 이 방을 써다.

고장 명 고장(告狀). 소장(訴狀). ⇔장자(狀子). ≪朴諺, 下, 53ㅎ≫你饋我寫一箇状子(集覽, 朴集, 下, 12ㅈ: 狀子. 猶本國所志. 吏學指南云, 狀, 貌也, 以貌寫情於紙墨也. 亦曰告狀, 謂述其情, 告訴於上也.), 네 날을 ᄒ 고장을 써 주고려. 甚麽状子, 므슴 고장고.

고장(告状) 명 고장(告狀). '状'은 '狀'의 속자. ≪朴諺, 下, 53ㅎ≫你饋我寫一箇状子(集覽, 朴集, 下, 12ㅈ: 狀子. 猶本國所志. 吏學指南云, 狀, 貌也, 以貌寫情於紙墨也. 亦曰告狀, 謂述其情, 告訴於上也.), 네 날을 ᄒ 고장을 써 주고려.

고장(告狀) 동 고장(告狀)을 관청에 제출하다. ⇔고장ᄒ다(告狀-). ≪朴諺, 中, 59ㅈ≫你那告状的勾當, 네 뎌 告状ᄒ 일을. ≪朴諺, 下, 53ㅈ≫告状人某, 告状ᄒ 사름 아뫼라. ≪朴諺, 下, 54ㅈ≫告状人李萬見, 告状ᄒ 사름 李萬見이. ≪朴諺, 下, 55ㅈ≫告状人李萬見, 告状ᄒ 사름 李萬見이라.

고장(告狀) 명 고장(告狀). 소장(訴狀). ≪朴諺, 下, 53ㅎ≫你饋我寫一箇状子(集覽, 朴集, 下, 12ㅈ: 狀子. 猶本國所志. 吏學指南云, 狀, 貌也, 以貌寫情於紙墨也. 亦曰告狀, 謂述其情, 告訴於上也.), 네 날을 ᄒ 고장을 써 주고려.

고장(孤裝) 명 송대(宋代)의 잡극(雜劇)과 금대(金代) 원본(院本)에서 광대역을 맡은 배우. ≪朴諺, 上, 5ㅎ≫吗教坊司十數箇樂工和做院本(集覽, 朴集, 上, 2ㅎ: 院本. 院本則五人, 一曰副淨, 古謂之參軍, 一曰副末, 古謂之蒼鶻, 鶻能擊禽鳥, 末可打副淨, 古(故)云, 一曰引戲, 一曰末泥, 一曰孤裝, 又謂之五花爨弄.)諸般雜技的

來, 敎坊司의 여라믄 樂工과 院本에 여러 가지 雜技ᄒᆞᄂᆞ니를 블러오라.

고장ᄒᆞ다(告狀-) 동 고장(告狀)을 관청에 제출하다. ⇔고장(告狀). ≪朴諺, 中, 59ㅈ≫你那告状的勾當, 네 뎌 告狀ᄒᆞᆫ 일을. ≪朴諺, 下, 53ㅈ≫告狀人某, 告狀ᄒᆞᆫ 사ᄅᆞᆷ 아뫼라. ≪朴諺, 下, 54ㅈ≫告狀人李萬見, 告狀ᄒᆞᆫ 사ᄅᆞᆷ 李萬見이. ≪朴諺, 下, 55ㅈ≫告狀人李萬見, 告狀ᄒᆞᆫ 사ᄅᆞᆷ 李萬見이라.

고정(考定) 동 고찰하여 정하다. ≪朴諺, 下, 49ㅈ≫好女不看燈(集覽, 朴集, 下, 11ㅈ: 好女不看燈. 道經云, 正月十五日, 謂之上元, 天官下降人閒〈間〉, 考定罪福. 是夜張燈, 士女鼓〈皷〉樂遊街.), 好女ᄂᆞᆫ 看燈 아니ᄒᆞᆫ다 ᄒᆞᄂᆞ니라.

고정(高頂) 명 정상(頂上). 맨 꼭대기. ≪朴諺, 上, 5ㅈ≫寶粧高頂插花, 寶粧 高頂에 곳츨 곳고.

-고져 어미 -고자. ≪集覽, 字解, 單字解, 1ㅈ≫還. 猶尙也, 再也. 還有多少 당시론 언메나 잇ᄂᆞ뇨. 又다하. 還要多少 다하 언메나 받고져 ᄒᆞ나뇨. ≪朴諺, 上, 16ㅈ≫咱這官人要打一副刀子, 우리 이 官人이 ᄒᆞᆫ ᄇᆞᆯ 칼을 ᄆᆡᆫ돌고져 호ᄃᆡ. ≪朴諺, 上, 29ㅎ≫你要幾箇, 네 몃치나 ᄒᆞ고져 ᄒᆞᄂᆞᆫ다. 要六箇, 여슷슬 ᄒᆞ고져 ᄒᆞ노라. ≪朴諺, 上, 36ㅈ≫三哥待要分開, 셋재 형은 ᄂᆞᆫ호고져 ᄒᆞ고. ≪朴諺, 上, 52ㅎ≫你要打幾箇氣力的弓, 네 언머 힘에 활을 ᄆᆡᆫ돌고져 ᄒᆞᄂᆞᆫ다. ≪朴諺, 上, 55ㅈ≫我要打圍處騎的快走的馬, 내 산영ᄒᆞᄂᆞᆫ 고ᄃᆡ ᄐᆞᆯ 잘 ᄃᆞᆮᄂᆞᆫ ᄆᆞᆯ을 사고져 ᄒᆞ노라. ≪朴諺, 中, 3ㅎ≫要染的好着, 믈드리기를 잘 ᄒᆞ고져 ᄒᆞ노라. ≪朴諺, 中, 9ㅈ≫我本待要請你去來, 내 본ᄃᆡ ᄒᆞ마 너를 쳥ᄒᆞ라 가고져 ᄒᆞ더니. ≪朴諺, 中, 28ㅎ≫便要打殺那媳婦, 곳 뎌 媳婦를 텨 죽이고져 ᄒᆞ거늘. ≪朴諺, 中, 31ㅈ≫他要變時誰保他, 뎨 변코져 ᄒᆞ면 뉘 뎌를 긔수ᄒᆞ리오. ≪朴諺, 中, 42ㅎ≫我要你莊頭裏去, 내 네 농장에 가고져 호ᄃᆡ. ≪朴諺, 下, 12ㅈ≫我要盖一座書房, 내 一座 書房을 짓고져 ᄒᆞ니. ≪朴諺, 下, 18ㅈ≫要滅佛敎, 佛敎를 滅코져 ᄒᆞ여. ≪朴諺, 下, 20ㅎ≫要動禪, 禪을 動코져 ᄒᆞ거늘. ≪朴諺, 下, 25ㅎ≫你敢要玉價錢, 네 감히 옥 갑슬 밧고져 ᄒᆞᄂᆞᆫ다. ≪朴諺, 下, 26ㅎ≫你要那, 네 사고져 ᄒᆞᄂᆞᆫ다. ≪朴諺, 下, 33ㅎ≫官人們要時, 官人들히 ᄒᆞ고져 ᄒᆞ면. ≪朴諺, 下, 40ㅈ≫你要畫甚麽, 네 므서슬 그리고져 ᄒᆞᄂᆞᆫ다. 要畫我的喜身裏, 내 진영을 그리고져 ᄒᆞ노라. ≪朴諺, 下, 51ㅎ≫我待學范蠡歸湖, 내 范蠡의 歸湖를 ᄇᆡ호고져 ᄒᆞ노라.

고조(高祖) 명 묘호(廟號). ❶한(漢)나라 유방(劉邦)의 묘호. ≪朴諺, 上, 39ㅈ≫狗有濺草之恩, 개ᄂᆞᆫ 濺草ᄒᆞᆫ 恩이 잇고. 馬有垂韁之報(集覽, 朴集, 上, 11ㅈ: 馬有垂韁之報. 漢高祖與項王會鴻門, 舞劒事急, 謀脫. 匹〈疋〉馬南行, 道傍有一智井, 馬到井邊不肯行. 漢王恐追者至, 下馬入井.), ᄆᆞᆯ은 垂韁ᄒᆞᆫ 報ㅣ 잇다 ᄒᆞ니라. ❷당(唐)나라 이연(李淵)의 묘호. ≪朴諺, 上, 25ㅎ≫鴉青繡四花織金羅搭護(集覽, 朴集, 上, 8ㅎ: 搭護. 事物紀原云, 隋內官多服半臂, 餘皆長袖. 唐高祖減其袖, 謂之半臂, 即今背子也.), 鴉青빗치 四花를 繡노코 織金ᄒᆞᆫ 羅 더그레오.

고조(高燥) 형 높고 건조하다. ≪朴諺, 中, 19ㅎ≫放稈草(集覽, 朴集, 中, 3ㅎ: 稈草. 中國北方士〈土〉地高燥, 宜粟不宜稻, 故治田好種粟.)五錢一束(束)家放, 조딥헤 노흐되 다ᄉᆞᆺ 낫 돈에 ᄒᆞᆫ 뭇식 ᄒᆞ여 노코.

고조(鼓爪) 동 (손끝으로) 떨어내다. 타다. 튕기다. 치다. ≪集覽, 字解, 單字解, 1ㅎ≫彈. 平聲, 鼓爪曰彈. 又糾也, 劾也. 去聲, 丸也. 俗呼雞子曰雞彈, 通作鴠.

고조(鼓噪) 동 출전(出戰)할 때 북을 치며 함성을 지르다. ≪朴諺, 下, 58ㅎ≫咱本國是太祖(集覽, 朴集, 下, 12ㅈ: 太祖. 夫人柳氏曰, 妾聞諸公之言, 尙有感奮, 況大

丈夫乎. 提甲領以披之, 諸將扶擁而出, 令人呼曰, 王公已擧義旗, 國人來赴者不可勝計. 先至宮門, 鼓〈皷〉噪以待者, 亦萬餘人.)姓王諱建表德若天, 우리 本國이 太祖의 姓은 王이오 諱ᄂᆞᆫ 建이오 字ᄂᆞᆫ 若天이니.

고족상(高足床) 명 잔치 때 음식을 차리는 데 쓰는 다리가 높은 상. ≪朴諺, 上, 6ㅈ≫我們先喫兩巡酒後頭擡卓兒(集覽, 朴集, 上, 3ㅈ: 擡卓兒. 擡, 擧也. 進案撤案皆曰擡, 謂人所擧也. 卓, 卽本國所謂高足床也.), 우리 몬져 두 슌비 술 머근 후에 상을 드러든.

고주(沽酒) 동 술을 팔다. ≪朴諺, 下, 13ㅈ≫上面畫六鶴舞琴(集覽, 朴集, 下, 3ㅈ: 六鶴舞琴. 善惡報應錄云, 江夏郡辛氏沽酒爲業, 有一先生入坐曰, 有好酒飮吾否. 辛飮以巨杯. 明日復來, 如此半載.), 上面에 六鶴舞琴을 그리고.

고주(苦酒) 명 지에밥에 누룩을 많이 넣어 빚은 술. 맛이 매우 쓰다고 한다. ≪朴諺, 上, 2ㅎ≫苦酒(集覽, 朴集, 上, 1ㅎ: 苦酒. 質問云, 酒有苦味, 少甜味. 又云, 麯多米少之酒, 其味最苦.)一桶, 苦酒 ᄒᆞᆫ 통과.

고죽국(孤竹國) 명 은(殷)나라 탕왕(湯王) 때에 제후국으로 봉해진 나라. 발해만(渤海灣) 북안에 있었던 나라로 추정된다. ≪朴諺, 上, 8ㅎ≫往永平(集覽, 朴集, 上, 4ㅈ: 永平. 一統誌云, 禹貢冀州之域. 虞分冀北爲營州, 此卽其地. 商〈啇〉爲孤竹國, 元爲永平路.)·大寧·遼陽·開元·瀋陽等處開去, 永平·大寧·遼陽·開元·瀋陽 等處를 향ᄒᆞ여 開讀ᄒᆞ라 가노라.

고진감래(苦盡甘來) 명 쓴 것이 다하면 단 것이 온다는 뜻으로, 고생 끝에 즐거움이 옴을 이르는 말. ≪朴諺, 下, 15ㅈ≫苦盡甘來, 苦盡甘來라 ᄒᆞ니라.

고타(古朶) 명 송대(宋代)에 긴 막대기 끝에 마늘 모양의 쇳덩이나 나무토막을 붙인 무기. 뒤에 의장으로 썼다. ⇔보리알. ≪朴諺, 下, 38ㅎ≫銀栲栳交椅, 銀栲栳交椅와. 銀盆, 銀盆과. 水罐, 水罐과. 金瓜, 金瓜와. 古朶, 보리알과. 金鐙, 金鐙과. 鉞斧, 鉞斧와.

고티다 동 고치다. 치료하다. ❶⇔의(醫). ≪朴諺, 上, 13ㅎ≫容易醫他, 뎌ᄂᆞᆫ 고티기 쉬오니. ≪朴諺, 上, 38ㅈ≫這裏有獸醫家麽, 여긔 즘싱 고티ᄂᆞᆫ 집이 잇ᄂᆞ냐. ≪朴諺, 上, 38ㅎ≫他快醫頭口, 뎨 즘싱 고티기 잘ᄒᆞᄂᆞ니라. ≪朴諺, 上, 39ㅈ≫張五你饋我醫馬骨眼, 張五ㅣ야 네 나ᄅᆞᆯ ᄆᆞᆯ 눈에 치 고텨 주고. ≪朴諺, 上, 39ㅈ≫醫了, 고텨다. ❷⇔치(治). ≪朴諺, 上, 38ㅎ≫將那裏治去來, 가져 뎌긔 고티라 가. ≪朴諺, 上, 38ㅎ≫治得馬好時, ᄆᆞᆯ을 고텨 됴흐면. ≪朴諺, 中, 18ㅎ≫怕沒治病的心那, 저프건대 病 고틸 ᄆᆞ음이 업스랴마ᄂᆞᆫ.

고티다 동 고치다. 바꾸다. ⇔개(改). ≪朴諺, 中, 4ㅈ≫改染做桃紅碾到着, 고텨 桃紅 드려 다듬기ᄅᆞᆯ 잇긋 ᄒᆞ라. ≪朴諺, 中, 50ㅈ≫實說定了時不要改, 실로 닐러 뎡ᄒᆞ고 고티디 마쟈.

고향(故鄕) 명 자기가 태어나서 자란 곳. ≪朴諺, 下, 11ㅎ≫衣錦還鄕(集覽, 朴集, 下, 3ㅈ: 衣錦還鄕. 項羽屠咸陽, 與沛公分王. 又懷東歸, 曰, 富貴不歸故鄕, 如衣綉〈繡〉夜行. 遂東歸, 都彭城. 故後人仕官〈宧〉榮貴還鄕里者曰衣錦還鄕.), 비단 옷 닙고 고향의 도라가.

고현(高顯) 형 우뚝하다. 높이 드러나다. ≪朴諺, 中, 22ㅈ≫起浮屠於泗水之間(集覽, 朴集, 中, 5ㅈ: 起浮屠於泗水之間. 浮屠, 卽塔也. 唐言高顯也.), 浮屠ᄅᆞᆯ 泗水ㅅ ᄉᆞ이에 니ᄅᆞ혀고.

고ᄒᆞ다 동 고(告)하다. 고발하다. 신고하다. ⇔고(告). ≪集覽, 字解, 單字解, 7ㅎ≫發. 酒發 술 괴다. 發將來 자바 보내다. 一發, 見下. 又吏語, 告發 고ᄒᆞ야나다. ≪朴諺, 下, 16ㅈ≫妄告官司抵罪反坐, 망녕되이 官司에 고ᄒᆞ면 죄 反坐에 니ᄅᆞᄂᆞ니라. ≪朴諺, 下, 19ㅈ≫到國王前面告末

畢, 國王의 앏픠 가 고ᄒᆞ기를 뭇디 못ᄒᆞ여셔.

고ᄒᆞ다(告-) 동 고(告)하다. 고발하다. 신고하다. ⇔고(告). ≪朴諺, 中, 8ㅈ≫爲頭兒老漢們告道, 爲頭ᄒᆞᆫ 老漢들이 告ᄒᆞ여닐오ᄃᆡ. ≪朴諺, 中, 28ㅎ≫走到官司告了, 官司에 ᄃᆞ라가 告ᄒᆞ니. ≪朴諺, 下, 3ㅈ≫告諸佛·菩薩, 諸佛과 菩薩ᄭᅴ 告ᄒᆞ여. ≪朴諺, 下, 15ㅎ≫那厮先告官, 뎌 놈이 몬져 구의에 告ᄒᆞ야. ≪朴諺, 下, 37ㅎ≫這兩日官司裡告了, 이 두어 날에 官司에 告ᄒᆞ여. ≪朴諺, 下, 54ㅈ≫狀告, 狀을 告ᄒᆞ노니. ≪朴諺, 下, 55ㅈ≫狀不過三日便告時好, 狀은 三日이 디나디 아녀셔 곳 告홈이 됴커니와.

고ᄒᆞ야나다 동 고발(告發)하다. 신고하다. ⇔고발(告發). ≪集覽, 字解, 單字解, 7ㅎ≫發. 酒發 술 괴다. 發將來 자바 보내다. 一發, 見下. 又吏語, 告發 고ᄒᆞ야나다.

곡(曲) 명 가락. 곡조(曲調). ⇔곡아(曲兒). ≪朴諺, 上, 7ㅎ≫如今唱達達曲兒, 이제 達達曲을 브ᄅᆞ고.

곡(斛) 명 휘. ⇔휘. ≪朴諺, 上, 12ㅎ≫着斛起, 휘로 되게 ᄒᆞ라.

곡곡(曲曲) 형 구불구불하다. ⇔곡곡ᄒᆞ다(曲曲-). ≪朴諺, 中, 32ㅈ≫灣灣曲曲的路, 灣灣 曲曲ᄒᆞᆫ 길히오.

곡곡ᄒᆞ다(曲曲-) 형 구불구불하다. ⇔곡곡(曲曲). ≪朴諺, 中, 32ㅈ≫灣灣曲曲的路, 灣灣 曲曲ᄒᆞᆫ 길히오.

곡됴 의 곡조(曲調). ⇔조(操). ≪朴諺, 中, 44ㅈ≫撫琴一操解千愁, 거믄고 ᄒᆞᆫ 곡됴를 어ᄅᆞᄆᆞ져 千愁를 프ᄂᆞ니.

곡두(穀豆) 명 곡식과 콩. 곧, 곡식. ≪集覽, 字解, 單字解, 1ㅎ≫料. 凡人飼馬, 或用小黑豆, 或用蜀黍雜飼之. 故凡稱飼馬穀豆曰料. 又該用物色雜稱曰物料, 造屋材木曰木料, 入畫彩色曰顔料. 又量也. 又理也.

곡미(穀米) 명 곡식. ≪朴諺, 下, 32ㅎ≫餠餷(集覽, 朴集, 下, 6ㅈ: 餠餷. 質問云, 將菉豆粉糝和粘穀米, 着水浸濕, 用石磨磨, 細杓兒盛在鍋內, 一撮一撮煎熟而食.), 餠餷와. 煎餠, 煎餠과.

곡슬(曲膝) 명 무릎도리. ⇔무롭도리. ≪朴諺, 中, 51ㅈ≫一剗浠泥曲膝盖深, ᄒᆞᆫ갈ᄀᆞ티 즌흙이 무롭도리로 깁더라.

곡아(曲兒) 명 가락. 곡조(曲調). ⇔곡(曲). ≪朴諺, 上, 7ㅎ≫如今唱達達曲兒, 이제 達達曲을 브ᄅᆞ고.

곡지 명 꼭지. ⇔휴아(携兒). ≪朴諺, 上, 37ㅎ≫金罐兒·鐵携兒裏頭盛着白沙蜜, 금탕권 쇠곡지 속에 白沙蜜 담은 거시여.

곡초(穀草) 명 볏짚. 또는 조짚. ≪朴諺, 中, 19ㅎ≫放稈草(集覽, 朴集, 中, 3ㅎ: 稈草. 收粟者截穗取實, 留〈畱〉其稭以飼馬, 因名其稭曰稈草, 亦曰穀草.)五錢一束(束)家放, 조딥헤 노흐되 다ᄉᆞᆺ 낫 돈에 ᄒᆞᆫ 뭇식 ᄒᆞ여 노코.

곤(棍) 명 ❶곤장(棍杖). (죄인의 볼기를 치던 형구) ⇔곤당. ≪朴諺, 中, 7ㅎ≫將棍來打, 곤당 가져다가 티라. ❷막대기. ⇔막대. ≪朴諺, 上, 21ㅈ≫着攪草棍拌饋他些料水喫, 여믈 버므리ᄂᆞᆫ 막대로 뎌를 져기 콩믈을 버므려 주어 먹이고. ≪朴諺, 中, 28ㅎ≫將棍繩到那家裏, 막대과 노흘 가지고 뎌 집의 가.

곤(滾) 동 구르다. ⇔구을다. ≪集覽, 字解, 單字解, 2ㅈ≫滾. 煮水使沸曰滾滾花水 글흔 믈. 又輪轉曰滾滾了 구으다, 字作輥. 又通共和雜曰累滾 ᄒᆞᆫ 믈와비라. 又滾子 방올. ≪朴諺, 下, 9ㅈ≫不知怎生滾在底下, 아디 몯게라 엇디ᄒᆞᆫ디 구으러 아릐 이셔.

곤(滾) 동 끓다. ⇔글다. ≪朴諺, 下, 20ㅈ≫第三滾油洗澡, 셋재ᄂᆞᆫ 글ᄂᆞᆫ 기름에 모욕ᄒᆞ고.

곤(褌) 명 잠방이. ≪朴諺, 下, 30ㅈ≫穿着花袴(集覽, 朴集, 下, 5ㅎ: 花袴. 以褌連上衣爲之者, 如倭奴上着纈文之衣.)皂靴的勇士, 아롱바디예 거믄 훠 신은 勇士ㅣ.

곤곤(滾滾) 동 끓다. ⇔글다. ≪集覽, 字解,

單字解, 2ㅈ≫滾. 煮水使沸曰滾滾花水 글른 믈. 又輪轉曰滾滾了 구으다, 字作轅. 又通共和雜曰累滾 흔 믈와비라. 又滾子 방올.

곤곤료(滾滾了) 동 구르다. 회전하다. 굴리다. ⇔구으다. ≪集覽, 字解, 單字解, 2ㅈ≫滾. 煮水使沸曰滾滾花水 글른 믈. 又輪轉曰滾滾了 구으다, 字作轅. 又通共和雜曰累滾 흔 믈와비라. 又滾子 방올.

곤곤료(轅轅了) 동 구르다. 회전하다. 굴리다. ⇔구으다. ≪集覽, 字解, 單字解, 2ㅈ≫滾. 煮水使沸曰滾滾花水 글른 믈. 又輪轉曰滾滾了 구으다, 字作轅. 又通共和雜曰累滾 흔 믈와비라. 又滾子 방올.

곤곤화수(滾滾花水) 명 끓는 물. ≪集覽, 字解, 單字解, 2ㅈ≫滾. 煮水使沸曰滾滾花水 글른 믈. 又輪轉曰滾滾了 구으다, 字作轅. 又通共和雜曰累滾 흔 믈와비라. 又滾子 방올.

곤녕전(坤寧殿) 명 궁전 이름. ≪朴諺, 下, 47ㅈ≫粧二郎爺爺(集覽, 朴集, 下, 10ㅎ: 二郎爺爺. 宣和遺事云, 宣和七年十二月, 有神降坤寧殿修(傍)神保觀.), 二郎爺爺를 수며.

곤당 명 곤장(棍杖). (죄인의 볼기를 치던 형구) ⇔곤(棍). ≪朴諺, 中, 7ㅎ≫將棍來打, 곤당 가져다가 티라.

곤륜(崐崘) 명 곤륜(崑崙). '崐崘'은 '崑崙'과 같다. ≪朴諺, 上, 62ㅎ≫休誇天上瑤池(集覽, 朴集, 上, 15ㅈ: 瑤池. 列仙傳, 崐崘〈崑崙〉閬苑, 有〈白〉玉樓十二, 玄室九層, 左瑤池, 右翠水, 環以弱水九重, 非飆(飈)車羽輪, 不可到也. 註, 瑤池, 王母所居.), 天上 瑤池를 쟈랑티 말라.

곤륜(崑崙) 명 전설상 서왕모(西王母)가 살며 불사(不死)의 물이 흐른다고 한다. ≪朴諺, 上, 62ㅎ≫休誇天上瑤池(集覽, 朴集, 上, 15ㅈ: 瑤池. 列仙傳, 崐崘〈崑崙〉閬苑, 有〈白〉玉樓十二, 玄室九層, 左瑤池, 右翠水, 環以弱水九重, 非飆(飈)車羽輪, 不可到也. 註, 瑤池, 王母所居.), 天上 瑤池를 쟈랑티 말라.

곤명지(昆明池) 명 중국 섬서성(陝西省) 장안현(長安縣)의 남서쪽에 있었다. 한 무제(漢武帝)가 원수(元狩) 3년(B.C. 120)에 운남(運南)의 곤명지를 본떠서 만든 것으로, 이곳에서 수전(水戰)을 익히게 하였다. 송대(宋代) 이후에 소멸되었다. 뒤에는 황성(皇城) 부근의 호수를 이르는 말로 썼다. ≪朴諺, 中, 24ㅈ≫萬刼(集覽, 朴集, 中, 6ㅈ: 萬劫. 漢武帝鑿昆明池, 其底有灰, 帝問東方朔, 對曰, 此劫〈刼〉灰也.)再逢難, 萬劫이라도 다시 만나기 어려오니라.

곤봉(棍棒) 명 막대기. ⇔막대. ≪朴諺, 下, 48ㅎ≫各拿棍棒, 各各 막대를 가지며.

곤비(滾沸) 동 물 따위가 펄펄 끓다. ≪朴諺, 上, 5ㅈ≫燌鴿子彈(集覽, 朴集, 上, 2ㅎ: 燌鴿子彈. 質問云, 鴿子彈糝於滾肉湯食之. 又云, 用肉湯在鍋, 再加椒料·菜·葱花, 燒火至滾沸, 方下鴿子卵, 盛之於碗, 以獻賓客.), 비둘기 알 솔믄 이와. ≪朴諺, 上, 5ㅈ≫燗牛肉(集覽, 朴集, 上, 2ㅎ: 燗牛肉. 音義, 燗, 音븅〈븡〉, 平聲. 質問云, 牛肉細切, 用椒塩燗食. 又云, 以水和醬成湯, 放入鍋內, 燒至滾沸, 方下細切的牛肉, 再加椒·醋·葱花盛供, 故曰燗.), 구은 쇠고기와.

곤자(滾子) 명 ❶(물)방울. ⇔방올. ≪集覽, 字解, 單字解, 2ㅈ≫滾. 煮水使沸曰滾滾花水 글른 믈. 又輪轉曰滾滾了 구으다, 字作轅. 又通共和雜曰累滾 흔 믈와비라. 又滾子 방올. ❷방울[鈴]. ⇔방올. ≪朴諺, 下, 35ㅈ≫滾子, 방올과. 鷹鷂擊起毬兒, 鷹鷂와 擊起 毬兒를.

곤탕(滾湯) 명 끓는 물. ≪朴諺, 下, 32ㅈ≫水精角兒(集覽, 朴集, 下, 6ㅈ: 水精角兒. 又居家必用云, 皮用白麪於滾湯攪作稠糊, 於冷水浸, 以豆粉和搜作劑, 打作皮, 包餡上籠, 緊火蒸熟, 洒兩次水, 方可下竈, 臨供時再洒些水便供.), 水精角兒과. ≪朴諺, 下, 32ㅎ≫水滑經帶麵(集覽, 朴集, 下,

6ㅈ: 水滑經帶麵. 冬月溫水浸. 經帶麵〈麪〉, 用頭白麵〈麪〉二斤, 減(鹹)二兩, 塩二兩, 硏細, 新汲水破開和搜, 比趕麵〈麪〉劑微軟, 漸以拗棒拗百餘下, 停一時許, 再拗百餘下, 趕至極薄, 切如經帶㨾, 滾湯下, 候熟入凉水, 投汁任意.), 제믈엣 칼국슈와.

곧 명 곳. ⇔처(處). ≪集覽, 字解, 單字解, 6ㅈ≫多. 多少 언메나. 又許多 하나한. 又餘也. 三十里多地 삼십 리 나믄 짜. 吏語, 多餘. 又過也. 有甚麽多處 므스기 너믄 고디 이시리오. 又重也. 므스기 앗가온 고디 이시리오. ≪朴諺, 上, 40ㅎ≫別處一箇官人娶娘子, 다른 고듸 ᄒᆞᆫ 官人이 娘子ᄅᆞᆯ 娶ᄒᆞ노라. ≪朴諺, 上, 55ㅈ≫我要打圍處騎的快走的馬, 내 산영ᄒᆞᄂᆞᆫ 고듸 ᄐᆞᆯ 잘 ᄃᆞᆮᄂᆞᆫ ᄆᆞᆯ을 사고져 ᄒᆞ노라. ≪朴諺, 中, 51ㅎ≫我別處有些緊勾當去, 내 다른 고듸 져기 긴ᄒᆞᆫ 일이 이셔 가노라. ≪朴諺, 下, 55ㅈ≫我別處望相識去來, 내 다른 고듸 아ᄂᆞᆫ 이ᄅᆞᆯ 보라 가.

곧 부 ❶곧. ⇔변(便). ≪集覽, 字解, 單字解, 4ㅎ≫便. 去聲, 卽也. 便行 즉재 가니라, 便去 즉재 가리라, 又즉재 가다. 又則也. 便有 곧 잇다, 便是 곧 올ᄒᆞ니라. 又順也, 順便. 又安也, 便當. 又宜也. 行方便 됴ᄒᆞᆯ 양오로 ᄒᆞ다, 不方便 다히 마지 쉽사디 아니타. 又猶則也. 你去便就有了 너옷 가면 이시리라. 又平聲, 穩便 온당ᄒᆞ다. 吏語, 便益. ❷곧. 이미. ⇔취변(就便). ≪集覽, 字解, 單字解, 5ㅎ≫就. 卽也. 就將來 즉재 가져오라, 就有了·就去了. 又遂也. 就那裏睡了 게셔 자다, 就便 곧. 又就行 드듸여셔 ᄒᆞ다.

곧다 형 곧다. ⇔직(直). ≪朴諺, 中, 42ㅎ≫一箇直老條, ᄒᆞᆫ 고든긋 ᄒᆞ고.

골 명 골[谷]. 골짜기. ⇔욕(峪). ≪朴諺, 中, 33ㅈ≫沿山沿峪隨喜那景致去來, 山을 조ᄎᆞ며 골을 조차 뎌 景致ᄅᆞᆯ 구경ᄒᆞ라 가쟈.

골 명 골[洞]. ⇔호동(衚衕). ≪朴諺, 上, 18ㅈ≫是抅欄衚衕裏帶匠夏五廂的, 이 抅欄 골 ᄯᅴ장이 夏五ㅣ 젼메웟ᄂᆞ니라. ≪朴諺, 中, 38ㅎ≫我羊市裏前頭磚塔衚衕裏, 내 양 져제 앏 벽탑골에. ≪朴諺, 中, 38ㅎ≫今日早起表褙(褙)衚衕裏, 오ᄂᆞᆯ 아ᄎᆞᆷ에 비뎝골에.

골(骨) 명 ❶뼈. ⇔ᄲᅧ. ≪朴諺, 上, 15ㅈ≫駝骨底子, 약대 ᄲᅧ 밋히. ≪朴諺, 下, 40ㅎ≫畫虎畫皮難畫骨, 범을 그리매 가족은 그려도 ᄲᅧ 그리기 어렵고. 知人知面不知心, 사ᄅᆞᆷ을 알매 ᄂᆞᆺ촌 아라도 ᄆᆞ음은 아디 못ᄒᆞᆫ다 ᄒᆞᄂᆞ니라. ❷치. (말이나 노새 등의 눈 가운데가 부어올라 연골과 같이 굳어지는 병) ⇔치. ≪朴諺, 上, 38ㅎ≫我的赤馬害骨眼(集覽, 朴集, 上, 11ㅈ: 骨眼. 質問云, 馬害肚疼打滾, 割眼內肉, 方言謂之䕨眼, 音姑.), 내 졀ᄯᅡᄆᆞᆯ이 눈에 치 알하. ≪朴諺, 上, 39ㅈ≫張五你饋我醫馬骨眼, 張五ㅣ야 네 나ᄅᆞᆯ ᄆᆞᆯ 눈에 치 고텨 주고.

골두(骨頭) 명 ❶뼈. ⇔ᄲᅧ. ≪朴諺, 上, 35ㅈ≫放在脚內踝尖骨頭上, 발 안쥐머리 ᄲᅩ족ᄒᆞᆫ ᄲᅧ 우희 노하. ≪朴諺, 下, 23ㅈ≫搭出箇爛骨頭的先生, ᄒᆞᆫ ᄆᆞ르노가 ᄲᅧ만 잇ᄂᆞᆫ 先生을 건뎌 내니. ❷씨. 새끼. 놈. (욕하는 말) ⇔ᄡᅵ. ≪朴諺, 上, 31ㅈ≫那狗骨頭知他那裏去, 뎌 가희ᄡᅵ 모로리로다 어ᄃᆡ 간디.

골로추(骨魯槌) 명 밀방망이. ≪朴諺, 下, 33ㅈ≫黃燒餠(集覽, 朴集, 下, 7ㅈ: 黃燒餠. 事林廣記云, 每麵〈麪〉一斤, 入油一兩半, 炒塩一錢, 冷水和搜得所, 骨魯槌硏開, 鏊上熯〈熯〉熟, 得硬煻火燒熟, 甚酥美. 酥, 걱걱ᄒᆞ다〈석석ᄒᆞ다〉.), 누론 쇼병과.

골안(骨眼) 명 눈에 난 치. ('치'는 말이나 노새 등의 눈 가운데가 부어올라 연골과 같이 굳어지는 병) ⇔눈에치. ≪朴諺, 上, 38ㅎ≫我的赤馬害骨眼(集覽, 朴集, 上, 11ㅈ: 骨眼. 質問云, 馬害肚疼打滾, 割眼內肉, 方言謂之䕨眼, 音姑.), 내 졀ᄯᅡᄆᆞᆯ이

눈에 치 알하. ≪朴諺, 上, 39ㅈ≫張五你饋我醫馬骨眼, 張五ㅣ야 네 나를 물 눈에 치 고텨 주고.

골체(骨体) 명 골체(骨體). '体'는 '體'의 속자. ≪朴諺, 上, 59ㅈ≫五錢銀子買一箇羊腔子(集覽, 朴集, 上, 14ㅎ: 羊腔子. 韻會云, 骨体曰腔. 音義云, 羊無首之名. 羊有首, 則人猒〈厭〉看. 今按, 漢俗屠羊出賣者, 皆去其首.), 닷 돈 은에 흔 양의 얼골을 사.

골체(骨體) 명 제사나 잔치 때에 쓰던, 대가리를 제거한 동물의 몸뚱이. ≪朴諺, 上, 59ㅈ≫五錢銀子買一箇羊腔子(集覽, 朴集, 上, 14ㅎ: 羊腔子. 韻會云, 骨体曰腔. 音義云, 羊無首之名. 羊有首, 則人猒〈厭〉看. 今按, 漢俗屠羊出賣者, 皆去其首.), 닷 돈 은에 흔 양의 얼골을 사.

골치 명 골치. 머릿골. ⇔뇌(腦). ≪朴諺, 中, 14ㅎ≫我今日腦疼頭旋, 내 오늘 골치 앏파 머리 어즐ᄒ고. ≪朴諺, 中, 15ㅈ≫奪腦(集覽, 朴集, 中, 2ㅎ: 奪腦. 奪字未詳. 鄕習傳解曰, ᄃ고리 ᄠ 앏〈알〉프다. 奪, 音ᄃ, 去聲讀.)疼的, 골치 ᄠ 앏프고.

골타(骨朶) 명 쇠나 나무로 된 장대 끝에 마늘 또는 질려(蒺藜) 모양을 단 것으로, 당대(唐代) 이후에는 형장(刑杖)으로, 송대(宋代) 이후에는 의장(儀仗)으로 사용하였다. ≪集覽, 朴集, 上, 9ㅈ≫骨朶. 南村輟耕錄云, 國朝有四怯薛中有云都赤, 三日一次輪流入直, 負骨朶於背〈於肩〉. 余究骨朶字義, 嘗記宋景文筆記云, 關中人以腹大爲胍肫, 音孤都, 俗謂杖頭大者亦曰胍肫, 後訛爲骨朶. 朶〈ㄷ〉, 平聲. 事文類聚云, 宋景文筆錄謂俗以檛爲骨朶, 古無稽. 據國朝旣〈統〉名, 衛士執檛扈從者爲骨朶子班. 予按字書, 簻·檛皆音竹爪〈瓜〉切, 通作簻, 又音徒果切, 簻〈簻字〉之變〈変〉爲骨朶, 雖不雅馴, 其來久矣. 今俗音 구도, 皆上聲.

골타(骨朶) 형 굵다. ⇔굵다. ≪朴諺, 上, 27ㅎ≫嵌八寶骨朶雲織金羅比甲, 八寶 쎄고 굴근 운문흔 織金 ᄆ 比甲에.

골타자반(骨朶子班) 명 송대(宋代)에 임금의 곁에서 골타(骨朶)를 쥐고 호위하던 병졸. ≪朴諺, 上, 27ㅎ≫嵌八寶骨朶(集覽, 朴集, 上, 9ㅈ: 骨朶. 事文類聚云, 宋景文筆錄謂俗以檛爲骨朶, 古無稽. 據國朝旣〈統〉名, 衛士執檛扈從者爲骨朶子班.)雲織金羅比甲, 八寶 쎄고 굴근 운문흔 織金 ᄆ 比甲에.

곱다 형 곱다. ⇔가희(可喜). ≪朴諺, 上, 41ㅎ≫那女孩兒生的十分可喜, 뎌 새각시 얼굴이 ᄀ장 고아. ≪朴諺, 上, 55ㅎ≫一箇赤馬生的十分可喜, 흔 졀다ᄆ리 얼굴이 ᄀ장 고오되. ≪朴諺, 中, 26ㅎ≫李大的帽兒樣兒可喜不走作, 李大의 갓이 모양이 곱고 듧쁘디 아니케 ᄆ드랏고. ≪朴諺, 中, 31ㅎ≫那厮如今倒可喜, 뎌 놈이 이제 도로혀 곱더라. ≪朴諺, 下, 47ㅈ≫第二一箇十分可喜的衏衏, 第二는 흔 ᄀ장 고온 녀기와.

곳 명 곳[處]. ❶⇔소(所). ≪朴諺, 下, 19ㅈ≫唐僧也引徒弟去到王所, 唐僧이 ᄯ 徒弟를 ᄃ리고 王의 곳에 니르니. ❷⇔처(處). ≪朴諺, 上, 23ㅎ≫到處裏破別人誇自已(己), 간 곳마다 다른 사름을 해야ᄇ리며 내 몸을 쟈랑ᄒ고. ≪朴諺, 上, 33ㅎ≫無處發落, 發落흔 곳이 업고. ≪朴諺, 上, 34ㅈ≫到處裏養老婆, 간 곳마다 겨집을 어르니. ≪朴諺, 上, 35ㅈ≫那稍兒到處, 뎌 긋 간 곳을. ≪朴諺, 上, 55ㅈ≫空處寫大吉利, 빈 곳에 大吉利라 쓰거나. ≪朴諺, 上, 56ㅎ≫槽疥有甚難處, 빌리아 므슴 어려온 곳이 이시리오. ≪朴諺, 上, 59ㅈ≫有甚麽遲處, 므슴 더딘 곳이 이시리오. ≪朴諺, 中, 23ㅎ≫速詣其處, ᄲ리 그 곳에 나아가. ≪朴諺, 中, 30ㅎ≫他如今喫的穿的無處發落裏, 뎨 이제 는 먹을 것 닙을 것시 發落홀 곳이 업스니라. ≪朴諺, 中, 41ㅈ≫殺了有甚麽多處, 죽인들 므슴 앗가온 곳이 이시리오. ≪朴諺, 中, 56ㅎ≫恨的我沒是處, 믭기 내 올

ᄒᆞᆫ 곳이 업세라. ≪朴諺, 中, 58ㅎ≫不知道葉兒用處, 닙 ᄡᅳᄂᆞᆫ 곳은 아디 못ᄒᆞ더니. ≪朴諺, 下, 5ㅎ≫這一脫兒無處絟, 이 ᄒᆞᆫ 굿틀 밀 곳이 업세라. 這高處鑽些土, 이 노픈 곳의 흙을 ᄯᅳᆯ고. ≪朴諺, 下, 28ㅎ≫這的有甚麽商量處, 이아 므슴 혜아릴 곳이 이시리오. ≪朴諺, 下, 28ㅎ≫有甚麽定害處, 므슴 너린 곳이 이시리오. ≪朴諺, 下, 52ㅎ≫約至某處, 거의 아므 곳에 가되. ≪朴諺, 下, 54ㅈ≫到某處, 아모 곳에 가.

곳 명 꽃. ⇔화(花). ≪朴諺, 上, 36ㅈ≫下雨開花刮風結子, 비 오면 곳 픠고 ᄇᆞ람 블면 여름 여ᄂᆞᆫ 거시여.

곳 부 곧[卽]. ❶⇔당(當). ≪朴諺, 下, 54ㅎ≫當有(集覽, 朴集, 下, 12ㅈ: 當有. 猶言卽有也. 一曰, 猶言上項之辝〈辭〉.)某縣某村住人王大戶爲證, 곳 아모 고을 아모 촌에 사ᄂᆞᆫ 사ᄅᆞᆷ 王大戶ㅣ 이셔 證ᄒᆞ엿ᄂᆞ니이다. ❷⇔변(便). ≪朴諺, 上, 3ㅈ≫便叫將當該的外郎來, 곳 當該 外郎을 블러와. ≪朴諺, 上, 22ㅈ≫有一箇輸了的便賽殺, ᄒᆞ나히 지ᄂᆞ니 이시면 곳 던기리라. 可知便賽, 그리어니 곳 던기쟈. ≪朴諺, 上, 38ㅎ≫不問多少與他些箇便是, 多少ᄅᆞᆯ 뭇디 말고 뎌ᄅᆞᆯ 젹이 주미 곳 올ᄒᆞ니라. ≪朴諺, 上, 47ㅎ≫精神便別有, 精神이 곳 각별이 이시리라. ≪朴諺, 上, 53ㅎ≫小人奉承的便是, 小人이 奉承홈이 곳 올ᄒᆞ니. ≪朴諺, 上, 64ㅎ≫便見眞假, 곳 眞이며 假ᄅᆞᆯ 보리라. ≪朴諺, 上, 66ㅎ≫我到衙門押了公座便來, 내 衙門에 가 公座簿에 일홈두고 곳 오리라. ≪朴諺, 中, 16ㅈ≫喫了時便無事了, 먹으면 곳 無事ᄒᆞ리라. ≪朴諺, 中, 27ㅈ≫便奪了那物, 곳 그 거슬 앗고. ≪朴諺, 中, 35ㅎ≫便着鈎子鈎出來將去, 곳 갈고리로 그러내여 가져가ᄂᆞ니라. ≪朴諺, 中, 43ㅈ≫便上馬跟官人, 곳 ᄆᆞᆯ 타 官人을 ᄯᆞᆯ와. ≪朴諺, 中, 46ㅈ≫便是這般, 곳 이러ᄒᆞ면. ≪朴諺, 中, 48ㅎ≫便那的步兒, 곳 논힐훠 거ᄅᆞᆯ ᄡᅧ시니. ≪朴諺, 中, 57ㅎ≫賣便賣不賣便將的去, ᄑᆞᆯ거든 곳 ᄑᆞᆯ고 ᄑᆞ디 아니커든 곳 가져가라. 你也不買便罷, 너도 사디 아니커든 곳 말라. ≪朴諺, 下, 10ㅈ≫便喝跳起來道, 곳 혀ᄎᆞ고 ᄲᅱ여 니러 닐오ᄃᆡ. ≪朴諺, 下, 14ㅎ≫便到家裏那怎的, 곳 집의 가ᄂᆞ냐 엇디ᄒᆞᄂᆞ뇨. ≪朴諺, 下, 18ㅈ≫便拿着曳車解鋸, 곳 잡아 술위 ᄭᅳ이고 톱질 시겨. ≪朴諺, 下, 26ㅈ≫但與的便是價錢, 믈읫 주ᄂᆞᆫ 거시 곳 올ᄒᆞᆫ 갑시니. ≪朴諺, 下, 37ㅎ≫便不使些箇做甚麽, 곳 져기 ᄡᅳ디 아니코 므슴 ᄒᆞ리오. ≪朴諺, 下, 51ㅎ≫便是小太公, 곳 이 小太公이라. ≪朴諺, 下, 54ㅎ≫便行作惡, 곳 사오나옴을 지어. ≪朴諺, 下, 61ㅈ≫便那一日卽位布政殿, 곳 그 날에 布政殿에 卽位ᄒᆞ고. ≪朴諺, 下, 62ㅈ≫這的便是, 이 곳 올ᄒᆞ니.

곳 의 곳[處]. ⇔소(所). ≪朴諺, 中, 38ㅎ≫賃一所房子, ᄒᆞᆫ 곳 집을 셰내엿노라. ≪朴諺, 中, 38ㅎ≫賃到房子一所, 집 ᄒᆞᆫ 곳을 셰내되.

곳갈 명 고깔. 모자. ⇔두면(頭面). ≪朴諺, 上, 20ㅈ≫我再把一副頭面, 내 ᄯᅩ ᄒᆞᆫ 불 곳갈과. ≪朴諺, 上, 41ㅈ≫滿頭珠翠金廂寶石(集覽, 朴集, 上, 11ㅎ: 金廂寶石. 寶石, 卽上節〈莭〉紫鵶忽之類, 以金爲斗供〈拱〉而納石於其中, 綴着於女冠之上, 以爲飾也. 音義云, 寶石·에 금 :젼메·워 ·ᄭᅮ민 頭面.)頭面, 머리예 ᄀᆞ득ᄒᆞᆫ 珠翠와 금으로 寶石에 젼메온 곳갈과.

곳곳 명 여러 곳. 또는 이곳저곳. ⇔처처(處處). ≪朴諺, 中, 60ㅎ≫衙門處處向南開(集覽, 朴集, 中, 9ㅈ: 衙門處處向南開. 南村輟耕錄云, 凡衙門皆坐北南向者, 南方屬離卦, 離虛中則聰. 又南方火位, 火明則能破暗, 故表南面聰〈聦〉明, 爲民治愚暗之事. 臺門必北開者, 取肅殺就陰之象.), 衙門이 곳곳이 南을 향ᄒᆞ여 여러시나.

곳곳이 부 꼿꼿이. ⇔정정(挺挺). ≪朴諺, 下, 31ㅎ≫直挺挺的立地, 바로 곳곳이 ᄡᅡ

히 셔시니.

곳다 동 꽂다. ❶⇔경(揑). ≪朴諺, 上, 53ㅈ≫官裏前面揑柳(集覽, 朴集, 上, 14ㅈ: 㓻〈揑〉柳. 質問云, 端午節日, 赴敎場內, 將三枝柳植之三處, 走馬射之. 歲時樂事記云, 武士軍校䄷柳于擊場. 今按, 䄷字, 卽㓻音, 而㓻字韻〈韵〉書不着〈著〉, 唯免疑雜韻〈韵〉內音乍, 卽與揷字音意同. 總龜〈総亀〉云, 端午日, 武士射柳爲閗(鬪)力之戲, 各料强弱相敵. 〈此作揑恐誤〉.)射弓的多有, 황데 앏희셔 버들 곳고 활 뽀ᄂᆞ니 만히 이시니. ❷⇔삽(揷). ≪朴諺, 上, 5ㅈ≫寶粧高頂揷花, 寶粧 高頂에 곳츨 곳고. ≪朴諺, 中, 24ㅎ≫揷三十根箭, 셜흔 낫 살을 곳고. 弓袋裏揷一張弓, 弓袋에 ᄒᆞᆫ 댱 활을 곳고. ≪朴諺, 中, 36ㅈ≫揷在鋸鈹裏, 비목에 곳고. ≪朴諺, 中, 36ㅈ≫腰絟揷的牢, 빗댱 곳기를 구디 ᄒᆞ라.

곳집 명 곳집. 창고. ⇔고방(庫房). ≪朴諺, 中, 56ㅎ≫庫房槓子裏放的米都喫了, 곳집 궤예 둔 ᄡᆞᆯ을 다 먹고.

곳ㅊ 명 꽃. ⇔화(花). ≪朴諺, 上, 5ㅈ≫寶粧高頂揷花, 寶粧 高頂에 곳츨 곳고. ≪朴諺, 上, 7ㅎ≫有酒有花以爲眼前之樂, 술이 잇고 곳치 잇거든 뻐 眼前의 樂을 ᄒᆞ라. ≪朴諺, 下, 13ㅈ≫臨窓看書亦看花, 窓에 臨ᄒᆞ여 글을 보고 ᄯᅩ 곳츨 보쟈.

곳티다 동 고치다. ⇔의(醫). ≪朴諺, 上, 56ㅎ≫醫他時便是, 뎌를 곳티면 곳 이라.

공(功) 명 공로. 공적. ≪朴諺, 中, 34ㅎ≫無功食祿寢食不安, 功이 업시 祿을 먹으면 寢食이 편안티 아니타 ᄒᆞ니라.

공(孔) 명 구멍. ❶⇔굼ㄱ. ≪朴諺, 中, 18ㅎ≫又怕窓孔裏偸眼兒看, ᄯᅩ 창 굼그로 여어볼가 저페라. ≪朴諺, 中, 35ㅈ≫舌尖兒潤開了窓孔, 혓긋ᄎᆞ로 불워 창 굼글 ᄠᅮᆯ고. ≪朴諺, 中, 58ㅈ≫把這窓孔的紙都扯了, 이 창 숨게 죵히를다가 다 믜티고. ❷⇔궁ㄱ. ≪朴諺, 上, 40ㅈ≫摘了那鼻孔的毫毛, 뎌 코ᄭᅮᆼ긔 터럭 ᄲᅡ히고.

공(共) 부 모두. 통틀어. ⇔대되. ≪朴諺, 上, 20ㅎ≫共有二百兩銀子, 대되 二百兩 銀이 이셔야.

공(空) 부 쇽졀없이. ⇔쇽졀업시. ≪朴諺, 上, 48ㅎ≫納房錢空費了, 房錢 드리ᄂᆞᆫ 거슬 쇽졀업시 허비ᄒᆞᆯ낫다.

공(空) 형 ❶비다[空]. ⇔뷔다. ≪朴諺, 上, 55ㅈ≫空處寫大吉利, 뷘 곳에 大吉利라 쓰거나. ❷한가하다. ⇔뷔다. ≪朴諺, 中, 40ㅎ≫每日家尋空便拿雀兒, 每日에 뷘 적을 어더 새 잡노라.

공(恐) 동 ❶두려워. ⇔저허. ≪朴諺, 上, 54ㅎ≫恐後無憑, 후에 의빙홈이 업슬가 저허. ≪朴諺, 中, 10ㅎ≫恐後無憑, 후에 의빙홈이 업슬가 저허. ≪朴諺, 中, 39ㅎ≫恐後無憑, 후에 의빙홈이 업슬가 저허. ❷저어하다. 두려워하다. ⇔저ᄒᆞ다. ≪朴諺, 中, 60ㅎ≫只怕反過來, 그저 저컨대 두르티면.

공(控) 동 거우르다. 기울이다. ⇔거후로다. ≪朴諺, 中, 30ㅎ≫控一控, 거후로고.

공경(公卿) 명 삼공(三公)과 구경(九卿). ≪朴諺, 上, 18ㅈ≫那三台(集覽, 朴集, 上, 7ㅈ: 三台. 事文類聚云, 上階爲天子, 中階爲諸侯·公卿·大夫, 下階爲士·庶人. 三階平則陰陽和, 風雨時, 天下大安.)板兒做得好, 뎌 三台 돈은 민ᄃᆞᆯ기를 잘ᄒᆞ엿고.

공경(恭敬) 동 공경(恭敬)하다. ⇔공경ᄒᆞ다. ≪朴諺, 下, 4ㅈ≫正是好人魔障(集覽, 朴集, 下, 1ㅎ: 魔障. 昔釋迦出世時, 魔王名波旬, 若人來供養恭敬〈若如來供養恭敬〉, 魔王依於佛法, 得善利, 不念報恩, 而反欲加毁. 故名波旬, 此言惡中惡.)多, 졍히 됴흔 사ᄅᆞᆷ은 魔障이 만흔디라. ≪朴諺, 下, 18ㅈ≫恭敬佛法, 佛法을 공경ᄒᆞ더니.

공경ᄒᆞ다 동 공경(恭敬)하다. ❶⇔경(敬). ≪朴諺, 中, 31ㅈ≫他敬我五分刺(刺), 뎌 날을 五分을 공경ᄒᆞ면. 我也敬他十分, 나도 뎌를 十分을 공경ᄒᆞ고. 他敬我一分時, 뎨 날을 一分을 공경ᄒᆞ면. 我敬他五分, 나는 뎌를 五分을 공경ᄒᆞ리라. ≪朴諺,

中, 31ㅎ≫他不敬我時, 뎨 날을 공경티 아니ᄒᆞ면. ≪朴諺, 中, 31ㅎ≫我敬他甚麽屁, 내 뎌롤 므슴 밋티나 공경ᄒᆞ랴. ❷⇔공경(恭敬). ≪朴諺, 下, 18ㅈ≫恭敬佛法, 佛法을 공경ᄒᆞ더니.

공공(共工) 명 천신(天神)의 이름. 전욱(顓頊)과 제왕을 다투다가 부주산(不周山)에 머리를 받았다는 고사가 있다. ≪朴諺, 上, 16ㅎ≫祭了社神(集覽, 朴集, 上, 6ㅈ: 社神. 左傳, 共工氏有子, 曰勾龍氏, 平水土, 故立以爲社.), 社神씌 祭ᄒᆞ여시니.

공과(功課) 동 공부하다. 노력하다. ⇔공부ᄒᆞ다. ≪朴諺, 上, 44ㅎ≫你每日做甚麽功課, 네 每日에 므슴 공부ᄒᆞᄂᆞᆫ다.

공구(供具) 동 남을 대접하기 위하여 그릇이나 음식물 따위를 갖추다. ≪朴諺, 下, 32ㅈ≫過賣(集覽, 朴集, 下, 5ㅎ: 過賣. 食店內執役供具之人, 如雇工者也.)你來有甚麽飯, 過賣아 이바 므슴 밥이 잇ᄂᆞ뇨.

공극(空隙) 명 틈. 기회. 겨를. 짬. ≪集覽, 字解, 累字解, 2ㅈ≫空便. 空隙順便之時, 조각. 皆去聲.

공급(供給) 동 요구나 필요에 따라 물품 따위를 제공하다. ≪朴諺, 上, 48ㅎ≫省多少盤纏(集覽, 朴集, 上, 13ㅈ: 盤纏. 길헤 여·러 가지로 쓰는 것. 質問云, 盤費纏繳供給之物, 如供給服食應用金銀·財帛之類.), 언멋 盤纏을 ᄆᆞ딕와뇨.

공로(功勞) 명 어떤 목적을 이루는 데에 힘쓴 노력이나 수고. ≪朴諺, 下, 59ㅈ≫每番有大功勞, 每番에 큰 功勞ㅣ 이셔.

공민왕(恭愍王) 명 고려(高麗) 제31대 왕. 이름은 전(顓). 몽고 이름은 백안첩목아(伯顔帖木兒). 원(元)나라가 점령하였던 동계(東界: 咸鏡道)와 북계(北界: 平安道)를 회복하였으며, 원나라 연호를 폐지하고 관제(官制)를 개혁하였다. 재위 23년(1351~1374). ≪朴諺, 上, 65ㅈ≫法名喚步虛(集覽, 朴集, 上, 15ㅎ: 步虛. 戊子東還, 掛錫于三角山重興寺. 尋住龍門山, 結小庵, 額曰小雪. 戊午冬, 示寂放舍利玄陵, 賜謚圓證國師, 樹塔于重興寺之東, 以藏舍利. 玄陵, 卽恭愍王陵也.), 法名을 步虛ㅣ라 브르ᄂᆞᆫ 이.

공보(供報) 동 하급 관청이 상급 관청에 문서로 보고하다. ≪朴諺, 下, 53ㅈ≫執結(集覽, 朴集, 下, 12ㅈ: 執結. 音義云, 亦猶云所志. 今按, 凡供狀內皆云執結是實, 謂今所供報之詞, 皆實非虛, 如虛甘罪云云之意, 非徒謂所志詞語也.)是實, 執結이 이 실ᄒᆞ니.

공부(工夫) 명 ❶노력. 공력(功力). ≪朴諺, 上, 10ㅎ≫着他下工夫打, 뎌로 ᄒᆞ여 工夫 드려 다이라. ❷시간. 틈. 여가. ≪朴諺, 中, 42ㅎ≫不得工夫去不得, 工夫롤 엇디 못ᄒᆞ여 가디 못ᄒᆞ노라. ≪朴諺, 下, 56ㅎ≫因此不得工夫闕拜望, 이런 젼ᄎᆞ로 工夫롤 엇디 못ᄒᆞ여 拜望을 闕ᄒᆞ니.

공부(功夫) 명 노력. 공력(功力). ≪朴諺, 上, 16ㅈ≫你用心下功夫打, 네 用心ᄒᆞ여 功夫 드려 민들라.

공부ᄒᆞ다 동 공부하다. 노력하다. ⇔공과(功課). ≪朴諺, 上, 44ㅎ≫你每日做甚麽功課, 네 每日에 므슴 공부ᄒᆞᄂᆞᆫ다.

공사(公事) 명 공적인 일. 공무(公務). ⇔공ᄉᆞ. ≪集覽, 字解, 單字解, 3ㅎ≫勾. 平聲, 曲也. 勾龍, 社神, 勾芒, 春神, 勾吳, 地名. 今按, 俗語勾了 유여ᄒᆞ다, 又에우다. 又能勾 어루, 又유여히. 又吏語, 勾取 자피다, 又勾攝公事 공ᄉᆞ로 블리다, 又勾喚 블리다. 又去聲, 勾當, 幹管也, 又事也, 勾當亦去聲. ≪朴諺, 下, 14ㅎ≫啓稟公事, 公事롤 啓稟ᄒᆞ면. 頭到發落公事, 처엄으로 公事롤 發落ᄒᆞ여.

공성(孔聖) 명 공씨(孔氏) 성(姓)을 가진 성인(聖人)이라는 뜻으로, 공자(孔子)를 높여 이르는 말. ≪朴諺, 下, 17ㅈ≫旣讀孔聖之書, 임의 孔聖의 書롤 닑어시면.

공수(拱手) 명 왼손을 오른손 위에 놓고 두 손을 마주 잡아 공경의 뜻을 나타내는 예(禮). ≪朴諺, 上, 44ㅎ≫師傅上唱喏(集覽, 朴集, 上, 12ㅎ: 唱喏. 揖也. 詞曲曰,

一箇唱, 百箇喏, 謂一人呼唱於上, 衆人應諾於下. 如將帥在營幕下, 軍卒投謁於前者列立於〈軍卒投謁於前者列於〉庭, 將帥發一令語, 則衆下齊聲以應. 凡里巷子弟拜謁父兄亦然. 因謂揖曰唱喏, 未詳是否. 但家禮集註說云, 揖者, 拱手着胷也. 恐非所謂唱喏也. 今中朝俗以鞠躬拱手爲唱喏.), 스승님씌 읍ᄒᆞ고.

공ᄉᆞ 명 공사(公事). 공적인 일. 공무(公務). ⇔공사(公事). ≪集覽, 字解, 單字解, 3ㅎ≫勾. 平聲, 曲也. 勾龍, 社神, 勾芒, 春神, 勾吳, 地名. 今按, 俗語勾了 유여ᄒᆞ다, 又에우다. 又能勾 어루, 又유여히. 又吏語, 勾取 자피다, 又勾攝公事 공ᄉᆞ로 블리다, 又勾喚 블리다. 又去聲, 勾當, 幹管也, 又事也, 勾當亦去聲.

공양(供養) 동 〈불〉 불(佛)·법(法)·승(僧)의 삼보(三寶)나 죽은 이의 영혼에게 음식이나 꽃 따위를 바치다. ⇔공양ᄒᆞ다(供養-). ≪朴諺, 上, 66ㅎ≫禮拜供養做些因緣時好, 禮拜 供養ᄒᆞ야 져기 인연을 지음이 됴ᄒᆞ리로다. ≪朴諺, 中, 22ㅈ≫起浮屠於泗水之間(集覽, 朴集, 中, 5ㅈ: 起浮屠於泗水之間. 中宗問諸近臣, 近臣奏, 僧伽大師化緣在臨淮, 恐欲歸. 中宗心許, 其臭頓息, 奇香馥烈. 五月送至臨淮, 起塔供養, 卽今泗上僧伽塔是也. 中宗問萬迴和尙曰, 僧伽是何人. 迴曰, 觀音化身.), 浮屠를 泗水ㅅ ᄉᆞ이에 니ᄅᆞ혀고. ≪朴諺, 下, 4ㅈ≫正是好人魔障(集覽, 朴集, 下, 1ㅎ: 魔障. 昔釋迦出世時, 魔王名波旬, 若人來供養恭敬〈若如來供養恭敬〉, 魔王依於佛法, 得善利, 不念報恩, 而反欲加毁. 故名波旬, 此言惡中惡.)多, 졍히 됴ᄒᆞᆫ 사ᄅᆞᆷ은 魔障이 만ᄒᆞᆫ디라. ≪朴諺, 下, 8ㅈ≫做盂蘭盆齋(集覽, 朴集, 下, 2ㅎ: 盂蘭盆齋. 大藏經云, 大目犍連尊者, 以母生餓鬼中不得食, 佛令作盂蘭盆, 至七月十五日, 具百味五果, 置盆中, 供養十方大德, 而後母乃得食. 飜譯名義云, 梵言盂蘭, 唐言救倒懸也.), 盂蘭盆齋를 ᄒᆞᄂᆞ니라. ≪朴諺, 下, 42ㅎ≫供養的是豆子粥, 供養ᄒᆞᄂᆞᆫ 거슨 이 ᄑᆞᆺ쥭과.

공양ᄒᆞ다(供養-) 동 〈불〉 불(佛)·법(法)·승(僧)의 삼보(三寶)나 죽은 이의 영혼에게 음식·꽃 따위를 바치다. ⇔공양(供養). ≪朴諺, 上, 66ㅎ≫禮拜供養做些因緣時好, 禮拜 供養ᄒᆞ야 져기 인연을 지음이 됴ᄒᆞ리로다. ≪朴諺, 下, 42ㅎ≫供養的是豆子粥, 供養ᄒᆞᄂᆞᆫ 거슨 이 ᄑᆞᆺ쥭과.

공영달(孔穎達) 명 당(唐)나라 형수(衡水) 사람. 자는 중달(仲達). 시호는 헌(憲). 공자(孔子)의 32세손. 당초(唐初) 진왕부(秦王府) 십팔학사(十八學士)의 한 사람. 수말(隋末)에 명경(明經)에 천거되었고, 당에서 국자사업(國子司業)·좨주(祭酒)를 지냈다. 위징(魏徵)과 함께 수사(隋史)를 편찬하였고, 태종(太宗)의 명으로 오경정의(五經正義)를 찬(撰)하였다. ≪朴諺, 中, 44ㅎ≫掛十八學士(集覽, 朴集, 中, 8ㅈ: 十八學士. 唐太宗秦王時, 開館延文學之士, 杜如晦·房玄齡〈岭〉·虞世南·褚遂良·姚思廉·李玄道·蔡允恭·薛元敬·顔相時·蘇勗·于志寧·蘇世長·薛收·李守素·陸德明·孔穎達·蓋文達·許敬宗爲文學館學士, 分爲三番, 更日直宿.)大畫, 十八學士 그린 큰 그림을 걸고.

공옥(空屋) 명 빈집. ≪朴諺, 中, 39ㅈ≫鋪面周圍(集覽, 朴集, 中, 7ㅎ: 鋪面周圍. 漢人造屋於大街之間者, 向街周遭必設空屋, 聽令坐賈賃居爲市, 按月受直.)幾十間, 鋪面 周圍ㅣ 幾十間이오.

공용(供用) 동 준비하여 두었다가 쓰다. ≪朴諺, 下, 32ㅈ≫羊肉餡(集覽, 朴集, 下, 5ㅎ: 餡. 或肉或菜及諸料物拌匀〈句〉爲胎, 納於餠中者曰餡. 酸餡·素餡·葷餡·生餡·熟餡, 供用合宜.)饅頭, 羊肉 소 녀ᄒᆞᆫ 상화과.

공응(供應) 동 공급하다. 제공하다. ≪朴諺, 中, 6ㅈ≫廚子(集覽, 朴集, 中, 1ㅎ: 廚子. 光祿寺有廚子, 卽供應大小筵宴及館〈舘〉待使客執爨之役者也.)你來, 廚子ㅣ

아 이바.

공이 명 옹이. 마디. ⇔절자(節子). ≪朴諺, 中, 2ㅎ≫多有莭(節)子, 공이 만히 잇고.

공자(孔子) 명 이름은 구(丘)(B.C. 551년~B.C. 479년). 자(字)는 중니(仲尼). 춘추시대(春秋時代) 말기에 노(魯)나라 추읍(鄒邑)에서 출생. 사상가·정치가·교육가로서 유가(儒家)의 창시자. 일찍이 시(詩)·서(書)를 정리하였고, 사서(史書)인 춘추(春秋)를 수정하였다. 공자의 언행과 제자들과의 문답을 기록해 놓은 논어(論語)가 있다. ≪朴諺, 下, 50ㅎ≫彈一曲流水高山(集覽, 朴集, 下, 11ㅈ: 流水高山. 孔子曰, 仁者樂山, 智者樂水. 子期嘆伯牙仁智兼俻.), 一曲 流水高山을 ᄠᅳ며.

공작(孔雀) 명 공작. (꿩과의 새) ≪朴諺, 上, 28ㅈ≫傍邊揷孔雀翎兒, 겻틔 孔雀의 짓츨 고잣고.

공장(供狀) 명 공술서(供述書). 진술서. ≪朴諺, 下, 53ㅈ≫執結(集覽, 朴集, 下, 12ㅈ: 執結. 音義云, 亦猶云所志. 今按, 凡供狀內皆云執結是實, 謂今所供報之詞, 皆實非虛, 如虛甘罪云云之意, 非徒謂所志詞語也.)是實, 執結이 이 실ᄒᆞ니.

공전(工錢) 명 수공(手工). 공전(工錢). ≪朴諺, 下, 6ㅈ≫不可惜了工錢, 工錢이 앗갑디 아니ᄒᆞ랴. ≪朴諺, 上, 19ㅈ≫他要多少工錢, 뎨 언멋 工錢을 밧더뇨. ≪朴諺, 下, 40ㅎ≫也不要工錢, ᄯᅩ 工錢도 밧디 아니호ᄃᆡ. ≪朴諺, 下, 40ㅎ≫難道不要工錢, 工錢을 밧디 아니리라 니ᄅᆞ기 어렵다.

공전(工錢) 명 수공(手工). 공전(工錢). ❶⇔공젼. ≪朴諺, 下, 30ㅈ≫我不筭工錢, 내 공젼을 헤아리디 아니ᄒᆞ고. ❷⇔공전(功錢). ≪朴諺, 上, 11ㅈ≫管的三年不要功錢打, 三年을 ᄀᆞ음아라 工錢을 밧디 아니ᄒᆞ고 다으게 ᄒᆞ라.

공전(功錢) 명 수공(手工). 공전(工錢). ⇔공전(工錢). ≪朴諺, 上, 11ㅈ≫管的三年不要功錢打, 三年을 ᄀᆞ음아라 工錢을 밧디 아니ᄒᆞ고 다으게 ᄒᆞ라. ≪朴諺, 上, 38ㅎ≫他要多少功錢, 뎨 언머 功錢을 밧ᄃᆞ뇨. ≪朴諺, 上, 43ㅎ≫不筭功錢時, 功錢을 혜디 아녀도.

공제(恭帝) 명 오대 주(五代周)의 제3대 임금인 시종훈(柴宗訓)의 묘호(廟號). ≪朴諺, 下, 16ㅎ≫買趙太祖飛龍記(集覽, 朴集, 下, 3ㅎ: 趙太祖飛龍記. 陳橋之變, 黃袍已加于身, 受周恭帝之禪, 卽皇帝位.), 趙太祖의 飛龍記와.

공젼 명 수공(手工). 공전(工錢). ⇔공전(工錢). ≪朴諺, 下, 30ㅈ≫我不筭工錢, 내 공젼을 혜아리디 아니ᄒᆞ고.

공좌(公座) 명 공좌부(公座簿). ⇔공좌부(公座簿). ≪朴諺, 上, 66ㅎ≫我到衙門押了公座便來, 내 衙門에 가 公座簿에 일홈두고 곳 오리라.

공좌부(公座簿) 명 공좌부(公座簿). (벼슬아치의 근무 상황을 적던 장부) ⇔공좌(公座). ≪朴諺, 上, 66ㅎ≫我到衙門押了公座便來, 내 衙門에 가 公座簿에 일홈두고 곳 오리라.

공주(公主) 명 정실 왕비가 낳은 임금의 딸. ≪朴諺, 上, 40ㅎ≫別處一箇官人娶娘子(集覽, 朴集, 上, 11ㅎ: 娘子. 今俗稱〈称〉公主·宮女, 下至庶人妻, 皆曰娘子.), 다른 고ᄃᆡ ᄒᆞᆫ 官人이 娘子ᄅᆞᆯ 娶ᄒᆞ노라.

공중(空中) 명 ❶하늘과 땅 사이의 빈 곳. ≪朴諺, 中, 22ㅈ≫隨相現相(集覽, 朴集, 中, 5ㅈ: 隨相現相. 飜譯名義云, 佛昔爲帝釋時, 遭飢歲, 疾疫流行, 醫療無功, 道殣相屬. 帝釋悲愍, 思所救濟, 乃變其形爲大蟒身, 殭屍川〈殭屍出于〉谷, 空中遍告, 聞者感慶, 相率〈寀(欒)〉奔赴, 隨割隨生, 療飢療疾.)救苦惱於三塗, 샹을 조차 샹을 뵈야 苦惱ᄅᆞᆯ 三塗에 救ᄒᆞᄂᆞᆫ쏘다. ❷속을 파낸 박달나무로 만든 팽이의 한 가지. 줄을 매어 당기면 윙윙 소리를 내면서 돈다. 일설에는, 조롱박에 구멍을 뚫고 줄을 매어 공중에 휘굴러 소리를 내는 장난감이라고도 한다. ⇔박핑이. ≪朴諺, 上,

16ㅎ≫街上放空中(集覽, 朴集, 上, 6ㅈ: 空中. 音義云, 用檀木旋圓, 內用刀剜空, 以繩〈縄〉曳之, 在地轉動有聲. 質問云, 頑童將胡蘆用木釘串之, 傍作一眼, 以繩〈縄〉繫扯, 旋轉有聲, 亦謂之空中.)的小厮們好生廣, 거리에 박핑이 틸 아희들 ᄀ장 흔터라. ≪朴諺, 上, 16ㅎ≫正是放空中的時莭(節), 졍히 박핑이 틸 ᄢㅣ로다.

공지(空地) 명 공터. 빈터. ≪朴諺, 中, 39ㅎ≫空地幾畝, 空地 幾 畝를.

공취(空翠) 명 수목이 울창한 산중의 기운. ≪朴諺, 中, 21ㅎ≫身嚴瓔珞居普陁空翠之山, 몸에 瓔珞으로 장엄ᄒᆞ여시니 普陀空翠의 山에 居ᄒᆞ엿도다.

공통(共通) 부 모두. 통틀어. ⇔대되. ≪朴諺, 上, 1ㅎ≫共通三千箇銅錢, 대되 三千낫 銅錢이니.

공파(公婆) 명 시부모(媤父母). ≪朴諺, 上, 42ㅈ≫便着拜門(集覽, 朴集, 上, 12ㅈ: 拜門. 質問云, 女嫁九日, 公婆使兒子·女兒往丈人家, 拜丈人·丈母或兄嫂們, 方言謂之拜門.), 곳 拜門ᄒᆞ고.

공판(供辦) 명 나라의 큰 행사나 의식이 있을 때 해당 관청에서 그 준비를 하던 일. ≪朴諺, 上, 2ㅈ≫咱們問那光祿寺(集覽, 朴集, 上, 1ㅈ: 光祿寺. 在東長安門內, 其屬有大官·珍〈珎〉羞·良醞·掌醢四署, 掌供辦內府諸品膳羞酒醴及管待使客之事.)裏, 우리 뎌 光祿寺에 무러.

공편(空便) 명 틈. 기회. 겨를. 짬. ⇔조각. ≪集覽, 字解, 累字解, 2ㅈ≫空便. 空隙順便之時, 조각. 皆去聲.

공한(空閑) 형 비다[空]. ⇔뷔다. ≪集覽, 字解, 單字解, 7ㅎ≫閑. 雜也. 閑雜人. 又替也. 파직ᄒᆞ다, 罷閑了·替閑了. 又遊息曰閑. 흥뚱여 ᄃᆞᆫ닐시니, 遊閑了. 又練熟也. 弓馬熟閑. 又空也. 空閑田地 뷔엿ᄂᆞᆫ 싸. 又等閑 부질업시, 又힘히미, 又간대롭다.

공후(公侯) 명 다섯 등급으로 나눈 귀족 계급 가운데서 공작(公爵)과 후작(侯爵). ≪朴諺, 下, 48ㅎ≫丞相家的, 丞相 집. 公侯家的, 公侯ㅅ 집이.

공히 부 공으로. 거저. ⇔건(乾). ≪朴諺, 下, 28ㅈ≫乾得那些榛子喫, 공히 뎌 개암을 어더먹으니.

공히 부 공연히. 쓸데없이. 헛되이. ❶⇔건(乾). ≪集覽, 字解, 單字解, 2ㅈ≫乾. 音干. 徒然之辭. 공히. 又쇽졀업시. ❷⇔도연(徒然). ≪集覽, 字解, 單字解, 2ㅈ≫乾. 音干. 徒然之辭. 공히. 又쇽졀업시.

곶다 동 꽂다. ❶⇔삽(插). ≪朴諺, 上, 28ㅈ≫傍邊插孔雀翎兒, 겻틔 孔雀의 짓츨 고잣고. ❷⇔췌(揣). ≪朴諺, 下, 28ㅎ≫我靴靿裏揣將去, 내 훠돈에 고자 가져가리라.

과(瓜) 명 외. 오이. ⇔외. ≪朴諺, 中, 6ㅈ≫醋, 초와. 醬, 쟝과. 塩, 소금과. 芥末, 계ᄌᆞ ᄀᆞᄅᆞ와. 葱, 파과. 蒜, 마늘과. 薤菜, 부취와, 油, 기름과. 生蘿蔔, 댓무우과. 瓜, 외와. 茄等, 가지 등.

과(科) 의 포기. ⇔퍽이. ≪朴諺, 上, 36ㅈ≫當路一科麻, 길헤 당ᄒᆞᆫ ᄒᆞᆫ 퍽이 삼이.

과(剮) 동 깎다. 베다. ⇔ᄶᅡᆨ다. ≪朴諺, 中, 29ㅈ≫木樁上剮了, 나모 기동에 ᄆᆡ고 ᄶᅡᆨ가 죽이니라.

과(誇) 동 자랑하다. 과장하다. 큰소리치다. 허풍을 치다. ⇔쟈랑ᄒᆞ다. ≪朴諺, 上, 23ㅎ≫到處裏破別人誇自已(己), 간 곳마다 다른 사름을 해야ᄇᆞ리며 내 몸을 쟈랑ᄒᆞ고.

과(誇) 명 자랑. ⇔쟈랑. ≪朴諺, 下, 27ㅈ≫你休自誇我知道, 네 손ᄌᆞ 쟈랑 말라 내 아노라.

과(過) 동 ❶드리다[獻]. 주다. 건네주다. ⇔디내다. ≪朴諺, 上, 13ㅈ≫將碎貼兒來過籌, 즌뎨ᄌᆞ 가져와 사술 디내라. ≪朴諺, 上, 58ㅎ≫喫幾盞酒過兩道湯, 여러 잔 술 먹고 兩道 湯을 디내고. ❷지나게 하다. ⇔디내다. ≪朴諺, 下, 4ㅈ≫過多少惡山·險水·難路, 언머 惡山·險水·難路를 디내며. ❸지내다. 겪다. ⇔디내다.

≪朴諺, 上, 1ㅈ≫休蹉過了好時光, 됴흔 時光을 그릇 디내디 마쟈. ≪朴諺, 上, 39ㅈ≫沒馬時怎麽過, 몰이 업亽면 엇디 디내리오.

과(過) 동 ❶넘다. 넘치다. ⇔넘다. ≪朴諺, 上, 9ㅎ≫水渰過蘆溝橋獅子頭, 믈이 蘆溝橋 獅子ㅅ 머리를 즘가 너머. ❷지나다. ⇔디나다. ≪朴諺, 上, 50ㅈ≫滿月過了時喫的不妨事, 돌이 차 디나면 먹어도 일에 해롭디 아니ᄒᆞ리라. ≪朴諺, 中, 48ㅎ≫過了一生日時, ᄒᆞᆫ 生日이 디나면. ≪朴諺, 下, 8ㅎ≫聰明智慧過人, 聰明과 智慧ᄂᆞᆫ 사ᄅᆞᆷ의게 디나고. ≪朴諺, 下, 15ㅎ≫咳事不過三日, 애 일이 사흘이 디나디 못ᄒᆞ여셔. ≪朴諺, 下, 55ㅈ≫状不過三日便告時好, 狀은 三日이 디나디 아녀셔 곳 告홈이 됴커니와.

과(過) 명 허물. 과실(過失). 과오(過誤). ⇔허믈. ≪朴諺, 中, 3ㅈ≫大人不見小人過, 大人은 小人의 허믈을 보디 아니ᄒᆞᄂᆞ니라.

과(踝) 명 복사뼈. ⇔귀머리. ≪朴諺, 上, 35ㅈ≫脚內踝上灸了三壯艾來, 발 안쉬머리 우희 三壯 뿍으로 뜨니. ≪朴諺, 上, 35ㅈ≫放在脚內踝尖骨頭上, 발 안쉬머리 뾰족ᄒᆞᆫ 뼈 우희 노하.

과(裹) 동 꾸미다. 또는 싸다. 감싸다. ⇔쑴이다. ≪朴諺, 上, 43ㅎ≫結裹不出來, 믹 쑴여 내디 못ᄒᆞ리라.

과(鍋) 명 가마. 가마솥. ⇔가마. ≪朴諺, 下, 22ㅈ≫咱如今燒起油鍋, 우리 이제 기름 가마에 블 찟고. ≪朴諺, 下, 22ㅈ≫入鍋裏, 가마에 드니. ≪朴諺, 下, 22ㅎ≫脚踏鍋邉待要出來, 발로 가맛 ᄀᆞ을 드듸고 나오고져 ᄒᆞ다가. ≪朴諺, 下, 22ㅎ≫油鍋兩邉看着, 기름 가마 두 편의셔 보와.

과(顆) 의 낟. 알. ≪朴諺, 上, 4ㅈ≫龍眼(集覽, 朴集, 上, 2ㅈ: 龍眼. 一名圓眼. 樹如荔支〈支〉, 但枝葉稍小, 其子形如彈丸, 核如木槵, 肉白, 漿甘如蜜, 五六十顆作穗.), 龍眼과. ≪朴諺, 上, 19ㅎ≫把一對八珠環兒(集覽, 朴集, 上, 7ㅎ: 八珠環. 귀·엿골·회. 以珍〈珎〉珠大者四顆連綴爲一隻, 一雙〈雙〉共八珠.), ᄒᆞᆫ 빵 八珠環과.

과(顆) 의 낟. 알. ❶⇔낫. ≪朴諺, 下, 21ㅎ≫說與先生樻中有一顆桃, 先生ᄃᆞ려 궤 가온대 ᄒᆞᆫ 낫 복셩홰 잇다 닐럿더니. ≪朴諺, 下, 22ㅈ≫大仙說是一顆桃, 大仙이 닐오ᄃᆡ 이 ᄒᆞᆫ 낫 복셩홰로다. ≪朴諺, 下, 27ㅈ≫這二十顆珊瑚怎的賣, 이 스므 낫 珊瑚를 엇디 풀려 ᄒᆞᄂᆞᆫ다. 老實價錢一兩一顆家, 고디식ᄒᆞᆫ 갑슨 ᄒᆞᆫ 냥에 ᄒᆞᆫ 낫식이라. ❷⇔낫ㅊ. ≪朴諺, 中, 27ㅎ≫將豆子來大的明眞珠一百顆來儅, 콩만치 큰 블근 眞珠 一百 낫촐 가져다가 뎐당ᄒᆞ거늘.

과(檛) 명 병장기의 하나. 골타(骨朶)의 모양과 같게 생겼다. ≪朴諺, 上, 27ㅎ≫嵌八寶骨朶(集覽, 朴集, 上, 9ㅈ: 骨朶. 事文類聚云, 宋景文筆錄謂俗以檛爲骨朶, 古無稽.)雲織金羅比甲, 八寶 씨고 굴근 운문ᄒᆞᆫ 織金 ᄆᆞᆺ 比甲에.

과(鐝) 명 괭이. ⇔광이. ≪朴諺, 下, 5ㅈ≫將鐵杴和鐝來掘土, 삽과 광이를 가져다가 흙을 픠여.

-과 조 ❶-과. ≪朴諺, 上, 1ㅈ≫洪福齊天, 큰 福이 하늘과 ᄀᆞᄌᆞᆨᄒᆞ야. ≪朴諺, 上, 20ㅈ≫我再把一副頭面, 내 또 ᄒᆞᆫ 불 곳갈과. ≪朴諺, 上, 51ㅈ≫老娘上賞銀子·段匹, 老娘의게 은과 비단을 샹ᄒᆞ고. ≪朴諺, 上, 61ㅎ≫擎天耐寒傲雪蒼松, 擎天ᄒᆞᆫ 耐寒 傲雪ᄒᆞᄂᆞᆫ 蒼松과. ≪朴諺, 上, 63ㅎ≫你的大紅織金胷背帖裏對換着, 네 大紅빗체 금ᄉᆞ로 짜 胷背 ᄒᆞᆫ 텰릭과 막밧고쟈. ≪朴諺, 中, 2ㅎ≫兩箇鋸鈒兒, 두 빅목과. ≪朴諺, 中, 9ㅈ≫你與我甘結·應付, 네 날을 甘結과 應付를 주고려. ≪朴諺, 中, 17ㅈ≫這海菜·乾魚·脯肉, 이 머육과 乾魚와 脯肉을. ≪朴諺, 中, 30ㅈ≫飯湯休着冷了, 밥과 탕을 ᄎᆞ게 말라. ≪朴諺, 中, 53ㅈ≫休道是偌多鈔錠段子, 이 만ᄒᆞᆫ 鈔錠과 비단을 니ᄅᆞ디 말라. ≪朴諺, 中,

56ㅎ≫我的衣裳被兒包袱也都敝了, 내 衣裳과 니블 쑨 보흘 다 터시니. ≪朴諺, 下, 11ㅈ≫孩兒今將金色茶褐段子一箇, 孩兒ㅣ 이제 金色 차헐빗치 비단 흔 필과. ≪朴諺, 下, 12ㅎ≫你只取將墨斗, 네 그저 먹고조와. 墨䉛, 먹갈과. 和鎊, 갓괴와. 錛子, 항괴와. 退鉋, 딕패와. 鑿子, 끌과. ≪朴諺, 下, 24ㅎ≫賜唐僧金錢三百貫金鉢盂一箇, 唐僧을 金돈 三百貫과 金에 우아리 흔나흘 주고. ≪朴諺, 下, 49ㅈ≫各飯店·酒肆裡繞着走, 各 飯店과 酒肆에 두로 드르니. ≪朴諺, 下, 59ㅎ≫侍中是這裡丞相一般, 侍中은 이 여긔 丞相과 흔가지라. ❷-과. ⇔화(和). ≪朴諺, 上, 18ㅎ≫左輔右弼板兒和兩箇東兒, 左輔右弼 돈과 두 뭇금쇠는. ≪朴諺, 上, 37ㅈ≫不知道我的麁和細, 나의 굴금과 ᄀ놈을 아디 못ᄒᆞᄂᆞᆫ 거시여. ≪朴諺, 上, 57ㅎ≫我家裏取氈衫和油帽去, 우리 집의 氈衫과 油帽를 가질라 가노라. ≪朴諺, 中, 6ㅈ≫諸般菜蔬·鷄鴠和升·斗·等子, 여러가지 ᄂᆞ믈과 ᄃᆞᆰ긔알과 되과 말과 저울을. ≪朴諺, 下, 5ㅈ≫將鐵杴和鍋來掘土, 삷과 광이를 가져다가 흙을 픠여. ≪朴諺, 下, 15ㅎ≫和一箇漢兒人廝打來, 흔 漢ㅅ 사름과 싸홧더니. ≪朴諺, 下, 17ㅎ≫和伯眼大仙, 伯眼大仙과. ≪朴諺, 下, 29ㅎ≫碎家事和將瀝青來, 즌 연장과 瀝青을 가져다가. ≪朴諺, 下, 33ㅎ≫零碎和生薑·料物·葱·蒜·醋·塩都將來, 즌 것과 싱강과 교퇴와 파와 마늘과 초와 소금을 다 가져오라. ≪朴諺, 下, 36ㅎ≫再也敢和我打毬麼, 뇌여 싱심이나 날과 당방올티기 흘싸. ≪朴諺, 下, 56ㅎ≫如今和小人望他去便了, 이제 쇼인과 뎌를 보라 가면 곳 ᄒᆞ리라. ≪朴諺, 下, 62ㅈ≫這的高麗筆墨和二十張大紙將去, 이 高麗ㅅ 筆墨과 스므 당 큰 죠히를 가져가.

-과 조 ❶-와. ≪朴諺, 中, 5ㅎ≫三升米, 서 되 뽤과. 三斤麵, 서 근 ᄀᆞᄅᆞ과. 三斤羊肉, 서 근 羊肉과. ≪朴諺, 中, 5ㅎ≫三升米, 시(서) 되 뽤과. 三斤麵, 서 근 ᄀᆞᄅᆞ과. 三斤猪肉, 서 근 猪肉과. ≪朴諺, 中, 28ㅎ≫將棍繩到那家裏, 막대과 노흘 가지고 뎌 집의 가. ≪朴諺, 下, 32ㅈ≫羊肉餡饅頭, 羊肉 소 녀흔 상화과. ❷-와. ⇔화(和). ≪朴諺, 上, 11ㅈ≫你再和他商(商)量, 네 다시 뎌과 商(商)量ᄒᆞ여. ≪朴諺, 中, 37ㅈ≫和那弟子孩兒, 뎌 弟子 孩兒과.

과거(科擧) 명 관리를 뽑을 때 실시하던 시험. ≪朴諺, 上, 45ㅎ≫應科擧得做官, 科擧를 應ᄒᆞ여 벼슬흠을 어더.

과거(過去) 동 지나가다. 지나치다. ⇔디나가다. ≪集覽, 音義≫這們助語的那·也·了·阿等字, 都輕輕兒, 微微的說, 順帶過去了罷, 若緊說了時不好聽. ≪朴諺, 上, 37ㅈ≫過去的過來的弄我的, 디나가며 디나오리 날을 롱호되. ≪朴諺, 上, 39ㅈ≫狗有濺草之恩(集覽, 朴集, 上, 11ㅈ: 狗有濺草之恩.時值冬月, 野火起, 風又猛, 狗呼喚, 生不覺. 前有一坑水, 狗便走往水中, 還以身洒生, 左右草沾水得着, 地火尋過去, 生醒而去.), 개는 濺草흔 恩이 잇고. 馬有垂繮之報, ᄆᆞᆯ은 垂繮흔 報ㅣ 잇다 ᄒᆞ니라. ≪朴諺, 中, 27ㅈ≫有一日賣布·絹的過去, 흐른 布와 깁 폴 리 디나가거늘. ≪朴諺, 中, 33ㅈ≫聽的賣菜子的過去麼, 드ᄅᆞ라 ᄂᆞ믈 씨 폴 리 디나가ᄂᆞ냐.

과거리 부 급자기. ⇔급차(急且). ≪朴諺, 中, 10ㅎ≫五歲的小厮急且那裏走, 다ᄉᆞᆺ 슬엣 아히 과거리 아직 어딕로 ᄃᆞ라나리오. ≪朴諺, 中, 46ㅎ≫急且幾時又得除, 과거리 언제 또 除흠을 어드리오.

과거불(過去佛) 명 〈불〉 과거에 출현한 부처. ≪朴諺, 下, 2ㅎ≫鑄了三尊佛(集覽, 朴集, 下, 1ㅈ: 三尊佛. 過去佛·現在佛·未來佛爲三尊佛也, 亦曰三世如來.), 三尊佛을 디워.

과교(過橋) 명 다리밟기. (한속(漢俗)에, 정월 보름날 밤에 다리를 밟으면 일 년간 액을 면한다고 한다) ≪朴諺, 下, 49ㅈ≫

好女不看燈(集覽, 朴集, 下, 11ㅈ: 好女不看燈. 今漢俗, 上元夜行過三橋, 則一年度厄, 謂之過橋. 傾城士女, 夜遊徹明, 頗有穢聲.), 好女ᄂᆞᆫ 看燈 아니ᄒᆞᆫ다 ᄒᆞᄂᆞ니라.

과글이 뷔 급자기. 문득. ❶⇔급차(急且). ≪集覽, 字解, 單字解, 2ㅈ≫且. 姑也 안직. 急且 과글이. 亦曰且節, 俗罕用. ❷⇔차절(且節). ≪集覽, 字解, 單字解, 2ㅈ≫且. 姑也 안직. 急且 과글이. 亦曰且節, 俗罕用.

과당(過當) 동 지내다. 겪다. ⇔디내다. ≪朴諺, 下, 37ㅎ≫這般過當的其間裡, 이리 디낼 ᄉᆞ이예.

-과뎌 어미 -고자. -고 싶어. ≪朴諺, 下, 56ㅎ≫要說甚麼, 므서슬 니ᄅᆞ과뎌 ᄒᆞᄂᆞ뇨.

과두(褁肚) 명 과두(裹肚). '褁'는 '裹'의 속자. ≪朴諺, 上, 25ㅈ≫衫兒·袴児·褁肚等裏衣且休說, 젹삼·고의·褁肚 等 속옷으란 아직 닐ᄋᆞ디 말려니와.

과두(裹肚) 명 복대(腹帶). 배가리개. ≪朴諺, 上, 25ㅈ≫衫兒·袴児·褁肚等裏衣且休說, 젹삼·고의·褁肚 等 속옷으란 아직 닐ᄋᆞ디 말려니와.

-과라 어미 -았(-었)노라. -노라. ≪集覽, 字解, 累字解, 1ㅎ≫定害. 너리과라. 又해자ᄒᆞ이과라. ≪朴諺, 上, 19ㅈ≫我知道領你去, 내 알과라 너를 ᄃᆞ려가마. ≪朴諺, 上, 30ㅎ≫罷罷我知道, 두어 두어 내 알과라. ≪朴諺, 中, 59ㅈ≫我也學了, 나도 비호과라. ≪朴諺, 下, 25ㅎ≫撞着你, 너를 만나과라. ≪朴諺, 下, 28ㅎ≫李舍哥好生定害你, 李舍 형아 ᄀᆞ장 네게 너리과라.

과래(過來) 동 ❶지나오다. ⇔디나오다. ≪朴諺, 上, 37ㅈ≫過去的過來的弄我的, 디나가며 디나오리 날을 롱호되. ≪朴諺, 下, 41ㅎ≫你過來時莭(節)不曾見, 네 디나올 제 일즙 보디 몯ᄒᆞᆫ다. ❷오다[來]. ⇔오다. ≪朴諺, 下, 21ㅈ≫擡過一箇紅漆櫃子來, ᄒᆞᆫ 블근 칠ᄒᆞᆫ 櫃를 드러 오라 ᄒᆞ여.

과매(過賣) 명 음식점의 종업원. ≪朴諺, 下, 32ㅈ≫過賣(集覽, 朴集, 下, 5ㅎ: 過賣. 食店內執役供具之人, 如雇工者也.) 你來有甚麼飯, 過賣아 이바 므슴 밥이 잇ᄂᆞ뇨. ≪朴諺, 下, 33ㅎ≫過賣你這飯, 過賣ㅣ아 네 이 밥을.

과범(科範) 명 희곡(戲曲)에서, 미리 정해진 배우의 동작을 이르는 말. ≪朴諺, 上, 5ㅎ≫叫教坊司十數箇樂工和做院本(集覽, 朴集, 上, 2ㅎ: 院本. 或曰, 宋徽宗見爨國人來朝, 衣裝·鞵履·巾裹, 傅粉墨, 擧動如此, 使優人効之以爲戲. 其間副淨有散說, 有道念, 有筋斗, 有科範. 盖古教坊色長有魏·武·劉三人, 而魏長於念誦, 武長於筋斗, 劉長於科範, 至今樂人皆宗之.)諸般雜技的來, 教坊司의 여라믄 樂工과 院本에 여러 가지 雜技ᄒᆞᄂᆞ니를 블러오라.

과범(過犯) 명 과실. 잘못. ≪朴諺, 中, 45ㅎ≫又沒過犯, 또 過犯이 업ᄉᆞ니.

과보(果報) 명 〈불〉 과거 또는 전생(前生)의 선악의 인연에 따라서 뒷날 길흉화복(吉凶禍福)의 갚음을 받게 됨을 이르는 말. ≪朴諺, 下, 4ㅎ≫久後你也得證果金身(集覽, 朴集, 下, 1ㅎ: 證果金身. 今按, 證, 應也, 得也, 果, 果報也. 金身者, 佛三十二相, 云身眞金色. 言果報者, 觀經疏云, 行眞實法感得勝報也. 又修善得善果, 作惡得惡報, 謂之果報. 又生時所作善惡謂之因, 他日報應謂之果. 謂證果者, 如三藏法師取經東還, 化爲栴檀佛如來.), 오란 후에 너도 證果金身홈을 어드리라.

과시(果是) 뷔 과연. 과연 정말. ⇔과연(果然). ≪朴諺, 上, 60ㅎ≫果是奇扰, 果然 긔특ᄒᆞ더라.

과실 명 과실. 과일. ⇔과자(果子). ≪朴諺, 上, 1ㅎ≫着李四買果子·拖爐去, 李四로 ᄒᆞ여 과실과 拖爐·隨食을 사라 가게 ᄒᆞ라. ≪朴諺, 中, 15ㅎ≫生果子也多喫了, ᄉᆡᆼ과실도 만히 먹고. ≪朴諺, 中, 43ㅎ≫滿山果子以爲食, 산에 ᄀᆞ득ᄒᆞᆫ 과실로 뻐

食을 삼고.

과실(果實) 명 과실. 과일. ≪朴諺, 上, 1ㅎ≫着李四買果子(集覽, 朴集, 上, 1ㅈ: 果子. 果實也. 又呼油蜜果, 亦曰果子, 曰蜜果子, 制形如棗.)·拖爐·隨食去, 李四로 ᄒᆞ여 과실과 拖爐·隨食을 사라 가게 ᄒᆞ라. ≪朴諺, 上, 4ㅎ≫放象生纏糖(集覽, 朴集, 上, 2ㅈ: 象生纏糖. 音義纏字註云, 用白糖·白芝麻相和, 以火煎熬, 傾入木印內, 須臾凉後, 〈與果實相似也〉.), 生物을 象ᄒᆞ여 ᄭᅮ민 沙糖이어나.

과아(鍋兒) 명 ❶가마. 가마솥. ⇔가마. ≪集覽, 字解, 單字解, 1ㅎ≫安. 安鍋兒 가마 거다. 又安下 사ᄅᆞ미 자리 븓다. 又吏語, 安挿 사ᄅᆞᄆᆞᆯ 안졉ᄒᆞ게 ᄒᆞ다. ❷도가니. ⇔도관. ≪朴諺, 下, 29ㅎ≫鐵鎚, 마치. 鉗子, 집게. 鐵枕, 모로. 鍋兒, 도관.

과연(果然) 부 과연. ⇔과시(果是). ≪朴諺, 上, 60ㅎ≫果是奇㤄, 果然 긔특ᄒᆞ더라.

과자(果子) 명 ❶과자. 유밀과(油蜜果). ≪朴諺, 上, 1ㅎ≫着李四買果子(集覽, 朴集, 上, 1ㅈ: 果子. 果實也. 又呼油蜜果, 亦曰果子, 曰蜜果子, 制形如棗.)·拖爐·隨食去, 李四로 ᄒᆞ여 과실과 拖爐·隨食을 사라 가게 ᄒᆞ라. ❷과실. 과일. ⇔과실. ≪朴諺, 上, 1ㅎ≫着李四買果子(集覽, 朴集, 上, 1ㅈ: 果子. 果實也. 又呼油蜜果, 亦曰果子, 曰蜜果子, 制形如棗.)·拖爐(集覽, 朴集, 上, 1ㅈ: 拖爐. 音義云, 麵作小餅者〈麵作小餅〉. 質問云, 以麥麵和油蜜印成花餅, 烙熟食之.)·隨食去, 李四로 ᄒᆞ여 과실과 拖爐·隨食을 사라 가게 ᄒᆞ라. ≪朴諺, 中, 15ㅎ≫生果子也多喫了, ᄉᆡᆼ과실도 만히 먹고. ≪朴諺, 中, 43ㅎ≫滿山果子以爲食, 산에 ᄀᆞ득ᄒᆞᆫ 과실로 ᄡᅧ 食을 삼고.

과절(過節) 동 명절을 쇠다. 명절을 지내다. 명절을 보내다. ≪朴諺, 上, 59ㅈ≫寒食(集覽, 朴集, 上, 14ㅎ: 寒食. 荊楚記云, 去冬節〈莭〉一百五日, 有疾風甚雨, 謂之寒食, 又謂之百五節〈莭〉. 秦人呼爲熟食日, 言其不動煙〈烟〉火, 預辦熟食過節〈莭〉也.)不遲, 寒食이라도 더듸디 아니타 ᄒᆞᄂᆞ니라.

과절(過莭) 동 과절(過節). '莭'은 '節'의 속자. ≪朴諺, 上, 59ㅈ≫寒食(集覽, 朴集, 上, 14ㅎ: 寒食. 荊楚記云, 去冬節〈莭〉一百五日, 有疾風甚雨, 謂之寒食, 又謂之百五節〈莭〉. 秦人呼爲熟食日, 言其不動煙〈烟〉火, 預辦熟食過節〈莭〉也.)不遲, 寒食이라도 더듸디 아니타 ᄒᆞᄂᆞ니라.

과제(科第) 명 관리를 뽑을 때 실시하던 시험. ≪朴諺, 下, 50ㅈ≫你這般金榜(集覽, 朴集, 下, 11ㅈ: 金榜. 唐崔昭暴卒復甦云, 見冥閒〈間〉列榜〈㮄〉, 書人姓名, 將相金榜〈㮄〉, 次銀榜〈㮄〉, 州縣小官鐵榜〈鉄㮄〉. 故今之科茀(第)綴名之榜〈㮄〉, 謂之金榜.)掛名的書生, 너는 이런 金榜에 掛名ᄒᆞᆯ 書生이니.

과제(科茀) 명 과제(科第). '茀'는 '第'의 속자. ≪朴諺, 下, 50ㅈ≫你這般金榜(集覽, 朴集, 下, 11ㅈ: 金榜. 唐崔昭暴卒復甦云, 見冥閒〈間〉列榜〈㮄〉, 書人姓名, 將相金榜〈㮄〉, 次銀榜〈㮄〉, 州縣小官鐵榜〈鉄㮄〉. 故今之科茀(第)綴名之榜〈㮄〉, 謂之金榜.)掛名的書生, 너는 이런 金榜에 掛名ᄒᆞᆯ 書生이니.

과채(果菜) 명 과일과 채소. ≪朴諺, 上, 50ㅈ≫滿月(集覽, 朴集, 上, 13ㅎ: 滿月. 産書云, 分㝃未滿月, 恣食生冷粘·硬果·菜·肥膩魚·肉之物, 當時雖未覺大〈有〉損, 滿月之後, 卽成蓐勞.)過了時喫的不妨事, ᄃᆞᆯ이 차 디나면 먹어도 일에 해롭디 아니ᄒᆞ리라.

과형(冎刑) 명 과형(剮刑). '冎'는 '剮'와 같다. ≪朴諺, 中, 29ㅈ≫木樁(集覽, 朴集, 中, 7ㅈ: 木樁. 其制, 於刑人法場, 植一大柱, 縛着罪人於〈縛着罪人於其〉上, 劊子用法刀剮其肉以喂狗, 而只留〈畄〉其骨, 極其慘酷, 方施大辟, 卽古之冎刑也. 劊子, 獄史刑罪人者也.)上剮了, 나모 기동에 민고 ᄡᅡ가 죽이니라.

과형(剮刑) 명 사형을 시킨 뒤에 살을 긁어내던 형벌. 주로 중국에서 중죄인에게 행하였다. ≪朴諺, 中, 29ㅈ≫木椿(集覽, 朴集, 中, 7ㅈ: 木椿. 其制, 於刑人法場, 植一大柱, 縛着罪人於〈縛着罪人於其〉上, 劊子用法刀剮其肉以喂狗, 而只留〈留〉其骨, 極其慘酷, 方施大辟, 卽古之冎刑也. 劊子, 獄史刑罪人者也.)上剮了, 나모 기동에 믹고 쌱가 죽이니라.

곽향정기산(藿香正氣散) 명 곽향(藿香)을 주된 재료로 하여 달여 만든 한약. 여름 감기에 식체(食滯)를 겸한 증상에 쓴다. ≪朴諺, 中, 16ㅈ≫我旋合與你藿香正氣散, 내 미조차 너를 藿香正氣散을 지어 줄 거시니.

관(官) 명 ❶관원(官員). 벼슬아치. ⇔관원. ≪朴諺, 中, 46ㅈ≫你常選官, 너는 샹샹에 섇이는 관원이라. ❷관아. 관청. ⇔구의. ≪朴諺, 中, 29ㅈ≫妻賢夫省事官清民自安, 妻ㅣ 어딜면 지아븨 일이 덜리이고 官이 몱그면 빅셩이 스스로 편안ᄒᆞᄂᆞ니라. ≪朴諺, 下, 15ㅎ≫那廝先告官, 뎌 놈이 몬져 구의에 告ᄒᆞ야. ≪朴諺, 下, 53ㅈ≫赴官施行, 官에 보내여 施行ᄒᆞ쇼셔. ≪朴諺, 下, 54ㅎ≫上告某官, 某官씌 上告ᄒᆞ노니. ❸관제(官製). ⇔구읫나기. ≪朴諺, 上, 43ㅈ≫紫官素段子一尺, ᄌᆞ뎍 구읫나기 민비단 ᄒᆞᆫ 자과. ❹벼슬. ⇔벼슬. ≪朴諺, 中, 46ㅎ≫你高官裏轉除的有愁甚麽, 너는 노픈 벼슬에 쳔뎐ᄒᆞ여 뎨슈홈이 이실 써시니 므슴 근심ᄒᆞ리오.

관(貫) 의 꿰미. (동전 1천 개) ≪朴諺, 下, 24ㅎ≫賜唐僧金錢三百貫金鉢盂一箇, 唐僧을 金돈 三百貫과 金에우아리 ᄒᆞ나흘 주고. 賜行者金錢三百貫打發了, 行者를 金돈 三百貫을 주어 打發ᄒᆞ니.

관(寬) 형 너르다. 넓다. ⇔너ᄅᆞ다. ≪朴諺, 下, 31ㅎ≫三尺寬肩膀, 석 자나 너른 엇게오.

관(管) 동 ❶가마ᄂᆞ니. 관리하ᄂᆞ니. ⇔ᄀᆞ음아니. ≪朴諺, 中, 10ㅎ≫保人只管一百日, 保人이 그저 일 빅 날을 ᄀᆞ음아니. ❷가마는. 관리하는. ⇔ᄀᆞ음아ᄂᆞᆫ. ≪朴諺, 上, 2ㅎ≫又內府管酒的官人們造的好酒, 또 內府에 술 ᄀᆞ음아ᄂᆞᆫ 官人들의 비즌 됴흔 술을. ≪朴諺, 上, 3ㅎ≫官人們文書分付管酒的署官根底, 官人들이 文書를 술 ᄀᆞ음아ᄂᆞᆫ 署官의게 分付ᄒᆞ여. ≪朴諺, 上, 47ㅎ≫分付這管混堂的看着, 이 混堂 ᄀᆞ음아ᄂᆞ니게 分付ᄒᆞ여 보라 ᄒᆞ고. ≪朴諺, 中, 7ㅈ≫管事的來, 일 ᄀᆞ음아ᄂᆞᆫ 이 오라. ≪朴諺, 中, 7ㅎ≫拿將管馬的來吊着, 믈 ᄀᆞ음아ᄂᆞᆫ 이를 자바다가 ᄃᆞᆯ고. ≪朴諺, 中, 59ㅎ≫該管的外郎也受了些錢財, ᄀᆞ음아ᄂᆞᆫ 外郎도 져기 錢財를 밧고. ❸가말다. 관리하다. ⇔ᄀᆞ음알다. ≪朴諺, 上, 11ㅈ≫管的三年不要功錢打, 三年을 ᄀᆞ음아라 工錢을 밧디 아니ᄒᆞ고 다ᄋᆞ게 ᄒᆞ라. ≪朴諺, 上, 39ㅎ≫管甚麽來刀子鈍, 므서슬 ᄀᆞ음알관ᄃᆡ 칼이 무듸리오. ≪朴諺, 上, 47ㅈ≫我管着湯錢去來, 내 湯錢을 ᄀᆞ음아라 가마. ≪朴諺, 中, 2ㅈ≫我管着饋你, 내 ᄀᆞ음아라 너를 주마. ≪朴諺, 中, 38ㅈ≫明日來管迴換, ᄂᆡ일 와 므르믈 ᄀᆞ음알리라. ≪朴諺, 中, 38ㅈ≫管着來迴, 와 므름을 ᄀᆞ음알마. ≪朴諺, 下, 34ㅈ≫我管甚麽, 내 므서슬 ᄀᆞ음아ᄂᆞ뇨. ≪朴諺, 下, 36ㅎ≫管着他官人家莊土種田來, 뎌 官人의 농소를 ᄀᆞ음아라 種田ᄒᆞ더니. ≪朴諺, 下, 37ㅎ≫管着那莊土, 뎌 농소를 ᄀᆞ음아다가. ≪朴諺, 下, 37ㅎ≫管山喫山, 山을 ᄀᆞ음알면 山읫 거ᄉᆞᆯ 먹고. 管水喫水, 믈을 ᄀᆞ음알면 믈엣 거ᄉᆞᆯ 먹ᄂᆞᆫ다 ᄒᆞ니라.

관(関) 동 관(關). '関'은 '關'의 속자. ≪朴諺, 中, 36ㅈ≫門子関了, 문을 닷고.

관(關) 동 닫다[閉]. ⇔닷다. ≪朴諺, 中, 36ㅈ≫門子関了, 문을 닷고.

관(關) 동 타다[受]. (녹봉을) 받다. ❶⇔타다. ≪朴諺, 上, 11ㅎ≫關出米來, ᄡᆞᆯ 타 나오나든. ❷⇔ᄐᆞ다. ≪朴諺, 上, 11ㅈ≫關米麽, ᄡᆞᆯ을 ᄐᆞᆯ가. 我有兩箇月俸來關,

내 두 들 뇨 틀 써시 이셰라. ≪朴諺, 上, 11ㅎ≫關幾擔, 몃 짐을 트료. ≪朴諺, 上, 11ㅎ≫關八擔, 여듧 짐을 트리로다.

관(灌) 동 붓다[注]. ⇔븟다. ≪朴諺, 中, 47ㅈ≫我特故裏把酒灌的他爛醉了, 내 부러 술을다가 뎌의게 브으니 爛醉ᄒᆞ여.

관가(官家) 명 황제(皇帝). ≪集覽, 字解, 單字解, 5ㅎ≫家. 止指一數之稱. 一箇家 ᄒᆞᆫ 낫식, 幾箇家 몃 낫식, 又현 낫식, 幾年家현 ᄒᆡ식. 又槩也. 大家 대개. 又擧姓呼人之稱. 李家·張家. 又呼皇帝曰官家. 又語助. 沒有家 업다. ≪朴諺, 上, 53ㅈ≫官裏(集覽, 朴集, 上, 14ㅈ: 官裏. 呼皇帝爲官家, 亦曰官裏.)前面掗柳射弓的多有, 황뎨 앏희셔 버들 곳고 활 뽀ᄂᆞ니 만히 이시니.

관강(灌江) 명 중국의 소설 서유기(西遊記)에 나오는, 관주(灌州)에 있다는 강 이름. ≪朴諺, 下, 47ㅈ≫粧二郎爺爺(集覽, 朴集, 下, 10ㅎ: 二郎爺爺. 灌州灌江口立廟, 有神曰小聖二郎, 又號二郎賢聖天王, 請二郎捕獲大聖, 卽此.), 二郎爺爺를 ᄭᅮ며. ≪朴諺, 下, 17ㅈ≫唐三藏引孫行者(集覽, 朴集, 下, 4ㅈ: 孫行者. 老君·王母俱奏于玉帝, 傳宣李天王, 引領天兵十萬及諸神將至花菓山, 與大聖相戰失利. 巡山大力鬼上告天王, 擧灌州灌江口神曰小聖二郎, 可使拿獲. 天王遣太子木叉, 與大力鬼往請二郎神, 領神兵圍花菓山, 衆猴出戰皆敗.), 唐三藏이 孫行者를 ᄃᆞ리고.

관계(官桂) 명 계수(桂樹)나무의 두꺼운 껍질을 한방에서 이르는 말. 건위제(健胃劑)와 강장제(强壯劑)로 쓴다. ≪朴諺, 上, 7ㅈ≫都着些細料物(集覽, 朴集. 上, 3ㅎ: 細料物. 事林廣記食饌類, 細料物, 官桂·良薑·蓽撥草·豆蔻·陳皮·縮砂仁〈砂仁〉·八角·茴香各一兩, 川椒二兩, 杏仁五兩, 甘草一兩半, 白檀末半兩. 右共爲細末用之.), 다 져기 ᄀᆞᄂᆞᆫ 교토를 두고.

관곡(欵曲) 동 관곡(款曲). '欵'은 '款'의 속자. ≪朴諺, 中, 59ㅈ≫那寃家們打關節(節)(集覽, 朴集, 中, 9ㅈ: 打關節. 吏學指南云, 下之所以通欵曲於上者曰關節〈節〉, 又造請權要謂之關節〈節〉. 漢曰關說.)時, 뎌 寃家ㅣ 쇼쳥ᄒᆞ니.

관곡(款曲) 동 자세히 털어놓다. 상세히 말하다. ≪朴諺, 中, 59ㅈ≫那寃家們打關節(節)(集覽, 朴集, 中, 9ㅈ: 打關節. 吏學指南云, 下之所以通欵曲於上者曰關節〈節〉, 又造請權要謂之關節〈節〉. 漢曰關說.)時, 뎌 寃家ㅣ 쇼쳥ᄒᆞ니.

관급(關給) 동 물품을 내어 주다. 또는 수령(受領)하다. ≪朴諺, 下, 17ㅈ≫唐三藏引孫行者(集覽, 朴集, 下, 4ㅈ: 孫行者. 行者, 僧未經關給度牒者, 謂之僧行, 亦曰行者.), 唐三藏이 孫行者를 ᄃᆞ리고.

관기(綰起) 동 쫒다. 틀어 올리다. ⇔조지다. ≪朴諺, 上, 40ㅈ≫綰起頭髮來, 머리 터럭을 조지고.

관대(管待) 동 후하게 대접하다. 환대(歡待)하다. ≪朴諺, 上, 2ㅈ≫咱們問那光祿寺(集覽, 朴集, 上, 1ㅈ: 光祿寺. 在東長安門內, 其屬有大官·珍〈珎〉羞·良醞·掌醢四署, 掌供辦內府諸品膳羞酒醴及管待使客之事.)裏, 우리 뎌 光祿寺에 무러.

관대(館待) 동 접대(接待)하다. ≪朴諺, 上, 51ㅈ≫百歲日(集覽, 朴集, 上, 13ㅎ: 百歲日. 質問云, 初生孩兒以百日爲百歲日, 六親皆以禮賀之, 主人設席館待.)又做筵席, 百歲日에 ᄯᅩ 이바디ᄒᆞ면.

관등(觀燈) 명 음력 정월 보름날 온갖 등을 달아 불을 밝히고 구경하는 일. ≪朴諺, 下, 49ㅈ≫好女不看燈(集覽, 朴集, 下, 11ㅈ: 好女不看燈. 唐韋述兩京記曰, 正月十五日夜, 勑金吾弛禁, 前後各一日, 以觀燈.), 好女ᄂᆞᆫ 看燈 아니ᄒᆞᆫ다 ᄒᆞᄂᆞ니라.

-관ᄃᆡ 어미 -관대. -기에. ≪朴諺, 上, 3ㅎ≫照依前例該與多少, 前例대로 ᄒᆞ면 언메나 주엄 즉ᄒᆞ관ᄃᆡ. ≪朴諺, 上, 39ㅎ≫管甚麽來刀子鈍, 므서슬 ᄀᆞ음알관ᄃᆡ 칼이 무되리오.

관록(官祿) 명 벼슬아치에게 주는 녹봉(祿

俸). ≪朴諺, 上, 11ㅈ≫我有兩箇月俸(集覽, 朴集, 上, 5ㅈ: 月俸. 中朝〈元制〉官祿, 每月支〈支〉給. 今此一月四石之俸, 以元制考之, 乃從九品也. 米·豆曰祿, 鈔·錢·絹曰俸.)來關, 내 두 ᄃᆞᆯ 뇨 ᄐᆞᆯ 써시 이셰라.

관리(官吏) 명 벼슬아치. ≪朴諺, 下, 45ㅈ≫宋舍看打春(集覽, 朴集, 下, 9ㅎ: 打春. 東京夢華錄云, 立春前五日, 造土牛·耕夫·犁具, 前一日順天府進農牛入禁中鞭春, 府縣官吏·士庶·耆社, 具鼓樂出東郊迎春, 牛芒神至府前, 各安方位.)去來, 宋개아 닙춘 노룻ᄒᆞᄂᆞᆫ 양 보라 가쟈.

관리(官裏) 명 황제(皇帝). ⇔황뎨. ≪朴諺, 上, 53ㅈ≫官裏(集覽, 朴集, 上, 14ㅈ: 官裏. 呼皇帝爲官家, 亦曰官裏. 五帝官天下·三王家天下, 故云耳〈三王家天下故耳〉.)前面搮柳射弓的多有, 황뎨 앏희셔 버들 곳고 활 뽀ᄂᆞ니 만히 이시니. ≪朴諺, 上, 57ㅈ≫官裏前面看書畫裏, 황뎨 앏희셔 書畫를 보니. ≪朴諺, 上, 61ㅈ≫有官裏坐的地白玉石玲瓏龍床, 황뎨 안ᄂᆞᆫ 白玉石으로 玲瓏히 ᄒᆞᆫ 龍床이 잇고. ≪朴諺, 上, 62ㅈ≫官裏上龍舡, 황뎨 龍舡에 오ᄅᆞ면. ≪朴諺, 下, 30ㅈ≫我在官裏前面, 내 황뎨 앏픠 이셔. ≪朴諺, 下, 30ㅎ≫官裏前面丞相爲頭兒, 황뎨 앏픠 승샹 위두ᄒᆞ여.

관맥(關脉) 명 관맥(關脈). '脉'은 '脈'의 속자. ≪朴諺, 中, 15ㅈ≫尺脉較沈(集覽, 朴集, 中, 3ㅈ: 尺脉較沈. 人手有寸·關·尺三部脉. 尺脉主腎命門, 屬水而沈. 脾屬土, 凡人飮食傷脾土, 則土不克水而見沈, 脉較差也. 脉沈, 又見老乞大集覽.), 尺脉이 젹이 沈ᄒᆞ니.

관맥(關脈) 명 맥박의 하나. 맥을 진찰할 때의 관부(關部). 진찰자의 가운뎃손가락이 놓이는 부분에서 느껴지는 맥이다. 음양의 기혈이 이곳에서 나누어진다고 한다. ≪朴諺, 中, 15ㅈ≫尺脉較沈(集覽, 朴集, 中, 3ㅈ: 尺脉較沈. 人手有寸·關·尺三部脉. 尺脉主腎命門, 屬水而沈. 脾屬土, 凡人飮食傷脾土, 則土不克水而見沈, 脉較差也. 脉沈, 又見老乞大集覽.), 尺脉이 젹이 沈ᄒᆞ니.

관명(官名) 명 벼슬 이름. ≪集覽, 字解, 單字解, 5ㅎ≫使. 上聲, 差也, 役也. 使的我날 브려. 又用也. 使用了. 吏語, 行使 ᄡᅳ다. 又使船 ᄇᆡ 달호다. 又去聲, 使臣, 差使. 又官名.

관법(官法) 명 관청의 법규나 규정. ≪朴諺, 下, 53ㅎ≫官法內七十已上十五已下, 官法 內에 七十 已上 十五 已下ᄂᆞᆫ.

관부(官府) 명 관아. 관청. ≪朴諺, 上, 3ㅈ≫勘合(集覽, 朴集, 上, 1ㅎ: 勘合. 質問云, 官府設簿冊二扇, 凡事用印鈐記, 上寫外字幾號, 發行去者曰外號, 上寫內字幾號, 留在官府者曰內號.)有了不曾, 勘合이 잇ᄂᆞᆫ가 몯ᄒᆞ엿ᄂᆞᆫ가.

관부(舘夫) 명 관부(館夫). '舘'은 '館'의 속자. ≪朴諺, 上, 2ㅎ≫光祿寺裡着姓李的舘夫(集覽, 朴集, 上, 1ㅎ: 舘夫. 應當舘〈館〉驛接待使客之役. 質問云, 府·州·縣百姓擇撥〈差〉無差〈身〉役者, 做舘夫荅應使客, 待三年更替.)討去, 光祿寺에ᄂᆞᆫ 姓이 李가 舘夫로 ᄒᆞ여 어드라 가게 ᄒᆞ고.

관부(館夫) 명 관역(館驛)에서 사객(使客)의 접대에 관한 일을 하던 사람. ≪朴諺, 上, 2ㅎ≫光祿寺裡着姓李的舘夫(集覽, 朴集, 上, 1ㅎ: 舘夫. 應當舘〈館〉驛接待使客之役. 質問云, 府·州·縣百姓擇撥〈差〉無差〈身〉役者, 做舘夫荅應使客, 待三年更替.)討去, 光祿寺에ᄂᆞᆫ 姓이 李가 舘夫로 ᄒᆞ여 어드라 가게 ᄒᆞ고.

관사(官司) 명 ❶관아. 관청. ≪朴諺, 中, 28ㅈ≫若官司知道時, 만일 官司ㅣ 알면. ≪朴諺, 中, 28ㅎ≫走到官司告了, 官司에 ᄃᆞ라가 告ᄒᆞ니. ≪朴諺, 中, 60ㅎ≫這官司人們, 이 官司人들히. ≪朴諺, 下, 16ㅈ≫妄告官司抵罪反坐, 망녕되이 官司에 고ᄒᆞ면 죄 反坐에 니ᄅᆞᄂᆞ니라. ≪朴諺, 下, 37ㅎ≫這兩日官司裡告了, 이 두어 날에

官司에 告ᄒᆞ여. ❷송사(訟事). 소송(訴訟). ⇔구의죵. ≪朴諺, 上, 24ㅈ≫有官司(集覽, 朴集, 上, 8ㅈ: 官司. 凡干詞訟累禍之事, 皆謂之官司, 如鄕語구의죵〈죵〉. 司字恐是事字之誤.)灾難, 官司 灾難이 잇거든.

관서(寬恕) 동 너그럽게 용서하다. 관대히 봐주다. 관용(寬容)하다. ≪朴諺, 中, 29ㅈ≫將老李打了一百七(集覽, 朴集, 中, 7ㅈ: 一百七. 大德中, 刑部尙書王約上言, 國朝用刑寬恕, 笞杖十減其三, 故笞一十減爲七.), 老李룰다가 一百 닐곱을 텨.

관설(關說) 동 다른 사람을 대신하여 말하다. 중간에서 좋은 말을 해 주다. ≪朴諺, 中, 59ㅈ≫那寃家們打關莭(節)(集覽, 朴集, 中, 9ㅈ: 打關節. 吏學指南云, 下之所以通欵曲於上者曰關節〈莭〉, 又造請權要謂之關節〈莭〉. 漢曰關說.)時, 뎌 寃家ㅣ 쇼청ᄒᆞ니.

관세음(觀世音) 명 〈불〉 관세음보살(觀世音菩薩). ≪朴諺, 上, 41ㅎ≫俊如觀音菩薩(集覽, 朴集, 上, 12ㅈ: 觀音菩薩. 以耳根圓通, 以聞聲作觀, 故謂之觀世音.), 쥰슈홈이 觀音菩薩 ᄀᆞᆺ고.

관세음보살(觀世音菩薩) 명 〈불〉 아미타불(阿彌陀佛)의 왼편에서 교화를 돕는 보살. 세상의 소리를 들어 알 수 있는 보살이므로 중생이 고통 가운데 열심히 이 이름을 외면 도움을 받게 된다고 한다. ≪朴諺, 中, 23ㅎ≫尋聲救苦應念除災(集覽, 朴集, 中, 6ㅈ: 尋聲救苦應念除災. 史記, 昔盧景裕繫晉陽獄, 志心念觀世音菩薩, 枷鎖自脫. 又有人當死, 志心誦觀世音菩薩普門品經千百遍, 臨刑刀折, 因以赦之.), 尋聲 救苦ᄒᆞ며 應念 除灾ᄒᆞᄂᆞ니. ≪朴諺, 下, 3ㅈ≫西天取經去(集覽, 朴集, 下, 1ㅈ: 西天取經去. 乃以西天去東土十萬八千里之程, 妖恠〈怪〉又多, 諸衆不敢輕諾. 唯南海落伽〈迦〉山觀世音菩薩, 騰雲駕霧往東土去, 遙見長安京兆府, 一道瑞氣衝天, 觀音化作老僧入城.)時莭(節), 西天의 經 가질라 갈 제.

관아(罐兒) 명 탕관(湯罐). ⇔탕권. ≪朴諺, 上, 37ㅎ≫金罐兒·鐵携兒裏頭盛着白沙蜜, 금탕권 쇠곡지 속에 白沙蜜 담은 거시여.

관역(舘驛) 명 관역(館驛). '舘'은 '館'의 속자. ≪朴諺, 上, 2ㅎ≫光祿寺裡着姓李的館夫(集覽, 朴集, 上, 1ㅎ: 館夫. 應當舘〈館〉驛接待使客之役. 質問云, 府·州·縣百姓擇撥〈差〉無差〈身〉役者, 做館夫荅應使客, 待三年更替.)討去, 光祿寺에ᄂᆞᆫ 姓이 李가 館夫로 ᄒᆞ여 어드라 가게 ᄒᆞ고. ≪朴諺, 中, 5ㅈ≫站家擂皷(集覽, 朴集, 中, 1ㅈ: 站家擂鼓. 舘驛門上皆設更鼓〈皷〉之樓, 凡使客入門必擊其鼓〈皷〉, 招集人衆, 應辦事務.), 站에셔 붑 티니. ≪朴諺, 中, 5ㅎ≫大使(集覽, 朴集, 中, 1ㅈ: 大使. 舘驛有大使一員, 或正九品, 或從九品, 有副使一員, 從九品, 亦有未入流大使·副使. 詳見諸司職掌.)你來, 大使ㅣ 아이바.

관역(館驛) 명 역사(驛舍). (역참(驛站)으로 쓰는 건물) ≪朴諺, 上, 2ㅎ≫光祿寺裡着姓李的館夫(集覽, 朴集, 上, 1ㅎ: 館夫. 應當舘〈館〉驛接待使客之役. 質問云, 府·州·縣百姓擇撥〈差〉無差〈身〉役者, 做館夫荅應使客, 待三年更替.)討去, 光祿寺에ᄂᆞᆫ 姓이 李가 館夫로 ᄒᆞ여 어드라 가게 ᄒᆞ고. ≪朴諺, 中, 5ㅈ≫站家擂皷(集覽, 朴集, 中, 1ㅈ: 站家擂鼓. 舘驛門上皆設更鼓〈皷〉之樓, 凡使客入門必擊其鼓〈皷〉, 招集人衆, 應辦事務.), 站에셔 붑 티니. ≪朴諺, 中, 5ㅎ≫大使(集覽, 朴集, 中, 1ㅈ: 大使. 舘驛有大使一員, 或正九品, 或從九品, 有副使一員, 從九品, 亦有未入流大使·副使. 詳見諸司職掌.)你來, 大使ㅣ 아 이바.

관용(官用) 명 관청의 소용(所用). ≪朴諺, 中, 13ㅎ≫抽分(集覽, 朴集, 中, 2ㅎ: 抽分. 音義云, 十分而取一分, 以利官用.)了幾箇馬, 여러 ᄆᆞᆯ을 츌렴ᄒᆞ고.

관원 명 관원(官員). 벼슬아치. ⇔관(官). ≪朴諺, 中, 46ㅈ≫你常選官, 너는 샹샹에 색이는 관원이라.

관원(官員) 명 관원. 벼슬아치. ≪朴諺, 上, 12ㅎ≫將米貼兒(集覽, 朴集, 上, 5ㅎ: 米貼. 月俸之貼. 質問云, 收米·放米計數之票〈標〉也. 又云, 是文武官員關支(支)月米時, 各該衙門出給印信貼兒.)來對官號, 밠 뎨즈 가져다가 官號 마초고. ≪朴諺, 下, 38ㅈ≫五箇鋪馬(集覽, 朴集, 下, 8ㅎ: 五箇鋪馬. 鋪馬, 站馬也. 元制, 遠方之任官員, 一品五疋〈匹〉, 二品四疋〈匹〉, 三·四品三疋〈匹〉, 五品以下二疋〈匹〉.)去了, 다숫 鋪馬로 가니라. ≪朴諺, 下, 38ㅎ≫大小官員, 大小 官員과. ≪朴諺, 下, 45ㅈ≫宋舍看打春(集覽, 朴集, 下, 9ㅎ: 打春. 音義云, 如今北京迎春時, 唯牛芒而已. 在前只有府縣官員, 幷師生耆老引赴順天府, 候春至之時.)去來, 宋개아 닙츈 노롯ᄒᆞᄂᆞᆫ 양 보라 가쟈.

관은(官銀) 명 관제(官製)의 은. ≪朴諺, 上, 30ㅈ≫我的都是細絲官銀(集覽, 朴集, 上, 9ㅎ: 細絲官銀. 銀十品曰十成, 曰足色, 曰成色, 曰細絲, 曰手絲兒, 曰吹螺, 曰白銀. 九品曰九成, 曰青絲. 八品曰八成.), 내 하ᄂᆞᆫ 다 이 細絲官銀이라. ≪朴諺, 上, 64ㅎ≫有細絲官銀, 細絲官銀이 이셰라.

관음(觀音) 명 〈불〉 관세음(觀世音). 관세음보살(觀世音菩薩). 아미타불의 왼편에서 교화를 돕는 보살. 당대(唐代)에는 태종(太宗) 이세민(李世民)을 피휘(避諱)하여 관음(觀音)이라 하였다. ≪朴諺, 中, 20ㅎ≫南海普陀落伽山(集覽, 朴集, 中, 3ㅎ: 南海普陁落伽山. 佛書所謂海岸高絶處, 普陀洛伽山, 世傳觀音現像于此, 上有普陀寺.)裏, 南海 普陀 落伽山에. ≪朴諺, 中, 21ㅎ≫或作童女(集覽, 朴集, 中, 4ㅎ: 童男童女. 觀音現三十二應, 曰佛身, 曰辟支〈支〉, 曰圓覺, 曰聲聞, 曰梵王, 曰帝釋, 曰自在天, 曰大自在天, 曰天大將軍, 曰四天王, 曰四天太子, 曰人王, 曰長者, 曰居士, 曰宰官, 曰婆羅門, 曰比丘, 曰比丘尼, 曰優婆塞, 曰優婆夷, 曰女主, 曰童男, 曰童女, 曰天身, 曰龍身, 曰藥叉, 曰乾達婆, 曰阿脩羅, 曰緊那羅, 曰摩睺羅, 曰樂人, 曰非人.), 혹 童女ㅣ 되며. ≪朴諺, 中, 22ㅈ≫起浮屠於泗水之間(集覽, 朴集, 中, 5ㅈ: 起浮屠於泗水之間. 中宗問萬迴和尙曰, 僧伽是何人. 迴曰, 觀音化身.), 浮屠를 泗水ㅅ ᄉᆞ이에 니ᄅᆞ혀고. ≪朴諺, 下, 3ㅈ≫西天取經去(集覽, 朴集, 下, 1ㅈ: 西天取經去. 乃以西天去東土十萬八千里之程, 妖恠〈怪〉又多, 諸衆不敢輕諾. 唯南海落伽〈迦〉山觀世音菩薩, 騰雲駕霧往東土去, 遙見長安京兆府, 一道瑞氣衝天, 觀音化作老僧入城.)時莭(節), 西天의 經 가질라 갈 제. ≪朴諺, 下, 17ㅈ≫唐三藏引孫行者(集覽, 朴集, 下, 4ㅈ: 孫行者. 大聖被執當死, 觀音上請于玉帝, 免死. 令巨靈神押大聖前往下方去, 乃於花菓山石縫內納身, 下截畫如來押字封着, 使山神·土地神鎭守. 飢食鉄〈鐵〉丸, 渴飮銅汁, 待我往東土尋取經之人, 經過此山, 觀大聖, 肯隨往西天, 則此時可放.), 唐三藏이 孫行者를 ᄃᆞ리고.

관음각(觀音閣) 명 중국 북경시(北京市) 북서쪽 교외 옥천산(玉泉山) 기슭에 있던, 옥천(玉泉)이 솟아 나오는 동굴 위에 있던 누각 이름. ≪朴諺, 上, 59ㅎ≫西湖是從玉泉(集覽, 朴集, 上, 15ㅈ: 玉泉. 一在山之根, 有泉湧出, 洞門刻玉泉二字, 有觀音閣.)裏流下來, 西湖ᄂᆞᆫ 이 玉泉으로 조차 흘러ᄂᆞ리니.

관음경(觀音經) 명 〈불〉 실상묘법연화경(實相妙法蓮華經) 제25품(品)인 관세음보살(觀世音菩薩) 보문품(普門品)만을 따로 뽑아 만든 불경. ≪朴諺, 上, 33ㅎ≫你布施人家齋飯(集覽, 朴集, 上, 10ㅎ: 齋飯. 請觀音經疏云, 齋者, 齊也, 齊身口業也.)錢, 네 人家에 보시ᄒᆞᆫ 齋飯錢을.

관음보살(觀音菩薩) 명 〈불〉 관세음보살

(觀世音菩薩). 아미타불(阿彌陀佛)의 왼편에서 교화를 돕는 보살. 세상의 소리를 들어 알 수 있는 보살이므로 중생이 고통 가운데 열심히 이 이름을 외면 도움을 받게 된다고 한다. ≪朴諺, 上, 41ㅎ≫俊如觀音菩薩(集覽, 朴集, 上, 12ㅈ: 觀音菩薩. 以耳根圓通, 以聞聲作觀, 故謂之觀世音.), 쥰슈홈이 觀音菩薩 ᄀᆞᆺ고. ≪朴諺, 中, 20ㅎ≫參見觀音菩薩眞像去來, 觀音菩薩 眞像을 參見ᄒᆞ라 가쟈.

관음화신(觀音化身) 명 〈불〉 관음보살(觀音菩薩)의 화신. ≪朴諺, 中, 22ㅈ≫起浮屠於泗水之間(集覽, 朴集, 中, 5ㅈ: 起浮屠於泗水之間. 中宗問萬迴和尙曰, 僧伽是何人. 迴曰, 觀音化身.), 浮屠를 泗水ㅅ ᄉᆞ이에 니ᄅᆞ혀고.

관인(官人) 명 관원. 벼슬아치. 관리. ≪朴諺, 上, 2ㅎ≫又內府管酒的官人們造的好酒, 또 內府에 술 ᄀᆞ음아ᄂᆞᆫ 官人들의 비즌 됴흔 술을. ≪朴諺, 上, 12ㅎ≫監納官人們處說, 監納ᄒᆞᄂᆞᆫ 官人들의게 닐러. ≪朴諺, 上, 22ㅎ≫咳這官人好尋思計量大, 애 이 官人이 ᄀᆞ장(장) 尋思 計量이 크다. ≪朴諺, 上, 40ㅎ≫別處一箇官人娶娘子, 다른 고ᄃᆡ ᄒᆞᆫ 官人이 娘子를 娶ᄒᆞ노라. ≪朴諺, 上, 62ㅈ≫官人們也上幾隻舡, 官人들도 여러 ᄇᆡ에 올라. ≪朴諺, 中, 7ㅈ≫三箇官人騎的, 세 官人의 ᄐᆞᆯ. ≪朴諺, 中, 28ㅎ≫官人們引着幾箇皂隷, 官人들이 여러 皂隷를 ᄃᆞ리고. ≪朴諺, 中, 37ㅈ≫你官人們, 너희 官人들히. ≪朴諺, 中, 43ㅈ≫你一般爭名奪利的官人, 너 ᄒᆞᆫ가짓 爭名 奪利ᄒᆞᄂᆞᆫ 官人이. ≪朴諺, 中, 51ㅎ≫官人那裏去, 官人아 어ᄃᆡ 가ᄂᆞᆫ다. ≪朴諺, 中, 59ㅈ≫內中一兩箇官人, 그 듕에 ᄒᆞᆫ두 官人이. ≪朴諺, 下, 6ㅈ≫從來不曾見這般細詳的官人, 본ᄃᆡ 일즙 이런 細詳ᄒᆞᆫ 官人을 보디 못ᄒᆞ엿노라. ≪朴諺, 下, 15ㅈ≫官人們的要路裏到了也, 官人들의 要路에 다ᄃᆞ란노라. ≪朴諺, 下, 26ㅎ≫官人捨不的錢那裏買的, 官人이 쳔을 앗기니 어ᄃᆡ 사리오. ≪朴諺, 下, 34ㅈ≫官人們這的不消說, 官人들아 일란 쇽졀업시 닐으디 말라. ≪朴諺, 下, 39ㅈ≫上直官人前告暇, 上直 官人의게 告暇ᄒᆞ고. ≪朴諺, 下, 48ㅈ≫具服的官人們, 具服ᄒᆞᆫ 官人들히.

관자(関字) 명 관자(關字). '関'는 '關'의 속자. ≪朴諺, 上, 9ㅈ≫小人也得了箚付·関字(集覽, 朴集, 上, 4ㅎ: 関字. 音義云. 攴〈支〉應馬匹〈疋〉幷廩給者, 体式詳見求政錄.)便上馬, 小人도 箚付 関字를 어드면 곳 上馬ᄒᆞ리로다. ≪朴諺, 中, 5ㅈ≫拜揖舍人與我関字麽, 拜揖ᄒᆞ노니 舍人아 우리를 関字를 주실가. ≪朴諺, 中, 5ㅎ≫將關字來, 関字 가져오라.

관자(關字) 명 문서. 문안(文案). 관문(關文). '字'는 '子'로도 쓴다. ⇔글월. ≪集覽, 字解, 單字解, 3ㅈ≫倒. 上聲, 仆也. 倒了 구으러디다. 又換也. 倒馬 ᄆᆞᆯ ᄀᆞ다. 又謄也. 倒關字 글월 번뎌ᄒᆞ다. 又去聲, 反辭 도ᄅᆞ혀. 通作到. ≪朴諺, 上, 9ㅈ≫小人也得了箚付·関字(集覽, 朴集, 上, 4ㅎ: 関字. 音義云. 攴〈支〉應馬匹〈疋〉幷廩給者, 体式詳見求政錄.)便上馬, 小人도 箚付 関字를 어드면 곳 上馬ᄒᆞ리로다. ≪朴諺, 中, 5ㅈ≫拜揖舍人與我関字麽, 拜揖ᄒᆞ노니 舍人아 우리를 関字를 주실가. ≪朴諺, 中, 5ㅎ≫將關字來, 関字 가져오라.

관절(關節) 명 몰래 뇌물을 주고 관리를 매수하는 일. 또는 암암리에 행하는 내통이나 청탁. ≪朴諺, 中, 59ㅈ≫那寃家們打關䈕(節)(集覽, 朴集, 中, 9ㅈ: 打關節. 吏學指南云, 下之所以通欵曲於上者曰關節〈䈕〉, 又造請權要謂之關節〈䈕〉. 漢曰關說. 宋包拯剛直好駁, 時人語曰, 關節〈䈕〉不到, 有閻羅包老. 如本國俗語 쇼쳥〈쳥〉ᄒᆞ다.)時, 뎌 寃家ㅣ 쇼쳥ᄒᆞ니.

관절(關䈕) 명 관절(關節). '䈕'은 '節'의 속자. ≪朴諺, 中, 59ㅈ≫那寃家們打關䈕(節)(集覽, 朴集, 中, 9ㅈ: 打關節. 吏學指南云, 下之所以通欵曲於上者曰關節〈䈕〉,

又造請權要謂之關節〈節〉. 漢曰關說. 宋包拯剛直好駁, 時人語曰, 關節〈節〉不到, 有閻羅包老. 如本國俗語 쇼쳥〈쳥〉ㅎ다.)時, 더 寃家ㅣ 쇼쳥ㅎ니.

관절부도(關節不到) 명 송(宋)나라 포증(包拯)을 달리 이르는 말. 관절(關節)이 통하지 않는 사람. 곧, 뇌물이나 청탁이 통하지 않는 사람이라는 뜻으로, 포증이 대관(臺官)으로 있을 때 잘못이 있는 관원은 반드시 탄핵(彈劾)하였기 때문에 불리던 별명이다. ≪朴諺, 中, 37ㅎ≫官人十分休駁彈(集覽, 朴集, 中, 7ㅎ: 褒彈. 今按, 包孝肅公名拯, 性剛直不撓, 其所彈劾, 不避權勢, 故時人呼爲包閻羅, 曰關節〈節〉不到, 有閻羅包老.), 官人아 ᄀ장 나므라디 말라.

관절부도(關節不到) 명 관절부도(關節不到). '節'은 '節'의 속자. ≪朴諺, 中, 37ㅎ≫官人十分休駁彈(集覽, 朴集, 中, 7ㅎ: 褒彈. 今按, 包孝肅公名拯, 性剛直不撓, 其所彈劾, 不避權勢, 故時人呼爲包閻羅, 曰關節〈節〉不到, 有閻羅包老.), 官人아 ᄀ장 나므라디 말라.

관점(官店) 명 관영(官營) 상점. ≪朴諺, 上, 29ㅈ≫店(集覽, 朴集, 上, 9ㅎ: 店. 停物貨賣之舍, 客商〈商〉往來者多寓之. 官所營建收稅者曰官店.)裏買猠皮去來, 店에 猠皮 사라 가쟈.

관주(灌州) 명 중국의 소설 서유기(西遊記)에 나오는 주(州) 이름. ≪朴諺, 下, 17ㅈ≫唐三藏引孫行者(集覽, 朴集, 下, 4ㅈ: 孫行者. 老君·王母俱奏于玉帝, 傳宣李天王, 引領天兵十萬及諸神將至花菓山, 與大聖相戰失利. 巡山大力鬼上告天王, 擧灌州灌江口神曰小聖二郎, 可使拿獲. 天王遣太子木叉, 與大力鬼往請二郎神, 領神兵圍花菓山, 衆猴出戰皆敗.), 唐三藏이 孫行者를 ᄃ리고. ≪朴諺, 下, 47ㅈ≫粧二郎爺爺(集覽, 朴集, 下, 10ㅎ: 二郎爺爺. 按西遊記, 西域花菓山洞有老猴精, 號齊天大聖, 神變〈変〉無測, 閙(鬧)乱天宮, 玉帝命李天王領神兵往捕, 相戰失利. 灌州灌江口立廟, 有神曰小聖二郎, 又號二郎賢聖天王, 請二郎捕獲大聖, 卽此.), 二郎爺爺를 ᄭ미며.

관중(關中) 명 땅 이름. 중국 섬서성(陝西省) 위하(渭河) 지역에 있었다. ≪朴諺, 上, 27ㅎ≫嵌八寶骨朶(集覽, 朴集, 上, 9ㅈ: 骨朶. 南村輟耕錄云, 國朝有四怯薛中有云都赤, 三日一次輪流入直, 負骨朶於背〈於肩〉, 余究骨朶字義, 嘗記宋景文筆記云, 關中人以腹大爲胍肫, 音孤都, 俗謂杖頭大者亦曰胍肫, 後訛爲骨朶.)雲織金羅比甲, 八寶 ᄢ이고 굴근 운문ᄒᆫ 織金 ᄆᆡᆺ 比甲에.

관중채(貫衆菜) 명 관중(貫衆). (면마과(綿馬科)의 여러해살이풀. 말린 뿌리줄기는 면마근(綿馬根)이라 하여 구충제로 사용한다) ⇔회초미치. ≪朴諺, 中, 34ㅎ≫買些拳頭菜, 져기 고사리치. 貫衆菜, 회초미치. 搖頭菜, 두룹치. 蒼朮菜來, 삽듀치를 사 오라.

관직(官職) 명 벼슬. 곧, 관원의 직위. ⇔벼슬. ≪朴諺, 下, 59ㅎ≫恰說的是甚麽官職, ᄀᆞᆺ 니ᄅᆞ는 거시 이 므슴 벼슬고.

관천하(官天下) 동 오제(五帝)가 나라를 자기 개인의 관청으로 여기다. ≪朴諺, 上, 53ㅈ≫官裏(集覽, 朴集, 上, 14ㅈ: 官裏. 呼皇帝爲官家, 亦曰官裏. 五帝官天下·三王家天下, 故云耳〈三王家天下故耳〉.)前面揑柳射弓的多有, 황뎨 앏희셔 버들 곳고 활 뽀ᄂᆞ니 만히 이시니.

관호(官號) 명 관직의 명칭. ≪朴諺, 上, 12ㅎ≫將米貼兒來對官號, ᄡᆞᆯ 톄ᄌᆞ 가져다가 官號 마초고.

관화(官話) 명 원·명대(元明代) 이후 중국 북쪽 지방에서 널리 쓰이던 말. 북경어(北京語)를 기본으로 하는 표준어. 관리 사회에서 널리 쓰였다 하여 붙여진 이름이다. ≪集覽, 音義≫那箇[俺]字是山西人說的. [恁]字也是官話, 不是常談, 都塗吊了改寫的.

괄(刮) 동 ❶긁어 빗기다. ⇔긁빗기다. ≪朴諺, 上, 20ㅎ≫着鉋子刮的乾淨着, 글게로다가 긁빗기기를 乾淨히 호되. ≪朴諺, 上, 39ㅎ≫不要只管的刮, 그저 ᄼᆞ릐여 긁빗기디 말라. 刮的多頭疼, 긁빗기기를 만히 ᄒᆞ면 머리 알프ᄂᆞ니라. ❷(바람이) 불다. ⇔블다. ≪朴諺, 上, 36ㅈ≫下雨開花刮風結子, 비 오면 곳 픠고 ᄇᆞ람 블면 여름 여ᄂᆞᆫ 거시여.

괄조(聒譟) 동 지껄이다. 시끄럽게 떠들다. ❶⇔짓궤다. ≪朴諺, 中, 48ㅎ≫娘子見了時聒譟難聽, 娘子ㅣ 보고 짓궤니 듯기 어렵더라. ≪朴諺, 中, 50ㅈ≫不要聒譟連忙擲, 짓궤디 말고 밧비 더디라. ≪朴諺, 中, 55ㅎ≫水蛙叫的聒譟, 머구리 울어 짓궨다. ❷⇔지져귀다. ≪朴諺, 上, 17ㅎ≫咳小廝們倒聒噪, 애 아희들히 도로혀 지져귀여.

광(光) 동 빛나다. ⇔빗나다. ≪朴諺, 中, 3ㅎ≫染柳黃碾的光着, 柳黃 드려 다둠기를 빗나게 ᄒᆞ고.

광(光) 명 빛. ⇔빛. ≪朴諺, 中, 46ㅎ≫命來鐵也爭光, 命이 오면 쇠도 비촐 ᄃᆞ토고. 運去黃金失色, 運이 가면 黃金도 비촐 일ᄂᆞᆫ다 ᄒᆞ니라.

광(光) 부 반반히. 매끄럽게. 반드럽게. ⇔번번이. ≪朴諺, 下, 6ㅈ≫將泥鏝來再抹的光着, 쇠손 가져다가 다시 ᄉᆞ서 번번이 ᄒᆞ라.

광(筐) 명 광주리. ⇔광조리. ≪朴諺, 中, 12ㅈ≫薦·筐·馬槽都壯麽, 삿·광조리·몰귀유ㅣ 다 壯ᄒᆞ냐.

광(廣) 형 많다. ⇔만ᄒᆞ다. ≪朴諺, 上, 55ㅈ≫東角頭牙家去處廣, 동녁 모롱이에 즈름 가ᄂᆞᆫ ᄃᆡ 만ᄒᆞ니.

광(廣) 형 흔하다. ❶⇔흔타. ≪朴諺, 中, 13ㅈ≫聽的今年水賊廣, 드르니 올히 水賊이 흔타 ᄒᆞ니. ❷⇔흔ᄒᆞ다. ≪集覽, 字解, 單字解, 7ㅈ≫廣. 多也. 흔ᄒᆞ다. ≪朴諺, 上, 16ㅎ≫街上放空中的小厮們好生廣, 거리에 박핑이 틸 아희들 ᄀᆞ장 흔터라. ≪朴諺, 中, 25ㅈ≫如今賊廣, 이제 도적이 흔ᄒᆞ니. ≪朴諺, 中, 35ㅈ≫如今怎麽那般賊廣, 이제 엇디 뎌리 도적이 흔ᄒᆞ뇨. ≪朴諺, 中, 35ㅈ≫因此上賊廣, 이런 젼ᄎᆞ로 도직(적)이 흔ᄒᆞ니라. 使鉤子的賊們更是廣, 갈고리 ᄡᅳᄂᆞᆫ 도적이 ᄯᅩ 흔ᄒᆞ여. ≪朴諺, 中, 55ㅎ≫怎麽這般蠅子廣, 엇디 이리 ᄑᆞ리 흔ᄒᆞ뇨. ≪朴諺, 中, 56ㅎ≫我家裏老鼠好生廣, 내 집의 쥐 ᄀᆞ장 흔ᄒᆞ니.

광광(光光) 명 아기 재롱의 한 가지. ⇔광광이질. ≪朴諺, 中, 48ㅈ≫打光光打凹凹, 광광이질 ᄒᆞ며 와와이질 ᄒᆞᄂᆞ니라.

광광이질 명 아기 재롱의 한 가지. ⇔광광(光光). ≪朴諺, 中, 48ㅈ≫打光光打凹凹, 광광이질 ᄒᆞ며 와와이질 ᄒᆞᄂᆞ니라.

광대(廣大) 형 크고 넓다. ≪朴諺, 下, 17ㅈ≫唐三藏引孫行者(集覽, 朴集, 下, 4ㅈ: 孫行者. 西遊記云, 西域有花菓山, 山下有水簾洞, 洞前有鐵板橋, 橋下有萬丈澗, 澗邊有萬箇小洞, 洞裏多猴. 有老猴精, 號齊天大聖, 神通廣大, 入天宮仙桃園偸蟠桃, 又偸老君靈丹藥, 又去王母宮偸王母綉仙衣一套, 來設慶仙衣會.), 唐三藏이 孫行者를 ᄃᆞ리고.

광듸 명 탈. 가면(假面). 마스크(mask). ⇔귀검아(鬼臉兒). ≪朴諺, 中, 1ㅎ≫帶着鬼臉兒, 광듸 ᄡᅵ워.

광록시(光祿寺) 명 북제(北齊)·당(唐)나라 이후 제사나 조회(朝會) 등을 맡아보던 관청. 우두머리는 광록시 경(光祿寺卿)이다. ≪朴諺, 上, 2ㅈ≫咱們問那光祿寺(集覽, 朴集, 上, 1ㅈ: 光祿寺. 在東長安門內, 其屬有大官·珍〈珎〉羞·良醞·掌醢四署, 掌供辦內府諸品膳羞酒醴及管待使客之事.)裏, 우리 뎌 光祿寺에 무러. ≪朴諺, 上, 2ㅎ≫光祿寺裡着姓李的館夫討去, 光祿寺에ᄂᆞᆫ 姓이 李가 館夫로 ᄒᆞ여 어드라 가게 ᄒᆞ고. ≪朴諺, 上, 3ㅎ≫官人們文書分付管酒的署官(集覽, 朴集, 上, 1ㅎ: 署官. 良醞署, 卽光祿寺屬官也. 有署正·

署丞·監事等官.)根底, 官人들이 文書를 술 ᄀᆞ옴아는 署官의게 分付ᄒᆞ여. ≪朴諺, 中, 6ㅈ≫廚子(集覽, 朴集, 中, 1ㅎ: 廚子. 光祿寺有廚子, 卽供應大小筵宴及館〈舘〉待使客執爨之役者也.)你來, 廚子ㅣ 아 이바. ≪朴諺, 下, 13ㅎ≫除做光祿寺卿, 光祿寺卿을 除ᄒᆞ엿ᄂᆞ니라. ≪朴諺, 下, 14ㅈ≫纔只掾史(集覽, 朴集, 下, 3ㅎ: 掾史. 今按, 五軍都督府有掾史, 而光祿寺吏無此名. 元制, 未詳.)們將文卷來, ᄯᅩ 掾史들히 文卷을 가져와.

광록시경(光祿寺卿) 명 광록시(光祿寺)의 으뜸 벼슬. ≪朴諺, 下, 13ㅎ≫除做光祿寺卿, 光祿寺卿을 除ᄒᆞ엿ᄂᆞ니라.

광명(光明) 명 〈불〉 부처와 보살 등의 몸에서 나는 빛. ≪朴諺, 中, 23ㅈ≫身瑩瓊瓌(集覽, 朴集, 中, 6ㅈ: 身瑩瓊瓌. 佛八十種好云, 身有光明, 又云身淸淨. 又云色潤澤如瑠璃.), 몸은 瓊瓌ㅣ ᄀᆞ티 ᄆᆞᆰ고.

광아(筐兒) 의 광주리. ⇔광조리. ≪朴諺, 上, 21ㅈ≫爲頭兒只半筐兒草, 처음은 그저 반 광조리 여믈을.

광언(狂言) 명 상식에 어그러진 미친 듯한 말. 미친 소리. ≪朴諺, 上, 5ㅎ≫叫敎坊司十數箇樂工和做院本(集覽, 朴集, 上, 2ㅎ: 院本. 質問云, 院本有曰外, 或粧先生·採訪使·考試官·老人·達達之類, 皆是外扮, 曰淨, 有男淨·有女淨, 亦做醜態, 專一弄言取人歡笑, 曰末, 粧扮不一, 初則開場白說, 或粧家人·祗候, 或扮使臣之類, 曰丑, 狂言戲弄, 或粧醉漢·太醫·吏員·媒婆之類.)諸般雜技的來, 敎坊司의 여라믄 樂工과 院本에 여러 가지 雜技ᄒᆞᄂᆞ니를 블러오라.

광연(廣衍) 형 넓고 평평하다. ≪朴諺, 上, 8ㅎ≫往永平·大寧·遼陽·開元·瀋陽(集覽, 朴集, 上, 4ㅎ: 瀋陽. 今設瀋陽中衛, 地方廣衍, 東逼高麗, 北抵建州, 去衛治東北八十里, 有州曰貴德, 或謂玄菟郡.)等處開去, 永平·大寧·遼陽·開元·瀋陽 等處를 향ᄒᆞ여 開讀ᄒᆞ라 가노라.

광염(光焰) 명 빛. 빛발. ≪朴諺, 下, 59ㅈ≫上泰封王弓裔(集覽, 朴集, 下, 12ㅎ: 弓裔. 日官奏曰, 此兒以重午日生, 生而有齒, 且光燄〈焰〉異常, 恐將不利於國家, 宜勿擧.)手下, 泰封王 弓裔 手下에 올라.

광염(光燄) 명 광염(光焰). '燄'은 '焰'과 같다. ≪朴諺, 下, 59ㅈ≫上泰封王弓裔(集覽, 朴集, 下, 12ㅎ: 弓裔. 日官奏曰, 此兒以重午日生, 生而有齒, 且光燄〈焰〉異常, 恐將不利於國家, 宜勿擧.)手下, 泰封王 弓裔 手下에 올라.

광이 명 괭이. ⇔과(鍋). ≪朴諺, 下, 5ㅈ≫將鐵杴和鍋來掘土, 삷과 광이를 가져다가 흙을 ᄑᆡ여.

광자(筐子) 명 광주리. ≪朴諺, 下, 34ㅎ≫將我那提攬(集覽, 朴集, 下, 7ㅈ: 提攬. 質問云, 如筐子, 上有圓圈, 用手提携, 方言謂之提攬.)和皮俗來, 내 뎌 광주리와 皮俗를 가져다가.

광쟝이 명 광저기. 동부. ⇔완두(莞豆). ≪朴諺, 下, 37ㅈ≫稻子, 벼. 薥秫, 슈슈. 黍子, 기장. 大麥, 보리. 小麥, 밀. 蕎麥, 모밀. 黃豆, 콩. 小豆, ᄑᆞᆺ. 菉豆, 녹두. 莞豆, 광쟝이. 黑豆, 거믄콩. 芝麻, ᄎᆞᆷᄭᆡ. 蘇子, 듧ᄭᆡ.

광정(光淨) 형 광택이 있고 맑다. 맑고 빛나다. ≪朴諺, 上, 15ㅎ≫着鑌鐵(集覽, 朴集, 上, 6ㅈ: 鑌鐵. 總〈聡〉龜云, 出西番, 面上自有旋螺花者, 有芝麻花者. 凡刀劍器打磨光淨, 價直過於銀, 鐵〈銕〉中最利者也.)打, 鑌鐵로 티이되.

광제(廣濟) 동 〈불〉 사람들을 널리 구제하다. ≪朴諺, 中, 21ㅈ≫扇慈風(集覽, 朴集, 中, 4ㅈ: 悲雨慈風. 佛發大慈悲, 廣濟衆生, 猶洒雨發風然, 無遠不被, 故曰風雨. 佛有四無量心, 慈悲喜捨.)於刹土, 慈風을 刹土에 붓ᄂᆞᆫ쏘다.

광조리 명 광주리. ⇔광(筐). ≪朴諺, 中, 12ㅈ≫蓆·筐·馬槽都壯麽, 삿·광조리·ᄆᆞᆯ귀유ㅣ 다 壯ᄒᆞ냐.

광조리 의 광주리. ⇔광아(筐兒). ≪朴諺,

上, 21ㅈ≫爲頭兒只半筐兒草, 처음은 그저 반 광조리 여믈을.

광주리 명 광주리. ⇔제람(提攬). ≪朴諺, 下, 34ㅎ≫將我那提攬(集覽, 朴集, 下, 7ㅈ: 提攬. 質問云, 如筐子, 上有圓圈, 用手提携, 方言謂之提攬. 又云, 或竹或荊爲之, 有本等長圓提繫. 今以質問之釋考之, 則攬字作籃爲是. 然此兩釋似皆不合本意, 未詳是否.)和皮俗來, 내 더 광주리와 皮俗를 가져다가.

광풍창(廣豊倉) 명 곡물을 쌓아 두던 창고 이름. 북경(北京)의 평칙문(平則門)과 20리 거리에 있었다. ≪朴諺, 上, 12ㅈ≫平則門離這廣豊倉(集覽, 朴集, 上, 5ㅎ: 廣豊倉. 質問云, 在京師, 收天下米粮處也.)二十里地, 平則門이 이 廣豊倉에셔 쁨이 二十里 짜히니.

광현(光顯) 동 빛내다. 밝게 드러내다. ⇔광현ᄒᆞ다(光顯-). ≪朴諺, 上, 45ㅎ≫光顯門閭時如何, 門閭에 光顯ᄒᆞ면 엇더ᄒᆞ뇨. ≪朴諺, 下, 11ㅎ≫光顯門閭, 門閭에 光顯ᄒᆞ리니.

광현ᄒᆞ다(光顯-) 동 빛내다. 밝게 드러내다. ⇔광현(光顯). ≪朴諺, 上, 45ㅎ≫光顯門閭時如何, 門閭에 光顯ᄒᆞ면 엇더ᄒᆞ뇨. ≪朴諺, 下, 11ㅎ≫光顯門閭, 門閭에 光顯ᄒᆞ리니.

광혹(誑惑) 동 속이다. 속여서 현혹시키다. ⇔소기다. ≪朴諺, 上, 31ㅈ≫誑惑人東西不在家, 사ᄅᆞᆷ의 것 소기노라 집의 잇디 아니ᄒᆞ니.

광활(光滑) 형 (물체의 표면이) 반들반들하다. 매끄럽다. ≪朴諺, 上, 43ㅎ≫三尺半白淸水(集覽, 朴集, 上, 12ㅎ: 白淸水絹. 무·리 ·픗〈플〉:귀 ·업·시 다ᄃᆞ·마 :돌호로 미·론 :깁·이·니, 光滑緻硬, 如本國擣砧者也. 卽不用糨粉而錬〈練〉生絹, 以石碾者.)絹, 석 자 반 제믈엣 깁이야.

광활(誆猾) 동 남을 허황되고 교활하게 속이다. ⇔광활ᄒᆞ다(誆猾-). ≪朴諺, 中, 3ㅈ≫誆猾賊, 誆猾ᄒᆞᆫ 도적이니.

광활ᄒᆞ다(誆猾-) 동 남을 허황되고 교활하게 속이다. ⇔광활(誆猾). ≪朴諺, 中, 3ㅈ≫誆猾賊, 誆猾ᄒᆞᆫ 도적이니.

괘(掛) 동 걸다. 매어달다. ⇔걸다. ≪朴諺, 中, 43ㅎ≫堂上掛佛端然坐, 堂上에 블샹을 걸고 단정히 안자. ≪朴諺, 中, 44ㅎ≫掛幾軸畫兒, 여러 튝 그림을 걸고. ≪朴諺, 中, 44ㅎ≫掛十八學士大畫, 十八學士 그린 큰 그림을 걸고.

괘면(掛緬) 명 괘면(掛麵). '緬'은 '麵'과 같다. ≪朴諺, 下, 33ㅈ≫掛麵(集覽, 朴集, 下, 6ㅎ: 掛緬. 詳見老乞大集覽濕麵下.), ᄆᆞ른국슈와.

괘면(掛麵) 명 마른국수. ⇔ᄆᆞ른국슈. ≪朴諺, 下, 33ㅈ≫掛麵(集覽, 朴集, 下, 6ㅎ: 掛緬. 詳見老乞大集覽濕麵下.), ᄆᆞ른국슈와.

괘명(掛名) 동 이름을 등록하다. 이름을 적어 넣다. ⇔괘명ᄒᆞ다(掛名-). ≪朴諺, 下, 50ㅈ≫你這般金榜掛名的書生, 너는 이런 金榜에 掛名ᄒᆞᆯ 書生이니.

괘명ᄒᆞ다(掛名-) 동 이름을 등록하다. 이름을 적어 넣다. ⇔괘명(掛名). ≪朴諺, 下, 50ㅈ≫你這般金榜掛名的書生, 너는 이런 金榜에 掛名ᄒᆞᆯ 書生이니.

괘석(掛錫) 명 〈불〉 석장(錫杖)을 걸어 둔다는 뜻으로, 수행하는 중이 절에서 대중과 함께 지냄을 이르는 말. ≪朴諺, 上, 65ㅈ≫法名喚步虛(集覽, 朴集, 上, 15ㅎ: 步虛.戊子東還, 掛錫于三角山重興寺. 尋住龍門山, 結小庵, 額曰小雪.), 法名을 步虛ㅣ라 브ᄅᆞᄂᆞᆫ 이.

괘탑(掛搭) 명 〈불〉 의발(衣鉢)을 승당(僧堂)에 걸어 둔다는 뜻으로, 떠돌아다니는 중이 일정한 기간 동안 외출하지 않고 한 곳에 머무르면서 수행(修行)하는 일. ≪朴諺, 下, 7ㅎ≫這七月十五日是諸佛解夏(集覽, 朴集, 下, 2ㅈ: 解夏. 荊楚歲時記云, 天下僧尼, 於四月十五日, 就禪刹掛搭不出門, 謂之結夏, 亦曰結制.)之日, 七月十五日은 諸佛 解夏ᄒᆞᄂᆞᆫ 날이라.

괴 명 고양이. ❶⇔묘(猫). ≪朴諺, 中, 56

ㅎ≫是賣猫的, 이 괴 폴 리로다. ❷⇔묘아(猫兒). ≪朴諺, 中, 56ㅎ≫你家裏沒猫兒那, 네 집의 괴 업스냐. ≪朴諺, 中, 56ㅎ≫那的不賣猫兒的, 뎨 아니 괴 프ᄂᆞ니가. ≪朴諺, 中, 56ㅎ≫將猫兒來, 괴 가져오라. ≪朴諺, 中, 56ㅎ≫我要這女花猫兒, 내 이 암 어룽괴를 사려 ᄒᆞ노라.

괴(怪) 동 허물하다. 탓하다. 책망하다. ⇔허믈ᄒᆞ다. ≪朴諺, 中, 48ㅎ≫不用心收拾時怪你, 용심ᄒᆞ여 슈습디 아니ᄒᆞ면 너를 허믈ᄒᆞ리라. ≪朴諺, 中, 49ㅎ≫你敢怪我的摸(模)樣, 네 날을 허믈홀 듯홀 양이로다.

괴(怪) 명 허물[過]. 탓. 책망. ⇔허믈. ≪朴諺, 上, 34ㅎ≫你休恠, 네 허믈 말라. ≪朴諺, 上, 47ㅎ≫你休恠, 네 허믈 말라. ≪朴諺, 上, 52ㅈ≫大舍休恠, 大舍ㅣ아 허믈 말라. ≪朴諺, 下, 1ㅎ≫這的是恠不的人, 이거슨 이 사ᄅᆞᆷ도 허믈 못ᄒᆞ고. 也恠不的虫子, 또 좀도 허믈 못홀 거시니.

괴(怪) 형 괴이(怪異)하다. ⇔괴이ᄒᆞ다. ≪朴諺, 中, 49ㅈ≫恠哉, 괴이ᄒᆞ다. ≪朴諺, 中, 49ㅈ≫說這般作怪的言語, 이런 괴이ᄒᆞᆫ 말을 닐ᄋᆞᄂᆞᆫ고나.

괴(恠) 명 괴(怪). '恠'는 '怪'의 속자. ≪朴諺, 上, 34ㅎ≫你休恠, 네 허믈 말라. ≪朴諺, 上, 47ㅎ≫你休恠, 네 허믈 말라. ≪朴諺, 上, 52ㅈ≫大舍休恠, 大舍ㅣ아 허믈 말라. ≪朴諺, 下, 1ㅎ≫這的是恠不的人, 이거슨 이 사ᄅᆞᆷ도 허믈 못ᄒᆞ고. 也恠不的虫子, 또 좀도 허믈 못홀 거시니.

괴(塊) 명 덩이. ⇔덩이. ≪朴諺, 中, 58ㅈ≫將碎塼塊來, 즌 벽 덩이 가져다가.

괴(塊) 의 덩이. ⇔덩이. ≪朴諺, 上, 6ㅈ≫那氷盤上放一塊氷, 뎌 氷盤에 ᄒᆞᆫ 덩이 어름을 노코. ≪朴諺, 上, 17ㅈ≫九月裏打擡(集覽, 朴集, 上, 6ㅎ: 打擡. 音義云, 杭州小兒之戲也. 用小圓木長三四寸, 各持〈各持一〉塊, 彼此相擊, 出限者爲輸.), 九月에 태티기 ᄒᆞ고. ≪朴諺, 上, 37ㅈ≫墻上一塊土吊下來禮拜, 담 우희 ᄒᆞᆫ 덩이 ᄒᆞᆰ이 ᄢᅥ러뎌 ᄂᆞ려와 禮拜ᄒᆞᄂᆞᆫ 거시여. ≪朴諺, 下, 21ㅈ≫和將一塊青泥來, ᄒᆞᆫ 덩이 프른 ᄒᆞᆰ을 닉여 가져다가. ≪朴諺, 下, 44ㅈ≫早起飯裏咬了一塊沙子, 아ᄎᆞᆷ밥에 ᄒᆞᆫ 덩이 모래를 므러ᄡᅥ니.

괴(壞) 동 해어뜨리다. 망가뜨리다. ❶⇔해야ᄇᆞ리다. ≪朴諺, 上, 9ㅎ≫把水門都衝壞了, 水門을다가 다 딜러 해야ᄇᆞ리고. ❷⇔해여ᄇᆞ리다. ≪朴諺, 下, 19ㅎ≫壞了我羅天大醮, 우리 羅天大醮를 해여ᄇᆞ리고.

괴다 동 (술이) 괴다. ⇔발(發). ≪集覽, 字解, 單字解, 7ㅎ≫發. 酒發 술 괴다. 發將來 자바 보내다. 一發, 見下. 又吏語, 告發 고ᄒᆞ야나다.

괴물(怪物) 명 괴물. 요괴(妖怪). 요마(妖魔). ≪朴諺, 下, 4ㅈ≫見多少怪物·妖精侵他, 언머 怪物·妖精이 뎌를 침노홈을 보며.

괴오다 동 괴다[支]. ⇔점(踮). ≪朴諺, 中, 11ㅎ≫少梯子(集覽, 朴集, 中, 2ㅈ: 梯子. 音義云, 車前괴오·ᄂᆞᆫ나모.), 술위앏괴오ᄂᆞᆫ나모. 撐頭(集覽, 朴集, 中, 2ㅈ: 撐頭. 音義云, 車後괴오·ᄂᆞᆫ나모.), 술위뒤괴오ᄂᆞᆫ나모. 套繩, 멧줄. 撒繩, ᄡᅳ을줄. 拘索, 목집게. 籠頭, 바굴레. 脚索, 지달쏠바. 鞍子, 기ᄅᆞ마. 肚帶, 빗대 업세라. ≪朴諺, 中, 58ㅈ≫踮的穩着, 괴와 편히 ᄒᆞ고.

괴이ᄒᆞ다 형 괴이(怪異)하다. ⇔괴(怪). ≪朴諺, 中, 49ㅈ≫恠哉, 괴이ᄒᆞ다. ≪朴諺, 中, 49ㅈ≫說這般作怪的言語, 이런 괴이ᄒᆞᆫ 말을 닐ᄋᆞᄂᆞᆫ고나.

괴자(塊子) 명 덩이. ⇔덩이. ≪朴諺, 下, 32ㅎ≫水滑經帶麵(集覽, 朴集, 下, 6ㅈ: 水滑經帶麵. 水滑麵〈麪〉用頭麪, 春夏秋用新汲水, 入油塩, 先攪作拌麪羹樣, 漸漸入水和搜成劑, 用水拆開, 作小塊子, 再用油水洒和, 以拳搖一二百拳.), 제믈엣 칼국슈와. ≪朴諺, 下, 44ㅎ≫乾的煤簡兒(集覽, 朴集, 下, 9ㅎ: 煤簡兒. 質問云, 如碎煤用黃泥水和成塊子, 方言謂之煤簡兒.)

有麽, 므른 믯덩이 잇느냐. ≪朴諺, 下, 44ㅎ≫着上些煤塊子, 져기 믹탄 덩이를 노코.

괴통(蒯通) 명 한(漢)나라 초기의 유세가(遊說家). 탁군(涿郡) 범양(范陽) 사람. 본래 이름은 철(徹). 후대의 사가(史家)들이 한 무제(漢武帝: 劉徹)를 피휘(避諱)하여 이름을 고쳤다. 무신군(武臣君)에게 유세(遊說)하여 싸우지 않고도 연(燕)·조(趙)나라의 땅 30여 성(城)을 얻게 하였다. ≪朴諺, 上, 11ㅎ≫闕幾擔(集覽, 朴集, 上, 5ㅈ: 擔. 前漢[書]蒯通傳, 守甔石之祿. 應劭注, 擔, 受二斛.), 몃 짐을 투료.

교(巧) 형 솜씨나 재주 따위가 재치 있게 약삭빠르고 묘하다. ⇔교ᄒᆞ다(巧-). ≪朴諺, 下, 6ㅈ≫拙匠人巧主人, 拙ᄒᆞᆫ 匠人이오 巧ᄒᆞᆫ 主人이니라.

교(交) 동 바뀌다. 교체하다. ⇔교ᄒᆞ다(交-). ≪朴諺, 下, 50ㅎ≫一任交斜風細雨, 斜風 細雨 交호믈 一任ᄒᆞ여.

교(交) 명 홍정. ⇔홍정. ≪集覽, 字解, 累字解, 2ㅎ≫悔交. 홍졍 므르다. 亦曰倒裝.

교(咬) 동 ❶물다. ⇔믈다. ≪朴諺, 中, 58ㅈ≫蚊子咬的當不的, 모긔 므러 당티 몯ᄒᆞ니. ≪朴諺, 下, 20ㅎ≫唐僧耳門後咬, 唐僧의 귀 뒤흘 므러. ≪朴諺, 下, 21ㅈ≫脊背上咬一口, 등을 ᄒᆞᆫ 번 므니. ≪朴諺, 下, 44ㅈ≫早起飯裏咬了一塊沙子, 아ᄎᆞᆷ밥에 ᄒᆞᆫ 덩이 모래를 므러떠니. ❷물리다. ⇔믈리다. ≪朴諺, 上, 34ㅎ≫一年經蛇咬三年怕井繩, ᄒᆞᆫ ᄒᆡ를 ᄇᆡ암 믈려 디내면 三年을 드렛줄도 접퍼ᄒᆞᆫ다 ᄒᆞ니라.

교(教) 동 가르치다. ⇔ᄀᆞᄅᆞ치다. ≪朴諺, 上, 10ㅎ≫你來, 이바. 我教與你, 내 너를 ᄀᆞᄅᆞ치마. ≪朴諺, 上, 13ㅎ≫你教與我這好法兒, 네 나를 이 됴흔 법을 ᄀᆞᄅᆞ쳐 주고려.

교(教) 부 하여금. ⇔ᄒᆞ여. ≪朴諺, 下, 19ㅎ≫你教徒弟, 네 徒弟로 ᄒᆞ여. ≪朴諺, 下, 22ㅈ≫行者教千里眼·順風耳等兩箇鬼, 行者ㅣ 千里眼과 順風耳 等 두 鬼神으로 ᄒᆞ여. ≪朴諺, 下, 22ㅎ≫教將軍看, 將軍으로 ᄒᆞ여 보라 ᄒᆞ니.

교(較) 부 적이. 좀. 보다. ⇔젹이. ≪朴諺, 中, 15ㅈ≫尺脉較沈, 尺脉이 젹이 沈ᄒᆞ니.

교(鉸) 동 끊다. 자르다. ⇔ᄉᆞᆫ츠다. ≪朴諺, 上, 35ㅈ≫比着只一把長短鉸了, 그저 ᄒᆞᆫ 뽐 기릐를 견조와 ᄉᆞᆫ쳐.

교(嬌) 형 교만하다. 또는 뽐내다. 잘난 체하다. ⇔ᄒᆞ건양ᄒᆞ다. ≪朴諺, 中, 41ㅈ≫家富小兒嬌, 집이 가ᅀᆞ열면 아ᄒᆡ ᄒᆞ건양ᄒᆞᆫ다 ᄒᆞᄂᆞ니라.

교(橋) 명 다리. ⇔ᄃᆞ리. ≪朴諺, 上, 61ㅈ≫橋上丁字街中間正面上, ᄃᆞ리 우 丁字街 中間 正面에. ≪朴諺, 上, 62ㅎ≫却到湖心橋上玉石龍床上, 또 湖心 橋上 玉石 龍床에 가. ≪朴諺, 中, 33ㅈ≫逢山開路遇水迭橋, 山을 만나 길흘 열고 믈을 만나 ᄃᆞ리를 놋ᄂᆞᆫ다 ᄒᆞᄂᆞ니라. ≪朴諺, 下, 55ㅎ≫各處橋上角頭們貼去, 各處 ᄃᆞ리 모롱이들헤 브티고.

교(繳) 동 마무르다. ⇔마모로다. ≪朴諺, 中, 55ㅈ≫又一箇女兒繳手帕着, 또 ᄒᆞᆫ 겨집은 手帕를 마모로되. 繳的細勻着, 마모로기를 ᄀᆞ놀고 고로게 ᄒᆞ라.

교(齩) 동 물어뜯다. ⇔터다. ≪朴諺, 中, 56ㅎ≫我的衣裳被兒包袱也都齩了, 내 衣裳과 니블 빤 보흘 다 터시니.

교(攪) 동 버무리다. ⇔버므리다. ≪朴諺, 上, 21ㅈ≫着攪草棍拌饋他些料水喫, 여믈 버므리ᄂᆞᆫ 막대로 뎌를 져기 콩믈을 버므려 주어 먹이고.

교도(鉸刀) 명 귓구멍 둘레의 털을 깎는 가위. ⇔귀갓갈. ≪朴諺, 上, 40ㅈ≫將那鉸刀斡耳, 뎌 귀갓갈 가져다가 귀 안 도로고.

교맥(蕎麥) 명 메밀. ⇔모밀. ≪朴諺, 下, 37ㅈ≫稻子, 벼. 薥秫, 슈슈. 黍子, 기장. 大麥, 보리. 小麥, 밀. 蕎麥, 모밀. 黃豆, 콩. 小豆, ᄑᆞᆺ. 菉豆, 녹두. 莞豆, 광장이. 黑豆, 거믄콩. 芝麻, ᄎᆞᆷᄭᆡ. 蘇子, 듧ᄭᆡ.

교방(敎坊) 명 교방사(敎坊司)의 준말. ≪朴諺, 上, 5ㅎ≫叫敎坊司十數箇樂工和做院本(集覽, 朴集, 上, 2ㅎ: 院本. 院本則五人, 一曰副淨, 古謂之參軍, 一曰副末, 古謂之蒼鶻, 鶻能擊禽鳥, 末可打副淨, 古(故)云, 一曰引戲, 一曰末泥, 一曰孤裝, 又謂之五花爨弄. 或曰, 宋徽宗見爨國人來朝, 衣裝·鞵履·巾裹, 傅粉墨, 擧動如此, 使優人効之以爲戲. 其間副淨有散說, 有道念, 有筋斗, 有科範. 盖古敎坊色長有魏·武·劉三人, 而魏長於念誦, 武長於筋斗, 劉長於科範, 至今樂人皆宗之.)諸般雜技的來, 敎坊司의 여라믄 樂工과 院本에 여러 가지 雜技ᄒᆞᄂᆞ니를 블러오라.

교방사(敎坊司) 명 송·원대(宋元代)에 아악(雅樂)이나 속악(俗樂)에 관한 일을 맡아보던 관서. 명대(明代)에는 예부(禮部)에 예속되었으며, 청(淸) 옹정(雍正) 연간에 폐하였다. ≪朴諺, 上, 5ㅎ≫叫敎坊司(集覽, 朴集, 上, 2ㅎ: 敎坊司. 掌雅·俗樂之司, 隷禮部, 有奉鑾〈銮〉·韶舞·司樂等官, 一名麗春院, 卽元俗所呼拘欄司.)十數箇樂工和做院本諸般雜技的來, 敎坊司의 여라믄 樂工과 院本에 여러 가지 雜技ᄒᆞᄂᆞ니를 블러오라. ≪朴諺, 上, 18ㅈ≫是拘欄(集覽, 朴集, 上, 6ㅎ: 拘欄. 質問云, 麗春院樂人搬演戲文雜劇之處也. 又云, 麗春院, 卽敎坊司也. 敎坊司見上.)衚衕裏帶匠夏五廂的, 이 拘欄 쉴 ᄡᅵ쟝이 夏五ㅣ 젼메웟ᄂᆞ니라.

교부(交付) 동 넘겨주다. 인계(引繼)하다. 인도하다. ≪集覽, 字解, 單字解, 2ㅎ≫交. 同上. 又吏語, 交割卽交付也.

교살(攪撒) 동 ❶알다. ⇔알다. ≪朴諺, 中, 18ㅎ≫只怕同房人攪撒(集覽, 朴集, 中, 3ㅈ: 攪撒. 攪, 作覺是. 覺字雖入聲, 而凡入聲淸聲〈声〉, 則呼如上聲者多矣. 如角字, 亦或呼如上聲. 記書者以覺撒之, 覺呼爲上聲, 而謂覺字爲入聲, 不可呼如上聲, 故書用攪字耳. 撒, 猶知也. 俗語亦曰快撒了. 今以撒放之撒, 用爲知覺之義者, 亦未詳.)了, 그저 同房 사ᄅᆞᆷ이 알까 저프고. ❷깨치다. 깨닫다. ⇔ᄭᆡ티다. ≪朴諺, 下, 61ㅈ≫弓王攪撒了, 弓王이 ᄭᆡ텨.

교상(交床) 명 의자(椅子). ⇔됴상. ≪朴諺, 中, 29ㅎ≫將交床來, 됴상을 가져오라.

교상(交相) 부 상호(간에). 서로. ≪朴諺, 上, 25ㅎ≫江西十分上等眞結綜(棕)帽兒(集覽, 朴集, 上, 9ㅈ: 結椶帽. 椶, 木名, 高一二丈, 葉如車輪, 旁〈旁〉無枝, 皆萃於木杪. 其下有皮, 重疊裹之, 每皮一匝爲一節〈茚〉, 花黃白色, 結實作房, 如魚子狀, 其皮皆是絲而經緯如織, 傍有細縷, 交相連綴不散. 取其絲理之, 以結成大帽.)上, 江西 ᄀᆞ장 上等에 진짓 綜(棕)으로 ᄆᆡ즌 갓 우희.

교수(交手) 동 (쌍방이) 맞붙어 겨루다(싸우다). ⇔교수ᄒᆞ다(交手-). ≪朴諺, 上, 22ㅈ≫眼下交手便見輸贏(贏), 眼下에 交手ᄒᆞ면 곳 지며 이긔믈 보리라. ≪朴諺, 中, 50ㅎ≫咱兩箇交手時便見, 우리 둘히 交手ᄒᆞ면 곳 보리라.

교수(敎授) 명 글방이나 서당의 선생에 대한 존칭. ≪朴諺, 下, 57ㅎ≫沈進中和葛敬之敎授兩箇, 沈進中과 葛敬之 敎授 둘히. ≪朴諺, 下, 58ㅈ≫葛敎授探先生來裡, 葛敎授ㅣ라 ᄒᆞ리 先生을 보라 왓ᄂᆞ니라.

교수ᄒᆞ다(交手-) 동 (쌍방이) 맞붙어 겨루다(싸우다). ⇔교수(交手). ≪朴諺, 上, 22ㅈ≫眼下交手便見輸贏(贏), 眼下에 交手ᄒᆞ면 곳 지며 이긔믈 보리라. ≪朴諺, 中, 50ㅎ≫咱兩箇交手時便見, 우리 둘히 交手ᄒᆞ면 곳 보리라.

교의 명 교의(交椅). 의자. ⇔교의(交椅). ≪朴諺, 中, 44ㅎ≫一周遭放幾張交椅, ᄒᆞᆫ 도림으로 여러 댱 교의를 노코.

교의(交椅) 명 교의(交椅). 의자. ⇔교의. ≪朴諺, 中, 44ㅎ≫一周遭放幾張交椅, ᄒᆞᆫ 도림으로 여러 댱 교의를 노코. ≪朴諺, 下, 38ㅎ≫銀栲栳交椅, 銀栲栳 交椅와.

교자(交子) 명 촉(蜀)나라에서 유통되던 가장 오래된 지폐. ≪朴諺, 上, 48ㅈ≫今

年錢鈔(集覽, 朴集, 上, 13ㅈ: 錢鈔.鈔, 楮幣也. 始於蜀之交子, 唐之飛錢, 至元朝有中統元寶. 交鈔, 通行寶鈔之名.)艱難, 올ᄒᆡ 錢鈔ㅣ 艱難ᄒᆞ야.

교장(敎場) 명 사장(射場). 활터. ≪朴諺, 上, 48ㅎ≫咱們敎場裏射箭去來, 우리 敎場에 활 ᄡᅩ라 가쟈. ≪朴諺, 上, 53ㅈ≫京都綜(棕)殿西敎場裡, 京都 綜(棕)殿 西敎場에. ≪朴諺, 上, 53ㅈ≫官裏前面揷柳(集覽, 朴集, 上, 14ㅈ: 钊〈揷〉柳. 質問云, 端午節日, 赴敎場內, 將三枝柳植之三處, 走馬射之.)射弓的多有, 황뎨 앏희셔 버들 곳고 활 ᄡᅩᄂᆞ니 만히 이시니.

교장(教場) 명 교장(敎場). '場'은 '塲'과 같다. ≪朴諺, 上, 48ㅎ≫咱們敎塲裏射箭去來, 우리 敎塲에 활 ᄡᅩ라 가쟈. ≪朴諺, 上, 53ㅈ≫京都綜(棕)殿西敎塲裡, 京都 綜(棕)殿 西敎塲에. ≪朴諺, 上, 53ㅈ≫官裏前面揷柳(集覽, 朴集, 上, 14ㅈ: 钊〈揷〉柳. 質問云, 端午節日, 赴敎塲內, 將三枝柳植之三處, 走馬射之.)射弓的多有, 황뎨 앏희셔 버들 곳고 활 ᄡᅩᄂᆞ니 만히 이시니.

교접(交接) 동 서로 닿아서 접촉하다. ≪朴諺, 中, 53ㅎ≫今日臘(集覽, 朴集, 中, 8ㅎ: 臘. 臘者, 獵也, 因獵取獸, 以祭先祖. 又臘者, 接也, 新故交接大祭, 以報功也.)月二十五日, 오ᄂᆞᆯ이 臘月 二十五日이라.

교천(郊天) 동 하늘에 제사를 지내다. ⇔교천ᄒᆞ다(郊天-). ≪朴諺, 中, 11ㅈ≫一兩日上位郊天(集覽, 朴集, 中, 2ㅈ: 郊天. 天子設圜丘於南郊, 以祭天神·地祇·日月星辰·山川·嶽瀆, 以太祖配享. 古制, 冬至祭天. 今制, 正月十五日以裏祭天, 俗謂之拜郊〈謂之拜郊〉.)去, ᄒᆞᄅᆞ 이틀만 ᄒᆞ면 上位ㅣ 郊天ᄒᆞ라 가실 거시니.

교천ᄒᆞ다(郊天-) 동 하늘에 제사를 지내다. ⇔교천(郊天). ≪朴諺, 中, 11ㅈ≫一兩日上位郊天(集覽, 朴集, 中, 2ㅈ: 郊天. 天子設圜丘於南郊, 以祭天神·地祇·日月星辰·山川·嶽瀆, 以太祖配享. 古制, 冬至祭天. 今制, 正月十五日以裏祭天, 俗謂之拜郊〈謂之拜郊〉.)去, ᄒᆞᄅᆞ 이틀만 ᄒᆞ면 上位ㅣ 郊天ᄒᆞ라 가실 거시니.

교초(交鈔) 명 금·원대(金元代)에 유통되던 지폐. ≪朴諺, 上, 48ㅈ≫今年錢鈔(集覽, 朴集, 上, 13ㅈ: 錢鈔. 鈔, 楮幣也. 始於蜀之交子, 唐之飛錢, 至元朝有中統元寶. 交鈔, 通行寶鈔之名.)艱難, 올ᄒᆡ 錢鈔ㅣ 艱難ᄒᆞ야.

교치(交馳) 동 서로 분주하게 끊임없이 왕래하다. ≪朴諺, 上, 59ㅈ≫有心拜莭(節)(集覽, 朴集, 上, 14ㅎ: 拜節. 歲時樂事記云, 元日, 士庶自早互相慶賀, 車馬交馳, 衣服華煥, 雜遝街市, 三四日乃止〈三四日而乃止〉.), 莭(節)에 拜홀 ᄆᆞᄋᆞᆷ이 이시면.

교토 명 고명. 꾸미. 양념. ⇔요물(料物). ≪朴諺, 上, 7ㅈ≫都着些細料物(集覽, 朴集, 上, 3ㅎ: 細料物. 事林廣記食饌類, 細料物, 官桂·良薑·蓽撥草·豆蔻·陳皮·縮砂仁〈砂仁〉·八角·茴香各一兩, 川椒二兩, 杏仁五兩, 甘草一兩半, 白檀末半兩. 右共爲細末用之. 如欲出路停久用之者, 以水浸, 蒸餠爲丸, 如彈子大, 臨時湯泡用之. 今按, 漢俗謂·탕·숫·고·믈 曰細料物.), 다 져기 ᄀᆞᄂᆞᆫ 교토ᄅᆞᆯ 두고.

교퇴 명 고명. 꾸미. 양념. ⇔요물(料物). ≪朴諺, 下, 33ㅎ≫零碎和生薑·料物·葱·蒜·醋·塩都將來, ᄌᆞᆫ 것과 ᄉᆡᆼ강과 교퇴와 파와 마ᄂᆞᆯ과 초와 소금을 다 가져오라.

교할(交割) 동 (사무를) 인계(引繼)하다. 인도하다. ≪集覽, 字解, 單字解, 2ㅎ≫交. 同上. 又吏語, 交割卽交付也.

교화(教化) 동 〈불〉 부처의 진리로 사람을 가르쳐 착한 마음을 가지게 하다. ≪朴諺, 上, 62ㅎ≫只此人間兜率(集覽, 朴集, 上, 15ㅈ: 兜率. 梵語兜率, 此云妙足, 又云知足於五欲知止足. 故佛地論云, 名憙足, 謂後身菩薩於中敎化, 多修憙足故.), 그저 이 人間ㅅ 兜率이러라.

교ᄒᆞ다(巧-) 형 솜씨나 재주 따위가 재치

있게 약삭빠르고 묘하다. ⇔교(巧). ≪朴諺, 下, 6ㅈ≫拙匠人巧主人, 拙ᄒᆞᆫ 匠人이오 巧ᄒᆞᆫ 主人이니라.

교ᄒᆞ다(交-) 동 바뀌다. 교체하다. ⇔교(交). ≪朴諺, 下, 50ㅎ≫一任交斜風細雨, 斜風 細雨 交호믈 一任ᄒᆞ여.

구(九) 관 아홉. ⇔아홉. ≪朴諺, 中, 8ㅈ≫一日九站十站家行, ᄒᆞᄅᆞ 아홉 站식 열 站식 녜거늘. ≪朴諺, 下, 27ㅎ≫九錢一顆家, 아홉 돈에 ᄒᆞ낫식 ᄒᆞ쟈.

구(久) 형 오래다. ⇔오라다. ≪朴諺, 中, 14ㅎ≫遠行知馬力, 멀리 가매 ᄆᆞᆯ 힘을 알고. 日久見人心, 날이 오라매 사ᄅᆞᆷ의 ᄆᆞᄋᆞᆷ을 보ᄂᆞ니라. ≪朴諺, 下, 4ㅎ≫久後你也得證果金身, 오란 후에 너도 證果金身 홈을 어드리라.

구(口) 명 ❶깃. (기물의 위쪽에 덧대는 천) ⇔깃. ≪朴諺, 上, 27ㅈ≫鴨綠羅納綉獅子的抹口靑絨氈襪上, 鴨頭綠 羅에 獅子ᄅᆞᆯ 綉ᄒᆞ야 깃 도론 프른 부드러온 시욹쳥에. ❷입[口]. ⇔입. ≪朴諺, 上, 23ㅎ≫說口諂佞, 말ᄒᆞᄂᆞᆫ 입이 諂佞ᄒᆞ여. ≪朴諺, 中, 60ㅈ≫口也順, 입도 슌ᄒᆞ고. ≪朴諺, 下, 40ㅈ≫只少一口氣, 그저 ᄒᆞᆫ 입긔운만 업드라.

구(口) 명 ❶부리. 가장자리. 끄트머리. ⇔부리. ≪朴諺, 上, 13ㅎ≫將指頭那瘡口上, 손가락으로다가 뎌 瘡 부리에. ❷아가리. 주둥이. 입구. ⇔부리. ≪朴諺, 上, 24ㅎ≫五綵綉麒麟柳綠紵絲抹口的靴子, 五綵로 猉獜을 綉ᄒᆞ고 柳綠빗체 비단으로 부리 두론 훠ᄋᆡ에. ≪朴諺, 上, 37ㅎ≫一箇長甕兒窄窄口裏頭盛着糯米酒, ᄒᆞᆫ 긴 독 조븐 부리 안희 ᄎᆞᆸᄡᆞᆯ 술 담은 거시여.

구(口) 의 ❶마리. ≪朴諺, 中, 20ㅈ≫一冬裏這頭口(集覽, 朴集, 上, 8ㅈ: 頭口. 汎指馬·牛·猪·羊之稱數, 猪以頭數, 牛亦曰頭數, 羊以口數, 獐亦曰口, 故泛稱畜口曰頭口, 牛·馬亦曰頭·疋.)們勾喫了, ᄒᆞᆫ 겨올을 이 즘ᄉᆡᆼ들이 유여히 먹으리라. ❷명. 인(人). ≪朴諺, 下, 43ㅎ≫置下千百口, 千百口ᄅᆞᆯ 두어도. ❸번. ⇔번. ≪朴諺, 下, 21ㅈ≫脊背上咬一口, 등을 ᄒᆞᆫ 번 므니. ❹입. ⇔입. ≪朴諺, 下, 45ㅈ≫夜飯少一口, 夜飯은 ᄒᆞᆫ 입을 젹게 ᄒᆞ면. 活到九十九, 살기ᄅᆞᆯ 九十九에 니ᄅᆞᆫ다 ᄒᆞ니라.

구(勾) 동 ❶자라다. 족하다. ⇔ᄌᆞ라다. ≪朴諺, 上, 56ㅎ≫銀子也不勾, 은도 ᄌᆞ라디 못ᄒᆞ야. ❷차다[滿]. ⇔ᄎᆞ다. ≪朴諺, 上, 12ㅎ≫斗量時不勾, 말로 되면 ᄎᆞ디 못ᄒᆞ리라.

구(勾) 부 유여(有餘)히. 넉넉히. ⇔유여히. ≪朴諺, 上, 1ㅎ≫勾使用了, 유여히 ᄡᅳ리라. ≪朴諺, 中, 20ㅈ≫一冬裏這頭口們勾喫了, ᄒᆞᆫ 겨올을 이 즘ᄉᆡᆼ들이 유여히 먹으리라. ≪朴諺, 下, 39ㅎ≫不能勾跟將去, 유여히 ᄠᆞ라가디 못ᄒᆞᆯ작시면.

구(勾) 형 유여(有餘)하다. 넉넉하다. ⇔유여ᄒᆞ다. ≪朴諺, 上, 17ㅈ≫五六十托麁麻線也放不勾, 五六十 발 굴근 삼실이라도 노키 유여티 못ᄒᆞ니리(라). ≪朴諺, 上, 20ㅈ≫二十兩也不勾, 二十兩도 유여티 못ᄒᆞ여라. ≪朴諺, 上, 49ㅈ≫咱十數箇弟兄們去時勾了, 우리 여라믄 弟兄ᄃᆞᆯ히 가면 유여ᄒᆞᆯ 거시니. ≪朴諺, 中, 3ㅈ≫這樻子多直的一兩銀儘勾也, 이 樻 만히 싸야 ᄒᆞᆫ 냥 銀이 잇긋 유여ᄒᆞ거늘. ≪朴諺, 中, 55ㅈ≫三四十箇手帕也遞不勾, 셜마은 手帕ㅣ라도 드리기 유여티 못ᄒᆞ리라. ≪朴諺, 下, 13ㅎ≫儘勾也, 잇긋 유여ᄒᆞ다. ≪朴諺, 下, 27ㅎ≫看銀子買了儘勾了, 은을 보라 사기ᄂᆞᆫ 잇긋 유여호ᄃᆡ. ≪朴諺, 下, 29ㅎ≫再添上三五兩銀子時勾也, 또 三五兩 銀을 더ᄒᆞ면 유여ᄒᆞ리라.

구(灸) 동 (뜸) 뜨다. ❶⇔쓰다. ≪朴諺, 上, 35ㅈ≫脚內踝上灸了三壯艾來, 발 안쥐머리 우희 三壯 쑥으로 ᄯᅳ니. ≪朴諺, 上, 51ㅈ≫把孩兒又剃了頭頂上灸, 아ᄒᆡᄅᆞᆯ다가 또 머리 ᄶᅡᆨ고 뎡박이 ᄯᅳ고. ❷⇔ᄠᅳ다. ≪朴諺, 上, 35ㅎ≫一箇脚上三壯家灸的, ᄒᆞᆫ 발 우희 三壯식 ᄠᅳ되.

구(具) 동 갖추다. ⇔ㄱ초다. ≪朴諺, 下, 53ㅈ≫今具狀申告某官, 이제 狀을 ㄱ초와 某官씌 申告ᄒ노니.

구(狗) 명 ❶개의. ⇔가희. ≪朴諺, 上, 31ㅈ≫那狗骨頭知他那裏去, 뎌 가희ᄡ 모로리로다 어ᄃ 간디. ❷개. ⇔개. ≪朴諺, 上, 39ㅈ≫狗有濺草之恩(集覽, 朴集, 上, 11ㅈ: 狗有濺草之恩. 晉太和中, 楊生養狗, 甚愛之. 後生飮酒醉, 行至大澤, 草中眠. 時値冬月, 野火起, 風又猛, 狗呼喚, 生不覺. 前有一坑水, 狗便走往水中, 還以身洒生, 左右草沾水得着, 地火尋過去, 生醒而去.), 개는 濺草ᄒᆫ 恩이 잇고. 馬有垂繮之報, ᄆᆞᆯ은 垂繮ᄒᆫ 報ㅣ 잇다 ᄒ니라. ≪朴諺, 下, 20ㅎ≫變做狗蚤, 변ᄒ여 개벼록이 되여. ≪朴諺, 下, 20ㅎ≫見那狗蚤, 뎌 개벼록을 보고. ≪朴諺, 下, 24ㅈ≫變做大黑狗, 변ᄒ여 큰 거믄 개 되여. ≪朴諺, 下, 24ㅎ≫不見了狗, 개도 보디 못ᄒ고.

구(俱) 동 갖추다. ⇔ㄱ초다. ≪朴諺, 下, 11ㅎ≫各俱壹裏, 각각 ᄒᆫ 안흘 ㄱ초와.

구(俱) 형 갖다. 구비되어 있다. ⇔ᄀᆞᆽ다. ≪朴諺, 中, 39ㅈ≫門窓炕壁俱全, 門窓 炕壁이 다 ᄀ잣고.

구(毬) 명 장치기공. ⇔댱방올. ≪朴諺, 下, 34ㅎ≫拿出毬棒來, 댱방올 막대를 내여. ≪朴諺, 下, 36ㅎ≫再也敢和我打毬麽, 뇌여 싱심이나 날과 댱방올티기 ᄒᆯ싸.

구(救) 동 구하다. ⇔구ᄒ다(救-). ≪朴諺, 上, 24ㅈ≫便儘氣力去救一救, 곳 氣力을 다ᄒ여 가 救ᄒ쟈. ≪朴諺, 中, 22ㅈ≫隨相現相救苦惱於三途, 샹을 조차 샹을 뵈야 苦惱를 三途에 救ᄒ는ᄯ다. ≪朴諺, 中, 23ㅎ≫救衆生難, 衆生의 難을 救ᄒ야. ≪朴諺, 下, 60ㅈ≫願主公用心救百姓受苦, 願컨대 主公은 用心ᄒ야 百姓의 受苦호믈 救ᄒ쇼셔.

구(鈎) 명 구(鉤). '鈎'는 '鉤'의 속자. ≪朴諺, 下, 51ㅈ≫銀絲鈎破波紋, 銀絲 낙시 波紋을 헤티고.

구(鉤) 명 낚시. ⇔낙시. ≪朴諺, 下, 51ㅈ≫銀絲鈎破波紋, 銀絲 낙시 波紋을 헤티고.

구(熰) 동 불을 때다. 불을 피우다. ⇔블무회다. ≪朴諺, 中, 16ㅈ≫熱炕上熰着出些汗, 더온 캉에 블무회고 젹이 쏨 내라.

구(舊) 명 예. 옛적. ❶⇔녜. ≪朴諺, 下, 49ㅎ≫舊名, 녜 일홈이. ❷⇔녯. ≪朴諺, 中, 31ㅈ≫只把我這舊弟兄伴當們根底, 그저 우리 녯 弟兄 伴當들의손ᄃ.

구(軀) 의 좌. 낱. 개. (불상(佛像) 따위를 세는 단위) ≪朴諺, 中, 22ㅈ≫起浮屠於泗水之間(集覽, 朴集, 中, 5ㅈ: 起浮屠於泗水之間. 唐龍朔初, 於泗州臨淮縣信義坊, 將建伽藍, 掘得古香積寺銘記幷金像一軀, 上有普照王佛字, 遂建寺焉.), 浮屠를 泗水ㅅ ᄉ이에 니ᄅ혀고.

구간(軀幹) 명 몸. 몸통. ≪朴諺, 下, 53ㅎ≫那般時, 그러면. 正是喫打的裁兒(集覽, 朴集, 下, 12ㅈ: 裁兒. 裁, 作材是, 謂軀幹也.), 졍히 마즐 ᄀ움이로다.

구개(九箇) 관 아홉 (개). ⇔아홉. ≪朴諺, 中, 47ㅎ≫九箇月了, 아홉 ᄃᆞᆯ이라.

구경(九卿) 명 아홉 대신(大臣). 시대에 따라서 그 명칭이 달랐는데, 명대(明代)에는 이부 상서(吏部尙書)·호부 상서(戶部尙書)·예부 상서(禮部尙書)·병부 상서(兵部尙書)·형부 상서(刑部尙書)·공부 상서(工部尙書)·도찰원 도어사(都察院都御史)·통정사사(通政司使)·대리시 경(大理寺卿)을 통틀어 구경이라 하였다. ≪朴諺, 下, 38ㅈ≫五箇鋪馬(集覽, 朴集, 下, 8ㅎ: 五箇鋪馬. 按禮, 天子六馬, 左右驂, 三公·九卿駟馬, 左驂.)去了, 다ᄉ 鋪馬로 가니라.

구경(究竟) 명 〈불〉 가장 지극한 깨달음. ≪朴諺, 下, 9ㅎ≫入寺敬三寶(集覽, 朴集, 下, 3ㅈ: 三寶. 一音演說, 普應群〈羣〉機, 究竟淸淨, 名離欲尊, 卽法寶也.), 뎔에 드러는 三寶를 敬ᄒ고.

구경(具慶) 동 구존(俱存)하다. (부모가 모두 살아 계시다) ⇔구경ᄒ다(具慶-). ≪朴

諺, 下, 58ㅎ≫在下具慶, 在下ㅣ 具慶ᄒᆞ여라.

구경ᄒᆞ다 동 〈불〉 구경하다. 수희(隨喜)하다. 또는 불보살이나 다른 사람의 좋은 일을 자신의 일처럼 따라서 함께 기뻐하다. ⇔수희(隨喜). ≪集覽, 字解, 單字解, 5ㅈ≫隨. 從也. 隨你 네 ᄆᆞᄉᆞ모로, 隨喜 구경ᄒᆞ다, 隨從 조ᄎᆞ니. 吏語, 根隨 좃다. ≪朴諺, 上, 59ㅎ≫咱一箇日頭隨喜去來, 우리 ᄒᆞᄅᆞ 구경ᄒᆞ라 가쟈. ≪朴諺, 上, 62ㅎ≫到寺裏燒香隨喜之後, 뎔에 가 향 픠오고 구경ᄒᆞᆫ 후에. ≪朴諺, 上, 66ㅎ≫咱也隨喜去來, 우리도 구경ᄒᆞ라 가쟈. ≪朴諺, 中, 33ㅈ≫僧尼道俗都隨喜去, 僧尼道俗이 다 구경ᄒᆞ라 가니. ≪朴諺, 中, 33ㅈ≫沿山沿峪隨喜那景致去來, 山을 조ᄎᆞ며 골을 조차 뎌 景致를 구경ᄒᆞ라 가쟈. ≪朴諺, 下, 8ㅈ≫我也隨喜去來, 나도 구경ᄒᆞ라 가쟈.

구경ᄒᆞ다(具慶-) 동 구존(俱存)하다. (부모가 모두 살아 계시다) ⇔구경(具慶). ≪朴諺, 下, 58ㅎ≫在下具慶, 在下ㅣ 具慶ᄒᆞ여라.

구고(救苦) 동 〈불〉 인간을 고통에서 구제하다. ⇔구고ᄒᆞ다(救苦-). ≪朴諺, 中, 23ㅎ≫尋聲救苦應念除災(集覽, 朴集, 中, 6ㅈ: 尋聲救苦應念除災. 史記, 昔盧景裕繫晉陽獄, 志心念觀世音菩薩, 枷鎖自脫. 又有人當死, 志心誦觀世音菩薩普門品經千百遍, 臨刑刀折, 因以赦之.), 尋聲 救苦ᄒᆞ며 應念 除灾ᄒᆞᄂᆞ니.

구고ᄒᆞ다(救苦-) 동 〈불〉 인간을 고통에서 구제하다. ⇔구고(救苦). ≪朴諺, 中, 23ㅎ≫尋聲救苦應念除災(集覽, 朴集, 中, 6ㅈ: 尋聲救苦應念除災. 史記, 昔盧景裕繫晉陽獄, 志心念觀世音菩薩, 枷鎖自脫. 又有人當死, 志心誦觀世音菩薩普門品經千百遍, 臨刑刀折, 因以赦之.), 尋聲 救苦ᄒᆞ며 應念 除灾ᄒᆞᄂᆞ니.

구골두(狗骨頭) 명 개새끼. 개자식. (욕하는 말) ⇔가히ᄲᅵ. ≪朴諺, 上, 31ㅈ≫那狗骨頭知他那裏去, 뎌 가히ᄲᅵ 모로리로다 어ᄃᆡ 간다.

구기(口氣) 명 입김. (입에서 나오는 기운) ⇔입ᄀᆡ운. ≪朴諺, 下, 18ㅈ≫外名喚燒金子道人(集覽, 朴集, 下, 4ㅈ: 燒金子道人. 西遊記云, 有一先生到車遲國, 吹口氣以磚瓦皆化爲金, 驚動國王, 拜爲國師, 號伯眼大仙.), 外名은 燒金子道人이라 브르ᄂᆞ니. ≪朴諺, 下, 40ㅈ≫只少一口氣, 그저 ᄒᆞᆫ 입ᄀᆡ운만 업드라.

구당(勾當) 명 구당(句當). '勾'는 '句'와 같다. ≪集覽, 字解, 單字解, 3ㅎ≫勾. 平聲, 曲也. 勾龍, 社神, 勾芒, 春神, 勾吳, 地名. 今按, 俗語勾了 유여ᄒᆞ다, 又에우다, 又能勾 어루, 又유여히. 又吏語, 勾取 자피다, 又勾攝公事 공ᄉᆞ로 블리다, 又勾喚 블리다. 又勾當, 幹管也, 俗語謂事也, 勾當竝去聲. ≪朴諺, 上, 8ㅈ≫有甚麼勾當, 므슴 일이 잇ᄂᆞ뇨. ≪朴諺, 上, 52ㅎ≫我有些央及的勾當, 내 져기 빌 일이 이셔. ≪朴諺, 中, 27ㅎ≫頻頻的這般做歹勾當, ᄌᆞ로 이런 사오나온 일을 ᄒᆞ더니. ≪朴諺, 中, 40ㅎ≫都是你兩箇小畜生的勾當, 다 너희 두 가히ᄲᅵ의 일이라. ≪朴諺, 中, 51ㅎ≫我別處有些緊勾當去, 내 다른 고ᄃᆡ 져기 긴ᄒᆞᆫ 일이 이셔 가노라. ≪朴諺, 中, 59ㅈ≫你那告狀的勾當, 네 뎌 告狀ᄒᆞᆫ 일을. ≪朴諺, 中, 60ㅈ≫終久是有理的勾當, 終久ᄐᆞ록 이 有理ᄒᆞᆫ 일이라. ≪朴諺, 下, 54ㅈ≫前去街上勾當, 거리에 일로 가드니.

구당(句當) 명 (맡은 바의) 일. 직임(職任). ⇔일. ≪集覽, 字解, 單字解, 3ㅎ≫勾. 平聲, 曲也. 勾龍, 社神, 勾芒, 春神, 勾吳, 地名. 今按, 俗語勾了 유여ᄒᆞ다, 又에우다. 又能勾 어루, 又유여히. 又吏語, 勾取 자피다, 又勾攝公事 공ᄉᆞ로 블리다, 又勾喚 블리다. 又去聲, 勾當, 幹管也, 又事也, 勾當亦去聲. ≪朴諺, 上, 8ㅈ≫有甚麼勾當, 므슴 일이 잇ᄂᆞ뇨. ≪朴諺, 上, 52ㅎ≫我有些央及的勾當, 내 져기 빌 일이

이셔. ≪朴諺, 中, 27ㅎ≫頻頻的這般做歹勾當, ᄌᆞ로 이런 사오나온 일을 ᄒᆞ더니. ≪朴諺, 中, 28ㅈ≫你做這般不合理的勾當, 네 이런 理에 合디 아닌 일을 ᄒᆞ다가. ≪朴諺, 中, 40ㅎ≫都是你兩箇小畜生的勾當, 다 너희 두 가히삐의 일이라. ≪朴諺, 中, 51ㅎ≫我別處有些緊勾當去, 내 다른 고ᄃᆡ 져기 긴ᄒᆞᆫ 일이 이셔 가노라. ≪朴諺, 中, 52ㅈ≫我也沒甚麽幹的勾當, 나도 아므란 ᄒᆞᆯ 일이 업고. ≪朴諺, 中, 59ㅈ≫你那告狀的勾當, 네 뎌 告狀ᄒᆞᆫ 일을. ≪朴諺, 中, 60ㅈ≫終久是有理的勾當, 終久ᄐᆞ록 이 有理ᄒᆞᆫ 일이라. ≪朴諺, 中, 60ㅎ≫不使錢幹勾當, 돈을 ᄡᅳ디 아니ᄒᆞ고 일을 일오려 ᄒᆞ면. ≪朴諺, 下, 54ㅈ≫前去街上勾當, 거리에 일로 가드니.

구도(口到) 동 맛을 보다. ⇔입브티다. ≪朴諺, 中, 17ㅈ≫饋婆婆口到些箇, 婆婆를 주어 젹이 입브티쇼셔 ᄒᆞ더이다.

구들 명 구들. ⇔항(炕). ≪朴諺, 下, 5ㅈ≫做炕時, 구들을 ᄆᆡᆫ들려 ᄒᆞ면. 死火炕燒火炕, 블 아니 딧ᄂᆞᆫ 구들을 ᄒᆞ랴 블딧ᄂᆞᆫ 구들을 ᄒᆞ랴. ≪朴諺, 下, 5ㅈ≫你只做饋我煤火炕着, 네 그저 날을 ᄆᆡ탄 퓌오ᄂᆞᆫ 구들을 ᄆᆡᆫᄃᆞ라 주되.

구디 부 굳이. 굳게. ⇔뇌(牢). ≪朴諺, 中, 36ㅈ≫腰絟捕的牢, 빗당 곳기를 구디 ᄒᆞ라. ≪朴諺, 中, 51ㅎ≫把那尾子挽的牢着, 뎌 ᄭᅩ리를다가 ᄆᆡ기를 구디 ᄒᆞ라.

구돌 명 구들. ⇔항(炕). ≪朴諺, 下, 5ㅈ≫做炕時, 구돌을 ᄆᆡᆫ돌려 ᄒᆞ면.

구란(抅欄) 명 구란(拘欄). '抅'는 '拘'의 속자. ≪朴諺, 中, 1ㅈ≫抅欄(集覽, 朴集, 中, 1ㅈ: 枸〈抅〉欄. 見上〈見上篇〉.)裏看雜技去來, 抅欄에 雜技 보라 가쟈.

구란(拘欄) 명 송·원대(宋元代)의 대중 연예장. 설서(說書)·연극·잡기(雜技) 따위를 공연하였다. ≪朴諺, 上, 18ㅈ≫是抅欄(集覽, 朴集, 上, 6ㅎ: 拘欄. 書言故事云, 鉤〈鈎〉欄, 俳優棚也. 風俗通云, 漢文帝廟〈庙〉設抱老鉤〈鈎〉欄. 注云, 其鈎屈曲如鈎, 以防人墮. 質問云, 麗春院樂人搬演戲文雜劇之處也. 又云, 麗春院, 卽教坊司也. 教坊司見上. 今按, 北京有東拘欄·西拘欄.)衚衕裏帶匠夏五廂的, 이 抅欄 ᄉᆞᆯ ᄡᅴ쟝이 夏五ㅣ 젼메웟ᄂᆞ니라.

구란(枸欄) 명 구란(拘欄). '枸'는 '拘'의 다른 표기. ≪朴諺, 中, 1ㅈ≫抅欄(集覽, 朴集, 中, 1ㅈ: 枸〈抅〉欄. 見上〈見上篇〉.)裏看雜技去來, 抅欄에 雜技 보라 가쟈.

구란(鈎欄) 명 구란(鉤欄). '鈎'는 '鉤'의 속자. ≪朴諺, 上, 18ㅈ≫是抅欄(集覽, 朴集, 上, 6ㅎ: 拘欄. 書言故事云, 鉤〈鈎〉欄, 俳優棚也. 風俗通云, 漢文帝廟〈庙〉設抱老鉤〈鈎〉欄. 注云, 其鈎屈曲如鈎, 以防人墮. 質問云, 麗春院樂人搬演戲文雜劇之處也. 又云, 麗春院, 卽教坊司也. 教坊司見上. 今按, 北京有東拘欄·西拘欄.)衚衕裏帶匠夏五廂的, 이 抅欄 ᄉᆞᆯ ᄡᅴ쟝이 夏五ㅣ 젼메웟ᄂᆞ니라.

구란(鉤欄) 명 갈고랑이처럼 굽은 난간. ≪朴諺, 上, 18ㅈ≫是抅欄(集覽, 朴集, 上, 6ㅎ: 拘欄. 書言故事云, 鉤〈鈎〉欄, 俳優棚也. 風俗通云, 漢文帝廟〈庙〉設抱老鉤〈鈎〉欄. 注云, 其鈎屈曲如鈎, 以防人墮. 質問云, 麗春院樂人搬演戲文雜劇之處也. 又云, 麗春院, 卽教坊司也. 教坊司見上. 今按, 北京有東拘欄·西拘欄.)衚衕裏帶匠夏五廂的, 이 抅欄 ᄉᆞᆯ ᄡᅴ쟝이 夏五ㅣ 젼메웟ᄂᆞ니라.

구란사(抅欄司) 명 구란사(拘欄司). '抅'는 '拘'의 속자. ≪朴諺, 上, 5ㅎ≫叫教坊司(集覽, 朴集, 上, 2ㅎ: 教坊司. 掌雅·俗樂之司, 隷禮部, 有奉鑾〈銮〉·韶舞·司樂等官, 一名麗春院, 卽元俗所呼拘欄司.)十數箇樂工和做院本諸般雜技的來, 教坊司의 여라믄 樂工과 院本에 여러 가지 雜技ᄒᆞᄂᆞ니를 블러오라.

구란사(拘欄司) 명 교방사(教坊司)의 원대(元代)의 이름. ≪朴諺, 上, 5ㅎ≫叫教坊司(集覽, 朴集, 上, 2ㅎ: 教坊司. 掌雅·俗樂之司, 隷禮部, 有奉鑾〈銮〉·韶舞·司樂

等官, 一名麗春院, 卽元俗所呼拘欄司.)十數箇樂工和做院本諸般雜技的來, 敎坊司의 여라믄 樂工과 院本에 여러 가지 雜技ᄒᆞᄂᆞ니를 블러오라.

구량(口糧) 명 ❶관아나 군대에서 사람의 수효에 따라 나누어 주는 식량. ≪朴諺, 中, 9ㅈ≫你與我甘結·應付(集覽, 朴集, 中, 2ㅈ: 應付. 質問云, 應者, 荅應也, 付者, 與也. 如遇使客到驛, 將口粮·馬驢荅應與他, 方言謂之應付.), 네 날을 甘結과 應付를 주고려. ❷종인(從人)에게 나누어 주던 녹봉(봉급). ≪朴諺, 中, 5ㅎ≫分例支應(集覽, 朴集, 中, 1ㅈ: 分例支應. 正官曰廩給, 從人曰口粮, 通謂之分例.), 分例로 支應ᄒᆞ라. ❸먹거리. ⇔먹을것. ≪朴諺, 中, 9ㅎ≫少人錢債闕少口粮, 사ᄅᆞᆷ의 빗져 먹을거시 업서. ❹양식(糧食). ⇔양식. ≪集覽, 字解, 單字解, 6ㅈ≫少. 多少. 又欠也. 少甚麽 므스거시 업스뇨. 少債 ᄂᆞᄆᆡ 비들 뻐디워 잇다. 又缺也. 缺少口粮 양시기 그처디다. ≪集覽, 字解, 單字解, 6ㅈ≫典. 凡人或缺少口粮, 或遇事用錢者, 以物折直, 立限賣與人爲質而求錢取用. 至限償還其直取物而還也. 律條疏議云, 以價易去, 而原價取贖曰典.

구러디다 동 거꾸러지다. ⇔질(跌). ≪朴諺, 中, 48ㅎ≫那一日喫了一跌, 뎌 ᄒᆞᆫ 날 ᄒᆞᆫ 번 구러딤을 닙어. 額頭上跌破了, 니마히 구러뎌 해야디니. ≪朴諺, 下, 9ㅈ≫喫了一跌, ᄒᆞᆫ 번 구러디믈 닙어. 把鼻子跌破了, 코ᄅᆞᆯ다가 구러뎌 해여ᄇᆞ리니. 那講主見那達達跌破鼻子, 뎌 講主ㅣ 뎌 達達의 구러뎌 코 쌔이믈 보고.

구렁빗ㅊ 명 밤색. ⇔율색(栗色). ≪朴諺, 上, 55ㅎ≫一箇栗色白臉馬, ᄒᆞᆫ 구렁빗치 간쟈ᄆᆞᆯ이.

구레 명 굴레. ⇔비두(轡頭). ≪朴諺, 上, 26ㅎ≫大紅斜皮雙條轡頭, 大紅斜皮로 ᄒᆞᆫ 雙條 구레에. ≪朴諺, 中, 8ㅈ≫轡頭都散與他, 구레를 다 흣터 뎌를 주라.

구료(勾了) 동 긋다. 지우다. 삭제하다. ⇔에우다. ≪集覽, 字解, 單字解, 3ㅎ≫勾. 平聲, 曲也. 勾龍, 社神, 勾芒, 春神, 勾吳, 地名. 今按, 俗語勾了 유여ᄒᆞ다, 又에우다. 又能勾 어루, 又유여히. 又吏語, 勾取 자피다, 又勾攝公事 공ᄉᆞ로 블리다, 又勾喚 블리다. 又去聲, 勾當, 幹管也, 又事也, 勾當亦去聲.

구료(勾了) 형 넉넉하다. 족(足)하다. 남다. ⇔유여ᄒᆞ다. ≪集覽, 字解, 單字解, 3ㅎ≫勾. 平聲, 曲也. 勾龍, 社神, 勾芒, 春神, 勾吳, 地名. 今按, 俗語勾了 유여ᄒᆞ다, 又에우다. 又能勾 어루, 又유여히. 又吏語, 勾取 자피다, 又勾攝公事 공ᄉᆞ로 블리다, 又勾喚 블리다. 又去聲, 勾當, 幹管也, 又事也, 勾當亦去聲.

구룡(勾龍) 명 구룡씨(勾龍氏). 후토(后土)의 신(神). ≪集覽, 字解, 單字解, 3ㅎ≫勾. 平聲, 曲也. 勾龍, 社神, 勾芒, 春神, 勾吳, 地名. 今按, 俗語勾了 유여ᄒᆞ다, 又에우다. 又能勾 어루, 又유여히. 又吏語, 勾取 자피다, 又勾攝公事 공ᄉᆞ로 블리다, 又勾喚 블리다. 又去聲, 勾當, 幹管也, 又事也, 勾當亦去聲.

구르티다 동 거꾸러뜨리다. ⇔질(跌). ≪朴諺, 中, 48ㅎ≫休跌了孩兒, 아ᄒᆡ를 구르티디 말라.

구망(勾芒) 명 구망신(句芒神). '勾'는 '句'와 같다. ≪集覽, 字解, 單字解, 3ㅎ≫勾. 平聲, 曲也. 勾龍, 社神, 勾芒, 春神, 勾吳, 地名. 今按, 俗語勾了 유여ᄒᆞ다, 又에우다. 又能勾 어루, 又유여히. 又吏語, 勾取 자피다, 又勾攝公事 공ᄉᆞ로 블리다, 又勾喚 블리다. 又去聲, 勾當, 幹管也, 又事也, 勾當亦去聲.

구망신(勾芒神) 명 구망신(句芒神). '勾'는 '句'와 같다. ≪朴諺, 下, 46ㅎ≫牌上寫着勾芒神(集覽, 朴集, 下, 10ㅈ: 勾芒神. 春神之號. 太皥伏羲氏有子曰重, 主木, 爲勾芒神.), 牌예 勾芒神이라 쓰고.

구망신(句芒神) 명 봄의 신. 오행신(五行神)의 하나인 목신(木神)의 이름. 복희씨

(伏羲氏)의 아들 중(重)이 신이 되었다 한다. ≪朴諺, 下, 46ㅎ≫牌上寫着勾芒神(集覽, 朴集, 下, 10ㅈ: 勾芒神. 春神之號. 太皥伏羲氏有子曰重, 主木, 爲勾芒神.), 牌예 勾芒神이라 쓰고.

구묘(丘墓) 명 무덤. 묘지. ≪朴諺, 上, 59ㅈ≫寒食(集覽, 朴集, 上, 14ㅎ: 寒食. 東京錄云, 唐明皇詔寒食上墓, 近代相承, 皆用此日拜掃丘墓, 都人傾城出郊, 四野如芳市〈四野如市〉, 樹之下〈芳樹之下〉, 園圃之間, 羅列杯〈盃〉盤, 抵暮而歸.)不遲, 寒食이라도 더듸디 아니타 ᄒᆞᄂᆞ니라.

구문(毬門) 명 장치기를 할 때 공을 쳐 넣기 위하여 나무로 만들어 세운 문. ≪朴諺, 下, 34ㅎ≫拿出毬棒(集覽, 朴集, 下, 7ㅈ: 毬棒. 又云, 此戲之一端也, 有毬門, 有窩兒, 中者爲勝. 以下四者俱打毬之用.)來, 당방올 막대ᄅᆞᆯ 내여. ≪朴諺, 下, 35ㅈ≫咱打那一箇窩兒(集覽, 朴集, 下, 7ㅎ: 窩兒. 又一本質問畫毬門架子, 如本國抛毬樂架子. 而云木架子, 其高一丈, 用五色絹結成彩門, 中有圓眼, 擊起毬兒入眼過落窩者勝.), 우리 어ᄂᆡ ᄒᆞᆫ 굼글 티료. 咱且打毬門窩兒(集覽, 朴集, 下, 7ㅎ: 毬門窩兒. 質問云, 如打毬兒, 先竪一毬門, 上繫毬窩, 然後將毬打上, 方言謂之毬門窩兒.)了, 우리 아직 毬門 굼글 티고. ≪朴諺, 下, 35ㅈ≫却打花房窩兒(集覽, 朴集, 下, 7ㅎ: 花房窩兒. 毬門及三窩兒之設, 一如本國抛毬樂之制.), ᄯᅩ 花房 굼글 티쟈.

구문와아(毬門窩兒) 명 구문(毬門)에 낸 구멍. ≪朴諺, 下, 35ㅈ≫咱且打毬門窩兒(集覽, 朴集, 下, 7ㅎ: 毬門窩兒. 質問云, 如打毬兒, 先竪一毬門, 上繫毬窩, 然後將毬打上, 方言謂之毬門窩兒.)了, 우리 아직 毬門 굼글 티고.

구믈구믈ᄒᆞ다 동 구물구물하다. ⇔해해곤곤(垓垓滾滾). ≪朴諺, 下, 30ㅎ≫只是垓垓滾滾的, 그저 구믈구믈ᄒᆞ더라.

구법(求法) 동 〈불〉 불법(佛法)을 구하다. ≪朴諺, 上, 65ㅈ≫法名喚步虛(集覽, 朴集, 上, 15ㅎ: 步虛. 俗姓洪氏, 高麗洪州人, 法名普愚, 初名普虛, 號太古和尙. 有求法於天下之志.), 法名을 步虛ㅣ라 브ᄅᆞᄂᆞᆫ 이.

구복(求福) 동 신(神)에게 복을 내려 주기를 기원하다. ≪朴諺, 上, 33ㅎ≫你布施(集覽, 朴集, 上, 10ㅎ: 布施. 凡布施, 必以滿三千世界, 七寶〈宝〉爲求福之具, 財施也. 此住相布施也.)人家齋飯錢, 네 人家에 보시ᄒᆞᆫ 齋飯錢을.

구복(具服) 동 관원이 조복(朝服)을 갖추어 입다. ⇔구복ᄒᆞ다(具服-). ≪朴諺, 下, 48ㅈ≫具服的官人們, 具服ᄒᆞᆫ 官人들히.

구복ᄒᆞ다(具服-) 동 관원이 조복(朝服)을 갖추어 입다. ⇔구복(具服). ≪朴諺, 下, 48ㅈ≫具服的官人們, 具服ᄒᆞᆫ 官人들히.

구봉(毬棒) 명 장치기공을 치는 공채. ≪朴諺, 下, 34ㅎ≫拿出毬棒(集覽, 朴集, 下, 7ㅈ: 毬棒. 質問云, 如人耍木毬耍木棒, 一上一下用有柄木杓, 接毬相連不絶, 方言謂之毬棒. 又云, 此戲之一端也, 有毬門, 有窩兒, 中者爲勝. 以下四者俱打毬之用.)來, 당방올 막대ᄅᆞᆯ 내여. ≪朴諺, 下, 34ㅎ≫飛棒杓兒(集覽, 朴集, 下, 7ㅎ: 飛棒杓兒. 質問畫成毬棒, 卽本國武試毬杖之形, 而下云煖木廂柄, 其杓用水牛皮爲之, 以木爲胎.), 飛棒 杓兒와. ≪朴諺, 下, 35ㅈ≫却打花房窩兒(集覽, 朴集, 下, 7ㅎ: 花房窩兒. 又云, 在馬上舞毬棒, 一木有一尺五寸長, 上下俱窩兒.), ᄯᅩ 花房 굼글 티쟈.

구분(九分) 부 만족히. 충분히. ≪朴諺, 上, 56ㅈ≫有九分膘, 九分이나 ᄉᆞᆯ이 잇고.

구사(驅使) 동 부리다[使]. ⇔브리다. ≪朴諺, 中, 10ㅈ≫養成驅使, 길러 브리되.

구삭(拘索) 명 구삭(拘索). '㧁'는 '拘'의 속자. ≪朴諺, 中, 11ㅎ≫少梯子, 술위앏괴오ᄂᆞᆫ나모. 撑, 술위뒤괴오ᄂᆞᆫ나모. 套繩, 멧줄. 撒繩, ᄡᅳ을줄. 拘索, 목집게. 籠頭, 바굴레. 脚索, 지달쏠바. 鞍子, 기ᄅᆞ마.

肚帶, 빗대 업세라.

구삭(拘索) 명 가슴걸이. ⇔목집게. ≪朴諺, 中, 11ㅎ≫少梯子, 술위앏괴오는나모. 撑, 술위뒤괴오는나모. 套繩, 멥줄. 撒繩, 신을줄. 拘索, 목집게. 籠頭, 바굴레. 脚索, 지달쏠바. 鞍子, 기르마. 肚帶, 빗대 업세라.

구석 명 구석. ❶⇔각(角). ≪朴諺, 中, 48ㅈ≫眼脂兒眼角裏流下來, 눈곱이 눈 수석에 흘러ᄂᆞ리되. ❷⇔각락(閣落). ≪朴諺, 中, 59ㅎ≫彫在櫃子閣落裡, 궷 구석에 드리티고. ❸⇔상(廂). ≪朴諺, 中, 6ㅎ≫一壁廂熬些細茶, ᄒᆞᆫ ᄇᆞᄅᆞᆷ 구석의셔 져이 細茶를 달히라. ≪朴諺, 中, 34ㅈ≫吊在一壁廂, ᄒᆞᆫ ᄇᆞ람 수석의 ᄃᆞ랏다가. ≪朴諺, 中, 55ㅎ≫一壁廂去浪蕩不的, ᄒᆞᆫ ᄇᆞᄅᆞᆷ 구석의 가 글래디 못ᄒᆞᆯ소냐.

구선(九仙) 명 아홉 종류의 신선. 곧, 상선(上仙)·고선(高仙)·대선(大仙)·원선(元仙)·천선(天仙)·진선(眞仙)·신선(神仙)·영선(靈仙)·지선(至仙). ≪朴諺, 下, 18ㅈ≫起盖三淸(集覽, 朴集, 下, 4ㅎ: 三淸. 太淸, 十二天仙境也, 九仙所居, 太上老君所治.)大殿, 三淸大殿을 지으니.

구섭(勾攝) 동 불리다. 소환(召喚)되다. ⇔블리다. ≪集覽, 字解, 單字解, 3ㅎ≫勾. 平聲, 曲也. 勾龍, 社神, 勾芒, 春神, 勾吳, 地名. 今按, 俗語勾了 유여ᄒᆞ다, 又에우다. 又能勾 어루, 又유여히. 又吏語, 勾取 자피다, 又勾攝公事 공ᄉᆞ로 블리다, 又勾喚 블리다. 又去聲, 勾當, 幹管也, 又事也, 勾當亦去聲.

구섭공사(勾攝公事) 동 공무(公務) 또는 죄인의 신분으로 소환(召喚)되다. ≪集覽, 字解, 單字解, 3ㅎ≫勾. 平聲, 曲也. 勾龍, 社神, 勾芒, 春神, 勾吳, 地名. 今按, 俗語勾了 유여ᄒᆞ다, 又에우다. 又能勾 어루, 又유여히. 又吏語, 勾取 자피다, 又勾攝公事 공ᄉᆞ로 블리다, 又勾喚 블리다. 又去聲, 勾當, 幹管也, 又事也, 勾當亦去聲.

구성(九成) 명 금은(金銀)의 품질을 10등급으로 나누었을 때의 둘째 등급. 곧, 순도가 9할인 금은. ≪朴諺, 上, 30ㅈ≫我的都是細絲官銀(集覽, 朴集, 上, 9ㅎ: 細絲官銀. 銀十品曰十成, 曰足色, 曰成色, 曰細絲, 曰手絲兒, 曰吹螺, 曰白銀. 九品曰九成, 曰靑絲. 八品曰八成.), 내 하ᄂᆞᆫ 다 이 細絲官銀이라.

구성(九星) 명 방위를 괘효(卦爻)에 배치하여 택일(擇日)과 풍수의 길흉을 점치는 탐랑성(貪狼星)·거문성(巨文星)·녹존성(祿存星)·문곡성(文曲星)·염정성(廉貞星)·무곡성(武曲星)·파군성(破軍星)·좌보성(左輔星)·우필성(右弼星)을 통틀어 이르는 말. ≪朴諺, 上, 18ㅎ≫後面北斗(集覽, 朴集, 上, 7ㅈ: 北斗左輔右弼. 凡九星, 曰樞宮貪狼, 曰璇宮巨門, 曰璣〈幾〉宮祿存, 曰權宮文曲, 曰衡宮廉貞, 曰闓(開)陽宮武曲, 曰瑤光宮破軍, 曰洞明宮左輔, 曰隱元宮右弼. 左輔連附北斗第〈萴〉六星, 在外, 右弼連附北斗第〈萴〉二星, 在內.)七星板兒做的好, 後面 北斗七星 돈은 민ᄃᆞᆯ기를 잘ᄒᆞ엿고.

구슬 명 구슬. ⇔주아(珠兒). ≪朴諺, 上, 27ㅈ≫攀胷下滴溜着一箇珠兒網盖兒罕荅哈, 가슴거리 아릐 ᄒᆞᆫ 구슬로 망 ᄆᆡ자 ᄡᅵᆫ 罕荅哈를 드리웟더라.

구슬 명 구슬. ❶⇔주(珠). ≪朴諺, 上, 28ㅎ≫珠結子的蓋兒野狗尾子罕荅哈, 구슬로 ᄆᆡ자 ᄡᅵᆫ 여ᅀᆞ ᄭᅩ리 罕荅哈ㅣ러라. ❷⇔주아(珠兒). ≪朴諺, 上, 28ㅈ≫底下垂下着兩頭靑珠兒結串的駝毛肚帶, 미틔 드리온 거슨 두 머리예 프른 구슬로 ᄆᆡ자 ᄢᅦ온 약대 털로 ᄒᆞᆫ 빗대오. ≪朴諺, 下, 25ㅈ≫那賣珠兒的你來, 뎌 구슬 ᄑᆞᆯ 리아 이바. ≪朴諺, 下, 25ㅎ≫這珠兒討時討三兩價錢, 이 구슬을 ᄢᅬ오면 석 냥 갑ᄉᆡ ᄢᅬ오려니와.

구씨현(緱氏縣) 명 진대(秦代)에 두었다. 소재지는 하남성(河南省) 언사현(偃師縣) 남동쪽 구씨진(緱氏鎭)에 있었다. ≪朴

諺, 下, 3ㅈ≫往常唐三藏(集覽, 朴集, 下, 1ㅈ: 唐三藏法師〈三蔵〉. 俗姓陳, 名偉, 洛州緱氏縣人也, 號玄奘法師.)師傅, 뎌적의 唐ㅅ 三藏 師傅ㅣ.

구아(口兒) 의 명(名). ≪朴諺, 上, 42ㅎ≫這兩口兒夫妻好爽利, 이 두 夫妻ㅣ ᄀ장 영노솔갑더라.

구아(毬兒) 명 장치기공. ⇔당방올. ≪朴諺, 上, 17ㅎ≫打毬兒(集覽, 朴集, 上, 6ㅎ: 打毬兒. 質問云, 作成木圓毬二介, 用木杓一上一下連接不絶, 方言謂之打毬兒. 質問所釋, 疑卽本國優人所弄杓鈴之戲, 與此節〈莭〉小兒之戲恐或不同. 詳見下卷集覽.), 당방올티기 ᄒᆞ고. ≪朴諺, 下, 34ㅈ≫咱們今日打毬兒(集覽, 朴集, 下, 7ㅈ: 打毬兒. 今按, 質問畫成毬兒, 卽如本國 : 당방〈당방〉올. 注云, 以木刷圓.)如何, 우리 오늘 당방올 팀이 엇더ᄒᆞ뇨. ≪朴諺, 下, 35ㅈ≫滾子, 방올과. 鷹觜擊起毬兒(集覽, 朴集, 下, 7ㅎ: 擊起毬兒. 質問云, 如人將木圓毬兒打起老高, 便落於窩內, 方言謂之擊起毬兒.), 鷹觜와 擊起 毬兒를. 咱打那一箇窩兒(集覽, 朴集, 下, 7ㅎ: 窩兒. 質問云, 如人打毬兒, 先掘一窩兒, 後將毬兒打入窩內, 方言謂之窩兒. 又一本質問畫毬門架子, 如本國抛毬樂架子. 而云木架子, 其高一丈, 用五色絹結成彩門, 中有圓眼, 擊起毬兒入眼過落窩者勝.), 우리 어ᄂᆡ ᄒᆞᆫ 굼글 티료. ≪朴諺, 下, 35ㅈ≫咱且打毬門窩兒(集覽, 朴集, 下, 7ㅎ: 毬門窩兒. 質問云, 如打毬兒, 先竪一毬門, 上繫毬窩, 然後將毬打上, 方言謂之毬門窩兒. 又云, 平地窟成圓窩, 擊起毬兒落入窩者勝.)了, 우리 아직 毬門 굼글 티고. ≪朴諺, 下, 36ㅈ≫看那一箇毬兒老時, 어ᄂᆡ ᄒᆞ나 당방올티기 니그니를 보와.

구아(鈎兒) 명 구아(鉤兒). '鈎'는 '鉤'의 속자. ≪朴諺, 下, 51ㅈ≫慢慢的將鈎兒垂下水裡去時, 날호여 낙시롤다가 믈에 들이오면.

구아(鉤兒) 명 낚시. ⇔낙시. ≪朴諺, 下, 51ㅈ≫慢慢的將鉤兒垂下水裡去時, 날호여 낙시롤다가 믈에 들이오면.

구업(口業) 명 〈불〉 삼업(三業)의 하나. 말을 잘못하여 짓는 업. ≪朴諺, 上, 33ㅎ≫你布施人家齋飯(集覽, 朴集, 上, 10ㅎ: 齋飯. 請觀音經疏云, 齋者, 齊也, 齊身口業也.)錢, 네 人家에 보시ᄒᆞᆫ 齋飯錢을.

구오(勾吳) 명 주(周)나라 태왕(太王)의 아들인 태백(太伯)의 호(號). 또는 그가 세운 오(吳)나라를 이르는 말. ≪集覽, 字解, 單字解, 3ㅎ≫勾. 平聲, 曲也. 勾龍, 社神, 勾芒, 春神, 勾吳, 地名. 今按, 俗語勾了 유여ᄒᆞ다, 又에우다. 又能勾 어루, 又유여히. 又吏語, 勾取 자피다, 又勾攝公事 공ᄉᆞ로 블리다, 又勾喚 블리다. 又去聲, 勾當, 幹管也, 又事也, 勾當亦去聲.

구와(毬窩) 명 공채로 장치기공을 쳐 넣는 구멍. ≪朴諺, 下, 35ㅈ≫咱且打毬門窩兒(集覽, 朴集, 下, 7ㅎ: 毬門窩兒. 質問云, 如打毬兒, 先竪一毬門, 上繫毬窩, 然後將毬打上, 方言謂之毬門窩兒.)了, 우리 아직 毬門 굼글 티고. ≪朴諺, 下, 35ㅈ≫却打花房窩兒(集覽, 朴集, 下, 7ㅎ: 花房窩兒. 質問云, 如打毬, 先立毬窩於花房之上, 然後用棒打入, 方言謂之花房窩兒.), 또 花房 굼글 티쟈.

구우(九牛) 명 많은 소를 비유하는 말. ≪朴諺, 下, 36ㅎ≫寸鐵入木九牛之力, 寸鐵이 남게 들매 九牛의 힘이라 ᄒᆞᄂᆞ니라.

구월(九月) 명 한 해 열두 달 가운데 아홉째 달. ≪朴諺, 上, 17ㅈ≫九月裏打擡, 九月에 태티기 ᄒᆞ고.

구유천초지은마유수강지보(狗有濺草之恩 馬有垂繮之報) 구 개는 주인 곁에 물을 뿌려 들불로부터 주인을 구하고, 말은 우물에 든 주인에게 고삐를 드리워 은혜를 갚은 고사. ≪朴諺, 上, 39ㅈ≫狗有濺草之恩(集覽, 朴集, 上, 11ㅈ: 狗有濺草之恩. 晉太和中, 楊生養狗, 甚愛之. 後生飮酒醉, 行至大澤, 草中眠. 時値冬月, 野火起, 風又猛, 狗呼喚, 生不覺. 前有一坑水,

狗便走往水中, 還以身洒生, 左右草沾水得着, 地火尋過去, 生醒而去.), 개는 濺草 혼 恩이 잇고. 馬有垂繮之報(集覽, 朴集, 上, 11ㅈ: 馬有垂繮之報. 漢高祖與項王會鴻門, 舞劒事急, 謀脫. 匹〈疋〉馬南行, 道傍有一眢井, 馬到井邊不肯行. 漢王恐追者至, 下馬入井. 項王追至井傍, 見馬跡至井而止, 謂漢王在井, 令人下井搜求. 見井口有蜘蛛罩網, 鵓鴿一雙出井飛去, 謂無人在中, 項王還壁. 翌日, 其馬到井垂繮, 漢王執之而出.), 몰은 垂繮혼 報ㅣ 잇다 호니라.

구율타(抅律陀) 명 구율타(抅律陀). '抅'는 '鉤'의 속자. ≪朴諺, 下, 8ㅎ≫說目連尊者(集覽, 朴集, 下, 2ㅎ: 目連尊者. 反(飜)譯名義云, 目連, 婆羅門姓也, 名拘〈抅〉律陀.)救母經, 目連尊者의 救母經을 니루니.

구율타(拘律陀) 명 〈불〉 석가모니의 10대 제자(弟子)인 목련(目連)의 이름. ≪朴諺, 下, 8ㅎ≫說目連尊者(集覽, 朴集, 下, 2ㅎ: 目連尊者. 反(飜)譯名義云, 目連, 婆羅門姓也, 名拘〈抅〉律陀.)救母經, 目連尊者의 救母經을 니루니.

구으니 명 구은 것. ⇔소자(燒子). ≪朴諺, 下, 25ㅎ≫這不是燒子的甚麽, 이 구으니 아니오 므섯고.

구으다 동 구르다. 회전하다. ❶⇔곤곤료(滾滾了). ≪集覽, 字解, 單字解, 2ㅈ≫滾. 煮水使沸曰滾滾花水 글흔 믈. 又輪轉曰滾滾了 구으다, 字作輥. 又通共和雜曰累滾 흔 믈와비라. 又滾子 방올. ❷⇔곤곤료(輥輥了). ≪集覽, 字解, 單字解, 2ㅈ≫滾. 煮水使沸曰滾滾花水 글흔 믈. 又輪轉曰滾滾了 구으다, 字作輥. 又通共和雜曰累滾 흔 믈와비라. 又滾子 방올.

구으러디다 동 고꾸라지다. 넘어지다. 굴러 떨어지다. ⇔도료(倒了). ≪集覽, 字解, 單字解, 3ㅈ≫倒. 上聲, 仆也. 倒了 구으러디다. 又換也. 倒馬 몰 ㄱ다. 又牕也. 倒關字 글월 번뎝ᄒᆞ다. 又去聲, 反辭 도르혀. 通作到.

구은 동 구은[炙]. ≪朴諺, 上, 5ㅈ≫燒爛蹄, 농난히 구은 족과. ≪朴諺, 上, 5ㅈ≫燒鵝·白煠鷄, 구은 게오와 믠기름에 지진 ᄃᆞᆰ과. ≪朴諺, 上, 5ㅈ≫爛牛肉, 구은 쇠고기와. ≪朴諺, 下, 25ㅈ≫燒子珠兒好的有麽, 구은구술 됴ᄒᆞ니 잇ᄂᆞ냐. ≪朴諺, 下, 25ㅎ≫這不是燒子的甚麽, 이 구으니 아니오 므섯고. ≪朴諺, 下, 26ㅈ≫燒子二兩家賣了幾串, 구은 이예 두 냥식 몃 웨옴이나 ᄑᆞ란ᄂᆞ다.

구은구술 명 구은 구슬. ⇔소자주아(燒子珠兒). ≪朴諺, 下, 25ㅈ≫燒子珠兒好的有麽, 구은구술 됴ᄒᆞ니 잇ᄂᆞ냐.

구은이 명 구은 것. ⇔소자(燒子). ≪朴諺, 下, 26ㅈ≫燒子二兩家賣了幾串, 구은 이예 두 냥식 몃 웨옴이나 ᄑᆞ란ᄂᆞ다.

구을다 동 구르다. ❶⇔곤(滾). ≪集覽, 字解, 單字解, 2ㅈ≫滾. 煮水使沸曰滾滾花水 글흔 믈. 又輪轉曰滾滾了 구으다, 字作輥. 又通共和雜曰累滾 흔 믈와비라. 又滾子 방올. ≪朴諺, 下, 9ㅈ≫不知怎生滾在底下, 아디 못게라 엇디훈디 구으러 아릭 이셔. ❷⇔도(倒). ≪集覽, 字解, 單字解, 3ㅈ≫倒. 上聲, 仆也. 倒了 구으러디다. 又換也. 倒馬 몰 ㄱ다. 又牕也. 倒關字 글월 번뎝ᄒᆞ다. 又去聲, 反辭 도르혀. 通作到.

구을리다 동 굴리다. ⇔전(轉). ≪朴諺, 中, 1ㅎ≫放在他脚心上轉, 뎌 발빠당에 노하 구을리고. 脚背上轉, 발뜽에 구을리고. 脚背上轉, 발뜽에 구을리고. 指頭上轉, 가락 우희 구을리다가.

구의 명 관아. 관청. ⇔관(官). ≪朴諺, 下, 15ㅎ≫那廝先告官, 뎌 놈이 몬져 구의에 告ᄒᆞ야.

구의좀 명 송사(訟事). 소송(訴訟). ⇔관사(官司). ≪朴諺, 上, 24ㅈ≫有官司(集覽, 朴集, 上, 8ㅈ: 官司. 凡干詞訟累禍之事, 皆謂之官司, 如鄕語구의좋〈좀〉. 司字恐是事字之誤.)灾難, 官司 灾難이 잇거든.

구읫나기 명 관제(官製). ⇔관(官). ≪朴諺, 上, 43ㅈ≫紫官素段子一尺, ᄌᆞ덕 구읫나기 믠비단 ᄒᆞᆫ 자과.

구자(口子) 명 ❶마개. ⇔마개. ≪朴諺, 上, 15ㅈ≫鹿角口子, 鹿角 마개에. ❷어귀. ⇔어귀. ≪朴諺, 中, 13ㅎ≫到遷民鎭口子裏, 遷民鎭 어귀예 다ᄃᆞ라.

구자(鈎子) 명 구자(鉤子). '鈎'는 '鉤'의 속자. ≪朴諺, 上, 25ㅈ≫珊瑚鈎子(集覽, 朴集, 上, 8ㅎ: 鉤子. 用金銀·銅鉄〈銕〉·玉角等物, 刻成龜〈亀〉·龍·獅·虎之頭, 繫於條之一端, 人若帶之, 則以其〈則又以〉條之一端屈曲爲環, 納於鈎獸頭之空, 以爲固, 使不解〈觧〉落, 如條環之制然.)繫腰, 珊瑚 鈎子 ᄒᆞᆫ ᄯᅴ오.

구자(鉤子) 명 ❶띠고리. ≪朴諺, 上, 25ㅈ≫珊瑚鈎子(集覽, 朴集, 上, 8ㅎ: 鉤子. 用金銀·銅鉄〈銕〉·玉角等物, 刻成龜〈亀〉·龍·獅·虎之頭, 繫於條之一端, 人若帶之, 則以其〈則又以〉條之一端屈曲爲環, 納於鈎獸頭之空, 以爲固, 使不解〈觧〉落, 如條環之制然.)繫腰, 珊瑚 鈎子 ᄒᆞᆫ ᄯᅴ오. ❷갈고랑이. ⇔갈고리. ≪朴諺, 中, 35ㅈ≫使鈎子的賊們更是廣, 갈고리 ᄡᅳᄂᆞᆫ 도적이 ᄯᅩ 흔ᄒᆞ여. ≪朴諺, 中, 35ㅎ≫便着鈎子鈎出來將去, 곳 갈고리로 그러내여 가져 가ᄂᆞ니라. ≪朴諺, 下, 22ㅎ≫將軍使金鉤子, 將軍이 쇠갈고리로 ᄡᅧ. ≪朴諺, 下, 23ㅈ≫將軍用鉤子搭去, 將軍이 갈고리로 ᄡᅧ 건디라 가니.

구장(具狀) 동 소장(訴狀)을 구비하다. ⇔구장ᄒᆞ다(具狀-). ≪朴諺, 下, 54ㅎ≫今不免具狀, 이제 마디못ᄒᆞ여 具狀ᄒᆞ여.

구장(毬杖) 명 장치기공을 치는 공채. ≪朴諺, 下, 34ㅎ≫飛棒杓兒(集覽, 朴集, 下, 7ㅎ: 飛棒杓兒. 質問畫成毬棒, 卽本國武試毬杖之形, 而下云煖木廂柄, 其杓用水牛皮爲之, 以木爲胎.), 飛棒 杓兒와. ≪朴諺, 下, 35ㅈ≫却打花房窩兒(集覽, 朴集, 下, 7ㅎ: 花房窩兒. 毬棒杓兒之制, 一如本國武試毬杖之設, 卽元時擊丸之事.), ᄯᅩ 花房 굼글 티쟈.

구장ᄒᆞ다(具狀-) 동 소장(訴狀)을 구비하다. ⇔구장(具狀). ≪朴諺, 下, 54ㅎ≫今不免具狀, 이제 마디못ᄒᆞ여 具狀ᄒᆞ여.

구재(俱在) 동 공존(共存)하다. ≪朴諺, 上, 18ㅎ≫後面北斗(集覽, 朴集, 上, 7ㅈ: 北斗左輔右弼. 凡九星, 曰樞宮貪狼, 曰璇宮巨門, 曰璣〈幾〉宮祿存, 曰權宮文曲, 曰衡宮廉貞, 曰闓(開)陽宮武曲, 曰瑤光宮破軍, 曰洞明宮左輔, 曰隱元宮右弼. 左輔連附北斗第〈茆〉六星, 在外, 右弼連附北斗第〈茆〉二星, 在內. 俱在紫薇(微)垣.)七星板兒做的好, 後面 北斗七星 돈은 ᄆᆡᆫ돌기를 잘ᄒᆞ엿고.

구제(旧制) 명 구제(舊制). '旧'는 '舊'의 속자. ≪朴諺, 下, 48ㅎ≫太保(集覽, 朴集, 下, 10ㅎ: 太師太保. 元以太師·太傅·太保爲三師, 以太尉·司徒·司空爲三公. 漢·唐舊〈旧〉制也.)家的, 太保ㅅ 집.

구제(救濟) 동 어려운 처지에 있는 사람을 도와주다. ≪朴諺, 中, 22ㅈ≫隨相現相(集覽, 朴集, 中, 5ㅈ: 隨相現相. 飜譯名義云, 佛昔爲帝釋時, 遭飢歲, 疾疫流行, 醫療無功, 道殣相屬. 帝釋悲愍, 思所救濟, 乃變其形爲大蟒身, 殭屍川〈殭屍出于〉谷, 空中遍告, 聞者感慶, 相率〈辛(孌)〉奔赴, 隨割隨生, 療飢療疾.)救苦惱於三塗, 샹을 조차 샹을 뵈야 苦惱를 三塗에 救ᄒᆞᄂᆞᆫᄯᅩ다.

구제(舊制) 명 이전의 제도. ≪朴諺, 下, 48ㅎ≫太保(集覽, 朴集, 下, 10ㅎ: 太師太保. 元以太師·太傅·太保爲三師, 以太尉·司徒·司空爲三公. 漢·唐舊〈旧〉制也.)家的, 太保ㅅ 집.

구졔ᄒᆞ다 동 구제(救濟)하다. ⇔졔(濟). ≪朴諺, 中, 22ㅎ≫傾甘露於瓶中濟險途於飢渴, 甘露를 瓶中에 기우려 險途를 飢渴에 구졔ᄒᆞᄂᆞᆺ다.

구조(狗蚤) 명 개벼룩. ⇔개벼록. ≪朴諺, 下, 20ㅎ≫變做狗蚤, 변ᄒᆞ여 개벼록이 되여. ≪朴諺, 下, 20ㅎ≫見那狗蚤, 뎌 개벼

록을 보고.

구족(具足) 동 빠짐없이 골고루 갖추다. ≪朴諺, 下, 9ㅎ≫入寺敬三寶(集覽, 朴集, 下, 3ㅈ: 三寶. 又法數云, 十號圓明, 萬行具足, 天龍戴仰, 稱無上尊, 卽佛寶也.), 뎔에 드러는 三寶를 敬ᄒᆞ고.

구진(九眞) 명 도가(道家)에서 높이어 받드는 아홉 진인(眞人). ≪朴諺, 下, 18ㅈ≫起盖三淸(集覽, 朴集, 下, 4ㅎ: 三淸. 上淸, 十二天眞境也, 九眞所居, 玉晨道君所治.)大殿, 三淸大殿을 지으니.

구천(勾踐) 명 구천(句踐). '勾'는 '句'의 다른 표기. ≪朴諺, 下, 51ㅎ≫我待學范蠡歸湖(集覽, 朴集, 下, 11ㅎ: 范蠡歸湖. 范蠡, 越之大夫也. 相越王勾踐敗吳, 曰, 越王爲人長頸鳥〈烏〉喙, 可與啚〈圖〉患難, 不可與共安逸. 遂泛扁舟, 載西施, 遊五湖不返.), 내 范蠡의 歸湖를 ᄇᆡ호고져 ᄒᆞ노라.

구천(句踐) 명 중국 춘추시대 월(越)나라의 왕(?~B.C. 465). 오(吳)나라의 왕 합려(闔閭)와 싸워 이겼으나, 그의 아들 부차(夫差)에게 대패하여 회계산(會稽山)에서 항복하였다. ≪朴諺, 下, 51ㅎ≫我待學范蠡歸湖(集覽, 朴集, 下, 11ㅎ: 范蠡歸湖. 范蠡, 越之大夫也. 相越王勾踐敗吳, 曰, 越王爲人長頸鳥〈烏〉喙, 可與啚〈圖〉患難, 不可與共安逸. 遂泛扁舟, 載西施, 遊五湖不返.), 내 范蠡의 歸湖를 ᄇᆡ호고져 ᄒᆞ노라.

구출(鈎出) 동 구출(鉤出). '鈎'는 '鉤'의 속자. ≪朴諺, 中, 35ㅎ≫便着鈎子鈎出來將去, 곳 갈고리로 그러내여 가져가ᄂᆞ니라.

구출(鉤出) 동 그러내다. ⇔그러내다. ≪朴諺, 中, 35ㅎ≫便着鈎子鈎出來將去, 곳 갈고리로 그러내여 가져가ᄂᆞ니라.

구취(勾取) 동 잡히다. 소환(召喚)되다. 징집(徵集)되다. ⇔자피다. ≪集覽, 字解, 單字解, 3ㅎ≫勾. 平聲, 曲也. 勾龍, 社神, 勾芒, 春神, 勾吳, 地名. 今按, 俗語勾了 유여ᄒᆞ다, 又에우다. 又能勾 어루, 又유여히. 又吏語, 勾取 자피다, 又勾攝公事 공ᄉᆞ로 블리다, 又勾喚 블리다. 又去聲, 勾當, 幹管也, 又事也, 勾當亦去聲.

구치(求直) 동 품삯을 원(구)하다. ≪朴諺, 上, 11ㅈ≫那挑脚(集覽, 朴集, 上, 5ㅈ: 挑脚. 舊本作赶脚的. 謂赶脚者, 賃驢〈駬〉取直之人, 謂挑脚者, 負擔重物求直之人也.)的, 뎌 삭짐 지ᄂᆞᆫ 이아.

구친(求親) 동 (주로 남자 측에서 여자 측 가정에) 사돈을 맺기를 청하다. 혼인을 청하다. ≪朴諺, 上, 40ㅎ≫今日做筵席(集覽, 朴集, 上, 11ㅎ: 今日做筵席. 舊本作開口筵席, 古所謂言定, 今俗云求親.), 오ᄂᆞᆯ 이바디ᄒᆞᄂᆞ니라.

구틔여 부 구태여. ⇔감(敢). ≪集覽, 字解, 單字解, 5ㅎ≫敢. 忍爲也. 你敢那 네 구틔여 그리ᄒᆞᆯ다. 又疑似也. 敢知道 아ᄂᆞᆫ ᄃᆞᆺᄒᆞ다.

구품(九品) 명 ❶구성(九成). 금은(金銀)의 품질을 10등급으로 나누었을 때의 둘째 등급. 곧, 순도가 9할인 금은. ≪朴諺, 上, 30ㅈ≫我的都是細絲官銀(集覽, 朴集, 上, 9ㅎ: 細絲官銀. 銀十品曰十成, 曰足色, 曰成色, 曰細絲, 曰手絲兒, 曰吹螺, 曰白銀. 九品曰九成, 曰靑絲. 八品曰八成.), 내 하ᄂᆞᆫ 다 이 細絲官銀이라. ❷아홉 가지 관위(官位)의 등급. 또는 아홉째 품계. 정구품(正九品)과 종구품(從九品) 두 가지가 있었다. ≪朴諺, 上, 11ㅈ≫我有兩箇月俸(集覽, 朴集, 上, 5ㅈ: 月俸. 中朝〈元制〉官祿, 每月攴〈支〉給. 今此一月四石之俸, 以元制考之, 乃從九品也.)來關, 내 두 ᄃᆞᆯ 뇨 ᄐᆞᆯ 써시 이셰라. ≪朴諺, 下, 30ㅎ≫一品至九品, 一品으로 九品에 니르히.

구현(鈎弦) 명 구현(鉤絃). '鈎'는 '鉤'의 속자. ≪朴諺, 上, 49ㅈ≫饋你濟機(集覽, 朴集, 上, 13ㅈ: 濟機. 音義云, ·ᄡᅳᆯ로 밍·ᄀᆞ·론〈밍근〉 혈거피 ·ᄀᆞ·튼 것. 今按, 漢人或牛角或鹿角爲之, 形如環, 着於拇指, 亦所以鈎〈所以鉤〉弦開弓.), 너를 각지를 주마.

구현(鉤絃) 명 깍지. 각지(角指). ≪朴諺, 上, 49ㅈ≫饋你濟機(集覽, 朴集, 上, 13ㅈ: 濟機. 音義云, ·쁠로 밍·ᄀ·론〈밍근〉 혈거피 ·ᄀ·튼 것. 今按, 漢人或牛角或鹿角爲之, 形如環, 着於拇指, 亦所以鉤〈所以鉤〉弦開弓.), 너를 각지를 주마.

구환(勾喚) 동 불리다. 소환(召喚)되다. ⇔블리다. ≪集覽, 字解, 單字解, 3ㅎ≫勾. 平聲, 曲也. 勾龍, 社神, 勾芒, 春神, 勾吳, 地名. 今按, 俗語勾了 유여ᄒ다, 又에우다. 又能勾 어루, 又유여히. 又吏語, 勾取 자피다, 又勾攝公事 공ᄉ로 블리다, 又勾喚 블리다. 又去聲, 勾當, 幹管也, 又事也, 勾當亦去聲.

구ᄒ다(救-) 동 구하다. ⇔구(救). ≪朴諺, 上, 24ㅈ≫便儘氣力去救一救, 곳 氣力을 다ᄒ여 가 救ᄒ쟈. ≪朴諺, 中, 22ㅈ≫隨相現相救苦惱於三塗, 샹을 조차 샹을 뵈야 苦惱를 三塗에 救ᄒᄂ또다. ≪朴諺, 中, 23ㅎ≫救衆生難, 衆生의 難을 救ᄒ야. ≪朴諺, 下, 60ㅈ≫願主公用心救百姓受苦, 願컨대 主公은 用心ᄒ야 百姓의 受苦호믈 救ᄒ쇼셔.

국(局) 의 판. 국. (장기나 바둑에서 승부의 한판을 세는 단위) ⇔판. ≪朴諺, 上, 22ㅈ≫咱們下一局賭輸嬴(贏)如何, 우리 ᄒᆞᆫ 판 두어 지며 이긔믈 더느미 엇더ᄒ뇨.

국(國) 명 나라. ⇔나라ㅎ. ≪朴諺, 中, 45ㅈ≫家齊而後國治, 집이 ᄀ즉ᄒᆞᆫ 후에 나라히 다ᄉ다 ᄒ니라. ≪朴諺, 下, 58ㅎ≫當初怎生建國來, 當初에 엇디 國을 建ᄒ뇨.

국가(國家) 명 나라. ≪朴諺, 上, 45ㅎ≫如今國家行仁義重詩書, 이제 國家ㅣ 仁義를 行ᄒ고 詩書를 重히 너기니. ≪朴諺, 下, 59ㅈ≫上泰封王弓裔(集覽, 朴集, 下, 12ㅎ: 弓裔. 日官奏曰, 此兒以重午日生, 生而有齒, 且光燄〈焰〉異常, 恐將不利於國家, 宜勿擧.)手下, 泰封王 弓裔 手下에 올라.

국궁(鞠躬) 동 존경하는 마음으로 윗사람이나 영위(靈位) 앞에서 몸을 굽히다. ≪朴諺, 上, 44ㅎ≫師傅上唱喏(集覽, 朴集, 上, 12ㅎ: 唱喏. 但家禮集註說云, 揖者, 拱手着胷也. 恐非所謂唱喏也. 今中朝俗以鞠躬拱手爲唱喏.), 스승님씌 읍ᄒ고.

국기(國器) 명 나라의 보기(寶器). ≪朴諺, 上, 33ㅈ≫穿着衲襖將着鉢盂(集覽, 朴集, 上, 10ㅈ: 鉢盂. 總龜〈総亀〉云, 天竺國器也, 釋迦有女青石鉢, 宋廬陵王以銅鉢餉于五祖, 是宋·晉間中國始用也.), 누비옷 닙고 에우아리 가지고.

국도(國都) 명 수도. 서울. ≪集覽, 字解, 單字解, 4ㅎ≫都. 國都. 又摠也.

국사(國士) 명 〈불〉 한 나라에서 재능이 뛰어난 인물. ≪朴諺, 中, 21ㅈ≫智滿十身(集覽, 朴集, 中, 4ㅈ: 智滿十身. 本覺爲知, 始覺爲智. 滿, 備也. 十身有調御. 十身, 曰無着, 曰弘願, 曰業報, 曰住持, 曰涅槃, 曰淨法, 曰眞心, 曰三昧, 曰道性, 曰如意. 有內十身, 曰菩提, 曰願, 曰化, 曰力持, 曰莊嚴, 曰威勢, 曰意生, 曰福德, 曰法, 曰智. 有外十身, 曰自, 曰衆生, 曰國士, 曰業報, 曰聲聞, 曰圓覺, 曰菩薩, 曰智, 曰法, 曰虛空.), 智ᄂ 十身에 찻도다.

국사(國師) 명 임금의 스승. ≪朴諺, 下, 18ㅈ≫外名喚燒金子道人(集覽, 朴集, 下, 4ㅈ: 燒金子道人. 西遊記云, 有一先生到車遲國, 吹口氣以磚瓦皆化爲金, 驚動國王, 拜爲國師, 號伯眼大仙.), 外名은 燒金子道人이라 브ᄅᄂ니.

국왕(國王) 명 나라의 임금. ≪朴諺, 下, 18ㅈ≫外名喚燒金子道人(集覽, 朴集, 下, 4ㅈ: 燒金子道人. 西遊記云, 有一先生到車遲國, 吹口氣以磚瓦皆化爲金, 驚動國王, 拜爲國師, 號伯眼大仙.), 外名은 燒金子道人이라 브ᄅᄂ니. 見國王敬佛法, 國王의 佛法 敬호믈 보고. ≪朴諺, 下, 18ㅈ≫那國王好善, 뎌 國王이 善을 됴히 너겨. ≪朴諺, 下, 19ㅈ≫到國王前面告未畢, 國王의 앏픠 가 고ᄒ기를 뭇디 못ᄒ여셔. ≪朴諺, 下, 24ㅎ≫國王道, 國王이 닐오

딕.

국인(國人) 명 그 나라 사람. ≪朴諺, 下, 58ㅎ≫咱本國是太祖(集覽, 朴集, 下, 12ㅈ: 太祖. 夫人柳氏曰, 妾聞諸公之言, 尙有感奮, 况大丈夫乎. 提甲領以披之, 諸將扶擁而出, 令人呼曰, 王公已擧義旗, 國人來赴者不可勝計.)姓王諱建表德若天, 우리 本國이 太祖의 姓은 王이오 諱는 建이오 字는 若天이니.

국조(國朝) 명 당대(當代)의 조정(朝廷). 또는 자기 나라의 조정. ≪朴諺, 上, 5ㅎ≫叫敎坊司十數箇樂工和做院本(集覽, 朴集, 上, 2ㅎ: 院本. 南村輟耕錄云, 唐有傳奇, 宋有戱曲·唱諢·詞說, 金有雜劇·諸宮調. 院本·雜劇, 其實一也. 國朝, 院本·雜劇, 始釐而二之.)諸般雜技的來, 敎坊司의 여라믄 樂工과 院本에 여러 가지 雜技ᄒᆞᄂᆞ니를 블러오라. ≪朴諺, 上, 27ㅎ≫嵌八寶骨朶(集覽, 朴集, 上, 9ㅈ: 骨朶. 事文類聚云, 宋景文筆錄謂俗以檛爲骨朶, 古無稽. 據國朝旣〈統〉名, 衛士執檛扈從者爲骨朶子班.)雲織金羅比甲, 八寶 씨고 굴근 운문흔 織金 깁 比甲에. ≪朴諺, 中, 29ㅈ≫將老李打了一百七(集覽, 朴集, 中, 7ㅈ: 一百七. 大德中, 刑部尙書王約上言, 國朝用刑寬恕, 笞杖十減其三, 故笞一十減爲七.), 老李를다가 一百 닐굽을 텨.

국중(國中) 명 나라의 안. ≪朴諺, 下, 18ㅈ≫國中有一箇先生, 國中에 ᄒᆞᆫ 先生이 이시되.

국척(國戚) 명 임금의 인척(姻戚). ≪朴諺, 下, 29ㅈ≫元寶(集覽, 朴集, 下, 5ㅎ: 元寶. 世祖大會王子·王孫·駙馬·國戚, 從而頒賜, 或用貨賣, 所以民間有此錠也.)我有半錠了, 元寶ㅣ 내게 반 뎡이 이시니.

국태(國泰) 형 나라가 태평하다. ≪朴諺, 上, 1ㅈ≫國泰民安, 國泰 民安ᄒᆞᆫ딕.

국태민안(國泰民安) 형 나라가 태평하고 백성이 살기가 평안하다. ≪朴諺, 上, 1ㅈ≫國泰民安, 國泰 民安ᄒᆞᆫ딕.

국토(國土) 명 나라의 영토. ≪朴諺, 上, 33ㅈ≫穿着衲襖(集覽, 朴集, 上, 10ㅈ: 衲襖. 大智論云, 行者少欲知是〈足〉, 衣趣盖形, 又國土多寒, 畜百衲具.)將着鉢盂, 누비옷 닙고 에우아리 가지고.

국호(國號) 명 나라의 이름. ≪朴諺, 上, 32ㅎ≫正撞見他的漢子(集覽, 朴集, 上, 9ㅎ: 漢子. 事物紀原云, 三代以降, 有國號者至多, 獨以漢爲名者, 取兩漢之盛.), 졍히 뎌의 남진을 만나 보니. ≪朴諺, 下, 58ㅎ≫咱本國是太祖(集覽, 朴集, 下, 12ㅈ: 太祖. 弓裔微服逃至斧壤, 爲民所害. 太祖卽位, 國號高麗.)姓王諱建表德若天, 우리 本國이 太祖의 姓은 王이오 諱는 建이오 字는 若天이니. ≪朴諺, 下, 59ㅈ≫上泰封王弓裔(集覽, 朴集, 下, 12ㅎ: 弓裔. 一日, 持鉢赴齋, 有烏啣(啣)牙籤落鉢中, 視之, 有王字. 遂叛, 據鉄圓郡爲都, 卽今鐵〈鉄〉原府也. 國號摩震, 改元武泰, 後改國號〈号〉泰封.)手下, 泰封王 弓裔 手下에 올라. ≪朴諺, 下, 59ㅎ≫梁貞明(集覽, 朴集, 下, 12ㅎ: 梁貞明. 梁, 國號, 卽五代朱梁也. 貞明, 均王年號.)四年三月裡, 梁貞明 四年 三月에. ≪朴諺, 下, 61ㅈ≫國號高麗, 國號를 高麗ㅣ라 ᄒᆞ고.

군(群) 의 무리[衆]. ⇔무리. ≪朴諺, 上, 37ㅈ≫家後一群羊箇箇尾子長, 집 뒤헤 ᄒᆞᆫ 무리 양이 낫낫치 ᄭᅩ리 긴 거시여.

군교(軍校) 명 군관(軍官). 장교(將校). ≪朴諺, 上, 53ㅈ≫官裏前面挃柳(集覽, 朴集, 上, 14ㅈ: 钊〈挃〉柳. 質問云, 端午節日, 赴敎場內, 將三枝柳植之三處, 走馬射之. 歲時樂事記云, 武士軍校䄙柳于擊場.)射弓的多有, 황뎨 앏희셔 버들 곳고 활 쏘ᄂᆞ니 만히 이시니.

군기(羣機) 명 군기(群機). '羣'은 '群'의 본자. ≪朴諺, 下, 9ㅎ≫入寺敬三寶(集覽, 朴集, 下, 3ㅈ: 三寶. 一音演說, 普應群〈羣〉機, 究竟淸淨, 名離欲尊, 卽法寶也.), 뎔에 드러는 三寶를 敬ᄒᆞ고.

군기(群機) 명 〈불〉 여러 기근(機根)이란

뜻으로, 많은 중생(衆生)을 이르는 말. ≪朴諺, 下, 9ㅎ≫入寺敬三寶(集覽, 朴集, 下, 3ㅈ: 三寶. 一音演說, 普應群〈羣〉機, 究竟清淨, 名離欲尊, 卽法寶也.), 뎔에 드러 는 三寶를 敬ᄒᆞ고.

군ᄃᆡ귀 명 고리. ⇔추근(鞦根). ≪朴諺, 上, 27ㅈ≫鞦皮穗兒鞦根都是斜皮的, 쥬피 딜 채와 군ᄃᆡ귀를 다 이 斜皮로 ᄒᆞ엿고.

군사(軍士) 명 병졸의 총칭. ≪朴諺, 上, 24ㅎ≫午門外前看操(集覽, 朴集, 上, 8ㅈ: 操. 練習也. 謂軍士上番, 亦曰上操.)馬去來, 午門 밧ᄭᅴ 물 됴습ᄒᆞᄂᆞᆫ 양 보라 가쟈.

군왕(君王) 명 임금. ≪朴諺, 下, 20ㅈ≫咱兩箇對君王面前闘(鬪)聖, 우리 둘히 君王 앏픠 ᄃᆡᄒᆞ여 闘(鬪)聖ᄒᆞ야.

군인(軍人) 명 병졸. ≪朴諺, 下, 52ㅈ≫叫到隣人幷巡宿総甲(集覽, 朴集, 下, 11ㅎ: 總甲. 軍制, 編成排甲, 每一小甲管軍人一十名, 總〈総〉甲管軍五十名, 每百戶該管一百一十二名.)人等, 隣人과 巡宿ᄒᆞᄂᆞᆫ 総甲人 等을 아오로 블러.

군자(君子) 명 행실이 점잖고 어질며 덕과 학식이 높은 사람. ⇔군ᄌᆞ. ≪朴諺, 上, 24ㅈ≫君子一言快馬一鞭, 君子ᄂᆞᆫ 一言이오 快馬ᄂᆞᆫ 一鞭이라 ᄒᆞ니라. ≪朴諺, 下, 61ㅎ≫君子不出戶而知天下, 君子ᄂᆞᆫ 戶에 나디 아니ᄒᆞ여셔 天下를 안다 ᄒᆞ니. ≪朴諺, 中, 50ㅈ≫先小人後君子, 몬져ᄂᆞᆫ 쇼인이라도 후에ᄂᆞᆫ 군ᄌᆞ로 홀 써시니라.

군자불출호이지천하(君子不出戶而知天下) 구 군자(君子)는 문을 나서지 않아도 천하의 모든 이치를 안다는 뜻. ≪朴諺, 下, 61ㅎ≫君子不出戶而知天下, 君子ᄂᆞᆫ 戶에 나디 아니ᄒᆞ여셔 天下를 안다 ᄒᆞ니.

군자일언쾌마일편(君子一言 快馬一鞭) 구 군자는 말 한 마디면 충분하고, 빠른 말은 채찍질 한 번이면 족하다는 뜻. ≪朴諺, 上, 24ㅈ≫君子一言快馬一鞭, 君子ᄂᆞᆫ 一言이오 快馬ᄂᆞᆫ 一鞭이라 ᄒᆞ니라.

군장(君長) 명 부락의 우두머리. 또는 상사(上司)나 상관(上官). ≪朴諺, 中, 25ㅎ≫可知那廝使長(集覽, 朴集, 中, 6ㅎ: 使長〈使長者〉. 猶言君長也. 元語那衍, 音노·연.)的大帽也做裏, 그리어니 뎌 놈이 使長의 큰갓도 ᄆᆡᆫᄃᆞ니.

군정(軍情) 명 군대의 정상이나 상황. ≪朴諺, 中, 7ㅎ≫你不見這金字圓牌(集覽, 朴集, 中, 1ㅎ: 金字圓牌. 至正條格云, 元時, 中書省奏, 諸王·駙馬各投下有軍情緊急重事, 許令懸帶原降銀字圓牌應付鋪馬騎坐, 其餘差使人員有緊急軍情重事, 許令懸帶金字圓牌, 方付鋪馬.), 네 이 金字圓牌를 보디 못ᄒᆞᄂᆞᆫ다.

군제(軍制) 명 군대의 법규와 제도. ≪朴諺, 下, 52ㅈ≫叫到隣人幷巡宿総甲(集覽, 朴集, 下, 11ㅎ: 總甲. 軍制, 編成排甲, 每一小甲管軍人一十名, 總〈総〉甲管軍五十名, 每百戶該管一百一十二名.)人等, 隣人과 巡宿ᄒᆞᄂᆞᆫ 総甲人 等을 아오로 블러. ≪朴諺, 下, 53ㅈ≫着當該地分弓手(集覽, 朴集, 下, 12ㅈ: 弓手. 今按, 軍制編成排甲, 每一百戶, 銃手十名, 刀牌手二十名, 弓箭手三十名, 槍手四十名.)人等, 當該地分 弓手人 等으로 ᄒᆞ여.

군졸(軍卒) 명 병졸. ≪朴諺, 上, 44ㅎ≫師傅上唱喏(集覽, 朴集, 上, 12ㅎ: 唱喏. 揖也. 詞曲曰, 一箇唱, 百箇喏, 謂一人呼唱於上, 衆人應諾於下. 如將帥在營幕下, 軍卒投謁於前者列立於〈軍卒投謁於前者列於〉庭, 將帥發一令語, 則衆下齊聲以應.), 스승님ᄭᅴ 읍ᄒᆞ고.

군지(軍持) 명 행각승이 가지고 다니던 물병. 뒤에는 두 구멍에 줄을 꿰어 허리에 차고 다니는 물병을 두루 일컫는 말로 쓰였다. ≪朴諺, 中, 22ㅎ≫傾甘露於瓶中濟險途於飢渴(集覽, 朴集, 中, 5ㅎ: 傾甘露於瓶中濟險途於飢渴. 飜〈翻〉譯名義云, 梵言軍持, 此云瓶. 軍持有二, 若甆瓦者是淨用, 若銅鐵者是觸用. 西域記云, 軍持, 澡瓶也. 尼畜軍持, 僧畜澡罐.), 甘露를 瓶中에 기우려 險途를 飢渴에 구졔ᄒᆞᄂᆞ다.

군ᄌᆞ 명 군자(君子). (행실이 점잖고 어질

며 덕과 학식이 높은 사람) ⇔군자(君子). ≪朴諺, 中, 50ㅈ≫先小人後君子, 몬져는 쇼인이라도 후에는 군ᄌᆞ로 홀 써시니라.

굴 명 굴[窟]. ⇔조동(竈洞). ≪朴諺, 下, 5ㅎ≫那西邉做一箇竈洞(集覽, 朴集, 下, 2ㅈ: 竈洞. 音義云, 取灰之處. 今按,:굴.), 뎌 셔편의 ᄒᆞᆫ 굴을 ᄆᆡᆫ들라.

굴(掘) 동 파이다[掘]. ⇔ᄑᆡ다. ≪朴諺, 下, 5ㅈ≫將鐵杴和鍋來掘土, 삷과 광이를 가져다가 흙을 ᄑᆡ여.

굴(窟) 명 굴. ⇔굼ㄱ. ≪朴諺, 下, 52ㅎ≫於東屋那邉剜(剜)窟, 동녁 집 뎌 편에 굼글 ᄯᅮᆯ고.

굴감(窟嵌) 동 장식을 박다. ⇔날박다. ≪朴諺, 上, 20ㅈ≫一對窟嵌的金戒指兒(集覽, 朴集, 上, 7ㅎ: 窟嵌戒指. 事物紀原云, 古者后妃羣妾御于君, 所當御者, 以銀環進之, 娠則以金環退之, 進者着右手, 退者着左手. 今有指環, 卽遺制也. 今按, 窟嵌者, 指環之背剜空爲穴, 用珠塡穴爲飾. 總龜〈亀〉云, 亦名手記, 所飾玉石呼爲戒指面. 舊本作指纏兒. 音義, 窟, 音왁, 窟是空字之誤. 窟音쿵, 空音황.), ᄒᆞᆫ 빵 날박은 금가락지.

굴감계지(窟嵌戒指) 명 굴감(窟嵌)한 가락지. ≪朴諺, 上, 20ㅈ≫一對窟嵌的金戒指兒(集覽, 朴集, 上, 7ㅎ: 窟嵌戒指. 事物紀原云, 古者后妃羣妾御于君, 所當御者, 以銀環進之, 娠則以金環退之, 進者着右手, 退者着左手. 今有指環, 卽遺制也. 今按, 窟嵌者, 指環之背剜空爲穴, 用珠塡穴爲飾. 總龜〈亀〉云, 亦名手記, 所飾玉石呼爲戒指面. 舊本作指纏兒. 音義, 窟, 音왁, 窟是空字之誤. 窟音쿵, 空音황.), ᄒᆞᆫ 빵 날박은 금가락지.

굴갓 명 굴갓. ⇔약립(篛笠). ≪朴諺, 上, 34ㅈ≫准備篛笠(集覽, 朴集, 上, 10ㅎ: 篛笠. 音義云, 日灼切, 亦作篛, 竹皮笠.)·瓦鉢, 굴갓과 어유아리를 准備ᄒᆞ야.

굴개(掘開) 동 파이다[掘]. ⇔ᄑᆡ다. ≪朴諺, 中, 27ㅈ≫正房背後掘開一箇老大深淺地坑, 正房 뒤헤 ᄒᆞᆫ 크고 기픈 디함을 ᄑᆡ고.

굴곡(屈曲) 형 꺾기고 굽다. 굴곡하다. ≪朴諺, 上, 25ㅈ≫珊瑚鈎子(集覽, 朴集, 上, 8ㅎ: 鈎子. 用金銀·銅鉄〈銕〉·玉角等物, 刻成龜〈亀〉·龍·獅·虎之頭, 繫於條之一端, 人若帶之, 則以其〈則又以〉條之一端屈曲爲環, 納於鈎獸頭之空, 以爲固, 使不解〈鮮〉落, 如條環之制然.)繫腰, 珊瑚 鈎子 ᄒᆞᆫ ᄯᅴ오. ≪朴諺, 中, 32ㅈ≫纏着乞留曲葎藤(集覽, 朴集, 中, 7ㅈ: 乞留曲律〈葎〉藤. 乞留曲律(葎), 乞留曲律, 謂屈曲擁瘇之意. 漢人凡稱草木行蔓必曰藤, 非別有一物也.), 굽걸온 藤이 얼켯고.

굴근님금 명 알이 굵은 능금. ⇔빈파과(蘋婆果). ≪朴諺, 上, 4ㅎ≫蘋蔢果(集覽, 朴集, 上, 2ㅈ: 蘋蔢果. 似林檎而大者. 毗〈反〉譯名義云, 梵言頻婆果, 此云相思果, 色丹且潤. 質問云, 形如沙果, 其大如梨.), 굴근님금과. 玉黃子, 유황ᄉᆞᆯ고와.

굴근외얏 명 알이 굵은 자두. ⇔호랄빈(虎剌賓). ≪朴諺, 上, 4ㅎ≫虎刺賔(集覽, 朴集, 上, 2ㅈ: 虎刺(刺)賔. 質問云, 如李長大, 半靑半紅色, 食之可口. 又云, 如赤李長而大者.), 굴근외얏이오.

굴긔 명 굵기. ❶⇔대(大). ≪朴諺, 上, 27ㅎ≫指頭來大紫鴉忽頂兒, 손ᄭᅡ락 굴긔 紫鴉忽 頂子에. ❷⇔대소(大小). ≪朴諺, 中, 36ㅈ≫將指頭來大小的長鐵條兒, 손ᄭᅡ락 굴긔예 긴 쇠가락으로다가. ❸⇔추(麤). ≪朴諺, 下, 46ㅈ≫椽子麁的四條繩, 혓가래 굴긔예 네 오리 노흐로. ❹⇔추세(麤細). ≪朴諺, 中, 1ㅈ≫停柱來麁細的, 기동만ᄒᆞᆫ 굴긔예.

굴다 형 굵다. ⇔대(大). ≪朴諺, 上, 6ㅈ≫大水杏半黃半生的有, 굴고 믈 한 ᄉᆞᆯ고ㅣ 半黃 半生ᄒᆞᆫ 이 잇더라.

굴레 명 굴레. ⇔비두(轡頭). ≪朴諺, 上, 28ㅎ≫白斜皮鞦皮轡頭, 白斜皮로 ᄒᆞᆫ 쥬피와 굴레오. ≪朴諺, 中, 51ㅎ≫馬套上轡頭, ᄆᆞᆯ 굴레 ᄡᅧ.

굴롱(窟籠) 명 구멍. ⇔굼ㄱ. ≪朴諺, 上,

50ㅎ≫把溺胡蘆正着那窟籠裏放了, 오좀 누는 박을다가 바로 뎌 굼긔 노코.

굴술(鋸鉞) 명 배목. (고리 걸쇠) ⇔비목. ≪朴諺, 中, 36ㅈ≫插在鋸鉞裏, 비목에 곳고.

굴술아(鋸鉞兒) 명 배목. (고리 걸쇠) ⇔비목. ≪朴諺, 中, 2ㅎ≫兩箇鋸鉞兒, 두 비목과. ≪朴諺, 中, 36ㅈ≫着鋸鉞兒釘在兩三處, 비목으로 두세 곳을 박고.

굴원(屈原) 명 중국 전국시대(戰國時代) 초(楚)나라의 정치가(政治家)이자 시인(詩人). 이름은 평(平). 호는 영균(靈均). 원(原)은 자(字). 초사(楚辭)라고 하는 운문 형식을 처음으로 시작하였다. 일찍이 회왕(懷王)을 보좌하여 삼려대부(三閭大夫)의 높은 직책을 역임하였으나, 중상모략을 받자 이소(離騷)를 지어 왕이 깨닫기를 바랐고, 다시 참소를 받아 장사(長沙)로 유배되자, 어부사(漁父詞) 등의 글을 지어 자신의 뜻을 밝히고 멱라수(汨羅水)에 몸을 던져 죽었다. ≪朴諺, 下, 51ㅎ≫也不學屈原投江(集覽, 朴集, 下, 11ㅎ: 屈原投江. 屈原, 楚之大夫也. 諫懷王不聽, 投汨羅水而死.), 또 屈原의 投江을 비호디 아니ᄒᆞ니.

굵다 형 굵다. ❶⇔골타(骨朶). ≪朴諺, 上, 27ㅎ≫嵌八寶骨朶雲織金羅比甲, 八寶 ᄢᅵ고 굴근 운문ᄒᆞᆫ 織金 羅 比甲에. ❷⇔조(粗). ≪朴諺, 中, 25ㅎ≫毡粗, 시욹이 굵고. ❸⇔추(麤). ≪朴諺, 上, 17ㅈ≫五六十托麁麻線也放不勾, 五六十 발 굴근 삼실이라도 노키 유여티 몯ᄒᆞ니리(라). ≪朴諺, 上, 37ㅈ≫不知道我的麁和細, 나의 굴금과 ᄀᆞᄂᆞᆷ을 아디 몯ᄒᆞᄂᆞᆫ 거시여. ≪朴諺, 上, 43ㅈ≫諸般絨線砌山子吊珠兒的麁白線, 여러 가지 보ᄃᆞ라온 실과 귀여ᄉᆞ 무오고 진쥬 ᄃᆞᆯ 굴근 흰 실과.

굼ㄱ 명 ❶구멍. 굴[窟]. ⇔굴(窟). ≪朴諺, 下, 52ㅎ≫於東屋那邉剜(剜)窟, 동녁 집 뎌 편에 굼글 ᄯᅮᆯ고. ❷(장치기 경기에서, 땅을 사발 모양으로 파서 공을 쳐 넣는) 구멍. ⇔와아(窩兒). ≪朴諺, 下, 35ㅈ≫咱打那一箇窩兒, 우리 어ᄂᆡ ᄒᆞᆫ 굼글 티료. ≪朴諺, 下, 35ㅈ≫咱且打毬門窩兒了, 우리 아직 毬門 굼글 티고. 打花臺窩兒, 花臺ㅅ 굼글 티고. 却打花房窩兒, ᄯᅩ 花房 굼글 티쟈.

굼ㄱ 명 구멍. ❶⇔공(孔). ≪朴諺, 中, 18ㅎ≫又怕窓孔裏偸眼兒看, ᄯᅩ 창 굼그로 여어볼가 저페라. ≪朴諺, 中, 35ㅈ≫舌尖兒潤開了窓孔, 혓긋ᄐᆞ로 불워 창 굼글 ᄠᅳᆯ고. ≪朴諺, 中, 58ㅈ≫把這窓孔的紙都扯了, 이 창 숨게 죵히를다가 다 ᄆᆡ티고. ❷⇔굴롱(窟籠). ≪朴諺, 上, 50ㅎ≫把溺胡蘆正着那窟籠裏放了, 오좀 누는 박을다가 바로 뎌 굼긔 노코. ❸⇔요(凹). ≪朴諺, 下, 21ㅈ≫大仙鼻凹裏放了, 大仙의 콧굼긔 노ᄒᆞ니.

굽 명 굽. ❶⇔제(蹄). ≪朴諺, 上, 56ㅈ≫也有些撒蹄(集覽, 朴集, 上, 14ㅈ: 撒蹄. 音義云, ·뒷·굽 므리므리·예 ·ᄀᆞ·리·ᄂᆞᆫ 몰. 譯語指南云, ·굽·ᄀᆞ·리·ᄂᆞᆫ 몰.), ᄯᅩ 져기 굽ᄀᆞ리미 잇더라. ❷⇔제자(蹄子). ≪朴諺, 上, 38ㅎ≫就蹄子放血, 임의셔 굽에 피 ᄡᅢ히리라. ≪朴諺, 上, 39ㅈ≫一發就蹄子放血着, ᄒᆞᆫ 번에 임의셔 굽에도 피 ᄡᅢ히라.

굽걸오다 동 구부러져 걸리다. ⇔걸류곡률(乞留曲葎). ≪朴諺, 中, 32ㅈ≫纏着乞留曲葎藤, 굽걸온 藤이 얼켯고.

굽ᄀᆞ리다 동 굽을 갈다[磨]. ⇔살제(撒蹄). ≪朴諺, 上, 56ㅈ≫也有些撒蹄(集覽, 朴集, 上, 14ㅈ: 撒蹄. 音義云, ·뒷·굽 므리므리·예 ·ᄀᆞ·리·ᄂᆞᆫ 몰. 譯語指南云, ·굽·ᄀᆞ·리·ᄂᆞᆫ 몰.), ᄯᅩ 져기 굽ᄀᆞ리미 잇더라.

굽다 동 굽다[炙]. ❶⇔붕(燗). ≪朴諺, 上, 5ㅈ≫燗牛肉(集覽, 朴集, 上, 2ㅎ: 燗牛肉. 質問云, 牛肉細切, 用椒塩燗食. 又云, 以水和醬成湯, 放入鍋內, 燒至滚沸, 方下細切的牛肉, 再加椒·醋·葱花盛供, 故曰燗.), 구은 쇠고기와. ❷⇔소(燒). ≪朴諺, 上, 5ㅈ≫燒鵝·白煠鷄, 구은 게오와 ᄆᆞᆫ기

름에 지진 둙과. ≪朴諺, 下, 2ㅈ≫且休燒簽子, 아직 젹을 굽디 말고. ≪朴諺, 下, 25ㅈ≫燒子珠兒好的有麽, 구은구슬 됴흐니 잇ᄂᆞ냐. ≪朴諺, 下, 25ㅎ≫這不是燒子的甚麽, 이 구으니 아니오 므섯고. ≪朴諺, 下, 26ㅈ≫燒子二兩家賣了幾串, 구은이예 두 냥식 몃 꿰옴이나 ᄑᆞ란ᄂᆞ다.

굿이 부 굳게. ⇔뇌(牢). ≪朴諺, 上, 10ㅎ≫着墻板當着墻頭絟的牢着, 담 ᄡᆞᄂᆞᆫ 널로 담 머리예 막아 ᄆᆡ기를 긋(굿)이 ᄒᆞ고.

굿ᄐᆞ여 부 구태여. ⇔경(硬). ≪朴諺, 上, 22ㅎ≫硬道是着麽, 굿ᄐᆞ여 이리 닐을다.

굿히여 부 구태여. ⇔경(硬). ≪朴諺, 中, 57ㅈ≫硬道是這們, 굿히여 이리 니ᄅᆞᆯ다.

궁(弓) 명 활. ⇔활. ≪朴諺, 上, 52ㅎ≫你打饋我兩張弓如何, 네 나를 두 당 활을 ᄆᆡᆫᄃᆞ라 주미 엇더ᄒᆞ뇨. ≪朴諺, 上, 52ㅎ≫你要打幾箇氣力的弓, 네 언머 힘에 활을 ᄆᆡᆫᄃᆞᆯ고져 ᄒᆞᄂᆞ다. ≪朴諺, 上, 53ㅈ≫官裏前面揷柳射弓的多有, 황뎨 앏희셔 버들 곳고 활 뽀ᄂᆞ니 만히 이시니. ≪朴諺, 上, 53ㅈ≫你來這弓面上鋪筋將來, 이바 이 활 면에 힘을 ᄭᆞᆯ라 가져와. ≪朴諺, 中, 24ㅎ≫弓帒裏插一張弓, 弓帒에 ᄒᆞᆫ 댱 활을 곳고.

궁(窮) 동 다하다. ⇔다ᄒᆞ다. ≪朴諺, 上, 61ㅎ≫筆舌難窮, 筆舌로도 다ᄒᆞ기 어려오니라.

궁긔 명 구멍의. ⇔공(孔). ≪朴諺, 上, 40ㅈ≫摘了那鼻孔的毫毛, 뎌 코궁긔 터럭 ᄲᅢ히고.

궁녀(宮女) 명 궁녀. 나인. ≪朴諺, 上, 40ㅎ≫別處一箇官人娶娘子(集覽, 朴集, 上, 11ㅎ: 娘子. 今俗稱〈称〉公主·宮女, 下至庶人妻, 皆曰娘子.), 다른 고ᄃᆡ ᄒᆞᆫ 官人이 娘子를 娶ᄒᆞ노라.

궁대(弓帒) 명 궁대(弓袋). '帒'는 '袋'와 같다. ≪朴諺, 中, 24ㅎ≫弓帒裏插一張弓, 弓帒에 ᄒᆞᆫ 댱 활을 곳고.

궁대(弓袋) 명 활집. ≪朴諺, 中, 24ㅎ≫弓帒裏插一張弓, 弓帒에 ᄒᆞᆫ 댱 활을 곳고.

궁마(弓馬) 명 (활쏘기 말 타기 따위의) 무예(武藝). ≪集覽, 字解, 單字解, 7ㅎ≫閑. 雜也. 閑雜人. 又替也. 파직ᄒᆞ다, 罷閑了·替閑了. 又遊息曰閑. 훙뚱여 ᄃᆞᆫ닐시니, 遊閑了. 又練熟也. 弓馬熟閑. 又空也. 空閑田地 뷔엿ᄂᆞᆫ 싸. 又等閑 부질업시, 又 힘히미, 又간대롭다.

궁면(弓面) 명 활의 몸체. ≪朴諺, 上, 53ㅈ≫你來這弓面上鋪筋將來, 이바 이 활 면에 힘을 ᄭᆞᆯ라 가져와.

궁문(宮門) 명 대궐의 문. ≪朴諺, 下, 58ㅎ≫咱本國是太祖(集覽, 朴集, 下, 12ㅈ: 太祖. 夫人柳氏曰, 妾聞諸公之言, 尙有感奮, 况大丈夫乎. 提甲領以披之, 諸將扶擁而出, 令人呼曰, 王公已擧義旗, 國人來赴者不可勝計. 先至宮門, 鼓〈皷〉噪以待者, 亦萬餘人.)姓王諱建表德若天, 우리 本國이 太祖의 姓은 王이오 諱ᄂᆞᆫ 建이오 字ᄂᆞᆫ 若天이니. ≪朴諺, 下, 61ㅈ≫先到宮門前等的萬千人, 몬져 宮門 앏희 가 기ᄃᆞ리리 萬千人이나 ᄒᆞ니.

궁수(弓手) 명 활을 주 무기로 삼던 병졸. ≪朴諺, 下, 53ㅈ≫着當該地分弓手(集覽, 朴集, 下, 12ㅈ: 弓手. 文獻通考曰, 弓手, 兵弓, 如弩手·槍手之類.)人等, 當該 地分 弓手人 等으로 ᄒᆞ여.

궁실(宮室) 명 궁전. 궁궐. ≪朴諺, 上, 11ㅎ≫我在平則門(集覽, 朴集, 上, 5ㅎ: 平則門. 永樂十九年, 營建宮室, 立門九, 南曰正陽, 又曰午門, 元則曰麗正, 南之右曰宣武, 元則曰順承, 南之左曰文明, 元則曰崇文, 又曰哈噠, 北之東曰安定, 北之西曰德勝, 元則曰健德, 東之北曰崇仁, 一名東直, 元名同, 東之南曰朝陽, 元則曰齊華, 西之北曰西直, 西之南曰阜城, 元則曰平則. 元設十一門, 而今減其二.)邊住, 내 平則門 ᄭᆞ의 이셔 사노라.

궁아(宮娥) 명 나인. ≪朴諺, 下, 21ㅈ≫又呌兩箇宮娥, 또 두 宮娥를 블러. ≪朴諺, 下, 21ㅎ≫皇后暗使一箇宮娥, 皇后ㅣ ᄀᆞ만이 ᄒᆞᆫ 宮娥를 브려.

궁예(弓裔) 명 태봉(泰封)의 왕. 성은 김씨(金氏). 승호(僧號)는 선종(善宗). 신라(新羅) 헌안왕(憲安王)의 서자(庶子). 진성여왕(眞聖女王) 8년(894)에 명주(溟州: 江陵)·철원(鐵原)을 공략한 후 장군이라 자칭하였고, 효공왕(孝恭王) 5년(901) 왕위에 올라 국호를 후고구려(後高句麗)라 하였다. 904년에 국호를 마진(摩震), 연호를 무태(武泰)로 하고 수도를 철원으로 옮겼다. 이후 세력이 늘자 오만하고 광포해져 백성의 신망을 잃게 되었고, 왕건에게 왕위를 빼앗기고 도망하다가 부양(斧壤: 平康)에서 백성에게 살해되었다. 재위 17년(901~918). ≪朴諺, 下, 58ㅎ≫咱本國是太祖(集覽, 朴集, 下, 12ㅈ: 太祖. 幼而聰明, 龍顔日角. 年二十, 始仕弓裔, 拜波珍餐.)姓王諱建表德若天, 우리 本國이 太祖의 姓은 王이오 諱는 建이오 字는 若天이니. ≪朴諺, 下, 59ㅈ≫上泰封王弓裔(集覽, 朴集, 下, 12ㅎ: 弓裔. 新羅憲安王之庶子, 以五月五日生, 屋上有素光屬天如虹. 日官奏曰, 此兒以重午日生, 生而有齒, 且光燄〈焰〉異常, 恐將不利於國家, 宜勿擧. 王勑中使殺之, 乳婢竊〈窃〉奉而逃, 祝髮爲僧. 一日, 持鉢赴齋, 有烏啣(銜)牙籤落鉢中, 視之, 有王字. 遂叛, 據鉄圓郡爲都, 卽今鐵〈鉄〉原府也. 國號摩震, 改元武泰, 後改國號〈号〉泰封.)手下, 泰封王 弓裔 手下에 올라. ≪朴諺, 下, 59ㅎ≫弓裔無道, 弓裔ㅣ 無道ᄒᆞ여. ≪朴諺, 下, 60ㅈ≫娘子柳氏(集覽, 朴集, 下, 12ㅎ: 娘子柳氏〈栁氏〉. 貞州柳天弓女也. 高麗太祖初爲弓裔將軍, 領兵過貞州, 憩古柳下, 見川上有一女子甚美, 問誰. 女對曰, 天弓之女.)出來說道, 娘子 柳氏ㅣ 나와 닐오ᄃᆡ.

궁왕(弓王) 명 태봉(泰封)의 왕 궁예(弓裔)를 달리 이르는 말. ≪朴諺, 下, 59ㅎ≫弓王如此無道, 弓王이 이러ᄐᆞ시 無道ᄒᆞ니. ≪朴諺, 下, 61ㅈ≫弓王攙撒了, 弓王이 ᄶᅵ텨.

궁인(宮人) 명 궁궐 안에서 왕과 왕비를 가까이 모시는 내명부(內命婦)를 통틀어 이르던 말. ≪朴諺, 下, 29ㅈ≫你打饋我一箇立鼈兒, 네 날을 ᄒᆞᆫ 立鼈兒와. 一箇蝦蟆·鼈兒和蝎虎(集覽, 朴集, 下, 5ㅈ: 蠍〈蝎〉虎. 五月五日捕其生者, 飼以朱砂, 明年端午擣〈擣〉之, 點宮人臂上, 經事則消, 否則雖死不改, 故名曰守宮.)盞兒, ᄒᆞᆫ 蝦蟆鼈兒와 蝎虎盞을 ᄆᆡᆼᄀᆞ라 주고려.

궁장(弓匠) 명 조궁(造弓)장이. ≪朴諺, 上, 52ㅎ≫叫將那斜眼的弓匠王五來, 뎌 눈흘긘 弓匠 王五ᄅᆞᆯ 블러오라.

궁전(宮殿) 명 궁궐. 궁전. ≪朴諺, 上, 25ㅈ≫剌(刺)通袖膝欄(集覽, 朴集, 上, 8ㅎ: 刺通袖膝欄. 元時好着此衣, 前後具胷背, 又連肩而通袖之脊, 至袖口爲紋, 當膝周圍亦爲紋如欄干, 然織成段匹爲衣者有之, 或皮或帛, 用綵線周遭回曲爲緣, 如花樣, 剌〈刺〉爲草樹〈尌〉·禽獸·山川·宮殿之文於〈紋於〉其內, 備極奇巧, 皆用團領着之, 其直甚高.)羅帖裏上, ᄉᆞ매 ᄆᆞᄅᆞ 내 치질ᄒᆞ고 膝欄ᄒᆞᆫ 羅 텰릭에.

궁전수(弓箭手) 명 활을 주 무기로 삼던 병졸. ≪朴諺, 下, 53ㅈ≫着當該地分弓手(集覽, 朴集, 下, 12ㅈ: 弓手. 今按, 軍制編成排甲, 每一百戶, 銃手十名, 刀牌手二十名, 弓箭手三十名, 槍手四十名.)人等, 當該 地分 弓手人 等으로 ᄒᆞ여.

궁조(宮調) 명 칠성(七聲: 宮·商·角·變徵·徵·羽·變宮)에서 어느 한 성(聲)을 위주로 하여 곡조를 구성하는데, 궁성(宮聲)을 위주로 하는 곡조인 궁(宮)과 그 밖의 성을 위주로 하는 조(調)를 통틀어 이르는 말. ≪朴諺, 上, 5ㅎ≫叫教坊司十數箇樂工和做院本(集覽, 朴集, 上, 2ㅎ: 院本. 南村輟耕錄云, 唐有傳奇, 宋有戲曲·唱諢·詞說, 金有雜劇·諸宮調.)諸般雜技的來, 教坊司의 여라믄 樂工과 院本에 여러 가지 雜技ᄒᆞᄂᆞ니ᄅᆞᆯ 블러오라.

궁중(宮中) 명 대궐 안. ≪朴諺, 上, 59ㅎ≫揮使你曾到西湖(集覽, 朴集, 上, 15ㅈ: 西

湖. 在玉泉山下, 泉水瀦而爲湖, 流入宮中. 西苑爲太液池, 出都城爲玉河, 東南流注于大通河. 環湖十餘里, 荷·蒲·菱·芡與夫沙禽·水鳥出沒, 隱暎於天光雲影中, 實佳境也.)景來麽, 揮使ㅣ아 네 일즙 西湖ㅅ 景에 갓든다.

궂다 형 궂다. 거칠다. ⇔추(麤). ≪朴諺, 中, 6ㅎ≫這米麤將去再篩一篩, 이 ᄡᆞᆯ이 구즈니 가져가 다시 슬흐라.

권 명 권(卷). 공문서. 서류. 문건(文件). ⇔권(卷). ≪朴諺, 中, 46ㅈ≫你却不道首領官署了卷廳上不曾押裹, 네 또 首領官은 권에 일홈두고 廳上이 일즙 슈례두디 아녓다 니ᄅᆞ디 아니ᄒᆞ던다.

권(卷) 명 공문서. 서류. 문건(文件). ⇔권. ≪朴諺, 中, 46ㅈ≫你却不道首領官署了卷廳上不曾押裹, 네 또 首領官은 권에 일홈두고 廳上이 일즙 슈례두디 아녓다 니ᄅᆞ디 아니ᄒᆞ던다.

권(拳) 명 주먹. ⇔주머괴. ≪朴諺, 下, 54ㅎ≫於某面上用拳打破, 某의 ᄂᆞᆺ출 주머괴로 텨 하야ᄇᆞ리되.

권(拳) 의 번. 차례. ≪朴諺, 下, 32ㅎ≫水滑經帶麵(集覽, 朴集, 下, 6ㅈ: 水滑經帶麵. 水滑麵〈麪〉用頭麪, 春夏秋用新汲水, 入油塩, 先攪作拌麪羹揉, 漸漸入水和搜成劑, 用水拆開, 作小塊子, 再用油水洒和, 以拳鬾一二百拳.), 제믈엣 칼국슈와.

권(捲) 동 꺾다. 또는 말다. ⇔것다. ≪朴諺, 上, 24ㅎ≫捲尖粉底, 부리 것고 디즈에 분칠ᄒᆞ고.

권(眷) 명 아내. ≪朴諺, 上, 46ㅈ≫貴眷稍的十箇白毛施布, 貴眷이 브텬 열 필 흰 모시뵈과.

권(勸) 동 말리다. ⇔말리다. ≪朴諺, 中, 28ㅈ≫對他男兒說勸, 제 ᄉᆞ나희를 ᄃᆡᄒᆞ여 닐러 말리되.

권(權) 명 북두칠성의 넷째 별 이름. ≪朴諺, 上, 18ㅎ≫後面北斗(集覽, 朴集, 上, 7ㅈ: 北斗左輔右弼. 凡九星, 曰樞宮貪狼, 曰璇宮巨門, 曰璣〈幾〉宮祿存, 曰權宮文曲, 曰衡宮廉貞, 曰闓(開)陽宮武曲, 曰瑤光宮破軍, 曰洞明宮左輔, 曰隱元宮右弼. 左輔連附北斗第〈莭〉六星, 在外, 右弼連附北斗第〈莭〉二星, 在內.)七星板兒做的好, 後面 北斗七星 돈은 ᄆᆡᆫᄃᆞᆯ기를 잘ᄒᆞ엿고.

권기(捲起) 동 걷다. 말아 올리다. ⇔것다. ≪朴諺, 中, 55ㅎ≫把這簾子都捲起, 이 발을다가 다 것고.

권농(勸農) 동 농사를 장려하다. ≪朴諺, 下, 45ㅈ≫宋舍看打春(集覽, 朴集, 下, 9ㅎ: 打春. 至日黎明, 官吏具香花·燈燭爲壇, 以祭先農. 至立春時, 官吏行禮畢, 各執彩杖, 環擊土牛者三, 以示勸農之意.)去來, 宋개아 넙츈 노롯ᄒᆞᄂᆞᆫ 양 보라 가쟈.

권당 명 권당(眷黨). 친척. ⇔친척(親戚). ≪朴諺, 上, 42ㅈ≫女孩兒家親戚們都去會親, 새각시 집 권당들히 다 가 會親ᄒᆞᄂᆞ니라.

권두채(拳頭菜) 명 고사리. ❶⇔고사리. ≪朴諺, 中, 12ㅈ≫買些柴·拳頭菜·茶葉拿去, 져기 나모와 고사리와 茶葉을 사 가져가라. ❷⇔고사리ᄎᆡ. ≪朴諺, 中, 34ㅎ≫買些拳頭菜, 져기 고사리ᄎᆡ. 貫衆菜, 회초미ᄎᆡ. 搖頭菜, 두룹ᄎᆡ. 蒼朮菜來, 삽듀ᄎᆡ를 사 오라.

권봉(捲篷) 명 마룻대가 없는 집. 또는 감아올릴 수 있게 만든 천막. ⇔무량각. ≪朴諺, 中, 39ㅈ≫捲篷(篷)(集覽, 朴集, 中, 7ㅎ: 捲篷. 音義云, ·ᄇᆡ 우·흿 지·비〈집이〉·니 ᄆᆞᄅᆞ 업슨 지블 닐오ᄃᆡ 捲篷.)幾間, 무량각이 현 간. ≪朴諺, 下, 12ㅎ≫捲篷樣做, 무량각 양으로 지으려 ᄒᆞ노라.

권세(權勢) 명 권력과 세력. ≪朴諺, 上, 16ㅈ≫張舍(集覽, 朴集, 上, 6ㅈ: 張舍. 王公·大人之家, 必有舍人, 卽家臣也. 如本國伴倘〈儻〉之類, 爲權勢倚任之人, 貧賤之所羡慕者也〈貧賤之所羡慕者〉. 故街巷呼親識爲張舍·李舍, 乃一時推敬之稱〈称〉.)你來, 張가야 이바. ≪朴諺, 中, 37ㅎ≫官人十分休駁彈(集覽, 朴集, 中, 7ㅎ: 褒彈.

今按, 包孝肅公名拯, 性剛直不撓, 其所彈劾, 不避權勢, 故時人呼爲包閻羅, 曰關節〈莭〉不到, 有閻羅包老.), 官人아 ᄀ장 나므라디 말라.

권요(權要) 명 권력이 있는 중요한 자리. 또는 그 자리에 있는 사람. ≪朴諺, 中, 59ㅈ≫那寃家們打關莭(節)(集覽, 朴集, 中, 9ㅈ: 打關節. 吏學指南云, 下之所以通欵曲於上者曰關節〈莭〉, 又造請權要謂之關節〈莭〉.)時, 뎌 寃家ㅣ 쇼청ᄒᆞ니.

권종(卷宗) 명 보관용으로 분류하여 철한 관문서(官文書). ≪集覽, 字解, 單字解, 6ㅎ≫弔. 以繩懸物曰弔着. 又自縊而死曰弔死. 又物自彫落曰弔了. 又行文州縣取其問囚卷宗曰弔取·曰弔卷.

권행(拳杏) 명 주먹만큼 큰 살구의 한 거지. ≪朴諺, 上, 6ㅈ≫如今却早有賣的拳杏麽, 이제 볼셔 拳杏 풀 리 인ᄂᆞ냐.

궐(闕) 동 (마땅히 해야 할 일을) 빠뜨리다. ⇔궐ᄒᆞ다(闕-). ≪朴諺, 下, 56ㅎ≫因此不得工夫闕拜望, 이런 젼ᄎᆞ로 工夫를 엇디 몯ᄒᆞ여 拜望을 闕ᄒᆞ니.

궐내(闕內) 명 궐내. 대궐 안. ≪集覽, 字解, 單字解, 2ㅈ≫裏. 內也. 裏頭·內裏. 又闕內. 亦曰裏頭, 又曰內裏. 又處也. 這裏·那裏. 又語助. 去裏·有裏. 通作里·俚·哩. ≪朴諺, 上, 2ㅎ≫又內府(集覽, 朴集, 上, 1ㅎ: 內府. 猶言闕內也.)管酒的官人們造的好酒, 또 內府에 술 ᄀᆞ음아ᄂᆞᆫ 官人들의 비즌 됴ᄒᆞᆫ 술을.

궐소(闕少) 형 없다. ⇔없다. ≪朴諺, 中, 9ㅎ≫少人錢債闕少口粮, 사ᄅᆞᆷ의 빗져 먹을거시 업서.

궐자(橛子) 명 말뚝. ⇔말쏙. ≪朴諺, 下, 5ㅎ≫打一箇橛子絟不的, ᄒᆞᆫ 말쏙을 박고 ᄆᆡ디 몯ᄒᆞᆯ소냐.

궐ᄒᆞ다(闕-) 동 (마땅히 해야 할 일을) 빠뜨리다. ⇔궐(闕). ≪朴諺, 下, 56ㅎ≫因此不得工夫闕拜望, 이런 젼ᄎᆞ로 工夫를 엇디 몯ᄒᆞ여 拜望을 闕ᄒᆞ니.

궤 명 궤(櫃). ❶⇔궤(櫃). ≪朴諺, 下, 21ㅎ≫說與先生櫃中有一顆桃, 先生ᄃᆞ려 궷 가온대 ᄒᆞᆫ 낫 복셩홰 잇다 닐럿더니. ≪朴諺, 下, 21ㅎ≫飛入櫃中, ᄂᆞ라 궷 가온대 드러가. ❷⇔궤자(櫃子). ≪朴諺, 中, 35ㅎ≫不論竿子上的櫃子上的物件, 홰엣 거시나 궤엣 物件을 혜디 아니ᄒᆞ고. ≪朴諺, 中, 59ㅎ≫颩在櫃子閣落裡, 궷 구석에 드리티고. ≪朴諺, 中, 56ㅎ≫庫房櫃子裏放的米都喫了, 곳집 궤예 둔 ᄡᆞᆯ을 다 먹고.

궤(樻) 명 궤(櫃). '樻'는 '櫃'와 통용. ≪朴諺, 上, 47ㅎ≫都放在這樻裏頭, 다 이 樻 안히 두고. ≪朴諺, 下, 20ㅈ≫第二樻中猜物, 둘재는 樻中엣 거슬 알고. ≪朴諺, 下, 22ㅈ≫着將軍開樻看, 將軍으로 ᄒᆞ여 樻를 여러 보니.

궤(櫃) 명 궤(櫃). ❶⇔궤. ≪朴諺, 上, 47ㅎ≫都放在這樻裏頭, 다 이 樻 안히 두고. ≪朴諺, 下, 20ㅈ≫第二樻中猜物, 둘재는 樻中엣 거슬 알고. ≪朴諺, 下, 22ㅈ≫着將軍開樻看, 將軍으로 ᄒᆞ여 樻를 여러 보니. ≪朴諺, 下, 21ㅎ≫說與先生樻中有一顆桃, 先生ᄃᆞ려 궷 가온대 ᄒᆞᆫ 낫 복셩홰 잇다 닐럿더니. ≪朴諺, 下, 21ㅎ≫飛入樻中, ᄂᆞ라 궷 가온대 드러가. ❷⇔궤자(櫃子). ≪朴諺, 中, 2ㅎ≫木匠家裏旋做一箇樻子, 木匠의 집의 ᄒᆞᆫ 樻를 마초이되. ≪朴諺, 中, 3ㅈ≫這樻子多直的一兩銀儘勾也, 이 樻 만히 싸야 ᄒᆞᆫ 냥 銀이 잇긋 유여ᄒᆞ거늘. ≪朴諺, 下, 21ㅈ≫擡過一箇紅漆樻子來, ᄒᆞᆫ 블근 칠ᄒᆞᆫ 樻를 드러 오라 ᄒᆞ여.

궤(饋) 동 주다. 보내다. ⇔주다. ≪朴諺, 上, 10ㅎ≫一日三頓家饋他飽飯喫, ᄒᆞᄅᆞ 세 끼식 뎌를 주어 밥을 ᄇᆡ브리 먹이고. ≪朴諺, 上, 20ㅎ≫等一會兒饋些草喫, ᄒᆞᆫ 디위 기ᄃᆞ려 져기 여믈을 주어 먹이고. ≪朴諺, 上, 30ㅎ≫你饋我尋見了拿將來, 네 ᄎᆞ자보아 잡아다가 날을 주고려. ≪朴諺, 上, 49ㅈ≫你借饋我包指麽, 네 나를 혈거피를 빌려 주고려. ≪朴諺, 上, 64

ㅎ≫一打裏饋你十兩銀子, 흔번에 너를 열 량 은을 줄 거시니. ≪朴諺, 中, 2ㅈ≫我管着饋你, 내 ㄱ움아라 너를 주마. ≪朴諺, 中, 11ㅈ≫買饋他木料·席子整理, 뎌를 木料와 삿글 사 주어 整理케 ㅎ라. ≪朴諺, 中, 17ㅈ≫饋婆婆口到些箇, 婆婆를 주어 젹이 입브티쇼셔 ㅎ더이다. ≪朴諺, 中, 20ㅈ≫商量着放饋, 혜아려 노하 주고. ≪朴諺, 中, 37ㅎ≫你再饋我絶高的, 네 또 날을 ㄱ장 노프니를 주고려. ≪朴諺, 中, 48ㅈ≫我饋你揩的乾浄着, 내 너를 슷기를 간졍히 ㅎ여 주마. ≪朴諺, 中, 58ㅈ≫孩兒你饋我買將草布蚊帳來, 아히아 네 날을 얼믠 뵈로 흔 모긔댱을 사다가 주고려. ≪朴諺, 下, 5ㅈ≫你只做饋我煤火炕着, 네 그저 날을 믹탄 퓌오는 구들을 믿ㄷ라 주되. ≪朴諺, 下, 12ㅈ≫涴饋你筆, 먹 므텨 너를 붓을 주니. ≪朴諺, 下, 29ㅈ≫你打饋我一箇立鼈兒, 네 날을 흔 立鼈兒와. 一箇蝦蟆·鼈兒和蝎虎盞兒, 흔 蝦蟆鼈兒와 蝎虎盞을 믿ㄷ라 주고려. ≪朴諺, 下, 37ㅎ≫却點饋那官人, 또 뎌 官人의게 뎍어 주니. ≪朴諺, 下, 53ㅎ≫你饋我寫一箇狀子, 네 날을 흔 고장을 써 주고려.

궤자(櫃子) 명 궤(櫃). ❶⇔궤. ≪朴諺, 中, 35ㅎ≫不論竿子上的櫃子上的物件, 홰엣 거시나 궤엣 物件을 혜디 아니ㅎ고. ≪朴諺, 中, 59ㅎ≫彫在櫃子閣落裡, 궷 구석에 드리티고. ≪朴諺, 中, 56ㅎ≫庫房櫃子裏放的米都喫了, 곳집 궤예 둔 발을 다 먹고. ❷⇔궤(櫃). ≪朴諺, 中, 2ㅎ≫木匠家裏旋做一箇櫃子, 木匠의 집의 흔 櫃를 마초이되. ≪朴諺, 中, 3ㅈ≫這櫃子多直的一兩銀儘勾也, 이 櫃 만히 싸야 흔 냥 銀이 잇긋 유여ㅎ거늘. ≪朴諺, 下, 21ㅈ≫擡過一箇紅漆櫃子來, 흔 블근 칠흔 櫃를 드러 오라 ㅎ여.

궤피(麂皮) 명 개발사슴의 가죽. ⇔기ㅈ피. ≪朴諺, 上, 24ㅎ≫脚穿着皀麂(集覽, 朴集, 上, 8ㅈ: 麂. 大麇也, 麇, 鹿之大者. 譯語指南, 謂牝鹿曰麇鹿. 質問云, 大曰麖, 小曰麂. 其皮可作靴.)皮嵌金線藍條子, 발에 신은 거슨 거믄 기ㅈ피예 金線 남 오리로 갸품 씨고. ≪朴諺, 上, 27ㅈ≫白麂皮靴子, 흰 기ㅈ피 훠ㅇ에.

귀 명 ❶귀. ⇔이(耳). ≪朴諺, 上, 40ㅈ≫將那鉸刀斡耳, 뎌 귀갓갈 가져다가 귀 안도로고. ≪朴諺, 中, 41ㅎ≫去字傍着反耳的便是, 去字 변에 뒨귀이 흔 거시 곳 이라. ≪朴諺, 下, 9ㅈ≫側耳聽聲, 귀를 기우려 소리를 듯더니. ❷귀. 또는 귓문. ⇔이문(耳門). ≪朴諺, 下, 20ㅎ≫唐僧耳門後咬, 唐僧의 귀 뒤흘 므러.

귀(鬼) 명 ❶귀수(鬼宿). 이십팔수의 스물셋째 별자리. ≪朴諺, 中, 54ㅈ≫鬼迎祥, 鬼는 迎祥ㅎ니. ❷온갖 잡스러운 귀신. ⇔귀졸. ≪朴諺, 下, 47ㅎ≫前面一箇鬼, 앏픠 흔 귀졸이.

귀(鬼) 명 귀신(鬼神). ❶⇔귀신. ≪朴諺, 下, 22ㅎ≫被鬼們當住出不來, 귀신들의 막으믈 닙어 나오디 못ㅎ여. ❷⇔귀신(鬼神). ≪朴諺, 下, 22ㅈ≫行者教千里眼·順風耳等兩箇鬼, 行者ㅣ 千里眼과 順風耳等 두 鬼神으로 ㅎ여.

귀(貴) 대 그대. ≪朴諺, 上, 46ㅈ≫貴眷稍的十箇白毛施布, 貴眷이 브틴 열 필 흰 모시뵈과.

귀(貴) 형 귀(貴)하다. 비싸다. ❶⇔귀타(貴-). ≪朴諺, 中, 17ㅎ≫人離鄕賤物離鄕貴, 사름이 離鄕ㅎ면 쳔ㅎ고 物이 離鄕ㅎ면 貴타 ㅎㄴ니라. ❷⇔귀ㅎ다(貴-). ≪朴諺, 中, 14ㅈ≫草料貴賤, 딥과 콩이 貴ㅎ더냐 賤ㅎ더냐.

귀(歸) 동 〈불〉 귀의(歸依)하다. 붙좇다. ≪朴諺, 上, 33ㅎ≫歸(集覽, 朴集, 上, 10ㅈ: 歸. ㄴ〈ㄴ依〉也.)佛敬法看經念佛也好, 歸佛 敬法ㅎ며 看經·念佛홈이 됴커늘.

귀가(貴家) 명 지체가 높은 사람이 사는 집. ≪朴諺, 上, 23ㅈ≫斂些錢做翫月會(集覽, 朴集, 上, 8ㅈ: 翫月會. 東京錄云, 中秋夜, 貴家結飾臺榭, 民間爭占酒樓翫

〈玩〉月, 絲簧鼎沸, 近內庭居民, 夜深遙聞笙竽之聲, 宛若雲外天樂, 閭里兒童連宵嬉戲, 夜市駢闐, 至於通曉.), 져기 돈 거두어 翫月會를 ᄒᆞ쟈.

귀갓갈 명 귓구멍 둘레의 털을 깎는 가위. ⇔교도(鉸刀). ≪朴諺, 上, 40ㅈ≫將那鉸刀斡耳, 뎌 귀갓갈 가져다가 귀 안 도로고.

귀검아(鬼臉兒) 명 탈. 가면(假面). 마스크(mask). ⇔광ᄃᆡ. ≪朴諺, 中, 1ㅎ≫帶着鬼臉兒, 광ᄃᆡ 쁴워.

귀권(貴眷) 명 상대방의 아내를 높여 이르는 말. ≪朴諺, 上, 46ㅈ≫貴眷稍的十箇白毛施布, 貴眷이 브틴 열 필 흰 모시뵈과.

귀댁(貴宅) 명 상대편의 집이나 집안을 높여 이르는 말. ≪朴諺, 上, 52ㅈ≫小人昨日貴宅裏, 小人이 어제 貴宅에.

귀덕(貴德) 명 현도군(玄菟郡)의 다른 이름. ≪朴諺, 上, 8ㅎ≫往永平·大寧·遼陽·開元·瀋陽(集覽, 朴集, 上, 4ㅎ: 瀋陽. 今設瀋陽中衛, 地方廣衍, 東逼高麗, 北抵建州, 去衛治東北八十里, 有州曰貴德, 或謂玄菟郡.)等處開去, 永平·大寧·遼陽·開元·瀋陽 等處로 향ᄒᆞ여 開讀ᄒᆞ라 가노라.

귀머리 명 복사뼈. ⇔과(踝). ≪朴諺, 上, 35ㅈ≫脚內踝上灸了三壯艾來, 발 안쉬머리 우희 三壯 뿍으로 쓰니. ≪朴諺, 上, 35ㅈ≫放在脚內踝尖骨頭上, 발 안쉬머리 뱌족ᄒᆞᆫ 뼈 우희 노하.

귀밋빗기 명 빗. ⇔약두(掠頭). ≪朴諺, 下, 28ㅎ≫掠頭兩箇怎麽賣, 귀밋빗기 둘흘 엇디 ᄑᆞᆯ싸. ≪朴諺, 下, 28ㅎ≫哥我與你這一箇刷牙一箇掠頭, 형아 내 너를 이 ᄒᆞᆫ 刷牙와 ᄒᆞᆫ 귀밋빗기를 줄 써시니. ≪朝鮮成宗實錄 156, 14年, 7月, 癸巳≫欽賜國王母銀一百兩, 金嵌寶石眞珠頭面一副, 掠頭一件, 火焰一件. 梔子花一件, 松竹梅一件, 梅花掩鬢一對, 菊花釵一件. ≪家禮輯覽, 圖說≫掠頭, 交於額上繞髻.

귀불(歸佛) 동 〈불〉 불교에 귀의(歸依)하다. ≪朴諺, 上, 33ㅎ≫歸(集覽, 朴集, 上, 10ㅈ: 歸. ㄷ〈ㄷ依〉也.)佛敬法看經念佛也好, 歸佛 敬法ᄒᆞ며 看經·念佛홈이 됴커늘.

귀성(貴姓) 명 성(姓). 성함. (다른 사람에게 성씨를 물을 때 쓴다) ≪朴諺, 下, 58ㅈ≫先生貴姓, 先生의 貴姓이여.

귀신 명 귀신(鬼神). ⇔귀(鬼). ≪朴諺, 下, 22ㅎ≫被鬼們當住出不來, 귀신들의 막으믈 닙어 나오디 못ᄒᆞ여.

귀신(鬼神) 명 귀신(鬼神). ⇔귀(鬼). ≪朴諺, 上, 33ㅎ≫你布施人家齋飯(集覽, 朴集, 上, 10ㅎ: 齋飯. 請觀音經疏云, 齋者, 齊也, 齊身口業也. 佛氏日中而食, 瓶沙王問, 佛, 何故日中食. 答〈荅〉云, 早起諸天食, 日中三世佛食, 日西畜生食, 日暮鬼神食.)錢, 네 人家에 보시ᄒᆞᆫ 齋飯錢을. ≪朴諺, 中, 22ㅎ≫執楊柳於掌內拂病體於輕安(集覽, 朴集, 中, 5ㅎ: 執楊柳於掌內拂病體於輕安. 佛圖澄, 天竺〈笁〉人也. 妙通玄術, 善誦呪, 能役使鬼神.), 楊柳를 손에 잡아 病體를 輕安ᄒᆞᆫᄃᆡ 떨티고. ≪朴諺, 中, 23ㅈ≫故得人天之喜躍鬼神之歡欣, 이러모로 人天의 喜躍과 鬼神의 歡欣을 어더. ≪朴諺, 下, 22ㅈ≫行者教千里眼·順風耳等兩箇鬼, 行者ㅣ 千里眼과 順風耳 等 두 鬼神으로 ᄒᆞ여.

귀여ᄉᆞ 명 관상용으로 정원에 돌을 쌓아서 만든 작은 산(山). (가산(假山) 또는 석가산(石假山)이라고도 하는데, 강소성(江蘇省)에서 나는 태호석(太湖石)을 쌓아 만들었다) ⇔산자(山子). ≪朴諺, 上, 43ㅈ≫諸般絨線砌山子(集覽, 朴集, 上, 12ㅎ: 砌山子. 音義云, 귀·여ᅀᆞ 類·엣 것. 今按, 山子, 卽귀·여ᅀᆞ, 砌, 卽結成之意. 俗呼築城曰砌城, 謂壘石而築成之也.)·吊珠兒的麁白線, 여러 가지 보ᄃᆞ라온 실과 귀여ᅀᆞ 무오고 진쥬 ᄃᆞᆯ 굴근 흰 실과.

귀엿골회 명 귀고리. ⇔팔주환(八珠環). ≪朴諺, 上, 19ㅎ≫把一對八珠環兒(集覽, 朴

集, 上, 7ㅎ: 八珠環. 귀·엿골·회. 以珍〈珎〉珠大者四顆連綴爲一隻, 一雙〈雙〉共八珠.), 흔 빵 八珠環과.

귀옛골회 명 귀고리. ⇔이추아(耳墜兒). ≪朴諺, 上, 20ㅈ≫一對耳墜兒(集覽, 朴集, 上, 7ㅎ: 耳墜兒. 事文類聚云, 莊子曰, 天子之侍御, 不叉楄(不爪翦), 不穿耳, 則穿耳自古有之. 今俗亦曰耳環, 卽八珠環也.), 흔 빵 귀옛골회과.

귀유 명 구유. ⇔조자(槽子). ≪朴諺, 上, 21ㅈ≫懶小厮們一發滿槽子饋草, 게여른 아희들히 홈씌 귀유에 ᄀᆞ득이 여믈을 주고.

귀유치(貴由赤) 명 달리기 시합. 경주(競走). 몽고어에서 온 말이다. ≪朴諺, 中, 52ㅈ≫年時牢子們走(集覽, 朴集, 中, 8ㅎ: 牢子走. 南村輟耕錄云, 牢子走者, 元時, 每歲一試之, 名曰放走, 亦名貴由赤, 俗謂快行是也.)的你見來麽, 젼년에 牢子들희 ᄃᆞ롬질을 네 본다.

귀의(ㅌ依) 동 귀의(歸依). 'ㅌ'는 왼쪽 또는 위쪽의 글자와 같음을 나타내는 약호. ≪朴諺, 上, 33ㅎ≫歸(集覽, 朴集, 上, 10ㅈ: 歸. ㅌ〈ㅌ依〉也.)佛敬法看經念佛也好, 歸佛 敬法ᄒᆞ며 看經·念佛홈이 됴커늘. ≪朴諺, 上, 65ㅈ≫法名(集覽, 朴集, 上, 15ㅎ: 法名. 剃〈削〉髮披緇, 歸〈故〉依佛法, 別立外號, 是謂法名.)喚步虛, 法名을 步虛ㅣ라 브르ᄂᆞᆫ 이.

귀의(故依) 동 귀의(歸依). '故'는 '歸'의 속자. ≪朴諺, 上, 65ㅈ≫法名(集覽, 朴集, 上, 15ㅎ: 法名. 剃〈削〉髮披緇, 歸〈故〉依佛法, 別立外號, 是謂法名.)喚步虛, 法名을 步虛ㅣ라 브르ᄂᆞᆫ 이.

귀의(歸依) 동 〈불〉 부처와 불법(佛法)과 승가(僧伽)로 돌아가 의지하여 구원을 청하다. ≪朴諺, 上, 33ㅎ≫歸(集覽, 朴集, 上, 10ㅈ: 歸. ㅌ〈ㅌ依〉也.)佛敬法看經念佛也好, 歸佛 敬法ᄒᆞ며 看經·念佛홈이 됴커늘. ≪朴諺, 上, 65ㅈ≫法名(集覽, 朴集, 上, 15ㅎ: 法名. 剃〈削〉髮披緇, 歸〈故〉依佛法, 別立外號, 是謂法名.)喚步虛, 法名을 步虛ㅣ라 브르ᄂᆞᆫ 이.

귀인(貴人) 명 사회적으로 지위가 높고 귀한 사람. ≪朴諺, 上, 34ㅎ≫咳貴人難見, 애 貴人을 보기 어렵다.

귀인난견(貴人難見) 구 귀한 사람은 만나보기 어렵다는 뜻. ≪朴諺, 上, 34ㅎ≫咳貴人難見, 애 貴人을 보기 어렵다.

귀졸 명 귀졸(鬼卒). 온갖 잡스러운 귀신. ⇔귀(鬼). ≪朴諺, 下, 47ㅎ≫前面一箇鬼, 앏픠 흔 귀졸이.

귀졸(鬼卒) 명 온갖 잡스러운 귀신. ≪朴諺, 下, 47ㅎ≫馬前馬後跟着的大小鬼卒, 馬前 馬後에 ᄯᆞ로ᄂᆞᆫ 大小 鬼卒이. 前面一箇鬼, 앏픠 흔 귀졸이.

귀천(貴賤) 명 부귀와 빈천. ≪朴諺, 上, 41ㅈ≫十羊十酒(集覽, 朴集, 上, 12ㅈ: 十羊十酒. 羊十牽, 酒十瓶也. 制禮亦隨貴賤異秩〈帙〉, 卽送禮也. 詳見諸司職掌.)裏, 十羊과 十酒를 드리더라.

귀타(貴-) 형 귀(貴)하다. 비싸다. ⇔귀(貴). ≪朴諺, 中, 17ㅎ≫人離鄉賤物離鄉貴, 사ᄅᆞᆷ이 離鄉ᄒᆞ면 쳔ᄒᆞ고 物이 離鄉ᄒᆞ면 貴타 ᄒᆞᄂᆞ니라.

귀호(歸湖) 명 춘추시대 월(越)나라의 대부(大夫) 범여(范蠡)가 작은 배에 서시(西施)를 태우고 오호(五湖)로 간 일을 이르는 말. ≪朴諺, 下, 51ㅎ≫我待學范蠡歸湖, 내 范蠡의 歸湖를 비호고져 ᄒᆞ노라.

귀환(歸還) 동 갚다. ❶⇔갑다. ≪朴諺, 上, 54ㅈ≫歸還數足, 갑기를 수에 족히 ᄒᆞ고. ❷⇔갑ㅎ다. ≪朴諺, 上, 54ㅈ≫如至日無錢歸還, 만일 날이 다ᄃᆞ라 갑흘 돈이 업ᄉᆞ면.

귀ᄒᆞ다(貴-) 형 귀(貴)하다. 비싸다. ⇔귀(貴). ≪朴諺, 中, 14ㅈ≫草料貴賤, 딥과 콩이 貴ᄒᆞ더냐 賤ᄒᆞ더냐.

귓바회 명 귓바퀴. ⇔이타(耳朶). ≪朴諺, 上, 40ㅎ≫捎箆來掏一掏耳朶(集覽, 朴集, 上, 11ㅈ: 耳朶. 朶作埰是, 俗去聲讀.), 짓븨 가져다가 귓바회 ᄲᅳᆯ라. ≪朴諺, 下, 46

ㅈ≫簸箕來大一對耳朶, 키만치 크게 ᄒᆞᆫ ᄒᆞᆫ 빵 귓바회와.

규(叫) 동 ❶소리 지르다. ⇔소릐디르다. ≪朴諺, 下, 21ㅈ≫大仙叫一聲, 大仙이 ᄒᆞᆫ 번 소릐디ᄅᆞ고. ❷울다. ⇔울다. ≪朴諺, 中, 8ㅎ≫明日鷄兒叫一聲便上馬, ᄂᆡ일 ᄃᆞᆰ이 ᄒᆞᆫ 번 울어든 곳 ᄆᆞᆯ을 ᄐᆞᆯ 거시니. ≪朴諺, 中, 8ㅎ≫相公鷄兒叫起來, 相公아 ᄃᆞᆰ이 우니 닐라. ≪朴諺, 中, 55ㅎ≫水蛙叫的聒譟, 머구리 울어 짓궨다. ❸외치다. ⇔웨다. ≪朴諺, 下, 55ㅎ≫着他沿街叫, 뎌로 ᄒᆞ여 거리를 조차 웨려 ᄒᆞ노라.

규(叫) 동 부르다[呼]. ❶⇔브르다. ≪朴諺, 上, 3ㅈ≫便叫將當該的外郎來, 곳 當該外郎을 블러 와. ≪朴諺, 上, 10ㅈ≫去角頭叫幾箇打墻的和坌工來築墻, 모롱이에 가 여러 담 ᄡᆞᄂᆞᆫ 이와 조역을 블러다가 담 ᄡᆞ이리라. ≪朴諺, 中, 11ㅈ≫叫將那木匠來, 뎌 木匠이를 블러다가. ≪朴諺, 中, 27ㅎ≫那大舍叫將屋裏去, 뎌 大舍ㅣ 블러 집의 가. ≪朴諺, 中, 34ㅈ≫叫將翠兒春喜來, 翠兒와 春喜를 블러다가. ≪朴諺, 下, 4ㅎ≫叫一箇泥水匠和兩箇坌工來, ᄒᆞᆫ 泥匠이와 두 조역을 블러다가. ≪朴諺, 下, 9ㅎ≫叫將根前來說道, 블러 앏픠 오라 ᄒᆞ여 닐오ᄃᆡ. ≪朴諺, 下, 21ㅈ≫又叫兩箇宮娥, 또 두 宮娥를 블러. ≪朴諺, 下, 23ㅎ≫叫大王有肥棗麽, 大王을 블러 비노 잇ᄂᆞ냐. ≪朴諺, 下, 52ㅈ≫叫到隣人幷巡宿總甲人等, 隣人과 巡宿ᄒᆞᄂᆞᆫ 總甲人 等을 아오로 블러. ❷⇔브ᄅᆞ다. ≪朴諺, 上, 6ㅎ≫叫將唱的根前來着他唱, 노래 브ᄅᆞᄂᆞ니를 블러 앏히 와 뎔로 ᄒᆞ여 브ᄅᆞ게 ᄒᆞ라. ≪朴諺, 上, 12ㅎ≫不去時叫別箇, 가디 아니면 다ᄅᆞ니를 브ᄅᆞ쟈. ≪朴諺, 下, 46ㅈ≫叫做芒兒, 브ᄅᆞ기를 芒兒ㅣ라 ᄒᆞ고.

규(奎) 명 규수(奎宿). 이십팔수(二十八宿)의 하나. 서방(西方) 백호 칠수(白虎七宿)의 첫째 별. 모두 16개의 별로 이루어져 있는데, 아홉은 선녀좌(仙女座)에 속하고, 일곱은 쌍어좌(雙魚座)에 속한다. 별자리 모양이 '文'자처럼 생겼다 하여 문운(文運)에 관계되는 별이라 한다. ≪朴諺, 中, 54ㅈ≫奎得寶, 奎ᄂᆞᆫ 得寶ᄒᆞ고.

규(窺) 동 엿보다. ⇔엿다. ≪朴諺, 上, 62ㅈ≫河邉兒窺魚的是無數目的水老鴉, 믈ᄀᆞᆺ의 고기 엿ᄂᆞᆫ 거슨 이 수 업슨 가마오디오.

규래(叫來) 동 불러오다. ⇔블러오다. ≪朴諺, 上, 5ㅎ≫叫教坊司十數箇樂工和做院本諸般雜技的來, 敎坊司의 여라믄 樂工과 院本에 여러 가지 雜技ᄒᆞᄂᆞ니를 블러오라. ≪朴諺, 上, 39ㅎ≫叫將那剃頭的來, 뎌 머리 갓ᄂᆞᆫ 이를 블러오라. ≪朴諺, 上, 52ㅎ≫叫將那斜眼的弓匠王五來, 뎌 눈흘뷘 弓匠 王五를 블러오라. ≪朴諺, 上, 52ㅎ≫叫的你來, 너를 블러오롸.

규채(葵菜) 명 아욱. ⇔아혹. ≪朴諺, 中, 33ㅎ≫蘿蔔, 댓무우. 蔓菁, 쉿무우. 萵苣, 부로. 葵菜, 아혹. 白菜, ᄇᆡ치. 赤根菜, 시근치. 園荽, 고싀. 蓼子, 역괴. 葱, 파. 蒜, 마ᄂᆞᆯ. 薤, 부치. 荊芥, 형개. 薄荷, 박하. 茼蒿, 믈쑥. 水蘿蔔, 믈한댓무우. 胡蘿蔔, 노론댓무우. 芋頭, 토란. 紫蘇都種來, 紫蘇를 다 시므라.

규환(叫喚) 동 부르다[呼]. ⇔브르다. ≪朴諺, 上, 31ㅎ≫叫喚着討時, 블러 달라 ᄒᆞ면.

균(匀) 형 고르다. ⇔고로다. ≪朴諺, 上, 29ㅎ≫這一等花兒匀大的, 이 ᄒᆞᆫ 가지 소홈 고로고 크니를. ≪朴諺, 中, 26ㅎ≫刺的細匀着, 치질ᄒᆞ기를 ᄀᆞᄂᆞᆯ고 고로게 ᄒᆞ라. ≪朴諺, 中, 49ㅎ≫只好生和匀着, 그저 ᄀᆞ장 석기를 고로게 ᄒᆞ여. ≪朴諺, 中, 55ㅈ≫緻的細匀着, 마모로기를 ᄀᆞᄂᆞᆯ고 고로게 ᄒᆞ라. ≪朴諺, 下, 1ㅈ≫着菖蒲末兒撒的匀了着, 菖蒲 ᄀᆞᄅᆞ로 ᄲᅳ리기를 고로게 ᄒᆞ고. ≪朴諺, 下, 5ㅎ≫把那麻刀一打裏和的匀着, 뎌 삼ᄶᅥ울을다가 ᄒᆞᆫ 번의 섯기를 고로게 ᄒᆞ라.

균(鈞) 명 무게의 단위. 30근(斤). ≪朴諺,

上, 52ㅎ≫你要打幾箇氣力(集覽, 朴集, 上, 13ㅎ: 氣力. 音義云, 弓强弱之力, 重十二斤曰一箇氣力. 今按, 舊本以斗石爲重, 續綱目兩石弓註, 三十斤爲鈞, 四鈞爲石, 重百二十斤也.)的弓, 네 언머 힘에 활을 믹둘고져 ᄒᆞᄂᆞ다.

균왕(均王) 명 오대 양(五代梁) 때의 왕. 이름은 우정(友貞). 뒤에 진(瑱)·굉(鍠) 등으로 이름을 고쳤다. 태조(太祖) 주온(朱溫: 朱全忠)의 넷째 아들. 주온이 둘째 아들 영왕(郢王: 友珪)에게 시해(弑害)를 당하자 영왕을 주살하고 대량(大梁)에서 즉위하였다. ≪朴諺, 下, 59ㅎ≫梁貞明(集覽, 朴集, 下, 12ㅎ: 梁貞明. 梁, 國號, 卽五代朱梁也. 貞明, 均王年號.)四年三月裡, 梁貞明 四年 三月에.

귤피(橘皮) 명 귤껍질. ≪朴諺, 下, 13ㅈ≫上面畫六鶴舞琴(集覽, 朴集, 下, 3ㅈ: 六鶴舞琴. 遂取藍橘皮, 於壁上畫鶴, 曰, 客來飮酒, 但令拍手歌之, 其鶴必舞, 將此酬汝. 後客至, 如其言, 鶴果舞, 觀者沓至, 酬之以錢, 遂致鉅〈巨〉富.), 上面에 六鶴舞琴을 그리고.

그 관 그[其]. ❶⇔기(其). ≪朴諺, 上, 54ㅈ≫其銀限至下年幾月內, 그 은을 限이 ᄂᆡ년 아므 ᄃᆞᆯ ᄂᆡ에 니르게 ᄒᆞ야. ≪朴諺, 上, 61ㅎ≫諸雜名花奇樹不知其數, 여러 가지 名花 奇爾(樹)ᄂᆞᆫ 그 수를 아디 못ᄒᆞ고. ≪朴諺, 中, 23ㅎ≫速詣其處, ᄲᆞᆯ리 그 곳에 나아가. ≪朴諺, 中, 28ㅈ≫若作非理必受其殃, 만일 非理엣 일을 ᄒᆞ면 반ᄃᆞ시 그 앙화를 밧ᄂᆞᆫ다 ᄒᆞ니. ≪朴諺, 下, 47ㅎ≫不知其數, 그 수를 아디 못ᄒᆞ고. ≪朴諺, 下, 48ㅎ≫其中那一火兒强的, 그 듕에 아모 ᄒᆞᆫ 무리 나은 이. ❷⇔나(那). ≪朴諺, 上, 23ㅈ≫咱就那一日各自說箇重誓, 우리 임의셔 그 날에 각각 듕ᄒᆞᆫ ᄆᆡᆼ셔를 닐러. ≪朴諺, 上, 51ㅈ≫那一日老娘上又賞, 그 날 老娘의게 ᄯᅩ 샹ᄒᆞᄂᆞ니라. ≪朴諺, 上, 58ㅎ≫我也那一日遞了手帕之後, 나도 그 날에 手帕 드린 후에. ≪朴諺, 中, 1ㅎ≫那主兒着那銅觜的, 그 님재 뎌 부리 노론 수좋다리로 ᄒᆞ여. ≪朴諺, 中, 13ㅈ≫那賊們把那船上的物件都奪了, 뎌 도적들히 그 ᄇᆡ엣 物件을 다 앗고. ≪朴諺, 中, 13ㅎ≫把那船上的人來打殺了, 그 ᄇᆡ엣 사ᄅᆞᆷ을 텨 죽이다 ᄒᆞ더라. ≪朴諺, 中, 27ㅈ≫便奪了那物, 곳 그 거슬 앗고. ≪朴諺, 中, 27ㅈ≫彫在那裏頭, 그 안히 드리티더니. ≪朴諺, 中, 28ㅎ≫那婦人便走了, 그 계집이 곳 ᄃᆞ라나. ≪朴諺, 中, 28ㅎ≫都搜出三四十箇血瀝瀝的尸首和那珠子·布絹, ᄉᆞ마은 피 ᄠᅳᆺᄃᆞᆫᄂᆞᆫ 尸首와 그 진쥬·布絹을 다 뒤여 내고. ≪朴諺, 中, 35ㅎ≫却吹殺那燈, ᄯᅩ 그 등잔을 부러 죽이고. ≪朴諺, 下, 59ㅎ≫那時莭(節), 그 時莭(節)에. ≪朴諺, 下, 61ㅈ≫便那一日卽位布政殿, 곳 그 날에 布政殿에 卽位ᄒᆞ고.

그 대 그[其]. ❶⇔기(其). ≪朴諺, 上, 43ㅎ≫其餘的你如今買去, 그 남은 거스란 네 이제 사라 가라. ≪朴諺, 中, 24ㅎ≫其餘的件當們家裏有着, 그 나믄 伴當들흔 집의 이셔. ❷⇔나(那). ≪朴諺, 中, 41ㅈ≫那的不容易, 그ᄂᆞᆫ 쉽디 아니ᄒᆞ니. ≪朴諺, 中, 42ㅈ≫那的不容易, 그ᄂᆞᆫ 쉽디 아니ᄒᆞ니.

그대로 부 그대로. ⇔의(依). ≪集覽, 字解, 累字解, 2ㅈ≫照依. 마초와 그대로 ᄒᆞ다.

그러나 부 그러나. 그러하지만. ⇔나문(那們). ≪朴諺, 上, 59ㅎ≫然雖那們時, 비록 그러나.

그러내다 동 그러내다. ⇔구출(鉤出). ≪朴諺, 中, 35ㅎ≫便着鉤子鉤出來將去, 곳 갈고리로 그러내여 가져가ᄂᆞ니라.

그러면 부 그러면. 그러하면. ❶⇔나문(那們). ≪朴諺, 上, 14ㅈ≫那們時便消了, 그러면 곳 스러디리라. ❷⇔나반(那般). ≪朴諺, 下, 14ㅎ≫那般時, 그러면. ≪朴諺, 下, 40ㅎ≫那般時, 그러면. ≪朴諺, 下, 53ㅎ≫那般時, 그러면. 正是喫打的裁兒, 졍히 마즐 ᄀᆞ음이로다. ≪朴諺, 下,

57ㅎ≫那般時更好, 그러면 또 됴타.

그릇 명 그릇. 잘못. ⇔오(悞). ≪朴諺, 中, 5ㅈ≫不悞了你的, 네 하를 그릇 아니호리라.

그리 부 ❶그런 것이. ⇔갱(更). ≪朴諺, 下, 39ㅈ≫更不時, 그리 아니면. ❷그리. 그렇게. ⇔나반(那般). ≪朴諺, 上, 49ㅈ≫那般着, 그리 ᄒᆞ쟈. ≪朴諺, 中, 28ㅈ≫大妻見那般說, 大妻ㅣ 그리 닐옴을 보고. ≪朴諺, 下, 14ㅎ≫那般散了時, 그리 흐터디면. ≪朴諺, 下, 20ㅈ≫那般着, 그리 ᄒᆞ쟈.

그리다 동 그리다. ❶⇔묘(描). ≪朴諺, 上, 28ㅈ≫天青描金獅子韂, 天青빗치 金으로 獅子 그린 ᄃᆞ래예. ❷⇔화(畫). ≪朴諺, 上, 26ㅈ≫油心紅畫水波面兒的鞍橋子, 油心紅빗치 水波面 그린 기ᄅᆞ마가지오. ≪朴諺, 上, 62ㅎ≫眞箇是畫也畫不成, 진실로 그리려 ᄒᆞ여도 그리디 못ᄒᆞ고. ≪朴諺, 中, 1ㅈ≫油紅畫金棒子, 油紅빗체 金으로 그림 그린 막대를. ≪朴諺, 中, 47ㅈ≫又將筆來面皮上畫了, 또 붓을 가져다가 ᄂᆞ체 그렷더니. ≪朴諺, 下, 13ㅈ≫上面畫六鶴舞琴, 上面에 六鶴舞琴을 그리고. ≪朴諺, 下, 39ㅎ≫好畫匠那裏有, 그림 잘 그리ᄂᆞᆫ 쟝인이 어ᄃᆡ 잇ᄂᆞ뇨. ≪朴諺, 下, 40ㅈ≫你要畫甚麽, 네 므서슬 그리고져 ᄒᆞᄂᆞᆫ다. 要畫我的喜身裏, 내 진영을 그리고져 ᄒᆞ노라. ≪朴諺, 下, 40ㅈ≫他別處畫了一箇官人的影來, 뎨 다른 ᄃᆡ ᄒᆞᆫ 官人의 얼굴을 그리니. ≪朴諺, 下, 40ㅎ≫似不肯家畫麽, 즐겨 그리디 아닐 ᄃᆞᆺᄒᆞ고. ≪朴諺, 下, 40ㅎ≫沒奈何畫, 엇디려뇨 홈이 업서 그리ᄂᆞ니라. ≪朴諺, 下, 40ㅎ≫畫虎畫皮難畫骨, 범을 그리매 가족은 그려도 뼈 그리기 어렵고. 知人知面不知心, 사름을 알매 ᄂᆞᆺ춘 아라도 ᄆᆞ음은 아디 못ᄒᆞᆫ다 ᄒᆞᄂᆞ니라.

그리면 부 그러면. 그러하면. ⇔나문(那們). ≪朴諺, 上, 21ㅈ≫那們時不渴睡, 그리면 졸이 낫브디 아니ᄒᆞ리라. ≪朴諺, 中, 11ㅈ≫那們時, 그리면.

그리어니 부 그렇거니. ❶⇔가지(可知). ≪朴諺, 上, 22ㅈ≫可知便賽, 그리어니 곳 더기쟈. ≪朴諺, 上, 32ㅈ≫可知快說謊, 그리어니 거즛말 니ᄅᆞ기를 잘ᄒᆞᄂᆞ니. ≪朴諺, 上, 42ㅈ≫可知都去裏, 그리어니 다 가ᄂᆞ니라. ≪朴諺, 上, 42ㅎ≫可知有福裏, 그리어니 有福ᄒᆞ다. ≪朴諺, 上, 51ㅎ≫可知難裏, 그리어이(니) 어려오니. ≪朴諺, 中, 15ㅎ≫可知得這證候, 그리어니 이 證候를 엇도다. ≪朴諺, 中, 25ㅎ≫可知那厮使長也做裏, 그리어니 뎌 놈이 使長의 큰갓도 ᄆᆡᆫᄃᆞ니. ≪朴諺, 中, 31ㅎ≫可知貌隨福轉, 그리어니 얼굴이 福을 조차 옴ᄂᆞ니라. ≪朴諺, 中, 41ㅈ≫可知道裏, 그리어니 닐럿ᄂᆞ니. ≪朴諺, 中, 53ㅈ≫可知道裡, 그리어니 닐럿ᄂᆞ니. ≪朴諺, 下, 13ㅎ≫可知每日兩箇羊爲頭兒, 그리어니 每日에 두 羊을 웃듬으로 ᄒᆞ고. ❷⇔가지도(可知道). ≪朴諺, 上, 2ㅎ≫可知道好, 그리어니 됴커니와. ≪朴諺, 中, 59ㅎ≫可知道不肯用心, 그리어니 즐겨 用心티 아니ᄒᆞᄂᆞ니.

그리어이 부 그렇거니. '이'는 '니'의 잘못. ≪朴諺, 上, 51ㅎ≫可知難裏, 그리어이(니) 어려오니.

그리ᄒᆞ다 동 그리하다. 그렇게 하다. ≪集覽, 字解, 單字解, 5ㅎ≫敢. 忍爲也. 你敢那 네 구틔여 그리홀다. 又疑似也. 敢知道 아ᄂᆞᆫ ᄃᆞᆺᄒᆞ다.

그리ᄒᆞ면 동 그리하면. ⇔나반(那般). ≪朴諺, 上, 58ㅈ≫那般時省氣力, 그리ᄒᆞ면 氣力이 덜리라.

그린 부 그런. 그러한. ❶⇔나반(那般). ≪朴諺, 中, 47ㅈ≫只那般去了, 그저 그런 재가니. ❷⇔연(然). ≪朴諺, 中, 16ㅈ≫然後喫進食丸, 그린 후에 進食丸을 먹으되.

그림 명 그림. ❶⇔화(畫). ≪朴諺, 中, 1ㅈ≫油紅畫金棒子, 油紅빗체 金으로 그림 그린 막대를. ≪朴諺, 中, 44ㅎ≫掛十八學士大畫, 十八學士 그린 큰 그림을 걸

고. ❷⇔화아(畫兒). ≪朴諺, 中, 44ㅎ≫ 掛幾軸畫兒, 여러 튝 그림을 걸고.

그룻 [부] 그릇. 잘못. ❶⇔차(差). ≪朴諺, 上, 45ㅈ≫寫差字的, 字를 그룻 쓰는 이는. ❷⇔차(蹉). ≪朴諺, 上, 1ㅈ≫休蹉過了好時光, 됴흔 時光을 그룻 디내디 마쟈. ❸⇔착(錯). ≪朴諺, 下, 27ㅎ≫怕你錯買時, 네 그룻 사는가 서(저)프거든.

그믈 [명] 그물. ⇔망(網). ≪朴諺, 下, 51ㅈ≫ 纜船下網, 비 미고 그믈 티고.

그슴ᄒ다 [동] 한정(限定)하다. 한도(限度)로 하다. ⇔애(捱). ≪集覽, 字解, 單字解, 2ㅎ≫捱. 正作涯. 倚限有恃之意 그슴ᄒ다, 捱到十年 열 히 다ᄃ도록.

그저 [부] 그저. ❶⇔지(只). ≪朴諺, 上, 11ㅎ≫郎中馬只寄在這人家裏, 郎中아 몰을 그저 이 人家에 브텨 두엇다가. ≪朴諺, 上, 21ㅈ≫爲頭兒只半筐兒草, 처음은 그저 반 광조리 여믈을. ≪朴諺, 上, 31ㅎ≫ 只趍着我走, 그저 날을 수머 ᄃ니고. ≪朴諺, 上, 47ㅈ≫全做時只使的十九箇錢, 다 ᄒ려 ᄒ면 그저 열 아홉 낫 돈을 쓰리라. ≪朴諺, 上, 56ㅎ≫只有那些證候, 그저 뎌 證候ㅣ 잇고. ≪朴諺, 上, 62ㅎ≫ 只此人間兜率, 그저 이 人間ㅅ 兜率이러라. ≪朴諺, 中, 10ㅎ≫保人只管一百日, 保人이 그저 일 빅 날을 ᄀ옴아니. ≪朴諺, 中, 12ㅎ≫我只船上來了, 내 그저 비로 올와. ≪朴諺, 中, 18ㅎ≫只滅了我這心頭火, 그저 나의 이 心頭火를 쓰면. ≪朴諺, 中, 31ㅈ≫只把我這舊弟兄伴當們根底, 그저 우리 녯 弟兄 伴當들의손듸. ≪朴諺, 中, 47ㅈ≫只那般去了, 그저 그런 재 가니. ≪朴諺, 中, 56ㅈ≫咱只這裏跳入去, 우리 그저 예셔 뛰어 드러가쟈. ≪朴諺, 下, 5ㅈ≫你只做饋我煤火炕着, 네 그저 날을 미탄 퓌오는 구들을 믿ᄃ라 주되. ≪朴諺, 下, 9ㅎ≫心只在酒肉氣色, ᄆ옴이 그저 酒肉과 氣色에 이셔. ≪朴諺, 下, 11ㅎ≫只此已外, 그저 이 밧긔는. ≪朴諺, 下, 26ㅈ≫只與我二兩沒利錢, 그저 날을 두 냥을 주어도 니쳔이 업ᄉ니. ≪朴諺, 下, 33ㅎ≫只要乾淨休着冷了, 그저 간졍히 ᄒ고 ᄎ게 말라. ≪朴諺, 下, 39ㅎ≫只管的遠去怎麽, 그저 ᄉ릐야 멀리 가 므슴 ᄒ리오. ≪朴諺, 下, 56ㅎ≫ 只聽的高麗新事來, 그저 高麗ㅅ 新事를 드런노라. ❷⇔지시(只是). ≪朴諺, 上, 35ㅎ≫只是腿上十分無氣力, 그저 쉰다리예 ᄀ장 氣力이 업세라. ≪朴諺, 上, 55ㅎ≫ 只是前失, 그저 앏 거티고. ≪朴諺, 上, 56ㅈ≫只是小行上遲, 그저 ᄌ 걸음이 쓰고. ≪朴諺, 中, 1ㅎ≫弄的只是眼花了, 농ᄒ기를 그저 눈이 바믜엿게 ᄒ고. ≪朴諺, 中, 29ㅎ≫只是一剗狼牙也似, 그저 ᄒᆫ골ᄀ티 일희 니 ᄀᄐ니. ≪朴諺, 中, 32ㅎ≫只是這箇愁人腸, 그저 이 사ᄅᆷ의 간당을 시름ᄒ게 ᄒᄂ니라. ≪朴諺, 中, 33ㅈ≫只是平平斜斜石徑難行, 그저 平平斜斜ᄒᆫ 石徑에 行키 어려오니라. ≪朴諺, 中, 35ㅎ≫那廝們只是夜猫, 뎌 놈들은 그저 옷밤이오. ≪朴諺, 中, 46ㅈ≫只是一步高如一步除將去, 그저 ᄒᆫ 거름에 ᄒᆫ 거름식 놉하 除ᄒ여 가거니와. ≪朴諺, 下, 29ㅈ≫只是如常, 그저 如常ᄒ니라. ≪朴諺, 下, 30ㅎ≫只是垓垓滾滾的, 그저 구믈구믈ᄒ더라.

그젓긔 [명] 그저께. ⇔전일(前日). ≪朴諺, 下, 2ㅎ≫前日三更前後賊入來, 그젓긔 三更은 ᄒ여 도적이 드러와.

그제 [명] 그제. 그저께. ⇔전일(前日). ≪朴諺, 上, 13ㅎ≫從前日箇出來, 그제브터 나시되.

그제아 [명] 그때야. ⇔재지(纔只). ≪朴諺, 上, 50ㅈ≫纔只洗了孩兒剃了頭, 그제아 아희를 싯기고 머리 갓고.

그제야 [명] 그때야. ⇔재(纔). ≪朴諺, 中, 26ㅎ≫纔套上氈兒, 그제야 털을 쩌 올리ᄂ니라. ≪朴諺, 下, 48ㅈ≫纔只那箇太師家的, 그제야 아므 太師ㅅ 집.

그처디다 [동] 그쳐지다. 끊어지다. ⇔결소(缺少). ≪集覽, 字解, 單字解, 6ㅈ≫少.

多少. 又欠也. 少甚麼 므스거시 업스뇨. 少債 ᄂᆞ믜 비들 ᄢᅥ디워 잇다. 又缺也. 缺少口粮 양시기 그처디다.

그치다 동 그치다. 멈추다. ⇔주(住). ≪朴諺, 上, 51ㅈ≫把搖車搖一搖便住了, 搖車를다가 흔들면 곳 그치ᄂᆞ니라. ≪朴諺, 中, 51ㅈ≫雨住了麽, 비 그쳣ᄂᆞ냐.

극(剋) 동 갈기다. 곧, 깎아 평말로 되다. ⇔ᄀᆞᆯ기다. ≪集覽, 字解, 累字解, 2ㅎ≫剋減. 剋亦減也. ≪朴諺, 上, 3ㅎ≫都是官人們剋減了, 다 官人들이 ᄀᆞᆯ겨 더도다.

극감(剋減) 동 갈겨 덜다. 또는 가로채다. 삭감하여 덜다. ⇔ᄀᆞᆯ겨더다. ≪集覽, 字解, 累字解, 2ㅎ≫剋減. 剋亦減也. ≪朴諺, 上, 3ㅎ≫都是官人們剋減了, 다 官人들이 ᄀᆞᆯ겨 더도다.

극고(極高) 형 매우 높다. ≪朴諺, 下, 18ㅎ≫做羅天(集覽, 朴集, 下, 4ㅎ: 羅天. 謂覆盖萬天, 羅絡三界, 極高無上, 故稱大羅.)大醮, 羅天大醮를 ᄒᆞ더니.

극락(剋落) 동 (재물을) 덜어내다. 또는 가로채다. 삭감하여 덜다. ≪集覽, 字解, 累字解, 2ㅎ≫剋減. 剋亦減也. ≪集覽, 字解, 累字解, 2ㅎ≫剋落. 上同.

극세(極細) 형 몹시 잘거나 가늘다. ≪朴諺, 下, 33ㅈ≫象眼粿子(集覽, 朴集, 下, 6ㅎ: 象眼餜子. 麄者再切, 細者有糜末, 却簸去, 皆要一揉極細如米粒.), 象眼 ᄀᆞᄐᆞᆫ 粿子와.

근 의 근(斤). ⇔근(斤). ≪朴諺, 中, 5ㅎ≫三斤麵, 서 근 ᄀᆞᄅᆞ과. 三斤猪肉, 서 근 猪肉과.

근(斤) 의 근. ⇔근. ≪朴諺, 上, 1ㅎ≫買五十斤猪肉, 五十斤 猪肉을 사고. ≪朴諺, 中, 5ㅎ≫分例支應(集覽, 朴集, 中, 1ㅈ: 分例支應. 正官曰廩給, 從人曰口粮, 通謂之分例. 元制, 正官一員, 一日宿頓, 該支〈支〉米一升, 麵一斤, 羊肉一斤, 酒一升, 柴一束, 經過減半, 從人一名, 止支〈支〉米一升, 經過減半.), 分例로 支應ᄒᆞ라. ≪朴諺, 中, 5ㅎ≫三斤麵, 서 근 ᄀᆞᄅᆞ과. 三斤猪肉, 서 근 猪肉과.

근(近) 부 가까이. ⇔갓가이. ≪朴諺, 上, 60ㅈ≫近看時遠侵碧漢, 갓가이셔 보면 멀리 碧漢을 侵ᄒᆞ고. ≪朴諺, 中, 58ㅎ≫跳蚤那廝近不的, 벼록이란 더 놈이 갓가이 못ᄒᆞᄂᆞ니라.

근(近) 형 가깝다. ⇔갓갑다. ≪朴諺, 中, 55ㅎ≫這房子水芹田近, 이 집이 미나리 밧틔 갓가오니.

근(根) 의 ❶낱. 개. ⇔낫. ≪朴諺, 上, 12ㅎ≫西邉對籌(集覽, 朴集, 上, 5ㅎ: 籌. 質問云, 以木爲之. 此收·放米計數之籌, 每米一石, 對籌一根.)去, 서편에 사슬 마초라 가. ≪朴諺, 中, 24ㅎ≫插三十根箭, 셜흔 낫 살을 곳고. ≪朴諺, 中, 40ㅈ≫一根一根家拔的乾淨着, ᄒᆞᆫ 낫식 ᄲᅢ혀 乾淨히 ᄒᆞ고. ≪朴諺, 下, 20ㅎ≫拔下一根頭髮, ᄒᆞᆫ 낫 머리털을 ᄲᅢ혀. ≪朴諺, 下, 20ㅎ≫他却拔下一根毛衣(來), 뎨 ᄯᅩ ᄒᆞᆫ 낫 털을 ᄲᅢ혀. ❷자루[柄]. ⇔ᄌᆞᄅᆞ. ≪朴諺, 下, 2ㅈ≫將兩根香來燒, 두 ᄌᆞᄅᆞ 향을 가져다가 퓌오라.

근(筋) 명 힘줄. ⇔힘. ≪朴諺, 上, 53ㅈ≫你來這弓面上鋪筋將來, 이바 이 활 면에 힘을 ᄭᆞ라 가져와.

근(跟) 동 따르다. ❶⇔ᄠᆞᆯ오다. ≪朴諺, 中, 43ㅈ≫便上馬跟官人, 곳 ᄆᆞᆯ 타 官人을 ᄠᆞᆯ와. ≪朴諺, 下, 38ㅎ≫你却爲甚麽不跟去, 네 ᄯᅩ 므서슬 위ᄒᆞ여 ᄠᆞᆯ와 가디 아니ᄒᆞᆫ다. ❷⇔ᄯᆞᆯ오다. ≪朴諺, 中, 12ㅎ≫我慢慢的跟駕去, 내 날회여 대가를 ᄯᆞᆯ와 가마. ≪朴諺, 中, 52ㅎ≫跟張総兵使的牢子, 張総兵을 ᄯᆞᆯ와 ᄇᆞ리이ᄂᆞᆫ 牢子ㅣ러라.

근(跟) 동 좇다[從]. ⇔좃다. ≪朴諺, 下, 15ㅈ≫跟官人時休撒懶, 官人을 소ᄎᆞᆯ 작시면 게어리 말고. ≪朴諺, 下, 15ㅈ≫我也跟官人時莭(節), 나도 官人을 조차 ᄃᆞᆫ닐 제.

근(勤) 부 부지런히. ⇔브즈런이. ≪朴諺, 上, 21ㅎ≫每日這般勤勤的喂時, 每日에 이리 브즈런이 먹이면. ≪朴諺, 上, 45ㅎ≫越在意勤勤的學着, 더옥 ᄠᅳᆮ 두어 브즈런

이 빅호라.

근거(跟去) 동 따라가다. ⇔ᄠᅡ라가다. ≪朴諺, 下, 39ㅎ≫不能勾跟將去, 유여히 ᄠᅡ라가디 못홀쟉시면.

근고(勤苦) 동 부지런히 애쓰다. ≪朴諺, 中, 21ㅈ≫扇慈風於刹土(集覽, 朴集, 中, 4ㅈ: 刹土. 梵語, 刹, 此云竿, 卽幡柱也. 沙門於此法中勤苦得一法者, 便當竪幡, 以告四遠曰, 今有少欲人也云.), 慈風을 刹土에 붓ᄂᆞᆫ또다.

근대(近代) 명 얼마 지나가지 않은 가까운 시대. 요즈음. ≪朴諺, 上, 59ㅈ≫寒食(集覽, 朴集, 上, 14ㅎ: 寒食. 東京錄云, 唐明皇詔寒食上墓, 近代相承, 皆用此日拜掃丘墓, 都人傾城出郊, 四野如芳市〈四野如市〉, 樹之下〈芳樹之下〉, 園囿之間, 羅列杯〈盃〉盤, 抵暮而歸.)不遲, 寒食이라도 더듸디 아니타 ᄒᆞᄂᆞ니라.

근두(筋斗) 명 곤두박질. 공중제비. ≪朴諺, 上, 5ㅎ≫叫敎坊司十數箇樂工和做院本(集覽, 朴集, 上, 2ㅎ: 院本. 或曰, 宋徽宗見爨國人來朝, 衣裝·鞵履·巾裹, 傅粉墨, 擧動如此, 使優人効之以爲戲. 其間副淨有散說, 有道念, 有筋斗, 有科範. 盖古敎坊色長有魏·武·劉三人, 而魏長於念誦, 武長於筋斗, 劉長於科範, 至今樂人皆宗之.)諸般雜技的來, 敎坊司의 여라믄 樂工과 院本에 여러 가지 雜技ᄒᆞᄂᆞ니ᄅᆞᆯ 블러오라.

근두(跟𨁳) 명 곤두박질. 공중제비. ⇔근두질(跟𨁳-). ≪朴諺, 下, 23ㅈ≫打一箇跟𨁳, ᄒᆞᆫ 번 跟𨁳질 ᄒᆞ여.

근두질(跟𨁳-) 명 곤두박질. 공중제비. ⇔근두(跟𨁳). ≪朴諺, 下, 23ㅈ≫打一箇跟𨁳, ᄒᆞᆫ 번 跟𨁳질 ᄒᆞ여.

근면(僅免) 동 가까스로 면하다. ≪朴諺, 下, 4ㅈ≫逢多少惡物刁蹶(集覽, 朴集, 下, 1ㅎ: 刁蹶. 今按, 法師往西天時, 初到師陀國界, 遇猛虎·毒蛇之害, 次遇黑熊精·黃風恠〈怪〉·地湧夫人·蜘蛛精·獅子恠〈怪〉·多目恠〈怪〉·紅孩兒恠〈怪〉, 幾死僅免.), 언머 惡物의 ᄡᅳᆯᄢᅳᆷ을 만나시리오.

근본(根本) 명 사물의 본질이나 본바탕. ≪朴諺, 下, 9ㅎ≫因你貪嗔癡(集覽, 朴集, 下, 3ㅈ: 貪嗔癡. 大智論云, 有利益我者生貪欲, 有違逆我者生嗔恚. 不從智生, 從狂惑生, 是名爲癡, 爲一切煩惱之根本.)三毒不離於身, 네 貪嗔癡 三毒이 몸에 ᄠᅥ나디 아니믈 인ᄒᆞ여.

근수(根隨) 동 좇다. 따르다. 뒤따르다. ⇔좇다. ≪集覽, 字解, 單字解, 5ㅈ≫隨. 從也, 隨你 네 ᄆᆞᅀᆞ모로, 隨喜 구경ᄒᆞ다, 隨從 조ᄎᆞ니. 吏語, 根隨 좃다.

근수(跟隨) 동 좇다. 따르다. 뒤따르다. ≪朴諺, 上, 58ㅈ≫官人的伴當(集覽, 朴集, 上, 14ㅎ: 伴當. 質問云, 軍職〈戢〉官跟隨儀從人, 謂之伴當, 三日一換. 當, 去聲.)處, 官人의 伴當의손ᄃᆡ.

근시(僅始) 동 비로소 일을 시작하다. ≪集覽, 字解, 單字解, 2ㅎ≫纔. 方得僅始之辭. 㕛, 纔自. 又剛纔, 又方纔, 又恰纔.

근신(近臣) 명 임금을 가까이에서 모시는 신하. ≪朴諺, 中, 22ㅈ≫起浮屠於泗水之間(集覽, 朴集, 中, 5ㅈ: 起浮屠於泗水之間. 中宗問諸近臣, 近臣奏, 僧伽大師化緣在臨淮, 恐欲歸. 中宗心許, 其臭頓息, 奇香馥烈.), 浮屠ᄅᆞᆯ 泗水ㅅ ᄉᆞ이에 니ᄅᆞ혀고.

근심 명 근심. ❶⇔수(愁). ≪朴諺, 上, 43ㅈ≫這的你休愁, 이란 네 근심 말라. ≪朴諺, 下, 55ㅈ≫你更有傷有何愁, 너ᄂᆞᆫ ᄯᅩ 傷ᄒᆞᆫ ᄃᆡ 이시니 므슴 근심이 이시리오. ❷⇔우(憂). ≪朴諺, 中, 23ㅎ≫萬民無播擾之憂, 萬民이 播擾ᄒᆞᄂᆞᆫ 근심이 업고.

근심ᄒᆞ다 동 근심하다. ❶⇔수(愁). ≪集覽, 字解, 單字解, 6ㅈ≫殺. 氣殺我 애ᄃᆞᆯ와 셜웨라, 猶言以此而可至於死也. 又愁殺人 사ᄅᆞᄆᆞᆯ ᄀᆞ장 근심ᄒᆞ야 ᄉᆞᆲ게 ᄒᆞ다. 又廝殺 싸호다. 又助語辭. 最深殺 ᄀᆞ장 깁다. ≪朴諺, 中, 46ㅎ≫你高官裏轉除的有愁甚麽, 너ᄂᆞᆫ 노픈 벼슬에 쳔뎐ᄒᆞ여 데

슈홈이 이실 쩌시니 므슴 근심ᄒᆞ리오. ≪朴諺, 下, 3ㅈ≫願滿之日死時也不愁, 願滿ᄒᆞᆫ 날이면 죽어도 근심티 아니리라. ❷⇔수살(愁殺). ≪集覽, 字解, 單字解, 6ㅈ≫殺. 氣殺我 애ᄃᆞᆯ와 셜웨라, 猶言以此而可至於死也. 又愁殺人 사ᄅᆞ믈 ᄀᆞ장 근심ᄒᆞ야 셟게 ᄒᆞ다. 又廝殺 싸호다. 又助語辭, 最深殺 ᄀᆞ장 깁다. ≪朴諺, 上, 48ㅎ≫出外時端的是愁殺人, 밧긔 나가면 졍히 사ᄅᆞᆷ을 근심케 ᄒᆞᄂᆞ니. ≪朴諺, 上, 48ㅎ≫家貧不是貧路貧愁殺(集覽, 朴集, 上, 13ㅈ: 愁殺人. 謂人有愁之甚而可至於死, 甚言其愁之極也.)人, 家貧은 이 貧이 아니오 路貧이아 사ᄅᆞᆷ을 근심케 ᄒᆞᄂᆞ니라.

근아(根兒) 명 뿌리. ⇔불회. ≪朴諺, 中, 58ㅎ≫我只會根兒解酒和做醋, 나는 그저 불회로 解酒ᄒᆞ고 초 빗는 줄만 알고.

근아(根兒) 의 ❶낱. ⇔낫. ≪朴諺, 上, 35ㅈ≫將一根兒草來, ᄒᆞᆫ 낫 플을 가져다가. ≪朴諺, 下, 1ㅈ≫虫蛀的無一根兒風毛, 좀이 먹어 ᄒᆞᆫ 낫 댱티도 업서시니. ❷뿌리. ⇔불회. ≪朴諺, 上, 10ㅈ≫澇了田禾沒一根兒, 田禾에 믈씨여 ᄒᆞᆫ 불회도 업고.

근일(近日) 명 요사이. ⇔요ᄉᆞ이. ≪朴諺, 下, 56ㅎ≫小子近日聽得, 小子ㅣ 요ᄉᆞ이 드르니.

근저(根底) 명 앞. 근처. ⇔앒ᄑᆞ. ≪集覽, 字解, 單字解, 1ㅎ≫底. 下也. 底下 아래. 又本也. 底簿 믿글월. 又語助. 根底 앒픠. 又손ᄃᆡ. 又與的字通用. ≪集覽, 字解, 累字解, 2ㅈ≫根前. 앒픠. ≪集覽, 字解, 累字解, 2ㅈ≫根底. 앒픠. 比根前稍卑之稱. ≪朴諺, 中, 31ㅈ≫只把我這舊弟兄伴當們根底, 그저 우리 녯 弟兄 伴當들의손ᄃᆡ. ≪朴諺, 中, 57ㅎ≫物在我根底, 物은 내손ᄃᆡ 이시니.

근저(根底) 조 -에게. -한테. ❶⇔-손ᄃᆡ. ≪集覽, 字解, 單字解, 1ㅎ≫底. 下也. 底下 아래. 又本也. 底簿 믿글월. 又語助. 根底 앒픠. 又손ᄃᆡ. 又與的字通用. ❷⇔-의게. ≪朴諺, 上, 3ㅎ≫官人們文書分付管酒的署官根底, 官人들이 文書를 술 ᄀᆞ음아는 署官의게 分付ᄒᆞ여.

근전(根前) 명 앞. ❶⇔앒ᄑᆞ. ≪集覽, 字解, 累字解, 2ㅈ≫根前. 앒픠. ≪集覽, 字解, 累字解, 2ㅈ≫根底. 앒픠. 比根前稍卑之稱. ≪朴諺, 下, 9ㅎ≫叫將根前來說道, 블러 앒픠 오라 ᄒᆞ여 닐오ᄃᆡ. ❷⇔앒ㅎ. ≪朴諺, 上, 6ㅎ≫叫將唱的根前來着他唱, 노래 브ᄅᆞᄂᆞ니를 블러 앒히 와 뎌로 ᄒᆞ여 브ᄅᆞ게 ᄒᆞ라.

근착(跟着) 동 따르다. 뒤따르다. ❶⇔ᄣᆞ로다. ≪朴諺, 下, 47ㅎ≫馬前馬後跟着的大小鬼卒, 馬前 馬後에 ᄣᆞ로는 大小 鬼卒이. ❷⇔ᄠᆞᆯ오다. ≪朴諺, 中, 43ㅈ≫跟着假使長, 假使長을 ᄠᆞᆯ와. ≪朴諺, 下, 47ㅎ≫拿茶椀把盞的跟着, 茶椀 가지며 잔 잡은 이 ᄠᆞᆯ와.

귿 명 끝. ⇔두(頭). ≪集覽, 字解, 單字解, 7ㅈ≫頭. 首也. 東頭·西頭 동녁 귿·셧녁 귿, 頭到 나죵내, 到頭 나죵애. 通作投. 又上頭 젼ᄎᆞ로. 又頭盤 첫 판, 頭舘 첫 판, 頭雞 첫 ᄃᆞᆰ.

글 명 글. ❶⇔문서(文書). ≪朴諺, 上, 44ㅎ≫你如今學甚麽文書, 네 이제 므슴 글을 ᄇᆡ호ᄂᆞᆫ다. ≪朴諺, 上, 45ㅈ≫試文書的之後, 글을 바틴 후에. ≪朴諺, 下, 56ㅎ≫尋他講論些文書來, 뎌를 ᄎᆞ자 글을 講論ᄒᆞ노라. ≪朴諺, 下, 57ㅎ≫書房裡坐的看文書裡, 書房에 안자 글 보ᄂᆞ니라. ❷⇔서(書). ≪朴諺, 上, 45ㅈ≫却到學裏上書念一會, 또 學에 가 글 ᄇᆡ화 ᄒᆞᆫ 디위 念ᄒᆞ고. ≪朴諺, 下, 10ㅎ≫先生你寫與我書稍的去, 先生아 네 날을 글 써 주어든 브텨 보내쟈. ≪朴諺, 下, 11ㅈ≫望稍書來着, ᄇᆞ라건대 글을 브텨 보내쇼셔. ≪朴諺, 下, 12ㅈ≫如書到日, 만일 글이 니ᄅᆞᄂᆞᆫ 날이면. ≪朴諺, 下, 13ㅈ≫臨窓看書亦看花, 窓에 臨ᄒᆞ여 글을 보고 또 곳출 보쟈.

글게 명 글겅이. ⇔포자(鉋子). ≪朴諺, 上, 20ㅎ≫着鉋子刮的乾淨着, 글게로다가 긁

빗기기를 乾淨히 호되.

글게질ᄒᆞ다 동 글겅이질하다. ⇔포(鉋). ≪朴諺, 上, 20ㅎ≫每日洗刷鉋的乾乾淨淨地, 每日에 싯빗겨 글게질ᄒᆞ기를 乾乾淨淨히 ᄒᆞ고.

글다 동 끓다. ⇔곤곤(滾滾). ≪集覽, 字解, 單字解, 2ㅈ≫滾. 煮水使沸曰滾滾花水 글른 믈. 又輪轉曰滾滾了 구으다, 字作輥. 又通共和雜曰累滾 ᄒᆞᆫ 믈와비라. 又滾子 방올.

글월 명 문서. 문안(文案). 관문(關文). ❶⇔계(契). ≪朴諺, 上, 55ㅈ≫將錢來贖將契去, 돈 가져와 갑고 글월 가져가라. ≪朴諺, 中, 10ㅎ≫買人的契, 사룸 사는 글월은. ≪朴諺, 中, 38ㅎ≫哥你寫與我房契, 형아 네 날을 집 글월 써 주고려. ≪朴諺, 中, 38ㅎ≫這房契寫了, 이 집 글월 써다. ❷⇔관자(關字). ≪集覽, 字解, 單字解, 3ㅈ≫倒. 上聲, 仆也. 倒了 구으러디다. 又換也. 倒馬 ᄆᆞᆯ ᄀᆞ다. 又謄也. 倒關字 글월 번뎝ᄒᆞ다. 又去聲, 反辭 도ᄅᆞ혀. 通作到. ❸⇔문계(文契). ≪朴諺, 上, 54ㅈ≫這文契寫了, 이 글월 써다. ≪朴諺, 上, 54ㅎ≫故立此文契爲用, 짐줏 이 글월을 셰워 쓰게 ᄒᆞ엿ᄂᆞ니. ≪朴諺, 中, 10ㅎ≫買人的文契只這的是, 사룸 사는 글월을 그저 이리 홈이 올ᄒᆞ니. ❸⇔문자(文字). ≪朴諺, 中, 10ㅎ≫故立此文字爲用, 짐줏 이 글월을 셰워 쓰게 ᄒᆞ엿ᄂᆞ니. ≪朴諺, 中, 39ㅎ≫故立此賃房文字爲用, 짐줏 이 집 셰내는 글월을 셰워 쓰게 ᄒᆞ노라.

글피 명 글피. ⇔외후일(外後日). ≪朴諺, 中, 5ㅈ≫外後日來取, 글픠 와 가져가라.

긁다 동 긁다. ⇔요(撓). ≪朴諺, 下, 6ㅎ≫撓時厮剌疼, 글그면 쁠알히고. ≪朴諺, 下, 7ㅎ≫撓破了疥瘡搽那藥, 疥瘡을 글거 헐우고 뎌 약을 ᄇᆞᆯ라.

긁빗기다 동 긁어 빗기다. ⇔괄(刮). ≪朴諺, 上, 20ㅎ≫着鉋子刮的乾淨着, 글게로 다가 긁빗기기를 乾淨히 호되. ≪朴諺, 上, 39ㅎ≫不要只管的刮, 그저 ᄉᆞᄅᆡ여 긁빗기디 말라. 刮的多頭疼, 긁빗기기를 만히 ᄒᆞ면 머리 알프ᄂᆞ니라.

긁빗다 동 긁어 빗다. ⇔소괄(梳刮). ≪朴諺, 上, 47ㅎ≫梳刮頭修了脚, 머리 긁빗고 발돕 다돔고.

긁티다 동 할퀴다. ❶⇔망조(蟒抓). ≪朴諺, 下, 7ㅈ≫又蟒抓了一遍, 또 ᄒᆞᆫ 번을 긁티니. ❷⇔요(撓). ≪朴諺, 下, 6ㅎ≫一會兒打頓着撓破了, ᄒᆞᆫ 디위 조ᄋᆞ다가 긁텨 헐여ᄇᆞ려늘.

긂나다 동 끝나다. ⇔도(倒). ≪朴諺, 中, 60ㅈ≫幾時倒的了, 언제 긂나리오.

긂내다 동 (결정하여) 끝내다. 처리하다. 해결하다. ⇔발락(發落). ≪集覽, 字解, 單字解, 7ㅎ≫落. 落了 디다. 又院落 ᄠᅳᆯ. 又落下 떠디우다. 又數落了罪過 죄목 혜다. 又吏語, 下落 간 곧, 又發落 공ᄉᆞ 긂내다.

금 명 금(金). 황금. ⇔금(金). ≪朴諺, 上, 18ㅈ≫你那金帶是誰廂的, 네 뎌 금띄를 뉘 젼메웟ᄂᆞ뇨. ≪朴諺, 上, 20ㅈ≫一對窟嵌的金戒指兒, ᄒᆞᆫ 빵 날박은 금가락지. ≪朴諺, 上, 36ㅎ≫金甕兒·銀甕兒表裏無縫兒, 금독·은독이 안팟ᄭᅴ 솔 업슨 거시여. ≪朴諺, 上, 37ㅎ≫金罐兒·鐵携兒裏頭盛着白沙蜜, 금탕권 쇠곡지 속에 白沙蜜 담은 거시여. ≪朴諺, 上, 41ㅈ≫滿頭珠翠金廂寶石(集覽, 朴集, 上, 11ㅎ: 金廂寶石. 寶石, 卽上節〈莭〉紫鴉忽之類, 以金爲斗供〈拱〉而納石於其中, 綴着於女冠之上, 以爲飾也. 音義云, 寶石·에 금 :젼메·워 ·ᄭᅮ·민 頭面.)頭面, 머리예 ᄀᆞ득ᄒᆞᆫ 珠翠와 금으로 寶石에 젼메온 곳갈과. ≪朴諺, 下, 2ㅎ≫我待要上金來, 내 ᄒᆞ마 금을 올리려 ᄒᆞ더니.

금(今) 관 이. 이것. ⇔이. ≪朴諺, 下, 54ㅈ≫伏爲於今月某日某時已來, 伏爲 이 ᄃᆞᆯ 아모 날 아모 빼에.

금(今) 명 ❶오늘. ⇔오ᄂᆞᆯ. ≪朴諺, 下, 41ㅈ≫今早起出殯來, 오ᄂᆞᆯ 새배 出殯ᄒᆞ니라. ❷이제. 현재. ⇔이제. ≪朴諺, 上, 31

ㅎ≫到今一年半了, 이제 一年 半이 다돗게야. ≪朴諺, 上, 54ㅈ≫今爲缺錢使用, 이제 돈 뽈 것 업스믈 위ᄒᆞ여. ≪朴諺, 上, 63ㅎ≫咱從今已後, 우리 이제로브터 已後ㅣ야. ≪朴諺, 中, 9ㅎ≫今將親生孩兒小名喚神奴, 이제 親生ᄒᆞᆫ 아ᄒᆡ 小名을 神奴ㅣ라 브ᄅᆞ고. ≪朴諺, 下, 11ㅈ≫孩兒今將金色茶褐段子一箇, 孩兒ㅣ 이제 金色 차헐빗치 비단 ᄒᆞᆫ 필과. ≪朴諺, 下, 53ㅈ≫今具狀申告某官, 이제 狀을 ᄀᆞ초와 某官씌 申告ᄒᆞ노니. ≪朴諺, 下, 54ㅎ≫今不免具狀, 이제 마디못ᄒᆞ여 具狀ᄒᆞ여.

금(金) 명 금. ❶⇔금. ≪朴諺, 上, 18ㅈ≫你那金帶是誰廂的, 네 뎌 금씌ᄅᆞᆯ 뉘 젼메웟ᄂᆞ뇨. ≪朴諺, 上, 20ㅈ≫一對窟嵌的金戒指兒, ᄒᆞᆫ 빵 날박은 금가락지. ≪朴諺, 上, 36ㅎ≫金甕兒·銀甕兒表裏無縫兒, 금독·은독이 안팟씌 솔 업슨 거시여. ≪朴諺, 上, 37ㅎ≫金鑵兒·鐵携兒裏頭盛着白沙蜜, 금탕권 쇠곡지 속에 白沙蜜 담은 거시여. ≪朴諺, 上, 41ㅈ≫滿頭珠翠金廂寶石(集覽, 朴集, 上, 11ㅎ: 金廂寶石. 寶石, 卽上節〈莭〉紫鴉忽之類, 以金爲斗供〈拱〉而納石於其中, 綴着於女冠之上, 以爲飾也. 音義云, 寶石·에 금 :젼메·워 ·ᄀᆞ·민 頭面.)頭面, 머리예 ᄀᆞ득ᄒᆞᆫ 珠翠와 금으로 寶石에 젼메온 곳갈과. ≪朴諺, 下, 2ㅎ≫我待要上金來, 내 ᄒᆞ마 금을 올리려 ᄒᆞ더니. ❷⇔금자(金子). ≪朴諺, 上, 18ㅈ≫五兩金子廂的, 닷 냥 金으로 젼메웟ᄂᆞ니라.

금(金) 명 쇠. ⇔쇠. ≪朴諺, 下, 22ㅎ≫將軍使金鉤子, 將軍이 쇠갈고리로 ᄡᅥ.

금(琴) 명 거문고. ⇔거믄고. ≪朴諺, 中, 44ㅈ≫撫琴一操觧千愁, 거믄고 ᄒᆞᆫ 곡됴ᄅᆞᆯ 어ᄅᆞ만져 千愁ᄅᆞᆯ 프ᄂᆞ니. ≪朴諺, 下, 50ㅎ≫我援琴一張酒一壺, 내 琴 一張 酒 一壺ᄅᆞᆯ 가지고.

금(錦) 명 비단옷. ⇔비단옷. ≪朴諺, 下, 11ㅎ≫衣錦還鄕(集覽, 朴集, 下, 3ㅈ: 衣錦還鄕. 項羽屠咸陽, 與沛公分王. 又懷東歸, 曰, 富貴不歸故鄕, 如衣綉〈繡〉夜行. 遂東歸, 都彭城. 故後人仕官〈宦〉榮貴還鄕里者曰衣錦還鄕.), 비단옷 닙고 고향의 도라가.

금가락지 명 금가락지. ⇔금계지아(金戒指兒). ≪朴諺, 上, 20ㅈ≫一對窟嵌的金戒指兒, ᄒᆞᆫ 빵 날박은 금가락지.

금갑(金甲) 명 쇠붙이로 된 미늘을 붙인 갑옷. 또는 금빛이 나는 갑옷. ≪朴諺, 下, 60ㅎ≫擡出金甲來, 金甲을 드러내여 와.

금강(金剛) 명 〈불〉 금강역사(金剛力士). 금강저(金剛杵)를 잡고 부처를 시종하는 역사. ≪朴諺, 下, 24ㅈ≫行者念金頭揭地·銀頭揭地·波羅僧揭地(集覽, 朴集, 下, 5ㅈ: 金頭揭地·銀頭揭地·波羅僧揭地. 西遊記云, 釋迦牟尼佛在靈山雷音寺演說三乘敎法, 傍有侍奉阿難·伽舍諸菩薩·聖僧·羅漢·八金剛·四揭地·十代明王·天仙·地仙. 觀此則揭地神名, 然未詳何神.)之後, 行者ㅣ 金頭揭地와 銀頭揭地와 波羅僧揭地ᄅᆞᆯ 念ᄒᆞᆫ 後에.

금강경(金剛經) 명 〈불〉 금강반야바라밀경(金剛般若波羅密經). 지혜의 정체(正諦)를 금강(金剛)의 견실함에 비유하여 해설한 불경. ≪朴諺, 上, 66ㅈ≫諸國人民一切善男善女(集覽, 朴集, 上, 16ㅎ: 善男善女. 金剛經䟽曰, 向善之男女也. 又見下.), 諸國 人民 一切 善男善女ㅣ.

금강산(金剛山) 명 강원도(江原道) 고성군(高城郡)과 회양군(淮陽郡)에 걸쳐 있는 이름난 산. 봄에는 금강산(金剛山), 여름에는 봉래산(蓬萊山), 가을에는 풍악산(楓嶽山), 겨울에는 개골산(皆骨山)이라고 한다. ≪朴諺, 上, 9ㅈ≫我也徃金剛山(集覽, 朴集, 上, 4ㅎ: 金剛山. 一名皆骨山, 卽白頭山南條也. 南至淮陽縣之東, 高城郡之西爲金剛山, 凡一萬二千峯.)禪院·松廣(集覽, 朴集, 上, 4ㅎ: 禪院松廣. 兩〈佛〉刹名, 俱在金剛山.)等處降香去, 나도 金剛山 禪院·松廣 等處ᄅᆞᆯ 향ᄒᆞ야 降香ᄒᆞ라 가노라.

금경(金經) 명 〈불〉 불경(佛經)을 이르는 말. ≪朴諺, 下, 3ㅈ≫西天取經去(集覽, 朴集, 下, 1ㅈ: 西天取經去. 西遊記云, 昔釋迦牟尼佛在西天靈山雷音寺, 撰成經·律·論三藏金經, 須送東土, 解度郡〈羣〉迷. 問諸菩薩, 往東土尋取經人來.)時莭(節), 西天의 經 가질라 갈 제.

금계(禁戒) 명 나쁜 일을 하지 못하게 하는 계율. ≪朴諺, 下, 9ㅎ≫入寺敬三寶(集覽, 朴集, 下, 3ㅈ: 三寶. 佛·法·僧也. 功成妙智, 道登圓覺, 佛也, 玄理幽微, 正敎精誠, 法也, 禁戒守眞, 威儀出俗, 僧也.), 뎔에 드러는 三寶를 敬ᄒᆞ고.

금계지아(金戒指兒) 명 금가락지. ⇔금가락지. ≪朴諺, 上, 20ㅈ≫一對窟嵌的金戒指兒, ᄒᆞᆫ 빵 날박은 금가락지.

금과(金瓜) 명 위병(衛兵)이 지니던 무기의 한 가지. 봉 끝에 도금한 참외 모양의 쇠붙이가 붙어 있다. 나중에는 의장용으로만 쓰였다. ≪朴諺, 下, 38ㅎ≫銀栲栳交椅, 銀栲栳 交椅와. 銀盆, 銀盆과. 水罐, 水罐과. 金瓜, 金瓜와. 古朶, 보리알과. 金鐙, 金鐙과. 鉞斧, 鉞斧와.

금관아(金罐兒) 명 금탕관(金湯灌). (금으로 만든 탕관) ⇔금탕권. ≪朴諺, 上, 37ㅎ≫金罐兒·鐵携兒裏頭盛着白沙蜜, 금탕권 쇠곡지 속에 白沙蜜 담은 거시여.

금구자(金鉤子) 명 쇠갈고랑이. ⇔쇠갈고리. ≪朴諺, 下, 22ㅎ≫將軍使金鉤子, 將軍이 쇠갈고리로 ᄡᅧ.

금구하(金口河) 명 내 이름. 중국 보안주(保安州) 경계에서 발원하여 역산(歷山) 남쪽으로 흘러 완평현(宛平縣) 경계로 흘러드는 상건하(桑乾河)의 한 지류. ≪朴諺, 上, 9ㅎ≫水渰過蘆溝橋(集覽, 朴集, 上, 4ㅎ: 蘆溝橋. 蘆溝本桑乾河, 俗曰渾河, 亦曰小黃河. 上自保安州界, 歷山南流入宛平縣境, 至都城四十里, 分爲二派. 其一東流, 經金口河, 引注都城之壕.)獅子頭, 믈이 蘆溝橋 獅子ㅅ 머리를 ᄌᆞᆷ가 너머.

금귤(金橘) 명 운향과의 상록 관목. 둥근 열매는 겨울에 황금색으로 익으며 새콤달콤한 맛과 향기가 있으며 식용한다. ≪朴諺, 下, 28ㅈ≫先喫甜的金橘蜜煎·銀杏煎, 몬져 ᄃᆞᆫ 金橘蜜煎과 銀杏煎을 먹어든.

금귤밀전(金橘蜜煎) 명 금귤(金橘)로 만든 밀전(蜜煎). ≪朴諺, 下, 28ㅈ≫先喫甜的金橘蜜煎·銀杏煎, 몬져 ᄃᆞᆫ 金橘蜜煎과 銀杏煎을 먹어든.

금년(今年) 명 올해. ⇔올ᄒᆡ. ≪朴諺, 上, 9ㅎ≫今年雨水十分大, 올ᄒᆡ 雨水ㅣ ᄀᆞ장 만ᄒᆞ여. ≪朴諺, 上, 40ㅎ≫今年纔十六歲的女孩兒, 올ᄒᆡ ᄀᆞᆺ 十六歲엣 새각시러라. ≪朴諺, 上, 42ㅈ≫那官人是今年十九歲, 뎌 官人은 이 올ᄒᆡ 十九歲오. ≪朴諺, 上, 46ㅎ≫今年馬價如何, 올ᄒᆡ ᄆᆞᆯ 갑시 엇더ᄒᆞ뇨. 今年較賤些箇, 올ᄒᆡ 젹이 賤ᄒᆞ니. ≪朴諺, 上, 48ㅈ≫今年錢鈔艱難, 올ᄒᆡ 錢鈔ㅣ 艱難ᄒᆞ야. ≪朴諺, 中, 12ㅎ≫今年那裏慶尙·全羅·黃海·忠淸·江原各道裏, 올ᄒᆡ 뎌긔 慶尙·全羅·黃海·忠淸·江原 各 道에. ≪朴諺, 中, 17ㅈ≫醬麴今年沒處尋, 메조를 올ᄒᆡ 어들 ᄃᆡ 업더니. ≪朴諺, 中, 35ㅈ≫今年天旱田禾不收, 올ᄒᆡ 하늘이 ᄀᆞᄆᆞ라 田禾를 거도디 못ᄒᆞ여시니. ≪朴諺, 中, 52ㅈ≫你今年怎麼京城不曾去, 네 올ᄒᆡ 엇디 京城에 일즙 가디 아니ᄒᆞᆫ다. ≪朴諺, 下, 41ㅈ≫今年纔三十七歲, 올ᄒᆡ ᄀᆞᆺ 三十七歲라.

금당(金堂) 명 〈불〉 절의 본당. 본존상(本尊像)을 모신 법당. ≪朴諺, 上, 61ㅈ≫兩壁鐘樓, 兩壁 鐘樓와. 金堂, 金堂과. 禪堂, 禪堂과. 齋堂, 齋堂과. 碑殿, 碑殿과.

금대(金帶) 명 금띠. ⇔금ᄯᅴ. ≪朴諺, 上, 18ㅈ≫你那金帶是誰廂的, 네 뎌 금ᄯᅴ를 뉘 젼메윗ᄂᆞ뇨.

금대(錦帶) 명 비단으로 만든 띠. ≪朴諺, 中, 21ㅎ≫或分身居士·宰官(集覽, 朴集, 中, 5ㅈ: 居士宰官. 禮記玉藻曰, 居士錦帶. 注, 道藝處士也.), 或 居士·宰官에

分身ᄒᆞ고.

금독 명 금으로 만든 독. ⇔금옹아(金甕兒). ≪朴諺, 上, 36ㅎ≫金甕兒·銀甕兒表裏無縫兒, 금독·은독이 안팟긔 솔 업슨 거시여.

금돈(金-) 명 금으로 만든 돈. ⇔금전(金錢). ≪朴諺, 下, 24ㅎ≫賜唐僧金錢三百貫金鉢盂一箇, 唐僧을 金돈 三百貫과 金에우아리 ᄒᆞ나흘 주고. 賜行者金錢三百貫打發了, 行者를 金돈 三百貫을 주어 打發ᄒᆞ니.

금등(金鐙) 명 붉게 칠한 장대 끝에 도금한 등자(鐙子)를 거꾸로 붙인 의장(儀仗). 모두 나무로 만들었는데 장대와 맞닿는 등자 부분만은 쇠로 만들기도 하였다. ≪朴諺, 下, 38ㅎ≫銀栲栳交椅, 銀栲栳 交椅와. 銀盆, 銀盆과. 水罐, 水罐과. 金瓜, 金瓜와. 古朶, 보리알과. 金鐙, 金鐙과. 鉞斧, 鉞斧와.

금록재(金籙齋) 명 도사(道士)가 음력 정월 보름날에 거행하는 의식의 한 가지. 이때 보천대초(普天大醮)를 베푼다. 의식 때 사용하는 부록(符籙)이 금색이기 때문이다. ≪朴諺, 下, 18ㅎ≫做羅天大醮(集覽, 朴集, 下, 4ㅎ: 大醮. 上元金籙齋, 帝王修奉, 設普天大醮. 中元玉籙齋, 保佑六宮, 輔寧妃后, 設周天大醮. 下元黃籙齋, 臣民通修, 普資家國, 設羅天大醮.), 羅天大醮를 ᄒᆞ더니.

금룡(金龍) 명 금으로 만든 용. ≪朴諺, 上, 60ㅎ≫那殿一剗是纏金龍木香停柱, 뎌 殿에 ᄒᆞᆫ골ᄀᆞ티 金龍이 얼거딘 木香 기동이오.

금루승가려(金縷僧伽黎) 명 〈불〉 삼의(三衣)의 한 가지. 설법을 하거나 걸식할 때에 입는 중의 옷. 삼의(三衣) 가운데 가장 크다. ≪朴諺, 上, 33ㅈ≫披着袈裟(集覽, 朴集, 上, 10ㅈ: 袈裟. 反(飜)譯名義云, 袈裟是外國三衣之名. 或名離塵服, 由斷〈断〉六塵故, 或名消瘦服, 由斷煩惱故, 或名無垢衣. 一曰金縷僧伽黎, 卽大衣也, 入王宮聚落時衣, 乞食時着.), 袈裟 닙고.

금릉(金陵) 명 읍(邑) 이름. 전국시대 초 위왕(楚威王) 7년(B.C. 333)에 월(越)나라를 멸한 뒤에 두었다. 남경(南京)의 별칭으로 쓴다. ≪朴諺, 下, 38ㅈ≫除在南京應天府丞(集覽, 朴集, 下, 8ㅎ: 南京應天府丞. 南京, 古金陵之地, 吳·晉·宋·齊·梁·陳·南唐建都, 大明太祖定鼎於此, 爲京師, 設應天府, 以燕京爲北平布政司.), 南京 應天府丞을 除ᄒᆞ엿ᄂᆞ니라.

금발우(金鉢盂) 명 금으로 민든 바릿대. ⇔금에우아리(金-). ≪朴諺, 下, 24ㅎ≫賜唐僧金錢三百貫金鉢盂一箇, 唐僧을 金돈 三百貫과 金에우아리 ᄒᆞ나흘 주고.

금방(金榜) 명 금방(金榜). '榜'은 '榜'의 속자. ≪朴諺, 下, 50ㅈ≫你這般金榜(集覽, 朴集, 下, 11ㅈ: 金榜. 唐崔昭暴卒復甦云, 見冥閒〈間〉列榜〈榜〉, 書人姓名, 將相金榜〈榜〉, 次銀榜〈榜〉, 州縣小官鐵榜〈鉄榜〉. 故今之科第(第)綴名之榜〈榜〉, 謂之金榜.)掛名的書生, 너는 이런 金榜에 掛名ᄒᆞᆯ 書生이니.

금방(金榜) 명 ❶전시(殿試) 합격자를 게시하던 방(榜). ≪朴諺, 下, 50ㅈ≫你這般金榜(集覽, 朴集, 下, 11ㅈ: 金榜. 唐崔昭暴卒復甦云, 見冥閒〈間〉列榜〈榜〉, 書人姓名, 將相金榜〈榜〉, 次銀榜〈榜〉, 州縣小官鐵榜〈鉄榜〉. 故今之科第(第)綴名之榜〈榜〉, 謂之金榜.)掛名的書生, 너는 이런 金榜에 掛名ᄒᆞᆯ 書生이니. ❷명간(冥間)에서 장상(將相)의 이름을 게시하는 방(榜). ≪朴諺, 下, 50ㅈ≫你這般金榜(集覽, 朴集, 下, 11ㅈ: 金榜. 唐崔昭暴卒復甦云, 見冥閒〈間〉列榜〈榜〉, 書人姓名, 將相金榜〈榜〉, 次銀榜〈榜〉, 州縣小官鐵榜〈鉄榜〉. 故今之科第(第)綴名之榜〈榜〉, 謂之金榜.)掛名的書生, 너는 이런 金榜에 掛名ᄒᆞᆯ 書生이니.

금백(金帛) 명 금과 비단. ≪朴諺, 上, 48ㅈ≫今年錢鈔(集覽, 朴集, 上, 13ㅈ: 錢鈔. 錢者, 金帛之名. 古曰泉, 後鑄而曰錢.)艱難,

올히 錢鈔ㅣ 艱難ᄒᆞ야.

금번(今番) 명 이번(番). ⇔이번. ≪朴諺, 下, 21ㅎ≫王說今番着唐僧先猜, 王이 닐오ᄃᆡ 이번은 唐僧으로 몬져 알게 ᄒᆞ라.

금번(金幡) 명 금실 또는 금빛의 실로 짜서 만든 깃발. ≪朴諺, 中, 21ㅈ≫扇慈風於刹土(集覽, 朴集, 中, 4ㅈ: 刹土. 法苑云, 阿育王取金華金幡懸諸刹上.), 慈風을 刹土에 붓ᄂᆞᆫ또다.

금빈혀 명 금비녀. ⇔금잠아(金簪兒). ≪朴諺, 上, 20ㅈ≫一箇七寶金簪兒, ᄒᆞᆫ 七寶 ᄒᆞᆫ 금빈혀와.

금빗ㅊ 명 금빛. ⇔금색(金色). ≪朴諺, 下, 51ㅈ≫䁖眼釣出箇老大的金色鯉漁(魚), 䁖眼홀 ᄉᆞ이예 ᄒᆞᆫ ᄀᆞ장 큰 금빗치 鯉魚를 낫가 내니.

금사(金絲) 명 금실. ≪朴諺, 上, 26ㅎ≫鴈翅板上釘着金絲減鐵事件, ᄃᆞᆼ울 우희 金입ᄉᆞᄒᆞᆫ 事件을 박앗고. ≪朴諺, 上, 26ㅎ≫藍斜皮細邊兒金絲夾縫的鞍座兒, 藍斜皮 細邊児에 金絲로 갸품ᄒᆞᆫ 鞍座児에.

금상(金像) 명 〈불〉 금으로 만들었거나 도금을 하여 만든, 부처나 보살의 형상. ≪朴諺, 中, 22ㅈ≫起浮屠於泗水之間(集覽, 朴集, 中, 5ㅈ: 起浮屠於泗水之間. 唐龍朔初, 於泗州臨淮縣信義坊, 將建伽藍, 掘得古香積寺銘記幷金像一軀, 上有普照王佛字, 遂建寺焉.), 浮屠를 泗水ㅅ ᄉᆞ이에 니ᄅᆞ혀고. ≪朴諺, 中, 39ㅈ≫佛堂(集覽, 朴集, 中, 7ㅎ: 佛堂. 漢人酷好釋教, 家設一堂, 或安金像, 或掛畫佛, 焚香頂禮, 朝夕不懈.)一間, 佛堂이 ᄒᆞᆫ 간.

금상보석(金廂寶石) 동 보석에 금으로 전을 메우다. ≪朴諺, 上, 41ㅈ≫滿頭珠翠金廂寶石(集覽, 朴集, 上, 11ㅎ: 金廂寶石. 寶石, 卽上節〈莭〉紫鴉忽之類, 以金爲斗供〈拱〉而納石於其中, 綴着於女冠之上, 以爲飾也. 音義云, 寶石·에 금 :젼메·워 ·ᄭᆞ·민 頭面.)頭面, 머리예 ᄀᆞ득ᄒᆞᆫ 珠翠와 금으로 寶石에 젼메온 곳갈과.

금색(金色) 명 금빛. ⇔금빗ㅊ. ≪朴諺, 下, 4ㅎ≫久後你也得證果金身(集覽, 朴集, 下, 1ㅎ: 證果金身.金身者, 佛三十二相, 云身眞金色.), 오란 후에 너도 證果金身홈을 어드리라. ≪朴諺, 下, 11ㅈ≫孩兒今將金色茶褐段子一箇, 孩兒ㅣ 이제 金色 차혈빗치 비단 ᄒᆞᆫ 필과. ≪朴諺, 下, 51ㅈ≫䁖眼釣出箇老大的金色鯉漁(魚), 䁖眼홀 ᄉᆞ이예 ᄒᆞᆫ ᄀᆞ장 큰 금빗치 鯉魚를 낫가 내니.

금선(金線) 명 금실. ≪朴諺, 上, 24ㅎ≫脚穿着皀麂皮嵌金線藍條子, 발에 신은 거슨 거믄 기ᄌᆞ피예 金線 남 오리로 갸품 ᄢᅵ고.

금세(今世) 명 〈불〉 이승. 지금 살고 있는 세상. ≪朴諺, 上, 28ㅎ≫今世裏那般得自在, 今世예 뎌리 自在홈을 어덧ᄂᆞ니.

금수(禽獸) 명 날짐승과 길짐승. 곧, 모든 짐승. ⇔즘ᄉᆡᆼ. ≪朴諺, 上, 25ㅈ≫剌(刺)通袖膝欄(集覽, 朴集, 上, 8ㅎ: 刺通袖膝欄. 元時好着此衣, 前後具胷背, 又連肩而通袖之脊, 至袖口爲紋, 當膝周圍亦爲紋如欄干, 然織成段匹爲衣者有之, 或皮或帛, 用綵線周遭回曲爲緣, 如花樣, 剌〈刺〉爲草樹〈尌〉·禽獸·山川·宮殿之文於〈紋於〉其內, 備極奇巧, 皆用團領着之, 其直甚高.)羅帖裏上, ᄉᆞ매 ᄆᆞᄅᆞ 내 치질ᄒᆞ고 膝欄ᄒᆞᆫ 羅 텰릭에. ≪朴諺, 中, 24ㅈ≫如同禽獸之類, 禽獸의 類 ᄀᆞᄐᆞᆫ디라. ≪朴諺, 中, 57ㅈ≫這潑禽獸殺娘賊, 이 보피라온 즘ᄉᆡᆼ 殺娘ᄒᆞᄂᆞᆫ 도적아.

금수하(金水河) 명 중국의 소설 서유기(西遊記)에 나오는 강 이름. ≪朴諺, 下, 21ㅈ≫他走到金水河裏, 뎌 金水河에 ᄃᆞ라가.

금신(金身) 동 〈불〉 관세음보살(觀世音菩薩)의 현신(現身)인 삼십이신(三十二身)의 하나로, 금빛을 칠하여 만든 부처의 몸이 되다. ⇔금신ᄒᆞ다(金身-). ≪朴諺, 下, 4ㅎ≫久後你也得證果金身(集覽, 朴集, 下, 1ㅎ: 證果金身. 今按, 證, 應也, 得也, 果, 果報也. 金身者, 佛三十二相, 云

身眞金色.), 오란 후에 너도 證果金身홈을 어드리라.

금신ᄒᆞ다(金身-) 동 〈불〉 관세음보살(觀世音菩薩)의 현신(現身)인 삼십이신(三十二身)의 하나로, 금빛을 칠하여 만든 부처의 몸이 되다. ⇔금신(金身). ≪朴諺, 下, 4ㅎ≫久後你也得證果金身(集覽, 朴集, 下, 1ㅎ: 證果金身. 今按, 證, 應也, 得也, 果, 果報也. 金身者, 佛三十二相, 云身眞金色.), 오란 후에 너도 證果金身홈을 어드리라.

금심(錦心) 명 비단과 같은 마음이라는 뜻으로, 아름다운 문사(文思)를 비유하는 말. ≪朴諺, 下, 50ㅎ≫挽我這錦心繡腹, 내 이 錦心繡腹을 ᄡᅳ으고.

금심수복(錦心繡復) 명 시문(詩文)의 구상과 표현이 교묘하고 아름다움을 비유하는 말. ≪朴諺, 下, 50ㅎ≫挽我這錦心繡腹, 내 이 錦心繡腹을 ᄡᅳ으고.

금ᄉᆞ 명 금사(金絲). 금실. ≪朴諺, 上, 63ㅎ≫你的大紅織金胷背帖裏對換着, 네 大紅빗체 금ᄉᆞ로 ᄧᅡ 胷背 흔 털릭과 막밧고쟈.

금ᄯᅴ 명 금띠. ⇔금대(金帶). ≪朴諺, 上, 18ㅈ≫你那金帶是誰廂的, 네 뎌 금ᄯᅴ를 뉘 젼메웟ᄂᆞ뇨.

금에우아리(金-) 명 금으로 만든 바릿대. ⇔금발우(金鉢盂). ≪朴諺, 下, 24ㅎ≫賜唐僧金錢三百貫金鉢盂一箇, 唐僧을 金돈 三百貫과 金에우아리 ᄒᆞ나홀 주고.

금오(金吾) 명 황제와 대신(大臣)의 경호와 의장(儀仗) 및 수도(首都)의 순찰과 치안을 관장하던 무관 벼슬. ≪朴諺, 下, 49ㅈ≫好女不看燈(集覽, 朴集, 下, 11ㅈ: 好女不看燈. 唐韋述兩京記曰, 正月十五日夜, 勑金吾弛禁, 前後各一日, 以觀燈.), 好女ᄂᆞᆫ 看燈 아니ᄒᆞᆫ다 ᄒᆞᄂᆞ니라.

금오이금(金吾弛禁) 명 금오(金吾)가 정월 보름날 하루에 한하여 야간 통행금지를 해제하던 일. ≪朴諺, 下, 49ㅈ≫好女不看燈(集覽, 朴集, 下, 11ㅈ: 好女不看燈. 唐韋述兩京記曰, 正月十五日夜, 勑金吾弛禁, 前後各一日, 以觀燈.), 好女ᄂᆞᆫ 看燈 아니ᄒᆞᆫ다 ᄒᆞᄂᆞ니라.

금옹아(金甕兒) 명 금으로 만든 독. ⇔금독. ≪朴諺, 上, 36ㅎ≫金甕兒·銀甕兒表裏無縫兒, 금독·은독이 안팟ᄭᅴ 솔 업슨 거시여.

금월(今月) 명 이달. ≪朴諺, 下, 52ㅈ≫右某伏爲於今月某日某時已來, 右 某ᄂᆞᆫ 伏爲 今月 아모 날 아모 ᄣᅢ예.

금은(金銀) 명 금과 은. ≪朴諺, 上, 25ㅈ≫珊瑚鈎子(集覽, 朴集, 上, 8ㅎ: 鉤子. 用金銀·銅鉄〈銕〉·玉角等物, 刻成龜〈亀〉·龍·獅·虎之頭, 繫於條之一端, 人若帶之, 則以其〈則又以〉條之一端屈曲爲環, 納於鈎獸頭之空, 以爲固, 使不解〈鮮〉落, 如條環之制然.)繫腰, 珊瑚 鈎子 흔 ᄯᅴ오. ≪朴諺, 上, 48ㅎ≫省多少盤纏(集覽, 朴集, 上, 13ㅈ: 盤纏. 길헤 여·러 가지로 ᄡᅳ논 것. 質問云, 盤費纏繳供給之物, 如供給服食應用金銀·財帛之類.), 언멋 盤纏을 ᄆᆞᄃᆡ와뇨. ≪朴諺, 上, 50ㅈ≫金銀·珠子之類, 金銀·珠子의 類ᄅᆞᆯ. ≪朴諺, 下, 2ㅎ≫把我二三年布施來的金銀·鈔錠, 내 二三年 布施ᄒᆞ여 온 金銀·鈔錠을다가. ≪朴諺, 下, 42ㅎ≫紙車(集覽, 朴集, 下, 9ㅈ: 紙車. 以金·銀錢紙結造小空車, 爲前導.), 紙車와.

금은두부탕(金銀豆腐湯) 명 기름에 지진 두부(豆腐)를 잘게 썰어 넣고 끓인 탕. 지진 두부의 겉은 누렇고 속은 희기 때문에 붙여진 이름이다. ≪朴諺, 上, 6ㅎ≫第二道金銀豆腐湯(集覽, 朴集, 上, 3ㅎ: 金銀豆腐湯. 質問云, 豆腐用油煎熟, 其色黃如金, 白如銀, 細切作湯食之. 又云, 用雞〈鷄〉鴠清同鴠黃相制爲之. 今按, 鴠, 卽雞〈鷄〉子也.), 第二道ᄂᆞᆫ 金銀豆腐湯이오.

금인(今人) 명 지금 세상의 사람. ≪朴諺, 上, 55ㅈ≫東角頭牙家(集覽, 朴集, 上, 14ㅈ: 牙家. 事文類聚云, 今人云駔驓爲牙, 本爲之互郎, 主互市事也. 唐人書互作㸦, 似牙字, 因轉爲牙. 今漢俗亦曰牙子, 卽古

之牙儈.)去處廣, 동녁 모롱이에 즈름 가ᄂᆞᆫ ᄃᆡ 만ᄒᆞ니. ≪朴諺, 下, 49ㅈ≫好兒不看春, 好兒ᄂᆞᆫ 看春 아니ᄒᆞ고. 好女不看燈(集覽, 朴集, 下, 11ㅈ: 好女不看燈. 容齋隨筆云, 漢家祠太乙, 以昏時祠到明. 今人正月望夜, 夜遊觀月, 是其遺事.), 好女ᄂᆞᆫ 看燈 아니ᄒᆞᆫ다 ᄒᆞᄂᆞ니라.

금일(今日) 명 오늘. ⇔오ᄂᆞᆯ. ≪朴諺, 上, 7ㅎ≫今日箇日頭, 오ᄂᆞᆯ날에. ≪朴諺, 上, 21ㅎ≫今日下雨正好下碁, 오ᄂᆞᆯ 비 오니 졍히 바독 두기 됴타. ≪朴諺, 上, 34ㅈ≫小僧從今日, 小僧이 오ᄂᆞᆯ브터. ≪朴諺, 上, 40ㅎ≫今日做筵席, 오ᄂᆞᆯ 이바디ᄒᆞᄂᆞ니라. ≪朴諺, 上, 57ㅈ≫今日上墳去, 오ᄂᆞᆯ 上墳ᄒᆞ라 갈러라. ≪朴諺, 上, 66ㅈ≫從今日起後日罷散, 오ᄂᆞᆯ브터 시작ᄒᆞ여 모뢰면 罷散ᄒᆞᆯ러라. ≪朴諺, 上, 67ㅈ≫今日脫靴上炕, 오ᄂᆞᆯ 훠ᄅᆞᆯ 벗고 炕에 올랏다가. 明日難保得穿, ᄂᆡ일 어더 신기ᄅᆞᆯ 밋기 어렵다 ᄒᆞᄂᆞ니라. ≪朴諺, 中, 9ㅎ≫我今日買一箇小廝兒, 내 오ᄂᆞᆯ ᄒᆞᆫ 아ᄒᆡᄅᆞᆯ 사되. ≪朴諺, 中, 24ㅎ≫今日上直去, 오ᄂᆞᆯ 上直 가니. ≪朴諺, 中, 29ㅎ≫咳今日天氣冷殺人, 애 오ᄂᆞᆯ 하ᄂᆞᆯ 긔운이 차 사ᄅᆞᆷ을 죽게 ᄒᆞ니. ≪朴諺, 中, 38ㅎ≫今日早起表褙(禙)衚衕裏, 오ᄂᆞᆯ 아ᄎᆞᆷ에 ᄇᆡ뎝골에. ≪朴諺, 中, 49ㅈ≫咱們人今日死的明日死的不理會的, 우리 사ᄅᆞᆷ이 오ᄂᆞᆯ 죽을 줄 ᄂᆡ일 죽을 줄 아디 몯ᄒᆞ니. ≪朴諺, 中, 55ㅈ≫咳今日熱氣蒸人裏, 애 오ᄂᆞᆯ 熱氣 사ᄅᆞᆷ을 ᄣᅵ니. ≪朴諺, 下, 15ㅈ≫今日箇日頭, 오ᄂᆞᆯ날에. ≪朴諺, 下, 30ㅈ≫今日是聖節(節)日, 오ᄂᆞᆯ은 이 聖節(節)日이라. ≪朴諺, 下, 55ㅈ≫今日早起, 오ᄂᆞᆯ 일ᄶᅳᆨ에.

금일일두(今日日頭) 명 오늘날. ⇔오ᄂᆞᆯ날. ≪朴諺, 上, 7ㅎ≫今日箇日頭, 오ᄂᆞᆯ날에. ≪朴諺, 下, 15ㅈ≫今日箇日頭, 오ᄂᆞᆯ날에.

금일탈화상항명일난보득천(今日脫靴上炕 明日難保得穿) 구 오늘 신을 벗고 구들 위에 오르고도 내일 신는다고 믿기 어렵다는 뜻으로, 죽고 사는 것은 알 수 없다는 말. ≪朴諺, 上, 67ㅈ≫今日脫靴上炕, 오ᄂᆞᆯ 훠ᄅᆞᆯ 벗고 炕에 올랏다가. 明日難保得穿, ᄂᆡ일 어더 신기ᄅᆞᆯ 밋기 어렵다 ᄒᆞᄂᆞ니라.

금자(金子) 명 금(金). ⇔금(金). ≪朴諺, 上, 18ㅈ≫五兩金子廂的, 닷 냥 金으로 젼메웟ᄂᆞ니라.

금자(金字) 명 쇠금[金]. 한자 부수(部首)의 이름. ≪朴諺, 中, 42ㅈ≫金傍做昔字便是, 金字 변에 昔字 ᄒᆞᆫ 거시 곳 이라.

금자원패(金字圓牌) 명 원대(元代)에 군사상 중요하고 긴급한 일이 발생하였을 때, 긴급히 공문서를 전달하기 위하여 차사(差使)에게 주던 패. 역말을 이용할 수 있는 권한이 있었다. ≪朴諺, 中, 7ㅎ≫你不見這金字圓牌(集覽, 朴集, 中, 1ㅎ: 金字圓牌. 至正條格云, 元時, 中書省奏, 諸王·駙馬各投下有軍情緊急重事, 許令懸帶原降銀字圓牌應付鋪馬騎坐, 其餘差使人員有緊急軍情重事, 許令懸帶金字圓牌, 方付鋪馬. 其他泛常勾當, 只許臨時領受, 給降聖旨, 方許給馬.), 네 이 金字圓牌ᄅᆞᆯ 보디 못ᄒᆞᄂᆞᆫ다.

금잠아(金簪兒) 명 금비녀. ⇔금빈혀. ≪朴諺, 上, 20ㅈ≫一箇七寶金簪兒, ᄒᆞᆫ 七寶 ᄒᆞᆫ 금빈혀와.

금전(金錢) 명 금으로 만든 돈. ⇔금돈(金-). ≪朴諺, 下, 24ㅎ≫賜唐僧金錢三百貫金鉢盂一箇, 唐僧을 金돈 三百貫과 金에 우아리 ᄒᆞ나ᄒᆞᆯ 주고. 賜行者金錢三百貫打發了, 行者ᄅᆞᆯ 金돈 三百貫을 주어 打發ᄒᆞ니.

금전지(金錢紙) 명 지전(紙錢) 모양으로 만든 금색의 종이. ≪朴諺, 下, 42ㅎ≫紙車(集覽, 朴集, 下, 9ㅈ: 紙車. 以金·銀錢紙結造小空車, 爲前導.), 紙車와.

금조(禽鳥) 명 새. 날짐승을 통틀어 이르는 말. ≪朴諺, 上, 5ㅎ≫叫教坊司十數箇樂工和做院本(集覽, 朴集, 上, 2ㅎ: 院本. 院本則五人, 一曰副淨, 古謂之參軍, 一曰

副末, 古謂之蒼鶻, 鶻能擊禽鳥, 末可打副淨, 古(故)云, 一曰引戲, 一曰末泥, 一曰孤裝, 又謂之五花爨弄.)諸般雜技的來, 敎坊司의 여라믄 樂工과 院本에 여러 가지 雜技ᄒᆞᄂᆞ니롤 블러오라. ≪朴諺, 上, 40ㅎ≫捎篦(集覽, 朴集, 上, 11ㅈ: 消息(捎篦). 以禽鳥毳翎安於竹針頭, 用以取耳垢者, 俗呼爲消息(捎篦). 舊本作蒲樓翎兒.)來掏一掏耳朶, 짓븨 가져다가 귓바회 빨라.

금중(禁中) 명 궁중. 궁궐. ≪朴諺, 下, 45ㅈ≫宋舍看打春(集覽, 朴集, 下, 9ㅎ: 打春. 東京夢華錄云, 立春前五日, 造土牛·耕夫·犁具, 前一日順天府進農牛入禁中鞭春, 府縣官吏·士庶·耆社, 具鼓樂出東郊迎春, 牛芒神至府前, 各安方位.)去來, 宋개아 닙츈 노롯ᄒᆞᄂᆞᆫ 양 보라 가쟈.

금지(禁止) 동 금지하다. ≪集覽, 字解, 單字解, 1ㅈ≫休. 禁止之辭. 休去 가디 말라.

금천(金釧) 명 금팔찌. ≪朴諺, 上, 19ㅎ≫一對釧兒(集覽, 朴集, 上, 7ㅎ: 釧. 事物紀原云, 通俗文云, 環臂謂之釧. 漢順帝時有功者賜金釧, 亦曰環釧.), ᄒᆞᆫ 빵 폴쇠로다가 ᄒᆞ련노라.

금탕권 명 금탕관(金湯灌). (금으로 만든 탕관) ⇔금관아(金罐兒). ≪朴諺, 上, 37ㅎ≫金罐兒·鐵擕兒裏頭盛着白沙蜜, 금탕권 쇠곡지 속에 白沙蜜 담은 거시여.

금화(金華) 명 금으로 장식된 무늬. ≪朴諺, 中, 21ㅈ≫扇慈風於刹土(集覽, 朴集, 中, 4ㅈ: 刹土. 法苑云, 阿育王取金華金幡懸諸刹上.), 慈風을 刹土에 붓ᄂᆞᆫ또다.

금화(禁火) 동 한식(寒食) 때 불 피우는 일을 금하다. ≪朴諺, 上, 59ㅈ≫寒食(集覽, 朴集, 上, 14ㅎ: 寒食. 晉文公焚山求子推, 因燒死, 遂禁火以報之.)不遲, 寒食이라도 더듸디 아니타 ᄒᆞᄂᆞ니라.

금환(金環) 명 금가락지. ≪朴諺, 上, 20ㅈ≫一對窟嵌的金戒指兒(集覽, 朴集, 上, 7ㅎ: 窟嵌戒指. 事物紀原云, 古者后妃羣妾御于君, 所當御者, 以銀環進之, 娠則以金環退之, 進者着右手, 退者着左手. 今有指環, 卽遺制也.), ᄒᆞᆫ 빵 날박은 금가락지.

급(急) 형 급하다. ❶⇔급ᄒᆞ다. ≪朴諺, 下, 16ㅈ≫那廝急性便合口廝打, 뎌 놈이 셩이 급ᄒᆞ여 곳 입힐홈ᄒᆞ여 싸홧더니. ❷⇔급ᄒᆞ다(急-). ≪朴諺, 上, 17ㅈ≫八月秋風急, 八月에 秋風이 急ᄒᆞ면.

급수(汲水) 동 물을 긷다. ≪朴諺, 下, 32ㅎ≫水滑經帶麵(集覽, 朴集, 下, 6ㅈ: 水滑經帶麵. 冬月溫水浸. 經帶麵〈麪〉, 用頭白麵〈麪〉二斤, 減(鹹)二兩, 塩二兩, 硏細, 新汲水破開和搜, 比趕麵〈麪〉劑微軟, 漸以拗棒拗百餘下, 停一時許, 再拗百餘下, 趕至極薄, 切如經帶樣, 滾湯下, 候熟入凉水, 投汁任意.), 제믈엣 칼국슈와.

급차(急且) 부 급자기. 문득. ❶⇔과거리. ≪朴諺, 中, 10ㅎ≫五歲的小廝急且那裏走, 다ᄉᆞᆺ 슬엣 아ᄒᆡ 과거리 아직 어ᄃᆡ로 ᄃᆞ라나리오. ≪朴諺, 中, 46ㅎ≫急且幾時又得除, 과거리 언제 또 除홈을 어드리오. ❷⇔과글이. ≪集覽, 字解, 單字解, 2ㅈ≫且. 姑也 안직. 急且 과글이. 亦曰且節, 俗罕用.

급ᄒᆞ다 형 급하다. ⇔급(急). ≪朴諺, 下, 16ㅈ≫那廝急性便合口廝打, 뎌 놈이 셩이 급ᄒᆞ여 곳 입힐홈ᄒᆞ여 싸홧더니.

급ᄒᆞ다(急-) 형 급하다. ⇔급(急). ≪朴諺, 上, 17ㅈ≫八月秋風急, 八月에 秋風이 急ᄒᆞ면.

긋 명 끝. ⇔초아(梢兒). ≪朴諺, 上, 35ㅈ≫那稍兒到處, 뎌 긋 간 곳을.

긋 명 획(畫). ⇔획(畫). ≪朴諺, 中, 42ㅈ≫二字下一箇丿, 二字 아래 ᄒᆞᆫ 긋 밧그로 비티고. ≪朴諺, 中, 42ㅎ≫一畫下日字, ᄒᆞᆫ 긋 아래 日字 ᄒᆞ고.

긋 부 꼭. 굳이. 곧바로. ⇔직(直). ≪集覽, 字解, 單字解, 2ㅈ≫直. 用强務致之辭. 긋. 又直錢 빋ᄉᆞ다. 通作値.

긋그적싀 명 그끄저께. ⇔대전일(大前日). ≪朴諺, 上, 46ㅈ≫大前日來了, 긋그적싀 왓노라.

긋그제 명 그끄저께. ⇔대전일(大前日). ≪朴諺, 中, 13ㅎ≫大前日來了, 긋그제 올와. ≪朴諺, 中, 46ㅈ≫是大前日箇, 올ᄒᆞ니 긋그제.

긋이 뷔 굿이. ‘긋’은 ‘굿’의 잘못. ≪朴諺, 上, 10ㅎ≫着墻板當着墻頭絟的牢着, 담 ᄡᆞᄂᆞᆫ 널로 담 머리예 막아 ᄆᆡ기를 긋(굿)이 ᄒᆞ고.

긋ㅌ 명 끝. ❶⇔초아(梢兒). ≪朴諺, 上, 35ㅈ≫將那草梢兒, 뎌 플 긋틀다가. ❷⇔탈아(脫兒). ≪朴諺, 下, 5ㅎ≫這一脫兒無處絟, 이 ᄒᆞᆫ 긋틀 ᄆᆡᆯ 곳이 업세라.

긋ㅎ 명 끝. ⇔첨(尖). ≪朴諺, 中, 35ㅈ≫舌尖兒潤開了窓孔, 혓긋흐로 불워 창 굼글 뚤고.

귿 명 끝. ≪集覽, 字解, 單字解, 3ㅈ≫箇. 一枚也. 俗呼一枚爲一箇, 亦曰箇把. 又箇箇 난나치. 單言箇字, 亦爲一枚之意. 有箇人 ᄒᆞᆫ 사ᄅᆞ미. 又語助. 這箇·些箇. 又音이. 舌頭兩箇 혓 그토로, 今不用.

긍(肯) 동 즐기다. ⇔즐기다. ≪朴諺, 上, 31ㅎ≫一分利錢也不肯還, 一分 利錢도 즐겨 갑디 아니ᄒᆞ니. ≪朴諺, 上, 31ㅎ≫討了半年不肯還我, 달라 ᄒᆞ연 디 半年이로ᄃᆡ 즐겨 내게 갑디 아니ᄒᆞ매. ≪朴諺, 上, 58ㅈ≫那廝那裏肯饋, 뎌 놈이 어ᄃᆡ 즐겨 주리오. ≪朴諺, 上, 64ㅎ≫肯時要你的, 즐기면 네 하ᄅᆞᆯ ᄒᆞ고. 不肯時罷, 즐기디 아니면 마쟈. ≪朴諺, 中, 8ㅈ≫你怎麽不肯將頭馬來, 네 엇디 즐겨 읏듬 ᄆᆞᆯ을 가져오디 아니ᄒᆞᄂᆞᆫ다. ≪朴諺, 中, 41ㅈ≫學裏也不肯去, 學에도 즐겨 가디 아니ᄒᆞ고. ≪朴諺, 中, 46ㅎ≫他輸了的猪頭也不肯買, 뎨 진 도틔 머리도 즐겨 사디 아니ᄒᆞ니. ≪朴諺, 中, 59ㅎ≫還不肯發落, 당시롱 즐겨 發落디 아니ᄒᆞ고. ≪朴諺, 中, 59ㅎ≫可知道不肯用心, 그리어니 즐겨 用心티 아니ᄒᆞᄂᆞ니. ≪朴諺, 中, 59ㅎ≫那裏肯用心發落, 어ᄃᆡ 즐겨 用心ᄒᆞ여 發落ᄒᆞ리오. ≪朴諺, 下, 10ㅎ≫他也不肯信向, 뎨 즐겨 信向티 아니ᄒᆞ니. ≪朴諺, 下, 40ㅎ≫似不肯家畫麽, 즐겨 그리디 아닐 ᄃᆞᆺᄒᆞ고.

긔 대 그것이. ⇔나(那). ≪朴諺, 中, 4ㅎ≫那的有甚麽話說, 긔야 므슴 말을 니ᄅᆞ미 이시리오.

긔 명 기(旗). 깃발. ⇔기호(旗號). ≪朴諺, 下, 47ㅎ≫拿着三丈來高的大旗號上寫着明現眞君, 三丈 노픠 큰 긔예 明現眞君이라 쓴 거슬 잡고.

-긔 조 -에. ≪朴諺, 上, 24ㅎ≫午門外前看操馬去來, 午門 밧긔 ᄆᆞᆯ 됴습ᄒᆞᄂᆞᆫ 양 보라 가쟈. ≪朴諺, 上, 48ㅎ≫出外時端的是愁殺人, 밧긔 나가면 졍히 사ᄅᆞᆷ을 근심케 ᄒᆞᄂᆞ니.

긔걸ᄒᆞ다 동 명령하다. 지시하다. 제어(制御)하다. ❶⇔지분(支分). ≪朴諺, 下, 12ㅈ≫相公支分怎的盖, 相公이 긔걸ᄒᆞ쇼셔 엇디 지으리잇고. ❷⇔지분(指分). ≪朴諺, 下, 12ㅎ≫我慢慢的旋指分, 내 날호여 ᄀᆞᆺ곰 긔걸ᄒᆞ마.

긔다 동 기다. ⇔파(爬). ≪朴諺, 中, 47ㅎ≫會爬麽, 긔기를 아ᄂᆞ냐. 爬得, 긔ᄂᆞ니라.

긔동ᄒᆞ다 동 기동(起動)하다. ⇔기(起). ≪朴諺, 上, 48ㅈ≫京都駕幾時起, 셔울 대개 언제 긔동ᄒᆞ실러뇨. ≪朴諺, 上, 48ㅈ≫八月初頭起, 八月 初生에 긔동ᄒᆞᆯ러라.

긔수ᄒᆞ다 동 상대하다. 거들떠보다. 아랑곳하다. 관심을 가지다. ⇔채(倸). ≪集覽, 字解, 單字解, 7ㅈ≫倸. 音采. --, 聽理.採用之謂. 倸一倸 채ᄒᆞ다. 不倸 듣디 아니ᄒᆞ다. 又作揪倸. ≪朴諺, 上, 31ㅎ≫他倸也不倸, 뎨 긔수ᄒᆞᆯ ᄃᆡ 긔수티 아니ᄒᆞ고. ≪朴諺, 中, 8ㅈ≫他不倸好生打, 뎨 긔수티 아닐 거시니 ᄀᆞ장 티라. ≪朴諺, 中, 31ㅈ≫半點也不倸, 半點도 긔수티 아니터라. 他要變時誰倸他, 뎨 변코져 ᄒᆞ면 뉘 뎌ᄅᆞᆯ 긔수ᄒᆞ리오.

긔야 대 그것이야. ⇔나(那). ≪朴諺, 中, 4ㅎ≫那的有甚麽話說, 긔야 므슴 말을 니ᄅᆞ미 이시리오.

긔운 명 기운(氣運). ❶⇔기(氣). ≪朴諺,

中, 29ㅎ≫咳今日天氣冷殺人, 애 오늘 하늘 긔운이 차 사름을 죽게 ᄒᆞ니. ≪朴諺, 下, 40ㅈ≫只少一口氣, 그저 ᄒᆞᆫ 입긔운만 업드라. ❷⇔기아(氣兒). ≪朴諺, 中, 51ㅈ≫矮子呵欠氣兒不長, 난장의 하회옴은 긔운이 기디 아니타 ᄒᆞᄂᆞ니라.

긔특ᄒᆞ다 형 기특(奇特)하다. ⇔기(奇). ≪朴諺, 上, 60ㅎ≫果是奇挄, 果然 긔특ᄒᆞ더라. ≪朴諺, 中, 20ㅎ≫這菩薩眞乃奇挄, 이 菩薩이 진실로 긔특ᄒᆞ니라.

기(己) 명 몸. ⇔몸. ≪朴諺, 上, 23ㅎ≫到處裏破別人誇自已(己), 간 곳마다 다른 사름을 해야ᄇᆞ리며 내 몸을 쟈랑ᄒᆞ고.

기(其) 관 그[其]. ⇔그. ≪朴諺, 上, 54ㅈ≫其銀限至下年幾月內, 그 은을 限이 ᄂᆡ년 아므 ᄃᆞᆯ ᄂᆡ에 니ᄅᆞ게 ᄒᆞ야. ≪朴諺, 上, 61ㅎ≫諸雜名花奇樹不知其數, 여러 가지 名花 奇菂(樹)는 그 수를 아디 못ᄒᆞ고. ≪朴諺, 中, 23ㅎ≫速詣其處, ᄲᆞᆯ리 그 곳에 나아가. ≪朴諺, 中, 28ㅈ≫若作非理必受其殃, 만일 非理엣 일을 ᄒᆞ면 반ᄃᆞ시 그 앙화를 밧는다 ᄒᆞ니. ≪朴諺, 下, 47ㅎ≫不知其數, 그 수를 아디 못ᄒᆞ고. ≪朴諺, 下, 48ㅎ≫其中那一火兒强的, 그 듕에 아모 ᄒᆞᆫ 무리 나은 이.

기(其) 대 그[其]. ⇔그. ≪朴諺, 上, 43ㅎ≫其餘的你如今買去, 그 남은 거스란 네 이제 사라 가라. ≪朴諺, 中, 24ㅎ≫其餘的件當們家裏有着, 그 나믄 伴當들흔 집의 이셔.

기(奇) 형 기특(奇特)하다. ⇔긔특ᄒᆞ다. ≪朴諺, 上, 60ㅎ≫果是奇挄, 果然 긔특ᄒᆞ더라. ≪朴諺, 中, 20ㅎ≫這菩薩眞乃奇挄, 이 菩薩이 진실로 긔특ᄒᆞ니라.

기(氣) 명 ❶원기(元氣). ≪朴諺, 下, 43ㅎ≫三寸氣在千般有, 三寸 氣ㅣ 이시매 쳔 가지나 잇다가. 一日無常萬事休, 一日에 常이 업ᄉᆞ면 萬事ㅣ 休ᄒᆞᄂᆞ니라. ❷기운(氣運). ⇔긔운. ≪朴諺, 中, 29ㅎ≫咳今日天氣冷殺人, 애 오늘 하늘 긔운이 차 사름을 죽게 ᄒᆞ니. ≪朴諺, 下, 40ㅈ≫只少一口氣, 그저 ᄒᆞᆫ 입긔운만 업드라. ❸김. 수증기. ⇔김. ≪集覽, 字解, 單字解, 7ㅎ≫走. 行也. ᄃᆞ니다. 又逃回曰走回. 又跑也. 能走·快走 잘 ᄃᆞᄂᆞ다. 又透漏也. 走話. 又洩也. 走了氣 김 나다.

기(記) 명 보람. 서명(署名). 표(表). 표지(標識). ⇔보람. ≪朴諺, 下, 55ㅎ≫有甚暗記沒印, 아모란 ᄀᆞ만ᄒᆞᆫ 보람이 잇고 인은 업ᄂᆞ니.

기(豈) 부 어찌. ⇔엇디. ≪朴諺, 上, 53ㅎ≫豈可望賞, 엇디 가히 샹을 ᄇᆞ라리오. ≪朴諺, 中, 16ㅎ≫小人豈敢有違, 小人이 엇디 감히 어긔옴이 이시리오.

기(起) 동 ❶기동(起動)하다. ⇔긔동ᄒᆞ다. ≪朴諺, 上, 48ㅈ≫京都駕幾時起, 셔울 대개 언제 긔동ᄒᆞ실러뇨. ≪朴諺, 上, 48ㅈ≫八月初頭起, 八月 初生에 긔동ᄒᆞᆯ러라. ❷일으키다. ⇔니ᄅᆞ혀다. ≪朴諺, 中, 22ㅈ≫起浮屠於泗水之間, 浮屠를 泗水ㅅ ᄉᆞ이에 니ᄅᆞ혀고. ≪朴諺, 下, 24ㅈ≫行者用手把頭提起, 行者ㅣ 손으로 ᄲᅧ 머리를다가 잡아 니ᄅᆞ혀. ❸돋치다. 도드라지다. ⇔도티다. ≪朴諺, 上, 15ㅈ≫起線花梨木鞘兒, 실 도틴 花梨木 갑플에. ❹(말[斗] 따위로) 되다. 재다. ⇔되다. ≪朴諺, 上, 12ㅎ≫着斛起, 휘로 되게 ᄒᆞ라. ❺시작하다. ⇔시작ᄒᆞ다. ≪朴諺, 上, 66ㅈ≫從今日起後日罷散, 오ᄂᆞᆯ브터 시작ᄒᆞ여 모뢰면 罷散ᄒᆞᆯ러라.

기(寄) 동 부치다. 의탁하다. ⇔브티다. ≪朴諺, 上, 11ㅎ≫郎中馬只寄在這人家裏, 郎中아 ᄆᆞᆯ을 그저 이 人家에 브텨 두엇다가.

기(旣) 부 이미. ⇔임의. ≪朴諺, 下, 17ㅈ≫旣讀孔聖之書, 임의 孔聖의 書를 닑어시면.

기(飢) 동 주리다[飢]. ⇔주리다. ≪朴諺, 下, 15ㅈ≫忍多少飢, 인(언)머 주리믈 ᄎᆞᄆᆞ며.

기(幾) 관 몇. ❶⇔몃. ≪集覽, 字解, 累字解, 2ㅎ≫幾回. 몃 슌. ≪集覽, 字解, 單字解, 5ㅎ≫家. 止指一數之稱. 一箇家 ᄒᆞᆫ

낫식, 幾箇家 몃 낫식, 又현 낫식, 幾年家 현 히식. 又槩也. 大家 대개. 又擧姓呼人之稱. 李家·張家. 又呼皇帝曰官家. 又語助. 沒有家 업다. ≪集覽, 字解, 單字解, 6ㅎ≫幾. 數問多少之辭. 幾箇 몃고, 幾時 언제, 幾曾 어늬 제. ≪集覽, 字解, 累字解, 9ㅎ≫幾回. 몃 슌. ≪集覽, 字解, 累字解, 9ㅎ≫幾會. ·몃 슌. ≪朴諺, 上, 11ㅎ≫關幾擔, 몃 짐을 트료. ≪朴諺, 上, 14ㅈ≫這的幾托, 이거시 몃 발고. ≪朴諺, 上, 15ㅎ≫你打幾件兒, 네 몃 불을 믿돌다. ≪朴諺, 下, 13ㅎ≫做了第幾位, 몃재 위를 ᄒᆞ엿ᄂᆞ뇨. ≪朴諺, 下, 26ㅈ≫燒子二兩家賣了幾串, 구은 이예 두 냥식 몃 꿰옴이나 ᄑᆞ란ᄂᆞ다. ≪朴諺, 下, 58ㅎ≫你這東國歷代幾年, 네 이 東國 歷代 몃 히나 ᄒᆞ며. ❷⇔몇. ≪朴諺, 中, 5ㅈ≫正官幾員, 正官이 몇 員이며. ❸⇔여러. ≪集覽, 字解, 單字解, 1ㅈ≫待. 擬要也 ᄒᆞ마 그리 호려 ᄒᆞ다라. 又欲也. 待賣幾箇馬去 여러 ᄆᆞᄅᆞᆯ ᄑᆞᆯ오져 ᄒᆞ야 가노라. ≪集覽, 字解, 累字解, 2ㅎ≫幾會. 여러 즈음. ≪朴諺, 上, 10ㅈ≫我家墻也倒了幾堵, 우리 집 담도 여러 도림이 믄허뎌시니. ≪朴諺, 上, 17ㅈ≫有幾等鶴兒, 여러 가지 연이 이시니. ≪朴諺, 上, 47ㅎ≫却穿衣服喫幾盞閉風酒, 또 옷 닙고 여러 잔 閉風酒를 먹으면. ≪朴諺, 上, 58ㅎ≫喫幾盞酒過兩道湯, 여러 잔 술 먹고 兩道 湯을 디내고. ≪朴諺, 上, 62ㅈ≫官人們也上幾隻舡, 官人들도 여러 ᄇᆡ에 올라. ≪朴諺, 中, 25ㅎ≫着了幾遍雨時都走了㨾子, 여러 번 비를 마즈면 다 듦뜰 양이로다. ≪朴諺, 中, 44ㅎ≫一周遭放幾張交椅, ᄒᆞᆫ 도림으로 여러 댱 교의를 노코. ≪朴諺, 中, 44ㅎ≫掛幾軸畫兒, 여러 튝 그림을 걸고. ≪朴諺, 下, 14ㅈ≫又喫幾盞酒之後, 또 여러 잔 술을 먹은 후에. ≪朴諺, 下, 16ㅈ≫不見了幾件衣裳, 여러 불 오ᄉᆞᆯ 일코. ≪朴諺, 下, 25ㅈ≫沒有, 업고. 靑白間串的上等玉珠兒有幾串, 靑白 섯거 뀐 샹둥 옥구슬 여러 꿰옴이 이셰라. ❹⇔현. ≪集覽, 字解, 單字解, 5ㅎ≫家. 止指一數之稱. 一箇家 ᄒᆞᆫ 낫식, 幾箇家 몃 낫식, 又현 낫식, 幾年家 현 히식. 又槩也. 大家 대개. 又擧姓呼人之稱. 李家·張家. 又呼皇帝曰官家. 又語助. 沒有家 업다. ≪朴諺, 上, 54ㅈ≫每兩月利幾分, 每 兩에 月利 현 푼식 ᄒᆞ야. ≪朴諺, 中, 39ㅈ≫正房幾間, 正房이 현 간. 西房幾間, 西房이 현 간. 東房幾間, 東房이 현 간. 暖閣幾間, 暖閣이 현 간. 花房幾間, 花房이 현 간. 捲蓬(篷)幾間, 무량각이 현 간. ≪朴諺, 中, 39ㅈ≫庫房幾間, 庫房이 현 간. 馬房幾間, 馬房이 현 간. 廚房幾間, 廚房이 현 간. ≪朴諺, 中, 39ㅈ≫客位幾間, 客位ㅣ 현 간이오. ≪朴諺, 下, 48ㅈ≫甚時幾刻立春, 아ᄆᆞ 빼 현 刻에 立春 ᄒᆞ다 ᄒᆞ면. ≪朴諺, 下, 52ㅈ≫年幾無病, 나히 현이오 병 업ᄉᆞᆫ 이라. ≪朴諺, 下, 52ㅎ≫約賊幾人, 거의 도적 현 사ᄅᆞᆷ이. ≪朴諺, 下, 54ㅈ≫年幾歲無病, 나히 현이오 病 업슨이. ≪朴諺, 下, 55ㅎ≫牙幾歲, 나히 현이오.

기(幾) 대 아무[某]. ❶⇔아모. ≪朴諺, 下, 55ㅎ≫幾年月日, 아모 히 月日에. ❷⇔아므. ≪朴諺, 上, 54ㅈ≫其銀限至下年幾月內, 그 은을 限이 ᄂᆡ년 아므 ᄃᆞᆯ ᄂᆡ에 니르게 ᄒᆞ야.

기(幾) 명 ❶며칠. ⇔몃츨. ≪朴諺, 中, 53ㅎ≫今日幾, 오ᄂᆞᆯ이 몃츨고. ❷기(璣). '幾'는 '璣'의 잘못. ≪朴諺, 上, 18ㅎ≫後面北斗(集覽, 朴集, 上, 7ㅈ: 北斗左輔右弼. 凡九星, 曰樞宮貪狼, 曰璇宮巨門, 曰璣〈幾〉宮祿存, 曰權宮文曲, 曰衡宮廉貞, 曰闓(開)陽宮武曲, 曰瑤光宮破軍, 曰洞明宮左輔, 曰隱元宮右弼. 左輔連附北斗第〈茚〉六星, 在外, 右弼連附北斗第〈茚〉二星, 在內. 俱在紫薇(微)垣.)七星板兒做的好, 後面 北斗七星 돈은 믿돌기를 잘ᄒᆞ엿고.

기(幾) 부 얼마나. ⇔언메나. ≪朴諺, 下,

41ㅈ≫幾歲了, 나히 언메나 ᄒᆞ더뇨.

기(棄) 동 버리다. ⇔ᄇᆞ리다. ≪朴諺, 中, 44ㅈ≫一發忘棄名與利, 홈ᄭᅴ 名과 다ᄆᆞᆺ 利를 니저ᄇᆞ리리라.

기(碁) 명 바둑. ⇔바독. ≪朴諺, 上, 21ㅎ≫今日下雨正好下碁, 오ᄂᆞᆯ 비 오니 졍히 바독 두기 됴타. ≪朴諺, 上, 22ㅎ≫你的殺子多沒眼碁, 네 주긴 ᄆᆞᆯ이 만ᄒᆞ니 눈 업슨 바독이로다. ≪朴諺, 上, 23ㅈ≫高碁輸頭盤, 놉흔 바독은 첫 판을 진다 ᄒᆞᄂᆞ니라. ≪朴諺, 上, 23ㅈ≫我却怎麽贏了這三十路碁, 내 ᄯᅩ 엇디 이 셜흔 집 바독을 이긔여뇨. ≪朴諺, 中, 44ㅈ≫着碁論談能消日, 바독 두며 論談ᄒᆞ야 능히 消日ᄒᆞ고. ≪朴諺, 中, 49ㅎ≫將過碁盤來, 바독판 가져오라.

기(旗) 명 기. 깃발. ❶⇔기(旗). ≪朴諺, 中, 1ㅎ≫喃(唧)將那一箇顔色的旗來說時, 아므 ᄒᆞᆫ 빗체 旗를 므러 오라 니ᄅᆞ면. ❷⇔기아(旗兒). ≪朴諺, 中, 1ㅎ≫他的主兒拿着諸般顔色的小旗兒, 제 님재 여러 가지 빗체 젹은 旗를 가져다가.

기(璣) 명 북두칠성의 셋째 별 이름. ≪朴諺, 上, 18ㅎ≫後面北斗(集覽, 朴集, 上, 7ㅈ: 北斗左輔右弼. 凡九星, 曰樞宮貪狼, 曰璇宮巨門, 曰璣〈幾〉宮祿存, 曰權宮文曲, 曰衡宮廉貞, 曰闓(開)陽宮武曲, 曰瑤光宮破軍, 曰洞明宮左輔, 曰隱元宮右弼. 左輔連附北斗第〈前〉六星, 在外, 右弼連附北斗第〈前〉二星, 在內. 俱在紫薇(微)垣.)七星板兒做的好, 後面 北斗七星 돈은 ᄆᆡᆫ들기를 잘ᄒᆞ엿고.

기(騎) 동 타다[騎]. ❶⇔타다. ≪朴諺, 上, 28ㅈ≫騎着一箇十分膘鐵青玉面馬, ᄒᆞᆫ ᄀᆞ장 ᄉᆞᆯ진 텰쳥총이광간쟈ᄆᆞᆯ을 탓고. ❷⇔ᄐᆞ다. ≪朴諺, 上, 17ㅎ≫十月裏騎竹馬, 十月에 대ᄆᆞᆯᄐᆞ기 ᄒᆞ고. ≪朴諺, 上, 26ㅈ≫騎着一箇墨丁也似黑五明馬, ᄒᆞᆫ 墨丁 ᄀᆞᄐᆞᆫ 가라간쟈ᄉᆞ족빅ᄆᆞᆯ을 ᄐᆞ고. ≪朴諺, 上, 55ㅈ≫我要打圍處騎的快走的馬, 내 산영ᄒᆞᄂᆞᆫ 고ᄃᆡ ᄐᆞᆯ 잘 ᄃᆞᆮᄂᆞᆫ ᄆᆞᆯ을 사고져 ᄒᆞ노라. ≪朴諺, 上, 56ㅎ≫且胡亂騎時怕甚麽, 아직 간대로 ᄐᆞ면 므서시 저프리오. ≪朴諺, 中, 7ㅈ≫三箇官人騎的, 세 官人의 ᄐᆞᆯ. ≪朴諺, 中, 7ㅈ≫伴當騎的, 伴當 ᄐᆞᆯ. ≪朴諺, 中, 7ㅈ≫我騎的十分快走的馬將來, 나 ᄐᆞᆯ 이란 ᄀᆞ장 잘 것ᄂᆞᆫ ᄆᆞᆯ을 가져오라. ≪朴諺, 中, 9ㅈ≫更沒多騎鋪馬, ᄯᅩ 鋪馬를 만히 ᄐᆞᆷ이 업고. ≪朴諺, 中, 51ㅎ≫騎馬的官人們, ᄆᆞᆯ ᄐᆞᆫ 官人들히.

-기 어미 -기. (명사형 어미) ≪朴諺, 上, 6ㅈ≫浸在氷盤裏好生好看, 氷盤에 ᄌᆞᆷ가 두면 ᄀᆞ장 보기 됴ᄒᆞ니라. ≪朴諺, 上, 34ㅎ≫咳貴人難見, 애 貴人을 보기 어렵다. ≪朴諺, 上, 45ㅈ≫到晌午寫傚書, 나지 다ᄃᆞᄅᆞ면 셔품 쓰기 ᄒᆞ여. ≪朴諺, 上, 65ㅈ≫你的手裏難尋錢, 네 손에 돈 엇기 어렵다. ≪朴諺, 上, 67ㅈ≫明日難保得穿, ᄂᆡ일 어더 신기를 밋기 어렵다 ᄒᆞᄂᆞ니라. ≪朴諺, 中, 24ㅈ≫萬刼再逢難, 萬劫이라도 다시 만나기 어려오니라. ≪朴諺, 中, 55ㅈ≫大時看的蠢坌了, 크면 보기 멀터오니라. ≪朴諺, 中, 56ㅎ≫恨的我沒是處, 믭기 내 올흔 곳이 업세라. ≪朴諺, 下, 10ㅎ≫這的無緣衆生難化, 이런 인연 업슨 衆生은 化키 어려오니라. ≪朴諺, 下, 20ㅈ≫第四剃頭再接, 넷재ᄂᆞᆫ 머리 버혀 다시 닛기 ᄒᆞ쟈. ≪朴諺, 下, 27ㅎ≫我買的不應心, 내 사기 ᄆᆞᄋᆞᆷ애 맛당티 못ᄒᆞ여라. ≪朴諺, 下, 40ㅎ≫難道不要工錢, 工錢을 밧디 아니리라 니ᄅᆞ기 어렵다. ≪朴諺, 下, 45ㅎ≫其實怕看去, 진실로 보라 가기 저프니라. ≪朴諺, 下, 62ㅈ≫正是難得之物, 졍히 엇기 어려온 거시로다.

-기- 접미 -기-. ≪朴諺, 上, 47ㅈ≫ 梳頭五箇錢, 머리 빗기기ᄂᆞᆫ 다ᄉᆞᆺ 낫 돈이오. 剃頭兩箇錢, 머리 갓기ᄂᆞᆫ 두 낫 돈이오. 修脚五箇錢, 발톱 다듬기ᄂᆞᆫ 다ᄉᆞᆺ 낫 돈이니. ≪朴諺, 上, 62ㅈ≫ 噴鼻眼花的是紅白荷花, 코헤 ᄲᅮᆷ기고 눈에 밤읜 거슨 이 紅白 荷花러라. ≪朴諺, 中, 14ㅎ≫ 又不會做飯, ᄯᅩ 밥 짓기를 아디 못ᄒᆞ니. ≪朴

諺, 中, 33ㅈ≫ 滿池荷花香噴噴, 못에 ᄀ득ᄒᆞᆫ 년곳치 향내 쓉기더라. ≪朴諺, 下, 19ㅎ≫ 見大仙打罷問訊, 大仙을 보고 뭇기를 ᄆᆞᄎᆞ매. ≪朴諺, 下, 20ㅈ≫ 第四割頭再接, 넷재ᄂᆞᆫ 머리 버혀 다시 닛기 ᄒᆞ자. ≪朴諺, 下, 44ㅈ≫ 掠飭的好着, 싯닷기를 잘ᄒᆞ라. ≪朴諺, 下, 44ㅈ≫ 做的生時也難喫, 짓기를 설게 ᄒᆞ면 먹기 어렵고. ≪朴諺, 下, 45ㅈ≫ 做的早時, 짓기를 일 ᄒᆞ던들. ≪朴諺, 下, 62ㅈ≫ 正是難得之物, 졍히 엇기 어려온 거시로다.

기각(機角) 명 뿔. ⇔쓸. ≪朴諺, 下, 46ㅈ≫ 一托來長的兩箇機角(集覽, 朴集, 下, 10ㅈ: 機角. 華人鄕語呼角曰機角.), ᄒᆞᆫ 발 기릐에 두 쓸이오.

기간(其間) 명 사이. ⇔ᄉᆞ이. ≪朴諺, 下, 22ㅈ≫王喝保的其間, 王이 혀츨 ᄉᆞ이예. ≪朴諺, 下, 37ㅎ≫這般過當的其間裡, 이리 디낼 ᄉᆞ이예. ≪朴諺, 下, 48ㅈ≫燒香等候的其間, 燒香ᄒᆞ고 기ᄃᆞ릴 ᄉᆞ이예. ≪朴諺, 下, 60ㅈ≫太祖不准的其間, 太祖ㅣ 허티 아닐 ᄉᆞ이예.

기갈(飢渴) 명 배고픔과 목마름. ≪朴諺, 中, 22ㅎ≫傾甘露於甁中濟險途於飢渴(集覽, 朴集, 中, 5ㅎ: 傾甘露於甁中濟險途於飢渴. 飜〈翻〉譯名義云, 梵言軍持, 此云甁. 軍持有二, 若甆瓦者是淨用, 若銅鐵者是觸用. 西域記云, 軍持, 澡甁也. 尼畜軍持, 僧畜澡罐. 佛經云, 佛洒甘露水. 又云, 開甘露門. 又云, 手執靑楊枝, 徧洒甘露之水. 然甘露源流未詳.), 甘露로 甁中에 기우려 險途를 飢渴에 구졔ᄒᆞᄂᆞᆺ다.

기개(幾箇) 관 ❶여러 (개). ⇔여러. ≪朴諺, 上, 36ㅈ≫我說幾箇謎, 내 여러 슈지엣말 니를 거시니. ≪朴諺, 中, 44ㅎ≫將幾箇磨果釘子來, 여러 머리 뭉킨 못 가져다가. ❷여러 (마리). ⇔여러. ≪朴諺, 中, 13ㅎ≫抽分了幾箇馬, 여러 ᄆᆞᆯ을 츄렴ᄒᆞ고. ≪朴諺, 中, 14ㅈ≫抽分了幾箇馬, 여러 ᄆᆞᆯ을 츄렴ᄒᆞ고. ❸여러 (명). ⇔여러. ≪朴諺, 上, 1ㅈ≫咱們幾箇好弟兄, 우리 여러 됴ᄒᆞᆫ 弟兄들히. ≪朴諺, 上, 10ㅈ≫去角頭叫幾箇打墻的和坌工來築墻, 모롱이에 가 여러 담 ᄡᆞᄂᆞᆫ 이와 조역을 블러다가 담 ᄡᅳ이리라. ≪朴諺, 上, 23ㅈ≫咱幾箇好朋友們, 우리 여러 ᄆᆞ음 됴ᄒᆞᆫ 벗들이. ≪朴諺, 中, 19ㅈ≫這幾箇賊漢們, 이 여러 도적놈들히. ≪朴諺, 中, 28ㅎ≫官人們引着幾箇皂隷, 官人들이 여러 皂隷를 ᄃᆞ리고. ❸여러 (필). ⇔여러. ≪集覽, 字解, 單字解, 1ㅈ≫待. 擬要也 ᄒᆞ마 그리 호려 ᄒᆞ다라. 又欲也. 待賣幾箇馬去 여러 ᄆᆞᆯ를 ᄑᆞᆯ오져 ᄒᆞ야 가노라.

기개(幾箇) 관 ❶몇 (개). ⇔몃. ≪集覽, 字解, 單字解, 6ㅎ≫幾. 數問多少之辭. 幾箇 몃고, 幾時 언제, 幾曾 어늬 제. ≪朴諺, 上, 32ㅈ≫知他是幾箇明日, 모로리로다 이 몃 닉일인디. ≪朴諺, 上, 66ㅈ≫說幾箇日頭, 몃 날을 니ᄅᆞ러뇨. ≪朴諺, 中, 47ㅎ≫這孩兒幾箇月也, 이 아ᄒᆡ 몃 ᄃᆞᆯ이나 ᄒᆞ뇨. ❷몇 (명). ⇔몃. ≪朴諺, 上, 44ㅈ≫你幾箇學生, 너희 몃 學生고.

기개(幾箇) 명 얼마. ⇔언머. ≪朴諺, 上, 52ㅎ≫你要打幾箇氣力的弓, 네 언머 힘에 활을 ᄆᆡᆫ돌고져 ᄒᆞᄂᆞ다.

기개(幾箇) 수 몇 (명). ⇔몃ㅊ. ≪朴諺, 上, 29ㅎ≫你要幾箇, 네 몃치나 ᄒᆞ고져 ᄒᆞᄂᆞ다. ≪朴諺, 上, 49ㅈ≫這般時咱們幾箇去, 이러면 우리 몃치 가료. ≪朴諺, 中, 5ㅈ≫隨從幾箇, 隨從이 몃치나 ᄒᆞ뇨.

기개(起蓋) 동 짓다[作]. 건축을 시작하다. ⇔짓다. ≪朴諺, 下, 18ㅈ≫起盖三淸大殿, 三淸大殿을 지으니.

기공(起工) 동 공사를 시작하다. ≪朴諺, 上, 10ㅈ≫後日是天赦日(集覽, 朴集, 上, 5ㅈ: 天赦日. 春戊寅·夏甲午·秋戊申·冬甲子, 謂天道生育萬物而宥其罪也. 甲戌爲陽干之德, 子午爲陰陽之成, 寅申爲陰陽之立, 以干德配之爲赦也, 可修造起工〈土〉.), 모뢰ᄂᆞᆫ 이 天赦日이니.

기교(奇巧) 형 (수공예 등이) 기발하고 교묘하다. 신기하고 정교하다. ≪朴諺, 上,

9ㅎ≫水淯過蘆溝橋(集覽, 朴集, 上, 4ㅎ: 蘆溝橋. 其一東南流, 入于蘆溝, 又東入于東安縣界. 去都城三十里, 有石橋跨于河, 廣二百餘步, 其上兩旁皆石欄, 雕刻石獅, 形狀奇巧, 成於金明昌三年.)獅子頭, 믈이 蘆溝橋 獅子ㅅ 머리를 줌가 너머. ≪朴諺, 上, 25ㅈ≫刺(刺)通袖膝欄(集覽, 朴集, 上, 8ㅎ: 刺通袖膝欄. 元時好着此衣, 前後具胷背, 又連肩而通袖之脊, 至袖口爲紋, 當膝周圍亦爲紋如欄干, 然織成段匹爲衣者有之, 或皮或帛, 用綵線周遭回曲爲緣, 如花㨾, 刺〈刺〉爲草樹〈尌〉·禽獸·山川·宮殿之文於〈紋於〉其內, 備極奇巧, 皆用團領着之, 其直甚高.)羅帖裏上, ㅅ매 므ᄅ 내 치질ᄒ고 膝欄ᄒ 羅 텰릭에.

기구(氣球) 명 머리털로 속을 채운, 겉이 가죽으로 된 공. ≪朴諺, 下, 35ㅈ≫却打花房窩兒(集覽, 朴集, 下, 7ㅎ: 花房窩兒. 但今漢俗未見兩毬, 而惟見踢氣毬者, 卽古之蹴踘也. 此節〈莭〉打毬兒又與〈如〉上卷打毬兒, 名同事異.), 또 花房 굼글 티쟈.

기낭(幾娘) 명 비천한 부인. ≪朴諺, 上, 40ㅎ≫別處一箇官人娶娘子(集覽, 朴集, 上, 11ㅎ: 娘子. 南村輟耕[錄]云〈南村輟耕錄〉, 世謂穩婆曰老娘, 女巫曰師娘, 唱〈娼〉婦曰花娘, 達人又曰草娘, 苗人謂妻曰夫娘, 南方謂婦人無行者曰夫娘, 謂婦人之卑賤者曰某娘, 曰幾娘, 鄙之曰婆娘.), 다른 고ᄃᆡ ᄒᆞᆫ 官人이 娘子를 娶ᄒ노라.

기급(企及) 동 미치다. 이르다. 따라가다. ≪集覽, 字解, 單字解, 2ㅈ≫迭. 企及之辭. 밋다.

기년(幾年) 명 몇 해. ≪集覽, 字解, 單字解, 5ㅎ≫家. 止指一數之稱. 一箇家 ᄒᆞᆫ 낫식, 幾箇家 몃 낫식, 又현 낫식, 幾年家 현 히식. 又槩也. 大家 대개. 又擧姓呼人之稱. 李家·張家. 又呼皇帝曰官家. 又語助. 沒有家 업다.

기동 명 기둥. ❶⇔장(樁). ≪朴諺, 中, 29ㅈ≫木樁上剮了, 나모 기동에 믜고 짝가 죽이니라. ❷⇔주(柱). ≪朴諺, 上, 38ㅈ≫弟兄三四箇守着停柱坐, 弟兄 세 네히 기동을 딕희여 안잣ᄂ 거시여. ≪朴諺, 上, 60ㅎ≫那殿一剗是纏金龍木香停柱, 뎌 殿에 ᄒᆞᆫ골ᄀᆞ티 金龍이 얼거던 木香 기동이오. ≪朴諺, 中, 1ㅈ≫停柱來麁細的, 기동 만ᄒᆞᆫ 굴긔예. ≪朴諺, 中, 44ㅎ≫那中柱上釘一箇釘子, 뎌 가온딧 기동에 ᄒᆞᆫ 낫 못을 박고. ≪朴諺, 下, 12ㅎ≫檁, 납. 樑, ᄆᄅ. 椽, 혀. 柱, 기동. 短柱, 短柱. 又竪, 쟈슈. 門框, 門얼굴. 門扇, 門짝. 吊窓, 들창. 天窓, 울어리창. 雙扇, 상다디. 單扇, 외다디. 窓欞, 창살로.

기두(箕斗) 명 기수(箕宿)와 두수(斗宿). ≪朴諺, 上, 60ㅈ≫近看時遠侵碧漢(集覽, 朴集, 上, 15ㅈ: 碧漢. 爾雅, 析木爲之津. ヒ在箕斗間, 自坤抵艮爲地紀, 亦名雲漢, 曰天潢, 曰銀河, 曰銀漢, 曰河漢.), 갓가이셔 보면 멀리 碧漢을 侵ᄒ고.

기두(起頭) 명 으뜸. 시작. 첫째. 처음. ⇔ 웃듬. ≪朴諺, 下, 20ㅈ≫起頭坐靜, 웃듬은 안ᄶᅵ를 靜히 ᄒ고. 第二槓中猜物, 둘째ᄂ 槓中엣 거슬 알고. 第三滾油洗澡, 셋재ᄂ 글ᄂ 기름에 모욕ᄒ고.

기들우다 동 기다리다. ❶⇔등착(等着). ≪集覽, 字解, 單字解, 1ㅈ≫等. 候待也. 等他·等着 기들우다. 又等子 저울. 又吏語, 用此爲等輩之意. 又等閑, 釋見下. ❷⇔등타(等他). ≪集覽, 字解, 單字解, 1ㅈ≫等. 候待也. 等他·等着 기들우다. 又等子 저울. 又吏語, 用此爲等輩之意. 又等閑, 釋見下.

기드리다 동 기다리다. ❶⇔대(待). ≪朴諺, 上, 10ㅈ≫如今待秋後整治怕甚麽, 이제 秋後를 기드려 整治ᄒ면 므서시 저프리오. ≪朴諺, 中, 10ㅎ≫更待怎的, 또 므서슬 기드리리오. ≪朴諺, 下, 11ㅎ≫待兩箇月, 두 돌을 기드리면. ❷⇔등(等). ≪朴諺, 上, 20ㅎ≫等一會兒饋些草喫, ᄒᆞᆫ

디위 기ᄃᆞ려 져기 여믈을 주어 먹이고. ≪朴諺, 中, 24ㅎ≫都一打裏將到直房裏等我着, 다 ᄒᆞᆫ번의 가지고 直房에 가 날을 기ᄃᆞ리고. ≪朴諺, 中, 30ㅈ≫等一會兒喫, ᄒᆞᆫ 디위 기ᄃᆞ려 먹쟈. ≪朴諺, 下, 2ㅈ≫等一會兒喫, ᄒᆞᆫ 디위 기ᄃᆞ려 먹을 쩌시니. ≪朴諺, 下, 61ㅈ≫先到宮門前等的萬千人, 몬져 宮門 앏희 가 기ᄃᆞ리리 萬千人이나 ᄒᆞ니. ❸⇔등후(等候). ≪朴諺, 下, 48ㅈ≫燒香等候的其間, 燒香ᄒᆞ고 기ᄃᆞ릴 ᄉᆞ이에.

기래(起來) 동 ❶발생하다. ≪朴諺, 中, 31ㅈ≫粧腰大模揉(集覽, 朴集, 中, 7ㅈ: 粧腰大摸〈模〉揉. 質問云, 如人大氣像起來時, 又粧妖氣, 又作大摸〈模〉大揉, 不禮待人, 方言謂氣像大起來時, 粧妖大摸〈模〉揉.), 腰大 模樣을 ᄭᅮᆷ여. ❷일어나다. ⇔니러나다. ≪朴諺, 中, 28ㅎ≫老李聽了惱懆起來, 老李 듯고 노ᄒᆞ여 니러나. ≪朴諺, 中, 47ㅈ≫他酒醒了起來不覺, 뎨 술이 ᄭᅵ여 니러나 ᄭᅵ티디 못ᄒᆞ고. ≪朴諺, 下, 48ㅈ≫那灰忽然飛將起來後頭, 뎌 지 忽然히 ᄂᆞ라 니러난 후에야. ❸일다. 일어나다. ⇔닐다. ≪朴諺, 上, 31ㅎ≫半夜三更裏起來, 半夜 三更의 니러. ≪朴諺, 上, 44ㅎ≫每日打罷明鍾起來, 每日에 明鍾을 텨 罷ᄒᆞ면 니러. ≪朴諺, 中, 8ㅎ≫相公鷄兒叫起來, 相公아 ᄃᆞᆰ이 우니 닐라. ≪朴諺, 下, 10ㅈ≫便喝跳起來道, 곳 혀 ᄎᆞ고 ᄯᅱ여 니러 닐오ᄃᆡ. ≪朴諺, 下, 15ㅎ≫又一箇小廝半夜裏起來, ᄯᅩ ᄒᆞᆫ 놈은 半夜에 니러. ≪朴諺, 下, 19ㅈ≫便焦懆起來, 곳 노희여 니러.

기래(起來) 동 일으키다. ❶⇔니르키다. ≪朴諺, 中, 35ㅈ≫吹起火來, 블을 부러 니르켜. ❷⇔니르혀다. ≪朴諺, 中, 31ㅈ≫他如今氣象大起來時, 뎨 이제 氣象을 크게 니르혀면.

기력(氣力) 명 ❶힘. 활시위의 강도를 재는 힘의 단위. 20근(斤) 무게의 힘이다. ⇔힘. ≪朴諺, 上, 52ㅎ≫你要打幾箇氣力(集覽, 朴集, 上, 13ㅎ: 氣力. 音義云, 弓强弱之力, 重十二斤曰一箇氣力. 今按, 舊本以斗石爲重, 續綱目兩石弓註, 三十斤爲鈞, 四鈞爲石, 重百二十斤也.)的弓, 네 언머 힘에 활을 ᄆᆡᆼᄀᆞᆯ고져 ᄒᆞᄂᆞ다. ≪朴諺, 上, 53ㅈ≫你打十箇氣力的一張, 네 열 힘에 치 ᄒᆞᆫ 댱과. 七八箇氣力的一張, 닐곱 여ᄃᆞᆲ 힘에 ᄒᆞᆫ 댱을 ᄆᆡᆼ들라. ❷힘. 기력. 근력. 체력. ⇔힘. ≪朴諺, 上, 24ㅈ≫便儘氣力去救一救, 곳 氣力을 다ᄒᆞ여 가 救ᄒᆞ쟈. ≪朴諺, 上, 35ㅎ≫只是腿上十分無氣力, 그저 싄다리예 ᄀᆞ장 氣力이 업세라. ≪朴諺, 上, 49ㅈ≫咱各自用心儘氣力射, 우리 각각 用心ᄒᆞ야 氣力을 잇긋ᄒᆞ야 ᄡᅩ쟈. ≪朴諺, 上, 58ㅈ≫那般時省氣力, 그리ᄒᆞ면 氣力이 덜리라. ≪朴諺, 中, 40ㅎ≫那瓦水潤了無些氣力, 뎌 디새 믈 ᄇᆡ야 져기 힘이 업스니.

기로(耆老) 명 연로(年老)하고 덕이 높은 사람. '기(耆)'는 예순 살, '노(老)'는 일흔 살을 이른다. ≪朴諺, 下, 45ㅈ≫宋舍看打春(集覽, 朴集, 下, 9ㅎ: 打春. 音義云, 如今北京迎春時, 唯牛芒而已. 在前只有府縣官員, 幷師生耆老引赴順天府, 候春至之時. 此節〈莭〉皆杭州所行, 非京都之事.)去來, 宋개아 닙츈 노롯ᄒᆞᄂᆞᆫ 양 보라 가쟈.

기르다 동 기르다. 키우다. ❶⇔간성(看成). ≪集覽, 字解, 累字解, 2ㅎ≫看成. 보ᅀᆞᆲ피다. 又기르다. 又삼다. ❷⇔양(養). ≪朴諺, 上, 51ㅎ≫養子方知父母恩, ᄌᆞ식을 길러야 보야흐로 父母 은혜를 안다 ᄒᆞ니라. ❸⇔양성(養成). ≪集覽, 字解, 單字解, 7ㅎ≫養. 養成 기르다. 又生産曰養, 養孩兒 ᄌᆞ식 나타. 又呼淫婦宣淫者曰養漢的. ≪朴諺, 中, 10ㅈ≫養成軀使, 길러 ᄡᅳ리되.

기름 명 기름. ⇔유(油). ≪朴諺, 中, 6ㅈ≫醋, 초와. 醬, 쟝과. 塩, 소금과. 芥末, 계ᄌᆞ ᄀᆞᄅᆞ와. 葱, 파과. 蒜, 마ᄂᆞᆯ과. 薤菜, 부치와, 油, 기름과. 生蘿蔔, ᄃᆡ무우과.

瓜, 외와. 茄等, 가지 등.

기름믈 명 기름기. 이익(利益)을 비유하는 말. ⇔유수(油水). ≪朴諺, 中, 59ㅎ≫沒油水的勾當, 기름믈 업슨 일을.

기린(猉獜) 명 기린(麒麟). '猉獜'은 '麒麟'의 잘못. ≪朴諺, 上, 24ㅎ≫五綵綉麒麟柳綠紵絲抹口的靴子, 五綵로 猉獜을 綉ᄒᆞ고 柳綠빗체 비단으로 부리 두론 훠ᄋᆞ에.

기린(麒麟) 명 기린. (성인이 이 세상에 나올 징조로 나타난다고 하는 상상 속의 짐승) ≪朴諺, 上, 24ㅎ≫五綵綉麒麟柳綠紵絲抹口的靴子, 五綵로 猉獜을 綉ᄒᆞ고 柳綠빗체 비단으로 부리 두론 훠ᄋᆞ에.

기립(起立) 동 (건물 따위를) 세우다. ≪朴諺, 下, 7ㅈ≫我不知道那家有甚麽幰〈慌〉字(集覽, 朴集, 下, 2ㅈ: 幰字. 今按, 漢俗, 凡出賣諸物之家, 俱設標幟之物, 置於門口, 或於門前起立牌榜, 如曰張家出賣高麗布扇. 一如賣酒家標植青帘之類, 俗呼青帘曰酒家望子.), 내 아디 못ᄒᆞ니 뎌 집의 므슴 보람이 잇ᄂᆞ뇨.

기ᄅᆞ다 동 기르다. 키우다. ⇔양(養). ≪朴諺, 上, 51ㅎ≫養孩兒好難, ᄌᆞ식 기ᄅᆞ기 ᄀᆞ장 어렵더라.

기ᄅᆞ마 명 길마. ❶⇔안(鞍). ≪朴諺, 下, 55ㅈ≫門前絟着帶鞍的白馬來, 門 앏희 기ᄅᆞ마지은 白馬를 ᄆᆡ엿더니. ❷⇔안자(鞍子). ≪朴諺, 上, 26ㅈ≫鞍子是一箇烏犀角邊兒幔玳瑁, 기ᄅᆞ마ᄂᆞᆫ 이 ᄒᆞᆫ 烏犀角 변ᄋᆞ에 玳瑁를 ᄭᅧ랏고. ≪朴諺, 上, 28ㅈ≫鞍子是雪白鹿角邊兒, 기ᄅᆞ마ᄂᆞᆫ 이 눈ᄀᆞᆺ티 흰 鹿角 邊兒에. ≪朴諺, 中, 8ㅎ≫疾忙着背鞍了, 밧비 기ᄅᆞ마짓고. ≪朴諺, 中, 11ㅎ≫少梯子, 술위앏괴오ᄂᆞᆫ나모. 撑頭, 술위뒤괴오ᄂᆞᆫ나모. 套繩, 멘줄. 撒繩, ᄡᅳ을줄. 拘索, 목집게. 籠頭, 바굴레. 脚索, 지달쏠바. 鞍子, 기ᄅᆞ마. 肚帶, 빗대업세라. ≪朴諺, 中, 51ㅎ≫這裏將來鞴鞍子, 여긔 가져다가 기ᄅᆞ마짓고.

기ᄅᆞ마가지 명 길맛가지. ⇔안교자(鞍橋子). ≪朴諺, 上, 26ㅈ≫油心紅畫水波面兒的鞍橋子, 油心紅빗치 水波面 그린 기ᄅᆞ마가지오. ≪朴諺, 上, 28ㅈ≫時樣的黑斜皮鞍橋子, 시톄로 ᄒᆞᆫ 黑斜皮 ᄡᅡᆫ 기ᄅᆞ마가지오.

기ᄅᆞ마짓다 동 길마를 짓다. 안장을 지우다. 곧, 말 탈 준비를 갖추다. ❶⇔대안(帶鞍). ≪朴諺, 下, 55ㅈ≫門前絟着帶鞍的白馬來, 門 앏희 기ᄅᆞ마지은 白馬를 ᄆᆡ엿더니. ❷⇔배안자(背鞍子). ≪朴諺, 中, 8ㅎ≫疾忙着背鞍子, 밧비 기ᄅᆞ마짓고. ❸⇔비(鞴). ≪朴諺, 下, 57ㅈ≫牽將來鞴了也, 잇그러 와 기ᄅᆞ마지어다. ❹⇔비안자(鞴鞍子). ≪朴諺, 中, 51ㅎ≫這裏將來鞴鞍子, 여긔 가져다가 기ᄅᆞ마짓고.

기름 명 기름. ⇔유(油). ≪朴諺, 下, 20ㅈ≫第三滾油洗澡, 셋재ᄂᆞᆫ 글ᄂᆞᆫ 기름에 모욕ᄒᆞ고. ≪朴諺, 下, 22ㅈ≫咱如今燒起油鍋, 우리 이제 기름 가마에 블 ᄯᅵᆺ고. ≪朴諺, 下, 22ㅎ≫油鍋兩邊看着, 기름 가마 두 편의셔 보와. ≪朴諺, 下, 22ㅎ≫就油裏死了, 기름에셔 죽으니. ≪朴諺, 下, 23ㅈ≫跳入油中, ᄠᅱ여 기름 가온대 드러가. ≪朴諺, 下, 23ㅎ≫行者油煎的肉都沒了, 行者ㅣ 기름에 지지여 ᄉᆞᆯ히 다 업더이다.

기릐 명 길이. ❶⇔장(長). ≪朴諺, 中, 3ㅎ≫這楊(揚)州綾子滿七托長, 이 楊(揚)州ㅅ 綾이 닐굽 발 기릐 ᄎᆞ고. ≪朴諺, 下, 46ㅈ≫一托來長的兩箇機角, ᄒᆞᆫ 발 기릐에 두 ᄲᅳᆯ이오. ❷⇔장단(長短). ≪朴諺, 上, 35ㅈ≫比着只一把長短鉸了, 그저 ᄒᆞᆫ ᄲᅧᆷ 기릐를 견초와 ᄀᆞ은쳐. ≪朴諺, 中, 1ㅈ≫一托來長短, ᄒᆞᆫ 발 기릐예.

기맥(氣脉) 명 기맥(氣脈). '脉'은 '脈'의 속자. ≪朴諺, 上, 35ㅎ≫氣脉通行便好了, 氣脉이 通行ᄒᆞ야 곳 됴핫거니와.

기맥(氣脈) 명 기혈(氣血)과 맥락(脈絡). ≪朴諺, 上, 35ㅎ≫氣脉通行便好了, 氣脉이 通行ᄒᆞ야 곳 됴핫거니와.

기명(器皿) 명 그릇붙이. ≪朴諺, 上, 19ㅈ≫我今日印子鋪(集覽, 朴集, 上, 7ㅎ: 印子

鋪. 質問云, 有錢之人開鋪, 那無錢之人拿衣服或器皿, 儅借銅錢或銀子使用, 每十分加利一分, 亦與有印號帖兒, 以爲執照.)裏儅錢去, 내 오늘 印子鋪에 돈 典儅ᄒᆞ라 가노라.

기묘(奇妙) 형 기묘(奇妙)하다. ⇔기묘ᄒᆞ다(奇妙-). ≪朴諺, 中, 32ㅈ≫眞箇奇妙, 진실로 奇妙ᄒᆞ니라.

기묘ᄒᆞ다(奇妙-) 형 기묘(奇妙)하다. ⇔기묘(奇妙). ≪朴諺, 中, 32ㅈ≫眞箇奇妙, 진실로 奇妙ᄒᆞ니라.

기반(碁盤) 명 바둑판. ⇔바독판. ≪朴諺, 中, 49ㅎ≫將過碁盤來, 바독판 가져오라.

기범(忌犯) 동 저촉되는 일을 피하다. ⇔기범ᄒᆞ다(忌犯-). ≪朴諺, 下, 41ㅎ≫巳·午·亥·卯生人忌犯裡, 巳·午·亥·卯에 난 사ᄅᆞᆷ은 忌犯ᄒᆞ라 섯더라.

기범ᄒᆞ다(忌犯-) 동 저촉되는 일을 피하다. ⇔기범(忌犯). ≪朴諺, 下, 41ㅎ≫巳·午·亥·卯生人忌犯裡, 巳·午·亥·卯에 난 사ᄅᆞᆷ은 忌犯ᄒᆞ라 섯더라.

기봉(奇峯) 명 이상하고 신기하게 생긴 봉우리. ≪朴諺, 中, 32ㅎ≫有重重疊疊奇峯, 重重 疊疊ᄒᆞᆫ 奇峯이 이시며.

기사(耆社) 명 늙은이. 노인. ≪朴諺, 下, 45ㅈ≫宋舍看打春(集覽, 朴集, 下, 9ㅎ: 打春. 東京夢華錄云, 立春前五日, 造土牛·耕夫·犁具, 前一日順天府進農牛入禁中鞭春, 府縣官吏·士庶·耆社, 具鼓樂出東郊迎春, 牛芒神至府前, 各安方位.)去來, 宋개아 닙츈 노롯ᄒᆞᄂᆞᆫ 양 보라 가쟈.

기사(記事) 명 보람. 서명(署名). 표(表). 표지(標識). ⇔보람. ≪朴諺, 中, 3ㅎ≫兩頭有記事, 두 머리에 보람 이시니.

기사(幾死) 동 거의 다 죽게 되다. ≪朴諺, 下, 4ㅈ≫逢多少惡物刁蹶(集覽, 朴集, 下, 1ㅎ: 刁蹶. 今按, 法師往西天時, 初到師陀國界, 遇猛虎·毒蛇之害, 次遇黑熊精·黃風恠〈怪〉·地湧夫人·蜘蛛精·獅子恠〈怪〉·多目恠〈怪〉·紅孩兒恠〈怪〉, 幾死僅免.), 언머 惡物의 ᄒᆞ쯤을 만나시리오.

기살(氣殺) 동 애씌우다. 애쓰게 하다. 곧, 화가 나서 죽을 지경이다. ⇔애ᄢᅳ오다. ≪朴諺, 上, 32ㅈ≫眞箇氣殺我, 진실로 날을 애ᄢᅳ오ᄂᆞ니라. ≪朴諺, 中, 18ㅈ≫氣殺我也, 날을 애ᄢᅳ온다.

기살아(氣殺我) 형 (죽음에 이를 정도로) 매우 애달프고 섧다. ≪集覽, 字解, 單字解, 6ㅈ≫殺. 氣殺我 애ᄃᆞᆯ와 셜웨라, 猶言以此而可至於死也. 又愁殺人 사ᄅᆞᄅᆞᆯ ᄀᆞ장 근심ᄒᆞ야 셟게 ᄒᆞ다. 又廝殺 싸호다. 又助語辭. 最深殺 ᄀᆞ장 깁다. ≪朴諺, 上, 32ㅈ≫眞箇氣殺我, 진실로 날을 애ᄢᅳ오ᄂᆞ니라. ≪朴諺, 中, 18ㅈ≫氣殺我也, 날을 애ᄢᅳ온다.

기상(氣象) 명 사람이 타고난 기개와 겉으로 드러난 의용(儀容). ≪朴諺, 中, 31ㅈ≫他如今氣象大起來時, 뎌 이제 氣象을 크게 니르혀면.

기상(氣像) 명 사람이 타고난 기개와 겉으로 드러난 의용(儀容). ≪朴諺, 中, 31ㅈ≫粧腰大模搽(集覽, 朴集, 中, 7ㅈ: 粧腰大摸〈模〉搽. 質問云, 如人大氣像起來時, 又粧妖氣, 又作大摸〈模〉大搽, 不禮待人, 方言謂氣像大起來時, 粧妖大摸〈模〉搽. 一說, 粧腰猶脩餙〈飾〉也, 一說, 腰大猶言大起像也.), 腰大 模樣을 쑴여. ≪朴諺, 下, 38ㅎ≫有甚麽氣像, 므슴 氣像이 잇더뇨. ≪朴諺, 下, 38ㅎ≫那氣像是氣像, 뎌 氣像이 이 氣像이러라.

기색(氣色) 명 태도와 안색. ≪朴諺, 下, 9ㅎ≫心只在酒肉氣色, ᄆᆞᄋᆞᆷ이 그저 酒肉과 氣色에 이셔.

기세(飢歲) 명 농작물이 예년에 비하여 잘되지 아니하여 굶주리게 된 해. ≪朴諺, 中, 22ㅈ≫隨相現相(集覽, 朴集, 中, 5ㅈ: 隨相現相. 飜譯名義云, 佛昔爲帝釋時, 遭飢歲, 疾疫流行, 醫療無功, 道殣相屬.)救苦惱於三塗, 샹을 조차 샹을 뵈야 苦惱를 三塗에 救ᄒᆞᄂᆞᆫ ᄯᅳ디라.

기수(奇树) 명 기수(奇樹). '树'는 '樹'의 속자. ≪朴諺, 上, 61ㅎ≫諸雜名花奇樹不知

其數, 여러 가지 名花 奇蔚(樹)는 그 수를 아디 몯ᄒᆞ고.

기수(奇樹) 명 기이하게 생긴 나무. ≪朴諺, 上, 61ㅎ≫諸雜名花奇樹不知其數, 여러 가지 名花 奇蔚(樹)는 그 수를 아디 몯ᄒᆞ고.

기시(幾時) 부 언제. ⇔언제. ≪集覽, 字解, 單字解, 6ㅎ≫幾. 數問多少之辭. 幾箇 몃고, 幾時 언제, 幾曾 어늬 제. ≪朴諺, 上, 9ㅈ≫哥哥你幾時起身, 형아 네 언제 起身홀다. ≪朴諺, 上, 13ㅎ≫從幾時出來, 언제브터 낫ᄂᆞ뇨. ≪朴諺, 上, 41ㅎ≫幾時下紅定, 언제 紅定을 드리더뇨. ≪朴諺, 上, 46ㅈ≫你幾時來, 네 언제 온다. ≪朴諺, 上, 48ㅈ≫京都駕幾時起, 서울 대개 언제 긔동ᄒᆞ실러뇨. ≪朴諺, 上, 49ㅎ≫你姐姐曾幾時喫粥來, 네 姐姐ㅣ 일즙 언제브터 쥭을 먹ᄂᆞ뇨. ≪朴諺, 中, 5ㅈ≫幾時來取, 언제 와 가져가료. ≪朴諺, 中, 12ㅎ≫幾時來了, 언제 온다. ≪朴諺, 中, 13ㅎ≫那丁舍你幾時來, 뎌 丁舍ㅣ아 네 언제 온다. ≪朴諺, 中, 16ㅎ≫幾時忘這恩念, 언제 이 恩念을 니즈리오. ≪朴諺, 中, 43ㅈ≫幾時得些閑, 언제 져기 한가홈을 어드리오. ≪朴諺, 中, 46ㅎ≫急且幾時又得除, 과거리 언제 ᄯᅩ 除홈을 어드리오. ≪朴諺, 中, 59ㅎ≫知他是幾時的勾當, 모로리로다 언제 일인디. ≪朴諺, 中, 60ㅈ≫幾時倒的了, 언제 긆나리오. ≪朴諺, 下, 38ㅈ≫幾時行, 언제 가뇨.

기식(氣息) 명 냄새. ⇔내옴. ≪朴諺, 中, 50ㅎ≫氣息臭的當不的, 내옴이 더러워 당티 몯ᄒᆞ니.

기식(飢食) 명 허기를 채우는 음식물. ≪朴諺, 下, 17ㅈ≫唐三藏引孫行者(集覽, 朴集, 下, 4ㅈ: 孫行者. 大聖被執當死, 觀音上請于玉帝, 免死. 令巨靈神押大聖前往下方去, 乃於花菓山石縫內納身, 下截畫如來押字封着, 使山神·土地神鎭守. 飢食鉄〈鐵〉丸, 渴飮銅汁, 待我往東土尋取經之人, 經過此山, 觀大聖, 肯隨往西天, 則此時可放.), 唐三藏이 孫行者를 ᄃᆞ리고.

기신(起身) 동 길을 떠나다. 출발하다. ⇔기신ᄒᆞ다(起身-). ≪朴諺, 上, 9ㅈ≫哥哥你幾時起身, 형아 네 언제 起身홀다. 這月二十頭起身, 이 ᄃᆞᆯ 스므날씌 起身ᄒᆞ리로다. ≪朴諺, 上, 31ㅈ≫他京裏臨起身時莭(節), 뎨 셔울셔 起身홀 때에 臨ᄒᆞ여.

기신ᄒᆞ다(起身-) 동 길을 떠나다. 출발하다. ⇔기신(起身). ≪朴諺, 上, 9ㅈ≫哥哥你幾時起身, 형아 네 언제 起身홀다. 這月二十頭起身, 이 ᄃᆞᆯ 스므날씌 起身ᄒᆞ리로다. ≪朴諺, 上, 31ㅈ≫他京裏臨起身時莭(節), 뎨 셔울셔 起身홀 때에 臨ᄒᆞ여.

기실(其實) 부 진실로. 정말로. 참으로. ⇔진실로. ≪朴諺, 上, 58ㅎ≫小人其實不曾知道, 小人이 진실로 일즙 아디 몯홀와. ≪朴諺, 下, 45ㅎ≫其實怕看去, 진실로 보라 가기 저프니라.

기아(氣兒) 명 기운(氣運). ⇔긔운. ≪朴諺, 中, 51ㅈ≫矮子呵欠氣兒不長, 난장의 하회옴은 긔운이 기디 아니타 ᄒᆞᄂᆞ니라.

기아(旗兒) 명 기. 깃발. ⇔기(旗). ≪朴諺, 中, 1ㅎ≫他的主兒拿着諸般顔色的小旗兒, 제 님재 여러 가지 빗체 젹은 旗를 가져다가.

기우리다 동 기울이다. ❶⇔경(傾). ≪朴諺, 中, 22ㅎ≫傾甘露於甁中濟險途於飢渴, 甘露를 甁中에 기우려 險途를 飢渴에 구제ᄒᆞᄂᆞ다. ❷⇔측(側). ≪朴諺, 下, 9ㅈ≫側耳聽聲, 귀를 기우려 소ᄅᆡ를 듯더니.

기이(旣已) 부 이미. ≪朴諺, 上, 65ㅎ≫到江南地面石屋(集覽, 朴集, 上, 16ㅈ: 石屋. 法名淸珙, 號石屋和尙, 臨濟十八世之嫡孫也. 普虛謁石屋, 石屋見之云, 老僧今日旣已放下三百斤擔子遞你擔了, 且展脚睡矣.)法名的和尙根底, 江南 ᄯᅡ 石屋이라 法名 ᄒᆞᆫ 즁의손ᄃᆡ 가니.

기일(幾日) 명 ❶며칠. ⇔몃츨. ≪朴諺, 下, 41ㅈ≫留幾日來, 몃츨을 머므로뇨. ❷요사이. 요새. ⇔요ᄉᆞ이. ≪朴諺, 上, 46ㅎ≫

且喂幾日賣時好, 아직 요ᄉᆞ이 먹여 풀면 됴ᄒᆞ려니와. ❸즈음. ⇔즈음. ≪朴諺, 中, 46ㅈ≫那幾日, 뎌 즈음씌.

기자(棊子) 명 바둑돌. ≪朴諺, 中, 49ㅈ≫咱們下鼈碁(集覽, 朴集, 中, 8ㅎ: 鼈碁. 質問云, 碁子圓如鼈〈鱉〉身上盖, 謂之鼈碁.), 우리 츄사ᄋᆞ ᄒᆞ쟈. ≪朴諺, 下, 33ㅈ≫象眼棋子(集覽, 朴集, 下, 6ㅎ: 象眼餜子. 但居家必用著米心餜子劑法云, 頭麵〈麪〉以凉水入塩和成劑, 拗棒拗過, 趕至薄, 切作細棊子, 晒〈洒〉乾, 以簁子隔過, 再用刀切千百次, 再隔過.), 象眼 ᄀᆞᄐᆞᆫ 棋子와.

기자(箕子) 명 은(殷)나라의 왕족. 이름은 서여(胥餘). 주(紂)의 서부(庶父) 또는 서형(庶兄)이라 한다. 기(箕) 땅의 자작(子爵)에 봉해졌다. 주에게 포학함을 간하였으나 듣지 않자 도망하여 미친 짓하며 노예가 되었다 한다. 은이 멸망한 뒤 주 무왕(周武王)에게 서경(書經)의 홍범(洪範)을 전해주었다고 한다. ≪朴諺, 上, 8ㅎ≫往永平·大寧·遼陽(集覽, 朴集, 上, 4ㅈ: 遼陽. 遼誌云, 舜分冀東北爲幽州, 卽今廣寧以西之地. 靑東北爲營州, 卽今廣寧以東之地, 周武王封箕子於朝鮮, 是其地也, 卽古肅愼氏地.)·開元·瀋陽等處開去, 永平·大寧·遼陽·開元·瀋陽 等處ᄅᆞᆯ 향ᄒᆞ여 開讀ᄒᆞ라 가노라.

기자(棋子) 명 밀가루로 만든 떡의 한 가지. ≪朴諺, 下, 14ㅈ≫却喫棋子, 또 棋子 ᄯᅥᆨ을 먹고. ≪朴諺, 下, 33ㅈ≫象眼棋子(集覽, 朴集, 下, 6ㅎ: 象眼餜子. 質問云, 以麥麵作成象眼樣大餜〈棋〉子, 行路便於食之, 方言謂之象眼餜子. 然餜子形劑未詳. 但居家必用著米心餜子劑法云, 頭麵〈麪〉以凉水入塩和成劑, 拗棒拗過, 趕至薄, 切作細棊子, 晒〈洒〉乾, 以簁子隔過, 再用刀切千百次, 再隔過.), 象眼 ᄀᆞᄐᆞᆫ 棋子와. ≪朴諺, 下, 33ㅎ≫燒餠餜子你店裏有麽, 燒餠 棋子 네 뎜에 잇ᄂᆞ냐. ≪集韻, 之韻≫棋, 餠屬.

기자(餜子) 명 밀가루로 만든 떡의 한 가지. ≪朴諺, 下, 33ㅈ≫象眼棋子(集覽, 朴集, 下, 6ㅎ: 象眼餜子. 質問云, 以麥麵作成象眼樣大餜〈棋〉子, 行路便於食之, 方言謂之象眼餜子. 然餜子形劑未詳. 但居家必用著米心餜子劑法云, 頭麵〈麪〉以凉水入塩和成劑, 拗棒拗過, 趕至薄, 切作細棊子, 晒〈洒〉乾, 以簁子隔過, 再用刀切千百次, 再隔過.), 象眼 ᄀᆞᄐᆞᆫ 棋子와. 柳葉餜子(集覽, 朴集, 下, 7ㅈ: 柳葉餜子. 質問云, 以麥麵作成柳葉樣餜子, 亦便於行路之食, 方言謂之柳葉餜子.), 柳葉 ᄀᆞᄐᆞᆫ 棋子와. ≪朴諺, 下, 33ㅎ≫燒餠餜子你店裏有麽, 燒餠 棋子 네 뎜에 잇ᄂᆞ냐. ≪集韻, 之韻≫棋, 餠屬.

기장 명 기장[黍]. ⇔서자(黍子). ≪朴諺, 下, 37ㅈ≫稻子, 벼. 薥秫, 슈슈. 黍子, 기장. 大麥, 보리. 小麥, 밀. 蕎麥, 모밀. 黃豆, 콩. 小豆, ᄑᆞᆺ. 菉豆, 녹두. 莞豆, 광쟝이. 黑豆, 거믄콩. 芝麻, ᄎᆞᆷᄭᆡ. 蘇子, 듧ᄭᆡ.

기정(起程) 동 (길을) 떠나다. 출발하다. 여정(旅程)에 오르다. ≪朴諺, 中, 52ㅈ≫年時牢子們走(集覽, 朴集, 中, 8ㅎ: 牢子走. 在大都則自河西務起程, 若上都則自泥河兒起程, 越三時, 走一百八十里, 直抵御前, 俯伏呼萬歲.)的你見來麽, 젼년에 牢子들희 ᄃᆞ롬질을 네 본다.

기좌(騎坐) 동 타다[騎]. ⇔ᄐᆞ다. ≪朴諺, 中, 7ㅎ≫你不見這金字圓牌(集覽, 朴集, 中, 1ㅎ: 金字圓牌. 至正條格云, 元時, 中書省奏, 諸王·駙馬各投下有軍情緊急重事, 許令懸帶原降銀字圓牌應付鋪馬騎坐, 其餘差使人員有緊急軍情重事, 許令懸帶金字圓牌, 方付鋪馬.), 네 이 金字圓牌ᄅᆞᆯ 보디 못ᄒᆞᄂᆞ다. ≪朴諺, 中, 8ㅈ≫轡頭都散與(集覽, 朴集, 中, 1ㅎ: 轡頭散與. 女直·達子朝貢時, 到驛應付馬匹騎坐者, 各出轡頭, 散與馬夫, 馬夫受轡套馬, 令各轡主認轡占馬, 使無爭占之擾.)他, 구레ᄅᆞᆯ 다 흣터 뎌ᄅᆞᆯ 주라. ≪朴諺, 下, 47ㅎ≫騎坐白馬珠鞍, 白馬 珠鞍을 ᄐᆞ고.

기주(冀州) 명 중국 우공(禹貢) 구주(九州)의 하나. 전설상의 황제 요(堯)·순(舜)·우(禹) 등이 이곳을 도읍으로 삼았다고 한다. 지금의 산서성(山西省)에 해당한다. ≪朴諺, 上, 8ㅎ≫往永平(集覽, 朴集, 上, 4ㅈ: 永平. 一統誌云, 禹貢冀州之域. 虞分冀北爲營州, 此卽其地. 商〈商〉爲孤竹國, 元爲永平路.)·大寧·遼陽·開元·瀋陽等處開去, 永平·大寧·遼陽·開元·瀋陽 等處로 향ᄒᆞ여 開讀ᄒᆞ라 가노라. ≪朴諺, 上, 11ㅎ≫我在平則門(集覽, 朴集, 上, 5ㅎ: 平則門. 燕都, 禹貢冀州之域. 唐曰幽都, 虞爲幽州, 武王封召公奭於燕, 卽此.)邊住, 내 平則門 ᄀᆞᆺ의 이셔 사노라. ≪朴諺, 下, 39ㅎ≫是眞定(集覽, 朴集, 下, 9ㅈ: 眞定. 禹貢冀州之域, 周爲幷州地, 秦爲鉅鹿郡, 漢置恒山郡, 元爲眞定路, 今爲眞定府, 直隷京師.)人, 이 眞定 사ᄅᆞᆷ이라.

기죽마(騎竹馬) 명 대말[竹馬]타기. (대말을 타고 노는 아이들 놀이) ⇔대ᄆᆞᆯᄐᆞ기. ≪朴諺, 上, 17ㅎ≫十月裏騎竹馬, 十月에 대ᄆᆞᆯᄐᆞ기 ᄒᆞ고.

기중(其中) 명 그 가운데. ≪朴諺, 中, 8ㅎ≫牌子(集覽, 朴集, 中, 2ㅈ: 牌子. 凡馬驛設置, 馬驢不等, 其中管馬荅應者, 謂之馬牌, 管驢者, 謂之驢牌, 緫〈総〉稱牌子.)·令史們來, 牌子·令史들흔 오라.

기증(幾曾) 대 어느 때. 언제. ❶⇔어느제. ≪集覽, 字解, 累字解, 2ㅈ≫幾曾. 어느제. ❷⇔어늬제. ≪集覽, 字解, 單字解, 6ㅎ≫幾. 數問多少之辭. 幾箇 몃고, 幾時 언제, 幾曾 어늬제.

기ᄌᆞ피 명 개발사슴의 가죽. ⇔궤피(麂皮). ≪朴諺, 上, 24ㅎ≫脚穿着皀麂皮嵌金線藍條子, 발에 신은 거슨 거믄 기ᄌᆞ피예 金線 남 오리로 갸품 ᄶᅵ고. ≪朴諺, 上, 27ㅈ≫白麂皮靴子, 흰 기ᄌᆞ피 훠ᄋᆡ에.

기착(寄着) 동 (물건을) 부치다. ⇔브티다. ≪朴諺, 下, 43ㅎ≫寺裏寄着裡, 뎔에 브티니라.

기측(攲側) 동 기울다. 쏠리다. ≪朴諺, 中, 25ㅎ≫可知那廝使長的大帽(集覽, 朴集, 中, 6ㅎ: 大帽. 南村輟耕錄云, 胡石塘先生嘗應聘入京, 世皇召見於〈於〉便殿, 趍(趨)進, 不覺笠子攲側.)也做裏, 그리어니ᄯᅧ 놈이 使長의 큰갓도 ᄆᆡᆫᄃᆞ니.

기타(其他) 명 그 밖의 또 다른 것. ≪朴諺, 中, 7ㅎ≫你不見這金字圓牌(集覽, 朴集, 中, 1ㅎ: 金字圓牌. 其他泛常勾當, 只許臨時領受, 給降聖旨, 方許給馬.), 네 이 金字圓牌ᄅᆞᆯ 보디 몯ᄒᆞᄂᆞᆫ다.

기토(起土) 동 흙을 파내다. 곧, 착공(着工)하다. ≪朴諺, 上, 10ㅈ≫後日是天赦日(集覽, 朴集, 上, 5ㅈ: 天赦日. 春戊寅·夏甲午·秋戊申·冬甲子, 謂天道生育萬物而宥其罪也. 甲戌爲陽干之德, 子午爲陰陽之成, 寅申爲陰陽之立, 以干德配之爲赦也, 可修造起工〈土〉.), 모ᄅᆡᄂᆞᆫ 이 天赦日이니.

기피(忌避) 동 꺼리거나 싫어하여 피하다. ≪朴諺, 下, 41ㅈ≫殃榜(集覽, 朴集, 下, 9ㅈ: 殃榜. 臞仙肘後經云, 生人所生之年, 與亡〈亾〉者所死月節〈莭〉相犯, 則忌避.)横貼在門上, 殃栦을 문 우희 빗기 브텻더니.

기호(旗號) 명 기(旗). 깃발. ⇔긔. ≪朴諺, 下, 47ㅎ≫拿着三丈來高的大旗號上寫着明現眞君, 三丈 노ᄑᆡ 큰 긔예 明現眞君이라 쓴 거슬 잡고.

기회(幾回) 명 몇 순(巡). 몇 순배(巡杯). ≪集覽, 字解, 累字解, 2ㅎ≫幾回. 몃 슌.

기회(幾會) 명 여러 즈음(사이). ≪集覽, 字解, 累字解, 2ㅎ≫幾會. 여러 즈음.

긴(緊) 형 긴(緊)하다. 긴요하다. 중요하다. ❶⇔긴ᄒᆞ다. ≪朴諺, 上, 44ㅈ≫打甚麽不緊, 므서시리오 다 긴티 아니ᄒᆞ다. ≪朴諺, 上, 63ㅎ≫打甚麽緊那, 므서시 다 긴ᄒᆞ리오. ≪朴諺, 中, 51ㅎ≫我別處有些緊勾當去, 내 다른 고ᄃᆡ 져기 긴ᄒᆞᆫ 일이 이셔 가노라. ❷⇔긴ᄒᆞ다(緊-). ≪朴諺, 中, 60ㅎ≫緊不的慢不的, 緊ᄒᆞ여도 아니ᄒᆞ고

慢ᄒᆞ여도 아니ᄒᆞ니.

긴급(緊急) 혱 (일이나 사정이) 다급하다. 촉박하다. 절박하다. ≪朴諺, 中, 7ㅎ≫你不見這金字圓牌(集覽, 朴集, 中, 1ㅎ: 金字圓牌. 至正條格云, 元時, 中書省奏, 諸王·駙馬各投下有軍情緊急重事, 許令懸帶原降銀字圓牌應付鋪馬騎坐, 其餘差使人員有緊急軍情重事, 許令懸帶金字圓牌, 方付鋪馬.), 네 이 金字圓牌를 보디 몯ᄒᆞᄂᆞ다.

긴나라(緊那羅) 몡 〈불〉 팔부중(八部衆)의 하나로 악기를 연주하고 노래하며 춤춘다는 신(神). ≪朴諺, 中, 21ㅎ≫或作童女(集覽, 朴集, 中, 4ㅎ: 童男童女. 觀音現三十二應, 曰佛身, 曰辟支〈支〉, 曰圓覺, 曰聲聞, 曰梵王, 曰帝釋, 曰自在天, 曰大自在天, 曰天大將軍, 曰四天王, 曰四天太子, 曰人王, 曰長者, 曰居士, 曰宰官, 曰婆羅門, 曰比丘, 曰比丘尼, 曰優婆塞, 曰優婆夷, 曰女主, 曰童男, 曰童女, 曰天身, 曰龍身, 曰藥叉, 曰乾達婆, 曰阿脩羅, 曰緊那羅, 曰摩睺羅, 曰樂人, 曰非人.), 혹 童女ㅣ 되며.

긴요(緊要) 혱 긴요하다. 매우 중요하다. ≪朴諺, 下, 30ㅎ≫捽倒拿法(集覽, 朴集, 下, 5ㅎ: 拿法. 音義云, 用手拿緊要之處.), 시름ᄒᆞ기를 법저이 잡더라.

긴찬(緊驏) 혱 재다[敏]. ⇔재다. ≪朴諺, 中, 7ㅈ≫將三箇十分緊驏的頭馬來, 세 ᄀᆞ장 잰 웃ᄯᅳᆷ ᄆᆞᆯ을 가져오고. ≪朴諺, 中, 8ㅈ≫飛也似緊驏, ᄂᆞᄂᆞᆫ ᄃᆞ시 재고.

긴화(緊火) 몡 맹렬하게 타는 불. 센 불. ≪朴諺, 下, 32ㅈ≫水精角兒(集覽, 朴集, 下, 6ㅈ: 水精角兒. 又居家必用云, 皮用白麪於滾湯攪作稠糊, 於冷水浸, 以豆粉和搜作劑, 打作皮, 包餡上籠, 緊火蒸熟, 洒兩次水, 方可下竈, 臨供時再洒些水便供.), 水精角兒과.

긴히 뷔 긴(緊)히. 빨리. 얼른. ⇔상긴(上緊). ≪朴諺, 下, 15ㅈ≫一發用心上緊着, ᄒᆞᆫ골ᄀᆞᆺ티 用心ᄒᆞ기를 긴히 ᄒᆞ라.

긴ᄒᆞ다 혱 긴(緊)하다. 긴요하다. 중요하다. ❶⇔긴(緊). ≪朴諺, 上, 44ㅈ≫打甚麽不緊, 므서시리오 다 긴티 아니ᄒᆞ다. ≪朴諺, 上, 63ㅎ≫打甚麽緊那, 므서시다 긴ᄒᆞ리오. ≪朴諺, 中, 51ㅎ≫我別處有些緊勾當去, 내 다른 고ᄃᆡ 져기 긴ᄒᆞᆫ 일이 이셔 가노라. ❷⇔타긴(打緊). ≪朴諺, 上, 38ㅎ≫多少不打緊, 多少ᄂᆞᆫ 다 긴티 아니ᄒᆞ니라.

긴ᄒᆞ다(緊-) 혱 긴(緊)하다. 긴요하다. 중요하다. ⇔긴(緊). ≪朴諺, 中, 60ㅎ≫緊不的慢不的, 緊ᄒᆞ여도 아니ᄒᆞ고 慢ᄒᆞ여도 아니ᄒᆞ니.

긷다 동 (물을) 긷다. 뜨다. ⇔타(打). ≪集覽, 字解, 單字解, 4ㅈ≫打. 擊也, 着實打, 又打三下. 又爲也. 打酒來 술 사 오라. 又曰, 打將來 ᄒᆞ야 오라, 打聽 듣보라, 打水 믈 긷다, 不打緊. 又打那裏去, 打東邊去, 有投向從往之意. 俗用打字, 似不合本意者多, 而實有取意不苟, 其用甚廣, 此不盡錄. ≪朴諺, 下, 5ㅎ≫且打將兩擔水來, 아직 두 메움 믈을 기러다가.

길 몡 길[路]. ⇔노(路). ≪朴諺, 中, 12ㅎ≫你船路裏來那, 네 ᄇᆡᆺ길로 온다. 旱路裏來, 뭇길로 온다.

길 몡 길이. ⇔장(長). ≪朴諺, 下, 46ㅈ≫十尺來長尾子, 열 자 길의 ᄭᅩ리와.

길다 혱 길다. ⇔장(長). ≪朴諺, 上, 18ㅈ≫鞓帶忒長了, 바탕이 너모 기니. ≪朴諺, 上, 29ㅎ≫十箇指頭也有長的短的, 열 손가락도 기니 뎌ᄅᆞ니 잇ᄂᆞ니. ≪朴諺, 上, 37ㅈ≫家後一群羊箇箇尾子長, 집 뒤희 ᄒᆞᆫ 무리 양이 낫낫치 ᄭᅩ리 긴 거시여. ≪朴諺, 上, 37ㅎ≫一箇長甕兒窄窄口裏頭盛着糯米酒, ᄒᆞᆫ 긴 독 조븐 부리 안희 ᄎᆞᆸᄡᆞᆯ 술 담은 거시여. ≪朴諺, 中, 36ㅈ≫將指頭來大小的長鐵條兒, 손ᄭᅡ락 굴긔예 긴 쇠가락으로다가. ≪朴諺, 中, 51ㅈ≫矮子呵欠氣兒不長, 난장의 하회옴은 긔운이 기디 아니타 ᄒᆞᄂᆞ니라. ≪朴諺, 下, 6ㅎ≫你的長指甲饋我掐一掐, 네 긴 손ᄐᆞᆸ

으로 날을 딕여 주고려. ≪朴諺, 下, 11ㅈ≫藍長綾一箇, 藍 자 긴 綾 ᄒᆞᆫ 필을.

길ㅎ 명 길[路]. ❶⇔노(路). ≪朴諺, 上, 36ㅈ≫當路一科麻, 길헤 당ᄒᆞᆫ ᄒᆞᆫ 펵이 삼이. ≪朴諺, 上, 37ㅈ≫一箇老子當路睡, ᄒᆞᆫ 늘근 사ᄅᆞᆷ이 길희 당ᄒᆞ여 자거든. ≪朴諺, 中, 32ㅈ≫灣灣曲曲的路, 灣灣 曲曲ᄒᆞᆫ 길히오. ≪朴諺, 中, 33ㅈ≫逢山開路遇水迭橋, 山을 만나 길흘 열고 믈을 만나 ᄃᆞ리ᄅᆞᆯ 놋ᄂᆞᆫ다 ᄒᆞᄂᆞ니라. ≪朴諺, 中, 51ㅈ≫街上有路麽, 거리예 길히 잇더냐. 那裏見路, 어ᄃᆡ 길흘 보리오. ❷⇔노상(路上). ≪朴諺, 中, 47ㅎ≫路上必定喫別人笑話, 길희 일뎡 ᄂᆞᆷ의 우임을 니브리라. ≪朴諺, 中, 52ㅈ≫路上盤纏艱難怎麽去, 길희 盤纏이 간난ᄒᆞ니 엇디 가리오. ≪朴諺, 下, 3ㅈ≫沿路上用心好去着, 길흘 조차 用心ᄒᆞ여 됴히 가라. ❸⇔노아(路兒). ≪朴諺, 中, 51ㅎ≫揀(揀)路兒行來, 길흘 ᄀᆞᆯᄒᆡ여 오롸. ❹⇔도정(途程). ≪朴諺, 下, 3ㅎ≫十萬八千里途程, 十萬八千里 길히니.

김 명 김[氣]. 수증기. ⇔기(氣). ≪集覽, 字解, 單字解, 7ㅎ≫走. 行也. ᄃᆞᆫ니다. 又逃回曰走回. 又跑也. 能走·快走 잘 ᄃᆞᄂᆞ다. 又透漏也. 走話. 又洩也. 走了氣 김 나다.

김사(金舍) 명 김씨(金氏) 성(姓)을 가진 사인(舍人). 또는 김가(金哥). ≪朴諺, 中, 51ㅈ≫咳那矬金舍倒了也, 애 뎌 킈 저근 金舍ㅣ 것구러디거다.

깁 명 깁. 비단. ⇔견(絹). ≪朴諺, 上, 43ㅎ≫三尺半白淸水(集覽, 朴集, 上, 12ㅎ: 白淸水絹. 무·리 ·픗〈플〉:긔 ·업·시 다ᄃᆞ·마 :돌호로 미·론 :깁·이·니, 光滑緻硬, 如本國擣砧者也. 卽不用糨粉而鍊〈練〉生絹, 以石碾者.)絹, 석 자 반 제믈엣 깁이야. ≪朴諺, 中, 3ㅎ≫這十箇絹裏, 이 열 필 깁에셔. ≪朴諺, 中, 4ㅈ≫十箇絹練的熟到着, 열 필 깁을 누우기ᄅᆞᆯ 닉게 잇긋 ᄒᆞ라. ≪朴諺, 中, 4ㅈ≫五箇大紅絹, 닷 필 다홍 깁은. ≪朴諺, 中, 4ㅈ≫五箇小紅絹, 닷 필 小紅 깁은. ≪朴諺, 中, 27ㅈ≫有一日賣布·絹的過去, 홀ᄅᆞᆫ 布와 깁 ᄑᆞᆯ 리 디나가거늘. ≪朴諺, 中, 27ㅎ≫把那布·絹來都奪了, 뎌 뵈와 깁을 다 앗고.

깁다 형 깊다. ❶⇔심(深). ≪朴諺, 中, 51ㅈ≫一剗浠泥曲膝盖深, ᄒᆞᆫ ᄀᆞᆯᄀᆞ티 즌흙이 무롭도리로 깁더라. ❷⇔심쇄(深殺). ≪集覽, 字解, 單字解, 6ㅈ≫殺. 氣殺我 애ᄃᆞᆯ와 셜웨라, 猶言以此而可至於死也. 又愁殺人 사ᄅᆞ믈 ᄀᆞ장 근심ᄒᆞ야 셟게 ᄒᆞ다. 又廝殺 싸호다. 又助語辭. 最深殺 ᄀᆞ장 깁다.

깁보태다 동 기워 보태다. 보수하다. ⇔보정(補定). ≪朴諺, 中, 2ㅎ≫都是接頭補定麽, 다 니와겨 깁보태엿다.

깃 명 깃. ❶⇔구(口). ≪朴諺, 上, 27ㅈ≫鴨綠羅納綉獅子的抹口靑絨氈襪上, 鴨頭綠羅에 獅子ᄅᆞᆯ 綉ᄒᆞ야 깃 도론 ᄑᆞ른 부드러온 시욹청에. ❷⇔당두(當頭). ≪朴諺, 中, 3ㅎ≫明綠當頭, 明綠빗쳇 깃을. ❸⇔영(領). ≪朴諺, 下, 54ㅈ≫將某衣領扯住言道, 某의 옷기슬 잡고 닐오ᄃᆡ.

깃 명 포대기. 강보(襁褓). ⇔석자(裓子). ≪朴諺, 上, 50ㅎ≫上頭鋪兩三箇裓子(集覽, 朴集, 上, 13ㅎ: 裓子. 音義云, 襁褓, 接瞥汚穢之物. 今按, 襁卽繃子, 褓卽裓子, 音義混而一之, 誤矣. 但譯語指南, 亦呼繃子, 混稱爲襁褓. 未詳是否. 裓子, 깃.), 우희 두세 깃을 ᄭᆞᆯ고.

깊다 형 깊다. ⇔심천(深淺). ≪朴諺, 中, 27ㅈ≫正房背後掘開一箇老大深淺地坑, 正房 뒤헤 ᄒᆞᆫ 크고 기픈 디함을 ᄑᆡ고.

ᄀᆞ 명 가[邊]. ❶⇔변(邊). ≪朴諺, 上, 25ㅎ≫明綠抹絨胷背的比甲, 明綠빗치 융ᄉᆞ로 ᄀᆞ 두론 胷背 比甲과. ≪朴諺, 下, 22ㅎ≫脚踏鍋邊待要出來, 발로 가맛 ᄀᆞ을 드ᄃᆡ고 나오고져 ᄒᆞ다가. ❷⇔변아(邊兒). ≪朴諺, 中, 26ㅎ≫着刺邊兒, ᄀᆞ에 치질호ᄃᆡ.

ᄀᆞᄂᆞᆫ집 명 제분소(製粉所). 방앗간. ⇔마방

(磨房). ≪朴諺, 下, 33ㅎ≫這間壁磨房裏取將來, 이 ᄉᆞ잇 ᄇᆞᄅᆞᆷ매(애) ᄀᆞᄂᆞᆫ집의 가져오쟈.

ᄀᆞᄂᆞᆯ다 형 가늘다. ⇔세(細). ≪集覽, 老集, 下, 2ㅈ≫細褶. 譯語指南云, 細褶 ᄀᆞᄂᆞᆫ 견주름. 今按, 褶作摺是. 細摺, 細襞積也. ≪朴諺, 上, 7ㅈ≫都着些細料物, 다 져기 ᄀᆞᄂᆞᆫ 교토ᄅᆞᆯ 두고. ≪朴諺, 上, 21ㅈ≫切的草細着, 여믈 써흘기ᄅᆞᆯ ᄀᆞᄂᆞᆯ게 ᄒᆞ야. ≪朴諺, 上, 35ㅎ≫把那艾來揉的細着, 더쑥을다가 부븨기ᄅᆞᆯ ᄀᆞᄂᆞᆯ게 ᄒᆞ야. ≪朴諺, 上, 37ㅈ≫不知道我的麁和細, 나의 굴금과 ᄀᆞᄂᆞᆷ을 아디 못ᄒᆞᄂᆞᆫ 거시여. ≪朴諺, 中, 4ㅈ≫這細綿紬染鴉青擺一擺, 이 ᄀᆞᄂᆞᆫ 綿紬란 鴉青 드려 닐 다둠이 ᄒᆞ고. ≪朴諺, 中, 26ㅎ≫刺的細勻着, 치질ᄒᆞ기ᄅᆞᆯ ᄀᆞᄂᆞᆯ고 고로게 ᄒᆞ라. ≪朴諺, 中, 55ㅈ≫揀(揀)着十分細的大紅腰線上, ᄀᆞ장 ᄀᆞᄂᆞᆫ 大紅 감기엣 치ᄅᆞᆯ ᄀᆞᆯ히라. ≪朴諺, 中, 55ㅈ≫緻的細勻着, 마모로기ᄅᆞᆯ ᄀᆞᄂᆞᆯ고 고로게 ᄒᆞ라.

ᄀᆞ다 동 갈다[替]. 교체하다. 바꾸다. ⇔도(倒). ≪集覽, 字解, 單字解, 3ㅈ≫倒. 上聲, 仆也. 倒了 구으러디다. 又換也. 倒馬 ᄆᆞᆯ ᄀᆞ다. 又謄也. 倒關字 글월 번뎝ᄒᆞ다. 又去聲, 反辭 도ᄅᆞ혀. 通作到.

ᄀᆞ득ᄒᆞ다 형 가득하다. ⇔만(滿). ≪朴諺, 中, 33ㅈ≫滿池荷花香噴噴, 못에 ᄀᆞ득ᄒᆞᆫ 년곳치 향내 뿜기더라.

ᄀᆞ독이 부 가득히. 충분히. ⇔만(滿). ≪朴諺, 上, 21ㅈ≫懶小厮們一發滿槽子饋草, 게여른 아ᄒᆡ들히 흠ᄢᅴ 귀유에 ᄀᆞ독이 여믈을 주고. ≪朴諺, 中, 49ㅎ≫擺的滿着, 버리기ᄅᆞᆯ ᄀᆞ독이 호ᄃᆡ.

ᄀᆞ독ᄒᆞ다 형 가득하다. ⇔만(滿). ≪朴諺, 上, 37ㅎ≫滿天星宿一箇月三條繩子由你曳, 하ᄂᆞᆯ에 ᄀᆞ독ᄒᆞᆫ 星宿에 ᄒᆞᆫ ᄃᆞᆯ을 세 오리 노흐로 제대로 ᄭᅳ으ᄂᆞᆫ 거시여. ≪朴諺, 上, 41ㅈ≫滿頭珠翠金廂寶石頭面, 머리예 ᄀᆞ독ᄒᆞᆫ 珠翠와 금으로 寶石에 젼메온 곳갈과. ≪朴諺, 中, 32ㅎ≫栗子·葡萄滿山峪, 밤과 葡萄ㅣ 山峪에 ᄀᆞ독ᄒᆞ여시니. ≪朴諺, 中, 43ㅎ≫滿山果子以爲食, 산에 ᄀᆞ독ᄒᆞᆫ 과실로 써 食을 삼고. ≪朴諺, 中, 43ㅎ≫亦看樓外滿池荷花, ᄯᅩ 樓外ㅅ 못에 ᄀᆞ독ᄒᆞᆫ 년곳츨 보노니. ≪朴諺, 下, 6ㅎ≫滿指甲疙瀼和膿水怎麽當, 손쏩의 ᄀᆞ독ᄒᆞᆫ 더덩이와 고롬을 엇디 당ᄒᆞ리오.

ᄀᆞ래다 동 가래다. 함부로 행동하다. 방탕하다. ⇔낭탕(浪蕩). ≪朴諺, 中, 19ㅈ≫每日家閑浪蕩做甚麽, 날마다 힘힘이 ᄀᆞ래여 므슴 ᄒᆞ리오.

ᄀᆞ렵다 형 가렵다. ⇔양(痒). ≪朴諺, 上, 13ㅎ≫痒的當不得, ᄀᆞ렵기ᄅᆞᆯ 當티 못ᄒᆞ여라. ≪朴諺, 下, 6ㅎ≫我害疥痒當不的, 내 옴 알파 ᄀᆞ려옴을 당티 못ᄒᆞ니.

ᄀᆞ리다 동 갈리다[磨]. ⇔살(撒). ≪朴諺, 上, 56ㅈ≫也有些撒蹄(集覽, 朴集, 上, 14ㅈ: 撒蹄. 音義云, ·뒷·굽 므리므리·예 ·ᄀᆞ·리·ᄂᆞᆫ ᄆᆞᆯ. 譯語指南云, ·굽·ᄀᆞ·리·ᄂᆞᆫ ᄆᆞᆯ.), ᄯᅩ 져기 굽ᄀᆞ리미 잇더라.

ᄀᆞᄅᆞ 명 가루[粉]. ❶⇔말(末). ≪朴諺, 中, 6ㅈ≫醋, 초와. 醬, 장과. 塩, 소금과. 芥末, 계ᄌᆞ ᄀᆞᄅᆞ와. 葱, 파과. 蒜, 마늘과. 薤菜, 부칙와, 油, 기름과. 生蘿蔔, 댓무우과. 瓜, 외와. 茄等, 가지 등. ❷⇔말아(末兒). ≪朴諺, 下, 1ㅈ≫着菖蒲末兒撒的勻了着, 菖蒲 ᄀᆞᄅᆞ로 ᄲᅳ리기ᄅᆞᆯ 고로게 ᄒᆞ고.

ᄀᆞᄅᆞ 명 가루[粉]. 밀가루. ⇔면(麵). ≪朴諺, 中, 5ㅎ≫三斤麵, 서 근 ᄀᆞᄅᆞ과. 三斤羊肉, 서 근 羊肉과.

ᄀᆞᄅᆞ차다 동 갈음하다. 대신하다. ⇔체(替). ≪朴諺, 上, 54ㅎ≫代保人一面替還, 代保人이 一面으로 ᄀᆞᄅᆞ차 갑게 ᄒᆞ라. ≪朴諺, 中, 4ㅎ≫你便替我再染, 네 곳 날을 ᄀᆞᄅᆞ차 다시 드리리라.

ᄀᆞᄅᆞ치다 동 가르치다. ⇔교(教). ≪朴諺, 上, 10ㅎ≫你來, 이바. 我教與你, 내 너ᄅᆞᆯ ᄀᆞᄅᆞ치마. ≪朴諺, 上, 13ㅎ≫你教與我這好法兒, 네 나ᄅᆞᆯ 이 됴ᄒᆞᆫ 법을 ᄀᆞᄅᆞ쳐 주

고려.

ᄀᆞ만이 (부) 가만히. 은밀히. ⇔암(暗). ≪朴諺, 下, 21ㅎ≫皇后暗使一箇宮娥, 皇后ㅣ ᄀᆞ만이 ᄒᆞᆫ 宮娥를 브려.

ᄀᆞ만ᄒᆞ다 (형) 가만하다. 은밀하다. ⇔암(暗). ≪朴諺, 下, 55ㅎ≫有甚暗記沒印, 아모란 ᄀᆞ만ᄒᆞᆫ 보람이 잇고 인은 업ᄂᆞ니.

ᄀᆞ믈다 (동) 가물다. ⇔한(旱). ≪朴諺, 中, 35ㅈ≫今年天旱田禾不收, 올히 하놀이 ᄀᆞ므라 田禾를 거도디 못ᄒᆞ여시니.

ᄀᆞ숨 (명) 감. 재료. ❶⇔식(植). ≪朴諺, 下, 12ㅎ≫木植(集覽, 朴集, 下, 3ㅈ: 木植. 亦曰木料, 남·고〈그〉·로 :셩·녕〈셩녕〉홀 ᄀᆞᅀᆞ미〈ᄀᆞ옴이〉니. 詳見字解料字下.)都有麽, ᄀᆞ옴이 다 잇ᄂᆞ냐. ❷⇔요(料). ≪朴諺, 中, 11ㅈ≫買饋他木料(集覽, 朴集, 中, 2ㅈ: 木料. 凡造一件物而該用之物皆曰料. 木料, 나모브·틧 ᄀᆞ숨〈옴〉. 詳見字解料字下.)·席子整理, 더를 木料와 삿글 사 주어 整理케 ᄒᆞ라. ≪朴諺, 下, 12ㅎ≫木植(集覽, 朴集, 下, 3ㅈ: 木植. 亦曰木料, 남·고〈그〉·로 :셩·녕〈셩녕〉홀 ᄀᆞᅀᆞ미〈ᄀᆞ옴이〉니. 詳見字解料字下.)都有麽, ᄀᆞ옴이 다 잇ᄂᆞ냐.

ᄀᆞ애 (명) 가위. ⇔전자(剪子). ≪朴諺, 上, 36ㅈ≫三哥是剪子, 셋재 형은 이 ᄀᆞ애오.

ᄀᆞ올 (명) 가을. ⇔추(秋). ≪朴諺, 中, 44ㅈ≫月明紗窓秋夜半, ᄃᆞᆯ이 紗窓에 ᄇᆞᆰ고 ᄀᆞ올 ᄡᆞᆷ이 반만 ᄒᆞᆫ 제. ≪朴諺, 下, 37ㅈ≫到秋他種來的, ᄀᆞ올이 다ᄃᆞ라 뎌의 심근.

ᄀᆞ올ᄡᆞᆷ (명) 가을밤. ⇔추야(秋夜). ≪朴諺, 中, 44ㅈ≫月明紗窓秋夜半, ᄃᆞᆯ이 紗窓에 ᄇᆞᆰ고 ᄀᆞ올ᄡᆞᆷ이 반만 ᄒᆞᆫ 제.

ᄀᆞ옴 (명) 감. 재료. ❶⇔요(料). ≪朴諺, 中, 11ㅈ≫買饋他木料(集覽, 朴集, 中, 2ㅈ: 木料. 凡造一件物而該用之物皆曰料. 木料, 나모브·틧 ᄀᆞ숨〈옴〉. 詳見字解料字下.)·席子整理, 더를 木料와 삿글 사 주어 整理케 ᄒᆞ라. ❷⇔재아(裁兒). ≪朴諺, 下, 53ㅎ≫那般時, 그러면. 正是喫打的裁兒(集覽, 朴集, 下, 12ㅈ: 裁兒. 裁, 作材是, 謂軀幹也.), 경히 마즐 ᄀᆞ옴이로다. ❸⇔식(植). ≪朴諺, 下, 12ㅎ≫木植(集覽, 朴集, 下, 3ㅈ: 木植. 亦曰木料, 남·고〈그〉·로 :셩·녕〈셩녕〉홀 ᄀᆞᅀᆞ미〈ᄀᆞ옴이〉니. 詳見字解料字下.)都有麽, ᄀᆞ옴이 다 잇ᄂᆞ냐.

ᄀᆞ옴아니 (동) 가마느니. 관리하느니. ⇔관(管). ≪朴諺, 中, 10ㅎ≫保人只管一百日, 保人이 그저 일 빅 날을 ᄀᆞ옴아니.

ᄀᆞ옴아는 (동) 가마는. 관리하는. ❶⇔관(管). ≪朴諺, 上, 2ㅎ≫又內府管酒的官人們造的好酒, 또 內府에 술 ᄀᆞ옴아는 官人들의 비즌 됴흔 술을. ≪朴諺, 上, 3ㅎ≫官人們文書分付管酒的署官根底, 官人들이 文書를 술 ᄀᆞ옴아는 署官의게 分付ᄒᆞ여. ≪朴諺, 上, 47ㅎ≫分付這管混堂的看着, 이 混堂 ᄀᆞ옴아ᄂᆞ니게 分付ᄒᆞ여 보라 ᄒᆞ고. ≪朴諺, 中, 7ㅈ≫管事的來, 일 ᄀᆞ옴아는 이 오라. ≪朴諺, 中, 7ㅎ≫拿將管馬的來吊着, ᄆᆞᆯ ᄀᆞ옴아는 이를 자바다가 ᄃᆞᆯ고. ≪朴諺, 中, 59ㅎ≫該管的外郎也受了些錢財, ᄀᆞ옴아는 外郎도 져기 錢財를 밧고. ❷⇔해관(該管). ≪朴諺, 中, 59ㅎ≫該管的外郎也受了些錢財, ᄀᆞ옴아는 外郎도 져기 錢財를 밧고.

ᄀᆞ옴알다 (동) 가말다. 관리하다. ⇔관(管). ≪朴諺, 上, 11ㅈ≫管的三年不要功錢打, 三年을 ᄀᆞ옴아라 工錢을 밧디 아니ᄒᆞ고 다ᄋᆞ게 ᄒᆞ라. ≪朴諺, 上, 39ㅎ≫管甚麽來刀子鈍, 므서슬 ᄀᆞ옴알관ᄃᆡ 칼이 무되리오. ≪朴諺, 上, 47ㅈ≫我管着湯錢去來, 내 湯錢을 ᄀᆞ옴아라 가마. ≪朴諺, 中, 2ㅈ≫我管着饋你, 내 ᄀᆞ옴아라 너를 주마. ≪朴諺, 中, 38ㅈ≫明日來管迴換, ᄂᆡ일 와 므르믈 ᄀᆞ옴알리라. ≪朴諺, 中, 38ㅈ≫管着來迴, 와 므름을 ᄀᆞ옴알마. ≪朴諺, 下, 34ㅈ≫我管甚麽, 내 므서슬 ᄀᆞ옴아ᄂᆞ뇨. ≪朴諺, 下, 36ㅎ≫管着他官人家莊土種田來, 뎌 官人의 농소를 ᄀᆞ옴아라 種田ᄒᆞ더니. ≪朴諺, 下, 37ㅎ≫管着那莊土, 뎌 농소를 ᄀᆞ옴아다가. ≪朴諺, 下,

37ㅎ≫管山喫山, 山을 ᄀᆞ옴알면 山읫 거ᄉᆞᆯ 먹고. 管水喫水, 믈을 ᄀᆞ옴알면 믈엣 거ᄉᆞᆯ 먹ᄂᆞᆫ다 ᄒᆞᄂᆞ니라.

ᄀᆞ옴여다 형 가멸다. 부(富)하다. ⇔부(富). ≪朴諺, 上, 21ㅎ≫人不得橫財不富, 사ᄅᆞᆷ이 橫財ᄅᆞᆯ 엇디 못ᄒᆞ면 가ᄋᆞᆷ여디 못ᄒᆞ고. 馬不得夜草不肥, ᄆᆞᆯ이 夜草ᄅᆞᆯ 엇디 못ᄒᆞ면 ᄉᆞᆯ지디 못ᄒᆞᆫ다 ᄒᆞᄂᆞ니라.

ᄀᆞ장 명 끝. ⇔진(儘).≪集覽, 字解, 單字解, 5ㅈ≫儘. 讓也, 任也. 儘他 제게 다와ᄃᆞ라, 儘讓 뎌긔 미다. 又縱令也. 儘教 므던타. 又儘一儘 지긔우다. 又儘船 빗 ᄀᆞ장.

ᄀᆞ장 부 가장. 매우. 자못. ❶⇔노(老). ≪朴諺, 下, 51ㅈ≫瞅眼釣出箇老大的金色鯉漁(魚), 瞅眼홀 ᄉᆞ이예 ᄒᆞᆫ ᄀᆞ장 큰 금빗치 鯉魚ᄅᆞᆯ 낫가 내니. ❷⇔심(深). ≪朴諺, 中, 9ㅎ≫深爲未便, ᄀᆞ장 未便호ᄃᆡ. ❸⇔십분(十分). ≪朴諺, 上, 9ㅎ≫今年雨水十分大, 올히 雨水ㅣ ᄀᆞ장 만ᄒᆞ여. ≪朴諺, 上, 28ㅈ≫騎着一箇十分膘鐵青玉面馬, ᄒᆞᆫ ᄀᆞ장 ᄉᆞᆯ진 텰쳥총이광간쟈ᄆᆞᆯ을 탓고. ≪朴諺, 上, 35ㅎ≫只是腿上十分無氣力, 그저 ᄉᆡᆫ다리예 ᄀᆞ장 氣力이 업세라. ≪朴諺, 上, 41ㅎ≫那女孩兒生的十分可喜, 뎌 새각시 얼굴이 ᄀᆞ장 고아. ≪朴諺, 上, 55ㅎ≫一箇赤馬生的十分可喜, ᄒᆞᆫ 졀다ᄆᆞᆯ이 얼굴이 ᄀᆞ장 고오되. ≪朴諺, 中, 7ㅈ≫我騎的十分快走的馬將來, 나 ᄐᆞᆯ 이란 ᄀᆞ장 잘 것ᄂᆞᆫ ᄆᆞᆯ을 가져오라. ≪朴諺, 中, 13ㅈ≫十分好田禾, ᄀᆞ장 田禾ㅣ 됴터라. ≪朴諺, 中, 25ㅎ≫那厮十分做的好, 뎌 놈이 ᄀᆞ장 ᄆᆡᆫᄃᆞᆯ기ᄅᆞᆯ 잘ᄒᆞᄂᆞ니라. ≪朴諺, 中, 37ㅎ≫官人十分休駁彈, 官人아 ᄀᆞ장 나므라디 말라. ≪朴諺, 中, 55ㅈ≫揀(揀)着十分細的大紅腰線上, ᄀᆞ장 ᄀᆞᄂᆞᆫ 大紅 감기엣 치ᄅᆞᆯ ᄀᆞᆯ히라. ≪朴諺, 下, 3ㅈ≫一來是十分命不快, 一來 ᄀᆞ장 命이 快티 못ᄒᆞ여라. ≪朴諺, 下, 36ㅎ≫你十分休小看人, 네 ᄀᆞ장 사ᄅᆞᆷ을 小看티 말라. ≪朴諺, 下, 40ㅎ≫相識們十分央及時, 서ᄅᆞ 아ᄂᆞᆫ 이들히 ᄀᆞ장 빌면. ≪朴諺, 下, 47ㅈ≫第二一箇十分可喜的衏衏, 第二ᄂᆞᆫ ᄒᆞᆫ ᄀᆞ장 고온 녀기와. ❹⇔월(越). ≪集覽, 字解, 單字解, 5ㅎ≫越. 尤甚也. 越好 ᄀᆞ장 됴타, 越細詳 더옥 ᄎᆞᆫᄎᆞᆫᄒᆞ다. ❺⇔저사(底似). ≪集覽, 字解, 累字解, 2ㅈ≫底似. ᄀᆞ장. 又너므. 今不用. ❻⇔절(絶). ≪朴諺, 中, 37ㅎ≫你再饋我絶高的, 네 ᄯᅩ 날을 ᄀᆞ장 노프니ᄅᆞᆯ 주고려. ❼⇔지(至). ≪朴諺, 下, 40ㅈ≫和我兩箇至好麽, 날과 둘히 ᄀᆞ장 됴컨마ᄂᆞᆫ. ❽⇔최(最). ≪集覽, 字解, 單字解, 6ㅈ≫殺. 氣殺我 애ᄃᆞᆯ와 셜웨라, 猶言以此而可至於死也. 又愁殺人 사ᄅᆞᄆᆞᆯ ᄀᆞ장 근심ᄒᆞ야 ᄉᆞᆲ게 ᄒᆞ다. 又厮殺 싸호다. 又助語辭. 最深殺 ᄀᆞ장 깁다. ≪朴諺, 上, 44ㅈ≫那的最容易, 뎌ᄂᆞᆫ ᄀᆞ장 쉬오니. ≪朴諺, 中, 17ㅈ≫一發稍將些醬麴來最好, ᄒᆞᆷᄭᅴ 젹이 몌조ᄅᆞᆯ ᄇᆞ터 가져오니 ᄀᆞ장 돗타. ≪朴諺, 中, 58ㅎ≫最好最好, ᄀᆞ장 됴타 ᄀᆞ장 됴타. ≪朴諺, 下, 9ㅎ≫這佛法最尊最貴不可不信, 이 佛法이 ᄀᆞ장 尊ᄒᆞ고 ᄀᆞ장 貴ᄒᆞ니 가히 믿디 아니티 못홀 ᄶᅥ시라.

ᄀᆞ장 부 가장. 매우. 자못. ❶⇔특지(特地). ≪集覽, 字解, 累字解, 2ㅎ≫特地. 부러. 又특벼리. 又ᄀᆞ장. ❷⇔호(好). ≪朴諺, 上, 1ㅎ≫買二十箇好肥羊, 二十 낫 ᄀᆞ장 ᄉᆞᆯ진 羊을 사되. ≪朴諺, 上, 1ㅎ≫又買一隻好肥牛, ᄯᅩ 一隻 ᄀᆞ장 ᄉᆞᆯ진 쇼ᄅᆞᆯ 사고. ≪朴諺, 上, 14ㅎ≫咳眞箇好標致, 애 진실로 ᄀᆞ장 영노ᄉᆞᆯ갑다. ≪朴諺, 上, 19ㅎ≫圓眼來大的好明淨, 龍眼만치 크고 ᄀᆞ장 明淨ᄒᆞ니라. ≪朴諺, 上, 22ㅎ≫這一着好利害, 이 ᄒᆞᆫ 손이 ᄀᆞ장 利害ᄒᆞ다. ≪朴諺, 上, 22ㅎ≫咳這官人好尋思計量大, 애 이 官人이 ᄀᆞ창(장) 尋思 計量이 크다. ≪朴諺, 上, 42ㅎ≫這兩口兒夫妻好爽利, 이 두 夫妻ㅣ ᄀᆞ장 영노ᄉᆞᆯ갑더라. ≪朴諺, 上, 51ㅎ≫養孩兒好難, ᄌᆞ식 기ᄅᆞ기 ᄀᆞ장 어렵더라. ≪朴諺, 中, 7ㅈ≫背包馬們都將好壯馬來, 背包馬ᄃᆞᆯ을 다 ᄀᆞ장 장

ᄒᆞᆫ 믈을 가져오라. ≪朴諺, 中, 17ㅎ≫咳這孩兒也好不識, 애 이 아ᄒᆡ 또 ᄀᆞ장 아디 몯ᄒᆞᆫ다. ≪朴諺, 中, 26ㅎ≫那頭盔好瞧到了時, 뎌 ᄃᆡ우를 ᄀᆞ장 뵈기를 잇긋ᄒᆞ고. ≪朴諺, 中, 44ㅈ≫這客位收拾的好不整齊, 이 客位 收拾기를 ᄀᆞ장 졍졔히 못ᄒᆞ여시니. ≪朴諺, 中, 48ㅈ≫這妳子也好不精細, 이 졋어미 ᄀᆞ장 졍셰티 아니ᄒᆞ다. ≪朴諺, 下, 13ㅎ≫除好清高, 벼슬이 ᄀᆞ장 清高ᄒᆞ니라. ≪朴諺, 下, 19ㅈ≫這禿厮好沒道理, 이 머리믠놈이 ᄀᆞ장 道理 업다 ᄒᆞ고. ≪朴諺, 下, 26ㅎ≫好小看人, ᄀᆞ장 사ᄅᆞᆷ 업슈이너긴다. ≪朴諺, 下, 40ㅈ≫是我好相識, 이 내 ᄀᆞ장 서ᄅᆞ 아ᄂᆞᆫ이라. ≪朴諺, 下, 44ㅈ≫這婆娘好不用意, 이 년이 ᄀᆞ장 用意티 아니ᄒᆞ엿다. ❸⇔호생(好生). ≪集覽, 字解, 單字解, 6ㅈ≫好. 됴타. 又好生 ᄀᆞ장. 又去聲, 喜-·情-. ≪朴諺, 上, 6ㅈ≫浸在氷盤裏好生好看, 氷盤에 ᄌᆞᆷ가 두면 ᄀᆞ장 보기 됴ᄒᆞ니라. ≪朴諺, 上, 9ㅎ≫好生照覷我, ᄀᆞ장 날을 보숣피라. ≪朴諺, 上, 16ㅈ≫好生細詳, ᄀᆞ장 細詳ᄒᆞ니. ≪朴諺, 上, 16ㅎ≫街上放空中的小厮們好生廣, 거리에 박핑이 틸 아ᄒᆡ들 ᄀᆞ장 흔터라. ≪朴諺, 上, 21ㅈ≫好生說與小厮們, ᄀᆞ장 아ᄒᆡ들ᄃᆞ려 닐러. ≪朴諺, 上, 40ㅈ≫用那密的笓子好生搥着, 뎌 빈 춤빗을 뻐 ᄀᆞ장 빗겨. ≪朴諺, 上, 49ㅎ≫好生小心着, ᄀᆞ장 조심ᄒᆞ야. ≪朴諺, 中, 3ㅈ≫好生捏拐東西, ᄀᆞ장 ᄂᆞᆷ의 것 건디쥐기 ᄒᆞᄂᆞ니. ≪朴諺, 中, 12ㅎ≫黑夜用心好生看着, 밤의 用心ᄒᆞ여 ᄀᆞ장 보숣피라. ≪朴諺, 中, 17ㅈ≫我這裏好生多喫了, 내 예셔 ᄀᆞ장 만히 먹을와. ≪朴諺, 中, 25ㅈ≫好生用心看家着, ᄀᆞ장 用心ᄒᆞ여 집을 보라. ≪朴諺, 中, 40ㅈ≫好生流不下來, ᄀᆞ장 흘러ᄂᆞ리디 못ᄒᆞ여. ≪朴諺, 中, 49ㅎ≫只好生和匀着, 그저 ᄀᆞ장 석기를 고로게 ᄒᆞ여. ≪朴諺, 中, 56ㅎ≫我家裏老鼠好生廣, 내 집의 쥐 ᄀᆞ장 흔ᄒᆞ니. ≪朴諺, 下, 1ㅈ≫一夏裡不曾好生收拾, ᄒᆞᆫ 녀름을 일즙 ᄀᆞ장 收拾디 못ᄒᆞ니. ≪朴諺, 下, 1ㅈ≫家裡好生囑付, 집의 ᄀᆞ장 당부ᄒᆞ여. ≪朴諺, 下, 28ㅎ≫李舍哥好生定害你, 李舍 형아 ᄀᆞ장 네게 너리과라. ≪朴諺, 下, 45ㅈ≫好生不喫飯, ᄀᆞ장 밥 먹디 못홀돠. ❹⇔흔(哏). ≪集覽, 字解, 單字解, 5ㅎ≫哏. 極也. 哏好 ᄀᆞ장 됴타, 今不用. 音흔, 匣母. ❺⇔흔사(哏似). ≪集覽, 字解, 累字解, 2ㅈ≫底似. ᄀᆞ장. 又너므. 今不用. ≪集覽, 字解, 累字解, 2ㅈ≫哏似. 上同. 今不用.

ᄀᆞ쟝 [부] 가장. 매우. 자못. ⇔십분(十分). ≪朴諺, 上, 25ㅎ≫江西十分上等眞結綜(棕)帽兒上, 江西 ᄀᆞ쟝 上等에 진짓 綜(棕)으로 ᄆᆡᄌᆞᆫ 갓 우희.

ᄀᆞ즉ᄒᆞ다 [형] 가지런하다. ⇔제(齊). ≪朴諺, 上, 1ㅈ≫洪福齊天, 큰 福이 하늘과 ᄀᆞ즉ᄒᆞ야. ≪朴諺, 中, 45ㅈ≫家齊而後國治, 집이 ᄀᆞ즉ᄒᆞᆫ 후에 나라히 다ᄉᆞᆫ다 ᄒᆞ니라.

ᄀᆞ창 [부] ᄀᆞ장. '창'은 '장'의 잘못. ≪朴諺, 上, 22ㅎ≫咳這官人好尋思計量大, 애 이 官人이 ᄀᆞ창(장) 尋思 計量이 크다.

ᄀᆞ초다 [동] 갖추다. ⇔구(俱). ≪朴諺, 下, 11ㅎ≫各俱壹裏, 각각 ᄒᆞᆫ 안흘 ᄀᆞ초와. ≪朴諺, 下, 53ㅈ≫今具狀申告某官, 이제 狀을 ᄀᆞ초와 某官씌 申告ᄒᆞᄂᆞ니.

-ᄀᆞ티 [조] ❶-같이. ≪朴諺, 中, 3ㅈ≫驢一般打, 나귀ᄀᆞ티 티리라. ≪朴諺, 中, 23ㅈ≫面圓璧月, ᄂᆞᆺ촌 璧(璧)月ᄀᆞ티 두렷ᄒᆞ고. ❷-같이. ⇔일반(一般). ≪朴諺, 下, 45ㅎ≫塑一箇象一般大的春牛, ᄒᆞᆫ 象ᄀᆞ티 큰 春牛를 ᄆᆡᆫᄃᆞ라.

ᄀᆞᄐᆞ다 [형] 같다. ❶⇔사(似). ≪朴諺, 上, 49ㅈ≫饋你濟機(集覽, 朴集, 上, 13ㅈ: 濟機. 音義云, ·ᄡᅳ로 밍·ᄀᆞ·론〈밍ᄀᆞᆫ〉 혈거피 ·ᄀᆞ·ᄐᆞᆫ 것. 今按, 漢人或牛角或鹿角爲之, 形如環, 着於拇指, 亦所以鈎〈所以鉤〉弦開弓.), 너를 각지를 주마. ≪朴諺, 中, 29ㅎ≫只是一剗狼牙也似, 그저 ᄒᆞᆫ굴ᄀᆞ티 일희 니 ᄀᆞᄐᆞ니. ≪朴諺, 下, 31ㅎ≫燈盞

也似兩隻眼, 등잔 ᄀᆞᄐᆞᆫ 두 눈에. ❷⇔야사(也似). ≪朴諺, 上, 26ㅈ≫騎着一箇墨丁也似黑五明馬, ᄒᆞᆫ 墨丁 ᄀᆞᄐᆞᆫ 가라간쟈ᄉᆞ죡ᄇᆡᆨ믈을 ᄐᆞ고. ≪朴諺, 下, 31ㅎ≫山也似不動憚, 山 ᄀᆞᄐᆞ여 動憚티 아니ᄒᆞ니. ❸⇔여동(如同). ≪朴諺, 中, 24ㅈ≫如同禽獸之類, 禽獸의 類 ᄀᆞᄐᆞᆫ디라. ❹⇔일반(一般). ≪朴諺, 上, 22ㅈ≫你一般淺見薄識的人, 너 ᄀᆞᄐᆞᆫ 淺見 薄識엣 사ᄅᆞᆷ이. ≪朴諺, 中, 43ㅎ≫那裏肯來我一般村莊人家, 어ᄃᆡ 즐겨 우리 ᄀᆞᄐᆞᆫ 村莊 人家에 오리오. ≪朴諺, 下, 33ㅈ≫象眼粿子, 象眼 ᄀᆞᄐᆞᆫ 粿子와. 柳葉饊子, 柳葉 ᄀᆞᄐᆞᆫ 粿子와. ❺⇔일사(一似). ≪朴諺, 上, 28ㅎ≫驢的那馬一似那箭, 잰 뎌 ᄆᆞᆯ은 뎌 살 ᄀᆞᄐᆞ니.

ᄀᆞᆫ나희 명 계집아이. ⇔여해아(女孩兒). ≪朴諺, 上, 49ㅎ≫小廝兒那女孩兒, ᄉᆞ나희가 ᄀᆞᆫ나희가.

ᄀᆞᆯ 명 가루. 밀가루. ⇔면(麵). ≪朴諺, 中, 6ㅎ≫你將那白麵來, 네 뎌 흰 ᄀᆞᄅᆞᆯ 가져다가.

ᄀᆞᆯ겨더다 동 갈겨 덜다. 또는 가로채다. 삭감하여 덜다. ⇔극감(剋減). ≪朴諺, 上, 3ㅎ≫都是官人們剋減了, 다 官人들이 ᄀᆞᆯ겨 더도다.

ᄀᆞᆯ기다 동 갈기다. 곧, 깎아 평말로 되다. 또는 가로채다. ⇔극(剋). ≪朴諺, 上, 3ㅎ≫都是官人們剋減了, 다 官人들이 ᄀᆞᆯ겨 더도다.

ᄀᆞᆯ다 동 갈다[磨]. ⇔마(磨). ≪朴諺, 下, 33ㅎ≫這間壁磨房裏取將來, 이 ᄉᆞ잇 ᄇᆞᄅᆞᆷ 매(애) ᄀᆞᄂᆞᆫ집의 가져오쟈.

ᄀᆞᆯ래다 동 장난하다. 한가롭게 노닐다. 빈둥거리다. ⇔낭탕(浪蕩). ≪朴諺, 中, 55ㅎ≫一壁廂去浪蕩不的, ᄒᆞᆫ ᄇᆞᄅᆞᆷ 구석의 가 ᄀᆞᆯ래디 못ᄒᆞᆯ소냐. ≪朴諺, 中, 56ㅈ≫咱河裏浪蕩去來, 우리 내히 ᄀᆞᆯ래라 가쟈.

ᄀᆞᆯᄒᆡ다 동 가래다. 분별하다. 가리다. ⇔간(揀). ≪朴諺, 上, 29ㅎ≫你自揀(揀)着要, 네 손ᄌᆞ ᄀᆞᆯᄒᆡ여 사라. ≪朴諺, 上, 33ㅈ≫揀(揀)那清淨山庵裏, 뎌 清淨ᄒᆞᆫ 山庵을 ᄀᆞᆯᄒᆡ여. ≪朴諺, 上, 55ㅎ≫你自馬市裏揀(揀)着買去, 네 손ᄌᆞ ᄆᆞᆯ 져제 ᄀᆞᆯᄒᆡ여 사라 가라. ≪朴諺, 中, 8ㅈ≫揀(揀)定了馬也, ᄆᆞᆯ을 ᄀᆞᆯᄒᆡ여 뎡ᄒᆞ여다. ≪朴諺, 中, 49ㅎ≫咱休揀(揀)着擺, 우리 ᄀᆞᆯᄒᆡ여 버리디 말고. ≪朴諺, 中, 51ㅎ≫揀(揀)路兒行來, 길흘 ᄀᆞᆯᄒᆡ여 오롸. ≪朴諺, 中, 55ㅈ≫揀(揀)着十分細的大紅腰線上, ᄀᆞ장 ᄀᆞᄂᆞᆫ 大紅 감기엣 치ᄅᆞᆯ ᄀᆞᆯᄒᆡ라. ≪朴諺, 下, 44ㅎ≫揀(揀)着那乏煤, 뎌 ᄠᅳᆫ믜탄을 ᄀᆞᆯᄒᆡ여. ≪朴諺, 下, 48ㅈ≫這般揀(揀)定時辰, 이리 ᄣᅢᄅᆞᆯ ᄀᆞᆯᄒᆡ여 定ᄒᆞ고.

ᄀᆞᆷ다 동 감다[浴]. ⇔세(洗). ≪朴諺, 上, 47ㅎ≫又入去洗一洗, 또 드러가 ᄀᆞᆷ고. ≪朴諺, 下, 23ㅎ≫與我洗頭, 날을 주어 머리 ᄀᆞᆷ게 ᄒᆞ라.

ᄀᆞᆷᄌᆞᆨ이다 동 깜작이다. ⇔참(瞓). ≪朴諺, 下, 44ㅎ≫瞓眼熟了, 눈 ᄀᆞᆷᄌᆞᆨ일 사이예 니그리라.

ᄀᆞᆷ초다 동 감추다. ⇔장(藏). ≪朴諺, 下, 19ㅈ≫到羅天大醮壇場上藏身, 羅天大醮ᄒᆞᄂᆞᆫ 壇場 우희 가 몸을 ᄀᆞᆷ초와.

ᄀᆞᆺ 부 갓. 겨우. 방금. ❶⇔강재(剛纔). ≪集覽, 字解, 單字解, 1ㅎ≫剛. 僅也. 剛坐 계우 앗다. 纔也. 剛纔 ᄀᆞᆺ. ❷⇔방재(方纔). ≪集覽, 字解, 單字解, 1ㅈ≫恰. 適當之辭. 恰便似 마치. 又方纔之辭. 恰纔 ᄀᆞᆺ. ≪集覽, 字解, 單字解, 2ㅎ≫纔. 方得僅始之辭. ᄀᆞᆺ, 纔自. 又剛纔, 又方纔, 又恰纔. ❸⇔재(纔). ≪集覽, 字解, 單字解, 2ㅎ≫纔. 方得僅始之辭. ᄀᆞᆺ, 纔自. 又剛纔, 又方纔, 又恰纔. ≪朴諺, 上, 22ㅈ≫你饒四着時纔好, 네 네흘 졉혜야 ᄀᆞᆺ 됴ᄒᆞ리라. ≪朴諺, 上, 40ㅎ≫今年纔十六歲的女孩兒, 올히 ᄀᆞᆺ 十六歲엣 새각시러라. ≪朴諺, 上, 56ㅎ≫你怎麽纔來, 네 엇디 ᄀᆞᆺ 온다. ≪朴諺, 上, 57ㅈ≫打發他去了纔來, 뎌ᄅᆞᆯ 打發ᄒᆞ여 보내고 ᄀᆞᆺ 올와. ≪朴諺, 下, 14ㅎ≫直到日平西纔上馬, 잇긋 날이 平西호매 다ᄃᆞᆺ게야 ᄀᆞᆺ ᄆᆞᆯ을 ᄐᆞᄂᆞ

니라. ≪朴諺, 下, 14ㅎ≫直是人定時分纔下馬, 잇긋 人定 때예 ᄀᆺ ᄆᆞᆯ을 ᄂᆞ리ᄂᆞ니라. ≪朴諺, 下, 23ㅈ≫纔待洗澡, ᄀᆺ 모욕ᄒᆞ고져 ᄒᆞ더니. ≪朴諺, 下, 41ㅈ≫今年纔三十七歲, 올히 ᄀᆺ 三十七歲라. ❹⇔재지(纔只). ≪朴諺, 下, 14ㅈ≫纔只掾史們將文卷來, ᄀᆺ 掾史들히 文卷을 가져와. ❺⇔흡(恰). ≪集覽, 字解, 單字解, 1ㅈ≫恰. 適當之辭, 恰便似 마치. 又方纔之辭, 恰纔 ᄀᆺ. ≪朴諺, 上, 49ㅎ≫恰三日也, ᄀᆺ 三日이라. ≪朴諺, 中, 8ㅈ≫這的恰將來的馬, 이 ᄀᆺ 가져온 ᄆᆞᆯ이. ≪朴諺, 中, 12ㅎ≫昨日恰來到, 어제 ᄀᆺ 올와. ≪朴諺, 中, 43ㅈ≫直到點燈時分恰下馬, 잇긋 블혈 때예 다ᄃᆞᆺ게야 ᄀᆺ ᄆᆞᆯ게 ᄂᆞ리니. ≪朴諺, 中, 48ㅈ≫恰學立的, ᄀᆺ 셔기 ᄇᆡ호ᄃᆡ. ≪朴諺, 中, 49ㅈ≫恰十五歲的女孩兒, ᄀᆺ 十五 歲엣 女孩兒ㅣ. ≪朴諺, 下, 57ㅈ≫先生恰說的秀才在那裡下着裡, 先生이 ᄀᆺ 니ᄅᆞ든 秀才 어ᄃᆡ ᄇᆞ리웟ᄂᆞ뇨. ≪朴諺, 下, 59ㅎ≫恰說的是甚麽官職, ᄀᆺ 니ᄅᆞᄂᆞᆫ 거시 이 므슴 벼슬고. ❻⇔흡재(恰纔). ≪集覽, 字解, 單字解, 1ㅈ≫恰. 適當之辭. 恰便似 마치. 又方纔之辭. 恰纔 ᄀᆺ. ≪集覽, 字解, 單字解, 2ㅎ≫纔. 方得僅始之辭 ᄀᆺ, 纔自. 又剛纔, 又方纔, 又恰纔.

ᄀᆺ곰 뷔 가끔. ⇔선(旋). ≪朴諺, 下, 12ㅎ≫我慢慢的旋指分, 내 날호여 ᄀᆺ곰 ᄀᆡ결ᄒᆞ마.

ᄀᆺ다 혱 같다. ❶⇔상(像). ≪朴諺, 中, 4ㅎ≫但有些兒不像時, 믈읫 져기 ᄀᆺ디 아님이 이시면. ❷⇔야사(也似). ≪朴諺, 下, 26ㅎ≫血點也似, 血點 ᄀᆺ고. ❸⇔여(如). ≪朴諺, 上, 13ㅈ≫千零不如一頓, 千零이 一頓만 ᄀᆺ디 못ᄒᆞ니라. ≪朴諺, 下, 39ㅈ≫接客不如送客, 客을 接호미 客을 送ᄒᆞᄂᆞᆫ 이만 ᄀᆺ디 못ᄒᆞ니. ❹⇔일사(一似). ≪朴諺, 中, 32ㅎ≫遠望一似黑水精, 멀리 ᄇᆞ라매 黑水精 ᄀᆺ고. ≪朴諺, 下, 40ㅈ≫一似那活的, 뎌 사니 ᄀᆺ고.

-ᄀᆺ티 조 -같이. ≪朴諺, 上, 28ㅈ≫鞍子是雪白鹿角邉兒, 기ᄅᆞ마ᄂᆞᆫ 이 눈ᄀᆺ티 흰 鹿角 邊兒에.

ᄀᆽ다 혱 갖다. 구비되어 있다. ⇔구(俱). ≪朴諺, 上, 25ㅎ≫鞘兒都全, 갑플이 다 ᄀᆞ잣고. ≪朴諺, 中, 3ㅎ≫裏兒都全, 안히 다 ᄀᆞ자시니. ≪朴諺, 中, 39ㅈ≫門窓炕壁俱全, 門窓 炕壁이 다 ᄀᆞ잣고. ≪朴諺, 中, 20ㅎ≫理圓四德, 理ᄂᆞᆫ 四德에 ᄀᆞ잣고.

끽(喫) 동 ❶먹다. ⇔먹다. ≪朴諺, 上, 35ㅈ≫如今飯也喫得些箇却無事了, 이제ᄂᆞᆫ 밥도 져기 먹고 쏘 無事ᄒᆞ여라. ≪朴諺, 上, 45ㅈ≫迴家喫飯, 집의 도라와 밥 먹고. ≪朴諺, 上, 50ㅈ≫滿月過了時喫的不妨事, ᄃᆞᆯ이 차 디나면 먹어도 일에 해롭디 아니ᄒᆞ리라. ≪朴諺, 上, 57ㅈ≫一會兒喫罷湯時便上馬, ᄒᆞᆫ 디위 탕을 먹으면 곳 上馬ᄒᆞᆯ러라. ≪朴諺, 上, 58ㅈ≫又不喫了他的, 쏘 뎌의 거슬 먹디 아닐 거시니. ≪朴諺, 中, 15ㅎ≫生果子也多喫了, ᄉᆡᆼ과실도 만히 먹고. ≪朴諺, 中, 20ㅈ≫一冬裏這頭口們勾喫了, ᄒᆞᆫ 겨울을 이 즘ᄉᆡᆼ들이 유여히 먹으리라. ≪朴諺, 中, 29ㅎ≫請官人屋裏喫飯, 쳥컨대 官人은 집안희셔 밥 먹으라. ≪朴諺, 中, 30ㅈ≫等一會兒喫, ᄒᆞᆫ 디위 기ᄃᆞ려 먹쟈. ≪朴諺, 中, 34ㅈ≫一冬裏熬喫好, ᄒᆞᆫ 겨울의 ᄉᆞᆯ마 먹기 됴흐니라. ≪朴諺, 中, 56ㅎ≫庫房櫃子裏放的米都喫了, 곳집 궤예 둔 ᄡᆞᆯ을 다 먹고. ≪朴諺, 下, 2ㅈ≫我如今不喫飯, 내 이제 밥을 먹디 아녀. 等一會兒喫, ᄒᆞᆫ 디위 기ᄃᆞ려 먹을 ᄊᆡ시니. ≪朴諺, 下, 14ㅈ≫却喫糕子, 쏘 糕子 ᄯᅥᆨ을 먹고. ≪朴諺, 下, 19ㅈ≫奪喫了祭星茶果, 祭星ᄒᆞᄂᆞᆫ 茶果ᄅᆞᆯ 아사 먹고. ≪朴諺, 下, 26ㅎ≫你不賣將家去就飯喫, 네 ᄑᆞᄃᆡ 아니ᄒᆞ고 집의 가져가 밥ᄒᆞ여 먹을ᄽᅡ. ≪朴諺, 下, 32ㅈ≫咱各自愛喫甚麽飯, 우리 각각 므슴 밥을 즐겨 먹ᄂᆞᆫ고. ≪朴諺, 下, 37ㅎ≫管山喫山, 山을 ᄀᆞ음알면 山읫 거슬 먹고. 管水喫水, 믈을 ᄀᆞ음알면 믈엣 거슬 먹ᄂᆞᆫ

다 ᄒᆞ니라. ≪朴諺, 下, 45ㅈ≫伯伯喫些飯, 伯伯아 져기 밥 먹으라. 好生不喫飯, ᄀᆞ장 밥 먹디 몯ᄒᆞᆯ돠. ❷먹다. 마시다. ⇔먹다. ≪朴諺, 上, 2ㅈ≫街市酒打將來怎麽喫, 져젯 술을 가져오면 엇디 머그리오. ≪朴諺, 上, 6ㅈ≫我們先喫兩巡酒後頭擡卓兒, 우리 몬져 두 슌비 술 머근 후에 상을 드러든. ≪朴諺, 上, 47ㅎ≫却穿衣服喫幾盞閉風酒, 또 옷 닙고 여러 잔 閉風酒를 먹으면. ≪朴諺, 上, 58ㅎ≫喫幾盞酒過兩道湯, 여러 잔 술 먹고 兩道湯을 디내고. ≪朴諺, 中, 16ㅈ≫熬兩服喫, 두 복을 달혀 먹고. ≪朴諺, 中, 16ㅈ≫我旋合與你藿香正氣散, 내 미조차 너를 藿香正氣散을 지어 줄 거시니. 喫了時便無事了, 먹으면 곳 無事ᄒᆞ리라. ≪朴諺, 中, 30ㅎ≫喫一盞, ᄒᆞᆫ 잔 먹쟈. ≪朴諺, 中, 30ㅎ≫這酒忤禿怎麽喫, 이 술이 들므쥬군ᄒᆞ니 엇디 먹으료. ≪朴諺, 中, 36ㅎ≫茶房裏喫茶去來, 茶房에 차 먹으라 가쟈. ≪朴諺, 下, 2ㅈ≫熬些茶芽來我喫, 져기 茶芽를 달혀 오라 내 먹쟈. ≪朴諺, 下, 14ㅈ≫又喫幾盞酒之後, 또 여러 잔 술을 먹은 후에. ≪朴諺, 下, 27ㅎ≫問客官人們喫甚麽茶, 客官人ᄃᆞ려 무로ᄃᆡ 므슴 차 머글따. ≪朴諺, 下, 61ㅎ≫喫些淡茶去不妨, 져기 淡茶를 먹고 가미 해롭디 아니ᄒᆞ니.

끽(喫) 동 먹이다. ❶⇔머기다. ≪朴諺, 下, 54ㅎ≫你買與我喫來, 네 날을 사 주어 머긴다 ᄒᆞ고. ❷⇔먹이다. ≪朴諺, 上, 10ㅎ≫喫我的飯時, 내 밥을 먹이면. ≪朴諺, 上, 10ㅎ≫一日三頓家饋他飽飯喫, ᄒᆞᄅᆞ 세 삐식 뎌를 주어 밥을 ᄇᆡ브리 먹이고. ≪朴諺, 上, 20ㅎ≫等一會兒饋些草喫, ᄒᆞᆫ 디위 기ᄃᆞ려 져기 여믈을 주어 먹이고. ≪朴諺, 上, 21ㅈ≫着攪草棍拌饋他些料水喫, 여믈 버므리ᄂᆞᆫ 막대로 뎌를 져기 콩믈을 버므려 주어 먹이고. 半夜裏却拌饋他料喫, 半夜에 또 뎌를 콩을 버므려 주어 먹이되. ❸⇔먹히다. ≪朴諺, 上, 50ㅈ≫只着些好醬瓜兒就飯喫, 그저 젹이 됴흔 醬瓜로 밥ᄒᆞ여 먹히라.

끽(喫) 동 입다[被]. 당(當)하다. ⇔닙다. ≪朴諺, 上, 33ㅎ≫却喫這一頓打也是, 또 이 ᄒᆞᆫ 디위 마즘을 니버도 올ᄒᆞ니라. ≪朴諺, 中, 3ㅈ≫我臨了喫了他一道兒, 내 나죵에 뎌의 ᄒᆞᆫ 쇠를 닙어다. ≪朴諺, 中, 25ㅈ≫有些事時喫打, 져기 일이 이시면 마즘을 니브리라. ≪朴諺, 中, 47ㅎ≫路上必定喫別人笑話, 길ᄒᆡ 일뎡 ᄂᆞᆷ의 우임을 니브리라. ≪朴諺, 中, 48ㅎ≫那一日喫了一跌, 뎌 ᄒᆞᆫ 날 ᄒᆞᆫ 번 구러딤을 닙어. ≪朴諺, 下, 9ㅈ≫喫了一跌, ᄒᆞᆫ 번 구러디믈 닙어.

끽다(喫茶) 동 차를 마시다. ≪朴諺, 上, 1ㅎ≫着李四買果子·拖爐·隨食(集覽, 朴集, 上, 1ㅈ: 隨食. 音義云, 與拖爐相似. 質問云, 以麥麵和油作小餅, 喫茶時食之, 取其香酥也. 原本用隨字, 故反(飜)譯亦用隨字, 俗音:취, 今更質之, 字作饈, 宜從:쉬音讀, 今俗亦曰饈餅.)去, 李四로 ᄒᆞ여 과실과 拖爐·隨食을 사라 가게 ᄒᆞ라.

끽반(喫飯) 동 밥을 먹다. ≪集覽, 字解, 單字解, 1ㅈ≫喫. 正音키, 俗音치. 啖也. 喫飯·喫酒. 又被也. 喫打 맛다. 字雖入聲而俗讀去聲, 或呼如上聲. 俗省文作吃.

끽주(喫酒) 동 술을 마시다. ≪集覽, 字解, 單字解, 1ㅈ≫喫. 正音키, 俗音치. 啖也. 喫飯·喫酒. 又被也. 喫打 맛다. 字雖入聲而俗讀去聲, 或呼如上聲. 俗省文作吃.

끽타(喫打) 동 맞다[被打]. ❶⇔맛다. ≪集覽, 字解, 單字解, 1ㅈ≫喫. 正音키, 俗音치. 啖也. 喫飯·喫酒. 又被也. 喫打 맛다. 字雖入聲而俗讀去聲, 或呼如上聲. 俗省文作吃. ≪朴諺, 中, 55ㅎ≫好歹喫打去, 모로미 맛고 갈다. ❷⇔맞다. ≪朴諺, 下, 53ㅎ≫那般時, 그러면. 正是喫打的裁兒, 졍히 마즐 ᄀᆞ움이로다.

ㄴ

-ㄴ 어미 -ㄴ. ≪朴諺, 上, 1ㅈ≫去那有名的花園裏, 뎌 有名훈 花園에 가. ≪朴諺, 上, 13ㅈ≫只着大車上裝去, 그저 큰 술위예 시러 가쟈. ≪朴諺, 上, 23ㅈ≫咱就那一日各自說箇重誓, 우리 임의셔 그 날에 각각 듕훈 밍셔롤 닐러. ≪朴諺, 上, 42ㅈ≫對月又做箇大筵席, 버금 돌에 또 큰 이바디호면. ≪朴諺, 上, 55ㅈ≫空處寫大吉利, 뷘 곳에 大吉利라 쓰거나. ≪朴諺, 上, 62ㅈ≫噴鼻眼花的是紅白荷花, 코헤 쑴기고 눈에 밤읜 거슨 이 紅白 荷花러라. ≪朴諺, 中, 1ㅈ≫油紅畫金棒子, 油紅빗체 金으로 그림 그린 막대롤. ≪朴諺, 中, 15ㅈ≫傷着冷物的揉子, 冷物의 傷훈 揉이오. ≪朴諺, 中, 24ㅈ≫咱如今身已(己)安樂時莭(節), 우리 이제 몸이 安樂훈 때예. ≪朴諺, 中, 30ㅈ≫乾羊脚子煮着裏, 므른 羊의 다리롤 술맛노라. ≪朴諺, 中, 36ㅎ≫葱白素通袖膝欄段子有麼, 葱白빗체 민通袖 膝欄훈 비단이 잇노냐. ≪朴諺, 中, 51ㅎ≫騎馬的官人們, 몰 툰 官人들히. ≪朴諺, 中, 58ㅈ≫孩兒你饋我買將草布蚊帳來, 아희아 네 날을 얼믠 뵈로 훈 모긔댱을 사다가 주고려. ≪朴諺, 下, 11ㅈ≫孩兒自拜別之後, 孩兒ㅣ 拜別훈 後로브터. ≪朴諺, 下, 17ㅈ≫悶時莭(節)好看有, 답답훈 제 보기 됴흐니라. ≪朴諺, 下, 26ㅎ≫好顏色圓淨的價錢大, 빗 됴코 圓淨호니는 갑시 만흔디라. ≪朴諺, 下, 33ㅈ≫黃燒餅, 누론 쇼병과. ≪朴諺, 下, 44ㅎ≫乾的煤簡兒有麼, 므론 밋덩이 잇노냐. ≪朴諺, 下, 48ㅈ≫具服的官人們, 具服훈 官人들히. ≪朴諺, 下, 53ㅎ≫有一箇沒理的村牛, 훈 무리훈 村牛ㅣ 이셔. ≪朴諺, 下, 55ㅎ≫有甚暗記沒印, 아모란 ᄀ만훈 보람이 잇고 인은 업노니.

-ㄴ가 어미 -ㄴ가. -는가. ≪朴諺, 上, 52ㅈ≫留下一箇拜貼來見來麼, 훈 拜貼을 머므럿더니 보신가. ≪朴諺, 中, 16ㅎ≫大娘身子好麼, 大娘의 몸이 됴흐신가. ≪朴諺, 下, 10ㅎ≫玉體安樂好麼, 玉體ㅣ 安樂호여 됴흐신가.

-ㄴ고 어미 -ㄴ고. ≪朴諺, 下, 58ㅈ≫小人門前有客是誰, 小人의 문 앏픠 客이 이시니 이 뉜고.

-ㄴ는다 어미 -하는가. -하느냐. ≪朴諺, 上, 14ㅈ≫話不說不知木不鑽不透, 말을 니루디 아니면 아디 못호고 남글 뚤디 아니면 스뭇디 아닌는다 호니라.

-ㄴ다 어미 ❶-ㄴ다. ≪朴諺, 上, 21ㅎ≫馬不得夜草不肥, 몰이 夜草롤 엇디 못호면 술지디 못훈다 호니라. ≪朴諺, 上, 23ㅈ≫高碁輸頭盤, 놉흔 바독은 첫 판을 진다 호노니라. ≪朴諺, 上, 32ㅈ≫人貧只爲慳少債快說謊, 사룸이 가난호면 그저 다랍고 빗지면 거즛말 니루기 잘훈다 호노니라. ≪朴諺, 上, 34ㅎ≫一年經蛇咬三年怕井繩, 훈 히롤 비얌 믈려 디내면 三年을 드렛줄도 접퍼훈다 호니라. ≪朴諺, 上, 51ㅎ≫養子方知父母恩, 조식을 길러야 보야흐로 父母 은혜롤 안다 호니라. ≪朴諺, 中, 17ㅎ≫咳這孩兒也好不識, 애 이 아희 또 ᄀ장 아디 못훈다. ≪朴諺, 中, 18ㅈ≫氣殺我也, 날을 애쁘온다. ≪朴諺, 中, 29ㅎ≫腮頰凍的刺(剌)刺(剌)的疼, 쌤이 드라 쁠알힌다. ≪朴諺, 中, 47ㅎ≫老實常在, 고디식호니는 덧덧이 잇고. 脫空常敗, 섭섭훈 이는 덧덧이 패훈다 호노

ㄴ

니라. ≪朴諺, 中, 58ㅈ≫雨不來河不漲, 비 오디 아니면 믈이 넘디 아니ᄒᆞᆫ다 ᄒᆞᄂᆞ니라. ≪朴諺, 下, 13ㅎ≫夜眠一廈間, 밤의 一厦 間에 잔다 ᄒᆞᄂᆞ니라. ≪朴諺, 下, 26ㅎ≫好小看人, ᄀᆞ장 사ᄅᆞᆷ 업슈이너긴다. ≪朴諺, 下, 45ㅈ≫夜飯少一口, 夜飯은 ᄒᆞᆫ 입을 젹게 ᄒᆞ면. 活到九十九, 살기ᄅᆞᆯ 九十九에 니ᄅᆞᆫ다 ᄒᆞ니라. ≪朴諺, 下, 48ㅈ≫甚時幾刻立春, 아ᄆᆞ 때 현 刻에 立春 ᄒᆞᆫ다 ᄒᆞ면. ≪朴諺, 下, 54ㅎ≫你買與我喫來, 네 날을 사 주어 머긴다 ᄒᆞ고. ❷-냐. -는가. ≪朴諺, 上, 30ㅎ≫你不理會的, 네 아디 못ᄒᆞᆫ다. ≪朴諺, 上, 56ㅈ≫你爲甚麽不買來, 네 므서슬 위ᄒᆞ야 사오디 아니ᄒᆞᆫ다. ≪朴諺, 上, 58ㅎ≫何故不來, 므슴 연고로 오디 아니ᄒᆞᆫ다. ≪朴諺, 中, 12ㅎ≫你船路裏來那, 네 빗길로 온다. 旱路裏來, 뭇길로 온다. ≪朴諺, 中, 52ㅈ≫你今年怎麽京城不曾去, 네 올히 엇디 京城에 일즙 가디 아니ᄒᆞᆫ다. ≪朴諺, 中, 52ㅈ≫你却爲甚麽不上去, 너는 또 므서슬 위ᄒᆞ여 올라가디 아니ᄒᆞᆫ다. ≪朴諺, 下, 30ㅈ≫你那裏有來, 네 어ᄃᆡ 잇든다. ≪朴諺, 下, 42ㅈ≫黑夜道場裡你有來麽, 밤의 道場에 네 잇든다. ≪朴諺, 下, 38ㅎ≫你却爲甚麽不跟去, 네 또 므서슬 위ᄒᆞ여 ᄯᆞᆯ와 가디 아니ᄒᆞᆫ다. ≪朴諺, 下, 39ㅈ≫你送那裡迴來, 네 어ᄃᆡ 가 보내고 도라온다. ≪朴諺, 下, 41ㅎ≫你過來時莭(節)不曾見, 네 디나올 제 일즙 보디 못ᄒᆞᆫ다. ❸-았느냐. -았는가. ≪朴諺, 上, 46ㅈ≫你幾時來, 네 언제 온다. ≪朴諺, 上, 56ㅎ≫你怎麽纔來, 네 엇디 ᄀᆞᆺ 온다. ≪朴諺, 中, 12ㅎ≫幾時來了, 언제 온다. ≪朴諺, 中, 13ㅎ≫那丁舍你幾時來, 뎌 丁舍ㅣ아 네 언제 온다. 馬們都好將來也麽, ᄆᆞᆯ들흘 다 잘 가져온다. ≪朴諺, 中, 52ㅈ≫年時牢子們走的你見來麽, 젼년에 牢子들희 ᄃᆞ롬질을 네 본다.

-ㄴ대 [어미] -ㄴ즉. -니까. ≪朴諺, 下, 19ㅎ≫王請唐僧上殿, 王이 唐僧을 請ᄒᆞ여 뎐에 올린대.

-ㄴ들 [어미] -ㄴ들. ≪朴諺, 上, 59ㅎ≫說時濟甚麽事, 닐온들 므슴 일이 일리오. ≪朴諺, 中, 41ㅈ≫殺了有甚麽多處, 죽인들 므슴 앗가온 곳이 이시리오. ≪朴諺, 中, 46ㅈ≫滿了一任時, ᄒᆞᆫ 벼슬이 ᄎᆞᆫ들. 急且幾時又得除, 과거리 언제 또 除홈을 어드리오. ≪朴諺, 中, 53ㅈ≫皇帝人家的一條線也, 皇帝ㅅ 집 ᄒᆞᆫ 오리 실인들.

-ㄴ디 [어미] ❶-ㄴ 까닭인지. ≪朴諺, 下, 9ㅈ≫不知怎生滾在底下, 아디 못게라 엇디ᄒᆞᆫ디 구으러 아릐 이셔. ❷-ㄴ지. ≪朴諺, 上, 31ㅈ≫那狗骨頭知他那裏去, 뎌 가희ᄲᅧ 모로리로다 어ᄃᆡ 간디. ≪朴諺, 上, 63ㅈ≫咱們結相識知心腹多年了, 우리 結相識ᄒᆞ여 心腹 아란디 여러 ᄒᆡ로ᄃᆡ. ≪朴諺, 中, 59ㅎ≫知他是幾時的勾當, 모로리로다 언제 일인디. ≪朴諺, 下, 55ㅈ≫不知怎生走了, 아디 못게라 엇디 ᄃᆞᆯ아난디.

-ㄴ디라 [어미] -ㄴ지라. ≪朴諺, 中, 23ㅈ≫聖德難思, 聖德을 ᄉᆡᆼ각기 어려온디라. ≪朴諺, 中, 24ㅈ≫如同禽獸之類, 禽獸의 類 ᄀᆞᄐᆞᆫ디라. ≪朴諺, 下, 11ㅎ≫別無所懷, 다ᄅᆞᆫ 所懷ㅣ 업슨디라. ≪朴諺, 下, 24ㅈ≫接在頸項上依舊了, 목 우희 니으니 녜라온 ᄃᆞᆺᄒᆞᆫ디라.

-ㄴᄃᆡ [어미] -ㄴ데. ≪朴諺, 上, 1ㅈ≫國泰民安, 國泰 民安ᄒᆞᆫᄃᆡ. ≪朴諺, 中, 22ㅎ≫執楊柳於掌內拂病體於輕安, 楊柳ᄅᆞᆯ 손에 잡아 病體를 輕安ᄒᆞᆫᄃᆡ 뻘티고. ≪朴諺, 中, 50ㅎ≫擺忙裏說甚麽閑話來, 밧븐ᄃᆡ 므슴 힘힘ᄒᆞᆫ 말 닐ᄋᆞ리오.

나 [대] 나. ⇔아(我). ≪集覽, 字解, 單字解, 1ㅎ≫和. 平聲, 調和也. 又去聲, 與也, 及也. 我和你 너와 나와, 銅匙和快子 술와 밋 져와. ≪集覽, 字解, 單字解, 2ㅎ≫也. 在詞之上者, 又也. 也好 ᄯᅩ 됴타, 也是 ᄯᅩ 올타. 在詞之中者, 承上起下之辭. 我也去 나도 가마. 在詞之終者, 語助. ≪朴諺, 上, 3ㅈ≫寫勘合就使印信與我來, 勘合을

써 이믜셔 인터 나롤 주드라. ≪朴諺, 上, 16ㅎ≫我也用心做生活, 나도 用心ᄒᆞ여 셩녕을 ᄒᆞ리라. ≪朴諺, 上, 37ㅈ≫不知道我的麄和細, 나의 굴금과 ᄀᆞᄂᆞᆷ을 아디 못ᄒᆞᄂᆞᆫ 거시여. ≪朴諺, 上, 43ㅎ≫我也知道, 나도 아노라. ≪朴諺, 上, 49ㅈ≫你借饋我包指麽, 네 나롤 혈거피롤 빌려 주고려. ≪朴諺, 上, 59ㅈ≫我也明日到羊市裏, 나도 ᄂᆡ일 羊 져제 가. ≪朴諺, 中, 7ㅈ≫我騎的十分快走的馬將來, 나 ᄐᆞᆯ 이란 ᄀᆞ장 잘 것ᄂᆞᆫ ᄆᆞᆯ을 가져오라. ≪朴諺, 中, 18ㅈ≫姐姐你再尋思我這秋月紗窓一片心, 姐姐ㅣ아 네 쏘 나의 이 秋月 紗窓 一片心을 ᄉᆡᆼ각ᄒᆞ여. ≪朴諺, 中, 31ㅈ≫我也敬他十分, 나도 뎌롤 十分을 공경ᄒᆞ고. ≪朴諺, 中, 48ㅎ≫我也做饋他一對學行的綉鞋, 나도 ᄒᆞᆫ 빵 거름 ᄇᆡ호ᄂᆞᆫ 슈신을 지어 뎌롤 주리라. ≪朴諺, 中, 59ㅈ≫我也學了, 나도 ᄇᆡ호과라. ≪朴諺, 下, 8ㅈ≫我也隨喜去來, 나도 구경ᄒᆞ라 가쟈. ≪朴諺, 下, 15ㅈ≫我也跟官人時莭(節), 나도 官人을 조차 ᄃᆞᆫ닐 제.

나 명 나이. ⇔연기(年紀). ≪朴諺, 下, 41ㅈ≫咳年紀也小裡, 애 나도 졈닷다.

나(那) 관 ❶그[其]. ⇔그. ≪朴諺, 上, 23ㅈ≫咱就那一日各自說箇重誓, 우리 임의셔 그 날에 각각 듕ᄒᆞᆫ ᄆᆡᆼ셔롤 닐러. ≪朴諺, 上, 51ㅈ≫那一日老娘上又賞, 그 날 老娘의게 쏘 샹ᄒᆞᄂᆞ니라. ≪朴諺, 上, 58ㅎ≫我也那一日遞了手帕之後, 나도 그 날에 手帕 드린 후에. ≪朴諺, 中, 1ㅎ≫那主兒着那銅觜的, 그 님재 뎌 부리 노론 수쫑다리로 ᄒᆞ여. ≪朴諺, 中, 13ㅈ≫那賊們把那船上的物件都奪了, 뎌 도적들히 그 ᄇᆡ엣 物件을 다 앗고. ≪朴諺, 中, 13ㅎ≫把那船上的人來打殺了, 그 ᄇᆡ엣 사ᄅᆞᆷ을 텨 죽이다 ᄒᆞ더라. ≪朴諺, 中, 27ㅈ≫便奪了那物, 곳 그 거슬 앗고. ≪朴諺, 中, 27ㅈ≫彪在那裏頭, 그 안헤 드리티더니. ≪朴諺, 中, 28ㅎ≫那婦人便走了, 그 계집이 곳 ᄃᆞ라나. ≪朴諺, 中, 28ㅎ≫都搜出三四十箇血瀝瀝的尸首和那珠子·布絹, 셜마은 피 ᄠᅳᆺᄃᆞᆫᄂᆞᆫ 尸首와 그 진쥬·布絹을 다 뒤여 내고. ≪朴諺, 中, 35ㅎ≫却吹殺那燈, 쏘 그 등잔을 부러 죽이고. ≪朴諺, 下, 59ㅎ≫那時莭(節), 그 時莭(節)에. ≪朴諺, 下, 61ㅈ≫便那一日卽位布政殿, 곳 그 날에 布政殿에 卽位ᄒᆞ고. ❷저[彼]. ⇔뎌. ≪朴諺, 上, 3ㅈ≫我到那衙門裡堂上官說了, 내 뎌 衙門에 가 堂上官의게 니ᄅᆞ니. ≪朴諺, 上, 19ㅈ≫那雀舌兒牢壯便好, 뎌 혓쇠ᄂᆞᆫ 牢壯ᄒᆞ니 곳 됴타. ≪朴諺, 上, 30ㅎ≫李小兒那廝, 李小児ㅣ란 뎌 놈을. ≪朴諺, 上, 39ㅎ≫叫將那剃頭的來, 뎌 머리 갓ᄂᆞᆫ 이롤 블러오라. ≪朴諺, 上, 50ㅈ≫親戚們那水裏, 親戚들이 뎌 믈에. ≪朴諺, 上, 60ㅎ≫那殿一剗是纏金龍木香停柱, 뎌 殿에 ᄒᆞᆫ골ᄀᆞ티 金龍이 얼거딘 木香 기동이오. ≪朴諺, 中, 1ㅎ≫那主兒着那銅觜的, 그 님재 뎌 부리 노론 수쫑다리로 ᄒᆞ여. ≪朴諺, 中, 11ㅈ≫叫將那木匠來, 뎌 木匠이롤 블러다가. ≪朴諺, 中, 19ㅈ≫一箇賊那靴鋪裏, ᄒᆞᆫ 도적은 뎌 훠ᄋᆞ푸ᄌᆞ에. ≪朴諺, 中, 26ㅎ≫那頭盔好瞧到了時, 뎌 ᄐᆡ우롤 ᄀᆞ장 뵈기롤 잇긋 ᄒᆞ고. ≪朴諺, 中, 37ㅈ≫小厮將那厨裏夾板來, 아ᄒᆡ아 뎌 듀방에 협판을 가져다가. ≪朴諺, 中, 40ㅎ≫那瓦有破的麽, 뎌 디새 ᄢᆡ야디니 잇ᄂᆞ냐. ≪朴諺, 中, 51ㅎ≫把那尾子挽的牢着, 뎌 ᄭᅩ리롤다가 ᄆᆡ기롤 구디 ᄒᆞ라. ≪朴諺, 中, 59ㅈ≫那寃家們打鬬莭(節)時, 뎌 寃家ㅣ 쇼쳥ᄒᆞ니. ≪朴諺, 下, 10ㅈ≫那達達聽師傅說, 뎌 達達이 師傅의 니ᄅᆞᆷ을 듯고. ≪朴諺, 下, 16ㅈ≫種稻子那廝因何監着, 벼 시므든 뎌 놈은 므스 일을 인ᄒᆞ여 갓텬ᄂᆞ뇨. ≪朴諺, 下, 25ㅈ≫那賣珠兒的你來, 뎌 구슬 ᄑᆞᆯ 리아 이바. ≪朴諺, 下, 48ㅈ≫那灰忽然飛將起來後頭, 뎌 ᄌᆡ 忽然히 ᄂᆞ라 니러난 후에야. ≪朴諺, 下, 57ㅎ≫二人到那門首敲門道, 두 사ᄅᆞᆷ이 뎌 믄(문) 앏희 가 문을 두드려 닐오ᄃᆡ. ❸

ㄴ

어느. 무슨. ⇔어늬. ≪朴諺, 下, 35ㅈ≫咱打那一箇窩兒, 우리 어늬 흔 굼글 티료. ≪朴諺, 下, 36ㅈ≫看那一箇毬兒老時, 어늬 ᄒᆞ나 당방올티기 니그니를 보와.

나(那) 대 ❶그[其]. ⇔그. ≪朴諺, 中, 41ㅈ≫那的不容易, 그는 쉽디 아니ᄒᆞ니. ≪朴諺, 中, 42ㅈ≫那的不容易, 그는 쉽디 아니ᄒᆞ니. ❷그것이. ⇔긔. ≪朴諺, 中, 4ㅎ≫那的有甚麽話說, 긔야 므슴 말을 니ᄅᆞ미 이시리오. ❸그것이야. ⇔긔야. ≪朴諺, 中, 4ㅎ≫那的有甚麽話說, 긔야 므슴 말을 니ᄅᆞ미 이시리오. ❹제가. 저 사람이. ⇔뎨. ≪朴諺, 中, 56ㅎ≫那的不賣猫兒的, 뎨 아니 괴 ᄑᆞᄂᆞ니가.

나(那) 관 아무[某]. ❶⇔아모. ≪朴諺, 中, 35ㅈ≫到那一箇人家裏, 아모 흔 人家에 가. ≪朴諺, 下, 48ㅎ≫其中那一火兒强的, 그 듕에 아모 흔 무리 나은 이. ❷⇔아므. ≪朴諺, 中, 2ㅈ≫喻(唧)將那一箇顏色的旗來說時, 아므 흔 빗체 旗를 므러 오라 니ᄅᆞ면.

나(那) 대 아무[某]. ❶⇔아모. ≪朴諺, 上, 24ㅈ≫那一箇有喜事便去慶賀, 아모나 ᄒᆞ나히 喜事ㅣ 잇거든 곳 가 慶賀ᄒᆞ고. ❷⇔아므. ≪朴諺, 下, 20ㅈ≫那一箇輸了時, 아므나 ᄒᆞ나히 지거든.

나(那) 대 저[彼]. ⇔뎌. ≪朴諺, 上, 1ㅈ≫去那有名的花園裏, 뎌 有名흔 花園에 가. ≪朴諺, 上, 32ㅈ≫他那養漢的老婆, 뎌의 뎌 養漢ᄒᆞ는 老婆ㅣ. ≪朴諺, 上, 33ㅈ≫揀(揀)那清淨山庵裏, 뎌 清淨흔 山庵을 ᄀᆞᆯ히여. ≪朴諺, 上, 40ㅈ≫先將那稀箆子攏了, 몬져 뎌 셩긘 춤빗 가져다가 빗기고. ≪朴諺, 中, 18ㅎ≫那的有法度, 뎌는 法度ㅣ 이시니. ≪朴諺, 中, 30ㅎ≫孫舍那醜廝, 孫가 뎌 더러온 놈이. ≪朴諺, 下, 34ㅈ≫那箇新來的崔舍, 뎌 새로 온 崔개아. ≪朴諺, 下, 40ㅈ≫一似那活的, 뎌 사니 ᄀᆞᆺ고. ≪朴諺, 下, 44ㅎ≫揀(揀)着那乏煤, 뎌 쁜 믹탄을 ᄀᆞᆯ히여.

나(那) 동 노닐다. 이동하다. 발짝을 떼다. ⇔논힐후다. ≪集覽, 字解, 單字解, 3ㅎ≫那. 平聲, 音노, 推移也. 那一那 논힐후다. 上聲 나, 何也. 那裏 어듸, 那箇 어늬. 又誰也. 那一箇 누고. 去聲 나. 那裏, 彼處也. 那箇 뎌것. 又語助. 有那沒 잇ᄂᆞ녀 업스녀. ≪朴諺, 中, 48ㅈ≫過了一生日時, 흔 生日이 디나면. 便那的步兒, 곳 논힐훠 거롤 쩌시니. 我也做饋他一對學行的綉鞋, 나도 흔 빵 거름 비호는 슈 신을 지어 뎌를 주리라. ≪爭報恩, 1折≫怎覷那喬軀老, 屈脊低腰, 款那步輕擡脚. ≪清平山堂話本, 快嘴李翠蓮記≫新人那步過高堂, 神女仙郎入洞房.

나(那) 부 저리. 저렇게. ⇔뎌리. ≪朴諺, 上, 19ㅎ≫儻那偌多做甚麽, 뎌리 만히 典儻ᄒᆞ여 므슴 ᄒᆞ려 ᄒᆞ는다. ≪朴諺, 上, 56ㅎ≫料着你那細詳時, 혜아리건대 네 뎌리 細詳ᄒᆞ면.

나(罖) 명 나(羅). '罖'는 '羅'의 속자. ≪朴諺, 上, 27ㅎ≫嵌八寶骨朶雲織金羅比甲, 八寶 씨고 굴근 운문흔 織金 罖 比甲에.

나(拿) 동 ❶잡다[執]. ⇔잡다. ≪朴諺, 上, 37ㅈ≫墻上一箇琵琶任誰不敢拿他, 담 우희 흔 琵琶를 아므도 감히 뎌를 잡디 못ᄒᆞ는 거시여. ≪朴諺, 下, 24ㅎ≫怎生拿出他本像, 엇디 뎌 本像을 잡아 내리오. ≪朴諺, 下, 30ㅎ≫摔倒拿法, 시름ᄒᆞ기를 법저이 잡더라. ≪朴諺, 下, 46ㅎ≫手拿結線鞭, 손에 結線鞭을 잡고. ≪朴諺, 下, 47ㅎ≫手拿結線鞭, 손에 結線鞭을 잡고. ❷잡다[捕]. ⇔잡다. ≪朴諺, 上, 30ㅎ≫你饋我尋見了拿將來, 네 ᄎᆞ자보아 잡아다가 날을 주고려. ≪朴諺, 中, 7ㅎ≫拿將管馬的來吊着, ᄆᆞᆯ ᄀᆞ음아는 이를 자바다가 ᄃᆞᆯ고. ≪朴諺, 中, 40ㅎ≫每日家尋空便拿雀兒, 每日에 뷘 적을 어더 새 잡노라. ≪朴諺, 下, 15ㅎ≫把我家小廝拿將去監了貳日, 우리 집 놈을다가 잡아가 가도완디 이틀이오. ≪朴諺, 下, 20ㅎ≫便拿下來磕死了, 곳 잡아 ᄂᆞ리와 즛긔텨 죽이고.

나(拿) 동 가지다. ⇔가지다. ≪朴諺, 下,

31ㅈ≫拿劒的, 劒을 가지니와. ≪朴諺, 下, 47ㅎ≫拿茶椀把盞的跟着, 茶椀 가지며 잔 잡은 이 뚤와. ≪朴諺, 下, 48ㅎ≫各拿棍棒, 各各 막대를 가지며.

나(拿) 명 내기[賭]. 또는 가지기. 취하기. ⇔더ᄂᆞ기. ≪朴諺, 下, 28ㅈ≫我和你拿榛子, 내 너와 개암 더ᄂᆞ기 ᄒᆞ쟈.

나(螺) 명 나각(螺角). (소라의 껍데기로 만든 옛 군악기) ⇔고라. ≪朴諺, 下, 42ㅈ≫吹螺打鈸, 고라 불고 바라 티고.

나(懶) 형 게으르다. ⇔게여ᄅᆞ다. ≪朴諺, 上, 21ㅈ≫懶小厮們一發滿槽子饋草, 게여른 아희들히 홈ᄉᆡ 귀유에 ᄀᆞ독이 여믈을 주고.

나(羅) 명 비단. (얇고 성기게 짠 견직물) ≪朴諺, 上, 25ㅈ≫剌(刺)通袖膝欄羅帖裏上, ᄉᆞ매 므ᄅᆞ 내 치질ᄒᆞ고 膝欄ᄒᆞᆫ 羅 텰릭에. ≪朴諺, 上, 27ㅈ≫鴨綠羅納綉獅子的抹口青絨氊襪上, 鴨頭綠 羅에 獅子ᄅᆞᆯ 綉ᄒᆞ야 깃 도론 프른 부드러온 시욹청에. ≪朴諺, 上, 27ㅈ≫柳綠蟒龍織金羅帖裏, 柳綠빗치 蟒龍을 織金ᄒᆞᆫ 羅 텰릭에. ≪朴諺, 上, 27ㅎ≫柳黃餙金綉四花羅搭護, 柳黃빗치 金으로 ᄭᅮ며 四花ᄅᆞᆯ 綉ᄒᆞᆫ 羅 더그레예.

나(騾) 명 노새. ⇔노새. ≪朴諺, 中, 19ㅎ≫把那驢·騾們喂的好着, 뎌 나귀·노새들을 먹이기ᄅᆞᆯ 잘ᄒᆞ야.

나(鑼) 명 바라. 자바라(啫哱囉). ⇔바라. ≪朴諺, 下, 60ㅎ≫擂鼓打鑼, 붑 티고 바라 티고.

-나 어미 -나. ≪朴諺, 上, 2ㅈ≫酒京城槽房雖然多, 술은 京城에 술집이 비록 만ᄒᆞ나. ≪朴諺, 中, 49ㅎ≫雖然這般, 비록 이러ᄒᆞ나. ≪朴諺, 中, 60ㅎ≫衙門處處向南開, 衙門이 곳곳이 南을 향ᄒᆞ여 여러시나.

-나 조 -나. ≪朴諺, 上, 24ㅈ≫那一箇有喜事便去慶賀, 아모나 ᄒᆞ나히 喜事ㅣ 잇거든 곳 가 慶賀ᄒᆞ고. ≪朴諺, 下, 20ㅈ≫那一箇輸了時, 아므나 ᄒᆞ나히 지거든. ≪朴諺, 下, 31ㅎ≫三尺寬肩膀, 석 자나 너른 엇게오. ≪朴諺, 下, 39ㅎ≫送君千里終有一別, 送君千里나 終有一別이라 ᄒᆞ니라. ≪朴諺, 下, 43ㅎ≫三寸氣在千般有, 三寸氣ㅣ 이시매 쳔 가지나 잇다가. 一日無常萬事休, 一日에 常이 업ᄉᆞ면 萬事ㅣ 休ᄒᆞᄂᆞ니라. ≪朴諺, 下, 58ㅎ≫你這東國歷代幾年, 네 이 東國 歷代 몃 ᄒᆡ나 ᄒᆞ며.

나가다 동 나가다. ❶⇔출(出). ≪朴諺, 上, 47ㅎ≫却出客位裏歇一會兒, 또 客位에 나가 ᄒᆞᆫ 디위 쉬고. ≪朴諺, 上, 48ㅎ≫出外時端的是愁殺人, 밧ᄭᅴ 나가면 졍히 사ᄅᆞᆷ을 근심케 ᄒᆞᄂᆞ니. ≪朴諺, 下, 41ㅎ≫二十四日丁時殯出順城門, 二十四日 丁時예 殯이 順城門으로 나가니. ❷⇔출거(出去). ≪朴諺, 上, 42ㅎ≫我這幾日差使出去, 내 요ᄉᆞ이 差使로 나가니. ≪朴諺, 下, 1ㅈ≫我差使出去了, 내 差使로 나가매. ≪朴諺, 下, 52ㅎ≫却跳墻出去, 또 담을 ᄠᅱ여 나가시니.

나개(那箇) 관 ❶저[彼]. ⇔뎌. ≪朴諺, 上, 23ㅎ≫那箇劉三舍如何, 뎌 劉三舍ㅣ 엇더ᄒᆞ뇨. ≪朴諺, 中, 41ㅎ≫那箇逢字, 뎌 逢字ᄂᆞᆫ. ❷아무. 누구. ⇔아ᄆᆞ. ≪朴諺, 下, 48ㅈ≫纔只那箇太師家的, 그제야 아ᄆᆞ 太師ㅅ 집.

나개(那箇) 관 어느. 무슨. 어떤. ❶⇔어ᄂᆡ. ≪集覽, 字解, 單字解, 3ㅎ≫那. 平聲, 音노, 推移也. 那一那 논힐후다. 上聲 나, 何也. 那裏 어듸, 那箇 어ᄂᆡ. 又誰也. 那一箇 누고. 去聲 나. 那裏, 彼處也. 那箇 뎌것. 又語助. 有那沒 잇ᄂᆞ녀 업ᄉᆞ녀. ❷⇔어ᄂᆡ. ≪朴諺, 上, 8ㅎ≫往那箇地面裏去, 어ᄂᆡ ᄯᅡ홀 향ᄒᆞ여 가ᄂᆞ뇨. ≪朴諺, 上, 29ㅈ≫那箇店裏去, 어ᄂᆡ 店에 가료. ≪朴諺, 中, 32ㅈ≫咱那箇山裏去好, 우리 어ᄂᆡ 산에 가야 됴흐료.

나개(那箇) 대 ❶저[彼]. ⇔뎌. ≪朴諺, 下, 34ㅈ≫那箇新來的崔舍, 뎌 새로 온 崔개아. ❷어디. ⇔어듸. ≪集覽, 字解, 單字解, 3ㅎ≫那. 平聲, 音노, 推移也, 那一那

논힐후다. 上聲나, 何也, 那裏 어듸, 那箇 어듸. 又誰也, 那一箇 누고. 去聲나, 那裏, 彼處也, 那箇 뎌것. 又語助, 有那沒 잇ᄂᆞ녀 업스녀.

나개(那箇) 명 저것. ⇔뎌것. ≪集覽, 字解, 單字解, 3ㅎ≫那. 平聲, 音노, 推移也. 那一那 논힐후다. 上聲 나, 何也. 那裏 어듸, 那箇 어늬. 又誰也. 那一箇 누고. 去聲 나. 那裏, 彼處也. 那箇 뎌것. 又語助. 有那沒 잇ᄂᆞ녀 업스녀.

나거(拿去) 동 ❶가져가다. ⇔가져가다. ≪朴諺, 中, 12ㅈ≫買些柴·拳頭菜·茶葉拿去, 져기 나모와 고사리와 茶葉을 사 가져가라. ❷잡아가다. ⇔잡아가다. ≪朴諺, 下, 15ㅎ≫把我家小廝拿將去監了貳日, 우리 집 놈을다가 잡아가 가도완디 이틀이오.

나과(鑼鍋) 명 노구. 노구솥. ⇔로고. ≪朴諺, 中, 11ㅎ≫鑼鍋, 로고. 柳箱, 섥. 灑子, 드레. 三脚, 아리쇠. 椀·楪, 사발·뎝시. 匙筯, 술 져. 榪杓, 나모쥬게. 箪籬, 죠릐. 炊箒, 솔.

나괴 명 나귀. ⇔려(驢). ≪朴諺, 下, 25ㅎ≫這賊養漢生的小驢精, 이 도적 화냥년의 난 나괴삐야.

나괴삐 명 나귀새끼. (욕하는 말) ⇔소려정(小驢精). ≪朴諺, 下, 25ㅎ≫這賊養漢生的小驢精, 이 도적 화냥년의 난 나괴삐야.

나귀 명 나귀. ⇔려(驢). ≪朴諺, 上, 31ㅎ≫那驢養下來的, 뎌 나귀 얼러 나흔 놈이. ≪朴諺, 中, 3ㅈ≫驢一般打, 나귀ᄀᆞ티 티리라. ≪朴諺, 中, 19ㅎ≫把那驢·騾們喂的好着, 뎌 나귀·노새들을 먹이기를 잘 ᄒᆞ야. ≪朴諺, 中, 43ㅈ≫睜着驢眼, 나귀 눈 브르ᄠᅳᆺ ᄒᆞ고. ≪朴諺, 下, 57ㅈ≫你來街坊有賃的驢麽, 이바 거리에 셰낼 나귀 잇ᄂᆞ냐. 有錢時那裡沒賃的驢, 돈 이시면 어듸 셰낼 나귀 업스리오.

나그늬 명 나그네. ⇔객인(客人). ≪朴諺, 上, 56ㅎ≫早起家裏有客人來, 아ᄎᆞᆷ의 집의 나그늬 왓거ᄂᆞᆯ.

나기일(那幾日) 명 저적. 접때. 지난번. ⇔뎌적. ≪朴諺, 下, 6ㅎ≫我那幾日着那小廝掐來, 내 뎌적의 뎌 아희로 ᄒᆞ여 딕이더니.

나기ᄒᆞ다 동 내기하다. ⇔도(賭). ≪朴諺, 上, 49ㅈ≫咱賭甚麽, 우리 므서슬 나기ᄒᆞ료. 咱賭一箇筵席着, 우리 ᄒᆞᆫ 이바디를 나기ᄒᆞ쟈.

-나ᄂᆞᆯ 어미 -거늘. ≪朴諺, 下, 22ㅈ≫山神·土地神鬼都來了, 山神과 土地神鬼ㅣ 다 오나ᄂᆞᆯ.

나다 동 나다. 내다. ⇔발(發). ≪集覽, 字解, 單字解, 7ㅎ≫發. 酒發 술 괴다. 發將來 자바 보내다. 一發, 見下. 又吏語, 告發 고ᄒᆞ야나다. 姑也 안직. ≪朴諺, 下, 2ㅈ≫冷疾發的當不的, 뉘읏춤이 나 당티 못ᄒᆞ니.

나다 동 나다. 나오다. ❶⇔생(生). ≪朴諺, 上, 60ㅎ≫白日黑夜瑞雲生, 白日 黑夜에 瑞雲이 나니. ❷⇔생출(生出). ≪朴諺, 中, 40ㅈ≫房上生出那草, 집 우희 뎌 플이 나. ❸⇔주(走). ≪集覽, 字解, 單字解, 7ㅎ≫走. 行也. ᄃᆞ니다. 又逃回曰走回. 又跑也. 能走·快走 잘 ᄃᆞᄂᆞ다. 又透漏也. 走話. 又洩也. 走了氣 김 나다. ❹⇔출(出). ≪朴諺, 上, 46ㅎ≫出不上價錢, 노픈 갑시 나디 아니ᄒᆞ리라. ≪朴諺, 下, 61ㅎ≫君子不出戶而知天下, 君子ᄂᆞᆫ 戶에 나디 아니ᄒᆞ여셔 天下를 안다 ᄒᆞ니. ❺⇔출래(出來). ≪朴諺, 上, 13ㅎ≫從幾時出來, 언제브터 낫ᄂᆞ뇨. 從前日箇出來, 그제브터 나시되.

-나다 어미 -았다. ≪朴諺, 上, 3ㅈ≫討酒的都迴來了, 술 가질라 갓더니 다 오나다. ≪朴諺, 上, 6ㅈ≫官人們都來了, 官人들이 다 오나다. ≪朴諺, 中, 9ㅎ≫遭是你來也, 마좀 네 오나다.

-나든 어미 -거든. ≪朴諺, 上, 11ㅎ≫關出米來, 밠 타 나오나든. ≪朴諺, 中, 34ㅈ≫都拔將來, 다 ᄏᆡ여 가져오나든.

-나라 어미 -거라. ≪集覽, 字解, 單字解, 4ㅎ≫麽. 本音모. 俗用爲語助辭, 音마, 古人皆呼爲모, 故或通作莫. 怎麽 엇디, 來麽 오나라. 又用如乎字之意者則曰, 去麽 갈다, 有麽 잇ᄂᆞ녀. 元語, 麽道 니ᄅᆞᄂᆞ다, 麽音므, 今不用.

나라ㅎ 명 나라. ⇔국(國). ≪朴諺, 中, 45ㅈ≫家齊而後國治, 집이 ᄀᆞ즉ᄒᆞᆫ 후에 나라히 다ᄉᆞ다 ᄒᆞ니라.

나락(羅絡) 동 망라하다. 포괄하다. ≪朴諺, 下, 18ㅎ≫做羅天(集覽, 朴集, 下, 4ㅎ: 羅天. 道經云, 七寶之樹各生一方, 弥覆一天, 八樹弥覆八天, 包羅衆天, 故云大羅, 此聖境也. 謂覆盖萬天, 羅絡三界, 極高無上, 故稱大羅.)大醮, 羅天大醮를 ᄒᆞ더니.

나래(拿來) 동 가져오다. ⇔가져오다. ≪朴諺, 上, 3ㅎ≫在那裏拿來我看, 어ᄃᆡ 잇ᄂᆞ뇨 가져오라 내 보쟈. ≪朴諺, 上, 53ㅎ≫拿紙·墨·筆(筆)·硯來我寫與你, 紙·墨·筆(筆)·硯을 가져오라 내 써 너를 주마. ≪朴諺, 下, 2ㅈ≫拿些水來我漱口, 져기 믈 가져오라 내 양지질ᄒᆞ쟈.

나리(那裏) 대 ❶거기. 거기에. ⇔게. ≪集覽, 字解, 單字解, 5ㅎ≫就. 卽也. 就將來 즉재 가져오라, 就有了·就去了. 又遂也. 就那裏睡了 게셔 자다, 就便 곧. 又就行 드듸여셔 ᄒᆞ다. ≪朴諺, 上, 57ㅈ≫明日就那裏上了墳, ᄂᆡ일 임의셔 게셔 上墳ᄒᆞ고. ❷게서. 거기에서. ⇔게셔. ≪集覽, 字解, 單字解, 5ㅎ≫就. 卽也, 就將來 즉제 가져오라, 就有了·就去了. 又遂也, 就那裏睡了 게셔 자다, 就便 곳. 又就行 드듸여셔 ᄒᆞ다. ≪朴諺, 上, 57ㅈ≫明日就那裏上了墳, ᄂᆡ일 임의셔 게셔 上墳ᄒᆞ고.

나리(那裏) 대 ❶저기. ⇔뎌긔. ≪集覽, 字解, 單字解, 3ㅎ≫那. 平聲, 音노, 推移也, 那一那 논힐후다. 上聲나, 何也, 那裏 어듸, 那箇 어늬. 又誰也, 那一箇 누고. 去聲나, 那裏, 彼處也, 那箇 뎌것. 又語助, 有那沒 잇ᄂᆞ녀 업스녀. ≪朴諺, 上, 9ㅎ≫不理會那裏的法度, 뎌긔 法度를 아디 몯ᄒᆞ니. ≪朴諺, 上, 38ㅎ≫將那裏治去來, 가져 뎌긔 고티라 가. ≪朴諺, 上, 48ㅎ≫到那裏住三箇月, 뎌긔 가 석 ᄃᆞᆯ을 머믈면. ≪朴諺, 上, 55ㅎ≫那裏有一箇土黃馬好本事, 뎌긔 ᄒᆞᆫ 고라ᄆᆞᆯ이 이셔 ᄌᆡ조 됴호되. ≪朴諺, 上, 59ㅎ≫你說與我那裏的景致麽, 네 날ᄃᆞ려 뎌긔 景致를 니ᄅᆞ라. ≪朴諺, 中, 12ㅎ≫今年那裏慶尙·全羅·黃海·忠淸·江原各道裏, 올ᄒᆡ 뎌긔 慶尙·全羅·黃海·忠淸·江原 各 道에. ≪朴諺, 中, 12ㅎ≫到那裏各自省睡些箇, 뎌긔 가 각각 ᄌᆞᆷ을 져기 덜고. ≪朴諺, 下, 32ㅈ≫那裏喫去來, 뎌긔 먹으라 가쟈. ≪朴諺, 下, 39ㅈ≫送到那裡時也有些情分, 보내여 뎌긔 니ᄅᆞ면 져기 情分이 이실랏다. ❷아무데[何處]. ⇔아므ᄃᆡ. ≪朴諺, 中, 35ㅎ≫看東西在那裏時, 자븐거시 아므 ᄃᆡ 잇ᄂᆞᆫ 줄을 보아. ❸어디로. 어느 곳으로. ⇔어드러. ≪集覽, 字解, 單字解, 5ㅈ≫往. 向也. 往那裏去 어드러 향ᄒᆞ야 가ᄂᆞᆫ다. 又昔也. 往常 아릐.

나리(那裏) 대 어디. ❶⇔어듸. ≪集覽, 字解, 單字解, 3ㅎ≫那. 平聲, 音노, 推移也. 那一那 논힐후다. 上聲 나, 何也. 那裏 어듸, 那箇 어늬. 又誰也. 那一箇 누고. 去聲 나. 那裏, 彼處也. 那箇 뎌것. 又語助. 有那沒 잇ᄂᆞ녀 업스녀. ❷⇔어ᄃᆡ. ≪朴諺, 上, 3ㅎ≫在那裏拿來我看, 어ᄃᆡ 잇ᄂᆞ뇨 가져오라 내 보쟈. ≪朴諺, 上, 19ㅈ≫你今日那裏去, 네 오ᄂᆞᆯ 어ᄃᆡ 가ᄂᆞᆫ다. ≪朴諺, 上, 29ㅈ≫那裏將不好的來, 어ᄃᆡ 됴티 아니니를 가져오리오. ≪朴諺, 上, 34ㅎ≫你那裏有來, 네 어ᄃᆡ 잇던다. ≪朴諺, 上, 44ㅎ≫讀到那裏也, 닑기를 어ᄃᆡ ᄉᆞ지 ᄒᆞ엿ᄂᆞ뇨. ≪朴諺, 上, 58ㅈ≫那廝那裏肯饋, 뎌 놈이 어ᄃᆡ 즐겨 주리오. ≪朴諺, 上, 63ㅎ≫那裏計較, 어ᄃᆡ 혜아리리오. ≪朴諺, 中, 5ㅈ≫百戶都那裏死去了, 百戶ㅣ 다 어ᄃᆡ 죽어가냐. ≪朴諺, 中, 10ㅎ≫五歲的小廝急且那裏走, 다ᄉᆞᆺ ᄉᆞᆯ엣

아히 과거리 아직 어듸로 ᄃᆞ라나리오. ≪朴諺, 中, 25ㅈ≫你的帽兒那裏做來, 네 갓을 어듸셔 ᄆᆡᆫᄃᆞ란ᄂᆞ뇨. ≪朴諺, 中, 36ㅈ≫你那裏去, 네 어듸 가ᄂᆞᆫ다. ≪朴諺, 中, 43ㅎ≫那裏肯來我一般村莊人家, 어듸 즐겨 우리 ᄀᆞᄐᆞᆫ 村莊 人家에 오리오. ≪朴諺, 中, 59ㅎ≫那裏肯用心發落, 어듸 즐겨 用心ᄒᆞ여 發落ᄒᆞ리오. ≪朴諺, 下, 2ㅈ≫不知道那裡躧死了一箇蝤蜒, 아디 못게라 어듸 ᄒᆞᆫ 지차리 ᄇᆞᆯ펴 죽엇ᄂᆞ뇨. ≪朴諺, 下, 13ㅎ≫你官人除做那裏, 네 官人이 어듸 벼슬ᄒᆞ엿ᄂᆞ뇨. ≪朴諺, 下, 25ㅈ≫那裏想胡孫手裏死了, 어듸 胡孫의 손에 죽을 줄을 ᄉᆡᆼ각ᄒᆞ리오. ≪朴諺, 下, 39ㅈ≫你送那裡迴來, 네 어듸 가 보내고 도라온다. ≪朴諺, 下, 50ㅈ≫那裏想我這漁翁之味, 어듸 우리 이 漁翁의 마ᄉᆞᆯ ᄉᆡᆼ각ᄒᆞ리오. ≪朴諺, 下, 57ㅈ≫先生恰說的秀才在那裡下着裡, 先生이 ᄀᆞᆺ 니ᄅᆞ든 秀才 어듸 ᄇᆞ리웟ᄂᆞ뇨.

나모 명 나무. ❶⇔목(木). ≪朴諺, 中, 11ㅈ≫買饋他木料(集覽, 朴集, 中, 2ㅈ: 木料. 凡造一件物而該用之物皆曰料. 木料, 나모ᄆᆞ·팃 ᄀᆞᅀᆞᆷ〈옴〉. 詳見字解料字下.)·席子整理, 더ᄅᆞᆯ 木料와 삿글 사 주어 整理케 ᄒᆞ라. ≪朴諺, 中, 29ㅈ≫木椿上剮了, 나모 기동에 ᄆᆡ고 ᄡᅡᄀᆞ가 죽이니라. ❷⇔수(樹). ≪朴諺, 上, 39ㅈ≫乾淨田地上樹底下絟着, 乾淨ᄒᆞᆫ ᄯᅡ 나모 아래 ᄆᆡ고.

나모 명 나무. 땔나무. ⇔시(柴). ≪朴諺, 中, 12ㅈ≫買些柴·拳頭菜·茶葉拿去, 져기 나모와 고사리와 茶葉을 사 가져가라.

나모쥬게 명 나무 주걱. ⇔마표(榪杓). ≪朴諺, 中, 11ㅎ≫鑼鍋, 로고. 柳箱, 섥. 灑子, 드레. 三脚, 아리쇠. 椀·楪, 사발·뎝시. 匙筯, 술 져. 榪杓, 나모쥬게. 笊籬, 죠릐. 炊箒, 솔.

나문(那們) 부 저리. ⇔더리. ≪集覽, 字解, 單字解, 3ㅎ≫們. 諸韻書皆云, 們渾, 肥滿皃. 今俗借用爲等輩之字, 而曰我們·咱們 우리, 你們 너희. 又猶言如此也. 這們 이리, 那們 더리.

나문(那們) 부 ❶그러나. 그러하지만. ⇔그러나. ≪朴諺, 上, 59ㅎ≫然雖那們時, 비록 그러나. ❷그러면. 그러하면. ⇔그리면. ≪朴諺, 上, 14ㅈ≫那們時便消了, 그러면 곳 스러디리라. ≪朴諺, 上, 21ㅈ≫那們時不渴睡, 그리면 좀이 낫브디 아니ᄒᆞ리라. ≪朴諺, 中, 11ㅈ≫那們時, 그리면.

나므라다 동 나무라다. 비난하다. ❶⇔박탄(駁彈). ≪朴諺, 中, 37ㅎ≫官人十分休駁彈, 官人아 ᄀᆞ장 나므라디 말라. ≪朴諺, 中, 37ㅎ≫駁彈的是買主, 나므라ᄂᆞ니아 이 사ᄂᆞᆫ 님재라. ❷⇔혐(嫌). ≪朴諺, 中, 38ㅎ≫嫌窄裏, 좁으믈 나므라.

나믄 부 넘은[越]. ⇔다(多). ≪集覽, 字解, 單字解, 6ㅈ≫多. 多少 언메나. 又許多 하나한. 又餘也. 三十里多地 삼십 리 나믄 ᄯᅡ. 吏語, 多餘. 又過也. 有甚麽多處 므스기 너믄 고디 이시리오. 又重也. 므스기 앗가온 고디 이시리오.

나미(糯米) 명 찹쌀. ⇔ᄎᆞᆸᄡᆞᆯ. ≪朴諺, 上, 3ㅎ≫支與竹葉淸酒十五瓶·腦兒酒(集覽, 朴集, 上, 1ㅎ: 腦兒酒. 質問云, 做酒用麵麴藥料爲蘗, 久封不動, 其色紅而味最純厚. 又云, 以糯米爲之, 酒之帶糟者.)五桶, 竹葉淸酒 十五瓶과 腦兒酒 五桶을 支與ᄒᆞ더라. ≪朴諺, 上, 37ㅎ≫一箇長甕兒窄窄口裏頭盛着糯米酒, ᄒᆞᆫ 긴 독 조븐 부리 안희 ᄎᆞᆸᄡᆞᆯ 술 담은 거시여. ≪朴諺, 中, 6ㅈ≫一瓶米酒(集覽, 朴集, 中, 1ㅈ: 米酒. 舊本作一瓶半酒, 新本作米酒. 今造酒用粳米·糯米·黃米.)和駱, ᄒᆞᆫ 병 米酒와 타락과.

나미주(糯米酒) 명 찹쌀술. 찹쌀로 빚은 술. ⇔ᄎᆞᆸᄡᆞᆯ술. ≪朴諺, 上, 37ㅎ≫一箇長甕兒窄窄口裏頭盛着糯米酒, ᄒᆞᆫ 긴 독 조븐 부리 안희 ᄎᆞᆸᄡᆞᆯ 술 담은 거시여.

나반(那般) 관 그런. 그러한. ⇔그런. ≪朴諺, 中, 47ㅈ≫只那般去了, 그저 그런 재가니.

나반(那般) 동 그리하면. ⇔그리ᄒᆞ면. ≪朴諺, 上, 58ㅈ≫那般時省氣力, 그리ᄒᆞ면 氣力이 덜리라.

나반(那般) 부 ❶그러면. ⇔그러면. ≪朴諺, 下, 14ㅎ≫那般時, 그러면. ≪朴諺, 下, 40ㅎ≫那般時, 그러면. ≪朴諺, 下, 53ㅎ≫那般時, 그러면. 正是喫打的裁兒, 정히 마즐 ᄀᆞ음이로다. ≪朴諺, 下, 57ㅎ≫那般時更好, 그러면 또 됴타. ❷저러면. ⇔뎌러면. ≪朴諺, 中, 51ㅎ≫那般時, 뎌러면. ≪朴諺, 中, 58ㅎ≫那般却, 뎌러면.

나반(那般) 부 ❶그리. 그렇게. ⇔그리. ≪朴諺, 上, 49ㅈ≫那般着, 그리 ᄒᆞ쟈. ≪朴諺, 中, 28ㅈ≫大妻見那般說, 大妻ㅣ 그리 닐옴을 보고. ≪朴諺, 下, 14ㅎ≫那般散了時, 그리 흐터디면. ≪朴諺, 下, 20ㅈ≫那般着, 그리 ᄒᆞ쟈. ❷저리. 저렇게. ⇔뎌리. ≪朴諺, 上, 28ㅎ≫今世裏那般得自在, 今世예 뎌리 自在홈을 어덧ᄂᆞ니. ≪朴諺, 上, 31ㅈ≫那般磕頭禮拜央及我, 뎌리 머리 조고 禮拜ᄒᆞ여 내게 빌거늘. ≪朴諺, 中, 15ㅎ≫那般不小心收拾身己, 뎌리 小心ᄒᆞ여 몸을 收拾디 아니홈애. ≪朴諺, 中, 30ㅎ≫那裏將那般好衣服好鞍馬來撇摌子, 어ᄃᆡ 가 뎌리 됴흔 옷과 됴흔 鞍馬를 가져와 얼굴을 비언ᄂᆞᆫ고. ≪朴諺, 中, 31ㅎ≫我也那般想着, 나도 뎌리 ᄉᆡᆼ각ᄒᆞ엿노라. ≪朴諺, 中, 35ㅈ≫如今怎麼那般賊廣, 이제 엇디 뎌리 도적이 흔ᄒᆞ뇨. ≪朴諺, 中, 46ㅎ≫休那般道, 뎌리 닐ᄋᆞ디 말라. ≪朴諺, 中, 50ㅈ≫怎那般道, 엇디 뎌리 닐ᄋᆞᄂᆞᆫ다.

나발(螺鈸) 명 〈불〉 불교 법회 때 쓰는 악기인 법라(法螺)와 요발(鐃鈸). ≪朴諺, 下, 43ㅈ≫十餘對幢旛·寶盖·螺鈸·皷磬, 열아믄 빵 幢旛과 寶盖와 螺鈸과 鼓磬이러라.

나법(拿法) 명 (씨름에서) 손을 써서 매우 중요한 곳을 잡는 방법. ≪朴諺, 下, 30ㅎ≫捽倒拿法(集覽, 朴集, 下, 5ㅎ: 拿法. 音義云, 用手拿緊要之處.), 시름ᄒᆞ기를 법저이 잡더라.

나복(蘿蔔) 명 무. ❶⇔무우. ≪朴諺, 中, 11ㅎ≫檫床兒(集覽, 朴集, 中, 2ㅈ: 擦床. 音義云, 用木小板長尺餘, 橫穿爲空二三十穴, 各用薄鉄〈鐵〉爲刃廂其中, 以蘿蔔等物按磨於鐵〈鉄〉刃之上, 其絲從穴下墜〈隊〉, 勝於刀切. 今按, 卽本國혈·갈.), 숙칫칼. ≪朴諺, 中, 50ㅎ≫誰喫蘿蔔打噎咈, 뉘 무우 먹고 트림ᄒᆞ엿ᄂᆞ뇨. ❷⇔댓무우. ≪朴諺, 中, 33ㅎ≫蘿蔔, 댓무우. 蔓菁, 쉿무우. 萵苣, 부로. 葵菜, 아혹. 白菜, 비ᄎᆡ. 赤根菜, 시근ᄎᆡ. 園荽, 고싀. 蓼子, 엳괴. 葱, 파. 蒜, 마ᄂᆞᆯ. 薤, 부ᄎᆡ. 荊芥, 형개. 薄荷, 박하. 苘蒿, 믈쑥. 水蘿蔔, 믈한댓무우. 胡蘿蔔, 노론댓무우. 芋頭, 토란. 紫蘇都種來, 紫蘇를 다 시므라.

나사(那些) 관 저[彼]. 또는 그것들. 그들. ⇔뎌. ≪朴諺, 上, 56ㅎ≫只有那些證候, 그저 뎌 證候ㅣ 잇고. ≪朴諺, 下, 28ㅈ≫乾得那些榛子喫, 공히 뎌 개암을 어더먹으니.

나산(羅傘) 명 일산의 하나. 겉감은 다갈색 비단으로, 안찝은 홍초(紅綃)로 하였는데 부도(浮屠)가 있다. ≪朴諺, 下, 38ㅎ≫車馬, 車馬와. 茶褐羅傘(集覽, 朴集, 下, 8ㅎ: 羅傘. 〈卽〉丞用傘, 紅浮屠頂, 黑色茶褐羅表, 紅綃裏, 三簷.), 차할빗치 羅傘과. ≪朴諺, 下, 47ㅎ≫一箇小鬼拿着大紅羅傘, ᄒᆞᆫ 小鬼ㅣ 大紅 羅傘을 잡고.

나성(羅城) 명 성 밖에 겹으로 둘러쌓은 성. ≪朴諺, 下, 49ㅎ≫北京外羅城, 北京外 羅城에.

나아(羅兒) 명 체[篩]. ⇔체. ≪朴諺, 中, 11ㅎ≫簸箕, 키. 篩子, 얼멍이. 馬尾羅兒, 몰총체. 卓兒, 상. 盤子, 반. 茶盤, 찻반. 擡盞, 졉잔. 壺瓶, 壺瓶. 酒鱉, 쥬벼ᄋᆞ. 銅杓, 놋쥬게를. 都收拾下着, 다 收拾ᄒᆞ여두라.

나아가다 동 나아가다. ⇔예(詣). ≪朴諺, 中, 23ㅎ≫速詣其處, ᄲᆞᆯ리 그 곳에 나아가.

ㄴ

나아들다 동 나들다. 또는 서두르다. 다그치다. ⇔찬찬(趲趲). ≪朴諺, 下, 30ㅈ≫四五對家簇簇趲趲的, 네다숫 빵식 무둑무둑 나아드러.

나아오다 동 나오다. ⇔전래(前來). ≪朴諺, 下, 54ㅈ≫張千前來赶上, 張千이 나아와 뿔와.

나연(那衍) 명 부락의 우두머리. 또는 상사(上司)나 상관(上官). 원대(元代)의 말이다. ≪朴諺, 中, 25ㅎ≫可知那厮使長(集覽, 朴集, 中, 6ㅎ: 使長〈使長者〉. 猶言君長也. 元語那衍, 音노·연.)的大帽也做裏, 그리어니 뎌 놈이 使長의 큰갓도 민ᄃᆞ니.

나열(羅列) 동 나열(羅列)하다. 죽 벌여 놓다. ≪朴諺, 上, 59ㅈ≫寒食(集覽, 朴集, 上, 14ㅎ: 寒食. 東京錄云, 唐明皇詔寒食上墓, 近代相承, 皆用此日拜掃丘墓, 都人傾城出郊, 四野如芳市〈四野如市〉, 樹之下〈芳對之下〉, 園囿之間, 羅列杯〈盃〉盤, 抵暮而歸.)不遲, 寒食이라도 더듸디 아니타 ᄒᆞᄂᆞ니라.

나오다 동 나오다. ❶⇔출(出). ≪朴諺, 下, 22ㅎ≫被鬼們當住出不來, 귀신들의 막으믈 닙어 나오디 몯ᄒᆞ여. ≪朴諺, 下, 22ㅎ≫王見多時不出時, 王이 오래 나오디 아니믈 보고. ❷⇔출래(出來). ≪朴諺, 上, 11ㅎ≫關出米來, 뿔 타 나오나든. ≪朴諺, 上, 58ㅎ≫便上馬出來了, 곳 ᄆᆞᆯ을 ᄐᆞ고 나올와. ≪朴諺, 中, 18ㅎ≫推出後去的一般出來時, 뒤보라 가는 톄 ᄒᆞᆫ가지로 나오면. ≪朴諺, 中, 25ㅈ≫我若出直房來, 내 만일 直房으로셔 나와. ≪朴諺, 下, 21ㅎ≫只留下桃核出來, 다만 복셩화 씨만 머므러 두고 나와. ≪朴諺, 下, 22ㅎ≫先生待要出來, 先生이 나오고져 ᄒᆞ거든. ≪朴諺, 下, 22ㅎ≫脚踏鍋邊待要出來, 발로 가맛 ᄀᆞ을 드듸고 나오고져 ᄒᆞ다가. ≪朴諺, 下, 23ㅎ≫行者聽了跳出來, 行者ㅣ 듯고 뛰여 나와. ≪朴諺, 下, 60ㅈ≫娘子柳氏出來說道, 娘子 柳氏ㅣ 나와 닐오듸.

나일개(那一箇) 대 누구. ⇔누고. ≪集覽, 字解, 單字解, 3ㅎ≫那. 平聲, 音노, 推移也. 那一那 논힐후다. 上聲 나, 何也. 那裏 어듸, 那箇 어늬. 又誰也. 那一箇 누고. 去聲 나. 那裏, 彼處也. 那箇 뎌것. 又語助. 有那沒 잇ᄂᆞ녀 업스녀.

나일나(那一那) 동 노닐다. 이동하다. 발짝을 떼다. ⇔논힐후다. ≪集覽, 字解, 單字解, 3ㅎ≫那. 平聲, 音노, 推移也. 那一那 논힐후다. 上聲 나, 何也. 那裏 어듸, 那箇 어늬. 又誰也. 那一箇 누고. 去聲 나. 那裏, 彼處也. 那箇 뎌것. 又語助. 有那沒 잇ᄂᆞ녀 업스녀. ≪朴通事諺解, 中, 48ㅈ≫過了一生日時, ᄒᆞᆫ 生日이 디나면. 便那的步兒, 곳 논힐훠 거롤 ᄡᅥ시니. 我也做饋他一對學行的綉鞋, 나도 ᄒᆞᆫ 빵 거름 비호ᄂᆞᆫ 슈 신을 지어 뎌를 주리라. ≪爭報恩, 1折≫怎覷那喬軀老, 屈脊低腰, 款那步輕擡脚. ≪淸平山堂話本, 快嘴李翠蓮記≫新人那步過高堂, 神女仙郎入洞房.

나전(拿錢) 명 먹국하기. ❶⇔쌍불쥐기. ≪朴諺, 上, 17ㅎ≫或是博錢拿錢(集覽, 朴集, 上, 6ㅎ: 拿錢. 卽猜拳也. 솽〈쌍〉불:쥐·기. 質問云, 此二人以錢相賭之戲, 跌過兩背, 相同爲贏(贏). 質問之釋, 若本國돈뿌기.), 혹 돈더ᄂᆞ기 ᄒᆞ며 쌍블잡기 ᄒᆞ고. ❷⇔쌍블잡기. ≪朴諺, 上, 17ㅎ≫或是博錢·拿錢(集覽, 朴集, 上, 6ㅎ: 拿錢. 卽猜拳也. 솽〈쌍〉불:쥐·기. 質問云, 此二人以錢相賭之戲, 跌過兩背, 相同爲贏(贏). 質問之釋, 若本國돈뿌기.), 혹 돈더ᄂᆞ기 ᄒᆞ며 쌍블잡기 ᄒᆞ고.

나죵내 부 끝내. 결국. 마침내. ⇔두도(頭到). ≪集覽, 字解, 單字解, 7ㅈ≫頭. 首也. 東頭·西頭 동녁 근·셔녁 근, 頭到 나죵내, 到頭 나죵애. 通作投. 又上頭 젼ᄎᆞ로. 又頭盤 첫판, 頭館 첫 판, 頭雞 첫 ᄃᆞᆰ.

나죵애 명 나중에. 결국은. ⇔도두(到頭). ≪集覽, 字解, 單字解, 7ㅈ≫頭. 首也. 東頭·西頭 동녁 근·셔녁 근, 頭到 나죵내,

到頭 나죵애. 通作投. 又上頭 젼ᄎᆞ로. 又頭盤 쳣판, 頭舘 쳣 판, 頭雞 쳣 ᄃᆞᆰ.

나죵에 명 나중에. 결국은. ⇔임료(臨了). ≪朴諺, 中, 3ㅈ≫我臨了喫了他一道兒, 내 나죵에 뎌의 ᄒᆞᆫ 쇠를 닙어다. ≪朴諺, 中, 47ㅎ≫臨了他也着我道兒, 나죵에 뎌도 내 쇠를 닙어다.

나착(拿着) 동 ❶가지다. 가지고 있다. ⇔가지다. ≪朴諺, 上, 55ㅎ≫你拿着多少銀子買, 네 언머 은을 가지고 사려 ᄒᆞᄂᆞ다. ≪朴諺, 中, 1ㅎ≫他的主兒拿着諸般顏色的小旗兒, 제 님재 여러 가지 빗체 젹은 旗를 가져다가. ≪朴諺, 中, 35ㅈ≫拿着取燈兒, 取燈을 가지고. ❷잡히다. ⇔잡히다. ≪朴諺, 下, 15ㅎ≫被巡夜的拿着, 巡夜의게 잡힘을 닙어.

나착(拿着) 동 ❶잡다[執]. ⇔잡다. ≪朴諺, 下, 22ㅎ≫拿着肩膀彪在裏面, 엇게를 잡아 안희 드리티라 ᄒᆞ엿더니. ≪朴諺, 下, 47ㅎ≫一箇小鬼拿着大紅羅傘, ᄒᆞᆫ 小鬼ㅣ 大紅 羅傘을 잡고. ≪朴諺, 下, 47ㅎ≫拿着三丈來高的大旗號上寫着明現眞君, 三丈 노픠 큰 긔예 明現眞君이라 쓴 거슬 잡고. ❷잡다[捕]. ⇔잡다. ≪朴諺, 上, 32ㅎ≫却拿着那和尙, 또 뎌 즁을 잡아. ≪朴諺, 中, 3ㅈ≫我拿着這廝時, 내 이 놈을 잡으면. ≪朴諺, 中, 28ㅎ≫把老李拿着背綁了, 老李를다가 자바 져차리켜 ᄆᆡ고. ≪朴諺, 下, 18ㅈ≫便拿着曳車解鋸, 곳 잡아 술위 ᄭᅳ이고 톱질 시겨.

나천(羅天) 명 도교에서 이르는, 36천(天) 가운데 가장 높은 세계. ≪朴諺, 下, 18ㅎ≫做羅天(集覽, 朴集, 下, 4ㅎ: 羅天. 道經云, 七寶之樹各生一方, 弥覆一天, 八樹弥覆八天, 包羅衆天, 故云大羅, 此聖境也. 謂覆盖萬天, 羅絡三界, 極高無上, 故稱大羅. 三淸五境三十六天, 謂之大羅, 四方四梵三十二天, 謂之中羅, 其欲色三界三十八天, 謂之小羅, 總〈総〉謂之羅天三界.)大醮, 羅天大醮를 ᄒᆞ더니. ≪朴諺, 下, 19ㅈ≫到羅天大醮壇場上藏身, 羅天大醮ᄒᆞᄂᆞᆫ 壇場 우희 가 몸을 ᄀᆞᆷ초와. ≪朴諺, 下, 19ㅎ≫壞了我羅天大醮, 우리 羅天大醮를 해여ᄇᆞ리고.

나천대초(羅天大醮) 명 도교에서, 도사(道士)가 복을 기원하고 재앙을 없애기 위하여 성대하게 거행하는 제전(祭典). ≪朴諺, 下, 18ㅎ≫做羅天大醮, 羅天大醮를 ᄒᆞ더니. ≪朴諺, 下, 19ㅈ≫到羅天大醮壇場上藏身, 羅天大醮ᄒᆞᄂᆞᆫ 壇場 우희 가 몸을 ᄀᆞᆷ초와. ≪朴諺, 下, 19ㅎ≫壞了我羅天大醮, 우리 羅天大醮를 해여ᄇᆞ리고.

나천삼계(羅天三界) 명 도교에서, 대라(大羅)·중라(中羅)·소라(小羅)를 통틀어 이르는 말. ≪朴諺, 下, 18ㅎ≫做羅天(集覽, 朴集, 下, 4ㅎ: 羅天. 謂覆盖萬天, 羅絡三界, 極高無上, 故稱大羅. 三淸五境三十六天, 謂之大羅, 四方四梵三十二天, 謂之中羅, 其欲色三界三十八天, 謂之小羅, 總〈総〉謂之羅天三界.)大醮, 羅天大醮를 ᄒᆞ더니.

나출(拿出) 동 내다. ⇔내다. ≪朴諺, 下, 34ㅎ≫拿出毬棒來, 당방올 막대를 내여.

나타 동 낳다. 출산하다. ⇔양(養). ≪集覽, 字解, 單字解, 7ㅎ≫養. 養成 기르다. 又生産曰養, 養孩兒 ᄌᆞ식 나타. 又呼淫婦宣淫者曰養漢的.

나ㅎ 명 나이. ❶⇔아(牙). ≪朴諺, 下, 55ㅎ≫牙幾歲, 나히 현이오. ❷⇔연(年). ≪朴諺, 中, 9ㅎ≫年五歲無病, 나히 五歲오 병 업스니를다가. ≪朴諺, 下, 52ㅈ≫年幾無病, 나히 현이오 병 업순 이라. ≪朴諺, 下, 54ㅈ≫年幾歲無病, 나히 현이오 病 업슨이. ≪朴諺, 下, 59ㅈ≫年二十歲時分, 나히 스믈인 제. ❸⇔연기(年紀). ≪朴諺, 下, 53ㅎ≫這般着, 이러면. 那廝多少年紀, 뎌 놈이 나히 언메나 ᄒᆞ더뇨.

나하추(納哈出) 명 원·명대(元明代)의 무장(?~1381). 공민왕(恭愍王) 11년(1362)에 고려(高麗)를 침입하였으나, 이성계(李成桂)에게 패하여 자신의 말을 왕과 이성계에게 바치고 화친을 맺었다. 뒤에 명나라

ㄴ

에 패하여 투항하였다. ≪朴諺, 上, 8ㅎ≫往永平·大寧·遼陽·開元(集覽, 朴集, 上, 4ㅈ: 開元. 遼誌云, 本肅愼氏地, 虞舜時高麗有其地, 周時爲荒服, 元設開元路, 元末屬納哈出, 今設三萬衛, 又設遼海衛.)·瀋陽等處開去, 永平·大寧·遼陽·開元·瀋陽 等處를 향ᄒᆞ여 開讀ᄒᆞ라 가노라.

나한(羅漢) 명 〈불〉 아라한(阿羅漢). 생사를 이미 초월하여 배울 만한 법도가 없게 된 경지의 부처. ≪朴諺, 上, 66ㅎ≫這的眞善智識(集覽, 朴集, 上, 16ㅎ: 善知識. 善知〈智〉識者, 指高僧之稱. 知亦作智. 反(飜)譯名義云, 佛·菩薩·羅漢是善知〈智〉識, 六波羅密·三十七品是善知〈智〉識, 法性實〈宗〉際是善知〈智〉識.)那裏尋去, 이런 진짓 善智識을 어ᄃᆡ 어드리오. ≪朴諺, 下, 24ㅈ≫行者念金頭揭地·銀頭揭地·波羅僧揭地(集覽, 朴集, 下, 5ㅈ: 金頭揭地·銀頭揭地·波羅僧揭地. 西遊記云, 釋迦牟尼佛在靈山雷音寺演說三乘敎法, 傍有侍奉阿難·伽舍諸菩薩·聖僧·羅漢·八金剛·四揭地·十代明王·天仙·地仙.)之後, 行者ㅣ 金頭揭地와 銀頭揭地와 波羅僧揭地ᄅᆞᆯ 念ᄒᆞᆫ 後에.

나획(拿獲) 동 붙잡다. 체포하다. ≪朴諺, 下, 17ㅈ≫唐三藏引孫行者(集覽, 朴集, 下, 4ㅈ: 孫行者. 老君·王母俱奏于玉帝, 傳宣李天王, 引領天兵十萬及諸神將至花菓山, 與大聖相戰失利. 巡山大力鬼上告天王, 擧灌州灌江口神曰小聖二郎, 可使拿獲. 天王遣太子木叉, 與大力鬼往請二郎神, 領神兵圍花菓山, 衆猴出戰皆敗.), 唐三藏이 孫行者ᄅᆞᆯ ᄃᆞ리고.

나히 명 나이가. ≪朴諺, 中, 9ㅎ≫年五歲無病, 나히 五歲오 병 업스니ᄅᆞᆯ다가. ≪朴諺, 下, 52ㅈ≫年幾無病, 나히 현이오 병 업ᄉᆞᆫ 이라. ≪朴諺, 下, 53ㅎ≫這般着, 이러면. 那廝多少年紀, 뎌 놈이 나히 언메나 ᄒᆞ더뇨. ≪朴諺, 下, 54ㅈ≫年幾歲無病, 나히 현이오 病 업슨이. ≪朴諺, 下, 59ㅈ≫年二十歲時分, 나히 스믈인 제.

낙(落) 동 ❶떨어지다. ⇔ᄠᅥ러디다. ≪朴諺, 下, 24ㅈ≫頭落在地上, 머리 ᄠᅥ러뎌 ᄯᅡ히 잇더니. ❷떨어뜨리다. 또는 가로채다. 떼어먹다. ⇔ᄠᅥ르티다. ≪朴諺, 中, 3ㅈ≫這厮落了我一兩銀, 이 놈이 내 ᄒᆞᆫ 냥 은을 ᄠᅥ르텨시니.

낙(樂) 동 즐기다. ⇔즐기다. ≪朴諺, 上, 7ㅎ≫有酒有花以爲眼前之樂, 술이 잇고 곳치 잇거든 ᄡᅥ 眼前의 樂을 ᄒᆞ라. ≪朴諺, 上, 63ㅎ≫有樂時同樂, 즐거옴이 잇거든 ᄒᆞᆫ가지로 즐겨 홈이.

낙(樂) 형 즐거움. ⇔즐거옴. ≪朴諺, 上, 63ㅎ≫有樂時同樂, 즐거옴이 잇거든 ᄒᆞᆫ가지로 즐겨 홈이.

낙(酪) 명 타락(駝酪). 우유. ⇔타락. ≪朴諺, 中, 6ㅈ≫一甁米酒和駱(酪), ᄒᆞᆫ 병 米酒와 타락과. ≪朴諺, 下, 28ㅈ≫再將凉酪來, ᄯᅩ ᄎᆞᆫ 타락을 가져오라.

낙(駱) 명 낙(酪). '駱'은 '酪'의 잘못. ≪朴諺, 中, 6ㅈ≫一甁米酒和駱(酪), ᄒᆞᆫ 병 米酒와 타락과.

낙가(落伽) 명 낙가산(落伽山). ≪朴諺, 中, 20ㅎ≫南海普陀落伽山(集覽, 朴集, 中, 3ㅎ: 南海普陁落伽山. 普陁落伽, 唐言小白花, 卽山礬花也. 山多小白花, 故仍名. 往時高麗·新羅·日本諸國, 皆由此取道以候風汛. 飜譯名義云, 補陁落迦(伽), 此云海島, 又云小白花.)裏, 南海 普陀 落伽山에.

낙가(落迦) 명 낙가(落伽). '迦'는 '伽'의 다른 표기. ≪朴諺, 中, 20ㅎ≫南海普陀落伽山(集覽, 朴集, 中, 3ㅎ: 南海普陁落伽山. 普陁落伽, 唐言小白花, 卽山礬花也. 山多小白花, 故仍名. 往時高麗·新羅·日本諸國, 皆由此取道以候風汛. 飜譯名義云, 補陁落迦(伽), 此云海島, 又云小白花.)裏, 南海 普陀 落伽山에.

낙가산(落伽山) 명 중국 절강성(浙江省) 보타현(普陀縣)에 있는 산. 중국 불교 4대 명산(名山)의 하나이다. ≪朴諺, 中, 20ㅎ≫南海普陀落伽山(集覽, 朴集, 中, 3

ㅎ: 南海普陀落伽山. 山在寧波府定海縣, 古昌國縣海中. 佛書所謂海岸高絶處, 普陀洛伽山, 世傳觀音現像于此, 上有普陀寺. 普陁落伽, 唐言小白花, 卽山礬花也. 山多小白花, 故仍名. 徃時高麗·新羅·日本諸國, 皆由此取道以候風汛. 飜譯名義云, 補陁落迦(伽), 此云海島, 又云小白花.)裏, 南海 普陀 落伽山에. ≪朴諺, 下, 3ㅈ≫西天取經去(集覽, 朴集, 下, 1ㅈ: 西天取經去. 乃以西天去東土十萬八千里之程, 妖恠〈怪〉又多, 諸衆不敢輕諾. 唯南海落伽〈迦〉山觀世音菩薩, 騰雲駕霧徃東土去, 遙見長安京兆府, 一道瑞氣衝天, 觀音化作老僧入城.)時莭(節), 西天의 經 가질라 갈 제.

낙가산(落迦山) 명 낙가산(落伽山). '迦'는 '伽'의 다른 표기. ≪朴諺, 下, 3ㅈ≫西天取經去(集覽, 朴集, 下, 1ㅈ: 西天取經去. 乃以西天去東土十萬八千里之程, 妖恠〈怪〉又多, 諸衆不敢輕諾. 唯南海落伽〈迦〉山觀世音菩薩, 騰雲駕霧徃東土去, 遙見長安京兆府, 一道瑞氣衝天, 觀音化作老僧入城.)時莭(節), 西天의 經 가질라 갈 제.

낙덕(樂德) 명 〈불〉 사덕(四德)의 하나. 이변(二邊)을 받아들이지 않는 덕. ≪朴諺, 中, 20ㅎ≫理圓四德(集覽, 朴集, 中, 4ㅈ: 理圓四德. 四德, 曰常, 曰樂, 曰我, 曰淨. 無二生死爲常, 不受二邊爲樂, 具入自在爲我, 三業淸淨爲淨.), 理는 四德에 ᄀᆞ잣고.

낙료(落了) 동 지다. 떨어지다. ⇔디다. ≪集覽, 字解, 單字解, 7ㅎ≫落. 落了 디다. 又院落 뜰. 又落下 ᄢᅥ디우다. 又數落了罪過 죄목 혜다. 又吏語, 下落 간 곧, 又發落 공ᄉᆞ 긇내다.

낙사(諾辭) 명 허락(승낙)하는 말. ≪集覽, 字解, 單字解, 6ㅎ≫者. 蒙古語謂諾辭曰者. 兩書舊本皆述元時之語, 故多有者字. 今俗不用, 故新本易以着字.

낙숙(烙熟) 동 (솥 따위에) 구어 익히다. ≪朴諺, 上, 1ㅎ≫着李四買果子·拖爐(集覽, 朴集, 上, 1ㅈ: 拖爐. 音義云, 麵作小餅者〈麵作小餅〉. 質問云, 以麥麵和油蜜印成花餅, 烙熟食之.)·隨食去, 李四로 ᄒᆞ여 과실과 拖爐·隨食을 사라 가게 ᄒᆞ라. ≪朴諺, 下, 33ㅈ≫黃燒餅(集覽, 朴集, 下, 7ㅈ: 黃燒餅. 質問云, 以麥麵〈麪〉作成餅子, 用芝蔴粘洒, 烙熟食之.), 누론 쇼병과. 酥燒餅(集覽, 朴集, 下, 7ㅈ: 酥燒餅. 質問云, 以麥麵〈麪〉用酥油調和作成餅子, 烙熟最酥, 方言謂之酥燒餅.), 酥油 너흔 쇼병과. 硬麵燒餅(集覽, 朴集, 下, 7ㅈ: 硬麵燒餅. 質問云, 此不用油, 徒以冷水和麵〈麪〉烙熟.)都有, 硬麪으로 ᄒᆞᆫ 쇼병이 다 잇다.

낙시 명 낛시. ❶⇔구(鉤). ≪朴諺, 下, 51ㅈ≫銀絲鈎破波紋, 銀絲 낙시 波紋을 헤티고. ❷⇔구아(鉤兒). ≪朴諺, 下, 51ㅈ≫慢慢的將鈎兒垂下水裡去時, 날호여 낙시를다가 믈에 들이오면.

낙역(絡繹) 동 (사람·말·차·배 등이) 앞뒤로 끊이지 않고 이어지다. ≪朴諺, 上, 9ㅎ≫水滸過蘆溝橋(集覽, 朴集, 上, 4ㅎ: 蘆溝橋. 橋之路西通關陝, 南達江淮. 兩旁多旅舍, 以其密邇京都, 行人·使客絡繹不絶.)獅子頭, 믈이 蘆溝橋 獅子ㅅ 머리를 즘가 너머.

낙주(洛州) 명 북위(北魏) 때 하남성(河南省) 낙양시(洛陽市) 북쪽에 두었다. ≪朴諺, 下, 3ㅈ≫徃常唐三蔵(集覽, 朴集, 下, 1ㅈ: 唐三藏法師〈三藏〉. 俗姓陳, 名偉, 洛州緱氏縣人也, 號玄奘法師.)師傅, 뎌적의 唐ㅅ 三藏 師傅ㅣ.

낙하(落下) 동 떨어지다. ⇔ᄢᅥ러디다. ≪朴諺, 下, 24ㅎ≫只落下一箇虎頭, 그저 ᄒᆞᆫ 범의 머리만 ᄢᅥ러뎌시니.

낙하(落下) 동 ❶떨어뜨리다. ⇔ᄢᅥ디우다. ≪集覽, 字解, 單字解, 7ㅎ≫落. 落了 디다. 又院落 뜰. 又落下 ᄢᅥ디우다. 又數落了罪過 죄목 혜다. 又吏語, 下落 간 곧, 又發落 공ᄉᆞ 긇내다. ❷떨어뜨리다. 남

기다. 남겨놓다. ⇔떠ᄅᆞ티다. ≪朴諺, 下, 37ㅈ≫落下些箇, 져기 떠ᄅᆞ텨.

난(卵) 명 알. ≪朴諺, 上, 5ㅈ≫爣鴿子彈(集覽, 朴集, 上, 2ㅎ: 爣鴿子彈. 質問云, 鴿子彈糁於滾肉湯食之. 又云, 用肉湯在鍋, 再加椒料·菜·葱花, 燒火至滾沸, 方下鴿子卵, 盛之於碗, 以獻賓客.), 비둘기 알 ᄉᆞᆯ믄 이와.

난(爛) 동 무르녹다. ⇔므르녹다. ≪朴諺, 下, 23ㅈ≫搭出箇爛骨頭的先生, ᄒᆞᆫ 므르노가 ᄲᅧ만 잇ᄂᆞᆫ 先生을 건뎌 내니.

난(難) 형 ❶어려운. ⇔어려온. ≪朴諺, 上, 56ㅎ≫槽跻有甚難處, 빌리아 므슴 어려온 곳이 이시리오. ≪朴諺, 中, 23ㅈ≫聖德難思, 聖德을 ᄉᆡᆼ각기 어려온디라. ≪朴諺, 下, 62ㅈ≫正是難得之物, 졍히 엇기 어려온 거시로다. ❷어렵다. ⇔어렵다. ≪朴諺, 上, 34ㅎ≫咳貴人難見, 애 貴人을 보기 어렵다. ≪朴諺, 上, 49ㅎ≫難道難道, 니ᄅᆞ기 어렵다 니ᄅᆞ기 어렵다. ≪朴諺, 上, 51ㅎ≫養孩兒好難, ᄌᆞ식 기ᄅᆞ기 ᄀᆞ장 어렵더라. 可知難裏, 그리어이(니) 어려오니. ≪朴諺, 上, 61ㅎ≫筆舌難窮, 筆舌로도 다ᄒᆞ기 어려오니라. ≪朴諺, 上, 67ㅈ≫今日脫靴上炕, 오ᄂᆞᆯ 훠를 벗고 炕에 올랏다가. 明日難保得穿, ᄂᆡ일 어더 신기를 밋기 어렵다 ᄒᆞᄂᆞ니라. ≪朴諺, 中, 19ㅈ≫兩心相照亦不難, 둘희 ᄆᆞ음이 서ᄅᆞ 비최면 ᄯᅩᄒᆞᆫ 어렵디 아니ᄒᆞ니라. ≪朴諺, 中, 24ㅈ≫萬劫再逢難, 萬劫이라도 다시 만나기 어려오니라. ≪朴諺, 中, 33ㅈ≫只是平平斜斜石徑難行, 그저 平平斜斜ᄒᆞᆫ 石徑에 行키 어려오니라. ≪朴諺, 中, 53ㅈ≫福不至萬事難, 福이 니ᄅᆞ디 아니면 萬事ㅣ 어렵다 ᄒᆞᄂᆞ니라. ≪朴諺, 下, 10ㅎ≫這的無緣衆生難化, 이런 인연 업ᄉᆞᆫ 衆生은 化키 어려오니라. ≪朴諺, 下, 40ㅎ≫難道不要工錢, 工錢을 밧디 아니리라 니ᄅᆞ기 어렵다. ≪朴諺, 下, 40ㅎ≫畫虎畫皮難畫骨, 범을 그리매 가족은 그려도 ᄲᅧ 그리기 어렵고. 知人知面不知心, 사ᄅᆞᆷ을 알매 ᄂᆞᆺ촌 아라도 ᄆᆞ음은 아디 못ᄒᆞᆫ다 ᄒᆞᄂᆞ니라. ≪朴諺, 下, 44ㅈ≫做的生時也難喫, 짓기를 설게 ᄒᆞ면 먹기 어렵고.

난각(暖閣) 명 (큰 방에 딸리어) 난방을 하기 위하여 난로를 설치한 작은 방. ≪朴諺, 中, 39ㅈ≫暖閣幾間, 暖閣이 현 간.

난간(欄干) 명 난간. ≪朴諺, 上, 25ㅈ≫刺(刺)通袖膝欄(集覽, 朴集, 上, 8ㅎ: 刺通袖膝欄. 元時好着此衣, 前後具胷背, 又連肩而通袖之脊, 至袖口爲紋, 當膝周圍亦爲紋如欄干, 然織成段匹爲衣者有之, 或皮或帛, 用綵線周遭回曲爲緣, 如花樣, 刺〈刺〉爲草樹〈對〉·禽獸·山川·宮殿之文於〈紋於〉其內, 備極奇巧, 皆用團領着之, 其直甚高.)羅帖裏上, ᄉᆞ매 ᄆᆞᄅᆞ 내 치질ᄒᆞ고 膝欄ᄒᆞᆫ 羅 텰릭에. ≪朴諺, 上, 60ㅎ≫欄干都是白玉石, 欄干은 다 白玉石이오. ≪朴諺, 下, 9ㅈ≫一會兒倚着欄干頓睡, ᄒᆞᆫ 디위 欄干을 지혀 조으더니.

난감(難甘) 형 좋아하지 않다. 싫어하다. 마음에 들지 않다. ⇔난감ᄒᆞ다(難甘-). ≪朴諺, 下, 54ㅎ≫有此情理難甘, 이런 情理 難甘홈이 이셔.

난감ᄒᆞ다(難甘-) 형 좋아하지 않다. 싫어하다. 마음에 들지 않다. ⇔난감(難甘). ≪朴諺, 下, 54ㅎ≫有此情理難甘, 이런 情理 難甘홈이 이셔.

난나치 부 낱낱이. ⇔개개(箇箇). ≪集覽, 字解, 單字解, 3ㅈ≫箇. 一枚也. 俗呼一枚爲一箇, 亦曰箇把. 又箇箇 난나치. 單言箇字, 亦爲一枚之意. 有箇人 ᄒᆞᆫ 사ᄅᆞ미. 又語助. 這箇·些箇. 又音이. 舌頭兩箇 혓 그토로, 今不用.

난녀(餪女) 명 결혼한 지 사흘 뒤에 친정에서 음식을 보내거나 잔치를 벌이는 일. ≪朴諺, 上, 41ㅎ≫第三日做圓飯筵席(集覽, 朴集, 上, 12ㅈ: 圓飯筵席. 邵氏聞見錄, 宋景文公納子婦, 其婦家饋食. 書云, 以食物煖女. 公曰, 錯用字, 從食·從而·從大, 其子退撿. 博雅餪字注云, 女家三日餉

食爲饋女也. 圓飯, 卽遺制也.)了時, 第三日에 圓飯 이바디ᄒᆞ면.

난로(難路) 명 험한 길. ≪朴諺, 下, 4ㅈ≫ 過多少惡山·險水·難路, 언머 惡山·險水·難路를 디내며.

난목(煖木) 명 황벽(黃蘗)나무. ≪朴諺, 下, 34ㅎ≫飛棒杓兒(集覽, 朴集, 下, 7ㅎ: 飛棒杓兒. 質問畫成毬棒, 卽本國武試毬杖之形, 而下云煖木廂柄, 其杓用水牛皮爲之, 以木爲胎. 今按, 煖木, 黃蘗木也. 廂柄者, 以黃蘗皮裹其柄也. 胎者, 以木爲骨, 而以皮爲外裹也.), 飛棒 杓兒와.

난보(難保) 형 믿기 어렵다. 보장하기 어렵다. ≪集覽, 字解, 單字解, 2ㅎ≫保. 恃也. 保你 너 믿노라, 難保 믿디 어렵다. 吏學指南, 相託信任曰保. 又保擧也.

난살(亂撒) 동 어지럽게 흐트러지다. ≪朴諺, 中, 20ㅈ≫把摟草(集覽, 朴集, 中, 3ㅎ: 摟草. 摟, 探聚也. 收禾登場, 截穗取實, 亂撒禾稭在場, 仍而摟聚者曰摟草.)二錢半一束(束)家, 허튼 딥흔(흗)다가 돈 둘 반에 ᄒᆞᆫ 뭇식 ᄒᆞ여.

난장 명 난장이. ⇔왜자(矮子). ≪朴諺, 中, 51ㅈ≫矮子呵欠氣兒不長, 난장의 하회옴은 긔운이 기디 아니타 ᄒᆞᄂᆞ니라.

난취(爛酔) 동 난취(爛醉). '酔'는 '醉'의 속자. ≪朴諺, 中, 47ㅈ≫我特故裏把酒灌的他爛酔了, 내 부러 술을다가 뎌의게 브으니 爛酔ᄒᆞ여.

난취(爛醉) 동 거나하게 취하다. 만취(滿醉)하다. 대취(大醉)하다. ⇔난취ᄒᆞ다(爛醉−). ≪朴諺, 中, 47ㅈ≫我特故裏把酒灌的他爛醉了, 내 부러 술을다가 뎌의게 브으니 爛醉ᄒᆞ여.

난취ᄒᆞ다(爛醉−) 동 거나하게 취하다. 만취(滿醉)하다. 대취(大醉)하다. ⇔난취(爛醉). ≪朴諺, 中, 47ㅈ≫我特故裏把酒灌的他爛醉了, 내 부러 술을다가 뎌의게 브으니 爛醉ᄒᆞ여.

난행(難行) 형 실제로 행하기 어렵다. ≪朴諺, 中, 33ㅈ≫只是平平斜斜石徑難行, 그저 平平 斜斜ᄒᆞᆫ 石徑에 行키 어려오니라.

낟배다 형 나쁘다. 부족하다. 모자라다. ⇔휴(虧). ≪集覽, 字解, 單字解, 5ㅎ≫虧. 損也, 少也. 虧你多少 네게 언메나 낟브뇨, 虧着我 내게 낟배라. 又次也. 吏語, 虧兌 원수에셔 ᄡᅥ다.

낟브다 형 나쁘다. 부족하다. 모자라다. ⇔휴(虧). ≪集覽, 字解, 單字解, 5ㅎ≫虧. 損也, 少也. 虧你多少 네게 언메나 낟브뇨, 虧着我 내게 낟배라. 又次也. 吏語, 虧兌 원수에셔 ᄡᅥ다.

날 명 날[日]. ❶⇔일(日). ≪集覽, 字解, 單字解, 4ㅈ≫來. 來往. 又語助. 你來 이바, 夜來 어제, 有來 잇더라, 去來 가다. 又數物而有餘數, 未的知之辭. 十來箇 여라믄, 十里來地 십 리만ᄒᆞᆫ ᄃᆡ, 十來日 여라믄 날. ≪朴諺, 上, 30ㅎ≫這兩日不見他, 이 두어 날 뎌를 보디 몯ᄒᆞ니. ≪朴諺, 上, 34ㅎ≫這兩日不見, 이 두어 날 보디 몯ᄒᆞ엿더니. ≪朴諺, 上, 50ㅈ≫滿月日老娘來, ᄃᆞᆯ이 ᄎᆞᆫ 날에 老娘이 와. ≪朴諺, 中, 10ㅎ≫保人只管一百日, 保人이 그저 일 빅 날을 ᄀᆞ음아니. ≪朴諺, 中, 14ㅎ≫遠行知馬力, 멀리 가매 ᄆᆞᆯ 힘을 알고. 日久見人心, 날이 오라매 사ᄅᆞᆷ의 ᄆᆞᄋᆞᆷ을 보ᄂᆞ니라. ≪朴諺, 中, 39ㅎ≫如至日無錢送納, 만일 날이 다ᄃᆞ라 送納ᄒᆞᆯ 돈이 업스면. ≪朴諺, 中, 48ㅎ≫那一日喫了一跌, 뎌 ᄒᆞᆫ 날 ᄒᆞᆫ 번 구러딤을 닙어. ≪朴諺, 下, 3ㅈ≫願滿之日死時也不愁, 願滿ᄒᆞᆫ 날이면 죽어도 근심티 아니리라. ≪朴諺, 下, 11ㅈ≫想念之心無日有忘, ᄉᆡᆼ각ᄒᆞᄂᆞᆫ ᄆᆞᄋᆞᆷ이 니즐 날이 업서이다. ≪朴諺, 下, 37ㅎ≫這兩日官司裡告了, 이 두어 날에 官司에 告ᄒᆞ여. ≪朴諺, 下, 52ㅈ≫右某伏爲於今月某日某時已來, 右 某ᄂᆞᆫ 伏爲 今月 아모 날 아모 ᄢᅢ예. ≪朴諺, 下, 56ㅎ≫如何先生數日不見, 엇디 先生을 두어 날 보디 몯ᄒᆞ엿소니. ❷⇔일두(日頭). ≪朴諺, 上, 7ㅎ≫今日箇日頭, 오ᄂᆞᆯ날에. ≪朴諺, 中, 54ㅈ≫今日好日頭, 오ᄂᆞᆯ이 됴흔 날이

로다. 斗星日得飮食的日頭, 斗星日은 飮食 어들 날이니. ≪朴諺, 下, 15ㅈ≫今日箇日頭, 오늘날에.

날 명 (어느) 날. ⇔일일(一日). ≪朴諺, 上, 23ㅈ≫咱就那一日各自說箇重誓, 우리 임의셔 그 날에 각각 듕흔 밍셔를 닐러. ≪朴諺, 上, 51ㅈ≫那一日老娘上又賞, 그 날 老娘의게 또 상ᄒᆞᄂᆞ니라. ≪朴諺, 上, 58ㅎ≫我也那一日遞了手帕之後, 나도 그 날에 手帕 드린 후에. ≪朴諺, 下, 61ㅈ≫便那一日卽位布政殿, 곳 그 날에 布政殿에 卽位ᄒᆞ고.

날(剌) 동 자(刺). '剌'은 '刺'의 잘못. ≪朴諺, 上, 26ㅎ≫藍斜皮細邊兒剌(刺)靈芝草, 藍斜皮 細邊児에 靈芝草를 치질ᄒᆞ엿고.

날(捏) 동 빚다. ⇔빗다. ≪朴諺, 中, 6ㅎ≫捏些匾食, 젹이 匾食를 빗고.

날괴(捏拐) 동 속여서 빼앗다(훔치다). ⇔건디쥐다. ≪朴諺, 中, 3ㅈ≫好生捏拐東西, ᄀᆞ장 놈의 것 건디쥐기 ᄒᆞᄂᆞ니.

날동(剌疼) 형 쓰라리다. ⇔쁠알히다. ≪朴諺, 下, 6ㅎ≫撓時厮剌疼, 글그면 쁠알히고.

날랄동(剌剌疼) 형 쓰라리다. ⇔쁠알히다. ≪朴諺, 中, 29ㅎ≫腮頰凍的剌(刺)剌(刺)的疼, 쌈이 ᄃᆞ라 쁠알힌다.

날마다 명 날마다. ⇔매일(每日). ≪朴諺, 中, 19ㅈ≫每日家閑浪蕩做甚麽, 날마다 힘힘이 ᄀᆞ래여 므슴 ᄒᆞ리오. ≪朴諺, 中, 43ㅈ≫我每日才聽明鍾一聲響, 내 날마다 계요 明鍾 ᄒᆞᆫ 소릐롤 듯고.

날박다 동 장식을 박다. ⇔굴감(窟嵌). ≪朴諺, 上, 20ㅈ≫一對窟嵌的金戒指兒(集覽, 朴集, 上, 7ㅎ: 窟嵌戒指. 事物紀原云, 古者后妃羣妾御于君, 所當御者, 以銀環進之, 娠則以金環退之, 進者着右手, 退者着左手. 今有指環, 卽遺制也. 今按, 窟嵌者, 指環之背剜空爲穴, 用珠塡穴爲飾. 總龜〈亀〉云, 亦名手記, 所飾玉石呼爲戒指面. 舊本作指纏兒. 音義, 窟, 音왕, 窟是空字之誤. 窟音쿵, 空音왕.), ᄒᆞᆫ 빵 날박은 금가락지.

날소(捏塑) 동 인형 따위를 빚어 만들다. ≪朴諺, 下, 43ㅈ≫又是魂馬(集覽, 朴集, 下, 9ㅎ: 魂馬. 以紙捏塑爲馬者也.)·衣帽·靴帶之類, 또 魂馬와 衣帽와 靴帶ㅅ 類와.

날수(剌綉) 명 자수(刺繡). '剌'은 '刺'의 잘못. ≪朴諺, 上, 41ㅎ≫好剌(刺)綉生活, 슈지치 셩녕을 잘ᄒᆞ고.

날호여 부 천천히. 느리게. 더디게. ⇔만만(慢慢). ≪朴諺, 上, 43ㅎ≫慢慢的把盞, 날호여 잔을 자브마. ≪朴諺, 下, 4ㅎ≫慢慢的到江南沿門布施, 날호여 江南의 가 집마다 보시ᄒᆞ여. ≪朴諺, 下, 12ㅎ≫我慢慢的旋指分, 내 날호여 ᄀᆞ곰 긔걸ᄒᆞ마. ≪朴諺, 下, 51ㅈ≫慢慢的將鉤兒垂下水裡去時, 날호여 낙시를다가 믈에 들이오면.

날활(剌活) 동 다시 깨어나다. ⇔되씌여나다. ≪朴諺, 上, 32ㅎ≫打的半死剌活的, 텨 반만 죽엇다가 되씌여나니.

날회다 동 천천히 하다. 느리게 하다. ⇔만착(慢着). ≪集覽, 字解, 單字解, 1ㅎ≫慢. 緩也. 慢慢的 날회여, 慢著 날회라. ≪朴諺, 中, 54ㅈ≫且慢着我看, 아직 날회라 내 보쟈.

날회여 부 천천히. 느리게. 더디게. ❶⇔만만(慢慢). ≪集覽, 字解, 單字解, 1ㅎ≫慢. 緩也. 慢慢的 날회여, 慢著 날회라. ≪朴諺, 上, 35ㅎ≫慢慢的將息却不好, 날회여 됴리ᄒᆞ면 또 됴티 아니ᄒᆞ랴. ≪朴諺, 上, 39ㅈ≫慢慢的牽將去, 날회여 잇ᄭᅳ러 가. ≪朴諺, 上, 48ㅈ≫到家慢慢的與你洗塵, 집의 가 날회여 네게 마지ᄒᆞ마. ≪朴諺, 上, 52ㅎ≫慢慢的說話, 날회여 말ᄒᆞ쟈. ≪朴諺, 中, 12ㅎ≫我慢慢的跟駕去, 내 날회여 대가를 ᄯᆞ와 가마. ≪朴諺, 中, 40ㅈ≫你兩箇小厮慢慢的上去, 너 두 아ᄒᆡ 날회여 올라가. ❷⇔만만아(慢慢兒). ≪朴諺, 上, 10ㅎ≫着石杵慢慢兒打, 돌고로다가 날회여 다이되. ≪朴諺, 中, 40ㅈ≫你慢慢兒走, 네 날회여 ᄃᆞ니라. ≪朴諺, 中,

51ㅎ≫我慢慢兒沿着人家房簷底下, 내 날회여 人家 쳠하롤 조차.

남 명 ❶남(南). 남쪽. ⇔남(南). ≪朴諺, 上, 52ㅈ≫朝南開着一箇小墻門便是, 남을 향ᄒᆞ여 ᄒᆞᆫ 小墻門 낸 거시 곳 이라. ❷남(藍). 남색. ⇔남(藍). ≪朴諺, 上, 24ㅎ≫脚穿着皂麂皮嵌金線藍條子, 발에 신은 거슨 거믄 기ᄌᆞ피예 金線 남 오리로 갸품 ᄢᅵ고.

남(南) 명 남. 남쪽. ⇔남. ≪朴諺, 上, 52ㅈ≫朝南開着一箇小墻門便是, 남을 향ᄒᆞ여 ᄒᆞᆫ 小墻門 낸 거시 곳 이라.

남(藍) 명 남(藍). 남색. ⇔남. ≪朴諺, 上, 24ㅎ≫脚穿着皂麂皮嵌金線藍條子, 발에 신은 거슨 거믄 기ᄌᆞ피예 金線 남 오리로 갸품 ᄢᅵ고. ≪朴諺, 下, 11ㅈ≫藍長綾一箇, 藍 자 긴 綾 ᄒᆞᆫ 필을.

남(纜) 동 매다. 묶다. ⇔ᄆᆡ다. ≪朴諺, 下, 51ㅈ≫纜船下網, ᄇᆡ ᄆᆡ고 그믈 티고.

남ㄱ 명 나무. ❶⇔목(木). ≪朴諺, 上, 14ㅈ≫話不說不知木不鑽不透, 말을 니ᄅᆞ디 아니면 아디 못ᄒᆞ고 남글 ᄯᅮᆯ디 아니면 ᄉᆞ뭇디 아닌ᄂᆞᆫ다 ᄒᆞ니라. ≪朴諺, 下, 12ㅎ≫木植(集覽, 朴集, 下, 3ㅈ: 木植. 亦曰木料, 남·고〈그〉·로 :셩·녕〈셩녕〉홀 ᄀᆞᅀᆞ미〈ᄀᆞ옴이〉니. 詳見字解料字下.)都有麽, ᄀᆞ음이 다 잇ᄂᆞ냐. ≪朴諺, 下, 36ㅎ≫寸鐵入木九牛之力, 寸鐵이 남게 들매 九牛의 힘이라 ᄒᆞᄂᆞ니라. ❷⇔목두(木頭). ≪朴諺, 下, 46ㅈ≫當間裏按一箇木頭做的明珠, 가온ᄃᆡ ᄒᆞᆫ 남그로 ᄆᆡᆫ든 明珠롤 박고. ❸⇔수(樹). ≪朴諺, 中, 58ㅈ≫風不來樹不搖, ᄇᆞ람이 부디 아니면 남기 흔드기디 아니ᄒᆞ고. 雨不來河不漲, 비 오디 아니면 믈이 넘디 아니ᄒᆞᆫ다 ᄒᆞᄂᆞ니라. ❹⇔수목(樹木). ≪朴諺, 中, 32ㅈ≫松栢·檜栗諸雜樹木上, 松栢·檜栗 여러 가짓 남게.

남가(男家) 명 (결혼에 있어서의) 신랑 측. 남자 쪽. ≪朴諺, 上, 41ㅎ≫第三日做圓飯筵席(集覽, 朴集, 上, 12ㅈ: 圓飯筵席. 圓作完是, 謂齊足之意. 今按, 漢人娶妻親迎, 而女至男家以宿, 則女家送女食于男家, 三日而止. 止食之日, 女家必具酒饌, 送男家設宴, 謂之完飯筵席.)了時, 第三日에 圓飯 이바디ᄒᆞ면.

남경(南京) 명 고도(古都) 이름. 중국 강소성(江蘇省)의 남서쪽 양자강(揚子江) 하류 연안에 있다. 명(明)나라 영종(英宗) 초에 행재소(行在所)였던 응천부(應天府)를 고쳐 부른 이름이다. 청대(淸代)에도 그대로 따랐다. 역대 왕조의 도읍지로 명승고적이 많다. ≪朴諺, 中, 36ㅎ≫南京鴉青段子, 南京 鴉青빗체 비단과. ≪朴諺, 下, 38ㅈ≫除在南京應天府丞(集覽, 朴集, 下, 8ㅎ: 南京應天府丞. 南京, 古金陵之地, 吳·晉·宋·齊·梁·陳·南唐建都, 大明太祖定鼎於此, 爲京師, 設應天府, 以燕京爲北平布政司. 永樂中, 於北平肇建北京, 爲行在所. 正統中, 以北京爲京師, 設順天府, 以應天府爲南京. 府丞二員, 正四品.), 南京 應天府丞을 除ᄒᆞ엿ᄂᆞ니라.

남교(南郊) 명 도시의 남쪽 교외. ≪朴諺, 中, 11ㅈ≫一兩日上位郊天(集覽, 朴集, 中, 2ㅈ: 郊天. 天子設圜丘於南郊, 以祭天神·地祇·日月星辰·山川·嶽瀆, 以太祖配享.)去, ᄒᆞᄅᆞ 이틀만 ᄒᆞ면 上位ㅣ 郊天ᄒᆞ라 가실 거시니.

남극노인(南極老人) 명 별 이름. 큰개자리에서 가장 밝은 별로서 시리우스(Sirius) 다음으로 밝으며, 옛사람들은 이 별이 장수(長壽)를 상징한다고 해서 수성(壽星)이라고 불렀다. ≪朴諺, 上, 18ㅎ≫南斗六星(集覽, 朴集, 上, 7ㅈ: 南斗. 南極老人星名, 曰天府, 曰天相, 曰天梁, 曰天童, 曰天樞, 曰天機.)板兒做得忒圓了些, 南斗六星 돈은 ᄆᆡᆫ들기롤 너모 두렷게 ᄒᆞ엿고.

남기 명 나무가. ≪朴諺, 中, 58ㅈ≫風不來樹不搖, ᄇᆞ람이 부디 아니면 남기 흔드기디 아니ᄒᆞ고. 雨不來河不漲, 비 오디 아니면 믈이 넘디 아니ᄒᆞᆫ다 ᄒᆞᄂᆞ니라.

남녀(男女) 명 남자와 여자. ≪朴諺, 上, 66

ㅈ≫諸國人民一切善男善女(集覽, 朴集, 上, 16ㅎ: 善男善女. 金剛經䟽曰, 向善之男女也. 又見下.), 諸國 人民 一切 善男 善女ㅣ. ≪朴諺, 下, 42ㅎ≫諸般彩亭子(集覽, 朴集, 下, 9ㅈ: 彩亭子. 僧尼·道士及鼓〈皷〉樂·鍾鈸塡咽大路, 遠近大小親鄰〈隣〉男女, 前後導從者, 不知幾人, 後施夾障從之.), 여러 가지 彩亭子를 셰내고.

남다 동 ❶넘다[越]. ⇔다(多). ≪集覽, 字解, 單字解, 6ㅈ≫多. 多少 언메나. 又許多 하나한. 又餘也. 三十里多地 삼십 리 나믄 싸. 吏語, 多餘. 又過也. 有甚麽多處 므스기 너믄 고디 이시리오. 又重也. 므스기 앗가온 고디 이시리오. ≪朴諺, 下, 28ㅈ≫一霎兒贏了二升多榛子, 져근 덧에 두 되 나믄 개암을 이긔어다. ❷남다[餘]. ⇔여(餘). ≪朴諺, 上, 43ㅎ≫其餘的你如今買去, 그 남은 거스란 네 이제 사라 가라. ≪朴諺, 中, 24ㅎ≫其餘的件當們家裏有着, 그 나믄 伴當들흔 집의 이셔.

남두(南斗) 명 남두육성(南斗六星). ≪朴諺, 上, 18ㅎ≫南斗六星(集覽, 朴集, 上, 7ㅈ: 南斗. 南極老人星名, 曰天府, 曰天相, 曰天梁, 曰天童, 曰天樞, 曰天機. 六星秉爵秩祿俸之籍, 能解本命〈肏〉之厄. 晉書天文志, 六星天廟〈庙〉, 丞相太宰之位, 主褒賢進士, 稟授爵祿.)板兒做得忒圓了些, 南斗六星 돈은 믿들기를 너모 두렷게 ㅎ엿고.

남두육성(南斗六星) 명 궁수(弓手)자리에 있는 국자 모양의 여섯 개의 별. 북두칠성(北斗七星)의 모양을 닮은 데서 이름이 유래하였다. 장수(長壽)를 주관하는 별로 전해진다. ≪朴諺, 上, 18ㅎ≫南斗六星(集覽, 朴集, 上, 7ㅈ: 南斗. 南極老人星名, 曰天府, 曰天相, 曰天梁, 曰天童, 曰天樞, 曰天機. 六星秉爵秩祿俸之籍, 能解本命〈肏〉之厄. 晉書天文志, 六星天廟〈庙〉, 丞相太宰之位, 主褒賢進士, 稟授爵祿.)板兒做得忒圓了些, 南斗六星 돈은 믿들기를 너모 두렷게 ㅎ엿고.

남면(南面) 동 남쪽으로 향하다. 남쪽을 바라보다. ≪朴諺, 中, 60ㅎ≫衙門處處向南開(集覽, 朴集, 中, 9ㅈ: 衙門處處向南開. 南村輟耕錄云, 凡衙門皆坐北南向者, 南方屬離卦, 離虛中則聰. 又南方火位, 火明則能破暗, 故表南面聰〈聡〉明, 爲民治愚暗之事.), 衙門이 곳곳이 南을 향ㅎ여 여러시나.

남방(南方) 명 ❶남쪽. 남녘. ≪朴諺, 中, 60ㅎ≫衙門處處向南開(集覽, 朴集, 中, 9ㅈ: 衙門處處向南開. 南村輟耕錄云, 凡衙門皆坐北南向者, 南方屬離卦, 離虛中則聰. 又南方火位, 火明則能破暗, 故表南面聰〈聡〉明, 爲民治愚暗之事.), 衙門이 곳곳이 南을 향ㅎ여 여러시나. ❷중국의 남부 지역. 장강(長江) 유역과 그 이남 지역을 이른다. ≪朴諺, 上, 2ㅈ≫討南方來的蜜林檎燒酒一桶, 南方으로셔 온 蜜林檎燒酒 ㅎ 통과. ≪朴諺, 上, 40ㅎ≫別處一箇官人娶娘子(集覽, 朴集, 上, 11ㅎ: 娘子. 南村輟耕[錄]云〈南村輟耕錄〉, 世謂穩婆曰老娘, 女巫曰師娘, 唱〈娼〉婦曰花娘, 達人又曰草娘, 苗人謂妻曰夫娘, 南方謂婦人無行者曰夫娘, 謂婦人之卑賤者曰某娘, 曰幾娘, 鄙之曰婆娘.), 다른 고ㄷ| ㅎ 官人이 娘子를 娶ㅎ노라.

남번(南番) 명 중국 남부의 변경 지역. ≪朴諺, 上, 27ㅎ≫指頭來大紫鴉忽(集覽, 朴集, 上, 9ㅎ: 紫鴉忽. 瓓也. 出南番·西番. 性堅滑, 有紅瓓·紫瓓, 亦有淡者, 色明瑩. 有大如指面者, 儘大儘貴.)頂兒, 손짜락 굴긔 紫鴉忽 頂子에.

남사피(藍斜皮) 명 남색(藍色)의 돈피(獤皮). ≪朴諺, 上, 26ㅎ≫藍斜皮細邉兒金絲夾縫的鞍座兒, 藍斜皮 細邉児에 金絲로 갸품ㅎ 鞍座児에. ≪朴諺, 上, 26ㅎ≫藍斜皮細邉兒刺(刺)靈芝草, 藍斜皮 細邉児에 靈芝草를 치질ㅎ엿고. ≪朴諺, 上, 26ㅎ≫猠皮心兒藍斜皮邉兒的皮汗替, 猠皮 心児에 藍斜皮 邉児 ㅎ 가족 쑴어치

에. ≪朴諺, 上, 28ㅈ≫藍斜皮邊兒的座兒, 藍斜皮로 邉兒 ᄒᆞᆫ 座兒ㅣ오.

남성(南城) 명 원대(元代)의 서울이었던 대도(大都)의 속칭. ≪朴諺, 上, 65ㅈ≫南城(集覽, 朴集, 上, 15ㅎ: 南城. 大元以燕京爲大都, 俗號南城, 以開平府爲上都, 俗號北城.)永寧寺裏, 南城 永寧寺에.

남아(男兒) 명 사나이. 사내. ⇔ᄉᆞ나희. ≪朴諺, 上, 32ㅎ≫正撞見他的漢子(集覽, 朴集, 上, 9ㅎ: 漢子. 泛稱〈称〉男兒曰漢, 又指婦女之夫曰漢子.), 졍히 뎌의 남진을 만나 보니. ≪朴諺, 中, 17ㅎ≫男兒無婦財無主, ᄉᆞ나희 겨집이 업스면 ᄌᆡ믈이 님재 업고. 婦人無夫身無主, 겨집이 지아비 업스면 몸이 님재 업다 ᄒᆞᄂᆞ니. ≪朴諺, 中, 28ㅈ≫我男兒做這般迷天大罪的事, 우리 ᄉᆞ나희 이런 迷天 大罪엣 일을 ᄒᆞ니. ≪朴諺, 中, 28ㅈ≫對他男兒說勸, 제 ᄉᆞ나희를 ᄃᆡᄒᆞ여 닐러 말리되.

-남아 조 -넘도록. ⇔다(多). ≪朴諺, 中, 14ㅈ≫到通州賣了多一半兒, 通州ㅣ 다ᄃᆞ라 반남아 ᄑᆞᆯ고.

남아무부재무주부인무부신무주(男兒無婦財無主 婦人無夫身無主) 구 사나이가 아내가 없으면 재산을 관리하는 사람이 없고, 여자가 남편이 없으면 몸을 의지할 데가 없다는 뜻. ≪朴諺, 中, 17ㅎ≫男兒無婦財無主, ᄉᆞ나희 겨집이 업스면 ᄌᆡ믈이 님재 업고. 婦人無夫身無主, 겨집이 지아비 업스면 몸이 님재 업다 ᄒᆞᄂᆞ니.

남아한(男兒漢) 명 사나이. 사내. ⇔ᄉᆞ나희. ≪朴諺, 上, 63ㅎ≫咱男兒漢做弟兄, 우리 ᄉᆞ나희 弟兄이 되여셔.

남자(籃子) 명 다래끼. 바구니. ⇔ᄃᆞ라치. ≪朴諺, 中, 56ㅎ≫藍(籃)子裏盛將去, ᄃᆞ라치에 담아 가니.

남자(藍子) 명 남자(籃子). '藍'은 '籃'의 잘못. ≪朴諺, 中, 56ㅎ≫藍(籃)子裏盛將去, ᄃᆞ라치에 담아 가니.

남자한(男子漢) 명 사나이. 사내. ⇔ᄉᆞ나희. ≪朴諺, 上, 39ㅈ≫咱男子漢, 우리 ᄉᆞ나희. ≪朴諺, 下, 60ㅎ≫更是男子漢家怕甚麽, 또 이 男子漢이 므서슬 저퍼ᄒᆞ리오.

남조(南朝) 명 중국에서 동진(東晉)이 망한 뒤 화남(華南) 지역에 한족(漢族)이 세운 송(宋)·제(齊)·양(梁)·진(陳)의 네 나라를 통틀어 이르는 말. ≪朴諺, 上, 65ㅈ≫法名喚步虛(集覽, 朴集, 上, 15ㅎ: 步虛. 俗姓洪氏, 高麗洪州人, 法名普愚, 初名普虛, 號太古和尙. 有求法於天下之志. 至正丙戌春, 入燕都, 聞南朝有臨濟正脉不斷〈断〉, 可往印可. 盖指臨濟直下雪嵒〈嵓〉嫡孫石屋和尙清珙也.), 法名을 步虛ㅣ라 브르ᄂᆞᆫ 이.

남진 명 남편. ⇔한자(漢子). ≪朴諺, 上, 32ㅎ≫正撞見他的漢子, 졍히 뎌의 남진을 만나 보니.

남천(濫賤) 부 (값을) 싸게. 헐하게. ⇔남천히(濫賤-). ≪朴諺, 上, 65ㅈ≫濫賤的賣與你, 濫賤히 네게 ᄑᆞᆯ리라.

남천히(濫賤-) 부 (값을) 싸게. 헐하게. ⇔남천(濫賤). ≪朴諺, 上, 65ㅈ≫濫賤的賣與你, 濫賤히 네게 ᄑᆞᆯ리라.

남촌(南村) 명 원말(元末) 명초(明初) 도종의(陶宗儀)의 호(號). ≪集覽, 朴集, 上, 2ㅎ≫院本. 南村輟耕錄云, 唐有傳奇, 宋有戲曲·唱諢·詞說, 金有雜劇·諸宮調. ≪集覽, 朴集, 上, 3ㅈ≫雜劇. 劇〈ヒ〉, 戲也. 南村輟耕錄曰, 稗官廢而傳奇作, 傳奇作而戲曲繼〈継〉.)的來, 教坊司의 여라믄 樂工과 院本에 여러 가지 雜技ᄒᆞᄂᆞ니를 블러오라. ≪朴諺, 中, 25ㅎ≫可知那廝使長的大帽(集覽, 朴集, 中, 6ㅎ: 大帽. 如本國笠子之制. 南村輟耕錄云, 胡石塘先生嘗應聘入京, 世皇召見於〈於〉便殿, 趍(趨)進, 不覺笠子欹側.)也做裏, 그리어니 뎌 놈이 使長의 큰갓도 ᄆᆡᆫᄃᆞ니. ≪朴諺, 中, 60ㅎ≫衙門處處向南開(集覽, 朴集, 中, 9ㅈ: 衙門處處向南開. 南村輟耕錄云, 凡衙門皆坐北南向者, 南方屬離卦, 離虛中則聰. 又南方火位, 火明則能破暗, 故表

南面聰〈聡〉明, 爲民治愚暗之事.), 衙門이 곳곳이 南을 향ᄒᆞ여 여러시나.

남촌철경록(南村輟耕錄) 명 남촌(南村) 도종의(陶宗儀)가 지은 철경록(輟耕錄)을 이르는 말. ≪朴諺, 上, 5ㅎ≫叫教坊司十數箇樂工和做院本(集覽, 朴集, 上, 2ㅎ: 院本. 南村輟耕錄云, 唐有傳奇, 宋有戲曲·唱諢·詞說, 金有雜劇·諸宮調.)諸般雜技(集覽, 朴集, 上, 3ㅈ: 雜劇. 劇〈ㄷ〉, 戲也. 南村輟耕錄曰, 稗官廢而傳奇作, 傳奇作而戲曲繼〈継〉.)的來, 教坊司의 여라믄 樂工과 院本에 여러 가지 雜技ᄒᆞᄂᆞ니를 블러오라. ≪朴諺, 中, 25ㅎ≫可知那廝使長的大帽(集覽, 朴集, 中, 6ㅎ: 大帽. 如本國笠子之制. 南村輟耕錄云, 胡石塘先生嘗應聘入京, 世皇召見於〈於〉便殿, 趍(趨)進, 不覺笠子攲側.)也做裏, 그리어니뎌 놈이 使長의 큰갓도 ᄆᆡᆫᄃᆞ니. ≪朴諺, 中, 60ㅎ≫衙門處處向南開(集覽, 朴集, 中, 9ㅈ: 衙門處處向南開. 南村輟耕錄云, 凡衙門皆坐北南向者, 南方屬離卦, 離虛中則聰. 又南方火位, 火明則能破暗, 故表南面聰〈聡〉明, 爲民治愚暗之事.), 衙門이 곳곳이 南을 향ᄒᆞ여 여러시나.

남해(南海) 명 남쪽에 있는 바다. ≪朴諺, 中, 20ㅎ≫南海普陀落伽山(集覽, 朴集, 中, 3ㅎ: 南海普陁落伽山. 山在寧波府定海縣, 古昌國縣海中. 佛書所謂海岸高絶處, 普陀洛伽山, 世傳觀音現像于此, 上有普陀寺.)裏, 南海 普陀 落伽山에. ≪朴諺, 中, 21ㅈ≫座餙芙蓉湛南海澄清之水, 안즌 듸는 芙蓉으로 ᄭᅮ며시니 南海 澄清ᄒᆞᆫ 水에 ᄌᆞᆷ겻고. ≪朴諺, 下, 3ㅈ≫西天取經去(集覽, 朴集, 下, 1ㅈ: 西天取經去. 乃以西天去東土十萬八千里之程, 妖恠〈怪〉又多, 諸衆不敢輕諾. 唯南海落伽〈迦〉山觀世音菩薩, 騰雲駕霧往東土去, 遙見長安京兆府, 一道瑞氣衝天, 觀音化作老僧入城.)時莭(節), 西天의 經 가질라 갈 제.

남행(南行) 동 남쪽으로 향하여 가다. ≪朴諺, 上, 39ㅈ≫狗有濺草之恩, 개는 濺草ᄒᆞᆫ 恩이 잇고. 馬有垂繮之報(集覽, 朴集, 上, 11ㅈ: 馬有垂繮之報. 漢高祖與項王會鴻門, 舞劒事急, 謀脫. 匹〈疋〉馬南行, 道傍有一眢井, 馬到井邊不肯行. 漢王恐追者至, 下馬入井.), ᄆᆞᆯ은 垂繮ᄒᆞᆫ 報ㅣ 잇다ᄒᆞ니라.

남향(南向) 동 남쪽으로 향하다. ≪朴諺, 中, 60ㅎ≫衙門處處向南開(集覽, 朴集, 中, 9ㅈ: 衙門處處向南開. 南村輟耕錄云, 凡衙門皆坐北南向者, 南方屬離卦, 離虛中則聰. 又南方火位, 火明則能破暗, 故表南面聰〈聡〉明, 爲民治愚暗之事.), 衙門이 곳곳이 南을 향ᄒᆞ여 여러시나.

남향ᄒᆞ다 동 남쪽으로 향하다. ⇔조남(朝南). ≪朴諺, 下, 5ㅎ≫你只朝南做門兒, 네 그저 남향ᄒᆞ여 문을 ᄆᆡᆫ들고.

납 명 도리. ⇔늠(檁). ≪朴諺, 下, 12ㅎ≫檁, 납. 樑, ᄆᆞᄅᆞ. 椽, 혀. 柱, 기동. 短柱, 短柱. 叉竪, 작슈. 門框, 門얼굴. 門扇, 門짝. 吊窓, 들창. 天窓, 울어리창. 雙扇, 상다디. 單扇, 외다디. 窓欞, 창살로.

납(納) 동 ❶드리다[獻]. ⇔드리다. ≪朴諺, 上, 48ㅎ≫納房錢空費了, 房錢 드리는 거슬 쇽졀업시 허비ᄒᆞᆯ낫다. ❷바치다[獻]. ⇔밧티다. ≪朴諺, 下, 37ㅈ≫諸般的都納與了租稅, 여러 가짓 거슬 다 租稅예 밧티고.

납(臘) 명 음력 12월에 지내는 납제(臘祭)를 진대(秦代)에 일컫던 이름. ≪朴諺, 中, 53ㅎ≫今日臘(集覽, 朴集, 中, 8ㅎ: 臘. 無定日, 冬至後第〈苐〉二戊日是也. 夏曰嘉平, 殷曰清祀, 周曰大禮, 秦曰臘, 漢仍之. 臘者, 獵也, 因獵取獸, 以祭先祖. 又臘者, 接也, 新故交接大祭, 以報功也.)月二十五日, 오늘이 臘月 二十五日이라.

납길(納吉) 명 육례(六禮)의 하나로, 예전에 혼인 때 신랑 집에서 혼인날을 받아 신부 집에 알리는 일. ≪朴諺, 上, 41ㅈ≫下多少財錢(集覽, 朴集, 上, 11ㅎ: 下多少財錢. 亦云下財. 家禮會通云, 婚有六禮, 納采·問名·納吉·納徵·請期·親迎.), 언

멋 財錢을 드리더뇨.

납병(鑞瓶) 명 납(鑞)으로 만든 병. ⇔납호병(鑞壺瓶). ≪朴諺, 中, 30ㅈ≫你把那鑞壺瓶汕的乾淨着, 네 더 鑞瓶을다가 부싀기를 乾淨히 ᄒᆞ야.

납수(納綉) 동 납수(納繡). '綉'는 '繡'와 같다. ≪集覽, 朴集, 上, 9ㅈ≫納綉. 以未合之絲滿綉紗面, 不令紗之本質外見者, 呼爲納綉. 綉亦作繡. ≪朴諺, 上, 27ㅈ≫鴨綠羅納綉(集覽, 朴集, 上, 9ㅈ: 納綉. 以未合之絲滿綉紗面, 不令紗之本質外見者, 呼爲納綉. 綉亦作繡.)獅子的抹口青絨氈襪上, 鴨頭綠 羅에 獅子를 綉ᄒᆞ야 깃 도론 프른 부드러온 시욹청에.

납수(納繡) 동 수(繡)놓다. 자수(刺繡)하다. ⇔수ᄒᆞ다(繡-). ≪集覽, 朴集, 上, 9ㅈ≫納綉. 以未合之絲滿綉紗面, 不令紗之本質外見者, 呼爲納綉. 綉亦作繡. ≪朴諺, 上, 27ㅈ≫鴨綠羅納綉(集覽, 朴集, 上, 9ㅈ: 納綉. 以未合之絲滿綉紗面, 不令紗之本質外見者, 呼爲納綉. 綉亦作繡.)獅子的抹口青絨氈襪上, 鴨頭綠 羅에 獅子를 綉ᄒᆞ야 깃 도론 프른 부드러온 시욹청에.

납오(衲襖) 명 누비옷. ⇔누비옷. ≪朴諺, 上, 33ㅈ≫穿着衲襖(集覽, 朴集, 上, 10ㅈ: 衲襖. 反(飜)譯名義云, 好衣是未得道者生貪着處, 招致賊難, 或致奪夻(命), 有如是等患, 故受弊衲衣. 大智論云, 行者少欲知是〈足〉, 衣趣盖形, 又國土多寒, 畜百衲具.)將着鉢盂, 누비옷 닙고 에우아리 가지고.

납월(臘月) 명 음력 섣달을 달리 일컫는 말. ≪朴諺, 中, 53ㅎ≫今日臘月二十五日, 오늘이 臘月 二十五日이라.

납음(納音) 명 궁(宮)·상(商)·각(角)·치(徵)·우(羽)의 오음(五音)을 육십갑자에 맞추어 오행(五行)으로 나타내는 말. ≪朴諺, 下, 45ㅎ≫粧點顏色(集覽, 朴集, 下, 10ㅈ: 粧點顏色. 牛色以立春日爲法, 日干爲頭·角·耳·色, 日支〈支〉爲身色, 納音爲蹄·尾·肚色. 日干, 甲·乙, 木, 靑色, 丙·丁, 火, 紅色之類. 日支〈支〉, 亥·子, 水, 黑色, 寅·卯, 木, 靑色之類. 納音, 如甲子日立春, 納音屬金, 用白色之類. 餘倣此.), 빗출 ᄭᆞ미고.

납의(衲衣) 명 〈불〉 중이 어깨에 걸치는 검은색의 법의(法衣). 또는 가사(袈裟)의 다른 이름. ≪朴諺, 上, 33ㅈ≫穿着衲襖(集覽, 朴集, 上, 10ㅈ: 衲襖. 反(飜)譯名義云, 好衣是未得道者生貪着處, 招致賊難, 或致奪夻(命), 有如是等患, 故受弊衲衣. 大智論云, 行者少欲知是〈足〉, 衣趣盖形, 又國土多寒, 畜百衲具.)將着鉢盂, 누비옷 닙고 에우아리 가지고.

납쟉이 부 납작이. ⇔편(匾). ≪朴諺, 下, 29ㅎ≫鼈兒打的匾着些箇, 鼈兒 민둘기를 져기 납쟉이 ᄒᆞ고.

납질(納質) 동 물질을 넘겨주다. ≪集覽, 字解, 單字解, 6ㅎ≫儅. 人有遇急用錢, 則必以重物, 納質于富家, 賒錢取用. 至限則幷其本利償還錢主, 方得退回己之重物而來也. 典字人物通用, 儅字人用於物.

납징(納徵) 명 육례(六禮)의 하나로, 예전에 정혼이 이루어진 증거로 신랑 집에서 신부 집으로 예물을 보내는 일. 또는 그 예물. ≪朴諺, 上, 4ㅎ≫放象生纏糖(集覽, 朴集, 上, 2ㅈ: 象生纏糖. 諸司職掌婚禮定親及納徵, 皆用芝麻·纏糖二合, 茶纏糖二合, 則纏與糖非二物矣.), 生物을 象ᄒᆞ여 ᄆᆡᆼ민 沙糖이어나. ≪朴諺, 上, 41ㅈ≫下多少財錢(集覽, 朴集, 上, 11ㅎ: 下多少財錢. 亦云下財. 家禮會通云, 婚有六禮, 納采·問名·納吉·納徵·請期·親迎.), 언멋 財錢을 드리더뇨.

납채(納采) 명 육례(六禮)의 하나로, 예전에 혼인 때 신랑 집에서 신부 집에 혼인을 청하는 의례(儀禮). ≪朴諺, 上, 41ㅈ≫下多少財錢(集覽, 朴集, 上, 11ㅎ: 下多少財錢. 亦云下財. 家禮會通云, 婚有六禮, 納采·問名·納吉·納徵·請期·親迎.), 언멋 財錢을 드리더뇨.

납취(鑞觜) 명 암종다리. 종다리의 암컷.

ㄴ

(광대의 분장한 모습을 이른다) ≪朴諺, 中, 1ㅎ≫弄寶盖(集覽, 朴集, 中, 1ㅈ: 弄寶盖. 凡優人以造化鳥爲戱時, 一人擎一彩帛葆盖, 先入優場, 以告戱雀之由. 次有一人捧一雀以入作戱. 如本節〈莭〉所云, 造化鳥 쫑〈좋〉다리, 雄曰銅觜, 雌曰鑞觜.)的, 寶盖 놓ᄒᆞᄂᆞᆫ 이ᄂᆞᆫ.

납취조화(鑞觜造化) 명 부리가 푸른 암종다리. 종다리의 암컷. (광대의 분장한 모습을 이른다) ⇔암쫑다리. ≪朴諺, 中, 1ㅎ≫又是一箇銅觜·鑞觜造化, 또 ᄒᆞᆫ 부리 노론 수쫑다리 부리 프른 암쫑다리 노롯호ᄃᆡ. ≪譯語類解, 下, 飛禽≫造化, 舊譯, 쫑다리.

납폐(納幣) 명 육례(六禮)의 하나로, 예전에 정혼(定婚)이 이루어진 증거로 신랑집에서 신부 집으로 예물을 보내는 일. 또는 그 예물. ≪朴諺, 上, 41ㅈ≫下多少財錢(集覽, 朴集, 上, 11ㅎ: 下多少財錢. 今制, 納采·問名·納吉揔〈総〉一次行禮, 以從簡便, 謂之定禮, 亦爲之定親, 亦曰下紅定, 亦送幣物. 又涓吉送婚書, 行納徵禮, 亦曰納幣, 俗云下財, 亦曰送禮.), 언멋 財錢을 드리더뇨.

납호병(鑞壺瓶) 명 납(鑞)으로 만든 병. ⇔납병(鑞瓶). ≪朴諺, 中, 30ㅈ≫你把那鑞壺瓶汕的乾淨着, 네 뎌 鑞瓶을다가 부싀기를 乾淨히 ᄒᆞ야.

낫 명 낮. 정오. 한낮. ⇔상오(晌午). ≪朴諺, 下, 1ㅎ≫比及晌午剉正熱時分收拾, 낫계어 졍히 더울 때예 미처 收拾ᄒᆞ여.

낫 의 낱. ❶⇔개(箇). ≪集覽, 字解, 單字解, 5ㅎ≫家. 止指一數之稱. 一箇家 ᄒᆞᆫ 낫식, 幾箇家 몃 낫식, 又현 낫식, 幾年家 현 ᄒᆡ식. 又槩也. 大家 대개. 又擧姓呼人之稱. 李家·張家. 又呼皇帝曰官家. 又語助. 沒有家 업다. ≪朴諺, 上, 1ㅎ≫各人出一百箇銅錢, 各人이 一百 낫 銅錢을 내면. 共通三千箇銅錢, 대되 三千 낫 銅錢이니. ≪朴諺, 上, 12ㅈ≫五十箇銅錢一擔家去來, 五十 낫 銅錢에 ᄒᆞᆫ 짐식 ᄒᆞ여 가쟈. ≪朴諺, 上, 13ㅈ≫三十箇錢一擔家, 三十 낫 돈에 ᄒᆞᆫ 짐식 ᄒᆞ고. ≪朴諺, 上, 40ㅎ≫與你五箇銅錢, 너를 다ᄉᆞᆺ 낫 銅錢을 주마. ≪朴諺, 上, 47ㅈ≫湯錢五箇錢, 湯錢은 다ᄉᆞᆺ 낫 돈이오. 撓背兩箇錢, 등 믄디ᄅᆞ기ᄂᆞᆫ 두 낫 돈이오. 梳頭五箇錢, 머리 빗기기ᄂᆞᆫ 다ᄉᆞᆺ 낫 돈이오. 剃頭兩箇錢, 머리 갓기ᄂᆞᆫ 두 낫 돈이오. ≪朴諺, 中, 1ㅈ≫一箇人與他五箇錢時放入去, ᄒᆞᆫ 사ᄅᆞᆷ이 뎌ᄅᆞᆯ 다ᄉᆞᆺ 낫 돈을 주면 노하 드려보내ᄂᆞ니라. ≪朴諺, 中, 14ㅈ≫草一錢銀子十一箇家大束(束)兒, 딥흔 ᄒᆞᆫ 돈 은에 열ᄒᆞᆫ 낫 큰 뭇이니. ≪朴諺, 中, 44ㅎ≫那中柱上釘一箇釘子, 뎌 가온댓 기동에 ᄒᆞᆫ 낫 못을 박고. ≪朴諺, 中, 57ㅈ≫兒的五十箇錢, 수ᄂᆞᆫ 쉰 낫 돈이오. 女的一百箇錢賣與你, 암은 一百 낫 돈에 ᄑᆞ라 너를 주마. ≪朴諺, 中, 57ㅈ≫一百箇錢短一箇錢也不賣, 一百 낫 돈에 ᄒᆞᆫ 낫 돈이 업서도 ᄑᆞ디 이(아)니ᄒᆞ리라. ≪朴諺, 下, 28ㅎ≫將二百箇銅錢來, 二百 낫 銅錢을 가져오라. ≪朴諺, 下, 57ㅈ≫將一百箇錢去, 一百 낫 돈을 가져가. ❷⇔과(顆). ≪朴諺, 下, 21ㅎ≫說與先生櫃中有一顆桃, 先生ᄃᆞ려 궷 가온대 ᄒᆞᆫ 낫 복셩홰 잇다 닐럿더니. ≪朴諺, 下, 22ㅈ≫大仙說是一顆桃, 大仙이 닐오ᄃᆡ 이 ᄒᆞᆫ 낫 복셩홰로다. ≪朴諺, 下, 27ㅈ≫這二十顆珊瑚怎的賣, 이 스므 낫 珊瑚를 엇디 폴려 ᄒᆞᄂᆞᆫ다. 老實價錢一兩一顆家, 고디식ᄒᆞᆫ 갑ᄉᆞᆫ ᄒᆞᆫ 냥에 ᄒᆞᆫ 낫식이라. ❸⇔근(根). ≪朴諺, 中, 24ㅎ≫插三十根箭, 셜흔 낫 살을 곳고. ≪朴諺, 中, 40ㅈ≫一根一根家拔的乾淨着, ᄒᆞᆫ 낫식 ᄲᅢ혀 乾淨히 ᄒᆞ고. ≪朴諺, 下, 20ㅎ≫拔下一根頭髮, ᄒᆞᆫ 낫 머리털을 ᄲᅢ혀. ≪朴諺, 下, 20ㅎ≫他却拔下一根毛衣(來), 뎨 ᄯᅩ ᄒᆞᆫ 낫 털을 ᄲᅢ혀. ❹⇔근아(根兒). ≪朴諺, 上, 35ㅈ≫將一根兒草來, ᄒᆞᆫ 낫 플을 가져다가. ≪朴諺, 下, 1ㅈ≫虫蛀的無一根兒風毛, 좀이 먹어 ᄒᆞᆫ 낫 댱티도 업서시니.

낫ㄱ다 동 낚다. ⇔조(釣). ≪朴諺, 下, 51ㅈ≫瞞眼釣出箇老大的金色鯉漁(魚), 瞞眼홀 ᄉ이예 ᄒᆞᆫ ᄀ장 큰 금빗치 鯉魚를 낫가 내니.

낫계다 동 낮이 지나다. 곧, 오후가 되다. ≪朴諺, 下, 1ㅎ≫比及晌午剉正熱時分收拾, 낫계어 졍히 더울 ᄣ예 미처 收拾ᄒᆞ여.

낫낫치 부 낱낱이. ⇔개개(箇箇). ≪朴諺, 上, 37ㅈ≫家後一群羊箇箇尾子長, 집 뒤히 ᄒᆞᆫ 무리 양이 낫낫치 ᄭᅩ리 긴 거시여. ≪朴諺, 下, 9ㅈ≫箇箇擎拳合掌, 낫낫치 擎拳 合掌ᄒᆞ야.

낫다 동 낳다. ⇔생(生). ≪朴諺, 下, 25ㅎ≫這賊養漢生的小驢精, 이 도적 화냥년의 난 나괴삐야. ≪朴諺, 下, 41ㅎ≫丙辰年生人三十七歲, 丙辰年에 난 사ᄅᆞᆷ 三十七歲ㅣ. ≪朴諺, 下, 41ㅎ≫巳·午·亥·卯生人忌犯裡, 巳·午·亥·卯에 난 사ᄅᆞᆷ은 忌犯ᄒᆞ라 셧더라.

낫다 형 낫다[優]. ❶⇔강(强). ≪朴諺, 下, 20ㅈ≫强的上拜爲師傅, 나으니를 拜ᄒᆞ야 스승을 삼쟈. ≪朴諺, 下, 48ㅎ≫其中那一火兒强的, 그 듕에 아모 ᄒᆞᆫ 무리 나은이. ❷⇔강여(强如). ≪朴諺, 中, 18ㅎ≫强如良藥治病, 良藥으로 病 다ᄉᆞ림도곤 나으리라. ≪朴諺, 下, 45ㅎ≫强如親自看, 친히 보니도곤 나으리라. ❸⇔고(高). ≪朴諺, 中, 26ㅎ≫高如師傅, 스승어(에)셔 나으니라. ❹⇔승(勝). ≪朴諺, 下, 12ㅈ≫勝如見面, ᄂᆞᆺ촐 봄도곤 나으리이다.

낫브다 형 나쁘다. 부족하다. ⇔갈(渴). ≪朴諺, 上, 21ㅈ≫那們時不渴睡, 그리면 좀이 낫브디 아니ᄒᆞ리라.

낫ㅊ 의 낱. ⇔과(顆). ≪朴諺, 中, 27ㅎ≫將豆子來大的明眞珠一百顆來儅, 콩만치 큰 블근 眞珠 一百 낫촐 가져다가 뎐당ᄒᆞ거늘.

낭(狼) 명 이리[狼]. ⇔일희. ≪朴諺, 中, 29ㅎ≫只是一剗狼牙也似, 그저 ᄒᆞᆫ골ᄀ티 일희 니 ᄀᄐᆞ니.

낭낭(娘娘) 명 계집. 여자. ⇔겨집. ≪朴諺, 上, 36ㅎ≫饭皺娘娘裏頭睡, 찡긘 겨집이 안히셔 자는 거시여.

낭문(廊門) 명 회랑(回廊)에 낸 문. ≪朴諺, 下, 13ㅈ≫上面畫六鶴舞琴(集覽, 朴集, 下, 3ㅈ: 六鶴舞琴. 史記, 師曠援琴而鼓, 一奏之, 有玄鶴二八集于廊門, 再奏之, 延頸而鳴, 舒翼而舞.), 上面에 六鶴舞琴을 그리고.

낭원(閬苑) 명 전설상 천상계(天上界) 곤륜산(崑崙山)에 있으며 신선이 산다는 곳. ≪朴諺, 上, 62ㅎ≫休誇天上瑤池(集覽, 朴集, 上, 15ㅈ: 瑤池. 列仙傳, 崐崘〈崑崙〉閬苑, 有〈白〉玉樓十二, 玄室九層, 左瑤池, 右翠水, 環以弱水九重, 非飆(飈)車羽輪, 不可到也. 註, 瑤池, 王母所居.), 天上 瑤池를 쟈랑티 말라.

낭이 명 냉이. ⇔제채(薺菜). ≪朴諺, 中, 34ㅈ≫拔將小蒜, 쇽지. 田菁, 샤틔올. 薺菜, 낭이. 芒荇, 비름을 ᄏᆡ여 오라.

낭자(娘子) 명 ❶아내. 처. ≪朴諺, 上, 40ㅎ≫別處一箇官人娶娘子(集覽, 朴集, 上, 11ㅎ: 娘子. 子謂母曰娘, 字作孃. 又少女之稱, 字作娘. 孃·娘亦通用. 南村輟耕[錄]云〈南村輟耕錄〉, 世謂穩婆曰老娘, 女巫曰師娘, 唱〈娼〉婦曰花娘, 達人又曰草娘, 苗人謂妻曰夫娘, 南方謂婦人無行者曰夫娘, 謂婦人之卑賤者曰某娘, 曰幾娘, 鄙之曰婆娘. 今俗稱〈称〉公主·宮女, 下至庶人妻, 皆曰娘子.), 다른 고ᄃᆡ ᄒᆞᆫ 官人이 娘子를 娶ᄒᆞ노라. ≪朴諺, 中, 48ㅎ≫娘子見了時聒譟難聽, 娘子ㅣ 보고 짓궤니 듣기 어렵더라. ❷예전에 처녀를 높여 이르던 말. ≪朴諺, 下, 60ㅈ≫娘子柳氏(集覽, 朴集, 下, 12ㅎ: 娘子柳氏〈柳氏〉. 貞州柳天弓女也. 高麗太祖初爲弓裔將軍, 領兵過貞州, 憇古柳下, 見川上有一女子甚美, 問誰. 女對曰, 天弓之女. 太祖到其家, 天弓饗之甚欵, 以女薦寢. 既去, 絶不往來, 女守節〈莭〉爲尼. 太祖聞之, 迎以爲妃. 後裵玄慶·申崇謙等推戴太祖,

后贊成之. 旣卽位, 策后爲元妃. 薨, 謚神惠. 貞州, 今豐〈豊〉德昇天浦古城北二里是也.)出來說道, 娘子 柳氏ㅣ 나와 닐오ᄃᆡ.

낭중(郎中) 명 전국시대 임금의 시위로 시작되어, 진·한대(秦漢代)에는 낭중령(郎中令)에 속하여 거기(車騎)·문호(門戶)·숙위(宿衛)의 일을 맡았는데, 수·당(隋唐) 이후로는 육부(六部) 각사(各司)의 장(長)을 이르다가 청(淸) 말에 폐지되었다. ≪朴諺, 上, 11ㅎ≫郎中(集覽, 朴集, 上, 5ㅎ: 郎中. 六部郎中〈元制, 郎中〉, 正五品, 月支〈支〉米十六石, 歲該一百九十石. 今此月支〈支〉四石, 則非實郎中, 乃斯須(湏)假號推敬之稱〈称〉.)馬只寄在這人家裏, 郎中아 ᄆᆞᆯ을 그저 이 人家에 브텨 두엇다가. ≪朴諺, 上, 11ㅎ≫郎中你在那裏住, 郎中아 네 어ᄃᆡ 이셔 사ᄂᆞᆫ다. ≪朴諺, 上, 12ㅎ≫郎中你如今到裏頭, 郎中아 네 이제 안히 가.

낭탕(浪蕩) 동 가래다. 함부로 행동하다. 방탕하다. ❶⇔ᄀᆞ래다. ≪朴諺, 中, 19ㅈ≫每日家閑浪蕩做甚麼, 날마다 힘힘이 ᄀᆞ래여 므슴 ᄒᆞ리오. ❷장난하다. 빈둥거리다. 한가롭게 노닐다. ⇔ᄀᆞᆯ래다. ≪朴諺, 中, 55ㅎ≫一壁廂去浪蕩不的, ᄒᆞᆫ ᄇᆞ름 구석의 가 ᄀᆞᆯ래디 못ᄒᆞᆯ소냐. ≪朴諺, 中, 56ㅈ≫咱河裏浪蕩去來, 우리 내히 ᄀᆞᆯ래라 가쟈.

낮 명 낮. ❶⇔백일(白日). ≪朴諺, 上, 36ㅎ≫白日去黑夜來, 나준 가고 밤은 오ᄂᆞᆫ 거시여. ❷⇔상오(晌午). ≪朴諺, 上, 45ㅈ≫到晌午寫倣書, 나지 다ᄃᆞᄅᆞ면 셔품 쓰기 ᄒᆞ여.

낳다 동 낳다. ⇔하래(下來). ≪朴諺, 上, 31ㅎ≫那驢養下來的, 뎌 나귀 얼러 나흔 놈이.

내 대 나의. ❶⇔아(我). ≪集覽, 字解, 單字解, 5ㅎ≫虧. 損也, 少也, 虧你多少 네게 언메나 낫브뇨, 虧着我 내게 낫배라. 又次也, 吏語, 虧兌 원 슈에셔 ᄭᅳ다. ≪朴諺, 上, 10ㅎ≫喫我的飯時, 내 밥을 먹이면. ≪朴諺, 上, 12ㅈ≫却不虧着我, 또 내게 섭ᄃᆞ 아니ᄒᆞ냐. ≪朴諺, 上, 22ㅈ≫那裏抵當的我, 어ᄃᆡ 내게 抵堂ᄒᆞᆯ다. ≪朴諺, 上, 32ㅈ≫只說明日後日還我, 그저 닐오ᄃᆡ ᄂᆡ일 모릐 내게 갑흐마 ᄒᆞ니. ≪朴諺, 上, 43ㅈ≫我有明綠紵絲, 내게 明綠 빗친 비단이 이시니. ≪朴諺, 上, 63ㅎ≫我的帖裏怎麽赶上你的綉帖裏, 내 텰릭이 엇디 네 슈텰릭에 미ᄎᆞ리오. ≪朴諺, 中, 3ㅈ≫這廝落了我一兩銀, 이 놈이 내 ᄒᆞᆫ 냥 은을 ᄲᅡ르텨시니. ≪朴諺, 中, 15ㅎ≫好哥哥弟兄們央及我, ᄆᆞ음 됴흔 형 아ᄋᆞ들히 내게 빌거늘. ≪朴諺, 中, 17ㅎ≫怎刬劃我這一場愁, 엇디 내 이 一場 愁를 헤와드료. ≪朴諺, 中, 37ㅎ≫我再沒高的了, 내게 또 노프니 업ᄉᆞ니. ≪朴諺, 中, 44ㅈ≫若你也到我樓上, 만일 너도 내 樓上에 오면. ≪朴諺, 中, 56ㅎ≫我家裏老鼠好生廣, 내 집의 쥐 ᄀᆞ장 흔ᄒᆞ니. ≪朴諺, 下, 1ㅈ≫把我的銀鼠皮背子, 내 銀鼠皮 背子와. ≪朴諺, 下, 25ㅎ≫爲我命不好, 내 명이 됴티 아니믈 위ᄒᆞ여. ≪朴諺, 下, 28ㅎ≫我靴靿裏揣將去, 내 훠돈에 고자 가져가리라. ≪朴諺, 下, 29ㅈ≫元寶我有半錠了, 元寶ㅣ 내게 반 뎡이 이시니. ≪朴諺, 下, 29ㅎ≫你看我這帽頂子, 네 보라 내 이 가식 頂子ㅣ. ≪朴諺, 下, 40ㅈ≫要畫我的喜身裏, 내 진영을 그리고져 ᄒᆞ노라. ≪朴諺, 下, 56ㅎ≫聽我說, 내 닐옴을 드르라. ❷⇔자(自). ≪朴諺, 上, 23ㅎ≫到處裏破別人誇自已(己), 간 곳마다 다른 사름을 해야ᄇᆞ리며 내 몸을 쟈랑ᄒᆞ고.

내 대 내가. ⇔아(我). ≪集覽, 字解, 單字解, 5ㅎ≫虧. 損也, 少也. 虧你多少 네게 언메나 낟브뇨, 虧着我 내게 낟배라. 又次也. 吏語, 虧兌 원수에셔 ᄭᅳ다. ≪朴諺, 上, 3ㅈ≫我到那衙門裡堂上官說了, 내 뎌 衙門에 가 堂上官의게 니ᄅᆞ니. ≪朴諺, 上, 19ㅈ≫我今日印子鋪裏儅錢去, 내 오ᄂᆞᆯ 印子鋪에 돈 典儅ᄒᆞ라 가노라. ≪朴

諺, 上, 30ㅈ≫我說與你, 내 너드려 니르마. ≪朴諺, 上, 47ㅈ≫我管着湯錢去來, 내 湯錢을 フ옴아라 가마. ≪朴諺, 上, 59ㅎ≫我說與你, 내 너드려 니르마. ≪朴諺, 上, 66ㅎ≫我到衙門押了公座便來, 내 衙門에 가 公座簿에 일홈두고 곳 오리라. ≪朴諺, 中, 2ㅈ≫我沒零錢怎麽好, 내 뽄 돈이 업스니 엇디 ᄒᆞ여야 됴흐료. ≪朴諺, 中, 14ㅈ≫我來時莭(節), 내 올 적의. ≪朴諺, 中, 17ㅈ≫我這裏好生多喫了, 내 예셔 ᄀᆞ장 만히 먹을와. ≪朴諺, 中, 26ㅈ≫我如今與你一兩銀, 내 이제 너를 ᄒᆞᆫ 냥 은을 줄 써시니. ≪朴諺, 中, 37ㅈ≫我說與你, 내 너드려 니르마. ≪朴諺, 中, 47ㅈ≫我特故裏把酒灌的他爛醉了, 내 부러 술을다가 뎌의게 브으니 爛醉ᄒᆞ여. ≪朴諺, 中, 57ㅎ≫我先惹你來, 내 몬져 너를 짐작ᄒᆞ냐. ≪朴諺, 下, 1ㅈ≫我差使出去了, 내 差使로 나가매. ≪朴諺, 下, 9ㅎ≫你聽我說與你, 네 드르라 내 너드려 니르마. ≪朴諺, 下, 12ㅈ≫我要盖一座書房, 내 一座 書房을 짓고져 ᄒᆞ니. ≪朴諺, 下, 17ㅎ≫你說我聽, 네 니르라 내 듯쟈. ≪朴諺, 下, 26ㅈ≫我不敢言語, 내 감히 말 못 호리라. ≪朴諺, 下, 34ㅈ≫我怎麽打不的, 내 엇디 티디 못ᄒᆞ리오. ≪朴諺, 下, 45ㅎ≫你自聽我說, 네 스스로 내 니르믈 드르면. ≪朴諺, 下, 53ㅎ≫你聽我念, 네 드르라 내 念ᄒᆞ마.

내 㫐 내. 내내. 잇닿아. ⇔통(通). ≪朴諺, 上, 25ㅈ≫剌(刺)通袖膝欄(集覽, 朴集, 上, 8ㅎ: 刺通袖膝襴. 元時好着此衣, 前後具胷背, 又連肩而通袖之脊, 至袖口爲紋, 當膝周圍亦爲紋如欄干, 然織成段匹爲衣者有之, 或皮或帛, 用綵線周遭回曲爲緣, 如花樣, 刺〈剌〉爲草樹〈尌〉·禽獸·山川·宮殿之文於〈紋於〉其內, 備極奇巧, 皆用團領着之, 其直甚高. 達達〈ㄷ〉之俗, 今亦猶然. 뷔윤 실로 치질ᄒᆞ니를 呼爲刺, 亦曰絅, 音扣.)羅帖裏上, ᄉᆞ매 ᄆᆞᄅᆞ 내 치질ᄒᆞ고 膝欄ᄒᆞᆫ 羅 텰릭에.

내(內) 명 내(內). ⇔ᄂᆡ. ≪朴諺, 上, 54ㅈ≫其銀限至下年幾月內, 그 은을 限이 ᄂᆡ년 아므 ᄃᆞᆯ ᄂᆡ에 니르게 ᄒᆞ야.

내(內) 명 안. ❶⇔안. ≪朴諺, 上, 35ㅈ≫脚內踝上灸了三壯艾來, 발 안쮜머리 우희 三壯 뿍으로 ᄯᅳ니. ≪朴諺, 上, 35ㅈ≫放在脚內踝尖骨頭上, 발 안쮜머리 ᄲᅧᆫ족ᄒᆞᆫ ᄲᅧ 우희 노하. ❷⇔안ㅎ. ≪朴諺, 下, 52ㅈ≫不覺有賊人入來本家東屋內, 賊人이 이셔 本家 東屋 안히 드러오ᄆᆞᆯ ᄭᆡ돗디 못ᄒᆞ여. ≪朴諺, 下, 52ㅎ≫一箇入來屋內, ᄒᆞ나히 집 안히 드러와.

내(來) 동 ❶(어떤 동작을) 하다. ≪朴諺, 下, 20ㅎ≫他却拔下一根毛衣(來), 뎨 또 ᄒᆞᆫ 낫 털을 ᄲᅢ혀. ❷들어오다. ⇔드러오다. ≪朴諺, 中, 14ㅎ≫請的屋裏來, 청ᄒᆞ여 집의 드러오라. ❸불다[吹]. ⇔불다. ≪朴諺, 中, 58ㅈ≫風不來樹不搖, ᄇᆞ람이 부디 아니면 남기 흔드기디 아니ᄒᆞ고. 雨不來河不漲, 비 오디 아니면 믈이 넘디 아니ᄒᆞᆫ다 ᄒᆞᄂᆞ니라.

내(來) 동 ❶오다. ⇔오다. ≪集覽, 字解, 單字解, 1ㅎ≫稍. 寄也. 稍將來 브터 가져오라. ≪集覽, 字解, 單字解, 4ㅈ≫打. 擊也, 着實打, 又打三下. 又爲也. 打酒來 술 사 오라. 又曰, 打將來 ᄒᆞ야 오라, 打聽 듣보라, 打水 믈 긷다, 不打緊. 又打那裏去, 打東邊去, 有投向從往之意. 俗用打字, 似不合本意者多, 而實有取意不苟, 其用甚廣, 此不盡錄. ≪朴諺, 上, 2ㅈ≫討南方來的蜜林檎燒酒一桶, 南方으로셔 온 蜜林檎燒酒 ᄒᆞᆫ 통과. ≪朴諺, 上, 23ㅈ≫來麽兄弟, 오라 아ᄋᆞ야. ≪朴諺, 上, 31ㅈ≫那厮高麗地面來的宰相們上做牙子, 뎌 놈이 高麗 ᄯᅡ흐로셔 온 宰相들희손ᄃᆡ 즈름이 도엿ᄂᆞ니. ≪朴諺, 上, 44ㅈ≫我今日告假來, 내 오ᄂᆞᆯ 告假ᄒᆞ고 왓노라. ≪朴諺, 上, 57ㅈ≫打發他去了纔來, 뎌를 打發ᄒᆞ여 보내고 ᄀᆞᆺ 올와. ≪朴諺, 上, 66ㅎ≫我到衙門押了公座便來, 내 衙門에 가 公座簿에 일홈두고 곳 오리라. ≪朴

諺, 中, 2ㅈ≫喃(唎)將那一箇顔色的旗來說時, 아므 흔 빗체 旗롤 므러 오라 니르면. ≪朴諺, 中, 16ㅎ≫這幾日高麗地面裏來的, 요亽이 高麗ㅅ 짜흐로셔 온. ≪朴諺, 中, 26ㅈ≫陜(陝)西赶來的白駝氈大帽兒一箇, 陜(陝)西셔 미러 온 白駝氈 큰갓 흐나흘 민드되. ≪朴諺, 中, 38ㅈ≫明日來管迴換, 닉일 와 므르믈 ㄱ움알리라. ≪朴諺, 中, 43ㅎ≫你自說村莊無人來訪, 네 스스로 닐오딕 村莊에 와 ㅊ즐 사룸이 업다 흐거니와. ≪朴諺, 中, 58ㅈ≫雨不來河不漲, 비 오디 아니면 믈이 넘디 아니흔다 흐느니라. ≪朴諺, 下, 2ㅈ≫熬些茶芽來我喫, 져기 茶芽롤 달혀 오라 내 먹쟈. ≪朴諺, 下, 9ㅎ≫叫將根前來說道, 블러 앏픠 오라 흐여 닐오딕. ≪朴諺, 下, 16ㅎ≫禍從天上來, 禍ㅣ 天上으로 조차 오느니라. ≪朴諺, 下, 22ㅈ≫山神·土地神鬼都來了, 山神과 土地神鬼ㅣ 다 오나놀. ≪朴諺, 下, 34ㅈ≫一箇去百箇來, 흐나히 가매 빅이 온다 흐느니라. ≪朴諺, 下, 40ㅈ≫你請他這裡來麽, 네 뎌롤 쳥흐여 여긔 올짜. 來不的, 오디 아니흐랴. ≪朴諺, 下, 60ㅈ≫咱衆人們特來告報, 우리 모든 사룸들히 특별이 와 告報흐노니. ❷옴[來]. ⇔옴. ≪朴諺, 中, 7ㅈ≫馬們怎麽來的遲, 몰들히 엇디 옴이 더듸뇨.

내(來) 조 -만큼. 또는 남짓. 가량. 쯤. ⇔-만치. ≪朴諺, 上, 19ㅎ≫圓眼來大的好明淨, 龍眼만치 크고 ㄱ장 明淨흐니라. ≪朴諺, 下, 23ㅈ≫行者變做五寸來大的胡孫, 行者ㅣ 변흐여 五寸만치 큰 진납이 되여. ≪朴諺, 下, 26ㅎ≫黃豆來大的, 콩만치 크고. ≪朴諺, 下, 46ㅈ≫簸箕來大一對耳朶, 키만치 크게 흔 흔 빵 귓바회와.

내(妳) 명 내(嬭). '妳'는 '嬭'의 속자. ≪朴諺, 上, 51ㅈ≫尋一箇好婦人妳, 흔 됴흔 婦人의 젓을 어더시되. 尋一箇好婦人妳, 흔 됴흔 婦人의 젓을 어더시되.

내(姳) 명 내(嬭). '姳'는 '嬭'와 같다. ≪朴諺, 上, 37ㅎ≫這箇是姳子, 이거슨 이 젓이로다.

내(嬭) 명 젖. ⇔젓. ≪朴諺, 上, 51ㅈ≫尋一箇好婦人妳, 흔 됴흔 婦人의 젓을 어더시되. 尋一箇好婦人妳, 흔 됴흔 婦人의 젓을 어더시되.

내과(內踝) 명 안쪽복사. ⇔안쒸머리. ≪朴諺, 上, 35ㅈ≫脚內踝上灸了三壯艾來, 발 안쒸머리 우희 三壯 쑥으로 뜨니. ≪朴諺, 上, 35ㅈ≫放在脚內踝尖骨頭上, 발 안쒸머리 뽀죡흔 쌔 우희 노하.

내관(內官) 명 궁중이나 경사(京師)에서 시위(侍衛)하는 관원. ≪朴諺, 上, 25ㅎ≫鴉青繡四花織金羅搭護(集覽, 朴集, 上, 8ㅎ: 搭護. 事物紀原云, 隋內官多服半臂, 餘皆長袖. 唐高祖減其袖, 謂之半臂, 卽今背子也. 江淮間或曰綽子, 庶人競服之. 今俗呼爲搭護, 더그레.), 鴉青빗치 四花롤 繡노코 織金흔 羅 더그레오.

내내(姳姳) 명 내내(嬭嬭). '姳'는 '嬭'와 같다. ≪朴諺, 中, 16ㅎ≫我姳姳(集覽, 朴集, 中, 3ㅈ: 姳姳. 凡稱尊長妻室曰姳姳.)使的我說將來, 우리 姳姳ㅣ 날을 브려 닐러늘 가져왓노이다. ≪朴諺, 中, 17ㅈ≫女兒說與你姳姳, 女兒ㅣ아 네 姳姳드려 니르라.

내내(嬭嬭) 명 손윗사람이나 존장(尊長)의 아내를 일컫는 말. ≪朴諺, 中, 16ㅎ≫我姳姳(集覽, 朴集, 中, 3ㅈ: 姳姳. 凡稱尊長妻室曰姳姳.)使的我說將來, 우리 姳姳ㅣ 날을 브려 닐러늘 가져왓노이다. ≪朴諺, 中, 17ㅈ≫女兒說與你姳姳, 女兒ㅣ아 네 姳姳드려 니르라.

내다 동 내다. ❶⇔개(開). ≪朴諺, 上, 52ㅈ≫朝南開着一箇小墻門便是, 남을 향흐여 흔 小墻門 낸 거시 곳 이라. ❷⇔나출(拿出). ≪朴諺, 下, 34ㅎ≫拿出毬棒來, 당방올 막대롤 내여. ❸⇔생(生). ≪朴諺, 下, 3ㅈ≫你休生怠慢心, 네 怠慢흔 ᄆᆞ음을 내디 말고. ≪朴諺, 下, 51ㅈ≫忽生得清歌細舞之心, 믄득 清歌 細舞흘 ᄆᆞ음을

내여. ❹⇔출(出). ≪朴諺, 上, 1ㅎ≫各人出一百箇銅錢, 各人이 一百 낫 銅錢을 내면. ≪朴諺, 上, 30ㅈ≫每一兩傾銀子出一錢裏, 每 훈 냥에 白臉銀을 디워 민들려 ᄒ면 훈 돈을 내리라. ≪朴諺, 上, 30ㅎ≫出饋你一錢八分銀子, 너룰 훈 돈 八分 銀을 내여 주마. ≪朴諺, 上, 56ㅈ≫有人出十五兩銀子, 사룸이 열단 냥 은을 내리 잇더라. ≪朴諺, 中, 16ㅈ≫熱炕上熰着出些汗, 더온 캉에 블무회고 젹이 뚬 내라. ≪朴諺, 中, 28ㅎ≫都搜出三四十箇血瀝瀝的尸首和那珠子·布絹, 셜마은 피 뜻드는 尸首와 그 진쥬·布絹을 다 뒤여내고. ≪朴諺, 中, 53ㅎ≫怎麽做不出一套衣裳來, 엇디 훈 블 衣裳을 지어 내디 못ᄒ리오. ≪朴諺, 下, 23ㅈ≫搭出箇爛骨頭的先生, 훈 므르노가 쌔만 잇는 先生을 건뎌 내니. ≪朴諺, 下, 24ㅎ≫怎生拿出他本像, 엇디 뎌 本像을 잡아 내리오. ≪朴諺, 下, 51ㅈ≫賸眼釣出箇老大的金色鯉漁(魚), 賸眼훈 ᄉ이예 훈 ᄀ장 큰 금빗치 鯉魚롤 낫가 내니. ≪朴諺, 下, 60ㅎ≫擡出金甲來, 金甲을 드러내여 와. ❺⇔출래(出來). ≪朴諺, 上, 43ㅎ≫結裹不出來, 밋쑴여 내디 못ᄒ리라.

내도(來到) 동 오다. ⇔오다. ≪朴諺, 中, 12ㅎ≫昨日恰來到, 어제 곳 올와. ≪朴諺, 中, 15ㅎ≫來到家裏害熱時, 집의 오니 熱ᄒ여.

내래거거(來來去去) 동 오락가락하다. ⇔오락가락ᄒ다. ≪朴諺, 上, 36ㅈ≫二哥來來去去, 둘재 형은 오락가락ᄒ고.

내력(來歷) 명 지금까지 지내온 경로나 경력. ≪朴諺, 中, 10ㅈ≫神奴來歷不明, 神奴ㅣ 來歷이 不明ᄒ거나.

내리(內裏) 명 ❶궁중. 궁궐 안. ≪集覽, 字解, 單字解, 2ㅈ≫裏. 內也. 裏頭·內裏. 又闕內. 亦曰裏頭, 又曰內裏. 又處也. 這裏·那裏. 又語助. 去裏·有裏. 通作里·俚·哩. ❷안. 속. 가운데. ≪集覽, 字解, 單字解, 2ㅈ≫裏. 內也. 裏頭·內裏. 又闕內. 亦曰裏頭, 又曰內裏. 又處也. 這裏·那裏. 又語助. 去裏·有裏. 通作里·俚·哩.

내마(來麽) 동 오너라. 오거라. ⇔오나라. ≪集覽, 字解, 單字解, 4ㅎ≫麽. 本音모. 俗用爲語助辭, 音마, 古人皆呼爲모, 故或通作莫. 怎麽 엇디, 來麽 오나라. 又用如乎字之意者則曰, 去麽 갈다, 有麽 잇ᄂ녀. 元語, 麽道 니ᄅᄂ다, 麽音ᄆ, 今不用.

내부(內府) 명 궐내(闕內). 궁궐의 안. ≪朴諺, 上, 2ㅈ≫咱們問那光祿寺(集覽, 朴集, 上, 1ㅈ: 光祿寺. 在東長安門內, 其屬有大官·珍〈珎〉羞·良醞·掌醢四署, 掌供辦內府諸品膳羞酒醴及管待使客之事.)裏, 우리 뎌 光祿寺에 무러. ≪朴諺, 上, 2ㅎ≫又內府(集覽, 朴集, 上, 1ㅎ: 內府. 猶言闕內也.)管酒的官人們造的好酒, 또 內府에 술 ᄀ옴아는 官人들의 비즌 됴흔 술을. ≪朴諺, 上, 3ㅈ≫內府裡着姓崔的外郞討去, 內府에는 姓이 崔가 外郞으로 ᄒ여 어드라 가게 ᄒ라.

내부(來赴) 동 와서 다다르다. ≪朴諺, 下, 58ㅎ≫咱本國是太祖(集覽, 朴集, 下, 12ㅈ: 太祖. 夫人柳氏曰, 妾聞諸公之言, 尙有感奮, 况大丈夫乎. 提甲領以披之, 諸將扶擁而出, 令人呼曰, 王公已擧義旗, 國人來赴者不可勝計.)姓王諱建表德若天, 우리 本國이 太祖의 姓은 王이오 諱는 建이오 字는 若天이니.

내브티다 동 내어 붙이다. ⇔주(丢). ≪朴諺, 下, 1ㅈ≫貂鼠皮丢袖(集覽, 朴集, 下, 1ㅈ: 丢袖. 音義云, ·ᄉ·미〈매〉 조쳐 :내·브·틴 갓·옷.), 貂鼠皮 ᄉ매 조차 내브틴 갓오솔다가.

내옴 명 냄새. ⇔기식(氣息). ≪朴諺, 中, 50ㅎ≫氣息臭的當不的, 내옴이 더러워 당티 못ᄒ니.

내왕(來往) 동 오고 가다. ≪集覽, 字解, 單字解, 4ㅈ≫來. 來往. 又語助. 你來 이바, 夜來 어제, 有來 잇더라, 去來 가다. 又數物而有餘數, 未的知之辭. 十來箇 여라믄,

十里來地 십 리만흔 듸, 十來日 여라믄 날.

내외(內外) 명 안팎. ⇔안밧. ≪朴諺, 上, 61ㅈ≫內外大小佛殿, 안밧 大小 佛殿과.

내자(妳子) 명 내자(嬭子). '妳'는 '嬭'와 같다. ≪朴諺, 上, 37ㅎ≫這箇是妳子, 이거슨 이 졋이로다. ≪朴諺, 上, 51ㅈ≫如今自妳那尋妳子, 이제 손조 졋 먹이ᄂᆞ냐 졋즐 어던ᄂᆞ냐. ≪朴諺, 上, 51ㅎ≫一箇月二兩妳子錢, ᄒᆞᆫ 돌에 두 냥 졋 갑시오.

내자(嬭子) 명 젖[乳]. ❶⇔졋. ≪朴諺, 上, 51ㅈ≫如今自妳那尋妳子, 이제 손조 졋 먹이ᄂᆞ냐 졋즐 어던ᄂᆞ냐. ≪朴諺, 上, 51ㅎ≫一箇月二兩妳子錢, ᄒᆞᆫ 돌에 두 냥 졋 갑시오. ❷⇔졋ㅈ. ≪朴諺, 上, 51ㅈ≫如今自妳那尋妳子, 이제 손조 졋 먹이ᄂᆞ냐 졋즐 어던ᄂᆞ냐.

내자(嬭子) 명 ❶젖. 유방. ⇔졋. ≪朴諺, 上, 37ㅎ≫一箇長甕兒窄窄口裏頭盛着糯米酒, ᄒᆞᆫ 긴 독 조븐 부리 안히 춥발 술 담은 거시여. 這箇是妳子, 이거슨 이 졋이로다. ❷젖어미. 젖어머니. ⇔졋어미. ≪朴諺, 中, 48ㅈ≫這妳子也好不精細, 이 졋어미 ᄀᆞ장 졍셰티 아니ᄒᆞ다.

내정(內庭) 명 궁궐. 또는 궁궐 안. ≪朴諺, 上, 23ㅈ≫斂些錢做翫月會(集覽, 朴集, 上, 8ㅈ: 翫月會. 東京錄云, 中秋夜, 貴家結飾臺榭, 民間爭占酒樓翫〈玩〉月, 絲簧鼎沸, 近內庭居民, 夜深遙聞笙竽之聲, 宛若雲外天樂, 閭里兒童連宵嬉戲, 夜市騈闐, 至於通曉.), 져기 돈 거두어 翫月會를 ᄒᆞ쟈.

내조(來朝) 동 외국의 사신(使臣)이 찾아오다. ≪朴諺, 上, 5ㅎ≫叫教坊司十數箇樂工和做院本(集覽, 朴集, 上, 2ㅎ: 院本. 院本則五人, 一曰副淨, 古謂之叅軍, 一曰副末, 古謂之蒼鶻, 鶻能擊禽鳥, 末可打副淨, 古(故)云, 一曰引戲, 一曰末泥, 一曰孤裝, 又謂之五花爨弄. 或曰, 宋徽宗見爨國人來朝, 衣裝·鞵履·巾裹, 傅粉墨, 擧動如此, 使優人効之以爲戲. 其間副淨有散說, 有道念, 有筋斗, 有科範. 盖古教坊色長有魏·武·劉三人, 而魏長於念誦, 武長於筋斗, 劉長於科範, 至今樂人皆宗之.) 諸般雜技的來, 敎坊司의 여라믄 樂工과 院本에 여러 가지 雜技ᄒᆞᄂᆞ니를 블러오라.

내중(內中) 명 중(中). 가운데. 내부. ⇔듕. ≪朴諺, 中, 59ㅈ≫內中一兩箇官人, 그 듕에 ᄒᆞᆫ두 官人이. ≪朴諺, 下, 9ㅈ≫內中一箇達達只管呵欠, 그 듕에 ᄒᆞᆫ 達達이 그저 ᄉᆞ리여 하회옴ᄒᆞ다가.

내직(內職) 명 궁중의 여관(女官). 비빈(妃嬪) 따위. ≪朴諺, 上, 41ㅎ≫幾時下紅定(集覽, 朴集, 上, 12ㅈ: 紅定. 晉武帝多簡良家女以充內職, 而自擇美者入選, 則以絳紗繫臂. 鎭軍將軍胡奮女入選, 亦以絳紗繫臂, 故俗謂定婚曰紅定.), 언제 紅定을 드리더뇨.

내착(內着) 동 보내다. ⇔보내다. ≪朴諺, 下, 11ㅈ≫望稍書來着, ᄇᆞ라건대 글을 브텨 보내쇼셔.

내티다 동 내치다. 쫓아내다. 몰아내다. ⇔간출거(趕出去). ≪集覽, 字解, 單字解, 2ㅎ≫赶. 音干, 上聲. 亦作趕. 趁也, 及也. 赶上 밋다. 又逐也. 赶出去 내티다. 又驅也. 赶牛 쇼 모다.

내ㅎ 명 내[川]. ⇔하(河). ≪朴諺, 上, 20ㅎ≫背後河裏洗馬去來, 뒷 내헤 ᄆᆞᆯ 싯기라 가쟈. ≪朴諺, 中, 56ㅈ≫背後河裡洗澡去, 뒷 내헤 목욕ᄒᆞ라 가라. ≪朴諺, 中, 56ㅈ≫咱河裏浪蕩去來, 우리 내희 ᄀᆞ래라 가쟈.

내하(奈何) 동 어찌하다. ⇔엇디ᄒᆞ다. ≪朴諺, 下, 2ㅎ≫沒計奈何, 계괴 엇디호미 업서. ≪朴諺, 下, 40ㅎ≫沒奈何畫, 엇디려뇨 홈이 업서 그리ᄂᆞ니라.

내한(耐寒) 동 추위를 이기다. ≪朴諺, 上, 61ㅎ≫擎天耐寒傲雪蒼松, 擎天ᄒᆞᆫ 耐寒 傲雪ᄒᆞᄂᆞᆫ 蒼松과.

내호(內號) 명 관청에서 보관하는 공문서 위에 찍던 기호. 발송하는 공문서에는 '외(外)'자, 보관하는 공문서에는 '내(內)'자를 새긴 감합(勘合)을 찍었다. ≪朴諺, 上, 3ㅈ≫勘合(集覽, 朴集, 上, 1ㅎ: 勘合.

吏學指南云, 勘合, 卽古之符契也. 質問云, 官府設簿冊二扇, 凡事用印鈐記, 上寫外字幾號, 發行去者曰外號, 上寫內字幾號, 留在官府者曰內號.)有了不曾, 勘合이 잇ᄂᆞᆫ가 몯ᄒᆞ엿ᄂᆞᆫ가.

냉(冷) 형 차다[寒]. ❶⇔차다. ≪朴諺, 中, 29ㅎ≫咳今日天氣冷殺人, 애 오ᄂᆞᆯ 하ᄂᆞᆯ 긔운이 차 사ᄅᆞᆷ을 죽게 ᄒᆞ니. ❷⇔ᄎᆞ다. ≪朴諺, 中, 30ㅈ≫飯湯休着冷了, 밥과 탕을 ᄎᆞ게 말라. ≪朴諺, 下, 33ㅎ≫只要乾淨休着冷了, 그저 간졍히 ᄒᆞ고 ᄎᆞ게 말라.

냉물(冷物) 명 차가운 물건. ≪朴諺, 中, 15ㅈ≫傷着冷物的摸子, 冷物의 傷ᄒᆞᆫ 摸이오.

냉수(冷水) 명 차가운 물. 찬물. ≪朴諺, 中, 6ㅎ≫撇些禿禿麽思(集覽, 朴集, 中, 1ㅎ: 禿禿麽思. 劑法如水滑麪〈麵〉, 和圓少彈劑〈剂〉, 冷水浸手掌, 按作小薄餠兒, 下鍋煮熟, 以盤盛, 用酥油炒片羊肉, 加塩炒至焦, 以酸甜湯拌和. 滋味得所, 別硏蒜泥調酪, 任便加減, 使竹簽簽食之.), 젹이 믜역져비 쓰고. ≪朴諺, 下, 32ㅈ≫水精角兒(集覽, 朴集, 下, 6ㅈ: 水精角兒. 又居家必用云, 皮用白麪於滾湯攪作稠糊, 於冷水浸, 以豆粉和搜作劑, 打作皮, 包餡上籠, 緊火蒸熟, 洒兩次水, 方可下籠, 臨供時再洒些水便供.), 水精角兒과. ≪朴諺, 下, 33ㅈ≫黃燒餠(集覽, 朴集, 下, 7ㅈ: 黃燒餠. 事林廣記云, 每麵〈緬〉一斤, 入油一兩半, 炒塩一錢, 冷水和搜得所, 骨魯槌硏開, 鏊上煿〈煿〉熟.), 누론 쇼병과.

냉질(冷疾) 명 게거품. (몹시 괴롭거나 흥분했을 때 입에서 나오는 거품 같은 침) ⇔뉘읏춤. ≪朴諺, 下, 2ㅈ≫冷疾發的當不的, 뉘읏춤이 나 당티 몯ᄒᆞ니.

냉포(冷鋪) 명 대궐 밖에서 순라군이 머물러 있던 곳. ≪朴諺, 下, 15ㅎ≫被巡夜的拿着, 巡夜의게 잡힘을 닙어. 冷鋪裏監禁着, 冷鋪에 가텻ᄂᆞ니라.

-냐 어미 -냐. -느냐. ≪朴諺, 中, 5ㅈ≫百戶都那裏死去了, 百戶ㅣ 다 어ᄃᆡ 죽어가냐. ≪朴諺, 上, 12ㅈ≫却不虧着我, 또 내게 ᄉᆡᆸ디 아니ᄒᆞ냐. ≪朴諺, 上, 33ㅈ≫安禪悟法却不好, 安禪 悟法홈이 또 됴티 아니ᄒᆞ냐. ≪朴諺, 上, 35ㅈ≫虛灸那實灸, 우각ᄯᅳᆷ을 ᄒᆞ냐 실ᄯᅳᆷ을 ᄒᆞ냐. ≪朴諺, 上, 39ㅎ≫你的刀子快也鈍, 네 칼이 드ᄂᆞ냐 무듸냐. ≪朴諺, 中, 12ㅈ≫薦·筐·馬槽都壯麽, 삿·광조리·ᄆᆞᆯ귀유ㅣ 다 壯ᄒᆞ냐. ≪朴諺, 中, 13ㅈ≫是那不是, 올흐냐 올티 아니ᄒᆞ냐. ≪朴諺, 中, 38ㅈ≫咱這裏沒牙子省些牙錢不好, 우리 여긔 즈름이 업스니 져기 즈름갑시 덜림이 됴티 아니ᄒᆞ냐. ≪朴諺, 中, 57ㅎ≫我先惹你來, 내 몬져 너를 짐작ᄒᆞ냐. ≪朴諺, 中, 58ㅎ≫你家裏不有菖蒲來, 네 집의 菖蒲ㅣ 잇디 아니ᄒᆞ냐. ≪朴諺, 下, 38ㅈ≫鋪馬裏去也, 鋪馬로 가냐. 長行馬去, 長行馬로 가냐. ≪朴諺, 下, 41ㅈ≫却不沒了老曹來, 또 老曹ㅣ 죽디 아니ᄒᆞ냐. ≪朴諺, 下, 41ㅈ≫出殯也麽, 出殯ᄒᆞ냐.

냥 의 냥. ⇔냥(兩). ≪朴諺, 上, 14ㅎ≫不着十二兩銀子, 열두 냥 은이 아니면. ≪朴諺, 上, 19ㅈ≫要一兩銀子, ᄒᆞᆫ 냥 은을 밧더라. ≪朴諺, 上, 30ㅈ≫通該一兩八錢, 通ᄒᆞ여 혜오니 ᄒᆞᆫ 냥 여ᄃᆞᆲ 돈이로다. ≪朴諺, 上, 31ㅈ≫他少我五兩銀子裏, 뎌 내게 닷 냥 은을 빗졋ᄂᆞ니. ≪朴諺, 上, 42ㅎ≫依體例十兩裏一兩家除時, 體例대로 열 량에 ᄒᆞᆫ 냥식 덜면. ≪朴諺, 上, 51ㅎ≫一箇月二兩𧴩子錢, ᄒᆞᆫ ᄃᆞᆯ에 두 냥 졋 갑시오. ≪朴諺, 上, 56ㅈ≫有人出十五兩銀子, 사ᄅᆞᆷ이 열단 냥 은을 내 리 잇더라. ≪朴諺, 上, 64ㅎ≫要七兩銀, 닐곱 냥 은을 바드려니와. 老實價錢六兩銀子, 고디식ᄒᆞᆫ 갑슨 엿 냥 은이라. ≪朴諺, 中, 3ㅈ≫這橫子多直的一兩銀儘勾也, 이 橫 만히 싸야 ᄒᆞᆫ 냥 銀이 잇긋 유여ᄒᆞ거늘. 這廝落了我一兩銀, 이 놈이 내 ᄒᆞᆫ 냥 은을 ᄢᅥ르텨시니. ≪朴諺, 中, 19ㅎ≫將五兩銀子下馬莊裏去, 닷 냥 은을 가지고 下馬莊에 가. ≪朴諺, 中, 26ㅈ≫我如今與你一兩銀,

내 이제 너를 ᄒᆞᆫ 냥 은을 줄 써시니. ≪朴諺, 中, 39ㅎ≫賃房錢每月銀二兩, 집 세내는 갑슬 ᄃᆞᆯ마다 은 두 냥에 ᄒᆞ여. ≪朴諺, 下, 7ㅈ≫買將一兩疥藥來搽一遍, ᄒᆞᆫ 냥 疥藥을 사다가 ᄒᆞᆫ 번 ᄇᆞᄅᆞ면. ≪朴諺, 下, 25ㅎ≫這珠兒討時討三兩價錢, 이 구슬을 쐬오면 석 냥 갑식 쐬오려니와. ≪朴諺, 下, 27ㅈ≫老實價錢一兩一顆家, 고디식ᄒᆞᆫ 갑슨 ᄒᆞᆫ 냥에 ᄒᆞᆫ 낫식이라. ≪朴諺, 下, 55ㅎ≫與他二兩告子錢, 뎌를 두 냥 告子錢을 주고. ≪朴諺, 下, 55ㅎ≫報信的三兩, 報信ᄒᆞᄂᆞ니는 석 냥이오. 收討的六兩, 거두어 어드니는 엿 냥을 ᄒᆞ여.

냥(兩) 의 냥. ❶⇔냥. ≪朴諺, 上, 14ㅎ≫不着十二兩銀子, 열두 냥 은이 아니면. ≪朴諺, 上, 18ㅈ≫五兩金子廂的, 닷 냥 金으로 젼메웟ᄂᆞ니라. ≪朴諺, 上, 19ㅈ≫要一兩銀子, ᄒᆞᆫ 냥 은을 밧더라. ≪朴諺, 上, 30ㅈ≫通該一兩八錢, 通ᄒᆞ여 혜오니 ᄒᆞᆫ 냥 여듧 돈이로다. ≪朴諺, 上, 31ㅈ≫他少我五兩銀子裏, 뎨 내게 닷 냥 은을 빗졋ᄂᆞ니. ≪朴諺, 上, 42ㅎ≫依體例十兩裏一兩家除時, 體例대로 열 량에 ᄒᆞᆫ 냥식 덜면. ≪朴諺, 上, 51ㅎ≫一箇月二兩妳子錢, ᄒᆞᆫ ᄃᆞᆯ에 두 냥 젓 갑시오. ≪朴諺, 上, 56ㅈ≫有人出十五兩銀子, 사ᄅᆞᆷ이 열단 냥 은을 내 리 잇더라. ≪朴諺, 上, 64ㅎ≫要七兩銀, 닐굽 냥 은을 바드려니와. 老實價錢六兩銀子, 고디식ᄒᆞᆫ 갑슨 엿 냥 은이라. ≪朴諺, 中, 3ㅈ≫這槓子多直的一兩銀儘勾也, 이 槓 만히 싸야 ᄒᆞᆫ 냥 銀이 잇긋 유여ᄒᆞ거늘. 這廝落了我一兩銀, 이 놈이 내 ᄒᆞᆫ 냥 은을 ᄲᅥ르텨시니. ≪朴諺, 中, 10ㅈ≫恩養財禮銀五兩永遠爲主, 恩養ᄒᆞᆫ 財禮 銀 닷 냥에 ᄒᆞ야 永遠히 님자를 삼아. ≪朴諺, 中, 19ㅎ≫將五兩銀子下馬莊裏去, 닷 냥 은을 가지고 下馬莊에 가. ≪朴諺, 中, 26ㅈ≫我如今與你一兩銀, 내 이제 너를 ᄒᆞᆫ 냥 은을 줄 써시니. ≪朴諺, 中, 39ㅎ≫賃房錢每月銀二兩, 집 세내는 갑슬 ᄃᆞᆯ마다 은 두 냥에 ᄒᆞ여. ≪朴諺, 下, 7ㅈ≫買將一兩疥藥來搽一遍, ᄒᆞᆫ 냥 疥藥을 사다가 ᄒᆞᆫ 번 ᄇᆞᄅᆞ면. ≪朴諺, 下, 25ㅎ≫這珠兒討時討三兩價錢, 이 구슬을 쐬오면 석 냥 갑식 쐬오려니와. ≪朴諺, 下, 26ㅈ≫只與我二兩沒利錢, 그저 날을 두 냥을 주어도 니천이 업ᄉᆞ니. ≪朴諺, 下, 27ㅈ≫老實價錢一兩一顆家, 고디식ᄒᆞᆫ 갑슨 ᄒᆞᆫ 냥에 ᄒᆞᆫ 낫식이라. ≪朴諺, 下, 55ㅎ≫報信的三兩, 報信ᄒᆞᄂᆞ니는 석 냥이오. 收討的六兩, 거두어 어드니는 엿 냥을 ᄒᆞ여. ❷⇔량. ≪朴諺, 上, 42ㅎ≫依體例十兩裏一兩家除時, 體例대로 열 량에 ᄒᆞᆫ 냥식 덜면. 得十兩銀, 열 량 은을 어드리로다. ≪朴諺, 上, 64ㅎ≫一打裏饋你十兩銀子, ᄒᆞᆫ번에 너를 열 량 은을 줄 거시니. ≪朴諺, 中, 19ㅎ≫將十兩銀子, 열 량 은을 가지고.

너 관 너[四]. ⇔사(四). ≪朴諺, 上, 30ㅈ≫四錢一箇家將去麼, 너 돈에 ᄒᆞ나식 ᄒᆞ여 가져갈다. ≪朴諺, 中, 4ㅈ≫每一疋染錢四錢家, 每 ᄒᆞᆫ 필에 믈갑시 너 돈식이니. ≪朴諺, 中, 4ㅎ≫都通染錢是五兩四錢半銀子, 대되 통ᄒᆞ여 믈갑시 닷 냥 너 돈 반 은이라.

너 대 너. ⇔이(你). ≪集覽, 字解, 單字解, 1ㅎ≫和. 平聲, 調和也. 又去聲, 與也, 及也. 我和你 너와 나와, 銅匙和快子 술와 밋 져와. ≪集覽, 字解, 單字解, 2ㅎ≫怕. 疑懼之意. 怕人知道.又設若之辭. 怕你不信 ᄒᆞ다가 너옷 밋디 몯거든. 又恐也. 害怕 두리여ᄒᆞ다. ≪朴諺, 上, 10ㅎ≫你來, 이바. 我教與你, 내 너를 ᄀᆞᄅᆞ치마. ≪朴諺, 上, 19ㅈ≫我知道領你去, 내 알과라 너를 ᄃᆞ려가마. ≪朴諺, 上, 30ㅈ≫我說與你, 내 너ᄃᆞ려 니ᄅᆞ마. ≪朴諺, 上, 40ㅎ≫與你五箇銅錢, 너를 다ᄉᆞᆺ 낫 銅錢을 주마. ≪朴諺, 上, 49ㅈ≫饋你濟機, 너를 각지를 주마. ≪朴諺, 上, 64ㅎ≫一打裏饋你十兩銀子, ᄒᆞᆫ번에 너를 열 량 은을 줄 거시니. ≪朴諺, 中, 11ㅎ≫我饋你銀子, 내 너를 은을 줄 거시니. ≪朴諺, 中,

24ㅎ≫那厮你也將那箭俗裏, 뎌 놈아 너도 뎌 동개에. ≪朴諺, 中, 37ㅈ≫我說與你, 내 너드려 니르마. ≪朴諺, 中, 40ㅈ≫你兩箇小厮慢慢的上去, 너 두 아히 날회여 올라가. ≪朴諺, 中, 46ㅎ≫你高官裏轉除的有愁甚麼, 너는 노픈 벼슬에 쳔뎐ᄒᆞ여 데슈홈이 이실 써시니 므슴 근심ᄒᆞ리오. ≪朴諺, 中, 52ㅈ≫你却爲甚麼不上去, 너는 또 므서슬 위ᄒᆞ여 올라가디 아니ᄒᆞᆫ다. ≪朴諺, 中, 57ㅈ≫女的一百箇錢賣與你, 암은 一百 낫 돈에 ᄑᆞ라 너롤 주마. ≪朴諺, 下, 4ㅎ≫師傅你也休忙, 師傅ㅣ아 너도 밧바 말고. ≪朴諺, 下, 9ㅎ≫你聽我說與你, 네 드ᄅᆞ라 내 너드려 니ᄅᆞ마. ≪朴諺, 下, 12ㅈ≫涴饋你筆, 먹 므텨 너롤 붓을 주니. ≪朴諺, 下, 25ㅎ≫撞着你, 너롤 만나과라. ≪朴諺, 下, 28ㅈ≫我和你拿榛子, 내 너와 개암 더ᄂᆞ기 ᄒᆞ쟈. ≪朴諺, 下, 34ㅈ≫你也打的麼, 너도 티기 ᄒᆞᄂᆞᆫ다. ≪朴諺, 下, 50ㅈ≫你這般金榜掛名的書生, 너는 이런 金榜에 掛名ᄒᆞᆯ 書生이니. ≪朴諺, 下, 56ㅈ≫我且問你, 내 아직 너드려 뭇노니.

너기다 동 여기다. 생각하다. ⇔견(見). ≪集覽, 字解, 單字解, 8ㅈ≫爭. 鬪爭也. 又ᄉᆞ싀 쁘다. 又不爭 므던히 너기다. ≪朴諺, 上, 45ㅎ≫如今國家行仁義重詩書, 이제 國家ㅣ 仁義롤 行ᄒᆞ고 詩書롤 重히 너기니. ≪朴諺, 中, 8ㅈ≫相公可憐見, 相公은 어엿비 너기라. ≪朴諺, 中, 34ㅎ≫休嫌生受, 슈고홈을 혐의로이 너기디 말라. ≪朴諺, 下, 18ㅈ≫那國王好善, 뎌 國王이 善을 됴히 너겨.

너리다 동 폐를 끼치다. ⇔정해(定害). ≪集覽, 字解, 累字解, 1ㅎ≫定害. 너리과라. 又해자ᄒᆞ이과라. ≪朴諺, 下, 28ㅎ≫李舍哥好生定害你, 李舍 형아 ᄀᆞ장 네게 너리과라. 有甚麼定害處, 므슴 너린 곳이 이시리오.

너ᄅᆞ다 형 너르다. 넓다. ❶⇔관(寬). ≪朴諺, 下, 31ㅎ≫三尺寬肩膀, 석 자나 너른 엇게오. ❷⇔활(闊). ≪朴諺, 下, 31ㅈ≫腰濶三圍抱不匝, 허리 너ᄅᆞ기 세 아름이나 ᄒᆞ니 안아 두로디 못ᄒᆞ고.

너모 부 너무. 매우. 몹시. ❶⇔저사(底似). ≪朴諺, 中, 55ㅈ≫紐子不要底似(注: 底似, 너모)大恰好着, 돌마기를 너모 크게 말고 마치 됴케 ᄒᆞ라. ❷⇔특(忒). ≪朴諺, 上, 18ㅈ≫鞓帶忒長了, 바탕이 너모 기니. ≪朴諺, 上, 18ㅎ≫南斗六星板兒做得忒圓了些, 南斗六星 돈은 민둘기롤 너모 두렷게 ᄒᆞ엿고. ≪朴諺, 上, 30ㅎ≫咳你忒細詳, 애 네 너모 細詳ᄒᆞ다. ≪朴諺, 中, 49ㅎ≫我忒强時也不是, 내 너모 세오면 올티 아니ᄒᆞ니. ≪朴諺, 下, 44ㅈ≫忒軟了也不好, 너모 믈러도 됴티 아니ᄒᆞ고.

너무 부 너무. 매우. 몹시. ⇔특(忒). ≪朴諺, 上, 15ㅎ≫刃兒不要忒厚了, 늘을 너무 두터이 말고.

너므 부 너무. 매우. 몹시. ❶⇔야(偌). ≪集覽, 字解, 單字解, 7ㅈ≫偌. 太甚也. 偌大 너므 크다, 偌多 너므 하다. 又하나한. 通作熱. ❷⇔저사(底似). ≪集覽, 字解, 累字解, 2ㅈ≫底似. ᄀᆞ장. 又너므. 今不用. ❸⇔흔사(哏似). ≪集覽, 字解, 累字解, 2ㅈ≫底似. ᄀᆞ장. 又너므. 今不用. ≪集覽, 字解, 累字解, 2ㅈ≫哏似. 上同. 今不用. ❹⇔특(忒). ≪集覽, 字解, 單字解, 5ㅎ≫忒. 太過也. 忒大 너므 크다.

너희 대 너희. ❶⇔이(你). ≪朴諺, 上, 44ㅈ≫你幾箇學生, 너희 몃 學生고. ≪朴諺, 中, 25ㅈ≫我說與你衆伴當們, 내 너희 모든 伴當들드려 닐ᄋᆞ노니. ≪朴諺, 中, 37ㅈ≫你官人們, 너희 官人들히. ≪朴諺, 中, 40ㅎ≫都是你兩箇小畜生的勾當, 다 너희 두 가히삐의 일이라. ≪朴諺, 中, 56ㅈ≫你弟兄兩箇引的那小厮們, 너희 弟兄 둘히 뎌 아히들을 드려. ≪朴諺, 下, 14ㅎ≫你伴當們其實受苦, 너희 伴當들히 실로 受苦ᄒᆞᄂᆞᆫ또다. ❷⇔이매(你每). ≪集覽, 字解, 單字解, 1ㅈ≫每. 本音上聲, 頻也. 每年, 每一箇. 又平聲, 等輩也, 我每

·咱每·俺每 우리. 恁每·你每 너희. 今俗喜用們字. ❸⇔이문(你們). ≪集覽, 字解, 單字解, 3ㅎ≫們. 諸韻書皆云, 們渾, 肥滿皃. 今俗借用爲等輩之字, 而曰我們·咱們 우리, 你們 너희. 又猶言如此也. 這們 이리, 那們 뎌리. ❹⇔임매(恁每). ≪集覽, 字解, 單字解, 1ㅈ≫每. 本音上聲, 頻也. 每年, 每一箇. 又平聲, 等輩也, 我每·咱每·俺每 우리. 恁每·你每 너희. 今俗喜用們字.

너희 때 너희. ⇔이(你). ≪朴諺, 下, 36ㅎ≫哥你們, 형아 너희들이.

넉 관 넉[四]. ⇔사(四). ≪朴諺, 中, 37ㅎ≫蔥白膝欄四兩銀子一匹, 蔥白빗 膝欄에는 넉 냥 은에 흔 필이라.

널 명 널[板]. ❶⇔판(板). ≪朴諺, 上, 10ㅎ≫着墻板當着墻頭絟的牢着, 담 ᄡᆞᆫ는 널로 담 머리예 막아 ᄆᆡ기를 굿(긋)이 ᄒᆞ고. ≪朴諺, 中, 27ㅎ≫用板盖在上頭, 널로 ᄡᅧ 우희 덥고. ❷⇔판자(板子). ≪朴諺, 中, 2ㅎ≫板子又薄, 널이 쏘 엷고. ≪朴諺, 中, 4ㅈ≫這細綿紬染鴉靑擺一擺, 이 ᄀᆞᄂᆞᆫ 綿紬란 鴉靑 드려 널 다둠이 ᄒᆞ고.

널문 명 널문. ⇔판달문(板闥門). ≪朴諺, 上, 52ㅈ≫板闥門那甚麽門, 널문가 므슴 문고.

넘다 동 넘다. 넘치다. ❶⇔과(過). ≪朴諺, 上, 9ㅎ≫水渰過蘆溝橋獅子頭, 믈이 蘆溝橋 獅子ㅅ 머리를 줌가 너머. ❷⇔창(漲). ≪朴諺, 中, 58ㅈ≫風不來樹不搖, ᄇᆞ람이 부디 아니면 남기 흔드기디 아니ᄒᆞ고. 雨不來河不漲, 비 오디 아니면 믈이 넘디 아니흔다 ᄒᆞᄂᆞ니라.

넘다 동 넘다. 지나치다. ⇔다(多). ≪集覽, 字解, 單字解, 6ㅈ≫多. 多少 언메나. 又許多 하나한. 又餘也. 三十里多地 삼십 리 나믄 짜. 吏語, 多餘. 又過也. 有甚麽多處 므스기 너믄 고디 이시리오. 又重也. 므스기 앗가온 고디 이시리오.

넣다 동 넣다. ≪朴諺, 下, 33ㅈ≫酥燒餠, 酥油 너흔 쇼병과.

네 관 ❶네[四]. ⇔사(四). ≪朴諺, 下, 46ㅈ≫椽子匏的四條繩, 혓가래 굴긔예 네 오리 노흐로. ❷네[四]. 네 (명). ⇔사개(四箇). ≪朴諺, 下, 30ㅎ≫四角頭立地的四箇將軍, 네 모히 셧는 네 將軍이. ≪朴諺, 下, 59ㅎ≫將軍裴玄慶·洪儒·卜智謙·申崇謙等四箇人, 將軍 裴玄慶·洪儒·卜智謙·申崇謙 等 네 사름이.

네 대 ❶너의. ⇔이(你). ≪集覽, 字解, 單字解, 5ㅈ≫隨. 從也. 隨你 네 ᄆᆞᄉᆞ모로, 隨喜 구경ᄒᆞ다, 隨從 조ᄎᆞ니. 吏語, 根隨 좃다. ≪集覽, 字解, 單字解, 5ㅎ≫虧. 損也, 少也. 虧你多少 네게 언메나 난ᄇᆞ뇨, 虧着我 내게 난배라. 又次也. 吏語, 虧兒 원수에셔 ᄯᅥ다. ≪集覽, 字解, 單字解, 5ㅎ≫敢. 忍爲也. 你敢那 네 구틔여 그리 흘다. 又疑似也. 敢知道 아는 듯ᄒᆞ다. ≪朴諺, 上, 10ㅈ≫你家墻如何, 네 집 담은 엇더ᄒᆞ뇨. ≪朴諺, 上, 18ㅈ≫你那金帶是誰廂的, 네 뎌 금씌를 뉘 젼메윗ᄂᆞ뇨. ≪朴諺, 上, 30ㅈ≫三錢一箇家買你的, 서 돈에 ᄒᆞ나직(식) ᄒᆞ여 네 하를 사쟈. ≪朴諺, 上, 48ㅈ≫到家慢慢的與你洗塵, 집의 가 날회여 네게 마지ᄒᆞ마. ≪朴諺, 上, 63ㅎ≫你的大紅織金胷背帖裏對換着, 네 大紅빗체 금ᄉᆞ로 ᄧᆞᆫ 胷背 흔 텰릭과 막밧고쟈. ≪朴諺, 中, 5ㅈ≫不悞了你的, 네 하를 그릇 아니호리라. ≪朴諺, 中, 25ㅈ≫你的帽兒那裏做來, 네 갓을 어ᄃᆡ셔 ᄆᆡᆫᄃᆞ란ᄂᆞ뇨. ≪朴諺, 中, 36ㅎ≫干你甚麽事, 네게 므슴 일이 간셥ᄒᆞ뇨. ≪朴諺, 中, 42ㅎ≫我要你莊頭裏去, 내 네 농장에 가고져 호ᄃᆡ. ≪朴諺, 中, 56ㅎ≫你家裏沒猫兒那, 네 집의 괴 업스냐. ≪朴諺, 下, 5ㅈ≫你有泥鏝·泥托麽, 네게 흙손과 흙밧기 잇ᄂᆞ냐. ≪朴諺, 下, 13ㅎ≫你官人除做那裏, 네 官人이 어ᄃᆡᆺ 벼슬ᄒᆞ엿ᄂᆞ뇨. ≪朴諺, 下, 25ㅎ≫實要二兩銀子賣與你, 실로 두 냥 은을 밧고 네게 폴마. ≪朴諺, 下, 27ㅈ≫我還與你價錢, 내 네게 갑슬 가프되. 八錢一顆家買你的, 여둛 돈에 ᄒᆞ

낫식 ᄒᆞ여 네 하ᄅᆞᆯ 사쟈. ≪朴諺, 下, 30ㅈ≫多多的賞你, 만히 네게 샹호리라. ❷네가. ⇔이(你). ≪朴諺, 上, 9ㅈ≫哥哥你幾時起身, 형아 네 언제 起身ᄒᆞᆯ다. ≪朴諺, 上, 19ㅈ≫你今日那裏去, 네 오ᄂᆞᆯ 어ᄃᆡ 가ᄂᆞᆫ다. ≪朴諺, 上, 29ㅎ≫你自揀(揀)着要, 네 손ᄌᆞ ᄀᆞᆯ희여 사라. ≪朴諺, 上, 36ㅈ≫你再說我猜着, 네 ᄯᅩ 닐ᄋᆞ라 내 알마. ≪朴諺, 上, 64ㅈ≫你怎麽謾的我高麗人, 네 엇디 우리 高麗ㅅ 사ᄅᆞᆷ을 소기ᄂᆞᆫ다. ≪朴諺, 上, 66ㅎ≫你且停一停, 네 아직 머믈라. ≪朴諺, 中, 12ㅈ≫你這車子先將到門外, 네 이 술위ᄅᆞᆯ 몬져 가지고 문 밧긔 가. ≪朴諺, 中, 18ㅈ≫咳姐姐我不想你這般煩惱, 애 姐姐ㅣ아 내 네 이리 노ᄒᆞ여 ᄒᆞᆯ 줄을 ᄉᆡᆼ각디 못호라. ≪朴諺, 中, 28ㅈ≫你做這般不合理的勾當, 네 이런 理에 合디 아닌 일을 ᄒᆞ다가. ≪朴諺, 中, 45ㅎ≫你的月日滿了不曾, 네 月日이 찻ᄂᆞ냐 못ᄒᆞ엿ᄂᆞ냐. ≪朴諺, 中, 57ㅎ≫你敢罵我, 네 ᄉᆡᆼ심이나 날을 ᄭᅮ지즐다. ≪朴諺, 下, 1ㅈ≫你臨去時莭(節), 네 갈 ᄈᆡ예 다ᄃᆞ라. ≪朴諺, 下, 10ㅈ≫你如今誠心懺悔, 네 이제란 誠心으로 懺悔ᄒᆞ여. ≪朴諺, 下, 17ㅎ≫你說我聽, 네 니ᄅᆞ라 내 듯쟈. ≪朴諺, 下, 23ㅈ≫王說將軍你搭去, 王이 닐오ᄃᆡ 將軍아 네 건디라 가라. ≪朴諺, 下, 29ㅎ≫你看我這帽頂子, 네 보라 내 이 갓ᄉᆞ 頂子ㅣ. ≪朴諺, 下, 36ㅎ≫你不知道, 네 아디 못ᄒᆞᄂᆞᆫ다. ≪朴諺, 下, 42ㅈ≫黑夜道場裡你有來麽, 밤의 道場에 네 잇든다. ≪朴諺, 下, 56ㅎ≫先生你說一說, 先生아 네 니ᄅᆞ라.

네다ᄉᆺ 관 네다섯. 네댓. ⇔사오(四五). ≪朴諺, 下, 30ㅈ≫四五對家簇簇趲趲的, 네다ᄉᆺ 빵식 무둑무둑 나아드러.

네모 명 네모. ⇔사방(四方). ≪朴諺, 上, 17ㅈ≫鵝老翅鶴兒, 쇼로기연. 鮎魚鶴兒, 머유기연. 八角鶴兒, 여듧모연. 月搽鶴兒, ᄃᆞᆯ ᄀᆞ튼 연. 人搽鶴兒, 사ᄅᆞᆷ ᄀᆞ튼 연. 四方鶴兒, 네모연.

네모연 명 네모연. (네모지게 만든 연) ⇔사방학아(四方鶴兒). ≪朴諺, 上, 17ㅈ≫鵝老翅鶴兒, 쇼로기연. 鮎魚鶴兒, 머유기연. 八角鶴兒, 여듧모연. 月搽鶴兒, ᄃᆞᆯ ᄀᆞ튼 연. 人搽鶴兒, 사ᄅᆞᆷ ᄀᆞ튼 연. 四方鶴兒, 네모연.

네ㅎ 수 ❶네[四]. ⇔사(四). ≪朴諺, 上, 22ㅈ≫你饒四着時纔好, 네 네흘 졉혜야 ᄀᆞᆺ됴흐리라. ≪朴諺, 上, 22ㅎ≫我饒四着, 내 네흘 졉으마. ≪朴諺, 上, 23ㅈ≫你說饒我四着, 네 닐오ᄃᆡ 날을 네흘 졉쟈 ᄒᆞ더니. ❷네[四]. 네 (명). ⇔사개(四箇). ≪朴諺, 上, 38ㅈ≫弟兄三四箇守着停柱坐, 弟兄 세 네히 기동을 디킈여 안잣ᄂᆞᆫ 거시여.

넷 수 넷[四]. ⇔사(四). ≪朴諺, 上, 36ㅈ≫四哥待要一處, 넷재 형은 ᄒᆞᆫᄃᆡ 모호고져 ᄒᆞᄂᆞᆫ 거시여. ≪朴諺, 上, 36ㅈ≫四哥是針線, 넷재 형은 이 바ᄂᆞ실이로다.

넷재 수 넷째. ⇔제사(第四). ≪朴諺, 下, 20ㅈ≫第四割頭再接, 넷재ᄂᆞᆫ 머리 버혀 다시 닛기 ᄒᆞ쟈.

녀기 명 여기(女妓). 기생. ⇔항원(衏衏). ≪朴諺, 下, 47ㅈ≫第二一箇十分可喜的衏衏, 第二ᄂᆞᆫ ᄒᆞᆫ ᄀᆞ장 고온 녀기와.

녀름 명 여름. ⇔하(夏). ≪朴諺, 上, 17ㅎ≫一夏裏藏藏昧昧, ᄒᆞᆫ 녀름은 수믓져기 ᄒᆞᄂᆞ니라.

녀롬 명 여름. ⇔하(夏). ≪朴諺, 下, 1ㅈ≫一夏裡不曾好生收拾, ᄒᆞᆫ 녀롬을 일즙 ᄀᆞ장 收拾디 못ᄒᆞ니.

녀지 명 여지(荔枝). 여주. ⇔여자(荔子). ≪朴諺, 上, 4ㅈ≫荔子(集覽, 朴集, 上, 2ㅈ: 荔子. 子作支〈支〉. 荔支〈支〉, 生巴峽間, 形狀團如帷盖, 葉如冬青, 花如橘, 春榮. 實如丹夏, 朶如葡萄, 核如枇杷, 殼如紅繒, 膜如紫綃, 瓤肉潔白如冰霜, 漿液甘如醴酪. 如離本枝, 一日色變, 二日香變, 三日味變, 四五日外色·香·味盡〈尽〉變.), 녀지오.

년 명 년[女]. ⇔파낭(婆娘). ≪朴諺, 下, 44ㅈ≫這婆娘(集覽, 朴集, 下, 9ㅎ: 婆娘. 怒

詬之辭〈辞〉. 詳見上卷娘子下.)好不用意, 이 년이 ᄀ장 用意티 아니ᄒ엿다.

년(年) 의 ❶년. ≪朴諺, 上, 11ㅈ≫管的三年不要功錢打, 三年을 ᄀ옴아라 工錢을 밧디 아니ᄒ고 다으게 ᄒ라. ≪朴諺, 上, 11ㅈ≫五十年也倒不得, 五十年이라도 믄허디디 아니ᄒ리라. ≪朴諺, 下, 2ㅎ≫把我二三年布施來的金銀·鈔錠, 내 二三年布施ᄒ여 온 金銀·鈔錠을다가. ❷해. ⇔ ᄒᆡ. ≪朴諺, 上, 34ㅎ≫一年經蛇咬三年怕井繩, ᄒᆞᆫ ᄒᆡ롤 ᄇᆡ얌 믈려 디내면 三年을 드렛줄도 접펴ᄒᆞᆫ다 ᄒᄂ니라. ≪朴諺, 上, 63ㅈ≫咱們結相識知心腹多年了, 우리 結相識ᄒ여 心腹 아란디 여러 ᄒᆡ로ᄃᆡ. ≪朴諺, 下, 4ㅈ≫行六年受多少千辛萬苦, 行ᄒᆞᆫ 여숫 ᄒᆡ예 언머 千辛萬苦롤 밧고. ≪朴諺, 下, 58ㅎ≫你這東國歷代幾年, 네 이 東國 歷代 몃 ᄒᆡ나 ᄒ며.

년곳ㅊ 명 연꽃. ⇔하화(荷花). ≪朴諺, 中, 33ㅈ≫滿池荷花香噴噴, 못에 ᄀ드ᄒᆞᆫ 년곳치 향내 쁨기더라. ≪朴諺, 中, 43ㅎ≫亦看樓外滿池荷花, ᄯᅩ 樓外ㅅ 못에 ᄀ득ᄒᆞᆫ 년곳츨 보노니.

년ᄒ다 동 연(連)하다. ⇔연(連). ≪朴諺, 下, 36ㅈ≫三迴連打上了, 세 번을 년ᄒ야 텨 올려다.

념ᄒ다 동 〈불〉 염(念)하다. (조용히 불경이나 진언(眞言) 따위를 외우다) ⇔염(念). ≪朴諺, 下, 42ㅈ≫念經念佛, 經을 념ᄒ고 佛을 념ᄒ야.

녛다 동 넣다. ≪朴諺, 下, 14ㅈ≫軟肉薄餠喫了, 軟肉 소 녀ᄒᆞᆫ 薄餠을 먹고. ≪朴諺, 下, 32ㅈ≫羊肉餡饅頭, 羊肉 소 녀흔 상화과.

녜 명 예. 옛적. ❶⇔고(古). ≪朴諺, 下, 60ㅈ≫自古有之, 녜브터 잇ᄂ니. ❷⇔구(舊). ≪朴諺, 下, 49ㅎ≫舊名, 녜 일홈이.

녜다 동 ❶(지붕을) 이다. 덮다. 씌우다. ⇔개(蓋). ≪朴諺, 上, 60ㅈ≫四面盖的如鋪翠, 四面에 녠 거시 비취롤 ᄭᆞᆫ ᄃᆞᆺᄒ야. ≪朴諺, 上, 60ㅎ≫盖的都是龍鳳凹面花頭·筒瓦和仰瓦, 녠 거슨 다 龍鳳을 우묵겨 면 돗게 ᄒᆞᆫ 막새와 수디새와 암디새오. ❷가다. ⇔행(行). ≪朴諺, 中, 8ㅈ≫一日九站十站家行, ᄒᄅ 아홉 站식 열 站식 녜거늘.

녜랍다 형 예스럽다. ⇔의구(依舊). ≪朴諺, 下, 24ㅈ≫接在頦項上依舊了, 목 우희 니으니 녜라온 ᄃᆞᆺᄒᆞᆫ디라.

녯 명 옛. 옛적. ⇔구(舊). ≪朴諺, 中, 31ㅈ≫只把我這舊弟兄伴當們根底, 그저 우리 녯 弟兄 伴當들의손ᄃᆡ.

노(老) 동 늙다. ⇔늙다. ≪朴諺, 上, 37ㅈ≫一箇老子當路睡, ᄒᆞᆫ 늘근 사ᄅᆞᆷ이 길히 당ᄒ여 자거든.

노(老) 명 공경을 나타내는 말. ≪朴諺, 上, 46ㅈ≫老官人(集覽, 朴集, 上, 13ㅈ: 老官人. 漢人呼尊長必加老字於姓字之上, 尊之之辭.)爲頭兒, 老官人 爲頭ᄒ야.

노(老) 부 가장. 매우. 아주. ⇔ᄀ장. ≪朴諺, 下, 51ㅈ≫瞞眼釣出箇老大的金色鯉漁(魚), 瞞眼훌 ᄉᆞ이예 ᄒᆞᆫ ᄀ장 큰 금빗치 鯉魚롤 낫가 내니.

노(老) 접두 단음절 성씨 앞에 쓰여 자칭이나 인칭을 나타낸다. ≪朴諺, 中, 28ㅎ≫老李聽了惱懆起來, 老李 듯고 노ᄒ여 니러나. ≪朴諺, 中, 28ㅎ≫把老李拿着背綁了, 老李롤다가 자바 져차리켜 ᄆᆡ고. ≪朴諺, 中, 29ㅈ≫將老李打了一百七, 老李롤다가 一百 닐곱을 텨. ≪朴諺, 下, 36ㅎ≫老安因甚麼事, 老安이 므슴 일을 인ᄒ여. ≪朴諺, 下, 37ㅎ≫監下老安要追裡, 老安을 가도고 물리고져 ᄒᄂ니라. ≪朴諺, 下, 37ㅎ≫監下老安要追裡, 老安을 가도고 물리고져 ᄒᄂ니라. ≪朴諺, 下, 41ㅈ≫却不沒了老曹來, ᄯᅩ 老曹ㅣ 죽디 아니ᄒ냐.

노(老) 형 익다. 익숙하다. 노련하다. ⇔닉다. ≪朴諺, 下, 36ㅈ≫看那一箇毬兒老時, 어ᄂᆡ ᄒ나 당방올티기 니그니롤 보와.

노(路) 명 길[路]. ❶⇔길. ≪朴諺, 中, 12ㅎ≫你船路裏來那, 네 빗길로 온다. 旱路

裏來, 뭇길로 온다. ❷⇔길ㅎ. ≪朴諺, 上, 36ㅈ≫當路一科麻, 길헤 당흔 흔 퍽이 삼이. ≪朴諺, 上, 37ㅈ≫一箇老子當路睡, 흔 늘근 사름이 길히 당ᄒᆞ여 자거든. ≪朴諺, 中, 32ㅈ≫灣灣曲曲的路, 灣灣 曲曲흔 길히오. ≪朴諺, 中, 33ㅈ≫逢山開路遇水迭橋, 山을 만나 길흘 열고 믈을 만나 드리를 놋는다 ᄒᆞᄂᆞ니라. ≪朴諺, 中, 51ㅈ≫街上有路麽, 거리예 길히 잇더냐. 那裏見路, 어듸 길흘 보리오.

노(路) 의 (바둑의) 집. ⇔집. ≪朴諺, 上, 23ㅈ≫我却怎麽贏了這三十路碁, 내 또 엇디 이 셜흔 집 바독을 이긔여뇨.

노(魯) 형 미욱하다. 둔하다. 무디다. 멍청하다. ≪朴諺, 上, 9ㅎ≫我是愚魯之人, 나는 이 愚魯흔 사름이라.

노(澇) 동 물에 잠기다. 침수되다. ⇔믈쯰다. ≪朴諺, 上, 10ㅈ≫澇了田禾沒一根兒, 田禾에 믈쯰여 흔 불회도 업고.

노걸대(老乞大) 명 노걸대집람(老乞大集覽)를 이르는 말. ≪集覽, 凡例≫單字·累字之解, 只取老乞大·朴通事中所載者爲解. ≪集覽, 凡例≫兩書諺解簡帙重大, 故朴通事分爲上·中·下, 老乞大分爲上·下, 以便繙閱.

노경유(盧景裕) 명 북위(北魏) 범양(范陽) 탁(涿) 땅 사람. 자는 중유(仲孺). 소자(小字)는 백두(白頭). 경학(經學)에 밝아 주역(周易)·상서(尙書)·효경(孝經)·논어(論語)·예기(禮記) 등을 주석하였다. ≪朴諺, 中, 23ㅎ≫尋聲救苦應念除災(集覽, 朴集, 中, 6ㅈ: 尋聲救苦應念除災. 史記, 昔盧景裕繫晉陽獄, 志心念觀世音菩薩, 枷鎖自脫.), 尋聲 救苦ᄒᆞ며 應念 除灾ᄒᆞᄂᆞ니.

노고(老高) 형 매우 높다. ≪朴諺, 下, 35ㅈ≫滾子, 방올과. 鷹觜擊起毬兒(集覽, 朴集, 下, 7ㅎ: 擊起毬兒. 質問云, 如人將木圓毬兒打起老高, 便落於窩內, 方言謂之擊起毬兒.), 鷹觜와 擊起 毬兒를.

노관인(老官人) 명 벼슬아치를 공경하여 일컫는 말. ≪朴諺, 上, 46ㅈ≫老官人(集覽, 朴集, 上, 13ㅈ: 老官人. 漢人呼尊長必加老字於姓字之上, 尊之之辞.)爲頭兒, 老官人 爲頭ᄒᆞ야.

노구(蘆溝) 명 중국 산서성(山西省) 북쪽에서 동쪽의 하북성(河北省)으로 흐르는 영정하(永定河)의 상류. 곧, 상건하(桑乾河). ≪朴諺, 上, 9ㅎ≫水渰過蘆溝橋(集覽, 朴集, 上, 4ㅎ: 蘆溝橋. 蘆溝本桑乾河, 俗曰渾河, 亦曰小黃河. 上自保安州界, 歷山南流入宛平縣境, 至都城四十里, 分爲二派. 其一東流, 經金口河, 引注都城之壕. 其一東南流, 入于蘆溝, 又東入于東安縣界. 去都城三十里, 有石橋跨于河, 廣二百餘步, 其上兩旁皆石欄, 雕刻石獅, 形狀奇巧, 成於金明昌三年. 橋之路西通關陝, 南達江淮. 兩旁多旅舍, 以其密邇京都, 行人·使客絡繹不絶.)獅子頭, 믈이 蘆溝橋 獅子ㅅ 머리를 좀가 너머.

노구교(蘆溝橋) 명 노구(蘆溝)에 있는 다리 이름. 북경(北京) 광안문(廣安門) 서쪽 영정하(永定河)에 있다. 금대(金代)에 가설하였으며, 청(淸) 초에 중건하였다. ≪朴諺, 上, 9ㅎ≫水渰過蘆溝橋(集覽, 朴集, 上, 4ㅎ: 蘆溝橋. 蘆溝本桑乾河, 俗曰渾河, 亦曰小黃河. 上自保安州界, 歷山南流入宛平縣境, 至都城四十里, 分爲二派. 其一東流, 經金口河, 引注都城之壕. 其一東南流, 入于蘆溝, 又東入于東安縣界. 去都城三十里, 有石橋跨于河, 廣二百餘步, 其上兩旁皆石欄, 雕刻石獅, 形狀奇巧, 成於金明昌三年. 橋之路西通關陝, 南達江淮. 兩旁多旅舍, 以其密邇京都, 行人·使客絡繹不絶.)獅子頭, 믈이 蘆溝橋 獅子ㅅ 머리를 좀가 너머.

노군(老君) 명 태상노군(太上老君)을 줄여 이르는 말. ≪朴諺, 下, 17ㅈ≫唐三藏引孫行者(集覽, 朴集, 下, 4ㅈ: 孫行者. 西遊記云, 西域有花菓山, 山下有水簾洞, 洞前有鐵板橋, 橋下有萬丈澗, 澗邊有萬箇小洞, 洞裏多猴. 有老猴精, 號齊天大聖, 神

通廣大, 入天宮仙桃園偸蟠桃, 又偸老君靈丹藥, 又去王母宮偸王母綉仙衣一套, 來設慶仙衣會.), 唐三藏이 孫行者를 드리고.

노낭(老娘) 명 산파(産婆). 조산원(助産員). ≪朴諺, 上, 40ㅎ≫別處一箇官人娶娘子(集覽, 朴集, 上, 11ㅎ: 娘子.南村輟耕[錄]云〈南村輟耕錄〉, 世謂穩婆曰老娘, 女巫曰師娘, 唱〈娼〉婦曰花娘, 達人又曰草娘, 苗人謂妻曰夫娘, 南方謂婦人無行者曰夫娘, 謂婦人之卑賤者曰某娘, 曰幾娘, 鄙之曰婆娘.), 다른 고딕 흔 官人이 娘子를 娶ᄒᆞ노라. ≪朴諺, 上, 50ㅈ≫滿月日老娘(集覽, 朴集, 上, 13ㅎ: 老娘. 音義云, 伏侍生産的婦人. 今按, 俗呼穩婆.)來, 돌이 찬 날에 老娘이 와. ≪朴諺, 上, 51ㅈ≫老娘上賞銀子·段匹, 老娘의게 은과 비단을 샹ᄒᆞ고. ≪朴諺, 上, 51ㅈ≫那一日老娘上又賞, 그 날 老娘의게 또 샹ᄒᆞᄂᆞ니라.

-노니 어미 -노니. ≪朴諺, 上, 14ㅈ≫拜揖哥哥那裏去來, 拜揖ᄒᆞ노니 형아 어듸 갓던다. ≪朴諺, 上, 44ㅈ≫我再央及, 내 또 비노니. ≪朴諺, 中, 5ㅈ≫拜揖舍人與我關字麽, 拜揖ᄒᆞ노니 舍人아 우리를 關字를 주실가. ≪朴諺, 中, 13ㅈ≫謝天地只願的好收着, 天地ㅅ긔 謝ᄒᆞ노니 그저 원컨대 잘 거도게 ᄒᆞ쇼셔. ≪朴諺, 中, 25ㅈ≫我說與你衆伴當們, 내 너희 모든 伴當들ᄃᆞ려 닐ᄋᆞ노니. ≪朴諺, 中, 43ㅎ≫亦看樓外滿池荷花, 또 樓外ㅅ 못에 ᄀᆞ득흔 년곳츨 보노니. ≪朴諺, 下, 10ㅎ≫頓首拜上父親·母親·尊侍前, 頓首ᄒᆞ고 절ᄒᆞ여 父親·母親·尊侍前에 올리노니. ≪朴諺, 下, 27ㅎ≫請哥這茶房裏, 청ᄒᆞ노니 형아 이 차방에. ≪朴諺, 下, 39ㅎ≫我知道, 내 아노니. ≪朴諺, 下, 51ㅎ≫申竊盜狀, 竊盜狀을 申ᄒᆞ노니. ≪朴諺, 下, 60ㅈ≫咱衆人們特來告報, 우리 모든 사름들히 특별이 와 告報ᄒᆞ노니.

노도 명 노둣돌. 하마석(下馬石). ⇔올자(兀子). ≪朴諺, 下, 7ㅈ≫那家門前兀子上, 뎌 집 문 앏 노도 우희.

-노라 어미 -노라. ≪集覽, 字解, 單字解, 1ㅈ≫待. 擬要也 ᄒᆞ마 그리 호려 ᄒᆞ다라. 又欲也. 待賣幾箇馬去 여러 ᄆᆞᄅᆞᆯ ᄑᆞᆯ오져 ᄒᆞ야 가노라. ≪集覽, 字解, 單字解, 2ㅎ≫保. 恃也. 保你 너 믿노라, 難保 믿디 어렵다. 吏學指南, 相託信任曰保. 又保擧也. ≪朴諺, 上, 3ㅈ≫討將來了, 어더 가져왓노라. ≪朴諺, 上, 29ㅎ≫要六箇, 여슷슬 ᄒᆞ고져 ᄒᆞ노라. ≪朴諺, 上, 36ㅈ≫我猜, 내 아노라. ≪朴諺, 上, 51ㅎ≫小人在那東角頭堂子間壁下着裏, 小人이 뎌 동녁 모롱이 堂子ㅅ 브름을 ᄉᆞ이ᄒᆞ여 브리워 잇노라. ≪朴諺, 中, 3ㅎ≫要染的好着, 믈드리기를 잘ᄒᆞ고져 ᄒᆞ노라. ≪朴諺, 中, 5ㅈ≫我們都在這裏, 우리 다 여긔 잇노라. ≪朴諺, 中, 16ㅎ≫我去也, 내 가노라. ≪朴諺, 中, 30ㅈ≫乾羊脚子煮着裏, ᄆᆞ른 羊의 다리를 ᄉᆞᆱ맛노라. ≪朴諺, 中, 40ㅎ≫每日家尋空便拿雀兒, 每日에 뷘 적을 어더 새 잡노라. ≪朴諺, 中, 56ㅎ≫我要這女花猫兒, 내 이 암 어룽괴를 사려 ᄒᆞ노라. ≪朴諺, 下, 11ㅎ≫得了照會, 照會를 엇노라. ≪朴諺, 下, 12ㅎ≫捲篷樣做, 무량각 양으로 지으려 ᄒᆞ노라. ≪朴諺, 下, 13ㅎ≫不要盖, 짓디 말고져 ᄒᆞ노라. ≪朴諺, 下, 15ㅈ≫官人們的要路裏到了也, 官人들의 要路에 다ᄃᆞ란노라. ≪朴諺, 下, 27ㅈ≫你休自誇我知道, 네 손ᄌᆞ쟈랑 말라 내 아노라. ≪朴諺, 下, 41ㅈ≫我不曾知道來, 내 일즙 아디 몯ᄒᆞ엿노라. ≪朴諺, 下, 61ㅎ≫咱去也, 우리 가노라.

노래 명 노래. ≪朴諺, 上, 6ㅎ≫叫將唱的根前來着他唱, 노래 브르ᄂᆞ니를 블러 앏히 와 뎔로 ᄒᆞ여 브르게 ᄒᆞ라.

노로다 형 노랗다. ≪朴諺, 中, 1ㅎ≫又是一箇銅觜·鑞觜造化, 또 흔 부리 노론 수죵다리 부리 프른 암죵다리 노롯호듸. ≪朴諺, 中, 1ㅎ≫那主兒着那銅觜的, 그 님재 뎌 부리 노론 수죵다리로 ᄒᆞ여.

노론댓무우 명 홍당무. 당근. ⇔호라복(胡

蘿蔔). ≪朴諺, 中, 33ㅎ≫蘿蔔, 댓무우. 蔓菁, 쉿무우. 萵苣, 부로. 葵菜, 아흑. 白菜, 비치. 赤根菜, 시근치. 園荽, 고싀. 蓼子, 역괴. 葱, 파. 蒜, 마늘. 薤, 부치. 荊芥, 형개. 薄荷, 박하. 苘蒿, 믈쑥. 水蘿蔔, 믈한댓무우. 胡蘿蔔, 노론댓무우. 芋頭, 토란. 紫蘇都種來, 紫蘇를 다 시므라.

노롯 명 놀이. 장난. 곡예. ⇔파희(把戲). ≪朴諺, 中, 2ㅈ≫有呈諸般把戲的那, 여러 가지 노롯 뭍ᄒᆞᄂᆞᆫ 이 잇ᄂᆞ냐.

노롯ᄒᆞ다 동 놀이하다. 장난하다. ⇔솨(耍). ≪朴諺, 上, 17ㅈ≫耍鵪鶉, 뫼초라기 노롯ᄒᆞ고. ≪朴諺, 中, 1ㅎ≫又是一箇銅觜·鑞觜造化, 또 ᄒᆞᆫ 부리 노론 수쫑다리 부리 프른 암쫑다리 노롯호되. ≪朴諺, 下, 45ㅈ≫宋舍看打春去來, 宋개아닙츈 노롯ᄒᆞᄂᆞᆫ 양 보라 가쟈.

노린내 명 노린내. ❶⇔조기(臊氣). ≪朴諺, 下, 2ㅈ≫我聞了臊氣, 내 노린내를 맛ᄐᆞ니. ❷⇔호발기(胡撥氣). ≪朴諺, 下, 44ㅈ≫有些胡撥氣, 져기 노린내 이시니.

노비(奴婢) 명 종[僕]. 노비. ⇔종. ≪朴諺, 下, 37ㅎ≫孩兒使爺娘的, ᄌᆞ식은 어버의 거슬 ᄡᅳ고. 奴婢使使長的, 종은 뇌연의 거슬 ᄡᅳᄂᆞ니.

노빈(路貧) 명 여행 중에 여비(旅費)가 부족하여 발생하는 가난. ≪朴諺, 上, 48ㅎ≫家貧不是貧路貧愁殺人, 家貧은 이 貧이 아니오 路貧이아 사ᄅᆞᆷ을 근심케 ᄒᆞᄂᆞ니라.

노상(路上) 명 길[路]. 길바닥. ⇔길ㅎ. ≪朴諺, 中, 47ㅎ≫路上必定喫別人笑話, 길히 일뎡 놈의 우임을 니브리라. ≪朴諺, 中, 52ㅈ≫路上盤纏艱難怎麼去, 길히 盤纏이 간난ᄒᆞ니 엇디 가리오. ≪朴諺, 下, 3ㅈ≫沿路上用心好去着, 길흘 조차 用心ᄒᆞ여 됴히 가라.

노새 명 노새. ⇔나(騾). ≪朴諺, 中, 19ㅎ≫把那驢·騾們喂的好着, 뎌 나귀·노새들을 먹이기를 잘ᄒᆞ야.

노서(老鼠) 명 쥐. (주로 집쥐를 이른다) ⇔쥐. ≪朴諺, 中, 56ㅎ≫我家裏老鼠好生廣, 내 집의 쥐 ᄀᆞ장 흔ᄒᆞ니.

노성(老成) 형 노숙(老熟)하다. 노련하다. 온건하고 신중하다. ≪集覽, 字解, 單字解, 4ㅈ≫怎. 何也. 怎麼 엇디. 字音本合口聲, 或有不從合口聲而讀之者, 則曰즘麼, 呼如指字俗音. 故或書作只字, 又書作則字者有之. 又有呼怎的兩字, 則怎字音즘. 秀才·之士·老成之人, 凡呼合口韻諸字, 或從本音讀之.

노소(老少) 명 늙은이와 젊은이. ≪朴諺, 中, 49ㅎ≫死不在老少, 죽기 老少에 잇디 아니ᄒᆞ니라.

노수(弩手) 명 쇠뇌를 주 무기로 삼던 병졸. ≪朴諺, 下, 53ㅈ≫着當該地分弓手(集覽, 朴集, 下, 12ㅈ: 弓手. 文獻通考曰, 弓手, 兵号, 如弩手·槍手之類.)人等, 當該 地分 弓手人 等으로 ᄒᆞ여.

노승(老僧) 명 늙은 중이 자신을 일컫는 말. ≪朴諺, 上, 65ㅎ≫到江南地面石屋(集覽, 朴集, 上, 16ㅈ: 石屋. 法名清珙, 號石屋和尙, 臨濟十八世之嫡孫也. 普虛謁石屋, 石屋見之云, 老僧今日旣已放下三百斤擔子遞你擔了, 且展脚睡矣.)法名的和尙根底, 江南 ᄯᅡ 石屋이라 法名 ᄒᆞᆫ 즁의손ᄃᆡ 가니. ≪朴諺, 下, 3ㅈ≫西天取經去(集覽, 朴集, 下, 1ㅈ: 西天取經去. 乃以西天去東土十萬八千里之程, 妖怪〈怪〉又多, 諸衆不敢輕諾. 唯南海落伽〈迦〉山觀世音菩薩, 騰雲駕霧往東土去, 遙見長安京兆府, 一道瑞氣衝天, 觀音化作老僧入城.)時莭(節), 西天의 經 가질라 갈 제.

노실(老實) 부 고지식이. ⇔고디식이. ≪朴諺, 中, 49ㅎ≫老實擺着下, 고디식이 버리고 두쟈. ≪朴諺, 中, 57ㅈ≫賣的價錢老實說, 폴 갑슬 고디식이 니ᄅᆞ라.

노실(老實) 형 고지식하다. 정직하다. ⇔고디식ᄒᆞ다. ≪朴諺, 上, 29ㅎ≫老實價錢, 고디식ᄒᆞᆫ 갑ᄉᆞᆫ. ≪朴諺, 上, 64ㅎ≫老實價錢六兩銀子, 고디식ᄒᆞᆫ 갑슨 엿 냥 은이라. ≪朴諺, 中, 38ㅈ≫我老實價錢, 내 고

디식훈 갑슨. ≪朴諺, 中, 47ㅎ≫老實常在, 고디식ᄒᆞ니는 덧덧이 잇고. 脫空常敗, 섭섭훈 이는 덧덧이 패훈다 ᄒᆞᄂᆞ니라. ≪朴諺, 下, 27ㅈ≫老實價錢一兩一顆家, 고디식훈 갑슨 훈 냥에 훈 낫식이라.

노실상재탈공상패(老實常在 脫空常敗) 구 고지식한 사람은 늘 존재하고, 거짓말하는 사람은 언제나 패한다는 뜻. ≪朴諺, 中, 47ㅎ≫老實常在, 고디식ᄒᆞ니는 덧덧이 잇고. 脫空常敗, 섭섭훈 이는 덧덧이 패훈다 ᄒᆞᄂᆞ니라.

노아(路兒) 명 길. ⇔길ㅎ. ≪朴諺, 中, 51ㅎ≫揀(揀)路兒行來, 길흘 골히여 오라.

노역(勞易) 부 수고로이. ⇔슈고로이. ≪朴諺, 中, 16ㅎ≫勞易前來, 슈고로이 오니.

노위(蘆葦) 명 갈대. ≪朴諺, 下, 51ㅈ≫尋着這蘆葦密處巖頭石崖, 이 蘆葦 密處 岩頭 石崖를 ᄎᆞᄌᆞ.

-노이다 어미 -나이다. -옵니다. ≪朴諺, 中, 16ㅎ≫我妳妳使的我說將來, 우리 妳妳ㅣ 날을 브려 닐러늘 가져왓노이다. ≪朴諺, 下, 12ㅈ≫不宣, 베프디 아니ᄒᆞ노이다. ≪朴諺, 下, 12ㅈ≫愚男山童頓首百拜, 愚男 山童은 頓首百拜ᄒᆞ노이다. ≪朴諺, 下, 53ㅈ≫伏取處分, 업ᄃᆡ여 處分을 取ᄒᆞ노이다.

노인(老人) 명 늙은이. 노인. ≪朴諺, 上, 5ㅎ≫叫教坊司十數箇樂工和做院本(集覽, 朴集, 上, 2ㅎ: 院本. 質問云, 院本有曰外, 或粧先生·採訪使·考試官·老人·達達之類, 皆是外扮, 曰淨, 有男淨·有女淨, 亦做醜態, 專一弄言取人歡笑, 曰末, 粧扮不一, 初則開塲白說, 或粧家人·祇候, 或扮使臣之類, 曰丑, 狂言戲弄, 或粧醉漢·太醫·吏員·媒婆之類.)諸般雜技的來, 教坊司의 여라믄 樂工과 院本에 여러 가지 雜技ᄒᆞᄂᆞ니를 블러오라.

노자(老子) 명 ❶늙은이. 노인. ≪朴諺, 上, 37ㅈ≫一箇老子當路睡, 훈 늘근 사ᄅᆞᆷ이 길히 당ᄒᆞ여 자거든. ❷아비. ⇔아바. ≪朴諺, 中, 55ㅎ≫老子伯伯阿, 아바 아ᄌᆞ바.

노자(爐子) 명 풀무. ⇔풀무. ≪朴諺, 下, 29ㅎ≫你自這裏打爐子, 네 손즈 여긔 풀무를 ᄆᆡᆫ돌고.

노정(路程) 명 노정. 도정(道程). ≪集覽, 字解, 單字解, 2ㅈ≫里. 居也. 五家爲鄰, 五鄰爲里. 又路程, 以三百六十步爲一里. 又語助.

노제(勞蹄) 형 발굽이 피로하다. ⇔노제ᄒᆞ다(勞蹄-). ≪朴諺, 下, 3ㅎ≫壯馬也實勞蹄, 壯馬도 진실로 勞蹄ᄒᆞ리니.

노제ᄒᆞ다(勞蹄-) 형 발굽이 피로하다. ⇔노제(勞蹄). ≪朴諺, 下, 3ㅎ≫壯馬也實勞蹄, 壯馬도 진실로 勞蹄ᄒᆞ리니.

노주(潞州) 명 통주(通州)의 옛 이름. 수·당·송대(隋唐宋代)를 거치면서 행정 단위와 명칭이 여러 차례 바뀌다가, 명(明) 가정(嘉靖) 연간에 노안부(潞安府)가 되었다. ≪朴諺, 中, 14ㅈ≫到通州(集覽, 朴集, 中, 2ㅎ: 通州. 在順天府東四十五里, 卽古潞州, 金陞爲通州, 取漕運通濟之義. 今仍之. 直隷順天府.)賣了多一半兒, 通州ㅣ 다ᄃᆞ라 반남아 풀고.

노타 동 놓다. 놓아주다. 풀어주다. ⇔살방(撒放). ≪集覽, 字解, 單字解, 1ㅎ≫撒. 散之也. 撒了 헤티다. 又覺也. 覺撒了 아다. 又放也. 撒放罪人 죄인을 앗아라 노타.

노파(老婆) 명 계집. 여자. ⇔겨집. ≪朴諺, 上, 32ㅈ≫他那養漢的老婆, 뎌의 뎌 養漢ᄒᆞ는 老婆ㅣ. ≪朴諺, 上, 34ㅈ≫到處裏養老婆, 간 곳마다 겨집을 어르니.

노픠 부 높이. ⇔고(高). ≪朴諺, 中, 48ㅈ≫把那手來提的高着, 뎌 손을다가 들기를 노픠 ᄒᆞ여.

노픠 부 높이. ⇔고(高). ≪朴諺, 下, 47ㅎ≫拿着三丈來高的大旗號上寫着明現眞君, 三丈 노픠 큰 긔예 明現眞君이라 쓴 거슬 잡고.

노ㅎ 명 노[繩]. 노끈. ❶ ⇔승(繩). ≪朴諺, 中, 28ㅎ≫將棍繩到那家裏, 막대과 노흘 가지고 뎌 집의 가. ≪朴諺, 下, 46ㅈ≫椽子龜的四條繩, 혓가래 굴긔예 네 오리 노

흐로. ❷⇔승자(繩子). ≪朴諺, 上, 37ㅎ≫ 滿天星宿一箇月三條繩子由你曳, 하늘에 ᄀ득ᄒᆞᆫ 星宿에 ᄒᆞᆫ ᄃᆞᆯ을 세 오리 노흐로 제대로 ᄭᅳᆺ으ᄂᆞᆫ 거시여. ≪朴諺, 下, 5ㅎ≫ 你把那繩子, 네 뎌 노흐로다가.

노한(老漢) 명 노인. 노인장(老人丈). ≪朴諺, 中, 8ㅈ≫爲頭兒老漢們告道, 爲頭ᄒᆞᆫ 老漢들이 告ᄒᆞ여 닐오ᄃᆡ.

노호(老虎) 명 늙은 호랑이. ≪朴諺, 下, 24ㅎ≫先生變做老虎赶, 先生이 변ᄒᆞ여 老虎ㅣ 되여 ᄣᅩ로거늘.

노후(怒詬) 동 성내어 꾸짖다. ≪朴諺, 下, 44ㅈ≫這婆娘(集覽, 朴集, 下, 9ㅎ: 婆娘. 怒詬之辭〈辭〉. 詳見上卷娘子下.)好不用意, 이 년이 ᄀ장 用意티 아니ᄒᆞ엿다.

노후정(老猴精) 명 늙은 원숭이의 정령(精靈). 곧, 손오공(孫悟空)을 이르는 말. ≪朴諺, 下, 17ㅈ≫唐三藏引孫行者(集覽, 朴集, 下, 4ㅈ: 孫行者. 西遊記云, 西域有花菓山, 山下有水簾洞, 洞前有鐵板橋, 橋下有萬丈澗, 澗邊有萬箇小洞, 洞裏多猴. 有老猴精, 號齊天大聖, 神通廣大, 入天宮仙桃園偸蟠桃, 又偸老君靈丹藥, 又去王母宮偸王母綉仙衣一套, 來設慶仙衣會.), 唐三藏이 孫行者를 ᄃᆞ리고.

노히 명 놓기. 날리기. ⇔방(放). ≪朴諺, 上, 17ㅈ≫八月裏却放鶴兒, 八月에 ᄯᅩ 연 노히 ᄒᆞᄂᆞ니.

노ᄒᆞ다 동 노(怒)하다. 성내다. 화를 내다. ❶⇔뇌조(惱懆). ≪朴諺, 中, 28ㅎ≫老李聽了惱懆起來, 老李 듯고 노ᄒᆞ여 니러나. ❷⇔번뇌(煩惱). ≪朴諺, 中, 18ㅈ≫咳姐姐我不想你這般煩惱, 애 姐姐ㅣ아 내 네 이리 노ᄒᆞ여 ᄒᆞᆯ 줄을 ᄉᆡᆼ각디 못호라.

노히다 동 노(怒)하다. 성내다. ⇔초조(焦懆). ≪朴諺, 下, 19ㅈ≫便焦懆起來, 곳 노히여 니러.

녹(祿) 명 녹봉(祿俸). ≪朴諺, 上, 11ㅈ≫我有兩箇月俸(集覽, 朴集, 上, 5ㅈ: 月俸. 中朝〈元制〉官祿, 每月支〈支〉給. 今此一月四石之俸, 以元制考之, 乃從九品也. 米·豆曰祿, 鈔·錢·絹曰俸.)來關, 내 두 ᄃᆞᆯ 뇨 ᄐᆞᆯ 써시 이셰라. ≪朴諺, 中, 34ㅎ≫無功食祿寢食不安, 功이 업시 祿을 먹으면 寢食이 편안티 아니타 ᄒᆞ니라.

녹(爊) 동 무르게 고다. 푹 고다. ⇔므르고오다. ≪朴諺, 上, 6ㅎ≫第一道爊羊蒸捲, 第一道ᄂᆞᆫ 므르고온 羊과 蒸捲 ᄯᅥᆨ이오.

녹각(鹿角) 명 녹각. ≪朴諺, 上, 15ㅈ≫鹿角口子, 鹿角 마개에. ≪朴諺, 上, 28ㅈ≫鞍子是雪白鹿角邉兒, 기ᄅᆞ마ᄂᆞᆫ 이 눈ᄀᆞᆺ티 흰 鹿角 邊児에. ≪朴諺, 上, 49ㅈ≫饋你濟機(集覽, 朴集, 上, 13ㅈ: 濟機. 音義云, ·ᄊᆞᆯ로 밍·ᄀᆞ·론〈밍ᄀᆞᆫ〉 혈거피 ·ᄀᆞ·ᄐᆞᆫ 것. 今按, 漢人或牛角或鹿角爲之, 形如環, 着於拇指, 亦所以鉤〈所以鉤〉弦開弓.), 너를 각지를 주마.

녹두 명 녹두. ⇔녹두(菉豆). ≪朴諺, 下, 37ㅈ≫稻子, 벼. 薥秫, 슈슈. 黍子, 기장. 大麥, 보리. 小麥, 밀. 蕎麥, 모밀. 黃豆, 콩. 小豆, ᄑᆞᆺ. 菉豆, 녹두. 莞豆, 광쟝이. 黑豆, 거믄콩. 芝麻, ᄎᆞᆷᄭᆡ. 蘇子, 듧ᄭᆡ.

녹두(菉豆) 명 녹두. ⇔녹두. ≪朴諺, 下, 32ㅎ≫餅餚(集覽, 朴集, 下, 6ㅈ: 餅餚. 質問云, 將菉豆粉糝和粘穀米, 着水浸濕, 用石磨磨, 細杓兒盛在鍋內, 一撮一撮煎熟而食.), 餅餚와. 煎餅, 煎餅과. ≪朴諺, 下, 37ㅈ≫稻子, 벼. 薥秫, 슈슈. 黍子, 기장. 大麥, 보리. 小麥, 밀. 蕎麥, 모밀. 黃豆, 콩. 小豆, ᄑᆞᆺ. 菉豆, 녹두. 莞豆, 광쟝이. 黑豆, 거믄콩. 芝麻, ᄎᆞᆷᄭᆡ. 蘇子, 듧ᄭᆡ.

녹란(爊爛) 부 무르익게. ⇔농난히. ≪朴諺, 上, 5ㅈ≫爊爛蹄蹄, 농난히 구은 족과.

녹봉(祿俸) 명 벼슬아치에게 급료로 주던 곡식이나 금품. ≪朴諺, 上, 18ㅎ≫南斗六星(集覽, 朴集, 上, 7ㅈ: 南斗. 南極老人星名, 曰天府, 曰天相, 曰天梁, 曰天童, 曰天樞, 曰天機. 六星秉爵秩祿俸之籍, 能觧本命〈命〉之厄.)板兒做得忒圓了些, 南斗六星 돈은 민ᄃᆞᆯ기를 너모 두렷게 ᄒᆞ엿고.

녹존(祿存) 명 구성(九星) 중의 셋째 별 이

름. 거문성(巨門星)의 아래 문곡성(文曲星)의 위에 있다. ≪朴諺, 上, 18ㅎ≫後面北斗(集覽, 朴集, 上, 7ㅈ: 北斗左輔右弼. 凡九星, 曰樞宮貪狼, 曰琁宮巨門, 曰璣〈幾〉宮祿存, 曰權宮文曲, 曰衡宮廉貞, 曰闓(開)陽宮武曲, 曰瑤光宮破軍, 曰洞明宮左輔, 曰隱元宮右弼. 左輔連附北斗第〈節〉六星, 在外, 右弼連附北斗第〈節〉二星, 在內. 俱在紫薇(微)垣.)七星板兒做的好, 後面 北斗七星 돈은 빈돌기를 잘ᄒᆞ엿고.

녹피(鹿皮) 명 사람 이름. 녹(鹿)은 성씨. ≪朴諺, 下, 20ㅎ≫大仙徒弟名鹿皮, 大仙의 徒弟 일홈 鹿皮라 ᄒᆞ리. ≪朴諺, 下, 22ㅈ≫鹿皮對大仙說, 鹿皮ㅣ 大仙을 ᄃᆡᄒᆞ여 닐오ᄃᆡ. ≪朴諺, 下, 22ㅈ≫鹿皮先脫下衣服, 鹿皮ㅣ 몬져 오ᄉᆞᆯ 벗고. ≪朴諺, 下, 22ㅎ≫鹿皮熱當不的, 鹿皮ㅣ 더오믈 당티 못ᄒᆞ여.

논(論) 동 헤아리다. ⇔혜다. ≪朴諺, 中, 35ㅎ≫不論竿子上的槓子上的物件, 쇄옛 거시나 궤옛 物件을 혜디 아니ᄒᆞ고.

논(論) 명 〈불〉 논장(論藏). 삼장(三藏)의 하나. 불법(佛法)을 논한 책으로, 부처가 스스로 문답한 것과 여러 제자와 보살이 해석하여 논변(論辯)한 것을 모아 만들었다. ≪朴諺, 下, 3ㅈ≫往常唐三藏(集覽, 朴集, 下, 1ㅈ: 唐三藏法師〈三藏〉. 三藏, 經一藏, 律一藏, 論一藏.)師傅, 뎌적의 唐ㅅ 三藏 師傅ㅣ. ≪朴諺, 下, 3ㅈ≫西天取經去(集覽, 朴集, 下, 1ㅈ: 西天取經去. 西遊記云, 昔釋迦牟尼佛在西天靈山雷音寺, 撰成經·律·論三藏金經, 須送東土, 解度郡〈羣〉迷. 問諸菩薩, 往東土尋取經人來.)時莭(節), 西天의 經 가질라 갈 제.

논담(論談) 동 사물의 옳고 그름 따위를 논하여 말하다. ⇔논담ᄒᆞ다(論談-). ≪朴諺, 中, 44ㅈ≫着碁論談能消日, 바독 두며 論談ᄒᆞ야 능히 消日ᄒᆞ고.

논담ᄒᆞ다(論談-) 동 사물의 옳고 그름 따위를 논하여 말하다. ⇔논담(論談). ≪朴諺, 中, 44ㅈ≫着碁論談能消日, 바독 두며 論談ᄒᆞ야 능히 消日ᄒᆞ고.

논도(論道) 동 나라를 다스릴 정령(政令)을 의논하다. ≪朴諺, 下, 48ㅎ≫太保(集覽, 朴集, 下, 10ㅎ: 太師太保. 三師, 師〈ㅌ〉範一人, 儀刑四海, 三公, 論道經邦, 燮理陰陽.)家的, 太保ㅅ 집.

논도경방(論道經邦) 동 논도(論道)하여 나라를 다스리다. ≪朴諺, 下, 48ㅎ≫太保(集覽, 朴集, 下, 10ㅎ: 太師太保. 三師, 師〈ㅌ〉範一人, 儀刑四海, 三公, 論道經邦, 燮理陰陽.)家的, 太保ㅅ 집.

논힐후다 동 노닐다. 이동하다. 발짝을 떼다. ❶⇔나(那). ≪朴諺, 中, 48ㅈ≫過了一生日時, ᄒᆞᆫ 生日이 디나면. 便那的步兒, 곳 논힐훠 거롤 쩌시니. 我也做饋他一對學行的綉鞋, 나도 ᄒᆞᆫ 빵 거롬 ᄇᆡ호ᄂᆞᆫ 슈 신을 지어 뎌롤 주리라. ≪爭報恩, 1折≫怎覷那喬軀老, 屈脊低腰, 款那步輕擡脚. ≪淸平山堂話本, 快嘴李翠蓮記≫新人那步過高堂, 神女仙郞入洞房. ❷⇔나일나(那一那). ≪集覽, 字解, 單字解, 3ㅎ≫那. 平聲, 音노, 推移也. 那一那 논힐후다. 上聲 나, 何也. 那裏 어ᄃᆡ, 那箇 어ᄂᆡ. 又誰也. 那一箇 누고. 去聲 나. 那裏, 彼處也. 那箇 뎌것. 又語助. 有那沒 잇ᄂᆞ녀 업스녀.

놀다 동 놀다. ❶⇔솨(耍). ≪朴諺, 中, 49ㅈ≫我生活忙不閑耍, 내 셩녕이 밧바 놀기롤 결을티 못ᄒᆞ여라. ❷⇔솨자(耍子). ≪集覽, 字解, 單字解, 7ㅈ≫耍. 戲弄之辭曰耍子, 戲笑之事曰耍笑. 又行房亦曰耍子. ≪朴諺, 上, 17ㅎ≫按四時耍子, 四時롤 조차 노ᄂᆞᆫ쏘다.

놀리다 동 놀리다. 움직이다. ⇔동(動). ≪朴諺, 下, 6ㅈ≫一般動脚動手做生活, ᄒᆞᆫ가지로 발손을 놀려 ᄒᆞᆫ 셩녕이.

놈 명 놈. (보통 사람) ❶⇔소시(小廝). ≪朴諺, 上, 58ㅈ≫不通人情不得仁義的小廝, 人情을 통티 못ᄒᆞ고 仁義롤 얻디 못ᄒᆞᆫ 놈이라. ≪朴諺, 下, 15ㅎ≫把我家小廝拿

將去監了貳日, 우리 집 놈을다가 잡아가 가도완디 이틀이오. ≪朴諺, 下, 15ㅎ≫ 又一箇小廝半夜裏起來, 또 흔 놈은 半夜에 니러. ❷⇔수(手). ≪集覽, 字解, 單字解, 5ㅈ≫快. 急也. 走的快·疾快. 又樂也. 快活·大快. 又快手 잘 드는 놈. 又呼筯曰快子. ❸⇔시(廝). ≪朴諺, 上, 23ㅎ≫ 那廝不成, 뎌 놈이 不成흐여. ≪朴諺, 上, 30ㅎ≫李小兒那廝, 李小兒ㅣ란 뎌 놈을. ≪朴諺, 上, 31ㅈ≫那廝高麗地面來的宰相們上做牙子, 뎌 놈이 高麗 짜흐로셔 온 宰相들희손듸 즈름이 도엿느니. ≪朴諺, 上, 52ㅎ≫醜廝你來, 더러온 놈아 이바. ≪朴諺, 上, 58ㅈ≫那廝那裏肯饋, 뎌 놈이 어듸 즐겨 주리오. ≪朴諺, 中, 3ㅈ≫ 這廝落了我一兩銀, 이 놈이 내 흔 냥 은을 떠르텨시니. ≪朴諺, 中, 8ㅈ≫這廝們打的輕, 이 놈들을 티기를 경히 흐면. ≪朴諺, 中, 24ㅎ≫那廝你也將那箭쉬裏, 뎌 놈아 너도 뎌 동개에. ≪朴諺, 中, 35ㅎ≫ 那廝們只是夜猫, 뎌 놈들은 그저 옷밤이오. ≪朴諺, 中, 47ㅈ≫昨日那廝我家裏來了, 어제 뎌 놈이 내 집의 왓거늘. ≪朴諺, 中, 58ㅎ≫跳蚤那廝近不的, 벼록이란 뎌 놈이 갓가이 못흐느니라. ≪朴諺, 下, 7ㅈ≫那廝惶了, 뎌 놈이 두려. ≪朴諺, 下, 15ㅎ≫那廝先告官, 뎌 놈이 몬져 구의에 告흐야. ≪朴諺, 下, 16ㅈ≫種稻子那廝因何監着, 벼 시므든 뎌 놈은 므스 일을 인흐여 갓텬느뇨. ≪朴諺, 下, 27ㅈ≫你看那廝唧唧的喝保, 네 보라 뎌 놈이 唧唧히 혀츠는고나. ≪朴諺, 下, 53ㅎ≫這般着, 이러면. 那廝多少年紀, 뎌 놈이 나히 언메나 흐더뇨. 那廝不到六十的摸揉, 더(뎌) 놈이 六十이 다둣디 못흔 摸揉이러라. ❹⇔적(的). ≪朴諺, 上, 31ㅎ≫那驢養下來的, 뎌 나귀 얼러 나흔 놈이. ❺⇔한(漢). ≪朴諺, 上, 36ㅎ≫一箇長大漢撒大鞋, 흔 킈 큰 놈이 큰 신 신으고. ≪朴諺, 中, 19ㅈ≫這幾箇賊漢們, 이 여러 도적놈들히. ≪朴諺, 中, 50ㅎ≫咳那矬漢你那裏抵當的我, 애 뎌 킈 져근 놈이 네 어듸 내게 뎌당흐리오. ≪朴諺, 中, 50ㅎ≫ 敢是這矬漢喫來, 이 킈 져근 놈이 먹은 듯흐다. ❻⇔한자(漢子). ≪朴諺, 中, 19ㅎ≫兩箇漢子, 두 놈은. ≪朴諺, 下, 15ㅎ≫ 我家裏一箇漢子, 우리 집의 흔 놈이. ≪朴諺, 下, 16ㅈ≫却說我家漢子偷了, 또 닐오듸 우리 집 놈이 도적흐다 흐니.

놉ㅎ다 형 높다. ⇔고(高). ≪朴諺, 上, 23ㅈ≫高碁輸頭盤, 놉흔 바독은 첫 판을 진다 흐느니라. ≪朴諺, 中, 46ㅈ≫只是一步高如一步除將去, 그저 흔 거름에 흔 거름식 놉하 除흐여 가거니와.

놉흔바독 명 수가 높은 바둑. 또는 바둑의 고수(高手). ⇔고기(高碁). ≪朴諺, 上, 23ㅈ≫高碁輸頭盤, 놉흔 바독은 첫 판을 진다 흐느니라.

놉히 부 높이. ⇔고(高). ≪朴諺, 上, 60ㅈ≫ 遠望高接青霄, 멀리 브라매 놉히 프른 하늘에 졉흐엿고.

놋 명 놋. 놋쇠. ⇔동(銅). ≪朴諺, 中, 11ㅎ≫簸箕, 키. 篩子, 얼멍이. 馬尾羅兒, 물총체. 卓兒, 상. 盤子, 반. 茶盤, 찻반. 擡盞, 졉잔. 壺甁, 壺甁. 酒鼈, 쥬벼ᄋ. 銅杓, 놋쥬게를. 都收拾下着, 다 收拾흐여 두라.

놋다 동 놓다. ⇔질(迭). ≪朴諺, 中, 33ㅈ≫ 逢山開路遇水迭橋, 山을 만나 길흘 열고 믈을 만나 드리를 놋는다 흐느니라.

-놋다 어미 -는구나. ≪朴諺, 中, 22ㅎ≫傾甘露於甁中濟險途於飢渴, 甘露를 甁中에 기우려 險途를 飢渴에 구제흐놋다.

놋쥬게 명 놋 주걱. ⇔동표(銅杓). ≪朴諺, 中, 11ㅎ≫簸箕, 키. 篩子, 얼멍이. 馬尾羅兒, 물총체. 卓兒, 상. 盤子, 반. 茶盤, 찻반. 擡盞, 졉잔. 壺甁, 壺甁. 酒鼈, 쥬벼ᄋ. 銅杓, 놋쥬게를. 都收拾下着, 다 收拾흐여 두라.

농(弄) 동 농(弄)하다. 놀리다. 장난하다. ❶⇔농흐다. ≪朴諺, 中, 1ㅎ≫弄的只是眼花了, 농흐기를 그저 눈이 바믜엿게 흐고. 弄寶盖的, 寶盖 농ᄒᆞᄂᆞᆫ 이ᄂᆞᆫ. ≪朴諺, 中, 48ㅈ≫腰兒軟休弄他, 허리 므ᄅᆞ니 뎌를 농티 말라. ❷⇔농ᄒᆞ다(弄-). ≪朴諺, 中, 1ㅈ≫也有弄棒的, 또 막대 弄ᄒᆞᄂᆞᆫ 이 이시니. ❸⇔롱ᄒᆞ다. ≪朴諺, 上, 37ㅈ≫過去的過來的弄我的, 디나가며 디나오리 날을 롱호되.

농(弄) 동 ❶다루다. 다스리다. ⇔달호다. ≪朴諺, 下, 1ㅎ≫每日這般用心弄他時, 每日에 이리 用心ᄒᆞ여 뎌를 달호면. ❷어르다. 희롱하다. ⇔어ᄅᆞ다. ≪朴諺, 上, 32ㅎ≫一箇和尙偸弄別人的媳婦, ᄒᆞᆫ 즁이 ᄂᆞᆷ의 겨집을 도적ᄒᆞ여 어ᄅᆞ노라. ❸피우다[燃]. ⇔퓌오다. ≪朴諺, 下, 44ㅎ≫弄的火快時, 블 퓌오기를 ᄲᆞᆯ리 ᄒᆞ면. ≪朴諺, 下, 7ㅎ≫火盆裏弄些火, 화로에 블 퓌오고.

농난히 부 무르익게. ⇔녹란(爊爛). ≪朴諺, 上, 5ㅈ≫爊爛蹄蹄, 농난히 구은 족과.

농대(齈帶) 명 코. 콧물. ⇔코. ≪朴諺, 中, 47ㅎ≫捧了他齈帶揩的乾浄着, 제 코를 프러 슷기를 간졍히 ᄒᆞᄂᆞ니라.

농두(籠頭) 명 밧줄로 만든, 재갈이 없는 굴레. ⇔바굴레. ≪朴諺, 上, 56ㅈ≫好轡頭(集覽, 朴集, 上, 14ㅈ: 轡頭. 音義云, 잘 ᄃᆞᆫᄂᆞᆫ ᄆᆞ·ᄅᆞᆯ〈ᄆᆞᆯ을〉 닐온 轡頭. 今按, 轡頭, 卽馬勒也, 今俗謂 ·셕·대 :됴·ᄒᆞᆫ ᄆᆞ·ᄅᆞᆯ〈ᄆᆞᆯ을〉 呼爲好轡頭, 則音義亦當幷好字爲釋可也. 且漢俗, 以革爲之, 有銜〈銜〉者曰轡頭, 以索爲之, 無銜〈銜〉者曰籠頭.), 셕대 됴코. ≪朴諺, 中, 11ㅎ≫少梯子, 술위앏괴오ᄂᆞᆫ나모. 撑頭, 술위뒤괴오ᄂᆞᆫ나모. 套繩, 멜줄. 撒繩, ᄭᅳ을줄. 拘索, 목집게. 籠頭, 바굴레. 脚索, 지달쓸바. 鞍子, 기ᄅᆞ마. 肚帶, 빗대 업세라.

농소 명 농지(農地). ⇔장토(莊土). ≪朴諺, 下, 36ㅎ≫管着他官人家莊土種田來, 뎌 官人의 농소를 ᄀᆞ음아라 種田ᄒᆞ더니. ≪朴諺, 下, 37ㅎ≫管着那莊土, 뎌 농소를 ᄀᆞ음아다가.

농수(弄水) 동 헤엄을 치다. ≪朴諺, 上, 62ㅈ≫弄水穿波的是覔死的魚蝦, 弄水 穿波ᄒᆞᄂᆞᆫ 거슨 이 覔死ᄒᆞᄂᆞᆫ 魚蝦오.

농수(膿水) 명 고름. ⇔고롬. ≪朴諺, 下, 6ㅎ≫滿指甲疙瀤和膿水怎麽當, 손돕의 ᄀᆞᄃᆞᆨᄒᆞᆫ 더뎅이와 고롬을 엇디 당ᄒᆞ리오.

농언(弄言) 명 농담(弄談). ≪朴諺, 上, 5ㅎ≫叫教坊司十數箇樂工和做院本(集覽, 朴集, 上, 2ㅎ: 院本. 質問云, 院本有曰外, 或粧先生·採訪使·考試官·老人·達達之類, 皆是外扮, 曰淨, 有男淨·有女淨, 亦做醜態, 專一弄言取人歡笑, 曰末, 粧扮不一, 初則開場白說, 或粧家人·祗候, 或扮使臣之類, 曰丑, 狂言戲弄, 或粧醉漢·太醫·吏員·媒婆之類.)諸般雜技的來, 教坊司의 여라믄 樂工과 院本에 여러 가지 雜技ᄒᆞᄂᆞ니를 블러오라.

농우(農牛) 명 농사일에 부리는 소. ≪朴諺, 下, 45ㅈ≫宋舍看打春(集覽, 朴集, 下, 9ㅎ: 打春. 東京夢華錄云, 立春前五日, 造土牛·耕夫·犁具, 前一日順天府進農牛入禁中鞭春, 府縣官吏·士庶·耆社, 具鼓樂出東郊迎春, 牛芒神至府前, 各安方位.)去來, 宋개아 닙츈 노롯ᄒᆞᄂᆞᆫ 양 보라 가쟈.

농월(弄月) 동 달을 감상하며 즐기다. ≪朴諺, 下, 51ㅎ≫也不想李白摸月(集覽, 朴集, 下, 11ㅎ: 李白摸月. 李白, 唐玄宗朝詩人也. 泛采石江, 見月影滿水, 以手弄月, 身飜〈翻〉而死.), 또 李白의 摸月을 ᄉᆡᆼ각디 아니ᄒᆞ고.

농장 명 농장(農場). ⇔장(莊). ≪朴諺, 中, 42ㅎ≫我要你莊頭裏去, 내 네 농장에 가고져 호ᄃᆡ.

농조(籠罩) 동 (구름이) 끼다. 덮다. 뒤덮다. ⇔ᄢᅵ다. ≪朴諺, 中, 32ㅎ≫五色彩雲籠罩, 五色 彩雲이 ᄢᅵ엇고.

농화(弄火) 동 불을 피우다. ≪朴諺, 下, 7ㅎ≫火盆裏弄些火, 화로에 블 퓌오고. ≪朴諺, 下, 44ㅎ≫弄的火快時, 블 퓌오기를 ᄲᆞᆯ리 ᄒᆞ면.

농ᄒᆞ다 동 농(弄)하다. 놀리다. 장난하다. ⇔농(弄). ≪朴諺, 中, 1ㅎ≫弄的只是眼花了, 농ᄒᆞ기ᄅᆞᆯ 그저 눈이 바믜엿게 ᄒᆞ고. 弄寶盖的, 寶盖 농ᄒᆞᄂᆞᆫ 이ᄂᆞᆫ. ≪朴諺, 中, 48ㅈ≫腰兒軟休弄他, 허리 므ᄅᆞ니 뎌ᄅᆞᆯ 농티 말라.

농ᄒᆞ다(弄-) 동 농(弄)하다. 놀리다. 장난하다. ⇔농(弄). ≪朴諺, 中, 1ㅈ≫也有弄棒的, 또 막대 弄ᄒᆞᄂᆞᆫ 이 이시니.

높다 형 높다. ❶⇔고(高). ≪朴諺, 中, 1ㅈ≫一箇高卓兒上脫下衣裳, ᄒᆞᆫ 노픈 卓子 우희 옷 벗고. ≪朴諺, 中, 37ㅈ≫鮮與官人高的, 官人을 노픈 이를 프러 주라. ≪朴諺, 中, 37ㅎ≫你再饋我絕高的, 네 또 날을 ᄀᆞ장 노프니ᄅᆞᆯ 주고려. 我再沒高的了, 내게 또 노프니 업ᄉᆞ니. ≪朴諺, 中, 46ㅎ≫你高官裏轉除的有愁甚麽, 너ᄂᆞᆫ 노픈 벼ᄉᆞᆯ에 쳔뎐ᄒᆞ여 뎨슈홈이 이실 쩌시니 므슴 근심ᄒᆞ리오. ≪朴諺, 下, 5ㅎ≫這高處鑽些土, 이 노픈 곳의 ᄒᆞᆰ을 ᄲᆞᆯ고. ❷⇔상(上). ≪朴諺, 上, 46ㅎ≫出不上價錢, 노픈 갑시 나디 아니ᄒᆞ리라.

놓다 동 놓다. 날리다. ⇔방(放). ≪朴諺, 上, 17ㅈ≫五六十托麄厤線也放不勾, 五六十 발 굴근 삼실이라도 노키 유여티 못ᄒᆞ니리(라).

놓다 동 놓다. ❶⇔방(放). ≪朴諺, 上, 4ㅎ≫放象生纏糖, 生物을 象ᄒᆞ여 ᄭᅮ민 沙糖이어나. 或是獅仙糖, 혹 ᄉᆞᄌᆡ 튼 신션 양으로 ᄆᆡᆼ근 沙糖을 노코. ≪朴諺, 上, 6ㅈ≫那氷盤上放一塊氷, 뎌 氷盤에 ᄒᆞᆫ 덩이 어름을 노코. ≪朴諺, 上, 50ㅎ≫把溺胡蘆正着那窟籠裏放了, 오좀 누ᄂᆞᆫ 박을다가 바로 뎌 굼긔 노코. 把尿盆放在底下, 분지ᄅᆞᆯ다가 미틔 노코. ≪朴諺, 上, 61ㅈ≫前面放一箇玉石玲瓏酒卓兒, 前面에 ᄒᆞᆫ 玉石으로 玲瓏히 ᄒᆞᆫ 酒卓을 노핫고. ≪朴諺, 中, 1ㅈ≫一箇人與他五箇錢時放入去, ᄒᆞᆫ 사ᄅᆞᆷ이 뎌ᄅᆞᆯ 다ᄉᆞᆺ 낫 돈을 주면 노하 드려보내ᄂᆞ니라. ≪朴諺, 中, 19ㅎ≫放黑豆, 거믄콩에 노하. ≪朴諺, 中, 19ㅎ≫放稈草五錢一束(束)家放, 조딥헤 노흐되 다ᄉᆞᆺ 낫 돈에 ᄒᆞᆫ 뭇식 ᄒᆞ여 노코. ≪朴諺, 中, 20ㅈ≫商量着放饋, 혜아려 노하 주고. ≪朴諺, 中, 20ㅈ≫五百來束(束)稻草裏放, 五百 뭇 볏딥헤 노흐라. ≪朴諺, 中, 44ㅎ≫一周遭放幾張交椅, ᄒᆞᆫ 도림으로 여러 댱 교의ᄅᆞᆯ 노코. ≪朴諺, 下, 21ㅈ≫大仙鼻凹裏放了, 大仙의 ᄏᆞᆺ굼긔 노ᄒᆞ니. ≪朴諺, 下, 42ㅈ≫爲頭兒門外前放一箇卓兒, 웃듬으로 문 밧긔 ᄒᆞᆫ 탁ᄌᆞᄅᆞᆯ 노코. ≪朴諺, 下, 48ㅈ≫放一堆灰, ᄒᆞᆫ 무둑 ᄌᆡᄅᆞᆯ 노흐면. ❷⇔방재(放在). ≪朴諺, 上, 35ㅈ≫放在脚內踝尖骨頭上, 발 안쮜머리 ᄲᅩ죡ᄒᆞᆫ ᄲᅧ 우희 노하. ≪朴諺, 中, 1ㅎ≫放在他脚心上轉, 뎌 발빠당에 노하 구을리고. ❸⇔방착(放着). ≪朴諺, 上, 50ㅈ≫着孩兒盆子水裏放着, 아희ᄅᆞᆯ 盆子ㅅ 믈에 노흐면. ≪朴諺, 下, 7ㅎ≫放着一箇三隻脚鐵蝦蟆兒便是, ᄒᆞᆫ 세 발 가진 쇠두텁이 노흔 거시 곳 이라. ≪朴諺, 下, 48ㅈ≫朝東放着土牛, 東을 향ᄒᆞ여 土牛ᄅᆞᆯ 노코. ❹⇔방하(放下). ≪朴諺, 下, 21ㅈ≫前面放下, 앏픠 노코. ❺⇔착(着). ≪朴諺, 下, 44ㅎ≫着上些煤塊子, 져기 ᄆᆡ탄 덩이ᄅᆞᆯ 노코.

뇌(牢) 명 옥(獄). ⇔옥. ≪朴諺, 下, 36ㅎ≫監在牢裏, 옥에 갓텬ᄂᆞ뇨.

뇌(牢) 부 굳이. 굳게. ❶⇔구디. ≪朴諺, 中, 36ㅈ≫腰絟揷的牢, 빗당 ᄭᅩᆺ기ᄅᆞᆯ 구디 ᄒᆞ라. ≪朴諺, 中, 51ㅎ≫把那尾子挽的牢着, 뎌 ᄭᅩ리ᄅᆞᆯ다가 ᄆᆡ기ᄅᆞᆯ 구디 ᄒᆞ라. ❷⇔굿이. ≪朴諺, 上, 10ㅎ≫着墻板當着墻頭絟的牢着, 담 ᄡᆞᄂᆞᆫ 널로 담 머리에 막아 ᄆᆡ기ᄅᆞᆯ 굿(굿)이 ᄒᆞ고.

뇌(腦) 명 골치. 머릿골. ⇔골치. ≪朴諺, 中, 14ㅎ≫我今日腦疼頭旋, 내 오ᄂᆞᆯ 골치 앏파 머리 어즐ᄒᆞ고. ≪朴諺, 中, 15ㅈ≫奪腦(集覽, 朴集, 中, 2ㅎ: 奪腦. 奪字未詳. 鄕習傳解曰, ᄃᆡ고리 ᄲᆞᆫ 앏〈알〉프다. 奪, 音ᄃᆞ, 去聲讀.)疼的, 골치 ᄲᆞᆺ 앏프고.

뇌(擂) 동 치다[擊]. 두드리다. ⇔티다. ≪朴

諺, 上, 36ㅈ≫大哥山上擂皷, 큰형은 山에셔 붑 티고. ≪朴諺, 中, 5ㅈ≫站家擂皷, 站에셔 붑 티니. ≪朴諺, 下, 42ㅈ≫擂皷撞磬, 붑 티며 경 티고. ≪朴諺, 下, 60ㅎ≫擂皷打鑼, 붑 티고 바라 티고.

뇌고(擂鼓) 동 북을 두드리다. ≪朴諺, 上, 36ㅈ≫大哥山上擂皷, 큰형은 山에셔 붑 티고. ≪朴諺, 中, 5ㅈ≫站家擂皷(集覽, 朴集, 中, 1ㅈ: 站家擂皷. 舘驛門上皆設更鼓〈皷〉之樓, 凡使客入門必擊其鼓〈皷〉, 招集人衆, 應辦事務.), 站에셔 붑 티니. ≪朴諺, 下, 42ㅈ≫擂皷撞磬, 붑 티며 경 티고. ≪朴諺, 下, 60ㅎ≫擂皷打鑼, 붑 티고 바라 티고.

뇌아주(腦兒酒) 명 찹쌀로 지은 지에밥에 약재를 넣어서 디딘 누룩을 넣어 빚은 술. 빛깔이 붉은데 맛이 좋다고 한다. ≪朴諺, 上, 3ㅎ≫支與竹葉淸酒十五甁·腦兒酒(集覽, 朴集, 上, 1ㅎ: 腦兒酒. 質問云, 做酒用糯麴藥料爲蘗, 久封不動, 其色紅而味最純厚. 又云, 以糯米爲之, 酒之帶糟者. 又云, 好麴〈麯〉好米作酒, 成熟粘稠有味, 不用參和.)五桶, 竹葉淸酒 十五甁과 腦兒酒 五桶을 支與ᄒᆞ더라.

뇌여 부 다시. ❶⇔재(再). ≪朴諺, 上, 34ㅈ≫那和尙說再也不敢, 뎌 즁이 닐오ᄃᆡ 뇌여란 ᄉᆡᆼ심이나. ≪朴諺, 下, 36ㅎ≫再也敢和我打毬麼, 뇌여 ᄉᆡᆼ심이나 날과 당방올 티기 홀싸. ❷⇔재래(再來). ≪朴諺, 中, 18ㅈ≫再來休說這般不曉事的話, 뇌여란 이런 일 모로는 말 니ᄅᆞ디 말라. ≪朴諺, 中, 28ㅎ≫你再來休做, 네 뇌여란 ᄒᆞ디 말라.

뇌연 명 상전. 윗사람. ⇔사장(使長). ≪朴諺, 下, 37ㅎ≫孩兒使爺娘的, ᄌᆞ식은 어버의 거슬 ᄡᅳ고. 奴婢使使長的, 죵은 뇌연의 거슬 ᄡᅳᄂᆞ니.

뇌음사(雷音寺) 명 중국의 소설 서유기(西遊記)에 나오는 절 이름. ≪朴諺, 下, 3ㅈ≫西天取經去(集覽, 朴集, 下, 1ㅈ: 西天取經去. 西遊記云, 昔釋迦牟尼佛在西天靈山雷音寺, 撰成經·律·論三藏金經, 須送東土, 解度郡〈羣〉迷. 問諸菩薩, 往東土尋取經人來.)時莭(節), 西天의 經 가질라 갈 제. ≪朴諺, 下, 24ㅈ≫行者念金頭揭地·銀頭揭地·波羅僧揭地(集覽, 朴集, 下, 5ㅈ: 金頭揭地·銀頭揭地·波羅僧揭地. 西遊記云, 釋迦牟尼佛在靈山雷音寺演說三乘敎法, 傍有侍奉阿難·伽舍諸菩薩·聖僧·羅漢·八金剛·四揭地·十代明王·天仙·地仙.)之後, 行者ㅣ 金頭揭地와 銀頭揭地와 波羅僧揭地ᄅᆞᆯ 念ᄒᆞᆫ 後에.

뇌자(牢子) 명 옥졸(獄卒). 간수. ≪朴諺, 中, 52ㅈ≫年時牢子們走(集覽, 朴集, 中, 8ㅎ: 牢子走. 牢, 獄名, 繫重囚之所. 牢子, 守獄之卒也. 南村輟耕錄云, 牢子走者, 元時, 每歲一試之, 名曰放走, 亦名貴由赤, 俗謂快行是也.)的你見來麽, 젼년에 牢子들희 ᄃᆞ롬질을 네 본다. ≪朴諺, 中, 52ㅎ≫是誰家的牢子, 이 뉘 짓 牢子ㅣ러뇨. 跟張総兵使的牢子, 張総兵을 ᄯᆞ와 브리이는 牢子ㅣ러라.

뇌자주(牢子走) 명 뇌자(牢子)의 달리기 경주. ≪朴諺, 中, 52ㅈ≫年時牢子們走(集覽, 朴集, 中, 8ㅎ: 牢子走. 牢, 獄名, 繫重囚之所. 牢子, 守獄之卒也. 南村輟耕錄云, 牢子走者, 元時, 每歲一試之, 名曰放走, 亦名貴由赤, 俗謂快行是也.)的你見來麽, 젼년에 牢子들희 ᄃᆞ롬질을 네 본다.

뇌장(牢壯) 형 굳다. 견고하다. ⇔뇌장ᄒᆞ다(牢壯-). ≪朴諺, 上, 19ㅈ≫那雀舌兒牢壯便好, 뎌 혓쇠는 牢壯ᄒᆞ니 곳 됴타.

뇌장ᄒᆞ다(牢壯-) 형 굳다. 견고하다. ⇔뇌장(牢壯). ≪朴諺, 上, 19ㅈ≫那雀舌兒牢壯便好, 뎌 혓쇠는 牢壯ᄒᆞ니 곳 됴타.

뇌조(惱懆) 동 노(怒)하다. 성내다. 화를 내다. ⇔노ᄒᆞ다. ≪朴諺, 中, 28ㅎ≫老李聽了惱懆起來, 老李 듯고 노ᄒᆞ여 니러나.

뇌후(腦後) 명 뒤통수. ≪朴諺, 上, 39ㅎ≫叫將那剃頭(集覽, 朴集, 上, 11ㅈ: 剃頭. 漢俗, 凡梳頭者必剃去腦後頂上髮際細毛, 故曰剃頭.)的來, 뎌 머리 갓는 이ᄅᆞᆯ 블러

오라.

뇨 명 요(料). 녹봉. 급료(給料). ⇔월봉(月俸). ≪朴諺, 上, 11ㅈ≫我有兩箇月俸來關, 내 두 ᄃᆞᆯ 뇨 ᄐᆞᆯ 써시 이셰라.

-뇨 어미 -냐. -느냐. ≪集覽, 字解, 單字解, 5ㅎ≫虧. 損也, 少也. 虧你多少 네게 언메나 낟브뇨, 虧着我 내게 낟배라. 又次也. 吏語, 虧兌 원수에셔 ᄉᆡ다. ≪朴諺, 上, 1ㅈ≫咱們消愁解悶如何, 우리 消愁解悶홈이 엇더ᄒᆞ뇨. ≪朴諺, 上, 22ㅈ≫咱們下一局賭輸嬴(贏)如何, 우리 ᄒᆞᆫ 판 두어 지며 이긔믈 더느미 엇더ᄒᆞ뇨. ≪朴諺, 上, 44ㅈ≫你做饋我荷包如何, 네 날을 주머니ᄅᆞᆯ ᄆᆡᆫᄃᆞ라 줌이 엇더ᄒᆞ뇨. ≪朴諺, 上, 46ㅎ≫今年馬價如何, 올히 ᄆᆞᆯ 갑시 엇더ᄒᆞ뇨. ≪朴諺, 上, 52ㅎ≫你打饋我兩張弓如何, 네 나ᄅᆞᆯ 두 댱 활을 ᄆᆡᆫᄃᆞ라 주미 엇더ᄒᆞ뇨. ≪朴諺, 上, 63ㅈ≫對換如何, 막밧곰이 엇더ᄒᆞ뇨. ≪朴諺, 中, 5ㅈ≫隨從幾箇, 隨從이 몃치나 ᄒᆞ뇨. ≪朴諺, 中, 7ㅈ≫馬們怎麽來的遲, ᄆᆞᆯ들히 엇디 옴이 더듸뇨. ≪朴諺, 中, 35ㅈ≫如今怎麽那般賊廣, 이제 엇디 뎌리 도적이 흔ᄒᆞ뇨. ≪朴諺, 中, 38ㅈ≫葱白的三兩銀子如何, 葱白에ᄂᆞᆫ 석 냥 은에 홈이 엇더ᄒᆞ뇨. ≪朴諺, 中, 52ㅎ≫在那裏走來, 어ᄃᆡ셔 ᄃᆞᄅᆞ뇨. ≪朴諺, 中, 55ㅎ≫怎麽這般蠅子廣, 엇디 이리 ᄑᆞ리 흔ᄒᆞ뇨. ≪朴諺, 下, 1ㅈ≫這的是誰的不是, 이거시 이 뉘 올티 아니ᄒᆞ뇨. ≪朴諺, 下, 6ㅈ≫你爲甚麽這炕面上灰泥的不平正, 네 므서슬 위ᄒᆞ여 이 炕面 灰 ᄇᆞᄅᆞ미 平正티 못ᄒᆞ뇨. ≪朴諺, 下, 29ㅈ≫如今銀子如何, 이제 은이 엇더ᄒᆞ뇨. ≪朴諺, 下, 38ㅈ≫幾時行, 언제 가뇨. ≪朴諺, 下, 41ㅈ≫留幾日來, 몃츨을 머므로뇨. ≪朴諺, 下, 45ㅈ≫爲甚麽, 므서슬 위ᄒᆞ여뇨. ≪朴諺, 下, 58ㅎ≫春秋何似, 春秋ㅣ 언머나 ᄒᆞ뇨.

누(婁) 명 누수(婁宿). 이십팔수(二十八宿)의 하나. 서방(西方) 백호 칠수(白虎七宿) 가운데 둘째 별이다. ≪朴諺, 中, 54ㅈ≫婁增, 婁ᄂᆞᆫ 增ᄒᆞ고.

누(摟) 동 (손이나 도구를 사용하여 물건을 자기 앞으로) 긁어모으다. ⇔헐다. ≪朴諺, 中, 20ㅈ≫把摟(集覽, 朴集, 中, 3ㅎ: 摟草. 摟, 探聚也. 收禾登場, 截穗取實, 亂撒禾稭在場, 仍而摟聚者曰摟草.)草二錢半一束(束)家, 허튼 딥흔(흘)다가 돈 둘 반에 ᄒᆞᆫ 뭇식 ᄒᆞ여.

누(漏) 동 새다[漏]. ⇔ᄉᆡ다. ≪朴諺, 上, 13ㅈ≫布帒不漏麽, 布帒 ᄉᆡ디 아니ᄒᆞᄂᆞ냐. ≪朴諺, 上, 13ㅈ≫新布帒那裏怕漏, 새 布帒니 어ᄃᆡ ᄉᆡᆯ가 저프리오. ≪朴諺, 中, 40ㅈ≫房子都漏, 집이 다 ᄉᆡᆫ다. ≪朴諺, 中, 40ㅈ≫只越漏了, 그저 더옥 ᄉᆡ니.

누(壘) 동 뭇다. 쌓다. ⇔무으다. ≪朴諺, 下, 13ㅈ≫前面壘一箇花臺兒, 前面에 ᄒᆞᆫ 花臺ᄅᆞᆯ 무으고.

누고 대 누구. ⇔나일개(那一箇). ≪集覽, 字解, 單字解, 3ㅎ≫那. 平聲, 音노, 推移也. 那一那 논힐후다. 上聲 나, 何也. 那裏 어듸, 那箇 어늬. 又誰也. 那一箇 누고. 去聲 나. 那裏, 彼處也. 那箇 뎌것. 又語助. 有那沒 잇ᄂᆞ녀 업스녀.

누곤(累滾) 명 소용돌이. ⇔믈왑. ≪集覽, 字解, 單字解, 2ㅈ≫滾. 煮水使沸曰滾滾花水 글른 믈. 又輪轉曰滾滾了 구으다, 字作輥. 又通共和雜曰累滾 ᄒᆞᆫ 믈와비라. 又滾子 방올.

누금(鏤金) 동 금 따위 금속에 무늬를 아로새기다. 또는 그렇게 새긴 금속. ≪朴諺, 中, 45ㅈ≫將鏤金香爐來, 鏤金 香爐ᄅᆞᆯ 가져다가.

누다 동 (오줌) 누다. ≪朴諺, 上, 50ㅎ≫把溺胡蘆正着那窟籠裏放了, 오좀 누ᄂᆞᆫ 박을다가 바로 뎌 굼긔 노코.

누로다 형 누르다[黃]. ⇔황(黃). ≪朴諺, 上, 46ㅎ≫五箇黃毛施布, 닷 필 누론 모시뵈와. ≪朴諺, 下, 33ㅈ≫黃燒餅, 누론 쇼병과.

누루(累累) 동 첩첩이 쌓이다. ≪朴諺, 中, 32ㅈ≫有累累垂垂石, 累累 垂垂ᄒᆞᆫ 돌히

이시며.

누리다 형 누리다. ⇔훈(葷). ≪朴諺, 上, 49ㅎ≫休喫酸·甜·腥·葷等物, 싄 것 둔 것 비린 것 누린 것들을 먹디 말고.

누비옷 명 누비옷. ⇔납오(衲襖). ≪朴諺, 上, 33ㅈ≫穿着衲襖將着鉢盂, 누비옷 닙고 에우아리 가지고.

누상(樓上) 명 누각의 위. ≪朴諺, 中, 44ㅈ≫若你也到我樓上, 만일 너도 내 樓上에 오면.

누외(樓外) 명 누각의 밖. ≪朴諺, 中, 43ㅎ≫亦看樓外滿池荷花, 쏘 樓外ㅅ 못에 ᄀ득 흔 년곳츨 보노니.

누우다 동 (피륙을) 누이다. ⇔연(練). ≪朴諺, 中, 4ㅈ≫十箇絹練的熟到着, 열 필 깁을 누우기를 닉게 잇긋 ᄒ라.

누우쑬다 동 드러누워서 (이리저리) 뒹굴다. ⇔와도타곤(臥倒打滾). ≪朴諺, 上, 38ㅎ≫不住的臥倒打滾, 머므디 아니ᄒ고 누우쑤러. 一宿不喫草, ᄒ롯밤을 여믈을 먹디 아니ᄒ니.

누이다 동 누이다[臥]. ⇔와(臥). ≪朴諺, 上, 50ㅎ≫着孩兒臥着, 아히로 ᄒ여 누이고.

누자(累字) 명 한 글자 이상으로 된 단어. ≪集覽, 凡例≫單字·累字之解, 只取老乞大·朴通事中所載者爲解.

누초(摟草) 명 (손이나 도구를 써서 자기 앞으로) 긁어모은 짚. ⇔허튼딥ㅎ. ≪朴諺, 中, 20ㅈ≫把摟草(集覽, 朴集, 中, 3ㅎ: 摟草. 摟, 探聚也. 收禾登場, 截穗取實, 亂撒禾稭在場, 仍而摟聚者曰摟草.)二錢半一束(束)家, 허튼 딥흔(흘)다가 돈 둘 반에 흔 뭇식 ᄒ여.

누취(摟聚) 동 (손이나 도구를 써서 물건을 자기 앞으로) 끌어 모으다. ≪朴諺, 中, 20ㅈ≫把摟草(集覽, 朴集, 中, 3ㅎ: 摟草. 摟, 探聚也. 收禾登場, 截穗取實, 亂撒禾稭在場, 仍而摟聚者曰摟草.)二錢半一束(束)家, 허튼 딥흔(흘)다가 돈 둘 반에 흔 뭇식 ᄒ여.

눈 명 ❶눈[雪]. ⇔설(雪). ≪朴諺, 上, 28ㅈ≫鞍子是雪白鹿角邊兒, 기ᄅ마는 이 눈ᄀ티 흰 鹿角 邊児에. ❷눈[目]. ⇔안(眼). ≪朴諺, 上, 52ㅎ≫叫將那斜眼的弓匠王五來, 뎌 눈흙뵌 弓匠 王五를 블러오라. ≪朴諺, 上, 62ㅈ≫噴鼻眼花的是紅白荷花, 코헤 쐼기고 눈에 밤읜 거슨 이 紅白荷花러라. ≪朴諺, 中, 1ㅎ≫弄的只是眼花了, 농ᄒ기를 그저 눈이 바믜엿게 ᄒ고. ≪朴諺, 中, 43ㅈ≫睜着驢眼, 나귀 눈 브르쓰듯 ᄒ고. ≪朴諺, 中, 47ㅈ≫眼花的不辨東西, 눈이 밤의여 동셔를 분변티 몯ᄒ고. ≪朴諺, 中, 48ㅈ≫眼脂兒眼角裏流下來, 눈쏩이 눈 ᄉ석에 흘러ᄂ리되. ≪朴諺, 下, 19ㅎ≫大仙睜開雙眼道, 大仙이 두 눈을 브릅쓰고 닐오ᄃ. ≪朴諺, 下, 31ㅎ≫燈盞也似兩隻眼, 등잔 ᄀ튼 두 눈에. ≪朴諺, 下, 44ㅎ≫瞓眼熟了, 눈 곰족일 사이에 니그리라. ≪朴諺, 下, 48ㅎ≫睜着眼, 눈을 브르쓰고. ❸(바둑에서의) 집. ⇔안(眼). ≪朴諺, 上, 22ㅎ≫你的穀子多沒眼碁, 네 주긴 ᄆ이 만ᄒ니 눈 업슨 바독이로다.

눈섭 명 눈썹. ⇔미(眉). ≪朴諺, 中, 23ㅈ≫眉秀垂楊(集覽, 朴集, 中, 6ㅈ: 眉秀垂楊. 佛十相, 有眉細垂楊相.), 눈섭은 垂楊이 쌔여난 ᄃᄒ도다.

눈쏩 명 눈곱. ⇔안지아(眼脂兒). ≪朴諺, 中, 48ㅈ≫眼脂兒眼角裏流下來, 눈쏩이 눈 ᄉ석에 흘러ᄂ리되.

눈에치 명 눈에 난 치. ('치'는 말이나 노새 등의 눈 가운데가 부어올라 연골과 같이 굳어지는 병) ⇔골안(骨眼). ≪朴諺, 上, 38ㅎ≫我的赤馬害骨眼(集覽, 朴集, 上, 11ㅈ: 骨眼. 質問云, 馬害肚疼打滾, 割眼內肉, 方言謂之㲉眼, 音姑.), 내 졀짜ᄆ이 눈에 치 알하. ≪朴諺, 上, 39ㅈ≫張五你饋我醫馬骨眼, 張五ㅣ야 네 나를 ᄆ 눈에 치 고텨 주고.

눈흙븨다 동 사팔눈이 되다. ≪朴諺, 上, 52ㅎ≫叫將那斜眼的弓匠王五來, 뎌 눈흙뵌 弓匠 王五를 블러오라.

눌 대 누구. 누구를. ⇔수(誰). ≪朴諺, 上, 2ㅎ≫着誰去討, 눌로 ᄒᆞ여 가 어더 오료. ≪朴諺, 下, 39ㅈ≫我這上直着誰當着, 내 이 上直을 눌로 ᄒᆞ여 당ᄒᆞ리오.

눕다 동 눕다. ⇔와(臥). ≪朴諺, 中, 1ㅈ≫赤條條的仰白着臥, 벌거케 올올이 잣바누어.

뉘 대 ❶누구. ⇔수(誰). ≪朴諺, 下, 41ㅈ≫陰陽人是誰, 陰陽ᄒᆞᄂᆞᆫ 사ᄅᆞᆷ은 이 뉘러뇨. ≪朴諺, 下, 58ㅈ≫小人門前有客是誰, 小人의 문 앏픠 客이 이시니 이 뉜고. ❷누구가. ⇔수(誰). ≪朴諺, 上, 18ㅈ≫你那金帶是誰廂的, 네 뎌 금띄를 뉘 젼메웟ᄂᆞ뇨. ≪朴諺, 中, 31ㅈ≫他要變時誰保他, 뎨 변코져 ᄒᆞ면 뉘 뎌를 긔수ᄒᆞ리오. ≪朴諺, 中, 50ㅎ≫誰喫蘿蔔打噎咈, 뉘 무우 먹고 트림ᄒᆞ엿ᄂᆞ뇨. ≪朴諺, 中, 52ㅎ≫年時誰先走來, 젼년에 뉘 몬져 ᄃᆞᄅᆞ뇨. ≪朴諺, 下, 1ㅈ≫這的是誰的不是, 이거시 이 뉘 올티 아니ᄒᆞ뇨. ≪朴諺, 下, 43ㅈ≫誰碎盆來, 뉘 소라를 ᄣᆞ리ᄃᆞ뇨. ❸누구의. ⇔수(誰). ≪朴諺, 中, 52ㅎ≫是誰家的牢子, 이 뉘 짓 牢子ㅣ러뇨.

뉘읏춤 명 게거품. (몹시 괴롭거나 흥분했을 때 입에서 나오는 거품 같은 침) ⇔냉질(冷疾). ≪朴諺, 下, 2ㅈ≫冷疾發的當不的, 뉘읏춤이 나 당티 못ᄒᆞ니.

늙다 동 늙다. ⇔노(老). ≪朴諺, 上, 37ㅈ≫一箇老子當路睡, ᄒᆞᆫ 늘근 사ᄅᆞᆷ이 길희 당ᄒᆞ여 자거든.

늠(檁) 명 도리. ⇔납. ≪朴諺, 下, 12ㅎ≫檁, 납. 樑, ᄆᆞᄅᆞ. 椽, 혀. 柱, 기동. 短柱, 短柱. 又竪, 쟉슈. 門框, 門얼굴. 門扇, 門짝. 吊窓, 들창. 天窓, 울어리창. 雙扇, 상다디. 單扇, 외다디. 窓欞, 창살로.

늠급(廩給) 명 정관(正官)에게 나누어 주던 녹봉(봉급). ≪朴諺, 上, 9ㅈ≫小人也得了箚付關字(集覽, 朴集, 上, 4ㅎ: 関字. 音義云. 支〈支〉應馬匹〈疋〉幷廩給者, 体式詳見求政錄.)便上馬, 小人도 箚付 関字를 어드면 곳 上馬ᄒᆞ리로다. ≪朴諺, 中, 5ㅎ≫分例支應(集覽, 朴集, 中, 1ㅈ: 分例支應. 正官曰廩給, 從人曰口粮, 通謂之分例.), 分例로 支應ᄒᆞ라.

늦다 형 늦다. ❶⇔만(晩). ≪朴諺, 上, 57ㅈ≫喫筵席儘晩入城來, 이바디 먹고 잇긋 늣게야 자 안에 드러올 거시니. ≪朴諺, 下, 14ㅎ≫時常這般早聚晩散麼, 시샹에 이리 일 모다 늣게야 흣터디ᄂᆞ냐. ❷⇔조만(早晩). ≪集覽, 字解, 累字解, 1ㅎ≫早晩. 這早晩 이 늣도록. 又問何時曰, 多早晩 어느 ᄢᅴ.

능(能) 부 ❶능(能)히. ⇔능히. ≪朴諺, 中, 9ㅎ≫不能養活, 능히 養活티 못ᄒᆞ니. ≪朴諺, 中, 19ㅈ≫有緣千里能相會, 인연이 이시면 千里라도 능히 서ᄅᆞ 못ᄃᆞᆺ고. 無緣對面不相逢, 인연이 업스면 ᄂᆞᆺ촐 ᄃᆡᄒᆞ여도 서ᄅᆞ 만나디 못ᄒᆞᄂᆞ니. ≪朴諺, 中, 44ㅈ≫着碁論談能消日, 바독 두며 論談ᄒᆞ야 능히 消日ᄒᆞ고. ≪朴諺, 下, 13ㅎ≫能盖萬間房, 능히 萬間 房을 지어도. 夜眠一廈間, 밤의 一廈 間에 잔다 ᄒᆞᄂᆞ니라. ❷잘. ⇔잘. ≪集覽, 字解, 單字解, 7ㅎ≫走. 行也. ᄃᆞᆫ니다. 又逃回曰走回. 又跑也. 能走·快走 잘 ᄃᆞᆫᄂᆞ다. 又透漏也. 走話. 又洩也. 走了氣 김 나다.

능(綾) 명 비단의 하나. 얼음 같은 무늬가 있고 얇다. ⇔능자(綾子). ≪朴諺, 中, 3ㅎ≫這楊(揚)州綾子滿七托長, 이 楊(揚)州ㅅ 綾이 닐곱 발 기릐 ᄎᆞ고. ≪朴諺, 下, 11ㅈ≫藍長綾一箇, 藍 자 긴 綾 ᄒᆞᆫ 필을.

능구(能勾) 부 ❶가(可)히. 넉넉히. ⇔어루. ≪集覽, 字解, 單字解, 3ㅎ≫勾. 平聲, 曲也. 勾龍, 社神, 勾芒, 春神, 勾吳, 地名. 今按, 俗語勾了 유여ᄒᆞ다, 又에우다. 又能勾 어루, 又유여히. 又吏語, 勾取 자피다, 又勾攝公事 공ᄉᆞ로 블리다, 又勾喚 블리다. 又去聲, 勾當, 幹管也, 又事也, 勾當亦去聲. ❷유여(有餘)히. 넉넉히. ⇔유여히. ≪集覽, 字解, 單字解, 3ㅎ≫勾. 平聲, 曲也. 勾龍, 社神, 勾芒, 春神, 勾吳, 地名. 今按, 俗語勾了 유여ᄒᆞ다, 又에

우다. 又能勾 어루, 又유여히. 又吏語, 勾取 자피다, 又勾攝公事 공ᄉᆞ로 블리다, 又勾喚 블리다. 又去聲, 勾當, 幹管也, 又事也, 勾當亦去聲. ≪朴諺, 中, 53ㅈ≫怎能勾得, 엇디 유여히 어드리오.

능소화(凌霄花) 명 능소화과의 낙엽 활엽 덩굴나무. 여름에 깔때기 모양의 누르스름한 꽃이 핀다. ≪朴諺, 中, 44ㅎ≫將苕箒(集覽, 朴集, 中, 8ㅈ: 苕箒. 周禮桃茢鄭云, 茢, 苕箒也, 苕, 葦華也. 今按, 苕乃凌霄花也, 苕帚之苕, 作芀是.)來掃的乾淨着, 닛븨 가져다가 ᄡᅳᆯ기ᄅᆞᆯ 간졍히 ᄒᆞ고.

능자(綾子) 명 비단의 하나. 얼음 같은 무늬가 있고 얇다. ⇔능(綾). ≪朴諺, 中, 3ㅎ≫這楊(揚)州綾子滿七托長, 이 楊(揚)州ㅅ 綾이 닐굽 발 기릐 ᄎᆞ고.

능주(能走) 동 아주 잘 달리다. ≪集覽, 字解, 單字解, 7ㅎ≫走. 行也. ᄃᆞᆫ니다. 又逃回曰走回. 又跑也. 能走·快走 잘 ᄃᆞᆫᄂᆞ다. 又透漏也. 走話. 又洩也. 走了氣 김 나다.

능히 부 능(能)히. ⇔능(能). ≪朴諺, 中, 9ㅎ≫不能養活, 능히 養活티 못ᄒᆞ니. ≪朴諺, 中, 19ㅈ≫有緣千里能相會, 인연이 이시면 千里라도 능히 서ᄅᆞ 못ᄃᆞᆺ고. 無緣對面不相逢, 인연이 업스면 ᄂᆞᆺ촐 ᄃᆡᄒᆞ여도 서ᄅᆞ 만나디 못ᄒᆞᄂᆞ니. ≪朴諺, 中, 44ㅈ≫着碁論談能消日, 바독 두며 論談ᄒᆞ야 능히 消日ᄒᆞ고. ≪朴諺, 下, 13ㅎ≫能盖萬間房, 능히 萬間 房을 지어도. 夜眠一廈間, 밤의 一廈 間에 잔다 ᄒᆞᄂᆞ니라.

니 명 이[齒]. ❶⇔아(牙). ≪朴諺, 中, 29ㅎ≫只是一剗狼牙也似, 그저 ᄒᆞᆫ골ᄀᆞ티 일희 니 ᄀᆞᄐᆞ니. ≪朴諺, 下, 44ㅈ≫牙疼的當不的, 니 알파 당티 못ᄒᆞ여라. ❷⇔치(齒). ≪朴諺, 中, 23ㅈ≫齒排柯雪(集覽, 朴集, 中, 6ㅈ: 齒排柯雪. 謂齒如雪堆枝柯之上, 淨白頓整之形, 似人所編排然. 佛三十二相, 有四十齒相, 有齒白淨相, 有齒齊密相.), 니ᄂᆞᆫ 柯雪이 버릿ᄂᆞᆫ ᄃᆞᆺᄒᆞ고.

-니 어미 -니. ❶(받침 없는 동사 어간에 붙는 연결어미) ≪朴諺, 上, 1ㅈ≫又逢着這春二三月好時莭(節), 또 이 봄 二三月 됴흔 時莭(節)을 만나시니. ≪朴諺, 上, 21ㅎ≫今日下雨正好下碁, 오ᄂᆞᆯ 비 오니 졍히 바독 두기 됴타. ≪朴諺, 上, 38ㅎ≫一宿不喫草, ᄒᆞᄅᆞᆺ밤을 여믈을 먹디 아니ᄒᆞ니. ≪朴諺, 上, 47ㅈ≫不理會的, 아디 못ᄒᆞ니. ≪朴諺, 上, 66ㅈ≫迴來到這永寧寺裏, 이 永寧寺에 도라오니. ≪朴諺, 中, 7ㅈ≫這馬都不中, 이 ᄆᆞᆯ이 다 맛당티 아니ᄒᆞ니. ≪朴諺, 中, 14ㅎ≫又不會做飯, 또 밥 짓기ᄅᆞᆯ 아디 못ᄒᆞ니. ≪朴諺, 中, 36ㅈ≫角頭店裏買段子去裏, 모롱이 店에 비단 사라 가니. ≪朴諺, 中, 47ㅈ≫只那般去了, 그저 그런 재 가니. ≪朴諺, 中, 60ㅎ≫反上反下, 도로혀 올리락 도로혀 ᄂᆞ리오락 ᄒᆞᆫ다 ᄒᆞ니. ≪朴諺, 下, 10ㅈ≫罵了走出去了, ᄭᅮ짓고 ᄃᆞ라나니. ≪朴諺, 下, 20ㅈ≫更打了我兩鐵棒, 또 우리ᄅᆞᆯ 두 번 쇠막대로 티니. ≪朴諺, 下, 26ㅎ≫官人捨不的錢那裏買的, 官人이 쳔을 앗기니 어ᄃᆡ 사리오. ≪朴諺, 下, 36ㅈ≫崔舍又打上, 崔개 또 텨 올리니. ≪朴諺, 下, 49ㅈ≫各飯店·酒肆裡繞着走, 各 飯店과 酒肆에 두로 ᄃᆞᄅᆞ니. ≪朴諺, 下, 61ㅈ≫撞着射殺, 만나 쏘아 죽기니. ❷(받침 없는 형용사의 어간에 붙는 연결어미) ≪朴諺, 上, 13ㅈ≫那的有四箇小車兒, 뎌 네 젹은 술위 이시니. ≪朴諺, 上, 22ㅎ≫你的殺子多沒眼碁, 네 주긴 ᄆᆞᆯ이 만ᄒᆞ니 눈 업슨 바독이로다. ≪朴諺, 上, 43ㅈ≫我有明綠紵絲, 내게 明綠빗치 비단이 이시니. ≪朴諺, 上, 55ㅈ≫敢知道, 알 ᄃᆞᆺᄒᆞ니. ≪朴諺, 上, 57ㅎ≫孟舍有兩箇油紙帽兒, 孟가의게 두 油紙帽ㅣ 이시니. ≪朴諺, 上, 60ㅈ≫有聖旨裏盖來的兩座瑠璃閣, 聖旨로 지은 兩座 瑠璃閣이 이시니. ≪朴諺, 上, 60ㅎ≫兩閣中間有三叉石橋, 두 집 ᄉᆞ이에 세 가래 石橋ㅣ 이시니. ≪朴諺, 上, 63ㅈ≫咱有一件東西, 우리 ᄒᆞᆫ 가짓 거시 이시니. ≪朴諺, 中, 18ㅎ≫那的

有法度, 뎌는 法度ㅣ 이시니. ≪朴諺, 中, 55ㅎ≫這房子水芹田近, 이 집이 미나리 밧티 갓가오니. ≪朴諺, 下, 44ㅈ≫有些胡撥氣, 져기 노린내 이시니. ≪朴諺, 下, 53ㅈ≫執結是實, 執結이 이 실ᄒᆞ니.

-니 조 -니. ≪朴諺, 上, 13ㅈ≫新布帒那裏怕漏, 새 布帒니 어ᄃᆡ 싈가 저프리오. ≪朴諺, 中, 31ㅎ≫如今更秋凉丹楓八月好時莭(節), 이제 또 秋凉 丹楓 八月 됴흔 ᄢᅢ니.

니기다 동 (흙을) 이기다. ⇔화(和). ≪朴諺, 下, 5ㅎ≫這裏和泥, 예셔 흙 니기라.

-니라 어미 -니라. ≪集覽, 字解, 單字解, 4ㅎ≫便. 去聲, 卽也. 便行 즉재 가니라, 便去 즉재 가리라, 又즉재 가다. ≪朴諺, 上, 6ㅈ≫浸在氷盤裏好生好看, 氷盤에 ᄌᆞᆷ가 두면 ᄀᆞ장 보기 됴ᄒᆞ니라. ≪朴諺, 上, 19ㅎ≫圓眼來大的好明淨, 龍眼만치 크고 ᄀᆞ장 明淨ᄒᆞ니라. ≪朴諺, 上, 24ㅈ≫君子一言快馬一鞭, 君子는 一言이오 快馬는 一鞭이라 ᄒᆞ니라. ≪朴諺, 上, 51ㅎ≫養子方知父母恩, ᄌᆞ식을 길러야 보야흐로 父母 은혜를 안다 ᄒᆞ니라. ≪朴諺, 中, 14ㅎ≫我這吳舍生受服事我來, 우리 이 吳舍ㅣ 슈고로이 날을 服事ᄒᆞ여 오니라. ≪朴諺, 中, 24ㅈ≫萬刼再逢難, 萬劫이라도 다시 만나기 어려오니라. ≪朴諺, 中, 35ㅈ≫因此上賊廣, 이런 젼ᄎᆞ로 도직(적)이 흔ᄒᆞ니라. ≪朴諺, 中, 45ㅈ≫家齊而後國治, 집이 ᄀᆞ즉ᄒᆞᆫ 후에 나라히 다ᄉᆞ다 ᄒᆞ니라. ≪朴諺, 中, 49ㅎ≫死不在老少, 죽기 老少에 잇디 아니ᄒᆞ니라. ≪朴諺, 中, 55ㅈ≫大時看的蠢坌了, 크면 보기 멀터오니라. ≪朴諺, 下, 10ㅎ≫這的無緣衆生難化, 이런 인연 업슨 衆生은 化키 어려오니라. ≪朴諺, 下, 13ㅎ≫除好淸高, 벼슬이 ᄀᆞ장 淸高ᄒᆞ니라. ≪朴諺, 下, 25ㅈ≫殺人一萬, 사ᄅᆞᆷ 一萬을 죽이면. 自損三千, ᄉᆞᄉᆞ로 三千을 손ᄒᆞᆫ다 ᄒᆞ니라. ≪朴諺, 下, 41ㅈ≫三來, 사흘을 ᄒᆞ니라. ≪朴諺, 下, 50ㅈ≫皇城是平則門, 皇城은 이 平則門이니라. ≪朴諺, 下, 62ㅈ≫賣劒賣與烈士, 劒을 ᄑᆞᆯ매 烈士의게 ᄑᆞᆯ고. 臙粉贈與佳人, 臙粉은 佳人의게 준다 ᄒᆞ니라.

니러나다 동 ❶일어나다. ⇔기래(起來). ≪朴諺, 中, 28ㅎ≫老李聽了惱懆起來, 老李 듯고 노ᄒᆞ여 니러나. ≪朴諺, 中, 47ㅈ≫他酒醒了起來不覺, 뎨 술이 ᄭᅵ여 니러나 ᄭᅵ티디 몯ᄒᆞ고. ≪朴諺, 下, 48ㅈ≫那灰忽然飛將起來後頭, 뎌 ᄌᆡ 忽然히 ᄂᆞ라 니러난 후에야. ❷일어나다. 생겨나다. ⇔발기(發起). ≪朴諺, 中, 28ㅈ≫假如明日事發起來時, 만일 明日에 일이 니러나면.

니르다 동 이르다[至]. ❶⇔도(到). ≪朴諺, 中, 14ㅈ≫到城裏都賣了, 셔울 니르러 다 ᄑᆞ랏노라. ❷⇔지(至). ≪朴諺, 中, 16ㅈ≫煎至七分, 달혀 七分에 니르거든.

니르다 동 이르다. 말하다. ⇔설(說). ≪朴諺, 上, 47ㅈ≫我說與你, 내 너ᄃᆞ려 니르마.

니르키다 동 일으키다. ⇔기래(起來). ≪朴諺, 中, 35ㅈ≫吹起火來, 블을 부러 니르켜.

니르혀다 동 일으키다. ⇔기래(起來). ≪朴諺, 中, 31ㅈ≫他如今氣象大起來時, 뎨 이제 氣象을 크게 니르혀면.

니르히 부 이르도록. ⇔지(至). ≪朴諺, 下, 12ㅎ≫以至升斗, 뼈 바리와. 石, 돌과. 塼, 벽과. 培瓦, 培瓦에 니르히. 都有, 다 이셰라.

-니리 어미 -니라. '리'는 '라'의 잘못. ≪朴諺, 上, 17ㅈ≫五六十托麁麻線也放不勾, 五六十 발 굴근 삼실이라도 노키 유여티 몯ᄒᆞ니리(라).

니ᄅᆞᄂᆞ다 동 이르느냐. (…라고) 말하느냐. ⇔마도(麽道). ≪集覽, 字解, 單字解, 4ㅎ≫麽. 本音모. 俗用爲語助辭, 音마, 古人皆呼爲모, 故或通作莫. 怎麽 엇디, 來麽 오나라. 又用如乎字之意者則曰, 去麽 갈다, 有麽 잇ᄂᆞ녀. 元語, 麽道 니ᄅᆞᄂᆞ다, 麽音ᄆᆞ, 今不用.

니ᄅᆞ다 동 이르다[至]. ❶⇔도(到). ≪朴諺, 上, 66ㅎ≫不到三歲下世去的也有的, 三歲에 니ᄅᆞ디 몯ᄒᆞ여셔 下世ᄒᆞ여 가ᄂᆞ니

도 잇ᄂᆞ니라. ≪朴諺, 下, 12ㅈ≫如書到日, 만일 글이 니ᄅᆞᄂᆞᆫ 날이면. ≪朴諺, 下, 19ㅈ≫唐僧也引徒弟去到王所, 唐僧이 ᄯᅩ 徒弟ᄅᆞᆯ ᄃᆞ리고 王의 곳에 니ᄅᆞ니. ≪朴諺, 下, 39ㅈ≫送到那裡時也有些情分, 보내여 뎌긔 니ᄅᆞ면 져기 情分이 이실랏다. ≪朴諺, 下, 45ㅈ≫夜飯少一口, 夜飯은 ᄒᆞᆫ 입을 젹게 ᄒᆞ면. 活到九十九, 살기ᄅᆞᆯ 九十九에 니른다 ᄒᆞ니라. ≪朴諺, 下, 48ㅈ≫到鼓樓前面, 鼓樓 앏히 니ᄅᆞ러. ❷⇔저(抵). ≪朴諺, 下, 16ㅈ≫妄告官司抵罪反坐, 망녕되이 官司에 고ᄒᆞ면 죄 反坐에 니ᄅᆞᄂᆞ니라. ❸⇔지(至). ≪朴諺, 上, 31ㅈ≫限至周年, 限을 周年에 니ᄅᆞ게 ᄒᆞ여. ≪朴諺, 上, 54ㅈ≫其銀限至下年幾月內, 그 은을 限이 ᄂᆡ년 아므 ᄃᆞᆯ ᄂᆡ에 니ᄅᆞ게 ᄒᆞ야. ≪朴諺, 中, 53ㅈ≫福不至萬事難, 福이 니ᄅᆞ디 아니면 萬事ㅣ 어렵다 ᄒᆞᄂᆞ니라. ❹⇔치(致). ≪朴諺, 上, 54ㅈ≫不致拖欠, 믄그어 ᄲᅥᄅᆞ팀애 니ᄅᆞ게 말고.

니ᄅᆞ다 동 이르다. 말하다. ❶⇔도(道). ≪集覽, 字解, 單字解, 4ㅎ≫麼. 本音모. 俗用爲語助辭, 音마, 古人皆呼爲모, 故或通作莫. 怎麼 엇디, 來麼 오나라. 又用如乎字之意者則曰, 去麼 갈다, 有麼 잇ᄂᆞ녀. 元語, 麼道 니ᄅᆞᄂᆞ다, 麼音ᄆᆞ, 今不用. ≪朴諺, 上, 7ㅎ≫古人道, 古人이 니ᄅᆞ되. ≪朴諺, 上, 49ㅎ≫難道難道, 니ᄅᆞ기 어렵다 니ᄅᆞ기 어렵다. ≪朴諺, 上, 51ㅎ≫古人道, 古人이 니ᄅᆞ되. ≪朴諺, 中, 6ㅎ≫舍人道做甚麼飯, 舍人아 니ᄅᆞ라 므슴 밥을 지으료. ≪朴諺, 中, 26ㅈ≫休道是街上百姓的, 이 거릿 百姓의 거슨 니ᄅᆞ디 말리라. ≪朴諺, 中, 46ㅈ≫你却不道首領官署了卷廳上不曾押裏, 네 ᄯᅩ 首領官은 권에 일홈두고 廳上이 일즙 슈례두디 아녓다 니ᄅᆞ디 아니ᄒᆞ던다. ≪朴諺, 中, 53ㅈ≫休道是偌多鈔錠段子, 이 만ᄒᆞᆫ 鈔錠과 비단을 니ᄅᆞ디 말라. ≪朴諺, 中, 57ㅈ≫硬道是這們, 구틔여 이리 니ᄅᆞᆯ다. ≪朴諺, 下, 1ㅎ≫休道黃金貴, 黃金을 귀타 니ᄅᆞ디 말라. ≪朴諺, 下, 10ㅈ≫道罷, 니ᄅᆞ기ᄅᆞᆯ ᄆᆞᄎᆞ매. ≪朴諺, 下, 39ㅎ≫古人道, 古人이 니ᄅᆞ되. ≪朴諺, 下, 40ㅎ≫難道不要工錢, 工錢을 받디 아니리라 니ᄅᆞ기 어렵다. ≪朴諺, 下, 57ㅎ≫小廝道, 아ᄒᆡ 니ᄅᆞ되. ≪朴諺, 下, 60ㅎ≫道罷, 니ᄅᆞ기ᄅᆞᆯ ᄆᆞᄎᆞ매. ❷⇔설(說). ≪朴諺, 上, 3ㅈ≫我到那衙門裡堂上官說了, 내 뎌 衙門에 가 堂上官의게 니ᄅᆞ니. ≪朴諺, 上, 16ㅈ≫這的你不湏(須)說, 이란 네 모롬이 니ᄅᆞ디 말라. ≪朴諺, 上, 36ㅈ≫我說幾箇謎, 내 여러 슈지엣말 니ᄅᆞᆯ 거시니. ≪朴諺, 上, 49ㅎ≫你說甚麼話, 네 므슴 말 니ᄅᆞᄂᆞᆫ다. ≪朴諺, 上, 59ㅎ≫且說一說着, 아직 니ᄅᆞ라. 我說與你, 내 너ᄃᆞ려 니ᄅᆞ마. ≪朴諺, 上, 64ㅎ≫說賣的價錢, ᄑᆞᆯ 갑슬 니ᄅᆞ라. ≪朴諺, 上, 66ㅈ≫說幾箇日頭, 몃 날을 니ᄅᆞᆯ러뇨. ≪朴諺, 中, 2ㅈ≫喃(唧)將那一箇顔色的旗來說時, 아므 ᄒᆞᆫ 빗체 旗ᄅᆞᆯ 므러 오라 니ᄅᆞ면. ≪朴諺, 中, 7ㅎ≫你聽我說與你, 네 드르라 내 너ᄃᆞ려 니ᄅᆞ마. ≪朴諺, 中, 17ㅈ≫女兒說與你妳妳, 女兒ㅣ아 네 妳妳ᄃᆞ려 니ᄅᆞ라. ≪朴諺, 中, 28ㅎ≫說罷, 니ᄅᆞ기ᄅᆞᆯ ᄆᆞᄎᆞ매. ≪朴諺, 中, 31ㅈ≫哥你說甚麼話, 형아 네 므슴 말을 니ᄅᆞᄂᆞᆫ다. ≪朴諺, 中, 37ㅈ≫我說與你, 내 너ᄃᆞ려 니ᄅᆞ마. ≪朴諺, 中, 57ㅈ≫賣的價錢老實說, ᄑᆞᆯ 갑슬 고디식이 니ᄅᆞ라. ≪朴諺, 下, 6ㅈ≫你說甚麼話, 네 므슴 말 니ᄅᆞᄂᆞᆫ다. ≪朴諺, 下, 10ㅈ≫那達達聽師傅說, 뎌 達達이 師傅의 니ᄅᆞᆷ을 듯고. ≪朴諺, 下, 24ㅎ≫說罷, 니ᄅᆞ기ᄅᆞᆯ ᄆᆞᄎᆞ매. ≪朴諺, 下, 32ㅈ≫各自說, 각각 니ᄅᆞ쟈. ≪朴諺, 下, 45ㅎ≫你自聽我說, 네 스스로 내 니ᄅᆞᆷ을 드ᄅᆞ면. ≪朴諺, 下, 59ㅎ≫恰說的是甚麼官職, ᄀᆞᆺ 니ᄅᆞᄂᆞᆫ 거시 이 므슴 벼슬고. ❸⇔환(喚). ≪朴諺, 下, 36ㅈ≫這的喚做, 이러모로 니ᄅᆞ기ᄅᆞᆯ.

니ᄅᆞ혀다 동 일으키다. ⇔기(起). ≪朴諺,

中, 22ㅈ≫起浮屠於泗水之間, 浮屠를 泗水ㅅ 소이에 니르혀고. ≪朴諺, 下, 24ㅈ≫行者用手把頭提起, 行者ㅣ 손으로 뻐 머리를다가 잡아 니르혀.

니르히 뷔 이르도록. ⇔지(至). ≪朴諺, 上, 46ㅈ≫以至下人們, 뻐 下人들에 니르히. ≪朴諺, 下, 30ㅎ≫一品至九品, 一品으로 九品에 니르히.

니롬 동 이름. 말함. ⇔설(說). ≪朴諺, 上, 21ㅎ≫說的是, 니롬이 올흐니. ≪朴諺, 中, 4ㅎ≫那的有甚麽話說, 긔야 므슴 말을 니르미 이시리오. ≪朴諺, 下, 10ㅈ≫那達達聽師傅說, 뎌 達達이 師傅의 니롬을 듯고. ≪朴諺, 下, 45ㅎ≫你自聽我說, 네 스스로 내 니르믈 드르면.

니마ㅎ 명 이마[額]. ⇔액두(額頭). ≪朴諺, 中, 48ㅎ≫額頭上跌破了, 니마히 구러뎌 해야디니.

니믈리기 명 헌계집. ⇔후혼(後婚). ≪朴諺, 上, 40ㅎ≫女孩兒那後婚, 새각시러냐 니믈리기러냐.

니블 명 이불. ❶⇔피(被). ≪朴諺, 上, 36ㅎ≫䊷皺氊䊷皺被, 찡건 담에 찡건 니블에. ≪朴諺, 中, 3ㅎ≫這被面大紅身兒, 이 니블 거족 다홍 몸뚱과. ≪朴諺, 中, 4ㅎ≫被表帶裏兒八錢, 니블 거족과 안쪄는 여듧 돈이니. ❷⇔피아(被兒). ≪朴諺, 中, 56ㅎ≫我的衣裳被兒包袱也都敝了, 내 衣裳과 니블 븐 보흘 다 텨시니.

니와기다 동 잇다. 연결하다. ⇔접두(接頭). ≪朴諺, 中, 2ㅎ≫都是接頭補定麽, 다 니와겨 깁보태엿다.

니저브리다 동 잊어버리다. ⇔망기(忘棄). ≪朴諺, 中, 44ㅈ≫一發忘棄名與利, 홈믜 名과 다뭇 利롤 니저브리리라.

니쳔 명 이전(利錢). 변리(邊利). 길미. 이자. ⇔이전(利錢). ≪朴諺, 下, 26ㅈ≫只與我二兩沒利錢, 그저 날을 두 냥을 주어도 니쳔이 업스니.

닉다 동 ❶익다[熟]. ⇔숙(熟). ≪朴諺, 下, 44ㅎ≫𥈭眼熟了, 눈 곰즉일 사이에 니그리라. ≪朴諺, 下, 45ㅈ≫這飯熟了, 이 밥이 닉거다. ❷익다. 여물다. ⇔숙(熟). ≪朴諺, 中, 43ㅎ≫稻熟螃肥魚正美, 베 닉고 게 술지고 고기 졍히 아름다오매.

닉다 형 익다. 익숙하다. ❶⇔노(老). ≪朴諺, 下, 36ㅈ≫看那一箇毬兒老時, 어닉 ᄒᆞ나 당방올티기 니그니를 보와. ❷⇔숙(熟). ≪朴諺, 中, 4ㅈ≫十箇絹練的熟到着, 열 필 깁을 누우기를 닉게 잇긋 ᄒᆞ라.

닉이다 동 이기다. 반죽하다. ⇔(和). ≪朴諺, 下, 21ㅈ≫和將一塊青泥來, ᄒᆞᆫ 덩이 프른 흙을 닉여 가져다가.

닐곱 관 일곱. ⇔칠(七). ≪朴諺, 上, 14ㅈ≫滿七托, 춘 닐곱 발이라. ≪朴諺, 上, 17ㅈ≫有六七等鶴兒, 여슷 닐곱 가지 연이 이시니. ≪朴諺, 上, 21ㅎ≫一夜裏喂到七八遍家, ᄒᆞ룻밤의 먹이기롤 닐곱 여둛 번의 다둣게 ᄒᆞ라. ≪朴諺, 上, 53ㅈ≫七八箇氣力的一張, 닐곱 여둛 힘에 ᄒᆞᆫ 댱을 믿들라. ≪朴諺, 上, 64ㅎ≫要七兩銀, 닐곱 냥 은을 바드려니와. ≪朴諺, 中, 3ㅎ≫這楊(揚)州綾子滿七托長, 이 楊(揚)州ㅅ 綾이 닐곱 발 기릐 ᄎᆞ고.

닐곱 수 일곱. ⇔칠(七). ≪朴諺, 中, 29ㅈ≫將老李打了一百七, 老李롤다가 一百 닐곱을 텨.

닐다 동 일다. 일어나다. ⇔기래(起來). ≪朴諺, 上, 31ㅎ≫半夜三更裏起來, 半夜 三更의 니러. ≪朴諺, 上, 44ㅎ≫每日打罷明鍾起來, 每日에 明鍾을 텨 罷ᄒᆞ면 니러. ≪朴諺, 中, 8ㅎ≫相公鷄兒叫起來, 相公아 돍이 우니 닐라. ≪朴諺, 下, 10ㅈ≫便喝跳起來道, 곳 혀츠고 뛰여 니러 닐오듸. ≪朴諺, 下, 15ㅎ≫又一箇小廝半夜裏起來, 또 ᄒᆞᆫ 놈은 半夜에 니러. ≪朴諺, 下, 19ㅈ≫便焦燥起來, 곳 노히여 니러.

닐다 동 이르다. 말하다. ❶⇔도(道). ≪朴諺, 中, 41ㅈ≫可知道裏, 그리어니 닐럿ᄂᆞ니. ≪朴諺, 中, 53ㅈ≫可知道裡, 그리어니 닐럿ᄂᆞ니. ❷⇔설(說). ≪集覽, 字解, 累字解, 2ㅈ≫說知. 닐어 알외다. ≪朴

諺, 上, 12ㅎ≫監納官人們處說, 監納ᄒᆞᄂᆞᆫ 官人들의게 닐러. ≪朴諺, 上, 21ㅈ≫好生說與小廝們, ᄀᆞ장 아ᄒᆡ들ᄃᆞ려 닐러. ≪朴諺, 上, 23ㅈ≫咱就那一日各自說箇重誓, 우리 임의셔 그 날에 각각 듕ᄒᆞᆫ ᄆᆡᆼ셔ᄅᆞᆯ 닐러. ≪朴諺, 上, 49ㅎ≫說與你姐姐, 네 姐姐ᄃᆞ려 닐러. ≪朴諺, 上, 66ㅈ≫說三日三宿, 三日 三宿을 닐을 써시니. ≪朴諺, 中, 2ㅎ≫說定與他二兩銀, 닐러 定ᄒᆞ고 뎌ᄅᆞᆯ 두 냥 銀을 주엇더니. ≪朴諺, 中, 26ㅈ≫說與他, 뎌ᄃᆞ려 닐러. ≪朴諺, 中, 28ㅈ≫對他男兒說勸, 제 ᄉᆞ나희ᄅᆞᆯ ᄃᆡᄒᆞ여 닐러 말리되. ≪朴諺, 中, 50ㅈ≫實說定了時不要改, 실로 닐러 뎡ᄒᆞ고 고티디 마쟈. ≪朴諺, 下, 19ㅈ≫師傅上說知, 스승의게 닐러 알게 ᄒᆞ고. ≪朴諺, 下, 21ㅎ≫說與先生樻中有一顆桃, 先生ᄃᆞ려 궤 가온대 ᄒᆞᆫ 낫 복셩홰 잇다 닐럿더니. ≪朴諺, 下, 21ㅎ≫說與師傅, 師傅ᄃᆞ려 닐럿더니. ≪朴諺, 下, 26ㅎ≫不是這般說, 이리 닐은 거시 아니라. ≪朴諺, 下, 34ㅈ≫官人們這的不消說, 官人들아 일란 쇽졀업시 닐으디 말라. ❸⇔설도(說道). ≪朴諺, 上, 66ㅎ≫說道, 닐럿ᄂᆞ니.

닐오다 동 이르다. 말해 주다. ❶⇔도(道). ≪朴諺, 上, 14ㅈ≫常言道, 常言에 닐오ᄃᆡ. ≪朴諺, 中, 17ㅎ≫常言道, 常言에 닐오ᄃᆡ. ≪朴諺, 中, 29ㅈ≫那媳婦道, 뎌 媳婦ㅣ 닐오ᄃᆡ. ≪朴諺, 中, 36ㅎ≫牙子道都有, ᄌᆞ름이 닐오ᄃᆡ 다 이셰라. ≪朴諺, 中, 37ㅈ≫賣段子的道, 비단 ᄑᆞᄂᆞᆫ 이 닐오ᄃᆡ. ≪朴諺, 中, 50ㅎ≫傍邊看捽挍的人們道, 겨ᄐᆡ셔 시름 보ᄂᆞᆫ 사ᄅᆞᆷ들이 닐오ᄃᆡ. ≪朴諺, 中, 60ㅈ≫你道是合理的事, 네 닐오ᄃᆡ 이 理에 合ᄒᆞᆫ 일이라 ᄒᆞ니. ≪朴諺, 下, 1ㅎ≫古人道, 古人이 닐오ᄃᆡ. ≪朴諺, 下, 10ㅈ≫便喝跳起來道, 곳 허ᄎᆞ고 ᄠᅱ여 니러 닐오ᄃᆡ. ≪朴諺, 下, 15ㅈ≫古人道, 古人이 닐오ᄃᆡ. ≪朴諺, 下, 19ㅈ≫伯眼道, 伯眼이 닐오ᄃᆡ. ≪朴諺, 下, 21ㅈ≫王道唐僧得勝了, 王이 닐오ᄃᆡ 唐僧이 이긔어다. ≪朴諺, 下, 23ㅎ≫將軍奏道, 將軍이 엿ᄌᆞ와 닐오ᄃᆡ. ≪朴諺, 下, 37ㅎ≫常言道, 常言에 닐오ᄃᆡ. ≪朴諺, 下, 54ㅎ≫是某回言道, 이 某ㅣ 回言ᄒᆞ여 닐오되. ≪朴諺, 下, 59ㅎ≫到太祖宅裡商(啇)量道, 太祖 宅에 가 혜아려 닐오ᄃᆡ. ≪朴諺, 下, 61ㅎ≫古人道, 古人이 닐오ᄃᆡ. ❷⇔설(說). ≪朴諺, 上, 23ㅈ≫你說饒我四着, 네 닐오ᄃᆡ 날을 네흘 졉쟈 ᄒᆞ더니. ≪朴諺, 上, 29ㅎ≫你說都是好的, 네 닐오ᄃᆡ 다 이 됴타 ᄒᆞ더니. ≪朴諺, 上, 32ㅈ≫只說明日後日還我, 그저 닐오ᄃᆡ ᄂᆡ일 모뢰 내게 갑흐마 ᄒᆞ니. ≪朴諺, 上, 32ㅎ≫傍邊看的閑人們說, 겨ᄐᆡ셔 보ᄂᆞᆫ 힘힘ᄒᆞᆫ 사ᄅᆞᆷ들히 닐오ᄃᆡ. ≪朴諺, 上, 34ㅈ≫那和尙說再也不敢, 뎌 즁이 닐오ᄃᆡ 뇌여란 싱심이나. ≪朴諺, 上, 59ㅎ≫說時濟甚麼事, 닐온들 므슴 일이 일리오. ≪朴諺, 中, 27ㅎ≫小媳婦與大妻商(啇)量說, 小媳婦ㅣ 大妻ᄃᆞ려 혜아려 닐오ᄃᆡ. ≪朴諺, 中, 43ㅎ≫你自說村莊無人來訪, 네 스스로 닐오ᄃᆡ 村莊에 와 ᄎᆞᄌᆞᆯ 사ᄅᆞᆷ이 업다 ᄒᆞ거니와. ≪朴諺, 下, 16ㅈ≫却說我家漢子偸了, ᄯᅩ 닐오ᄃᆡ 우리 집 놈이 도적ᄒᆞ다 ᄒᆞ니. ≪朴諺, 下, 21ㅎ≫三藏說是一箇桃核, 三藏이 닐오ᄃᆡ 이 ᄒᆞᆫ 복셩화 ᄡᅵ로다. ≪朴諺, 下, 22ㅈ≫大仙說是一顆桃, 大仙이 닐오ᄃᆡ 이 ᄒᆞᆫ 낫 복셩홰로다. ≪朴諺, 下, 23ㅈ≫孫行者說, 孫行者ㅣ 닐오ᄃᆡ. ≪朴諺, 下, 23ㅈ≫王說將軍你搭去, 王이 닐오ᄃᆡ 將軍아 네 건디라 가라. ≪朴諺, 下, 26ㅈ≫你說都是白銀, 네 닐오ᄃᆡ 다 이 白銀이라 ᄒᆞ더니. ❸⇔설도(說道). ≪朴諺, 下, 9ㅎ≫叫將根前來說道, 블러 앏ᄑᆡ 오라 ᄒᆞ여 닐오ᄃᆡ. ≪朴諺, 下, 60ㅈ≫娘子柳氏出來說道, 娘子 柳氏ㅣ 나와 닐오ᄃᆡ. ❹⇔언도(言道). ≪朴諺, 下, 54ㅈ≫將某衣領扯住言道, 某의 옷기슬 잡고 닐오되. ❺⇔언설(言說). ≪朴諺, 下, 54ㅎ≫張千言說, 張千이 닐오되. ❻⇔운(云). ≪朴諺, 上, 28ㅎ≫易經云, 易經에 닐오ᄃᆡ.

닐옴 동 이름. 말함. ❶⇔도(道). ≪朴諺, 中, 60ㅈ≫街上人道的是, 거릿 사ᄅᆞᆷ의 닐옴이 올ᄒᆞ니. ❷⇔설(說). ≪朴諺, 上, 24ㅈ≫有甚麽話說, 므슴 말을 닐옴이 이시리오. ≪朴諺, 上, 48ㅎ≫說的是, 닐옴이 올타. ≪朴諺, 中, 28ㅈ≫大妻見那般說, 大妻ㅣ 그리 닐옴을 보고. ≪朴諺, 中, 41ㅈ≫你來聽我說, 이바 내 닐옴을 드르라. ≪朴諺, 中, 43ㅈ≫說的是, 닐옴이 올타. ≪朴諺, 中, 48ㅎ≫你說的是, 네 닐옴이 올타. ≪朴諺, 下, 56ㅎ≫聽我說, 내 닐옴을 드르라.

닐ᄋᆞ다 동 이르다. 말하다. ❶⇔도(道). ≪朴諺, 中, 45ㅈ≫來的客人們也道我精細, 오ᄂᆞᆫ 客人들토 날을 精細타 닐ᄋᆞ리라. ≪朴諺, 中, 46ㅎ≫休那般道, 뎌리 닐ᄋᆞ디 말라. ≪朴諺, 中, 50ㅈ≫怎那般道, 엇디 뎌리 닐ᄋᆞᄂᆞᆫ다. ❷⇔설(說). ≪朴諺, 上, 25ㅈ≫衫兒·袴兒·褁肚等裏衣且休說, 젹삼·고의·褁肚 等 속옷으란 아직 닐ᄋᆞ디 말려니와. ≪朴諺, 上, 36ㅈ≫你說我猜, 네 닐ᄋᆞ라 내 알마. ≪朴諺, 上, 36ㅈ≫你再說我猜着, 네 또 닐ᄋᆞ라 내 알마. ≪朴諺, 上, 43ㅎ≫姐姐不要說, 姐姐ㅣ아 닐ᄋᆞ디 말라. ≪朴諺, 中, 12ㅎ≫你說我地面裏的田禾如何, 네 닐ᄋᆞ라 우리 ᄯᅡ희 田禾ㅣ 엇더ᄒᆞ더뇨. ≪朴諺, 中, 17ㅎ≫却不說, ᄯᅩ 닐ᄋᆞ디 아녓ᄂᆞ냐. ≪朴諺, 中, 25ㅈ≫我說與你衆伴當們, 내 너희 모든 伴當들ᄃᆞ려 닐ᄋᆞ노니. ≪朴諺, 中, 40ㅎ≫我不說來, 내 닐ᄋᆞ디 아니ᄒᆞᄃᆞ냐. ≪朴諺, 中, 49ㅈ≫說這般作怪的言語, 이런 괴이ᄒᆞᆫ 말을 닐ᄋᆞᄂᆞᆫ고나. 怎麽這們說, 엇디 이리 닐ᄋᆞᄂᆞ뇨. ≪朴諺, 中, 50ㅎ≫擺忙裏說甚麽閑話來, 밧븐ᄃᆡ 므슴 힘힘ᄒᆞᆫ 말 닐ᄋᆞ리오. ≪朴諺, 中, 51ㅈ≫我不說來, 내 닐ᄋᆞ디 아니터냐. ≪朴諺, 中, 60ㅈ≫好好的說, 됴히 됴히 닐ᄋᆞ라. ≪朴諺, 下, 20ㅈ≫說罷, 닐ᄋᆞ기를 ᄆᆞᄎᆞ매.

닑다 동 읽다. ❶⇔독(讀). ≪朴諺, 上, 44ㅎ≫讀毛詩·尙書, 毛詩와 尙書를 닑노라. 讀到那裏也, 닑기를 어ᄃᆡᄭᆞ지 ᄒᆞ엿ᄂᆞ뇨. ≪朴諺, 上, 54ㅈ≫我讀你聽, 내 닐거든 네 드르라. ≪朴諺, 下, 17ㅈ≫旣讀孔聖之書, 임의 孔聖의 書를 닑어시면. ❷⇔염(念). ≪朴諺, 中, 38ㅎ≫你聽我念, 네 드ᄅᆞ라 내 닐그마.

-님 접미 -님. ≪朴諺, 上, 44ㅎ≫師傅上唱喏, 스승님ᄭᅴ 읍ᄒᆞ고. ≪朴諺, 中, 16ㅎ≫大娘(集覽, 朴集, 中, 3ㅈ: 大娘. 音義云, 안해님이라 ᄒᆞ·듯 ᄒᆞᆫ :말. 今按, 汎稱尊長妻室曰大娘, 又稱人之正妻曰大娘, 妾曰小娘.)身子好麽, 大娘의 몸이 됴ᄒᆞ신가.

님자 명 임자. ❶⇔주(主). ≪朴諺, 中, 10ㅈ≫恩養財禮銀五兩永遠爲主, 恩養ᄒᆞᆫ 財禮銀 닷 냥에 ᄒᆞ야 永遠히 님자를 삼아. ≪朴諺, 中, 10ㅈ≫並不干買主之事, 다 산 님자의게ᄂᆞᆫ 간셥디 아닌 일이라. ≪朴諺, 中, 17ㅎ≫男兒無婦財無主, ᄉᆞ나희 겨집이 업스면 ᄌᆡ믈이 님재 업고. 婦人無夫身無主, 겨집이 지아비 업스면 몸이 님재 업다 ᄒᆞᄂᆞ니. ≪朴諺, 中, 37ㅎ≫駁彈的是買主, 나므라ᄂᆞ니아 이 사ᄂᆞᆫ 님재라. ❷⇔주아(主兒). ≪朴諺, 中, 1ㅎ≫他的主兒拿着諸般顏色的小旗兒, 제 님재 여러 가지 빗체 젹은 旗를 가져다가. 那主兒着那銅觜的, 그 님재 뎌 부리 노론 수종다리로 ᄒᆞ여. ≪朴諺, 中, 2ㅈ≫與他那主兒, 뎌 님자를 주ᄂᆞ니라.

님재 명 임자가. ≪朴諺, 中, 1ㅎ≫他的主兒拿着諸般顏色的小旗兒, 제 님재 여러 가지 빗체 젹은 旗를 가져다가. 那主兒着那銅觜的, 그 님재 뎌 부리 노론 수종다리로 ᄒᆞ여. ≪朴諺, 中, 17ㅎ≫男兒無婦財無主, ᄉᆞ나희 겨집이 업스면 ᄌᆡ믈이 님재 업고. 婦人無夫身無主, 겨집이 지아비 업스면 몸이 님재 업다 ᄒᆞᄂᆞ니. ≪朴諺, 中, 37ㅎ≫駁彈的是買主, 나므라ᄂᆞ니아 이 사ᄂᆞᆫ 님재라.

님ᄒᆞ다 동 임(臨)하다. ⇔임(臨). ≪朴諺, 下, 42ㅎ≫臨明喫和和飯, 붉음애 님ᄒᆞ여 온반을 먹드라. ≪朴諺, 下, 43ㅎ≫臨死

獨自當, 죽으매 님ᄒᆞ여 홀로 당ᄒᆞ니.

닙 명 잎. ⇔엽아(葉兒). ≪朴諺, 中, 58ㅎ≫不知道葉兒用處, 닙 ᄡᅳᄂᆞᆫ 곳은 아디 못ᄒᆞ더니.

닙다 동 입다[服]. ❶⇔의(衣). ≪朴諺, 下, 11ㅎ≫衣錦還鄕, 비단옷 닙고 고향의 도라가. ❷⇔천(穿). ≪朴諺, 上, 47ㅎ≫却穿衣服喫幾盞閉風酒, 또 옷 닙고 여러 잔 閉風酒를 먹으면. ≪朴諺, 中, 30ㅎ≫他如今喫的穿的無處發落裏, 뎨 이제ᄂᆞᆫ 먹을 것 닙을 것시 發落ᄒᆞᆯ 곳이 업ᄉᆞ니라. ≪朴諺, 中, 51ㅎ≫將我木綿衣撒來穿, 내 목면 이삭딕녕을 가져오라 닙쟈. ≪朴諺, 下, 43ㅈ≫穿着斬衰, 斬衰를 닙엇더라. ≪朴諺, 下, 47ㅈ≫身穿黃袍, 몸에 黃袍를 닙고. ❸⇔천용(穿用). ≪朴諺, 下, 11ㅎ≫父親·母親穿用, 父親·母親은 닙으쇼셔. ❹⇔천착(穿着). ≪朴諺, 上, 33ㅈ≫穿着衲襖將着鉢盂, 누비옷 닙고 에우아리 가지고. ≪朴諺, 下, 61ㅈ≫穿着下次人的衣服, 下次人의 오슬 닙고. ❺⇔피(披). ≪朴諺, 上, 33ㅈ≫披着袈裟, 袈裟 닙고. ≪朴諺, 下, 31ㅈ≫身披黃金鏁子甲, 몸에 黃金으로 ᄒᆞᆫ 사슬갑을 닙어시니. ≪朴諺, 下, 50ㅎ≫披着這篛笠·蓑衣, 이 篛笠·蓑衣를 닙고.

닙다 동 입다[被]. 당(當)하다. ❶⇔끽(喫). ≪朴諺, 上, 33ㅎ≫却喫這一頓打也是, 또 이 ᄒᆞᆫ 디위 마즘을 니버도 올ᄒᆞ니라. ≪朴諺, 中, 3ㅈ≫我臨了喫了他一道兒, 내 나죵에 뎌의 ᄒᆞᆫ 쐬를 닙어다. ≪朴諺, 中, 25ㅈ≫有些事時喫打, 져기 일이 이시면 마즘을 니브리라. ≪朴諺, 中, 47ㅎ≫路上必定喫別人笑話, 길헤 일뎡 ᄂᆞᆷ의 우임을 니브리라. ≪朴諺, 中, 48ㅎ≫那一日喫了一跌, 뎌 ᄒᆞᆫ 날 ᄒᆞᆫ 번 구러딤을 닙어. ≪朴諺, 下, 9ㅈ≫喫了一跌, ᄒᆞᆫ 번 구러디믈 닙어. ❷⇔착(着). ≪朴諺, 中, 47ㅎ≫臨了他也着我道兒, 나죵에 뎌도 내 쐬를 닙어다. ❸⇔탁(托). ≪朴諺, 下, 10ㅎ≫托着爺娘福蔭裏, 爺娘의 福蔭을 닙어. ❹⇔피(被). ≪朴諺, 下, 15ㅎ≫被巡夜的拿着, 巡夜의게 잡힘을 닙어. ≪朴諺, 下, 22ㅎ≫被鬼們當住出不來, 귀신들의 막으믈 닙어 나오디 못ᄒᆞ여.

닙츈 명 입춘(立春). 입춘 하루 전날 궁중이나 관청에서 토우(土牛)를 세워놓고, 입춘 당일에 붉은 채찍으로 때리면서 풍년과 권농(勸農)을 빌었다 하여, 입춘을 타춘(打春) 또는 편춘(鞭春)이라고 하였다. ≪朴諺, 下, 45ㅈ≫宋舍看打春去來, 宋개아 닙츈 노롯ᄒᆞᄂᆞᆫ 양 보라 가쟈.

닙피다 동 입히다[服]. ⇔천(穿). ≪朴諺, 下, 60ㅎ≫穿與太祖身上, 太祖의 몸에 닙피니.

닙ㅎ 명 잎. ⇔엽아(葉兒). ≪朴諺, 中, 34ㅈ≫把那葉兒摘了, 뎌 닙흘다가 ᄠᅡ. ≪朴諺, 中, 58ㅎ≫你摘饋我些葉兒, 네 날을 져기 닙흘 ᄠᅡ 주고려. ≪朴諺, 中, 58ㅎ≫把那蒲葉兒來做席子, 뎌 菖蒲 닙흘다가 자리 ᄆᆡᆫᄃᆞ라.

닙히다 동 입히다. ⇔착(着). ≪朴諺, 上, 53ㅎ≫着我看了之後, 날을 뵌 후에. 樺一樺, 봇 닙히라.

닛다 동 잇다. ⇔접(接). ≪朴諺, 下, 20ㅈ≫第四割頭再接, 넷재ᄂᆞᆫ 머리 버혀 다시 닛기 ᄒᆞ쟈. ≪朴諺, 下, 24ㅈ≫接在顈項上依舊了, 목 우희 니으니 녜라온 ᄃᆞᆺᄒᆞ더라. ≪朴諺, 下, 24ㅈ≫待要接, 닛고져 ᄒᆞ거ᄂᆞᆯ.

닛븨 명 잇비. 잇짚으로 맨 비. 또는 갈대의 이삭으로 맨 비. ⇔초추(苕箒). ≪朴諺, 中, 44ㅎ≫將苕箒來掃的乾淨着, 닛븨 가져다가 ᄡᅳᆯ기를 간졍히 ᄒᆞ고. ≪朴諺, 下, 2ㅈ≫疾忙將苕箒來, ᄲᆞᆯ리 닛븨 가져다가.

닞다 동 잊다. ❶⇔망(忘). ≪朴諺, 中, 16ㅎ≫幾時忘這恩念, 언제 이 恩念을 니즈리오. ≪朴諺, 下, 11ㅈ≫想念之心無日有忘, ᄉᆡᆼ각ᄒᆞᄂᆞᆫ ᄆᆞ옴이 니즐 날이 업서이다. ❷⇔망기(忘棄). ≪朴諺, 中, 44ㅈ≫一發忘棄名與利, ᄒᆞᆷᄭᅴ 名과 다ᄆᆺ 利를 니저ᄇᆞ리

리라.

-ᄂᆞ냐 어미 -느냐. -는가. ≪朴諺, 上, 6ㅈ≫如今却早有賣的拳杏麽, 이제 볼셔 拳杏 풀 리 인ᄂᆞ냐. ≪朴諺, 上, 13ㅈ≫布帒不漏麽, 布帒 시디 아니ᄒᆞᄂᆞ냐. ≪朴諺, 上, 32ㅈ≫債不殺人, 빗이 사ᄅᆞᆷ을 죽게 아니 ᄒᆞᄂᆞ냐. ≪朴諺, 上, 39ㅎ≫你的刀子快也鈍, 네 칼이 드ᄂᆞ냐 무듸냐. ≪朴諺, 上, 46ㅈ≫我家裏書信有麽, 우리 집 書信이 잇ᄂᆞ냐. ≪朴諺, 上, 51ㅈ≫如今自妳那尋妳子, 이제 손조 졋 먹이ᄂᆞ냐 졋즐 어던ᄂᆞ냐. ≪朴諺, 中, 2ㅈ≫有呈諸般把戲的那, 여러 가지 노롯 뭘ᄒᆞᄂᆞᆫ 이 잇ᄂᆞ냐. ≪朴諺, 中, 7ㅈ≫這的不來了也, 이 오디 아니ᄒᆞ엿ᄂᆞ냐. ≪朴諺, 中, 17ㅎ≫却不說, 또 닐ᄋᆞ디 아녓ᄂᆞ냐. ≪朴諺, 中, 33ㅈ≫聽的賣菜子的過去麽, 드ᄅᆞ라 ᄂᆞ믈 씨 풀 리 디나가ᄂᆞ냐. ≪朴諺, 中, 36ㅎ≫葱白素通袖膝欄段子有麽, 葱白빗체 민通袖膝欄ᄒᆞᆫ 비단이 잇ᄂᆞ냐. ≪朴諺, 中, 59ㅈ≫發落了不曾, 發落ᄒᆞ엿ᄂᆞ냐 못ᄒᆞ엿ᄂᆞ냐. ≪朴諺, 下, 5ㅈ≫你有泥鏝·泥托麽, 네게 ᄒᆞᆰ손과 ᄒᆞᆰ밧기 잇ᄂᆞ냐. ≪朴諺, 下, 12ㅎ≫木植都有麽, ᄆᆞ음이 다 잇ᄂᆞ냐. ≪朴諺, 下, 14ㅎ≫時常這般早聚晚散麽, 시샹에 이리 일 모다 늣게야 훗터디ᄂᆞ냐. ≪朴諺, 下, 23ㅎ≫叫大王有肥棗麽, 大王을 블러 비노 잇ᄂᆞ냐. ≪朴諺, 下, 25ㅈ≫燒子珠兒好的有麽, 구은구슬 됴흐니 잇ᄂᆞ냐. ≪朴諺, 下, 44ㅎ≫乾的煤简兒有麽, ᄆᆞ른 밋덩이 잇ᄂᆞ냐. ≪朴諺, 下, 58ㅎ≫賢尊令堂有麽, 賢尊 令堂이 잇ᄂᆞ냐.

-ᄂᆞ녀 어미 -느냐. -는가. ≪集覽, 字解, 單字解, 2ㅈ≫阿. 俗音하. 阿的, 猶言此也. 又語助辭. 有阿沒 잇ᄂᆞ녀 업스녀. 皆元朝之語. ≪集覽, 字解, 單字解, 3ㅎ≫那. 平聲, 音노, 推移也. 那一那 논힐후다. 上聲 나, 何也. 那裏 어듸, 那箇 어닉. 又誰也. 那一箇 누고. 去聲 나. 那裏, 彼處也. 那箇 뎌것. 又語助. 有那沒 잇ᄂᆞ녀 업스녀.

-ᄂᆞ뇨 어미 -느냐. ≪朴諺, 上, 3ㅎ≫在那裏拿來我看, 어듸 잇ᄂᆞ뇨 가져오라 내 보쟈. ≪朴諺, 上, 8ㅎ≫往那箇地面裏去, 어닉 짜홀 향ᄒᆞ여 가ᄂᆞ뇨. ≪朴諺, 上, 18ㅈ≫你那金帶是誰廂的, 네 뎌 금씌를 뉘 젼메웟ᄂᆞ뇨. ≪朴諺, 上, 29ㅎ≫怎麽沒一箇中使的, 엇디 ᄒᆞ나토 ᄡᅥᆷ즉ᄒᆞ니 업ᄂᆞ뇨. ≪朴諺, 上, 34ㅎ≫你來怎麽這般黃瘦, 이바 엇디 이리 黃瘦ᄒᆞ엿ᄂᆞ뇨. ≪朴諺, 上, 44ㅎ≫讀到那裏也, 닑기를 어듸ᄭᆞ지 ᄒᆞ엿ᄂᆞ뇨. ≪朴諺, 上, 57ㅈ≫咱官人在那裏, 우리 官人이 어듸 잇ᄂᆞ뇨. ≪朴諺, 中, 11ㅈ≫怎麽還不曾修理車輛, 엇디 당시롱 일즙 車輛을 修理티 아니ᄒᆞ엿ᄂᆞ뇨. ≪朴諺, 中, 25ㅈ≫你的帽兒那裏做來, 네 갓을 어듸셔 ᄆᆡᆫᄃᆞ랏ᄂᆞ뇨. ≪朴諺, 中, 30ㅈ≫再有甚麽就飯的, 또 므슴 밥ᄒᆞ여 먹을 것 잇ᄂᆞ뇨. ≪朴諺, 中, 49ㅈ≫怎麽這們說, 엇디 이리 닐ᄋᆞᄂᆞ뇨. ≪朴諺, 中, 58ㅎ≫要做甚麽, ᄒᆞ여 므섯 ᄒᆞ려 ᄒᆞᄂᆞ뇨. ≪朴諺, 下, 2ㅈ≫不知道那裡躧死了一箇蝤蜒, 아디 못게라 어듸 ᄒᆞᆫ 지차리 블펴 죽엇ᄂᆞ뇨. ≪朴諺, 下, 13ㅎ≫你官人除做那裏, 네 官人이 어듸 벼슬ᄒᆞ엿ᄂᆞ뇨. ≪朴諺, 下, 19ㅎ≫你有何寃讎, 네 므슴 寃讐ㅣ 잇다 ᄒᆞᄂᆞ뇨. ≪朴諺, 下, 32ㅈ≫過賣你來有甚麽飯, 過賣아 이바 므슴 밥이 잇ᄂᆞ뇨. ≪朴諺, 下, 39ㅎ≫在那裏住, 어듸 이셔 사ᄂᆞ뇨. ≪朴諺, 下, 56ㅎ≫先生有何新聞, 先生이 므슴 新聞이 잇ᄂᆞ뇨. ≪朴諺, 下, 61ㅎ≫何須謙讓, 엇디 모로미 겸양ᄒᆞᄂᆞ뇨.

-ᄂᆞ니 어미 -느니. ≪朴諺, 上, 17ㅈ≫八月裏却放鶴兒, 八月에 또 연노히 ᄒᆞᄂᆞ니. ≪朴諺, 上, 28ㅎ≫今世裏那般得自在, 今世예 뎌리 自在홈을 어덧ᄂᆞ니. ≪朴諺, 上, 39ㅈ≫半步也行不得, 半步도 行티 못ᄒᆞᄂᆞ니. ≪朴諺, 上, 48ㅎ≫出外時端的是愁殺人, 밧씌 나가면 졍히 사ᄅᆞᆷ을 근심케 ᄒᆞᄂᆞ니. ≪朴諺, 上, 54ㅎ≫故立此文契爲用, 짐즛 이 글월을 셰워 ᄡᅳ게 ᄒᆞ엿ᄂᆞ니.

≪朴諺, 上, 66ㅎ≫說道, 닐럿ᄂᆞ니. ≪朴諺, 中, 3ㅈ≫好生揑拐東西, ᄀᆞ장 ᄂᆞᆷ의 것 건디쥐기 ᄒᆞᄂᆞ니. ≪朴諺, 中, 10ㅎ≫故立此文字爲用, 짐즛 이 글월을 셰워 쓰게 ᄒᆞ엿ᄂᆞ니. ≪朴諺, 中, 17ㅎ≫婦人無夫身無主, 겨집이 지아비 업스면 몸이 님재 업다 ᄒᆞᄂᆞ니. ≪朴諺, 中, 25ㅎ≫如今搬在法藏寺西邉混堂間壁住裏, 이제 法藏寺 셔편 混堂 ᄉᆞ이 ᄇᆞ람에 올마 사ᄂᆞ니. ≪朴諺, 中, 41ㅈ≫可知道裏, 그리어니 닐럿ᄂᆞ니. ≪朴諺, 中, 53ㅈ≫可知道裡, 그리어니 닐럿ᄂᆞ니. ≪朴諺, 下, 3ㅈ≫罷罷師傅善因不滅, 두어 두어 師傅ㅣ아 善因은 滅티 아니ᄒᆞᄂᆞ니. ≪朴諺, 下, 10ㅈ≫到家裏敬重父母, 집의 가ᄂᆞᆫ 父母를 敬重ᄒᆞᄂᆞ니. ≪朴諺, 下, 18ㅈ≫外名喚燒金子道人, 外名은 燒金子道人이라 브르ᄂᆞ니. ≪朴諺, 下, 37ㅎ≫奴婢使使長的, 죵은 뇌연의 거슬 쓰ᄂᆞ니. ≪朴諺, 下, 53ㅎ≫不合加刑, 형벌을 더으미 맛당티 아니타 ᄒᆞ엿ᄂᆞ니. ≪朴諺, 下, 60ㅈ≫自古有之, 녜브터 잇ᄂᆞ니.

-ᄂᆞ니라 어미 -느니라. -니라. ≪朴諺, 上, 11ㅈ≫今日開, 오ᄂᆞᆯ 開倉ᄒᆞᄂᆞ니라. ≪朴諺, 上, 23ㅈ≫高碁輸頭盤, 놉흔 바독은 첫 판을 진다 ᄒᆞᄂᆞ니라. ≪朴諺, 上, 42ㅈ≫可知都去裏, 그리어니 다 가ᄂᆞ니라. ≪朴諺, 上, 51ㅈ≫把搖車搖一搖便住了, 搖車를다가 흔들면 곳 그치ᄂᆞ니라. ≪朴諺, 上, 56ㅎ≫萬事不由人計較, 萬事ㅣ 사ᄅᆞᆷ의 計較를 말미암디 아니ᄒᆞᄂᆞ니라. ≪朴諺, 上, 67ㅈ≫今日脫靴上炕, 오ᄂᆞᆯ 훠를 벗고 炕예 올랏다가. 明日難保得穿, ᄂᆡ일 어더 신기를 밋기 어렵다 ᄒᆞᄂᆞ니라. ≪朴諺, 中, 1ㅈ≫一箇人與他五箇錢時放入去, ᄒᆞᆫ 사ᄅᆞᆷ이 뎌를 다ᄉᆞᆺ 낫 돈을 주면 노하드려보내ᄂᆞ니라. ≪朴諺, 中, 14ㅎ≫日久見人心, 날이 오라매 사ᄅᆞᆷ의 ᄆᆞᅀᆞᆷ을 보ᄂᆞ니라. ≪朴諺, 中, 25ㅈ≫常防賊心莫偷他物, 샹히 도적 ᄆᆞᄋᆞᆷ을 막고 ᄂᆞᆷ의 것 도적디 말라 ᄒᆞᄂᆞ니라. ≪朴諺, 中, 35ㅎ≫便着鈎子鈎出來將去, 곳 갈고리로 그러내여 가져가ᄂᆞ니라. ≪朴諺, 中, 61ㅈ≫有理無錢休入來, 理 이셔도 돈이 업거든 드러오디 말라 ᄒᆞᄂᆞ니라. ≪朴諺, 下, 13ㅎ≫能盖萬間房, 능히 萬間 房을 지어도. 夜眠一廈間, 밤의 一廈 間에 잔다 ᄒᆞᄂᆞ니라. ≪朴諺, 下, 15ㅎ≫冷鋪裏監禁着, 冷鋪에 가텻ᄂᆞ니라. ≪朴諺, 下, 28ㅎ≫明日再厮見, ᄂᆡ일 다시 서ᄅᆞ 보ᄂᆞ니라. ≪朴諺, 下, 34ㅈ≫一箇去百箇來, ᄒᆞ나히 가매 ᄇᆡᆨ이 온다 ᄒᆞᄂᆞ니라. ≪朴諺, 下, 49ㅈ≫好女不看燈, 好女ᄂᆞᆫ 看燈 아니ᄒᆞᆫ다 ᄒᆞᄂᆞ니라. ≪朴諺, 下, 60ㅎ≫王公已擧義兵了也, 王公이 ᄇᆞᆯ셔 義兵을 드럿ᄂᆞ니라.

-ᄂᆞ니이다 어미 -나이다. ≪朴諺, 下, 54ㅎ≫當有某縣某村住人王大戶爲證, 곳 아모 고ᄋᆞᆯ 아모 촌에 사ᄂᆞᆫ 사ᄅᆞᆷ 王大戶ㅣ 이셔 證ᄒᆞ엿ᄂᆞ니이다.

-ᄂᆞ다 어미 -ㄴ다. -는다. ≪集覽, 字解, 單字解, 4ㅎ≫麽. 本音모. 俗用爲語助辭, 音마, 古人皆呼爲모, 故或通作莫. 怎麽 엇디, 來麽 오나라. 又用如乎字之意者則曰, 去麽 갈다, 有麽 잇ᄂᆞ녀. 元語, 麽道 니ᄅᆞᄂᆞ다, 麽音ᄆᆞ, 今不用.

ᄂᆞ라가다 동 날아가다. ⇔비(飛). ≪朴諺, 下, 3ㅎ≫正是瘦禽也飛不到, 졍히 瘦禽도 ᄂᆞ라가디 몯ᄒᆞ고.

ᄂᆞ려디다 동 내려지다. 떨어지다. ⇔하(下). ≪朴諺, 下, 21ㅈ≫跳下床來了, 床에 ᄲᅱ여 ᄂᆞ려디니.

ᄂᆞ려오다 동 내려오다. ⇔하래(下來). ≪朴諺, 上, 37ㅈ≫墻上一塊土吊下來禮拜, 담우희 ᄒᆞᆫ 덩이 ᄒᆞᆰ이 ᄠᅥ러뎌 ᄂᆞ려와 禮拜ᄒᆞᄂᆞᆫ 거시여. ≪朴諺, 中, 1ㅎ≫吊下來踢上去, ᄂᆞ려오거든 차 올려.

ᄂᆞ리다 동 내리다. ❶⇔하(下). ≪朴諺, 上, 36ㅎ≫鐵人鐵馬不着鐵鞭不下馬, 쇠사ᄅᆞᆷ 쇠ᄆᆞᆯᄭᅴ 쇠채 아니면 ᄆᆞᆯᄭᅴ ᄂᆞ리디 아니ᄒᆞᄂᆞᆫ 거시여. ≪朴諺, 中, 37ㅈ≫要時請下馬來看, ᄒᆞ려커든 쳥컨대 ᄆᆞᆯ ᄂᆞ려 보라. ≪朴諺, 中, 43ㅈ≫直到點燈時分恰下馬,

잇굿 블혈 빼예 다둣게야 굿 뭘게 ᄂᆞ리니. ≪朴諺, 下, 14ㅎ≫直是人定時分纔下馬, 잇굿 人定 빼예 굿 물을 ᄂᆞ리ᄂᆞ니라. ❷⇔하래(下來). ≪朴諺, 上, 59ㅎ≫西湖是從玉泉裏流下來, 西湖는 이 玉泉으로 조차 흘러ᄂᆞ리니. ≪朴諺, 中, 40ㅈ≫好生流不下來, ᄀᆞ장 흘러ᄂᆞ리디 못ᄒᆞ여. ≪朴諺, 中, 48ㅈ≫眼脂兒眼角裏流下來, 눈곱이 눈 ᄉᆞ석에 흘러ᄂᆞ리되.

ᄂᆞ리오다 동 내리게 하다. ❶⇔하(下). ≪朴諺, 中, 60ㅎ≫反上反下, 도로혀 올리락 도로혀 ᄂᆞ리오락 ᄒᆞᆫ다 ᄒᆞ니. ❷⇔하래(下來). ≪朴諺, 下, 20ㅎ≫便拿下來磕死了, 곳 잡아 ᄂᆞ리와 좃기텨 죽이고. ≪朴諺, 下, 24ㅈ≫伯眼大仙也割下頭來, 伯眼大仙도 머리를 버혀 ᄂᆞ리와.

ᄂᆞ리티다 동 내려치다. ⇔하래(下來). ≪朴諺, 下, 23ㅎ≫先割下來, 본(몬)져 버혀 ᄂᆞ리티니.

ᄂᆞ믈 명 나물. ❶⇔채(菜). ≪朴諺, 中, 33ㅈ≫聽的賣菜子的過去麽, 드ᄅᆞ라 ᄂᆞ믈 삐 ᄑᆞᆯ 리 디나가ᄂᆞ냐. 買些菜子兒, 져기 ᄂᆞ믈 삐를 사. ≪朴諺, 中, 33ㅎ≫種菜來, ᄂᆞ믈 시므쟈. ≪朴諺, 中, 33ㅎ≫種甚麽菜來, 므슴 ᄂᆞ믈을 시므료. ≪朴諺, 中, 34ㅈ≫拔野菜去, 들ᄂᆞ믈을 ᄏᆡ라 가되. ≪朴諺, 中, 34ㅎ≫着那丫頭菜市裏, 뎌 丫頭로 ᄂᆞ믈 져제. ❷⇔채소(菜蔬). ≪朴諺, 中, 6ㅈ≫諸般菜蔬·鷄鴨和升·斗·等子, 여러 가지 ᄂᆞ믈과 ᄃᆞᆰ긔알과 되과 말과 저울을.

-ᄂᆞ이다 어미 -나이다. ≪朴諺, 上, 52ㅎ≫相公王五來, 相公아 王五ㅣ 왓ᄂᆞ이다. ≪朴諺, 下, 58ㅈ≫沈先生在門前裡, 沈先生이 문 앏픠 잇ᄂᆞ이다.

-ᄂᆞᆫ 어미 -는. ≪朴諺, 上, 6ㅎ≫叫將唱的根前來着他唱, 노래 브르ᄂᆞ니를 블러 앏희 와 뎔로 ᄒᆞ여 브르게 ᄒᆞ라. ≪朴諺, 上, 21ㅈ≫着攪草棍拌饋他些料水喫, 여믈 버므리ᄂᆞᆫ 막대로 뎌를 져기 콩믈을 버므려 주어 먹이고. ≪朴諺, 上, 48ㅎ≫納房錢空費了, 房錢 드리ᄂᆞᆫ 거슬 쇽졀업시 허비ᄒᆞᆯ낫다. ≪朴諺, 上, 61ㅈ≫有官裏坐的地白玉石玲瓏龍床, 황뎨 안ᄂᆞᆫ 白玉石으로 玲瓏히 ᄒᆞᆫ 龍床이 잇고. ≪朴諺, 中, 10ㅈ≫隨問到本都在城某坊住某官人處賣與, 隨問ᄒᆞ야 本都 잣 안 아므 坊에셔 사ᄂᆞᆫ 아므 官人의손ᄃᆡ 가 ᄑᆞ라 주되. ≪朴諺, 中, 18ㅎ≫推出後去的一般出來時, 뒤보라 가ᄂᆞᆫ 톄 ᄒᆞᆫ가지로 나오면. ≪朴諺, 中, 26ㅈ≫將去饋李大做定錢, 가져가 李大를 주어 마초ᄂᆞᆫ 갑슬 삼고. ≪朴諺, 中, 35ㅈ≫使鉤子的賊們更是廣, 갈고리 ᄡᅳᄂᆞᆫ 도적이 ᄯᅩ 흔ᄒᆞ여. ≪朴諺, 中, 45ㅈ≫來的客人們也道我精細, 오ᄂᆞᆫ 客人들토 날을 精細타 닐ᄋᆞ리라. ≪朴諺, 中, 59ㅎ≫該管的外郎也受了些錢財, ᄀᆞ음아ᄂᆞᆫ 外郎도 져기 錢財를 밧고. ≪朴諺, 下, 10ㅈ≫到家裏敬重父母, 집의 가ᄂᆞᆫ 父母를 敬重ᄒᆞᄂᆞ니. ≪朴諺, 下, 16ㅈ≫他一家住的漢兒人, 뎌 ᄒᆞᆫ 집의 사ᄂᆞᆫ 漢 사ᄅᆞᆷ이. ≪朴諺, 下, 20ㅎ≫但動的便筭輸, 므릇 動ᄒᆞᄂᆞᆫ 이를 곳 지니로 혜니라. ≪朴諺, 下, 39ㅈ≫接客不如送客, 客을 接호미 客을 送ᄒᆞᄂᆞᆫ 이만 굿디 못ᄒᆞ니. ≪朴諺, 下, 47ㅎ≫馬前馬後跟着的大小鬼卒, 馬前 馬後에 ᄯᆞ로ᄂᆞᆫ 大小 鬼卒이. ≪朴諺, 下, 62ㅈ≫人事與相識弟兄, 人事로 서ᄅᆞ 아ᄂᆞᆫ 弟兄을 주라.

-ᄂᆞᆫ 조 -는. ≪朴諺, 上, 4ㅎ≫當中間裡, 가온대ᄂᆞᆫ. ≪朴諺, 上, 18ㅎ≫左輔右弼板兒和兩箇束兒, 左輔右弼 돈과 두 믓금쇠ᄂᆞᆫ. ≪朴諺, 上, 24ㅈ≫君子一言快馬一鞭, 君子ᄂᆞᆫ 一言이오 快馬ᄂᆞᆫ 一鞭이라 ᄒᆞ니라. ≪朴諺, 上, 28ㅈ≫鞍子是雪白鹿角邊兒, 기ᄅᆞ마ᄂᆞᆫ 이 눈굿티 흰 鹿角 邊兒에. ≪朴諺, 上, 35ㅈ≫如今飯也喫得些箇却無事了, 이제ᄂᆞᆫ 밥도 져기 먹고 ᄯᅩ 無事ᄒᆞ여라. ≪朴諺, 上, 44ㅈ≫那的最容易, 뎌ᄂᆞᆫ ᄀᆞ장 쉬오니. ≪朴諺, 上, 60ㅎ≫兩角獸頭都是青瑠璃, 두 모헤 獸頭ᄂᆞᆫ 다 青瑠璃오. ≪朴諺, 中, 17ㅈ≫再有一件, ᄯᅩ ᄒᆞᆫ

가지는. ≪朴諺, 中, 18ㅎ≫那的有法度, 뎌는 法度ㅣ 이시니. ≪朴諺, 中, 23ㅈ≫齒排柯雪, 니는 柯雪이 버렷는 듯ᄒᆞ고. ≪朴諺, 中, 40ㅈ≫這的有些法度, 이는 法度ㅣ 이시니. ≪朴諺, 中, 50ㅈ≫先小人後君子, 몬져는 쇼인이라도 후에는 군ᄌᆞ로 홀 쩌시니라. ≪朴諺, 下, 17ㅈ≫西遊記熱閙(鬧), 西遊記는 워전ᄌᆞ런ᄒᆞ니. ≪朴諺, 下, 25ㅈ≫這孫行者正是了的, 이 孫行者는 졍히 올탓다. ≪朴諺, 下, 31ㅎ≫天子百靈咸助, 天子는 百靈이 다 돕고. ≪朴諺, 下, 34ㅎ≫你是新來的莊家, 너는 이 새로 온 향암이라. ≪朴諺, 下, 47ㅈ≫第二一箇十分可喜的衏衏, 第二는 ᄒᆞᆫ ᄀᆞ장 고온 녀기와. ≪朴諺, 下, 57ㅎ≫張編修是小人的同年, 張編修는 이 小人의 同年이니. ≪朴諺, 下, 61ㅎ≫君子不出戶而知天下, 君子는 戶에 나디 아니ᄒᆞ여셔 天下를 안다 ᄒᆞ니.

-는가 어미 -는가. ≪朴諺, 上, 3ㅈ≫勘合有了不曾, 勘合이 잇는가 못ᄒᆞ엿는가. ≪朴諺, 上, 34ㅎ≫如今都好了不曾, 이제 다 됴한는가 못ᄒᆞ엿는가. ≪朴諺, 下, 27ㅎ≫怕你錯買時, 네 그룻 사는가 서(저)프거든.

-는고 어미 -는고. ≪朴諺, 中, 30ㅎ≫那裏將那般好衣服好鞍馬來撇摌子, 어ᄃᆡ 가 뎌리 됴흔 옷과 됴흔 鞍馬를 가져와 얼굴을 비언는고. ≪朴諺, 下, 21ㅈ≫着兩箇猜裏面有甚麼, 둘흐로 ᄒᆞ여 안히 므서시 잇는고 알라 ᄒᆞ니. ≪朴諺, 下, 32ㅈ≫咱各自愛喫甚麼飯, 우리 각각 므슴 밥을 즐겨 먹는고.

-는고나 어미 -는구나. ≪朴諺, 上, 14ㅎ≫便猜着了, 곳 아는고나. ≪朴諺, 上, 38ㅈ≫咳都猜着了也, 애 다 아는고나. ≪朴諺, 中, 49ㅈ≫說這般作怪的言語, 이런 괴이ᄒᆞᆫ 말을 닐ᄋᆞ는고나. ≪朴諺, 下, 26ㅈ≫虧死我也, 셜워 날을 죽게 ᄒᆞ는고나. ≪朴諺, 下, 27ㅈ≫你看那廝喞喞的喝保, 네 보라 뎌 놈이 喞喞히 혀ᄎᆞ는고나.

-는다 어미 -느냐. -는가. ≪集覽, 字解, 單字解, 4ㅎ≫麽. 本音모. 俗用爲語助辭, 音마, 古人皆呼爲모, 故或通作莫. 怎麽 엇디, 來麽 오나라. 又用如乎字之意者則曰, 去麽 갈다, 有麽 잇ᄂᆞ녀. 元語, 麽道 니ᄅᆞᄂᆞ다, 麽音ᄆᆞ, 今不用. ≪集覽, 字解, 單字解, 5ㅈ≫往. 向也. 往那裏去 어드러 향ᄒᆞ야 가는다. 又昔也. 往常 아릐. ≪朴諺, 上, 8ㅈ≫到那裏, 어ᄃᆡ 가는다. ≪朴諺, 上, 19ㅎ≫儅的多少錢, 언멋 돈에 典儅ᄒᆞ려 ᄒᆞ는다. ≪朴諺, 上, 29ㅈ≫買猠皮做甚麽, 猠皮 사 므섯 ᄒᆞ려 ᄒᆞ는다. ≪朴諺, 上, 55ㅈ≫你待買甚麽本事的馬, 네 므슴 ᄌᆡ조엣 ᄆᆞᆯ을 사고져 ᄒᆞ는다. ≪朴諺, 上, 64ㅈ≫你怎麽謾的我高麗人, 네 엇디 우리 高麗ㅅ 사ᄅᆞᆷ을 소기는다. ≪朴諺, 中, 18ㅈ≫咳你說甚麽話, 애 네 므슴 말을 니ᄅᆞ는다. ≪朴諺, 中, 28ㅈ≫若作非理必受其殃, 만일 非理엣 일을 ᄒᆞ면 반ᄃᆞ시 그 앙화를 밧는다 ᄒᆞ니. ≪朴諺, 中, 33ㅈ≫逢山開路遇水迭橋, 山을 만나 길흘 열고 믈을 만나 ᄃᆞ리를 놋는다 ᄒᆞᄂᆞ니라. ≪朴諺, 中, 50ㅈ≫怎那般道, 엇디 뎌리 닐ᄋᆞ는다. ≪朴諺, 中, 60ㅈ≫怎麽這般說, 엇디 이리 닐ᄋᆞ는다. ≪朴諺, 下, 2ㅎ≫長老的佛像鑄了麽, 長老ㅣ아 佛像을 디윗는다. ≪朴諺, 下, 6ㅈ≫你說甚麽話, 네 므슴 말 니ᄅᆞ는다. ≪朴諺, 下, 17ㅎ≫鬬(鬪)聖的你知道麽, 鬬(鬪)聖ᄒᆞ든 줄을 네 아는다. ≪朴諺, 下, 34ㅈ≫你也打的麽, 너도 티기 ᄒᆞ는다. ≪朴諺, 下, 39ㅎ≫你知道麽, 네 아는다. ≪朴諺, 下, 40ㅈ≫你要畫甚麽, 네 므서슬 그리고져 ᄒᆞ는다. ≪朴諺, 下, 50ㅈ≫如何不去, 엇디 가디 아니ᄒᆞ는다. ≪朴諺, 下, 54ㅈ≫你那裡去, 네 어ᄃᆡ 가는다 ᄒᆞ여늘.

-는디라 어미 -는구나. ≪朴諺, 下, 11ㅈ≫不知得否, 得否를 아디 못ᄒᆞ는디라. ≪朴諺, 下, 17ㅎ≫喚做車遲國, 車遲國이라 브ᄅᆞ는디라.

-는또다 어미 -는구나. ≪朴諺, 上, 17ㅎ≫

按四時耍子, 四時룰 조차 노ᄂᆞᆫ또다. ≪朴諺, 中, 21ㅈ≫扇慈風於刹土, 慈風을 刹土에 붓ᄂᆞᆫ또다. ≪朴諺, 中, 22ㅈ≫隨相現相救苦惱於三塗, 샹을 조차 샹을 뵈야 苦惱를 三塗에 救ᄒᆞᄂᆞᆫ또다. ≪朴諺, 下, 14ㅎ≫你伴當們其實受苦, 너희 伴當들히 실로 受苦ᄒᆞᄂᆞᆫ또다.

ᄂᆞᆫ호다 동 나누다. ❶⇔분(分). ≪朴諺, 上, 49ㅈ≫一邉五箇家分着射, ᄒᆞᆫ 편에 다ᄉᆞᆺ식 ᄂᆞᆫ화 ᄡᅩ쟈. ❷⇔분개(分開). ≪朴諺, 上, 36ㅈ≫三哥待要分開, 셋재 형은 ᄂᆞᆫ호고져 ᄒᆞ고.

ᄂᆞᆯ 명 ❶날. 날실. ⇔경(經). ≪朴諺, 上, 14ㅎ≫經·緯合線結織, 삐·ᄂᆞᆯ을 合線ᄒᆞ여 ᄧᆞ시니. ❷날[刃]. ⇔인아(刃兒). ≪朴諺, 上, 15ㅎ≫刃兒不要忒厚了, ᄂᆞᆯ을 너무 두터이 말고.

ᄂᆞᆯ개 명 날개. ⇔시아(翅兒). ≪朴諺, 中, 1ㅎ≫翅兒舞, ᄂᆞᆯ개 춤 츠이고.

ᄂᆞᆯ다 동 날다. ⇔비(飛). ≪朴諺, 中, 8ㅈ≫飛也似緊驪, ᄂᆞᄂᆞᆫ ᄃᆞ시 재고. ≪朴諺, 下, 21ㅎ≫飛入横中, ᄂᆞ라 궷 가온대 드러가. ≪朴諺, 下, 48ㅈ≫那灰忽然飛將起來後頭, 뎌 ᄌᆡ 忽然히 ᄂᆞ라 니러난 후에야.

ᄂᆞᆲᄯᅱ다 동 날뛰다. ⇔조궐(刁蹶). ≪朴諺, 下, 4ㅈ≫逢多少惡物刁蹶, 언머 惡物의 ᄂᆞᆲᄯᅨᆷ을 만나시리오.

ᄂᆞᆷ 명 남. 타인. ❶⇔별인(别人). ≪朴諺, 上, 32ㅎ≫一箇和尚偷弄别人的媳婦, ᄒᆞᆫ 즁이 ᄂᆞᆷ의 겨집을 도적ᄒᆞ여 어ᄅᆞ노라. ≪朴諺, 上, 33ㅎ≫而今沒來由偷别人的媳婦怎麽, 이제 쇽졀업시 ᄂᆞᆷ의 겨집을 도적홈은 엇디오. ≪朴諺, 上, 34ㅈ≫你再敢偷别人媳婦麽, 네 다시 감히 ᄂᆞᆷ의 겨집 도적홀다. ≪朴諺, 中, 47ㅎ≫爲頭兒他瞞别人來, 처엄은 뎨 ᄂᆞᆷ을 소겻더니. ≪朴諺, 中, 47ㅎ≫路上必定喫别人笑話, 길히 일뎡 ᄂᆞᆷ의 우임을 니브리라. ❷⇔타(他). ≪集覽, 字解, 單字解, 6ㅈ≫少. 多少. 又欠也. 少甚麽 므스거시 업스뇨. 少債 ᄂᆞᄆᆡ 비들 ᄠᅥ디워 잇다. 又缺也. 缺少口粮

양시기 그처디다. ≪朴諺, 中, 3ㅈ≫好生捏捞東西, ᄀᆞ장 ᄂᆞᆷ의 것 건디쥐기 ᄒᆞᄂᆞ니. ≪朴諺, 中, 25ㅈ≫常防賊心莫偷他物, 샹히 도적 ᄆᆞ음을 막고 ᄂᆞᆷ의 것 도적디 말라 ᄒᆞᄂᆞ니라.

ᄂᆞᆺ 명 낯. ❶⇔검(臉). ≪朴諺, 上, 44ㅎ≫洗臉到學裏, ᄂᆞᆺ 싯고 學에 가. ❷⇔면(面). ≪朴諺, 中, 30ㅈ≫凍面皮都打破了不中, 언 ᄂᆞᆺ가족이 다 히여딜 거시니 맛당티 아니ᄒᆞ니.

ᄂᆞᆺ가족 명 낯가죽. ⇔면피(面皮). ≪朴諺, 中, 30ㅈ≫凍面皮都打破了不中, 언 ᄂᆞᆺ가족이 다 히여딜 거시니 맛당티 아니ᄒᆞ니.

ᄂᆞᆺㅊ 명 낯. ❶⇔면(面). ≪朴諺, 中, 19ㅈ≫有緣千里能相會, 인연이 이시면 千里라도 능히 서ᄅᆞ 못ᄀᆞ고. 無緣對面不相逢, 인연이 업스면 ᄂᆞᆺ촐 ᄃᆡᄒᆞ여도 서ᄅᆞ 만나디 못ᄒᆞᄂᆞ니. ≪朴諺, 中, 23ㅈ≫面圓壁月, ᄂᆞᆺ촌 壁(璧)月ᄀᆞ티 두렷ᄒᆞ고. ≪朴諺, 下, 12ㅈ≫勝如見面, ᄂᆞᆺ촐 봄도곤 나으리이다. ≪朴諺, 下, 40ㅎ≫畫虎畫皮難畫骨, 범을 그리매 가족은 그려도 ᄲᅧ 그리기 어렵고. 知人知面不知心, 사ᄅᆞᆷ을 알매 ᄂᆞᆺ촌 아라도 ᄆᆞ음은 아디 못ᄒᆞᆫ다 ᄒᆞᄂᆞ니라. ❷⇔면상(面上). ≪朴諺, 下, 54ㅎ≫於某面上用拳打破, 某의 ᄂᆞᆺ촐 주머괴로 텨 하야ᄇᆞ리되. ❸⇔면피아(面皮兒). ≪朴諺, 中, 52ㅎ≫小團欒面皮兒的漢兒人, 젹이 ᄂᆞᆺ치 두렷ᄒᆞᆫ 漢ㅅ 사ᄅᆞᆷ이.

ᄂᆞᆾ 명 낯. ⇔면피(面皮). ≪朴諺, 中, 47ㅈ≫又將筆來面皮上畫了, ᄯᅩ 븟을 가져다가 ᄂᆞ체 그렷더니.

ᄂᆡ 명 내(內). ⇔내(內). ≪朴諺, 上, 54ㅈ≫其銀限至下年幾月內, 그 은을 限이 ᄂᆡ년 아므 ᄃᆞᆯ ᄂᆡ에 니ᄅᆞ게 ᄒᆞ야.

ᄂᆡ년 명 내년(來年). ⇔하년(下年). ≪朴諺, 上, 54ㅈ≫其銀限至下年幾月內, 그 은을 限이 ᄂᆡ년 아므 ᄃᆞᆯ ᄂᆡ에 니ᄅᆞ게 ᄒᆞ야.

-ᄂᆡ이다 어미 -나이다. ≪朴諺, 中, 14ㅎ≫太醫來這裏, 太醫 여긔 왓ᄂᆡ이다.

ᄂᆡ일 명 내일(來日). ⇔명일(明日). ≪朴諺,

上, 19ㅈ≫你明日領我去, 네 녀일 날을 드려가. ≪朴諺, 上, 32ㅈ≫只說明日後日還我, 그저 닐오듸 녀일 모릐 내게 갑흐마 ᄒᆞ니. ≪朴諺, 上, 32ㅈ≫知他是幾箇明日, 모로리로다 이 몃 녀일인디. ≪朴諺, 上, 57ㅈ≫明日就那裏上了墳, 녀일 임의셔 게셔 上墳ᄒᆞ고. ≪朴諺, 上, 59ㅈ≫我也明日到羊市裏, 나도 녀일 羊 져제가. ≪朴諺, 上, 67ㅈ≫今日脫靴上炕, 오늘 훠를 벗고 炕예 올랏다가. 明日難保得穿, 녀일 어더 신기를 밋기 어렵다 ᄒᆞᄂᆞ니라. ≪朴諺, 中, 4ㅎ≫假如明日這摋兒上的顏色, 가ᄉᆞ 녀일 이 견양엣 빗체셔. ≪朴諺, 中, 8ㅎ≫明日鷄兒叫一聲便上馬, 녀일 ᄃᆞᆰ이 ᄒᆞᆫ 번 울어든 곳 ᄆᆞᆯ을 ᄐᆞᆯ거시니. ≪朴諺, 中, 29ㅎ≫我明日通州接尙書去, 내 녀일 通州 尙書 마즈라 가리라. ≪朴諺, 中, 38ㅈ≫明日來管迴換, 녀일 와 므르믈 ᄀᆞ음알리라. ≪朴諺, 中, 49ㅈ≫咱們人今日死的明日死的不理會的, 우리 사ᄅᆞᆷ이 오ᄂᆞᆯ 죽을 줄 녀일 죽을 줄 아디 못ᄒᆞ니. ≪朴諺, 下, 28ㅎ≫明日再厮見, 녀일 다시 서ᄅᆞ 보ᄂᆞ니라.

ㄷ

다 [부] 다. 모두. ❶⇔개(皆). ≪朴諺, 下, 8ㅎ≫經律論皆通, 經律論을 다 通ᄒᆞ니. ≪朴諺, 下, 27ㅎ≫寸心不昧, 寸心이 어둡디 아니ᄒᆞ면. 萬法皆明, 萬法이 다 ᄇᆞᆰᄂᆞ니라. ❷⇔도(都). ≪朴諺, 上, 1ㅎ≫休買母的都要羯的, 암을 사디 말고 다 수를 사고. ≪朴諺, 上, 10ㅈ≫看那人家墻壁都倒了, 뎌 人家 墻壁을 보니 다 믄허뎌시니. ≪朴諺, 上, 25ㅎ≫鞘兒都全, 갑플이 다 ᄀᆞ잣고. ≪朴諺, 上, 38ㅈ≫咳都猜着了也, 애 다 아ᄂᆞᆫ고나. ≪朴諺, 上, 46ㅈ≫我父毋(母)都身已(己)安樂麼, 우리 父毋(母)ㅣ 다 몸이 安樂ᄒᆞ더냐. ≪朴諺, 上, 57ㅎ≫今日都請下了, 오ᄂᆞᆯ 다 請ᄒᆞ엿ᄂᆞ니라. ≪朴諺, 上, 60ㅎ≫兩角獸頭都是青瑠璃, 두 모헤 獸頭ᄂᆞᆫ 다 青瑠璃오. ≪朴諺, 上, 64ㅈ≫生達達·回回如今也都會了, 生達達·回回도 이제ᄂᆞᆫ 쏘 다 아ᄂᆞ니라. ≪朴諺, 中, 2ㅎ≫都是接頭補定麼, 다 니와겨 깁보태엿다. ≪朴諺, 中, 11ㅈ≫車輛都有麼, 車輛이 다 잇ᄂᆞ냐. 都有了, 다 이셰라. ≪朴諺, 中, 24ㅎ≫都一打裏將到直房裏等我着, 다 ᄒᆞᆫ번의 가지고 直房에 가 날을 기ᄃᆞ리고. ≪朴諺, 中, 27ㅎ≫把那布·絹來都奪了, 뎌 뵈와 깁을 다 앗고. ≪朴諺, 中, 40ㅎ≫把瓦來都蹬破了, 디새ᄅᆞᆯ다가 다 ᄇᆞᆲ와 ᄲᅵ려시니. ≪朴諺, 中, 58ㅈ≫把這窓孔的紙都扯了, 이 창 굼게 죵히ᄅᆞᆯ다가 다 믜티고. ≪朴諺, 下, 2ㅎ≫都偷將去了, 다 도적ᄒᆞ여 가져가니. ≪朴諺, 下, 7ㅈ≫便成疙瘩都吊了, 곳 더뎅이져 다 ᄲᅥ러디리라. ≪朴諺, 下, 12ㅎ≫以至升斗, ᄲᅧ 바리와. 石, 돌과. 塼, 벽과. 培瓦, 培瓦에 니르히. 都有, 다 이셰라. ≪朴諺, 下, 21ㅎ≫把桃肉都喫了, 복셩화 ᄉᆞᆯ흘다가 다 먹고. ≪朴諺, 下, 35ㅈ≫都借與你, 다 너를 빌려 주마. ≪朴諺, 下, 43ㅈ≫都裝在卓兒上擡着, 다 탁ᄌᆞ에 담아 들고. ❸⇔병(竝). ≪朴諺, 中, 10ㅈ≫並不干買主之事, 다 산 님자의게ᄂᆞᆫ 간셥디 아닌 일이라. ❹⇔색(索). ≪朴諺, 上, 61ㅎ≫諸般殿舍且不索說, 여러 가지 殿舍ᄂᆞᆫ 아직 다 니ᄅᆞ디 아니ᄒᆞ거니와. ❺⇔전(全). ≪朴諺, 上, 47ㅈ≫全做時只使的十九箇錢, 다 ᄒᆞ려 ᄒᆞ면 그저 열 아홉 낫 돈을 ᄡᅳ리라. ≪朴諺, 中, 39ㅈ≫門窓炕壁俱全, 門窓 炕壁이 다 ᄀᆞ잣고. ❻⇔진(盡). ≪朴諺, 上, 7ㅎ≫無子無孫盡是他人之物, 無子 無孫ᄒᆞ면 다 他人의 거시라 ᄒᆞ니. ≪朴諺, 下, 9ㅈ≫人人盡盤雙足, 사ᄅᆞᆷ마다 다 두 발을 서리고. ❼⇔함(咸). ≪朴諺, 下, 31ㅎ≫駕海紫金梁, 바다ᄒᆞᆯ 걸탄ᄂᆞᆫ 紫金梁이로다. 天子百靈咸助, 天子ᄂᆞᆫ 百靈이 다 돕고. 將軍八面威風, 將軍은 八面威風이러라.

다(多) [관] 여러. ⇔여러. ≪朴諺, 上, 63ㅈ≫咱們結相識知心腹多年了, 우리 結相識ᄒᆞ여 心腹 아란디 여러 ᄒᆡ로ᄃᆡ.

다(多) [동] 남대[餘]. ❶⇔남다. ≪集覽, 字解, 單字解, 6ㅈ≫多. 多少 언메나. 又許多 하나한. 又餘也, 三十里多地 삼십 리 나믄 ᄯᅡ. 吏語, 多餘. 又過也, 有甚麼多處 므스기 너믄 고디 이시리오. 又重也, 므스기 앗가온 고디 이시리오. ≪朴諺, 下, 28ㅈ≫一霎兒贏了二升多榛子, 져근덧에 두 되 나믄 개암을 이긔어다. ❷넘다. 지나치다. ⇔넘다. ≪集覽, 字解, 單字解, 6ㅈ≫多. 多少 언메나. 又許多 하나한. 又

餘也. 三十里多地 삼십 리 나믄 짜. 吏語, 多餘. 又過也. 有甚麽多處 므스기 너믄 고디 이시리오. 又重也. 므스기 앗가온 고디 이시리오.

다(多) 부 많이. ⇔만히. ≪朴諺, 上, 19ㅎ≫儅那偌多做甚麽, 뎌리 만히 典儅ᄒᆞ여 므슴 ᄒᆞ려 ᄒᆞᄂᆞ다. 多儅時多贖, 만히 典儅ᄒᆞ면 만히 갑고. ≪朴諺, 上, 39ㅎ≫刮的多頭疼, 긁빗기기를 만히 ᄒᆞ면 머리 알프ᄂᆞ니라. ≪朴諺, 上, 42ㅎ≫正着了也多尋鈔, 정히 만나시니 錢鈔를 만히 어드리로다. ≪朴諺, 上, 53ㅈ≫官裏前面揷柳射弓的多有, 황뎨 앏픠셔 버들 곳고 활 쏘ᄂᆞ니 만히 이시니. ≪朴諺, 上, 53ㅎ≫我多與你賞錢, 내 만히 너를 賞錢을 주리라. ≪朴諺, 中, 2ㅎ≫多有莭(節)子, 공이 만히 잇고. ≪朴諺, 中, 3ㅈ≫這橫子多直的一兩銀儘勾也, 이 樻 만히 싸야 ᄒᆞᆫ 냥 銀이 잇긋 유여ᄒᆞ거늘. ≪朴諺, 中, 6ㅈ≫休多要你的, 네게도 만히 말고. ≪朴諺, 中, 9ㅈ≫更沒多騎鋪馬, 또 鋪馬를 만히 톰이 업고. ≪朴諺, 中, 15ㅎ≫燒酒和黃酒多喫了, 燒酒와 黃酒를 만히 먹고. 生果子也多喫了, ᄉᆡᆼ과실도 만히 먹고. ≪朴諺, 中, 17ㅈ≫重意的多與將來, 重ᄒᆞᆫ 뜻으로 만히 주어 가져오니. 我這裏好生多喫了, 내 예셔 ᄀᆞ장 만히 먹을와. ≪朴諺, 中, 40ㅎ≫多有破的, 쌔야디니 만히 잇다. ≪朴諺, 中, 60ㅈ≫你多與他些物, 네 만히 뎌를 인졍을 주고. ≪朴諺, 下, 44ㅈ≫不要多也不要少了, 만히도 말고 젹게도 말아. ≪朴諺, 下, 45ㅈ≫黑夜不敢喫多, 밤이니 감히 먹기를 만히 못ᄒᆞᆯ로다.

다(多) 부 얼마나. 얼마. ⇔언메나. ≪朴諺, 上, 19ㅎ≫那珠兒多大小, 뎌 진쥬ㅣ 크기 언메나 ᄒᆞ뇨.

다(多) 부 넘은. ⇔나믄. ≪集覽, 字解, 單字解, 6ㅈ≫多. 多少 언메나. 又許多 하나한. 又餘也. 三十里多地 삼십 리 나믄 짜. 吏語, 多餘. 又過也. 有甚麽多處 므스기 너믄 고디 이시리오. 又重也. 므스기 앗가온 고디 이시리오.

다(多) 조 -넘도록. ⇔-남아. ≪朴諺, 中, 14ㅈ≫到通州賣了多一半兒, 通州ㅣ 다ᄃᆞ라 반남아 폴고.

다(多) 형 많다. ❶⇔다ᄒᆞ다(多-). ≪朴諺, 下, 57ㅎ≫就望他去時也不多, 이믜셔 뎌도 보라 가면 또 多티 아니ᄒᆞ랴. ❷⇔만타. ≪朴諺, 下, 1ㅎ≫休道黃金貴, 黃金을 귀타 니ᄅᆞ디 말라. 安樂直錢多, 安樂호미 갑시 만타 ᄒᆞ니라. ❸⇔만ᄒᆞ다. ≪朴諺, 上, 2ㅈ≫酒京城槽房雖然多, 술은 京城에 술집이 비록 만ᄒᆞ나. ≪朴諺, 上, 22ㅎ≫你的殺子多沒眼碁, 네 주긴 ᄆᆞᆯ이 만ᄒᆞ니 눈 업슨 바독이로다. ≪朴諺, 中, 17ㅎ≫又沒多, 또 만티 아니ᄒᆞ이다. ≪朴諺, 下, 40ㅈ≫他家裏事多, 뎌 집의 일이 만ᄒᆞ니. ❹⇔많다. ≪朴諺, 上, 46ㅎ≫謝你將偌多布匹來, 네 만흔 布匹 가져옴을 謝ᄒᆞ노라. ≪朴諺, 下, 4ㅈ≫正是好人魔障多, 졍히 됴흔 사ᄅᆞᆷ은 魔障이 만흔디라. ❺⇔하다. ≪集覽, 字解, 單字解, 7ㅈ≫偌. 太甚也. 偌大 너므 크다, 偌多 너므 하다. 又하나한. 通作熱. ≪朴諺, 上, 4ㅈ≫罷罷減不多, 두어 두어 감ᄒᆞᆫ 거시 하디 아니ᄒᆞ다. ≪朴諺, 上, 64ㅎ≫要甚麽多話, 므슴ᄒᆞ라 말 한 양 ᄒᆞ리오. ≪朴諺, 中, 2ㅈ≫因風吹火用力不多, ᄇᆞ람을 因ᄒᆞ여 블을 불면 힘쁨이 하디 아니타 ᄒᆞᄂᆞ니라.

다(多) 형 아깝다. 또는 지나치다. ⇔앗갑다. ≪集覽, 字解, 單字解, 6ㅈ≫多. 多少 언메나. 又許多 하나한. 又餘也. 三十里多地 삼십 리 나믄 짜. 吏語, 多餘. 又過也. 有甚麽多處 므스기 너믄 고디 이시리오. 又重也. 므스기 앗가온 고디 이시리오. ≪朴諺, 中, 41ㅈ≫殺了有甚麽多處, 죽인들 므슴 앗가온 곳이 이시리오.

-다 어미 -다. ≪朴諺, 中, 2ㅎ≫都是接頭補定麽, 다 니와겨 깁보태엿다. ≪朴諺, 中, 15ㅈ≫感冒風寒, 風寒에 感冒ᄒᆞ엿다. ≪朴諺, 中, 25ㅎ≫這帽兒也做得中中的, 이 갓을 ᄆᆡᆫ들기를 알맛게 ᄒᆞ엿다. ≪朴

諺, 中, 30ㅈ≫稀粥也熬着裏, 믉은 쥭도 쑤엇다. ≪朴諺, 中, 38ㅎ≫這房契寫了, 이 집 글월 써다. ≪朴諺, 中, 46ㅈ≫你却不道首領官署了卷廳上不曾押裏, 네 또 首領官은 권에 일홈두고 廳上이 일즙 슈례두디 아녓다 니ᄅᆞ디 아니ᄒᆞ던다. ≪朴諺, 中, 51ㅈ≫雨晴了也, 비 개엿다. ≪朴諺, 下, 10ㅎ≫我寫了也, 내 써다. ≪朴諺, 下, 21ㅈ≫王道唐僧得勝了, 王이 닐오ᄃᆡ 唐僧이 이긔어다. ≪朴諺, 下, 36ㅈ≫三迴連打上了, 세 번을 년ᄒᆞ야 텨 올려다. ≪朴諺, 下, 58ㅈ≫探先生來裡, 先生을 보라 왓다 ᄒᆞ라. ≪朴諺, 下, 61ㅎ≫張編修有此好文官, 張編修ㅣ 이 됴ᄒᆞᆫ 文官을 두엇다. ≪朴諺, 下, 62ㅈ≫賣劒賣與烈士, 劒을 풀매 烈士의게 풀고. 臙粉贈與佳人, 臙粉은 佳人의게 준다 ᄒᆞ니라.

-다가 조 ❶'-를'의 뜻. (격조사 '를' 뒤에 붙는다) ⇔장(將). ≪集覽, 字解, 單字解, 4ㅈ≫將. 持也. 將來 가져오라, 將着 가지라, 將咱們 우리를다가. 又將次 쟝ᄎᆞ. ≪朴諺, 中, 29ㅈ≫將老李打了一百七, 老李롤다가 一百 닐곱을 텨. ❷'-ᄅᆞᆯ'의 뜻. (격조사 'ᄅᆞᆯ' 뒤에 붙는다) ⇔장(將). ≪朴諺, 下, 51ㅈ≫慢慢的將鉤兒垂下水裡去時, 날호여 낙시롤다가 믈에 들이오면.

-다가 조 ❶'-를'의 뜻. (격조사 '를' 뒤에 붙는다) ⇔파(把). ≪集覽, 字解, 單字解, 4ㅈ≫把. 持也, 握也. 一把 ᄒᆞᆫ 줌, 又ᄒᆞᆫ ᄌᆞᄅᆞ. 把我們 우리를다가, 把來 그를다가, 與將字大同小異. 又元時語, 有把解之語, 猶言典儅也, 今不用. ≪朴諺, 中, 58ㅈ≫把這窓孔的紙都扯了, 이 창 굼게 죵희를다가 다 ᄢᅴ티고. ❷'-ᄅᆞᆯ'의 뜻. (격조사 'ᄅᆞᆯ' 뒤에 붙는다) ⇔파(把). ≪集覽, 字解, 單字解, 4ㅈ≫把. 持也, 握也, 一把 ᄒᆞᆫ 줌, 又ᄒᆞᆫ ᄌᆞᄅᆞ. 把我們 우리롤다가, 把來 그롤다가, 與將字大同小異. 又元時語有把解之語, 猶言典儅也, 今不用. ≪朴諺, 上, 32ㅈ≫把我的兩對新靴子都走破了, 내 두 쌍 새 훠롤다가 다 ᄃᆞᆫ녀 해야ᄇᆞ리게 ᄒᆞ고. ≪朴諺, 上, 48ㅈ≫把田禾都收割了時, 田禾롤다가 다 거두어 븨면. ≪朴諺, 上, 50ㅎ≫把孩兒上搖車, 아히롤다가 搖車에 올리ᄂᆞ니라. ≪朴諺, 上, 51ㅈ≫把搖車搖一搖便住了, 搖車롤다가 흔들면 곳 그치ᄂᆞ니라. ≪朴諺, 中, 28ㅎ≫把咱們不償命那甚麽, 우리롤다가 償命티 아니코 므슴 ᄒᆞ리오. ≪朴諺, 中, 28ㅎ≫把老李拿着背綁了, 老李롤다가 자바 져차 리켜 ᄆᆡ고. ≪朴諺, 中, 40ㅎ≫把瓦來都躧破了, 디새롤다가 다 ᄇᆞᆯ와 ᄣᅡ려시니. ≪朴諺, 中, 40ㅎ≫把這生分忤逆, 이 본ᄃᆡ 忤逆ᄒᆞᆫ 어린ᄢᅵ롤다가. ≪朴諺, 中, 51ㅎ≫把那尾子挽的牢着, 뎌 ᄭᅩ리롤다가 ᄆᆡ기롤 구디 ᄒᆞ라. ≪朴諺, 下, 9ㅈ≫把鼻子跌破了, 코롤다가 구러뎌 해여ᄇᆞ리니. ≪朴諺, 下, 16ㅈ≫把我小的監了, 우리 아히롤다가 가도왓ᄂᆞ니라. ≪朴諺, 下, 23ㅎ≫孫行者把他的頭, 孫行者ㅣ 제 머리롤다가. ≪朴諺, 下, 24ㅈ≫把先生的頭拖將去, 先生의 머리롤다가 ᄭᅳ어 가져가니. ≪朴諺, 下, 24ㅈ≫行者用手把頭提起, 行者ㅣ 손으로 뼈 머리롤다가 잡아 니ᄅᆞ혀. ≪朴諺, 下, 48ㅎ≫把別的打的四分五落裡, 다ᄅᆞᆫ 이롤다가 텨 四分五落ᄒᆞ야.

-다가 조 ❶'-을'의 뜻. (격조사 '을' 뒤에 붙는다) ⇔장(將). ≪朴諺, 上, 40ㅈ≫將風屑去的爽利着, 비듬을다가 업시ᄒᆞ야 싀훤케 ᄒᆞ라. ≪朴諺, 上, 54ㅎ≫將借錢人在家應有直錢物件, 돈 ᄭᅮᆫ 사ᄅᆞᆷ의 집의 應有ᄒᆞ엿ᄂᆞᆫ 갑ᄊᆞᆫ 物件을다가. ≪朴諺, 中, 39ㅎ≫將賃房人家內應有直錢物件, 집 셰낸 사ᄅᆞᆷ의 집의 應有ᄒᆞᆫ 갑ᄊᆞᆫ 物件을다가. ❷'-ᄋᆞᆯ'의 뜻. (격조사 'ᄋᆞᆯ' 뒤에 붙는다) ⇔장(將). ≪朴諺, 上, 35ㅈ≫將那草梢兒, 뎌 플 긋틀다가. ❸'-을'의 뜻. (격조사 '을' 뒤에 붙는다) ⇔파(把). ≪朴諺, 上, 9ㅎ≫把水門都衝壞了, 水門을다가 다 딜러 해야ᄇᆞ리고. ≪朴諺, 上, 35ㅎ≫把那艾來揉的細着, 뎌 쑥을다가 부븨기롤 ᄀᆞᄂᆞᆯ게 ᄒᆞ야. ≪朴諺, 上, 50ㅎ≫把溺

ㄷ

胡蘆正着那窟籠裏放了, 오좀 누ᄂᆞᆫ 박을다가 바로 뎌 굼긔 노코. ≪朴諺, 中, 20ㅈ≫把摟草二錢半一束(束)家, 허튼 딥흔(흔)다가 돈 둘 반에 ᄒᆞᆫ 뭇식 ᄒᆞ여. ≪朴諺, 中, 34ㅈ≫把芒蒋來煮喫, 비름을다가 ᄉᆞᆱ마 먹쟈. ≪朴諺, 中, 40ㅈ≫把那房上草來, 뎌 집 우희 플을다가. ≪朴諺, 中, 47ㅈ≫我特故裏把酒灌的他爛醉了, 내 부러 술을다가 뎌의게 브으니 爛醉ᄒᆞ여. ≪朴諺, 中, 55ㅎ≫把這簾子都捲起, 이 발을다가 다 것고. 把這窓兒都支起着, 이 창을다가 다 벗틔오라. ≪朴諺, 中, 58ㅎ≫把那蒲葉兒來做席子, 뎌 菖蒲 닙흘다가 자리 민ᄃᆞ라. ≪朴諺, 中, 59ㅎ≫把我的文卷來, 내 文卷을다가. ≪朴諺, 下, 2ㅎ≫把我二三年布施來的金銀·鈔錠, 내 二三年 布施ᄒᆞ여 온 金銀·鈔錠을다가. ≪朴諺, 下, 5ㅎ≫把那麻刀一打裏和的勻着, 뎌 삼써울을다가 ᄒᆞᆫ 번의 섯기를 고로게 ᄒᆞ라. ≪朴諺, 下, 15ㅎ≫把我家小廝拿將去監了貳日, 우리 집 놈을다가 잡아가 가도완디 이틀이오. ≪朴諺, 下, 19ㅈ≫却把伯眼打了一鐵棒, 또 伯眼을다가 ᄒᆞᆫ 쇠막대로 티니. ≪朴諺, 下, 21ㅎ≫把桃肉都喫了, 복셩화 ᄉᆞᆯ흘다가 다 먹고.

-다가 어미 -다가. ≪朴諺, 上, 10ㅈ≫去角頭叫幾箇打墻的和坌工來築墻, 모롱이에 가 여러 담 ᄡᆞᄂᆞᆫ 이와 조역을 블러다가 담 ᄡᆞ이리라. ≪朴諺, 上, 23ㅎ≫將筆(筆)來抹了着, 붓 가져다가 외오라. ≪朴諺, 上, 35ㅈ≫將一根兒草來, ᄒᆞᆫ 낫 플을 가져다가. ≪朴諺, 上, 50ㅎ≫買將車子來, 술위를 사다가. ≪朴諺, 上, 56ㅎ≫將就着買將來, 두어라 ᄒᆞ여 사 가져다가. ≪朴諺, 上, 67ㅈ≫今日脫靴上炕, 오ᄂᆞᆯ 훠를 벗고 炕에 올랏다가. ≪朴諺, 中, 1ㅎ≫他的主兒拿着諸般顏色的小旗兒, 제 님재 여러 가지 빗체 져근 旗를 가져다가. ≪朴諺, 中, 11ㅈ≫叫將那木匠來, 뎌 木匠이를 블러다가. ≪朴諺, 中, 29ㅎ≫打一對馬脚匙來釘上着, ᄒᆞᆫ 보 다갈을 티여다가 박으라. ≪朴諺, 中, 44ㅎ≫將幾箇磨果釘子來, 여러 머리 뭉킌 못 가져다가. ≪朴諺, 中, 58ㅈ≫將碎塼塊來, ᄌᆞᆫ 벽덩이 가져다가. ≪朴諺, 下, 4ㅎ≫叫一箇泥水匠和兩箇坌工來, ᄒᆞᆫ 泥匠이와 두 조역을 블러다가. ≪朴諺, 下, 7ㅈ≫買將一兩疥藥來搽一遍, ᄒᆞᆫ 냥 疥藥을 사다가 ᄒᆞᆫ 번 ᄇᆞᄅᆞ면. ≪朴諺, 下, 12ㅎ≫銼子來做生活, 줄을 가져다가 셩녕ᄒᆞ라. ≪朴諺, 下, 29ㅎ≫碎家事和將瀝青來, ᄌᆞᆫ 연장과 瀝青을 가져다가. ≪朴諺, 下, 37ㅎ≫管着那莊土, 뎌 농소를 ᄀᆞ음아다가. ≪朴諺, 下, 43ㅎ≫三寸氣在千般有, 三寸 氣ㅣ 이시매 쳔 가지나 잇다가.

-다가 조 -다가. ≪朴諺, 上, 13ㅎ≫將指頭那瘡口上, 손가락으로다가 뎌 瘡 부리예. 着唾沫白日黑夜不住的搽, 춤으로다가 白日 黑夜에 머므로디 말고 ᄇᆞᄅᆞ라. ≪朴諺, 中, 36ㅈ≫將指頭來大小的長鐵條兒, 손짜락 굴긔예 긴 쇠가락으로다가.

다갈 명 대갈. (말굽에 편자를 박을 때 쓰는 징) ⇔마각시(馬脚匙). ≪朴諺, 中, 29ㅎ≫打一對馬脚匙來釘上着, ᄒᆞᆫ 보 다갈을 티여다가 박으라.

다갈(茶褐) 명 다갈색(茶褐色). ❶⇔차할빗ㅊ. ≪朴諺, 上, 63ㅈ≫我的串香褐(集覽, 朴集, 上, 15ㅎ: 串香褐. 串香者, 合和諸香以爲佩者也. 凡稱〈称〉染色之少文采〈彩〉者曰褐. 串香褐·麝香褐·鷹背褐·蜜褐·茶褐, 卽黃黑雜色也. 玉褐·艾褐·水褐·銀褐, 卽白黑雜色也. 藕褐, 卽紫黑雜色也. 深淺異色, 各取其像.)通袖膝欄五彩綉帖裏, 내 텀향빗체 通袖 膝欄ᄒᆞ고 五彩로 繡노흔 텰릭과. ≪朴諺, 下, 38ㅎ≫車馬, 車馬와. 茶褐羅傘, 차할빗치 羅傘과. ❷⇔차헐빗ㅊ. ≪朴諺, 下, 11ㅈ≫孩兒今將金色茶褐段子一箇, 孩兒ㅣ 이제 金色 차헐빗치 비단 ᄒᆞᆫ 필과.

다과(茶果) 명 차와 과일. ≪朴諺, 下, 19ㅈ≫奪喫了祭星茶果, 祭星ᄒᆞᄂᆞᆫ 茶果를 아사 먹고. ≪朴諺, 下, 42ㅈ≫擺諸般茶

果等味, 여러 가짓 茶果 等 味를 버리고.

다느림ᄒᆞ다 동 보충하다. 벌충하다. ⇔보(補). ≪朴諺, 上, 59ㅈ≫饋他補生日, 더룰 주어 生日을 다느림ᄒᆞ면.

다다(多多) 부 많이. ⇔만히. ≪朴諺, 上, 44ㅈ≫多多的與你人事, 만히 네게 人事ᄒᆞ마. ≪朴諺, 下, 30ㅈ≫多多的賞你, 만히 네게 샹호리라.

다다소소(多多少少) 명 얼마. 얼마쯤. 많든 적든 간에. ⇔언머. ≪朴諺, 下, 30ㅎ≫知他是多多少少, 모로리로다 언메런디.

다ᄃᆞ라다 동 다다르다. 이르다. ❶⇔도(到). ≪朴諺, 中, 13ㅎ≫到遷民鎭口子裏, 遷民鎭 어귀에 다ᄃᆞ라. ≪朴諺, 中, 13ㅎ≫到三河縣, 三河縣에 다ᄃᆞ라. ≪朴諺, 中, 14ㅈ≫到通州賣了多一半兒, 通州ㅣ 다ᄃᆞ라 반남아 ᄑᆞᆯ고. ≪朴諺, 下, 15ㅈ≫官人們的要路裏到了也, 官人들의 要路에 다ᄃᆞ란노라. ≪朴諺, 下, 37ㅈ≫到秋他種來的, ᄀᆞ올이 다ᄃᆞ라 뎌의 심근. ❷⇔임(臨). ≪朴諺, 下, 1ㅈ≫你臨去時莭(節), 네 갈 ㅤ때예 다ᄃᆞ라. ❸ ⇔지(至). ≪朴諺, 上, 54ㅈ≫如至日無錢歸還, 만일 날이 다ᄃᆞ라 갑흘 돈이 업ᄉᆞ면. ≪朴諺, 中, 39ㅎ≫如至日無錢送納, 만일 날이 다ᄃᆞ라 送納홀 돈이 업스면. ❹⇔하(下). ≪朴諺, 中, 53ㅎ≫咳却早年莭(節)下也, 애 볼셔 年莭(節)이 다ᄃᆞ랏ᄂᆞ냐.

다ᄃᆞᄅᆞ다 동 다다르다. 이르다. ⇔도(到). ≪朴諺, 上, 45ㅈ≫到晌午寫倣書, 나지 다ᄃᆞᄅᆞ면 셔품 ᄡᅳ기 ᄒᆞ여.

다ᄃᆞᆮ다 동 다다르다. 이르다. ⇔애도(捱到). ≪集覽, 字解, 單字解, 2ㅎ≫捱. 正作涯. 倚限有恃之意 그슴ᄒᆞ다, 捱到十年 열히 다ᄃᆞᆮ도록.

다돔다 동 다듬다. ❶⇔수(修). ≪朴諺, 上, 47ㅈ≫修脚五箇錢, 발돕 다돔기는 다ᄉᆞᆺ 낫 돈이니. ≪朴諺, 上, 47ㅎ≫梳刮頭修了脚, 머리 긁빗고 발돕 다돔고. ❷⇔연(撚). ≪朴諺, 中, 43ㅎ≫不得撚指歇息, 손똡 다ᄃᆞ믈 쉬기도 엇디 못ᄒᆞ고.

다돔다 동 다듬다[練]. 다듬이질을 하다. ⇔연(碾). ≪朴諺, 上, 43ㅎ≫三尺半白清水(集覽, 朴集, 上, 12ㅎ: 白清水絹. 무·리 · 픗〈플〉:긔 ·업·시 다ᄃᆞ·마 :돌호로 미·론 : 깁·이·니, 光滑緻硬, 如本國擣砧者也. 卽不用糨粉而鍊〈練〉生絹, 以石碾者.)絹, 석자 반 제믈엣 깁이야. ≪朴諺, 中, 3ㅎ≫染柳黃碾的光着, 柳黃 드려 다돔기를 빗나게 ᄒᆞ고. ≪朴諺, 中, 3ㅎ≫五箇大紅碾着, 닷 필은 다홍 드려 다돔고. ≪朴諺, 中, 4ㅈ≫改染做桃紅碾到着, 고텨 桃紅 드려 다돔기를 잇긋 ᄒᆞ라.

다돔이 명 다듬이질. ⇔파일파(擺一擺). ≪朴諺, 中, 4ㅈ≫這細綿紬染鴉青擺一擺, 이 ᄀᆞᄂᆞᆫ 綿紬란 鴉青 드려 널 다돔이 ᄒᆞ고. ≪譯語類解, 下, 織造≫擺一擺. 同舒扯.

다ᄃᆞᆺ다 동 다다르다. 이르다. ⇔도(到). ≪朴諺, 上, 21ㅎ≫一夜裏喂到七八遍家, ᄒᆞᄅᆞᆺ밤의 먹이기를 닐곱 여듧 번의 다ᄃᆞᆺ게 ᄒᆞ라. ≪朴諺, 上, 31ㅎ≫到今一年半了, 이제 一年 半이 다ᄃᆞᆺ게야. ≪朴諺, 中, 43ㅈ≫直到點燈時分恰下馬, 잇긋 블혈 ㅤ때예 다ᄃᆞᆺ게야 ᄀᆞᆺ ᄆᆞᆯ게 ᄂᆞ리니. ≪朴諺, 中, 47ㅎ≫不到一生日裏, ᄒᆞᆫ 싱일이 다ᄃᆞᆺ디 못ᄒᆞ여셔. ≪朴諺, 下, 14ㅎ≫直到日平西纔上馬, 잇긋 날이 平西호매 다ᄃᆞᆺ게야 ᄀᆞᆺ ᄆᆞᆯ을 ᄐᆞᄂᆞ니라. ≪朴諺, 下, 42ㅈ≫直念到明, 잇긋 念홈을 ᄇᆞᆰ으매 다ᄃᆞᆺ게 ᄒᆞ고. ≪朴諺, 下, 53ㅎ≫那厮不到六十的摸搽, 더(뎌) 놈이 六十이 다ᄃᆞᆺ디 못ᄒᆞᆫ 摸搽이러라.

다ᄃᆞᆺ도록 동 다다르도록. 이르도록. ⇔도(到). ≪朴諺, 上, 21ㅈ≫睡到明, 자기를 ᄇᆞᆯ그매 다ᄃᆞᆺ도록 ᄒᆞ니.

-다라 어미 -더라. ≪集覽, 字解, 單字解, 1ㅈ≫待. 擬要也 ᄒᆞ마 그리 호려 ᄒᆞ다라. 又欲也. 待賣幾箇馬去 여러 ᄆᆞᄅᆞᆯ ᄑᆞᆯ오져 ᄒᆞ야 가노라.

다랍다 형 다랍다. 인색하다. ⇔간(慳). ≪朴諺, 上, 32ㅈ≫人貧只爲慳少債快說謊, 사ᄅᆞᆷ이 가난ᄒᆞ면 그저 다랍고 빗지면 거즛말 니르기 잘ᄒᆞᆫ다 ᄒᆞᄂᆞ니라.

다리 명 다리[脚]. ❶⇔각(脚). ≪朴諺, 下, 44ㅎ≫煮一脚羊肉着, ᄒᆞᆫ 다리 양의 고기를 ᄉᆞᆯ므라. ❷⇔각자(脚子). ≪朴諺, 中, 30ㅈ≫乾羊脚子煮着裏, ᄆᆞ른 羊의 다리를 ᄉᆞᆯ맛노라.

다리우리 명 다리미. ⇔운두(運斗). ≪朴諺, 上, 36ㅈ≫二哥是運斗, 둘재 형은 이 다리우리오. ≪譯語類解, 器具≫運斗, 소熨斗.

다ᄅᆞ다 형 다르다. ❶⇔개(改). ≪朴諺, 上, 52ㅎ≫改日迴望大舍去, 다ᄅᆞᆫ 날 大舍를 迴望ᄒᆞ라 가. ❷⇔별(別). ≪朴諺, 上, 12ㅎ≫不去時呌別箇, 가디 아니면 다ᄅᆞ니를 브ᄅᆞ쟈. ≪朴諺, 上, 23ㅎ≫到處裏破別人誇自已(己), 간 곳마다 다ᄅᆞᆫ 사ᄅᆞᆷ을 해야ᄇᆞ리며 내 몸을 쟈랑ᄒᆞ고. ≪朴諺, 上, 31ㅈ≫別人便一兩要一兩利錢借饋, 다ᄅᆞᆫ 사ᄅᆞᆷ은 곳 ᄒᆞᆫ 냥에 ᄒᆞᆫ 냥 利錢을 밧고 ᄭᅮ이되. ≪朴諺, 上, 64ㅎ≫着別人看, 다ᄅᆞᆫ 사ᄅᆞᆷ으로 ᄒᆞ여 뵈면. ≪朴諺, 中, 51ㅎ≫我別處有些緊勾當去, 내 다ᄅᆞᆫ 고ᄃᆡ 져기 긴ᄒᆞᆫ 일이 이셔 가노라. ≪朴諺, 下, 11ㅎ≫別無所懷, 다ᄅᆞᆫ 所懷ㅣ 업슨디라. ≪朴諺, 下, 13ㅎ≫別要盖甚麽房子, 다ᄅᆞᆫ 므슴 집을 지으실고. ≪朴諺, 下, 25ㅎ≫別人不理會的, 다ᄅᆞᆫ 사ᄅᆞᆷ은 아디 못ᄒᆞ리라. ≪朴諺, 下, 27ㅎ≫着別人看去, 다ᄅᆞᆫ 사ᄅᆞᆷ으로 ᄒᆞ여 뵈라 가라. ≪朴諺, 下, 36ㅈ≫別人道, 다ᄅᆞᆫ 사ᄅᆞᆷ이 닐오ᄃᆡ. ≪朴諺, 下, 40ㅈ≫他別處畫了一箇官人的影來, 뎌 다ᄅᆞᆫ ᄃᆡ ᄒᆞᆫ 官人의 얼굴을 그리니. ≪朴諺, 下, 48ㅎ≫把別的打的四分五落裡, 다ᄅᆞᆫ 이를다가 텨 四分五落ᄒᆞ야. ≪朴諺, 下, 55ㅈ≫我別處望相識去來, 내 다ᄅᆞᆫ 고ᄃᆡ 아ᄂᆞᆫ 이를 보라 가. ❸⇔별양(別樣). ≪朴諺, 上, 15ㅎ≫不要別樣鐵, 다ᄅᆞᆫ 鐵란 말고.

다만 부 다만. ⇔지(只). ≪朴諺, 上, 57ㅎ≫我只有一箇油絹帽兒裏, 내게 다만 ᄒᆞᆫ 油絹帽ㅣ 잇고.

다목괴(多目怪) 명 눈이 많이 달린 괴물. ≪朴諺, 下, 4ㅈ≫逢多少惡物刁蹶(集覽, 朴集, 下, 1ㅎ: 刁蹶. 今按, 法師往西天時, 初到師陀國界, 遇猛虎·毒蛇之害, 次遇黑熊精·黃風恠〈怪〉·地湧夫人·蜘蛛精·獅子恠〈怪〉·多目恠〈怪〉·紅孩兒恠〈怪〉, 幾死僅免.), 언머 惡物의 ᄡᅥ쁨을 만나시리오.

다므기 부 더불어. 함께. ⇔병(竝). ≪朴諺, 下, 54ㅎ≫某並不曾抵敵, 某ㅣ 다므기 일즙 抵敵디 아니ᄒᆞ엿ᄂᆞ니.

다ᄆᆞᆫ 부 다만. ❶⇔단(但). ≪朴諺, 下, 14ㅎ≫但早散時實不見早回家, 다ᄆᆞᆫ 일 흣터디되 실로 일즉이 집의 도라오믈 보디 못ᄒᆞ니. ❷⇔지(只). ≪集覽, 字解, 單字解, 1ㅈ≫只. 止此之辭. 다ᄆᆞᆫ, 又오직. 韻書皆上聲, 俗讀去聲. 唯韻會註云, 今俗讀若質. ≪朴諺, 上, 55ㅎ≫只腿跨不開, 다ᄆᆞᆫ 뒷 지페 펴디디 못ᄒᆞ고.

다ᄆᆞᆺ 부 더불어. 함께. ⇔여(與). ≪朴諺, 中, 44ㅈ≫一發忘棄名與利, ᄒᆞᆫᄢᅴ 名과 다ᄆᆞᆺ 利를 니저ᄇᆞ리리라.

다반(茶盤) 명 다기(茶器)를 담는 조그마한 쟁반. ⇔찻반. ≪朴諺, 中, 11ㅎ≫簸箕, 키. 篩子, 얼멍이. 馬尾羅兒, ᄆᆞᆯ총체. 卓兒, 상. 盤子, 반. 茶盤, 찻반. 擡盞, 졉잔. 壺瓶, 壺瓶. 酒鱉, 쥬벼ᄋᆞ. 銅杓, 놋쥬게를. 都收拾下着, 다 收拾ᄒᆞ여 두라.

다반(茶飯) 명 차와 밥. 곧, 음식. ≪集覽, 字解, 累字解, 1ㅈ≫茶飯. 摠稱食品之謂. ≪朴諺, 上, 7ㅎ≫酒也醉了茶飯也飽了, 술도 醉ᄒᆞ엿고 茶飯도 ᄇᆡ브르다. ≪朴諺, 中, 8ㅎ≫茶飯都准備下着, 茶飯을 다 准備ᄒᆞ여 두라. ≪朴諺, 下, 14ㅈ≫擺茶飯又喫一會酒, 茶飯 버리고 ᄯᅩ ᄒᆞᆫ 디위 술 먹고.

다방(茶房) 명 찻집. ⇔차방. ≪朴諺, 中, 36ㅎ≫茶房裏喫茶去來, 茶房에 차 먹으라 가쟈. ≪朴諺, 下, 27ㅎ≫請哥這茶房裏, 청ᄒᆞ노니 형아 이 차방에.

다사(多謝) 동 감사합니다. 고맙습니다. ⇔

다사ᄒᆞ다(多謝-). ≪朴諺, 上, 44ㅈ≫多謝姐姐, 多謝ᄒᆞ노라 姐姐ㅣ아. ≪朴諺, 下, 62ㅈ≫多謝, 多謝ᄒᆞ여라.

다사ᄒᆞ다(多謝-) 동 감사합니다. 고맙습니다. ⇔다사(多謝). ≪朴諺, 上, 44ㅈ≫多謝姐姐, 多謝ᄒᆞ노라 姐姐ㅣ아. ≪朴諺, 下, 62ㅈ≫多謝, 多謝ᄒᆞ여라.

다소(多少) 명 많고 적음. ≪朴諺, 上, 38ㅎ≫不問多少與他些箇便是, 多少를 뭇디 말고 뎌를 젹이 주미 곳 올ᄒᆞ니라. ≪朴諺, 上, 38ㅎ≫多少不打緊, 多少ᄂᆞᆫ 다 긴티 아니ᄒᆞ니라.

다소(多小) 명 얼마. ❶⇔언머. ≪朴諺, 上, 10ㅎ≫多少一板, 언머에 ᄒᆞᆫ 판고. ≪朴諺, 中, 37ㅎ≫官人你與多少便了, 官人아 네 언머를 주어야 편ᄒᆞ료. ≪朴諺, 中, 57ㅈ≫要多少賣, 언머를 밧고 ᄑᆞᆯ려 ᄒᆞᄂᆞᆫ다. ≪朴諺, 下, 25ㅎ≫你多少賣, 네 언머에 ᄑᆞᆯ다. ❷⇔얼머. ≪朴諺, 中, 37ㅈ≫這段子多小賣, 이 비단을 얼머에 ᄑᆞᆯ려 ᄒᆞᄂᆞᆫ다.

다소(多少) 명 얼마. 얼마의. ❶⇔언멋. ≪朴諺, 上, 19ㅈ≫他要多少工錢, 뎨 언멋 工錢을 밧더뇨. ≪朴諺, 上, 19ㅎ≫儅的多少錢, 언멋 돈에 典儅ᄒᆞ려 ᄒᆞᄂᆞᆫ다. ≪朴諺, 上, 41ㅈ≫下多少財錢, 언멋 財錢을 드리더뇨. ≪朴諺, 上, 48ㅎ≫省多少盤纏, 언멋 盤纏을 ᄆᆞ듸와뇨. ❷⇔언멧. ≪朴諺, 上, 18ㅈ≫多少分兩, 언멧 分兩고.

다소(多少) 부 얼마나. ❶⇔언머. ≪朴諺, 上, 12ㅈ≫你與多少脚錢, 네 언머 삭 갑ᄉᆞᆯ 주려 ᄒᆞᄂᆞᆫ다. ≪朴諺, 上, 38ㅎ≫他要多少功錢, 뎨 언머 功錢을 밧ᄂᆞ뇨. ≪朴諺, 上, 55ㅎ≫你拿着多少銀子買, 네 언머 은을 가지고 사려 ᄒᆞᄂᆞᆫ다. ≪朴諺, 上, 56ㅈ≫討多少銀子, 언머 은을 쐬오더뇨. ≪朴諺, 下, 3ㅎ≫經多少風寒暑濕, 언머 風寒과 暑濕을 디내며. 受多少日炙風吹, 언머 日炙 風吹를 바드며. 過多少惡山·險水·難路, 언머 惡山·險水·難路를 디내며. 見多少怪物·妖精侵他, 언머 怪物·妖精이 뎌를 침노홈을 보며. 撞多少猛虎·毒虫定害, 언머 猛虎·毒虫의 보채ᄂᆞᆫ 거ᄉᆞᆯ 만나며. ≪朴諺, 下, 4ㅈ≫逢多少惡物刁蹶, 언머 惡物의 놀ᄭᅳᆷ을 만나시리오. ≪朴諺, 下, 4ㅈ≫行六年受多少千辛萬苦, 行ᄒᆞᆫ 여ᄉᆞᆺ ᄒᆡ에 언머 千辛萬苦를 밧고. ≪朴諺, 下, 15ㅈ≫忍多少飢, 인(언)머 주리믈 ᄎᆞᄆᆞ며. 受多少渴, 언머 갈호믈 바다시리오. ❷⇔언머나. ≪朴諺, 上, 44ㅎ≫多少學課錢, 學課錢이 언머나 ᄒᆞ뇨. ❸⇔언메나. ≪集覽, 字解, 單字解, 1ㅈ≫還. 猶尙也, 再也. 還有多少 당시론 언메나 잇ᄂᆞ뇨. 又다하. 還要多少 다하 언메나 받고져 ᄒᆞ나뇨. 還有·還要之還, 或呼如孩字之音. 此或還音之訛, 或別有其字, 未可知也. 又償也. 還錢 갑 주다. ≪集覽, 字解, 單字解, 5ㅎ≫虧. 損也, 少也. 虧你多少 네게 언메나 난브뇨, 虧着我 내게 난배라. 又次也. 吏語, 虧兌 원수에셔 식다. ≪朴諺, 上, 3ㅎ≫照依前例該與多少, 前例대로 ᄒᆞ면 언메나 주엄 즉ᄒᆞ관ᄃᆡ. ≪朴諺, 上, 47ㅈ≫多少湯錢, 湯錢이 언메나 ᄒᆞ뇨. ≪朴諺, 下, 53ㅎ≫這般着, 이러면. 那廝多少年紀, 뎌 놈이 나히 언메나 ᄒᆞ더뇨.

다시 부 다시. ❶⇔부(復). ≪朴諺, 中, 24ㅈ≫誠心懺悔後不復作, 誠心으로 懺悔ᄒᆞ여 후에 다시 짓디 마쟈. ❷⇔재(再). ≪朴諺, 上, 11ㅈ≫你再和他商(商)量, 네 다시 뎌과 商(商)量ᄒᆞ여. ≪朴諺, 上, 34ㅈ≫你再敢偸別人媳婦麽, 네 다시 감히 ᄂᆞᄆᆡ 겨집 도적홀다. ≪朴諺, 上, 34ㅈ≫衆人再問和尙, 모든 사ᄅᆞᆷ이 다시 즁ᄃᆞ려 무로ᄃᆡ. ≪朴諺, 中, 4ㅎ≫你便替我再染, 네 곳 날을 ᄀᆞᄅᆞ차 다시 드리리라. ≪朴諺, 中, 6ㅎ≫這米麤將去再篩一篩, 이 ᄡᆞᆯ이 구즈니 가져가 다시 슬흐라. ≪朴諺, 中, 24ㅈ≫萬劫再逢難, 萬劫이라도 다시 만나기 어려오니라. ≪朴諺, 中, 30ㅎ≫將去再吊一吊, 가져가 다시 드리오라. ≪朴諺, 下, 6ㅈ≫將泥鏝來再抹的光着, 쇠손

가져다가 다시 스서 번번이 ᄒᆞ라. ≪朴諺, 下, 20ㅈ≫第四割頭再接, 넷재는 머리 버혀 다시 닛기 ᄒᆞ쟈. ≪朴諺, 下, 28ㅎ≫明日再厮見, ᄂᆡ일 다시 서르 보ᄂᆞ니라.

다시(多時) 부 오래. ⇔오래. ≪朴諺, 下, 22ㅎ≫王見多時不出時, 王이 오래 나오디 아니믈 보고.

다ᄉᆞ리다 동 ❶다스리다. ⇔치(治). ≪朴諺, 中, 45ㅈ≫家齊而後國治, 집이 ᄀᆞᄌᆞᆨ ᄒᆞᆫ 후에 나라히 다ᄉᆞᆫ다 ᄒᆞ니라. ❷다스리다. 치료하다. ⇔치(治). ≪朴諺, 中, 18ㅎ≫强如良藥治病, 良藥으로 病 다ᄉᆞ림도곤 나으리라.

다ᄉᆞᆺ 관 ❶다섯. ⇔오(五). ≪朴諺, 上, 16ㅈ≫你這五件兒刀子, 네 이 다ᄉᆞᆺ 발 칼을. ≪朴諺, 上, 40ㅎ≫與你五箇銅錢, 너를 다ᄉᆞᆺ 낫 銅錢을 주마. ≪朴諺, 上, 47ㅈ≫湯錢五箇錢, 湯錢은 다ᄉᆞᆺ 낫 돈이오. ≪朴諺, 上, 47ㅈ≫梳頭五箇錢, 머리 빗기기ᄂᆞᆫ 다ᄉᆞᆺ 낫 돈이오. ≪朴諺, 上, 47ㅈ≫修脚五箇錢, 발돕 다돔기ᄂᆞᆫ 다ᄉᆞᆺ 낫 돈이니. ≪朴諺, 中, 1ㅈ≫一箇人與他五箇錢時放入去, ᄒᆞᆫ 사ᄅᆞᆷ이 뎌를 다ᄉᆞᆺ 낫 돈을 주면 노하 드려보내ᄂᆞ니라. ≪朴諺, 中, 10ㅎ≫五歲的小厮急且那裏走, 다ᄉᆞᆺ 술엣 아ᄒᆡ 과거리 아직 어ᄃᆡ로 ᄃᆞ라나리오. ≪朴諺, 中, 19ㅎ≫放稈草五錢一束(東)家放, 조딥헤 노ᄒᆞ되 다ᄉᆞᆺ 낫 돈에 ᄒᆞᆫ 뭇식 ᄒᆞ여 노코. ❷다섯 (마리). ⇔오개(五箇). ≪朴諺, 下, 38ㅈ≫五箇鋪馬去了, 다ᄉᆞᆺ 鋪馬로 가니라. ❸다섯 (명). ⇔오개(五箇). ≪朴諺, 上, 37ㅎ≫一間房子裏五箇人剛坐的, ᄒᆞᆫ 간 방에 다ᄉᆞᆺ 사ᄅᆞᆷ이 계요 안는 거시여. ≪朴諺, 上, 44ㅈ≫咱學長爲頭兒四十五箇學生, 우리 學長으로 爲頭ᄒᆞ여 마은 다ᄉᆞᆺ 學生이라.

다ᄉᆞᆺ 수 ❶다섯 (개). ⇔오개(五箇). ≪朴諺, 上, 49ㅈ≫一邊五箇家分着射, ᄒᆞᆫ 편에 다ᄉᆞᆺ식 ᄂᆞᆫ화 쏘쟈. ❷다섯 (마리). ⇔오개(五箇). ≪朴諺, 中, 7ㅈ≫五箇細點的馬來, 다ᄉᆞᆺ 셰가톨ᄒᆞᆫ ᄆᆞᆯ을 가져오고.

다아(茶芽) 명 차의 싹. 곧, 찻잎. ≪朴諺, 下, 2ㅈ≫熬些茶芽來我喫, 져기 茶芽를 달혀 오라 내 먹쟈.

다여(多餘) 형 여분의. 나머지의. ≪集覽, 字解, 單字解, 6ㅈ≫多. 多少 언메나. 又許多 하나한. 又餘也. 三十里多地 삼십리 나믄 싸. 吏語, 多餘. 又過也. 有甚麽多處 므스기 너믄 고디 이시리오. 又重也. 므스기 앗가온 고디 이시리오. 姑也 안직.

다엽(茶葉) 명 찻잎. ≪朴諺, 中, 12ㅈ≫買些柴·拳頭菜·茶葉拿去, 져기 나모와 고사리와 茶葉을 사 가져가라.

다엿 관 ❶대엿. 대여섯. ⇔오륙(五六). ≪朴諺, 上, 25ㅎ≫五六件兒刀子, 다엿 불 칼은. ≪朴諺, 上, 43ㅎ≫沒有五六錢銀子, 다엿 돈 은이 업ᄉᆞ면. ❷대엿 (명). 대여섯 (명). ⇔오륙개(五六箇). ≪朴諺, 中, 53ㅎ≫五六箇婦人們坐的縫時, 다엿 겨집들이 안자 지으면.

다완(茶椀) 명 차를 마실 때 사용하는 사발. ≪朴諺, 下, 47ㅎ≫拿茶椀把盞的跟着, 茶椀 가지며 잔 잡은 이 ᄯᆞᆯ와.

다왇다 동 다그치다. 닥치다. 맞부딪치다. ⇔진(儘). ≪集覽, 字解, 單字解, 5ㅈ≫儘. 讓也, 任也. 儘他 제게 다와ᄃᆞ라, 儘讓 뎌긔 미다. 又縱令也. 儘教 므던타. 又儘一儘 지긔우다. 又儘船 빗 ᄀᆞ장.

다ᄋᆞ다 동 다지다. ⇔타(打). ≪朴諺, 上, 11ㅈ≫管的三年不要功錢打, 三年을 ᄀᆞ음아라 工錢을 밧디 아니ᄒᆞ고 다ᄋᆞ게 ᄒᆞ라.

다이다 동 다지다. ⇔타(打). ≪朴諺, 上, 10ㅎ≫着他下工夫打, 뎌로 ᄒᆞ여 工夫 드려 다이라. ≪朴諺, 上, 10ㅎ≫着石杵慢慢兒打, 돌고로다가 날회여 다이되. ≪朴諺, 上, 11ㅈ≫這般要他文書打了時, 이리 뎌의게 文書를 밧고 다이면.

다조만(多早晩) 대 어느 때. 언제. ❶⇔어느ᄢᅢ. ≪集覽, 字解, 累字解, 1ㅎ≫早晩. 這早晩 이 늣도록. 又問何時曰, 多早晩

어느 쌔. ❷⇔어닉쌔. ≪朴諺, 下, 42ㅎ≫多早晚入斂來, 어닉 쌔예 入斂ᄒᆞᄂᆞ뇨.

다티다 동 스치다. 부딪히다. ⇔개(磕). ≪朴諺, 下, 29ㅎ≫帳房門上磕着, 댱 방문에 다텨.

다하 부 다만. 오직. 오로지. ⇔환(還). ≪集覽, 字解, 單字解, 1ㅈ≫還. 猶尙也, 再也. 還有多少 당시론 언메나 잇ᄂᆞ뇨. 又다하. 還要多少 다하 언메나 받고져 ᄒᆞ나뇨. 還有·還要之還, 或呼如孩字之音. 此或還音之訛, 或別有其字, 未可知也. 又償也. 還錢 갑 주다.

다홍 명 다홍. ⇔대홍(大紅). ≪朴諺, 中, 3ㅎ≫這被面大紅身兒, 이 니블 거죽 다홍 몸ᄶᅵ과. ≪朴諺, 中, 3ㅎ≫五箇大紅碾着, 닷 필은 다홍 드려 다듬고. ≪朴諺, 中, 4ㅈ≫五箇大紅絹, 닷 필 다홍 깁은.

다ᄒᆞ다 동 다하다. ❶⇔궁(窮). ≪朴諺, 上, 61ㅎ≫筆舌難窮, 筆舌로도 다ᄒᆞ기 어려오니라. ❷⇔진(儘). ≪朴諺, 上, 24ㅈ≫便儘氣力去救一救, 곳 氣力을 다ᄒᆞ여 가 救ᄒᆞ쟈.

다ᄒᆞ다(多-) 형 많다. ⇔다(多). ≪朴諺, 下, 57ㅎ≫就望他去時也不多, 이믜셔 뎌도 보라 가면 또 多티 아니ᄒᆞ랴.

닥졍버리 명 딱정벌레. ⇔초묘충아(焦苗蟲兒). ≪朴諺, 下, 21ㅎ≫孫行者變做箇焦苗虫兒, 孫行者ㅣ 변ᄒᆞ여 ᄒᆞᆫ 닥졍버리 되여.

단(但) 부 다만. 오직. ⇔다ᄆᆞᆫ. ≪朴諺, 下, 14ㅎ≫但早散時實不見早回家, 다ᄆᆞᆫ 일 흣터디되 실로 일즉이 집의 도라오믈 보디 못ᄒᆞ니.

단(但) 부 무릇. 다만. ❶⇔므릇. ≪朴諺, 下, 20ㅎ≫但動的便筭輸, 므릇 動ᄒᆞᄂᆞᆫ 이ᄅᆞᆯ 곳 지니로 혜니라. ❷⇔믈읫. ≪集覽, 字解, 單字解, 1ㅎ≫但. 凡也, 但凡·但是 믈읫. ≪朴諺, 上, 43ㅈ≫護膝上但使的都說與我着, 슬갑에 믈읫 ᄡᅳᆯ 거슬 다 날ᄃᆞ려 니ᄅᆞ라. ≪朴諺, 中, 4ㅎ≫但有些兒不像時, 믈읫 져기 ᄀᆞᆺ디 아님이 이시면. ≪朴諺, 下, 18ㅈ≫但見和尙, 믈읫 즁을 보면. ≪朴諺, 下, 26ㅈ≫但與的便是價錢, 믈읫 주ᄂᆞᆫ 거시 곳 올ᄒᆞᆫ 갑시니.

단(段) 명 단(緞). 생사(生絲) 또는 연사(練絲)로 짠, 광택과 무늬가 있고 두꺼운 수자(繻子) 조직의 비단. ≪朴諺, 上, 25ㅎ≫明綠抹絨胷背(集覽, 朴集, 上, 8ㅎ: 抹絨胷背. 凡於紗羅·段帛之上, 以綵絨織成胷背之紋, 裁成衣服者也. 凡絲之練熟未合者曰絨, 已合爲綸者曰線.)的比甲, 明綠빗치 융ᄉᆞ로 ᄀᆞ 두론 胷背 比甲과.

단(短) 형 짧다. ❶⇔다ᄅᆞ다. ≪集覽, 字解, 單字解, 6ㅎ≫趲. 잔, 上聲, 逼使走也. 又促之也. 通作儹. 又縮之也. 儹短些 조려 다ᄅᆞ게 ᄒᆞ다. ❷⇔뎌ᄅᆞ다. ≪朴諺, 上, 29ㅎ≫十箇指頭也有長的短的, 열 손가락도 기니 뎌ᄅᆞ니 잇ᄂᆞ니.

단(鴠) 명 알[卵]. ⇔알. ≪朴諺, 上, 36ㅎ≫這箇是鷄鴠, 이거슨 이 ᄃᆞᆰ의알이로다.

단란(團欒) 형 둥글다. ⇔두렷ᄒᆞ다. ≪朴諺, 中, 52ㅎ≫小團欒面皮兒的漢兒人, 젹이 ᄂᆞᆺ치 두렷ᄒᆞᆫ 漢ㅅ 사ᄅᆞᆷ이.

단령(團領) 명 둥근 모양의 깃. ≪朴諺, 上, 25ㅈ≫刺(刺)通袖膝欄(集覽, 朴集, 上, 8ㅎ: 刺通袖膝欄. 元時好着此衣, 前後具胷背, 又連肩而通袖之脊, 至袖口爲紋, 當膝周圍亦爲紋如欄干, 然織成段匹爲衣者有之, 或皮或帛, 用綵線周遭回曲爲緣, 如花樣, 刺〈刺〉爲草樹〈尌〉·禽獸·山川·宮殿之文於〈紋於〉其內, 備極奇巧, 皆用團領着之, 其直甚高.)羅帖裏上, ᄉᆞ매 ᄆᆞᄅᆞ 내치질ᄒᆞ고 膝欄ᄒᆞᆫ 羅 텰릭에.

단목(檀木) 명 박달나무. ≪朴諺, 上, 16ㅎ≫街上放空中(集覽, 朴集, 上, 6ㅈ: 空中. 音義云, 用檀木旋圓, 內用刀剜空, 以繩〈絕〉曳之, 在地轉動有聲. 質問云, 頑童將胡蘆用木釘串之, 傍作一眼, 以繩〈絕〉繫扯, 旋轉有聲, 亦謂之空中.)的小厮們好生廣, 거리에 박핑이 틸 아ᄒᆡ들 ᄀᆞ장 흔터라.

단범(但凡) 부 무릇. 다만. 오직. ⇔믈읫. ≪集覽, 字解, 單字解, 1ㅎ≫但. 凡也. 但

ㄷ

凡·但是 믈읫.

단선(單扇) 명 외닫이. ⇔외다디. ≪朴諺, 下, 12ㅎ≫檁, 납. 樑, ᄆᆞᄅᆞ. 椽, 혀. 柱, 기동. 短柱, 短柱. 叉竪, 쟉슈. 門框, 門얼굴. 門扇, 門짝. 吊窓, 들창. 天窓, 울어리창. 雙扇, 상다디. 單扇, 외다디. 窓櫺, 창살로.

단시(但是) 부 무릇. 다만. 오직. ⇔믈읫. ≪集覽, 字解, 單字解, 1ㅎ≫但. 凡也. 但凡·但是 믈읫. ≪朴諺, 中, 27ㅈ≫但是直錢物件來儅時, 믈읫 갑ᄉᆞᆫ 物件으로 와 뎐당ᄒᆞ면.

단연(端然) 부 단정(端正)히. ⇔단정히. ≪朴諺, 中, 43ㅎ≫堂上掛佛端然坐, 堂上에 블상을 걸고 단졍히 안자.

단오(短襖) 명 짧은 핫저고리. ≪朴諺, 上, 25ㅎ≫明綠抹絨胷背的比甲(集覽, 朴集, 上, 8ㅎ: 比甲. 衣之無袖, 對襟爲襞積者曰比甲, 卽本國둡지털릭. 婦女亦依此制爲短襖着之, 亦曰比甲, 通稱搭護.), 明綠빗치 융ᄉᆞ로 ㄱ 두론 胷背 比甲과.

단오(端午) 명 민속에서 음력 오월 초닷샛날을 명절로 이르는 말. ≪朴諺, 上, 53ㅈ≫官裏前面揷柳(集覽, 朴集, 上, 14ㅈ: 䂓〈揷〉柳. 質問云, 端午節日, 赴教場內, 將三枝柳植之三處, 走馬射之. 歲時樂事記云, 武士軍校䂓柳于擊場.)射弓的多有, 황뎨 앏희셔 버들 곳고 활 쏘ᄂᆞ니 만히 이시니. ≪朴諺, 下, 29ㅈ≫一箇蝦蟆·鼈兒和蝎虎(集覽, 朴集, 下, 5ㅈ: 蠍〈蝎〉虎. 五月五日捕其生者, 飼以朱砂, 明年端午搗〈擣〉之, 點宮人臂上, 經事則消, 否則雖死不改, 故名曰守宮.)盞兒, ᄒᆞᆫ 蝦蟆鼈兒와 蝎虎盞을 ᄆᆡᆼᄃᆞ라 주고려.

단오일(端午日) 명 단오(端午). 단옷날. ≪朴諺, 上, 53ㅈ≫官裏前面揷柳(集覽, 朴集, 上, 14ㅈ: 䂓〈揷〉柳. 歲時樂事記云, 武士軍校䂓柳于擊場. 今按, 䂓字, 卽䂓音, 而䂓字韻〈韵〉書不着〈著〉, 唯免疑雜韻〈韵〉內音乍, 卽與揷字音意同. 總龜〈総亀〉云, 端午日, 武士射柳爲閗(鬪)力之戲, 各料强弱相敵. 〈此作揷恐誤〉.)射弓的多有, 황뎨 앏희셔 버들 곳고 활 쏘ᄂᆞ니 만히 이시니.

단오절(端午節) 명 단오(端午). 단오절. ≪朴諺, 上, 53ㅈ≫官裏前面揷柳(集覽, 朴集, 上, 14ㅈ: 䂓〈揷〉柳. 質問云, 端午節日, 赴教場內, 將三枝柳植之三處, 走馬射之. 歲時樂事記云, 武士軍校䂓柳于擊場.)射弓的多有, 황뎨 앏희셔 버들 곳고 활 쏘ᄂᆞ니 만히 이시니.

단자(段子) 명 단자(緞子). 비단. ⇔비단. ≪朴諺, 上, 14ㅈ≫角頭買段子去來, 모롱이에 비단 사라 갓ᄃᆞ니라. ≪朴諺, 上, 14ㅎ≫上用段子, 上用ᄒᆞᆯ 비단이라. 不是諸王段子, 諸王의 비단이 아니오. ≪朴諺, 上, 24ㅎ≫絟着一副鴉青段子滿刺(刺)嬌護膝, ᄒᆞᆫ 부 야쳥 비단에 滿刺(刺)嬌 ᄒᆞᆫ 슬갑을 ᄆᆡ엿고. ≪朴諺, 上, 64ㅈ≫那賣織金胷背段子的, 뎌 織金 胷背 비단 ᄑᆞᆯ리아. ≪朴諺, 上, 64ㅎ≫你來你這暗花段子, 이바 네 이 ᄉᆞ믠문 비단을. ≪朴諺, 中, 36ㅎ≫這鋪裏有四季花段子麽, 이 푸ᄌᆞ에 四季花 문 ᄒᆞᆫ 비단 잇ᄂᆞ냐. ≪朴諺, 中, 37ㅈ≫這段子多小賣, 이 비단을 얼머에 ᄑᆞᆯ려 ᄒᆞᄂᆞᆫ다. ≪朴諺, 中, 53ㅈ≫上位賞了一百錠鈔兩表裏段子, 上位ㅣ 一百錠鈔와 두 안밧 비단을 샹ᄒᆞ시니라. ≪朴諺, 中, 53ㅈ≫休道是偌多鈔錠段子, 이만ᄒᆞᆫ 鈔錠과 비단을 니ᄅᆞ디 말라. ≪朴諺, 中, 54ㅈ≫將出那段子來裁, 뎌 비단 가져다가 ᄆᆞᄅᆞ라. ≪朴諺, 下, 11ㅈ≫孩兒今將金色茶褐段子一箇, 孩兒ㅣ 이제 金色 차혈빗치 비단 ᄒᆞᆫ 필과.

단자(單字) 명 낱으로 된 단어. ≪集覽, 凡例≫單字·累字之解, 只取老乞大·朴通事中所載者爲解. ≪集覽, 字解, 累字解, 2ㅎ≫看一看. 보다. 難於單字之語, 故重言爲句也. 一, 語助辭.

단장(短墻) 명 낮은 담. ≪朴諺, 下, 13ㅈ≫那西壁廂打一流兒短墻, 뎌 西 壁廂에 ᄒᆞᆫ 줄 短墻을 ᄊᆞ고.

단장(壇場) 명 단을 마련하여 놓은 곳. ≪朴諺, 下, 19ㅈ≫到羅天大醮壇場上藏身, 羅天大醮ᄒᆞᄂᆞᆫ 壇場 우희 가 몸을 ᄀᆞᆷ초와.

단적(端的) 부 정(正)히. 확실히. 참으로. ⇔정히. ≪朴諺, 上, 48ㅎ≫出外時端的是愁殺人, 밧긔 나가면 정히 사ᄅᆞᆷ을 근심케 ᄒᆞᄂᆞ니.

단절(断絶) 동 단절(斷絶). '断'은 '斷'의 속자. ≪朴諺, 上, 65ㅎ≫到江南地面石屋(集覽, 朴集, 上, 16ㅈ: 石屋.遂以袈裟表信曰, 衣雖今日, 法自靈〈灵〉山流傳至今, 今附於汝, 汝善護持, 母〈毋〉令斷〈断〉絶. 事文類聚云, 釋氏五宗之教, 傳至法眼, 爲雪峯眞覺禪師之道. 至永明, 其道傳于高麗國. 此卽普虛之傳也.)法名的和尙根底, 江南 ᄯᅡ 石屋이라 法名 ᄒᆞᆫ 즁의손ᄃᆡ 가니.

단절(斷絶) 동 흐름이 연속되지 아니하다. 끊어지다. ≪朴諺, 上, 65ㅎ≫到江南地面石屋(集覽, 朴集, 上, 16ㅈ: 石屋.遂以袈裟表信曰, 衣雖今日, 法自靈〈灵〉山流傳至今, 今附於汝, 汝善護持, 母〈毋〉令斷〈断〉絶. 事文類聚云, 釋氏五宗之教, 傳至法眼, 爲雪峯眞覺禪師之道. 至永明, 其道傳于高麗國. 此卽普虛之傳也.)法名的和尙根底, 江南 ᄯᅡ 石屋이라 法名 ᄒᆞᆫ 즁의손ᄃᆡ 가니.

단정(端正) 형 단정(端正)하다. ⇔단정ᄒᆞ다(端正-). ≪朴諺, 中, 25ㅎ≫可知那廝使長的大帽(集覽, 朴集, 中, 6ㅎ: 大帽. 上咲〈笑〉曰, 自家笠子尙不端正, 又能平天下耶.)也做裏, 그리어니 뎌 놈이 使長의 큰갓도 민ᄃᆞ니. ≪朴諺, 上, 18ㅎ≫欠端正些, 端正홈이 업고.

단정ᄒᆞ다(端正-) 형 단정(端正)하다. ⇔단정(端正). ≪朴諺, 上, 18ㅎ≫左輔右弼板兒和兩箇束兒, 左輔右弼 돈과 두 뭇금쇠ᄂᆞᆫ. 欠端正些, 端正홈이 업고.

단정히 부 단정(端正)히. ⇔단연(端然). ≪朴諺, 中, 43ㅎ≫堂上掛佛端然坐, 堂上에 블상을 걸고 단정히 안자.

단주(短柱) 명 동자기둥. ≪朴諺, 下, 12ㅎ≫椽, 납. 樑, ᄆᆞᄅᆞ. 椽, 혀. 柱, 기동. 短柱, 短柱. 叉竪, 작슈. 門框, 門얼굴. 門扇, 門짝. 吊窓, 들창. 天窓, 울어리창. 雙扇, 상다디. 單扇, 외다디. 窓櫺, 창살로.

단주(壇主) 명 〈불〉 설법(說法)하는 중. ≪朴諺, 下, 3ㅈ≫西天取經去(集覽, 朴集, 下, 1ㅈ: 西天取經去. 此時唐太宗, 聚天下僧尼, 設無遮大會, 因衆僧擧一高僧爲壇主說法, 卽玄裝〈奘〉法師也.)時莭(節), 西天의 經 가질라 갈 제. ≪朴諺, 下, 8ㅈ≫那壇主(集覽, 朴集, 下, 2ㅎ: 壇主. 飜譯名義云, 梵言曼〈漫〉荼羅, 此云壇. 謂主塲說法者曰壇主.)是高麗師傅, 뎌 壇主ᄂᆞᆫ 이 高麗ㅅ 師傅ㅣ라.

단풍(丹楓) 명 기후 변화로 식물의 잎이 붉은빛이나 누런빛으로 변하는 현상. ≪朴諺, 中, 31ㅎ≫如今更秋凉丹楓八月好時莭(節), 이제 ᄯᅩ 秋凉 丹楓 八月 됴흔 ᄢᅢ니.

단필(段匹) 명 단필(緞匹). 비단. (생사(生絲) 또는 연사(練絲)로 짠, 광택과 무늬가 있고 두꺼운 수자(繻子) 조직의 비단) ⇔비단. ≪朴諺, 上, 25ㅈ≫剌(刺)通袖膝欄(集覽, 朴集, 上, 8ㅎ: 刺通袖膝欄. 元時好着此衣, 前後具胷背, 又連肩而通袖之脊, 至袖口爲紋, 當膝周圍亦爲紋如欄干, 然織成段匹爲衣者有之, 或皮或帛, 用綵線周遭回曲爲緣, 如花樣, 刺〈剌〉爲草樹〈尌〉·禽獸·山川·宮殿之文於〈紋於〉其內, 備極奇巧, 皆用團領着之, 其直甚高.)羅帖裏上, ᄉᆞ매 ᄆᆞᄅᆞ 내 치질ᄒᆞ고 膝欄ᄒᆞᆫ 羅 텰릭에. ≪朴諺, 上, 51ㅈ≫老娘上賞銀子·段匹, 老娘의게 은과 비단을 샹ᄒᆞ고. ≪朴諺, 中, 52ㅈ≫年時牢子們走(集覽, 朴集, 中, 8ㅎ: 牢子走. 在大都則自河西務起程, 若上都則自泥河兒起程, 越三時, 走一百八十里, 直抵御前, 俯伏呼萬歲. 先至者賜銀一餠, 餘者賜段匹〈疋〉有差.)的你見來麽, 젼년에 牢子들희 ᄃᆞ롬질을 네 본다. ≪朴諺, 下, 11ㅈ≫稍一箇水

褐段匹, 흔 슈혈빗치 비단을 브텨.

단필(段疋) 명 단필(緞疋). 비단. (생사(生絲) 또는 연사(練絲)로 짠, 광택과 무늬가 있고 두꺼운 수자(繻子) 조직의 비단) ≪朴諺, 中, 52ㅈ≫年時牢子們走(集覽, 朴集, 中, 8ㅎ: 牢子走. 在大都則自河西務起程, 若上都則自泥河兒起程, 越三時, 走一百八十里, 直抵御前, 俯伏呼萬歲. 先至者賜銀一餅, 餘者賜段匹〈疋〉有差.)的你見來麽, 젼년에 牢子들희 드롬질을 네 본다.

단하(丹夏) 명 열매가 여주[茘枝]와 같게 생긴 식물의 하나. ≪朴諺, 上, 4ㅈ≫茘子(集覽, 朴集, 上, 2ㅈ: 茘子. 子作支〈支〉. 茘支〈支〉, 生巴峽間, 形狀團如帷盖, 葉如冬靑, 花如橘, 春榮. 實如丹夏, 朶如葡萄, 核如枇杷, 殼如紅繒, 膜如紫綃, 瓤肉潔白如冰霜, 漿液甘如醴酪. 如離本枝, 一日色變, 二日香變, 三日味變, 四五日外色·香·味盡〈尽〉變.), 녀지오.

단황(鴠黃) 명 (알의) 노른자위. 노른자. ≪朴諺, 上, 6ㅎ≫第二道金銀豆腐湯(集覽, 朴集, 上, 3ㅎ: 金銀豆腐湯. 質問云, 豆腐用油煎熟, 其色黃如金, 白如銀, 細切作湯食之. 又云, 用雞〈鷄〉鴠淸同鴠黃相制爲之.), 第二道는 金銀豆腐湯이오.

달(達) 동 일정한 표준·수량·정도 따위에 이르다. ⇔달ᄒᆞ다(達-). ≪朴諺, 下, 17ㅈ≫必達周公之理, 반ᄃᆞ시 周公의 理를 達홀 써시니.

달달(達達) 명 타타르(韃靼: Tatar). 송·명대(宋明代)에 한인(漢人)이 북방의 금·원(金元)나라 민족을 낮잡아 일컫던 칭호. ≪朴諺, 上, 5ㅎ≫叫敎坊司十數箇樂工和做院本(集覽, 朴集, 上, 2ㅎ: 院本. 質問云, 院本有曰外, 或粧先生·採訪使·考試官·老人·達達之類, 皆是外扮, 曰淨, 有男淨·有女淨, 亦做醜態, 專一弄言取人歡笑, 曰末, 粧扮不一, 初則開場白說, 或粧家人·祗候, 或扮使臣之類, 曰丑, 狂言戲弄, 或粧醉漢·太醫·吏員·媒婆之類.) 諸般雜技的來, 敎坊司의 여라믄 樂工과 院本에 여러 가지 雜技ᄒᆞᄂᆞ니를 블러오라. ≪朴諺, 上, 5ㅎ≫叫敎坊司十數箇樂工和做院本(集覽, 朴集, 上, 2ㅎ: 院本. 質問云, 院本有曰外, 或粧先生·採訪使·考試官·老人·達達之類, 皆是外扮.)諸般雜技的來, 敎坊司의 여라믄 樂工과 院本에 여러 가지 雜技ᄒᆞᄂᆞ니를 블러오라. ≪朴諺, 上, 7ㅎ≫如今唱達達曲兒, 이제 達達曲을 브ᄅᆞ고. ≪朴諺, 上, 25ㅈ≫剌(刺)通袖膝欄(集覽, 朴集, 上, 8ㅎ: 刺通袖膝欄. 達達〈ヒ〉之俗, 今亦猶然. 뷔윤 실로 치질ᄒᆞ니를 呼爲刺, 亦曰紉, 音扣.)羅帖裏上, ᄉᆞ매 ᄆᆞᄅᆞ 내 치질ᄒᆞ고 膝欄흔 羅 텰릭에. ≪朴諺, 上, 64ㅈ≫我又不是生達達·回回, 내 또 生達達·回回 아니라. 生達達·回回如今也都會了, 生達達·回回도 이제ᄂᆞᆫ 또 다 아ᄂᆞ니라. ≪朴諺, 下, 9ㅈ≫內中一箇達達只管呵欠, 그 듕에 ᄒᆞᆫ 達達이 그저 ᄉᆞ리여 하회옴ᄒᆞ다가. ≪朴諺, 下, 9ㅈ≫那講主見那達達跌破鼻子, 뎌 講主ㅣ 뎌 達達의 구러뎌 코 ᄢᅢ이믈 보고. ≪朴諺, 下, 10ㅈ≫那達達聽師傅說, 뎌 達達이 師傅의 니롬을 듯고.

달달곡아(達達曲兒) 명 달달(達達) 사람이 부르는 노래. ≪朴諺, 上, 7ㅎ≫如今唱達達曲兒, 이제 達達曲을 브ᄅᆞ고.

달도(達道) 동 교류하다. ≪朴諺, 上, 10ㅈ≫去角頭(集覽, 朴集, 上, 5ㅈ: 角頭. 音義云, 東南西北往來人煙〈烟〉湊集之處. 今按, 角頭, 卽通逵達道要會之衝, 傭力求直之人坌集之所.)叫幾箇打墻的和坌工來築墻, 모롱이에 가 여러 담 ᄡᆞᄂᆞᆫ 이와 조역을 블러다가 담 ᄡᅳ이리라.

달라 동 달라고. ❶⇔요(要). ≪朴諺, 中, 59ㅈ≫因你要蒲葉, 네 蒲葉 달라 홈을 인ᄒᆞ여. ❷⇔토(討). ≪朴諺, 上, 31ㅎ≫叫喚着討時, 블러 달라 ᄒᆞ면. ≪朴諺, 上, 31ㅎ≫討了半年不肯還我, 달라 ᄒᆞ연 디 半年이로ᄃᆡ 즐겨 내게 갑디 아니ᄒᆞ매.

달마(達摩) 명 달마(達磨). '摩'는 '磨'의 나

른 표기. ≪朴諺, 上, 65ㅎ≫得傳衣鉢(集覽, 朴集, 上, 16ㅈ: 傳衣鉢. 釋迦佛生年十九出家, 住世四十九年, 傳衣鉢于迦葉初祖達摩, 達摩傳衣鉢于二祖, 二祖傳于三祖, 至於六祖, 至三十二祖弘忍. 盖以此爲傳道之器也.), 衣鉢 傳홈을 어더.

달마(達磨) 명 중국 남북조(南北朝) 시대의 양(梁)나라 중(?~?534). 중국 선종(禪宗)의 시조로, 반야다라(般若多羅)에게 불법을 배워 대승선(大乘禪)을 제창하였다. 시호(諡號)는 원각대사(圓覺大師)·보리달마(菩提達磨)·달마대사(達磨大師). ≪朴諺, 上, 65ㅎ≫得傳衣鉢(集覽, 朴集, 上, 16ㅈ: 傳衣鉢. 釋迦佛生年十九出家, 住世四十九年, 傳衣鉢于迦葉初祖達摩, 達摩傳衣鉢于二祖, 二祖傳于三祖, 至於六祖, 至三十二祖弘忍. 盖以此爲傳道之器也.), 衣鉢 傳홈을 어더.

달인(達人) 명 달단인(韃靼人). 타타르인(Tatar人). ≪朴諺, 上, 40ㅎ≫別處一箇官人娶娘子(集覽, 朴集, 上, 11ㅎ: 娘子. 南村輟耕[錄]云〈南村輟耕錄〉, 世謂穩婆曰老娘, 女巫曰師娘, 唱〈娼〉婦曰花娘, 達人又曰草娘, 苗人謂妻曰夫娘, 南方謂婦人無行者曰夫娘, 謂婦人之卑賤者曰某娘, 曰幾娘, 鄙之曰婆娘.), 다른 고딕 흔 官人이 娘子를 娶ᄒᆞ노라.

달자(達子) 명 송·명대(宋明代)에 한인(漢人)이 북방의 금·원(金元)나라 민족을 낮잡아 일컫던 칭호. ≪朴諺, 中, 8ㅈ≫轡頭都散與(集覽, 朴集, 中, 1ㅎ: 轡頭散與. 女直·達子朝貢時, 到驛應付馬匹騎坐者, 各出轡頭, 散與馬夫, 馬夫受轡套馬, 令各轡主認轡占馬, 使無爭占之擾.)他, 구레를 다 흣터 뎌를 주라. ≪朴諺, 下, 1ㅈ≫把我的銀鼠(集覽, 朴集, 下, 1ㅈ: 銀鼠. 形如靑鼠而差小, 色純雪白, 出達子地, 價直甚高.)皮背子, 내 銀鼠皮 背子와.

달호다 동 ❶다루다. 다스리다. ⇔농(弄). ≪朴諺, 下, 1ㅎ≫每日這般用心弄他時, 每日에 이리 用心ᄒᆞ여 뎌를 달호면. ❷다루다. 부리다. ⇔사(使). ≪集覽, 字解, 單字解, 5ㅎ≫使. 上聲, 差也, 役也. 使的我 날 브려. 又用也. 使用了. 吏語, 行使 쓰다. 又使船 빈 달호다. 又去聲, 使臣, 差使. 又官名.

달히다 동 달이다. ❶⇔오(熬). ≪朴諺, 中, 6ㅎ≫一壁廂熬些細茶, 흔 녁흐로 구석의셔 적이 細茶를 달히라. ≪朴諺, 中, 16ㅈ≫熬兩服喫, 두 복을 달혀 먹고. ≪朴諺, 下, 2ㅈ≫熬些茶芽來我喫, 져기 茶芽를 달혀 오라 내 먹쟈. ❷⇔전(煎). ≪朴諺, 中, 16ㅈ≫煎至七分, 달혀 七分에 니르거든.

달ᄒᆞ다(達-) 동 일정한 표준·수량·정도 따위에 이르다. ⇔달(達). ≪朴諺, 下, 17ㅈ≫必達周公之理, 반ᄃᆞ시 周公의 理를 達홀 써시니.

담 명 담(毯). 모전(毛氈). ❶⇔전(氈). ≪朴諺, 上, 36ㅎ≫皺皺氈皺皺被, 찡긘 담에 찡긘 니블에. ❷⇔전자(氈子). ≪朴諺, 上, 43ㅎ≫氈子·駝毛我都有, 담과 약대 털은 내게 다 이시니. ≪朴諺, 上, 50ㅎ≫又鋪氈子, 또 담 ᄭᆞᆯ고.

담 명 담[墻]. ⇔장(墻). ≪朴諺, 上, 10ㅈ≫你家墻如何, 네 집 담은 엇더ᄒᆞ뇨. 我家墻也倒了幾堵, 우리 집 담도 여러 도림이 므허뎌시니. ≪朴諺, 上, 10ㅈ≫去角頭叫幾箇打墻的和坌工來築墻, 모롱이에 가 여러 담 ᄡᆞᄂᆞᆫ 이와 조역을 블러다가 담 ᄡᆞ이리라. ≪朴諺, 上, 10ㅎ≫着墻板當着墻頭絟的牢着, 담 ᄡᆞᄂᆞᆫ 널로 담 머리예 막아 ᄆᆡ기를 굿(곳)이 ᄒᆞ고. ≪朴諺, 上, 37ㅈ≫墻上一塊土吊下來禮拜, 담 우희 흔 덩이 흙이 ᄢᅥ러뎌 ᄂᆞ려와 禮拜ᄒᆞᄂᆞᆫ 거시여. ≪朴諺, 上, 37ㅈ≫墻上一箇琵琶任誰不敢拿他, 담 우희 흔 琵琶를 아므도 감히 뎌를 잡디 못ᄒᆞᄂᆞᆫ 거시여. ≪朴諺, 下, 5ㅎ≫在墻上驗的正着, 담 우희 견조기를 바로 ᄒᆞ라. ≪朴諺, 下, 52ㅎ≫於本家那邊跳墻入來家內, 본집 뎌 편 담을 뛰여 안히 드러와. ≪朴諺, 下, 52ㅎ≫却跳

牆出去, 또 담을 뛰여 나가시니.

담(白) 의 담(擔). '白'은 '擔'의 속자. ≪朴諺, 上, 11ㅎ≫闞幾擔(集覽, 朴集, 上, 5ㅈ: 擔. 所負曰擔, 俗作担. 今按, 闞八擔則是八石也. 前漢[書]蒯通傳, 守甔石之祿. 應劭注, 擔, 受二斛. 楊(揚)雄傳, 家無甔石之儲. 注〈註〉, 一石爲石, 再石爲擔. 以此觀之, 則擔爲二石也. 然今俗皆稱〈称〉一石爲擔, 謂任力所勝而負擔之也. 字俗作白, 音단.), 몃 짐을 트료.

담(担) 의 담(擔). '担'은 '擔'의 속자. ≪朴諺, 上, 11ㅎ≫闞幾擔(集覽, 朴集, 上, 5ㅈ: 擔. 所負曰擔, 俗作担. 今按, 闞八擔則是八石也. 前漢[書]蒯通傳, 守甔石之祿. 應劭注, 擔, 受二斛. 楊(揚)雄傳, 家無甔石之儲. 注〈註〉, 一石爲石, 再石爲擔. 以此觀之, 則擔爲二石也. 然今俗皆稱〈称〉一石爲擔, 謂任力所勝而負擔之也. 字俗作白, 音단.), 몃 짐을 트료.

담(淡) 형 묽다. ⇔믉다. ≪朴諺, 下, 14ㅈ≫或是淡粥後頭, 或 믈근 쥭을 흔 후에.

담(擔) 동 메다. ⇔메다. ≪朴諺, 下, 48ㅎ≫又是擔杖厮打着, 또 막대를 메고 서르 싸화.

담(擔) 의 짐. ❶⇔메웁. ≪朴諺, 下, 5ㅎ≫且打將兩擔水來, 아직 두 메웁 믈을 기러다가. ❷⇔짐. ≪朴諺, 上, 11ㅎ≫闞幾擔(集覽, 朴集, 上, 5ㅈ: 擔. 所負曰擔, 俗作担. 今按, 闞八擔則是八石也. 前漢[書]蒯通傳, 守甔石之祿. 應劭注, 擔, 受二斛. 楊(揚)雄傳, 家無甔石之儲. 注〈註〉, 一石爲石, 再石爲擔. 以此觀之, 則擔爲二石也. 然今俗皆稱〈称〉一石爲擔, 謂任力所勝而負擔之也. 字俗作白, 音단.), 몃 짐을 트료. ≪朴諺, 上, 11ㅎ≫闞八擔, 여둛 짐을 트리로다. ≪朴諺, 上, 12ㅈ≫五十箇銅錢一擔家去來, 五十 낫 銅錢에 흔 짐식 흐여 가쟈. ≪朴諺, 上, 12ㅈ≫五十箇銅錢一擔時, 五十 낫 銅錢에 흔 짐식 흐면. ≪朴諺, 上, 13ㅈ≫三十箇錢一擔家, 三十 낫 돈에 흔 짐식 흐고. ≪朴諺, 上, 13ㅈ≫一車兩擔家推將去, 흔 술위에 두 짐식 흐여 미러 가져가쟈.

담다 동 담다. ❶⇔성(盛). ≪朴諺, 上, 37ㅎ≫金罐兒·鐵携兒裏頭盛着白沙蜜, 금탕권 쇠곡지 속에 白沙蜜 담은 거시여. ≪朴諺, 上, 37ㅎ≫一箇長甕兒窄窄口裏頭盛着糯米酒, 흔 긴 독 조븐 부리 안히 츕쌀 술 담은 거시여. ≪朴諺, 中, 56ㅎ≫藍(籃)子裏盛將去, ᄃ라치에 담아 가니. ❷⇔장(裝). ≪朴諺, 下, 43ㅈ≫都裝在卓兒上擡着, 다 탁ᄌ에 담아 들고.

담석(甔石) 명 적은 양의 식량을 이르는 말. ≪朴諺, 上, 11ㅎ≫闞幾擔(集覽, 朴集, 上, 5ㅈ: 擔. 所負曰擔, 俗作担. 今按, 闞八擔則是八石也. 前漢[書]蒯通傳, 守甔石之祿. 應劭注, 擔, 受二斛.), 몃 짐을 트료.

담연(淡烟) 명 담연(淡煙). '烟'은 '煙'과 같다. ≪朴諺, 下, 50ㅎ≫對着這水聲·山色·淡烟, 이 水聲·山色·淡煙을 對흐고.

담연(淡煙) 명 엷게 낀 안개. ≪朴諺, 下, 50ㅎ≫對着這水聲·山色·淡烟, 이 水聲·山色·淡煙을 對흐고.

담자(擔子) 명 짐. ≪朴諺, 上, 65ㅎ≫到江南地面石屋(集覽, 朴集, 上, 16ㅈ: 石屋. 法名清珙, 號石屋和尙, 臨濟十八世之嫡孫也. 普虛謁石屋, 石屋見之云, 老僧今日旣已放下三百斤擔子遞你擔了, 且展脚睡矣.)法名的和尙根底, 江南 싸 石屋이라 法名 흔 즁의손듸 가니.

담차(淡茶) 명 맛이 담박한 차. ≪朴諺, 下, 61ㅎ≫喫些淡茶去不妨, 져기 淡茶를 먹고 가미 해롭디 아니흐니.

답(踏) 동 디디다. ⇔드듸다. ≪朴諺, 下, 22ㅎ≫脚踏鍋邉待要出來, 발로 가맛 ᄀ을 드듸고 나오고져 흐다가.

답국(蹋鞠) 명 공을 땅에 떨어뜨리지 않고 차던 놀이. 황제(黃帝) 때 비롯되어 처음에는 무예를 단련하는 용도로 쓰였다고 하며, 전국시대에 크게 유행하였다. ≪朴諺, 下, 35ㅈ≫却打花房窩兒(集覽, 朴集,

下, 7ㅎ: 花房窩兒. 又云擊鞠, 騎而以杖擊也, 黃帝習兵之勢. 或曰起於戰國, 所以練〈鍊〉武士, 因嬉戲而講習之, 猶打毬, 非蹋鞠之戲也.), 또 花房 굼글 티쟈.

답답ᄒᆞ다 혱 답답하다. ⇔민(悶). ≪朴諺, 中, 31ㅎ≫咱悶當不的, 우리 답답홈을 當티 못ᄒᆞᄂᆞ니. ≪朴諺, 下, 17ㅈ≫悶時節(節)好看有, 답답ᄒᆞᆫ 제 보기 됴ᄒᆞ니라.

답응(答應) 동 제공하다. 공급하다. ≪朴諺, 上, 2ㅎ≫光祿寺裡着姓李的館夫(集覽, 朴集, 上, 1ㅎ: 館夫. 應當舘〈館〉驛接待使客之役. 質問云, 府·州·縣百姓擇撥〈差〉無差〈身〉役者, 做館夫荅應使客, 待三年更替.)討去, 光祿寺에ᄂᆞᆫ 姓이 李가 館夫로 ᄒᆞ여 어드라 가게 ᄒᆞ고. ≪朴諺, 中, 8ㅎ≫牌子(集覽, 朴集, 中, 2ㅈ: 牌子. 凡馬驛設置, 馬驢不等, 其中管馬荅應者, 謂之馬牌, 管驢者, 謂之驢牌, 總〈総〉稱牌子.)·令史們來, 牌子·令史들흔 오라. ≪朴諺, 中, 9ㅈ≫你與我甘結·應付(集覽, 朴集, 中, 2ㅈ: 應付. 質問云, 應者, 荅應也, 付者, 與也. 如遇使客到驛, 將口粮·馬驢荅應與他, 方言謂之應付.), 네 날을 甘結과 應付를 주고려.

답응(荅應) 동 답응(答應). '荅'은 '答'과 같다. ≪朴諺, 上, 2ㅎ≫光祿寺裡着姓李的館夫(集覽, 朴集, 上, 1ㅎ: 館夫. 應當舘〈館〉驛接待使客之役. 質問云, 府·州·縣百姓擇撥〈差〉無差〈身〉役者, 做館夫荅應使客, 待三年更替.)討去, 光祿寺에ᄂᆞᆫ 姓이 李가 館夫로 ᄒᆞ여 어드라 가게 ᄒᆞ고. ≪朴諺, 中, 8ㅎ≫牌子(集覽, 朴集, 中, 2ㅈ: 牌子. 凡馬驛設置, 馬驢不等, 其中管馬荅應者, 謂之馬牌, 管驢者, 謂之驢牌, 總〈総〉稱牌子.)·令史們來, 牌子·令史들흔 오라. ≪朴諺, 中, 9ㅈ≫你與我甘結·應付(集覽, 朴集, 中, 2ㅈ: 應付. 質問云, 應者, 荅應也, 付者, 與也. 如遇使客到驛, 將口粮·馬驢荅應與他, 方言謂之應付.), 네 날을 甘結과 應付를 주고려.

답지(沓至) 동 끊임없이 많이 오다. ≪朴諺, 下, 13ㅈ≫上面畫六鶴舞琴(集覽, 朴集, 下, 3ㅈ: 六鶴舞琴. 遂取藍橘皮, 於壁上畫鶴, 曰, 客來飲酒, 但令拍手歌之, 其鶴必舞, 將此酬汝. 後客至, 如其言, 鶴果舞, 觀者沓至, 酬之以錢, 遂致鉅〈巨〉富.), 上面에 六鶴舞琴을 그리고.

닷 관 닷. ⇔오(五). ≪朴諺, 上, 18ㅈ≫五兩金子廂的, 닷 냥 金으로 젼메웟ᄂᆞ니라. ≪朴諺, 上, 29ㅎ≫每一箇討五錢銀子, ᄆᆡᄒᆞ나히 닷 돈 은을 쐬오려니와. ≪朴諺, 上, 31ㅈ≫他少我五兩銀子裏, 뎌 내게 닷 냥 은을 빗젓ᄂᆞ니. ≪朴諺, 上, 43ㅈ≫不要紙金要五錢皮金, 紙金으란 말고 닷 돈 皮金을 ᄒᆞ고. ≪朴諺, 上, 44ㅎ≫一箇月五錢家, ᄒᆞᆫ ᄃᆞᆯ에 닷 돈식이라. ≪朴諺, 上, 59ㅈ≫五錢銀子買一箇羊腔子, 닷 돈 은에 ᄒᆞᆫ 양의 얼골을 사. ≪朴諺, 中, 3ㅎ≫五箇大紅碾着, 닷 필은 다홍 드려 다듬고. 五箇染小紅乾色罷, 닷 필은 小紅 드려 건ᄉᆡᆨ으로 홈이 므던ᄒᆞ니. ≪朴諺, 中, 4ㅈ≫這柳黃綾染錢五錢半銀子, 이 柳黃 綾은 믈갑시 닷 돈 반 銀이오. ≪朴諺, 中, 4ㅈ≫五箇大紅絹, 닷 필 다홍 깁은. ≪朴諺, 中, 4ㅎ≫都通染錢是五兩四錢半銀子, 대되 통ᄒᆞ여 믈갑시 닷 냥 너 돈 반 은이라. ≪朴諺, 中, 10ㅈ≫恩養財禮銀五兩永遠爲主, 恩養ᄒᆞᆫ 財禮 銀 닷 냥에 ᄒᆞ야 永遠히 님자를 삼아. ≪朴諺, 中, 19ㅎ≫將五兩銀子下馬莊裏去, 닷 냥 은을 가지고 下馬莊에 가. ≪朴諺, 中, 38ㅈ≫這鴉青的五兩銀子, 이 鴉青에ᄂᆞᆫ 닷 냥 은이오. ≪朴諺, 中, 38ㅈ≫小賣了五錢銀, 닷 돈 은을 디워 ᄑᆞ노라.

닷다 동 닫다[閉]. ❶⇔관(關). ≪朴諺, 中, 36ㅈ≫門子関了, 문을 닷고. ❷⇔폐(閉). ≪朴諺, 下, 16ㅎ≫閉門屋裏坐, 문을 닷고 집의 안자셔도.

닷다 동 닦다[修]. ⇔수(修). ≪朴諺, 中, 24ㅈ≫不修善時, 善을 닷디 아니ᄒᆞ면.

-닷다 어미 -더라. ≪朴諺, 上, 34ㅎ≫探望去好來, 探望ᄒᆞ라 감이 됴탓다. ≪朴諺,

下, 25ㅈ≫這孫行者正是了的, 이 孫行者ㄴ 정히 올탓다. ≪朴諺, 下, 41ㅈ≫咳年紀也小裡, 애 나도 졈닷다.

닷쇄 명 닷새. ⇔오개일두(五箇日頭). ≪朴諺, 中, 53ㅎ≫也有五箇日頭裡, 또 닷쇄 이시니.

ㄷ

당(唐) 명 당(唐)나라. ≪朴諺, 下, 3ㅈ≫往常唐三藏師傅, 뎌적의 唐ㅅ 三藏 師傅ㅣ.

당(堂) 명 집. ⇔집. ≪朴諺, 上, 61ㅈ≫影堂, 팅 잇ᄂᆞᆫ 집과. 串廊, 월랑과.

당(當) 동 당(當)하다. 처(處)하다. 겪다. 감당(勘當)하다. ❶⇔당ᄒᆞ다. ≪朴諺, 上, 36ㅈ≫當路一科麻, 길헤 당ᄒᆞᆫ ᄒᆞᆫ 퍼기 삼이. ≪朴諺, 上, 37ㅈ≫一箇老子當路睡, ᄒᆞᆫ 늘근 사ᄅᆞᆷ이 길흘 당ᄒᆞ여 자거든. ≪朴諺, 中, 14ㅎ≫身顫的當不的, 몸이 ᄠᅥᆯ려 당티 못ᄒᆞ니. ≪朴諺, 中, 29ㅎ≫馬們怎麽當的, ᄆᆞᆯ들히 엇디 당ᄒᆞ리오. ≪朴諺, 中, 47ㅈ≫恨的他當不得, 뎌를 믜워 당티 못ᄒᆞ여 ᄒᆞ더니. ≪朴諺, 中, 50ㅎ≫氣息臭的當不的, 내옴이 더러워 당티 못ᄒᆞ니. ≪朴諺, 中, 58ㅈ≫蚊子咬的當不的, 모긔 므러 당티 못ᄒᆞ니. ≪朴諺, 下, 2ㅈ≫冷疾發的當不的, 뉘웃춤이 나 당티 못ᄒᆞ니. ≪朴諺, 下, 6ㅎ≫我害疥痒當不的, 내 옴 알파 ᄀᆞ려옴을 당티 못ᄒᆞ니. ≪朴諺, 下, 7ㅈ≫越疼的當不的, 더옥 알ᄑᆞ믈 당티 못ᄒᆞ여라. ≪朴諺, 下, 22ㅎ≫鹿皮熱當不的, 鹿皮ㅣ 더오믈 당티 못ᄒᆞ여. ≪朴諺, 下, 39ㅈ≫我這上直着誰當着, 내 이 上直을 눌로 ᄒᆞ여 당ᄒᆞ리오. ≪朴諺, 下, 43ㅎ≫臨死獨自當, 죽으매 님ᄒᆞ여 홀로 당ᄒᆞ니. ≪朴諺, 下, 44ㅈ≫牙疼的當不的, 니 알파 당티 못ᄒᆞ여라. ≪朴諺, 下, 61ㅎ≫不當家, 당티 못ᄒᆞ여라. ❷⇔당ᄒᆞ다(當-). ≪朴諺, 上, 13ㅎ≫痒的當不得, ᄀᆞ렵기를 當티 못ᄒᆞ여라. ≪朴諺, 中, 31ㅎ≫咱悶當不的, 우리 답답홈을 當티 못ᄒᆞ니. ≪朴諺, 中, 55ㅎ≫熱當不的, 더워 當티 못ᄒᆞ여라.

당(當) 동 막다. ⇔막다. ≪朴諺, 上, 10ㅎ≫着墻板當着墻頭絟的牢着, 담 ᄡᆞᄂᆞᆫ 널로 담 머리예 막아 ᄆᆡ기를 긋(굿)이 ᄒᆞ고.

당(當) 부 곧. 즉시. ⇔곳. ≪朴諺, 下, 54ㅎ≫當有(集覽, 朴集, 下, 12ㅈ: 當有. 猶言卽有也. 一曰, 猶言上項之辞〈辭〉.)某縣某村住人王大戶爲證, 곳 아모 고을 아모 촌에 사ᄂᆞᆫ 사ᄅᆞᆷ 王大戶ㅣ 이셔 證ᄒᆞ엿ᄂᆞ니이다.

당(儅) 동 전당(典當)하다. ❶⇔뎐당ᄒᆞ다. ≪集覽, 字解, 單字解, 6ㅎ≫儅. 人有遇急用錢, 則必以重物, 納質于富家, 賖錢取用. 至限則幷其本利償還錢主, 方得退回己之重物而來也. 典字人物通用, 儅字人用於物. ≪朴諺, 上, 19ㅎ≫把甚麽去儅, 므서ᄉᆞ로 가 뎐당ᄒᆞ려 ᄒᆞᄂᆞᆫ다. ≪朴諺, 中, 27ㅈ≫開着一座觧儅庫(集覽, 朴集, 中, 6ㅎ: 解儅庫. 元時或稱印子鋪, 或稱把解, 人以重物來儅, 取錢而去, 在後償還本利, 還取其物而去, 此卽解儅庫也.), 一座 解儅庫를 열고. ≪朴諺, 中, 27ㅈ≫但是直錢物件來儅時, 믈읫 갑ᄉᆞᆫ 物件으로 와 뎐당ᄒᆞ면. ≪朴諺, 中, 27ㅎ≫將豆子來大的明眞珠一百顆來儅, 콩만치 큰 블근 眞珠 一百 낫출 가져다가 뎐당ᄒᆞ거늘. ❷⇔전당ᄒᆞ다(典儅-). ≪朴諺, 上, 19ㅈ≫我今日印子鋪(集覽, 朴集, 上, 7ㅎ: 印子鋪. 音義云, 是典儅錢物濟急之所. 質問云, 有錢之人開鋪, 那無錢之人拿衣服或器皿, 儅借銅錢或銀子使用, 每十分加利一分, 亦與有印號帖兒, 以爲執照.)裏儅錢去, 내 오ᄂᆞᆯ 印子鋪에 돈 典儅ᄒᆞ라 가노라. ≪朴諺, 上, 19ㅎ≫儅的多少錢, 언멋 돈에 典儅ᄒᆞ려 ᄒᆞᄂᆞᆫ다. 儅的二十兩銀子, 二十兩 銀에 典儅ᄒᆞ려 ᄒᆞ노라. 儅那偌多做甚麽, 뎌리 만히 典儅ᄒᆞ여 므슴 ᄒᆞ려 ᄒᆞᄂᆞᆫ다. 多儅時多贖, 만히 典儅ᄒᆞ면 만히 갑고. 少儅時少贖, 젹게 典儅ᄒᆞ면 젹게 갑ᄂᆞ니라. ≪朴諺, 上, 20ㅈ≫這六件兒儅的五十兩銀子, 이 여ᄉᆞᆺ 가지로 五十兩 銀에 典儅ᄒᆞ려 ᄒᆞ니.

당(撞) 동 ❶만나다. 마주치다. 맞닥뜨리

다. ⇔만나다. ≪朴諺, 上, 32ㅎ≫正撞見他的漢子, 졍히 뎌의 남진을 만나 보니. ≪朴諺, 下, 4ㅈ≫撞多少猛虎·毒虫定害, 언머 猛虎·毒虫의 보채ᄂᆞᆫ 거ᄉᆞᆯ 만나며. ❷치다[擊]. ⇔티다. ≪朴諺, 下, 42ㅈ≫擂鼓撞磬, 붑 티며 경 티고.

당금(當今) 명 이제. 현재. 지금. ≪朴諺, 上, 1ㅈ≫當今聖主, 當今에 聖主ㅣ.

당두(當頭) 명 깃. 또는 이불깃. ⇔깃. ≪朴諺, 中, 3ㅎ≫明綠當頭, 明綠빗쳇 깃을.

당번(幢幡) 명 당(幢)과 번(幡). ≪朴諺, 下, 42ㅎ≫諸般彩亭子(集覽, 朴集, 下, 9ㅈ: 彩亭子. 漢俗皆於白日送殯, 凡結飾車輿·幢幡·傘盖及紙造人馬爲前導者, 連亘四五十步.), 여러 가지 彩亭子를 세내고.

당번(幢旛) 명 당(幢)과 번(旛). ≪朴諺, 下, 43ㅈ≫十餘對幢旛·寶盖·螺鈸·鼓磬, 열아믄 빵 幢旛과 寶盖와 螺鈸과 鼓磬이러라.

당부ᄒᆞ다 동 당부하다. 부탁하다. ❶⇔분부(分付). ≪集覽, 字解, 累字解, 2ㅈ≫分付. 맛디다. 又당부ᄒᆞ다. ❷⇔정촉(丁囑). ≪集覽, 字解, 累字解, 2ㅈ≫丁囑. 당부ᄒᆞ다. ≪集覽, 字解, 累字解, 2ㅎ≫囑咐. 上同. ❸⇔촉부(囑咐). ≪集覽, 字解, 累字解, 2ㅈ≫丁囑. 당부ᄒᆞ다. ≪集覽, 字解, 累字解, 2ㅎ≫囑咐. 上同.

당상(堂上) 명 ❶당(堂)의 위. ≪朴諺, 中, 43ㅎ≫堂上掛佛端然坐, 堂上에 블샹을 걸고 단졍히 안자. ❷당상관(堂上官). ≪朴諺, 上, 8ㅈ≫堂上稟去裏, 堂上ᄭᅴ 稟ᄒᆞ라 가노라. ≪朴諺, 中, 59ㅈ≫堂上官人們, 堂上 官人들히.

당상관(堂上官) 명 명·청대(明淸代) 중앙관아의 장관(長官). 당상(堂上)에서 공무를 수행한다 하여 붙여진 이름이다. ≪朴諺, 上, 3ㅈ≫我到那衙門裡堂上官說了, 내 뎌 衙門에 가 堂上官의게 니ᄅᆞ니.

당승(唐僧) 명 당(唐)나라의 중. ≪朴諺, 下, 18ㅎ≫唐僧師徒二人, 唐僧의 師徒 二人이. ≪朴諺, 下, 19ㅈ≫唐僧也引徒弟去到王所, 唐僧이 ᄯᅩ 徒弟를 ᄃᆞ리고 王의 곳에 니ᄅᆞ니. 王請唐僧上殿, 王이 唐僧을 請ᄒᆞ여 뎐에 올린대. ≪朴諺, 下, 19ㅎ≫先生對唐僧道, 先生이 唐僧을 對ᄒᆞ야 닐오ᄃᆡ. ≪朴諺, 下, 20ㅈ≫唐僧道, 唐僧이 닐오ᄃᆡ. ≪朴諺, 下, 21ㅈ≫王道唐僧得勝了, 王이 닐오ᄃᆡ 唐僧이 이긔어다. ≪朴諺, 下, 23ㅎ≫唐僧見了啼哭, 唐僧이 보고 우더니. ≪朴諺, 下, 24ㅎ≫賜唐僧金錢三百貫金鉢盂一箇, 唐僧을 金돈 三百貫과 金에우아리 ᄒᆞ나흘 주고.

당시(當時) 명 일이 있었던 바로 그때. 또는 이야기하고 있는 그 시기. ≪朴諺, 上, 50ㅈ≫滿月(集覽, 朴集, 上, 13ㅎ: 滿月. 産書云, 分觧未滿月, 恣食生冷粘·硬果·菜·肥膩魚·肉之物, 當時雖未覺大〈有〉損, 滿月之後, 卽成蓐勞.)過了時喫的不妨事, ᄃᆞᆯ이 차 디나면 먹어도 일에 해롭디 아니ᄒᆞ리라.

당시론 부 아직. 오히려. 도리어. ⇔환(還). ≪集覽, 字解, 單字解, 1ㅈ≫還. 猶尙也, 再也. 還有多少 당시론 언메나 잇ᄂᆞ뇨. 又다하. 還要多少 다하 언메나 받고져 ᄒᆞ나뇨. 還有·還要之還, 或呼如孩字之音. 此或還音之訛, 或別有其字, 未可知也. 又償也. 還錢 갑 주다.

당시롱 부 아직. 오히려. 도리어. ⇔환(還). ≪朴諺, 中, 11ㅈ≫怎麽還不曾修理車輛, 엇디 당시롱 일즙 車輛을 修理티 아니ᄒᆞ엿ᄂᆞ뇨. ≪朴諺, 中, 59ㅎ≫還不肯發落, 당시롱 즐겨 發落디 아니ᄒᆞ고.

당언(唐言) 명 당(唐)나라의 말. ≪朴諺, 中, 22ㅈ≫起浮屠於泗水之間(集覽, 朴集, 中, 5ㅈ: 起浮屠於泗水之間. 浮屠, 卽塔也. 唐言高顯也.), 浮屠를 泗水ㅅ ᄉᆞ이에 니ᄅᆞ혀고.

당유(當有) 형 바로 있다. ≪集覽, 朴集, 上, 12ㅈ≫當有, 猶言卽有. 一曰猶言上項之辭.

당자(堂子) 명 목욕탕. 욕실. ≪朴諺, 上, 46ㅎ≫孫舍混堂(集覽, 朴集, 上, 13ㅈ: 混

堂. 人家設溫湯浴室處, 燕都多有之, 乃爇〈爇〉水爲湯, 非溫泉也. 或稱堂子, 舊本作湯子.)裏洗澡去來, 孫가아 混堂에 목욕 곰으라 가쟈. ≪朴諺, 上, 51ㅎ≫小人在那東角頭堂子(集覽, 朴集, 上, 13ㅎ: 堂子. 卽混堂. 釋見上.)間壁下着裏, 小人이 뎌 동녁 모롱이 堂子ㅅ ㅂ룸을 ᄉ이ᄒ여 브리워 잇노라.

당주(當住) 동 막다. 저지하다. 막아내다. ⇔막다. ≪朴諺, 下, 22ㅎ≫被鬼們當住出不來, 귀신들의 막으믈 닙어 나오디 못ᄒ여.

당직(當直) 동 근무하는 곳에서 숙직이나 일직 따위의 당번이 되다. ⇔당직ᄒ다(當直-). ≪朴諺, 中, 8ㅎ≫當直的點將燈來, 當直ᄒᄂ 이아 등잔블 혀 오라.

당직ᄒ다(當直-) 동 근무하는 곳에서 숙직이나 일직 따위의 당번이 되다. ⇔당직(當直). ≪朴諺, 中, 8ㅎ≫當直的點將燈來, 當直ᄒᄂ 이아 등잔블 혀 오라.

당착(撞着) 동 만나다. 맞부딪치다. ⇔만나다. ≪朴諺, 下, 25ㅎ≫撞着你, 너를 만나과라. ≪朴諺, 下, 61ㅈ≫撞着射殺, 만나 뽀아 죽기니.

당처(當處) 명 그 자리. 이 곳. ≪集覽, 字解, 單字解, 3ㅎ≫地. 土也. 田地·土地·地方·地面. 又指當處. 土地之神亦曰土地. 又語助. 坐地. 又恁地, 猶言如此.

당초(當初) 명 일이 생기기 시작한 처음. ≪朴諺, 下, 58ㅎ≫當初怎生建國來, 當初에 엇디 國을 建ᄒ뇨.

당해(當該) 동 ❶당직하다. 당번에 해당되다. ≪朴諺, 上, 3ㅈ≫便叫將當該的外郎來, 곳 當該 外郎을 블러 와. ❷바로 그 사물에 해당되다. ≪朴諺, 下, 53ㅈ≫着當該地分弓手人等, 當該 地分 弓手人 等으로 ᄒ여.

당혹(倘或) 부 행(幸)여. 다행히. 만약(만일·가령). ⇔힝혀. ≪集覽, 字解, 累字解, 2ㅈ≫倘或. 힝혀.

당화(糖火) 명 잿불. ≪朴諺, 下, 33ㅈ≫黃燒餠(集覽, 朴集, 下, 7ㅈ: 黃燒餠. 事林廣記云, 每麵〈麺〉一斤, 入油一兩半, 炒塩一錢, 冷水和搜得所, 骨魯槌砑開, 鏊上熯〈熯〉熟, 得硬糖火燒熟, 甚酥美.), 누론 쇼병과.

당ᄒ다 동 당(當)하다. 처(處)하다. 겪다. 감당(勘當)하다. ⇔당(當). ≪朴諺, 上, 36ㅈ≫當路一科痲, 길헤 당ᄒᆫ ᄒᆫ 퍽이 삼이. ≪朴諺, 上, 37ㅈ≫一箇老子當路睡, ᄒᆫ 늘근 사ᄅᆞᆷ이 길히 당ᄒ여 자거든. ≪朴諺, 中, 14ㅎ≫身顫的當不的, 몸이 떨려 당티 못ᄒ니. ≪朴諺, 中, 29ㅎ≫馬們怎麽當的, ᄆᆞᆯ들히 엇디 당ᄒ리오. ≪朴諺, 中, 47ㅈ≫恨的他當不得, 뎌를 믜워 당티 못ᄒ여 ᄒ더니. ≪朴諺, 中, 50ㅎ≫氣息臭的當不的, 내옴이 더러워 당티 못ᄒ니. ≪朴諺, 中, 58ㅈ≫蚊子咬的當不的, 모긔 므러 당티 못ᄒ니. ≪朴諺, 下, 2ㅈ≫冷疾發的當不的, 뉘읏춤이 나 당티 못ᄒ니. ≪朴諺, 下, 6ㅎ≫我害疥痒當不的, 내 옴 알파 ᄀ려옴을 당티 못ᄒ니. ≪朴諺, 下, 7ㅈ≫越疼的當不的, 더옥 알ᄑᆞᆷ을 당티 못ᄒ여라. ≪朴諺, 下, 22ㅎ≫鹿皮熱當不的, 鹿皮ㅣ 더오믈 당티 못ᄒ여. ≪朴諺, 下, 39ㅈ≫我這上直着誰當着, 내 이 上直을 눌로 ᄒ여 당ᄒ리오. ≪朴諺, 下, 43ㅎ≫臨死獨自當, 죽으매 님ᄒ여 홀로 당ᄒ니. ≪朴諺, 下, 44ㅈ≫牙疼的當不的, 니 알파 당티 못ᄒ여라. ≪朴諺, 下, 61ㅎ≫不當家, 당티 못ᄒ여라.

당ᄒ다(當-) 동 당(當)하다. 처(處)하다. 겪다. 감당(勘當)하다. ⇔당(當). ≪朴諺, 上, 13ㅎ≫痒的當不得, ᄀ렵기를 當티 못ᄒ여라. ≪朴諺, 中, 31ㅎ≫咱悶當不的, 우리 답답홈을 當티 못ᄒ니. ≪朴諺, 中, 55ㅎ≫熱當不的, 더워 當티 못ᄒ여라.

대(大) 명 굵기. ⇔굴긔. ≪朴諺, 上, 27ㅎ≫指頭來大紫鴉忽頂兒, 손짜락 굴긔 紫鴉忽 頂子에.

대(大) 형 ❶굵다. ⇔굴다. ≪朴諺, 上, 6ㅈ≫大水杏半黃半生的有, 굴고 믈 한 ᄉᆞᆯ고ㅣ

半黃 半生ᄒᆞᆫ 이 잇더라. ❷크다. ⇔크다. ≪集覽, 字解, 單字解, 7ㅈ≫偌. 太甚也. 偌大 너므 크다, 偌多 너므 하다. 又하나 한. 通作熱. ≪朴諺, 上, 7ㅎ≫皇帝的大福陰裏, 皇帝 큰 福陰에. ≪朴諺, 上, 19ㅎ≫圓眼來大的好明淨, 龍眼만치 크고 ᄀᆞ장 明淨ᄒᆞ니라. ≪朴諺, 上, 22ㅎ≫咳這官人好尋思計量大, 애 이 官人이 ᄀᆞ창(장) 尋思 計量이 크다. ≪朴諺, 上, 30ㅎ≫覓得高麗錢大快三十年, 高麗ㅅ 錢을 어든들 크게 三十年을 즐기랴. ≪朴諺, 上, 36ㅎ≫一箇長大漢撒大鞋, ᄒᆞᆫ 킈 큰 놈이 큰 신 ᄭᅳᆯ으고. ≪朴諺, 上, 42ㅈ≫對月又做箇大筵席, 버금 ᄃᆞᆯ에 ᄯᅩ 큰 이바디ᄒᆞ면. ≪朴諺, 上, 61ㅈ≫北岸上有一座大寺, 북편 언덕 우희 ᄒᆞᆫ 座 큰 뎔이 이시니. ≪朴諺, 中, 13ㅈ≫又高麗地面裏來載千餘筒布子的大船, ᄯᅩ 高麗ㅅ ᄯᅡ흐로셔 오ᄂᆞᆫ 千餘 筒 뵈 시른 큰 ᄇᆡ를. ≪朴諺, 中, 14ㅈ≫草一錢銀子十一箇家大束(束)兒, 딥흔 ᄒᆞᆫ 돈 은에 열ᄒᆞᆫ 낫 큰 뭇이니. ≪朴諺, 中, 25ㅎ≫頭盔大, ᄃᆡ우ㅣ 크고. ≪朴諺, 中, 31ㅈ≫他如今氣象大起來時, 뎨 이제 氣象을 크게 니르혀면. ≪朴諺, 中, 44ㅎ≫掛十八學士大畫, 十八學士 그린 큰 그림을 걸고. ≪朴諺, 中, 57ㅈ≫又不是大買賣, 도(ᄯᅩ) 큰 흥졍이 아니니. ≪朴諺, 下, 20ㅈ≫這的不是大鱢, 이거시 큰 원쉬 아니가. ≪朴諺, 下, 26ㅎ≫黃豆來大的, 콩만치 크고. ≪朴諺, 下, 45ㅎ≫塑一箇象一般大的春牛, ᄒᆞᆫ 象ᄀᆞ티 큰 春牛를 민ᄃᆞ라. ≪朴諺, 下, 51ㅈ≫斸眼釣出箇老大的金色鯉漁(魚), 斸眼홀 ᄉᆞ이예 ᄒᆞᆫ ᄀᆞ장 큰 금빗치 鯉魚를 낫가 내니. ≪朴諺, 下, 62ㅈ≫這的高麗筆墨和二十張大紙將去, 이 高麗ㅅ 筆墨과 스므 댱 큰 죠희를 가져가.

대(大) 형 많다. ❶⇔만ᄒᆞ다. ≪朴諺, 上, 9ㅎ≫今年雨水十分大, 올히 雨水ㅣ ᄀᆞ장 만ᄒᆞ여. ❷⇔많다. ≪朴諺, 中, 57ㅈ≫女的價錢大, 암은 갑시 만흐니라. ≪朴諺, 下, 26ㅎ≫好顏色圓淨的價錢大, 빗 됴코 圓淨ᄒᆞ니ᄂᆞᆫ 갑시 만흐니라.

대(歹) 형 좋지 않은. 나쁜. ⇔사오나온. ≪朴諺, 中, 27ㅎ≫頻頻的這般做歹勾當, ᄌᆞ로 이런 사오나온 일을 ᄒᆞ더니.

대(待) 동 ❶하다. …할 계획이다. ⇔ᄒᆞ다. ≪朴諺, 上, 55ㅈ≫你待買甚麼本事的馬, 네 므슴 직조엣 ᄆᆞᆯ을 사고져 ᄒᆞᄂᆞᆫ다. ≪朴諺, 下, 23ㅈ≫纔待洗澡, ᄀᆞᆺ 모욕ᄒᆞ고져 ᄒᆞ더니. ≪朴諺, 下, 24ㅈ≫待要接, 닛고져 ᄒᆞ거늘. ≪朴諺, 下, 51ㅎ≫我待學范蠡歸湖, 내 范蠡의 歸湖를 ᄇᆡ호고져 ᄒᆞ노라. ❷기다리다. ⇔기ᄃᆞ리다. ≪朴諺, 上, 10ㅈ≫如今待秋後整治怕甚麼, 이제 秋後를 기ᄃᆞ려 整治ᄒᆞ면 므서시 저프리오. ≪朴諺, 中, 10ㅎ≫更待怎的, ᄯᅩ 므서슬 기ᄃᆞ리리오. ≪朴諺, 下, 11ㅎ≫待兩箇月, 두 ᄃᆞᆯ을 기ᄃᆞ리면.

대(待) 부 ❶거지반. 대충. ≪朴諺, 上, 44ㅎ≫待一兩日了也, ᄒᆞᆫ 이ᄐᆞᆯ만 ᄒᆞ면 ᄆᆞᄎᆞ리로다. ❷장차. 곧. ⇔ᄒᆞ마. ≪朴諺, 上, 7ㅎ≫官人們待散也, 官人들히 ᄒᆞ마 흐터딜 ᄡᅥ시니. ≪朴諺, 中, 9ㅈ≫我本待要請你去來, 내 본ᄃᆡ ᄒᆞ마 너를 쳥ᄒᆞ라 가고져 ᄒᆞ더니. ≪朴諺, 中, 59ㅈ≫待到根前來, ᄒᆞ마 내손ᄃᆡ 왓더니. ≪朴諺, 下, 2ㅎ≫我待要上金來, 내 ᄒᆞ마 금을 올리려 ᄒᆞ더니. ≪朴諺, 下, 25ㅎ≫你待謾過我, 네 ᄒᆞ마 날을 소길랏다.

대(帶) 동 ❶달다[懸]. ⇔ᄃᆞᆯ다. ≪朴諺, 上, 27ㅈ≫帶纓筒, 번영을 ᄃᆞ랏고. ❷씌우다. ⇔ᄡᅴ우다. ≪朴諺, 中, 1ㅎ≫帶着鬼臉兒, 광ᄃᆡ ᄡᅴ워. ❸짓다[作]. ⇔짓다. ≪朴諺, 下, 55ㅈ≫門前絟着帶鞍的白馬來, 門 앏희 기ᄅᆞ마지은 白馬를 ᄆᆡ엿더니. ❹차다[佩]. ⇔ᄎᆞ다. ≪朴諺, 上, 15ㅎ≫買將條兒來帶他, 條児을 사다가 뎌를 ᄎᆞ려 ᄒᆞ노라. ≪朴諺, 下, 26ㅎ≫我偏帶不的好珊瑚, 내라 독별이 됴흔 珊瑚를 ᄎᆞ디 못ᄒᆞ랴. ≪朴諺, 下, 27ㅈ≫這珊瑚帶的過, 이 珊瑚ㅣ ᄎᆞ든 거시로다. ≪朴諺, 下, 31ㅈ≫

各自腰帶七寶環刀, 각각 허리예 七寶 혼 環刀를 초고. ❺취(醉)하다. ⇔취ᄒᆞ다. ≪朴諺, 下, 54ㅈ≫逢着本府張千帶酒, 本府 張千이 술 취호믈 만나.

대(帶) 명 ❶깃. ⇔겨. ≪朴諺, 中, 4ㅎ≫被表帶裏兒八錢, 니블 거족과 안쪄는 여돏 돈이니. ❷띠. ⇔띄. ≪朴諺, 上, 18ㅈ≫你那金帶是誰廂的, 네 더 금띄를 뉘 젼메웟ᄂᆞ뇨. ≪朴諺, 上, 18ㅈ≫是拘欄衚衕裏帶匠夏五廂的, 이 拘欄 솔 띄쟝이 夏五ㅣ 젼메웟ᄂᆞ니라. ≪朴諺, 上, 19ㅈ≫做一條銀廂花帶, 혼 올이 銀 젼메온 섭사긴 띄를 민돌게 ᄒᆞ라.

대(隊) 명 대오(隊伍). ≪朴諺, 下, 47ㅎ≫這般擺隊行, 이리 隊를 버러 가.

대(對) 동 대(對)하다. 마주 향하다. ❶⇔딕ᄒᆞ다. ≪朴諺, 中, 19ㅈ≫有緣千里能相會, 인연이 이시면 千里라도 능히 서르 못둣고. 無緣對面不相逢, 인연이 업스면 눗출 딕ᄒᆞ여도 서르 만나디 못ᄒᆞᄂᆞ니. ≪朴諺, 中, 28ㅈ≫對他男兒說勸, 제 ᄉᆞ나희를 딕ᄒᆞ여 닐러 말리되. ≪朴諺, 下, 20ㅈ≫咱兩箇對君王面前鬪(鬪)聖, 우리 둘히 君王 앏폴 딕ᄒᆞ여 鬪(鬪)聖ᄒᆞ야. ≪朴諺, 下, 22ㅈ≫鹿皮對大仙說, 鹿皮ㅣ 大仙을 딕ᄒᆞ여 닐오딕. ❷⇔대ᄒᆞ다(對-). ≪朴諺, 中, 44ㅈ≫對客飮酒吟詩句, 客을 對ᄒᆞ야 술을 먹고 詩句를 읇프며. ≪朴諺, 下, 19ㅎ≫先生對唐僧道, 先生이 唐僧을 對ᄒᆞ야 닐오딕. ≪朴諺, 下, 50ㅎ≫對着這水聲·山色·淡烟, 이 水聲·山色·淡煙을 對ᄒᆞ고.

대(對) 동 맞추다. 대조하다. 견주다. 비교하다. ⇔마초다. ≪朴諺, 上, 12ㅎ≫將米貼兒來對官號, 빌 톄즈 가져다가 官號 마초고. ≪朴諺, 上, 12ㅎ≫西邉對籌(集覽, 朴集, 上, 5ㅎ: 籌. 音義云, 出倉之計筭. 質問云, 以木爲之. 此收·放米計數之籌, 每米一石, 對籌一根.)去, 셔편에 사술 마초라 가.

대(對) 의 벌. ⇔보. ≪朴諺, 中, 29ㅎ≫打一對馬脚匙來釘上着, 혼 보 다갈을 티여다가 박으라.

대(對) 의 쌍. ❶⇔빵. ≪朴諺, 上, 19ㅎ≫把一對八珠環兒, 혼 빵 八珠環과. 一對釧兒, 혼 빵 풀쇠로다가 ᄒᆞ련노라. ≪朴諺, 上, 20ㅈ≫一對耳墜兒, 혼 빵 귀옛골회과. 一對窟嵌的金戒指兒, 혼 빵 날박은 금가락지. ≪朴諺, 上, 43ㅎ≫做一對護膝, 혼 빵 슬갑을 민들려 ᄒᆞ면. ≪朴諺, 中, 48ㅎ≫我也做饋他一對學行的綉鞋, 나도 혼 빵 거름 빅호는 슈신을 지어 뎌를 주리라. ≪朴諺, 下, 30ㅈ≫四五對家簇簇趲趲的, 네다숫 빵식 무둑무둑 나아드러. ≪朴諺, 下, 43ㅈ≫十餘對幢旛·寶盖·螺鈸·皷磬, 열아믄 빵 幢旛과 寶盖와 螺鈸과 鼓磬이러라. ≪朴諺, 下, 46ㅈ≫簸箕來大一對耳朶, 키만치 크게 혼 혼 빵 귓바회와. ❷⇔쌍. ≪朴諺, 上, 27ㅈ≫絟着一對明綠綉四季花護膝, 혼 쌍 明綠빗치 四季花를 綉혼 슬갑을 미엿고. ≪朴諺, 上, 32ㅈ≫把我的兩對新靴子都走破了, 내 두 쌍 새 훠를다가 다 든녀 해야ᄇᆞ리게 ᄒᆞ고.

대(對) 접두 맞-. ⇔막-. ≪朴諺, 上, 63ㅈ≫對換如何, 막밧곰이 엇더ᄒᆞ뇨. 咱對換甚麽東西, 우리 므스거슬 막밧고료. ≪朴諺, 上, 63ㅎ≫你的大紅織金胷背帖裏對換着, 네 大紅빗체 금ᄉᆞ로 짜 胷背 혼 텰릭과 막밧고쟈.

대(戴) 동 쓰다. ⇔쓰다. ≪朴諺, 下, 31ㅈ≫頭戴四縫盔, 머리예 四縫盔를 쓰고. ≪朴諺, 下, 46ㅎ≫頭戴耳掩或提在手裡, 머리예 耳掩을 쓰며 혹 손에 들고. ≪朴諺, 下, 47ㅈ≫頭戴幞頭, 머리예 幞頭를 쓰고.

대(擡) 동 ❶돋치다. 도드라지다. ⇔도티다. ≪朴諺, 中, 3ㅎ≫都是擡色的, 다 빗도티라. ❷들다. 들어 올리다. ⇔들다. ≪朴諺, 上, 6ㅈ≫我們先喫兩巡酒後頭擡卓兒(集覽, 朴集, 上, 3ㅈ: 擡卓兒. 擡, 擧也. 進案撤案皆曰擡, 謂人所擧也. 卓, 卽本國

所謂高足床也.), 우리 몬져 두 슌비 술 머근 후에 상을 드러든. ≪朴諺, 上, 6ㅎ≫如今擡卓兒上湯着, 이제 상을 들면 湯을 들일 거시니. ≪朴諺, 下, 14ㅈ≫擡了卓子, 상 들면. ≪朴諺, 下, 21ㅈ≫擡過一箇紅漆槓子來, 흔 블근 칠혼 槓를 드러 오라 ᄒᆞ여. ≪朴諺, 下, 43ㅈ≫都裝在卓兒上擡着, 다 탁ᄌᆞ에 담아 들고. ≪朴諺, 下, 60ㅎ≫擡出金甲來, 金甲을 드러내여 와.

대가 명 ❶대가(大駕). (임금이 타는 수레) ⇔가(駕). ≪朴諺, 上, 48ㅈ≫京都駕幾時起, 셔울 대개 언제 긔동ᄒᆞ실러뇨. ≪朴諺, 中, 12ㅎ≫我慢慢的跟駕去, 내 날회여 대가를 ᄯᆞ와 가마. ❷대가(大家). 거장(巨匠). (어느 분야의 전문가) ⇔대가(大家). ≪朴諺, 中, 50ㅎ≫大家休打臉, 대개 빰 티디 말고.

대가(大家) 명 대가(大家). 거장(巨匠). (어느 분야의 전문가) ⇔대가. ≪朴諺, 中, 50ㅎ≫大家休打臉, 대개 빰 티디 말고.

대가(大家) 뷔 ❶대개(大概). ⇔대개. ≪集覽, 字解, 單字解, 5ㅎ≫家. 止指一數之稱. 一箇家 흔 낫식, 幾箇家 몃 낫식, 又현 낫식, 幾年家 현 힛식. 又槩也. 大家 대개. 又擧姓呼人之稱. 李家·張家. 又呼皇帝曰官家. 又語助. 沒有家 업다. ≪註解語錄總覽, 朱子語錄≫大家. 猶言大段, 大槩. ❷모두. 통틀어. ⇔대되. ≪朴諺, 中, 34ㅎ≫我們大家嘗新, 우리 대되 嘗新ᄒᆞ쟈.

대가(大哥) 명 큰형. ⇔큰형. ≪集覽, 字解, 累字解, 1ㅈ≫大哥. 哥兄也. 人有數兄, 則呼長曰大哥, 次曰二哥, 三曰三哥. 雖非同胞而見儕輩, 可推敬者, 則亦呼爲哥. 或加大字, 或加老字, 推敬之重也. 只呼弟曰兄弟, 竝擧兄及弟曰弟兄. ≪朴諺, 上, 36ㅈ≫大哥山上擂皷, 큰형은 山에셔 붑 티고. ≪朴諺, 上, 36ㅈ≫大哥是棒鎚, 큰형은 이 방취오.

대가(大街) 명 큰길. 대로(大路). ⇔큰거리. ≪朴諺, 中, 39ㅈ≫鋪面周圍(集覽, 朴集, 中, 7ㅎ: 鋪面周圍. 漢人造屋於大街之間者, 向街周遭必設空屋, 聽令坐賈賃居爲市, 按月受直.)幾十間, 鋪面 周圍ㅣ 幾十間이오. ≪朴諺, 下, 57ㅈ≫大街街東, 큰 거리 거리 동녁.

대개 뷔 대개(大概). ⇔대가(大家). ≪集覽, 字解, 單字解, 5ㅎ≫家. 止指一數之稱. 一箇家 흔 낫식, 幾箇家 몃 낫식, 又현 낫식, 幾年家 현 힛식. 又槩也. 大家 대개. 又擧姓呼人之稱. 李家·張家. 又呼皇帝曰官家. 又語助. 沒有家 업다. ≪註解語錄總覽, 朱子語錄≫大家. 猶言大段, 大槩.

대거(大車) 명 대형 짐수레. ⇔큰술위. ≪朴諺, 上, 13ㅈ≫只着大車上裝去, 그저 큰 술위예 시러 가쟈.

대겁(大劫) 명 중겁(中劫)의 세 곱절이 되는 기간. 곧, 3천 년. ≪朴諺, 中, 24ㅈ≫萬刼(集覽, 朴集, 中, 6ㅈ: 萬劫. 又六十年一甲子, 一百年爲一小劫〈刼〉, 一千年爲一中劫〈刼〉, 三中劫〈刼〉爲一大劫〈刼〉.)再逢難, 萬劫이라도 다시 만나기 어려오니라.

대겁(大刼) 명 대겁(大劫). '刼'은 '劫'의 속자. ≪朴諺, 中, 24ㅈ≫萬刼(集覽, 朴集, 中, 6ㅈ: 萬劫. 又六十年一甲子, 一百年爲一小劫〈刼〉, 一千年爲一中劫〈刼〉, 三中劫〈刼〉爲一大劫〈刼〉.)再逢難, 萬劫이라도 다시 만나기 어려오니라.

대경(大經) 명 〈불〉 가장 근본이 되는 경전(經典). 화엄경(華嚴經)·열반경(涅槃經)·무량수경(無量壽經)·대일경(大日經) 따위를 이른다. ≪朴諺, 下, 8ㅎ≫說目連尊者(集覽, 朴集, 下, 2ㅎ: 目連尊者. 又大經云, 目犍連, 卽姓也, 因姓立名目連.)救母經, 目連尊者의 救母經을 니ᄅᆞ니.

대관서(大官署) 명 청대(淸代)의 관서(官署) 이름. 광록시(光祿寺)에 딸리어 천자(天子)의 찬식(饌食)에 관한 일을 주관하였다. ≪朴諺, 上, 2ㅈ≫咱們問那光祿寺

(集覽, 朴集, 上, 1ㅈ: 光祿寺. 在東長安門內, 其屬有大官·珍〈珎〉羞·良醞·掌醢四署, 掌供辦內府諸品膳羞酒醴及管待使客之事.)裏, 우리 더 光祿寺에 무러.

대길리(大吉利) 형 매우 길하고 이롭다. ≪朴諺, 上, 55ㅈ≫空處寫大吉利, 빈 곳에 大吉利라 쓰거나.

대낭(大娘) 명 ❶손윗사람이나 존장(尊長)의 아내. 또는 남의 정실(正室). ≪朴諺, 中, 16ㅎ≫大娘(集覽, 朴集, 中, 3ㅈ: 大娘. 音義云, 안해님이라 ᄒᆞ·둧 ᄒᆞᆫ :말. 今按, 汎稱尊長妻室曰大娘, 又稱人之正妻曰大娘, 妾曰小娘.)身子好麽, 大娘의 몸이 됴ᄒᆞ신가. ❷아내. ⇔안해. ≪朴諺, 中, 16ㅎ≫大娘(集覽, 朴集, 中, 3ㅈ: 大娘. 音義云, 안해님이라 ᄒᆞ·둧 ᄒᆞᆫ :말. 今按, 汎稱尊長妻室曰大娘, 又稱人之正妻曰大娘, 妾曰小娘.)身子好麽, 大娘의 몸이 됴ᄒᆞ신가.

대대(對對) 명 쌍쌍. ≪朴諺, 上, 61ㅎ≫自在快活的是對對兒鴛鴦, 제대로 즐기ᄂᆞᆫ 거슨 이 對對 鴛鴦이오. ≪朴諺, 下, 38ㅎ≫對對皀隷, 對對 皀隷ㅣ.

대덕(大德) 명 ❶〈불〉 비구(比丘) 가운데 장로(長老)·부처·보살·고승 등을 높여 이르는 말. ≪朴諺, 下, 8ㅈ≫做盂蘭盆齋(集覽, 朴集, 下, 2ㅎ: 盂蘭盆齋. 大藏經云, 大目犍連尊者, 以母生餓鬼中不得食, 佛令作盂蘭盆, 至七月十五日, 具百味五果, 置盆中, 供養十方大德, 而後母乃得食.), 盂蘭盆齋를 ᄒᆞᄂᆞ니라. ❷원(元)나라 때의 연호(1297~1307). ≪朴諺, 中, 29ㅈ≫將老李打了一百七(集覽, 朴集, 中, 7ㅈ: 一百七.大德中, 刑部尙書王約上言, 國朝用刑寬恕, 笞杖十減其三, 故笞一十減爲七.), 老李를다가 一百 닐곱을 텨.

대도(大度) 형 도량이 크다. 또는 큰 도량. ≪朴諺, 下, 16ㅎ≫買趙太祖飛龍記(集覽, 朴集, 下, 3ㅎ: 趙太祖飛龍記. 宋太祖, 姓趙, 名匡胤. 母昭獻皇后夢日入懷而孕. 誕生之夕, 赤光滿室, 異香馥郁. 及長, 性沈厚, 有大度, 調遷爲殿前都點檢.), 趙太祖의 飛龍記와.

대도(大都) 명 ❶서울. ⇔셔울. ≪朴諺, 中, 9ㅎ≫大都某村住人錢小馬, 셔울 아모 촌의 사ᄂᆞᆫ 사ᄅᆞᆷ 錢小馬ㅣ. ❷원(元)나라의 수도. 옛터가 지금의 북경성(北京城) 안에 있다. 몽고(蒙古)의 홀필렬(忽必烈)이 요(遼)의 연경(燕京)을 중도(中都)라 하였다가, 그 북동쪽에 성을 쌓고 대도라고 하였다. ≪朴諺, 上, 11ㅎ≫我在平則門(集覽, 朴集, 上, 5ㅎ: 平則門. 燕都, 禹貢冀州之域. 唐曰幽都, 虞爲幽州, 武王封召公奭於燕, 卽此. 元初爲燕京路, 後稱〈称〉大都路, 洪武初改爲北平布政司.)邊住, 내 平則門 ᄭᅿ의 이셔 사노라. ≪朴諺, 中, 52ㅈ≫年時牢子們走(集覽, 朴集, 中, 8ㅎ: 牢子走. 在大都則自河西務起程, 若上都則自泥河兒起程, 越三時, 走一百八十里, 直抵御前, 俯伏呼萬歲.)的你見來麽, 젼년에 牢子들희 ᄃᆞ롬질을 네 본다.

대동소이(大同小異) 형 대동소이하다. 큰 차이가 없다. ≪集覽, 字解, 單字解, 4ㅈ≫把. 持也, 握也. 一把 ᄒᆞᆫ 줌, 又ᄒᆞᆫ ᄌᆞᄅᆞ. 把我們 우리를다가, 把來 그를다가, 與將字大同小異. 又元時語, 有把解之語, 猶言典當也, 今不用.

대되 부 모두. 통틀어.❶ ⇔공(共). ≪朴諺, 上, 20ㅎ≫共有二百兩銀子, 대되 二百兩銀이 이셔야. ❷⇔공통(共通). ≪朴諺, 上, 1ㅎ≫共通三千箇銅錢, 대되 三千 낫 銅錢이니. ❸⇔대가(大家). ≪朴諺, 中, 34ㅎ≫我們大家嘗新, 우리 대되 嘗新ᄒᆞ쟈. ❹⇔도(都). ≪朴諺, 中, 4ㅎ≫都通染錢是五兩四錢半銀子, 대되 통ᄒᆞ여 믈갑시 닷 냥 너 돈 반 은이라. ❺⇔통(通). ≪朴諺, 中, 4ㅈ≫通是二兩, 대되 두 냥이오.

대듁 명 대죽[竹]. 한자 부수(部首)의 이름. ≪朴諺, 中, 42ㅈ≫竹頭下立字, 대듁 아릐 立字ㅣ라.

대라(大羅) 명 도교에서 이르는, 36천(天)

가운데 가장 높은 세계. ≪朴諺, 下, 18ㅈ≫起盖三淸(集覽, 朴集, 下, 4ㅎ: 三淸. 道經云, 無上大羅. 玉淸, 十二天聖境也, 九聖所居, 元始天尊所治. 上淸, 十二天眞境也, 九眞所居, 玉晨道君所治. 太淸, 十二天仙境也, 九仙所居, 太上老君所治. 謂之三淸.)大殿, 三淸大殿을 지으니. ≪朴諺, 下, 18ㅎ≫做羅天(集覽, 朴集, 下, 4ㅎ: 羅天. 道經云, 七寶之樹各生一方, 弥覆一天, 八樹弥覆八天, 包羅衆天, 故云大羅, 此聖境也.)大醮, 羅天大醮를 ᄒᆞ더니.

대력(大力) 명 대단히 강한 힘. ≪朴諺, 中, 22ㅈ≫以聲察聲拯悲酸於六道(集覽, 朴集, 中, 5ㅈ: 六道. 人道·天道·阿脩羅道·餓鬼道·畜生道·地獄道, 亦名六趣, 加仙道, 名曰七趣. 阿脩羅有大力神人, 嘗共天闘(鬪), 立大海中, 其高半天.), 소리로 뻐 소리를 ᄉᆞᆯ펴 悲酸을 六道에 건디고.

대력귀(大力鬼) 명 매우 힘이 세다는 귀신. ≪朴諺, 下, 17ㅈ≫唐三藏引孫行者(集覽, 朴集, 下, 4ㅈ: 孫行者. 老君·王母俱奏于玉帝, 傳宣李天王, 引領天兵十萬及諸神將至花菓山, 與大聖相戰失利. 巡山大力鬼上告天王, 擧灌州灌江口神曰小聖二郞, 可使拿獲. 天王遣太子木叉, 與大力鬼往請二郞神, 領神兵圍花菓山, 衆猴出戰皆敗.), 唐三藏이 孫行者를 ᄃᆞ리고.

대련 명 전대(纏帶). ⇔탑련(搭連). ≪朴諺, 上, 29ㅈ≫做坐褥·皮搭連, 아답개와 가족 대련을 ᄆᆡᆼ글려 ᄒᆞ노라.

대령(大寧) 명 땅 이름. 중국 요동성(遼東城) 북쪽 황수(潢水) 남쪽에 있었다. 한대(漢代)에는 신안현(新安縣), 요대(遼代)에는 대정부(大定府)라 하였는데, 금대(金代)에 북경(北京)으로 고쳤고, 원대(元代)에 대령로(大寧路)로 고쳤다. ≪朴諺, 上, 8ㅎ≫往永平·大寧(集覽, 朴集, 上, 4ㅈ: 大寧. 遼誌云, 在遼東城北潢水之南, 漢爲新安縣, 唐置營州, 遼號大定府, 金改北京, 元改大寧路. 今廢.)·開元·瀋陽等處開去, 永平·大寧·遼陽·開元·瀋陽 等處를 향ᄒᆞ여 開讀ᄒᆞ라 가노라.

대령로(大寧路) 명 금대(金代)에 둔 노(路). 북경 대정부(北京大定府)를 원대(元代)에 고친 이름. 요령성(遼寧省)의 평천(平泉)·적봉(赤峯)과 조양현(朝陽縣) 등지를 포함하였다. ≪朴諺, 上, 8ㅎ≫往永平·大寧(集覽, 朴集, 上, 4ㅈ: 大寧. 遼誌云, 在遼東城北潢水之南, 漢爲新安縣, 唐置營州, 遼號大定府, 金改北京, 元改大寧路. 今廢.)·遼陽·開元·瀋陽等處開去, 永平·大寧·遼陽·開元·瀋陽 等處를 향ᄒᆞ여 開讀ᄒᆞ라 가노라.

대로(大路) 명 크고 넓은 길. ≪朴諺, 下, 42ㅎ≫諸般彩亭子(集覽, 朴集, 下, 9ㅈ: 彩亭子. 僧尼·道士及鼓〈皷〉樂·鍾鈸塡咽大路, 遠近大小親鄰〈隣〉男女, 前後導從者, 不知幾人, 後施夾障從之.), 여러 가지 彩亭子를 셰내고.

-대로 조 -대로. ❶⇔유(由). ≪朴諺, 上, 37ㅎ≫滿天星宿一箇月三條繩子由你曳, 하ᄂᆞᆯ에 ᄀᆞᄃᆞᆨᄒᆞᆫ 星宿에 ᄒᆞᆫ ᄃᆞᆯ을 세 오리 노ᄒᆞ로 제대로 ᄭᅳ으ᄂᆞᆫ 거시여. ❷⇔의(依). ≪集覽, 字解, 累字解, 1ㅎ≫由他. 더뎌두라. 又제 ᄆᆞᅀᆞᆷ대로 ᄒᆞ게 ᄒᆞ라. ≪朴諺, 上, 3ㅎ≫照依前例該與多少, 前例대로 ᄒᆞ면 언메나 주엄 즉ᄒᆞ관ᄃᆡ. ≪朴諺, 上, 42ㅎ≫依體例十兩裏一兩家除時, 體例대로 열 량에 ᄒᆞᆫ 냥식 덜면.

대론(大論) 명 〈불〉 대지도론(大智度論). 나가르주나(Nāgārjuna)가 산스크리트(Sanskrit) 원전의 대품반야경(大品般若經)에 대하여 주석한 책. 대승불교(大乘佛敎)의 백과사전적 저작(著作)이다. ≪朴諺, 中, 21ㅈ≫座飾芙蓉(集覽, 朴集, 中, 4ㅎ: 座飾芙蓉. 飜譯名義云, 大論問, 諸牀〈床〉可坐, 何必蓮華. 荅曰, 牀爲世間白衣坐法, 又以蓮華軟淨, 欲現神力, 能坐其上, 令不壞故, 又以莊嚴妙法故, 又以此華華臺嚴淨香妙可坐故.)湛南海澄淸之水, 안즌 ᄃᆡᄂᆞᆫ 芙蓉으로 ᄭᅮ몃시니 南海 澄淸ᄒᆞᆫ 水에 ᄌᆞᆷ겻고.

ㄷ

대루(帶累) 동 말려들다. 연루(連累)되다. ⇔버므리다. ≪朴諺, 中, 28ㅈ≫帶累一家人都死也怎的好, 온 집 사름이 버므리여 다 죽을 써시니 엇디ᄒᆞ여야 됴흐리오.

대리아(帶裏兒) 명 안[內]의 깃. ⇔안쪄. ≪朴諺, 中, 4ㅎ≫被表帶裏兒八錢, 니블 거족과 안쪄는 여듧 돈이니.

대립(戴笠) 동 갓을 쓰다. ≪朴諺, 中, 25ㅎ≫可知那廝使長的大帽(集覽, 朴集, 中, 6ㅎ: 大帽. 上咲〈笑〉曰, 自家笠子尙不端正, 又能平天下耶. 此元時戴笠也.)也做裏, 그리어니 뎌 놈이 使長의 큰갓도 민ᄃᆞ니.

대맥(大麥) 명 보리. ⇔보리. ≪朴諺, 下, 37ㅈ≫稻子, 벼. 薥秫, 슈슈. 黍子, 기장. 大麥, 보리. 小麥, 밀. 蕎麥, 모밀. 黃豆, 콩. 小豆, 풋. 菉豆, 녹두. 莞豆, 광쟝이. 黑豆, 거믄콩. 芝麻, 츰깨. 蘇子, 듧깨.

대명(大明) 명 명(明)나라를 높여 이르던 말. ≪朴諺, 下, 38ㅈ≫除在南京應天府丞(集覽, 朴集, 下, 8ㅎ: 南京應天府丞. 南京, 古金陵之地, 吳·晉·宋·齊·梁·陳·南唐建都, 大明太祖定鼎於此, 爲京師, 設應天府, 以燕京爲北平布政司.), 南京 應天府丞을 除ᄒᆞ엿ᄂᆞ니라.

대명전(大明殿) 명 궁전 이름. ≪朴諺, 下, 30ㅎ≫大明殿前月臺上, 大明殿 앏 月臺 우희.

대모(大帽) 명 갓양태와 갓모자가 일반 갓모다 큰 갓. ⇔큰갓. ≪朴諺, 上, 25ㅎ≫江西十分上等眞結綜(棕)帽兒(集覽, 朴集, 上, 9ㅈ: 結椶帽. 椶, 木名, 高一二丈, 葉如車輪, 旁〈㫄〉無枝, 皆萃於木杪. 其下有皮, 重疊裹之, 每皮一匝爲一節〈莭〉, 花黃白色, 結實作房, 如魚子狀, 其皮皆是絲而經緯如織, 傍有細縷, 交相連綴不散. 取其絲理之, 以結成大帽. 又剝其皮一匝, 編爲蓑衣, 亦可避雨.)上, 江西 ᄀᆞ쟝 上等에 진짓 綜(棕)으로 ᄆᆡ준 갓 우희. ≪朴諺, 上, 27ㅎ≫八瓣兒鋪翠眞言字粧金大帽上, 여듧 뽁에 비취 짓 젼고 眞言字롤 금으로 ᄭᅮ민 큰갓에. ≪朴諺, 中, 19ㅈ≫一箇狐帽匠(集覽, 朴集, 中, 3ㅎ: 狐帽匠. 音義云, 터럭장〈장〉. 今按, 以有毛皮作大帽·小帽〈以有毛皮作大小帽〉者, 皆謂之胡帽匠〈謂之胡帽匠〉, 狐字作胡.)家學生活去, ᄒᆞ나흔 狐帽匠의 집의 셩녕 ᄇᆡ호라 가고. ≪朴諺, 中, 25ㅎ≫可知那廝使長的大帽(集覽, 朴集, 中, 6ㅎ: 大帽. 如本國笠子之制. 南村輟耕錄云, 胡石塘先生嘗應聘入京, 世皇召見於〈扵〉便殿, 趍(趨)進, 不覺笠子欹側. 上問曰, 秀才何學. 對曰, 脩身齊家治國平天下之學. 上咲〈笑〉曰, 自家笠子尙不端正, 又能平天下耶. 此元時戴笠也. 今俗唯出外行者及新婚壻郎無職者, 親迎之夕必戴大帽.)也做裏, 그리어니 뎌 놈이 使長의 큰갓도 민ᄃᆞ니.

대모(玳瑁) 명 바다거북과의 하나인 대모(玳瑁)의 등과 배를 싸고 있는 껍데기. ≪朴諺, 上, 26ㅈ≫鞍子是一箇烏犀角邉兒幔玳瑁, 기ᄅᆞ마는 이 ᄒᆞᆫ 烏犀角 변ᄋᆞ에 玳瑁롤 ᄉᆞᆯ랏고.

대모아(大帽兒) 명 갓양태와 갓모자가 일반 갓모다 큰 갓. ⇔큰갓. ≪朴諺, 中, 26ㅈ≫做雲南氊大帽兒一箇, 雲南氊으로 ᄒᆞᆫ 큰갓 ᄒᆞ나와. 陜(陝)西赶來的白駝氊大帽兒一箇, 陜(陝)西셔 미러 온 白駝氈 큰갓 ᄒᆞ나흘 민드되.

대무(帶霧) 동 안개가 둘러(에워)싸다. ≪朴諺, 上, 61ㅎ≫也有帶霧披烟翠竹, ᄯᅩ 帶霧 披烟ᄒᆞᆫ 翠竹이 잇고.

대문(臺門) 명 정문. 대문. ≪朴諺, 中, 60ㅎ≫衙門處處向南開(集覽, 朴集, 中, 9ㅈ: 衙門處處向南開. 南村輟耕錄云, 凡衙門皆坐北南向者, 南方屬離卦, 離虛中則聰. 又南方火位, 火明則能破暗, 故表南面聰〈聦〉明, 爲民治愚暗之事. 臺門必北開者, 取肅殺就陰之象.), 衙門이 곳곳이 南을 향ᄒᆞ여 여러시나.

대몰 명 대말[竹馬]. ⇔죽마(竹馬). ≪朴諺, 上, 17ㅎ≫十月裏騎竹馬, 十月에 대몰ᄐᆞ기 ᄒᆞ고.

대몰ᄐᆞ기 명 대말[竹馬]타기. (대말을 타고

노는 아이들 놀이) ⇔기죽마(騎竹馬). ≪朴諺, 上, 17ㅎ≫十月裏騎竹馬, 十月에 대물ᄐᆞ기 ᄒᆞ고.

대벽(大辟) 명 중국에서 행하던 오형(五刑) 가운데 하나. 죄인의 목을 베던 형벌이다. ≪朴諺, 中, 29ㅈ≫木椿(集覽, 朴集, 中, 7ㅈ: 木椿. 其制, 於刑人法場, 植一大柱, 縛着罪人於〈縛着罪人於其〉上, 劊子用法刀剮其肉以喂狗, 而只留〈畱〉其骨, 極其慘酷, 方施大辟, 卽古之冎刑也.)上剮了, 나모 기동에 ᄆᆡ고 ᄶᅡ가 죽이니라.

대변(大便) 명 똥. ≪朴諺, 中, 18ㅎ≫推出後(集覽, 朴集, 中, 3ㅈ: 推出後. 漢人指廁爲後路, 詳見老乞大集覽〈詳見老乞大集覽上篇〉東廁下. 又大便·小便, 亦曰大後·小後.)去的一般出來時, 뒤보라 가는 톄 ᄒᆞᆫ가지로 나오면.

대보(代保) 동 보증(保證)하다. ⇔대보ᄒᆞ다(代保-). ≪朴諺, 上, 54ㅎ≫代保人某, 代保ᄒᆞᆫ 사ᄅᆞᆷ 아모. ≪朴諺, 中, 39ㅎ≫代保(集覽, 朴集, 中, 7ㅎ: 代保. 音義云, 爲人保托受債之人.)人某, 代保人 아모.

대보인(代保人) 명 대보(代保)한 사람. 보증인(保證人). ≪朴諺, 上, 54ㅎ≫代保人一面替還, 代保人이 一面으로 ᄀᆞᄅᆞ차 갑게 ᄒᆞ라. ≪朴諺, 中, 39ㅎ≫代保(集覽, 朴集, 中, 7ㅎ: 代保. 音義云, 爲人保托受債之人.)人某, 代保人 아모.

대보ᄒᆞ다(代保-) 동 보증(保證)하다. ⇔대보(代保). ≪朴諺, 上, 54ㅎ≫代保人某, 代保ᄒᆞᆫ 사ᄅᆞᆷ 아모.

대부(大夫) 명 중국에서 벼슬아치를 세 등급으로 나눈 품계의 하나. 주(周)나라 때에는 경(卿)의 아래 사(士)의 위였다. ≪朴諺, 上, 18ㅈ≫那三台(集覽, 朴集, 上, 7ㅈ: 三台. 三台, 星名. 在天爲六座, 名天階, 亦曰泰階, 太上升降之道也. 事文類聚云, 上階爲天子, 中階爲諸侯·公卿·大夫, 下階爲士·庶人. 三階平則陰陽和, 風雨時, 天下大安.)板兒做得好, 뎌 三台 돈은 ᄆᆡᆫ돌기ᄅᆞᆯ 잘ᄒᆞ엿고. ≪朴諺, 下, 51ㅎ≫也不學屈原投江(集覽, 朴集, 下, 11ㅎ: 屈原投江. 屈原, 楚之大夫也. 諫懷王不聽, 投汨羅水而死.), ᄯᅩ 屈原의 投江을 ᄇᆡ호디 아니ᄒᆞ니. ≪朴諺, 下, 51ㅎ≫我待學范蠡歸湖(集覽, 朴集, 下, 11ㅎ: 范蠡歸湖. 范蠡, 越之大夫也. 相越王勾踐敗吳, 曰, 越王爲人長頸鳥〈烏〉喙, 可與啚〈圖〉患難, 不可與共安逸. 遂泛扁舟, 載西施, 遊五湖不返.), 내 范蠡의 歸湖ᄅᆞᆯ ᄇᆡ호고져 ᄒᆞ노라.

대사(大使) 명 관역(館驛)의 으뜸 벼슬. 품계는 정구품(正九品) 또는 종구품(從九品)이었다. ≪朴諺, 中, 5ㅎ≫大使(集覽, 朴集, 中, 1ㅈ: 大使. 舘驛有大使一員, 或正九品, 或從九品, 有副使一員, 從九品, 亦有未入流大使·副使. 詳見諸司職掌.)你來, 大使ㅣ아 이바.

대사(大舍) 명 ❶어르신. 어르신네. 어른. ≪朴諺, 上, 51ㅎ≫好大舍, ᄆᆞᄋᆞᆷ 됴흔 大舍ㅣ아. ≪朴諺, 上, 52ㅈ≫大舍休恠, 大舍ㅣ아 허믈 말라. ≪朴諺, 上, 52ㅈ≫大舍夜來乾走了一遭, 大舍ㅣ 어제 쇽졀업시 ᄒᆞᆫ 디위 ᄃᆞᆫ녀다. ≪朴諺, 上, 52ㅎ≫改日迴望大舍去, 다ᄅᆞᆫ 날 大舍ᄅᆞᆯ 迴望ᄒᆞ라 가. ❷사람 이름. 성(姓)은 이씨(李氏). ≪朴諺, 中, 27ㅎ≫小名喚李大舍, 小名을 李大舍ㅣ라 브ᄅᆞᄂᆞ니. 那大舍叫將屋裏去, 뎌 大舍ㅣ 블러 집의 가.

대사(大師) 명 〈불〉 중을 높여 이르는 말. ≪朴諺, 上, 34ㅈ≫往深山裏懺悔(集覽, 朴集, 上, 10ㅎ: 懺悔. 自陳悔也. 六祖惠能大師曰, 懺者, 懺其前愆, 悔者, 悔其後過.)去, 深山을 향ᄒᆞ야 懺悔ᄒᆞ라 가노라.

대사(大蛇) 명 큰 뱀. ≪朴諺, 上, 14ㅈ≫這的大紅紵五爪蟒龍(集覽, 朴集, 上, 6ㅈ: 五爪蟒龍. 蟒, 大蛇也. 蟒龍, 謂無角龍也. 元制, 五爪二角龍爲紋〈文〉者, 止供御用, 不許下人穿用.), 이 大紅에 五瓜 蟒龍을 슈지질ᄒᆞ고.

대사(大禬) 명 음력 12월에 지내는 납제(臘祭)를 주대(周代)에 일컫던 이름.

≪朴諺, 中, 53ㅎ≫今日臘(集覽, 朴集, 中, 8ㅎ: 臘. 無定日, 冬至後第〈苐〉二戊日是也. 夏曰嘉平, 殷曰清祀, 周曰大禘, 秦曰臘, 漢仍之.)月二十五日, 오늘이 臘月 二十五日이라.

대사(臺榭) 명 누각과 정자. (주로 호화스러운 건물을 이른다) ≪朴諺, 上, 23ㅈ≫斂些錢做翫月會(集覽, 朴集, 上, 8ㅈ: 翫月會. 東京錄云, 中秋夜, 貴家結飾臺榭, 民間爭占酒樓翫〈玩〉月, 絲簧鼎沸, 近內庭居民, 夜深遙聞笙竽之聲, 宛若雲外天樂, 閭里兒童連宵嬉戲, 夜市駢闐, 至於通曉.), 져기 돈 거두어 翫月會를 ᄒᆞ쟈.

대선(大仙) 명 중국의 소설 서유기(西遊記)에 나오는, 거지국(車遲國)에 살았다는 백안대선(伯眼大仙)을 일컫는 말. ≪朴諺, 下, 17ㅎ≫和伯眼大仙, 伯眼大仙과. ≪朴諺, 下, 18ㅈ≫外名喚燒金子道人(集覽, 朴集, 下, 4ㅈ: 燒金子道人. 西遊記云, 有一先生到車遲國, 吹口氣以磚瓦皆化爲金, 驚動國王, 拜爲國師, 號伯眼大仙.), 外名은 燒金子道人이라 브르ᄂᆞ니. ≪朴諺, 下, 19ㅎ≫大仙睜開雙眼道, 大仙이 두 눈을 브릅ᄠᅳ고 닐오ᄃᆡ. ≪朴諺, 下, 20ㅎ≫大仙徒弟名鹿皮, 大仙의 徒弟 일홈 鹿皮라 ᄒᆞ리. ≪朴諺, 下, 21ㅈ≫大仙叫一聲, 大仙이 ᄒᆞᆫ 번 소릐디ᄅᆞ고. ≪朴諺, 下, 22ㅈ≫大仙說是一顆桃, 大仙이 닐오ᄃᆡ 이 ᄒᆞᆫ 낫 복셩홰로다.

대설(大雪) 명 아주 많이 오는 눈. ≪朴諺, 中, 20ㅈ≫將二兩銀到西山(集覽, 朴集, 中, 3ㅎ: 西山. 在順天府西三十里太行山首, 始于河內, 北至幽州, 强形鉅勢, 爭奇擁翠, 雲聳星拱于皇都之右. 每大雪初霽, 千峯萬壑〈峉〉, 積素凝華, 若圖畫然, 爲京師八景之一, 曰西山霽雪.)裏, 두 냥 은을 가지고 西山에 가.

대성(大聖) 명 제천대성(齊天大聖). 곧, 중국의 소설 서유기(西遊記)에 나오는 손오공(孫悟空)을 이르는 말. ≪朴諺, 下, 17ㅈ≫唐三藏引孫行者(集覽, 朴集, 下, 4ㅈ: 孫行者. 老君·王母俱奏于玉帝, 傳宣李天王, 引領天兵十萬及諸神將至花菓山, 與大聖相戰失利. 巡山大力鬼上告天王, 擧灌州灌江口神曰小聖二郎, 可使拿獲. 天王遣太子木叉, 與大力鬼徃請二郎神, 領神兵圍花菓山, 衆猴出戰皆敗.), 唐三藏이 孫行者를 ᄃᆞ리고. ≪朴諺, 下, 47ㅈ≫粧二郎爺爺(集覽, 朴集, 下, 10ㅎ: 二郎爺爺. 按西遊記, 西域花菓山洞有老猴精, 號齊天大聖, 神變〈変〉無測, 鬧(鬧)乱天宮, 玉帝命李天王領神兵徃捕, 相戰失利. 灌州灌江口立廟, 有神曰小聖二郎, 又號二郎賢聖天王, 請二郎捕獲大聖, 卽此.), 二郎爺爺를 ᄭᅮ미며.

대소(大小) 명 ❶(사물의) 크고 작음. ≪朴諺, 上, 61ㅈ≫內外大小佛殿, 안밧 大小 佛殿과. ≪朴諺, 上, 62ㅈ≫撒網垂鈎的是大小漁艇, 撒網 垂釣ᄒᆞᆫ 거슨 이 大小 漁艇이오. ≪朴諺, 下, 35ㅈ≫却打花房窩兒(集覽, 朴集, 下, 7ㅎ: 花房窩兒. 又有滾棒, 所擊之毬輪而不起. 隨其厚薄大小, 厥名各異.), ᄯᅩ 花房 굼글 티쟈. ❷(지위의) 높고 낫음. ≪朴諺, 上, 3ㅈ≫內府裡着姓崔的外郎(集覽, 朴集, 上, 1ㅎ: 外郎. 泛稱各衙門吏典之號. 俗嫌其犯於員外郎之號, 呼外字爲上聲. 大小衙門吏典名稱各異.)討去, 內府에ᄂᆞᆫ 姓이 崔가 外郎으로 ᄒᆞ여 어드라 가게 ᄒᆞ라. ≪朴諺, 下, 30ㅎ≫大小衆官, 大小 衆官이니. ≪朴諺, 下, 38ㅎ≫大小官員, 大小 官員과. ❸존비(尊卑). 또는 장유(長幼). ≪朴諺, 上, 46ㅈ≫大小家眷小娃娃們, 大小 家眷과 져근 아ᄒᆡ들로. ≪朴諺, 下, 42ㅎ≫諸般彩亭子(集覽, 朴集, 下, 9ㅈ: 彩亭子. 僧尼·道士及鼓〈皷〉樂·鍾鈸塡咽大路, 遠近大小親鄰〈隣〉男女, 前後導從者, 不知幾人, 後施夾障從之.), 여러 가지 彩亭子를 셰내고.

대소(大小) 명 ❶굵기. ⇔굴긔. ≪朴諺, 中, 36ㅈ≫將指頭來大小的長鐵條兒, 손ᄭᅡ락 굴긔예 긴 쇠가락으로다가. ❷크기. 큰 정도. ⇔크기. ≪朴諺, 上, 19ㅎ≫那珠兒

多大小, 뎌 진쥬ㅣ 크기 언메나 ᄒᆞᄂᆞ뇨.

대손(大損) 명 큰 손해. ≪朴諺, 上, 50ㅈ≫滿月(集覽, 朴集, 上, 13ㅎ: 滿月. 産書云, 分娩未滿月, 恣食生冷粘·硬果·菜·肥膩魚·肉之物, 當時雖未覺大〈有〉損, 滿月之後, 卽成蓐勞.)過了時喫的不妨事, ᄃᆞᆯ이 차 디나면 먹어도 일에 해롭디 아니ᄒᆞ리라.

대수행(大水杏) 명 알이 굵고 즙이 많은 살구의 한 가지. ≪朴諺, 上, 6ㅈ≫大水杏半黃半生的有, 굴고 믈 한 술고ㅣ 半黃半生ᄒᆞᆫ 이 잇더라.

대승선(大乘禪) 명 〈불〉 아공(我空: 자아(自我)는 오온(五蘊)이 화합하여 이루어진 것일 뿐, 참으로 자아라고 할 만한 실체는 없음) 및 법공(法空: 모든 법인 만유(萬有)는 모두 인연이 모여 생기는 가짜 존재로서 실체가 없음)을 믿고 해탈(解脫)을 위하여 닦는 선(禪). ≪朴諺, 上, 33ㅈ≫安禪(集覽, 朴集, 上, 10ㅈ: 禪. 靜也. 傳燈錄有五等禪, 有外道禪·凡夫禪·小乘禪·大乘禪·最上乘禪, 又名如來淸淨禪, 又名無上菩提.)悟法却不好, 安禪 悟法홈이 ᄯᅩ 됴티 아니ᄒᆞ냐.

대악(大樂) 명 제왕의 제사·조하(朝賀)·연향(燕享) 따위의 전례(典禮) 때에 연주하던 장중한 음악. ≪朴諺, 上, 62ㅈ≫動細樂·大樂, 細樂·大樂을 動ᄒᆞ고. ≪朴諺, 下, 47ㅈ≫前面動細樂·大樂吹角, 앏픠 細樂·大樂을 動ᄒᆞ며 角을 불고.

대안(大安) 형 두루 매우 평안하다. ≪朴諺, 上, 18ㅈ≫那三台(集覽, 朴集, 上, 7ㅈ: 三台. 事文類聚云, 上階爲天子, 中階爲諸侯·公卿·大夫, 下階爲士·庶人. 三階平則陰陽和, 風雨時, 天下大安.)板兒做得好, 뎌 三台 돈은 민ᄃᆞᆯ기를 잘ᄒᆞ엿고.

대안(帶鞍) 동 길마를 짓다. 안장을 지우다. 곧, 말 탈 준비를 갖추다. ⇔기ᄅᆞ마짓다. ≪朴諺, 下, 55ㅈ≫門前絟着帶鞍的白馬來, 門 앏희 기ᄅᆞ마지은 白馬를 믹엿더니.

대앙(戴仰) 동 우러러 떠받들어 모시다. ≪朴諺, 下, 9ㅎ≫入寺敬三寶(集覽, 朴集, 下, 3ㅈ: 三寶. 又法數云, 十號圓明, 萬行具足, 天龍戴仰, 稱無上尊, 卽佛寶也.), 뎔에 드러ᄂᆞᆫ 三寶ᄅᆞᆯ 敬ᄒᆞ고.

대열(大悅) 동 매우 기뻐하다. ≪朴諺, 下, 51ㅎ≫便是小太公(集覽, 朴集, 下, 11ㅎ: 太公. 姓呂, 名尙. 釣於渭水, 周文王出獵, 過於渭水之陽, 與語大悅, 曰, 自吾先君太公曰, 當有聖人適周, 周以興. 子豈是耶. 吾太公望子久矣. 故號之曰太公望. 載與俱歸, 立爲師.), 곳 이 小太公이라.

대엿 관 대엿. 대여섯. ⇔오륙개(五六箇). ≪朴諺, 中, 13ㅈ≫五六箇賊船, 대엿 賊紅이.

대왕(大王) 명 훌륭하고 뛰어난 임금을 높여 이르는 말. ≪朴諺, 下, 23ㅎ≫叫大王有肥棗麽, 大王을 블러 비노 잇ᄂᆞ냐.

대요(待要) 동 (막) …하려고 하다. …할 생각이다. ⇔ᄒᆞ다. ≪朴諺, 上, 36ㅈ≫三哥待要分開, 셋재 형은 ᄂᆞᆫ호고져 ᄒᆞ고. ≪朴諺, 下, 22ㅎ≫先生待要出來, 先生이 나오고져 ᄒᆞ거든. ≪朴諺, 下, 22ㅎ≫脚踏鍋邊待要出來, 발로 가맛 ᄀᆞ을 드듸고 나오고져 ᄒᆞ다가.

대원(大元) 명 원(元)나라를 높여 이르던 말. ≪朴諺, 上, 65ㅈ≫南城(集覽, 朴集, 上, 15ㅎ: 南城. 大元以燕京爲大都, 俗號南城, 以開平府爲上都, 俗號北城.)永寧寺裏, 南城 永寧寺에.

대원(大願) 명 큰 소원. ≪朴諺, 下, 3ㅈ≫西天取經去(集覽, 朴集, 下, 1ㅈ: 西天取經去. 法師曰, 旣有程途, 須有到時, 西天雖遠, 我發大願, 當往取來.)時節(節), 西天의 經 가질라 갈 제.

대월(對月) 명 예전에 신부가 결혼한 지 한 달 뒤에 친정에 가서 며칠 머물고 오던 일. ⇔버금ᄃᆞᆯ. ≪朴諺, 上, 42ㅈ≫對月又做箇大筵席, 버금 ᄃᆞᆯ에 ᄯᅩ 큰 이바디ᄒᆞ면.

대의(大衣) 명 〈불〉 9~25장의 천 조각을

ㄷ

꿰매어 만든 법의(法衣). 설법을 하거나 걸식할 때에 입는다. 삼의(三衣) 가운데 가장 크다. ≪朴諺, 上, 33ㅈ≫披着袈裟(集覽, 朴集, 上, 10ㅈ: 袈裟. 反(飜)譯名義云, 袈裟是外國三衣之名. 或名離塵服, 由斷〈断〉六塵故, 或名消瘦服, 由斷煩惱故, 或名無垢衣. 一曰金縷僧伽黎, 卽大衣也, 入王宮聚落時衣, 乞食時着.), 袈裟 닙고.

대인(大人) 명 ❶덕행이 높고 뜻이 고매한 사람. ≪朴諺, 中, 3ㅈ≫大人不見小人過, 大人은 小人의 허믈을 보디 아니ᄒᆞᄂᆞ니라. ❷신분이나 관직이 높은 사람. ≪朴諺, 上, 16ㅈ≫張舍(集覽, 朴集, 上, 6ㅈ: 張舍. 王公·大人之家, 必有舍人, 卽家臣也.)你來, 張가야 이바. ≪朴諺, 上, 20ㅎ≫典一箇大宅子(集覽, 朴集, 上, 8ㅈ: 宅子. 俗總稱〈総称〉家舍曰房子, 自稱〈称〉曰寒家, 文士呼曰寒居, 自指室內曰屋裏, 人稱王公·大人之家曰宅子.), ᄒᆞᆫ 큰 집을 典當ᄒᆞ리로다.

대자(大字) 명 큰 글자. ≪朴諺, 下, 8ㅈ≫慶壽寺(集覽, 朴集, 下, 2ㅎ: 慶壽寺. 一統志云, 在順天府西南, 內有飛虹·飛渡二橋, 石刻六大字, 極遒勁.)裏爲諸亡靈, 慶壽寺에셔 모든 亡靈을 위ᄒᆞ여.

대자(帶子) 명 띠. ⇔ᄯᅴ. ≪朴諺, 上, 43ㅎ≫做帶子和裏兒, ᄯᅴ와 안흘 ᄆᆡᆫ들리로다. ≪朴諺, 下, 32ㅎ≫水滑經帶麵(集覽, 朴集, 下, 6ㅈ: 水滑經帶麵. 質問云, 以麥麵〈麪〉扯成長條, 似包經帶子樣, 煮熟, 椒肉湯食之, 方言謂之水滑經帶麵〈麪〉.), 제믈엣 칼국슈와.

대자비(大慈悲) 명 〈불〉 중생(衆生)에 대한 불보살(佛菩薩)의 끝이 없는 자비(慈悲). ≪朴諺, 中, 21ㅈ≫扇慈風(集覽, 朴集, 中, 4ㅈ: 悲雨慈風. 佛發大慈悲, 廣濟衆生, 猶洒雨發風然, 無遠不被, 故曰風雨.)於刹土, 慈風을 刹土에 붓ᄂᆞᆫ또다.

대자재천(大自在天) 명 〈불〉 대천세계(大千世界)를 주재한다는 신(神). ≪朴諺, 中, 21ㅎ≫或作童女(集覽, 朴集, 中, 4ㅎ: 童男童女. 觀音現三十二應, 曰佛身, 曰辟支〈支〉, 曰圓覺, 曰聲聞, 曰梵王, 曰帝釋, 曰自在天, 曰大自在天, 曰天大將軍, 曰四天王, 曰四天太子, 曰人王, 曰長者, 曰居士, 曰宰官, 曰婆羅門, 曰比丘, 曰比丘尼, 曰優婆塞, 曰優婆夷, 曰女主, 曰童男, 曰童女, 曰天身, 曰龍身, 曰藥叉, 曰乾達婆, 曰阿脩羅, 曰緊那羅, 曰摩睺羅, 曰樂人, 曰非人.), 혹 童女ㅣ 되며.

대잔(擡盞) 명 주기(酒器)를 놓는 받침대. ⇔졉잔. ≪朴諺, 中, 11ㅎ≫簸箕, 키. 篩子, 얼멍이. 馬尾羅兒, ᄆᆞᆯ총체. 卓兒, 상. 盤子, 반. 茶盤, 찻반. 擡盞, 졉잔. 壺瓶, 壺瓶. 酒鼈, 쥬벼ᄋᆞ. 銅杓, 놋쥬게를. 都收拾下着, 다 收拾ᄒᆞ여 두라.

대장(帶匠) 명 띠를 만드는 장인(匠人). ⇔ᄯᅴ쟝이. ≪朴諺, 上, 18ㅈ≫是抅欄衚衕裏帶匠夏五廂的, 이 抅欄 골 ᄯᅴ쟝이 夏五ㅣ 견메웟ᄂᆞ니라.

대장경(大藏經) 명 〈불〉 불경을 집대성한 경전(經典). 석가모니의 설교를 기록한 경장(經藏), 모든 계율을 모은 율장(律藏), 불제자들의 논설을 모은 논장(論藏)을 모두 망라하였다. ≪朴諺, 下, 8ㅈ≫做盂蘭盆齋(集覽, 朴集, 下, 2ㅎ: 盂蘭盆齋. 大藏經云, 大目犍連尊者, 以母生餓鬼中不得食, 佛令作盂蘭盆, 至七月十五日, 具百味五果, 置盆中, 供養十方大德, 而後母乃得食.), 盂蘭盆齋를 ᄒᆞᄂᆞ니라.

대장부(大丈夫) 명 건장하고 씩씩한 사내. ≪朴諺, 下, 58ㅎ≫咱本國是太祖(集覽, 朴集, 下, 12ㅈ: 太祖. 夫人柳氏曰, 妾聞諸公之言, 尙有感奮, 況大丈夫乎. 提甲領以披之, 諸將扶擁而出, 令人呼曰, 王公已擧義旗, 國人來赴者不可勝計.)姓王諱建表德若天, 우리 本國이 太祖의 姓은 王이오 諱ᄂᆞᆫ 建이오 字ᄂᆞᆫ 若天이니.

대저(大抵) 부 대개. 대략. 거의. 대체로 보아서. ≪朴諺, 中, 20ㅎ≫理圓四德(集覽, 朴集, 中, 4ㅈ: 理圓四德. 大抵梵語,

經文釋義不一, 今不煩解.), 理는 四德에 ᄀᆞ잣고.

대전(大殿) 명 임금이 거처하는 궁전. ≪朴諺, 下, 18ㅈ≫起盖三淸大殿, 三淸大殿을 지으니.

대전일(大前日) 명 그끄저께. ❶⇔긋그적씌. ≪朴諺, 上, 46ㅈ≫大前日來了, 긋그적씌 왓노라. ❷⇔긋그제. ≪朴諺, 中, 13ㅎ≫大前日來了, 긋그제 올와. ≪朴諺, 中, 46ㅈ≫是大前日箇, 올ᄒᆞ니 긋그제.

대정부(大定府) 명 요대(遼代)에 두었다. 처음에 중경(中京)에 두었다가 뒤에 북경(北京)이라 고쳤고, 청대(淸代)에는 지금의 귀주성(貴州省) 지역에 두었다. ≪朴諺, 上, 8ㅎ≫往永平·大寧(集覽, 朴集, 上, 4ㅈ: 大寧. 遼誌云, 在遼東城北潢水之南, 漢爲新安縣, 唐置營州, 遼號大定府, 金改北京, 元改大寧路. 今廢.)·遼陽·開元·瀋陽等處開去, 永平·大寧·遼陽·開元·瀋陽 等處를 향ᄒᆞ여 開讀ᄒᆞ라 가노라.

대제(大祭) 명 천제(天際)·지제(地祭)·체협(諦祫)·납제(臘祭) 등의 중대한 제사. ≪朴諺, 中, 53ㅎ≫今日臘(集覽, 朴集, 中, 8ㅎ: 臘. 臘者, 獵也, 因獵取獸, 以祭先祖. 又臘者, 接也, 新故交接大祭, 以報功也.)月二十五日, 오늘이 臘月 二十五日이라.

대죄(大罪) 명 큰 죄. 중죄(重罪). ≪朴諺, 中, 28ㅈ≫我男兒做這般迷天大罪的事, 우리 ᄉᆞ나희 이런 迷天 大罪엣 일을 ᄒᆞ니.

대주(帶酒) 동 술에 취하다. ≪朴諺, 下, 54ㅈ≫逢着本府張千帶酒, 本府 張千이 술 취호믈 만나.

대주(對籌) 동 산가지로 수효를 헤아리다. ≪朴諺, 上, 12ㅎ≫西邉對籌(集覽, 朴集, 上, 5ㅎ: 籌. 音義云, 出倉之計筭. 質問云, 以木爲之. 此收·放米計數之籌, 每米一石, 對籌一根.)去, 셔편에 사술 마초라 가.

대지론(大智論) 명 〈불〉 불경(佛經) 이름. 대지도론(大智度論). 1백 권. 용수(龍樹) 지음. 후진(後秦)의 구마라십(鳩摩羅什) 한역(漢譯). 마하반야바라밀경(摩訶般若波羅密經)을 해석한 것이다. ≪朴諺, 上, 33ㅈ≫穿着衲襖(集覽, 朴集, 上, 10ㅈ: 衲襖. 大智論云, 行者少欲知是〈足〉, 衣趣盖形, 又國土多寒, 畜百衲具.)將着鉢盂, 누비옷 닙고 에우아리 가지고. ≪朴諺, 下, 9ㅎ≫因你貪嗔癡(集覽, 朴集, 下, 3ㅈ: 貪嗔癡. 卽三毒也. 又曰三業. 大智論云, 有利益我者生貪欲, 有違逆我者生嗔恚. 不從智生, 從狂惑生, 是名爲癡, 爲一切煩惱之根本.)三毒不離於身, 네 貪嗔癡 三毒이 몸에 ᄠᅥ나디 아니믈 인ᄒᆞ여.

대처(大妻) 명 큰마누라. 본부인. ≪朴諺, 中, 27ㅎ≫小媳婦與大妻商(商)量說, 小媳婦ㅣ 大妻ᄃᆞ려 혜아려 닐오ᄃᆡ. ≪朴諺, 中, 28ㅈ≫大妻見那般說, 大妻ㅣ 그리 닐옴을 보고.

대초(大醮) 명 도교의 성대한 제천의식(祭天儀式). ≪朴諺, 下, 18ㅎ≫做羅天大醮(集覽, 朴集, 下, 4ㅎ: 大醮. 道經云, 醮, 祭名. 夜中於星辰之下, 陳設餠餌·酒果·幣物, 禋祀天皇·太乙·地祇·列宿. 又有消災度厄之法, 依陰陽五行之數, 推人年命, 書爲章䟽靑詞, 奏達天神, 謂之醮. 上元金籙齋, 帝王修奉, 設普天大醮. 中元玉籙齋, 保佑六宮, 輔寧妃后, 設周天大醮. 下元黃籙齋, 臣民通修, 普資家國, 設羅天大醮.), 羅天大醮를 ᄒᆞ더니.

대출(擡出) 동 들어내다. ⇔드러내다. ≪朴諺, 下, 60ㅎ≫擡出金甲來, 金甲을 드러내여 와.

대쾌(大快) 형 매우 유쾌(통쾌)하다. ≪集覽, 字解, 單字解, 5ㅈ≫快. 急也. 走的快·疾快. 又樂也. 快活·大快. 又快手 잘 ᄃᆞᄂᆞᆫ 놈. 又呼筋曰快子.

대택자(大宅子) 명 왕공(王公)이나 대인(大人)이 사는 큰 집을 일컫는 말. ⇔큰집. ≪朴諺, 上, 20ㅎ≫典一箇大宅子(集覽, 朴集, 上, 8ㅈ: 宅子. 俗緫稱〈総称〉家舍曰房子, 自稱〈称〉曰寒家, 文士呼曰寒

居, 自指室內曰屋裏, 人稱王公·大人之家曰宅子.), ᄒᆞᆫ 큰 집을 典儅ᄒᆞ리로다.

대통(大統) 명 왕업 또는 왕위. ≪朴諺, 上, 11ㅎ≫我在平則門(集覽, 朴集, 上, 5ㅎ: 平則門. 燕都, 禹貢冀州之域. 唐曰幽都, 虞爲幽州, 武王封召公奭於燕, 卽此. 元初爲燕京路, 後稱‹称›大都路, 洪武初改爲北平布政司. 太宗皇帝龍潛於此, 及承大統, 遂爲北京, 遷都焉.)邊住, 내 平則門 ᄭᅥᆺ의 이셔 사노라.

대통하(大通河) 명 중국 하북성(河北省)의 통혜하(通惠河). 북경시(北京市)의 대통교(大通橋)를 경유하여 흐른다. ≪朴諺, 上, 59ㅎ≫揮使你曾到西湖(集覽, 朴集, 上, 15ㅈ: 西湖. 在玉泉山下, 泉水瀦而爲湖, 流入宮中. 西苑爲太液池, 出都城爲玉河, 東南流注于大通河. 環湖十餘里, 荷·蒲·菱·芡與夫沙禽·水鳥出沒, 隱暎於天光雲影中, 實佳境也.)景來麽, 揮使ㅣ아네 일즙 西湖ㅅ 景에 갓든다.

대풍(大風) 명 큰 바람. 또는 모진 바람. ≪朴諺, 中, 22ㅈ≫起浮屠於泗水之間(集覽, 朴集, 中, 5ㅈ: 起浮屠於泗水之間. 中宗令於寺起塔, 俄而大風欻起, 臭氣滿長安.), 浮屠를 泗水ㅅ ᄉᆞ이에 니ᄅᆞ혀고.

대한의량(大漢衣糧) 명 궁전 앞 월대(月臺)의 네 모퉁이에 서서 시위(侍衛)하던 병졸인 대한장군(大漢將軍)에게 지급하던 옷과 양식. ≪朴諺, 下, 30ㅎ≫四角頭立地的四箇將軍(集覽, 朴集, 下, 5ㅎ: 四箇將軍. 募選身軀長大壯偉異於人者, 紅盔銀甲, 立於殿前月臺上四隅, 名鎭殿將軍, 亦曰紅盔將軍, 亦曰大漢將軍. 其請給衣粮曰大漢衣粮.), 네 모히 셧는 네 將軍이.

대한장군(大漢將軍) 명 궁전 앞 월대(月臺)의 네 모퉁이에 서서 시위(侍衛)하는 병졸에 대한 칭호. ≪朴諺, 下, 30ㅎ≫四角頭立地的四箇將軍(集覽, 朴集, 下, 5ㅎ: 四箇將軍. 募選身軀長大壯偉異於人者, 紅盔銀甲, 立於殿前月臺上四隅, 名鎭殿將軍, 亦曰紅盔將軍, 亦曰大漢將軍. 其請給衣粮曰大漢衣粮. 年過五十, 方許出官.), 네 모히 셧는 네 將軍이.

대해(大海) 명 넓고 큰 바다. ≪朴諺, 下, 8ㅎ≫僧尼道俗善男信女(集覽, 朴集, 下, 2ㅎ: 善男信女. 佛法大海, 信爲能入, 智爲能度人, 若無信, 不入佛法.), 僧尼 道俗과 善男 信女ㅣ.

대홍(大紅) 명 다홍빛. ❶⇔다홍. ≪朴諺, 上, 14ㅈ≫這的大紅綉五爪蟒龍, 이 大紅에 五瓜 蟒龍을 슈지질ᄒᆞ고. ≪朴諺, 上, 26ㅎ≫大紅斜皮雙條轡頭, 大紅斜皮로 ᄒᆞᆫ 雙條 구레에. ≪朴諺, 中, 3ㅎ≫這被面大紅身兒, 이 니블 거족 다홍 몸ᄯᅩᆼ과. ≪朴諺, 中, 3ㅎ≫五箇大紅碾着, 닷 필은 다홍 드려 다듬고. ≪朴諺, 中, 4ㅈ≫五箇大紅絹, 닷 필 다홍 깁은. ≪朴諺, 中, 55ㅈ≫揀(揀)着十分細的大紅腰線上, ㄱ장 ㄱ는 大紅 감기엣 치를 ᄀᆞᆯ히라. ≪朴諺, 下, 47ㅎ≫一箇小鬼拿着大紅羅傘, ᄒᆞᆫ 小鬼ㅣ 大紅 羅傘을 잡고. ❷⇔대홍빗ㅊ(大紅-). ≪朴諺, 上, 63ㅎ≫你的大紅織金胷背帖裏對換着, 네 大紅빗체 금ᄉᆞ로 ᄧᆞᆫ 胷背 ᄒᆞᆫ 텰릭과 막밧고쟈.

대홍빗ㅊ(大紅-) 명 다홍빛. ⇔대홍(大紅). ≪朴諺, 上, 63ㅎ≫你的大紅織金胷背帖裏對換着, 네 大紅빗체 금ᄉᆞ로 ᄧᆞᆫ 胷背 ᄒᆞᆫ 텰릭과 막밧고쟈.

대환(對換) 동 맞바꾸다. ⇔막밧고다. ≪朴諺, 上, 63ㅈ≫對換如何, 막밧곰이 엇더ᄒᆞ뇨. 咱對換甚麽東西, 우리 므스거슬 막밧고료. ≪朴諺, 上, 63ㅎ≫你的大紅織金胷背帖裏對換着, 네 大紅빗체 금ᄉᆞ로 ᄧᆞᆫ 胷背 ᄒᆞᆫ 텰릭과 막밧고쟈.

대회(大會) 명 큰 모임이나 회의. ≪朴諺, 下, 29ㅈ≫元寶(集覽, 朴集, 下, 5ㅎ: 元寶. 世祖大會王子·王孫·駙馬·國戚, 從而頒賜, 或用貨賣, 所以民間有此錠也.)我有半錠了, 元寶ㅣ 내게 반 뎡이 이시니.

대후(大後) 명 똥. ≪朴諺, 中, 18ㅎ≫推出後(集覽, 朴集, 中, 3ㅈ: 推出後. 漢人指厠

爲後路, 詳見老乞大集覽〈詳見老乞大集覽上篇〉東廁下. 又大便·小便, 亦曰大後·小後.)去的一般出來時, 뒤보라 가는 톄 혼가지로 나오면.

대흥륭사(大興隆寺) 명 중국 순천부(順天府)의 남서쪽에 있던 경수사(慶壽寺)를 정통(正統) 연간에 중건한 뒤 붙인 이름. ≪朴諺, 下, 8ㅈ≫慶壽寺(集覽, 朴集, 下, 2ㅎ: 慶壽寺. 一統志云, 在順天府西南, 內有飛虹·飛渡二橋, 石刻六大字, 極遵勁. 相傳金章宗所書. 又有金學士李晏碑文, 正統間重建, 賜額大興隆寺, 僧錄司在焉.)裏爲諸亡靈, 慶壽寺에셔 모든 亡靈을 위ᄒᆞ여.

대ᄒᆞ다(對-) 동 대(對)하다. 마주 향하다. ⇔대(對). ≪朴諺, 中, 44ㅈ≫對客飮酒吟詩句, 客을 對ᄒᆞ야 술을 먹고 詩句를 읇프며. ≪朴諺, 下, 19ㅎ≫先生對唐僧道, 先生이 唐僧을 對ᄒᆞ야 닐오ᄃᆡ. ≪朴諺, 下, 50ㅎ≫對着這水聲·山色·淡烟, 이 水聲·山色·淡煙을 對ᄒᆞ고.

댁(宅) 명 남의 집이나 가정을 높여 이르는 말. ≪朴諺, 下, 59ㅎ≫到太祖宅裡商(商)量道, 太祖 宅에 가 혜아려 닐오ᄃᆡ.

댓무우 명 무. ❶⇔나복(蘿蔔). ≪朴諺, 中, 33ㅎ≫蘿蔔, 댓무우. 蔓菁, 쉿무우. 萵苣, 부로. 葵菜, 아혹. 白菜, ᄇᆡᆨ치. 赤根菜, 시근치. 園荽, 고싀. 蓼子, 역괴. 葱, 파. 蒜, 마ᄂᆞᆯ. 薤, 부칙. 荊芥, 형개. 薄荷, 박하. 茼蒿, 믈쑥. 水蘿蔔, 믈한댓무우. 胡蘿蔔, 노론댓무우. 芋頭, 토란. 紫蘇都種來, 紫蘇를 다 시므라. ❷⇔생라복(生蘿蔔). ≪朴諺, 中, 6ㅈ≫醋, 초와. 醬, 쟝과. 塩, 소금과. 芥末, 계ᄌᆞ ᄀᆞᄅᆞ와. 葱, 파과. 蒜, 마ᄂᆞᆯ과. 薤菜, 부칙와, 油, 기름과. 生蘿蔔, 댓무우과. 瓜, 외와. 茄等, 가지 등.

댜ᄅᆞ다 형 짧다. ⇔단(短). ≪集覽, 字解, 單字解, 6ㅎ≫趲. 잔, 上聲, 逼使走也. 又促之也. 通作儹. 又縮之也. 儹短些 조려 댜ᄅᆞ게 ᄒᆞ다.

당 명 장(帳). 휘장. ⇔장(帳). ≪朴諺, 下, 29ㅎ≫帳房門上磕着, 당 방문에 다텨.

당 의 ❶장(張). (활의 수효를 세는 단위) ⇔장(張). ≪朴諺, 上, 52ㅎ≫你打饋我兩張弓如何, 네 나를 두 당 활을 ᄆᆡᆫᄃᆞ라 주미 엇더ᄒᆞ뇨. ≪朴諺, 上, 53ㅈ≫你打十箇氣力的一張, 네 열 힘에 치 ᄒᆞᆫ 당과. 七八箇氣力的一張, 닐곱 여ᄃᆲ 힘에 ᄒᆞᆫ 당을 ᄆᆡᆫ들라. ≪朴諺, 中, 24ㅎ≫弓帒裏揷一張弓, 弓帒에 ᄒᆞᆫ 당 활을 곳고. ❷장. (교의(交椅)의 수효를 세는 단위) ⇔장(張). ≪朴諺, 中, 44ㅎ≫一周遭放幾張交椅, ᄒᆞᆫ 도림으로 여러 당 교의를 노코.

당 의 장(張). (종이의 수효를 세는 단위) ❶⇔장(張). ≪朴諺, 上, 23ㅎ≫將一張紙來, ᄒᆞᆫ 당 죠희를 가져다가. ≪朴諺, 下, 62ㅈ≫這的高麗筆墨和二十張大紙將去, 이 高麗ㅅ 筆墨과 스므 당 큰 죠희를 가져가. ❷⇔지(紙). ≪朴諺, 上, 53ㅎ≫你與我寫一紙借錢文書, 네 나를 ᄒᆞᆫ 당 돈 ᄢᅮᄂᆞᆫ 文書를 써 주고려.

당방올 명 장치기공. ❶⇔구(毬). ≪朴諺, 下, 34ㅎ≫拿出毬棒來, 당방올 막대를 내여. ❷⇔구아(毬兒). ≪朴諺, 上, 17ㅎ≫打毬兒(集覽, 朴集, 上, 6ㅎ: 打毬兒. 質問云, 作成木圓毬二介, 用木杓一上一下連接不絶, 方言謂之打毬兒. 質問所釋, 疑卽本國優人所弄杓鈴之戲, 與此節〈莭〉小兒之戲恐或不同. 詳見下卷集覽.), 당방올티기 ᄒᆞ고. ≪朴諺, 下, 34ㅈ≫咱們今日打毬兒(集覽, 朴集, 下, 7ㅈ: 打毬兒. 今按, 質問畫成毬兒, 卽如本國 : 당방〈댱방〉올. 注云, 以木刷圓.)如何, 우리 오ᄂᆞᆯ 당방올 팀이 엇더ᄒᆞ뇨. ≪朴諺, 下, 36ㅈ≫看那一箇毬兒老時, 어ᄂᆡ ᄒᆞ나 당방올티기 니그니를 보와.

당방올티기 명 장치기. ❶⇔타구(打毬). ≪朴諺, 下, 36ㅎ≫再也敢和我打毬麽, ᄂᆡ여 ᄉᆡᆼ심이나 날과 당방올티기 ᄒᆞᆯ쌰. ❷⇔타구아(打毬兒). ≪朴諺, 上, 17ㅎ≫打毬兒(集覽, 朴集, 上, 6ㅎ: 打毬兒. 質問云, 作成木圓毬二介, 用木杓一上一下連接不

絶, 方言謂之打毬兒. 質問所釋, 疑卽本國優人所弄杓鈴之戲, 與此節〈茼〉小兒之戲恐或不同. 詳見下卷集覽.), 당방올티기ᄒᆞ고. ≪朴諺, 下, 34ㅈ≫咱們今日打毬兒(集覽, 朴集, 下, 7ㅈ: 打毬兒. 今按, 質問書成毬兒, 卽如本國 : 당방〈당방〉올. 注云, 以木刷圓.)如何, 우리 오ᄂᆞᆯ 당방올 팀이 엇더ᄒᆞ뇨.

당티 명 솜털. ⇔풍모(風毛). ≪朴諺, 下, 1ㅈ≫虫蛀的無一根兒風毛, 좀이 먹어 ᄒᆞᆫ낫 당티도 업서시니. ≪譯語類解補, 走獸≫風毛, 소옴치.

더그레 명 더그레. 호의(號衣). ❶⇔탑호(搭護). ≪朴諺, 上, 25ㅎ≫鴉青繡四花織金羅搭護(集覽, 朴集, 上, 8ㅎ: 搭護. 事物紀原云, 隋內官多服半臂, 餘皆長袖. 唐高祖減其袖, 謂之半臂, 卽今背子也. 江淮間或曰綽子, 庶人競服之. 今俗呼爲搭護, 더그레.), 鴉青빗치 四花ᄅᆞᆯ 繡노코 織金ᄒᆞᆫ 羅 더그레오. ≪朴諺, 上, 27ㅎ≫柳黃餙金綉四花羅搭護, 柳黃빗치 金으로 ᄭᅮ며 四花ᄅᆞᆯ 綉ᄒᆞᆫ 羅 더그레예. ≪朴諺, 中, 54ㅎ≫這鷄冠紅綉四花做搭護, 이 만도람이 빗체 四花 슈ᄒᆞᆫ 거스란 더그레 짓고. ❷⇔탑홀(搭忽). ≪朴諺, 中, 4ㅈ≫這肉紅婦人搭忽表兒, 이 肉紅빗체 婦人의 더그레 것ᄎᆞᆫ.

-더냐 어미 -더냐. ≪朴諺, 上, 46ㅈ≫我父毋(母)都身已(己)安樂麼, 우리 父毋(母)ㅣ 다 몸이 安樂ᄒᆞ더냐. ≪朴諺, 中, 14ㅈ≫草料貴賤, 딥과 콩이 貴ᄒᆞ더냐 賤ᄒᆞ더냐. ≪朴諺, 中, 51ㅈ≫我不說來, 내 닐ᄋᆞ디 아니터냐. ≪朴諺, 中, 51ㅈ≫街上有路麼, 거리예 길히 잇더냐. ≪朴諺, 下, 41ㅈ≫人情來麼, 人情이 왓더냐. ≪朴諺, 下, 43ㅎ≫尸首實葬了那怎的, 尸首ᄅᆞᆯ 실로 장ᄒᆞ더냐 엇디ᄒᆞ뇨.

-더뇨 어미 -더냐. ≪朴諺, 上, 19ㅈ≫他要多少工錢, 뎌 언멋 工錢을 밧더뇨. ≪朴諺, 上, 41ㅈ≫下多少財錢, 언멋 財錢을 드리더뇨. ≪朴諺, 上, 41ㅎ≫幾時下紅定, 언제 紅定을 드리더뇨. ≪朴諺, 上, 55ㅈ≫那裏有賣的好馬, 어ᄃᆡ ᄑᆞᆯ 됴ᄒᆞᆫ ᄆᆞᆯ이 잇더뇨. ≪朴諺, 上, 56ㅈ≫討多少銀子, 언머 은을 ᄡᅵ오더뇨. ≪朴諺, 中, 12ㅎ≫你說我地面裏的田禾如何, 네 닐ᄋᆞ라 우리 ᄯᅡ히 田禾ㅣ 엇더ᄒᆞ더뇨. ≪朴諺, 下, 30ㅎ≫有甚麼數目, 언머 수목이 잇더뇨. ≪朴諺, 下, 38ㅎ≫有甚麼氣像, 므슴 氣像이 잇더뇨. ≪朴諺, 下, 41ㅈ≫幾歲了, 나히 언메나 ᄒᆞ더뇨. ≪朴諺, 下, 53ㅎ≫這般着, 이러면. 那廝多少年紀, 뎌 놈이 나히 언메나 ᄒᆞ더뇨.

더느다 동 내기하다. ⇔도(賭). ≪朴諺, 上, 22ㅈ≫咱們下一局賭輸贏(贏)如何, 우리 ᄒᆞᆫ 판 두어 지며 이긔믈 더느미 엇더ᄒᆞ뇨.

-더니 어미 -더니. ≪朴諺, 上, 3ㅈ≫討酒的都迴來了, 술 가질라 갓더니 다 오나다. ≪朴諺, 上, 23ㅈ≫你說饒我四着, 네 닐오ᄃᆡ 날을 네흘 졉쟈 ᄒᆞ더니. ≪朴諺, 上, 31ㅎ≫寫定文書借與他來, 文書를 써 定ᄒᆞ고 뎌를 ᄲᅱ엿더니. ≪朴諺, 上, 34ㅎ≫這兩日不見, 이 두어 날 보디 못ᄒᆞ엿더니. ≪朴諺, 上, 52ㅈ≫留下一箇拜貼來見來麼, ᄒᆞᆫ 拜貼을 머므럿더니 보신가. ≪朴諺, 中, 2ㅎ≫說定與他二兩銀, 닐러 定ᄒᆞ고 뎌를 두 냥 銀을 주엇더니. ≪朴諺, 中, 9ㅈ≫我本待要請你去來, 내 본ᄃᆡ ᄒᆞ마 너를 쳥ᄒᆞ라 가고져 ᄒᆞ더니. ≪朴諺, 中, 17ㅈ≫醬麴今年沒處尋, 메조를 올히 어들 ᄃᆡ 업더니. ≪朴諺, 中, 27ㅈ≫彪在那裏頭, 그 안히 드리티더니. ≪朴諺, 中, 38ㅎ≫賃一所房子來, ᄒᆞᆫ 집을 셰내엿더니. ≪朴諺, 中, 59ㅈ≫待到根前來, ᄒᆞ마 내손ᄃᆡ 왓더니. ≪朴諺, 下, 6ㅎ≫我那幾日着那小廝掐來, 내 뎌적의 뎌 아ᄒᆡ로 ᄒᆞ여 ᄃᆡ이더니. ≪朴諺, 下, 9ㅈ≫一會兒倚着欄干頓睡, ᄒᆞᆫ 디위 欄干을 지혀 조으더니. ≪朴諺, 下, 15ㅎ≫和一箇漢兒人廝打來, ᄒᆞᆫ 漢ㅅ 사ᄅᆞᆷ과 싸홧더니. ≪朴諺, 下, 26ㅈ≫你說都是白銀, 네 닐오ᄃᆡ 다

이 白銀이라 ᄒᆞ더니. ≪朴諺, 下, 36ㅈ≫一霎兒人鬧(鬧)起來, ᄒᆞᆫ 디위 사ᄅᆞᆷ이 짓궤더니. ≪朴諺, 下, 52ㅈ≫本家人口睡臥, 본집 사ᄅᆞᆷ이 자더니.

-더니라 어미 -더니라. -었다. ≪朴諺, 上, 34ㅎ≫不曾上馬, 일즙 ᄆᆞᆯ을 ᄐᆞ디 몯ᄒᆞ더니라. ≪朴諺, 下, 42ㅈ≫我有來, 내 잇더니라. ≪朴諺, 下, 59ㅎ≫陞做水軍將軍波珍餐侍中, 陞ᄒᆞ여 水軍將軍 波珍餐 侍中을 ᄒᆞ엿더니라.

더ᄂᆞ기 명 내기[賭]. ❶⇔나(拿). ≪朴諺, 下, 28ㅈ≫我和你拿榛子, 내 너와 개암 더ᄂᆞ기 ᄒᆞ쟈. ❷⇔박(博). ≪朴諺, 上, 17ㅎ≫或是博錢(集覽, 朴集, 上, 6ㅎ: 博錢. 質問云, 兩人賭錢, 將八文錢捏在手指, 擲之於地, 有八背, 謂之八八, 有七字, 謂之七七, 此是爲勝, 無八八·七七, 此是爲輸.)拿錢, 혹 돈더ᄂᆞ기 ᄒᆞ며 쌍블잡기 ᄒᆞ고.

더ᄂᆞ다 동 걸다. 내기하다. ⇔도(賭). ≪朴諺, 上, 22ㅈ≫咱賭一箇羊着, 우리 ᄒᆞᆫ 羊을 더ᄂᆞ쟈. ≪朴諺, 上, 22ㅈ≫咱賭甚麽, 우리 므서슬 더ᄂᆞ료. ≪朴諺, 中, 50ㅈ≫咱賭甚麽, 우리 므서슬 더ᄂᆞ료. ≪朴諺, 下, 34ㅈ≫咱賭甚麽, 우리 므서슬 더ᄂᆞ료. 咱賭錢兒, 우리 돈을 더ᄂᆞ쟈.

더덩이 명 더뎅이. ⇔흘낭(疙瀼). ≪朴諺, 下, 6ㅎ≫滿指甲疙瀼和膿水怎麽當, 손ᄐᆞᆸ의 ᄀᆞ득ᄒᆞᆫ 더덩이와 고롬을 엇디 당ᄒᆞ리오.

더덩이지다 동 더뎅이 앉다. ⇔흘재(疙滓). ≪朴諺, 下, 7ㅈ≫便成疙滓都吊了, 곳 더덩이져 다 ᄠᅥ러디리라

더뎌두다 동 버려두다. 맡겨두다. ⇔유타(由他). ≪集覽, 字解, 累字解, 1ㅎ≫由他. 더뎌두라. 又제 ᄆᆞᄋᆞᆷ대로 ᄒᆞ게 ᄒᆞ라. ≪朴諺, 下, 16ㅈ≫由他, 더뎌두라.

더듸다 형 더디다. ⇔지(遲). ≪朴諺, 上, 59ㅈ≫有甚麽遲處, 므슴 더ᄃᆡᆫ 곳이 이시리오. ≪朴諺, 上, 59ㅈ≫寒食不遲, 寒食이라도 더듸디 아니타 ᄒᆞᄂᆞ니라. ≪朴諺, 中, 7ㅈ≫馬們怎麽來的遲, ᄆᆞᆯ들히 엇디 옴이 더듸뇨.

더디다 동 던지다. ⇔척(擲). ≪朴諺, 中, 49ㅎ≫是我先擲, 이 내 몬져 더디마. 你怎麽先擲, 네 엇디 몬져 더딜짜. ≪朴諺, 中, 50ㅈ≫不要聒譟連忙擲, 짓궤디 말고 밧비 더디라.

-더라 어미 ❶-더라. ≪集覽, 字解, 單字解, 4ㅈ≫來. 來往. 又語助. 你來 이바, 夜來 어제, 有來 잇더라, 去來 가다. 又數物而有餘數, 未的知之辭. 十來箇 여라믄, 十里來地 십 리만ᄒᆞᆫ ᄃᆡ, 十來日 여라믄 날. ≪朴諺, 上, 3ㅎ≫支與竹葉淸酒十五瓶·腦兒酒五桶, 竹葉淸酒 十五瓶과 腦兒酒 五桶을 支與ᄒᆞ더라. ≪朴諺, 上, 27ㅈ≫攀胷下滴溜着一箇珠兒網盖兒罕答哈, 가슴거리 아ᄅᆡ ᄒᆞᆫ 구슬로 망 ᄆᆡ자 ᄡᅵᆫ 罕答哈를 드리웟더라. ≪朴諺, 上, 41ㅈ≫十羊十酒裏, 十羊과 十酒를 드리더라. ≪朴諺, 上, 56ㅈ≫也有些撒蹄, 또 져기 굽ᄀᆞ리미 잇더라. ≪朴諺, 中, 13ㅈ≫十分好田禾, ᄀᆞ장 田禾ㅣ 됴터라. ≪朴諺, 中, 13ㅎ≫把那船上的人來打殺了, 그 ᄇᆡ엣 사ᄅᆞᆷ을 텨 죽이다 ᄒᆞ더라. ≪朴諺, 中, 31ㅈ≫半點也不保, 半點도 긔수티 아니터라. ≪朴諺, 中, 48ㅎ≫娘子見了時聒譟難聽, 娘子ㅣ 보고 짓궤니 듣기 어렵더라. ≪朴諺, 中, 52ㅎ≫上位在西湖景凉殿裏坐的看, 上位ㅣ 西湖 景凉殿에 안자 보시더라. ≪朴諺, 下, 18ㅎ≫如此定害三寶, 이러ᄐᆞ시 三寶를 보채더라. ≪朴諺, 下, 23ㅎ≫衆人喝保佛家贏了也, 모든 사ᄅᆞᆷ이 혀ᄎᆞ고 佛家ㅣ 이긔어다 ᄒᆞ더라. ≪朴諺, 下, 30ㅎ≫捽倒拿法, 시름ᄒᆞ기를 법저이 잡더라. ≪朴諺, 下, 41ㅈ≫朱先生來, 朱先生이 왓더라. ≪朴諺, 下, 43ㅈ≫穿着斬衰, 斬衰를 닙엇더라. ≪朴諺, 下, 43ㅎ≫都繫着孝帶, 다 孝帶를 ᄆᆡ엿더라. ❷-더라. ⇔재(哉). ≪朴諺, 上, 60ㅎ≫果是奇㧓, 果然 긔특ᄒᆞ더라.

더러온 형 더러운. ≪朴諺, 上, 52ㅎ≫醜廝

你來, 더러온 놈아 이바. ≪朴諺, 中, 30ㅎ≫孫舍那醜厮, 孫가 뎌 더러온 놈이.

더러이다 동 더럽히다. ⇔오(汚). ≪朴諺, 中, 51ㅎ≫一套兒衣裳都汚了泥, 혼 볼 衣裳을 다 즌흙에 더러엿더라.

더럽다 형 ❶더럽다. 추하다. ⇔추(醜). ≪朴諺, 上, 52ㅎ≫醜廝你來, 더러온 놈아 이바. ≪朴諺, 中, 30ㅎ≫孫舍那醜厮, 孫가 뎌 더러온 놈이. ❷더럽다. (냄새가) 구리다. 역겹다. ⇔취(臭). ≪朴諺, 中, 50ㅎ≫氣息臭的當不的, 내옴이 더러워 당티 못ᄒᆞ니.

더브러 부 더불어. ⇔여(與). ≪朴諺, 下, 52ㅎ≫某與隣人等, 某ㅣ 隣人 等으로 더브러.

더옥 부 더욱. ⇔월(越). ≪集覽, 字解, 單字解, 5ㅎ≫越. 尤甚也. 越好 ᄀᆞ장 됴타, 越細詳 더옥 ᄎᆞᆫᄎᆞᆫᄒᆞ다. ≪朴諺, 上, 16ㅎ≫越細詳越好, 더옥 細詳토록 더옥 됴ᄒᆞ니라. ≪朴諺, 上, 45ㅎ≫越在意勤勤的學着, 더옥 ᄠᅳᆮ 두어 브즈런이 ᄇᆡ호라. ≪朴諺, 中, 40ㅈ≫只越漏了, 그저 더옥 ᄉᆡ니. ≪朴諺, 下, 7ㅈ≫越疼的當不的, 더옥 알ᄑᆞ믈 당티 몯ᄒᆞ여라. ≪朴諺, 下, 24ㅎ≫越敬佛門, 더옥 佛門을 敬ᄒᆞ여.

더으다 동 더하다. ❶⇔가(加). ≪朴諺, 下, 53ㅎ≫不合加刑, 형벌을 더으미 맛당티 아니타 ᄒᆞ엿ᄂᆞ니. ❷⇔강여(强如). ≪集覽, 字解, 累字解, 1ㅎ≫强如. 더으다.

-더이다 어미 -ㅂ디다. -습디다. ≪朴諺, 中, 17ㅈ≫饋婆婆口到些箇, 婆婆를 주어 져이 입브티쇼셔 ᄒᆞ더이다. ≪朴諺, 下, 23ㅎ≫行者油煎的肉都沒了, 行者ㅣ 기름에 지지여 ᄉᆞᆯ히 다 업더이다.

더ᄒᆞ다 동 더하다. ⇔첨(添). ≪朴諺, 下, 29ㅎ≫再添上三五兩銀子時勾也, ᄯᅩ 三五兩 銀을 더ᄒᆞ면 유여ᄒᆞ리라.

덕(德) 명 도덕적·윤리적 이상을 실현해 나가는 인격적 능력. ≪朴諺, 下, 58ㅎ≫無德可表, 德이 可히 表ᄒᆞᆯ 거시 업고.

덕승문(德勝門) 명 중국 북경(北京) 내성(內城)에 있는 성문. 안정문(安定門) 서쪽에 있다. 원대(元代)의 건덕문(健德門)을 명(明) 영락(永樂) 연간에 고친 이름이다. ≪朴諺, 上, 11ㅎ≫我在平則門(集覽, 朴集, 上, 5ㅎ: 平則門. 永樂十九年, 營建宮室, 立門九, 南曰正陽, 又曰午門, 元則曰麗正, 南之右曰宣武, 元則曰順承, 南之左曰文明, 元則曰崇文, 又曰哈噠, 北之東曰安定, 北之西曰德勝, 元則曰健德, 東之北曰崇仁, 一名東直, 元名同, 東之南曰朝陽, 元則曰齊華, 西之北曰西直, 西之南曰阜城, 元則曰平則. 元設十一門, 而今減其二.)邉住, 내 平則門 ᄀᆞ의 이셔 사노라. ≪朴諺, 下, 49ㅎ≫北有安定門·德勝門, 北에 安定門·德勝門이 잇고.

덕행(德行) 명 어질고 너그러운 행실. ≪朴諺, 下, 8ㅎ≫眞是一箇有德行的和尙, 진실로 이 ᄒᆞᆫ 德行 잇ᄂᆞᆫ 和尙이러라.

던기다 동 판돈을 대다. 물리다. 따먹다. ❶⇔새(賽). ≪朴諺, 上, 22ㅈ≫可知便賽, 그리어니 곳 던기쟈. ❷⇔새살(賽殺). ≪朴諺, 上, 22ㅈ≫有一箇輸了的便賽殺, ᄒᆞ나히 지ᄂᆞ니 이시면 곳 던기리라.

-던다 어미 -던가. ≪朴諺, 中, 46ㅈ≫你却不道首領官署了卷廳上不曾押裏, 네 ᄯᅩ 首領官은 권에 일홈두고 廳上이 일즙 슈례두디 아녓다 니ᄅᆞ디 아니ᄒᆞ던다.

-던돌 어미 -던들. ≪朴諺, 下, 45ㅈ≫做的早時, 짓기를 일 ᄒᆞ던돌.

던ᄋᆞ다 동 걸다. 내기하다. ⇔도(賭). ≪朴諺, 中, 50ㅈ≫不要賭甚麽, 아모 것도 던ᄋᆞ디 말고.

덜다 동 덜다. ❶⇔감(減). ≪朴諺, 上, 3ㅎ≫都是官人們剋減了, 다 官人들이 ᄀᆞᆯ겨 더도다. ❷⇔생(省). ≪朴諺, 上, 58ㅈ≫那般時省氣力, 그리ᄒᆞ면 氣力이 덜리라. ≪朴諺, 中, 12ㅎ≫到那裏各自省睡些箇, 뎌긔 가 각각 ᄌᆞᆷ을 져기 덜고. ❸⇔제(除). ≪朴諺, 上, 42ㅎ≫依體例十兩裏一兩家除時, 體例대로 열 량에 ᄒᆞᆫ 냥식 덜면. ≪朴諺, 下, 25ㅎ≫除了你, 너를 덜면.

덜리다 동 덜리다. ⇔생(省). ≪朴諺, 中, 38ㅈ≫咱這裏沒牙子省些牙錢不好, 우리 여긔 즈름이 업스니 져기 즈름갑시 덜림이 됴티 아니ᄒᆞ냐.

덜리이다 동 덜리다. ⇔생(省). ≪朴諺, 中, 29ㅈ≫妻賢夫省事官淸民自安, 妻ㅣ 어딜면 지아븨 일이 덜리이고 官이 몱그면 빅셩이 스스로 편안ᄒᆞᄂᆞ니라.

덥다 동 덮다. ⇔개(蓋). ≪朴諺, 上, 50ㅎ≫上頭盖着他衣裳, 우희 제 옷 덥고. ≪朴諺, 中, 27ㅎ≫用板盖在上頭, 널로 ㅄㅓ 우희 덥고.

덥다 형 덥다. ❶⇔열(熱). ≪朴諺, 中, 16ㅈ≫熱炕上熰着出些汗, 더온 캉에 블무회고 져이 쏨 내라. ≪朴諺, 中, 55ㅎ≫熱當不的, 더워 當티 못ᄒᆞ여라. ≪朴諺, 下, 1ㅎ≫比及晌午剉正熱時分收拾, 낫계어 경히 더울 ᄢᅢ예 미처 收拾ᄒᆞ여. ≪朴諺, 下, 22ㅎ≫鹿皮熱當不的, 鹿皮ㅣ 더오믈 당티 못ᄒᆞ여. ≪朴諺, 下, 33ㅎ≫你來欱汁熱着, 이바 마실 즙을 덥게 ᄒᆞ고. ❷⇔온(溫). ≪朴諺, 中, 16ㅈ≫去滓溫服, 滓를 ᄇᆞ리고 더온 이를 먹으라.

덧덧이 부 떳떳이. 늘. 항상. ⇔상(常). ≪朴諺, 中, 47ㅎ≫老實常在, 고디식ᄒᆞ니는 덧덧이 잇고. 脫空常敗, 섭섭ᄒᆞᆫ 이는 덧덧이 패ᄒᆞᆫ다 ᄒᆞᄂᆞ니라.

덩이 명 덩이. ❶⇔괴(塊). ≪朴諺, 中, 58ㅈ≫將碎塼塊來, 즌 벽 덩이 가져다가. ❷⇔괴자(塊子). ≪朴諺, 下, 44ㅎ≫着上些煤塊子, 져기 믹탄 덩이를 노코. ❸⇔정(整). ≪朴諺, 上, 54ㅈ≫借到細絲官銀五十兩整(集覽, 朴集, 上, 14ㅈ: 整. 無零數之謂.), 細絲官銀 五十兩 덩이를 ᄭᅮ되.

덩이 의 덩이. ⇔괴(塊). ≪朴諺, 上, 6ㅈ≫那氷盤上放一塊氷, 뎌 氷盤에 ᄒᆞᆫ 덩이 어름을 노코. ≪朴諺, 上, 37ㅈ≫墻上一塊土吊下來禮拜, 담 우희 ᄒᆞᆫ 덩이 ᄒᆞᆰ이 ᄠᅥ러뎌 ᄂᆞ려와 禮拜ᄒᆞ는 거시여. ≪朴諺, 下, 21ㅈ≫和將一塊靑泥來, ᄒᆞᆫ 덩이 프른 ᄒᆞᆰ을 니여 가져다가. ≪朴諺, 下, 44ㅈ≫早起飯裏咬了一塊沙子, 아ᄎᆞᆷ밥에 ᄒᆞᆫ 덩이 모래롤 므러ᄡᅧ니.

뎌 관 저[彼]. ❶⇔나(那). ≪朴諺, 上, 3ㅈ≫我到那衙門裡堂上官說了, 내 뎌 衙門에 가 堂上官의게 니ᄅᆞ니. ≪朴諺, 上, 21ㅈ≫那不會說話的頭口們喂不到, 뎌 말 못ᄒᆞᄂᆞᆫ 즘승들흘 먹이기를 이긋 못ᄒᆞ니. ≪朴諺, 上, 30ㅎ≫李小兒那厮, 李小児ㅣ란 뎌 놈을. ≪朴諺, 上, 38ㅎ≫那紅橋邉有一箇張獸醫, 뎌 紅橋 ᄀᆞ에 ᄒᆞᆫ 張獸醫ㅣ 이시니. ≪朴諺, 中, 1ㅎ≫那主兒着那銅觜的, 그 님재 뎌 부리 노론 수죵다리로 ᄒᆞ여. ≪朴諺, 中, 11ㅈ≫叫將那木匠來, 뎌 木匠이를 블러다가. ≪朴諺, 中, 19ㅈ≫一箇賊那靴鋪裏, ᄒᆞᆫ 도적은 뎌 훠ᄋᆞ푸주에. ≪朴諺, 中, 26ㅎ≫那頭盔好瞧到了時, 뎌 ᄃᆡ우를 ᄀᆞ장 ᄢᅥ기를 잇긋 ᄒᆞ고. ≪朴諺, 中, 45ㅈ≫那書案上的各㨾書冊, 뎌 셔안 우희 各㨾 書冊을. ≪朴諺, 下, 10ㅈ≫那達達聽師傅說, 뎌 達達이 師傅의 니롬을 듯고. ≪朴諺, 下, 16ㅈ≫種稻子那廝因何監着, 벼 시므든 뎌 놈은 므스 일을 인ᄒᆞ여 갓텻ᄂᆞ뇨. ≪朴諺, 下, 20ㅎ≫見那狗蚤, 뎌 개벼록을 보고. ≪朴諺, 下, 36ㅎ≫城外那劉村裏, 城 밧 뎌 劉村에. ≪朴諺, 下, 43ㅈ≫咳那小孩兒可憐見, 애 뎌 어린아희 에엿블샤. ≪朴諺, 下, 57ㅎ≫二人到那門首敲門道, 두 사ᄅᆞᆷ이 뎌 믄(문) 앏희 가 문을 두드려 닐오ᄃᆡ. ❷⇔나개(那箇). ≪朴諺, 上, 23ㅎ≫那箇劉三舍如何, 뎌 劉三舍ㅣ 엇더ᄒᆞ뇨. ≪朴諺, 中, 41ㅎ≫那箇逢字, 뎌 逢字ᄂᆞᆫ. ❸⇔나사(那些). ≪朴諺, 上, 56ㅎ≫只有那些證候, 그저 뎌 證候ㅣ 잇고. ≪朴諺, 下, 28ㅈ≫乾得那些榛子喫, 공히 뎌 개암을 어더먹으니. ❹⇔타(他). ≪集覽, 字解, 單字解, 7ㅈ≫他. 指人之辭. 又語助. ≪朴諺, 上, 31ㅎ≫上他家門前, 뎌 집 門 앏희 가셔. ≪朴諺, 中, 1ㅎ≫放在他脚心上轉, 뎌 발빠당에 노하 구을리고. ≪朴諺, 下, 16ㅈ≫他一家住的漢兒人, 뎌 ᄒᆞᆫ 집의 사

ᄂᆞᆫ 漢 사ᄅᆞᆷ이. ≪朴諺, 下, 24ㅎ≫怎生拿出他本像, 엇디 뎌 本像을 잡아 내리오. ≪朴諺, 下, 36ㅎ≫管着他官人家莊土種田來, 뎌 官人의 농소ᄅᆞᆯ ᄀᆞ음아라 種田ᄒᆞ더니.

뎌 대 저[彼]. ❶⇔나(那). ≪朴諺, 上, 1ㅈ≫去那有名的花園裏, 뎌 有名ᄒᆞᆫ 花園에 가. ≪朴諺, 上, 32ㅈ≫他那養漢的老婆, 뎌의 뎌 養漢ᄒᆞᄂᆞᆫ 老婆ㅣ. ≪朴諺, 上, 33ㅈ≫揀(揀)那淸淨山庵裏, 뎌 淸淨ᄒᆞᆫ 山庵을 ᄀᆞᆯᄒᆡ여. ≪朴諺, 上, 40ㅈ≫先將那稀笓子搶了, 몬져 뎌 성귄 춤빗 가져다가 빗기고. ≪朴諺, 上, 44ㅈ≫那的最容易, 뎌ᄂᆞᆫ ᄀᆞ장 쉬오니. ≪朴諺, 中, 18ㅎ≫那的有法度, 뎌ᄂᆞᆫ 法度ㅣ 이시니. ≪朴諺, 中, 30ㅎ≫孫舍那醜厮, 孫가 뎌 더러온 놈이. ≪朴諺, 下, 40ㅈ≫一似那活的, 뎌 사니 ᄀᆞᆺ고. ≪朴諺, 下, 44ㅎ≫揀(揀)着那乏煤, 뎌 ᄠᅳᆫ ᄆᆡ탄을 ᄀᆞᆯᄒᆡ여. ❷⇔나개(那箇). ≪朴諺, 下, 34ㅈ≫那箇新來的崔舍, 뎌 새로 온 崔개아. ❸⇔타(他). ≪集覽, 字解, 單字解, 3ㅈ≫着. 使之爲也. 着落 ᄒᆡ여곰, 着他 뎌 ᄒᆞ야. ≪朴諺, 上, 6ㅎ≫叫將唱的根前來着他唱, 노래 브ᄅᆞᄂᆞ니를 블러 앏ᄒᆡ 와 뎌로 ᄒᆞ여 브ᄅᆞ게 ᄒᆞ라. ≪朴諺, 上, 21ㅈ≫着攪草棍拌饋他些料水喫, 여믈 버므리ᄂᆞᆫ 막대로 뎌를 져기 콩믈을 버므려 주어 먹이고. ≪朴諺, 上, 30ㅎ≫這兩日不見他, 이 두어 날 뎌를 보디 몯ᄒᆞ니. ≪朴諺, 中, 1ㅈ≫一箇人與他五箇錢時放入去, ᄒᆞᆫ 사ᄅᆞᆷ이 뎌를 다ᄉᆞᆺ 낫 돈을 주면 노하 드려보내ᄂᆞ니라. ≪朴諺, 中, 11ㅈ≫買饋他木料·席子整理, 뎌를 木料와 삿글 사 주어 整理케 ᄒᆞ라. ≪朴諺, 中, 31ㅈ≫他要變時誰保他, 뎨 변코져 ᄒᆞ면 뉘 뎌를 긔수ᄒᆞ리오. ≪朴諺, 中, 47ㅈ≫我特故裏把酒灌的他爛醉了, 내 부러 술을다가 뎌의게 브으니 爛醉ᄒᆞ여. ≪朴諺, 中, 60ㅈ≫你不與他一文錢, 네 뎌를 一文錢도 주디 아니ᄒᆞ고. ≪朴諺, 下, 1ㅎ≫每日這般用心弄他時, 每日에 이리 用心ᄒᆞ여 뎌를 달호면. ≪朴諺, 下, 4ㅈ≫見多少怪物·妖精侵他, 언머 怪物·妖精이 뎌를 침노홈을 보며. ≪朴諺, 下, 34ㅎ≫你休問他, 네 뎌를 믓디 말라. ≪朴諺, 下, 37ㅈ≫到秋他種來的, ᄀᆞ올이 다ᄃᆞ라 뎌의 심근. ≪朴諺, 下, 40ㅈ≫你請他這裡來麽, 네 뎌를 청ᄒᆞ여 여긔 올ᄯᅡ. ≪朴諺, 下, 55ㅎ≫與他二兩告子錢, 뎌를 두 냥 告子錢을 주고. ≪朴諺, 下, 60ㅈ≫怎受他苦, 엇디 뎌의 보채믈 바드리오.

뎌 명 저[笛]. ⇔적아(笛兒). ≪朴諺, 上, 7ㅎ≫吹笛兒着, 뎌를 불라.

뎌것 명 저것. ⇔나개(那箇). ≪集覽, 字解, 單字解, 3ㅎ≫那. 平聲, 音노, 推移也. 那一那 논힐후다. 上聲 나, 何也. 那裏 어듸, 那箇 어늬. 又誰也. 那一箇 누고. 去聲 나. 那裏, 彼處也. 那箇 뎌것. 又語助. 有那沒 잇ᄂᆞ녀 업스녀.

뎌긔 대 저기. ⇔나리(那裏). ≪朴諺, 上, 9ㅎ≫不理會那裏的法度, 뎌긔 法度를 아디 몯ᄒᆞ니. ≪朴諺, 上, 38ㅎ≫將那裏治去來, 가져 뎌긔 고티라 가. ≪朴諺, 上, 48ㅎ≫到那裏住三箇月, 뎌긔 가 석 ᄃᆞᆯ을 머믈면. ≪朴諺, 上, 55ㅎ≫那裏有一箇土黃馬好本事, 뎌긔 ᄒᆞᆫ 고라ᄆᆞᆯ이 이셔 ᄌᆡ좌 됴호되. ≪朴諺, 上, 59ㅎ≫你說與我那裏的景致麽, 네 날ᄃᆞ려 뎌긔 景致를 니ᄅᆞ라. ≪朴諺, 中, 12ㅎ≫今年那裏慶尙·全羅·黃海·忠淸·江原各道裏, 올ᄒᆡ 뎌긔 慶尙·全羅·黃海·忠淸·江原 各 道에. ≪朴諺, 中, 12ㅎ≫到那裏各自省睡些箇, 뎌긔 가 각각 ᄌᆞᆷ을 져기 덜고. ≪朴諺, 下, 32ㅈ≫那裏喫去來, 뎌긔 먹으라 가쟈. ≪朴諺, 下, 39ㅈ≫送到那裡時也有些情分, 보내여 뎌긔 니ᄅᆞ면 져기 情分이 이실랏다.

뎌기 명 제기. ⇔건자(建子). ≪朴諺, 上, 17ㅎ≫一冬裏踢建子(集覽, 朴集, 上, 6ㅎ: 建子. 아ᄒᆡ〈아히〉 ᄎᆞᄂᆞᆫ 뎌기. 建, 免疑雜韻〈韵〉內字作毽, 音健, 俗自撰也.), ᄒᆞᆫ 겨울은 뎌기ᄎᆞ기 ᄒᆞ고.

뎌기ᄎᆞ기 명 제기차기. ⇔척건자(踢建子). ≪朴諺, 上, 17ㅎ≫一冬裏踢建子(集覽, 朴集, 上, 6ㅎ: 建子. 아ᄒᆡ〈아히〉 ᄎᆞᄂᆞᆫ 뎌기. 建, 免疑雜韻〈韵〉內字作毽, 音健, 俗自撰也.), ᄒᆞᆫ 겨울은 뎌기ᄎᆞ기 ᄒᆞ고.

뎌당ᄒᆞ다 동 저당(抵當)하다. ⇔저당(抵當). ≪朴諺, 中, 50ㅎ≫咳那矬漢你那裏抵當的我, 애 뎌 킈 져근 놈이 네 어ᄃᆡ 내게 뎌당ᄒᆞ리오.

뎌러면 부 저러면. ⇔나반(那般). ≪朴諺, 中, 51ㅎ≫那般時, 뎌러면. ≪朴諺, 中, 58ㅎ≫那般却, 뎌러면.

뎌리 부 저리. 저렇게. ❶⇔나(那). ≪朴諺, 上, 19ㅎ≫儅那偌多做甚麽, 뎌리 만히 典儅ᄒᆞ여 므슴 ᄒᆞ려 ᄒᆞᄂᆞ다. ≪朴諺, 上, 56ㅎ≫料着你那細詳時, 혜아리건대 네 뎌리 細詳ᄒᆞ면. ❷⇔나문(那們). ≪集覽, 字解, 單字解, 3ㅎ≫們. 諸韻書皆云, 們渾, 肥滿皃. 今俗借用爲等輩之字, 而曰我們·咱們 우리, 你們 너희. 又猶言如此也. 這們 이리, 那們 뎌리. ❸⇔나반(那般). ≪朴諺, 上, 28ㅎ≫今世裏那般得自在, 今世예 뎌리 自在홈을 어덧ᄂᆞ니. ≪朴諺, 上, 31ㅈ≫那般磕頭禮拜央及我, 뎌리 머리 좃고 禮拜ᄒᆞ여 내게 빌거늘. ≪朴諺, 中, 15ㅎ≫那般不小心收拾身己, 뎌리 小心ᄒᆞ여 몸을 收拾디 아니홈애. ≪朴諺, 中, 30ㅎ≫那裏將那般好衣服好鞍馬來撇摖子, 어ᄃᆡ 가 뎌리 됴흔 옷과 됴흔 鞍馬ᄅᆞᆯ 가져와 얼굴을 비언ᄂᆞᆫ고. ≪朴諺, 中, 31ㅎ≫我也那般想着, 나도 뎌리 ᄉᆡᇰ각ᄒᆞ엿노라. ≪朴諺, 中, 35ㅈ≫如今怎麽那般賊廣, 이제 엇디 뎌리 도적이 흔ᄒᆞ뇨. ≪朴諺, 中, 46ㅎ≫休那般道, 뎌리 닐ᄋᆞ디 말라. ≪朴諺, 中, 50ㅈ≫怎那般道, 엇디 뎌리 닐ᄋᆞᄂᆞ다.

뎌ᄅᆞ다 형 짧다. ⇔단(短). ≪朴諺, 上, 29ㅎ≫十箇指頭也有長的短的, 열 손가락도 기니 뎌ᄅᆞ니 잇ᄂᆞ니.

뎌적 명 저적. 접때. 지난번. ❶⇔나기일(那幾日). ≪朴諺, 下, 6ㅎ≫我那幾日着那小厮掐來, 내 뎌적의 뎌 아ᄒᆡ로 ᄒᆞ여 ᄃᆡ이더니. ❷⇔왕상(往常). ≪朴諺, 下, 3ㅈ≫往常唐三藏師傅, 뎌적의 唐ㅅ 三藏 師傅ㅣ.

뎍다 동 적다[記]. 또는 지적하다. 일깨우다. ⇔점(點). ≪朴諺, 下, 37ㅎ≫一箇挾纈的人, ᄒᆞᆫ 挾讐ᄒᆞᆫ 사ᄅᆞᆷ이. 却點饋那官人, 또 뎌 官人의게 뎍어 주니. 這兩日官司裡告了, 이 두어 날에 官司에 告ᄒᆞ여.

뎐 명 전(殿). 궁전. ⇔전(殿). ≪朴諺, 下, 19ㅎ≫王請唐僧上殿, 王이 唐僧을 請ᄒᆞ여 뎐에 올린대.

뎐당ᄒᆞ다 동 전당(典當)하다. ⇔당(儅). ≪朴諺, 上, 19ㅎ≫把甚麽去儅, 므서ᄉᆞ로 가 뎐당ᄒᆞ려 ᄒᆞᄂᆞ다. ≪朴諺, 中, 27ㅈ≫但是直錢物件來儅時, 믈읫 갑ᄉᆞᆫ 物件으로 와 뎐당ᄒᆞ면. ≪朴諺, 中, 27ㅎ≫將豆子來大的明眞珠一百顆來儅, 콩만치 큰 ᄇᆞᆯ근 眞珠 一百 낫출 가져다가 뎐당ᄒᆞ거늘.

뎔 명 절[寺]. ⇔사(寺). ≪朴諺, 上, 61ㅈ≫北岸上有一座大寺, 북편 언덕 우희 ᄒᆞᆫ 座 큰 뎔이 이시니. ≪朴諺, 上, 62ㅎ≫到寺裏燒香隨喜之後, 뎔에 가 향 퓌오고 구경ᄒᆞᆫ 후에. ≪朴諺, 下, 9ㅎ≫入寺敬三寶, 뎔에 드러ᄂᆞᆫ 三寶ᄅᆞᆯ 敬ᄒᆞ고. ≪朴諺, 下, 43ㅎ≫寺裏寄着裡, 뎔에 브티니라.

뎜 명 점(店). 상점. 가게. ⇔점(店). ≪朴諺, 下, 31ㅎ≫咱們食店裏喫些飯去來, 우리 밥뎜에 밥 먹으라 가쟈. 午門外前好飯店, 午門 밧긔 밥뎜이 됴ᄒᆞ니. ≪朴諺, 下, 33ㅎ≫燒餅饋子你店裏有麽, 燒餅 粿子 네 뎜에 잇ᄂᆞ냐.

뎝시 명 접시. ⇔접(楪). ≪朴諺, 中, 11ㅎ≫鑼鍋, 로고. 柳箱, 섥. 灑子, 드레. 三脚, 아리쇠. 椀·楪, 사발·뎝시. 匙筯, 술 저. 馬杓, 나모쥬게. 笊籬, 죠릭. 炊箒, 솔.

뎝시 의 접시. ⇔접(楪). ≪朴諺, 上, 4ㅈ≫外手一遭兒十六楪, 밧 첫 줄 열 여슷 뎝시에ᄂᆞᆫ. ≪朴諺, 上, 4ㅈ≫第(第)二遭十六楪, 둘재 줄 열 여슷 뎝시에ᄂᆞᆫ. ≪朴諺, 上, 4ㅈ≫第三遭十六楪, 셋재 줄 열 여슷

뎝시에는.

뎡박이 명 정수리. ⇔정상(頂上). ≪朴諺, 上, 51ㅈ≫把孩兒又剃了頭頂上灸, 아희롤다가 또 머리 짝고 뎡박이 쓰고.

뎡이 의 덩이. ⇔정(錠). ≪朴諺, 下, 29ㅈ≫元寶我有半錠了, 元寶ㅣ 내게 반 뎡이 이시니.

뎡ᄒᆞ다 동 정(定)하다. ⇔정(定). ≪朴諺, 上, 22ㅎ≫罷罷來拈子爲定, 두어 두어 오라 뫼 잡바 뎡ᄒᆞ쟈. ≪朴諺, 中, 8ㅈ≫揀(揀)定了馬也, 몰을 골히여 뎡ᄒᆞ여다. ≪朴諺, 中, 50ㅈ≫實說定了時不要改, 실로 닐러 뎡ᄒᆞ고 고티디 마쟈.

뎨 대 제. 저의. ⇔타(他). ≪朴諺, 下, 40ㅈ≫他家裏事多, 뎨 집의 일이 만ᄒᆞ니.

뎨 대 제가. 저 사람이. ❶⇔나(那). ≪朴諺, 中, 56ㅎ≫那的不賣猫兒的, 뎨 아니 괴 프ᄂᆞ니가. ❷⇔타(他). ≪朴諺, 上, 19ㅈ≫他要多少工錢, 뎨 언멋 工錢을 밧더뇨. ≪朴諺, 上, 31ㅈ≫他京裏臨起身時莭(節), 뎨 셔울셔 起身홀 빼에 臨ᄒᆞ여. ≪朴諺, 上, 31ㅎ≫他保也不保, 뎨 긔수홀 딕 긔수티 아니ᄒᆞ고. ≪朴諺, 上, 38ㅎ≫他快醫頭口, 뎨 즘싱 고티기 잘ᄒᆞᄂᆞ니라. ≪朴諺, 上, 38ㅎ≫他要多少功錢, 뎨 언머 功錢을 밧ᄃᆞ뇨. ≪朴諺, 中, 8ㅈ≫他不保好生打, 뎨 긔수티 아닐 거시니 ᄀᆞ장 티라. ≪朴諺, 中, 27ㅎ≫他有兩箇婶(渾)家, 뎨 두 겨집이 이시니. ≪朴諺, 中, 31ㅈ≫他敬我一分時, 뎨 날을 一分을 공경ᄒᆞ면. ≪朴諺, 中, 47ㅈ≫他酒醒了起來不覺, 뎨 술이 씨여 니러나 씨티디 못ᄒᆞ고. ≪朴諺, 中, 52ㅎ≫他先走來, 뎨 몬져 ᄃᆞᄅᆞ니라. ≪朴諺, 下, 10ㅎ≫他也不肯信向, 뎨 즐겨 信向티 아니ᄒᆞ니. ≪朴諺, 下, 20ㅎ≫他却拔下一根毛衣(來), 뎨 또 ᄒᆞᆫ 낫 털을 빠혀. ≪朴諺, 下, 39ㅎ≫他在樞密院角頭住裏, 뎨 樞密院 모롱이에 이셔 사ᄂᆞ니라. 他是那裏人氏, 뎨 이 어딕 人氏고. ≪朴諺, 下, 40ㅈ≫他別處畫了一箇官人的影來, 뎨 다른 딕 ᄒᆞᆫ 官人의 얼굴을 그리니. ≪朴諺, 下, 40ㅎ≫他不曾開鋪的, 뎨 일즙 開鋪티 아니ᄒᆞᆫ 이니.

뎨슈ᄒᆞ다 동 제수(除授)하다. ⇔제(除). ≪朴諺, 中, 46ㅎ≫你高官裏轉除的有愁甚麽, 너는 노픈 벼슬에 쳔뎐ᄒᆞ여 뎨슈홈이 이실 써시니 므슴 근심ᄒᆞ리오.

뎨ᄌᆞ 명 제자(弟子). (스승의 밑에서 지식이나 기능을 배우는 사람) ⇔도제(徒弟). ≪朴諺, 中, 25ㅎ≫徐五的徒弟李大, 徐五의 뎨ᄌᆞ 李大ㅣ.

뎨육 명 저육(豬肉). 돼지고기. ⇔저육(猪肉). ≪朴諺, 上, 5ㅈ≫川炒(集覽, 朴集, 上, 2ㅎ: 川炒. 音義云, 믿므레〈믿믈에〉炒ᄒᆞᆫ 猪肉. 今按, 川炒, 塩水炒也.)猪肉, 제믈에 쵸ᄒᆞᆫ 뎨육과.

뎨ᄒᆞ다 동 제(除)하다. ⇔제(除). ≪朴諺, 下, 37ㅈ≫另除了種子後頭, ᄠᅩ로 씨를 뎨ᄒᆞᆫ 후에. ≪朴諺, 下, 37ㅈ≫除了一停兒, ᄒᆞᆫ 분을 뎨ᄒᆞ여.

도 부 또. '도'는 '또'의 잘못. ≪朴諺, 中, 57ㅈ≫又不是大買賣, 도(또) 큰 흥정이 아니니.

도(到) 동 ❶(…로) 가다. 이르다. ⇔가다. ≪朴諺, 上, 3ㅈ≫我到那衙門裡堂上官說了, 내 뎌 衙門에 가 堂上官의게 니ᄅᆞ니. ≪朴諺, 上, 12ㅎ≫郎中你如今到裏頭, 郎中아 네 이제 안히 가. ≪朴諺, 上, 44ㅎ≫洗臉到學裏, ᄂᆞᆺ 싯고 學에 가. ≪朴諺, 上, 57ㅈ≫今日到黃村宿, 오ᄂᆞᆯ 黃村에 가자고. ≪朴諺, 上, 66ㅎ≫我到衙門押了公座便來, 내 衙門에 가 公座簿에 일홈두고 곳 오리라. ≪朴諺, 中, 10ㅈ≫隨問到本都在城某坊住某官人處賣與, 隨問ᄒᆞ야 本都 잣 안 아므 坊에셔 사는 아므 官人의 손듸 가 ᄑᆞ라 주되. ≪朴諺, 中, 20ㅈ≫將二兩銀到西山裏, 두 냥 은을 가지고 西山에 가. ≪朴諺, 中, 28ㅎ≫將棍繩到那家裏, 막대과 노흘 가지고 뎌 집의 가. ≪朴諺, 中, 35ㅈ≫到那一箇人家裏, 아모 ᄒᆞᆫ 人家에 가. ≪朴諺, 中, 51ㅈ≫你到那裏, 네 어듸 가는다. ≪朴諺, 下, 4ㅎ≫到西天

取將經來, 西天의 가 經을 가져와. ≪朴諺, 下, 10ㅈ≫到家裏敬重父母, 집의 가ᄂᆞᆫ 父母ᄅᆞᆯ 敬重ᄒᆞᄂᆞ니. ≪朴諺, 下, 18ㅎ≫正到城裏智海禪寺投宿, 졍히 셩 안 智海禪寺에 가 드러 자다가. ≪朴諺, 下, 39ㅈ≫送到三四日辭迴來, 보내여 三四日에 가 하닥고 도라오면. ≪朴諺, 下, 54ㅈ≫到某處, 아모 곳에 가. ≪朴諺, 下, 61ㅈ≫先到宮門前等的萬千人, 몬져 宮門 앏희 가 기ᄃᆞ리리 萬千人이나 ᄒᆞ니. ❷오다. 이르다. ⇔오다. ≪朴諺, 中, 44ㅈ≫若你也到我樓上, 만일 너도 내 樓上에 오면. ≪朴諺, 下, 19ㅈ≫小先生到前面教點燈, 小先生이 앏픠 와 블혀이거ᄂᆞᆯ.

도(到) 동 ❶다다르다. 이르다. ⇔다ᄃᆞᆮ다. ≪朴諺, 上, 21ㅎ≫一夜裏喂到七八遍家, ᄒᆞᄅᆞᆺ밤의 먹이기ᄅᆞᆯ 닐곱 여ᄃᆞᆲ 번의 다ᄃᆞᆮ게 ᄒᆞ라. ≪朴諺, 上, 31ㅎ≫到今一年半了, 이제 一年 半이 다ᄃᆞᆮ게야. ≪朴諺, 中, 43ㅈ≫直到點燈時分恰下馬, 잇긋 블혈 때예 다ᄃᆞᆮ게야 ᄀᆞᆺ ᄆᆞᆯ게 ᄂᆞ리니. ≪朴諺, 中, 47ㅎ≫不到一生日裏, ᄒᆞᆫ 싱일이 다ᄃᆞᆮ디 못ᄒᆞ여셔. ≪朴諺, 下, 14ㅎ≫直到日平西纔上馬, 잇긋 날이 平西호매 다ᄃᆞᆮ게야 ᄀᆞᆺ ᄆᆞᆯ을 ᄐᆞᄂᆞ니라. ≪朴諺, 下, 42ㅈ≫直念到明, 잇긋 念홈을 ᄇᆞᆰ으매 다ᄃᆞᆮ게 ᄒᆞ고. ≪朴諺, 下, 53ㅎ≫那厮不到六十的摸樣, 더(뎌) 놈이 六十이 다ᄃᆞᆮ디 못ᄒᆞᆫ 摸樣이러라. ❷다다르도록. 이르도록. ⇔다ᄃᆞᆮ도록. ≪朴諺, 上, 21ㅈ≫睡到明, 자기ᄅᆞᆯ ᄇᆞᆯ그매 다ᄃᆞᆮ도록 ᄒᆞ니.

도(到) 동 다다르다. 이르다. ❶⇔다ᄃᆞ라다. ≪朴諺, 中, 13ㅎ≫到遷民鎮口子裏, 遷民鎮 어귀에 다ᄃᆞ라. ≪朴諺, 中, 13ㅎ≫到三河縣, 三河縣에 다ᄃᆞ라. ≪朴諺, 中, 14ㅈ≫到通州賣了多一半兒, 通州ㅣ 다ᄃᆞ라 반남아 폴고. ≪朴諺, 下, 15ㅈ≫官人們的要路裏到了也, 官人들의 要路에 다ᄃᆞ란노라. ≪朴諺, 下, 37ㅈ≫到秋他種來的, ᄀᆞ을이 다ᄃᆞ라 뎌의 심근. ❷⇔다ᄃᆞᄅᆞ다. ≪朴諺, 上, 45ㅈ≫到晌午寫倣書, 나지 다ᄃᆞᄅᆞ면 셔품 쓰기 ᄒᆞ여.

도(到) 동 이르다. 도착하다. 당도하다. ❶⇔니르다. ≪朴諺, 中, 14ㅈ≫到城裏都賣了, 셔울 니르러 다 ᄑᆞ랏노라. ❷⇔니ᄅᆞ다. ≪朴諺, 上, 66ㅎ≫不到三歲下世去的也有的, 三歲에 니ᄅᆞ디 못ᄒᆞ여셔 下世ᄒᆞ여 가ᄂᆞ니도 잇ᄂᆞ니라. ≪朴諺, 下, 12ㅈ≫如書到日, 만일 글이 니ᄅᆞᄂᆞᆫ 날이면. ≪朴諺, 下, 19ㅈ≫唐僧也引徒弟去到王所, 唐僧이 ᄯᅩ 徒弟ᄅᆞᆯ ᄃᆞ리고 王의 곳에 니ᄅᆞ니. ≪朴諺, 下, 39ㅈ≫送到那裡時也有些情分, 보내여 뎌긔 니ᄅᆞ면 져기 情分이 이실랏다. ≪朴諺, 下, 45ㅈ≫夜飯少一口, 夜飯은 ᄒᆞᆫ 입을 젹게 ᄒᆞ면. 活到九十九, 살기ᄅᆞᆯ 九十九에 니ᄅᆞᆫ다 ᄒᆞ니라. ≪朴諺, 下, 48ㅈ≫到鼓樓前面, 鼓樓 앏희 니ᄅᆞ러.

도(到) 부 ❶도리어. 오히려. ⇔도ᄅᆞ혀. ≪集覽, 字解, 單字解, 7ㅈ≫到. 至也. 又極也. 又反辭 도ᄅᆞ혀. 通作倒. ❷느긋하게. 만족히. 세심하게. ⇔잇긋. ≪朴諺, 上, 21ㅈ≫那不會說話的頭口們喂不到, 뎌 말 못ᄒᆞᄂᆞᆫ 즘승들흘 먹이기ᄅᆞᆯ 이긋 못ᄒᆞ니. ≪朴諺, 中, 4ㅈ≫十箇絹練的熟到着, 열 필 깁을 누우기ᄅᆞᆯ 닉게 잇긋 ᄒᆞ라. ≪朴諺, 中, 4ㅈ≫改染做桃紅碾到着, 고텨 桃紅 드려 다듬기ᄅᆞᆯ 잇긋 ᄒᆞ라. ≪朴諺, 中, 26ㅎ≫那頭盔好瞧到了時, 뎌 딕우ᄅᆞᆯ ᄀᆞ장 뵈기ᄅᆞᆯ 잇긋 ᄒᆞ고.

도(挑) 동 지다[負]. 메다. ⇔지다. ≪朴諺, 上, 11ㅈ≫那挑脚(集覽, 朴集, 上, 5ㅈ: 挑脚. 舊本作赶脚的. 謂赶脚者, 賃驢〈駬〉取直之人, 謂挑脚者, 負擔重物求直之人也.)的, 뎌 삭짐 지ᄂᆞᆫ 이아.

도(倒) 동 ❶끝나다. 깨끗이 처리하다. 마무리 짓다. ⇔긃나다. ≪朴諺, 中, 60ㅈ≫幾時倒的了, 언제 긃나리오. ❷무너지다. ⇔믄허디다. ≪朴諺, 上, 10ㅈ≫看那人家墻壁都倒了, 뎌 人家 墻壁을 보니 다 믄허뎌시니. ≪朴諺, 上, 10ㅈ≫我家墻也倒了幾堵, 우리 집 담도 여러 도림이 믄허뎌시니. ≪朴諺, 上, 11ㅈ≫五十年也倒不得, 五十年이라도 믄허디디 아니ᄒᆞ리라. ≪朴諺, 上, 11ㅈ≫假如明年倒了時, 가ᄉᆞ 明年에 믄허디면.

도(倒) 동 거꾸러지다. ❶⇔것구러디다. ≪朴諺, 中, 47ㅈ≫倒在床上打鼾睡, 상 우희 것구러뎌 코 고오고 자거늘. ≪朴諺, 中, 51ㅈ≫咳那矬金舍倒了也, 애 뎌 킈 져근 金舍ㅣ 것구러디거다. ❷⇔것ᄭᅮ러디다. ≪朴諺, 中, 14ㅈ≫瘦倒的倒了, 여위어 것ᄭᅮ러디리 것ᄭᅮ러디고.

도(倒) 동 ❶구르다. 회전하다. ⇔구을다. ≪集覽, 字解, 單字解, 3ㅈ≫倒. 上聲, 仆也. 倒了 구으러디다. 又換也. 倒馬 ᄆᆞᆯ ᄀᆞ다. 又謄也. 倒關字 글월 번뎝ᄒᆞ다. 又去聲, 反辭 도ᄅᆞ혀. 通作到. ❷갈다[替]. 대신하다. 교환하다. 바꾸다. ⇔ᄀᆞ다. ≪集覽, 字解, 單字解, 3ㅈ≫倒. 上聲, 仆也. 倒了 구으러디다. 又換也. 倒馬 ᄆᆞᆯ ᄀᆞ다. 又謄也. 倒關字 글월 번뎝ᄒᆞ다. 又去聲, 反辭 도ᄅᆞ혀. 通作到. ❸(글월을) 베끼다. ⇔번뎝ᄒᆞ다. ≪集覽, 字解, 單字解, 3ㅈ≫倒. 上聲, 仆也. 倒了 구으러디다. 又換也. 倒馬 ᄆᆞᆯ ᄀᆞ다. 又謄也. 倒關字 글월 번뎝ᄒᆞ다. 又去聲, 反辭 도ᄅᆞ혀. 通作到.

도(倒) 부 도리어. 오히려. ❶⇔도로혀. ≪朴諺, 上, 17ㅎ≫咳小廝們倒聒噪, 애 아ᄒᆡ들히 도로혀 지져귀여. ≪朴諺, 上, 48ㅎ≫不去的倒快活, 가디 아님이 도로혀 즐겁다. ≪朴諺, 中, 2ㅈ≫這般時倒好, 이러면 도로혀 됴타. ≪朴諺, 中, 31ㅎ≫那厮如今倒可喜, 뎌 놈이 이제 도로혀 곱더라. ≪朴諺, 下, 28ㅈ≫倒省錢, 도로혀 돈을 ᄆᆞᄃᆡ어다. ❷⇔도ᄅᆞ혀. ≪集覽, 字解, 單字解, 3ㅈ≫倒. 上聲, 仆也. 倒了 구으러디다. 又換也. 倒馬 ᄆᆞᆯ ᄀᆞ다. 又謄也. 倒關字 글월 번뎝ᄒᆞ다. 又去聲, 反辭 도ᄅᆞ혀. 通作到.

도(桃) 명 복숭아. ⇔복셩화. ≪朴諺, 下, 21ㅎ≫說與先生櫃中有一顆桃, 先生ᄃᆞ려 궤 가온대 ᄒᆞᆫ 낫 복셩홰 잇다 닐럿더니. ≪朴諺, 下, 21ㅎ≫把桃肉都喫了, 복셩화 술흘다가 다 먹고. 只留下桃核出來, 다만 복셩화 � 머므러 두고 나와. ≪朴諺, 下, 21ㅎ≫三藏說是一箇桃核, 三藏이 닐오ᄃᆡ 이 ᄒᆞᆫ 복셩화 ᄡᅵ로다. ≪朴諺, 下, 22ㅈ≫大仙說是一顆桃, 大仙이 닐오ᄃᆡ 이 ᄒᆞᆫ 낫 복셩홰로다. ≪朴諺, 下, 22ㅈ≫却是桃核, 쏘 이 복셩화 ᄡᅵ라.

도(掏) 동 쓸다[掃]. ⇔ᄡᅳᆯ다. ≪朴諺, 上, 40ㅎ≫捎箆來掏一掏耳朶, 짓븨 가져다가 귓바회 ᄡᅳᆯ라.

도(淘) 동 일다[淘]. ⇔일다. ≪朴諺, 下, 44ㅈ≫淘的米乾淨着, ᄡᆞᆯ 일기를 乾淨히 ᄒᆞ라.

도(搯) 동 눌러 짜다. 후비다. ❶⇔디기다. ≪朴諺, 下, 6ㅎ≫我不搯他, 내 뎌를 디기디 몯ᄒᆞᆯ로다. ❷⇔ᄃᆡᆨ이다. ≪朴諺, 下, 6ㅎ≫你的長指甲饋我搯一搯, 네 긴 손ᄐᆞᆸ으로 날을 ᄃᆡᆨ여 주고려. ≪朴諺, 下, 6ㅎ≫搯時甜殺人, ᄃᆡᆨ이면 ᄃᆞ라 사ᄅᆞᆷ을 죽게 ᄒᆞᄂᆞ니라. 你饋我搯一遍兒, 네 날을 ᄒᆞᆫ 번 ᄃᆡᆨ여 주고려. 我那幾日着那小厮搯來, 내 뎌적의 뎌 아ᄒᆡ로 ᄒᆞ여 ᄃᆡᆨ이더니.

도(跳) 동 ❶뛰놀다. ⇔ᄠᅱ놀다. ≪朴諺, 上, 38ㅈ≫兩箇先生合賣藥一箇坐一箇跳, 두 先生이 모다 약 ᄑᆞ노라 ᄒᆞ나흔 안잣고 ᄒᆞ나흔 ᄠᅱ노ᄂᆞᆫ 거시여. ❷뛰다. ⇔ᄠᅱ다. ≪朴諺, 中, 56ㅈ≫咱只這裏跳入去, 우리 그저 예셔 ᄠᅱ어 드러가쟈. 我先跳你看, 내 몬져 ᄠᅱᆯ 거시니 네 보라. ≪朴諺, 下, 10ㅈ≫便喝跳起來道, 곳 혀ᄎᆞ고 ᄠᅱ여 니러 닐오ᄃᆡ. ≪朴諺, 下, 21ㅈ≫跳下床來了, 床에 ᄠᅱ여 ᄂᆞ려디니. ≪朴諺, 下, 23ㅈ≫跳入油中, ᄠᅱ여 기름 가온대 드러가. ≪朴諺, 下, 23ㅎ≫行者聽了跳出來, 行者ㅣ 듯고 ᄠᅱ여 나와. ≪朴諺, 下, 49ㅈ≫忽跳上牛去, 믄득 쇠게 ᄠᅱ여 올라. ≪朴諺, 下, 52ㅎ≫於本家那邊跳墻入來家內, 본집 뎌 편 담을 ᄠᅱ여 안해 드러와. ≪朴諺, 下, 52ㅎ≫却跳墻出去, ᄯᅩ 담을 ᄠᅱ여 나

가시니. ❸뛰어들다. ⇔뼈어들다. ≪朴諺, 中, 56ㅈ≫跳的河裡仰不掭, 믈에 뼈어드러 잣바 즘기디 마자. ❹뜀. ⇔뼈옴. ≪朴諺, 中, 56ㅈ≫跳冬瓜跳西瓜, 동과뼈옴 ᄒᆞ랴 슈박뼈옴 ᄒᆞ랴.

도(堵) 의 ❶담틀 5장의 넓이. 곧, 담장 사방 30재[尺]의 넓이. ≪朴諺, 上, 10ㅎ≫多少一板(集覽, 朴集, 上, 5ㅈ: 板. 六尺爲板.) (集覽, 朴集, 上, 5ㅈ: 堵. 五板爲堵.), 언머에 ᄒᆞᆫ 판고. ❷돌림. 둘레. ⇔도림. ≪朴諺, 上, 10ㅈ≫我家墻也倒了幾堵, 우리 집 담도 여러 도림이 믄허뎌시니.

도(都) 명 서울. ⇔셔울. ≪朴諺, 下, 10ㅎ≫孩兒在都, 孩兒ㅣ 셔울 이셔.

도(都) 부 ❶다. 모두. ⇔다. ≪朴諺, 上, 1ㅎ≫休買母的都要羯的, 암을 사디 말고 다 수를 사고. ≪朴諺, 上, 3ㅎ≫都是官人們剋減了, 다 官人들이 ᄀᆞᆯ겨 더도다. ≪朴諺, 上, 23ㅎ≫衆朋友們的名字都寫着請去, 모ᄃᆞᆫ 벗들의 名字ᄅᆞᆯ 다 써 청ᄒᆞ라 가쟈. ≪朴諺, 上, 28ㅎ≫這的都是前世裏修善積福來, 이 다 前世예 修善 積福ᄒᆞ여시매. ≪朴諺, 上, 38ㅈ≫咳都猜着了也, 애 다 아ᄂᆞᆫ고나. ≪朴諺, 上, 51ㅈ≫親戚們都來慶, 親戚들히 다 와 경하ᄒᆞᄂᆞ니라. ≪朴諺, 上, 60ㅎ≫兩角獸頭都是青瑠璃, 두 모헤 獸頭ᄂᆞᆫ 다 青瑠璃오. ≪朴諺, 中, 2ㅎ≫都是接頭補定麽, 다 니와겨 깁보태엿다. ≪朴諺, 中, 11ㅈ≫車輛都有麽, 車輛이 다 잇ᄂᆞ냐. 都有了, 다 이셰라. ≪朴諺, 中, 24ㅎ≫都一打裏將到直房裏等我着, 다 ᄒᆞᆫ번의 가지고 直房에 가 날을 기ᄃᆞ리고. ≪朴諺, 中, 30ㅈ≫凍面皮都打破了不中, 언 ᄂᆞᆾ가족이 다 히여딜 거시니 맛당티 아니ᄒᆞ니. ≪朴諺, 中, 58ㅈ≫把這窓孔的紙都扯了, 이 창 쑴게 죵히를다가 다 믜티고. ≪朴諺, 下, 2ㅎ≫都偸將去了, 다 도적ᄒᆞ여 가져가니. ≪朴諺, 下, 7ㅈ≫便成疙滓都吊了, 곳 더뎡이져 다 뻐러디리라. ≪朴諺, 下, 12ㅎ≫以至升斗, 뼈 바리와. 石, 돌과. 塼, 벽과. 培瓦, 培瓦에 니르히. 都有, 다 이셰라. ≪朴諺, 下, 21ㅎ≫把桃肉都喫了, 복셩화 ᄉᆞᆯ흘다가 다 먹고. ≪朴諺, 下, 30ㅈ≫顏色也都消了, 빗치 다 업서시니. ≪朴諺, 下, 43ㅈ≫都裝在卓兒上擡着, 다 탁ᄌᆞ에 담아 들고. ❷모두. 통틀어. ⇔대되. ≪朴諺, 中, 4ㅎ≫都通染錢是五兩四錢半銀子, 대되 통ᄒᆞ여 믈갑시 닷 냥 너 돈 반 은이라.

도(道) 동 …라고 여기다(생각하다). ≪朴諺, 下, 27ㅈ≫心裏想道, ᄆᆞᄋᆞᆷ에 싱각ᄒᆞ니.

도(道) 동 이르다. 말하다. ❶⇔니ᄅᆞ다. ≪集覽, 字解, 單字解, 4ㅎ≫麽. 本音모. 俗用爲語助辭, 音마, 古人皆呼爲모, 故或通作莫. 怎麽 엇디, 來麽 오나라. 又用如乎字之意者則曰, 去麽 갈다, 有麽 잇ᄂᆞ녀. 元語, 麽道 니ᄅᆞᄂᆞ다, 麽音ᄆᆞ, 今不用. ≪朴諺, 上, 7ㅎ≫古人道, 古人이 니ᄅᆞ되. ≪朴諺, 上, 49ㅎ≫難道難道, 니ᄅᆞ기 어렵다 니ᄅᆞ기 어렵다. ≪朴諺, 上, 51ㅎ≫古人道, 古人이 니ᄅᆞ되. ≪朴諺, 中, 6ㅎ≫舍人道做甚麽飯, 舍人아 니ᄅᆞ라 므슴 밥을 지으료. ≪朴諺, 中, 26ㅈ≫休道是街上百姓的, 이 거릿 百姓의 거슨 니ᄅᆞ디 말리라. ≪朴諺, 中, 46ㅈ≫你却不道首領官署了卷廳上不曾押裏, 네 또 首領官은 권에 일홈두고 廳上이 일즙 슈례두디 아녓다 니ᄅᆞ디 아니ᄒᆞ던다. ≪朴諺, 中, 53ㅈ≫休道是偌多鈔錠段子, 이 만ᄒᆞᆫ 鈔錠과 비단을 니ᄅᆞ디 말라. ≪朴諺, 中, 57ㅈ≫硬道是這們, 구틔여 이리 니ᄅᆞᆯ다. ≪朴諺, 下, 1ㅎ≫休道黃金貴, 黃金을 귀타 니ᄅᆞ디 말라. 安樂直錢多, 安樂호미 갑시 만타 ᄒᆞ니라. ≪朴諺, 下, 10ㅈ≫道罷, 니ᄅᆞ기ᄅᆞᆯ ᄆᆞᄎᆞ매. ≪朴諺, 下, 39ㅎ≫古人道, 古人이 니ᄅᆞ되. ≪朴諺, 下, 40ㅎ≫難道不要工錢, 工錢을 밧디 아니리라 니ᄅᆞ기 어렵다. ≪朴諺, 下, 57ㅎ≫小廝道, 아희 니ᄅᆞ되. ≪朴諺, 下, 60ㅎ≫道罷, 니ᄅᆞ기ᄅᆞᆯ ᄆᆞᄎᆞ매. ❷⇔닐다. ≪朴諺, 中, 41ㅈ≫可知道裏, 그리어니 닐럿ᄂᆞ니. ≪朴諺, 中, 53ㅈ≫可知道裡, 그리어니 닐럿

ᄂᆞ니. ❸⇔닐으다. ≪朴諺, 上, 22ㅎ≫硬道是着麽, 굿ᄐᆡ여 이리 닐을다. ❹⇔닐ᄋᆞ다. ≪朴諺, 中, 45ㅈ≫來的客人們也道我精細, 오ᄂᆞᆫ 客人들토 날을 精細타 닐ᄋᆞ리라. ≪朴諺, 中, 46ㅎ≫休那般道, 더리 닐ᄋᆞ디 말라. ≪朴諺, 中, 50ㅈ≫怎那般道, 엇디 더리 닐ᄋᆞᄂᆞᆫ다.

도(道) 동 ❶이르다. 말해 주다. …라고 말하다. ⇔닐오다. ≪朴諺, 上, 14ㅈ≫常言道, 常言에 닐오ᄃᆡ. ≪朴諺, 中, 17ㅎ≫常言道, 常言에 닐오ᄃᆡ. ≪朴諺, 中, 18ㅈ≫古人道, 古人이 닐오ᄃᆡ. ≪朴諺, 中, 28ㅈ≫常言道, 常言에 닐오ᄃᆡ. ≪朴諺, 中, 29ㅈ≫那媳婦道, 뎌 媳婦ㅣ 닐오ᄃᆡ. ≪朴諺, 中, 36ㅎ≫牙子道都有, 즈름이 닐오ᄃᆡ 다 이셰라. ≪朴諺, 中, 37ㅈ≫賣段子的道, 비단 ᄑᆞᄂᆞᆫ 이 닐오ᄃᆡ. ≪朴諺, 中, 50ㅎ≫傍邊看捽挍的人們道, 겨ᄐᆡ셔 시름 보ᄂᆞᆫ 사ᄅᆞᆷ들이 닐오ᄃᆡ. ≪朴諺, 中, 60ㅈ≫你道是合理的事, 네 닐오ᄃᆡ 이 理에 合ᄒᆞᆫ 일이라 ᄒᆞ니. ≪朴諺, 下, 1ㅎ≫古人道, 古人이 닐오ᄃᆡ. ≪朴諺, 下, 10ㅈ≫便喝跳起來道, 곳 혀ᄎᆞ고 ᄠᅱ여 니러 닐오ᄃᆡ. ≪朴諺, 下, 19ㅈ≫伯眼道, 伯眼이 닐오ᄃᆡ. ≪朴諺, 下, 21ㅈ≫王道唐僧得勝了, 王이 닐오ᄃᆡ 唐僧이 이긔어다. ≪朴諺, 下, 23ㅎ≫將軍奏道, 將軍이 엿ᄌᆞ와 닐오ᄃᆡ. ≪朴諺, 下, 37ㅎ≫常言道, 常言에 닐오ᄃᆡ. ≪朴諺, 下, 54ㅎ≫是某回言道, 이 某ㅣ 回言ᄒᆞ여 닐오되. ≪朴諺, 下, 61ㅎ≫古人道, 古人이 닐오ᄃᆡ. ❷이름[說]. ⇔닐옴. ≪朴諺, 中, 60ㅈ≫街上人道的是, 거릿 사ᄅᆞᆷ의 닐옴이 올흐니.

도(道) 명 ❶도. 도리. 도덕. ≪朴諺, 上, 45ㅎ≫立身行道, 立身 行道ᄒᆞ야. ❷도가(道家). ≪朴諺, 中, 24ㅈ≫萬刼(集覽, 朴集, 中, 6ㅈ: 萬劫. 儒曰世, 釋曰劫〈刼〉, 道曰塵. 一說, 儒家曰數, 道家曰劫〈刼〉, 佛家曰世.)再逢難, 萬劫이라도 다시 만나기 어려오니라. ❸우리나라 지방 행정 구역의 하나. ≪朴諺, 中, 12ㅎ≫今年那裏慶尙·全羅·黃海·忠淸·江原各道裏, 올히 뎌긔 慶尙·全羅·黃海·忠淸·江原 各 道에.

도(道) 의 번. 차례. ≪朴諺, 上, 58ㅎ≫喫幾盞酒過兩道湯, 여러 잔 술 먹고 兩道湯을 디내고.

도(道) 접미 -째. 또는 회. 차례. 번. ≪朴諺, 上, 6ㅎ≫第一道爊羊蒸捲, 第一道ᄂᆞᆫ ᄆᆞ르고온 羊과 蒸捲 떡이오. ≪朴諺, 上, 6ㅎ≫第二道金銀豆腐湯, 第二道ᄂᆞᆫ 金銀豆腐湯이오. ≪朴諺, 上, 6ㅎ≫第三道鮮笋燈籠湯, 第三道ᄂᆞᆫ 鮮笋燈籠湯이오. ≪朴諺, 上, 7ㅈ≫第四道三鮮湯, 第四道ᄂᆞᆫ 三鮮湯이오. ≪朴諺, 上, 7ㅈ≫第五道五軟三下鍋, 第五道ᄂᆞᆫ 五軟三下鍋ㅣ오. ≪朴諺, 上, 7ㅈ≫第六道鷄脆芙蓉湯, 第六道ᄂᆞᆫ 鷄脆芙蓉湯이니. ≪朴諺, 上, 7ㅈ≫第七道粉湯·饅頭, 第七道ᄂᆞᆫ 스면과 상화를 ᄒᆞ면.

도(稻) 명 벼. ⇔벼. ≪朴諺, 中, 20ㅈ≫五百來束(束)稻草裏放, 五百 뭇 볏딥헤 노흐라. ≪朴諺, 中, 43ㅎ≫稻熟蠏肥魚正美, 베 닉고 게 ᄉᆞᆯ지고 고기 졍히 아름다오매.

도(賭) 동 내기하다. 걸다. ❶⇔나기ᄒᆞ다. ≪朴諺, 上, 49ㅈ≫咱賭甚麽, 우리 므서슬 나기ᄒᆞ료. 咱賭一箇筵席着, 우리 ᄒᆞᆫ 이바디ᄅᆞᆯ 나기ᄒᆞ쟈. ❷⇔더느다. ≪朴諺, 上, 22ㅈ≫咱們下一局賭輸嬴(贏)如何, 우리 ᄒᆞᆫ 판 두어 지며 이긔믈 더느미 엇더ᄒᆞ뇨. ❸⇔더ᄂᆞ다. ≪朴諺, 上, 22ㅈ≫咱賭一箇羊着, 우리 ᄒᆞᆫ 羊을 더ᄂᆞ쟈. ≪朴諺, 上, 22ㅈ≫咱賭甚麽, 우리 므서ᄉᆞᆯ 더ᄂᆞ료. ≪朴諺, 中, 50ㅈ≫咱賭甚麽, 우리 므서슬 더ᄂᆞ료. ≪朴諺, 下, 34ㅈ≫咱賭甚麽, 우리 므서ᄉᆞᆯ 더ᄂᆞ료. 咱賭錢兒, 우리 돈을 더ᄂᆞ쟈. ❹⇔던ᄋᆞ다. ≪朴諺, 中, 50ㅈ≫不要賭甚麽, 아모 것도 던ᄋᆞ디 말고.

-도 조 ❶-도. ≪朴諺, 上, 10ㅈ≫澇了田禾沒一根兒, 田禾에 믈ᄢᅵ여 ᄒᆞᆫ 불회도 업

고. ≪朴諺, 上, 29ㅎ≫怎麽沒一箇中使的, 엇디 ᄒᆞ나토 뻡즉ᄒᆞ니 업ᄂᆞᇿ. ≪朴諺, 上, 34ㅎ≫一年經蛇咬三年怕井繩, ᄒᆞᆫ ᄒᆡ를 ᄇᆡ얌 믈려 디내면 三年을 드렛줄도 접퍼ᄒᆞᆫ다 ᄒᆞ니라. ≪朴諺, 上, 37ㅈ≫墻上一箇琵琶任誰不敢拿他, 담 우희 ᄒᆞᆫ 琵琶를 아므도 감히 더를 잡디 못ᄒᆞᄂᆞᆫ 거시여. ≪朴諺, 上, 64ㅈ≫生達達·回回如今也都會了, 生達達·回回도 이제ᄂᆞᆫ ᄯᅩ 다 아ᄂᆞ니라. ≪朴諺, 中, 43ㅎ≫不得撚指歇息, 손ᄧᅡᆸ 다ᄃᆞᆷ을 쉬기도 엇디 못ᄒᆞ고. ≪朴諺, 中, 50ㅈ≫不要賭甚麽, 아모 것도 던ᄋᆞ디 말고. ≪朴諺, 下, 1ㅈ≫虫蛀的無一根兒風毛, 좀이 먹어 ᄒᆞᆫ 낫 댱티도 업서시니. ≪朴諺, 下, 20ㅎ≫分毫不動, 分毫도 動티 마라. ≪朴諺, 下, 24ㅎ≫不見了狗, 개도 보디 못ᄒᆞ고. ≪朴諺, 下, 40ㅎ≫也不要工錢, ᄯᅩ 工錢도 밧디 아니호ᄃᆡ. ≪朴諺, 下, 51ㅈ≫漁翁之味萬無迭, 漁翁의 마ᄉᆞᆫ 만 가지도 迭ᄒᆞᆫ 거시 업ᄉᆞ니라. ≪朴諺, 下, 57ㅎ≫就望他去時也不多, 이믜셔 뎌도 보라 가면 ᄯᅩ 多티 아니ᄒᆞ랴. ❷-만큼도. ≪朴諺, 中, 9ㅈ≫沒一點非理害民, 一點도 非理로 害民홈이 업ᄉᆞ니. ≪朴諺, 中, 15ㅈ≫一宿不得半點睡, ᄒᆞᄅᆞᆺ밤을 半點도 자디 못ᄒᆞ니. ❸-도. ⇔야(也). ≪集覽, 字解, 單字解, 2ㅎ≫也. 在詞之上者, 又也. 也好 ᄯᅩ 됴타, 也是 ᄯᅩ 올타. 在詞之中者, 承上起下之辭. 我也去 나도 가마. 在詞之終者, 語助. ≪朴諺, 上, 7ㅎ≫酒也醉了茶飯也飽了, 술도 醉ᄒᆞ엿고 茶飯도 ᄇᆡ브르다. ≪朴諺, 上, 20ㅈ≫二十兩也不勾, 二十兩도 유여티 못ᄒᆞ여라. ≪朴諺, 上, 29ㅎ≫十箇指頭也有長的短的, 열 손가락도 기니 뎌ᄅᆞ니 잇ᄂᆞ니. ≪朴諺, 上, 48ㅈ≫京都也沒甚麽買賣, 셔울도 아므란 買賣ㅣ ᄒᆞᆯ 거시 업드라. ≪朴諺, 上, 66ㅎ≫不到三歲下世去的也有的, 三歲에 니ᄅᆞ디 못ᄒᆞ여셔 下世ᄒᆞ여 가ᄂᆞ니도 잇ᄂᆞ니라. ≪朴諺, 中, 15ㅎ≫生果子也多喫了, ᄉᆡᆼ과실도 만히 먹고. ≪朴諺, 中, 24ㅈ≫咱也到佛所, 우리도 佛所에 가. ≪朴諺, 中, 30ㅈ≫稀粥也熬着裏, 믉은 쥭도 ᄡᅮ엇다. ≪朴諺, 中, 52ㅈ≫我也沒甚麽幹的勾當, 나도 아므란 ᄒᆞᆯ 일이 업고. ≪朴諺, 中, 60ㅈ≫口也順, 입도 슌ᄒᆞ고. ≪朴諺, 下, 3ㅎ≫正是瘦禽也飛不到, 졍히 瘦禽도 ᄂᆞ라가디 못ᄒᆞ고. ≪朴諺, 下, 8ㅈ≫我也隨喜去來, 나도 구경ᄒᆞ라 가쟈. ≪朴諺, 下, 15ㅈ≫我也跟官人時莭(節), 나도 官人을 조차 ᄃᆞᆫ닐 제. ≪朴諺, 下, 24ㅈ≫伯眼大仙也割下頭來, 伯眼大仙도 머리를 버혀 ᄂᆞ리와. ≪朴諺, 下, 34ㅈ≫你也打的麽, 너도 티기 ᄒᆞᄂᆞᆫ다. ≪朴諺, 下, 41ㅈ≫咳年紀也小裡, 애 나도 졈닷다. ≪朴諺, 下, 60ㅎ≫咱婦人家也聽的這衆人之言, 우리 婦人도 이 衆人의 말을 드ᄅᆞ니.

도가(道家) 명 중국 선진(先秦) 시대 제자백가(諸子百家)의 하나. 만물의 근원으로서의 자연을 숭배하였다. 유가와 더불어 양대 학파를 이루었다. ≪朴諺, 中, 24ㅈ≫萬刼(集覽, 朴集, 中, 6ㅈ: 萬劫. 儒曰世, 釋曰劫〈刼〉, 道曰塵. 一說, 儒家曰數, 道家曰劫〈刼〉, 佛家曰世.)再逢難, 萬劫이라도 다시 만나기 어려오니라.

도각(挑脚) 명 짐꾼. ≪朴諺, 上, 11ㅈ≫那挑脚(集覽, 朴集, 上, 5ㅈ: 挑脚. 舊本作赶脚的. 謂赶脚者, 賃驢〈馿〉取直之人, 謂挑脚者, 負擔重物求直之人也.)的, 뎌 삭짐 지ᄂᆞᆫ 이아.

도각자(挑脚者) 명 짐꾼. ≪朴諺, 上, 11ㅈ≫那挑脚(集覽, 朴集, 上, 5ㅈ: 挑脚. 舊本作赶脚的. 謂赶脚者, 賃驢〈馿〉取直之人, 謂挑脚者, 負擔重物求直之人也.)的, 뎌 삭짐 지ᄂᆞᆫ 이아.

도개(稻稭) 명 볏짚. ≪朴諺, 中, 19ㅎ≫放稈草(集覽, 朴集, 中, 3ㅎ: 稈草. 中國北方士〈土〉地高燥, 宜粟不宜稻, 故治田好種粟. 收粟者截穗取實, 留〈畄〉其稭以飼馬, 因名其稭曰稈草, 亦曰穀草. 稭, 音戞, 稻稭曰稻草.)五錢一束(朿)家放, 조딥헤 노

ᄒᆞ되 다ᄉᆞᆺ 낫 돈에 ᄒᆞᆫ 믓식 ᄒᆞ여 노코.

도검(刀劍) 명 칼과 검. ≪朴諺, 上, 15ㅎ≫ 着鑌鐵(集覽, 朴集, 上, 6ㅈ: 鑌鐵. 總〈聡〉龜云, 出西番, 面上自有旋螺花者, 有芝麻花者. 凡刀劍器打磨光淨, 價直過於銀, 鐵〈銕〉中最利者也.)打, 鑌鐵로 티이되.

도경(道經) 명 도교(道敎)의 경전(經典). ≪朴諺, 中, 24ㅈ≫萬刼(集覽, 朴集, 中, 6ㅈ: 萬劫. 道經云, 天地一成一敗謂之劫〈刼〉.)再逢難, 萬劫이라도 다시 만나기 어려오니라. ≪朴諺, 下, 18ㅈ≫起盖三淸(集覽, 朴集, 下, 4ㅎ: 三淸. 道經云, 無上大羅. 玉淸, 十二天聖境也, 九聖所居, 元始天尊所治.)大殿, 三淸大殿을 지으니. ≪朴諺, 下, 18ㅎ≫做羅天(集覽, 朴集, 下, 4ㅎ: 羅天. 道經云, 七寶之樹各生一方, 弥覆一天, 八樹弥覆八天, 包羅衆天, 故云大羅, 此聖境也.)大醮, 羅天大醮를 ᄒᆞ더니. ≪朴諺, 下, 49ㅈ≫好女不看燈(集覽, 朴集, 下, 11ㅈ: 好女不看燈. 道經云, 正月十五日, 謂之上元, 天官下降人閒〈間〉, 考定罪福. 是夜張燈, 士女鼓〈皷〉樂遊街.), 好女ᄂᆞᆫ 看燈 아니ᄒᆞᆫ다 ᄒᆞᄂᆞ니라.

-도곤 조 -보다. ≪朴諺, 中, 18ㅎ≫强如良藥治病, 良藥으로 病 다ᄉᆞ림도곤 나으리라. ≪朴諺, 下, 12ㅈ≫勝如見面, ᄂᆞᆺ촐 봄도곤 나으리이다. ≪朴諺, 下, 45ㅎ≫强如親自看, 친히 보니도곤 나으리라.

도관 명 도가니. ⇔과아(鍋兒). ≪朴諺, 下, 29ㅎ≫鐵鎚, 마치. 鉗子, 집게. 鐵枕, 모로. 鍋兒, 도관.

도관자(倒關字) 동 글월을 베끼다. ≪集覽, 字解, 單字解, 3ㅈ≫倒. 上聲, 仆也. 倒了 구으러디다. 又換也. 倒馬 ᄆᆞᆯ ᄀᆞ다. 又謄也. 倒關字 글월 번뎝ᄒᆞ다. 又去聲, 反辭 도ᄅᆞ혀. 通作到.

도근(道殣) 명 길가에서 굶어 죽은 사람. ≪朴諺, 中, 22ㅈ≫隨相現相(集覽, 朴集, 中, 5ㅈ: 隨相現相. 飜譯名義云, 佛昔爲帝釋時, 遭飢歲, 疾疫流行, 醫療無功, 道殣相屬.)救苦惱於三塗, 상을 조차 상을 뵈야 苦惱를 三塗에 救ᄒᆞᄂᆞᆫ또다.

도기(挑起) 동 걷어 올려 꽂다. ⇔것곳다. ≪朴諺, 上, 40ㅈ≫將那挑針挑起來, 더 것고지 가져다가 것곳고.

도념(道念) 명 그리워하는 정. ≪朴諺, 上, 5ㅎ≫呌教坊司十數箇樂工和做院本(集覽, 朴集, 上, 2ㅎ: 院本. 院本則五人, 一曰副淨, 古謂之叅軍, 一曰副末, 古謂之蒼鶻, 鶻能擊禽鳥, 末可打副淨, 古(故)云, 一曰引戯, 一曰末泥, 一曰孤裝, 又謂之五花爨弄. 或曰, 宋徽宗見爨國人來朝, 衣裝·鞵履·巾裹, 傅粉墨, 擧動如此, 使優人効之以爲戯. 其間副淨有散說, 有道念, 有筋斗, 有科範. 盖古教坊色長有魏·武·劉三人, 而魏長於念誦, 武長於筋斗, 劉長於科範, 至今樂人皆宗之.)諸般雜技的來, 教坊司의 여라믄 樂工과 院本에 여러 가지 雜技ᄒᆞᄂᆞ니를 블러오라.

도녕(諂佞) 형 사특하고 황당무계하다. ⇔도녕ᄒᆞ다(諂佞-). ≪朴諺, 上, 23ㅎ≫說口諂佞, 말ᄒᆞᄂᆞᆫ 입이 諂佞ᄒᆞ여.

도녕ᄒᆞ다(諂佞-) 형 사특하고 황당무계하다. ⇔도녕(諂佞). ≪朴諺, 上, 23ㅎ≫說口諂佞, 말ᄒᆞᄂᆞᆫ 입이 諂佞ᄒᆞ여.

-도다 어미 -도다. -구나. ≪朴諺, 上, 3ㅎ≫都是官人們尅減了, 다 官人들이 글겨 더도다. ≪朴諺, 上, 49ㅎ≫好好, 됴토다 됴토다. ≪朴諺, 中, 15ㅎ≫可知得這證候, 그리어니 이 證候를 엇도다. ≪朴諺, 中, 21ㅈ≫智滿十身, 智ᄂᆞᆫ 十身에 찻도다. ≪朴諺, 中, 21ㅎ≫身嚴瓔珞居普陁空翠之山, 몸에 瓔珞으로 장엄ᄒᆞ여시니 普陀空翠의 山에 居ᄒᆞ엿도다. ≪朴諺, 中, 23ㅈ≫眉秀垂楊, 눈섭은 垂楊이 ᄲᅡ여난 ᄃᆞᆺᄒᆞ도다. ≪朴諺, 中, 23ㅎ≫百姓有安祥之慶, 百姓이 安祥ᄒᆞᆫ 慶이 잇도다. ≪朴諺, 中, 45ㅎ≫却早滿三十箇月, ᄇᆞᆯ셔 三十月이 찻도다. ≪朴諺, 中, 53ㅈ≫得偌多賞賜, 만ᄒᆞᆫ 賞賜를 엇도다. ≪朴諺, 下, 61ㅎ≫信然, 信然ᄒᆞ도다.

도당(都堂) 명 당대(唐代)에 6부(部)를 관할하던 도성(都省: 尙書省)을 이르던 말. 명대(明代)에는 도찰원(都察院)의 도어사(都御使)·부도어사(副都御使)·첨도어사(僉都御使)를 이르는 말로 썼다. ≪朴諺, 上, 8ㅈ≫都堂(集覽, 朴集, 上, 4ㅈ: 都堂. 唐制, 尙書省曰都堂. 元時亦有尙書省. 今按, 華制, 都察院有左右都御史·副都御史·僉都御史, 在外十三布政司及都司, 皆有御史一員, 都御史所在謂之都堂, 監察御史所在謂之察院.)捻兵官的詔書, 都堂 捻兵官의게 ᄒᆞᄂᆞᆫ 詔書라. ≪朴諺, 上, 9ㅈ≫小人也得了箚付(集覽, 朴集, 上, 4ㅎ: 箚付. 音義云, 禮部知會都堂總兵官文書, 內有事件, 体式詳見求政錄.)關字便上馬, 小人도 箚付 關字를 어드면 곳 上馬ᄒᆞ리로다.

도독(都督) 명 군정(軍政)을 맡아 다스리던 오군(五軍)의 군사 장관(長官). ≪朴諺, 上, 59ㅎ≫揮使(集覽, 朴集, 上, 15ㅈ: 揮使. 音義云, 指揮之美稱〈称〉. 今按, 指揮使, 官名. 都督府都指揮使, 正二品, 各衛指揮使, 正三品.)你曾到西湖景來麼, 揮使ㅣ아 네 일즙 西湖ㅅ 景에 갓든다. ≪朴諺, 中, 45ㅎ≫同知(集覽, 朴集, 中, 8ㅈ: 同知. 都督同知, 從一品, 指揮同知, 從二品, 留守司同知·各衛同知, 俱從三品.)哥, 同知 형아. ≪朴諺, 下, 51ㅎ≫申(集覽, 朴集, 下, 11ㅎ: 申. 今按, 直隷府申六部, 在外府州申都司, 應天府申五軍都督, 皆名曰申狀.)竊盜狀, 窃盜狀을 申ᄒᆞ노니.

도독부(都督府) 명 도독(都督)이 관할하는 지방 관아. ≪朴諺, 下, 11ㅎ≫得了照會(集覽, 朴集, 下, 3ㅈ: 照會. 五軍都督府照會六部, 六部照會承宣布政使司, 使司照會提刑按察司.), 照會를 엇노라. ≪朴諺, 下, 14ㅈ≫纔只掾史(集覽, 朴集, 下, 3ㅎ: 掾史. 今按, 五軍都督府有掾史, 而光祿寺吏無此名.)們將文卷來, ᄀᆞᆺ 掾史들히 文卷을 가져와.

도동과(跳冬瓜) 명 미상. ⇔동과쀠옴. ≪朴諺, 中, 56ㅈ≫跳冬瓜跳西瓜, 동과쀠옴 ᄒᆞ랴 슈박쀠옴 ᄒᆞ랴.

도두(到頭) 명 나중에. 결국은. 또는 끝내. 마침내. ⇔나죵애. ≪集覽, 字解, 單字解, 7ㅈ≫頭. 首也. 東頭·西頭 동녁 긑·셧녁 긑, 頭到 나죵내, 到頭 나죵애. 通作投. 又上頭 젼ᄎᆞ로. 又頭盤 첫 판, 頭舘 첫 판, 頭雞 첫 ᄃᆞᆰ.

도라가다 동 돌아가다. ⇔환(還). ≪朴諺, 下, 11ㅎ≫衣錦還鄉, 비단옷 닙고 고향의 도라가.

도라오다 동 돌아오다. ❶⇔회(回). ≪朴諺, 下, 14ㅎ≫但早散時實不見早回家, 다ᄆᆞᆫ 일 흣터디되 실로 일즉이 집의 도라오믈 보디 못ᄒᆞ니. ❷⇔회(廻). ≪朴諺, 上, 45ㅈ≫迴家喫飯, 집의 도라와 밥 먹고. ❸⇔회래(回來). ≪朴諺, 上, 44ㅈ≫我回來時, 내 도라오면. ❹⇔회래(廻來). ≪朴諺, 上, 57ㅈ≫上了墳迴來怎的, 上墳ᄒᆞ고 도라올려냐 엇딜러뇨. ≪朴諺, 上, 66ㅈ≫迴來到這永寧寺裏, 이 永寧寺에 도라오니. ≪朴諺, 下, 39ㅈ≫你送那裡迴來, 네 어ᄃᆡ 가 보내고 도라온다. ≪朴諺, 下, 39ㅈ≫辭了迴來, 하딕ᄒᆞ고 도라오롸. ≪朴諺, 下, 39ㅈ≫送到三四日辭迴來, 보내여 三四日에 가 하딕고 도라오면.

도래(到來) 동 가다. 또는 오다. 닥쳐오다. ⇔가다. ≪朴諺, 上, 59ㅎ≫我不曾到來, 내 일즙 가디 못ᄒᆞ여시니. ≪朴諺, 中, 15ㅈ≫是小人昨日張少卿的慶賀筵席裏到來, 올흐니 小人이 어제 張少卿의 慶賀 잔채에 갓더니.

도량(道場) 명 〈불〉 불도(佛道)를 수행하기 위하여 경을 외우고 예배하는 곳. ≪朴諺, 下, 42ㅈ≫黑夜道場(集覽, 朴集, 下, 9ㅈ: 道場. 反(飜)譯名義云, 修道之場, 僧寺或名道場. 隋煬帝勑天下寺院皆名道場.)裡你有來麼, 밤의 道場에 네 잇든다.

도로다 동 ❶돌리다. ⇔알(斡). ≪朴諺, 上, 40ㅈ≫將那鉸刀斡耳, 뎌 귀갓갈 가져다가 귀 안 도로고. ❷두르다. ⇔말(抹).

≪朴諺, 上, 27ㅈ≫鴨綠羅納綉獅子的抹口靑絨氈襪上, 鴨頭綠 羅에 獅子를 綉ᄒᆞ야 깃 도론 프른 부드러온 시울청에.

도로혀 부 도리어. ❶⇔도(倒). ≪朴諺, 上, 17ㅎ≫咳小廝們倒聒噪, 애 아희들히 도로혀 지져귀여. ≪朴諺, 上, 48ㅎ≫不去的倒快活, 가디 아님이 도로혀 즐겁다. ≪朴諺, 中, 2ㅈ≫這般時倒好, 이러면 도로혀 됴타. ≪朴諺, 中, 31ㅎ≫那厮如今倒可喜, 뎌 놈이 이제 도로혀 곱더라. ≪朴諺, 下, 28ㅈ≫倒省錢, 도로혀 돈을 ᄆᆞᄃᆡ어다. ❷⇔반(反). ≪朴諺, 中, 60ㅎ≫反上反下, 도로혀 올리락 도로혀 ᄂᆞ리오락 ᄒᆞᆫ다 ᄒᆞ니.

-도록 어미 ❶-도록. ≪集覽, 字解, 累字解, 1ㅎ≫早晩. 這早晩 이 늣도록. 又問何時曰, 多早晩 어느 때. ≪朴諺, 上, 21ㅈ≫睡到明, 자기를 볼그매 다듯도록 ᄒᆞ니. ❷-ㄹ수록. ≪朴諺, 上, 16ㅎ≫越細詳越好, 더옥 細詳토록 더옥 됴ᄒᆞ니라.

도료(倒了) 동 거꾸러지다. 넘어지다. 굴러 떨어지다. ⇔구으러디다. ≪集覽, 字解, 單字解, 3ㅈ≫倒. 上聲, 仆也. 倒了 구으러디다. 又換也. 倒馬 ᄆᆞᆯ ᄀᆞ다. 又謄也. 倒關字 글월 번뎝ᄒᆞ다. 又去聲, 反辭 도ᄅᆞ혀. 通作到.

도리(道理) 명 사람이 마땅히 행(行)해야 할 바른 길. ≪朴諺, 上, 34ㅈ≫往深山裏懺悔(集覽, 朴集, 上, 10ㅎ: 懺悔. 反(飜)譯名義云, 懺者, 首也, 悔者, 伏也. 不逆爲伏, 順從爲首, 正順道理, 不敢作非, 故名懺悔. 又修來爲懺, 改往爲悔.)去, 深山을 향ᄒᆞ야 懺悔ᄒᆞ라 가노라. ≪朴諺, 下, 19ㅈ≫這禿厮好沒道理, 이 머리믠놈이 ᄀᆞ장 道理 업다 ᄒᆞ고.

도림 의 돌림. 둘레. 주위. ❶⇔도(堵). ≪朴諺, 上, 10ㅈ≫我家墻也倒了幾堵, 우리 집 담도 여러 도림이 믄허뎌시니. ❷⇔주조(周遭). ≪朴諺, 中, 44ㅎ≫一周遭放幾張交椅, ᄒᆞᆫ 도림으로 여러 댱 교의를 노코.

도ᄅᆞ혀 부 도리어. 오히려. ❶⇔도(到). ≪集覽, 字解, 單字解, 7ㅈ≫到. 至也. 又極也. 又反辭 도ᄅᆞ혀. 通作倒. ❷⇔도(倒). ≪集覽, 字解, 單字解, 3ㅈ≫倒. 上聲, 仆也. 倒了 구으러디다. 又換也. 倒馬 ᄆᆞᆯ ᄀᆞ다. 又謄也. 倒關字 글월 번뎝ᄒᆞ다. 又去聲, 反辭 도ᄅᆞ혀. 通作到.

도마(倒馬) 동 말을 갈다. 말을 교환하다. 말을 바꾸다. ≪集覽, 字解, 單字解, 3ㅈ≫倒. 上聲, 仆也. 倒了 구으러디다. 又換也. 倒馬 ᄆᆞᆯ ᄀᆞ다. 又謄也. 倒關字 글월 번뎝ᄒᆞ다. 又去聲, 反辭 도ᄅᆞ혀. 通作到.

도망ᄒᆞ다 동 도망하다. ⇔도주(逃走). ≪朴諺, 下, 61ㅈ≫逃走在山裏, 도망ᄒᆞ야 山의 잇더니.

도방(道傍) 명 길가. 길옆. ≪朴諺, 上, 39ㅈ≫狗有濺草之恩, 개는 濺草ᄒᆞᆫ 恩이 잇고. 馬有垂韁之報(集覽, 朴集, 上, 11ㅈ: 馬有垂韁之報. 漢高祖與項王會鴻門, 舞劒事急, 謀脫. 匹〈疋〉馬南行, 道傍有一眢井, 馬到井邊不肯行. 漢王恐追者至, 下馬入井.), ᄆᆞᆯ은 垂韁ᄒᆞᆫ 報ㅣ 잇다 ᄒᆞ니라.

도사(都司) 명 명대(明代)의 도지휘사사(都指揮使司). 한 성(省)의 군정(軍政)을 총괄하였다. ≪朴諺, 上, 8ㅈ≫都堂(集覽, 朴集, 上, 4ㅈ: 都堂. 唐制, 尙書省曰都堂. 元時亦有尙書省. 今按, 華制, 都察院有左右都御史·副都御史·僉都御史, 在外十三布政司及都司, 皆有御史一員, 都御史所在謂之都堂, 監察御史所在謂之察院.)捴兵官的詔書, 都堂 捴兵官의게 ᄒᆞᄂᆞᆫ 詔書라. ≪朴諺, 下, 51ㅎ≫申(集覽, 朴集, 下, 11ㅎ: 申. 今按, 直隷府申六部, 在外府州申都司, 應天府申五軍都督, 皆名曰申狀.)竊盜狀, 窃盜狀을 申ᄒᆞ노니.

도사(道士) 명 도교(道敎)를 믿고 수행하는 사람. ≪朴諺, 下, 42ㅎ≫諸般彩亭子(集覽, 朴集, 下, 9ㅈ: 彩亭子. 僧尼·道士及鼓〈皷〉樂·鍾鈸塡咽大路, 遠近大小親鄰〈隣〉男女, 前後導從者, 不知幾人, 後施夾障從之.), 여러 가지 彩亭子를 세내고.

도산 명 선물(膳物). ❶⇔인사(人事). ≪朴

諺, 上, 44ㅈ≫多多的與你人事(集覽, 朴集, 上, 12ㅎ: 人事. 土産, 俗·도·산. 舊本作撒花.), 만히 네게 人事ᄒᆞ마. ❷⇔토산(土産). ≪朴諺, 上, 44ㅈ≫多多的與你人事(集覽, 朴集, 上, 12ㅎ: 人事. 土産, 俗·도·산. 舊本作撒花.), 만히 네게 人事ᄒᆞ마.

도상(圖像) 동 형상(形象)을 그리다. ≪朴諺, 中, 44ㅎ≫掛十八學士(集覽, 朴集, 中, 8ㅈ: 十八學士. 秦王暇日, 至館中討論文籍, 使閻立本圖像, 褚亮爲贊. 得與其選者, 世謂之登瀛洲.)大畫, 十八學士 그린 큰 그림을 걸고.

도서과(跳西瓜) 명 미상. ⇔슈박뛰옴. ≪朴諺, 中, 56ㅈ≫跳冬瓜跳西瓜, 동과뛰옴ᄒᆞ랴 슈박뛰옴 ᄒᆞ랴.

도성(都城) 명 임금이나 황제가 있던 도읍지가 성으로 이루어져 있었다는 데에서, 서울을 이르던 말. ≪朴諺, 上, 9ㅎ≫水渰過蘆溝橋(集覽, 朴集, 上, 4ㅎ: 蘆溝橋. 蘆溝本桑乾河, 俗曰渾河, 亦曰小黃河. 上自保安州界, 歷山南流入宛平縣境, 至都城四十里.)獅子頭, 믈이 蘆溝橋 獅子ㅅ 머리를 ᄌᆞᆷ가 너머. ≪朴諺, 上, 59ㅎ≫揮使你曾到西湖(集覽, 朴集, 上, 15ㅈ: 西湖. 在玉泉山下, 泉水瀦而爲湖, 流入宮中. 西苑爲太液池, 出都城爲玉河, 東南流注于大通河. 環湖十餘里, 荷·蒲·菱·芡與夫沙禽·水鳥出沒, 隱暎於天光雲影中, 實佳境也.)景來麽, 揮使ㅣ아 네 일즙 西湖ㅅ 景에 갓든다.

도성(道性) 명 〈불〉 세속(世俗)을 초탈하여 도를 닦고자 하는 품성. ≪朴諺, 中, 21ㅈ≫智滿十身(集覽, 朴集, 中, 4ㅈ: 智滿十身. 本覺爲知, 始覺爲智. 滿, 備也. 十身有調御. 十身, 曰無着, 曰弘願, 曰業報, 曰住持, 曰涅槃, 曰淨法, 曰眞心, 曰三昧, 曰道性, 曰如意. 有內十身, 曰菩提, 曰願, 曰化, 曰力持, 曰莊嚴, 曰威勢, 曰意生, 曰福德, 曰法, 曰智. 有外十身, 曰自, 曰衆生, 曰國土, 曰業報, 曰聲聞, 曰圓覺, 曰菩薩, 曰智, 曰法, 曰虛空.), 智는 十身에 찻도다.

도속(道俗) 명 도인(道人)과 속인(俗人). ≪朴諺, 中, 33ㅈ≫僧尼道俗都隨喜去, 僧尼 道俗이 다 구경ᄒᆞ라 가니. ≪朴諺, 下, 8ㅎ≫僧尼道俗善男信女, 僧尼 道俗과 善男 信女ㅣ.

도솔(兜率) 명 〈불〉 도솔천(兜率天)의 준말. ≪朴諺, 上, 62ㅎ≫只此人間兜率(集覽, 朴集, 上, 15ㅈ: 兜率. 梵語兜率, 此云妙足, 又云知足於五欲知止足. 故佛地論云, 名憙足, 謂後身菩薩於中敎化, 多修憙足故. 卽欲界六天之一也. 兜率天, 人間四百世爲一日.), 그저 이 人間ㅅ 兜率이러라.

도솔천(兜率天) 명 〈불〉 육욕천(六欲天)의 넷째 하늘. 수미산(須彌山)의 꼭대기에서 12만(萬) 유순(由旬) 되는 곳에 있는 미륵보살(彌勒菩薩)의 정토(淨土). ≪朴諺, 上, 62ㅎ≫只此人間兜率(集覽, 朴集, 上, 15ㅈ: 兜率. 梵語兜率, 此云妙足, 又云知足於五欲知止足. 故佛地論云, 名憙足, 謂後身菩薩於中敎化, 多修憙足故. 卽欲界六天之一也. 兜率天, 人間四百世爲一日.), 그저 이 人間ㅅ 兜率이러라.

도수(導首) 동 선도(先導)하다. 앞장서다. ≪朴諺, 下, 9ㅎ≫入寺敬三寶(集覽, 朴集, 下, 3ㅈ: 三寶. 佛·法·僧也. 功成妙智, 道登圓覺, 佛也, 玄理幽微, 正教精誠, 法也, 禁戒守眞, 威儀出俗, 僧也. 皆是四生導首, 六趣舟航, 故曰寶.), 뎔에 드러는 三寶를 敬ᄒᆞ고.

도아(刀兒) 명 칼. ⇔칼. ≪朴諺, 中, 46ㅎ≫扯了我一把刀兒, 내 ᄒᆞᆫ ᄌᆞᄅᆞ 칼을 쌔히고.

도아(挑牙) 명 이쑤시개. ⇔툐아. ≪朴諺, 上, 25ㅎ≫象牙細花兒挑牙, 象牙로 細花ᄒᆞᆫ 툐아에.

도아(道兒) 명 꾀. 수단. 수법. 비결. ⇔쐬. ≪朴諺, 中, 3ㅈ≫我臨了喫了他一道兒, 내 나죵에 뎌의 ᄒᆞᆫ 쐬를 닙어다. ≪朴諺, 中, 47ㅎ≫臨了他也着我道兒, 나죵에 뎌

도 내 쇠를 넘어다.

도액(度厄) 명 가정이나 개인에게 닥칠 액을 미리 막는 일. ≪朴諺, 下, 18ㅎ≫做羅天大醮(集覽, 朴集, 下, 4ㅎ: 大醮. 又有消災度厄之法, 依陰陽五行之數, 推人年命, 書爲章疏靑詞, 奏達天神, 謂之醮.), 羅天大醮를 ᄒᆞ더니. ≪朴諺, 下, 49ㅈ≫好女不看燈(集覽, 朴集, 下, 11ㅈ: 好女不看燈. 今漢俗, 上元夜行過三橋, 則一年度厄, 謂之過橋. 傾城士女, 夜遊徹明, 頗有穢聲.), 好女ᄂᆞᆫ 看燈 아니ᄒᆞᆫ다 ᄒᆞᄂᆞ니라.

도어사(都御史) 명 명대(明代) 도찰원(都察院)의 장관(長官). ≪朴諺, 上, 8ㅈ≫都堂(集覽, 朴集, 上, 4ㅈ: 都堂. 唐制, 尙書省曰都堂. 元時亦有尙書省. 今按, 華制, 都察院有左右都御史·副都御史·僉都御史, 在外十三布政司及都司, 皆有御史一員, 都御史所在謂之都堂, 監察御史所在謂之察院.)捻兵官的詔書, 都堂 捻兵官의게 ᄒᆞᄂᆞᆫ 詔書라.

도연(徒然) 부 공연히. 쓸데없이. 헛되이. ⇔공히. ≪集覽, 字解, 單字解, 2ㅈ≫乾. 音干. 徒然之辭. 공히. 又쇽졀업시.

도열(桃苅) 명 복숭아나무의 가지와 갈대의 이삭으로 맨 빗자루. 사악하거나 상서롭지 못한 잡귀를 물리칠 때 사용하였다. ≪朴諺, 中, 44ㅎ≫將苕箒(集覽, 朴集, 中, 8ㅈ: 苕箒. 周禮桃苅鄭云, 苅, 苕箒也, 苕, 葦華也.)來掃的乾淨着, 닛븨 가져다가 ᄡᅳᆯ기를 간졍히 ᄒᆞ고.

도예(道藝) 명 학문과 기예(技藝). ≪朴諺, 中, 21ㅎ≫或分身居士·宰官(集覽, 朴集, 中, 5ㅈ: 居士宰官. 禮記玉藻曰, 居士錦帶. 注, 道藝處士也.), 或 居士·宰官에 分身ᄒᆞ고.

도이다 동 되다. ⇔주(做). ≪朴諺, 上, 31ㅈ≫那廝高麗地面來的宰相們上做牙子, 뎌 놈이 高麗 ᄯᅡ흐로셔 온 宰相들희손ᄃᆡ ᄌᆞ름이 도엿ᄂᆞ니.

도인(道人) 명 도교를 믿고 수행하는 사람. ≪朴諺, 下, 18ㅎ≫聽的道人們祭星, 道人들의 祭星홈을 듯고.

도자(刀子) 명 칼. ⇔칼. ≪朴諺, 上, 15ㅈ≫快打刀子的匠人那裏有, 칼 잘 ᄆᆡᆫᄃᆞᄂᆞᆫ 匠人이 어ᄃᆡ 인ᄂᆞ뇨. 我打一副刀子, 내 ᄒᆞᆫ 불 칼을 ᄆᆡᆫ들려 ᄒᆞ노라. ≪朴諺, 上, 15ㅈ≫打的好刀子, ᄆᆡᆫ든 칼이 됴흐니라. ≪朴諺, 上, 15ㅎ≫大刀子一把, 큰 칼 ᄒᆞᆫ ᄌᆞ루. 小刀子一把, 젹은 칼 ᄒᆞᆫ ᄌᆞ루. ≪朴諺, 上, 16ㅈ≫你這五件兒刀子, 네 이 다ᄉᆞᆺ 발 칼을. ≪朴諺, 上, 16ㅈ≫咱這官人要打一副刀子, 우리 이 官人이 ᄒᆞᆫ 불 칼을 ᄆᆡᆫ들고져 호되. ≪朴諺, 上, 16ㅈ≫這五件兒刀子, 이 다ᄉᆞᆺ 불 칼을. ≪朴諺, 上, 25ㅎ≫五六件兒刀子, 다엿 불 칼은. ≪朴諺, 上, 39ㅎ≫你的刀子快也鈍, 네 칼이 드ᄂᆞ냐 무되냐. ≪朴諺, 上, 39ㅎ≫管甚麽來刀子鈍, 므서슬 ᄀᆞ음알관ᄃᆡ 칼이 무되리오. ≪朴諺, 中, 47ㅈ≫把他的小刀子拔了, 뎌의 져근 칼을다가 ᄲᅡ이고.

도자(稻子) 명 벼. ⇔벼. ≪朴諺, 下, 15ㅎ≫城外種稻子來, 셩 밧긔 벼 시므라 갓다가. ≪朴諺, 下, 16ㅈ≫種稻子那廝因何監着, 벼 시므든 뎌 놈은 므스 일을 인ᄒᆞ여 갓텨ᄂᆞ뇨. ≪朴諺, 下, 37ㅈ≫稻子, 벼. 薥秫, 슈슈. 黍子, 기장. 大麥, 보리. 小麥, 밀. 蕎麥, 모밀. 黃豆, 콩. 小豆, 풋. 菉豆, 녹두. 莞豆, 광쟝이. 黑豆, 거믄콩. 芝麻, 춤ᄁᆡ. 蘇子, 듧ᄁᆡ.

도장(倒裝) 동 흥졍을 무르다. ≪集覽, 字解, 累字解, 2ㅎ≫悔交. 흥졍 므르다. 亦曰倒裝.

도장경(道藏經) 명 도교에 관한 모든 전적(典籍)을 집대성한 경전(經典). ≪朴諺, 下, 7ㅎ≫這七月十五日(集覽, 朴集, 下, 2ㅈ: 七月十五日. 道藏經云, 七月十五日, 謂之中元, 地官下降人間, 檢校世人, 甄別善惡, 上告天曹.)是諸佛解夏之日, 七月十五日은 諸佛 解夏ᄒᆞᄂᆞᆫ 날이라.

도적 명 도적. 도둑. ⇔적(賊). ≪朴諺, 中, 3ㅈ≫誆猾賊, 誆猾ᄒᆞᆫ 도적이니. ≪朴諺, 中, 13ㅈ≫那賊們把那船上的物件都奪了,

뎌 도적들히 그 빈엣 物件을 다 앗고. ≪朴諺, 中, 19ㅈ≫一箇賊那靴鋪裏, 흔 도적은 뎌 훠ᄋᆞ푸ᄌᆞ에. ≪朴諺, 中, 19ㅈ≫這幾箇賊漢們, 이 여러 도적놈들히. ≪朴諺, 中, 25ㅈ≫如今賊廣, 이제 도적이 흔ᄒᆞ니. ≪朴諺, 中, 25ㅈ≫常防賊心莫偸他物, 샹히 도적 ᄆᆞᄋᆞᆷ을 막고 놈의 것 도적디 말라 ᄒᆞᄂᆞ니라. ≪朴諺, 中, 35ㅈ≫因此上賊廣, 이런 젼ᄎᆞ로 도직(적)이 흔ᄒᆞ니라. 使鉤子的賊們更是廣, 갈고리 쓰는 도적이 ᄯᅩ 흔ᄒᆞ여. ≪朴諺, 中, 57ㅈ≫這潑禽獸殺娘賊, 이 보피라온 즘싱 殺娘ᄒᆞ는 도적아. ≪朴諺, 下, 2ㅎ≫前日三更前後賊入來, 그젓긔 三更은 ᄒᆞ여 도적이 드러와. ≪朴諺, 下, 25ㅎ≫這賊養漢生的小驢精, 이 도적 화냥년의 난 나괴ᄡᅵ야. ≪朴諺, 下, 52ㅎ≫約賊幾人, 거의 도적 현 사름이. ≪朴諺, 下, 55ㅈ≫捉賊見贓, 도적 잡기는 장믈을 보고. 廝打驗傷, 서ᄅᆞ 싸혼 ᄃᆡ는 傷處를 驗흔다 ᄒᆞᄂᆞ니라.

도적놈 명 도적놈. 도둑놈. ❶⇔적(賊). ≪朴諺, 中, 7ㅎ≫這賊弟子孩兒, 이 도적놈의 ᄌᆞ식아. ❷⇔적한(賊漢). ≪朴諺, 中, 19ㅈ≫這幾箇賊漢們, 이 여러 도적놈들히.

도적ᄒᆞ다 동 도둑질하다. ❶⇔투(偸). ≪朴諺, 上, 32ㅎ≫一箇和尙偸弄別人的媳婦, 흔 즁이 놈의 겨집을 도적ᄒᆞ여 어르노라. 偸將去的時莭(節), 도적ᄒᆞ여 갈 ᄢᅢ(ᄣᅢ)예. ≪朴諺, 上, 33ㅎ≫而今沒來由偸別人的媳婦怎麽, 이제 쇽졀업시 놈의 겨집을 도적홈은 엇디오. ≪朴諺, 上, 34ㅈ≫你再敢偸別人媳婦麽, 네 다시 감히 놈의 겨집 도적홀다. ≪朴諺, 下, 2ㅎ≫都偸將去了, 다 도적ᄒᆞ여 가져가니. ≪朴諺, 下, 16ㅈ≫却說我家漢子偸了, ᄯᅩ 닐오ᄃᆡ 우리 집 놈이 도적ᄒᆞ다 ᄒᆞ니. ❷⇔투도(偸盜). ≪朴諺, 下, 52ㅈ≫偸盜去布一百匹, 布 一百匹을 도적ᄒᆞ여 가니. ≪朴諺, 下, 52ㅎ≫偸盜前項物色, 도적흔 前項 物色을. ≪朴諺, 下, 52ㅎ≫偸盜前項布匹, 前項 布匹을 도적ᄒᆞ여.

도전(賭錢) 동 돈을 걸다. 도박을 하다. 노름을 하다. ≪朴諺, 上, 17ㅎ≫或是博錢(集覽, 朴集, 上, 6ㅎ: 博錢. 質問云, 兩人賭錢, 將八文錢捏在手指, 擲之於地, 有八背, 謂之八八, 有七字, 謂之七七, 此是爲勝, 無八八·七七, 此是爲輸.)拿錢, 혹 돈 더ᄂᆞ기 ᄒᆞ며 쌍블잡기 ᄒᆞ고.

도정(途程) 명 길[路]. 노정(路程). ⇔길ㅎ. ≪朴諺, 下, 3ㅎ≫十萬八千里途程, 十萬八千里 길히니.

도제(徒弟) 명 제자(弟子). (스승의 밑에서 지식이나 기능을 배우는 사람) ⇔뎨시. ≪朴諺, 中, 25ㅎ≫徐五的徒弟李大, 徐五의 뎨시 李大ㅣ. ≪朴諺, 下, 17ㅈ≫唐三藏引孫行者(集覽, 朴集, 下, 4ㅈ: 孫行者. 其後唐太宗勑玄奘法師, 往西天取經, 路經此山, 見此猴精壓在石縫, 去其佛押出之, 以爲徒弟, 賜法名吾空, 改号〈號〉爲孫行者, 與沙和尙及黑猪精·朱八戒偕往, 在路降妖去恠, 救師脫難, 皆是孫行者神通之力也.), 唐三藏이 孫行者를 ᄃᆞ리고. ≪朴諺, 下, 19ㅈ≫唐僧也引徒弟去到王所, 唐僧이 ᄯᅩ 徒弟를 ᄃᆞ리고 王의 곳에 니ᄅᆞ니. ≪朴諺, 下, 19ㅎ≫你敎徒弟, 네 徒弟로 ᄒᆞ여. ≪朴諺, 下, 20ㅎ≫大仙徒弟名鹿皮, 大仙의 徒弟 일홈 鹿皮라 ᄒᆞ리.

도조(跳蚤) 명 벼룩. ⇔벼록. ≪朴諺, 中, 58ㅎ≫跳蚤那廝近不的, 벼록이란 뎌 놈이 갓가이 못ᄒᆞᄂᆞ니라.

도종(導從) 명 앞의 안내자와 그의 뒤를 따르는 사람. ≪朴諺, 下, 42ㅎ≫諸般彩亭子(集覽, 朴集, 下, 9ㅈ: 彩亭子. 漢俗皆於白日送殯, 凡結飾車輿·幢幡·傘盖及紙造人馬爲前導者, 連亘四五十步. 僧尼·道士及鼓〈皷〉樂·鍾鈸塡咽大路, 遠近大小親鄰〈隣〉男女, 前後導從者, 不知幾人, 後施夾障從之.), 여러 가지 彩亭子를 세내고.

도주(逃走) 동 도망하다. ⇔도망ᄒᆞ다. ≪朴諺, 下, 61ㅈ≫逃走在山裏, 도망ᄒᆞ야 山의 잇더니.

도지휘사(都指揮使) 명 도지휘사사(都指揮使司)의 으뜸 벼슬. 송대(宋代)에는 금위(禁衛)의 관원을 관장하였고, 명대(明代)에는 각 성(省)에 둔 도지휘사(都指揮司)의 장관으로서 위소(衛所)의 둔전(屯田)·조운(漕運)·수비(守備) 등을 담당하였다. ≪朴諺, 上, 59ㅎ≫揮使(集覽, 朴集, 上, 15ㅈ: 揮使. 音義云, 指揮之美稱〈称〉. 今按, 指揮使, 官名. 都督府都指揮使, 正二品, 各衛指揮使, 正三品.)你曾到西湖景來麼, 揮使ㅣ아 네 일즙 西湖ㅅ 景에 갓든다.

도직 명 도적. '직'은 '적'의 잘못. ≪朴諺, 中, 35ㅈ≫因此上賊廣, 이런 젼冭로 도직(적)이 흔ᄒᆞ니라. 使鈎子的賊們更是廣, 갈고리 ᄡᅳᄂᆞᆫ 도적이 ᄯᅩ 흔ᄒᆞ여.

도착(道窄) 형 길의 폭이 좁다. ⇔도착ᄒᆞ다(道窄-). ≪朴諺, 中, 32ㅎ≫崖高道窄, 崖高 道窄ᄒᆞ니.

도착ᄒᆞ다(道窄-) 형 길의 폭이 좁다. ⇔도착(道窄). ≪朴諺, 中, 32ㅎ≫崖高道窄, 崖高 道窄ᄒᆞ니.

도찰원(都察院) 명 명(明) 홍무(洪武) 연간에 두었던 관서 이름. 벼슬아치의 비위(非違)와 지방 행정을 감찰하는 일을 맡았다. ≪朴諺, 上, 8ㅈ≫都堂(集覽, 朴集, 上, 4ㅈ: 都堂. 唐制, 尙書省曰都堂. 元時亦有尙書省. 今按, 華制, 都察院有左右都御史·副都御史·僉都御史, 在外十三布政司及都司, 皆有御史一員, 都御史所在謂之都堂, 監察御史所在謂之察院.)捻兵官的詔書, 都堂 捻兵官의게 ᄒᆞᄂᆞᆫ 詔書라.

도처(到處) 명 간 곳. 이르는 곳. ≪朴諺, 上, 23ㅎ≫到處裏破別人誇自已(己), 간 곳마다 다른 사ᄅᆞᆷ을 해야ᄇᆞ리며 내 몸을 쟈랑ᄒᆞ고. ≪朴諺, 上, 34ㅈ≫到處裏養老婆, 간 곳마다 겨집을 어르니. ≪朴諺, 上, 35ㅈ≫那稍兒到處, 뎌 긋 간 곳을.

도첩(度牒) 명 〈불〉 관아에서 새로 중이 된 사람에게 내주던 신분증명서. 당·송대(唐宋代)에는 이 도첩을 팔아서 군비(軍費)에 충당하기도 하였다. ≪朴諺, 下, 17ㅈ≫唐三藏引孫行者(集覽, 朴集, 下, 4ㅈ: 孫行者. 行者, 僧未經關給度牒者, 謂之僧行, 亦曰行者.), 唐三藏이 孫行者를 ᄃᆞ리고.

도초(稻草) 명 볏짚. ⇔볏딥ㅎ. ≪朴諺, 中, 19ㅎ≫放稈草(集覽, 朴集, 中, 3ㅎ: 稈草. 中國北方士〈土〉地高燥, 宜粟不宜稻, 故治田好種粟. 收粟者截穗取實, 留〈畱〉其稭以飼馬, 因名其稭曰稈草, 亦曰穀草. 稭, 音戛, 稻稭曰稻草.)五錢一束(朿)家放, 조딥헤 노흐되 다ᄉᆞᆺ 낫 돈에 ᄒᆞᆫ 뭇식 ᄒᆞ여 노코. ≪朴諺, 中, 20ㅈ≫五百來束(朿)稻草裏放, 五百 뭇 볏딥헤 노흐라.

도치(都赤) 명 궁중(宮中)에서 번을 갈마들어 숙위(宿衛)하던 호위병의 하나. ≪朴諺, 上, 27ㅎ≫嵌八寶骨朶(集覽, 朴集, 上, 9ㅈ: 骨朶. 南村輟耕錄云, 國朝有四怯薛中有云都赤, 三日一次輪流入直, 負骨朶於背〈於肩〉, 余究骨朶字義, 嘗記宋景文筆記云, 關中人以腹大爲胍肚, 音孤都, 俗謂杖頭大者亦曰胍肚, 後訛爲骨朶.)雲織金羅比甲, 八寶 ᄢᅵ고 굴근 운문ᄒᆞᆫ 織金 罖 比甲에.

도침(挑針) 명 비녀. ⇔것고지. ≪朴諺, 上, 40ㅈ≫將那挑針(集覽, 朴集, 上, 11ㅈ: 挑針. 用牛角作廣篦, 篦〈ヒ〉一端作刷子者. 多髮者髮厚難梳, 故先梳之髮, 以此篦揷置上頭, 更梳下髮. 今俗猶然.)挑起來, 뎌 것고지 가져다가 것곳고.

도침(擣砧) 명 (피륙이나 종이 따위를) 다듬잇돌에 다듬어서 반드럽게 하는 일. ≪朴諺, 上, 43ㅎ≫三尺半白淸水(集覽, 朴集, 上, 12ㅎ: 白淸水絹. 무·리 ·픗〈플〉:긔 ·업·시 다ᄃᆞ·마 :돌호로 미·론 :깁·이·니, 光滑緻硬, 如本國擣砧者也. 卽不用糨粉而鍊〈練〉生絹, 以石碾者.)絹, 석 자 반 제믈엣 깁이야.

도취 명 도끼. ⇔부자(斧子). ≪朴諺, 下, 12ㅎ≫你只取將墨斗, 네 그저 먹고조와. 墨褄, 먹갈과. 和鎊, 갓괴와. 錛子, 항괴와.

退鉋, 되패와. 鑿子, 끌과. 斧子, 도치와. 銼子來做生活, 줄을 가져다가 셩녕ᄒᆞ라.

도탈(度脫) 동 〈불〉 번뇌(煩惱)의 얽매임에서 풀리고 미혹(迷惑)의 괴로움에서 벗어나다. ⇔도탈ᄒᆞ다(度脫-). ≪朴諺, 下, 4ㅎ≫度脫衆生各得成佛, 衆生을 度脫ᄒᆞ고 각각 成佛ᄒᆞ엿ᄂᆞ니.

도탈ᄒᆞ다(度脫-) 동 〈불〉 번뇌(煩惱)의 얽매임에서 풀리고 미혹(迷惑)의 괴로움에서 벗어나다. ⇔도탈(度脫). ≪朴諺, 下, 4ㅎ≫度脫衆生各得成佛, 衆生을 度脫ᄒᆞ고 각각 成佛ᄒᆞ엿ᄂᆞ니.

도티다 동 돋치다. 도드라지다. ❶⇔기(起). ≪朴諺, 上, 15ㅈ≫起線花梨木鞘兒, 실 도틴 花梨木 갑플에. ❷⇔대(擡). ≪朴諺, 中, 3ㅎ≫都是擡色的, 다 빗 도티라. ❸⇔주(走). ≪朴諺, 上, 15ㅈ≫也是走線, 쏘 실 도티려 ᄒᆞ노라.

도패수(刀牌手) 명 칼과 방패를 주 무기로 삼던 병졸. ≪朴諺, 下, 53ㅈ≫着當該地分弓手(集覽, 朴集, 下, 12ㅈ: 弓手. 今按, 軍制編成排甲, 每一百戶, 銃手十名, 刀牌手二十名, 弓箭手三十名, 槍手四十名.)人等, 當該 地分 弓手人 等으로 ᄒᆞ여.

도포안삼사(都布按三司) 명 도사(都司)·포정사(布政司)·안찰사(按察使)의 세 관사를 통틀어 이르던 말. ≪朴諺, 中, 8ㅎ≫牌子·令史(集覽, 朴集, 中, 2ㅈ: 令史. 在京六部及三品衙門, 在外各衛及都布按三司俱有令史, 驛吏則無令史之稱.)們來, 牌子·令史들흔 오라.

도현(倒懸) 동 거꾸로 매달리다. 또는 거꾸로 매달다. ≪朴諺, 下, 8ㅈ≫做盂蘭盆齋(集覽, 朴集, 下, 2ㅎ: 盂蘭盆齋. 飜譯名義云, 梵言盂蘭, 唐言救倒懸也.), 盂蘭盆齋를 ᄒᆞᄂᆞ니라.

도홍(桃紅) 명 복숭아꽃과 같이 붉은 빛깔. 분홍색. ≪朴諺, 中, 4ㅈ≫改染做桃紅碾到着, 고텨 桃紅 드려 다듬기를 잇긋 ᄒᆞ라.

도화(圖畫) 명 그림. ≪朴諺, 中, 20ㅈ≫將二兩銀到西山(集覽, 朴集, 中, 3ㅎ: 西山. 每大雪初霽, 千峯萬壑〈壑〉, 積素凝華, 若圖畫然, 爲京師八景之一, 曰西山霽雪.)裏, 두 냥 은을 가지고 西山에 가.

도회(逃回) 동 도망쳐 돌아오다. 달아나 돌아오다. ≪集覽, 字解, 單字解, 7ㅎ≫走. 行也. ᄃᆞ니다. 又逃回曰走回. 又跑也. 能走·快走 잘 ᄃᆞᄂᆞ다. 又透漏也. 走話. 又洩也. 走了氣 김 나다.

독 명 독. ⇔옹아(甕兒). ≪朴諺, 上, 36ㅎ≫金甕兒·銀甕兒表裏無縫兒, 금독·은독이 안팟씌 솔 업슨 거시여. ≪朴諺, 上, 37ㅎ≫一箇長甕兒窄窄口裏頭盛着糯米酒, ᄒᆞᆫ 긴 독 조븐 부리 안히 촙ᄡᆞᆯ 술 담은 거시여.

독(讀) 동 읽다. ⇔닑다. ≪朴諺, 上, 44ㅎ≫讀毛詩·尙書, 毛詩와 尙書를 닑노라. 讀到那裏也, 닑기를 어ᄃᆡ신지 ᄒᆞ엿ᄂᆞ뇨. ≪朴諺, 上, 54ㅈ≫我讀你聽, 내 닐거든 네 드르라. ≪朴諺, 下, 17ㅈ≫旣讀孔聖之書, 임의 孔聖의 書를 닑어시면.

독독마사(禿禿麼思) 명 수제비의 한 가지. 밀가루 반죽을 작고 동글납작하게 만들어 익힌 뒤, 수유(酥油)에 볶은 양고기와 함께 시고 달콤한 맛이 나는 탕(湯)에 넣어 대꼬챙이로 찍어 먹는다. ⇔믜역져비. ≪朴諺, 中, 6ㅎ≫撇些禿禿麼思(集覽, 朴集, 中, 1ㅎ: 禿禿麼思. 一名手撇麪〈麵〉, 卽本國믜역져비. 禿字, 音투, 上聲〈声〉讀. 麼思二合爲音맛, 急呼則用思字, 曰투투맛, 慢言之則用食字, 曰투투마시. 元時語如此. 劑法如水滑麪〈麵〉, 和圓少彈劑〈剤〉, 冷水浸手掌, 按作小薄餅兒, 下鍋煮熟, 以盤盛, 用酥油炒片羊肉, 加塩炒至焦, 以酸甜湯拌和. 滋味得所, 別硏蒜泥調酪, 任便加減, 使竹簽簽食之.), 젹이 믜역져비 뜨고.

독벼리 부 특별히. 유달리. ⇔편(偏). ≪集覽, 字解, 單字解, 3ㅈ≫偏. 독벼리, 又독혀. 又츼여.

독별이 부 특별히. 유달리. ⇔편(偏). ≪朴諺, 下, 26ㅎ≫我偏帶不的好珊瑚, 내라

독별이 됴흔 珊瑚를 ᄎᆞ디 못ᄒᆞ랴.

독사(毒蛇) 명 독을 가진 뱀. ≪朴諺, 下, 4ㅈ≫逢多少惡物刁蹶(集覽, 朴集, 下, 1ㅎ: 刁蹶. 今按, 法師往西天時, 初到師陀國界, 遇猛虎·毒蛇之害, 次遇黑熊精·黃風恠〈怪〉·地湧夫人·蜘蛛精·獅子恠〈怪〉·多目恠〈怪〉·紅孩兒恠〈怪〉, 幾死僅免.), 언머 惡物의 놀쁨을 만나시리오.

독서(讀書) 동 책을 읽다. 공부하다. ≪朴諺, 上, 45ㅈ≫手心上打三戒方(集覽, 朴集, 上, 12ㅎ: 戒方. 音義云, 學罰에 티ᄂᆞᆫ 것. 質問云, 讀書小兒送入學堂, 師傅敎寫字, 不用心寫好字, 師傅拿二尺長·寸半寬·半寸厚的木板條打手掌, 使後日寫好字, 免打手掌, 謂之戒方.), 손바당을 세 번 젼반으로 티ᄂᆞ니라.

독시(禿廝) 명 중놈. 까까중. ⇔머리믠놈. ≪朴諺, 下, 19ㅈ≫這禿廝好沒道理, 이 머리 믠 놈이 ᄀᆞ장 道理 업다 ᄒᆞ고.

독자(獨自) 부 ❶혼자. ⇔혼자. ≪朴諺, 上, 49ㅈ≫我獨自箇射時也贏的, 내 혼자 뽀아도 이긔리로다. ❷홀로. ⇔홀로. ≪朴諺, 下, 43ㅎ≫臨死獨自當, 죽으매 님ᄒᆞ여 홀로 당ᄒᆞ니.

독충(毒蟲) 명 독을 가진 벌레. ≪朴諺, 下, 4ㅈ≫撞多少猛虎·毒虫定害, 언머 猛虎·毒虫의 보채ᄂᆞᆫ 거슬 만나며.

독혀 부 유별나게. 유독. 특별히. ⇔편(偏). ≪集覽, 字解, 單字解, 3ㅈ≫偏. 독벼리, 又독혀. 又ᄎᆡ여.

돈 명 ❶돈. ⇔전(錢). ≪朴諺, 上, 19ㅎ≫儅的多少錢, 언멋 돈에 典儅ᄒᆞ려 ᄒᆞᄂᆞᆫ다. ≪朴諺, 上, 53ㅎ≫你與我寫一紙借錢文書, 네 나를 ᄒᆞᆫ 댱 돈 ᄡᅮᄂᆞᆫ 文書를 써 주고려. ≪朴諺, 上, 54ㅎ≫某年月日借錢人某, 아모 年月日에 돈 ᄡᅮᆫ 사ᄅᆞᆷ 아모. 同借錢人某, ᄒᆞᆫ가지로 돈 ᄡᅮᆫ 사ᄅᆞᆷ 아모. ≪朴諺, 上, 55ㅈ≫將錢來贖將契去, 돈 가져와 갑고 글월 가져가라. ≪朴諺, 上, 65ㅈ≫你的手裏難尋錢, 네 손에 돈 엇기 어렵다. ≪朴諺, 中, 39ㅎ≫如至日無錢送納, 만일 날이 다ᄃᆞ라 送納ᄒᆞᆯ 돈이 업스면. ≪朴諺, 中, 57ㅎ≫愛錢買東西, 돈을 앗기며 자븐것 사려 ᄒᆞ거든. ≪朴諺, 中, 60ㅎ≫不使錢幹勾當, 돈을 ᄡᅳ디 아니ᄒᆞ고 일을 일오려 ᄒᆞ면. ≪朴諺, 中, 61ㅈ≫有理無錢休入來, 理 이셔도 돈이 업거든 드러오디 말라 ᄒᆞᄂᆞ니라. ≪朴諺, 下, 28ㅈ≫倒省錢, 도로혀 돈을 ᄆᆞᄃᆡ어다. ≪朴諺, 下, 34ㅈ≫咱賭錢兒, 우리 돈을 더ᄂᆞ쟈. ≪朴諺, 下, 57ㅈ≫有錢時那裡沒賃的驢, 돈 이시면 어ᄃᆡ 셰낼 나귀 업스리오. 將一百箇錢去, 一百 낫 돈을 가져가. ❷떳돈. ⇔판아(板兒). ≪朴諺, 上, 18ㅈ≫那三台板兒做得好, 뎌 三台 돈은 ᄆᆡᆫ돌기를 잘ᄒᆞ엿고. ≪朴諺, 上, 18ㅎ≫南斗六星板兒做得忒圓了些, 南斗六星 돈은 ᄆᆡᆫ돌기를 너모 두렷게 ᄒᆞ엿고. ≪朴諺, 上, 18ㅎ≫左輔右弼板兒和兩箇束兒, 左輔右弼 돈과 두 뭇금쇠ᄂᆞᆫ. ≪朴諺, 上, 18ㅎ≫後面北斗七星板兒做的好, 後面 北斗七星 돈은 ᄆᆡᆫ돌기를 잘ᄒᆞ엿고.

돈 의 돈. ⇔전(錢). ≪朴諺, 上, 16ㅈ≫三錢銀子打的, 서 돈 은이야 ᄆᆡᆫ들리라. ≪朴諺, 上, 29ㅎ≫每一箇討五錢銀子, ᄆᆡ ᄒᆞ나희 닷 돈 은을 ᄡᅬ오려니와. ≪朴諺, 上, 30ㅈ≫三錢一箇家買你的, 서 돈에 ᄒᆞ나직(식) ᄒᆞ여 네 하를 사쟈. ≪朴諺, 上, 43ㅎ≫沒有五六錢銀子, 다엿 돈 은이 업ᄉᆞ면. ≪朴諺, 中, 4ㅈ≫每一疋染錢四錢家, 每 ᄒᆞᆫ 필에 믈갑시 너 돈식이니. ≪朴諺, 中, 14ㅈ≫黑豆一錢銀子二斗, 거믄콩은 ᄒᆞᆫ 돈 은에 두 말이오. 草一錢銀子十一箇家大束(束)兒, 딥흔 ᄒᆞᆫ 돈 은에 열ᄒᆞᆫ 낫 큰 뭇이니. ≪朴諺, 中, 38ㅈ≫小賣了五錢銀, 닷 돈 은을 디워 ᄑᆞ노라. ≪朴諺, 下, 27ㅈ≫八錢一顆家買你的, 여ᄃᆞᆲ 돈에 ᄒᆞ낫식 ᄒᆞ여 네 하를 사쟈. ≪朴諺, 下, 27ㅎ≫九錢一顆家, 아홉 돈에 ᄒᆞ낫식 ᄒᆞ쟈.

돈(頓) 의 번. 차례. 회. ⇔디위. ≪集覽, 字解, 單字解, 5ㅎ≫頓. 一次也, 一頓飯. 又

踐也, 頓坐 주잔쌔. 又拜頭叩地也, 頓首百拜. ≪朴諺, 上, 33ㅎ≫却喫這一頓打也是, 또 이 흔 디위 마즘을 니버도 올흐니라.

돈(頓) 의 끼. ❶⇔삐. ≪集覽, 字解, 單字解, 5ㅎ≫頓. 一次也. 一頓飯. 又踐也. 頓坐 주잔쌔. 又拜頭叩地也. 頓首百拜. ≪朴諺, 中, 19ㅈ≫一日喫三頓家飯, 흐르 세 삐 밥 먹고. ❷⇔찌. ≪集覽, 字解, 單字解, 5ㅎ≫頓. 一次也. 一頓飯. 又踐也. 頓坐 주잔쌔. 又拜頭叩地也. 頓首百拜. ≪朴諺, 上, 10ㅎ≫一日三頓家饋他飽飯喫, 흐르 세 찌식 뎌를 주어 밥을 빅브리 먹이고.

돈더느기 명 돈내기. (두 사람이 돈을 걸고 8개의 동전을 땅에 던져 승부를 겨루는 일종의 내기) ⇔박전(博錢). ≪朴諺, 上, 17ㅎ≫或是博錢(集覽, 朴集, 上, 6ㅎ: 博錢. 質問云, 兩人賭錢, 將八文錢捏在手指, 擲之於地, 有八背, 謂之八八, 有七字, 謂之七七, 此是爲勝, 無八八·七七, 此是爲輸.)·拿錢, 혹 돈더느기 흐며 쌍블잡기 흐고.

돈뽀기 명 돈따기. (두 사람이 동전을 가지고 서로 내기를 하는 놀이) ≪朴諺, 上, 17ㅎ≫或是博錢(集覽, 朴集, 上, 6ㅎ: 博錢. 質問云, 兩人賭錢, 將八文錢捏在手指, 擲之於地, 有八背, 謂之八八, 有七字, 謂之七七, 此是爲勝, 無八八·七七, 此是爲輸.)拿錢(集覽, 朴集, 上, 6ㅎ: 拿錢. 卽猜拳也. 쌍〈쌍〉블:쥐·기. 質問云, 此二人以錢相賭之戱, 跌過兩背, 相同爲贏(贏). 質問之釋, 若本國돈뽀기.), 혹 돈더느기 흐며 쌍블잡기 흐고.

돈수(頓首) 동 머리가 땅에 닿도록 절하다. ⇔돈수흐다(頓首-). ≪集覽, 字解, 單字解, 5ㅎ≫頓. 一次也. 一頓飯. 又踐也. 頓坐 주잔쌔. 又拜頭叩地也. 頓首百拜. ≪朴諺, 下, 10ㅎ≫頓首拜上父親·母親·尊侍前, 頓首흐고 절흐여 父親·母親·尊侍前에 올리노니. ≪朴諺, 下, 12ㅈ≫愚男山童頓首百拜, 愚男 山童은 頓首百拜흐노이다.

돈수(頓睡) 동 졸다. ⇔조으다. ≪朴諺, 下, 9ㅈ≫一會兒倚着欄干頓睡, 흔 디위 欄干을 지혀 조으더니.

돈수백배(頓首百拜) 동 돈수(頓首)하며 수없이 계속 절을 하다. ⇔돈수백배흐다(頓首百拜-). ≪集覽, 字解, 單字解, 5ㅎ≫頓. 一次也. 一頓飯. 又踐也. 頓坐 주잔쌔. 又拜頭叩地也. 頓首百拜. ≪朴諺, 下, 12ㅈ≫愚男山童頓首百拜, 愚男 山童은 頓首百拜흐노이다.

돈수백배흐다(頓首百拜-) 동 돈수(頓首)하며 수없이 계속 절을 하다. ⇔돈수백배(頓首百拜). ≪集覽, 字解, 單字解, 5ㅎ≫頓. 一次也. 一頓飯. 又踐也. 頓坐 주잔쌔. 又拜頭叩地也. 頓首百拜. ≪朴諺, 下, 12ㅈ≫愚男山童頓首百拜, 愚男 山童은 頓首百拜흐노이다.

돈수흐다(頓首-) 동 머리가 땅에 닿도록 절하다. ⇔돈수(頓首). ≪集覽, 字解, 單字解, 5ㅎ≫頓. 一次也. 一頓飯. 又踐也. 頓坐 주잔쌔. 又拜頭叩地也. 頓首百拜. ≪朴諺, 下, 10ㅎ≫頓首拜上父親·母親·尊侍前, 頓首흐고 절흐여 父親·母親·尊侍前에 올리노니.

돈식(頓息) 동 머물러 휴식하다. ≪朴諺, 中, 22ㅈ≫起浮屠於泗水之間(集覽, 朴集, 中, 5ㅈ: 起浮屠於泗水之間. 中宗問諸近臣, 近臣奏, 僧伽大師化緣在臨淮, 恐欲歸. 中宗心許, 其臭頓息, 奇香馥烈.), 浮屠를 泗水ㅅ 스이에 니르혀고.

돈정(頓整) 동 정돈하다. 안배하다. ≪朴諺, 中, 23ㅈ≫齒排柯雪(集覽, 朴集, 中, 6ㅈ: 齒排柯雪. 謂齒如雪堆枝柯之上, 淨白頓整之形, 似人所編排然. 佛三十二相, 有四十齒相, 有齒白淨相, 有齒齊密相.), 니는 柯雪이 버럿는 둧흐고.

돈좌(頓坐) 동 주저앉다. ⇔주잔쌔. ≪集覽, 字解, 單字解, 5ㅎ≫頓. 一次也. 一頓飯. 又踐也. 頓坐 주잔쌔. 又拜頭叩地也.

頓首百拜.

돌 명 돌. ⇔석(石). ≪朴諺, 上, 10ㅎ≫着石杵慢慢兒打, 돌고로다가 날회여 다이되. ≪朴諺, 下, 12ㅎ≫以至升斗, 뼈 바리와. 石, 돌과. 塼, 벽과. 培瓦, 培瓦에 니르히. 都有, 다 이셰라.

돌고 명 돌 달구. ⇔석저(石杵). ≪朴諺, 上, 10ㅎ≫着石杵慢慢兒打, 돌고로다가 날회여 다이되.

돌리다 동 돌리다. 교대하다. ⇔윤(輪). ≪朴諺, 上, 21ㅈ≫十箇人一宿家輪着喂, 열 사룸이 ᄒᆞᆫ 즘식 돌려 먹이게 ᄒᆞ라.

돌ㅎ 명 돌. ⇔석(石). ≪朴諺, 上, 43ㅎ≫三尺半白淸水(集覽, 朴集, 上, 12ㅎ: 白淸水絹. 무·리 ·픗〈플〉:긔 ·업·시 다ᄃᆞ·마 :돌호로 미·론 :깁·이·니, 光滑緻硬, 如本國擣砧者也. 卽不用糨粉而鍊〈練〉生絹, 以石碾者.)絹, 석 자 반 제믈엣 깁이야. ≪朴諺, 中, 32ㅈ≫有累累垂垂石, 累累 垂垂ᄒᆞᆫ 돌히 이시며.

돕다 동 돕다. ⇔조(助). ≪朴諺, 下, 31ㅎ≫天子百靈咸助, 天子는 百靈이 다 돕고.

돕지털릭 명 더그레. (소매가 없고 옷섶에 주름을 잡았다) ⇔비갑(比甲). ≪朴諺, 上, 25ㅎ≫明綠抹絨胷背的比甲(集覽, 朴集, 上, 8ㅎ: 比甲. 衣之無袖, 對襟爲襞積者曰比甲, 卽本國돕지털릭. 婦女亦依此制爲短襖着之, 亦曰比甲, 通稱搭護.), 明綠빗치 융ᄉᆞ로 ᄀᆞ 두론 胷背 比甲과.

돗다 동 돋다. ≪朴諺, 上, 60ㅎ≫盖的都是龍鳳凹面花頭·筒瓦和仰瓦, 녠 거슨 다 龍鳳을 우묵겨 면 돗게 ᄒᆞᆫ 막새와 수디새와 암디새오.

돗ㅎ 명 돼지. ⇔저(猪). ≪朴諺, 上, 5ㅈ≫炮炒猪肚, 炮炒ᄒᆞᆫ 돗희 양과.

동 명 동. 동쪽. ⇔동(東). ≪朴諺, 中, 43ㅎ≫東走西走, 동으로 ᄃᆞᆮ고 셔로 ᄃᆞ라.

동(冬) 명 겨울. ⇔겨ᄋᆞᆯ. ≪朴諺, 上, 17ㅎ≫一冬裏踢建子, ᄒᆞᆫ 겨올은 뎌기ᄎᆞ기 ᄒᆞ고. ≪朴諺, 中, 20ㅈ≫一冬裏這頭口們勾喫了, ᄒᆞᆫ 겨올을 이 즘싱들이 유여히 먹으리라. ≪朴諺, 中, 34ㅈ≫一冬裏熬喫好, ᄒᆞᆫ 겨올의 ᄉᆞᆯ마 먹기 됴ᄒᆞ니라.

동(同) 부 함께. ⇔ᄒᆞᆫ가지로. ≪朴諺, 上, 54ㅎ≫同借錢人某, ᄒᆞᆫ가지로 돈 ᄢᅮᆫ 사ᄅᆞᆷ 아모. ≪朴諺, 上, 63ㅎ≫有苦時同受, 고로옴이 잇거든 ᄒᆞᆫ가지로 밧고. 有樂時同樂, 즐거옴이 잇거든 ᄒᆞᆫ가지로 즐겨 홈이.

동(同) 의 동. (피륙 열 필을 단위로 이르는 말) ≪朴諺, 中, 13ㅈ≫又高麗地面裏來載千餘筒(集覽, 朴集, 中, 2ㅎ: 千餘同. 音義云, 十疋爲同.)布子的大船, 또 高麗ㅅ 싸흐로셔 오는 千餘 筒 뵈 시른 큰 ᄇᆡ롤.

동(東) 명 동. 동쪽. ❶⇔동. ≪朴諺, 中, 43ㅎ≫東走西走, 동으로 ᄃᆞᆮ고 셔로 ᄃᆞ라. ❷⇔동녁. ≪集覽, 字解, 單字解, 7ㅈ≫頭. 首也. 東頭·西頭 동녁 긑·셧녁 긑, 頭到 나죵내, 到頭 나죵애. 通作投. 又上頭 젼ᄎᆞ로. 又頭盤 첫 판, 頭舘 첫 판, 頭雞 첫 ᄃᆞᆰ. ≪朴諺, 上, 51ㅎ≫小人在那東角頭堂子間壁下着裏, 小人이 뎌 동녁 모롱이 堂子ㅅ ᄇᆞᄅᆞᆷ을 ᄉᆞ이ᄒᆞ여 브리워 잇노라. ≪朴諺, 上, 55ㅈ≫東角頭牙家去處廣, 동녁 모롱이에 즈름 가는 ᄃᆡ 만ᄒᆞ니. ≪朴諺, 下, 52ㅎ≫於東屋那邉剜(𠜾)窟, 동녁 집 뎌 편에 굼글 ᄯᅮᆯ고. ❸⇔동녘. ≪朴諺, 下, 57ㅈ≫大街街東, 큰거리 거리 동녘.

동(凍) 동 얼다. ⇔얼다. ≪朴諺, 中, 29ㅎ≫街上泥凍的, 거리에 즌흙 언 거시. ≪朴諺, 中, 30ㅈ≫凍面皮都打破了不中, 언 ᄂᆞᆺ가족이 다 히여딜 거시니 맛당티 아니ᄒᆞ니.

동(疼) 형 아파. ❶⇔알파. ≪朴諺, 下, 44ㅈ≫牙疼的當不的, 니 알파 당티 못ᄒᆞ여라. ❷⇔앏파. ≪朴諺, 中, 14ㅎ≫我今日腦疼頭旋, 내 오늘 골치 앏파 머리 어즐ᄒᆞ고.

동(疼) 형 아프다. ❶⇔알프다. ≪朴諺, 上, 39ㅎ≫刮的多頭疼, 긁빗기기를 만히 ᄒᆞ면 머리 알프ᄂᆞ니라. ≪朴諺, 中, 15ㅈ≫

奪腦(集覽, 朴集, 中, 2ㅎ: 奪腦. 奪字未詳. 鄕習傳解曰, 되고리 뽄 앏〈알〉프다. 奪, 音드, 去聲讀.)疼的, 골치 뽓 앏프고. ❷⇔알프다. ≪朴諺, 下, 7ㅈ≫越疼的當不的, 더옥 알프믈 당티 못ᄒᆞ여라. ❸⇔앏프다. ≪朴諺, 中, 15ㅈ≫奪腦(集覽, 朴集, 中, 2ㅎ: 奪腦. 奪字未詳. 鄕習傳解曰, 되고리 뽄 앏〈알〉프다. 奪, 音드, 去聲讀.)疼的, 골치 뽓 앏프고.

동(動) 동 ❶놀리다. 움직이다. ⇔놀리다. ≪朴諺, 下, 6ㅈ≫一般動脚動手做生活, ᄒᆞᆫ가지로 발손을 놀려 ᄒᆞᆫ 셩녕이. ❷동(動)하다. 연주하다. ⇔동ᄒᆞ다(動-). ≪朴諺, 上, 6ㅎ≫彈的們動樂器, ᄩᆞᄂᆞ니들이 樂器을 動ᄒᆞ고. ≪朴諺, 上, 62ㅈ≫動細樂·大樂, 細樂·大樂을 動ᄒᆞ고. ≪朴諺, 下, 47ㅈ≫前面動細樂·大樂吹角, 앏픠 細樂·大樂을 動ᄒᆞ며 角을 불고. ❸(어떤 욕구나 감정 또는 기운이) 일어나다. ⇔동ᄒᆞ다(動-). ≪朴諺, 下, 20ㅎ≫要動禪, 禪을 動코져 ᄒᆞ거늘. ❹움직이다. ⇔동ᄒᆞ다(動-). ≪朴諺, 下, 20ㅎ≫分毫不動, 分毫도 動티 마라. 但動的便筭輸, 므릇 動ᄒᆞᄂᆞᆫ 이를 곳 지니로 혜니라.

동(揀) 동 간(揀). '揀'은 '揀'의 잘못. ≪朴諺, 上, 29ㅎ≫你自揀(揀)着要, 네 손ᄌᆞ ᄀᆞᆯ히여 사라. ≪朴諺, 上, 33ㅈ≫揀(揀)那淸淨山庵裏, 뎌 淸淨ᄒᆞᆫ 山庵을 ᄀᆞᆯ히여. ≪朴諺, 上, 55ㅎ≫你自馬市裏揀(揀)着買去, 네 손ᄌᆞ 물 져제 ᄀᆞᆯ히여 사라 가라. ≪朴諺, 中, 8ㅈ≫揀(揀)定了馬也, 믈을 ᄀᆞᆯ히여 뎡ᄒᆞ여다. ≪朴諺, 中, 49ㅎ≫咱休揀(揀)着擺, 우리 ᄀᆞᆯ히여 버리디 말고. ≪朴諺, 中, 51ㅎ≫揀(揀)路兒行來, 길흘 ᄀᆞᆯ히여 오라. ≪朴諺, 中, 55ㅈ≫揀(揀)着十分細的大紅腰線上, ᄀᆞ장 ᄀᆞᄂᆞᆫ 大紅 감기엣 치를 ᄀᆞᆯ히라. ≪朴諺, 下, 44ㅎ≫揀(揀)着那乏煤, 뎌 ᄠᅳᆫ믹탄을 ᄀᆞᆯ히여. ≪朴諺, 下, 48ㅈ≫這般揀(揀)定時辰, 이리 때를 ᄀᆞᆯ히여 定ᄒᆞ고.

동(銅) 명 놋. 놋쇠. ⇔놋. ≪朴諺, 中, 11ㅎ≫簸箕, 키. 篩子, 얼멍이. 馬尾羅兒, 물총체. 卓兒, 상. 盤子, 반. 茶盤, 찻반. 擡盞, 졉잔. 壺甁, 壺甁. 酒鱉, 쥬벼ᄋᆞ. 銅杓, 놋쥬게를. 都收拾下着, 다 收拾ᄒᆞ여 두라.

동개 명 동개. (활과 화살을 꽂아 넣어 등에 지도록 만든 물건) ⇔전대(箭袋). ≪朴諺, 中, 24ㅎ≫那厮你也將那箭俗裏, 뎌 놈아 너도 뎌 동개에.

동경록(東京錄) 명 동경몽화록(東京夢華錄). ≪朴諺, 上, 23ㅈ≫斂些錢做翫月會(集覽, 朴集, 上, 8ㅈ: 翫月會. 東京錄云, 中秋夜, 貴家結飾臺榭, 民間爭占酒樓翫〈玩〉月, 絲簧鼎沸, 近內庭居民, 夜深遙聞笙竽之聲, 宛若雲外天樂, 閭里兒童連宵嬉戲, 夜市駢闐, 至於通曉.), 져기 돈 거두어 翫月會를 ᄒᆞ쟈.

동경몽화록(東京夢華錄) 명 송(宋) 맹원로(孟元老) 지음. 10권. 북송(北宋) 때의 수도였던 변경(汴京)의 융성했던 문화를 기록하였다. ≪朴諺, 下, 45ㅈ≫宋舍看打春(集覽, 朴集, 下, 9ㅎ: 打春. 東京夢華錄云, 立春前五日, 造土牛·耕夫·犁具, 前一日順天府進農牛入禁中鞭春, 府縣官吏·士庶·耆社, 具鼓樂出東郊迎春, 牛芒神至府前, 各安方位.)去來, 宋개아 녑츈 노롯ᄒᆞᄂᆞᆫ 양 보라 가쟈.

동과 명 동아. (박과의 한해살이 덩굴성 식물. 과육과 종자는 약용한다) ⇔동과(冬瓜). ≪朴諺, 中, 56ㅈ≫跳冬瓜跳西瓜, 동과ᄢᅱ옴 ᄒᆞ랴 슈박ᄢᅱ옴 ᄒᆞ랴.

동과(冬瓜) 명 동아. (박과의 한해살이 덩굴성 식물. 과육과 종자는 약용한다) ❶⇔동과. ≪朴諺, 中, 56ㅈ≫跳冬瓜跳西瓜, 동과ᄢᅱ옴 ᄒᆞ랴 슈박ᄢᅱ옴 ᄒᆞ랴. ❷⇔동화. ≪朴諺, 中, 34ㅎ≫種些冬瓜, 동화. 西瓜, 슈박. 甜瓜, 촘외. 揷葫, ᄌᆞᄅᆞ박. 稍瓜, 수세외. 黃瓜, 외. 茄子, 가지를 시므라.

동교(東郊) 명 동쪽의 교외. ≪朴諺, 下, 45ㅈ≫宋舍看打春(集覽, 朴集, 下, 9ㅎ: 打春. 東京夢華錄云, 立春前五日, 造土牛·耕夫·犁具, 前一日順天府進農牛入禁中

鞭春, 府縣官吏·士庶·耆社, 具鼓樂出東郊迎春, 牛芒神至府前, 各安方位.)去來, 宋개아 닙츈 노롯ᄒᆞᄂᆞᆫ 양 보라 가쟈.

동국(東國) 명 예전에 우리나라를 달리 이르던 말. 우리나라가 중국의 동쪽에 있었던 데서 유래하였다. ≪朴諺, 下, 58ㅎ≫ 你這東國歷代幾年, 네 이 東國 歷代 몃 힉나 ᄒᆞ며.

동남(東南) 명 남동쪽. ≪朴諺, 上, 10ㅈ≫ 去角頭(集覽, 朴集, 上, 5ㅈ: 角頭. 音義云, 東南西北徃來人煙〈烟〉湊集之處. 今按, 角頭, 卽通逵達道要會之衝, 傭力求直之人坌集之所.)叫幾箇打墻的和坌工來築墻, 모롱이에 가 여러 담 ᄡᆞᄂᆞᆫ 이와 조역을 블러다가 담 ᄡᅳ이리라.

동남(童男) 명 사내아이. ≪朴諺, 中, 21ㅎ≫ 或作童女(集覽, 朴集, 中, 4ㅎ: 童男童女. 觀音現三十二應, 曰佛身, 曰辟支〈支〉, 曰圓覺, 曰聲聞, 曰梵王, 曰帝釋, 曰自在天, 曰大自在天, 曰天大將軍, 曰四天王, 曰四天太子, 曰人王, 曰長者, 曰居士, 曰宰官, 曰婆羅門, 曰比丘, 曰比丘尼, 曰優婆塞, 曰優婆夷, 曰女主, 曰童男, 曰童女, 曰天身, 曰龍身, 曰藥叉, 曰乾達婆, 曰阿脩羅, 曰緊那羅, 曰摩睺羅, 曰樂人, 曰非人.), 혹 童女ㅣ 되며.

동녀(童女) 명 여자 아이. ≪朴諺, 中, 21ㅎ≫ 或作童女(集覽, 朴集, 中, 4ㅎ: 童男童女. 觀音現三十二應, 曰佛身, 曰辟支〈支〉, 曰圓覺, 曰聲聞, 曰梵王, 曰帝釋, 曰自在天, 曰大自在天, 曰天大將軍, 曰四天王, 曰四天太子, 曰人王, 曰長者, 曰居士, 曰宰官, 曰婆羅門, 曰比丘, 曰比丘尼, 曰優婆塞, 曰優婆夷, 曰女主, 曰童男, 曰童女, 曰天身, 曰龍身, 曰藥叉, 曰乾達婆, 曰阿脩羅, 曰緊那羅, 曰摩睺羅, 曰樂人, 曰非人.), 혹 童女ㅣ 되며.

동녁 명 동녘. 동쪽. ⇔동(東). ≪集覽, 字解, 單字解, 7ㅈ≫頭. 首也. 東頭·西頭 동녁 근·셧녁 근, 頭到 나죵내, 到頭 나죵애. 通作投. 又上頭 젼ᄎᆞ로. 又頭盤 첫 판, 頭鎗 첫 판, 頭雞 첫 ᄃᆞᆰ. ≪朴諺, 上, 51ㅎ≫小人在那東角頭堂子間壁下着裏, 小人이 뎌 동녁 모롱이 堂子ㅅ 브롬을 ᄉᆞ이ᄒᆞ여 브리워 잇노라. ≪朴諺, 上, 55ㅈ≫ 東角頭牙家去處廣, 동녁 모롱이에 즈름 가ᄂᆞᆫ ᄃᆡ 만ᄒᆞ니. ≪朴諺, 下, 52ㅎ≫於東屋那邉剋(剜)窟, 동녁 집 뎌 편에 굼글 ᄯᅮᆯ고.

동년(同年) 명 같은 때에 과거에 급제하여 방목(榜目)에 함께 적힌 사람. ≪朴諺, 下, 57ㅎ≫張編修是小人的同年, 張編修ᄂᆞᆫ 이 小人의 同年이니.

동녘 명 동녘. 동쪽. ⇔동(東). ≪朴諺, 下, 57ㅈ≫大街街東, 큰거리 거리 동녁.

동두(東頭) 명 동쪽 끝. ≪集覽, 字解, 單字解, 7ㅈ≫頭. 首也. 東頭·西頭 동녁 근·셧녁 근, 頭到 나죵내, 到頭 나죵애. 通作投. 又上頭 젼ᄎᆞ로. 又頭盤 첫 판, 頭鎗 첫 판, 頭雞 첫 ᄃᆞᆰ.

동락(湩酪) 명 우유를 반쯤 응고시킨 음식. 치즈(cheese). ≪朴諺, 中, 30ㅈ≫稀粥(集覽, 朴集, 中, 7ㅈ: 稀粥也熬着. 北人好獵, 不力於農. 獵者·行者多齎粆米, 且其食性好粥, 尤好生肉湩酪, 故兩書皆元時所記, 多言稀粥及酪.)也熬着裏, 믉은 쥭도 ᄲᅮ엇다.

동명(洞明) 명 구성(九星) 중의 여덟째 별 이름. 파군성(破軍星)의 아래 우필성(右弼星)의 위에 있다. ≪朴諺, 上, 18ㅎ≫後面北斗(集覽, 朴集, 上, 7ㅈ: 北斗左輔右弼. 凡九星, 曰樞宮貪狼, 曰璇宮巨門, 曰璣〈幾〉宮祿存, 曰權宮文曲, 曰衡宮廉貞, 曰闓(開)陽宮武曲, 曰瑤光宮破軍, 曰洞明宮左輔, 曰隱元宮右弼. 左輔連附北斗第〈茀〉六星, 在外, 右弼連附北斗第〈茀〉二星, 在內. 俱在紫薇(微)垣.)七星板兒做的好, 後面 北斗七星 돈은 민들기를 잘ᄒᆞ엿고.

동모 명 동무. 벗. 동료. ⇔화계(火計). ≪集覽, 字解, 累字解, 2ㅎ≫火計. 동모.

동문(洞門) 명 동굴의 입구. ≪朴諺, 上, 59

ㅎ≫西湖是從玉泉(集覽, 朴集, 上, 15ㅈ: 玉泉. 一在山之根, 有泉湧出, 洞門刻玉泉二字, 有觀音閣. 又南有石巖〈岩〉, 號呂公洞, 其上有金時芙蓉殿廢址. 相傳以爲章宗避暑處.)裏流下來, 西湖는 이 玉泉으로 조차 흘러ᄂᆞ리니.

동발(銅鉢) 명 놋으로 만든 바리때. ≪朴諺, 上, 33ㅈ≫穿着衲襖將着鉢盂(集覽, 朴集, 上, 10ㅈ: 鉢盂. 總龜〈総亀〉云, 天竺國器也, 釋迦有女青石鉢, 宋廬陵王以銅鉢餉于五祖, 是宋·晉間中國始用也.), 누비옷 닙고 에우아리 가지고.

동방(同房) 동 같은 방에 묵다. 같은 방을 쓰다. ≪朴諺, 中, 18ㅎ≫只怕同房人攪撒了, 그저 同房 사ᄅᆞᆷ이 알까 저프고.

동방(東房) 명 건물의 중앙 정방(正房)을 중심으로 하여 동쪽에 있는 방. ≪朴諺, 中, 39ㅈ≫東房幾間, 東房이 현 간.

동방삭(東方朔) 명 중국 전한(前漢)의 문인. 자는 만천(曼倩). 해학(諧謔)·변설(辯舌)·직간(直諫)으로 이름이 났다. 속설에 서왕모(西王母)의 복숭아를 훔쳐 먹어 장수하였으므로 삼천갑자 동방삭(三千甲子東方朔)이라고 이른다. ≪朴諺, 中, 24ㅈ≫萬刼(集覽, 朴集, 中, 6ㅈ: 萬刼. 漢武帝鑿昆明池, 其底有灰, 帝問東方朔, 對曰, 此刼〈刼〉灰也.)再逢難, 萬刼이라도 다시 만나기 어려오니라.

동변(東邊) 명 동쪽. 동쪽 방향. 동녘. ≪集覽, 字解, 單字解, 4ㅈ≫打. 擊也, 着實打, 又打三下. 又爲也. 打酒來 술 사 오라. 又曰, 打將來 ᄒᆞ야 오라, 打聽 듣보라, 打水 믈 긷다, 不打緊. 又打那裏去, 打東邊去, 有投向從往之意. 俗用打字, 似不合本意者多, 而實有取意不苟, 其用甚廣, 此不盡錄.

동보(同保) 동 함께 보증(保證)하다. ⇔동보ᄒᆞ다(同保-). ≪朴諺, 上, 54ㅎ≫同保人某等押, 同保ᄒᆞᆫ 사ᄅᆞᆷ 아모 등이 일홈두어다.

동보ᄒᆞ다(同保-) 동 함께 보증(保證)하다. ⇔동보(同保). ≪朴諺, 上, 54ㅎ≫同保人某等押, 同保ᄒᆞᆫ 사ᄅᆞᆷ 아모 등이 일홈두어다.

동살(疼殺) 형 섧다. ⇔셟다. ≪朴諺, 下, 60ㅎ≫心裡疼殺, ᄆᆞ음에 셟거든.

동서(東西) 명 ❶것. 물건. ⇔것. ≪集覽, 字解, 累字解, 1ㅎ≫東西. 指物之辭, 未定其稱而曰東西. 猶曰或東或西, 未定方向之意. ≪朴諺, 上, 29ㅈ≫這兩件東西做時, 이 두 가짓 거슬 ᄆᆡᆼ글려 ᄒᆞ면. ≪朴諺, 上, 31ㅈ≫誆惑人東西不在家, 사ᄅᆞᆷ의 것 소기노라 집의 잇디 아니ᄒᆞ니. ≪朴諺, 上, 63ㅈ≫咱有一件東西, 우리 ᄒᆞᆫ 가짓 거시 이시니. ≪朴諺, 上, 63ㅈ≫咱對換甚麽東西, 우리 므스거슬 막밧고료. ≪朴諺, 中, 3ㅈ≫好生揑拐東西, ᄀᆞ장 ᄂᆞᆷ의 것 건디쥐기 ᄒᆞᄂᆞ니. ≪朴諺, 中, 60ㅈ≫與他甚麽東西, 뎌를 므스거슬 주리오. ≪朴諺, 下, 27ㅈ≫這的甚麽東西, 이거시 므스것고. ❷잡다한 것. 그런 물건. ⇔자븐것. ≪朴諺, 中, 35ㅎ≫吹起火來, 블을 부러 니르켜. 鑽入裏面, 안히 비븨여 드려. 看東西在那裏時, 자븐거시 아므 ᄃᆡ 잇ᄂᆞᆫ 줄을 보아. 知道了的之後, 안 후에. ≪朴諺, 中, 57ㅎ≫愛錢買東西, 돈을 앗기며 자븐것 사려 ᄒᆞ거든.

동서(東西) 명 동쪽과 서쪽. ⇔동셔. ≪朴諺, 中, 47ㅈ≫眼花的不辨東西, 눈이 밤븨여 동셔를 분변티 못ᄒᆞ고.

동셔 명 동쪽과 서쪽. ⇔동서(東西). ≪朴諺, 中, 47ㅈ≫眼花的不辨東西, 눈이 밤븨여 동셔를 분변티 못ᄒᆞ고.

동시(銅匙) 명 숟가락. 놋숟가락. ⇔술. ≪集覽, 字解, 單字解, 1ㅎ≫和. 平聲, 調和也. 又去聲, 與也, 及也. 我和你 너와 나와, 銅匙和快子 술와 밋 져와.

동안주(東安州) 명 금대(金代)의 현(縣)을 원대(元代)에 주로 승격시키고 수해를 피하여 지금의 치소로 옮겼다. 순천부(順天府) 남쪽 1백 리 지역으로, 홍무(洪武) 연간에 현으로 고쳤다. ≪朴諺, 中, 19ㅎ≫

東安州(集覽, 朴集, 中, 3ㅎ: 東安州. 在東安縣西北. 金以前皆爲縣, 元陞爲州, 今避水患移今治, 在順天府南一百里, 故城遂廢〈癈〉, 洪武初改爲縣.)去, 東安州에 가.

동안현(東安縣) 명 명대(明代)에 두었다. 하북성(河北省) 낭방시(廊坊市)의 서쪽에 두었다가 남동쪽 안차현(安次縣)으로 옮겼다. ≪朴諺, 上, 9ㅎ≫水渰過蘆溝橋(集覽, 朴集, 上, 4ㅎ: 蘆溝橋. 其一東南流, 入于蘆溝, 又東入于東安縣界. 去都城三十里, 有石橋跨于河, 廣二百餘步, 其上兩旁皆石欄, 雕刻石獅, 形狀奇巧, 成於金明昌三年.)獅子頭, 믈이 蘆溝橋 獅子ㅅ 머리롤 좀가 너머.

동옥(東屋) 명 본채를 중심으로 하여 동쪽에 있는 집. ≪朴諺, 下, 52ㅈ≫不覺有賊人入來本家東屋內, 賊人이 이셔 本家 東屋 안히 드러오믈 씨돗디 못ᄒᆞ여.

동월(冬月) 명 음력으로 겨울철의 달. ≪朴諺, 上, 39ㅈ≫狗有濺草之恩(集覽, 朴集, 上, 11ㅈ: 狗有濺草之恩. 晉太和中, 楊生養狗, 甚愛之. 後生飲酒醉, 行至大澤, 草中眠. 時值冬月, 野火起, 風又猛, 狗呼喚, 生不覺. 前有一坑水, 狗便走往水中, 還以身洒生, 左右草沾水得着, 地火尋過去, 生醒而去.), 개는 濺草ᄒᆞᆫ 恩이 잇고. 馬有垂繮之報, 몰은 垂繮ᄒᆞᆫ 報ㅣ 잇다 ᄒᆞ니라. ≪朴諺, 下, 32ㅎ≫水滑經帶麵(集覽, 朴集, 下, 6ㅈ: 水滑經帶麵. 冬月溫水浸. 經帶麵〈麪〉, 用頭白麵〈麪〉二斤, 減(鹹)二兩, 塩二兩, 硏細, 新汲水破開和搜, 比趕麵〈麪〉劑微軟, 漸以拗棒拗百餘下, 停一時許, 再拗百餘下, 趕至極薄, 切如經帶樣, 滾湯下, 候熟入涼水, 投汁任意.), 제믈엣 칼국슈와.

동유(桐油) 명 유동(油桐)의 씨에서 짜낸 건성(乾性)의 기름. ≪朴諺, 下, 29ㅎ≫碎家事和將瀝青(集覽, 朴集, 下, 5ㅎ: 瀝青. 家禮儀制云, 生蛤粉·桐油, 合熬爲之.)來, 존 연장과 瀝青을 가져다가.

동자(凍刺) 동 살이 얼어 터지다. ⇔둘다. ≪朴諺, 中, 29ㅎ≫腮頰凍的刺(刺)刺(刺)的疼, 썀이 드라 뽈알힌다.

동자(童子) 명 사내아이. ≪朴諺, 下, 46ㅈ≫一箇塑的小童子, ᄒᆞᆫ 小童子를 밍ᄃᆞ라.

동전(銅錢) 명 돈. 동전. ≪朴諺, 上, 1ㅎ≫各人出一百箇銅錢, 各人이 一百 낫 銅錢을 내면. 共通三千箇銅錢, 대되 三千 낫 銅錢이니. ≪朴諺, 上, 12ㅈ≫五十箇銅錢一擔家去來, 五十 낫 銅錢에 ᄒᆞᆫ 짐식 ᄒᆞ여 가쟈. ≪朴諺, 上, 12ㅈ≫五十箇銅錢一擔時, 五十 낫 銅錢에 ᄒᆞᆫ 짐식 ᄒᆞ면. ≪朴諺, 上, 19ㅈ≫我今日印子鋪(集覽, 朴集, 上, 7ㅎ: 印子鋪. 音義云, 是典儅錢物濟急之所. 質問云, 有錢之人開鋪, 那無錢之人拿衣服或器皿, 儅借銅錢或銀子使用, 每十分加利一分, 亦與有印號帖兒, 以爲執照.)裏儅錢去, 내 오늘 印子鋪에 돈 典儅ᄒᆞ라 가노라. ≪朴諺, 上, 40ㅎ≫與你五箇銅錢, 너롤 다ᄉᆞᆺ 낫 銅錢을 주마. ≪朴諺, 中, 36ㅎ≫貼些銅錢, 져기 銅錢을 거스려. ≪朴諺, 下, 28ㅎ≫將二百箇銅錢來, 二百 낫 銅錢을 가져오라.

동절(冬莭) 명 동절(冬節). '莭'은 '節'의 속자. ≪集覽, 朴集, 上, 14ㅎ≫寒食. 荊楚記云, 去冬節〈莭〉一百五日, 有疾風甚雨, 謂之寒食, 又謂之百五節〈莭〉.

동절(冬節) 명 겨울철. ≪朴諺, 上, 59ㅈ≫寒食(集覽, 朴集, 上, 14ㅎ: 寒食. 荊楚記云, 去冬節〈莭〉一百五日, 有疾風甚雨, 謂之寒食, 又謂之百五節〈莭〉.)不遲, 寒食이라도 더듸디 아니타 ᄒᆞᄂᆞ니라.

동주서산(東走西散) 동 동쪽으로 뛰고 서쪽으로 흩어진다는 뜻으로, 사방으로 이리저리 몹시 바쁘게 돌아다니다. ⇔동주서산ᄒᆞ다(東走西散-). ≪朴諺, 下, 48ㅎ≫東走西散, 東走西散ᄒᆞ니.

동주서산ᄒᆞ다(東走西散-) 동 동쪽으로 뛰고 서쪽으로 흩어진다는 뜻으로, 사방으로 이리저리 몹시 바쁘게 돌아다니다. ⇔동주서산(東走西散). ≪朴諺, 下, 48ㅎ≫東走西散, 東走西散ᄒᆞ니.

동즙(銅汁) 명 구리를 녹인 물. ≪朴諺, 下, 17ㅈ≫唐三藏引孫行者(集覽, 朴集, 下, 4ㅈ: 孫行者. 大聖被執當死, 觀音上請于玉帝, 免死. 令巨靈神押大聖前往下方去, 乃於花菓山石縫內納身, 下截畫如來押字封着, 使山神·土地神鎭守. 飢食鉄〈鐵〉丸, 渴飮銅汁, 待我往東土尋取經之人, 經過此山, 觀大聖, 肯隨往西天, 則此時可放.), 唐三藏이 孫行者를 ᄃᆞ리고.

동지(冬至) 명 이십사절기(二十四節氣)의 하나. 대설(大雪)과 소한(小寒) 사이로 12월 22~23일경에 든다. ≪朴諺, 中, 11ㅈ≫一兩日上位郊天(集覽, 朴集, 中, 2ㅈ: 郊天. 天子設圜丘於南郊, 以祭天神·地祇·日月星辰·山川·嶽瀆, 以太祖配享. 古制, 冬至祭天.)去, ᄒᆞᄅᆞ 이틀만 ᄒᆞ면 上位ㅣ 郊天ᄒᆞ라 가실 거시니. ≪朴諺, 中, 53ㅎ≫今日臘(集覽, 朴集, 中, 8ㅎ: 臘. 無定日, 冬至後第〈苐〉二戌日是也.)月二十五日, 오ᄂᆞᆯ이 臘月 二十五日이라.

동지(同知) 명 벼슬 이름. 송대(宋代)의 부직(副職)으로서 중앙에는 동지 합문사(同知閤門事)·동지 추밀원사(同知樞密院事), 지방에는 동지 부사(同知府事)·동지 주군사(同知州軍事)가 있었다. 원·명대(元明代)에도 그대로 따랐다. ≪朴諺, 中, 45ㅎ≫同知(集覽, 朴集, 中, 8ㅈ: 同知. 都督同知, 從一品, 指揮同知, 從二品, 留守司同知·各衛同知, 俱從三品.)哥, 同知 형아. ≪朴諺, 下, 39ㅎ≫他在樞密院(集覽, 朴集, 下, 8ㅎ: 樞密院. 元制, 有使·副使·知院·同知院·簽書院, 與〈与〉中書號爲二府, 主兵政.)角頭住裏, 뎌 樞密院 모롱이에 이셔 사ᄂᆞ니라.

동직문(東直門) 명 중국 북경(北京) 내성(內城)에 있는 성문. 조양문(朝陽門) 북쪽에 있는 숭인문(崇仁門)의 다른 이름이다. ≪朴諺, 上, 11ㅎ≫我在平則門(集覽, 朴集, 上, 5ㅎ: 平則門. 永樂十九年, 營建宮室, 立門九, 南曰正陽, 又曰午門, 元則曰麗正, 南之右曰宣武, 元則曰順承, 南之左曰文明, 元則曰崇文, 又曰哈噠, 北之東曰安定, 北之西曰德勝, 元則曰健德, 東之北曰崇仁, 一名東直, 元名同, 東之南曰朝陽, 元則曰齊華, 西之北曰西直, 西之南曰阜城, 元則曰平則. 元設十一門, 而今減其二.)邊住, 내 平則門 ᄀᆞᆺ의 이셔 사노라. ≪朴諺, 下, 49ㅎ≫東有朝陽門·東直門, 東에 朝陽門·東直門이 잇고.

동철(銅鉄) 명 동철(銅鐵). '鉄'은 '鐵'의 약자. ≪朴諺, 上, 25ㅈ≫珊瑚鈎子(集覽, 朴集, 上, 8ㅎ: 鈎子. 用金銀·銅鉄〈銕〉·玉角等物, 刻成龜〈亀〉·龍·獅·虎之頭, 繫於條之一端, 人若帶之, 則以其〈則又以〉條之一端屈曲爲環, 納於鈎獸頭之空, 以爲固, 使不解〈鮮〉落, 如條環之制然.)繫腰, 珊瑚 鈎子 ᄒᆞᆫ ᄯᅴ오.

동철(銅銕) 명 동철(銅鐵). '銕'는 '鐵'의 고자. ≪朴諺, 上, 25ㅈ≫珊瑚鈎子(集覽, 朴集, 上, 8ㅎ: 鈎子. 用金銀·銅鉄〈銕〉·玉角等物, 刻成龜〈亀〉·龍·獅·虎之頭, 繫於條之一端, 人若帶之, 則以其〈則又以〉條之一端屈曲爲環, 納於鈎獸頭之空, 以爲固, 使不解〈鮮〉落, 如條環之制然.)繫腰, 珊瑚 鈎子 ᄒᆞᆫ ᄯᅴ오.

동철(銅鐵) 명 구리와 쇠. ≪朴諺, 上, 25ㅈ≫珊瑚鈎子(集覽, 朴集, 上, 8ㅎ: 鈎子. 用金銀·銅鉄〈銕〉·玉角等物, 刻成龜〈亀〉·龍·獅·虎之頭, 繫於條之一端, 人若帶之, 則以其〈則又以〉條之一端屈曲爲環, 納於鈎獸頭之空, 以爲固, 使不解〈鮮〉落, 如條環之制然.)繫腰, 珊瑚 鈎子 ᄒᆞᆫ ᄯᅴ오. ≪朴諺, 中, 22ㅎ≫傾甘露於瓶中濟險途於飢渴(集覽, 朴集, 中, 5ㅎ: 傾甘露於瓶中濟險途於飢渴. 飜〈翻〉譯名義云, 梵言軍持, 此云瓶. 軍持有二, 若甆瓦者是淨用, 若銅鐵者是觸用.), 甘露를 瓶中에 기우려 險途를 飢渴에 구제ᄒᆞᄂᆞᆺ다.

동청(冬青) 명 감탕나무. (감탕나뭇과의 상록 활엽 교목. 재질이 단단하여 도장감으로, 열매는 약재로 쓴다) ≪朴諺, 上, 4ㅈ≫荔子(集覽, 朴集, 上, 2ㅈ: 荔子. 子

作支〈支〉. 茘支〈支〉, 生巴峽間, 形狀團如帷盖, 葉如冬靑, 花如橘, 春榮. 實如丹夏, 朶如葡萄, 核如枇杷, 殼如紅繒, 膜如紫綃, 瓤肉潔白如冰霜, 漿液甘如醴酪. 如離本枝, 一日色變, 二日香變, 三日味變, 四五日外色·香·味盡〈尽〉變.), 녀지오.

동취(銅觜) 명 부리가 노란 수종다리. 종다리의 수컷. (광대의 분장한 모습을 이른다) ≪朴諺, 中, 1ㅎ≫弄寶盖(集覽, 朴集, 中, 1ㅈ: 弄寶盖. 凡優人以造化鳥爲戲時, 一人擎一彩帛葆盖, 先入優場, 以告戲雀之由. 次有一人捧一雀以入作戲. 如本節〈莭〉所云, 造化鳥 죵〈죵〉다리, 雄曰銅觜, 雌曰鑞觜.)的, 寶盖 놓ᄒᆞᄂᆞᆫ 이ᄂᆞᆫ. ≪朴諺, 中, 1ㅎ≫那主兒着那銅觜的, 그 님재 뎌 부리 노론 수죵다리로 ᄒᆞ여.

동취조화(銅觜造化) 명 부리가 노란 수종다리. 종다리의 수컷. (광대의 분장한 모습을 이른다) ⇔수죵다리. ≪朴諺, 中, 1ㅎ≫又是一箇銅觜·鑞觜造化, 또 ᄒᆞᆫ 부리 노론 수죵다리 부리 프른 암죵다리 노롯호ᄃᆡ. ≪譯語類解, 下, 飛禽≫造化, 舊譯, 죵다리.

동탄(動憚) 동 움직이다. ⇔동탄ᄒᆞ다(動憚-). ≪朴諺, 下, 31ㅎ≫山也似不動憚, 山ᄀᆞᄐᆞ여 動憚티 아니ᄒᆞ니.

동탄ᄒᆞ다(動憚-) 동 움직이다. ⇔동탄(動憚). ≪朴諺, 下, 31ㅎ≫山也似不動憚, 山ᄀᆞᄐᆞ여 動憚티 아니ᄒᆞ니.

동토(東土) 명 동쪽의 나라. ≪朴諺, 下, 3ㅈ≫西天取經去(集覽, 朴集, 下, 1ㅈ: 西天取經去. 西遊記云, 昔釋迦牟尼佛在西天靈山雷音寺, 撰成經·律·論三藏金經, 須送東土, 解度郡〈羣〉迷. 問諸菩薩, 徃東土尋取經人來.)時莭(節), 西天의 經 가질라 갈 제. ≪朴諺, 下, 17ㅈ≫唐三藏引孫行者(集覽, 朴集, 下, 4ㅈ: 孫行者. 大聖被執當死, 觀音上請于玉帝, 免死. 令巨靈神押大聖前徃下方去, 乃於花菓山石縫內納身, 下截畫如來押字封着, 使山神·土地神鎭守. 飢食鉄〈鐵〉丸, 渴飮銅汁, 待我徃東土尋取經之人, 經過此山, 觀大聖, 肯隨徃西天, 則此時可放.), 唐三藏이 孫行者를 ᄃᆞ리고. ≪朴諺, 下, 19ㅎ≫貧僧是東土人, 貧僧은 이 東土ㅅ 사ᄅᆞᆷ이라.

동포(同胞) 명 친형제 자매. 친동기. ≪集覽, 字解, 累字解, 1ㅈ≫大哥. 哥兄也. 人有數兄, 則呼長曰大哥, 次曰二哥, 三曰三哥. 雖非同胞而見儕輩, 可推敬者, 則亦呼爲哥. 或加大字, 或加老字, 推敬之重也. 只呼弟曰兄弟, 竝擧兄及弟曰弟兄.

동표(銅杓) 명 놋 주걱. ⇔놋쥬게. ≪朴諺, 中, 11ㅎ≫簸箕, 키. 篩子, 얼멍이. 馬尾羅兒, ᄆᆞᆯ총체. 卓兒, 상. 盤子, 반. 茶盤, 찻반. 撞盞, 졉잔. 壺甁, 壺甁. 酒鱉, 쥬벼ᄋᆞ. 銅杓, 놋쥬게를. 都收拾下着, 다 收拾ᄒᆞ여 두라.

동호(茼蒿) 명 물쑥. (국화과의 여러해살이풀. 이른 봄에 나는 연한 줄기와 잎은 나물로 먹는다) ⇔믈뿍. ≪朴諺, 中, 33ㅎ≫蘿蔔, 댓무우. 蔓菁, 쉿무우. 萵苣, 부로. 葵菜, 아혹. 白菜, ᄇᆡ치. 赤根菜, 시근치. 園荽, 고싀. 蓼子, 역괴. 葱, 파. 蒜, 마늘. 薤, 부치. 荊芥, 형개. 薄荷, 박하. 茼蒿, 믈뿍. 水蘿蔔, 믈한댓무우. 胡蘿蔔, 노론댓무우. 芋頭, 토란. 紫蘇都種來, 紫蘇를 다 시므라.

동화 명 동아. (박과의 한해살이 덩굴성 식물. 과육과 종자는 약용한다) ⇔동과(冬瓜). ≪朴諺, 中, 34ㅎ≫種些冬瓜, 동화. 西瓜, 슈박. 甜瓜, 참외. 揷葫(集覽, 朴集, 中, 7ㅈ: 揷葫. 質問云, 如葫蘆, 長一二尺者, 方言謂之揷葫.), ᄌᆞᄅᆞ박. 稍瓜, 수세외. 黃瓜, 외. 茄子, 가지를 시므라.

동환(東還) 동 동쪽으로 되돌아오다. 곧, 중국에서 고려(高麗)로 돌아옴을 이른다. ≪朴諺, 上, 65ㅈ≫法名喚步虛(集覽, 朴集, 上, 15ㅎ: 步虛. 還大都, 時適丁太子令辰十二月二十四日, 奉傳聖旨, 住持永寧禪寺, 開堂演法. 戊子東還, 掛錫于三角山重興寺. 尋徃龍門山, 結小庵, 額曰小雪.), 法名을 步虛ㅣ라 브ᄅᆞᄂᆞᆫ 이.

동ᄒᆞ다(動-) 동 ❶동(動)하다. 연주하다. ⇔동(動). ≪朴諺, 上, 6ㅎ≫彈的們動樂器, ᄠᆞᄂᆞ니들이 樂器을 動ᄒᆞ고. ≪朴諺, 上, 62ㅈ≫動細樂·大樂, 細樂·大樂을 動ᄒᆞ고. ≪朴諺, 下, 47ㅈ≫前面動細樂·大樂吹角, 앏픠 細樂·大樂을 動ᄒᆞ며 角을 불고. ❷(어떤 욕구나 감정 또는 기운이) 일어나다. ⇔동(動). ≪朴諺, 下, 20ㅎ≫要動禪, 禪을 動코져 ᄒᆞ거ᄂᆞᆯ. ❸움직이다. ⇔동(動). ≪朴諺, 下, 20ㅎ≫分毫不動, 分毫도 動티 마라. 但動的便筭輸, 므릇 動ᄒᆞᄂᆞᆫ 이를 곳 지니로 혜니라.

돋 명 돼지. ⇔저(猪). ≪朴諺, 中, 46ㅎ≫他輸了的猪頭也不肯買, 뎨 진 도틔 머리도 즐겨 사디 아니ᄒᆞ니.

되 명 되[升]. ⇔승(升). ≪朴諺, 中, 6ㅈ≫諸般菜蔬·鷄鳴和升·斗·等子, 여러 가지 ᄂᆞ믈과 ᄃᆞᆰ긔알과 되과 말과 저울을.

되 의 되[升]. ⇔승(升). ≪朴諺, 中, 5ㅎ≫三升米, 서 되 ᄡᆞᆯ과. ≪朴諺, 中, 5ㅎ≫三升米, 시(서) 되 ᄡᆞᆯ과. ≪朴諺, 下, 28ㅈ≫一霎兒贏了二升多榛子, 져근덧에 두 되 나믄 개암을 이긔어다.

-되 어미 -되. ≪朴諺, 上, 1ㅎ≫買二十箇好肥羊, 二十 낫 ᄀᆞ장 ᄉᆞᆯ진 羊을 사되. ≪朴諺, 上, 21ㅎ≫半夜裏却拌饋他料喫, 半夜에 ᄯᅩ 뎌를 콩을 버므려 주어 먹이되. ≪朴諺, 上, 31ㅈ≫別人便一兩要一兩利錢借饋, 다른 사ᄅᆞᆷ은 곳 ᄒᆞᆫ 냥에 ᄒᆞᆫ 냥 利錢을 밧고 ᄭᅮ이되. ≪朴諺, 上, 40ㅈ≫撒開頭髮梳, 머리터럭을 헤쳐고 빗기되. ≪朴諺, 上, 55ㅎ≫一箇黑鬃青馬快走, ᄒᆞᆫ 가리온총이ᄆᆞᆯ이 잘 ᄃᆞᄅᆞ되. ≪朴諺, 中, 2ㅎ≫木匠家裏旋做一箇櫃子, 木匠의 집의 ᄒᆞᆫ 櫃를 마초이되. ≪朴諺, 中, 10ㅈ≫養成軀使, 길러 브리되. ≪朴諺, 中, 26ㅈ≫陜(陝)西赶來的白駝氈大帽兒一箇, 陜(陝)西셔 미러 온 白駝氈 큰갓 ᄒᆞ나흘 ᄆᆡᆫ드되. ≪朴諺, 中, 32ㅈ≫有箇名山, 名山이 이시되. ≪朴諺, 中, 55ㅈ≫又一箇女兒繳手帕着, ᄯᅩ ᄒᆞᆫ 겨집은 手帕를 마모로되. ≪朴諺, 下, 1ㅎ≫每日箇日頭裡晒, 每日에 볏틔 뙤되. ≪朴諺, 下, 10ㅈ≫一年一日解說戒法時, 一年 一日에 戒法을 解說ᄒᆞ되. ≪朴諺, 下, 18ㅈ≫國中有一箇先生, 國中에 ᄒᆞᆫ 先生이 이시되. ≪朴諺, 下, 24ㅎ≫國王道, 國王이 닐오ᄃᆡ. ≪朴諺, 下, 39ㅎ≫古人道, 古人이 니ᄅᆞ되. ≪朴諺, 下, 52ㅎ≫約至某處, 거의 아므 곳에 가되. ≪朴諺, 下, 57ㅎ≫小廝道, 아희 니ᄅᆞ되. ≪朴諺, 下, 62ㅈ≫古人有言, 古人이 말을 두되.

되다 동 (말[斗] 따위로) 되다. 재다. ❶⇔기(起). ≪朴諺, 上, 12ㅎ≫着斛起, 휘로 되게 ᄒᆞ라. ❷⇔양(量). ≪朴諺, 上, 12ㅎ≫與他一百箇斗子錢, 뎌를 一百 낫 말 되ᄂᆞᆫ 갑슬 주고. ≪朴諺, 上, 12ㅎ≫斗量時不勻, 말로 되면 ᄎᆞ디 못ᄒᆞ리라. ≪朴諺, 下, 36ㅈ≫人不可貌相, 사ᄅᆞᆷ은 가히 얼굴로 상티 못ᄒᆞ고. 海不可斗量, 바다흔 가히 말로 되디 못ᄒᆞᆫ다 ᄒᆞ니.

되다 동 되다. ❶⇔성(成). ≪朴諺, 下, 11ㅎ≫孩兒這裏所幹已成完備, 孩兒ㅣ 여긔 ᄒᆞᄂᆞᆫ 배 임의 完備케 되여시니. ❷⇔작(作). ≪朴諺, 中, 21ㅎ≫或作童男, 혹 童男이 되며. 或作童女, 혹 童女ㅣ 되며. ❸⇔주(做). ≪朴諺, 上, 35ㅎ≫直到做灰, 잇긋 ᄌᆡ 되게 ᄒᆞ니. ≪朴諺, 上, 63ㅎ≫咱男兒漢做弟兄, 우리 ᄉᆞ나희 弟兄이 되여셔. ≪朴諺, 下, 20ㅎ≫變做假行者, 변ᄒᆞ여 거즛 行者ㅣ 되어. ≪朴諺, 下, 21ㅈ≫變做青母蝎, 변ᄒᆞ여 프른 암 젼갈이 되여. ≪朴諺, 下, 23ㅈ≫行者變做五寸來大的胡孫, 行者ㅣ 변ᄒᆞ여 五寸만치 큰 진납이 되여. ≪朴諺, 下, 24ㅈ≫變做大黑狗, 변ᄒᆞ여 큰 거믄 개 되여. ≪朴諺, 下, 24ㅎ≫先生變做老虎赶, 先生이 변ᄒᆞ여 老虎ㅣ 되여 ᄠᆞ로거ᄂᆞᆯ. ≪朴諺, 下, 59ㅈ≫做了鐵原京太守, 鉄原京 太守ㅣ 되엿더니.

되ᄉᆡ여나다 동 다시 깨어나다. ⇔날활(剌活). ≪朴諺, 上, 32ㅎ≫打的半死剌活的,

텨 반만 죽엇다가 되ᄭᅴ여나니.

된밥 명 된밥. ⇔건반(乾飯). ≪朴諺, 中, 30ㅈ≫乾飯也做着裏, 된밥도 지엇고.

됴리ᄒᆞ다 동 조리(調理)하다. 몸조리하다. ⇔장식(將息). ≪朴諺, 上, 35ㅎ≫慢慢的將息却不好, 날회여 됴리ᄒᆞ면 ᄯᅩ 됴티 아니ᄒᆞ랴.

됴습ᄒᆞ다 동 조습(調習)하다. ⇔조(操). ≪朴諺, 上, 24ㅎ≫午門外前看操馬去來, 午門 밧긔 ᄆᆞᆯ 됴습ᄒᆞ는 양 보라 가쟈. ≪朴諺, 上, 24ㅎ≫夜來兩箇舍人操馬, 어제 두 舍人이 ᄆᆞᆯ 됴습호ᄃᆡ.

됴타 형 좋다. ⇔호(好). ≪集覽, 字解, 單字解, 2ㅎ≫也. 在詞之上者, 又也. 也好 ᄯᅩ 됴타, 也是 ᄯᅩ 올타. 在詞之中者, 承上起下之辭. 我也去 나도 가마. 在詞之終者, 語助. ≪集覽, 字解, 單字解, 5ㅎ≫越. 尤甚也. 越好 ᄀᆞ장 됴타, 越細詳 더옥 ᄎᆞᆫᄎᆞᆫᄒᆞ다. ≪集覽, 字解, 單字解, 5ㅎ≫哏. 極也. 哏好 ᄀᆞ장 됴타, 今不用. 音흔, 匣母. ≪朴諺, 上, 19ㅈ≫那雀舌兒牢壯便好, 뎌 혓쇠는 牢壯ᄒᆞ니 곳 됴타. ≪朴諺, 上, 21ㅎ≫今日下雨正好下碁, 오ᄂᆞᆯ 비 오니 졍히 바독 두기 됴타. ≪朴諺, 上, 22ㅎ≫這箇馬下了時好, 이 ᄆᆞᆯ을 두면 됴타. ≪朴諺, 上, 29ㅎ≫你說都是好的, 네 닐오ᄃᆡ 다 이 됴타 ᄒᆞ더니. ≪朴諺, 上, 34ㅎ≫探望去好來, 探望ᄒᆞ라 감이 됴탓다. ≪朴諺, 上, 45ㅈ≫好好, 됴타 됴타. ≪朴諺, 中, 2ㅈ≫這般時倒好, 이러면 도로혀 됴타. ≪朴諺, 中, 13ㅈ≫十分好田禾, ᄀᆞ장 田禾ㅣ 됴터라. ≪朴諺, 中, 30ㅈ≫好好, 됴타 됴타. ≪朴諺, 中, 31ㅎ≫好好, 됴타 됴타. ≪朴諺, 中, 49ㅈ≫做些好因緣時不好, 져기 됴흔 인연을 지으면 됴티 아니ᄒᆞ랴. ≪朴諺, 中, 58ㅎ≫最好最好, ᄀᆞ장 됴타 ᄀᆞ장 됴타. ≪朴諺, 下, 13ㅈ≫相公道的正好正好, 相公의 닐오미 졍히 됴타 졍히 됴타. ≪朴諺, 下, 57ㅎ≫那般時更好, 그러면 ᄯᅩ 됴타.

됴하다 형 좋다. ⇔호(好). ≪朴諺, 上, 34ㅎ≫如今都好了不曾, 이제 다 됴한는가 못ᄒᆞ엿는가. ≪朴諺, 上, 35ㅎ≫氣脉通行便好了, 氣脉이 通行ᄒᆞ야 곳 됴핫거니와.

됴히 부 좋게. 편안히. ❶⇔안(安). ≪朴諺, 下, 61ㅎ≫安置韓先生, 됴히 이시라 韓先生아. ❷⇔호(好). ≪朴諺, 中, 50ㅎ≫好好的捽, 됴히 됴히 시름ᄒᆞ쟈. ≪朴諺, 中, 60ㅈ≫好好的說, 됴히 됴히 닐ᄋᆞ라. ≪朴諺, 下, 3ㅈ≫沿路上用心好去着, 길흘 조차 用心ᄒᆞ여 됴히 가라. ≪朴諺, 下, 18ㅈ≫那國王好善, 뎌 國王이 善을 됴히 너겨.

됴ᄒᆞ다 형 좋다. ⇔호(好). ≪朴諺, 上, 6ㅈ≫浸在氷盤裏好生好看, 氷盤에 ᄌᆞᆷ가 두면 ᄀᆞ장 보기 됴ᄒᆞ니라. ≪朴諺, 上, 55ㅎ≫那裏有一箇土黃馬好本事, 뎌긔 ᄒᆞᆫ 고라ᄆᆞᆯ이 이셔 ᄌᆡ죄 됴호되. ≪朴諺, 上, 56ㅈ≫眞箇是好馬麽, 진실로 됴ᄒᆞᆫ ᄆᆞᆯ이랏다. ≪朴諺, 中, 38ㅈ≫咱這裏沒牙子省些牙錢不好, 우리 여긔 즈름이 업스니 져기 즈름갑시 덜림이 됴티 아니ᄒᆞ냐. ≪朴諺, 下, 1ㅈ≫怎的好, 엇디ᄒᆞ여야 됴ᄒᆞ료. ≪朴諺, 下, 28ㅎ≫心裏好着, ᄆᆞᄋᆞᆷ에 됴ᄒᆞ면. ≪朴諺, 下, 31ㅎ≫午門外前好飯店, 午門 밧기 밥뎜이 됴ᄒᆞ니. ≪朴諺, 下, 40ㅈ≫和我兩箇至好麽, 날과 둘히 ᄀᆞ장 됴컨마는. ≪朴諺, 下, 55ㅈ≫狀不過三日便告時好, 狀은 三日이 디나디 아녀셔 곳 告홈이 됴커니와. ≪朴諺, 下, 61ㅎ≫張編修有此好文官, 張編修ㅣ 이 됴ᄒᆞᆫ 文官을 두엇다.

둇타 형 좋다. ⇔호(好). ≪朴諺, 中, 17ㅈ≫一發稍將些醬麴來最好, 홈ᄭᅴ 젹이 메조ᄅᆞᆯ 브텨 가져오니 ᄀᆞ장 둇타.

둏다 형 좋다. ⇔호(好). ≪集覽, 字解, 單字解, 3ㅎ≫的. 指物之辭. 你的 네 것, 好的 됴ᄒᆞᆫ 것. 又語助. 坐的 안ᄶᅡ, 通作地. 又明也, 實也, 端也. 吏語, 的確·的當·虛的·的實. ≪朴諺, 上, 1ㅈ≫休蹉過了好時光, 됴ᄒᆞᆫ 時光을 그ᄅᆞᆺ 디내디 마쟈. ≪朴諺, 上, 15ㅎ≫鋸兒上鈒一箇好花樣兒, 톱우희 ᄒᆞᆫ 됴ᄒᆞᆫ 花樣을 사기고. ≪朴諺, 上,

22ㅈ≫你饒四着時纔好, 네 네흘 졉혜야 즈 됴흐리라. ≪朴諺, 上, 50ㅈ≫只着些好醬瓜兒就飯喫, 그저 젹이 됴흔 醬瓜로 밥ᄒᆞ여 먹히라. ≪朴諺, 中, 2ㅈ≫好看的甚麽沒, 보기 됴흔 거시 므서시 업ᄉᆞ리오. 我沒零錢怎麽好, 내 �돈이 업ᄉᆞ니 엇디 ᄒᆞ여야 됴흐료. ≪朴諺, 中, 16ㅎ≫大娘身子好麽, 大娘의 몸이 됴흐신가. ≪朴諺, 中, 28ㅈ≫帶累一家人都死也怎的好, 온 집 사ᄅᆞᆷ이 버므리여 다 죽을 써시니 엇디ᄒᆞ여야 됴흐리오. ≪朴諺, 中, 30ㅎ≫那裏將那般好衣服好鞍馬來撇掖子, 어ᄃᆡ가 뎌리 됴흔 옷과 됴흔 鞍馬ᄅᆞᆯ 가져와 얼굴을 비언ᄂᆞᆫ고. ≪朴諺, 下, 4ㅈ≫正是好人魔障多, 졍히 됴흔 사ᄅᆞᆷ은 魔障이 만흔 디라. ≪朴諺, 下, 10ㅎ≫玉體安樂好麽, 玉體ㅣ 安樂ᄒᆞ여 됴흐신가. ≪朴諺, 下, 13ㅈ≫栽些好名花, 져기 됴흔 名花ᄅᆞᆯ 시므고. ≪朴諺, 下, 16ㅎ≫買時買四書六經也好, 살 쟉시면 四書와 六經을 삼이 또 됴흐니. ≪朴諺, 下, 25ㅈ≫燒子珠兒好的有麽, 구은구슬 됴흐니 잇ᄂᆞ냐. ≪朴諺, 下, 27ㅈ≫咳一件好物, 애 ᄒᆞᆫ 블 됴흔 거시라. ≪朴諺, 下, 45ㅈ≫喫些箇好來, 져기 먹기 됴흘러니.

두 관 두[二]. ❶⇔쌍(雙). ≪朴諺, 下, 9ㅈ≫人人盡盤雙足, 사ᄅᆞᆷ마다 다 두 발을 서리고. ≪朴諺, 下, 19ㅎ≫大仙睜開雙眼道, 大仙이 두 눈을 브릅ᄠᅳ고 닐오ᄃᆡ. ❷⇔양(兩). ≪朴諺, 上, 13ㅈ≫一車兩擔家推將去, ᄒᆞᆫ 술위예 두 짐식 ᄒᆞ여 미러 가져 가쟈. ≪朴諺, 上, 28ㅈ≫底下垂下着兩頭青珠兒結串的駝毛肚帶, 미틔 드리온 거슨 두 머리예 프른 구슬로 ᄆᆡ자 ᄢᅦ온 약대 털로 ᄒᆞᆫ 빗대오. ≪朴諺, 上, 47ㅈ≫撓背兩箇錢, 등 믄디ᄅᆞ기ᄂᆞᆫ 두 낫 돈이오. ≪朴諺, 上, 60ㅎ≫兩角獸頭都是青瑠璃, 두 모헤 獸頭ᄂᆞᆫ 다 青瑠璃오. ≪朴諺, 中, 3ㅎ≫兩頭有記事, 두 머리예 보람 이시니. ≪朴諺, 中, 5ㅎ≫兩瓶酒, 두 병 술이오. ≪朴諺, 中, 16ㅈ≫熬兩服喫, 두 복을 달혀 먹고. ≪朴諺, 中, 53ㅈ≫上位賞了一百錠鈔兩表裏段子, 上位ㅣ 一百 錠鈔와 두 안밧 비단을 샹ᄒᆞ시니라. ≪朴諺, 下, 2ㅈ≫將兩根香來燒, 두 ᄌᆞᄅᆞ 향을 가져다가 퓌오라. ≪朴諺, 下, 5ㅎ≫且打將兩擔水來, 아직 두 메움 믈을 기러다가. ≪朴諺, 下, 20ㅈ≫更打了我兩鐵棒, 또 우리ᄅᆞᆯ 두 번 쇠막대로 티니. ≪朴諺, 下, 22ㅎ≫油鍋兩邊看着, 기름 가마 두 편의 셔 보와. ≪朴諺, 下, 47ㅈ≫街上兩行擺着行, 거리예 두 줄로 버러 가며. ❸⇔양개(兩箇). ≪朴諺, 上, 11ㅈ≫我有兩箇月俸來關, 내 두 ᄃᆞᆯ 뇨 틀 써시 이셰라. ≪朴諺, 上, 28ㅎ≫兩箇舍人打扮的風風流流, 두 舍人의 비온 거시 風風流流ᄒᆞ고. ≪朴諺, 上, 38ㅈ≫兩箇先生合賣藥一箇坐一箇跳, 두 先生이 모다 약 ᄑᆞ노라 ᄒᆞ나흔 안잣고 ᄒᆞ나흔 ᄠᅱ노ᄂᆞᆫ 거시여. ≪朴諺, 上, 57ㅎ≫你將兩箇油紙帽兒來, 네 두 油紙帽ᄅᆞᆯ 가져와. ≪朴諺, 中, 2ㅎ≫兩箇鋸鈸兒, 두 ᄇᆡ목과. ≪朴諺, 中, 19ㅎ≫兩箇漢子, 두 놈은. ≪朴諺, 中, 19ㅎ≫又兩箇人, 또 두 사ᄅᆞᆷ은. ≪朴諺, 中, 27ㅎ≫他有兩箇婢(渾)家, 뎌 두 겨집이 이시니. ≪朴諺, 中, 40ㅈ≫你兩箇小厮慢慢的上去, 너 두 아ᄒᆡ 날회여 올라가. ≪朴諺, 下, 4ㅎ≫叫一箇泥水匠和兩箇坌工來, ᄒᆞᆫ 泥匠이와 두 조역을 블러다가. ≪朴諺, 下, 13ㅎ≫可知每日兩箇羊爲頭兒, 그리어니 每日에 두 羊을 웃듬으로 ᄒᆞ고. ≪朴諺, 下, 21ㅈ≫又叫兩箇宮娥, 또 두 宮娥ᄅᆞᆯ 블러. ≪朴諺, 下, 22ㅈ≫行者敎千里眼·順風耳等兩箇鬼, 行者ㅣ 千里眼과 順風耳 等 두 鬼神으로 ᄒᆞ여. ≪朴諺, 下, 46ㅈ≫一托來長的兩箇機角, ᄒᆞᆫ 발 기릐에 두 ᄲᅳᆯ이오. ❹⇔양구아(兩口兒). ≪朴諺, 上, 42ㅎ≫這兩口兒夫妻好爽利, 이 두 夫妻ㅣ ᄀᆞ장 영노슬갑더라. ❺⇔양척(兩隻). ≪朴諺, 下, 31ㅎ≫燈盞也似兩隻眼, 등잔 ᄀᆞᄐᆞᆫ 두 눈에. ❻⇔이(二). ≪朴諺, 上, 10ㅎ≫二錢半一板家, 두 돈 반에

ᄒᆞᆫ 판식 ᄒᆞ되. ≪朴諺, 上, 51ㅎ≫一箇月二兩妳子錢, ᄒᆞᆫ ᄃᆞ레 두 냥 졋 갑시오. ≪朴諺, 中, 2ㅎ≫說定與他二兩銀, 닐러 定ᄒᆞ고 뎌를 두 냥 銀을 주엇더니. ≪朴諺, 中, 14ㅈ≫黑豆一錢銀子二斗, 거믄콩은 ᄒᆞᆫ 돈 은에 두 말이오. ≪朴諺, 中, 20ㅈ≫將二兩銀到西山裏, 두 냥 은을 가지고 西山에 가. ≪朴諺, 中, 39ㅎ≫賃房錢每月銀二兩, 집 셰내는 갑슬 ᄃᆞᆯ마다 은 두 냥에 ᄒᆞ여. ≪朴諺, 下, 25ㅎ≫實要二兩銀子賣與你, 실로 두 냥 은을 밧고 네게 ᄑᆞᆯ마. ≪朴諺, 下, 28ㅈ≫一霎兒贏了二升多榛子, 져근덧에 두 되 나믄 개암을 이긔어다. ≪朴諺, 下, 37ㅈ≫官人上納與二停外, 官人의게 두 분을 바틴 밧긔. ≪朴諺, 下, 55ㅎ≫與他二兩告子錢, 뎌를 두 냥 告子錢을 주고. ≪朴諺, 下, 57ㅎ≫二人到那門首敲門道, 두 사ᄅᆞᆷ이 뎌 믄(문) 압희 가 문을 두드려 닐오되.

두(斗) 명 ❶두수(斗宿). 이십팔수(二十八宿)의 하나. 북방(北方) 현무 칠수(玄武七宿)의 첫째 별자리. 여섯 개의 별로 이루어져 있으며, 속칭 남두(南斗)라고 한다. ≪朴諺, 中, 54ㅈ≫斗美, 斗는 美ᄒᆞ고. ❷말[斗]. ⇔말. ≪朴諺, 上, 12ㅎ≫與他一百箇斗子(集覽, 朴集, 上, 5ㅎ: 斗子. 執斗槩量穀之人.〈槩, 　卽平斗斛木〉.)錢, 뎌를 一百 낫 말 되는 갑슬 주고. ≪朴諺, 上, 12ㅎ≫斗量時不勾, 말로 되면 ᄎᆞ디 몯ᄒᆞ리라. ≪朴諺, 中, 6ㅈ≫諸般菜蔬·鷄鴠和升·斗·等子, 여러 가지 ᄂᆞ믈과 ᄃᆞᆰ긔 알과 되과 말과 저울을. ≪朴諺, 下, 36ㅈ≫人不可貌相, 사ᄅᆞᆷ은 가히 얼굴로 상티 몯ᄒᆞ고. 海不可斗量, 바다흔 가히 말로 되디 몯ᄒᆞᆫ다 ᄒᆞ니.

두(斗) 의 말[斗]. ⇔말. ≪朴諺, 中, 14ㅈ≫黑豆一錢銀子二斗, 거믄콩은 ᄒᆞᆫ 돈 은에 두 말이오.

두(肚) 명 ❶배[腹]. ⇔ᄇᆡ. ≪朴諺, 上, 35ㅎ≫艾氣肚裏入去, 艾氣 ᄇᆡ에 드러가. ≪朴諺, 中, 43ㅈ≫每日馬肚皮塵埋三尺, ᄆᆡ일 에 ᄆᆞᆯ ᄇᆡᆺ가족에 틧글이 석 자히나 무텻고. ❷양(胖). (소의 밥통을 고기로 이르는 말) ⇔양. ≪朴諺, 上, 5ㅈ≫炮炒(集覽, 朴集, 上, 2ㅎ: 炮炒. 用醬和水炒之. 質問云, 如猪肚生切, 置於鍋中, 用緊火炒熟, 方言謂炮炒.)猪肚, 炮炒ᄒᆞᆫ 돗희 양과.

두(豆) 명 콩. ⇔콩. ≪朴諺, 中, 14ㅈ≫黑豆一錢銀子二斗, 거믄콩은 ᄒᆞᆫ 돈 은에 두 말이오. ≪朴諺, 中, 19ㅎ≫放黑豆, 거믄콩에 노하.

두(頭) 관 첫. ⇔첫. ≪集覽, 字解, 單字解, 7ㅈ≫頭. 首也, 東頭西頭 동녁 귿 셧녁 귿, 頭到 나죵내, 到頭 나죵애, 通作投. 又上頭 젼ᄎᆞ로. 又頭盤 첫 판, 頭篩 첫 판, 頭雞 첫ᄃᆞᆰ. ≪朴諺, 上, 5ㅈ≫席面(集覽, 朴集, 上, 2ㅎ: 席面. 音義云, ·믓 ·첫·줄.)上, 席面에는. ≪朴諺, 上, 23ㅈ≫高碁輸頭盤, 놉흔 바독은 첫 판을 진다 ᄒᆞᄂᆞ니라.

두(頭) 명 끝. ⇔귿. ≪集覽, 字解, 單字解, 7ㅈ≫頭. 首也. 東頭·西頭 동녁 귿·셧녁 귿, 頭到 나죵내, 到頭 나죵애. 通作投. 又上頭 젼ᄎᆞ로. 又頭盤 첫 판, 頭篩 첫 판, 頭雞 첫 ᄃᆞᆰ.

두(頭) 명 ❶머리. 꼭대기. ⇔머리. ≪朴諺, 上, 10ㅎ≫着墻板當着墻頭絟的牢着, 담 ᄡᆞᄂᆞᆫ 널로 담 머리예 막아 ᄆᆡ기를 긋(굿)이 ᄒᆞ고. ≪朴諺, 上, 28ㅈ≫底下垂下着兩頭青珠兒結串的駝毛肚帶, 미틔 드리온 거슨 두 머리예 프른 구슬로 ᄆᆡ자 ᄭᅦ온 약대 털로 ᄒᆞᆫ ᄇᆡᆺ대오. ≪朴諺, 上, 41ㅈ≫滿頭珠翠金廂寶石頭面, 머리예 ᄀᆞ득ᄒᆞᆫ 珠翠와 금으로 寶石에 젼메온 곳갈과. ❷머리. 끝. ⇔머리. ≪朴諺, 中, 3ㅎ≫兩頭有記事, 두 머리예 보람 이시니. ❸머리. 대가리. ⇔머리. ≪朴諺, 上, 9ㅎ≫水渰過蘆溝橋獅子頭, 믈이 蘆溝橋 獅子ㅅ 머리를 ᄌᆞᆷ가 너머. ≪朴諺, 上, 26ㅎ≫銀絲兒獅子頭的花鐙, 銀 입ᄉᆞᄒᆞᆫ 獅子 머리 섭사긴 등ᄌᆞ에. ≪朴諺, 中, 46ㅎ≫他輸了的猪頭也不肯買, 뎨 진 도틔 머리도 즐겨

사디 아니ᄒᆞ니. ≪朴諺, 下, 24ㅎ≫只落下一箇虎頭, 그저 ᄒᆞᆫ 범의 머리만 ᄠᅥ러뎌시니.

두(頭) 명 ❶머리[髮]. ⇔머리. ≪朴諺, 上, 39ㅎ≫叫將那剃頭的來, 뎌 머리 갓ᄂᆞᆫ 이ᄅᆞᆯ 블러오라. ≪朴諺, 上, 39ㅎ≫我剃頭的, 나ᄂᆞᆫ 머리 갓ᄂᆞᆫ 이라. ≪朴諺, 上, 47ㅈ≫梳頭五箇錢, 머리 빗기기ᄂᆞᆫ 다ᄉᆞᆺ 낫 돈이오. 剃頭兩箇錢, 머리 갓기ᄂᆞᆫ 두 낫 돈이오. ≪朴諺, 上, 47ㅎ≫梳刮頭修了脚, 머리 ᄀᆞᆯ빗고 발둡 다듬고. ≪朴諺, 上, 50ㅈ≫纔只洗了孩兒剃了頭, 그제아 아희ᄅᆞᆯ 싯기고 머리 갓고. ≪朴諺, 上, 51ㅈ≫把孩兒又剃了頭頂上灸, 아희ᄅᆞᆯ다가 ᄯᅩ 머리 ᄭᅡᆨ고 뎡박이 ᄯᅳ고. ❷머리. ⇔머리. ≪朴諺, 上, 31ㅈ≫那般磕頭禮拜央及我, 뎌리 머리 조ᄭᅩ고 禮拜ᄒᆞ여 내게 빌거ᄂᆞᆯ. ≪朴諺, 上, 39ㅎ≫刮的多頭疼, ᄀᆞᆯ빗기기ᄅᆞᆯ 만히 ᄒᆞ면 머리 알프ᄂᆞ니라. ≪朴諺, 中, 14ㅎ≫我今日腦疼頭旋, 내 오ᄂᆞᆯ 골치 앏파 머리 어즐ᄒᆞ고. ≪朴諺, 下, 20ㅈ≫第四割頭再接, 넷재ᄂᆞᆫ 머리 버혀 다시 닛기 ᄒᆞ쟈. ≪朴諺, 下, 23ㅎ≫孫行者把他的頭, 孫行者ㅣ 제 머리ᄅᆞᆯ다가. ≪朴諺, 下, 24ㅈ≫伯眼大仙也割下頭來, 伯眼大仙도 머리ᄅᆞᆯ 버혀 ᄂᆞ리와. ≪朴諺, 下, 31ㅈ≫頭戴四縫盔, 머리에 四縫盔ᄅᆞᆯ 쓰고. ≪朴諺, 下, 46ㅎ≫頭戴耳掩或提在手裡, 머리예 耳掩을 쓰며 혹 손에 들고. ≪朴諺, 下, 47ㅈ≫頭戴幞頭, 머리예 幞頭ᄅᆞᆯ 쓰고.

두(頭) 명 으뜸. ❶⇔웃듬. ≪朴諺, 中, 8ㅈ≫你怎麽不肯將頭馬來, 네 엇디 즐겨 웃듬 ᄆᆞᆯ을 가져오디 아니ᄒᆞᄂᆞᆫ다. ❷⇔웃ᄯᅳᆷ. ≪朴諺, 中, 7ㅈ≫將三箇十分緊驪的頭馬來, 세 ᄀᆞ장 잰 웃ᄯᅳᆷ ᄆᆞᆯ을 가져오고.

두(頭) 명 처음. ⇔처엄. ≪朴諺, 下, 14ㅎ≫頭到發落公事, 처엄으로 公事ᄅᆞᆯ 發落ᄒᆞ여.

두(頭) 의 마리. ≪朴諺, 中, 20ㅈ≫一冬裏這頭口(集覽, 朴集, 上, 8ㅈ: 頭口. 汎指馬·牛·猪·羊之稱數, 猪以頭數, 牛亦曰頭數, 羊以口數, 獐亦曰口, 故泛稱畜口曰頭口, 牛·馬亦曰頭·疋.)們勾喫了, ᄒᆞᆫ 겨ᄋᆞᆯ을 이 즘ᄉᆡᆼ들이 유여히 먹으리라.

두계(頭雞) 명 첫닭. (새벽에 맨 처음으로 홰를 치며 우는 닭) ⇔첫ᄃᆞᆰ. ≪集覽, 字解, 單字解, 7ㅈ≫頭. 首也. 東頭·西頭 동녁 근·셧녁 근, 頭到 나죵내, 到頭 나죵애. 通作投. 又上頭 젼ᄎᆞ로. 又頭盤 첫 판, 頭舘 첫 판, 頭雞 첫 ᄃᆞᆰ.

두곡(斗斛) 명 (곡식을 되는) 말과 휘. ≪朴諺, 上, 12ㅎ≫與他一百箇斗子(集覽, 朴集, 上, 5ㅎ: 斗子. 執斗槩量穀之人.〈槩, 卽平斗斛木〉.)錢, 뎌ᄅᆞᆯ 一百 낫 말 되ᄂᆞᆫ 갑ᄉᆞᆯ 주고.

두공(斗供) 명 두공(斗拱). '供'은 '拱'의 다른 표기. ≪朴諺, 上, 41ㅈ≫滿頭珠翠金廂寶石(集覽, 朴集, 上, 11ㅎ: 金廂寶石. 寶石, 卽上節〈莭〉紫鴉忽之類, 以金爲斗供〈拱〉而納石於其中, 綴着於女冠之上, 以爲飾也. 音義云, 寶石·에 금 :젼메·워 ·ᄭᅮ·민 頭面.)頭面, 머리예 ᄀᆞ독ᄒᆞᆫ 珠翠와 금으로 寶石에 젼메온 곳갈과.

두공(斗拱) 명 목조 건물에서, 기둥과 도리 사이에 치레로 짜 맞춘 구조물. 또는 그런 모양. ≪朴諺, 上, 41ㅈ≫滿頭珠翠金廂寶石(集覽, 朴集, 上, 11ㅎ: 金廂寶石. 寶石, 卽上節〈莭〉紫鴉忽之類, 以金爲斗供〈拱〉而納石於其中, 綴着於女冠之上, 以爲飾也.)頭面, 머리예 ᄀᆞ독ᄒᆞᆫ 珠翠와 금으로 寶石에 젼메온 곳갈과.

두관(頭館) 명 첫판. 어떤 일이 벌어지는 첫머리의 판. ⇔첫판. ≪集覽, 字解, 單字解, 7ㅈ≫頭. 首也. 東頭·西頭 동녁 근·셧녁 근, 頭到 나죵내, 到頭 나죵애. 通作投. 又上頭 젼ᄎᆞ로. 又頭盤 첫 판, 頭舘 첫 판, 頭雞 첫 ᄃᆞᆰ.

두구(豆簆) 명 육두구(肉荳蔻)과의 상록 활엽 교목. 종자는 동양에서는 약용하고 서양에서는 향미료 따위로 쓴다. ≪朴諺, 上, 7ㅈ≫都着些細料物(集覽, 朴集, 上, 3

ㅎ: 細料物. 事林廣記食饌類, 細料物, 官桂·良薑·蓽撥草·豆蔻·陳皮·縮砂仁〈砂仁〉·八角·茴香各一兩, 川椒二兩, 杏仁五兩, 甘草一兩半, 白檀末半兩. 右共爲細末用之. 如欲出路停久用之者, 以水浸, 蒸餠爲丸, 如彈子大, 臨時湯泡用之.), 다 져기 ᄀᆞᄂᆞᆫ 교토ᄅᆞᆯ 두고.

두구(頭口) 명 짐승. (가축의 총칭) ❶⇔즘승. ≪朴諺, 上, 21ㅈ≫那不會說話的頭口們喂不到, 뎌 말 몯ᄒᆞᄂᆞᆫ 즘승들흘 먹이기ᄅᆞᆯ 이긋 몯ᄒᆞ니. ≪朴諺, 下, 57ㅈ≫咳沒頭口却怎的好, 애 즘승이 업ᄉᆞ니 엇디ᄒᆞ여 됴흐료. ❷⇔즘싱. ≪朴諺, 上, 38ㅎ≫他快醫頭口, 뎨 즘싱 고티기 잘ᄒᆞᄂᆞ니라. ≪朴諺, 中, 20ㅈ≫一冬裏這頭口(集覽, 朴集, 上, 8ㅈ: 頭口. 汎指馬·牛·猪·羊之稱數, 猪以頭數, 牛亦曰頭數, 羊以口數, 獐亦曰口, 故泛稱畜口曰頭口, 牛·馬亦曰頭·疋.)們勾喫了, ᄒᆞᆫ 겨ᅀᅳᆯ을 이 즘싱들이 유여히 먹으리라.

두다 동 ❶두다. 또는 있다. 존재하다. ⇔유(有). ≪朴諺, 下, 61ㅎ≫張編修有此好文官, 張編修ㅣ 이 됴ᄒᆞᆫ 文官을 두엇다. ≪朴諺, 下, 62ㅈ≫古人有言, 古人이 말을 두되. ❷두다. 또는 아쉬운 대로. 마지못해. ⇔장취(將就). ≪集覽, 字解, 累字解, 8ㅎ≫將就. 猶容忍扶護之意. ≪朴諺, 上, 56ㅎ≫將就着買將來, 두어라 ᄒᆞ여 사 가져다가. ❸두다[置]. 넣다. 타다. ⇔착(着). ≪集覽, 字解, 單字解, 3ㅈ≫着. 使之爲也. 着落 ᄒᆡ여곰, 着他 뎌 ᄒᆞ야. 又置也. 着塩 소곰 두다. 又中也. 着了 맛다. 又見人所行之事, 正合人所指望之, 方則亦曰着了 마초ᄒᆞ야다. 又實也. 着實 실히. 又語助. 又穿衣服也. ≪朴諺, 上, 7ㅈ≫都着些細料物, 다 져기 ᄀᆞᄂᆞᆫ 교토ᄅᆞᆯ 두고. ≪朴諺, 下, 44ㅈ≫着水停當着, 믈 두기ᄅᆞᆯ 마초 ᄒᆞ고.

두다 동 (바둑·장기 따위를) 두다. 놓다. ❶⇔착(着). ≪朴諺, 中, 44ㅈ≫着碁論談能消日, 바독 두며 論談ᄒᆞ야 능히 消日ᄒᆞ고. ❷⇔하(下). ≪朴諺, 上, 21ㅎ≫今日下雨正好下碁, 오ᄂᆞᆯ 비 오니 졍히 바독 두기 됴타. ≪朴諺, 上, 22ㅈ≫咱們下一局賭輸贏(贏)如何, 우리 ᄒᆞᆫ 판 두어 지며 이긔믈 더느미 엇더ᄒᆞ뇨. ≪朴諺, 上, 22ㅎ≫這箇馬下了時好, 이 ᄆᆞᆯ을 두면 됴타. ≪朴諺, 中, 49ㅎ≫咱們下一盤, 우리 ᄒᆞᆫ 판 두쟈. ≪朴諺, 中, 49ㅎ≫老實擺着下, 고디식이 버리고 두쟈.

두다 동 두다[置]. ❶⇔방(放). ≪朴諺, 中, 56ㅎ≫庫房櫃子裏放的米都喫了, 곳집 궤예 둔 ᄡᆞᆯ을 다 먹고. ❷⇔방재(放在). ≪朴諺, 上, 47ㅎ≫都放在這櫃裏頭, 다 이 櫃 안희 두고. ❸⇔방착(放着). ≪朴諺, 中, 60ㅈ≫我放着合理的事, 내 理에 合ᄒᆞᆫ 일을 두고. ❹⇔방하(放下). ≪朴諺, 下, 40ㅎ≫咱商(商)量了放下定錢, 우리 혜아려 定錢을 두쟈. ❺⇔재(在). ≪朴諺, 上, 6ㅈ≫浸在氷盤裏好生好看, 氷盤에 ᄃᆞᆷ가 두면 ᄀᆞ장 보기 됴ᄒᆞ니라. ≪朴諺, 上, 11ㅎ≫郎中馬只寄在這人家裏, 郎中아 ᄆᆞᆯ을 그저 이 人家에 브텨 두엇다가. ≪朴諺, 上, 20ㅎ≫絟在陰凉處, 서ᄂᆞᆯᄒᆞᆫ ᄃᆡ ᄆᆡ여 두고. ≪朴諺, 上, 45ㅎ≫越在意勤勤的學着, 더옥 ᄠᅳᆺ 두어 브즈런이 ᄇᆡ호라. ❻⇔치(置). ≪朴諺, 下, 43ㅎ≫置下千百口, 千百口ᄅᆞᆯ 두어도. ❼⇔하(下). ≪朴諺, 中, 8ㅎ≫茶飯都准備下着, 茶飯을 다 准備ᄒᆞ여 두라. ≪朴諺, 中, 11ㅎ≫都收拾下着, 다 收拾ᄒᆞ여 두라. ≪朴諺, 中, 33ㅎ≫廝骨一邉收拾下着用着, 삼대ᄅᆞᆯ ᄒᆞᆫ 편에 收拾ᄒᆞ여 두라 ᄡᅳ쟈. ≪朴諺, 下, 21ㅎ≫只留下桃核出來, 다만 복셩화 ᄡᅵ만 머므러 두고 나와.

두대(肚帶) 명 뱃대끈. ⇔빗대. ≪朴諺, 上, 28ㅈ≫底下垂下着兩頭青珠兒結串的駝毛肚帶, 미틔 드리온 거슨 두 머리예 프른 구슬로 ᄆᆡ자 ᄭᅦ온 약대 털로 ᄒᆞᆫ 빗대오. ≪朴諺, 中, 11ㅎ≫少梯子, 술위앏괴오ᄂᆞᆫ 나모. 撑頭, 술위뒤괴오ᄂᆞᆫ나모. 套繩, 멦줄. 撒繩, ᄉᆞ을줄. 拘索, 목집게. 籠頭, 바

굴레. 脚索, 지달쏠바. 鞍子, 기루마. 肚帶, 빗대 업세라.

두도(頭到) 부 결국. 마침내. 끝내. ⇔나죵내. ≪集覽, 字解, 單字解, 7ㅈ≫頭. 首也. 東頭·西頭 동녁 귿·셧녁 귿, 頭到 나죵내, 到頭 나죵애. 通作投. 又上頭 젼추로. 又頭盤 첫 판, 頭舘 첫 판, 頭雞 첫 둙.

두동(肚疼) 형 배가 아프다. ≪朴諺, 上, 38ㅎ≫我的赤馬害骨眼(集覽, 朴集, 上, 11ㅈ: 骨眼. 質問云, 馬害肚疼打滾, 割眼內肉, 方言謂之䦷眼, 音姑.), 내 졀짜물이 눈에 치 알하.

두드리다 동 두드리다. ⇔고(敲). ≪朴諺, 下, 57ㅎ≫二人到那門首敲門道, 두 사룸이 뎌 믄(문) 앏희 가 문을 두드려 닐오딕.

두려ᄒᆞ다 동 두려워하다. ⇔파(怕). ≪朴諺, 中, 35ㅎ≫那廝們怕簾子, 뎌 놈들이 발을 두려ᄒᆞᄂᆞ니.

두렷ᄒᆞ다 형 둥글다. ❶⇔단란(團欒). ≪朴諺, 中, 52ㅎ≫小團欒面皮兒的漢兒人, 젹이 ᄂᆞᆾ치 두렷ᄒᆞᆫ 漢ㅅ 사룸이. ❷⇔원(圓). ≪朴諺, 上, 18ㅎ≫南斗六星板兒做得忒圓了些, 南斗六星 돈은 믿돌기를 너모 두렷게 ᄒᆞ엿고. ≪朴諺, 中, 23ㅈ≫面圓璧月, ᄂᆞᆾ촌 璧(璧)月ᄀᆞ티 두렷ᄒᆞ고.

두로 부 두루. ⇔요(繞). ≪朴諺, 下, 14ㅎ≫繞地裏望官人, 두로 官人을 ᄎᆞ자보고. ≪朴諺, 下, 49ㅈ≫各飯店·酒肆裡繞着走, 各 飯店과 酒肆에 두로 ᄃᆞᄅᆞ니.

두로다 동 두르다[圍]. 감싸다. ❶⇔말(抹). ≪朴諺, 上, 24ㅎ≫五綵綉麒麟柳綠紵絲抹口的靴子, 五綵로 麒麟을 綉ᄒᆞ고 柳綠 빗체 비단으로 부리 두론 훠ᄋᆞ에. ≪朴諺, 上, 25ㅎ≫明綠抹絨胷背的比甲, 明綠빗치 융ᄉᆞ로 ᄀᆞ 두론 胷背 比甲과. ❷⇔잡(匝). ≪朴諺, 下, 31ㅈ≫腰濶三圍抱不匝, 허리 너ᄅᆞ기 세 아름이나 ᄒᆞ니 안아 두로디 못ᄒᆞ고.

두롬 명 두루미. ⇔자로(鷀鴼). ≪朴諺, 上, 26ㅈ≫又是箇鷀鴼翎兒, 쏘 이 두롬의 짓출 ᄃᆞᆯ랏고.

두룹치 명 두릅. ⇔요두채(搖頭菜). ≪朴諺, 中, 34ㅎ≫買些拳頭菜, 져기 고사리 치. 貫衆菜, 회초미치. 搖頭菜, 두룹치. 蒼朮菜來, 삽듀치를 사 오라.

두르다 동 알선(斡旋)하다. 주선(周旋)하다. ⇔선(旋). ≪朴諺, 上, 7ㅎ≫疾快旋將酒來, 샐리 술 둘러 가져와. ≪朴諺, 中, 30ㅎ≫且旋將酒來, 아직 술을 둘러 가져오라.

두르티다 동 돌이키다. 뒤치다. ⇔번과(反過). ≪朴諺, 中, 60ㅎ≫只怕反過來, 그저 저컨대 두르티면.

두리(頭裏) 명 앞. 앞쪽. ≪朴諺, 中, 42ㅎ≫我要你莊頭裏去, 내 네 농장에 가고져 ᄒᆞ노ᄅᆡ.

두리다 동 두려워하다. ❶⇔해파(害怕). ≪集覽, 字解, 單字解, 7ㅎ≫害 患也, 苦也. 害病 병ᄒᆞ다, 害怕 두리다. ❷⇔황(惶). ≪朴諺, 下, 7ㅈ≫那厮惶了, 뎌 놈이 두려.

두리여ᄒᆞ다 동 두려워하다. ⇔해파(害怕). ≪集覽, 字解, 單字解, 2ㅎ≫怕. 疑懼之意. 怕人知道.又設若之辭. 怕你不信 ᄒᆞ다가 너옷 밋디 몯거든. 又恐也. 害怕 두리여ᄒᆞ다.

두면(頭面) 명 고깔. 모자. ⇔곳갈. ≪朴諺, 上, 20ㅈ≫我再把一副頭面, 내 쏘 ᄒᆞᆫ 볼 곳갈과. ≪朴諺, 上, 41ㅈ≫滿頭珠翠金廂寶石(集覽, 朴集, 上, 11ㅎ: 金廂寶石. 寶石, 卽上節〈莭〉紫鴉忽之類, 以金爲斗供〈拱〉而納石於其中, 綴着於女冠之上, 以爲飾也. 音義云, 寶石·에 금 :젼메·워 ·ᄭᆞ민 頭面.)頭面, 머리예 ᄀᆞ독ᄒᆞᆫ 珠翠와 금으로 寶石에 젼메온 곳갈과.

두반(頭盤) 명 첫판. 어떤 일이 벌어지는 첫머리의 판. ⇔첫판. ≪集覽, 字解, 單字解, 7ㅈ≫頭. 首也. 東頭·西頭 동녁 귿·셧녁 귿, 頭到 나죵내, 到頭 나죵애. 通作投. 又上頭 젼추로. 又頭盤 첫 판, 頭舘 첫 판, 頭雞 첫 둙.

두발(頭髮) 명 머리털. ❶⇔머리터럭. ≪朴

諺, 上, 40ㅈ≫撒開頭髮梳, 머리터럭을 헤켜고 빗기되. ≪朴諺, 上, 40ㅈ≫綰起頭髮來, 머리터럭을 조지고. ❷⇔머리털. ≪朴諺, 下, 20ㅎ≫拔下一根頭髮, 흔 낫 머리털을 빠혀.

두부(豆腐) 명 두부. ≪朴諺, 上, 6ㅎ≫第二道金銀豆腐湯(集覽, 朴集, 上, 3ㅎ: 金銀豆腐湯. 質問云, 豆腐用油煎熟, 其色黃如金, 白如銀, 細切作湯食之.), 第二道는 金銀豆腐湯이오.

두분(豆粉) 명 전분가루. 또는 콩가루. ≪朴諺, 上, 7ㅈ≫第四道三鮮湯(集覽, 朴集, 上, 3ㅎ: 鮮湯. 質問云, 魚·蛤·蝌三味合爲一羹, 或鷄·鴨·鵝〈鵞〉三味合爲羹, 方言俱謂之三鮮湯. 又云〈言〉, 以羊膓·豆粉做假蓮蓬·假茨菰·假合呑魚, 謂之三鮮.), 第四道는 三鮮湯이오. ≪朴諺, 下, 32ㅈ≫水精角兒(集覽, 朴集, 下, 6ㅈ: 水精角兒. 又居家必用云, 皮用白麫於滚湯攪作稠糊, 於冷水浸, 以豆粉和搜作劑, 打作皮, 包餡上籠, 緊火蒸熟, 洒兩次水, 方可下竈, 臨供時再洒些水便供.), 水精角兒과.

두성(斗星) 명 북두칠성(北斗七星). ≪朴諺, 中, 54ㅈ≫今日是乙丑日·斗星日, 오늘은 이 乙丑日이오 斗星日이라. ≪朴諺, 中, 54ㅈ≫斗星日得飮食的日頭, 斗星日은 飮食 어들 날이니.

두세 관 두세[二三]. ❶⇔양삼(兩三). ≪朴諺, 中, 36ㅈ≫着鋸鉞兒釘在兩三處, 빅목으로 두세 곳을 박고. ❷⇔양삼개(兩三箇). ≪朴諺, 上, 50ㅎ≫上頭鋪兩三箇襪子, 우희 두세 깃을 얼고.

두아(頭兒) 명 으뜸. 시작. 처음. ⇔읏듬. ≪朴諺, 下, 13ㅎ≫可知每日兩箇羊爲頭兒, 그리어니 每日에 두 羊을 읏듬으로 ᄒᆞ고. 軟肉薄餠喫了, 軟肉 소 녀흔 薄餠을 먹고. 又喫幾盞酒之後, 또 여러 잔 술을 먹은 후에.

두어 감 그만둬! 좋아! 됐어! ⇔파(罷). ≪朴諺, 上, 4ㅈ≫罷罷減不多, 두어 두어 감흔 거시 하디 아니ᄒᆞ다. ≪朴諺, 上, 12ㅎ≫罷罷去來, 두어 두어 가쟈. ≪朴諺, 上, 22ㅎ≫罷罷來拈子爲定, 두어 두어 오라 믈 잡바 뎡ᄒᆞ쟈. ≪朴諺, 上, 30ㅈ≫罷罷將銀子來看, 두어 두어 銀 가져오라 보쟈. ≪朴諺, 上, 30ㅎ≫罷罷我知道, 두어 두어 내 알과라. ≪朴諺, 上, 64ㅎ≫罷罷, 두어 두어. ≪朴諺, 上, 65ㅈ≫罷罷, 두어 두어. ≪朴諺, 中, 38ㅈ≫罷罷, 두어 두어. ≪朴諺, 中, 49ㅎ≫罷罷, 두어 두어. ≪朴諺, 下, 1ㅎ≫罷罷, 두어 두어. ≪朴諺, 下, 3ㅈ≫罷罷師傅善因不滅, 두어 두어 師傅ㅣ아 善因은 滅티 아니ᄒᆞᄂᆞ니. ≪朴諺, 下, 15ㅈ≫罷罷, 두어 두어. ≪朴諺, 下, 26ㅈ≫罷罷將來, 두어 두어 가져오라. ≪朴諺, 下, 27ㅎ≫罷罷, 두어 두어.

두어 관 두어[二三]. ❶⇔수(數). ≪朴諺, 下, 56ㅎ≫如何先生數日不見, 엇디 先生을 두어 날 보디 못ᄒᆞ소니. ❷⇔양(兩). ≪朴諺, 上, 30ㅎ≫這兩日不見他, 이 두어 날 뎌를 보디 못ᄒᆞ니. ≪朴諺, 上, 34ㅎ≫這兩日不見, 이 두어 날 보디 못ᄒᆞ엿더니. ≪朴諺, 下, 37ㅎ≫這兩日官司裡告了, 이 두어 날에 官司에 告ᄒᆞ여.

두여회(杜如晦) 명 당(唐)나라 두릉(杜陵) 사람. 자는 극명(克明). 시호는 성(成). 당초(唐初) 진왕부(秦王府) 십팔학사(十八學士)의 한 사람. 당나라의 창업 공신. 벼슬은 상서 우복야(尙書右僕射)를 지냈다. 결단력이 매우 뛰어났다. ≪朴諺, 中, 44ㅎ≫掛十八學士(集覽, 朴集, 中, 8ㅈ: 十八學士. 唐太宗秦王時, 開館延文學之士, 杜如晦·房玄齡〈岭〉·虞世南·褚遂良·姚思廉·李玄道·蔡允恭·薛元敬·顏相時·蘇勗·于志寧·蘇世長·薛收·李守素·陸德明·孔穎達·蓋文達·許敬宗爲文學館學士, 分爲三番, 更日直宿.)大畫, 十八學士 그린 큰 그림을 걸고.

두워 감 그만둬! 좋아! 됐어! ❶⇔야파(也罷). ≪集覽, 字解, 累字解, 1ㅎ≫罷罷. 두워 두워. 亦曰也罷. ❷⇔파(罷). ≪集覽,

字解, 累字解, 1ㅎ≫罷罷. 두워 두워. 亦曰也罷.

두자(斗子) 명 말감고. ≪朴諺, 上, 12ㅎ≫與他一百箇斗子(集覽, 朴集, 上, 5ㅎ: 斗子. 執斗槩量穀之人.〈槩, 卽平斗斛木〉.)錢, 뎌롤 一百 낫 말 되는 갑슬 주고.

두자(豆子) 명 ❶콩. ⇔콩. ≪朴諺, 中, 27ㅎ≫將豆子來大的明眞珠一百顆來傖, 콩만치 큰 블근 眞珠 一百 낫출 가져다가 뎐당ᄒᆞ거늘. ❷팥. ⇔ᄑᆞᆺ. ≪朴諺, 下, 42ㅎ≫供養的是豆子粥, 供養ᄒᆞᄂᆞᆫ 거슨 이 ᄑᆞᆺ쥭과.

두자전(斗子錢) 명 두자(斗子)에게 마질한 삯으로 주는 돈. ≪朴諺, 上, 12ㅎ≫與他一百箇斗子(集覽, 朴集, 上, 5ㅎ: 斗子. 執斗槩量穀之人.〈槩, 卽平斗斛木〉.)錢, 뎌롤 一百 낫 말 되는 갑슬 주고.

두자죽(豆子粥) 명 팥죽. ⇔ᄑᆞᆺ쥭. ≪朴諺, 下, 42ㅎ≫供養的是豆子粥, 供養ᄒᆞᄂᆞᆫ 거슨 이 ᄑᆞᆺ쥭과.

두주(豆酒) 명 찹쌀로 지은 지에밥에 녹두(綠豆)로 만든 누룩을 섞어 빚은 술. 맛이 매우 좋다고 한다. ≪朴諺, 上, 2ㅎ≫豆酒(集覽, 朴集, 上, 1ㅎ: 豆酒. 音義云, 菉豆做的. 質問云, 菉豆造爲細麵作酒, 取其有味. 又云, 以菉豆作麯, 用粘米作酒, 其味殊長.)一桶, 豆酒 ᄒᆞᆫ 통을 어더 오고.

두터이 부 두터이. 두껍게. ⇔후(厚). ≪朴諺, 上, 15ㅎ≫刃兒不要忒厚了, 늘을 너무 두터이 말고.

두텁이 명 두꺼비. ⇔하마아(蝦蟆兒). ≪朴諺, 下, 7ㅎ≫放着一箇三隻脚鐵蝦蟆兒便是, ᄒᆞᆫ 세 발 가진 쇠두텁이 노흔 거시 곳이라.

두피(肚皮) 명 뱃가죽. ⇔ᄇᆡᆺ가족. ≪朴諺, 中, 43ㅈ≫每日馬肚皮塵埋三尺, ᄆᆡ일에 ᄆᆞᆯ ᄇᆡᆺ가족에 틧글이 석 자히나 무텻고.

두회(頭盔) 명 갓모자. ⇔ᄃᆡ우. ≪朴諺, 中, 25ㅎ≫頭盔大, ᄃᆡ우ㅣ 크고. ≪朴諺, 中, 26ㅎ≫那頭盔好瞧到了時, 뎌 ᄃᆡ우롤 ᄀᆞ장 뫼기롤 잇긋 ᄒᆞ고.

둔(鈍) 형 무디다. ⇔무되다. ≪朴諺, 上, 39ㅎ≫你的刀子快也鈍, 네 칼이 드ᄂᆞ냐 무되냐. ≪朴諺, 上, 39ㅎ≫管甚麽來刀子鈍, 므서슬 ᄀᆞ음알관ᄃᆡ 칼이 무되리오.

둘 관 둘(二). ⇔이(二). ≪朴諺, 中, 20ㅈ≫把摟草二錢半一束(束)家, 허튼 딥흔(흘) 다가 돈 둘 반에 ᄒᆞᆫ 뭇식 ᄒᆞ여.

둘 수 둘(二). ⇔양개(兩箇). ≪朴諺, 下, 28ㅎ≫刷牙兩箇, 刷牙 둘과.

둘쌔 수 둘째. ⇔제이(第二). ≪朴諺, 下, 20ㅈ≫第二橫中猜物, 둘쌔는 橫中엣 거슬 알고.

둘재 관 둘째. ❶⇔이(二). ≪朴諺, 上, 36ㅈ≫二哥來來去去, 둘재 형은 오락가락ᄒᆞ고. ≪朴諺, 上, 36ㅈ≫二哥是運斗, 둘재 형은 이 다리우리오. ❷⇔제이(第二). ≪朴諺, 上, 4ㅈ≫第(第)二遭十六楪, 둘재 줄 열 여ᄉᆞᆺ 뎝시에는.

둘ㅎ 수 둘(二). ❶⇔양(兩). ≪朴諺, 中, 19ㅈ≫兩心相照亦不難, 둘희 ᄆᆞ음이 서ᄅᆞ 비최면 ᄯᅩᄒᆞᆫ 어렵디 아니ᄒᆞ니라. ❷⇔양개(兩箇). ≪朴諺, 上, 66ㅎ≫咱兩箇將些布施和香去, 우리 둘히 져기 보시와 향을 가지고 가. ≪朴諺, 中, 36ㅈ≫咱兩箇去來買了段子, 우리 둘히 가 비단을 사고. ≪朴諺, 中, 50ㅎ≫咱兩箇交手時便見, 우리 둘히 交手ᄒᆞ면 곳 보리라. ≪朴諺, 中, 50ㅎ≫咱兩箇捽, 우리 둘히 시름호되. ≪朴諺, 中, 56ㅈ≫你弟兄兩箇引的那小厮們, 너희 弟兄 둘히 뎌 아희들을 ᄃᆞ려. ≪朴諺, 下, 16ㅎ≫我兩箇部前買文書去來, 우리 둘히 部 앏픠 칙 사라 가쟈. ≪朴諺, 下, 20ㅈ≫咱兩箇對君王面前鬪(鬪)聖, 우리 둘히 君王 앏풀 ᄃᆡᄒᆞ여 鬪(鬪)聖ᄒᆞ야. ≪朴諺, 下, 28ㅎ≫掠頭兩箇怎麽賣, 귀밋빗기 둘흘 엇디 ᄑᆞᆯ싸. ≪朴諺, 下, 40ㅈ≫和我兩箇至好麽, 날과 둘히 ᄀᆞ장 됴컨마ᄂᆞᆫ. ≪朴諺, 下, 40ㅎ≫咱兩箇去來, 우리 둘히 가. ≪朴諺, 下, 57ㅎ≫沈進中和葛敬之敎授兩箇, 沈進中과 葛敬之 敎授 둘히.

둥울 명 둥주리. ⇔안시판(鴈翅板). ≪朴諺, 上, 26ㅎ≫鴈翅板上釘着金絲減鐵事件, 둥울 우희 金 입ᄉᆞᄒᆞᆫ 事件을 박앗고.

뒤 명 뒤. ❶⇔배후(背後). ≪朴諺, 上, 20ㅎ≫背後河裏洗馬去來, 뒷 내헤 ᄆᆞᆯ 싯기라 가쟈. ≪朴諺, 中, 56ㅈ≫背後河裡洗澡去, 뒷 내헤 목욕ᄒᆞ라 가라. ❷⇔후(後). ≪朴諺, 中, 28ㅎ≫家後坑裏, 집 뒤 디함에.

뒤 명 뒤. 곧, 뒷다리. ⇔퇴과(腿胯). ≪朴諺, 上, 55ㅎ≫只腿跨不開, 다ᄆᆞᆫ 뒷 지페 펴디디 못ᄒᆞ고.

뒤다 동 뒤다. (곧지 아니하고 틀어지거나 구부러지다) ≪朴諺, 中, 41ㅎ≫去字傍着反耳的便是, 去字 변에 뒨귀이 ᄒᆞᆫ 거시 곳 이라.

뒤보다 동 뒤보다. 똥 누다. ⇔추출후(推出後). ≪朴諺, 中, 18ㅎ≫推出後(集覽, 朴集, 中, 3ㅈ: 推出後. 漢人指厠爲後路, 詳見老乞大集覽〈詳見老乞大集覽上篇〉東厠下. 又大便·小便, 亦曰大後·小後.)去的一般出來時, 뒤보라 가는 톄 ᄒᆞᆫ가지로 나오면.

뒤이다 동 뒤지다. ⇔수(搜). ≪朴諺, 中, 28ㅎ≫都搜出三四十箇血瀝瀝的尸首和那珠子·布絹, 셜마ᄋᆞᆫ 피 ᄲᅳ듣ᄂᆞᆫ 尸首와 그 진쥬·布絹을 다 뒤여 내고.

뒤ㅎ 명 뒤. ❶⇔배후(背後). ≪朴諺, 中, 27ㅈ≫正房背後掘開一箇老大深淺地坑, 正房 뒤헤 ᄒᆞᆫ 크고 기픈 디함을 픠고. ≪朴諺, 中, 46ㅎ≫王千戶打背後來, 王千戶ㅣ 뒤흐로셔 와. ≪朴諺, 下, 48ㅈ≫芒兒立在牛背後, 芒兒ㅣ 쇠 뒤희 셔셔. ❷⇔후(後). ≪朴諺, 上, 37ㅈ≫家後一群羊箇箇尾子長, 집 뒤희 ᄒᆞᆫ 무리 양이 낫낫치 ᄭᅩ리 긴 거시여. ≪朴諺, 下, 20ㅎ≫唐僧耳門後咬, 唐僧의 귀 뒤흘 므러. ❸⇔후두(後頭). ≪朴諺, 下, 47ㅎ≫後頭又是箇茶博士們, 뒤희 ᄯᅩ 이 茶博士들히.

뒨귀이 명 병부절방[卩]. 한자 부수(部首)의 이름. ⇔반이(反耳). ≪朴諺, 中, 41ㅎ≫去字傍着反耳的便是, 去字 변에 뒨귀이 ᄒᆞᆫ 거시 곳 이라.

뒷굽 명 뒷굽. 뒷다리의 발굽. ≪朴諺, 上, 56ㅈ≫也有些撒蹄(集覽, 朴集, 上, 14ㅈ: 撒蹄. 音義云, ·뒷·굽 므리므리·예 ·ᄀᆞ·리·ᄂᆞᆫ ᄆᆞᆯ. 譯語指南云, ·굽·ᄀᆞ·리·ᄂᆞᆫ ᄆᆞᆯ.), ᄯᅩ 져기 굽ᄀᆞ리미 잇더라.

뒷동산 명 뒷동산. 후원(後園). ⇔후원(後園). ≪朴諺, 中, 33ㅎ≫後園裏種時好, 뒷동산에 시므면 됴흐리라.

듀방 명 주방(廚房). ⇔주(廚). ≪朴諺, 中, 37ㅈ≫小厮將那厨裏夾板來, 아ᄒᆡ아 뎌 듀방에 협판을 가져다가.

듕 명 중(中). 가운데. ❶⇔내중(內中). ≪朴諺, 中, 59ㅈ≫內中一兩箇官人, 그 듕에 ᄒᆞᆫ두 官人이. ≪朴諺, 下, 9ㅈ≫內中一箇達達只管呵欠, 그 듕에 ᄒᆞᆫ 達達이 그저 ᄉᆞ믜여 하회옴ᄒᆞ다가. ❷⇔이두(裏頭). ≪朴諺, 上, 24ㅈ≫咱衆弟兄們裏頭, 우리 모든 弟兄들 듕에. ≪朴諺, 上, 63ㅈ≫好哥哥弟兄們裏頭, ᄆᆞᄋᆞᆷ 됴ᄒᆞᆫ 형 아ᄋᆞ들 듕에. ≪朴諺, 下, 49ㅎ≫這門裡頭, 이 門ㅅ 듕에. ❸⇔중(中). ≪朴諺, 下, 48ㅎ≫其中那一火兒强的, 그 듕에 아모 ᄒᆞᆫ 무리 나은 이.

듕ᄒᆞ다 형 중(重)하다. 소중하다. ⇔중(重). ≪朴諺, 上, 23ㅈ≫咱就那一日各自說箇重誓, 우리 임의셔 그 날에 각각 듕ᄒᆞᆫ 밍셔를 닐러.

-드- 어미 -더-. ≪朴諺, 上, 3ㅈ≫寫勘合就使印信與我來, 勘合을 써 이믜셔 인텨 나를 주드라. ≪朴諺, 上, 22ㅎ≫我不說停下來, 내 맛버리쟈 니ᄅᆞ디 아니ᄒᆞ드냐. ≪朴諺, 上, 48ㅈ≫京都也沒甚麽買賣, 셔울도 아ᄆᆞ란 買賣ㅣ ᄒᆞᆯ 거시 업드라. ≪朴諺, 下, 40ㅈ≫只少一口氣, 그저 ᄒᆞᆫ 입긔운만 업드라. ≪朴諺, 下, 42ㅎ≫臨明喫和和飯, 볽음에 님ᄒᆞ여 온반을 먹드라. ≪朴諺, 下, 54ㅈ≫前去街上勾當, 거리에 일로 가드니.

-드냐 어미 -더냐. ≪朴諺, 上, 22ㅎ≫我不說停下來, 내 맛버리쟈 니ᄅᆞ디 아니ᄒᆞ드

냐.

-드니 어미 -더니. ≪朴諺, 下, 54ㅈ≫前去街上勾當, 거리예 일로 가드니.

드듸여 부 드디어. ⇔취(就). ≪集覽, 字解, 單字解, 5ㅎ≫就. 卽也. 就將來 즉재 가져오라, 就有了·就去了. 又遂也. 就那裏睡了 게셔 자다, 就便 곧. 又就行 드듸여 셔 ᄒᆞ다.

드듸다 동 디디다. ⇔답(踏). ≪朴諺, 下, 22ㅎ≫脚踏鍋邊待要出來, 발로 가맛 ᄀᆞ을 드듸고 나오고져 ᄒᆞ다가.

-드라 어미 -더라. ≪朴諺, 上, 3ㅈ≫寫勘合就使印信與我來, 勘合을 써 이믜셔 인텨 나를 주드라. ≪朴諺, 上, 48ㅈ≫京都也沒甚麽買賣, 셔울도 아ᄆᆞ란 買賣ㅣ 홀 거시 업드라. ≪朴諺, 下, 40ㅈ≫只少一口氣, 그저 ᄒᆞᆫ 입긔운만 업드라. ≪朴諺, 下, 42ㅎ≫臨明喫和和飯, 붉음애 님ᄒᆞ여 온반을 먹드라.

드러가다 동 들어가다. ❶⇔입(入). ≪朴諺, 下, 21ㅎ≫飛入横中, ᄂᆞ라 궷 가온대 드러가. ≪朴諺, 下, 23ㅈ≫跳入油中, 뛰여 기름 가온대 드러가. ≪朴諺, 下, 51ㅈ≫或撑開入這荷國花城, 혹 빅 떠혀 이 荷國花城에 드러가. ❷⇔입거(入去). ≪朴諺, 上, 35ㅎ≫艾氣肚裏入去, 艾氣 빅에 드러가. ≪朴諺, 上, 47ㅎ≫又入去洗一洗, 또 드러가 곰고. ≪朴諺, 中, 1ㅈ≫去時怎麽得入去的, 가면 엇디 드러가료. ≪朴諺, 中, 30ㅈ≫如今便入裏頭去時, 이제 즉시 안히 드러가면. ≪朴諺, 中, 36ㅈ≫怎麽得入去, 엇디 드러가리오. ≪朴諺, 中, 56ㅈ≫咱只這裏跳入去, 우리 그저 예셔 뛰어 드러가쟈. ≪朴諺, 下, 22ㅈ≫入去洗澡, 드러가 모욕곰쟈. ≪朴諺, 下, 23ㅈ≫我如今入去洗澡, 내 이제 드러가 모욕ᄒᆞ리라 ᄒᆞ고. ≪朴諺, 下, 57ㅎ≫你入去說一說, 네 드러가 니ᄅᆞ라.

드러내다 동 들어내다. ⇔대출(擡出). ≪朴諺, 下, 60ㅎ≫擡出金甲來, 金甲을 드러내여 와.

드러오다 동 들어오다. ❶⇔내(來). ≪朴諺, 中, 14ㅎ≫請的屋裏來, 청ᄒᆞ여 집의 드러오라. ❷⇔입래(入來). ≪朴諺, 上, 57ㅈ≫喫筵席儘晩入城來, 이바디 먹고 잇긋 늣게야 자 안에 드러올 거시니. ≪朴諺, 中, 58ㅎ≫蚊子怎麽得入來, 모긔 엇디 드러오리오. ≪朴諺, 中, 61ㅈ≫有理無錢休入來, 理 이셔도 돈이 업거든 드러오디 말라 ᄒᆞᄂᆞ니라. ≪朴諺, 下, 2ㅎ≫前日三更前後賊入來, 그젓긔 三更은 ᄒᆞ여 도적이 드러와. ≪朴諺, 下, 52ㅈ≫不覺有賊人入來本家東屋內, 賊人이 이셔 本家 東屋 안히 드러오믈 ᄭᆡᄃᆞᆺ디 못ᄒᆞ여. ≪朴諺, 下, 52ㅎ≫於本家那邉跳墻入來家內, 본집 뎌 편 담을 뛰여 안히 드러와. ≪朴諺, 下, 52ㅎ≫一箇入來屋內, ᄒᆞ나히 집 안히 드러와.

드레 명 두레박. ⇔쇄자(灑子). ≪朴諺, 上, 34ㅎ≫一年經蛇咬三年怕井繩, ᄒᆞᆫ 히를 빅얌 믈려 디내면 三年을 드렛줄도 접퍼ᄒᆞᆫ다 ᄒᆞ니라. ≪朴諺, 中, 11ㅎ≫鑼鍋, 로고. 柳箱, 섥. 灑子, 드레. 三脚, 아리쇠. 椀·楪, 사발·뎝시. 匙筯, 술 져. 槁杓, 나모쥬게. 笊籬, 조릐. 炊箒, 솔.

드렛줄 명 두레박줄. ⇔정승(井繩). ≪朴諺, 上, 34ㅎ≫一年經蛇咬三年怕井繩, ᄒᆞᆫ 히를 빅얌 믈려 디내면 三年을 드렛줄도 접퍼ᄒᆞᆫ다 ᄒᆞ니라.

드려보내다 동 들여보내다. ⇔입거(入去). ≪朴諺, 中, 1ㅈ≫一箇人與他五箇錢時放入去, ᄒᆞᆫ 사ᄅᆞᆷ이 뎌를 다ᄉᆞᆺ 낫 돈을 주면 노하 드려보내ᄂᆞ니라.

드릏 명 도래. 갓양태. ⇔첨아(簷兒). ≪朴諺, 中, 25ㅎ≫簷兒小, 드르히 젹고.

드리다 동 ❶들이다[染]. ⇔염(染). ≪朴諺, 中, 3ㅎ≫染柳黃礶的光着, 柳黃 드려 다듬기를 빗나게 ᄒᆞ고. ≪朴諺, 中, 3ㅎ≫五箇大紅礶着, 닷 필은 다홍 드려 다듬고. 五箇染小紅乾色罷, 닷 필은 小紅 드려 건식으로 홈이 므던ᄒᆞ니. ≪朴諺, 中, 4ㅈ≫這細綿紬染鴉青擺一擺, 이 ᄀᆞᄂᆞᆫ 綿紬란

鴉靑 드려 널 다둠이 ᄒᆞ고. ≪朴諺, 中, 4ㅈ≫改染做桃紅碾到着, 고텨 桃紅 드려 다둠기를 잇긋 ᄒᆞ라. ≪朴諺, 中, 4ㅎ≫你便替我再染, 네 곳 날을 ᄀᆞᄅᆞ차 다시 드리리라. ❷들이다[入]. 들여놓다. ⇔입도(入到). ≪朴諺, 下, 42ㅈ≫請佛入到殯前, 佛을 청ᄒᆞ여 殯前에 드리매.

드리다 동 드리다[獻]. ❶⇔납(納). ≪朴諺, 上, 48ㅎ≫納房錢空費了, 房錢 드리ᄂᆞᆫ 거슬 쇽졀업시 허비ᄒᆞᆯ낫다. ❷⇔체(遞). ≪朴諺, 上, 58ㅎ≫我也那一日遞了手帕之後, 나도 그 날에 手帕 드린 후에. ≪朴諺, 中, 55ㅈ≫三四十箇手帕也遞不勾, 셜마은 手帕ㅣ라도 드리기 유여티 못ᄒᆞ리라. ❸⇔하(下). ≪朴諺, 上, 41ㅎ≫幾時下紅定, 언제 紅定을 드리더뇨. ≪朴諺, 上, 41ㅎ≫下了定禮, 定禮를 드리고.

드리다 동 들이다[入]. 들게 하다. ❶⇔입(入). ≪朴諺, 上, 22ㅎ≫殺一殺入一入赶一赶扭將去打拁, 주기리 주기고 드리리 드리고 몰 리 모라 에워 가 패 티쟈. ≪朴諺, 中, 35ㅎ≫鑽入裏面, 안히 비븨여 드려. ❷⇔하(下). ≪朴諺, 上, 10ㅎ≫着他下工夫打, 뎌로 ᄒᆞ여 工夫 드려 다이라. ≪朴諺, 上, 16ㅈ≫你用心下功夫打, 네 用心ᄒᆞ여 功夫 드려 ᄆᆡᆫ들라. ≪朴諺, 上, 41ㅈ≫下多少財錢, 언멋 財錢을 드리더뇨.

드리오다 동 ❶드리우다[垂]. 늘어뜨리다. ⇔수하(垂下). ≪朴諺, 上, 28ㅈ≫底下垂下着兩頭靑珠兒結串的駝毛肚帶, 미틔 드리온 거슨 두 머리예 프른 구술로 ᄆᆡ자 쎄온 약대 털로 ᄒᆞᆫ 빗대오. ❷(술을) 거르다. ⇔조(弔). ≪朴諺, 中, 30ㅎ≫這酒忔禿怎麽喫, 이 술이 들므쥬군ᄒᆞ니 엇디 먹으료. 將去再吊一吊, 가져가 다시 드리오라. ≪譯語類解, 食餌≫榨酒, 술 들이오다.

드리우다 동 드리우다[垂]. 늘어뜨리다. ❶⇔수하(垂下). ≪集覽, 字解, 單字解, 7ㅎ≫嚲. 垂下也, 嚲下 드리워 잇다. 又借用爲趓避之趓. ❷⇔적류(滴溜). ≪朴諺, 上, 27ㅈ≫攀胷下滴溜着一箇珠兒網盖兒罕荅哈, 가슴거리 아릐 ᄒᆞᆫ 구슬로 망 ᄆᆡ자 ᄢᅵᆫ 罕荅哈를 드리웟더라. ≪朴諺, 上, 28ㅎ≫攀胷下滴溜着, 가슴거리 아릐 드리온 거슨. ❸⇔타하(嚲下). ≪集覽, 字解, 單字解, 7ㅎ≫嚲. 垂下也, 嚲下 드리워 잇다. 又借用爲趓避之趓.

드리티다 동 던져 넣다. 집어넣다. 던지다. ❶⇔방표(膀彪). ≪朴諺, 下, 22ㅎ≫拿着肩膀彪在裏面, 엇게를 잡아 안히 드리티라 ᄒᆞ엿더니. ❷⇔별(撇). ≪朴諺, 中, 27ㅎ≫也打殺撇在坑裏, ᄯᅩ 텨 죽여 디함에 드리티고. ❸⇔주입(丢入). ≪朴諺, 上, 50ㅈ≫各自丢入去, 각각 드리텨든. ❹⇔투(投). ≪朴諺, 中, 24ㅈ≫一針投海底, 一針을 海底에 드리티면. ❺⇔표(彪). ≪朴諺, 中, 27ㅈ≫彪在那裏頭, 그 안히 드리티더니. ≪朴諺, 中, 59ㅎ≫彪在櫃子閣落裡, 궷 구석에 드리티고. ≪朴諺, 下, 24ㅎ≫行者直拖的王前面彪了, 行者ㅣ 바로 ᄭᅳ어 王의 앏픠 드리티니.

-드면 어미 -더라면. ≪朴諺, 上, 34ㅎ≫早知道時, 일즉 아드면.

득(得) 동 ❶얻음. ⇔어듬. ≪朴諺, 中, 46ㅈ≫得也得了, 어듬은 어덧노라. ❷찾다. ⇔얻다. ≪朴諺, 下, 52ㅎ≫辨驗得賊人蹤跡, 辨驗ᄒᆞ여 賊人의 蹤跡을 어드니. ≪朴諺, 下, 56ㅈ≫得了馬時, ᄆᆞᆯ을 어더든.

득(得) 동 얻다. ❶⇔얻다. ≪朴諺, 上, 9ㅈ≫小人也得了箚付關字便上馬, 小人도 箚付關字를 어드면 곳 上馬ᄒᆞ리로다. ≪朴諺, 上, 28ㅎ≫今世裏那般得自在, 今世예 뎌리 自在홈을 어덧ᄂᆞ니. ≪朴諺, 上, 45ㅎ≫應科擧得做官, 科擧를 應ᄒᆞ여 벼슬홈을 어더. ≪朴諺, 上, 65ㅎ≫得傳衣鉢, 衣鉢傳홈을 어더. ≪朴諺, 上, 67ㅈ≫今日脫靴上炕, 오ᄂᆞᆯ 훠를 벗고 炕에 올랏다가. 明日難保得穿, ᄂᆡ일 어더 신기를 밋기 어렵다 ᄒᆞᄂᆞ니라. ≪朴諺, 中, 23ㅈ≫故得人天之喜躍鬼神之歡欣, 이러모로 人天의

喜躍과 鬼神의 歡欣을 어더. ≪朴諺, 中, 24ㅈ≫尙有可得日, 오히려 可히 어들 날이 이시려니와. ≪朴諺, 中, 43ㅈ≫幾時得些閑, 언제 져기 한가홈을 어드리오. ≪朴諺, 中, 46ㅈ≫得也得了, 어듬은 어덧노라. ≪朴諺, 中, 53ㅈ≫怎能勾得, 엇디 유여히 어드리오. ≪朴諺, 中, 54ㅈ≫斗星日得飮食的日頭, 斗星日은 飮食 어들 날이니. ≪朴諺, 下, 4ㅎ≫久後你也得證果金身, 오란 후에 너도 證果金身홈을 어드리라. ≪朴諺, 下, 28ㅈ≫乾得那些棒子喫, 공히 녀 개암을 어더먹으니. ❷⇔엇다. ≪朴諺, 上, 21ㅎ≫人不得橫財不富, 사름이 橫財를 엇디 못ᄒ면 가음여디 못ᄒ고. 馬不得夜草不肥, ᄆᆞᆯ이 夜草를 엇디 못ᄒ면 ᄉᆞᆯ지디 못ᄒᆫ다 ᄒ니라. ≪朴諺, 上, 23ㅎ≫不得仁義的人, 仁義를 엇디 못ᄒᆫ 사름이라. ≪朴諺, 上, 58ㅈ≫不通人情不得仁義的小廝, 人情을 통티 못ᄒ고 仁義를 엇디 못ᄒᆫ 놈이라. ≪朴諺, 中, 15ㅎ≫可知得這證候, 그리어니 이 證候를 엇도다. ≪朴諺, 中, 42ㅎ≫不得工夫去不得, 工夫를 엇디 못ᄒ여 가디 못ᄒ노라. ≪朴諺, 中, 43ㅎ≫不得撚指歇息, 손ᄭᅩᆸ 다ᄃᆞᆷ 쉬기도 엇디 못ᄒ고. ≪朴諺, 中, 45ㅎ≫爲甚麽不得, 므서슬 위ᄒ여 엇디 못ᄒ리오. ≪朴諺, 中, 53ㅈ≫得偌多賞賜, 만흔 賞賜를 엇도다. ≪朴諺, 下, 11ㅎ≫得了照會, 照會를 엇노라. ≪朴諺, 下, 56ㅎ≫因此不得工夫闕拜望, 이런 젼ᄎ로 工夫를 엇디 못ᄒ여 拜望을 闕ᄒ니. ≪朴諺, 下, 62ㅈ≫正是難得之物, 졍히 엇기 어려온 거시로다.

득도(得道) 동 〈불〉 미혹의 세계를 넘어 깨달음의 경지에 이르다. ⇔득도ᄒ다(得道-). ≪朴諺, 上, 33ㅈ≫穿着衲襖(集覽, 朴集, 上, 10ㅈ: 衲襖. 反(飜)譯名義云, 好衣是未得道者生貪着處, 招致賊難, 或致奪˘(命), 有如是等患, 故受弊衲衣.)將着鉢盂, 누비옷 닙고 에우아리 가지고. ≪朴諺, 上, 65ㅈ≫一箇見性得道的高麗和尙, ᄒᆫ 見性 得道ᄒᆫ 高麗ㅅ 즁. ≪朴諺, 中, 21ㅎ≫或分身居士·宰官(集覽, 朴集, 中, 5ㅈ: 居士宰官. 佛書云, 應以居士得道者必在居士, 應以宰官得道者必現宰官.), 或居士·宰官에 分身ᄒ고.

득도ᄒ다(得道-) 동 〈불〉 미혹의 세계를 넘어 깨달음의 경지에 이르다. ⇔득도(得道). ≪朴諺, 上, 65ㅈ≫一箇見性得道的高麗和尙, ᄒᆫ 見性 得道ᄒᆫ 高麗ㅅ 즁.

득래(得來) 동 가져오다. 찾아내다. 구하여 얻다. ⇔가져오다. ≪朴諺, 上, 57ㅎ≫不曾將得來, 일즙 가져오디 못ᄒ여시니.

득부(得否) 명 (물건 따위를) 받았는지 아닌지의 여부(與否). ≪朴諺, 下, 11ㅈ≫不知得否, 得否를 아디 못ᄒᄂ디라.

득오(得悟) 동 〈불〉 미혹의 세계를 넘어 깨달음의 경지에 이르다. ⇔득오ᄒ다(得悟-). ≪朴諺, 上, 65ㅎ≫大發明得悟(集覽, 朴集, 上, 16ㅈ: 作與頌字迴光返照大發明得悟. 音義云, 石屋和尙作佛頌與〈与〉步虛, 其佛光迴還返照於步虛之身, 其於生死輪迴之說, 靡不通曉.), 크게 發明 得悟ᄒ야.

득오ᄒ다(得悟-) 동 〈불〉 미혹의 세계를 넘어 깨달음의 경지에 이르다. ⇔득오(得悟). ≪朴諺, 上, 65ㅎ≫大發明得悟(集覽, 朴集, 上, 16ㅈ: 作與頌字迴光返照大發明得悟. 音義云, 石屋和尙作佛頌與〈与〉步虛, 其佛光迴還返照於步虛之身, 其於生死輪迴之說, 靡不通曉.), 크게 發明 得悟ᄒ야.

득죄(得罪) 동 남에게 잘못을 저질러 죄를 얻다. ⇔득죄ᄒ다(得罪-). ≪朴諺, 下, 56ㅎ≫得罪得罪, 得罪 得罪ᄒ여라.

득죄ᄒ다(得罪-) 동 남에게 잘못을 저질러 죄를 얻다. ⇔득죄(得罪). ≪朴諺, 下, 56ㅎ≫得罪得罪, 得罪 得罪ᄒ여라.

득중(得中) 형 지나치거나 모자람이 없이 알맞다. ≪朴諺, 下, 42ㅎ≫作作(集覽, 朴集, 下, 9ㅈ: 作作. 爾雅曰, 偶者, 合也. 陰陽相合則成偶, 謂得中也.)家, 作作의 집

의.

-든 어미 -던. ≪朴諺, 上, 11ㅎ≫絟馬錢與他一捧兒米便是, 몰 미엿든 갑슬 뎌를 흔 우흠 쌀을 줌이 곳 올타. ≪朴諺, 上, 32ㅎ≫傍邉看的閑人們說, 겨틔셔 보든 힘힘흔 사롬들히 닐오딕. ≪朴諺, 下, 16ㅈ≫種稻子那廝因何監着, 벼 시므든 뎌 놈은 므스 일을 인ᄒᆞ여 갓텬ᄂᆞ뇨. ≪朴諺, 下, 17ㅎ≫鬪(闘)聖的你知道麽, 鬪(闘)聖ᄒᆞ든 줄을 네 아ᄂᆞᆫ다. ≪朴諺, 下, 27ㅈ≫這珊瑚帶的過, 이 珊瑚ㅣ ᄎᆞ든 거시로다. ≪朴諺, 下, 57ㅈ≫先生恰說的秀才在那裡下着裡, 先生이 ᄀᆞᆺ 니ᄅᆞ든 秀才 어딕 브리원ᄂᆞ뇨.

-든다 어미 -더냐. -던가. ≪朴諺, 上, 59ㅎ≫揮使你曾到西湖景來麽, 揮使ㅣ아 네 일즙 西湖ㅅ 景에 갓든다.

듣다 동 듣다. ⇔청(聽). ≪朴諺, 上, 48ㅈ≫哥你聽的麽, 형아 네 드런ᄂᆞᆫ다. ≪朴諺, 上, 54ㅈ≫我讀你聽, 내 닐거든 네 드르라. ≪朴諺, 上, 65ㅈ≫聽說佛法去來, 佛法 니ᄅᆞᄂᆞᆫ 양 드르라 가쟈. ≪朴諺, 中, 7ㅎ≫你聽我說與你, 네 드르라 내 너ᄃᆞ려 니ᄅᆞ마. ≪朴諺, 中, 13ㅈ≫聽的今年水賊廣, 드르니 올히 水賊이 흔타 ᄒᆞ니. ≪朴諺, 中, 13ㅈ≫後頭聽的, 후에 드르니. ≪朴諺, 中, 33ㅈ≫聽的賣菜子的過去麽, 드ᄅᆞ라 ᄂᆞ믈 씨 풀 리 디나가ᄂᆞ냐. ≪朴諺, 中, 38ㅎ≫你聽我念, 네 드ᄅᆞ라 내 닐그마. ≪朴諺, 中, 41ㅈ≫你來聽我說, 이바 내 닐옴을 드르라. ≪朴諺, 下, 45ㅎ≫你自聽我說, 네 스스로 내 니ᄅᆞ믈 드ᄅᆞ면. ≪朴諺, 下, 53ㅎ≫你聽我念, 네 드ᄅᆞ라 내 念ᄒᆞ마. ≪朴諺, 下, 56ㅎ≫只聽的高麗新事來, 그저 高麗ㅅ 新事를 드런노라. ≪朴諺, 下, 60ㅎ≫百姓們聽的歡喜無盡, 百姓들이 드ᄅᆞ매 歡喜호미 無盡ᄒᆞ야. ≪朴諺, 下, 60ㅎ≫咱婦人家也聽的這衆人之言, 우리 婦人도 이 衆人의 말을 드ᄅᆞ니.

듣보다 동 듣보다. 또는 물어보다. 알아보다. ❶⇔타청(打聽). ≪集覽, 字解, 累字解, 3ㅈ≫ 打聽一打聽. 듣보다. 唯擧打聽二字, 可說而疊言之者, 此漢人好事者之說也. 今亦罕用. ≪集覽, 字解, 單字解, 4ㅈ≫打. 擊也, 着實打, 又打三下. 又爲也. 打酒來 술 사 오라. 又曰, 打將來 ᄒᆞ야 오라, 打聽 듣보라, 打水 믈 긷다, 不打緊. 又打那裏去, 打東邊去, 有投向從往之意. 俗用打字, 似不合本意者多, 而實有取意不苟, 其用甚廣, 此不盡錄. ❷⇔타청일타청(打聽一打聽). ≪集覽, 字解, 累字解, 3ㅈ≫打聽一打聽. 듣보다. 唯擧打聽二字, 可說而疊言之者, 此漢人好事者之說也. 今亦罕用.

들 명 들[野]. ⇔야(野). ≪朴諺, 中, 34ㅈ≫拔野菜去, 들ᄂᆞ믈을 ᄏᆡ라 가뢰.

-들 접미 -들. ❶⇔등(等). ≪朴諺, 上, 49ㅎ≫休喫酸·甜·腥·葷等物, 싄 것 든 것 비린 것 누린 것들을 먹디 말고. ❷⇔문(們). ≪朴諺, 上, 2ㅎ≫又內府管酒的官人們造的好酒, 또 內府에 술 ᄀᆞ움아ᄂᆞᆫ 官人들의 비즌 됴흔 술을. ≪朴諺, 上, 16ㅎ≫街上放空中的小廝們好生廣, 거리에 박핑이 틸 아희들 ᄀᆞ장 흔터라. ≪朴諺, 上, 46ㅈ≫以至下人們, 써 下人들에 니ᄅᆞ히. ≪朴諺, 上, 50ㅈ≫親戚們那水裏, 親戚들이 뎌 믈에. ≪朴諺, 上, 57ㅎ≫各衙門官人們, 各 衙門 官人들을. ≪朴諺, 上, 63ㅈ≫好哥哥弟兄們裏頭, ᄆᆞ음 됴흔 형 아ᄋᆞ들 듕에. ≪朴諺, 中, 7ㅈ≫背包馬們都將好壯馬來, 背包馬들을 다 ᄀᆞ장 장흔 몰을 가져오라. ≪朴諺, 中, 15ㅎ≫着這小丫頭們打扇子, 이 아희들로 ᄒᆞ여 부체질 ᄒᆞ엿노라. ≪朴諺, 中, 20ㅈ≫一冬裏這頭口們勾喫了, 흔 겨올을 이 즘싱들이 유여히 먹으리라. ≪朴諺, 中, 35ㅎ≫那廝們怕簾子, 뎌 놈들이 발을 두려ᄒᆞᄂᆞ니. ≪朴諺, 中, 50ㅎ≫傍邉看捽挍的人們道, 겨틔셔 시름 보ᄂᆞᆫ 사롬들이 닐오딕. ≪朴諺, 中, 56ㅈ≫你弟兄兩箇引的那小廝們, 너희 弟兄 둘히 뎌 아희들을 ᄃᆞ려.

들ᄂᆞ믈 명 들나물. 야채. ⇔야채(野菜). ≪朴

諺, 中, 34ㅈ≫拔野菜去, 들ᄂᆞ믈을 ᄏᆡ라 가되.

들다 동 (칼이 잘) 들다. 예리하다. 잘 베어지다. ⇔쾌(快). ≪朴諺, 上, 39ㅎ≫你的刀子快也鈍, 네 칼이 드ᄂᆞ냐 무듸냐.

들다 동 들다[擧]. 들어 올리다. ❶⇔거(擧). ≪朴諺, 下, 60ㅎ≫王公已擧義兵了也, 王公이 볼셔 義兵을 드럿ᄂᆞ니라. ❷⇔대(擡). ≪朴諺, 上, 6ㅈ≫我們先喫兩巡酒後頭擡卓兒(集覽, 朴集, 上, 3ㅈ: 擡卓兒. 擡, 擧也. 進案撤案皆曰擡, 謂人所擧也. 卓, 卽本國所謂高足床也.), 우리 몬져 두 슌빈 술 머근 후에 상을 드러든. ≪朴諺, 上, 6ㅎ≫如今擡卓兒上湯着, 이제 상을 들면 湯을 들일 거시니. ≪朴諺, 下, 14ㅈ≫擡了卓子, 상 들면. ≪朴諺, 下, 21ㅈ≫擡過一箇紅漆槓子來, ᄒᆞᆫ 블근 칠ᄒᆞᆫ 槓를 드러 오라 ᄒᆞ여. ≪朴諺, 下, 43ㅈ≫都裝在卓兒上擡着, 다 탁ᄌᆞ에 담아 들고. ≪朴諺, 下, 60ㅎ≫擡出金甲來, 金甲을 드러내여 와. ❸⇔봉(捧). ≪朴諺, 上, 6ㅎ≫捧湯的都來, 湯 들 리 다 오라. ❹⇔제(提). ≪朴諺, 中, 48ㅈ≫把那手來提的高着, 뎌 손을다가 들기를 노피 ᄒᆞ여. ≪朴諺, 下, 46ㅎ≫頭戴耳掩或提在手裡, 머리예 耳掩을 쓰며 혹 손에 들고. ≪朴諺, 下, 47ㅎ≫提湯灌的, 湯灌 든 이며.

들다 동 들다[入]. ❶⇔입(入). ≪集覽, 字解, 單字解, 6ㅈ≫賃. 僦屋以語曰賃, 지블 둘마다 銀 현 량곰 삭 물오 드러 이셔 살 시라. 又雇用驢馬·舟車之類曰賃, 라괴와 ᄆᆞᆯ돌흘 삭 주고 ᄇᆞ릴 시라. ≪朴諺, 下, 9ㅎ≫入寺敬三寶, 뎔에 드러는 三寶를 敬ᄒᆞ고. ≪朴諺, 下, 22ㅈ≫入鍋裏, 가마에 드니. ≪朴諺, 下, 36ㅎ≫寸鐵入木九牛之力, 寸鐵이 남게 들매 九牛의 힘이라 ᄒᆞᄂᆞ니라. ❷⇔투(投). ≪朴諺, 下, 18ㅎ≫正到城裏智海禪寺投宿, 졍히 셩 안 智海禪寺에 가 드러 자다가.

들므쥬군ᄒᆞ다 형 밍밍하다. 싱겁다. ⇔오독(忤禿). ≪朴諺, 中, 30ㅎ≫這酒忤禿怎麼喫, 이 술이 들므쥬군ᄒᆞ니 엇디 먹으료.

들이다 동 드리다[獻]. 올리다. ⇔상(上). ≪朴諺, 上, 6ㅎ≫如今擡卓兒上湯着, 이제 상을 들면 湯을 들일 거시니.

들이오다 동 드리우다[垂]. 늘어뜨리다. ⇔수하(垂下). ≪朴諺, 下, 51ㅈ≫慢慢的將鈎兒垂下水裡去時, 날호여 낙시를다가 믈에 들이오면.

들창 명 들창. ⇔조창(弔窓). ≪朴諺, 下, 12ㅎ≫樑, 납. 樑, ᄆᆞᄅᆞ. 椽, 혀. 柱, 기동. 短柱, 短柱. 叉竪, 쟈슈. 門框, 門얼굴. 門扇, 門짝. 吊窓, 들창. 天窓, 울어리창. 雙扇, 상다디. 單扇, 외다디. 窓欞, 창살로.

-들ㅎ 접미 -들. ⇔문(們). ≪朴諺, 上, 1ㅎ≫衆弟兄們商(商)量了, 모든 弟兄들히 혜아리쟈. ≪朴諺, 上, 17ㅎ≫咳小廝們倒聒噪, 애 아ᄒᆡ들히 도로혀 지져귀여. ≪朴諺, 上, 21ㅈ≫懶小厮們一發滿槽子饋草, 게여른 아ᄒᆡ들히 ᄒᆞᆷᄢᅴ 귀유에 ᄀᆞ드기 여믈을 주고. ≪朴諺, 上, 31ㅈ≫那厮高麗地面來的宰相們上做牙子, 뎌 놈이 高麗 짜흐로셔 온 宰相들희손ᄃᆡ 즈름이 도엿ᄂᆞ니. ≪朴諺, 上, 51ㅈ≫親戚們都來慶, 親戚들히 다 와 경하ᄒᆞᄂᆞ니라. ≪朴諺, 中, 7ㅈ≫馬們怎麽來的遲, ᄆᆞᆯ들히 엇디 옴이 더듸뇨. ≪朴諺, 中, 19ㅈ≫這幾箇賊漢們, 이 여러 도적놈들히. ≪朴諺, 中, 37ㅈ≫你官人們, 너희 官人들히. ≪朴諺, 中, 45ㅈ≫來的客人們也道我精細, 오ᄂᆞᆫ 客人들토 날을 精細타 닐ᄋᆞ리라. ≪朴諺, 中, 51ㅎ≫騎馬的官人們, ᄆᆞᆯ ᄐᆞᆫ 官人들히. ≪朴諺, 中, 52ㅈ≫年時牢子們走的你見來麽, 젼년에 牢子들희 ᄃᆞ롬질을 네 본다. ≪朴諺, 中, 59ㅈ≫堂上官人們, 堂上 官人들히. ≪朴諺, 下, 18ㅎ≫一日先生們, 一日에 先生들히. ≪朴諺, 下, 27ㅎ≫茶博士們, 茶博士들히. ≪朴諺, 下, 33ㅎ≫官人們要時, 官人들히 ᄒᆞ고져 ᄒᆞ면. ≪朴諺, 下, 40ㅎ≫相識們十分央及時, 서ᄅᆞ 아ᄂᆞᆫ 이들히 ᄀᆞ장 빌면. ≪朴諺, 下, 46ㅎ≫司天

臺官衆官人們, 司天臺官 모든 官人들히. ≪朴諺, 下, 55ㅎ≫各處橋上角頭們貼去, 各處 드리 모롱이들헤 브티고. ≪朴諺, 下, 60ㅈ≫咱衆人們特來告報, 우리 모든 사름들히 특별이 와 告報ᄒᆞ노니. ≪朴諺, 下, 61ㅈ≫後頭打圍的人們, 後에 산영ᄒᆞᄂᆞᆫ 사름들히.

듧쁘다 동 들뜨다. 원래의 모양이 바뀌다. ❶⇔주(走). ≪朴諺, 中, 25ㅎ≫着了幾遍雨時都走了樣子, 여러 번 비롤 마즈면 다 듧쁠 양이로다. ≪朴諺, 中, 26ㅎ≫李大的帽兒樣兒可喜不走作, 李大의 갓이 모양이 곱고 듧쁘디 아니케 믿드랏고. ❷⇔주작(走作). ≪集覽, 字解, 單字解, 3ㅎ≫做. 韻會遇韻作字註云, 造也, 俗作做非. 箇韻作字註云, 爲也, 造也, 起也, 俗作做非. 做音, 直信切. 今按, 俗語做甚麽 므슴ᄒᆞ료, 作衣裳 옷 짓다, 作音조, 去聲. 不走作 듧쁘디 아니타, 作音조, 入聲. 以此觀之, 則做從去聲, 作互呼去聲·入聲, 通做字. 俗不用直信切之音.

듧깨 명 들깨. ⇔소자(蘇子). ≪朴諺, 下, 37ㅈ≫稻子, 벼. 薥秫, 슈슈. 黍子, 기장. 大麥, 보리. 小麥, 밀. 蕎麥, 모밀. 黃豆, 콩. 小豆, 풋. 菉豆, 녹두. 莞豆, 광장이. 黑豆, 거믄콩. 芝麻, 츰깨. 蘇子, 듧깨.

듯다 동 듣다. ⇔청(聽). ≪朴諺, 中, 18ㅈ≫隔簾聽笑語燈下看佳人, 발을 즈음ᄒᆞ여 笑語롤 듯고 燈下에 佳人을 봄이라 ᄒᆞ니. ≪朴諺, 中, 28ㅎ≫老李聽了惱懆起來, 老李 듯고 노ᄒᆞ여 니러나. ≪朴諺, 中, 43ㅈ≫我每日才聽明鍾一聲響, 내 날마다 계요 明鍾 ᄒᆞᆫ 소리롤 듯고. ≪朴諺, 中, 48ㅎ≫娘子見了時聒譟難聽, 娘子ㅣ 보고 짓궤니 듯기 어렵더라. ≪朴諺, 下, 9ㅈ≫側耳聽聲, 귀롤 기우려 소리롤 듯더니. ≪朴諺, 下, 9ㅎ≫不信佛法不聽經論, 佛法을 밋디 아니ᄒᆞ고 經論을 듯디 아니ᄒᆞ니. ≪朴諺, 下, 10ㅈ≫那達達聽師傅說, 뎌 達達이 師傅의 니롬을 듯고. ≪朴諺, 下, 17ㅎ≫你說我聽, 네 니ᄅᆞ라 내 듯쟈. ≪朴諺, 下, 23ㅎ≫行者聽了跳出來, 行者ㅣ 듯고 뛰여 나와.

듯보다 동 듣보다. 또는 물어보다. 알아보다. ⇔타청(打聽). ≪集覽, 字解, 單字解, 4ㅈ≫打. 擊也, 着實打, 又打三下. 又爲也, 打酒來 술 사 오라. 又曰, 打將來 ᄒᆞ야 오라, 打聽 듯보라, 打水 믈 깃다, 不打緊. 又打那裏去, 打東邊去, 有投向從往之意. 俗用打字, 似不合本意者多, 而實有取意不苟, 其用甚廣, 此不盡錄. ≪朴諺, 上, 55ㅈ≫你打聽一打聽, 네 듯보라.

듯ᄒᆞ다 보형 듯하다. ⇔감(敢). ≪朴諺, 中, 49ㅎ≫你敢怪我的摸(模)樣, 네 날을 허믈ᄒᆞᆯ 듯ᄒᆞᆯ 양이로다. ≪朴諺, 中, 50ㅎ≫敢是這矬漢喫來, 이 킈 져근 놈이 먹은 듯ᄒᆞ다.

등 명 ❶등(等). (복수임을 나타내는 말) ⇔등(等). ≪朴諺, 上, 54ㅎ≫同保人某等押, 同保ᄒᆞᆫ 사름 아모 등이 일홈두어다. ❷등(等). 같은 종류. ⇔등(等). ≪朴諺, 下, 17ㅈ≫要怎麽那一等平話, 엇디 뎌 ᄒᆞᆫ 등 平話롤 要ᄒᆞ리오.

등 명 등[背]. ❶⇔배(背). ≪朴諺, 上, 47ㅈ≫撓背兩箇錢, 등 믄디ᄅᆞ기ᄂᆞᆫ 두 낫 돈이오. ❷⇔척배(脊背). ≪朴諺, 下, 21ㅈ≫脊背上咬一口, 등을 ᄒᆞᆫ 번 므니. ❸⇔척아(脊兒). ≪朴諺, 上, 15ㅎ≫脊兒平正着, 등을 平正히 ᄒᆞ려 ᄒᆞ노라.

등(等) 동 기다리다. ⇔기ᄃᆞ리다. ≪朴諺, 上, 20ㅎ≫等一會兒饋些草喫, ᄒᆞᆫ 디위 기ᄃᆞ려 져기 여믈을 주어 먹이고. ≪朴諺, 中, 24ㅎ≫都一打裏將到直房裏等我着, 다 ᄒᆞᆫ번의 가지고 直房에 가 날을 기ᄃᆞ리고. ≪朴諺, 中, 30ㅈ≫等一會兒喫, ᄒᆞᆫ 디위 기ᄃᆞ려 먹쟈. ≪朴諺, 下, 2ㅈ≫等一會兒喫, ᄒᆞᆫ 디위 기ᄃᆞ려 먹을 써시니. ≪朴諺, 下, 61ㅈ≫先到宮門前等的萬千人, 몬져 宮門 앏희 가 기ᄃᆞ리리 萬千人이나 ᄒᆞ니.

등(等) 명 ❶등(等). (복수임을 나타내는 말) ⇔등. ≪朴諺, 上, 9ㅈ≫我也往金剛山禪院·松廣等處降香去, 나도 金剛山 禪院

·松廣 等處를 향ᄒᆞ야 降香ᄒᆞ라 가노라. ≪朴諺, 上, 25ㅈ≫衫兒·裌兒·裹肚等裏衣且休說, 적삼·고의·裹肚 等 속옷으란 아직 닐ᄋᆞ디 말려니와. ≪朴諺, 上, 54ㅎ≫同保人某等押, 同保ᄒᆞᆫ 사ᄅᆞᆷ 아모 등이 일홈두어다. ≪朴諺, 中, 10ㅈ≫遠近親戚閑雜人等, 遠近 親戚 閑雜人 等이. ≪朴諺, 下, 22ㅈ≫行者敎千里眼·順風耳等兩箇鬼, 行者ㅣ 千里眼과 順風耳 等 두 鬼神으로 ᄒᆞ여. ≪朴諺, 下, 42ㅎ≫麵茶等飯, 麵茶 等 飯이오. ≪朴諺, 下, 52ㅈ≫叫到隣人幷巡宿総甲人等, 隣人과 巡宿ᄒᆞᄂᆞᆫ 総甲人 等을 아오로 블러. ≪朴諺, 下, 52ㅎ≫某與隣人等, 某ㅣ 隣人 等으로 더브러. ≪朴諺, 下, 53ㅈ≫着當該地分弓手人等, 當該 地分 弓手人 等으로 ᄒᆞ여. ❷등(等). 같은 종류. ⇔등. ≪朴諺, 下, 17ㅈ≫要怎麽那一等平話, 엇디 더 ᄒᆞᆫ 등 平話를 要ᄒᆞ리오.

등(等) 의 가지[種]. ⇔가지. ≪朴諺, 上, 17ㅈ≫有幾等鶴兒, 여러 가지 연이 이시니. ≪朴諺, 上, 17ㅈ≫有六七等鶴兒, 여섯 닐곱 가지 연이 이시니. ≪朴諺, 上, 29ㅎ≫這一等花兒匀大的, 이 ᄒᆞᆫ 가지 소홈 고로고 크니를.

등(等) 접미 -들. ⇔-들. ≪朴諺, 上, 49ㅎ≫休喫酸·甜·腥·葷等物, 싄 것 ᄃᆞᆫ 것 비린 것 누린 것들을 먹디 말고.

등(燈) 명 ❶등잔. ⇔등잔. ≪朴諺, 中, 35ㅎ≫却吹殺那燈, 또 그 등잔을 부러 죽이고. ❷등잔불. ⇔등잔블. ≪朴諺, 中, 8ㅎ≫當直的點將燈來, 當直ᄒᆞᄂᆞᆫ 이아 등잔블 혀 오라. ≪朴諺, 下, 45ㅈ≫點將燈來喫飯, 등잔블 혀 가져오라 밥 먹쟈.

등(藤) 명 등나무. ≪朴諺, 中, 32ㅈ≫纏着乞留曲葎藤(集覽, 朴集, 中, 7ㅈ: 乞留曲律〈葎〉藤. 乞留曲律(葎), 乞留曲律, 謂屈曲擁瘇之意. 漢人凡稱草木行蔓必曰藤, 非別有一物也.), 굽걸온 藤이 얼켯고.

등(鐙) 명 등자. ⇔등ᄌᆞ. ≪朴諺, 上, 26ㅎ≫銀絲兒獅子頭的花鐙, 銀 입ᄉᆞᄒᆞᆫ 獅子 머리 섭사긴 등ᄌᆞ에.

등공(騰空) 동 승천(昇天)하다. ≪朴諺, 下, 3ㅈ≫西天取經去(集覽, 朴集, 下, 1ㅈ: 西天取經去. 西天雖遠, 我發大願, 當往取來. 老僧言訖, 騰空而去, 帝知觀音化身, 卽勑法師往西天取經, 法師奉勑, 行六年東還.)時莭(節), 西天의 經 가질라 갈 제.

등기(騰起) 동 솟아오르다. ≪朴諺, 下, 35ㅈ≫却打花房窩兒(集覽, 朴集, 下, 7ㅎ: 花房窩兒. 毬行或騰起, 或斜起, 或輪轉, 各隨窩所在之宜.), 또 花房 굼글 티쟈.

등대(燈臺) 명 등잔걸이. ≪朴諺, 上, 36ㅎ≫這箇是燈臺, 이거슨 이 燈臺로다.

등도(登道) 동 길을 떠나다. ≪朴諺, 下, 43ㅈ≫誰碎盆(集覽, 朴集, 下, 9ㅎ: 碎盆. 未詳源流. 但本國送殯之晨, 在家者見靈輀登道, 卽隨以瓦器擲碎於門外, 大聲作語曰, 持汝家具而去. 云爾者, 蓋使亡人無留念家緣之術也.)來, 뉘 소라를 ᄠᅡ리ᄃᆞᆫ뇨.

등배(等輩) 명 무리. 동료. ≪集覽, 字解, 單字解, 1ㅈ≫等. 候待也. 等他·等着 기들우다. 又等子 저울. 又吏語, 用此爲等輩之意. 又等閑, 釋見下. ≪集覽, 字解, 單字解, 1ㅈ≫每. 本音上聲, 頻也. 每年, 每一箇. 又平聲, 等輩也, 我每·咱每·俺每 우리. 恁每·你每 너희. 今俗喜用們字. ≪集覽, 字解, 單字解, 3ㅎ≫們. 諸韻書皆云, 們渾, 肥滿皃. 今俗借用爲等輩之字, 而曰我們·咱們 우리, 你們 너희. 又猶言如此也. 這們 이리, 那們 뎌리.

등영주(登瀛洲) 동 선경(仙境)에 오르다. 선비의 화려한 출세를 비유한다. ≪朴諺, 中, 44ㅎ≫掛十八學士(集覽, 朴集, 中, 8ㅈ: 十八學士. 秦王暇日, 至館中討論文籍, 使閻立本圖像, 褚亮爲贊. 得與其選者, 世謂之登瀛洲.)大畫, 十八學士 그린 큰 그림을 걸고.

등자(等子) 명 저울. ⇔저울. ≪集覽, 字解, 單字解, 1ㅈ≫等. 候待也. 等他·等着 기들우다. 又等子 저울. 又吏語, 用此爲等輩之意. 又等閑, 釋見下. ≪朴諺, 中, 6ㅈ≫

諸般菜蔬·鷄鴠和升·斗·等子, 여러 가지 ᄂᆞ믈과 ᄃᆞᆰ긔알과 되과 말과 저울을.

등잔 명 등잔. ❶⇔등(燈). ≪朴諺, 中, 35ㅎ≫却吹殺那燈, ᄯᅩ 그 등잔을 부러 죽이고. ❷⇔등잔(燈盞). ≪朴諺, 下, 31ㅎ≫燈盞也似兩隻眼, 등잔 ᄀᆞ튼 두 눈에.

등잔(燈盞) 명 등잔. ⇔등잔. ≪朴諺, 下, 31ㅎ≫燈盞也似兩隻眼, 등잔 ᄀᆞ튼 두 눈에.

등잔블 명 등잔불. ⇔등(燈). ≪朴諺, 中, 8ㅎ≫當直的點將燈來, 當直ᄒᆞᄂᆞᆫ 이아 등잔블 혀 오라. ≪朴諺, 下, 45ㅈ≫點將燈來喫飯, 등잔블 혀 가져오라 밥 먹쟈.

등ᄌᆞ 명 등자[鐙]. ⇔등(鐙). ≪朴諺, 上, 26ㅎ≫銀絲兒獅子頭的花鐙, 銀 입ᄉᆞᄒᆞᆫ 獅子 머리 섭사긴 등ᄌᆞ에.

등착(等着) 동 기다리다. 기다리고 있다. ⇔기들우다. ≪集覽, 字解, 單字解, 1ㅈ≫等. 候待也. 等他·等着 기들우다. 又等子 저울. 又吏語, 用此爲等輩之意. 又等閑, 釋見下.

등촉(燈燭) 명 등불과 촛불. ≪朴諺, 下, 42ㅈ≫明點燈燭, 燈燭을 ᄇᆞᆰ게 혀고. ≪朴諺, 下, 45ㅈ≫宋舍看打春(集覽, 朴集, 下, 9ㅎ: 打春. 至日黎明, 官吏具香花·燈燭爲壇, 以祭先農. 至立春時, 官吏行禮畢, 各執彩杖, 環擊土牛者三, 以示勸農之意.)去來, 宋개아 닙츈 노롯ᄒᆞᄂᆞᆫ 양 보라 가쟈.

등타(等他) 동 기다리다. 기다리고 있다. ⇔기들우다. ≪集覽, 字解, 單字解, 1ㅈ≫等. 候待也. 等他·等着 기들우다. 又等子 저울. 又吏語, 用此爲等輩之意. 又等閑, 釋見下.

등하(燈下) 명 등불 아래. 또는 등잔 밑. ≪朴諺, 中, 18ㅈ≫隔簾聽笑語燈下看佳人, 발을 즈음ᄒᆞ여 笑語를 듯고 燈下에 佳人을 봄이라 ᄒᆞ니.

등한(等閑) 부 ❶부질없이. 헛되이. ⇔부질업시. ≪集覽, 字解, 單字解, 7ㅎ≫閑. 雜也. 閑雜人. 又替也. 파직ᄒᆞ다, 罷閑了·替閑了. 又遊息曰閑. 훙ᄯᅮᆼ여 ᄃᆞᆫ닐시니, 遊閑了. 又練熟也. 弓馬熟閑. 又空也. 空閑田地 뷔엿ᄂᆞᆫ ᄯᅡ. 又等閑 부질업시, 又힘히미, 又간대롭다. ❷심심히. 한가히. 부질없이. ⇔힘히미. ≪集覽, 字解, 單字解, 7ㅎ≫閑. 雜也. 閑雜人. 又替也. 파직ᄒᆞ다, 罷閑了·替閑了. 又遊息曰閑. 훙ᄯᅮᆼ여 ᄃᆞᆫ닐시니, 遊閑了. 又練熟也. 弓馬熟閑. 又空也. 空閑田地 뷔엿ᄂᆞᆫ ᄯᅡ. 又等閑 부질업시, 又힘히미, 又간대롭다.

등한(等閑) 형 부질없다. ⇔간대롭다. ≪集覽, 字解, 單字解, 7ㅎ≫閑. 雜也. 閑雜人. 又替也. 파직ᄒᆞ다, 罷閑了·替閑了. 又遊息曰閑. 훙ᄯᅮᆼ여 ᄃᆞᆫ닐시니, 遊閑了. 又練熟也. 弓馬熟閑. 又空也. 空閑田地 뷔엿ᄂᆞᆫ ᄯᅡ. 又等閑 부질업시, 又힘히미, 又간대롭다.

등후(等候) 동 기다리다. ⇔기ᄃᆞ리다. ≪朴諺, 下, 48ㅈ≫燒香等候的其間, 燒香ᄒᆞ고 기ᄃᆞ릴 ᄉᆞ이에.

ᄃᆡ 명 데[處]. ≪朴諺, 中, 21ㅈ≫座飾芙蓉湛南海澄清之水, 안즌 ᄃᆡᄂᆞᆫ 芙蓉으로 ᄭᅮ며시니 南海 澄清ᄒᆞᆫ 水에 ᄌᆞᆷ겻고.

ᄃᆡ 명 지(동안). ≪朴諺, 上, 31ㅎ≫討了半年不肯還我, 달라 ᄒᆞ연 ᄃᆡ 半年이로ᄃᆡ 즐겨 내게 갑디 아니ᄒᆞ매.

-디 어미 ❶-기. ≪集覽, 字解, 單字解, 2ㅎ≫保. 恃也. 保你 너 믿노라, 難保 믿디 어렵다. 吏學指南, 相託信任曰保. 又保舉也. ❷-지. ≪集覽, 字解, 單字解, 2ㅎ≫怕. 疑懼之意. 怕人知道.又設若之辭. 怕你不信 ᄒᆞ다가 너옷 밋디 몯거든. 又恐也. 害怕 두리여ᄒᆞ다. ≪朴諺, 上, 1ㅈ≫休蹉過了好時光, 됴ᄒᆞᆫ 時光을 그릇 디내디 마쟈. ≪朴諺, 上, 11ㅈ≫五十年也倒不得, 五十年이라도 믄허디디 아니ᄒᆞ리라. ≪朴諺, 上, 21ㅈ≫那們時不渴睡, 그리면 ᄌᆞᆷ이 낫브디 아니ᄒᆞ리라. ≪朴諺, 上, 47ㅈ≫不理會的, 아디 못ᄒᆞ니. ≪朴諺, 上, 66ㅎ≫不到三歲下世去的也有的, 三歲에 니르디 못ᄒᆞ여셔 下世ᄒᆞ여 가ᄂᆞ

니도 잇ᄂᆞ니라. ≪朴諺, 中, 10ㅈ≫並不干買主之事, 다 산 님자의게ᄂᆞᆫ 간셥디 아닌 일이라. ≪朴諺, 中, 17ㅎ≫却不說, ᄯᅩ 닐ᄋᆞ디 아녓ᄂᆞ냐. ≪朴諺, 中, 23ㅈ≫由是威神莫測, 일로 말ᄆᆡ암아 威神을 혜아리디 못ᄒᆞ고. ≪朴諺, 中, 40ㅈ≫好生流不下來, ᄀᆞ장 흘러ᄂᆞ리디 못ᄒᆞ여. ≪朴諺, 中, 58ㅎ≫不知道葉兒用處, 닙 ᄡᅳᄂᆞᆫ 곳은 아디 못ᄒᆞ더니. ≪朴諺, 下, 1ㅈ≫一夏裡不曾好生收拾, ᄒᆞᆫ 녀름을 일즙 ᄀᆞ장 收拾디 못ᄒᆞ니. ≪朴諺, 下, 12ㅈ≫不宣, 베프디 아니ᄒᆞ노이다. ≪朴諺, 下, 22ㅎ≫被鬼們當住出不來, 귀신들의 막으믈 닙어 나오디 못ᄒᆞ여. ≪朴諺, 下, 28ㅎ≫不妨事, 일에 해롭디 아니ᄒᆞ니. ≪朴諺, 下, 44ㅎ≫一打裡和着乾不的, ᄒᆞᆫ듸 버므려 ᄆᆞ뢰디 못ᄒᆞᆯ소냐. 朴諺, 下, 57ㅎ≫我相公不在家, 우리 相公이 집의 잇디 아니ᄒᆞ다.

디기다 [동] (눌러) 짜다. ⇔도(掐). ≪朴諺, 下, 6ㅎ≫我不掐他, 내 뎌ᄅᆞᆯ 디기디 못ᄒᆞᆯ로다.

디나가다 [동] 지나가다. ⇔과거(過去). ≪朴諺, 上, 37ㅈ≫過去的過來的弄我的, 디나가며 디나오리 날을 롱호되. ≪朴諺, 中, 27ㅈ≫有一日賣布·絹的過去, ᄒᆞᄅᆞᆫ 布와 깁 ᄑᆞᆯ 리 디나가거ᄂᆞᆯ. ≪朴諺, 中, 33ㅈ≫聽的賣菜子的過去麽, 드ᄅᆞ라 ᄂᆞ믈 ᄡᅵ ᄑᆞᆯ 리 디나가ᄂᆞ냐.

디나다 [동] 지나다. ⇔과(過). ≪朴諺, 上, 50ㅈ≫滿月過了時喫的不妨事, ᄃᆞᆯ이 차 디나면 먹어도 일에 해롭디 아니ᄒᆞ리라. ≪朴諺, 中, 48ㅎ≫過了一生日時, ᄒᆞᆫ 生日이 디나면. ≪朴諺, 下, 8ㅎ≫聰明智慧過人, 聰明과 智慧ᄂᆞᆫ 사ᄅᆞᆷ의게 디나고. ≪朴諺, 下, 15ㅎ≫咳事不過三日, 애 일이 사흘이 디나디 못ᄒᆞ여셔. ≪朴諺, 下, 55ㅈ≫狀不過三日便告時好, 狀은 三日이 디나디 아녀셔 곳 告홈이 됴커니와.

디나오다 [동] 지나오다. ⇔과래(過來). ≪朴諺, 上, 37ㅈ≫過去的過來的弄我的, 디나가며 디나오리 날을 롱호되. ≪朴諺, 下, 41ㅎ≫你過來時節(節)不曾見, 네 디나올 제 일즙 보디 못ᄒᆞᆫ다.

디내다 [동] 지내다. 겪다. ❶⇔경(經). ≪朴諺, 上, 34ㅎ≫一年經蛇咬三年怕井繩, ᄒᆞᆫ ᄒᆡᄅᆞᆯ ᄇᆡ얌 믈려 디내면 三年을 드렛줄도 접퍼ᄒᆞᆫ다 ᄒᆞ니라. ≪朴諺, 下, 3ㅎ≫經多少風寒暑濕, 언머 風寒과 暑濕을 디내며. ❷⇔과(過). ≪朴諺, 上, 1ㅈ≫休蹉過了好時光, 됴ᄒᆞᆫ 時光을 그ᄅᆞᆺ 디내디 마쟈. ≪朴諺, 上, 39ㅈ≫沒馬時怎麽過, ᄆᆞᆯ이 업ᄉᆞ면 엇디 디내리오. ≪朴諺, 下, 4ㅈ≫過多少惡山·險水·難路, 언머 惡山·險水·難路ᄅᆞᆯ 디내며.

디내다 [동] ❶지나게 하다. 또는 드리다. 주다. 건네주다. ⇔과(過). ≪朴諺, 上, 13ㅈ≫將碎貼兒來過籌, 즌데ᄌᆞ 가져와 사슬 디내라. ≪朴諺, 上, 58ㅎ≫喫幾盞酒過兩道湯, 여러 잔 술 먹고 兩道 湯을 디내고. ❷지내다. 생활할만하다. ⇔과당(過當). ≪朴諺, 下, 37ㅎ≫這般過當的其間裡, 이리 디낼 ᄉᆞ이예.

디다 [동] 지다. 떨어지다. ⇔낙료(落了). ≪集覽, 字解, 單字解, 7ㅎ≫落. 落了 디다. 又院落 ᄠᅳᆯ. 又落下 ᄢᅥ디우다. 又數落了罪過 죄목 혜다. 又吏語, 下落 간 곧, 又發落 공ᄉᆞ 결내다.

디다 [동] ❶지다[敗]. ⇔수(輸). ≪朴諺, 下, 22ㅈ≫先生又輸了, 先生이 ᄯᅩ 디거다. ❷치다[設]. '디'는 '티'의 잘못. ≪朴諺, 中, 35ㅎ≫亮窓裏面把簾子幔上, ᄇᆞᆯ근 창 안희 발을다가 디(티)고.

디르다 [동] (대)지르다. 치다. 부딪다. ⇔충(衝). ≪朴諺, 上, 9ㅎ≫把水門都衝壞了, 水門을다가 다 딜러 해야ᄇᆞ리고. ≪朴諺, 中, 13ㅈ≫衝將去了, 딜러 가져갓더니.

디새 [명] 기와. ⇔와(瓦). ≪朴諺, 中, 40ㅈ≫你看那瓦有破的時, 네 보아 뎌 디새 ᄢᆡ여디니 잇거든. ≪朴諺, 中, 40ㅎ≫那瓦水潤了無些氣力, 뎌 디새 믈 ᄇᆡ야 져기 힘이 업ᄉᆞ니. ≪朴諺, 中, 40ㅎ≫那瓦有破

的麽, 뎌 디새 깨야디니 잇ᄂᆞ냐. ≪朴諺, 中, 40ㅎ≫把瓦來都蹝破了, 디새를다가 다 볼와 ᄣᅳ려시니.

디우다 동 ❶녹이다. 용해시키다. ⇔경(傾). ≪朴諺, 上, 30ㅈ≫每一兩傾(集覽, 朴集, 上, 8ㅈ: 傾銀. 質問云, 將碎銀子與銀匠, 化了傾成整錠.)白臉(集覽, 朴集, 上, 8ㅈ: 白臉. 質問云, 將好銀子與銀匠, 化了傾成細絲雪白錠兒. 又有光色好看, 卽十成銀也.)銀子出一錢裏, 每 ᄒᆞᆫ 냥에 白臉銀을 디워 ᄆᆡᆫ들려 ᄒᆞ면 ᄒᆞᆫ 돈을 내리라. ❷싸게 하다. 깎다. ⇔소(小). ≪朴諺, 中, 38ㅈ≫小賣了五錢銀, 닷 돈 은을 디위 ᄑᆞ노라. ❸주조(鑄造)하다. ⇔주(鑄). ≪朴諺, 下, 2ㅎ≫長老的佛像鑄了麽, 長老ㅣ아 佛像을 디웟ᄂᆞ다. 鑄了三尊佛, 三尊佛을 디워.

디위 의 번. 차례. 회. ❶⇔돈(頓). ≪朴諺, 上, 33ㅎ≫却喫這一頓打也是, ᄯᅩ 이 ᄒᆞᆫ 디위 마즘을 니버도 올ᄒᆞ니라. ❷⇔삽아(霎兒). ≪朴諺, 下, 36ㅈ≫一霎兒人鬧(閙)起來, ᄒᆞᆫ 디위 사ᄅᆞᆷ이 짓궤더니. ❸⇔조(遭). ≪集覽, 字解, 單字解, 7ㅈ≫遭. 一次謂之一遭. 又周遭, 猶言周圍也. 又遭是 마초와. ≪朴諺, 上, 52ㅈ≫大舍夜來乾走了一遭, 大舍ㅣ 어제 쇽졀업시 ᄒᆞᆫ 디위 ᄃᆞᆫ녀다. ❹⇔회(會). ≪朴諺, 上, 45ㅈ≫却到學裏上書念一會, ᄯᅩ 學에 가 글 빗화 ᄒᆞᆫ 디위 念ᄒᆞ고. ≪朴諺, 下, 14ㅈ≫擺茶飯又喫一會酒, 茶飯 버리고 ᄯᅩ ᄒᆞᆫ 디위 술 먹고. ≪朴諺, 下, 34ㅎ≫我學打這一會, 내 이 ᄒᆞᆫ 디위 빗화 티리라. ≪朴諺, 下, 36ㅈ≫又打一會, ᄯᅩ ᄒᆞᆫ 디위 티더니. ❺⇔회아(會兒). ≪朴諺, 上, 20ㅎ≫等一會兒饋些草喫, ᄒᆞᆫ 디위 기ᄃᆞ려 져기 여믈을 주어 먹이고. ≪朴諺, 上, 47ㅎ≫到裏間湯池裏洗了一會兒, 안ᄶᅡᆫ 湯池에 가 ᄒᆞᆫ 디위 목욕곰고. ≪朴諺, 上, 47ㅎ≫却出客位裏歇一會兒, ᄯᅩ 客位에 나가 ᄒᆞᆫ 디위 쉬고. ≪朴諺, 上, 57ㅈ≫一會兒喫罷湯時便上馬, ᄒᆞᆫ 디위 탕을 먹으면 곳 上馬ᄒᆞᆯ러라. ≪朴諺, 上, 62ㅎ≫坐的歇一會兒, 안자 ᄒᆞᆫ 디위 쉬고. ≪朴諺, 中, 30ㅈ≫等一會兒喫, ᄒᆞᆫ 디위 기ᄃᆞ려 먹쟈. ≪朴諺, 下, 2ㅈ≫等一會兒喫, ᄒᆞᆫ 디위 기ᄃᆞ려 먹을 ᄶᅥ시니. ≪朴諺, 下, 6ㅎ≫一會兒打頓着撓破了, ᄒᆞᆫ 디위 조으다가 긁텨 히여ᄇᆞ려늘. ≪朴諺, 下, 9ㅈ≫一會兒倚着欄干頓睡, ᄒᆞᆫ 디위 欄干을 지혀 조으더니.

디즈 명 (신창의) 바닥. ⇔저(底). ≪朴諺, 上, 24ㅎ≫搇尖粉底, 부리 것고 디즈에 분칠ᄒᆞ고.

디함 명 지함(地陷). 구덩이. ❶⇔갱(坑). ≪朴諺, 中, 27ㅎ≫也打殺撇在坑裏, ᄯᅩ 텨 죽여 디함에 드리티고. ≪朴諺, 中, 27ㅎ≫也打殺撇在那坑裏, ᄯᅩ 텨 죽여 그 디함에 드리티고. ≪朴諺, 中, 28ㅎ≫家後坑裏, 집 뒤 디함에. ❷⇔지갱(地坑). ≪朴諺, 中, 27ㅈ≫正房背後掘開一箇老大深淺地坑, 正房 뒤헤 ᄒᆞᆫ 크고 기픈 디함을 픠고.

딕이다 동 (눌러) 짜다. ⇔도(掐). ≪朴諺, 下, 6ㅎ≫你的長指甲饋我掐一掐, 네 긴 손ᄐᆞᆸ으로 날을 딕여 주고려. ≪朴諺, 下, 6ㅎ≫掐時甜殺人, 딕이면 ᄃᆞ라 사ᄅᆞᆷ을 죽게 ᄒᆞᄂᆞ니라. 你饋我掐一遍兒, 네 날을 ᄒᆞᆫ 번 딕여 주고려. 我那幾日着那小厮掐來, 내 뎌적의 뎌 아희로 ᄒᆞ여 딕이더니.

딕희다 동 지키다. ⇔수(守). ≪朴諺, 上, 38ㅈ≫弟兄三四箇守着停柱坐, 弟兄 세 네히 기동을 딕희여 안잣ᄂᆞᆫ 거시여.

딕히다 동 지키다. ⇔수(守). ≪朴諺, 中, 45ㅎ≫守我半年來, 날을 딕히연 디 半年이니.

딜채 명 삭모(槊毛). ⇔수아(穗兒). ≪朴諺, 上, 27ㅈ≫鞦皮穗兒鞦根都是斜皮的, 쥬피 딜채와 군뎌귀를 다 이 斜皮로 ᄒᆞ엿고.

딥 명 짚. ⇔초(草). ≪朴諺, 上, 58ㅈ≫散饋喂馬的草料錢, ᄆᆞᆯ 먹일 딥과 콩 갑슬 흐터 주라. ≪朴諺, 中, 14ㅈ≫草料貴賤, 딥

과 콩이 貴ᄒᆞ더냐 賤ᄒᆞ더냐.

딥다 동 짚다. ⇔주(柱). ≪朴諺, 中, 33ㅈ≫咱也柱着柱杖, 우리도 막대 딥고.

딥ㅎ 명 짚. ⇔초(草). ≪朴諺, 中, 14ㅈ≫草一錢銀子十一箇家大束(束)兒, 딥흔 ᄒᆞᆫ 돈 은에 열ᄒᆞᆫ 낫 큰 뭇이니. ≪朴諺, 中, 20ㅈ≫把摟草二錢半一束(束)家, 허튼 딥흔(흘)다가 돈 둘 반에 ᄒᆞᆫ 뭇식 ᄒᆞ여. ≪朴諺, 中, 20ㅈ≫五百來束(束)稻草裏放, 五百 뭇 볏딥헤 노흐라.

딥ㅎ다 동 짚다. ⇔주(柱). ≪朴諺, 下, 31ㅈ≫手柱槍的, 손에 槍을 딥흔 이.

딧다 동 때다[焚]. 피우다. ⇔소(燒). ≪朴諺, 下, 5ㅈ≫死火炕燒火炕, 블 아니 딧ᄂᆞᆫ 구들을 ᄒᆞ랴 블딧ᄂᆞᆫ 구들을 ᄒᆞ랴.

딩딩이질 명 아기 재롱의 하나. ⇔정정(亭亭). ≪朴諺, 中, 48ㅈ≫這孩兒亭亭的麽, 이 아ᄒᆡ 딩딩이질 ᄒᆞᄂᆞ냐.

딩ᄌᆞ 명 증자[頂子]. ⇔정아(頂兒). ≪朴諺, 上, 26ㅈ≫綴着上等玲瓏羊脂玉頂兒, 上等에 玲瓏히 ᄒᆞᆫ 羊脂玉 딩ᄌᆞ에.

딭다 형 깊다. ⇔심(深). ≪朴諺, 中, 54ㅎ≫這深肉紅界地穿花鳳紵絲做比甲, 이 디튼 肉紅빗체 벽드르에 穿花鳳 문ᄒᆞᆫ 비단으란 比甲을 짓고.

-ᄃᆞ냐 어미 -더냐. ≪朴諺, 中, 40ㅎ≫我不說來, 내 닐ᄋᆞ디 아니ᄒᆞᄃᆞ냐.

-ᄃᆞ뇨 어미 -더냐. ≪朴諺, 上, 38ㅎ≫他要多少功錢, 뎨 언머 功錢을 밧ᄃᆞ뇨. ≪朴諺, 下, 43ㅈ≫誰碎盆來, 뉘 소라를 ᄣᆞ리ᄃᆞ뇨.

-ᄃᆞ니라 어미 -더니라. ≪朴諺, 上, 14ㅈ≫角頭買段子去來, 모롱이에 비단 사라 갓ᄃᆞ니라. ≪朴諺, 下, 30ㅈ≫看摔挍來, 시름ᄒᆞᄂᆞᆫ 양 보ᄃᆞ니라.

ᄃᆞ라가다 동 달려가다. ⇔주도(走到). ≪朴諺, 中, 28ㅎ≫走到官司告了, 官司에 ᄃᆞ라가 告ᄒᆞ니. ≪朴諺, 下, 21ㅈ≫他走到金水河裏, 뎨 金水河에 ᄃᆞ라가.

ᄃᆞ라나다 동 달아나다. ❶⇔주(走). ≪朴諺, 中, 10ㅎ≫五歲的小厮急且那裏走, 다ᄉᆞᆺ 설엣 아ᄒᆡ 과거리 아직 어ᄃᆡ로 ᄃᆞ라나리오. ≪朴諺, 中, 28ㅎ≫那婦人便走了, 그 계집이 곳 ᄃᆞ라나. ≪朴諺, 下, 55ㅎ≫走失了甚色馬, 아모 빗쳇 ᄆᆞᆯ를 ᄃᆞ라나 일허시되. ❷⇔주출거(走出去). ≪朴諺, 下, 10ㅈ≫罵了走出去了, ᄭᅮ짓고 ᄃᆞ라나니.

ᄃᆞ라치 명 다래끼. 바구니. ⇔남자(籃子). ≪朴諺, 中, 56ㅎ≫藍(籃)子裏盛將去, ᄃᆞ라치에 담아 가니.

ᄃᆞ래 명 말다래. ❶⇔첨(韂). ≪朴諺, 上, 28ㅈ≫天青描金獅子韂, 天青빗치 金으로 獅子 그린 ᄃᆞ래예. ❷⇔첩(鞊). ≪朴諺, 上, 26ㅎ≫羊肝漆鞊, 羊肝빗ᄎᆞ로 칠ᄒᆞᆫ ᄃᆞ래예.

ᄃᆞ려 부 더불어. ⇔여(與). ≪朴諺, 中, 36ㅎ≫我也與你做伴兒閑看去, 나도 널로 ᄃᆞ려 벗지어 힘힘이 보라 가쟈.

-ᄃᆞ려 조 -더러. -에게. ⇔여(與). ≪朴諺, 上, 21ㅈ≫好生說與小厮們, ᄀᆞ장 아ᄒᆡ들ᄃᆞ려 닐러. ≪朴諺, 上, 30ㅈ≫我說與你, 내 너ᄃᆞ려 니ᄅᆞ마. ≪朴諺, 上, 43ㅈ≫護膝上但使的都說與我着, 슬갑에 믈읫 ᄡᅳᆯ 거슬 다 날ᄃᆞ려 니ᄅᆞ라. ≪朴諺, 上, 49ㅎ≫說與你姐姐, 네 姐姐ᄃᆞ려 닐러. ≪朴諺, 上, 52ㅎ≫說與小人麽, 小人ᄃᆞ려 니ᄅᆞ실고. ≪朴諺, 上, 59ㅎ≫我說與你, 내 너ᄃᆞ려 니ᄅᆞ마. ≪朴諺, 上, 59ㅎ≫你說與我那裏的景致麽, 네 날ᄃᆞ려 뎌긔 景致를 니ᄅᆞ라. ≪朴諺, 中, 4ㅎ≫我說與你, 내 너ᄃᆞ려 니ᄅᆞ마. ≪朴諺, 中, 7ㅎ≫你聽我說與你, 네 드르라 내 너ᄃᆞ려 니ᄅᆞ마. ≪朴諺, 中, 17ㅈ≫女兒說與你妳妳, 女兒ㅣ 아네 妳妳ᄃᆞ려 니ᄅᆞ라. ≪朴諺, 中, 25ㅈ≫我說與你衆伴當們, 내 너희 모든 伴當들ᄃᆞ려 닐ᄋᆞ노니. ≪朴諺, 中, 26ㅈ≫說與他, 뎌ᄃᆞ려 닐러. ≪朴諺, 中, 27ㅎ≫小媳婦與大妻商(商)量說, 小媳婦ㅣ 大妻ᄃᆞ려 혜아려 닐오ᄃᆡ. ≪朴諺, 中, 37ㅈ≫我說與你, 내 너ᄃᆞ려 니ᄅᆞ마. ≪朴諺, 下, 6ㅎ≫我說與你, 내 너ᄃᆞ려 니ᄅᆞ마. ≪朴諺, 下, 9ㅎ≫你聽我說與你, 네 드ᄅᆞ라 내 너ᄃᆞ

려 니ᄅᆞ마. ≪朴諺, 下, 21ㅎ≫說與先生櫝中有一顆桃, 先生ᄃᆞ려 궷 가온대 ᄒᆞᆫ 낫 복셩홰 잇다 닐럿더니. ≪朴諺, 下, 21ㅎ≫說與師傅, 師傅ᄃᆞ려 닐럿더니.

ᄃᆞ려가다 동 데려가다. ⇔영거(領去). ≪朴諺, 上, 19ㅈ≫你明日領我去, 네 ᄂᆡ일 날을 ᄃᆞ려가. ≪朴諺, 上, 19ㅈ≫我知道領你去, 내 알과라 너를 ᄃᆞ려가마.

ᄃᆞ려오다 동 데려오다. ⇔장래(將來). ≪朴諺, 上, 41ㅎ≫牛頭娶將來做筵席, 보름ᄭᅴ 취ᄒᆞ여 ᄃᆞ려와 이바디ᄒᆞ고.

-ᄃᆞ록 어미 -도록. ≪朴諺, 中, 60ㅈ≫終久是有理的勾當, 終久ᄐᆞ록 이 有理ᄒᆞᆫ 일이라.

ᄃᆞ리 명 다리. ⇔교(橋). ≪朴諺, 上, 61ㅈ≫橋上丁字街中間正面上, ᄃᆞ리 우 丁字街 中間 正面에. ≪朴諺, 中, 33ㅈ≫逢山開路遇水迭橋, 山을 만나 길흘 열고 믈을 만나 ᄃᆞ리를 놋ᄂᆞᆫ다 ᄒᆞᄂᆞ니라. ≪朴諺, 下, 55ㅎ≫各處橋上角頭們貼去, 各處 ᄃᆞ리 모롱이들헤 브티고.

ᄃᆞ리다 동 데리다. 더불다. 거느리다. ⇔인(引). ≪朴諺, 中, 28ㅎ≫官人們引着幾箇皂隷, 官人들이 여러 皂隷를 ᄃᆞ리고. ≪朴諺, 中, 56ㅈ≫你弟兄兩箇引的那小厮們, 너희 弟兄 둘히 ᄃᆞ려 아ᄒᆡ들을 ᄃᆞ려. ≪朴諺, 下, 17ㅈ≫唐三藏引孫行者, 唐三藏이 孫行者를 ᄃᆞ리고. ≪朴諺, 下, 19ㅈ≫唐僧也引徒弟去到王所, 唐僧이 ᄯᅩ 徒弟를 ᄃᆞ리고 王의 곳에 니ᄅᆞ니.

ᄃᆞ림쇠 명 다림추. ⇔조아(弔兒). ≪朴諺, 中, 2ㅎ≫木匠家裏旋做一箇樻子, 木匠의 집의 ᄒᆞᆫ 樻를 마초이되.……事件也不壯, 事件도 壯티 아니ᄒᆞ고. 兩箇鋸鈹兒, 두 ᄇᆡ목과. 一箇了吊兒都不壯, ᄒᆞᆫ ᄃᆞ림쇠 다 壯티 아니ᄒᆞ니.

ᄃᆞᄅᆞ다 동 달리다. ⇔주(走). ≪朴諺, 上, 55ㅎ≫一箇黑鬃青馬快走, ᄒᆞᆫ 가리온총이 ᄆᆞᆯ이 잘 ᄃᆞᄅᆞ되. ≪朴諺, 中, 52ㅎ≫在那裏走來, 어ᄃᆡ셔 ᄃᆞᄅᆞᇙ다. 六十里店裏走, 六十里 店에셔 ᄃᆞᄅᆞ니. ≪朴諺, 中, 52ㅎ≫年時誰先走來, 젼년에 뉘 몬져 ᄃᆞᄅᆞᇙ다. ≪朴諺, 中, 52ㅎ≫他先走來, 뎌 몬져 ᄃᆞᄅᆞ니라. ≪朴諺, 下, 49ㅈ≫各飯店·酒肆裡繞着走, 各 飯店과 酒肆에 두로 ᄃᆞᄅᆞ니.

ᄃᆞᄅᆞᆷ질 명 달음질. ⇔주(走). ≪朴諺, 中, 52ㅈ≫年時牢子們走的你見來麽, 젼년에 牢子들희 ᄃᆞᄅᆞᆷ질을 네 본다.

ᄃᆞ시 부 듯이. ⇔야사(也似). ≪朴諺, 中, 8ㅈ≫飛也似緊驟, ᄂᆞᄂᆞᆫ ᄃᆞ시 재고.

ᄃᆞ토다 동 다투다. ❶⇔쟁(爭). ≪朴諺, 中, 43ㅈ≫鑽在爭前立的, 비븨여 앏셔기를 ᄃᆞ토아. ≪朴諺, 中, 46ㅎ≫命來鐵也爭光, 命이 오면 쇠도 비출 ᄃᆞ토고. 運去黃金失色, 運이 가면 黃金도 비층 일ᄂᆞᆫ다 ᄒᆞ니라. ❷⇔쟁경(爭競). ≪朴諺, 中, 10ㅈ≫往來爭競, 往來ᄒᆞ야 ᄃᆞ토면.

ᄃᆞᆫ니다 동 다니다. ⇔주(走). ≪集覽, 字解, 單字解, 7ㅎ≫趖. 逃也. 趖着走 에도라 ᄃᆞᆫ닌다. 又避也. 趖一趖 길 최라. 亦作躲, 通作鞢. ≪朴諺, 上, 31ㅎ≫只趖着我走, 그저 날을 수머 ᄃᆞᆫ니고. ≪朴諺, 上, 32ㅈ≫把我的兩對新靴子都走破了, 내 두 쌍 새 훠를다가 다 ᄃᆞᆫ녀 해야ᄇᆞ리게 ᄒᆞ고. ≪朴諺, 上, 52ㅈ≫大舍夜來乾走了一遭, 大舍ㅣ 어제 쇽졀업시 ᄒᆞᆫ 디위 ᄃᆞᆫ녀다. ≪朴諺, 中, 40ㅈ≫你慢慢兒走, 네 날회여 ᄃᆞᆫ니라. ≪朴諺, 下, 15ㅈ≫我也跟官人時莭(節), 나도 官人을 조차 ᄃᆞᆫ닐 제.

ᄃᆞᆮᄂᆞ다 동 달리다. ⇔주(走). ≪集覽, 字解, 單字解, 7ㅎ≫走. 行也. ᄃᆞᆫ니다. 又逃回曰走回. 又跑也. 能走·快走 잘 ᄃᆞᆮᄂᆞ다. 又透漏也. 走話. 又洩也. 走了氣 김 나다.

ᄃᆞᆮᄂᆞᆫ 동 닫는. 달리는. ⇔주(走). ≪集覽, 字解, 單字解, 5ㅈ≫快. 急也. 走的快·疾快. 又樂也. 快活·大快. 又快手 잘 ᄃᆞᆮᄂᆞᆫ 놈. 又呼莭曰快子. ≪朴諺, 上, 55ㅈ≫我要打圍處騎的快走的馬, 내 산영ᄒᆞᄂᆞᆫ 고ᄃᆡ 틸 잘 ᄃᆞᆮᄂᆞᆫ ᄆᆞᆯ을 사고져 ᄒᆞ노라.

-ᄃᆞᆫ다 어미 -더냐. -던가. ≪朴諺, 上, 14ㅈ≫拜揖哥哥那裏去來, 拜揖ᄒᆞ노니 형아 어

ᄃᆡ 갓ᄃᆞᆫ다. ≪朴諺, 上, 34ㅎ≫你那裏有來, 네 어ᄃᆡ 잇ᄃᆞᆫ다.

ᄃᆞᆯ다 동 닫다. 달리다. ≪集覽, 字解, 單字解, 5ㅈ≫快. 急也. 走的快·疾快. 又樂也. 快活·大快. 又快手 잘 ᄃᆞᆫᄂᆞᆫ 놈. 又呼筯曰快子.

ᄃᆞᆯ 명 ❶달. (한 해를 열둘로 나눈 것 가운데 하나의 기간) ⇔월(月). ≪朴諺, 上, 9ㅈ≫這月二十頭起身, 이 ᄃᆞᆯ 스므날ᄭᅴ 起身ᄒᆞ리로다. ≪朴諺, 上, 41ㅎ≫這月初十日立了婚書, 이 ᄃᆞᆯ 초열흘날 婚書를 세오고. ≪朴諺, 上, 42ㅈ≫對月又做箇大筵席, 버금 ᄃᆞᆯ에 ᄯᅩ 큰 이바디ᄒᆞ면. ≪朴諺, 上, 50ㅈ≫滿月過了時喫的不妨事, ᄃᆞᆯ이 차 디나면 먹어도 일에 해롭디 아니ᄒᆞ리라. 滿月日老娘來, ᄃᆞᆯ이 ᄎᆞᆫ 날에 老娘이 와. ≪朴諺, 上, 51ㅈ≫做滿月, ᄃᆞᆯ ᄎᆞᆫ 이바디ᄒᆞ면. ≪朴諺, 上, 54ㅈ≫按月送納, ᄃᆞᆯ을 조차 送納호ᄃᆡ. ≪朴諺, 上, 54ㅈ≫其銀限至下年幾月內, 그 은을 限이 ᄂᆡ년 아므 ᄃᆞᆯ ᄂᆡ에 니ᄅᆞ게 ᄒᆞ야. ≪朴諺, 中, 39ㅎ≫賃房錢每月銀二兩, 집 세내ᄂᆞᆫ 갑슬 ᄃᆞᆯ마다 은 두 냥에 ᄒᆞ여. 按月送納, ᄃᆞᆯ을 조차 送納호ᄃᆡ. ≪朴諺, 中, 53ㅎ≫這月是大盡那小盡, 이 ᄃᆞᆯ이 커 진ᄒᆞᄂᆞ냐 젹어 진ᄒᆞᄂᆞ냐. ≪朴諺, 下, 54ㅈ≫伏爲於今月某日某時已來, 伏爲 이 ᄃᆞᆯ 아모 날 아모 ᄢᅢ에. ❷달. ⇔월(月). ≪朴諺, 上, 37ㅎ≫滿天星宿一箇月三條繩子由你曳, 하늘에 ᄀᆞ득ᄒᆞᆫ 星宿에 ᄒᆞᆫ ᄃᆞᆯ을 세 오리 노흐로 제대로 ᄟᅳ으ᄂᆞᆫ 거시여. ≪朴諺, 中, 44ㅈ≫月明紗窓秋夜半, ᄃᆞᆯ이 紗窓에 ᄇᆞᆰ고 ᄀᆞ올ᄡᆞᆷ이 반만 ᄒᆞᆫ 제.

ᄃᆞᆯ 의 달. ⇔월(月). ≪朴諺, 上, 11ㅈ≫我有兩箇月俸來關, 내 두 ᄃᆞᆯ 뇨 ᄐᆞᆯ 써시 이셰라. ≪朴諺, 上, 44ㅎ≫一箇月五錢家, ᄒᆞᆫ ᄃᆞᆯ에 닷 돈식이라. ≪朴諺, 上, 48ㅎ≫到那裏住三箇月, 뎌긔 가 석 ᄃᆞᆯ을 머믈면. ≪朴諺, 上, 51ㅎ≫一箇月二兩妳子錢, ᄒᆞᆫ ᄃᆞᆯ에 두 냥 젓 갑시오. ≪朴諺, 上, 51ㅎ≫懷躭十月, ᄇᆡ아 열 ᄃᆞᆯ이오. ≪朴諺, 中, 47ㅎ≫這孩兒幾箇月也, 이 아ᄒᆡ 몃 ᄃᆞᆯ이나 ᄒᆞ뇨. 九箇月了, 아홉 ᄃᆞᆯ이라. ≪朴諺, 下, 11ㅎ≫待兩箇月, 두 ᄃᆞᆯ을 기ᄃᆞ리면.

ᄃᆞᆯᄀᆞᄐᆞᆫ연 명 달 모양으로 만든 연. ⇔월양학아(月樣鶴兒). ≪朴諺, 上, 17ㅈ≫鵝老翅鶴兒, 쇼로기연. 鮎魚鶴兒, 머유기연. 八角鶴兒, 여둛모연. 月樣鶴兒, ᄃᆞᆯ ᄀᆞᄐᆞᆫ 연. 人樣鶴兒, 사ᄅᆞᆷ ᄀᆞᄐᆞᆫ 연. 四方鶴兒, 네모연.

ᄃᆞᆯ다 동 달다[懸]. ❶⇔대(帶). ≪朴諺, 上, 27ㅈ≫帶纓筒, 번영을 ᄃᆞ랏고. ❷⇔조(弔). ≪朴諺, 上, 43ㅈ≫諸般絨線砌山子吊珠兒的篦白線, 여러 가지 보ᄃᆞ라온 실과 귀여ᄉᆞ 무오고 진쥬 ᄃᆞᆯ 굴근 흰 실과. ≪朴諺, 中, 7ㅎ≫拿將管馬的來吊着, ᄆᆞᆯ ᄀᆞ음아ᄂᆞᆫ 이ᄅᆞᆯ 자바다가 ᄃᆞᆯ고. ≪朴諺, 中, 34ㅈ≫吊在一壁廂, ᄒᆞᆫ ᄇᆞ람 ᄊᆞ석의 ᄃᆞ랏다가. ❸⇔철(綴). ≪朴諺, 上, 26ㅈ≫綴着上等玲瓏羊脂玉頂兒, 上等에 玲瓏히 ᄒᆞᆫ 羊脂玉 딩ᄌᆞ에. 又是箇鵝鶉翎兒, ᄯᅩ 이 두롬의 짓츨 ᄃᆞ랏고.

ᄃᆞᆯ다 동 살이 얼어 터지다. ⇔동자(凍刺). ≪朴諺, 中, 29ㅎ≫腮頰凍的刺(剌)刺(剌)的疼, ᄲᅣᆷ이 ᄃᆞ라 ᄣᅡ알힌다.

ᄃᆞᆯ다 형 ❶달다[甘]. ⇔첨(甜). ≪朴諺, 上, 49ㅎ≫休喫酸·甜·腥·葷等物, 싄 것 ᄃᆞᆫ 것 비린 것 누린 것들을 먹디 말고. ≪朴諺, 下, 28ㅈ≫先喫甜的金橘蜜煎·銀杏煎, 몬져 ᄃᆞᆫ 金橘蜜煎과 銀杏煎을 먹어든. ❷달다. (흡족하여 기분이 좋다) ⇔첨(甜). ≪朴諺, 下, 6ㅎ≫掐時甜殺人, ᄃᆡ이면 ᄃᆞ라 사ᄅᆞᆷ을 죽게 ᄒᆞᄂᆞ니라.

ᄃᆞᆯ마기 명 단추. ⇔유자(紐子). ≪朴諺, 中, 55ㅈ≫紐子不要底似大恰好着, ᄃᆞᆯ마기를 너모 크게 말고 마치 됴케 ᄒᆞ라.

ᄃᆞᆯ아나다 동 달아나다. ⇔주(走). ≪朴諺, 下, 55ㅈ≫不知怎生走了, 아디 못게라 엇디 ᄃᆞᆯ아난디.

ᄃᆞᆯᄎᆞ다 동 달이 차다. 갓난애가 태어난 지 만 한 달이 되다. ⇔만월(滿月). ≪朴諺, 上, 50ㅈ≫滿月過了時喫的不妨事, ᄃᆞᆯ이

차 디나면 먹어도 일에 해롭디 아니ᄒᆞ리라.

ᄃᆞᆯᄎᆞᆫ날 [명] 만 한 달[滿月]이 되는 날. 곧, 갓난애가 태어난 지 한 달이 되는 날. ⇔만월일(滿月日). ≪朴諺, 上, 50ㅈ≫滿月日老娘來, ᄃᆞᆯ이 ᄎᆞᆫ 날에 老娘이 와.

-ᄃᆞᆯㅎ [접미] -들. ⇔문(們). ≪朴諺, 上, 49ㅈ≫咱十數箇弟兄們去時勾了, 우리 여라믄 弟兄ᄃᆞᆯ히 가면 유여ᄒᆞᆯ 거시니.

ᄃᆞᆰ [명] 닭. ❶⇔계(鷄). ≪朴諺, 上, 5ㅈ≫燒鵝·白煠鷄, 구은 게오와 ᄆᆡᆫ기름에 지진 ᄃᆞᆰ과. ≪朴諺, 上, 36ㅎ≫這箇是鷄鴠, 이거ᄉᆞᆫ 이 ᄃᆞᆰ의알이로다. ❷⇔계아(鷄兒). ≪朴諺, 中, 8ㅎ≫明日鷄兒叫一聲便上馬, ᄂᆡ일 ᄃᆞᆰ이 ᄒᆞᆫ 번 울어든 곳 ᄆᆞᆯ을 ᄐᆞᆯ 거시니. ≪朴諺, 中, 8ㅎ≫相公鷄兒叫起來, 相公아 ᄃᆞᆰ이 우니 닐라.

ᄃᆞᆰㄱ [명] 닭. ⇔계(鷄). ≪朴諺, 中, 6ㅈ≫諸般菜蔬·鷄鴠和升·斗·等子, 여러 가지 ᄂᆞ믈과 ᄃᆞᆰ긔알과 되과 말과 저울을.

ᄃᆞᆰ긔알 [명] 달걀. ⇔계단(鷄鴠). ≪朴諺, 中, 6ㅈ≫諸般菜蔬·鷄鴠和升·斗·等子, 여러 가지 ᄂᆞ믈과 ᄃᆞᆰ긔알과 되과 말과 저울을.

ᄃᆞᆰ의알 [명] 달걀. ⇔계단(鷄鴠). ≪朴諺, 上, 36ㅎ≫這箇是鷄鴠, 이거ᄉᆞᆫ 이 ᄃᆞᆰ의알이로다.

-ᄃᆞᆺ [어미] -듯. -듯이. ≪朴諺, 中, 16ㅎ≫大娘(集覽, 朴集, 中, 3ㅈ: 大娘. 音義云, 안해님이라 ᄒᆞ·ᄃᆞᆺ ᄒᆞᆫ :말. 今按, 汎稱尊長妻室曰大娘, 又稱人之正妻曰大娘, 妾曰小娘.)身子好麽, 大娘의 몸이 됴흐신가. ≪朴諺, 中, 43ㅈ≫睜着驢眼, 나귀 눈 브르ᄠᅳᄃᆞᆺ ᄒᆞ고.

ᄃᆞᆺ다 [동] 닫다. 달리다. ⇔주(走). ≪朴諺, 中, 19ㅈ≫有緣千里能相會, 인연이 이시면 千里라도 능히 서ᄅᆞ 못ᄃᆞᆺ고. 無緣對面不相逢, 인연이 업스면 ᄂᆞᆾ츨 ᄃᆡᄒᆞ여도 서ᄅᆞ 만나디 못ᄒᆞᄂᆞ니. ≪朴諺, 中, 43ㅎ≫東走西走, 동으로 ᄃᆞᆺ고 셔로 ᄃᆞ라. ≪朴諺, 中, 53ㅈ≫第一箇走, 第一로 ᄃᆞᆺ고.

ᄃᆞᆺ토다 [동] 다투다. ⇔쟁(爭). ≪朴諺, 下, 48ㅎ≫爭那明珠, 뎌 明珠ᄅᆞᆯ ᄃᆞᆺ토와.

ᄃᆞᆺᄒᆞ다 [보형] 듯하다. ≪朴諺, 中, 23ㅈ≫齒排柯雪, 니ᄂᆞᆫ 柯雪이 버럿ᄂᆞᆫ ᄃᆞᆺᄒᆞ고. ≪朴諺, 中, 23ㅈ≫眉秀垂楊, 눈섭은 垂楊이 ᄲᅢ여난 ᄃᆞᆺᄒᆞ도다. ≪朴諺, 下, 24ㅈ≫接在頪項上依舊了, 목 우희 니으니 녜라온 ᄃᆞᆺᄒᆞᆫ디라.

ᄃᆞᆺᄒᆞ다 [보형] 듯하다. ❶⇔감(敢). ≪集覽, 字解, 單字解, 5ㅎ≫敢. 忍爲也. 你敢那 네 구틔여 그리ᄒᆞᆯ다. 又疑似也. 敢知道 아ᄂᆞᆫ ᄃᆞᆺᄒᆞ다. ≪朴諺, 上, 55ㅈ≫敢知道, 알 ᄃᆞᆺᄒᆞ니. ≪朴諺, 上, 64ㅈ≫舍人敢不識好物麽, 舍人이 됴흔 거슬 아디 못ᄒᆞᄂᆞᆫ ᄃᆞᆺᄒᆞ다. ≪朴諺, 下, 23ㅈ≫行者敢死了也, 行者ㅣ 죽은 ᄃᆞᆺᄒᆞ다. ❷⇔사(似). ≪朴諺, 下, 40ㅎ≫似不肯家畫麽, 즐겨 그리디 아닐 ᄃᆞᆺᄒᆞ고. ❸⇔여(如). ≪朴諺, 上, 60ㅈ≫四面盖的如鋪翠, 四面에 녠 거시 비취ᄅᆞᆯ ᄭᆞᆫ ᄃᆞᆺᄒᆞ야.

ᄃᆡ [명] 데. 곳 . ❶⇔지(地). ≪集覽, 字解, 單字解, 4ㅈ≫來. 來往. 又語助. 你來 이바, 夜來 어제, 有來 잇더라, 去來 가다. 又數物而有餘數, 未的知之辭. 十來箇 여라믄, 十里來地 십 리만ᄒᆞᆫ ᄃᆡ, 十來日 여라믄 날. ❷⇔처(處). ≪朴諺, 上, 20ㅎ≫絟在陰凉處, 서늘ᄒᆞᆫ ᄃᆡ ᄆᆡ여 두고. ≪朴諺, 上, 55ㅈ≫東角頭牙家去處廣, 동녁 모롱이에 즈름 가ᄂᆞᆫ ᄃᆡ 만ᄒᆞ니. ≪朴諺, 中, 17ㅈ≫醬麴今年沒處尋, 메조ᄅᆞᆯ 올히 어들 ᄃᆡ 업더니. ≪朴諺, 下, 6ㅈ≫咳我到處裏做生活時, 애 내 간 ᄃᆡ마다 셩녕을 호ᄃᆡ. ≪朴諺, 下, 40ㅈ≫他別處畫了一箇官人的影來, 뎌 다ᄅᆞᆫ ᄃᆡ ᄒᆞᆫ 官人의 얼굴을 그리니. ≪朴諺, 下, 55ㅈ≫你更有傷有何愁, 너ᄂᆞᆫ ᄯᅩ 傷ᄒᆞᆫ ᄃᆡ 이시니 므슴 근심이 이시리오. ≪朴諺, 下, 55ㅈ≫捉賊見贓, 도적 잡기ᄂᆞᆫ 장믈을 보고. 廝打驗傷, 서ᄅᆞ ᄡᅡ혼 ᄃᆡᄂᆞᆫ 傷處ᄅᆞᆯ 驗ᄒᆞᆫ다 ᄒᆞᄂᆞ니라. ❸⇔향(向). ≪朴諺, 下, 55ㅈ≫不知去向, 간 ᄃᆡᄅᆞᆯ 아디 못ᄒᆞ니.

-딕 어미 -되. ≪朴諺, 上, 14ㅈ≫常言道, 常言에 닐오딕. ≪朴諺, 上, 23ㅈ≫你說饒我四着, 네 닐오딕 날을 네흘 졉쟈 ᄒᆞ더니. ≪朴諺, 上, 23ㅈ≫常言道, 常言에 닐오딕. ≪朴諺, 上, 29ㅎ≫你說都是好的, 네 닐오딕 다 이 됴타 ᄒᆞ더니. ≪朴諺, 上, 34ㅈ≫那和尙說再也不敢, 뎌 즁이 닐오딕 뇌여란 ᄉᆡᆼ심이나. ≪朴諺, 上, 59ㅈ≫常言道, 常言에 닐오딕. ≪朴諺, 上, 67ㅈ≫常言道, 常言에 닐오딕. ≪朴諺, 中, 1ㅎ≫又是一箇銅觜·鑞觜造化, 또 ᄒᆞᆫ 부리 노론 수좋다리 부리 프른 암좋다리 노롯호딕. ≪朴諺, 中, 17ㅎ≫常言道, 常言에 닐오딕. ≪朴諺, 中, 25ㅈ≫常言道, 常言에 닐오딕. ≪朴諺, 中, 36ㅎ≫牙子道都有, 즈름이 닐오딕 다 이셰라. ≪朴諺, 中, 50ㅎ≫傍邊看捽挍的人們道, 겨틱셔 시름 보ᄂᆞᆫ 사ᄅᆞᆷ들이 닐오딕. ≪朴諺, 下, 10ㅈ≫便喝跳起來道, 곳 혀ᄎᆞ고 뛰여 니러 닐오딕. ≪朴諺, 下, 16ㅈ≫却說我家漢子偸了, 또 닐오딕 우리 집 놈이 도적ᄒᆞ다 ᄒᆞ니. ≪朴諺, 下, 22ㅈ≫大仙說是一顆桃, 大仙이 닐오딕 이 ᄒᆞᆫ 낫 복셩홰로다. ≪朴諺, 下, 27ㅎ≫問客官人們喫甚麽茶, 客官人ᄃᆞ려 무로딕 므슴 차 머글따. ≪朴諺, 下, 36ㅈ≫衆人喝保道, 모든 사ᄅᆞᆷ이 혀ᄎᆞ고 닐오딕. ≪朴諺, 下, 59ㅎ≫到太祖宅裡商(啇)量道, 太祖 宅에 가 혜아려 닐오딕.

딕골 명 대갈. 머리통. ≪朴諺, 中, 15ㅈ≫奪腦(集覽, 朴集, 中, 2ㅎ: 奪腦. 奪字未詳. 鄕習傳解曰, 딕고리 � 앏〈알〉프다. 奪, 音ᄃᆡ, 去聲讀.)疼的, 골치 ᄫᅡᆺ 앏프고.

딕답ᄒᆞ다 동 대답하다. 응대(應待)하다. ⇔응답(應答). ≪集覽, 字解, 累字解, 2ㅈ≫打發. 禮待應答之稱, 보숣펴 딕답ᄒᆞ다.

딕우 명 갓모자. ⇔두회(頭盔). ≪朴諺, 中, 25ㅎ≫頭盔大, 딕우ㅣ 크고. ≪朴諺, 中, 26ㅎ≫那頭盔好瞧到了時, 뎌 딕우를 ᄀᆞ장 뾔기롤 잇긋 ᄒᆞ고.

딕패 명 대패. ⇔퇴포(退鉋). ≪朴諺, 下, 12ㅎ≫你只取將墨斗, 네 그저 먹고조와. 墨𣃁, 먹갈과. 和鎊, 갓괴와. 錛子, 항괴와. 退鉋, 딕패와. 鑿子, 끌과. 斧子, 도치와. 鋸子來做生活, 줄을 가져다가 셩녕ᄒᆞ라.

딕ᄒᆞ다 동 대(對)하다. 마주 향하다. ⇔대(對). ≪朴諺, 中, 19ㅈ≫有緣千里能相會, 인연이 이시면 千里라도 능히 서ᄅᆞ 못ᄃᆞᆺ고. 無緣對面不相逢, 인연이 업스면 ᄂᆞᆺ출 딕ᄒᆞ여도 서ᄅᆞ 만나디 못ᄒᆞᄂᆞ니. ≪朴諺, 中, 28ㅈ≫對他男兒說勸, 제 ᄉᆞ나희를 딕ᄒᆞ여 닐러 말리되. ≪朴諺, 下, 20ㅈ≫咱兩箇對君王面前鬪(鬪)聖, 우리 둘히 君王 앏플 딕ᄒᆞ여 鬪(鬪)聖ᄒᆞ야. ≪朴諺, 下, 22ㅈ≫鹿皮對大仙說, 鹿皮ㅣ 大仙을 딕ᄒᆞ여 닐오딕.

ㄹ

-ㄹ 어미 -ㄹ. ≪朴諺, 上, 3ㅈ≫討酒的都迴來了, 술 가질라 갓더니 다 오나다. ≪朴諺, 上, 31ㅈ≫他京裏臨起身時節(節), 뎨 셔울셔 起身홀 빼에 臨ᄒᆞ여. ≪朴諺, 上, 49ㅈ≫咱十數箇弟兄們去時勾了, 우리 여라믄 弟兄돌히 가면 유여홀 거시니 ≪朴諺, 上, 58ㅈ≫又不喫了他的, 또 뎌의 거슬 먹디 아닐 거시니. ≪朴諺, 上, 62ㅈ≫官人們也上幾隻舡, 官人들도 여러 빅에 올라. ≪朴諺, 中, 7ㅈ≫伴當騎的, 伴當 톨. ≪朴諺, 中, 15ㅎ≫我如今先與你香蘇飮(散)子, 내 이제 몬져 너를 香蘇飮(散)子를 줄 거시니. ≪朴諺, 中, 25ㅎ≫着了幾遍雨時都走了㨾子, 여러 번 비를 마즈면 다 듦뜰 양이로다. ≪朴諺, 中, 39ㅎ≫如至日無錢送納, 만일 날이 다ᄃᆞ라 送納홀 돈이 업스면. ≪朴諺, 中, 43ㅈ≫直到點燈時分恰下馬, 잇긋 블혈 빼예 다 듯게야 굿 몰게 ᄂᆞ리니. ≪朴諺, 中, 56ㅈ≫我先跳你看, 내 몬져 쀨 거시니 네 보라. ≪朴諺, 下, 11ㅈ≫前者姐夫去時, 前에 姐夫ㅣ 갈 제. ≪朴諺, 下, 15ㅈ≫我也跟官人時節(節), 나도 官人을 조차 ᄃᆞ닐 제. ≪朴諺, 下, 22ㅈ≫王喝保的其間, 王이 혀출 ᄉᆞ이예. ≪朴諺, 下, 28ㅎ≫這的有甚麽商量處, 이아 므슴 혜아릴 곳이 이시리오. ≪朴諺, 下, 44ㅎ≫瞓眼熟了, 눈 곰죽일 사이예 니그리라. ≪朴諺, 下, 48ㅈ≫燒香等候的其間, 燒香ᄒᆞ고 기ᄃᆞ릴 ᄉᆞ이에. ≪朴諺, 下, 57ㅈ≫有錢時那裡沒賃的驢, 돈 이시면 어ᄃᆡ 셰낼 나귀 업스리오.

-ㄹ 조 -ㄹ. ≪朴諺, 上, 9ㅎ≫好生照覷我, ᄀᆞ장 날을 보숣피라. ≪朴諺, 上, 43ㅈ≫護膝上但使的都說與我着, 슬갑에 믈윗 뿔 거슬 다 날ᄃᆞ려 니ᄅᆞ라. ≪朴諺, 中, 4ㅎ≫你便替我再染, 네 곳 날을 ᄀᆞᄅᆞ차 다시 드리리라. ≪朴諺, 中, 15ㅈ≫與我把脉息看一看, 날을 脉을 보아 주고려. ≪朴諺, 中, 31ㅈ≫他敬我五分剌(刺), 뎨 날을 五分을 공경ᄒᆞ면. ≪朴諺, 中, 38ㅎ≫哥你寫與我房契, 형아 네 날을 집 글월 써 주고려. ≪朴諺, 中, 49ㅎ≫你敢怪我的摸(模)㨾, 네 날을 허믈홀 듯홀 양이로다. ≪朴諺, 中, 55ㅎ≫將一把扇兒來與我, ᄒᆞᆫ ᄌᆞᄅᆞ 부체 가져다가 날을 주고려. ≪朴諺, 中, 58ㅈ≫孩兒你饋我買將草布蚊帳來, 아희아 네 날을 얼믠 뵈로 ᄒᆞᆫ 모긔댱을 사다가 주고려.

-ㄹ가 어미 -ㄹ까. ≪朴諺, 上, 11ㅈ≫闕米麽, 뿔을 틀가. ≪朴諺, 上, 13ㅈ≫新布帒那裏怕漏, 새 布帒니 어ᄃᆡ 실가 저프리오. ≪朴諺, 上, 49ㅎ≫只怕産後風感冒, 그저 産後에 ᄇᆞ롬에 感冒홀가 저프니. ≪朴諺, 中, 5ㅈ≫拜揖舍人與我関字麽, 拜揖ᄒᆞ노니 舍人아 우리를 関字를 주실가. ≪朴諺, 中, 18ㅎ≫又怕窓孔裏偸眼兒看, 또 창 굼그로 여어볼가 저페라. ≪朴諺, 中, 36ㅎ≫沒你時怕買不成, 네 업다 사디 못홀가 저프랴. ≪朴諺, 中, 40ㅎ≫只怕鑼破了, 그저 블와 ᄣᅳ릴가 저페라.

-ㄹ고 어미 -ㄹ꼬. ≪朴諺, 上, 52ㅎ≫說與小人麽, 小人ᄃᆞ려 니ᄅᆞ실고. ≪朴諺, 下, 13ㅎ≫別要盖甚麽房子, 다른 므슴 집을 지으실고.

-ㄹ낫다 어미 -렷다. ≪朴諺, 上, 48ㅎ≫納房錢空費了, 房錢 드리ᄂᆞᆫ 거슬 쇽졀업시 허비홀낫다.

-ㄹ다 어미 -ㄹ 것이냐. -겠느냐. ≪集覽,

字解, 單字解, 4ㅎ≫麽. 本音모. 俗用爲語助辭, 音마, 古人皆呼爲모, 故或通作莫. 怎麽 엇디, 來麽 오나라. 又用如乎字之意者則曰, 去麽 갈다, 有麽 잇ᄂᆞ녀. 元語, 麽道 니ᄅᆞᄂᆞ다, 麽音ᄆᆞ, 今不用. ≪集覽, 字解, 單字解, 5ㅎ≫敢. 忍爲也. 你敢那 네 구틔여 그리ᄒᆞᆯ다. 又疑似也. 敢知道 아는 ᄃᆞᆺᄒᆞ다. ≪朴諺, 上, 9ㅈ≫高麗地面裏去麽, 高麗 싸히 갈다. ≪朴諺, 上, 9ㅈ≫哥哥你幾時起身, 형아 네 언제 起身ᄒᆞᆯ다. ≪朴諺, 上, 22ㅈ≫你那裏羸(贏)的我, 네 어ᄃᆡ 날을 이긜다. ≪朴諺, 上, 22ㅈ≫那裏抵當的我, 어ᄃᆡ 내게 抵堂ᄒᆞᆯ다. ≪朴諺, 上, 29ㅎ≫怎麽賣, 엇디 ᄑᆞᆯ다. ≪朴諺, 上, 30ㅈ≫四錢一箇家將去麽, 너 돈에 ᄒᆞ나식 ᄒᆞ여 가져갈다. ≪朴諺, 上, 34ㅈ≫你再敢偸別人媳婦麽, 네 다시 감히 ᄂᆞᆷ의 겨집 도적ᄒᆞᆯ다. ≪朴諺, 中, 5ㅈ≫准的麽, 일뎡히 ᄒᆞᆯ다. ≪朴諺, 中, 55ㅎ≫好歹喫打去, 모로미 맛고 갈다. ≪朴諺, 中, 57ㅈ≫硬道是這們, 굿히여 이리 니ᄅᆞᆯ다. ≪朴諺, 下, 25ㅎ≫你多少賣, 네 언머에 ᄑᆞᆯ다.

-ㄹ돠 어미 -ㄹ 것이로다. ≪朴諺, 下, 45ㅈ≫好生不喫飯, ᄀᆞ장 밥 먹디 못ᄒᆞᆯ돠.

-ㄹ란 조 -ㄹ랑. -일랑. ≪朴諺, 下, 34ㅈ≫官人們這的不消說, 官人들아 일란 쇽졀업시 닐으디 말라.

-ㄹ랏다 어미 -렷다. ≪朴諺, 下, 25ㅎ≫你待謾過我, 네 ᄒᆞ마 날을 소길랏다. ≪朴諺, 下, 39ㅈ≫送到那裡時也有些情分, 보내여 뎌긔 니ᄅᆞ면 져기 情分이 이실랏다.

-ㄹ러냐 어미 -려느냐. -려뇨. ≪朴諺, 上, 57ㅈ≫上了墳迴來怎的, 上墳ᄒᆞ고 도라올러냐 엇딜러뇨.

-ㄹ러뇨 어미 -려뇨. -려느냐. ≪朴諺, 上, 48ㅈ≫京都駕幾時起, 셔울 대개 언제 긔동ᄒᆞ실러뇨. ≪朴諺, 上, 57ㅈ≫上了墳迴來怎的, 上墳ᄒᆞ고 도라올러냐 엇딜러뇨. ≪朴諺, 上, 57ㅈ≫上馬往那裏去, ᄆᆞᆯ ᄐᆞ면 어ᄃᆡᄅᆞᆯ 향ᄒᆞ여 갈러뇨. ≪朴諺, 上, 66ㅈ≫說幾箇日頭, 몃 날을 니ᄅᆞᆯ러뇨.

-ㄹ러라 어미 -ㄹ 레라. ≪朴諺, 上, 48ㅈ≫八月初頭起, 八月 初生에 긔동ᄒᆞᆯ러라. ≪朴諺, 上, 55ㅎ≫市裏尋不着好馬, 져제는 됴흔 ᄆᆞᆯ을 엇디 못ᄒᆞᆯ러라. ≪朴諺, 上, 57ㅈ≫一會兒喫罷湯時便上馬, ᄒᆞᆫ 디위 탕을 먹으면 곳 上馬ᄒᆞᆯ러라. ≪朴諺, 上, 57ㅈ≫今日上墳去, 오ᄂᆞᆯ 上墳ᄒᆞ라 갈러라. ≪朴諺, 上, 66ㅈ≫從今日起後日罷散, 오ᄂᆞᆯ브터 시작ᄒᆞ여 모뢰면 罷散ᄒᆞᆯ러라. ≪朴諺, 下, 23ㅈ≫却早不見了, ᄇᆞᆯ셔 보디 못ᄒᆞᆯ러라.

-ㄹ로다 어미 -겠구나. ≪朴諺, 下, 6ㅎ≫我不掐他, 내 뎌ᄅᆞᆯ 디기디 못ᄒᆞᆯ로다. ≪朴諺, 下, 45ㅈ≫黑夜不敢喫多, 밤이니 감히 먹기ᄅᆞᆯ 만히 못ᄒᆞᆯ로다.

-ㄹ샤 어미 -도다. -구나. -네. ≪朴諺, 上, 34ㅎ≫咳我不曾知道來, 애 내 일즙 아디 못ᄒᆞᆯ샤. ≪朴諺, 上, 42ㅈ≫媒人也有福, 媒人도 有福ᄒᆞᆯ샤. ≪朴諺, 上, 48ㅈ≫遭是我不去, 마초아 이 내 가디 아니ᄒᆞᆯ샤. ≪朴諺, 下, 43ㅈ≫咳那小孩兒可憐見, 애 뎌 어린아ᄒᆡ 에엿블샤.

-ㄹ셔 어미 -도다. -구나. -네. ≪集覽, 字解, 累字解, 1ㅎ≫可知. 그러 아니려. 又그러커니ᄯᆞ나. 本朝傳習之釋曰새로욀셔. ≪朴諺, 下, 1ㅈ≫咳可惜了, 애 앗가올셔.

-ㄹ소냐 어미 -ㄹ 것이냐. -ㄹ 것인가. ≪朴諺, 中, 55ㅎ≫一壁廂去浪蕩不的, ᄒᆞᆫ ᄇᆞ름 구석의 가 골래디 못ᄒᆞᆯ소냐. ≪朴諺, 下, 5ㅎ≫打一箇橛子絟不的, ᄒᆞᆫ 말쪽을 박고 ᄆᆡ디 못ᄒᆞᆯ소냐. ≪朴諺, 下, 44ㅎ≫一打裡和着乾不的, ᄒᆞᆫᄃᆡ 버므려 ᄆᆞᆯ뢰디 못ᄒᆞᆯ소냐.

-ㄹ소니 어미 -ㄹ 것인가. ≪朴諺, 下, 56ㅎ≫如何先生數日不見, 엇디 先生을 두어 날 보디 못ᄒᆞᆯ소니.

-ㄹ손 어미 -ㄹ 것인가. ≪朴諺, 下, 56ㅈ≫怎的是一半兒錢贖, 엇디ᄒᆞᆯ손 이 一半 갑ᄉᆞᆯ 주고 므르기고.

-ㄹ시니 어미 -ㄹ 것이니. ≪集覽, 字解,

單字解, 7ㅎ≫閑. 雜也. 閑雜人. 又替也. 파직ᄒᆞ다, 罷閑了·替閑了. 又遊息曰閑. 흥뚱여 ᄃᆞᆫ닐시니, 遊閑了. 又練熟也. 弓馬熟閑. 又空也. 空閑田地 뷔엿ᄂᆞᆫ 싸. 又等閑 부질업시, 又힘히미, 又간대롭다.

-ㄹ손 어미 -ㄹ 것은. -ㄴ 것은. ≪朴諺, 下, 10ㅈ≫怎的是佛法, 엇디홀손 이 佛法고.

-ㄹ까 어미 -ㄹ까. ≪朴諺, 中, 18ㅎ≫只怕同房人攪撒了, 그저 同房 사ᄅᆞᆷ이 알까 저프고.

-ㄹ싸 어미 -ㄹ 것이냐. -겠느냐. ≪朴諺, 中, 49ㅎ≫你怎麼先擲, 네 엇디 몬져 더딜싸. ≪朴諺, 下, 36ㅎ≫再也敢和我打毬麼, ᄂᆡ여 싱심이나 날과 당방올티기 홀싸. ≪朴諺, 下, 40ㅈ≫你請他這裡來麼, 네 뎌를 청ᄒᆞ여 여긔 올싸.

-ㄹ와 어미 -도다. -노라. ≪朴諺, 上, 57ㅈ≫打發他去了纔來, 뎌를 打發ᄒᆞ여 보내고 ᄀᆞᆺ 올와. ≪朴諺, 上, 58ㅎ≫小人其實不曾知道, 小人이 진실로 일즙 아디 못홀와. ≪朴諺, 上, 58ㅎ≫便上馬出來了, 곳 ᄆᆞᆯ을 ᄐᆞ고 나올와. ≪朴諺, 中, 12ㅎ≫昨日恰來到, 어제 ᄀᆞᆺ 올와. ≪朴諺, 中, 12ㅎ≫我只船上來了, 내 그저 ᄇᆡ로 올와. ≪朴諺, 中, 13ㅎ≫大前日來了, 긋그제 올와. ≪朴諺, 中, 17ㅈ≫我這裏好生多喫了, 내 예셔 ᄀᆞ장 만히 먹을와.

-ㄹ쟉시면 어미 -ㄹ 것 같으면. -ㄹ 터이면. ≪朴諺, 下, 15ㅈ≫跟官人時休撒懶, 官人을 조출쟉시면 게어리 말고. ≪朴諺, 下, 39ㅎ≫不能勾跟將去, 유여히 ᄯᆞ라가디 못홀쟉시면.

-라 어미 -라. ❶(명령형) ≪朴諺, 上, 4ㅈ≫一邉擺卓兒, 一邉으로 상 버리라. ≪朴諺, 上, 21ㅈ≫黑夜好生用心喂他, 밤의 ᄀᆞ장 用心ᄒᆞ여 뎌를 먹이라. ≪朴諺, 上, 35ㅎ≫你且休上馬, 네 아직 ᄆᆞᆯ ᄐᆞ디 말라. ≪朴諺, 上, 43ㅈ≫這的你休愁, 이란 네 근심 말라. ≪朴諺, 上, 59ㅎ≫你說與我那裏的景致麼, 네 날ᄃᆞ려 뎌긔 景致를 니ᄅᆞ라. ≪朴諺, 上, 65ㅈ≫將銀子來, 은을 가져오라. ≪朴諺, 中, 11ㅈ≫買饋他木料·席子整理, 뎌를 木料와 삿글 사 주어 整理케 ᄒᆞ라. ≪朴諺, 中, 16ㅈ≫熱炕上熰着出些汗, 더온 캉에 블무회고 젹이 ᄯᆞᆷ 내라. ≪朴諺, 中, 25ㅈ≫好生用心看家着, ᄀᆞ장 用心ᄒᆞ여 집을 보라. ≪朴諺, 中, 49ㅈ≫姐姐來, 姐姐ㅣ아 오라. ≪朴諺, 中, 60ㅈ≫好好的說, 됴히 됴히 닐ᄋᆞ라. ≪朴諺, 下, 1ㅎ≫休煩惱, 서그러 말라. ≪朴諺, 下, 10ㅈ≫改往修來着, 改往修來ᄒᆞ라. ≪朴諺, 下, 15ㅈ≫一發用心上緊着, ᄒᆞᆫ골ᄀᆞ티 用心ᄒᆞ기를 긴히 ᄒᆞ라. ≪朴諺, 下, 33ㅎ≫只要乾淨休着冷了, 그저 간졍히 ᄒᆞ고 ᄎᆞ게 말라. ≪朴諺, 下, 43ㅎ≫你看那飯, 네 뎌 밥을 보라. ≪朴諺, 下, 54ㅎ≫你醉家去, 네 醉ᄒᆞ여시니 집의 가라. ≪朴諺, 下, 61ㅎ≫安置韓先生, 됴히 이시라 韓先生아. ❷(연결어미) ≪集覽, 字解, 單字解, 5ㅎ≫虧. 損也, 少也. 虧你多少 네게 언메나 낫브뇨, 虧着我내게 낫배라. 又次也. 吏語, 虧兒 원슈에셔 ᄭᅥᆺ다. ≪朴諺, 上, 14ㅎ≫也不是常行的, ᄯᅩ 常行엣 거시 아니라. ≪朴諺, 上, 34ㅎ≫不敢相公, 不敢ᄒᆞ여라 相公아. ≪朴諺, 上, 35ㅈ≫如今飯也喫得些箇却無事了, 이제ᄂᆞᆫ 밥도 져기 먹고 ᄯᅩ 無事ᄒᆞ여라. ≪朴諺, 上, 64ㅈ≫不敢舍人, 不敢ᄒᆞ여라 舍人아. ≪朴諺, 上, 64ㅈ≫我又不是生達達·回回, 내 ᄯᅩ 生達達·回回 아니라. ≪朴諺, 中, 3ㅈ≫那厮不是人, 뎌 놈이 사ᄅᆞᆷ이 아니라. 誆猾賊, 誆猾ᄒᆞᆫ 도적이니. ≪朴諺, 中, 35ㅎ≫不是强盜, 强盜ㅣ 아니라. 有法度容易隄防, 法度ㅣ 이시니 隄防ᄒᆞ기 쉬오니라. ≪朴諺, 下, 26ㅎ≫不是這般說, 이리 닐은 거시 아니라. ❸-러. -려고. ≪朴諺, 上, 1ㅎ≫着張三(買羊去, 張三으로 ᄒᆞ여 羊을 사라 가. ≪朴諺, 上, 20ㅎ≫背後河裏洗馬去來, 뒷 내헤 ᄆᆞᆯ 싯기라 가쟈. ≪朴諺, 上, 29ㅈ≫店裏買獐皮去來, 店에 獐皮 사라

가쟈. ≪朴諺, 上, 38ㅎ≫將那裏治去來, 가져 뎌긔 고티라 가. ≪朴諺, 上, 52ㅈ≫不知道下處不曾得望去, 下處룰 아디 몯ᄒᆞ여 일즙 보라 가디 몯ᄒᆞ니. ≪朴諺, 上, 66ㅎ≫咱也隨喜去來, 우리도 구경ᄒᆞ라 가쟈. ≪朴諺, 中, 1ㅈ≫拘欄裏看雜技去來, 拘欄에 雜技 보라 가쟈. ≪朴諺, 中, 11ㅈ≫一兩日上位郊天去, ᄒᆞᄅᆞ 이틀만 ᄒᆞ면 上位ㅣ 郊天ᄒᆞ라 가실 거시니. ≪朴諺, 中, 18ㅎ≫推出後去的一般出來時, 뒤 보라 가는 톄 ᄒᆞᆫ가지로 나오면. ≪朴諺, 中, 36ㅈ≫角頭店裏買段子去裏, 모롱이 店에 비단 사라 가니. ≪朴諺, 中, 57ㅎ≫夾着屁眼家裡坐的去, 밋흘 끼고 집의 안자시라 가라. ≪朴諺, 下, 3ㅈ≫西天取經去時節(節), 西天의 經 가질라 갈 제. ≪朴諺, 下, 15ㅎ≫煤場裏推煤去時節(節), 煤場에 숫 실라 갈 때예. ≪朴諺, 下, 17ㅎ≫唐僧往西天取經去時節(節), 唐僧이 西天을 향ᄒᆞ여 經 가질라 갈 제. ≪朴諺, 下, 23ㅈ≫王說將軍你搭去, 王이 닐오ᄃᆡ 將軍아 네 건디라 가라. ≪朴諺, 下, 27ㅎ≫着別人看去, 다른 사ᄅᆞᆷ으로 ᄒᆞ여 뵈라 가라. ≪朴諺, 下, 45ㅈ≫宋舍看打春去來, 宋개아 닙춘 노롯ᄒᆞ는 양 보라 가쟈. ≪朴諺, 下, 55ㅈ≫我別處望相識去來, 내 다른 고ᄃᆡ 아는 이를 보라 가. ≪朴諺, 下, 58ㅈ≫探先生來裡, 先生을 보라 왓다 ᄒᆞ라.

-라 조 ❶-라. -이라. -이다. ≪朴諺, 上, 29ㅈ≫都是好的, 다 이 됴흔 이라. ≪朴諺, 上, 39ㅈ≫馬是第(第)一寶貝, ᄆᆞᆯ은 이 第(第)一 寶貝라. ≪朴諺, 上, 39ㅎ≫我剃頭的, 나는 머리 갓는 이라. ≪朴諺, 上, 44ㅎ≫是秀才, 이 秀才라. ≪朴諺, 上, 52ㅈ≫朝南開着一箇小墻門便是, 남을 향ᄒᆞ여 ᄒᆞᆫ 小墻門 낸 거시 곳 이라. ≪朴諺, 上, 56ㅎ≫醫他時便是, 뎌를 곳티면 곳 이라. ≪朴諺, 上, 64ㅈ≫道地的好胷背, 본짜 됴흔 胷背라. ≪朴諺, 中, 41ㅎ≫着走之的便是, 走字 ᄒᆞᆫ 거시 곳 이라. ≪朴諺, 中, 42ㅎ≫一丿一乀便是, ᄒᆞᆫ 긋 밧그로 비티고 ᄒᆞᆫ 긋 안흐로 비틴 거시 곳 이라. ≪朴諺, 中, 60ㅈ≫如今是財帛世界, 이제는 이 財帛 世界라. ≪朴諺, 中, 60ㅎ≫如今是墻板世界, 이제는 墻板 世界라. ≪朴諺, 下, 7ㅎ≫放着一箇三隻脚鐵蝦蟆兒便是, ᄒᆞᆫ 세 발 가진 쇠두텁이 노흔 거시 곳 이라. ≪朴諺, 下, 20ㅎ≫孫行者是箇胡孫, 孫行者는 이 진납이라. ≪朴諺, 下, 22ㅈ≫却是桃核, 또 이 복셩화 씨라. ≪朴諺, 下, 41ㅈ≫今年纔三十七歲, 올히 ᄀᆞᆺ 三十七歲라. ≪朴諺, 下, 58ㅎ≫三旬有二, 三旬이오 또 二라. ≪朴諺, 下, 59ㅎ≫侍中是這裡丞相一般, 侍中은 이 여긔 丞相과 ᄒᆞᆫ가지라. ❷-라고. -이라고. ≪朴諺, 上, 66ㅎ≫人生七十古來稀, 人生 七十이 古來稀라 ᄒᆞ니. ≪朴諺, 下, 15ㅈ≫苦盡甘來, 苦盡甘來라 ᄒᆞ니라. ≪朴諺, 下, 20ㅎ≫大仙徒弟名鹿皮, 大仙의 徒弟 일홈 鹿皮라 ᄒᆞ리.

라괴 명 나귀[驢]. ⇔여(驢). ≪集覽, 字解, 單字解, 6ㅈ≫賃. 僦屋以語曰賃, 지블 ᄃᆞᆯ마다 銀 현 량곰 삭 물오 드러 이셔 살시라. 又雇用驢馬·舟車之類曰賃, 라괴와 ᄆᆞᆯ돌홀 삭 주고 브릴 시라.

-라도 조 -라도. -이라도. ≪朴諺, 中, 19ㅈ≫有緣千里能相會, 인연이 이시면 千里라도 능히 서ᄅᆞ 못ᄂᆞᆺ고. 無緣對面不相逢, 인연이 업스면 ᄂᆞᆺ출 ᄃᆡᄒᆞ여도 서ᄅᆞ 만나디 못ᄒᆞᄂᆞ니.

-락 어미 -락. ≪朴諺, 中, 60ㅎ≫反上反下, 도로혀 올리락 도로혀 ᄂᆞ리오락 ᄒᆞᆫ다 ᄒᆞ니.

-란 조 -ㄹ랑. -일랑. ≪朴諺, 上, 13ㅈ≫不要小車, 져근 술위란 말고. ≪朴諺, 上, 15ㅎ≫不要別揉鐵, 다른 鐵란 말고. ≪朴諺, 上, 16ㅈ≫這的你不須(須)說, 이란 네 모롬이 니ᄅᆞ디 말라. ≪朴諺, 上, 34ㅈ≫那和尙說再也不敢, 뎌 즁이 닐오ᄃᆡ 뇌여란 싱심이나. ≪朴諺, 上, 43ㅈ≫這的你休愁, 이란 네 근심 말라. ≪朴諺, 中, 4ㅈ≫

這細綿紬染鴉青擺一擺, 이 ᄀᆞᄂᆞᆫ 綿紬란 鴉青 드려 널 다듬이 ᄒᆞ고. ≪朴諺, 中, 7ㅈ≫我騎的十分快走的馬將來, 나 톨 이란 ᄀᆞ장 잘 것ᄂᆞᆫ ᄆᆞᆯ을 가져오라. ≪朴諺, 中, 18ㅈ≫再來休說這般不曉事的話, 뇌여란 이런 일 모로ᄂᆞᆫ 말 니ᄅᆞ디 말라. ≪朴諺, 中, 28ㅎ≫你再來休做, 네 뇌여란 ᄒᆞ디 말라. ≪朴諺, 中, 34ㅈ≫紫蘇這厮好喫, 紫蘇란 이거시 먹기 됴흐니라. ≪朴諺, 中, 50ㅎ≫休問他, 뎌란 뭇디 말고. ≪朴諺, 中, 54ㅎ≫這鴉青織金大蟒龍的做上盖, 이 雅青빗체 大蟒龍 織金ᄒᆞᆫ 이란 웃거리 지으라. ≪朴諺, 下, 10ㅈ≫你如今誠心懺悔, 네 이제란 誠心으로 懺悔ᄒᆞ여.

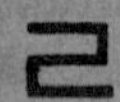

-랏다 조 -이로다. ≪朴諺, 上, 56ㅈ≫眞箇是好馬麽, 진실로 됴ᄒᆞᆫ ᄆᆞᆯ이랏다. ≪朴諺, 下, 24ㅎ≫元來是一箇虎精, 본ᄃᆡ 이 ᄒᆞᆫ 虎精이랏다.

-랴 어미 -랴. ≪朴諺, 上, 15ㅈ≫着他打不得, 뎌 ᄒᆞ여 믿ᄃᆞ디 못ᄒᆞ랴. ≪朴諺, 上, 30ㅎ≫覓得高麗錢大快三十年, 高麗ㅅ 錢을 어든들 크게 三十年을 즐기랴. ≪朴諺, 上, 35ㅎ≫慢慢的將息却不好, 날회여 됴리ᄒᆞ면 또 됴티 아니ᄒᆞ랴. ≪朴諺, 中, 10ㅎ≫沒保人中麽, 保人이 업서도 므던ᄒᆞ랴. ≪朴諺, 中, 31ㅎ≫我敬他甚麽屁, 내 뎌ᄅᆞᆯ 므슴 밋티나 공경ᄒᆞ랴. ≪朴諺, 中, 36ㅎ≫沒你時怕買不成, 네 업다 사디 못ᄒᆞᆯ가 저프랴. ≪朴諺, 中, 45ㅈ≫這般收拾的整齊時不好那, 이리 收拾ᄒᆞ기ᄅᆞᆯ 졍졔히 ᄒᆞ면 됴티 아니ᄒᆞ랴. ≪朴諺, 中, 49ㅈ≫做些好因緣時不好, 져기 됴ᄒᆞᆫ 인연을 지으면 됴티 아니ᄒᆞ랴. ≪朴諺, 中, 56ㅈ≫跳冬瓜跳西瓜, 동과�华옴 ᄒᆞ랴 슈박ᄡᅱ옴 ᄒᆞ랴. ≪朴諺, 下, 5ㅈ≫死火炕燒火炕, 블 아니 딧ᄂᆞᆫ 구들을 ᄒᆞ랴 블딧ᄂᆞᆫ 구들을 ᄒᆞ랴. ≪朴諺, 下, 6ㅈ≫不可惜了工錢, 工錢이 앗갑디 아니ᄒᆞ랴. ≪朴諺, 下, 25ㅎ≫一發做賊時不好, ᄒᆞᆷᄢᅴ 도적질호미 됴티 아니ᄒᆞ랴. ≪朴諺, 下, 40ㅈ≫來不的, 오디 아니ᄒᆞ랴. ≪朴諺, 下, 57ㅎ≫就望他去時也不多, 이믜셔 뎌도 보라 가면 또 多티 아니ᄒᆞ랴.

량 의 냥[兩]. ⇔냥(兩). ≪朴諺, 上, 42ㅎ≫依體例十兩裏一兩家除時, 體例대로 열 량에 ᄒᆞᆫ 냥식 덜면. 得十兩銀, 열 량 은을 어드리로다. ≪朴諺, 上, 64ㅎ≫一打裏饋你十兩銀子, ᄒᆞᆫ번에 너ᄅᆞᆯ 열 량 은을 줄 거시니. ≪朴諺, 中, 19ㅎ≫將十兩銀子, 열 량 은을 가지고.

-러 어미 -러. ('ㄹ' 받침 동사의 어간에 온다) ≪朴諺, 中, 2ㅎ≫說定與他二兩銀, 닐러 定ᄒᆞ고 뎌ᄅᆞᆯ 두 냥 銀을 주엇더니. ≪朴諺, 中, 13ㅈ≫衝將去了, 딜러 가져갓더니. ≪朴諺, 中, 26ㅈ≫說與他, 뎌ᄃᆞ려 닐러. ≪朴諺, 中, 27ㅎ≫那大舍叫將屋裏去, 뎌 大舍ㅣ 블러 집의 가. ≪朴諺, 中, 28ㅈ≫對他男兒說勸, 제 ᄉᆞ나희ᄅᆞᆯ ᄃᆡᄒᆞ여 닐러 말리되. ≪朴諺, 中, 30ㅎ≫且旋將酒來, 아직 술을 둘러 가져오라. ≪朴諺, 中, 30ㅎ≫招做女壻來, 블러 사회ᄅᆞᆯ 삼으니.

-러- 어미 -더-. (회상) ≪朴諺, 上, 40ㅎ≫女孩兒那後婚, 새각시러냐 니믈리기러냐. ≪朴諺, 上, 40ㅎ≫今年纔十六歲的女孩兒, 올히 ᄀᆞᆺ 十六歲엣 새각시러라. ≪朴諺, 上, 49ㅎ≫一箇俊小厮, ᄒᆞᆫ 쥰슈ᄒᆞᆫ ᄉᆞ나희러라. ≪朴諺, 上, 62ㅈ≫噴鼻眼花的是紅白荷花, 코헤 쏨기고 눈에 밤읜 거슨 이 紅白 荷花러라. ≪朴諺, 下, 41ㅈ≫陰陽人是誰, 陰陽ᄒᆞᄂᆞᆫ 사ᄅᆞᆷ은 이 뉘러뇨. ≪朴諺, 下, 45ㅈ≫喫些箇好來, 져기 먹기 됴흘러니.

-러냐 조 -더냐. ≪朴諺, 上, 40ㅎ≫女孩兒那後婚, 새각시러냐 니믈리기러냐.

-러뇨 조 -더냐. -더뇨. ≪朴諺, 下, 41ㅈ≫陰陽人是誰, 陰陽ᄒᆞᄂᆞᆫ 사ᄅᆞᆷ은 이 뉘러뇨.

-러라 조 -더라. ≪朴諺, 上, 40ㅎ≫今年纔十六歲的女孩兒, 올히 ᄀᆞᆺ 十六歲엣 새각시러라. ≪朴諺, 上, 49ㅎ≫一箇俊小厮, ᄒᆞᆫ 쥰슈ᄒᆞᆫ ᄉᆞ나희러라. ≪朴諺, 上, 62ㅈ≫

噴鼻眼花的是紅白荷花, 코헤 쐼기고 눈에 밤원 거슨 이 紅白 荷花러라.

-런디 조 -인지. -던지. ≪朴諺, 下, 30ㅎ≫知他是多多少少, 모로리로다 언메런디.

-려 어미 -랴. -ㄹ 것인가. ≪集覽, 字解, 累字解, 1ㅎ≫可知. 그러 아니려. 又그러커니쓰나. 本朝傳習之釋曰새로욀셔.

-려 어미 -려. -려고. ≪朴諺, 上, 12ㅈ≫你與多少脚錢, 네 언머 삭 갑술 주려 ᄒᆞᄂᆞ다. ≪朴諺, 上, 20ㅈ≫我典一箇房子裏, 내 ᄒᆞᆫ 집을 典儅ᄒᆞ려 ᄒᆞ야. ≪朴諺, 上, 31ㅈ≫你尋他怎麽, 네 뎌를 ᄎᆞ자 므슴 ᄒᆞ려 ᄒᆞᄂᆞ다. ≪朴諺, 上, 43ㅎ≫做一對護膝, ᄒᆞᆫ 빵 슬갑을 ᄆᆡᆫ들려 ᄒᆞ면. ≪朴諺, 上, 55ㅎ≫你拿着多少銀子買, 네 언머 은을 가지고 사려 ᄒᆞᄂᆞ다. ≪朴諺, 上, 62ㅎ≫眞箇是畫也畫不成, 진실로 그리려 ᄒᆞ여도 그리디 못ᄒᆞ고. 描也描不出, 모ᄒᆞ려 ᄒᆞ여도 모티 못ᄒᆞᆯ 거시니. ≪朴諺, 中, 29ㅈ≫一箇官人就便娶了那媳婦, ᄒᆞᆫ 官人이 임의셔 뎌 媳婦를 聚(娶)ᄒᆞ려 ᄒᆞ니. ≪朴諺, 中, 37ㅈ≫這段子多小賣, 이 비단을 얼머에 ᄑᆞᆯ려 ᄒᆞᄂᆞ다. ≪朴諺, 中, 57ㅎ≫愛錢買東西, 돈을 앗기며 자븐것 사려 ᄒᆞ거든. ≪朴諺, 中, 58ㅎ≫要做甚麽, ᄒᆞ여 므섯 ᄒᆞ려 ᄒᆞᄂᆞ뇨. ≪朴諺, 中, 60ㅎ≫不使錢幹勾當, 돈을 쓰디 아니ᄒᆞ고 일을 일오려 ᄒᆞ면. ≪朴諺, 下, 2ㅎ≫我待要上金來, 내 ᄒᆞ마 금을 올리려 ᄒᆞ더니. ≪朴諺, 下, 2ㅎ≫我如今又往江南地面裡布施去, 내 이제 또 江南 싸흘 향ᄒᆞ여 보시ᄒᆞ라 가려 ᄒᆞ니. ≪朴諺, 下, 5ㅈ≫做炕時, 구들을 ᄆᆡᆫ들려 ᄒᆞ면. ≪朴諺, 下, 23ㅎ≫右邉搭左邉去, 우편으로 건디려 ᄒᆞ면 좌편으로 가매. ≪朴諺, 下, 27ㅈ≫這二十顆珊瑚怎的賣, 이 스므 낫 珊瑚를 엇디 ᄑᆞᆯ려 ᄒᆞᄂᆞ다. ≪朴諺, 下, 55ㅎ≫着他沿街叫, 뎔로 ᄒᆞ여 거리를 조차 웨려 ᄒᆞ노라.

-려뇨 어미 -려는고. -려는가. ≪朴諺, 下, 40ㅎ≫沒奈何畫, 엇디려뇨 홈이 업서 그리ᄂᆞ니라.

-려니 어미 -ㄹ 것이니. -리니. ≪朴諺, 上, 24ㅈ≫却有弟兄之意, 또 弟兄의 ᄠᅳᆺ이 이시려니ᄯᆞᆫ녀.

-려니와 어미 -려니와. -ㄹ 것이거니와. ≪朴諺, 上, 25ㅈ≫衫兒·袴兒·裹肚等裏衣且休說, 적삼·고의·裹肚 等 속옷으란 아직 닐ᄋᆞ디 말려니와. ≪朴諺, 上, 29ㅎ≫每一箇討五錢銀子, ᄆᆡ ᄒᆞ나히 닷 돈 은을 쇠오려니와. ≪朴諺, 中, 24ㅈ≫尙有可得日, 오히려 可히 어들 날이 이시려니와. ≪朴諺, 下, 25ㅎ≫這珠兒討時討三兩價錢, 이 구슬을 쇠오면 석 냥 갑ᄉᆡ 쇠오려니와.

-련노라 어미 -런다. ≪朴諺, 上, 19ㅎ≫一對釧兒, ᄒᆞᆫ 빵 ᄑᆞᆯ쇠로다가 ᄒᆞ련노라.

령ᄉᆞ 명 영사(令史). 아전(衙前)이나 이속(吏屬). 송·원대(宋元代) 이래 각 관아의 서리(胥吏)를 통틀어 이르던 말. ⇔영사(令史). ≪朴諺, 中, 46ㅈ≫衙門令史們送的來了, 아문 령ᄉᆞ들히 보내여 왓거늘.

-로 조 -로. ≪朴諺, 上, 2ㅎ≫着誰去討, 눌로 ᄒᆞ여 가 어더 오료. ≪朴諺, 上, 20ㅈ≫這六件兒儅的五十兩銀子, 이 여ᄉᆺ 가지로 五十兩 銀에 典儅ᄒᆞ려 ᄒᆞ니. ≪朴諺, 上, 32ㅈ≫甜言美語的, 甜言 美語로. ≪朴諺, 上, 50ㅎ≫着孩兒臥着, 아ᄒᆡ로 ᄒᆞ여 누이고. ≪朴諺, 上, 58ㅎ≫何故不來, 므슴 연고로 오디 아니ᄒᆞᆫ다. ≪朴諺, 上, 66ㅈ≫皇帝聖旨裏開場說法裏, 皇帝 聖旨로 開場 說法ᄒᆞᄂᆞ니라. ≪朴諺, 中, 1ㅎ≫那主兒着那銅觜的, 그 님재 뎌 부리 노론 수종다리로 ᄒᆞ여. ≪朴諺, 中, 10ㅎ≫五歲的小厮急且那裏走, 다ᄉᆺ 술엣 아ᄒᆡ 과거리 아직 어ᄃᆡ로 ᄃᆞ라나리오. ≪朴諺, 中, 15ㅎ≫着這小丫頭們打扇子, 이 아ᄒᆡ들로 ᄒᆞ여 부체질 ᄒᆞ엿노라. ≪朴諺, 中, 36ㅎ≫我也與你做伴兒閑看去, 나도 널로 ᄃᆞ려 벗지어 힘힘이 보라 가쟈. ≪朴諺, 中, 58ㅈ≫一發着草布糊了, ᄒᆞᆫ 번에 얼믠 뵈로 ᄇᆞᄅᆞ라. ≪朴諺, 下, 1ㅈ≫我差使出去了, 내 差使로 나가매. ≪朴諺, 下, 12

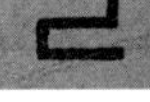

ᄒ≫天窓, 울어리창. 雙扇, 상다디. 單扇, 외다디. 窓櫺, 창살로. ≪朴諺, 下, 26ㅈ≫村言村語的休罵人, 村言 村語로 사롬 수짓디 말고. ≪朴諺, 下, 47ㅈ≫街上兩行擺着行, 거리예 두 줄로 버러 가며. ≪朴諺, 下, 56ᄒ≫因此不得工夫闕拜望, 이런 젼ᄎ로 工夫를 얻디 몯ᄒ여 拜望을 闕ᄒ니. ≪朴諺, 下, 62ㅈ≫人事與相識弟兄, 人事로 서르 아는 弟兄을 주라.

로고 명 노구. 노구솥. ⇔나과(鑼鍋). ≪朴諺, 中, 11ᄒ≫鑼鍋, 로고. 柳箱, 섥. 灑子, 드레. 三脚, 아리쇠. 椀·楪, 사발·뎝시. 匙筯, 술 져. 馬杓, 나모쥬게. 笊籬, 조릐. 炊箒, 솔.

-로다 조 -구나. ≪朴諺, 上, 14ㅈ≫眞箇好法兒, 진실로 됴흔 법이로다. ≪朴諺, 上, 16ᄒ≫正是放空中的時莭(節), 졍히 박핑이 틸 빼로다. ≪朴諺, 上, 22ᄒ≫你的殺子多沒眼碁, 네 주긴 ᄆᆞᆯ이 만ᄒ니 눈 업슨 바독이로다. ≪朴諺, 上, 38ㅈ≫這箇是塔兒, 이거슨 이 탑이로다. ≪朴諺, 上, 38ㅈ≫這箇是蒜, 이거슨 이 마늘이로다. ≪朴諺, 上, 64ㅈ≫這的是眞陝(陝)西地面裏來的, 이거시 이 진짓 陝(陝)西 짜흐로셔 온 거시로다. ≪朴諺, 中, 2ᄒ≫一箇薄薄的生活, ᄒᆞᆫ 薄薄ᄒᆞᆫ 셩녕이로다. ≪朴諺, 中, 25ᄒ≫着了幾遍雨時都走了𪋻子, 여러 번 비롤 마즈면 다 듧쁠 양이로다. ≪朴諺, 中, 49ᄒ≫你敢怪我的摸(模)樣, 네 날을 허믈홀 듯홀 양이로다. ≪朴諺, 中, 54ㅈ≫今日好日頭, 오늘이 됴흔 날이로다. ≪朴諺, 中, 56ᄒ≫是賣猫的, 이 괴 폴 리로다. ≪朴諺, 下, 21ᄒ≫三藏說是一箇桃核, 三藏이 닐오ᄃᆡ 이 ᄒᆞᆫ 복셩화 씨로다. ≪朴諺, 下, 36ㅈ≫夢着了也, 쑴이로다.

-로다가 조 -로. -로다가. ≪朴諺, 上, 10ᄒ≫着石杵慢慢兒打, 돌고로다가 날회여 다이되. ≪朴諺, 上, 19ᄒ≫一對釧兒, ᄒᆞᆫ 빵 풀쇠로다가 ᄒᆞ련노라. ≪朴諺, 上, 20ᄒ≫着鉋子刮的乾淨着, 글게로다가 긁빗기기를 乾淨히 호되.

-로도 조 -로도. ≪朴諺, 上, 61ᄒ≫筆舌難窮, 筆舌로도 다ᄒ기 어려오니라.

-로ᄃᆡ 조 -로되. ≪朴諺, 上, 63ㅈ≫咱們結相識知心腹多年了, 우리 結相識ᄒ여 心腹 아란디 여러 ᄒᆡ로ᄃᆡ.

-로브터 조 -로부터. ≪朴諺, 上, 63ᄒ≫咱從今已後, 우리 이제로브터 已後ㅣ야. ≪朴諺, 下, 11ㅈ≫孩兒自拜別之後, 孩兒ㅣ 拜別ᄒᆞᆫ 後로브터.

-로셔 조 -로부터. ≪朴諺, 下, 56ᄒ≫有高麗來的秀才, 高麗로셔 온 秀才 잇다 ᄒ여늘. ≪朴諺, 下, 57ᄒ≫高麗來的秀才有麽, 高麗로셔 온 秀才 잇ᄂ냐.

롱ᄒ다 동 농(弄)하다. 희롱하다. ⇔농(弄). ≪朴諺, 上, 37ㅈ≫過去的過來的弄我的, 디나가며 디나오리 날을 롱호되.

-롸 어미 ❶-노라. ≪朴諺, 中, 52ㅈ≫又少些盤纏不曾去的, 또 져기 盤纏이 업서 일즙 가디 못ᄒ롸. ≪朴諺, 下, 36ㅈ≫我不想這新來的莊家快打, 내 이 새로 온 향암이 잘 틸 줄을 싱각디 못호롸. ❷-왔노라. -었노라. ≪朴諺, 上, 52ᄒ≫呌的你來, 너를 블러오롸. ≪朴諺, 中, 51ᄒ≫揀(揀)路兒行來, 길흘 골히여 오롸. ≪朴諺, 下, 39ㅈ≫辭了迴來, 하딕ᄒ고 도라오롸.

-료 어미 -리오. ≪集覽, 字解, 單字解, 3ᄒ≫做. 韻會遇韻作字註云, 造也, 俗作做非. 箇韻作字註云, 爲也, 造也, 起也, 俗作做非. 做音, 直信切. 今按, 俗語做甚麽 므슴ᄒ료, 作衣裳 옷 짓다, 作音조, 去聲. ≪朴諺, 上, 4ㅈ≫怎麽擺, 엇디 버리료. ≪朴諺, 上, 11ᄒ≫關幾擔, 몃 짐을 ᄐ료. ≪朴諺, 上, 22ㅈ≫咱賭甚麽, 우리 므서슬 더ᄂ료. ≪朴諺, 上, 29ㅈ≫那箇店裏去, 어ᄂᆡ 店에 가료. ≪朴諺, 上, 49ㅈ≫這般時咱們幾箇去, 이러면 우리 몃치 가료. ≪朴諺, 上, 63ㅈ≫咱對換甚麽東西, 우리 므스거슬 막밧고료. ≪朴諺, 中, 1ㅈ≫去時怎麽得入去的, 가면 엇디 드러가료. ≪朴諺, 中, 5ㅈ≫幾時來取, 언제 와 가져가료. ≪朴

諺, 中, 37ㅎ≫官人你與多少便了, 官人아 네 언머를 주어야 편ᄒᆞ료. ≪朴諺, 中, 37ㅎ≫怕甚麽, 므서시 저프료. ≪朴諺, 中, 50ㅈ≫咱賭甚麽, 우리 므서슬 더ᄂᆞ료. ≪朴諺, 中, 50ㅈ≫這般時如何, 이리 ᄒᆞ면 엇더ᄒᆞ료. ≪朴諺, 下, 1ㅈ≫怎的好, 엇디ᄒᆞ여야 됴ᄒᆞ료. ≪朴諺, 下, 16ㅎ≫買甚麽文書去, 므슴 ᄎᆡᆨ을 사라 가료. ≪朴諺, 下, 34ㅈ≫咱賭甚麽, 우리 므서슬 더ᄂᆞ료. ≪朴諺, 下, 35ㅈ≫咱打那一箇窩兒, 우리 어ᄂᆡ ᄒᆞᆫ 굼글 티료.

-른 [어미] -는. ≪集覽, 字解, 單字解, 2ㅈ≫滾. 煮水使沸曰滾滾花水 글른 믈. 又輪轉曰滾滾了 구으다, 字作輥. 又通共和雜曰累滾 ᄒᆞᆫ 믈와비라. 又滾子 방올.

-를 [조] ❶-를. ≪朴諺, 上, 1ㅎ≫休買母的都要羯的, 암을 사디 말고 다 수를 사고. ≪朴諺, 上, 6ㅎ≫叫將唱的根前來着他唱, 노래 브르ᄂᆞ니를 블러 앏ᄒᆡ 와 뎔로 ᄒᆞ여 브르게 ᄒᆞ라. ≪朴諺, 上, 23ㅈ≫斂些錢做甑月會, 져기 돈 거두어 甑月會를 ᄒᆞ쟈. ≪朴諺, 上, 39ㅈ≫喂的好着, 먹이기를 잘ᄒᆞ라. ≪朴諺, 上, 53ㅎ≫拿紙·墨·筆(筆)·硯來我寫與你, 紙·墨·筆(筆)·硯을 가져오라 내 써 너를 주마. ≪朴諺, 中, 15ㅎ≫可知得這證候, 그리어니 이 證候를 엇도다. ≪朴諺, 中, 22ㅈ≫以聲察聲拯悲酸於六道, 소ᄅᆡ로 ᄡᅧ 소ᄅᆡ를 ᄉᆞᆯ펴 悲酸을 六道애 건디고. ≪朴諺, 中, 25ㅈ≫家中沒甚的事時賞你, 집의 아므란 일이 업스면 너를 샹ᄒᆞ고. ≪朴諺, 中, 34ㅈ≫叫將翠兒春喜來, 翠兒와 春喜를 블러다가. ≪朴諺, 中, 37ㅈ≫解與官人高的, 官人을 노픈 이를 프러 주라. ≪朴諺, 中, 57ㅎ≫怎麽不敢罵你, 엇디 감히 너를 ᄭᅮ짓디 몯ᄒᆞ리오. ≪朴諺, 中, 59ㅈ≫受他錢財當住, 뎌의 錢財를 밧고 머믈워. ≪朴諺, 下, 48ㅎ≫各拿棍棒, 各各 막대를 가지며. ≪朴諺, 下, 48ㅎ≫又是擔杖廝打着, 또 막대를 메고 서ᄅᆞ 싸화. ❷-을. ≪朴諺, 下, 55ㅎ≫走失了甚色馬, 아모 빗쳇 믈를 ᄃᆞ라나 일허시되.

리 [명] 이. 사람. ⇔적(的). ≪朴諺, 上, 6ㅈ≫如今却早有賣的拳杏麽, 이제 ᄇᆞᆯ셔 拳杏 ᄑᆞᆯ 리 인ᄂᆞ냐. ≪朴諺, 上, 64ㅈ≫那賣織金胷背段子的, 뎌 織金 胷背 비단 ᄑᆞᆯ 리아. ≪朴諺, 上, 6ㅎ≫捧湯的都來, 湯 들 리 다 오라. ≪朴諺, 中, 27ㅈ≫有一日賣布·絹的過去, ᄒᆞᄅᆞᆫ 布와 깁 ᄑᆞᆯ 리 디나가거늘. ≪朴諺, 中, 33ㅈ≫聽的賣菜子的過去麽, 드ᄅᆞ라 ᄂᆞ믈 ᄡᅵ ᄑᆞᆯ 리 디나가ᄂᆞ냐. ≪朴諺, 中, 56ㅎ≫是賣猫的, 이 괴 ᄑᆞᆯ 리로다. ≪朴諺, 下, 25ㅈ≫那賣珠兒的你來, 뎌 구슬 ᄑᆞᆯ 리아 이바. ≪朴諺, 下, 37ㅈ≫賣的賣了, ᄑᆞᆯ 리 ᄑᆞᆯ고.

리 [의] 리. ⇔리(里). ≪集覽, 字解, 單字解, 4ㅈ≫來. 來往. 又語助. 你來 이바, 夜來 어제, 有來 잇더라, 去來 가다. 又數物而有餘數, 未的知之辭. 十來箇 여라믄, 十里來地 십 리만ᄒᆞᆫ ᄃᆡ, 十來日 여라믄 날. ≪集覽, 字解, 單字解, 6ㅈ≫多. 多少 언메나. 又許多 하나한. 又餘也. 三十里多地 삼십 리 나믄 ᄯᅡ. 吏語, 多餘. 又過也. 有甚麽多處 므스기 너믄 고ᄃᆡ 이시리오. 又重也. 므스기 앗가온 고ᄃᆡ 이시리오.

리(里) [의] 리. ⇔리. ≪集覽, 字解, 單字解, 4ㅈ≫來. 來往. 又語助. 你來 이바, 夜來 어제, 有來 잇더라, 去來 가다. 又數物而有餘數, 未的知之辭. 十來箇 여라믄, 十里來地 십 리만ᄒᆞᆫ ᄃᆡ, 十來日 여라믄 날. ≪集覽, 字解, 單字解, 6ㅈ≫多. 多少 언메나. 又許多 하나한. 又餘也. 三十里多地 삼십 리 나믄 ᄯᅡ. 吏語, 多餘. 又過也. 有甚麽多處 므스기 너믄 고ᄃᆡ 이시리오. 又重也. 므스기 앗가온 고ᄃᆡ 이시리오. ≪朴諺, 上, 12ㅈ≫平則門離這廣豊倉二十里地, 平則門이 이 廣豊倉에셔 ᄠᅳᆷ이 二十里 ᄯᅡ히니. ≪朴諺, 上, 12ㅎ≫那裏有二十里地來, 어ᄃᆡ 二十里 ᄯᅡ히 잇ᄂᆞ뇨. ≪朴諺, 上, 48ㅈ≫往迴二千里田地, 往迴 二千里 ᄯᅡ히. ≪朴諺, 下, 3ㅎ≫十萬八千里途程, 十萬 八千里 길히니. ≪朴諺, 下,

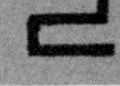

38ㅎ≫擺着四五里喝道, 四五里에 버러 喝道ᄒᆞ고. ≪朴諺, 下, 39ㅈ≫送到四十里地, 보내여 四十里 ᄯᅡ히 가.

-리니 어미 -리니. -ㄹ 것이니. ≪朴諺, 下, 3ㅎ≫壯馬也實勞蹄, 壯馬도 진실로 勞蹄ᄒᆞ리니. ≪朴諺, 下, 11ㅎ≫光顯門閭, 門閭에 光顯ᄒᆞ리니. ≪朴諺, 下, 34ㅈ≫請也請不來, 청ᄒᆞ여도 오디 아니ᄒᆞ리니.

-리라 어미 -리라. ≪集覽, 字解, 單字解, 4ㅎ≫便. 去聲, 卽也. 便行 즉재 가니라, 便去 즉재 가리라, 又즉재 가다. 又則也. 便有 곧 잇다, 便是 곧 올ᄒᆞ니라. 又順也, 順便. 又安也, 便當. 又宜也. 行方便 됴흘 양오로 ᄒᆞ다, 不方便 다히 마지 쉽사디 아니타. 又猶則也. 你去便就有了 너옷 가면 이시리라. 又平聲, 穩便 온당ᄒᆞ다. 吏語, 便益. ≪朴諺, 上, 1ㅎ≫勾使用了, 유여히 ᄡᅳ리라. ≪朴諺, 上, 21ㅈ≫那們時不渴睡, 그리면 ᄌᆞᆷ이 낫브디 아니ᄒᆞ리라. ≪朴諺, 上, 30ㅈ≫每一兩傾白臉銀子出一錢裏, 每 ᄒᆞᆫ 냥에 白臉銀을 디워 ᄆᆡᆫ들려 ᄒᆞ면 ᄒᆞᆫ 돈을 내리라. ≪朴諺, 上, 43ㅎ≫結婁不出來, 밋쑴여 내디 못ᄒᆞ리라. ≪朴諺, 中, 16ㅈ≫喫了時便無事了, 먹으면 곳 無事ᄒᆞ리라. ≪朴諺, 中, 29ㅎ≫我明日通州接尙書去, 내 ᄂᆡ일 通州 尙書 마즈라 가리라. ≪朴諺, 中, 38ㅈ≫明日來管迴換, ᄂᆡ일 와 므르믈 ᄀᆞ옴알리라. ≪朴諺, 中, 50ㅎ≫咱兩箇交手時便見, 우리 둘히 交手ᄒᆞ면 곳 보리라. ≪朴諺, 中, 57ㅈ≫一百箇錢短一箇錢也不賣, 一百 낫 돈에 ᄒᆞᆫ 낫 돈이 업서도 ᄑᆞ디 이(아)니ᄒᆞ리라. ≪朴諺, 下, 1ㅎ≫身巳(己)安樂時有也, 몸이 安樂ᄒᆞ면 이시리라. ≪朴諺, 下, 7ㅈ≫便成疙滓都吊了, 곳 더덩이져 다 ᄠᅥ러디리라. ≪朴諺, 下, 23ㅈ≫我如今入去洗澡, 내 이제 드러가 모욕ᄒᆞ리라 ᄒᆞ고. ≪朴諺, 下, 34ㅎ≫我學打這一會, 내 이 ᄒᆞᆫ 디위 ᄇᆡ화 티리라. ≪朴諺, 下, 40ㅎ≫難道不要工錢, 工錢을 밧디 아니리라 니ᄅᆞ기 어렵다. ≪朴諺, 下, 56ㅈ≫與他一半兒錢贖將來, 뎌를 一半 갑술 주고 믈러 가져오리라.

-리로다 어미 -리로다. -ㄹ 것이로다. ≪集覽, 字解, 累字解, 2ㅈ≫知他. 모ᄅᆞ리로다. ≪朴諺, 上, 9ㅈ≫這月二十頭起身, 이 ᄃᆞᆯ 스므날ᄢᅴ 起身ᄒᆞ리로다. ≪朴諺, 上, 9ㅈ≫小人也得了箚付·關字便上馬, 小人도 箚付 關字를 어드면 곳 上馬ᄒᆞ리로다. ≪朴諺, 上, 11ㅎ≫闞八擔, 여돏 짐을 ᄐᆞ리로다. ≪朴諺, 上, 14ㅈ≫我猜, 내 알리로다. ≪朴諺, 上, 20ㅎ≫典一箇大宅子, ᄒᆞᆫ 큰 집을 典儅ᄒᆞ리로다. ≪朴諺, 上, 29ㅈ≫使的六箇獭皮, 여슷 獭皮를 ᄡᅳ리로다. ≪朴諺, 上, 43ㅎ≫做帶子和裏兒, ᄯᅴ와 안흘 ᄆᆡᆫ들리로다. ≪朴諺, 上, 44ㅎ≫待一兩日了也, ᄒᆞᆫ 이틀만 ᄒᆞ면 ᄆᆞᄎᆞ리로다. ≪朴諺, 上, 49ㅈ≫我獨自箇射時也贏的, 내 혼자 ᄡᅩ아도 이긔리로다. ≪朴諺, 中, 17ㅎ≫飯也好生喫不得, 밥을 ᄀᆞ장 먹디 못ᄒᆞ리로다. ≪朴諺, 中, 59ㅎ≫知他是幾時的勾當, 모로리로다 언제 일인디. ≪朴諺, 下, 30ㅎ≫知他是多多少少, 모로리로다 언메런디. ≪朴諺, 下, 45ㅎ≫我不去, 내 가디 못ᄒᆞ리로다. ≪朴諺, 下, 50ㅈ≫我不去, 내 가디 못ᄒᆞ리로다.

-리로소냐 어미 -것이냐. ≪朴諺, 上, 14ㅈ≫你猜的麽, 네 알리로소냐.

-리오 어미 -리오. ≪集覽, 字解, 單字解, 6ㅈ≫多. 多少 언메나. 又許多 하나한. 又餘也. 三十里多地 삼십 리 나믄 ᄯᅡ. 吏語, 多餘. 又過也. 有甚麽多處 므스기 너믄 고디 이시리오. 又重也. 므스기 앗가온 고디 이시리오. ≪朴諺, 上, 8ㅈ≫做甚麽, 므슴 ᄒᆞ리오. ≪朴諺, 上, 21ㅎ≫甚麽賸添不上, 므슴아라 ᄉᆞᆯ이 오ᄅᆞ디 아니ᄒᆞ리오. ≪朴諺, 上, 35ㅈ≫怎麽虛灸, 엇디 우각ᄠᅳᆷ을 ᄒᆞ리오. ≪朴諺, 上, 39ㅎ≫管甚麽來刀子鈍, 므서슬 ᄀᆞ옴알관ᄃᆡ 칼이 무되리오. ≪朴諺, 上, 53ㅎ≫豈可望賞, 엇디 가히 상을 ᄇᆞ라리오. ≪朴諺, 中, 10ㅎ≫五歲的小厮急且那裏走, 다ᄉᆞᆺ ᄉᆞᆯ엣 아히

과거리 아직 어듸로 ᄃᆞ라나리오. ≪朴諺, 中, 19ㅈ≫怕甚麽, 므서시 저프리오. ≪朴諺, 中, 28ㅎ≫把咱們不償命那甚麽, 우리롤다가 償命티 아니코 므슴 ᄒᆞ리오. ≪朴諺, 中, 36ㅈ≫怎麽得入去, 엇디 드러가리오. ≪朴諺, 中, 43ㅎ≫那裏肯來我一般村莊人家, 어듸 즐겨 우리 ᄀᆞᄐᆞᆫ 村莊 人家에 오리오. ≪朴諺, 中, 60ㅈ≫幾時倒的了, 언제 쉬나리오. ≪朴諺, 下, 4ㅈ≫逢多少惡物刁蹶, 언머 惡物의 ᄂᆞᆷᄠᅳᆷ을 만나시리오. ≪朴諺, 下, 15ㅈ≫受多少渴, 언머 갈호믈 바다시리오. ≪朴諺, 下, 24ㅎ≫怎生拿出他本像, 엇디 뎌 本像을 잡아 내리오. ≪朴諺, 下, 39ㅈ≫怕甚麽, 므서시 저프리오. ≪朴諺, 下, 55ㅈ≫你更有傷有何愁, 너는 또 傷ᄒᆞᆫ ᄃᆡ 이시니 므슴 근심이 이시리오.

-롤 图 ❶-로. ≪朴諺, 上, 56ㅎ≫萬事不由人計較, 萬事ㅣ 사ᄅᆞᆷ의 計較롤 말믹암디 아니ᄒᆞᄂᆞ니라. ≪朴諺, 上, 57ㅈ≫上馬往那裏去, ᄆᆞᆯ ᄐᆞ면 어듸롤 향ᄒᆞ여 갈러뇨. ❷-를. ≪朴諺, 上, 6ㅈ≫杏兒·櫻桃諸般鮮果, ᄉᆞᆯ고와 잉도와 여러 가지 鮮果롤. ≪朴諺, 上, 21ㅎ≫一夜裏喂到七八遍家, ᄒᆞᄅᆞᆺ밤의 먹이기롤 닐곱 여ᄃᆞᆲ 번의 다ᄃᆞᆺ게 ᄒᆞ라. ≪朴諺, 上, 34ㅎ≫一年經蛇咬三年怕井繩, ᄒᆞᆫ ᄒᆡ롤 ᄇᆡ얌 믈려 디내면 三年을 드렛줄도 접펴ᄒᆞᆫ다 ᄒᆞ니라. ≪朴諺, 上, 55ㅈ≫或寫餘白兩字着, 或 餘白兩字롤 쓰라. ≪朴諺, 上, 65ㅎ≫作與頌字, 頌字롤 지어 주매. ≪朴諺, 中, 10ㅈ≫恩養財禮銀五兩永遠爲主, 恩養ᄒᆞᆫ 財禮銀 닷 냥에 ᄒᆞ야 永遠히 님자롤 삼아. ≪朴諺, 中, 16ㅈ≫去滓溫服, 滓롤 ᄇᆞ리고 더온 이롤 먹으라. ≪朴諺, 中, 28ㅎ≫便要打殺那媳婦, 곳 뎌 媳婦롤 텨 죽이고져 ᄒᆞ거ᄂᆞᆯ. ≪朴諺, 中, 33ㅈ≫沿山沿峪隨喜那景致去來, 山을 조ᄎᆞ며 골을 조차 뎌 景致롤 구경ᄒᆞ라 가쟈. ≪朴諺, 中, 59ㅎ≫該管的外郎也受了些錢財, ᄀᆞ음아는 外郎도 져기 錢財롤 밧고. ≪朴諺, 下, 10ㅈ≫到家裏敬重父母, 집의 가ᄂᆞᆫ 父母롤 敬重ᄒᆞᄂᆞ니. ≪朴諺, 下, 22ㅎ≫拿着肩膀彪在裏面, 엇게롤 잡아 안희 드리티라 ᄒᆞ엿더니. ≪朴諺, 下, 31ㅈ≫頭戴四縫盔, 머리예 四縫盔롤 쓰고. ≪朴諺, 下, 42ㅎ≫諸般彩亭子, 여러 가지 彩亭子롤 세내고. ≪朴諺, 下, 56ㅎ≫因此不得工夫闕拜望, 이런 젼ᄎᆞ로 工夫롤 엇디 몯ᄒᆞ여 拜望을 闕ᄒᆞ니. ≪朴諺, 下, 61ㅈ≫國號高麗, 國號롤 高麗ㅣ라 ᄒᆞ고. ❸-에게. ≪朴諺, 上, 3ㅈ≫寫勘合就使印信與我來, 勘合을 써 이믜셔 인텨 나롤 주드라. ≪朴諺, 上, 13ㅎ≫你教與我這好法兒, 네 나롤 이 됴흔 법을 ᄀᆞᄅᆞ쳐 주고려. ≪朴諺, 上, 30ㅎ≫出饋你一錢八分銀子, 너롤 ᄒᆞᆫ 돈 八分銀을 내여 주마. ≪朴諺, 上, 40ㅎ≫與你五箇銅錢, 너롤 다ᄉᆞᆺ 낫 銅錢을 주마. ≪朴諺, 上, 59ㅈ≫饋他補生日, 뎌롤 주어 生日을 다ᄂᆞ림ᄒᆞ면. ≪朴諺, 中, 1ㅈ≫一箇人與他五箇錢時放入去, ᄒᆞᆫ 사ᄅᆞᆷ이 뎌롤 다ᄉᆞᆺ 낫 돈을 주면 노하 드려보내ᄂᆞ니라. ≪朴諺, 中, 5ㅈ≫拜揖舍人與我関字麽, 拜揖ᄒᆞ노니 舍人아 우리롤 関字롤 주실가. ≪朴諺, 中, 16ㅈ≫我旋合與你藿香正氣散, 내 미조차 너롤 藿香正氣散을 지어 줄 거시니. ≪朴諺, 中, 26ㅈ≫將去饋李大做定錢, 가져가 李大롤 주어 마초ᄂᆞᆫ 갑슬 삼고. ≪朴諺, 中, 31ㅈ≫我也敬他十分, 나도 뎌롤 十分을 공경ᄒᆞ고. ≪朴諺, 下, 12ㅈ≫浣饋你筆, 먹 므텨 너롤 붓을 주니. ≪朴諺, 下, 25ㅈ≫賜行者金錢三百貫打發了, 行者롤 金돈 三百貫을 주어 打發ᄒᆞ니. ≪朴諺, 下, 34ㅎ≫你休問他, 네 뎌롤 뭇디 말라. ≪朴諺, 下, 34ㅎ≫借與崔舍打, 崔가롤 빌려 주어 티게 ᄒᆞ라. ≪朴諺, 下, 35ㅈ≫都借與你, 다 너롤 빌려 주마. ≪朴諺, 下, 56ㅈ≫一張裏寫時全饋他, ᄒᆞᆫ 張에 써시면 오로 뎌롤 주고.

ㄹ

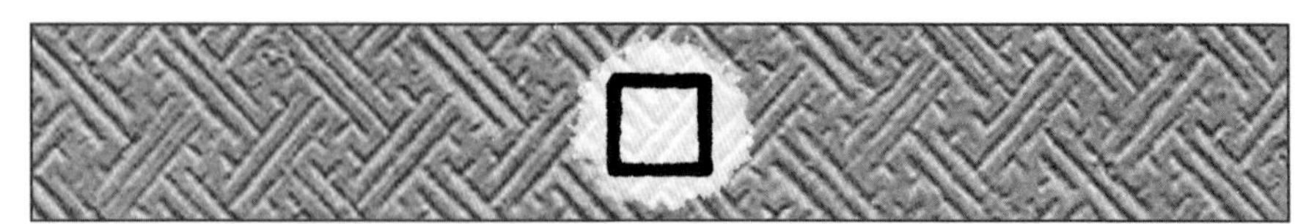

-ㅁ 어미 -ㅁ. ≪朴諺, 上, 3ㅎ≫照依前例該與多少, 前例대로 ᄒᆞ면 언메나 주엄 즉ᄒᆞ관ᄃᆡ. ≪朴諺, 上, 30ㅈ≫沒來由胡討價錢怎麽, 쓱절업시 간대로 갑슬 뫼옴은 엇디오. ≪朴諺, 上, 37ㅈ≫不知道我的麁和細, 나의 굴금과 ᄀᆞ놈을 아디 못ᄒᆞᄂᆞᆫ 거시여. ≪朴諺, 上, 48ㅎ≫說的是, 닐옴이 올타. 不去的倒快活, 가디 아님이 도로혀 즐겁다. ≪朴諺, 上, 54ㅈ≫今爲缺錢使用, 이제 돈 ᄡᅳᆯ 것 업ᄉᆞᆷ을 위ᄒᆞ여. ≪朴諺, 上, 56ㅈ≫也有些撒蹄, 또 져기 굽ᄀᆞ리미 잇더라. ≪朴諺, 中, 23ㅎ≫若人有難, 만일 사ᄅᆞᆷ이 어려옴이 잇거든. ≪朴諺, 中, 38ㅈ≫咱這裏沒牙子省些牙錢不好, 우리 여긔 ᄌᆞ름이 업스니 져기 ᄌᆞ름갑시 덜림이 됴티 아니ᄒᆞ냐. ≪朴諺, 中, 48ㅎ≫那一日喫了一跌, 뎌 ᄒᆞᆫ 날 ᄒᆞᆫ 번 구러딤을 닙어. ≪朴諺, 下, 15ㅎ≫被巡夜的拿着, 巡夜의게 잡힘을 닙어. ≪朴諺, 下, 53ㅎ≫不合加刑, 형벌을 더으미 맛당티 아니타 ᄒᆞ엿ᄂᆞ니.

마(馬) 명 ❶말. ⇔ᄆᆞᆯ. ≪集覽, 字解, 單字解, 1ㅈ≫待. 擬要也 ᄒᆞ마 그리 호려 ᄒᆞ다라. 又欲也. 待賣幾箇馬去 여러 ᄆᆞᄅᆞᆯ ᄑᆞᆯ오져 ᄒᆞ야 가노라. ≪集覽, 字解, 單字解, 3ㅈ≫倒. 上聲, 仆也. 倒了 구으러디다. 又換也. 倒馬 ᄆᆞᆯ ᄀᆞ다. ≪集覽, 字解, 單字解, 6ㅈ≫賃. 僦屋以語曰賃, 지블 ᄃᆞᆯ마다 銀 현 량곰 삭 물오 드러 이셔 살 시라. 又雇用驢馬·舟車之類曰賃, 라괴와 ᄆᆞᆯ ᄃᆞᆯ홀 삭 주고 ᄡᅳᆯ 시라. ≪朴諺, 上, 11ㅎ≫絟馬錢與他一捧兒米便是, ᄆᆞᆯ ᄆᆡ엿든 갑슬 뎌ᄅᆞᆯ ᄒᆞᆫ 우홈 ᄡᆞᆯ을 줌이 곳 올타. ≪朴諺, 上, 21ㅎ≫馬不得夜草不肥, ᄆᆞᆯ이 夜草ᄅᆞᆯ 엇디 못ᄒᆞ면 ᄉᆞᆯ지디 못ᄒᆞᆫ다 ᄒᆞ니라. ≪朴諺, 上, 36ㅎ≫鐵人鐵馬不着鐵鞭不下馬, 쇠사ᄅᆞᆷ 쇠ᄆᆞᆯ의 쇠채 아니면 ᄆᆞᆯ긔 ᄂᆞ리디 아니ᄒᆞᄂᆞᆫ 거시여. ≪朴諺, 上, 58ㅎ≫便上馬出來了, 곳 ᄆᆞᆯ을 ᄐᆞ고 나올와. ≪朴諺, 中, 7ㅈ≫我騎的十分快走的馬將來, 나 ᄐᆞᆯ 이란 ᄀᆞ장 잘 것ᄂᆞᆫ ᄆᆞᆯ을 가져오라. 我又先報馬去, 내 ᄯᅩ 몬져 ᄆᆞᆯ을 報ᄒᆞ라 가노라. ≪朴諺, 中, 14ㅈ≫抽分了幾箇馬, 여러 ᄆᆞᆯ을 츄렴ᄒᆞ고. ≪朴諺, 中, 29ㅎ≫馬們怎麽當的, ᄆᆞᆯ들히 엇디 당ᄒᆞ리오. ≪朴諺, 中, 37ㅈ≫要時請下馬來看, ᄒᆞ려커든 청컨대 ᄆᆞᆯ ᄂᆞ려 보라. ≪朴諺, 中, 51ㅎ≫馬套上轡頭, ᄆᆞᆯ 굴레 ᄡᅧ. ≪朴諺, 下, 14ㅎ≫直到日平西纔上馬, 잇긋 날이 平西호매 다ᄃᆞᆺ게야 ᄀᆞᆺ ᄆᆞᆯ을 ᄐᆞᄂᆞ니라. ≪朴諺, 下, 55ㅎ≫走失了甚色馬, 아모 빗쳇 ᄆᆞᆯ를 ᄃᆞ라나 일허시되. ≪朴諺, 下, 56ㅈ≫尋將馬來時, ᄆᆞᆯ을 어더 오면. ≪朴諺, 下, 60ㅎ≫衆將軍們扶侍上馬, 모든 將軍들히 븟드러 ᄆᆞᆯ 틔오고. ❷말. 바둑알. ⇔ᄆᆞᆯ. ≪朴諺, 上, 22ㅎ≫這箇馬下了時好, 이 ᄆᆞᆯ을 두면 됴타.

마(麻) 명 삼[麻]. ⇔삼. ≪朴諺, 上, 17ㅈ≫五六十托麁麻線也放不勾, 五六十 발 굴근 삼실이라도 노키 유여티 못ᄒᆞ니리(라). ≪朴諺, 上, 36ㅈ≫當路一科麻, 길헤 당ᄒᆞᆫ ᄒᆞᆫ 퍽이 삼이. ≪朴諺, 中, 33ㅎ≫夜來箇都收割了麻, 어제 삼을 다 거두어 뷔여시니.

마(磨) 동 갈다[磨]. ⇔ᄀᆞᆯ다. ≪朴諺, 下, 33ㅎ≫這間壁磨房裏取將來, 이 ᄉᆞ잇 ᄇᆞᄅᆞᆷ매(애) ᄀᆞᄂᆞᆫ집의 가져오쟈.

-마 어미 -마. ≪集覽, 字解, 單字解, 2ㅎ≫

也. 在詞之上者, 又也. 也好 쏘 됴타, 也是 쏘 올타. 在詞之中者, 承上起下之辭. 我也去 나도 가마. 在詞之終者, 語助. ≪朴諺, 上, 10ㅎ≫你來, 이바. 我敎與你, 내 너를 ᄀᆞᄅᆞ치마. ≪朴諺, 上, 19ㅈ≫我知道領你去, 내 알과라 너를 ᄃᆞ려가마. ≪朴諺, 上, 30ㅈ≫我說與你, 내 너ᄃᆞ려 니ᄅᆞ마. ≪朴諺, 上, 49ㅈ≫饋你濟機, 너를 각지를 주마. ≪朴諺, 上, 53ㅎ≫拿紙·墨·筆(筆)·硯來我寫與你, 紙·墨·筆(筆)·硯을 가져오라 내 써 너를 주마. ≪朴諺, 上, 59ㅎ≫我說與你, 내 너ᄃᆞ려 니ᄅᆞ마. ≪朴諺, 中, 2ㅈ≫我管着饋你, 내 ᄆᆞ음아라 너를 주마. ≪朴諺, 中, 12ㅎ≫我慢慢的跟駕去, 내 날회여 대가를 ᄯᆞ와 가마. ≪朴諺, 中, 37ㅈ≫我說與你, 내 너ᄃᆞ려 니ᄅᆞ마. ≪朴諺, 中, 48ㅈ≫我饋你揩的乾淨着, 내 너를 슷기를 간졍히 ᄒᆞ여 주마. ≪朴諺, 中, 57ㅈ≫女的一百箇錢賣與你, 암은 一百 낫 돈에 ᄑᆞ라 너를 주마. ≪朴諺, 下, 6ㅎ≫我說與你, 내 너ᄃᆞ려 니ᄅᆞ마. ≪朴諺, 下, 10ㅎ≫你聽我念, 네 드르라 내 念ᄒᆞ마. ≪朴諺, 下, 12ㅎ≫我慢慢的旋指分, 내 날호여 ᄌᆞ곰 긔결ᄒᆞ마. ≪朴諺, 下, 25ㅎ≫實要二兩銀子賣與你, 실로 두 냥 은을 밧고 네게 폴마. ≪朴諺, 下, 35ㅈ≫都借與你, 다 너를 빌려 주마. ≪朴諺, 下, 53ㅎ≫你聽我念, 네 드ᄅᆞ라 내 念ᄒᆞ마.

마각시(馬脚匙) 명 대갈. ⇔다갈. ≪朴諺, 中, 29ㅎ≫打一對馬脚匙來釘上着, ᄒᆞᆫ 보 다갈을 티여다가 박으라.

마개 명 마개. ⇔구자(口子). ≪朴諺, 上, 15ㅈ≫鹿角口子, 鹿角 마개에.

마골(麻骨) 명 겨릅대. 삼[麻]대. ⇔삼대. ≪朴諺, 中, 33ㅎ≫麻骨一邊收拾下着用着, 삼대를 ᄒᆞᆫ 편에 收拾ᄒᆞ여 두라 ᄡᅳ쟈.

마과(磨果) 명 표고. (버섯의 한 가지) ⇔표고. ≪朴諺, 中, 44ㅎ≫將幾箇磨果釘子(集覽, 朴集, 中, 8ㅈ: 磨果釘子. 磨果, 卽香蕈也, 표고. 釘形似之, 故因名焉.)來, 여러 머리 뭉귄 못 가져다가.

마과정자(磨果釘子) 명 대가리가 마과(磨果)와 같이 생긴 못. 곧, 대갈못[廣頭釘]. ≪朴諺, 中, 44ㅎ≫將幾箇磨果釘子來, 여러 머리 뭉귄 못 가져다가.

마나 보동 말거나. ≪集覽, 字解, 累字解, 1ㅎ≫不揀. 아므라나 마나. 俗語, 不揀甚麼.

마노(瑪瑙) 명 마노. (아름다운 것은 보석이나 장식품으로 쓴다) ≪朴諺, 上, 60ㅎ≫瑪瑙幔地, 瑪瑙를 ᄡᅡ히 ᄭᆞ랏고. ≪朴諺, 下, 35ㅈ≫却打花房窩兒(集覽, 朴集, 下, 7ㅎ: 花房窩兒. 毬用木爲之, 或用瑪瑠〈瑙〉, 大如雞〈鷄〉卵.), 쏘 花房 굼글 티쟈.

마니즙(麻尼汁) 명 참기름. ⇔ᄎᆞᆷᄭᆡ즙. ≪朴諺, 下, 32ㅎ≫麻尼汁經卷兒(集覽, 朴集, 下, 6ㅈ: 麻尼汁經卷兒. 飮膳〈饌〉正要云, 白麪一斤, 小油一斤, 小椒一兩炒去汗, 茴香一兩炒. 右件, 隔宿用酵子·塩·減(鹹)·溫水一同和麵〈麪〉, 次日入麪, 接肥, 再和成麪, 每斤作二箇入籠蒸. 麻, 卽脂麻也. 搗脂麻爲汁, 如稀泥然, 故曰麻尼汁. 尼, 作泥是.), ᄎᆞᆷᄭᆡ즙 經卷兒와.

마니즙경권아(麻尼汁經卷兒) 명 밀가루·참기름·후추 따위를 더운 물로 반죽하여 발효시킨 뒤 시루에 넣어 찐 음식. ≪朴諺, 下, 32ㅎ≫麻尼汁經卷兒(集覽, 朴集, 下, 6ㅈ: 麻尼汁經卷兒. 飮膳〈饌〉正要云, 白麪一斤, 小油一斤, 小椒一兩炒去汗, 茴香一兩炒. 右件, 隔宿用酵子·塩·減(鹹)·溫水一同和麵〈麪〉, 次日入麪, 接肥, 再和成麪, 每斤作二箇入籠蒸. 麻, 卽脂麻也. 搗脂麻爲汁, 如稀泥然, 故曰麻尼汁. 尼, 作泥是.), ᄎᆞᆷᄭᆡ즙 經卷兒와.

-마는 조 -마는. ≪朴諺, 中, 18ㅎ≫怕沒治病的心那, 저프건대 病 고틸 ᄆᆞ음이 업스랴마는.

마늘 명 마늘. ⇔산(蒜). ≪朴諺, 上, 38ㅈ≫這箇是蒜, 이거슨 이 마늘이로다. ≪朴諺, 中, 6ㅈ≫醋, 초와. 醬, 쟝과. 塩, 소금과. 芥末, 계ᄌᆞ ᄀᆞᄅᆞ와. 葱, 파과. 蒜, 마

놀과. 菘菜, 부취와, 油, 기름과. 生蘿蔔, 댓무우과. 瓜, 외와. 茄等, 가지 등. ≪朴諺, 中, 33ㅎ≫蘿蔔, 댓무우. 蔓菁, 쉿무우. 萵苣, 부로. 葵菜, 아혹. 白菜, 비치. 赤根菜, 시근치. 園荽, 고싀. 蔘子, 역괴. 葱, 파. 蒜, 마늘. 菘, 부취. 荊芥, 형개. 薄荷, 박하. 茼蒿, 믈쑥. 水蘿蔔, 믈한댓무우. 胡蘿蔔, 노론댓무우. 芋頭, 토란. 紫蘇都種來, 紫蘇를 다 시므라. ≪朴諺, 下, 33ㅎ≫零碎和生薑·料物·葱·蒜·醋·塩都將來, 즌 것과 싱강과 교퇴와 파와 마늘과 초와 소금을 다 가져오라.

-마다 조 -마다. ≪集覽, 字解, 單字解, 6ㅈ≫賃. 做屋以語曰賃, 지블 둘마다 銀 현 량 곰 삭 물오 드러 이셔 살 시라. 又雇用驢馬·舟車之類曰賃, 라괴와 몰돌홀 삭 주고 브릴 시라. ≪朴諺, 上, 23ㅎ≫到處裏破別人誇自已(己), 간 곳마다 다른 사름을 해야ᄇᆞ리며 내 몸을 쟈랑ᄒᆞ고. ≪朴諺, 上, 34ㅈ≫到處裏養老婆, 간 곳마다 겨집을 어르니. ≪朴諺, 中, 39ㅎ≫賃房錢每月銀二兩, 집 셰내는 갑슬 둘마다 은 두 냥에 ᄒᆞ여. ≪朴諺, 下, 6ㅈ≫咳我到處裏做生活時, 애 내 간 ᄃᆡ마다 셩녕을 호ᄃᆡ. ≪朴諺, 下, 9ㅈ≫人人盡盤雙足, 사름마다 다 두 발을 서리고.

마도(麻刀) 명 삼거웃. (석회와 함께 벽을 바르는 데 쓰는) 삼 부스러기. ❶⇔삼거울. ≪朴諺, 下, 5ㅈ≫如今疾忙買石灰·麻刀去, 이제 밧비 石灰와 삼거울을 사라 가라. ❷⇔삼써울. ≪朴諺, 下, 5ㅎ≫把那麻刀一打裏和的勻着, 뎌 삼써울을다가 ᄒᆞᆫ 번의 섯기를 고로게 ᄒᆞ라.

마도(麽道) 동 이르느냐. …라고 말하느냐. 원대(元代)의 말. ⇔니ᄅᆞᄂᆞ다. ≪集覽, 字解, 單字解, 4ㅎ≫麽. 本音모. 俗用爲語助辭, 音마, 古人皆呼爲모, 故或通作莫. 怎麽 엇디, 來麽 오나라. 又用如乎字之意者則曰, 去麽 갈다, 有麽 잇ᄂᆞ녀. 元語, 麽道 니ᄅᆞᄂᆞ다, 麽音ᄆᆞ, 今不用.

마두(馬頭) 명 말의 대가리. ≪朴諺, 上, 56ㅈ≫好轡頭(集覽, 朴集, 上, 14ㅈ: 轡頭. 今呼鞍轡之轡, 音·비, 好轡頭之轡, 音·피. 此轡字別有其字而今未得也. 恐當作披字爲是, 謂以勒披馬頭引之也.), 셕대 됴코.

마디못ᄒᆞ다 형 마지못하다. ⇔불면(不免). ≪朴諺, 下, 54ㅎ≫今不免具狀, 이제 마디못ᄒᆞ여 具狀ᄒᆞ여.

마려(馬驢) 명 말과 나귀. ≪朴諺, 中, 8ㅎ≫牌子(集覽, 朴集, 中, 2ㅈ: 牌子. 凡馬驛設置, 馬驢不等, 其中管馬苔應者, 謂之馬牌, 管驢者, 謂之驢牌, 總〈総〉稱牌子.)·令史們來, 牌子·令史들흔 오라. ≪朴諺, 中, 9ㅈ≫你與我甘結·應付(集覽, 朴集, 中, 2ㅈ: 應付. 質問云, 應者, 荅應也, 付者, 與也. 如遇使客到驛, 將口粮·馬驢荅應與他, 方言謂之應付.), 네 날을 甘結과 應付를 주고려.

마류(瑪瑠) 명 마노(瑪瑙). '瑠'는 '瑙'의 잘못. ≪朴諺, 下, 35ㅈ≫刦打花房窩兒(集覽, 朴集, 下, 7ㅎ: 花房窩兒. 毬用木爲之, 或用瑪瑠〈瑙〉, 大如雞〈鷄〉卵.), 쏘 花房 굼글 티쟈.

마륵(馬勒) 명 굴레. ≪朴諺, 上, 56ㅈ≫好轡頭(集覽, 朴集, 上, 14ㅈ: 轡頭. 音義云, 잘 든ᄂᆞᆫ ᄆᆞ·롤〈몰을〉 닐온 轡頭. 今按, 轡頭, 卽馬勒也, 今俗謂 ·셕·대 :됴·ᄒᆞᆫ ᄆᆞ·롤〈몰을〉 呼爲好轡頭, 則音義亦當幷好字爲釋可也. 且漢俗, 以革爲之, 有銜〈銜〉者曰轡頭, 以索爲之, 無銜〈銜〉者曰籠頭.), 셕대 됴코.

마ᄅᆞ쇼셔 동 마소서. ≪朴諺, 中, 3ㅈ≫罷麽相公, 마ᄅᆞ쇼셔 相公아.

마모로다 동 마무르다. ⇔교(繳). ≪朴諺, 中, 55ㅈ≫又一箇女兒繳手帕着, 쏘 ᄒᆞᆫ 겨집은 手帕를 마모로되. 繳的細勻着, 마모로기를 ᄀᆞ늘고 고로게 ᄒᆞ라.

마미(馬尾) 명 말총. ⇔몰총. ≪朴諺, 中, 11ㅎ≫簸箕, 키. 篩子, 얼멍이. 馬尾羅兒, 몰총체. 卓兒, 상. 盤子, 반. 茶盤, 찻반. 擡盞, 졉잔. 壺瓶, 壺瓶. 酒鱉, 쥬벼ᄋᆞ. 銅杓, 놋쥬게를. 都收拾下着, 다 收拾ᄒᆞ여

두라.

마미나아(馬尾羅兒) 명 말총체. (쳇불을 말총으로 짠 체) ⇔ 몰총체. ≪朴諺, 中, 11ㅎ≫簸箕, 키. 篩子, 얼멍이. 馬尾羅兒, 몰총체. 卓兒, 상. 盤子, 반. 茶盤, 찻반. 擡盞, 졉잔. 壺瓶, 壺瓶. 酒鼈, 쥬벼ㅇ. 銅杓, 놋쥬게를. 都收拾下着, 다 收拾ᄒᆞ여 두라.

마방(馬房) 명 마구간. ≪朴諺, 中, 39ㅈ≫馬房幾間, 馬房이 현 간.

마방(磨房) 명 제분소(製粉所). 방앗간. ⇔ ᄀᆞᄂᆞᆫ집. ≪朴諺, 下, 33ㅎ≫這間壁磨房裏取將來, 이 ᄉᆞ잇 ᄇᆞ룸매(애) ᄀᆞᄂᆞᆫ집의 가져오쟈.

마병(麻餅) 명 소병(燒餅)의 옛 이름인 호병(胡餅)을 고친 이름. ≪朴諺, 下, 33ㅈ≫黃燒餅(集覽, 朴集, 下, 7ㅈ: 黃燒餅. 總龜云, 燒餅, 卽古之胡餅也. 石勒諱胡, 改爲麻餅.), 누론 쇼병과.

마부(馬夫) 명 말을 부리는 사람. ≪朴諺, 中, 8ㅈ≫轡頭都散與(集覽, 朴集, 中, 1ㅎ: 轡頭散與. 女直·達子朝貢時, 到驛應付馬匹騎坐者, 各出轡頭, 散與馬夫, 馬夫受轡套馬, 令各轡主認轡占馬, 使無爭占之擾.)他, 구레를 다 흣터 뎌를 주라.

마상(馬上) 명 말의 등 위. ≪朴諺, 下, 35ㅈ≫却打花房窩兒(集覽, 朴集, 下, 7ㅎ: 花房窩兒. 又云, 在馬上舞毬棒, 一木有一尺五寸長, 上下俱窩兒.), 또 花房 굼글 티쟈.

마선(麻線) 명 삼실[麻絲]. ⇔삼실. ≪朴諺, 上, 17ㅈ≫五六十托麁麻線也放不勾, 五六十 발 굴근 삼실이라도 노키 유여티 몯ᄒᆞ니리(라).

마수의(馬獸醫) 명 말의 질병을 진찰하고 치료하는 의사. ≪朴諺, 上, 38ㅈ≫這裏有獸醫(集覽, 朴集, 上, 10ㅎ: 獸醫. 南村輟耕錄云, 世以療馬者曰獸醫, 療牛者曰牛醫. 周禮獸醫註, 獸, 牛馬之屬. 按此則療牛者亦當曰獸醫, 今俗呼療馬者曰馬獸醫.)家麽, 여긔 즘싱 고티ᄂᆞᆫ 집이 잇ᄂᆞ냐.

마시다 동 마시다. ⇔합(欱). ≪朴諺, 下, 33ㅎ≫你來欱汁熱着, 이바 마실 즙을 덥게 ᄒᆞ고.

마ᄋᆞᆷ 명 마음. ≪集覽, 字解, 累字解, 2ㅈ≫自在. 마ᄋᆞᆷ 편안히 잇다. ≪集覽, 字解, 累字解, 2ㅈ≫自由. 저 ᄆᆞᄉᆞ모로 ᄒᆞ다.

마애(磨磑) 명 맷돌. ≪朴諺, 中, 3ㅎ≫五箇大紅碾(集覽, 朴集, 中, 1ㅈ: 碾. 砑石也. 形如磨磑一隻之半, 轉其外圓以碾絹, 則卽同砧擣者.)着, 닷 필은 다홍 드려 다듬고.

마역(馬驛) 명 역참(驛站). ≪朴諺, 中, 8ㅎ≫牌子(集覽, 朴集, 中, 2ㅈ: 牌子. 凡馬驛設置, 馬驢不等, 其中管馬苔應者, 謂之馬牌, 管驢者, 謂之驢牌, 總〈総〉稱牌子.)·令史們來, 牌子·令史들흔 오라.

마왕(魔王) 명 〈불〉 천마(天魔)의 왕. 정법(正法)을 해치고 중생(衆生)이 불도(佛道)에 들어가는 것을 방해하는 귀신이라고 한다. ≪朴諺, 下, 4ㅈ≫正是好人魔障(集覽, 朴集, 下, 1ㅎ: 魔障. 昔釋迦出世時, 魔王名波旬, 若人來供養恭敬〈若如來供養恭敬〉, 魔王依於佛法, 得善利, 不念報恩, 而反欲加毁. 故名波旬, 此言惡中惡.)多, 졍히 됴흔 사ᄅᆞᆷ은 魔障이 만흔디라.

마은 관 마흔. ⇔사십(四十). ≪朴諺, 上, 44ㅈ≫咱學長爲頭兒四十五箇學生, 우리 學長으로 爲頭ᄒᆞ여 마은 다ᄉᆞᆺ 學生이라.

마장(魔障) 명 귀신의 장난이라는 뜻으로, 일의 진행에 나타나는 뜻밖의 방해나 헤살을 이르는 말. ≪朴諺, 下, 4ㅈ≫正是好人魔障(集覽, 朴集, 下, 1ㅎ: 魔障. 飜譯名義云, 梵語魔, 此云障也, 能爲修道作障碍. 昔釋迦出世時, 魔王名波旬, 若人來供養恭敬〈若如來供養恭敬〉, 魔王依於佛法, 得善利, 不念報恩, 而反欲加毁. 故名波旬, 此言惡中惡.)多, 졍히 됴흔 사ᄅᆞᆷ은 魔障이 만흔디라.

마쟈 보동 말자. ≪朴諺, 上, 1ㅈ≫休蹉過了好時光, 됴흔 時光을 그릇 디내디 마쟈.

마조(馬槽) 명 말구유. ⇔ᄆᆞᆯ귀유. ≪朴諺, 中, 12ㅈ≫薦·筐·馬槽都壯麽, 삿·광조리·ᄆᆞᆯ귀유ㅣ 다 壯ᄒᆞ냐.

마즙(麻汁) 명 참기름. ≪朴諺, 下, 33ㅈ≫象眼棋子(集覽, 朴集, 下, 6ㅎ: 象眼餜子. 攪轉, 撈起控乾, 麻汁加碎肉·糟〈槽〉姜米·醬瓜米·黃瓜米·香菜等粧點用供.), 象眼 ᄀᆞᆮᄐᆞᆫ 粿子와.

마지ᄒᆞ다 동 (여행의 때를 씻겨 준다는 뜻으로 손님을) 맞이하다. 음식을 대접하다. 환영회를 열다. ⇔세진(洗塵). ≪朴諺, 上, 48ㅈ≫到家慢慢的與你洗塵, 집의 가 날회여 네게 마지ᄒᆞ마.

마진(摩震) 명 나라 이름. 신라(新羅) 말기에 궁예(弓裔)가 세운 나라. 처음에는 후고구려(後高句麗)라 하였다가 신라 효공왕(孝恭王) 8년(905)에 국호를 마진으로 고쳤고, 뒤에 태봉(泰封)으로 개칭하였다. ≪朴諺, 下, 59ㅈ≫上泰封王弓裔(集覽, 朴集, 下, 12ㅎ: 弓裔. 一日, 持鉢赴齋, 有烏嘀(啣)牙籤落鉢中, 視之, 有王字. 遂叛, 據鉄圓郡爲都, 卽今鐵〈鉄〉原府也. 國號摩震, 改元武泰, 後改國號〈号〉泰封.) 手下, 泰封王 弓裔 手下에 올라.

마좀 부 마침. ⇔조시(遭是). ≪朴諺, 中, 9ㅎ≫遭是你來也, 마좀 네 오나다.

마초 부 맞추어. 맞게. ⇔정당(停當). ≪朴諺, 下, 44ㅈ≫着水停當着, 믈 두기를 마초 ᄒᆞ고.

마초다 동 (수공예품을) 맞추다. ❶⇔선주(旋做). ≪集覽, 字解, 單字解, ㅈ≫旋. 平聲, 回也, 斡也. 又疾也. 又셩녕 마초다, -做. ≪朴諺, 中, 2ㅎ≫木匠家裏旋做一箇櫃子, 木匠의 집의 ᄒᆞᆫ 櫃를 마초이되. ❷⇔정(定). ≪朴諺, 中, 26ㅈ≫將去饋李大做定錢, 가져가 李大를 주어 마초ᄂᆞᆫ 갑슬 삼고.

마초다 동 맞추다. 견주다. 비교하다. ❶⇔대(對). ≪朴諺, 上, 12ㅎ≫將米貼兒來對官號, ᄡᆞᆯ 톄ᄌᆞ 가져다가 官號 마초고. ≪朴諺, 上, 12ㅎ≫西邉對籌去, 셔편에 사술 마초라 가. ❷⇔조(照). ≪集覽, 字解, 累字解, 2ㅈ≫照依. 마초와 그대로 ᄒᆞ다.

마초아 부 마침. ⇔조시(遭是). ≪朴諺, 上, 48ㅈ≫遭是我不去, 마초아 이 내 가디 아니홀샤.

마초와 부 마침. ⇔조시(遭是). ≪集覽, 字解, 單字解, 7ㅈ≫遭. 一次謂之一遭. 又周遭, 猶言周圍也. 又遭是 마초와.

마초이다 동 (수공예품을) 맞추게 하다. ≪朴諺, 中, 2ㅎ≫木匠家裏旋做一箇櫃子, 木匠의 집의 ᄒᆞᆫ 櫃를 마초이되.

마초ᄒᆞ다 동 맞게 하다. 맞추어 하다. ⇔착료(着了). ≪集覽, 字解, 單字解, 3ㅈ≫着. 使之爲也. 着落 ᄒᆡ여곰, 着他 뎌 ᄒᆞ야. 又置也. 着塩 소곰 두다. 又中也. 着了 맛다. 又見人所行之事, 正合人所指望之, 方則亦曰着了 마초ᄒᆞ야다. 又實也. 着實 실히. 又語助. 又穿衣服也.

마치 명 마치. 망치. ⇔철추(鐵鎚). ≪朴諺, 下, 29ㅎ≫鐵鎚, 마치. 鉗子, 집게. 鐵枕, 모로. 鍋兒, 도관.

마치 부 맞추어. ⇔흡(恰). ≪朴諺, 中, 55ㅈ≫紐子不要底似(注: 底似, 너모)大恰好着, ᄃᆞᆯ마기를 너모 크게 말고 마치 됴케 ᄒᆞ라.

마치 부 마치. ⇔흡편사(恰便似). ≪集覽, 字解, 單字解, 1ㅈ≫恰. 適當之辭. 恰便似 마치. 又方纔之辭. 恰纔 ᄀᆞᆺ.

마패(馬牌) 명 역관(驛館)에서 말을 관리하는 사람. ≪朴諺, 中, 8ㅎ≫牌子(集覽, 朴集, 中, 2ㅈ: 牌子. 凡馬驛設置, 馬驢不等, 其中管馬荅應者, 謂之馬牌, 管驢者, 謂之驢牌, 總〈総〉稱牌子.)·令史們來, 牌子·令史들흔 오라.

마포(麻布) 명 (중국인이 일컫는) 모시[苧麻布]의 다른 이름. ≪朴諺, 上, 46ㅈ≫貴眷稍的十箇白毛施布(集覽, 朴集, 上, 13ㅈ: 毛施布. 此卽本國人呼苧麻布之稱〈卽本國人呼苧麻布之稱〉, 漢人皆呼曰苧麻布, 亦曰麻布, 曰木絲布, 或書作沒絲布. 又曰漂白布, 又曰白布. 今言毛施布, 卽沒絲

〈卽沒絲布〉之訛也. 而漢人因麗人之稱, 見麗布則直稱此名而呼之. 記書者因其相稱而遂以爲名也.), 貴眷이 브틴 열 필 흰 모시뵈과.

마표(榪杓) 명 나무 주걱. ⇔나모쥬게. ≪朴諺, 中, 11ㅎ≫鑼鍋, 로고. 柳箱, 섥. 灑子, 드레. 三脚, 아리쇠. 椀·楪, 사발·뎝시. 匙筯, 술 져. 榪杓, 나모쥬게. 笊籬, 죠릭. 炊箒, 솔.

마필(馬疋) 명 말의 총칭. ≪朴諺, 上, 9ㅈ≫小人也得了箚付關字(集覽, 朴集, 上, 4ㅎ: 關字. 音義云. 支〈支〉應馬匹〈疋〉幷廩給者, 体式詳見求政錄.)便上馬, 小人도 箚付 關字를 어드면 곳 上馬ᄒᆞ리로다.

마필(馬匹) 명 말의 총칭. ≪朴諺, 上, 9ㅈ≫小人也得了箚付關字(集覽, 朴集, 上, 4ㅎ: 關字. 音義云. 支〈支〉應馬匹〈疋〉幷廩給者, 体式詳見求政錄.)便上馬, 小人도 箚付 關字를 어드면 곳 上馬ᄒᆞ리로다. ≪朴諺, 中, 8ㅈ≫轡頭都散與(集覽, 朴集, 中, 1ㅎ: 轡頭散與. 女直·達子朝貢時, 到驛應付馬匹騎坐者, 各出轡頭, 散與馬夫, 馬夫受轡套馬, 令各轡主認轡占馬, 使無爭占之擾.)他, 구레를 다 흣터 뎌를 주라.

마후라(摩睺羅) 명 〈불〉 마후라가(摩睺羅伽). 사람의 몸에 뱀의 머리를 가졌다는 음악의 신(神). ≪朴諺, 中, 21ㅎ≫或作童女(集覽, 朴集, 中, 4ㅎ: 童男童女. 觀音現三十二應, 曰佛身, 曰辟支〈支〉, 曰圓覺, 曰聲聞, 曰梵王, 曰帝釋, 曰自在天, 曰大自在天, 曰天大將軍, 曰四天王, 曰四天太子, 曰人王, 曰長者, 曰居士, 曰宰官, 曰婆羅門, 曰比丘, 曰比丘尼, 曰優婆塞, 曰優婆夷, 曰女主, 曰童男, 曰童女, 曰天身, 曰龍身, 曰藥叉, 曰乾達婆, 曰阿脩羅, 曰緊那羅, 曰摩睺羅, 曰樂人, 曰非人.), 혹 童女ㅣ 되며.

막(莫) 보동 ❶말다. ⇔말다. ≪朴諺, 中, 25ㅈ≫常防賊心莫偷他物, 샹녜 도적 ᄆᆞ옴을 막고 ᄂᆞᆷ의 것 도적디 말라 ᄒᆞᄂᆞ니라. ❷못하다. ⇔못ᄒᆞ다. ≪朴諺, 中, 23ㅈ≫由是威神莫測, 일로 말ᄆᆡ암아 威神을 혜아리디 못ᄒᆞ고.

막- 접두 맞-. ⇔대(對). ≪朴諺, 上, 63ㅈ≫對換如何, 막밧곰이 엇더ᄒᆞ뇨. 咱對換甚麽東西, 우리 므스거슬 막밧고료. ≪朴諺, 上, 63ㅎ≫你的大紅織金胷背帖裏對換着, 네 大紅빗체 금ᄉᆞ로 ᄧᅡ 胷背 ᄒᆞᆫ 텰릭과 막밧고쟈.

막다 동 막다. ❶⇔당(當). ≪朴諺, 上, 10ㅎ≫着墻板當着墻頭絟的牢着, 담 ᄡᆞᄂᆞᆫ 널로 담 머리예 막아 ᄆᆡ기를 긋(굳)이 ᄒᆞ고. ❷⇔당주(當住). ≪朴諺, 下, 22ㅎ≫被鬼們當住出不來, 귀신들의 막으믈 닙어 나오디 못ᄒᆞ여. ❸⇔방(防). ≪朴諺, 中, 25ㅈ≫常防賊心莫偷他物, 샹녜 도적 ᄆᆞ음을 막고 ᄂᆞᆷ의 것 도적디 말라 ᄒᆞᄂᆞ니라.

막대 명 막대기. ❶⇔곤(棍). ≪朴諺, 上, 21ㅈ≫着攪草棍拌饋他些料水喫, 여믈 버므리ᄂᆞᆫ 막대로 뎌를 져기 콩믈을 버므려 주어 먹이고. ≪朴諺, 中, 28ㅎ≫將棍繩到那家裏, 막대과 노흘 가지고 뎌 집의 가. ❷⇔곤봉(棍棒). ≪朴諺, 下, 48ㅎ≫各拿棍棒, 各各 막대를 가지며. ❸⇔봉(棒). ≪朴諺, 中, 1ㅈ≫也有弄棒的, 또 막대 弄ᄒᆞᄂᆞᆫ 이 이시니. ≪朴諺, 下, 19ㅈ≫却把伯眼打了一鐵棒, 또 伯眼을다가 ᄒᆞᆫ 쇠막대로 티니. ≪朴諺, 下, 19ㅈ≫又打了一鐵棒, 또 ᄒᆞᆫ 쇠막대로 티니. ≪朴諺, 下, 20ㅈ≫更打了我兩鐵棒, 또 우리를 두 번 쇠막대로 티니. ≪朴諺, 下, 34ㅎ≫拿出毬棒來, 댱방올 막대를 내여. ❹⇔봉자(棒子). ≪朴諺, 中, 1ㅈ≫油紅畫金棒子, 油紅빗체 金으로 그림 그린 막대를. ❺⇔장(杖). ≪朴諺, 下, 48ㅎ≫又是擔杖廝打着, 또 막대를 메고 서르 싸화. ❻⇔주장(柱杖). ≪朴諺, 中, 33ㅈ≫咱也柱着柱杖, 우리도 막대 딥고.

막밧고다 동 맞바꾸다. ⇔대환(對換). ≪朴諺, 上, 63ㅈ≫對換如何, 막밧곰이 엇더ᄒᆞ뇨. 咱對換甚麽東西, 우리 므스거슬 막밧고료. ≪朴諺, 上, 63ㅎ≫你的大紅織金

脣背帖裏對換着, 네 大紅빗체 금亽로 빠 脣背 ᄒᆞᆫ 텰릭과 막밧고쟈.

막불(莫不) 부 아니. 예외 없이 모두. ⇔아니. ≪朴諺, 下, 22ㅎ≫莫不死了麼, 아니 죽은가 ᄒᆞ여.

막새 명 막새. 막새기와. ⇔화두(花頭). ≪朴諺, 上, 60ㅎ≫盖的都是龍鳳凹面花頭·筒瓦和仰瓦, 녠 거슨 다 龍鳳을 우묵겨 면 돗게 ᄒᆞᆫ 막새와 수디새와 암디새오.

막측(莫測) 형 측정할 수 없다. 헤아릴 수 없다. ≪朴諺, 上, 59ㅎ≫西湖是從玉泉(集覽, 朴集, 上, 15ㅈ: 玉泉. 在宛平縣西北三十里玉泉山下. 山有石洞三, 一在山之西南, 其下有泉, 深淺莫測.)裏流下來, 西湖는 이 玉泉으로 조차 흘러ᄂᆞ리니.

만 관 만(萬). ⇔만(萬). ≪朴諺, 下, 51ㅈ≫漁翁之味萬無迭, 漁翁의 마ᄉᆞᆫ 만 가지도 迭ᄒᆞᆫ 거시 업ᄉᆞ니라.

만(挽) 동 ❶끌다. ⇔ᄭᅳᅀᅳ다. ≪朴諺, 下, 50ㅎ≫挽我這錦心繡腹, 내 이 錦心 繡腹을 ᄭᅳᅀᅳ고. ❷매다. 묶다. ⇔ᄆᆡ다. ≪朴諺, 中, 51ㅎ≫把那尾子挽的牢着, 뎌 ᄭᅩ리를다가 ᄆᆡ기를 구디 ᄒᆞ라.

만(晩) 형 늦다. ⇔늦다. ≪朴諺, 上, 57ㅈ≫喫筵席儘晩入城來, 이바디 먹고 잇긋 늣게야 자 안에 드러올 거시니. ≪朴諺, 下, 14ㅎ≫時常這般早聚晩散麼, 시샹에 이리 일 모다 늣게야 흣터디ᄂᆞ냐.

만(萬) 관 만(萬). ⇔만. ≪朴諺, 下, 51ㅈ≫漁翁之味萬無迭, 漁翁의 마ᄉᆞᆫ 만 가지도 迭ᄒᆞᆫ 거시 업ᄉᆞ니라.

만(幔) 동 ❶깔다. ⇔ᄭᆞᆯ다. ≪朴諺, 上, 26ㅈ≫鞍子是一箇烏犀角邊兒幔玳瑁, 기ᄅᆞ마는 이 ᄒᆞᆫ 烏犀角 변ᄋᆞ에 玳瑁를 ᄭᆞ랏고. ≪朴諺, 上, 60ㅎ≫瑪瑙幔地, 瑪瑙를 ᄶᆞ히 ᄭᆞ랏고. ❷치다[設]. ⇔티다. ≪朴諺, 中, 35ㅎ≫亮窓裏面把簾子幔上, ᄇᆞᆯᄀᆞᆫ 창 안히 발을다가 디(티)고.

만(慢) 형 게으르다. 게으름을 피우다. ⇔만ᄒᆞ다(慢-). ≪朴諺, 中, 60ㅎ≫緊不的慢不的, 緊ᄒᆞ여도 아니ᄒᆞ고 慢ᄒᆞ여도 아니ᄒᆞ니.

만(滿) 동 차다[滿]. ❶⇔차다. ≪朴諺, 上, 50ㅈ≫滿月(集覽, 朴集, 上, 13ㅎ: 滿月. 産書云, 分娩未滿月, 恣食生冷粘·硬果·菜·肥膩魚·肉之物, 當時雖未覺大〈有〉損, 滿月之後, 卽成蓐勞. 質問云, 産婦一箇月不出門, 不生理, 只補養本身, 一月之後出門, 又吃〈喫〉喜酒. 今按, 喜酒者, 賀生兒之宴.)過了時喫的不妨事, ᄃᆞᆯ이 차 디나면 먹어도 일에 해롭디 아니ᄒᆞ리라. ≪朴諺, 中, 21ㅈ≫智滿十身, 智는 十身에 찻도다. ≪朴諺, 中, 45ㅎ≫你的月日滿了不曾, 네 月日이 찻ᄂᆞ냐 못ᄒᆞ엿ᄂᆞ냐. ≪朴諺, 中, 45ㅎ≫却早滿三十箇月, ᄇᆞᆯ셔 三十月이 찻도다. ❷⇔ᄎᆞ다. ≪朴諺, 上, 14ㅈ≫滿七托, ᄎᆞᆫ 닐곱 발이라. ≪朴諺, 上, 51ㅈ≫做滿月, ᄃᆞᆯ ᄎᆞᆫ 이바디ᄒᆞ면. ≪朴諺, 中, 3ㅎ≫這楊(揚)州綾子滿七托長, 이 楊(揚)州ㅅ 綾이 닐곱 발 기릐 ᄎᆞ고. ≪朴諺, 中, 45ㅎ≫這五月裏滿了, 이 五月에 ᄎᆞᄂᆞ니라.

만(滿) 동 채우다[滿]. ⇔ᄎᆡ오다. ≪朴諺, 下, 4ㅎ≫願滿成就着, 願을 ᄎᆡ와 일오라.

만(滿) 부 가득히. 충분히. ⇔ᄀᆞ득이. ≪朴諺, 上, 21ㅈ≫懶小厮們一發滿槽子饋草, 게여른 아ᄒᆡ들히 ᄒᆞᆫᄢᅴ 귀유에 ᄀᆞ득이 여믈을 주고. ≪朴諺, 中, 49ㅎ≫擺的滿着, 버리기를 ᄀᆞ득이 호ᄃᆡ.

만(滿) 형 가득하다. ❶⇔ᄀᆞ득ᄒᆞ다. ≪朴諺, 中, 33ㅈ≫滿池荷花香噴噴, 못에 ᄀᆞ득ᄒᆞᆫ 년곳치 향내 ᄲᅮᆷ기더라. ❷⇔ᄀᆞ독ᄒᆞ다. ≪朴諺, 上, 37ㅎ≫滿天星宿一箇月三條繩子由你曳, 하ᄂᆞᆯ에 ᄀᆞ독ᄒᆞᆫ 星宿에 ᄒᆞᆫ ᄃᆞᆯ을 세 오리 노흐로 제대로 ᄭᅳᅀᅳᄂᆞᆫ 거시여. ≪朴諺, 上, 41ㅈ≫滿頭珠翠金廂寶石頭面, 머리에 ᄀᆞ득ᄒᆞᆫ 珠翠와 금으로 寶石에 젼메온 곳갈과. ≪朴諺, 中, 32ㅎ≫栗子·葡萄滿山峪, 밤과 葡萄ㅣ 山峪에 ᄀᆞ독ᄒᆞ여시니. ≪朴諺, 中, 43ㅎ≫滿山果子以爲食, 산에 ᄀᆞ독ᄒᆞᆫ 과실로 ᄡᅥ 食을 삼고. ≪朴諺, 中, 43ㅎ≫亦看樓外滿池荷花,

또 樓外ㅅ 못에 ㄱ득혼 년곳출 보노니. ≪朴諺, 下, 6ㅎ≫滿指甲疙瀼和膿水怎麽當, 손똡의 ㄱ득혼 더딍이와 고롬을 엇디 당ᄒᆞ리오.

만(瞞) 동 속이다. ⇔소기다. ≪朴諺, 中, 47ㅎ≫爲頭兒他瞞別人來, 처엄은 뎨 놈을 소겻더니.

만(謾) 동 속이다. ❶⇔소기다. ≪朴諺, 上, 64ㅈ≫你怎麽謾的我高麗人, 네 엇디 우리 高麗ㅅ 사ᄅᆞᆷ을 소기ᄂᆞ다. ❷⇔속이다. ≪朴諺, 上, 64ㅈ≫你謾不的我, 네 날을 속이디 말라.

-만 조 ❶-만. (한정) ≪朴諺, 上, 31ㅎ≫只還我本錢, 그저 내게 本錢만 갑고. ≪朴諺, 中, 11ㅈ≫一兩日上位郊天去, ᄒᆞᄅᆞ 이틀만 ᄒᆞ면 上位ㅣ 郊天ᄒᆞ라 가실 거시니. ≪朴諺, 中, 58ㅎ≫我只會根兒鮮酒和做醋, 나ᄂᆞᆫ 그저 불회로 鮮酒ᄒᆞ고 초 빗ᄂᆞᆫ 줄만 알고. ≪朴諺, 下, 21ㅎ≫只留下桃核出來, 다만 복셩화 씨만 머므러 두고 나와. ≪朴諺, 下, 23ㅈ≫搭出箇爛骨頭的先生, ᄒᆞᆫ ᄆᆞ르노가 쌔만 잇ᄂᆞᆫ 先生을 건뎌 내니. ≪朴諺, 下, 24ㅈ≫血瀝瀝的腔子立地, 피 뜻듣ᄂᆞᆫ 몸똥만 ᄶᅡ히 셔고. ≪朴諺, 下, 24ㅎ≫只落下一箇虎頭, 그저 ᄒᆞᆫ 범의 머리만 ᄲᅥ러뎌시니. ≪朴諺, 下, 39ㅈ≫接客不如送客, 客을 接호미 客을 送ᄒᆞᄂᆞᆫ 이만 ᄀᆞᆺ디 못ᄒᆞ니. ≪朴諺, 下, 40ㅈ≫只少一口氣, 그저 ᄒᆞᆫ 입긔운만 업드라. ❷-만큼. ≪朴諺, 上, 32ㅎ≫打的半死刺活的, 텨 반만 죽엇다가 되ᄭᅵ여나니. ≪朴諺, 上, 44ㅎ≫待一兩日了也, ᄒᆞᆫ 이틀만 ᄒᆞ면 ᄆᆞᄎᆞ리로다. ≪朴諺, 中, 44ㅈ≫月明紗窓秋夜半, ᄃᆞᆯ이 紗窓에 ᄇᆞᆰ고 ᄀᆞ올 밤이 반만 ᄒᆞᆫ 제.

만겁(萬劫) 명 〈불〉 지극히 오랜 시간. ≪朴諺, 中, 24ㅈ≫萬刼(集覽, 朴集, 中, 6ㅈ: 萬劫. 儒曰世, 釋曰劫〈刼〉, 道曰塵. 一說, 儒家曰數, 道家曰劫〈刼〉, 佛家曰世. 道經云, 天地一成一敗謂之劫〈刼〉. 上天開化, 建五劫〈刼〉紹運, 曰龍漢, 曰赤明, 曰上皇, 曰延康, 曰開皇. 五劫〈刼〉旣周, 復從其始. 又六十年一甲子, 一百年爲一小劫〈刼〉, 一千年爲一中劫〈刼〉, 三中劫〈刼〉爲一大劫〈刼〉. 佛家初劫〈刼〉爲釋迦牟尼佛, 二劫〈刼〉爲寶髻佛, 三劫〈刼〉爲燃燈佛. 漢武帝鑿昆明池, 其底有灰, 帝問東方朔, 對曰, 此劫〈刼〉灰也.)再逢難, 萬劫이라도 다시 만나기 어려오니라.

만과(謾過) 동 속이다. 속여 넘기다. ⇔소기다. ≪朴諺, 下, 25ㅎ≫你待謾過我, 네 ᄒᆞ마 날을 소길랏다.

만궁(挽弓) 동 활시위를 당기다. ≪集覽, 字解, 單字解, 1ㅎ≫扯. 裂也. 正作撦. 又扶執也. 又挽弓曰扯.

만기(萬機) 명 정치상의 온갖 중요한 기틀. ≪朴諺, 下, 38ㅎ≫比丞相(集覽, 朴集, 下, 8ㅎ: 丞相. 元中書省有左右丞相, 任宰相之職〈戠〉, 左右天子平章萬機.)爭甚麽, 丞相에 比컨대 므서시 ᄡᅳ리오.

만나다 동 만나다. ❶⇔당(撞). ≪朴諺, 上, 32ㅎ≫正撞見他的漢子, 졍히 뎌의 남진을 만나 보니. ≪朴諺, 下, 4ㅈ≫撞多少猛虎·毒虫定害, 언머 猛虎·毒虫의 보채ᄂᆞᆫ 거ᄉᆞᆯ 만나며. ❷⇔당착(撞着). ≪朴諺, 下, 25ㅎ≫撞着你, 너를 만나과라. ≪朴諺, 下, 61ㅈ≫撞着射殺, 만나 쏘아 죽기니. ❸⇔봉(逢). ≪朴諺, 中, 19ㅈ≫有緣千里能相會, 인연이 이시면 千里라도 능히 서ᄅᆞ 못ᄂᆞᆺ고. 無緣對面不相逢, 인연이 업스면 ᄂᆞᆺ츨 ᄃᆡᄒᆞ여도 서ᄅᆞ 만나디 못ᄒᆞᄂᆞ니. ≪朴諺, 中, 24ㅈ≫萬刼再逢難, 萬劫이라도 다시 만나기 어려오니라. ≪朴諺, 中, 33ㅈ≫逢山開路遇水迭橋, 山을 만나 길흘 열고 믈을 만나 ᄃᆞ리를 놋ᄂᆞ다 ᄒᆞᄂᆞ니라. ≪朴諺, 下, 4ㅈ≫逢多少惡物刁蹶, 언머 惡物의 ᄂᆞᆷ쁨을 만나시리오. ❹⇔봉착(逢着). ≪朴諺, 上, 1ㅈ≫又逢着這春二三月好時莭(節), 또 이 봄 二三月 됴흔 時莭(節)을 만나시니. ≪朴諺, 下, 54ㅈ≫逢着本府張千帶酒, 本府 張千이 술 쥐호믈 만나. ❺⇔우(遇). ≪朴諺, 下,

51ㅎ≫也不願遇文王, 또 文王 만나믈 願티 아니ᄒᆞ고. ❻⇔착(着). ≪朴諺, 上, 42ㅎ≫正着了也多尋鈔, 졍히 만나시니 錢鈔를 만히 어드리로다.

만다라(曼茶羅) 명 〈불〉 부처나 보살의 상을 모시고 예배하며 공양하는 단(壇). ≪朴諺, 下, 8ㅈ≫那壇主(集覽, 朴集, 下, 2ㅎ: 壇主. 飜譯名義云, 梵言曼〈漫〉茶羅, 此云壇. 謂主場說法者曰壇主.)是高麗師傅, 뎌 壇主는 이 高麗ㅅ 師傅ㅣ라.

만다라(漫茶羅) 명 만다라(曼茶羅). '漫'은 '曼'의 다른 표기. ≪朴諺, 下, 8ㅈ≫那壇主(集覽, 朴集, 下, 2ㅎ: 壇主. 飜譯名義云, 梵言曼〈漫〉茶羅, 此云壇. 謂主場說法者曰壇主.)是高麗師傅, 뎌 壇主는 이 高麗ㅅ 師傅ㅣ라.

만도람이 명 맨드라미. ⇔계관(鷄冠). ≪朴諺, 中, 54ㅎ≫這鷄冠紅綉四花做搭護, 이 만도람이빗체 四花 슈ᄒᆞᆫ 거스란 더그레 짓고.

만도람이빗ᄎᆞ 명 맨드라미꽃의 빛깔. 붉은색. ⇔계관홍(鷄冠紅). ≪朴諺, 中, 54ㅎ≫這鷄冠紅綉四花做搭護, 이 만도람이빗체 四花 슈ᄒᆞᆫ 거스란 더그레 짓고.

만두(饅頭) 명 만두. ⇔상화. ≪朴諺, 上, 7ㅈ≫第七道粉湯·饅頭, 第七道는 스면과 상화를 ᄒᆞ면. ≪朴諺, 下, 32ㅈ≫羊肉餡饅頭, 羊肉 소 녀흔 상화과.

만랄교(滿剌嬌) 명 만자교(滿刺嬌). '剌'은 '刺'의 잘못. ≪朴諺, 上, 24ㅎ≫綹着一副鴉青段子滿剌(刺)嬌(集覽, 朴集, 上, 8ㅈ: 滿剌〈刺〉嬌. 質問云, 以蓮花·荷葉·藕〈耦〉·鴛鴦·蜂蝶之屬〈形〉, 或用五色絨綉, 或用彩色畫於段帛上, 謂之滿池嬌. 今按, 剌〈刺〉, 新舊原本皆作池, 今詳文義, 作剌〈刺〉是. 池與〈与〉剌〈刺〉音相近而訛.)護膝, ᄒᆞᆫ 부 야쳥 비단에 滿剌(刺)嬌 ᄒᆞᆫ 슬갑을 ᄆᆡ엿고.

만료(滿了) 동 차다(滿). ⇔ᄎᆞ다. ≪朴諺, 中, 46ㅈ≫滿了一任時, ᄒᆞᆫ 벼슬이 ᄎᆞ든.

만리(萬里) 명 천 리의 열 갑절. 곧, 매우 먼 거리. ≪朴諺, 上, 32ㅎ≫一箇和尙(集覽, 朴集, 上, 9ㅎ: 和尙. 萬里相和曰和, 外道相尙曰尙. 又和者, 太和也, 尙者, 高尙也.)偷弄別人的媳婦, ᄒᆞᆫ 즁이 ᄂᆞᆷ의 겨집을 도적ᄒᆞ여 어ᄅᆞ노라.

만만(慢慢) 부 천천히. 느리게. 더디게. ❶⇔날호여. ≪朴諺, 上, 43ㅎ≫慢慢的把盞, 날호여 잔을 자브마. ≪朴諺, 下, 4ㅎ≫慢慢的到江南沿門布施, 날호여 江南의 가 집마다 보시ᄒᆞ여. ≪朴諺, 下, 12ㅎ≫我慢慢的旋指分, 내 날호여 ᄀᆞᆺ곰 긔결ᄒᆞ마. ≪朴諺, 下, 51ㅈ≫慢慢的將鈎兒垂下水裡去時, 날호여 낙시를다가 믈에 들이오면. ❷⇔날회여. ≪集覽, 字解, 單字解, 1ㅎ≫慢. 緩也. 慢慢的 날회여, 慢著 날회라. ≪朴諺, 上, 35ㅎ≫慢慢的將息却不好, 날회여 됴리ᄒᆞ면 또 됴티 아니ᄒᆞ랴. ≪朴諺, 上, 39ㅈ≫慢慢的牽將去, 날회여 잇ᄭᅳ러 가. ≪朴諺, 上, 48ㅈ≫到家慢慢的與你洗塵, 집의 가 날회여 네게 마지ᄒᆞ마. ≪朴諺, 上, 52ㅎ≫慢慢的說話, 날회여 말ᄒᆞ쟈. ≪朴諺, 中, 12ㅎ≫我慢慢的跟駕去, 내 날회여 대가를 ᄯᆞ로와 가마. ≪朴諺, 中, 40ㅈ≫你兩箇小厮慢慢的上去, 너두 아ᄒᆡ 날회여 올라가.

만만(灣灣) 형 굽은 모양. ≪朴諺, 中, 32ㅈ≫灣灣曲曲的路, 灣灣 曲曲ᄒᆞᆫ 길히오.

만만곡곡(灣灣曲曲) 형 곧지 않다. 구불구불하다. ≪朴諺, 中, 32ㅈ≫灣灣曲曲的路, 灣灣 曲曲ᄒᆞᆫ 길히오.

만만아(慢慢兒) 부 천천히. 느리게. ⇔날회여. ≪朴諺, 上, 10ㅎ≫着石杵慢慢兒打, 돌고로다가 날회여 다이되. ≪朴諺, 中, 40ㅈ≫你慢慢兒走, 네 날회여 ᄃᆞᆫ니라. ≪朴諺, 中, 51ㅎ≫我慢慢兒沿着人家房簷底下, 내 날회여 人家 쳠하를 조차.

만물(萬物) 명 세상에 있는 모든 것. ≪朴諺, 上, 10ㅈ≫後日是天赦日(集覽, 朴集, 上, 5ㅈ: 天赦日. 春戊寅·夏甲午·秋戊申·冬甲子, 謂天道生育萬物而宥其罪也. 甲戌爲陽干之德, 子午爲陰陽之成, 寅申

爲陰陽之立, 以干德配之爲赦也, 可修造起工〈土〉.), 모뢰는 이 天赦日이니. ≪朴諺, 下, 42ㅎ≫仵作(集覽, 朴集, 下, 9ㅈ: 仵作. 爾雅曰, 偶者, 合也. 陰陽相合則成偶, 謂得中也. 仵字從人從午, 萬物至午則中正, 又午位屬火, 破諸幽暗, 所以仵作名中人也.)家, 仵作의 집의.

만민(萬民) 명 모든 백성. 또는 모든 사람. ≪朴諺, 中, 23ㅎ≫萬民無搔擾之憂, 萬民이 搔擾ᄒᆞ는 근심이 업고.

만법(萬法) 명 온갖 법률이나 규칙. ≪朴諺, 下, 27ㅎ≫寸心不昧, 寸心이 어둡디 아니ᄒᆞ면. 萬法皆明, 萬法이 다 ᄇᆞᆰᄂᆞ니라.

만사(萬事) 명 온갖 일. 여러 가지 일. ≪朴諺, 上, 56ㅎ≫萬事不由人計較, 萬事ㅣ 사ᄅᆞᆷ의 計較를 말ᄆᆡ암디 아니ᄒᆞᄂᆞ니라. ≪朴諺, 中, 53ㅈ≫福不至萬事難, 福이 니ᄅᆞ디 아니면 萬事ㅣ 어렵다 ᄒᆞᄂᆞ니라. ≪朴諺, 下, 43ㅎ≫三寸氣在千般有, 三寸氣ㅣ 이시매 쳔 가지나 잇다가. 一日無常萬事休, 一日에 常이 업ᄉᆞ면 萬事ㅣ 休ᄒᆞᄂᆞ니라.

만사불유인계교(萬事不由人計較) 구 온갖 일은 사람의 마음대로 되지 않는다는 뜻. ≪朴諺, 上, 56ㅎ≫萬事不由人計較, 萬事ㅣ 사ᄅᆞᆷ의 計較를 말ᄆᆡ암디 아니ᄒᆞᄂᆞ니라.

만세(萬歲) 명 경축하거나 환호(歡呼)하여 외치는 말. ≪朴諺, 中, 52ㅈ≫年時牢子們走(集覽, 朴集, 中, 8ㅎ: 牢子走. 在大都則自河西務起程, 若上都則自泥河兒起程, 越三時, 走一百八十里, 直抵御前, 俯伏呼萬歲.)的你見來麽, 젼년에 牢子들희 ᄃᆞ름질을 네 본다.

만수(滿水) 동 물에 가득 차다. ≪朴諺, 下, 51ㅎ≫也不想李白撈月(集覽, 朴集, 下, 11ㅎ: 李白撈月. 李白, 唐玄宗朝詩人也. 泛釆石江, 見月影滿水, 以手弄月, 身飜〈翻〉而死.), 또 李白의 撈月을 ᄉᆡᇰ각디 아니ᄒᆞ고.

만실(滿室) 형 방 안에 가득하다. ≪朴諺, 下, 16ㅎ≫買趙太祖飛龍記(集覽, 朴集, 下, 3ㅎ: 趙太祖飛龍記. 宋太祖, 姓趙, 名匡胤. 母昭獻皇后夢日入懷而孕. 誕生之夕, 赤光滿室, 異香馥郁.), 趙太祖의 飛龍記와.

만안(滿眼) 명 시야 전체. 모든 시야. ≪朴諺, 上, 62ㅎ≫遠望滿眼景致, 멀리 ᄇᆞ라매 滿眼 景致ㅣ.

만월(滿月) 동 달이 차다. 갓난애가 태어난 지 만 한 달이 되다. ⇔ᄃᆞᆯᄎᆞ다. ≪朴諺, 上, 50ㅈ≫滿月(集覽, 朴集, 上, 13ㅎ: 滿月. 産書云, 分娩未滿月, 恣食生冷粘·硬果·菜·肥膩魚·肉之物, 當時雖未覺大〈有〉損, 滿月之後, 卽成蓐勞. 質問云, 産婦一箇月不出門, 不生理, 只補養本身, 一月之後出門, 又吃〈喫〉喜酒. 今按, 喜酒者, 賀生兒之宴.)過了時喫的不妨事, ᄃᆞᆯ이 차 디나면 먹어도 일에 해롭디 아니ᄒᆞ리라.

만월(滿月) 명 보름달. ≪朴諺, 中, 23ㅈ≫面圓璧月(集覽, 朴集, 中, 6ㅈ: 面圓璧月. 璧, 天生瑞玉, 盈尺餘, 形圓者也. 佛八十種好, 云面圓淨如滿月.), ᄂᆞᆺ춘 壁(璧)月ᄀᆞ티 두렷ᄒᆞ고.

만월일(滿月日) 명 만 한 달[滿月]이 되는 날. 곧, 갓난애가 태어난 지 한 달이 되는 날. ⇔ᄃᆞᆯ촌날. ≪朴諺, 上, 50ㅈ≫滿月日老娘來, ᄃᆞᆯ이 촌 날에 老娘이 와.

만일 부 만일. ❶⇔가여(假如). ≪朴諺, 中, 28ㅈ≫假如明日事發起來時, 만일 明日에 일이 니러나면. ❷⇔약(若). ≪朴諺, 上, 19ㅈ≫若廂的好時, 만일 젼메오기를 잘ᄒᆞ면. ≪朴諺, 中, 23ㅎ≫若人有難, 만일 사ᄅᆞᆷ이 어려옴이 잇거든. ≪朴諺, 中, 25ㅈ≫我若出直房來, 내 만일 直房으로셔 나와. ≪朴諺, 中, 28ㅈ≫若作非理必受其殃, 만일 非理엣 일을 ᄒᆞ면 반ᄃᆞ시 그 앙화를 밧는다 ᄒᆞ니. ≪朴諺, 中, 28ㅈ≫若官司知道時, 만일 官司ㅣ 알면. ≪朴諺, 中, 44ㅈ≫若你也到我樓上, 만일 너도 내

樓上에 오면. ❸⇔여(如). ≪朴諺, 上, 54ㅈ≫如至日無錢歸還, 만일 날이 다드라 갑흘 돈이 업ᄉᆞ면. ≪朴諺, 上, 54ㅎ≫如借錢人無物准與, 만일 돈 ᄡᅳᆫ 사ᄅᆞᆷ이 准與홀 써시 업ᄉᆞ면. ≪朴諺, 中, 10ㅈ≫如賣已後, 만일 ᄑᆞᆫ 후에. ≪朴諺, 中, 39ㅎ≫如至日無錢送納, 만일 날이 다ᄃᆞ라 送納홀 돈이 업스면. ≪朴諺, 下, 12ㅈ≫如書到日, 만일 글이 니ᄅᆞᄂᆞᆫ 날이면.

만자교(滿刺嬌) 명 원대(元代)에 황제의 옷에 오색(五色)으로 수놓은 무늬. 연못에 있는 여러 가지 동식물의 모양을 수놓았다. ≪朴諺, 上, 24ㅎ≫紵着一副鴉青段子滿剌(刺)嬌(集覽, 朴集, 上, 8ㅈ: 滿剌〈刺〉嬌. 質問云, 以蓮花·荷葉·藕〈耦〉·鴛鴦·蜂蝶之屬〈形〉, 或用五色絨綉, 或用彩色畫於段帛上, 謂之滿池嬌. 今按, 剌〈刺〉, 新舊原本皆作池, 今詳文義, 作剌〈刺〉是. 池與〈与〉剌〈刺〉音相近而訛.)護膝, ᄒᆞᆫ 부 야쳥 비단에 滿剌(刺)嬌 ᄒᆞᆫ 슬갑을 ᄆᆡ엿고.

만장간(萬丈澗) 명 중국의 소설 서유기(西遊記)에 나오는, 화과산(花菓山) 수렴동(水簾洞) 앞 철판교(鐵板橋) 아래에 있는 계곡 이름. ≪朴諺, 下, 17ㅈ≫唐三藏引孫行者(集覽, 朴集, 下, 4ㅈ: 孫行者. 西遊記云, 西域有花菓山, 山下有水簾洞, 洞前有鐵板橋, 橋下有萬丈澗, 澗邊有萬箇小洞, 洞裏多猴. 有老猴精, 號齊天大聖, 神通廣大, 入天宮仙桃園偷蟠桃, 又偷老君靈丹藥, 又去王母宮偷王母綉仙衣一套, 來設慶仙衣會.), 唐三藏이 孫行者를 ᄃᆞ리고.

만지교(滿池嬌) 명 만자교(滿刺嬌). '池'는 '刺'의 다른 표기. ≪朴諺, 上, 24ㅎ≫紵着一副鴉青段子滿剌(刺)嬌(集覽, 朴集, 上, 8ㅈ: 滿剌〈刺〉嬌. 質問云, 以蓮花·荷葉·藕〈耦〉·鴛鴦·蜂蝶之屬〈形〉, 或用五色絨綉, 或用彩色畫於段帛上, 謂之滿池嬌.)護膝, ᄒᆞᆫ 부 야쳥 비단에 滿剌(刺)嬌 ᄒᆞᆫ 슬갑을 ᄆᆡ엿고.

만착(慢着) 동 천천히 하다. 느리게 하다. ⇔날회다. ≪集覽, 字解, 單字解, 1ㅎ≫慢. 緩也. 慢慢的 날회여, 慢著 날회라. ≪朴諺, 中, 54ㅈ≫且慢着我看, 아직 날회라 내 보쟈.

만천(萬千) 명 만이나 천으로 헤아릴 만큼 많은 수. ≪朴諺, 中, 53ㅈ≫萬千人裏頭, 萬千 人에셔.

만천하(滿天下) 명 온 천하. ≪集覽, 字解, 累字解, 1ㅎ≫相識. 俗稱相識, 滿天下知心能幾人, 謂朋友也.

만청(蔓菁) 명 순무. ⇔쉿무우. ≪朴諺, 中, 33ㅎ≫蘿蔔, 댓무우. 蔓菁, 쉿무우. 萵苣, 부로. 葵菜, 아혹. 白菜, ᄇᆡᆨ치. 赤根菜, 시근치. 園荽, 고싀. 蓼子, 역괴. 葱, 파. 蒜, 마ᄂᆞᆯ. 薤, 부치. 荊芥, 형개. 薄荷, 박하. 茼蒿, 믈쑥. 水蘿蔔, 믈한댓무우. 胡蘿蔔, 노론댓무우. 芋頭, 토란. 紫蘇都種來, 紫蘇를 다 시므라.

-만치 조 -만치. -만큼. ⇔내(來). ≪朴諺, 上, 19ㅎ≫圓眼來大的好明淨, 龍眼만치 크고 ᄀᆞ장 明淨ᄒᆞ니라. ≪朴諺, 中, 27ㅎ≫將豆子來大的明眞珠一百顆來儅, 콩만치 큰 ᄇᆞᆯ근 眞珠 一百 낫출 가져다가 뎐당ᄒᆞ거늘. ≪朴諺, 下, 23ㅈ≫行者變做五寸來大的胡孫, 行者ㅣ 변ᄒᆞ여 五寸만치 큰 진납이 되여. ≪朴諺, 下, 26ㅎ≫黃豆來大的, 콩만치 크고. ≪朴諺, 下, 46ㅈ≫簸箕來大一對耳朶, 키만치 크게 ᄒᆞᆫ ᄒᆞᆫ 빵 귓바회와.

만타 형 많다. ⇔다(多). ≪朴諺, 下, 1ㅎ≫休道黃金貴, 黃金을 귀타 니ᄅᆞ디 말라. 安樂直錢多, 安樂호미 갑시 만타 ᄒᆞ니라.

만행(萬行) 명 〈불〉 불교도나 수행자들이 지켜야 할 온갖 행동. ≪朴諺, 下, 9ㅎ≫入寺敬三寶(集覽, 朴集, 下, 3ㅈ: 三寶. 又法數云, 十號圓明, 萬行具足, 天龍戴仰, 稱無上尊, 卽佛寶也.), 뎔에 드러ᄂᆞᆫ 三寶를 敬ᄒᆞ고.

만호(萬戶) 명 매우 많은 집. ≪朴諺, 下, 49ㅈ≫好女不看燈(集覽, 朴集, 下, 11ㅈ: 好女不看燈. 其寺觀街巷, 燈明若晝. 士

女夜遊, 車馬塞路, 有足不躡地浮行數十步者. 阡陌縱橫, 城闉不禁, 五陵年少, 滿路行歌, 萬戶千門, 笙簧未撤.), 好女는 看燈 아니흔다 흐느니라.

만회(萬迴) 명 당대(唐代)의 고승(高僧). 괵주(虢州) 문향(閿鄉) 사람. 속성(俗姓)은 장씨(張氏). 만회(萬回)라고도 한다. 호는 법운공(法雲公). 사호(賜號)는 국공(國公). 무후(武后) 때 내도량(內道場)에 들어왔으며, 안락공주(安樂公主)의 역모와 현종(玄宗)의 등극을 예언하였다. ≪朴諺, 中, 22ㅈ≫起浮屠於泗水之間(集覽, 朴集, 中, 5ㅈ: 起浮屠於泗水之間. 中宗問萬迴和尙曰, 僧伽是何人. 迴曰, 觀音化身.), 浮屠를 泗水ㅅ 亽이에 니르혀고.

만히 부 많이. ❶⇔다(多). ≪朴諺, 上, 19ㅎ≫儅那偌多做甚麽, 뎌리 만히 典儅흐여 므슴 흐려 흐는다. 多儅時多贖, 만히 典儅흐면 만히 갑고. ≪朴諺, 上, 39ㅎ≫刮的多頭疼, 긁빗기기를 만히 흐면 머리 알프느니라. ≪朴諺, 上, 42ㅎ≫正着了也多尋鈔, 졍히 만나시니 錢鈔를 만히 어드리로다. ≪朴諺, 上, 53ㅎ≫我多與你賞錢, 내 만히 너를 賞錢을 주리라. ≪朴諺, 中, 2ㅎ≫多有節(節)子, 공이 만히 잇고. ≪朴諺, 中, 3ㅈ≫這橫子多直的一兩銀儘勾也, 이 橫 만히 싸야 흔 냥 銀이 잇긋 유여흐거늘. ≪朴諺, 中, 6ㅈ≫休多要你的, 네게도 만히 말고. ≪朴諺, 中, 9ㅈ≫更沒多騎鋪馬, 또 鋪馬를 만히 틈이 업고. ≪朴諺, 中, 15ㅎ≫燒酒和黃酒多喫了, 燒酒와 黃酒를 만히 먹고. 生果子也多喫了, 싱과실도 만히 먹고. ≪朴諺, 中, 17ㅈ≫重意的多與將來, 重흔 뜻으로 만히 주어 가져오니. 我這裏好生多喫了, 내 예셔 ᄀ장 만히 먹을와. ≪朴諺, 中, 40ㅎ≫多有破的, 쌔야디니 만히 잇다. ≪朴諺, 中, 60ㅈ≫你多與他些物, 네 만히 뎌를 인졍을 주고. ≪朴諺, 下, 44ㅈ≫不要多也不要少了, 만히도 말고 젹게도 말아. ≪朴諺, 下, 45ㅈ≫黑夜不敢喫多, 밤이니 감히 먹기를 만히 못흘로다. ❷⇔다다(多多). ≪朴諺, 上, 44ㅈ≫多多的與你人事, 만히 네게 人事흐마. ≪朴諺, 下, 30ㅈ≫多多的賞你, 만히 네게 샹호리라.

만흐다 형 많다. ❶⇔광(廣). ≪朴諺, 上, 55ㅈ≫東角頭牙家去處廣, 동녁 모롱이에 즈름 가는 딕 만흐니. ❷⇔다(多). ≪朴諺, 上, 2ㅈ≫酒京城槽房雖然多, 술은 京城에 술집이 비록 만흐나. ≪朴諺, 上, 22ㅎ≫你的殺子多沒眼碁, 네 주긴 몰이 만흐니 눈 업슨 바독이로다. ≪朴諺, 中, 17ㅎ≫又沒多, 또 만티 아니흐이다. ≪朴諺, 下, 40ㅈ≫他家裏事多, 뎨 집의 일이 만흐니. ❸⇔대(大). ≪朴諺, 上, 9ㅎ≫今年雨水十分大, 올히 雨水ㅣ ᄀ장 만흐여.

만흐다(慢-) 형 게으르다. 게으름을 피우다. ⇔만(慢). ≪朴諺, 中, 60ㅎ≫緊不的慢不的, 緊흐여도 아니흐고 慢흐여도 아니흐니.

-만흐다 접미 -만하다. ≪集覽, 字解, 單字解, 4ㅈ≫來. 來往. 又語助. 你來 이바, 夜來 어제, 有來 잇더라, 去來 가다. 又數物而有餘數, 未的知之辭. 十來箇 여라믄, 十里來地 십 리만흔 딕, 十來日 여라믄 날. ≪朴諺, 中, 1ㅈ≫停柱來麄細的, 기동만흔 굴긔예.

많다 형 많다. ❶⇔다(多). ≪朴諺, 上, 46ㅎ≫謝你將偌多布匹來, 네 만흔 布匹 가져옴을 謝흐노라. ≪朴諺, 下, 4ㅈ≫正是好人魔障多, 졍히 됴흔 사름은 魔障이 만흔디라. ❷⇔대(大). ≪朴諺, 中, 57ㅈ≫女的價錢大, 암은 갑시 만흐니라. ≪朴諺, 下, 26ㅎ≫好顏色圓淨的價錢大, 빗 됴코 圓淨흐니는 갑시 만흔디라. ❸⇔야다(偌多). ≪朴諺, 中, 53ㅈ≫得偌多賞賜, 만흔 賞賜를 엇도다. 休道是偌多鈔錠段子, 이 만흔 鈔錠과 비단을 니르디 말라.

말 명 말[語]. ❶⇔사(詞). ≪朴諺, 上, 54ㅎ≫照依時價准折無詞, 時價에 照依흐야 准折흐야도 말 못흐고. ≪朴諺, 中, 10ㅈ≫賣主一面承當不詞, 픈 님재 一面으로 承

當ᄒᆞ야 말 못ᄒᆞ고. ≪朴諺, 中, 39ㅎ≫准折無詞, 准折ᄒᆞ여도 말 못ᄒᆞ리라. ❷⇔설화(說話). ≪朴諺, 上, 21ㅈ≫那不會說話的頭口們喂不到, 뎌 말 못ᄒᆞᄂᆞᆫ 즘승들흘 먹이기ᄅᆞᆯ 이긋 못ᄒᆞ니. ❸⇔언(言). ≪朴諺, 上, 24ㅈ≫咱休別了兄長之言, 우리 兄長의 말을 변티 말고. ≪朴諺, 下, 60ㅎ≫咱婦人家也聽的這衆人之言, 우리 婦人도 이 衆人의 말을 드ᄅᆞ니. ≪朴諺, 下, 62ㅈ≫古人有言, 古人이 말을 두되. ❹⇔언어(言語). ≪朴諺, 中, 14ㅎ≫我不會漢兒言語, 내 한말을 아디 못ᄒᆞ고. ≪朴諺, 中, 49ㅈ≫說這般作怪的言語, 이런 괴이ᄒᆞᆫ 말을 닐ᄋᆞᄂᆞᆫ고나. ≪朴諺, 中, 50ㅈ≫不敢違了姐姐的言語, 감히 姐姐의 말을 어긔오디 말고. ≪朴諺, 中, 50ㅈ≫也不要違了我的言語, 또 내 말을 어긔오디 마쟈. ≪朴諺, 下, 26ㅈ≫我不敢言語, 내 감히 말 못호리라. ❺⇔화(話). ≪朴諺, 上, 14ㅈ≫話不說不知木不鑽不透, 말을 니ᄅᆞ디 아니면 아디 못ᄒᆞ고 남글 뚤디 아니면 ᄉᆞᄆᆞᆺ디 아닌ᄂᆞᆫ다 ᄒᆞ니라. ≪朴諺, 上, 14ㅎ≫你說甚麽話, 네 므슴 말을 니ᄅᆞᄂᆞᆫ다. ≪朴諺, 上, 24ㅈ≫有甚麽話說, 므슴 말을 닐옴이 이시리오. ≪朴諺, 上, 49ㅎ≫你說甚麽話, 네 므슴 말 니ᄅᆞᄂᆞᆫ다. ≪朴諺, 上, 52ㅎ≫相公有甚麽話, 相公아 므슴 말이 이셔. ≪朴諺, 上, 63ㅈ≫一遍也不曾說知心腹的話, ᄒᆞᆫ 변도 일즉 心腹 아ᄂᆞᆫ 말을 니ᄅᆞ디 못ᄒᆞ여시니. ≪朴諺, 上, 64ㅎ≫要甚麽多話, 므슴ᄒᆞ라 말 한 양 ᄒᆞ리오. ≪朴諺, 中, 4ㅎ≫那的有甚麽話說, 긔야 므슴 말을 니ᄅᆞ미 이시리오. ≪朴諺, 中, 18ㅈ≫咳你說甚麽話, 애 네 므슴 말을 니ᄅᆞᄂᆞᆫ다. ≪朴諺, 中, 18ㅈ≫再來休說這般不曉事的話, ᄂᆡ여란 이런 일 모로ᄂᆞᆫ 말 니ᄅᆞ디 말라. ≪朴諺, 中, 31ㅈ≫哥你說甚麽話, 형아 네 므슴 말을 니ᄅᆞᄂᆞᆫ다. ≪朴諺, 中, 37ㅈ≫說甚麽閑話, 므슴 힘힘ᄒᆞᆫ 말을 니ᄅᆞᄂᆞᆫ다. ≪朴諺, 中, 50ㅎ≫擺忙裏說甚麽閑話來, 밧븐듸 므슴 힘힘ᄒᆞᆫ 말 닐ᄋᆞ리오. ≪朴諺, 下, 6ㅈ≫你說甚麽話, 네 므슴 말 니ᄅᆞᄂᆞᆫ다.

말 명 말[斗]. ⇔두(斗). ≪朴諺, 上, 12ㅎ≫與他一百箇斗子(集覽, 朴集, 上, 5ㅎ: 斗子. 執斗槩量穀之人.〈槩, 卽平斗斛木〉.)錢, 뎌를 一百 낫 말 되는 갑슬 주고. ≪朴諺, 上, 12ㅎ≫斗量時不勾, 말로 되면 ᄎᆞ디 못ᄒᆞ리라. ≪朴諺, 中, 6ㅈ≫諸般菜蔬·鷄鴠和升·斗·等子, 여러 가지 ᄂᆞ믈과 ᄃᆞᆰ긔알과 되과 말과 저울을. ≪朴諺, 下, 36ㅈ≫人不可貌相, 사ᄅᆞᆷ은 가히 얼굴로 상티 못ᄒᆞ고. 海不可斗量, 바다흔 가히 말로 되디 못ᄒᆞᆫ다 ᄒᆞ니.

말 의 말[斗]. ⇔두(斗). ≪朴諺, 中, 14ㅈ≫黑豆一錢銀子二斗, 거믄콩은 ᄒᆞᆫ 돈 은에 두 말이오.

말(末) 명 ❶중국의 전통 극에서의 중년 남자 배역. 송대(宋代) 잡극(雜劇)에 등장하기 시작하였고, 원대(元代)의 잡극에서의 정말(正末)은 정단(正旦)과 함께 중요한 배역의 하나였다. 경극(京劇)에서의 노생(老生)과 같은 종류에 속한다. ≪朴諺, 上, 5ㅎ≫叫教坊司十數箇樂工和做院本(集覽, 朴集, 上, 2ㅎ: 院本. 院本則五人, 一曰副淨, 古謂之衆軍, 一曰副末, 古謂之蒼鶻, 鶻能擊禽鳥, 末可打副淨, 古(故)云, 一曰引戲, 一曰末泥, 一曰孤裝, 又謂之五花爨弄. 或曰, 宋徽宗見爨國人來朝, 衣裝·鞵履·巾裹, 傅粉墨, 擧動如此, 使優人効之以爲戲. 其間副淨有散說, 有道念, 有筋斗, 有科範. 盖古教坊色長有魏·武·劉三人, 而魏長於念誦, 武長於筋斗, 劉長於科範, 至今樂人皆宗之. 質問云, 院本有曰外, 或粧先生·採訪使·考試官·老人·達達之類, 皆是外扮, 曰淨, 有男淨·有女淨, 亦做醜態, 專一弄言取人歡笑, 曰末, 粧扮不一, 初則開場白說, 或粧家人·祗候, 或扮使臣之類, 曰丑, 狂言戲弄, 或粧醉漢·太醫·吏員·媒婆之類.)諸般雜技的來, 教坊司의 여라믄 樂工과 院本에 여러 가지 雜技ᄒᆞᄂᆞ니를 블러오라.

❷가루[粉]. ⇔ᄀᆞᄅᆞ. ≪朴諺, 上, 7ㅈ≫都着些細料物(集覽, 朴集. 上, 3ㅎ: 細料物. 事林廣記食饌類, 細料物, 官桂·良薑·蓽撥草·豆蔻·陳皮·縮砂仁〈砂仁〉·八角·茴香各一兩, 川椒二兩, 杏仁五兩, 甘草一兩半, 白檀末半兩. 右共爲細末用之.), 다 져기 ᄀᆞᄂᆞᆫ 교토를 두고. ≪朴諺, 中, 6ㅈ≫醋, 초와. 醬, 장과. 塩, 소금과. 芥末, 계ᄌᆞ ᄀᆞᄅᆞ와. 葱, 파과. 蒜, 마ᄂᆞᆯ과. 薤菜, 부칙와, 油, 기름과. 生蘿蔔, ᄂᆞᆺ무우과. 瓜, 외와. 茄等, 가지 등.

말(抹) 동 두르다. ❶⇔도로다. ≪朴諺, 上, 27ㅈ≫鴨綠羅納繡獅子的抹口青絨氈襪上, 鴨頭綠 羅에 獅子를 繡ᄒᆞ야 깃 도론 프른 부드러온 시욹청에. ❷⇔두로다. ≪朴諺, 上, 24ㅎ≫五綵繡麒麟柳綠紵絲抹口的靴子, 五綵로 猉獜을 繡ᄒᆞ고 柳綠 빗체 비단으로 부리 두론 훠ᄋᆞ에. ≪朴諺, 上, 25ㅎ≫明綠抹絨胷背的比甲, 明綠 빗치 융ᄉᆞ로 ᄀᆞ 두론 胷背 比甲과.

말(抹) 동 스치다. 문지르다. ⇔슷다. ≪朴諺, 下, 6ㅈ≫將泥鏝來再抹的光着, 쇠손 가져다가 다시 스서 번번이 ᄒᆞ라.

말(襪) 명 버선. ⇔청. ≪朴諺, 上, 24ㅎ≫白絨氈襪上, 흰 부드러온 시욹청에. ≪朴諺, 上, 27ㅈ≫鴨綠羅納繡獅子的抹口青絨氈襪上, 鴨頭綠 羅에 獅子를 繡ᄒᆞ야 깃 도론 프른 부드러온 시욹청에.

말니(末泥) 명 송대(宋代)의 잡극(雜劇)과 금대(金代) 원본(院本)에서 노인(老人)역을 맡은 배우. ≪朴諺, 上, 5ㅎ≫叫教坊司十數箇樂工和做院本(集覽, 朴集, 上, 2ㅎ: 院本. 院本則五人, 一曰副淨, 古謂之參軍, 一曰副末, 古謂之蒼鶻, 鶻能擊禽鳥, 末可打副淨, 古(故)云, 一曰引戲, 一曰末泥, 一曰孤裝, 又謂之五花爨弄. 或曰, 宋徽宗見爨國人來朝, 衣裝·鞵履·巾裹, 傅粉墨, 舉動如此, 使優人効之以爲戲. 其間副淨有散說, 有道念, 有筋斗, 有科範. 盖古教坊色長有魏·武·劉三人, 而魏長於念誦, 武長於筋斗, 劉長於科範, 至今樂人皆宗之.)諸般雜技的來, 教坊司의 여라믄 樂工과 院本에 여러 가지 雜技ᄒᆞᄂᆞ니를 블러오라.

말다 동 말다 ❶⇔불(不). ≪朴諺, 上, 54ㅈ≫不致拖欠, 믄그어 떠ᄅᆞ팀애 니ᄅᆞ게 말고. ❷⇔불요(不要). ≪朴諺, 上, 10ㅎ≫不要忙, 밧바 말고. ≪朴諺, 上, 13ㅈ≫不要小車, 적은 술위란 말고. ≪朴諺, 上, 15ㅎ≫不要別摻鐵, 다른 鐵란 말고. ≪朴諺, 上, 15ㅎ≫刃兒不要忒厚了, ᄂᆞᆯ을 너무 두터이 말고. ≪朴諺, 上, 43ㅈ≫不要紙金要五錢皮金, 紙金으란 말고 닷 돈 皮金을 ᄒᆞ고. ≪朴諺, 中, 55ㅈ≫紐子不要底似(注: 底似, 너모)大恰好着, 돌마기를 너모 크게 말고 마치 됴케 ᄒᆞ라. ≪朴諺, 下, 5ㅈ≫都不要, 다 말고. ≪朴諺, 下, 44ㅈ≫不要多也不要少了, 만히도 말고 적게도 말아. ❸⇔파(罷). ≪朴諺, 上, 64ㅎ≫不肯時罷, 즐기디 아니면 마쟈. ≪朴諺, 中, 3ㅈ≫罷麽相公, 마ᄅᆞ쇼셔 相公아. ≪朴諺, 中, 57ㅎ≫你也不買便罷, 너도 사디 아니커든 곳 말라. ❹⇔휴(休). ≪集覽, 字解, 單字解, 1ㅈ≫休. 禁止之辭. 休去 가디 말라. ≪朴諺, 上, 34ㅎ≫你休怪, 네 허믈 말라. ≪朴諺, 上, 43ㅈ≫這的你休愁, 이란 네 근심 말라. ≪朴諺, 上, 45ㅎ≫你休撒㦖, 네 게얼리 말고. 街上休遊蕩, 거리에 遊蕩티 말고. ≪朴諺, 上, 47ㅎ≫你休怪, 네 허믈 말라. ≪朴諺, 上, 52ㅈ≫大舍休怪, 大舍ㅣ아 허믈 말라. ≪朴諺, 中, 6ㅈ≫休多要你的, 네게도 만히 말고. 休少了我的便是, 우리게도 적게 말미 곳 올흐니라. ≪朴諺, 中, 19ㅈ≫你且休忙休心焦, 네 아직 밧바 말고 ᄆᆞᄋᆞᆷ을 틔오디 말라. ≪朴諺, 中, 24ㅎ≫街上休撒潑皮, 거리예 가 보피로온 톄 말고. ≪朴諺, 中, 30ㅈ≫飯湯休着冷了, 밥과 탕을 ᄎᆞ게 말라. ≪朴諺, 下, 1ㅎ≫休煩惱, 서그러 말라. ≪朴諺, 下, 4ㅎ≫師傅你也休忙, 師傅ㅣ아 너도 밧바 말고. ≪朴諺, 下, 15ㅈ≫跟官人時休撒㦖, 官人을 조촐쟉시면 게

어리 말고. ≪朴諺, 下, 27ㅈ≫你休自誇我知道, 네 손ᄌ 쟈랑 말라 내 아노라. ≪朴諺, 下, 33ㅎ≫只要乾淨休着冷了, 그저 간졍히 ᄒ고 ᄎ게 말라.

말다 보동 말다. ❶⇔막(莫). ≪朴諺, 中, 25ㅈ≫常防賊心莫偸他物, 샹히 도적 ᄆ옴을 막고 눔의 것 도적디 말라 ᄒᄂ니라. ❷⇔부득(不得). ≪朴諺, 上, 24ㅈ≫定體已後不得改別, 定體ᄒᆫ 후의 改別티 마쟈. ❸⇔불(不). ≪朴諺, 上, 13ㅎ≫着唾沫白日黑夜不住的搽, 춤으로다가 白日黑夜에 머므로디 말고 ᄇᄅ라. ≪朴諺, 上, 38ㅎ≫不問多少與他些箇便是, 多少를 뭇디 말고 뎌를 젹이 주미 곳 올ᄒ니라. ≪朴諺, 上, 64ㅈ≫你謾不的我, 네 날을 속이디 말라. ≪朴諺, 中, 24ㅈ≫誠心懺悔後不復作, 誠心으로 懺悔ᄒ여 후에 다시 짓디 마쟈. ≪朴諺, 中, 50ㅈ≫不敢違了姐姐的言語, 감히 姐姐의 말을 어긔오디 말고. ≪朴諺, 中, 56ㅈ≫跳的河裡仰不搽, 믈에 뛰어드러 쟛바 줌기디 마쟈. ≪朴諺, 下, 13ㅎ≫不要盖, 짓디 말고져 ᄒ노라. ≪朴諺, 下, 20ㅎ≫分毫不動, 分毫도 動티 마라. ≪朴諺, 下, 34ㅈ≫官人們這的不消說, 官人들아 일란 쇽졀업시 닐으디 말라. ❹⇔불수(不須). ≪朴諺, 上, 13ㅎ≫不湏(須)貼膏藥, 모롬이 膏藥을 브티디 말라. ≪朴諺, 上, 16ㅈ≫這的你不湏(須)說, 이란 네 모롬이 니ᄅ디 말라. ≪朴諺, 下, 11ㅈ≫身巳(己)安樂不湏(須)憂念, 몸이 安樂ᄒ니 모로미 憂念티 마ᄅ쇼셔. ❺⇔불요(不要). ≪朴諺, 上, 39ㅎ≫不要只管的刮, 그저 ᄉ릭여 긁빗기디 말라. ≪朴諺, 上, 43ㅎ≫姐姐不要說, 姐姐ㅣ아 닐ᄋ디 말라. ≪朴諺, 中, 50ㅈ≫不要賭甚麽, 아모 것도 던ᄋ디 말고. ≪朴諺, 中, 50ㅈ≫也不要違了我的言語, 또 내 말을 어긔오디 마쟈. ≪朴諺, 中, 50ㅈ≫不要聒譟連忙擲, 짓궤디 말고 밧비 더디라. ≪朴諺, 中, 50ㅈ≫實說定了時不要改, 실로 닐러 뎡ᄒ고 고티디 마쟈. ≪朴諺, 下, 45ㅎ≫你休强不要去, 네 세오디 말고 가디 말라. ❺⇔휴(休). ≪朴諺, 上, 1ㅈ≫休蹉過了好時光, 됴흔 時光을 그릇 디내디 마쟈. ≪朴諺, 上, 10ㅎ≫你來, 이바. 休愛惜那飯, 뎌 밥을 앗기디 말고. ≪朴諺, 上, 24ㅈ≫咱休別了兄長之言, 우리 兄長의 말을 변티 말고. ≪朴諺, 上, 35ㅎ≫你且休上馬, 네 아직 ᄆᆯ ᄐ디 말라. ≪朴諺, 上, 49ㅎ≫休喫酸·甜·腥·葷等物, 싄 것 ᄃᆫ 것 비린 것 누린 것들을 먹디 말고. ≪朴諺, 上, 62ㅎ≫休誇天上瑤池, 天上 瑤池를 쟈랑티 말라. ≪朴諺, 中, 26ㅈ≫休道是街上百姓的, 이 거릿 百姓의 거슨 니ᄅ디 말리라. ≪朴諺, 中, 28ㅎ≫你再來休做, 네 뇌여란 ᄒ디 말라. ≪朴諺, 中, 34ㅎ≫休嫌生受, 슈고홈을 혐의로이 너기디 말라. ≪朴諺, 中, 46ㅎ≫休那般道, 뎌리 닐ᄋ디 말라. ≪朴諺, 中, 53ㅈ≫休道是偌多鈔錠段子, 이 만ᄒᆫ 鈔錠과 비단을 니ᄅ디 말라. ≪朴諺, 中, 61ㅈ≫有理無錢休入來, 理 이셔도 돈이 업거든 드러오디 말라 ᄒᄂ니라. ≪朴諺, 下, 1ㅎ≫休道黃金貴, 黃金을 귀타 니ᄅ디 말라. ≪朴諺, 下, 2ㅈ≫且休燒簽子, 아직 젹을 굽디 말고. ≪朴諺, 下, 7ㅎ≫休尋海上方, 海上方을 ᄎᆺ디 말라. ≪朴諺, 下, 26ㅈ≫村言村語的休罵人, 村言村語로 사름 수짓디 말고. ≪朴諺, 下, 28ㅎ≫將去使休吊了, 가져가 쓰고 ᄲᅥᄅ티디 말라. ≪朴諺, 下, 34ㅎ≫你休問他, 네 뎌를 뭇디 말라. ≪朴諺, 下, 36ㅎ≫你十分休小看人, 네 ᄀ장 사름을 小看티 말라. ≪朴諺, 下, 45ㅎ≫你休强不要去, 네 세오디 말고 가디 말라.

말리다 동 말리다. ⇔권(勸). ≪朴諺, 中, 28ㅈ≫對他男兒說勸, 제 ᄉ나희를 ᄃ히ᄒ여 닐러 말리되.

말믜암다 동 말미암다. ⇔유(由). ≪朴諺, 上, 56ㅎ≫萬事不由人計較, 萬事ㅣ 사름의 計較를 말믜암디 아니ᄒᄂ니라. ≪朴諺, 中, 23ㅈ≫由是威神莫測, 일로 말믜

암아 威神을 혜아리디 몯ᄒᆞ고.

말쏙 명 말뚝. ⇔궐자(橛子). ≪朴諺, 下, 5ㅎ≫打一箇橛子絟不的, ᄒᆞᆫ 말쏙을 박고 ᄆᆡ디 몯ᄒᆞᆯ소냐.

말아(末兒) 명 가루. ⇔ᄀᆞᄅᆞ. ≪朴諺, 下, 1ㅈ≫着菖蒲末兒撒的匀了着, 菖蒲 ᄀᆞᄅᆞ로 ᄲᅳ리기를 고로게 ᄒᆞ고.

말융흉배(抹絨胷背) 명 사라(紗羅) 따위의 비단에 채색 털실로 흉배의 무늬를 수놓아 만든 옷. ≪朴諺, 上, 25ㅎ≫明綠抹絨胷背(集覽, 朴集, 上, 8ㅎ: 抹絨胷背. 凡於紗羅·段帛之上, 以綵絨織成胷背之紋, 裁成衣服者也. 凡絲之練熟未合者曰絨, 已合爲綸者曰線.)的比甲, 明綠빗치 융ᄉᆞ로 ᄀᆞ 두론 胷背 比甲과.

말제(末帝) 명 오대 양(五代梁)의 제2대 황제(皇帝: 朱友貞)를 일컫는 말. ≪朴諺, 下, 59ㅎ≫梁貞明(集覽, 朴集, 下, 12ㅎ: 梁貞明. 十一年, 唐人取曹州, 帝爲其臣皇甫璉所弑, 是爲末帝.)四年三月裡, 梁貞明 四年 三月에.

말ᄒᆞ다 동 말하다. ❶⇔설(說). ≪朴諺, 上, 23ㅎ≫說口諂佞, 말ᄒᆞᄂᆞᆫ 입이 諂佞ᄒᆞ여. ❷⇔설화(說話). ≪朴諺, 上, 52ㅎ≫慢慢的說話, 날회여 말ᄒᆞ쟈.

맛 명 맛. 흥취. 재미. 느낌. ⇔미(味). ≪朴諺, 下, 50ㅈ≫那裏想我這漁翁之味, 어ᄃᆡ 우리 이 漁翁의 마ᄉᆞᆯ ᄉᆡᇰ각ᄒᆞ리오. ≪朴諺, 下, 51ㅈ≫漁翁之味萬無迭, 漁翁의 마ᄉᆞᆫ 만 가지도 迭ᄒᆞᆫ 거시 업ᄉᆞ니라.

맛- 접두 맞-. ('마주'의 뜻) ≪朴諺, 上, 22ㅎ≫咱停下, 우리 맛버리쟈.

맛다 동 ❶맞다[被打]. ⇔끽타(喫打). ≪集覽, 字解, 單字解, 1ㅈ≫喫. 正音키, 俗音치. 啖也. 喫飯·喫酒. 又被也. 喫打 맛다. 字雖入聲而俗讀去聲, 或呼如上聲. 俗省文作吃. ≪朴諺, 中, 55ㅎ≫好歹喫打去, 모로미 맛고 갈다. ❷맞다. 적합하다. ⇔착료(着了). ≪集覽, 字解, 單字解, 3ㅈ≫着. 使之爲也. 着落 ᄒᆡ여곰, 着他 뎌 ᄒᆞ야. 又置也. 着塩 소곰 두다. 又中也. 着了 맛다. 又見人所行之事, 正合人所指望之, 方則亦曰着了 마초ᄒᆞ야다. 又實也. 着實 실히. 又語助. 又穿衣服也.

맛당ᄒᆞ다 형 마땅하다. ❶⇔응(應). ≪朴諺, 下, 27ㅎ≫我買的不應心, 내 사기 ᄆᆞ음애 맛당티 몯ᄒᆞ여라. ❷⇔중(中). ≪朴諺, 上, 23ㅎ≫結做弟兄時不中, 弟兄 지음이 맛당티 아니ᄒᆞ니. ≪朴諺, 中, 7ㅈ≫這馬都不中, 이 ᄆᆞᆯ이 다 맛당티 아니ᄒᆞ니. ≪朴諺, 中, 9ㅎ≫你與我看一看中也不中, 네 날을 맛당홈 맛당티 아남(님)을 보아 주고려. ≪朴諺, 中, 30ㅈ≫凍面皮都打破了不中, 언 ᄂᆞᆺ가족이 다 ᄒᆡ여딜 거시니 맛당티 아니ᄒᆞ니. ≪朴諺, 下, 44ㅈ≫硬了也不中喫, 세여도 먹기 맛당티 아니ᄒᆞ니. ❸⇔합(合). ≪朴諺, 下, 53ㅎ≫不合加刑, 형벌을 더으미 맛당티 아니타 ᄒᆞ엿ᄂᆞ니.

맛디다 동 맡기다. ⇔분부(分付). ≪集覽, 字解, 累字解, 2ㅈ≫分付. 맛디다. 又당부ᄒᆞ다.

맛버리다 동 맞벌이다. 마주 벌이다. ⇔정하(停下). ≪朴諺, 上, 22ㅎ≫咱停下, 우리 맛버리쟈. ≪朴諺, 上, 22ㅎ≫我不說停下來, 내 맛버리쟈 니ᄅᆞ디 아니ᄒᆞ드냐.

맛치 부 마침. ⇔흡(恰). ≪朴諺, 下, 44ㅈ≫恰好着, 맛치 됴케 ᄒᆞ라.

맛ᄐᆞ다 동 맡다[嗅]. 냄새를 맡다. ⇔문(聞). ≪朴諺, 下, 2ㅈ≫我聞了臊氣, 내 노린내를 맛ᄐᆞ니.

망 명 망(網). ⇔망(網). ≪朴諺, 上, 27ㅈ≫攀胷下滴溜着一箇珠兒網盖兒罕荅哈, 가슴거리 아ᄅᆡ ᄒᆞᆫ 구슬로 망 ᄆᆡ자 ᄡᅵᆫ 罕荅哈를 드리웟더라.

망(妄) 부 망령되이. ⇔망녕되이. ≪朴諺, 下, 16ㅈ≫妄告官司抵罪反坐, 망녕되이 官司에 고ᄒᆞ면 죄 反坐에 니ᄅᆞᄂᆞ니라.

망(忙) 부 바삐. 바쁘게. ⇔밧비. ≪朴諺, 中, 50ㅈ≫不要聒譟連忙擲, 짓궤디 말고 밧비 더디라.

망(忙) 형 바쁘다. ⇔밧브다. ≪朴諺, 上,

10ㅎ≫不要忙, 밧바 말고. ≪朴諺, 上, 35ㅎ≫忙怎麽, 밧바 므섯 ᄒᆞ리오. ≪朴諺, 中, 19ㅈ≫你且休忙休心焦, 네 아직 밧바 말고 ᄆᆞ음을 ᄐᆡ오디 말라. ≪朴諺, 中, 49ㅈ≫我生活忙不閑耍, 내 셩녕이 밧바 놀기를 결을티 못ᄒᆞ여라. ≪朴諺, 下, 4ㅎ≫師傅你也休忙, 師傅ㅣ아 너도 밧바 말고.

망(忘) 동 잊다. ⇔닞다. ≪朴諺, 中, 16ㅎ≫幾時忘這恩念, 언제 이 恩念을 니즈리오. ≪朴諺, 下, 11ㅈ≫想念之心無日有忘, ᄉᆡᆼ각ᄒᆞᄂᆞᆫ ᄆᆞ음이 니즐 날이 업서이다.

망(望) 동 ❶바라다. ⇔ᄇᆞ라다. ≪朴諺, 上, 53ㅎ≫豈可望賞, 엇디 가히 샹을 ᄇᆞ라리오. ≪朴諺, 中, 43ㅎ≫一望成名, ᄒᆞᆫ골ᄀᆞ티 成名ᄒᆞ기를 ᄇᆞ라니. ≪朴諺, 下, 11ㅈ≫望稍書來着, ᄇᆞ라건대 글을 브텨 보내쇼셔. ❷바라보다. ⇔ᄇᆞ라다. ≪朴諺, 上, 60ㅈ≫遠望高接青霄, 멀리 ᄇᆞ라매 놉히 프른 하늘에 졉ᄒᆞ엿고. ≪朴諺, 上, 62ㅎ≫遠望滿眼景致, 멀리 ᄇᆞ라매 滿眼 景致ㅣ. ≪朴諺, 中, 32ㅎ≫遠望一似黑水精, 멀리 ᄇᆞ라매 黑水精 ᄀᆞᆺ고.

망(望) 동 ❶보다. ⇔보다. ≪朴諺, 上, 52ㅈ≫不知道下處不曾得望去, 下處를 아디 못ᄒᆞ여 일즙 보라 가디 못ᄒᆞ니. ≪朴諺, 下, 55ㅈ≫我別處望相識去來, 내 다른 고ᄃᆡ 아ᄂᆞᆫ 이를 보라 가. ≪朴諺, 下, 56ㅎ≫如今和小人望他去便了, 이제 쇼인과 뎌를 보라 가면 곳 ᄒᆞ리라. ≪朴諺, 下, 57ㅎ≫就望他去時也不多, 이믜셔 뎌도 보라 가면 또 多티 아니ᄒᆞ랴. ❷찾아보다. ⇔ᄎᆞ자보다. ≪朴諺, 下, 14ㅎ≫繞地裏望官人, 두로 官人을 ᄎᆞ자보고.

망(網) 명 ❶그물. ⇔그믈. ≪朴諺, 下, 51ㅈ≫纜船下網, ᄇᆡ ᄆᆡ고 그믈 티고. ❷망(網). ⇔망. ≪朴諺, 上, 27ㅈ≫攀胷下滴溜着一箇珠兒網盖兒罕荅哈, 가슴거리 아릐 ᄒᆞᆫ 구슬로 망 ᄆᆡ자 ᄢᅵᆫ 罕荅哈를 드리웟더라.

망기(忘棄) 동 ❶잊다. ⇔닞다. ≪朴諺, 中, 44ㅈ≫一發忘棄名與利, 홈ᄭᅴ 名과 다ᄆᆞᆺ 利를 니저ᄇᆞ리리라. ❷잊어버리다. ⇔니저ᄇᆞ리다. ≪朴諺, 中, 44ㅈ≫一發忘棄名與利, 홈ᄭᅴ 名과 다ᄆᆞᆺ 利를 니저ᄇᆞ리리라.

망녕되이 부 망령되이. ⇔망(妄). ≪朴諺, 下, 16ㅈ≫妄告官司抵罪反坐, 망녕되이 官司에 고ᄒᆞ면 죄 反坐에 니ᄅᆞᄂᆞ니라.

망령(亡靈) 명 죽은 사람의 영혼. ≪朴諺, 下, 8ㅈ≫慶壽寺裏爲諸亡靈, 慶壽寺에셔 모든 亡靈을 위ᄒᆞ여.

망룡(蟒龍) 명 이무기. ≪朴諺, 上, 14ㅈ≫這的大紅紵五爪蟒龍(集覽, 朴集, 上, 6ㅈ: 五爪蟒龍. 蟒, 大蛇也. 蟒龍, 謂無角龍也. 元制, 五爪二角龍爲紋〈文〉者, 止供御用, 不許下人穿用.), 이 大紅에 五瓜 蟒龍을 슈지칠ᄒᆞ고. ≪朴諺, 上, 27ㅈ≫柳綠蟒龍織金羅帖裏, 柳綠빗치 蟒龍을 織金ᄒᆞᆫ 羅 텰릭에. ≪朴諺, 中, 54ㅎ≫這鴉青織金大蟒龍的做上盖, 이 雅青빗체 大蟒龍 織金ᄒᆞᆫ 이란 웃거리 지으라.

망신(芒神) 명 봄을 관장한다는 신. 후세에는 경작(耕作)과 목축의 신으로 모시어 제사를 지내기도 하였다. ≪朴諺, 下, 45ㅈ≫宋舍看打春(集覽, 朴集, 下, 9ㅎ: 打春. 東京夢華錄云, 立春前五日, 造土牛·耕夫·犁具, 前一日順天府進農牛入禁中鞭春, 府縣官吏·士庶·耆社, 具鼓樂出東郊迎春, 牛芒神至府前, 各安方位.)去來, 宋개아 닙츈 노롯ᄒᆞᄂᆞᆫ 양 보라 가쟈. ≪朴諺, 下, 46ㅎ≫頭戴耳掩或提在手裡(集覽, 朴集, 下, 10ㅈ: 頭戴耳掩或提在手裏. 芒神耳掩以立春時爲法, 從卯至戌八時, 掩耳用手提, 陽時左手提, 陰時右手提, 以八時見日溫和也.), 머리예 耳掩을 쓰며 혹 손에 들고. ≪朴諺, 下, 46ㅎ≫立地赶牛(集覽, 朴集, 下, 10ㅎ: 立地赶牛. 芒神閑忙, 立春在正旦前後, 各五日內者是忙, 芒神與牛齊立, 在正旦前五辰外者是農早忙, 芒神在牛前立, 正旦後五辰外者是農晚閑, 芒神在牛後立, 子·寅·辰·午·申·戌陽年, 在左邊立, 丑·卯·巳·未·酉·亥陰年,

在右邊立.), 싸히 셔셔 쇼룰 몰면.

망아(芒兒) 명 망신(芒神)을 달리 이르는 말. ≪朴諺, 下, 46ㅈ≫叫做芒兒, 브르기를 芒兒ㅣ라 ㅎ고. ≪朴諺, 下, 48ㅈ≫芒兒立在牛背後, 芒兒ㅣ 쇼 뒤히 셔셔.

망야(望夜) 명 음력 보름날 밤. ≪朴諺, 下, 49ㅈ≫好兒不看春, 好兒는 看春 아니ㅎ고. 好女不看燈(集覽, 朴集, 下, 11ㅈ: 好女不看燈. 容齋隨筆云, 漢家祠太乙, 以昏時祠到明. 今人正月望夜, 夜遊觀月, 是其遺事.), 好女는 看燈 아니ㅎ다 ㅎㄴ니라.

망인(亡人) 명 죽은 사람. ≪朴諺, 下, 43ㅈ≫誰碎盆(集覽, 朴集, 下, 9ㅎ: 碎盆. 未詳源流. 但本國送殯之晨, 在家者見靈輀登道, 卽隨以瓦器擲碎於門外, 大聲作語曰, 持汝家具而去. 云爾者, 盖使亡人無留念家緣之術也.)來, 뉘 소라룰 ㅄ리ㄷㄴ뇨.

망자(亾者) 명 망자(亡者). '亾'은 '亡'의 속자. ≪朴諺, 下, 41ㅈ≫殃榜(集覽, 朴集, 下, 9ㅈ: 殃榜. 臞仙肘後經云, 生人所生之年, 與亡〈亾〉者所死月節〈莭〉相犯, 則忌避.)橫貼在門上, 殃榜을 문 우히 빗기 브텻더니.

망자(亡者) 명 죽은 사람. ≪朴諺, 下, 41ㅈ≫殃榜(集覽, 朴集, 下, 9ㅈ: 殃榜. 臞仙肘後經云, 生人所生之年, 與亡〈亾〉者所死月節〈莭〉相犯, 則忌避.)橫貼在門上, 殃榜을 문 우히 빗기 브텻더니.

망조(蟒抓) 동 할퀴다. ⇔긁티다. ≪朴諺, 下, 7ㅈ≫又蟒抓了一遍, 또 ᄒᆞᆫ 번을 긁티니.

맞다 동 맞다[被打]. ❶⇔긱타(喫打). ≪朴諺, 下, 53ㅎ≫那般時, 그러면. 正是喫打的裁兒, 졍히 마졸 ᄀᆞ음이로다. ❷⇔타(打). ≪朴諺, 上, 33ㅎ≫却喫這一頓打也是, 또 이 ᄒᆞᆫ 디위 마즘을 니버도 올ᄒᆞ니라. ≪朴諺, 中, 25ㅈ≫有些事時喫打, 져기 일이 이시면 마즘을 니브리라.

맞다 동 맞다[迎]. ⇔접(接). ≪朴諺, 中, 29ㅎ≫我明日通州接尙書去, 내 ᄂᆡ일 通州 尙書 마즈라 가리라.

맞다 동 (비를) 맞다. ⇔착(着). ≪朴諺, 中, 25ㅎ≫着了幾遍雨時都走了樣子, 여러 번 비를 마즈면 다 듧뜰 양이로다.

매 명 맷돌. ⇔연자(碾子). ≪朴諺, 上, 37ㅈ≫這箇是碾子(集覽, 朴集, 上, 10ㅎ: 碾子. 磨也. 磨上轉石曰碾, 磨下定石曰磑, 總〈総〉稱曰碾.), 이거슨 이 매로다.

매(呆) 형 어리석다. ⇔어리다. ≪朴諺, 下, 26ㅎ≫呆鬆你將來我看, 어린 섭섭ᄒᆞᆫ 놈아 네 가져오라 내 보쟈.

매(每) 관 매(每). 각각의. ⇔ᄆᆡ. ≪朴諺, 上, 29ㅎ≫每一箇討五錢銀子, ᄆᆡ ᄒᆞ나히 닷 돈 은을 꾀오려니와. ≪朴諺, 上, 30ㅈ≫六箇獖皮每一箇三錢家筭時, 여슷 獖皮에 ᄆᆡ ᄒᆞ나히 서 돈식 혜아리면. ≪朴諺, 上, 30ㅈ≫每一兩傾白臉銀子出一錢裏, 每 ᄒᆞᆫ 냥에 白臉銀을 디위 ᄆᆡᆫ들려 ᄒᆞ면 ᄒᆞᆫ 돈을 내리라. ≪朴諺, 上, 54ㅈ≫每兩月利幾分, 每 兩에 月利 현 푼식 ᄒᆞ야. ≪朴諺, 中, 4ㅈ≫每一疋染錢四錢家, 每 ᄒᆞᆫ 필에 믈갑시 너 돈식이니. ≪朴諺, 中, 16ㅈ≫每服三錢, 每服 三錢호ᄃᆡ. ≪朴諺, 中, 16ㅈ≫每服三十丸, 每服 三十丸 ᄒᆞ야.

매(枚) 의 매. ≪朴諺, 中, 16ㅈ≫生薑三片棗一枚, 生薑 三片 棗 一枚를 ᄒᆞ야.

매(昧) 형 어둡다. 우매(愚昧)하다. ⇔어돕다. ≪朴諺, 下, 27ㅎ≫寸心不昧, 寸心이 어돕디 아니ᄒᆞ면. 萬法皆明, 萬法이 다 ᄇᆞᆰᄂᆞ니라.

매(埋) 동 묻히다. ⇔무티다. ≪朴諺, 中, 43ㅈ≫每日馬肚皮塵埋三尺, ᄆᆡ일에 ᄆᆞᆯ 빗가족에 틧글이 석 자히나 무텻고.

매(買) 동 사다. ⇔사다. ≪朴諺, 上, 1ㅎ≫又買一隻好肥牛, 또 一隻 ᄀᆞ장 솔진 쇼를 사고. ≪朴諺, 上, 14ㅈ≫角頭買段子去來, 모롱이에 비단 사라 갓ᄃᆞ니라. ≪朴諺, 上, 29ㅈ≫買獖皮做甚麽, 獖皮 사 므섯 ᄒᆞ려 ᄒᆞᄂᆞ다. ≪朴諺, 上, 43ㅈ≫如今鋪裏買去, 이제 푸ᄌᆞ에 사라 가쟈. ≪朴諺, 上, 50ㅎ≫買將車子來, 술위를 사다가. ≪朴諺, 上, 55ㅈ≫你待買甚麽本事的馬,

네 므슴 쳐조엣 물을 사고져 ᄒᆞᄂᆞ다. ≪朴諺, 上, 56ㅎ≫不曾買來, 일즙 사오디 못호라. ≪朴諺, 中, 10ㅈ≫並不干買主之事, 다 산 님자의게ᄂᆞᆫ 간셥디 아닌 일이라. ≪朴諺, 中, 12ㅈ≫買些柴·拳頭菜·茶葉拿去, 져기 나모와 고사리와 茶葉을 사 가져가라. ≪朴諺, 中, 33ㅎ≫買些菜子兒, 져기 ᄂᆞ믈 ᄡᅵ를 사. ≪朴諺, 中, 46ㅎ≫他輸了的猪頭也不肯買, 뎨 진 도틔 머리도 즐겨 사디 아니ᄒᆞ니. ≪朴諺, 中, 56ㅎ≫我買一箇, 내 ᄒᆞ나흘 사쟈. ≪朴諺, 下, 5ㅈ≫如今疾忙買石灰·麻刀去, 이제 밧비 石灰와 삼거울을 사라 가라. ≪朴諺, 下, 7ㅈ≫買將一兩疥藥來搽一遍, ᄒᆞᆫ 냥 疥藥을 사다가 ᄒᆞᆫ 번 ᄇᆞᄅᆞ면. ≪朴諺, 下, 16ㅎ≫我兩箇部前買文書去來, 우리 둘히 部 앏픠 ᄎᆡᆨ 사라 가쟈. 買甚麽文書去, 므슴 ᄎᆡᆨ을 사라 가료. ≪朴諺, 下, 26ㅎ≫官人捨不的錢那裏買的, 官人이 쳔을 앗기니 어ᄃᆡ 사리오. ≪朴諺, 下, 27ㅈ≫八錢一顆家買你的, 여둛 돈에 ᄒᆞ낫식 ᄒᆞ여 네 하롤 사쟈. ≪朴諺, 下, 54ㅎ≫你買與我喫來, 네 날을 사 주어 머긴다 ᄒᆞ고.

매(煤) 명 매탄(煤炭). 석탄. ❶⇔ᄆᆡ. ≪朴諺, 下, 44ㅎ≫乾的煤簡兒(集覽, 朴集, 下, 9ㅎ: 煤簡兒. 質問云, 如碎煤用黃泥水和成塊子, 方言謂之煤簡兒.)有麽, ᄆᆞ른 ᄆᆡᆺ 덩이 잇ᄂᆞ냐. ❷⇔ᄆᆡ탄. ≪朴諺, 下, 5ㅈ≫你只做饋我煤火炕着, 네 그저 날을 ᄆᆡ탄 퓌오ᄂᆞᆫ 구들을 ᄆᆡᆫᄃᆞ라 주되. ≪朴諺, 下, 44ㅎ≫着上些煤塊子, 져기 ᄆᆡ탄 덩이롤 노코.

매(煤) 명 숯. ⇔숫. ≪朴諺, 下, 15ㅎ≫煤場裏推煤去時莭(節), 煤場에 숫 실라 갈 ᄢᅢ예.

매(罵) 동 꾸짖다. ❶⇔ᄢᅮ짓다. ≪朴諺, 中, 57ㅎ≫你爲甚麽罵人, 네 므슴아라 사름을 ᄢᅮ짓ᄂᆞᆫ다. ≪朴諺, 中, 57ㅎ≫怎麽不敢罵你, 엇디 감히 너를 ᄢᅮ짓디 못ᄒᆞ리오. ≪朴諺, 下, 10ㅈ≫罵了走出去了, ᄢᅮ짓고 ᄃᆞ라나니. ≪朴諺, 下, 26ㅈ≫村言村語的休罵人, 村言 村語로 사름 ᄢᅮ짓디 말고. ❷⇔ᄢᅮ짖다. ≪朴諺, 中, 57ㅎ≫你敢罵我, 네 ᄉᆡᆼ심이나 날을 ᄢᅮ지즐다. ≪朴諺, 下, 7ㅈ≫我罵他, 내 뎌를 ᄢᅮ지ᄌᆞ니.

매(賣) 동 팔다. ⇔ᄑᆞᆯ다. ≪集覽, 字解, 單字解, 1ㅈ≫待. 擬要也 ᄒᆞ마 그리 호려 ᄒᆞ다라. 又欲也. 待賣幾箇馬去 여러 ᄆᆞ를 ᄑᆞᆯ오져 ᄒᆞ야 가노라. ≪朴諺, 上, 6ㅈ≫如今却早有賣的拳杏麽, 이제 블셔 拳杏 ᄑᆞᆯ 리 인ᄂᆞ냐. ≪朴諺, 上, 29ㅈ≫賣猠皮的好猠皮有麽, 猠皮 ᄑᆞᄂᆞ니아 됴흔 猠皮 잇ᄂᆞ냐. ≪朴諺, 上, 38ㅈ≫兩箇先生合賣藥一箇坐一箇跳, 두 先生이 모다 약 ᄑᆞ노라 ᄒᆞ나흔 안잣고 ᄒᆞ나흔 ᄠᅱ노ᄂᆞᆫ 거시여. ≪朴諺, 上, 46ㅎ≫且喂幾日賣時好, 아직 요ᄉᆞ이 먹여 ᄑᆞᆯ면 됴흐려니와. 如今賣時, 이제 ᄑᆞᆯ면. ≪朴諺, 上, 65ㅈ≫濫賤的賣與你, 濫賤히 네게 ᄑᆞᆯ리라. ≪朴諺, 中, 10ㅈ≫如賣已後, 만일 ᄑᆞᆫ 후에. ≪朴諺, 中, 14ㅈ≫到通州賣了多一半兒, 通州ㅣ 다ᄃᆞ라 반남아 ᄑᆞᆯ고. 到城裏都賣了, 셔울 니르러 다 ᄑᆞᆯ랏노라. ≪朴諺, 中, 27ㅈ≫有一日賣布·絹的過去, ᄒᆞᄅᆞᆫ 布와 깁 ᄑᆞᆯ 리 디나가거늘. ≪朴諺, 中, 38ㅈ≫小賣了五錢銀, 닷 돈 은을 디위 ᄑᆞ노라. ≪朴諺, 中, 56ㅎ≫是賣猫的, 이 괴 ᄑᆞᆯ 리로다. ≪朴諺, 下, 25ㅈ≫那賣珠兒的你來, 뎌 구슬 ᄑᆞᆯ 리아 이바. ≪朴諺, 下, 25ㅎ≫實要二兩銀子賣與你, 실로 두 냥 은을 밧고 네게 ᄑᆞᆯ마. ≪朴諺, 下, 26ㅈ≫與你一兩銀子賣麽, 너를 ᄒᆞᆫ 냥 은을 줄 ᄊᆞ시니 ᄑᆞᆯᄶᅡ. ≪朴諺, 下, 28ㅈ≫賣刷子的將來, 刷子 ᄑᆞᄂᆞᆫ 이아 가져오라. ≪朴諺, 下, 37ㅈ≫賣的賣了, ᄑᆞᆯ 리 ᄑᆞᆯ고. ≪朴諺, 下, 62ㅈ≫賣劒賣與烈士, 劒을 ᄑᆞᆯ매 烈士의게 ᄑᆞᆯ고.

-매 어미 -매. ≪朴諺, 上, 28ㅎ≫這的都是前世裏修善積福來, 이 다 前世예 修善積福ᄒᆞ여시매. ≪朴諺, 上, 31ㅎ≫討了半年不肯還我, 달라 ᄒᆞ연 디 半年이로ᄃᆡ 즐

겨 내게 갑디 아니ᄒᆞ매. ≪朴諺, 上, 62ㅎ≫ 遠望滿眼景致, 멀리 ᄇᆞ라매 滿眼 景致ㅣ. ≪朴諺, 中, 14ㅎ≫遠行知馬力, 멀리 가매 ᄆᆞᆯ 힘을 알고. 日久見人心, 날이 오라매 사ᄅᆞᆷ의 ᄆᆞᄉᆞᆷ을 보ᄂᆞ니라. ≪朴諺, 中, 28ㅎ≫說罷, 니ᄅᆞ기를 ᄆᆞᄎᆞ매. ≪朴諺, 中, 32ㅎ≫遠望一似黑水精, 멀리 ᄇᆞ라매 黑水精 ᄀᆞᆺ고. ≪朴諺, 中, 43ㅎ≫稻熟蟹肥魚正美, 베 닉고 게 ᄉᆞᆯ지고 고기 졍히 아ᄅᆞᆷ다오매. ≪朴諺, 下, 1ㅈ≫我差使出去了, 내 差使로 나가매. ≪朴諺, 下, 14ㅎ≫直到日平西纔上馬, 잇긋 날이 平西호매 다ᄃᆞᆺ게야 ᄀᆞᆺ ᄆᆞᆯ을 ᄐᆞᄂᆞ니라. ≪朴諺, 下, 19ㅎ≫見大仙打罷問訊, 大仙을 보고 뭇기를 ᄆᆞᆺᄎᆞ매. ≪朴諺, 下, 23ㅎ≫右邉搭左邉去, 우편으로 건디려 ᄒᆞ면 좌편으로 가매. ≪朴諺, 下, 40ㅎ≫畫虎畫皮難畫骨, 범을 그리매 가족은 그려도 ᄲᅧ 그리기 어렵고. 知人知面不知心, 사ᄅᆞᆷ을 알매 ᄂᆞᆺᄎᆞᆫ 아라도 ᄆᆞᄋᆞᆷ은 아디 못ᄒᆞᆫ다 ᄒᆞᄂᆞ니라. ≪朴諺, 下, 43ㅎ≫臨死獨自當, 죽으매 님ᄒᆞ여 홀로 당ᄒᆞ니. ≪朴諺, 下, 62ㅈ≫賣劒賣與烈士, 劒을 ᄑᆞᆯ매 烈士의게 ᄑᆞᆯ고.

–매 조 –에. '매'는 '애'의 잘못. ≪朴諺, 下, 33ㅎ≫這間壁磨房裏取將來, 이 ᄉᆞ잇 ᄇᆞᄅᆞᆷ매(애) ᄀᆞᄂᆞᆫ집의 가져오쟈.

매간아(煤簡兒) 명 (황토와 물을 한데 섞어 햇볕에 말린) 석탄 덩어리. ⇔밋덩이. ≪朴諺, 下, 44ㅎ≫乾的煤簡兒(集覽, 朴集, 下, 9ㅎ: 煤簡兒. 質問云, 如碎煤用黃泥水和成塊子, 方言謂之煤簡兒.)有麼, ᄆᆞ른 밋덩이 잇ᄂᆞ냐. ≪朴諺, 下, 44ㅎ≫只有些和的濕煤(集覽, 朴集, 下, 9ㅎ: 濕煤. 質問云, 如和煤未乾, 濕燒取其燄火, 方言謂之濕煤. 今按, 石炭擣碎, 幷黃土以水和作塊, 晒乾, 臨用麁碎, 納於爐〈炉〉中, 總謂之水和炭. 未乾者謂之濕煤, 已乾者謂之煤簡兒, 亦曰煤塊子. 其燒過土塊曰乏煤, 揀(揀)其土塊, 更和石炭用之.), 그저 져기 버므린 濕煤ㅣ 이시되.

매검매여열사연분증여가인(賣劍賣與烈士 臙粉贈與佳人) 구 검은 열사에게 팔고, 연지와 분은 아름다운 여인에게 준다는 뜻으로, 모든 물건은 필요로 하는 사람에게 주어야 함을 이르는 말. ≪朴諺, 下, 62ㅈ≫賣劒賣與烈士, 劒을 ᄑᆞᆯ매 烈士의게 ᄑᆞᆯ고. 臙粉贈與佳人, 臙粉은 佳人의게 준다 ᄒᆞ니라.

매괴자(煤塊子) 명 (황토와 물을 한데 섞어 햇볕에 말린) 석탄 덩어리. ≪朴諺, 下, 44ㅎ≫只有些和的濕煤(集覽, 朴集, 下, 9ㅎ: 濕煤. 今按, 石炭擣碎, 幷黃土以水和作塊, 晒乾, 臨用麁碎, 納於爐〈炉〉中, 總謂之水和炭. 未乾者謂之濕煤, 已乾者謂之煤簡兒, 亦曰煤塊子.), 그저 져기 버므린 濕煤ㅣ 이시되. ≪朴諺, 下, 44ㅎ≫着上些煤塊子, 져기 ᄆᆡ탄 덩이를 노코.

매귀(賣貴) 동 비싸게 팔다. ≪朴諺, 中, 27ㅈ≫開着一座解儅庫(集覽, 朴集, 中, 6ㅎ: 解儅庫. 王莽令市官收賤賣貴, 謂如貸錢與民一百箇, 每月收利錢三箇, 銀一兩, 則每月取利三分之類.), 一座 解儅庫를 열고.

매년(每年) 명 매년. ≪集覽, 字解, 單字解, 1ㅈ≫每. 本音上聲, 頻也. 每年, 每一箇. 又平聲, 等輩也, 我每·咱每·俺每 우리. 恁每·你每 너희. 今俗喜用們字.

매로(煤炉) 명 매로(煤爐). '炉'는 '爐'의 속자. ≪朴諺, 下, 44ㅈ≫把那煤爐來, 뎌 煤炉를 가져다가.

매로(煤爐) 명 석탄 난로. ≪朴諺, 下, 5ㅈ≫前面做一箇煤爐, 앏픠 ᄒᆞᆫ 煤爐를 ᄆᆡᆼ들라. ≪朴諺, 下, 44ㅈ≫把那煤爐來, 뎌 煤炉를 가져다가.

매매(買賣) 명 매매. 흥정. ⇔흥졍. ≪朴諺, 上, 48ㅈ≫京都也沒甚麼買賣, 셔울도 아ᄆᆞ란 買賣ㅣ ᄒᆞᆯ 거시 업드라. ≪朴諺, 中, 57ㅈ≫又不是大買賣, 도(또) 큰 흥졍이 아니니.

매번(每番) 부 번번이. ≪朴諺, 下, 59ㅈ≫每番有大功勞, 每番에 큰 功勞ㅣ 이셔.

매상(每常) 부 매양. 항상. ⇔ᄆᆡ양. ≪朴諺,

下, 57ㅎ≫每常來的, ᄆᆡ양 오ᄂᆞᆫ.

매월(每月) 명 매달. 매월. ≪朴諺, 上, 11ㅈ≫我有兩箇月俸(集覽, 朴集, 上, 5ㅈ: 月俸. 中朝〈元制〉官祿, 每月支〈支〉給. 今此一月四石之俸, 以元制考之, 乃從九品也. 米·豆曰祿, 鈔·錢·絹曰俸.)來關, 내 두 ᄃᆞᆯ 뇨 ᄐᆞᆯ 써시 이셰라. ≪朴諺, 中, 27ㅈ≫開着一座觧當庫(集覽, 朴集, 中, 6ㅎ: 解當庫. 王莽令市官收賤賣貴, 謂如貸錢與民一百箇, 每月收利錢三箇, 銀一兩, 則每月取利三分之類.), 一座 解當庫ᄅᆞᆯ 열고.

매인(媒人) 명 중매인(仲媒人). 중매쟁이. ≪朴諺, 上, 42ㅈ≫媒人也有福(集覽, 朴集, 上, 12ㅈ: 媒人也有福. 兩次送禮之日, 媒人各有表裏之賞.), 媒人도 有福ᄒᆞ샤.

매일(每日) 명 매일. ≪朴諺, 上, 20ㅎ≫每日洗刷鉋的乾乾淨淨地, 每日에 싯빗겨 글게질ᄒᆞ기ᄅᆞᆯ 乾乾淨淨히 ᄒᆞ고. ≪朴諺, 上, 21ㅎ≫每日這般勤勤的喂時, 每日에 이리 브즈런이 먹이면. ≪朴諺, 上, 44ㅎ≫你每日做甚麽功課, 네 每日에 므슴 공부ᄒᆞᄂᆞ다. 每日打罷明鍾起來, 每日에 明鍾을 텨 罷ᄒᆞ면 니러. ≪朴諺, 上, 52ㅈ≫小人每日不在家, 小人이 每日에 집의 잇디 아니ᄒᆞ니. ≪朴諺, 中, 40ㅈ≫每日下雨, 每日에 비 와. ≪朴諺, 中, 40ㅎ≫每日家尋空便拿雀兒, 每日에 뷘 적을 어더 새 잡노라. ≪朴諺, 中, 44ㅈ≫我每日臨池樓上, 내 每日에 池樓 우희 臨ᄒᆞ여. ≪朴諺, 下, 1ㅎ≫每日箇日頭裡晒, 每日에 볃틔 쬐되. ≪朴諺, 下, 1ㅎ≫每日這般用心弄他時, 每日에 이리 用心ᄒᆞ여 뎌ᄅᆞᆯ 달호면. ≪朴諺, 下, 13ㅎ≫可知每日兩箇羊爲頭兒, 그리어니 每日에 두 羊을 웃듬으로 ᄒᆞ고.

매일(每日) 명 매일. 날마다. ❶⇔ᄆᆡ일. ≪朴諺, 中, 43ㅈ≫你每日做甚麽, 네 ᄆᆡ일에 므스 일ᄒᆞᄂᆞ다. ≪朴諺, 中, 43ㅈ≫每日馬肚皮塵埋三尺, ᄆᆡ일에 ᄆᆞᆯ 빗가족에 틧글이 석 자히나 무텻고. ❷⇔날마다. ≪朴諺, 中, 19ㅈ≫每日家閑浪蕩做甚麽, 날마다 힘힘이 ᄀᆞ래여 므슴 ᄒᆞ리오. ≪朴諺, 中, 43ㅈ≫我每日才聽明鍾一聲響, 내 날마다 계요 明鍾 ᄒᆞᆫ 소리ᄅᆞᆯ 듯고.

매장(煤場) 명 석탄을 쌓아 둔 곳. ≪朴諺, 下, 15ㅎ≫煤場裏推煤去時莭(節), 煤場에 숫 실라 갈 때예.

매적(賣的) 명 팔 이. 파는 사람. 곧, 장사꾼. ⇔ᄑᆞᆯ리. ≪朴諺, 上, 6ㅈ≫如今却早有賣的拳杏麽, 이제 ᄇᆞᆯ셔 拳杏 ᄑᆞᆯ 리 인ᄂᆞ냐. ≪朴諺, 上, 6ㅈ≫如今却早有賣的拳杏麽, 이제 ᄇᆞᆯ셔 拳杏 ᄑᆞᆯ 리 인ᄂᆞ냐. ≪朴諺, 下, 37ㅈ≫賣的賣了, ᄑᆞᆯ 리 ᄑᆞᆯ고.

매종(呆種) 명 어리석은 놈의 새끼. (욕하는 말) ⇔어린ᄡᅵ. ≪朴諺, 中, 40ㅎ≫把這生分忤逆呆種(集覽, 朴集, 中, 8ㅈ: 呆種. 事林廣記, 呆, 音爺, 易見雜字, 呆, 音崖. 今俗之呼, 皆從去聲·여.), 이 본ᄃᆡ 忤逆ᄒᆞᆫ 어린ᄡᅵᄅᆞᆯ다가.

매주(賣主) 명 물건을 파는 사람. ≪朴諺, 中, 10ㅈ≫賣主一面(集覽, 朴集, 中, 2ㅈ: 賣主. 一面, 音義云, 猶言賣主自身. 又一面, 詳見字觧.)承當不詞, ᄑᆞᆫ 님재 一面으로 承當ᄒᆞ야 말 못ᄒᆞ고.

매주(賣酒) 동 술을 팔다. 또는 그 술. ≪朴諺, 下, 7ㅈ≫我不知道那家有甚麽幌〈慌〉字(集覽, 朴集, 下, 2ㅈ: 幌字. 今按, 漢俗, 凡出賣諸物之家, 俱設標幟之物, 置於門口, 或於門前起立牌榜, 如曰張家出賣高麗布扇. 一如賣酒家標植青帘之類, 俗呼青帘曰酒家望子.), 내 아디 못ᄒᆞ니 뎌 집의 므슴 보람이 잇ᄂᆞ뇨.

매주가(賣酒家) 동 술집. ≪朴諺, 下, 7ㅈ≫我不知道那家有甚麽幌〈慌〉字(集覽, 朴集, 下, 2ㅈ: 幌字. 今按, 漢俗, 凡出賣諸物之家, 俱設標幟之物, 置於門口, 或於門前起立牌榜, 如曰張家出賣高麗布扇. 一如賣酒家標植青帘之類, 俗呼青帘曰酒家望子.), 내 아디 못ᄒᆞ니 뎌 집의 므슴 보람이 잇ᄂᆞ뇨.

매탄(煤炭) 명 숫. ≪朴諺, 下, 15ㅎ≫煤場

裏推(集覽, 朴集, 下, 3ㅎ: 推, 用轠軸載煤炭, 一人推運而來.)煤去時節(節), 煤場에 숫 실라 갈 때예.

매파(媒婆) 명 혼인을 중매하는 할멈. ≪朴諺, 上, 5ㅎ≫叫教坊司十數箇樂工和做院本(集覽, 朴集, 上, 2ㅎ: 院本. 質問云, 院本有曰外, 或粧先生·採訪使·考試官·老人·達達之類, 皆是外扮, 曰淨, 有男淨·有女淨, 亦做醜態, 專一弄言取人歡笑, 曰末, 粧扮不一, 初則開場白說, 或粧家人·祇候, 或扮使臣之類, 曰丑, 狂言戲弄, 或粧醉漢·太醫·吏員·媒婆之類.)諸般雜技的來, 教坊司의 여라믄 樂工과 院本에 여러 가지 雜技ᄒᆞᄂᆞ니를 블러오라.

맥(脉) 명 맥(脈). '脉'은 '脈'의 속자. ≪朴諺, 中, 15ㅈ≫與我把脉息看一看, 날을 脉을 보아 주고려. 咳相公脉息, 애 相公의 脉이.

맥(脈) 명 맥. 맥박. ≪朴諺, 中, 15ㅈ≫與我把脉息看一看, 날을 脉을 보아 주고려. 咳相公脉息, 애 相公의 脉이.

맥면(麥麪) 명 맥면(麥麵). '麪'은 '麵'과 같다. ≪朴諺, 下, 14ㅈ≫軟肉薄餠(集覽, 朴集, 下, 6ㅈ: 軟肉薄餠. 質問云, 以麥麪作成薄餠片, 而用爁軟肉捲而食之.)喫了, 軟肉 소 녀흔 薄餠을 먹고. ≪朴諺, 下, 32ㅎ≫軟肉薄餠(集覽, 朴集, 下, 6ㅈ: 軟肉薄餠. 質問云, 以麥麪〈麵〉作成薄餠片, 而用爁軟肉捲而食之.), 연육 소 ᄒᆞᆫ 박병과.

맥면(麥麺) 명 맥면(麥麵). '麺'은 '麵'과 같다. ≪朴諺, 上, 1ㅎ≫着李四買果子·拖爐·隨食(集覽, 朴集, 上, 1ㅈ: 隨食. 質問云, 以麥麺和油作小餠, 喫茶時食之, 取其香酥也.)去, 李四로 ᄒᆞ여 과실과 拖爐·隨食을 사라 가게 ᄒᆞ라. ≪朴諺, 上, 6ㅎ≫第一道燒羊蒸捲(集覽, 朴集, 上, 3ㅎ: 蒸捲. 質問云, 麥麵作成五寸長糕, 蒸熟食之. 又云, 以麵爲之, 長疊四折, 用籠蒸熟.), 第一道는 므르고온 羊과 蒸捲 썩이오. ≪朴諺, 下, 33ㅈ≫酥燒餠(集覽, 朴集, 下, 7ㅈ: 酥燒餠. 質問云, 以麥麵〈麺〉用酥油調和作成餠子, 烙熟最酥, 方言謂之酥燒餠.), 酥油 녀흔 쇼병과.

맥면(麥麵) 명 밀가루. ≪朴諺, 上, 1ㅎ≫着李四買果子·拖爐(集覽, 朴集, 上, 1ㅈ: 拖爐. 音義云, 麵作小餠者〈麵作小餠〉. 質問云, 以麥麵和油蜜印成花餠, 烙熟食之.)·隨食(集覽, 朴集, 上, 1ㅈ: 隨食. 音義云, 與拖爐相似. 質問云, 以麥麺和油作小餠, 喫茶時食之, 取其香酥也. 原本用隨字, 故反(飜)譯亦用隨字, 俗音:취, 今更質之, 字作饁, 宜從:쉬音讀, 今俗亦曰饁餠.)去, 李四로 ᄒᆞ여 과실과 拖爐·隨食을 사라 가게 ᄒᆞ라. ≪朴諺, 上, 6ㅎ≫第一道燒羊蒸捲(集覽, 朴集, 上, 3ㅎ: 蒸捲. 質問云, 麥麵作成五寸長糕, 蒸熟食之. 又云, 以麵爲之, 長疊四折, 用籠蒸熟.), 第一道는 므르고온 羊과 蒸捲 썩이오. ≪朴諺, 下, 14ㅈ≫軟肉薄餠(集覽, 朴集, 下, 6ㅈ: 軟肉薄餠. 質問云, 以麥麪作成薄餠片, 而用爁軟肉捲而食之.)喫了, 軟肉 소 녀흔 薄餠을 먹고. ≪朴諺, 下, 14ㅈ≫喫稍麥(集覽, 朴集, 下, 3ㅎ: 稍麥. 質問云, 以麥麺作成薄片, 包肉蒸熟, 與湯食之, 方言謂之稍麥.)粉湯, 稍麥과 스면 먹고. ≪朴諺, 下, 32ㅎ≫軟肉薄餠(集覽, 朴集, 下, 6ㅈ: 軟肉薄餠. 質問云, 以麥麪〈麵〉作成薄餠片, 而用爁軟肉捲而食之.), 연육 소 ᄒᆞᆫ 박병과. ≪朴諺, 下, 33ㅈ≫酥燒餠(集覽, 朴集, 下, 7ㅈ: 酥燒餠. 質問云, 以麥麵〈麺〉用酥油調和作成餠子, 烙熟最酥, 方言謂之酥燒餠.), 酥油 녀흔 쇼병과.

맹(孟) 명 성씨(姓氏)의 하나. ≪朴諺, 上, 57ㅎ≫孟舍有兩箇油紙帽兒, 孟가의게 두 油紙帽ㅣ 이시니.

맹일(孟日) 명 지지(地支)가 인(寅)·사(巳)·신(申)·해(亥)인 날. 일 년 사계절의 첫째 달의 지지(地支)인 음력 정월의 인(寅), 4월의 사(巳), 7월의 신(申), 10월의 해(亥)를 통틀어 이르는 말이다. ≪朴諺, 下, 46ㅎ≫手拿結線鞭(集覽, 朴集, 下, 10

ㅈ: 手拿結線鞭. 鞭子用柳枝, 長二尺四寸, 按二十四氣, 上用結子. 立春在孟日用麻, 仲日用苧, 季日用絲, 用五彩色醮染.), 손에 結線鞭을 잡고.

맹호(猛虎) 명 사나운 범. ≪朴諺, 下, 4ㅈ≫撞多少猛虎·毒虫定害, 언머 猛虎·毒虫의 보채는 거슬 만나며. ≪朴諺, 下, 4ㅈ≫逢多少惡物刁蹶(集覽, 朴集, 下, 1ㅎ: 刁蹶. 今按, 法師往西天時, 初到師陀國界, 遇猛虎·毒蛇之害, 次遇黑熊精·黃風恠〈怪〉·地湧夫人·蜘蛛精·獅子恠〈怪〉·多目恠〈怪〉·紅孩兒恠〈怪〉, 幾死僅免.), 언머 惡物의 놀쁨을 만나시리오.

머구리 명 개구리. ⇔수와(水蛙). ≪朴諺, 中, 55ㅎ≫水蛙叫的聒譟, 머구리 울어 짓궨다.

머기다 동 먹이다. ❶⇔끽(喫). ≪朴諺, 下, 54ㅎ≫你買與我喫來, 네 날을 사 주어 머긴다 ᄒᆞ고. ❷⇔포(哺). ≪朴諺, 上, 51ㅎ≫乳哺三年, 졋 머겨 三年이오.

머다 형 멀다. ⇔원(遠). ≪朴諺, 中, 38ㅈ≫争着遠裏, 쁨이 머다.

머리 명 ❶머리[髮]. ⇔두(頭). ≪朴諺, 上, 39ㅎ≫叫將那剃頭的來, 뎌 머리 갓는 이를 블러오라. ≪朴諺, 上, 39ㅎ≫我剃頭的, 나는 머리 갓는 이라. ≪朴諺, 上, 47ㅈ≫梳頭五箇錢, 머리 빗기기는 다ᄉᆞᆺ 낫 돈이오. 剃頭兩箇錢, 머리 갓기는 두 낫 돈이오. ≪朴諺, 上, 47ㅎ≫梳刮頭修了脚, 머리 긁빗고 발돕 다듬고. ≪朴諺, 上, 50ㅈ≫纔只洗了孩兒剃了頭, 그제아 아ᄒᆡ를 싯기고 머리 갓고. ≪朴諺, 上, 51ㅈ≫把孩兒又剃了頭頂上灸, 아ᄒᆡ를다가 또 머리 깍고 뎡박이 쓰고. ❷머리. ⇔두(頭). ≪朴諺, 上, 31ㅈ≫那般磕頭禮拜央及我, 뎌리 머리 조고 禮拜ᄒᆞ여 내게 빌거늘. ≪朴諺, 上, 39ㅎ≫刮的多頭疼, 긁빗기기를 만히 ᄒᆞ면 머리 알프ᄂᆞ니라. ≪朴諺, 中, 14ㅎ≫我今日腦疼頭旋, 내 오늘 골치 알파 머리 어즐ᄒᆞ고. ≪朴諺, 下, 20ㅈ≫第四割頭再接, 넷재는 머리 버혀 다시 닛기 ᄒᆞ쟈. ≪朴諺, 下, 23ㅎ≫孫行者把他的頭, 孫行者ㅣ 제 머리를다가. ≪朴諺, 下, 24ㅈ≫伯眼大仙也割下頭來, 伯眼大仙도 머리를 버혀 ᄂᆞ리와. ≪朴諺, 下, 31ㅈ≫頭戴四縫盔, 머리예 四縫盔를 쓰고. ≪朴諺, 下, 46ㅎ≫頭戴耳掩或提在手裡, 머리예 耳掩을 쓰며 혹 손에 들고. ≪朴諺, 下, 47ㅈ≫頭戴幞頭, 머리예 幞頭를 쓰고.

머리 명 ❶머리. 끝. ⇔두(頭). ≪朴諺, 中, 3ㅎ≫兩頭有記事, 두 머리예 보람 이시니. ❷머리. 대가리. ⇔두(頭). ≪朴諺, 上, 9ㅎ≫水渰過蘆溝橋獅子頭, 믈이 蘆溝橋 獅子ㅅ 머리를 줌가 너머. ≪朴諺, 上, 26ㅎ≫銀絲兒獅子頭的花鐙, 銀 입ᄉᆞᄒᆞᆫ 獅子 머리 섭사긴 등ᄌᆞ에. ≪朴諺, 中, 44ㅎ≫將幾箇磨果釘子來, 여러 머리 뭉귄 못 가져다가. ≪朴諺, 中, 46ㅎ≫他輸了的猪頭也不肯買, 뎨 진 도틔 머리도 즐겨 사디 아니ᄒᆞ니. ≪朴諺, 下, 24ㅎ≫只落下一箇虎頭, 그저 ᄒᆞᆫ 범의 머리만 떠러뎌시니.

머리 명 머리. 꼭대기. ❶⇔두(頭). ≪朴諺, 上, 10ㅎ≫着墻板當着墻頭絟的牢着, 담 ᄡᅡᄂᆞᆫ 널로 담 머리예 막아 ᄆᆡ기를 긋(굳)이 ᄒᆞ고. ≪朴諺, 上, 28ㅈ≫底下垂下着兩頭靑珠兒結串的駝毛肚帶, 미틔 드리온 거슨 두 머리예 프른 구슬로 ᄆᆡ자 쎄온 약대 털로 ᄒᆞᆫ 빗대오. ≪朴諺, 上, 41ㅈ≫滿頭珠翠金廂寶石頭面, 머리예 ᄀᆞ득ᄒᆞᆫ 珠翠와 금으로 寶石에 젼메온 곳갈과. ❷⇔정아(頂兒). ≪朴諺, 上, 15ㅈ≫象牙頂兒, 象牙 머리에. ≪朴諺, 上, 25ㅎ≫象牙頂兒, 象牙 머리오.

머리믠놈 명 중놈. 까까중. ⇔독시(禿廝). ≪朴諺, 下, 19ㅈ≫這禿廝好沒道理, 이 머리 믠 놈이 ᄀᆞ장 道理 업다 ᄒᆞ고.

머리터럭 명 머리털. ⇔두발(頭髮). ≪朴諺, 上, 40ㅈ≫撒開頭髮梳, 머리터럭을 헤켜고 빗기되. ≪朴諺, 上, 40ㅈ≫綰起頭髮來, 머리터럭을 조지고.

머리털 명 머리털. ⇔두발(頭髮). ≪朴諺, 下, 20ㅎ≫拔下一根頭髮, 혼 낫 머리털을 빠혀.

머므로다 동 머무르게 하다. ❶⇔유(留). ≪朴諺, 下, 41ㅈ≫留幾日來, 몃출을 머므로뇨. ❷⇔주(住). ≪朴諺, 上, 13ㅎ≫着唾沫白日黑夜不住的搽, 춤으로다가 白日 黑夜에 머므로디 말고 브ᄅᆞ라.

머믈다 동 머물다. 머무르다. ❶⇔유(留). ≪朴諺, 下, 21ㅎ≫只留下桃核出來, 다만 복셩화 씨만 머므러 두고 나와. ❷⇔유하(留下). ≪朴諺, 上, 52ㅈ≫留下一箇拜貼來見來麽, 혼 拜貼을 머므럿더니 보신가. ❸⇔정(停). ≪朴諺, 上, 66ㅎ≫你且停一停, 네 아직 머믈라. ❹⇔주(住). ≪朴諺, 上, 38ㅎ≫不住的臥倒打滾, 머므디 아니ᄒᆞ고 누우뚤러. ≪朴諺, 上, 48ㅎ≫到那裏住三箇月, 뎌긔 가 석 ᄃᆞᆯ을 머믈면. ≪朴諺, 下, 57ㅈ≫且住, 아직 머믈라.

머믈우다 동 머무르게 하다. ⇔주(住). ≪朴諺, 中, 40ㅈ≫養住那水, 뎌 믈을 머믈워. ≪朴諺, 中, 59ㅈ≫受他錢財當住, 뎌의 錢財를 밧고 머믈워.

머유기 명 메기. ⇔점어(鮎魚). ≪朴諺, 上, 17ㅈ≫鵝老翅鶴兒, 쇼로기연. 鮎魚鶴兒, 머유기연. 八角鶴兒, 여듧모연. 月樣鶴兒, ᄃᆞᆯ ᄀᆞ튼 연. 人樣鶴兒, 사ᄅᆞᆷ ᄀᆞ튼 연. 四方鶴兒, 네모연.

머유기연 명 메기 모양으로 만든 연. ⇔점어학아(鮎魚鶴兒). ≪朴諺, 上, 17ㅈ≫鵝老翅鶴兒, 쇼로기연. 鮎魚鶴兒, 머유기연. 八角鶴兒, 여듧모연. 月樣鶴兒, ᄃᆞᆯ ᄀᆞ튼 연. 人樣鶴兒, 사ᄅᆞᆷ ᄀᆞ튼 연. 四方鶴兒, 네모연.

머육 명 미역. ⇔해채(海菜). ≪朴諺, 中, 17ㅈ≫這海菜·乾魚·脯肉, 이 머육과 乾魚와 脯肉을.

먹 명 먹[墨]. ≪朴諺, 下, 12ㅈ≫浣饋你筆, 먹 ᄆᆞ텨 너를 붓을 주니.

먹갈 명 먹칼. ⇔묵침(墨寖). ≪朴諺, 下, 12ㅎ≫你只取將墨斗, 네 그저 먹고조와. 墨寖, 먹갈과. 和鐐, 갓괴와. 鐐子, 항괴와. 退鉋, ᄃᆡ패와. 鑿子, 끌과. 斧子, 도치와. 銼子來做生活, 줄을 가져다가 셩녕ᄒᆞ라.

먹고조 명 먹통. ⇔묵두(墨斗). ≪朴諺, 下, 12ㅎ≫你只取將墨斗, 네 그저 먹고조와. 墨寖, 먹갈과. 和鐐, 갓괴와. 鐐子, 항괴와. 退鉋, ᄃᆡ패와. 鑿子, 끌과. 斧子, 도치와. 銼子來做生活, 줄을 가져다가 셩녕ᄒᆞ라.

먹다 동 먹다. ⇔끽(喫). ≪朴諺, 上, 35ㅈ≫如今飯也喫得些箇却無事了, 이제는 밥도 져기 먹고 또 無事ᄒᆞ여라. ≪朴諺, 上, 38ㅎ≫一宿不喫草, ᄒᆞᄅᆞᆺ밤을 여믈을 먹디 아니ᄒᆞ니. ≪朴諺, 上, 45ㅈ≫迴家喫飯, 집의 도라와 밥 먹고. ≪朴諺, 上, 50ㅈ≫滿月過了時喫的不妨事, ᄃᆞᆯ이 차 디나면 먹어도 일에 해롭디 아니ᄒᆞ리라. ≪朴諺, 上, 58ㅈ≫又不喫了他的, 또 뎌의 거슬 먹디 아닐 거시니. ≪朴諺, 中, 15ㅎ≫燒酒和黃酒多喫了, 燒酒와 黃酒를 만히 먹고. 生果子也多喫了, ᄉᆡᆼ과실도 만히 먹고. ≪朴諺, 中, 20ㅈ≫一冬裏這頭口們勾喫了, 혼 겨올을 이 즘싱들이 유여히 먹으리라. ≪朴諺, 中, 30ㅈ≫等一會兒喫, 혼 디위 기ᄃᆞ려 먹쟈. ≪朴諺, 中, 34ㅈ≫一冬裏熬喫好, 혼 겨올의 솔마 먹기 됴ᄒᆞ니라. ≪朴諺, 中, 50ㅎ≫誰喫蘿蔔打噎咈, 뉘 무우 먹고 트림ᄒᆞ엿ᄂᆞ뇨. ≪朴諺, 中, 56ㅎ≫庫房櫃子裏放的米都喫了, 곳집 궤예 둔 ᄡᆞᆯ을 다 먹고. ≪朴諺, 下, 2ㅈ≫我如今不喫飯, 내 이제 밥을 먹디 아녀. 等一會兒喫, 혼 디위 기ᄃᆞ려 먹을 써시니. ≪朴諺, 下, 19ㅈ≫奪喫了祭星茶果, 祭星ᄒᆞᄂᆞᆫ 茶果를 아사 먹고. ≪朴諺, 下, 26ㅎ≫你不賣將家去就飯喫, 네 ᄑᆞ디 아니ᄒᆞ고 집의 가져가 밥ᄒᆞ여 먹을ᄯᆞ. ≪朴諺, 下, 37ㅎ≫管山喫山, 山을 ᄀᆞ음알면 山읫 거슬 먹고. 管水喫水, 믈을 ᄀᆞ음알면 믈엣 거슬 먹ᄂᆞᆫ다 ᄒᆞ니라. ≪朴諺, 下, 45ㅈ≫伯伯喫些飯, 伯伯아 져기 밥 먹으라. 好生不喫飯, ᄀᆞ장 밥 먹디 못ᄒᆞ놔.

먹다 동 먹다. 마시다. ❶⇔끽(喫). ≪朴諺, 上, 2ㅈ≫街市酒打將來怎麽喫, 져젯 술을 가져오면 엇디 머그리오. ≪朴諺, 上, 6ㅈ≫我們先喫兩巡酒後頭擡卓兒, 우리 몬져 두 슌빅 술 머근 후에 상을 드러든. ≪朴諺, 上, 47ㅎ≫却穿衣服喫幾盞閉風酒, 또 옷 닙고 여러 잔 閉風酒를 먹으면. ≪朴諺, 上, 58ㅎ≫喫幾盞酒過兩道湯, 여러 잔 술 먹고 兩道 湯을 디내고. ≪朴諺, 中, 16ㅈ≫熬兩服喫, 두 복을 달혀 먹고. ≪朴諺, 中, 16ㅈ≫我旋合與你藿香正氣散, 내 미조차 너를 藿香正氣散을 지어 줄 거시니. 喫了時便無事了, 먹으면 곳 無事ᄒᆞ리라. ≪朴諺, 中, 30ㅎ≫喫一盞, ᄒᆞᆫ 잔 먹쟈. ≪朴諺, 中, 30ㅎ≫這酒忤禿怎麽喫, 이 술이 들므쥬군ᄒᆞ니 엇디 먹으료. ≪朴諺, 中, 36ㅎ≫茶房裏喫茶去來, 茶房에 차 먹으라 가쟈. ≪朴諺, 下, 2ㅈ≫熬些茶芽來我喫, 져기 茶芽를 달혀 오라 내 먹쟈. ≪朴諺, 下, 14ㅈ≫又喫幾盞酒之後, 또 여러 잔 술을 먹은 후에. ≪朴諺, 下, 27ㅎ≫問客官人們喫甚麽茶, 客官人ᄃᆞ려 무로ᄃᆡ 므슴 차 머글짜. ≪朴諺, 下, 61ㅎ≫喫些淡茶去不妨, 져기 淡茶를 먹고 가미 해롭디 아니ᄒᆞ니. ❷⇔복(服). ≪朴諺, 中, 16ㅈ≫我旋合與你藿香正氣散, 내 미조차 너를 藿香正氣散을 지어 줄 거시니.……去滓溫服, 滓를 ᄇᆞ리고 더온 이를 먹으라. ❸⇔음(飮). ≪朴諺, 中, 44ㅈ≫對客飮酒吟詩句, 客을 對ᄒᆞ야 술을 먹고 詩句를 읇프며.

먹다 동 ❶먹다. 받다. 수령(受領)하다. ⇔식(食). ≪朴諺, 中, 34ㅎ≫無功食祿寢食不安, 功이 업시 祿을 먹으면 寢食이 편안티 아니타 ᄒᆞ니라. ❷(좀이) 먹다. ⇔주(蛀). ≪朴諺, 下, 1ㅈ≫虫蛀的無一根兒風毛, 좀이 먹어 ᄒᆞᆫ 낫 댱티도 업서시니. ≪朴諺, 下, 1ㅎ≫虫子怎麽蛀的, 좀이 엇디 먹으리오.

먹을것 명 먹거리. ⇔구량(口糧). ≪朴諺, 中, 9ㅎ≫少人錢債闕少口粮, 사ᄅᆞᆷ의 빗져 먹을거시 업서.

먹이다 동 먹이다. ❶⇔끽(喫). ≪朴諺, 上, 10ㅎ≫喫我的飯時, 내 밥을 먹이면. ≪朴諺, 上, 10ㅎ≫一日三頓家饋他飽飯喫, ᄒᆞᄅᆞ 세 ᄢᅵ식 뎌를 주어 밥을 ᄇᆡ브리 먹이고. ≪朴諺, 上, 20ㅎ≫等一會兒饋些草喫, ᄒᆞᆫ 디위 기ᄃᆞ려 져기 여믈을 주어 먹이고. ≪朴諺, 上, 21ㅈ≫着攪草棍拌饋他些料水喫, 여믈 버므리ᄂᆞᆫ 막대로 뎌를 져기 콩믈을 버므려 주어 먹이고. 半夜裏却拌饋他料喫, 半夜에 또 뎌를 콩을 버므려 주어 먹이되. ❷⇔외(喂). ≪朴諺, 上, 21ㅈ≫黑夜好生用心喂他, 밤의 ᄀᆞ장 用心ᄒᆞ여 뎌를 먹이라. ≪朴諺, 上, 21ㅈ≫那不會說話的頭口們喂不到, 뎌 말 못ᄒᆞᄂᆞᆫ 즘승들흘 먹이기를 이긋 못ᄒᆞ니. ≪朴諺, 上, 21ㅈ≫十箇人一宿家輪着喂, 열 사ᄅᆞᆷ이 ᄒᆞᆫ 즘식 돌려 먹이게 ᄒᆞ라. ≪朴諺, 上, 21ㅎ≫一夜裏喂到七八遍家, ᄒᆞᄅᆞᆺ밤의 먹이기를 닐곱 여ᄃᆞᆲ 번의 다ᄃᆺ게 ᄒᆞ라. 每日這般勤勤的喂時, 每日에 이리 브즈런이 먹이면. ≪朴諺, 上, 39ㅈ≫喂的好着, 먹이기를 잘ᄒᆞ라. ≪朴諺, 上, 46ㅎ≫且喂幾日賣時好, 아직 요ᄉᆞ이 먹여 ᄑᆞᆯ면 됴흐려니와. ≪朴諺, 上, 58ㅈ≫咱們的馬怎的喂, 우리 ᄆᆞᆯ을 엇디 먹이료. ≪朴諺, 上, 58ㅈ≫散饋喂馬的草料錢, ᄆᆞᆯ 먹일 딥과 콩 갑슬 흐터 주라. ≪朴諺, 中, 19ㅎ≫把那驢·騾們喂的好着, 뎌 나귀·노새들을 먹이기를 잘ᄒᆞ야.

먹히다 동 먹이다. ⇔끽(喫). ≪朴諺, 上, 50ㅈ≫只着些好醬瓜兒就飯喫, 그저 져기 됴흔 醬瓜로 밥ᄒᆞ여 먹히라.

멀다 형 멀다. ⇔원(遠). ≪朴諺, 下, 3ㅎ≫這般遠田地裏, 이런 먼 ᄯᅡ히.

멀리 부 멀리. ⇔원(遠). ≪朴諺, 上, 60ㅈ≫遠望高接青霄, 멀리 ᄇᆞ라매 놉히 프른 하ᄂᆞᆯ에 졉ᄒᆞ엿고. 近看時遠侵碧漢, 갓가이 셔 보면 멀리 碧漢을 侵ᄒᆞ고. ≪朴諺, 上, 62ㅎ≫遠望滿眼景致, 멀리 ᄇᆞ라매 滿眼景致ㅣ. ≪朴諺, 中, 14ㅎ≫遠行知馬力,

멀리 가매 몰 힘을 알고. 日久見人心, 날이 오라매 사름의 므숨을 보느니라. ≪朴諺, 中, 32ㅎ≫遠望一似黑水精, 멀리 브라매 黑水精 줏고. ≪朴諺, 下, 39ㅎ≫只管的遠去怎麽, 그저 수리야 멀리 가 므슴 ᄒᆞ리오.

멀텁다 형 거칠다. ⇔준분(蠢坌). ≪朴諺, 中, 55ㅈ≫大時看的蠢坌了, 크면 보기 멀터오니라.

메다 동 메다. ⇔담(擔). ≪朴諺, 下, 48ㅎ≫又是擔杖廝打着, 또 막대를 메고 서르 싸화.

메움 의 짐. ⇔담(擔). ≪朴諺, 下, 5ㅎ≫且打將兩擔水來, 아직 두 메움 믈을 기러다가.

멧줄 명 매는 줄. 봇줄. ⇔투승(套繩). ≪朴諺, 中, 11ㅎ≫少梯子(集覽, 朴集, 中, 2ㅈ: 梯子. 音義云, 車前괴오ᄂᆞᆫ나모.), 술위앏괴오ᄂᆞᆫ나모. 撑頭, 술위뒤괴오ᄂᆞᆫ나모. 套繩, 멧줄. 撒繩, 쓰을줄. 拘索, 목집게. 籠頭, 바굴레. 脚索, 지달쏠바. 鞍子, 기르마. 肚帶, 빗대 업세라. ≪譯語類解, 車輛≫套繩, 멜줄.

-며 어미 -며. ≪朴諺, 上, 17ㅎ≫或是博錢拿錢, 혹 돈더느기 ᄒᆞ며 쌍블잡기 ᄒᆞ고. ≪朴諺, 上, 22ㅈ≫咱們下一局賭輸嬴(贏)如何, 우리 ᄒᆞᆫ 판 두어 지며 이긔믈 더느미 엇더ᄒᆞ뇨. ≪朴諺, 上, 23ㅎ≫到處裏破別人誇自已(己), 간 곳마다 다른 사름을 해야ᄇᆞ리며 내 몸을 쟈랑ᄒᆞ고. ≪朴諺, 上, 37ㅈ≫過去的過來的弄我的, 디나가며 디나오리 날을 롱호되. ≪朴諺, 中, 1ㅈ≫有諸般唱詞的, 여러 가지 唱詞ᄒᆞᄂᆞᆫ 이 이시며. ≪朴諺, 中, 23ㅎ≫尋聲救苦應念除災, 尋聲 救苦ᄒᆞ며 應念 除灾ᄒᆞᄂᆞ니. ≪朴諺, 中, 32ㅈ≫有累累垂垂石, 累累 垂垂ᄒᆞᆫ 돌히 이시며. 有高高下下坡, 高高 下下ᄒᆞᆫ 언덕이 이시며. 有重重疊疊奇峯, 重重 疊疊ᄒᆞᆫ 奇峯이 이시며. ≪朴諺, 中, 48ㅈ≫打光光打凹凹, 광광이질ᄒᆞ며 와와이질 ᄒᆞᄂᆞ니라. ≪朴諺, 中, 57ㅎ≫愛錢買東西, 돈을 앗기며 자븐것 사려 ᄒᆞ거든. ≪朴諺, 下, 3ㅎ≫經多少風寒暑濕, 언머 風寒과 暑濕을 디내며. ≪朴諺, 下, 4ㅈ≫見多少怪物·妖精侵他, 언머 怪物·妖精이 더를 침노홈을 보며. ≪朴諺, 下, 11ㅎ≫孝順父母, 父母씌 孝順ᄒᆞ며. ≪朴諺, 下, 42ㅈ≫擂皷撞磬, 붑 티며 경 티고. ≪朴諺, 下, 48ㅎ≫各拿棍棒, 各各 막대를 가지며. ≪朴諺, 下, 50ㅎ≫彈一曲流水高山, 一曲 流水高山을 쁘며. ≪朴諺, 下, 58ㅎ≫你這東國歷代幾年, 네 이 東國 歷代 몃 히나 ᄒᆞ며.

-며 조 -며. ≪朴諺, 下, 47ㅎ≫提湯灌的, 湯灌 든 이며.

멱(覓) 동 얻다. 찾다. ≪朴諺, 上, 62ㅈ≫弄水穿波的是覔死的魚蝦, 弄水 穿波ᄒᆞᄂᆞᆫ 거슨 이 覔死ᄒᆞᄂᆞᆫ 魚蝦오.

멱득(覓得) 동 (찾아서) 얻다. ⇔얻다. ≪朴諺, 上, 30ㅎ≫覔得高麗錢大快三十年, 高麗ㅅ 錢을 어든들 크게 三十年을 즐기랴.

멱득고려전대쾌삼십년(覓得高麗錢 大快三十年) 구 고려의 돈을 얻어 서른 해를 즐긴다는 뜻으로, 어떤 일에 대하여 너무 계산적임을 이르는 말. ≪朴諺, 上, 30ㅎ≫覔得高麗錢大快三十年, 高麗ㅅ 錢을 어든들 크게 三十年을 즐기랴.

멱라수(汨羅水) 명 중국 호남성(湖南省) 북동쪽에 있는 강. 상강(湘江)의 지류. 상류인 멱수(汨水)는 두 곳에서 발원하여 나수(羅水)와 합류하는데, 이곳을 멱라연(汨羅淵) 또는 굴담(屈潭)이라고 하며, 초(楚)나라 굴원(屈原)이 몸을 던져 죽은 곳으로 유명하다. ≪朴諺, 下, 51ㅎ≫也不學屈原投江(集覽, 朴集, 下, 11ㅎ: 屈原投江. 屈原, 楚之大夫也. 諫懷王不聽, 投汨羅水而死.), 또 屈原의 投江을 비호디 아니ᄒᆞ니.

멱사(覓死) 동 죽으려고 하다. 자살하다. ⇔멱사ᄒᆞ다(覓死-). ≪朴諺, 上, 62ㅈ≫弄水穿波的是覔死的魚蝦, 弄水 穿波ᄒᆞᄂᆞᆫ 거슨 이 覔死ᄒᆞᄂᆞᆫ 魚蝦오.

멱사ᄒᆞ다(覓死-) 동 죽으려고 하다. 자살하다. ⇔멱사(覓死). ≪朴諺, 上, 62ㅈ≫ 弄水穿波的是覓死的魚蝦, 弄水 穿波ᄒᆞᄂᆞᆫ 거슨 이 覓死ᄒᆞᄂᆞᆫ 魚蝦오.

면 명 면(面). 몸통. ⇔면(面). ≪朴諺, 上, 53ㅈ≫你來這弓面上鋪筋將來, 이바 이 활 면에 힘을 ᄭᅵ라 가져와. ≪朴諺, 上, 60ㅎ≫盖的都是龍鳳凹面花頭·筒瓦和仰瓦, 넨 거슨 다 龍鳳을 우묵겨 면 돗게 ᄒᆞᆫ 막새와 수디새와 암디새오.

면(面) 명 ❶거죽. 겉감. ⇔거족. ≪朴諺, 中, 3ㅎ≫這被面大紅身兒, 이 니블 거족 다홍 몸ᄯᅩᆼ과. ❷면(面). 몸통. ⇔면. ≪朴諺, 上, 53ㅈ≫你來這弓面上鋪筋將來, 이바 이 활 면에 힘을 ᄭᅵ라 가져와. ≪朴諺, 上, 60ㅎ≫盖的都是龍鳳凹面花頭·筒瓦和仰瓦, 넨 거슨 다 龍鳳을 우묵겨 면 돗게 ᄒᆞᆫ 막새와 수디새와 암디새오.

면(面) 명 낯. ❶⇔ᄂᆞᆾ. ≪朴諺, 中, 30ㅈ≫凍面皮都打破了不中, 언 ᄂᆞᆾ가족이 다 히여딜 거시니 맛당티 아니ᄒᆞ니. ❷⇔ᄂᆞᆾㅊ. ≪朴諺, 中, 19ㅈ≫有緣千里能相會, 인연이 이시면 千里라도 능히 서ᄅᆞ 못ᄃᆞᆺ고. 無緣對面不相逢, 인연이 업스면 ᄂᆞᆾ츨 ᄃᆡᄒᆞ여도 서ᄅᆞ 만나디 못ᄒᆞᄂᆞ니. ≪朴諺, 中, 23ㅈ≫面圓璧月, ᄂᆞᆾ촌 璧(璧)月ᄀᆞ티 두렷ᄒᆞ고. ≪朴諺, 中, 30ㅈ≫凍面皮都打破了不中, 언 ᄂᆞᆾ가족이 다 히여딜 거시니 맛당티 아니ᄒᆞ니. ≪朴諺, 下, 12ㅈ≫勝如見面, ᄂᆞᆾ출 봄도곤 나으리이다. ≪朴諺, 下, 40ㅎ≫畫虎畫皮難畫骨, 범을 그리매 가족은 그려도 ᄲᅧ 그리기 어렵고. 知人知面不知心, 사ᄅᆞᆷ을 알매 ᄂᆞᆾ촌 아라도 ᄆᆞᄋᆞᆷ은 아디 못ᄒᆞᆫ다 ᄒᆞᄂᆞ니라.

면(面) 의 번(番). (만나는 횟수를 세는 단위) ⇔번. ≪集覽, 字解, 累字解, 1ㅎ≫一面. 호은자. 又ᄒᆞᆫ녀고로. 又ᄒᆞᆫ 번.

면(眠) 동 자다[宿]. ⇔자다. ≪朴諺, 下, 13ㅎ≫能盖萬間房, 능히 萬間 房을 지어도. 夜眠一夏間, 밤의 一夏 間에 잔다 ᄒᆞᄂᆞ니라.

면(麵) 명 가루. 밀가루. ❶⇔ᄀᆞᄅᆞ. ≪朴諺, 中, 5ㅎ≫三斤麵, 서 근 ᄀᆞᄅᆞ과. 三斤羊肉, 서 근 羊肉과. ❷⇔ᄀᆞᆯ. ≪朴諺, 中, 6ㅎ≫你將那白麵來, 네 뎌 흰 ᄀᆞᆯ를 가져다가.

-면 어미 -면. ≪集覽, 字解, 單字解, 4ㅎ≫便. 去聲, 卽也. 便行 즉재 가니라, 便去 즉재 가리라, 又즉재 가다. 又則也. 便有 곧 잇다, 便是 곧 올ᄒᆞ니라. 又順也, 順便. 又安也, 便當. 又宜也. 行方便 됴ᄒᆞᆯ 양오로 ᄒᆞ다, 不方便 다히 마지 쉽사디 아니타. 又猶則也. 你去便就有了 너옷 가면 이시리라. ≪朴諺, 上, 1ㅎ≫各人出一百箇銅錢, 各人이 一百 낫 銅錢을 내면. ≪朴諺, 上, 22ㅈ≫有一箇輸了的便賽殺, ᄒᆞ나히 지ᄂᆞ니 이시면 곳 던기리라. ≪朴諺, 上, 31ㅎ≫叫喚着討時, 블러 달라 ᄒᆞ면. ≪朴諺, 上, 42ㅎ≫依體例十兩裏一兩家除時, 體例대로 열 량에 ᄒᆞᆫ 냥식 덜면. ≪朴諺, 上, 66ㅈ≫從今日起後日罷散, 오ᄂᆞᆯ브터 시작ᄒᆞ여 모뢰면 罷散ᄒᆞᆯ러라. ≪朴諺, 中, 1ㅈ≫去時怎麼得入去的, 가면 엇디 드러가료. ≪朴諺, 中, 17ㅎ≫人離鄉賤物離鄉貴, 사ᄅᆞᆷ이 離鄉ᄒᆞ면 쳔ᄒᆞ고 物이 離鄉ᄒᆞ면 貴타 ᄒᆞᄂᆞ니라. ≪朴諺, 中, 23ㅎ≫念菩薩名, 菩薩의 일홈을 念ᄒᆞ면. ≪朴諺, 中, 36ㅈ≫小心必勝, 조심ᄒᆞ면 반ᄃᆞ시 이긘다 ᄒᆞᄂᆞ니라. ≪朴諺, 中, 58ㅎ≫鋪着睡時, ᄭᆞᆯ고 자면. ≪朴諺, 下, 1ㅎ≫每日這般用心弄他時, 每日에 이리 用心ᄒᆞ여 뎌를 달호면. ≪朴諺, 下, 11ㅎ≫喜面相傒, 喜面으로 서ᄅᆞ 뵈면. ≪朴諺, 下, 14ㅈ≫擡了卓子, 상 들면. ≪朴諺, 下, 23ㅎ≫左邉搭右邉趓, 좌편으로 건디려 ᄒᆞ면 우편으로 숨고. ≪朴諺, 下, 40ㅎ≫相識們十分央及時, 서ᄅᆞ 아ᄂᆞᆫ 이들히 ᄀᆞ장 빌면. ≪朴諺, 下, 56ㅈ≫尋將馬來時, ᄆᆞᆯ을 어더 오면.

면국(糆麴) 명 면국(麵麴). '糆'은 '麵'과 같다. ≪朴諺, 上, 3ㅎ≫支與竹葉清酒十五瓶·腦兒酒(集覽, 朴集, 上, 1ㅎ: 腦兒酒.

質問云, 做酒用糆麴藥料爲櫱, 久封不動, 其色紅而味最純厚.)五桶, 竹葉淸酒 十五瓶과 腦兒酒 五桶을 支與ᄒᆞ더라.

면국(麵麴) 명 밀을 곱게 갈아 껍질을 버리고 밀가루로만 디디어 만든 누룩. 고급 술을 빚는 데 쓴다. ≪朴諺, 上, 3ㅎ≫支與竹葉淸酒十五瓶·腦兒酒(集覽, 朴集, 上, 1ㅎ: 腦兒酒. 質問云, 做酒用糆麴藥料爲櫱, 久封不動, 其色紅而味最純厚.)五桶, 竹葉淸酒 十五瓶과 腦兒酒 五桶을 支與ᄒᆞ더라.

면다(麵茶) 명 기장 가루에 물을 부어 걸쭉하게 끓인 죽. ≪朴諺, 下, 42ㅎ≫麵茶等飯, 麵茶 等 飯이오.

면상(面上) 명 ❶물체의 겉면. ≪朴諺, 上, 15ㅎ≫着鑌鐵(集覽, 朴集, 上, 6ㅈ: 鑌鐵. 總〈聡〉龜云, 出西番, 面上自有旋螺花者, 有芝麻花者. 凡刀劍器打磨光淨, 價直過於銀, 鐵〈銕〉中最利者也.)打, 鑌鐵로 티이되. ❷낯. 얼굴. ⇔ᄂᆞᆾㅊ. ≪朴諺, 下, 54ㅎ≫於某面上用拳打破, 某의 ᄂᆞᆾ출 주머괴로 텨 하야ᄇᆞ리되.

면전(面前) 명 앞. ⇔알ㅍ. ≪朴諺, 上, 23ㅎ≫面前背後, 面前背後ᄒᆞ고. ≪朴諺, 下, 20ㅈ≫咱兩箇對君王面前鬪(鬪)聖, 우리 둘히 君王 알ᄑᆡ 딕ᄒᆞ여 鬪(鬪)聖ᄒᆞ야.

면전배후(面前背後) 구 눈앞에서는 복종하는 체하고 등 뒤에서는 배반하다. ⇔면전배후ᄒᆞ다(面前背後-). ≪朴諺, 上, 23ㅎ≫面前背後, 面前背後ᄒᆞ고.

면전배후ᄒᆞ다(面前背後-) 구 눈앞에서는 복종하는 체하고 등 뒤에서는 배반하다. ⇔면전배후(面前背後). ≪朴諺, 上, 23ㅎ≫面前背後, 面前背後ᄒᆞ고.

면주(綿紬) 명 명주. ≪朴諺, 中, 4ㅈ≫這細綿紬染鴉靑擺一擺, 이 ᄀᆞᄂᆞᆫ 綿紬란 鴉靑 드려 널 다돔이 ᄒᆞ고. ≪朴諺, 中, 4ㅎ≫這鴉靑綿紬六錢, 이 鴉靑 綿紬에ᄂᆞᆫ 엿 돈이오.

면피(面皮) 명 ❶낯. ⇔ᄂᆞᆾ. ≪朴諺, 中, 47ㅈ≫又將筆來面皮上畫了, 또 붓을 가져다가 ᄂᆞ체 그렷더니. ❷낯가죽. ⇔ᄂᆞᆾ가족. ≪朴諺, 中, 30ㅈ≫凍面皮都打破了不中, 언 ᄂᆞᆾ가족이 다 히여딜 거시니 맛당티 아니ᄒᆞ니.

면피아(面皮兒) 명 낯. ⇔ᄂᆞᆾㅊ. ≪朴諺, 中, 52ㅎ≫小團欒面皮兒的漢兒人, 젹이 ᄂᆞᆾ치 두렷ᄒᆞᆫ 漢ㅅ 사ᄅᆞᆷ이.

멸(滅) 동 ❶끄다. 없애다. 소멸시키다. ⇔ᄢᅳ다. ≪朴諺, 中, 18ㅎ≫只滅了我這心頭火, 그저 나의 이 心頭火ᄅᆞᆯ ᄢᅳ면. ❷멸하다. 소멸하다. ⇔멸ᄒᆞ다(滅-). ≪朴諺, 下, 3ㅈ≫罷罷師傅善因不滅, 두어 두어 師傅ㅣ아 善因은 滅티 아니ᄒᆞᄂᆞ니. ≪朴諺, 下, 18ㅈ≫要滅佛教, 佛教ᄅᆞᆯ 滅코져 ᄒᆞ여.

멸ᄒᆞ다(滅-) 동 멸하다. 소멸하다. ⇔멸(滅). ≪朴諺, 下, 3ㅈ≫罷罷師傅善因不滅, 두어 두어 師傅ㅣ아 善因은 滅티 아니ᄒᆞᄂᆞ니. ≪朴諺, 下, 18ㅈ≫要滅佛教, 佛教ᄅᆞᆯ 滅코져 ᄒᆞ여.

몃 관 몇. ❶⇔기(幾). ≪集覽, 字解, 累字解, 2ㅎ≫幾回. 몃 슌. ≪集覽, 字解, 單字解, 5ㅎ≫家. 止指一數之稱. 一箇家 ᄒᆞᆫ 낫식, 幾箇家 몃 낫식, 又현 낫식, 幾年家 현 ᄒᆡ식. 又槩也. 大家 대개. 又擧姓呼人之稱. 李家·張家. 又呼皇帝曰官家. 又語助. 沒有家 업다. ≪朴諺, 上, 11ㅎ≫關幾擔, 몃 짐을 ᄐᆞ료. ≪朴諺, 上, 14ㅈ≫這的幾托, 이거시 몃 발고. ≪朴諺, 上, 15ㅎ≫你打幾件兒, 네 몃 볼을 ᄆᆡᆼ놀다. ≪朴諺, 下, 13ㅎ≫做了第幾位, 몃재 위ᄅᆞᆯ ᄒᆞ엿ᄂᆞ뇨. ≪朴諺, 下, 26ㅈ≫燒子二兩家賣了幾串, 구은 이예 두 냥식 몃 웨옴이나 ᄑᆞ란ᄂᆞᆫ다. ≪朴諺, 下, 58ㅎ≫你這東國歷代幾年, 네 이 東國 歷代 몃 ᄒᆡ나 ᄒᆞ며. ❷⇔기개(幾箇). ≪集覽, 字解, 單字解, 6ㅎ≫幾. 數問多少之辭. 幾箇 몃고, 幾時 언제, 幾曾 어ᄂᆡ 제. ≪朴諺, 上, 32ㅈ≫知他是幾箇明日, 모로리로다 이 몃 ᄂᆡ일인디. ≪朴諺, 上, 66ㅈ≫說幾箇日頭, 몃 날을 니ᄅᆞ려뇨. ≪朴諺, 上, 44ㅈ≫你幾箇學生,

너희 몃 學生고. ≪朴諺, 中, 47ㅎ≫這孩兒幾箇月也, 이 아희 몃 돌이나 ᄒᆞ뇨.

몃ㅊ 㐃 몇. ⇔기개(幾箇). ≪朴諺, 上, 29ㅎ≫你要幾箇, 네 몃치나 ᄒᆞ고져 ᄒᆞᄂᆞ다. ≪朴諺, 上, 49ㅈ≫這般時咱們幾箇去, 이러면 우리 몃치 가료. ≪朴諺, 中, 5ㅈ≫隨從幾箇, 隨從이 몃치나 ᄒᆞ뇨.

몃츨 몡 며칠. ⇔기(幾). ≪朴諺, 中, 53ㅎ≫今日幾, 오ᄂᆞᆯ이 몃츨고.

몃출 몡 며칠. ⇔기일(幾日). ≪朴諺, 下, 41ㅈ≫留幾日來, 몃츨을 머므로뇨.

명 몡 명(命). 운수(運數). 운명(運命). ⇔명(命). ≪朴諺, 下, 25ㅎ≫你待謾過我, 네 ᄒᆞ마 날을 소길랏다. 爲我命不好, 내 명이 됴티 아니믈 위ᄒᆞ여. 撞着你, 너롤 만나과라.

명(名) 몡 ❶명성. 명예. ≪朴諺, 中, 44ㅈ≫一發忘棄名與利, 홈ᄭᅴ 名과 다뭇 利롤 니저ᄇᆞ리리라. ❷이름. ⇔일훔. ≪朴諺, 中, 23ㅎ≫念菩薩名, 菩薩의 일훔을 念ᄒᆞ면. ≪朴諺, 下, 20ㅎ≫大仙徒弟名鹿皮, 大仙의 徒弟 일훔 鹿皮라 ᄒᆞ리. ≪朴諺, 下, 49ㅎ≫舊名, 네 일훔이. ≪朴諺, 下, 58ㅎ≫在下名是彬字文中, 在下ㅣ 名은 이 彬이오 字는 文中이라.

명(名) 의 명(名). (사람을 세는 단위) ≪朴諺, 中, 5ㅎ≫分例支應(集覽, 朴集, 中, 1ㅈ: 分例支應. 正官曰廩給, 從人曰口粮, 通謂之分例. 元制, 正官一員, 一日宿頓, 該支〈支〉米一升, 麵一斤, 羊肉一斤, 酒一升, 柴一束, 經過減半, 從人一名, 止支〈支〉米一升, 經過減半. 今制, 正官一員, 一日經過, 米三升, 宿頓五升, 從人一名, 經過二升, 宿頓三升. 漢俗今云行三坐五.), 分例로 支應ᄒᆞ라.

명(命) 몡 운수(運數). 운명(運命). ⇔명. ≪朴諺, 中, 46ㅎ≫命來鐵也爭光, 命이 오면 쇠도 비출 ᄃᆞ토고. 運去黃金失色, 運이 가면 黃金도 비출 일ᄂᆞ다 ᄒᆞ니라. ≪朴諺, 下, 3ㅈ≫一來是十分命不快, 一來 ᄀᆞ장 命이 快티 몯ᄒᆞ여라. 告諸佛·菩薩, 諸佛과 菩薩씌 告ᄒᆞ여. ≪朴諺, 下, 25ㅎ≫你待謾過我, 네 ᄒᆞ마 날을 소길랏다. 爲我命不好, 내 명이 됴티 아니믈 위ᄒᆞ여. 撞着你, 너롤 만나과라.

명(明) 혱 ❶밝다. ⇔ᄇᆞᆰ다. ≪朴諺, 上, 21ㅈ≫睡到明, 자기롤 ᄇᆞᆯ그매 다ᄃᆞᆺ도록 ᄒᆞ니. ≪朴諺, 中, 27ㅎ≫將豆子來大的明眞珠一百顆來儅, 콩만치 큰 ᄇᆞᆯ근 眞珠 一百낫출 가져다가 뎐당ᄒᆞ거늘. ≪朴諺, 中, 44ㅈ≫月明紗窓秋夜半, ᄃᆞᆯ이 紗窓에 ᄇᆞᆰ고 ᄀᆞ올빰이 반만 ᄒᆞᆫ 제. ≪朴諺, 下, 27ㅎ≫寸心不昧, 寸心이 어둡디 아니ᄒᆞ면. 萬法皆明, 萬法이 다 ᄇᆞᆰᄂᆞ니라. ≪朴諺, 下, 42ㅈ≫明點燈燭, 燈燭을 ᄇᆞᆰ게 혀고. ≪朴諺, 下, 42ㅈ≫直念到明, 잇긋 念홈을 ᄇᆞᆰ으매 다ᄃᆞᆺ게 ᄒᆞ고. ❷밝음. ⇔ᄇᆞᆰ음. ≪朴諺, 下, 42ㅎ≫臨明喫和和飯, ᄇᆞᆰ음애 님ᄒᆞ여 온반을 먹드라.

명간(冥間) 몡 사람이 죽은 뒤에 간다는 영혼의 세계. ≪朴諺, 下, 50ㅈ≫你這般金榜(集覽, 朴集, 下, 11ㅈ: 金榜. 唐崔昭暴卒復甦云, 見冥閒〈間〉列榜〈榜〉, 書人姓名, 將相金榜〈榜〉, 次銀榜〈榜〉, 州縣小官鐵榜〈鉄榜〉. 故今之科苐(第)綴名之榜〈榜〉, 謂之金榜.)掛名的書生, 너는 이런 金榜에 掛名ᄒᆞᆯ 書生이니.

명간(冥閒) 몡 명간(冥間). '閒'은 '間'의 본자. ≪朴諺, 下, 50ㅈ≫你這般金榜(集覽, 朴集, 下, 11ㅈ: 金榜. 唐崔昭暴卒復甦云, 見冥閒〈間〉列榜〈榜〉, 書人姓名, 將相金榜〈榜〉, 次銀榜〈榜〉, 州縣小官鐵榜〈鉄榜〉. 故今之科苐(第)綴名之榜〈榜〉, 謂之金榜.)掛名的書生, 너는 이런 金榜에 掛名ᄒᆞᆯ 書生이니.

명기(銘記) 몡 금석(金石) 따위에 새긴 글. 칭송이나 경계의 내용으로 대부분 운문(韻文)이다. ≪朴諺, 中, 22ㅈ≫起浮屠於泗水之間(集覽, 朴集, 中, 5ㅈ: 起浮屠於泗水之間. 唐龍朔初, 於泗州臨淮縣信義坊, 將建伽藍, 掘得古香積寺銘記幷金像一軀, 上有普照王佛字, 遂建寺焉.), 浮屠

를 泗水ㅅ ᄉᆞ이에 니ᄅᆞ혀고.

명년(明年) 명 내년. ≪朴諺, 上, 11ㅈ≫假如明年倒了時, 가ᄉᆞ 明年에 믄허디면. ≪朴諺, 下, 29ㅈ≫你打饋我一箇立鼈兒, 네 날을 ᄒᆞᆫ 立鼈兒와. 一箇蝦蟆·鼈兒和蝎虎(集覽, 朴集, 下, 5ㅈ: 蠍〈蝎〉虎. 五月五日捕其生者, 飼以朱砂, 明年端午搗〈擣〉之, 點宮人臂上, 經事則消, 否則雖死不改, 故名曰守宮.)盞兒, ᄒᆞᆫ 蝦蟆鼈兒와 蝎虎盞을 ᄆᆡᆼᄃᆞ라 주고려.

명래철야쟁광운거황금실색(命來鐵也爭光 運去黃金失色) 구 행운이 오면 쇠도 빛을 내고, 운이 사나우면 황금도 빛을 잃는다는 뜻. ≪朴諺, 中, 46ㅎ≫命來鐵也爭光, 命이 오면 쇠도 비출 ᄃᆞ토고. 運去黃金失色, 運이 가면 黃金도 비출 일ᄂᆞ다 ᄒᆞᄂᆞ니라.

명록(明綠) 명 밝은 초록빛. ⇔명록빗ㅊ(明綠-). ≪朴諺, 上, 25ㅎ≫明綠抹絨胷背的比甲, 明綠빗치 융ᄉᆞ로 ᄀᆞ 두론 胷背 比甲과. ≪朴諺, 上, 27ㅈ≫絟着一對明綠綉四季花護膝, ᄒᆞᆫ 쌍 明綠빗치 四季花를 綉ᄒᆞᆫ 슬갑을 ᄆᆡ엿고. ≪朴諺, 上, 43ㅈ≫我有明綠紵絲, 내게 明綠빗치 비단이 이시니. ≪朴諺, 中, 3ㅎ≫明綠當頭, 明綠빗쳇 깃을. ≪朴諺, 中, 54ㅎ≫這明綠通袖膝欄綉的做帖裏, 이 明綠빗체 通袖 膝欄 슈ᄒᆞᆫ 거스란 텰릭 짓고.

명록빗ㅊ(明綠-) 명 밝은 초록빛. ⇔명록(明綠). ≪朴諺, 上, 25ㅎ≫明綠抹絨胷背的比甲, 明綠빗치 융ᄉᆞ로 ᄀᆞ 두론 胷背 比甲과. ≪朴諺, 上, 27ㅈ≫絟着一對明綠綉四季花護膝, ᄒᆞᆫ 쌍 明綠빗치 四季花를 綉ᄒᆞᆫ 슬갑을 ᄆᆡ엿고. ≪朴諺, 上, 43ㅈ≫我有明綠紵絲, 내게 明綠빗치 비단이 이시니. ≪朴諺, 中, 3ㅎ≫明綠當頭, 明綠빗쳇 깃을. ≪朴諺, 中, 54ㅎ≫這明綠通袖膝欄綉的做帖裏, 이 明綠빗체 通袖 膝欄 슈ᄒᆞᆫ 거스란 텰릭 짓고.

명리(名利) 명 명성과 이익. 명예와 이익. ≪朴諺, 中, 44ㅈ≫一發忘棄名與利, 홈ᄭᅴ 名과 다ᄆᆞᆺ 利를 니저ᄇᆞ리리라. ≪朴諺, 下, 50ㅈ≫我棄了這名利家筵, 내 이 名利家筵을 ᄇᆞ리고.

명문(命門) 명 오른쪽 신장(腎臟)을 이르는 말. ≪朴諺, 中, 15ㅈ≫尺脉較沈(集覽, 朴集, 中, 3ㅈ: 尺脉較沈. 人手有寸·關·尺三部脉. 尺脉主腎命門, 屬水而沈. 脾屬土.), 尺脉이 져기 沈ᄒᆞ니.

명백(明白) 부 명백(明白)히. ⇔명백히(明白-). ≪朴諺, 上, 33ㅎ≫無處發落(集覽, 朴集, 上, 10ㅎ: 發落. 吏學指南云, 明白散附也.), 發落ᄒᆞᆫ 곳이 업고. ≪朴諺, 下, 16ㅈ≫律條裏明白有, 律條에 明白히 이시니.

명백히(明白-) 부 명백(明白)히. ⇔명백(明白). ≪朴諺, 下, 16ㅈ≫律條裏明白有, 律條에 明白히 이시니.

명산(名山) 명 이름난 산. ≪朴諺, 中, 32ㅈ≫有箇名山, 名山이 이시되.

명수(名數) 명 단위(單位)의 이름과 수치를 붙인 수. ≪集覽, 字解, 單字解, 7ㅈ≫般. 名數也. 諸般 여러 가짓. 又等也. 一般. 又多也.

명언(名言) 명 사리에 맞는 훌륭한 말. ≪朴諺, 中, 21ㅎ≫或分身居士·宰官(集覽, 朴集, 中, 5ㅈ: 居士宰官. 飜〈翻〉譯名義云, 愛談名言, 清淨自居, 又多積財貨, 居業豐〈豊〉盈, 皆謂之居士.), 或 居士·宰官에 分身ᄒᆞ고.

명영(明瑩) 형 밝고 깨끗하다. ≪朴諺, 上, 27ㅎ≫指頭來大紫鴉忽(集覽, 朴集, 上, 9ㅎ: 紫鴉忽. 瓓也. 出南番·西番. 性堅滑, 有紅瓓·紫瓓, 亦有淡者, 色明瑩. 有大如指面者, 儘大儘貴. 古語云, 瓓重一錢, 十萬可相.)頂兒, 손ᄭᅡ락 굴긔 紫鴉忽 頂子에.

명왕(明王) 명 〈불〉 무서운 얼굴을 하고 악마(惡魔)를 굴복시키며 불법(佛法)을 지킨다는 신장(神將). ≪朴諺, 下, 24ㅈ≫行者念金頭揭地·銀頭揭地·波羅僧揭地(集覽, 朴集, 下, 5ㅈ: 金頭揭地·銀頭揭地

·波羅僧揭地. 西遊記云, 釋迦牟尼佛在靈山雷音寺演說三乘敎法, 傍有侍奉阿難·伽舍諸菩薩·聖僧·羅漢·八金剛·四揭地·十代明王·天仙·地仙.)之後, 行者ㅣ 金頭揭地와 銀頭揭地와 波羅僧揭地를 念흔 後에.

명일(明日) 명 내일(來日). ⇔닉일. ≪朴諺, 上, 19ㅈ≫你明日領我去, 네 닉일 날을 드려가. ≪朴諺, 上, 32ㅈ≫只說明日後日還我, 그저 닐오딕 닉일 모릐 내게 갑흐마 ᄒᆞ니. ≪朴諺, 上, 32ㅈ≫知他是幾箇明日, 모로리로다 이 몃 닉일인디. ≪朴諺, 上, 57ㅈ≫明日就那裏上了墳, 닉일 임의셔 게셔 上墳ᄒᆞ고. ≪朴諺, 上, 59ㅈ≫我也明日到羊市裏, 나도 닉일 羊 져제가. ≪朴諺, 上, 67ㅈ≫今日脫靴上炕, 오늘 훠를 벗고 炕예 올랏다가. 明日難保得穿, 닉일 어더 신기를 밋기 어렵다 ᄒᆞᄂᆞ니라. ≪朴諺, 中, 4ㅎ≫假如明日這㨾兒上的顔色, 가ᄉᆞ 닉일 이 견양엣 빗체셔. ≪朴諺, 中, 8ㅎ≫明日鷄兒叫一聲便上馬, 닉일 ᄃᆞᆰ이 ᄒᆞᆫ 번 울어든 곳 ᄆᆞᆯ을 틀거시니. ≪朴諺, 中, 29ㅎ≫我明日通州接尙書去, 내 닉일 通州 尙書 마즈라 가리라. ≪朴諺, 中, 38ㅈ≫明日來管迴換, 닉일 와 므르믈 ᄀᆞ옴알리라. ≪朴諺, 中, 49ㅈ≫咱們人今日死的明日死的不理會的, 우리 사ᄅᆞᆷ이 오ᄂᆞᆯ 죽을 줄 닉일 죽을 줄 아디 못ᄒᆞ니. ≪朴諺, 下, 28ㅎ≫明日再廝見, 닉일 다시 서ᄅᆞ 보ᄂᆞ니라.

명자(名字) 명 이름. 성명. ≪朴諺, 上, 23ㅎ≫衆朋友們的名字都寫着請去, 모든 벗들의 名字를 다 써 청ᄒᆞ라 가쟈.

명정(明淨) 형 밝고 깨끗하다. ⇔명정ᄒᆞ다(明淨-). ≪朴諺, 上, 19ㅎ≫圓眼來大的好明淨, 龍眼만치 크고 ᄀᆞ장 明淨ᄒᆞ니라.

명정ᄒᆞ다(明淨-) 형 밝고 깨끗하다. ⇔명정(明淨). ≪朴諺, 上, 19ㅎ≫圓眼來大的好明淨, 龍眼만치 크고 ᄀᆞ장 明淨ᄒᆞ니라.

명종(明鐘) 명 바라. 파루(罷漏). ≪朴諺, 上, 44ㅎ≫每日打罷明鍾起來, 每日에 明鍾을 텨 罷ᄒᆞ면 니러. ≪朴諺, 中, 43ㅈ≫我每日才聽明鍾一聲響, 내 날마다 계요 明鍾 ᄒᆞᆫ 소릭를 듯고.

명주(明珠) 명 빛이 고운 아름다운 구슬. ≪朴諺, 下, 46ㅈ≫當間裏按一箇木頭做的明珠, 가온딕 ᄒᆞᆫ 남그로 ᄆᆡᆼ든 明珠를 박고. ≪朴諺, 下, 48ㅎ≫爭那明珠, 뎌 明珠를 ᄃᆞ토와. ≪朴諺, 下, 49ㅈ≫撮下那明珠, 뎌 明珠를 쌔혀.

명창(明昌) 명 남송(南宋) 효종(孝宗) 때 금(金)나라 장종(章宗: 完顔璟)의 연호(1190~1196). ≪朴諺, 上, 9ㅎ≫水渰過蘆溝橋(集覽, 朴集, 上, 4ㅎ: 蘆溝橋. 其一東南流, 入于蘆溝, 又東入于東安縣界. 去都城三十里, 有石橋跨于河, 廣二百餘步, 其上兩旁皆石欄, 雕刻石獅, 形狀奇巧, 成於金明昌三年.)獅子頭, 믈이 蘆溝橋 獅子ㅅ 머리를 즘가 너머.

명칭(名稱) 명 사람이나 사물 따위를 부르는 이름. ≪朴諺, 上, 3ㅈ≫內府裡着姓崔的外郎(集覽, 朴集, 上, 1ㅎ: 外郎. 泛稱各衙門吏典之號. 俗嫌其犯於員外郎之號, 呼外字爲上聲. 大小衙門吏典名稱各異.)討去, 內府에ᄂᆞᆫ 姓이 崔가 外郎으로 ᄒᆞ여 어드라 가게 ᄒᆞ라.

명투(明透) 형 투명하다. ≪朴諺, 下, 28ㅈ≫先喫甜的金橘蜜煎(集覽, 朴集, 下, 5ㅈ: 蜜煎. 事林廣記云, 凡煎生果, 最要遂其本性, 酸苦辛硬隨性製之. 以半蜜半水煮十數沸, 乘熟控乾, 別換新蜜, 入銀石器內, 用文·武火煮, 取其色明透爲度. 入新缶盛貯, 緊密封窨, 勿令生虫.)·銀杏煎, 몬져 ᄃᆞᆫ 金橘蜜煎과 銀杏煎을 먹어든.

명화(名花) 명 아름다워서 이름난 꽃. ≪朴諺, 上, 61ㅎ≫諸雜名花奇樹不知其數, 여러 가지 名花 奇𣗳(樹)ᄂᆞᆫ 그 수를 아디 못ᄒᆞ고. ≪朴諺, 下, 13ㅈ≫栽些好名花, 져기 됴흔 名花를 시므고.

몃 관 몇. ⇔기(幾). ≪朴諺, 中, 5ㅈ≫正官幾員, 正官이 몃 員이며.

메조 명 메주. ⇔장국(醬麴). ≪朴諺, 中, 17

ㅈ≫醬麴今年沒處尋, 메조를 올히 어들 듸 업더니. 一發稍將些醬麴來最好, 홈쁴 젹이 메조를 브텨 가져오니 ᄀ장 됴타.

모 의 모. 모서리. ⇔각(角). ≪朴諺, 上, 17ㅈ≫鵝老翅鶴兒, 쇼로기연. 鮎魚鶴兒, 머유기연. 八角鶴兒, 여돏모연. 月樣鶴兒, 돌 ᄀ툰 연. 人樣鶴兒, 사ᄅᆞᆷ ᄀ툰 연. 四方鶴兒, 네모연.

모(毛) 명 털. ⇔털. ≪朴諺, 上, 28ㅈ≫底下垂下着兩頭青珠兒結串的駝毛肚帶, 미틔 드리온 거슨 두 머리예 프른 구슬로 ᄆᆡ자 쎄온 약대 털로 ᄒᆞᆫ 빗대오. ≪朴諺, 上, 43ㅎ≫氈子·駝毛我都有, 담과 약대 털은 내게 다 이시니. ≪朴諺, 下, 20ㅎ≫他却拔下一根毛衣(來), 데 쏘 ᄒᆞᆫ 낫 털을 쌔혀.

모(母) 명 암. 암컷. ⇔암. ≪朴諺, 下, 21ㅈ≫變做青母蝎, 변ᄒᆞ여 프른 암 젼갈이 되어.

모(某) 관 아무. 아무개. ❶⇔아모. ≪朴諺, 上, 54ㅈ≫情愿立約於某財主處, 情愿으로 아모 財主 處에 立約ᄒᆞ야. ≪朴諺, 上, 54ㅎ≫某年月日借錢人某, 아모 年月日에 돈 ᄲᅮᆫ 사ᄅᆞᆷ 아모. 同借錢人某, ᄒᆞᆫ가지로 돈 ᄲᅮᆫ 사ᄅᆞᆷ 아모. 代保人某, 代保ᄒᆞᆫ 사ᄅᆞᆷ 아모. 同保人某等押, 同保ᄒᆞᆫ 사ᄅᆞᆷ 아모 등이 일홈두어다. ≪朴諺, 中, 9ㅎ≫大都某村住人錢小馬, 셔울 아모 촌의 사ᄂᆞᆫ 사ᄅᆞᆷ 錢小馬ㅣ. ≪朴諺, 中, 39ㅎ≫賃房人某, 집 셰낸 사ᄅᆞᆷ 아모. ≪朴諺, 下, 52ㅈ≫右某伏爲於今月某日某時已來, 右 某ᄂᆞᆫ 伏爲 今月 아모 날 아모 ᄢᅢ예. ≪朴諺, 下, 52ㅈ≫某村住某人, 아모 촌에 사ᄂᆞᆫ 아뫼. ≪朴諺, 下, 54ㅈ≫伏爲於今月某日某時已來, 伏爲 이 ᄃᆞᆯ 아모 날 아모 ᄢᅢ에. ≪朴諺, 下, 54ㅈ≫到某處, 아모 곳에 가. ❷⇔아므. ≪朴諺, 中, 10ㅈ≫隨問到本都在城某坊住某官人處賣與, 隨問ᄒᆞ야 本都 잣 안 아므 坊에셔 사ᄂᆞᆫ 아므 官人의손ᄃᆡ 가 ᄑᆞ라 주되. ≪朴諺, 下, 12ㅈ≫某年秋季月十有五日, 아므 ᄒᆡ 秋季月 十五日에. ≪朴諺, 下, 52ㅎ≫約至某處, 거의 아므 곳에 가되.

모(某) 대 아무. 아무개. ≪朴諺, 中, 10ㅎ≫見人某, 본 사ᄅᆞᆷ 아모. 引進人某, 引進ᄒᆞᆫ 사ᄅᆞᆷ 아모ㅣ라. ≪朴諺, 中, 39ㅎ≫代保人某, 代保人 아모. 引進人某, 引進ᄒᆞᆫ 사ᄅᆞᆷ 아모ㅣ라. ≪朴諺, 下, 53ㅈ≫告狀人某, 告狀ᄒᆞᆫ 사ᄅᆞᆷ 아뫼라.

모(帽) 명 갓. ⇔갓. ≪朴諺, 下, 29ㅎ≫你看我這帽頂子, 네 보라 내 이 가ᄉᆡᆺ 頂子ㅣ.

모(貌) 명 얼굴. 용모. ⇔얼굴. ≪朴諺, 中, 31ㅎ≫可知貌隨福轉, 그리어니 얼굴이 福을 조차 옴ᄂᆞ니라. ≪朴諺, 下, 36ㅈ≫人不可貌相, 사ᄅᆞᆷ은 가히 얼굴로 상티 못ᄒᆞ고. 海不可斗量, 바다흔 가히 말로 되디 못ᄒᆞᆫ다 ᄒᆞ니.

모관(某官) 명 아무개 관원. ≪朴諺, 下, 53ㅈ≫今具狀申告某官, 이제 狀을 ᄀᆞ초와 某官ᄭᅴ 申告ᄒᆞ노니. ≪朴諺, 下, 54ㅎ≫上告某官, 某官ᄭᅴ 上告ᄒᆞ노니.

모관쥬 명 모감주. (무환자나뭇과의 낙엽 활엽 교목. 씨로는 염주를 만들고 정원수로 재배한다) ⇔목환(木槵). ≪朴諺, 上, 4ㅈ≫龍眼(集覽, 朴集, 上, 2ㅈ: 龍眼. 一名圓眼. 樹如荔支〈支〉, 但枝葉稍小, 其子形如彈丸, 核如木槵, 肉白, 漿甘如蜜, 五六十顆作穗. 荔支〈支〉熟後龍眼熟, 號荔奴. 木槵, 卽本國모관쥬. 槵, 音患.), 龍眼과.

모괴 명 모기. ❶⇔문(蚊). ≪朴諺, 中, 58ㅈ≫孩兒你饋我買將草布蚊帳來, 아ᄒᆡ아 네 날을 얼믠 뵈로 ᄒᆞᆫ 모괴당을 사다가 주고려. ❷⇔문자(蚊子). ≪朴諺, 中, 58ㅈ≫蚊子咬的當不的, 모괴 므러 당티 못ᄒᆞ니. ≪朴諺, 中, 58ㅎ≫蚊子怎麽得入來, 모괴 엇디 드러오리오.

모괴당 명 모기장. ⇔문장(蚊帳). ≪朴諺, 中, 58ㅈ≫孩兒你饋我買將草布蚊帳來, 아ᄒᆡ아 네 날을 얼믠 뵈로 ᄒᆞᆫ 모괴당을 사다가 주고려.

모낭(某娘) 명 비천한 부인. ≪朴諺, 上, 40ㅎ≫別處一箇官人娶娘子(集覽, 朴集, 上, 11ㅎ: 娘子. 子謂母曰娘, 字作孃. 又少女之稱, 字作娘. 孃·娘亦通用. 南村輟耕[錄]云〈南村輟耕錄〉, 世謂穩婆曰老娘, 女巫曰師娘, 唱〈娼〉婦曰花娘, 達人又曰草娘, 苗人謂妻曰夫娘, 南方謂婦人無行者曰夫娘, 謂婦人之卑賤者曰某娘, 曰幾娘, 鄙之曰婆娘. 今俗稱〈称〉公主·宮女, 下至庶人妻, 皆曰娘子.), 다른 고듸 ᄒᆞᆫ 官人이 娘子ᄅᆞᆯ 娶ᄒᆞ노라.

모년(某年) 명 아무 해. ≪朴諺, 中, 39ㅎ≫某年月日, 某年月日에. ≪朴諺, 下, 53ㅈ≫某年月日, 某年月日에. ≪朴諺, 下, 55ㅈ≫某年月日, 某年月日에.

모년월일(某年月日) 명 아무 해와 아무 달과 아무 날. ≪朴諺, 中, 39ㅎ≫某年月日, 某年月日에. ≪朴諺, 下, 53ㅈ≫某年月日, 某年月日에. ≪朴諺, 下, 55ㅈ≫某年月日, 某年月日에.

모다 동 몰다[驅]. ⇔간(赶). ≪集覽, 字解, 單字解, 2ㅎ≫赶. 音干, 上聲. 亦作趕. 趁也, 及也. 赶上 밋다. 又逐也. 赶出去 내티다. 又驅也. 赶牛 쇼 모다.

모다 동 모이어. ❶⇔취(聚). ≪朴諺, 下, 14ㅎ≫時常這般早聚晚散麽, 시상에 이리 일 모다 늣게야 흣터디ᄂᆞ냐. ❷⇔합(合). ≪朴諺, 上, 38ㅈ≫兩箇先生合賣藥一箇坐一箇跳, 두 先生이 모다 약 ᄑᆞ노라 ᄒᆞ나흔 안잣고 ᄒᆞ나흔 뛰노ᄂᆞᆫ 거시여. ❸⇔회동(會同). ≪朴諺, 上, 9ㅎ≫咱會同着一時行, 우리 모다 ᄒᆞᆷᄭᅴ 가쟈.

모든 관 모든. ❶⇔제(諸). ≪朴諺, 下, 8ㅈ≫慶壽寺裏爲諸亡靈, 慶壽寺에셔 모든 亡靈을 위ᄒᆞ여. ❷⇔중(衆). ≪朴諺, 上, 1ㅎ≫衆弟兄們商(商)量了, 모든 弟兄들히 혜아리쟈. ≪朴諺, 上, 34ㅈ≫衆人再問和尙, 모든 사ᄅᆞᆷ이 다시 즁ᄃᆞ려 무로ᄃᆡ. ≪朴諺, 中, 25ㅈ≫我說與你衆伴當們, 내 너희 모든 伴當들ᄃᆞ려 닐ᄋᆞ노니. ≪朴諺, 下, 9ㅈ≫衆人看他的中間, 모든 사ᄅᆞᆷ이 뎌를 볼 ᄉᆞ이예. ≪朴諺, 下, 23ㅎ≫衆人喝保佛家贏了也, 모든 사ᄅᆞᆷ이 혀 ᄎᆞ고 佛家ㅣ 이긔어다 ᄒᆞ더라. ≪朴諺, 下, 36ㅈ≫衆人喝保道, 모든 사ᄅᆞᆷ이 혀ᄎᆞ고 닐오ᄃᆡ. ≪朴諺, 下, 46ㅈ≫衆人拖牽, 모든 사ᄅᆞᆷ이 ᄭᅳ으고. ≪朴諺, 下, 46ㅎ≫司天臺官衆官人們, 司天臺官 모든 官人들히. ≪朴諺, 下, 60ㅈ≫咱衆人們特來告報, 우리 모든 사ᄅᆞᆷ들히 특별이 와 告報ᄒᆞ노니. ≪朴諺, 下, 60ㅎ≫衆將軍們扶侍上馬, 모든 將軍들히 븟드러 ᄆᆞᆯ 틔오고. ≪朴諺, 下, 60ㅎ≫曉諭衆百姓們道, 모든 百姓들의게 曉諭ᄒᆞ여 닐오ᄃᆡ.

모ᄃᆞᆫ 관 모든. ⇔중(衆). ≪朴諺, 上, 23ㅎ≫衆朋友們的名字都寫着請去, 모ᄃᆞᆫ 벗들의 名字ᄅᆞᆯ 다 써 청ᄒᆞ라 가쟈. ≪朴諺, 上, 24ㅈ≫咱衆弟兄們裏頭, 우리 모ᄃᆞᆫ 弟兄들 듕에.

모래 명 모래. ⇔사자(沙子). ≪朴諺, 下, 44ㅈ≫早起飯裏咬了一塊沙子, 아ᄎᆞᆷ밥에 ᄒᆞᆫ 덩이 모래ᄅᆞᆯ 므러ᄡᅧ니.

모로 명 모루. ⇔철침(鐵枕). ≪朴諺, 下, 29ㅎ≫鐵鎚, 마치. 鉗子, 집게. 鐵枕, 모로. 鍋兒, 도관.

모로다 동 모르다. ❶⇔불효(不曉). ≪朴諺, 中, 18ㅈ≫再來休說這般不曉事的話, 뇌여란 이런 일 모로ᄂᆞᆫ 말 니ᄅᆞ디 말라. ❷⇔지타(知他). ≪朴諺, 上, 31ㅈ≫那狗骨頭知他那裏去, 뎌 가희ᄲᅨ 모로리로다 어ᄃᆡ 간디. ≪朴諺, 上, 32ㅈ≫知他是幾箇明日, 모로리로다 이 몃 ᄂᆡ일인디. ≪朴諺, 中, 59ㅎ≫知他是幾時的勾當, 모로리로다 언제 일인디. ≪朴諺, 下, 30ㅎ≫知他是多多少少, 모로리로다 언메런디.

모로매 부 모름지기. 반드시. ⇔호대(好歹). ≪集覽, 字解, 單字解, 6ㅈ≫歹. 惡也, 雜也. 又好歹 모로매. 集韻作觧.

모로미 부 모름지기. 반드시. ❶⇔수(須). ≪朴諺, 下, 11ㅈ≫身巳(已)安樂不湏(須)憂念, 몸이 安樂ᄒᆞ니 모로미 憂念티 마ᄅᆞ쇼셔. ≪朴諺, 下, 61ㅎ≫何須謙讓, 엇디

모로미 겸양ᄒᆞᄂᆞ뇨. ❷⇔호대(好歹). ≪朴諺, 中, 55ㅎ≫好歹喫打去, 모로미 맛고 갈다.

모롬이 부 모름지기. 반드시. ⇔수(須). ≪朴諺, 上, 13ㅎ≫不湏(須)貼膏藥, 모롬이 膏藥을 브티디 말라. ≪朴諺, 上, 16ㅈ≫這的你不湏(須)說, 이란 네 모롬이 니ᄅᆞ디 말라.

모롱이 명 모롱이. 또는 일정 지역의 중심지. ⇔각두(角頭). ≪朴諺, 上, 10ㅈ≫去角頭(集覽, 朴集, 上, 5ㅈ: 角頭. 音義云, 東南西北往來人煙〈烟〉湊集之處. 今按, 角頭, 卽通逵達道要會之衝, 傭力求直之人坌集之所. 然漢俗呼市纏亦曰角頭, 爲歸〈故〉市者必指角頭而去, 故云尒.)叫幾箇打墻的和坌工來築墻, 모롱이에 가 여러 담 쌋ᄂᆞᆫ 이와 조역을 블러다가 담 쌋이리라. ≪朴諺, 上, 14ㅈ≫角頭買段子去來, 모롱이에 비단 사라 갓ᄃᆞ니라. ≪朴諺, 上, 51ㅎ≫小人在那東角頭堂子間壁下着裏, 小人이 뎌 동녁 모롱이 堂子ㅅ ᄇᆞ롬을 ᄉᆞ이ᄒᆞ여 브리워 잇노라. ≪朴諺, 上, 55ㅈ≫東角頭牙家去處廣, 동녁 모롱이에 즈름 가ᄂᆞᆫ ᄃᆡ 만ᄒᆞ니. ≪朴諺, 中, 36ㅈ≫角頭店裏買段子去裏, 모롱이 店에 비단 사라 가니. ≪朴諺, 下, 39ㅎ≫他在樞密院角頭住裏, 뎌 樞密院 모롱이에 이셔 사ᄂᆞ니라. ≪朴諺, 下, 55ㅎ≫各處橋上角頭們貼去, 各處 ᄃᆞ리 모롱이들헤 브티고.

모뢰 명 모레. ⇔후일(後日). ≪朴諺, 上, 10ㅈ≫後日是天赦日, 모뢰ᄂᆞᆫ 이 天赦日이니. ≪朴諺, 上, 32ㅈ≫只說明日後日還我, 그저 닐오ᄃᆡ ᄂᆡ일 모뢰 내게 갑흐마 ᄒᆞ니. ≪朴諺, 上, 66ㅈ≫從今日起後日罷散, 오ᄂᆞᆯ브터 시작ᄒᆞ여 모뢰면 罷散ᄒᆞᆯ러라.

모ᄅᆞ다 동 모르다. ⇔지타(知他). ≪集覽, 字解, 累字解, 2ㅈ≫知他. 모ᄅᆞ리로다.

모밀 명 메밀. ⇔교맥(蕎麥). ≪朴諺, 下, 37ㅈ≫稻子, 벼. 薥秫, 슈슈. 黍子, 기장. 大麥, 보리. 小麥, 밀. 蕎麥, 모밀. 黃豆, 콩. 小豆, ᄑᆞᆺ. 菉豆, 녹두. 莞豆, 광쟝이. 黑豆, 거믄콩. 芝麻, ᄎᆞᆷᄭᆡ. 蘇子, 듧ᄭᆡ.

모범(模範) 명 틀. 거푸집. ≪朴諺, 上, 4ㅎ≫放象生纏糖(集覽, 朴集, 上, 2ㅈ: 象生纏糖. 象生者, 像生物之形而爲之也. 象作像. 木印, 以木刻成物形爲模範者也. 糖, 卽沙糖也, 煎甘蔗莖爲之.), 生物을 象ᄒᆞ여 ᄆᆡᆼ민 沙糖이어나.

모사(貌寫) 동 묘사(描寫)하다. ≪朴諺, 下, 53ㅎ≫你饋我寫一箇狀子(集覽, 朴集, 下, 12ㅈ: 狀子. 猶本國所志. 吏學指南云, 狀, 貌也, 以貌寫情於紙墨也. 亦曰告狀, 謂述其情, 告訴於上也.), 네 날을 ᄒᆞᆫ 고장을 써 주고려.

모선(募選) 동 지망자 중에서 적합한 사람을 가려 뽑다. ≪朴諺, 下, 30ㅎ≫四角頭立地的四箇將軍(集覽, 朴集, 下, 5ㅎ: 四箇將軍. 募選身軀長大壯偉異於人者, 紅盔銀甲, 立於殿前月臺上四隅, 名鎭殿將軍, 亦曰紅盔將軍, 亦曰大漢將軍. 其請給衣粮曰大漢衣粮.), 네 모희 셧ᄂᆞᆫ 네 將軍이.

모쇄(帽刷) 명 갓이나 탕건 따위의 먼지를 떨어내는 솔. ≪朴諺, 下, 28ㅈ≫這帽刷·靴刷各一箇, 이 帽刷·靴刷 각 ᄒᆞ나와.

모시(毛詩) 명 모시(毛詩). (시경(詩經)을 달리 이르는 말) ≪朴諺, 上, 44ㅎ≫讀毛詩·尙書, 毛詩와 尙書를 닑노라.

모시(某時) 명 아무 때. ≪朴諺, 下, 54ㅈ≫伏爲於今月某日某時已來, 伏爲 이 ᄃᆞᆯ 아모 날 아모 ᄣᆡ에.

모시뵈 명 모시. ⇔모시포(毛施布). ≪朴諺, 上, 46ㅈ≫貴眷稍的十箇白毛施布, 貴眷이 브틴 열 필 흰 모시뵈과. ≪朴諺, 上, 46ㅎ≫五箇黃毛施布, 닷 필 누론 모시뵈와.

모시포(毛施布) 명 모시. ⇔모시뵈. ≪朴諺, 上, 46ㅈ≫貴眷稍的十箇白毛施布(集覽, 朴集, 上, 13ㅈ: 毛施布. 此卽本國人呼苧麻布之稱〈卽本國人呼苧麻布之稱〉, 漢人皆呼曰苧麻布, 亦曰麻布, 曰木絲布,

或書作沒絲布. 又曰漂白布, 又曰白布. 今言毛施布, 卽沒絲〈卽沒絲布〉之訛也. 而漢人因麗人之稱, 見麗布則直稱此名而呼之. 記書者因其相稱而遂以爲名也.), 貴眷이 브틴 열 필 흰 모시뵈과. ≪朴諺, 上, 46ㅎ≫五箇黃毛施布, 닷 필 누른 모시뵈와.

모아(帽兒) 명 갓. 모자. ⇔갓. ≪朴諺, 上, 25ㅎ≫江西十分上等眞結綜(棕)帽兒上, 江西 ᄀ쟝 上等에 진짓 綜(棕)으로 ᄆᆡ즌 갓 우희. ≪朴諺, 中, 25ㅈ≫你的帽兒那裏做來, 네 갓을 어ᄃᆡ셔 ᄆᆡᆫᄃᆞ란ᄂᆞ뇨. ≪朴諺, 中, 25ㅎ≫這帽兒也做得中中的, 이 갓을 ᄆᆡᆫ돌기롤 알맛게 ᄒᆞ엿다. ≪朴諺, 中, 26ㅎ≫李大的帽兒𪲍兒可喜不走作, 李大의 갓이 모양이 곱고 ᄃᆞᆯ쁘디 아니케 ᄆᆡᆫ드랏고.

모양 명 모양(模樣). ⇔양(樣). ≪朴諺, 中, 26ㅎ≫李大的帽兒𪲍兒可喜不走作, 李大의 갓이 모양이 곱고 ᄃᆞᆯ쁘디 아니케 ᄆᆡᆫ드랏고.

모양(摸𪲍) 명 모양(模樣). '摸𪲍'은 '模樣'의 잘못. ≪朴諺, 中, 31ㅈ≫粧腰大模𪲍(集覽, 朴集, 中, 7ㅈ: 粧腰大摸〈模〉𪲍. 質問云, 如人大氣像起來時, 又粧妖氣, 又作大摸〈模〉大𪲍, 不禮待人, 方言謂氣像大起來時, 粧妖大摸〈模〉𪲍.), 腰大 模樣을 ᄭᅮ며. ≪朴諺, 中, 49ㅎ≫你敢怪我的摸(模)𪲍, 네 날을 허믈홀 ᄃᆞᆺ홀 양이로다. ≪朴諺, 下, 53ㅎ≫那厮不到六十的摸𪲍, 더(뎌) 놈이 六十이 다ᄃᆞᆺ디 몯ᄒᆞᆫ 摸𪲍이러라.

모양(模樣) 명 모양. ⇔양. ≪朴諺, 中, 31ㅈ≫粧腰大模𪲍(集覽, 朴集, 中, 7ㅈ: 粧腰大摸〈模〉𪲍. 質問云, 如人大氣像起來時, 又粧妖氣, 又作大摸〈模〉大𪲍, 不禮待人, 方言謂氣像大起來時, 粧妖大摸〈模〉𪲍.), 腰大 模樣을 ᄭᅮ며. ≪朴諺, 中, 49ㅎ≫你敢怪我的摸(模)𪲍, 네 날을 허믈홀 ᄃᆞᆺ홀 양이로다. ≪朴諺, 下, 53ㅎ≫那厮不到六十的摸𪲍, 더(뎌) 놈이 六十이 다ᄃᆞᆺ디 몯ᄒᆞᆫ 摸𪲍이러라.

모욕곰다 동 목욕하다. ⇔세조(洗澡). ≪朴諺, 下, 22ㅈ≫入去洗澡, 드러가 모욕곰쟈.

모욕ᄒᆞ다 동 목욕하다. ⇔세조(洗澡). ≪朴諺, 下, 20ㅈ≫第三滾油洗澡, 셋재ᄂᆞᆫ 끌ᄂᆞᆫ 기름에 모욕ᄒᆞ고. ≪朴諺, 下, 23ㅈ≫纔待洗澡, ᄀᆞᆺ 모욕ᄒᆞ고져 ᄒᆞ더니. ≪朴諺, 下, 23ㅈ≫我如今入去洗澡, 내 이제 드러가 모욕ᄒᆞ리라 ᄒᆞ고.

모월(某月) 명 아무 달. ≪朴諺, 中, 39ㅎ≫某年月日, 某年月日에. ≪朴諺, 下, 53ㅈ≫某年月日, 某年月日에. ≪朴諺, 下, 55ㅈ≫某年月日, 某年月日에.

모월(摸月) 동 손으로 달을 어루만지다. ≪朴諺, 下, 51ㅎ≫也不想李白摸月(集覽, 朴集, 下, 11ㅎ: 李白摸月. 李白, 唐玄宗朝詩人也. 泛采石江, 見月影滿水, 以手弄月, 身飜〈翻〉而死.), 또 李白의 摸月을 ᄉᆡᆼ각디 아니ᄒᆞ고.

모의장(毛衣匠) 명 갖옷붙이를 전문적으로 만드는 사람. ≪朴諺, 中, 19ㅈ≫一箇狐帽匠(集覽, 朴集, 中, 3ㅎ: 狐帽匠. 今按, 以有毛皮作大帽·小帽〈以有毛皮作大小帽〉者, 皆謂之胡帽匠〈謂之胡帽匠〉. 狐字作胡是. 猶本國毛衣匠之類〈猶本國毛衣匠之類〉.)家學生活去, ᄒᆞ나흔 狐帽匠의 집의 셩녕 ᄇᆡ호라 가고.

모인(某人) 대 아무. 아무개. ⇔아모. ≪朴諺, 下, 52ㅈ≫某村住某人, 아모 촌에 사ᄂᆞᆫ 아뫼. 年幾無病, 나히 현이오 병 업ᄉᆞᆫ 이라.

모일(某日) 명 아무 날. ≪朴諺, 中, 39ㅎ≫某年月日, 某年月日에. ≪朴諺, 下, 53ㅈ≫某年月日, 某年月日에. ≪朴諺, 下, 54ㅈ≫伏爲於今月某日某時已來, 伏爲 이 ᄃᆞᆯ 아모 날 아모 ᄢᅢ에. ≪朴諺, 下, 55ㅈ≫某年月日, 某年月日에.

모자(帽子) 명 갓. 모자. ⇔갓. ≪朴諺, 上, 47ㅈ≫衣裳·帽子·靴子, 옷과 갓과 훠롤.

모적(母的) 명 암. 암컷. ⇔암. ≪朴諺, 上,

1ㅎ≫休買母的都要羯的, 암을 사디 말고 다 수를 사고.

모지(冒支) 동 남의 이름을 대고 대신 물품을 지급 받다. ⇔모지하다(冒支-). ≪朴諺, 中, 9ㅈ≫又不曾冒支分例, 또 일즙 分例를 冒支티 아니ᄒᆞ여.

모지하다(冒支-) 동 남의 이름을 대고 대신 물품을 지급 받다. ⇔모지(冒支). ≪朴諺, 中, 9ㅈ≫又不曾冒支分例, 또 일즙 分例를 冒支티 아니ᄒᆞ여.

모처(某處) 명 아무 곳. ≪朴諺, 下, 54ㅈ≫到某處, 아모 곳에 가.

모친(母親) 명 어머니를 정중히 이르는 말. ≪朴諺, 下, 10ㅎ≫頓首拜上父親·母親·尊侍前, 頓首ᄒᆞ고 절ᄒᆞ여 父親·母親·尊侍前에 올리노니. ≪朴諺, 下, 11ㅎ≫父親·母親穿用, 父親·母親은 닙으쇼셔.

모피(毛皮) 명 털가죽. ≪朴諺, 中, 19ㅈ≫一箇狐帽匠(集覽, 朴集, 中, 3ㅎ: 狐帽匠. 今按, 以有毛皮作大帽·小帽〈以有毛皮作大小帽〉者, 皆謂之胡帽匠〈謂之胡帽匠〉, 狐字作胡.)家學生活去, ᄒᆞ나흔 狐帽匠의 집의 셩녕 비호라 가고.

모ㅎ 명 모. 모퉁이. ❶⇔각(角). ≪朴諺, 上, 60ㅎ≫兩角獸頭都是青瑠璃, 두 모헤 獸頭는 다 青瑠璃오. ❷⇔각두(角頭). ≪朴諺, 下, 30ㅎ≫四角頭立地的四箇將軍, 네 모희 셧는 네 將軍이.

모호다 동 모으다. ⇔대(待). ≪朴諺, 上, 36ㅈ≫四哥待要一處, 넷재 형은 ᄒᆞᆫ듸 모호고져 ᄒᆞ는 거시여.

모ᄒᆞ다 동 모(模)하다. 묘사(描寫)하다. ⇔묘(描). ≪朴諺, 上, 62ㅎ≫描也描不出, 모ᄒᆞ려 ᄒᆞ여도 모티 못ᄒᆞᆯ 거시니.

목 명 목[項]. ⇔발항(頦項). ≪朴諺, 下, 24ㅈ≫接在頦項上依舊了, 목 우희 니으니 녜라온 ᄃᆞᆺᄒᆞᆫ디라.

목(木) 명 나무. ❶⇔나모. ≪朴諺, 中, 11ㅈ≫買饋他木料(集覽, 朴集, 中, 2ㅈ: 木料. 凡造一件物而該用之物皆曰料. 木料, 나모ᄇᆞ·팃 ᄀᆞᄉᆞᆷ〈ᅀᆞᆷ〉. 詳見字解料字下.)·席子整理, 뎌를 木料와 삿글 사 주어 整理케 ᄒᆞ라. ≪朴諺, 中, 29ㅈ≫木椿上剮了, 나모 기동에 믹고 싹가 죽이니라. ❷⇔남ㄱ. ≪朴諺, 上, 14ㅈ≫話不說不知木不鑽不透, 말을 니ᄅᆞ디 아니면 아디 못ᄒᆞ고 남글 ᄯᅮᆯ디 아니면 ᄉᆞᄆᆞᆺ디 아닌ᄂᆞ다 ᄒᆞ니라. ≪朴諺, 下, 12ㅎ≫木植(集覽, 朴集, 下, 3ㅈ: 木植. 亦曰木料, 남·고〈그〉·로 : 셩·녕〈셩녕〉ᄒᆞᆯ ᄀᆞᄉᆞ미〈ᄀᆞ음이〉니. 詳見字解料字下.)都有麽, ᄀᆞ음이 다 잇ᄂᆞ냐. ≪朴諺, 下, 36ㅎ≫寸鐵入木九牛之力, 寸鐵이 남게 들매 九牛의 힘이라 ᄒᆞᄂᆞ니라.

목가자(木架子) 명 (윗부분에 공을 넣을 수 있도록 구멍이 뚫려 있는) 나무로 만들어 세운 틀[架子]. ≪朴諺, 下, 35ㅈ≫咱打那一箇窩兒(集覽, 朴集, 下, 7ㅎ: 窩兒. 又一本質問畫毬門架子, 如本國抛毬樂架子. 而云木架子, 其高一丈, 用五色絹結成彩門, 中有圓眼, 擊起毬兒入眼過落窩者勝.), 우리 어늬 ᄒᆞᆫ 굼글 티료.

목각(木刻) 명 나무에 그림이나 글자 따위를 새기는 일. 또는 거기에 새긴 그림이나 글자. ≪朴諺, 上, 4ㅎ≫放象生纏糖(集覽, 朴集, 上, 2ㅈ: 象生纏糖. 象生者, 像生物之形而爲之也. 象作像. 木印, 以木刻成物形爲模範者也. 糖, 卽沙糖也, 煎甘蔗莖爲之.), 生物을 象ᄒᆞ여 ᄆᆡᆼ민 沙糖이어나.

목건련(目犍連) 명 마하목건련(摩訶目犍連)의 준말. 석가모니 10대 제자(弟子)의 한 사람으로, 지옥에 떨어진 어머니를 구제하기 위하여 행하였다는 시아귀회(施餓鬼會)는 뒤에 우란분회(盂蘭盆會)로 정착되었다. ≪朴諺, 下, 8ㅈ≫做盂蘭盆齋(集覽, 朴集, 下, 2ㅎ: 盂蘭盆齋. 大藏經云, 大目犍連尊者, 以母生餓鬼中不得食, 佛令作盂蘭盆, 至七月十五日, 具百味五果, 置盆中, 供養十方大德, 而後母乃得食.), 盂蘭盆齋를 ᄒᆞᄂᆞ니라. ≪朴諺, 下, 8ㅎ≫說目連尊者(集覽, 朴集, 下, 2ㅎ: 目連尊者. 又大經云, 目犍連, 卽姓也, 因姓

立名目連.)救母經, 目連尊者의 救母經을 니ᄅᆞ니.

목건련존자(目犍連尊者) 명 목건련(目犍連)을 높여 이르는 말. ≪朴諺, 下, 8ㅈ≫做盂蘭盆齋(集覽, 朴集, 下, 2ㅎ: 盂蘭盆齋. 大藏經云, 大目犍連尊者, 以母生餓鬼中不得食, 佛令作盂蘭盆, 至七月十五日, 具百味五果, 置盆中, 供養十方大德, 而後母乃得食.), 盂蘭盆齋를 ᄒᆞᄂᆞ니라.

목두(木頭) 명 나무. ⇔남ㄱ. ≪朴諺, 下, 46ㅈ≫當間裏按一箇木頭做的明珠, 가온ᄃᆡ ᄒᆞᆫ 남그로 ᄆᆡᆫᄃᆞᆫ 明珠를 박고.

목련(目連) 명 목건련(目犍連)의 준말. ≪朴諺, 下, 8ㅎ≫說目連尊者(集覽, 朴集, 下, 2ㅎ: 目連尊者. 反(飜)譯名義云, 目連, 婆羅門姓也, 名拘〈拁〉律陀. 又大經云, 目犍連, 卽姓也, 因姓立名目連. 事林廣記云, 佛書所謂王舍衛城, 卽賓童龍國也, 國在西南海中, 隸占城. 占城選人作地主. 目連, 卽此國人也. 人云, 目連舍基, 至今猶存.)救母經, 目連尊者의 救母經을 니ᄅᆞ니.

목련존자(目連尊者) 명 목련(目連)을 높여 이르는 말. ≪朴諺, 下, 8ㅎ≫說目連尊者(集覽, 朴集, 下, 2ㅎ: 目連尊者. 反(飜)譯名義云, 目連, 婆羅門姓也, 名拘〈拁〉律陀. 又大經云, 目犍連, 卽姓也, 因姓立名目連. 事林廣記云, 佛書所謂王舍衛城, 卽賓童龍國也, 國在西南海中, 隸占城. 占城選人作地主. 目連, 卽此國人也. 人云, 目連舍基, 至今猶存.)救母經, 目連尊者의 救母經을 니ᄅᆞ니.

목료(木料) 명 목재(木材). 재목. ≪集覽, 字解, 單字解, 1ㅎ≫料. 凡人飼馬, 或用小黑豆, 或用蜀黍雜飼之. 故凡稱飼馬穀豆曰料. 又該用物色雜稱曰物料, 造屋材木曰木料, 入畫彩色曰顔料. 又量也. 又理也. ≪朴諺, 中, 11ㅈ≫買饋他木料(集覽, 朴集, 中, 2ㅈ: 木料. 凡造一件物而該用之物皆曰料. 木料, 나모브·틧 ᄀᆞ숨〈음〉. 詳見字解料字下.)·席子整理, 뎌를 木料와 삿글 사 주어 整理케 ᄒᆞ라. ≪朴諺, 下, 12ㅎ≫木植(集覽, 朴集, 下, 3ㅈ: 木植. 亦曰木料, 남·고〈그〉·로 :셩·녕〈셩녕〉 홀 ᄀᆞᅀᆞ미〈ᄀᆞ음이〉니. 詳見字解料字下.)都有麽, ᄀᆞ음이 다 잇ᄂᆞ냐.

목면 명 목면(木綿). 무명. ⇔목면(木綿). ≪朴諺, 中, 51ㅎ≫將我木綿衣撒來穿, 내 목면 이삭ᄃᆡ녕을 가져오라 닙쟈.

목면(木綿) 명 무명. ⇔목면. ≪朴諺, 中, 51ㅎ≫將我木綿衣撒來穿, 내 목면 이삭ᄃᆡ녕을 가져오라 닙쟈.

목봉(木棒) 명 나무 막대. ≪朴諺, 下, 34ㅎ≫拿出毬棒(集覽, 朴集, 下, 7ㅈ: 毬棒. 質問云, 如人耍木毬耍木棒, 一上一下用有柄木杓, 接毬相連不絶, 方言謂之毬棒.)來, 당방올 막대를 내여.

목사포(木絲布) 명 (중국인이 일컫는) 모시[苧麻布]의 다른 이름. ≪朴諺, 上, 46ㅈ≫貴眷稍的十箇白毛施布(集覽, 朴集, 上, 13ㅈ: 毛施布. 此卽本國人呼苧麻布之稱〈卽本國人呼苧麻布之稱〉, 漢人皆呼曰苧麻布, 亦曰麻布, 曰木絲布, 或書作沒絲布. 又曰漂白布, 又曰白布. 今言毛施布, 卽沒絲〈卽沒絲布〉之訛也. 而漢人因麗人之稱, 見麗布則直稱此名而呼之. 記書者因其相稱而遂以爲名也.), 貴眷이 브틴 열필 흰 모시뵈과.

목식(木植) 명 나무로 된 감. 목재(木材). ≪朴諺, 下, 12ㅎ≫木植(集覽, 朴集, 下, 3ㅈ: 木植. 亦曰木料, 남·고〈그〉·로 :셩·녕〈셩녕〉 홀 ᄀᆞᅀᆞ미〈ᄀᆞ음이〉니. 詳見字解料字下.)都有麽, ᄀᆞ음이 다 잇ᄂᆞ냐.

목욕곰다 동 목욕하다. ❶⇔세(洗). ≪朴諺, 上, 47ㅎ≫到裏間湯池裏洗了一會兒, 안싼 湯池에 가 ᄒᆞᆫ 디위 목욕곰고. ❷⇔세조(洗澡). ≪朴諺, 上, 46ㅎ≫孫舍混堂裏洗澡去來, 孫가아 混堂에 목욕곰으라 가쟈.

목욕ᄒᆞ다 동 목욕하다. ⇔세조(洗澡). ≪朴諺, 中, 56ㅈ≫背後河裡洗澡去, 뒷 내헤 목욕ᄒᆞ라 가라.

목인(木印) 명 나무에 물건의 생김새를 파서 만든 도장. ≪朴諺, 上, 4ㅎ≫放象生纏糖(集覽, 朴集, 上, 2ㅈ: 象生纏糖. 象生者, 像生物之形而爲之也. 象作像. 木印, 以木刻成物形爲模範者也. 糖, 卽沙糖也, 煎甘蔗莖爲之.), 生物을 象ᄒᆞ여 ᄊᆞ민 沙糖이어나.

목장(木匠) 명 목수. 목공. ⇔목장이(木匠-). ≪朴諺, 中, 2ㅎ≫木匠家裏旋做一箇樻子, 木匠의 집의 ᄒᆞᆫ 樻ᄅᆞᆯ 마초이되. ≪朴諺, 中, 11ㅈ≫叫將那木匠來, 뎌 木匠이ᄅᆞᆯ 블러다가. ≪朴諺, 下, 12ㅈ≫木匠你來咱商(啇)量, 木匠아 이바 우리 혜아리쟈.

목장(木樁) 명 나무 기둥. ≪朴諺, 中, 29ㅈ≫木樁(集覽, 朴集, 中, 7ㅈ: 木樁. 其制, 於刑人法場, 植一大柱, 縛着罪人於〈縛着罪人於其〉上, 劊子用法刀剮其肉以喂狗, 而只留〈畱〉其骨, 極其慘酷, 方施大辟, 卽古之冎刑也. 劊子, 獄史刑罪人者也.)上剮了, 나모 기동에 ᄆᆡ고 싸가 죽이니라.

목장이(木匠-) 명 목수. 목공. ⇔목장(木匠). ≪朴諺, 中, 11ㅈ≫叫將那木匠來, 뎌 木匠이ᄅᆞᆯ 블러다가.

목정(木釘) 명 나무못. ≪朴諺, 上, 16ㅎ≫街上放空中(集覽, 朴集, 上, 6ㅈ: 空中. 質問云, 頑童將胡蘆用木釘串之, 傍作一眼, 以繩〈絕〉繫扯, 旋轉有聲, 亦謂之空中.)的小厮們好生廣, 거리에 박핑이 털 아ᄒᆡ들 ᄀᆞ장 흔터라.

목집게 명 가슴걸이. ⇔구색(拘索). ≪朴諺, 中, 11ㅎ≫少梯子, 술위앏괴오ᄂᆞᆫ나모. 撑, 술위뒤괴오ᄂᆞᆫ나모. 套繩, 멧줄. 撒繩, ᄡᅳ을줄. 拘索, 목집게. 籠頭, 바굴레. 脚索, 지달쏠바. 鞍子, 기ᄅᆞ마. 肚帶, 빗대업세라.

목차(木叉) 명 중국의 소설 서유기(西遊記)에 나오는 천왕(天王)의 태자(太子) 이름. ≪朴諺, 下, 17ㅈ≫唐三藏引孫行者(集覽, 朴集, 下, 4ㅈ: 孫行者. 老君·王母俱奏于玉帝, 傳宣李天王, 引領天兵十萬及諸神將至花菓山, 與大聖相戰失利. 巡山大力鬼上告天王, 擧灌州灌江口神曰小聖二郞, 可使拿獲. 天王遣太子木叉, 與大力鬼往請二郞神, 領神兵圍花菓山, 衆猴出戰皆敗.), 唐三藏이 孫行者ᄅᆞᆯ ᄃᆞ리고.

목초(木杪) 명 나뭇가지의 끝. ≪朴諺, 上, 25ㅎ≫江西十分上等眞結綜(椶)帽兒(集覽, 朴集, 上, 9ㅈ: 結椶帽. 椶, 木名, 高一二丈, 葉如車輪, 旁〈㫛〉無枝, 皆萃於木杪.)上, 江西 ᄀᆞ쟝 上等에 진짓 綜(椶)으로 ᄆᆡ즌 갓 우희.

목편(木片) 명 나뭇조각. ≪朴諺, 中, 35ㅈ≫拿着取燈兒(集覽, 朴集, 中, 7ㅎ: 取燈兒〈取燈〉. 南村輟耕錄云, 杭人削松木爲小片, 其薄如紙, 鎔硫黃塗木片頂分許, 名曰發燭, 又曰焠兒.), 取燈을 가지고.

목향(木香) 명 목향. 향나무. ≪朴諺, 上, 60ㅎ≫那殿一剗是纏金龍木香停柱, 뎌 殿에 ᄒᆞᆫ골ᄀᆞ티 金龍이 얼거딘 木香 기동이오.

목환(木槵) 명 모감주. (무환자나뭇과의 낙엽 활엽 교목. 씨로는 염주를 만들고 정원수로 재배한다) ⇔모관쥬. ≪朴諺, 上, 4ㅈ≫龍眼(集覽, 朴集, 上, 2ㅈ: 龍眼. 一名圓眼. 樹如荔支〈支〉, 但枝葉稍小, 其子形如彈丸, 核如木槵, 肉白, 漿甘如蜜, 五六十顆作穗. 荔支〈支〉熟後龍眼熟, 號荔奴. 木槵, 卽本國모관쥬. 槵, 音患.), 龍眼과.

몬져 부 먼저. ⇔선(先). ≪朴諺, 上, 6ㅈ≫我們先喫兩巡酒後頭擡卓兒, 우리 몬져 두 슌빅 술 머근 후에 상을 드러든. ≪朴諺, 上, 40ㅈ≫先將那稀箆子撓了, 몬져 뎌 성권 춤빗 가져다가 빗기고. ≪朴諺, 中, 12ㅈ≫你這車子先將到門外, 네 이 술위ᄅᆞᆯ 몬져 가지고 문 밧ᄭᅴ 가. ≪朴諺, 中, 19ㅎ≫先載將一車來, 몬져 ᄒᆞᆫ 술위ᄅᆞᆯ 시러 가져오고. ≪朴諺, 中, 49ㅎ≫是我先擲, 이 내 몬져 더디마. 你怎麽先擲, 네 엇디 몬져 더딜따. ≪朴諺, 中, 52ㅎ≫他先走來, 뎌 몬져 ᄃᆞᄅᆞ니라. ≪朴諺, 中,

57ㅎ≫我先惹你來, 내 몬져 너를 짐쟉ᄒᆞ냐. ≪朴諺, 下, 15ㅎ≫那廝先告官, 더 놈이 몬져 구의에 告ᄒᆞ야. ≪朴諺, 下, 21ㅎ≫王說今番着唐僧先猜, 王이 닐오ᄃᆡ 이번은 唐僧으로 몬져 알게 ᄒᆞ라. ≪朴諺, 下, 22ㅈ≫鹿皮先脫下衣服, 鹿皮ㅣ 몬져 오ᄉᆞᆯ 벗고. ≪朴諺, 下, 28ㅈ≫先喫甜的金橘蜜煎·銀杏煎, 몬져 ᄃᆞᆫ 金橘蜜煎과 銀杏煎을 먹어든. ≪朴諺, 下, 36ㅈ≫着先打, 몬져 티게 ᄒᆞ쟈. ≪朴諺, 下, 58ㅈ≫主人先行客從之, 主人이 몬져 힝ᄒᆞ여든 客이 조ᄎᆞ리라. ≪朴諺, 下, 61ㅈ≫先到宮門前等的萬千人, 몬져 宮門 앏희 가 기ᄃᆞ리리 萬千人이나 ᄒᆞ니.

몯 뷔 못. ⇔불(不). ≪集覽, 字解, 單字解, 2ㅎ≫怕. 疑懼之意. 怕人知道.又設若之辭. 怕你不信 ᄒᆞ다가 너옷 밋디 몯거든. 又恐也. 害怕 두리여ᄒᆞ다.

몯다 동 모이다. ❶⇔회(會). ≪朴諺, 下, 12ㅈ≫比及孩兒相會, 孩兒ㅣ 서르 모듬을 미처. ❷⇔회동(會同). ≪朴諺, 上, 9ㅎ≫咱會同着一時行, 우리 모다 ᄒᆞᆷ믜 가쟈.

몯ᄒᆞ다 동 못하다. ⇔불회(不會). ≪集覽, 字解, 累字解, 2ㅈ≫不會. 몯ᄒᆞ다.

몰(沒) 동 죽다. ⇔죽다. ≪朴諺, 下, 41ㅈ≫却不沒了老曹來, 또 老曹ㅣ 죽디 아니ᄒᆞ냐.

몰(沒) 보형 아니하다. ⇔아니하다. ≪朴諺, 中, 17ㅎ≫又沒多, 또 만티 아니ᄒᆞ이다.

몰(沒) 형 없다. ❶⇔업다. ≪朴諺, 上, 10ㅈ≫澇了田禾沒一根兒, 田禾에 믈ᄢᅵ여 ᄒᆞᆫ 불회도 업고. ≪朴諺, 上, 29ㅎ≫怎麼沒一箇中使的, 엇디 ᄒᆞ나토 ᄡᅥᆷ즉ᄒᆞ니 업ᄂᆞ뇨. ≪朴諺, 上, 48ㅈ≫京都也沒甚麼買賣, 셔울도 아므란 買賣ㅣ ᄒᆞᆯ 거시 업드라. ≪朴諺, 中, 5ㅈ≫怎麼沒一箇聽事的, 엇디 ᄒᆞᆫ 聽事ᄒᆞ리도 업ᄂᆞ뇨. ≪朴諺, 中, 17ㅈ≫醬麴今年沒處尋, 메조를 올ᄒᆡ 어들 ᄃᆡ 업더니. ≪朴諺, 中, 36ㅎ≫沒你時怕買不成, 네 업다 사디 몯ᄒᆞᆯ가 저프랴. ≪朴諺, 中, 45ㅎ≫別沒不了的事件, 각별이 ᄆᆞᆺ디 몯ᄒᆞᆫ 일이 업고. ≪朴諺, 中, 52ㅈ≫我也沒甚麼幹的勾當, 나도 아므란 ᄒᆞᆯ 일이 업고. ≪朴諺, 下, 19ㅈ≫這禿廝好沒道理, 이 머리믠놈이 ᄀᆞ장 道理 업다 ᄒᆞ고. ≪朴諺, 下, 23ㅎ≫行者油煎的肉都沒了, 行者ㅣ 기름에 지지여 ᄉᆞᆯ히 다 업더이다. ≪朴諺, 下, 44ㅎ≫沒了, 업고. ≪朴諺, 下, 55ㅎ≫有甚暗記沒印, 아모란 ᄀᆞ만ᄒᆞᆫ 보람이 잇고 인은 업ᄂᆞ니. ❷⇔없다. ≪集覽, 字解, 單字解, 2ㅈ≫阿. 俗音하. 阿的, 猶言此也. 又語助辭. 有阿沒 잇ᄂᆞ녀 업스녀. 皆元朝之語. ≪集覽, 字解, 單字解, 3ㅎ≫那. 平聲, 音노, 推移也. 那一那 논힐후다. 上聲 나, 何也. 那裏 어듸, 那箇 어늬. 又誰也. 那一箇 누고. 去聲 나. 那裏, 彼處也. 那箇 뎌것. 又語助. 有那沒 잇ᄂᆞ녀 업스녀. ≪朴諺, 上, 22ㅎ≫你的殺子多沒眼碁, 네 주긴 ᄆᆞᆯ이 만ᄒᆞ니 눈 업슨 바독이로다. ≪朴諺, 上, 39ㅈ≫沒馬時怎麼過, ᄆᆞᆯ이 업ᄉᆞ면 엇디 디내리오. ≪朴諺, 上, 55ㅎ≫沒本事, 지죄 업ᄉᆞ니. ≪朴諺, 中, 2ㅈ≫好看的甚麼沒, 보기 됴ᄒᆞᆫ 거시 므서시 업ᄉᆞ리오. 我沒零錢怎麼好, 내 ᄣᅳᆫ돈이 업ᄉᆞ니 엇디 ᄒᆞ여야 됴ᄒᆞ료. ≪朴諺, 中, 10ㅎ≫沒保人中麼, 保人이 업서도 므던ᄒᆞ랴. ≪朴諺, 中, 18ㅎ≫怕沒治病的心那, 저프건대 病 고틸 ᄆᆞᄋᆞᆷ이 업스랴마ᄂᆞᆫ. ≪朴諺, 中, 37ㅎ≫我再沒高的了, 내게 또 노프니 업ᄉᆞ니. ≪朴諺, 中, 45ㅎ≫又沒過犯, 또 過犯이 업ᄉᆞ니. ≪朴諺, 中, 59ㅎ≫沒油水的勾當, 기름믈 업슨 일을. ≪朴諺, 下, 2ㅎ≫沒計奈何, 계피 엇디호미 업서. ≪朴諺, 下, 5ㅈ≫沒家事時筭甚麼泥水匠, 연장이 업ᄉᆞ면 므슴 泥匠이라 혜리오. ≪朴諺, 下, 26ㅈ≫只與我二兩沒利錢, 그저 날을 두 냥을 주어도 니쳔이 업ᄉᆞ니. ≪朴諺, 下, 39ㅎ≫天下沒雙, 天下에 雙이 업ᄉᆞ니라. ≪朴諺, 下, 56ㅎ≫沒甚新聞, 아므란 新聞이 업서. ≪朴諺, 下, 61ㅎ≫小子沒甚麼鄕産與先生, 小子ㅣ 아므란 鄕産을 先生ᄭᅴ 줄 ᄡᅥ시 업ᄉᆞ니.

몰(歿) 동 죽다[死]. '歿'은 '沒'과 통용. ≪集覽, 字解, 單字解, 1ㅎ≫歿. 卒也. 通作沒.

몰다 동 몰다[驅]. ⇔간(赶). ≪朴諺, 上, 22ㅎ≫殺一殺入一入赶一赶扭將去打䟦, 주기리 주기고 드리리 드리고 몰 리 모라 에워 가 패 티쟈. ≪朴諺, 中, 13ㅎ≫我赶着一百疋馬, 내 一百 疋 몰을 몰고. ≪朴諺, 下, 46ㅎ≫立地赶牛, 짜히 셔셔 쇼룰 몰면.

몰래유(沒來由) 부 속절없이. ⇔쇽졀업시. ≪朴諺, 上, 30ㅈ≫沒來由胡討價錢怎麽, 쇽졀업시 간대로 갑슬 꾀옴은 엇디오. ≪朴諺, 上, 33ㅎ≫而今沒來由偸別人的媳婦怎麽, 이제 쇽졀업시 놈의 겨집을 도적홈은 엇디오.

몰리(沒理) 형 무리(無理)하다. ⇔무리ᄒᆞ다. ≪朴諺, 下, 53ㅎ≫有一箇沒理的村牛, ᄒᆞᆫ 무리ᄒᆞᆫ 村牛ㅣ 이셔.

몰사포(沒絲布) 명 (중국인이 일컫는) 모시[苧麻布]의 다른 이름. ≪朴諺, 上, 46ㅈ≫貴眷稍的十箇白毛施布(集覽, 朴集, 上, 13ㅈ: 毛施布. 此卽本國人呼苧麻布之稱〈卽本國人呼苧麻布之稱〉, 漢人皆呼曰苧麻布, 亦曰麻布, 曰木絲布, 或書作沒絲布. 又曰漂白布, 又曰白布. 今言毛施布, 卽沒絲〈卽沒絲布〉之訛也. 而漢人因麗人之稱, 見麗布則直稱此名而呼之. 記書者因其相稱而遂以爲名也.), 貴眷이 브틴 열 필 흰 모시뵈과.

몰유(沒有) 형 없다. ❶⇔업다. ≪集覽, 字解, 單字解, 1ㅎ≫沒. 無也. 沒有 업다. ≪集覽, 字解, 單字解, 5ㅎ≫家. 止指一數之稱. 一箇家 ᄒᆞᆫ 낫식, 幾箇家 몃 낫식, 又현 낫식, 幾年家 현 ᄒᆡ식. 又槩也. 大家 대개. 又擧姓呼人之稱. 李家·張家. 又呼皇帝曰官家. 又語助. 沒有家 업다. ❷⇔없다. ≪朴諺, 上, 43ㅎ≫沒有五六錢銀子, 다엿 돈 은이 업ᄉᆞ면.

몰유가(沒有家) 형 없다. ⇔업다. ≪集覽, 字解, 單字解, 5ㅎ≫家. 止指一數之稱. 一箇家 ᄒᆞᆫ 낫식, 幾箇家 몃 낫식, 又현 낫식, 幾年家 현 ᄒᆡ식. 又槩也. 大家 대개. 又擧姓呼人之稱. 李家·張家. 又呼皇帝曰官家. 又語助. 沒有家 업다.

몸 명 몸. ❶⇔기(己). ≪朴諺, 上, 23ㅎ≫到處裏破別人誇自已(己), 간 곳마다 다룬 사ᄅᆞᆷ을 해야ᄇᆞ리며 내 몸을 쟈랑ᄒᆞ고. ❷⇔신(身). ≪朴諺, 中, 14ㅎ≫身顫的當不的, 몸이 떨려 당티 못ᄒᆞ니. ≪朴諺, 中, 17ㅎ≫男兒無婦財無主, ᄉᆞ나희 겨집이 업스면 ᄌᆡ믈이 님재 업고. 婦人無夫身無主, 겨집이 지아비 업스면 몸이 님재 업다 ᄒᆞᄂᆞ니. ≪朴諺, 中, 21ㅎ≫身嚴瓔珞居普陁空翠之山, 몸에 瓔珞으로 장엄ᄒᆞ여시니 普陀 空翠의 山에 居ᄒᆞ엿도다. ≪朴諺, 中, 23ㅈ≫身瑩瓊瓌, 몸은 瓊瓌ㅣ ᄀᆞ티 ᄆᆞᆰ고. ≪朴諺, 中, 24ㅈ≫一失人身後, ᄒᆞᆫ 번 사ᄅᆞᆷ의 몸을 일흔 後ㅣ면. ≪朴諺, 下, 9ㅎ≫因你貪嗔癡三毒不離於身, 네 貪嗔癡 三毒이 몸에 떠나디 아니믈 인ᄒᆞ여. ≪朴諺, 下, 19ㅈ≫到羅天大醮壇場上藏身, 羅天大醮ᄒᆞᄂᆞᆫ 壇場 우희 가 몸을 ᄀᆞᆷ초와. ≪朴諺, 下, 31ㅈ≫身披黃金鏁子甲, 몸에 黃金으로 ᄒᆞᆫ 사슬갑을 닙어시니. ≪朴諺, 下, 47ㅈ≫身穿黃袍, 몸에 黃袍를 닙고. ≪朴諺, 下, 60ㅎ≫穿與太祖身上, 太祖의 몸에 닙피니. ❸⇔신기(身己). ≪朴諺, 上, 46ㅈ≫我父毋(母)都身已(己)安樂麽, 우리 父毋(母)ㅣ 다 몸이 安樂ᄒᆞ더냐. ≪朴諺, 上, 46ㅈ≫都身已(己)安樂, 다 몸이 安樂ᄒᆞ더라. ≪朴諺, 上, 47ㅎ≫凉定了身已(己)時, 몸이 凉定ᄒᆞ거든. ≪朴諺, 中, 15ㅎ≫那般不小心收拾身己, 더리 小心ᄒᆞ여 몸을 收拾디 아니홈애. ≪朴諺, 中, 24ㅈ≫咱如今身已(己)安樂時莭(節), 우리 이제 몸이 安樂ᄒᆞᆫ 때예. ≪朴諺, 下, 1ㅎ≫身已(己)安樂時有也, 몸이 安樂ᄒᆞ면 이시리라. ≪朴諺, 下, 11ㅈ≫身已(己)安樂不湏(須)憂念, 몸이 安樂ᄒᆞ니 모로미 憂念티 마ᄅᆞ쇼셔. ❹⇔신자(身子). ≪朴諺, 中, 16ㅎ≫大娘身子好麽, 大娘의 몸이 됴흐신가.

몸똥 명 몸통. 몸뚱이. ❶⇔강자(腔子). ≪朴諺, 下, 24ㅈ≫血瀝瀝的腔子立地, 피 뜻듣는 몸똥만 싸히 셔고. ❷⇔신아(身兒). ≪朴諺, 中, 3ㅎ≫這被面大紅身兒, 이 니블 거족 다홍 몸똥과.

못 명 ❶못[釘]. ⇔정자(釘子). ≪朴諺, 中, 35ㅎ≫着釘子釘在三四處, 못으로 세네 곳을 박고. ≪朴諺, 中, 44ㅎ≫那中柱上釘一箇釘子, 뎌 가온댓 기동에 흔 낫 못을 박고. ≪朴諺, 中, 44ㅎ≫將幾箇磨果釘子來, 여러 머리 뭉킨 못 가져다가. ❷못[池]. ⇔지(池). ≪朴諺, 中, 33ㅈ≫山頂上有一小池, 山 頂上에 흔 젹은 못이 이시니. 滿池荷花香噴噴, 못에 ᄀ득흔 년곳치 향내 뿜기더라. ≪朴諺, 中, 43ㅎ≫亦看樓外滿池荷花, 또 樓外ㅅ 못에 ᄀ득흔 년곳츨 보노니.

못 부 못. ⇔불(不). ≪朴諺, 上, 13ㅎ≫不知甚麽瘡, 아디 못쎄라 므슴 瘡인디. ≪朴諺, 下, 2ㅈ≫不知道那裡躧死了一箇蝤蜒, 아디 못게라 어ᄃᆡ 흔 지차리 불펴 죽엇ᄂᆞ뇨. ≪朴諺, 下, 55ㅈ≫不知怎生走了, 아디 못게라 엇디 돌아난디.

못다 동 모이다. ⇔회(會). ≪朴諺, 中, 19ㅈ≫有緣千里能相會, 인연이 이시면 千里라도 능히 서르 못돗고. 無緣對面不相逢, 인연이 업스면 ᄂᆞᆺ츨 ᄃᆡᄒᆞ여도 서르 만나디 못ᄒᆞᄂᆞ니.

못돗다 동 모여 닫다. ≪朴諺, 中, 19ㅈ≫有緣千里能相會, 인연이 이시면 千里라도 능히 서르 못돗고. 無緣對面不相逢, 인연이 업스면 ᄂᆞᆺ츨 ᄃᆡᄒᆞ여도 서르 만나디 못ᄒᆞᄂᆞ니.

못ᄒᆞ다 동 못하다. ❶⇔무(無). ≪朴諺, 上, 54ㅎ≫照依時價准折無詞, 時價에 照依ᄒᆞ야 准折ᄒᆞ야도 말 못ᄒᆞ고. ≪朴諺, 中, 39ㅎ≫准折無詞, 准折ᄒᆞ여도 말 못ᄒᆞ리라. ❷⇔미(未). ≪朴諺, 上, 48ㅈ≫未裏, 못ᄒᆞ여시니. ❸⇔부증(不曾). ≪朴諺, 上, 3ㅈ≫勘合有了不曾, 勘合이 잇ᄂᆞᆫ가 못ᄒᆞ엿ᄂᆞᆫ가. ≪朴諺, 上, 34ㅎ≫如今都好了不曾, 이제 다 됴한ᄂᆞᆫ가 못ᄒᆞ엿ᄂᆞᆫ가. ≪朴諺, 中, 45ㅎ≫你的月日滿了不曾, 네 月日이 찻ᄂᆞ냐 못ᄒᆞ엿ᄂᆞ냐. ≪朴諺, 中, 45ㅎ≫鮮由得了不曾, 鮮由를 어덧ᄂᆞ냐 못ᄒᆞ엿ᄂᆞ냐. ≪朴諺, 中, 59ㅈ≫發落了不曾, 發落ᄒᆞ엿ᄂᆞ냐 못ᄒᆞ엿ᄂᆞ냐. ❹⇔불(不). ≪朴諺, 上, 21ㅈ≫那不會說話的頭口們喂不到, 뎌 말 못ᄒᆞᄂᆞᆫ 즘승들흘 먹이기를 이긋 못ᄒᆞ니. ≪朴諺, 上, 33ㅎ≫更不時, 또 그리 못ᄒᆞ거든. ≪朴諺, 中, 10ㅈ≫賣主一面承當不詞, 픈 님재 一面으로 承當ᄒᆞ야 말 못ᄒᆞ고. ≪朴諺, 下, 1ㅎ≫這的是恠不的人, 이거슨 이 사ᄅᆞᆷ도 허믈 못ᄒᆞ고. 也恠不的虫子, 또 죰도 허믈 못ᄒᆞᆯ 거시니. ≪朴諺, 下, 26ㅈ≫我不敢言語, 내 감히 말 못호리라. ≪朴諺, 下, 45ㅈ≫黑夜不敢喫多, 밤이니 감히 먹기를 만히 못ᄒᆞᆯ로다. ❺⇔불회(不會). ≪朴諺, 上, 21ㅈ≫那不會說話的頭口們喂不到, 뎌 말 못ᄒᆞᄂᆞᆫ 즘승들흘 먹이기를 이긋 못ᄒᆞ니.

못ᄒᆞ다 보동 못하다. ❶⇔막(莫). ≪朴諺, 中, 23ㅈ≫由是威神莫測, 일로 말ᄆᆡ암아 威神을 혜아리디 못ᄒᆞ고. ❷⇔미(未). ≪朴諺, 下, 11ㅈ≫未見回書, 回書를 보디 못ᄒᆞ니. ≪朴諺, 下, 19ㅈ≫到國王前面告未畢, 國王의 앏픠 가 고ᄒᆞ기를 ᄆᆞᆺ디 못ᄒᆞ여셔. ❸⇔부도(不到). ≪朴諺, 下, 3ㅎ≫正是瘦禽也飛不到, 졍히 瘦禽도 ᄂᆞ라가디 못ᄒᆞ고. ❹⇔부득(不得). ≪朴諺, 上, 13ㅎ≫痒的當不得, ᄀᆞ렵기를 當티 못ᄒᆞ여라. ≪朴諺, 上, 14ㅎ≫買不得他的, 뎌를 사디 못ᄒᆞ리라. ≪朴諺, 上, 15ㅈ≫着他打不得, 뎌 ᄒᆞ여 ᄆᆡᆫᄃᆞ디 못ᄒᆞ랴. ≪朴諺, 上, 39ㅈ≫半步也行不得, 半步도 行티 못ᄒᆞᄂᆞ니. ≪朴諺, 上, 56ㅎ≫是買不得馬, 이 ᄆᆞᆯ을 사디 믓(못)ᄒᆞ리라. ≪朴諺, 中, 15ㅈ≫一宿不得半點睡, ᄒᆞᄅᆞᆺ밤을 半點도 자디 못ᄒᆞ니. ≪朴諺, 中, 17ㅎ≫飯也好生喫不得, 밥을 ᄀᆞ장 먹디 못ᄒᆞ리로다. ≪朴諺, 中, 42ㅎ≫不得工夫去不得, 工夫를 엇디 못ᄒᆞ여 가디 못ᄒᆞ노라. ≪朴

諺, 中, 47ㅈ≫恨的他當不得, 뎌를 믜워 당티 못ᄒᆞ여 ᄒᆞ더니. ❺⇔불(不). ≪朴諺, 上, 9ㅎ≫不理會那裏的法度, 뎌긔 法度를 아디 못ᄒᆞ니. ≪朴諺, 上, 20ㅈ≫二十兩也不勾, 二十兩도 유여티 못ᄒᆞ여라. ≪朴諺, 上, 30ㅎ≫你不理會的, 네 아디 못ᄒᆞᆫ다. ≪朴諺, 上, 47ㅈ≫不理會的, 아디 못ᄒᆞ니. ≪朴諺, 上, 52ㅈ≫不知道下處不曾得望去, 下處를 아디 못ᄒᆞ여 일즙 보라 가디 못ᄒᆞ니. ≪朴諺, 上, 66ㅎ≫不到三歲下世去的也有的, 三歲에 니ᄅᆞ디 못ᄒᆞ여셔 下世ᄒᆞ여 가ᄂᆞ니도 잇ᄂᆞ니라. ≪朴諺, 中, 14ㅎ≫我不會漢兒言語, 내 한말을 아디 못ᄒᆞ고. 又不會做飯, 또 밥 짓기를 아디 못ᄒᆞ니. ≪朴諺, 中, 23ㅎ≫咱這衆生知不知, 우리 이 衆生이 알거나 아디 못ᄒᆞ거나. ≪朴諺, 中, 40ㅈ≫好生流不下來, ᄀᆞ장 흘러ᄂᆞ리디 못ᄒᆞ여. ≪朴諺, 中, 53ㅎ≫怎麽做不出一套衣裳來, 엇디 ᄒᆞᆫ 벌 衣裳을 지어 내디 못ᄒᆞ리오. ≪朴諺, 中, 60ㅎ≫不濟事, 일을 일오디 못ᄒᆞᄂᆞ니. ≪朴諺, 下, 1ㅈ≫一夏裡不曾好生收拾, ᄒᆞᆫ 녀름을 일즙 ᄀᆞ장 收拾디 못ᄒᆞ니. ≪朴諺, 下, 11ㅈ≫不知得否, 得否를 아디 못ᄒᆞᄂᆞᆫ디라. ≪朴諺, 下, 15ㅎ≫咳事不過三日, 애 일이 사흘이 디나디 못ᄒᆞ여셔. ≪朴諺, 下, 23ㅈ≫却早不見了, 블셔 보디 못ᄒᆞᆯ러라. ≪朴諺, 下, 34ㅈ≫我怎麽打不的, 내 엇디 티디 못ᄒᆞ리오. ≪朴諺, 下, 45ㅎ≫我不去, 내 가디 못ᄒᆞ리로다. ≪朴諺, 下, 56ㅎ≫如何先生數日不見, 엇디 先生을 두어 날 보디 못ᄒᆞᆯ소니.

못ᄒᆞ다 [보동] 못하다. ❶⇔불능(不能). ≪朴諺, 下, 39ㅎ≫不能勾跟將去, 유여히 ᄯᆞ라가디 못ᄒᆞᆯ쟉시면. ❷⇔불래(不來). ≪朴諺, 下, 22ㅎ≫被鬼們當住出不來, 귀신들의 막으믈 닙어 나오디 못ᄒᆞ여. ❸⇔불성(不成). ≪朴諺, 上, 62ㅎ≫眞箇是畫也畫不成, 진실로 그리려 ᄒᆞ여도 그리디 못ᄒᆞ고. ≪朴諺, 中, 36ㅎ≫沒你時怕買不成, 네 업다 사디 못ᄒᆞᆯ가 저프라. ❹⇔불착(不着). ≪朴諺, 下, 21ㅎ≫皇后大笑猜不着了, 皇后ㅣ 크게 우으며 아디 못ᄒᆞ여다. ≪朴諺, 下, 23ㅎ≫百般搭不着, 빅 가지로 호ᄃᆡ 건디디 못ᄒᆞ니. ❺⇔불출(不出). ≪朴諺, 上, 62ㅎ≫描也描不出, 모ᄒᆞ려 ᄒᆞ여도 모티 못ᄒᆞᆯ 거시니.

못ᄒᆞ다 [보형] 못하다. ⇔불(不). ≪朴諺, 下, 3ㅈ≫一來是十分命不快, 一來 ᄀᆞ장 命이 快티 못ᄒᆞ여라. ≪朴諺, 下, 27ㅎ≫我買的不應心, 내 사기 ᄆᆞ음애 맛당티 못ᄒᆞ여라. ≪朴諺, 下, 39ㅈ≫接客不如送客, 客을 接호미 客을 送ᄒᆞᄂᆞᆫ 이만 ᄀᆞᆺ디 못ᄒᆞ니.

몽(夢) [명] 꿈. ⇔ᄭᅮᆷ. ≪朴諺, 下, 36ㅈ≫夢着了也, ᄭᅮᆷ이로다.

몽롱(朦朧) [형] 의식이 흐리멍덩하다. ≪朴諺, 下, 6ㅎ≫一會兒打頓(注: 頓, 集韻作盹, 朦朧欲睡之皃. 打盹, 今俗語, 조으다.)着撓破了, ᄒᆞᆫ 디위 조으다가 긁텨 히여ᄇᆞ려늘.

뫼초라기 [명] 메추라기. ⇔암순(鵪鶉). ≪朴諺, 上, 17ㅈ≫耍鵪鶉, 뫼초라기 노롯ᄒᆞ고.

묘(妙) [형] 묘(妙)하다. 좋다. 아름답다. 훌륭하다. ⇔묘ᄒᆞ다(妙-). ≪朴諺, 上, 63ㅎ≫爲之妙也, 희옴이 妙ᄒᆞ니라.

묘(畝) [의] 논밭 넓이의 단위. 1묘는 30평으로 약 99.174㎡에 해당한다. ≪朴諺, 中, 39ㅎ≫空地幾畝, 空地 幾 畝를.

묘(描) [동] ❶그리다. ⇔그리다. ≪朴諺, 上, 28ㅈ≫天青描金獅子韂, 天青빗치 金으로 獅子 그린 ᄃᆞ래예. ❷모(模)하다. 묘사(描寫)하다. ⇔모ᄒᆞ다. ≪朴諺, 上, 62ㅎ≫描也描不出, 모ᄒᆞ려 ᄒᆞ여도 모티 못ᄒᆞᆯ 거시니.

묘(猫) [명] 고양이. ⇔괴. ≪朴諺, 中, 56ㅎ≫是賣猫的, 이 괴 ᄑᆞᆯ 리로다.

묘법(妙法) [명] 〈불〉 불교의 신기하고 묘한 법문(法文). ≪朴諺, 中, 21ㅈ≫座飾芙蓉(集覽, 朴集, 中, 4ㅎ: 座飾芙蓉. 飜譯名義云, 大論問, 諸牀〈床〉可坐, 何必蓮華. 答曰, 牀爲世間白衣坐法, 又以蓮華軟淨, 欲

現神力, 能坐其上, 令不壞故, 又以莊嚴妙法故, 又以此華華臺嚴淨香妙可坐故.)湛南海澄淸之水, 안즌 듸는 芙蓉으로 쏨여시니 南海 澄淸흔 水에 즘겻고.

묘시(卯時) 명 십이시(十二時)의 넷째 시. 오전 5시에서 7시까지이다. ≪朴諺, 下, 46ㅎ≫頭戴耳掩或提在手裡(集覽, 朴集, 下, 10ㅈ: 頭戴耳掩或提在手裏. 芒神耳掩以立春時爲法, 從卯至戌八時, 掩耳用手提, 陽時左手提, 陰時右手提, 以八時見日溫和也.), 머리에 耳掩을 쓰며 혹 손에 들고.

묘아(猫兒) 명 고양이. ⇔괴. ≪朴諺, 中, 56ㅎ≫你家裏沒猫兒那, 네 집의 괴 업스냐. ≪朴諺, 中, 56ㅎ≫那的不賣猫兒的, 뎌 아니 괴 프느니가. ≪朴諺, 中, 56ㅎ≫將猫兒來, 괴 가져오라. ≪朴諺, 中, 56ㅎ≫我要這女花猫兒, 내 이 암 어룽괴를 사려흐노라.

묘액(廟額) 명 사당 앞에 붙인 편액(扁額). ≪朴諺, 下, 47ㅈ≫粧二郎爺爺(集覽, 朴集, 下, 10ㅎ: 二郎爺爺. 廟額曰昭惠靈顯眞君之廟, 然未知何神. 打春之日, 取此塑像, 盖亦未詳.), 二郎爺爺를 꾸며.

묘인(苗人) 명 중국 귀주(貴州)·호남(湖南)·운남(雲南) 등에 사는 토족. 몸집이 작고 살갗은 누른빛인데 성질이 사납다고 한다. ≪朴諺, 上, 40ㅎ≫別處一箇官人娶娘子(集覽, 朴集, 上, 11ㅎ: 娘子. 南村輟耕[錄]云〈南村輟耕錄〉, 世謂穩婆曰老娘, 女巫曰師娘, 唱〈娼〉婦曰花娘, 達人又曰草娘, 苗人謂妻曰夫娘, 南方謂婦人無行者曰夫娘, 謂婦人之卑賤者曰某娘, 曰幾娘, 鄙之曰婆娘.), 다른 고듸 흔 官人이 娘子를 娶흐노라.

묘족(妙足) 형 만족하다. ≪朴諺, 上, 62ㅎ≫只此人間兜率(集覽, 朴集, 上, 15ㅈ: 兜率. 梵語兜率, 此云妙足, 又云知足於五欲知止足. 故佛地論云, 名憙足, 謂後身菩薩於中敎化, 多修憙足故. 卽欲界六天之一也. 兜率天, 人間四百世爲一日.), 그저 이 人間ㅅ 兜率이러라.

묘지(妙智) 명 영묘(靈妙)한 지혜(智慧). ≪朴諺, 下, 9ㅎ≫入寺敬三寶(集覽, 朴集, 下, 3ㅈ: 三寶. 佛·法·僧也. 功成妙智, 道登圓覺, 佛也, 玄理幽微, 正敎精誠, 法也, 禁戒守眞, 威儀出俗, 僧也.), 뎔에 드러는 三寶를 敬흐고.

묘통(妙通) 명 신비한 술법(術法). ≪朴諺, 中, 22ㅎ≫執楊柳於掌內拂病體於輕安(集覽, 朴集, 中, 5ㅎ: 執楊柳於掌內拂病體於輕安. 佛圖澄, 天竺〈竺〉人也. 妙通玄術, 善誦呪, 能役使鬼神.), 楊柳를 손에 잡아 病體를 輕安흐듸 쩔티고.

묘흐다(妙-) 형 묘(妙)하다. 좋다. 아름답다. 훌륭하다. ⇔묘(妙). ≪朴諺, 上, 63ㅎ≫爲之妙也, 히옴이 妙흐니라.

무(無) 동 못하다. ⇔못흐다. ≪朴諺, 上, 54ㅎ≫照依時價准折無詞, 時價에 照依흐야 准折흐야도 말 못흐고. ≪朴諺, 中, 39ㅎ≫准折無詞, 准折흐여도 말 못흐리라.

무(無) 형 없다. ❶⇔업다. ≪朴諺, 上, 33ㅎ≫無處發落, 發落흔 곳이 업고. ≪朴諺, 中, 17ㅎ≫婦人無夫身無主, 겨집이 지아비 업스면 몸이 님재 업다 흐느니. ≪朴諺, 中, 23ㅎ≫萬民無搔擾之憂, 萬民이 搔擾흐는 근심이 업고. ≪朴諺, 中, 41ㅈ≫無些兒尊貴處, 져기 尊貴흔 곳이 업다. ≪朴諺, 中, 43ㅎ≫你自說村莊無人來訪, 네 스스로 닐오듸 村莊에 와 추즐 사름이 업다 흐거니와. ≪朴諺, 中, 61ㅈ≫有理無錢休入來, 理 이셔도 돈이 업거든 드러오디 말라 흐느니라. ≪朴諺, 下, 58ㅎ≫無德可表, 德이 可히 表홀 거시 업고. ❷⇔없다. ≪朴諺, 上, 36ㅎ≫金甕兒·銀甕兒表裏無縫兒, 금독·은독이 안팟긔 솔 업슨 거시여. ≪朴諺, 上, 54ㅈ≫如至日無錢歸還, 만일 날이 다드라 갑흘 돈이 업스면. ≪朴諺, 上, 54ㅎ≫恐後無憑, 후에 의빙홈이 업슬가 저허. ≪朴諺, 上, 62ㅈ≫河邉兒窺魚的是無數目的水老鴉, 믈서의 고기 엿는 거슨 이 수 업슨 가마

오디오. ≪朴諺, 中, 10ㅎ≫恐後無憑, 후에 의빙홈이 업슬가 저허. ≪朴諺, 中, 17ㅎ≫男兒無婦財無主, ᄉᆞ나희 겨집이 업스면 ᄌᆡ믈이 님재 업고. ≪朴諺, 中, 19ㅈ≫無緣對面不相逢, 인연이 업스면 ᄂᆞᆺ츨 ᄃᆡᄒᆞ여도 서르 만나디 못ᄒᆞᄂᆞ니. ≪朴諺, 中, 30ㅎ≫他如今喫的穿的無處發落裏, 뎨 이제ᄂᆞᆫ 먹을 것 닙을 것시 發落홀 곳이 업스니라. ≪朴諺, 中, 40ㅎ≫那瓦水潤了無些氣力, 뎌 디새 믈 ᄇᆡ야 져기 힘이 업스니. ≪朴諺, 下, 1ㅈ≫虫蛀的無一根兒風毛, 좀이 먹어 ᄒᆞᆫ 낫 댱티도 업서시니. ≪朴諺, 下, 10ㅎ≫這的無緣衆生難化, 이런 인연 업슨 衆生은 化키 어려오니라. ≪朴諺, 下, 16ㅈ≫無贓時有甚麽事, 장믈이 업스면 므스 일이 이시리오. ≪朴諺, 下, 43ㅎ≫三寸氣在千般有, 三寸 氣ㅣ 이시매 쳔 가지나 잇다가. 一日無常萬事休, 一日에 常이 업ᄉᆞ면 萬事ㅣ 休ᄒᆞᄂᆞ니라. ≪朴諺, 下, 51ㅈ≫漁翁之味萬無迭, 漁翁의 마ᄉᆞᆫ 만 가지도 迭ᄒᆞᆫ 거시 업ᄉᆞ니라.

무(撫) 동 어루만지다. 곧, (현악기를) 타다. ⇔어ᄅᆞᄆᆞ지다. ≪朴諺, 中, 44ㅈ≫撫琴一操解千愁, 거믄고 ᄒᆞᆫ 곡됴ᄅᆞᆯ 어ᄅᆞᄆᆞ져 千愁ᄅᆞᆯ 프ᄂᆞ니.

무(舞) 명 춤. ⇔춤. ≪朴諺, 中, 1ㅎ≫翅兒舞, ᄂᆞᆯ개 춤 츠이고.

무검(舞劍) 동 칼을 휘두르다. 검(劍)을 내두르다. ≪朴諺, 上, 39ㅈ≫狗有濺草之恩, 개ᄂᆞᆫ 濺草ᄒᆞᆫ 恩이 잇고. 馬有垂繮之報(集覽, 朴集, 上, 11ㅈ: 馬有垂繮之報. 漢高祖與項王會鴻門, 舞劒事急, 謀脫. 匹〈疋〉馬南行, 道傍有一眢井, 馬到井邊不肯行. 漢王恐追者至, 下馬入井.), ᄆᆞᆯ은 垂繮ᄒᆞᆫ 報ㅣ 잇다 ᄒᆞ니라.

무검(舞劒) 동 무검(舞劍). '劒'은 '劍'과 같다. ≪朴諺, 上, 39ㅈ≫狗有濺草之恩, 개ᄂᆞᆫ 濺草ᄒᆞᆫ 恩이 잇고. 馬有垂繮之報(集覽, 朴集, 上, 11ㅈ: 馬有垂繮之報. 漢高祖與項王會鴻門, 舞劒事急, 謀脫. 匹〈疋〉馬南行, 道傍有一眢井, 馬到井邊不肯行. 漢王恐追者至, 下馬入井.), ᄆᆞᆯ은 垂繮ᄒᆞᆫ 報ㅣ 잇다 ᄒᆞ니라.

무계산(無計算) 형 수(數)없다. ⇔수없다. ≪朴諺, 上, 42ㅈ≫無計筭的錢粮, 수업슨 쳔량이니.

무곡(武曲) 명 구성(九星) 중의 여섯째 별 이름. 염정성(廉貞星)의 아래 파군성(破軍星)의 위에 있다. ≪朴諺, 上, 18ㅎ≫後面北斗(集覽, 朴集, 上, 7ㅈ: 北斗左輔右弼. 凡九星, 曰樞宮貪狼, 曰璇宮巨門, 曰璣〈幾〉宮祿存, 曰權宮文曲, 曰衡宮廉貞, 曰闓(開)陽宮武曲, 曰瑤光宮破軍, 曰洞明宮左輔, 曰隱元宮右弼. 左輔連附北斗第〈萠〉六星, 在外, 右弼連附北斗第〈萠〉二星, 在內. 俱在紫薇(微)垣.)七星板兒做的好, 後面 北斗七星 돈은 ᄆᆡᆫ돌기ᄅᆞᆯ 잘ᄒᆞ엿고.

무골(無骨) 형 뼈가 없다. ≪朴諺, 上, 7ㅈ≫第五道五軟三下鍋(集覽, 朴集, 上, 3ㅎ: 五軟三下鍋. 質問云, 五般無骨精肉〈五般精肉〉, 碎切爲片, 先用塩煎, 次用醋煮, 交葱花以食.), 第五道ᄂᆞᆫ 五軟三下鍋ㅣ오.

무공(無功) 형 아무런 공로가 없다. ≪朴諺, 中, 22ㅈ≫隨相現相(集覽, 朴集, 中, 5ㅈ: 隨相現相. 飜譯名義云, 佛昔爲帝釋時, 遭飢歲, 疾疫流行, 醫療無功, 道殣相屬.)救苦惱於三塗, 샹을 조차 샹을 뵈야 苦惱ᄅᆞᆯ 三塗에 救ᄒᆞᄂᆞᆫ쏘다.

무구의(無垢衣) 명 〈불〉 가사(袈裟)의 다른 이름. ≪朴諺, 上, 33ㅈ≫披着袈裟(集覽, 朴集, 上, 10ㅈ: 袈裟. 反(飜)譯名義云, 袈裟是外國三衣之名. 或名離塵服, 由斷〈断〉六塵故, 或名消瘦服, 由斷煩惱故, 或名無垢衣.), 袈裟 닙고.

무도(無道) 형 말이나 행동이 도리에 어긋나서 막되다. ⇔무도ᄒᆞ다(無道-). ≪朴諺, 下, 59ㅎ≫弓裔無道, 弓裔ㅣ 無道ᄒᆞ여. ≪朴諺, 下, 59ㅎ≫弓王如此無道, 弓王이 이러ᄐᆞ시 無道ᄒᆞ니. ≪朴諺, 下, 60ㅈ≫征伐無道, 無道ᄅᆞᆯ 征伐호미.

무도ᄒᆞ다(無道-) 형 말이나 행동이 도리

에 어긋나서 막되다. ⇔무도(無道). ≪朴諺, 下, 59ㅎ≫弓裔無道, 弓裔ㅣ 無道ᄒᆞ여. ≪朴諺, 下, 59ㅎ≫弓王如此無道, 弓王이 이러ᄐᆞ시 無道ᄒᆞ니.

무되다 혱 무디다. ⇔둔(鈍). ≪朴諺, 上, 39ㅎ≫你的刀子快也鈍, 네 칼이 드ᄂᆞ냐 무되냐. ≪朴諺, 上, 39ㅎ≫管甚麽來刀子鈍, 므서슬 ᄀᆞ옴알관ᄃᆡ 칼이 무되리오.

무둑 의 무더기. ⇔퇴(堆). ≪朴諺, 下, 48ㅈ≫放一堆灰, ᄒᆞᆫ 무둑 ᄌᆡ를 노흐면.

무둑무둑 뮈 무더기무더기. ⇔족족(簇簇). ≪朴諺, 下, 30ㅈ≫四五對家簇簇趲趲的, 네다ᄉᆞᆺ 빵식 무둑무둑 나아드러.

무량(無量) 혱 정도를 헤아릴 수 없을 만큼 많다. ≪朴諺, 中, 21ㅎ≫或作童女(集覽, 朴集, 中, 4ㅎ: 童男童女. 應作種種身, 或在天上, 在人間, 隨其所樂, 皆令見衆生形相各不同, 行業音聲亦無量.), 혹 童女ㅣ 되며.

무량각 몡 마룻대가 없는 집. 또는 감아올릴 수 있게 만든 천막. ⇔권봉(捲篷). ≪朴諺, 中, 39ㅈ≫捲蓬(篷)(集覽, 朴集, 中, 7ㅎ: 捲篷. 音義云, ·빅 우·흿 지·비〈집이〉·니 ᄆᆞᄅᆞ 업슨 지블 닐오ᄃᆡ 捲篷.)幾間, 무량각이 현 간. ≪朴諺, 下, 12ㅎ≫捲篷樣做, 무량각 양으로 지으려 ᄒᆞ노라.

무롭도리 몡 무릎도리. ⇔곡슬(曲膝). ≪朴諺, 中, 51ㅈ≫一剗淤泥曲膝盖深, ᄒᆞᆫ갈ᄀᆞ티 즌흙이 무롭도리로 깁더라.

무뢰(無賴) 뮈 부질없이. ❶⇔부질업시. ≪集覽, 字解, 累字解, 2ㅎ≫無賴. 힘히미. 又부질업시. ❷⇔힘히미. ≪集覽, 字解, 累字解, 2ㅎ≫無賴. 힘히미. 又부질업시.

무리 의 무리[衆]. ⇔군(群). ≪朴諺, 上, 37ㅈ≫家後一群羊箇箇尾子長, 집 뒤희 ᄒᆞᆫ 무리 양이 낫낫치 ᄭᅩ리 긴 거시여.

무리 의 무리[衆]. ❶⇔화(火). ≪朴諺, 下, 48ㅎ≫各自一火家, 各各 ᄒᆞᆫ 무리식. ❷⇔화아(火兒). ≪朴諺, 下, 48ㅎ≫其中那一火兒强的, 그 듕에 아모 ᄒᆞᆫ 무리 나은 이.

무리ᄒᆞ다 혱 무리(無理)하다. ⇔몰리(沒理). ≪朴諺, 下, 53ㅎ≫有一箇沒理的村牛, ᄒᆞᆫ 무리ᄒᆞᆫ 村牛ㅣ 이셔.

무변(無邊) 혱 끝없다. 한없다. 한없이 넓다. 일망무제(一望無際)하다. ≪朴諺, 上, 62ㅈ≫無邉無涯的是浮萍蒲棒, 無邉 無涯ᄒᆞᆫ 거슨 이 浮萍과 蒲棒이오.

무사(武士) 몡 무예를 익히어 그 방면에 종사하는 사람. ≪朴諺, 上, 53ㅈ≫官裏前面掭柳(集覽, 朴集, 上, 14ㅈ: 刬〈掭〉柳. 質問云, 端午節日, 赴教場內, 將三枝柳植之三處, 走馬射之. 歲時樂事記云, 武士軍校䄍柳于擊場.)射弓的多有, 황뎨 앏희셔 버들 곳고 활 쏘ᄂᆞ니 만히 이시니. ≪朴諺, 下, 35ㅈ≫却打花房窩兒(集覽, 朴集, 下, 7ㅎ: 花房窩兒. 又云擊鞠, 騎而以杖擊也, 黃帝習兵之勢. 或曰起於戰國, 所以練〈鍊〉武士, 因嬉戲而講習之, 猶打毬, 非蹋鞠之戲也.), 또 花房 굼글 티쟈.

무사(無事) 혱 아무 탈 없이 편안하다. ⇔무사ᄒᆞ다(無事-). ≪朴諺, 上, 35ㅈ≫如今飯也喫得些箇却無事了, 이제는 밥도 져기 먹고 또 無事ᄒᆞ여라. ≪朴諺, 中, 16ㅈ≫喫了時便無事了, 먹으면 곳 無事ᄒᆞ리라.

무사ᄒᆞ다(無事-) 혱 아무 탈 없이 편안하다. ⇔무사(無事). ≪朴諺, 上, 35ㅈ≫如今飯也喫得些箇却無事了, 이제는 밥도 져기 먹고 또 無事ᄒᆞ여라. ≪朴諺, 中, 16ㅈ≫喫了時便無事了, 먹으면 곳 無事ᄒᆞ리라.

무상(無上) 혱 그 위에 더할 수 없다. ≪朴諺, 下, 9ㅎ≫入寺敬三寶(集覽, 朴集, 下, 3ㅈ: 三寶. 又法數云, 十號圓明, 萬行具足, 天龍戴仰, 稱無上尊, 即佛寶也.), 뎔에 드러는 三寶를 敬ᄒᆞ고. ≪朴諺, 下, 18ㅈ≫起盖三淸(集覽, 朴集, 下, 4ㅎ: 三淸. 道經云, 無上大羅.)大殿, 三淸大殿을 지으니. ≪朴諺, 下, 18ㅎ≫做羅天(集覽, 朴集, 下, 4ㅎ: 羅天. 謂覆盖萬天, 羅絡三界, 極高無上, 故稱大羅.)大醮, 羅天大醮를 ᄒᆞ더니.

무상보리(無上菩提) 명 〈불〉 더할 나위 없이 훌륭한 부처의 깨달음. ≪朴諺, 上, 33ㅈ≫安禪(集覽, 朴集, 上, 10ㅈ: 禪. 靜也. 傳燈錄有五等禪, 有外道禪·凡夫禪·小乘禪·大乘禪·最上乘禪, 又名如來淸淨禪, 又名無上菩提.)悟法却不好, 安禪 悟法홈이 또 됴티 아니ᄒᆞ냐.

무색계(無色界) 명 〈불〉 삼계(三界)의 하나. 육체와 물질의 속박에서 벗어난 정신적인 사유(思惟)의 세계를 이른다. ≪朴諺, 中, 21ㅎ≫或現質梵王帝釋(集覽, 朴集, 中, 4ㅎ: 梵王帝釋. 有欲界·色界·無色界爲三界. 欲界有四洲·四惡趣·六欲天, 帝釋爲欲界主. 色界有四禪·十八梵天, 梵王爲色界主. 無色界有四空天.), 或梵王帝釋에 現質ᄒᆞ며.

무손(無孫) 형 대를 이을 자손이 없다. ⇔무손ᄒᆞ다(無孫-). ≪朴諺, 上, 7ㅎ≫無子無孫盡是他人之物, 無子 無孫ᄒᆞ면 다 他人의 거시라 ᄒᆞ니.

무손ᄒᆞ다(無孫-) 형 대를 이을 자손이 없다. ⇔무손(無孫). ≪朴諺, 上, 7ㅎ≫無子無孫盡是他人之物, 無子 無孫ᄒᆞ면 다 他人의 거시라 ᄒᆞ니.

무시(武試) 명 무예(武藝) 시험. ≪朴諺, 下, 34ㅎ≫飛棒杓兒(集覽, 朴集, 下, 7ㅎ: 飛棒杓兒. 質問畫成毬棒, 卽本國武試毬杖之形, 而下云煖木廂柄, 其杓用水牛皮爲之, 以木爲胎.), 飛棒 杓兒와. ≪朴諺, 下, 35ㅈ≫却打花房窩兒(集覽, 朴集, 下, 7ㅎ: 花房窩兒. 毬棒杓兒之制, 一如本國武試毬杖之設, 卽元時擊丸之事.), 또 花房 굼글 티쟈.

무신(戊申) 명 날의 간지(干支)가 무신인 날. ≪朴諺, 上, 10ㅈ≫後日是天赦日(集覽, 朴集, 上, 5ㅈ: 天赦日. 春戊寅·夏甲午·秋戊申·冬甲子, 謂天道生育萬物而宥其罪也. 甲戊爲陽干之德, 子午爲陰陽之成, 寅申爲陰陽之立, 以干德配之爲赦也, 可修造起工〈土〉.), 모뢰는 이 天赦日이니.

무애(無涯) 형 끝없다. 한없다. 한없이 넓다. ⇔무애ᄒᆞ다(無涯-). ≪朴諺, 上, 62ㅈ≫無邊無涯的是浮萍蒲棒, 無邊 無涯ᄒᆞᆫ 거슨 이 浮萍과 蒲棒이오.

무애ᄒᆞ다(無涯-) 형 끝없다. 한없다. 한없이 넓다. ⇔무애(無涯). ≪朴諺, 上, 62ㅈ≫無邊無涯的是浮萍蒲棒, 無邊 無涯ᄒᆞᆫ 거슨 이 浮萍과 蒲棒이오.

무오다 동 뭇다. 쌓다. ⇔체(砌). ≪朴諺, 上, 43ㅈ≫諸般絨線砌山子吊珠兒的麁白線, 여러 가지 보ᄃᆞ라온 실과 귀여ᄉᆞ 무오고 진쥬 ᄃᆞᆯ 굴근 흰 실과.

무왕(武王) 명 주(周)나라 제1대 왕. 문왕(文王)의 아들. 이름은 발(發). 은(殷)의 폭군 주(紂)를 친 뒤 호(鎬)에 도읍하여 주나라를 세우고 자월(子月)을 세수(歲首)로 삼았다. 후대에 현군(賢君)으로 평가를 받았다. ≪朴諺, 上, 8ㅎ≫往永平·大寧·遼陽(集覽, 朴集, 上, 4ㅈ: 遼陽. 遼誌云, 舜分冀東北爲幽州, 卽今廣寧以西之地. 靑東北爲營州, 卽今廣寧以東之地, 周武王封箕子於朝鮮, 是其地也, 卽古肅愼氏地.)·開元·瀋陽等處開去, 永平·大寧·遼陽·開元·瀋陽 等處를 향ᄒᆞ여 開讀ᄒᆞ라 가노라. ≪朴諺, 上, 11ㅎ≫我在平則門(集覽, 朴集, 上, 5ㅎ: 平則門. 燕都, 禹貢冀州之域. 唐曰幽都, 虞爲幽州, 武王封召公奭於燕, 卽此.)邊住, 내 平則門 ᄭᅥ의 이셔 사노라.

무우 명 무. ⇔나복(蘿蔔). ≪朴諺, 中, 50ㅎ≫誰喫蘿蔔打噎咈, 뉘 무우 먹고 트림ᄒᆞ엿ᄂᆞ뇨.

무으다 동 뭇다. 쌓다. ⇔누(壘). ≪朴諺, 下, 13ㅈ≫前面壘一箇花臺兒, 前面에 ᄒᆞᆫ 花臺를 무으고.

무이(無以) 형 부득이하다. 어쩔 수 없다. ≪朴諺, 下, 3ㅈ≫往常唐三藏(集覽, 朴集, 下, 1ㅈ: 唐三藏法師〈三藏〉. 藏, 卽包含攝持之義. 非藏無以積錢財, 非藏無以蘊文義, 謂攝一切所應知義, 無令分散, 故名爲藏也.)師傅, 뎌적의 唐ㅅ 三藏 師傅ㅣ.

무인(戊寅) 명 날의 간지(干支)가 무인인 날. ≪朴諺, 上, 10ㅈ≫後日是天赦日(集覽, 朴集, 上, 5ㅈ: 天赦日. 春戊寅·夏甲午·秋戊申·冬甲子, 謂天道生育萬物而宥其罪也. 甲戊爲陽干之德, 子午爲陰陽之成, 寅申爲陰陽之立, 以干德配之爲赦也, 可修造起工〈土〉.), 모뢰ᄂᆞᆫ 이 天赦日이니.

무인(無人) 형 사람이 없다. ≪朴諺, 上, 39ㅈ≫狗有濺草之恩, 개ᄂᆞᆫ 濺草ᄒᆞᆫ 恩이 잇고. 馬有垂韁之報(集覽, 朴集, 上, 11ㅈ: 馬有垂韁之報. 項王追至井傍, 見馬跡至井而止, 謂漢王在井, 令人下井搜求. 見井口有蜘蛛罩網, 鵓鴿一雙出井飛去, 謂無人在中, 項王還壁. 翌日, 其馬到井垂韁, 漢王執之而出.), ᄆᆞᆯ은 垂韁ᄒᆞᆫ 報ㅣ 잇다 ᄒᆞ니라.

무일(戊日) 명 천간(天干)이 무(戊)로 된 날. ≪朴諺, 中, 53ㅎ≫今日臘(集覽, 朴集, 中, 8ㅎ: 臘. 無定日, 冬至後第〈苐〉二戊日是也.)月二十五日, 오ᄂᆞᆯ이 臘月 二十五日이라.

무자(無子) 형 대를 이을 아들이 없다. ≪朴諺, 上, 7ㅎ≫無子無孫盡是他人之物, 無子 無孫ᄒᆞ면 다 他人의 거시라 ᄒᆞ니.

무전(無錢) 형 돈이 없다. ≪朴諺, 下, 13ㅈ≫上面畫六鶴舞琴(集覽, 朴集, 下, 3ㅈ: 六鶴舞琴. 善惡報應錄云, 江夏郡辛氏沽酒爲業, 有一先生入坐曰, 有好酒飮吾否. 辛飮以巨杯. 明日復來, 如此半載. 謂辛曰, 多負酒債, 無錢酬汝.), 上面에 六鶴舞琴을 그리고.

무제(武帝) 명 ❶전한(前漢)의 제7대 황제(B.C.156~B.C.87). 성은 유(劉). 이름은 철(徹). 묘호는 세종(世宗). ≪朴諺, 上, 32ㅎ≫正撞見他的漢子(集覽, 朴集, 上, 9ㅎ: 漢子. 泛稱〈称〉男兒曰漢, 又指婦女之夫曰漢子. 事物紀原云, 三代以降, 有國號者至多, 獨以漢爲名者, 取兩漢之盛. 漢武帝征討四夷, 專事匈奴, 由此有漢胡之斥.), 졍히 뎌의 남진을 만나 보니. ≪朴諺, 中, 24ㅈ≫萬刼(集覽, 朴集, 中, 6ㅈ: 萬劫. 漢武帝鑿昆明池, 其底有灰, 帝問東方朔, 對曰, 此劫〈刼〉灰也.)再逢難, 萬劫이라도 다시 만나기 어려오니라. ≪朴諺, 下, 29ㅈ≫一箇蝦蟆·鼈兒和蝎虎(集覽, 朴集, 下, 5ㅈ: 蠍〈蝎〉虎. 五月五日捕其生者, 飼以朱砂, 明年端午搗〈擣〉之, 點宮人臂上, 經事則消, 否則雖死不改, 故名曰守宮. 漢武帝嘗試之, 果驗, 常捕全蠍食之, 故名蠍虎.)盞兒, ᄒᆞᆫ 蝦蟆鼈兒와 蝎虎盞을 ᄆᆡᆫᄃᆞ라 주고려. ❷진(晉) 사마염(司馬炎)의 시호(諡號). ≪朴諺, 上, 41ㅎ≫幾時下紅定(集覽, 朴集, 上, 12ㅈ: 紅定. 晉武帝多簡良家女以充內職, 而自擇美者入選, 則以絳紗繫臂. 鎭軍將軍胡奮女入選, 亦以絳紗繫臂, 故俗謂定婚曰紅定.), 언제 紅定을 드리더뇨.

무지(拇指) 명 엄지손가락. ≪朴諺, 上, 49ㅈ≫饋你濟機(集覽, 朴集, 上, 13ㅈ: 濟機. 音義云, ·ᄡᆞᆯ·로 ᄆᆡᆼ·ᄀᆞ·론〈ᄆᆡᆼ근〉 혈거픠 ·ᄀᆞ·ᄐᆞᆫ 것. 今按, 漢人或牛角或鹿角爲之, 形如環, 着於拇指, 亦所以鉤〈所以鉤〉弦開弓.), 너ᄅᆞᆯ 각지ᄅᆞᆯ 주마.

무직(武職) 명 무관. ≪朴諺, 上, 16ㅈ≫張舍(集覽, 朴集, 上, 6ㅈ: 張舍. 又質問云, 武職官下閑人, 謂之舍[人].)你來, 張가야 이바.

무직자(無職者) 명 일정한 직업이 없는 사람. ≪朴諺, 中, 25ㅎ≫可知那厮使長的大帽(集覽, 朴集, 中, 6ㅎ: 大帽. 今俗唯出外行者及新婚壻郎無職者, 親迎之夕必戴大帽.)也做裏, 그리어니 뎌 놈이 使長의 큰 갓도 ᄆᆡᆫᄃᆞ니.

무진(無盡) 형 다함이 없다. ⇔무진ᄒᆞ다(無盡-). ≪朴諺, 中, 21ㅎ≫身嚴瓔珞(集覽, 朴集, 中, 4ㅎ: 瓔珞. 頸飾也. 普門品經云, 無盡意, 菩薩解頷下衆寶瓔珞而以與之.)居普陁空翠之山, 몸에 瓔珞으로 장엄ᄒᆞ여시니 普陀 空翠의 山에 居ᄒᆞ엿도다. ≪朴諺, 下, 60ㅎ≫百姓們聽的歡喜無盡, 百姓들이 드ᄅᆞ매 歡喜호미 無盡ᄒᆞ야.

무진ᄒᆞ다(無盡-) 혱 다함이 없다. ⇔무진(無盡). ≪朴諺, 下, 60ㅎ≫百姓們聽的歡喜無盡, 百姓들이 드ᄅᆞ매 歡喜호미 無盡ᄒᆞ야.

무차대회(無遮大會) 명 〈불〉 성범(聖凡)·도속(道俗)·귀천(貴賤)·상하(上下)의 구별 없이 일체 평등(一切平等)으로 재시(財施)와 법시(法施)를 행하는 대법회. ≪朴諺, 下, 3ㅈ≫西天取經去(集覽, 朴集, 下, 1ㅈ: 西天取經去. 此時唐太宗, 聚天下僧尼, 設無遮大會, 因衆僧擧一高僧爲壇主說法, 卽玄裝〈奘〉法師也.)時莭(節), 西天의 經 가질라 갈 제.

무착(無着) 혱 〈불〉 집착하지 아니하다. ≪朴諺, 中, 21ㅈ≫智滿十身(集覽, 朴集, 中, 4ㅈ: 智滿十身. 本覺爲知, 始覺爲智. 滿, 備也. 十身有調御. 十身, 曰無着, 曰弘願, 曰業報, 曰住持, 曰涅槃, 曰淨法, 曰眞心, 曰三昧, 曰道性, 曰如意. 有內十身, 曰菩提, 曰願, 曰化, 曰力持, 曰莊嚴, 曰威勢, 曰意生, 曰福德, 曰法, 曰智. 有外十身, 曰自, 曰衆生, 曰國土, 曰業報, 曰聲聞, 曰圓覺, 曰菩薩, 曰智, 曰法, 曰虛空.), 智는 十身에 찻도다.

무태(武泰) 명 마진(摩震)의 연호. 신라(新羅) 효공왕(孝恭王) 5년(901)에 궁예(弓裔)가 송악(松嶽)에 웅거하며 국호를 후고구려(後高句麗)라 하였다가, 동왕 8년 국호를 마진(摩震), 연호를 무태(武泰)라 하였다. ≪朴諺, 下, 59ㅈ≫上泰封王弓裔(集覽, 朴集, 下, 12ㅎ: 弓裔. 一日, 持鉢赴齋, 有烏啣(啣)牙籤落鉢中, 視之, 有王字. 遂叛, 據鉄圓郡爲都, 卽今鐵〈鉄〉原府也. 國號摩震, 改元武泰, 後改國號〈号〉泰封.)手下, 泰封王 弓裔 手下에 올라.

무티다 동 묻히다. ⇔매(埋). ≪朴諺, 中, 43ㅈ≫每日馬肚皮塵埋三尺, ᄆᆡ일에 ᄆᆞᆯ 빗가족에 틧글이 석 자히나 무텻고.

무행(無行) 혱 품행이 나쁘다. 행실이 나쁘다. 선행(善行)이 없다. ≪朴諺, 上, 40ㅎ≫別處一箇官人娶娘子(集覽, 朴集, 上, 11ㅎ: 娘子. 南村輟耕[錄]云〈南村輟耕錄〉, 世謂穩婆曰老娘, 女巫曰師娘, 唱〈娼〉婦曰花娘, 達人又曰草娘, 苗人謂妻曰夫娘, 南方謂婦人無行者曰夫娘, 謂婦人之卑賤者曰某娘, 曰幾娘, 鄙之曰婆娘.), 다ᄅᆞᆫ 고ᄃᆡ ᄒᆞᆫ 官人이 娘子ᄅᆞᆯ 娶ᄒᆞ노라.

무화(武火) 명 활활 세차게 타는 불. ≪朴諺, 下, 28ㅈ≫先喫甜的金橘蜜煎(集覽, 朴集, 下, 5ㅈ: 蜜煎. 事林廣記云, 凡煎生果, 最要遂其本性, 酸苦辛硬隨性製之. 以半蜜半水煮十數沸, 乘熟控乾, 別換新蜜, 入銀石器內, 用文·武火煮, 取其色明透爲度. 入新缶盛貯, 緊密封窨, 勿令生虫.)·銀杏煎, 몬져 ᄃᆞᆫ 金橘蜜煎과 銀杏煎을 먹어든.

무회다 동 (불을) 때다. 피우다. ≪朴諺, 中, 16ㅈ≫熱炕上熰着出些汗, 더온 캉에 블무회고 젹이 ᄯᆞᆷ 내라.

묵(墨) 명 먹. ≪朴諺, 上, 53ㅎ≫你與我寫一紙借錢文書, 네 나ᄅᆞᆯ ᄒᆞᆫ 댱 돈 ᄭᅮᄂᆞᆫ 文書ᄅᆞᆯ 써 주고려. 拿紙·墨·筆(筆)·硯來我寫與你, 紙·墨·筆(筆)·硯을 가져오라 내 써 너를 주마.

묵두(墨斗) 명 먹통. ⇔먹고조. ≪朴諺, 下, 12ㅎ≫你只取將墨斗, 네 그저 먹고조와. 墨彳夌, 먹갈과. 和鎊, 갓괴와. 鏟子, 항괴와. 退鉋, ᄃᆡ패와. 鑿子, 슬과. 斧子, 도치와. 銼子來做生活, 줄을 가져다가 셩녕ᄒᆞ라.

묵정(墨丁) 명 먹장. ≪朴諺, 上, 26ㅈ≫騎着一箇墨丁也似黑五明馬, ᄒᆞᆫ 墨丁 ᄀᆞᄐᆞᆫ 가라간쟈ᄉᆞ족빅ᄆᆞᆯ을 ᄐᆞ고.

묵침(墨彳夌) 명 먹칼. ⇔먹갈. ≪朴諺, 下, 12ㅎ≫你只取將墨斗, 네 그저 먹고조와. 墨彳夌, 먹갈과. 和鎊, 갓괴와. 鏟子, 항괴와. 退鉋, ᄃᆡ패와. 鑿子, 슬과. 斧子, 도치와. 銼子來做生活, 줄을 가져다가 셩녕ᄒᆞ라.

문 명 문(紋). 무늬. ≪朴諺, 中, 36ㅎ≫這鋪裏有四季花段子麽, 이 푸ᄌᆞ에 四季花 문 ᄒᆞᆫ 비단 잇ᄂᆞ냐. ≪朴諺, 中, 37ㅈ≫鴉青

四季花六兩銀子一匹, 鴉青빗 四季花 문에는 엿 냥 은에 흔 필이오.

문 명 문(門). ❶⇔문(門). ≪朴諺, 上, 52ㅈ≫板闥門那甚麽門, 널문가 므슴 문고. ≪朴諺, 中, 12ㅈ≫你這車子先將到門外, 네 이 술위를 몬져 가지고 문 밧씌 가. ≪朴諺, 下, 7ㅈ≫那家門前兀子上, 뎌 집 문 앏 노도 우희. ≪朴諺, 下, 16ㅎ≫閉門屋裏坐, 문을 닷고 집의 안자셔도. ≪朴諺, 下, 29ㅎ≫帳房門上磕着, 당 방문에 다텨. ≪朴諺, 下, 41ㅈ≫殃榜橫貼在門上, 殃榜을 문 우희 빗기 브텻더니. ≪朴諺, 下, 42ㅈ≫爲頭兒門外前放一箇卓兒, 웃듬으로 문 밧긔 흔 탁즈를 노코. ≪朴諺, 下, 43ㅈ≫曹大就門前碎盆, 曹大ㅣ 문 앏픠셔 소라를 ᄢᅳ리더라. ≪朴諺, 下, 57ㅎ≫二人到那門首敲門道, 두 사롬이 뎌 믄(문) 앏희 가 문을 두드려 닐오듸. ≪朴諺, 下, 58ㅈ≫沈先生在門前裡, 沈先生이 문 앏픠 잇ᄂᆞ이다. 小人門前有客是誰, 小人의 문 앏픠 客이 이시니 이 뉜고. ❷⇔문아(門兒). ≪朴諺, 下, 5ㅎ≫你只朝南做門兒, 네 그저 남향ᄒᆞ여 문을 민들고. ❸⇔문자(門子). ≪朴諺, 中, 36ㅈ≫門子関了, 문을 닷고.

문(門) 명 문. ⇔문. ≪朴諺, 上, 31ㅎ≫上他家門前, 뎌 집 門 앏희 가셔. ≪朴諺, 上, 52ㅈ≫板闥門那甚麽門, 널문가 므슴 문고. ≪朴諺, 中, 12ㅈ≫你這車子先將到門外, 네 이 술위를 몬져 가지고 문 밧씌 가. ≪朴諺, 下, 7ㅈ≫那家門前兀子上, 뎌 집 문 앏 노도 우희. ≪朴諺, 下, 16ㅎ≫閉門屋裏坐, 문을 닷고 집의 안자셔도. ≪朴諺, 下, 29ㅎ≫帳房門上磕着, 당 방문에 다텨. ≪朴諺, 下, 41ㅈ≫殃榜橫貼在門上, 殃榜을 문 우희 빗기 브텻더니. ≪朴諺, 下, 42ㅈ≫爲頭兒門外前放一箇卓兒, 웃듬으로 문 밧긔 흔 탁즈를 노코. ≪朴諺, 下, 43ㅈ≫曹大就門前碎盆, 曹大ㅣ 문 앏픠셔 소라를 ᄢᅳ리더라. ≪朴諺, 下, 57ㅎ≫二人到那門首敲門道, 두 사롬이 뎌 믄(문) 앏희 가 문을 두드려 닐오듸. ≪朴諺, 下, 58ㅈ≫沈先生在門前裡, 沈先生이 문 앏픠 잇ᄂᆞ이다. 小人門前有客是誰, 小人의 문 앏픠 客이 이시니 이 뉜고.

문(們) 접미 -들. ❶⇔-들. ≪朴諺, 上, 2ㅎ≫又內府管酒的官人們造的好酒, 또 內府에 술 ᄀᆞ움아는 官人들의 비즌 됴흔 술을. ≪朴諺, 上, 16ㅎ≫街上放空中的小廝們好生廣, 거리에 박핑이 틸 아희들 ᄀᆞ장 흔터라. ≪朴諺, 上, 24ㅈ≫咱衆弟兄們裏頭, 우리 모든 弟兄들 듕에. ≪朴諺, 上, 46ㅈ≫大小家眷小娃娃們, 大小 家眷과 져근 아희들로. ≪朴諺, 上, 50ㅈ≫親戚們那水裏, 親戚들이 뎌 믈에. ≪朴諺, 上, 57ㅎ≫各衙門官人們, 各 衙門 官人들을. ≪朴諺, 上, 63ㅈ≫好哥哥弟兄們裏頭, ᄆᆞ음 됴흔 형 아ᄋᆞ들 듕에. ≪朴諺, 中, 7ㅈ≫背包馬們都將好壯馬來, 背包馬들을 다 ᄀᆞ장 장흔 ᄆᆞᆯ을 가져오라. ≪朴諺, 中, 15ㅎ≫着這小丫頭們打扇子, 이 아희들로 ᄒᆞ여 부체질 ᄒᆞ엿노라. ≪朴諺, 中, 25ㅈ≫我說與你衆伴當們, 내 너희 모든 伴當들 ᄃᆞ려 닐ᄋᆞ노니. ≪朴諺, 中, 35ㅎ≫那廝們怕簾子, 뎌 놈들이 발을 두려ᄒᆞᄂᆞ니. ≪朴諺, 中, 50ㅎ≫傍邉看捽挍的人們道, 겨틔셔 시름 보는 사롬들이 닐오듸. ≪朴諺, 中, 56ㅈ≫你弟兄兩箇引的那小廝們, 너희 弟兄 둘히 뎌 아희들을 ᄃᆞ려. ❷⇔들ㅎ. ≪朴諺, 上, 1ㅈ≫咱們幾箇好弟兄, 우리 여러 됴흔 弟兄들히. ≪朴諺, 上, 7ㅎ≫咱弟兄們和順的上頭, 우리 弟兄들히 和順흔 젼ᄎᆞ로. ≪朴諺, 上, 17ㅎ≫咳小廝們倒聒噪, 애 아희들히 도로혀 지져귀여. ≪朴諺, 上, 42ㅈ≫女孩兒家親戚們都去會親, 새각시 집 권당들히 다 가 會親ᄒᆞᄂᆞ니라. ≪朴諺, 上, 51ㅈ≫親戚們都來慶, 親戚들히 다 와 경하ᄒᆞᄂᆞ니라. ≪朴諺, 中, 7ㅈ≫馬們怎麽來的遲, ᄆᆞᆯ들히 엇디 옴이 더듸뇨. ≪朴諺, 中, 19ㅈ≫這幾箇賊漢們, 이 여러 도적놈들히. ≪朴諺,

中, 37ㅈ≫你官人們, 너희 官人들히. ≪朴諺, 中, 45ㅈ≫來的客人們也道我精細, 오ᄂᆞᆫ 客人들토 날을 精細타 닐ᄋᆞ리라. ≪朴諺, 中, 46ㅈ≫衙門令史們送的來了, 아문 령ᄉᆞ들히 보내여 왓거늘. ≪朴諺, 中, 51ㅎ≫騎馬的官人們, ᄆᆞᆯ ᄐᆞᆫ 官人들히. ≪朴諺, 中, 52ㅈ≫年時牢子們走的你見來麽, 젼년에 牢子들희 ᄃᆞ롬질을 네 본다. ≪朴諺, 中, 59ㅈ≫堂上官人們, 堂上 官人들히. ≪朴諺, 下, 14ㅈ≫纔只掾史們將文卷來, ᄀᆞᆺ 掾史들히 文卷을 가져와. ≪朴諺, 下, 18ㅎ≫一日先生們, 一日에 先生들히. ≪朴諺, 下, 27ㅎ≫茶博士們, 茶博士들히. ≪朴諺, 下, 40ㅎ≫相識們十分央及時, 서ᄅᆞ 아ᄂᆞᆫ 이들히 ᄀᆞ장 빌면. ≪朴諺, 下, 46ㅎ≫司天臺官衆官人們, 司天臺官 모ᄃᆞᆫ 官人들히. ≪朴諺, 下, 55ㅎ≫各處橋上角頭們貼去, 各處 ᄃᆞ리 모롱이들헤 브티고. ≪朴諺, 下, 60ㅈ≫咱衆人們特來告報, 우리 모ᄃᆞᆫ 사ᄅᆞᆷ들히 특별이 와 告報ᄒᆞ노니. ≪朴諺, 下, 61ㅈ≫後頭打圍的人們, 後에 산영ᄒᆞᄂᆞᆫ 사ᄅᆞᆷ들히.

문(蚊) 명 모기. ⇔모긔. ≪朴諺, 中, 58ㅈ≫孩兒你饋我買將草布蚊帳來, 아희아 네 날을 얼믠 뵈로 ᄒᆞᆫ 모긔댱을 사다가 주고려.

문(問) 동 묻다. ❶⇔묻다. ≪朴諺, 上, 2ㅈ≫咱們問那光祿寺裏, 우리 뎌 光祿寺에 무러. ≪朴諺, 上, 34ㅈ≫衆人再問和尙, 모ᄃᆞᆫ 사ᄅᆞᆷ이 다시 즁ᄃᆞ려 무로ᄃᆡ. ≪朴諺, 上, 58ㅈ≫你問他借時便饋你, 네 뎌ᄃᆞ려 무러 빌면 곳 너를 주리라. ≪朴諺, 中, 41ㅈ≫我問你些字樣, 내 너ᄃᆞ려 져기 字樣을 무로리라. ≪朴諺, 下, 15ㅈ≫那裏問雨雪陰晴, 어ᄃᆡ 雨雪 陰晴을 무로리오. ≪朴諺, 下, 27ㅎ≫問客官人們喫甚麽茶, 客官人ᄃᆞ려 무로ᄃᆡ 므슴 차 머글짜. ❷⇔뭇다. ≪朴諺, 上, 38ㅎ≫不問多少與他些箇便是, 多少를 뭇디 말고 뎌를 젹이 주미 곳 올ᄒᆞ니라. ≪朴諺, 中, 50ㅎ≫休問他, 뎌란 뭇디 말고. ≪朴諺, 下, 34ㅎ≫你休問他, 네 뎌를 뭇디 말라. ≪朴諺, 下, 56ㅈ≫我且問你, 내 아직 너ᄃᆞ려 뭇노니.

문(聞) 동 맡다[嗅]. (코로) 냄새를 맡다. ⇔맛ᄐᆞ다. ≪朴諺, 下, 2ㅈ≫我聞了臊氣, 내 노린내를 맛ᄐᆞ니.

문견록(聞見錄) 명 책 이름. 문견록에는 문견전록(聞見前錄)과 문견후록(聞見後錄)이 있는데, 문견전록은 송대(宋代) 소백온(邵伯溫)이, 문견후록은 그의 아들 박(博)이 지었는데, 아버지의 문견전록에 이어 지었다 하여 후록이라 하였다. 전록은 20권인데, 1~16권은 송 태조(太祖) 이래의 고사를, 17권은 잡사(雜事)를, 18~20권은 자신의 언행을 기록하였다. 후록은 30권으로, 전록 외에 경의(經義)·사론(史論)·시화(詩話) 및 신비하고 괴이한 일을 기록하였다. ≪朴諺, 上, 41ㅎ≫第三日做圓飯筵席(集覽, 朴集, 上, 12ㅈ: 圓飯筵席. 邵氏聞見錄, 宋景文公納子婦, 其婦家饋食. 書云, 以食物煖女.)了時, 第三日에 圓飯 이바디ᄒᆞ면.

문계(文契) 명 글월. 문서. 계약서. ⇔글월. ≪朴諺, 上, 54ㅈ≫這文契寫了, 이 글월 써다. ≪朴諺, 上, 54ㅎ≫故立此文契爲用, 짐즛 이 글월을 세워 쓰게 ᄒᆞ엿ᄂᆞ니. ≪朴諺, 中, 10ㅎ≫買人的文契只這的是, 사ᄅᆞᆷ 사ᄂᆞᆫ 글월을 그저 이리 홈이 올ᄒᆞ니.

문곡(文曲) 명 구성(九星) 중의 넷째 별 이름. 녹존성(祿存星)의 아래 염정성(廉貞星)의 위에 있다. ≪朴諺, 上, 18ㅎ≫後面北斗(集覽, 朴集, 上, 7ㅈ: 北斗左輔右弼. 凡九星, 曰樞宮貪狼, 曰璇宮巨門, 曰璣〈幾〉宮祿存, 曰權宮文曲, 曰衡宮廉貞, 曰闓(開)陽宮武曲, 曰瑤光宮破軍, 曰洞明宮左輔, 曰隱元宮右弼. 左輔連附北斗第〈葥〉六星, 在外, 右弼連附北斗第〈葥〉二星, 在內. 俱在紫薇(微)垣.)七星板兒做的好, 後面 北斗七星 돈은 민ᄃᆞᆯ기를 잘ᄒᆞ엿고.

문관(文官) 명 문과(文科) 출신의 벼슬아

치. ≪朴諺, 下, 61ㅎ≫張編修有此好文官, 張編修ㅣ 이 됴흔 文官을 두엇다.

문광(門框) 명 문얼굴. 문골. ⇔문얼굴(門-). ≪朴諺, 下, 12ㅎ≫檁, 납. 樑, ᄆᆞᄅᆞ. 椽, 혀. 柱, 기동. 短柱, 短柱. 叉竪, 쟉슈. 門框, 門얼굴. 門扇, 門짝. 吊窓, 들창. 天窓, 울어리창. 雙扇, 상다디. 單扇, 외다디. 窓欞, 창살로.

문구(門口) 명 입구. 현관. 문어귀. ≪朴諺, 下, 7ㅈ≫我不知道那家有甚麽幌〈慌〉字(集覽, 朴集, 下, 2ㅈ: 幌字. 今按, 漢俗, 凡出賣諸物之家, 俱設標幟之物, 置於門口, 或於門前起立牌榜, 如曰張家出賣高麗布扇. 一如賣酒家標植青帘之類, 俗呼青帘曰酒家望子.), 내 아디 못ᄒᆞ니 뎌 집의 므슴 보람이 잇ᄂᆞ뇨.

문권(文卷) 명 공문. 문서. ≪朴諺, 中, 59ㅎ≫把我的文卷來, 내 文卷을다가. ≪朴諺, 下, 14ㅈ≫纔只掾史們將文卷來, ᄀᆞᆺ 掾史들히 文卷을 가져와.

문려(門閭) 명 가문(家門). ≪朴諺, 上, 45ㅎ≫光顯門閭時如何, 門閭에 光顯ᄒᆞ면 엇더ᄒᆞ뇨. ≪朴諺, 下, 11ㅎ≫光顯門閭, 門閭에 光顯ᄒᆞ리니.

문명(問名) 명 육례(六禮)의 하나로, 예전에 혼인을 청할 때 새색시가 될 여자와 그 집안에 관하여 묻던 일. ≪朴諺, 上, 41ㅈ≫下多少財錢(集覽, 朴集, 上, 11ㅎ: 下多少財錢. 亦云下財. 家禮會通云, 婚有六禮, 納采·問名·納吉·納徵·請期·親迎. 今制, 納采·問名·納吉摠〈総〉一次行禮, 以從簡便, 謂之定禮, 亦爲之定親, 亦曰下紅定, 亦送幣物.), 언멋 財錢을 드리더뇨.

문명문(文明門) 명 중국 북경(北京) 내성(內城)에 있는 성문. 정양문(正陽門)의 동쪽에 있다. 원대(元代)의 숭문문(崇文門)을 명(明) 영락(永樂) 연간에 고친 이름이다. ≪朴諺, 上, 11ㅎ≫我在平則門(集覽, 朴集, 上, 5ㅎ: 平則門. 永樂十九年, 營建宮室, 立門九, 南曰正陽, 又曰午門, 元則曰麗正, 南之右曰宣武, 元則曰順承, 南之左曰文明, 元則曰崇文, 又曰哈噠, 北之東曰安定, 北之西曰德勝, 元則曰健德, 東之北曰崇仁, 一名東直, 元名同, 東之南曰朝陽, 元則曰齊華, 西之北曰西直, 西之南曰阜城, 元則曰平則. 元設十一門, 而今減其二.)邉住, 내 平則門 ᄭᅥᆺ의 이셔 사노라.

문무(文武) 명 문관(文官)과 무관(武官). ≪朴諺, 上, 12ㅎ≫將米貼兒(集覽, 朴集, 上, 5ㅎ: 米貼. 月俸之貼. 質問云, 收米·放米計數之票〈標〉也. 又云, 是文武官員關支(支)月米時, 各該衙門出給印信貼兒.)來對官號, ᄡᆞᆯ 톄ᄌᆞ 가져다가 官號 마초고.

문무화(文武火) 명 문화(文火)와 무화(武火). 곧, 뭉근하게 타는 불과 세차게 타는 불. ≪朴諺, 下, 28ㅈ≫先喫甜的金橘蜜煎(集覽, 朴集, 下, 5ㅈ: 蜜煎. 事林廣記云, 凡煎生果, 最要遂其本性, 酸苦辛硬隨性製之. 以半蜜半水煮十數沸, 乘熟控乾, 別換新蜜, 入銀石器內, 用文·武火煮, 取其色明透爲度. 入新缶盛貯, 緊密封窨, 勿令生虫.)·銀杏煎, 몬져 ᄃᆞᆫ 金橘蜜煎과 銀杏煎을 먹어든.

문빡(門-) 명 문짝. ⇔문선(門扇). ≪朴諺, 下, 12ㅎ≫檁, 납. 樑, ᄆᆞᄅᆞ. 椽, 혀. 柱, 기동. 短柱, 短柱. 叉竪, 쟉슈. 門框, 門얼굴. 門扇, 門짝. 吊窓, 들창. 天窓, 울어리창. 雙扇, 상다디. 單扇, 외다디. 窓欞, 창살로.

문사(文士) 명 문인. 학자. 지식인. ≪朴諺, 上, 20ㅎ≫典一箇大宅子(集覽, 朴集, 上, 8ㅈ: 宅子. 俗總稱〈総称〉家舍曰房子, 自稱〈称〉曰寒家, 文士呼曰寒居, 自指室內曰屋裏, 人稱王公·大人之家曰宅子.), ᄒᆞᆫ 큰 집을 典當ᄒᆞ리로다.

문서(文書) 명 ❶문서. 문안(文案). 문부(文簿). ≪朴諺, 上, 3ㅎ≫官人們文書分付管酒的署官根底, 官人들이 文書를 술 ᄀᆞ음아ᄂᆞᆫ 署官의게 分付ᄒᆞ여. ≪朴諺, 上, 9

ㅈ≫小人也得了箚付(集覽, 朴集, 上, 4ㅎ: 箚付. 音義云, 禮部知會都堂總兵官文書, 內有事件, 体式詳見求政錄.)關字便上馬, 小人도 箚付 関字를 어드면 곳 上馬ᄒᆞ리로다. ≪朴諺, 上, 11ㅈ≫這般要他文書打了時, 이리 뎌의게 文書를 밧고 다이면. ≪朴諺, 上, 31ㅎ≫寫定文書借與他來, 文書를 써 定ᄒᆞ고 뎌를 쥐엿더니. ≪朴諺, 上, 53ㅎ≫你與我寫一紙借錢文書, 네 나를 ᄒᆞᆫ 댱 돈 ᄭᅮ는 文書를 써 주고려. ≪朴諺, 中, 9ㅎ≫我今日買一箇小厮兒, 내 오늘 ᄒᆞᆫ 아ᄒᆡ를 사되. 他的爺娘立與文書來, 제 어버이 文書를 셰워 주어시니. ≪朴諺, 中, 45ㅎ≫觧由(集覽, 朴集, 中, 8ㅈ: 觧由. 質問云, 是儅差的官人, 三年一替換, 滿日討了文書回家, 其文書, 方言謂之觧由.)得了不曾, 觧由를 어덧ᄂᆞ냐 못ᄒᆞ엿ᄂᆞ냐. ❷글. ⇔글. ≪朴諺, 上, 44ㅎ≫你如今學甚麽文書, 네 이제 므슴 글을 비호ᄂᆞ다. ≪朴諺, 上, 45ㅈ≫試文書的之後, 글을 바틴 후에. ≪朴諺, 下, 56ㅎ≫尋他講論些文書來, 뎌를 ᄎᆞ자 글을 講論ᄒᆞ노라. ≪朴諺, 下, 57ㅎ≫書房裡坐的看文書裡, 書房에 안자 글 보ᄂᆞ니라. ❸책. ⇔ᄎᆡᆨ. ≪朴諺, 下, 16ㅎ≫我兩箇部前買文書去來, 우리 둘히 部 앏픠 ᄎᆡᆨ 사라 가쟈. 買甚麽文書去, 므슴 ᄎᆡᆨ을 사라 가료.

문수(門首) 명 문 앞. 문전(門前). ≪朴諺, 下, 57ㅎ≫二人到那門首敲門道, 두 사름이 뎌 믄(문) 앏희 가 문을 두드려 닐오ᄃᆡ.

문신(問訊) 동 묻다. ⇔뭇다. ≪朴諺, 下, 19ㅎ≫見大仙打罷問訊, 大仙을 보고 뭇기를 ᄆᆞᆺᄎᆞ매.

문아(門兒) 명 문(門). ⇔문. ≪朴諺, 下, 5ㅎ≫你只朝南做門兒, 네 그저 남향ᄒᆞ여 문을 ᄆᆡᆫ들고.

문얼굴(門-) 명 문얼굴. 문골. ⇔문광(門框). ≪朴諺, 下, 12ㅎ≫㮰, 납. 樑, ᄆᆞᄅᆞ. 椽, 혀. 柱, 기동. 短柱, 短柱. 叉竪, 쟉슈. 門框, 門얼굴. 門扇, 門짝. 吊窓, 들창. 天窓, 울어리창. 雙扇, 상다디. 單扇, 외다디. 窓欞, 창살로.

문연각(文淵閣) 명 명(明)나라 때 북경의 궁중에 두었던 장서(藏書)의 전각(殿閣). ≪朴諺, 上, 57ㅈ≫官人在文淵閣(集覽, 朴集, 上, 14ㅎ: 文淵閣. 一名玉堂. 有大學士, 正五品官.), 官人이 文淵閣에 이셔.

문왕(文王) 명 주(周)나라 왕조의 기틀을 세운 임금. 무왕(武王)의 아버지. 성은 희(姬), 이름은 창(昌). 은(殷)나라 말기에 태공망(太公望) 등 어진 선비들을 모아 국정을 바로잡았고, 융적(戎狄)을 토벌하여 아들 무왕이 주나라를 세울 수 있도록 기반을 닦아 주었다. 무왕이 주왕(紂王)을 멸하고 나라를 세운 뒤 문왕으로 추존되었다. ≪朴諺, 下, 51ㅎ≫便是小太公(集覽, 朴集, 下, 11ㅎ: 太公. 姓呂, 名尙. 釣於渭水, 周文王出獵, 過於渭水之陽, 與語大悅, 曰, 自吾先君太公曰, 當有聖人適周, 周以興. 子豈是耶. 吾太公望子久矣. 故號之曰太公望. 載與俱歸, 立爲師.), 곳 이 小太公이라. ≪朴諺, 下, 51ㅎ≫也不願遇文王, ᄯᅩ 文王 만나믈 願티 아니ᄒᆞ고.

문외(門外) 명 문의 바깥쪽. ≪朴諺, 下, 43ㅈ≫誰碎盆(集覽, 朴集, 下, 9ㅎ: 碎盆. 未詳源流. 但本國送殯之晨, 在家者見靈輀登道, 卽隨以瓦器擲碎於門外, 大聲作語曰, 持汝家具而去. 云爾者, 盖使亡人無留念家緣之術也.)來, 뉘 소라를 ᄠᅳ리ᄃᆞᆫ뇨.

문의(文義) 명 글의 뜻. ≪朴諺, 下, 3ㅈ≫往常唐三藏(集覽, 朴集, 下, 1ㅈ: 唐三藏法師〈三藏〉. 藏, 卽包含攝持之義. 非藏無以積錢財, 非藏無以蘊文義, 謂攝一切所應知義, 無令分散, 故名爲藏也.)師傅, 뎌적의 唐ㅅ 三藏 師傅ㅣ.

문자(文字) 명 ❶인간의 의사소통을 위한 시각적인 기호 체계. ≪集覽, 凡例≫凡常用言語之義, 難以文字形容者, 直用諺文說解, 使人易曉庶不失眞. ❷글월문(文).

한자 부수(部首)의 이름. ≪朴諺, 中, 42ㅈ≫文字傍着刀字的便是, 文字 변에 刀字 흔 거시 곳 이라. ❸문서. 문안(文案). 문부(文簿). ⇔글월. ≪朴諺, 中, 10ㅎ≫故立此文字爲用, 짐즛 이 글월을 세워 쓰게 ᄒᆞ엿ᄂᆞ니. ≪朴諺, 中, 39ㅎ≫故立此賃房文字爲用, 짐즛 이 집 세내ᄂᆞᆫ 글월을 세워 쓰게 ᄒᆞ노라.

문자(門子) 명 문(門). ⇔문. ≪朴諺, 中, 36ㅈ≫門子関了, 문을 닷고.

문자(蚊子) 명 모기. ⇔모긔. ≪朴諺, 中, 58ㅈ≫蚊子咬的當不的, 모긔 므러 당티 못ᄒᆞ니. ≪朴諺, 中, 58ㅎ≫蚊子怎麽得入來, 모긔 엇디 드러오리오.

문장(文狀) 명 증거 문건(文件). ≪朴諺, 中, 9ㅈ≫你與我甘結(集覽, 朴集, 中, 2ㅈ: 甘結. 今按, 如保擧人材者, 必寫稱所擧之人, 並無喪過及干娼優子嗣, 委的賢能, 如虛甘伏重罪云云. 擧此爲辭, 以成文狀, 與彼收執, 或呈報上司, 以憑後考, 謂之不致扶同, 重甘結狀.)·應付, 네 날을 甘結과 應付를 주고려.

문장(文章) 명 문장. (글로 표현한 것) ≪朴諺, 上, 42ㅈ≫好文章諸般才藝, 文章이 됴코 여러 가지 才藝오.

문장(蚊帳) 명 모기장. ⇔모긔댱. ≪朴諺, 中, 58ㅈ≫孩兒你饋我買將草布蚊帳來, 아히아 네 날을 얼믠 뵈로 흔 모긔댱을 사다가 주고려.

문적(文籍) 명 책. 서책(書冊). ≪朴諺, 中, 44ㅎ≫掛十八學士(集覽, 朴集, 中, 8ㅈ: 十八學士. 秦王暇日, 至館中討論文籍, 使閻立本圖像, 褚亮爲贊. 得與其選者, 世謂之登瀛洲.)大畫, 十八學士 그린 큰 그림을 걸고.

문전(文錢) 명 돈. (돈에 문자가 새겨져 있어 이르는 말이다) ≪朴諺, 上, 17ㅎ≫或是博錢(集覽, 朴集, 上, 6ㅎ: 博錢. 質問云, 兩人賭錢, 將八文錢捏在手指, 擲之於地, 有八背, 謂之八八, 有七字, 謂之七七, 此是爲勝, 無八八·七七, 此是爲輸.)拿錢, 혹 돈더ᄂᆞ기 ᄒᆞ며 쌍블잡기 ᄒᆞ고.

문전(門前) 명 문 앞. 대문 앞. ≪朴諺, 上, 31ㅎ≫上他家門前, 뎌 집 門 앏히 가셔. ≪朴諺, 下, 7ㅈ≫我不知道那家有甚麽幌〈慌〉字(集覽, 朴集, 下, 2ㅈ: 幌字. 今按, 漢俗, 凡出賣諸物之家, 俱設標幟之物, 置於門口, 或於門前起立牌榜, 如曰張家出賣高麗布扇. 一如賣酒家標植青帘之類, 俗呼青帘曰酒家望子.), 내 아디 못ᄒᆞ니 뎌 집의 므슴 보람이 잇ᄂᆞ뇨. ≪朴諺, 下, 55ㅈ≫門前絟着帶鞍的白馬來, 門 앏희 기ᄅᆞ마지은 白馬ᄅᆞᆯ ᄆᆡ엿더니. ≪朴諺, 下, 58ㅈ≫沈先生在門前裡, 沈先生이 문 앏픠 잇ᄂᆞ이다. 小人門前有客是誰, 小人의 문 앏픠 客이 이시니 이 뉜고.

문제(文帝) 명 전한(前漢) 효문제(孝文帝: 劉恒)의 약칭. ≪朴諺, 上, 18ㅈ≫是拘欄(集覽, 朴集, 上, 6ㅎ: 拘欄. 書言故事云, 鉤〈鈎〉欄, 俳優棚也. 風俗通云, 漢文帝廟〈庙〉設抱老鉤〈鈎〉欄. 注云, 其鈎屈曲如鈎, 以防人墮.)衚衕裏帶匠夏五廂的, 이 拘欄 골 띄쟝이 夏五ㅣ 져메웟ᄂᆞ니라.

문창(門窓) 명 문과 창문. ≪朴諺, 中, 39ㅈ≫門窓炕壁俱全, 門窓 炕壁이 다 ᄀᆞ잣고.

문채(文采) 명 문채(文彩). '采'는 '彩'와 같다. ≪朴諺, 上, 63ㅈ≫我的串香褐(集覽, 朴集, 上, 15ㅎ: 串香褐. 串香者, 合和諸香以爲佩者也. 凡稱〈称〉染色之少文采〈彩〉者曰褐.)通袖膝欄五彩綉帖裏, 내 텸향빗체 通袖 膝欄ᄒᆞ고 五彩로 綉노흔 텰릭과.

문채(文彩) 명 화려한 색채. ≪朴諺, 上, 63ㅈ≫我的串香褐(集覽, 朴集, 上, 15ㅎ: 串香褐. 串香者, 合和諸香以爲佩者也. 凡稱〈称〉染色之少文采〈彩〉者曰褐.)通袖膝欄五彩綉帖裏, 내 텸향빗체 通袖 膝欄ᄒᆞ고 五彩로 綉노흔 텰릭과.

문헌통고(文獻通考) 명 명(明)나라 마단림(馬端臨)이 고대로부터 송대(宋代)까지의 여러 제도에 관하여 쓴 책. 3백 48권. 당(唐)나라 두우(杜佑)의 통전(通典)을 대본으로 24문(門)으로 분류하였다. 통전

·통지(通志)와 더불어 삼통(三通)으로 불린다. ≪朴諺, 下, 53ㅈ≫着當該地分弓手(集覽, 朴集, 下, 12ㅈ: 弓手. 文獻通考曰, 弓手, 兵号, 如弩手·槍手之類.)人等, 當該 地分 弓手人 等으로 ᄒᆞ여.

문혼(們渾) 형 살지다. 비만(肥滿)하다. 또는 그런 모양. ≪集覽, 字解, 單字解, 3ㅎ≫們. 諸韻書皆云, 們渾, 肥滿皃. 今俗借用爲等輩之字, 而曰我們·咱們 우리, 你們 너희. 又猶言如此也. 這們 이리, 那們 뎌리.

문화(文火) 명 약하지만 끊이지 않고 꾸준히 타는 불. ≪朴諺, 下, 28ㅈ≫先喫甜的金橘蜜煎(集覽, 朴集, 下, 5ㅈ: 蜜煎. 事林廣記云, 凡煎生果, 最要遂其本性, 酸苦辛硬隨性製之. 以半蜜半水煮十數沸, 乘熟控乾, 別換新蜜, 入銀石器內, 用文·武火煮, 取其色明透爲度. 入新缶盛貯, 緊密封窨, 勿令生虫.)·銀杏煎, 몬져 ᄃᆞᆫ 金橘蜜煎과 銀杏煎을 먹어든.

문화(文話) 명 문장에서 쓰는 말. ≪朴諺, 上, 1ㅈ≫做一箇賞花筵席(集覽, 朴集, 上, 1ㅈ: 筵席. 凡宴會, 常話曰筵席, 文話曰筵會, 吏語曰筵宴, 盖取肆筵設席之意.), ᄒᆞᆫ 賞花ᄒᆞᄂᆞᆫ 이바디를 ᄒᆞ여.

문ᄒᆞ다 동 문(紋)하다. 무늬를 넣다. ≪朴諺, 中, 54ㅎ≫這深肉紅界地穿花鳳紵絲做比甲, 이 디튼 肉紅빗체 벽드르에 穿花鳳 문ᄒᆞᆫ 비단으란 比甲을 짓고.

묻다 동 묻다. ⇔문(問). ≪朴諺, 上, 2ㅈ≫咱們問那光祿寺裏, 우리 뎌 光祿寺에 무러. ≪朴諺, 上, 34ㅈ≫衆人再問和尙, 모든 사ᄅᆞᆷ이 다시 즁ᄃᆞ려 무로ᄃᆡ. ≪朴諺, 上, 58ㅈ≫你問他借時便饋你, 네 뎌ᄃᆞ려 무러 빌면 곳 너를 주리라. ≪朴諺, 中, 41ㅈ≫我問你些字㨾, 내 너ᄃᆞ려 져기 字㨾을 무로리라. ≪朴諺, 下, 15ㅈ≫那裏問雨雪陰晴, 어ᄃᆡ 雨雪 陰晴을 무로리오. ≪朴諺, 下, 27ㅎ≫問客官人們喫甚麽茶, 客官人ᄃᆞ려 무로ᄃᆡ 므슴 차 머글짜.

물(物) 명 것. 물건. ❶⇔것. ≪朴諺, 上, 7ㅎ≫無子無孫盡是他人之物, 無子 無孫ᄒᆞ면 다 他人의 거시라 ᄒᆞ니. ≪朴諺, 上, 14ㅎ≫好物不賤賤物不好, 됴흔 거슨 쳔티 아니ᄒᆞ고 쳔ᄒᆞᆫ 거슨 됴티 아니ᄒᆞ니라. ≪朴諺, 上, 64ㅈ≫舍人敢不識好物麽, 舍人이 됴흔 거슬 아디 몯ᄒᆞᄂᆞᆫ 둣ᄒᆞ다. ≪朴諺, 中, 17ㅈ≫這般稀罕的好物, 이런 稀罕ᄒᆞᆫ 됴흔 거슬. ≪朴諺, 中, 25ㅈ≫常防賊心莫偸他物, 샹히 도적 ᄆᆞᄋᆞᆷ을 막고 ᄂᆞᆷ의 것 도적디 말라 ᄒᆞᄂᆞ니라. ≪朴諺, 中, 27ㅈ≫便奪了那物, 곳 그 거슬 앗고. ≪朴諺, 下, 20ㅈ≫第二櫃中猜物, 둘째ᄂᆞᆫ 櫃中엣 거슬 알고. ≪朴諺, 下, 27ㅈ≫咳一件好物, 애 ᄒᆞᆫ 불 됴흔 거시라. ≪朴諺, 下, 62ㅈ≫正是所用之物, 졍히 뻠 즉ᄒᆞᆫ 거시로다. ≪朴諺, 下, 62ㅈ≫正是難得之物, 졍히 엇기 어려온 거시로다. ❷⇔썻. ≪朴諺, 上, 54ㅎ≫如借錢人無物准與, 만일 돈 ᄢᅮᆫ 사ᄅᆞᆷ이 准與홀 써시 업ᄉᆞ면.

물건(物件) 명 물건. 물품. ≪朴諺, 上, 54ㅎ≫將借錢人在家應有直錢物件, 돈 ᄢᅮᆫ 사ᄅᆞᆷ의 집의 應有ᄒᆞ엿ᄂᆞᆫ 갑ᄊᆞᆫ 物件을다가. ≪朴諺, 中, 13ㅈ≫那賊們把那船上的物件都奪了, 뎌 도적들히 그 ᄇᆡ엣 物件을 다 앗고. ≪朴諺, 中, 27ㅈ≫但是直錢物件來儅時, 믈읫 갑ᄉᆞᆫ 物件으로 와 뎐당ᄒᆞ면. ≪朴諺, 中, 35ㅎ≫不論竿子上的櫃子上的物件, 홰엣 거시나 궤엣 物件을 혜디 아니ᄒᆞ고. ≪朴諺, 中, 39ㅎ≫將賃房人家內應有直錢物件, 집 셰낸 사ᄅᆞᆷ의 집의 應有ᄒᆞᆫ 갑ᄊᆞᆫ 物件을다가.

물다 동 (삯을) 물다. 갚다. ≪集覽, 字解, 單字解, 6ㅈ≫賃. 僦屋以語曰賃, 지블 ᄃᆞᆯ마다 銀 현 량곰 삭 물오 드러 이셔 살 시라. 又雇用驢馬·舟車之類曰賃, 라괴와 ᄆᆞᆯ돌홀 삭 주고 ᄡᅳᆯ 시라.

물료(物料) 명 재료. 자재. ≪集覽, 字解, 單字解, 1ㅎ≫料. 凡人飼馬, 或用小黑豆, 或用蜀黍雜飼之. 故凡稱飼馬穀豆曰料. 又該用物色雜稱曰物料, 造屋材木曰木料, 入畫彩色曰顔料. 又量也. 又理也.

물리다 동 물리다. 갊게 하다. ⇔추(追). ≪朴諺, 下, 37ㅎ≫監下老安要追裡, 老安을 가도고 물리고져 ᄒᆞᄂᆞ니라.

물명(物名) 명 물건의 이름. ≪集覽, 字解, 單字解, 5ㅈ≫兒. 嬰孩也. 孩兒. 又呼物名, 必用兒字, 爲助語之辭. 杏兒·李兒. 凡呼物名則呼兒字, 只宜微用其音, 而不至太白可也.

물색(物色) 명 물품. 용품. 자재. ≪集覽, 字解, 單字解, 1ㅎ≫料. 凡人飼馬, 或用小黑豆, 或用蜀黍雜飼之. 故凡稱飼馬穀豆曰料. 又該用物色雜稱曰物料, 造屋材木曰木料, 入畫彩色曰顔料. 又量也. 又理也. ≪朴諺, 下, 52ㅎ≫偸盜前項物色, 도적ᄒᆞᆫ 前項 物色을.

물수(物數) 명 물품의 수효. ≪朴諺, 中, 4ㅎ≫你將搽子(集覽, 朴集, 中, 1ㅈ: 搽兒〈子〉. 染家有簿冊一本, 有人求染絹帛者, 必於簿上記其物數及染色, 幷其染直以當契約者, 謂之搽兒.)來我看, 네 搽子를 가져오라 내 보쟈.

물형(物形) 명 물건의 생김새. ≪朴諺, 上, 4ㅎ≫放象生纏糖(集覽, 朴集, 上, 2ㅈ: 象生纏糖. 象生者, 像生物之形而爲之也. 象作像. 木印, 以木刻成物形爲模範者也. 糖, 卽沙糖也, 煎甘蔗莖爲之.), 生物을 象ᄒᆞ여 ᄭᅮᆷ인 沙糖이어나.

물화(物貨) 명 물품과 재화. ≪朴諺, 上, 29ㅈ≫店(集覽, 朴集, 上, 9ㅎ: 店. 停物貨賣之舍, 客商〈商〉往來者多寓之. 官所營建收稅者曰官店.)裏買猠皮去來, 店에 猠皮 사라 가쟈.

뭇 명 뭍. 육지. ⇔한(旱). ≪朴諺, 中, 12ㅎ≫旱路裏來, 뭇길로 온다.

뭇금쇠 명 묶음쇠. ⇔속아(束兒). ≪朴諺, 上, 15ㅈ≫梁兒·束兒打的輕妙着, ᄆᆞᄅᆞ쇠와 뭇금싀(쇠)를 ᄆᆡᆫ들기를 輕妙히 ᄒᆞ고. ≪朴諺, 上, 18ㅎ≫左輔右弼板兒和兩箇束兒, 左輔右弼 돈과 두 뭇금쇠는.

뭇금싀 명 뭇금쇠. '싀'는 '쇠'의 잘못. ≪朴諺, 上, 15ㅈ≫梁兒·束兒打的輕妙着, ᄆᆞᄅᆞ쇠와 뭇금싀(쇠)를 ᄆᆡᆫ들기를 輕妙히 ᄒᆞ고.

뭇길 명 뭍길. 육로(陸路). ⇔한로(旱路). ≪朴諺, 中, 12ㅎ≫旱路裏來, 뭇길로 온다.

뭇다 동 묻다. ❶⇔문(問). ≪朴諺, 上, 38ㅎ≫不問多少與他些箇便是, 多少를 뭇디 말고 뎌를 져기 주미 곳 올ᄒᆞ니라. ≪朴諺, 中, 50ㅎ≫休問他, 뎌란 뭇디 말고. ≪朴諺, 下, 34ㅎ≫你休問他, 네 뎌를 뭇디 말라. ≪朴諺, 下, 56ㅈ≫我且問你, 내 아직 너ᄃᆞ려 뭇노니. ❷⇔문신(問訊). ≪朴諺, 下, 19ㅎ≫見大仙打罷問訊, 大仙을 보고 뭇기를 ᄆᆞᆺᄎᆞ매.

뭉긔다 동 뭉개다. ≪朴諺, 中, 44ㅎ≫將幾箇磨果釘子來, 여러 머리 뭉긘 못 가져다가.

-므니 어미 -으니. '므'는 '으'의 잘못. ≪朴諺, 下, 59ㅎ≫靡所不爲, ᄒᆞ디 아닐 배 업므(으)니.

므던타 형 무던하다. ⇔진교(儘教). ≪集覽, 字解, 單字解, 5ㅈ≫儘. 讓也, 任也. 儘他 제게 다와ᄃᆞ라, 儘讓 뎌긔 미다. 又縱令也. 儘教 므던타. 又儘一儘 지긔우다. 又儘船 빗 ᄀᆞ장.

므던히 부 무던히. 대수롭지 않게. ≪集覽, 字解, 單字解, 8ㅈ≫爭. 鬪爭也. 又ᄉᆞᄉᆡ ᄠᅳ다. 又不爭 므던히 너기다.

므던ᄒᆞ다 형 무던하다. 괜찮다. ❶⇔불방사(不妨事). ≪集覽, 字解, 累字解, 2ㅎ≫不妨事. 므던ᄒᆞ다. 猶言不妨碍於事. ❷⇔불방애어사(不妨碍於事). ≪集覽, 字解, 累字解, 2ㅎ≫不妨事. 므던ᄒᆞ다. 猶言不妨碍於事. ❸⇔불애사(不碍事). ≪集覽, 字解, 累字解, 2ㅎ≫不妨事. 므던ᄒᆞ다. 猶言不妨碍於事. ≪集覽, 字解, 累字解, 2ㅎ≫不碍事. 上同. ❹⇔애심마사(碍甚麽事). ≪集覽, 字解, 累字解, 3ㅈ≫碍甚事. 므슴 이리 방애ᄒᆞ료. 猶言므던ᄒᆞ다. ≪集覽, 字解, 累字解, 3ㅈ≫碍甚麽事. 上同. ❺⇔애심사(碍甚事). ≪集覽, 字解, 累字解, 2ㅎ≫不妨事. 므던ᄒᆞ다. 猶言不妨碍

於事. ≪集覽, 字解, 累字解, 2ㅎ≫不碍事. 上同. ≪集覽, 字解, 累字解, 3ㅈ≫碍甚事. 므슴 이리 방애ᄒᆞ료. 猶言므던ᄒᆞ다. ≪集覽, 字解, 累字解, 3ㅈ≫碍甚麽事. 上同. ❻⇔중(中). ≪朴諺, 中, 10ㅎ≫沒保人中麽, 保人이 업서도 므던ᄒᆞ랴. ❼⇔파(罷). ≪朴諺, 中, 4ㅈ≫五箇染小紅乾色罷, 닷 필은 小紅 드려 건식으로 홈이 므던ᄒᆞ니.

므르고오다 [동] 무르게 고다. 푹 고다. ⇔녹(爊). ≪朴諺, 上, 6ㅎ≫第一道爊羊蒸捲, 第一道는 므르고온 羊과 蒸捲 썩이오.

므르녹다 [동] 무르녹다. ⇔난(爛). ≪朴諺, 下, 23ㅈ≫搭出箇爛骨頭的先生, ᄒᆞᆫ 므르노가 쌔만 잇ᄂᆞᆫ 先生을 건뎌 내니.

므르다 [동] (산 물건을) 무르다. ❶⇔속(贖). ≪朴諺, 下, 56ㅈ≫與他一半兒錢贖將來, 뎌를 一半 갑슬 주고 믈러 가져오리라. ≪朴諺, 下, 56ㅈ≫怎的是一半兒錢贖, 엇디홀슨 이 一半 갑슬 주고 므르기고. ❷⇔회(迴). ≪朴諺, 中, 38ㅈ≫管着來迴, 와 므름을 ᄀᆞ음알마. ❸⇔회(悔). ≪集覽, 字解, 累字解, 2ㅎ≫番悔. 자븐 이를 므르다. 番字意未詳, 疑作返飜爲是. ≪集覽, 字解, 累字解, 2ㅎ≫悔交. 흥졍 므르다. 亦曰倒裝. ❹⇔회환(迴換). ≪朴諺, 中, 38ㅈ≫明日來管迴換, ᄂᆡ일 와 므르믈 ᄀᆞ음알리라.

므르다 [동] (혼인을) 무르다. ⇔회(悔). ≪集覽, 字解, 累字解, 2ㅎ≫悔親. 혼인 므르다. 亦曰退親.

므르다 [형] 무르다[軟]. ⇔연(軟). ≪朴諺, 下, 44ㅈ≫忒軟了也不好, 너모 믈러도 됴티 아니ᄒᆞ고.

므리므리예 [부] 때때로. 이따금. ≪朴諺, 上, 56ㅈ≫也有些撒蹄(集覽, 朴集, 上, 14ㅈ: 撒蹄. 音義云, ·뒷·굽 므리므리·예 ·ᄀᆞ·리·ᄂᆞᆫ 몰. 譯語指南云, ·굽·ᄀᆞ·리·ᄂᆞᆫ 몰.), 쏘 져기 굽ᄀᆞ리미 잇더라.

므ᄅᆞ다 [동] ❶(산 물건을) 무르다. ⇔속(贖). ≪朴諺, 下, 56ㅈ≫半張裏寫時與一半錢贖, 半張에 써시면 一半 갑슬 주고 므ᄅᆞ미니라. ❷무르다[軟]. ⇔연(軟). ≪朴諺, 中, 48ㅈ≫腰兒軟休弄他, 허리 므ᄅᆞ니 뎌를 농티 말라.

므릇 [부] 무릇. ⇔단(但). ≪朴諺, 下, 20ㅎ≫但動的便筭輸, 므릇 動ᄒᆞᄂᆞᆫ 이를 곳 지니로 혜니라.

므섯 [대] 무엇. ❶⇔심마(甚麽). ≪朴諺, 上, 10ㅈ≫如今待秋後整治怕甚麽, 이제 秋後를 기ᄃᆞ려 整治ᄒᆞ면 므서시 저프리오. ≪朴諺, 上, 19ㅎ≫把甚麽去償, 므서스로 가 뎐당ᄒᆞ려 ᄒᆞᄂᆞ다. ≪朴諺, 上, 29ㅈ≫買猠皮做甚麽, 猠皮 사 므섯 ᄒᆞ려 ᄒᆞᄂᆞ다. ≪朴諺, 上, 44ㅈ≫打甚麽不緊, 므서시리오 다 긴티 아니ᄒᆞ다. ≪朴諺, 上, 49ㅈ≫咱賭甚麽, 우리 므서슬 나기ᄒᆞ료. ≪朴諺, 上, 56ㅈ≫你爲甚麽不買來, 네 므서슬 위ᄒᆞ야 사오디 아니ᄒᆞᆫ다. ≪朴諺, 上, 63ㅎ≫打甚麽緊那, 므서시 다 긴ᄒᆞ리오. ≪朴諺, 中, 2ㅈ≫好看的甚麽沒, 보기 됴흔 거시 므서시 업ᄉᆞ리오. ≪朴諺, 中, 11ㅈ≫如今少甚麽, 이제 므서시 업스뇨. ≪朴諺, 中, 19ㅈ≫怕甚麽, 므서시 저프리오. ≪朴諺, 中, 26ㅎ≫爲甚麽, 므서슬 위홈고. ≪朴諺, 中, 37ㅎ≫怕甚麽, 므서시 저프료. ≪朴諺, 中, 45ㅎ≫爲甚麽不得, 므서슬 위ᄒᆞ여 엇디 못ᄒᆞ리오. ≪朴諺, 中, 50ㅈ≫咱賭甚麽, 우리 므서슬 더ᄂᆞ료. ≪朴諺, 中, 58ㅎ≫要做甚麽, ᄒᆞ여 므섯 ᄒᆞ려 ᄒᆞᄂᆞ뇨. ≪朴諺, 下, 13ㅎ≫咳這一除甚麽好, 애 이 ᄒᆞᆫ 벼슬이 므서시 됴ᄒᆞ뇨. ≪朴諺, 下, 21ㅈ≫着兩箇猜裏面有甚麽, 둘흐로 ᄒᆞ여 안히 므서시 잇ᄂᆞᆫ고 알라 ᄒᆞ니. ≪朴諺, 下, 25ㅎ≫這不是燒子的甚麽, 이 구으니 아니오 므섯고. ≪朴諺, 下, 34ㅈ≫咱賭甚麽, 우리 므서슬 더ᄂᆞ료. ≪朴諺, 下, 45ㅈ≫爲甚麽, 므서슬 위ᄒᆞ여뇨. ≪朴諺, 下, 56ㅎ≫要說甚麽, 므서슬 니ᄅᆞ과뎌 ᄒᆞᄂᆞ뇨. ≪朴諺, 下, 60ㅎ≫更是男子漢家怕甚麽, 쏘 이 男子漢이 므서슬 저퍼ᄒᆞ리오. ❷⇔즘마(怎麽).

≪朴諺, 上, 35ㅎ≫忙怎麼, 밧바 므섯 ᄒᆞ리오. ❸⇔즘적(怎的). ≪朴諺, 中, 10ㅎ≫更待怎的, 또 므서슬 기ᄃᆞ리리오. ❹⇔하사(何似). ≪朴諺, 下, 58ㅎ≫表德何似, 表德은 므섯고.

므스 관 무슨. ❶⇔심마(甚麼). ≪朴諺, 中, 43ㅈ≫你每日做甚麼, 네 ᄆᆡ일에 므스 일 ᄒᆞᄂᆞ다. ≪朴諺, 下, 16ㅈ≫無贓時有甚麼事, 장믈이 업스면 므스 일이 이시리오. ❷⇔하(何). ≪朴諺, 下, 16ㅈ≫種稻子那廝因何監着, 벼 시므든 뎌 놈은 므스 일을 인ᄒᆞ여 갓텻ᄂᆞ뇨.

므스것 대 무엇. ⇔심마(甚麼). ≪集覽, 字解, 單字解, 6ㅈ≫少. 多少. 又欠也. 少甚麼 므스거시 업스뇨. 少債 ᄂᆞᄆᆡ 비들 ᄲᅥ디워 잇다. 又缺也. 缺少口粮 양시기 그처디다. ≪朴諺, 上, 63ㅈ≫咱對換甚麼東西, 우리 므스거슬 맛밧고료. ≪朴諺, 中, 60ㅈ≫與他甚麼東西, 뎌를 므스거슬 주리오. ≪朴諺, 下, 27ㅈ≫這的甚麼東西, 이거시 므스것고.

므스기 대 무엇이. ⇔심마(甚麼). ≪集覽, 字解, 單字解, 6ㅈ≫多. 多少 언메나. 又許多 하나한. 又餘也. 三十里多地 삼십리 나믄 ᄯᅡ. 吏語, 多餘. 又過也. 有甚麼多處 므스기 너믄 고디 이시리오. 又重也. 므스기 앗가온 고디 이시리오.

므슴 관 무슨. ❶⇔심(甚). ≪集覽, 字解, 累字解, 3ㅈ≫濟甚事. 므·슴 :이·리 :일·료. 猶言쇽졀:업·다. ❷⇔심마(甚麼). ≪集覽, 字解, 單字解, 4ㅎ≫甚. 슴. 俗語, 甚麼 므슴, 猶何也. ≪朴諺, 上, 13ㅎ≫你那腮頰上甚麼瘡, 네 뎌 ᄲᅣᆷ에 므슴 瘡고. 不知甚麼瘡, 아디 못ᄒᆞ롸 므슴 瘡인디. ≪朴諺, 上, 24ㅈ≫有甚麼話說, 므슴 말을 닐옴이 이시리오. ≪朴諺, 上, 44ㅎ≫你如今學甚麼文書, 네 이제 므슴 글을 ᄇᆡ호ᄂᆞ다. ≪朴諺, 上, 55ㅈ≫你待買甚麼本事的馬, 네 므슴 ᄌᆡ조엣 ᄆᆞᆯ을 사고져 ᄒᆞᄂᆞ다. ≪朴諺, 上, 63ㅎ≫爭甚麼一母所生親弟兄, 므슴 一毋(母) 所生 親弟兄에셔 ᄠᅳ리오. ≪朴諺, 中, 17ㅎ≫這般的有甚麼稀罕, 이런 거시 므슴 稀罕홈이 이시리오. ≪朴諺, 中, 18ㅈ≫咳你說甚麼話, 애 네 므슴 말을 니ᄅᆞᄂᆞ다. ≪朴諺, 中, 30ㅈ≫做甚麼飯, 므슴 밥을 지엇ᄂᆞ뇨. ≪朴諺, 中, 33ㅈ≫碍甚麼事, 므슴 일에 해로오리오. ≪朴諺, 中, 49ㅈ≫你做甚麼生活, 네 므슴 셩녕ᄒᆞᄂᆞ다. ≪朴諺, 下, 13ㅎ≫別要盖甚麼房子, 다른 므슴 집을 지으실고. ≪朴諺, 下, 38ㅈ≫甚麼長行馬, 므슴 長行馬ㅣ리오. ≪朴諺, 下, 59ㅎ≫恰說的是甚麼官職, ᄀᆞᆺ 니ᄅᆞᄂᆞᆫ 거시 이 므슴 벼슬고. ❸⇔하(何). ≪朴諺, 上, 58ㅎ≫何故不來, 므슴 연고로 오디 아니ᄒᆞᆫ다. ≪朴諺, 中, 9ㅈ≫何故不與甘結, 므슴 연고로 甘結을 주디 아니ᄒᆞ리오. ≪朴諺, 下, 19ㅎ≫你有何寃讎, 네 므슴 寃讐ㅣ 잇다 ᄒᆞᄂᆞ뇨. ≪朴諺, 下, 55ㅈ≫你更有傷有何愁, 너ᄂᆞᆫ 또 傷ᄒᆞᆫ ᄃᆡ 이시니 므슴 근심이 이시리오.

므슴 대 무슨. ❶⇔심(甚). ≪朴諺, 上, 56ㅎ≫槽疥有甚難處, 빌리아 므슴 어려온 곳이 이시리오. ❷⇔심마(甚麼). ≪朴諺, 上, 59ㅈ≫有甚麼遲處, 므슴 더된 곳이 이시리오. ≪朴諺, 中, 37ㅈ≫說甚麼閑話, 므슴 힘힘ᄒᆞᆫ 말을 니ᄅᆞᄂᆞᆫ다. ≪朴諺, 中, 41ㅈ≫殺了有甚麼多處, 죽인들 므슴 앗가온 곳이 이시리오. ≪朴諺, 中, 46ㅎ≫你高官裏轉除的有愁甚麼, 너ᄂᆞᆫ 노픈 벼슬에 쳔뎐ᄒᆞ여 뎨슈홈이 이실 꺼시니 므슴 근심ᄒᆞ리오. ≪朴諺, 中, 50ㅎ≫擺忙裏說甚麼閑話來, 밧븐ᄃᆡ 므슴 힘힘ᄒᆞᆫ 말 닐ᄋᆞ리오. ≪朴諺, 中, 57ㅈ≫有甚麼討價錢處, 므슴 갑슬 ᄡᅬ올 곳이 이시리오.

므슴 대 무엇. ❶⇔심마(甚麼). ≪集覽, 字解, 單字解, 3ㅎ≫做. 韻會遇韻作字註云, 造也, 俗作做非. 箇韻作字註云, 爲也, 造也, 起也, 俗作做非. 做音, 直信切. 今按, 俗語做甚麼 므슴ᄒᆞ료, 作衣裳 옷 짓다, 作音조, 去聲. 不走作 듧ᄠᅳ디 아니타, 作音조, 入聲. 以此觀之, 則做從去聲, 作互

呼去聲·入聲, 通做字. 俗不用直信切之音. ≪朴諺, 上, 8ㅈ≫做甚麽, 므슴 ᄒᆞ리오. ≪朴諺, 上, 19ㅎ≫儅那偌多做甚麽, 뎌리 만히 典儅ᄒᆞ여 므슴 ᄒᆞ려 ᄒᆞᄂᆞᆫ다. ≪朴諺, 上, 34ㅈ≫這一等和尙不打他要做甚麽, 이런 즁을 티디 아니ᄒᆞ고 므슴 ᄒᆞ리오. ≪朴諺, 中, 3ㅈ≫要做甚麽, ᄒᆞ여 므슴 ᄒᆞ리오. ≪朴諺, 中, 10ㅎ≫要做甚麽, ᄒᆞ여 므슴 ᄒᆞ리오. ≪朴諺, 中, 19ㅈ≫每日家閑浪蕩做甚麽, 날마다 힘힘이 ᄀᆞ래여 므슴 ᄒᆞ리오. ≪朴諺, 中, 28ㅎ≫把咱們不償命那甚麽, 우리ᄅᆞᆯ다가 償命티 아니코 므슴 ᄒᆞ리오. ❷⇔즘마(怎麽). ≪朴諺, 上, 31ㅈ≫你尋他怎麽, 네 뎌ᄅᆞᆯ ᄎᆞ자 므슴 ᄒᆞ려 ᄒᆞᄂᆞᆫ다.

므슴아라 圉 무슨 까닭으로. 무엇 때문에. ❶⇔심마(甚麽). ≪朴諺, 上, 21ㅎ≫甚麽賖添不上, 므슴아라 술이 오ᄅᆞ디 아니ᄒᆞ리오. ≪朴諺, 上, 22ㅈ≫要甚麽合口, 므슴아라 입힐훔ᄒᆞ리오. ❷⇔위심마(爲甚麽). ≪朴諺, 中, 57ㅎ≫你爲甚麽罵人, 네 므슴아라 사ᄅᆞᆷ을 ᄭᅮ짓ᄂᆞᆫ다. 你爲甚麽胡討價錢, 네 므슴아라 간대로 갑슬 ᄶᅬ오ᄂᆞᆫ다.

므슴ᄒᆞ라 圉 무슨 까닭으로. 무엇 때문에. ⇔심마(甚麽). ≪朴諺, 上, 64ㅎ≫要甚麽多話, 므슴ᄒᆞ라 말 한 양 ᄒᆞ리오.

므솜 관 무슨. ❶⇔심마(甚麽). ≪朴諺, 上, 64ㅎ≫舍人甚麽銀子, 舍人아 므솜 은고. ≪朴諺, 下, 5ㅈ≫沒家事時筭甚麽泥水匠, 연장이 업ᄉᆞ면 므솜 泥匠이라 혜리오. ≪朴諺, 下, 7ㅈ≫我不知道那家有甚麽幌〈慌〉字, 내 아디 못ᄒᆞ니 뎌 집의 므솜 보람이 잇ᄂᆞ뇨. ≪朴諺, 下, 16ㅎ≫買甚麽文書去, 므솜 ᄎᆡᆨ을 사라 가료. ≪朴諺, 下, 27ㅎ≫問客官人們喫甚麽茶, 客官人ᄃᆞ려 무로ᄃᆡ 므솜 차 머글ᄯᅡ. ≪朴諺, 下, 32ㅈ≫咱各自愛喫甚麽飯, 우리 각각 므솜 밥을 즐겨 먹ᄂᆞᆫ고. ≪朴諺, 下, 32ㅈ≫過賣你來有甚麽飯, 過賣아 이바 므솜 밥이 잇ᄂᆞ뇨. ≪朴諺, 下, 32ㅈ≫喫甚麽飯, 므솜 밥을 먹을ᄯᅡ. ≪朴諺, 下, 36ㅎ≫老安因甚麽事, 老安이 므솜 일을 인ᄒᆞ여. ≪朴諺, 下, 38ㅎ≫有甚麽氣像, 므솜 氣像이 잇더뇨. ≪朴諺, 下, 41ㅈ≫甚麽人情, 므솜 人情고. ≪朴諺, 下, 43ㅎ≫有甚麽數目, 므솜 數目이 이시리오. ≪朴諺, 下, 53ㅎ≫甚麽狀子, 므솜 고장고. ❷⇔하(何). ≪朴諺, 下, 56ㅎ≫先生有何新聞, 先生이 므솜 新聞이 잇ᄂᆞ뇨.

므솜 대 ❶무슨. ⇔심마(甚麽). ≪朴諺, 下, 28ㅎ≫這的有甚麽商量處, 이아 므솜 혜아릴 곳이 이시리오. ≪朴諺, 下, 28ㅎ≫有甚麽定害處, 므솜 너린 곳이 이시리오. ❷무엇. ⇔심마(甚麽). ≪朴諺, 下, 37ㅎ≫便不使些箇做甚麽, 곳 져기 ᄡᅳ디 아니코 므솜 ᄒᆞ리오. ≪朴諺, 下, 39ㅎ≫只管的遠去怎麽, 그저 ᄉᆞᄅᆡ야 멀리 가 므솜 ᄒᆞ리오. ≪朴諺, 下, 49ㅈ≫乾無來由做甚麽去, 쇽졀업시 므솜 ᄒᆞ라 가리오.

므티다 동 묻히다. 적시다. ⇔와(涴). ≪朴諺, 下, 12ㅈ≫涴饋你筆, 먹 므텨 너ᄅᆞᆯ 붓을 주니. ≪朴諺, 下, 33ㅈ≫芝麻燒餅, ᄎᆞᆷᄭᅢ 므틴 쇼병과.

믄 명 문. '믄'은 '문'의 잘못. ≪朴諺, 下, 57ㅎ≫二人到那門首敲門道, 두 사ᄅᆞᆷ이 뎌 믄(문) 앏희 가 문을 두드려 닐오ᄃᆡ.

믄긋다 동 끌다. 미루다. ⇔타(拖). ≪朴諺, 上, 54ㅈ≫不致拖欠, 믄그어 ᄢᅥᄅᆞ팀애 니ᄅᆞ게 말고.

믄득 圉 문득. ❶⇔변(便). ≪朴諺, 下, 18ㅈ≫便使黑心, 믄득 게엄ᄆᆞᄋᆞᆷ을 ᄡᅳ려. ❷⇔홀(忽). ≪朴諺, 下, 49ㅈ≫忽跳上牛去, 믄득 쇠게 ᄢᅱ여 올라. ≪朴諺, 下, 51ㅈ≫忽生得淸歌細舞之心, 믄득 淸歌 細舞홀 ᄆᆞᄋᆞᆷ을 내여.

믄디ᄅᆞ다 동 문지르다. 문대다. ⇔요(撓). ≪朴諺, 上, 47ㅈ≫撓背兩箇錢, 등 믄디ᄅᆞ기ᄂᆞᆫ 두 낫 돈이오.

믄허디다 동 무너지다. ⇔도(倒). ≪朴諺, 上, 10ㅈ≫看那人家墻壁都倒了, 뎌 人家 墻壁을 보니 다 믄허뎌시니. ≪朴諺, 上,

10ㅈ≫我家墻也倒了幾堵, 우리 집 담도 여러 도림이 믄허뎌시니. ≪朴諺, 上, 11ㅈ≫五十年也倒不得, 五十年이라도 믄허디디 아니ᄒᆞ리라. ≪朴諺, 上, 11ㅈ≫假如明年倒了時, 가ᄉᆞ 明年에 믄허디면.

믈 명 물. ❶⇔수(水). ≪集覽, 字解, 單字解, 4ㅈ≫打. 擊也, 着實打, 又打三下. 又爲也. 打酒來 술 사 오라. 又曰, 打將來 ᄒᆞ야 오라, 打聽 듣보라, 打水 믈 긷다, 不打緊. 又打那裏去, 打東邊去, 有投向從往之意. 俗用打字, 似不合本意者多, 而實有取意不苟, 其用甚廣, 此不盡錄. ≪朴諺, 上, 6ㅈ≫大水杏半黃半生的有, 굴고 믈 한 술고ㅣ 半黃 半生ᄒᆞᆫ 이 잇더라. ≪朴諺, 上, 38ㅈ≫鑽天錐下大水, 하ᄂᆞᆯ ᄯᅮᆯᄂᆞᆫ 송곳 아릐 큰 믈이여. ≪朴諺, 上, 43ㅎ≫三尺半白淸水絹, 석 자 반 제믈엣 깁이야. ≪朴諺, 上, 50ㅈ≫着孩兒盆子水裏放着, 아희를 盆子ㅅ 믈에 노흐면. ≪朴諺, 中, 16ㅈ≫水一盞半, 믈 ᄒᆞᆫ 잔 반. ≪朴諺, 中, 33ㅈ≫逢山開路遇水迭橋, 山을 만나 길흘 열고 믈을 만나 ᄃᆞ리를 놋ᄂᆞᆫ다 ᄒᆞᄂᆞ니라. ≪朴諺, 中, 40ㅈ≫養住那水, 뎌 믈을 머믈워. ≪朴諺, 中, 40ㅎ≫那瓦水潤了無些氣力, 뎌 디새 믈 ᄇᆡ야 져기 힘이 업스니. ≪朴諺, 中, 44ㅎ≫洒些水, 져기 믈 ᄲᅳ리고. ≪朴諺, 下, 2ㅈ≫拿些水來我漱口, 져기 믈 가져오라 내 양지질ᄒᆞ쟈. ≪朴諺, 下, 5ㅎ≫且打將兩擔水來, 아직 두 메움 믈을 기러다가. ≪朴諺, 下, 37ㅎ≫管山喫山, 山을 ᄀᆞ음알면 山읫 거ᄉᆞᆯ 먹고. 管水喫水, 믈을 ᄀᆞ음알면 믈엣 거ᄉᆞᆯ 먹ᄂᆞᆫ다 ᄒᆞ니라. ≪朴諺, 下, 44ㅈ≫着水停當着, 믈 두기를 마초 ᄒᆞ고. ≪朴諺, 下, 51ㅈ≫慢慢的將鈎兒垂下水裡去時, 날호여 낙시를다가 믈에 들이오면. ❷⇔하(河). ≪朴諺, 上, 62ㅈ≫河邉兒窺魚的是無數目的水老鴉, 믈ᄭᅥᆺ의 고기 엿ᄂᆞᆫ 거슨 이 수 업슨 가마오디오. ≪朴諺, 中, 56ㅈ≫跳的河裡仰不搽, 믈에 ᄢᅱ어드러 잣바 즘기디 마쟈. ≪朴諺, 中, 58ㅈ≫風不來樹不搖, ᄇᆞ람이 부디 아니면 남기 흔드기디 아니ᄒᆞ고. 雨不來河不漲, 비 오디 아니면 믈이 넘디 아니ᄒᆞᆫ다 ᄒᆞᄂᆞ니라.

믈 명 ❶물. 수면. ⇔수면(水面). ≪朴諺, 上, 61ㅎ≫閣前水面上, 집 앏 믈 우희. ❷물. 호수. ⇔호(湖). ≪朴諺, 上, 60ㅈ≫湖心中, 믈 ᄊᆞ온ᄃᆡ. ≪朴諺, 上, 61ㅎ≫湖心中浮上浮下的是雙雙兒鴨子, 湖 心中에 浮上 浮下ᄒᆞᄂᆞᆫ 거슨 이 雙雙ᄒᆞᆫ 올히오.

믈다 동 물다. ❶⇔교(咬). ≪朴諺, 中, 58ㅈ≫蚊子咬的當不的, 모긔 므러 당티 못ᄒᆞ니. ≪朴諺, 下, 20ㅎ≫唐僧耳門後咬, 唐僧의 귀 뒤흘 므러. ≪朴諺, 下, 21ㅈ≫脊背上咬一口, 등을 ᄒᆞᆫ 번 므니. ≪朴諺, 下, 44ㅈ≫早起飯裏咬了一塊沙子, 아ᄎᆞᆷ밥에 ᄒᆞᆫ 덩이 모래를 므러ᄡᅧ니. ❷⇔함(啣). ≪朴諺, 中, 2ㅈ≫啣(啣)將那一箇顏色的旗來說時, 아므 ᄒᆞᆫ 빗체 旗를 므러 오라 니ᄅᆞ면. 便觜裏啣(啣)將來, 곳 부리로 므러 가져다가.

믈드리다 동 물들이다. ⇔염(染). ≪朴諺, 中, 3ㅎ≫染房裏染東西去來, 믌집의 잡은 것 믈드리라 가쟈. 染家你來, 믈드리ᄂᆞᆫ 이아 이바. ≪朴諺, 中, 3ㅎ≫要染的好着, 믈드리기를 잘ᄒᆞ고져 ᄒᆞ노라.

믈리다 동 물리다. ⇔교(咬). ≪朴諺, 上, 34ㅎ≫一年經蛇咬三年怕井繩, ᄒᆞᆫ 히를 ᄇᆡ얌 믈려 디내면 三年을 드렛줄도 접퍼ᄒᆞᆫ다 ᄒᆞ니라.

믈리티다 동 물리치다. ⇔퇴(退). ≪朴諺, 下, 48ㅎ≫這般赶退了, 이리 ᄶᅩ차 믈리티고.

믈뿍 명 물쑥. (국화과의 여러해살이풀. 이른 봄에 나는 연한 줄기와 잎은 나물로 먹는다) ⇔동호(茼蒿). ≪朴諺, 中, 33ㅎ≫蘿蔔, 댓무우. 蔓菁, 쉿무우. 萵苣, 부로. 葵菜, 아혹. 白菜, ᄇᆡ치. 赤根菜, 시근치. 園荽, 고싀. 蓼子, 역괴. 葱, 파. 蒜, 마ᄂᆞᆯ. 薤, 부치. 荊芥, 형개. 薄荷, 박하. 茼蒿, 믈뿍. 水蘿蔔, 믈한댓무우. 胡蘿蔔, 노론댓무우. 芋頭, 토란. 紫蘇都種來, 紫蘇를

다 시므라.

믈ᄶᅵ다 명 물에 잠기다. 침수되다. ⇔노(澇). ≪朴諺, 上, 10ㅈ≫澇了田禾沒一根兒, 田禾에 믈ᄶᅵ여 ᄒᆞᆫ 불회도 업고.

믈ᄀᆞᇫ 명 물가. ⇔하변(河邊). ≪朴諺, 上, 62ㅈ≫河邉兒窺魚的是無數目的水老鴉, 믈ᄀᆞᇫ의 고기 엿ᄂᆞᆫ 거ᄉᆞᆫ 이 수 업ᄉᆞᆫ 가마오디오.

믈왑 명 소용돌이. ⇔누곤(累滾). ≪集覽, 字解, 單字解, 2ㅈ≫滾. 煮水使沸曰滾滾花水 글른 믈. 又輪轉曰滾滾了 구으다, 字作輥. 又通共和雜曰累滾 ᄒᆞᆫ 믈와비라. 又滾子 방올.

믈읫 부 무릇. 다만. 오직. ❶⇔단(但). ≪集覽, 字解, 單字解, 1ㅎ≫但. 凡也, 但凡·但是 믈읫. ≪朴諺, 上, 43ㅈ≫護膝上但使的都說與我着, 슬갑에 믈읫 ᄡᅳᆯ 거슬 다 날ᄃᆞ려 니ᄅᆞ라. ≪朴諺, 中, 4ㅎ≫但有些兒不像時, 믈읫 져기 ᄀᆞᆺ디 아님이 이시면. ≪朴諺, 下, 18ㅈ≫但見和尙, 믈읫 즁을 보면. ≪朴諺, 下, 26ㅈ≫但與的便是價錢, 믈읫 주ᄂᆞᆫ 거시 곳 올ᄒᆞᆫ 갑시니. ❷⇔단범(但凡). ≪集覽, 字解, 單字解, 1ㅎ≫但. 凡也. 但凡·但是 믈읫. ❸⇔단시(但是). ≪集覽, 字解, 單字解, 1ㅎ≫但. 凡也. 但凡·但是 믈읫. ≪朴諺, 中, 27ㅈ≫但是直錢物件來儅時, 믈읫 갑ᄉᆞᆫ 物件으로 와 뎐당ᄒᆞ면.

믈한댓무우 명 즙이 많은 무의 한 가지. ⇔수라복(水蘿蔔). ≪朴諺, 中, 33ㅎ≫蘿蔔, 댓무우. 蔓菁, 쉿무우. 萵苣, 부로. 葵菜, 아혹. 白菜, ᄇᆡ치. 赤根菜, 시근치. 園荽, 고싀. 蓼子, 역괴. 葱, 파. 蒜, 마ᄂᆞᆯ. 薤, 부치. 荊芥, 형개. 薄荷, 박하. 茼蒿, 믈ᄡᅮᆨ. 水蘿蔔, 믈한댓무우. 胡蘿蔔, 노론댓무우. 芋頭, 토란. 紫蘇都種來, 紫蘇ᄅᆞᆯ 다 시므라.

믈한술고 명 즙이 많은 살구의 한 가지. ⇔수행(水杏). ≪朴諺, 上, 6ㅈ≫大水杏半黃半生的有, 굴고 믈 한 술고ㅣ 半黃 半生ᄒᆞᆫ 이 잇더라.

믉다 형 묽다. ❶⇔담(淡). ≪朴諺, 下, 14ㅈ≫或是淡粥後頭, 或 믈근 쥭을 ᄒᆞᆫ 후에. ❷⇔희(稀). ≪朴諺, 中, 6ㅎ≫熬些稀粥, 젹이 믈근 쥭을 ᄡᅮ고. ≪朴諺, 中, 30ㅈ≫稀粥也熬着裏, 믉은 쥭도 ᄡᅮ엇다.

믌값 명 물들이는 값. ⇔염전(染錢). ≪朴諺, 中, 4ㅈ≫商(商)量染錢着, 믌갑ᄉᆞᆯ 혜아리쟈. 這柳黃綾染錢五錢半銀子, 이 柳黃 綾은 믌갑시 닷 돈 반 銀이오. ≪朴諺, 中, 4ㅈ≫每一疋染錢四錢家, 每 ᄒᆞᆫ 필에 믌갑시 너 돈식이니. ≪朴諺, 中, 4ㅎ≫都通染錢是五兩四錢半銀子, 대되 통ᄒᆞ여 믌갑시 닷 냥 너 돈 반 은이라.

믌집 명 물집. 염색집. ⇔염방(染房). ≪朴諺, 中, 3ㅎ≫染房裏染東西去來, 믌집의 잡은것 믈드리라 가쟈.

뭇 의 뭇. ❶⇔속(束). ≪朴諺, 中, 19ㅎ≫放稈草五錢一束(束)家放, 조딥헤 노호되 다ᄉᆞᆺ 낫 돈에 ᄒᆞᆫ 뭇식 ᄒᆞ여 노코. 把摟草二錢半一束(束)家, 허튼 딥흔(흘)다가 돈 둘 반에 ᄒᆞᆫ 뭇식 ᄒᆞ여. ≪朴諺, 中, 20ㅈ≫錢半一束家, 돈 반에 ᄒᆞᆫ 뭇식 ᄒᆞ야. 五百來束(束)稻草裏放, 五百 뭇 볏딥헤 노호라. ❷⇔속아(束兒). ≪朴諺, 中, 14ㅈ≫草一錢銀子十一箇家大束(束)兒, 딥흔 ᄒᆞᆫ 돈 은에 열ᄒᆞᆫ 낫 큰 뭇이니.

뭇ᄒᆞ다 보동 못ᄒᆞ다. '뭇'은 '못'의 잘못. ≪朴諺, 上, 56ㅎ≫是買不得馬, 이 ᄆᆞᆯ을 사디 뭇(못)ᄒᆞ리라.

믜역져비 명 수제비의 한 가지. 밀가루 반죽을 작고 동글납작하게 만들어 익힌 뒤, 수유(酥油)에 볶은 양고기와 함께 시고 달콤한 맛이 나는 탕(湯)에 넣어 대꼬챙이로 찍어 먹는다. ⇔독독마사(禿禿麽思). ≪朴諺, 中, 6ㅎ≫撇些禿禿麽思(集覽, 朴集, 中, 1ㅎ: 禿禿麽思. 一名手撇麪〈麵〉, 卽本國믜역져비. 禿字, 音투, 上聲〈声〉讀. 麽思二合爲音맛, 急呼則用思字, 曰투투맛, 慢言之則用食字, 曰투투마시. 元時語如此. 劑法如水滑麪〈麵〉, 和圓少彈劑〈剂〉, 冷水浸手掌, 按作小薄餠兒, 下

鍋煮熟, 以盤盛, 用酥油炒片羊肉, 加塩炒至焦, 以酸甜湯拌和. 滋味得所, 別研蒜泥調酪, 任便加減, 使竹簽簽食之.), 젹이 믜엿져비 쓰고.

믜우다 동 미워하다. ⇔한(恨). ≪朴諺, 中, 47ㅈ≫恨的他當不得, 뎌롤 믜워 당티 못ᄒᆞ여 ᄒᆞ더니.

믜티다 동 찢다. ⇔차(扯). ≪朴諺, 中, 58ㅈ≫把這窓孔的紙都扯了, 이 창 굼게 죵히를 다가 다 믜티고.

믠- 접두 민-. ⇔소(素). ≪朴諺, 上, 43ㅈ≫紫官素段子一尺, ᄌᆞ뎌 구읫나기 믠비단 ᄒᆞᆫ 자과. ≪朴諺, 中, 36ㅎ≫葱白素通袖膝欄段子有麽, 葱白빗체 믠通袖 膝欄ᄒᆞᆫ 비단이 잇ᄂᆞ냐.

믠비단 명 민비단. 무늬 없는 비단. ⇔소단자(素段子). ≪朴諺, 上, 43ㅈ≫紫官素段子一尺, ᄌᆞ뎌 구읫나기 믠비단 ᄒᆞᆫ 자과.

믭다 형 밉다. ⇔한(恨). ≪朴諺, 中, 56ㅎ≫恨的我沒是處, 믭기 내 올흔 곳이 업세라.

미(未) 동 못하다. ⇔못ᄒᆞ다. ≪朴諺, 上, 48ㅈ≫未裏, 못ᄒᆞ여시니.

미(未) 보동 못하다. ⇔못ᄒᆞ다. ≪朴諺, 下, 11ㅈ≫未見回書, 回書롤 보디 못ᄒᆞ니. ≪朴諺, 下, 19ㅈ≫到國王前面告未畢, 國王의 앏픠 가 고ᄒᆞ기롤 몿디 못ᄒᆞ여셔.

미(米) 명 ❶음식물을 잘게 썰어 쌀알과 같이 작게 만든 알갱이. ≪朴諺, 下, 33ㅈ≫象眼粸子(集覽, 朴集, 下, 6ㅎ: 象眼餜子. 麁者再切, 細者有糜末, 却簸去, 皆要一樣極細如米粒. 下鍋煮熟, 連湯起在盆內. 用凉水寬投之, 三五次方得精細. 攪轉, 撈起控乾, 麻汁加碎肉·糟〈槽〉姜米·醬瓜米·黃瓜米·香菜等粧點用供.), 象眼 ᄀᆞᄐᆞᆫ 粸子와. ❷쌀. ⇔ᄡᆞᆯ. ≪集覽, 朴集, 上, 5ㅎ≫米貼. 月俸之貼. 質問云, 收米·放米計數之票〈標〉也. 又云, 是文武官員關支(支)月米時, 各該衙門出給印信貼兒. ≪朴諺, 上, 11ㅈ≫關米麽, ᄡᆞᆯ을 ᄐᆞᆯ가. ≪朴諺, 上, 11ㅎ≫關出米來, ᄡᆞᆯ 타 나오나든. 絟馬錢與他一捧兒米便是, ᄆᆞᆯ ᄆᆡ엿든 갑슬 뎌롤 ᄒᆞᆫ 우흠 ᄡᆞᆯ을 줌이 곳 올타. ≪朴諺, 上, 12ㅎ≫將米貼兒(集覽, 朴集, 上, 5ㅎ: 米貼. 月俸之貼. 質問云, 收米·放米計數之票〈標〉也. 又云, 是文武官員關支(支)月米時, 各該衙門出給印信貼兒.)來對官號, ᄡᆞᆯ 톄ᄌᆞ 가져다가 官號 마초고. ≪朴諺, 中, 5ㅎ≫三升米, 서 되 ᄡᆞᆯ과. ≪朴諺, 中, 6ㅎ≫這米麤將去再篩一篩, 이 ᄡᆞᆯ이 구즈니 가져가 다시 슬흐라. ≪朴諺, 中, 56ㅎ≫庫房櫃子裏放的米都喫了, 곳집 궤예 둔 ᄡᆞᆯ을 다 먹고. ≪朴諺, 下, 44ㅈ≫淘的米乾淨着, ᄡᆞᆯ 일기롤 乾淨히 ᄒᆞ라.

미(味) 명 맛. 흥취. 재미. 느낌. ⇔맛. ≪朴諺, 中, 32ㅈ≫正好山中之味, 正히 山中味 됴흐리로다. ≪朴諺, 下, 50ㅈ≫那裏想我這漁翁之味, 어ᄃᆡ 우리 이 漁翁의 마ᄉᆞᆯ ᄉᆡᆼ각ᄒᆞ리오. ≪朴諺, 下, 51ㅈ≫漁翁之味萬無迭, 漁翁의 마ᄉᆞᆫ 만 가지도 迭ᄒᆞᆫ 거시 업ᄉᆞ니라.

미(眉) 명 눈썹. ⇔눈섭. ≪朴諺, 中, 23ㅈ≫眉秀垂楊(集覽, 朴集, 中, 6ㅈ: 眉秀垂楊. 佛十相, 有眉細垂楊相.), 눈섭은 垂楊이 ᄲᅢ여난 ᄃᆞᆺᄒᆞ도다.

미(美) 형 아름답다. ⇔아룸답다. ≪朴諺, 中, 43ㅎ≫稻熟蟹肥魚正美, 베 닉고 게 ᄉᆞᆯ지고 고기 졍히 아룸다오매. ≪朴諺, 下, 61ㅎ≫咳美㦲, 애 아룸답다.

미(謎) 명 수수께끼. ⇔슈지엣말. ≪朴諺, 上, 36ㅈ≫我說幾箇謎(集覽, 朴集, 上, 10ㅎ: 謎. 隱語也. 正, 音미, 俗或呼믜.), 내 여러 슈지엣말 니롤 거시니.

미(靡) 형 없다. ⇔업다. ≪朴諺, 下, 59ㅎ≫靡所不爲, ᄒᆞ디 아닐 배 업므(으)니.

미나리 명 미나리. ⇔수근(水芹). ≪朴諺, 中, 34ㅈ≫水芹田也脩理的好着, 미나리밧도 脩理ᄒᆞ기롤 잘ᄒᆞ라. ≪朴諺, 中, 55ㅎ≫這房子水芹田近, 이 집이 미나리밧티 갓가오니.

미나리밧 명 미나리꽝. ⇔수근전(水芹田).

≪朴諺, 中, 34ㅈ≫水芹田也脩理的好着, 미나리밧도 脩理ᄒᆞ기를 잘ᄒᆞ라.

미나리밧ㅌ 명 미나리꽝. ⇔수근전(水芹田). ≪朴諺, 中, 55ㅎ≫這房子水芹田近, 이 집이 미나리밧티 갓가오니.

미능(未能) 동 …하지 못하다. …할 수 없다. ≪朴諺, 下, 2ㅎ≫前日三更前後(集覽, 朴集, 下, 1ㅈ: 三更前後. 言前後者, 未能定稱的時而云然也.)賊入來, 그젓긔 三更은 ᄒᆞ여 도적이 드러와.

미다 동 양보하다. 겸양하다. ⇔양(讓). ≪集覽, 字解, 單字解, 5ㅈ≫儘. 讓也, 任也. 儘他 제게 다와ᄃᆞ라, 儘讓 더긔 미다. 又縱令也. 儘敎 므던타. 又儘一儘 지긔우다. 又儘船 빗 ᄀᆞ장.

미래불(未來佛) 명 〈불〉 내세(來世)에 성불(成佛)하여 사바세계(娑婆世界)에 나타나서 중생을 제도한다는 보살. ≪朴諺, 下, 2ㅎ≫鑄了三尊佛(集覽, 朴集, 下, 1ㅈ: 三尊佛. 過去佛·現在佛·未來佛爲三尊佛也, 亦曰三世如來.), 三尊佛을 디워.

미량(米糧) 명 양미(糧米). 식량. ≪朴諺, 上, 12ㅈ≫平則門離這廣豊倉(集覽, 朴集, 上, 5ㅎ: 廣豐倉. 質問云, 在京師, 收天下米粮處也.)二十里地, 平則門이 이 廣豊倉에셔 쯤이 二十里 짜히니.

미록(麋鹿) 명 암사슴. 또는 사불상(四不像). (사슴과의 포유류. 꼬리는 당나귀와 비슷하고 발굽은 소와 비슷하며, 목은 낙타와 비슷하고 뿔은 사슴과 비슷하다고 한다) ≪朴諺, 上, 24ㅎ≫脚穿着皀麂(集覽, 朴集, 上, 8ㅈ: 麂. 大麋也, 麋, 鹿之大者. 譯語指南, 謂牝鹿曰麋鹿. 質問云, 大曰麖, 小曰麂. 其皮可作靴.)皮嵌金線藍條子, 발에 신은 거슨 거믄 기ᄌᆞ피예 金線 남 오리로 갸품 씨고.

미립(米粒) 명 쌀알. ≪朴諺, 下, 33ㅈ≫象眼棋子(集覽, 朴集, 下, 6ㅎ: 象眼餜子. 麁者再切, 細者有糜末, 却簸去, 皆要一様極細如米粒.), 象眼 ᄀᆞᄐᆞᆫ 棋子와.

미복(微服) 명 지위가 높은 사람이 무엇을 몰래 살피러 다닐 적에 남의 눈을 피하기 위하여 입는 남루한 옷차림. ≪朴諺, 下, 58ㅎ≫咱本國是太祖(集覽, 朴集, 下, 12ㅈ: 太祖. 弓裔微服逃至斧壤, 爲民所害. 太祖卽位, 國號高麗.)姓王諱建表德若天, 우리 本國이 太祖의 姓은 王이오 諱ᄂᆞᆫ 建이오 字ᄂᆞᆫ 若天이니.

미상(未詳) 동 상세히 알지 못하다. 분명히 알지 못하다. ≪朴諺, 上, 7ㅈ≫第四道三鮮湯(集覽, 朴集, 上, 3ㅎ: 鮮湯. 今按, 猠字, 韻〈韵〉書不收, 字意未詳.)去來, 店에 猠皮 사라 가쟈. ≪朴諺, 上, 48ㅎ≫省多少盤纏(集覽, 朴集, 上, 13ㅈ: 盤纏. 今按, 盤纏二字, 取義源流未詳.), 언멋 盤纏을 ᄆᆞᄃᆡ와뇨. ≪朴諺, 中, 22ㅎ≫結草廬於香山之上(集覽, 朴集, 中, 5ㅎ: 結草廬於香山之上. 觀此則香山亦西域山也, 而未詳所在.), 草廬를 香山 우희 지엇ᄯᅩ다. ≪朴諺, 下, 7ㅎ≫放着一箇三隻脚鐵蝦蟆兒(集覽, 朴集, 下, 2ㅈ: 三隻脚鐵蝦蟆. 今按, 漢俗, 優人作戲時, 手執三脚蝦蟆入優場作戲. 問之, 則曰, 唯仙家蓄養三脚蝦蟆, 俗人聞氣者必死. 然未詳源流.)便是, ᄒᆞᆫ 세 발 가진 쇠두텁이 노흔 거시 곳 이라. ≪朴諺, 下, 17ㅎ≫到車遲國(集覽, 朴集, 下, 3ㅎ: 車遲國. 在西域. 未詳所在.), 車遲國에 가. ≪朴諺, 下, 43ㅈ≫誰碎盆(集覽, 朴集, 下, 9ㅎ: 碎盆. 未詳源流.)來, 뉘 소라를 ᄡᅳ리ᄃᆞ뇨.

미소(微笑) 동 소리를 내지 않고 빙긋이 웃다. ≪朴諺, 上, 65ㅎ≫到江南地面石屋(集覽, 朴集, 上, 16ㅈ: 石屋. 法名淸珙, 號石屋和尙, 臨濟十八世之嫡孫也. 普虛謁石屋, 石屋見之云, 老僧今日旣已放下三百斤擔子遞你擔了, 且展脚睡矣. 乃微笑云, 佛法東矣.)法名的和尙根底, 江南 짜 石屋이라 法名 ᄒᆞᆫ 즁의손ᄃᆡ 가니.

미어(美語) 명 아름다운 말. 듣기 좋은 말. ≪朴諺, 上, 32ㅈ≫甜言美語的, 甛言 美語로.

미유(未有) 형 없다. 아직 …이 없다. ⇔업

다. ≪朴諺, 上, 6ㅈ≫黃杏未有裏, 黃杏은 업고.

미자(尾子) 명 꼬리. ⇔쏘리. ≪朴諺, 上, 28ㅎ≫珠結子的蓋兒野狗尾子罕荅哈, 구슬로 믹자 씬 여ᄋᆡ 쏘리 罕荅哈ㅣ러라. ≪朴諺, 上, 37ㅈ≫家後一群羊箇箇尾子長, 집 뒤희 ᄒᆞᆫ 무리 양이 낫낫치 쏘리 긴 거시여. ≪朴諺, 中, 51ㅎ≫把那尾子挽的牢着, 뎌 쏘리롤다가 믹기롤 구디 ᄒᆞ라. ≪朴諺, 下, 46ㅈ≫十尺來長尾子, 열 자 길의 쏘리와.

미정(未定) 동 아직 확정(確定)하지 못하다. ≪集覽, 字解, 累字解, 1ㅎ≫央及. 請乞也. 字之取義未詳. 吏語, 亦只稱央字. ≪集覽, 字解, 累字解, 1ㅎ≫東西. 指物之辭, 未定其稱而曰東西. 猶曰或東或西, 未定方向之意.

미좇다 동 뒤미처 좇다. 또는 머지않아. 곧. 오래지 않아. ⇔선(旋). ≪朴諺, 中, 16ㅈ≫我旋合與你藿香正氣散, 내 미조차 너를 藿香正氣散을 지어 줄 거시니.

미주(米酒) 명 쌀로 빚은 술. ≪朴諺, 中, 6ㅈ≫一瓶米酒(集覽, 朴集, 中, 1ㅈ: 米酒. 舊本作一瓶牛酒, 新本作米酒. 今造酒用粳米·糯米·黃米. 凡支〈支〉待使客, 皆用此等酒也, 不必擧米酒爲說. 恐是新本仍存牛字, 而誤印爲米〈米字〉也. 今從牛字讀, 恐或爲是.)和駱, ᄒᆞᆫ 병 米酒와 타락과.

미처 부 뒤미처. ❶⇔간(趕). ≪朴諺, 中, 54ㅈ≫赶也赶上做裡, 밋츠믄 미처 지으리라. ❷⇔비급(比及). ≪朴諺, 下, 1ㅎ≫比及晌午剉正熱時分收拾, 낫계어 졍히 더울 빼예 미처 收拾ᄒᆞ여. ≪朴諺, 下, 12ㅈ≫比及孩兒相會, 孩兒ㅣ 서ᄅᆞ 모듬을 미처.

미천(迷天) 형 하늘에 가득하다. ≪朴諺, 中, 28ㅈ≫我男兒做這般迷天大罪的事, 우리 ᄉᆞ나희 이런 迷天 大罪엣 일을 ᄒᆞ니.

미천대죄(迷天大罪) 명 미천(迷天)한 큰 죄. 더없이 큰 죄. ≪朴諺, 中, 28ㅈ≫我男兒做這般迷天大罪的事, 우리 ᄉᆞ나희 이런 迷天 大罪엣 일을 ᄒᆞ니.

미첩아(米帖兒) 명 월봉(月俸)으로 쌀을 지급할 때 해당 관청에서 발급하는 도장을 찍은 지급 증표. ≪朴諺, 上, 12ㅎ≫將米貼兒(集覽, 朴集, 上, 5ㅎ: 米貼. 月俸之貼. 質問云, 收米·放米計數之票〈標〉也. 又云, 是文武官員關支(支)月米時, 各該衙門出給印信貼兒.)來對官號, 빨 톄ᄌᆞ 가져다가 官號 마초고.

미칭(美称) 명 미칭(美稱). '称'는 '稱'의 속자. ≪朴諺, 上, 59ㅎ≫揮使(集覽, 朴集, 上, 15ㅈ: 揮使. 音義云, 指揮之美稱〈称〉. 今按, 指揮使, 官名. 都督府都指揮使, 正二品, 各衛指揮使, 正三品.)你曾到西湖景來麽, 揮使ㅣ아 네 일즙 西湖ㅅ 景에 갓든다.

미칭(美稱) 명 아름답게 이르는 이름. ≪朴諺, 上, 59ㅎ≫揮使(集覽, 朴集, 上, 15ㅈ: 揮使. 音義云, 指揮之美稱〈称〉. 今按, 指揮使, 官名. 都督府都指揮使, 正二品, 各衛指揮使, 正三品.)你曾到西湖景來麽, 揮使ㅣ아 네 일즙 西湖ㅅ 景에 갓든다.

미편(未便) 형 편안하지 못하다. ⇔미편ᄒᆞ다(未便-). ≪朴諺, 中, 9ㅎ≫深爲未便, ᄀᆞ장 未便호ᄃᆡ.

미편ᄒᆞ다(未便-) 형 편안하지 못하다. ⇔미편(未便). ≪朴諺, 中, 9ㅎ≫深爲未便, ᄀᆞ장 未便호ᄃᆡ.

민(民) 명 백성. ⇔빅셩. ≪朴諺, 中, 29ㅈ≫妻賢夫省事官淸民自安, 妻ㅣ 어딜면 지아븨 일이 덜리이고 官이 ᄆᆞᆯ그면 빅셩이 스스로 편안ᄒᆞᄂᆞ니라.

민(悶) 형 답답하다. ⇔답답ᄒᆞ다. ≪朴諺, 中, 31ㅎ≫咱悶當不的, 우리 답답홈을 當티 못ᄒᆞ니. ≪朴諺, 下, 17ㅈ≫悶時莭(節)好看有, 답답ᄒᆞᆫ 제 보기 됴흐니라.

민간(民間) 명 민간. 일반 대중. ≪朴諺, 上, 23ㅈ≫斂些錢做翫月會(集覽, 朴集, 上, 8ㅈ: 翫月會. 東京錄云, 中秋夜, 貴家結飾臺榭, 民間爭占酒樓翫〈玩〉月, 絲篁

鼎沸, 近內庭居民, 夜深遙聞笙竽之聲, 宛若雲外天樂, 閭里兒童連宵嬉戲, 夜市駢闐, 至於通曉.), 져기 돈 거두어 翫月會를 ᄒᆞ쟈. ≪朴諺, 下, 29ㅈ≫元寶(集覽, 朴集, 下, 5ㅎ: 元寶. 世祖大會王子·王孫·駙馬·國戚, 從而頒賜, 或用貨賣, 所以民間有此錠也.)我有半錠了, 元寶ㅣ 내게 반 덩이 이시니.

민곤(民困) 명 백성의 빈곤. ≪朴諺, 上, 48ㅈ≫今年錢鈔(集覽, 朴集, 上, 13ㅈ: 錢鈔. 錢者, 金帛之名. 古曰泉, 後鑄而曰錢. 古者天降災戾, 於是乎量資幣, 權輕重, 以救民困. 代各鑄錢, 輕重不一.)艱難, 올히 錢鈔ㅣ 艱難ᄒᆞ야.

민안(民安) 형 백성이 살기가 평안하다. ≪朴諺, 上, 1ㅈ≫國泰民安, 國泰 民安ᄒᆞᆫ디.

민혜(敏慧) 형 재빠르고 영리하다. ≪集覽, 字解, 累字解, 2ㅈ≫標致. 聰俊敏慧之稱, 俱美其人心貌之辭. 標字本在竝母, 則宜從俗呼爲去聲. 而今俗呼標致之標爲上聲, 則字宜作表字讀是.

믿 명 밑. 근본(根本). ⇔저(底). ≪集覽, 字解, 單字解, 1ㅎ≫底. 下也. 底下 아래. 又本也. 底簿 믿글월. 又語助. 根底 앒픠. 又손ᄃᆡ. 又與的字通用.

믿글월 명 밑글월. 원문(原文). 원고. 초안. ⇔저부(底簿). ≪集覽, 字解, 單字解, 1ㅎ≫底. 下也. 底下 아래. 又本也. 底簿 믿글월. 又語助. 根底 앒픠. 又손ᄃᆡ. 又與的字通用.

믿다 동 믿다. ❶⇔보(保). ≪集覽, 字解, 單字解, 2ㅎ≫保. 恃也. 保你 너 믿노라, 難保 믿디 어렵다. 吏學指南, 相託信任曰保. 又保舉也. ❷⇔신(信). ≪朴諺, 上, 64ㅎ≫怕你不信時, 저프건대 네 미더 아니ᄒᆞ거든.

밀 명 밀[小麥]. ⇔소맥(小麥). ≪朴諺, 下, 37ㅈ≫稻子, 벼. 薥秫, 슈슈. 黍子, 기장. 大麥, 보리. 小麥, 밀. 蕎麥, 모밀. 黃豆, 콩. 小豆, ᄑᆞᆺ. 菉豆, 녹두. 莞豆, 광쟝이. 黑豆, 거믄콩. 芝麻, ᄎᆞᆷᄭᆡ. 蘇子, 듧ᄭᆡ.

밀(密) 형 배다[密]. 촘촘하다. ⇔빅다. ≪朴諺, 上, 40ㅈ≫用那密的篦子好生攏着, 더 빅 ᄎᆞᆷ빗을 ᄡᅧ ᄀᆞ장 빗겨.

밀갈(蜜褐) 명 꿀의 빛깔과 같은 갈색. ≪朴諺, 上, 63ㅈ≫我的串香褐(集覽, 朴集, 上, 15ㅎ: 串香褐. 串香者, 合和諸香以爲佩者也. 凡稱〈称〉染色之少文采〈彩〉者曰褐. 串香褐·麝香褐·鷹背褐·蜜褐·茶褐, 卽黃黑雜色也. 玉褐·艾褐·水褐·銀褐, 卽白黑雜色也. 藕褐, 卽紫黑雜色也. 深淺異色, 各取其像.)通袖膝欄五彩綉帖裏, 내 팀향빗체 通袖 膝欄ᄒᆞ고 五彩로 綉노ᄒᆞᆫ 텰릭과.

밀과자(蜜果子) 명 밀가루나 쌀가루에 기름이나 꿀을 넣어 굽거나 튀겨 만든 음식. ≪朴諺, 上, 1ㅎ≫着李四買果子(集覽, 朴集, 上, 1ㅈ: 果子. 果實也. 又呼油蜜果, 亦曰果子, 曰蜜果子, 制形如棗.)·拖爐·隨食去, 李四로 ᄒᆞ여 과실과 拖爐·隨食을 사라 가게 ᄒᆞ라.

밀다 동 밀다[推]. ❶⇔간(赶). ≪朴諺, 中, 26ㅈ≫陜(陝)西赶來的白駝氊大帽兒一箇, 陜(陝)西셔 미러 온 白駝氈 큰갓 ᄒᆞ나흘 ᄆᆡᆫ드되. ❷⇔퇴(推). ≪朴諺, 上, 13ㅈ≫一車兩擔家推將去, ᄒᆞᆫ 술위예 두 짐식 ᄒᆞ여 미러 가져가쟈.

밀다 동 밀다. 문지르다. ≪朴諺, 上, 43ㅎ≫三尺半白淸水(集覽, 朴集, 上, 12ㅎ: 白淸水絹. 무·리 ·픗〈플〉:긔 ·업·시 다ᄃᆞ·마 :돌호로 미·론 :깁·이·니, 光滑緻硬, 如本國擣砧者也. 卽不用糨粉而鍊〈練〉生絹, 以石碾者.)絹, 석 자 반 제믈엣 깁이야.

밀림금소주(蜜林檎燒酒) 명 뜨거운 배갈[白酒]에 꿀·포도·능금 따위를 넣어 우려낸 술. ≪朴諺, 上, 2ㅈ≫討南方來的蜜林檎燒酒(集覽, 朴集, 上, 1ㅈ: . 質問云, 初蒸熱燒酒, 用蜜·葡萄相參〈叅〉浸, 久而食之, 方言謂之蜜林檎燒酒. 又云, 以麵爲麯, 還用藥料, 以燒酒爲漿, 下入熟糜內〈肉〉, 待熟榨之, 其味甚甜. 又云, 如蒸的

熱燒酒, 將蜜與林檎果參和盛入瓶內封裹, 久而食之最妙.)一桶, 南方으로셔 온 蜜林檎燒酒 훈 통과.

밀봉(密封) 동 단단히 붙여 꼭 봉하다. ≪朴諺, 下, 28ㅈ≫先喫甜的金橘蜜煎(集覽, 朴集, 下, 5ㅈ: 蜜煎. 事林廣記云, 凡煎生果, 最要遂其本性, 酸苦辛硬隨性製之. 以半蜜半水煮十數沸, 乘熟控乾, 別換新蜜, 入銀石器內, 用文·武火煮, 取其色明透爲度. 入新缶盛貯, 緊密封窨, 勿令生虫.)·銀杏煎, 몬져 둔 金橘蜜煎과 銀杏煎을 먹어든.

밀이(密邇) 형 가깝다. 밀접하다. ≪朴諺, 上, 9ㅎ≫水渰過蘆溝橋(集覽, 朴集, 上, 4ㅎ: 蘆溝橋. 橋之路西通關陝, 南達江淮. 兩旁多旅舍, 以其密邇京都, 行人·使客絡繹不絶.)獅子頭, 믈이 蘆溝橋 獅子ㅅ 머리롤 줌가 너머.

밀전(蜜煎) 동 과일을 꿀이나 설탕에 재어 졸이다. 또는 그 과일. ≪朴諺, 下, 28ㅈ≫先喫甜的金橘蜜煎(集覽, 朴集, 下, 5ㅈ: 蜜煎. 事林廣記云, 凡煎生果, 最要遂其本性, 酸苦辛硬隨性製之. 以半蜜半水煮十數沸, 乘熟控乾, 別換新蜜, 入銀石器內, 用文·武火煮, 取其色明透爲度. 入新缶盛貯, 緊密封窨, 勿令生虫.)·銀杏煎, 몬져 둔 金橘蜜煎과 銀杏煎을 먹어든.

밀처(密處) 명 조밀하게 서 있는 곳. ≪朴諺, 下, 51ㅈ≫尋着這蘆葦密處巖頭石崖, 이 蘆葦 密處 岩頭 石崖롤 ᄎᆞ자.

밋 부 및[及]. ⇔화(和). ≪集覽, 字解, 單字解, 1ㅎ≫和. 平聲, 調和也. 又去聲, 與也, 及也. 我和你 너와 나와, 銅匙和快子 술와 밋 져와.

밋굼ㄱ 명 밑구멍. (항문이나 여자의 음부를 속되게 이르는 말) ⇔비안(屁眼). ≪朴諺, 中, 43ㅎ≫夾着那屁眼, 뎌 밋굼글 끼고.

밋다 동 ❶미치다. 따라잡다. ⇔간상(趕上). ≪集覽, 字解, 單字解, 2ㅎ≫趕. 音干, 上聲. 亦作趕. 趁也, 及也. 趕上 밋다. 又逐也. 趕出去 내티다. 又驅也. 趕牛 쇼 모다. ❷미치다. 이르다. ⇔질(迭). ≪集覽, 字解, 單字解, 2ㅈ≫迭. 企及之辭. 밋다.

밋다 동 믿다. ❶⇔보(保). ≪朴諺, 上, 67ㅈ≫今日脫靴上炕, 오늘 훠롤 벗고 炕에 올랏다가. 明日難保得穿, ᄂᆡ일 어더 신기롤 밋기 어렵다 ᄒᆞᄂᆞ니라. ❷⇔신(信). ≪集覽, 字解, 單字解, 2ㅎ≫怕. 疑懼之意. 怕人知道.又設若之辭. 怕你不信 ᄒᆞ다가 너옷 밋디 몯거든. 又恐也. 害怕 두리여ᄒᆞ다. ≪朴諺, 下, 9ㅎ≫這佛法最尊最貴不可不信, 이 佛法이 ᄀᆞ장 尊ᄒᆞ고 ᄀᆞ장 貴ᄒᆞ니 가히 밋디 아니티 못홀 써시라. ≪朴諺, 下, 9ㅎ≫不信佛法不聽經論, 佛法을 밋디 아니ᄒᆞ고 經論을 듯디 아니ᄒᆞ니.

밋츠다 동 미치다. ⇔간(趕). ≪朴諺, 中, 54ㅈ≫赶也赶上做裡, 밋츠믄 미처 지으리라.

밋ㅌ 명 밑. 곧, 밑구멍. (항문이나 여자의 음부를 속되게 이르는 말) ⇔비(屁). ≪朴諺, 中, 31ㅎ≫我敬他甚麽屁, 내 뎌롤 므슴 밋티나 공경ᄒᆞ랴.

밋ㅎ 명 밑. 곧, 밑구멍. (항문이나 여자의 음부를 속되게 이르는 말) ⇔비안(屁眼). ≪朴諺, 中, 57ㅎ≫夾着屁眼家裡坐的去, 밋흘 끼고 집의 안자시라 가라.

밋ㅎ 명 밑. 아래. ❶⇔저자(底子). ≪朴諺, 上, 15ㅈ≫駝骨底子, 약대 쌔 밋히. ❷⇔저하(底下). ≪朴諺, 上, 50ㅎ≫底下鋪蒲席, 밋희 지즑 설고. ≪朴諺, 中, 44ㅎ≫將花氊來底下鋪一條, 花氊 가져다가 밋희 ᄒᆞᆫ 불 설고.

밎다 동 미치다. ❶⇔간상(趕上). ≪朴諺, 上, 63ㅎ≫我的帖裏怎麽赶上你的綉帖裏, 내 텰릭이 엇디 네 슈텰릭에 미ᄎᆞ리오. ≪朴諺, 中, 54ㅈ≫赶也赶上做裡, 밋츠믄 미처 지으리라. ❷⇔질(迭). ≪朴諺, 中, 51ㅈ≫你那裏迭的我, 네 어ᄃᆡ 내게 미츠리오.

밑 명 밑. 아래. ⇔저하(底下). ≪朴諺, 上,

28ㅈ≫底下垂下着兩頭青珠兒結串的駝毛肚帶, 미틔 드리온 거슨 두 머리에 프른 구슬로 ᄆᆡ자 ᄢᅦ온 약대 털로 ᄒᆞᆫ 빗대오. ≪朴諺, 上, 50ㅎ≫把尿盆放在底下, 분지를다가 미틔 노코.

ᄆᆞᄃᆡ다 형 마디다. ⇔생(省). ≪朴諺, 上, 48ㅎ≫省多少盤纏, 언멋 盤纏을 ᄆᆞᄃᆡ와뇨. ≪朴諺, 下, 28ㅈ≫倒省錢, 도로혀 돈을 ᄆᆞᄃᆡ어다.

ᄆᆞᄅᆞ 명 ❶마루. 등성이. ≪朴諺, 上, 25ㅈ≫刺(刺)通袖膝欄羅帖裏上, ᄉᆞ매 ᄆᆞᄅᆞ 내 치질ᄒᆞ고 膝欄ᄒᆞᆫ 羅 텰릭에. ❷마룻대. ⇔양(樑). ≪朴諺, 中, 39ㅈ≫捲蓬(篷)(集覽, 朴集, 中, 7ㅎ: 捲篷. 音義云, ·비 우흿 지·비〈집이〉·니 ᄆᆞᄅᆞ 업슨 지블 닐오ᄃᆡ 捲篷.)幾間, 무량각이 현 간. ≪朴諺, 下, 12ㅎ≫檩, 납. 樑, ᄆᆞᄅᆞ. 椽, 혀. 柱, 기동. 短柱, 短柱. 叉竪, 작슈. 門框, 門얼굴. 門扇, 門짝. 吊窓, 들창. 天窓, 울어리창. 雙扇, 상다디. 單扇, 외다디. 窓櫺, 창살로.

ᄆᆞᄅᆞ다 동 ❶마르다[乾]. ⇔건(乾). ≪朴諺, 上, 4ㅈ≫榛子, 개얌과. 松子, 잣과. 乾葡萄, ᄆᆞ른葡萄와. 栗子, 밤과. ≪朴諺, 上, 6ㅈ≫將些乾按酒來, 져기 ᄆᆞ른按酒을 가져오고. ≪朴諺, 中, 30ㅈ≫乾羊脚子煮着裏, ᄆᆞ른 羊의 다리를 ᄉᆞᆯ맛노라. ≪朴諺, 下, 44ㅎ≫乾的煤簡兒有麽, ᄆᆞ른 ᄆᆡᆺ덩이 잇ᄂᆞ냐. ❷마르다[裁]. ⇔재(裁). ≪朴諺, 中, 54ㅈ≫好裁衣, 옷 ᄆᆞᄅᆞ기 됴ᄒᆞ니.

ᄆᆞᄅᆞ쇠 명 마루쇠. ⇔양아(梁兒). ≪朴諺, 上, 15ㅈ≫梁兒·束兒打的輕妙着, ᄆᆞᄅᆞ쇠와 뭇금쇠(쇠)를 ᄆᆡᆫ들기를 輕妙히 ᄒᆞ고.

ᄆᆞ른국슈 명 마른국수. ⇔괘면(掛麵). ≪朴諺, 下, 33ㅈ≫掛麵, ᄆᆞ른국슈와.

ᄆᆞ른안주(-按酒) 명 마른안주. ⇔건안주(乾按酒). ≪朴諺, 上, 6ㅈ≫將些乾按酒來, 져기 ᄆᆞ른按酒을 가져오고.

ᄆᆞ른포도(-葡萄) 명 마른 포도. 건포도. ⇔건포도(乾葡萄). ≪朴諺, 上, 4ㅈ≫榛子, 개얌과. 松子, 잣과. 乾葡萄, ᄆᆞ른葡萄와. 栗子, 밤과.

ᄆᆞᅀᆞ모로 부 마음대로. ⇔유(由). ≪集覽, 字解, 累字解, 1ㅎ≫由你. 네 ᄆᆞᅀᆞ모로 ᄒᆞ라. ≪集覽, 字解, 累字解, 2ㅈ≫自由. 제 ᄆᆞᅀᆞ모로 ᄒᆞ다.

ᄆᆞᅀᆞᆷ 명 마음. ⇔심(心). ≪集覽, 字解, 累字解, 1ㅎ≫由他. 더뎌두라. 又제 ᄆᆞᅀᆞᆷ대로 ᄒᆞ게 ᄒᆞ라. ≪集覽, 字解, 累字解, 1ㅎ≫由你. 네 ᄆᆞᅀᆞ모로 ᄒᆞ라. ≪集覽, 字解, 累字解, 2ㅈ≫自由. 제 ᄆᆞᅀᆞ모로 ᄒᆞ다. ≪集覽, 字解, 單字解, 5ㅈ≫隨. 從也. 隨你 네 ᄆᆞᅀᆞ모로, 隨喜 구경ᄒᆞ다, 隨從 조ᄎᆞ니. 吏語, 根隨 좃다. ≪朴諺, 中, 14ㅎ≫遠行知馬力, 멀리 가매 ᄆᆞᆯ 힘을 알고. 日久見人心, 날이 오라매 사ᄅᆞᆷ의 ᄆᆞᅀᆞᆷ을 보ᄂᆞ니라.

ᄆᆞᅀᆞᆷ대로 부 마음대로. ⇔유(由). ≪集覽, 字解, 累字解, 1ㅎ≫由他. 더뎌두라. 又제 ᄆᆞᅀᆞᆷ대로 ᄒᆞ게 ᄒᆞ라.

ᄆᆞᅀᅵ엽다 형 무섭다. 매섭다. ⇔이해(利害). ≪集覽, 字解, 累字解, 1ㅎ≫利害. ᄆᆞᅀᅵ엽다.

ᄆᆞᅀᆞᆷ 명 마음.❶⇔심(心). ≪朴諺, 上, 8ㅈ≫好院判哥, ᄆᆞᅀᆞᆷ 됴ᄒᆞᆫ 院判 형아. ≪朴諺, 上, 23ㅈ≫咱幾箇好朋友們, 우리 여러 ᄆᆞᅀᆞᆷ 됴ᄒᆞᆫ 벗들이. ≪朴諺, 上, 42ㅎ≫好姐姐, ᄆᆞᅀᆞᆷ 됴ᄒᆞᆫ 각시아. ≪朴諺, 上, 51ㅎ≫好大舍, ᄆᆞᅀᆞᆷ 됴ᄒᆞᆫ 大舍ㅣ아. ≪朴諺, 上, 59ㅈ≫有心拜莭(節), 莭(節)에 拜ᄒᆞᆯ ᄆᆞᅀᆞᆷ이 이시면. ≪朴諺, 上, 63ㅈ≫好哥哥弟兄們裏頭, ᄆᆞᅀᆞᆷ 됴ᄒᆞᆫ 형 아ᅀᆞ들 듕에. ≪朴諺, 中, 15ㅈ≫好相公坐的, ᄆᆞᅀᆞᆷ 됴ᄒᆞᆫ 相公은 안즈라. ≪朴諺, 中, 18ㅎ≫怕沒治病的心那, 저프건대 病 고틸 ᄆᆞᅀᆞᆷ이 업스랴마ᄂᆞᆫ. ≪朴諺, 中, 19ㅈ≫兩心相照亦不難, 둘희 ᄆᆞᅀᆞᆷ이 서르 비최면 ᄯᅩᄒᆞᆫ 어렵디 아니ᄒᆞ니라. ≪朴諺, 中, 25ㅈ≫常防賊心莫偸他物, 샹힛 도적 ᄆᆞᅀᆞᆷ을 막고 ᄂᆞᆷ의 것 도적디 말라 ᄒᆞᄂᆞ니라. ≪朴諺, 下, 3ㅈ≫你休生怠慢心, 네 怠慢ᄒᆞᆫ ᄆᆞᅀᆞᆷ을 내디 말고. ≪朴諺, 下, 9ㅎ≫心只在酒肉氣色, ᄆᆞᅀᆞᆷ이 그저 酒肉과 氣色에 이셔.

≪朴諺, 下, 11ㅈ≫想念之心無日有忘, 싱각ᄒᆞᄂᆞᆫ ᄆᆞᄋᆞᆷ이 니즐 날이 업서이다. ≪朴諺, 下, 27ㅎ≫我買的不應心, 내 사기 ᄆᆞᄋᆞᆷ애 맛당티 못ᄒᆞ여라. ≪朴諺, 下, 40ㅎ≫知人知面不知心, 사ᄅᆞᆷ을 알매 ᄂᆞᆺ촌 아라도 ᄆᆞᄋᆞᆷ은 아디 못ᄒᆞᆫ다 ᄒᆞᄂᆞ니라. ≪朴諺, 下, 51ㅈ≫忽生得淸歌細舞之心, 믄득 淸歌 細舞ᄒᆞᆯ ᄆᆞᄋᆞᆷ을 내여. ❷⇔심리(心裏). ≪朴諺, 下, 27ㅈ≫心裏想道, ᄆᆞᄋᆞᆷ에 싱각ᄒᆞ니. ≪朴諺, 下, 28ㅎ≫心裏好着, ᄆᆞᄋᆞᆷ에 됴ᄒᆞ면. ≪朴諺, 下, 60ㅎ≫心裡疼殺, ᄆᆞᄋᆞᆷ에 셟거든.

ᄆᆞᆯ 명 말. ⇔마(馬). ≪集覽, 字解, 單字解, 1ㅈ≫待. 擬要也 ᄒᆞ마 그리 호려 ᄒᆞ다라. 又欲也. 待賣幾箇馬去 여러 ᄆᆞᄅᆞᆯ 폴오져 ᄒᆞ야 가노라. ≪集覽, 字解, 單字解, 3ㅈ≫倒. 上聲, 仆也. 倒了 구으러디다. 又換也. 倒馬 ᄆᆞᆯ ᄀᆞ다. 又謄也. 倒關字 글월 번뎝ᄒᆞ다. 又去聲, 反辭 도ᄅᆞ혀. 通作到. ≪集覽, 字解, 單字解, 6ㅈ≫賃. 僦屋以語曰賃, 지블 돌마다 銀 현 량곰 삭 물오 드러 이셔 살 시라. 又雇用驢馬·舟車之類曰賃, 라귀와 ᄆᆞᆯ돌ᄒᆞᆯ 삭 주고 ᄡᅳ릴 시라. ≪朴諺, 上, 11ㅎ≫絟馬錢與他一捧兒米便是, ᄆᆞᆯ ᄆᆡ엿든 갑슬 뎌를 ᄒᆞᆫ 우훔 ᄡᆞᆯ을 줌이 곳 올타. ≪朴諺, 上, 20ㅎ≫背後河裏洗馬去來, 뒷 내헤 ᄆᆞᆯ 싯기라 가쟈. ≪朴諺, 上, 34ㅎ≫不曾上馬, 일즙 ᄆᆞᆯ을 ᄐᆞ디 못ᄒᆞ더니라. ≪朴諺, 上, 46ㅎ≫今年馬價如何, 올히 ᄆᆞᆯ 갑시 엇더ᄒᆞ뇨. ≪朴諺, 上, 58ㅈ≫咱們的馬怎的喂, 우리 ᄆᆞᆯ을 엇디 먹이료. ≪朴諺, 中, 7ㅈ≫我騎的十分快走的馬將來, 나 ᄐᆞᆯ 이란 ᄀᆞ장 잘 것ᄂᆞᆫ ᄆᆞᆯ을 가져오라. 我又先報馬去, 내 또 몬져 ᄆᆞᆯ을 報ᄒᆞ라 가노라. ≪朴諺, 中, 13ㅎ≫我赶着一百疋馬, 내 一百 疋 ᄆᆞᆯ을 몰고. ≪朴諺, 中, 29ㅎ≫馬們怎麽當的, ᄆᆞᆯ들히 엇디 당ᄒᆞ리오. ≪朴諺, 中, 37ㅈ≫要時請下馬來看, ᄒᆞ려커든 쳥컨대 ᄆᆞᆯ ᄂᆞ려 보라. ≪朴諺, 中, 51ㅎ≫馬套上轡頭, ᄆᆞᆯ 굴레 ᄡᅧ. ≪朴諺, 下, 14ㅎ≫直到日平西纔上馬, 잇긋 날이 平西호매 다ᄃᆞᆺ게야 ᄀᆞᆺ ᄆᆞᆯ을 ᄐᆞᄂᆞ니라. ≪朴諺, 下, 55ㅎ≫走失了甚色馬, 아모 빗쳇 ᄆᆞᆯ를 ᄃᆞ라나 일허시되. ≪朴諺, 下, 56ㅈ≫得了馬時, ᄆᆞᆯ을 어더든. ≪朴諺, 下, 60ㅎ≫衆將軍們扶侍上馬, 모든 將軍들히 븟드러 ᄆᆞᆯ ᄐᆡ오고.

ᄆᆞᆯ 명 말. 바둑알. ❶⇔마(馬). ≪朴諺, 上, 22ㅎ≫這箇馬下了時好, 이 ᄆᆞᆯ을 두면 됴타. ❷⇔자(子). ≪朴諺, 上, 22ㅎ≫罷罷來拈子爲定, 두어 두어 오라 ᄆᆞᆯ 잡바 뎡ᄒᆞ쟈. ≪朴諺, 上, 22ㅎ≫你的殺子多沒眼碁, 네 주긴 ᄆᆞᆯ이 만ᄒᆞ니 눈 업슨 바독이로다.

ᄆᆞᆯ귀유 명 말구유. ⇔마조(馬槽). ≪朴諺, 中, 12ㅈ≫薦·筐·馬槽都壯麽, 삿·광조리·ᄆᆞᆯ귀유ㅣ 다 壯ᄒᆞ냐.

ᄆᆞ라다 동 ❶마르다[乾]. ⇔건(乾). ≪朴諺, 中, 51ㅎ≫你的靴子怎麽乾, 네 훠ᄋᆡ 엇디 ᄆᆞᆯ랏ᄂᆞ뇨. ❷마르다[裁]. ⇔재(裁). ≪朴諺, 中, 54ㅎ≫都裁了也, 다 ᄆᆞ라다.

ᄆᆞᆯ뢰다 동 말리다[乾]. ⇔건(乾). ≪朴諺, 下, 44ㅎ≫一打裡和着乾不的, ᄒᆞᆫᄃᆡ 버므려 ᄆᆞᆯ뢰디 못ᄒᆞᆯ소냐.

ᄆᆞᆯ보ᄒᆞ다(-報-) 동 말을 타고 소식이나 공문 따위를 보고하다. 또는 그런 사람. ⇔보마(報馬) . ≪朴諺, 中, 7ㅈ≫我又先報馬去, 내 또 몬져 ᄆᆞᆯ을 報ᄒᆞ라 가노라.

ᄆᆞᆯ총 명 말총. ⇔마미(馬尾). ≪朴諺, 中, 11ㅎ≫簸箕, 키. 篩子, 얼멍이. 馬尾羅兒, ᄆᆞᆯ총체. 卓兒, 상. 盤子, 반. 茶盤, 찻반. 擡盞, 졉잔. 壺瓶, 壺瓶. 酒鼈, 쥬벼ᄋᆞ. 銅杓, 놋쥬게를. 都收拾下着, 다 收拾ᄒᆞ여 두라.

ᄆᆞᆯ총체 명 말총체. (쳇불을 말총으로 짠 체) ⇔마미나아(馬尾羅兒). ≪朴諺, 中, 11ㅎ≫簸箕, 키. 篩子, 얼멍이. 馬尾羅兒, ᄆᆞᆯ총체. 卓兒, 상. 盤子, 반. 茶盤, 찻반. 擡盞, 졉잔. 壺瓶, 壺瓶. 酒鼈, 쥬벼ᄋᆞ. 銅杓, 놋쥬게를. 都收拾下着, 다 收拾ᄒᆞ여 두라.

ᄆᆞᆰ다 형 맑다. ❶⇔영(瑩). ≪朴諺, 中, 23ㅈ≫

身瑩瓊瓌, 몸은 瓊瓌ㅣ ᄀ티 ᄆᆞᆰ고. ❷⇔청(淸). ≪朴諺, 中, 29ㅈ≫妻賢夫省事官淸民自安, 妻ㅣ 어딜면 지아븨 일이 덜리이고 官이 ᄆᆞᆰ그면 ᄇᆡᆨ셩이 스ᄉᆞ로 편안ᄒᆞᄂᆞ니라.

ᄆᆞᆺ 관 맨. ≪朴諺, 上, 5ㅈ≫席面(集覽, 朴集, 上, 2ㅎ: 席面. 音義云, ·ᄆᆞᆺ ·첫·줄.)上, 席面에ᄂᆞᆫ.

ᄆᆞᆺ다 동 마치다. 끝내다. ❶⇔요(了). ≪朴諺, 中, 45ㅎ≫別沒不了的事件, 각별이 ᄆᆞᆺ디 못ᄒᆞᆫ 일이 업고. ❷⇔필(畢). ≪朴諺, 下, 19ㅈ≫到國王前面告未畢, 國王의 앏픠 가 고ᄒᆞ기ᄅᆞᆯ ᄆᆞᆺ디 못ᄒᆞ여셔.

ᄆᆞᆺᄎᆞ다 동 마치다. 끝내다. ⇔파(罷). ≪朴諺, 下, 19ㅎ≫見大仙打罷問訊, 大仙을 보고 뭇기ᄅᆞᆯ ᄆᆞᆺᄎᆞ매.

ᄆᆞᆾ다 동 마치다. 끝내다. ❶⇔요(了). ≪朴諺, 上, 44ㅎ≫待一兩日了也, ᄒᆞᆫ 이틀만 ᄒᆞ면 ᄆᆞᄎᆞ리로다. ❷⇔파(罷). ≪朴諺, 中, 28ㅎ≫說罷, 니ᄅᆞ기ᄅᆞᆯ ᄆᆞᄎᆞ매. ≪朴諺, 下, 10ㅈ≫道罷, 니ᄅᆞ기ᄅᆞᆯ ᄆᆞᄎᆞ매. ≪朴諺, 下, 20ㅈ≫說罷, 닐ᄋᆞ기ᄅᆞᆯ ᄆᆞᄎᆞ매. ≪朴諺, 下, 24ㅎ≫說罷, 니ᄅᆞ기ᄅᆞᆯ ᄆᆞᄎᆞ매. ≪朴諺, 下, 60ㅎ≫道罷, 니ᄅᆞ기ᄅᆞᆯ ᄆᆞᄎᆞ매.

ᄆᆡ 관 매(每). 각각의. ⇔매(每). ≪朴諺, 上, 29ㅎ≫每一箇討五錢銀子, ᄆᆡ ᄒᆞ나히 닷 돈 은을 쇠오려니와. ≪朴諺, 上, 30ㅈ≫六箇獤皮每一箇三錢家筭時, 여ᄉᆞᆺ 獤皮에 ᄆᆡ ᄒᆞ나히 서 돈식 혜아리면.

ᄆᆡ 명 매탄(煤炭). 석탄. ⇔매(煤). ≪朴諺, 下, 44ㅎ≫乾的煤簡兒(集覽, 朴集, 下, 9ㅎ: 煤簡兒. 質問云, 如碎煤用黃泥水和成塊子, 方言謂之煤簡兒.)有麽, ᄆᆞ른 ᄆᆡᆺ덩이 잇ᄂᆞ냐.

ᄆᆡ다 동 매다. 묶다. ❶⇔남(纜). ≪朴諺, 下, 51ㅈ≫纜船下網, ᄇᆡ ᄆᆡ고 그믈 티고. ❷⇔만(挽). ≪朴諺, 中, 51ㅎ≫把那尾子挽的牢着, 뎌 ᄭᅩ리ᄅᆞᆯ다가 ᄆᆡ기ᄅᆞᆯ 구디 ᄒᆞ라. ❸⇔방(綁). ≪朴諺, 中, 28ㅎ≫把老李拿着背綁了, 老李ᄅᆞᆯ다가 자바 져차리켜 ᄆᆡ고. ❹⇔전(絟). ≪集覽, 字解, 單字解, 7ㅈ≫絟. 纏縛也. 音찬, 或音췬, 字亦作拴. ≪朴諺, 上, 10ㅎ≫着墻板當着墻頭絟的牢着, 담 ᄡᆞᄂᆞᆫ 널로 담 머리예 막아 ᄆᆡ기ᄅᆞᆯ 긋(긋)이 ᄒᆞ고. ≪朴諺, 上, 20ㅎ≫絟在陰凉處, 서ᄂᆞᆯᄒᆞᆫ ᄃᆡ ᄆᆡ여 두고. ≪朴諺, 上, 24ㅎ≫絟着一副鴉靑段子滿刺(刺)嬌護膝, ᄒᆞᆫ 부 야쳥 비단에 滿刺(刺)嬌ᄒᆞᆫ 슬갑을 ᄆᆡ엿고. ≪朴諺, 上, 27ㅈ≫絟着一對明綠綉四季花護膝, ᄒᆞᆫ 쌍 明綠빗치 四季花ᄅᆞᆯ 綉ᄒᆞᆫ 슬갑을 ᄆᆡ엿고. ≪朴諺, 上, 39ㅈ≫乾淨田地上樹底下絟着, 乾淨ᄒᆞᆫ ᄯᅡ 나모 아래 ᄆᆡ고. ≪朴諺, 上, 50ㅎ≫着繃子絟了, ᄇᆡ보로기 ᄆᆡ고. ≪朴諺, 下, 46ㅈ≫絟在牛車上, 쇠 술위예 ᄆᆡ고. ≪朴諺, 下, 55ㅈ≫門前絟着帶鞍的白馬來, 門 앏희 기ᄅᆞ마지은 白馬ᄅᆞᆯ ᄆᆡ엿더니. ≪朴諺, 下, 5ㅎ≫這一脫兒無處絟, 이 ᄒᆞᆫ 긋틀 ᄆᆡᆯ 곳이 업세라. ≪朴諺, 下, 5ㅎ≫打一箇橛子絟不的, ᄒᆞᆫ 말쏙을 박고 ᄆᆡ디 못ᄒᆞᆯ소냐.

ᄆᆡ둡 명 뾰루지. 뾰두라지. 응어리. ⇔흘달(疙疸). ≪朴諺, 上, 36ㅎ≫餶(集覽, 朴集, 上, 10ㅎ: 餶. 音義云, 餶, 音疙. 今按, 疙, 音그(그). 疙疸 ᄆᆡ둡.)皺氈餶皺被, ᄶᅵᆼ긘 담에 ᄶᅵᆼ긘 니블에.

ᄆᆡ양 부 매양. ⇔매상(每常). ≪朴諺, 下, 57ㅎ≫每常來的, ᄆᆡ양 오ᄂᆞᆫ.

ᄆᆡ오로시 부 한결같이. 늘. 언제나. ❶⇔일잔(一剗). ≪集覽, 字解, 累字解, 1ㅈ≫一剗. ᄆᆡ오로시. 亦曰剗地. ❷⇔잔지(剗地). ≪集覽, 字解, 累字解, 1ㅈ≫一剗. ᄆᆡ오로시. 亦曰剗地.

ᄆᆡ이다 동 매이다. ⇔계(係). ≪朴諺, 下, 54ㅈ≫係本府本縣附籍人戶, 本府 本縣에 ᄆᆡ여 附籍ᄒᆞᆫ 人戶ㅣ.

ᄆᆡ일 명 매일. 날마다. ⇔매일(每日). ≪朴諺, 中, 43ㅈ≫你每日做甚麽, 네 ᄆᆡ일에 므스 일ᄒᆞᄂᆞᆫ다. ≪朴諺, 中, 43ㅈ≫每日馬肚皮塵埋三尺, ᄆᆡ일에 ᄆᆞᆯ ᄇᆡᆺ가족에 틧글이 석 자히나 무텻고.

ᄆᆡ탄 명 매탄(煤炭). 석탄. ⇔매(煤). ≪朴

諺, 下, 5ㅈ≫你只做饋我煤火炕着, 네 그저 날을 믹탄 퓌오는 구들을 믿드라 주되. ≪朴諺, 下, 44ㅎ≫着上些煤塊子, 져기 믹탄 덩이를 노코.

민- 접두 맨[純]-. ⇔백(白). ≪朴諺, 上, 5ㅈ≫燒鵝·白煠鷄, 구은 게오와 민기름에 지진 돍과.

민글다 동 만들다. ≪朴諺, 上, 4ㅎ≫或是獅仙糖, 혹 스지 튼 신션 양으로 민근 沙糖을 노코.

민기름 명 맨기름. (다른 것과 섞이지 않은 순수한 기름) ≪朴諺, 上, 5ㅈ≫燒鵝·白煠鷄, 구은 게오와 민기름에 지진 돍과.

민들다 동 만들다. ❶⇔작(作). ≪朴諺, 中, 26ㅎ≫李大的帽兒樣兒可喜不走作, 李大의 갓이 모양이 곱고 듧쁘디 아니케 민드랏고. ❷⇔주(做). ≪朴諺, 上, 29ㅈ≫做坐褥·皮搭連, 아답개와 가족 대련을 민들려 ㅎ노라. ≪朴諺, 上, 43ㅎ≫做一對護膝, ㅎ 빵 슬갑을 민들려 ㅎ면. ≪朴諺, 上, 43ㅎ≫做帶子和裏兒, 띄와 안흘 민들리로다. ≪朴諺, 上, 53ㅎ≫你用心做的好時, 네 用心ㅎ여 민들기를 잘ㅎ면. ≪朴諺, 下, 5ㅎ≫你只朝南做門兒, 네 그저 남향ㅎ여 문을 민들고. ≪朴諺, 下, 5ㅎ≫那西邊做一箇竈洞, 뎌 셔편의 ㅎ 굴을 민들라. ≪朴諺, 下, 6ㅈ≫這般做的不成時, 이리 민들기를 블셩이 ㅎ면. ≪朴諺, 下, 46ㅈ≫當間裏按一箇木頭做的明珠, 가온딕 ㅎ 남그로 민든 明珠를 박고. ❸⇔타(打). ≪朴諺, 上, 15ㅈ≫梁兒·束兒打的輕妙着, 므르쇠와 뭇금싀(쇠)를 민들기를 輕妙히 ㅎ고. ≪朴諺, 上, 16ㅈ≫三錢銀子打的, 서 돈 은이야 민들리라. ≪朴諺, 上, 16ㅈ≫你用心下功夫打, 네 用心ㅎ여 功夫 드려 민들라. ≪朴諺, 上, 53ㅈ≫你打十箇氣力的一張, 네 열 힘에 치 ㅎ 당과. 七八箇氣力的一張, 닐곱 여돏 힘에 ㅎ 당을 민들라.

민둘다 동 만들다. ❶⇔소(塑). ≪朴諺, 下, 45ㅎ≫塑一箇象一般大的春牛, ㅎ 象ᄀ티 큰 春牛를 민드라. ≪朴諺, 下, 46ㅈ≫一箇塑的小童子, ㅎ 小童子를 민드라. ❷⇔주(做). ≪朴諺, 上, 18ㅎ≫後面北斗七星板兒做的好, 後面 北斗七星 돈은 민돌기를 잘ㅎ엿고. ≪朴諺, 上, 29ㅈ≫這兩件東西做時, 이 두 가짓 거슬 민돌려 ㅎ면. ≪朴諺, 上, 42ㅎ≫你做饋我一副護膝, 네 날을 ㅎ 부 슬갑을 민드라 주고려. ≪朴諺, 上, 44ㅈ≫你做饋我荷包如何, 네 날을 주머니를 민드라 줌이 엇더ㅎ뇨. ≪朴諺, 中, 2ㅎ≫把來做的不成, 가져오니 민돌옴이 不成ㅎ고. ≪朴諺, 中, 25ㅈ≫你的帽兒那裏做來, 네 갓을 어듸셔 민드란ㄴ뇨. ≪朴諺, 中, 25ㅎ≫做的鬆了, 민돌기를 섭섭이 ㅎ여시니. ≪朴諺, 中, 26ㅎ≫這一箇高手的人做的生活, 이 ㅎ 高手엣 사름의 민든 셩녕이. ≪朴諺, 中, 49ㅈ≫我做袈裟裏, 내 袈裟를 민드노라. ≪朴諺, 中, 58ㅎ≫把那蒲葉兒來做席子, 뎌 菖蒲 닙흘다가 자리 민드라. ≪朴諺, 下, 5ㅈ≫做炕時, 구돌을 민돌려 ㅎ면. ≪朴諺, 下, 5ㅈ≫你只做饋我煤火炕着, 네 그저 날을 믹탄 퓌오는 구들을 민드라 주되. 前面做一箇煤爐, 앏픠 ㅎ 煤爐를 민돌라. ❸⇔주득(做得). ≪朴諺, 上, 18ㅈ≫那三台板兒做得好, 뎌 三台 돈은 민돌기를 잘ㅎ엿고. ≪朴諺, 上, 18ㅎ≫南斗六星板兒做得忒圓了些, 南斗六星 돈은 민돌기를 너모 두렷게 ㅎ엿고. ≪朴諺, 中, 25ㅎ≫這帽兒也做得中中的, 이 갓을 민돌기를 알맛게 ㅎ엿다. ❹⇔타(打). ≪朴諺, 上, 15ㅈ≫快打刀子的匠人那裏有, 칼 잘 민드는 匠人이 어듸 인ㄴ뇨. 我打一副刀子, 내 ㅎ 불 칼을 민돌려 ㅎ노라. ≪朴諺, 上, 15ㅈ≫打的好刀子, 민든 칼이 됴흐니라. 着他打不得, 뎌 ㅎ여 민드디 못ㅎ랴. 你打時怎麽打, 네 민돌면 엇디 민돌려 ㅎ는다. ≪朴諺, 上, 15ㅎ≫你打幾件兒, 네 면 블을 민돌다. ≪朴諺, 上, 16ㅈ≫這般打的可喜乾淨時, 이리 민돌기를 곱고 乾淨히 ㅎ려 ㅎ면. ≪朴諺,

上, 16ㅈ≫咱這官人要打一副刀子, 우리 이 官人이 훈 불 칼을 믿돌고져 호되. ≪朴諺, 上, 52ㅎ≫你要打幾箇氣力的弓, 네 언머 힘에 활을 믿돌고져 ᄒᆞᄂᆞᆫ다. ≪朴諺, 上, 52ㅎ≫你打饋我兩張弓如何, 네 나를 두 당 활을 믿ᄃᆞ라 주미 엇더ᄒᆞ뇨. ≪朴諺, 下, 29ㅎ≫鼈兒打的匾着些箇, 鼈兒 믿돌기를 져기 납죡이 ᄒᆞ고. ≪朴諺, 下, 29ㅈ≫你打饋我一箇立鼈兒, 네 날을 훈 立鼈兒와. 一箇蝦蟆·鼈兒和蝎虎盞兒, 훈 蝦蟆鼈兒와 蝎虎盞을 믿ᄃᆞ라 주고려. ≪朴諺, 下, 29ㅎ≫觜我把兒且打下我看着銲, 부리와 줄롤 아직 믿ᄃᆞ라 내 보와 든 빼라. ≪朴諺, 下, 29ㅎ≫你自這裏打爐子, 네 손즈 여긔 풀무롤 믿돌고.

믿믈 명 맹물. ⇔천(川). ≪朴諺, 上, 5ㅈ≫川炒(集覽, 朴集, 上, 2ㅎ: 川炒. 音義云, 믿므레〈믿믈에〉 炒훈 猪肉. 今按, 川炒, 塩水炒也.)猪肉, 제믈에 쵸훈 뎨육과.

밋다 동 맺다. ⇔결(結). ≪朴諺, 上, 43ㅎ≫結褁不出來, 밋숨여 내디 못ᄒᆞ리라.

밋덩이 명 (황토와 물을 한데 섞어 햇볕에 말린) 석탄 덩어리. ⇔매간아(煤簡兒). ≪朴諺, 下, 44ㅎ≫乾的煤簡兒有麼, ᄆᆞ른 밋덩이 잇ᄂᆞ냐.

밋숨이다 동 맺어 꾸미다. ⇔결과(結褁). ≪朴諺, 上, 43ㅎ≫結褁不出來, 밋숨여 내디 못ᄒᆞ리라.

밍글다 동 만들다. ⇔주(做). ≪集覽, 字解, 單字解, 7ㅈ≫扮. 修飾也. 裝扮 ᄭᅮ미다, 扮做 ᄭᅮ며 밍ᄀᆞ다. 音班, 去聲. ≪朴諺, 上, 49ㅈ≫饋你濟機(集覽, 朴集, 上, 13ㅈ: 濟機. 音義云, ·ᄊᆞᆯ로 밍·ᄀᆞ·론〈밍ᄀᆞᆫ〉 혈거피 ·ᄀᆞ·ᄐᆞᆫ 것. 今按, 漢人或牛角或鹿角爲之, 形如環, 着於拇指, 亦所以鈎〈所以鉤〉弦開弓.), 너를 각지를 주마.

밍골다 동 만들다. ≪朴諺, 上, 49ㅈ≫饋你濟機(集覽, 朴集, 上, 13ㅈ: 濟機. 音義云, ·ᄊᆞᆯ로 밍·ᄀᆞ·론〈밍ᄀᆞᆫ〉 혈거피 ·ᄀᆞ·ᄐᆞᆫ 것. 今按, 漢人或牛角或鹿角爲之, 形如環, 着於拇指, 亦所以鈎〈所以鉤〉弦開弓.), 너를 각지를 주마.

밍셔 명 맹세(盟誓). ⇔서(誓). ≪朴諺, 上, 23ㅈ≫咱就那一日各自說箇重誓, 우리 임의셔 그 날에 각각 듕훈 밍셔를 닐러.

믹다 동 맺다. ❶⇔개(蓋). ≪朴諺, 上, 27ㅈ≫攀膊下滴溜着一箇珠兒網盖兒罕荅哈, 가슴거리 아릭 훈 구슬로 망 믹자 씬 罕荅哈를 드리웟더라. ❷⇔결(結). ≪朴諺, 上, 25ㅎ≫江西十分上等眞結綜(棕)帽兒上, 江西 ᄀᆞ쟝 上等에 진짓 綜(棕)으로 믹즌 갓 우희. ≪朴諺, 上, 28ㅈ≫底下垂下着兩頭靑珠兒結串的駝毛肚帶, 미틔 드리온 거슨 두 머리예 프른 구슬로 믹자 쎄온 약대 털로 훈 빗대오. ❸⇔결자(結子). ≪朴諺, 上, 28ㅎ≫珠結子的蓋兒野狗尾子罕荅哈, 구슬로 믹자 씬 여으 ᄭᅩ리 罕荅哈ㅣ러라.

바 명 ❶바[索]. 밧줄. ⇔삭(索). ≪朴諺, 中, 11ㅎ≫少梯子, 술위앏괴오ᄂᆞᆫ나모. 撑頭, 술위뒤괴오ᄂᆞᆫ나모. 套繩, ᄆᆡᆫ줄. 撒繩, ᄡᅳ을줄. 拘索, 목집게. 籠頭, 바굴레. 脚索, 지달ᄡᅳᆯ바. 鞍子, 기ᄅᆞ마. 肚帶, 빗대 업세라. ❷바[所]. ⇔소(所). ≪朴諺, 下, 11ㅎ≫孩兒這裏所幹已成完備, 孩兒ㅣ 여긔 ᄒᆞᄂᆞᆫ 배 임의 完備케 되여시니. ≪朴諺, 下, 59ㅎ≫靡所不爲, ᄒᆞ디 아닐 배 업므(으)니.

바굴레 명 밧줄로 만든, 재갈이 없는 굴레. ⇔농두(籠頭). ≪朴諺, 中, 11ㅎ≫少梯子, 술위앏괴오ᄂᆞᆫ나모. 撑頭, 술위뒤괴오ᄂᆞᆫ나모. 套繩, ᄆᆡᆫ줄. 撒繩, ᄡᅳ을줄. 拘索, 목집게. 籠頭, 바굴레. 脚索, 지달ᄡᅳᆯ바. 鞍子, 기ᄅᆞ마. 肚帶, 빗대 업세라.

바ᄂᆞ실 명 바느질실. ⇔침선(針線). ≪朴諺, 上, 36ㅈ≫四哥是針線, 넷재 형은 이 바ᄂᆞ실이로다.

바ᄂᆞ질 명 바느질. ⇔침선(針線). ≪朴諺, 中, 54ㅎ≫一箇不會針線的女兒, ᄒᆞᆫ 바ᄂᆞ질 아디 못ᄒᆞᄂᆞᆫ 女児란.

바ᄂᆞᆯ 명 바늘. 침(針). ≪朴諺, 中, 34ㅈ≫着針線串上, 바ᄂᆞᆯ실로 ᄢᅦ여.

바ᄂᆞᆯ실 명 바느질실. ⇔침선(針線). ≪朴諺, 中, 34ㅈ≫着針線串上, 바ᄂᆞᆯ실로 ᄢᅦ여.

바다ㅎ 명 바다. ⇔해(海). ≪朴諺, 下, 31ㅎ≫駕海紫金梁, 바다흘 걸탓ᄂᆞᆫ 紫金梁이로다. ≪朴諺, 下, 36ㅈ≫人不可貌相, 사ᄅᆞᆷ은 가히 얼굴로 상티 못ᄒᆞ고. 海不可斗量, 바다흔 가히 말로 되디 못ᄒᆞᆫ다 ᄒᆞ니.

바독 명 바둑. ⇔기(碁). ≪朴諺, 上, 21ㅎ≫今日下雨正好下碁, 오ᄂᆞᆯ 비 오니 졍히 바독 두기 됴타. ≪朴諺, 上, 22ㅎ≫你的殺子多沒眼碁, 네 주긴 ᄆᆞᆯ이 만ᄒᆞ니 눈 업슨 바독이로다. ≪朴諺, 上, 23ㅈ≫高碁輸頭盤, 놉흔 바독은 첫 판을 진다 ᄒᆞᄂᆞ니라. ≪朴諺, 上, 23ㅈ≫我却怎麽贏了這三十路碁, 내 ᄯᅩ 엇디 이 셜흔 집 바독을 이긔여뇨. ≪朴諺, 中, 44ㅈ≫着碁論談能消日, 바독 두며 論談ᄒᆞ야 능히 消日ᄒᆞ고. ≪朴諺, 中, 49ㅎ≫將過碁盤來, 바독판 가져오라.

바독판 명 바둑판. ⇔기반(碁盤). ≪朴諺, 中, 49ㅎ≫將過碁盤來, 바독판 가져오라.

바디 명 바지. ⇔고(袴). ≪朴諺, 下, 30ㅈ≫穿着花袴皀靴的勇士, 아롱바디예 거믄 훠 신은 勇士ㅣ.

바라 명 바라. 자바라(啫哱囉). ❶⇔나(鑼). ≪朴諺, 下, 60ㅎ≫擂皷打鑼, 붑 티고 바라 티고. ❷⇔발(鈸). ≪朴諺, 下, 42ㅈ≫吹螺打鈸, 고라 불고 바라 티고.

바라문(婆羅門) 명 〈불〉 브라만(Brahman)의 음역어. 인도(印度) 카스트(caste) 제도에서 가장 높은 지위인 승려 계급. ≪朴諺, 中, 21ㅎ≫或作童女(集覽, 朴集, 中, 4ㅎ: 童男童女. 觀音現三十二應, 曰佛身, 曰辟支〈支〉, 曰圓覺, 曰聲聞, 曰梵王, 曰帝釋, 曰自在天, 曰大自在天, 曰天大將軍, 曰四天王, 曰四天太子, 曰人王, 曰長者, 曰居士, 曰宰官, 曰婆羅門, 曰比丘, 曰比丘尼, 曰優婆塞, 曰優婆夷, 曰女主, 曰童男, 曰童女, 曰天身, 曰龍身, 曰藥叉, 曰乾達婆, 曰阿脩羅, 曰緊那羅, 曰摩睺羅, 曰樂人, 曰非人.), 혹 童女ㅣ 되며. ≪朴諺, 下, 8ㅎ≫說目連尊者(集覽, 朴集, 下, 2ㅎ: 目連尊者. 反(飜)譯名義云, 目連, 婆

羅門姓也, 名拘〈拘〉律陀.)救母經, 目連尊者의 救母經을 니르니.

바로 뮈 ❶바로. 곧. ⇔직(直). ≪朴諺, 下, 24ㅎ≫行者直拖的王前面彫了, 行者ㅣ 바로 쯔어 王의 앏픠 드리티니. ❷바로. 곧게. ⇔직(直). ≪朴諺, 下, 31ㅎ≫直挺挺的立地, 바로 곳곳이 싸히 셔시니.

바로 뮈 바로. 바르게. ⇔정(正). ≪朴諺, 上, 50ㅎ≫把溺胡蘆正着那窟籠裏放了, 오좀 누는 박을다가 바로 뎌 굼긔 노코. ≪朴諺, 下, 5ㅎ≫在墻上驗的正着, 담 우희 견조기를 바로 ᄒᆞ라.

바리 명 두공(枓栱). (목조 건물에서 기둥 위에 지붕을 받치며 차례로 짜 올린 구조) ⇔승두(升斗). ≪朴諺, 下, 12ㅎ≫以至升斗, 뻐 바리와. 石, 돌과. 塼, 벽과. 培瓦, 培瓦에 니르히. 都有, 다 이셰라.

바믜다 형 흐릿하다. 침침하다. 아물아물하다. ⇔화(花). ≪朴諺, 中, 1ㅎ≫弄的只是眼花了, 농ᄒᆞ기를 그저 눈이 바믜엿게 ᄒᆞ고.

바탕 명 가죽띠. ⇔정대(鞓帶). ≪朴諺, 上, 18ㅈ≫鞓帶忒長了, 바탕이 너모 기니.

바티다 동 받치다. ⇔경(擎). ≪朴諺, 下, 31ㅎ≫這的擎天白玉柱, 이ᄂᆞᆫ 하ᄂᆞᆯ을 바텻ᄂᆞᆫ 白玉柱ㅣ오.

바티다 동 바치다[獻]. 드리다. ❶⇔상납(上納). ≪朴諺, 下, 37ㅈ≫官人上納與二停外, 官人의게 두 분을 바틴 밧긔. ❷⇔시(試). ≪朴諺, 上, 45ㅈ≫試文書的之後, 글을 바틴 후에.

박 명 박. 호리병박. ⇔호로(胡蘆). ≪朴諺, 上, 50ㅎ≫把溺胡蘆正着那窟籠裏放了, 오좀 누는 박을다가 바로 뎌 굼긔 노코.

박(博) 명 내기[賭]. ⇔더ᄂᆞ기. ≪朴諺, 上, 17ㅎ≫或是博錢(集覽, 朴集, 上, 6ㅎ: 博錢. 質問云, 兩人賭錢, 將八文錢捏在手指, 擲之於地, 有八背, 謂之八八, 有七字, 謂之七七, 此是爲勝, 無八八·七七, 此是爲輸.)·拿錢, 혹 돈더ᄂᆞ기 ᄒᆞ며 쌍블잡기 ᄒᆞ고.

박(薄) 형 엷다. ⇔엷다. ≪朴諺, 中, 2ㅎ≫板子又薄, 널이 또 엷고.

박다 동 박다. ❶⇔안(按). ≪朴諺, 下, 46ㅈ≫當間裏按一箇木頭做的明珠, 가온듸 ᄒᆞᆫ 남그로 ᄆᆡᆫ든 明珠를 박고. ❷⇔정(釘). ≪朴諺, 上, 26ㅎ≫鴈翅板上釘着金絲減鐵事件, 둥울 우희 金 입ᄉᆞᄒᆞᆫ 事件을 박앗고. ≪朴諺, 中, 35ㅎ≫着釘子釘在三四處, 못으로 세네 곳을 박고. 着鋸鈠兒釘在兩三處, 비목으로 두세 곳을 박고. ≪朴諺, 中, 44ㅎ≫釘在這壁子上, 이 ᄇᆞᄅᆞᆷ 우희 박고. ≪朴諺, 中, 44ㅎ≫那中柱上釘一箇釘子, 뎌 가온댓 기동에 ᄒᆞᆫ 낫 못을 박고. ❸⇔정상(釘上). ≪朴諺, 中, 29ㅎ≫打一對馬脚匙來釘上着, ᄒᆞᆫ 보 다갈을 티여다가 박으라. ❹⇔타(打). ≪朴諺, 下, 5ㅎ≫打一箇橛子絟不的, ᄒᆞᆫ 말뚝을 박고 ᄆᆡ디 못ᄒᆞᆯ소냐.

박면(薄面) 명 보잘것없는 체면. ≪朴諺, 中, 16ㅎ≫不違寒生薄面, 寒生의 薄面을 어긔오디 아니ᄒᆞ고.

박박(薄薄) 형 보잘것없다. ⇔박박ᄒᆞ다(薄薄-). ≪朴諺, 中, 2ㅎ≫一箇薄薄的生活, ᄒᆞᆫ 薄薄ᄒᆞᆫ 셩녕이로다.

박박ᄒᆞ다(薄薄-) 형 보잘것없다. ⇔박박(薄薄). ≪朴諺, 中, 2ㅎ≫一箇薄薄的生活, ᄒᆞᆫ 薄薄ᄒᆞᆫ 셩녕이로다.

박병 명 얇게 민 밀가루 반대기. ⇔박병(薄餠). ≪朴諺, 下, 32ㅎ≫軟肉薄餠(集覽, 朴集, 下, 6ㅈ: 軟肉薄餠. 質問云, 以麥麪〈麵〉作成薄餠片, 而用爁軟肉捲而食之.), 연육 소 ᄒᆞᆫ 박병과.

박병(薄餠) 명 얇게 민 밀가루 반대기. ⇔박병. ≪朴諺, 下, 14ㅈ≫軟肉薄餠(集覽, 朴集, 下, 6ㅈ: 軟肉薄餠. 質問云, 以麥麪作成薄餠片, 而用爁軟肉捲而食之.)喫了, 軟肉 소 녀ᄒᆞᆫ 薄餠을 먹고. ≪朴諺, 下, 32ㅎ≫軟肉薄餠, 연육 소 ᄒᆞᆫ 박병과.

박수(拍手) 동 두 손뼉을 마주 치다. ≪朴諺, 下, 13ㅈ≫上面畫六鶴舞琴(集覽, 朴集, 下, 3ㅈ: 六鶴舞琴. 善惡報應錄云, 江

ㅂ

夏郡辛氏沽酒爲業, 有一先生入坐曰, 有好酒飮吾否. 辛飮以巨杯. 明日復來, 如此半載. 謂辛曰, 多負酒債, 無錢酬汝. 遂取藍橘皮, 於壁上畫鶴, 曰, 客來飮酒, 但令拍手歌之, 其鶴必舞, 將此酬汝. 後客至, 如其言, 鶴果舞, 觀者沓至, 酬之以錢, 遂致鉅〈巨〉富.), 上面에 六鶴舞琴을 그리고.

박숙(煿熟) 동 불에 구어 익히다. ≪朴諺, 下, 33ㅈ≫黃燒餠(集覽, 朴集, 下, 7ㅈ: 黃燒餠. 事林廣記云, 每麵〈麪〉一斤, 入油一兩半, 炒塩一錢, 冷水和搜得所, 骨魯槌砑開, 鏊上煿〈煿〉熟, 得硬煻火燒熟, 甚酥美. 酥, 걱걱ᄒᆞ다〈석석ᄒᆞ다〉.), 누룬 쇼병과.

박식(薄識) 형 아는 것이 없다. 곧, 무식하다. ≪朴諺, 上, 22ㅈ≫你一般淺見薄識的人, 너 ᄀᆞᄐᆞᆫ 淺見 薄識엣 사ᄅᆞᆷ이.

박전(博錢) 명 돈내기. (두 사람이 돈을 걸고 8개의 동전을 땅에 던져 승부를 가르는 일종의 내기) ⇔돈더ᄂᆞ기. ≪朴諺, 上, 17ㅎ≫或是博錢(集覽, 朴集, 上, 6ㅎ: 博錢. 質問云, 兩人賭錢, 將八文錢捏在手指, 擲之於地, 有八背, 謂之八八, 有七字, 謂之七七, 此是爲勝, 無八八·七七, 此是爲輸.)拿錢, 혹 돈더ᄂᆞ기 ᄒᆞ며 쌍블잡기 ᄒᆞ고.

박전(愽錢) 명 박전(博錢). '愽'은 '博'의 속자. ≪朴諺, 上, 17ㅎ≫或是愽錢(集覽, 朴集, 上, 6ㅎ: 博錢. 質問云, 兩人賭錢, 將八文錢捏在手指, 擲之於地, 有八背, 謂之八八, 有七字, 謂之七七, 此是爲勝, 無八八·七七, 此是爲輸.)拿錢, 혹 돈더ᄂᆞ기 ᄒᆞ며 쌍블잡기 ᄒᆞ고.

박탄(駁彈) 동 나무라다. 비난하다. ⇔나므라다. ≪朴諺, 中, 37ㅎ≫官人十分休駁彈, 官人아 ᄀᆞ장 나므라디 말라. ≪朴諺, 中, 37ㅎ≫駁彈的是買主, 나므라ᄂᆞ니아 이 사ᄂᆞᆫ 님재라.

박통사(朴通事) 명 박통사집람(朴通事集覽)을 이르는 말. ≪集覽, 凡例≫單字·累字之解, 只取老乞大·朴通事中所載者爲解. ≪集覽, 凡例≫兩書諺解簡帙重大, 故朴通事分爲上·中·下, 老乞大分爲上·下, 以便繙閱.

박편(薄片) 명 얇은 조각. ≪朴諺, 下, 14ㅈ≫喫稍麥(集覽, 朴集, 下, 3ㅎ: 稍麥. 質問云, 以麥麪作成薄片, 包肉蒸熟, 與湯食之, 方言謂之稍麥.)粉湯, 稍麥과 ᄉᆞ면 먹고.

박핑이 명 속을 파낸 박달나무로 만든 팽이의 한 가지. 줄을 매어 당기면 윙윙 소리를 내면서 돈다. 일설에는, 조롱박에 구멍을 뚫고 줄을 매어 공중에 휘둘러 소리를 내는 장난감이라고도 한다. ⇔공중(空中). ≪朴諺, 上, 16ㅎ≫街上放空中(集覽, 朴集, 上, 6ㅈ: 空中. 音義云, 用檀木旋圓, 內用刀剜空, 以繩〈縄〉曳之, 在地轉動有聲. 質問云, 頑童將胡蘆用木釘串之, 傍作一眼, 以繩〈縄〉繫扯, 旋轉有聲, 亦謂之空中.)的小厮們好生廣, 거리에 박핑이 틸 아ᄒᆡ들 ᄀᆞ장 흔터라. ≪朴諺, 上, 16ㅎ≫正是放空中的時節(節), 졍히 박핑이 틸 ᄢᅢ로다.

박하 명 박하(薄荷). (꿀풀과의 여러해살이풀. 한방에서는 잎을 약용하고 향기가 좋아 향료로 쓴다) ⇔박하(薄荷). ≪朴諺, 中, 33ㅎ≫蘿蔔, 댓무우. 蔓菁, 쉿무우. 萵苣, 부로. 葵菜, 아혹. 白菜, ᄇᆡ치. 赤根菜, 시근치. 園荽, 고싀. 蓼子, 역괴. 葱, 파. 蒜, 마늘. 薤, 부ᄎᆡ. 荊芥, 형개. 薄荷, 박하. 茼蒿, 믈ᄡᅮᆨ. 水蘿蔔, 믈한댓무우. 胡蘿蔔, 노론댓무우. 芋頭, 토란. 紫蘇都種來, 紫蘇를 다 시므라.

박하(薄荷) 명 박하(薄荷). (꿀풀과의 여러해살이풀. 한방에서는 잎을 약용하고 향기가 좋아 향료로 쓴다) ⇔박하. ≪朴諺, 中, 33ㅎ≫蘿蔔, 댓무우. 蔓菁, 쉿무우. 萵苣, 부로. 葵菜, 아혹. 白菜, ᄇᆡ치. 赤根菜, 시근치. 園荽, 고싀. 蓼子, 역괴. 葱, 파. 蒜, 마늘. 薤, 부ᄎᆡ. 荊芥, 형개. 薄荷, 박하. 茼蒿, 믈ᄡᅮᆨ. 水蘿蔔, 믈한댓무우.

胡蘿蔔, 노론댓무우. 芋頭, 토란. 紫蘇都種來, 紫蘇ᄅᆞᆯ 다 시므라.

반 명 반(半). ❶⇔반(半). ≪朴諺, 上, 10ㅎ≫二錢半一板家, 두 돈 반에 ᄒᆞᆫ 판식 호ᄃᆡ. 錢半一板, 돈 반에 ᄒᆞᆫ 판이라. ≪朴諺, 上, 21ㅈ≫爲頭兒只半筐兒草, 처음은 그저 반 광조리 여믈을. ≪朴諺, 上, 32ㅎ≫打的半死剌活的, 텨 반만 죽엇다가 되ᄉᆡ여나니. ≪朴諺, 上, 43ㅎ≫三尺半白淸水絹, 석 자 반 제믈엣 깁이야. ≪朴諺, 中, 4ㅈ≫這柳黃綾染錢五錢半銀子, 이 柳黃綾은 믌갑시 닷 돈 반 銀이오. ≪朴諺, 中, 4ㅎ≫都通染錢是五兩四錢半銀子, 대되 통ᄒᆞ여 믌갑시 닷 냥 너 돈 반 은이라. ≪朴諺, 中, 16ㅈ≫水一盞半, 믈 ᄒᆞᆫ 잔 반. ≪朴諺, 中, 20ㅈ≫把摟草二錢半一束(束)家, 허튼 딥흔(흘)다가 돈 둘 반에 ᄒᆞᆫ 뭇식 ᄒᆞ여. ≪朴諺, 中, 20ㅈ≫錢半一束家, 돈 반에 ᄒᆞᆫ 뭇식 ᄒᆞ야. ≪朴諺, 中, 44ㅈ≫月明紗窓秋夜半, ᄃᆞᆯ이 紗窓에 ᄇᆞᆰ고 ᄀᆞ올쌈이 반만 ᄒᆞᆫ 제. ≪朴諺, 下, 29ㅈ≫元寶我有半錠了, 元寶ㅣ 내게 반 뎡이 이시니. ≪朴諺, 下, 29ㅎ≫塌了半邉, 반 편이 뻐러디고. ❷⇔반아(半兒). ≪朴諺, 中, 14ㅈ≫到通州賣了多一半兒, 通州ㅣ 다ᄃᆞ라 반남아 ᄑᆞᆯ고.

반 명 반(盤). (쟁반이나 소반 따위) ⇔반자(盤子). ≪朴諺, 中, 11ㅎ≫簸箕, 키. 篩子, 얼멍이. 馬尾羅兒, ᄆᆞᆯ총체. 卓兒, 상. 盤子, 반. 茶盤, 찻반. 擡盞, 졉잔. 壺瓶, 壺瓶. 酒鱉, 쥬벼ᄋᆞ. 銅杓, 놋쥬게ᄅᆞᆯ. 都收拾下着, 다 收拾ᄒᆞ여 두라.

반(反) 부 도리어. ⇔도로혀. ≪朴諺, 中, 60ㅎ≫反上反下, 도로혀 올리락 도로혀 ᄂᆞ리오락 ᄒᆞᆫ다 ᄒᆞ니.

반(半) 명 반(半). ⇔반. ≪朴諺, 上, 10ㅎ≫二錢半一板家, 두 돈 반에 ᄒᆞᆫ 판식 호ᄃᆡ. 錢半一板, 돈 반에 ᄒᆞᆫ 판이라. ≪朴諺, 上, 21ㅈ≫爲頭兒只半筐兒草, 처음은 그저 반 광조리 여믈을. ≪朴諺, 上, 32ㅎ≫打的半死剌活的, 텨 반만 죽엇다가 되ᄉᆡ여나니. ≪朴諺, 上, 43ㅎ≫三尺半白淸水絹, 석 자 반 제믈엣 깁이야. ≪朴諺, 中, 4ㅈ≫這柳黃綾染錢五錢半銀子, 이 柳黃綾은 믌갑시 닷 돈 반 銀이오. ≪朴諺, 中, 4ㅎ≫都通染錢是五兩四錢半銀子, 대되 통ᄒᆞ여 믌갑시 닷 냥 너 돈 반 은이라. ≪朴諺, 中, 16ㅈ≫水一盞半, 믈 ᄒᆞᆫ 잔 반. ≪朴諺, 中, 20ㅈ≫把摟草二錢半一束(束)家, 허튼 딥흔(흘)다가 돈 둘 반에 ᄒᆞᆫ 뭇식 ᄒᆞ여. ≪朴諺, 中, 20ㅈ≫錢半一束家, 돈 반에 ᄒᆞᆫ 뭇식 ᄒᆞ야. ≪朴諺, 中, 44ㅈ≫月明紗窓秋夜半, ᄃᆞᆯ이 紗窓에 ᄇᆞᆰ고 ᄀᆞ올쌈이 반만 ᄒᆞᆫ 제. ≪朴諺, 下, 29ㅈ≫元寶我有半錠了, 元寶ㅣ 내게 반 뎡이 이시니. ≪朴諺, 下, 29ㅎ≫塌了半邉, 반 편이 뻐러디고.

반(拌) 동 버무리다. ⇔버므리다. ≪朴諺, 上, 21ㅈ≫着攪草棍拌饋他些料水喫, 여믈 버므리ᄂᆞᆫ 막대로 뎌를 져기 콩믈을 버므려 주어 먹이고. 半夜裏却拌饋他料喫, 半夜에 ᄯᅩ 뎌ᄅᆞᆯ 콩을 버므려 주어 먹이되.

반(般) 의 가지[種]. ⇔가지. ≪集覽, 字解, 單字解, 7ㅈ≫般. 名數也. 諸般 여러 가짓. 又等也. 一般. 又多也. ≪朴諺, 上, 5ㅎ≫叫教坊司十數箇樂工和做院本諸般雜技的來, 教坊司의 여라믄 樂工과 院本에 여러 가지 雜技ᄒᆞᄂᆞ니ᄅᆞᆯ 블러오라. ≪朴諺, 上, 6ㅈ≫杏兒·櫻桃諸般鮮果, ᄉᆞᆯ고와 잉도와 여러 가지 鮮果ᄅᆞᆯ. ≪朴諺, 上, 42ㅈ≫好文章諸般才藝, 文章이 됴코 여러 가지 才藝오. ≪朴諺, 上, 61ㅎ≫諸般殿舍且不索說, 여러 가지 殿舍ᄂᆞᆫ 아직 다 니ᄅᆞ디 아니ᄒᆞ거니와. ≪朴諺, 中, 1ㅈ≫有諸般唱詞的, 여러 가지 唱詞ᄒᆞᄂᆞᆫ 이 이시며. ≪朴諺, 中, 2ㅈ≫有呈諸般把戲的那, 여러 가지 노롯 呈ᄒᆞᄂᆞᆫ 이 잇ᄂᆞ냐. ≪朴諺, 中, 6ㅈ≫諸般菜蔬·鷄鴠和升·斗·等子, 여러 가지 ᄂᆞ믈과 ᄃᆞᆰ긔알과 되과 말과 저울을. ≪朴諺, 下, 23ㅎ≫百般搭不着, ᄇᆡᆨ 가지로 호ᄃᆡ 건디디 못ᄒᆞ니.

ㅂ

≪朴諺, 下, 37ㅈ≫諸般的都納與了租稅, 여러 가짓 거슬 다 租稅예 밧티고. ≪朴諺, 下, 42ㅈ≫擺諸般茶果等味, 여러 가짓 茶果 等 味를 버리고. ≪朴諺, 下, 43ㅎ≫三寸氣在千般有, 三寸 氣ㅣ 이시매 쳔 가지나 잇다가. 一日無常萬事休, 一日에 常이 업스면 萬事ㅣ 休ᄒᆞᄂᆞ니라.

반(搬) 동 옮다. ⇔옮다. ≪朴諺, 中, 25ㅎ≫如今搬在法藏寺西邊混堂間壁住裏, 이제 法藏寺 셔편 混堂 ᄉᆞ이 ᄇᆞ람에 올마 사ᄂᆞ니. ≪朴諺, 中, 38ㅎ≫你搬那裏去, 네 어ᄃᆡ 올마 가ᄂᆞᆫ다.

반(飯) 명 밥. ⇔밥. ≪朴諺, 上, 10ㅎ≫休愛惜那飯, 뎌 밥을 앗기디 말고. ≪朴諺, 上, 10ㅎ≫喫我的飯時, 내 밥을 먹이면. ≪朴諺, 上, 35ㅈ≫如今飯也喫得些箇却無事了, 이제ᄂᆞᆫ 밥도 져기 먹고 ᄯᅩ 無事ᄒᆞ여라. ≪朴諺, 上, 45ㅈ≫迴家喫飯, 집의 도라와 밥 먹고. ≪朴諺, 中, 6ㅎ≫疾忙做飯, ᄲᆞᆯ리 밥을 지으라. 舍人道做甚麽飯, 舍人아 니ᄅᆞ라 므슴 밥을 지으료. ≪朴諺, 中, 8ㅎ≫將飯來我喫, 밥 가져오라 내 먹쟈. ≪朴諺, 中, 14ㅎ≫又不會做飯, ᄯᅩ 밥 짓기를 아디 못ᄒᆞ니. ≪朴諺, 中, 17ㅎ≫飯也好生喫不得, 밥을 ᄀᆞ장 먹디 못ᄒᆞ리로다. ≪朴諺, 中, 19ㅈ≫一日喫三頓家飯, ᄒᆞᄅᆞ 세 ᄢᅵ 밥 먹고. ≪朴諺, 中, 29ㅎ≫請官人屋裏喫飯, 청컨대 官人은 집 안희셔 밥 먹으라. 做甚麽飯, 므슴 밥을 지엇ᄂᆞ뇨. ≪朴諺, 中, 30ㅈ≫飯湯休着冷了, 밥과 탕을 ᄎᆞ게 말라. ≪朴諺, 下, 2ㅈ≫我如今不喫飯, 내 이제 밥을 먹디 아녀. ≪朴諺, 下, 6ㅈ≫枉可惜了飯, 쇽졀업시 밥이 앗갑다. ≪朴諺, 下, 31ㅎ≫咱們食店裏喫些飯去來, 우리 밥뎜에 밥 먹으라 가쟈. 午門外前好飯店, 午門 밧기 밥뎜이 됴ᄒᆞ니. ≪朴諺, 下, 33ㅎ≫過賣你這飯, 過賣ㅣ아 네 이 밥을. ≪朴諺, 下, 44ㅈ≫早起飯裏咬了一塊沙子, 아ᄎᆞᆷ 밥에 ᄒᆞᆫ 덩이 모래를 므러ᄡᅥ니. ≪朴諺, 下, 45ㅈ≫伯伯喫些飯, 伯伯아 져기 밥 먹으라. 好生不喫飯, ᄀᆞ장 밥 먹디 못ᄒᆞᆯ 돠.

반(盤) 동 서리다[蟠]. ⇔서리다. ≪朴諺, 下, 9ㅈ≫人人盡盤雙足, 사ᄅᆞᆷ마다 다 두 발을 서리고.

반(盤) 명 판(板). ⇔판. ≪朴諺, 中, 49ㅎ≫將過碁盤來, 바독판 가져오라.

반(盤) 의 판. 국. (장기나 바둑에서 승부의 한판을 세는 단위) ⇔판. ≪朴諺, 上, 23ㅈ≫高碁輸頭盤, 놉흔 바독은 첫 판을 진다 ᄒᆞᄂᆞ니라. ≪朴諺, 中, 49ㅎ≫咱們下一盤, 우리 ᄒᆞᆫ 판 두쟈.

반균(拌勻) 동 휘저어 고르게 섞다. ≪朴諺, 下, 32ㅈ≫羊肉餡(集覽, 朴集, 下, 5ㅎ: 餡. 或肉或菜及諸料物拌勻〈匀〉爲胎, 納於餅中者曰餡. 酸餡·素餡·葷餡·生餡·熟餡, 供用合宜.)饅頭, 羊肉 소 녀흔 상화과. ≪朴諺, 下, 32ㅈ≫水精角兒(集覽, 朴集, 下, 6ㅈ: 水精角兒. 飮饌正要云, 羊肉·羊脂·羊尾子·生葱·陳皮·生薑, 各細切, 入細料物, 塩醬拌勻爲餡. 用豆粉作皮包之, 水煮供食.), 水精角兒과.

반년(半年) 명 한 해의 반. ≪朴諺, 上, 31ㅎ≫討了半年不肯還我, 달라 ᄒᆞ연 디 半年이로ᄃᆡ 즐겨 내게 갑디 아니ᄒᆞ매. ≪朴諺, 中, 45ㅎ≫守我半年來, 날을 딕히연 디 半年이니.

반당(伴倘) 명 측근자. 종. 하인. ≪朴諺, 上, 16ㅈ≫張舍(集覽, 朴集, 上, 6ㅈ: 張舍. 王公·大人之家, 必有舍人, 卽家臣也. 如本國伴倘〈儻〉之類, 爲權勢倚任之人, 貧賤之所羨慕者也〈貧賤之所羨慕者〉. 故街巷呼親識爲張舍·李舍, 乃一時推敬之稱〈称〉.)你來, 張가야 이바.

반당(伴當) 명 측근자. 종. 하인. ≪朴諺, 上, 58ㅈ≫官人的伴當(集覽, 朴集, 上, 14ㅎ: 伴當. 質問云, 軍職〈耺〉官跟隨儀從人, 謂之伴當, 三日一換. 當, 去聲.)處, 官人의 伴當의손ᄃᆡ. ≪朴諺, 中, 5ㅎ≫正官三員六箇伴當, 正官이 三員이오 여슷 伴當이니. ≪朴諺, 中, 7ㅈ≫伴當騎的, 伴當

틀. ≪朴諺, 中, 24ㅎ≫其餘的伴當們家裏有着, 그 나믄 伴當들흔 집의 이셔. ≪朴諺, 中, 25ㅈ≫我說與你衆伴當們, 내 너희 모든 伴當들드려 닐으노니. ≪朴諺, 中, 31ㅈ≫只把我這舊弟兄伴當們根底, 그저 우리 녯 弟兄 伴當들의손듸. ≪朴諺, 下, 14ㅎ≫你伴當們其實受苦, 너희 伴當들히 실로 受苦ㅎ는쏘다. ≪朴諺, 下, 39ㅈ≫你的伴當着一箇替當, 네 伴當 ㅎ나흐로 替當ㅎ거나.

반당(伴儅) 명 측근자. 종. 하인. ≪朴諺, 上, 16ㅈ≫張舍(集覽, 朴集, 上, 6ㅈ: 張舍. 王公·大人之家, 必有舍人, 卽家臣也. 如本國伴倘〈儅〉之類, 爲權勢倚任之人, 貧賤之所羨慕者也〈貧賤之所羨慕者〉. 故街巷呼親識爲張舍·李舍, 乃一時推敬之稱〈称〉.)你來, 張가야 이바.

반도(蟠桃) 명 천궁(天宮)의 선도원(仙桃園)에서 3천 년마다 한 번씩 열매가 열린다는 복숭아. ≪朴諺, 下, 17ㅈ≫唐三藏引孫行者(集覽, 朴集, 下, 4ㅈ: 孫行者. 西遊記云, 西域有花菓山, 山下有水簾洞, 洞前有鐵板橋, 橋下有萬丈澗, 澗邊有萬箇小洞, 洞裏多猴. 有老猴精, 號齊天大聖, 神通廣大, 入天宮仙桃園偸蟠桃, 又偸老君靈丹藥, 又去王母宮偸王母綉仙衣一套, 來設慶仙衣會.), 唐三藏이 孫行者를 드리고.

반두(半頭) 명 보름. 또는 중간 정도. ⇔보름. ≪朴諺, 上, 41ㅎ≫半頭娶將來做筵席, 보름씌 취ㅎ여 드려와 이바디ㅎ고.

반드시 부 반드시. ⇔필(必). ≪朴諺, 上, 28ㅎ≫積善之家必有餘慶, 積善흔 집은 반드시 餘慶이 잇다 ㅎ니라. ≪朴諺, 中, 28ㅈ≫若作非理必受其殃, 만일 非理엣 일을 ㅎ면 반드시 그 앙화를 밧는다 ㅎ니. ≪朴諺, 中, 36ㅈ≫小心必勝, 조심ㅎ면 반드시 이긘다 ㅎ느니라. ≪朴諺, 下, 17ㅈ≫必達周公之理, 반드시 周公의 理를 達홀 써시니. ≪朴諺, 下, 58ㅈ≫何必如此, 엇디 반드시 이러틋 ㅎ느뇨.

반보(半步) 명 반 걸음. ≪朴諺, 上, 39ㅈ≫半步也行不得, 半步도 行티 못ㅎ느니.

반비(半臂) 명 소매가 짧거나 없는 윗옷. ≪朴諺, 上, 25ㅎ≫鴉青繡四花織金羅搭護(集覽, 朴集, 上, 8ㅎ: 搭護. 事物紀原云, 隋內官多服半臂, 餘皆長袖. 唐高祖減其袖, 謂之半臂, 卽今背子也. 江淮間或曰綽子, 庶人競服之. 今俗呼爲搭護, 더그레.), 鴉青빗치 四花를 繡노코 織金흔 羅 더그레오.

반비(盤費) 명 여비. 노자(路資). ≪朴諺, 上, 48ㅎ≫省多少盤纏(集覽, 朴集, 上, 13ㅈ: 盤纏. 길헤 여·러 가지로 쁘는 것. 質問云, 盤費纏繳供給之物, 如供給服食應用金銀·財帛之類. 今按, 盤纏二字, 取義源流未詳.), 언멋 盤纏을 므듸와뇨.

반사(頒賜) 동 임금이 녹봉이나 물건을 내려 나누어 주다. ≪朴諺, 下, 29ㅈ≫元寶(集覽, 朴集, 下, 5ㅎ: 元寶. 世祖大會王子·王孫·駙馬·國戚, 從而頒賜, 或用貨賣, 所以民間有此錠也.)我有半錠了, 元寶ㅣ 내게 반 뎡이 이시니.

반생(半生) 동 반이 설익다. ⇔반생ㅎ다(半生-). ≪朴諺, 上, 6ㅈ≫大水杏半黃半生的有, 굴고 믈 한 술고ㅣ 半黃 半生흔 이 잇더라.

반생ㅎ다(半生-) 동 반이 설익다. ⇔반생(半生). ≪朴諺, 上, 6ㅈ≫大水杏半黃半生的有, 굴고 믈 한 술고ㅣ 半黃 半生흔 이 잇더라.

반아(半兒) 명 반(半). ⇔반. ≪朴諺, 中, 14ㅈ≫到通州賣了多一半兒, 通州ㅣ 다드라 반남아 풀고.

반아(伴兒) 명 벗. 친구. ⇔벗. ≪朴諺, 中, 36ㅎ≫我也與你做伴兒閑看去, 나도 널로 드려 벗지어 힘힘이 보라 가쟈.

반야(半夜) 명 밤중. 심야. 한밤중. ≪朴諺, 上, 21ㅎ≫半夜裏却拌饋他料喫, 半夜에 쏘 더를 콩을 버므려 주어 먹이되. ≪朴諺, 上, 31ㅎ≫半夜三更裏起來, 半夜 三更의 니러. ≪朴諺, 下, 15ㅎ≫又一箇小

廝半夜裏起來, 또 ᄒᆞᆫ 놈은 半夜에 니러.

반야경(般若經) 명 〈불〉 반야바라밀(般若波羅密)을 교설한 여러 불경(佛經)을 통틀어 이르는 말. ≪朴諺, 上, 33ㅎ≫歸佛敬法看經(集覽, 朴集, 上, 10ㅈ: 經. 般若經序云, 經者, 徑也. 是成佛之徑路.)念佛也好, 歸佛 敬法ᄒᆞ며 看經·念佛홈이 됴커늘.

반운(拌句) 동 반균(拌勻). '句'은 '勻'의 잘못. ≪朴諺, 下, 32ㅈ≫羊肉餡(集覽, 朴集, 下, 5ㅎ: 餡. 或肉或菜及諸料物拌勻〈句〉爲胎, 納於餅中者曰餡. 酸餡·素餡·葷餡·生餡·熟餡, 供用合宜.)饅頭, 羊肉 소 녀흔 상화과.

반이(反耳) 명 병부절방[卩]. 한자 부수(部首)의 이름. ⇔뒨귀이. ≪朴諺, 中, 41ㅎ≫去字傍着反耳的便是, 去字 변에 뒨귀이 ᄒᆞᆫ 거시 곳 이라.

반자(盤子) 명 반(盤). (쟁반이나 소반 따위) ⇔반. ≪朴諺, 中, 11ㅎ≫簸箕, 키. 篩子, 얼멍이. 馬尾羅兒, ᄆᆞᆯ총체. 卓兒, 상. 盤子, 반. 茶盤, 찻반. 擡盞, 졉잔. 壺瓶, 壺瓶. 酒鱸, 쥬벼ᄋᆞ. 銅杓, 놋쥬게를. 都收拾下着, 다 收拾ᄒᆞ여 두라.

반재(半載) 명 반 년(半年). ≪朴諺, 下, 13ㅈ≫上面畫六鶴舞琴(集覽, 朴集, 下, 3ㅈ: 六鶴舞琴. 善惡報應錄云, 江夏郡辛氏沽酒爲業, 有一先生入坐曰, 有好酒飮吾否. 辛飮以巨杯. 明日復來, 如此半載.), 上面에 六鶴舞琴을 그리고.

반전(飯錢) 명 음식과 돈(재물). ≪朴諺, 上, 33ㅎ≫你布施人家齋·飯錢, 네 人家에 보시ᄒᆞᆫ 齋飯錢을.

반전(盤纏) 명 여비. 노자(路資). ≪朴諺, 上, 48ㅎ≫省多少盤纏(集覽, 朴集, 上, 13ㅈ: 盤纏. 길헤 여·러 가지로 ᄡᅳᄂᆞᆫ 것. 質問云, 盤費纏繳供給之物, 如供給服食應用金銀·財帛之類. 今按, 盤纏二字, 取義源流未詳.), 언멋 盤纏을 ᄆᆞ딕와뇨. ≪朴諺, 中, 20ㅎ≫咱兌付些盤纏, 우리 젹이 盤纏을 여토아. ≪朴諺, 中, 52ㅈ≫路上盤纏艱難怎麽去, 길히 盤纏이 간난ᄒᆞ니 엇디 가리오. ≪朴諺, 中, 52ㅈ≫又少些盤纏不曾去的, 또 져기 盤纏이 업서 일즙 가디 못ᄒᆞ롸.

반점(半點) 명 한 점의 반. 곧, 매우 적은 양을 비유하는 말. ≪朴諺, 中, 31ㅈ≫半點也不保, 半點도 긔수티 아니터라.

반점(飯店) 명 음식점. 식당. ⇔밥뎜. ≪朴諺, 下, 31ㅎ≫咱們食店裏喫些飯去來, 우리 밥뎜에 밥 먹으라 가쟈. 午門外前好飯店, 午門 밧기 밥뎜이 됴ᄒᆞ니. ≪朴諺, 下, 49ㅈ≫各飯店·酒肆裡繞着走, 各 飯店과 酒肆에 두로 ᄃᆞᄅᆞ니.

반조(反照) 동 반조(返照). '反'은 '返'의 다른 표기. ≪朴諺, 上, 65ㅎ≫迴光反照, 迴光 反照ᄒᆞ야. 大發明得悟(集覽, 朴集, 上, 16ㅈ: 作與頌字迴光返照大發明得悟. 音義云, 石屋和尙作佛頌與〈与〉步虛, 其佛光迴還返照於步虛之身, 其於生死輪迴之說, 靡不通曉.), 크게 發明 得悟ᄒᆞ야.

반조(返照) 동 (빛이) 되비치다. 반사(反射)하다. ⇔반조ᄒᆞ다(返照-). ≪朴諺, 上, 65ㅎ≫迴光反照, 迴光 反照ᄒᆞ야. 大發明得悟(集覽, 朴集, 上, 16ㅈ: 作與頌字迴光返照大發明得悟. 音義云, 石屋和尙作佛頌與〈与〉步虛, 其佛光迴還返照於步虛之身, 其於生死輪迴之說, 靡不通曉.), 크게 發明 得悟ᄒᆞ야.

반조ᄒᆞ다(返照-) 동 (빛이) 되비치다. 반사(反射)하다. ⇔반조(返照). ≪朴諺, 上, 65ㅎ≫迴光反照, 迴光 反照ᄒᆞ야. 大發明得悟(集覽, 朴集, 上, 16ㅈ: 作與頌字迴光返照大發明得悟. 音義云, 石屋和尙作佛頌與〈与〉步虛, 其佛光迴還返照於步虛之身, 其於生死輪迴之說, 靡不通曉.), 크게 發明 得悟ᄒᆞ야.

반좌(反坐) 명 남을 무고한 자에게 도리어 그 무고한 죄와 같게 처벌하던 일. ≪朴諺, 下, 16ㅈ≫妄告官司抵罪反坐, 망녕되이 官司에 고ᄒᆞ면 죄 反坐에 니ᄅᆞᄂᆞ니라.

반천(半天) 명 하늘의 가운데. ≪朴諺, 中,

22ㅈ≫以聲察聲拯悲酸於六道(集覽, 朴集, 中, 5ㅈ: 六道. 阿脩羅有大力神人, 嘗共天鬪(鬪), 立大海中, 其高半天.), 소릐로 뻐 소릐를 슬펴 悲酸을 六道에 건디고.

반황(半黃) 동 (과일 따위가) 반만 누렇게 익다. ≪朴諺, 上, 6ㅈ≫大水杏半黃半生的有, 굴고 믈 한 솔고ㅣ 半黃 半生혼 이 잇더라.

반황반생(半黃半生) 동 (과일 따위가) 설익다. 반은 누렇게 익고 반은 설익다. ⇔반황반생ᄒᆞ다(半黃半生-). ≪朴諺, 上, 6ㅈ≫大水杏半黃半生的有, 굴고 믈 한 솔고ㅣ 半黃 半生혼 이 잇더라.

반황반생ᄒᆞ다(半黃半生-) 동 (과일 따위가) 설익다. 반은 누렇게 익고 반은 설익다. ⇔반황반생(半黃半生). ≪朴諺, 上, 6ㅈ≫大水杏半黃半生的有, 굴고 믈 한 솔고ㅣ 半黃 半生혼 이 잇더라.

반흉(攀胸) 명 가슴걸이. ⇔가숨거리. ≪朴諺, 上, 27ㅈ≫攀胷下滴溜着一箇珠兒網盖兒罕荅哈, 가숨거리 아릐 혼 구슬로 망ᄆᆡ자 찐 罕荅哈를 드리웟더라. ≪朴諺, 上, 28ㅎ≫攀胷下滴溜着, 가숨거리 아릐 드리온 거슨.

반흉(攀胷) 명 반흉(攀胸). '胷'은 '胸'과 같다. ≪朴諺, 上, 27ㅈ≫攀胷下滴溜着一箇珠兒網盖兒罕荅哈, 가숨거리 아릐 혼 구슬로 망 ᄆᆡ자 찐 罕荅哈를 드리웟더라. ≪朴諺, 上, 28ㅎ≫攀胷下滴溜着, 가숨거리 아릐 드리온 거슨.

받다 동 받다[受]. ❶⇔색(索). ≪集覽, 字解, 單字解, 4ㅎ≫索. 求也. 索價錢 갑 받다. 又鄕習傳解曰 빋 쐬오다, 亦通. 又須也. 不索, 今皆罕用. ❷⇔수(受). ≪朴諺, 下, 3ㅎ≫受多少日炙風吹, 언머 日炙 風吹를 바드며. ≪朴諺, 下, 15ㅈ≫受多少渴, 언머 갈호믈 바다시리오. ≪朴諺, 下, 60ㅈ≫怎受他苦, 엇디 뎌의 보채믈 바드리오. ❸⇔요(要). ≪集覽, 字解, 單字解, 1ㅈ≫還. 猶尙也, 再也. 還有多少 당시론 언메나 잇ᄂᆞ뇨. 又다하. 還要多少 다하 언메나 받고져 ᄒᆞ나뇨. 還有·還要之還, 或呼如孩字之音. 此或還音之訛, 或別有其字, 未可知也. 又償也. 還錢 갑 주다. ≪朴諺, 上, 64ㅎ≫要七兩銀, 닐곱 냥 은을 바드려니와. ❹⇔토(討). ≪集覽, 字解, 單字解, 4ㅎ≫討. 求也, 探也. 討去 어드라 가다, 討債去 빋 주니 바드라 가다, 討價錢 빋 받다. 又本國傳習之解曰 빋 쐬오다, 亦通.

발 명 발[足]. ❶⇔각(脚). ≪朴諺, 上, 24ㅎ≫脚穿着皂麂皮嵌金線藍條子, 발에 신은 거슨 거믄 기ᄌᆞ피예 金線 남 오리로 갸품 찌고. ≪朴諺, 上, 35ㅈ≫脚內踝上灸了三壯艾來, 발 안쮜머리 우희 三壯 뿍으로 쓰니. ≪朴諺, 上, 35ㅈ≫放在脚內踝尖骨頭上, 발 안쮜머리 뽀족혼 뼈 우희 노하. ≪朴諺, 上, 35ㅎ≫一箇脚上三壯家灸的, 혼 발 우희 三壯식 뜨되. ≪朴諺, 下, 7ㅎ≫放着一箇三隻脚鐵蝦蟆兒便是, 혼 세 발 가진 쇠두텁이 노흔 거시 곳이라. ≪朴諺, 下, 22ㅎ≫脚踏鍋邊待要出來, 발로 가맛 ᄀᆞ을 드듸고 나오고져 ᄒᆞ다가. ≪朴諺, 下, 31ㅈ≫脚穿着朝雲靴, 발에 朝雲靴를 신고. ≪朴諺, 下, 47ㅈ≫脚穿朝雲靴, 발에 朝雲靴를 신고. ❷⇔족(足). ≪朴諺, 下, 9ㅈ≫人人盡盤雙足, 사룸마다 다 두 발을 서리고.

발 명 발[簾]. ❶⇔염(簾). ≪朴諺, 中, 18ㅈ≫隔簾聽笑語燈下看佳人, 발을 즈음ᄒᆞ여 笑語를 듣고 燈下에 佳人을 봄이라 ᄒᆞ니. ❷⇔염자(簾子). ≪朴諺, 中, 35ㅎ≫那廝們怕簾子, 뎌 놈들이 발을 두려ᄒᆞᄂᆞ니. 亮窓裏面把簾子幔上, 블근 창 안희 발을다가 디(티)고. ≪朴諺, 中, 55ㅎ≫把這簾子都捲起, 이 발을다가 다 것고.

발 의 ❶벌. ⇔건아(件兒). ≪朴諺, 上, 16ㅈ≫你這五件兒刀子, 네 이 다숫 발 칼을. ❷발. (양팔을 벌린 길이) ⇔탁(托). ≪朴諺, 上, 14ㅈ≫這的幾托, 이거시 몃 발고. 滿七托, 츤 닐곱 발이라. ≪朴諺,

上, 17ㅈ≫五六十托麁廝線也放不勾, 五六十 발 굴근 삼실이라도 노키 유여티 못ᄒᆞ니리(라). ≪朴諺, 中, 1ㅈ≫一托來長短, ᄒᆞᆫ 발 기릐예. ≪朴諺, 中, 3ㅎ≫這楊(揚)州綾子滿七托長, 이 楊(揚)州ㅅ 綾이 닐곱 발 기릐 ᄎᆞ고. ≪朴諺, 下, 46ㅈ≫一托來長的兩箇機角, ᄒᆞᆫ 발 기릐에 두 ᄲᅳᆯ이오.

발(拔) 동 빼다. 빼내다. ❶⇔ᄲᅢ이다. ≪朴諺, 中, 47ㅈ≫把他的小刀子拔了, 뎌의 져근 칼을다가 ᄲᅢ이고. ❷⇔ᄲᅢ히다. ≪朴諺, 中, 40ㅈ≫一根一根家拔的乾淨着, ᄒᆞᆫ 낫식 ᄲᅢ혀 乾淨히 ᄒᆞ고. ≪朴諺, 下, 20ㅎ≫他却拔下一根毛衣(來), 뎨 ᄯᅩ ᄒᆞᆫ 낫 털을 ᄲᅢ혀. ≪朴諺, 下, 20ㅎ≫拔下一根頭髮, ᄒᆞᆫ 낫 머리털을 ᄲᅢ혀.

발(拔) 동 캐다. ⇔키다. ≪朴諺, 中, 34ㅈ≫拔野菜去, 들ᄂᆞ물을 키라 가되. 拔將小蒜, 쟉지. 田菁, 샤딕올. 薺菜, 낭이. 芒苧, 비름을 키여 오라. 都拔將來, 다 키여 가져오나든.

발(發) 동 (술이) 괴다. ⇔괴다. ≪集覽, 字解, 單字解, 7ㅎ≫發. 酒發 술 괴다. 發將來 자바 보내다. 一發, 見下. 又吏語, 告發 고ᄒᆞ야나다.

발(發) 동 나다. 내다. ⇔나다. ≪集覽, 字解, 單字解, 7ㅎ≫發. 酒發 술 괴다. 發將來 자바 보내다. 一發, 見下. 又吏語, 告發 고ᄒᆞ야나다. ≪朴諺, 下, 2ㅈ≫冷疾發的當不的, 뉘웃춤이 나 당티 못ᄒᆞ니.

발(發) 동 ❶(감정 따위가) 일어나다. 또는 그렇게 되게 하다. ⇔발ᄒᆞ다(發-). ≪朴諺, 上, 66ㅈ≫發大慈心, 큰 慈心을 發ᄒᆞ야. ❷보내다. ⇔보내다. ≪集覽, 字解, 單字解, 7ㅎ≫發. 酒發 술 괴다. 發將來 자바 보내다. 一發, 見下. 又吏語, 告發 고ᄒᆞ야나다.

발(發) 의 번. ⇔번. ≪朴諺, 上, 39ㅈ≫一發就蹄子放血着, ᄒᆞᆫ 번에 임의셔 굽에도 피 ᄲᅢ히라. ≪朴諺, 中, 58ㅈ≫一發着草布糊了, ᄒᆞᆫ 번에 얼믠 뵈로 ᄇᆞᄅᆞ라.

발(鈸) 명 바라. 자바라(啫哱囉). ⇔바라. ≪朴諺, 下, 42ㅈ≫吹螺打鈸, 고라 불고 바라 티고.

발(鉢) 명 바리때. ≪朴諺, 上, 65ㅎ≫得傳衣鉢(集覽, 朴集, 上, 16ㅈ: 傳衣鉢. 書言故事云, 傳授佛法, 謂之傳衣鉢. 衣, 卽袈裟三事衣也, 鉢, 應供器也.), 衣鉢 傳홈을 어더.

발(潑) 형 방탕스럽다. 난폭하다. 거칠고 사납다. ⇔보피랍다. ≪朴諺, 中, 57ㅈ≫這潑禽獸殺娘賊, 이 보피라온 즘싱 殺娘ᄒᆞ는 도적아.

발(髮) 명 털. ⇔털. ≪朴諺, 下, 20ㅎ≫拔下一根頭髮, ᄒᆞᆫ 낫 머리털을 ᄲᅢ혀.

발기(發起) 동 일어나다. ⇔니러나다. ≪朴諺, 中, 28ㅈ≫假如明日事發起來時, 만일 明日에 일이 니러나면.

발돕 명 발톱. ⇔각(脚). ≪朴諺, 上, 47ㅈ≫修脚五箇錢, 발돕 다듬기는 다ᄉᆞᆺ 낫 돈이니. ≪朴諺, 上, 47ㅎ≫梳刮頭修了脚, 머리 긁빗고 발돕 다듬고.

발락(發落) 동 결정하여 끝내다. 처리하다. 해결하다. ❶⇔긃내다. ≪集覽, 字解, 單字解, 7ㅎ≫落. 落了 디다. 又院落 뜰. 又落下 ᄢᅥ디우다. 又數落了罪過 죄목 혜다. 又吏語, 下落 간 곧, 又發落 공ᄉᆞ 긃내다. ❷⇔발락ᄒᆞ다(發落-). ≪朴諺, 上, 33ㅎ≫無處發落(集覽, 朴集, 上, 10ㅎ: 發落. 吏學指南云, 明白散附也.), 發落ᄒᆞᆫ 곳이 업고. ≪朴諺, 中, 30ㅎ≫他如今喫的穿的無處發落裏, 뎨 이제는 먹을 것 닙을 것시 發落ᄒᆞᆯ 곳이 업스니라. ≪朴諺, 中, 59ㅈ≫發落了不曾, 發落ᄒᆞ엿ᄂᆞ냐 못ᄒᆞ엿ᄂᆞ냐. ≪朴諺, 中, 59ㅎ≫那裏肯用心發落, 어듸 즐겨 用心ᄒᆞ여 發落ᄒᆞ리오. ≪朴諺, 下, 14ㅎ≫頭到發落公事, 처엄으로 公事를 發落ᄒᆞ여.

발락ᄒᆞ다(發落-) 동 결정하여 끝내다. 처리하다. 해결하다. ⇔발락(發落). ≪朴諺, 上, 33ㅎ≫無處發落(集覽, 朴集, 上, 10ㅎ: 發落. 吏學指南云, 明白散附也.), 發落ᄒᆞᆫ

곳이 업고. ≪朴諺, 中, 30ㅎ≫他如今喫的穿的無處發落裏, 뎌 이제는 먹을 것 닙을 것시 發落홀 곳이 업스니라. ≪朴諺, 中, 59ㅈ≫發落了不曾, 發落ᄒᆞ엿ᄂᆞ냐 못ᄒᆞ엿ᄂᆞ냐. ≪朴諺, 中, 59ㅎ≫那裏肯用心發落, 어ᄃᆡ 즐겨 用心ᄒᆞ여 發落ᄒᆞ리오. ≪朴諺, 下, 14ㅎ≫頭到發落公事, 처엄으로 公事를 發落ᄒᆞ여.

발명(發明) 동 경서(經書) 및 사서(史書)의 뜻을 스스로 깨달아서 밝히다. ≪朴諺, 上, 65ㅎ≫大發明得悟(集覽, 朴集, 上, 16ㅈ: 作與頌字迴光返照大發明得悟. 音義云, 石屋和尙作佛頌與〈与〉步虛, 其佛光迴還返照於步虛之身, 其於生死輪迴之說, 靡不通曉.), 크게 發明 得悟ᄒᆞ야.

발빠당 명 발바닥. ⇔각심(脚心). ≪朴諺, 中, 1ㅎ≫放在他脚心上轉, 뎌 발빠당에 노하 구을리고.

발손 명 발과 손. ⇔각수(脚手). ≪朴諺, 下, 6ㅈ≫一般動脚動手做生活, ᄒᆞᆫ가지로 발손을 놀려 ᄒᆞᆫ 셩녕이.

발뜽 명 발등. ⇔각배(脚背). ≪朴諺, 中, 1ㅎ≫脚背上轉, 발뜽에 구을리고.

발우(鉢盂) 명 바리때. ⇔에우아리. ≪朴諺, 上, 33ㅈ≫穿着衲襖將着鉢盂(集覽, 朴集, 上, 10ㅈ: 鉢盂. 總龜〈総亀〉云, 天竺國器也, 釋迦有女青石鉢, 宋廬陵王以銅鉢餉于五祖, 是宋·晉間中國始用也.), 누비옷 닙고 에우아리 가지고. ≪朴諺, 下, 24ㅎ≫賜唐僧金錢三百貫金鉢盂一箇, 唐僧을 金돈 三百貫과 金에우아리 ᄒᆞ나흘 주고.

발장래(發將來) 동 (범인을) 잡아 보내다. ≪集覽, 字解, 單字解, 7ㅎ≫發. 酒發 술 괴다. 發將來 자바 보내다. 一發, 見下. 又吏語, 告發 고ᄒᆞ야나다.

발제(髮際) 동 (머리에서) 머리카락이 난 언저리 부분. ≪朴諺, 上, 39ㅎ≫叫將那剃頭(集覽, 朴集, 上, 11ㅈ: 剃頭. 漢俗, 凡梳頭者必剃去腦後頂上髮際細毛, 故曰剃頭.)的來, 뎌 머리 갓ᄂᆞᆫ 이를 블러오라.

발촉(發燭) 명 성냥개비의 한 가지. (얇게 깎아낸 소나무 조각의 한쪽 끝에 유황을 발라 불을 붙이거나 밝힐 때 쓰던 물건) ≪朴諺, 中, 35ㅈ≫拿着取燈兒(集覽, 朴集, 中, 7ㅎ: 取燈兒〈取燈〉. 南村輟耕錄云, 杭人削松木爲小片, 其薄如紙, 鎔硫黃塗木片頂分許, 名曰發燭, 又曰焠兒.), 取燈을 가지고.

발풍(發風) 동 바람을 일으키다. ≪朴諺, 中, 21ㅈ≫扇慈風(集覽, 朴集, 中, 4ㅈ: 悲雨慈風. 佛發大慈悲, 廣濟衆生, 猶洒雨發風然, 無遠不被, 故曰風雨. 佛有四無量心, 慈悲喜捨.)於刹土, 慈風을 刹土에 붓ᄂᆞᆫ또다.

발피(潑皮) 명 깡패. 건달. 무뢰한. 불량배. ≪朴諺, 中, 24ㅎ≫街上休撒潑皮, 거리예 가 보피로온 테 말고.

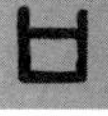

발합(鵓鴿) 명 집비둘기. ≪朴諺, 上, 39ㅈ≫狗有濺草之恩, 개ᄂᆞᆫ 濺草ᄒᆞᆫ 恩이 잇고. 馬有垂韁之報(集覽, 朴集, 上, 11ㅈ: 馬有垂韁之報. 項王追至井傍, 見馬跡至井而止, 謂漢王在井, 令人下井搜求. 見井口有蜘蛛罩網, 鵓鴿一雙出井飛去, 謂無人在中, 項王還壁. 翌日, 其馬到井垂韁, 漢王執之而出.), ᄆᆞᆯ은 垂韁ᄒᆞᆫ 報ㅣ 잇다 ᄒᆞ니라.

발항(頸項) 명 목[項]. ⇔목. ≪朴諺, 下, 24ㅈ≫接在頸項上依舊了, 목 우희 니으니 녜라온 ᄃᆞᆺᄒᆞᆫ디라.

발행(發行) 동 공문서 따위를 발송하다. ≪朴諺, 上, 3ㅈ≫勘合(集覽, 朴集, 上, 1ㅎ: 勘合. 吏學指南云, 勘合, 卽古之符契也. 質問云, 官府設簿冊二扇, 凡事用印鈐記, 上寫外字幾號, 發行去者曰外號, 上寫內字幾號, 留在官府者曰內號.)有了不曾, 勘合이 잇ᄂᆞᆫ가 못ᄒᆞ엿ᄂᆞᆫ가.

발ᄒᆞ다(發-) 동 감정 따위가 일어나다. 또는 그렇게 되게 하다. ⇔발(發). ≪朴諺, 上, 66ㅈ≫發大慈心, 큰 慈心을 發ᄒᆞ야.

밤 명 밤[夜]. ❶⇔야(夜). ≪朴諺, 中, 44ㅈ≫月明紗窓秋夜半, ᄃᆞᆯ이 紗窓에 ᄇᆞᆰ고 ᄀᆞ을

빰이 반만 흔 제. ≪朴諺, 下, 13ㅎ≫能盖萬間房, 능히 萬間 房을 지어도. 夜眠一夏間, 밤의 一夏 間에 잔다 ᄒᆞᄂᆞ니라. ❷⇔흑야(黑夜). ≪朴諺, 上, 21ㅈ≫黑夜好生用心喂他, 밤의 ᄀᆞ장 用心ᄒᆞ여 뎌를 먹이라. ≪朴諺, 上, 36ㅎ≫白日去黑夜來, 나즌 가고 밤은 오ᄂᆞᆫ 거시여. ≪朴諺, 中, 12ㅎ≫黑夜用心好生看着, 밤의 用心ᄒᆞ여 ᄀᆞ장 보숣피라. ≪朴諺, 下, 42ㅈ≫黑夜道場裡你有來麽, 밤의 道場에 네 잇든다. ≪朴諺, 下, 45ㅈ≫黑夜不敢喫多, 밤이니 감히 먹기를 만히 못ᄒᆞᆯ로다.

밤 명 밤[栗]. ⇔율자(栗子). ≪朴諺, 上, 4ㅈ≫榛子, 개얌과. 松子, 잣과. 乾葡萄, ᄆᆞ른 葡萄와. 栗子, 밤과. ≪朴諺, 中, 32ㅎ≫栗子·葡萄滿山峪, 밤과 葡萄ㅣ 山峪에 ᄀᆞ득ᄒᆞ여시니.

밤 의 밤[夜]. ⇔숙(宿). ≪朴諺, 中, 15ㅈ≫一宿不得半點睡, ᄒᆞᆫ 밤을 半點도 자디 못ᄒᆞ니.

밤의다 형 (눈이) 침침하다. 아물아물하다. 흐릿하다. ⇔화(花). ≪朴諺, 上, 62ㅈ≫嚏鼻眼花的是紅白荷花, 코헤 쁨기고 눈에 밤읜 거슨 이 紅白 荷花러라.

밥 명 밥. ⇔반(飯). ≪朴諺, 上, 10ㅎ≫你來, 이바. 休愛惜那飯, 뎌 밥을 앗기디 말고. ≪朴諺, 上, 10ㅎ≫喫我的飯時, 내 밥을 먹이면. ≪朴諺, 上, 10ㅎ≫一日三頓家饋他飽飯喫, ᄒᆞᄅᆞ 세 ᄢᅵ식 뎌를 주어 밥을 ᄇᆡ브리 먹이고. ≪朴諺, 上, 35ㅈ≫如今飯也喫得些箇却無事了, 이제ᄂᆞᆫ 밥도 져기 먹고 ᄯᅩ 無事ᄒᆞ여라. ≪朴諺, 上, 45ㅈ≫迴家喫飯, 집의 도라와 밥 먹고. ≪朴諺, 中, 6ㅎ≫疾忙做飯, ᄲᆞᆯ리 밥을 지으라. 舍人道做甚麽飯, 舍人아 니ᄅᆞ라 므슴 밥을 지으료. ≪朴諺, 中, 14ㅎ≫又不會做飯, ᄯᅩ 밥 짓기를 아디 못ᄒᆞ니. ≪朴諺, 中, 19ㅈ≫一日喫三頓家飯, ᄒᆞᄅᆞ 세 ᄢᅵ 밥 먹고. ≪朴諺, 中, 29ㅎ≫請官人屋裏喫飯, 쳥컨대 官人은 집 안희셔 밥 먹으라. 做甚麽飯, 므슴 밥을 지엇ᄂᆞ뇨. ≪朴諺, 中, 30ㅈ≫飯湯休着冷了, 밥과 탕을 ᄎᆞ게 말라. ≪朴諺, 下, 2ㅈ≫我如今不喫飯, 내 이제 밥을 먹디 아녀. ≪朴諺, 下, 6ㅈ≫枉可惜了飯, 쇽졀업시 밥이 앗갑다. ≪朴諺, 下, 31ㅎ≫咱們食店裏喫些飯去來, 우리 밥뎜에 밥 먹으라 가쟈. 午門外前好飯店, 午門 밧기 밥뎜이 됴ᄒᆞ니. ≪朴諺, 下, 33ㅎ≫過賣你這飯, 過賣ㅣ 아네 이 밥을. ≪朴諺, 下, 44ㅈ≫早起飯裏咬了一塊沙子, 아ᄎᆞᆷ밥에 ᄒᆞᆫ 덩이 모래를 므러ᄡᅧ니. ≪朴諺, 下, 45ㅈ≫伯伯喫些飯, 伯伯아 져기 밥 먹으라. 好生不喫飯, ᄀᆞ장 밥 먹디 못ᄒᆞᆯ돠.

밥뎜 명 음식점. 식당. ❶⇔반점(飯店). ≪朴諺, 下, 31ㅎ≫咱們食店裏喫些飯去來, 우리 밥뎜에 밥 먹으라 가쟈. 午門外前好飯店, 午門 밧기 밥뎜이 됴ᄒᆞ니. ❷⇔식점(食店). ≪朴諺, 下, 31ㅎ≫咱們食店裏喫些飯去來, 우리 밥뎜에 밥 먹으라 가쟈. 午門外前好飯店, 午門 밧기 밥뎜이 됴ᄒᆞ니.

밥ᄒᆞ다 동 밥반찬으로 하다. 조치개로 하다. ⇔취반(就飯). ≪朴諺, 上, 50ㅈ≫只着些好醬瓜兒就飯喫, 그저 젹이 됴흔 醬瓜로 밥ᄒᆞ여 먹히라. ≪朴諺, 中, 30ㅈ≫再有甚麽就飯的, ᄯᅩ 므슴 밥ᄒᆞ여 먹을 것 잇ᄂᆞ뇨. ≪朴諺, 下, 26ㅎ≫你不賣將家去就飯喫, 네 ᄑᆞ디 아니ᄒᆞ고 집의 가져가 밥ᄒᆞ여 먹을ᄶᅡ.

밧 명 ❶밖. ⇔외(外). ≪朴諺, 上, 24ㅎ≫午門外前看操馬去來, 午門 밧긔 ᄆᆞᆯ 됴습ᄒᆞᄂᆞᆫ 양 보라 가쟈. ≪朴諺, 上, 48ㅎ≫出外時端的是愁殺人, 밧긔 나가면 졍히 사ᄅᆞᆷ을 근심케 ᄒᆞᄂᆞ니. ≪朴諺, 中, 12ㅈ≫你這車子先將到門外, 네 이 술위를 몬져 가지고 문 밧긔 가. ≪朴諺, 中, 29ㅎ≫我且外前坐的, 내 아직 밧긔 안잣쟈. ≪朴諺, 下, 36ㅎ≫城外那劉村裏, 城 밧 뎌 劉村에. ❷밖. 바깥쪽. ⇔외수(外手). ≪朴諺, 上, 4ㅈ≫外手一遭兒十六楪, 밧 첫 줄 열여슷 뎝시에ᄂᆞᆫ.

ㅂ

밧 명 밭. ⇔전(田). ≪朴諺, 中, 34ㅈ≫水芹田也脩理的好着, 미나리밧도 脩理ᄒᆞ기를 잘ᄒᆞ라.

밧ㄱ 명 박. ❶⇔외(外). ≪朴諺, 中, 42ㅈ≫二字下一箇ノ, 二字 아ᄅᆡ ᄒᆞᆫ 긋 밧그로 비티고. ≪朴諺, 中, 42ㅎ≫一ノ一乀便是, ᄒᆞᆫ 긋 밧그로 비티고 ᄒᆞᆫ 긋 안흐로 비틘 거시 곳 이라. ≪朴諺, 下, 15ㅎ≫城外種稻子來, 셩 밧긔 벼 시므라 갓다가. ≪朴諺, 下, 31ㅎ≫午門外前好飯店, 午門 밧기 밥뎜이 됴ᄒᆞ니. ≪朴諺, 下, 37ㅈ≫官人上納與二停外, 官人의게 두 분을 바틘 밧긔. ≪朴諺, 下, 42ㅈ≫爲頭兒門外前放一箇卓兒, 웃듬으로 문 밧긔 ᄒᆞᆫ 탁ᄌᆞ를 노코. ❷⇔이외(已外). ≪朴諺, 下, 11ㅎ≫只此已外, 그저 이 밧긔ᄂᆞᆫ.

밧고다 동 바꾸다. ⇔환(換). ≪朴諺, 上, 63ㅈ≫對換如何, 막밧곰이 엇더ᄒᆞ뇨. 咱對換甚麽東西, 우리 므스거슬 막밧고료. ≪朴諺, 上, 63ㅎ≫你的大紅織金胷背帖裏對換着, 네 大紅빗체 금ᄉᆞ로 짜 胷背 ᄒᆞᆫ 텰릭과 막밧고쟈.

밧다 동 ❶받다[受]. ⇔수(受). ≪朴諺, 上, 63ㅎ≫有苦時同受, 고로옴이 잇거든 ᄒᆞᆫ가지로 밧고. ≪朴諺, 中, 28ㅈ≫若作非理必受其殃, 만일 非理엣 일을 ᄒᆞ면 반ᄃᆞ시 그 앙화를 밧ᄂᆞᆫ다 ᄒᆞ니. ≪朴諺, 中, 59ㅈ≫受他錢財當住, 뎌의 錢財를 밧고 머믈워. ≪朴諺, 中, 59ㅎ≫該管的外郎也受了些錢財, ᄀᆞ음아ᄂᆞᆫ 外郎도 져기 錢財를 밧고. ≪朴諺, 下, 4ㅈ≫行六年受多少千辛萬苦, 行ᄒᆞᆫ 여ᄉᆞᆺ ᄒᆡ예 언머 千辛萬苦를 밧고. ❷받다[受]. 요구하다. ⇔요(要). ≪朴諺, 上, 11ㅈ≫管的三年不要功錢打, 三年을 ᄀᆞ음아라 工錢을 밧디 아니ᄒᆞ고 다으게 ᄒᆞ라. 這般要他文書打了時, 이리 뎌의게 文書를 밧고 다이면. ≪朴諺, 上, 19ㅈ≫他要多少工錢, 뎨 언멋 工錢을 밧더뇨. 要一兩銀子, ᄒᆞᆫ 냥 은을 밧더라. ≪朴諺, 上, 31ㅈ≫別人便一兩要一兩利錢借饋, 다른 사ᄅᆞᆷ은 곳 ᄒᆞᆫ 냥에 ᄒᆞᆫ 냥 利錢을 밧고 ᄭᅮ이되. ≪朴諺, 上, 38ㅎ≫他要多少功錢, 뎨 언머 功錢을 밧ᄃᆞ뇨. ≪朴諺, 中, 57ㅈ≫要多少賣, 언머를 밧고 ᄑᆞᆯ려 ᄒᆞᄂᆞ다. ≪朴諺, 下, 25ㅎ≫你敢要玉價錢, 네 감히 옥 갑슬 밧고져 ᄒᆞᄂᆞ다. ≪朴諺, 下, 25ㅎ≫實要二兩銀子賣與你, 실로 두 냥 은을 밧고 네게 ᄑᆞᆯ마. ≪朴諺, 下, 40ㅎ≫也不要工錢, ᄯᅩ 工錢도 밧디 아니호ᄃᆡ. ≪朴諺, 下, 40ㅎ≫難道不要工錢, 工錢을 밧디 아니리라 니ᄅᆞ기 어렵다.

밧브다 형 바쁘다. ❶⇔망(忙). ≪朴諺, 上, 10ㅎ≫不要忙, 밧바 말고. ≪朴諺, 上, 35ㅎ≫忙怎麽, 밧바 므ᄉᆞᆺ ᄒᆞ리오. ≪朴諺, 中, 19ㅈ≫你且休忙休心焦, 네 아직 밧바 말고 ᄆᆞ옴을 틔오디 말라. ≪朴諺, 中, 49ㅈ≫我生活忙不閑耍, 내 셩녕이 밧바 놀기를 결을티 못ᄒᆞ여라. ≪朴諺, 下, 4ㅎ≫師傅你也休忙, 師傅ㅣ아 너도 밧바 말고. ❷⇔파망(擺忙). ≪朴諺, 中, 50ㅎ≫擺忙裏說甚麽閑話來, 밧븐ᄃᆡ 므슴 힘힘ᄒᆞᆫ 말 닐ᄋᆞ리오.

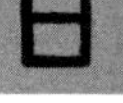

밧비 부 바삐. 바쁘게. ❶⇔망(忙). ≪朴諺, 中, 50ㅈ≫不要聒譟連忙攛, 짓궤디 말고 밧비 더디라. ❷⇔질망(疾忙). ≪朴諺, 中, 8ㅎ≫疾忙着背鞍子, 밧비 기ᄅᆞ마짓고. ≪朴諺, 下, 5ㅈ≫如今疾忙買石灰·麻刀去, 이제 밧비 石灰와 삼거울을 사라 가라.

밧소다 동 바꾸다. ⇔환(換). ≪朴諺, 中, 40ㅈ≫換箇新的, 새로 밧소고.

밧좁다 동 받들어 바치다. ⇔여(與). ≪朴諺, 下, 11ㅈ≫與父親用來之後, 父親ᄭᅴ 밧ᄌᆞ와 쓰게 ᄒᆞᆫ 후에.

밧ㅌ 명 밭. ⇔전(田). ≪朴諺, 中, 55ㅎ≫這房子水芹田近, 이 집이 미나리밧티 갓가오니.

밧티다 동 바치다. 드리다. ⇔납(納). ≪朴諺, 下, 37ㅈ≫諸般的都納與了租稅, 여러 가짓 거슬 다 租稅예 밧티고.

방 명 방(房). ❶⇔방(房). ≪朴諺, 下, 29ㅎ≫帳房門上磕着, 댱 방문에 다텨. ❷⇔방자

(房子). ≪朴諺, 上, 37ㅎ≫一間房子裏五箇人剛坐的, 흔 간 방에 다숫 사름이 계요 안는 거시여.

방 명 방(榜). ⇔고자(告子). ≪朴諺, 下, 55ㅎ≫你寫與我告子, 네 날을 방을 써 주라. ≪朴諺, 下, 55ㅎ≫這告子寫了也, 이 방을 써다. ≪朴諺, 下, 56ㅈ≫你看這告子, 네 이 방을 보라.

방(方) 부 바야흐로. 지금. 현재. ⇔보야흐로. ≪朴諺, 上, 51ㅎ≫養子方知父母恩, 즈식을 길러야 보야흐로 父母 은혜를 안다 흐니라.

방(坊) 명 도시나 읍의 거리. 또는 동네의 통칭. ≪朴諺, 中, 10ㅈ≫隨問到本都在城某坊住某官人處賣與, 隨問흐야 本都 잣안 아므 坊에셔 사는 아므 官人의손듸가 프라 주되.

방(妨) 형 해롭다. ⇔해롭다. ≪朴諺, 上, 50ㅈ≫滿月過了時喫的不妨事, 돌이 차디나면 먹어도 일에 해롭디 아니흐리라. ≪朴諺, 中, 2ㅈ≫不妨事, 일에 해롭디 아니흐다. ≪朴諺, 中, 18ㅈ≫不妨事, 일에 해롭디 아니흐다. ≪朴諺, 中, 38ㅈ≫不妨事, 일에 해롭디 아니흐니. ≪朴諺, 中, 48ㅈ≫不妨事, 일에 해롭디 아니흐니. ≪朴諺, 下, 28ㅎ≫不妨事, 일에 해롭디 아니흐니. ≪朴諺, 下, 61ㅎ≫喫些淡茶去不妨, 져기 淡茶를 먹고 가미 해롭디 아니흐니.

방(防) 동 막다. ⇔막다. ≪朴諺, 中, 25ㅈ≫常防賊心莫偸他物, 샹히 도적 므음을 막고 놈의 것 도적디 말라 흐느니라.

방(房) 명 ❶방(房). ⇔방. ≪朴諺, 下, 29ㅎ≫帳房門上磕着, 댱 방문에 다텨. ❷집. ⇔집. ≪朴諺, 上, 48ㅎ≫納房錢空費了, 房錢 드리는 거슬 속졀업시 허비흐낫다. ≪朴諺, 中, 38ㅎ≫哥你寫與我房契, 형아 네 날을 집 글월 써 주고려. ≪朴諺, 中, 38ㅎ≫這房契寫了, 이 집 글월 써다. ≪朴諺, 中, 39ㅎ≫賃房錢每月銀二兩, 집 셰내는 갑슬 돌마다 은 두 냥에 흐여. ≪朴諺, 中, 39ㅎ≫將賃房人家內應有直錢物件, 집 셰낸 사름의 집의 應有흔 갑쓴 物件을다가. ≪朴諺, 中, 39ㅎ≫故立此賃房文字爲用, 짐즛 이 집 셰내는 글월을 셰워 쓰게 흐노라. 賃房人某, 집 셰낸 사름 아모. ≪朴諺, 中, 40ㅈ≫房上生出那草, 집 우희 뎌 플이 나. ≪朴諺, 中, 40ㅈ≫把那房上草來, 뎌 집 우희 플을다가. ≪朴諺, 下, 13ㅎ≫能盖萬間房, 능히 萬間 房을 지어도. 夜眠一廈間, 밤의 一廈間에 잔다 흐느니라. ≪朴諺, 下, 33ㅎ≫這間壁磨房裏取將來, 이 스잇 ㅂ룸매(애) ᄀ는집의 가져오쟈.

방(放) 동 ❶놓다. ⇔놓다. ≪朴諺, 上, 4ㅎ≫放象生纏糖, 生物을 象흐여 수민 沙糖이어나. 或是獅仙糖, 혹 亽지 튼 신션 양으로 민근 沙糖을 노코. ≪朴諺, 上, 6ㅈ≫那氷盤上放一塊氷, 뎌 氷盤에 흔 덩이 어름을 노코. ≪朴諺, 上, 50ㅈ≫着孩兒盆子水裏放着, 아히롤 盆子ㅅ 믈에 노흐면. ≪朴諺, 上, 50ㅎ≫把溺胡蘆正着那窟籠裏放了, 오좀 누는 박을다가 바로 뎌 굼긔 노코. 把尿盆放在底下, 분지롤다가 미틔 노코. ≪朴諺, 上, 61ㅈ≫前面放一箇玉石玲瓏酒卓兒, 前面에 흔 玉石으로 玲瓏히 흔 酒卓을 노핫고. ≪朴諺, 中, 19ㅎ≫放黑豆, 거믄콩에 노하. ≪朴諺, 中, 19ㅎ≫放稈草五錢一束(束)家放, 조딥헤 노흐되 다숫 낫 돈에 흔 뭇식 흐여 노코. ≪朴諺, 中, 20ㅈ≫商量着放饋, 혜아려 노하 주고. ≪朴諺, 中, 20ㅈ≫五百來束(束)稻草裏放, 五百 뭇 볏딥헤 노흐라. ≪朴諺, 中, 44ㅎ≫一周遭放幾張交椅, 흔 도림으로 여러 댱 교의를 노코. ≪朴諺, 下, 21ㅈ≫大仙鼻凹裏放了, 大仙의 콧굼긔 노흐니. ≪朴諺, 下, 42ㅈ≫爲頭兒門外前放一箇卓兒, 웃듬으로 문 밧긔 흔 탁즈를 노코. ≪朴諺, 下, 48ㅈ≫放一堆灰, 흔 무둑 저를 노흐면. ❷놓다. 날리다. ⇔놓다. ≪朴諺, 上, 17ㅈ≫八月裏却放鶴兒(集覽, 朴集, 上, 6ㅎ: 鶴兒. 卽紙鳶. 今漢俗呼爲

風嗧, 亦曰風禽, 又號爲〈又號〉紙鶴兒. 質問云, 風旗也. 乃小兒三月放爲風箏〈嗧〉, 八月放爲紙鶴也.), 八月에 쪼 연노히 ᄒᆞᄂᆞ니.……五六十托麄麻線也放不勾, 五六十 발 굴근 삼실이라도 노키 유여티 못ᄒᆞ니리(라).

방(放) 동 ❶(어떤 위치에) 두다. 놓다. ⇔두다. ≪朴諺, 中, 56ㅎ≫庫房櫃子裏放的米都喫了, 곳집 궤예 둔 쌀을 다 먹고. ❷빼다. 빼내다. ⇔싸히다. ≪朴諺, 上, 38ㅎ≫就蹄子放血, 임의셔 굽에 피 싸히리라. ≪朴諺, 上, 39ㅈ≫一發就蹄子放血着, ᄒᆞᆫ 번에 임의셔 굽에도 피 싸히라. ❸(돈을 빌려) 주다. ⇔주다. ≪朴諺, 中, 27ㅈ≫一箇放債財主, ᄒᆞᆫ 빗 주기 ᄒᆞᄂᆞᆫ 財主. ❹(팽이를) 치다. 돌리다. ⇔티다. ≪朴諺, 上, 16ㅎ≫街上放空中的小厮們好生廣, 거리에 박핑이 틸 아ᄒᆡ들 ᄀᆞ장 흔터라. ≪朴諺, 上, 16ㅎ≫正是放空中的時莭(節), 정히 박핑이 틸 ᄣᅢ로다.

방(放) 명 놓기. 날리기. ⇔노히. ≪朴諺, 上, 17ㅈ≫八月裏却放鶴兒(集覽, 朴集, 上, 6ㅎ: 鶴兒. 卽紙鳶. 今漢俗呼爲風嗧, 亦曰風禽, 又號爲〈又號〉紙鶴兒. 質問云, 風旗也. 乃小兒三月放爲風箏〈嗧〉, 八月放爲紙鶴也.), 八月에 쪼 연노히 ᄒᆞᄂᆞ니.

방(訪) 동 찾다. 방문하다. ⇔춫다. ≪朴諺, 中, 43ㅎ≫你自說村莊無人來訪, 네 스스로 닐오ᄃᆡ 村莊에 와 ᄎᆞ즐 사ᄅᆞᆷ이 업다 ᄒᆞ거니와.

방(傍) 명 한자의 변(邊). 또는 편(偏)이나 편방(偏旁). ⇔변. ≪朴諺, 中, 41ㅈ≫紐絲傍做逢字, 실ㅅ 변에 逢字 ᄒᆞ여시니. ≪朴諺, 中, 41ㅎ≫立人傍做弋字便是, 立人 변에 弋字 ᄒᆞᆫ 거시 곳 이라. ≪朴諺, 中, 41ㅎ≫才手傍做人字下也字便是, 才手 변에 人字 아리 也字 ᄒᆞᆫ 거시 곳 이라. ≪朴諺, 中, 41ㅎ≫去字傍着反耳的便是, 去字 변에 뒨귀이 ᄒᆞᆫ 거시 곳 이라. ≪朴諺, 中, 42ㅈ≫文字傍着刀字的便是, 文字 변에 刀字 ᄒᆞᆫ 거시 곳 이라. ≪朴諺, 中, 42ㅈ≫金傍做昔字便是, 金字 변에 昔字 ᄒᆞᆫ 거시 곳 이라. ≪朴諺, 中, 42ㅈ≫點水傍做草頭底下雨(兩)字, 點水 변에 草頭 아리 雨(兩)字 ᄒᆞ엿ᄂᆞ니라. ≪朴諺, 中, 42ㅎ≫雙人傍做寺字便是, 雙人 변에 寺字 ᄒᆞᆫ 거시 곳 이라.

방(綁) 동 매다. 묶다. ⇔ᄆᆡ다. ≪朴諺, 中, 28ㅎ≫把老李拿着背綁了, 老李를다가 자바 져차리켜 ᄆᆡ고.

방공중(放空中) 동 공중(空中: 박핑이)을 치다(돌리다). ≪朴諺, 上, 16ㅎ≫街上放空中(集覽, 朴集, 上, 6ㅈ: 空中. 音義云, 用檀木旋圓, 內用刀剜空, 以繩〈絕〉曳之, 在地轉動有聲. 質問云, 頑童將胡蘆用木釘串之, 傍作一眼, 以繩〈絕〉繫扯, 旋轉有聲, 亦謂之空中.)的小厮們好生廣, 거리에 박핑이 틸 아ᄒᆡ들 ᄀᆞ장 흔터라. ≪朴諺, 上, 16ㅎ≫正是放空中的時莭(節), 정히 박핑이 틸 ᄣᅢ로다.

방득(方得) 형 …하고 나서야 비로소 …할 수 있다. ≪集覽, 字解, 單字解, 2ㅎ≫纔. 方得僅始之辭. 又, 纔自. 又剛纔, 又方纔, 又恰纔. ≪集覽, 字解, 單字解, 6ㅎ≫儅. 人有遇急用錢, 則必以重物, 納質于富家, 賒錢取用. 至限則幷其本利償還錢主, 方得退回己之重物而來也. 典字人物通用, 儅字人用於物.

방문 명 방문(房門). ⇔방문(房門). ≪朴諺, 下, 29ㅎ≫帳房門上磕着, 댱 방문에 다텨.

방문(房門) 명 방문. ⇔방문. ≪朴諺, 下, 29ㅎ≫帳房門上磕着, 댱 방문에 다텨.

방문(榜文) 명 앙방(殃榜)에 적은 글. ≪朴諺, 下, 41ㅈ≫殃榜(集覽, 朴集, 下, 9ㅈ: 殃榜. 漢俗, 凡遇人死, 則其家必斜貼殃榜〈㮄〉於門外壁上, 榜〈㮄〉文如本節〈莭〉所云, 使生人臨喪知所避忌也.)橫貼在門上, 殃㮄을 문 우희 빗기 브텻더니.

방변(傍邊) 명 곁. 옆. ❶⇔겻ㅌ. ≪朴諺, 上, 28ㅈ≫傍邉插孔雀翎兒, 겻틔 孔雀의 짓츨 고잣고. ❷⇔겯. ≪朴諺, 上, 32ㅎ≫

傍邉看的閑人們說, 겨틔셔 보든 힘힘ᄒᆞᆫ 사ᄅᆞᆷ들히 닐오ᄃᆡ. ≪朴諺, 中, 50ㅎ≫傍邉看捽挍的人們道, 겨틔셔 시름 보ᄂᆞᆫ 사ᄅᆞᆷ들이 닐오ᄃᆡ.

방불(仿彿) 형 방불(彷彿). '仿'은 '彷'과 같다. ≪朴諺, 中, 59ㅎ≫彫在槓子閣落(集覽, 朴集, 中, 9ㅈ: 閣落. 此二字乃俗之自撰, 諸韻〈韵〉書所不收, 今不採用. 唯於〈於〉直解小學內, 字作閣落, 兩字之音, 稍爲仿〈彷〉佛(彿), 今亦用之.)裡, 퀫 구석에 드리티고.

방불(彷彿) 형 방불(彷彿). '彿'은 '彿'과 같다. ≪朴諺, 中, 59ㅎ≫彫在槓子閣落(集覽, 朴集, 中, 9ㅈ: 閣落. 此二字乃俗之自撰, 諸韻〈韵〉書所不收, 今不採用. 唯於〈於〉直解小學內, 字作閣落, 兩字之音, 稍爲仿〈彷〉佛(彿), 今亦用之.)裡, 퀫 구석에 드리티고.

방불(彷彿) 형 비슷하다. 유사하다. ≪朴諺, 中, 59ㅎ≫彫在槓子閣落(集覽, 朴集, 中, 9ㅈ: 閣落. 此二字乃俗之自撰, 諸韻〈韵〉書所不收, 今不採用. 唯於〈於〉直解小學內, 字作閣落, 兩字之音, 稍爲仿〈彷〉佛(彿), 今亦用之.)裡, 퀫 구석에 드리티고.

방서(倣書) 명 습자(習字). ⇔셔품. ≪朴諺, 上, 45ㅈ≫到晌午寫倣書, 나지 다ᄃᆞᄅᆞ면 셔품 쓰기 ᄒᆞ여.

방수(芳尌) 명 방수(芳樹). '尌'는 '樹'의 속자. ≪朴諺, 上, 59ㅈ≫寒食(集覽, 朴集, 上, 14ㅎ: 寒食. 東京錄云, 唐明皇詔寒食上墓, 近代相承, 皆用此日拜掃丘墓, 都人傾城出郊, 四野如芳市〈四野如市〉, 樹之下〈芳尌之下〉, 園囿之間, 羅列杯〈盃〉盤, 抵暮而歸.)不遲, 寒食이라도 더듸디 아니타 ᄒᆞᄂᆞ니라.

방수(芳樹) 명 한창 꽃이 피어 있는 나무. ≪朴諺, 上, 59ㅈ≫寒食(集覽, 朴集, 上, 14ㅎ: 寒食. 東京錄云, 唐明皇詔寒食上墓, 近代相承, 皆用此日拜掃丘墓, 都人傾城出郊, 四野如芳市〈四野如市〉, 樹之下〈芳尌之下〉, 園囿之間, 羅列杯〈盃〉盤, 抵暮而歸.)不遲, 寒食이라도 더듸디 아니타 ᄒᆞᄂᆞ니라.

방심(放心) 동 방심하다. (안심하다. 마음을 놓다. 걱정을 놓다) ⇔방심ᄒᆞ다(放心-). ≪朴諺, 上, 44ㅈ≫你放心, 네 放心ᄒᆞ라. ≪朴諺, 上, 49ㅈ≫哥你放心, 형아 네 放心ᄒᆞ라. ≪朴諺, 中, 5ㅈ≫你放心, 네 放心ᄒᆞ라. ≪朴諺, 中, 37ㅈ≫你放心, 네 放心ᄒᆞ라.

방심ᄒᆞ다(放心-) 동 방심하다. (안심하다. 마음을 놓다. 걱정을 놓다) ⇔방심(放心). ≪朴諺, 上, 44ㅈ≫你放心, 네 放心ᄒᆞ라. ≪朴諺, 上, 49ㅈ≫哥你放心, 형아 네 放心ᄒᆞ라. ≪朴諺, 中, 5ㅈ≫你放心, 네 放心ᄒᆞ라. ≪朴諺, 中, 37ㅈ≫你放心, 네 放心ᄒᆞ라.

방언(方言) 명 책 이름. 한(漢)나라 양웅(揚雄) 지음. 13권. 진(晉)나라 곽박(郭璞) 주석. 당시 각 지방에서 조정에 파견한 사자(使者)들의 사투리를 모아 기록하였다. 그 뒤 청말(淸末) 장병린(章炳麟)이 신방언(新方言)을 지었다. ≪朴諺, 上, 2ㅈ≫討南方來的蜜林檎燒酒(集覽, 朴集, 上, 1ㅈ: 蜜林檎燒酒. 質問云, 初蒸熱燒酒, 用蜜·葡萄相參〈叅〉浸, 久而食之, 方言謂之蜜林檎燒酒.)一桶, 南方으로셔 온 蜜林檎燒酒 ᄒᆞᆫ 통과. ≪朴諺, 上, 17ㅎ≫打毬兒(集覽, 朴集, 上, 6ㅎ: 打毬兒. 質問云, 作成木圓毬二介, 用木杓一上一下連接不絶, 方言謂之打毬兒.), 당방올티기 ᄒᆞ고. ≪朴諺, 中, 9ㅈ≫你與我甘結·應付(集覽, 朴集, 中, 2ㅈ: 應付. 質問云, 應者, 答應也, 付者, 與也. 如遇使客到驛, 將口粮·馬驢答應與他, 方言謂之應付.), 네 날을 甘結과 應付를 주고려. ≪朴諺, 中, 34ㅎ≫種些冬瓜, 동화. 西瓜, 슈박. 甜瓜, ᄎᆞᆷ외. 揷葫(集覽, 朴集, 中, 7ㅈ: 揷葫. 質問云, 如葫蘆, 長一二尺者, 方言謂之揷葫.), ᄌᆞᄅᆞ박. 稍瓜, 수세외. 黃瓜, 외. 茄子, 가지를 시므라. ≪朴諺, 下, 32ㅎ≫水

滑經帶麵(集覽, 朴集, 下, 6ㅈ: 水滑經帶麵. 質問云, 以麥麵〈麪〉扯成長條, 似包經帶子樣, 煮熟, 椒肉湯食之, 方言謂之水滑經帶麵〈麪〉.), 제믈엣 칼국슈와.

방올 명 ❶(물)방울. ⇔곤자(滾子). ≪集覽, 字解, 單字解, 2ㅈ≫滾. 煮水使沸曰滾滾花水 글른 믈. 又輪轉曰滾滾了 구으다, 字作輥. 又通共和雜曰累滾 ᄒᆞᆫ 믈와비라. 又滾子 방올. ❷방울[鈴]. ⇔곤자(滾子). ≪朴諺, 下, 35ㅈ≫滾子, 방올과. 鷹觜擊起毬兒, 鷹觜와 擊起 毬兒를.

방위(方位) 명 사방(四方)을 기본으로 하여 나타내는 그 어느 쪽의 위치. ≪朴諺, 下, 45ㅈ≫宋舍看打春(集覽, 朴集, 下, 9ㅎ: 打春. 東京夢華錄云, 立春前五日, 造土牛·耕夫·犁具, 前一日順天府進農牛入禁中鞭春, 府縣官吏·士庶·耆社, 具鼓樂出東郊迎春, 牛芒神至府前, 各安方位.)去來, 宋개아 닙츈 노롯ᄒᆞᄂᆞᆫ 양 보라 가쟈.

방자(房子) 명 ❶방[房]. ⇔방. ≪朴諺, 上, 37ㅎ≫一間房子裏五箇人剛坐的, ᄒᆞᆫ 간 방에 다ᄉᆞᆺ 사ᄅᆞᆷ이 계요 안는 거시여. ❷집. ⇔집. ≪朴諺, 上, 20ㅈ≫我典一箇房子裏, 내 ᄒᆞᆫ 집을 典當ᄒᆞ려 ᄒᆞ야. ≪朴諺, 上, 20ㅎ≫典一箇大宅子(集覽, 朴集, 上, 8ㅈ: 宅子. 俗總稱〈総称〉家舍曰房子, 自稱〈称〉曰寒家, 文士呼曰寒居, 自指室內曰屋裏, 人稱王公·大人之家曰宅子.), ᄒᆞᆫ 큰 집을 典當ᄒᆞ리로다. ≪朴諺, 中, 38ㅎ≫賃一所房子來, ᄒᆞᆫ 집을 셰내엿더니. ≪朴諺, 中, 38ㅎ≫賃一所房子, ᄒᆞᆫ 곳 집을 셰내엿노라. ≪朴諺, 中, 38ㅎ≫賃到房子一所, 집 ᄒᆞᆫ 곳을 셰내되. ≪朴諺, 中, 38ㅎ≫賃到房子一所, 집 ᄒᆞᆫ 곳을 셰내되. ≪朴諺, 中, 40ㅈ≫房子都漏, 집이 다 신다. ≪朴諺, 中, 55ㅎ≫這房子水芹田近, 이 집이 미나리밧티 갓가오니. ≪朴諺, 下, 13ㅈ≫盖了這房子, 이 집을 짓고. ≪朴諺, 下, 13ㅎ≫別要盖甚麽房子, 다른 므슴 집을 지으실고.

방재(方纔) 부 갓. 방금. 이제 막. 지금. ⇔ 굿. ≪集覽, 字解, 單字解, 1ㅈ≫恰. 適當之辭. 恰便似 마치. 又方纔之辭. 恰纔 굿. ≪集覽, 字解, 單字解, 2ㅎ≫纔. 方得僅始之辭. 굿, 纔自. 又剛纔, 又方纔, 又恰纔.

방재(放在) 동 ❶놓다. …에 두다. ⇔놓다. ≪朴諺, 上, 35ㅈ≫放在脚内踝尖骨頭上, 발 안쥐머리 뾰족ᄒᆞᆫ 뼈 우희 노하. ≪朴諺, 中, 1ㅎ≫放在他脚心上轉, 뎌 발빠당에 노하 구을리고. ❷두다[置]. ⇔두다. ≪朴諺, 上, 47ㅎ≫都放在這樻裏頭, 다 이 樻 안희 두고.

방전(房錢) 명 집 삯. 집세. ≪朴諺, 上, 48ㅎ≫納房錢空費了, 房錢 드리ᄂᆞᆫ 거슬 쇽절업시 허비ᄒᆞ놋다.

방제(蹄蹄) 명 족(足). ⇔족. ≪朴諺, 上, 5ㅈ≫爊爛蹄蹄, 농난히 구은 족과.

방좌(放坐) 동 앉히다. ⇔안치다. ≪朴諺, 下, 42ㅈ≫上頭放坐一尊佛像, 우희 一尊 佛像을 안치고.

방주(放走) 명 달리기 시합. 경주(競走). ≪朴諺, 中, 52ㅈ≫年時牢子們走(集覽, 朴集, 中, 8ㅎ: 牢子走. 南村輟耕錄云, 牢子走者, 元時, 每歲一試之, 名曰放走, 亦名貴由赤, 俗謂快行是也.)的你見來麽, 젼년에 牢子들희 ᄃᆞ롬질을 네 본다.

방차(倣此) 동 이것을 본뜨다. ≪朴諺, 下, 45ㅎ≫粧點顔色(集覽, 朴集, 下, 10ㅈ: 粧點顔色. 納音, 如甲子日立春, 納音屬金, 用白色之類. 餘倣此.), 빗출 ᄭᅮ미고.

방착(放着) 동 ❶놓다. 놓아두다. 내버려두다. ⇔놓다. ≪朴諺, 上, 50ㅈ≫着孩兒盆子水裏放着, 아히를 盆子ㅅ 믈에 노흐면. ≪朴諺, 下, 7ㅎ≫放着一箇三隻脚鐵蝦蟆兒便是, ᄒᆞᆫ 세 발 가진 쇠두텁이 노흔 거시 곳 이라. ≪朴諺, 下, 48ㅈ≫朝東放着土牛, 東을 향ᄒᆞ여 土牛를 노코. ❷두다. 놓아두다. 내버려두다. ⇔두다. ≪朴諺, 中, 60ㅈ≫我放着合理的事, 내 理에 合ᄒᆞᆫ 일을 두고.

방천극(方天戟) 명 언월도(偃月刀)나 창

(槍) 모양으로 만든 예전 중국 무기의 하나. ≪朴諺, 下, 31ㅈ≫手持畫干·方天戟的, 손에 畫干·方天戟을 잡으니와.

방첨(房簷) 명 처마. ⇔쳠하. ≪朴諺, 中, 51ㅎ≫我慢慢兒沿着人家房簷底下, 내 날회여 人家 쳠하를 조차.

방추 명 방망이. ⇔봉추(棒鎚). ≪朴諺, 上, 36ㅈ≫大哥是棒鎚, 큰형은 이 방취오.

방편(方便) 동 편의에 따라 적절히 일을 꾀하다. ≪集覽, 字解, 單字解, 4ㅎ≫便. 去聲, 卽也. 便行 즉재 가니라, 便去 즉재 가리라, 又 즉재 가다. 又則也. 便有 곧 잇다, 便是 곧 올ᄒᆞ니라. 又順也, 順便. 又安也, 便當. 又宜也. 行方便 됴흘 양오로 ᄒᆞ다, 不方便 다히 마지 쉽사디 아니타. 又猶則也. 你去便就有了 너옷 가면 이시리라. 又平聲, 穩便 온당ᄒᆞ다. 吏語, 便益.

방포(方袍) 명 중이 입는 네모난 가사(袈裟). ≪朴諺, 下, 9ㅎ≫入寺敬三寶(集覽, 朴集, 下, 3ㅈ: 三寶. 脫塵異俗, 圓頂方袍, 入聖超凡, 爲衆中尊, 卽僧寶也.), 뎔에 드러는 三寶를 敬ᄒᆞ고.

방표(膀彪) 동 던져 넣다. 던지다. 처넣다. ⇔드리티다. ≪朴諺, 下, 22ㅎ≫拿着肩膀彪在裏面, 엇게를 잡아 안히 드리티라 ᄒᆞ엿더니.

방하(放下) 동 ❶(내려) 놓다. 두다. ⇔놓다. ≪朴諺, 上, 65ㅎ≫到江南地面石屋(集覽, 朴集, 上, 16ㅈ: 石屋. 法名清珙, 號石屋和尙, 臨濟十八世之嫡孫也. 普虛謁石屋, 石屋見之云, 老僧今日旣已放下三百斤擔子遞你擔了, 且展脚睡矣.)法名的和尙根底, 江南 ᄯᅡ 石屋이라 法名 ᄒᆞᆫ 즁의손ᄃᆡ 가니. ≪朴諺, 下, 21ㅈ≫前面放下, 앏ᄑᆡ 노코. ❷두다. 놓다. ⇔두다. ≪朴諺, 下, 40ㅎ≫咱商(商)量了放下定錢, 우리 혜아려 定錢을 두쟈.

방학아(放鶴兒) 명 연날리기. ⇔연노히. ≪朴諺, 上, 17ㅈ≫八月裏却放鶴兒(集覽, 朴集, 上, 6ㅎ: 鶴兒. 卽紙鳶. 今漢俗呼爲風䍐, 亦曰風禽, 又號爲〈又號〉紙鶴兒. 質問云, 風旗也. 乃小兒三月放爲風箏〈䍐〉, 八月放爲紙鶴也.), 八月에 또 연노히 ᄒᆞᄂᆞ니.

방향(方向) 명 어떤 방위(方位)를 향한 쪽. ≪集覽, 字解, 累字解, 1ㅎ≫東西. 指物之辭, 未定其稱而曰東西. 猶曰或東或西, 未定方向之意.

방현령(房玄岭) 명 방현령(房玄齡). '岭'은 '齡'의 잘못. ≪朴諺, 中, 44ㅎ≫掛十八學士(集覽, 朴集, 中, 8ㅈ: 十八學士. 唐太宗秦王時, 開館延文學之士, 杜如晦·房玄齡〈岭〉·虞世南·褚遂良·姚思廉·李玄道·蔡允恭·薛元敬·顏相時·蘇勗·于志寧·蘇世長·薛收·李守素·陸德明·孔穎達·蓋文達·許敬宗爲文學館學士, 分爲三番, 更日直宿.)大畫, 十八學士 그린 큰 그림을 걸고.

방현령(房玄齡) 명 당(唐)나라 임치(臨淄) 사람. 자는 교(喬). 시호는 문소(文昭). 당초(唐初) 진왕부(秦王府) 십팔학사(十八學士)의 한 사람. 태종(太宗)을 도와 개국에 많은 공을 세웠다. 진서(晉書) 1백 30권을 찬술(撰述)하고 관자(管子)를 주해하였다. ≪朴諺, 中, 44ㅎ≫掛十八學士(集覽, 朴集, 中, 8ㅈ: 十八學士. 唐太宗秦王時, 開館延文學之士, 杜如晦·房玄齡〈岭〉·虞世南·褚遂良·姚思廉·李玄道·蔡允恭·薛元敬·顏相時·蘇勗·于志寧·蘇世長·薛收·李守素·陸德明·孔穎達·蓋文達·許敬宗爲文學館學士, 分爲三番, 更日直宿.)大畫, 十八學士 그린 큰 그림을 걸고.

방혈(放血) 동 피를 내다. 피를 뽑다. ≪朴諺, 上, 38ㅎ≫就蹄子放血, 임의셔 굽에 피 ᄲᅢ히리라. ≪朴諺, 上, 39ㅈ≫一發就蹄子放血着, ᄒᆞᆫ 번에 임의셔 굽에도 피 ᄲᅢ히라.

뱉다 동 뱉다. ≪朴諺, 中, 58ㅈ≫這的便是仰面唾天, 이거시 곳 잣바 하늘헤 춤 바틈이로다.

배 명 바[所]가. ≪朴諺, 下, 59ㅎ≫靡所不爲, ᄒᆞ디 아닐 배 업므(으)니.

배(杯) 명 잔. ⇔배아(盃兒). ≪朴諺, 上, 7ㅎ≫把上馬盃兒, 上馬盃를 잡게 ᄒᆞ라.

배(拜) 동 절하다. 인사하다. ❶⇔배ᄒᆞ다(拜-). ≪朴諺, 上, 59ㅈ≫有心拜莭(節)(集覽, 朴集, 上, 14ㅎ: 拜節. 歲時樂事記云, 元日, 士庶自早互相慶賀, 車馬交馳, 衣服華煥, 雜遝街市, 三四日乃止〈三四日而乃止〉.), 莭(節)에 拜홀 ᄆᆞ음이 이시면. ≪朴諺, 上, 65ㅎ≫拜他爲師傅, 뎌를 拜ᄒᆞ야 師傅를 삼고. ≪朴諺, 下, 20ㅈ≫强的上拜爲師傅, 나으니를 拜ᄒᆞ야 스승을 삼쟈. ❷⇔절ᄒᆞ다. ≪朴諺, 下, 10ㅎ≫頓首拜上父親·母親·尊侍前, 頓首ᄒᆞ고 절ᄒᆞ여 父親·母親·尊侍前에 올리노니.

배(盃) 명 배(杯). '盃'는 '杯'의 속자. ≪朴諺, 上, 7ㅎ≫把上馬盃兒, 上馬盃를 잡게 ᄒᆞ라.

배(背) 동 ❶뒷짐 지우다. ⇔져차리키다. ≪朴諺, 中, 28ㅎ≫把老李拿着背綁了, 老李를다가 자바 져차리켜 믹고. ❷짓다[作]. 안장을 지우다. ⇔짓다. ≪朴諺, 中, 8ㅎ≫疾忙着背鞍子, 밧비 기ᄅᆞ마짓고.

배(背) 명 등. ⇔등. ≪朴諺, 上, 47ㅈ≫撓背兩箇錢, 등 ᄆᆞᆫ디ᄅᆞ기는 두 낫 돈이오.

배(培) 명 배와(培瓦). 굽지 않은 기와. ⇔빅와. ≪朴諺, 下, 5ㅈ≫培塼都有麽, 빅와과 벽이 다 잇ᄂᆞ냐.

배(排) 동 벌이다. 늘어서다. ⇔벌다. ≪朴諺, 中, 23ㅈ≫齒排柯雪, 니는 柯雪이 버릿는 ᄃᆞᆺᄒᆞ고.

배갑(排甲) 명 주민을 조직하는 기초 단위. 또는 그 단위의 우두머리. ≪朴諺, 下, 52ㅈ≫叫到隣人幷巡宿総甲(集覽, 朴集, 下, 11ㅎ: 總甲. 軍制, 編成排甲, 每一小甲管軍人一十名, 總〈総〉甲管軍五十名, 每百戶該管一百一十二名.)人等, 隣人과 巡宿ᄒᆞᄂᆞᆫ 総甲人 等을 아오로 블러. ≪朴諺, 下, 53ㅈ≫着當該地分弓手(集覽, 朴集, 下, 12ㅈ: 弓手. 今按, 軍制編成排甲, 每一百戶, 銃手十名, 刀牌手二十名, 弓箭手三十名, 槍手四十名.)人等, 當該 地分 弓手人 等으로 ᄒᆞ여.

배교(拜郊) 명 정월 보름날 하늘에 지내는 제사. ≪朴諺, 中, 11ㅈ≫一兩日上位郊天(集覽, 朴集, 中, 2ㅈ: 郊天. 古制, 冬至祭天. 今制, 正月十五日以裏祭天, 俗謂之拜郊〈謂之拜郊〉.)去, ᄒᆞᄅᆞ 이틀만 ᄒᆞ면 上位ㅣ 郊天ᄒᆞ라 가실 거시니.

배망(拜望) 동 찾아뵙다. 문안하다. 방문하다. ≪朴諺, 下, 56ㅎ≫因此不得工夫闕拜望, 이런 젼ᄎᆞ로 工夫를 엇디 못ᄒᆞ여 拜望을 闕ᄒᆞ니.

배문(拜門) 동 혼행(婚行)하다. 신행(新行)하다. (중국 풍속에, 결혼한 지 아흐레째 되는 날 시부모가 아들과 며느리를 처가에 보내어 장인·장모·형제들에게 인사를 하게 하였다) ⇔배문ᄒᆞ다(拜門-). ≪朴諺, 上, 42ㅈ≫便着拜門(集覽, 朴集, 上, 12ㅈ: 拜門. 質問云, 女嫁九日, 公婆使兒子·女兒往丈人家, 拜丈人·丈母或兄嫂們, 方言謂之拜門.), 곳 拜門ᄒᆞ고.

배문ᄒᆞ다(拜門-) 동 혼행(婚行)하다. 신행(新行)하다. (중국 풍속에, 결혼한 지 아흐레째 되는 날 시부모가 아들과 며느리를 처가에 보내어 장인·장모·형제들에게 인사를 하게 하였다) ⇔배문(拜門). ≪朴諺, 上, 42ㅈ≫便着拜門(集覽, 朴集, 上, 12ㅈ: 拜門. 質問云, 女嫁九日, 公婆使兒子·女兒往丈人家, 拜丈人·丈母或兄嫂們, 方言謂之拜門.), 곳 拜門ᄒᆞ고.

배반(杯盤) 명 술상에 차려 놓은 그릇. 또는 거기에 담긴 음식. ≪朴諺, 上, 59ㅈ≫寒食(集覽, 朴集, 上, 14ㅎ: 寒食. 東京錄云, 唐明皇詔寒食上墓, 近代相承, 皆用此日拜掃丘墓, 都人傾城出郊, 四野如芳市〈四野如市〉, 樹之下〈芳樹之下〉, 園囿之間, 羅列杯〈盃〉盤, 抵暮而歸.)不遲, 寒食이라도 더듸디 아니타 ᄒᆞᄂᆞ니라.

배반(盃盤) 명 배반(杯盤). '盃'는 '杯'의 속자. ≪朴諺, 上, 59ㅈ≫寒食(集覽, 朴集,

上, 14ㅎ: 寒食. 東京錄云, 唐明皇詔寒食上墓, 近代相承, 皆用此日拜掃丘墓, 都人傾城出郊, 四野如芳市〈四野如市〉, 樹之下〈芳尌之下〉, 園囿之間, 羅列杯〈盃〉盤, 抵暮而歸.)不遲, 寒食이라도 더듸디 아니타 ᄒᆞᄂᆞ니라.

배별(拜別) 동 절하고 작별한다는 뜻으로, 존경하는 사람과의 작별을 높여 이르는 말. ⇔배별ᄒᆞ다(拜別-). ≪朴諺, 下, 11ㅈ≫ 孩兒自拜別之後, 孩兒ㅣ 拜別ᄒᆞᆫ 後로브터.

배별ᄒᆞ다(拜別-) 동 절하고 작별한다는 뜻으로, 존경하는 사람과의 작별을 높여 이르는 말. ⇔배별(拜別). ≪朴諺, 下, 11ㅈ≫孩兒自拜別之後, 孩兒ㅣ 拜別ᄒᆞᆫ 後로브터.

배소(拜掃) 동 쓸고 절한다는 뜻으로, 무덤에 찾아가 보다. 성묘하다. ≪朴諺, 上, 59ㅈ≫寒食(集覽, 朴集, 上, 14ㅎ: 寒食. 東京錄云, 唐明皇詔寒食上墓, 近代相承, 皆用此日拜掃丘墓, 都人傾城出郊, 四野如芳市〈四野如市〉, 樹之下〈芳尌之下〉, 園囿之間, 羅列杯〈盃〉盤, 抵暮而歸.)不遲, 寒食이라도 더듸디 아니타 ᄒᆞᄂᆞ니라.

배아(杯兒) 명 잔. ⇔배(盃). ≪朴諺, 上, 7ㅎ≫把上馬盃兒, 上馬盃를 잡게 ᄒᆞ라.

배아(盃兒) 명 배아(杯兒). '盃'는 '杯'의 속자. ≪朴諺, 上, 7ㅎ≫把上馬盃兒, 上馬盃를 잡게 ᄒᆞ라.

배안자(背鞍子) 동 길마를 짓다. 안장을 지우다. 곧, 말 탈 준비를 갖추다. ⇔기ᄅᆞ마짓다. ≪朴諺, 中, 8ㅎ≫疾忙着背鞍子, 밧비 기ᄅᆞ마짓고.

배알(拜謁) 동 높거나 존경하는 사람을 찾아가 뵙다. ≪朴諺, 上, 44ㅎ≫師傅上唱喏(集覽, 朴集, 上, 12ㅎ: 唱喏. 揖也. 詞曲曰, 一箇唱, 百箇喏, 謂一人呼唱於上, 衆人應諾於下. 如將帥在營幕下, 軍卒投謁於前者列立於〈軍卒投謁於前者列於〉庭, 將帥發一令語, 則衆下齊聲以應. 凡里巷子弟拜謁父兄亦然. 因謂揖曰唱喏, 未詳是否.), 스승님ᄭᅴ 읍ᄒᆞ고.

배와(培瓦) 명 굽지 않은 기와. ≪朴諺, 下, 12ㅎ≫以至升斗, ᄡᅧ 바리와. 石, 돌과. 塼, 벽과. 培瓦, 培瓦에 니르히. 都有, 다 이셰라.

배우(俳優) 명 배우. 광대[倡優]. ≪朴諺, 上, 18ㅈ≫是抅欄(集覽, 朴集, 上, 6ㅎ: 抅欄. 書言故事云, 鉤〈鈎〉欄, 俳優棚也. 風俗通云, 漢文帝廟〈庙〉設抱老鉤〈鈎〉欄. 注云, 其鈎屈曲如鈎, 以防人墮.)衚衕裏帶匠夏五廂的, 이 抅欄 골 ᄯᅴ쟝이 夏五ㅣ 젼메웟ᄂᆞ니라.

배우붕(俳優棚) 명 송·원대(宋元代)의 대중 연예장. 설서(說書)·연극·잡기(雜技) 따위를 공연하였다. ≪朴諺, 上, 18ㅈ≫是抅欄(集覽, 朴集, 上, 6ㅎ: 抅欄. 書言故事云, 鉤〈鈎〉欄, 俳優棚也. 風俗通云, 漢文帝廟〈庙〉設抱老鉤〈鈎〉欄. 注云, 其鈎屈曲如鈎, 以防人墮.)衚衕裏帶匠夏五廂的, 이 抅欄 골 ᄯᅴ쟝이 夏五ㅣ 젼메웟ᄂᆞ니라. ≪朴新諺 1, 21ㅎ≫ 是抅欄(朴新注, 8ㅎ: 俳優棚, 一云, 妓樂住處.)衚衕裏帶匠夏五廂的, 이 抅欄 골 ᄯᅴ쟝이 夏五ㅣ 뎐메웟ᄂᆞ니라.

배읍(拜揖) 동 읍(揖)하다. ⇔배읍ᄒᆞ다(拜揖-). ≪朴諺, 上, 14ㅈ≫拜揖哥哥那裏去來, 拜揖ᄒᆞ노니 형아 어ᄃᆡ 갓던다. ≪朴諺, 中, 5ㅈ≫拜揖舍人與我関字麽, 拜揖ᄒᆞ노니 舍人아 우리를 関字를 주실가. ≪朴諺, 中, 12ㅎ≫拜揖趙舍, 拜揖ᄒᆞ노라 趙舍ㅣ아 .

배읍ᄒᆞ다(拜揖-) 동 읍(揖)하다. ⇔배읍(拜揖). ≪朴諺, 上, 14ㅈ≫拜揖哥哥那裏去來, 拜揖ᄒᆞ노니 형아 어ᄃᆡ 갓던다. ≪朴諺, 中, 5ㅈ≫拜揖舍人與我関字麽, 拜揖ᄒᆞ노니 舍人아 우리를 関字를 주실가. ≪朴諺, 中, 12ㅎ≫拜揖趙舍, 拜揖ᄒᆞ노라 趙舍ㅣ아.

배자(背子) 명 배자(褙子). (겨울철에 부녀자가 저고리 위에 덧입는 옷) ≪朴諺, 上, 25ㅎ≫鴉青繡四花織金羅搭護(集覽, 朴

集, 上, 8ㅎ: 搭護. 事物紀原云, 隋內官多服半臂, 餘皆長袖. 唐高祖減其袖, 謂之半臂, 卽今背子也. 江淮間或曰綽子, 庶人競服之. 今俗呼爲搭護, 더그레.), 鴉青빗치 四花를 繡노코 織金ᄒᆞᆫ 羅 더그레오. ≪朴諺, 下, 1ㅈ≫把我的銀鼠皮背子, 내 銀鼠皮 背子와.

배절(拜莭) 동 배절(拜節). '莭' 은 '節'의 속자. ≪朴諺, 上, 59ㅈ≫有心拜莭(節)(集覽, 朴集, 上, 14ㅎ: 拜節. 歲時樂事記云, 元日, 士庶自早互相慶賀, 車馬交馳, 衣服華煥, 雜遝街市, 三四日乃止〈三四日而乃止〉.), 莭(節)에 拜ᄒᆞᆯ ᄆᆞᅀᆞᆷ이 이시면.

배절(拜節) 동 명절을 축하하다. 명절 인사하다. 명절 덕담하다. ≪朴諺, 上, 59ㅈ≫有心拜莭(節)(集覽, 朴集, 上, 14ㅎ: 拜節. 歲時樂事記云, 元日, 士庶自早互相慶賀, 車馬交馳, 衣服華煥, 雜遝街市, 三四日乃止〈三四日而乃止〉.), 莭(節)에 拜ᄒᆞᆯ ᄆᆞᅀᆞᆷ이 이시면.

배제(排擠) 동 배제(排擠)하다. (받아들이지 아니하고 물리쳐 제외하다) ≪朴諺, 中, 17ㅎ≫怎刮劃(集覽, 朴集, 中, 3ㅈ: 刮劃. 排擠開割之意.)我這一場愁, 엇디 내 이 一場 愁를 헤와드료.

배첩(拜貼) 명 (방문할 때 사용하는) 명함(名銜). ≪朴諺, 上, 52ㅈ≫留下一箇拜貼來見來麽, ᄒᆞᆫ 拜貼을 머므럿더니 보신가.

배포(背包) 명 등짐. ≪朴諺, 中, 7ㅈ≫背包馬們都將好壯馬來, 背包馬들을 다 ᄀᆞ장 장ᄒᆞᆫ ᄆᆞᆯ을 가져오라.

배포마(背包馬) 명 짐말. (짐을 실어 나르는 말) ≪朴諺, 中, 7ㅈ≫背包馬們都將好壯馬來, 背包馬들을 다 ᄀᆞ장 장ᄒᆞᆫ ᄆᆞᆯ을 가져오라.

배향(配享) 명 신주를 종묘(宗廟)에 모시는 일. ≪朴諺, 中, 11ㅈ≫一兩日上位郊天(集覽, 朴集, 中, 2ㅈ: 郊天. 天子設圜丘於南郊, 以祭天神·地祇·日月星辰·山川·嶽瀆, 以太祖配享.)去, ᄒᆞᄅᆞ 이틀만 ᄒᆞ면 上位ㅣ 郊天ᄒᆞ라 가실 거시니.

배현경(裵玄慶) 명 고려(高麗)의 개국 공신(?~936). 일명 현옥(玄玉). 처음 이름은 백옥삼(白玉衫·白玉三). 병졸(兵卒)에서 시작하여 대광(大匡)까지 지냈다. 처음에 궁예(弓裔)의 기병장(騎兵將)으로 있다가 궁예의 횡포가 심하자 신숭겸(申崇謙) 등과 함께 왕건(王建)을 추대하여 고려를 개국하고 개국 공신 1등이 되었다. 태조 묘정(太祖廟庭)에 배향되었다. ≪朴諺, 下, 59ㅎ≫將軍裵玄慶·洪儒·卜智謙·申崇謙等四箇人, 將軍 裵玄慶·洪儒·卜智謙·申崇謙 等 네 사ᄅᆞᆷ이.

배후(背後) 명 뒤.뒤쪽. ❶⇔뒤. ≪朴諺, 上, 20ㅎ≫背後河裏洗馬去來, 뒷 내헤 ᄆᆞᆯ 싯기라 가쟈. ≪朴諺, 中, 56ㅈ≫背後河裡洗澡去, 뒷 내헤 목욕ᄒᆞ라 가라. ❷⇔뒤ㅎ. ≪朴諺, 中, 27ㅈ≫正房背後掘開一箇老大深淺地坑, 正房 뒤헤 ᄒᆞᆫ 크고 기픈 디함을 ᄑᆡ고. ≪朴諺, 中, 46ㅎ≫王千戶打背後來, 王千戶ㅣ 뒤흐로셔 와. ≪朴諺, 下, 48ㅈ≫芒兒立在牛背後, 芒兒ㅣ 쇠 뒤히 셔셔.

배ᄒᆞ다(拜-) 동 절하다. 인사하다. ⇔배(拜). ≪朴諺, 上, 59ㅈ≫有心拜莭(節)(集覽, 朴集, 上, 14ㅎ: 拜節. 歲時樂事記云, 元日, 士庶自早互相慶賀, 車馬交馳, 衣服華煥, 雜遝街市, 三四日乃止〈三四日而乃止〉.), 莭(節)에 拜ᄒᆞᆯ ᄆᆞᅀᆞᆷ이 이시면. ≪朴諺, 上, 65ㅎ≫拜他爲師傅, 뎌를 拜ᄒᆞ야 師傅를 삼고. ≪朴諺, 下, 20ㅈ≫强的上拜爲師傅, 나으니를 拜ᄒᆞ야 스승을 삼쟈.

백(白) 접두 맨-. ⇔ᄆᆡᆫ-. ≪朴諺, 上, 5ㅈ≫燒鵝·白煠鷄, 구은 게오와 ᄆᆡᆫ기름에 지진 ᄃᆞᆰ과.

백(白) 형 희다. ⇔희다. ≪朴諺, 上, 24ㅎ≫白絨氊襪上, 흰 부드러온 시울청에. ≪朴諺, 上, 27ㅈ≫白麂皮靴子, 흰 기ᄌᆞ피 훠ᄋᆞ에. ≪朴諺, 上, 28ㅈ≫鞍子是雪白鹿角邉兒, 기ᄅᆞ마ᄂᆞᆫ 이 눈ᄀᆞᆺ티 흰 鹿角 邊兒에. ≪朴諺, 上, 43ㅈ≫諸般絨線砌山子吊珠兒的麁白線, 여러 가지 보ᄃᆞ라온 실과

귀여ᄉᆞ 무오고 진쥬 둘 굴근 흰 실과. ≪朴諺, 上, 46ㅈ≫貴眷稍的十箇白毛施布, 貴眷이 브틴 열 필 흰 모시뵈과. ≪朴諺, 中, 6ㅎ≫你將那白麵來, 네 뎌 흰 ᄀᆞᄅᆞ를 가져다가. ≪朴諺, 下, 8ㅎ≫白淨淨顔面, 흰 淨淨ᄒᆞᆫ 顔面이오.

백(百) 관 백(百). ⇔ᄇᆡᆨ. ≪朴諺, 中, 10ㅎ≫保人只管一百日, 保人이 그저 일 ᄇᆡᆨ 날을 ᄀᆞ옴아니. ≪朴諺, 下, 23ㅎ≫百般搭不着, ᄇᆡᆨ 가지로 호ᄃᆡ 건디디 몯ᄒᆞ니.

백(百) 수 백(百). ⇔ᄇᆡᆨ. ≪朴諺, 下, 34ㅈ≫一箇去百箇來, ᄒᆞ나히 가매 ᄇᆡᆨ이 온다 ᄒᆞᄂᆞ니라.

백(帛) 명 비단. ≪朴諺, 上, 43ㅈ≫我沒裁帛, 내게 裁帛이 업세라.

백검(白臉) 명 백검은(白臉銀). ≪朴諺, 上, 30ㅈ≫每一兩傾白臉(集覽, 朴集, 上, 8ㅈ: 白臉. 質問云, 將好銀子與銀匠, 化了傾成細絲雪白錠兒. 又有光色好看, 卽十成銀也.)銀子出一錢裏, 每 ᄒᆞᆫ 냥에 白臉銀을 디워 ᄆᆡᆫ들려 ᄒᆞ면 ᄒᆞᆫ 돈을 내리라.

백검은(白臉銀) 명 가는 실 무늬가 있는 설백색(雪白色)의 은(銀) 덩이. 곧, 10성은(十成銀). ⇔백검은자(白臉銀子). ≪朴諺, 上, 30ㅈ≫每一兩傾白臉(集覽, 朴集, 上, 8ㅈ: 白臉. 質問云, 將好銀子與銀匠, 化了傾成細絲雪白錠兒. 又有光色好看, 卽十成銀也.)銀子出一錢裏, 每 ᄒᆞᆫ 냥에 白臉銀을 디워 ᄆᆡᆫ들려 ᄒᆞ면 ᄒᆞᆫ 돈을 내리라.

백검은자(白臉銀子) 명 가는 실 무늬가 있는 설백색(雪白色)의 은(銀) 덩이. 곧, 10성은(十成銀). ⇔백검은(白臉銀). ≪朴諺, 上, 30ㅈ≫每一兩傾白臉(集覽, 朴集, 上, 8ㅈ: 白臉. 質問云, 將好銀子與銀匠, 化了傾成細絲雪白錠兒. 又有光色好看, 卽十成銀也.)銀子出一錢裏, 每 ᄒᆞᆫ 냥에 白臉銀을 디워 ᄆᆡᆫ들려 ᄒᆞ면 ᄒᆞᆫ 돈을 내리라.

백관(百官) 명 모든 벼슬아치. ≪朴諺, 下, 30ㅈ≫百官禮畢後, 百官이 禮畢ᄒᆞᆫ 後에.

백교(百巧) 형 아주 교묘하다. ⇔백교ᄒᆞ다(百巧-). ≪朴諺, 上, 41ㅎ≫百能百巧的, 百能 百巧ᄒᆞ더라.

백교ᄒᆞ다(百巧-) 형 아주 교묘하다. ⇔백교(百巧). ≪朴諺, 上, 41ㅎ≫百能百巧的, 百能 百巧ᄒᆞ더라.

백납(百衲) 명 〈불〉 승복(僧服). 승의(僧衣). ('衲'은 기웠다는 뜻이다) ≪朴諺, 上, 33ㅈ≫穿着衲襖(集覽, 朴集, 上, 10ㅈ: 衲襖. 反(飜)譯名義云, 好衣是未得道者生貪着處, 招致賊難, 或致奪㑹(命), 有如是等患, 故受弊衲衣. 大智論云, 行者少欲知是〈足〉, 衣趣盖形, 又國土多寒, 畜百衲具.)將着鉢盂, 누비옷 닙고 에우아리 가지고.

백능(百能) 명 온갖 재주. 또는 그런 재능을 가진 사람. ≪朴諺, 上, 41ㅎ≫百能百巧的, 百能 百巧ᄒᆞ더라.

백능백교(百能百巧) 형 온갖 재능과 기교에 뛰어나다. ⇔백능백교ᄒᆞ다(百能百巧-)≪朴諺, 上, 41ㅎ≫百能百巧的, 百能 百巧ᄒᆞ더라.

백능백교ᄒᆞ다(百能百巧-) 형 온갖 재능과 기교에 뛰어나다. ⇔백능백교(百能百巧) ≪朴諺, 上, 41ㅎ≫百能百巧的, 百能 百巧ᄒᆞ더라.

백단(白檀) 명 백단향(白檀香). (단향과(檀香科)의 상록 활엽 교목. 향료·약품·세공물 따위에 쓴다) ≪朴諺, 上, 7ㅈ≫都着些細料物(集覽, 朴集. 上, 3ㅎ: 細料物. 事林廣記食饌類, 細料物, 官桂·良薑·華撥草·豆蔲·陳皮·縮砂仁〈砂仁〉·八角·茴香各一兩, 川椒二兩, 杏仁五兩, 甘草一兩半, 白檀末半兩. 右共爲細末用之.), 다져기 ᄀᆞᄂᆞᆫ 교토를 두고.

백단말(白檀末) 명 백단향(白檀香)의 가루. ≪朴諺, 上, 7ㅈ≫都着些細料物(集覽, 朴集. 上, 3ㅎ: 細料物. 事林廣記食饌類, 細料物, 官桂·良薑·華撥草·豆蔲·陳皮·縮砂仁〈砂仁〉·八角·茴香各一兩, 川椒二兩, 杏仁五兩, 甘草一兩半, 白檀末半

兩. 右共爲細末用之.), 다 져기 ᄀᆞ논 교토를 두고.

백당(白糖) 명 흰 설탕. 백설탕. ≪朴諺, 上, 4ㅎ≫放象生纏糖(集覽, 朴集, 上, 2ㅈ: 象生纏糖. 音義纏字註云, 用白糖·白芝麻相和, 以火煎熬, 傾入木印內, 須臾凉後, 〈與果實相似也〉. 糖字註云, 白糖化後用木印澆成, 亦與果實相似.), 生物을 象ᄒᆞ여 ᄆᆡᆼᄀᆞᆫ 沙糖이어나.

백두산(白頭山) 명 함경도(咸鏡道)와 중국(中國)의 경계(境界)에 있는 우리나라 제일의 산. 최고봉인 병사봉(兵使峯)에 있는 천지(天池)에서 압록강(鴨綠江)·두만강(豆滿江)·송화강(松花江)이 시작한다. 높이는 2,744m. ≪朴諺, 上, 9ㅈ≫我也往金剛山(集覽, 朴集, 上, 4ㅎ: 金剛山. 一名皆骨山, 卽白頭山南條也. 南至淮陽縣之東, 高城郡之西爲金剛山, 凡一萬二千峯.)禪院·松廣等處降香去, 나도 金剛山 禪院·松廣 等處를 향ᄒᆞ야 降香ᄒᆞ라 가노라.

백령(百靈) 명 온갖 신령(神靈). ≪朴諺, 下, 31ㅎ≫天子百靈咸助, 天子ᄂᆞᆫ 百靈이 다 돕고.

백마(白馬) 명 털빛이 흰 말. ≪朴諺, 下, 47ㅎ≫騎坐白馬珠鞍, 白馬 珠鞍을 ᄐᆞ고. ≪朴諺, 下, 55ㅈ≫門前絟着帶鞍的白馬來, 門 앒희 기ᄅᆞ마지은 白馬를 ᄆᆡ엿더니.

백면(白麪) 명 백면(白麵). '麪'은 '麵'과 같다. ≪朴諺, 下, 32ㅈ≫水精角兒(集覽, 朴集, 下, 6ㅈ: 水精角兒. 又居家必用云, 皮用白麪於滾湯攪作稠糊, 於冷水浸, 以豆粉和搜作劑, 打作皮, 包餡上籠, 緊火蒸熟, 洒兩次水, 方可下竈, 臨供時再洒些水便供.), 水精角兒과. 麻尼汁經卷兒(集覽, 朴集, 下, 6ㅈ: 麻尼汁經卷兒. 飮膳〈饌〉正要云, 白麪一斤, 小油一斤, 小椒一兩炒去汗, 茴香一兩炒.), ᄎᆞᆷᄭᆡ 즙 經卷兒와.

백면(白麵) 명 밀가루. ≪朴諺, 下, 32ㅈ≫水精角兒(集覽, 朴集, 下, 6ㅈ: 水精角兒. 又居家必用云, 皮用白麪於滾湯攪作稠糊, 於冷水浸, 以豆粉和搜作劑, 打作皮, 包餡上籠, 緊火蒸熟, 洒兩次水, 方可下竈, 臨供時再洒些水便供.), 水精角兒과. 麻尼汁經卷兒(集覽, 朴集, 下, 6ㅈ: 麻尼汁經卷兒. 飮膳〈饌〉正要云, 白麪一斤, 小油一斤, 小椒一兩炒去汗, 茴香一兩炒.), ᄎᆞᆷᄭᆡ 즙 經卷兒와. ≪朴諺, 下, 32ㅎ≫水滑經帶麵(集覽, 朴集, 下, 6ㅈ: 水滑經帶麵. 冬月溫水浸. 經帶麵〈麪〉, 用頭白麵〈麪〉二斤, 減(鹹)二兩, 塩二兩, 研細, 新汲水破開和搜, 比趕麵〈麪〉劑微軟, 漸以拗棒拗百餘下, 停一時許, 再拗百餘下, 趕至極薄, 切如經帶樣, 滾湯下, 候熟入凉水, 投汁任意.), 제믈엣 칼국슈와.

백미(百味) 명 온갖 맛있는 음식물. ≪朴諺, 下, 8ㅈ≫做盂蘭盆齋(集覽, 朴集, 下, 2ㅎ: 盂蘭盆齋. 大藏經云, 大目犍連尊者, 以母生餓鬼中不得食, 佛令作盂蘭盆, 至七月十五日, 具百味五果, 置盆中, 供養十方大德, 而後母乃得食. 飜譯名義云, 梵言盂蘭, 唐言救倒懸也.), 盂蘭盆齋를 ᄒᆞᄂᆞ니라.

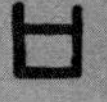

백배(百拜) 동 여러 번 절을 하다. 또는 그렇게 하는 절. ⇔백배ᄒᆞ다(百拜-). ≪朴諺, 下, 12ㅈ≫愚男山童頓首百拜, 愚男 山童은 頓首百拜ᄒᆞ노이다.

백배ᄒᆞ다(百拜-) 동 여러 번 절을 하다. 또는 그렇게 하는 절. ⇔백배(百拜). ≪朴諺, 下, 12ㅈ≫愚男山童頓首百拜, 愚男 山童은 頓首百拜ᄒᆞ노이다.

백백(伯伯) 명 큰아버지. 백부(伯父). ≪朴諺, 下, 45ㅈ≫伯伯喫些飯, 伯伯아 져기 밥 먹으라.

백백아(伯伯阿) 명 아재비여. ⇔아ᄌᆞ바. ≪朴諺, 中, 55ㅎ≫老子伯伯阿, 아바 아ᄌᆞ바.

백사밀(白沙蜜) 명 석밀(石蜜). 석청(石淸). ≪朴諺, 上, 37ㅎ≫金鑵兒·鐵携兒裏頭盛着白沙蜜, 금탕권 쇠곡지 속에 白沙蜜 담은 거시여.

백사피(白斜皮) 명 백색의 돈피(獤皮). ≪朴

諺, 上, 28ㅎ≫白斜皮鞦皮轡頭, 白斜皮로 흔 쥬피와 굴레오.

백색(白色) 명 흰색. ≪朴諺, 下, 45ㅎ≫粧點顔色(集覽, 朴集, 下, 10ㅈ: 粧點顔色. 納音, 如甲子日立春, 納音屬金, 用白色之類. 餘倣此.), 빗촐 꾸미고.

백설(白說) 동 공연한 말을 하다. 쓸데없이 지껄이다. ≪朴諺, 上, 5ㅎ≫叫教坊司十數箇樂工和做院本(集覽, 朴集, 上, 2ㅎ: 院本. 質問云, 院本有曰外, 或粧先生·採訪使·考試官·老人·達達之類, 皆是外扮, 曰淨, 有男淨·有女淨, 亦做醜態, 專一弄言取人歡笑, 曰末, 粧扮不一, 初則開場白說, 或粧家人·祇候, 或扮使臣之類, 曰丑, 狂言戲弄, 或粧醉漢·太醫·吏員·媒婆之類.)諸般雜技的來, 教坊司의 여라믄 樂工과 院本에 여러 가지 雜技ᄒᆞᄂᆞ니를 블러오라.

백성(百姓) 명 백성. 일반 국민. ≪朴諺, 上, 2ㅎ≫光祿寺裡着姓李的館夫(集覽, 朴集, 上, 1ㅎ: 館夫. 應當舘〈館〉驛接待使客之役. 質問云, 府·州·縣百姓擇撥〈差〉無差〈身〉役者, 做館夫荅應使客, 待三年更替.)討去, 光祿寺에는 姓이 李가 館夫로 ᄒᆞ여 어드라 가게 ᄒᆞ고. ≪朴諺, 中, 23ㅎ≫百姓有安祥之慶, 百姓이 安祥ᄒᆞᆫ 慶이 잇도다. ≪朴諺, 中, 26ㅈ≫休道是街上百姓的, 이 거릿 百姓의 거슨 니ᄅᆞ디 말리라. ≪朴諺, 下, 60ㅈ≫願主公用心救百姓受苦, 願컨대 主公은 用心ᄒᆞ야 百姓의 受苦호믈 救ᄒᆞ쇼셔. ≪朴諺, 下, 60ㅎ≫曉諭衆百姓們道, 모든 百姓들의게 曉諭ᄒᆞ여 닐오ᄃᆡ. ≪朴諺, 下, 60ㅎ≫百姓們聽的歡喜無盡, 百姓들이 드ᄅᆞ매 歡喜호미 無盡ᄒᆞ야.

백세일(百歲日) 명 백일(百日). (중국에서는 갓난아이가 1백 일을 맞으면 과백세(過百歲)라 하여 장수(長壽)와 대길(大吉)을 기원해 주었다) ≪朴諺, 上, 51ㅈ≫百歲日(集覽, 朴集, 上, 13ㅎ: 百歲日. 子生一七日, 謂之一臘, 一歲, 謂之百晬. 質問云, 初生孩兒以百日爲百歲日, 六親皆以禮賀之, 主人設席館待.)又做筵席, 百歲日에 또 이바디ᄒᆞ면.

백수(百晬) 명 백일(百日). 또는 백일잔치. ≪朴諺, 上, 51ㅈ≫百歲日(集覽, 朴集, 上, 13ㅎ: 百歲日. 子生一七日, 謂之一臘, 一歲, 謂之百晬. 質問云, 初生孩兒以百日爲百歲日, 六親皆以禮賀之, 主人設席館待.)又做筵席, 百歲日에 또 이바디ᄒᆞ면.

백아(伯牙) 명 중국 춘추시대(春秋時代)의 거문고의 명인. 그의 거문고 소리를 즐겨 듣던 친구 종자기(鍾子期)가 죽자, 자기의 거문고 소리를 이해하는 사람을 잃었다고 슬퍼한 나머지, 거문고의 줄을 끊고 일생 동안 거문고를 타지 않았다고 한다. ≪朴諺, 下, 50ㅎ≫彈一曲流水高山(集覽, 朴集, 下, 11ㅈ: 流水高山. 列子, 伯牙善鼓〈皷〉琴, 鍾子期善聽. 伯牙鼓〈皷〉琴, 志在高山. 子期曰, 善扰, 巍巍乎, 志在高山. 俄而志在流水. 子期曰, 善扰, 洋洋乎, 志在流水. 子期死, 伯牙以爲世無知音, 終身不復鼓琴.), 一曲 流水高山을 ᄠᅳ며.

백안(伯眼) 명 중국의 소설 서유기(西遊記)에 나오는 사람의 이름. 거지국(車遲國)에 살면서 연금술(鍊金術)에 능하였다고 한다. ≪朴諺, 下, 17ㅎ≫和伯眼大仙, 伯眼大仙과. ≪朴諺, 下, 18ㅈ≫喚伯眼, 伯眼이라 브ᄅᆞ고. ≪朴諺, 下, 19ㅈ≫却把伯眼打了一鐵棒, 또 伯眼을다가 ᄒᆞᆫ 쇠막대로 티니. ≪朴諺, 下, 19ㅈ≫伯眼道, 伯眼이 닐오ᄃᆡ. ≪朴諺, 下, 20ㅈ≫伯眼道, 伯眼이 닐오ᄃᆡ.

백안(伯顔) 명 원(元)나라 사람. 멸이길대씨(蔑爾吉解氏). 벼슬은 이부 상서(吏部尙書)·중서 우승상(中書右丞相)·대승상(大丞相)을 지냈다. ≪朴諺, 下, 29ㅈ≫元寶(集覽, 朴集, 下, 5ㅎ: 元寶. 南村輟耕錄云, 至元十三年, 元兵平宋, 回至楊(揚)州, 丞相伯顔號令搜撿(檢)將士行李, 所得撒花銀子, 銷鑄作錠, 每五十兩爲一錠, 歸朝獻〈献〉納.)我有半錠了, 元寶ㅣ 내게 반

뎡이 이시니.

백안대선(伯眼大仙) 명 백안(伯眼)의 호(號). ≪朴諺, 下, 17ㅎ≫和伯眼大仙, 伯眼大仙과. ≪朴諺, 下, 18ㅈ≫外名喚燒金子道人(集覽, 朴集, 下, 4ㅈ: 燒金子道人. 西遊記云, 有一先生到車遲國, 吹口氣以磚瓦皆化爲金, 驚動國王, 拜爲國師, 號伯眼大仙.), 外名은 燒金子道人이라 브르ᄂᆞ니. ≪朴諺, 下, 24ㅈ≫伯眼大仙也割下頭來, 伯眼大仙도 머리를 버혀 ᄂᆞ리와. ≪朴諺, 下, 25ㅈ≫那伯眼大仙, 뎌 伯眼大仙이.

백오절(百五莭) 명 백오절(百五節). '莭'은 '節'의 속자 . ≪朴諺, 上, 59ㅈ≫寒食(集覽, 朴集, 上, 14ㅎ: 寒食. 荊楚記云, 去冬節〈莭〉一百五日, 有疾風甚雨, 謂之寒食, 又謂之百五節〈莭〉. 秦人呼爲熟食日, 言其不動煙〈烟〉火, 預辦熟食過節〈莭〉也.)不遲, 寒食이라도 더듸디 아니타 ᄒᆞᄂᆞ니라.

백오절(百五節) 명 한식(寒食)의 다른 이름. ≪朴諺, 上, 59ㅈ≫寒食(集覽, 朴集, 上, 14ㅎ: 寒食. 荊楚記云, 去冬節〈莭〉一百五日, 有疾風甚雨, 謂之寒食, 又謂之百五節〈莭〉. 秦人呼爲熟食日, 言其不動煙〈烟〉火, 預辦熟食過節〈莭〉也.)不遲, 寒食이라도 더듸디 아니타 ᄒᆞᄂᆞ니라.

백옥(白玉) 명 빛깔이 하얀 옥. ≪朴諺, 下, 31ㅎ≫這的擎天白玉柱, 이는 하늘을 바텻ᄂᆞᆫ 白玉柱ㅣ오. ≪朴諺, 下, 47ㅈ≫腰繫白玉帶, 허리예 白玉帶를 ᄯᅴ고.

백옥대(白玉帶) 명 띳돈에 백옥을 붙여 만든 띠. ≪朴諺, 下, 47ㅈ≫腰繫白玉帶, 허리예 白玉帶를 ᄯᅴ고.

백옥루(白玉樓) 명 전설상 문인(文人)이나 묵객(墨客)이 죽은 뒤에 간다는 옥황상제(玉皇上帝)의 궁전. ≪朴諺, 上, 62ㅎ≫休誇天上瑤池(集覽, 朴集, 上, 15ㅈ: 瑤池. 列仙傳, 崐崘〈崑崙〉閬苑, 有〈白〉玉樓十二, 玄室九層, 左瑤池, 右翠水, 環以弱水九重, 非飆(飈)車羽輪, 不可到也. 註, 瑤池, 王母所居.), 天上 瑤池를 쟈랑티 말라.

백옥석(白玉石) 명 흰 빛깔의 옥돌. ≪朴諺, 上, 60ㅎ≫欄干都是白玉石, 欄干은 다 白玉石이오. ≪朴諺, 上, 61ㅈ≫有官裏坐的地白玉石玲瓏龍床, 황뎨 안ᄂᆞᆫ 白玉石으로 玲瓏히 ᄒᆞᆫ 龍床이 잇고.

백옥주(白玉柱) 명 백옥으로 만든 기둥. ≪朴諺, 下, 31ㅎ≫這的擎天白玉柱, 이는 하늘을 바텻ᄂᆞᆫ 白玉柱ㅣ오.

백은(白銀) 명 십성(十成). 금은(金銀)의 품질을 10등분한 가운데 제1등. 곧, 순도가 10할인 금은. ≪朴諺, 上, 30ㅈ≫我的都是細絲官銀(集覽, 朴集, 上, 9ㅎ: 細絲官銀. 銀十品曰十成, 曰足色, 曰成色, 曰細絲, 曰手絲兒, 曰吹螺, 曰白銀. 九品曰九成, 曰青絲. 八品曰八成. 總稱〈総称〉元寶〈宝〉. 元寶釋見下.), 내 하는 다 이 細絲官銀이라. ≪朴諺, 下, 26ㅈ≫你說都是白銀, 네 닐오ᄃᆡ 다 이 白銀이라 ᄒᆞ더니.

백의(白衣) 명 속인(俗人)을 이르는 말. 인도에서 중이 아닌 사람은 모두 흰옷을 입은 데에서 유래되었다. ≪朴諺, 中, 21ㅈ≫座飾芙蓉(集覽, 朴集, 中, 4ㅎ: 座飾芙蓉. 飜譯名義云, 大論問, 諸牀〈床〉可坐, 何必蓮華. 荅曰, 牀爲世間白衣坐法, 又以蓮華軟淨, 欲現神力, 能坐其上, 令不壞故, 又以莊嚴妙法故, 又以此華華臺嚴淨香妙可坐故.)湛南海澄清之水, 안즌 ᄃᆡᄂᆞᆫ 芙蓉으로 ᄭᅮ며시니 南海 澄清ᄒᆞᆫ 水에 ᄌᆞᆷ겻고.

백일(白日) 명 낮. 대낮. 백주(白晝). ⇔낮. ≪朴諺, 上, 13ㅎ≫着唾沫白日黑夜不住的揉, 춤으로다가 白日 黑夜에 머므로디 말고 ᄇᆞᄅᆞ라. ≪朴諺, 上, 36ㅎ≫白日去黑夜來, 나즌 가고 밤은 오ᄂᆞᆫ 거시여. ≪朴諺, 上, 60ㅎ≫白日黑夜瑞雲生, 白日黑夜에 瑞雲이 나니. ≪朴諺, 下, 42ㅎ≫諸般彩亭子(集覽, 朴集, 下, 9ㅈ: 彩亭子. 漢俗皆於白日送殯, 凡結飾車輿·幢幡·傘蓋及紙造人馬爲前導者, 連亘四五十步.),

여러 가지 彩亭子를 셰내고.

백정(白淨) 형 희고 깨끗하다. ≪朴諺, 中, 23ㅈ≫齒排柯雪(集覽, 朴集, 中, 6ㅈ: 齒排柯雪. 佛三十二相, 有四十齒相, 有齒白淨相, 有齒齊密相.), 니는 柯雪이 버럿는 둧ᄒᆞ고.

백지마(白芝麻) 명 참깨. ≪朴諺, 上, 4ㅎ≫放象生纏糖(集覽, 朴集, 上, 2ㅈ: 象生纏糖. 音義纏字註云, 用白糖·白芝麻相和, 以火煎熬, 傾入木印內, 須臾凉後, 〈與果實相似也〉. 糖字註云, 白糖化後用木印澆成, 亦與果實相似.), 生物을 象ᄒᆞ여 ᄆᆞᆫ 沙糖이어나.

백채(白菜) 명 배추. ⇔비치. ≪朴諺, 中, 33ㅎ≫蘿蔔, 댓무우. 蔓菁, 쉿무우. 萵苣, 부로. 葵菜, 아혹. 白菜, 비치. 赤根菜, 시근치. 園荽, 고싀. 蓼子, 역괴. 葱, 파. 蒜, 마늘. 薤, 부치. 荊芥, 형개. 薄荷, 박하. 茼蒿, 믈쑥. 水蘿蔔, 믈한댓무우. 胡蘿蔔, 노론댓무우. 芋頭, 토란. 紫蘇都種來, 紫蘇를 다 시므라.

백청수(白淸水) 명 제물. 또는 맹물. 곧, 무리풀이 섞이지 않은 물. ⇔제믈. ≪朴諺, 上, 43ㅎ≫三尺半白淸水(集覽, 朴集, 上, 12ㅎ: 白淸水絹. 무리 ·픗〈플〉:긔 ·업·시 다ᄃᆞ·마 :돌호로 미·론 :깁·이·니, 光滑緻硬, 如本國擣砧者也. 卽不用糨粉而鍊〈練〉生絹, 以石碾者.)絹, 석 자 반 제믈엣 깁이야. ≪朴新諺 1, 46ㅈ≫ 白淸水絹(朴新注, 18ㅈ: 不用粉餙, 而碾光者.)三尺, 흰 제믈엣 깁 석 자는.

백청수견(白淸水絹) 명 무리풀을 먹이지 않고 다듬이질하여 반드럽게 한 비단. ⇔제믈엣깁. ≪朴諺, 上, 43ㅎ≫三尺半白淸水(集覽, 朴集, 上, 12ㅎ: 白淸水絹. 무·리 ·픗〈플〉:긔 ·업·시 다ᄃᆞ·마 :돌호로 미·론 :깁·이·니, 光滑緻硬, 如本國擣砧者也. 卽不用糨粉而鍊〈練〉生絹, 以石碾者.)絹, 석 자 반 제믈엣 깁이야. ≪朴新諺 1, 46ㅈ≫白淸水絹(朴新注, 18ㅈ: 不用粉餙, 而碾光者.)三尺, 흰 제믈엣 깁 석 자는.

백타전(白駝氈) 명 흰 낙타의 털로 만든 모전(毛氈). ≪朴諺, 中, 26ㅈ≫陜(陝)西赶來的白駝氊大帽兒一箇, 陜(陝)西셔 미러 온 白駝氈 큰갓 ᄒᆞ나흘 ᄆᆡᆫ드되.

백포(白布) 명 (중국인이 일컫는) 모시[苧麻布]의 다른 이름. ≪朴諺, 上, 46ㅈ≫貴眷稍的十箇白毛施布(集覽, 朴集, 上, 13ㅈ: 毛施布. 此卽本國人呼苧麻布之稱〈卽本國人呼苧麻布之稱〉, 漢人皆呼曰苧麻布, 亦曰麻布, 曰木絲布, 或書作沒絲布. 又曰漂白布, 又曰白布. 今言毛施布, 卽沒絲〈卽沒絲布〉之訛也. 而漢人因麗人之稱, 見麗布則直稱此名而呼之. 記書者因其相稱而遂以爲名也.), 貴眷이 브틴 열 필 흰 모시뵈과.

백호(百戶) 명 원대(元代)에 둔 세습 군직(軍職). 천호(千戶)에 예속되었는데, 명·청대(明淸代)에는 하급 군관(軍官)이 되었다. ≪朴諺, 中, 5ㅈ≫百戶都那裏死去了, 百戶ㅣ 다 어ᄃᆡ 죽어가냐. ≪朴諺, 下, 52ㅈ≫叫到隣人幷巡宿総甲(集覽, 朴集, 下, 11ㅎ: 總甲. 軍制, 編成排甲, 每一小甲管軍人一十名, 總〈総〉甲管軍五十名, 每百戶該管一百一十二名.)人等, 隣人과 巡宿ᄒᆞ는 総甲人 等을 아오로 블러.

백호소(百戶所) 명 원·명대(元明代)에 군인 1백 10명으로 이루어진 단위 부대. 천호소(千戶所)의 아래이다. ≪朴諺, 上, 58ㅎ≫你昨日張千戶(集覽, 朴集, 上, 14ㅎ: 千戶. 軍士五千六百名爲一衛, 二千二百名爲一千戶所, 一百一十名爲一百戶所. 每百戶內設總〈総〉旗二名, 小旗二名.)的生日裏, 네 어제 張千戶의 生日에.

백획(刮劃) 동 (풀어) 헤치다. 또는 처리하다. ⇔헤완다. ≪朴諺, 中, 17ㅎ≫怎刮劃(集覽, 朴集, 中, 3ㅈ: 刮劃. 排擠開割之意. 刮, 韻書不收, 免疑韻略音〈免疑韻略音作〉百. 凡陌韻陌字類諸字, 皆呼如泰韻之音, 故百字呼如擺字, 而鄕習傳呼刮字音배, 亦從上聲讀, 則字作擺亦通.)我這一塲愁, 엇디 내 이 一塲 愁를 헤와드료.

버금돌 명 버금 달. 다음 달. ⇔대월(對月). ≪朴諺, 上, 42ㅈ≫對月又做箇大筵席, 버금 돌에 쏘 큰 이바디ᄒᆞ면.

버들 명 버들. ⇔유(柳). ≪朴諺, 上, 53ㅈ≫官裏前面㨖柳(集覽, 朴集, 上, 14ㅈ: 刯〈㨖〉柳. 質問云, 端午節日, 赴教場內, 將三枝柳植之三處, 走馬射之. 歲時樂事記云, 武士軍校禮柳于擊場. 今按, 禮字, 卽刯音, 而刯字韻〈韵〉書不着〈著〉, 唯免疑雜韻〈韵〉內音乍, 卽與揷字音意同. 總龜〈総亀〉云, 端午日, 武士射柳爲鬪(鬦)力之戱, 各料强弱相敵. 〈此作㨖恐誤〉.)射弓的多有, 황뎨 앏희셔 버들 곳고 활 쏘ᄂᆞ니 만히 이시니.

버리다 동 벌이다[設]. ❶⇔파(擺). ≪朴諺, 上, 4ㅈ≫一邊擺卓兒, 一邊으로 상 버리라. 怎麽擺, 엇디 버리료. ≪朴諺, 上, 22ㅎ≫咱擺着看, 우리 버려 보쟈. ≪朴諺, 中, 49ㅎ≫擺的滿着, 버리기를 ᄀᆞ득이 호ᄃᆡ. 咱休揀(揀)着擺, 우리 골히여 버리디 말고. ≪朴諺, 中, 49ㅎ≫老實擺着下, 고디식이 버리고 두쟈. ≪朴諺, 下, 14ㅈ≫擺茶飯又喫一會酒, 茶飯 버리고 쏘 ᄒᆞᆫ 디위 술 먹고. ≪朴諺, 下, 38ㅎ≫擺着四五里喝道, 四五里에 버러 喝道ᄒᆞ고. ≪朴諺, 下, 42ㅈ≫擺諸般茶果等味, 여러 가짓 茶果 等 味를 버리고. ≪朴諺, 下, 47ㅈ≫街上兩行擺着行, 거리예 두 줄로 버러 가며. ≪朴諺, 下, 47ㅎ≫這般擺隊行, 이리 隊를 버러 가. ❷⇔하(下). ≪朴諺, 上, 22ㅎ≫咱停下, 우리 맛버리쟈. ≪朴諺, 上, 22ㅎ≫我不說停下來, 내 맛버리쟈 니ᄅᆞ디 아니ᄒᆞ드냐.

버릐 명 벌레. ⇔충아(蟲兒). ≪朴諺, 下, 21ㅎ≫孫行者變做箇焦苗虫兒, 孫行者ㅣ 변ᄒᆞ여 ᄒᆞᆫ 닥졍버릐 되여.

버므리다 동 말려들다. 연루(連累)되다. ⇔대루(帶累). ≪朴諺, 中, 28ㅈ≫帶累一家人都死也怎的好, 온 집 사ᄅᆞᆷ이 버므리여 다 죽을 써시니 엇디ᄒᆞ여야 됴흐리오.

버므리다 동 버무리다. ❶⇔교(攪). ≪朴諺, 上, 21ㅈ≫着攪草棍拌饋他些料水喫, 여믈 버므리는 막대로 뎌를 져기 콩믈을 버므려 주어 먹이고. ❷⇔반(拌). ≪朴諺, 上, 21ㅈ≫着攪草棍拌饋他些料水喫, 여믈 버므리는 막대로 뎌를 져기 콩믈을 버므려 주어 먹이고. 半夜裏却拌饋他料喫, 半夜에 쏘 뎌를 콩을 버므려 주어 먹이되. ❸⇔화(和). ≪朴諺, 下, 44ㅎ≫只有些和的濕煤, 그저 져기 버므린 濕煤ㅣ 이시되. ≪朴諺, 下, 44ㅎ≫一打裡和着乾不的, ᄒᆞᆫᄃᆡ 버므려 ᄆᆞᆯ뢰디 못ᄒᆞᆯ소냐.

버히다 동 베다. 자르다. ⇔할(割). ≪朴諺, 下, 20ㅈ≫第四割頭再接, 넷재는 머리 버혀 다시 닛기 ᄒᆞ쟈. ≪朴諺, 下, 23ㅎ≫先割下來, 본(몬)져 버혀 ᄂᆞ리티니. ≪朴諺, 下, 24ㅈ≫伯眼大仙也割下頭來, 伯眼大仙도 머리를 버혀 ᄂᆞ리와.

번 의 번. ❶⇔개(箇). ≪朴諺, 下, 23ㅈ≫打一箇跟斗, ᄒᆞᆫ 번 跟斗질 ᄒᆞ여. ❷⇔구(口). ≪朴諺, 下, 21ㅈ≫脊背上咬一口, 등을 ᄒᆞᆫ 번 므니. ❸⇔면(面). ≪集覽, 字解, 累字解, 1ㅎ≫一面. 호은자. 又ᄒᆞ녀고로. 又ᄒᆞᆫ 번.❹⇔발(發). ≪朴諺, 上, 39ㅈ≫一發就蹄子放血着, ᄒᆞᆫ 번에 임의셔 굽에도 피 쌔히라. ≪朴諺, 中, 58ㅈ≫一發着草布糊了, ᄒᆞᆫ 번에 얼믠 뵈로 ᄇᆞᄅᆞ라. ❺⇔성(聲). ≪朴諺, 中, 8ㅎ≫明日鷄兒叫一聲便上馬, ᄂᆡ일 ᄃᆞᆰ이 ᄒᆞᆫ 번 울어든 곳 ᄆᆞᆯ을 ᄐᆞᆯ 거시니. ≪朴諺, 下, 21ㅈ≫大仙叫一聲, 大仙이 ᄒᆞᆫ 번 소ᄅᆡ디ᄅᆞ고. ❻⇔타(打). ≪朴諺, 上, 64ㅎ≫一打裏饋你十兩銀子, ᄒᆞᆫ번에 너를 열 량 은을 줄 거시니. ≪朴諺, 下, 5ㅎ≫把那麻刀一打裏和的勻着, 뎌 삼써울을다가 ᄒᆞᆫ 번의 섯기를 고로게 ᄒᆞ라. ❼⇔편(遍). ≪集覽, 字解, 單字解, 3ㅈ≫遍. 次也. 一遍 ᄒᆞᆫ 번. ≪朴諺, 上, 20ㅎ≫一日三遍家, ᄒᆞᄅᆞ 세 번식. ≪朴諺, 上, 21ㅎ≫一夜裏喂到七八遍家, ᄒᆞᄅᆞᆺ밤의 먹이기를 닐곱 여ᄃᆞᆲ 번의 다ᄃᆞᆺ게 ᄒᆞ라. ≪朴諺, 中, 25ㅎ≫着了幾遍雨時都走了㨾子, 여러 번 비를 마즈면

다 듦뜰 양이로다. ≪朴諺, 下, 7ㅈ≫又蟒抓了一遍, 또 흔 번을 긁티니. ≪朴諺, 下, 7ㅈ≫買將一兩疥藥來搽一遍, 흔 냥 疥藥을 사다가 흔 번 브르면. ❽⇔편아(遍兒). ≪朴諺, 下, 6ㅎ≫你饋我掐一遍兒, 네 날을 흔 번 딕여 주고려. ❾⇔회(廻). ≪朴諺, 下, 36ㅈ≫三迴連打上了, 세 번을 년흐야 텨 올려다.

번과(反過) 동 돌이키다. 뒤치다. ⇔두르티다. ≪朴諺, 中, 60ㅎ≫只怕反過來, 그저 저컨대 두르티면.

번뇌(煩惱) 동 ❶노(怒)하다. 성내다. ⇔노흐다. ≪朴諺, 中, 18ㅈ≫咳姐姐我不想你這般煩惱, 애 姐姐ㅣ아 내 네 이리 노흐여 흘 줄을 싱각디 못호라. ❷서글퍼하다. 걱정하다. ⇔서글다. ≪朴諺, 下, 1ㅎ≫休煩惱, 서그러 말라.

번뇌(煩惱) 명 〈불〉 마음이나 몸을 괴롭히는 노여움이나 욕망 따위의 망념(妄念). ≪朴諺, 上, 33ㅈ≫披着袈裟(集覽, 朴集, 上, 10ㅈ: 袈裟. 反(飜)譯名義云, 袈裟是外國三衣之名. 或名離塵服, 由斷〈断〉六塵故, 或名消瘦服, 由斷煩惱故, 或名無垢衣.), 袈裟 닙고. ≪朴諺, 下, 9ㅎ≫因你貪嗔癡(集覽, 朴集, 下, 3ㅈ: 貪嗔癡. 大智論云, 有利益我者生貪欲, 有違逆我者生嗔恚. 不從智生, 從狂惑生, 是名爲癡, 爲一切煩惱之根本.)三毒不離於身, 네 貪嗔癡 三毒이 몸에 떠나디 아니믈 인흐여.

번뎝흐다 동 (글월을) 베끼다. ⇔도(倒). ≪集覽, 字解, 單字解, 3ㅈ≫倒. 上聲, 仆也. 倒了 구으러디다. 又換也. 倒馬 물 ㄱ다. 又謄也. 倒關字 글월 번뎝흐다. 又去聲, 反辭 도르혀. 通作到.

번번(頻頻) 부 자주. ⇔ᄌᆞ로. ≪朴諺, 中, 27ㅎ≫頻頻的這般做歹勾當, ᄌᆞ로 이런 사오나온 일을 흐더니.

번번이 부 번번히. 반반히. ⇔광(光). ≪朴諺, 下, 6ㅈ≫將泥鏝來再抹的光着, 쇠손 가져다가 다시 스서 번번이 흐라.

번역(反譯) 명 번역(飜譯). '反'은 '飜'의 잘못. ≪朴諺, 上, 1ㅎ≫着李四買果子·拖爐·隨食(集覽, 朴集, 上, 1ㅈ: 隨食. 音義云, 與拖爐相似. 質問云, 以麥麵和油作小餠, 喫茶時食之, 取其香酥也. 原本用隨字, 故反(飜)譯亦用隨字, 俗音:취, 今更質之, 字作饚, 宜從:쉬音讀, 今俗亦曰饚餠.)去, 李四로 흐여 과실과 拖爐·隨食을 사라 가게 흐라.

번역(飜譯) 명 번역명의(飜譯名義)의 준말. ≪朴諺, 上, 1ㅎ≫着李四買果子·拖爐·隨食(集覽, 朴集, 上, 1ㅈ: 隨食. 音義云, 與拖爐相似. 質問云, 以麥麵和油作小餠, 喫茶時食之, 取其香酥也. 原本用隨字, 故反(飜)譯亦用隨字, 俗音:취, 今更質之, 字作饚, 宜從:쉬音讀, 今俗亦曰饚餠.)去, 李四로 흐여 과실과 拖爐·隨食을 사라 가게 흐라.

번역명의(反譯名義) 명 번역명의(飜譯名義). '反'은 '飜'의 잘못. ≪朴諺, 上, 4ㅎ≫蘋蔢果(集覽, 朴集, 上, 2ㅈ: 蘋蔢果. 似林檎而大者. 飜〈反〉譯名義云, 梵言頻婆果, 此云相思果, 色丹且潤.), 굴근닝금과. 玉黃子, 유황술고와. ≪朴諺, 上, 33ㅈ≫穿着衲襖(集覽, 朴集, 上, 10ㅈ: 衲襖. 反(飜)譯名義云, 好衣是未得道者生貪着處, 招致賊難, 或致奪㑘(命), 有如是等患, 故受弊衲衣.)將着鉢盂, 누비옷 닙고 에우아리 가지고.

번역명의(飜譯名義) 명 책 이름. 본 이름은 번역명의집(反譯名義集). 송대(宋代)의 중 법운(法雲) 엮음. 20권. 64목(目)으로 나누어 범어(梵語)를 번역하여 자세하게 풀이하였다. ≪朴諺, 上, 4ㅎ≫蘋蔢果(集覽, 朴集, 上, 2ㅈ: 蘋蔢果. 似林檎而大者. 飜〈反〉譯名義云, 梵言頻婆果, 此云相思果, 色丹且潤.), 굴근닝금과. 玉黃子, 유황술고와. ≪朴諺, 上, 33ㅈ≫穿着衲襖(集覽, 朴集, 上, 10ㅈ: 衲襖. 反(飜)譯名義云, 好衣是未得道者生貪着處, 招致賊難, 或致奪㑘(命), 有如是等患, 故受弊衲衣.)將着鉢盂, 누비옷 닙고 에우아리 가

지고.

번열(繙閱) 동 조사하다. 뒤지다. ≪集覽, 凡例≫兩書諺解簡帙重大, 故朴通事分爲上·中·下, 老乞大分爲上·下, 以便繙閱.

번영 명 가슴걸이. ⇔영통(纓筒). ≪朴諺, 上, 27ㅈ≫帶纓筒, 번영을 드랏고.

번주(幡柱) 명 번찰(幡刹). 절 앞에 세우는 깃대. 중이 한 가지 법(法)을 깨달으면 절 앞에 이것을 세워 그 사실을 알렸다. ≪朴諺, 中, 21ㅈ≫扇慈風於刹土(集覽, 朴集, 中, 4ㅈ: 刹土. 梵語, 刹, 此云竿, 卽幡柱也. 沙門於此法中勤苦得一法者, 便當竪幡, 以告四遠曰, 今有少欲人也云.), 慈風을 刹土에 붓ᄂᆞᆫ또다.

번회(番悔) 동 산 것을 무르다. 흥정을 무르다. ≪集覽, 字解, 累字解, 2ㅎ≫番悔. 자븐 이를 므르다. 番字意未詳, 疑作返飜爲是.

벌(篩) 동 츩다. ⇔슬ㅎ다. ≪朴諺, 中, 6ㅎ≫這米麤將去再篩一篩, 이 ᄡᆞᆯ이 구즈니 가져가 다시 슬흐라.

벌거ᄒᆞ다 형 벌겋다. ⇔적(赤). ≪朴諺, 中, 1ㅈ≫赤條條的仰白着臥, 벌거케 올올이 잣바누어.

벌다 동 벌이다. 늘어서다. ⇔배(排). ≪朴諺, 中, 23ㅈ≫齒排柯雪, 니는 柯雪이 버럿ᄂᆞᆫ ᄃᆞᆺᄒᆞ고.

범 명 범. ⇔호(虎). ≪朴諺, 下, 24ㅎ≫也不見了虎, ᄯᅩ 범도 보디 못ᄒᆞ고. ≪朴諺, 下, 24ㅎ≫只落下一箇虎頭, 그저 ᄒᆞᆫ 범의 머리만 ᄲᅥ러뎌시니. ≪朴諺, 下, 40ㅎ≫畫虎畫皮難畫骨, 범을 그리매 가족은 그려도 ᄲᅧ 그리기 어렵고. 知人知面不知心, 사ᄅᆞᆷ을 알매 ᄂᆞᆺ촌 아라도 ᄆᆞᄋᆞᆷ은 아디 못ᄒᆞᆫ다 ᄒᆞᄂᆞ니라.

범(范) 명 성(姓)의 하나. ≪朴諺, 中, 14ㅎ≫請將范太醫來看, 范太醫ᄅᆞᆯ 請ᄒᆞ여 와 뵈라.

범부선(凡夫禪) 명 〈불〉 인과(因果)를 믿고 유위(有爲: 인연에 의하여 생멸하는 만유일체의 법)의 공덕(功德)을 위하여 닦는 선. ≪朴諺, 上, 33ㅈ≫安禪(集覽, 朴集, 上, 10ㅈ: 禪. 靜也. 傳燈錄有五等禪, 有外道禪·凡夫禪·小乘禪·大乘禪·最上乘禪, 又名如來淸淨禪, 又名無上菩提.)悟法却不好, 安禪 悟法홈이 ᄯᅩ 됴티 아니ᄒᆞ냐.

범상(泛常) 형 흔하다. 보통이다. 평범하다. ≪朴諺, 中, 7ㅎ≫你不見這金字圓牌(集覽, 朴集, 中, 1ㅎ: 金字圓牌. 其他泛常勾當, 只許臨時領受, 給降聖旨, 方許給馬.), 네 이 金字圓牌ᄅᆞᆯ 보디 못ᄒᆞᄂᆞᆫ다.

범어(梵語) 명 범어. 산스크리트어(Sanskrit語). ≪朴諺, 上, 62ㅎ≫只此人間兜率(集覽, 朴集, 上, 15ㅈ: 兜率. 梵語兜率, 此云妙足, 又云知足於五欲知止足. 故佛地論云, 名憙足, 謂後身菩薩於中敎化, 多修憙足故. 卽欲界六天之一也. 兜率天, 人間四百世爲一日.), 그저 이 人間ㅅ 兜率이러라. ≪朴諺, 中, 20ㅎ≫理圓四德(集覽, 朴集, 中, 4ㅈ: 理圓四德. 大抵梵語, 經文釋義不一, 今不煩解.), 理ᄂᆞᆫ 四德에 ᄀᆞ잣고. ≪朴諺, 下, 4ㅈ≫正是好人魔障(集覽, 朴集, 下, 1ㅎ: 魔障. 飜譯名義云, 梵語魔, 此云障也, 能爲修道作障碍.)多, 졍히 됴ᄒᆞᆫ 사ᄅᆞᆷ은 魔障이 만ᄒᆞᆫ디라.

범언(梵言) 명 범문(梵文). 고대 인도(印度)의 표준 문어(文語). 산스크리트(Sanskrit). 불경이나 고대 인도 문학은 이 문자로 기록되었다. ≪朴諺, 上, 4ㅎ≫蘋蔢果(集覽, 朴集, 上, 2ㅈ: 蘋蔢果. 似林檎而大者. 飜〈反〉譯名義云, 梵言頻婆果, 此云相思果, 色丹且潤.), 굴근님금과. 玉黃子, 유황술고와. ≪朴諺, 中, 22ㅎ≫傾甘露於甁中濟險途於飢渴(集覽, 朴集, 中, 5ㅎ: 傾甘露於甁中濟險途於飢渴. 飜〈翻〉譯名義云, 梵言軍持, 此云甁.), 甘露ᄅᆞᆯ 甁中에 기우려 險途를 飢渴에 구제ᄒᆞ놋다. ≪朴諺, 下, 8ㅈ≫做盂蘭盆齋(集覽, 朴集, 下, 2ㅎ: 盂蘭盆齋. 飜譯名義云, 梵言盂蘭, 唐言救倒懸也.), 盂蘭盆齋ᄅᆞᆯ ᄒᆞᄂᆞ니라.

범여(范蠡) 명 춘추시대 월(越)나라의 대부(大夫). 자는 소백(少伯). 회계(會稽)에서 패한 구천(句踐)을 도와 오왕(吳王) 부차(夫差)를 멸망시키었고, 뒤에 산동(山東)의 도(陶)에 가서 도주공(陶朱公)이라 자칭하고 큰 부(富)를 쌓았다. ≪朴諺, 下, 51ㅎ≫我待學范蠡歸湖(集覽, 朴集, 下, 11ㅎ: 范蠡歸湖. 范蠡, 越之大夫也. 相越王勾踐敗吳, 曰, 越王爲人長頸鳥〈烏〉喙, 可與啚〈圖〉患難, 不可與共安逸. 遂泛扁舟, 載西施, 遊五湖不返.), 내 范蠡의 歸湖를 비호고져 ᄒᆞ노라.

범왕(梵王) 명 〈불〉 색계(色界) 초선천(初禪天)의 우두머리. 제석천(帝釋天)과 함께 부처를 좌우에서 모시는 불법 수호의 신(神)이다. ≪朴諺, 中, 21ㅎ≫或現質梵王帝釋(集覽, 朴集, 中, 4ㅎ: 梵王帝釋. 有欲界·色界·無色界爲三界. 欲界有四洲·四惡趣·六欲天, 帝釋爲欲界主. 色界有四禪·十八梵天, 梵王爲色界主. 無色界有四空天.), 或 梵王帝釋에 現質ᄒᆞ며. ≪朴諺, 中, 21ㅎ≫或作童女(集覽, 朴集, 中, 4ㅎ: 童男童女. 觀音現三十二應, 曰佛身, 曰辟支〈支〉, 曰圓覺, 曰聲聞, 曰梵王, 曰帝釋, 曰自在天, 曰大自在天, 曰天大將軍, 曰四天王, 曰四天太子, 曰人王, 曰長者, 曰居士, 曰宰官, 曰婆羅門, 曰比丘, 曰比丘尼, 曰優婆塞, 曰優婆夷, 曰女主, 曰童男, 曰童女, 曰天身, 曰龍身, 曰藥叉, 曰乾達婆, 曰阿脩羅, 曰緊那羅, 曰摩睺羅, 曰樂人, 曰非人.), 혹 童女ㅣ 되며.

범인(凡人) 명 평범한 사람. 보통 사람. ≪集覽, 字解, 單字解, 6ㅈ≫典. 凡人或缺少口粮, 或遇事用錢者, 以物折直, 立限賣與人爲質而求錢取用. 至限償還其直取物而還也. 律條疏議云, 以價易去, 而原價取贖曰典.

범찰(梵刹) 명 〈불〉 절. ≪朴諺, 中, 21ㅈ≫扇慈風於刹土(集覽, 朴集, 中, 4ㅈ: 刹土. 瓔珞經云, 刹土, 乃聖賢所居之處. 又刹土猶言法界也. 又號伽藍曰梵刹者, 以柱爲表也.), 慈風을 刹土에 붓ᄂᆞᆫ또다.

범칭(泛称) 명 범칭(泛稱). '称'은 '稱'의 속자. ≪朴諺, 上, 32ㅎ≫正撞見他的漢子(集覽, 朴集, 上, 9ㅎ: 漢子. 泛稱〈称〉男兒曰漢, 又指婦女之夫曰漢子.), 졍히 뎌의 남진을 만나 보니.

범칭(凡稱) 명 넓은 범위로 부르는 이름. 또는 두루 쓰이는 이름. ≪集覽, 字解, 單字解, 1ㅎ≫料. 凡人飼馬, 或用小黑豆, 或用蜀黍雜飼之. 故凡稱飼馬穀豆曰料. 又該用物色雜稱曰物料, 造屋材木曰木料, 入畫彩色曰顔料. 又量也. 又理也. ≪集覽, 字解, 單字解, 8ㅈ≫媳. 音息. 子之婦曰媳婦. 又古語泛稱婦人曰媳婦, 次妻亦曰媳婦. ≪朴諺, 中, 12ㅈ≫各樣帳房室車(集覽, 朴集, 中, 2ㅎ: 細車〈室車〉. 鄕習以細字作室字讀, 謂車上設屋可臥者也. 然漢人凡稱物之善者皆曰細, 如云茶之好者曰細茶.), 여러 가지 帳房ᄒᆞᆫ 室車와. ≪朴諺, 中, 32ㅈ≫纏着乞留曲葎藤(集覽, 朴集, 中, 7ㅈ: 乞留曲律〈葎〉藤. 乞留曲律(葎), 乞留曲律, 謂屈曲擁瘇之意. 漢人凡稱草木行蔓必曰藤, 非別有一物也.), 굽걸온 藤이 얼겻고. ≪朴諺, 下, 31ㅎ≫咱們食店裏喫些飯(集覽, 朴集, 下, 5ㅎ: 飯. 漢人凡稱餅·麪〈麵〉·酒食之類皆曰飯.)去來, 우리 밥뎜에 밥 먹으라 가쟈.

범칭(泛稱) 명 넓은 범위로 부르는 이름. 또는 두루 쓰이는 이름. ≪朴諺, 上, 3ㅈ≫內府裡着姓崔的外郎(集覽, 朴集, 上, 1ㅎ: 外郎. 泛稱各衙門吏典之號. 俗嫌其犯於員外郎之號, 呼外字爲上聲. 大小衙門吏典名稱各異.)討去, 內府에ᄂᆞᆫ 姓이 崔가 外郎으로 ᄒᆞ여 어드라 가게 ᄒᆞ라. ≪朴諺, 上, 32ㅎ≫正撞見他的漢子(集覽, 朴集, 上, 9ㅎ: 漢子. 泛稱〈称〉男兒曰漢, 又指婦女之夫曰漢子.), 졍히 뎌의 남진을 만나 보니. ≪朴諺, 中, 20ㅈ≫一冬裏這頭口(集覽, 朴集, 上, 8ㅈ: 頭口. 汎指馬·牛·猪·羊之稱數, 猪以頭數, 牛亦曰頭

數, 羊以口數, 獐亦曰口, 故泛稱畜口曰頭口, 牛·馬亦曰頭·疋.)們勾喫了, 호 겨올을 이 즘싱들이 유여히 먹으리라.

범태의(范太醫) 명 범씨(范氏) 성(姓)을 가진 의원. ≪朴諺, 中, 14ㅎ≫請將范太醫來看, 范太醫를 請ᄒᆞ여 와 뵈라.

법 명 방법. ⇔법아(法兒). ≪朴諺, 上, 13ㅎ≫你教與我這好法兒, 네 나롤 이 됴흔 법을 ᄀᆞᄅᆞ쳐 주고려. ≪朴諺, 上, 14ㅈ≫眞箇好法兒, 진실로 됴흔 법이로다.

법(法) 동 〈불〉 청정자성(淸淨自性)을 깨달아 일체의 공덕(功德)을 성취하다. ≪朴諺, 中, 20ㅎ≫理圓四德(集覽, 朴集, 中, 4ㅈ: 理圓四德. 生死爲常, 不受二邊爲樂, 具入自在爲我, 三業淸淨爲淨. 又我者卽是佛義, 常者卽是法身義, 淨者卽是法義, 樂者卽是涅槃義.), 理는 四德에 ᄀᆞ잣고. ≪朴諺, 中, 21ㅈ≫智滿十身(集覽, 朴集, 中, 4ㅈ: 智滿十身. 本覺爲知, 始覺爲智. 滿, 備也. 十身有調御. 十身, 曰無着, 曰弘願, 曰業報, 曰住持, 曰涅槃, 曰淨法, 曰眞心, 曰三昧, 曰道性, 曰如意. 有內十身, 曰菩提, 曰願, 曰化, 曰力持, 曰莊嚴, 曰威勢, 曰意生, 曰福德, 曰法, 曰智. 有外十身, 曰自, 曰衆生, 曰國士, 曰業報, 曰聲聞, 曰圓覺, 曰菩薩, 曰智, 曰法, 曰虛空.), 智는 十身에 찻도다.

법(法) 명 〈불〉 삼보(三寶)의 하나. 깊고 오묘한 불교의 진리를 적은 불경을 보배에 비유하여 이르는 말이다. ≪朴諺, 下, 9ㅎ≫入寺敬三寶(集覽, 朴集, 下, 3ㅈ: 三寶. 佛·法·僧也. 功成妙智, 道登圓覺, 佛也, 玄理幽微, 正教精誠, 法也, 禁戒守眞, 威儀出俗, 僧也.), 뎔에 드러는 三寶를 敬ᄒᆞ고.

법(法) 부 법(法)대로. ⇔법저이. ≪朴諺, 下, 30ㅎ≫捽倒拿法, 시름ᄒᆞ기롤 법저이 잡더라.

법계(法界) 명 〈불〉 각종 사물의 현상과 그 본질을 이르는 말. 곧, 우주 만법의 본체인 진여(眞如). ≪朴諺, 中, 21ㅈ≫扇慈風(集覽, 朴集, 中, 4ㅈ: 悲雨慈風. 瓔珞經云, 刹土, 乃聖賢所居之處. 又刹土猶言法界也. 又號伽藍曰梵刹者, 以柱爲表也.), 慈風을 刹土에 붓ᄂᆞᆫ또다.

법도(法刀) 명 망나니가 형(刑)을 집행할 때 쓰던 칼. ≪朴諺, 中, 29ㅈ≫木樁(集覽, 朴集, 中, 7ㅈ: 木樁. 其制, 於刑人法場, 植一大柱, 縛着罪人於〈縛着罪人於其〉上, 劊子用法刀剮其肉以喂狗, 而只留〈留〉其骨, 極其慘酷, 方施大辟, 卽古之凸刑也.)上剮了, 나모 기동에 ᄆᆡ고 ᄡᅡ가 죽이니라.

법도(法度) 명 수단. 방법. ≪朴諺, 上, 9ㅎ≫不理會那裏的法度, 뎌긔 法度를 아디 못ᄒᆞ니. ≪朴諺, 上, 13ㅎ≫有箇法度便好了, ᄒᆞᆫ 法度ㅣ 이시니 곳 됴흐리라. ≪朴諺, 中, 18ㅎ≫那的有法度, 뎌는 法度ㅣ 이시니. ≪朴諺, 中, 35ㅎ≫有法度容易隄防, 法度ㅣ 이시니 隄防ᄒᆞ기 쉬오니라. ≪朴諺, 中, 40ㅈ≫這的有些法度, 이는 法度ㅣ 이시니.

법명(法名) 명 〈불〉 중이 되는 사람에게 종문(宗門)에서 지어 주는 이름. ≪朴諺, 上, 65ㅈ≫法名(集覽, 朴集, 上, 15ㅎ: 法名. 剃〈削〉髮披緇, 歸〈敀〉依佛法, 別立外號, 是謂法名.)喚步虛(集覽, 朴集, 上, 15ㅎ: 步虛. 俗姓洪氏, 高麗洪州人, 法名普愚, 初名普虛, 號太古和尙. 有求法於天下之志.), 法名을 步虛ㅣ라 브ᄅᆞᄂᆞᆫ 이. ≪朴諺, 上, 65ㅎ≫到江南地面石屋(集覽, 朴集, 上, 16ㅈ: 石屋. 法名淸珙, 號石屋和尙, 臨濟十八世之嫡孫也. 普虛謁石屋, 石屋見之云, 老僧今日旣已放下三百斤擔子遞你擔了, 且展脚睡矣.)法名的和尙根底, 江南 ᄯᅡ 石屋이라 法名 ᄒᆞᆫ 즁의손ᄃᆡ 가니. ≪朴諺, 下, 17ㅈ≫唐三藏引孫行者(集覽, 朴集, 下, 4ㅈ: 孫行者. 其後唐太宗勑玄奘法師, 往西天取經, 路經此山, 見此猴精壓在石縫, 去其佛押出之, 以爲徒弟, 賜法名吾空, 改号〈號〉爲孫行者, 與沙和尙及黑猪精·朱八戒偕往, 在路降妖去恠,

救師脫難, 皆是孫行者神通之力也.), 唐三藏이 孫行者를 ᄃᆞ리고.

법보(法寶) 명 〈불〉 삼보(三寶)의 하나. 깊고 오묘한 불교의 진리를 적은 불경을 보배에 비유하여 이르는 말이다. ≪朴諺, 下, 9ㅎ≫入寺敬三寶(集覽, 朴集, 下, 3ㅈ: 三寶. 又法數云, 十號圓明, 萬行具足, 天龍戴仰, 稱無上尊, 卽佛寶也. 一音演說, 普應群〈羣〉機, 究竟淸淨, 名離欲尊, 卽法寶也.), 뎔에 드러ᄂᆞᆫ 三寶를 敬ᄒᆞ고.

법사(法師) 명 〈불〉 불법(佛法)에 통달하고 수행을 닦아 사람을 교화하는 중. ≪朴諺, 下, 3ㅈ≫西天取經去(集覽, 朴集, 下, 1ㅈ: 西天取經去. 此時唐太宗, 聚天下僧尼, 設無遮大會, 因衆僧擧一高僧爲壇主說法, 卽玄裝〈奘〉法師也.)時莭(節), 西天의 經 가질라 갈 제. ≪朴諺, 下, 17ㅈ≫唐三藏引孫行者(集覽, 朴集, 下, 4ㅈ: 孫行者. 其後唐太宗勅玄奘法師, 往西天取經, 路經此山, 見此猴精壓在石縫, 去其佛押出之, 以爲徒弟, 賜法名吾空, 改号〈號〉爲孫行者, 與沙和尙及黑猪精·朱八戒偕往, 在路降妖去恠, 救師脫難, 皆是孫行者神通之力也. 法師到西天, 受經三藏, 東還, 法師證果栴檀佛如來, 孫行者證果大力王菩薩, 朱八戒證果香華會上淨壇使者.), 唐三藏이 孫行者를 ᄃᆞ리고.

법성(法性) 명 〈불〉 우주 만물의 본체. ≪朴諺, 上, 66ㅎ≫這的眞善智識(集覽, 朴集, 上, 16ㅎ: 善知識. 善知〈智〉識者, 指高僧之稱. 知亦作智. 反(飜)譯名義云, 佛·菩薩·羅漢是善知〈智〉識, 六波羅密·三十七品是善知〈智〉識, 法性實〈宗〉際是善知〈智〉識.)那裏尋去, 이런 진짓 善智識을 어ᄃᆡ 어드리오.

법수(法數) 명 〈불〉 불교의 교의(敎義) 가운데 어떠한 숫자로 이루어진 것. 곧, 사제(四諦)·육도(六道)·십이연기(十二緣起) 따위이다. ≪朴諺, 下, 9ㅎ≫入寺敬三寶(集覽, 朴集, 下, 3ㅈ: 三寶. 又法數云, 十號圓明, 萬行具足, 天龍戴仰, 稱無上尊, 卽佛寶也.), 뎔에 드러ᄂᆞᆫ 三寶를 敬ᄒᆞ고.

법시(法施) 명 〈불〉 삼시(三施)의 하나. 남에게 교법(敎法)을 말하여 깨닫게 하는 일을 이른다. ≪朴諺, 上, 33ㅎ≫你布施(集覽, 朴集, 上, 10ㅎ: 布施. 捨施也, 財施爲凡, 法施爲聖. 凡布施, 必以滿三千世界, 七寶〈宝〉爲求福之具, 財施也. 此住相布施也. 菩薩布施, 但一心淸淨, 利益一切, 爲大施主, 法施也. 此不住相布施也.)人家齋飯錢, 네 人家에 보시ᄒᆞᆫ 齋飯錢을.

법아(法兒) 명 방법. ⇔법. ≪朴諺, 上, 13ㅎ≫你教與我這好法兒, 네 나를 이 됴ᄒᆞᆫ 법을 ᄀᆞᄅᆞ쳐 주고려. ≪朴諺, 上, 14ㅈ≫眞箇好法兒, 진실로 됴ᄒᆞᆫ 법이로다.

법안(法眼) 명 〈불〉 법안종(法眼宗). ≪朴諺, 上, 65ㅎ≫到江南地面石屋(集覽, 朴集, 上, 16ㅈ: 石屋. 事文類聚云, 釋氏五宗之敎, 傳至法眼, 爲雪峯眞覺禪師之道. 至永明, 其道傳于高麗國. 此卽普虛之傳也.)法名的和尙根底, 江南 ᄯᅡ 石屋이라 法名 ᄒᆞᆫ 즁의손ᄃᆡ 가니.

법안종(法眼宗) 명 〈불〉 선종(禪宗)의 한 종파. 오대(五代) 시대 문익선사(文益禪師)의 종지(宗旨)를 근본으로 하여 일어난 종파. 송대(宋代) 이후 쇠퇴하였다. ≪朴諺, 上, 65ㅎ≫到江南地面石屋(集覽, 朴集, 上, 16ㅈ: 石屋. 事文類聚云, 釋氏五宗之敎, 傳至法眼, 爲雪峯眞覺禪師之道. 至永明, 其道傳于高麗國. 此卽普虛之傳也.)法名的和尙根底, 江南 ᄯᅡ 石屋이라 法名 ᄒᆞᆫ 즁의손ᄃᆡ 가니.

법원(法苑) 명 책 이름. 법원주림(法苑珠林). 당(唐)의 중 도세(道世)가 불경(佛經)의 고실(故實)을 분류하여 펴낸 책. 1백 20권. 1백 편. ≪朴諺, 中, 21ㅈ≫扇慈風於刹土(集覽, 朴集, 中, 4ㅈ: 刹土. 法苑云, 阿育王取金華金幡懸諸刹上.), 慈風을 刹土에 붓ᄂᆞᆫ쏘다.

법장(法場) 명 사형장(死刑場). ≪朴諺, 中, 29ㅈ≫木樁(集覽, 朴集, 中, 7ㅈ: 木樁. 其

制, 於刑人法場, 植一大柱, 縛着罪人於〈縛着罪人於其〉上, 劊子用法刀剮其肉以喂狗, 而只留〈畱〉其骨, 極其慘酷, 方施大辟, 卽古之冎刑也.)上剮了, 나모 기동에 ᄆᆡ고 ᄡᅡᆨ가 죽이니라.

법장사(法藏寺) 명 절 이름. ≪朴諺, 中, 25ㅎ≫如今搬在法藏寺西邉混堂間壁住裏, 이제 法藏寺 셔편 混堂 ᄉᆞ이 ᄇᆞ람에 올마 사ᄂᆞ니.

법저이 부 법(法)대로. ⇔법(法). ≪朴諺, 下, 30ㅎ≫捽倒拿法, 시름ᄒᆞ기ᄅᆞᆯ 법저이 잡더라.

벗 명 벗. 친구. ❶⇔반아(伴兒). ≪朴諺, 中, 36ㅎ≫我也與你做伴兒閑看去, 나도 널로 ᄃᆞ려 벗지어 힘힘이 보라 가쟈. ❷⇔붕우(朋友). ≪朴諺, 上, 1ㅎ≫着張三(集覽, 朴集, 上, 1ㅈ: 張三. 三, 或族次, 或朋友行輩之次, 或有官者以職次相呼, 或稱爲定名者有之. 李四·王五亦同.)買羊去, 張三으로 ᄒᆞ여 羊을 사라 가. ≪朴諺, 上, 23ㅈ≫咱幾箇好朋友們, 우리 여러 ᄆᆞ음 됴흔 벗들이. ≪朴諺, 上, 23ㅎ≫衆朋友們的名字都寫着請去, 모든 벗들의 名字ᄅᆞᆯ 다 써 쳥ᄒᆞ라 가쟈.

벗다 동 벗다. ❶⇔탈(脫). ≪朴諺, 上, 67ㅈ≫今日脫靴上炕, 오ᄂᆞᆯ 훠ᄅᆞᆯ 벗고 炕에 올랏다가. 明日難保得穿, ᄂᆡ일 어더 신기ᄅᆞᆯ 밋기 어렵다 ᄒᆞᄂᆞ니라. ≪朴諺, 中, 15ㅎ≫把一身衣服都脫了, 一身에 衣服을 다 벗고. ≪朴諺, 下, 23ㅈ≫脫了衣裳, 오ᄉᆞᆯ 벗고. ❷⇔탈하(脫下). ≪朴諺, 中, 1ㅈ≫一箇高卓兒上脫下衣裳, ᄒᆞᆫ 노픈 卓子 우희 옷 벗고. ≪朴諺, 下, 22ㅈ≫鹿皮先脫下衣服, 鹿皮ㅣ 몬져 오ᄉᆞᆯ 벗고.

벗짓다 동 벗 짓다. 벗 삼다. ⇔주반아(做伴兒). ≪朴諺, 中, 36ㅎ≫我也與你做伴兒閑看去, 나도 널로 ᄃᆞ려 벗지어 힘힘이 보라 가쟈.

벗틔오다 동 버티게 하다. ⇔지기(支起). ≪朴諺, 中, 55ㅎ≫把這窓兒都支起着, 이 창을다가 다 벗틔오라.

베프다 동 베풀다. ⇔선(宣). ≪朴諺, 下, 12ㅈ≫不宣, 베프디 아니ᄒᆞ노이다.

벼 명 벼. ❶⇔도(稻). ≪朴諺, 中, 20ㅈ≫五百來束(束)稻草裏放, 五百 뭇 볏딥헤 노흐라. ≪朴諺, 中, 43ㅎ≫稻熟蟹肥魚正美, 베 닉고 게 ᄉᆞᆯ지고 고기 졍히 아ᄅᆞᆷ다오매. ❷⇔도자(稻子). ≪朴諺, 下, 15ㅎ≫城外種稻子來, 셩 밧긔 벼 시므라 갓다가. ≪朴諺, 下, 16ㅈ≫種稻子那廝因何監着, 벼 시므든 뎌 놈은 므스 일을 인ᄒᆞ여 갓텬ᄂᆞ뇨. ≪朴諺, 下, 37ㅈ≫稻子, 벼. 薥秫, 슈슈. 黍子, 기장. 大麥, 보리. 小麥, 밀. 蕎麥, 모밀. 黃豆, 콩. 小豆, ᄑᆞᆺ. 菉豆, 녹두. 莞豆, 광장이. 黑豆, 거믄콩. 芝麻, ᄎᆞᆷᄭᅢ. 蘇子, 듧ᄭᅢ.

벼록 명 벼룩. ❶⇔도조(跳蚤). ≪朴諺, 中, 58ㅎ≫跳蚤那廝近不的, 벼록이란 뎌 놈이 갓가이 못ᄒᆞᄂᆞ니라. ❷⇔조(蚤). ≪朴諺, 下, 20ㅎ≫變做狗蚤, 변ᄒᆞ여 개벼록이 되여. ≪朴諺, 下, 20ㅎ≫見那狗蚤, 뎌 개벼록을 보고.

벼ᄉᆞᆯ 명 벼슬. ❶⇔관(官). ≪朴諺, 中, 46ㅎ≫你高官裏轉除的有愁甚麽, 너ᄂᆞᆫ 노픈 벼ᄉᆞᆯ에 쳔뎐ᄒᆞ여 뎨슈홈이 이실 ᄡᅥ시니 므슴 근심ᄒᆞ리오. ❷⇔관직(官職). ≪朴諺, 下, 59ㅎ≫恰說的是甚麽官職, ᄀᆞᆺ 니ᄅᆞᄂᆞᆫ 거시 이 므슴 벼ᄉᆞᆯ고. ❸⇔제(除). ≪朴諺, 下, 13ㅎ≫咳這一除甚麽好, 애 이 ᄒᆞᆫ 벼ᄉᆞᆯ이 므서시 됴흐뇨. 除好淸高, 벼ᄉᆞᆯ이 ᄀᆞ장 淸高ᄒᆞ니라.

벼ᄉᆞᆯ 명 벼슬. 임기. ⇔임(任). ≪朴諺, 中, 46ㅈ≫滿了一任時, ᄒᆞᆫ 벼ᄉᆞᆯ이 ᄎᆞᆫ들.

벼ᄉᆞᆯᄒᆞ다 동 벼슬하다. ❶⇔제주(除做). ≪朴諺, 下, 13ㅎ≫你官人除做那裏, 네 官人이 어ᄃᆡ 벼ᄉᆞᆯᄒᆞ엿ᄂᆞ뇨. ❷⇔주관(做官). ≪朴諺, 上, 45ㅎ≫應科擧得做官, 科擧ᄅᆞᆯ 應ᄒᆞ여 벼ᄉᆞᆯ홈을 어더.

벽 명 벽돌. ❶⇔전(塼). ≪朴諺, 中, 58ㅈ≫將碎塼塊來, ᄌᆞᆫ 벽 덩이 가져다가. ≪朴諺, 下, 5ㅈ≫培塼都有麽, ᄇᆡ와과 벽이 다 잇ᄂᆞ냐. ≪朴諺, 下, 12ㅎ≫以至升斗, ᄡᅧ

바리와. 石, 돌과. 墫, 벽과. 培瓦, 培瓦에 니르히. 都有, 다 이셰라. ❷⇔전(甎). ≪朴諺, 中, 38ㅎ≫我羊市裏前頭磚塔衚衕裏, 내 양 져제 앏 벽탑골에.

벽(壁) 명 ❶녘. 쪽. 방면. ≪朴諺, 上, 61ㅈ≫東壁也有石床, 東壁에도 石床이 잇고. ≪朴諺, 上, 61ㅈ≫兩壁鐘樓, 兩壁 鐘樓와. 金堂, 金堂과. 禪堂, 禪堂과. 齋堂, 齋堂과. 碑殿, 碑殿과. ❷벽수(壁宿). 이십팔수(二十八宿)의 하나. 천문(天門)의 동쪽에 있어서 붙여진 이름이다. ≪朴諺, 中, 54ㅈ≫壁翼獲財, 壁翼은 獲財ᄒᆞ고.

벽(壁) 명 바람벽. ❶⇔ᄇᆞ람. ≪朴諺, 中, 25ㅎ≫如今搬在法藏寺西邉混堂間壁住裏, 이제 法藏寺 셔편 混堂 ᄉᆞ이 ᄇᆞ람에 올마 사ᄂᆞ니. ≪朴諺, 中, 34ㅈ≫吊在一壁廂, ᄒᆞᆫ ᄇᆞ람 ᄀᆞ셕의 ᄃᆞ랏다가. ❷⇔ᄇᆞᄅᆞᆷ. ≪朴諺, 上, 51ㅎ≫小人在那東角頭堂子間壁下着裏, 小人이 뎌 동녁 모롱이 堂子ㅅ ᄇᆞᄅᆞᆷ을 ᄉᆞ이ᄒᆞ여 브리워 잇노라. ≪朴諺, 中, 6ㅎ≫一壁廂熬些細茶, ᄒᆞᆫ ᄇᆞᄅᆞᆷ 구석의셔 젹이 細茶를 달히라. ≪朴諺, 中, 55ㅎ≫一壁廂去浪蕩不的, ᄒᆞᆫ ᄇᆞᄅᆞᆷ 구석의 가 ᄀᆞᆯ래디 못ᄒᆞᆯ소냐. ≪朴諺, 下, 33ㅎ≫這間壁磨房裏取將來, 이 ᄉᆞ잇 ᄇᆞᄅᆞᆷ매(애) ᄀᆞᄂᆞᆫ집의 가져오쟈.

벽드르 명 벽돌. ⇔계지(界地). ≪朴諺, 中, 54ㅎ≫這深肉紅界地穿花鳳紵絲做比甲, 이 디튼 肉紅빗체 벽드르에 穿花鳳 문ᄒᆞᆫ 비단으란 比甲을 짓고.

벽상(壁廂) 명 녘. 쪽. 곳. ≪朴諺, 上, 61ㅈ≫西壁廂有太子坐的地石床, 西壁廂에 太子 안ᄂᆞᆫ 石床이 잇고. ≪朴諺, 下, 13ㅈ≫那西壁廂打一流兒短墻, 뎌 西 壁廂에 ᄒᆞᆫ 줄 短墻을 ᄡᆞ고.

벽월(璧月) 명 구슬같이 둥근 달. ≪朴諺, 中, 23ㅈ≫面圓璧月(集覽, 朴集, 中, 6ㅈ: 面圓璧月. 璧, 天生瑞玉, 盈尺餘, 形圓者也. 佛八十種好, 云面圓淨如滿月.), ᄂᆞᆺ츤 璧(璧)月ᄀᆞ티 두렷ᄒᆞ고.

벽익(壁翼) 명 이십팔수(二十八宿)의 하나인 벽수(壁宿)와 익수(翼宿). ≪朴諺, 中, 54ㅈ≫壁翼獲財, 壁翼은 獲財ᄒᆞ고.

벽자(壁子) 명 바람벽. ⇔ᄇᆞᄅᆞᆷ. ≪朴諺, 中, 44ㅎ≫釘在這壁子上, 이 ᄇᆞᄅᆞᆷ 우희 박고.

벽적(襞積) 명 주름. ≪朴諺, 上, 25ㅎ≫明綠抹絨胷背的比甲(集覽, 朴集, 上, 8ㅎ: 比甲. 衣之無袖, 對襟爲襞積者曰比甲, 卽本國듭지털릭. 婦女亦依此制爲短襖着之, 亦曰比甲, 通稱搭護.), 明綠빗치 융ᄉᆞ로 ᄀᆞ 두론 胷背 比甲과.

벽지(辟支) 명 〈불〉 부처의 가르침에 기대지 않고 스스로 도를 깨달은 성자(聖者). ≪朴諺, 中, 21ㅎ≫或作童女(集覽, 朴集, 中, 4ㅎ: 童男童女. 觀音現三十二應, 曰佛身, 曰辟支〈支〉, 曰圓覺, 曰聲聞, 曰梵王, 曰帝釋, 曰自在天, 曰大自在天, 曰天大將軍, 曰四天王, 曰四天太子, 曰人王, 曰長者, 曰居士, 曰宰官, 曰婆羅門, 曰比丘, 曰比丘尼, 曰優婆塞, 曰優婆夷, 曰女主, 曰童男, 曰童女, 曰天身, 曰龍身, 曰藥叉, 曰乾達婆, 曰阿脩羅, 曰緊那羅, 曰摩睺羅, 曰樂人, 曰非人.), 혹 童女ㅣ 되며.

벽탑 명 돌을 벽돌 모양으로 깎아서 쌓아 올린 탑. ⇔전탑(甎塔). ≪朴諺, 中, 38ㅎ≫我羊市裏前頭磚塔衚衕裏, 내 양 져제 앏 벽탑골에.

벽탑골 명 벽탑이 있는 골목 이름. ⇔전탑호동(甎塔衚衕). ≪朴諺, 中, 38ㅎ≫我羊市裏前頭磚塔衚衕裏, 내 양 져제 앏 벽탑골에.

벽한(碧漢) 명 은하(銀河). 은하수(銀河水). ≪朴諺, 上, 60ㅈ≫近看時遠侵碧漢(集覽, 朴集, 上, 15ㅈ: 碧漢. 〈卽〉天河也. 河精上爲天漢. 爾雅, 析木爲之津. ㅌ在箕斗間, 自坤抵艮爲地紀, 亦名雲漢, 曰天漢, 曰銀河, 曰銀漢, 曰河漢.), 갓가이셔 보면 멀리 碧漢을 侵ᄒᆞ고.

변 명 한자의 변(邊). 또는 편(偏)이나 편방(偏旁). ⇔방(傍). ≪朴諺, 中, 41ㅈ≫紐絲傍做逢字, 실ᄉᆞ 변에 逢字 ᄒᆞ여시니.

≪朴諺, 中, 41ㅎ≫立人傍做弋字便是, 立人 변에 弋字 흔 거시 곳 이라. ≪朴諺, 中, 41ㅎ≫才手傍做人字下也字便是, 才手 변에 人字 아릭 也字 흔 거시 곳 이라. ≪朴諺, 中, 41ㅎ≫去字傍着反耳的便是, 去字 변에 뒨귀이 흔 거시 곳 이라. ≪朴諺, 中, 42ㅈ≫文字傍着刀字的便是, 文字 변에 刀字 흔 거시 곳 이라. ≪朴諺, 中, 42ㅈ≫金傍做昔字便是, 金字 변에 昔字 흔 거시 곳 이라. ≪朴諺, 中, 42ㅈ≫點水傍做草頭底下雨(兩)字, 點水 변에 草頭 아릭 雨(兩)字 ᄒᆞ엿ᄂᆞ니라. ≪朴諺, 中, 42ㅎ≫雙人傍做寺字便是, 雙人 변에 寺字 흔 거시 곳 이라.

변 의 번. ⇔편(遍). ≪朴諺, 上, 63ㅈ≫一遍也不曾說知心腹的話, 흔 변도 일즉 心腹 아는 말을 니ᄅᆞ디 못ᄒᆞ여시니.

변(便) 부 곧. ❶⇔곧. ≪集覽, 字解, 單字解, 4ㅎ≫便. 去聲, 卽也. 便行 즉재 가니라, 便去 즉재 가리라, 又즉재 가다. 又則也. 便有 곧 잇다, 便是 곧 올ᄒᆞ니라. 又順也, 順便. 又安也, 便當. 又宜也. 行方便 됴흘 양오로 ᄒᆞ다, 不方便 다히 마지 쉽사디 아니타. 又猶則也. 你去便就有了 너옷 가면 이시리라. 又平聲, 穩便 온당ᄒᆞ다. 吏語, 便益. ❷⇔곳. ≪朴諺, 上, 3ㅈ≫便叫將當該的外郎來, 곳 當該 外郎을 블러 와. ≪朴諺, 上, 19ㅈ≫那雀舌兒牢壯便好, 뎌 혓쇠는 牢壯ᄒᆞ니 곳 됴타. ≪朴諺, 上, 31ㅈ≫別人便一兩要一兩利錢借饋, 다른 사름은 곳 흔 냥에 흔 냥 利錢을 밧고 ᄭᅮ이되. ≪朴諺, 上, 42ㅈ≫便着拜門, 곳 拜門ᄒᆞ고. ≪朴諺, 上, 53ㅎ≫小人奉承的便是, 小人이 奉承홈이 곳 올흐니. ≪朴諺, 上, 66ㅎ≫我到衙門押了公座便來, 내 衙門에 가 公座簿에 일홈두고 곳 오리라. ≪朴諺, 中, 16ㅈ≫喫了時便無事了, 먹으면 곳 無事ᄒᆞ리라. ≪朴諺, 中, 27ㅈ≫便奪了那物, 곳 그 거슬 앗고. ≪朴諺, 中, 35ㅎ≫便着鉤子鉤出來將去, 곳 갈고리로 그러내여 가져가ᄂᆞ니라. ≪朴諺, 中, 48ㅎ≫便那的步兒, 곳 논힐훠 거름 써시니. ≪朴諺, 中, 57ㅎ≫賣便賣不賣便將的去, 풀거든 곳 풀고 ᄑᆞ디 아니커든 곳 가져가라. 你也不買便罷, 너도 사디 아니커든 곳 말라. ≪朴諺, 下, 10ㅈ≫便喝跳起來道, 곳 혀ᄎᆞ고 ᄲᅱ여 니러 닐오ᄃᆡ. ≪朴諺, 下, 14ㅎ≫便到家裏那怎的, 곳 집의 가ᄂᆞ냐 엇디ᄒᆞᄂᆞ뇨. ≪朴諺, 下, 18ㅈ≫便拿着曳車解鋸, 곳 잡아 술위 ᄭᅳ이고 톱질 시겨. ≪朴諺, 下, 26ㅈ≫但與的便是價錢, 믈읫 주는 거시 곳 올흔 갑시니. ≪朴諺, 下, 30ㅎ≫便是箇人城, 곳 이 人城이니. ≪朴諺, 下, 51ㅎ≫便是小太公, 곳 이 小太公이라. ≪朴諺, 下, 61ㅈ≫便那一日卽位布政殿, 곳 그 날에 布政殿에 卽位ᄒᆞ고.

변(便) 부 문득. ⇔믄득. ≪朴諺, 下, 18ㅈ≫便使黑心, 믄득 게엄ᄆᆞᄋᆞᆷ을 브려.

변(便) 부 즉시. 곧. ❶⇔즉시. ≪朴諺, 中, 30ㅈ≫如今便入裏頭去時, 이제 즉시 안히 드러가면. ❷⇔즉재. ≪集覽, 字解, 單字解, 4ㅎ≫便. 去聲, 卽也. 便行 즉재 가니라, 便去 즉재 가리라, 又즉재 가다. 又則也. 便有 곧 잇다, 便是 곧 올ᄒᆞ니라. 又順也, 順便. 又安也, 便當. 又宜也. 行方便 됴흘 양오로 ᄒᆞ다, 不方便 다히 마지 쉽사디 아니타. 又猶則也. 你去便就有了 너옷 가면 이시리라. 又平聲, 穩便 온당ᄒᆞ다. 吏語, 便益.

변(辨) 동 분변(分辨)하다. 분별(分別)하다. ⇔분변ᄒᆞ다. ≪朴諺, 中, 47ㅈ≫眼花的不辨東西, 눈이 밤의여 동셔를 분변티 못ᄒᆞ고.

변(邉) 의 변(邊). '邉'은 '邊'의 속자. ≪朴諺, 上, 49ㅈ≫一邉五箇家分着射, 흔 편에 다ᄉᆞᆺ식 논화 ᄡᅩ쟈. ≪朴諺, 中, 33ㅎ≫麻骨一邉收拾下着用着, 삼대를 흔 편에 收拾ᄒᆞ여 두라 ᄡᅳ쟈. ≪朴諺, 下, 22ㅎ≫油鍋兩邉看着, 기름 가마 두 편의셔 보와. ≪朴諺, 下, 29ㅎ≫塌了半邉, 반 편이 ᄲᅥ러디고.

변(邊) 명 가[邊]. ❶⇔ᄀᆞ. ≪朴諺, 下, 22ㅎ≫脚踏鍋邉待要出來, 발로 가맛 ᄀᆞ을 드듸고 나오고져 ᄒᆞ다가. ❷⇔ᄉᆞᆺ. ≪朴諺, 上, 11ㅎ≫我在平則門邉住, 내 平則門 ᄉᆞᆺ의 이셔 사노라. ≪朴諺, 上, 38ㅎ≫那紅橋邉有一箇張獸醫, 뎌 紅橋 ᄉᆞᆺ에 ᄒᆞᆫ 張獸醫ㅣ 이시니.

변(邊) 명 편(便). 쪽. ⇔편. ≪朴諺, 上, 12ㅎ≫西邉對籌去, 셔편에 사술 마초라 가. ≪朴諺, 中, 25ㅎ≫如今搬在法藏寺西邉混堂間壁住裏, 이제 法藏寺 셔편 混堂 ᄉᆞ이 ᄇᆞ람에 올마 사ᄂᆞ니. ≪朴諺, 下, 23ㅎ≫左邉搭右邉趓, 좌편으로 건디려 ᄒᆞ면 우편으로 숨고. ≪朴諺, 下, 23ㅎ≫左邉搭右邉趓, 좌편으로 건디려 ᄒᆞ면 우편으로 숨고. ≪朴諺, 下, 23ㅎ≫右邉搭左邉去, 우편으로 건디려 ᄒᆞ면 좌편으로 가매. ≪朴諺, 下, 52ㅎ≫於本家那邉跳墻入來家內, 본집 뎌 편 담을 뛰여 안히 드러와.

변(邊) 의 ❶짝. 쪽. ≪朴諺, 下, 9ㅈ≫箇箇擎拳合掌(集覽, 朴集, 下, 2ㅎ: 擎拳合掌. 飜譯名義云, 此方以拱手爲恭, 外國以合掌爲敬. 手本二邊, 今合爲一, 表不散誕, 專主一心.), 낫낫치 擎拳 合掌ᄒᆞ야. ❷편. 쪽. ⇔편. ≪朴諺, 上, 49ㅈ≫一邉五箇家分着射, ᄒᆞᆫ 편에 다ᄉᆞᆺ식 ᄂᆞᆫ화 쏘쟈. ≪朴諺, 中, 33ㅎ≫麻骨一邉收拾下着用着, 삼대를 ᄒᆞᆫ 편에 收拾ᄒᆞ여 두라 쓰쟈. ≪朴諺, 下, 22ㅎ≫油鍋兩邉看着, 기름 가마 두 편의셔 보와. ≪朴諺, 下, 29ㅎ≫塌了半邉, 반 편이 ᄲᅥ러디고.

변(變) 동 변(變)하다. ⇔변ᄒᆞ다. ≪朴諺, 中, 31ㅈ≫他要變時誰保他, 뎨 변코져 ᄒᆞ면 뉘 뎌를 긔수ᄒᆞ리오. ≪朴諺, 下, 20ㅎ≫變做狗蚤, 변ᄒᆞ여 개벼록이 되여. ≪朴諺, 下, 20ㅎ≫變做假行者, 변ᄒᆞ여 거즛 行者ㅣ 되어. ≪朴諺, 下, 21ㅈ≫變做青母蝎, 변ᄒᆞ여 프른 암 젼갈이 되여. ≪朴諺, 下, 21ㅎ≫孫行者變做箇焦苗虫兒, 孫行者ㅣ 변ᄒᆞ여 ᄒᆞᆫ 닥졍버릐 되여. ≪朴諺, 下, 23ㅈ≫行者變做五寸來大的胡孫, 行者ㅣ 변ᄒᆞ여 五寸만치 큰 진납이 되여. ≪朴諺, 下, 24ㅈ≫變做大黑狗, 변ᄒᆞ여 큰 거믄 개 되여. ≪朴諺, 下, 24ㅎ≫先生變做老虎赶, 先生이 변ᄒᆞ여 老虎ㅣ 되여 ᄧᅩ로거늘.

변거(便去) 동 곧 가다. 즉시 가다. ≪集覽, 字解, 單字解, 4ㅎ≫便. 去聲, 卽也. 便行 즉재 가니라, 便去 즉재 가리라, 又즉재 가다. 又則也. 便有 곧 잇다, 便是 곧 올ᄒᆞ니라. 又順也, 順便. 又安也, 便當. 又宜也. 行方便 됴흘 양오로 ᄒᆞ다, 不方便 다히 마지 쉽사디 아니타. 又猶則也. 你去便就有了 너옷 가면 이시리라. 又平聲, 穩便 온당ᄒᆞ다. 吏語, 便益.

변경(變更) 동 변경하다. 고치다. 바꾸다. ≪朴諺, 中, 29ㅈ≫將老李打了一百七(集覽, 朴集, 中, 7ㅈ: 一百七. 今之杖一百者, 宜止九十七, 而不當反加十也. 議者憚於變更, 其事遂寢〈寢〉.), 老李를다가 一百 닐곱을 텨.

변시(便是) 형 곧 옳다. ≪集覽, 字解, 單字解, 4ㅎ≫便. 去聲, 卽也. 便行 즉재 가니라, 便去 즉재 가리라, 又즉재 가다. 又則也. 便有 곧 잇다, 便是 곧 올ᄒᆞ니라. 又順也, 順便. 又安也, 便當. 又宜也. 行方便 됴흘 양오로 ᄒᆞ다, 不方便 다히 마지 쉽사디 아니타. 又猶則也. 你去便就有了 너옷 가면 이시리라. 又平聲, 穩便 온당ᄒᆞ다. 吏語, 便益.

변아(邉兒) 명 변아(邊兒). '邉'은 '邊'의 속자. ≪朴諺, 上, 26ㅈ≫鞍子是一箇烏犀角邉兒幔玳瑁, 기ᄅᆞ마ᄂᆞᆫ 이 ᄒᆞᆫ 烏犀角 변ᄋᆞ에 玳瑁를 ᄉᆞ랏고.

변아(邊兒) 명 가[邊]. ❶⇔ᄀᆞ. ≪朴諺, 中, 26ㅎ≫着刺邉兒, ᄀᆞ에 치질호ᄃᆡ. ❷⇔ᄉᆞᆺ. ≪朴諺, 上, 62ㅈ≫河邉兒窺魚的是無數目的水老鴉, 믈ᄉᆞᆺ의 고기 엿ᄂᆞᆫ 거슨 이수 업슨 가마오디오.

변아(邊兒) 명 변자(邊子). (물건의 가장자리에 대는 꾸미개) ⇔변ᄋᆞ. ≪朴諺, 上,

26ㅈ≫鞦子是一箇烏犀角邉兒幔玳瑁, 기ᄅᆞ마ᄂᆞᆫ 이 ᄒᆞᆫ 烏犀角 변ᄋᆞ에 玳瑁ᄅᆞᆯ ᄭᅵ랏고. ≪朴諺, 上, 26ㅎ≫猠皮心兒藍斜皮邉兒的皮汗替, 猠皮 心児에 藍斜皮 邉児 ᄒᆞᆫ 가족 ᄯᆞᆷ어치에. ≪朴諺, 上, 28ㅈ≫鞍子是雪白鹿角邉兒, 기ᄅᆞ마ᄂᆞᆫ 이 눈ᄀᆞᆺ티 흰 鹿角 邊児에. ≪朴諺, 上, 28ㅈ≫藍斜皮邉兒的座兒, 藍斜皮로 邉兒 ᄒᆞᆫ 座児ㅣ오.

변유(便有) 형 곧 있다. ≪集覽, 字解, 單字解, 4ㅎ≫便. 去聲, 即也. 便行 즉재 가니라, 便去 즉재 가리라, 又즉재 가다. 又則也. 便有 곧 잇다, 便是 곧 올ᄒᆞ니라. 又順也, 順便. 又安也, 便當. 又宜也. 行方便 됴ᄒᆞᆯ 양오로 ᄒᆞ다, 不方便 다히 마지 쉽사디 아니타. 又猶則也. 你去便就有了 너옷 가면 이시리라. 又平聲, 穩便 온당ᄒᆞ다. 吏語, 便益.

변인(辨認) 동 알아내다. 분간하다. 식별하다. ⇔ᄎᆞ려내다. ≪集覽, 字解, 單字解, 6ㅎ≫認. 識也. 辨認 ᄎᆞ려내다. 又認得 사괴다. 又아다. 又認記 보람.

변ᄋᆞ 명 변자(邊子). (물건의 가장자리에 대는 꾸미개) ⇔변아(邊兒) . ≪朴諺, 上, 26ㅈ≫鞦子是一箇烏犀角邉兒幔玳瑁, 기ᄅᆞ마ᄂᆞᆫ 이 ᄒᆞᆫ 烏犀角 변ᄋᆞ에 玳瑁ᄅᆞᆯ ᄭᅵ랏고.

변전(駢闐) 동 죽 이어지다. (수효가 많음을 형용한다) ≪朴諺, 上, 23ㅈ≫斂些錢做翫月會(集覽, 朴集, 上, 8ㅈ: 翫月會. 東京錄云, 中秋夜, 貴家結飾臺榭, 民間爭占酒樓翫〈玩〉月, 絲簧鼎沸, 近內庭居民, 夜深遙聞笙竽之聲, 宛若雲外天樂, 閭里兒童連宵嬉戲, 夜市駢闐, 至於通曉.), 져기 돈 거두어 翫月會를 ᄒᆞ쟈.

변취(便就) 동 곧바로 이루어내다. ≪集覽, 字解, 單字解, 4ㅎ≫便. 去聲, 即也. 便行 즉재 가니라, 便去 즉재 가리라, 又즉재 가다. 又則也. 便有 곧 잇다, 便是 곧 올ᄒᆞ니라. 又順也, 順便. 又安也, 便當. 又宜也. 行方便 됴ᄒᆞᆯ 양오로 ᄒᆞ다, 不方便 다히 마지 쉽사디 아니타. 又猶則也. 你去便就有了 너옷 가면 이시리라. 又平聲, 穩便 온당ᄒᆞ다. 吏語, 便益.

변행(便行) 동 곧 가다. 즉시 가다. ≪集覽, 字解, 單字解, 4ㅎ≫便. 去聲, 即也. 便行 즉재 가니라, 便去 즉재 가리라, 又즉재 가다. 又則也. 便有 곧 잇다, 便是 곧 올ᄒᆞ니라. 又順也, 順便. 又安也, 便當. 又宜也. 行方便 됴ᄒᆞᆯ 양오로 ᄒᆞ다, 不方便 다히 마지 쉽사디 아니타. 又猶則也. 你去便就有了 너옷 가면 이시리라. 又平聲, 穩便 온당ᄒᆞ다. 吏語, 便益.

변험(辨驗) 동 변별하고 검증하다. ⇔변험ᄒᆞ다(辨驗-). ≪朴諺, 下, 52ㅎ≫辨驗得賊人蹤跡, 辨驗ᄒᆞ여 賊人의 蹤跡을 어드니.

변험ᄒᆞ다(辨驗-) 동 변별하고 검증하다. ⇔변험(辨驗). ≪朴諺, 下, 52ㅎ≫辨驗得賊人蹤跡, 辨驗ᄒᆞ여 賊人의 蹤跡을 어드니.

변ᄒᆞ다 동 ❶변(變)하다. ⇔변(變). ≪朴諺, 中, 31ㅈ≫他要變時誰保他, 뎨 변코져 ᄒᆞ면 뉘 뎌를 긔수ᄒᆞ리오. ≪朴諺, 下, 20ㅎ≫變做狗蚤, 변ᄒᆞ여 개벼록이 되여. ≪朴諺, 下, 20ㅎ≫變做假行者, 변ᄒᆞ여 거즛 行者ㅣ 되어. ≪朴諺, 下, 21ㅈ≫變做青母蝎, 변ᄒᆞ여 프른 암 젼갈이 되여. ≪朴諺, 下, 21ㅎ≫孫行者變做箇焦苗虫兒, 孫行者ㅣ 변ᄒᆞ여 ᄒᆞᆫ 닥졍버릐 되여. ≪朴諺, 下, 23ㅈ≫行者變做五寸來大的胡孫, 行者ㅣ 변ᄒᆞ여 五寸만치 큰 진납이 되여. ≪朴諺, 下, 24ㅈ≫變做大黑狗, 변ᄒᆞ여 큰 거믄 개 되어. ≪朴諺, 下, 24ㅎ≫先生變做老虎赶, 先生이 변ᄒᆞ여 老虎ㅣ 되여 ᄧᅩ로거ᄂᆞᆯ. ❷변하다. 바꾸다. ⇔별(別). ≪朴諺, 上, 24ㅈ≫咱休別了兄長之言, 우리 兄長의 말을 변티 말고.

별(丿) 명 ❶삐침별[丿]. 한자 부수(部首)의 이름. ≪朴諺, 中, 42ㅈ≫二字下一箇丿, 二字 아ᄅᆡ ᄒᆞᆫ 긋 밧그로 비티고. ❷(글자의 획을) 삐치다. ⇔비티다. ≪朴諺, 中,

42ㅈ≫二字下一箇ノ, 二字 아릐 ᄒᆞᆫ 굿 밧그로 비티고. ≪朴諺, 中, 42ㅎ≫一ノ一乀便是, ᄒᆞᆫ 굿 밧그로 비티고 ᄒᆞᆫ 굿 안흐로 비틘 거시 곳 이라.

별(別) 동 변하다. 바꾸다. ⇔변ᄒᆞ다. ≪朴諺, 上, 24ㅈ≫咱休別了兄長之言, 우리 兄長의 말을 변티 말고.

별(別) 부 각별히. ❶⇔각별이. ≪朴諺, 中, 9ㅈ≫相公們別沒擎賫錢粮, 相公들이 각별이 錢粮을 擎賫홈이 업고. ≪朴諺, 中, 45ㅎ≫別沒不了的事件, 각별이 뭇디 못ᄒᆞᆫ 일이 업고. ❷⇔칵별이. ≪朴諺, 上, 47ㅎ≫精神便別有, 精神이 곳 칵별이 이시리라.

별(別) 형 다르다. ⇔다ᄅᆞ다. ≪朴諺, 上, 12ㅎ≫不去時叫別箇, 가디 아니면 다ᄅᆞ니를 브ᄅᆞ쟈. ≪朴諺, 上, 23ㅎ≫到處裏破別人誇自已(己), 간 곳마다 다른 사ᄅᆞᆷ을 해야ᄇᆞ리며 내 몸을 쟈랑ᄒᆞ고. ≪朴諺, 上, 31ㅈ≫別人便一兩要一兩利錢借饋, 다른 사ᄅᆞᆷ은 곳 ᄒᆞᆫ 냥에 ᄒᆞᆫ 냥 利錢을 밧고 ᄭᅮ이되. ≪朴諺, 上, 64ㅎ≫着別人看, 다른 사ᄅᆞᆷ으로 ᄒᆞ여 뵈면. ≪朴諺, 中, 51ㅎ≫我別處有些緊勾當去, 내 다른 고ᄃᆡ 져기 긴ᄒᆞᆫ 일이 이셔 가노라. ≪朴諺, 下, 11ㅎ≫別無所懷, 다른 所懷ㅣ 업슨디라. ≪朴諺, 下, 13ㅎ≫別要盖甚麽房子, 다른 므슴 집을 지으실고. ≪朴諺, 下, 25ㅎ≫別人不理會的, 다른 사ᄅᆞᆷ은 아디 못ᄒᆞ리라. ≪朴諺, 下, 27ㅎ≫着別人看去, 다른 사ᄅᆞᆷ으로 ᄒᆞ여 뵈라 가라. ≪朴諺, 下, 36ㅈ≫別人道, 다른 사ᄅᆞᆷ이 닐오ᄃᆡ. ≪朴諺, 下, 40ㅈ≫他別處畫了一箇官人的影來, 뎨 다른 ᄃᆡ ᄒᆞᆫ 官人의 얼굴을 그리니. ≪朴諺, 下, 48ㅎ≫把別的打的四分五落裡, 다른 이를다가 텨 四分五落ᄒᆞ야. ≪朴諺, 下, 55ㅈ≫我別處望相識去來, 내 다른 고ᄃᆡ 아는 이를 보라 가.

별(撇) 동 ❶던져 넣다. 처넣다. 던지다. ⇔드리티다. ≪朴諺, 中, 27ㅎ≫也打殺撇在坑裏, ᄯᅩ 텨 죽여 디함에 드리티고. ❷꾸미다. 분장하다. ⇔비으다. ≪朴諺, 中, 30ㅎ≫那裏將那般好衣服好鞍馬來撇揉子, 어ᄃᆡ 가 뎌리 됴흔 옷과 됴흔 鞍馬를 가져와 얼굴을 비언ᄂᆞᆫ고. ❸뜨다. 푸다. ⇔ᄯᅳ다. ≪朴諺, 中, 6ㅎ≫撇些禿禿麽思, 젹이 믜역져비 ᄯᅳ고.

별기(鱉碁) 명 별기(鼈碁). '鱉'은 '鼈'과 같다. ≪朴諺, 中, 49ㅈ≫咱們下鱉碁(集覽, 朴集, 中, 8ㅎ: 鼈碁. 質問云, 碁子圓如鼈〈鱉〉身上盖, 謂之鼈碁.), 우리 츄사ᄋᆞ ᄒᆞ쟈.

별기(鼈碁) 명 주사위. ⇔츄사ᄋᆞ. ≪朴諺, 中, 49ㅈ≫咱們下鱉碁(集覽, 朴集, 中, 8ㅎ: 鼈碁. 質問云, 碁子圓如鼈〈鱉〉身上盖, 謂之鼈碁.), 우리 츄사ᄋᆞ ᄒᆞ쟈.

별력(別力) 명 남다른 힘. ≪朴諺, 上, 49ㅎ≫張弓有別力飮酒有別腸腹, 張弓애 別力이 잇고 飮酒애 別腸이 잇ᄂᆞ니라.

별아(鼈兒) 명 자라[鼈]. ≪朴諺, 下, 29ㅈ≫你打饋我一箇立鼈兒, 네 날을 ᄒᆞᆫ 立鼈兒와. 一箇蝦蟆·鼈兒和蝎虎盞兒, ᄒᆞᆫ 蝦蟆 鼈兒와 蝎虎盞을 ᄆᆡᆫᄃᆞ라 주고려. ≪朴諺, 下, 29ㅎ≫鼈兒打的匾着些箇, 鼈兒 ᄆᆡᆫ돌기를 져기 납죡이 ᄒᆞ고.

별양(別揉) 형 별양(別樣). '揉'은 '樣'과 같다. ≪朴諺, 上, 15ㅎ≫不要別揉鐵, 다른 鐵란 말고.

별양(別樣) 형 다르다. ⇔다ᄅᆞ다. ≪朴諺, 上, 15ㅎ≫不要別揉鐵, 다른 鐵란 말고.

별인(別人) 명 남. 타인. ⇔놈. ≪朴諺, 上, 32ㅎ≫一箇和尙偸弄別人的媳婦, ᄒᆞᆫ 즁이 놈의 겨집을 도적ᄒᆞ여 어ᄅᆞ노라. ≪朴諺, 上, 33ㅎ≫而今沒來由偸別人的媳婦怎麽, 이제 쇽졀업시 놈의 겨집을 도적홈은 엇디오. ≪朴諺, 上, 34ㅈ≫你再敢偸別人媳婦麽, 네 다시 감히 놈의 겨집 도적홀다. ≪朴諺, 中, 47ㅎ≫爲頭兒他瞞別人來, 처엄은 뎨 놈을 소겻더니. ≪朴諺, 中, 47ㅎ≫路上必定喫別人笑話, 길히 일뎡 놈의 우임을 니브리라.

별장(別腸) 명 남다른 창자. ≪朴諺, 上, 49

ㅎ≫張弓有別力飮酒有別膓腹, 張弓애 別力이 잇고 飮酒애 別膓이 잇ᄂᆞ니라.

벳딥ㅎ 명 볏짚. ⇔도초(稻草). ≪朴諺, 中, 20ㅈ≫五百來束(束)稻草裏放, 五百 뭇 벳딥헤 노흐라.

벳ㅌ 명 볕. 태양. ⇔일두(日頭). ≪朴諺, 下, 1ㅎ≫每日箇日頭裡晒, 每日에 벳틔 뙤되.

병 명 ❶병(病). ⇔병(病). ≪朴諺, 中, 9ㅎ≫年五歲無病, 나히 五歲오 병 업스니롤다가. ≪朴諺, 下, 52ㅈ≫年幾無病, 나히 현이오 병 업슨 이라. ❷병(甁). ⇔병(甁). ≪朴諺, 中, 22ㅎ≫傾甘露於甁中濟險途於飢渴, 甘露롤 甁中에 기우려 險途를 飢渴에 구제ᄒᆞᄂᆞᆺ다.

병 의 병(甁). ⇔병(甁). ≪朴諺, 上, 2ㅎ≫討十來甁如何, 여라믄 병을 어더 오미 엇더ᄒᆞᆫ뇨. ≪朴諺, 中, 5ㅎ≫兩甁酒, 두 병 술이오. ≪朴諺, 中, 6ㅈ≫一甁米酒和駱(酪), ᄒᆞᆫ 병 米酒와 타락과.

병(幷) 부 아울러. ⇔아오로. ≪朴諺, 下, 52ㅈ≫叫到隣人幷巡宿総甲人等, 隣人과 巡宿ᄒᆞᄂᆞᆫ 総甲人 等을 아오로 블러.

병(病) 명 병. 질병. ⇔병. ≪朴諺, 中, 9ㅎ≫年五歲無病, 나히 五歲오 병 업스니롤다가. ≪朴諺, 中, 18ㅎ≫强如良藥治病, 良藥으로 病 다ᄉᆞ림도곤 나으리라. 怕沒治病的心那, 저프건대 病 고틸 ᄆᆞ음이 업스랴마ᄂᆞᆫ. ≪朴諺, 下, 52ㅈ≫年幾無病, 나히 현이오 병 업슨 이라. ≪朴諺, 下, 54ㅈ≫年幾歲無病, 나히 현이오 病 업슨이.

병(竝) 부 ❶다. 모두. ⇔다. ≪朴諺, 中, 10ㅈ≫並不干買主之事, 다 산 님자의게ᄂᆞᆫ 간셥디 아닌 일이라. ❷더불어. 함께. ⇔다므기. ≪朴諺, 下, 54ㅎ≫某並不曾抵敵, 某ㅣ 다므기 일즙 抵敵디 아니ᄒᆞ엿ᄂᆞ니. ❸전혀. 결코. ⇔젼혀. ≪集覽, 字解, 累字解, 2ㅎ≫竝不會. 젼혀 아니타.

병(甁) 명 병. ⇔병. ≪朴諺, 中, 22ㅎ≫傾甘露於甁中濟險途於飢渴, 甘露롤 甁中에 기우려 險途를 飢渴에 구제ᄒᆞᄂᆞᆺ다.

병(甁) 의 병. ⇔병. ≪朴諺, 上, 2ㅎ≫討十來甁如何, 여라믄 병을 어더 오미 엇더ᄒᆞ뇨. ≪朴諺, 上, 3ㅎ≫支與竹葉淸酒十五甁·腦兒酒(五桶, 竹葉淸酒 十五甁과 腦兒酒 五桶을 支與ᄒᆞ더라. ≪朴諺, 上, 41ㅈ≫十羊十酒(集覽, 朴集, 上, 12ㅈ: 十羊十酒. 羊十牽, 酒十甁也. 制禮亦隨貴賤異秩〈帙〉, 卽送禮也. 詳見諸司職掌.)裏, 十羊과 十酒롤 드리더라. ≪朴諺, 中, 5ㅎ≫兩甁酒, 두 병 술이오. ≪朴諺, 中, 6ㅈ≫一甁米酒和駱(酪), ᄒᆞᆫ 병 米酒와 타락과.

병(餠) 의 낱. (떡처럼 생긴 것의 수효를 세는 단위) ≪朴諺, 中, 52ㅈ≫年時牢子們走(集覽, 朴集, 中, 8ㅎ: 牢子走. 在大都則自河西務起程, 若上都則自泥河兒起程, 越三時, 走一百八十里, 直抵御前, 俯伏呼萬歲. 先至者賜銀一餠, 餘者賜段匹〈疋〉有差.)的你見來麽, 젼년에 牢子들희 ᄃᆞ롬질을 네 본다.

병거(竝擧) 동 함께 사용하다. 병행하다. ≪集覽, 字解, 累字解, 1ㅈ≫大哥. 哥兄也. 人有數兄, 則呼長曰大哥, 次曰二哥, 三曰三哥. 雖非同胞而見儕輩, 可推敬者, 則亦呼爲哥. 或加大字, 或加老字, 推敬之重也. 只呼弟曰兄弟, 竝擧兄及弟曰弟兄.

병봉(柄棒) 명 공채의 자루. ≪朴諺, 下, 35ㅈ≫却打花房窩兒(集覽, 朴集, 下, 7ㅎ: 花房窩兒. 棒形如匙, 大如掌, 用水牛皮爲之, 以厚竹合而爲柄棒, 皮薄則毬高起, 厚則毬不高起.), 또 花房 굼글 티쟈.

병불회(竝不會) 동 전혀(결코) 아니하다. ≪集覽, 字解, 累字解, 2ㅎ≫竝不會. 젼혀 아니타.

병사(病死) 동 병으로 죽다. ≪朴諺, 中, 22ㅎ≫執楊柳於掌內拂病體於輕安(集覽, 朴集, 中, 5ㅎ: 執楊柳於掌內拂病體於輕安. 勒愛子暴病死, 澄又取楊枝沾水, 洒而呪之, 遂蘇.), 楊柳롤 손에 잡아 病體를 輕安ᄒᆞᆫ듸 뻘티고.

병술(丙戌) 명 원(元)나라 순제(順帝) 지정(至正) 6년(1346)을 이르는 말. ≪朴諺,

上, 65ㅈ≫法名喚步虛(集覽, 朴集, 上, 15ㅎ: 步虛. 至正丙戌春, 入燕都, 聞南朝有臨濟正脉不斷〈断〉, 可往印可. 盖指臨濟直下雪嵒〈嵓〉嫡孫石屋和尙清珙也.), 法名을 步虛ㅣ라 브르는 이.

병오(丙午) 명 육십갑자의 마흔셋째. ≪朴諺, 下, 41ㅎ≫寫着壬辰年二月朔丙午十二日丁卯, 壬辰年 二月朔 丙午 十二日 丁卯에.

병이(餠餌) 명 밀가루나 쌀가루를 반죽하여 구워서 만든 과자나 떡의 총칭. ≪朴諺, 下, 18ㅎ≫做羅天大醮(集覽, 朴集, 下, 4ㅎ: 大醮. 道經云, 醮, 祭名. 夜中於星辰之下, 陳設餠餌·酒果·幣物, 禋祀天皇·太乙·地祇·列宿.), 羅天大醮를 ᄒᆞ더니.

병자(餠子) 명 떡. ≪朴諺, 下, 33ㅈ≫黃燒餠(集覽, 朴集, 下, 7ㅈ: 黃燒餠. 質問云, 以麥麵〈麺〉作成餠子, 用芝痲粘洒, 烙熟食之.), 누론 쇼병과. ≪朴諺, 下, 33ㅈ≫酥燒餠(集覽, 朴集, 下, 7ㅈ: 酥燒餠. 質問云, 以麥麵〈麺〉用酥油調和作成餠子, 烙熟最酥, 方言謂之酥燒餠.), 酥油 너흔 쇼병과.

병자(餠餎) 명 녹두와 차진 곡식을 물에 불려 맷돌에 간 뒤 지져 익힌 음식. '餎'의 음 '자'는 추정한 음(音)임. ≪朴諺, 下, 32ㅎ≫餠餎(集覽, 朴集, 下, 6ㅈ: 餠餎. 質問云, 將菉豆粉糝和粘穀米, 着水浸濕, 用石磨磨, 細杓兒盛在鍋內, 一撮一撮煎熟而食.), 餠餎와. 煎餠, 煎餠과.

병자향(餠子香) 명 향의 한 가지. ≪朴諺, 中, 45ㅈ≫燒些餠子香, 져기 餠子香 픠오고.

병정(兵政) 명 군사 관계에 대한 행정. ≪朴諺, 上, 8ㅈ≫都堂捴兵官(集覽, 朴集, 上, 4ㅈ: 總〈捴〉兵官. 各都司各有鎭守總〈捴〉兵官一員, 以管兵政.)的詔書, 都堂 捴兵官의게 ᄒᆞᆫ 詔書라. ≪朴諺, 下, 39ㅎ≫他在樞密院(集覽, 朴集, 下, 8ㅎ: 樞密院. 元制, 有使·副使·知院·同知院·簽書院, 與〈与〉中書號爲二府, 主兵政.)角頭住裏, 뎌 樞密院 모롱이에 이셔 사ᄂᆞ니라.

병중(病中) 명 병을 앓고 있는 동안. ≪朴諺, 中, 16ㅎ≫故人誠信病中知, 故人의 誠信은 病中에 아ᄂᆞ니라.

병진(丙辰) 명 육십갑자의 쉰셋째. ≪朴諺, 下, 41ㅎ≫丙辰年生人三十七歲, 丙辰年에 난 사ᄅᆞᆷ 三十七歲ㅣ.

병체(病體) 명 병든 몸. ≪朴諺, 中, 22ㅎ≫執楊柳於掌內拂病體於輕安(集覽, 朴集, 中, 5ㅎ: 執楊柳於掌內拂病體於輕安. 佛圖澄, 天竺〈竺〉人也. 妙通玄術, 善誦呪, 能役使鬼神. 石勒聞其名, 召試其術, 澄取鉢盛水, 燒香呪之, 須臾, 鉢中生靑蓮花. 勒愛子暴病死, 澄又取楊枝沾水, 洒而呪之, 遂蘇. 自後凡謝僧醫病曰辱沾楊枝之水.), 楊柳를 손에 잡아 病體를 輕安ᄒᆞᆫ듸 떨티고.

병편(餠片) 명 밀방망이로 얇게 민 밀가루 반대기. ≪朴諺, 下, 32ㅎ≫軟肉薄餠(集覽, 朴集, 下, 6ㅈ: 軟肉薄餠. 質問云, 以麥麪〈麵〉作成薄餠片, 而用爁軟肉捲而食之.), 연육 소 ᄒᆞᆫ 박병과.

병호(兵号) 명 병호(兵號). '号'는 '號'의 속자. ≪朴諺, 下, 53ㅈ≫着當該地分弓手(集覽, 朴集, 下, 12ㅈ: 弓手. 文獻通考曰, 弓手, 兵号, 如弩手·槍手之類.)人等, 當該 地分 弓手人 等으로 ᄒᆞ여.

병호(兵號) 명 군사의 표지(標識). ≪朴諺, 下, 53ㅈ≫着當該地分弓手(集覽, 朴集, 下, 12ㅈ: 弓手. 文獻通考曰, 弓手, 兵号, 如弩手·槍手之類.)人等, 當該 地分 弓手人 等으로 ᄒᆞ여.

병ᄒᆞ다 동 병에 걸리다. 앓다. ⇔해병(害病). ≪集覽, 字解, 單字解, 7ㅎ≫害. 患也, 苦也. 害病 병ᄒᆞ다, 害怕 두리다.

볘 명 벼[稻]가. ≪朴諺, 中, 43ㅎ≫稻熟蟹肥魚正美, 볘 닉고 게 ᄉᆞᆯ지고 고기 졍히 아ᄅᆞᆷ다오매.

보 의 벌. ⇔대(對). ≪朴諺, 中, 29ㅎ≫打一對馬脚匙來釘上着, ᄒᆞᆫ 보 다갈을 티여다가 박으라.

보(步) 동 걷다. 또는 걸음. ⇔걷다. ≪朴諺, 中, 48ㅎ≫便那的步兒, 곳 논힐훠 거를 써시니.

보(步) 의 걸음. ⇔거름. ≪朴諺, 上, 9ㅎ≫水渰過蘆溝橋(集覽, 朴集, 上, 4ㅎ: 蘆溝橋. 其一東南流, 入于蘆溝, 又東入于東安縣界. 去都城三十里, 有石橋跨于河, 廣二百餘步, 其上兩旁皆石欄, 雕刻石獅, 形狀奇巧, 成於金明昌三年.)獅子頭, 믈이 蘆溝橋 獅子ㅅ 머리를 즘가 너머. ≪朴諺, 中, 46ㅈ≫只是一步高如一步除將去, 그저 혼 거롬에 혼 거롬식 놉하 除ㅎ여 가거니와.

보(保) 동 믿다. ❶⇔믿다. ≪集覽, 字解, 單字解, 2ㅎ≫保. 恃也. 保你 너 믿노라, 難保 믿디 어렵다. 吏學指南, 相託信任曰保. 又保擧也. ❷⇔밋다. ≪朴諺, 上, 67ㅈ≫今日脫靴上炕, 오늘 훠를 벗고 炕에 올랏다가. 明日難保得穿, 너일 어더 신기를 밋기 어렵다 ㅎ느니라.

보(報) 동 ❶보답하다. 갚다. ≪朴諺, 上, 39ㅈ≫狗有濺草之恩, 개는 濺草혼 恩이 잇고. 馬有垂繮之報(集覽, 朴集, 上, 11ㅈ: 馬有垂繮之報. 漢高祖與項王會鴻門, 舞劒事急, 謀脫. 匹〈疋〉馬南行, 道傍有一眢井, 馬到井邊不肯行. 漢王恐追者至, 下馬入井. 項王追至井傍, 見馬跡至井而止, 謂漢王在井, 令人下井搜求. 見井口有蜘蛛罩網, 鵓鴿一雙出井飛去, 謂無人在中, 項王還壁. 翌日, 其馬到井垂繮, 漢王執之而出.), 물은 垂繮혼 報ㅣ 잇다 ㅎ니라. ❷〈불〉 착한 일과 악한 일이 그 원인과 결과에 따라 대갚음을 받다. ⇔보ㅎ다(報-). ≪朴諺, 下, 9ㅎ≫因此上見世報, 이런 젼ㅊ로 見世에 報ㅎ느니라.

보(報) 동 보고하다. ⇔보ㅎ다(報-). ≪朴諺, 中, 7ㅈ≫我又先報馬去, 내 또 몬져 물을 報ㅎ라 가노라.

보(補) 동 보충하다. 벌충하다. ⇔다느림ㅎ다. ≪朴諺, 上, 59ㅈ≫饋他補生日, 더를 주어 生日을 다느림ㅎ면.

보(寶) 명 보석. ≪朴諺, 上, 5ㅈ≫寶粧高頂插花, 寶粧 高頂에 곳즐 곳고.

보개(葆蓋) 명 새의 깃으로 장식한 덮개. ≪朴諺, 中, 1ㅎ≫弄寶盖(集覽, 朴集, 中, 1ㅈ: 弄寶盖. 凡優人以造化鳥爲戲時, 一人擎一彩帛葆盖, 先入優場, 以告戲雀之由. 次有一人捧一雀以入作戲. 如本節〈萮〉所云, 造化鳥 죵〈죵〉다리, 雄曰銅觜, 雌曰鑞觜.)的, 寶盖 농ㅎ는 이는.

보개(寶蓋) 명 임금이나 불교의 의장에 쓰는 일산(日傘). ≪朴諺, 中, 1ㅎ≫弄寶盖(集覽, 朴集, 中, 1ㅈ: 弄寶盖. 凡優人以造化鳥爲戲時, 一人擎一彩帛葆盖, 先入優場, 以告戲雀之由. 次有一人捧一雀以入作戲. 如本節〈萮〉所云, 造化鳥 죵〈죵〉다리, 雄曰銅觜, 雌曰鑞觜.)的, 寶盖 농ㅎ는 이는. ≪朴諺, 下, 43ㅈ≫十餘對幢旛·寶盖·螺鈸·皷磬, 열아믄 빵 幢旛과 寶盖와 螺鈸과 鼓磬이러라.

보거(保擧) 동 보증하여 추천(推薦)하다. 천거(薦擧)하다. ≪集覽, 字解, 單字解, 2ㅎ≫保. 恃也. 保你 너 믿노라, 難保 믿디 어렵다. 吏學指南, 相託信任曰保. 又保擧也. ≪朴諺, 中, 9ㅈ≫你與我甘結(集覽, 朴集, 中, 2ㅈ: 甘結. 今按, 如保擧人材者, 必寫稱所擧之人, 並無喪過及干娼優子嗣, 委的賢能, 如虛甘伏重罪云云.)·應付, 네 날을 甘結과 應付를 주고려.

보공(報功) 동 은공(恩功)을 갚다. ≪朴諺, 上, 16ㅎ≫祭了社神(集覽, 朴集, 上, 6ㅈ: 社神. 立春後第〈萮〉五戊爲春社, 立秋後第〈萮〉五戊爲秋社. 孝經緯曰, 社, 土地之主也. 土地闊〈濶〉, 不可盡祭, 故封土爲社, 以報功也.), 社神씌 祭ㅎ여시니. ≪朴諺, 中, 53ㅎ≫今日臘(集覽, 朴集, 中, 8ㅎ: 臘. 臘者, 獵也, 因獵取獸, 以祭先祖. 又臘者, 接也, 新故交接大祭, 以報功也.)月二十五日, 오늘이 臘月 二十五日이라.

보국(輔國) 동 국정(國政)을 보좌하다. ≪朴諺, 上, 45ㅎ≫輔國忠君·孝順父母, 輔國 忠君ㅎ며 孝順 父母ㅎ야.

보급(普及) 동 보급(普及)하다. (널리 펴서 골고루 미치게 하다) ≪朴諺, 中, 23ㅎ≫作一切(集覽, 朴集, 中, 6ㅈ: 一切. 一, 以普及爲言, 切, 以盡除爲語.)罪障, 一切히 罪障 지은 거시.

보내다 동 보내다. ❶⇔거(去). ≪朴諺, 上, 57ㅈ≫打發他去了纔來, 뎌롤 打發ᄒᆞ여 보내고 ᄀᆞᆺ 올와. ≪朴諺, 下, 10ㅎ≫先生你寫與我書稍的去, 先生아 네 날을 글 써 주어든 브텨 보내쟈. ❷⇔내착(來着). ≪朴諺, 下, 11ㅈ≫望稍書來着, ᄇᆞ라건대 글을 브텨 보내쇼셔. ❸⇔발(發). ≪集覽, 字解, 單字解, 7ㅎ≫發. 酒發 술 괴다. 發將來 자바 보내다. 一發, 見下. 又吏語, 告發 고ᄒᆞ야나다. ❹⇔부(赴). ≪朴諺, 下, 53ㅈ≫赴官施行, 官에 보내여 施行ᄒᆞ쇼셔. ❺⇔송(送). ≪朴諺, 中, 46ㅈ≫衙門令史們送的來了, 아문 령ᄉᆞ들히 보내여 왓거늘. ≪朴諺, 下, 39ㅈ≫送到那裡時也有些情分, 보내여 뎌긔 니ᄅᆞ면 져기 情分이 이실랏다. 你送那裡迴來, 네 어ᄃᆡ가 보내고 도라온다. 送到四十里地, 보내여 四十里 ᄯᅡ히 가. ≪朴諺, 下, 39ㅈ≫送到三四日辭迴來, 보내여 三四日에 가 하딕고 도라오면. ❻⇔송거(送去). ≪朴諺, 中, 24ㅎ≫你將鋪盖送去, 네 鋪盖 가져 보내고.

보다 동 ❶(맥을) 보다. ⇔간(看). ≪朴諺, 中, 15ㅈ≫與我把脉息看一看, 날을 脉을 보아 주고려. ❷보다. 지키다. ⇔간(看). ≪朴諺, 中, 25ㅈ≫好生用心看家着, ᄀᆞ장 用心ᄒᆞ여 집을 보라.

보다 동 보다. ❶⇔간(看). ≪朴諺, 上, 3ㅎ≫在那裏拿來我看, 어ᄃᆡ 잇ᄂᆞ뇨 가져오라 내 보쟈. ≪朴諺, 上, 14ㅈ≫你將來我看, 네 가져오라 내 보쟈. ≪朴諺, 上, 24ㅎ≫午門外前看操馬去來, 午門 밧긔 물 됴습ᄒᆞᄂᆞᆫ 양 보라 가쟈. ≪朴諺, 上, 35ㅈ≫一箇太醫看我小肚皮上使一針, ᄒᆞᆫ 太醫 날을 보고 져근ᄇᆡ 우희 ᄒᆞᆫ 번 침 주고. ≪朴諺, 上, 47ㅎ≫分付這管混堂的看着, 이 混堂 ᄀᆞ음아ᄂᆞ니게 分付ᄒᆞ여 보라 ᄒᆞ고. ≪朴諺, 上, 60ㅈ≫近看時遠侵碧漢, 갓가이셔 보면 멀리 碧漢을 侵ᄒᆞ고. ≪朴諺, 中, 1ㅈ≫抅欄裏看雜技去來, 抅欄에 雜技 보라 가쟈. ≪朴諺, 中, 18ㅈ≫隔簾聽笑語燈下看佳人, 발을 즈음ᄒᆞ여 笑語를 듯고 燈下에 佳人을 봄이라 ᄒᆞ니. ≪朴諺, 中, 40ㅈ≫你看那瓦有破的時, 네 보아 뎌 디새 ᄢᆡ여디니 잇거든. ≪朴諺, 中, 50ㅎ≫傍邊看捽挍的人們道, 겨ᄐᆡ셔 시름 보ᄂᆞᆫ 사ᄅᆞᆷ들이 닐오ᄃᆡ. ≪朴諺, 中, 56ㅈ≫我先跳你看, 내 몬져 ᄠᅱᆯ 거시니 네 보라. ≪朴諺, 下, 9ㅈ≫衆人看他的中間, 모든 사ᄅᆞᆷ이 뎌롤 볼 ᄉᆞ이예. ≪朴諺, 下, 13ㅈ≫臨窓看書亦看花, 窓에 臨ᄒᆞ여 글을 보고 ᄯᅩ 곳촐 보쟈. ≪朴諺, 下, 22ㅈ≫着將軍開樻看, 將軍으로 ᄒᆞ여 樻롤 여러 보니. ≪朴諺, 下, 29ㅎ≫你看我這帽頂子, 네 보라 내 이 가ᄉᆡᆺ 頂子ㅣ. ≪朴諺, 下, 36ㅈ≫看那一箇毬兒老時, 어ᄂᆡ ᄒᆞ나 당방올티기 니그니롤 보와. ≪朴諺, 下, 43ㅎ≫你看那飯, 네 뎌 밥을 보라. ≪朴諺, 下, 56ㅈ≫你看這告子, 네 이 방을 보라. ❷⇔간상(看上). ≪朴諺, 中, 17ㅎ≫姐姐我看上(集覽, 朴集, 中, 3ㅈ: 看上. 猶言見取之意.)你, 姐姐ㅣ아 내 너롤 보니. ❸⇔간일간(看一看). ≪集覽, 字解, 累字解, 2ㅎ≫看一看. 보다. 難於單字之語, 故重言爲句也. 一, 語助辭. ❹⇔견(見). ≪朴諺, 上, 22ㅈ≫眼下交手便見輸嬴(贏), 眼下에 交手ᄒᆞ면 곳 지며 이긔믈 보리라. ≪朴諺, 上, 30ㅎ≫這兩日不見他, 이 두어 날 뎌롤 보디 못ᄒᆞ니. 你見來麽, 네 보앗ᄂᆞ다. 你饋我尋見了拿將來, 네 ᄎᆞ자보아 잡아다가 날을 주고려. ≪朴諺, 上, 34ㅎ≫咳貴人難見, 애 貴人을 보기 어렵다. ≪朴諺, 上, 50ㅎ≫見孩兒啼哭時, 아희 울믈 보면. ≪朴諺, 上, 64ㅎ≫便見眞假, 곳 眞이며 假롤 보리라. ≪朴諺, 中, 3ㅈ≫大人不見小人過, 大人은 小人의 허믈을 보디 아니ᄒᆞᄂᆞ니라. ≪朴諺, 中, 10ㅎ≫見人某,

본 사름 아모. ≪朴諺, 中, 28ㅈ≫大妻見那般說, 大妻ㅣ 그리 닐옴을 보고. ≪朴諺, 中, 48ㅎ≫娘子見了時聒譟難聽, 娘子ㅣ 보고 짓궤니 듯기 어렵더라. ≪朴諺, 中, 51ㅈ≫那裏見路, 어딕 길흘 보리오. ≪朴諺, 中, 52ㅈ≫年時牢子們走的你見來麽, 젼년에 牢子들희 드롬질을 네 본다. ≪朴諺, 下, 4ㅈ≫見多少怪物·妖精侵他, 언머 怪物·妖精이 뎌를 침노홈을 보며. ≪朴諺, 下, 14ㅎ≫但早散時實不見早回家, 다믄 일 흣터디되 실로 일즉이 집의 도라오믈 보디 못ㅎ니. ≪朴諺, 下, 23ㅈ≫却早不見了, 볼셔 보디 못흘러라. ≪朴諺, 下, 41ㅎ≫你過來時莭(節)不曾見, 네 디나올 제 일즙 보디 못흔다. 我不曾見, 내 일즙 보디 못ㅎ여시니. ≪朴諺, 下, 55ㅈ≫捉賊見贓, 도적 잡기는 장믈을 보고. ❺⇔망(望). ≪朴諺, 上, 52ㅈ≫不知道下處不曾得望去, 下處를 아디 못ㅎ여 일즙 보라 가디 못ㅎ니. ≪朴諺, 下, 55ㅈ≫我別處望相識去來, 내 다른 고딕 아는 이를 보라 가. ≪朴諺, 下, 56ㅎ≫如今和小人望他去便了, 이제 쇼인과 뎌를 보라 가면 곳 ㅎ리라. ≪朴諺, 下, 57ㅎ≫就望他去時也不多, 이믜셔 뎌도 보라 가면 또 多티 아니ㅎ라. ❻⇔탐(探). ≪朴諺, 下, 58ㅈ≫探先生來裡, 先生을 보라 왓다 ㅎ라. ≪朴諺, 下, 58ㅈ≫葛教授探先生來裡, 葛教授ㅣ라 ㅎ리 先生을 보라 왓ㄴ니라.

보동(保童) 명 사람 이름. 保는 성씨(姓氏). ≪朴諺, 下, 61ㅎ≫保童, 保童아.

보드라온 형 보드라운. ≪朴諺, 上, 43ㅈ≫諸般絨線砌山子吊珠兒的麁白線, 여러 가지 보드라온 실과 귀여ㅅ 무오고 진쥬 들 굴근 흰 실과.

보드라온실 명 보드라운 실. ⇔융선(絨線). ≪朴諺, 上, 43ㅈ≫諸般絨線砌山子吊珠兒的麁白線, 여러 가지 보드라온 실과 귀여ㅅ 무오고 진쥬 들 굴근 흰 실과.

보드랍다 형 보드랍다. ⇔융(絨). ≪朴諺, 上, 43ㅈ≫諸般絨線砌山子吊珠兒的麁白線, 여러 가지 보드라온 실과 귀여ㅅ 무오고 진쥬 들 굴근 흰 실과.

보람 명 보람. 서명(署名). 표(表). 표지(標識). ❶⇔기(記). ≪朴諺, 下, 55ㅎ≫有甚暗記沒印, 아모란 ㄱ만흔 보람이 잇고 인은 업ㄴ니. ❷⇔기사(記事). ≪朴諺, 中, 3ㅎ≫兩頭有記事, 두 머리예 보람 이시니. ❸⇔인기(認記). ≪集覽, 字解, 單字解, 6ㅎ≫認. 識也. 辨認 ㅊ려내. 又認得 사괴다. 又아다. 又認記 보람. ❹⇔황자(慌字). ≪朴諺, 下, 7ㅈ≫我不知道那家有甚麽幌〈慌〉字, 내 아디 못ㅎ니 뎌 집의 므슴 보람이 잇ㄴ뇨.

보로기 명 포대기. ⇔붕자(綳子). ≪朴諺, 上, 50ㅎ≫着綳子(集覽, 朴集, 上, 13ㅎ: 綳子. 보로기, 卽襁也. 廣韻〈韵〉, 束兒衣也. 闊〈濶〉八寸, 長一尺, 用約小兒而負之行者.)絟了, 빅보로기 믹고.

보름 명 보름. ⇔반두(半頭). ≪朴諺, 上, 41ㅎ≫半頭娶將來做筵席, 보름의 취ㅎ여 드려와 이바디ㅎ고.

보리 명 보리. ⇔대맥(大麥). ≪朴諺, 下, 37ㅈ≫稻子, 벼. 薥秫, 슈슈. 黍子, 기장. 大麥, 보리. 小麥, 밀. 蕎麥, 모밀. 黃豆, 콩. 小豆, 폿. 菉豆, 녹두. 莞豆, 광장이. 黑豆, 거믄콩. 芝麻, 춤깨. 蘇子, 듧깨.

보리(菩提) 명 〈불〉 불교 최고의 이상인 불타(佛陀) 정각(正覺)의 지혜. ≪朴諺, 中, 21ㅈ≫智滿十身(集覽, 朴集, 中, 4ㅈ: 智滿十身. 本覺爲知, 始覺爲智. 滿, 備也. 十身有調御. 十身, 曰無着, 曰弘願, 曰業報, 曰住持, 曰涅槃, 曰淨法, 曰眞心, 曰三昧, 曰道性, 曰如意. 有內十身, 曰菩提, 曰願, 曰化, 曰力持, 曰莊嚴, 曰威勢, 曰意生, 曰福德, 曰法, 曰智. 有外十身, 曰自, 曰衆生, 曰國土, 曰業報, 曰聲聞, 曰圓覺, 曰菩薩, 曰智, 曰法, 曰虛空.), 智는 十身에 찻도다.

보리알 명 송대(宋대)에 긴 막대기 끝에 마늘 모양의 쇳덩이나 나무토막을 붙인 무기. 뒤에 의장으로 썼다. ⇔고타(古朶). ≪朴諺, 下, 38ㅎ≫銀栲栳交椅, 銀栲栳交椅와. 銀盆, 銀盆과. 水罐, 水罐과. 金瓜, 金瓜와. 古朶, 보리알과. 金鐙, 金鐙과. 鉞斧, 鉞斧와.

보마(報馬) 동 말을 타고 소식이나 공문 따위를 보고하다. 또는 그런 사람. ⇔ᄆᆞᆯ 보ᄒᆞ다(-報-). ≪朴諺, 中, 7ㅈ≫我又先報馬去, 내 또 몬져 ᄆᆞᆯ을 報ᄒᆞ라 가노라.

보문품(普門品) 명 〈불〉 법화경(法華經)의 제25품(品). 관세음보살(觀世音菩薩)이 중생의 온갖 재난을 구제하고 소원을 이루게 하며 널리 교화하는 일을 설파하였다. ≪朴諺, 中, 21ㅎ≫身嚴瓔珞(集覽, 朴集, 中, 4ㅎ: 瓔珞. 普門品經云, 無盡意, 菩薩解頷下衆寶瓔珞而以與之.)居普陁空翠之山, 몸에 瓔珞으로 장엄ᄒᆞ여시니 普陀 空翠의 山에 居ᄒᆞ엿도다. ≪朴諺, 中, 23ㅎ≫尋聲救苦應念除災(集覽, 朴集, 中, 6ㅈ: 尋聲救苦應念除災. 史記, 昔盧景裕繫晉陽獄, 志心念觀世音菩薩, 枷鎖自脫. 又有人當死, 志心誦觀世音菩薩普門品經千百遍, 臨刑刀折, 因以赦之.), 尋聲 救苦ᄒᆞ며 應念 除灾ᄒᆞᄂᆞ니.

보보(步步) 명 한 걸음 한 걸음. 걸음마다 점점. ≪朴諺, 下, 49ㅈ≫好女不看燈(集覽, 朴集, 下, 11ㅈ: 好女不看燈. 涅槃經云, 上元, 如來闍維訖, 收舍利, 置金床上, 天人散花, 奏樂繞城, 步步燃燈十二里.), 好女는 看燈 아니ᄒᆞᆫ다 ᄒᆞᄂᆞ니라.

보살(菩薩) 명 〈불〉 위로 보리(菩提)를 구하고 아래로 중생(衆生)을 제도하는 대승불교(大乘佛敎)의 이상적 수행자상. ≪朴諺, 上, 33ㅎ≫你布施(集覽, 朴集, 上, 10ㅎ: 布施. 菩薩布施, 但一心淸淨, 利益一切, 爲大施主, 法施也. 此不住相布施也.) 人家齋飯錢, 네 人家에 보시ᄒᆞᆫ 齋飯錢을. ≪朴諺, 中, 20ㅎ≫這菩薩眞乃奇哉, 이 菩薩이 진실로 긔특ᄒᆞ니라. ≪朴諺, 中, 21ㅎ≫身嚴瓔珞(集覽, 朴集, 中, 4ㅎ: 瓔珞. 普門品經云, 無盡意, 菩薩解頷下衆寶瓔珞而以與之.)居普陁空翠之山, 몸에 瓔珞으로 장엄ᄒᆞ여시니 普陀 空翠의 山에 居ᄒᆞ엿도다. ≪朴諺, 中, 23ㅎ≫念菩薩名, 菩薩의 일홈을 念ᄒᆞ면. ≪朴諺, 中, 23ㅎ≫如是菩薩不可不參, 이런 菩薩을 可히 참견티 아니티 몯ᄒᆞᆯ 거시라. ≪朴諺, 下, 3ㅈ≫告諸佛·菩薩, 諸佛과 菩薩ᄭᅴ 告ᄒᆞ여. ≪朴諺, 中, 21ㅈ≫智滿十身(集覽, 朴集, 中, 4ㅈ: 智滿十身. 本覺爲知, 始覺爲智. 滿, 備也. 十身有調御. 十身, 曰無着, 曰弘願, 曰業報, 曰住持, 曰涅槃, 曰淨法, 曰眞心, 曰三昧, 曰道性, 曰如意. 有內十身, 曰菩提, 曰願, 曰化, 曰力持, 曰莊嚴, 曰威勢, 曰意生, 曰福德, 曰法, 曰智. 有外十身, 曰自, 曰衆生, 曰國土, 曰業報, 曰聲聞, 曰圓覺, 曰菩薩, 曰智, 曰法, 曰虛空.), 智는 十身에 찻도다.

보석(寶石) 명 보석. ≪朴諺, 上, 41ㅈ≫滿頭珠翠金厢寶石(集覽, 朴集, 上, 11ㅎ: 金厢寶石. 寶石, 卽上節〈節〉紫鴉忽之類, 以金爲斗供〈拱〉而納石於其中, 綴着於女冠之上, 以爲飾也. 音義云, 寶石·에 금 : 젼메·워 ·ᄉᆞ·민 頭面.)頭面, 머리예 ᄀᆞ독ᄒᆞᆫ 珠翠와 금으로 寶石에 젼메온 곳갈과.

보성(輔星) 명 좌보성(左輔星). 구성(九星) 가운데 여덟째 별 이름. ≪朴諺, 上, 18ㅎ≫後面北斗(集覽, 朴集, 上, 7ㅈ: 北斗左輔右弼. 晉書天文志云, 七星在太微北, 七政之樞機, 陰陽之元本. 七星明, 其國昌, 輔星明, 則臣强.)七星板兒做的好, 後面 北斗七星 돈은 ᄆᆡᆫ돌기를 잘ᄒᆞ엿고.

보시 명 〈불〉 보시(布施). 자비심(慈悲心)으로 남에게 베푸는 재물이나 불법. ⇔보시(布施). ≪朴諺, 上, 66ㅎ≫咱兩箇將些布施和香去, 우리 둘히 져기 보시와 향을 가지고 가.

보시(布施) 동 〈불〉 자비심(慈悲心)으로 남에게 재물이나 불법을 베풀다. ❶⇔보시ᄒᆞ다. ≪朴諺, 上, 33ㅎ≫你布施(集覽, 朴集, 上, 10ㅎ: 布施. 捨施也, 財施爲凡, 法施爲聖. 凡布施, 必以滿三千世界, 七寶

〈宝〉爲求福之具, 財施也. 此住相布施也. 菩薩布施, 但一心淸淨, 利益一切, 爲大施主, 法施也. 此不住相布施也.)人家齋飯錢, 네 人家에 보시혼 齋飯錢을. ≪朴諺, 下, 2ㅎ≫我如今又往江南地面裡布施去, 내 이제 또 江南 싸흘 향ᄒᆞ여 보시ᄒᆞ라 가려 ᄒᆞ니. ≪朴諺, 下, 4ㅎ≫慢慢的到江南沿門布施, 날호여 江南의 가 집마다 보시ᄒᆞ여. ❷⇔보시ᄒᆞ다(布施-). ≪朴諺, 下, 2ㅎ≫把我二三年布施來的金銀·鈔錠, 내 二三年 布施ᄒᆞ여 온 金銀·鈔錠을다가.

보시(布施) 명 〈불〉 자비심(慈悲心)으로 남에게 베푸는 재물이나 불법. ⇔보시. ≪朴諺, 上, 66ㅎ≫咱兩箇將些布施和香去, 우리 둘히 져기 보시와 향을 가지고 가.

보시ᄒᆞ다 동 〈불〉 자비심(慈悲心)으로 남에게 재물이나 불법을 베풀다. ⇔보시(布施). ≪朴諺, 上, 33ㅎ≫你布施(集覽, 朴集, 上, 10ㅎ: 布施. 捨施也, 財施爲凡, 法施爲聖. 凡布施, 必以滿三千世界, 七寶〈宝〉爲求福之具, 財施也. 此住相布施也. 菩薩布施, 但一心淸淨, 利益一切, 爲大施主, 法施也. 此不住相布施也.)人家齋飯錢, 네 人家에 보시혼 齋飯錢을. ≪朴諺, 下, 2ㅎ≫我如今又往江南地面裡布施去, 내 이제 또 江南 싸흘 향ᄒᆞ여 보시ᄒᆞ라 가려 ᄒᆞ니. ≪朴諺, 下, 4ㅎ≫慢慢的到江南沿門布施, 날호여 江南의 가 집마다 보시ᄒᆞ여.

보시ᄒᆞ다(布施-) 동 〈불〉 자비심(慈悲心)으로 남에게 재물이나 불법을 베풀다. ⇔보시(布施). ≪朴諺, 下, 2ㅎ≫把我二三年布施來的金銀·鈔錠, 내 二三年 布施ᄒᆞ여 온 金銀·鈔錠을다가.

보신(報信) 동 소식을 알리다. 정보를 전하다. ⇔보신ᄒᆞ다(報信-). ≪朴諺, 下, 55ㅎ≫報信的三兩, 報信ᄒᆞᄂᆞ니는 석 냥이오.

보신ᄒᆞ다(報信-) 동 소식을 알리다. 정보를 전하다. ⇔보신(報信). ≪朴諺, 下, 55ㅎ≫報信的三兩, 報信ᄒᆞᄂᆞ니는 석 냥이오.

보ᄉᆞᆯ피다 동 보살피다. ❶⇔간(看). ≪朴諺, 中, 12ㅎ≫黑夜用心好生看着, 밤의 用心ᄒᆞ여 ᄀᆞ장 보ᄉᆞᆯ피라. ❷⇔조처(照覰). ≪朴諺, 上, 24ㅈ≫這般照覰, 이리 보ᄉᆞᆯ피면.

보ᅀᆞᆲ피다 동 보살피다. ❶⇔간성(看成). ≪集覽, 字解, 累字解, 2ㅎ≫看成. 보ᅀᆞᆲ피다. 又기르다. 又삼다. ❷⇔예대(禮待). ≪集覽, 字解, 累字解, 2ㅈ≫打發. 禮待應答之稱, 보ᅀᆞᆲ펴 ᄃᆡ답ᄒᆞ다. ❸⇔조관(照管). ≪集覽, 字解, 累字解, 2ㅈ≫照管. 보ᅀᆞᆲ피다. ❹⇔조처(照覰). ≪集覽, 字解, 累字解, 2ㅈ≫照管. 보ᅀᆞᆲ피다. ≪集覽, 字解, 累字解, 2ㅈ≫照覰. 上同.

보안주(保安州) 명 원대(元代)에 두었다. 요대(遼代)의 봉성주(奉聖州) 지역으로, 찰합이성(察哈爾省) 탁록현(涿鹿縣)의 남서쪽에 있었다. ≪朴諺, 上, 9ㅎ≫水渰過蘆溝橋(集覽, 朴集, 上, 4ㅎ: 蘆溝橋. 蘆溝本桑乾河, 俗曰渾河, 亦曰小黃河. 上自保安州界, 歷山南流入宛平縣境, 至都城四十里.)獅子頭, 믈이 蘆溝橋 獅子ㅅ 머리롤 ᄌᆞᆷ가 너머.

보야ᄒᆞ로 부 바야흐로. ⇔방(方). ≪朴諺, 上, 51ㅎ≫養子方知父母恩, ᄌᆞ식을 길러야 보야ᄒᆞ로 父母 은혜를 안다 ᄒᆞᄂᆞ니라.

보양(補養) 동 인체의 양기(陽氣)를 보하다. ≪朴諺, 上, 50ㅈ≫滿月(集覽, 朴集, 上, 13ㅎ: 滿月. 質問云, 産婦一箇月不出門, 不生理, 只補養本身, 一月之後出門, 又吃〈喫〉喜酒.)過了時喫的不妨事, ᄃᆞ리 차 디나면 먹어도 일에 해롭디 아니ᄒᆞ리라.

보우(保佑) 동 보우(保佑)하다. (보호하고 도와주다) ≪朴諺, 下, 18ㅎ≫做羅天大醮(集覽, 朴集, 下, 4ㅎ: 大醮. 中元玉籙齋, 保佑六宮, 輔寧妃后, 設周天大醮.), 羅天大醮롤 ᄒᆞ더니.

보우(普愚) 명 고려(高麗) 말의 중. 처음

법명(法名)은 보허(普虛). 법호(法號)는 태고화상(太古和尙). 속성은 홍씨(洪氏). 본관은 홍주(洪州). 선종(禪宗)의 주류를 이룩하였고, 공민왕(恭愍王)의 신임을 받아 왕사(王師)가 되었으나, 신돈(辛旽)의 시기와 횡포 때문에 물러났다가 신돈이 죽은 뒤 국사(國師)가 되었다. ≪朴諺, 上, 65ㅈ≫法名喚步虛(集覽, 朴集, 上, 15ㅎ: 步虛. 俗姓洪氏, 高麗洪州人, 法名普愚, 初名普虛, 號太古和尙. 有求法於天下之志.), 法名을 步虛ㅣ라 브르ᄂᆞᆫ 이.

보은(報恩) 동 은혜를 갚다. ≪朴諺, 下, 4ㅈ≫正是好人魔障(集覽, 朴集, 下, 1ㅎ: 魔障. 昔釋迦出世時, 魔王名波旬, 若人來供養恭敬〈若如來供養恭敬〉, 魔王依於佛法, 得善利, 不念報恩, 而反欲加毁. 故名波旬, 此言惡中惡.)多, 졍히 됴ᄒᆞᆫ 사ᄅᆞᆷ은 魔障이 만ᄒᆞᆫ디라.

보응(報應) 동 〈불〉 착한 일과 악한 일이 그 원인과 결과에 따라 대갚음을 받다. ≪朴諺, 下, 4ㅎ≫久後你也得證果金身(集覽, 朴集, 下, 1ㅎ: 證果金身. 言果報者, 觀經䟽云, 行眞實法感得勝報也. 又修善得善果, 作惡得惡報, 謂之果報. 又生時所作善惡謂之因, 他日報應謂之果. 謂證果者, 如三藏法師取經東還, 化爲栴檀佛如來.), 오란 후에 너도 證果金身홈을 어드리라.

보인(保人) 명 보증인. ≪朴諺, 中, 10ㅎ≫沒保人中麽, 保人이 업서도 므던ᄒᆞ랴. ≪朴諺, 中, 10ㅎ≫保人只管一百日, 保人이 그저 일 ᄇᆡᆨ 날을 ᄀᆞ음아니.

보장(寶粧) 동 보석으로 아름답게 장식하다. ≪朴諺, 上, 5ㅈ≫寶粧高頂揷花, 寶粧高頂에 곳츨 곳고.

보정(補定) 동 기워 보태다. 보수하다. ⇔깁보태다. ≪朴諺, 中, 2ㅎ≫都是接頭補定麽, 다 니와겨 깁보태엿다.

보제(普濟) 동 널리 구제하다. ≪朴諺, 上, 41ㅎ≫俊如觀音菩薩(集覽, 朴集, 上, 12ㅈ: 觀音菩薩. 以耳根圓通, 以聞聲作觀, 故謂之觀世音. 菩〈普〉者, 普也, 薩者, 濟也, 謂菩(普)濟衆生也.), 쥰슈홈이 觀音菩薩 ᄀᆞᆺ고.

보제(菩濟) 동 보제(普濟). '菩'는 '普'의 잘못. ≪朴諺, 上, 41ㅎ≫俊如觀音菩薩(集覽, 朴集, 上, 12ㅈ: 觀音菩薩. 以耳根圓通, 以聞聲作觀, 故謂之觀世音. 菩〈普〉者, 普也, 薩者, 濟也, 謂菩(普)濟衆生也.), 쥰슈홈이 觀音菩薩 ᄀᆞᆺ고.

보채다 동 보채다. ❶⇔고(苦). ≪朴諺, 下, 60ㅈ≫怎受他苦, 엇디 뎌의 보채믈 바드리오. ❷⇔정해(定害). ≪朴諺, 中, 55ㅎ≫這孩兒們怎麽這般定害我, 이 아ᄒᆡ들이 엇디 이리 날을 보채ᄂᆞ뇨. ≪朴諺, 下, 4ㅈ≫撞多少猛虎·毒虫定害, 언머 猛虎·毒虫의 보채ᄂᆞᆫ 거ᄉᆞᆯ 만나며. ≪朴諺, 下, 18ㅎ≫如此定害三寶, 이러ᄐᆞ시 三寶를 보채더라.

보천대초(普天大醮) 명 도교에서, 정월 보름날 복을 기원하고 재앙을 없애기 위하여 제왕이 성대하게 거행하던 제전(祭典). ≪朴諺, 下, 18ㅎ≫做羅天大醮(集覽, 朴集, 下, 4ㅎ: 大醮. 上元金籙齋, 帝王修奉, 設普天大醮.), 羅天大醮를 ᄒᆞ더니.

보초(寶鈔) 명 원(元)·명(明)·청대(淸代)에 발행한 지폐. ≪朴諺, 上, 48ㅈ≫今年錢鈔(集覽, 朴集, 上, 13ㅈ: 錢鈔. 錢者, 金帛之名. 古曰泉, 後鑄而曰錢. 古者天降災戾, 於是乎量資幣, 權輕重, 以救民困. 代各鑄錢, 輕重不一. 鈔, 楮幣也. 始於蜀之交子, 唐之飛錢, 至元朝有中統元寶. 交鈔, 通行寶鈔之名.)艱難, 올히 錢鈔ㅣ 艱難ᄒᆞ야. ≪朴諺, 中, 53ㅈ≫上位賞了一百錠(集覽, 朴集, 中, 8ㅎ: 錠. 質問云, 每一張鈔, 謂之一錠. 又云, 五貫寶鈔爲一錠.)鈔兩表裏段子, 上位ㅣ 一百 錠鈔와 두 안밧 비단을 샹ᄒᆞ시니라.

보타(普陀) 명 현(縣) 이름. 중국 절강성(浙江省)에 있었다. 성 안에 있는 보타산(普陀山)은 중국 불교 4대 명산(名山)의 하나이다. ≪朴諺, 中, 20ㅎ≫南海普陀落

伽山(集覽, 朴集, 中, 3ㅎ: 南海普陀落伽山. 山在寧波府定海縣, 古昌國縣海中. 佛書所謂海岸高絶處, 普陀洛伽山, 世傳觀音現像于此, 上有普陀寺. 普陁落伽, 唐言小白花, 卽山礬花也. 山多小白花, 故仍名. 往時高麗·新羅·日本諸國, 皆由此取道以候風汛. 飜譯名義云, 補陁落迦(伽), 此云海島, 又云小白花.)裏, 南海 普陀 落伽山에. ≪朴諺, 中, 21ㅎ≫身嚴瓔珞居普陁空翠之山, 몸에 瓔珞으로 장엄ᄒᆞ여시니 普陀 空翠의 山에 居ᄒᆞ엿도다.

보패(寶貝) 명 보배. ≪朴諺, 上, 39ㅈ≫馬是第(第)一寶貝, ᄆᆞᆯ은 이 第(第)一 寶貝라.

보피랍다 형 방탕스럽다. 무지막지하다. ⇔발(潑). ≪朴諺, 中, 57ㅈ≫這潑禽獸殺娘賊, 이 보피라온 즘싱 殺娘ᄒᆞᄂᆞᆫ 도적아.

보피롭다 형 방탕스럽다. 무지막지하다. ⇔살발피(撒潑皮). ≪朴諺, 中, 24ㅎ≫街上休撒潑皮, 거리에 가 보피로온 톄 말고.

보ㅎ 명 보[袱]. ⇔복(袱). ≪朴諺, 中, 56ㅎ≫我的衣裳被兒包袱也都敝了, 내 衣裳과 니블 ᄡᆞᆫ 보흘 다 텨시니.

보허(步虛) 명 보허(普虛). '步虛'는 '普虛'의 다른 표기. ≪朴諺, 上, 65ㅈ≫法名喚步虛(集覽, 朴集, 上, 15ㅎ: 步虛. 俗姓洪氏, 高麗洪州人, 法名普愚, 初名普虛, 號太古和尙. 有求法於天下之志.), 法名을 步虛ㅣ라 브르ᄂᆞᆫ 이.

보허(步虛) 명 보허(普虛). '步'는 '普'의 다른 표기. ≪朴諺, 上, 65ㅈ≫法名喚步虛(集覽, 朴集, 上, 15ㅎ: 步虛. 俗姓洪氏, 高麗洪州人, 法名普愚, 初名普虛, 號太古和尙. 有求法於天下之志.), 法名을 步虛ㅣ라 브르ᄂᆞᆫ 이. ≪朴諺, 上, 65ㅎ≫大發明得悟(集覽, 朴集, 上, 16ㅈ: 作與頌字迴光返照大發明得悟. 音義云, 石屋和尙作佛頌與〈与〉步虛, 其佛光迴還返照於步虛之身, 其於生死輪迴之說, 靡不通曉.), 크게 發明 得悟ᄒᆞ야.

보허(普虛) 명 고려(高麗) 말의 중 보우(普愚)의 처음 법명(法名). ≪朴諺, 上, 65ㅈ≫法名喚步虛(集覽, 朴集, 上, 15ㅎ: 步虛. 俗姓洪氏, 高麗洪州人, 法名普愚, 初名普虛, 號太古和尙. 有求法於天下之志. 至正丙戌春, 入燕都, 聞南朝有臨濟正脉不斷〈断〉, 可往印可. 盖指臨濟直下雪嵒〈嵓〉嫡孫石屋和尙淸珙也. 遂往湖州霞霧山天湖庵謁和尙, 嗣法傳衣. 還大都, 時適丁太子令辰十二月二十四日, 奉傳聖旨, 住持永寧禪寺, 開堂演法. 戊子東還, 掛錫于三角山重興寺. 尋往龍門山, 結小庵, 額曰小雪. 戊午冬, 示寂放舍利玄陵, 賜謚圓證國師, 樹塔于重興寺之東, 以藏舍利. 玄陵, 卽恭愍王陵也.), 法名을 步虛ㅣ라 브르ᄂᆞᆫ 이. ≪朴諺, 上, 65ㅎ≫到江南地面石屋(集覽, 朴集, 上, 16ㅈ: 石屋. 法名淸珙, 號石屋和尙, 臨濟十八世之嫡孫也. 普虛謁石屋, 石屋見之云, 老僧今日旣已放下三百斤擔子遞你擔了, 且展脚睡矣. 乃微笑云, 佛法東矣. 遂以袈裟表信曰, 衣雖今日, 法自靈〈灵〉山流傳至今, 今附於汝, 汝善護持, 毋〈毋〉令斷〈断〉絶. 事文類聚云, 釋氏五宗之教, 傳至法眼, 爲雪峯眞覺禪師之道. 至永明, 其道傳于高麗國. 此卽普虛之傳也.)法名的和尙根底, 江南 ᄯᅡ 石屋이라 法名 ᄒᆞᆫ 즁의손ᄃᆡ 가니.

보ᄒᆞ다(報-) 동 ❶보고하다. ⇔보(報). ≪朴諺, 中, 7ㅈ≫我又先報馬去, 내 ᄯᅩ 몬져 ᄆᆞᆯ을 報ᄒᆞ라 가노라. ❷〈불〉 착한 일과 악한 일이 그 원인과 결과에 따라 대갚음을 받다. ⇔보(報). ≪朴諺, 下, 9ㅎ≫因此上見世報, 이런 젼ᄎᆞ로 見世에 報ᄒᆞᄂᆞ니라.

복 의 첩(貼). (첩약의 수효를 세는 단위) ⇔복(服). ≪朴諺, 中, 16ㅈ≫每服三錢, 每服 三錢호ᄃᆡ. ≪朴諺, 中, 16ㅈ≫熬兩服喫, 두 복을 달혀 먹고.

복(伏) 동 엎디다. ⇔업ᄃᆡ다. ≪朴諺, 下, 53ㅈ≫伏取處分, 업ᄃᆡ여 處分을 取ᄒᆞ노

이다.

복(服) 동 먹다. 마시다. ⇔먹다. ≪朴諺, 中, 16ㅈ≫我旋合與你藿香正氣散, 내 미조차 너를 藿香正氣散을 지어 줄 거시니.……≪朴諺, 中, 16ㅈ≫去滓溫服, 滓를 ᄇᆞ리고 더온 이를 먹으라.

복(服) 의 ❶약을 먹는 횟수를 헤아리는 단위. ≪朴諺, 中, 16ㅈ≫每服三十丸, 每服三十丸 ᄒᆞ야. ❷첩(貼). (첩약의 수효를 세는 단위) ⇔복. ≪朴諺, 中, 16ㅈ≫每服三錢, 每服 三錢호ᄃᆡ. ≪朴諺, 中, 16ㅈ≫熬兩服喫, 두 복을 달혀 먹고.

복(袱) 명 보[袱]. ⇔보ㅎ. ≪朴諺, 中, 56ㅎ≫我的衣裳被兒包袱也都敝了, 내 衣裳과 니블 ᄡᆞᆫ 보흘 다 텨시니.

복(福) 명 복. 행복. ≪朴諺, 上, 1ㅈ≫洪福齊天, 큰 福이 하늘과 ᄀᆞᄌᆞᆨᄒᆞ야. ≪朴諺, 上, 28ㅎ≫這的都是前世裏修善積福來, 이 다 前世예 修善 積福ᄒᆞ여시매. ≪朴諺, 中, 31ㅎ≫可知貌隨福轉, 그리어니 얼굴이 福을 조차 옴ᄂᆞ니라. ≪朴諺, 中, 53ㅈ≫福不至萬事難, 福이 니ᄅᆞ디 아니면 萬事ㅣ 어렵다 ᄒᆞᄂᆞ니라.

복걸(伏乞) 동 엎드려 빌다. ⇔복걸ᄒᆞ다(伏乞-). ≪朴諺, 下, 51ㅎ≫申(集覽, 朴集, 下, 11ㅎ: 申. 某府爲某事云云, 合行申覆, 伏乞照驗施行, 須至申者, 右申某處承宣布政使司.)竊盜狀, 窃盜狀을 申ᄒᆞ노니. ≪朴諺, 下, 53ㅈ≫伏乞詳狀, 伏乞 詳狀ᄒᆞ여. ≪朴諺, 下, 54ㅎ≫伏乞詳狀施行, 伏乞ᄒᆞ노니 狀을 詳ᄒᆞ어(여) 施行ᄒᆞ쇼셔.

복걸ᄒᆞ다(伏乞-) 동 엎드려 빌다. ⇔복걸(伏乞). ≪朴諺, 下, 54ㅎ≫伏乞詳狀施行, 伏乞ᄒᆞ노니 狀을 詳ᄒᆞ어(여) 施行ᄒᆞ쇼셔.

복급(攴給) 동 지급(支給). '攴'은 '支'의 잘못. ≪朴諺, 上, 11ㅈ≫我有兩箇月俸(集覽, 朴集, 上, 5ㅈ: 月俸. 中朝〈元制〉官祿, 每月攴〈支〉給. 今此一月四石之俸, 以元制考之, 乃從九品也. 米·豆曰祿, 鈔·錢·絹曰俸.)來關, 내 두 ᄃᆞᆯ 뇨 ᄐᆞᆯ 써시 이셰라.

복덕(福德) 명 〈불〉 선행의 과보(果報)로 받는 복스러운 공덕. ≪朴諺, 中, 21ㅈ≫智滿十身(集覽, 朴集, 中, 4ㅈ: 智滿十身. 本覺爲知, 始覺爲智. 滿, 備也. 十身有調御. 十身, 曰無着, 曰弘願, 曰業報, 曰住持, 曰涅槃, 曰淨法, 曰眞心, 曰三昧, 曰道性, 曰如意. 有內十身, 曰菩提, 曰願, 曰化, 曰力持, 曰莊嚴, 曰威勢, 曰意生, 曰福德, 曰法, 曰智. 有外十身, 曰自, 曰衆生, 曰國土, 曰業報, 曰聲聞, 曰圓覺, 曰菩薩, 曰智, 曰法, 曰虛空.), 智ᄂᆞᆫ 十身에 ᄎᆞᆺ도다.

복두(幞頭) 명 두건(頭巾)의 하나. 검은 명주 천으로 된 네 가닥의 띠가 있는데, 두 개는 아래로 늘어뜨리고 두 개는 머리 위로 올려 묶는다. 북주(北周) 무제(武帝) 때 처음 만들었다고 한다. ≪朴諺, 下, 47ㅈ≫頭戴幞頭, 머리예 幞頭를 쓰고.

복렬(馥烈) 형 향기가 짙다. ≪朴諺, 中, 22ㅈ≫起浮屠於泗水之間(集覽, 朴集, 中, 5ㅈ: 起浮屠於泗水之間. 中宗問諸近臣, 近臣奏, 僧伽大師化緣在臨淮, 恐欲歸. 中宗心許, 其臭頓息, 奇香馥烈.), 浮屠를 泗水ㅅ ᄉᆞ이에 니ᄅᆞ혀고.

복사(服事) 동 돌보다. 시중들다. 보살피다. ⇔복사ᄒᆞ다(服事-). ≪朴諺, 中, 14ㅎ≫我這吳舍生受服事我來, 우리 이 吳舍ㅣ 슈고로이 날을 服事ᄒᆞ여 오니라.

복사ᄒᆞ다(服事-) 동 돌보다. 시중들다. 보살피다. ⇔복사(服事). ≪朴諺, 中, 14ㅎ≫我這吳舍生受服事我來, 우리 이 吳舍ㅣ 슈고로이 날을 服事ᄒᆞ여 오니라.

복셩화 명 복숭아. ⇔도(桃). ≪朴諺, 下, 21ㅎ≫說與先生櫃中有一顆桃, 先生ᄃᆞ려 궤 가온대 ᄒᆞᆫ 낫 복셩홰 잇다 닐럿더니. ≪朴諺, 下, 21ㅎ≫把桃肉都喫了, 복셩화 ᄉᆞᆯ흘다가 다 먹고. 只留下桃核出來, 다만 복셩화 ᄡᅵ만 머므러 두고 나와. ≪朴諺, 下, 21ㅎ≫三藏說是一箇桃核, 三藏이 닐오ᄃᆡ 이 ᄒᆞᆫ 복셩화 ᄡᅵ로다. ≪朴諺, 下, 22ㅈ≫大仙說是一顆桃, 大仙이 닐오ᄃᆡ

이 흔 낫 복셩홰로다. ≪朴諺, 下, 22ㅈ≫ 却是桃核, 또 이 복셩화 삐라.

복소(復甦) 동 소생(蘇生)하다. 회생(回生)하다. 살아나다. ≪朴諺, 下, 50ㅈ≫你這般金榜(集覽, 朴集, 下, 11ㅈ: 金榜. 唐崔昭暴卒復甦云, 見冥開〈間〉列榜〈榜〉, 書人姓名, 將相金榜〈榜〉, 次銀榜〈榜〉, 州縣小官鐵榜〈鉄榜〉.)掛名的書生, 너는 이런 金榜에 掛名훌 書生이니.

복시(伏侍) 동 삼가 받들어 모시다. ⇔복시후다. ≪朴諺, 上, 50ㅈ≫滿月日老娘(集覽, 朴集, 上, 13ㅎ: 老娘. 音義云, 伏侍生産的婦人. 今按, 俗呼穩婆.)來, 둘이 촌날에 老娘이 와. ≪朴諺, 下, 34ㅈ≫我用心伏侍官人們, 내 용심후여 官人들을 복시후리라.

복시후다 동 복시(伏侍)하다. 삼가 받들어 모시다. ⇔복시(伏侍). ≪朴諺, 下, 34ㅈ≫我用心伏侍官人們, 내 용심후여 官人들을 복시후리라.

복식(服食) 명 의복과 음식물. ≪朴諺, 上, 48ㅎ≫省多少盤纏(集覽, 朴集, 上, 13ㅈ: 盤纏. 길헤 여러 가지로 쓰는 것. 質問云, 盤費纏繳供給之物, 如供給服食應用金銀·財帛之類. 今按, 盤纏二字, 取義源流未詳.), 언멋 盤纏을 무듸와뇨.

복욱(馥郁) 형 풍기는 향기가 그윽하다. ≪朴諺, 下, 16ㅎ≫買趙太祖飛龍記(集覽, 朴集, 下, 3ㅎ: 趙太祖飛龍記. 宋太祖, 姓趙, 名匡胤. 母昭獻皇后夢日入懷而孕. 誕生之夕, 赤光滿室, 異香馥郁.), 趙太祖의 飛龍記와.

복음(福陰) 명 남에게 베푸는 은혜나 도움. ≪朴諺, 上, 7ㅎ≫皇帝的大福陰裏, 皇帝 큰 福陰에.

복음(福陰) 명 복음(福陰). '陰'은 '陰'의 속자. ≪朴諺, 上, 7ㅎ≫皇帝的大福陰裏, 皇帝 큰 福陰에.

복음(福蔭) 동 복을 내려 보호하여 주다. ≪朴諺, 下, 10ㅎ≫托着爺娘福蔭裏, 爺娘의 福蔭을 닙어.

복응(支應) 동 지응(支應). '攴'은 '支'의 잘못. ≪朴諺, 上, 9ㅈ≫小人也得了箚付(集覽, 朴集, 上, 4ㅎ: 箚付. 音義云, 禮部知會都堂總兵官文書, 內有事件, 体式詳見求政錄.)關字(集覽, 朴集, 上, 4ㅎ: 関字. 音義云. 攴〈支〉應馬匹〈疋〉幷廩給者, 体式詳見求政錄.)便上馬, 小人도 箚付 関字를 어드면 곳 上馬후리로다.

복지겸(卜智謙) 명 고려(高麗)의 개국 공신. 처음 이름은 사괴(砂瑰)·사귀(沙貴). 처음에 궁예(弓裔)의 마군장군(馬軍將軍)으로 있다가, 궁예의 횡포가 심하자 신숭겸(申崇謙) 등과 함께 왕건(王建)을 추대하여 고려를 개국하였다. ≪朴諺, 下, 59ㅎ≫將軍裵玄慶·洪儒·卜智謙·申崇謙等四箇人, 將軍 裵玄慶·洪儒·卜智謙·申崇謙 等 네 사룸이.

복희씨(伏羲氏) 명 제왕(帝王)의 이름. 성은 풍(風). 삼황(三皇)의 한 사람으로 팔괘를 처음으로 만들고, 목축(牧畜)과 그물을 발명하여 고기잡이의 방법을 가르쳤다고 한다. 진(陳)에 도읍. 재위 1백 50년이라 한다. ≪朴諺, 下, 46ㅎ≫牌上寫着勾芒神(集覽, 朴集, 下, 10ㅈ: 勾芒神. 春神之號. 太皥伏羲氏有子曰重, 主木, 爲勾芒神.), 牌예 勾芒神이라 쓰고.

본(本) 명 밑천. 본전. 원금. ≪朴諺, 上, 31ㅎ≫本·利八兩銀子, 本과 利ㅣ 八兩 銀을.

본(本) 부 본디. ⇔본듸. ≪朴諺, 中, 9ㅈ≫我本待要請你去來, 내 본듸 후마 너를 청후라 가고져 후더니.

본(本) 의 서화(書畫)의 수효를 세는 단위. ≪朴諺, 中, 4ㅎ≫你將㨾子(集覽, 朴集, 中, 1ㅈ: 㨾兒〈子〉. 染家有簿冊一本, 有人求染絹帛者, 必於簿上記其物數及染色, 幷其染直以當契約者, 謂之㨾兒.)來我看, 네 㨾子를 가져오라 내 보쟈.

본가(本家) 명 자기 집. ⇔본집. ≪朴諺, 下, 52ㅈ≫本家人口睡臥, 본집 사룸이 자더니. 不覺有賊人入來本家東屋內, 賊人

이 이셔 本家 東屋 안히 드러오믈 뵈듯디 못ᄒᆞ여. ≪朴諺, 下, 52ㅎ≫於本家那邉跳墻入來家內, 본집 뎌 편 담을 뛰여 안히 드러와.

본각(本覺) 명 〈불〉 삼각(三覺)의 하나. 우주에 존재하는 모든 것의 본성에 대한 깨달음. ≪朴諺, 中, 21ㅈ≫智滿十身(集覽, 朴集, 中, 4ㅈ: 智滿十身. 本覺爲知, 始覺爲智. 滿, 備也.), 智ᄂᆞᆫ 十身에 찻도다.

본국(本國) 명 자기의 국적(國籍)이 있는 나라. 여기서는 고려(高麗). ≪集覽, 字解, 單字解, 4ㅎ≫討. 求也, 探也. 討去 어드라 가다, 討債去 빋 주니 바ᄃᆞ라 가다, 討價錢 빋 받다. 又本國傳習之解曰 빋 쇠오다, 亦通. ≪朴諺, 上, 4ㅈ≫龍眼(集覽, 朴集, 上, 2ㅈ: 龍眼. 木槵, 卽本國모관쥬. 槵, 音患.), 龍眼과. ≪朴諺, 上, 16ㅈ≫張舍(集覽, 朴集, 上, 6ㅈ: 張舍. 王公·大人之家, 必有舍人, 卽家臣也. 如本國伴倘〈儻〉之類, 爲權勢倚任之人, 貧賤之所羨慕者也〈貧賤之所羨慕者〉. 故街巷呼親識爲張舍·李舍, 乃一時推敬之稱〈称〉.)你來, 張가야 이바.≪朴諺, 上, 43ㅎ≫三尺半白清水(集覽, 朴集, 上, 12ㅎ: 白清水絹. 무·리 ·픗〈플〉:긔 ·업·시 다ᄃᆞ·마 :돌호로 미·론 :깁·이·니, 光滑緻硬, 如本國擣砧者也.)絹, 석 자 반 제믈엣 깁이야. ≪朴諺, 中, 19ㅈ≫一箇狐帽匠(集覽, 朴集, 中, 3ㅎ: 狐帽匠. 是猶本國毛衣匠之類〈猶本國毛衣匠之類〉.)家學生活去, ᄒᆞ나흔 狐帽匠의 집의 셩녕 비호라 가고. ≪朴諺, 中, 30ㅈ≫稀粥(集覽, 朴集, 中, 7ㅈ: 稀粥也熬着. 粆, 音抄, 卽本國米實也.)也熬着裏, 믈은 쥭도 쑤엇다. ≪朴諺, 中, 59ㅈ≫那寃家們打關莭(節)(集覽, 朴集, 中, 9ㅈ: 打關節. 宋包拯剛直好駁, 時人語曰, 關節〈莭〉不到, 有閻羅包老. 如本國俗語 쇼쳥〈청〉ᄒᆞ다.)時, 뎌 寃家ㅣ 쇼쳥ᄒᆞ니. ≪朴諺, 下, 30ㅈ≫穿着花袴皀靴的勇士(集覽, 朴集, 下, 5ㅎ: 勇士. 華制, 以紅毡裁成勇字, 附於方帛之上, 施長帶於四角, 橫負於背. 侍衛則用之, 故曰勇士, 卽本國甲士也.), 아롱바디예 거믄 훠 신은 勇士ㅣ. ≪朴諺, 下, 42ㅎ≫賃魂車(集覽, 朴集, 下, 9ㅈ: 魂車. 作小腰輿, 以黃絹結爲流蘇垂飾〈餙〉, 如本國結彩之施, 以貯魂〈霛〉帛, 爲前導.), 魂車와. ≪朴諺, 下, 53ㅎ≫你饋我寫一箇状子(集覽, 朴集, 下, 12ㅈ: 狀子. 猶本國所志.), 네 날을 ᄒᆞᆫ 고장을 써 주고려. ≪朴諺, 下, 58ㅎ≫咱本國是太祖姓王諱建表德若天, 우리 本國이 太祖의 姓은 王이오 諱ᄂᆞᆫ 建이오 字ᄂᆞᆫ 若天이니.

본국어(本國語) 명 본국(本國)의 국민들이 사용하는 말. ≪朴諺, 下, 29ㅈ≫元寶(集覽, 朴集, 下, 5ㅎ: 元寶. 撒花, 元語, 猶本國語曰土産也.)我有半錠了, 元寶ㅣ 내게 반 뎡이 이시니.

본도(本都) 명 지금 자기가 사는 도읍(都邑). ≪朴諺, 中, 10ㅈ≫隨問到本都在城某坊住某官人處賣與, 隨問ᄒᆞ야 本都 잣 안 아므 坊에셔 사ᄂᆞᆫ 아므 官人의손ᄃᆡ 가 ᄑᆞ라 주되.

본ᄃᆡ 부 본디. ❶⇔본(本). ≪朴諺, 中, 9ㅈ≫我本待要請你去來, 내 본ᄃᆡ ᄒᆞ마 너를 청ᄒᆞ라 가고져 ᄒᆞ더니. ❷⇔생분(生分). ≪朴諺, 中, 40ㅎ≫把這生分忤逆(集覽, 朴集, 中, 8ㅈ: 生分忤逆. 生分, 謂賦受性分也, 忤亦逆也.)呆種, 이 본ᄃᆡ 忤逆ᄒᆞᆫ 어린삐를다가. ❸⇔원래(元來). ≪朴諺, 下, 24ㅎ≫元來是一箇虎精, 본ᄃᆡ 이 ᄒᆞᆫ 虎精이랏다. ❹⇔종래(從來). ≪朴諺, 下, 6ㅈ≫從來不曾見這般細詳的官人, 본ᄃᆡ 일즙 이런 細詳ᄒᆞᆫ 官人을 보디 못ᄒᆞ엿노라. ≪朴諺, 下, 45ㅎ≫我從來不曾看, 내 본ᄃᆡ 일즙 보디 아니ᄒᆞ엿노라.

본리(本利) 명 밑천과 변리(邊利). 원금과 이자. ≪集覽, 字解, 單字解, 6ㅎ≫儅. 人有遇急用錢, 則必以重物, 納質于富家, 賒錢取用. 至限則幷其本利償還錢主, 方得退回己之重物而來也. 典字人物通用, 儅字人用於物. ≪朴諺, 中, 27ㅈ≫開着一座

解儅庫(集覽, 朴集, 中, 6ㅎ: 解儅庫. 元時或稱印子鋪, 或稱把解, 人以重物來儅, 取錢而去, 在後償還本利, 還取其物而去, 此卽解儅庫也.), 一座 解儅庫를 열고.

본명(本肏) 명 본명(本命). '肏'은 '命'의 속자. ≪朴諺, 上, 18ㅎ≫南斗六星(集覽, 朴集, 上, 7ㅈ: 南斗. 南極老人星名, 曰天府, 曰天相, 曰天梁, 曰天童, 曰天樞, 曰天機. 六星秉爵秩祿俸之籍, 能解本命〈肏〉之厄. 晉書天文志, 六星天廟〈庙〉, 丞相太宰之位, 主褒賢進士, 稟授爵祿.)板兒做得忒圓了些, 南斗六星 돈은 믠돌기롤 너모 두렷게 ㅎ엿고. ≪宋元以來俗字譜≫命, 古今雜劇作肏.

본명(本命) 명 자기가 타고난 명(命). ≪朴諺, 上, 18ㅎ≫南斗六星(集覽, 朴集, 上, 7ㅈ: 南斗. 南極老人星名, 曰天府, 曰天相, 曰天梁, 曰天童, 曰天樞, 曰天機. 六星秉爵秩祿俸之籍, 能解本命〈肏〉之厄. 晉書天文志, 六星天廟〈庙〉, 丞相太宰之位, 主褒賢進士, 稟授爵祿.)板兒做得忒圓了些, 南斗六星 돈은 믠돌기롤 너모 두렷게 ㅎ엿고.

본방(本坊) 명 지금 자기가 사는 마을(고장). ≪朴諺, 中, 38ㅎ≫京都在城黃華坊住人朱玉, 셔울 셩 안 黃華坊에셔 사는 사름 朱玉이. 隨問到本坊住人沈元處, 隨問ㅎ여 本坊에 사는 사름 沈元의손딕 가.

본부(本府) 명 지금 자기가 사는 부(府). ≪朴諺, 下, 54ㅈ≫係本府本縣附籍人戶, 本府 本縣에 미여 附籍ㅎ 人戶ㅣ. ≪朴諺, 下, 54ㅈ≫逢着本府張千帶酒, 本府張千이 술 취호믈 만나.

본사(本事) 명 재주. ↔지조. ≪朴諺, 上, 55ㅈ≫你待買甚麼本事的馬, 네 므슴 직조엣 몰을 사고져 ㅎ는다. ≪朴諺, 上, 55ㅎ≫那裏有一箇土黃馬好本事, 뎌긔 ㅎ 고라몰이 이셔 직죄 됴호되. ≪朴諺, 上, 55ㅎ≫沒本事, 직죄 업ㅅ니.

본상(本像) 명 원래의 모습. ≪朴諺, 下, 24ㅎ≫怎生拿出他本像, 엇디 뎌 本像을 잡아 내리오.

본성(本性) 명 사물이나 현상에 본디부터 있는 고유한 특성. ≪朴諺, 下, 28ㅈ≫先喫甜的金橘蜜煎(集覽, 朴集, 下, 5ㅈ: 蜜煎. 事林廣記云, 凡煎生果, 最要遂其本性, 酸苦辛硬隨性製之. 以半蜜半水煮十數沸, 乘熟控乾, 別換新蜜, 入銀石器內, 用文·武火煮, 取其色明透爲度. 入新缶盛貯, 緊密封窨, 勿令生虫.)·銀杏煎, 몬져 둔 金橘蜜煎과 銀杏煎을 먹어든.

본신(本身) 명 자기 자신의 몸. ≪朴諺, 上, 50ㅈ≫滿月(集覽, 朴集, 上, 13ㅎ: 滿月. 質問云, 産婦一箇月不出門, 不生理, 只補養本身, 一月之後出門, 又吃〈喫〉喜酒. 今按, 喜酒者, 賀生兒之宴.)過了時喫的不妨事, 돌이 차 디나면 먹어도 일에 해롭디 아니ㅎ리라.

본짜 명 본고장. 명산지. 원산지. ⇔도지(道地). ≪朴諺, 上, 64ㅈ≫道地的好胷背, 본짜 됴흔 胷背라.

본음(本音) 명 본래의 (한자)음. ≪集覽, 字解, 單字解, 4ㅈ≫怎. 何也. 怎麽 엇디. 字音本合口聲, 或有不從合口聲而讀之者, 則曰乬麽, 呼如指字俗音. 故或書作只字, 又書作則字者有之. 又有呼怎的兩字, 則怎字音乬. 秀才·之士·老成之人, 凡呼合口韻諸字, 或從本音讀之.

본의(本意) 명 본래의 뜻. 주된 뜻. 근본 취지. ≪集覽, 字解, 單字解, 4ㅈ≫打. 擊也, 着實打, 又打三下. 又爲也. 打酒來 술사 오라. 又曰, 打將來 ㅎ야 오라, 打聽 듣보라, 打水 믈 긷다, 不打緊. 又打那裏去, 打東邊去, 有投向從往之意. 俗用打字, 似不合本意者多, 而實有取意不苟, 其用甚廣, 此不盡錄. ≪朴諺, 下, 34ㅎ≫將我那提攬(集覽, 朴集, 下, 7ㅈ: 提攬. 今以質問之釋考之, 則攬字作籃爲是. 然此兩釋似皆不合本意, 未詳是否.)和皮帒來, 내 뎌 광주리와 皮帒를 가져다가.

본의(本義) 명 어의(語義)가 지닌 본래의 뜻. ≪集覽, 凡例≫凡俗用言語諸字, 有於

本義之外, 別借爲義者, 今除本義, 只擧俗用之義爲解.

본전(本錢) 명 밑천. 본전. ≪朴諺, 上, 31ㅎ≫只還我本錢, 그저 내게 本錢만 갑고.

본져 부 몬져. '본'은 '몬'의 잘못. ≪朴諺, 下, 23ㅎ≫先割下來, 본(몬)져 버혀 ᄂᆞ리티니.

본조(本朝) 명 자기 나라. 우리나라. ≪集覽, 字解, 累字解, 1ㅎ≫可知. 그러 아니려. 又그러커니ᄯᆞ나. 本朝傳習之釋曰새로왼셔.

본집 명 자기 집. ⇔본가(本家). ≪朴諺, 下, 52ㅈ≫本家人口睡臥, 본집 사ᄅᆞᆷ이 자더니. ≪朴諺, 下, 52ㅎ≫於本家那邊跳墻入來家內, 본집 뎌 편 담을 뛰여 안히 드러와.

본현(本縣) 명 지금 자기가 사는 현(縣). ≪朴諺, 下, 54ㅈ≫係本府本縣附籍人戶, 本府 本縣에 ᄆᆡ여 附籍ᄒᆞᆫ 人戶ㅣ.

봄 동 봄. 보는 일. ⇔견(見). ≪朴諺, 下, 12ㅈ≫勝如見面, ᄂᆞᆺ촐 봄도곤 나으리이다.

봄 명 봄. ⇔춘(春). ≪朴諺, 上, 1ㅈ≫又逢着這春二三月好時莭(節), ᄯᅩ 이 봄 二三月 됴흔 時莭(節)을 만나시니.

봇 명 봇나무. 자작나무. 또는 자작나무의 껍질. ⇔화(樺). ≪朴諺, 上, 53ㅎ≫樺一樺, 봇 닙히라.

봉(俸) 명 벼슬아치에게 1년 또는 계절 단위로 나누어 주던 옷감이나 돈 따위를 통틀어 이르던 말. 녹봉(祿俸). ≪朴諺, 上, 11ㅈ≫我有兩箇月俸(集覽, 朴集, 上, 5ㅈ: 月俸. 中朝〈元制〉官祿, 每月支〈支〉給. 今此一月四石之俸, 以元制考之, 乃從九品也. 米·豆曰祿, 鈔·錢·絹曰俸.)來關, 내 두 ᄃᆞᆯ 뇨 ᄐᆞᆯ 써시 이셰라.

봉(捧) 동 들다[擧]. 받들다. ⇔들다. ≪朴諺, 上, 6ㅎ≫捧湯的都來, 湯 들 리 다 오라.

봉(逢) 동 만나다. ⇔만나다. ≪朴諺, 中, 19ㅈ≫有緣千里能相會, 인연이 이시면 千里라도 능히 서르 못ᄂᆞᆺ고. 無緣對面不相逢, 인연이 업스면 ᄂᆞᆺ촐 ᄃᆡᄒᆞ여도 서ᄅᆞ 만나디 못ᄒᆞᄂᆞ니. ≪朴諺, 中, 24ㅈ≫萬刼再逢難, 萬刼이라도 다시 만나기 어려오니라. ≪朴諺, 中, 33ㅈ≫逢山開路遇水迭橋, 山을 만나 길흘 열고 믈을 만나 ᄃᆞ리롤 놋ᄂᆞᆫ다 ᄒᆞᄂᆞ니라. ≪朴諺, 下, 4ㅈ≫逢多少惡物刁蹶, 언머 惡物의 ᄂᆞᆷ쁨을 만나시리오.

봉(棒) 명 막대기. ⇔막대. ≪朴諺, 中, 1ㅈ≫也有弄棒的, ᄯᅩ 막대 弄ᄒᆞᄂᆞᆫ 이 이시니. ≪朴諺, 下, 19ㅈ≫却把伯眼打了一鐵棒, ᄯᅩ 伯眼을다가 ᄒᆞᆫ 쇠막대로 티니. ≪朴諺, 下, 19ㅈ≫又打了一鐵棒, ᄯᅩ ᄒᆞᆫ 쇠막대로 티니. ≪朴諺, 下, 20ㅈ≫更打了我兩鐵棒, ᄯᅩ 우리를 두 번 쇠막대로 티니. ≪朴諺, 下, 34ㅎ≫拿出毬棒來, 댱방올 막대를 내여.

봉(棒) 의 번. 차례. (밀방망이로 민 횟수를 세는 단위) ≪朴諺, 下, 32ㅎ≫水滑經帶麵(集覽, 朴集, 下, 6ㅈ: 水滑經帶麵. 如此三四次, 微軟和餅劑, 就案上用拗棒拗百餘棒, 多揉數百拳. 至麪性行, 方可搓如指頭大, 新凉水內浸兩時許, 伺麵〈麪〉性行, 方下鍋, 闊〈濶〉細任意做.), 제믈엣 칼국슈와.

봉(鳳) 명 봉황의 수컷. ≪朴諺, 上, 41ㅈ≫珠鳳冠(集覽, 朴集, 上, 11ㅎ: 珠鳳冠. 音義云, 珠子結成鳳的冠. 今按, 用珍珠串結, 作成鳳形, 而至於翎毛, 則皆用綵線及翠羽爲飾(飾).), 珠鳳冠과.

봉(縫) 동 ❶짓다[縫]. ⇔짓다. ≪朴諺, 中, 53ㅎ≫五六箇婦人們坐的縫時, 다엿 겨집들이 안자 지으면. ≪朴諺, 中, 54ㅎ≫如今便下手縫, 이제 곳 下手ᄒᆞ여 짓고. ❷호다[縫]. ⇔호다. ≪朴諺, 中, 41ㅈ≫縫衣裳的縫字怎麼寫, 衣裳을 호다 ᄒᆞᄂᆞᆫ 縫字를 어이 쓰ᄂᆞ뇨.

봉과(封裹) 동 물건을 싸서 봉하다. ≪朴諺, 上, 2ㅈ≫討南方來的蜜林檎燒酒(集覽, 朴集, 上, 1ㅈ: 蜜林檎燒酒. 質問云, 初蒸熱燒酒, 用蜜·葡萄相參〈叅〉浸, 久

而食之, 方言謂之蜜林檎燒酒. 又云, 以麵爲麯, 還用藥料, 以燒酒爲漿, 下入熟糜內〈肉〉, 待熟榨之, 其味甚甜. 又云, 如蒸的熱燒酒, 將蜜與林檎果參和盛入瓶內封裹, 久而食之最妙.)一桶, 南方으로셔 온 蜜林檎燒酒 흔 통과.

봉란(奉鑾) 명 당대(唐代) 교방사(敎坊司)의 벼슬 이름. 악무(樂舞)에 관한 일을 맡았다. ≪朴諺, 上, 5ㅎ≫叫敎坊司(集覽, 朴集, 上, 2ㅎ: 敎坊司. 掌雅·俗樂之司, 隸禮部, 有奉鑾〈銮〉·韶舞·司樂等官, 一名麗春院, 卽元俗所呼拘欄司.)十數箇樂工和做院本諸般雜技的來, 敎坊司의 여라믄 樂工과 院本에 여러 가지 雜技ᄒᆞᄂᆞ니를 블러오라.

봉산개로우수질교(逢山開路 遇水迭橋) 구 산을 만나면 길을 내고, 강을 만나면 다리를 놓는다는 뜻. ≪朴諺, 中, 33ㅈ≫逢山開路遇水迭橋, 山을 만나 길흘 열고 믈을 만나 ᄃᆞ리롤 놋ᄂᆞᆫ다 ᄒᆞᄂᆞ니라.

봉승(奉承) 동 바치다. 드리다. ⇔봉승ᄒᆞ다(奉承-). ≪朴諺, 上, 53ㅎ≫小人奉承的便是, 小人이 奉承홈이 곳 올흐니.

봉승ᄒᆞ다(奉承-) 동 바치다. 드리다. ⇔봉승(奉承). ≪朴諺, 上, 53ㅎ≫小人奉承的便是, 小人이 奉承홈이 곳 올흐니.

봉아(捧兒) 의 움큼. ⇔우흠. ≪朴諺, 上, 11ㅎ≫糴馬錢與他一捧兒米便是, ᄆᆞᆯ ᄆᆡ엿든 갑술 뎌롤 흔 우흠 ᄡᆞᆯ을 줌이 곳 올타.

봉아(縫兒) 명 솔기. ⇔솔. ≪朴諺, 上, 36ㅎ≫金甕兒·銀甕兒表裏無縫兒, 금독·은독이 안팟씌 솔 업슨 거시여.

봉자(棒子) 명 막대기. ⇔막대. ≪朴諺, 中, 1ㅈ≫油紅畫金棒子, 油紅빗체 金으로 그림 그린 막대롤.

봉전(奉傳) 동 받들어 전하다. ≪朴諺, 上, 65ㅈ≫法名喚步虛(集覽, 朴集, 上, 15ㅎ: 步虛. 還大都, 時適丁太子令辰十二月二十四日, 奉傳聖旨, 住持永寧禪寺, 開堂演法.), 法名을 步虛ㅣ라 브ᄅᆞᄂᆞᆫ 이.

봉접(蜂蝶) 명 벌과 나비. ≪朴諺, 上, 24ㅎ≫紵着一副鴉靑段子滿刺(刺)嬌(集覽, 朴集, 上, 8ㅈ: 滿刺〈刺〉嬌. 質問云, 以蓮花·荷葉·藕〈耦〉·鴛鴦·蜂蝶之屬〈形〉, 或用五色絨綉, 或用彩色畫於段帛上, 謂之滿池嬌. 今按, 刺〈刺〉, 新舊原本皆作池, 今詳文義, 作刺〈刺〉是. 池與〈与〉刺〈刺〉音相近而訛.)護膝, 흔 부 야쳥 비단에 滿刺(刺)嬌 흔 슬갑을 ᄆᆡ엿고.

봉착(逢着) 동 만나다. (어떤 처지나 상태에) 부닥치다. ⇔만나다. ≪朴諺, 上, 1ㅈ≫又逢着這春二三月好時莭(節), 또 이 봄 二三月 됴흔 時莭(節)을 만나시니. ≪朴諺, 下, 54ㅈ≫逢着本府張千帶酒, 本府張千이 술 취호믈 만나.

봉추(棒鎚) 명 방망이. ⇔방츄. ≪朴諺, 上, 36ㅈ≫大哥是棒鎚, 큰형은 이 방취오.

봉칙(奉勅) 동 칙령(勅令)을 받들다. ≪朴諺, 下, 3ㅈ≫往常唐三藏(集覽, 朴集, 下, 1ㅈ: 唐三藏法師〈三藏〉. 貞觀三年, 奉勅往西域, 取經六百卷而來, 仍呼爲三藏法師.)師傅, 뎌적의 唐ㅅ 三藏 師傅ㅣ. ≪朴諺, 下, 3ㅈ≫西天取經去(集覽, 朴集, 下, 1ㅈ: 西天取經去. 老僧言訖, 騰空而去, 帝知觀音化身, 卽勅法師往西天取經, 法師奉勅, 行六年東還.)時莭(節), 西天의 經 가질라 갈 제.

봉토(封土) 동 제후(諸侯)를 봉하여 땅을 내주다. 또는 그 땅. ≪朴諺, 上, 16ㅎ≫祭了社神(集覽, 朴集, 上, 6ㅈ: 社神. 立春後第〈莭〉五戊爲春社, 立秋後第〈莭〉五戊爲秋社. 孝經緯曰, 社, 土地之主也. 土地闊〈濶〉, 不可盡祭, 故封土爲社, 以報功也.), 社神씌 祭ᄒᆞ여시니.

봉폐(封閉) 동 (마음대로 열지 못하게) 봉쇄하다. 폐쇄하다. ≪朴諺, 上, 2ㅎ≫長春酒(集覽, 朴集, 上, 1ㅎ: 長春酒. 質問云, 春分日所造之酒, 永久不變其味, 方言謂之長春酒. 又云, 以春分日蒸糜下酒, 三日後封閉了瓮, 待夏後方榨.)一桶, 長春酒 흔 통과.

뵈 명 베. ❶⇔포(布). ≪朴諺, 上, 46ㅎ≫五

箇黑帖裏布, 닷 필 거믄 털릭 뵈롤. ≪朴諺, 中, 27ㅎ≫把那布·絹來都奪了, 뎌 뵈와 깁을 다 앗고. ≪朴諺, 中, 58ㅈ≫孩兒你饋我買將草布蚊帳來, 아힉아 네 날을 얼믠 뵈로 흔 모긔댱을 사다가 주고려. ≪朴諺, 中, 58ㅈ≫一發着草布糊了, 흔 번에 얼믠 뵈로 브르라. ❷⇔포자(布子). ≪朴諺, 中, 13ㅈ≫又高麗地面裏來載千餘筒布子的大船, 또 高麗ㅅ 짜흐로셔 오는 千餘 筒 뵈 시른 큰 비롤.

뵈다 동 보이다. 보게 하다. ❶⇔간(看). ≪朴諺, 上, 53ㅎ≫着我看了之後, 날을 뵌 후에. ≪朴諺, 上, 64ㅎ≫着別人看, 다른 사름으로 흐여 뵈면. ≪朴諺, 中, 14ㅎ≫請將范太醫來看, 范太醫롤 請흐여 와 뵈라. ≪朴諺, 中, 26ㅎ≫着我看了的之後, 날로 흐여 뵌 후에. ≪朴諺, 下, 27ㅎ≫着別人看去, 다른 사름으로 흐여 뵈라 가라. ❷⇔참(參). ≪朴諺, 下, 11ㅎ≫喜面相叅, 喜面으로 서르 뵈면. ❸⇔현(現). ≪朴諺, 中, 22ㅈ≫隨相現相救苦惱於三塗, 샹을 조차 샹을 뵈야 苦惱롤 三塗에 救흐는또다.

뵈짱이 명 베짱이. ⇔촉직아(促織兒). ≪朴諺, 上, 17ㅎ≫鬪(鬪)促織兒, 뵈짱이 싸홈브티고.

부 의 벌. ⇔부(副). ≪朴諺, 上, 24ㅎ≫紟着一副鴉靑段子滿刺(刺)嬌護膝, 흔 부 야쳥 비단에 滿刺(刺)嬌 흔 슬갑을 믹엿고. ≪朴諺, 上, 42ㅎ≫你做饋我一副護膝, 네 날을 흔 부 슬갑을 민드라 주고려. ≪朴諺, 中, 24ㅎ≫盔·甲一副, 투구와 갑옷 흔 부와.

부(夫) 명 지아비. ❶⇔지아븨. ≪朴諺, 中, 29ㅈ≫妻賢夫省事官淸民自安, 妻ㅣ 어딜면 지아븨 일이 덜리이고 官이 묽그면 빅셩이 스스로 편안흐느니라. ❷⇔지아비. ≪朴諺, 中, 17ㅎ≫男兒無婦財無主, 소나희 겨집이 업스면 쥐믈이 님재 업고. 婦人無夫身無主, 겨집이 지아비 업스면 몸이 님재 업다 흐느니.

부(斧) 명 도끼 모양으로 된 의장(儀仗). ≪朴諺, 下, 31ㅈ≫將鉞斧的, 鉞斧롤 가지니와.

부(赴) 동 보내다. ⇔보내다. ≪朴諺, 下, 53ㅈ≫赴官施行, 官에 보내여 施行흐쇼셔.

부(浮) 동 뜨다. ≪朴諺, 上, 61ㅎ≫湖心中浮上浮下的是雙雙兒鴨子, 湖 心中에 浮上 浮下흐는 거슨 이 雙雙흔 올히오.

부(副) 의 벌. ❶⇔부. ≪朴諺, 上, 24ㅎ≫紟着一副鴉靑段子滿刺(刺)嬌護膝, 흔 부 야쳥 비단에 滿刺(刺)嬌 흔 슬갑을 믹엿고. ≪朴諺, 上, 42ㅎ≫你做饋我一副護膝, 네 날을 흔 부 슬갑을 민드라 주고려. ≪朴諺, 中, 24ㅎ≫盔·甲一副, 투구와 갑옷 흔 부와. ❷⇔블. ≪朴諺, 上, 15ㅈ≫我打一副刀子, 내 흔 블 칼을 민들려 흐노라. ≪朴諺, 上, 16ㅈ≫咱這官人要打一副刀子, 우리 이 官人이 흔 블 칼을 민돌고져 호되. ≪朴諺, 上, 20ㅈ≫我再把一副頭面, 내 또 흔 블 곳갈과.

부(婦) 명 계집. 여자. 처(妻). ⇔겨집. ≪朴諺, 中, 17ㅎ≫男兒無婦財無主, 소나희 겨집이 업스면 쥐믈이 님재 업고. 婦人無夫身無主, 겨집이 지아비 업스면 몸이 님재 업다 흐느니.

부(部) 명 행정구획 이름. 1부는 사방 30리 지역이다. ≪朴諺, 下, 16ㅎ≫我兩箇部前買文書去來, 우리 둘히 部 앏픠 칙 사라 가쟈.

부(富) 형 가멸다. 부(富)하다. ❶⇔ᄀ옴여다. ≪朴諺, 上, 21ㅎ≫人不得橫財不富, 사름이 橫財롤 엇디 못흐면 가옴여디 못흐고. 馬不得夜草不肥, 물이 夜草롤 엇디 못흐면 술지디 못흔다 흐니라. ❷⇔가옴열다. ≪朴諺, 中, 41ㅈ≫家富小兒嬌, 집이 가옴열면 아희 흐건양흔다 흐느니라.

부(復) 부 다시. ⇔다시. ≪朴諺, 中, 24ㅈ≫誠心懺悔後不復作, 誠心으로 懺悔흐여 후에 다시 짓디 마쟈.

부가(富家) 명 부잣집. ≪集覽, 字解, 單字

解, 6ㅎ≫儅. 人有遇急用錢, 則必以重物, 納質于富家, 賖錢取用. 至限則幷其本利償還錢主, 方得退回己之重物而來也. 典字人物通用, 儅字人用於物.賖.

부개(覆蓋) 동 덮어 숨기다. 가리다. ≪朴諺, 下, 18ㅎ≫做羅天(集覽, 朴集, 下, 4ㅎ: 羅天. 謂覆盖萬天, 羅絡三界, 極高無上, 故稱大羅.)大醮, 羅天大醮를 ᄒᆞ더니.

부계(符契) 명 증명서나 계약서 따위의 증거로 삼는 문권을 통틀어 이르는 말. ≪朴諺, 上, 3ㅈ≫勘合(集覽, 朴集, 上, 1ㅎ: 勘合. 吏學指南云, 勘合, 卽古之符契也. 質問云, 官府設簿冊二扇, 凡事用印鈐記, 上寫外字幾號, 發行去者曰外號, 上寫內字幾號, 留在官府者曰內號.)有了不曾, 勘合이 잇ᄂᆞᆫ가 못ᄒᆞ엿ᄂᆞᆫ가.

부귀(富貴) 형 부귀(富貴)하다. (재산이 많고 지위가 높다) ≪朴諺, 下, 11ㅎ≫衣錦還鄕(集覽, 朴集, 下, 3ㅈ: 衣錦還鄕. 項羽屠咸陽, 與沛公分王. 又懷東歸, 曰, 富貴不歸故鄕, 如衣綉〈繡〉夜行.), 비단옷 닙고 고향의 도라가.

부낭(夫娘) 명 ❶묘족(苗族)이 아내를 일컫던 말. ≪朴諺, 上, 40ㅎ≫別處一箇官人娶娘子(集覽, 朴集, 上, 11ㅎ: 娘子. 子謂母曰娘, 字作孃. 又少女之稱, 字作娘. 孃·娘亦通用. 南村輟耕[錄]云〈南村輟耕錄〉, 世謂穩婆曰老娘, 女巫曰師娘, 唱〈娼〉婦曰花娘, 達人又曰草娘, 苗人謂妻曰夫娘, 南方謂婦人無行者曰夫娘, 謂婦人之卑賤者曰某娘, 曰幾娘, 鄙之曰婆娘. 今俗稱〈称〉公主·宮女, 下至庶人妻, 皆曰娘子.), 다ᄅᆞᆫ 고ᄃᆡ ᄒᆞᆫ 官人이 娘子ᄅᆞᆯ 娶ᄒᆞ노라. ❷중국 남부 지방에서 품행(品行)이 나쁜 여자를 일컫던 말. ≪朴諺, 上, 40ㅎ≫別處一箇官人娶娘子(集覽, 朴集, 上, 11ㅎ: 娘子. 南村輟耕[錄]云〈南村輟耕錄〉, 世謂穩婆曰老娘, 女巫曰師娘, 唱〈娼〉婦曰花娘, 達人又曰草娘, 苗人謂妻曰夫娘, 南方謂婦人無行者曰夫娘, 謂婦人之卑賤者曰某娘, 曰幾娘, 鄙之曰婆娘. 今俗稱〈称〉公主·宮女, 下至庶人妻, 皆曰娘子.), 다ᄅᆞᆫ 고ᄃᆡ ᄒᆞᆫ 官人이 娘子ᄅᆞᆯ 娶ᄒᆞ노라.

부녀(婦女) 명 부녀자(婦女子). ≪朴諺, 上, 25ㅎ≫明綠抹絨胷背的比甲(集覽, 朴集, 上, 8ㅎ: 比甲. 衣之無袖, 對襟爲襞積者曰比甲, 卽本國답지털릭. 婦女亦依此制爲短襖着之, 亦曰比甲, 通稱搭護.), 明綠 빗치 융ᄉᆞ로 ᄀᆞ 두른 胷背 比甲과. ≪朴諺, 上, 32ㅎ≫正撞見他的漢子, 졍히 뎌의 남진을 만나 보니. ≪朴諺, 上, 42ㅎ≫好姐姐(集覽, 朴集, 上, 12ㅈ: 姐姐. 漢俗呼姊曰姐姐. 雖非弟妹, 如遇婦女, 可展斯須之敬者, 亦曰姐姐, 是尊之之謂.), ᄆᆞᄋᆞᆷ 됴흔 각시아.

부단(不断)) 형 부단(不斷). '断'은 '斷'의 속자. ≪朴諺, 上, 65ㅈ≫法名喚步虛(集覽, 朴集, 上, 15ㅎ: 步虛. 俗姓洪氏, 高麗洪州人, 法名普愚, 初名普虛, 號太古和尙. 有求法於天下之志. 至正丙戌春, 入燕都, 聞南朝有臨濟正脉不斷〈断〉, 可往印可.), 法名을 步虛ㅣ라 브ᄅᆞᄂᆞᆫ 이.

부단(不斷) 형 끊임없다. ≪朴諺, 上, 65ㅈ≫法名喚步虛(集覽, 朴集, 上, 15ㅎ: 步虛. 俗姓洪氏, 高麗洪州人, 法名普愚, 初名普虛, 號太古和尙. 有求法於天下之志. 至正丙戌春, 入燕都, 聞南朝有臨濟正脉不斷〈断〉, 可往印可.), 法名을 步虛ㅣ라 브ᄅᆞᄂᆞᆫ 이.

부담(負擔) 동 등에 지고 어깨에 메다. ≪朴諺, 上, 11ㅈ≫那挑脚(集覽, 朴集, 上, 5ㅈ: 挑脚. 舊本作赶脚的. 謂赶脚者, 賃驢〈駈〉取直之人, 謂挑脚者, 負擔重物求直之人也.)的, 뎌 삭짐 지ᄂᆞᆫ 이아.

부도(不到) 보동 (이르지) 못하다. 미치지 못하다. ⇔못ᄒᆞ다. ≪朴諺, 下, 3ㅎ≫正是瘦禽也飛不到, 졍히 瘦禽도 ᄂᆞ라가디 못ᄒᆞ고.

부도(浮屠) 명 ❶일산(日傘)이나 깃대 끝에 장식하는 탑 모양의 꾸밈새. ≪朴諺, 下, 38ㅎ≫車馬, 車馬와. 茶褐羅傘(集覽,

朴集, 下, 8ㅎ: 羅傘. 〈卽〉丞用傘, 紅浮屠頂, 黑色茶褐羅表, 紅綃裏, 三簷.), 차할 빗치 羅傘과. ❷탑(塔). ≪朴諺, 中, 22ㅈ≫起浮屠於泗水之間(集覽, 朴集, 中, 5ㅈ: 起浮屠於泗水之間. 浮屠, 卽塔也. 唐言高顯也.), 浮屠를 泗水ㅅ ᄉᆞ이에 니르혀고.

부도어사(副都御史) 명 명대(明代) 도찰원(都察院)의 버금 벼슬. 직위는 도어사(都御使)의 아래이다. ≪朴諺, 上, 8ㅈ≫都堂(集覽, 朴集, 上, 4ㅈ: 都堂. 唐制, 尙書省曰都堂. 元時亦有尙書省. 今按, 華制, 都察院有左右都御史·副都御史·僉都御史, 在外十三布政司及都司, 皆有御史一員, 都御史所在謂之都堂, 監察御史所在謂之察院.)搃兵官的詔書, 都堂 搃兵官의게 ᄒᆞᄂᆞᆫ 詔書라.

부동(不同) 보형 (같지) 아니하다. 또는 다르다. ⇔아니하다. ≪朴諺, 中, 53ㅈ≫不同小可, 젹디 아니ᄒᆞ다.

부동(不同) 형 서로 같지 않다. 다르다. ≪集覽, 凡例≫音義者, 卽原本所著音義也. 所釋或與譯語指南不同, 今從音義之釋. 音義有誤者, 今亦正之. ≪朴諺, 中, 21ㅎ≫或作童女(集覽, 朴集, 中, 4ㅎ: 童男童女. 應作種種身, 或在天上, 在人間, 隨其所樂, 皆令見衆生形相各不同, 行業音聲亦無量.), 혹 童女ㅣ 되며. ≪朴諺, 下, 35ㅈ≫却打花房窩兒(集覽, 朴集, 下, 7ㅎ: 花房窩兒. 質問云, 如打毬, 先立毬窩於花房之上, 然後用棒打入, 方言謂之花房窩兒. 凡數㨾毬名, 用各不同如此.), 또 花房 굼글 티쟈.

부동(不動) 동 물건이나 몸이 움직이지 아니하다. ≪朴諺, 上, 3ㅎ≫支與竹葉清酒十五瓶·腦兒酒(集覽, 朴集, 上, 1ㅎ: 腦兒酒. 質問云, 做酒用糯麴藥料爲蘖, 久封不動, 其色紅而味最純厚.)五桶, 竹葉清酒 十五瓶과 腦兒酒 五桶을 支與ᄒᆞ더라.

부동(扶同) 동 부합하다. ≪朴諺, 中, 9ㅈ≫你與我甘結(集覽, 朴集, 中, 2ㅈ: 甘結. 今按, 如保擧人材者, 必寫稱所擧之人, 並無喪過及干娼優子嗣, 委的賢能, 如虛甘伏重罪云云. 擧此爲辞, 以成文狀, 與彼收執, 或呈報上司, 以憑後考, 謂之不致扶同, 重甘結狀.)·應付, 네 날을 甘結과 應付를 주고려.

부드럽다 형 부드럽다. ⇔융(絨). ≪朴諺, 上, 24ㅎ≫白絨氈襪上, 흰 부드러온 시욹청에. ≪朴諺, 上, 27ㅈ≫鴨綠羅納綉獅子的抹口青絨氈襪上, 鴨頭綠 羅에 獅子를 綉ᄒᆞ야 깃 도론 프른 부드러온 시욹청에.

부득(不得) 보동 ❶말다. ⇔말다. ≪朴諺, 上, 24ㅈ≫定體已後不得改別, 定體ᄒᆞᆫ 후의 改別티 마쟈. ❷못하다. ⇔못ᄒᆞ다. ≪朴諺, 上, 13ㅎ≫痒的當不得, ᄀᆞ렵기를 當티 못ᄒᆞ여라. ≪朴諺, 上, 14ㅎ≫買不得他的, 뎌를 사디 못ᄒᆞ리라. ≪朴諺, 上, 15ㅈ≫着他打不得, 뎌 ᄒᆞ여 믿ᄃᆞ디 못ᄒᆞ랴. ≪朴諺, 上, 39ㅈ≫半步也行不得, 半步도 行티 못ᄒᆞᄂᆞ니. ≪朴諺, 上, 56ㅎ≫是買不得馬, 이 ᄆᆞᆯ을 사디 믓(못)ᄒᆞ리라. ≪朴諺, 中, 15ㅈ≫一宿不得半點睡, ᄒᆞᄅᆞᆺ 밤을 半點도 자디 못ᄒᆞ니. ≪朴諺, 中, 17ㅎ≫飯也好生喫不得, 밥을 ᄀᆞ장 먹디 못ᄒᆞ리로다. ≪朴諺, 中, 42ㅎ≫不得工夫去不得, 工夫를 엇디 못ᄒᆞ여 가디 못ᄒᆞ노라. ≪朴諺, 中, 47ㅈ≫恨的他當不得, 뎌를 믜워 당티 못ᄒᆞ여 ᄒᆞ더니. ❸아니하다. ⇔아니ᄒᆞ다. ≪朴諺, 上, 11ㅈ≫五十年也倒不得, 五十年이라도 믄허디디 아니ᄒᆞ리라.

부등(不等) 형 같지 않다. ≪朴諺, 中, 8ㅎ≫牌子(集覽, 朴集, 中, 2ㅈ: 牌子. 凡馬驛設置, 馬驢不等, 其中管馬荅應者, 謂之馬牌, 管驢者, 謂之驢牌, 總〈総〉稱牌子.)·令史們來, 牌子·令史들흔 오라.

부러 부 부러. 일부러. ❶⇔특고리(特故裏). ≪集覽, 字解, 累字解, 2ㅎ≫特故裏. 부러. ≪朴諺, 中, 47ㅈ≫我特故裏把酒灌的他爛醉了, 내 부러 술을다가 뎌의게 브으니 爛醉ᄒᆞ여. ❷⇔특지(特地). ≪集覽,

字解, 累字解, 2ㅎ≫特地. 부러. 又특벼리. 又ᄀ장.

부로 명 상추. ⇔와거(萵苣). ≪朴諺, 中, 33ㅎ≫蘿蔔, 댓무우. 蔓菁, 쉿무우. 萵苣, 부로. 葵菜, 아혹. 白菜, 빅칙. 赤根菜, 시근칙. 園荽, 고싀. 蓼子, 역괴. 葱, 파. 蒜, 마늘. 薤, 부칙. 荊芥, 형개. 薄荷, 박하. 茼蒿, 믈뽁. 水蘿蔔, 믈한댓무우. 胡蘿蔔, 노론댓무우. 芋頭, 토란. 紫蘇都種來, 紫蘇롤 다 시므라.

부리 명 ❶아가리. 주둥이. 입구. ⇔구(口). ≪朴諺, 上, 24ㅎ≫五綵綉麒麟柳綠紵絲抹口的靴子, 五綵로 猉獜을 綉ᄒ고 柳綠빗체 비단으로 부리 두론 훠ᄋ에. ≪朴諺, 上, 37ㅎ≫一箇長甕兒窄窄口裏頭盛着糯米酒, ᄒᆞᆫ 긴 독 조븐 부리 안히 찹쌀술 담은 거시여. ❷부리. 주둥이. ⇔취(觜). ≪朴諺, 中, 1ㅎ≫又是一箇銅觜·鑞觜造化, 또 ᄒᆞᆫ 부리 노론 수좋다리 부리 프른 암좋다리 노롯호되. ≪朴諺, 中, 1ㅎ≫那主兒着那銅觜的, 그 님재 뎌 부리 노론 수좋다리로 ᄒᆞ여. ≪朴諺, 中, 2ㅈ≫便觜裏噙(啣)將來, 곳 부리로 므러 가져다가. ≪朴諺, 下, 29ㅎ≫鼈兒打的匾着些箇, 鼈兒 믿돌기롤 져기 납족이 ᄒᆞ고. 觜我把兒且打下我看着鋅, 부리와 줄롤 아직 민ᄃᆞ라 내 보와든 빼라.

부리 명 부리. 가장자리. 끄트머리. ❶⇔구(口). ≪朴諺, 上, 13ㅎ≫將指頭那瘡口上, 손가락으로다가 뎌 瘡 부리예. ❷⇔첨(尖). ≪朴諺, 上, 24ㅎ≫捲尖粉底, 부리 것고 디즈에 분칠ᄒᆞ고.

부마(駙馬) 명 임금의 사위. ≪朴諺, 中, 7ㅎ≫你不見這金字圓牌(集覽, 朴集, 中, 1ㅎ: 金字圓牌. 至正條格云, 元時, 中書省奏, 諸王·駙馬各投下有軍情緊急重事, 許令懸帶原降銀字圓牌應付鋪馬騎坐, 其餘差使人員有緊急軍情重事, 許令懸帶金字圓牌, 方付鋪馬.), 네 이 金字圓牌롤 보디 못ᄒᆞᄂᆞᆫ다. ≪朴諺, 下, 29ㅈ≫元寶(集覽, 朴集, 下, 5ㅎ: 元寶. 世祖大會王子·王孫·駙馬·國戚, 從而頒賜, 或用貨賣, 所以民間有此錠也.)我有半錠了, 元寶ㅣ 내게 반 뎡이 이시니.

부말(副末) 명 송대(宋代)의 잡극(雜劇)과 금대(金代) 원본(院本)의 주요 여자 배우인 부정(副淨)과 함께 골계역(滑稽役)을 하거나, 개막 직후 또는 극중에 설명을 하는 남자 배우. 뒤에 하인역(下人役)을 많이 맡았다. ≪朴諺, 上, 5ㅎ≫叫教坊司十數箇樂工和做院本(集覽, 朴集, 上, 2ㅎ: 院本. 南村輟耕錄云, 唐有傳奇, 宋有戲曲·唱諢·詞說, 金有雜劇·諸宮調. 院本·雜劇, 其實一也. 國朝, 院本·雜劇, 始釐而二之. 院本則五人, 一曰副淨, 古謂之參軍, 一曰副末, 古謂之蒼鶻, 鶻能擊禽鳥, 末可打副淨, 古(故)云, 一曰引戲, 一曰末泥, 一曰孤裝, 又謂之五花爨弄.)諸般雜技的來, 教坊司의 여라믄 樂工과 院本에 여러 가지 雜技ᄒᆞᄂᆞ니롤 블러오라.

부모(父母) 명 부모. 어버이. ≪朴諺, 上, 45ㅎ≫輔國忠君·孝順父母, 輔國 忠君ᄒᆞ며 孝順 父母ᄒᆞ야. ≪朴諺, 上, 45ㅎ≫以顯父母, 뻐 父母롤 顯홈이. ≪朴諺, 上, 46ㅈ≫我父毋(母)都身巳(已)安樂麽, 우리 父毋(母)ㅣ 다 몸이 安樂ᄒᆞ더냐. ≪朴諺, 上, 51ㅎ≫養子方知父母恩, ᄌᆞ식을 길러야 보야흐로 父母 은혜롤 안다 ᄒᆞ니라. ≪朴諺, 下, 10ㅈ≫到家裏敬重父母, 집의 가ᄂᆞᆫ 父母롤 敬重ᄒᆞᄂᆞ니. ≪朴諺, 下, 11ㅎ≫孝順父母, 父母씌 孝順ᄒᆞ며.

부복(俯伏) 동 고개를 숙이고 엎드리다. ≪朴諺, 中, 52ㅈ≫年時牢子們走(集覽, 朴集, 中, 8ㅎ: 牢子走. 在大都則自河西務起程, 若上都則自泥河兒起程, 越三時, 走一百八十里, 直抵御前, 俯伏呼萬歲.)的你見來麽, 젼년에 牢子들희 ᄃᆞ롬질을 네 본다.

부뷔다 동 비비다. ⇔유(揉). ≪朴諺, 上, 35ㅎ≫把那艾來揉的細着, 뎌 쑥을다가 부뷔기롤 ᄀᆞ놀게 ᄒᆞ야.

부사(副使) 명 ❶관역(館驛)의 버금 벼슬. 품계는 종구품(從九品)이었다. ≪朴諺,

中, 5ㅎ≫大使(集覽, 朴集, 中, 1ㅈ: 大使. 舘驛有大使一員, 或正九品, 或從九品, 有副使一員, 從九品, 亦有未入流大使·副使.)你來, 大使ㅣ아 이바. ❷추밀원(樞密院)의 버금 벼슬. 사(使)의 아래이다. ≪朴諺, 下, 39ㅎ≫他在樞密院(集覽, 朴集, 下, 8ㅎ: 樞密院. 元制, 有使·副使·知院·同知院·簽書院, 與〈与〉中書號爲二府, 主兵政.)角頭住裏, 뎌 樞密院 모롱이에 이셔 사ᄂᆞ니라.

부상(浮上) 동 (물) 위로 떠오르다. 뜨다. ≪朴諺, 上, 61ㅎ≫湖心中浮上浮下的是雙雙兒鴨子, 湖 心中에 浮上 浮下ᄒᆞᄂᆞᆫ 거슨 이 雙雙ᄒᆞᆫ 올히오.

부성(阜城) 명 부성문(阜城門). ≪朴諺, 下, 50ㅈ≫阜城是平則門, 阜城은 이 平則門이니라.

부성문(阜城門) 명 중국 북경(北京) 내성(內城)에 있는 성문. 서직문(西直門) 남쪽에 있다. 원대(元代)의 평칙문(平則門)을 명(明) 영락(永樂) 연간에 고친 이름이다. ≪朴諺, 上, 11ㅎ≫我在平則門(集覽, 朴集, 上, 5ㅎ: 平則門. 永樂十九年, 營建宮室, 立門九, 南曰正陽, 又曰午門, 元則曰麗正, 南之右曰宣武, 元則曰順承, 南之左曰文明, 元則曰崇文, 又曰哈噠, 北之東曰安定, 北之西曰德勝, 元則曰健德, 東之北曰崇仁, 一名東直, 元名同, 東之南曰朝陽, 元則曰齊華, 西之北曰西直, 西之南曰阜城, 元則曰平則. 元設十一門, 而今減其二.)邉住, 내 平則門 ᄀᆞᅀᅵ 이셔 사노라. ≪朴諺, 下, 49ㅎ≫西有阜城門·西直門, 西에 阜城門·西直門이 이시니.

부소군(扶蘇郡) 명 경기도(京畿道) 송악(松嶽: 開城)의 옛 이름. ≪朴諺, 下, 61ㅈ≫第二年, 第二年에. 移都松岳郡(集覽, 朴集, 下, 13ㅈ: 都松岳郡〈松岳郡〉. 時新羅監干八元善風水, 到扶蘇郡, 見扶蘇山形勝而童, 告康忠曰, 若移郡山南, 植松使不露巖〈岩〉石, 則統合三韓者出矣.), 松岳郡에 移都ᄒᆞ니.

부소산(扶蘇山) 명 경기도(京畿道) 개성시(開城市)에 있는 송악산(松嶽山)의 옛 이름. ≪朴諺, 下, 61ㅈ≫第二年, 第二年에. 移都松岳郡(集覽, 朴集, 下, 13ㅈ: 都松岳郡〈松岳郡〉. 時新羅監干八元善風水, 到扶蘇郡, 見扶蘇山形勝而童, 告康忠曰, 若移郡山南, 植松使不露巖〈岩〉石, 則統合三韓者出矣.), 松岳郡에 移都ᄒᆞ니.

부쇠다 동 부시다. 씻다. ⇔산(汕). ≪朴諺, 中, 30ㅈ≫你把那鑞壺瓶汕的乾淨着, 네 뎌 鑞瓶을다가 부쇠기를 乾淨히 ᄒᆞ야.

부시(扶侍) 동 붙들다. 돕다. 부축하여 모시다. ⇔븟들다. ≪朴諺, 下, 60ㅎ≫衆將軍們扶侍上馬, 모든 將軍들히 븟드러 몰 틔오고.

부양(斧壤) 명 현(縣) 이름. 강원도(江原道) 평강현(平康縣)의 고구려(高句麗) 때 이름. ≪朴諺, 下, 58ㅎ≫咱本國是太祖(集覽, 朴集, 下, 12ㅈ: 太祖. 弓裔微服逃至斧壤, 爲民所害. 太祖卽位, 國號高麗.)姓王諱建表德若天, 우리 本國이 太祖의 姓은 王이오 諱ᄂᆞᆫ 建이오 字ᄂᆞᆫ 若天이니.

부옹(扶擁) 동 부축하여 둘러싸다. ≪朴諺, 下, 58ㅎ≫咱本國是太祖(集覽, 朴集, 下, 12ㅈ: 太祖. 夫人柳氏曰, 妾聞諸公之言, 尙有感奮, 况大丈夫乎. 提甲領以披之, 諸將扶擁而出, 令人呼曰, 王公已擧義旗, 國人來赴者不可勝計.)姓王諱建表德若天, 우리 本國이 太祖의 姓은 王이오 諱ᄂᆞᆫ 建이오 字ᄂᆞᆫ 若天이니.

부용(芙蓉) 명 연꽃의 다른 이름. ≪朴諺, 中, 21ㅈ≫座餙芙蓉湛南海澄淸之水, 안즌 ᄃᆡᄂᆞᆫ 芙蓉으로 ᄭᅮ며시니 南海 澄淸ᄒᆞᆫ 水에 ᄌᆞᆷ겻고.

부용전(芙蓉殿) 명 중국 북경시(北京市) 북서쪽 교외, 옥천산(玉泉山) 남쪽 옥천(玉泉) 위에 있던 누각 이름. ≪朴諺, 上, 59ㅎ≫西湖是從玉泉(集覽, 朴集, 上, 15ㅈ: 玉泉. 一在山之根, 有泉湧出, 洞門刻玉泉二字, 有觀音閣. 又南有石巖〈岩〉, 號呂公洞, 其上有金時芙蓉殿廢址. 相傳

以爲章宗避暑處.)裏流下來, 西湖는 이 玉泉으로 조차 흘러ᄂᆞ리니.

부용화(芙蓉花) 명 부용(芙蓉). ≪朴諺, 上, 7ㅈ≫第六道鷄脆芙蓉湯(集覽, 朴集, 上, 3ㅎ: 雞脆芙蓉湯. 質問云, 將雞〈鷄〉腰子作芙蓉花, 做湯食之. 又云, 以鷄子淸做成芙蓉花, 每碗三朶. 今按, 上文五樣湯名之釋, 恐或失眞.), 第六道ᄂᆞᆫ 鷄脆芙蓉湯이니.

부인(夫人) 명 남의 아내를 높여 이르는 말. ≪朴諺, 下, 58ㅎ≫咱本國是太祖(集覽, 朴集, 下, 12ㅈ: 太祖. 夫人柳氏曰, 妾聞諸公之言, 尙有感奮, 況大丈夫乎. 提甲領以披之, 諸將扶擁而出, 令人呼曰, 王公已擧義旗, 國人來赴者不可勝計.)姓王諱建表德若天, 우리 本國이 太祖의 姓은 王이오 諱ᄂᆞᆫ 建이오 字ᄂᆞᆫ 若天이니.

부인(婦人) 명 부인. 결혼한 여자. ≪集覽, 字解, 單字解, 8ㅈ≫媳. 音息. 子之婦曰媳婦. 又古語泛稱婦人曰媳婦, 次妻亦曰媳婦. ≪朴諺, 上, 40ㅎ≫別處一箇官人娶娘子(集覽, 朴集, 上, 11ㅎ: 娘子. 南村輟耕[錄]云〈南村輟耕錄〉, 世謂穩婆曰老娘, 女巫曰師娘, 唱〈娼〉婦曰花娘, 達人又曰草娘, 苗人謂妻曰夫娘, 南方謂婦人無行者曰夫娘, 謂婦人之卑賤者曰某娘, 曰幾娘, 鄙之曰婆娘.), 다ᄅᆞᆫ 고ᄃᆡ ᄒᆞᆫ 官人이 娘子ᄅᆞᆯ 娶ᄒᆞ노라. ≪朴諺, 上, 50ㅈ≫滿月日老娘(集覽, 朴集, 上, 13ㅎ: 老娘. 音義云, 伏侍生産的婦人. 今按, 俗呼穩婆.)來, ᄃᆞᆯ이 ᄎᆞᆫ 날에 老娘이 와. ≪朴諺, 上, 51ㅈ≫尋一箇好婦人妳, ᄒᆞᆫ 됴ᄒᆞᆫ 婦人의 졋을 어더시되. ≪朴諺, 中, 4ㅈ≫這肉紅婦人搭忽表兒, 이 肉紅빗체 婦人의 더그레 것ᄎᆞᆫ. ≪朴諺, 中, 12ㅈ≫各樣帳房室車(集覽, 朴集, 中, 2ㅎ: 細車〈室車〉. 質問云, 如婦人所乘車, 周圍雕刻花槅, 油飾花須, 方言謂之細車.), 여러 가지 帳房ᄒᆞᆫ 室車와. ≪朴諺, 下, 60ㅎ≫咱婦人家也聽的這衆人之言, 우리 婦人도 이 衆人의 말을 드ᄅᆞ니.

부인(婦人) 명 ❶계집. 아내. 처(妻). ⇔겨집. ≪朴諺, 中, 17ㅎ≫男兒無婦財無主, ᄉᆞ나희 겨집이 업스면 지믈이 님재 업고. 婦人無夫身無主, 겨집이 지아비 업스면 몸이 님재 업다 ᄒᆞᄂᆞ니. ❷계집. 여자. ⇔겨집. ≪朴諺, 中, 53ㅎ≫五六箇婦人們坐的縫時, 다엿 겨집들이 안자 지으면.

부자(斧子) 명 도끼. ⇔도치. ≪朴諺, 下, 12ㅎ≫你只取將墨斗, 네 그저 먹고조와. 墨篗, 먹갈과. 和鎊, 갓괴와. 鉾子, 항괴와. 退鉋, ᄃᆡ패와. 鑿子, 쯸과. 斧子, 도치와. 鋸子來做生活, 줄을 가져다가 셩녕ᄒᆞ라.

부쟁(不爭) 동 무던하게 여기다. 대수롭지 않게 여기다. ≪集覽, 字解, 單字解, 8ㅈ≫爭. 鬪爭也. 又ᄉᆞᄉᆡ 쁘다. 又不爭 므던히 너기다.

부적(附籍) 동 남의 호적에 얹혀 올리다. ⇔부적ᄒᆞ다(附籍-). ≪朴諺, 下, 54ㅈ≫係本府本縣附籍(集覽, 朴集, 下, 12ㅈ: 附籍. 非土著〈着〉戶, 而以他鄕之人, 來寓居者也.)人戶, 本府 本縣에 ᄆᆡ여 附籍ᄒᆞᆫ 人戶ㅣ.

부적ᄒᆞ다(附籍-) 동 남의 호적에 얹혀 올리다. ⇔부적(附籍). ≪朴諺, 下, 54ㅈ≫係本府本縣附籍(集覽, 朴集, 下, 12ㅈ: 附籍. 非土著〈着〉戶, 而以他鄕之人, 來寓居者也.)人戶, 本府 本縣에 ᄆᆡ여 附籍ᄒᆞᆫ 人戶ㅣ.

부절(不絶) 동 끊이지 아니하고 계속되다. 끊임없다. ≪朴諺, 上, 17ㅎ≫打毬兒(集覽, 朴集, 上, 6ㅎ: 打毬兒. 質問云, 作成木圓毬二介, 用木杓一上一下連接不絶, 方言謂之打毬兒. 質問所釋, 疑卽本國優人所弄杓鈴之戲, 與此節〈莭〉小兒之戲恐或不同. 詳見下卷集覽.), 당방올티기 ᄒᆞ고. ≪朴諺, 下, 34ㅎ≫拿出毬棒(集覽, 朴集, 下, 7ㅈ: 毬棒. 質問云, 如人耍木毬耍木棒, 一上一下用有柄木杓, 接毬相連不絶, 方言謂之毬棒.)來, 당방올 막대를 내여.

부정(副淨) 명 송대(宋代)의 잡극(雜劇)과 금대(金代) 원본(院本)의 주요 여자 배우. 익살로 관객을 웃기는 역으로, 모두 간웅(奸雄)이나 악인(惡人)으로 분장하였다. ≪朴諺, 上, 5ㅎ≫叫教坊司十數箇樂工和做院本(集覽, 朴集, 上, 2ㅎ: 院本. 院本則五人, 一曰副淨, 古謂之叅軍, 一曰副末, 古謂之蒼鶻, 鶻能擊禽鳥, 末可打副淨, 古(故)云, 一曰引戲, 一曰末泥, 一曰孤裝, 又謂之五花爨弄.)諸般雜技的來, 教坊司의 여라믄 樂工과 院本에 여러 가지 雜技ᄒᆞᄂᆞ니ᄅᆞᆯ 블러오라.

부종(不從) 동 좇지 아니하거나 따르지 아니하다. ≪朴諺, 下, 58ㅎ≫咱本國是太祖(集覽, 朴集, 下, 12ㅈ: 太祖. 年二十, 始仕弓裔, 拜波珍餐. 其時, 洪儒等四人詣建第(第), 請擧義兵, 公固拒不從.)姓王諱建表德若天, 우리 本國이 太祖의 姓은 王이오 諱ᄂᆞᆫ 建이오 字ᄂᆞᆫ 若天이니.

부종(部從) 명 부하. 수행원. ≪朴諺, 下, 38ㅎ≫一行部從, 一行 部從이.

부주(夫主) 명 지아비. ⇔지아비. ≪朴諺, 中, 18ㅈ≫我夫主知道時了不得, 우리 지아비 알면 에워나디 못ᄒᆞ리라.

부주작(不走作) 동 들뜨지 아니하다. ≪集覽, 字解, 單字解, 3ㅎ≫做. 韻會遇韻作字註云, 造也, 俗作做非. 箇韻作字註云, 爲也, 造也, 起也, 俗作做非. 做音, 直信切. 今按, 俗語做甚麽 므슴ᄒᆞ료, 作衣裳 옷짓다, 作音조, 去聲. 不走作 들ᄠᅳ디 아니타, 作音조, 入聲. 以此觀之, 則做從去聲, 作互呼去聲·入聲, 通做字. 俗不用直信切之音.

부증(不曾) 동 못하다. 또는 (일찍이) …한 적이 없다. ⇔못ᄒᆞ다. ≪朴諺, 上, 3ㅈ≫勘合有了不曾, 勘合이 잇ᄂᆞᆫ가 못ᄒᆞ엿ᄂᆞᆫ가. ≪朴諺, 上, 34ㅎ≫如今都好了不曾, 이제 다 됴한ᄂᆞᆫ가 못ᄒᆞ엿ᄂᆞᆫ가. ≪朴諺, 中, 45ㅎ≫你的月日滿了不曾, 네 月日이 찻ᄂᆞ냐 못ᄒᆞ엿ᄂᆞ냐. ≪朴諺, 中, 45ㅎ≫解由得了不曾, 解由ᄅᆞᆯ 어덧ᄂᆞ냐 못ᄒᆞ엿ᄂᆞ냐. ≪朴諺, 中, 59ㅈ≫發落了不曾, 發落ᄒᆞ엿ᄂᆞ냐 못ᄒᆞ엿ᄂᆞ냐.

부지(不知) 동 모르다. 알지 못하다. ≪朴諺, 下, 4ㅈ≫逢多少惡物刁蹶(集覽, 朴集, 下, 1ㅎ: 刁蹶. 又過棘〈鈞洞·火炎山·薄屎洞·女人國及諸惡山險水, 恠〈怪〉害患苦, 不知其幾, 此所謂刁蹶也.), 언머 惡物의 놀ᄲᅳᆷ을 만나시리오. ≪朴諺, 下, 42ㅎ≫諸般彩亭子(集覽, 朴集, 下, 9ㅈ: 彩亭子. 僧尼·道士及鼓〈皷〉樂·鍾鈸塡咽大路, 遠近大小親鄰〈隣〉男女, 前後導從者, 不知幾人, 後施夾障從之.), 여러 가지 彩亭子ᄅᆞᆯ 세내고.

부지(不遲) 형 부지(不遲). '遲'는 '遲'와 같다. ≪朴諺, 上, 59ㅈ≫寒食不遲, 寒食이라도 더듸디 아니타 ᄒᆞᄂᆞ니라.

부지(不遲) 형 늦지 않다. ≪朴諺, 上, 59ㅈ≫寒食不遲, 寒食이라도 더듸디 아니타 ᄒᆞᄂᆞ니라.

부지기수(不知其數) 형 헤아릴 수가 없을 만큼 많다. 또는 그렇게 많은 수효. ≪朴諺, 上, 66ㅈ≫不知其數, 不知其數히. ≪朴諺, 下, 9ㅈ≫不知其數, 不知其數히.

부지도(不知道) 동 알지 못하다. 모르다. ≪朴諺, 上, 37ㅈ≫不知道我的麁和細, 나의 굴금과 ᄀᆞᄂᆞᆷ을 아디 못ᄒᆞᄂᆞᆫ 거시여. ≪朴諺, 上, 52ㅈ≫不知道下處不曾得望去, 下處ᄅᆞᆯ 아디 못ᄒᆞ여 일즙 보라 가디 못ᄒᆞ니.

부질업시 부 부질없이. ❶⇔등한(等閑). ≪集覽, 字解, 單字解, 7ㅎ≫閑. 雜也. 閑雜人. 又替也. 파직ᄒᆞ다, 罷閑了·替閑了. 又遊息曰閑. 흥ᄠᅥ여 ᄃᆞᆫ닐시니, 遊閑了. 又練熟也. 弓馬熟閑. 又空也. 空閑田地 뷔엿ᄂᆞᆫ 짜. 又等閑 부질업시, 又힘히미, 又간대롭다. ❷⇔무뢰(無賴). ≪集覽, 字解, 累字解, 2ㅎ≫無賴. 힘히미. 又부질업시.

부집(扶執) 동 활시위를 잡아당기다. ≪集覽, 字解, 單字解, 1ㅎ≫扯. 裂也. 正作撦. 又扶執也. 又挽弓曰扯.

부책(簿冊) 명 문부(文簿). (나중에 자세하게 참고하거나 검토할 문서와 장부) ≪朴諺, 上, 3ㅈ≫勘合(集覽, 朴集, 上, 1ㅎ: 勘合. 質問云, 官府設簿冊二扇, 凡事用印鈐記, 上寫外字幾號, 發行去者曰外號, 上寫內字幾號, 留在官府者曰內號.)有了不曾, 勘合이 잇ᄂᆞᆫ가 몯ᄒᆞ엿ᄂᆞᆫ가. ≪朴諺, 中, 4ㅎ≫你將摌子(集覽, 朴集, 中, 1ㅈ: 摌兒〈子〉. 染家有簿冊一本, 有人求染絹帛者, 必於簿上記其物數及染色, 幷其染直以當契約者, 謂之摌兒.)來我看, 네 摌子를 가져오라 내 보쟈.

부처(夫妻) 명 남편과 아내. ≪朴諺, 上, 42ㅎ≫這兩口兒夫妻好爽利, 이 두 夫妻ㅣ ᄀᆞ장 영노ᄒᆞᆯ갑더라. ≪朴諺, 上, 42ㅎ≫一夜夫妻百夜恩, 一夜 夫妻ㅣ 百夜恩이라 ᄒᆞᄂᆞ니라.

부체 명 부채. ❶⇔선아(扇兒). ≪朴諺, 中, 55ㅎ≫將一把扇兒來與我, ᄒᆞᆫ ᄌᆞᄅᆞ 부체 가져다가 날을 주고려. ❷⇔선자(扇子). ≪朴諺, 中, 15ㅎ≫着這小丫頭們打扇子, 이 아희들로 ᄒᆞ여 부체질 ᄒᆞ엿노라.

부체질 명 부채질. ⇔타선자(打扇子). ≪朴諺, 中, 15ㅎ≫着這小丫頭們打扇子, 이 아희들로 ᄒᆞ여 부체질 ᄒᆞ엿노라.

부친(父親) 명 아버지를 정중히 이르는 말. ≪朴諺, 下, 10ㅎ≫頓首拜上父親·母親·尊侍前, 頓首ᄒᆞ고 절ᄒᆞ여 父親·母親·尊侍前에 올리노니. ≪朴諺, 下, 11ㅈ≫與父親用來之後, 父親의 밧ᄌᆞ와 쓰게 ᄒᆞᆫ 후에. ≪朴諺, 下, 11ㅎ≫父親·母親穿用, 父親·母親은 닙으쇼셔.

부치 명 부추. ❶⇔해(薤). ≪朴諺, 中, 33ㅎ≫蘿蔔, 댓무우. 蔓菁, 쉿무우. 萵苣, 부로. 葵菜, 아혹. 白菜, ᄇᆡᄎᆡ. 赤根菜, 시근ᄎᆡ. 園荾, 고싀. 蓼子, 역괴. 葱, 파. 蒜, 마ᄂᆞᆯ. 薤, 부치. 荊芥, 형개. 薄荷, 박하. 茼蒿, 믈ᄡᅮᆨ. 水蘿蔔, 믈한댓무우. 胡蘿蔔, 노론댓무우. 芋頭, 토란. 紫蘇都種來, 紫蘇를 다 시므라. ❷⇔해채(薤菜). ≪朴諺, 中, 6ㅈ≫醋, 초와. 醬, 쟝과. 塩, 소곰과. 芥末, 계ᄌᆞ ᄀᆞᄅᆞ와. 葱, 파과. 蒜, 마ᄂᆞᆯ과. 薤菜, 부치와, 油, 기름과. 生蘿蔔, 댓무우과. 瓜, 외와. 茄等, 가지 등.

부평(浮萍) 명 개구리밥. ≪朴諺, 上, 62ㅈ≫無邊無涯的是浮萍蒲棒, 無邊 無涯ᄒᆞᆫ 거슨 이 浮萍과 蒲棒이오.

부하(浮下) 동 (물) 아래로 떠서 내리다. ⇔부하ᄒᆞ다(浮下-). ≪朴諺, 上, 61ㅎ≫湖心中浮上浮下的是雙雙兒鴨子, 湖 心中에 浮上 浮下ᄒᆞᄂᆞᆫ 거슨 이 雙雙ᄒᆞᆫ 올히오.

부하ᄒᆞ다(浮下-) 동 (물) 아래로 떠서 내리다. ⇔부하(浮下). ≪朴諺, 上, 61ㅎ≫湖心中浮上浮下的是雙雙兒鴨子, 湖 心中에 浮上 浮下ᄒᆞᄂᆞᆫ 거슨 이 雙雙ᄒᆞᆫ 올히오.

부형(父兄) 명 아버지와 형. ≪朴諺, 上, 44ㅎ≫師傅上唱喏(集覽, 朴集, 上, 12ㅎ: 唱喏. 揖也. 詞曲曰, 一箇唱, 百箇喏, 謂一人呼唱於上, 衆人應諾於下. 如將帥在營幕下, 軍卒投謁於前者列立於〈軍卒投謁於前者列於〉庭, 將帥發一令語, 則衆下齊聲以應. 凡里巷子弟拜謁父兄亦然. 因謂揖曰唱喏, 未詳是否.), 스승님의 읍ᄒᆞ고.

부호(扶護) 동 받들어 보호하다. 돌보아 지키다. ≪集覽, 字解, 累字解, 1ㅎ≫將就. 猶容忍扶護之意.

북(北) 명 북편. 북쪽. ⇔북편. ≪朴諺, 上, 61ㅈ≫北岸上有一座大寺, 북편 언덕 우희 ᄒᆞᆫ 座 큰 뎔이 이시니.

북경(北京) 명 중국의 북경시(北京市). 요(遼)·금(金)·원(元)·명(明)·청(淸)나라의 서울이었다. 명(明)의 성조(成祖)가 영락(永樂) 원년(1403)에 북평부(北平府)를 순천부(順天府)로 개칭하였다. ≪朴諺, 上, 8ㅎ≫往永平·大寧(集覽, 朴集, 上, 4ㅈ: 大寧. 遼誌云, 在遼東城北潢水之南, 漢爲新安縣, 唐置營州, 遼號大定府, 金改北京, 元改大寧路. 今廢.)·遼陽·開元·瀋陽等處開去, 永平·大寧·遼陽·開元·瀋陽 等處를 향ᄒᆞ여 開讀ᄒᆞ라 가노라. ≪朴諺, 上, 11ㅎ≫我在平則門(集

覽, 朴集, 上, 5ㅎ: 平則門. 燕都, 禹貢冀州之域. 唐曰幽都, 虞爲幽州, 武王封召公奭於燕, 卽此. 元初爲燕京路, 後稱〈称〉大都路, 洪武初改爲北平布政司. 太宗皇帝龍潛於此, 及承大統, 遂爲北京, 遷都焉.) 邉住, 내 平則門 ᄉᆞᆺ의 이셔 사노라. ≪朴諺, 上, 18ㅈ≫是拘欄(集覽, 朴集, 上, 6ㅎ: 拘欄. 質問云, 麗春院樂人搬演戲文雜劇之處也. 又云, 麗春院, 卽敎坊司也. 敎坊司見上. 今按, 北京有東拘欄·西拘欄. 俗謂宿娼者曰院裏走. 質問云, 是京師樂工住處.)衚衕裏帶匠夏五厢的, 이 拘欄 ᄉᆞᆯ ᄯᅴ쟝이 夏五ㅣ 견메윗ᄂᆞ니라. ≪朴諺, 下, 38ㅈ≫除在南京應天府丞(集覽, 朴集, 下, 8ㅎ: 南京應天府丞. 永樂中, 於北平肇建北京, 爲行在所.), 南京 應天府 丞을 除ᄒᆞ엿ᄂᆞ니라. ≪朴諺, 下, 45ㅈ≫宋舍看打春(集覽, 朴集, 下, 9ㅎ: 打春. 音義云, 如今北京迎春時, 唯牛芒而已.)去來, 宋개아 닙츈 노롯ᄒᆞᄂᆞᆫ 양 보라 가쟈. ≪朴諺, 下, 49ㅎ≫北京外羅城, 北京 外羅城에.

북두(北斗) 명 북두칠성(北斗七星). ≪朴諺, 上, 18ㅎ≫後面北斗(集覽, 朴集, 上, 7ㅈ: 北斗左輔右弼. 凡九星, 曰樞宮貪狼, 曰璇宮巨門, 曰璣〈幾〉宮祿存, 曰權宮文曲, 曰衡宮廉貞, 曰闓(開)陽宮武曲, 曰瑤光宮破軍, 曰洞明宮左輔, 曰隱元宮右弼. 左輔連附北斗第〈笰〉六星, 在外, 右弼連附北斗第〈笰〉二星, 在內. 俱在紫薇(微)垣. 七現二隱, 世人惟見七星, 不見輔·弼二星. 盖九星宰生死是非之簿, 能解一切厄. 晉書天文志云, 七星在太微北, 七政之樞機, 陰陽之元本. 七星明, 其國昌, 輔星明, 則臣强.)七星板兒做的好, 後面 北斗七星 돈은 ᄆᆡᆫ도기를 잘ᄒᆞ엿고.

북두칠성(北斗七星) 명 큰곰자리에서 국자 모양을 이루며 가장 뚜렷하게 보이는 일곱 개의 별. 이름은 각각 천추(天樞)·천선(天璇)·천기(天璣)·천권(天權)·옥형(玉衡)·개양(開陽)·요광(搖光)이라 하며, 앞의 네 별을 괴(魁), 뒤의 세 별을 표(杓)라 하고, 합하여 두(斗)라 한다. ≪朴諺, 上, 18ㅎ≫後面北斗七星板兒做的好, 後面 北斗七星 돈은 ᄆᆡᆫ도기를 잘ᄒᆞ엿고.

북방(北方) 명 북쪽 지방. ≪朴諺, 中, 19ㅎ≫放稃草(集覽, 朴集, 中, 3ㅎ: 稃草. 中國北方士〈土〉地高燥, 宜粟不宜稻, 故治田好種粟.)五錢一束(束)家放, 조딥헤 노흐되 다ᄉᆞᆺ 낫 돈에 ᄒᆞᆫ 뭇식 ᄒᆞ여 노코.

북변(北邊) 명 북쪽. ≪朴諺, 下, 7ㅈ≫你去更鼓樓北邉王舍家裏, 네 更鼓樓 北邉 王舍의 집의 가.

북성(北城) 명 원대(元代)에 내몽고자치구(內蒙古自治區)에 두었던 개평부(開平府)를 달리 일컫던 상도(上都)의 속칭. ≪朴諺, 上, 65ㅈ≫南城(集覽, 朴集, 上, 15ㅎ: 南城. 大元以燕京爲大都, 俗號南城, 以開平府爲上都, 俗號北城. 開平府在陰山之南. 自燕京至上都, 地勢一步高一步, 四時多雨雪.)永寧寺裏, 南城 永寧寺에.

북인(北人) 명 중국 북방의 소수민족. ≪朴諺, 中, 30ㅈ≫稀粥(集覽, 朴集, 中, 7ㅈ: 稀粥也熬着. 北人好獵, 不力於農.)也熬着裏, 믉은 쥭도 ᄲᅮ엇다.

북편 명 북편. 북쪽. ⇔북(北). ≪朴諺, 上, 61ㅈ≫北岸上有一座大寺, 북편 언덕 우희 ᄒᆞᆫ 座 큰 뎔이 이시니.

북평(北平) 명 중국 우공(禹貢)의 기주(冀州) 지역. 주대(周代)에는 유주(幽州), 송대(宋代)에는 연산부(燕山府), 원대(元代)에는 대도(大都), 명(明) 초에 북평부(北平府)라 하다가, 영락(永樂) 원년(1403)에 북경(北京)으로 바꾸어 수도로 정하고, 북평을 순천부(順天府)라 개칭하였다. ≪朴諺, 上, 8ㅎ≫往永平(集覽, 朴集, 上, 4ㅈ: 永平. 一統誌云, 禹貢冀州之域. 虞分冀北爲營州, 此卽其地. 商〈商〉爲孤竹國, 元爲永平路. 洪武二年, 改永平府屬北平布政司, 北平卽燕都, 永樂都燕京, 以此直隷京師.)·大寧·遼陽·開元·瀋陽等處開去, 永平·大寧·遼陽·開元·瀋陽 等處로 향

ᄒᆞ여 開讀ᄒᆞ라 가노라. ≪朴諺, 上, 11ㅎ≫ 我在平則門(集覽, 朴集, 上, 5ㅎ: 平則門. 燕都, 禹貢冀州之域. 唐曰幽都, 虞爲幽州, 武王封召公奭於燕, 卽此. 元初爲燕京路, 後稱〈称〉大都路, 洪武初改爲北平布政司. 太宗皇帝龍潛於此, 及承大統, 遂爲北京, 遷都焉.) 邊住, 내 平則門 ᄀᆞᄉᆡ 이셔 사노라. ≪朴諺, 下, 38ㅈ≫除在南京應天府丞(集覽, 朴集, 下, 8ㅎ: 南京應天府丞. 永樂中, 於北平肇建北京, 爲行在所.), 南京 應天府丞을 除ᄒᆞ엿ᄂᆞ니라.

분 의 분(分). 몫. ❶⇔정(停). ≪朴諺, 下, 37ㅈ≫三停裡, 세 분에셔. 官人上納與二停外, 官人의게 두 분을 바틴 밧긔. ❷⇔정아(停兒). ≪朴諺, 下, 37ㅈ≫除了一停兒, ᄒᆞᆫ 분을 뎨ᄒᆞ여.

분(分) 동 나누다. ⇔논호다. ≪朴諺, 上, 49ㅈ≫一邉五箇家分着射, ᄒᆞᆫ 편에 다ᄉᆞᆺ식 논화 ᄡᅩᄌᆞ.

분(分) 의 푼. ⇔푼. ≪朴諺, 上, 54ㅈ≫每兩月利幾分, 每 兩에 月利 현 푼식 ᄒᆞ야. ≪朴諺, 中, 16ㅈ≫煎至七分, 달혀 七分에 니르거든.

분(扮) 동 꾸미다. ⇔ᄭᅮ미다. ≪集覽, 字解, 單字解, 7ㅈ≫扮. 修飾也. 裝扮 ᄭᅮ미다, 扮做 ᄭᅮ며 ᄆᆡᆼ그다. 音班, 去聲.

분(盆) 명 소래기. ⇔소라. ≪朴諺, 下, 43ㅈ≫誰碎盆(集覽, 朴集, 下, 9ㅎ: 碎盆. 未詳源流. 但本國送殯之晨, 在家者見靈輀登道, 卽隨以瓦器擲碎於門外, 大聲作語曰, 持汝家具而去. 云爾者, 盖使亡人無留念家緣之術也.)來, 뉘 소라를 ᄣᅢ리ᄃᆞᆫ뇨. 曹大就門前碎盆, 曹大ㅣ 문 앏픠셔 소라를 ᄣᅢ리더라.

분(粉) 동 분칠(粉漆)하다. ⇔분칠ᄒᆞ다. ≪朴諺, 上, 24ㅎ≫捲尖粉底, 부리 것고 디즈에 분칠ᄒᆞ고.

분(噴) 동 뿜다. ⇔ᄲᅮᆷ다. ≪朴諺, 上, 62ㅈ≫噴鼻眼花的是紅白荷花, 코헤 ᄲᅮᆷ기고 눈에 밤읜 거슨 이 紅白 荷花러라.

분(墳) 명 무덤. ≪朴諺, 上, 57ㅈ≫今日上墳去, 오ᄂᆞᆯ 上墳ᄒᆞ라 갈러라. 上了墳迴來怎的, 上墳ᄒᆞ고 도라올러냐 엇딜러뇨. ≪朴諺, 上, 57ㅈ≫明日就那裏上了墳, ᄂᆡ일 임의셔 게셔 上墳ᄒᆞ고.

분개(分開) 동 나누다. ⇔논호다. ≪朴諺, 上, 36ㅈ≫三哥待要分開, 셋재 형은 논호고져 ᄒᆞ고.

분공(坌工) 명 조역(助役). 조역꾼. ⇔조역. ≪朴諺, 上, 10ㅈ≫去角頭叫幾箇打墻的和坌工(集覽, 朴集, 上, 5ㅈ: 坌工. 分工用力之人.)來築墻, 모롱이에 가 여러 담 ᄡᆞᄂᆞᆫ 이와 조역을 블러다가 담 ᄡᆞ이리라. ≪朴諺, 下, 4ㅎ≫叫一箇泥水匠和兩箇坌工來, ᄒᆞᆫ 泥匠이와 두 조역을 블러다가.

분량(分兩) 명 무게. 중량. 분량(分量). ≪朴諺, 上, 18ㅈ≫多少分兩, 언멧 分兩고.

분례(分例) 명 늠급(廩給)과 구량(口糧). 또는 정례(定例)로 내어주는 돈이나 재물. ≪朴諺, 中, 5ㅎ≫分例支應(集覽, 朴集, 中, 1ㅈ: 分例支應. 正官曰廩給, 從人曰口粮, 通謂之分例.), 分例로 支應ᄒᆞ라. ≪朴諺, 中, 9ㅈ≫又不曾冒支分例, ᄯᅩ 일즙 分例를 冒支티 아니ᄒᆞ여.

분묵(粉墨) 명 흰 분과 눈썹먹. 곧, 화장품. ≪朴諺, 上, 5ㅎ≫叫教坊司十數箇樂工和做院本(集覽, 朴集, 上, 2ㅎ: 院本. 院本則五人, 一曰副淨, 古謂之叅軍, 一曰副末, 古謂之蒼鶻, 鶻能擊禽鳥, 末可打副淨, 古(故)云, 一曰引戲, 一曰末泥, 一曰孤裝, 又謂之五花爨弄. 或曰, 宋徽宗見爨國人來朝, 衣裝·鞵履·巾裹, 傅粉墨, 擧動如此, 使優人効之以爲戲. 其間副淨有散說, 有道念, 有筋斗, 有科範. 盖古教坊色長有魏·武·劉三人, 而魏長於念誦, 武長於筋斗, 劉長於科範, 至今樂人皆宗之.)諸般雜技的來, 教坊司의 여라믄 樂工과 院本에 여러 가지 雜技ᄒᆞᄂᆞ니를 블러오라.

분변ᄒᆞ다 동 분변(分辨)하다. 분별(分別)하다. ⇔변(辨). ≪朴諺, 中, 47ㅈ≫眼花的不辨東西, 눈이 밤의여 동셔를 분변티 못ᄒᆞ고.

분복(芬馥) 형 매우 향기롭다. ≪朴諺, 中, 22ㅈ≫起浮屠於泗水之間(集覽, 朴集, 中, 5ㅈ: 起浮屠於泗水之間. 中宗聞名, 遣使迎師, 居薦福寺, 頂上有一穴, 以絮窒之, 夜則去絮, 香從頂穴中出, 非常芬馥. 及曉, 香還頂中, 又以絮窒之.), 浮屠를 泗水ㅅ ᄉᆞ이에 니ᄅᆞ혀고.

분부(分付) 동 ❶당부하다. 시키다. ⇔당부ᄒᆞ다. ≪集覽, 字解, 累字解, 2ㅈ≫分付. 맛디다. 又당부ᄒᆞ다. ❷맡기다. ⇔맛디다. ≪集覽, 字解, 累字解, 2ㅈ≫分付. 맛디다. 又당부ᄒᆞ다. ❸분부하다. 시키다. …하도록 하다. ⇔분부ᄒᆞ다(分付-). ≪朴諺, 上, 3ㅎ≫官人們文書分付管酒的署官根底, 官人들이 文書를 술 ᄀᆞ음아는 署官의게 分付ᄒᆞ여. ≪朴諺, 上, 47ㅎ≫分付這管混堂的看着, 이 混堂 ᄀᆞ음아ᄂᆞ니게 分付ᄒᆞ여 보라 ᄒᆞ고.

분부(奔赴) 동 급히 달려가다. ≪朴諺, 中, 22ㅈ≫隨相現相(集覽, 朴集, 中, 5ㅈ: 隨相現相. 飜譯名義云, 佛昔爲帝釋時, 遭飢歲, 疾疫流行, 醫療無功, 道殣相屬. 帝釋悲愍, 思所救濟, 乃變其形爲大蟒身, 殭屍川〈殭屍出于〉谷, 空中遍告, 聞者感慶, 相率〈䢦(犨)〉奔赴, 隨割隨生, 療飢療疾.)救苦惱於三塗, 샹을 조차 샹을 뵈야 苦惱를 三塗에 救ᄒᆞᄂᆞᆫ ᄯᅳ디.

분부ᄒᆞ다(分付-) 동 분부하다. 시키다. …하도록 하다. ⇔분부(分付). ≪朴諺, 上, 3ㅎ≫官人們文書分付管酒的署官根底, 官人들이 文書를 술 ᄀᆞ음아는 署官의게 分付ᄒᆞ여. ≪朴諺, 上, 47ㅎ≫分付這管混堂的看着, 이 混堂 ᄀᆞ음아ᄂᆞ니게 分付ᄒᆞ여 보라 ᄒᆞ고.

분분(噴噴) 동 뿜다. 또는 향기가 진하게 나는 모양. ⇔뿜다. ≪朴諺, 中, 33ㅈ≫滿池荷花香噴噴, 못에 ᄀᆞ득ᄒᆞᆫ 년곳치 향내 뿜기더라.

분비(噴鼻) 동 냄새가 코를 찌르다. ≪朴諺, 上, 62ㅈ≫噴鼻眼花的是紅白荷花, 코헤 뿜기고 눈에 밤읜 거슨 이 紅白 荷花 러라.

분산(分散) 동 갈라져 흩어지다. 또는 그렇게 되게 하다. ≪朴諺, 下, 3ㅈ≫往常唐三藏(集覽, 朴集, 下, 1ㅈ: 唐三藏法師〈三藏〉. 藏, 卽包含攝持之義. 非藏無以積錢財, 非藏無以蘊文義, 謂攝一切所應知義, 無令分散, 故名爲藏也.)師傅, 뎌적의 唐ㅅ 三藏 師傅ㅣ.

분신(分身) 동 〈불〉 부처가 중생을 교화하기 위하여 여러 가지 몸으로 나타나다. 또는 그 몸. ⇔분신ᄒᆞ다(分身-). ≪朴諺, 中, 21ㅎ≫或分身居士·宰官, 或 居士·宰官에 分身ᄒᆞ고.

분신ᄒᆞ다(分身-) 동 〈불〉 부처가 중생을 교화하기 위하여 여러 가지 몸으로 나타나다. 또는 그 몸. ⇔분신(分身). ≪朴諺, 中, 21ㅎ≫或分身居士·宰官, 或 居士·宰官에 分身ᄒᆞ고.

분외(分外) 동 너무 심하여 지나치다. 곧, 제 분수 이상. ≪集覽, 字解, 累字解, 2ㅎ≫分外. 十者數之終, 十分爲數之極, 而甚言其太過則曰分外.

분자(盆子) 명 소래기. ≪朴諺, 上, 50ㅈ≫着孩兒盆子水裏放着, 아히를 盆子ㅅ 믈에 노흐면.

분자(鐼子) 명 자귀. ⇔항괴. ≪朴諺, 下, 12ㅎ≫你只取將墨斗, 네 그저 먹고조와. 墨復, 먹갈과. 和鎊, 갓괴와. 鐼子, 항괴와. 退鉋, 듸패와. 鑿子, 쓸과. 斧子, 도치와. 銼子來做生活, 줄을 가져다가 셩녕ᄒᆞ라.

분주(扮做) 동 꾸며 만들다. ≪集覽, 字解, 單字解, 7ㅈ≫扮. 修飾也. 裝扮 ᄉᆞ미다, 扮做 ᄉᆞ며 ᄆᆡᆼ그다. 音班, 去聲.

분지 명 분지(糞池). 요강. ⇔요분(尿盆). ≪朴諺, 上, 50ㅎ≫把尿盆放在底下, 분지를다가 미틔 노코.

분집(坌集) 동 복잡하게 무더기로 모여들다. ≪朴諺, 上, 10ㅈ≫去角頭(集覽, 朴集, 上, 5ㅈ: 角頭. 音義云, 東南西北徃來人煙〈烟〉湊集之處. 今按, 角頭, 卽通逵達

道要會之衝, 傭力求直之人坌集之所. 然漢俗呼市纏亦曰角頭, 爲歸〈故〉市者必指角頭而去, 故云尒.)呌幾箇打墻的和坌工來築墻, 모롱이에 가 여러 담 ᄡᆞᄂᆞᆫ 이와 조역을 블러다가 담 ᄡᆞ이리라.

분출(噴出) 동 뿜어 나오다. 내뿜다. ≪朴諺, 上, 59ㅎ≫西湖是從玉泉(集覽, 朴集, 上, 15ㅈ: 玉泉. 在宛平縣西北三十里玉泉山下. 山有石洞三, 一在山之西南, 其下有泉, 深淺莫測. 一在山之陽, 泉出石罅間, 鑿石爲螭頭, 泉從螭口噴出, 鳴若雜佩, 色如素錬〈練〉, 泓澄百頃.)裏流下來, 西湖는 이 玉泉으로 조차 흘러ᄂᆞ리니.

분칠ᄒᆞ다 동 분칠(粉漆)하다. ⇔분(粉). ≪朴諺, 上, 24ㅎ≫捲尖粉底, 부리 것고 디즈에 분칠ᄒᆞ고.

분탕(粉湯) 명 당면에 가늘게 썬 돼지고기를 넣고 끓인 국. ⇔스면. ≪朴諺, 上, 7ㅈ≫第七道粉湯·饅頭, 第七道ᄂᆞᆫ 스면과 상화를 ᄒᆞ면. ≪朴諺, 下, 14ㅈ≫喫稍麥粉湯, 稍麥과 스면 먹고.

분향(焚香) 동 향을 피우다. 향을 태우다. ≪朴諺, 中, 39ㅈ≫佛堂(集覽, 朴集, 中, 7ㅎ: 佛堂. 漢人酷好釋敎, 家設一堂, 或安金像, 或掛畫佛, 焚香頂禮, 朝夕不懈.)一間, 佛堂이 ᄒᆞᆫ 간.

분호(分毫) 명 매우 적거나 조금인 것. ≪朴諺, 下, 20ㅎ≫分毫不動, 分毫도 動티 마라.

불(不) 동 ❶말다 ⇔말다. ≪朴諺, 上, 54ㅈ≫不致拖欠, ᄆᆞᆫ그어 ᄢᅥᄅᆞ팀애 니ᄅᆞ게 말고. ❷못하다. ⇔못ᄒᆞ다. ≪朴諺, 上, 21ㅈ≫那不會說話的頭口們喂不到, 뎌 말 못ᄒᆞᄂᆞᆫ 즘승들흘 먹이기를 이긋 못ᄒᆞ니. ≪朴諺, 上, 33ㅎ≫更不時, 또 그리 못ᄒᆞ거든. ≪朴諺, 中, 10ㅈ≫賣主一面承當不詞, 픈 님재 一面으로 承當ᄒᆞ야 말 못ᄒᆞ고. ≪朴諺, 下, 1ㅎ≫這的是恠不的人, 이거슨 이 사ᄅᆞᆷ도 허믈 못ᄒᆞ고. 也恠不的虫子, 또 좀도 허믈 못ᄒᆞᆯ 거시니. ≪朴諺, 下, 26ㅈ≫我不敢言語, 내 감히 말 못호리라. ≪朴諺, 下, 45ㅈ≫黑夜不敢喫多, 밤이니 감히 먹기를 만히 못ᄒᆞᆯ로다.

불(不) 보동 ❶말다. ⇔말다. ≪朴諺, 上, 13ㅎ≫着唾沫白日黑夜不住的揉, 춤으로다가 白日 黑夜에 머므로디 말고 ᄇᆡᄅᆞ라. ≪朴諺, 上, 38ㅎ≫不問多少與他些箇便是, 多少를 믓디 말고 뎌를 젹이 주미 곳 올ᄒᆞ니라. ≪朴諺, 上, 64ㅈ≫你謾不的我, 네 날을 속이디 말라. ≪朴諺, 中, 24ㅈ≫誠心懺悔後不復作, 誠心으로 懺悔ᄒᆞ여 후에 다시 짓디 마쟈. ≪朴諺, 中, 50ㅈ≫不敢違了姐姐的言語, 감히 姐姐의 말을 어긔오디 말고. ≪朴諺, 中, 56ㅈ≫跳的河裡仰不搽, 믈에 ᄢᅱ어드러 잣바 즘기디 마쟈. ≪朴諺, 下, 13ㅎ≫不要盖, 짓디 말고져 ᄒᆞ노라. ≪朴諺, 下, 20ㅎ≫分毫不動, 分毫도 動티 마라. ≪朴諺, 下, 34ㅈ≫官人們這的不消說, 官人들아 일란 쇽졀업시 닐으디 말라. ❷못하다. ⇔못ᄒᆞ다. ≪朴諺, 上, 9ㅎ≫不理會那裏的法度, 뎌긔 法度를 아디 못ᄒᆞ니. ≪朴諺, 上, 20ㅈ≫二十兩也不勾, 二十兩도 유여티 못ᄒᆞ여라. ≪朴諺, 上, 37ㅈ≫不知道我的麁和細, 나의 굴금과 ᄀᆞᄂᆞᆷ을 아디 못ᄒᆞᄂᆞᆫ 거시여. ≪朴諺, 上, 58ㅎ≫咳我眞箇不曾知道來, 애 내 진실로 일즙 아디 못ᄒᆞ엿더니. ≪朴諺, 上, 66ㅎ≫不到三歲下世去的也有的, 三歲에 니ᄅᆞ디 못ᄒᆞ여셔 下世ᄒᆞ여 가ᄂᆞ니도 잇ᄂᆞ니라. ≪朴諺, 中, 14ㅎ≫我不會漢兒言語, 내 한말을 아디 못ᄒᆞ고. 又不會做飯, 또 밥 짓기를 아디 못ᄒᆞ니. ≪朴諺, 中, 23ㅎ≫咱這衆生知不知, 우리 이 衆生이 알거나 아디 못ᄒᆞ거나. ≪朴諺, 中, 31ㅎ≫咱悶當不的, 우리 답답홈을 當티 못ᄒᆞ니. ≪朴諺, 中, 40ㅈ≫好生流不下來, ᄀᆞ장 흘러ᄂᆞ리디 못ᄒᆞ여. ≪朴諺, 中, 53ㅎ≫怎麽做不出一套衣裳來, 엇디 ᄒᆞᆫ 불 衣裳을 지어 내디 못ᄒᆞ리오. ≪朴諺, 中, 60ㅎ≫不濟事, 일을 일오디 못ᄒᆞᄂᆞ니. ≪朴諺, 下, 1ㅈ≫一夏裡不曾好生收拾, ᄒᆞᆫ 녀름을 일즙 ᄀᆞ장 收拾디 못ᄒᆞ

니. ≪朴諺, 下, 15ㅎ≫咳事不過三日, 애일이 사흘이 디나디 못ᄒᆞ여셔. ≪朴諺, 下, 23ㅈ≫却早不見了, 볼셔 보디 못ᄒᆞᆯ러라. ≪朴諺, 下, 34ㅈ≫我怎麽打不的, 내 엇디 티디 못ᄒᆞ리오. ≪朴諺, 下, 45ㅎ≫我不去, 내 가디 못ᄒᆞ리로다. ≪朴諺, 下, 52ㅈ≫不覺有賊人入來本家東屋內, 賊人이 이셔 本家 東屋 안희 드러오믈 씨돗디 못ᄒᆞ여. ≪朴諺, 下, 56ㅎ≫如何先生數日不見, 엇디 先生을 두어 날 보디 못ᄒᆞ소니.

불(不) 보동 ❶아니하여. ⇔아녀. ≪朴諺, 下, 2ㅈ≫我如今不喫飯, 내 이제 밥을 먹디 아녀. ≪朴諺, 下, 55ㅈ≫状不過三日便告時好, 狀은 三日이 디나디 아녀셔 곳 告홈이 됴커니와. ❷아니다. ⇔아니다. ≪朴諺, 上, 12ㅎ≫不去時叫別箇, 가디 아니면 다ᄅᆞ니ᄅᆞᆯ 브ᄅᆞ쟈. ≪朴諺, 上, 14ㅈ≫太醫哥不說時, 太醫 형이 니ᄅᆞ디 아니면. ≪朴諺, 上, 29ㅈ≫那裏將不好的來, 어ᄃᆡ 됴티 아니니ᄅᆞᆯ 가져오리오. ≪朴諺, 上, 43ㅎ≫不筭功錢時, 功錢을 혜디 아녀도. ≪朴諺, 上, 58ㅈ≫又不喫了他的, 또 뎌의 거슬 먹디 아닐 거시니. ≪朴諺, 上, 64ㅎ≫不肯時罷, 즐기디 아니면 마쟈. ≪朴諺, 中, 8ㅈ≫他不保好生打, 뎨 긔수티 아닐 거시니 ᄀᆞ장 티라. ≪朴諺, 中, 17ㅎ≫却不說, 또 닐ᄋᆞ디 아녓ᄂᆞ냐. ≪朴諺, 中, 28ㅈ≫你做這般不合理的勾當, 네 이런 理에 合디 아닌 일을 ᄒᆞ다가. ≪朴諺, 中, 46ㅈ≫你却不道首領官署了卷廳上不曾押裏, 네 또 首領官은 권에 일홈두고 廳上이 일즙 슈례두디 아녓다 니ᄅᆞ디 아니ᄒᆞ더다. ≪朴諺, 中, 58ㅈ≫風不來樹不搖, ᄇᆞ람이 부디 아니면 남기 흔드기디 아니ᄒᆞ고. ≪朴諺, 下, 3ㅈ≫願滿之日死時也不愁, 願滿ᄒᆞᆫ 날이면 죽어도 근심티 아니리라. ≪朴諺, 下, 9ㅎ≫因你貪嗔癡三毒不離於身, 네 貪嗔癡 三毒이 몸에 ᄠᅥ나디 아니믈 인ᄒᆞ여. ≪朴諺, 下, 22ㅎ≫王見多時不出時, 王이 오래 나오디 아니믈 보고. ≪朴諺, 下, 40ㅎ≫似不肯家畫麽, 즐겨 그리디 아닐 ᄃᆞᆺᄒᆞ고. ≪朴諺, 下, 59ㅎ≫靡所不爲, ᄒᆞ디 아닐 배 업므(으)니. ≪朴諺, 下, 60ㅈ≫太祖不准的其間, 太祖ㅣ 허티 아닐 ᄉᆞ이예.

불(不) 보동 아니하다. ❶⇔아니타. ≪集覽, 字解, 單字解, 3ㅎ≫做. 韻會遇韻作字註云, 造也, 俗作做非. 箇韻作字註云, 爲也, 造也, 起也, 俗作做非. 做音, 直信切. 今按, 俗語做甚麽 므슴ᄒᆞ료, 作衣裳 옷 짓다, 作音조, 去聲. 不走作 듦ᄠᅳ디 아니타, 作音조, 入聲. 以此觀之, 則做從去聲, 作互呼去聲·入聲, 通做字. 俗不用直信切之音. ❷아니하다. ⇔아니ᄒᆞ다. ≪朴諺, 上, 8ㅈ≫咱如今不快活時, 우리 이제 즐기디 아니ᄒᆞ면. ≪朴諺, 上, 22ㅎ≫我不說停下來, 내 맛버리쟈 니ᄅᆞ디 아니ᄒᆞ드냐. ≪朴諺, 上, 34ㅈ≫這一等和尙不打他要做甚麽, 이런 즁을 티디 아니ᄒᆞ고 므슴 ᄒᆞ리오. ≪朴諺, 上, 46ㅎ≫出不上價錢, 노픈 갑시 나디 아니ᄒᆞ리라. ≪朴諺, 上, 56ㅈ≫你爲甚麽不買來, 네 므서슬 위ᄒᆞ야 사오디 아니ᄒᆞᆫ다. ≪朴諺, 上, 61ㅎ≫諸般殿舍且不索說, 여러 가지 殿舍ᄂᆞᆫ 아직 다 니ᄅᆞ디 아니ᄒᆞ거니와. ≪朴諺, 中, 11ㅈ≫怎麽還不曾修理車輛, 엇디 당시롱 일즙 車輛을 修理티 아니ᄒᆞ엿ᄂᆞ뇨. ≪朴諺, 中, 26ㅎ≫李大的帽兒摥兒可喜不走作, 李大의 갓이 모양이 곱고 듦ᄠᅳ디 아니케 민드랏고. ≪朴諺, 中, 35ㅎ≫不論竿子上的横子上的物件, 홰옛 거시나 궤옛 物件을 혜디 아니ᄒᆞ고. ≪朴諺, 中, 60ㅈ≫你不與他一文錢, 네 뎌ᄅᆞᆯ 一文錢도 주디 아니ᄒᆞ고. ≪朴諺, 下, 10ㅎ≫他也不肯信向, 뎨 즐겨 信向티 아니ᄒᆞ니. ≪朴諺, 下, 26ㅎ≫有時有不賣, 이시믄 이시되 ᄑᆞ디 아니ᄒᆞ리라. ≪朴諺, 下, 30ㅈ≫我不筭工錢, 내 공젼을 혜아리디 아니ᄒᆞ고. ≪朴諺, 下, 38ㅎ≫你却爲甚麽不跟去, 네 또 므서슬 위ᄒᆞ여 ᄯᆞᆯ와 가디 아니ᄒᆞᆫ다. ≪朴諺, 下, 45ㅎ≫我從來不曾看,

내 본딕 일즙 보디 아니ᄒᆞ엿노라. ≪朴諺, 下, 50ㅈ≫如何不去, 엇디 가디 아니ᄒᆞᄂᆞ다. ≪朴諺, 下, 61ㅎ≫君子不出戶而知天下, 君子ᄂᆞᆫ 戶에 나디 아니ᄒᆞ여셔 天下ᄅᆞᆯ 안다 ᄒᆞ니.

불(不) 보형 ❶못하다. ⇔못ᄒᆞ다. ≪朴諺, 下, 3ㅈ≫一來是十分命不快, 一來 ᄀᆞ장 命이 快티 못ᄒᆞ여라. ≪朴諺, 下, 27ㅎ≫我買的不應心, 내 사기 ᄆᆞᄋᆞᆷ애 맛당티 못ᄒᆞ여라. ≪朴諺, 下, 39ㅈ≫接客不如送客, 客을 接호미 客을 送ᄒᆞᄂᆞᆫ 이만 ᄀᆞᆺ디 못ᄒᆞ니. ❷아니다. ⇔아니다. ≪朴諺, 中, 9ㅎ≫你與我看一看中也不中, 네 날을 맛당흠 맛당티 아남(님)을 보아 주고려. ≪朴諺, 下, 25ㅎ≫爲我命不好, 내 명이 됴티 아니믈 위ᄒᆞ여.

불(不) 보형 아니하다. 않다. ❶⇔아니타. ≪朴諺, 中, 2ㅈ≫因風吹火用力不多, ᄇᆞ람을 因ᄒᆞ여 블을 불면 힘씀이 하디 아니타 ᄒᆞᄂᆞ니라. ≪朴諺, 中, 34ㅎ≫無功食祿寢食不安, 功이 업시 祿을 먹으면 寢食이 편안티 아니타 ᄒᆞ니라. ≪朴諺, 下, 38ㅈ≫也不小可, 또 젹디 아니타. ≪朴諺, 下, 53ㅎ≫不合加刑, 형벌을 더으미 맛당티 아니타 ᄒᆞ엿ᄂᆞ니. ❷⇔아니ᄒᆞ다. ≪朴諺, 上, 4ㅈ≫罷罷減不多, 두어 두어 감ᄒᆞᆫ 거시 하디 아니ᄒᆞ다. ≪朴諺, 上, 12ㅈ≫却不虧着我, 또 내게 섧디 아니ᄒᆞ냐. ≪朴諺, 上, 23ㅎ≫結做弟兄時不中, 弟兄 지음이 맛당티 아니ᄒᆞ니. ≪朴諺, 上, 31ㅈ≫誆惑人東西不在家, 사ᄅᆞᆷ의 것 소기노라 집의 잇디 아니ᄒᆞ니. ≪朴諺, 上, 35ㅎ≫慢慢的將息却不好, 날회여 됴리ᄒᆞ면 또 됴티 아니ᄒᆞ랴. ≪朴諺, 上, 52ㅈ≫小人每日不在家, 小人이 每日에 집의 잇디 아니ᄒᆞ니. ≪朴諺, 中, 2ㅈ≫不妨事, 일에 해롭디 아니ᄒᆞ다. ≪朴諺, 中, 18ㅈ≫不妨事, 일에 해롭디 아니ᄒᆞ다. ≪朴諺, 中, 19ㅈ≫兩心相照亦不難, 둘희 ᄆᆞᄋᆞᆷ이 서ᄅᆞ 비최면 또ᄒᆞᆫ 어렵디 아니ᄒᆞ니라. ≪朴諺, 中, 26ㅎ≫又不怕雨雪, 또 雨雪이 저프디 아니ᄒᆞ니라. ≪朴諺, 中, 38ㅈ≫不妨事, 일에 해롭디 아니ᄒᆞ니. ≪朴諺, 中, 48ㅈ≫這妳子也好不精細, 이 졋어미 ᄀᆞ장 졍셰티 아니ᄒᆞ다. ≪朴諺, 中, 58ㅈ≫裏頭床兒不穩, 안희 상이 편티 아니ᄒᆞ니. ≪朴諺, 下, 1ㅈ≫這的是誰的不是, 이거시 이 뉘 올티 아니ᄒᆞ뇨. ≪朴諺, 下, 19ㅎ≫咱兩箇冤讎不小可裏, 우리 둘히 冤讎ㅣ 젹디 아니ᄒᆞ니라. ≪朴諺, 下, 25ㅎ≫一發做賊時不好, ᄒᆞᆷᄭᅴ 도적질호미 됴티 아니ᄒᆞ랴. ≪朴諺, 下, 28ㅎ≫不妨事, 일에 해롭디 아니ᄒᆞ니. ≪朴諺, 下, 44ㅈ≫忒軟了也不好, 너모 믈러도 됴티 아니ᄒᆞ고. ≪朴諺, 下, 57ㅎ≫就望他去時也不多, 이믜셔 뎌도 보라 가면 또 多티 아니ᄒᆞ랴.

불(不) 부 못. ❶⇔몯. ≪集覽, 字解, 單字解, 2ㅎ≫怕. 疑懼之意. 怕人知道.又設若之辭. 怕你不信 ᄒᆞ다가 너옷 밋디 몯거든. 又恐也. 害怕 두리여ᄒᆞ다. ❷⇔못. ≪朴諺, 上, 13ㅎ≫不知甚麽瘡, 아디 못게라 므슴 瘡인디. ≪朴諺, 下, 2ㅈ≫不知道那裡蹤死了一箇蝤蜒, 아디 못게라 어ᄃᆡ ᄒᆞᆫ 지차리 불펴 죽엇ᄂᆞ뇨. ≪朴諺, 下, 55ㅈ≫不知怎生走了, 아디 못게라 엇디 ᄃᆞ라난디.

불(不) 부 아니. ⇔아니. ≪朴諺, 中, 56ㅎ≫那的不賣猫兒的, 뎨 아니 괴 ᄑᆞᄂᆞ니가.

불(不) 형 ❶아니다. ⇔아니다. ≪朴諺, 上, 64ㅈ≫我又不是生達達·回回, 내 또 生達達·回回 아니라. ≪朴諺, 中, 3ㅈ≫那廝不是人, 뎌 놈이 사ᄅᆞᆷ이 아니라. ≪朴諺, 中, 35ㅎ≫不是强盜, 强盜ㅣ 아니라. ≪朴諺, 中, 57ㅈ≫又不是大買賣, 도(또) 큰 흥졍이 아니니. ≪朴諺, 下, 20ㅈ≫這的不是大讎, 이거시 큰 원쉬 아니가. ≪朴諺, 下, 24ㅎ≫不是師傅, 이 師傅ㅣ 아니면. ≪朴諺, 下, 25ㅎ≫這不是燒子的甚麽, 이 구으니 아니오 므섯고. ≪朴諺, 下, 39ㅈ≫更不時, 그리 아니면. ❷없다. ⇔없다. ≪朴諺, 中, 57ㅈ≫一百箇錢短一

箇錢也不賣, 一百 낫 돈에 흔 낫 돈이 업서도 ᄑᆞ디 이(아)니ᄒᆞ리라.

불(佛) 명 〈불〉 ❶불도(佛道)를 터득한 사람. ≪朴諺, 下, 42ㅈ≫請佛入到殯前, 佛을 청ᄒᆞ여 殯前에 드리매. ❷삼보(三寶)의 하나로, 석가모니불과 모든 부처를 높여 이르는 말. 부처는 스스로 진리를 깨닫고, 또 다른 사람을 깨닫게 하므로 귀중한 보배와 같다 하여 이르는 말이다. ≪朴諺, 下, 9ㅎ≫入寺敬三寶(集覽, 朴集, 下, 3ㅈ: 三寶. 佛·法·僧也. 功成妙智, 道登圓覺, 佛也, 玄理幽微, 正敎精誠, 法也, 禁戒守眞, 威儀出俗, 僧也.), 뎔에 드러ᄂᆞᆫ 三寶ᄅᆞᆯ 敬ᄒᆞ고. ≪朴諺, 下, 42ㅈ≫念經念佛, 經을 념ᄒᆞ고 佛을 념ᄒᆞ야. ❸불상(佛像). ⇔블샹. ≪朴諺, 中, 43ㅎ≫堂上掛佛端然坐, 堂上에 블샹을 걸고 단졍히 안자.

불(拂) 동 떨치다. ⇔ᄠᅥᆯ티다. ≪朴諺, 中, 22ㅎ≫執楊柳於掌內拂病體於輕安, 楊柳ᄅᆞᆯ 손에 잡아 病體를 輕安ᄒᆞᆫ듸 ᄠᅥᆯ티고.

불가(不可) 보동 못하다. …할 수 없다. ⇔몯ᄒᆞ다. ≪朴諺, 上, 60ㅈ≫深淺長短不可量, 深淺 長短을 可히 혜아리디 몯ᄒᆞ고.

불가(佛家) 명 〈불〉 불교를 믿는 사람. 또는 그들의 사회. ≪朴諺, 上, 33ㅈ≫你是佛(集覽, 朴集, 上, 9ㅎ: 佛. 梵云婆加婆, 唐言佛. ㄷ者, 覺也, 自覺·ㄷ他. 一切有情咸具此道, 悟者卽名佛, 迷者曰衆生.)家弟子, 너ᄂᆞᆫ 이 佛家 弟子ㅣ라. ≪朴諺, 中, 24ㅈ≫萬刼(集覽, 朴集, 中, 6ㅈ: 萬劫. 儒曰世, 釋曰劫〈刼〉, 道曰塵. 一說, 儒家曰數, 道家曰劫〈刼〉, 佛家曰世.)再逢難, 萬劫이라도 다시 만나기 어려오니라. ≪朴諺, 下, 23ㅎ≫衆人喝保佛家贏了也, 모든 사ᄅᆞᆷ이 혀츠고 佛家ㅣ 이긔어다 ᄒᆞ더라.

불간(不揀) 동 가래지 않다. 분간하지 않다. ≪集覽, 字解, 累字解, 1ㅎ≫不揀. 아ᄆᆞ라나 마나. 俗語, 不揀甚麽.

불간심마(不揀甚麽) 동 아무 것이나 가래지 않다. 분간하지 않다. ≪集覽, 字解, 累字解, 1ㅎ≫不揀. 아ᄆᆞ라나 마나. 俗語, 不揀甚麽.

불감(不敢) 동 감(敢)히 하지 못하다. 감히 할 수 없다. ⇔불감ᄒᆞ다(不敢-). ≪朴諺, 上, 34ㅎ≫不敢相公, 不敢ᄒᆞ여라 相公아. ≪朴諺, 上, 52ㅈ≫不敢哥, 不敢ᄒᆞ여라 형아. ≪朴諺, 上, 53ㅎ≫不敢相公, 不敢ᄒᆞ여라 相公아. ≪朴諺, 上, 64ㅈ≫不敢舍人, 不敢ᄒᆞ여라 舍人아. ≪朴諺, 中, 16ㅎ≫不敢哥, 不敢ᄒᆞ여라 형아. ≪朴諺, 中, 37ㅈ≫小人不敢, 小人이 不敢ᄒᆞ여라. ≪朴諺, 下, 56ㅈ≫不敢, 不敢ᄒᆞ여라. ≪朴諺, 下, 58ㅈ≫不敢, 不敢ᄒᆞ여라.

불감ᄒᆞ다(不敢-) 동 감(敢)히 하지 못하다. 감히 할 수 없다. ⇔불감(不敢). ≪朴諺, 上, 34ㅎ≫不敢相公, 不敢ᄒᆞ여라 相公아. ≪朴諺, 上, 52ㅈ≫不敢哥, 不敢ᄒᆞ여라 형아. ≪朴諺, 上, 53ㅎ≫不敢相公, 不敢ᄒᆞ여라 相公아. ≪朴諺, 上, 64ㅈ≫不敢舍人, 不敢ᄒᆞ여라 舍人아. ≪朴諺, 中, 16ㅎ≫不敢哥, 不敢ᄒᆞ여라 형아. ≪朴諺, 中, 37ㅈ≫小人不敢, 小人이 不敢ᄒᆞ여라. ≪朴諺, 下, 56ㅈ≫不敢, 不敢ᄒᆞ여라. ≪朴諺, 下, 58ㅈ≫不敢, 不敢ᄒᆞ여라.

불개(不開) 동 펴지 못하다. ≪朴諺, 上, 55ㅎ≫只腿跨不開, 다믄 뒷 지페 펴디디 못ᄒᆞ고.

불견(不見) 동 잃다. 또는 보이지 않다. 찾을 수 없다. ⇔잃다. ≪朴諺, 中, 14ㅈ≫又不見了三箇, ᄯᅩ 세흘 일코. ≪朴諺, 中, 60ㅎ≫也不見的, ᄯᅩ 일흘까 ᄒᆞ노라. ≪朴諺, 下, 16ㅈ≫不見了幾件衣裳, 여러 ᄇᆞᆯ 오ᄉᆞᆯ 일코.

불경(佛經) 명 〈불〉 불교의 교리를 밝혀 놓은 전적(典籍)을 통틀어 이르는 말. ≪朴諺, 中, 22ㅎ≫傾甘露於甁中濟險途於飢渴(集覽, 朴集, 中, 5ㅎ: 傾甘露於甁中濟險途於飢渴. 佛經云, 佛洒甘露水. 又云, 開甘露門.), 甘露ᄅᆞᆯ 甁中에 기우려 險途를 飢渴에 구졔ᄒᆞᄂᆞ다.

불광(佛光) 명 〈불〉 중생(衆生)을 깨우치는 석가모니의 광명(光明). ≪朴諺, 上, 65ㅎ≫大發明得悟(集覽, 朴集, 上, 16ㅈ: 作與頌字迴光返照大發明得悟. 音義云, 石屋和尙作佛頌與〈与〉步虛, 其佛光迴還返照於步虛之身, 其於生死輪迴之說, 靡不通曉.), 크게 發明 得悟ᄒᆞ야.

불교(佛敎) 명 〈불〉 기원전 5세기경 인도(印度)의 석가모니가 창시한 후 동양 여러 나라에 전파된 종교. ≪朴諺, 下, 18ㅈ≫要滅佛敎, 佛敎를 滅코져 ᄒᆞ여.

불구(不苟) 동 멋대로 하지 않다. 마구잡이로 하지 않다. ≪集覽, 字解, 單字解, 4ㅈ≫打. 擊也, 着實打, 又打三下. 又爲也. 打酒來 술 사 오라. 又曰, 打將來 ᄒᆞ야 오라, 打聽 듣보라, 打水 믈 긷다, 不打緊. 又打那裏去, 打東邊去, 有投向從往之意. 俗用打字, 似不合本意者多, 而實有取意不苟, 其用甚廣, 此不盡錄.

불긍(不肯) 동 즐겨 하고자 하지 아니하다. ≪朴諺, 上, 39ㅈ≫狗有濺草之恩, 개는 濺草ᄒᆞᆫ 恩이 잇고. 馬有垂韁之報(集覽, 朴集, 上, 11ㅈ: 馬有垂韁之報. 漢高祖與項王會鴻門, 舞劒事急, 謀脫. 匹〈疋〉馬南行, 道傍有一眢井, 馬到井邊不肯行. 漢王恐追者至, 下馬入井.), ᄆᆞᆯ은 垂韁ᄒᆞᆫ 報ㅣ 잇다 ᄒᆞᄂᆞ니라.

불능(不能) 동 …할 수 없다. ≪朴諺, 下, 4ㅈ≫逢多少惡物刁蹶(集覽, 朴集, 下, 1ㅎ: 刁蹶. 音義云, 刁, 難也, 蹶, 顚仆而不能行也.), 언머 惡物의 ᄂᆞᆷ뜸을 만나시리오.

불능(不能) 보동 못하다. ⇔못ᄒᆞ다. ≪朴諺, 下, 39ㅎ≫不能勾跟將去, 유여히 ᄯᆞ라가디 못ᄒᆞᆯ쟉시면.

불다 동 불다[吹]. ❶⇔내(來). ≪朴諺, 中, 58ㅈ≫風不來樹不搖, ᄇᆞ람이 부디 아니면 남기 흔드기디 아니ᄒᆞ고. 雨不來河不漲, 비 오디 아니면 믈이 넘디 아니ᄒᆞᆫ다 ᄒᆞᄂᆞ니라. ❷⇔취(吹). ≪朴諺, 中, 2ㅈ≫因風吹火用力不多, ᄇᆞ람을 因ᄒᆞ여 블을 불면 힘ᄡᅳᆷ이 하디 아니타 ᄒᆞᄂᆞ니라. ≪朴諺, 中, 35ㅈ≫吹起火來, 블을 부러 니르켜. ≪朴諺, 中, 35ㅎ≫却吹殺那燈, ᄯᅩ 그 등잔을 부러 죽이고.

불다 동 불다[吹奏]. ⇔취(吹). ≪朴諺, 上, 7ㅎ≫吹笛兒着, 뎌를 불라. ≪朴諺, 下, 42ㅈ≫吹螺打鈸, 고라 불고 바라 티고. ≪朴諺, 下, 47ㅈ≫前面動細樂·大樂吹角, 앏픠 細樂·大樂을 動ᄒᆞ며 角을 불고.

불당(佛堂) 명 〈불〉 부처를 모신 집. ≪朴諺, 中, 39ㅈ≫佛堂(集覽, 朴集, 中, 7ㅎ: 佛堂. 漢人酷好釋敎, 家設一堂, 或安金像, 或掛畫佛, 焚香頂禮, 朝夕不懈.)一間, 佛堂이 ᄒᆞᆫ 간.

불도징(佛圖澄) 명 진대(晉代)의 중. 천축(天竺) 사람. 현술(玄術)에 능하였다. 310년 낙양(洛陽)에 가서 석늑(石勒)·석호(石虎)의 신봉을 얻어 화북(華北) 지방에 불교를 널리 보급하였다. ≪朴諺, 中, 22ㅎ≫執楊柳於掌內拂病體於輕安(集覽, 朴集, 中, 5ㅎ: 執楊柳於掌內拂病體於輕安. 佛圖澄, 天竺〈竺〉人也. 妙通玄術, 善誦呪, 能役使鬼神.), 楊柳를 손에 잡아 病體를 輕安ᄒᆞᆫ되 ᄠᅥᆯ티고.

불동(佛童) 명 〈불〉 동자승(童子僧). ≪朴諺, 下, 11ㅎ≫與兄弟佛童將去, 아ᄋᆞ 佛童을 주어 가져가니.

불래(不來) 보동 못하다. ⇔못ᄒᆞ다. ≪朴諺, 下, 22ㅎ≫被鬼們當住出不來, 귀신들의 막으믈 닙어 나오디 못ᄒᆞ여.

불리(不利) 형 이롭지 아니하다. ≪朴諺, 下, 59ㅈ≫上泰封王弓裔(集覽, 朴集, 下, 12ㅎ: 弓裔. 日官奏曰, 此兒以重午日生, 生而有齒, 且光燄〈焰〉異常, 恐將不利於國家, 宜勿擧.)手下, 泰封王 弓裔 手下에 올라.

불매(不賣) 동 남에게 상품 따위를 팔지 아니하다. ≪朴諺, 下, 26ㅎ≫有時有不賣, 이시믄 이시되 ᄑᆞ디 아니ᄒᆞ리라. 你不賣將家去就飯喫, 네 ᄑᆞ디 아니ᄒᆞ고 집의 가져가 밥ᄒᆞ여 먹을싸.

불면(不免) 형 마지못하다. 또는 면할 수

없다. 벗어날 수 없다. ⇔마디못ᄒᆞ다. ≪朴諺, 下, 54ㅎ≫今不免具狀, 이제 마디못ᄒᆞ여 具狀ᄒᆞ여.

불명(不明) 형 분명하지 아니하다. ⇔불명ᄒᆞ다(不明-). ≪朴諺, 中, 10ㅈ≫神奴來歷不明, 神奴ㅣ 來歷이 不明ᄒᆞ거나.

불명ᄒᆞ다(不明-) 형 분명하지 아니하다. ⇔불명(不明). ≪朴諺, 中, 10ㅈ≫神奴來歷不明, 神奴ㅣ 來歷이 不明ᄒᆞ거나.

불문(佛門) 명 〈불〉 불교를 믿는 사람. 또는 그들의 사회. ≪朴諺, 下, 24ㅎ≫越敬佛門, 더옥 佛門을 敬ᄒᆞ여.

불방(不妨) 형 해롭지 아니하다. 무방하다. 괜찮다. ≪朴諺, 下, 61ㅎ≫喫些淡茶去不妨, 져기 淡茶를 먹고 가미 해롭디 아니ᄒᆞ니.

불방사(不妨事) 형 ❶일에 해롭지 아니하다. 무던하다. 괜찮다. ≪朴諺, 上, 50ㅈ≫滿月過了時喫的不妨事, ᄃᆞᆯ이 차 디나면 먹어도 일에 해롭디 아니ᄒᆞ리라. ≪朴諺, 中, 2ㅈ≫不妨事, 일에 해롭디 아니ᄒᆞ다. ≪朴諺, 中, 18ㅈ≫不妨事, 일에 해롭디 아니ᄒᆞ다. ≪朴諺, 中, 38ㅈ≫不妨事, 일에 해롭디 아니ᄒᆞ니. ≪朴諺, 中, 48ㅈ≫不妨事, 일에 해롭디 아니ᄒᆞ니. ≪朴諺, 下, 28ㅎ≫不妨事, 일에 해롭디 아니ᄒᆞ니. ❷무던하다. 괜찮다. ⇔므던ᄒᆞ다. ≪集覽, 字解, 累字解, 2ㅎ≫不妨事. 므던ᄒᆞ다. 猶言不妨碍於事.

불방애어사(不妨碍於事) 형 무던하다. 무방하다. ⇔므던ᄒᆞ다. ≪集覽, 字解, 累字解, 2ㅎ≫不妨事. 므던ᄒᆞ다. 猶言不妨碍於事.

불방편(不方便) 형 모두 말기가 쉽지 않다. 편의에 따라 적절히 일을 꾀하기가 쉽지 않다. ≪集覽, 字解, 單字解, 4ㅎ≫便. 去聲, 卽也. 便行 즉재 가니라, 便去 즉재 가리라, 又즉재 가다. 又則也. 便有 곧 잇다, 便是 곧 올ᄒᆞ니라. 又順也, 順便. 又安也, 便當. 又宜也. 行方便 됴홀 양오로 ᄒᆞ다, 不方便 다히 마지 쉽사디 아니타. 又猶則也. 你去便就有了 너옷 가면 이시리라. 又平聲, 穩便 온당ᄒᆞ다. 吏語, 便益.

불법(佛法) 명 〈불〉 부처가 말한 교법(敎法). ≪朴諺, 上, 65ㅈ≫聽說佛法去來, 佛法 니ᄅᆞᄂᆞᆫ 양 드르라 가쟈. ≪朴諺, 上, 65ㅈ≫法名(集覽, 朴集, 上, 15ㅎ: 法名. 剃〈削〉髮披緇, 歸〈敀〉依佛法, 別立外號, 是謂法名.)喚步虛, 法名을 步虛ㅣ라 브ᄅᆞᄂᆞᆫ 이. ≪朴諺, 上, 65ㅎ≫到江南地面石屋(集覽, 朴集, 上, 16ㅈ: 石屋. 法名清珙, 號石屋和尙, 臨濟十八世之嫡孫也. 普虛謁石屋, 石屋見之云, 老僧今日旣已放下三百斤擔子遞你擔了, 且展脚睡矣. 乃微笑云, 佛法東矣.)法名的和尙根底, 江南 싸 石屋이라 法名 ᄒᆞᆫ 즁의손ᄃᆡ 가니. ≪朴諺, 上, 65ㅎ≫得傳衣鉢(集覽, 朴集, 上, 16ㅈ: 傳衣鉢. 書言故事云, 傳授佛法, 謂之傳衣鉢. 衣, 卽袈裟三事衣也, 鉢, 應供器也.), 衣鉢 傳홈을 어더. ≪朴諺, 下, 8ㅎ≫僧尼道俗善男信女(集覽, 朴集, 下, 2ㅎ: 善男信女. 佛法大海, 信爲能入, 智爲能度人, 若無信, 不入佛法.), 僧尼 道俗과 善男 信女ㅣ. ≪朴諺, 下, 9ㅎ≫不信佛法不聽經論, 佛法을 밋디 아니ᄒᆞ고 經論을 듯디 아니ᄒᆞ니. ≪朴諺, 下, 10ㅈ≫怎的是佛法, 엇디홈ᄋᆞᆫ 이 佛法고. ≪朴諺, 下, 18ㅈ≫恭敬佛法, 佛法을 공경ᄒᆞ더니. ≪朴諺, 下, 18ㅈ≫見國王敬佛法, 國王의 佛法 敬호믈 보고.

불변(不變) 동 사물의 모양이나 성질이 변하지 아니하다. ≪朴諺, 上, 2ㅎ≫長春酒(集覽, 朴集, 上, 1ㅎ: 長春酒. 質問云, 春分日所造之酒, 永久不變其味, 方言謂之長春酒. 又云, 以春分日蒸糜下酒, 三日後封閉了瓮, 待夏後方榨.)一桶, 長春酒 ᄒᆞᆫ 통과.

불보(佛寶) 명 〈불〉 삼보(三寶)의 하나로, 석가모니불(釋迦牟尼佛)과 모든 부처를 높여 이르는 말. 부처는 스스로 진리를 깨닫고, 또 다른 사람을 깨닫게 하므로 세상의 귀중한 보배와 같다 하여 이르는 말이다. ≪朴諺, 下, 9ㅎ≫入寺敬三寶(集覽, 朴集, 下, 3ㅈ: 三寶. 又法數云, 十號圓明, 萬行具足, 天龍戴仰, 稱無上尊, 卽佛寶也.), 뎔에 드러는 三寶를 敬ᄒᆞ고.

불보살(佛菩薩) 명 〈불〉 부처와 보살. ≪朴諺, 上, 66ㅎ≫這的眞善智識(集覽, 朴集, 上, 16ㅎ: 善知識. 善知〈智〉識者, 指高僧之稱. 知亦作智. 反(飜)譯名義云, 佛·菩薩·羅漢是善知〈智〉識, 六波羅密·三十七品是善知〈智〉識, 法性實〈宗〉際是善知〈智〉識.)那裏尋去, 이런 진짓 善智識을 어ᄃᆡ 어드리오.

불상(不上) 보동 아니하다. …하지 못하다. ⇔아니ᄒᆞ다. ≪朴諺, 上, 21ㅎ≫甚麽賸添不上, 므슴아라 술이 오ᄅᆞ디 아니ᄒᆞ리오.

불상(佛像) 명 〈불〉 부처의 형상을 표현한 상. ≪朴諺, 下, 2ㅎ≫長老的佛像鑄了麽, 長老ㅣ아 佛像을 디윗ᄂᆞᆫ다. ≪朴諺, 下, 42ㅈ≫上頭放坐一尊佛像, 우희 一尊佛像을 안치고.

불서(佛書) 명 〈불〉 불교에 관한 책. ≪朴諺, 中, 20ㅎ≫南海普陀落伽山(集覽, 朴集, 中, 3ㅎ: 南海普陁落伽山. 山在寧波府定海縣, 古昌國縣海中. 佛書所謂海岸高絶處, 普陀洛伽山, 世傳觀音現像于此, 上有普陀寺.)裏, 南海 普陀 落伽山에. ≪朴諺, 中, 21ㅎ≫或分身居士·宰官(集覽, 朴集, 中, 5ㅈ: 居士宰官. 佛書云, 應以居士得道者必在居士, 應以宰官得道者必現宰官.), 或 居士·宰官에 分身ᄒᆞ고.

불성(不成) 보동 못하다. 안 되다. ⇔못ᄒᆞ다. ≪朴諺, 上, 62ㅎ≫眞箇是畫也畫不成, 진실로 그리려 ᄒᆞ여도 그리디 못ᄒᆞ고. ≪朴諺, 中, 36ㅎ≫沒你時怕買不成, 네 업다사디 못홀가 저프라.

불성(不成) 부 불성(不成)히. 좋지 않게. 나쁘게. ⇔블셩이. ≪朴諺, 下, 6ㅈ≫這般做的不成時, 이리 ᄆᆡᆫ들기를 블셩이 ᄒᆞ면.

불성(不成) 형 좋지 않다. 나쁘다. ⇔불성ᄒᆞ다(不成-). ≪朴諺, 上, 23ㅎ≫那厮不成, 뎌 놈이 不成ᄒᆞ여. ≪朴諺, 中, 2ㅎ≫把來做的不成, 가져오니 ᄆᆡᆫ돌옴이 不成ᄒᆞ고.

불성ᄒᆞ다(不成-) 형 좋지 않다. 나쁘다. ⇔불성(不成). ≪朴諺, 上, 23ㅎ≫那厮不成, 뎌 놈이 不成ᄒᆞ여. ≪朴諺, 中, 2ㅎ≫把來做的不成, 가져오니 ᄆᆡᆫ돌옴이 不成ᄒᆞ고.

불소(佛所) 명 〈불〉 불상을 모시어 두는 곳. ≪朴諺, 中, 24ㅈ≫咱也到佛所, 우리도 佛所에 가.

불송(佛頌) 명 〈불〉 부처의 공덕을 찬미하는 게송(偈頌). ≪朴諺, 上, 65ㅎ≫大發明得悟(集覽, 朴集, 上, 16ㅈ: 作與頌字迴光返照大發明得悟. 音義云, 石屋和尙作佛頌與〈与〉步虛, 其佛光迴還返照於步虛之身, 其於生死輪迴之說, 靡不通曉.), 크게 發明 得悟ᄒᆞ야.

불수(不須) 보동 말다. ⇔말다. ≪朴諺, 上, 13ㅎ≫不湏(須)貼膏藥, 모롬이 膏藥을 브티디 말라. ≪朴諺, 上, 16ㅈ≫這的你不湏(須)說, 이란 네 모롬이 니ᄅᆞ디 말라. ≪朴諺, 下, 11ㅈ≫身已(己)安樂不湏(須)憂念, 몸이 安樂ᄒᆞ니 모로미 憂念티 마ᄅᆞ쇼셔.

불신(不信) 동 믿지 않다. ≪集覽, 字解, 單字解, 2ㅎ≫怕. 疑懼之意. 怕人知道. 又設若之辭. 怕你不信 ᄒᆞ다가 너옷 밋디 몯거든. 又恐也. 害怕 두리여ᄒᆞ다.

불신(佛身) 명 〈불〉 관세음보살(觀世音菩薩)의 현신(現身)인 삼십이신(三十二身)의 하나. 불(佛)의 몸 . 곧, 불도를 깨달은 성인의 몸. ≪朴諺, 中, 21ㅎ≫或作童女(集覽, 朴集, 中, 4ㅎ: 童男童女. 觀音現三十二應, 曰佛身, 曰辟支〈支〉, 曰圓覺, 曰聲聞, 曰梵王, 曰帝釋, 曰自在天, 曰大自在天, 曰天大將軍, 曰四天王, 曰四天太子, 曰人王, 曰長者, 曰居士, 曰宰官, 曰婆羅門, 曰比丘, 曰比丘尼, 曰優婆塞, 曰優婆夷, 曰女主, 曰童男, 曰童女, 曰天身, 曰龍身, 曰藥叉, 曰乾達婆, 曰阿脩羅, 曰

緊那羅, 曰摩睺羅, 曰樂人, 曰非人.), 혹 童女ㅣ 되며.

불씨(佛氏) 명 〈불〉 석가모니(釋迦牟尼). ≪朴諺, 上, 33ㅎ≫你布施人家齋飯(集覽, 朴集, 上, 10ㅎ: 齋飯. 請觀音經疏云, 齋者, 齊也, 齊身口業也. 佛氏日中而食, 瓶沙王問, 佛, 何故日中食. 答〈荅〉云, 早起諸天食, 日中三世佛食, 日西畜生食, 日暮鬼神食.)錢, 네 人家에 보시흔 齋飯錢을.

불애사(不碍事) 형 무던하다. 괜찮다. ⇔므던흐다. ≪集覽, 字解, 累字解, 2ㅎ≫不妨事. 므던흐다. 猶言不妨碍於事. ≪集覽, 字解, 累字解, 2ㅎ≫不碍事. 上同.

불온(不穩) 형 온당하지 않다. ≪朴諺, 下, 35ㅈ≫却打花房窩兒(集覽, 朴集, 下, 7ㅎ: 花房窩兒. 今按, 上文自打毬兒以下, 質問各說似不穩合. 先說尤不合於本節〈莭〉所云事意, 而又無義理, 後說似有可取, 而又有一疑.), 쏘 花房 굼글 티쟈.

불요(不要) 동 말다. ⇔말다. ≪朴諺, 上, 10ㅎ≫不要忙, 밧바 말고. ≪朴諺, 上, 13ㅈ≫不要小車, 젹은 술위란 말고. ≪朴諺, 上, 15ㅎ≫不要別搽鐵, 다른 鐵란 말고. ≪朴諺, 上, 15ㅎ≫刃兒不要忒厚了, 늘을 너무 두터이 말고. ≪朴諺, 上, 43ㅈ≫不要紙金要五錢皮金, 紙金으란 말고 닷 돈 皮金을 흐고. ≪朴諺, 中, 55ㅈ≫紐子不要底似(注: 底似, 너모)大恰好着, 됴마기를 너모 크게 말고 마치 됴케 흐라. ≪朴諺, 下, 5ㅈ≫都不要, 다 말고. ≪朴諺, 下, 44ㅈ≫不要多也不要少了, 만히도 말고 젹게도 말아.

불요(不要) 보동 말다. ⇔말다. ≪朴諺, 上, 39ㅎ≫不要只管的刮, 그저 스릐여 긁빗기디 말라. ≪朴諺, 上, 43ㅎ≫姐姐不要說, 姐姐ㅣ아 닐ᄋ디 말라. ≪朴諺, 中, 50ㅈ≫不要賭甚麼, 아모 것도 던ᄋ디 말고. ≪朴諺, 中, 50ㅈ≫也不要違了我的言語, 쏘 내 말을 어긔오디 마쟈. ≪朴諺, 中, 50ㅈ≫不要聒譟連忙擲, 짓궤디 말고 밧비 더디라. ≪朴諺, 中, 50ㅈ≫實說定了時不要改, 실로 닐러 뎡흐고 고티디 마쟈. ≪朴諺, 下, 45ㅎ≫你休强不要去, 네 세오디 말고 가디 말라.

불용(不用) 동 쓰지 아니하다. ≪集覽, 字解, 單字解, 4ㅎ≫麼. 本音모. 俗用爲語助辭, 音마, 古人皆呼爲모, 故或通作莫. 怎麼 엇디, 來麼 오나라. 又用如乎字之意者則曰, 去麼 갈다, 有麼 잇ᄂ녀. 元語, 麼道 니ᄅᄂ다, 麼音ᄆ, 今不用. ≪朴諺, 上, 3ㅎ≫支與竹葉清酒十五瓶·腦兒酒(集覽, 朴集, 上, 1ㅎ: 腦兒酒. 質問云, 做酒用糆麴藥料爲糵, 久封不動, 其色紅而味最純厚. 又云, 以糯米爲之, 酒之帶糟者. 又云, 好麴〈麯〉好米作酒, 成熟粘稠有味, 不用參和.)五桶, 竹葉清酒 十五瓶과 腦兒酒 五桶을 支與흐더라.

불우다 동 불리다. ⇔윤(潤). ≪朴諺, 中, 35ㅈ≫舌尖兒潤開了窓孔, 혓긋흐로 불워 창 굼글 뿔고.

불자(拂子) 명 채. ⇔채. ≪朴諺, 中, 55ㅎ≫將蠅拂子來都赶了, ᄑ리채 가져다가 다 쫏고.

불전(佛殿) 명 〈불〉 불전. 불당(佛堂). ≪朴諺, 上, 61ㅈ≫內外大小佛殿, 안밧 大小 佛殿과.

불제사(不濟事) 형 속절없다. 또는 쓸데없다. ⇔속졀없다. ≪朴諺, 下, 34ㅎ≫不濟事, 속졀업ᄉ니.

불지론(佛地論) 명 당(唐)나라 친광(親光) 지음. 원래 이름은 불지경론(佛地經論) 또는 불설불지경(佛說佛地經). 당(唐)나라 현장(玄奘)이 번역하였다. 청정법계(清淨法界)·대원경지(大圓鏡智)·평등성지(平等性智)·묘관찰지(妙觀察智)·성소작지(成所作智) 등 5종의 법(法)이 대각지(大覺智)를 포함함에 대하여 주석하였다. ≪朴諺, 上, 62ㅎ≫只此人間兜率(集覽, 朴集, 上, 15ㅈ: 兜率. 梵語兜率, 此云妙足, 又云知足於五欲知止足. 故佛地論云, 名憙足, 謂後身菩薩於中教化, 多修憙足故. 卽欲界六天之一也. 兜率天, 人間

四百世爲一日.), 그저 이 人間ㅅ 兜率이러라.

불착(不着) 보동 못하다. ⇔못ᄒᆞ다. ≪朴諺, 下, 21ㅎ≫皇后大笑猜不着了, 皇后ㅣ 크게 우으며 아디 못ᄒᆞ여다. ≪朴諺, 下, 23ㅎ≫百般搭不着, 빅 가지로 호ᄃᆡ 건디디 못ᄒᆞ니.

불찰(佛刹) 명 〈불〉 절. 사찰. ≪朴諺, 上, 9ㅈ≫我也往金剛山禪院·松廣(集覽, 朴集, 上, 4ㅎ: 禪院松廣. 兩〈佛〉刹名, 俱在金剛山.)等處降香去, 나도 金剛山 禪院·松廣 等處를 향ᄒᆞ야 降香ᄒᆞ라 가노라.

불채(不倸) 동 듣지 아니하다. ≪集覽, 字解, 單字解, 7ㅈ≫倸. 音采. ㅡㅡ, 聽理, 採用之謂. 倸一倸 채ᄒᆞ다. 不倸 듣디 아니ᄒᆞ다. 又作揪倸.

불출(不出) 보동 (밖으로 나타내어 표현하지) 못하다. ⇔못ᄒᆞ다. ≪朴諺, 上, 62ㅎ≫描也描不出, 모ᄒᆞ려 ᄒᆞ여도 모티 못ᄒᆞᆯ 거시니.

불치(不致) 동 이르지 못하다. …을 초래하지 아니하다. ≪朴諺, 中, 9ㅈ≫你與我甘結(集覽, 朴集, 中, 2ㅈ: 甘結. 擧此爲辞, 以成文狀, 與彼收執, 或呈報上司, 以憑後考, 謂之不致扶同, 重甘結狀.)·應付, 네 날을 甘結과 應付를 주고려.

불합(不合) 형 서로 맞지 아니하다. ≪朴諺, 下, 35ㅈ≫却打花房窩兒(集覽, 朴集, 下, 7ㅎ: 花房窩兒. 今按, 上文自打毬兒以下, 質問各說似不穩合. 先說尤不合於本節〈莭〉所云事意, 而又無義理, 後說似有可取, 而又有一疑.), 또 花房 굼글 티쟈.

불해(不懈) 형 해이하지 않다. 게으르지 않다. ≪朴諺, 中, 39ㅈ≫佛堂(集覽, 朴集, 中, 7ㅎ: 佛堂. 漢人酷好釋敎, 家設一堂, 或安金像, 或掛畫佛, 焚香頂禮, 朝夕不懈.)一間, 佛堂이 ᄒᆞᆫ 간.

불허(不許) 동 불허하다. 허락하지 않다. ≪朴諺, 上, 14ㅈ≫這的大紅綉五爪蟒龍(集覽, 朴集, 上, 6ㅈ: 五爪蟒龍. 蟒, 大蛇也. 蟒龍, 謂無角龍也. 元制, 五爪二角龍爲紋〈文〉者, 止供御用, 不許下人穿用.), 이 大紅에 五瓜 蟒龍을 슈지칠ᄒᆞ고.

불회 명 뿌리. ⇔근아(根兒). ≪朴諺, 中, 58ㅎ≫我只會根兒解酒和做醋, 나ᄂᆞᆫ 그저 불회로 解酒ᄒᆞ고 초 빗ᄂᆞᆫ 줄만 알고.

불회 의 뿌리. ⇔근아(根兒). ≪朴諺, 上, 10ㅈ≫澇了田禾沒一根兒, 田禾에 믈쎄여 ᄒᆞᆫ 불회도 업고.

불회(不會) 동 못하다. ❶⇔몯ᄒᆞ다. ≪集覽, 字解, 累字解, 2ㅈ≫不會. 몯ᄒᆞ다. ❷⇔못ᄒᆞ다. ≪朴諺, 上, 21ㅈ≫那不會說話的頭口們喂不到, 뎌 말 못ᄒᆞᄂᆞᆫ 즘승들흘 먹이기를 이긋 못ᄒᆞ니.

불회(不會) 동 아니하다. …하지 않을 것이다. ⇔아니타. ≪集覽, 字解, 累字解, 2ㅎ≫竝不會. 젼혀 아니타.

불효(不曉) 동 모르다. ⇔모로다. ≪朴諺, 中, 18ㅈ≫再來休說這般不曉事的話, ᄂᆡ여란 이런 일 모로ᄂᆞᆫ 말 니ᄅᆞ디 말라.

붑 명 북[鼓]. ⇔고(鼓). ≪朴諺, 上, 36ㅈ≫大哥山上擂皷, 큰형은 山에셔 붑 티고. ≪朴諺, 中, 5ㅈ≫站家擂皷, 站에셔 붑 티니. ≪朴諺, 下, 42ㅈ≫擂皷撞磬, 붑 티며 경 티고. ≪朴諺, 下, 60ㅎ≫擂皷打鑼, 붑 티고 바라 티고.

붓 명 붓[筆]. ⇔필(筆). ≪朴諺, 上, 23ㅎ≫將筆(筆)來抹了着, 붓 가져다가 외오라. ≪朴諺, 中, 47ㅈ≫又將筆來面皮上畫了, 또 붓을 가져다가 ᄂᆞᆺ체 그렷더니.

붓다 동 부치다. ⇔선(扇). ≪朴諺, 中, 21ㅈ≫扇慈風於刹土, 慈風을 刹土에 붓ᄂᆞᆫ또다.

붕(棚) 명 가건물. 임시 건물. ≪朴諺, 上, 18ㅈ≫是勾欄(集覽, 朴集, 上, 6ㅎ: 抅欄. 書言故事云, 鉤〈鈎〉欄, 俳優棚也. 風俗通云, 漢文帝廟〈庙〉設抱老鉤〈鈎〉欄. 注云, 其鈎屈曲如鈎, 以防人墮.)衚衕裏帶匠夏五廂的, 이 抅欄 골 띄장이 夏五ㅣ 젼메윗ᄂᆞ니라.

붕(煳) 동 굽다[炙]. ⇔굽다. ≪朴諺, 上, 5ㅈ≫煳牛肉(集覽, 朴集, 上, 2ㅎ: 煳牛肉. 質問云,

牛肉細切, 用椒塩燜食. 又云, 以水和醬成湯, 放入鍋內, 燒至滾沸, 方下細切的牛肉, 再加椒·醋·葱花盛供, 故曰燜.), 구은 쇠고기와.

붕우(朋友) 명 벗. 친구. ⇔벗. ≪集覽, 字解, 累字解, 1ㅎ≫相識. 俗稱相識, 滿天下知心能幾人, 謂朋友也. ≪朴諺, 上, 1ㅎ≫着張三(集覽, 朴集, 上, 1ㅈ: 張三. 三, 或族次, 或朋友行輩之次, 或有官者以職次相呼, 或稱爲定名者有之. 李四·王五亦同.)買羊去, 張三으로 ᄒᆞ여 羊을 사라 가. ≪朴諺, 上, 23ㅈ≫咱幾箇好朋友們, 우리 여러 ᄆᆞᅀᆞᆷ 됴흔 벗들이. ≪朴諺, 上, 23ㅎ≫衆朋友們的名字都寫着請去, 모든 벗들의 名字를 다 써 쳥ᄒᆞ라 가쟈.

붕자(綳子) 명 배두렁이. ❶⇔빗보로기. ≪朴諺, 上, 50ㅎ≫着綳子(集覽, 朴集, 上, 13ㅎ: 綳子. 보로기, 卽襁也. 廣韻〈韵〉, 束兒衣也. 闊〈濶〉八寸, 長一尺, 用約小兒而負之行者.)絟了, 빗보로기 ᄆᆡ고. ❷포대기. ⇔보로기. ≪朴諺, 上, 50ㅎ≫上頭鋪兩三箇褯子(集覽, 朴集, 上, 13ㅎ: 褯子. 音義云, 襁褓, 接腎汚穢之物. 今按, 襁卽綳子, 褓卽褯子, 音義混而一之, 誤矣. 但譯語指南, 亦呼綳子, 混稱爲襁褓. 未詳是否. 褯子, 깃.), 우희 두세 깃을 ᄭᆞᆯ고. ≪朴諺, 上, 50ㅎ≫着綳子(集覽, 朴集, 上, 13ㅎ: 綳子. 보로기, 卽襁也. 廣韻〈韵〉, 束兒衣也. 闊〈濶〉八寸, 長一尺, 用約小兒而負之行者.)絟了, 빗보로기 ᄆᆡ고.

뷔다 형 비다[空]. ⇔공한(空閑). ≪集覽, 字解, 單字解, 7ㅎ≫閑. 雜也. 閑雜人. 又替也. 파직ᄒᆞ다, 罷閑了·替閑了. 又遊息曰閑. 흥ᄭᅧ여 ᄃᆞᆫ닐시니, 遊閑了. 又練熟也. 弓馬熟閑. 又空也. 空閑田地 뷔엿ᄂᆞᆫ 싸. 又等閑 부질업시, 又힘히미, 又간대롭다.

뷔윤실 명 비비어 꼰 실. ≪朴諺, 上, 25ㅈ≫刺(刺)通袖膝欄(集覽, 朴集, 上, 8ㅎ: 刺通袖膝欄. 元時好着此衣, 前後具胷背, 又連肩而通袖之脊, 至袖口爲紋, 當膝周圍亦爲紋如欄干, 然織成段匹爲衣者有之, 或皮或帛, 用綵線周遭回曲爲緣, 如花樣, 刺〈刺〉爲草樹〈尌〉·禽獸·山川·宮殿之文於〈紋於〉其內, 備極奇巧, 皆用團領着之, 其直甚高. 達達〈ㅌ〉之俗, 今亦猶然. 뷔윤 실로 치질ᄒᆞ니를 呼爲刺, 亦曰絈, 音扣.)羅帖裏上, ᄉᆞ매 ᄆᆞᄅᆞ 내 치질ᄒᆞ고 膝欄ᄒᆞᆫ 羅 텰릭에.

뷔이다 동 비비다. 꼬다. ≪朴諺, 上, 25ㅈ≫刺(刺)通袖膝欄(集覽, 朴集, 上, 8ㅎ: 刺通袖膝欄. 뷔윤 실로 치질ᄒᆞ니를 呼爲刺.)羅帖裏上, ᄉᆞ매 ᄆᆞᄅᆞ 내 치질ᄒᆞ고 膝欄ᄒᆞᆫ 羅 텰릭에.

브르다 동 부르다[呼]. ❶⇔규(叫). ≪朴諺, 上, 3ㅈ≫便叫將當該的外郎來, 곳 當該外郎을 블러 와. ≪朴諺, 上, 6ㅎ≫叫將唱的根前來着他唱, 노래 브ᄅᆞᄂᆞ니를 블러 앏히 와 뎔로 ᄒᆞ여 브ᄅᆞ게 ᄒᆞ라. ≪朴諺, 上, 10ㅈ≫去角頭叫幾箇打墻的和坌工來築墻, 모롱이에 가 여러 담 ᄡᆞᄂᆞᆫ 이와 조역을 블러다가 담 ᄡᆞ이리라. ≪朴諺, 中, 11ㅈ≫叫將那木匠來, 뎌 木匠이를 블러다가. ≪朴諺, 中, 27ㅎ≫那大舍叫將屋裏去, 뎌 大舍ㅣ 블러 집의 가. ≪朴諺, 中, 34ㅈ≫叫將翠兒春喜來, 翠兒와 春喜를 블러다가. ≪朴諺, 下, 4ㅎ≫叫一箇泥水匠和兩箇坌工來, ᄒᆞᆫ 泥匠이와 두 조역을 블러다가. ≪朴諺, 下, 9ㅎ≫叫將根前來說道, 블러 앏픠 오라 ᄒᆞ여 닐오ᄃᆡ. ≪朴諺, 下, 21ㅈ≫又叫兩箇宮娥, 또 두 宮娥를 블러. ≪朴諺, 下, 23ㅎ≫叫大王有肥棗麽, 大王을 블러 비노 잇ᄂᆞ냐. ≪朴諺, 下, 52ㅈ≫叫到隣人幷巡宿総甲人等, 隣人과 巡宿ᄒᆞᄂᆞᆫ 総甲人 等을 아오로 블러. ❷⇔규환(叫喚). ≪朴諺, 上, 31ㅎ≫叫喚着討時, 블러 달라 ᄒᆞ면. ❸⇔초(招). ≪朴諺, 中, 30ㅎ≫招做女壻來, 블러 사회를 삼으니.

브르ᄠᅳ다 동 부릅뜨다. ⇔정(睁). ≪朴諺, 中, 43ㅈ≫睁着驢眼, 나귀 눈 브르ᄠᅳᆺ ᄒᆞ고. ≪朴諺, 下, 48ㅎ≫睁着眼, 눈을 브르ᄠᅳ고.

브리다 동 부리다[使]. ❶⇔고용(雇用). ≪集覽, 字解, 單字解, 6ㅈ≫賃. 僦屋以語曰賃, 지블 돌마다 銀 현 량곰 삭 물오 드러 이셔 살 시라. 又雇用驢馬·舟車之類曰賃, 라괴와 물들홀 삭 주고 브릴 시라. ❷⇔구사(軀使). ≪朴諺, 中, 10ㅈ≫養成軀使, 길러 브리되. ❸⇔사(使). ≪集覽, 字解, 單字解, 5ㅎ≫使. 上聲, 差也, 役也. 使的我 날 브려. 又用也. 使用了. 吏語, 行使 쓰다. 又使船 비 달호다. 又去聲, 使臣, 差使. 又官名. ≪朴諺, 中, 16ㅎ≫我妳妳使的我說將來, 우리 妳妳ㅣ 날을 브려 닐러늘 가져왓노이다. ≪朴諺, 下, 18ㅈ≫便使黑心, 믄득 게엄ᄆᆞ음을 브려. ≪朴諺, 下, 21ㅎ≫皇后暗使一箇宮娥, 皇后ㅣ ᄀᆞ만이 ᄒᆞᆫ 宮娥를 브려.

브리우다 동 (짐을) 부리게 하다. ⇔하(下). ≪朴諺, 上, 51ㅎ≫那裏下着裏, 어듸 브리윗는다. ≪朴諺, 上, 51ㅎ≫小人在那東角頭堂子間壁下着裏, 小人이 뎌 동녁 모롱이 堂子ㅅ ᄇᆞ롬을 ᄉᆞ이ᄒᆞ여 브리워 잇노라.

브리이다 동 부리게 하다. ⇔사(使). ≪朴諺, 中, 52ㅎ≫跟張総兵使的牢子, 張総兵을 쏠와 브리이는 牢子ㅣ러라.

브ᄅᆞ다 동 부르다[呼]. ❶⇔규(叫). ≪朴諺, 上, 12ㅎ≫不去時叫別箇, 가디 아니면 다ᄅᆞ니를 브ᄅᆞ쟈. ≪朴諺, 下, 46ㅈ≫叫做芒兒, 브ᄅᆞ기를 芒兒ㅣ라 ᄒᆞ고. ❷⇔환(喚). ≪朴諺, 上, 65ㅈ≫法名喚步虛, 法名을 步虛ㅣ라 브ᄅᆞ는 이. ≪朴諺, 中, 9ㅎ≫今將親生孩兒小名喚神奴, 이제 親生ᄒᆞᆫ 아ᄒᆡ 小名을 神奴ㅣ라 브ᄅᆞ고. ≪朴諺, 中, 27ㅈ≫小名喚李大舍, 小名을 李大舍ㅣ라 브ᄅᆞ는이. ≪朴諺, 中, 32ㅈ≫喚禪頂山, 禪頂山이라 브ᄅᆞ니. ≪朴諺, 下, 17ㅎ≫喚做車遲國, 車遲國이라 브ᄅᆞ는디라. ≪朴諺, 下, 18ㅈ≫外名喚燒金子道人, 外名은 燒金子道人이라 브ᄅᆞᄂᆞ니. ≪朴諺, 下, 18ㅈ≫喚伯眼, 伯眼이라 브ᄅᆞ고.

브ᄅᆞ다 동 ❶부르다[唱]. ⇔창(唱). ≪朴諺, 上, 6ㅎ≫叫將唱的根前來着他唱, 노래 브ᄅᆞᄂᆞ니를 블러 앏히 와 뎌로 ᄒᆞ여 브ᄅᆞ게 ᄒᆞ라. ≪朴諺, 上, 7ㅎ≫如今唱達達曲兒, 이제 達達曲을 브ᄅᆞ고. ❷부르다. 초래하다. ⇔초(招). ≪朴諺, 下, 15ㅎ≫却又招災, 또 직화ᄅᆞᆯ 브ᄅᆞ니.

브릅쁘다 동 부릅뜨다. ⇔정개(睜開). ≪朴諺, 下, 19ㅎ≫大仙睜開雙眼道, 大仙이 두 눈을 브릅쁘고 닐오ᄃᆡ.

브즈런이 부 부지런히. ⇔근(勤). ≪朴諺, 上, 21ㅎ≫每日這般勤勤的喂時, 每日에 이리 브즈런이 먹이면. ≪朴諺, 上, 45ㅎ≫越在意勤勤的學着, 더옥 뜻 두어 브즈런이 ᄇᆡ호라.

-브터 조 -부터. ❶⇔자(自). ≪朴諺, 下, 60ㅈ≫自古有之, 녜브터 잇ᄂᆞ니. ❷⇔종(從). ≪朴諺, 上, 13ㅎ≫從幾時出來, 언제브터 낫ᄂᆞ뇨. 從前日箇出來, 그제브터 나시되. ≪朴諺, 上, 34ㅈ≫小僧從今日, 小僧이 오늘브터. ≪朴諺, 上, 66ㅈ≫從今日起後日罷散, 오늘브터 시작ᄒᆞ여 모뢰면 罷散ᄒᆞᆯ러라.

-브티 접미 -붙이. ≪朴諺, 中, 11ㅈ≫買饋他木料(集覽, 朴集, 中, 2ㅈ: 木料. 凡造一件物而該用之物皆曰料. 木料, 나모브·팃 ᄀᆞ숨〈음〉. 詳見字解料字下.)·席子整理, 뎌를 木料와 삿글 사 주어 整理케 ᄒᆞ라.

브티다 동 ❶붙이다. 시키다. ≪朴諺, 上, 17ㅎ≫鬪(鬪)促織兒, 뵈짱이 싸홈 브티고. ❷부치다. 의탁하다. ⇔기(寄). ≪朴諺, 上, 11ㅎ≫郎中馬只寄在這人家裏, 郎中아 ᄆᆞᆯ을 그저 이 人家에 브텨 두엇다가. ❸붙이다. ⇔첩(貼). ≪朴諺, 上, 13ㅎ≫不湏(須)貼膏藥, 모롬이 膏藥을 브티디 말라. ≪朴諺, 下, 1ㅈ≫貂鼠皮丢袖(集覽, 朴集, 下, 1ㅈ: 丢袖. 音義云, ·ᄉᆞ·미〈매〉 조처 :내·브·틴 갓·옷.), 貂鼠皮 ᄉᆞ매 조차 내브틴 갓오ᄉᆞᆯ다가. ≪朴諺, 下, 41ㅈ≫殃榜橫貼在門上, 殃榜을 문 우희 빗기 브텻더니. ≪朴諺, 下, 55ㅎ≫各處橋上角頭

們貼去, 各處 ᄃᆞ리 모롱이들헤 브티고.

브티다 동 (글이나 물건을) 부치다. ❶⇔기착(寄着). ≪朴諺, 下, 43ㅎ≫寺裏寄着裡, 뎔에 브티니라. ❷⇔초(稍). ≪集覽, 字解, 單字解, 1ㅎ≫稍. 寄也. 稍將來 브터 가져오라. ≪朴諺, 上, 46ㅈ≫稍將來了, 브터늘 가져왓노라. ≪朴諺, 上, 46ㅈ≫貴眷稍的十箇白毛施布, 貴眷이 브틴 열 필 흰 모시뵈과. ≪朴諺, 下, 10ㅎ≫先生你寫與我書稍的去, 先生아 네 날을 글 써 주어든 브텨 보내쟈. ≪朴諺, 下, 11ㅈ≫稍一箇水褐段匹, ᄒᆞᆫ 슈헐빗치 비단을 브텨. ≪朴諺, 下, 11ㅈ≫望稍書來着, ᄇᆞ라건대 글을 브텨 보내쇼셔.

븓다 동 붙다. 머물다. 쉬다. ⇔안하(安下). ≪集覽, 字解, 單字解, 1ㅎ≫安. 安鍋兒 가마 거다. 又安下 사ᄅᆞ미 자리 븓다. 又吏語, 安挿 사ᄅᆞᆷ을 안졉ᄒᆞ게 ᄒᆞ다.

블 명 불. ⇔화(火). ≪朴諺, 中, 2ㅈ≫因風吹火用力不多, ᄇᆞ람을 因ᄒᆞ여 블을 불면 힘씀이 하디 아니타 ᄒᆞᄂᆞ니라. ≪朴諺, 中, 35ㅈ≫吹起火來, 블을 부러 니르켜. ≪朴諺, 下, 5ㅈ≫死火炕燒火炕, 블 아니 딧ᄂᆞᆫ 구들을 ᄒᆞ랴 블딧ᄂᆞᆫ 구들을 ᄒᆞ랴. ≪朴諺, 下, 7ㅎ≫火裏炙, 블에 뙤라. ≪朴諺, 下, 7ㅎ≫火盆裏弄些火, 화로에 블 퓌오고. ≪朴諺, 下, 44ㅎ≫弄的火快時, 블 퓌오기ᄅᆞᆯ ᄲᆞᆯ리 ᄒᆞ면.

블다 동 (바람이) 불다. ⇔괄(刮). ≪朴諺, 上, 36ㅈ≫下雨開花刮風結子, 비 오면 곳 픠고 ᄇᆞ람 블면 여름 여ᄂᆞᆫ 거시여.

블딧다 동 불 때다. 불 피우다. ⇔소화(燒火). ≪朴諺, 下, 5ㅈ≫死火炕燒火炕, 블 아니 딧ᄂᆞᆫ 구들을 ᄒᆞ랴 블딧ᄂᆞᆫ 구들을 ᄒᆞ랴.

블러오다 동 불러오다. ⇔규래(叫來). ≪朴諺, 上, 5ㅎ≫叫教坊司十數箇樂工和做院本諸般雜技的來, 教坊司의 여라믄 樂工과 院本에 여러 가지 雜技ᄒᆞᄂᆞ니ᄅᆞᆯ 블러오라. ≪朴諺, 上, 39ㅎ≫叫將那剃頭的來, 뎌 머리 갓ᄂᆞᆫ 이ᄅᆞᆯ 블러오라. ≪朴諺, 上, 52ㅎ≫叫將那斜眼的弓匠王五來, 뎌 눈흘빈 弓匠 王五ᄅᆞᆯ 블러오라. ≪朴諺, 上, 52ㅎ≫叫的你來, 너ᄅᆞᆯ 블러오롸.

블리다 동 불리다. 소환(召喚)되다. ❶⇔구섭(勾攝). ≪集覽, 字解, 單字解, 3ㅎ≫勾. 平聲, 曲也. 勾龍, 社神, 勾芒, 春神, 勾吳, 地名. 今按, 俗語勾了 유여ᄒᆞ다, 又에우다. 又能勾 어루, 又유여히. 又吏語, 勾取 자피다, 又勾攝公事 공ᄉᆞ로 블리다, 又勾喚 블리다. 又去聲, 勾當, 幹管也, 又事也, 勾當亦去聲. ❷⇔구환(勾喚). ≪集覽, 字解, 單字解, 3ㅎ≫勾. 平聲, 曲也. 勾龍, 社神, 勾芒, 春神, 勾吳, 地名. 今按, 俗語勾了 유여ᄒᆞ다, 又에우다. 又能勾 어루, 又유여히. 又吏語, 勾取 자피다, 又勾攝公事 공ᄉᆞ로 블리다, 又勾喚 블리다. 又去聲, 勾當, 幹管也, 又事也, 勾當亦去聲.

블무회다 동 불을 때다. 불을 피우다. ⇔구(熰). ≪朴諺, 中, 16ㅈ≫熱炕上熰着出些汗, 더온 캉에 블무회고 젹이 ᄯᆞᆷ 내라.

블샹 명 〈불〉 불상(佛像). ⇔불(佛). ≪朴諺, 中, 43ㅎ≫堂上掛佛端然坐, 堂上에 블샹을 걸고 단졍히 안쟈.

블셩이 부 불성(不成)히. 좋지 않게. 나쁘게. ⇔불성(不成). ≪朴諺, 下, 6ㅈ≫這般做的不成時, 이리 ᄆᆡᆫ들기ᄅᆞᆯ 블셩이 ᄒᆞ면.

블씻다 동 불 때다. 불 피우다. ⇔소기(燒起). ≪朴諺, 下, 22ㅈ≫咱如今燒起油鍋, 우리 이제 기름 가마에 블 씻고.

블혀다 동 불 켜다. ⇔점등(點燈). ≪朴諺, 中, 43ㅈ≫直到點燈時分恰下馬, 잇긋 블혈 때에 다ᄃᆞᆺ게야 ᄀᆞᆺ ᄆᆞᆯ게 ᄂᆞ리니.

블혀이다 동 불을 켜게 하다. ⇔점등(點燈). ≪朴諺, 下, 19ㅈ≫小先生到前面教點燈, 小先生이 앏ᄑᆡ 와 블혀이거ᄂᆞᆯ.

븕다 형 붉다. ⇔홍(紅). ≪朴諺, 上, 60ㅎ≫泥椒紅墻壁, 호쵸로 ᄇᆞ른 블근 墻壁에. ≪朴諺, 下, 21ㅈ≫擡過一箇紅漆櫃子來, ᄒᆞᆫ 블근 칠ᄒᆞᆫ 櫃ᄅᆞᆯ 드러 오라 ᄒᆞ여.

븟다 동 붓다[注]. ⇔관(灌). ≪朴諺, 中, 47

ㅈ≫我特故裏把酒灌的他爛醉了, 내 부러 술을다가 뎌의게 브으니 爛醉ᄒᆞ여.

븟들다 동 붙들다. 부축하다. ⇔부시(扶侍). ≪朴諺, 下, 60ㅎ≫衆將軍們扶侍上馬, 모든 將軍들히 븟드러 ᄆᆞᆯ 틔오고.

븨다 동 ❶비다[空]. ⇔공(空). ≪朴諺, 上, 55ㅈ≫空處寫大吉利, 뷘 곳에 大吉利라 쓰거나. ❷베다. ⇔할(割). ≪朴諺, 上, 48ㅈ≫把田禾都收割了時, 田禾를다가 다 거두어 븨면. ≪朴諺, 中, 33ㅎ≫夜來箇都收割了麻, 어제 삼을 다 거두어 븨여시니.

븨다 형 한가하다. ⇔공(空). ≪朴諺, 中, 40ㅎ≫每日家尋空便拿雀兒, 每日에 뷘 적을 어더 새 잡노라.

븨이다 동 비비다. 꼬다. ⇔차(搓). ≪朴諺, 中, 54ㅎ≫着他搓各色線, 뎔로 ᄒᆞ여 各色 실을 븨이고.

비 명 비[雨]. ⇔우(雨). ≪朴諺, 上, 21ㅎ≫今日下雨正好下碁, 오ᄂᆞᆯ 비 오니 졍히 바독 두기 됴타. ≪朴諺, 上, 36ㅈ≫下雨開花刮風結子, 비 오면 곳 픠고 ᄇᆞ람 블면 여름 여ᄂᆞᆫ 거시여. ≪朴諺, 中, 25ㅎ≫着了幾遍雨時都走了樣子, 여러 번 비ᄅᆞᆯ 마즈면 다 듧ᄠᅳᆯ 양이로다. ≪朴諺, 中, 40ㅈ≫每日下雨, 每日에 비 와. ≪朴諺, 中, 51ㅈ≫雨住了麽, 비 그쳣ᄂᆞ냐. 雨晴了也, 비 개엿다. ≪朴諺, 中, 58ㅈ≫風不來樹不搖, ᄇᆞ람이 부디 아니면 남기 흔드기디 아니ᄒᆞ고. 雨不來河不漲, 비 오디 아니면 믈이 넘디 아니ᄒᆞᆫ다 ᄒᆞᄂᆞ니라.

비(比) 동 ❶견주다. ⇔견초다. ≪朴諺, 上, 35ㅈ≫比着只一把長短鉸了, 그저 ᄒᆞᆫ 뼘 기릐ᄅᆞᆯ 견초와 ᄀᆞ처. ❷비(比)하다. 견주다. ⇔비ᄒᆞ다(比-). ≪朴諺, 下, 38ㅎ≫比丞相爭甚麽, 丞相에 比컨대 므서시 ᄠᅳ리오.

비(屁) 명 밑. 곧, 밑구멍. (항문이나 여자의 음부를 속되게 이르는 말) ⇔밋ㅌ. ≪朴諺, 中, 31ㅎ≫我敬他甚麽屁, 내 뎌ᄅᆞᆯ 므슴 밋티나 공경ᄒᆞ랴.

비(肥) 동 살찌다. ⇔ᄉᆞᆯ지다. ≪朴諺, 上, 21ㅎ≫人不得橫財不富, 사ᄅᆞᆷ이 橫財ᄅᆞᆯ 엇디 못ᄒᆞ면 가ᄋᆞ며디 못ᄒᆞ고. 馬不得夜草不肥, ᄆᆞᆯ이 夜草ᄅᆞᆯ 엇디 못ᄒᆞ면 ᄉᆞᆯ지디 못ᄒᆞᆫ다 ᄒᆞᄂᆞ니라. ≪朴諺, 中, 43ㅎ≫稻熟蟹肥魚正美, 베 닉고 게 ᄉᆞᆯ지고 고기 졍히 아ᄅᆞᆷ다오매.

비(肥) 형 살지다. ⇔ᄉᆞᆯ지다. ≪朴諺, 上, 1ㅎ≫買二十箇好肥羊, 二十 낫 ᄀᆞ장 ᄉᆞᆯ진 羊을 사되. ≪朴諺, 上, 1ㅎ≫又買一隻好肥牛, 또 一隻 ᄀᆞ장 ᄉᆞᆯ진 쇼ᄅᆞᆯ 사고.

비(飛) 동 ❶날다. ⇔ᄂᆞᆯ다. ≪朴諺, 中, 8ㅈ≫飛也似緊驪, ᄂᆞᄂᆞᆫ ᄃᆞ시 재고. ≪朴諺, 下, 21ㅎ≫飛入櫃中, ᄂᆞ라 궤 가온대 드러가. ≪朴諺, 下, 48ㅈ≫那灰忽然飛將起來後頭, 뎌 ᄌᆡ 忽然히 ᄂᆞ라 니러난 후에야. ❷날아가다. ⇔ᄂᆞ라가다. ≪朴諺, 下, 3ㅎ≫正是瘦禽也飛不到, 졍히 瘦禽도 ᄂᆞ라가디 못ᄒᆞ고.

비(費) 동 허비하다. ⇔허비ᄒᆞ다. ≪朴諺, 上, 48ㅎ≫納房錢空費了, 房錢 드리ᄂᆞᆫ 거슬 쇽졀업시 허비ᄒᆞᆯ낫다.

비(鼻) 명 코. ❶⇔코. ≪朴諺, 上, 40ㅈ≫摘了那鼻孔的毫毛, 뎌 코ᄭᅮᆼ긔 터럭 ᄲᅢ히고. ≪朴諺, 下, 21ㅈ≫大仙鼻凹裏放了, 大仙의 콧굼긔 노ᄒᆞ니. ❷⇔코ㅎ. ≪朴諺, 上, 62ㅈ≫噴鼻眼花的是紅白荷花, 코헤 ᄲᅮᆷ기고 눈에 밤원 거슨 이 紅白 荷花러라.

비(篦) 동 빗기다. ⇔빗기다. ≪朴諺, 上, 40ㅈ≫先將那稀箆子篦了, 몬져 뎌 셩긘 ᄎᆞᆷ빗 가져다가 빗기고. ≪朴諺, 上, 40ㅈ≫用那密的箆子好生篦着, 뎌 빈 ᄎᆞᆷ빗을 ᄡᅥ ᄀᆞ장 빗겨.

비(鞴) 동 길마 짓다. 안장을 지우다. 곧, 말 탈 준비를 갖추다. ⇔기ᄅᆞ마짓다. ≪朴諺, 下, 57ㅈ≫牽將來鞴了也, 잇그러 와 기ᄅᆞ마지어다.

비(轡) 명 굴레. ≪朴諺, 中, 8ㅈ≫轡頭都散與(集覽, 朴集, 中, 1ㅎ: 轡頭散與. 女直·達子朝貢時, 到驛應付馬匹騎坐者, 各出

轡頭, 散與馬夫, 馬夫受轡套馬, 令各轡主認轡占馬, 使無爭占之擾.)他, 구레를 다 흣터 더를 주라.

비갑(比甲) 명 더그레. (소매가 없고 양쪽 옷섶에 주름을 잡았다) ⇔돕지털릭. ≪朴諺, 上, 25ㅎ≫明綠抹絨胷背的比甲(集覽, 朴集, 上, 8ㅎ: 比甲. 衣之無袖, 對襟爲襞積者曰比甲, 卽本國돕지털릭. 婦女亦依此制爲短襖着之, 亦曰比甲, 通稱搭護.), 明綠빗치 융ᄉᆞ로 ㄱ 두론 胷背 比甲과. ≪朴諺, 上, 27ㅎ≫嵌八寶骨朶雲織金羅比甲, 八寶 ᄡᅵ고 굴근 운문ᄒᆞᆫ 織金 罖 比甲에. ≪朴諺, 中, 54ㅎ≫這深肉紅界地穿花鳳紵絲做比甲, 이 디튼 肉紅빗체 벽드르에 穿花鳳 문ᄒᆞᆫ 비단으란 比甲을 짓고.

비거(飛去) 동 날아가 버리다. ≪朴諺, 上, 39ㅈ≫狗有濺草之恩, 개는 濺草ᄒᆞᆫ 恩이 잇고. 馬有垂韁之報(集覽, 朴集, 上, 11ㅈ: 馬有垂韁之報. 項王追至井傍, 見馬跡至井而止, 謂漢王在井, 令人下井搜求. 見井口有蜘蛛罩網, 鵓鴿一雙出井飛去, 謂無人在中, 項王還壁. 翌日, 其馬到井垂韁, 漢王執之而出.), ᄆᆞᆯ은 垂韁ᄒᆞᆫ 報ㅣ 잇다 ᄒᆞ니라.

비공(鼻孔) 명 콧구멍. ⇔코ᇰ긔. ≪朴諺, 上, 40ㅈ≫摘了那鼻孔的毫毛, 뎌 코ᇰ긔 터럭 ᄢᅢ히고.

비구(比丘) 명 〈불〉 출가(出家)하여 구족계(具足戒)를 받은 남자 중. ≪朴諺, 中, 21ㅎ≫或作童女(集覽, 朴集, 中, 4ㅎ: 童男童女. 觀音現三十二應, 曰佛身, 曰辟支〈支〉, 曰圓覺, 曰聲聞, 曰梵王, 曰帝釋, 曰自在天, 曰大自在天, 曰天大將軍, 曰四天王, 曰四天太子, 曰人王, 曰長者, 曰居士, 曰宰官, 曰婆羅門, 曰比丘, 曰比丘尼, 曰優婆塞, 曰優婆夷, 曰女主, 曰童男, 曰童女, 曰天身, 曰龍身, 曰藥叉, 曰乾達婆, 曰阿脩羅, 曰緊那羅, 曰摩睺羅, 曰樂人, 曰非人.), 혹 童女ㅣ 되며.

비구니(比丘尼) 명 〈불〉 출가(出家)하여 구족계(具足戒)를 받은 여자 중. ≪朴諺, 中, 21ㅎ≫或作童女(集覽, 朴集, 中, 4ㅎ: 童男童女. 觀音現三十二應, 曰佛身, 曰辟支〈支〉, 曰圓覺, 曰聲聞, 曰梵王, 曰帝釋, 曰自在天, 曰大自在天, 曰天大將軍, 曰四天王, 曰四天太子, 曰人王, 曰長者, 曰居士, 曰宰官, 曰婆羅門, 曰比丘, 曰比丘尼, 曰優婆塞, 曰優婆夷, 曰女主, 曰童男, 曰童女, 曰天身, 曰龍身, 曰藥叉, 曰乾達婆, 曰阿脩羅, 曰緊那羅, 曰摩睺羅, 曰樂人, 曰非人.), 혹 童女ㅣ 되며.

비극(備極) 형 어느 한도보다 매우 심하다. ≪朴諺, 上, 25ㅈ≫刺(刺)通袖膝欄(集覽, 朴集, 上, 8ㅎ: 刺通袖膝欄. 元時好着此衣, 前後具胷背, 又連肩而通袖之脊, 至袖口爲紋, 當膝周圍亦爲紋如欄干, 然織成段匹爲衣者有之, 或皮或帛, 用綵線周遭回曲爲緣, 如花樣, 刺〈刺〉爲草樹〈對〉·禽獸·山川·宮殿之文於〈紋於〉其內, 備極奇巧, 皆用團領着之, 其直甚高.)羅帖裏上, ᄉᆞ매 ᄆᆞᄅᆞ 내 치질ᄒᆞ고 膝欄ᄒᆞᆫ 羅 털릭에.

비급(比及) 부 뒤미처. ⇔미처. ≪朴諺, 下, 1ㅎ≫比及晌午到正熱時分收拾, 낫계어 경히 더울 때예 미처 收拾ᄒᆞ여. ≪朴諺, 下, 12ㅈ≫比及孩兒相會, 孩兒ㅣ 서ᄅᆞ 모듬을 미처.

비내야(毗奈耶) 명 〈불〉 범어(梵語) Vinaya의 음역. 석가모니(釋迦牟尼)가 제자를 위하여 마련한 모든 계율(戒律). ≪朴諺, 下, 3ㅈ≫往常唐三藏(集覽, 朴集, 下, 1ㅈ: 唐三藏法師〈三藏〉. 三藏, 經一藏, 律一藏, 論一藏. 曰脩多羅, 卽阿難聖衆結集爲經. 曰毗奈耶, 一曰毗尼, 卽優波尊者結集爲律. 曰阿毗曇, 卽諸大菩薩衍而爲論.)師傅, 뎌적의 唐ㅅ 三藏 師傅ㅣ.

비노 명 비누. ⇔비조(肥棗). ≪朴諺, 下, 23ㅎ≫叫大王有肥棗麽, 大王을 블러 비노 잇ᄂᆞ냐.

비니(毗尼) 명 〈불〉 비내야(毗奈耶). ≪朴諺, 下, 3ㅈ≫往常唐三藏(集覽, 朴集, 下, 1ㅈ: 唐三藏法師〈三藏〉.三藏, 經一藏, 律

一藏, 論一藏. 曰脩多羅, 卽阿難聖衆結集爲經. 曰毗奈耶, 一曰毗尼, 卽優波尊者結集爲律. 曰阿毗曇, 卽諸大菩薩衍而爲論.) 師傅, 뎌적의 唐ㅅ 三藏 師傅ㅣ.

비단 명 비단. ❶⇔단자(段子). ≪朴諺, 上, 14ㅈ≫角頭買段子去來, 모롱이에 비단 사라 갓ᄃᆞ니라. ≪朴諺, 上, 14ㅎ≫上用段子, 上用ᄒᆞᆯ 비단이라. 不是諸王段子, 諸王의 비단이 아니오. ≪朴諺, 上, 24ㅎ≫絟着一副鴉青段子滿刺(刺)嬌護膝, ᄒᆞᆫ 부야청 비단에 滿刺(刺)嬌 ᄒᆞᆫ 슬갑을 ᄆᆡ엿고. ≪朴諺, 上, 64ㅈ≫那賣織金胸背段子的, 뎌 織金 胸背 비단 ᄑᆞᆯ 리아. ≪朴諺, 上, 64ㅎ≫你來你這暗花段子, 이바 네 이 스믠문 비단을. ≪朴諺, 中, 36ㅎ≫這鋪裏有四季花段子麽, 이 푸ᄌᆞ에 四季花 문ᄒᆞᆫ 비단 잇ᄂᆞ냐. ≪朴諺, 中, 36ㅎ≫南京鴉青段子, 南京 鴉青빗체 비단과. 葱白素通袖膝欄段子有麽, 葱白빗체 믠通袖 膝欄ᄒᆞᆫ 비단이 잇ᄂᆞ냐. ≪朴諺, 中, 37ㅈ≫賣段子的道, 비단 ᄑᆞ는 이 닐오ᄃᆡ. ≪朴諺, 中, 37ㅈ≫這段子多小賣, 이 비단을 얼머에 ᄑᆞᆯ려 ᄒᆞ는다. ≪朴諺, 中, 53ㅈ≫上位賞了一百錠鈔兩表裏段子, 上位ㅣ 一百 錠鈔와 두 안밧 비단을 샹ᄒᆞ시니라. ≪朴諺, 中, 53ㅈ≫休道是偌多鈔錠段子, 이 만ᄒᆞᆫ 鈔錠과 비단을 니ᄅᆞ디 말라. ≪朴諺, 中, 54ㅈ≫將出那段子來裁, 뎌 비단 가져다가 ᄆᆞᄅᆞ라. ≪朴諺, 下, 11ㅈ≫孩兒今將金色茶褐段子一箇, 孩兒ㅣ 이제 金色 차헐빗치 비단 ᄒᆞᆫ 필과. ❷⇔단필(段匹). ≪朴諺, 上, 51ㅈ≫老娘上賞銀子·段匹, 老娘의게 은과 비단을 샹ᄒᆞ고. ≪朴諺, 下, 11ㅈ≫稍一箇水褐段匹, ᄒᆞᆫ 슈헐빗치 비단을 브텨. ❸⇔저사(紵絲). ≪朴諺, 上, 24ㅎ≫五綵綉麒麟柳綠紵絲抹口的靴子, 五綵로 猉獜을 綉ᄒᆞ고 柳綠빗체 비단으로 부리 두론 훠ᄋᆡ에. ≪朴諺, 上, 43ㅈ≫我有明綠紵絲, 내게 明綠빗치 비단이 이시니. ≪朴諺, 中, 54ㅎ≫這深肉紅界地穿花鳳紵絲做比甲, 이 디튼 肉紅빗체 벽드르에 穿花鳳 문ᄒᆞᆫ 비단으란 比甲을 짓고.

비단옷 명 비단옷. ⇔금(錦). ≪朴諺, 下, 11ㅎ≫衣錦還鄉, 비단옷 닙고 고향의 도라가.

비도(飛渡) 명 중국 순천부(順天府) 남서쪽 대흥륭사(大興隆寺) 경내에 있던 돌다리 이름. ≪朴諺, 下, 8ㅈ≫慶壽寺(集覽, 朴集, 下, 2ㅎ: 慶壽寺. 一統志云, 在順天府西南, 內有飛虹·飛渡二橋, 石刻六大字, 極遒勁. 相傳金章宗所書.)裏爲諸亡靈, 慶壽寺에셔 모든 亡靈을 위ᄒᆞ여.

비두(轡頭) 명 (가죽으로 만들고 재갈이 있는) 굴레. ❶⇔구레. ≪朴諺, 上, 26ㅎ≫大紅斜皮雙條轡頭, 大紅斜皮로 ᄒᆞᆫ 雙條 구레에. ≪朴諺, 中, 8ㅈ≫轡頭都散與他, 구레를 다 흣터 뎌를 주라. ❷⇔굴레. ≪朴諺, 上, 28ㅎ≫白斜皮鞦皮轡頭, 白斜皮로 ᄒᆞᆫ 쥬피와 굴레오. ≪朴諺, 中, 51ㅎ≫馬套上轡頭, ᄆᆞᆯ 굴레 셔. ❸⇔셕대. ≪朴諺, 上, 56ㅈ≫好轡頭(集覽, 朴集, 上, 14ㅈ: 轡頭. 音義云, 잘 ᄃᆞᆫ는 ᄆᆞ·ᄅᆞᆯ〈ᄆᆞᆯ을〉 닐온 轡頭. 今按, 轡頭, 卽馬勒也, 今俗謂 ·셕·대 :됴·ᄒᆞᆫ ᄆᆞ·ᄅᆞᆯ〈ᄆᆞᆯ을〉 呼爲好轡頭, 則音義亦當幷好字爲釋可也. 且漢俗, 以革爲之, 有銜〈衔〉者曰轡頭, 以索爲之, 無銜〈衔〉者曰籠頭. 今呼鞍轡之轡, 音·비, 好轡頭之轡, 音·피. 此轡字別有其字而今未得也. 恐當作披字爲是, 謂以勒披馬頭引之也.), 셕대 됴코.

비듬 명 비듬. ⇔풍설(風屑). ≪朴諺, 上, 40ㅈ≫將風屑去的爽利着, 비듬을다가 업시 ᄒᆞ야 싀훤케 ᄒᆞ라.

비돌기 명 비돌기. ⇔합자(鴿子). ≪朴諺, 上, ㄱㅈ≫爊鴿子彈(集覽, 朴集, 上, 2ㅎ: 爊鴿子彈. 質問云, 鴿子彈糝於滾肉湯食之. 又云, 用肉湯在鍋, 再加椒料·菜·葱花, 燒火至滾沸, 方下鴿子卵, 盛之於碗, 以獻賓客.), 비돌기 알 ᄉᆞᆯ믄 이와.

비록 부 비록. ❶⇔수연(雖然). ≪朴諺, 上, 2ㅈ≫酒京城槽房雖然多, 술은 京城에 술

집이 비록 만ᄒ나. ≪朴諺, 中, 49ㅎ≫雖然這般, 비록 이러ᄒ나. ❷⇔연수(然雖). ≪朴諺, 上, 59ㅎ≫然雖那們時, 비록 그러나.

비룡(飛龍) 명 제왕을 비유하는 말. ≪朴諺, 下, 16ㅎ≫買趙太祖飛龍記(集覽, 朴集, 下, 3ㅎ: 趙太祖飛龍記. 宋太祖, 姓趙, 名匡胤. 母昭獻皇后夢日入懷而孕. 誕生之夕, 赤光滿室, 異香馥郁. 及長, 性沈厚, 有大度, 調遷爲殿前都點檢. 陳橋之變, 黃袍已加于身, 受周恭帝之禪, 卽皇帝位. 易曰, 飛龍在天. 龍爲人君之象, 故稱卽位曰飛龍.), 趙太祖의 飛龍記와.

비룡기(飛龍記) 명 제왕의 즉위에 대한 기록. ≪朴諺, 下, 16ㅎ≫買趙太祖飛龍記(集覽, 朴集, 下, 3ㅎ: 趙太祖飛龍記. 宋太祖, 姓趙, 名匡胤. 母昭獻皇后夢日入懷而孕. 誕生之夕, 赤光滿室, 異香馥郁. 及長, 性沈厚, 有大度, 調遷爲殿前都點檢. 陳橋之變, 黃袍已加于身, 受周恭帝之禪, 卽皇帝位. 易曰, 飛龍在天. 龍爲人君之象, 故稱卽位曰飛龍.), 趙太祖의 飛龍記와.

비룡재천(飛龍在天) 명 성인이나 영웅이 가장 높은 지위에 올라 있음을 비유적으로 이르는 말. ≪朴諺, 下, 16ㅎ≫買趙太祖飛龍記(集覽, 朴集, 下, 3ㅎ: 趙太祖飛龍記. 陳橋之變, 黃袍已加于身, 受周恭帝之禪, 卽皇帝位. 易曰, 飛龍在天. 龍爲人君之象, 故稱卽位曰飛龍.), 趙太祖의 飛龍記와.

비름 명 비름. ⇔인행(莧荇). ≪朴諺, 中, 34ㅈ≫拔將小蒜, 족지. 田菁, 샤퇴올. 薺菜, 낭이. 莧荇, 비름을 킈여 오라. ≪朴諺, 中, 34ㅈ≫把莧荇來煮喫, 비름을다가 술마 먹쟈.

비리(非理) 명 올바른 이치나 도리에 어그러지는 일. ≪朴諺, 中, 9ㅈ≫沒一點非理害民, 一點도 非理로 害民홈이 업ᄉ니. ≪朴諺, 中, 28ㅈ≫若作非理必受其殃, 만일 非理엣 일을 ᄒ면 반ᄃ시 그 앙화를 밧ᄂ다 ᄒ니.

비리다 형 비리다. ⇔성(腥). ≪朴諺, 上, 49ㅎ≫休喫酸·甜·腥·葷等物, 쉰 것 ᄃ 것 비린 것 누린 것들을 먹디 말고.

비ᄅ 명 비루. (피부가 헐고 털이 빠지는 병) ⇔조개(槽疥). ≪朴諺, 上, 56ㅈ≫有些槽疥, 져기 비ᄅ 잇고.

비만(肥滿) 동 살찌다. 비만하다. ≪集覽, 字解, 單字解, 3ㅎ≫們. 諸韻書皆云, 們渾, 肥滿皃. 今俗借用爲等輩之字, 而曰我們·咱們 우리, 你們 너희. 又猶言如此也. 這們 이리, 那們 뎌리.

비문(碑文) 명 비석에 새긴 글. ≪朴諺, 下, 8ㅈ≫慶壽寺(集覽, 朴集, 下, 2ㅎ: 慶壽寺. 一統志云, 在順天府西南, 內有飛虹·飛渡二橋, 石刻六大字, 極遒勁. 相傳金章宗所書. 又有金學士李晏碑文, 正統間重建, 賜額大興隆寺, 僧錄司在焉.)裏爲諸亡靈, 慶壽寺에셔 모든 亡靈을 위ᄒ여.

비민(悲愍) 형 불쌍하고 가엾다. ≪朴諺, 中, 22ㅈ≫隨相現相(集覽, 朴集, 中, 5ㅈ: 隨相現相. 飜譯名義云, 佛昔爲帝釋時, 遭飢歲, 疾疫流行, 醫療無功, 道殣相屬. 帝釋悲愍, 思所救濟, 乃變其形爲大蟒身, 殭屍川〈殭屍出于〉谷, 空中遍告, 聞者感慶, 相率〈䢦(攣)〉奔赴, 隨割隨生, 療飢療疾.)救苦惱於三塗, 상을 조차 상을 뵈야 苦惱롤 三塗에 救ᄒᄂ쏘다.

비봉(飛棒) 명 장치기공을 치는 공채. ≪朴諺, 下, 34ㅎ≫飛棒杓兒(集覽, 朴集, 下, 7ㅎ: 飛棒杓兒. 質問畫成毬棒, 卽本國武試毬杖之形, 而下云煖木廂柄, 其杓用水牛皮爲之, 以木爲胎. 今按, 煖木, 黃蘗木也. 廂柄者, 以黃蘗皮裹其柄也. 胎者, 以木爲骨, 而以皮爲外裹也.), 飛棒 杓兒와.

비봉표아(飛棒杓兒) 명 장치기공을 치는 공채와 공채 끝에 달린 태(胎). ≪朴諺, 下, 34ㅎ≫飛棒杓兒(集覽, 朴集, 下, 7ㅎ: 飛棒杓兒. 質問畫成毬棒, 卽本國武試毬杖之形, 而下云煖木廂柄, 其杓用水牛皮爲之, 以木爲胎. 今按, 煖木, 黃蘗木也. 廂柄者, 以黃蘗皮裹其柄也. 胎者, 以木爲

骨, 而以皮爲外裹也.), 飛棒 杓兒와.

비븨다 동 ❶비비다. ⇔찬(鑽). ≪朴諺, 中, 35ㅎ≫鑽入裏面, 안ᄒᆡ 비븨여 드려. ❷비비다. 또는 아첨하다. 빌붙다. ⇔찬(鑽). ≪朴諺, 中, 43ㅈ≫鑽在爭前立的, 비븨여 앏셔기를 ᄃᆞ토아.

비산(悲酸) 형 슬프고 마음이 쓰리다. ≪朴諺, 中, 22ㅈ≫以聲察聲拯悲酸於六道, 소ᄅᆡ로 ᄡᅧ 소ᄅᆡ를 ᄉᆞᆯ펴 悲酸을 六道에 건디고.

비상(非常) 형 예사롭지 아니하다. ≪朴諺, 中, 22ㅈ≫起浮屠於泗水之間(集覽, 朴集, 中, 5ㅈ: 起浮屠於泗水之間. 中宗聞名, 遣使迎師, 居薦福寺, 頂上有一穴, 以絮窒之, 夜則去絮, 香從頂穴中出, 非常芬馥. 及曉, 香還頂中, 又以絮窒之.), 浮屠를 泗水ㅅ ᄉᆞ이에 니ᄅᆞ혀고.

비새(比賽) 동 시합(試合)하다. ⇔징도림ᄒᆞ다. ≪朴諺, 中, 49ㅎ≫咱比賽(集覽, 朴集, 中, 8ㅎ: 比賽. 兩人下碁擲色兒, 有點多者先下碁, 小者後下碁.), 우리 징도림ᄒᆞ쟈.

비수(悲愁) 동 슬퍼하고 근심하다. 또는 슬픔과 근심. ≪朴諺, 中, 44ㅈ≫撫琴一操(集覽, 朴集, 中, 8ㅈ: 操. 劉向別錄曰, 其道閉塞, 悲愁而作者, 其曲曰操. 言遇災害不失其操也. 仍名曲爲操.)解千愁, 거믄고 ᄒᆞᆫ 곡됴를 어ᄅᆞ믄져 千愁를 프ᄂᆞ니.

비안(屁眼) 명 (항문이나 여자의 음부를 속되게 이르는 말) ❶밑. 곧, 밑구멍. ⇔밋ㅎ. ≪朴諺, 中, 57ㅎ≫夾着屁眼家裡坐的去, 밋흘 ᄢᅵ고 집의 안자시라 가라. ❷밑구멍. ⇔밋굼ㄱ. ≪朴諺, 中, 43ㅎ≫夾着那屁眼, 뎌 밋굼글 ᄢᅵ고.

비안자(鞴鞍子) 동 길마를 짓다. 안장을 지우다. 곧, 말 탈 분비를 갖추다. ⇔기ᄅᆞ마짓다. ≪朴諺, 中, 51ㅎ≫這裏將來鞴鞍子, 여긔 가져다가 기ᄅᆞ마짓고.

비오다 동 꾸미다. 분장하다. ⇔타분(打扮). ≪朴諺, 上, 28ㅎ≫兩箇舍人打扮的風風流流, 두 舍人의 비온 거시 風風流流ᄒᆞ고.

비요(鼻凹) 명 콧구멍. ⇔곳굼ㄱ. ≪朴諺, 下, 21ㅈ≫大仙鼻凹裏放了, 大仙의 곳굼긔 노ᄒᆞ니.

비우(悲雨) 명 〈불〉 부처의 대자대비(大慈大悲)가 비처럼 미치지 아니하는 곳이 없음을 이르는 말. ≪朴諺, 中, 21ㅈ≫灑悲雨於遐方, 悲雨를 遐方에 ᄲᅳ리고. ≪朴諺, 中, 21ㅈ≫扇慈風(集覽, 朴集, 中, 4ㅈ: 悲雨慈風. 佛發大慈悲, 廣濟衆生, 猶洒雨發風然, 無遠不被, 故曰風雨. 佛有四無量心, 慈悲喜捨.)於刹土, 慈風을 刹土에 붓ᄂᆞᆫ또다.

비으다 동 꾸미다. 단장하다. ⇔별(撇). ≪朴諺, 中, 30ㅎ≫那裏將那般好衣服好鞍馬來撇樣子, 어ᄃᆡ 가 뎌리 됴흔 옷과 됴흔 鞍馬를 가져와 얼굴을 비언ᄂᆞᆫ고.

비이(肥膩) 형 기름기가 많다. 또는 그런 음식. ≪朴諺, 上, 50ㅈ≫滿月(集覽, 朴集, 上, 13ㅎ: 滿月. 産書云, 分娩未滿月, 恣食生冷粘·硬果·菜·肥膩魚·肉之物, 當時雖未覺大〈有〉損, 滿月之後, 卽成蓐勞.)過了時喫的不妨事, ᄃᆞᆯ이 차 디나면 먹어도 일에 해롭디 아니ᄒᆞ리라.

비인(非人) 명 〈불〉 용(龍) 따위를 포함하는 팔부중(八部衆)과 변화신(變化身)·요귀 따위. ≪朴諺, 中, 21ㅎ≫或作童女(集覽, 朴集, 中, 4ㅎ: 童男童女. 觀音現三十二應, 曰佛身, 曰辟支〈支〉, 曰圓覺, 曰聲聞, 曰梵王, 曰帝釋, 曰自在天, 曰大自在天, 曰天大將軍, 曰四天王, 曰四天太子, 曰人王, 曰長者, 曰居士, 曰宰官, 曰婆羅門, 曰比丘, 曰比丘尼, 曰優婆塞, 曰優婆夷, 曰女主, 曰童男, 曰童女, 曰天身, 曰龍身, 曰藥叉, 曰乾達婆, 曰阿脩羅, 曰緊那羅, 曰摩睺羅, 曰樂人, 曰非人.), 혹 童女ㅣ 되며.

비ᄋᆞ다 동 꾸미다. 분장하다. ⇔타분(打扮). ≪朴諺, 上, 24ㅎ≫一箇舍人打扮的, ᄒᆞᆫ 舍人 비ᄋᆞ기ᄂᆞᆫ. ≪朴諺, 上, 27ㅈ≫又一箇舍人打扮的, 또 ᄒᆞᆫ 舍人 비ᄋᆞ기ᄂᆞᆫ.

비자(篦子) 명 참빗. ⇔춤빗. ≪朴諺, 上, 40ㅈ≫先將那稀篦子擾了, 몬져 더 성긘 춤빗 가져다가 빗기고. ≪朴諺, 上, 40ㅈ≫用那密的篦子好生擾着, 더 빈 춤빗을 써 ᄀ장 빗겨.

비자(鼻子) 명 코. ⇔코. ≪朴諺, 下, 9ㅈ≫把鼻子跌破了, 코를다가 구러뎌 해여ᄇ리니. 那講主見那達達跌破鼻子, 뎌 講主ㅣ 뎌 達達의 구러뎌 코 쌔이믈 보고.

비전(飛錢) 명 당대(唐代)에 상인들 사이에 쓰던 환어음의 일종. ≪朴諺, 上, 48ㅈ≫今年錢鈔(集覽, 朴集, 上, 13ㅈ: 錢鈔. 錢者, 金帛之名. 古曰泉, 後鑄而曰錢. 古者天降災戾, 於是乎量資幣, 權輕重, 以救民困. 代各鑄錢, 輕重不一. 鈔, 楮幣也. 始於蜀之交子, 唐之飛錢, 至元朝有中統元寶. 交鈔, 通行寶鈔之名.)艱難, 올히 錢鈔ㅣ 艱難ᄒ야.

비전(碑殿) 명 비각(碑閣). ≪朴諺, 上, 61ㅈ≫兩壁鐘樓, 兩壁 鐘樓와. 金堂, 金堂과. 禪堂, 禪堂과. 齋堂, 齋堂과. 碑殿, 碑殿과.

비조(肥棗) 명 비누. ⇔비노. ≪朴諺, 下, 23ㅎ≫叫大王有肥棗麽, 大王을 블러 비노 잇ᄂ냐.

비천(卑賤) 형 비천(卑賤)하다. (신분이나 지위 등이 낮거나 천하다) ≪集覽, 字解, 單字解, 2ㅎ≫廝. 卑賤之稱. 這廝 이 놈. 又相也. 廝見 서르 보다. 又汎指人. 亦曰廝. 小廝 아히, 瞎廝 쇼경. ≪朴諺, 上, 40ㅎ≫別處一箇官人娶娘子(集覽, 朴集, 上, 11ㅎ: 娘子. 子謂母曰娘, 字作孃. 又少女之稱, 字作娘. 孃·娘亦通用. 南村輟耕[錄]云〈南村輟耕錄〉, 世謂穩婆曰老娘, 女巫曰師娘, 唱〈娼〉婦曰花娘, 達人又曰草娘, 苗人謂妻曰夫娘, 南方謂婦人無行者曰夫娘, 謂婦人之卑賤者曰某娘, 曰幾娘, 鄙之曰婆娘.), 다른 고ᄃ ᄒ 官人이 娘子 를 娶ᄒ노라.

비최다 동 비추다. ❶⇔요(曜). ≪朴諺, 下, 31ㅈ≫曜日連環, ᄒ 連環에 비최고. ❷⇔조(照). ≪朴諺, 中, 19ㅈ≫兩心相照亦不難, 둘희 ᄆ음이 서르 비최면 ᄯᄒ 어렵디 아니ᄒ니라.

비취 명 비취(翡翠). 물총새. ⇔취(翠). ≪朴諺, 上, 27ㅎ≫八瓣兒鋪翠眞言字粧金大帽上, 여듧 뽁에 비취 짓 질고 眞言字를 금으로 ᄭ민 큰갓에. ≪朴諺, 上, 60ㅈ≫四面盖的如鋪翠, 四面에 녠 거시 비취를 ᄭᆫ ᄃᆺᄒ야.

비티다 동 (글자의 획을) 삐치다. ⇔별(丿). ≪朴諺, 中, 42ㅈ≫二字下一箇丿, 二字 아릐 ᄒ 긋 밧그로 비티고. ≪朴諺, 中, 42ㅎ≫一丿一乀便是, ᄒ 긋 밧그로 비티고 ᄒ 긋 안흐로 비틴 거시 곳 이라.

비파(枇杷) 명 비파나무. 또는 그 열매. ≪朴諺, 上, 4ㅈ≫荔子(集覽, 朴集, 上, 2ㅈ: 荔子. 子作支〈支〉. 荔支〈支〉, 生巴峽間, 形狀團如帷盖, 葉如冬青, 花如橘, 春榮. 實如丹夏, 朶如葡萄, 核如枇杷, 殼如紅繒, 膜如紫綃, 瓤肉潔白如冰霜, 漿液甘如醴酪. 如離本枝, 一日色變, 二日香變, 三日味變, 四五日外色·香·味盡〈尽〉變.), 녀지오.

비파(琵琶) 명 비파. (악기의 한 가지) ≪朴諺, 上, 37ㅈ≫墻上一箇琵琶任誰不敢拿他, 담 우희 ᄒ 琵琶를 아므도 감히 더를 잡디 못ᄒᄂ 거시여.

비홍(飛虹) 명 중국 순천부(順天府) 남서쪽 대흥륭사(大興隆寺) 경내에 있던 돌다리 이름. ≪朴諺, 下, 8ㅈ≫慶壽寺(集覽, 朴集, 下, 2ㅎ: 慶壽寺. 一統志云, 在順天府西南, 內有飛虹·飛渡二橋, 石刻六大字, 極遵勁. 相傳金章宗所書.)裏爲諸亡靈, 慶壽寺에셔 모든 亡靈을 위ᄒ여.

비ᄒ다(比-) 동 비(比)하다. 견주다. ⇔비(比). ≪朴諺, 下, 38ㅎ≫比丞相爭甚麽, 丞相에 比컨대 므서시 ᄠ리오.

빈(貧) 명 가난. ≪朴諺, 上, 48ㅎ≫家貧不是貧路貧愁殺人, 家貧은 이 貧이 아니오 路貧이아 사ᄅ믈 근심케 ᄒᄂ니라.

빈(貧) 형 가난하다. ⇔가난ᄒ다. ≪朴諺,

上, 32ㅈ≫人貧只爲慳少債快說謊, 사ᄅᆞᆷ이 가난ᄒᆞ면 그저 다랍고 빗지면 거즛말 니ᄅᆞ기 잘ᄒᆞᆫ다 ᄒᆞᄂᆞ니라.

빈(殯) 명 초빈(草殯). (사정상 장사를 속히 치르지 못하고 송장을 방 안에 둘 수 없을 때에, 한데나 의지간에 관을 놓고 이엉 따위로 그 위를 이어 눈비를 가릴 수 있도록 덮어 두는 일. 또는 그렇게 덮어 둔 것) ≪朴諺, 下, 41ㅎ≫二十四日丁時殯出順城門, 二十四日 丁時예 殯이 順城門으로 나가니. ≪朴諺, 下, 42ㅈ≫請佛入到殯前, 佛을 쳥ᄒᆞ여 殯前에 드리매.

빈객(賔客) 명 빈객(賓客). '賔'은 '賓'의 속자. ≪朴諺, 上, 5ㅈ≫爊鴿子彈(集覽, 朴集, 上, 2ㅎ: 爊鴿子彈. 質問云, 鴿子彈糝於滾肉湯食之. 又云, 用肉湯在鍋, 再加椒料·菜·葱花, 燒火至滾沸, 方下鴿子卵, 盛之於碗, 以獻賔客.), 비둘기 알 술믄 이와.

빈객(賓客) 명 귀한 손님. ≪朴諺, 上, 5ㅈ≫爊鴿子彈(集覽, 朴集, 上, 2ㅎ: 爊鴿子彈. 質問云, 鴿子彈糝於滾肉湯食之. 又云, 用肉湯在鍋, 再加椒料·菜·葱花, 燒火至滾沸, 方下鴿子卵, 盛之於碗, 以獻賔客.), 비둘기 알 술믄 이와.

빈동룡국(賔童龍國) 명 빈동룡국(賓童龍國). '賔'은 '賓'의 속자. ≪朴諺, 下, 8ㅎ≫說目連尊者(集覽, 朴集, 下, 2ㅎ: 目連尊者. 事林廣記云, 佛書所謂王舍衛城, 卽賔童龍國也, 國在西南海中, 隷占城.)救母經, 目連尊者의 救母經을 니ᄅᆞ니.

빈동룡국(賓童龍國) 명 중국 남서쪽 바다 가운데 있으며 점성국(占城國)에 예속되었던 나라 이름. 점성국(占城國)에서 사람을 선발하여 지주(地主)를 삼았다. ≪朴諺, 下, 8ㅎ≫說目連尊者(集覽, 朴集, 下, 2ㅎ: 目連尊者. 事林廣記云, 佛書所謂王舍衛城, 卽賔童龍國也, 國在西南海中, 隷占城.)救母經, 目連尊者의 救母經을 니ᄅᆞ니.

빈록(牝鹿) 명 암사슴. ≪朴諺, 上, 24ㅎ≫脚穿着皀麀(集覽, 朴集, 上, 8ㅈ: 麀. 大麋也, 麋, 鹿之大者. 譯語指南, 謂牝鹿曰麋鹿. 質問云, 大曰麖, 小曰麀. 其皮可作靴.)皮嵌金線藍條子, 발에 신은 거슨 거믄 기ᄌᆞ피예 金線 남 오리로 갸품 씨고.

빈승(貧僧) 명 〈불〉 도학(道學)이 깊지 못한 중. (중이 자신을 낮추어 이르는 말) ≪朴諺, 下, 19ㅎ≫貧僧是東土人, 貧僧은 이 東土ㅅ 사ᄅᆞᆷ이라.

빈천(貧賤) 형 가난하고 천하다. ≪朴諺, 上, 16ㅈ≫張舍(集覽, 朴集, 上, 6ㅈ: 張舍. 王公·大人之家, 必有舍人, 卽家臣也. 如本國伴倘〈儅〉之類, 爲權勢倚任之人, 貧賤之所羨慕者也〈貧賤之所羨慕者〉. 故街巷呼親識爲張舍·李舍, 乃一時推敬之稱〈称〉.)你來, 張가야 이바.

빈철(鑌鐵) 명 강철. ≪朴諺, 上, 15ㅎ≫着甚麽鐵頭打, 므슴 鐵로 티이려 ᄒᆞᄂᆞ다. ≪朴諺, 上, 15ㅎ≫着鑌鐵(集覽, 朴集, 上, 6ㅈ: 鑌鐵. 總〈聡〉龜云, 出西番, 面上自有旋螺花者, 有芝麻花者. 凡刀劍器打磨光淨, 價直過於銀, 鐵〈銕〉中最利者也.)打, 鑌鐵로 티이되.

빈파과(頻婆果) 명 빈파과(蘋蔢果). '頻婆果'는 '蘋蔢果'의 다른 표기. ≪朴諺, 上, 4ㅎ≫蘋蔢果(集覽, 朴集, 上, 2ㅈ: 蘋蔢果. 似林檎而大者. 飜〈反〉譯名義云, 梵言頻婆果, 此云相思果, 色丹且潤. 質問云, 形如沙果, 其大如梨.), 굴근님금과. 玉黃子, 유황슬고와.

빈파과(蘋蔢果) 명 알이 굵은 능금. ⇔굴근님금. ≪朴諺, 上, 4ㅎ≫蘋蔢果(集覽, 朴集, 上, 2ㅈ: 蘋蔢果. 似林檎而大者. 飜〈反〉譯名義云, 梵言頻婆果, 此云相思果, 色丹且潤. 質問云, 形如沙果, 其大如梨.), 굴근님금과. 玉黃子, 유황슬고와.

빈핍(貧乏) 형 빈궁하다. 가난하다. ≪集覽, 字解, 累字解, 1ㅈ≫生受. 艱苦也. 又貧乏也.

빈혀 명 비녀. ⇔잠아(簪兒). ≪朴諺, 上, 20ㅈ≫一箇七寶金簪兒, ᄒᆞᆫ 七寶 ᄒᆞᆫ 금빈혀와.

빋 명 ❶값. 가격. ⇔가전(價錢). ≪集覽, 字解, 單字解, 4ㅎ≫討. 求也, 探也. 討去 어드라 가다, 討債去 빋 주니 바드라 가다, 討價錢 빋 받다. 又本國傳習之解曰 빋 쇠오다, 亦通. ≪集覽, 字解, 單字解, 4ㅎ≫索. 求也. 索價錢 갑 받다. 又鄉習傳解曰 빋 쇠오다, 亦通. 又須也. 不索, 今皆罕用. ❷빚[債]. ⇔채(債). ≪集覽, 字解, 單字解, 4ㅎ≫討. 求也, 探也. 討去 어드라 가다, 討債去 빋 주니 바드라 가다, 討價錢 빋 받다. 又本國傳習之解曰 빋 쇠오다, 亦通. ≪集覽, 字解, 單字解, 6ㅈ≫少. 多少. 又欠也. 少甚麽 므스거시 업스뇨. 少債 느믜 비들 뻐디워 잇다. 又缺也. 缺少口粮 양시기 그처디다.

빋ᄉ다 형 비싸다. 값있다. 값지다. ⇔치전(直錢). ≪集覽, 字解, 單字解, 2ㅈ≫直. 用强務致之辭. 긋. 又直錢 빋ᄉ다. 通作值.

빌다 동 빌다[祈]. ⇔앙급(央及). ≪朴諺, 上, 31ㅈ≫那般磕頭禮拜央及我, 더리 머리 좃고 禮拜ᄒ여 내게 빌거늘. ≪朴諺, 上, 52ㅎ≫我有些央及的勾當, 내 져기 빌 일이 이셔. ≪朴諺, 中, 15ㅎ≫好哥哥弟兄們央及我, ᄆ옴 됴흔 형 아ᄋ들히 내게 빌거늘. ≪朴諺, 下, 40ㅎ≫相識們十分央及時, 서르 아ᄂ 이들히 ᄀ장 빌면.

빌려주다 동 빌려 주다. ⇔차궤(借饋). ≪朴諺, 上, 49ㅈ≫你借饋我包指麽, 네 나를 혈거피를 빌려 주고려.

빌리 명 비루. (피부가 헐고 털이 빠지는 병) ⇔조개(槽疥). ≪朴諺, 上, 56ㅎ≫槽疥有甚難處, 빌리아 므슴 어려온 곳이 이시리오.

빌리다 동 빌리다. ⇔차(借). ≪朴諺, 上, 49ㅈ≫你借饋我包指麽, 네 나를 혈거피를 빌려 주고려. ≪朴諺, 上, 57ㅎ≫借與我一箇, 날을 ᄒ나흘 빌려 주고려. ≪朴諺, 上, 58ㅈ≫你問他借時便饋你, 네 뎌드려 무러 빌면 곳 너를 주리라. ≪朴諺, 下, 34ㅎ≫借與崔舍打, 崔가를 빌려 주어 티게 ᄒ라. ≪朴諺, 下, 35ㅈ≫都借與你, 다 너를 빌려 주마.

빗 명 빚[債]. ⇔채(債). ≪朴諺, 上, 32ㅈ≫債不殺人, 빗이 사ᄅᆞᆷ을 죽게 아니ᄒᄂ냐. ≪朴諺, 上, 32ㅈ≫人貧只爲慳少債快說謊, 사ᄅᆞᆷ이 가난ᄒ면 그저 다랍고 빗지면 거즛말 니ᄅ기 잘ᄒ다 ᄒᄂ니라. ≪朴諺, 中, 27ㅈ≫一箇放債財主, ᄒᆞᆫ 빗 주기 ᄒᄂ 財主.

빗 명 빛깔. ❶⇔색(色). ≪朴諺, 中, 3ㅎ≫都是擡色的, 다 빗 도티라. ❷⇔안색(顔色). ≪朴諺, 下, 26ㅎ≫好顔色圓淨的價錢大, 빗 됴코 圓淨ᄒ니ᄂ 갑시 만ᄒ니라.

빗기 부 비스듬히. ⇔횡(橫). ≪朴諺, 下, 41ㅈ≫殃榜橫貼在門上, 殃榜을 문 우희 빗기 브텻더니.

빗기다 동 빗기다. ❶⇔비(揌). ≪朴諺, 上, 40ㅈ≫先將那稀箆子揌了, 몬져 뎌 성긘 츰빗 가져다가 빗기고. ≪朴諺, 上, 40ㅈ≫用那密的箆子好生揌着, 뎌 빋 츰빗을 뻐 ᄀ장 빗겨. ❷⇔소(梳). ≪朴諺, 上, 40ㅈ≫撒開頭髮梳, 머리터럭을 헤쳐고 빗기되. ≪朴諺, 上, 40ㅈ≫梳了, 빗겨다. ≪朴諺, 上, 47ㅈ≫梳頭五箇錢, 머리 빗기기ᄂ 다ᄉ 낫 돈이오. ❸⇔쇄(刷). ≪朴諺, 上, 20ㅎ≫每日洗刷鉋的乾乾淨淨地, 每日에 싯빗겨 글게질ᄒ기를 乾乾淨淨히 ᄒ고.

빗나다 동 빛나다. ⇔광(光). ≪朴諺, 中, 3ㅎ≫染柳黃碾的光着, 柳黃 드려 다듬기를 빗나게 ᄒ고.

빗다 동 빚다. ❶⇔날(捏). ≪朴諺, 中, 6ㅎ≫捏些匾食, 젹이 匾食를 빗고. ❷⇔주(做). ≪朴諺, 中, 58ㅎ≫我只會根兒解酒和做醋, 나ᄂ 그저 불회로 解酒ᄒ고 초 빗ᄂ 줄만 알고.

빗당 명 빗장. 문빗장. ⇔요전(腰絟). ≪朴諺, 中, 36ㅈ≫腰絟揷的牢, 빗당 곳기를 구디 ᄒ라.

빗앗다 동 빛깔을 없애다. 탈색(脫色)하다. ≪朴諺, 下, 30ㅈ≫顔色也都消了, 빗치

다 업서시니. 你就饋我掠飭, 네 임의셔 날을 빗 아사 주고려.

빗지다 동 빚지다[債]. ❶⇔소(少). ≪朴諺, 上, 31ㅈ≫他少我五兩銀子裏, 뎨 내게 닷 냥 은을 빗졋ᄂᆞ니. ❷⇔전채(錢債). ≪朴諺, 中, 9ㅎ≫少人錢債闕少口粮, 사ᄅᆞᆷ의 빗져 먹을거시 업서. ❸⇔채(債). ≪集覽, 字解, 單字解, 6ㅈ≫少. 多少. 又欠也, 少甚麽 므스거시 업스뇨. 少債 ᄂᆞᄆᆡ 비들 떠디워 잇다. 又缺也, 缺少口粮 양시기 그처디다. ≪朴諺, 上, 32ㅈ≫人貧只爲慳少債快說謊, 사ᄅᆞᆷ이 가난ᄒᆞ면 그저 다랍고 빗지면 거즛말 니ᄅᆞ기 잘ᄒᆞᆫ다 ᄒᆞᄂᆞ니라.

빗ᄎᆞ 명 빛깔. ❶⇔색(色). ≪朴諺, 下, 55ㅎ≫走失了甚色馬, 아모 빗쳇 ᄆᆞᆯ를 ᄃᆞ라나 일허시되. ❷⇔안색(顔色). ≪朴諺, 中, 1ㅎ≫他的主兒拿着諸般顔色的小旗兒, 제 님재 여러 가지 빗체 젹은 旗를 가져다가. ≪朴諺, 中, 2ㅈ≫嘛(唰)將那一箇顔色的旗來說時, 아므 ᄒᆞᆫ 빗체 旗를 므러 오라 니ᄅᆞ면. ≪朴諺, 中, 4ㅎ≫假如明日這搽兒上的顔色, 가ᄉᆞ 닉일 이 견양엣 빗체셔. ≪朴諺, 中, 36ㅎ≫你要甚麽顔色的, 네 므슴 빗체 치를 ᄒᆞ려 ᄒᆞᄂᆞᆫ다. ≪朴諺, 下, 30ㅈ≫顔色也都消了, 빗치 다 업서시니. ≪朴諺, 下, 45ㅎ≫粧點顔色(集覽, 朴集, 下, 10ㅈ: 粧點顔色. 牛色以立春日爲法, 日干爲頭·角·耳·色, 日支〈支〉爲身色, 納音爲蹄·尾·肚色.), 빗출 ᄭᅮ미고.

빙(氷) 명 얼음. ⇔어름. ≪朴諺, 上, 6ㅈ≫那氷盤上放一塊氷, 뎌 氷盤에 ᄒᆞᆫ 덩이 어름을 노코.

빙(憑) 동 의빙(依憑)하다. ⇔의빙ᄒᆞ다. ≪朴諺, 上, 54ㅎ≫恐後無憑, 후에 의빙홈이 업슬가 저허. ≪朴諺, 中, 10ㅎ≫恐後無憑, 후에 의빙홈이 업슬가 저허. ≪朴諺, 中, 39ㅎ≫恐後無憑, 후에 의빙홈이 업슬가 저허. ≪朴諺, 中, 59ㅈ≫憑着理時, 理를 의빙ᄒᆞ면. ≪朴諺, 下, 60ㅈ≫憑着大體例, 大體例를 의빙ᄒᆞ면.

빙각(氷角) 명 엄호[广]. 한자 부수(部首)의 이름. ≪朴諺, 中, 41ㅎ≫床字怎的寫, 床字를 엇이 쓰ᄂᆞ뇨. 氷角裏木字, 氷角 안희 木字 ᄒᆞ엿ᄂᆞ니라.

빙반(氷盤) 명 얼음 조각을 바닥에 깐 쟁반. 또는 그 위에 과일을 얹은 쟁반. ≪朴諺, 上, 6ㅈ≫那氷盤上放一塊氷, 뎌 氷盤에 ᄒᆞᆫ 덩이 어름을 노코. 杏兒·櫻桃諸般鮮果, ᄉᆞᆯ고와 잉도와 여러 가지 鮮果를. 浸在氷盤裏好生好看, 氷盤에 ᄌᆞᆷ가 두면 ᄀᆞ장 보기 됴ᄒᆞ니라.

빙상(氷霜) 명 얼음과 서리. ≪朴諺, 上, 4ㅈ≫荔子(集覽, 朴集, 上, 2ㅈ: 荔子. 子作支〈支〉. 荔支〈支〉, 生巴峽間, 形狀團如帷盖, 葉如冬青, 花如橘, 春榮. 實如丹夏, 朶如葡萄, 核如枇杷, 殼如紅繒, 膜如紫綃, 瓤肉潔白如冰霜, 漿液甘如醴酪. 如離本枝, 一日色變, 二日香變, 三日味變, 四五日外色·香·味盡〈尽〉變.), 녀지오.

빚다 동 빚다. 담그다. ⇔조(造). ≪朴諺, 上, 2ㅎ≫又內府管酒的官人們造的好酒, 또 內府에 술 ᄀᆞᅀᆞᆷ아ᄂᆞᆫ 官人들의 비ᄌᆞᆫ 됴ᄒᆞᆫ 술을.

빛 명 빛. ⇔광(光). ≪朴諺, 中, 46ㅎ≫命來鐵也爭光, 命이 오면 쇠도 비촐 ᄃᆞ토고. 運去黃金失色, 運이 가면 黃金도 비촐 일ᄂᆞᆫ다 ᄒᆞ니라.

ᄇᆞ라다 동 ❶바라다. ⇔망(望). ≪朴諺, 上, 53ㅎ≫豈可望賞, 엇디 가히 샹을 ᄇᆞ라리오. ≪朴諺, 中, 43ㅎ≫一望成名, ᄒᆞᆫ골ᄀᆞ티 成名ᄒᆞ기를 ᄇᆞ라니. ≪朴諺, 下, 11ㅈ≫望稍書來着, ᄇᆞ라건대 글을 브텨 보내쇼셔. ❷바라보다. ⇔망(望). ≪朴諺, 上, 60ㅈ≫遠望高接青霄, 멀리 ᄇᆞ라매 놉히 프른 하ᄂᆞᆯ에 졉ᄒᆞ엿고. ≪朴諺, 上, 62ㅎ≫遠望滿眼景致, 멀리 ᄇᆞ라매 滿眼 景致ㅣ. ≪朴諺, 中, 32ㅎ≫遠望一似黑水精, 멀리 ᄇᆞ라매 黑水精 ᄀᆞᆺ고.

ᄇᆞ람 명 ❶바람벽. ⇔벽(壁). ≪朴諺, 中, 25ㅎ≫如今搬在法藏寺西邉混堂間壁住裏, 이제 法藏寺 셔편 混堂 ᄉᆞ이 ᄇᆞ람에

올마 사ᄂ니. ≪朴諺, 中, 34ㅈ≫吊在一壁廂, ᄒᆞᆫ ᄇᆞ람 ᄉᆞ석의 ᄃᆞ랏다가. ❷바람. ⇔풍(風). ≪朴諺, 上, 36ㅈ≫下雨開花刮風結子, 비 오면 곳 픠고 ᄇᆞ람 블면 여름 여ᄂᆞᆫ 거시여. ≪朴諺, 中, 2ㅈ≫因風吹火用力不多, ᄇᆞ람을 因ᄒᆞ여 블을 불면 힘ᄡᅳ미 하디 아니타 ᄒᆞᄂᆞ니라. ≪朴諺, 中, 58ㅈ≫風不來樹不搖, ᄇᆞ람이 부디 아니면 남기 흔드기디 아니ᄒᆞ고. 雨不來河不漲, 비 오디 아니면 믈이 넘디 아니ᄒᆞᆫ다 ᄒᆞᄂᆞ니라.

ᄇᆞ리다 동 버리다. ❶⇔거(去). ≪朴諺, 中, 16ㅈ≫去滓溫服, 滓ᄅᆞᆯ ᄇᆞ리고 더온 이롤 먹으라. ❷⇔기(棄). ≪朴諺, 中, 44ㅈ≫一發忘棄名與利, ᄒᆞᆷᄭᅴ 名과 다ᄆᆺ 利ᄅᆞᆯ 니저ᄇᆞ리리라. ≪朴諺, 下, 50ㅈ≫我棄了這名利家筵, 내 이 名利 家筵을 ᄇᆞ리고. ❸⇔사(捨). ≪朴諺, 下, 48ㅎ≫捨着性命, 性命을 ᄇᆞ려.

ᄇᆞᄅᆞ다 동 바르다[塗]. ❶⇔이(泥). ≪朴諺, 上, 60ㅎ≫泥椒紅墻壁, 호쵸로 ᄇᆞᄅᆞᆫ 블근 墻壁에. ≪朴諺, 下, 6ㅈ≫你爲甚麽這炕面上灰泥的不平正, 네 므서슬 위ᄒᆞ여 이 炕面 灰 ᄇᆞᄅᆞ미 平正티 몯ᄒᆞᇱ뇨. ❷⇔차(搽). ≪朴諺, 上, 13ㅎ≫着唾沫白日黑夜不住的搽, 춤으로다가 白日 黑夜에 머므로디 말고 ᄇᆞᄅᆞ라. ≪朴諺, 下, 7ㅈ≫買將一兩疥藥來搽一遍, ᄒᆞᆫ 냥 疥藥을 사다가 ᄒᆞᆫ 번 ᄇᆞᄅᆞ면. ≪朴諺, 下, 7ㅎ≫撓破了疥瘡搽那藥, 疥瘡을 글거 헐우고 뎌 약을 ᄇᆞᆯ라. ❸⇔호(糊). ≪朴諺, 中, 58ㅈ≫一發着草布糊了, ᄒᆞᆫ 번에 얼믠 뵈로 ᄇᆞᄅᆞ라.

ᄇᆞᄅᆞᆷ 명 바람벽. ❶⇔벽(壁). ≪朴諺, 上, 51ㅎ≫小人在那東角頭堂子間壁下着裏, 小人이 뎌 동녁 모롱이 堂子ㅅ ᄇᆞᄅᆞᆷ을 ᄉᆞ이ᄒᆞ여 브리워 잇노라. ≪朴諺, 中, 6ㅎ≫一壁廂熬些細茶, ᄒᆞᆫ ᄇᆞᄅᆞᆷ 구석의셔 젹이 細茶ᄅᆞᆯ 달히라. ≪朴諺, 中, 55ㅎ≫一壁廂去浪蕩不的, ᄒᆞᆫ ᄇᆞᄅᆞᆷ 구석의 가 골래디 몯ᄒᆞᆯ소냐. ≪朴諺, 下, 33ㅎ≫這間壁磨房裏取將來, 이 ᄉᆞ잇 ᄇᆞᄅᆞᆷ매(애) ᄀᆞᄂᆞᆫ집의 가져오쟈. ❷⇔벽자(壁子). ≪朴諺, 中, 44ㅎ≫釘在這壁子上, 이 ᄇᆞᄅᆞᆷ 우희 박고.

ᄇᆞᄅᆞᆷ 명 바람. ⇔풍(風). ≪朴諺, 上, 49ㅎ≫只怕産後風感冒, 그저 産後에 ᄇᆞᄅᆞᆷ에 感冒ᄒᆞᆯ가 저프니.

ᄇᆞᆯ 의 벌. ❶⇔건(件). ≪朴諺, 下, 16ㅈ≫不見了幾件衣裳, 여러 ᄇᆞᆯ 오ᄉᆞᆯ 일코. ≪朴諺, 下, 27ㅈ≫咳一件好物, 애 ᄒᆞᆫ ᄇᆞᆯ 됴흔 거시라. ❷⇔건아(件兒). ≪朴諺, 上, 15ㅎ≫你打幾件兒, 네 몃 ᄇᆞᆯ을 ᄆᆡᆫᄃᆞᆯ다. ≪朴諺, 上, 16ㅈ≫這五件兒刀子, 이 다ᄉᆞᆺ ᄇᆞᆯ 칼을. ≪朴諺, 上, 25ㅎ≫五六件兒刀子, 다엿 ᄇᆞᆯ 칼은. ≪朴諺, 中, 53ㅎ≫却沒一件兒新衣裳怎麽好, 또 ᄒᆞᆫ ᄇᆞᆯ 새 衣裳이 업스니 엇디 ᄒᆞ여야 됴ᄒᆞ료. ❸⇔부(副). ≪朴諺, 上, 15ㅈ≫我打一副刀子, 내 ᄒᆞᆫ ᄇᆞᆯ 칼을 ᄆᆡᆫᄃᆞᆯ려 ᄒᆞ노라. ≪朴諺, 上, 16ㅈ≫咱這官人要打一副刀子, 우리 이 官人이 ᄒᆞᆫ ᄇᆞᆯ 칼을 ᄆᆡᆫᄃᆞᆯ고져 호되. ≪朴諺, 上, 20ㅈ≫我再把一副頭面, 내 ᄯᅩ ᄒᆞᆫ ᄇᆞᆯ 곳갈과. ❹⇔조(條). ≪朴諺, 中, 44ㅎ≫將花氈來底下鋪一條, 花氈 가져다가 ᄆᆞᆺ희 ᄒᆞᆫ ᄇᆞᆯ ᄭᆞᆯ고. ❺⇔투(套). ≪朴諺, 中, 53ㅎ≫怎麽做不出一套衣裳來, 엇디 ᄒᆞᆫ ᄇᆞᆯ 衣裳을 지어 내디 몯ᄒᆞ리오. ❻⇔투아(套兒). ≪朴諺, 中, 51ㅎ≫一套兒衣裳都汚了泥, ᄒᆞᆫ ᄇᆞᆯ 衣裳을 다 즌흙에 더러엿더라.

ᄇᆞᆯ셔 부 벌써. ❶⇔각조(却早). ≪集覽, 字解, 單字解, 5ㅈ≫早. 早裏 일엇다, 却早 ᄇᆞᆯ셔. ≪朴諺, 上, 6ㅈ≫如今却早有賣的拳杏麽, 이제 ᄇᆞᆯ셔 拳杏 ᄑᆞᆯ 리 인ᄂᆞ냐. ≪朴諺, 中, 45ㅎ≫却早滿三十箇月, ᄇᆞᆯ셔 三十月이 찻도다. ≪朴諺, 中, 53ㅎ≫咳却早年莭(節)下也, 애 ᄇᆞᆯ셔 年莭(節)이 다ᄃᆞ랏ᄂᆞ냐. ≪朴諺, 下, 23ㅈ≫却早不見了, ᄇᆞᆯ셔 보디 몯ᄒᆞᆯ러라. ❷⇔이(已). ≪朴諺, 下, 60ㅎ≫王公已擧義兵了也, 王公이 ᄇᆞᆯ셔 義兵을 드럿ᄂᆞ니라.

ᄇᆞᆯ오다 동 밟다. 짓밟다. ⇔사(躧). ≪朴諺, 中, 40ㅎ≫只怕躧(集覽, 朴集, 中, 7ㅎ: 躧. 音義云, 跐, 音채, 躧通用, 後同. 今

按, 舊本作躪. 韻書, 跐, 音재, 又ᄌᆞ. 躪, 音새, 又시. 兩字爲채音者, 韻書不收, 而俗讀則俱從채音, 並上聲. 今亦從之. 字學啓蒙, 字作蹀.)破了, 그저 ᄇᆞᆯ와 ᄠᆞ릴가 저페라. ≪朴諺, 中, 40ㅎ≫把瓦來都躪破了, 디새를다가 다 ᄇᆞᆯ와 ᄠᆞ려시니. ≪朴諺, 中, 40ㅎ≫只怕躪破了, 그저 ᄇᆞᆯ와 ᄠᆞ릴가 저페라.

ᄇᆞᆯ피다 [동] 밟히다. ⇔사(躪). ≪朴諺, 下, 2ㅈ≫不知道那裡躪死了一箇蝤蜒, 아디 못게라 어ᄃᆡ ᄒᆞᆫ 지차리 ᄇᆞᆯ펴 죽엇ᄂᆞ뇨. ≪朴諺, 下, 49ㅈ≫打的打躪的躪, 티리 티고 ᄇᆞᆯ피리 ᄇᆞᆯ피ᄂᆞ니.

ᄇᆞᆰ다 [형] 밝다. ❶⇔명(明). ≪朴諺, 上, 21ㅈ≫睡到明, 자기를 ᄇᆞᆯ그매 다ᄃᆞᆺ도록 ᄒᆞ니. ≪朴諺, 中, 27ㅎ≫將豆子來大的明眞珠一百顆來儅, 콩만치 큰 ᄇᆞᆯ근 眞珠 一百 낫출 가져다가 뎐당ᄒᆞ거늘. ≪朴諺, 中, 44ㅈ≫月明紗窓秋夜半, ᄃᆞᆯ이 紗窓에 ᄇᆞᆰ고 ᄀᆞ올ᄡᆞᆷ이 반만 ᄒᆞᆫ 제. ≪朴諺, 下, 27ㅎ≫寸心不昧, 寸心이 어돕디 아니ᄒᆞ면. 萬法皆明, 萬法이 다 ᄇᆞᆰᄂᆞ니라. ≪朴諺, 下, 42ㅈ≫明點燈燭, 燈燭을 ᄇᆞᆰ게 혀고. ≪朴諺, 下, 42ㅈ≫直念到明, 잇긋 念홈을 ᄇᆞᆰ으매 다ᄃᆞᆺ게 ᄒᆞ고. ❷⇔양(亮). ≪朴諺, 中, 35ㅎ≫亮窓裏面把簾子幔上, ᄇᆞᆯ근 창 안희 발을다가 디(티)고.

ᄇᆞᆰ음 [형] 밝음. ⇔명(明). ≪朴諺, 下, 42ㅎ≫臨明喫和和飯, ᄇᆞᆰ음애 님ᄒᆞ여 온반을 먹드라.

ᄇᆡ [명] 배[舟]. ❶⇔강(舡). ≪朴諺, 上, 62ㅈ≫官人們也上幾隻舡, 官人들도 여러 ᄇᆡ에 올라. ❷⇔선(船). ≪集覽, 字解, 單字解, 5ㅈ≫儘. 讓也, 任也. 儘他 제게 다와ᄃᆞ라, 儘讓 뎌긔 미다. 又縱令也. 儘教 므던타. 又儘一儘 지긔우다. 又儘船 ᄇᆡᆺ ᄀᆞ장. ≪集覽, 字解, 單字解, 5ㅎ≫使. 上聲, 差也, 役也. 使的我 날 브려. 又用也. 使用了. 吏語, 行使 ᄡᅳ다. 又使船 ᄇᆡ 달호다. 又去聲, 使臣, 差使. 又官名. ≪朴諺, 中, 12ㅎ≫你船路裏來那, 네 ᄇᆡᆺ길로 온다. 我只船上來了, 내 그저 ᄇᆡ로 올와. ≪朴諺, 中, 13ㅈ≫圍着一箇西京來的載黃豆的船, ᄒᆞᆫ 西京으로셔 오ᄂᆞᆫ 黃豆 시른 ᄇᆡ를 에오고. ≪朴諺, 中, 13ㅈ≫又高麗地面裏來載千餘筒布子的大船, ᄯᅩ 高麗ㅅ ᄯᅡ흐로셔 오ᄂᆞᆫ 千餘 筒 뵈 시른 큰 ᄇᆡ를. 把那船上的人來打殺了, 그 ᄇᆡ엣 사ᄅᆞᆷ을 텨 죽이다 ᄒᆞ더라. ≪朴諺, 下, 51ㅈ≫或撑開入這荷國花城, 혹 ᄇᆡ ᄲᅥ혀 이 荷國 花城에 드러가. ≪朴諺, 下, 51ㅈ≫纜船下網, ᄇᆡ ᄆᆡ고 그믈 티고.

ᄇᆡ [명] ❶배[肚]. ⇔두(肚). ≪朴諺, 上, 35ㅎ≫艾氣肚裏入去, 艾氣 ᄇᆡ에 드러가. ≪朴諺, 中, 43ㅈ≫每日馬肚皮塵埋三尺, ᄆᆡ일에 ᄆᆞᆯ ᄇᆡᆺ가족에 틧글이 석 자히나 무텻고. ❷배[梨]. ⇔이아(梨兒). ≪朴諺, 上, 37ㅎ≫這箇是梨兒, 이거슨 이 ᄇᆡ로다.

ᄇᆡ다 [동] ❶배다. 젖다. 스미다. ⇔윤(潤). ≪朴諺, 中, 40ㅎ≫那瓦水潤了無些氣力, 뎌 디새 믈 ᄇᆡ야 져기 힘이 업스니. ❷배다[孕]. 임신하다. ⇔회탐(懷躭). ≪朴諺, 上, 51ㅎ≫懷躭十月, ᄇᆡ야 열 ᄃᆞᆯ이오.

ᄇᆡ다 [형] 배다. 촘촘하다. ⇔밀(密). ≪朴諺, 上, 40ㅈ≫用那密的篦子好生攏着, 뎌 ᄇᆡᆫ 춤빗을 ᄡᅥ ᄀᆞ장 빗겨.

ᄇᆡ뎝골 [명] 고을 이름. ⇔표배호동(表褙衚衕). ≪朴諺, 中, 38ㅎ≫今日早起表褙(褙)衚衕裏, 오ᄂᆞᆯ 아ᄎᆞᆷ에 ᄇᆡ뎝골에.

ᄇᆡ목 [명] 배목. (고리 걸쇠) ❶⇔굴술(鋸鉞). ≪朴諺, 中, 36ㅈ≫揷在鋸鉞裏, ᄇᆡ목에 곳고. ❷⇔굴술아(鋸鉞兒). ≪朴諺, 中, 2ㅎ≫兩箇鋸鉞兒, 두 ᄇᆡ목과. ≪朴諺, 中, 36ㅈ≫着鋸鉞兒釘在兩三處, ᄇᆡ목으로 두세 곳을 박고.

ᄇᆡ브르다 [형] 배부르다. ⇔포(飽). ≪朴諺, 上, 7ㅎ≫酒也醉了茶飯也飽了, 술도 醉ᄒᆞ엿고 茶飯도 ᄇᆡ브르다.

ᄇᆡ브리 [부] 배불리. ⇔포(飽). ≪朴諺, 上, 10ㅎ≫一日三頓家饋他飽飯喫, ᄒᆞᄅᆞ 세 ᄢᅵ식 뎌를 주어 밥을 ᄇᆡ브리 먹이고.

ᄇᆡ블리 [부] 배불리. ⇔포(飽). ≪朴諺, 下,

33ㅎ≫咱各自儘飽喫, 우리 각각 잇긋 빅블리 먹쟈.

빅얌 명 뱀. ⇔사(蛇). ≪朴諺, 上, 34ㅎ≫一年經蛇咬三年怕井繩, 흔 히를 빅얌 믈려디내면 三年을 드렛줄도 접퍼흔다 흐니라.

빅와 명 배와(培瓦). 굽지 않은 기와. ⇔배(培). ≪朴諺, 下, 5ㅈ≫培塼都有麽, 빅와과 벽이 다 잇느냐.

빅치 명 배추. ⇔백채(白菜). ≪朴諺, 中, 33ㅎ≫蘿蔔, 댓무우. 蔓菁, 쉿무우. 萵苣, 부로. 葵菜, 아혹. 白菜, 빅치. 赤根菜, 시근치. 園荽, 고싀. 蓼子, 역괴. 葱, 파. 蒜, 마늘. 薤, 부치. 荊芥, 형개. 薄荷, 박하. 茼蒿, 믈쑥. 水蘿蔔, 믈한댓무우. 胡蘿蔔, 노론댓무우. 芋頭, 토란. 紫蘇都種來, 紫蘇를 다 시므라.

빅호다 동 ❶배우다. ⇔학(學). ≪朴諺, 上, 44ㅎ≫你如今學甚麽文書, 네 이제 므슴 글을 빅호는다. ≪朴諺, 上, 45ㅎ≫越在意勤勤的學着, 더옥 뜻 두어 브즈런이 빅호라. ≪朴諺, 上, 45ㅎ≫你學的成人長大, 네 빅화 成人 長大흐야. ≪朴諺, 中, 19ㅈ≫學生活去, 셩녕 빅호라 가고. 一箇狐帽匠家學生活去, 흐나흔 狐帽匠의 집의 셩녕 빅호라 가고. ≪朴諺, 中, 41ㅈ≫不學些禮體, 져기 禮體를 빅호디 아니흐니. ≪朴諺, 中, 48ㅈ≫恰學立的, 굿 셔기 빅호디. ≪朴諺, 中, 48ㅎ≫我也做饋他一對學行的綉鞋, 나도 흔 빵 거름 빅호는 슈신을 지어 뎌를 주리라. ≪朴諺, 中, 50ㅎ≫咱這草地裏學摔校, 우리 이 草地에셔 시름 빅호쟈. ≪朴諺, 中, 59ㅈ≫我也學了, 나도 빅호과라. ≪朴諺, 下, 34ㅎ≫我學打這一會, 내 이 흔 디위 빅화 티리라. ≪朴諺, 下, 51ㅎ≫也不學屈原投江, 또 屈原의 投江을 빅호디 아니흐니. ≪朴諺, 下, 51ㅎ≫我待學范蠡歸湖, 내 范蠡의 歸湖를 빅호고져 흐노라. ≪朴諺, 上, 45ㅈ≫却到學裏上書念一會, 또 學에 가 글 빅화 흔 디위 念흐고. ❷(스승에게 글을) 배우다. ⇔상서(上書). ≪朴諺, 上, 45ㅈ≫却到學裏上書念一會, 또 學에 가 글 빅화 흔 디위 念흐고.

빅 관 백(百). ⇔백(百). ≪朴諺, 中, 10ㅎ≫保人只管一百日, 保人이 그저 일 빅 날을 ㄱ음아니. ≪朴諺, 下, 23ㅎ≫百般搭不着, 빅 가지로 호딕 건디디 못흐니.

빅 수 백(百). ⇔백(百). ≪朴諺, 下, 34ㅈ≫一箇去百箇來, 흐나히 가매 빅이 온다 흐느니라.

빅셩 명 백성. ⇔민(民). ≪朴諺, 中, 29ㅈ≫妻賢夫省事官清民自安, 妻ㅣ 어딜면 지아븨 일이 덜리이고 官이 묽그면 빅셩이 스스로 편안흐느니라.

빗가족 명 뱃가죽. ⇔두피(肚皮). ≪朴諺, 中, 43ㅈ≫每日馬肚皮塵埋三尺, 믹일에 몰 빗가족에 틧글이 석 자히나 무텻고.

빗길 명 뱃길. ⇔선로(船路). ≪朴諺, 中, 12ㅎ≫你船路裏來那, 네 빗길로 온다.

빗ㄱ장 명 배[舟]의 끝. 곧, 고물. ⇔진선(儘船). ≪集覽, 字解, 單字解, 5ㅈ≫儘. 讓也, 任也. 儘他 제게 다와ᄃ라, 儘讓 뎌긔 미다. 又縱令也. 儘敎 므던타. 又儘一儘 지긔우다. 又儘船 빗 ㄱ장.

빗대 명 뱃대끈. ⇔두대(肚帶). ≪朴諺, 上, 28ㅈ≫底下垂下着兩頭青珠兒結串的駝毛肚帶, 미틱 드리온 거슨 두 머리예 프른 구슬로 믹자 쎄온 약대 털로 흔 빗대오. ≪朴諺, 中, 11ㅎ≫少梯子, 술위앏괴오는 나모. 撐頭, 술위뒤괴오는나모. 套繩, 멦줄. 撒繩, ᄉ을줄. 拘索, 목집게. 籠頭, 바굴레. 脚索, 지달쏠바. 鞍子, 기ᄅ마. 肚帶, 빗대 업세라.

뼈올리다 동 껴 올리다. 끼워 올리다. ⇔투상(套上). ≪朴諺, 中, 26ㅎ≫套上氈兒, 털을 뼈 올려.

삐 의 끼. ⇔돈(頓). ≪朴諺, 中, 19ㅈ≫一日喫三頓家飯, 흐ᄅ 세 삐 밥 먹고.

삐다 동 끼다[挾]. 끼우다. ⇔투(套). ≪朴諺, 中, 26ㅎ≫套上氈兒, 털을 뼈 올려.

빠 동 ❶따[摘]. ≪朴諺, 中, 34ㅈ≫把那葉

兒摘了, 더 닙흘다가 ᄣᅡ. ≪朴諺, 中, 58ㅎ≫你摘饋我些葉兒, 네 날을 져기 닙흘 ᄣᅡ 주고려. ❷때[時]. ‘ᄣᅡ’는 ‘ᄣᅢ’의 잘못. ≪朴諺, 上, 32ㅎ≫偸將去的時莭(節), 도적ᄒᆞ여 갈 ᄣᅡ(ᄣᅢ)예.

ᄣᅡ다 동 따다[摘]. ⇔적(摘). ≪朴諺, 中, 34ㅈ≫把那葉兒摘了, 더 닙흘다가 ᄣᅡ. ≪朴諺, 中, 58ㅎ≫你摘饋我些葉兒, 네 날을 져기 닙흘 ᄣᅡ 주고려.

ᄣᅢ 명 때[時]. ❶⇔시(時). ≪朴諺, 下, 48ㅈ≫甚時幾刻立春, 아ᄆᆞ ᄣᅢ 현 刻에 立春 ᄒᆞᆫ다 ᄒᆞ면. ≪朴諺, 下, 52ㅈ≫右某伏爲於今月某日某時已來, 右 某ᄂᆞᆫ 伏爲 今月 아모 날 아모 ᄣᅢ예. ≪朴諺, 下, 54ㅈ≫伏爲於今月某日某時已來, 伏爲 이 ᄃᆞᆯ 아모 날 아모 ᄣᅢ에. ❷⇔시분(時分). ≪朴諺, 中, 43ㅈ≫直到點燈時分恰下馬, 잇긋 블 혈 ᄣᅢ예 다둣게야 ᄀᆞᆺ ᄆᆞᆯ게 ᄂᆞ리니. ≪朴諺, 下, 1ㅎ≫比及晌午剉正熱時分收拾, 낫계어 졍히 더울 ᄣᅢ예 미처 收拾ᄒᆞ여. ≪朴諺, 下, 14ㅎ≫直是人定時分纔下馬, 잇긋 人定 ᄣᅢ예 ᄀᆞᆺ ᄆᆞᆯ을 ᄂᆞ리ᄂᆞ니라. ❸⇔시신(時辰). ≪朴諺, 下, 48ㅈ≫這般揀(揀)定時辰, 이리 ᄣᅢ를 ᄀᆞᆯ히여 定ᄒᆞ고. ❹⇔시절(時節). ≪朴諺, 上, 16ㅎ≫正是放空中的時莭(節), 졍히 박핑이 ᄐᆞᆯ ᄣᅢ로다. ≪朴諺, 上, 31ㅈ≫他京裏臨起身時莭(節), 뎨 셔울셔 起身ᄒᆞᆯ ᄣᅢ에 臨ᄒᆞ여. ≪朴諺, 上, 32ㅎ≫偸將去的時莭(節), 도적ᄒᆞ여 갈 ᄣᅡ(ᄣᅢ)예. ≪朴諺, 中, 24ㅈ≫咱如今身已(己)安樂時莭(節), 우리 이제 몸이 安樂ᄒᆞᆫ ᄣᅢ예. ≪朴諺, 中, 31ㅎ≫如今更秋凉丹楓八月好時莭(節), 이제 ᄯᅩ 秋凉 丹楓 八月 됴흔 ᄣᅢ니. ≪朴諺, 下, 1ㅈ≫你臨去時莭(節), 네 길 ᄣᅢ에 다ᄃᆞ라. ≪朴諺, 下, 15ㅎ≫煤場裏推煤去時莭(節), 煤場에 숫 실라 갈 ᄣᅢ에. ≪朴諺, 下, 38ㅈ≫去時莭(節), 갈 ᄣᅢ에. ≪朴諺, 下, 48ㅈ≫地氣正旺上的時莭(節), 地氣 正히 旺上ᄒᆞᆯ ᄣᅢ에.

ᄣᅢ다 동 때우다. 땜질하다. ⇔한(銲). ≪朴諺, 下, 29ㅎ≫觜我把兒且打下我看着銲, 부리와 ᄌᆞᆯ를 아직 ᄆᆡᆫᄃᆞ라 내 보와든 ᄣᅢ라.

ᄣᅥ나다 동 떠나다. ⇔이(離). ≪朴諺, 下, 9ㅎ≫因你貪嗔癡三毒不離於身, 네 貪嗔癡 三毒이 몸에 ᄣᅥ나디 아니믈 인ᄒᆞ여.

ᄣᅥ디우다 동 ❶떨어뜨리다. ⇔낙하(落下). ≪集覽, 字解, 單字解, 7ㅎ≫落. 落了 디다. 又院落 뜰. 又落下 ᄣᅥ디우다. 又數落了罪過 죄목 혜다. 又吏語, 下落 간 곧, 又發落 공ᄉᆞ 귿내다. ❷떨어뜨리다. (빚을) 조금 남기다. ⇔소(少). ≪集覽, 字解, 單字解, 6ㅈ≫少. 多少. 又欠也. 少甚麽 므스거시 업스뇨. 少債 ᄂᆞᄆᆡ 비들 ᄣᅥ디워 잇다. 又缺也. 缺少口粮 양시기 그처디다.

ᄣᅥ러디다 동 떨어지다. ❶⇔낙(落). ≪朴諺, 下, 24ㅈ≫頭落在地上, 머리 ᄣᅥ러뎌 ᄶᅡ히 잇더니. ❷⇔낙하(落下). ≪朴諺, 下, 24ㅎ≫只落下一箇虎頭, 그저 ᄒᆞᆫ 범의 머리만 ᄣᅥ러뎌시니. ❸⇔조(弔). ≪朴諺, 上, 37ㅈ≫墻上一塊土吊下來禮拜, 담 우희 ᄒᆞᆫ 덩이 ᄒᆞᆰ이 ᄣᅥ러뎌 ᄂᆞ려와 禮拜ᄒᆞᄂᆞᆫ 거시여. ≪朴諺, 下, 7ㅈ≫便成疙滓都吊了, 곳 더뎅이져 다 ᄣᅥ러디리라. ❹⇔탑(塌). ≪朴諺, 下, 29ㅎ≫塌了半邉, 반 편이 ᄣᅥ러디고.

ᄣᅥ르티다 동 떨어뜨리다. 또는 가로채다. 떼어먹다. ⇔낙(落). ≪朴諺, 中, 3ㅈ≫這厮落了我一兩銀, 이 놈이 내 ᄒᆞᆫ 냥 은을 ᄣᅥ르텨시니.

ᄣᅥᄅᆞ티다 동 ❶떨어뜨리다. 남기다. 남겨 놓다. ⇔낙하(落下). ≪朴諺, 下, 37ㅈ≫落下些箇, 져기 ᄣᅥᄅᆞ텨. ❷떨어뜨리다. ⇔조(弔). ≪朴諺, 下, 28ㅎ≫將去使休吊了, 가져가 ᄡᅳ고 ᄣᅥᄅᆞ티디 말라. ❸떨어뜨리다. 또는 빚지다. ⇔흠(欠). ≪朴諺, 上, 54ㅈ≫不致拖欠, 믄그어 ᄣᅥᄅᆞ팀애 니ᄅᆞ게 말고.

ᄣᅥ히다 동 (상앗대로 강바닥을 밀어 배가) 뜨게 하다. ⇔탱개(撑開). ≪朴諺, 下, 51

ㅈ≫或撑開入這荷國花城, 혹 비 뻐혀 이 荷國 花城에 드러가.

뻘리다 동 떨리다. ⇔전(顫). ≪朴諺, 中, 14ㅎ≫身顫的當不的, 몸이 뻘려 당티 몯ᄒᆞ니.

뻘티다 동 떨치다. ⇔불(拂). ≪朴諺, 中, 22ㅎ≫執楊柳於掌內拂病體於輕安, 楊柳를 손에 잡아 病體를 輕安ᄒᆞᆫ듸 뻘티고.

뿔다 동 뚫다. ❶⇔개(開). ≪朴諺, 中, 35ㅈ≫舌尖兒潤開了窓孔, 혓긋ᄒᆞ로 불워 창 굼글 뿔고. ❷⇔찬(鑽). ≪朴諺, 下, 5ㅎ≫這高處鑽些土, 이 노픈 곳의 흙을 뿔고.

뛰놀다 동 뛰놀다. ⇔도(跳). ≪朴諺, 上, 38ㅈ≫兩箇先生合賣藥一箇坐一箇跳, 두 先生이 모다 약 ᄑᆞ노라 ᄒᆞ나흔 안잣고 ᄒᆞ나흔 뛰노는 거시여.

뛰다 동 뛰다. ⇔도(跳). ≪朴諺, 中, 56ㅈ≫咱只這裏跳入去, 우리 그저 예셔 뛰어 드러가쟈. 我先跳你看, 내 몬져 뛸 거시니 네 보라. ≪朴諺, 下, 10ㅈ≫便喝跳起來道, 곳 혀ᄎᆞ고 뛰여 니러 닐오듸. ≪朴諺, 下, 21ㅈ≫跳下床來了, 床에 뛰여 ᄂᆞ려디니. ≪朴諺, 下, 23ㅈ≫跳入油中, 뛰여 기름 가온대 드러가. ≪朴諺, 下, 23ㅎ≫行者聽了跳出來, 行者ㅣ 듯고 뛰여 나와. ≪朴諺, 下, 49ㅈ≫忽跳上牛去, 믄득 쇠게 뛰여 올라. ≪朴諺, 下, 52ㅎ≫於本家那邉跳墻入來家內, 본집 뎌 편 담을 뛰여 안히 드러와. ≪朴諺, 下, 52ㅎ≫却跳墻出去, 또 담을 뛰여 나가시니.

뛰어들다 동 뛰어들다. ⇔도(跳). ≪朴諺, 中, 56ㅈ≫跳的河裡仰不搽, 믈에 뛰어드러 잣바 즘기디 마쟈.

뛰옴 동 뜀. ⇔도(跳). ≪朴諺, 中, 56ㅈ≫跳冬瓜跳西瓜, 동과뛰옴 ᄒᆞ랴 슈박뛰옴 ᄒᆞ랴.

ᄠᅳ다 동 ❶(뜸을) 뜨다. ⇔구(灸). ≪朴諺, 上, 35ㅎ≫一箇脚上三壯家灸的, ᄒᆞᆫ 발 우희 三壯식 ᄠᅳ되. ❷(사이가) 뜨다. ⇔이(離). ≪朴諺, 上, 12ㅈ≫平則門離這廣豊倉二十里地, 平則門이 이 廣豊倉에셔 ᄠᅳᆷ이 二十里 ᄊᆞ히니. ❸모자라다. 결핍되다. ⇔핍(乏). ≪朴諺, 下, 44ㅎ≫揀(揀)着那乏煤, 뎌 ᄠᅳᆫᄆᆡ탄을 ᄀᆞᆯ히여.

ᄠᅳ다 형 다르다. 차이나다. ⇔쟁(爭). ≪集覽, 字解, 單字解, 8ㅈ≫爭. 鬪爭也. 又ᄉᆞ싀 ᄠᅳ다. 又不爭 므던히 너기다. ≪朴諺, 上, 63ㅎ≫爭甚麽一母所生親弟兄, 므슴 一毋(母) 所生 親弟兄에셔 ᄠᅳ리오. ≪朴諺, 中, 38ㅈ≫争着遠裏, ᄠᅳᆷ이 머다. ≪朴諺, 下, 38ㅎ≫比丞相爭甚麽, 丞相에 比컨대 므서시 ᄠᅳ리오.

ᄠᅳᆫᄆᆡ탄 명 완전히 타지 않은 석탄(石炭). ⇔핍매(乏煤). ≪朴諺, 下, 44ㅎ≫揀(揀)着那乏煤, 뎌 ᄠᅳᆫᄆᆡ탄을 ᄀᆞᆯ히여.

ᄠᅳᆯ 명 뜰. 정원. ⇔원락(院落). ≪集覽, 字解, 單字解, 7ㅎ≫落. 落了 디다. 又院落 ᄠᅳᆯ. 又落下 ᄲᅥ디우다. 又數落了罪過 죄목 혜다. 又吏語, 下落 간 곧, 又發落 공ᄉᆞ 즙내다.

ᄠᅳᆷ 동 (사이가) 뜸. ≪朴諺, 上, 12ㅈ≫平則門離這廣豊倉二十里地, 平則門이 이 廣豊倉에셔 ᄠᅳᆷ이 二十里 ᄊᆞ히니.

ᄠᅳᆮ 명 뜻. ⇔의(意). ≪朴諺, 上, 24ㅈ≫却有弟兄之意, 또 弟兄의 ᄠᅳᆮ이 이시려니ᄯᆞ녀. ≪朴諺, 上, 45ㅎ≫越在意勤勤的學着, 더옥 ᄠᅳᆮ 두어 브즈런이 ᄇᆡ호라. ≪朴諺, 中, 17ㅈ≫重意的多與將來, 重ᄒᆞᆫ ᄠᅳᆮ으로 만히 주어 가져오니. ≪朴諺, 中, 31ㅎ≫是人倫弟兄之意, 이 人倫 弟兄의 ᄠᅳᆮ이어니와.

ᄠᅳᆮ듣는 동 듣는[滴]. 떨어지는. ≪朴諺, 中, 28ㅎ≫都搜出三四十箇血瀝瀝的尸首和那珠子·布絹, 셜마은 피 ᄠᅳᆮ듣는 尸首와 그 진쥬·布絹을 다 뒤여 내고. ≪朴諺, 下, 24ㅈ≫血瀝瀝的腔子立地, 피 ᄠᅳᆮ듣는 몸�만 ᄊᆞ히 셔고.

ᄠᅳᆮ듣다 동 듣다[滴]. 떨어지다. ⇔역력(瀝瀝). ≪朴諺, 中, 28ㅎ≫都搜出三四十箇血瀝瀝的尸首和那珠子·布絹, 셜마은 피 ᄠᅳᆮ듣는 尸首와 그 진쥬·布絹을 다 뒤여 내고. ≪朴諺, 下, 24ㅈ≫血瀝瀝的腔子立

地, 피 뜻듣는 몸똥만 싸히 셔고.

삐다 동 찌다. ⇔증(蒸). ≪朴諺, 上, 5ㅈ≫ 蒸鮮魚, 삔 싱션과.

ᄯᅡ라가다 동 따라가다. ⇔근거(跟去). ≪朴諺, 下, 39ㅎ≫不能勾跟將去, 유여히 ᄯᅡ라가디 못홀쟉시면.

ᄯᅡ로 부 따로. ⇔영(另). ≪朴諺, 下, 37ㅈ≫ 另除了種子後頭, ᄯᅡ로 씨를 뎨흔 후에.

ᄯᅡ로다 동 따르다. ❶⇔간(趕). ≪朴諺, 下, 24ㅎ≫先生變做老虎赶, 先生이 변ᄒᆞ여 老虎ㅣ 되여 ᄯᅡ로거늘. ❷⇔근착(跟着). ≪朴諺, 下, 47ㅎ≫馬前馬後跟着的大小鬼卒, 馬前 馬後에 ᄯᅡ로는 大小 鬼卒이.

ᄯᅢ리다 동 깨뜨리다. ❶⇔쇄(碎). ≪朴諺, 下, 43ㅈ≫誰碎盆來, 뉘 소라를 ᄯᅢ리ᄃᆞ뇨. 曹大就門前碎盆, 曹大ㅣ 문 앏픠셔 소라를 ᄯᅢ리더라. ❷⇔파(破). ≪朴諺, 中, 40ㅎ≫只怕躧破了, 그저 불와 ᄯᅢ릴가 저페라. ≪朴諺, 中, 40ㅎ≫把瓦來都躧破了, 디새를다가 다 불와 ᄯᅢ려시니.

ᄯᅡᆫ 관 ❶딴. 다른. 뜻밖의. ⇔영(另). ≪集覽, 字解, 單字解, 2ㅎ≫另. 音零, 去聲. 別也, 零也. 另的 ᄯᅡᆫ 것. 吏語, 另行 각벼리 ᄒᆞ다. ❷부스러기의. ⇔영(零). ≪朴諺, 中, 2ㅈ≫我沒零錢怎麽好, 내 ᄯᅡᆫ돈이 업ᄉᆞ니 엇디 ᄒᆞ여야 됴흐료. ≪朴諺, 中, 2ㅈ≫我有零錢, 내게 ᄯᅡᆫ 돈이 이시니.

ᄯᅡᆫ돈 명 잔돈. 우수리. 또는 용돈. ⇔영전(零錢). ≪朴諺, 中, 2ㅈ≫我沒零錢怎麽好, 내 ᄯᅡᆫ돈이 업ᄉᆞ니 엇디 ᄒᆞ여야 됴흐료.

ᄯᅳᆫ 부 뜯는 듯이. ≪朴諺, 中, 15ㅈ≫奪腦(集覽, 朴集, 中, 2ㅎ: 奪腦. 奪字未詳. 鄕習傳解曰, ᄃᆡ고리 ᄯᅳᆫ 앏〈알〉프다. 奪, 音ᄃᆞ, 去聲讀.)疼的, 골치 ᄯᅳᆺ 앏프고.

ᄯᆞᆯ오다 동 따르다. ❶⇔간상(趕上). ≪朴諺, 下, 54ㅈ≫張千前來赶上, 張千이 나아와 ᄯᆞᆯ와. ❷⇔근(跟). ≪朴諺, 中, 43ㅈ≫便上馬跟官人, 곳 ᄆᆞᆯ 타 官人을 ᄯᆞᆯ와. ≪朴諺, 下, 38ㅎ≫你却爲甚麽不跟去, 네 ᄯᅩ 므서슬 위ᄒᆞ여 ᄯᆞᆯ와 가디 아니흔다. ❸⇔근착(跟着). ≪朴諺, 中, 43ㅈ≫跟着假使長, 假使長을 ᄯᆞᆯ와. ≪朴諺, 下, 47ㅎ≫拿茶椀把盞的跟着, 茶椀 가지며 잔 잡은 이 ᄯᆞᆯ와. ❹⇔추간(追趕). ≪朴諺, 下, 52ㅎ≫追赶賊人, 賊人을 ᄯᆞᆯ와.

ᄯᅳᆺ 부 뜯는 듯이. ≪朴諺, 中, 15ㅈ≫奪腦疼的, 골치 ᄯᅳᆺ 앏프고.

ᄲᅣᆷ 명 뺨. ⇔검(臉). ≪朴諺, 中, 50ㅎ≫大家休打臉, 대개 ᄲᅣᆷ 티디 말고.

ᄡᅡᆼ 의 쌍. ⇔대(對). ≪朴諺, 上, 19ㅎ≫把一對八珠環兒, ᄒᆞᆫ ᄡᅡᆼ 八珠環과. 一對釧兒, ᄒᆞᆫ ᄡᅡᆼ ᄑᆞᆯ쇠로다가 ᄒᆞ련노라. ≪朴諺, 上, 20ㅈ≫一對耳墜兒, ᄒᆞᆫ ᄡᅡᆼ 귀옛골회과. 一對窟嵌的金戒指兒, ᄒᆞᆫ ᄡᅡᆼ 날박은 금가락지. ≪朴諺, 上, 43ㅎ≫做一對護膝, ᄒᆞᆫ ᄡᅡᆼ 슬갑을 ᄆᆡᆫ들려 ᄒᆞ면. ≪朴諺, 中, 48ㅎ≫我也做饋他一對學行的綉鞋, 나도 ᄒᆞᆫ ᄡᅡᆼ 거름 ᄇᆡ호는 슈신을 지어 뎌를 주리라. ≪朴諺, 下, 30ㅈ≫四五對家簇簇攢攢的, 네다ᄉᆞᆺ ᄡᅡᆼ식 무둑무둑 나아드러. ≪朴諺, 下, 43ㅈ≫十餘對幢旛·寶盖·螺鈸·皷磬, 열아믄 ᄡᅡᆼ 幢旛과 寶盖와 螺鈸과 皷磬이러라. ≪朴諺, 下, 46ㅈ≫簸箕來大一對耳朶, 키만치 크게 ᄒᆞᆫ ᄒᆞᆫ ᄡᅡᆼ 귓바회와.

ᄡᅥ 부 써. ('그것으로 말미암아'의 뜻) ⇔이(以). ≪朴諺, 上, 7ㅎ≫有酒有花以爲眼前之樂, 술이 잇고 곳치 잇거든 ᄡᅥ 眼前의 樂을 ᄒᆞ라. ≪朴諺, 上, 45ㅎ≫以顯父母, ᄡᅥ 父母를 顯홈이. ≪朴諺, 上, 46ㅈ≫以至下人們, ᄡᅥ 下人들에 니ᄅᆞ히. ≪朴諺, 中, 22ㅈ≫以聲察聲拯悲酸於六道, 소ᄅᆡ로 ᄡᅥ 소ᄅᆡ를 ᄉᆞᆯ펴 悲酸을 六道에 건디고. ≪朴諺, 中, 43ㅎ≫滿山果子以爲食, 산에 ᄀᆞ득ᄒᆞᆫ 과실로 ᄡᅥ 食을 삼고. ≪朴諺, 下, 12ㅎ≫以至升斗, ᄡᅥ 바리와. 石, 돌과. 塼, 벽과. 培瓦, 培瓦에 니르히. 都有, 다 이셰라.

ᄡᅥᆷ즉ᄒᆞ다 형 씀직하다. 쓸 만하다. ⇔중사(中使). ≪朴諺, 上, 29ㅎ≫怎麽沒一箇中使的, 엇디 ᄒᆞ나토 ᄡᅥᆷ즉ᄒᆞ니 업ᄂᆞ뇨.

ᄡᅩ다 동 쏘다. ⇔사(射). ≪朴諺, 上, 49ㅈ≫

一邊五箇家分着射, 흔 편에 다숫식 는화 뽀쟈. ≪朴諺, 上, 49ㅈ≫咱各自用心儘氣力射, 우리 각각 用心ᄒᆞ야 氣力을 잇긋ᄒᆞ야 뽀쟈. ≪朴諺, 上, 49ㅈ≫我獨自箇射時也贏的, 내 혼자 뽀아도 이긔리로다. ≪朴諺, 上, 53ㅈ≫官裏前面揷柳(集覽, 朴集, 上, 14ㅈ: 钊〈揷〉柳. 質問云, 端午節日, 赴敎場內, 將三枝柳植之三處, 走馬射之.)射弓的多有, 황뎨 앏희셔 버들 곳고 활 뽀ᄂᆞ니 만히 이시니. ≪朴諺, 上, 53ㅎ≫只願的爲頭兒射着, 그저 원컨대 웃뜸으로 뽀쇼셔. ≪朴諺, 下, 61ㅈ≫撞着射殺, 만나 뽀아 죽기니.

뿌다 동 쑤다. ⇔오(熬). ≪朴諺, 中, 6ㅎ≫熬些稀粥, 젹이 믈근 쥭을 뿌고. ≪朴諺, 中, 30ㅈ≫稀粥也熬着裏, 믉은 쥭도 뿌엇다.

뿍 명 쑥. ⇔애(艾). ≪朴諺, 上, 35ㅈ≫脚內踝上灸了三壯艾來, 발 안쥐머리 우희 三壯 뿍으로 뜨니.

쓰다 동 쓰다[書]. ⇔사(寫). ≪朴諺, 上, 45ㅈ≫到晌午寫倣書, 나지 다ᄃᆞᄅᆞ면 셔품 쓰기 ᄒᆞ여. 寫差字的, 字ᄅᆞᆯ 그룻 쓰ᄂᆞᆫ 이ᄂᆞᆫ.

쓰다 동 쓰다[用]. 사용하다. ❶⇔사(使). ≪朴諺, 上, 29ㅈ≫使的六箇獖皮, 여숫 獖皮ᄅᆞᆯ 쓰리로다. ≪朴諺, 上, 43ㅈ≫護膝上但使的都說與我着, 슬갑에 믈읫 쁠 거슬 다 날ᄃᆞ려 니ᄅᆞ라. ≪朴諺, 上, 47ㅈ≫全做時只使的十九箇錢, 다 ᄒᆞ려 ᄒᆞ면 그저 열 아홉 낫 돈을 쓰리라. ≪朴諺, 中, 35ㅈ≫使鈎子的賊們更是廣, 갈고리 쓰ᄂᆞᆫ 도적이 ᄯᅩ 흔ᄒᆞ여. ≪朴諺, 中, 60ㅎ≫不使錢幹勾當, 돈을 쓰디 아니ᄒᆞ고 일을 일오려 ᄒᆞ면. ≪朴諺, 下, 22ㅎ≫將軍使金鉤子, 將軍이 쇠갈고리로 뻐. ≪朴諺, 下, 28ㅎ≫將去使休吊了, 가져가 쓰고 ᄠᅥᄅᆞ티디 말라. ≪朴諺, 下, 37ㅎ≫孩兒使爺娘的, ᄌᆞ식은 어버의 거술 쓰고. 奴婢使使長的, 죵은 뇌연의 거술 쓰ᄂᆞ니. ≪朴諺, 下, 37ㅎ≫便不使些箇做甚麽, 곳 져기 쓰디 아니코 므슴 ᄒᆞ리오. ❷⇔사용(使用). ≪朴諺, 上, 1ㅎ≫勾使用了, 유여히 쓰리라. ≪朴諺, 上, 54ㅈ≫今爲缺錢使用, 이제 돈 쁠 것 업ᄉᆞ믈 위ᄒᆞ여. ❸⇔소용(所用). ≪朴諺, 下, 62ㅈ≫正是所用之物, 졍히 뻠 즉흔 거시로다. ❹⇔용(用). ≪朴諺, 上, 40ㅈ≫用那密的篦子好生擔着, 뎌 빈 춤빗을 뻐 ᄀᆞ장 빗겨. ≪朴諺, 上, 54ㅎ≫故立此文契爲用, 짐즛 이 글월을 셰워 쓰게 ᄒᆞ엿ᄂᆞ니. ≪朴諺, 中, 27ㅎ≫用板盖在上頭, 널로 뻐 우희 덥고. ≪朴諺, 中, 33ㅎ≫麻骨一邊收拾下着用着, 삼대ᄅᆞᆯ 흔 편에 收拾ᄒᆞ여 두라 쓰쟈. ≪朴諺, 中, 39ㅎ≫故立此賃房文字爲用, 짐즛 이 집 셰내ᄂᆞᆫ 글월을 셰워 쓰게 ᄒᆞ노라. ≪朴諺, 中, 58ㅎ≫不知道葉兒用處, 닙 쓰ᄂᆞᆫ 곳은 아디 못ᄒᆞ더니. ≪朴諺, 下, 11ㅈ≫與父親用來之後, 父親의 밧ᄌᆞ와 쓰게 흔 후에. ≪朴諺, 下, 23ㅈ≫將軍用鈎子搭去, 將軍이 갈고리로 뻐 건디라 가니. ≪朴諺, 下, 24ㅈ≫行者用手把頭提起, 行者ㅣ 손으로 뻐 머리ᄅᆞᆯ다가 잡아 니ᄅᆞ혀. ❺⇔행사(行使). ≪集覽, 字解, 單字解, 5ㅎ≫使. 上聲, 差也, 役也. 使的我 날 브려. 又用也. 使用了. 吏語, 行使 쓰다. 又使船 ᄇᆡ 달호다. 又去聲, 使臣, 差使. 又官名.

쁠다 동 쓸다[掃]. ❶⇔소(掃). ≪朴諺, 中, 44ㅎ≫將苕箒來掃的乾淨着, ᄂᆡᆺ븨 가져다가 쁠기ᄅᆞᆯ 간졍히 ᄒᆞ고. ❷⇔작(綽). ≪朴諺, 下, 2ㅈ≫綽的乾淨着, 쁠기ᄅᆞᆯ 乾淨히 ᄒᆞ고. ❸⇔도(掏). ≪朴諺, 上, 40ㅎ≫捎篦來掏一掏耳朵, 짓븨 가져다가 귓바회 쁠라.

쁠알히다 형 쓰라리다. ❶⇔날동(剌疼). ≪朴諺, 下, 6ㅎ≫撓時厮刺疼, 글그면 쁠알히고. ❷⇔날랄동(剌剌疼). ≪朴諺, 中, 29ㅎ≫腮頰凍的剌(剌)剌(剌)的疼, ᄲᅣᆷ이 ᄃᆞ라 쁠알힌다.

씌우다 동 씌우다[覆]. ⇔대(帶). ≪朴諺, 中, 1ㅎ≫帶着鬼臉兒, 광ᄃᆡ 씌워.

삐 명 씨. 새끼. 놈. (욕하는 말) ❶⇔골두(骨頭). ≪朴諺, 上, 31ㅈ≫那狗骨頭知他那裏去, 뎌 가희삐 모로리로다 어듸 간다. ❷⇔정(精). ≪朴諺, 下, 25ㅎ≫這賊養漢生的小驢精, 이 도적 화냥년의 난 나괴삐야.

삐 명 씨. 씨실. ⇔위(緯). ≪朴諺, 上, 14ㅎ≫經·緯合線結織, 삐·늘을 合線ᄒᆞ여 짜시니.

삐 명 씨. 씨앗. ❶⇔자(子). ≪朴諺, 中, 33ㅈ≫聽的賣菜子的過去麽, 드르라 ᄂᆞ믈 삐 풀 리 디나가ᄂᆞ냐. 買些菜子兒, 져기 ᄂᆞ믈 삐를 사. ❷⇔자아(子兒). ≪朴諺, 中, 33ㅈ≫買些菜子兒, 져기 ᄂᆞ믈 삐를 사. ❸⇔종자(種子). ≪朴諺, 下, 37ㅈ≫另除了種子後頭, ᄠᅳ로 삐를 뎨흔 후에. ❹⇔핵(核). ≪朴諺, 下, 21ㅎ≫只留下桃核出來, 다만 복셩화 삐만 머므러 두고 나와. ≪朴諺, 下, 21ㅎ≫三藏說是一箇桃核, 三藏이 닐오듸 이 ᄒᆞᆫ 복셩화 삐로다. ≪朴諺, 下, 22ㅈ≫却是桃核, ᄯᅩ 이 복셩화 삐라.

삐놀 명 씨와 날. 씨실과 날실. ⇔경위(經緯). ≪朴諺, 上, 14ㅎ≫經·緯合線結織, 삐·늘을 合線ᄒᆞ여 짜시니.

ᄢᅢ 명 때[時]. ⇔조만(早晩). ≪集覽, 字解, 累字解, 1ㅎ≫早晩. 這早晩 이 늣도록. 又問何時曰, 多早晩 어느 ᄢᅢ.

ᄡᆞ다 동 싸다[包]. ⇔포(包). ≪朴諺, 上, 28ㅈ≫時㨾的黑斜皮鞍橋子, 시톄로 ᄒᆞᆫ 黑斜皮 ᄡᆞᆫ 기ᄅᆞ마가지오. ≪朴諺, 中, 56ㅎ≫我的衣裳被兒包袱也都敵了, 내 衣裳과 니블 ᄡᆞᆫ 보흘 다 텨시니.

ᄡᆞ다 동 쌓다. ❶⇔착(着). ≪朴諺, 上, 10ㅎ≫着墻板當着墻頭絟的牢着, 담 ᄡᆞᄂᆞᆫ 널로 담 머리에 막아 믹기를 굿(굳)이 ᄒᆞ고. ❷⇔타(打). ≪朴諺, 上, 10ㅈ≫去角頭叫幾箇打墻的和坌工來築墻, 모롱이에 가 여러 담 ᄡᆞᄂᆞᆫ 이와 조역을 블러다가 담 ᄡᆞ이리라. ≪朴諺, 下, 13ㅈ≫那西壁廂打一流兒短墻, 뎌 西 壁廂에 ᄒᆞᆫ 줄 短墻을 ᄡᆞ고.

ᄡᆞ이다 동 쌓게 하다. ⇔축(築). ≪朴諺, 上, 10ㅈ≫去角頭叫幾箇打墻的和坌工來築墻, 모롱이에 가 여러 담 ᄡᆞᄂᆞᆫ 이와 조역을 블러다가 담 ᄡᆞ이리라.

ᄡᆞᆯ 명 쌀. ⇔미(米). ≪朴諺, 上, 11ㅈ≫關米麽, ᄡᆞᆯ을 틀가. ≪朴諺, 上, 11ㅎ≫關出米來, ᄡᆞᆯ 타 나오나든. 絟馬錢與他一捧兒米便是, ᄆᆞᆯ 미엿든 갑슬 뎌를 ᄒᆞᆫ 우홈 ᄡᆞᆯ을 줌이 곳 올타. ≪朴諺, 上, 12ㅎ≫將米貼兒來對官號, ᄡᆞᆯ 톄ᄌᆞ 가져다가 官號 마초고. ≪朴諺, 中, 5ㅎ≫三升米, 서 되 ᄡᆞᆯ과. ≪朴諺, 中, 6ㅎ≫這米麤將去再篩一篩, 이 ᄡᆞᆯ이 구즈니 가져가 다시 슬흐라. ≪朴諺, 中, 56ㅎ≫庫房櫃子裏放的米都喫了, 곳집 궤에 둔 ᄡᆞᆯ을 다 먹고. ≪朴諺, 下, 44ㅈ≫淘的米乾淨着, ᄡᆞᆯ 일기를 乾淨히 ᄒᆞ라.

ᄡᆞᆷ 의 쌈[包]. ⇔포아(包兒). ≪朴諺, 中, 55ㅈ≫你來將那腰線包兒來, 이바 뎌 실감기 ᄡᆞᆷ 가져다가.

ᄧᅡ다 동 짜다[織]. ❶⇔결직(結織). ≪朴諺, 上, 14ㅎ≫經·緯合線結織, 삐·늘을 合線ᄒᆞ여 ᄧᅡ시니. ❷⇔직(織). ≪朴諺, 上, 63ㅎ≫你的大紅織金胷背帖裏對換着, 네 大紅빗체 금ᄉᆞ로 ᄧᅡ 胷背 ᄒᆞᆫ 텰릭과 막밧고쟈.

ᄧᅩᆨ 의 쪽. ⇔판아(瓣兒). ≪朴諺, 上, 27ㅎ≫八瓣兒鋪翠眞言字粧金大帽上, 여듧 ᄧᅩᆨ에 비취 짓 ᄭᅳᆯ고 眞言字를 금으로 ᄭᅮᆷ인 큰 갓에.

ᄧᅩᆺ다 동 좇다. ⇔간(趕). ≪朴諺, 中, 55ㅎ≫將蠅拂子來都赶了, ᄑᆞ리채 가져다가 다 ᄧᅩᆺ고.

ᄧᅩᆽ다 동 좇다. ⇔간(趕). ≪朴諺, 下, 48ㅎ≫這般赶退了, 이리 ᄧᅩᆺ차 믈리티고.

ᄧᅬ다 동 쬐다[曝]. ❶⇔쇄(曬). ≪朴諺, 中, 26ㅎ≫那頭盔好曬到了時, 뎌 듸우를 ᄀᆞ장 ᄧᅬ기를 잇긋 ᄒᆞ고. ≪朴諺, 下, 1ㅎ≫每日箇日頭裡晒, 每日에 볏틔 ᄧᅬ되. ❷⇔적(炙). ≪朴諺, 下, 7ㅎ≫火裏炙, 블에 ᄧᅬ라.

삥긔다 동 주름지다. 주름 잡히다. ⇔흘추(皺皺). ≪朴諺, 上, 36ㅎ≫皺(集覽, 朴集, 上, 10ㅎ: 皺. 音義云, 皺, 音疙. 今按, 疙, 音그(그). 疙疸 믹둡.)皺氈皺皺被, 삥긘 담에 삥긘 니블에. 皺皺娘娘裏頭睡, 삥긘 겨집이 안히셔 자는 거시여.

ᄩ기 명 따기. ≪朴諺, 上, 17ㅎ≫或是博錢·拿錢(集覽, 朴集, 上, 6ㅎ: 拿錢. 卽猜拳也. 쌍〈쌍〉불:쥐·기. 質問云, 此二人以錢相賭之戲, 跌過兩背, 相同爲贏(贏). 質問之釋, 若本國돈ᄩ기.), 혹 돈더ᄂ기 ᄒ며 쌍블잡기 ᄒ고.

ᄩ다 동 타다[彈]. 연주하다. ⇔탄(彈). ≪朴諺, 上, 6ㅎ≫彈的們動樂器, ᄩᄂ니들이 樂器을 動ᄒ고. ≪朴諺, 下, 50ㅎ≫彈一曲流水高山, 一曲 流水高山을 ᄩ며.

ㅅ

-ㅅ 조 ❶-의. ≪集覽, 字解, 單字解, 5ㅈ≫ 儘. 讓也, 任也. 儘他 제게 다와드라, 儘讓 뎌긔 미다. 又縱令也. 儘教 므던타. 又儘一儘 지긔우다. 又儘船 빗 ᄀ장. ≪朴諺, 上, 2ㅈ≫街市酒打將來怎麽喫, 져젯 술을 가져오면 엇디 머그리오. ≪朴諺, 上, 18ㅈ≫多少分兩, 언멧 分兩고. ≪朴諺, 上, 20ㅎ≫背後河裏洗馬去來, 뒷내헤 ᄆᆞᆯ 싯기라 가쟈. ≪朴諺, 上, 29ㅈ≫這兩件東西做時, 이 두 가짓 거슬 ᄆᆡᆫᄃᆞᆯ려 ᄒᆞ면. ≪朴諺, 上, 55ㅎ≫只腿跨不開, 다ᄆᆞᆫ 뒷 지페 펴디디 못ᄒᆞ고. ≪朴諺, 中, 39ㅈ≫捲蓬(篷)(集覽, 朴集, 中, 7ㅎ: 捲篷. 音義云, ·ᄇᆡ 우·횟 지·비〈집이〉·니 ᄆᆞᄅᆞ 업슨 지블 닐오ᄃᆡ 捲篷.)幾間, 무량각이 현 간. ≪朴諺, 中, 43ㅈ≫你一般爭名奪利的官人, 너 ᄒᆞᆫ가짓 爭名 奪利ᄒᆞᄂᆞᆫ 官人이. ≪朴諺, 中, 44ㅎ≫那中柱上釘一箇釘子, 뎌 가온댓 기동에 ᄒᆞᆫ 낫 못을 박고. ≪朴諺, 中, 46ㅈ≫我一般雜職人家, 나 ᄒᆞᆫ가짓 雜職에 사ᄅᆞᆷ은. ≪朴諺, 下, 21ㅈ≫大仙鼻凹裏放了, 大仙의 콧굼긔 노ᄒᆞ니. ≪朴諺, 下, 21ㅎ≫飛入横中, ᄂᆞ라 궷 가온대 드러가. ≪朴諺, 下, 22ㅎ≫脚踏鍋邊待要出來, 발로 가맛 ᄀᆞ을 드듸고 나오고져 ᄒᆞ다가. ❷-의. (사잇소리) ≪朴諺, 上, 9ㅎ≫水渰過蘆溝橋獅子頭, ᄆᆞᆯ이 蘆溝橋 獅子ㅅ 머리를 ᄌᆞᆷ가 너머. ≪朴諺, 上, 30ㅎ≫覓得高麗錢大快三十年, 高麗ㅅ 錢을 어든들 크게 三十年을 즐기랴. ≪朴諺, 上, 50ㅈ≫着孩兒盆子水裏放着, 아ᄒᆡ를 盆子ㅅ ᄆᆞᆯ에 노흐면. ≪朴諺, 上, 59ㅎ≫揮使你曾到西湖景來麽, 揮使ㅣ아 네 일즙 西湖ㅅ 景에 갓든다. ≪朴諺, 上, 65ㅈ≫一箇見性得道的高麗和尙, ᄒᆞᆫ 見性 得道ᄒᆞᆫ 高麗ㅅ 즁. ≪朴諺, 中, 3ㅎ≫這楊(揚)州綾子滿七托長, 이 楊(揚)州ㅅ 綾이 닐곱 발 기릐 ᄎᆞ고. ≪朴諺, 中, 13ㅈ≫又高麗地面裏來載千餘筒布子的大船, 또 高麗ㅅ 짜흐로셔 오ᄂᆞᆫ 千餘 筒 뵈 시른 큰 ᄇᆡ를. ≪朴諺, 中, 16ㅎ≫這幾日高麗地面裏來的, 요ᄉᆞ이 高麗ㅅ 짜흐로셔 온. ≪朴諺, 中, 52ㅎ≫小團欒面皮兒的漢兒人, 젹이 ᄂᆞᆺ치 두렷ᄒᆞᆫ 漢ㅅ 사ᄅᆞᆷ이. ≪朴諺, 中, 53ㅈ≫皇帝人家的一條線也, 皇帝ㅅ 집 ᄒᆞᆫ 오리 실인들. ≪朴諺, 下, 3ㅈ≫往常唐三蔵師傅, 뎌젹의 唐ㅅ 三藏 師傅ㅣ. ≪朴諺, 下, 15ㅎ≫和一箇漢兒人廝打來, ᄒᆞᆫ 漢ㅅ 사ᄅᆞᆷ과 싸홧더니. ≪朴諺, 下, 19ㅎ≫貧僧是東土人, 貧僧은 이 東土ㅅ 사ᄅᆞᆷ이라. ≪朴諺, 下, 48ㅎ≫太保家的, 太保ㅅ 집. 丞相家的, 丞相 집. 公侯家的, 公侯ㅅ 집이. ≪朴諺, 下, 56ㅎ≫只聽的高麗新事來, 그저 高麗ㅅ 新事를 드런노라. ≪朴諺, 下, 62ㅈ≫咱秀才家, 우리 秀才ㅅ 집이.

-ㅅ거니와 어미 -ㅆ(-았·-었)거니와. ≪朴諺, 上, 35ㅎ≫氣脉通行便好了, 氣脉이 通行ᄒᆞ야 곳 됴핫거니와.

-ㅅ고 어미 -ㅆ(-았·-었)고. ≪朴諺, 上, 28ㅈ≫騎着一箇十分膘鐵青玉面馬, ᄒᆞᆫ ᄆᆞ장 ᄉᆞᆯ진 털청총이광간쟈ᄆᆞᆯ을 탓고.

-ㅅ노라 어미 -ㅆ(-았·-었)노라. ≪朴諺, 上, 9ㅈ≫領了, 탓노라.

-ㅅᄂᆞ뇨 어미 -ㅆ(-았·-었)느냐. ≪朴諺, 上, 13ㅎ≫從幾時出來, 언제브터 낫ᄂᆞ뇨.

-ㅅᄂᆞ니 어미 -ㅆ(-았·-었)느니. ≪朴諺, 下, 56ㅈ≫半張紙上寫着裏, 半張 죠희예

썻└니.

-ㅅ는다 어미 -ㅆ(-았·-었)느냐. -ㅆ(-았·-었)는가. ≪朴諺, 上, 9ㅈ≫聖旨領了麽, 聖旨를 탓는다.

-ㅅ다 어미 -ㅆ(-았·-었)다. ≪朴諺, 上, 34ㅎ≫探望去好來, 探望ᄒᆞ라 감이 됴탓다.

-ㅅ다가 어미 -ㅆ(-았·-었)다가. ≪朴諺, 下, 15ㅎ≫城外種稻子來, 셩 밧긔 벼 시므라 갓다가.

-ㅅ더뇨 어미 -ㅆ(-았·-었)더냐. ≪朴諺, 下, 41ㅎ≫寫着甚麽裡, 므서시라 섯더뇨.

-ㅅ더니 어미 -ㅆ(-았·-었)더니. ≪朴諺, 中, 13ㅈ≫衝將去了, 딜러 가져갓더니. ≪朴諺, 中, 15ㅈ≫是小人昨日張少卿的慶賀筵席裏到來, 올흐니 小人이 어제 張少卿의 慶賀 잔채에 갓더니.

-ㅅ도다 어미 -ㅆ(-았·-었)도다. ≪朴諺, 中, 21ㅈ≫智滿十身, 智는 十身에 찻도다. ≪朴諺, 中, 45ㅎ≫却早滿三十箇月, 불셔 三十月이 찻도다.

-ㅅ든다 어미 -ㅆ(-았·-었)느냐. ≪朴諺, 上, 59ㅎ≫揮使你曾到西湖景來麽, 揮使ㅣ아 네 일즙 西湖ㅅ 景에 갓든다.

-ㅅᄃᆞ니라 어미 -ㅆ(-았·-었)더니라. ≪朴諺, 上, 14ㅈ≫角頭買段子去來, 모롱이에 비단 사라 갓ᄃᆞ니라.

-ㅅᄃᆞᆫ다 어미 -ㅆ(-았·-었)더냐. ≪朴諺, 上, 14ㅈ≫拜揖哥哥那裏去來, 拜揖ᄒᆞ노니 형아 어ᄃᆡ 갓ᄃᆞᆫ다.

-ㅅ소나 어미 -ㅆ(-았·-었)구나. ≪朴諺, 中, 53ㅎ≫咳却早年莭(節)下也, 애 불셔 年莭(節)이 다ᄃᆞ랏소나.

사(四) 관 ❶너[四]. ⇔너. ≪朴諺, 上, 30ㅈ≫四錢一箇家將去麽, 너 돈에 ᄒᆞ나식 ᄒᆞ여 가져갈다. ≪朴諺, 中, 4ㅈ≫每一疋染錢四錢家, 每 ᄒᆞᆫ 필에 믈갑시 너 돈식이니. ≪朴諺, 中, 4ㅎ≫都通染錢是五兩四錢半銀子, 대되 통ᄒᆞ여 믈갑시 닷 냥 너 돈 반 은이라. ❷넉. ⇔넉. ≪朴諺, 中, 37ㅎ≫葱白膝欄四兩銀子一匹, 葱白빗 膝欄에는 넉 냥 은에 ᄒᆞᆫ 필이라. ❸네. ⇔네. ≪朴諺, 下, 46ㅈ≫椽子䑦的四條繩, 혓가래 굴긔예 네 오리 노흐로.

사(四) 수 ❶네[四]. ⇔네ㅎ. ≪朴諺, 上, 22ㅈ≫你饒四着時纔好, 네 네흘 졉혜야 ᄀᆞᆺ 됴흐리라. ≪朴諺, 上, 22ㅎ≫我饒四着, 내 네흘 졉으마. ≪朴諺, 上, 23ㅈ≫你說饒我四着, 네 닐오ᄃᆡ 날을 네흘 졉쟈 ᄒᆞ더니. ❷넷. ⇔넷. ≪朴諺, 上, 36ㅈ≫四哥待要一處, 넷재 형은 ᄒᆞᆫᄃᆡ 모호고져 ᄒᆞ는 거시여. ≪朴諺, 上, 36ㅈ≫四哥是針線, 넷재 형은 이 바ᄂᆞ실이로다.

사(似) 보형 듯하다. ⇔ᄃᆞᆺᄒᆞ다. ≪朴諺, 下, 40ㅎ≫似不肯家畫麽, 즐겨 그리디 아닐 ᄃᆞᆺᄒᆞ고.

사(寺) 명 절. ⇔뎔. ≪朴諺, 上, 61ㅈ≫北岸上有一座大寺, 북편 언덕 우희 ᄒᆞᆫ 座 큰 뎔이 이시니. ≪朴諺, 上, 62ㅎ≫到寺裏燒香隨喜之後, 뎔에 가 향 픠오고 구경 ᄒᆞᆫ 후에. ≪朴諺, 下, 9ㅎ≫入寺敬三寶, 뎔에 드러는 三寶를 敬ᄒᆞ고. ≪朴諺, 下, 43ㅎ≫寺裏寄着裡, 뎔에 브티니라.

사(死) 동 ❶죽다. ⇔죽다. ≪朴諺, 上, 32ㅎ≫打的半死剌活的, 텨 반만 죽엇다가 되ᄭᅵ여나니. ≪朴諺, 中, 28ㅈ≫帶累一家人都死也怎的好, 온 집 사ᄅᆞᆷ이 버므리여 다 죽을 써시니 엇디ᄒᆞ여야 됴흐리오. ≪朴諺, 中, 49ㅈ≫咱們人今日死的明日死的不理會的, 우리 사ᄅᆞᆷ이 오ᄂᆞᆯ 죽을 줄 ᄂᆡ일 죽을 줄 아디 몯ᄒᆞ니. ≪朴諺, 中, 49ㅎ≫死不在老少, 죽기 老少에 잇디 아니ᄒᆞ니라. ≪朴諺, 下, 2ㅈ≫不知道那裡躧死了一箇蝤蜒, 아디 못게라 어ᄃᆡ ᄒᆞᆫ 지차리 불펴 죽엇ᄂᆞ뇨. ≪朴諺, 下, 3ㅈ≫願滿之日死時也不愁, 願滿ᄒᆞᆫ 날이면 죽어도 근심티 아니리라. ≪朴諺, 下, 22ㅎ≫就油裏死了, 기름에셔 죽으니. ≪朴諺, 下, 23ㅈ≫行者敢死了也, 行者ㅣ 죽은 ᄃᆞᆺᄒᆞ다. ≪朴諺, 下, 25ㅈ≫那裏想胡孫手裏死了, 어ᄃᆡ 胡孫의 손에 죽을 줄을 ᄉᆡᆼ각ᄒᆞ리오. ≪朴諺, 下, 26ㅈ≫虧死我也, 셜

워 날을 죽게 ᄒᆞ는고나. ≪朴諺, 下, 43ㅎ≫臨死獨自當, 죽으매 님ᄒᆞ여 홀로 당ᄒᆞ니. ❷죽이다. ⇔죽이다. ≪朴諺, 中, 27ㅈ≫却打死那人, 또 그 사름을 텨 죽여. ≪朴諺, 下, 20ㅎ≫便拿下來磕死了, 곳 잡아 ᄂᆞ리와 즛긔텨 죽이고.

사(些) 뷔 적이. 좀. ❶⇔져기. ≪集覽, 字解, 單字解, 5ㅈ≫些. 少也, 些兒·些箇·些少 져기. 又語助. ≪朴諺, 上, 6ㅈ≫將些乾按酒來, 져기 ᄆᆞ른按酒을 가져오고. ≪朴諺, 上, 18ㅈ≫你饋我趲短些, 네 날을 져기 주려 주고려. ≪朴諺, 上, 23ㅈ≫斂些錢做甑月會, 져기 돈 거두어 甑月會를 ᄒᆞ쟈. ≪朴諺, 上, 52ㅎ≫我有些央及的勾當, 내 져기 빌 일이 이셔. ≪朴諺, 上, 56ㅈ≫也有些撒蹄, 또 져기 굽그리미 잇더라. ≪朴諺, 上, 66ㅎ≫咱兩箇將些布施和香去, 우리 둘히 져기 보시와 향을 가지고 가. ≪朴諺, 中, 12ㅈ≫買些柴·拳頭菜·茶葉拿去, 져기 나모와 고사리와 茶葉을 사 가져가라. ≪朴諺, 中, 25ㅈ≫有些事時喫打, 져기 일이 이시면 마즘을 니브리라. ≪朴諺, 中, 40ㅎ≫那瓦水潤了無些氣力, 뎌 디새 믈 빅야 져기 힘이 업스니. ≪朴諺, 中, 58ㅎ≫你摘饋我些葉兒, 네 날을 져기 닙흘 ᄲᅡ 주고려. ≪朴諺, 下, 2ㅈ≫拿些水來我漱口, 져기 믈 가져오라 내 양지질ᄒᆞ쟈. ≪朴諺, 下, 2ㅈ≫熬些茶芽來我喫, 져기 茶芽를 달혀 오라 내 먹쟈. ≪朴諺, 下, 13ㅈ≫栽些好名花, 져기 됴흔 名花를 시므고. ≪朴諺, 下, 27ㅎ≫喫些茶去來, 져기 차 머그라 가쟈. ≪朴諺, 下, 44ㅈ≫有些胡撥氣, 져기 노린내 이시니. ≪朴諺, 下, 45ㅈ≫伯伯喫些飯, 伯伯아 져기 밥 먹으라. ≪朴諺, 下, 61ㅎ≫喫些淡茶去不妨, 져기 淡茶를 먹고 가미 해롭디 아니ᄒᆞ니. ❷⇔젹이. ≪朴諺, 上, 50ㅈ≫只着些好醬瓜兒就飯喫, 그저 젹이 됴흔 醬瓜로 밥ᄒᆞ여 먹히라. ≪朴諺, 中, 6ㅎ≫熬些稀粥, 젹이 믈근 쥭을 ᄲᅮ고. ≪朴諺, 中, 6ㅎ≫捏些匾食, 젹이 匾食를 빗고. ≪朴諺, 中, 6ㅎ≫撇些禿禿麽思, 젹이 믜역져비 �ᅳ고. ≪朴諺, 中, 6ㅎ≫一壁廂熬些細茶, ᄒᆞᆫ ᄇᆞ롬 구석의셔 젹이 細茶를 달히라. ≪朴諺, 中, 16ㅈ≫熱炕上熰着出些汗, 더온 캉에 블무회고 젹이 ᄯᆞᆷ 내라. ≪朴諺, 中, 17ㅈ≫一發稍將些醬麴來最好, 흠씌 젹이 메조를 브텨 가져오니 ᄀᆞ장 둇타. ≪朴諺, 中, 20ㅎ≫咱兒付些盤纏, 우리 젹이 盤纏을 여토아.

사(事) 명 일. ⇔일. ≪集覽, 字解, 累字解, 3ㅈ≫濟甚事. 므·슴 :이·리 :일·료. 猶言쇽졀:업·다. ≪朴諺, 上, 13ㅎ≫這們時不碍事, 이러면 일에 해롭디 아니ᄒᆞ다. ≪朴諺, 上, 50ㅈ≫滿月過了時喫的不妨事, ᄃᆞᆯ이 차 디나면 먹어도 일에 해롭디 아니ᄒᆞ리라. ≪朴諺, 上, 59ㅎ≫說時濟甚麽事, 닐온들 므슴 일이 일리오. ≪朴諺, 中, 7ㅈ≫管事的來, 일 ᄀᆞ음아는 이 오라. ≪朴諺, 中, 18ㅈ≫不妨事, 일에 해롭디 아니ᄒᆞ다. ≪朴諺, 中, 25ㅈ≫家中沒甚的事時賞你, 집의 아므란 일이 업스면 너를 샹ᄒᆞ고. 有些事時喫打, 져기 일이 이시면 마즘을 니브리라. ≪朴諺, 中, 33ㅈ≫碍甚麽事, 므슴 일에 해로오리오. ≪朴諺, 中, 38ㅈ≫不妨事, 일에 해롭디 아니ᄒᆞ니. ≪朴諺, 中, 48ㅈ≫不妨事, 일에 해롭디 아니ᄒᆞ니. ≪朴諺, 中, 60ㅈ≫我放着合理的事, 내 理에 合ᄒᆞᆫ 일을 두고. ≪朴諺, 下, 15ㅎ≫咳事不過三日, 애 일이 사흘이 디나디 못ᄒᆞ여셔. ≪朴諺, 下, 16ㅈ≫無贓時有甚麽事, 장믈이 업스면 므스 일이 이시리오. ≪朴諺, 下, 28ㅎ≫不妨事, 일에 해롭디 아니ᄒᆞ니. ≪朴諺, 下, 36ㅎ≫老安因甚麽事, 老安이 므슴 일을 인ᄒᆞ여. ≪朴諺, 下, 40ㅈ≫他家裏事多, 뎌 집의 일이 만ᄒᆞ니.

사(使) 동 다루다. 부리다. ⇔달호다. ≪集覽, 字解, 單字解, 5ㅎ≫使. 上聲, 差也, 役也. 使的我 날 브려. 又用也. 使用了. 吏語, 行使 ᄡᅳ다. 又使船 ᄇᆡ 달호다. 又去聲, 使臣, 差使. 又官名.

사(使) 동 부리다[使]. 쓰다. 사용하다. ❶⇔브리다. ≪集覽, 字解, 單字解, 5ㅎ≫使. 上聲, 差也, 役也. 使的我 날 브려. 又用也. 使用了. 吏語, 行使 쓰다. 又使船 빅 달호다. 又去聲, 使臣, 差使. 又官名. ≪朴諺, 中, 16ㅎ≫我㜷㜷使的我說將來, 우리 㜷㜷ㅣ 날을 브려 닐러늘 가져 왓노이다. ≪朴諺, 下, 18ㅈ≫便使黑心, 믄득 게엄ᄆᆞ음을 브려. ≪朴諺, 下, 21ㅎ≫皇后暗使一箇宮娥, 皇后ㅣ ᄀᆞ만이 ᄒᆞᆫ 宮娥ᄅᆞᆯ 브려. ❷⇔브리이다. ≪朴諺, 中, 52ㅎ≫跟張總兵使的牢子, 張總兵을 ᄯᆞᆯ와 브리이ᄂᆞᆫ 牢子ㅣ러라.

사(使) 동 쓰다[用]. 사용하다. ⇔쓰다. ≪朴諺, 上, 29ㅈ≫使的六箇獐皮, 여슷 獐皮를 ᄡᅳ리로다. ≪朴諺, 上, 43ㅈ≫護膝上但使的都說與我着, 슬갑에 믈읫 ᄡᅳᆯ 거슬 다 날ᄃᆞ려 니ᄅᆞ라. ≪朴諺, 上, 47ㅈ≫全做時只使的十九箇錢, 다 ᄒᆞ려 ᄒᆞ면 그저 열 아홉 낫 돈을 ᄡᅳ리라. ≪朴諺, 中, 35ㅈ≫使鉤子的賊們更是廣, 갈고리 ᄡᅳᄂᆞᆫ 도적이 ᄯᅩ 흔ᄒᆞ여. ≪朴諺, 中, 60ㅎ≫不使錢幹勾當, 돈을 ᄡᅳ디 아니ᄒᆞ고 일을 일오려 ᄒᆞ면. ≪朴諺, 下, 22ㅎ≫將軍使金鉤子, 將軍이 쇠갈고리로 ᄲᅧ. ≪朴諺, 下, 28ㅎ≫將去使休吊了, 가져가 ᄡᅳ고 ᄠᅥᄅᆞ티디 말라. ≪朴諺, 下, 37ㅎ≫孩兒使爺娘的, ᄌᆞ식은 어버의 거ᄉᆞᆯ ᄡᅳ고. 奴婢使使長的, 죵은 뇌연의 거ᄉᆞᆯ ᄡᅳᄂᆞ니. ≪朴諺, 下, 37ㅎ≫便不使些箇做甚麽, 곳 져기 ᄡᅳ디 아니코 므슴 ᄒᆞ리오.

사(使) 동 ❶(인(印))치다. (도장) 찍다. ⇔티다. ≪朴諺, 上, 3ㅈ≫寫勘合就使印信與我來, 勘合을 써 이믜셔 인텨 나ᄅᆞᆯ 주드라. ❷(침) 주다. 놓다. ⇔주다. ≪朴諺, 上, 35ㅈ≫一箇太醫看我小肚皮上使一針, ᄒᆞᆫ 太醫 날을 보고 져근ᄇᆡ 우희 ᄒᆞᆫ 번 침 주고.

사(使) 명 추밀원(樞密院)의 으뜸 벼슬. 부사(副使)의 위이다. ≪朴諺, 下, 39ㅎ≫他在樞密院(集覽, 朴集, 下, 8ㅎ: 樞密院. 元制, 有使·副使·知院·同知院·簽書院, 與〈与〉中書號爲二府, 主兵政.)角頭住裏, 뎨 樞密院 모롱이에 이셔 사ᄂᆞ니라.

사(舍) 의 예전에 행군(行軍)할 때 30리를 이르던 말. ≪朴諺, 上, 8ㅎ≫往永平·大寧·遼陽·開元·瀋陽(集覽, 朴集, 上, 4ㅎ: 瀋陽. 遼誌云, 舊名瀋州. 禹貢營州之域. 遼爲節〈莭〉鎭, 屬遼東道, 遼亡〈亾〉, 歸〈敀〉金. 元爲瀋陽路, 去遼東城數舍.)等處開去, 永平·大寧·遼陽·開元·瀋陽 等處ᄅᆞᆯ 향ᄒᆞ여 開讀ᄒᆞ라 가노라.

사(舍) 접미 -가(哥). ⇔-가. ≪朴諺, 上, 46ㅎ≫孫舍混堂裏洗澡去來, 孫가아 混堂에 목욕ᄀᆞᆷ으라 가쟈. ≪朴諺, 上, 52ㅎ≫王舍來了, 王가ㅣ아 오라. ≪朴諺, 上, 57ㅎ≫孟舍有兩箇油紙帽兒, 孟가의게 두 油紙帽ㅣ 이시니. ≪朴諺, 中, 30ㅎ≫孫舍那醜厮, 孫가 뎌 더러온 놈이. ≪朴諺, 下, 34ㅈ≫那箇新來的崔舍, 뎌 새로 온 崔개아. ≪朴諺, 下, 34ㅎ≫借與崔舍打, 崔가ᄅᆞᆯ 빌려 주어 티게 ᄒᆞ라. ≪朴諺, 下, 36ㅈ≫崔舍又打上, 崔개 ᄯᅩ 텨 올리니. ≪朴諺, 下, 45ㅈ≫宋舍看打春去來, 宋개아 닙츈 노롯ᄒᆞᄂᆞᆫ 양 보라 가쟈.

사(思) 동 생각하다. ⇔ᄉᆡᆼ각ᄒᆞ다. ≪朴諺, 上, 22ㅎ≫咳這官人好尋思計量大, 애 이 官人이 ᄀᆞ장(장) 尋思 計量이 크다. ≪朴諺, 中, 23ㅈ≫聖德難思, 聖德을 ᄉᆡᆼ각기 어려온디라.

사(射) 동 쏘다. ⇔ᄡᅩ다. ≪朴諺, 上, 49ㅈ≫一邊五箇家分着射, ᄒᆞᆫ 편에 다ᄉᆞᆺ식 ᄂᆞᆫ화 ᄡᅩ쟈. ≪朴諺, 上, 49ㅈ≫咱各自用心儘氣力射, 우리 각각 用心ᄒᆞ야 氣力을 잇긋ᄒᆞ야 ᄡᅩ쟈. ≪朴諺, 上, 49ㅈ≫我獨自箇射時也贏的, 내 혼자 ᄡᅩ아도 이긔리로다. ≪朴諺, 上, 53ㅈ≫官裏前面㨎柳射弓的多有, 황뎨 앏희셔 버들 곳고 활 ᄡᅩᄂᆞ니 만히 이시니. ≪朴諺, 上, 53ㅎ≫只願的爲頭兒射着, 그저 원컨대 읏ᄯᅳᆷ으로 ᄡᅩ쇼셔. ≪朴諺, 下, 61ㅈ≫撞着射殺, 만나 ᄡᅩ아 죽기니.

사(捨) 동 버리다. ⇔ᄇᆞ리다. ≪朴諺, 下, 48ㅎ≫捨着性命, 性命을 ᄇᆞ려.

사(蛇) 명 뱀. ⇔ᄇᆡ얌. ≪朴諺, 上, 34ㅎ≫一年經蛇咬三年怕井繩, ᄒᆞᆫ ᄒᆡ를 ᄇᆡ얌 믈려 디내면 三年을 드렛줄도 접퍼ᄒᆞᆫ다 ᄒᆞ니라.

사(斜) 동 빗기 뵈다. ⇔흙ᄇᆡ다. ≪朴諺, 上, 52ㅎ≫叫將那斜眼的弓匠王五來, 더 눈흙ᄇᆡᆫ 弓匠 王五ᄅᆞᆯ 블러오라.

사(詞) 명 말[語]. ⇔말. ≪朴諺, 上, 54ㅎ≫照依時價准折無詞, 時價에 照依ᄒᆞ야 准折ᄒᆞ야도 말 못ᄒᆞ고. ≪朴諺, 中, 10ㅈ≫賣主一面承當不詞, ᄑᆞᆫ 님재 一面으로 承當ᄒᆞ야 말 못ᄒᆞ고. ≪朴諺, 中, 39ㅎ≫准折無詞, 准折ᄒᆞ여도 말 못ᄒᆞ리라.

사(獅) 명 사자. ⇔ᄉᆞ지. ≪朴諺, 上, 4ㅎ≫或是獅仙糖(集覽, 朴集, 上, 2ㅎ: 獅仙糖. 以糖印做騎獅仙人之形也, 亦有爲樓觀僧佛之形者也.), 혹 ᄉᆞ지 ᄐᆞᆫ 신션 양으로 ᄆᆡᆫ근 沙糖을 노코.

사(寫) 동 쓰다[書]. ❶⇔스다. ≪朴諺, 下, 41ㅎ≫寫着甚麽裡, 므서시라 섯더뇨. ≪朴諺, 下, 41ㅎ≫寫着壬辰年二月朔丙午十二日丁卯, 壬辰年 二月朔 丙午 十二日 丁卯에.……巳·午·亥·卯生人忌犯裡, 巳·午·亥·卯에 난 사ᄅᆞᆷ은 忌犯ᄒᆞ라 섯더라. ❷⇔쓰다. ≪朴諺, 上, 45ㅈ≫到晌午寫倣書, 나지 다ᄃᆞᄅᆞ면 셔품 쓰기 ᄒᆞ여. 寫差字的, 字ᄅᆞᆯ 그릇 쓰ᄂᆞᆫ 이ᄂᆞᆫ. ❸⇔ᄡᅳ다. ≪朴諺, 上, 3ㅈ≫寫勘合就使印信與我來, 勘合을 써 이믜셔 인터 나ᄅᆞᆯ 주드라. ≪朴諺, 上, 23ㅎ≫衆朋友們的名字都寫着請去, 모ᄃᆞᆫ 벗들의 名字ᄅᆞᆯ 다 써 쳥ᄒᆞ라 가쟈. ≪朴諺, 上, 31ㅎ≫寫定文書借與他來, 文書를 써 定ᄒᆞ고 뎌ᄅᆞᆯ 쥐엿더니. ≪朴諺, 上, 53ㅎ≫你與我寫一紙借錢文書, 네 나ᄅᆞᆯ ᄒᆞᆫ 댱 돈 ᄭᅮᄂᆞᆫ 文書ᄅᆞᆯ 써 주고려. ≪朴諺, 上, 55ㅈ≫空處寫大吉利, 빈 곳에 大吉利라 쓰거나. 或寫餘白兩字着, 或 餘白 兩字ᄅᆞᆯ 쓰라. ≪朴諺, 中, 16ㅈ≫貼兒上寫與你引子, 貼에 너ᄅᆞᆯ 引子ᄅᆞᆯ 써 주리라. ≪朴諺, 中, 38ㅎ≫哥你寫與我房契, 형아 네 날을 집 글월 써 주고려. ≪朴諺, 中, 41ㅈ≫縫衣裳的縫字怎麽寫, 衣裳을 호다 ᄒᆞᄂᆞᆫ 縫字ᄅᆞᆯ 어이 쓰ᄂᆞ뇨. ≪朴諺, 中, 42ㅈ≫劉字怎的寫, 劉字ᄅᆞᆯ 어이 쓰ᄂᆞ뇨. ≪朴諺, 中, 42ㅈ≫麽字怎麽寫, 麽字ᄅᆞᆯ 어이 쓰ᄂᆞ뇨. ≪朴諺, 中, 42ㅎ≫待字怎的寫, 待字ᄅᆞᆯ 어이 쓰ᄂᆞ뇨. ≪朴諺, 中, 42ㅎ≫東字怎的寫, 東字ᄅᆞᆯ 어이 쓰ᄂᆞ뇨. ≪朴諺, 下, 10ㅎ≫先生你寫與我書稍的去, 先生아 네 날을 글 써 주어든 브텨 보내쟈. ≪朴諺, 下, 46ㅎ≫牌上寫着勾芒神, 牌예 勾芒神이라 쓰고. ≪朴諺, 下, 47ㅎ≫拿着三丈來高的大旗號上寫着明現眞君, 三丈 노ᄑᆡ 큰 긔예 明現眞君이라 쓴 거ᄉᆞᆯ 잡고. ≪朴諺, 下, 56ㅈ≫半張紙上寫着裏, 半張 죠희예 썻ᄂᆞ니. 一張裏寫時全饋他, ᄒᆞᆫ 張에 써시면 오로 뎌ᄅᆞᆯ 주고. 半張裏寫時與一半錢贖, 半張에 써시면 一半 갑ᄉᆞᆯ 주고 므ᄅᆞ미니라.

사(賜) 동 주다. ⇔주다. ≪朴諺, 下, 24ㅎ≫賜唐僧金錢三百貫金鉢盂一箇, 唐僧을 金돈 三百貫과 金에우아리 ᄒᆞ나ᄒᆞᆯ 주고. 賜行者金錢三百貫打發了, 行者ᄅᆞᆯ 金돈 三百貫을 주어 打發ᄒᆞ니.

사(謝) 동 사례하다. 고마움을 표시하다. ⇔사ᄒᆞ다(謝-). ≪朴諺, 上, 46ㅎ≫謝你將偌多布匹來, 네 만흔 布匹 가져옴을 謝ᄒᆞ노라. ≪朴諺, 中, 13ㅈ≫謝天地只願的好收着, 天地ㅅ긔 謝ᄒᆞ노니 그저 원컨대 잘 거도게 ᄒᆞ쇼셔.

사(辭) 동 하직(下直)하다. ⇔하딕ᄒᆞ다. ≪朴諺, 下, 39ㅈ≫辭了迴來, 하딕ᄒᆞ고 도라오롸. ≪朴諺, 下, 39ㅈ≫送到三四日辭迴來, 보내여 三四日에 가 하딕고 도라오면.

사(躧) 동 ❶밟다. ⇔ᄇᆞᆯ오다. ≪朴諺, 中, 40ㅎ≫只怕躧破了, 그저 ᄇᆞᆯ와 ᄣᆞ릴가 저페라. ≪朴諺, 中, 40ㅎ≫把瓦來都躧破了, 디새ᄅᆞᆯ다가 다 ᄇᆞᆯ와 ᄣᆞ려시니. ❷밟히다.

⇔불피다. ≪朴諺, 下, 2ㅈ≫不知道那裡躧死了一箇蝤蜒, 아디 못게라 어ᄃᆡ ᄒᆞᆫ 지차리 블펴 죽엇ᄂᆞ뇨. ≪朴諺, 下, 49ㅈ≫打的打躧的躧, 티리 티고 블피리 블피니.

사가(四哥) 명 넷째 형. ≪朴諺, 上, 36ㅈ≫四哥是針線, 넷재 형은 이 바ᄂᆞ실이로다.

사개(四箇) 관 네[四] (명). ❶⇔네. ≪朴諺, 下, 30ㅎ≫四角頭立地的四箇將軍, 네 모히 셧ᄂᆞᆫ 네 將軍이. ≪朴諺, 下, 59ㅎ≫將軍裴玄慶·洪儒·卜智謙·申崇謙等四箇人, 將軍 裴玄慶·洪儒·卜智謙·申崇謙等 네 사ᄅᆞᆷ이. ❷⇔네ㅎ. ≪朴諺, 上, 38ㅈ≫弟兄三四箇守着停柱坐, 弟兄 세 네히 기동을 ᄃᆞ킈여 안잣ᄂᆞᆫ 거시여.

사개(些箇) 부 적이. 좀. ❶⇔져기. ≪集覽, 字解, 單字解, 3ㅈ≫箇. 一枚也. 俗呼一枚爲一箇, 亦曰箇把. 又箇箇 난나치. 單言箇字, 亦爲一枚之意. 有箇人 ᄒᆞᆫ 사ᄅᆞ미. 又語助. 這箇·些箇. 又音이. 舌頭兩箇 혓 그토로, 今不用. ≪集覽, 字解, 單字解, 5ㅈ≫些. 少也. 些兒·些箇·些少 져기. 又語助. ≪朴諺, 上, 35ㅈ≫如今飯也喫得些箇却無事了, 이제ᄂᆞᆫ 밥도 져기 먹고 ᄯᅩ 無事ᄒᆞ여라. ≪朴諺, 中, 8ㅎ≫我也鋪鋪盖睡些箇, 나도 鋪盖 ᄭᆞᆯ고 져기 자쟈. ≪朴諺, 下, 7ㅎ≫買將些箇來, 져기 사 가져와. ≪朴諺, 下, 29ㅎ≫鼈兒打的匾着些箇, 鼈兒 민ᄃᆞᆯ기를 져기 납죡이 ᄒᆞ고. ≪朴諺, 下, 37ㅈ≫落下些箇, 져기 ᄲᅥᄅᆞ터. ≪朴諺, 下, 37ㅎ≫便不使些箇做甚麽, 곳 져기 ᄡᅳ디 아니코 므슴 ᄒᆞ리오. ≪朴諺, 下, 44ㅎ≫黃土少些箇, 黃土ㅣ 져기 젹에라. ≪朴諺, 下, 45ㅈ≫喫些箇好來, 져기 먹기 됴흘러니. ❷⇔젹이. ≪朴諺, 上, 38ㅎ≫不問多少與他些箇便是, 多少를 묻디 말고 뎌를 젹이 주미 곳 올ᄒᆞ니라. ≪朴諺, 上, 46ㅎ≫今年較賤些箇, 올히 젹이 賤ᄒᆞ니. ≪朴諺, 中, 17ㅈ≫饋婆婆口到些箇, 婆婆를 주어 젹이 입브티쇼셔 ᄒᆞ더이다.

사객(使客) 명 외국에서 오거나 외국으로 가는 사신(使臣). ≪朴諺, 上, 2ㅈ≫咱們問那光祿寺(集覽, 朴集, 上, 1ㅈ: 光祿寺. 在東長安門內, 其屬有大官·珍〈珎〉羞·良醞·掌醢四署, 掌供辦內府諸品膳羞酒醴及管待使客之事.)裏, 우리 뎌 光祿寺에 무러. ≪朴諺, 上, 2ㅎ≫光祿寺裡着姓李的館夫(集覽, 朴集, 上, 1ㅎ: 館夫. 應當舘〈館〉驛接待使客之役. 質問云, 府·州·縣百姓擇撥〈差〉無差〈身〉役者, 做館夫苔應使客, 待三年更替.)討去, 光祿寺에ᄂᆞᆫ 姓이 李가 館夫로 ᄒᆞ여 어드라 가게 ᄒᆞ고. ≪朴諺, 上, 9ㅎ≫水渰過蘆溝橋(集覽, 朴集, 上, 4ㅎ: 蘆溝橋. 橋之路西通關陝, 南達江淮. 兩旁多旅舍, 以其密邇京都, 行人·使客絡繹不絶.)獅子頭, 믈이 蘆溝橋 獅子ㅅ 머리를 ᄌᆞᆷ가 너머. ≪朴諺, 中, 5ㅈ≫站家擂鼓(集覽, 朴集, 中, 1ㅈ: 站家擂鼓. 舘驛門上皆設更鼓〈皷〉之樓, 凡使客入門必擊其鼓〈皷〉, 招集人衆, 應辦事務.), 站에셔 붑 티니. ≪朴諺, 中, 6ㅈ≫一瓶米酒(集覽, 朴集, 中, 1ㅈ: 米酒. 今造酒用粳米·糯米·黃米. 凡支〈支〉待使客, 皆用此等酒也.)和駱, ᄒᆞᆫ 병 米酒와 타락과. ≪朴諺, 中, 6ㅈ≫廚子(集覽, 朴集, 中, 1ㅎ: 廚子. 光祿寺有廚子, 卽供應大小筵宴及舘〈館〉待使客執爨之役者也.)你來, 廚子ㅣ아 이바. ≪朴諺, 中, 9ㅈ≫你與我甘結·應付(集覽, 朴集, 中, 2ㅈ: 應付. 如遇使客到驛, 將口粮·馬驢苔應與他, 方言謂之應付.), 네 날을 甘結과 應付를 주고려.

사거(死去) 동 죽어서 세상을 떠나다. ⇔죽어가다. ≪朴諺, 中, 5ㅈ≫百戶都那裏死去了, 百戶ㅣ 다 어ᄃᆡ 죽어가뇨.

사거(徙居) 동 거주지를 옮기다. ≪朴諺, 下, 61ㅈ≫第二年, 第二年에. 移都松岳郡(集覽, 朴集, 下, 13ㅈ: 都松岳郡〈松岳郡〉. 於是康忠與〈与〉郡人徙居山南, 栽松遍嶽, 改名松岳.), 松岳郡에 移都ᄒᆞ니.

사건(事件) 명 ❶일의 정세. 일의 까닭. ≪朴諺, 上, 9ㅈ≫小人也得了劄付(集覽, 朴集, 上, 4ㅎ: 劄付. 音義云, 禮部知會都堂總

兵官文書, 內有事件, 体式詳見求政錄.)關字便上馬, 小人도 箚付 関字를 어드면 곳 上馬ᄒᆞ리로다. ❷장식품. ≪朴諺, 上, 26ㅎ≫鴈翅板上釘着金絲減鐵事件, 둥울 우희 金 입ᄉᆞᄒᆞᆫ 事件을 박앗고. ≪朴諺, 上, 28ㅈ≫銀絲事件, 銀 입ᄉᆞᄒᆞᆫ 事件이오. ≪朴諺, 中, 2ㅎ≫事件也不壯, 事件도 壯티 아니ᄒᆞ고. ❸일. 사항(事項). ⇔일. ≪朴諺, 中, 45ㅎ≫別沒不了的事件, 각별이 뭇디 못ᄒᆞᆫ 일이 업고.

사계(四季) 명 음력 네 계절의 끝 달을 이르는 말. 곧, 계춘(季春: 3월)·계하(季夏: 6월)·계추(季秋: 9월)·계동(季冬: 12월). ≪朴諺, 下, 41ㅈ≫殃榜(集覽, 朴集, 下, 9ㅈ: 殃榜. 臞仙肘後經云, 生人所生之年, 與亡〈亾〉者所死月節〈莭〉相犯, 則忌避. 如四孟節〈莭〉內死者, 忌寅·申·巳·亥生人, 四仲月節〈莭〉內死者, 忌子·午·卯·酉生人, 四季月節內者〈四季月莭內死者〉, 忌辰·戌·丑·未生人是也.)橫貼在門上, 殃榜을 문 우희 빗기 브텻더니.

사계화(四季花) 명 월계화(月季花). (장미과의 상록 관목) ≪朴諺, 上, 27ㅈ≫絟着一對明綠綉四季花護膝, ᄒᆞᆫ 쌍 明綠빗치 四季花를 綉ᄒᆞᆫ 슬갑을 ᄆᆡ엿고. ≪朴諺, 中, 36ㅎ≫這鋪裏有四季花段子麽, 이 푸즈에 四季花 문 ᄒᆞᆫ 비단 잇ᄂᆞ냐. ≪朴諺, 中, 37ㅈ≫鴉青四季花六兩銀子一匹, 鴉青빗 四季花 문에는 엿 냥 은에 ᄒᆞᆫ 필이오.

사곡(詞曲) 명 희곡(戲曲). ≪朴諺, 上, 44ㅎ≫師傅上唱喏(集覽, 朴集, 上, 12ㅎ: 唱喏. 揖也. 詞曲曰, 一箇唱, 百箇喏, 謂一人呼唱於上, 衆人應諾於下.), 스승님끠 읍ᄒᆞ고.

사공(司空) 명 삼공(三公)의 하나. 토지와 민사(民事)에 관한 일을 맡아보았다. ≪朴諺, 上, 18ㅈ≫那三台(集覽, 朴集, 上, 7ㅈ: 三台. 周禮疏, 上台司命〈侖〉爲太尉, 中台司中爲司徒, 下台司祿爲司空, 三公之象.)板兒做得好, 뎌 三台 돈은 ᄆᆡᆫ돌기를 잘ᄒᆞ엿고. ≪朴諺, 下, 48ㅎ≫太保(集覽, 朴集, 下, 10ㅎ: 太師太保. 元以太師·太傅·太保爲三師, 以太尉·司徒·司空爲三公. 漢·唐舊〈旧〉制也.)家的, 太保ㅅ 집.

사공천(四空天) 명 〈불〉 사공정(四空定)을 닦아서 태어난다는 곳. 곧, 공무변처(空無邊處)·식무변처(識無邊處)·무소유처(無所有處)·비상비비상처(非想非非想處). ≪朴諺, 中, 21ㅎ≫或現質梵王帝釋(集覽, 朴集, 中, 4ㅎ: 梵王帝釋. 有欲界·色界·無色界爲三界. 欲界有四洲·四惡趣·六欲天, 帝釋爲欲界主. 色界有四禪·十八梵天, 梵王爲色界主. 無色界有四空天.), 或 梵王帝釋에 現質ᄒᆞ며.

사과(沙果) 명 사과. 과일의 한 가지. ≪朴諺, 上, 4ㅎ≫蘋蔢果(集覽, 朴集, 上, 2ㅈ: 蘋蔢果. 似林檎而大者. 飜〈反〉譯名義云, 梵言頻婆果, 此云相思果, 色丹且潤. 質問云, 形如沙果, 其大如梨.), 굴근님금과. 玉黃子, 유황술고와.

사관(仕官) 동 벼슬살이를 하다. 관리가 되다. ≪朴諺, 下, 11ㅎ≫衣錦還鄉(集覽, 朴集, 下, 3ㅈ: 衣錦還鄉. 項羽屠咸陽, 與沛公分王. 又懷東歸, 曰, 富貴不歸故鄉, 如衣綉〈繡〉夜行. 遂東歸, 都彭城. 故後人仕官〈宦〉榮貴還鄉里者曰衣錦還鄉.), 비단옷 닙고 고향의 도라가.

사관(寺觀) 명 절과 도관(道觀). ≪朴諺, 下, 49ㅈ≫好女不看燈(集覽, 朴集, 下, 11ㅈ: 好女不看燈. 其寺觀街巷, 燈明若晝. 士女夜遊, 車馬塞路, 有足不躡地浮行數十步者.), 好女는 看燈 아니ᄒᆞᆫ다 ᄒᆞᄂᆞ니라.

사광(師曠) 명 춘추시대 진(晉)나라의 악사(樂師). 음률(音律)을 잘 판별하였다고 한다. ≪朴諺, 下, 13ㅈ≫上面畫六鶴舞琴(集覽, 朴集, 下, 3ㅈ: 六鶴舞琴. 史記, 師曠援琴而鼓, 一奏之, 有玄鶴二八集于廊門, 再奏之, 延頸而鳴, 舒翼而舞.), 上面에 六鶴舞琴을 그리고.

사괴다 동 사귀다. ⇔인득(認得). ≪集覽,

字解, 單字解, 6ㅎ≫認. 識也. 辨認 ᄎᆞ려내다. 又認得 사괴다. 又아다. 又認記 보람.

사구시(四句詩) 명 네 구(句)로 된 짧고 간단한 시. ≪朴諺, 上, 45ㅈ≫做七言四句詩, 七言 四句 詩를 짓고.

사금(沙禽) 명 사주(沙洲)나 모래톱에 사는 물새. ≪朴諺, 上, 59ㅎ≫揮使你曾到西湖(集覽, 朴集, 上, 15ㅈ: 西湖. 在玉泉山下, 泉水瀦而爲湖, 流入宮中. 西苑爲太液池, 出都城爲玉河, 東南流注于大通河. 環湖十餘里, 荷·蒲·菱·芡與夫沙禽·水鳥出沒, 隱暎於天光雲影中, 實佳境也.)景來麽, 揮使ㅣ아 네 일즙 西湖ㅅ 景에 갓든다.

사기(史記) 명 한(漢)나라 사마천(司馬遷)이 황제(黃帝)로부터 한(漢)나라 무제(武帝)까지의 역대 왕조의 사적(史跡)을 기전체(紀傳體)로 적은 역사책. 130권. ≪朴諺, 中, 23ㅎ≫尋聲救苦應念除災(集覽, 朴集, 中, 6ㅈ: 尋聲救苦應念除災. 史記, 昔盧景裕繫晉陽獄, 志心念觀世音菩薩, 枷鎖自脫.), 尋聲 救苦ᄒᆞ며 應念 除災ᄒᆞᄂᆞ니. ≪朴諺, 下, 13ㅈ≫上面畫六鶴舞琴(集覽, 朴集, 下, 3ㅈ: 六鶴舞琴. 史記, 師曠援琴而鼓, 一奏之, 有玄鶴二八集于廊門, 再奏之, 延頸而鳴, 舒翼而舞.), 上面에 六鶴舞琴을 그리고.

사기(斜起) 동 비스듬히 오르다. ≪朴諺, 下, 35ㅈ≫却打花房窩兒(集覽, 朴集, 下, 7ㅎ: 花房窩兒. 毬行或騰起, 或斜起, 或輪轉, 各隨窩所在之宜.), 또 花房 굼글 티쟈.

사기다 동 새기다[刻]. ⇔삽(鈒). ≪朴諺, 上, 15ㅎ≫鋸兒上鈒一箇好花樣兒, 톱 우희 ᄒᆞᆫ 됴흔 花樣을 사기고.

사낭(師娘) 명 여자 무당. 무녀(巫女). ≪朴諺, 上, 40ㅎ≫別處一箇官人娶娘子(集覽, 朴集, 上, 11ㅎ: 娘子. 南村輟耕[錄]云〈南村輟耕錄〉, 世謂穩婆曰老娘, 女巫曰師娘, 唱〈娼〉婦曰花娘, 達人又曰草娘, 苗人謂妻曰夫娘, 南方謂婦人無行者曰夫娘, 謂婦人之卑賤者曰某娘, 曰幾娘, 鄙之曰婆娘.), 다른 고ᄃᆡ ᄒᆞᆫ 官人이 娘子ᄅᆞᆯ 娶ᄒᆞ노라.

사녀(士女) 명 남녀. 미혼 남녀. ≪朴諺, 下, 49ㅈ≫好女不看燈(集覽, 朴集, 下, 11ㅈ: 好女不看燈. 其寺觀街巷, 燈明若晝. 士女夜遊, 車馬塞路, 有足不躡地浮行數十步者.……道經云, 正月十五日, 謂之上元, 天官下降人閒〈間〉, 考定罪福. 是夜張燈, 士女鼓〈皷〉樂遊街.), 好女ᄂᆞᆫ 看燈 아니ᄒᆞᆫ다 ᄒᆞᄂᆞ니라.

사다 동 사다. ⇔매(買). ≪朴諺, 上, 1ㅎ≫又買一隻好肥牛, 또 一隻 ᄀᆞ장 ᄉᆞᆯ진 쇼ᄅᆞᆯ 사고. ≪朴諺, 上, 15ㅎ≫買將條兒來帶他, 條児을 사다가 ᄃᆞ려 ᄎᆞ려 ᄒᆞ노라. ≪朴諺, 上, 29ㅈ≫買猠皮做甚麽, 猠皮 사 므섯 ᄒᆞ려 ᄒᆞᄂᆞᆫ다. ≪朴諺, 上, 43ㅈ≫如今鋪裏買去, 이제 푸ᄌᆞ에 사라 가쟈. ≪朴諺, 上, 50ㅎ≫買將車子來, 술위ᄅᆞᆯ 사다가. ≪朴諺, 上, 56ㅈ≫你爲甚麽不買來, 네 므서슬 위ᄒᆞ야 사오디 아니ᄒᆞᆫ다. ≪朴諺, 中, 10ㅈ≫並不干買主之事, 다 산 님자의게ᄂᆞᆫ 간셥디 아닌 일이라. ≪朴諺, 中, 10ㅎ≫買人的文契只這的是, 사ᄅᆞᆷ 사ᄂᆞᆫ 글월을 그저 이리 홈이 올ᄒᆞ니. ≪朴諺, 中, 33ㅎ≫買些菜子兒, 져기 ᄂᆞ믈 ᄡᅵᄅᆞᆯ 사. ≪朴諺, 中, 46ㅎ≫他輸了的猪頭也不肯買, 데 진 도틔 머리도 즐겨 사디 아니ᄒᆞ니. ≪朴諺, 中, 56ㅎ≫我買一箇, 내 ᄒᆞ나ᄒᆞᆯ 사쟈. ≪朴諺, 下, 5ㅈ≫如今疾忙買石灰·廝刀去, 이제 밧비 石灰와 삼거울을 사라 가라. ≪朴諺, 下, 16ㅎ≫我兩箇部前買文書去來, 우리 둘히 部 앏픠 칙 사라 가쟈. 買甚麽文書去, 므슴 칙을 사라 가료. ≪朴諺, 下, 26ㅎ≫官人捨不的錢那裏買的, 官人이 쳔을 앗기니 어ᄃᆡ 사리오. ≪朴諺, 下, 27ㅈ≫八錢一顆家買你的, 여듧 돈에 ᄒᆞ낫식 ᄒᆞ여 네 하ᄅᆞᆯ 사쟈. ≪朴諺, 下, 27ㅎ≫怕你錯買時, 네 그ᄅᆞᆺ 사ᄂᆞᆫ가 서(저)프거든. ≪朴諺, 下, 54

ㅎ≫你買與我喫來, 네 날을 사 주어 머긴 다 ᄒᆞ고.

사덕(四德) 명 〈불〉 대승열반(大乘涅槃)의 네 가지 덕(德). 곧, 상덕(常德)·낙덕(樂德)·아덕(我德)·정덕(淨德). ≪朴諺, 中, 20ㅎ≫理圓四德(集覽, 朴集, 中, 4ㅈ: 理圓四德. 理者, 固常道之至也. 圓, 全備也. 四德, 曰常, 曰樂, 曰我, 曰淨無二.), 理는 四德에 ᄀᆞ잣고.

사도(司徒) 명 소호(少昊) 때 처음 둔 벼슬. 주대(周代)에는 육경(六卿)의 하나로서 백성을 교화하는 일을 주관하였고, 한대(漢代)에는 승상(丞相)을 대사도(大司徒)로 개칭하고 삼공(三公)의 반열에 포함시켰다. 후대에는 호부 상서(戶部尙書)를 대사도 또는 사도라 통칭하였다. ≪朴諺, 上, 18ㅈ≫那三台(集覽, 朴集, 上, 7ㅈ: 三台. 周禮疏, 上台司命〈命〉爲太尉, 中台司中爲司徒, 下台司祿爲司空, 三公之象.)板兒做得好, 뎌 三台 돈은 민돌기를 잘ᄒᆞ엿고. ≪朴諺, 下, 48ㅎ≫太保(集覽, 朴集, 下, 10ㅎ: 太師太保. 元以太師·太傅·太保爲三師, 以太尉·司徒·司空爲三公. 漢·唐舊〈旧〉制也.)家的, 太保ㅅ 집.

사도(師徒) 명 스승과 제자. ≪朴諺, 下, 18ㅎ≫唐僧師徒二人, 唐僧의 師徒 二人이.

사라(紗羅) 명 얇은 비단의 한 가지. ≪朴諺, 上, 25ㅎ≫明綠抹絨胷背(集覽, 朴集, 上, 8ㅎ: 抹絨胷背. 凡於紗羅·段帛之上, 以綵絨織成胷背之紋, 裁成衣服者也. 凡絲之練熟未合者曰絨, 已合爲綸者曰線.)的比甲, 明綠빗치 융ᄉᆞ로 ᄀᆞ 두론 胷背 比甲과.

사력(司曆) 동 시력(時曆)을 관장하다. ≪朴諺, 下, 46ㅎ≫順天府官, 順天府官과. 司天臺(集覽, 朴集, 下, 10ㅎ: 司天臺. 元置, 以司曆占. 今改爲欽天監. 又設司天監於朝陽門城上.)官衆官人們, 司天臺官 모든 官人들히.

사록(司祿) 명 삼태성(三台星) 중의 하태성(下台星). ≪朴諺, 上, 18ㅈ≫那三台(集覽, 朴集, 上, 7ㅈ: 三台. 周禮疏, 上台司命〈命〉爲太尉, 中台司中爲司徒, 下台司祿爲司空, 三公之象.)板兒做得好, 뎌 三台 돈은 민돌기를 잘ᄒᆞ엿고.

사류(射柳) 명 요·금(遼金) 시대에 단오(端午)날에 버드나무 가지를 땅에 꽂아 놓고 말을 달리면서 활로 쏘아 맞히던 놀이. ≪朴諺, 上, 53ㅈ≫官裏前面挃柳(集覽, 朴集, 上, 14ㅈ: 钊〈挃〉柳. 總龜〈総亀〉云, 端午日, 武士射柳爲閙(鬧)力之戱, 各料强弱相敵. 〈此作挃恐誤〉.)射弓的多有, 황뎨 앏희셔 버들 곳고 활 뽀ᄂᆞ니 만히 이시니.

사류(禮柳) 명 단오(端午)날에 군사들이 버드나무 가지를 땅에 꽂아 놓고 말을 달리면서 활로 쏘아 맞히던 기예의 하나. ≪朴諺, 上, 53ㅈ≫官裏前面挃柳(集覽, 朴集, 上, 14ㅈ: 钊〈挃〉柳. 質問云, 端午節日, 赴教場內, 將三枝柳植之三處, 走馬射之. 歲時樂事記云, 武士軍校禮柳于擊場.)射弓的多有, 황뎨 앏희셔 버들 곳고 활 뽀ᄂᆞ니 만히 이시니.

사리(舍利) 명 〈불〉 석가모니(釋迦牟尼)나 성자(聖者)의 유골(遺骨). 후세에는 화장한 뒤에 나오는 구슬 모양의 것만 이른다. ≪朴諺, 上, 65ㅈ≫法名喚步虛(集覽, 朴集, 上, 15ㅎ: 步虛. 戊子東還, 掛錫于三角山重興寺. 尋住龍門山, 結小庵, 額曰小雪. 戊午冬, 示寂放舍利玄陵, 賜謚圓證國師, 樹塔于重興寺之東, 以藏舍利. 玄陵, 卽恭愍王陵也.), 法名을 步虛ㅣ라 브르ᄂᆞᆫ 이. ≪朴諺, 下, 49ㅈ≫好女不看燈(集覽, 朴集, 下, 11ㅈ: 好女不看燈. 涅槃經云, 上元, 如來闍維訖, 收舍利, 置金床上, 天人散花, 奏樂繞城, 步步燃燈十二里.), 好女는 看燈 아니ᄒᆞᆫ다 ᄒᆞᄂᆞ니라.

사리(捨離) 명 〈불〉 모든 것을 버리고 집착하지 않아 번뇌에서 떠나는 일. ≪朴諺, 上, 33ㅈ≫披着袈裟(集覽, 朴集, 上, 10ㅈ: 袈裟. 華嚴云, 着袈裟者, 捨離三毒. 戒壇云, 五條下衣, 斷〈断〉貪身也, 七條中

衣, 斷〈断〉嗔口也, 大衣上衣, 斷痴心也.), 袈裟 닙고.

사림광기(事林廣記) 명 의방서(醫方書). 송(宋)나라 진원정(陳元靚) 지음. 1부(部) 4책(冊), 또는 1부(部) 7책(冊). 수진요결(修眞要訣)·방환보익(防患補益) 등 13항으로 되어 있다. ≪朴諺, 上, 7ㅈ≫都着些細料物(集覽, 朴集. 上, 3ㅎ: 細料物. 事林廣記食饌類, 細料物, 官桂·良薑·華撥草·豆蔻·陳皮·縮砂仁〈砂仁〉·八角·茴香各一兩, 川椒二兩, 杏仁五兩, 甘草一兩半, 白檀末半兩. 右共爲細末用之.), 다 져기 ᄀᆞᄂᆞᆫ 교토ᄅᆞᆯ 두고. ≪朴諺, 下, 7ㅎ≫這七月十五日是諸佛解夏(集覽, 朴集, 下, 2ㅈ: 解夏. 盖夏乃長養之節〈莭〉, 在外行則恐傷草木·虫類. 故九十日安居不出, 至七月十五日, 應禪寺掛搭僧尼, 盡皆散去, 謂之解夏, 又謂解制. 掛搭, 詳見事林廣記.)之日, 七月 十五日은 諸佛 解夏ᄒᆞᄂᆞᆫ 날이라. ≪朴諺, 下, 32ㅈ≫羊肉餡(集覽, 朴集, 下, 5ㅎ: 餡. 或肉或菜及諸料物拌匀〈勻〉爲胎, 納於餅中者曰餡. 酸餡·素餡·葷餡·生餡·熟餡, 供用合宜. 詳見事林廣記·事文類聚·居家必用等書, 劑法不一. 今不煩註.)饅頭, 羊肉 소 녀흔 상화과.

사ᄅᆞᆷ 명 사람. ❶⇔소인(少人). ≪朴諺, 中, 9ㅎ≫少人錢債闕少口粮, 사ᄅᆞᆷ의 빗져 먹을거시 업서. ❷⇔인(人). ≪集覽, 字解, 單字解, 3ㅈ≫箇. 一枚也. 俗呼一枚爲一箇, 亦曰箇把. 又箇箇 난나치. 單言箇字, 亦爲一枚之意. 有箇人 ᄒᆞᆫ 사ᄅᆞ미. 又語助. 這箇·些箇. 又音이. 舌頭兩箇 혓 그토로, 今不用. ≪集覽, 字解, 單字解, 6ㅈ≫殺. 氣殺我 애ᄃᆞᆯ와 셜웨라, 猶言以此而可至於死也. 又愁殺人 사ᄅᆞᄆᆞᆯ ᄀᆞ장 근심ᄒᆞ야 셟게 ᄒᆞ다. 又廝殺 싸호다. 又助語辭. 最深殺 ᄀᆞ장 깁다. ≪朴諺, 上, 9ㅎ≫我是愚魯之人, 나ᄂᆞᆫ 이 愚魯ᄒᆞᆫ 사ᄅᆞᆷ이라. ≪朴諺, 上, 21ㅈ≫十箇人一宿家輪着喂, 열 사ᄅᆞᆷ이 ᄒᆞᆫ 좀식 돌려 먹이게 ᄒᆞ라. ≪朴諺, 上, 44ㅎ≫你師傅是甚麽人, 네 스승이 이 엇던 사ᄅᆞᆷ고. ≪朴諺, 上, 64ㅈ≫你怎麽謾的我高麗人, 네 엇디 우리 高麗ㅅ 사ᄅᆞᆷ을 소기ᄂᆞᆫ다. ≪朴諺, 中, 1ㅈ≫一箇人與他五箇錢時放入去, ᄒᆞᆫ 사ᄅᆞᆷ이 뎌ᄅᆞᆯ 다ᄉᆞᆺ 낫 돈을 주면 노하 드려보내ᄂᆞ니라. ≪朴諺, 中, 17ㅎ≫人離鄕賤物離鄕貴, 사ᄅᆞᆷ이 離鄕ᄒᆞ면 쳔ᄒᆞ고 物이 離鄕ᄒᆞ면 貴타 ᄒᆞᄂᆞ니라. ≪朴諺, 中, 38ㅎ≫京都在城黃華坊住人朱玉, 셔울 셩 안 黃華坊에셔 사ᄂᆞᆫ 사ᄅᆞᆷ 朱玉이. ≪朴諺, 中, 49ㅈ≫咱們人今日死的明日死的不理會的, 우리 사ᄅᆞᆷ이 오ᄂᆞᆯ 죽을 줄 ᄂᆡ일 죽을 줄 아디 못ᄒᆞ니. ≪朴諺, 中, 60ㅈ≫街上人道的是, 거릿 사ᄅᆞᆷ의 닐옴이 올흐니. ≪朴諺, 下, 1ㅎ≫這的是恠不的人, 이거ᄉᆞᆫ 이 사ᄅᆞᆷ도 허믈 못ᄒᆞ고. ≪朴諺, 下, 10ㅎ≫這幾日我家裏有人去, 요ᄉᆞ이 우리 집의 사ᄅᆞᆷ 가리 이시니. ≪朴諺, 下, 15ㅎ≫和一箇漢兒人廝打來, ᄒᆞᆫ 漢ㅅ 사ᄅᆞᆷ과 싸홧더니. ≪朴諺, 下, 27ㅎ≫着別人看去, 다ᄅᆞᆫ 사ᄅᆞᆷ으로 ᄒᆞ여 뵈라 가라. ≪朴諺, 下, 36ㅈ≫一零兒人閙(鬧)起來, ᄒᆞᆫ 디위 사ᄅᆞᆷ이 짓궤더니. ≪朴諺, 下, 53ㅈ≫告狀人某, 告狀ᄒᆞᆫ 사ᄅᆞᆷ 아뫼라. ≪朴諺, 下, 59ㅎ≫將軍裴玄慶·洪儒·卜智謙·申崇謙等四箇人, 將軍 裴玄慶·洪儒·卜智謙·申崇謙等 네 사ᄅᆞᆷ이. ❸⇔인가(人家). ≪朴諺, 中, 46ㅈ≫我一般雜職人家, 나 ᄒᆞᆫ가짓 雜職에 사ᄅᆞᆷ은. ❹⇔자(子). ≪朴諺, 上, 37ㅈ≫一箇老子當路睡, ᄒᆞᆫ 늘근 사ᄅᆞᆷ이 길히 당ᄒᆞ여 자거든.

사ᄅᆞᆷᄀᆞ톤연 명 사람 모양으로 만든 연. ⇔인양학아(人樣鶴兒). ≪朴諺, 上, 17ㅈ≫鵝老翅鶴兒, 쇼로기연. 鮎魚鶴兒, 머유기연. 八角鶴兒, 여ᄃᆞᆲ모연. 月樣鶴兒, ᄃᆞᆯ ᄀᆞ톤 연. 人樣鶴兒, 사ᄅᆞᆷ ᄀᆞ톤 연. 四方鶴兒, 네모연.

사마(駟馬) 명 한 채의 수레를 끄는 네 필의 말. ≪朴諺, 下, 38ㅈ≫五箇鋪馬(集覽, 朴集, 下, 8ㅎ: 五箇鋪馬. 按禮, 天子六馬,

左右驂, 三公·九卿駟馬, 左驂. 則漢制太守駟馬, 其加秩中二千石乃右驂, 故以五馬爲貴.)去了, 다숫 鋪馬로 가니라.

사맹(四孟) 명 음력 네 계절의 첫 달을 이르는 말. 곧, 맹춘(孟春: 정월)·맹하(孟夏: 4월)·맹추(孟秋: 7월)·맹동(孟冬: 10월). ≪朴諺, 下, 41ㅈ≫殃榜(集覽, 朴集, 下, 9ㅈ: 殃榜. 臞仙肘後經云, 生人所生之年, 與亡〈亾〉者所死月節〈莭〉相犯, 則忌避. 如四孟節〈莭〉內死者, 忌寅·申·巳·亥生人, 四仲月節〈莭〉內死者, 忌子·午·卯·酉生人, 四季月節內者〈四季月莭內死者〉, 忌辰·戌·丑·未生人是也.)橫貼在門上, 殃榜을 문 우희 빗기 브텻더니.

사면(四面) 명 전후좌우의 모든 방면. ≪朴諺, 上, 60ㅈ≫四面盖的如鋪翠, 四面에 녠 거시 비취를 션 둧ᄒᆞ야.

사명(司侖) 명 사명(司命). '侖'은 '命'의 속자. ≪朴諺, 上, 18ㅈ≫那三台(集覽, 朴集, 上, 7ㅈ: 三台. 周禮疏, 上台司命〈侖〉爲太尉, 中台司中爲司徒, 下台司祿爲司空, 三公之象.)板兒做得好, 뎌 三台 돈은 믿들기를 잘ᄒᆞ엿고. ≪宋元以來俗字譜≫ 命, 古今雜劇作侖.

사명(司命) 명 삼태성(三台星) 중의 상태(上台)의 두 별. ≪朴諺, 上, 18ㅈ≫那三台(集覽, 朴集, 上, 7ㅈ: 三台. 周禮疏, 上台司命〈侖〉爲太尉, 中台司中爲司徒, 下台司祿爲司空, 三公之象.)板兒做得好, 뎌 三台 돈은 믿들기를 잘ᄒᆞ엿고.

사명(賜名) 동 공이 있는 신하에게 임금이 이름을 지어 주다. 또는 그 이름. ≪朴諺, 下, 59ㅎ≫梁貞明(集覽, 朴集, 下, 12ㅎ: 梁貞明. 朱溫事唐僖宗, 賜名全忠, 拜宣武軍節〈莭〉度使, 封梁王.)四年三月裡, 梁貞明 四年 三月에.

사무(事務) 명 맡고 있는 직무를 처리하는 여러 활동. ≪朴諺, 中, 5ㅈ≫站家擂皷(集覽, 朴集, 中, 1ㅈ: 站家擂鼓. 舘驛門上皆設更鼓〈皷〉之樓, 凡使客入門必擊其鼓〈皷〉, 招集人衆, 應辦事務.), 站에셔 붑 티니.

사무량심(四無量心) 명 〈불〉 모든 원한을 버리고 중생(衆生)을 차별하지 아니하는 보살(菩薩)의 네 가지 마음. 곧, 자무량심(慈無量心)·비무량심(悲無量心)·희무량심(喜無量心)·사무량심(捨無量心). ≪朴諺, 中, 21ㅈ≫扇慈風(集覽, 朴集, 中, 4ㅈ: 悲雨慈風. 佛發大慈悲, 廣濟衆生, 猶洒雨發風然, 無遠不被, 故曰風雨. 佛有四無量心, 慈悲喜捨.)於刹土, 慈風을 刹土에 붓는또다.

사문(沙門) 명 〈불〉 부지런히 모든 좋은 일을 닦고 나쁜 일을 일으키지 않는다는 뜻으로, 불문(佛門)에 들어가서 도를 닦는 사람을 이르는 말. ≪朴諺, 中, 21ㅈ≫扇慈風於刹土(集覽, 朴集, 中, 4ㅈ: 刹土. 梵語, 刹, 此云竿, 卽幡柱也. 沙門於此法中勤苦得一法者, 便當竪幡, 以告四遠曰, 今有少欲人也云.), 慈風을 刹土에 붓는또다.

사문유취(事文類聚) 명 책 이름. 유서류(類書類). 전집(前集)·후집(後集)·속집(續集)·별집(別集)은 송(宋)나라 축목(祝穆), 신집(新集)·외집(外集)은 원(元)나라의 부대용(富大用), 유집(遺集)은 원나라의 축연(祝淵)이 엮었다. ≪朴諺, 下, 32ㅈ≫羊肉餡(集覽, 朴集, 下, 5ㅎ: 餡. 或肉或菜及諸料物拌勻〈匀〉爲胎, 納於餠中者曰餡. 酸餡·素餡·葷餡·生餡·熟餡, 供用合宜. 詳見事林廣記·事文類聚·居家必用等書, 劑法不一. 今不煩註.)饅頭, 羊肉소 녀흔 상화과.

사물(些物) 명 인정(人情: 선물). 선물. 예물. ⇔인정. ≪朴諺, 中, 60ㅈ≫你多與他些物, 네 만히 뎌를 인정을 주고.

사발 명 사발. ⇔완(椀). ≪朴諺, 中, 11ㅎ≫鑼鍋, 로고. 柳箱, 섥. 灑子, 드레. 三脚, 아리쇠. 椀·楪, 사발·뎝시. 匙筯, 술 져. 櫆杓, 나모쥬게. 笊籬, 죠리. 炊箒, 솔.

사방(四方) 명 ❶동서남북의 네 방향. ≪朴諺, 下, 18ㅎ≫做羅天(集覽, 朴集, 下, 4ㅎ: 羅天. 謂覆盖萬天, 羅絡三界, 極高無

上, 故稱大羅. 三淸五境三十六天, 謂之大羅, 四方四梵三十二天, 謂之中羅, 其欲色三界三十八天, 謂之小羅, 總〈総〉謂之羅天三界.)大醮, 羅天大醮를 ᄒᆞ더니. ❷네모. ⇔네모. ≪朴諺, 上, 17ㅈ≫鵝老翅鶴兒, 쇼로기연. 鮎魚鶴兒, 머유기연. 八角鶴兒, 여둛모연. 月樣鶴兒, 둘 ᄀᆞᄐᆞᆫ 연. 人樣鶴兒, 사ᄅᆞᆷ ᄀᆞᄐᆞᆫ 연. 四方鶴兒, 네모연.

사방학아(四方鶴兒) 명 네모연. (네모지게 만든 연) ⇔네모연. ≪朴諺, 上, 17ㅈ≫鵝老翅鶴兒, 쇼로기연. 鮎魚鶴兒, 머유기연. 八角鶴兒, 여둛모연. 月樣鶴兒, 둘 ᄀᆞᄐᆞᆫ 연. 人樣鶴兒, 사ᄅᆞᆷ ᄀᆞᄐᆞᆫ 연. 四方鶴兒, 네모연.

사범(四梵) 명 사범천(四梵天). 도교에서 이르는 천계(天界)의 하나. 곧, 상융천(常融天)·옥륭천(玉隆天)·범도천(梵度天)·고혁천(賈奕天). ≪朴諺, 下, 18ㅎ≫做羅天(集覽, 朴集, 下, 4ㅎ: 羅天.謂覆盖萬天, 羅絡三界, 極高無上, 故稱大羅. 三淸五境三十六天, 謂之大羅, 四方四梵三十二天, 謂之中羅, 其欲色三界三十八天, 謂之小羅, 總〈総〉謂之羅天三界.)大醮, 羅天大醮를 ᄒᆞ더니.

사범(師範) 명 배울 만한 본보기. 본받을 만한 모범. ≪朴諺, 下, 48ㅎ≫太保(集覽, 朴集, 下, 10ㅎ: 太師太保. 元以太師·太傅·太保爲三師, 以太尉·司徒·司空爲三公. 漢·唐舊〈旧〉制也. 三師, 師〈ヒ〉範一人, 儀刑四海, 三公, 論道經邦, 燮理陰陽.)家的, 太保ㅅ 집.

사법(嗣法) 명 〈불〉 선가(禪家)에서 스승으로부터 깨달음을 이어받는 일. ≪朴諺, 上, 65ㅈ≫法名喚步虛(集覽, 朴集, 上, 15ㅎ: 步虛. 至正丙戌春, 入燕都, 聞南朝有臨濟正脉不斷〈断〉, 可往印可. 盖指臨濟直下雪嵒〈嵓〉嫡孫石屋和尙淸珙也. 遂往湖州霞霧山天湖庵謁和尙, 嗣法傳衣.), 法名을 步虛ㅣ라 브ᄅᆞᄂᆞᆫ 이.

사봉회(四縫盔) 명 투구의 한 가지. ≪朴諺, 下, 31ㅈ≫頭戴四縫盔, 머리예 四縫盔를 쓰고.

사부(師傅) 명 ❶중이나 도사(道士)에 대한 존칭. ≪朴諺, 下, 3ㅈ≫罷罷師傅善因不滅, 두어 두어 師傅ㅣ아 善因은 滅티 아니ᄒᆞᄂᆞ니. ≪朴諺, 下, 4ㅎ≫師傅你也休忙, 師傅ㅣ아 너도 밧바 말고. ≪朴諺, 下, 8ㅈ≫那壇主是高麗師傅, 뎌 壇主ᄂᆞᆫ 이 高麗ㅅ 師傅ㅣ라. ≪朴諺, 下, 10ㅈ≫那達達聽師傅說, 뎌 達達이 師傅의 니ᄅᆞᆷ을 듯고. ≪朴諺, 下, 20ㅎ≫靠師傅立的, 師傅의게 의지ᄒᆞ여 셰고. ≪朴諺, 下, 21ㅎ≫說與師傅, 師傅ᄃᆞ려 닐럿더니. ≪朴諺, 下, 24ㅎ≫不是師傅, 이 師傅ㅣ 아니면. ❷스승. 훈장. 선생. ⇔스승. ≪朴諺, 上, 44ㅎ≫你師傅是甚麽人, 네 스승이 이엇던 사ᄅᆞᆷ고. ≪朴諺, 上, 44ㅎ≫師傅上唱喏, 스승님끠 읍ᄒᆞ고. ≪朴諺, 上, 45ㅈ≫手心上打三戒方(集覽, 朴集, 上, 12ㅎ: 戒方. 音義云, 學罰에 티ᄂᆞᆫ 것. 質問云, 讀書小兒送入學堂, 師傅教寫字, 不用心寫好字, 師傅拿二尺長·寸半寬·半寸厚的木板條打手掌, 使後日寫好字, 免打手掌, 謂之戒方.), 손바당을 세 번 젼반으로 티ᄂᆞ니라. ≪朴諺, 上, 65ㅎ≫拜他爲師傅, 뎌를 拜ᄒᆞ야 師傅를 삼고. ≪朴諺, 中, 26ㅎ≫高如師傅, 스승어(에)셔 나으니라. ≪朴諺, 下, 19ㅈ≫師傅上說知, 스승의게 닐러 알게 ᄒᆞ고. ≪朴諺, 下, 20ㅈ≫强的上拜爲師傅, 나으니를 拜ᄒᆞ야 스승을 삼쟈.

사분오락(四分五落) 동 네 개를 나누고 다섯 개를 빠뜨린다는 뜻으로, 무질서하게 분산하다. 뿔뿔이 마구 흩어지다. ⇔사분오락ᄒᆞ다(四分五落-). ≪朴諺, 下, 48ㅎ≫把別的打的四分五落裡, 다른 이를다가 텨 四分五落ᄒᆞ야.

사분오락ᄒᆞ다(四分五落-) 동 네 개를 나누고 다섯 개를 빠뜨린다는 뜻으로, 무질서하게 분산하다. 뿔뿔이 마구 흩어지다. ⇔사분오락ᄒᆞ다(四分五落). ≪朴諺, 下, 48ㅎ≫把別的打的四分五落裡, 다른 이를

다가 텨 四分五落ᄒᆞ야.

사부적(捨不的) 동 아끼다. ⇔앗기다. ≪朴諺, 下, 26ㅎ≫官人捨不的錢那裏買的, 官人이 쳔을 앗기니 어듸 사리오.

사사(使司) 명 승선포정사(承宣布政使司)의 준말. ≪朴諺, 下, 11ㅎ≫得了照會(集覽, 朴集, 下, 3ㅈ: 照會. 五軍都督府照會六部, 六部照會承宣布政使司, 使司照會提刑按察司.), 照會를 엇노라.

사사(斜斜) 동 기울어지다. ⇔사사ᄒᆞ다(斜斜-). ≪朴諺, 中, 33ㅈ≫只是平平斜斜石徑難行, 그저 平平 斜斜ᄒᆞᆫ 石徑에 行키 어려오니라.

사사ᄒᆞ다(斜斜-) 동 기울어지다. ⇔사사(斜斜). ≪朴諺, 中, 33ㅈ≫只是平平斜斜石徑難行, 그저 平平 斜斜ᄒᆞᆫ 石徑에 行키 어려오니라.

사색(事色) 명 일. 또는 일의 진행 상황. 일의 형편. ⇔일. ≪朴諺, 中, 60ㅎ≫我料你那事色, 내 네 뎌 일을 혜아리니.

사생(四生) 명 〈불〉 생물이 태어나는 네 가지 형태. 곧, 태생(胎生)·난생(卵生)·습생(濕生)·화생(化生). ≪朴諺, 下, 9ㅎ≫入寺敬三寶(集覽, 朴集, 下, 3ㅈ: 三寶. 佛·法·僧也. 功成妙智, 道登圓覺, 佛也, 玄理幽微, 正教精誠, 法也, 禁戒守眞, 威儀出俗, 僧也. 皆是四生導首, 六趣舟航, 故曰寶.), 뎔에 드러는 三寶를 敬ᄒᆞ고.

사생(師生) 명 스승과 학생. ≪朴諺, 下, 45ㅈ≫宋舍看打春(集覽, 朴集, 下, 9ㅎ: 打春. 音義云, 如今北京迎春時, 唯牛芒而已. 在前只有府縣官員, 幷師生耆老引赴順天府, 候春至之時. 此節〈莭〉皆杭州所行, 非京都之事.)去來, 宋개야 닙츈 노롯ᄒᆞ는 양 보라 가쟈.

사서(士庶) 명 일반 백성. 또는 사대부(士大夫)와 서인(庶人). ≪朴諺, 上, 59ㅈ≫有心拜莭(節)(集覽, 朴集, 上, 14ㅎ: 拜節. 歲時樂事記云, 元日, 士庶自早互相慶賀, 車馬交馳, 衣服華煥, 雜遝街市, 三四日乃止〈三四日而乃止〉.), 莭(節)에 拜홀 ᄆᆞ음이 이시면. ≪朴諺, 下, 45ㅈ≫宋舍看打春(集覽, 朴集, 下, 9ㅎ: 打春. 東京夢華錄云, 立春前五日, 造土牛·耕夫·犂具, 前一日順天府進農牛入禁中鞭春, 府縣官吏·士庶·耆社, 具鼓樂出東郊迎春, 牛芒神至府前, 各安方位.)去來, 宋개야 닙츈 노롯ᄒᆞ는 양 보라 가쟈.

사서(四書) 명 중국의 고전인 칠서(七書) 중의 네 가지 책. 곧, 논어(論語)·맹자(孟子)·중용(中庸)·대학(大學). ≪朴諺, 下, 16ㅎ≫買時買四書六經也好, 살 쟉시면 四書와 六經을 삼이 또 됴ᄒᆞ니.

사서인(士庶人) 명 사대부(士大夫)와 서인(庶人). ≪朴諺, 上, 18ㅈ≫那三台(集覽, 朴集, 上, 7ㅈ: 三台. 事文類聚云, 上階爲天子, 中階爲諸侯·公卿·大夫, 下階爲士·庶人. 三階平則陰陽和, 風雨時, 天下大安.)板兒做得好, 뎌 三台 돈은 ᄆᆡᆫ돌기를 잘ᄒᆞ엿고.

사선(四禪) 명 〈불〉 욕계(欲界)를 떠나 색계(色界)에서 도를 닦는 초선(初禪)·이선(二禪)·삼선(三禪)·사선(四禪)의 네 단계를 통틀어 이르는 말. ≪朴諺, 中, 21ㅎ≫或現質梵王帝釋(集覽, 朴集, 中, 4ㅎ: 梵王帝釋. 有欲界·色界·無色界爲三界. 欲界有四洲·四惡趣·六欲天, 帝釋爲欲界主. 色界有四禪·十八梵天, 梵王爲色界主. 無色界有四空天.), 或 梵王帝釋에 現質ᄒᆞ며.

사선(使船) 동 배를 다루다. 배를 부리다. 노를 젓다. ≪集覽, 字解, 單字解, 5ㅎ≫使. 上聲, 差也, 役也. 使的我 날 브려. 又用也. 使用了. 吏語, 行使 ᄡᅳ다. 又使船 ᄇᆡ 달호다. 又去聲, 使臣, 差使. 又官名.

사선당(獅仙糖) 명 설탕을 녹인 뒤 사자를 탄 신선 모양의 도장을 찍어 만든 사탕. ≪集覽, 朴集, 上, 2ㅎ≫獅仙糖. 以糖印做騎獅仙人之形也, 亦有爲樓觀僧佛之形者也.

사설(詞說) 명 문체(文體) 이름. ≪朴諺, 上, 5ㅎ≫叫教坊司十數箇樂工和做院本(集覽, 朴集, 上, 2ㅎ: 院本. 南村輟耕錄云,

唐有傳奇, 宋有戱曲·唱譚·詞說, 金有雜劇·諸宮調. 院本·雜劇, 其實一也. 國朝, 院本·雜劇, 始釐而二之.)諸般雜技的來, 敎坊司의 여라믄 樂工과 院本에 여러 가지 雜技ᄒᆞᄂᆞ니ᄅᆞᆯ 블러오라.

사소(些少) 副 적이. 좀. 다소. ⇔져기. ≪集覽, 字解, 單字解, 5ㅈ≫些. 少也. 些兒·些箇·些少 져기. 又語助.

사송(詞訟) 명 민사(民事)의 소송. ≪朴諺, 上, 24ㅈ≫有官司(集覽, 朴集, 上, 8ㅈ: 官司. 凡干詞訟累禍之事, 皆謂之官司, 如鄕語구의죵〈죵〉. 司字恐是事字之誤.)灾難, 官司 灾難이 잇거든.

사수(泗水) 명 현(縣) 이름. 수(隋)나라 개황(開皇) 연간에 두었다. 소재지는 산동성(山東省) 사수현(泗水縣)에 있었다. 원(元)나라 지원(至元) 연간에 곡부현(曲阜縣)에 소속되었다가 곧 복구되었다. ≪朴諺, 中, 22ㅈ≫起浮屠於泗水之間, 浮屠ᄅᆞᆯ 泗水ㅅ ᄉᆞ이에 니ᄅᆞ혀고.

사수(斯須) 명 잠시. 잠깐 동안. ≪朴諺, 上, 42ㅎ≫好姐姐(集覽, 朴集, 上, 12ㅈ: 姐姐. 漢俗呼姉曰姐姐. 雖非弟妹, 如遇婦女, 可展斯須之敬者, 亦曰姐姐, 是尊之之謂.), ᄆᆞᄋᆞᆷ 됴흔 각시아.

사시(四時) 명 사계(四季). 사철. 사계절. ≪朴諺, 上, 17ㅎ≫按四時耍子, 四時ᄅᆞᆯ 조차 노ᄂᆞᆫ뎌다. ≪朴諺, 上, 51ㅎ≫按四時與他衣服, 四時ᄅᆞᆯ 조차 뎌ᄅᆞᆯ 衣服을 주니. ≪朴諺, 上, 65ㅈ≫南城(集覽, 朴集, 上, 15ㅎ: 南城. 大元以燕京爲大都, 俗號南城, 以開平府爲上都, 俗號北城. 開平府在陰山之南. 自燕京至上都, 地勢一步高一步, 四時多雨雪.)永寧寺裏, 南城 永寧寺에.

사시(捨施) 동 〈불〉 시주(施主)하다. ≪朴諺, 上, 33ㅎ≫你布施(集覽, 朴集, 上, 10ㅎ: 布施. 捨施也, 財施爲凡, 法施爲聖. 凡布施, 必以滿三千世界, 七寶〈宝〉爲求福之具, 財施也. 此住相布施也. 菩薩布施, 但一心清淨, 利益一切, 爲大施主, 法施也. 此不住相布施也.)人家齋飯錢, 네 人家에 보시ᄒᆞᆫ 齋飯錢을.

사시(賜諡) 동 임금이 시호(諡號)를 내려주다. 또는 그 시호. ≪朴諺, 上, 65ㅈ≫法名喚步虛(集覽, 朴集, 上, 15ㅎ: 步虛. 戊子東還, 掛錫于三角山重興寺. 尋住龍門山, 結小庵, 額曰小雪. 戊午冬, 示寂放舍利玄陵, 賜諡圓證國師, 樹塔于重興寺之東, 以藏舍利. 玄陵, 卽恭愍王陵也.), 法名을 步虛ㅣ라 브ᄅᆞᄂᆞᆫ 이.

사신(使臣) 명 ❶송대(宋代)에 죄인의 체포를 맡아하던 무관(武官). ≪朴諺, 中, 5ㅈ≫使臣來也, 使臣이 왓다. ≪朴諺, 中, 7ㅎ≫使臣這站裏不宿, 使臣이 이 站에 자디 아니ᄒᆞᆯ 거시니. ≪朴諺, 中, 7ㅎ≫這使臣是使長耳目一般的使臣, 이 使臣은 이 使長의 耳目 ᄒᆞᆫ가짓 使臣이라. ❷임금이나 국가의 명령을 받고 외국에 사절로 가는 신하. ≪集覽, 字解, 單字解, 5ㅎ≫使. 上聲, 差也, 役也. 使的我 날 브려. 又用也. 使用了. 吏語, 行使 ᄡᅳ다. 又使船 ᄇᆡ 달호다. 又去聲, 使臣, 差使. 又官名. ≪朴諺, 上, 5ㅎ≫叫敎坊司十數箇樂工和做院本(集覽, 朴集, 上, 2ㅎ: 院本. 質問云, 院本有曰外, 或粧先生·採訪使·考試官·老人·達達之類, 皆是外扮, 曰淨, 有男淨·有女淨, 亦做醜態, 專一弄言取人歡笑, 曰末, 粧扮不一, 初則開場白說, 或粧家人·祇候, 或扮使臣之類, 曰丑, 狂言戱弄, 或粧醉漢·太醫·吏員·媒婆之類.)諸般雜技的來, 敎坊司의 여라믄 樂工과 院本에 여러 가지 雜技ᄒᆞᄂᆞ니ᄅᆞᆯ 블러오라.

사신(社神) 명 지신(地神). 또는 사직(社稷)의 신. ≪集覽, 字解, 單字解, 3ㅎ≫勾. 平聲, 曲也. 勾龍, 社神, 勾芒, 春神, 勾吳, 地名. 今按, 俗語勾了 유여ᄒᆞ다, 又에우다. 又能勾 어루, 又유여히. 又吏語, 勾取 자피다, 又勾攝公事 공ᄉᆞ로 블리다, 又勾喚 블리다. 又去聲, 勾當, 幹管也, 又事也, 勾當亦去聲. ≪朴諺, 上, 16ㅎ≫祭

了社神(集覽, 朴集, 上, 6ㅈ: 社神. 立春後第〈節〉五戊爲春社, 立秋後第〈節〉五戊爲秋社. 孝經緯曰, 社, 土地之主也. 土地闊〈濶〉, 不可盡祭, 故封土爲社, 以報功也. 春祭社, 祈穀之生, 秋祭社, 報穀之成. 左傳, 共工氏有子, 曰勾龍氏, 平水土, 故立以爲社. 元制, 五十戶爲一社. 今制, 每一鄕村之間, 或十五戶或二十戶, 隨其所便, 合爲一社. 擇其鄕里之民有義行者一人爲社長, 擇其殷實者一人爲副, 立社倉, 收掌錢穀, 借貸應急.), 社神씌 祭ᄒᆞ여시니.

사십(四十) 관 마흔. ⇔마은. ≪朴諺, 上, 44ㅈ≫咱學長爲頭兒四十五箇學生, 우리 學長으로 爲頭ᄒᆞ여 마은 다ᄉᆞᆺ 學生이라.

사십치상(四十齒相) 명 〈불〉 부처가 범인(凡人)과 다른 40가지의 이의 모양. ≪朴諺, 中, 23ㅈ≫齒排柯雪(集覽, 朴集, 中, 6ㅈ: 齒排柯雪. 謂齒如雪堆枝柯之上, 淨白頓整之形, 似人所編排然. 佛三十二相, 有四十齒相, 有齒白淨相, 有齒齊密相.), 니ᄂᆞᆫ 柯雪이 버럿ᄂᆞᆫ ᄃᆞᆺᄒᆞ고.

사슬 명 사슬. 제비. 댓가지. ⇔주(籌). ≪朴諺, 上, 12ㅎ≫西邉對籌(集覽, 朴集, 上, 5ㅎ: 籌. 音義云, 出倉之計筭. 質問云, 以木爲之. 此收·放米計數之籌, 每米一石, 對籌一根.)去, 셔편에 사슬 마초라 가. ≪朴諺, 上, 13ㅈ≫將碎貼兒來過籌, 쟌톄ᄌᆞ 가져와 사슬 디내라.

사슬갑 명 사슬갑. 사슬을 서로 꿰어 엮어서 만든 갑옷. ⇔쇄자갑(鏁子甲). ≪朴諺, 下, 31ㅈ≫身披黃金鏁子甲, 몸에 黃金으로 ᄒᆞᆫ 사슬갑을 닙어시니.

사아(些兒) 부 적이. 좀. 다소. ⇔져기. ≪集覽, 字解, 單字解, 5ㅈ≫些. 少也. 些兒·些箇·些少 져기. 又語助. ≪朴諺, 中, 4ㅎ≫但有些兒不像時, 믈읫 져기 ᄀᆞᆺ디 아님이 이시면.

사아(絲兒) 명 실. ≪朴諺, 上, 26ㅎ≫銀絲兒獅子頭的花鐙, 銀 입ᄉᆞᄒᆞᆫ 獅子 머리 섭사긴 등ᄌᆞ에.

사악(司樂) 명 당대(唐代) 교방사(敎坊司)의 벼슬 이름. 악무(樂舞)에 관한 일을 맡았다. ≪朴諺, 上, 5ㅎ≫叫敎坊司(集覽, 朴集, 上, 2ㅎ: 敎坊司. 掌雅·俗樂之司, 隷禮部, 有奉鑾〈銮〉·韶舞·司樂等官, 一名麗春院, 卽元俗所呼拘欄司.)十數箇樂工和做院本諸般雜技的來, 敎坊司의 여라믄 樂工과 院本에 여러 가지 雜技ᄒᆞᄂᆞ니를 블러오라.

사악취(四惡趣) 명 〈불〉 악인(惡人)이 죽어서 간다는 네 가지 고통스러운 곳. 곧, 지옥(地獄)·아귀(餓鬼)·축생(畜生)·아수라(阿修羅). ≪朴諺, 中, 21ㅎ≫或現質梵王帝釋(集覽, 朴集, 中, 4ㅎ: 梵王帝釋. 有欲界·色界·無色界爲三界. 欲界有四洲·四惡趣·六欲天, 帝釋爲欲界主. 色界有四禪·十八梵天, 梵王爲色界主. 無色界有四空天.), 或 梵王帝釋에 現質ᄒᆞ며.

사안(斜眼) 명 사시(斜視). 사시안(斜視眼). 또는 그런 사람. ≪朴諺, 上, 52ㅎ≫叫將那斜眼的弓匠王五來, 뎌 눈흘likely 弓匠 王五를 블러오라.

사액(賜額) 동 임금이 사당(祠堂)·서원(書院)·누문(樓門) 따위의 이름을 지어서 새긴 편액을 내리다. ≪朴諺, 下, 8ㅈ≫慶壽寺(集覽, 朴集, 下, 2ㅎ: 慶壽寺. 一統志云, 在順天府西南, 內有飛虹·飛渡二橋, 石刻六大字, 極遵勁. 相傳金章宗所書. 又有金學士李晏碑文, 正統間重建, 賜額大興隆寺, 僧錄司在焉.)裏爲諸亡靈, 慶壽寺에셔 모든 亡靈을 위ᄒᆞ여.

사야(四野) 명 사방의 들. ≪朴諺, 上, 59ㅈ≫寒食(集覽, 朴集, 上, 14ㅎ: 寒食. 東京錄云, 唐明皇詔寒食上墓, 近代相承, 皆用此日拜掃丘墓, 都人傾城出郊, 四野如芳市〈四野如市〉, 樹之下〈芳尌之下〉, 園囿之間, 羅列杯〈盃〉盤, 抵暮而歸.)不遲, 寒食이라도 더듸디 아니타 ᄒᆞᄂᆞ니라.

사연(肆筵) 동 주연을 베풀다. ≪朴諺, 上, 1ㅈ≫做一箇賞花筵席(集覽, 朴集, 上, 1ㅈ: 筵席. 凡宴會, 常話曰筵席, 文話曰筵會, 吏語曰筵宴, 盖取肆筵設席之意.), ᄒᆞᆫ

賞花ᄒᆞᆫ 이바디를 ᄒᆞ여.

사오(四五) 관 네다섯. 네댓. ⇔네다ᄉᆞᆺ. ≪朴諺, 下, 30ㅈ≫四五對家簇簇攢攢的, 네다ᄉᆞᆺ 빵식 무둑무둑 나아드러.

사오나온 형 좋지 않은. 나쁜. ⇔대(歹). ≪朴諺, 中, 27ㅎ≫頻頻的這般做歹勾當, ᄌᆞ로 이런 사오나온 일을 ᄒᆞ더니.

사오납다 형 ❶사납다. 나쁘다. ⇔작악(作惡). ≪朴諺, 下, 54ㅎ≫便行作惡, 곳 사오나옴을 지어. 於某面上用拳打破, 某의 ᄂᆞᆺ출 주머괴로 텨 하야ᄇᆞ리되. ❷좋지 않다. 나쁘다. ⇔지(遲). ≪朴諺, 上, 22ㅎ≫我輸了這扨時遲了, 내 이 패을 지면 사오나오니.

사용(使用) 동 쓰다. 사용하다. ⇔ᄡᅳ다. ≪集覽, 字解, 單字解, 5ㅎ≫使. 上聲, 差也, 役也. 使的我 날 ᄇᆞ려. 又用也. 使用了. 吏語, 行使 ᄡᅳ다. 又使船 ᄇᆡ 달호다. 又去聲, 使臣, 差使. 又官名. ≪朴諺, 上, 1ㅎ≫勾使用了, 유여히 ᄡᅳ리라. ≪朴諺, 上, 19ㅈ≫我今日印子鋪(集覽, 朴集, 上, 7ㅎ: 印子鋪. 音義云, 是典當錢物濟急之所. 質問云, 有錢之人開鋪, 那無錢之人拿衣服或器皿, 當借銅錢或銀子使用, 每十分加利一分, 亦與有印號帖兒, 以爲執照.) 裏當錢去, 내 오ᄂᆞᆯ 印子鋪에 돈 典當ᄒᆞ라 가노라. ≪朴諺, 上, 54ㅈ≫今爲缺錢使用, 이제 돈 ᄡᅳᆯ 것 업ᄉᆞ믈 위ᄒᆞ여.

사우(四隅) 명 네 구석이나 네 모퉁이. ≪朴諺, 下, 30ㅎ≫四角頭立地的四箇將軍(集覽, 朴集, 下, 5ㅎ: 四箇將軍. 募選身軀長大壯偉異於人者, 紅盔銀甲, 立於殿前月臺上四隅, 名鎭殿將軍, 亦曰紅盔將軍, 亦曰大漢將軍. 其請給衣粮曰大漢衣粮.), 네 모희 셧ᄂᆞᆫ 네 將軍이.

사원(四遠) 명 사방 멀리 떨어진 곳. ≪朴諺, 中, 21ㅈ≫扇慈風於刹土(集覽, 朴集, 中, 4ㅈ: 刹土. 梵語, 刹, 此云竿, 卽幡柱也. 沙門於此法中勤苦得一法者, 便當竪幡, 以告四遠曰, 今有少欲人也云.), 慈風을 刹土에 붓ᄂᆞᆫ또다.

사원(寺院) 명 〈불〉 중이 불상(佛像)을 모시고 불도(佛道)를 닦으며 교법을 펴는 집. ≪朴諺, 下, 42ㅈ≫黑夜道場(集覽, 朴集, 下, 9ㅈ: 道場. 反(飜)譯名義云, 修道之場, 僧寺或名道場. 隋煬帝勑天下寺院皆名道場.)裡你有來麽, 밤의 道場에 네 잇든다.

사유(闍維) 명 〈불〉 다비(茶毘)의 한역어(漢譯語). ≪朴諺, 下, 49ㅈ≫好女不看燈(集覽, 朴集, 下, 11ㅈ: 好女不看燈. 涅槃經云, 上元, 如來闍維訖, 收舍利, 置金床上, 天人散花, 奏樂繞城, 步步燃燈十二里.), 好女ᄂᆞᆫ 看燈 아니ᄒᆞᆫ다 ᄒᆞᄂᆞ니라.

사의(事意) 명 일의 내용. ≪朴諺, 下, 35ㅈ≫却打花房窩兒(集覽, 朴集, 下, 7ㅎ: 花房窩兒. 今按, 上文自打毬兒以下, 質問各說似不穩合. 先說尤不合於本節〈莭〉所云事意, 而又無義理, 後說似有可取, 而又有一疑.), ᄯᅩ 花房 굼글 티쟈.

사의(簑衣) 명 도롱이. ≪朴諺, 上, 25ㅎ≫江西十分上等眞結綜(棕)帽兒(集覽, 朴集, 上, 9ㅈ: 結椶帽. 椶, 木名, 高一二丈, 葉如車輪, 旁〈竒〉無枝, 皆萃於木杪. 其下有皮, 重疊裹之, 每皮一匝爲一節〈莭〉, 花黃白色, 結實作房, 如魚子狀, 其皮皆是絲而經緯如織, 傍有細縷, 交相連綴不散. 取其絲理之, 以結成大帽. 又剝其皮一匝, 編爲蓑衣, 亦可避雨.)上, 江西 ᄀᆞ쟝 上等에 진짓 綜(棕)으로 ᄆᆡᄌᆞᆫ 갓 우희. ≪朴諺, 下, 50ㅎ≫披着這箬笠·蓑衣, 이 箬笠·蓑衣를 닙고.

사이 명 사이[間]. ≪朴諺, 下, 44ㅎ≫睡眼熟了, 눈 곰즉일 사이예 니그리라.

사이(四夷) 명 예전 중국 변경 지역에 살던 네 민족. 곧, 동이(東夷)·서융(西戎)·남만(南蠻)·북적(北狄). ≪朴諺, 上, 32ㅎ≫正撞見他的漢子(集覽, 朴集, 上, 9ㅎ: 漢子. 泛稱〈称〉男兒曰漢, 又指婦女之夫曰漢子. 事物紀原云, 三代以降, 有國號者至多, 獨以漢爲名者, 取兩漢之盛. 漢武帝征討四夷, 專事匈奴, 由此有漢胡之斥.),

경히 뎌의 남진을 만나 보니.

사인(舍人) 명 측근자. 시종. 하인. ≪朴諺, 上, 16ㅈ≫張舍(集覽, 朴集, 上, 6ㅈ: 張舍. 王公·大人之家, 必有舍人, 卽家臣也. 如本國伴倘〈儻〉之類, 爲權勢倚任之人, 貧賤之所羨慕者也〈貧賤之所羨慕者〉. 故街巷呼親識爲張舍·李舍, 乃一時推敬之稱〈称〉. 又質問云, 武職官下閑人, 謂之舍[人].)你來, 張가야 이바. ≪朴諺, 上, 24ㅎ≫夜來兩箇舍人(集覽, 朴集, 上, 8ㅈ: 舍人. 見上張舍下.)操馬, 어제 두 舍人이 몰 됴습호딕. 一箇舍人打扮的, 흔 舍人 비ᄋ기는. ≪朴諺, 上, 27ㅈ≫又一箇舍人打扮的, 또 흔 舍人 비ᄋ기는. ≪朴諺, 上, 28ㅎ≫兩箇舍人打扮的風風流流, 두 舍人의 비온 거시 風風流流ᄒ고. ≪朴諺, 上, 64ㅈ≫舍人敢不識好物麽, 舍人이 됴흔 거슬 아디 못ᄒ는 ᄃᆺᄒ다. ≪朴諺, 上, 64ㅈ≫不敢舍人, 不敢ᄒ여라 舍人아. ≪朴諺, 上, 64ㅎ≫舍人甚麽銀子, 舍人아 므슴 은고. ≪朴諺, 中, 5ㅈ≫拜揖舍人與我関字麽, 拜揖ᄒ노니 舍人아 우리를 関字를 주실가. ≪朴諺, 中, 6ㅎ≫舍人道做甚麽飯, 舍人아 니ᄅ라 므슴 밥을 지으료. ≪朴諺, 中, 7ㅈ≫舍人你自看, 舍人아 네 손ᄌ 보라.

사인(砂仁) 명 축사밀(縮砂蔤)의 씨. 소화제로 쓴다. ≪朴諺, 上, 7ㅈ≫都着些細料物(集覽, 朴集. 上, 3ㅎ: 細料物. 事林廣記食饌類, 細料物, 官桂·良薑·華撥草·豆蔻·陳皮·縮砂仁〈砂仁〉·八角·茴香各一兩, 川椒二兩, 杏仁五兩, 甘草一兩半, 白檀末半兩. 右共爲細末用之.), 다 져기 ᄀ는 교토를 두고.

사인신(使印信) 동 인(印)치다. 도장을 찍다. ⇔인티다. ≪朴諺, 上, 3ㅈ≫寫勘合就使印信與我來, 勘合을 써 이믜셔 인터 나를 주드라.

사자(沙子) 명 모래[砂]. ⇔모래. ≪朴諺, 下, 44ㅈ≫早起飯裏咬了一塊沙子, 아ᄎᆷ 밥에 흔 덩이 모래를 므러쌔니.

사자(獅子) 명 사자. ≪朴諺, 上, 9ㅎ≫水渰過蘆溝橋獅子頭, 믈이 蘆溝橋 獅子ㅅ 머리를 ᄌᆷ가 너머. ≪朴諺, 上, 26ㅎ≫銀絲兒獅子頭的花鐙, 銀 입ᄉ흔 獅子 머리 섭사긴 둥ᄌ에. ≪朴諺, 上, 27ㅈ≫鴨綠羅納綉獅子的抹口青絨氈襪上, 鴨頭綠 羅에 獅子를 綉ᄒ야 깃 도론 프른 부드러온 시욹청에. ≪朴諺, 上, 28ㅈ≫天青描金獅子韂, 天靑빗치 金으로 獅子 그린 ᄃ래예.

사자(寫字) 동 글씨를 쓰다. 글자를 쓰다. ≪朴諺, 上, 45ㅈ≫手心上打三戒方(集覽, 朴集, 上, 12ㅎ: 戒方. 音義云, 學罰에 티는 것. 質問云, 讀書小兒送入學堂, 師傅教寫字, 不用心寫好字, 師傅拿二尺長·寸半寬·半寸厚的木板條打手掌, 使後日寫好字, 免打手掌, 謂之戒方.), 손바당을 세 번 젼반으로 티ᄂ니라.

사자(篩子) 명 어레미. ⇔얼멍이. ≪朴諺, 中, 11ㅎ≫簸箕, 키. 篩子, 얼멍이. 馬尾羅兒, 물총체. 卓兒, 상. 盤子, 반. 茶盤, 찻반. 擡盞, 졉잔. 壺瓶, 壺瓶. 酒鱉, 쥬벼ᄋ. 銅杓, 놋쥬게를. 都收拾下着, 다 收拾ᄒ여 두라.

사자(篵子) 명 체. ≪朴諺, 下, 33ㅈ≫象眼棋子(集覽, 朴集, 下, 6ㅎ: 象眼餜子. 但居家必用著米心餜子劑法云, 頭麵〈麪〉以凉水入塩和成劑, 拗棒拗過, 趕至薄, 切作細棊子, 晒〈洒〉乾, 以篵子隔過, 再用刀切千百次, 再隔過.), 象眼 ᄀ튼 棋子와.

사자괴(獅子怪) 명 사자와 같이 생긴 괴물. ≪朴諺, 下, 4ㅈ≫逢多少惡物刁蹶(集覽, 朴集, 下, 1ㅎ: 刁蹶. 今按, 法師往西天時, 初到師陀國界, 遇猛虎·毒蛇之害, 次遇黑熊精·黃風恠〈怪〉·地湧夫人·蜘蛛精·獅子恠〈怪〉·多目恠〈怪〉·紅孩兒恠〈怪〉, 幾死僅免.), 언머 惡物의 ᄂᆞᆷ쁨을 만나시리오.

사장(使長) 명 상전. 윗사람. 상관(上官). ⇔뇌연. ≪朴諺, 中, 7ㅎ≫這使臣是使長耳目一般的使臣, 이 使臣은 이 使長의

耳目 ᄒᆞᆫ가짓 使臣이라. ≪朴諺, 中, 25ㅎ≫ 可知那廝使長(集覽, 朴集, 中, 6ㅎ: 使長〈使長者〉. 猶言君長也. 元語那衍, 音노·연.)的大帽也做裏, 그리어니 뎌 놈이 使長의 큰갓도 ᄆᆡᆫᄃᆞ니. ≪朴諺, 中, 43ㅈ≫ 跟着假使長, 假使長을 ᄯᆞᆯ와. ≪朴諺, 下, 37ㅎ≫孩兒使爺娘的, ᄌᆞ식은 어버의 거ᄉᆞᆯ 쓰고. 奴婢使使長的, 종은 뇌연의 거ᄉᆞᆯ 쓰ᄂᆞ니.

사장(社長) 명 춘사(春社)와 추사(秋社)에 관한 일을 맡아하던 사람. ≪朴諺, 上, 16ㅎ≫祭了社神(集覽, 朴集, 上, 6ㅈ: 社神. 左傳, 共工氏有子, 曰勾龍氏, 平水土, 故立以爲社. 元制, 五十戶爲一社. 今制, 每一鄕村之間, 或十五戶或二十戶, 隨其所便, 合爲一社. 擇其鄕里之民有義行者一人爲社長, 擇其殷實者一人爲副, 立社倉, 收掌錢穀, 借貸應急.), 社神끠 祭ᄒᆞ여시니.

사전(射箭) 동 활을 쏘다. ≪朴諺, 上, 48ㅎ≫咱們教場裏射箭去來, 우리 教場에 활 ᄡᅩ라 가쟈.

사전(賒錢) 동 돈을 빌리다. ≪集覽, 字解, 單字解, 6ㅎ≫儅. 人有遇急用錢, 則必以重物, 納質于富家, 賒錢取用. 至限則幷其本利償還錢主, 方得退回己之重物而來也. 典字人物通用, 儅字人用於物.

사정(寫定) 동 계약서나 규약 따위를 글로 써서 정하다. ≪朴諺, 上, 31ㅎ≫寫定文書借與他來, 文書를 써 定ᄒᆞ고 뎌ᄅᆞᆯ 뀌엿더니.

사주(四洲) 명 〈불〉 수미산(須彌山)을 중심으로 한 사방의 세계. 곧, 남쪽의 섬부주(贍部洲), 동쪽의 승신주(勝神洲), 서쪽의 우화주(牛貨洲), 북쪽의 구로주(俱盧洲). ≪朴諺, 中, 21ㅎ≫或現質梵王帝釋(集覽, 朴集, 中, 4ㅎ: 梵王帝釋. 有欲界·色界·無色界爲三界. 欲界有四洲·四惡趣·六欲天, 帝釋爲欲界主. 色界有四禪·十八梵天, 梵王爲色界主. 無色界有四空天.), 或 梵王帝釋에 現質ᄒᆞ며.

사주(泗州) 명 북주(北周) 때 두었다. 소재지는 강소성(江蘇省) 숙천현(宿遷縣)의 남동쪽 지역에 있었다. 청대(淸代)까지 치폐(置廢)를 거듭하다가 건륭(乾隆) 연간에 안휘성(安徽省) 사현(泗縣)에 병합되었다. ≪朴諺, 中, 22ㅈ≫起浮屠於泗水之間(集覽, 朴集, 中, 5ㅈ: 起浮屠於泗水之間. 浮屠, 卽塔也. 唐言高顯也. 神僧傳云, 僧伽大士, 西域人, 姓何氏. 唐龍朔初, 於泗州臨淮縣信義坊, 將建伽藍, 掘得古香積寺銘記幷金像一軀, 上有普照王佛字, 遂建寺焉.), 浮屠ᄅᆞᆯ 泗水ㅅ ᄉᆞ이에 니ᄅᆞ혀고.

사중(司中) 명 삼태성(三台星) 중의 가운데 별. ≪朴諺, 上, 18ㅈ≫那三台(集覽, 朴集, 上, 7ㅈ: 三台. 周禮疏, 上台司命〈僉〉爲太尉, 中台司中爲司徒, 下台司祿爲司空, 三公之象.)板兒做得好, 뎌 三台 돈은 ᄆᆡᆫᄃᆞᆯ기ᄅᆞᆯ 잘ᄒᆞ엿고.

사중(四仲) 명 음력 네 계절의 가운데 달을 이르는 말. 곧, 중춘(仲春: 2월)·중하(仲夏: 5월)·중추(仲秋: 8월)·중동(仲冬: 11월). ≪朴諺, 下, 41ㅈ≫殃榜(集覽, 朴集, 下, 9ㅈ: 殃榜. 臞仙肘後經云, 生人所生之年, 與亡〈亾〉者所死月節〈莭〉相犯, 則忌避. 如四孟節〈莭〉內死者, 忌寅·申·巳·亥生人, 四仲月節〈莭〉內死者, 忌子·午·卯·酉生人, 四季月節內者〈四季月莭內死者〉, 忌辰·戌·丑·未生人是也.)橫貼在門上, 殃榜을 문 우희 빗기 브텻더니.

사창(社倉) 명 흉년에 대비하여 향사(鄕社)에 두었던 곡식 창고. 수대(隋代)에 처음으로 두었다. ≪朴諺, 上, 16ㅎ≫祭了社神(集覽, 朴集, 上, 6ㅈ: 社神. 左傳, 共工氏有子, 曰勾龍氏, 平水土, 故立以爲社. 元制, 五十戶爲一社. 今制, 每一鄕村之間, 或十五戶或二十戶, 隨其所便, 合爲一社. 擇其鄕里之民有義行者一人爲社長, 擇其殷實者一人爲副, 立社倉, 收掌錢穀, 借貸應急.), 社神끠 祭ᄒᆞ여시니.

사창(紗窓) 명 사(紗)붙이나 깁으로 바른 창. ≪朴諺, 中, 18ㅈ≫姐姐你再尋思我這

秋月紗窓一片心, 姐姐ㅣ아 네 또 나의 이 秋月 紗窓 一片心을 싱각ᄒᆞ여. ≪朴諺, 中, 44ㅈ≫月明紗窓秋夜半, ᄃᆞᆯ이 紗窓에 ᄇᆞᆰ고 ᄀᆞ올밤이 반만 ᄒᆞᆫ 제.

사천감(司天監) 명 당대(唐代)에 두었다. 천문(天文)을 살펴 역서(曆書)를 만드는 일을 주관하였다. ≪朴諺, 下, 46ㅎ≫順天府官, 順天府官과. 司天臺(集覽, 朴集, 下, 10ㅎ: 司天臺. 元置, 以司曆占. 今改爲欽天監. 又設司天監於朝陽門城上.)官衆官人們, 司天臺官 모든 官人들히.

사천대(司天臺) 명 관서 이름. 천문(天文)을 살펴 역수(曆數)를 고정(考定)하는 일을 맡았다. 당(唐)나라 건원(建元) 원년(758)에 태사감(太史監)을 고친 이름이다. ≪朴諺, 下, 46ㅎ≫順天府官, 順天府官과. 司天臺(集覽, 朴集, 下, 10ㅎ: 司天臺. 元置, 以司曆占. 今改爲欽天監. 又設司天監於朝陽門城上.)官衆官人們, 司天臺官 모든 官人들히. ≪朴諺, 下, 48ㅈ≫司天臺家, 司天臺家ㅣ.

사천왕(四天王) 명 〈불〉 사왕천(四王天)의 주신(主神)으로 사방을 진호(鎭護)하며 국가를 수호한다는 네 신(神). ≪朴諺, 中, 21ㅎ≫或作童女(集覽, 朴集, 中, 4ㅎ: 童男童女. 觀音現三十二應, 曰佛身, 曰辟支〈支〉, 曰圓覺, 曰聲聞, 曰梵王, 曰帝釋, 曰自在天, 曰大自在天, 曰天大將軍, 曰四天王, 曰四天太子, 曰人王, 曰長者, 曰居士, 曰宰官, 曰婆羅門, 曰比丘, 曰比丘尼, 曰優婆塞, 曰優婆夷, 曰女主, 曰童男, 曰童女, 曰天身, 曰龍身, 曰藥叉, 曰乾達婆, 曰阿脩羅, 曰緊那羅, 曰摩睺羅, 曰樂人, 曰非人.), 혹 童女ㅣ 되며.

사천태자(四天太子) 명 〈불〉 사왕천(四王天)의 태자. ≪朴諺, 中, 21ㅎ≫或作童女(集覽, 朴集, 中, 4ㅎ: 童男童女. 觀音現三十二應, 曰佛身, 曰辟支〈支〉, 曰圓覺, 曰聲聞, 曰梵王, 曰帝釋, 曰自在天, 曰大自在天, 曰天大將軍, 曰四天王, 曰四天太子, 曰人王, 曰長者, 曰居士, 曰宰官, 曰婆羅門, 曰比丘, 曰比丘尼, 曰優婆塞, 曰優婆夷, 曰女主, 曰童男, 曰童女, 曰天身, 曰龍身, 曰藥叉, 曰乾達婆, 曰阿脩羅, 曰緊那羅, 曰摩睺羅, 曰樂人, 曰非人.), 혹 童女ㅣ 되며.

사첩(斜貼) 동 비스듬하게 붙이다. ≪朴諺, 下, 41ㅈ≫殃榜(集覽, 朴集, 下, 9ㅈ: 殃榜. 漢俗, 凡遇人死, 則其家必斜貼殃榜〈梈〉於門外壁上, 榜〈梈〉文如本節〈萠〉所云, 使生人臨喪知所避忌也.)橫貼在門上, 殃梈을 문 우희 빗기 브텻더니.

사타국(師陀國) 명 중국의 소설 서유기(西遊記)에 나오는 나라 이름. ≪朴諺, 下, 4ㅈ≫逢多少惡物刁蹶(集覽, 朴集, 下, 1ㅎ: 刁蹶. 今按, 法師往西天時, 初到師陀國界, 遇猛虎·毒蛇之害, 次遇黑熊精·黃風恠〈怪〉·地湧夫人·蜘蛛精·獅子恠〈怪〉·多目恠〈怪〉·紅孩兒恠〈怪〉, 幾死僅免.), 언머 惡物의 ᄂᆞᆷ쁨을 만나시리오.

사탕(沙糖) 명 사탕. 굵은 설탕. ⇔탕(糖). ≪朴諺, 上, 4ㅎ≫放象生纏糖(集覽, 朴集, 上, 2ㅈ: 象生纏糖. 象生者, 像生物之形而爲之也. 象作像. 木印, 以木刻成物形爲模範者也. 糖, 卽沙糖也, 煎甘蔗莖爲之.), 生物을 象ᄒᆞ여 ᄆᆡᆫᄀᆞᆫ 沙糖이어나. ≪朴諺, 上, 4ㅎ≫或是獅仙糖, 혹 ᄉᆞᄌᆞ 톤 신션 양으로 ᄆᆡᆫᄀᆞᆫ 沙糖을 노코.

사통(私通) 동 몰래 결탁하다. 사사로이 접촉하다. ≪朴諺, 上, 42ㅎ≫依體例(集覽, 朴集, 上, 12ㅈ: 體例. 謂官私通行格例曰体禮〈體例〉.)十兩裏一兩家除時, 體例대로 열 량에 ᄒᆞᆫ 냥식 덜면.

사풍(斜風) 명 비껴 부는 바람. ≪朴諺, 下, 50ㅎ≫一任交斜風細雨, 斜風 細雨 交호믈 一任ᄒᆞ여.

사피(斜皮) 명 돈피(獤皮). ≪朴諺, 上, 26ㅎ≫紅斜皮心兒, 紅斜皮 心児에. 藍斜皮細邊兒金絲夾縫的鞍座兒, 藍斜皮 細邊児에 金絲로 갸품ᄒᆞᆫ 鞍座児에. ≪朴諺, 上, 26ㅎ≫藍斜皮細邊兒剌(刺)靈芝草, 藍斜皮 細邊児에 靈芝草를 치질ᄒᆞ엿고. ≪朴諺,

上, 26ㅎ≫猠皮心兒藍斜皮邉兒的皮汗替, 猠皮 心児에 藍斜皮 邉児 ᄒᆞᆫ 가족 쏨어치에. 大紅斜皮雙條轡頭, 大紅斜皮로 ᄒᆞᆫ 雙條 구레에. ≪朴諺, 上, 27ㅈ≫鞦皮穗兒鞦根都是斜皮的, 쥬피 덜채와 군더귀를 다 이 斜皮로 ᄒᆞ엿고. ≪朴諺, 上, 28ㅈ≫時㨾的黑斜皮鞍橋子, 시톄로 ᄒᆞᆫ 黑斜皮 싼 기ᄅᆞ마가지오. ≪朴諺, 上, 28ㅈ≫藍斜皮邉兒的座兒, 藍斜皮로 邉児 ᄒᆞᆫ 座児ㅣ오. ≪朴諺, 上, 28ㅎ≫白斜皮鞦皮轡頭, 白斜皮로 ᄒᆞᆫ 쥬피와 굴레오.

사해(四海) 명 온 세상. ≪朴諺, 下, 48ㅎ≫太保(集覽, 朴集, 下, 10ㅎ: 太師太保. 元以太師·太傅·太保爲三師, 以太尉·司徒·司空爲三公. 漢·唐舊〈旧〉制也. 三師, 師〈ヒ〉範一人, 儀刑四海, 三公, 論道經邦, 燮理陰陽.)家的, 太保ㅅ 집.

사향갈(麝香褐) 명 사향의 빛깔과 같은 갈색. ≪朴諺, 上, 63ㅈ≫我的串香褐(集覽, 朴集, 上, 15ㅎ: 串香褐. 串香者, 合和諸香以爲佩者也. 凡稱〈称〉染色之少文采〈彩〉者曰褐. 串香褐·麝香褐·鷹背褐·蜜褐·茶褐, 卽黃黑雜色也. 玉褐·艾褐·水褐·銀褐, 卽白黑雜色也. 藕褐, 卽紫黑雜色也. 深淺異色, 各取其像.)通袖膝欄五彩綉帖裏, 내 텀향빗체 通袖 膝欄ᄒᆞ고 五彩로 綉노흔 텰릭과.

사화(四花) 명 〈불〉 법화육서(法華六瑞) 가운데 하나. 석가모니(釋迦牟尼)가 법화경(法華經)을 설(說)할 때 하늘에서 내렸다는 네 가지 꽃. 곧, 만다라화(曼陀羅花: 白蓮花)·마하만다라화(摩訶曼陀羅花: 青蓮花)·만수사화(曼殊沙花: 紅蓮花)·마하만수사화(摩訶曼殊沙花: 黃蓮花). ≪朴諺, 上, 25ㅎ≫鴉青繡四花織金羅搭護, 鴉青빗치 四花를 繡노코 織金ᄒᆞᆫ 羅 더그레오. ≪朴諺, 上, 27ㅎ≫柳黃餙金綉四花羅搭護, 柳黃빗치 金으로 ᄭᅮ며 四花를 綉ᄒᆞᆫ 羅 더그레예. ≪朴諺, 中, 54ㅎ≫這鷄冠紅綉四花做搭護, 이 만도람이빗체 四花 슈ᄒᆞᆫ 거스란 더그레 짓고.

사화상(沙和尙) 명 중국의 소설 서유기(西遊記)에 등장하는 사오정(沙悟淨)의 별칭. ≪朴諺, 下, 17ㅈ≫唐三藏引孫行者(集覽, 朴集, 下, 4ㅈ: 孫行者. 其後唐太宗勑玄奘法師, 往西天取經, 路經此山, 見此猴精壓在石縫, 去其佛押出之, 以爲徒弟, 賜法名吾空, 改号〈號〉爲孫行者, 與沙和尙及黑猪精朱八戒偕往, 在路降妖去怪, 救師脫難, 皆是孫行者神通之力也.), 唐三藏이 孫行者를 ᄃᆞ리고.

사화항(死火炕) 명 방고래가 없는 구들. ≪朴諺, 下, 5ㅈ≫死火炕燒火炕, 블 아니 딋ᄂᆞᆫ 구들을 ᄒᆞ랴 블딋ᄂᆞᆫ 구들을 ᄒᆞ랴.

사환(仕宦) 동 벼슬살이를 하다. 관리가 되다. ≪朴諺, 下, 11ㅎ≫衣錦還鄕(集覽, 朴集, 下, 3ㅈ: 衣錦還鄕. 項羽屠咸陽, 與沛公分王. 又懷東歸, 曰, 富貴不歸故鄕, 如衣綉〈繡〉夜行. 遂東歸, 都彭城. 故後人仕官〈宧〉榮貴還鄕里者曰衣錦還鄕.), 비단옷 닙고 고향의 도라가.

사환(仕宧) 동 사환(仕宦). '宧'은 '宦'의 속자. ≪朴諺, 下, 11ㅎ≫衣錦還鄕(集覽, 朴集, 下, 3ㅈ: 衣錦還鄕. 項羽屠咸陽, 與沛公分王. 又懷東歸, 曰, 富貴不歸故鄕, 如衣綉〈繡〉夜行. 遂東歸, 都彭城. 故後人仕官〈宧〉榮貴還鄕里者曰衣錦還鄕.), 비단옷 닙고 고향의 도라가.

사황(絲簧) 명 현악기와 관악기. ≪朴諺, 上, 23ㅈ≫斂些錢做翫月會(集覽, 朴集, 上, 8ㅈ: 翫月會. 東京錄云, 中秋夜, 貴家結飾臺榭, 民間爭占酒樓翫〈玩〉月, 絲簧鼎沸, 近內庭居民, 夜深遙聞笙竽之聲, 宛若雲外天樂, 閭里兒童連宵嬉戲, 夜市駢闐, 至於通曉.), 져기 돈 거두어 翫月會를 ᄒᆞ쟈.

사회 명 사위[壻]. ⇔여서(女壻). ≪朴諺, 中, 30ㅎ≫招做女壻來, 블러 사회를 삼으니.

사흘 명 사흘. ⇔삼일(三日). ≪朴諺, 下, 15ㅎ≫咳事不過三日, 애 일이 사흘이 디나디 못ᄒᆞ여셔. ≪朴諺, 下, 41ㅈ≫三來(集覽, 朴集, 下, 9ㅈ: 三來. 三〈三字〉下恐有

日字.), 사흘을 ᄒᆞ니라.

사ᄒᆞ다(謝-) 동 사례하다. 고마움을 표시하다. ⇔사(謝). ≪朴諺, 上, 46ㅎ≫謝你將偌多布匹來, 네 만흔 布匹 가져옴을 謝ᄒᆞ노라. ≪朴諺, 中, 13ㅈ≫謝天地只願的好收着, 天地ㅅ긔 謝ᄒᆞ노니 그저 원컨대 잘 거도게 ᄒᆞ쇼셔.

삭 명 삯. ≪集覽, 字解, 單字解, 6ㅈ≫賃. 僦屋以語曰賃, 지블 돌마다 銀 현 량곰 삭 물오 드러 이셔 살 시라. 又雇用驢馬·舟車之類曰賃, 라괴와 몰돌흘 삭 주고 브릴 시라. ≪朴諺, 上, 11ㅎ≫咱們且商(商)量脚錢着, 우리 아직 삭 갑 혜아리쟈. ≪朴諺, 上, 12ㅈ≫你與多少脚錢, 네 언머 삭 갑술 주려 ᄒᆞᄂᆞ다. ≪朴諺, 上, 13ㅈ≫與他小脚兒錢, 뎌를 젹은 삭 갑술 주되.

삭(索) 명 바[索]. 밧줄. ⇔바. ≪朴諺, 中, 11ㅎ≫少梯子, 술위앏괴오ᄂᆞᆫ나모. 撑頭, 술위뒤괴오ᄂᆞᆫ나모. 套繩, 멟줄. 撒繩, ᄡᅳ을줄. 拘索, 목집게. 籠頭, 바굴레. 脚索, 지달쏠바. 鞍子, 기르마. 肚帶, 빗대 업세라.

삭갑 명 삯 값. 운반비. ⇔각전(脚錢). ≪朴諺, 上, 11ㅎ≫咱們且商(商)量脚錢着, 우리 아직 삭 갑 혜아리쟈.

삭값 명 삯 값. 운반비. ❶⇔각아전(脚兒錢). ≪朴諺, 上, 13ㅈ≫與他小脚兒錢, 뎌를 젹은 삭 갑술 주되. ❷⇔각전(脚錢). ≪朴諺, 上, 12ㅈ≫你與多少脚錢, 네 언머 삭 갑술 주려 ᄒᆞᄂᆞ다.

삭발(削髮) 명 〈불〉 출가(出家)하여 중이 됨을 이르는 말. ≪朴諺, 上, 65ㅈ≫法名(集覽, 朴集, 上, 15ㅎ: 法名. 剃〈削〉髮披緇, 歸〈攸〉依佛法, 別立外號, 是謂法名.)喚步虛, 法名을 步虛ㅣ라 브르ᄂᆞᆫ 이.

삭짐 명 삯짐. (삯을 받고 나르는 짐) ≪朴諺, 上, 11ㅈ≫那挑脚(集覽, 朴集, 上, 5ㅈ: 挑脚. 舊本作赶脚的. 謂赶脚者, 賃驢〈駬〉取直之人, 謂挑脚者, 負擔重物求直之人也.)的, 뎌 삭짐 지ᄂᆞᆫ 이아.

산 명 산. ⇔산(山). ≪朴諺, 中, 32ㅈ≫咱那箇山裏去好, 우리 어ᄂᆡ 산에 가야 됴흐료. ≪朴諺, 中, 43ㅎ≫滿山果子以爲食, 산에 ᄀᆞ득ᄒᆞᆫ 과실로 ᄡᅧ 食을 삼고.

산(山) 명 산. ⇔산. ≪朴諺, 上, 36ㅈ≫大哥山上擂皷, 큰형은 山에셔 붑 티고. ≪朴諺, 中, 21ㅎ≫身嚴瓔珞居普陁空翠之山, 몸에 瓔珞으로 장엄ᄒᆞ여시니 普陀空翠의 山에 居ᄒᆞ엿도다. ≪朴諺, 中, 32ㅈ≫咱那箇山裏去好, 우리 어ᄂᆡ 산에 가야 됴흐료. ≪朴諺, 中, 43ㅎ≫滿山果子以爲食, 산에 ᄀᆞ득ᄒᆞᆫ 과실로 ᄡᅧ 食을 삼고. ≪朴諺, 下, 37ㅎ≫管山喫山, 山을 ᄀᆞ움알면 山읫 거슬 먹고. 管水喫水, 믈을 ᄀᆞ움알면 믈엣 거슬 먹ᄂᆞᆫ다 ᄒᆞ니라. ≪朴諺, 下, 61ㅈ≫逃走在山裏, 도망ᄒᆞ야 山의 잇더니.

산(汕) 동 부시다. 씻다. ⇔부싀다. ≪朴諺, 中, 30ㅈ≫你把那鑞壺瓶汕的乾淨着, 네 뎌 鑞瓶을다가 부싀기를 乾淨히 ᄒᆞ야.

산(傘) 명 우산. ⇔우산. ≪朴諺, 上, 36ㅎ≫這的是傘, 이ᄂᆞᆫ 이 우산이로다.

산(散) 동 흩다. ❶⇔흗ㅌ다. ≪朴諺, 中, 8ㅈ≫轡頭都散與他, 구레를 다 흗터 뎌를 주라. ❷⇔흗다. ≪朴諺, 上, 58ㅈ≫散饋喂馬的草料錢, 몰 먹일 딥과 콩 갑슬 흐터 주라.

산(散) 동 흩어지다. ❶⇔흐터디다. ≪朴諺, 上, 7ㅎ≫官人們待散也, 官人들히 ᄒᆞ마 흐터딜 쩌시니. ≪朴諺, 下, 14ㅎ≫那般散了時, 그리 흐터디면. ❷⇔흗터디다. ≪朴諺, 下, 14ㅎ≫時常這般早聚晚散麼, 시상에 이리 일 모다 늦게야 흗터디ᄂᆞ냐. 但早散時實不見早回家, 다믄 일 흗터디되 실로 일즉이 집의 도라오믈 보디 못ᄒᆞ니.

산(筭) 동 산(算). '筭'는 '算'과 같다. ≪朴諺, 上, 30ㅈ≫六箇獺皮每一箇三錢家筭時, 여슷 獺皮에 ᄆᆡ ᄒᆞ나히 서 돈식 혜아리면. ≪朴諺, 上, 43ㅎ≫不筭功錢時, 功錢을 혜디 아녀도. ≪朴諺, 下, 5ㅈ≫沒家事時筭甚麽泥水匠, 연장이 업ᄉᆞ면 므슴 泥匠이라 혜리오. ≪朴諺, 下, 20ㅎ≫但

動的便筭輪, 므릇 動ᄒᆞ는 이룰 곳 지니로 혜니라. ≪朴諺, 下, 30ㅈ≫我不筭工錢, 내 공젼을 혜아리디 아니ᄒᆞ고.

산(算) 동 헤아리다. 셈하다. 계산하다. ❶⇔혜다. ≪朴諺, 上, 43ㅎ≫不筭功錢時, 功錢을 혜디 아녀도. ≪朴諺, 下, 5ㅈ≫沒家事時筭甚麽泥水匠, 연장이 업ᄉᆞ면 므슴 泥匠이라 혜리오. ≪朴諺, 下, 20ㅎ≫但動的便筭輪, 므릇 動ᄒᆞ는 이룰 곳 지니로 혜니라. ❷⇔혜아리다. ≪朴諺, 上, 30ㅈ≫六箇獚皮每一箇三錢家筭時, 여숫 獚皮에 미 ᄒᆞ나히 서 돈식 혜아리면. ≪朴諺, 下, 30ㅈ≫我不筭工錢, 내 공젼을 혜아리디 아니ᄒᆞ고.

산(蒜) 명 마늘. ⇔마ᄂᆞᆯ. ≪朴諺, 上, 38ㅈ≫這箇是蒜, 이거슨 이 마ᄂᆞᆯ이로다. ≪朴諺, 中, 6ㅈ≫醋, 초와. 醬, 쟝과. 塩, 소금과. 芥末, 계ᄌᆞ ᄀᆞᄅᆞ와. 葱, 파과. 蒜, 마ᄂᆞᆯ과. 薤菜, 부치와, 油, 기름과. 生蘿蔔, 댓무우과. 瓜, 외와. 茄等, 가지 등. ≪朴諺, 中, 33ㅎ≫蘿蔔, 댓무우. 蔓菁, 쉿무우. 萵苣, 부로. 葵菜, 아혹. 白菜, ᄇᆡ치. 赤根菜, 시근치. 園荽, 고싀. 蓼子, 역괴. 葱, 파. 蒜, 마ᄂᆞᆯ. 薤, 부치. 荊芥, 형개. 薄荷, 박하. 茼蒿, 믈쑥. 水蘿蔔, 믈한댓무우. 胡蘿蔔, 노론댓무우. 芋頭, 토란. 紫蘇都種來, 紫蘇ᄅᆞᆯ 다 시므라. ≪朴諺, 下, 33ㅎ≫零碎和生薑·料物·葱·蒜·醋·塩都將來, ᄌᆞᆫ 것과 싱강과 교퇴와 파와 마ᄂᆞᆯ과 초와 소금을 다 가져오라.

산(酸) 형 시다. 시큼하다. ⇔싀다. ≪朴諺, 上, 49ㅎ≫休喫酸·甜·腥·葷等物, 싄 것 ᄃᆞᆫ 것 비린 것 누린 것들을 먹디 말고.

산개(傘蓋) 명 산(傘)과 개(蓋). 곧, 일산 따위의 덮개. ≪朴諺, 下, 42ㅎ≫諸般彩亭子(集覽, 朴集, 下, 9ㅈ: 彩亭子. 漢俗皆於白日送殯, 凡結飾車輿·幢幡·傘盖及紙造人馬爲前導者, 連亘四五十步.), 여러 가지 彩亭子ᄅᆞᆯ 세내고.

산거(散去) 동 흩어져 돌아가다. ≪朴諺, 下, 7ㅎ≫這七月十五日是諸佛解夏(集覽, 朴集, 下, 2ㅈ: 解夏. 盖夏乃長養之節〈莭〉, 在外行則恐傷草木·虫類. 故九十日安居不出, 至七月十五日, 應禪寺掛搭僧尼, 盡皆散去, 謂之解夏, 又謂解制.)之日, 七月 十五日은 諸佛 解夏ᄒᆞ는 날이라.

산금(山禽) 명 산에서 사는 새. ≪朴諺, 中, 32ㅎ≫有睍睍睆睆(睆睆)的山禽聲, 睍睍睆睆(睆睆)ᄒᆞᆫ 山禽 聲이 이시며.

산니(蒜泥) 명 잘게 다진 마늘. 곱게 빻은 마늘. ≪朴諺, 中, 6ㅎ≫撇些禿禿麽思(集覽, 朴集, 中, 1ㅎ: 禿禿麽思. 劑法如水滑麪〈麵〉, 和圓少彈劑〈剤〉, 冷水浸手掌, 按作小薄餅兒, 下鍋煮熟, 以盤盛, 用酥油炒片羊肉, 加塩炒至焦, 以酸甜湯拌和. 滋味得所, 別研蒜泥調酪, 任便加减, 使竹簽簽食之.), 젹이 ᄆᆡ역져비 쓰고.

산동(山童) 명 두메에서 자란 아이. ≪朴諺, 下, 10ㅎ≫愚男山童, 愚男 山童은. ≪朴諺, 下, 12ㅈ≫愚男山童頓首百拜, 愚男 山童은 頓首百拜ᄒᆞ노이다.

산반(山礬) 명 봄에 흰 꽃이 피는 상록관목(常綠灌木)의 하나. ≪朴諺, 中, 20ㅎ≫南海普陀落伽山(集覽, 朴集, 中, 3ㅎ: 南海普陁落伽山. 普陁落伽, 唐言小白花, 卽山礬花也. 山多小白花, 故仍名.)裏, 南海 普陀 落伽山에.

산반화(山礬花) 명 산반(山礬)의 꽃. ≪朴諺, 中, 20ㅎ≫南海普陀落伽山(集覽, 朴集, 中, 3ㅎ: 南海普陁落伽山. 普陁落伽, 唐言小白花, 卽山礬花也. 山多小白花, 故仍名.), 此云海島, 又云小白花.)裏, 南海 普陀 落伽山에.

산부(産婦) 명 아이를 갓 낳은 여자. ≪朴諺, 上, 50ㅈ≫滿月(集覽, 朴集, 上, 13ㅎ: 滿月. 質問云, 産婦一箇月不出門, 不生理, 只補養本身, 一月之後出門, 又吃〈喫〉喜酒. 今按, 喜酒者, 賀生兒之宴.)過了時喫的不妨事, ᄃᆞᆯ이 차 디나면 먹어도 일에 해롭디 아니ᄒᆞ리라.

산부(散附) 동 흩어졌다가 모여졌다가 하

다. ≪朴諺, 上, 33ㅎ≫無處發落(集覽, 朴集, 上, 10ㅎ: 發落. 吏學指南云, 明白散附也.), 發落흔 곳이 업고.

산색(山色) 명 산의 경치. ≪朴諺, 下, 50ㅎ≫對着這水聲·山色·淡烟, 이 水聲·山色·淡煙을 對ᄒᆞ고.

산서(山西) 명 중국의 산서성(山西省). ≪朴諺, 上, 29ㅈ≫山西店裏去, 山西 店에 가쟈.

산설(散說) 동 가르치며 설명하다. ≪朴諺, 上, 5ㅎ≫叫教坊司十數箇樂工和做院本(集覽, 朴集, 上, 2ㅎ: 院本. 或曰, 宋徽宗見爨國人來朝, 衣裝·鞵履·巾裹, 傅粉墨, 擧動如此, 使優人効之以爲戲. 其間副淨有散說, 有道念, 有筋斗, 有科範. 盖古教坊色長有魏·武·劉三人, 而魏長於念誦, 武長於筋斗, 劉長於科範, 至今樂人皆宗之.)諸般雜技的來, 教坊司의 여라믄 樂工과 院本에 여러 가지 雜技ᄒᆞᄂᆞ니를 블러오라.

산신(山神) 명 산신령. ≪朴諺, 下, 17ㅈ≫唐三藏引孫行者(集覽, 朴集, 下, 4ㅈ: 孫行者. 大聖被執當死, 觀音上請于玉帝, 免死. 令巨靈神押大聖前往下方去, 乃於花菓山石縫內納身, 下截畫如來押字封着, 使山神·土地神鎭守. 飢食鉄〈鐵〉丸, 渴飮銅汁, 待我往東土尋取經之人, 經過此山, 觀大聖, 肯隨往西天, 則此時可放.), 唐三藏이 孫行者를 ᄃᆞ리고. ≪朴諺, 下, 22ㅈ≫山神·土地神鬼都來了, 山神과 土地神鬼ㅣ 다 오나늘.

산암(山庵) 명 산속의 암자(庵子). ≪朴諺, 上, 33ㅈ≫揀(揀)那清淨山庵裏, 뎌 清淨흔 山庵을 ᄀᆞᆯ희여.

산여(散與) 동 나누어 주다. ≪朴諺, 中, 8ㅈ≫轡頭都散與(集覽, 朴集, 中, 1ㅎ: 轡頭散與. 女直·達子朝貢時, 到驛應付馬匹騎坐者, 各出轡頭, 散與馬夫, 馬夫受轡套馬, 令各轡主認轡占馬, 使無爭占之擾.)他, 구레를 다 흣터 뎌를 주라.

산영ᄒᆞ다 동 사냥하다. ⇔타위(打圍). ≪朴諺, 上, 55ㅈ≫我要打圍處騎的快走的馬, 내 산영ᄒᆞᄂᆞᆫ 고ᄃᆡ ᄐᆞᆯ 잘 ᄃᆞᆮᄂᆞᆫ ᄆᆞᆯ을 사고져 ᄒᆞ노라. ≪朴諺, 下, 61ㅈ≫後頭打圍的人們, 後에 산영ᄒᆞᄂᆞᆫ 사ᄅᆞᆷ들히.

산욕(山峪) 명 산골짜기. ≪朴諺, 中, 32ㅎ≫栗子·葡萄滿山峪, 밤과 葡萄ㅣ 山峪에 ᄀᆞ득ᄒᆞ여시니.

산자(山子) 명 관상용으로 정원에 돌을 쌓아서 만든 작은 산(山). (가산(假山) 또는 석가산(石假山)이라고도 하는데, 강소성(江蘇省)에서 나는 태호석(太湖石)을 쌓아 만들었다) ⇔귀여ᄉᆞ. ≪朴諺, 上, 43ㅈ≫諸般絨線砌山子(集覽, 朴集, 上, 12ㅎ: 砌山子. 音義云, 귀·여ᄉᆞ 類·엣 것. 今按, 山子, 卽귀·여ᄉᆞ, 砌, 卽結成之意. 俗呼築城曰砌城, 謂疊石而築成之也.)·吊珠兒的麁白線, 여러 가지 보ᄃᆞ라온 실과 귀여ᄉᆞ 무오고 진쥬 ᄃᆞᆯ 굴근 흰 실과.

산중(山中) 명 산의 가운데. 또는 높은 산이 있거나 산이 많은 곳. ≪朴諺, 中, 32ㅈ≫正好山中之味, 正히 山中 味 됴흐리로다.

산채(山菜) 명 산나물. ≪朴諺, 中, 34ㅎ≫買將些山菜來, 져기 山菜를 사 오되.

산천(山川) 명 산과 시내. ≪朴諺, 上, 25ㅈ≫剌(刺)通袖膝欄(集覽, 朴集, 上, 8ㅎ: 刺通袖膝欄. 元時好着此衣, 前後具胷背, 又連肩而通袖之脊, 至袖口爲紋, 當膝周圍亦爲紋如欄干, 然織成段匹爲衣者有之, 或皮或帛, 用綵線周遭回曲爲緣, 如花㨾, 刺〈刺〉爲草樹〈尌〉·禽獸·山川·宮殿之文於〈紋於〉其內, 備極奇巧, 皆用團領着之, 其直甚高.)羅帖裏上, ᄉᆞ매 ᄆᆞᄅᆞ 내 치질ᄒᆞ고 膝欄흔 羅 텰릭에. ≪朴諺, 中, 11ㅈ≫一兩日上位郊天(集覽, 朴集, 中, 2ㅈ: 郊天. 天子設圜丘於南郊, 以祭天神·地祇·日月星辰·山川·嶽瀆, 以太祖配享.)去, ᄒᆞᄅᆞ 이틀만 ᄒᆞ면 上位ㅣ 郊天ᄒᆞ라 가실 거시니.

산첨(酸甜) 명 신맛과 단맛. ≪朴諺, 中, 6ㅎ≫撇些禿禿麽思(集覽, 朴集, 中, 1ㅎ: 禿禿麽思. 劑法如水滑麪〈麵〉, 和圓少彈劑〈劑〉, 冷水浸手掌, 按作小薄餅兒, 下鍋

煮熟, 以盤盛, 用酥油炒片羊肉, 加塩炒至焦, 以酸甜湯拌和. 滋味得所, 別硏蒜泥調酪, 任便加減, 使竹簽簽食之.), 젹이 믜역 져비 쓰고.

산탄(散誕) 동 거리낌 없이 마음 내키는 대로 행동하다. ≪朴諺, 下, 9ㅈ≫箇箇擎拳合掌(集覽, 朴集, 下, 2ㅎ: 擎拳合掌. 飜譯名義云, 此方以拱手爲恭, 外國以合掌爲敬. 手本二邊, 今合爲一, 表不散誕, 專主一心.), 낫낫치 擎拳 合掌ᄒᆞ야.

산함(酸餡) 명 채소로 만든 소. ≪朴諺, 下, 32ㅈ≫羊肉餡(集覽, 朴集, 下, 5ㅎ: 餡. 或肉或菜及諸料物拌勻〈匀〉爲胎, 納於餠中者曰餡. 酸餡·素餡·葷餡·生餡·熟餡, 供用合宜.)饅頭, 羊肉 소 녀흔 상화과.

산호(珊瑚) 명 산호. (산호과의 자포동물(刺胞動物)을 통틀어 일컫는 말) ≪朴諺, 上, 25ㅈ≫珊瑚鈎子繫腰, 珊瑚 鈎子 흔 띄오. ≪朴諺, 下, 26ㅈ≫你有好珊瑚麽, 네게 됴흔 珊瑚ㅣ 잇ᄂᆞ냐. ≪朴諺, 下, 26ㅎ≫我偏帶不的好珊瑚, 내라 독별이 됴흔 珊瑚를 ᄎᆞ디 못ᄒᆞ랴. ≪朴諺, 下, 27ㅈ≫這二十顆珊瑚怎的賣, 이 스므 낫 珊瑚를 엇디 ᄑᆞᆯ려 ᄒᆞᄂᆞ다. ≪朴諺, 下, 27ㅈ≫這珊瑚帶的過, 이 珊瑚ㅣ ᄎᆞ든 거시로다.

산화(散花) 명 〈불〉 꽃을 뿌리며 부처를 공양(供養)하는 일. ≪朴諺, 下, 49ㅈ≫好女不看燈(集覽, 朴集, 下, 11ㅈ: 好女不看燈. 涅槃經云, 上元, 如來闍維訖, 收舍利, 置金床上, 天人散花, 奏樂繞城, 步步燃燈十二里.), 好女는 看燈 아니ᄒᆞᆫ다 ᄒᆞᄂᆞ니라.

산후(産後) 명 아이를 낳은 뒤. ≪朴諺, 上, 49ㅎ≫只怕産後風感冒, 그저 産後에 ᄇᆞ롬에 感冒홀가 저프니.

산후풍(産後風) 명 산후발한(産後發寒). 아이를 낳은 뒤에 한기(寒氣)가 들어 떨고 식은땀을 흘리며 앓는 병. ≪朴諺, 上, 49ㅎ≫只怕産後風感冒, 그저 産後에 ᄇᆞᄅᆞᆷ에 感冒홀가 저프니.

살 명 화살. ⇔전(箭). ≪朴諺, 上, 28ㅎ≫驪的那馬一似那箭, 잰 뎌 ᄆᆞᆯ은 뎌 살 ᄀᆞᄐᆞ니.

살(殺) 동 ❶죽다. ⇔죽다. ≪朴諺, 上, 32ㅈ≫債不殺人, 빗이 사ᄅᆞᆷ을 죽게 아니ᄒᆞᄂᆞ냐. ≪朴諺, 中, 29ㅎ≫咳今日天氣冷殺人, 애 오ᄂᆞᆯ 하ᄂᆞᆯ 긔운이 차 사ᄅᆞᆷ을 죽게 ᄒᆞ니. ≪朴諺, 下, 6ㅎ≫掐時甜殺人, 딕이면 ᄃᆞ라 사ᄅᆞᆷ을 죽게 ᄒᆞᄂᆞ니라. ❷죽이다. 불을 끄다. ⇔죽이다. ≪朴諺, 中, 35ㅎ≫却吹殺那燈, 또 그 등잔을 부러 죽이고.

살(殺) 동 죽이다. ❶⇔주기다. ≪朴諺, 上, 22ㅎ≫殺一殺入一入赶一赶扭將去打㪐, 주기리 주기고 드리리 드리고 몰 리 모라 에워 가 패 티쟈. ≪朴諺, 上, 22ㅎ≫你的殺子多沒眼碁, 네 주긴 ᄆᆞᆯ이 만ᄒᆞ니 눈 업슨 바독이로다. ≪朴諺, 下, 61ㅈ≫撞着射殺, 만나 쏘아 죽기니. ❷⇔죽이다. ≪朴諺, 中, 13ㅎ≫把那船上的人來打殺了, 그 ᄇᆡ엣 사ᄅᆞᆷ을 텨 죽이다 ᄒᆞ더라. ≪朴諺, 中, 27ㅎ≫也打殺撇在坑裏, 또 텨 죽여 디함에 드리티고. ≪朴諺, 中, 27ㅎ≫也打殺撇在那坑裏, 또 텨 죽여 그 디함에 드리티고. ≪朴諺, 中, 28ㅎ≫便要打殺那媳婦, 곳 뎌 媳婦를 텨 죽이고져 ᄒᆞ거늘. ≪朴諺, 中, 41ㅈ≫殺了有甚麽多處, 죽인들 므슴 앗가온 곳이 이시리오. ≪朴諺, 下, 25ㅈ≫殺人一萬, 사ᄅᆞᆷ 一萬을 죽이면. 自損三千, 스스로 三千을 손ᄒᆞᆫ다 ᄒᆞᄂᆞ니라.

살(殺) 동 죽도록 …하다. …해 죽겠다. ≪集覽, 字解, 單字解, 6ㅈ≫殺. 氣殺我 애ᄃᆞᆯ와 셜웨라, 猶言以此而可至於死也. 又愁殺人 사ᄅᆞᄆᆞᆯ ᄀᆞ장 근심ᄒᆞ야 셟게 ᄒᆞ다. 又廝殺 싸호다. 又助語辭. 最深殺 ᄀᆞ장 깁다.

살(撒) 동 ❶갈리다[磨]. ⇔ᄀᆞ리다. ≪朴諺, 上, 56ㅈ≫也有些撒蹄(集覽, 朴集, 上, 14ㅈ: 撒蹄. 音義云, ·뒷·굽 므리므리·예 ·ᄀᆞ·리·ᄂᆞᆫ ᄆᆞᆯ. 譯語指南云, ·굽·ᄀᆞ·리·ᄂᆞᆫ ᄆᆞᆯ.), 또 져기 굽ᄀᆞ리미 잇더라. ❷끌다. ⇔ᄭᅳ

으다. ≪朴諺, 上, 36ㅎ≫一箇長大漢撒大鞋, 흔 킈 큰 놈이 큰 신 쓰으고. ≪朴諺, 中, 11ㅎ≫少梯子, 술위앏괴오는나모. 撑頭, 술위뒤괴오는나모. 套繩, 멘줄. 撒繩, 쓰을줄. 拘索, 목집게. 籠頭, 바굴레. 脚索, 지달쏠바. 鞍子, 기르마. 肚帶, 빗대업세라. ❸뿌리다. ⇔쓰리다. ≪朴諺, 下, 1ㅈ≫着菖蒲末兒撒的勻了着, 菖蒲 ᄀᄅ로 쓰리기를 고로게 ᄒ고.

살개(撒開) 동 헤치다. ⇔헤켜다. ≪朴諺, 上, 40ㅈ≫撒開頭髮梳, 머리터럭을 헤켜고 빗기되.

살낭(殺娘) 동 어머니를 죽이다. ⇔살낭ᄒ다(殺娘-). ≪朴諺, 中, 57ㅈ≫這潑禽獸殺娘賊, 이 보피라온 즘싱 殺娘ᄒ는 도적아.

살낭ᄒ다(殺娘-) 동 어머니를 죽이다. ⇔살낭(殺娘). ≪朴諺, 中, 57ㅈ≫這潑禽獸殺娘賊, 이 보피라온 즘싱 殺娘ᄒ는 도적아.

살다 동 ❶살다[住]. ⇔주(住). ≪集覽, 字解, 單字解, 6ㅈ≫賃. 僦屋以語曰賃, 지블 둘마다 銀 현 량곰 삭 물오 드러 이셔 살시라. 又雇用驢馬·舟車之類曰賃, 라괴와 믈돌홀 삭 주고 브릴 시라. ≪朴諺, 上, 11ㅎ≫郞中你在那裏住, 郞中아 네 어듸 이셔 사는다. 我在平則門邊住, 내 平則門 ᄀ의 이셔 사노라. ≪朴諺, 上, 54ㅈ≫京都在城積慶坊住人趙寶兒, 京都 자 안 積慶坊에셔 사는 사름 趙寶兒ㅣ. ≪朴諺, 中, 9ㅎ≫大都某村住人錢小馬, 셔울 아모 촌의 사는 사름 錢小馬ㅣ. ≪朴諺, 中, 10ㅈ≫隨問到本都在城某坊住某官人處賣與, 隨問ᄒ야 本都 잣 안 아므 坊에셔 사는 아므 官人의손ᄃ 가 ᄑ라 주되. ≪朴諺, 中, 25ㅎ≫如今搬在法蔵寺西邊混堂間壁住裏, 이제 法蔵寺 셔편 混堂 ᄉ이 ᄇ람에 올마 사ᄂ니. ≪朴諺, 中, 38ㅎ≫京都在城黃華坊住人朱玉, 셔울 셩 안 黃華坊에셔 사는 사름 朱玉이. 隨問到本坊住人沈元處, 隨問ᄒ여 本坊에 사는 사름 沈元의손ᄃ 가. ≪朴諺, 下, 16ㅈ≫他一家住的漢兒人, 뎌 흔 집의 사는 漢 사름이. ≪朴諺, 下, 39ㅎ≫在那裏住, 어듸 이셔 사ᄂ뇨. ≪朴諺, 下, 39ㅎ≫他在樞密院角頭住裏, 뎨 樞密院 모롱이에 이셔 사ᄂ니라. ≪朴諺, 下, 52ㅈ≫某村住某人, 아모 촌에 사는 아뫼. ≪朴諺, 下, 54ㅎ≫當有某縣某村住人王大戶爲證, 곳 아모 고을 아모 촌에 사는 사름 王大戶ㅣ 이셔 證ᄒ엿ᄂ니이다. ❷살다[生存]. ⇔활(活). ≪朴諺, 下, 40ㅈ≫一似那活的, 뎌 사니 ᄀᆺ고. ≪朴諺, 下, 45ㅈ≫夜飯少一口, 夜飯은 흔 입을 젹게 ᄒ면. 活到九十九, 살기를 九十九에 니르다 ᄒ니라.

살라(撒懶) 부 게을리. ❶⇔게어리. ≪朴諺, 下, 15ㅈ≫跟官人時休撒懶, 官人을 조출작시면 게어리 말고. ❷⇔게얼리. ≪朴諺, 上, 45ㅎ≫你休撒懶, 네 게얼리 말고.

살료(撒了) 동 헤치다. ⇔헤티다. ≪集覽, 字解, 單字解, 1ㅎ≫撒. 散之也. 撒了 헤티다. 又覺也. 覺撒了 아다. 又放也. 撒放罪人 죄인을 앗아라 노타.

살망(撒網) 동 그물을 치다. ≪朴諺, 上, 62ㅈ≫撒網垂鈎的是大小漁艇, 撒網 垂鈎흔 거슨 이 大小 漁艇이오.

살발피(撒潑皮) 형 방탕스럽다. 무지막지하다. ⇔보피롭다. ≪朴諺, 中, 24ㅎ≫街上休撒潑皮, 거리예 가 보피로온 톄 말고.

살방(撒放) 동 놓다. 놓아주다. 풀어주다. ⇔노타. ≪集覽, 字解, 單字解, 1ㅎ≫撒. 散之也. 撒了 헤티다. 又覺也. 覺撒了 아다. 又放也. 撒放罪人 죄인을 앗아라 노타. ≪朴諺, 中, 18ㅎ≫只怕同房人攪撒(集覽, 朴集, 中, 3ㅈ: 攪撒. 撒, 猶知也. 俗語亦曰快撒了. 今以撒放之撒, 用爲知覺之義者, 亦未詳.)了, 그저 同房 사름이 알까 저프고.

살승(撒繩) 명 끌줄. ⇔쓰을줄. ≪朴諺, 中, 11ㅎ≫少梯子, 술위앏괴오는나모. 撑頭, 술위뒤괴오는나모. 套繩, 멘줄. 撒繩, 쓰을줄. 拘索, 목집게. 籠頭, 바굴레. 脚索, 지달쏠바. 鞍子, 기루마. 肚帶, 빗대 업세라.

살제(撒蹄) 동 굽을 갈다[磨]. ⇔굽ᄀ리다. ≪朴諺, 上, 56ㅈ≫也有些撒蹄(集覽, 朴集, 上, 14ㅈ: 撒蹄. 音義云, ·뒷·굽 므리므리·예 ·ᄀ·리·ᄂ 몰. 譯語指南云, ·굽·ᄀ·리·ᄂ 몰.), 또 져기 굽ᄀ리미 잇더라.

살ㅎ 명 살[肉]. ⇔육(肉). ≪朴諺, 下, 23ㅎ≫行者油煎的肉都沒了, 行者ㅣ 기름에 지지여 ᄉ히 다 업더이다.

살화(撒花) 명 선물(膳物). ≪朴諺, 上, 44ㅈ≫多多的與你人事(集覽, 朴集, 上, 12ㅎ: 人事. 土産, 俗·도·산. 舊本作撒花.), 만히 네게 人事ᄒ마. ≪朴諺, 下, 29ㅈ≫元寶(集覽, 朴集, 下, 5ㅎ: 元寶. 南村輟耕錄云, 至元十三年, 元兵平宋, 回至楊(揚)州, 丞相伯顔號令搜撿(檢)將士行李, 所得撒花銀子, 銷鑄作錠, 每五十兩爲一錠, 歸朝獻〈献〉納. 世祖大會王子·王孫·駙馬·國戚, 從而頒賜, 或用貨賣, 所以民間有此錠也. 錠上有字, 曰楊(揚)州元寶. 後朝廷亦鑄. 又有遼陽元寶, 至元二十三年, 征遼所得銀子而鑄者也. 撒花, 元語, 猶本國語曰土産也.)我有半錠了, 元寶ㅣ 내게 반 뎡이 이시니.

삽 명 삽. ⇔철흠(鐵杴). ≪朴諺, 下, 5ㅈ≫將鐵杴和鍋來掘土, 삽과 광이를 가져다가 흙을 픽여.

삼 명 삼[麻]. ⇔마(麻). ≪朴諺, 上, 17ㅈ≫五六十托麁麻線也放不勾, 五六十 발 굴근 삼실이라도 노키 유여티 못ᄒ니리(라). ≪朴諺, 上, 36ㅈ≫當路一科麻, 길헤 당ᄒ ᄒ 퍽이 삼이. ≪朴諺, 中, 33ㅎ≫夜來箇都收割了麻, 어제 삼을 다 거두어 뷔여시니.

삼(三) 관 ❶서[三]. ⇔서. ≪朴諺, 上, 16ㅈ≫三錢銀子打的, 서 돈 은이야 민들리라. ≪朴諺, 上, 30ㅈ≫三錢一箇家買你的, 서 돈에 ᄒ나직(식) ᄒ여 네 하롤 사쟈. ≪朴諺, 上, 30ㅈ≫六箇猠皮每一箇三錢家筭時, 여슷 猠皮에 미 ᄒ나히 서 돈식 혜아리면. ≪朴諺, 中, 5ㅎ≫三升米, 서 되 쌀과. 三斤麵, 서 근 ᄀ로과. 三斤羊肉, 서 근 羊肉과. ≪朴諺, 中, 5ㅎ≫三升米, 시(서) 되 쌀과. 三斤麵, 서 근 ᄀ로과. 三斤猪肉, 서 근 猪肉과. ❷석[三]. ⇔석. ≪朴諺, 上, 43ㅎ≫三尺半白淸水絹, 석 자 반 제믈엣 깁이야. ≪朴諺, 上, 48ㅎ≫到那裏住三箇月, 뎌긔 가 석 돌을 머믈면. ≪朴諺, 中, 38ㅈ≫葱白的三兩銀子如何, 葱白에ᄂ 석 냥 은에 홈이 엇더ᄒ뇨. ≪朴諺, 中, 43ㅈ≫每日馬肚皮塵埋三尺, 민일에 몰 빗가족에 틧글이 석 자히나 무텻고. ≪朴諺, 下, 25ㅎ≫這珠兒討時討三兩價錢, 이 구술을 쇠오면 석 냥 갑식 쇠오려니와. ≪朴諺, 下, 31ㅎ≫三尺寬肩膀, 석 자나 너른 엇게오. ≪朴諺, 下, 55ㅎ≫報信的三兩, 報信ᄒᄂ니ᄂ 석 냥이오. ❸세[三]. ⇔세. ≪朴諺, 上, 10ㅎ≫一日三頓家饋他飽飯喫, ᄒᄅ 세 쌔식 뎌를 주어 밥을 비브리 먹이고. ≪朴諺, 上, 20ㅎ≫一日三遍家, ᄒᄅ 세 번식. ≪朴諺, 上, 37ㅎ≫滿天星宿一箇月三條繩子由你曳, 하늘에 ᄀ독ᄒ 星宿에 ᄒ 돌을 세 오리 노호로 제대로 ᄭᅳᄋᄂ 거시여. ≪朴諺, 上, 38ㅈ≫弟兄三四箇守着停柱坐, 弟兄 세 네히 기동을 딕희여 안잣ᄂ 거시여. ≪朴諺, 上, 45ㅈ≫手心上打三戒方 손바당을 세 번 젼반으로 티ᄂ니라. ≪朴諺, 上, 60ㅎ≫兩閣中間有三叉石橋, 두 집 ᄉ이에 세 가래 石橋ㅣ 이시니. ≪朴諺, 中, 19ㅈ≫一日喫三頓家飯, ᄒᄅ 세 삐 밥 먹고. ≪朴諺, 下, 31ㅈ≫腰濶三圍抱不匝, 허리 너ᄅ기 세 아름이나 ᄒ니 안아 두로디 못ᄒ고. ≪朴諺, 下, 36ㅈ≫三迴連打上了, 세 번을 년ᄒ야 텨 올려다. ≪朴諺, 下, 37ㅈ≫三停裡, 세 분에셔. ❹셋째. ⇔셋재. ≪朴諺, 上, 4ㅈ≫第三遭十六楪, 셋재 줄 열 여숫 뎝시에ᄂ. ≪朴諺, 上, 36ㅈ≫三哥待要分開, 셋재 형은 ᄂ호고져 ᄒ고. ≪朴諺, 上, 36ㅈ≫三哥是剪子, 셋

재 형은 이 ᄀ애오.

삼가(三哥) 명 셋째 형(兄). ≪集覽, 字解, 累字解, 1ㅈ≫大哥. 哥兄也. 人有數兄, 則呼長曰大哥, 次曰二哥, 三曰三哥. 雖非同胞而見儕輩, 可推敬者, 則亦呼爲哥. 或加大字, 或加老字, 推敬之重也. 只呼弟曰兄弟, 竝擧兄及弟曰弟兄. ≪朴諺, 上, 36ㅈ≫三哥待要分開, 셋재 형은 ᄂᆞᆫ호고져 ᄒᆞ고. ≪朴諺, 上, 36ㅈ≫三哥是剪子, 셋재 형은 이 ᄀ애오.

삼각(三脚) 명 삼발이. ⇔아리쇠. ≪朴諺, 中, 11ㅎ≫鑼鍋, 로고. 柳箱, 섥. 灑子, 드레. 三脚, 아리쇠. 椀·楪, 사발·뎝시. 匙筯, 술 져. 榪杓, 나모쥬게. 笊籬, 죠릐. 炊箒, 솔.

삼각산(三角山) 명 서울 북쪽 지역과 경기도(京畿道) 고양시(高陽市)와의 경계에 있는 서울의 진산(鎭山). 북한산(北漢山)의 다른 이름으로, 백제(百濟) 때에는 부아악(負兒岳) 또는 횡악(橫岳)이라 하였다. ≪朴諺, 上, 65ㅈ≫法名喚步虛(集覽, 朴集, 上, 15ㅎ: 步虛. 還大都, 時適丁太子令辰十二月二十四日, 奉傳聖旨, 住持永寧禪寺, 開堂演法. 戊子東還, 掛錫于三角山重興寺. 尋住龍門山, 結小庵, 額曰小雪. 戊午冬, 示寂放舍利玄陵, 賜謚圓證國師, 樹塔于重興寺之東, 以藏舍利. 玄陵, 卽恭愍王陵也.), 法名을 步虛ㅣ라 브르ᄂᆞ니.

삼개(三箇) 관 세 (명). ⇔세. ≪朴諺, 中, 5ㅎ≫三箇正的, 세 正官의게ᄂᆞᆫ.

삼개(三箇) 주 세 (마리). ❶⇔세. ≪朴諺, 中, 7ㅈ≫將三箇十分緊驪的頭馬來, 세 ᄀ장 잰 웃뜸 ᄆᆞᆯ을 가져오고. ❷⇔세ㅎ. ≪朴諺, 中, 14ㅈ≫又不見了三箇, 또 세흘 일코.

삼거울 명 삼거웃. (석회와 함께 벽을 바르는 데 쓰는) 삼 부스러기. ⇔마도(麻刀). ≪朴諺, 下, 5ㅈ≫如今疾忙買石灰·麻刀去, 이제 밧비 石灰와 삼거울을 사라 가라.

삼경(三更) 명 하룻밤을 오경(五更)으로 나눈 셋째 부분. 밤 11시에서 새벽 1시 사이이다. ≪朴諺, 上, 31ㅎ≫半夜三更裏起來, 半夜 三更의 니러. ≪朴諺, 下, 2ㅎ≫前日三更前後(集覽, 朴集, 下, 1ㅈ: 三更前後. 言前後者, 未能定稱的時而云然也.)賊入來, 그젓긔 三更은 ᄒᆞ여 도적이 드러와.

삼계(三界) 명 〈불〉 중생(衆生)이 생사(生死) 왕래하는 세 가지 세계. 곧, 욕계(欲界)·색계(色界)·무색계(無色界). ≪朴諺, 中, 21ㅎ≫或現質梵王帝釋(集覽, 朴集, 中, 4ㅎ: 梵王帝釋. 有欲界·色界·無色界爲三界. 欲界有四洲·四惡趣·六欲天, 帝釋爲欲界主. 色界有四禪·十八梵天, 梵王爲色界主. 無色界有四空天.), 或 梵王帝釋에 現質ᄒᆞ며. ≪朴諺, 下, 18ㅎ≫做羅天(集覽, 朴集, 下, 4ㅎ: 羅天. 謂覆盖萬天, 羅絡三界, 極高無上, 故稱大羅. 三淸五境三十六天, 謂之大羅, 四方四梵三十二天, 謂之中羅, 其欲色三界三十八天, 謂之小羅, 總〈総〉謂之羅天三界.)大醮, 羅天大醮ᄅᆞᆯ ᄒᆞ더니.

삼공(三公) 명 중국에서 최고의 관직에 있으면서 천자(天子)를 보좌하던 세 벼슬. 주대(周代)에는 태사(太師)·태부(太傅)·태보(太保)가 있었고, 진(秦)·전한대(前漢代)에는 승상(丞相)·태위(太尉)·어사대부(御史大夫), 또는 대사마(大司馬)·대사공(大司空)·대사도(大司徒)가 있었으며, 후한(後漢)·당(唐)·송대(宋代)에는 태위(太尉)·사도(司徒)·사공(司空)이 있었다. ≪朴諺, 上, 18ㅈ≫那三台(集覽, 朴集, 上, 7ㅈ: 三台. 周禮疏, 上台司命〈侖〉爲太尉, 中台司中爲司徒, 下台司祿爲司空, 三公之象.)板兒做得好, 뎌 三台 돈은 민돌기ᄅᆞᆯ 잘ᄒᆞ엿고. ≪朴諺, 下, 38ㅈ≫五箇鋪馬(集覽, 朴集, 下, 8ㅎ: 五箇鋪馬. 按禮, 天子六馬, 左右驂, 三公·九卿駟馬, 左驂.)去了, 다ᄉᆞᆺ 鋪馬로 가니라. ≪朴諺, 下, 48ㅎ≫太保(集覽, 朴集, 下, 10ㅎ: 太師太保. 元以太師·太傅·太保爲三師, 以太尉·司徒·司空爲三公. 漢·唐舊〈旧〉制也.)家的, 太保ㅅ 집.

삼년(三年) 명 세 해. ≪朴諺, 上, 34ㅎ≫一年經蛇咬三年怕井繩, 흔 히롤 비얌 믈려디내면 三年을 드렛줄도 접펴흔다 흐니라. ≪朴諺, 上, 51ㅎ≫乳哺三年, 젓 머겨 三年이오.

삼다 동 삼다. 간주하다. 여기다. ❶⇔간성(看成). ≪集覽, 字解, 累字解, 2ㅎ≫看成. 보숣피다. 又기르다. 又삼다. ❷⇔위(爲). ≪朴諺, 上, 65ㅎ≫拜他爲師傅, 뎌롤 拜흐야 師傅롤 삼고. ≪朴諺, 中, 10ㅈ≫恩養財禮銀五兩永遠爲主, 恩養흔 財禮 銀 닷 냥에 흐야 永遠히 님자롤 삼아. ≪朴諺, 中, 43ㅎ≫滿山果子以爲食, 산에 ᄀ득흔 과실로 뻐 食을 삼고. ≪朴諺, 下, 20ㅈ≫强的上拜爲師傅, 나으니롤 拜흐야 스승을 삼쟈. ❸⇔주(做). ≪朴諺, 上, 59ㅈ≫做人情去, 人情을 삼아 가. ≪朴諺, 中, 26ㅈ≫將去饋李大做定錢, 가져가 李大롤 주어 마초는 갑슬 삼고. ≪朴諺, 中, 30ㅎ≫招做女壻來, 블러 사회롤 삼으니.

삼대 명 삼[麻]대. 겨릅대. ⇔마골(麻骨). ≪朴諺, 中, 33ㅎ≫麻骨一邉收拾下着用着, 삼대롤 흔 편에 收拾흐여 두라 쓰쟈.

삼대(三代) 명 중국 상대(上代)의 하(夏)·은(殷)·주(周)의 세 왕조. ≪朴諺, 上, 32ㅎ≫正撞見他的漢子(集覽, 朴集, 上, 9ㅎ: 漢子. 泛稱〈称〉男兒曰漢, 又指婦女之夫曰漢子. 事物紀原云, 三代以降, 有國號者至多, 獨以漢爲名者, 取兩漢之盛.), 졍히 뎌의 남진을 만나 보니.

삼도(三塗) 명 〈불〉 악인(惡人)이 죽어서 가는 세 가지의 괴로운 세계. 곧, 지옥도(地獄塗)·축생도(畜生塗)·아귀도(餓鬼塗). ≪朴諺, 中, 22ㅈ≫隨相現相救苦惱於三塗(集覽, 朴集, 中, 5ㅈ: 三塗. 餓鬼塗·畜生塗·地獄塗.), 샹을 조차 샹을 뵈야 苦惱롤 三塗에 救흐는쏘다.

삼독(三毒) 명 〈불〉 사람의 깨달음을 해치는 세 가지 번뇌(煩惱). 욕심[貪]·성냄[瞋]·어리석음[癡]을 독에 비유하여 이르는 말이다. ≪朴諺, 上, 33ㅈ≫披着袈裟(集覽, 朴集, 上, 10ㅈ: 袈裟. 華嚴云, 着袈裟者, 捨離三毒. 戒壇云, 五條下衣, 斷〈断〉貪身也, 七條中衣, 斷〈断〉嗔口也, 大衣上衣, 斷痴心也.), 袈裟 닙고. ≪朴諺, 下, 9ㅎ≫因你貪嗔癡(集覽, 朴集, 下, 3ㅈ: 貪嗔癡. 卽三毒也. 又曰三業.)三毒不離於身, 네 貪嗔癡 三毒이 몸에 떠나디 아니믈 인흐여.

삼만위(三萬衛) 명 명대(明代)에 두었다. 원대(元代)에는 개원로(開元路)라 하였다. 소재지는 요령성(遼寧省) 개원현(開元縣)의 현성(縣城)에 있었다. ≪朴諺, 上, 8ㅎ≫往永平·大寧·遼陽·開元(集覽, 朴集, 上, 4ㅈ: 開元. 遼誌云, 本肅愼氏地, 虞舜時高麗有其地, 周時爲荒服, 元設開元路, 元末屬納哈出, 今設三萬衛, 又設遼海衛.)·瀋陽等處開去, 永平·大寧·遼陽·開元·瀋陽 等處롤 향흐여 開讀흐라 가노라.

삼매(三昧) 명 〈불〉 잡념을 떠나서 오직 하나의 대상에만 정신을 집중하는 경지(境地). ≪朴諺, 中, 21ㅈ≫智滿十身(集覽, 朴集, 中, 4ㅈ: 智滿十身. 本覺爲知, 始覺爲智. 滿, 備也. 十身有調御. 十身, 曰無着, 曰弘願, 曰業報, 曰住持, 曰涅槃, 曰淨法, 曰眞心, 曰三昧, 曰道性, 曰如意. 有內十身, 曰菩提, 曰願, 曰化, 曰力持, 曰莊嚴, 曰威勢, 曰意生, 曰福德, 曰法, 曰智. 有外十身, 曰自, 曰衆生, 曰國土, 曰業報, 曰聲聞, 曰圓覺, 曰菩薩, 曰智, 曰法, 曰虛空.), 智는 十身에 찻도다.

삼목(杉木) 명 삼(杉)나무. (낙우송과(落羽松科)의 상록 교목) ≪朴諺, 中, 35ㅈ≫拿着取燈兒(集覽, 朴集, 中, 7ㅎ: 取燈兒〈取燈〉. 宋陶學士淸異錄云, 夜有急, 苦於作燈之緩, 批杉木條染硫黃, 一與火遇, 得燄必速, 呼爲引光奴.), 取燈을 가지고.

삼보(三寶) 명 〈불〉 불보(佛寶)·법보(法寶)·승보(僧寶)를 통틀어 이르는 말. ≪朴諺, 下, 9ㅎ≫入寺敬三寶(集覽, 朴集, 下, 3ㅈ: 三寶. 佛·法·僧也. 功成妙智, 道登

圓覺, 佛也, 玄理幽微, 正教精誠, 法也, 禁戒守眞, 威儀出俗, 僧也.), 뎔에 드러는 三寶룰 敬ᄒᆞ고. ≪朴諺, 下, 18ㅎ≫如此定害三寶, 이러ᄐᆞ시 三寶룰 보채더라.

삼사(三四) 관 세네. 서너. ⇔세네. ≪朴諺, 中, 35ㅎ≫着釘子釘在三四處, 못으로 세네 곳을 박고.

삼사(三事) 명 세 벌. ≪朴諺, 上, 65ㅎ≫得傳衣鉢(集覽, 朴集, 上, 16ㅈ: 傳衣鉢. 書言故事云, 傳授佛法, 謂之傳衣鉢. 衣, 卽袈裟三事衣也, 鉢, 應供器也. 詳見上.), 衣鉢 傳홈을 어더.

삼사(三師) 명 북위(北魏) 이후 태사(太師)·태부(太傅)·태보(太保)를 통틀어 이르던 말. ≪朴諺, 下, 48ㅎ≫太保(集覽, 朴集, 下, 10ㅎ: 太師太保. 元以太師·太傅·太保爲三師, 以太尉·司徒·司空爲三公. 漢·唐舊〈旧〉制也.)家的, 太保ㅅ 집.

삼사십개(三四十箇) 관 셜마흔 (개) . ⇔셜마은. ≪朴諺, 中, 28ㅎ≫都搜出三四十箇血瀝瀝的尸首和那珠子·布絹, 셜마은 피 ᄠᅳ든ᄂᆞᆫ 尸首와 그 진쥬·布絹을 다 뒤여내고. ≪朴諺, 中, 55ㅈ≫三四十箇手帕也遞不勾, 셜마은 手帕ㅣ라도 드리기 유여티 못ᄒᆞ리라.

삼선(三鮮) 명 (물고기·조개·새우, 또는 닭·오리·거위와 같은) 유사한 세 가지가 모여 이루어진 음식 재료. 또는 그것으로 만든 음식. ≪朴諺, 上, 7ㅈ≫第四道三鮮湯(集覽, 朴集, 上, 3ㅎ: 鮮湯. 質問云, 魚·蛤·蝌三味合爲一羹, 或鷄·鴨·鵝〈鵞〉三味合爲羹, 方言俱謂之三鮮湯. 又云〈言〉, 以羊腸·豆粉做假蓮蓬·假茨菰·假合呑魚, 謂之三鮮. 今按, 合呑魚恐是河豚魚之誤, 然亦未詳.), 第四道ᄂᆞᆫ 三鮮湯이오.

삼선탕(三鮮湯) 명 삼선(三鮮)의 재료를 써서 만든 국. ≪朴諺, 上, 7ㅈ≫第四道三鮮湯(集覽, 朴集, 上, 3ㅎ: 鮮湯. 質問云, 魚·蛤·蝌三味合爲一羹, 或鷄·鴨·鵝〈鵞〉三味合爲羹, 方言俱謂之三鮮湯. 又云〈言〉, 以羊腸·豆粉做假蓮蓬·假茨菰·假合呑魚, 謂之三鮮. 今按, 合呑魚恐是河豚魚之誤, 然亦未詳.), 第四道ᄂᆞᆫ 三鮮湯이오.

삼세불(三世佛) 명 〈불〉 삼세제불(三世諸佛). 과거불(過去佛)·현재불(現在佛)·미래불(未來佛)을 통틀어 이르는 말. ≪朴諺, 上, 33ㅎ≫你布施人家齋飯(集覽, 朴集, 上, 10ㅎ: 齋飯. 請觀音經疏云, 齋者, 齊也, 齊身口業也. 佛氏日中而食, 甁沙王問, 佛, 何故日中食. 答〈荅〉云, 早起諸天食, 日中三世佛食, 日西畜生食, 日暮鬼神食.)錢, 네 人家에 보시ᄒᆞᆫ 齋飯錢을.

삼세여래(三世如來) 명 〈불〉 삼세불(三世佛). ≪朴諺, 下, 2ㅎ≫鑄了三尊佛(集覽, 朴集, 下, 1ㅈ: 三尊佛. 過去佛·現在佛·未來佛爲三尊佛也, 亦曰三世如來.), 三尊佛을 디워.

삼숙(三宿) 명 사흘 밤. ≪朴諺, 上, 66ㅈ≫說三日三宿, 三日 三宿을 닐을 써시니.

삼순(三旬) 명 서른 살. ≪朴諺, 下, 58ㅎ≫三旬有二, 三旬이오 또 二라.

삼승교법(三乘敎法) 명 〈불〉 중생을 열반에 이르게 하는 부처의 세 가지 교법(敎法). 곧, 성문승(聲聞乘: 羊車, 小乘)·연각승(緣覺乘: 鹿車, 中乘)·보살승(菩薩乘: 牛車, 大乘). '乘'은 물건을 실어 나르는 수레라는 뜻이다. ≪朴諺, 下, 24ㅈ≫行者念金頭揭地·銀頭揭地·波羅僧揭地(集覽, 朴集, 下, 5ㅈ: 金頭揭地·銀頭揭地·波羅僧揭地. 西遊記云, 釋迦牟尼佛在靈山雷音寺演說三乘敎法, 傍有侍奉阿難·伽舍諸菩薩·聖僧·羅漢·八金剛·四揭地·十代明王·天仙·地仙. 觀此則揭地神名, 然未詳何神.)之後, 行者ㅣ 金頭揭地와 銀頭揭地와 波羅僧揭地룰 念ᄒᆞᆫ 後에.

삼실 명 삼실[麻絲]. ⇔마선(麻線). ≪朴諺, 上, 17ㅈ≫五六十托麁麻線也放不勾, 五六十 발 굴근 삼실이라도 노키 유여티 못ᄒᆞ니리(라).

삼십 관 삼십(三十). ⇔삼십(三十). ≪集覽, 字解, 單字解, 6ㅈ≫多. 多少 언메나. 又許多 하나한. 又餘也. 三十里多地 삼십

리 나믄 짜. 吏語, 多餘. 又過也. 有甚麽多處 므스기 너믄 고디 이시리오. 又重也. 므스기 앗가온 고디 이시리오.

삼십(三十) 관 ❶삼십. ⇔삼십. ≪集覽, 字解, 單字解, 6ㅈ≫多. 多少 언메나. 又許多 하나한. 又餘也. 三十里多地 삼십 리 나믄 짜. 吏語, 多餘. 又過也. 有甚麽多處 므스기 너믄 고디 이시리오. 又重也. 므스기 앗가온 고디 이시리오. ❷서른. ⇔셜흔. ≪朴諺, 上, 1ㅎ≫咱們三十箇人, 우리 三十人이. ≪朴諺, 上, 23ㅈ≫我却怎麽贏了這三十路碁, 내 또 엇디 이 셜흔 집 바독을 이긔여뇨. ≪朴諺, 中, 24ㅎ≫挿三十根箭, 셜흔 낫 살을 곳고.

삼십육천(三十六天) 명 도교에서, 신선이 산다는 36개의 하늘. 곧, 욕계 육천(欲界六天)·색계 십팔천(色界十八天)·무색계 사천(無色界四天)·사범천(四梵天)·삼청천(三清天)·대라천(大羅天). ≪朴諺, 下, 18ㅎ≫做羅天(集覽, 朴集, 下, 4ㅎ: 羅天. 謂覆盖萬天, 羅絡三界, 極高無上, 故稱大羅. 三淸五境三十六天, 謂之大羅, 四方四梵三十二天, 謂之中羅, 其欲色三界三十八天, 謂之小羅, 總〈総〉謂之羅天三界.)大醮, 羅天大醮를 ᄒᆞ더니.

삼십이상(三十二相) 명 〈불〉 부처가 범인(凡人)과 다른 32가지의 신체적 특징. 보통 사람이 이것을 갖춘다면 대국왕(大國王)이 된다고 한다. ≪朴諺, 中, 23ㅈ≫齒排柯雪(集覽, 朴集, 中, 6ㅈ: 齒排柯雪. 佛三十二相, 有四十齒相, 有齒白淨相, 有齒齊密相.), 니는 柯雪이 버럿ᄂᆞᆫ ᄃᆞᆺᄒᆞ고.

삼십이응(三十二應) 명 〈불〉 관음(觀音)이 중생(衆生)을 제도(濟度)하기 위하여 변화한 32가지의 몸. ≪朴諺, 中, 21ㅎ≫或作童女(集覽, 朴集, 中, 4ㅎ: 童男童女. 觀音現三十二應, 曰佛身, 曰辟支〈支〉, 曰圓覺, 曰聲聞, 曰梵王, 曰帝釋, 曰自在天, 曰大自在天, 曰天大將軍, 曰四天王, 曰四天太子, 曰人王, 曰長者, 曰居士, 曰宰官, 曰婆羅門, 曰比丘, 曰比丘尼, 曰優婆塞, 曰優婆夷, 曰女主, 曰童男, 曰童女, 曰天身, 曰龍身, 曰藥叉, 曰乾達婆, 曰阿脩羅, 曰緊那羅, 曰摩睺羅, 曰樂人, 曰非人.), 혹 童女ㅣ 되며.

삼십이천(三十二天) 명 소승(小乘)에서 이르는 욕계 십천(欲界十天)·색계 십팔천(色界十八天)·무색계 사천(無色界四天). ≪朴諺, 下, 18ㅎ≫做羅天(集覽, 朴集, 下, 4ㅎ: 羅天. 謂覆盖萬天, 羅絡三界, 極高無上, 故稱大羅. 三清五境三十六天, 謂之大羅, 四方四梵三十二天, 謂之中羅, 其欲色三界三十八天, 謂之小羅, 總〈総〉謂之羅天三界.)大醮, 羅天大醮를 ᄒᆞ더니.

삼써울 명 삼거웃. (석회와 함께 벽을 바르는 데 쓰는) 삼 부스러기. ⇔마도(麻刀). ≪朴諺, 下, 5ㅎ≫把那麻刀一打裏和的勻着, 뎌 삼써울을다가 ᄒᆞᆫ 번의 섯기를 고로게 ᄒᆞ라.

삼아(衫兒) 명 적삼. ⇔적삼. ≪朴諺, 上, 25ㅈ≫衫兒·袴児·裹肚等裏衣且休說, 젹삼·고의·裹肚 等 속옷으란 아직 닐ᄋᆞ디 말려니와.

삼업(三業) 명 〈불〉 몸과 입과 마음의 세 가지 욕심으로 인하여 저지르는 죄업(罪業). 곧, 신업(身業)·구업(口業)·의업(意業). ≪朴諺, 中, 20ㅎ≫理圓四德(集覽, 朴集, 中, 4ㅈ: 理圓四德. 生死爲常, 不受二邊爲樂, 具入自在爲我, 三業清淨爲淨.), 理는 四德에 ᄀᆞ잣고. ≪朴諺, 下, 9ㅎ≫因你貪嗔癡(集覽, 朴集, 下, 3ㅈ: 貪嗔癡. 卽三毒也. 又曰三業.)三毒不離於身, 네 貪嗔癡 三毒이 몸에 떠나디 아니믈 인ᄒᆞ여.

삼왕(三王) 명 중국 고대의 세 임금. 하(夏)나라의 우왕(禹王), 은(殷)나라의 탕왕(湯王), 주(周)나라의 문왕(文王)을 이른다. ≪朴諺, 上, 53ㅈ≫官裏(集覽, 朴集, 上, 14ㅈ: 官裏. 呼皇帝爲官家, 亦曰官裏. 五帝官天下·三王家天下, 故云耳〈三王家天下故耳〉.)前面揷柳射弓的多有, 황뎨 앏희셔 버들 곳고 활 쏘ᄂᆞ니 만히 이시니.

삼월(三月) 명 한 해 열두 달 가운데 셋째 달. ≪朴諺, 上, 17ㅈ≫八月裏却放鶴兒(集覽, 朴集, 上, 6ㅎ: 鶴兒. 卽紙鳶. 今漢俗呼爲風졤, 亦曰風禽, 又號爲〈又號〉紙鶴兒. 質問云, 風旗也. 乃小兒三月放爲風箏〈졤〉, 八月放爲紙鶴也.), 八月에 또 연노히 ᄒᆞᄂᆞ니.

삼의(三衣) 명 〈불〉 세 가지의 가사(袈裟). 곧, 승가려(僧伽黎: 의식용 가사)·울다라승(鬱多羅僧: 上衣)·안타회(安陀會: 下衣). ≪朴諺, 上, 33ㅈ≫披着袈裟(集覽, 朴集, 上, 10ㅈ: 袈裟. 反(飜)譯名義云, 袈裟是外國三衣之名. 或名離塵服, 由斷〈断〉六塵故, 或名消瘦服, 由斷煩惱故, 或名無垢衣.), 袈裟 닙고.

삼일(三日) 명 사흘. 또는 사흘 동안. ⇔사흘. ≪朴諺, 上, 49ㅎ≫恰三日也, ᄀᆞᆺ 三日이라. ≪朴諺, 上, 66ㅈ≫說三日三宿, 三日 三宿을 닐을 써시니. ≪朴諺, 下, 15ㅎ≫咳事不過三日, 애 일이 사흘이 디나디 못ᄒᆞ여셔. ≪朴諺, 下, 41ㅈ≫三來(集覽, 朴集, 下, 9ㅈ: 三來. 三〈三字〉下恐有日字.), 사흘을 ᄒᆞ니라.

삼장(三藏) 명 ❶〈불〉 경장(經藏)·율장(律藏)·논장(論藏)의 세 가지 불서(佛書)를 통틀어 이르는 말. ≪朴諺, 下, 3ㅈ≫往常唐三藏(集覽, 朴集, 下, 1ㅈ: 唐三藏法師〈三藏〉. 三藏, 經一藏, 律一藏, 論一藏.)師傅, 뎌적의 唐ㅅ 三藏 師傅ㅣ. ≪朴諺, 下, 3ㅈ≫西天取經去(集覽, 朴集, 下, 1ㅈ: 西天取經去. 西遊記云, 昔釋迦牟尼佛在西天靈山雷音寺, 撰成經·律·論三藏金經, 須送東土, 解度郡〈羣〉迷. 問諸菩薩, 往東土尋取經人來.)時莭(節), 西天의 經 가질라 갈 제. ❷삼장법사(三藏法師)의 준말. ≪朴諺, 下, 16ㅎ≫唐三藏西遊記去, 唐三藏의 西遊記를 사라 가쟈. ≪朴諺, 下, 17ㅈ≫唐三藏引孫行者, 唐三藏이 孫行者를 ᄃᆞ리고. ≪朴諺, 下, 19ㅎ≫三藏道, 三藏이 닐오ᄃᆡ. ≪朴諺, 下, 21ㅎ≫三藏說是一箇桃核, 三藏이 닐오ᄃᆡ 이 ᄒᆞᆫ 복셩화 삐로다.

삼장법사(三藏法師) 명 당(唐)나라 현장(玄奘)을 달리 이르는 말. ≪朴諺, 下, 3ㅈ≫往常唐三藏(集覽, 朴集, 下, 1ㅈ: 唐三藏法師〈三藏〉. 俗姓陳, 名偉, 洛州緱氏縣人也, 號玄奘法師. 貞觀三年, 奉勅往西域, 取經六百卷而來, 仍呼爲三藏法師. 三藏, 經一藏, 律一藏, 論一藏. 曰脩多羅, 卽阿難聖衆結集爲經. 曰毗奈耶, 一曰毗尼, 卽優波尊者結集爲律. 曰阿毗曇, 卽諸大菩薩衍而爲論. 藏, 卽包含攝持之義. 非藏無以積錢財, 非藏無以蘊文義, 謂攝一切所應知義, 無令分散, 故名爲藏也.)師傅, 뎌적의 唐ㅅ 三藏 師傅ㅣ. ≪朴諺, 下, 4ㅎ≫久後你也得證果金身(集覽, 朴集, 下, 1ㅎ: 證果金身. 言果報者, 觀經䟽云, 行眞實法感得勝報也. 又修善得善果, 作惡得惡報, 謂之果報. 又生時所作善惡謂之因, 他日報應謂之果. 謂證果者, 如三藏法師取經東還, 化爲栴檀佛如來.), 오란 후에 너도 證果金身홈을 어드리라. ≪朴諺, 下, 16ㅎ≫唐三藏西遊記(集覽, 朴集, 下, 4ㅈ: 西遊記. 三藏法師往西域取經六百卷而來, 記其往來始末爲書, 名曰西遊記. 詳見上.)去, 唐三藏의 西遊記를 사라 가쟈.

삼존불(三尊佛) 명 〈불〉 과거불(過去佛)·현재불(現在佛)·미래불(未來佛)을 통틀어 이르는 말. 곧, 과거·현재·미래에 출현하는 모든 부처. ≪朴諺, 下, 2ㅎ≫鑄了三尊佛(集覽, 朴集, 下, 1ㅈ: 三尊佛. 過去佛·現在佛·未來佛爲三尊佛也, 亦曰三世如來.), 三尊佛을 디워. ≪朴諺, 下, 42ㅈ≫上頭放坐一尊佛(集覽, 朴集, 下, 9ㅈ: 一尊佛. 解見三尊佛下.)像, 우희 一尊佛像을 안치고.

삼척(三隻) 관 세[三] (마리). ⇔세. ≪朴諺, 下, 7ㅎ≫放着一箇三隻脚鐵蝦蟆兒便是, ᄒᆞᆫ 세 발 가진 쇠두텁이 노흔 거시 곳 이라.

삼천(三千) 수 천의 세 곱절. ≪朴諺, 上, 1ㅎ≫共通三千箇銅錢, 대되 三千 낫 銅錢

이니.

삼천세계(三千世界) 명 〈불〉 삼천대천세계(三千大千世界). 소천(小千)·중천(中千)·대천(大千)의 세 종류의 천세계(千世界)로 이루어진 세계. 이 끝없는 세계가 부처 하나가 교화(敎化)하는 범위라고 한다. ≪朴諺, 上, 33ㅎ≫你布施(集覽, 朴集, 上, 10ㅎ: 布施. 捨施也, 財施爲凡, 法施爲聖. 凡布施, 必以滿三千世界, 七寶〈宝〉爲求福之具, 財施也. 此住相布施也. 菩薩布施, 但一心淸淨, 利益一切, 爲大施主, 法施也. 此不住相布施也.)人家齋飯錢, 네 人家에 보시혼 齋飯錢을.

삼청(三淸) 명 도교에서 이르는 세 신(神). 곧, 옥청 원시천존(玉淸元始天尊)·상청 옥신도군(上淸玉晨道君)·태청 태상노군(太淸太上老君). 또는 선인이 산다는 곳인 옥청(玉淸)·상천(上淸)·태청(太淸)의 세 궁관(宮觀). ≪朴諺, 下, 18ㅈ≫起盖三淸(集覽, 朴集, 下, 4ㅎ: 三淸. 道經云, 無上大羅. 玉淸, 十二天聖境也, 九聖所居, 元始天尊所治. 上淸, 十二天眞境也, 九眞所居, 玉晨道君所治. 太淸, 十二天仙境也, 九仙所居, 太上老君所治. 謂之三淸.)大殿, 三淸大殿을 지으니. ≪朴諺, 下, 18ㅎ≫做羅天(集覽, 朴集, 下, 4ㅎ: 羅天. 謂覆盖萬天, 羅絡三界, 極高無上, 故稱大羅. 三淸五境三十六天, 謂之大羅, 四方四梵三十二天, 謂之中羅, 其欲色三界三十八天, 謂之小羅, 總〈総〉謂之羅天三界.)大醮, 羅天大醮를 ᄒᆞ더니.

삼촌(三寸) 명 세 치. ≪朴諺, 下, 43ㅎ≫三寸氣在千般有, 三寸 氣ㅣ 이시매 쳔 가지나 잇다가. 一日無常萬事休, 一日에 常이 업ᄉᆞ면 萬事ㅣ 休ᄒᆞᄂᆞ니라.

삼촌기재천반유일일무상만사휴(三寸氣在千般有 一日無常萬事休) 구 세 치 길이의 숨이 붙어 있으면 천 가지 용도로 쓸 수 있지만, 어느 날 죽으면 만사가 다 끝난 것이라는 뜻. ≪朴諺, 下, 43ㅎ≫三寸氣在千般有, 三寸 氣ㅣ 이시매 쳔 가지나 잇다가. 一日無常萬事休, 一日에 常이 업ᄉᆞ면 萬事ㅣ 休ᄒᆞᄂᆞ니라.

삼태(三台) 명 삼태성(三台星). (큰곰자리에 있는 상태성(上台星)·중태성(中台星)·하태성(下台星)을 통틀어 이르는 말) ≪朴諺, 上, 18ㅈ≫那三台(集覽, 朴集, 上, 7ㅈ: 三台. 三台, 星名. 在天爲六座, 名天階, 亦曰泰階, 太上升降之道也. 事文類聚云, 上階爲天子, 中階爲諸侯·公卿·大夫, 下階爲士·庶人. 三階平則陰陽和, 風雨時, 天下大安. 周禮疏, 上台司命〈命〉爲太尉, 中台司中爲司徒, 下台司祿爲司空, 三公之象.)板兒做得好, 뎌 三台 돈은 민ᄃᆞᆯ기를 잘ᄒᆞ엿고.

삼품(三品) 명 문무관 품계의 셋째. 정삼품(正三品)과 종삼품(從三品)의 구별이 있다. ≪朴諺, 中, 8ㅎ≫牌子·令史(集覽, 朴集, 中, 2ㅈ: 令史. 在京六部及三品衙門, 在外各衛及都布按三司俱有令史, 驛吏則無令史之稱.)們來, 牌子·令史들흔 오라.

삼하현(三河縣) 명 당대(唐代)에 순천부(順天府) 동쪽 70리 지역에 두었다. 현 부근에 칠도(七渡)·포구(鮑丘)·임구(臨泃)의 세 강이 있어 붙여진 이름이다. ≪朴諺, 中, 13ㅎ≫到三河縣(集覽, 朴集, 中, 2ㅎ: 三河縣. 在順天府東七十里, 以地近七渡·鮑丘·臨泃〈沟〉三水, 故名. 直隷通州.), 三河縣에 다ᄃᆞ라.

삼한(三韓) 명 본래는 삼국(三國) 시대 이전에 우리나라 남쪽에 있었던 마한(馬韓)·진한(辰韓)·변한(弁韓) 세 나라의 총칭이었으나, 마한에서 백제(百濟), 진한에서 신라(新羅), 변한에서 가야국(伽倻國)이 일어났기 때문에, 전의되어 우리나라를 이르는 말로도 쓰였다. ≪朴諺, 下, 61ㅈ≫第二年, 第二年에. 移都松岳郡(集覽, 朴集, 下, 13ㅈ: 都松岳郡〈松岳郡〉. 時新羅監干八元善風水, 到扶蘇郡, 見扶蘇山形勝而童, 告康忠曰, 若移郡山南, 植松使不露巖〈岩〉石, 則統合三韓者出矣.), 松岳郡에 移都ᄒᆞ니.

삼화(糝和) 동 함께 넣어 섞다. ≪朴諺, 下, 32ㅎ≫餅餣(集覽, 朴集, 下, 6ㅈ: 餅餣. 質問云, 將菉豆粉糝和粘穀米, 着水浸濕, 用石磨磨, 細杓兒盛在鍋內, 一撮一撮煎熟而食.), 餅餣와. 煎餅, 煎餅과.

삽(揷) 동 꽂다. ❶⇔곳다. ≪朴諺, 上, 5ㅈ≫寶粧高頂揷花, 寶粧 高頂에 곳츨 곳고. ≪朴諺, 中, 24ㅎ≫揷三十根箭, 셜흔 낫 살을 곳고. 弓帒裏揷一張弓, 弓帒에 ᄒᆞᆫ 댱 활을 곳고. ≪朴諺, 中, 36ㅈ≫揷在鋸鉞裏, 빗목에 곳고. ≪朴諺, 中, 36ㅈ≫腰絟揷的牢, 빗댱 곳기를 구디 ᄒᆞ라. ❷⇔곶다. ≪朴諺, 上, 28ㅈ≫傍邊揷孔雀翎兒, 겻틔 孔雀의 짓츨 고잣고.

삽(鈒) 동 새기다[刻]. ⇔사기다. ≪朴諺, 上, 15ㅎ≫鋸兒上鈒一箇好花樣兒, 톱 우희 ᄒᆞᆫ 됴ᄒᆞᆫ 花樣을 사기고.

삽듀ᄎᆡ 명 삽주. (국화과의 여러해살이 풀) ⇔창출채(蒼朮菜). ≪朴諺, 中, 34ㅎ≫買些拳頭菜, 져기 고사리ᄎᆡ. 貫衆菜, 회초미ᄎᆡ. 搖頭菜, 두롭ᄎᆡ. 蒼朮菜來, 삽듀ᄎᆡ를 사 오라.

삽아(霎兒) 의 번. 차례. ❶⇔디위. ≪朴諺, 下, 36ㅈ≫一霎兒人閙(鬧)起來, ᄒᆞᆫ 디위 사ᄅᆞᆷ이 짓궤더니. ❷⇔주ᅀᅳᆷᄉᆞᅀᅵ. ≪集覽, 字解, 累字解, 2ㅎ≫一霎兒. ᄒᆞᆫ 주ᅀᅳᆷᄉᆞᅀᅵ.

삽호(揷葫) 명 호리병박. ⇔ᄌᆞᄅᆞ박. ≪朴諺, 中, 34ㅎ≫種些冬瓜, 동화. 西瓜, 슈박. 甜瓜, ᄎᆞᆷ외. 揷葫(集覽, 朴集, 中, 7ㅈ: 揷葫. 質問云, 如葫蘆, 長一二尺者, 方言謂之揷葫.), ᄌᆞᄅᆞ박. 稍瓜, 수세외. 黃瓜, 외. 茄子, 가지를 시므라.

삽화(揷花) 동 꽃을 꽂다. ≪朴諺, 上, 5ㅈ≫寶粧高頂揷花, 寶粧 高頂에 곳츨 곳고.

삿 명 삿. 삿자리. ⇔석(蓆). ≪朴諺, 中, 12ㅈ≫蓆·筐·馬槽都壯麽, 삿·광조리·ᄆᆞᆯ귀유ㅣ 다 壯ᄒᆞ냐.

삿ㄱ 명 삿. 삿자리. ⇔석자(席子). ≪朴諺, 中, 11ㅈ≫買饋他木料·席子整理, 뎌를 木料와 삿글 사 주어 整理케 ᄒᆞ라.

상 명 상(床). ❶⇔상(床). ≪朴諺, 中, 47ㅈ≫倒在床上打鼾睡, 상 우희 것구러뎌 코 고오고 자거늘. ❷⇔상아(床兒). ≪朴諺, 中, 58ㅈ≫裏頭床兒不穩, 안ᄒᆡ 상이 편티 아니ᄒᆞ니. ❸⇔탁아(卓兒). ≪朴諺, 上, 4ㅈ≫一邉擺卓兒, 一邉으로 상 버리라. ≪朴諺, 上, 6ㅈ≫我們先喫兩巡酒後頭擡卓兒(集覽, 朴集, 上, 3ㅈ: 擡卓兒. 擡, 擧也. 進案撤案皆曰擡, 謂人所擧也. 卓, 卽本國所謂高足床也.), 우리 몬져 두 슌빗 술 머근 후에 상을 드러든. ≪朴諺, 上, 6ㅎ≫如今擡卓兒上湯着, 이제 상을 들면 湯을 들일 거시니. ≪朴諺, 中, 11ㅎ≫簸箕, 키. 篩子, 얼멍이. 馬尾羅兒, ᄆᆞᆯ총체. 卓兒, 상. 盤子, 반. 茶盤, 찻반. 擡盞, 졉잔. 壺甁, 壺甁. 酒鱉, 쥬벼ᄋᆞ. 銅杓, 놋쥬게를. 都收拾下着, 다 收拾ᄒᆞ여 두라. ❹⇔탁자(卓子). ≪朴諺, 下, 14ㅈ≫擡了卓子, 상 들면.

상(上) 동 ❶(규정된 시간에) 어떤 활동을 하다. ≪朴諺, 上, 45ㅈ≫却到學裏上書念一會, 또 學에 가 글 ᄇᆡ화 ᄒᆞᆫ 디위 念ᄒᆞ고. ❷(어떤 곳으로) 가다. ⇔가다. ≪朴諺, 上, 31ㅎ≫上他家門前, 뎌 집 門 앏ᄒᆡ 가셔. ❸(위로) 올리다. ⇔올리다. ≪朴諺, 上, 50ㅎ≫把孩兒上搖車, 아ᄒᆡ를다가 搖車에 올리ᄂᆞ니라. ≪朴諺, 中, 26ㅎ≫套上氈兒, 털을 ᄲᅧ 올려. ≪朴諺, 中, 26ㅎ≫纔套上氈兒, 그제야 털을 ᄡᅧ 올리ᄂᆞ니라. ≪朴諺, 中, 60ㅎ≫反上反下, 도로혀 올리락 도로혀 ᄂᆞ리오락 ᄒᆞᆫ다 ᄒᆞ니. ≪朴諺, 下, 19ㅎ≫王請唐僧上殿, 王이 唐僧을 請ᄒᆞ여 뎐에 올린대. ≪朴諺, 下, 36ㅈ≫咱打不上的, 우리 텨 올리디 못ᄒᆞ니. ≪朴諺, 下, 36ㅈ≫三迴連打上了, 세 번을 년ᄒᆞ야 텨 올려다. ≪朴諺, 下, 36ㅈ≫崔舍又打上, 崔개 또 텨 올리니.

상(上) 동 드리다[獻]. 올리다. ⇔들이다. ≪朴諺, 上, 6ㅎ≫如今擡卓兒上湯着, 이제 상을 들면 湯을 들일 거시니.

상(上) 동 ❶올리다[獻]. 드리다. ⇔올리다. ≪朴諺, 下, 10ㅎ≫頓首拜上父親·母親·

尊侍前, 頓首ᄒᆞ고 절ᄒᆞ여 父親·母親·尊侍前에 올리노니. ❷올리다. 입히다. ⇔올리다. ≪朴諺, 下, 2ㅎ≫我待要上金來, 내 ᄒᆞ마 금을 올리려 ᄒᆞ더니.

상(上) 동 오르다. ❶⇔오르다. ≪朴諺, 上, 62ㅈ≫官人們也上幾隻舡, 官人들도 여러 비에 올라. ≪朴諺, 上, 67ㅈ≫今日脫靴上炕, 오늘 훠를 벗고 炕에 올랏다가. 明日難保得穿, 닉일 어더 신기를 밋기 어렵다 ᄒᆞᄂᆞ니라. ≪朴諺, 下, 2ㅈ≫惡心上來, 아닛고오미 올라. ≪朴諺, 下, 20ㅎ≫各上禪床坐定, 각각 禪床에 올라 안찌를 定ᄒᆞ고. ≪朴諺, 下, 49ㅈ≫忽跳上牛去, 믄득 쇠게 뛰여 올라. ≪朴諺, 下, 59ㅈ≫上泰封王弓裔手下, 泰封王 弓裔 手下에 올라. ❷⇔오ᄅᆞ다. ≪朴諺, 上, 62ㅈ≫官裏上龍舡, 황뎨 龍舡에 오ᄅᆞ면. ❸⇔올ᄋᆞ다. ≪朴諺, 上, 62ㅎ≫又上琉璃閣, 또 琉璃閣에 올ᄋᆞ면.

상(上) 동 타다[騎]. ❶⇔타다. ≪朴諺, 中, 43ㅈ≫便上馬跟官人, 곳 ᄆᆞᆯ 타 官人을 ᄯᆞᆯ와. ❷⇔ᄐᆞ다. ≪朴諺, 上, 34ㅎ≫不曾上馬, 일즙 ᄆᆞᆯ을 ᄐᆞ디 못ᄒᆞ더니라. ≪朴諺, 上, 35ㅎ≫你且休上馬, 네 아직 ᄆᆞᆯ ᄐᆞ디 말라. ≪朴諺, 上, 57ㅈ≫上馬往那裏去, ᄆᆞᆯ ᄐᆞ면 어ᄃᆡ를 향ᄒᆞ여 갈러뇨. ≪朴諺, 上, 58ㅎ≫便上馬出來了, 곳 ᄆᆞᆯ을 ᄐᆞ고 나올와. ≪朴諺, 中, 8ㅎ≫明日鷄兒叫一聲便上馬, 닉일 ᄃᆞᆰ이 ᄒᆞᆫ 번 울어든 곳 ᄆᆞᆯ을 ᄐᆞᆯ 거시니. ≪朴諺, 下, 14ㅎ≫直到日平西纔上馬, 잇긋 날이 平西호매 다ᄃᆞᆺ게야 ᄀᆞᆺ ᄆᆞᆯ을 ᄐᆞᄂᆞ니라.

상(上) 동 태우다[騎]. ⇔ᄐᆡ오다. ≪朴諺, 下, 60ㅎ≫衆將軍們扶侍上馬, 모든 將軍들히 븟드러 ᄆᆞᆯ ᄐᆡ오고.

상(上) 명 위. ❶⇔우. ≪朴諺, 上, 61ㅈ≫橋上丁字街中間正面上, ᄃᆞ리 우 丁字街 中間 正面에. ❷⇔우ㅎ. ≪朴諺, 上, 15ㅎ≫鋸兒上鈒一箇好花樣兒, 톱 우희 ᄒᆞᆫ 됴ᄒᆞᆫ 花樣을 사기고. ≪朴諺, 上, 25ㅎ≫江西十分上等眞結綜(棕)帽兒上, 江西 ᄀᆞ장 上等에 진짓 綜(棕)으로 ᄆᆡᄌᆞᆫ 갓 우희. ≪朴諺, 上, 35ㅈ≫一箇太醫看我小肚皮上使一針, ᄒᆞᆫ 太醫 날을 보고 져근빈 우희 ᄒᆞᆫ 번 침 주고. ≪朴諺, 上, 37ㅈ≫墻上一塊土吊下來禮拜, 담 우희 ᄒᆞᆫ 덩이 ᄒᆞᆰ이 ᄲᅥ러뎌 ᄂᆞ려와 禮拜ᄒᆞᄂᆞᆫ 거시여. ≪朴諺, 上, 61ㅈ≫北岸上有一座大寺, 북편 언덕 우희 ᄒᆞᆫ 座 큰 뎔이 이시니. ≪朴諺, 中, 1ㅈ≫一箇高卓兒上脫下衣裳, ᄒᆞᆫ 노픈 卓子 우희 옷 벗고. ≪朴諺, 中, 1ㅎ≫指頭上轉, 가락 우희 구을리다가. ≪朴諺, 中, 22ㅎ≫結草廬於香山之上, 草廬를 香山 우희 지엇ᄯᅥ다. ≪朴諺, 中, 40ㅈ≫房上生出那草, 집 우희 뎌 플이 나. ≪朴諺, 中, 44ㅈ≫我每日臨池樓上, 내 每日에 池樓 우희 臨ᄒᆞ여. ≪朴諺, 中, 44ㅎ≫炕上鋪着青錦褥(縟)子, 캉 우희 청금 요 ᄭᆞᆯ고. ≪朴諺, 中, 45ㅈ≫那書案上的各樣書冊, 뎌 셔안 우희 各樣 書冊을. ≪朴諺, 中, 47ㅈ≫倒在床上打鼾睡, 상 우희 것구러뎌 코 고오고 자거늘. ≪朴諺, 下, 5ㅎ≫在墻上驗的正着, 담 우희 견조기를 바로 ᄒᆞ라. ≪朴諺, 下, 7ㅈ≫那家門前兀子上, 뎌 집 문 앏 노도 우희. ≪朴諺, 下, 19ㅈ≫到羅天大醮壇場上藏身, 羅天大醮ᄒᆞᄂᆞᆫ 壇場 우희 가 몸을 ᄀᆞᆷ초와. ≪朴諺, 下, 24ㅈ≫接在頸項上依舊了, 목 우희 니으니 녜라온 ᄃᆞᆺᄒᆞᆫ디라. ≪朴諺, 下, 30ㅎ≫大明殿前月臺上, 大明殿 앏 月臺 우희. ≪朴諺, 下, 41ㅈ≫殃榜橫貼在門上, 殃榜을 문 우희 빗기 브텻더니.

상(上) 형 ❶물체의 겉면에 있음을 나타낸다. ≪朴諺, 上, 6ㅈ≫那氷盤上放一塊氷, 뎌 氷盤에 ᄒᆞᆫ 덩이 어름을 노코. ≪朴諺, 上, 13ㅈ≫只着大車上裝去, 그저 큰 술위예 시러 가쟈. ≪朴諺, 上, 13ㅎ≫你那腮頰上甚麼瘡, 네 뎌 ᄲᅣᆷ에 므슴 瘡고. ≪朴諺, 上, 13ㅎ≫將指頭那瘡口上, 손가락으로다가 뎌 瘡 부리예. ≪朴諺, 上, 53ㅈ≫你來這弓面上鋪筋將來, 이바 이 활 면에 힘을 ᄭᆞ라 가져와. ❷높다. ⇔높다. ≪朴

諺, 上, 46ㅎ≫出不上價錢, 노픈 갑시 나디 아니ᄒᆞ리라.

상(床) 명 상(床). ⇔상. ≪朴諺, 中, 47ㅈ≫倒在床上打鼾睡, 상 우희 것구러뎌 코 고오고 자거늘. ≪朴諺, 下, 21ㅈ≫跳下床來了, 床에 뛰여 ᄂᆞ려디니.

상(尙) 부 오히려. 도리어. ⇔오히려. ≪朴諺, 中, 24ㅈ≫尙有可得日, 오히려 可히 어들 날이 이시려니와.

상(相) 동 ❶상(相)하다. 관상(觀相)하다. ⇔상ᄒᆞ다. ≪朴諺, 下, 36ㅈ≫人不可貌相, 사ᄅᆞᆷ은 가히 얼굴로 상티 못ᄒᆞ고. 海不可斗量, 바다흔 가히 말로 되디 못ᄒᆞᆫ다 ᄒᆞ니. ❷보다. 살펴보다. ⇔상ᄒᆞ다(相-). ≪朴諺, 下, 48ㅈ≫相着地脉, 地脉을 相ᄒᆞ야.

상(相) 명 〈불〉 일체 사물의 밖으로 나타나는 형상과 상태. 자상(自相)과 공상(共相), 동상(同相)과 이상(異相) 따위로 나뉜다. ⇔샹. ≪朴諺, 中, 22ㅈ≫隨相現相救苦惱於三塗, 샹을 조차 샹을 뵈야 苦惱를 三塗에 救ᄒᆞᄂᆞᆫ또다.

상(相) 부 서로. ⇔서ᄅᆞ. ≪朴諺, 中, 19ㅈ≫兩心相照亦不難, 둘희 ᄆᆞ음이 서ᄅᆞ 비최면 또ᄒᆞᆫ 어렵디 아니ᄒᆞ니라. ≪朴諺, 中, 19ㅈ≫有緣千里能相會, 인연이 이시면 千里라도 능히 서ᄅᆞ 못ᄀᆞ고. 無緣對面不相逢, 인연이 업스면 ᄂᆞᆺ출 ᄃᆡᄒᆞ여도 서ᄅᆞ 만나디 못ᄒᆞᄂᆞ니. ≪朴諺, 下, 11ㅎ≫喜面相參, 喜面으로 서ᄅᆞ 뵈면. ≪朴諺, 下, 12ㅈ≫比及孩兒相會, 孩兒ㅣ 서ᄅᆞ 모들을 미처. ≪朴諺, 下, 40ㅈ≫是我好相識, 이 내 ᄀᆞ장 서ᄅᆞ 아ᄂᆞᆫ이라. ≪朴諺, 下, 40ㅎ≫相識們十分央及時, 서ᄅᆞ 아ᄂᆞᆫ 이들히 ᄀᆞ장 빌면. ≪朴諺, 下, 62ㅈ≫人事與相識弟兄, 人事로 서ᄅᆞ 아ᄂᆞᆫ 弟兄을 주라.

상(傷) 동 상(傷)하다. 손상되다. 이상이 생기다. ⇔상ᄒᆞ다(傷-). ≪朴諺, 中, 15ㅈ≫傷着冷物的樣子, 冷物의 傷ᄒᆞᆫ 樣이오. ≪朴諺, 下, 55ㅈ≫你更有傷有何愁, 너ᄂᆞᆫ 또 傷ᄒᆞᆫ ᄃᆡ 이시니 므슴 근심이 이시리오.

상(常) 명 일상(日常). ≪朴諺, 下, 43ㅎ≫三寸氣在千般有, 三寸 氣ㅣ 이시매 쳔 가지나 잇다가. 一日無常萬事休, 一日에 常이 업ᄉᆞ면 萬事ㅣ 休ᄒᆞᄂᆞ니라.

상(常) 부 ❶떳떳이. 늘. 항상. ⇔덧덧이. ≪朴諺, 中, 47ㅎ≫老實常在, 고디식ᄒᆞ니ᄂᆞᆫ 덧덧이 잇고. 脫空常敗, 섭섭ᄒᆞᆫ 이ᄂᆞᆫ 덧덧이 패ᄒᆞᆫ다 ᄒᆞᄂᆞ니라. ❷상상(常常)에. 늘. 항상. ⇔샹샹에. ≪朴諺, 中, 46ㅈ≫你常選官, 너ᄂᆞᆫ 샹샹에 ᄊᆡ이ᄂᆞᆫ 관원이라. ❸늘. 항상. ⇔샹히. ≪朴諺, 中, 25ㅈ≫常防賊心莫偷他物, 샹히 도적 ᄆᆞ음을 막고 놈의 것 도적디 말라 ᄒᆞᄂᆞ니라.

상(廂) 동 전 메우다. ❶⇔젼메오다. ≪朴諺, 上, 19ㅈ≫若廂的好時, 만일 젼메오기를 잘ᄒᆞ면. ≪朴諺, 上, 19ㅈ≫做一條銀廂花帶, ᄒᆞᆫ 올이 銀 젼메온 섭사긴 ᄯᅴ를 ᄆᆡᆫᄃᆞᆯ게 ᄒᆞ라. ≪朴諺, 上, 41ㅈ≫滿頭珠翠金廂寶石(集覽, 朴集, 上, 11ㅎ: 金廂寶石. 寶石, 卽上節〈莭〉紫鴉忽之類, 以金爲斗供〈拱〉而納石於其中, 綴着於女冠之上, 以爲飾也. 音義云, 寶石·에 금 :젼메·워 ·ᄭᅮ·민 頭面.)頭面, 머리예 ᄀᆞ득ᄒᆞᆫ 珠翠와 금으로 寶石에 젼메온 곳갈과. ❷⇔젼메우다. ≪集覽, 朴集, 上, 11ㅎ≫金廂寶石. 寶石, 卽上節〈莭〉紫鴉忽之類, 以金爲斗供〈拱〉而納石於其中, 綴着於女冠之上, 以爲飾也. 音義云, 寶石·에 금 :젼메·워 ·ᄭᅮ·민 頭面. ≪朴諺, 上, 18ㅈ≫你那金帶是誰廂的, 네 뎌 금ᄯᅴ를 뉘 젼메웟ᄂᆞ뇨. ≪朴諺, 上, 18ㅈ≫是拘欄(衚衕)裏帶匠夏五廂的, 이 拘欄 ᄉᆞᆯ ᄯᅴ쟝이 夏五ㅣ 젼메웟ᄂᆞ니라. ≪朴諺, 上, 18ㅈ≫五兩金子廂的, 닷 냥 金으로 젼메웟ᄂᆞ니라.

상(廂) 명 ❶구석. 곁. 옆. 주변. ⇔구석. ≪朴諺, 中, 6ㅎ≫一壁廂熬些細茶, ᄒᆞᆫ ᄇᆞ롬 구석의셔 젹이 細茶를 달히라. ≪朴諺, 中, 34ㅈ≫吊在一壁廂, ᄒᆞᆫ ᄇᆞ람 ᄭᅮ석의 ᄃᆞ랏다가. ≪朴諺, 中, 55ㅎ≫一壁廂去浪蕩不的, ᄒᆞᆫ ᄇᆞᄅᆞᆷ 구석의 가 골래디 못ᄒᆞᆯ소냐. ❷전 메우기. ⇔젼메오기. ≪朴諺, 上, 19

ㅈ≫若廂的好時, 만일 젼메오기롤 잘ᄒᆞ면.

상(象) 동 모방(模倣)하다. 흉내를 내다. 본뜨다. ⇔상ᄒᆞ다(象-). ≪朴諺, 上, 4ㅎ≫ 放象生纏糖(集覽, 朴集, 上, 2ㅈ: 象生纏糖. 諸司職掌婚禮定親及納徵, 皆用芝麻·纏糖二合, 茶纏糖二合, 則纏與糖非二物矣. 況音義內解〈鮮〉義相同, 則是亦明爲一物矣. 象生者, 像生物之形而爲之也. 象作像. 木印, 以木刻成物形爲模範者也. 糖, 卽沙糖也, 煎甘蔗莖爲之.), 生物을 象ᄒᆞ여 ᄆᆡᆫ 沙糖이어나.

상(象) 명 코끼리. ≪朴諺, 下, 45ㅎ≫ 塑一箇象一般大的春牛, ᄒᆞᆫ 象ᄀᆞ티 큰 春牛롤 ᄆᆡᆫᄃᆞ라.

상(傷) 명 상처(傷處). ⇔상처(傷處). ≪朴諺, 下, 55ㅈ≫ 捉賊見贓, 도적 잡기ᄂᆞᆫ 장믈을 보고. 厮打驗傷, 서ᄅᆞ 싸혼 ᄃᆡᄂᆞᆫ 傷處롤 驗ᄒᆞᆫ다 ᄒᆞᄂᆞ니라.

상(想) 동 생각하다. ⇔ᄉᆡᆼ각ᄒᆞ다. ≪朴諺, 中, 18ㅈ≫ 咳姐姐我不想你這般煩惱, 애 姐姐ㅣ아 내 네 이리 노ᄒᆞ여 ᄒᆞᆯ 줄을 ᄉᆡᆼ각디 못호라. ≪朴諺, 中, 31ㅎ≫ 我也那般想着, 나도 뎌리 ᄉᆡᆼ각ᄒᆞ엿노라. ≪朴諺, 下, 25ㅈ≫ 那裏想胡孫手裏死了, 어ᄃᆡ 胡孫의 손에 죽을 줄을 ᄉᆡᆼ각ᄒᆞ리오. ≪朴諺, 下, 36ㅈ≫ 我不想這新來的莊家快打, 내 이 새로 온 향암이 잘 틸 줄을 ᄉᆡᆼ각디 못호롸. ≪朴諺, 下, 50ㅈ≫ 那裏想我這漁翁之味, 어ᄃᆡ 우리 이 漁翁의 마ᄉᆞᆯ ᄉᆡᆼ각ᄒᆞ리오. ≪朴諺, 下, 51ㅎ≫ 也不想李白撈月, 또 李白의 撈月을 ᄉᆡᆼ각디 아니ᄒᆞ고.

상(詳) 동 상찰(詳察)하다. ≪朴諺, 上, 16ㅈ≫ 好生細詳, ᄀᆞ장 細詳ᄒᆞ니. ≪朴諺, 上, 16ㅎ≫ 越細詳越好, 더옥 細詳토록 더옥 됴흐니라. ≪朴諺, 上, 30ㅎ≫ 咳你忒細詳, 애 네 너모 細詳ᄒᆞ다. ≪朴諺, 上, 56ㅎ≫ 料着你那細詳時, 혜아리건대 네 뎌리 細詳ᄒᆞ면.

상(詳) 형 낱낱이 자세하다. ⇔상ᄒᆞ다(詳-). ≪朴諺, 下, 54ㅎ≫ 伏乞詳狀施行, 伏乞ᄒᆞ노니 狀을 詳ᄒᆞ어(여) 施行ᄒᆞ쇼셔.

상(像) 형 (서로) 같다. 거의 같다. ⇔ᄀᆞᆮ다. ≪朴諺, 中, 4ㅎ≫ 但有些兒不像時, 믈읫 져기 ᄀᆞᆮ디 아님이 이시면.

상(賞) 동 상을 주다. ⇔샹ᄒᆞ다. ≪朴諺, 上, 51ㅈ≫ 那一日老娘上又賞, 그 날 老娘의게 또 샹ᄒᆞᄂᆞ니라. ≪朴諺, 中, 25ㅈ≫ 家中沒甚的事時賞你, 집의 아므란 일이 업스면 너를 샹ᄒᆞ고. ≪朴諺, 中, 53ㅈ≫ 上位賞了一百錠鈔兩表裏段子, 上位ㅣ 一百 錠鈔와 두 안밧 비단을 샹ᄒᆞ시니라. ≪朴諺, 下, 30ㅈ≫ 多多的賞你, 만히 네게 샹호리라.

상(賞) 명 상. ⇔샹. ≪朴諺, 上, 53ㅎ≫ 豈可望賞, 엇디 가히 샹을 ᄇᆞ라리오.

상개(上蓋) 명 웃옷. ⇔웃거리. ≪朴諺, 中, 54ㅎ≫ 這鴉青織金大蟒龍的做上盖, 이 雅青빗체 大蟒龍 織金ᄒᆞᆫ 이란 웃거리 지으라.

상거(上去) 동 ❶올라가다. ⇔올라가다. ≪朴諺, 中, 40ㅈ≫ 你兩箇小厮慢慢的上去, 너 두 아ᄒᆡ 날회여 올라가. ≪朴諺, 中, 52ㅈ≫ 你却爲甚麽不上去, 너ᄂᆞᆫ 또 므서슬 위ᄒᆞ여 올라가디 아니ᄒᆞᆫ다. ❷올리다. ⇔올리다. ≪朴諺, 中, 1ㅎ≫ 吊下來踢上去, ᄂᆞ려오거든 차 올려.

상건(上件) 명 앞서 말한 사건. ≪朴諺, 下, 53ㅈ≫ 收捉上件賊人, 上件 賊人을 거두어 잡아.

상건하(桑乾河) 명 중국 산서성(山西省) 북쪽에서 동쪽의 하북성(河北省)으로 흐르는 영정하(永定河)의 상류. 해마다 오디가 익을 무렵이면 강물이 마른다 하여 붙여진 이름이다. ≪朴諺, 上, 9ㅎ≫ 水渰過蘆溝橋(集覽, 朴集, 上, 4ㅎ: 蘆溝橋. 蘆溝本桑乾河, 俗曰渾河, 亦曰小黃河. 上自保安州界, 歷山南流入宛平縣境, 至都城四十里.)獅子頭, 믈이 蘆溝橋 獅子ㅅ 머리롤 ᄌᆞᆷ가 너머.

상격(相擊) 동 서로 부딪치다. ≪朴諺, 上, 17ㅈ≫ 九月裏打擡(集覽, 朴集, 上, 6ㅎ: 打擡. 音義云, 杭州小兒之戲也. 用小圓

木長三四寸, 各持〈各持一〉塊, 彼此相擊, 出限者爲輸.), 九月에 태티기 ᄒᆞ고.

상고(上告) 동 상급자나 상급 기관에 보고하다. ⇔상고ᄒᆞ다(上告-). ≪朴諺, 下, 7ㅎ≫這七月十五日(集覽, 朴集, 下, 2ㅈ: 七月十五日. 道藏經云, 七月十五日, 謂之中元, 地官下降人間, 檢校世人, 甄別善惡, 上告天曹.)是諸佛解夏之日, 七月 十五日은 諸佛 解夏ᄒᆞᄂᆞᆫ 날이라. ≪朴諺, 下, 17ㅈ≫唐三藏引孫行者(集覽, 朴集, 下, 4ㅈ: 孫行者. 老君·王母俱奏于玉帝, 傳宣李天王, 引領天兵十萬及諸神將至花菓山, 與大聖相戰失利. 巡山大力鬼上告天王, 擧灌州灌江口神曰小聖二郎, 可使拿獲. 天王遣太子木叉, 與大力鬼往請二郎神, 領神兵圍花菓山, 衆猴出戰皆敗.), 唐三藏이 孫行者를 ᄃᆞ리고. ≪朴諺, 下, 54ㅎ≫上告某官, 某官씌 上告ᄒᆞ노니.

상고ᄒᆞ다(上告-) 동 상급자나 상급 기관에 보고하다. ⇔상고(上告). ≪朴諺, 下, 54ㅎ≫上告某官, 某官씌 上告ᄒᆞ노니.

상공(相公) 명 어르신. 남자에 대한 경칭. ≪朴諺, 上, 34ㅎ≫不敢相公, 不敢ᄒᆞ여라 相公아. ≪朴諺, 上, 52ㅎ≫相公王五來, 相公아 王五ㅣ 왓ᄂᆞ이다. ≪朴諺, 上, 52ㅎ≫相公有甚麽話, 相公아 므슴 말이 이셔. ≪朴諺, 上, 53ㅎ≫不敢相公, 不敢ᄒᆞ여라 相公아. ≪朴諺, 中, 3ㅈ≫罷麽相公, 마ᄅᆞ쇼셔 相公아. ≪朴諺, 中, 8ㅈ≫相公可憐見, 相公은 어엿비 너기라. ≪朴諺, 中, 8ㅎ≫相公鷄兒叫起來, 相公아 ᄃᆞᆰ이 우니 닐라. ≪朴諺, 中, 9ㅈ≫相公們別沒擎賫錢粮, 相公들이 각별이 錢粮을 擎賫홈이 업고. ≪朴諺, 中, 15ㅈ≫好相公坐的, ᄆᆞᄋᆞᆷ 됴흔 相公은 안즈라. ≪朴諺, 中, 15ㅈ≫咳相公脉息, 애 相公의 脉이. ≪朴諺, 中, 16ㅎ≫生受相公, 슈고ᄒᆞ여다 相公아. ≪朴諺, 下, 12ㅈ≫相公支分怎的盖, 相公이 긔걸ᄒᆞ쇼셔 엇디 지으리잇고. ≪朴諺, 下, 13ㅈ≫相公道的正好正好, 相公의 닐오미 졍히 됴타 졍히 됴타. ≪朴諺, 下, 26ㅈ≫相公知道時, 相公이 알거든. ≪朴諺, 下, 57ㅎ≫編修相公有麽, 編修 相公이 잇ᄂᆞ냐. ≪朴諺, 下, 57ㅎ≫我相公不在家, 우리 相公이 집의 잇디 아니ᄒᆞ다. ≪朴諺, 下, 58ㅈ≫相公, 相公아.

상근(相近) 형 (거리가) 서로 가깝다. ≪朴諺, 上, 32ㅎ≫一箇和尙(集覽, 朴集, 上, 9ㅎ: 和尙. 萬里相和曰和, 外道相尙曰尙. 又和者, 太和也, 尙者, 高尙也. 又和尙, 外國語, 此云近誦. 以弟子年少, 不離於師, 常邃相〈常〉近, 受經而誦者.)偷弄別人的媳婦, ᄒᆞᆫ 즁이 ᄂᆞᆷ의 겨집을 도적ᄒᆞ여 어ᄅᆞ노라.

상긴(上緊) 부 긴(緊)히. 서둘러. 빨리. 얼른. ⇔긴히. ≪朴諺, 下, 15ㅈ≫一發用心上緊着, ᄒᆞᆫ골ᄀᆞᆺ티 用心ᄒᆞ기를 긴히 ᄒᆞ라.

상납(上納) 동 바치다. 드리다. ⇔바티다. ≪朴諺, 下, 37ㅈ≫官人上納與二停外, 官人의게 두 분을 바틴 밧긔.

상념(想念) 동 생각하다. ⇔ᄉᆡᆼ각ᄒᆞ다. ≪朴諺, 下, 11ㅈ≫想念之心無日有忘, ᄉᆡᆼ각ᄒᆞᄂᆞᆫ ᄆᆞᄋᆞᆷ이 니즐 날이 업서이다.

상다디 명 쌍닫이. 쌍바라지. ⇔쌍선(雙扇). ≪朴諺, 下, 12ㅎ≫檁, 납. 樑, ᄆᆞᄅᆞ. 椽, 혀. 柱, 기동. 短柱, 短柱. 叉竪, 작슈. 門框, 門얼굴. 門扇, 門ᄧᅡᆨ. 吊窓, 들창. 天窓, 울어리창. 雙扇, 상다디. 單扇, 외다디. 窓欞, 창살로.

상담(常談) 명 늘 하는 말. 평범한 말. 일상적인 이야기. ≪集覽, 音義≫音義云, 舊本內說的[呵]字, 不是常談, 如今秀才和朝官是有說的. 那箇[俺]字是山西人說的. [恁]字也是官話, 不是常談, 都塗吊了改寫的.

상덕(常德) 명 〈불〉 사덕(四德)의 하나. 항상 변함이 없는 덕. ≪朴諺, 中, 20ㅎ≫理圓四德(集覽, 朴集, 中, 4ㅈ: 理圓四德. 四德, 曰常, 曰樂, 曰我, 曰淨. 無二生死爲常, 不受二邊爲樂, 具入自在爲我, 三業淸淨爲淨.), 理ᄂᆞᆫ 四德에 ᄀᆞ잣고.

상도(上都) 명 원대(元代)에 내몽고자치구

(內蒙古自治區)에 두었던 개평부(開平府)를 일컫던 이름. ≪朴諺, 上, 65ㅈ≫南城(集覽, 朴集, 上, 15ㅎ: 南城. 大元以燕京爲大都, 俗號南城, 以開平府爲上都, 俗號北城. 開平府在陰山之南. 自燕京至上都, 地勢一步高一步, 四時多雨雪.)永寧寺裏, 南城 永寧寺에.

상도(常道) 명 변하지 않는 떳떳한 도리(道理). ≪朴諺, 中, 20ㅎ≫理圓四德(集覽, 朴集, 中, 4ㅈ: 理圓四德. 理者, 固常道之至也. 圓, 全備也.), 理ᄂᆞᆫ 四德에 ᄀᆞ잣고.

상도(想道) 동 생각하다. …라고 여기다. ⇔ᄉᆡᆼ각ᄒᆞ다. ≪朴諺, 下, 27ㅈ≫心裏想道, ᄆᆞᄋᆞᆷ에 ᄉᆡᆼ각ᄒᆞ니.

상동(相同) 형 서로 같다. ≪朴諺, 上, 4ㅎ≫放象生纏糖(集覽, 朴集, 上, 2ㅈ: 象生纏糖. 音義纏字註云, 用白糖·白芝麻相和, 以火煎熬, 傾入木印內, 須臾凉後, 〈與果實相似也〉. 糖字註云, 白糖化後用木印澆成, 亦與果實相似. 今按, 纏糖, 卽一物之名. 諸司職掌婚禮定親及納徵, 皆用芝麻·纏糖二合, 茶纏糖二合, 則纏與糖非二物矣. 況音義內解〈鮮〉義相同, 則是亦明爲一物矣.), 生物을 象ᄒᆞ여 ᄆᆞᆫ민 沙糖이어나. ≪朴諺, 中, 59ㅎ≫彫在槓子閣落(集覽, 朴集, 中, 9ㅈ: 閣落. 舊本未得本字, 而借用栲栳二字. 按韻〈韵〉書, 栲栳, 木名, 筹笔, 柳器. 並音콴롼, 皆上聲, 與本語字音大不相同. 但免疑韻略〈韵畧〉及字學啓蒙字作旭奋, 音·ᄀᆞ롼.)裡, 궷 구석에 드리티고.

상두(上頭) 명 ❶위. ⇔우ㅎ. ≪朴諺, 上, 50ㅎ≫上頭鋪兩三箇褥子, 우희 두세 깃을 ᄭᆞᆯ고. ≪朴諺, 上, 50ㅎ≫上頭盖着他衣裳, 우희 제 옷 덥고. ≪朴諺, 中, 27ㅎ≫用板盖在上頭, 널로 ᄡᅧ 우희 덥고. ≪朴諺, 下, 42ㅈ≫上頭放坐一尊佛像, 우희 一尊佛像을 안치고. ❷까닭. (어떤) 이유. ⇔젼ᄎᆞ. ≪集覽, 字解, 累字解, 2ㅈ≫上頭. 젼ᄎᆞ로. 今不用. ≪集覽, 字解, 單字解, 7ㅈ≫頭. 首也. 東頭·西頭 동녁 귿·셧녁 귿, 頭到 나죵내, 到頭 나죵애. 通作投. 又上頭 젼ᄎᆞ로. 又頭盤 첫 판, 頭舘 첫 판, 頭雞 첫 ᄃᆞᆰ. ≪朴諺, 上, 7ㅎ≫咱弟兄們和順的上頭, 우리 弟兄들히 和順ᄒᆞᆫ 젼ᄎᆞ로.

상등(上等) 명 상등(上等). 윗길. ⇔샹등. ≪朴諺, 上, 25ㅎ≫江西十分上等眞結綜(棕)帽兒上, 江西 ᄀᆞ장 上等에 진짓 綜(棕)으로 ᄆᆡ즌 갓 우희. ≪朴諺, 上, 26ㅈ≫綴着上等玲瓏羊脂玉頂兒, 上等에 玲瓏히 ᄒᆞᆫ 羊脂玉 딩ᄌᆞ에. ≪朴諺, 下, 25ㅈ≫沒有, 업고. 靑白間串的上等玉珠兒有幾串, 靑白 섯거 ᄲᅦᆫ 샹등 옥구슬 여러 ᄢᅦ옴이 이셰라.

상란(相𤔡) 동 =상솔(相率). '𤔡'은 '率'의 잘못. ≪朴諺, 中, 22ㅈ≫隨相現相(集覽, 朴集, 中, 5ㅈ: 隨相現相. 帝釋悲愍, 思所救濟, 乃變其形爲大蟒身, 殭屍川〈殭屍出于〉谷, 空中遍告, 聞者感慶, 相率〈𤔡(攣)〉奔赴, 隨割隨生, 療飢療疾.)救苦惱於三塗, 샹을 조차 샹을 뵈야 苦惱ᄅᆞᆯ 三塗에 救ᄒᆞᄂᆞ니ᄯᅡ다.

상량(商量) 동 헤아리다. 셈하다. 계산하다. ⇔헤아리다. ≪朴諺, 上, 1ㅎ≫衆弟兄們商(啇)量了, 모든 弟兄들히 헤아리쟈. ≪朴諺, 上, 11ㅎ≫咱們且商(啇)量脚錢着, 우리 아직 삭 갑 혜아리쟈. ≪朴諺, 上, 29ㅎ≫這六箇商(啇)量價錢着, 이 여슷 갑슬 혜아리쟈. ≪朴諺, 中, 4ㅈ≫商(啇)量染錢着, 믈갑슬 혜아리쟈. ≪朴諺, 中, 20ㅈ≫商量着放饋, 혜아려 노하 주고. ≪朴諺, 中, 27ㅎ≫小媳婦與大妻商(啇)量說, 小媤婦ㅣ 大妻ᄃᆞ려 혜아려 닐오ᄃᆡ. ≪朴諺, 中, 31ㅎ≫一箇日頭咱商(啇)量着, ᄒᆞᄅᆞ 우리 혜아려. ≪朴諺, 中, 59ㅈ≫都商(啇)量了, 다 혜아려. ≪朴諺, 下, 12ㅈ≫木匠你來咱商(啇)量, 木匠아 이바 우리 혜아리쟈. ≪朴諺, 下, 28ㅎ≫這的有甚麽商量處, 이아 므슴 혜아릴 곳이 이시리오. ≪朴諺, 下, 40ㅎ≫咱商(啇)量

了放下定錢, 우리 혜아려 定錢을 두쟈. ≪朴諺, 下, 59ㅎ≫到太祖宅裡商(商)量道, 太祖 宅에 가 혜아려 닐오듸.

상량ᄒᆞ다(商量-) 동 헤아리다. 셈하다. 계산하다. ⇔혜아리다. ≪朴諺, 上, 11ㅈ≫你再和他商(商)量, 네 다시 뎌과 商(商)量ᄒᆞ여.

상련(相連) 동 서로 잇대어 붙이다. 또는 서로 잇닿다. ≪朴諺, 下, 34ㅎ≫拿出毬棒(集覽, 朴集, 下, 7ㅈ: 毬棒. 質問云, 如人要木毬要木棒, 一上一下用有柄木杓, 接毬相連不絶, 方言謂之毬棒.)來, 댱방올 막대를 내여.

상리(爽利) 형 ❶시원하다. ⇔싀훤ᄒᆞ다. ≪朴諺, 上, 40ㅈ≫將風屑去的爽利着, 비듬을다가 업시ᄒᆞ야 싀훤케 ᄒᆞ라. ❷영리하고 슬기롭다. (태도나 성격 등이) 호쾌하다. 시원스럽다. ⇔영노ᄉᆞᆯ갑다. ≪朴諺, 上, 42ㅎ≫這兩口兒夫妻好爽利, 이 두 夫妻ㅣ ᄀᆞ장 영노ᄉᆞᆯ갑더라.

상마(上馬) 동 말에 올라타다. ⇔상마ᄒᆞ다(上馬-). ≪朴諺, 上, 9ㅈ≫小人也得了箚付關字便上馬, 小人도 箚付 關字를 어드면 곳 上馬ᄒᆞ리로다. ≪朴諺, 上, 57ㅈ≫一會兒喫罷湯時便上馬, ᄒᆞᆫ 디위 탕을 먹으면 곳 上馬ᄒᆞᆯ러라.

상마배아(上馬盃兒) 명 말을 타고 길을 떠날 때 술을 담아 권하는 술잔. ≪朴諺, 上, 7ㅎ≫把上馬盃兒, 上馬盃를 잡게 ᄒᆞ라.

상마ᄒᆞ다(上馬-) 동 말에 올라타다. ⇔상마上馬). ≪朴諺, 上, 9ㅈ≫小人也得了箚付關字便上馬, 小人도 箚付 關字를 어드면 곳 上馬ᄒᆞ리로다. ≪朴諺, 上, 57ㅈ≫一會兒喫罷湯時便上馬, ᄒᆞᆫ 디위 탕을 먹으면 곳 上馬ᄒᆞᆯ러라.

상면(上面) 명 물건의 위쪽을 이루는 겉면. ≪朴諺, 下, 13ㅈ≫上面畫六鶴舞琴, 上面에 六鶴舞琴을 그리고.

상명(償命) 동 살인한 자는 사형에 처하여 목숨으로 대신 보상하게 하다. ⇔상명ᄒᆞ다(償命-). ≪朴諺, 中, 28ㅎ≫把咱們不償命那甚麽, 우리를다가 償命티 아니코 므슴 ᄒᆞ리오.

상명ᄒᆞ다(償命-) 동 살인한 자는 사형에 처하여 목숨으로 대신 보상하게 하다. ⇔상명(償命). ≪朴諺, 中, 28ㅎ≫把咱們不償命那甚麽, 우리를다가 償命티 아니코 므슴 ᄒᆞ리오.

상묘(上墓) 동 성묘하다. 묘소에 참배하다. ≪朴諺, 上, 59ㅈ≫寒食(集覽, 朴集, 上, 14ㅎ: 寒食. 東京錄云, 唐明皇詔寒食上墓, 近代相承, 皆用此日拜掃丘墓, 都人傾城出郊, 四野如芳市〈四野如市〉, 樹之下〈芳對之下〉, 園囿之間, 羅列杯〈盃〉盤, 抵暮而歸.)不遲, 寒食이라도 더듸디 아니타 ᄒᆞᄂᆞ니라.

상방적심막투타물(常防賊心 莫偸他物) 구 항상 도둑질하려는 마음을 막고, 다른 사람의 물건을 훔치지 말라는 뜻. ≪朴諺, 中, 25ㅈ≫常防賊心莫偸他物, 샹히 도적 ᄆᆞᄋᆞᆷ을 막고 놈의 것 도적디 말라 ᄒᆞᄂᆞ니라.

상번(上番) 동 군사가 돌림차례가 되어 군영(軍營)에서 번(番)을 서다. ≪朴諺, 上, 24ㅎ≫午門外前看操(集覽, 朴集, 上, 8ㅈ: 操. 練習也. 謂軍士上番, 亦曰上操.)馬去來, 午門 밧긔 ᄆᆞᆯ 됴습ᄒᆞᄂᆞᆫ 양 보라 가쟈.

상병(廂柄) 명 황벽(黃蘗)나무의 껍질을 싸서 장식한 (장치기)채. ≪朴諺, 下, 34ㅎ≫飛棒杓兒(集覽, 朴集, 下, 7ㅎ: 飛棒杓兒. 質問畫成毬棒, 卽本國武試毬杖之形, 而下云燰木廂柄, 其杓用水牛皮爲之, 以木爲胎. 今按, 燰木, 黃蘗木也. 廂柄者, 以黃蘗皮裹其柄也. 胎者, 以木爲骨, 而以皮爲外裹也.), 飛棒 杓兒와.

상분(上墳) 동 성묘하다. 묘소에 가서 분향하다. ⇔상분ᄒᆞ다(上墳-). ≪朴諺, 上, 57ㅈ≫今日上墳去, 오늘 上墳ᄒᆞ라 갈러라. 上了墳迴來怎的, 上墳ᄒᆞ고 도라올러냐 엇딜러뇨. ≪朴諺, 上, 57ㅈ≫明日就那裏上了墳, ᄂᆡ일 임의셔 게셔 上墳ᄒᆞ고.

상분ᄒᆞ다(上墳-) 동 성묘하다. 묘소에 가서 분향하다. ⇔상분(上墳). ≪朴諺, 上, 57ㅈ≫今日上墳去, 오ᄂᆞᆯ 上墳ᄒᆞ라 갈러라. 上了墳迴來怎的, 上墳ᄒᆞ고 도라올러냐 엇딜러뇨. ≪朴諺, 上, 57ㅈ≫明日就那裏上了墳, ᄂᆡ일 임의셔 게셔 上墳ᄒᆞ고.

상사(上司) 명 위 등급의 관청. ≪朴諺, 中, 9ㅈ≫你與我甘結(集覽, 朴集, 中, 2ㅈ: 甘結. 吏學指南云, 所願曰甘, 合從曰結. 今按, 如保擧人材者, 必寫稱所擧之人, 並無喪過及干娼優子嗣, 委的賢能, 如虛甘伏重罪云云. 擧此爲辞, 以成文狀, 與彼收執, 或呈報上司, 以憑後考, 謂之不致扶同, 重甘結狀.)·應付, 네 날을 甘結과 應付를 주고려. ≪朴諺, 下, 51ㅎ≫申(集覽, 朴集, 下, 11ㅎ: 申. 音義云, 下司達於上司之謂, 猶言所志.)竊盜狀, 窃盜狀을 申ᄒᆞ노니.

상사(相似) 형 모양이 서로 비슷하다. ≪朴諺, 上, 1ㅎ≫着李四買果子·拖爐·隨食(集覽, 朴集, 上, 1ㅈ: 隨食. 音義云, 與拖爐相似. 質問云, 以麥麵和油作小餅, 喫茶時食之, 取其香酥也.)去, 李四로 ᄒᆞ여 과실과 拖爐·隨食을 사라 가게 ᄒᆞ라. ≪朴諺, 上, 4ㅎ≫放象生纏糖(集覽, 朴集, 上, 2ㅈ: 象生纏糖. 音義纏字註云, 用白糖·白芝麻相和, 以火煎熬, 傾入木印內, 須臾凉後, 〈與果實相似也〉.), 生物을 象ᄒᆞ여 ᄆᆡᆼᄀᆞᆫ 沙糖이어나.

상사(賞賜) 동 하사(下賜)하다. (칭찬하여 상으로 물품을 내려 주다) ≪朴諺, 中, 53ㅈ≫得偌多賞賜, 만흔 賞賜를 엇도다.

상사과(相思果) 명 알이 굵은 능금. ≪朴諺, 上, 4ㅎ≫蘋蔢果(集覽, 朴集, 上, 2ㅈ: 蘋蔢果. 似林檎而大者. 飜〈反〉譯名義云, 梵言頻婆果, 此云相思果, 色丹且潤. 質問云, 形如沙果, 其大如梨.), 굴근님금과. 玉黃子, 유황슬고와.

상상(上賞) 동 상을 주다. ⇔샹ᄒᆞ다. ≪朴諺, 上, 51ㅈ≫老娘上賞銀子·段匹, 老娘의게 은과 비단을 샹ᄒᆞ고. ≪朴諺, 中, 52ㅈ≫年時牢子們走(集覽, 朴集, 中, 8ㅎ: 牢子走. 以脚力便捷者膺上賞, 故監役之官, 齊其名數而約之以繩, 使無後先參差之爭, 然後去繩放行.)的你見來麽, 젼년에 牢子들희 ᄃᆞ롬질을 네 본다.

상상(相尙) 동 서로 숭상하다. ≪朴諺, 上, 32ㅎ≫一箇和尙(集覽, 朴集, 上, 9ㅎ: 和尙. 萬里相和曰和, 外道相尙曰尙. 又和者, 太和也, 尙者, 高尙也. 又和尙, 外國語, 此云近誦. 以弟子年少, 不離於師, 常逐相〈常〉近, 受經而誦者.)偷弄別人的媳婦, ᄒᆞᆫ 즁이 ᄂᆞᆷ의 겨집을 도적ᄒᆞ여 어르노라.

상생(相生) 동 모순·대립되는 사물이 공존하면서 전화(轉化)하여 끝없이 생성되다. ≪朴諺, 中, 49ㅈ≫做些好因緣(集覽, 朴集, 中, 8ㅎ: 因緣. 反(飜)譯名義云, 因, 謂先無其事而從彼生也, 緣, 謂素有其分而從彼起也. 又云, 前緣相生, 因也, 現相助成, 緣也.)時不好, 져기 됴흔 인연을 지으면 됴티 아니ᄒᆞ랴.

상생전당(象生纏糖) 명 흰 설탕과 흰 참깨를 함께 섞어 녹인 뒤 생물(生物) 모양의 틀에 부어 만든 사탕. ≪朴諺, 上, 4ㅎ≫放象生纏糖(集覽, 朴集, 上, 2ㅈ: 象生纏糖. 音義纏字註云, 用白糖·白芝麻相和, 以火煎熬, 傾入木印內, 須臾凉後, 〈與果實相似也〉. 糖字註云, 白糖化後用木印澆成, 亦與果實相似. 今按, 纏糖, 卽一物之名. 諸司職掌婚禮定親及納徵, 皆用芝麻·纏糖二合, 茶纏糖二合, 則纏與糖非二物矣. 況音義內解〈鮮〉義相同, 則是亦明爲一物矣. 象生者, 像生物之形而爲之也. 象作像. 木印, 以木刻成物形爲模範者也. 糖, 卽沙糖也, 煎甘蔗莖爲之.), 生物을 象ᄒᆞ여 ᄆᆡᆼᄀᆞᆫ 沙糖이어나.

상서(上書) 동 스승에게 글을 배우다. ⇔비호다. ≪朴諺, 上, 45ㅈ≫却到學裏上書念一會, ᄯᅩ 學에 가 글 ᄇᆡ화 ᄒᆞᆫ 디위 念ᄒᆞ고.

상서(尙書) 명 ❶명·청대(明淸代)에 정부

각 부(部)의 최고 장관(長官). ≪朴諺, 中, 29ㅈ≫將老李打了一百七(集覽, 朴集, 中, 7ㅈ: 一百七. 大德中, 刑部尙書王約上言, 國朝用刑寬恕, 笞杖十減其三, 故笞一十減爲七.), 老李룰다가 一百 닐곱을 텨. ≪朴諺, 中, 29ㅎ≫我明日通州接尙書去, 내 니일 通州 尙書 마즈라 가리라. ❷상서(尙書). (유학(儒學) 오경(五經)의 하나) ≪朴諺, 上, 44ㅎ≫讀毛詩·尙書, 毛詩와 尙書를 닑노라.

상서성(尙書省) 명 중앙 정무를 총괄하던 관청. 후한(後漢) 때에 두어 상서대(尙書臺) 또는 중대(中臺)라 하였다. 장관은 상서령(尙書令)이고 차관은 좌우 복야(僕射)이다. 명대(明代) 이후에 혁파되었다. ≪朴諺, 上, 8ㅈ≫都堂(集覽, 朴集, 上, 4ㅈ: 都堂. 唐制, 尙書省曰都堂. 元時亦有尙書省.)捻兵官的詔書, 都堂 捻兵官의게 ᄒᆞᆫ 詔書라.

상성(上聲) 명 한자 사성(四聲)의 하나. 처음이 낮고 차차 높아지다가 가장 높게 되었을 때 그치는 소리. ≪朴諺, 上, 3ㅈ≫內府裡着姓崔的外郞(集覽, 朴集, 上, 1ㅎ: 外郞. 泛稱各衙門吏典之號. 俗嫌其犯於員外郞之號, 呼外字爲上聲. 大小衙門吏典名稱各異.)討去, 內府에는 姓이 崔가 外郞으로 ᄒᆞ여 어드라 가게 ᄒᆞ라. ≪朴諺, 中, 18ㅎ≫只怕同房人攪撒(集覽, 朴集, 中, 3ㅈ: 攪撒. 攪, 作覺是. 覺字雖入聲, 而凡入聲淸聲〈声〉, 則呼如上聲者多矣. 如角字, 亦或呼如上聲. 記書者以覺撒之, 覺呼爲上聲, 而謂覺字爲入聲, 不可呼如上聲, 故書用攪字耳.)了, 그저 同房 사름이 알짜 저프고.

상솔(相率) 동 서로 잇따르다. 끊이지 않고 이어지다. ≪朴諺, 中, 22ㅈ≫隨相現相(集覽, 朴集, 中, 5ㅈ: 隨相現相. 帝釋悲愍, 思所救濟, 乃變其形爲大蟒身, 殭屍川〈殭屍出于〉谷, 空中遍告, 聞者感慶, 相率〈辜(肆)〉奔赴, 隨割隨生, 療飢療疾.)救苦惱於三塗, 샹을 조차 샹을 뵈야 苦惱를 三塗에 救ᄒᆞᄂᆞ또다.

상솔(相肆) 동 상솔(相率). '肆'은 '率'의 고자. ≪朴諺, 中, 22ㅈ≫隨相現相(集覽, 朴集, 中, 5ㅈ: 隨相現相. 帝釋悲愍, 思所救濟, 乃變其形爲大蟒身, 殭屍川〈殭屍出于〉谷, 空中遍告, 聞者感慶, 相率〈辜(肆)〉奔赴, 隨割隨生, 療飢療疾.)救苦惱於三塗, 샹을 조차 샹을 뵈야 苦惱를 三塗에 救ᄒᆞᄂᆞ또다.

상승(相承) 동 (앞뒤로) 계승하다. 이어받다. ≪朴諺, 上, 59ㅈ≫寒食(集覽, 朴集, 上, 14ㅎ: 寒食. 東京錄云, 唐明皇詔寒食上墓, 近代相承, 皆用此日拜掃丘墓, 都人傾城出郊, 四野如芳市〈四野如市〉, 樹之下〈芳尌之下〉, 園囿之間, 羅列杯〈盃〉盤, 抵暮而歸.)不遲, 寒食이라도 더듸디 아니타 ᄒᆞᄂᆞ니라.

상식(相識) 동 벗. 친구. 아는 사람. ≪集覽, 字解, 累字解, 1ㅎ≫相識. 俗稱相識, 滿天下知心能幾人, 謂朋友也. ≪朴諺, 下, 55ㅈ≫我別處望相識去來, 내 다른 고딕 아는 이를 보라 가.

상신(嘗新) 동 만물을 먹다. 햇것을 맛보다. ⇔상신ᄒᆞ다(嘗新-). ≪朴諺, 中, 34ㅎ≫我們大家嘗新, 우리 대되 嘗新ᄒᆞ쟈.

상신ᄒᆞ다(嘗新-) 동 만물을 먹다. 햇것을 맛보다. ⇔상신(嘗新). ≪朴諺, 中, 34ㅎ≫我們大家嘗新, 우리 대되 嘗新ᄒᆞ쟈.

상아(床兒) 명 상(床). ⇔상. ≪朴諺, 中, 58ㅈ≫裏頭床兒不穩, 안히 상이 편티 아니ᄒᆞ니.

상아(象牙) 명 코끼리의 엄니. ≪朴諺, 上, 15ㅈ≫象牙頂兒, 象牙 머리에. ≪朴諺, 上, 25ㅎ≫象牙頂兒, 象牙 머리오. ≪朴諺, 上, 25ㅎ≫象牙細花兒挑牙, 象牙로 細花ᄒᆞᆫ 툐아에.

상안(象眼) 명 코끼리의 눈. ≪朴諺, 下, 33ㅈ≫象眼棋子(集覽, 朴集, 下, 6ㅎ: 象眼餜子. 質問云, 以麥麵作成象眼樣大餜〈棋〉子, 行路便於食之, 方言謂之象眼餜子. 然餜子形劑未詳.), 象眼 ᄀᆞ튼 棋子와.

상언(上言) 동 신하가 임금에게 글을 올리다. ≪朴諺, 中, 29ㅈ≫將老李打了一百七(集覽, 朴集, 中, 7ㅈ: 一百七. 大德中, 刑部尙書王約上言, 國朝用刑寬恕, 笞杖十減其三, 故笞一十減爲七.), 老李를다가 一百 닐곱을 텨.

상언(常言) 명 습관적으로 자주 하는 말. 곧, 속담이나 격언. ≪朴諺, 上, 14ㅈ≫常言道, 常言에 닐오디. ≪朴諺, 上, 23ㅈ≫常言道, 常言에 닐오디. ≪朴諺, 上, 67ㅈ≫常言道, 常言에 닐오디. ≪朴諺, 中, 17ㅎ≫常言道, 常言에 닐오디. ≪朴諺, 中, 33ㅈ≫常言道, 常言에 닐오디. ≪朴諺, 中, 60ㅎ≫常言道, 常言에 닐오디. ≪朴諺, 下, 13ㅎ≫常言道, 常言에 닐오디. ≪朴諺, 下, 34ㅈ≫常言道, 常言에 닐오디. ≪朴諺, 下, 55ㅈ≫常言道, 常言에 닐오디.

상오(晌午) 명 낮. 정오(正午). 한낮. ❶⇔낫. ≪朴諺, 下, 1ㅎ≫比及晌午剉正熱時分收拾, 낫계어 졍히 더울 때예 미처 收拾ᄒᆞ여. ❷⇔낫. ≪朴諺, 上, 45ㅈ≫到晌午寫倣書, 나지 다ᄃᆞᄅᆞ면 셔품 쓰기 ᄒᆞ여.

상오(晌午) 명 상오(晌午). '晌'은 '晌'과 같다. ≪朴諺, 上, 45ㅈ≫到晌午寫倣書, 나지 다ᄃᆞᄅᆞ면 셔품 쓰기 ᄒᆞ여. ≪朴諺, 下, 1ㅎ≫比及晌午剉正熱時分收拾, 낫계어 졍히 더울 때예 미처 收拾ᄒᆞ여.

상용(上用) 동 신분이 높은 사람이 쓰다. ⇔상용ᄒᆞ다(上用-). ≪朴諺, 上, 14ㅎ≫上用段子, 上用홀 비단이라.

상용(常用) 동 일상적으로 쓰다. ≪集覽, 凡例≫凡常用言語之義, 難以文字形容者, 直用諺文說解, 使人易曉庶不失眞.

상용ᄒᆞ다(上用-) 동 신분이 높은 사람이 쓰다. ⇔상용(上用). ≪朴諺, 上, 14ㅎ≫上用段子, 上用홀 비단이라.

상원(上元) 명 음력 정월 보름날. 이날 도교에서는 천상(天上)의 선관(仙官)이 인간의 선악을 살피는 때라 하여 초제(醮祭)를 지낸다. ≪朴諺, 下, 18ㅎ≫做羅天大醮(集覽, 朴集, 下, 4ㅎ: 大醮. 上元金籙齋, 帝王修奉, 設普天大醮. 中元玉籙齋, 保佑六宮, 輔寧妃后, 設周天大醮. 下元黃籙齋, 臣民通修, 普資家國, 設羅天大醮.), 羅天大醮를 ᄒᆞ더니. ≪朴諺, 下, 49ㅈ≫好女不看燈(集覽, 朴集, 下, 11ㅈ: 好女不看燈. 涅槃經云, 上元, 如來闍維訖, 收舍利, 置金床上, 天人散花, 奏樂繞城, 步步燃燈十二里.……道經云, 正月十五日, 謂之上元, 天官下降人閒〈間〉, 考定罪福. 是夜張燈, 士女鼓〈皷〉樂遊街.), 好女는 看燈 아니ᄒᆞ다 ᄒᆞᄂᆞ니라.

상위(上位) 명 임금. 또는 상급 관원. ≪朴諺, 中, 11ㅈ≫一兩日上位郊天去, ᄒᆞᄅᆞ 이틀만 ᄒᆞ면 上位ㅣ 郊天ᄒᆞ라 가실 거시니. ≪朴諺, 中, 52ㅎ≫上位在西湖景凉殿裏坐的看, 上位ㅣ 西湖 景凉殿에 안자 보시더라. ≪朴諺, 中, 53ㅈ≫上位賞了一百錠鈔兩表裏段子, 上位ㅣ 一百 錠鈔와 두 안밧 비단을 샹ᄒᆞ시니라.

상의(上衣) 명 ❶윗옷. ≪朴諺, 下, 30ㅈ≫穿着花袴(集覽, 朴集, 下, 5ㅎ: 花袴. 以裩連上衣爲之者, 如倭奴上着纈文之衣.)皂靴的勇士, 아롱바디예 거믄 훠 신은 勇士ㅣ. ❷〈불〉 중이 입는 삼의(三衣)의 한 가지. 곧, 울다라승(鬱多羅僧). 대의(大衣). ≪朴諺, 上, 33ㅈ≫披着袈裟(集覽, 朴集, 上, 10ㅈ: 袈裟. 戒壇云, 五條下衣, 斷〈断〉貪身也, 七條中衣, 斷〈断〉嗔口也, 大衣上衣, 斷痴心也.), 袈裟 닙고.

상장(詳狀) 동 소장(訴狀)을 세심하게 따져보다. ⇔상장ᄒᆞ다(詳狀-). ≪朴諺, 下, 53ㅈ≫伏乞詳狀, 伏乞 詳狀ᄒᆞ여.

상장ᄒᆞ다(詳狀-) 동 소장(訴狀)을 세심하게 따져보다. ⇔상장(詳狀). ≪朴諺, 下, 53ㅈ≫伏乞詳狀, 伏乞 詳狀ᄒᆞ여.

상적(相敵) 형 양편의 실력이 서로 비슷하다. ≪朴諺, 上, 53ㅈ≫官裏前面揷柳(集覽, 朴集, 上, 14ㅈ: 钊〈揷〉柳. 總龜〈総亀〉云, 端午日, 武士射柳爲鬪(閗)力之戲, 各料强弱相敵. 〈此作揷恐誤〉.)射弓的多

有, 황데 앏희셔 버들 곳고 활 쏘ᄂᆞ니 만히 이시니.

상전(相傳) 동 대대(代代)로 서로 전하다. 이어 전하다. ≪朴諺, 上, 59ㅎ≫西湖是從玉泉(集覽, 朴集, 上, 15ㅈ: 玉泉. 又南有石巖〈岩〉, 號呂公洞, 其上有金時芙蓉殿廢址. 相傳以爲章宗避暑處. 宣德年間, 建玉泉亭于其上, 以備臨幸.)裏流下來, 西湖는 이 玉泉으로 조차 흘러ᄂᆞ리ᄂᆞ니. ≪朴諺, 下, 8ㅈ≫慶壽寺(集覽, 朴集, 下, 2ㅎ: 慶壽寺. 一統志云, 在順天府西南, 內有飛虹·飛渡二橋, 石刻六大字, 極遒勁. 相傳金章宗所書.)裏爲諸亡靈, 慶壽寺에셔 모든 亡靈을 위ᄒᆞ여.

상전(相戰) 동 서로 싸우다. ≪朴諺, 下, 17ㅈ≫唐三藏引孫行者(集覽, 朴集, 下, 4ㅈ: 孫行者. 老君·王母俱奏于玉帝, 傳宣李天王, 引領天兵十萬及諸神將至花菓山, 與大聖相戰失利.), 唐三藏이 孫行者를 ᄃᆞ리고. ≪朴諺, 下, 47ㅈ≫粧二郎爺爺(集覽, 朴集, 下, 10ㅎ: 二郎爺爺. 按西遊記, 西域花菓山洞有老猴精, 號齊天大聖, 神變〈変〉無測, 鬧(鬧)乱天宮, 玉帝命李天王領神兵往捕, 相戰失利.), 二郎爺爺를 ᄭᅮ며.

상전(賞錢) 명 상금(賞金). 상으로 주는 돈. ≪朴諺, 上, 53ㅎ≫我多與你賞錢, 내 만히 너를 賞錢을 주리라.

상조(上操) 동 군사가 돌림차례가 되어 군영(軍營)에서 번(番)을 서다. ≪朴諺, 上, 24ㅎ≫午門外前看操(集覽, 朴集, 上, 8ㅈ: 操. 練習也. 謂軍士上番, 亦曰上操.)馬去來, 午門 밧긔 ᄆᆞᆯ 됴습ᄒᆞᄂᆞᆫ 양 보라 가쟈.

상직(上直) 동 벼슬아치가 당직하러 관아에 나아가다. ≪朴諺, 中, 24ㅎ≫今日上直去, 오ᄂᆞᆯ 上直 가니. ≪朴諺, 下, 39ㅈ≫我這上直着誰當着, 내 이 上直을 눌로 ᄒᆞ여 당ᄒᆞ리오. ≪朴諺, 下, 39ㅈ≫上直官人前告暇, 上直 官人의게 告暇ᄒᆞ고.

상처(傷處) 명 몸을 다쳐서 부상을 입은 자리. ⇔상(傷). ≪朴諺, 下, 55ㅈ≫捉賊見贓, 도적 잡기ᄂᆞᆫ 장믈을 보고. 廝打驗傷, 서ᄅᆞ 싸혼 ᄃᆡᄂᆞᆫ 傷處를 驗ᄒᆞᆫ다 ᄒᆞᄂᆞ니라.

상천(上天) 명 천제(天帝). 상제(上帝). ≪朴諺, 中, 24ㅈ≫萬刼(集覽, 朴集, 中, 6ㅈ: 萬劫. 道經云, 天地一成一敗謂之劫〈刼〉. 上天開化, 建五劫〈刼〉紹運, 曰龍漢, 曰赤明, 曰上皇, 曰延康, 曰開皇. 五劫〈刼〉旣周, 復從其始.)再逢難, 萬劫이라도 다시 만나기 어려오니라.

상청(上淸) 명 도교에서 이르는, 삼청(三淸)의 하나. 옥신도군(玉晨道君)이 다스린다는 곳. 최고의 이상향을 이른다. 달리 도관(道觀)이나 진경(眞境)을 이르는 말로도 쓰인다. ≪朴諺, 下, 18ㅈ≫起盖三淸(集覽, 朴集, 下, 4ㅎ: 三淸. 上淸, 十二天眞境也, 九眞所居, 玉晨道君所治.)大殿, 三淸大殿을 지으니.

상탁(相託) 동 도움을 부탁하다. 위탁(委託)하다. ≪集覽, 字解, 單字解, 2ㅎ≫保. 恃也. 保你 너 믿노라, 難保 믿디 어렵다. 吏學指南, 相託信任曰保. 又保擧也.

상태(上台) 명 삼태(三台) 가운데 하나. 인간의 운명을 맡고 수(壽)를 주관한다고 한다. ≪朴諺, 上, 18ㅈ≫那三台(集覽, 朴集, 上, 7ㅈ: 三台. 周禮疏, 上台司命〈㑹〉爲太尉, 中台司中爲司徒, 下台司祿爲司空, 三公之象.)板兒做得好, 뎌 三台 돈은 민둘기를 잘ᄒᆞ엿고.

상합(相合) 동 서로 만나 결합하다. ≪朴諺, 下, 42ㅎ≫仵作(集覽, 朴集, 下, 9ㅈ: 仵作. 爾雅曰, 偶者, 合也. 陰陽相合則成偶, 謂得中也.)家, 仵作의 집의.

상항(上項) 명 위의 항목. ≪朴諺, 下, 54ㅎ≫當有(集覽, 朴集, 下, 12ㅈ: 當有. 猶言卽有也. 一曰, 猶言上項之辝〈辭〉.)某縣某村住人王大戶爲證, 곳 아모 고을 아모 촌에 사ᄂᆞᆫ 사ᄅᆞᆷ 王大戶ㅣ 이셔 證ᄒᆞ엿ᄂᆞ니이다.

상행(常行) 형 일반적이다. 보통이다. 평범하다. 통상적이다. ≪朴諺, 上, 14ㅎ≫

也不是常行的, 또 常行엣 거시 아니라.

상화 명 만두(饅頭). ⇔만두(饅頭). ≪朴諺, 上, 7ㅈ≫第七道粉湯·饅頭, 第七道는 스면과 상화를 ᄒᆞ면. ≪朴諺, 下, 32ㅈ≫羊肉餡饅頭, 羊肉 소 녀흔 상화과.

상화(相和) 동 ❶서로 고르게 어울리다. 서로 조화(調和)되다. ≪朴諺, 上, 32ㅎ≫一箇和尙(集覽, 朴集, 上, 9ㅎ: 和尙. 萬里相和曰和, 外道相尙曰尙. 又和者, 太和也, 尙者, 高尙也. 又和尙, 外國語, 此云近誦. 以弟子年少, 不離於師, 常遂相〈常〉近, 受經而誦者.)偸弄別人的媳婦, ᄒᆞᆫ 즁이 놈의 겨집을 도적ᄒᆞ여 어ᄅᆞ노라. ❷서로 합하여 섞다. ≪朴諺, 上, 4ㅎ≫放象生纏糖(集覽, 朴集, 上, 2ㅈ: 象生纏糖. 音義纏字註云, 用白糖·白芝麻相和, 以火煎熬, 傾入木印內, 須臾凉後, 〈與果實相似也〉. 糖字註云, 白糖化後用木印澆成, 亦與果實相似.), 生物을 象ᄒᆞ여 ᄆᆡᆫᄃᆞᆫ 沙糖이어나.

상화(常話) 명 일상에서 쓰는 말. 일반적인 말. ≪朴諺, 上, 1ㅈ≫做一箇賞花筵席(集覽, 朴集, 上, 1ㅈ: 筵席. 凡宴會, 常話曰筵席, 文話曰筵會, 吏語曰筵宴, 盖取肆筵設席之意.), ᄒᆞᆫ 賞花ᄒᆞᄂᆞᆫ 이바디를 ᄒᆞ여.

상화(賞花) 동 상화(賞花)하다. 꽃구경하다. ⇔상화ᄒᆞ다(賞花-). ≪朴諺, 上, 1ㅈ≫做一箇賞花筵席, ᄒᆞᆫ 賞花ᄒᆞᄂᆞᆫ 이바디를 ᄒᆞ여.

상화ᄒᆞ다(賞花-) 동 상화(賞花)하다. 꽃놀이하다. ⇔상화(賞花). ≪朴諺, 上, 1ㅈ≫做一箇賞花筵席, ᄒᆞᆫ 賞花ᄒᆞᄂᆞᆫ 이바디를 ᄒᆞ여.

상환(償還) 동 갚다. 돌려주다. 상환하다. 변제하다. ≪集覽, 字解, 單字解, 6ㅈ≫典. 凡人或缺少口粮, 或遇事用錢者, 以物折直, 立限賣與人爲質而求錢取用. 至限償還其直取物而還也. 律條疏議云, 以價易去, 而原價取贖曰典. ≪集覽, 字解, 單字解, 6ㅎ≫儅. 人有遇急用錢, 則必以重物, 納質于富家, 賒錢取用. 至限則幷其本利償還錢主, 方得退回己之重物而來也. 典字人物通用, 儅字人用於物. ≪朴諺, 中, 27ㅈ≫開着一座解儅庫(集覽, 朴集, 中, 6ㅎ: 解儅庫. 元時或稱印子鋪, 或稱把解, 人以重物來儅, 取錢而去, 在後償還本利, 還取其物而去, 此卽解儅庫也.), 一座 解儅庫를 열고.

상황(上皇) 명 오겁(五劫) 가운데 세 번째 겁. ≪朴諺, 中, 24ㅈ≫萬刼(集覽, 朴集, 中, 6ㅈ: 萬劫. 道經云, 天地一成一敗謂之劫〈刼〉. 上天開化, 建五劫〈刼〉紹運, 曰龍漢, 曰赤明, 曰上皇, 曰延康, 曰開皇. 五劫〈刼〉旣周, 復從其始.)再逢難, 萬劫이라도 다시 만나기 어려오니라.

상ᄒᆞ다 동 상(相)하다. 관상(觀相)하다. ⇔상(相). ≪朴諺, 下, 36ㅈ≫人不可貌相, 사ᄅᆞᆷ은 가히 얼굴로 상티 못ᄒᆞ고. 海不可斗量, 바다흔 가히 말로 되디 못ᄒᆞᆫ다 ᄒᆞ니.

상ᄒᆞ다(相-) 동 보다. 살펴보다. ⇔상(相). ≪朴諺, 下, 48ㅈ≫相着地脉, 地脉을 相ᄒᆞ야.

상ᄒᆞ다(象-) 동 모방(模倣)하다. 흉내를 내다. 본뜨다. ⇔상(象). ≪朴諺, 上, 4ㅎ≫放象生纏糖(集覽, 朴集, 上, 2ㅈ: 象生纏糖. 諸司職掌婚禮定親及納徵, 皆用芝麻·纏糖二合, 茶纏糖二合, 則纏與糖非二物矣. 況音義內解〈鮮〉義相同, 則是亦明爲一物矣. 象生者, 像生物之形而爲之也. 象作像. 木印, 以木刻成物形爲模範者也. 糖, 卽沙糖也, 煎甘蔗莖爲之.), 生物을 象ᄒᆞ여 ᄆᆡᆫᄃᆞᆫ 沙糖이어나.

상ᄒᆞ다(傷-) 동 상(傷)하다. 손상되다. 이상이 생기다. ⇔상(傷). ≪朴諺, 中, 15ㅈ≫傷着冷物的搽子, 冷物의 傷ᄒᆞᆫ 搽이오. ≪朴諺, 下, 55ㅈ≫你更有傷有何愁, 너ᄂᆞᆫ 또 傷ᄒᆞᆫ ᄃᆡ 이시니 므슴 근심이 이시리오.

상ᄒᆞ다(詳-) 형 낱낱이 자세하다. ⇔상(詳). ≪朴諺, 下, 54ㅎ≫伏乞詳狀施行, 伏乞ᄒᆞ노니 狀을 詳ᄒᆞ어(여) 施行ᄒᆞ쇼셔.

새 관 새[新]. ⇔신(新). ≪朴諺, 上, 13ㅈ≫新布帒那裏怕漏, 새 布帒니 어ᄃᆡ 실가 저

프리오. ≪朴諺, 上, 32ㅈ≫把我的兩對新靴子都走破了, 내 두 쌍 새 훠를다가 다 둔녀 해야ᄇ리게 ᄒ고. ≪朴諺, 中, 53ㅎ≫却沒一件兒新衣裳怎麽好, 또 ᄒᆞᆫ 불 새 衣裳이 업스니 엇디 ᄒ여야 됴호료.

새 명 새[鳥]. ⇔작아(雀兒). ≪朴諺, 上, 37ㅈ≫這箇是雀兒, 이거슨 이 새로다. ≪朴諺, 中, 40ㅎ≫每日家尋空便拿雀兒, 每日에 븬 적을 어더 새 잡노라.

새(賽) 동 물리다. 판돈을 대다. 따먹다. ⇔던기다. ≪朴諺, 上, 22ㅈ≫可知便賽, 그리어니 곳 던기쟈.

새각시 명 새색시. ⇔여해아(女孩兒). ≪朴諺, 上, 40ㅎ≫女孩兒那後婚, 새각시러냐 니믈리기러냐. 今年纔十六歲的女孩兒, 올히 ᄀᆺ 十六歲엣 새각시러라. ≪朴諺, 上, 41ㅎ≫那女孩兒生的十分可喜, 뎌 새각시 얼굴이 ᄀ장 고아. ≪朴諺, 上, 42ㅈ≫女孩兒家親戚們都去會親, 새각시 집 권당들히 다 가 會親ᄒᄂ니라.

새로 부 새로. ⇔신(新). ≪朴諺, 上, 47ㅈ≫我是新來的莊家, 나는 이 새로 온 향암이라. ≪朴諺, 中, 40ㅈ≫換箇新的, 새로 밧고고. ≪朴諺, 下, 34ㅈ≫那箇新來的崔舍, 뎌 새로 온 崔개아. ≪朴諺, 下, 34ㅎ≫你是新來的莊家, 너는 이 새로 온 향암이라. ≪朴諺, 下, 36ㅈ≫新來的崔舍, 새로 온 崔개. ≪朴諺, 下, 36ㅈ≫我不想這新來的莊家快打, 내 이 새로 온 향암이 잘 틸 줄을 ᄉ각디 못호롸.

새로외다 형 새롭다. ⇔가지(可知). ≪集覽, 字解, 累字解, 1ㅎ≫可知. 그러 아니려. 又그러커니ᄯᆫ나. 本朝傳習之釋曰새로욀셔.

새로이 부 새로이. 한결같이. ❶⇔잔신(剗新). ≪集覽, 字解, 累字解, 1ㅈ≫剗新. 새로이. ≪集覽, 字解, 累字解, 1ㅈ≫斬新. 上同. ❷⇔참신(斬新). ≪集覽, 字解, 累字解, 1ㅈ≫剗新. 새로이. ≪集覽, 字解, 累字解, 1ㅈ≫斬新. 上同.

새배 명 새벽. ⇔조(早). ≪朴諺, 下, 41ㅈ≫今早起出殯來, 오ᄂᆞᆯ 새배 出殯ᄒ니라.

새살(賽殺) 동 물리다. 판돈을 대다. 따먹다. ⇔던기다. ≪朴諺, 上, 22ㅈ≫有一箇輸了的便賽殺, ᄒ나히 지ᄂ니 이시면 곳 던기리라.

색(色) 명 빛깔. ❶⇔빗. ≪朴諺, 中, 3ㅎ≫都是擡色的, 다 빗 도티라. ❷⇔빗ㅊ. ≪朴諺, 下, 55ㅎ≫走失了甚色馬, 아모 빗쳇 ᄆᆞᆯ를 ᄃ라나 일허시되.

색(索) 동 받다. 찾다. 요구하다. ⇔받다. ≪集覽, 字解, 單字解, 4ㅎ≫索. 求也. 索價錢 갑 받다. 又鄕習傳解曰 빋 쇠오다, 亦通. 又須也. 不索, 今皆罕用.

색(索) 부 다. 모두. 완전히. 전혀. ⇔다. ≪朴諺, 上, 61ㅎ≫諸般殿舍且不索說, 여러 가지 殿舍는 아직 다 니ᄅ디 아니ᄒ거니와.

색가전(索價錢) 동 값을 받다. 값을 요구하다. ≪集覽, 字解, 單字解, 4ㅎ≫索. 求也. 索價錢 갑 받다. 又鄕習傳解曰 빋 쇠오다, 亦通. 又須也. 不索, 今皆罕用.

색계(色界) 명 〈불〉 삼계(三界)의 하나. 욕계에서 벗어난 깨끗한 물질의 세계를 이른다. ≪朴諺, 中, 21ㅎ≫或現質梵王帝釋(集覽, 朴集, 中, 4ㅎ: 梵王帝釋. 有欲界·色界·無色界爲三界. 欲界有四洲·四惡趣·六欲天, 帝釋爲欲界主. 色界有四禪·十八梵天, 梵王爲色界主. 無色界有四空天.), 或 梵王帝釋에 現質ᄒ며.

색장(色長) 명 송대(宋代)에 교방사(敎坊司)의 악공을 관리하던 관원. ≪朴諺, 上, 5ㅎ≫叫敎坊司十數箇樂工和做院本(集覽, 朴集, 上, 2ㅎ: 院本. 院本則五人, 一曰副淨, 古謂之叅軍, 一曰副末, 古謂之蒼鶻, 鶻能擊禽鳥, 末可打副淨, 古(故)云, 一曰引戱, 一曰末泥, 一曰孤裝, 又謂之五花爨弄. 或曰, 宋徽宗見爨國人來朝, 衣裝·鞵履·巾裹, 傅粉墨, 擧動如此, 使優人効之以爲戱. 其間副淨有散說, 有道念, 有筋斗, 有科範. 盖古敎坊色長有魏·武·劉三人, 而魏長於念誦, 武長於筋斗, 劉長於科範, 至今樂人皆宗之.)諸般雜技的來, 敎坊

司의 여라믄 樂工과 院本에 여러 가지 雜技ᄒᆞᄂᆞ니를 블러오라.

생(生) 동 ❶나다. 나오다. ⇔나다. ≪朴諺, 上, 60ㅎ≫白日黑夜瑞雲生, 白日 黑夜에 瑞雲이 나니. ❷낳다. ⇔낫다. ≪朴諺, 下, 25ㅎ≫這賊養漢生的小驢精, 이 도적 화냥년의 난 나괴삐야. ≪朴諺, 下, 41ㅎ≫丙辰年生人三十七歲, 丙辰年에 난 사ᄅᆞᆷ 三十七歲ㅣ. ≪朴諺, 下, 41ㅎ≫巳·午·亥·卯生人忌犯裡, 巳·午·亥·卯에 난 사ᄅᆞᆷ은 忌犯ᄒᆞ라 섯더라. ❸내다. ⇔내다. ≪朴諺, 下, 3ㅈ≫你休生怠慢心, 네 怠慢ᄒᆞᆫ ᄆᆞᄋᆞᆷ을 내디 말고. ≪朴諺, 下, 51ㅈ≫忽生得清歌細舞之心, 믄득 清歌 細舞ᄒᆞᆯ ᄆᆞᄋᆞᆷ을 내여. ❹설다. 덜 익다. ⇔설다. ≪朴諺, 下, 44ㅈ≫做的生時也難喫, 짓기를 설게 ᄒᆞ면 먹기 어렵고.

생(生) 명 생명을 가진 물체. ⇔생물(生物). ≪朴諺, 上, 4ㅎ≫放象生纏糖(集覽, 朴集, 上, 2ㅈ: 象生纏糖. 諸司職掌婚禮定親及納徵, 皆用芝麻·纏糖二合, 茶纏糖二合, 則纏與糖非二物矣. 况音義內解〈觧〉義相同, 則是亦明爲一物矣. 象生者, 像生物之形而爲之也. 象作像. 木印, 以木刻成物形爲模範者也. 糖, 卽沙糖也, 煎甘蔗莖爲之.), 生物을 象ᄒᆞ여 ᄆᆡᆼ민 沙糖이어나.

생(生) 접두 생-. ⇔ᄉᆡᆼ-. ≪朴諺, 中, 15ㅎ≫生果子也多喫了, ᄉᆡᆼ과실도 만히 먹고.

생(生) 형 새롭다. 생소하다. ≪朴諺, 上, 64ㅈ≫我又不是生達達·回回, 내 ᄯᅩ 生達達·回回 아니라. 生達達·回回如今也都會了, 生達達·回回도 이제는 ᄯᅩ 다 아ᄂᆞ니라.

생(省) 동 덜다. ⇔덜다. ≪朴諺, 上, 58ㅈ≫那般時省氣力, 그리ᄒᆞ면 氣力이 덜리라. ≪朴諺, 中, 12ㅎ≫到那裏各自省睡些箇, 뎌긔 가 각각 ᄌᆞᆷ을 져기 덜고.

생(省) 동 덜리다. ❶⇔덜리다. ≪朴諺, 中, 38ㅈ≫咱這裏沒牙子省些牙錢不好, 우리 여긔 즈름이 업스니 져기 즈름갑시 덜림이 됴티 아니ᄒᆞ냐. ❷⇔덜리이다. ≪朴諺, 中, 29ㅈ≫妻賢夫省事官清民自安, 妻ㅣ 어딜면 지아븨 일이 덜리이고 官이 ᄆᆞᆰ그면 ᄇᆡᆨ셩이 스스로 편안ᄒᆞᄂᆞ니라.

생(省) 형 마디다. ⇔ᄆᆞᄃᆡ다. ≪朴諺, 上, 48ㅎ≫省多少盤纏, 언멋 盤纏을 ᄆᆞᄃᆡ와뇨. ≪朴諺, 下, 28ㅈ≫倒省錢, 도로혀 돈을 ᄆᆞᄃᆡ어다.

생강(生薑) 명 생강. ⇔ᄉᆡᆼ강. ≪朴諺, 下, 33ㅎ≫零碎和生薑·料物·葱·蒜·醋·塩都將來, ᄌᆞᆫ 것과 ᄉᆡᆼ강과 교퇴와 파와 마ᄂᆞᆯ과 초와 소금을 다 가져오라. ≪朴諺, 中, 16ㅈ≫生薑三片棗一枚, 生薑 三片 棗 一枚를 ᄒᆞ야. ≪朴諺, 下, 32ㅈ≫水精角兒(集覽, 朴集, 下, 6ㅈ: 水精角兒. 飮饌正要云, 羊肉·羊脂·羊尾子·生葱·陳皮·生薑, 各細切, 入細料物, 塩醬拌勻爲餡. 用豆粉作皮包之, 水煮供食.), 水精角兒과.

생견(生絹) 명 생사로 짠 깁. ≪朴諺, 上, 43ㅎ≫三尺半白淸水(集覽, 朴集, 上, 12ㅎ: 白淸水絹. 무·리 ·픗〈플〉:긔 ·업·시 다ᄃᆞ·마 :돌호로 미·론 :깁·이·니, 光滑緻硬, 如本國擣砧者也. 卽不用糊粉而錬〈練〉生絹, 以石碾者.)絹, 석 자 반 제믈엣 깁이야.

생과(生果) 명 익히거나 가공하지 않은 과일. ≪朴諺, 下, 28ㅈ≫先喫甜的金橘蜜煎(集覽, 朴集, 下, 5ㅈ: 蜜煎. 事林廣記云, 凡煎生果, 最要遂其本性, 酸苦辛硬隨性製之. 以半蜜半水煮十數沸, 乘熟控乾, 別換新蜜, 入銀石器內, 用文·武火煮, 取其色明透爲度. 入新缶盛貯, 緊密封窨, 勿令生虫.)·銀杏煎, 몬져 ᄃᆞᆫ 金橘蜜煎과 銀杏煎을 먹어든.

생라복(生蘿蔔) 명 무. ⇔댓무우. ≪朴諺, 中, 6ㅈ≫醋, 초와. 醬, 쟝과. 塩, 소금과. 芥末, 계ᄌᆞ ᄀᆞᄅᆞ와. 葱, 파과. 蒜, 마ᄂᆞᆯ과. 薤菜, 부치와, 油, 기름과. 生蘿蔔, 댓무우과. 瓜, 외와. 茄等, 가지 등.

생랭(生冷) 명 날것과 찬 음식. ≪朴諺, 上, 50ㅈ≫滿月(集覽, 朴集, 上, 13ㅎ: 滿月. 産書云, 分娩未滿月, 恣食生冷粘·硬果·

菜·肥膩魚·肉之物, 當時雖未覺大〈有〉損, 滿月之後, 卽成蓐勞. 質問云, 産婦一箇月不出門, 不生理, 只補養本身, 一月之後出門, 又吃〈喫〉喜酒. 今按, 喜酒者, 賀生兒之宴.)過了時喫的不妨事, 둘이 차 디나면 먹어도 일에 해롭디 아니ᄒᆞ리라.

생리(生理) 명 일[事]. 노동. ≪朴諺, 上, 50ㅈ≫滿月(集覽, 朴集, 上, 13ㅎ: 滿月. 産書云, 分娩未滿月, 恣食生冷粘·硬果·菜·肥膩魚·肉之物, 當時雖未覺大〈有〉損, 滿月之後, 卽成蓐勞. 質問云, 産婦一箇月不出門, 不生理, 只補養本身, 一月之後出門, 又吃〈喫〉喜酒. 今按, 喜酒者, 賀生兒之宴.)過了時喫的不妨事, 둘이 차 디나면 먹어도 일에 해롭디 아니ᄒᆞ리라.

생문(省文) 동 글자의 점이나 획의 일부를 생략하다. ≪集覽, 凡例≫凡漢人用字, 或取音同, 或取省文以書. 兩本多有誤字, 今皆去僞從眞, 以便初學之習.

생물(生物) 명 생명을 가진 물체. ⇔생(生). ≪朴諺, 上, 4ㅎ≫放象生纏糖(集覽, 朴集, 上, 2ㅈ: 象生纏糖. 諸司職掌婚禮定親及納徵, 皆用芝麻·纏糖二合, 茶纏糖二合, 則纏與糖非二物矣. 況音義內解〈鮮〉義相同, 則是亦明爲一物矣. 象生者, 像生物之形而爲之也. 象作像. 木印, 以木刻成物形爲模範者也. 糖, 卽沙糖也, 煎甘蔗莖爲之.), 生物을 象ᄒᆞ여 ᄆᆡᆼ근 沙糖이어나.

생분(生分) 부 본디. (본디 타고난 성품을 이르는 말) ⇔본ᄃᆡ. ≪朴諺, 中, 40ㅎ≫把這生分忤逆(集覽, 朴集, 中, 8ㅈ: 生分忤逆. 生分, 謂賦受性分也, 忤, 亦逆也.)呆種, 이 본ᄃᆡ 忤逆ᄒᆞᆫ 어린씨를다가.

생사(生死) 명 ❶태어남과 죽음. 삶과 죽음. ≪朴諺, 上, 18ㅎ≫後面北斗(集覽, 朴集, 上, 7ㅈ: 北斗左輔右弼. 七現二隱, 世人惟見七星, 不見輔·弼二星. 盖九星宰生死是非之簿, 能解一切厄.)七星板兒做的好, 後面 北斗七星 돈은 ᄆᆡᆫ돌기를 잘ᄒᆞ엿고. ❷〈불〉 모든 생물이 과거의 업(業)의 결과로 개체를 이루었다가 다시 해체되는 일. ≪朴諺, 上, 65ㅎ≫大發明得悟(集覽, 朴集, 上, 16ㅈ: 作與頌字迴光返照大發明得悟. 音義云, 石屋和尙作佛頌與〈与〉步虛, 其佛光迴還返照於步虛之身, 其於生死輪迴之說, 靡不通曉.), 크게 發明 得悟ᄒᆞ야. ≪朴諺, 中, 20ㅎ≫理圓四德(集覽, 朴集, 中, 4ㅈ: 理圓四德. 生死爲常, 不受二邊爲樂, 具入自在爲我, 三業淸淨爲淨.), 理ᄂᆞᆫ 四德에 ᄀᆞ잣고.

생산(生産) 동 (아기를) 낳다. 출산하다. 몸 풀다. ≪朴諺, 上, 50ㅈ≫滿月日老娘(集覽, 朴集, 上, 13ㅎ: 老娘. 音義云, 伏侍生産的婦人. 今按, 俗呼穩婆.)來, 둘이 ᄎᆞᆫ 날에 老娘이 와.

생수(生受) 동 수고하다. 고생시키다. 폐를 끼치다. ⇔슈고ᄒᆞ다. ≪集覽, 字解, 累字解, 1ㅈ≫生受. 艱苦也. 又貧乏也. ≪朴諺, 中, 16ㅎ≫生受相公, 슈고ᄒᆞ여다 相公아. ≪朴諺, 中, 34ㅎ≫休嫌生受, 슈고홈을 혐의로이 너기디 말라.

생수(生受) 부 수고로이. ⇔슈고로이. ≪朴諺, 中, 14ㅎ≫我這吳舍生受服事我來, 우리 이 吳舍ㅣ 슈고로이 날을 服事ᄒᆞ여 오니라.

생시(生時) 명 살아 있는 동안. ≪朴諺, 下, 4ㅎ≫久後你也得證果金身(集覽, 朴集, 下, 1ㅎ: 證果金身. 言果報者, 觀經疏云, 行眞實法感得勝報也. 又修善得善果, 作惡得惡報, 謂之果報. 又生時所作善惡謂之因, 他日報應謂之果. 謂證果者, 如三藏法師取經東還, 化爲栴檀佛如來.), 오란 후에 너도 證果金身홈을 어드리라.

생식(生息) 동 살아 숨을 쉬다. 생활하다. 생존하다. ≪朴諺, 上, 35ㅎ≫慢慢的將息(集覽, 朴集, 上, 10ㅎ: 將息. 將, 養也, 息, 生也. 謂調養其氣, 使生息之也. 亦曰將理, 又曰將攝, 今俗只說得〈將〉息.)却不好, 날회여 됴리ᄒᆞ면 또 됴티 아니ᄒᆞ랴.

생우(笙竽) 명 생황(笙簧)과 우(竽). ('우'는 생황과 비슷한데 조금 크다) ≪朴諺, 上,

23ㅈ≫斂些錢做翫月會(集覽, 朴集, 上, 8ㅈ: 翫月會. 東京錄云, 中秋夜, 貴家結飾臺榭, 民間爭占酒樓翫〈玩〉月, 絲簧鼎沸, 近內庭居民, 夜深遙聞笙竽之聲, 宛若雲外天樂, 閭里兒童連宵嬉戲, 夜市駢闐, 至於通曉.), 져기 돈 거두어 翫月會를 ᄒᆞ쟈.

생육(生肉) 명 날고기. ≪朴諺, 中, 30ㅈ≫稀粥(集覽, 朴集, 中, 7ㅈ: 稀粥也熬着. 北人好獵, 不力於農. 獵者·行者多齎粆米, 且其食性好粥, 尤好生肉湩酪, 故兩書皆元時所記, 多言稀粥及酪.)也熬着裏, 믉은 쥭도 ᄲᅮᆺ엇다.

생육(生育) 동 생물이 나서 자라다. ≪朴諺, 上, 10ㅈ≫後日是天赦日(集覽, 朴集, 上, 5ㅈ: 天赦日. 春戊寅·夏甲午·秋戊申·冬甲子, 謂天道生育萬物而有其罪也. 甲戊爲陽干之德, 子午爲陰陽之成, 寅申爲陰陽之立, 以干德配之爲赦也, 可修造起工〈土〉.), 모릐는 이 天赦日이니.

생인(生人) 명 ❶살아 있는 사람. ≪朴諺, 下, 41ㅈ≫殃榜(集覽, 朴集, 下, 9ㅈ: 殃榜. 漢俗, 凡遇人死, 則其家必斜貼殃榜〈梈〉於門外壁上, 榜〈梈〉文如本節〈莭〉所云, 使生人臨喪知所避忌也.)橫貼在門上, 殃梈을 문 우희 빗기 브텻더니. ❷태어난 사람. 출생한 사람. ≪朴諺, 下, 41ㅈ≫殃榜(集覽, 朴集, 下, 9ㅈ: 殃榜. 臞仙肘後經云, 生人所生之年, 與亡〈亾〉者所死月節〈莭〉相犯, 則忌避. 如四孟節〈莭〉內死者, 忌寅·申·巳·亥生人, 四仲月節〈莭〉內死者, 忌子·午·卯·酉生人, 四季月節內者〈四季月莭內死者〉, 忌辰·戌·丑·未生人是也.)橫貼在門上, 殃梈을 문 우희 빗기 브텻더니.

생일(生日) 명 생일. ⇔싱일. ≪朴諺, 上, 58ㅎ≫你昨日張千戶的生日裏, 네 어제 張千戶의 生日에. ≪朴諺, 上, 58ㅎ≫那裏做生日來, 어듸 가 生日을 ᄒᆞ뇨. ≪朴諺, 上, 59ㅈ≫饋他補生日, 뎌를 주어 生日을 다ᄂᆞ림ᄒᆞ면. ≪朴諺, 中, 47ㅎ≫不到一生日裏, ᄒᆞᆫ 싱일이 다ᄃᆞᆺ디 못ᄒᆞ여셔. ≪朴諺, 中, 48ㅎ≫過了一生日時, ᄒᆞᆫ 生日이 디나면.

생적(生的) 명 ❶양자(樣子·樣姿). 모양. 모습. ⇔양ᄌᆞ. ≪集覽, 字解, 單字解, 7ㅎ≫生. 生的 양ᄌᆞ. 生活 ᄉᆡᆼ녕. 又甚也. 又語助. 怎生. ❷얼굴. 용모. ⇔얼굴. ≪朴諺, 上, 41ㅎ≫那女孩兒生的(集覽, 朴集, 上, 12ㅈ: 生的. 天生容範.)十分可喜, 뎌 새각시 얼굴이 ᄀᆞ장 고아. ≪朴諺, 上, 55ㅎ≫一箇赤馬生的十分可喜, ᄒᆞᆫ 졀다ᄆᆞᆯ이 얼굴이 ᄀᆞ장 고오되.

생총(生葱) 명 파. ≪朴諺, 下, 32ㅈ≫水精角兒(集覽, 朴集, 下, 6ㅈ: 水精角兒. 飮饌正要云, 羊肉·羊脂·羊尾子·生葱·陳皮·生薑, 各細切, 入細料物, 塩醬拌勻爲餡. 用豆粉作皮包之, 水煮供食.), 水精角兒과.

생출(生出) 동 나다. 나오다. ⇔나다. ≪朴諺, 中, 40ㅈ≫房上生出那草, 집 우희 뎌 플이 나.

생충(生虫) 명 생충(生蟲). '虫'은 '蟲'의 속자. ≪朴諺, 下, 28ㅈ≫先喫甜的金橘蜜煎(集覽, 朴集, 下, 5ㅈ: 蜜煎. 事林廣記云, 凡煎生果, 最要遂其本性, 酸苦辛硬隨性製之. 以半蜜半水煮十數沸, 乘熟控乾, 別換新蜜, 入銀石器內, 用文·武火煮, 取其色明透爲度. 入新缶盛貯, 緊密封窨, 勿令生虫.)·銀杏煎, 몬져 ᄃᆞᆫ 金橘蜜煎과 銀杏煎을 먹어든.

생충(生蟲) 명 살아 있는 벌레. ≪朴諺, 下, 28ㅈ≫先喫甜的金橘蜜煎(集覽, 朴集, 下, 5ㅈ: 蜜煎. 事林廣記云, 凡煎生果, 最要遂其本性, 酸苦辛硬隨性製之. 以半蜜半水煮十數沸, 乘熟控乾, 別換新蜜, 入銀石器內, 用文·武火煮, 取其色明透爲度. 入新缶盛貯, 緊密封窨, 勿令生虫.)·銀杏煎, 몬져 ᄃᆞᆫ 金橘蜜煎과 銀杏煎을 먹어든.

생함(生餡) 명 날것으로 만든 소. ≪朴諺, 下, 32ㅈ≫羊肉餡(集覽, 朴集, 下, 5ㅎ: 餡. 或肉或菜及諸料物拌勻〈匀〉爲胎, 納於餅中者曰餡. 酸餡·素餡·葷餡·生餡·熟餡, 供用合宜.)饅頭, 羊肉 소 녀흔 상

화과.

생활(生活) 명 수공예(手工藝). ⇔셩녕. ≪集覽, 字解, 累字解, 2ㅎ≫生活. 셩녕. ≪集覽, 字解, 單字解, 7ㅎ≫生. 生的 양ᄌᆞ. 生活 셩녕. 又甚也. 又語助. 怎生. ≪朴諺, 上, 16ㅎ≫我也用心做生活, 나도 用心ᄒᆞ여 셩녕을 ᄒᆞ리라. ≪朴諺, 上, 41ㅎ≫好剌(刺)綉生活, 슈지치 셩녕을 잘ᄒᆞ고. ≪朴諺, 中, 2ㅎ≫一箇薄薄的生活, ᄒᆞᆫ 薄薄ᄒᆞᆫ 셩녕이로다. ≪朴諺, 中, 3ㅎ≫看生活, 셩녕엣 것 보라. ≪朴諺, 中, 19ㅈ≫學生活去, 셩녕 ᄇᆡ호라 가고. 一箇狐帽匠家學生活去, ᄒᆞ나흔 狐帽匠의 집의 셩녕 ᄇᆡ호라 가고. ≪朴諺, 中, 26ㅎ≫這一箇高手的人做的生活, 이 ᄒᆞᆫ 高手엣 사ᄅᆞᆷ의 ᄆᆡᆫ든 셩녕이. ≪朴諺, 中, 49ㅈ≫我生活忙不閑耍, 내 셩녕이 밧바 놀기를 결을티 못ᄒᆞ여라. ≪朴諺, 下, 6ㅈ≫一般動脚動手做生活, ᄒᆞᆫ가지로 발손을 놀려 ᄒᆞᆫ 셩녕이. 咳我到處裏做生活時, 애 내 간 ᄃᆡ마다 셩녕을 호ᄃᆡ.

생황(笙簧) 명 아악(雅樂)에 쓰는 관악기의 하나. ≪朴諺, 下, 49ㅈ≫好女不看燈(集覽, 朴集, 下, 11ㅈ: 好女不看燈. 其寺觀街巷, 燈明若晝. 士女夜遊, 車馬塞路, 有足不躡地浮行數十步者. 阡陌縱橫, 城闉不禁, 五陵年少, 滿路行歌, 萬戶千門, 笙簧未撤.), 好女는 看燈 아니ᄒᆞᆫ다 ᄒᆞᄂᆞ니라.

샤틔올 명 사라부루. (쉽싸리의 한 가지. 잎과 뿌리는 무쳐서 먹는다) ⇔전청(田菁). ≪朴諺, 中, 34ㅈ≫拔將小蒜, 족지. 田菁, 샤틔올. 薺菜, 낭이. 芢荇, 비름을 킈여 오라.

샤ᄒᆞ다 동 사(赦)하다. 용서하다. ⇔요(饒). ≪朴諺, 中, 3ㅈ≫饒他麽, 뎌를 샤ᄒᆞ쇼셔.

샹 명 ❶〈불〉 상(相). 일체 사물의 밖으로 나타나는 형상과 상태. 자상(自相)과 공상(共相), 동상(同相)과 이상(異相) 따위로 나뉜다. ⇔상(相). ≪朴諺, 中, 22ㅈ≫隨相現相救苦惱於三塗, 샹을 조차 샹을 뵈야 苦惱를 三塗에 救ᄒᆞᄂᆞᆫ또다. ❷상(賞). ⇔상(賞). ≪朴諺, 上, 53ㅎ≫豈可望賞, 엇디 가히 샹을 ᄇᆞ라리오.

샹등 명 상등(上等). 웃길. ⇔상등(上等). ≪朴諺, 下, 25ㅈ≫沒有, 업고. 青白間串的上等玉珠兒有幾串, 青白 섯거 꿴 샹등 옥구슬 여러 꿰옴이 이셰라.

샹샹에 부 상상(常常)에. 늘. 항상. ⇔상(常). ≪朴諺, 中, 46ㅈ≫你常選官, 너ᄂᆞᆫ 샹샹에 ᄲᆡ이ᄂᆞᆫ 관원이라.

샹ᄒᆞ다 동 상(賞)을 주다. ❶⇔상(賞). ≪朴諺, 上, 51ㅈ≫那一日老娘上又賞, 그 날 老娘의게 ᄯᅩ 샹ᄒᆞᄂᆞ니라. ≪朴諺, 中, 25ㅈ≫家中沒甚的事時賞你, 집의 아므란 일이 업스면 너를 샹ᄒᆞ고. ≪朴諺, 中, 53ㅈ≫上位賞了一百錠鈔兩表裏段子, 上位ㅣ 一百 錠鈔와 두 안밧 비단을 샹ᄒᆞ시니라. ≪朴諺, 下, 30ㅈ≫多多的賞你, 만히 네게 샹호리라. ❷⇔상상(上賞). ≪朴諺, 上, 51ㅈ≫老娘上賞銀子·段匹, 老娘의게 은과 비단을 샹ᄒᆞ고.

샹히 부 늘. 항상. ⇔상(常). ≪朴諺, 中, 25ㅈ≫常防賊心莫偷他物, 샹히 도적 ᄆᆞ음을 막고 ᄂᆞᆷ의 것 도적디 말라 ᄒᆞᄂᆞ니라.

서 관 서[三]. ⇔삼(三). ≪朴諺, 上, 16ㅈ≫三錢銀子打的, 서 돈 은이야 ᄆᆡᆫ들리라. ≪朴諺, 上, 30ㅈ≫三錢一箇家買你的, 서 돈에 ᄒᆞ나직(식) ᄒᆞ여 네 하롤 사쟈. ≪朴諺, 上, 30ㅈ≫六箇獐皮每一箇三錢家筭時, 여숫 獐皮에 ᄆᆡ ᄒᆞ나희 서 돈식 혜아리면. ≪朴諺, 中, 5ㅎ≫三升米, 서 되 ᄡᆞᆯ과. 三斤麵, 서 근 ᄀᆞᄅᆞ과. 三斤羊肉, 서 근 羊肉과. ≪朴諺, 中, 5ㅎ≫三升米, 시(서) 되 ᄡᆞᆯ과. 三斤麵, 서 근 ᄀᆞᄅᆞ과. 三斤猪肉, 서 근 猪肉과.

서(西) 명 ❶서. 서쪽. ⇔셔. ≪朴諺, 上, 12ㅎ≫西邉對籌去, 셔편에 사술 마초라 가. ≪朴諺, 上, 61ㅈ≫西壁廂有太子坐的地石床, 西壁廂에 太子 안ᄂᆞᆫ 石床이 잇고. ≪朴諺, 中, 25ㅎ≫如今搬在法藏寺西邉混堂間壁住裏, 이제 法藏寺 셔편 混堂

ᄉᆞ이 ᄇᆞ람에 올마 사ᄂᆞ니. ≪朴諺, 中, 43ㅎ≫東走西走, 동으로 ᄃᆞᆮ고 셔로 ᄃᆞ라. ❷서녘. 서쪽. ⇔셧녁. ≪集覽, 字解, 單字解, 7ㅈ≫頭. 首也. 東頭·西頭 동녁 귿·셧녁 귿, 頭到 나죵내, 到頭 나죵애. 通作投. 又上頭 젼ᄎᆞ로. 又頭盤 첫 판, 頭舘 첫 판, 頭雞 첫 ᄃᆞᆰ.

서(書) 명 ❶책. ≪朴諺, 下, 17ㅈ≫旣讀孔聖之書, 임의 孔聖의 書ᄅᆞᆯ 닑어시면. ❷글. ⇔글. ≪朴諺, 上, 45ㅈ≫却到學裏上書念一會, 또 學에 가 글 ᄇᆡ화 ᄒᆞᆫ 디위 念ᄒᆞ고. ≪朴諺, 下, 10ㅎ≫先生你寫與我書稍的去, 先生아 네 날을 글 써 주어든 브텨 보내쟈. ≪朴諺, 下, 11ㅈ≫望稍書來着, ᄇᆞ라건대 글을 브텨 보내쇼셔. ≪朴諺, 下, 12ㅈ≫如書到日, 만일 글이 니ᄅᆞᄂᆞᆫ 날이면. ≪朴諺, 下, 13ㅈ≫臨窓看書亦看花, 窓에 臨ᄒᆞ여 글을 보고 또 곳출 보쟈.

서(署) 동 수결(手決)하다. 서명(署名)하다. 화압(畫押)하다. ⇔일홈두다. ≪朴諺, 中, 46ㅈ≫你却不道首領官署了卷廳上不曾押裏, 네 또 首領官은 권에 일홈두고 廳上이 일즙 슈례두디 아녓다 니ᄅᆞ디 아니ᄒᆞ던다.

서(誓) 명 맹세(盟誓). ⇔ᄆᆡᆼ셔. ≪朴諺, 上, 23ㅈ≫咱就那一日各自說箇重誓, 우리 임의셔 그 날에 각각 듕ᄒᆞᆫ ᄆᆡᆼ셔ᄅᆞᆯ 닐러.

서각(犀角) 명 코뿔소의 뿔. ≪朴諺, 上, 26ㅈ≫鞍子是一箇烏犀角邊兒幔玳瑁, 기ᄅᆞ마ᄂᆞᆫ 이 ᄒᆞᆫ 烏犀角 변ᄋᆞ에 玳瑁ᄅᆞᆯ ᄭᅵ랏고.

서경(西京) 명 고려(高麗) 시대의 사경(四京) 가운데 하나. 지금의 평양(平壤)에 해당하는 행정 구역. ≪朴諺, 中, 13ㅈ≫圍着一箇西京來的載黃豆的船, ᄒᆞᆫ 西京으로셔 오ᄂᆞᆫ 黃豆 시른 ᄇᆡᄅᆞᆯ 에오고.

서과(西瓜) 명 수박. ⇔슈박. ≪朴諺, 中, 34ㅎ≫種些冬瓜, 동화. 西瓜, 슈박. 甜瓜, ᄎᆞᆷ외. 揷葫, ᄌᆞᄅᆞ박. 稍瓜, 수세외. 黃瓜, 외. 茄子, 가지ᄅᆞᆯ 시므라. ≪朴諺, 中, 56ㅈ≫跳冬瓜跳西瓜, 동과ᄢᅵ옴 ᄒᆞ랴 슈박ᄢᅵ옴 ᄒᆞ랴.

서관(署官) 명 중앙의 경시(卿寺)에 딸린 서(署)의 벼슬아치. ≪朴諺, 上, 3ㅎ≫官人們文書分付管酒的署官(集覽, 朴集, 上, 1ㅎ: 署官. 良醞署, 卽光祿寺屬官也. 有署正·署丞·監事等官.)根底, 官人들이 文書ᄅᆞᆯ 술 ᄀᆞ음아ᄂᆞᆫ 署官의게 分付ᄒᆞ여.

서교장(西敎場) 명 서쪽에 있는 교장(敎場). ≪朴諺, 上, 53ㅈ≫京都綜(棕)殿西敎場裡, 京都 綜(棕)殿 西敎場에.

서글다 동 서글퍼하다. 걱정하다. ⇔번뇌(煩惱). ≪朴諺, 下, 1ㅎ≫休煩惱, 서그러 말라.

서기(瑞氣) 명 상서로운 기운. ≪朴諺, 下, 3ㅈ≫西天取經去(集覽, 朴集, 下, 1ㅈ: 西天取經去. 西遊記云, 昔釋迦牟尼佛在西天靈山雷音寺, 撰成經·律·論三藏金經, 須送東土, 解度郡〈羣〉迷. 問諸菩薩, 往東土尋取經人來. 乃以西天去東土十萬八千里之程, 妖恠〈怪〉又多, 諸衆不敢輕諾. 唯南海落伽〈迦〉山觀世音菩薩, 騰雲駕霧往東土去, 遙見長安京兆府, 一道瑞氣衝天, 觀音化作老僧入城.)時莭(節), 西天의 經 가질라 갈 제.

서남(西南) 명 남서쪽. ≪朴諺, 上, 59ㅎ≫西湖是從玉泉(集覽, 朴集, 上, 15ㅈ: 玉泉. 在宛平縣西北三十里玉泉山下. 山有石洞三, 一在山之西南, 其下有泉, 深淺莫測.)裏流下來, 西湖ᄂᆞᆫ 이 玉泉으로 조차 흘러ᄂᆞ리니. ≪朴諺, 下, 8ㅎ≫說目連尊者(集覽, 朴集, 下, 2ㅎ: 目連尊者. 事林廣記云, 佛書所謂王舍衛城, 卽賔童龍國也, 國在西南海中, 隸占城.)救母經, 目連尊者의 救母經을 니ᄅᆞ니.

서ᄂᆞᆯᄒᆞ다 형 서늘하다. ⇔음량(陰凉). ≪朴諺, 上, 20ㅎ≫拴在陰凉處, 서ᄂᆞᆯᄒᆞᆫ ᄃᆡ ᄆᆡ여 두고.

서두(西頭) 명 서쪽 끝. ≪集覽, 字解, 單字解, 7ㅈ≫頭. 首也. 東頭·西頭 동녁 귿·셧녁 귿, 頭到 나죵내, 到頭 나죵애. 通作

投. 又上頭 젼ᄎᆞ로. 又頭盤 쳣 판, 頭舘 쳣 판, 頭雞 쳣 돍.

서랑(壻郎) 명 남의 사위를 높여 이르는 말. ≪朴諺, 中, 25ㅎ≫可知那廝使長(集覽, 朴集, 中, 6ㅎ: 使長〈使長者〉. 今俗唯出外行者及新婚壻郎無職者, 親迎之夕必戴大帽.)也做裏, 그리어니 뎌 놈이 使長의 큰갓도 뮌ᄃᆞ니.

서리(書吏) 명 문서의 기록과 관리를 맡아 하던 하급의 구실아치. ≪朴諺, 下, 53ㅎ≫陸書吏, 陸書吏아.

서리다 동 서리다[蟠]. ⇔반(盤). ≪朴諺, 下, 9ㅈ≫人人盡盤雙足, 사ᄅᆞᆷ마다 다 두 발을 서리고.

서ᄅᆞ 부 서로. ❶⇔상(相). ≪朴諺, 中, 19ㅈ≫兩心相照亦不難, 둘희 ᄆᆞ음이 서ᄅᆞ 비최면 ᄯᅩᄒᆞᆫ 어렵디 아니ᄒᆞ니라. ≪朴諺, 中, 19ㅈ≫有緣千里能相會, 인연이 이시면 千里라도 능히 서ᄅᆞ 못ᄃᆞᆺ고. 無緣對面不相逢, 인연이 업스면 ᄂᆞᆺ출 ᄃᆡᄒᆞ여도 서ᄅᆞ 만나디 못ᄒᆞᄂᆞ니. ≪朴諺, 下, 11ㅎ≫喜面相叅, 喜面으로 서ᄅᆞ 뵈면. ≪朴諺, 下, 12ㅈ≫比及孩兒相會, 孩兒ㅣ 서ᄅᆞ 모듬을 미처. ≪朴諺, 下, 40ㅈ≫是我好相識, 이 내 ᄀᆞ장 서ᄅᆞ 아ᄂᆞᆫ이라. ≪朴諺, 下, 40ㅎ≫相識們十分央及時, 서ᄅᆞ 아ᄂᆞᆫ 이들히 ᄀᆞ장 빌면. ≪朴諺, 下, 62ㅈ≫人事與相識弟兄, 人事로 서ᄅᆞ 아ᄂᆞᆫ 弟兄을 주라. ❷⇔시(廝). ≪朴諺, 下, 28ㅎ≫明日再廝見, ᄂᆡ일 다시 서ᄅᆞ 보ᄂᆞ니라. ≪朴諺, 下, 48ㅎ≫又是擔杖廝打着, ᄯᅩ 막대를 메고 서ᄅᆞ 싸화. ≪朴諺, 下, 55ㅈ≫捉賊見贓, 도적 잡기ᄂᆞᆫ 장믈을 보고. 廝打驗傷, 서ᄅᆞ 싸혼 ᄃᆡᄂᆞᆫ 傷處를 驗ᄒᆞᆫ다 ᄒᆞᄂᆞ니라.

서방(西房) 명 건물의 중앙 정방(正房)을 중심으로 하여 서쪽에 있는 방. ≪朴諺, 中, 39ㅈ≫西房幾間, 西房이 현 간.

서방(書房) 명 서재(書齋). 서실(書室). ≪朴諺, 下, 12ㅈ≫我要蓋一座書房, 내 一座 書房을 짓고져 ᄒᆞ니. ≪朴諺, 下, 57ㅎ≫書房裡坐的看文書裡, 書房에 안자 글 보ᄂᆞ니라.

서번(西番) 명 중국 서역(西域) 및 서부 변경 지역을 이르는 말. ≪朴諺, 上, 15ㅎ≫着甚麽鐵頭打, 므슴 鐵로 티이려 ᄒᆞᄂᆞ다. ≪朴諺, 上, 15ㅎ≫着鑌鐵(集覽, 朴集, 上, 6ㅈ: 鑌鐵. 緫〈聡〉龜云, 出西番, 面上自有旋螺花者, 有芝麻花者. 凡刀劍器打磨光淨, 價直過於銀, 鐵〈銕〉中最利者也.)打, 鑌鐵로 티이되. ≪朴諺, 上, 27ㅎ≫指頭來大紫鴉忽(集覽, 朴集, 上, 9ㅎ: 紫鴉忽. 瓓也. 出南番·西番. 性堅滑, 有紅瓓·紫瓓, 亦有淡者, 色明瑩. 有大如指面者, 儘大儘貴.)頂兒, 손ᄭᅡ락 굴긔 紫鴉忽 頂子에.

서벽상(西壁廂) 명 서녘. 서쪽. ≪朴諺, 上, 61ㅈ≫西壁廂有太子坐的地石床, 西壁廂에 太子 안ᄂᆞᆫ 石床이 잇고. 東壁也有石床, 東壁에도 石床이 잇고.

서변(西邉) 명 서변(西邊). '邉'은 '邊'의 속자. ≪朴諺, 上, 12ㅎ≫西邉對籌去, 셔편에 사솔 마초라 가. ≪朴諺, 中, 25ㅎ≫如今搬在法藏寺西邉混堂間壁住裏, 이제 法藏寺 셔편 混堂 ᄉᆞ이 ᄇᆞ람에 올마 사ᄂᆞ니. ≪朴諺, 下, 5ㅎ≫那西邉做一箇竈洞, 뎌 셔편의 ᄒᆞᆫ 굴을 뮌들라.

서변(西邊) 명 서편(西便). 서쪽. ⇔셔편. ≪朴諺, 上, 12ㅎ≫西邉對籌去, 셔편에 사술 마초라 가. ≪朴諺, 中, 25ㅎ≫如今搬在法藏寺西邉混堂間壁住裏, 이제 法藏寺 셔편 混堂 ᄉᆞ이 ᄇᆞ람에 올마 사ᄂᆞ니. ≪朴諺, 下, 5ㅎ≫那西邉做一箇竈洞, 뎌 셔편의 ᄒᆞᆫ 굴을 뮌들라.

서북(西北) 명 북서쪽. ≪朴諺, 上, 10ㅈ≫去角頭(集覽, 朴集, 上, 5ㅈ: 角頭. 音義云, 東南西北往來人煙〈烟〉湊集之處. 今按, 角頭, 卽通逵達道要會之衝, 傭力求直之人坌集之所.)叫幾箇打墻的和坌工來築墻, 모롱이에 가 여러 담 ᄡᆞᄂᆞᆫ 이와 조역을 블러다가 담 ᄡᅡ이리라. ≪朴諺, 上, 59ㅎ≫西湖是從玉泉(集覽, 朴集, 上, 15ㅈ:

玉泉. 在宛平縣西北三十里玉泉山下. 山有石洞三.)裏流下來, 西湖는 이 玉泉으로 조차 흘러ᄂᆞ리니.

서산(西山) 명 중국 북경시(北京市) 서쪽 교외에 있다. 남쪽 거마산(拒馬山)에서 시작하여 북쪽 군도산(軍都山)까지 이어지는데, 여러 봉우리가 있는 명승지이다. ≪朴諺, 中, 20ㅈ≫將二兩銀到西山(集覽, 朴集, 中, 3ㅎ: 西山. 在順天府西三十里太行山首, 始于河內, 北至幽州, 强形鉅勢, 爭奇擁翠, 雲聳星拱于皇都之右. 每大雪初霽, 千峯萬壑〈砮〉, 積素凝華, 若圖畫然, 爲京師八景之一, 曰西山霽雪. 今見北京西城外有山一座, 卽是.)裏, 두 냥 은을 가지고 西山에 가.

서산제운(西山霽雪) 명 중국 북경시(北京市) 서쪽 교외에 있는 여덟 곳의 명승지 가운데 하나. 눈이 갠 뒤의 서산(西山)의 아름다운 경치를 일컫는 말이다. ≪朴諺, 中, 20ㅈ≫將二兩銀到西山(集覽, 朴集, 中, 3ㅎ: 西山. 每大雪初霽, 千峯萬壑〈砮〉, 積素凝華, 若圖畫然, 爲京師八景之一, 曰西山霽雪. 今見北京西城外有山一座, 卽是.)裏, 두 냥 은을 가지고 西山에 가.

서생(書生) 명 선비. 유생(儒生). ≪朴諺, 下, 50ㅈ≫你這般金榜掛名的書生, 너ᄂᆞᆫ 이런 金榜에 掛名ᄒᆞᆯ 書生이니.

서습(暑濕) 명 덥고 습한 기운. ≪朴諺, 下, 3ㅎ≫經多少風寒暑濕, 언머 風寒과 暑濕을 디내며.

서승(署丞) 명 중앙의 경시(卿寺)에 딸린 서(署)의 버금 벼슬. ≪朴諺, 上, 3ㅎ≫官人們文書分付管酒的署官(集覽, 朴集, 上, 1ㅎ: 署官. 良醞署, 卽光祿寺屬官也. 有署正·署丞·監事等官.)根底, 官人들이 文書를 술 ᄀᆞ음아ᄂᆞᆫ 署官의게 分付ᄒᆞ여.

서시(西施) 명 춘추전국시대 오(吳)나라에 패한 월(越)나라의 왕 구천(句踐)이 부차에게 바친 미녀. 부차가 그 용모에 빠져 있는 사이에 오나라를 멸망시켰다. 훗날 미녀를 대신하는 말이 되었다. ≪朴諺, 下, 51ㅎ≫我待學范蠡歸湖(集覽, 朴集, 下, 11ㅎ: 范蠡歸湖. 范蠡, 越之大夫也. 相越王勾踐敗吳, 曰, 越王爲人長頸鳥〈烏〉喙, 可與啚〈圖〉患難, 不可與共安逸. 遂泛扁舟, 載西施, 遊五湖不返.), 내 范蠡의 歸湖를 빅호고져 ᄒᆞ노라.

서신(書信) 명 소식. 편지. 서신. ≪朴諺, 上, 46ㅈ≫我家裏書信有麽, 우리 집 書信이 잇ᄂᆞ냐.

서안(書案) 명 책을 얹는 책상. ⇔셔안. ≪朴諺, 中, 45ㅈ≫那書案上的各樣書冊, 뎌 셔안 우희 各樣 書冊을. ≪朴諺, 下, 14ㅈ≫紫羅書案上展開, 紫羅 書案에 펴고.

서언고사(書言故事) 명 송(宋)나라의 호계종(胡繼宗)이 고사성어(故事成語)를 모아서 인군류(人君類)와 유학류(儒學類)로 분류하여 해석하고 그 출전을 밝힌 책. 12권. ≪朴諺, 上, 18ㅈ≫是拘欄(集覽, 朴集, 上, 6ㅎ: 拘欄. 書言故事云, 鉤〈鈎〉欄, 俳優棚也.)衚衕裏帶匠夏五廂的, 이 拘欄 골 쯰장이 夏五ㅣ 젼메웟ᄂᆞ니라. ≪朴諺, 下, 7ㅎ≫放着一箇三隻脚鐵蝦蟆兒(集覽, 朴集, 下, 2ㅈ: 三隻脚鐵蝦蟆. 書言故事云, 月宮蟾蜍三足, 是爲羿(羿)妻所化.)便是, ᄒᆞᆫ 세 발 가진 쇠두텁이 노흔 거시 곳 이라.

서역(西域) 명 한대(漢代)에 현재의 옥문관(玉門關) 서쪽의 신강(新疆) 지역과 중앙아시아 등지를 이르던 말. ≪朴諺, 上, 4ㅈ≫核桃(集覽, 朴集, 上, 2ㅈ: 核桃. 張騫使西域, 得胡桃回, 種于中國. 後五胡時, 避胡字, 改名核桃.), 호도와. ≪朴諺, 下, 3ㅈ≫往常唐三藏(集覽, 朴集, 下, 1ㅈ: 唐三藏法師〈三藏〉. 貞觀三年, 奉勑往西域, 取經六百卷而來, 仍呼爲三藏法師.)師傅, 뎌적의 唐ㅅ 三藏 師傅ㅣ. ≪朴諺, 下, 16ㅎ≫唐三藏西遊記(集覽, 朴集, 下, 4ㅈ: 西遊記. 三藏法師往西域取經六百卷而來, 記其往來始末爲書, 名曰西遊記.)去, 唐三藏의 西遊記를 사라 가쟈. ≪朴

諺, 下, 17ㅈ≫唐三藏引孫行者(集覽, 朴集, 下, 4ㅈ: 孫行者. 西遊記云, 西域有花菓山, 山下有水簾洞, 洞前有鐵板橋, 橋下有萬丈澗, 澗邊有萬箇小洞, 洞裏多猴. 有老猴精, 號齊天大聖, 神通廣大, 入天宮仙桃園偸蟠桃, 又偸老君靈丹藥, 又去王母宮偸王母綉仙衣一套, 來設慶仙衣會.), 唐三藏이 孫行者를 ᄃᆞ리고. ≪朴諺, 下, 47ㅈ≫粧二郎爺爺(集覽, 朴集, 下, 10ㅎ: 二郎爺爺. 按西遊記, 西域花菓山洞有老猴精, 號齊天大聖, 神變〈变〉無測, 閙(鬧)乱天宮, 玉帝命李天王領神兵往捕, 相戰失利.), 二郎爺爺를 ᄭᅮ며.

서역기(西域記) 명 대당서역기(大唐西域記). 당(唐)나라의 현장(玄奘)이 인도(印度) 및 중앙아시아(中央亞細亞)를 여행하며 기록한 것을 중 변기(辯機)가 다시 쓴 견문록. 12권. ≪朴諺, 中, 22ㅎ≫結草廬於香山之上(集覽, 朴集, 中, 5ㅎ: 結草廬於香山之上. 西域記云, 阿耨達, 水名, 在香山之南.), 草廬를 香山 우희 지엇ᄯᅩ다. ≪朴諺, 中, 22ㅎ≫傾甘露於瓶中濟險途於飢渴(集覽, 朴集, 中, 5ㅎ: 傾甘露於瓶中濟險途於飢渴. 西域記云, 軍持, 澡瓶也. 尼畜軍持, 僧畜澡罐.), 甘露를 瓶中에 기우려 險途를 飢渴에 구제ᄒᆞᄂᆞᆺ다. ≪朴諺, 下, 9ㅈ≫箇箇擎拳合掌(集覽, 朴集, 下, 2ㅎ: 擎拳合掌. 西域記云, 致敬之式, 其儀九等, 四曰合掌平拱.), 낫낫치 擎拳合掌ᄒᆞ야.

서오(徐五) 명 서씨(徐氏)의 다섯째 아들이라는 뜻으로, 이름이나 신분이 특별하지 아니한 평범한 사람들을 이르는 말. ≪朴諺, 中, 25ㅎ≫徐五家的, 徐五의 집의셔 ᄒᆞᆫ 거시라. ≪朴諺, 中, 25ㅎ≫徐五的徒弟李大, 徐五의 뎨시 李大ㅣ.

서옥(瑞玉) 명 상서로운 구슬. ≪朴諺, 中, 23ㅈ≫面圓璧月(集覽, 朴集, 中, 6ㅈ: 面圓璧月. 璧, 天生瑞玉, 盈尺餘, 形圓者也.), ᄂᆞᆺ촌 璧(璧)月ᄀᆞ티 두렷ᄒᆞ고.

서왕모(西王母) 명 신화상 신녀(神女)의 이름. 불사약(不死藥)을 가진 신녀라고 하며, 음양설에서는 일몰(日沒)의 여신이라고도 한다. ≪朴諺, 上, 19ㅎ≫一對釧兒(集覽, 朴集, 上, 7ㅎ: 釧. 事物紀原云, 黃帝時, 西王母獻〈献〉白環, 舜時亦獻〈献〉. 通俗文云, 環臂謂之釧. 漢順帝時有功者賜金釧, 亦曰環釧.), ᄒᆞᆫ 빵 ᄑᆞᆯ쇠로다가 ᄒᆞ련노라.

서운(瑞雲) 명 상서로운 구름. ≪朴諺, 上, 60ㅎ≫白日黑夜瑞雲生, 白日 黑夜에 瑞雲이 나니.

서원(西苑) 명 중국 북경시(北京市) 옛 황성 서화문(西華門) 서쪽에 있었다. 본래는 금(金)나라의 이궁(離宮)이었는데, 청대(淸代)에 대내(大內)의 서쪽에 있다 하여 붙여진 이름이다. ≪朴諺, 上, 59ㅎ≫揮使你曾到西湖(集覽, 朴集, 上, 15ㅈ: 西湖. 在玉泉山下, 泉水瀦而爲湖, 流入宮中. 西苑爲太液池, 出都城爲玉河, 東南流注于大通河. 環湖十餘里, 荷·蒲·菱·芡與夫沙禽·水鳥出沒, 隱暎於天光雲影中, 實佳境也.)景來麽, 揮使ㅣ아 네 일즙 西湖ㅅ 景에 갓든다.

서원(西園) 명 서쪽에 있는 원림(園林) 이름. ≪朴諺, 中, 34ㅈ≫那廝你西園裏, 뎌 놈아 네 西園에.

서원(書院) 명 당대(唐代)에 중서성(中書省)에서 경전(經典) 및 사적(史籍)의 관리와 편찬, 제왕의 자문에 응하는 일을 맡아하던 기구. ≪朴諺, 下, 39ㅎ≫他在樞密院(集覽, 朴集, 下, 8ㅎ: 樞密院. 元制, 有使·副使·知院·同知院·簽書院, 與〈与〉中書號爲二府, 主兵政.)角頭住裏, 뎨 樞密院 모롱이에 이셔 사ᄂᆞ니라.

서유기(西遊記) 명 중국의 소설(小說) 3대 기서(奇書)의 하나. 100회(回)로 된 장회소설(章回小說). 명(明)나라 오승은(吳承恩)이 지었다고 한다. 당(唐)나라의 중 현장(玄奘)의 인도(印度) 여행에 관한 전설에서 취재하여, 손오공(孫悟空)·저팔계(豬八戒)·사오정(沙悟淨)이 삼장법사

(三藏法師)를 수호하며 여러 가지 곤란을 극복하고 천축(天竺)에 이르러 무사히 불경(佛經)을 가지고 돌아온다는 이야기이다. ≪朴諺, 下, 3ㅈ≫西天取經去(集覽, 朴集, 下, 1ㅈ: 西天取經去. 西遊記云, 昔釋迦牟尼佛在西天靈山雷音寺, 撰成經·律·論三藏金經, 須送東土, 解度郡〈羣〉迷. 問諸菩薩, 往東土尋取經人來.)時節(節), 西天의 經 가질라 갈 제. ≪朴諺, 下, 16ㅎ≫唐三藏西遊記(集覽, 朴集, 下, 4ㅈ: 西遊記. 三藏法師往西域取經六百卷而來, 記其往來始末爲書, 名曰西遊記.)去, 唐三藏의 西遊記를 사라 가쟈. ≪朴諺, 下, 17ㅈ≫西遊記熱閙(鬧), 西遊記는 워전즈런ᄒᆞ니.

서익(舒翼) 동 날개를 펼치다. ≪朴諺, 下, 13ㅈ≫上面畫六鶴舞琴(集覽, 朴集, 下, 3ㅈ: 六鶴舞琴. 史記, 師曠援琴而鼓, 一奏之, 有玄鶴二八集于廊門, 再奏之, 延頸而鳴, 舒翼而舞.), 上面에 六鶴舞琴을 그리고.

서인(庶人) 명 서민. 백성. ≪朴諺, 上, 25ㅎ≫鴉青繡四花織金羅搭護(集覽, 朴集, 上, 8ㅎ: 搭護. 事物紀原云, 隋內官多服半臂, 餘皆長袖. 唐高祖減其袖, 謂之半臂, 卽今背子也. 江淮間或曰綽子, 庶人競服之. 今俗呼爲搭護, 더그레.), 鴉青빗ᄎᆡ 四花를 繡노코 織金ᄒᆞᆫ 羅 더그레오. ≪朴諺, 上, 40ㅎ≫別處一箇官人娶娘子(集覽, 朴集, 上, 11ㅎ: 娘子. 今俗稱〈称〉公主·宮女, 下至庶人妻, 皆曰娘子.), 다른 고ᄃᆡᄒᆞᆫ 官人이 娘子를 娶ᄒᆞ노라.

서자(黍子) 명 기장[黍]. ⇔기장. ≪朴諺, 下, 37ㅈ≫稻子, 벼. 薥秫, 슈슈. 黍子, 기장. 大麥, 보리. 小麥, 밀. 蕎麥, 모밀. 黃豆, 콩. 小豆, ᄑᆞᆺ. 菉豆, 녹두. 莞豆, 광쟝이. 黑豆, 거믄콩. 芝麻, 츠ᄁᆡ. 蘇子, 듧ᄁᆡ.

서자(庶子) 명 적장자(嫡長子) 이외의 모든 아들. ≪朴諺, 下, 59ㅈ≫上泰封王弓裔(集覽, 朴集, 下, 12ㅎ: 弓裔. 新羅憲安王之庶子, 以五月五日生, 屋上有素光屬天如虹.)手下, 泰封王 弓裔 手下에 올라.

서정(署正) 명 중앙의 경시(卿寺)에 딸린 서(署)의 으뜸 벼슬. ≪朴諺, 上, 3ㅎ≫官人們文書分付管酒的署官(集覽, 朴集, 上, 1ㅎ: 署官. 良醞署, 卽光祿寺屬官也. 有署正·署丞·監事等官.)根底, 官人들이 文書를 술 ᄀᆞ음아는 署官의게 分付ᄒᆞ여.

서직문(西直門) 명 중국 북경(北京) 내성(內城)에 있는 성문. 부성문(阜城門) 북쪽에 있다. ≪朴諺, 上, 11ㅎ≫我在平則門(集覽, 朴集, 上, 5ㅎ: 平則門. 永樂十九年, 營建宮室, 立門九, 南曰正陽, 又曰午門, 元則曰麗正, 南之右曰宣武, 元則曰順承, 南之左曰文明, 元則曰崇文, 又曰哈噠, 北之東曰安定, 北之西曰德勝, 元則曰健德, 東之北曰崇仁, 一名東直, 元名同, 東之南曰朝陽, 元則曰齊華, 西之北曰西直, 西之南曰阜城, 元則曰平則. 元設十一門, 而今減其二.)邊住, 내 平則門 ᄀᆞᆺ의 이셔 사노라. ≪朴諺, 下, 49ㅎ≫西有阜城門·西直門, 西에 阜城門·西直門이 이시니.

서책(書冊) 명 책. 서적. ≪朴諺, 中, 45ㅈ≫那書案上的各㨾書冊, 뎌 셔안 우희 各㨾 書冊을.

서천(西天) 명 중국의 서역(西域) 지방에 있던 여러 나라를 통틀어 이르는 말. ≪朴諺, 下, 3ㅈ≫西天取經去(集覽, 朴集, 下, 1ㅈ: 西天取經去. 西遊記云, 昔釋迦牟尼佛在西天靈山雷音寺, 撰成經·律·論三藏金經, 須送東土, 解度郡〈羣〉迷. 問諸菩薩, 往東土尋取經人來. 乃以西天去東土十萬八千里之程, 妖恠〈怪〉又多, 諸衆不敢輕諾. 唯南海落伽〈迦〉山觀世音菩薩, 騰雲駕霧往東土去, 遙見長安京兆府, 一道瑞氣衝天, 觀音化作老僧入城.)時節(節), 西天의 經 가질라 갈 제. ≪朴諺, 下, 4ㅎ≫到西天取將經來, 西天의 가 經을 가져와. ≪朴諺, 下, 17ㅎ≫唐僧往西天取經去時節(節), 唐僧이 西天을 향ᄒᆞ여 經 가질라 갈 제.

서프다 형 저프다. '서'는 '저'의 잘못. ≪朴

諺, 下, 27ㅎ≫怕你錯買時, 네 그릇 사는 가 서(저)프거든.

서호(西湖) 명 중국 절강성(浙江省) 항주시(杭州市)의 시성(市城) 남쪽에 있는 호수. 처음에는 명성호(明聖湖)라 부르다가 당대(唐代) 이후 서호라 불렀다. ≪朴諺, 上, 59ㅎ≫揮使你曾到西湖(集覽, 朴集, 上, 15ㅈ: 西湖. 在玉泉山下, 泉水瀦而爲湖, 流入宮中. 西苑爲太液池, 出都城爲玉河, 東南流注于大通河. 環湖十餘里, 荷·蒲·菱·芡與夫沙禽·水鳥出沒, 隱暎於天光雲影中, 實佳境也.)景來麽, 揮使ㅣ아네 일즙 西湖ㅅ 景에 갓든다. ≪朴諺, 上, 59ㅎ≫西湖是從玉泉裏流下來, 西湖는 이 玉泉으로 조차 흘러ᄂᆞ리니. ≪朴諺, 中, 52ㅎ≫上位在西湖景凉殿裏坐的看, 上位ㅣ 西湖 景凉殿에 안자 보시더라.

서화(書畫) 명 글씨와 그림. ≪朴諺, 上, 57ㅈ≫官裏前面看書畫裏, 황뎨 앏희셔 書畫를 보니.

석 관 석[三]. ⇔삼(三). ≪朴諺, 上, 43ㅎ≫三尺半白淸水絹, 석 자 반 제믈엣 깁이야. ≪朴諺, 上, 48ㅎ≫到那裏住三箇月, 뎌긔 가 석 돌을 머믈면. ≪朴諺, 中, 38ㅈ≫葱白的三兩銀子如何, 葱白에는 석 냥 은에 홈이 엇더ᄒᆞ뇨. ≪朴諺, 中, 43ㅈ≫每日馬肚皮塵埋三尺, ᄆᆡ일에 몰 빗가족에 틧글이 석 자히나 무텻고. ≪朴諺, 下, 25ㅎ≫這珠兒討時討三兩價錢, 이 구슬을 쐬오면 석 냥 갑식 쐬오려니와. ≪朴諺, 下, 31ㅎ≫三尺寬肩膀, 석 자나 너른 엇게오. ≪朴諺, 下, 55ㅎ≫報信的三兩, 報信ᄒᆞᄂᆞ니는 석 냥이오.

석(石) 명 돌. ❶⇔돌. ≪朴諺, 上, 10ㅎ≫着石杵慢慢兒打, 돌고로다가 날회여 다이되. ≪朴諺, 下, 12ㅎ≫以至升斗, 뻐 바리와. 石, 돌과. 塼, 벽과. 培瓦, 培瓦에 니르히. 都有, 다 이세라. ❷⇔돌ㅎ. ≪朴諺, 中, 32ㅈ≫有累累垂垂石, 累累 垂垂ᄒᆞᆫ 돌히 이시며.

석(石) 명 무게의 단위. 120근(斤). ≪朴諺, 上, 52ㅎ≫你要打幾箇氣力(集覽, 朴集, 上, 13ㅎ: 氣力. 音義云, 弓强弱之力, 重十二斤曰一箇氣力. 今按, 舊本以斗石爲重, 續綱目兩石弓註, 三十斤爲鈞, 四鈞爲石, 重百二十斤也.)的弓, 네 언머 힘에 활을 ᄆᆡᆫ돌고져 ᄒᆞᄂᆞᆫ다.

석(石) 의 섬. ≪朴諺, 上, 11ㅈ≫我有兩箇月俸(集覽, 朴集, 上, 5ㅈ: 月俸. 中朝〈元制〉官祿, 每月支〈支〉給. 今此一月四石之俸, 以元制考之, 乃從九品也. 米·豆曰祿, 鈔·錢·絹曰俸.)來關, 내 두 돌 뇨 톨 써시 이셰라.

석(蓆) 명 삿. 삿자리. ⇔삿. ≪朴諺, 中, 12ㅈ≫蓆·筐·馬槽都壯麽, 삿·광조리·물귀유ㅣ 다 壯ᄒᆞ냐.

석(釋) 명 〈불〉 석가(釋家). 불가(佛家). ≪朴諺, 中, 24ㅈ≫萬刼(集覽, 朴集, 中, 6ㅈ: 萬劫. 儒曰世, 釋曰劫〈刼〉, 道曰塵. 一說, 儒家曰數, 道家曰劫〈刼〉, 佛家曰世.)再逢難, 萬劫이라도 다시 만나기 어려오니라.

석가(釋伽) 명 석가(釋迦). '伽'는 '迦'의 다른 표기. ≪朴諺, 下, 3ㅈ≫西天取經去(集覽, 朴集, 下, 1ㅈ: 西天取經去. 老僧見法師曰, 西天釋迦〈伽〉造經三藏, 以待取經之人. 法師曰, 旣有程途, 須有到時.)時莭(節), 西天의 經 가질라 갈 제.

석가(釋迦) 명 〈불〉 석가모니(釋迦牟尼)의 준말. ≪朴諺, 上, 33ㅈ≫穿着衲襖將着鉢盂(集覽, 朴集, 上, 10ㅈ: 鉢盂. 總龜〈総亀〉云, 天竺國器也, 釋迦有女靑石鉢, 宋廬陵王以銅鉢餉于五祖, 是宋·晉間中國始用也.), 누비옷 닙고 에우아리 가지고. ≪朴諺, 上, 65ㅎ≫得傳衣鉢(集覽, 朴集, 上, 16ㅈ: 傳衣鉢.釋迦佛生年十九出家, 住世四十九年, 傳衣鉢于迦葉初祖達摩, 達摩傳衣鉢于二祖, 二祖傳于三祖, 至於六祖, 至三十二祖弘忍. 盖以此爲傳道之器也.), 衣鉢 傳홈을 어더. ≪朴諺, 下, 3ㅈ≫西天取經去(集覽, 朴集, 下, 1ㅈ: 西天取經去. 老僧見法師曰, 西天釋迦〈伽〉造經三藏, 以待取經之人. 法師曰, 旣有程途,

須有到時.)時節(節), 西天의 經 가질라 갈 제.

석가모니(釋迦牟尼) 명 〈불〉 불교의 개조(開祖). 성(姓)은 교답마(喬答摩). 이름은 실달다(悉達多). 중인도(中印度) 가비라국(迦毘羅國) 정반왕(淨飯王)의 맏아들. 설산(雪山)에서 6년간 고행(苦行)한 뒤 가야산(迦耶山) 보리수(菩提樹) 아래에서 도를 깨우쳐 부처가 되었다. ≪朴諺, 中, 24ㅈ≫萬刼(集覽, 朴集, 中, 6ㅈ: 萬劫. 五劫〈刼〉旣周, 復從其始. 又六十年一甲子, 一百年爲一小劫〈刼〉, 一千年爲一中劫〈刼〉, 三中劫〈刼〉爲一大劫〈刼〉. 佛家初劫〈刼〉爲釋迦牟尼佛, 二劫〈刼〉爲寶髻佛, 三劫〈刼〉爲燃燈佛.)再逢難, 萬劫이라도 다시 만나기 어려오니라. ≪朴諺, 下, 3ㅈ≫西天取經去(集覽, 朴集, 下, 1ㅈ: 西天取經去. 西遊記云, 昔釋迦牟尼佛在西天靈山雷音寺, 撰成經·律·論三藏金經, 須送東土, 解度郡〈羣〉迷. 問諸菩薩, 徃東土尋取經人來.)時節(節), 西天의 經 가질라 갈 제. ≪朴諺, 下, 24ㅈ≫行者念金頭揭地·銀頭揭地·波羅僧揭地(集覽, 朴集, 下, 5ㅈ: 金頭揭地·銀頭揭地·波羅僧揭地. 西遊記云, 釋迦牟尼佛在靈山雷音寺演說三乘敎法, 傍有侍奉阿難·伽舍諸菩薩·聖僧·羅漢·八金剛·四揭地·十代明王·天仙·地仙.)之後, 行者ㅣ 金頭揭地와 銀頭揭地와 波羅僧揭地ᄅᆞᆯ 念ᄒᆞᆫ 後에.

석가모니불(釋迦牟尼佛) 명 〈불〉 석가모니를 부처로 모시어 이르는 말. 삼신불(三身佛) 가운데 화신불(化身佛)에 해당한다. ≪朴諺, 中, 24ㅈ≫萬刼(集覽, 朴集, 中, 6ㅈ: 萬劫. 五劫〈刼〉旣周, 復從其始. 又六十年一甲子, 一百年爲一小劫〈刼〉, 一千年爲一中劫〈刼〉, 三中劫〈刼〉爲一大劫〈刼〉. 佛家初劫〈刼〉爲釋迦牟尼佛, 二劫〈刼〉爲寶髻佛, 三劫〈刼〉爲燃燈佛.)再逢難, 萬劫이라도 다시 만나기 어려오니라. ≪朴諺, 下, 3ㅈ≫西天取經去(集覽, 朴集, 下, 1ㅈ: 西天取經去. 西遊記云, 昔釋迦牟尼佛在西天靈山雷音寺, 撰成經·律·論三藏金經, 須送東土, 解度郡〈羣〉迷. 問諸菩薩, 徃東土尋取經人來.)時節(節), 西天의 經 가질라 갈 제. ≪朴諺, 下, 24ㅈ≫行者念金頭揭地·銀頭揭地·波羅僧揭地(集覽, 朴集, 下, 5ㅈ: 金頭揭地·銀頭揭地·波羅僧揭地. 西遊記云, 釋迦牟尼佛在靈山雷音寺演說三乘敎法, 傍有侍奉阿難·伽舍諸菩薩·聖僧·羅漢·八金剛·四揭地·十代明王·天仙·地仙.)之後, 行者ㅣ 金頭揭地와 銀頭揭地와 波羅僧揭地ᄅᆞᆯ 念ᄒᆞᆫ 後에.

석각(石刻) 동 돌에 글씨 따위를 새기다. 또는 그런 조각품. ≪朴諺, 下, 8ㅈ≫慶壽寺(集覽, 朴集, 下, 2ㅎ: 慶壽寺. 一統志云, 在順天府西南, 內有飛虹·飛渡二橋, 石刻六大字, 極遒勁. 相傳金章宗所書.)裏爲諸亡靈, 慶壽寺에셔 모든 亡靈을 위ᄒᆞ여.

석경(石徑) 명 돌이 많은 좁은 길. ≪朴諺, 中, 33ㅈ≫只是平平斜斜石徑難行, 그저 平平 斜斜ᄒᆞᆫ 石徑에 行키 어려오니라.

석교(石橋) 명 돌다리. ≪朴諺, 上, 9ㅎ≫水渰過蘆溝橋(集覽, 朴集, 上, 4ㅎ: 蘆溝橋. 其一東南流, 入于蘆溝, 又東入于東安縣界. 去都城三十里, 有石橋跨于河, 廣二百餘步, 其上兩旁皆石欄, 雕刻石獅, 形狀奇巧, 成於金明昌三年.)獅子頭, 믈이 蘆溝橋 獅子ㅅ 머리ᄅᆞᆯ ᄌᆞᆷ가 너머. ≪朴諺, 上, 60ㅎ≫兩閣中間有三叉石橋, 두 집 ᄉᆞ이에 세 가래 石橋ㅣ 이시니.

석교(釋敎) 명 〈불〉 불교(佛敎)를 달리 이르는 말. ≪朴諺, 中, 39ㅈ≫佛堂(集覽, 朴集, 中, 7ㅎ: 佛堂. 漢人酷好釋敎, 家設一堂, 或安金像, 或掛畫佛, 焚香頂禮, 朝夕不懈.)一間, 佛堂이 ᄒᆞᆫ 간.

석기(石器) 명 돌로 만든 그릇붙이. ≪朴諺, 下, 28ㅈ≫先喫甜的金橘蜜煎(集覽, 朴集, 下, 5ㅈ: 蜜煎. 事林廣記云, 凡煎生果, 最要遂其本性, 酸苦辛硬隨性製之. 以

半蜜半水煮十數沸, 乘熟控乾, 別換新蜜, 入銀石器內, 用文·武火煮, 取其色明透爲度. 入新缶盛貯, 緊密封窨, 勿令生虫.)·銀杏煎, 몬져 드 金橘蜜煎과 銀杏煎을 먹어든.

석늑(石勒) 명 후조(後趙)의 창업 군주. 자는 세룡(世龍). 시호는 명제(明帝). 묘호(廟號)는 고조(高祖). 급상(汲桑)과 반란을 일으키며 성(姓)을 석씨(石氏)로 썼다. 전조(前趙)에 투항하며 세력을 키운 뒤 양국(襄國)을 거점으로 조(趙)나라를 세우고 왕이라 칭하였다. 재위 15년(319~332). ≪朴諺, 中, 22ㅎ≫執楊柳於掌內拂病體於輕安(集覽, 朴集, 中, 5ㅎ: 執楊柳於掌內拂病體於輕安. 佛圖澄, 天竺〈笁〉人也. 妙通玄術, 善誦呪, 能役使鬼神. 石勒聞其名, 召試其術, 澄取鉢盛水, 燒香呪之, 須臾, 鉢中生靑蓮花.), 楊柳를 손에 잡아 病體를 輕安흔듸 뻘티고. ≪朴諺, 下, 33ㅈ≫黃燒餠(集覽, 朴集, 下, 7ㅈ: 黃燒餠. 總龜云, 燒餠, 卽古之胡餠也. 石勒諱胡, 改爲麻餠.), 누론 쇼병과.

석다 동 섞다. ⇔화(和). ≪朴諺, 中, 49ㅎ≫只好生和匀着, 그저 ᄀ장 석기를 고로게 ᄒ여.

석당(石塘) 명 송말(宋末)·원초(元初) 호장유(胡長孺)의 호(號). ≪朴諺, 中, 25ㅎ≫可知那厮使長的大帽(集覽, 朴集, 中, 6ㅎ: 大帽. 南村輟耕錄云, 胡石塘先生嘗應聘入京, 世皇召見於〈於〉便殿, 趍(趨)進, 不覺笠子欹側. 上問曰, 秀才何學. 對曰, 脩身齊家治國平天下之學. 上咲〈笑〉曰, 自家笠子尙不端正, 又能平天下耶.)也做裏, 그리어니 뎌 놈이 使長의 큰갓도 밍ᄀ니.

석동(石洞) 명 돌로 된 동굴. ≪朴諺, 上, 59ㅎ≫西湖是從玉泉(集覽, 朴集, 上, 15ㅈ: 玉泉. 在宛平縣西北三十里玉泉山下. 山有石洞三.)裏流下來, 西湖는 이 玉泉으로 조차 흘러ᄂ리니.

석란(石欄) 명 돌난간. ≪朴諺, 上, 9ㅎ≫水渰過蘆溝橋(集覽, 朴集, 上, 4ㅎ: 蘆溝橋. 其一東南流, 入于蘆溝, 又東入于東安縣界. 去都城三十里, 有石橋跨于河, 廣二百餘步, 其上兩旁皆石欄, 雕刻石獅, 形狀奇巧, 成於金明昌三年.)獅子頭, 믈이 蘆溝橋 獅子ㅅ 머리를 즘가 너머.

석류(石榴) 명 석류. ≪朴諺, 上, 4ㅎ≫柑子, 柑子와. 石榴, 石榴와. 香水梨, 香水梨와. 櫻桃, 櫻桃와. 杏子, 슬고와.

석마(石磨) 명 맷돌. ≪朴諺, 下, 32ㅎ≫餠餣(集覽, 朴集, 下, 6ㅈ: 餠餣. 質問云, 將菉豆粉糝和粘穀米, 着水浸濕, 用石磨磨, 細杓兒盛在鍋內, 一撮一撮煎熟而食.), 餠餣와. 煎餠, 煎餠과.

석면(席面) 명 연회석의 맨 첫줄. ≪朴諺, 上, 5ㅈ≫席面(集覽, 朴集, 上, 2ㅎ: 席面. 音義云, ·뭇 ·첫·줄.)上, 席面에는.

석목(析木) 명 성차(星次: 이십팔수에 의한 별의 위치)의 이름. 12신(辰)으로는 인(寅), 이십팔수(二十八宿)로는 미(尾)·기(箕)에 해당된다. ≪朴諺, 上, 60ㅈ≫近看時遠侵碧漢(集覽, 朴集, 上, 15ㅈ: 碧漢. 〈卽〉天河也. 河精上爲天漢. 爾雅, 析木爲之津. ㅌ在箕斗間, 自坤抵艮爲地紀, 亦名雲漢, 曰天潢, 曰銀河, 曰銀漢, 曰河漢.), 갓가이셔 보면 멀리 碧漢을 侵ᄒ고.

석목진(析木津) 명 석목(析木)의 성차(星次)에 있는 은하수. 석목의 성차(星次)는 미(尾) 10도(度)에서 두(斗) 11도 사이로, 그 사이에 은하수가 있기 때문에 붙여진 이름이다. ≪朴諺, 上, 60ㅈ≫近看時遠侵碧漢(集覽, 朴集, 上, 15ㅈ: 碧漢. 〈卽〉天河也. 河精上爲天漢. 爾雅, 析木爲之津. ㅌ在箕斗間, 自坤抵艮爲地紀, 亦名雲漢, 曰天潢, 曰銀河, 曰銀漢, 曰河漢.), 갓가이셔 보면 멀리 碧漢을 侵ᄒ고.

석발(石鉢) 명 돌로 만든 바리때. ≪朴諺, 上, 33ㅈ≫穿着衲襖將着鉢盂(集覽, 朴集, 上, 10ㅈ: 鉢盂. 總龜〈総亀〉云, 天竺國器也, 釋迦有女靑石鉢, 宋廬陵王以銅鉢餉于五祖, 是宋·晉間中國始用也.), 누비옷 닙고 에우아리 가지고.

석봉(石縫) 명 돌이나 바위의 틈새. ≪朴諺, 下, 17ㅈ≫唐三藏引孫行者(集覽, 朴集, 下, 4ㅈ: 孫行者. 其後唐太宗勑玄奘法師, 往西天取經, 路經此山, 見此猴精壓在石縫, 去其佛押出之, 以爲徒弟, 賜法名吾空, 改号〈號〉爲孫行者, 與沙和尙及黑猪精·朱八戒偕往, 在路降妖去恠, 救師脫難, 皆是孫行者神通之力也.), 唐三藏이 孫行者를 ᄃᆞ리고.

석상(石床) 명 돌로 만든 상. ≪朴諺, 上, 61ㅈ≫西壁廂有太子坐的地石床, 西壁廂에 太子 안는 石床이 잇고. 東壁也有石床, 東壁에도 石床이 잇고.

석석ᄒᆞ다 형 서걱서걱하다. 바삭바삭하다. ⇔수(酥). ≪朴諺, 下, 33ㅈ≫黃燒餠(集覽, 朴集, 下, 7ㅈ: 黃燒餠. 事林廣記云, 每麵〈麪〉一斤, 入油一兩半, 炒塩一錢, 冷水和搜得所, 骨魯槌砑開, 鏊上煿〈燇〉熟, 得硬煻火燒熟, 甚酥美. 酥, 걱걱ᄒᆞ다〈석석ᄒᆞ다〉.), 누른 쇼병과.

석씨(釋氏) 명 〈불〉 불가(佛家). 중. 승려(僧侶). ≪朴諺, 上, 65ㅎ≫到江南地面石屋(集覽, 朴集, 上, 16ㅈ: 石屋. 遂以袈裟表信曰, 衣雖今日, 法自靈〈灵〉山流傳至今, 今附於汝, 汝善護持, 母〈毋〉令斷〈断〉絶. 事文類聚云, 釋氏五宗之敎, 傳至法眼, 爲雪峯眞覺禪師之道. 至永明, 其道傳于高麗國. 此卽普虛之傳也.)法名的和尙根底, 江南 짜 石屋이라 法名 ᄒᆞᆫ 즁의손ᄃᆡ 가니.

석암(石岩) 명 석암(石巖). '岩'은 '巖'의 속자. ≪朴諺, 上, 59ㅎ≫西湖是從玉泉(集覽, 朴集, 上, 15ㅈ: 玉泉. 一在山之根, 有泉湧出, 洞門刻玉泉二字, 有觀音閣. 又南有石巖〈岩〉, 號呂公洞, 其上有金時芙蓉殿廢址. 相傳以爲章宗避暑處.)裏流下來, 西湖는 이 玉泉으로 조차 흘러ᄂᆞ리니.

석암(石巖) 명 바위. ≪朴諺, 上, 59ㅎ≫西湖是從玉泉(集覽, 朴集, 上, 15ㅈ: 玉泉. 一在山之根, 有泉湧出, 洞門刻玉泉二字, 有觀音閣. 又南有石巖〈岩〉, 號呂公洞, 其上有金時芙蓉殿廢址. 相傳以爲章宗避暑處.)裏流下來, 西湖는 이 玉泉으로 조차 흘러ᄂᆞ리니.

석옥(石屋) 명 원(元)나라의 중 청공(淸珙)의 자(字). ≪朴諺, 上, 65ㅈ≫法名喚步虛(集覽, 朴集, 上, 15ㅎ: 步虛. 至正丙戌春, 入燕都, 聞南朝有臨濟正脉不斷〈断〉, 可往印可. 盖指臨濟直下雪嵒〈嵓〉嫡孫石屋和尙淸珙也.), 法名을 步虛ㅣ라 브ᄅᆞᄂᆞᆫ 이. ≪朴諺, 上, 65ㅎ≫到江南地面石屋(集覽, 朴集, 上, 16ㅈ: 石屋. 法名淸珙, 號石屋和尙, 臨濟十八世之嫡孫也. 普虛謁石屋, 石屋見之云, 老僧今日旣已放下三百斤擔子遞你擔了, 且展脚睡矣. 乃微笑云, 佛法東矣. 遂以袈裟表信曰, 衣雖今日, 法自靈〈灵〉山流傳至今, 今附於汝, 汝善護持, 母〈毋〉令斷〈断〉絶. 事文類聚云, 釋氏五宗之敎, 傳至法眼, 爲雪峯眞覺禪師之道. 至永明, 其道傳于高麗國. 此卽普虛之傳也.)法名的和尙根底, 江南 짜 石屋이라 法名 ᄒᆞᆫ 즁의손ᄃᆡ 가니. ≪朴諺, 上, 65ㅎ≫大發明得悟(集覽, 朴集, 上, 16ㅈ: 作與頌字迴光返照大發明得悟. 音義云, 石屋和尙作佛頌與〈与〉步虛, 其佛光迴還返照於步虛之身, 其於生死輪迴之說, 靡不通曉.), 크게 發明 得悟ᄒᆞ야.

석옥화상(石屋和尙) 명 석옥(石屋)의 법호(法號). ≪朴諺, 上, 65ㅈ≫法名喚步虛(集覽, 朴集, 上, 15ㅎ: 步虛. 至正丙戌春, 入燕都, 聞南朝有臨濟正脉不斷〈断〉, 可往印可. 盖指臨濟直下雪嵒〈嵓〉嫡孫石屋和尙淸珙也.), 法名을 步虛ㅣ라 브ᄅᆞᄂᆞᆫ 이. ≪朴諺, 上, 65ㅎ≫到江南地面石屋(集覽, 朴集, 上, 16ㅈ: 石屋. 法名淸珙, 號石屋和尙, 臨濟十八世之嫡孫也.)法名的和尙根底, 江南 짜 石屋이라 法名 ᄒᆞᆫ 즁의손ᄃᆡ 가니. ≪朴諺, 上, 65ㅎ≫大發明得悟(集覽, 朴集, 上, 16ㅈ: 作與頌字迴光返照大發明得悟. 音義云, 石屋和尙作佛頌與〈与〉步虛, 其佛光迴還返照於步虛之身, 其於生死輪迴之說, 靡不通曉.), 크게 發明

得悟ᄒᆞ야.

석의(釋義) 동 한문으로 된 서적에 주석을 달고 자신의 의견을 덧붙이다. ≪朴諺, 中, 20ㅎ≫理圓四德(集覽, 朴集, 中, 4ㅈ: 理圓四德. 大抵梵語, 經文釋義不一, 今不煩觧.), 理는 四德에 ᄀᆞ잣고.

석자(席子) 명 ❶삿. 삿자리. ⇔삳ㄱ. ≪朴諺, 中, 11ㅈ≫買饋他木料·席子整理, 뎌를 木料와 삳글 사 주어 整理케 ᄒᆞ라. ❷자리[席]. ⇔자리. ≪朴諺, 中, 58ㅎ≫把那蒲葉兒來做席子, 뎌 菖蒲 닙흘다가 자리 ᄆᆡᆫᄃᆞ라.

석자(褯子) 명 포대기. 강보(襁褓). ⇔깃. ≪朴諺, 上, 50ㅎ≫上頭鋪兩三箇褯子(集覽, 朴集, 上, 13ㅎ: 褯子. 音義云, 襁褓, 接腎汚穢之物. 今按, 襁卽繃子, 褓卽褯子, 音義混而一之, 誤矣. 但譯語指南, 亦呼繃子, 混稱爲襁褓. 未詳是否. 褯子, 깃.), 우희 두세 깃을 ᄭᆞᆯ고.

석저(石杵) 명 돌 달구. ⇔돌고. ≪朴諺, 上, 10ㅎ≫着石杵慢慢兒打, 돌고로다가 날회여 다이되.

석척(蜥蜴) 명 도마뱀붙잇과의 하나. 도마뱀과 비슷한데 몸의 길이는 12cm 정도이며, 야행성으로 주로 인가 가까이 살며 작은 소리로 운다. ≪朴諺, 下, 29ㅈ≫你打饋我一箇立鼈兒, 네 날을 ᄒᆞᆫ 立鼈兒와. 一箇蝦蟆·鼈兒和蝎虎(集覽, 朴集, 下, 5ㅈ: 蠍〈蝎〉虎. 蠑蚖·蜥蜴·蝘蜓·守宮, 一物而四名. 在壁曰守宮, 在草曰蜥蜴.)盞兒, ᄒᆞᆫ 蝦蟆鼈兒와 蝎虎盞을 ᄆᆡᆫᄃᆞ라 주고려.

석탄(石炭) 명 석탄. ≪朴諺, 下, 44ㅎ≫只有些和的濕煤(集覽, 朴集, 下, 9ㅎ: 濕煤. 今按, 石炭搥碎, 幷黃土以水和作塊, 晒乾, 臨用麁碎, 納於爐〈炉〉中, 總謂之水和炭. 未乾者謂之濕煤, 已乾者謂之煤箇兒, 亦曰煤塊子.), 그저 져기 버므린 濕煤ㅣ 이시되.

석회(石灰) 명 생석회(生石灰)와 이것을 물에 타서 얻는 소석회(消石灰)의 총칭. ≪朴諺, 下, 5ㅈ≫如今疾忙買石灰·庥刀去, 이제 밧비 石灰와 삼거울을 사라 가라.

선(仙) 명 신선. ⇔신션. ≪朴諺, 上, 4ㅎ≫或是獅仙糖(集覽, 朴集, 上, 2ㅎ: 獅仙糖. 以糖印做騎獅仙人之形也, 亦有爲樓觀僧佛之形者也.), 혹 ᄉᆞ지 ᄐᆞᆫ 신션 양으로 ᄆᆡᆫ근 沙糖을 노코.

선(先) 부 먼저. ⇔몬져. ≪朴諺, 上, 6ㅈ≫我們先喫兩巡酒後頭擡卓兒, 우리 몬져 두 슌빅 술 머근 후에 상을 드러든. ≪朴諺, 上, 40ㅈ≫先將那稀笓子攏了, 몬져 뎌 성긘 춤빗 가져다가 빗기고. ≪朴諺, 中, 12ㅈ≫你這車子先將到門外, 네 이 술위를 몬져 가지고 문 밧긔 가. ≪朴諺, 中, 15ㅎ≫我如今先與你香蘇飮(散)子, 내 이제 몬져 너를 香蘇飮(散)子를 줄 거시니. ≪朴諺, 中, 19ㅎ≫先載將一車來, 몬져 ᄒᆞᆫ 술위를 시러 가져오고. ≪朴諺, 中, 49ㅎ≫是我先擲, 이 내 몬져 더디마. 你怎麽先擲, 네 엇디 몬져 더딜싸. ≪朴諺, 中, 56ㅈ≫我先跳你看, 내 몬져 뛸 거시니 네 보라. ≪朴諺, 下, 15ㅎ≫那廝先告官, 뎌 놈이 몬져 구의에 告ᄒᆞ야. ≪朴諺, 下, 21ㅎ≫王說今番着唐僧先猜, 王이 닐오ᄃᆡ 이번은 唐僧으로 몬져 알게 ᄒᆞ라. ≪朴諺, 下, 23ㅎ≫先割下來, 본(몬)져 버혀 ᄂᆞ리티니. ≪朴諺, 下, 28ㅈ≫先喫甜的金橘蜜煎·銀杏煎, 몬져 ᄃᆞᆫ 金橘蜜煎과 銀杏煎을 먹어든. ≪朴諺, 下, 36ㅈ≫着先打, 몬져 티게 ᄒᆞ쟈. ≪朴諺, 下, 58ㅈ≫主人先行客從之, 主人이 몬져 힝ᄒᆞ여든 客이 조ᄎᆞ리라.

선(宣) 동 베풀다. ⇔베프다. ≪朴諺, 下, 12ㅈ≫不宣, 베프디 아니ᄒᆞ노이다.

선(扇) 동 부치다. ⇔붓다. ≪朴諺, 中, 21ㅈ≫扇慈風於刹土, 慈風을 刹土에 붓ᄂᆞᆫ또다.

선(扇) 의 벌. 짝. ≪朴諺, 上, 3ㅈ≫勘合(集覽, 朴集, 上, 1ㅎ: 勘合. 吏學指南云, 勘合, 卽古之符契也. 質問云, 官府設簿冊二

扇, 凡事用印鈐記, 上寫外字幾號, 發行去者曰外號, 上寫內字幾號, 留在官府者曰內號.)有了不曾, 勘合이 잇ᄂᆞᆫ가 몯ᄒᆞ엿ᄂᆞᆫ가.

선(旋) 동 ❶알선(斡旋)하다. 주선(周旋)하다. ⇔두르다. ≪朴諺, 上, 7ㅎ≫疾快旋將酒來, ᄲᆞᆯ리 술 둘러 가져와. ≪朴諺, 中, 30ㅎ≫且旋將酒來, 아직 술을 둘러 가져오라. ❷뒤미처 좇다. 또는 머지않아. 곧. 오래지 않아. ⇔미좇다. ≪朴諺, 中, 16ㅈ≫我旋合與你藿香正氣散, 내 미조차 너를 藿香正氣散을 지어 줄 거시니.

선(旋) 부 가끔. ⇔ᄀᆞᆺ곰. ≪朴諺, 下, 12ㅎ≫我慢慢的旋指分, 내 날호여 ᄀᆞᆺ곰 ᄀᆡ결ᄒᆞ마.

선(旋) 형 어질어질하다. 어뜩어뜩하다. ⇔어즐ᄒᆞ다. ≪朴諺, 中, 14ㅎ≫我今日腦疼頭旋, 내 오ᄂᆞᆯ 골치 앓파 머리 어즐ᄒᆞ고.

선(船) 명 배[舟]. ⇔ᄇᆡ. ≪集覽, 字解, 單字解, 5ㅈ≫儘. 讓也, 任也. 儘他 제게 다와ᄃᆞ라, 儘讓 ᄃᆡᄀᆡ 미다. 又縱令也. 儘教 므던타. 又儘一儘 지ᄀᆡ우다. 又儘船 ᄇᆡᆺ ᄀᆞ장. ≪集覽, 字解, 單字解, 5ㅎ≫使. 上聲, 差也, 役也. 使的我 날 브려. 又用也. 使用了. 吏語, 行使 ᄡᅳ다. 又使船 ᄇᆡ 달호다. 又去聲, 使臣, 差使. 又官名. ≪朴諺, 中, 12ㅎ≫你船路裏來那, 네 ᄇᆡᆺ길로 온다. 我只船上來了, 내 그저 ᄇᆡ로 올와. ≪朴諺, 中, 13ㅈ≫圍着一箇西京來的載黃豆的船, ᄒᆞᆫ 西京으로셔 오ᄂᆞᆫ 黃豆 시른 ᄇᆡ를 에오고. ≪朴諺, 中, 13ㅈ≫又高麗地面裏來載千餘筒布子的大船, ᄯᅩ 高麗ㅅ ᄯᅡ호로셔 오ᄂᆞᆫ 千餘 筒 뵈 시른 큰 ᄇᆡ를. 把那船上的人來打殺了, 그 ᄇᆡ엣 사ᄅᆞᆷ을 텨 죽이다 ᄒᆞ더라. ≪朴諺, 下, 51ㅈ≫纜船下網, ᄇᆡ ᄆᆡ고 그믈 티고.

선(善) 명 올바르고 착하여 도덕적 기준에 맞는 것. ≪朴諺, 中, 24ㅈ≫不修善時, 善을 닷디 아니ᄒᆞ면.

선(璇) 명 북두칠성의 둘째 별 이름. ≪朴諺, 上, 18ㅎ≫後面北斗(集覽, 朴集, 上, 7ㅈ: 北斗左輔右弼. 凡九星, 曰樞宮貪狼, 曰璇宮巨門, 曰璣〈幾〉宮祿存, 曰權宮文曲, 曰衡宮廉貞, 曰闓(開)陽宮武曲, 曰瑤光宮破軍, 曰洞明宮左輔, 曰隱元宮右弼. 左輔連附北斗第〈韰〉六星, 在外, 右弼連附北斗第〈韰〉二星, 在內. 俱在紫薇(微)垣.)七星板兒做的好, 後面 北斗七星 돈은 ᄆᆡᆫᄃᆞᆯ기를 잘ᄒᆞ엿고.

선(線) 명 실[絲]. ⇔실. ≪朴諺, 上, 15ㅈ≫起線花梨木鞘兒, 실 도틴 花梨木 갑플에. ≪朴諺, 上, 15ㅈ≫也是走線, ᄯᅩ 실 도티려 ᄒᆞ노라. ≪朴諺, 上, 17ㅈ≫五六十托麄麻線也放不勾, 五六十 발 굴근 삼실이라도 노키 유여티 몯ᄒᆞ니리(라). ≪朴諺, 上, 36ㅈ≫四哥是針線, 넷재 형은 이 바ᄂᆞ실이로다. ≪朴諺, 上, 43ㅈ≫諸般絨線砌山子吊珠兒的麄白線, 여러 가지 보ᄃᆞ라온 실과 귀여ᅀᅮ 무오고 진쥬 ᄃᆞᆯ 굴근 흰 실과. ≪朴諺, 中, 53ㅈ≫皇帝人家的一條線也, 皇帝ㅅ 집 ᄒᆞᆫ 오리 실인들. ≪朴諺, 中, 54ㅎ≫着他搓各色線, 뎌로 ᄒᆞ여 各色 실을 ᄇᆡ이고. ≪朴諺, 中, 54ㅎ≫且將那水線來都引了着, 아직 뎌 ᄉᆞᄎᆞᆷ이 실 가져다가 ᄉᆞᄎᆞ라.

선(選) 동 뽑히다. ⇔ᄲᅢ이다. ≪朴諺, 中, 46ㅈ≫你常選官, 너ᄂᆞᆫ 상샹에 ᄲᅢ이ᄂᆞᆫ 관원이라.

선(禪) 동 〈불〉 마음을 한곳에 모아 조용히 앉아서 참선하다. ≪朴諺, 上, 33ㅈ≫安禪(集覽, 朴集, 上, 10ㅈ: 禪. 靜也. 傳燈錄有五等禪, 有外道禪·凡夫禪·小乘禪·大乘禪·最上乘禪, 又名如來淸淨禪, 又名無上菩提. 又云, 被於身爲法, 說於口爲律, 行於心爲禪.)悟法却不好, 安禪 悟法 홈이 ᄯᅩ 됴티 아니ᄒᆞ냐. ≪朴諺, 下, 20ㅎ≫要動禪, 禪을 動코져 ᄒᆞ거늘.

선가(仙家) 명 신선이 사는 집. ≪朴諺, 下, 7ㅎ≫放着一箇三隻脚鐵蝦蟆兒(集覽, 朴集, 下, 2ㅈ: 三隻脚鐵蝦蟆. 今按, 漢俗, 優人作戲時, 手執三脚蝦蟆入優場作戲. 問之, 則曰, 唯仙家蓄養三脚蝦蟆, 俗人聞

氣者必死.)便是, ᄒᆞᆫ 세 발 가진 쇠두텁이 노ᄒᆞᆫ 거시 곳 이라.

선경(仙境) 명 신선이 산다는 곳. ≪朴諺, 下, 18ㅈ≫起盖三淸(集覽, 朴集, 下, 4ㅎ: 三淸. 太淸, 十二天仙境也, 九仙所居, 太上老君所治.)大殿, 三淸大殿을 지으니.

선과(善果) 명 〈불〉 좋은 과보(果報). 선행에 대한 훌륭한 보답을 이른다. ≪朴諺, 下, 4ㅎ≫久後你也得證果金身(集覽, 朴集, 下, 1ㅎ: 證果金身. 言果報者, 觀經疏云, 行眞實法感得勝報也. 又修善得善果, 作惡得惡報, 謂之果報.), 오란 후에 너도 證果金身홈을 어드리라.

선과(鮮果) 명 신선한 과일. ≪朴諺, 上, 6ㅈ≫杏兒·櫻桃諸般鮮果, 슬고와 잉도와 여러 가지 鮮果ᄅᆞᆯ.

선군(先君) 명 선대의 임금. ≪朴諺, 下, 51ㅎ≫便是小太公(集覽, 朴集, 下, 11ㅎ: 太公. 周文王出獵, 過於渭水之陽, 與語大悅, 曰, 自吾先君太公曰, 當有聖人適周, 周以興. 子豈是耶. 吾太公望子久矣. 故號之曰太公望. 載與俱歸, 立爲師.), 곳 이 小太公이라.

선남(善男) 명 〈불〉 불법에 귀의한 남자. ≪朴諺, 上, 66ㅈ≫諸國人民一切善男善女(集覽, 朴集, 上, 16ㅎ: 善男善女. 金剛經疏曰, 向善之男女也. 又見下.), 諸國 人民 一切 善男善女ㅣ. ≪朴諺, 下, 8ㅎ≫僧尼道俗善男信女(集覽, 朴集, 下, 2ㅎ: 善男信女. 了義經云, 善者, 順理也, 信者, 言是事如是也. 佛法大海, 信爲能入, 智爲能度人, 若無信, 不入佛法. 又善男善女釋見上.), 僧尼 道俗과 善男 信女ㅣ.

선남선녀(善男善女) 명 〈불〉 불법에 귀의(歸依)한 남자와 여자. ≪朴諺, 上, 66ㅈ≫諸國人民一切善男善女(集覽, 朴集, 上, 16ㅎ: 善男善女. 金剛經疏曰, 向善之男女也. 又見下.), 諸國 人民 一切 善男善女ㅣ. ≪朴諺, 下, 8ㅎ≫僧尼道俗善男信女(集覽, 朴集, 下, 2ㅎ: 善男信女. 佛法大海, 信爲能入, 智爲能度人, 若無信, 不入佛法. 又善男善女釋見上.), 僧尼 道俗과 善男 信女ㅣ.

선녀(善女) 명 〈불〉 불법에 귀의한 여자. ≪朴諺, 上, 66ㅈ≫諸國人民一切善男善女(集覽, 朴集, 上, 16ㅎ: 善男善女. 金剛經疏曰, 向善之男女也. 又見下.), 諸國 人民 一切 善男善女ㅣ. ≪朴諺, 下, 8ㅎ≫僧尼道俗善男信女(集覽, 朴集, 下, 2ㅎ: 善男信女. 佛法大海, 信爲能入, 智爲能度人, 若無信, 不入佛法. 又善男善女釋見上.), 僧尼 道俗과 善男 信女ㅣ.

선농(先農) 명 처음으로 농사를 가르친 신이라는 뜻으로, 신농씨(神農氏)를 달리 이르는 말. ≪朴諺, 下, 45ㅈ≫宋舍看打春(集覽, 朴集, 下, 9ㅎ: 打春. 至日黎明, 官吏具香花·燈燭爲壇, 以祭先農. 至立春時, 官吏行禮畢, 各執彩杖, 環擊土牛者三, 以示勸農之意.)去來, 宋개아 닙츈 노롯ᄒᆞᄂᆞᆫ 양 보라 가쟈.

선당(禪堂) 명 〈불〉 참선(參禪)하는 집. ≪朴諺, 上, 61ㅈ≫兩壁鐘樓, 兩壁 鐘樓와. 金堂, 金堂과. 禪堂, 禪堂과. 齋堂, 齋堂과. 碑殿, 碑殿과.

선덕(宣德) 명 명(明)나라 선종(宣宗: 朱瞻基)의 연호(1426~1435). ≪朴諺, 上, 59ㅎ≫西湖是從玉泉(集覽, 朴集, 上, 15ㅈ: 玉泉. 一在山之根, 有泉湧出, 洞門刻玉泉二字, 有觀音閣. 又南有石巖〈岩〉, 號呂公洞, 其上有金時芙蓉殿廢址. 相傳以爲章宗避暑處. 宣德年間, 建玉泉亭于其上, 以備臨幸.)裏流下來, 西湖ᄂᆞᆫ 이 玉泉으로 조차 흘러ᄂᆞ리니.

선도(仙桃) 명 신성이 먹는다는 복숭아. ≪朴諺, 下, 17ㅈ≫唐三藏引孫行者(集覽, 朴集, 下, 4ㅈ: 孫行者. 西遊記云, 西域有花菓山, 山下有水簾洞, 洞前有鐵板橋, 橋下有萬丈澗, 澗邊有萬箇小洞, 洞裏多猴. 有老猴精, 號齊天大聖, 神通廣大, 入天宮仙桃園偸蟠桃, 又偸老君靈丹藥, 又去王母宮偸王母綉仙衣一套, 來設慶仙衣會.), 唐三藏이 孫行者ᄅᆞᆯ ᄃᆞ리고.

선도(仙道) 명 신선(神仙)의 도술(道術). 또는 신선이 되는 길을 배우는 도법(道法). ≪朴諺, 中, 22ㅈ≫以聲察聲拯悲酸於六道(集覽, 朴集, 中, 5ㅈ: 六道. 人道·天道·阿脩羅道·餓鬼道·畜生道·地獄道, 亦名六趣, 加仙道, 名曰七趣.), 소릐로 뼈 소릐를 술펴 悲酸을 六道에 건디고.

선도원(仙桃園) 명 천제(天帝)나 신선이 사는 천궁(天宮) 안에 있다는, 선도(仙桃) 나무가 자라는 정원. ≪朴諺, 下, 17ㅈ≫唐三藏引孫行者(集覽, 朴集, 下, 4ㅈ: 孫行者. 西遊記云, 西域有花菓山, 山下有水簾洞, 洞前有鐵板橋, 橋下有萬丈澗, 澗邊有萬箇小洞, 洞裏多猴. 有老猴精, 號齊天大聖, 神通廣大, 入天宮仙桃園偸蟠桃, 又偸老君靈丹藥, 又去王母宮偸王母綉仙衣一套, 來設慶仙衣會.), 唐三藏이 孫行者를 드리고.

선로(船路) 명 뱃길. ⇔빗길. ≪朴諺, 中, 12ㅎ≫你船路裏來那, 네 빗길로 온다.

선모(羨慕) 동 부러워하며 사모(思慕)하다. ≪朴諺, 上, 16ㅈ≫張舍(集覽, 朴集, 上, 6ㅈ: 張舍. 王公·大人之家, 必有舍人, 卽家臣也. 如本國伴倘〈儻〉之類, 爲權勢倚任之人, 貧賤之所羨慕者也〈貧賤之所羨慕者〉. 故街巷呼親識爲張舍·李舍, 乃一時推敬之稱〈称〉. 又質問云, 武職官下閑人, 謂之舍[人].)你來, 張가야 이바.

선무(宣武) 명 선무문(宣武門). ≪朴諺, 下, 49ㅎ≫宣武是順城門, 宣武는 이 順城門이오.

선무군(宣武軍) 명 당대(唐代)의 행정구획. 하남성(河南省) 상구현(商丘縣) 부근 지역에 있었다. 후량(後梁)은 이곳에 개봉부(開封府)를 두었다. ≪朴諺, 下, 59ㅎ≫梁貞明(集覽, 朴集, 下, 12ㅎ: 梁貞明. 朱溫事唐僖宗, 賜名全忠, 拜宣武軍節〈莭〉度使, 封梁王.)四年三月裡, 梁貞明 四年 三月에.

선무문(宣武門) 명 중국 북경(北京) 내성(內城)에 있는 성문. 정양문(正陽門)의 서쪽에 있다. 원대(元代)의 순승문(順承門)을 명(明) 영락(永樂) 연간에 고친 이름이다. ≪朴諺, 上, 11ㅎ≫我在平則門(集覽, 朴集, 上, 5ㅎ: 平則門. 燕都, 禹貢冀州之域. 唐曰幽都, 虞爲幽州, 武王封召公奭於燕, 卽此. 元初爲燕京路, 後稱〈称〉大都路, 洪武初改爲北平布政司. 太宗皇帝龍潛於此, 及承大統, 遂爲北京, 遷都焉. 永樂十九年, 營建宮室, 立門九, 南曰正陽, 又曰午門, 元則曰麗正, 南之右曰宣武, 元則曰順承, 南之左曰文明, 元則曰崇文, 又曰哈噠, 北之東曰安定, 北之西曰德勝, 元則曰健德, 東之北曰崇仁, 一名東直, 元名同, 東之南曰朝陽, 元則曰齊華, 西之北曰西直, 西之南曰阜城, 元則曰平則. 元設十一門, 而今減其二.)邊住, 내 平則門 ㅅ의 이셔 사노라. ≪朴諺, 下, 49ㅎ≫南有正陽門·宣武門·崇文門, 南에 正陽門·宣武門·崇文門이 잇고.

선보(善保) 동 선(善)하게 유지하다. ⇔선보ᄒᆞ다(善保-). ≪朴諺, 下, 12ㅈ≫善保尊顔, 尊顔을 善保ᄒᆞ쇼셔.

선보ᄒᆞ다(善保-) 동 선(善)하게 유지하다. ⇔선보(善保). ≪朴諺, 下, 12ㅈ≫善保尊顔, 尊顔을 善保ᄒᆞ쇼셔.

선사(禪寺) 명 〈불〉 선종(禪宗)의 절. ≪朴諺, 下, 7ㅎ≫這七月十五日是諸佛解夏(集覽, 朴集, 下, 2ㅈ: 解夏. 盖夏乃長養之節〈莭〉, 在外行則恐傷草木·虫類 故九十日安居不出, 至七月十五日, 應禪寺掛搭僧尼, 盡皆散去, 謂之解夏, 又謂解制.)之日, 七月 十五日은 諸佛 解夏ᄒᆞᄂᆞᆫ 날이라.

선상(禪床) 명 〈불〉 중이 설법할 때에 올라앉는 법상(法床). ≪朴諺, 下, 20ㅎ≫各上禪床坐定, 각각 禪床에 올라 안ᄶᅵ를 定ᄒᆞ고.

선생(先生) 명 ❶도사(道士). 또는 음양가(陰陽家). 점술가. ≪朴諺, 上, 5ㅎ≫叫教坊司十數箇樂工和做院本(集覽, 朴集, 上, 2ㅎ: 院本. 質問云, 院本有曰外, 或粧先生·採訪使·考試官·老人·達達之類, 皆

是外扮, 曰淨, 有男淨·有女淨, 亦做醜態, 專一弄言取人懽笑, 曰末, 粧扮不一, 初則開場白說, 或粧家人·祗候, 或扮使臣之類, 曰丑, 狂言戲弄, 或粧醉漢·太醫·吏員·媒婆之類. 今按, 諢音混, 優人戲弄之言也.)諸般雜技的來, 教坊司의 여라믄 樂工과 院本에 여러 가지 雜技ᄒᆞᄂᆞ니롤 블러오라. ≪朴諺, 下, 13ㅈ≫上面畫六鶴舞琴(集覽, 朴集, 下, 3ㅈ: 六鶴舞琴. 善惡報應錄云, 江夏郡辛氏沽酒爲業, 有一先生入坐曰, 有好酒飮吾否. 辛飮以巨杯. 明日復來, 如此半載.), 上面에 六鶴舞琴을 그리고. ≪朴諺, 下, 18ㅈ≫國中有一箇先生, 國中에 ᄒᆞᆫ 先生이 이시되. ❷도사(道士). 서유기(西遊記)에 나오는 백안대선(伯眼大仙)을 일컫는 말. ≪朴諺, 下, 18ㅈ≫外名喚燒金子道人(集覽, 朴集, 下, 4ㅈ: 燒金子道人. 西遊記云, 有一先生到車遲國, 吹口氣以磚瓦皆化爲金, 驚動國王, 拜爲國師, 號伯眼大仙.), 外名은 燒金子道人이라 브르ᄂᆞ니. ≪朴諺, 下, 19ㅎ≫先生也稽首迴禮, 先生도 稽首ᄒᆞ고 迴禮ᄒᆞ더라. 先生對唐僧道, 先生이 唐僧을 對ᄒᆞ야 닐오ᄃᆡ. ≪朴諺, 下, 22ㅎ≫先生待要出來, 先生이 나오고져 ᄒᆞ거든. ≪朴諺, 下, 23ㅈ≫搭出箇爛骨頭的先生, ᄒᆞᆫ 므르노가 뼈만 잇ᄂᆞᆫ 先生을 건뎌 내니. ≪朴諺, 下, 24ㅈ≫把先生的頭拖將去, 先生의 머리롤다가 ᄭᅳ어 가져가니. ≪朴諺, 下, 24ㅎ≫先生變做老虎赶, 先生이 변ᄒᆞ여 老虎ㅣ 되여 ᄠᆞ로거ᄂᆞᆯ. ❸지식인 또는 어느 정도의 신분을 가진 성인 남자에 대한 존칭. ≪朴諺, 上, 38ㅈ≫兩箇先生合賣藥一箇坐一箇跳, 두 先生이 모다 약 ᄑᆞ노라 ᄒᆞ나흔 안잣고 ᄒᆞ나흔 ᄠᅱ노ᄂᆞᆫ 거시여. ≪朴諺, 中, 25ㅎ≫可知那廝使長的大帽(集覽, 朴集, 中, 6ㅎ: 大帽. 南村輟耕錄云, 胡石塘先生嘗應聘入京, 世皇召見於〈於〉便殿, 趍(趨)進, 不覺笠子欹側. 上問曰, 秀才何學. 對曰, 脩身齊家治國平天下之學. 上哄〈笑〉曰, 自家笠子尙不端正, 又能平天下耶.)也做裏, 그리어니 뎌 놈이 使長의 큰갓도 ᄆᆡᆼᄀᆞᄂᆞ니. ≪朴諺, 下, 10ㅎ≫先生你寫與我書稍的去, 先生아 네 날을 글 써 주어든 브텨 보내쟈. ≪朴諺, 下, 41ㅈ≫朱先生來, 朱先生이 왓더라. ≪朴諺, 下, 56ㅎ≫先生你說一說, 先生아 네 니ᄅᆞ라. ≪朴諺, 下, 58ㅈ≫探先生來裡, 先生을 보라 왓다 ᄒᆞ라. 沈先生在門前裡, 沈先生이 문 앏ᄑᆡ 잇ᄂᆞ이다. 請麽沈先生, 청ᄒᆞ노니 沈先生아. ≪朴諺, 下, 58ㅈ≫葛教授探先生來裡, 葛教授ㅣ라 ᄒᆞ리 先生을 보라 왓ᄂᆞ니라. ≪朴諺, 下, 61ㅎ≫安置韓先生, 됴히 이시라 韓先生아.

선선(旋旋) 혱 둥글다. ⇔선선ᄒᆞ다(旋旋-). ≪朴諺, 下, 8ㅎ≫青旋旋圓頂, ᄑᆞ른 旋旋ᄒᆞᆫ 圓頂이오.

선선ᄒᆞ다(旋旋-) 혱 둥글다. ⇔선선(旋旋). ≪朴諺, 下, 8ㅎ≫青旋旋圓頂, ᄑᆞ른 旋旋ᄒᆞᆫ 圓頂이오.

선수(膳羞) 명 맛있는 음식. ≪朴諺, 上, 2ㅈ≫咱們問那光祿寺(集覽, 朴集, 上, 1ㅈ: 光祿寺. 在東長安門內, 其屬有大官·珍〈珎〉羞·良醞·掌醢四署, 掌供辦內府諸品膳羞酒醴及管待使客之事.)裏, 우리 뎌 光祿寺에 무러.

선순등롱탕(鮮笋燈籠湯) 명 신선한 죽순에 꽃 모양을 정교하게 아로새긴 뒤 그 속에 고기를 넣어 끓인 국. ≪朴諺, 上, 6ㅎ≫第三道鮮笋燈籠湯(集覽, 朴集, 上, 3ㅎ: 鮮笋燈籠湯. 質問云, 鮮笋, 以笋雕爲玲瓏花樣, 空其內, 糝肉作羹食之. 又云, 以竹芽切成寸段, 鷄子煮熟, 去黃, 粧肉做湯.), 第三道ᄂᆞᆫ 鮮笋燈籠湯이오.

선순등롱탕(鮮笋燈龍湯) 명 선순등롱탕(鮮笋燈籠湯). '龍'은 '籠'의 다른 표기. ≪朴諺, 上, 6ㅎ≫第三道鮮笋燈籠湯(集覽, 朴集, 上, 3ㅎ: 鮮笋燈龍湯. 質問云, 鮮笋, 以笋雕爲玲瓏花樣, 空其內, 糝肉作羹食之. 又云, 以竹芽切成寸段, 鷄子煮熟, 去黃, 粧肉做湯.), 第三道ᄂᆞᆫ 鮮笋燈籠湯이오.

선아(扇兒) 명 부채. ⇔부체. ≪朴諺, 中,

55ㅎ≫將一把扇兒來與我, 흔 즈루 부체 가져다가 날을 주고려.

선악(善惡) 명 착한 것과 악한 것. 선과 악. ≪朴諺, 下, 4ㅎ≫久後你也得證果金身(集覽, 朴集, 下, 1ㅎ: 證果金身. 言果報者, 觀經䟽云, 行眞實法感得勝報也. 又修善得善果, 作惡得惡報, 謂之果報. 又生時所作善惡謂之因, 他日報應謂之果. 謂證果者, 如三藏法師取經東還, 化爲栴檀佛如來.), 오란 후에 너도 證果金身홈을 어드리라. ≪朴諺, 下, 7ㅎ≫這七月十五日(集覽, 朴集, 下, 2ㅈ: 七月十五日. 道藏經云, 七月十五日, 謂之中元, 地官下降人間, 檢校世人, 甄別善惡, 上告天曹.)是諸佛解夏之日, 七月 十五日은 諸佛 解夏ᄒᆞ는 날이라.

선어(鮮魚) 명 생선. ⇔싱션. ≪朴諺, 上, 5ㅈ≫蒸鮮魚, 찐 싱션과.

선원(旋圓) 동 둥글게 돌리다. ≪朴諺, 上, 16ㅎ≫街上放空中(集覽, 朴集, 上, 6ㅈ: 空中. 音義云, 用檀木旋圓, 內用刀剜空, 以繩〈縄〉曳之, 在地轉動有聲. 質問云, 頑童將胡盧用木釘串之, 傍作一眼, 以繩〈縄〉繫扯, 旋轉有聲, 亦謂之空中.)的小厮們好生廣, 거리에 박핑이 틸 아히들 ᄀᆞ장 흔터라.

선원사(禪院寺) 명 강원도(江原道) 금강산(金剛山)에 있던 절 이름. ≪朴諺, 上, 9ㅈ≫我也往金剛山禪院·松廣(集覽, 朴集, 上, 4ㅎ: 禪院松廣. 兩〈佛〉刹名, 俱在金剛山.)等處降香去, 나도 金剛山 禪院·松廣 等 處를 향ᄒᆞ야 降香ᄒᆞ라 가노라.

선음(宣淫) 동 음란한 행위를 거침없이 드러내 놓고 하다. ≪集覽, 字解, 單字解, 7ㅎ≫養. 養成 기르다. 又生産曰養, 養孩兒 ᄌᆞ식 나타. 又呼淫婦宣淫者曰養漢的.

선의(仙衣) 명 선녀가 입는 옷. ≪朴諺, 下, 17ㅈ≫唐三藏引孫行者(集覽, 朴集, 下, 4ㅈ: 孫行者. 西遊記云, 西域有花菓山, 山下有水簾洞, 洞前有鐵板橋, 橋下有萬丈澗, 澗邊有萬箇小洞, 洞裏多猴. 有老猴精, 號齊天大聖, 神通廣大, 入天宮仙桃園偸蟠桃, 又偸老君靈丹藥, 又去王母宮偸王母綉仙衣一套, 來設慶仙衣會.), 唐三藏이 孫行者를 ᄃᆞ리고.

선인(仙人) 명 선도(仙道)를 닦아서 도에 통(通)한 사람. ≪朴諺, 上, 4ㅎ≫或是獅仙糖(集覽, 朴集, 上, 2ㅎ: 獅仙糖. 以糖印做騎獅仙人之形也, 亦有爲樓觀僧佛之形者也.), 혹 ᄉᆞᄌᆞ 튼 신션 양으로 ᄆᆞᆫ근 沙糖을 노코.

선인(善因) 명 〈불〉 좋은 과보(果報)를 낳게 하는 착한 일. ≪朴諺, 下, 3ㅈ≫罷罷師傅善因不滅, 두어 두어 師傅ㅣ아 善因은 滅티 아니ᄒᆞᄂᆞ니.

선입(先入) 동 남보다 먼저 들어가다. ≪朴諺, 中, 1ㅎ≫弄寶盖(集覽, 朴集, 中, 1ㅈ: 弄寶盖. 凡優人以造化鳥爲戱時, 一人擎一彩帛葆盖, 先入優場, 以告戱雀之由. 次有一人捧一雀以入作戱. 如本節〈莭〉所云, 造化鳥 죵〈죵〉다리, 雄曰銅觜, 雌曰鐵觜.)的, 寶盖 농ᄒᆞ는 이는.

선자(扇子) 명 부채. ⇔부체. ≪朴諺, 中, 15ㅎ≫着這小丫頭們打扇子, 이 아히들로 ᄒᆞ여 부체질 ᄒᆞ엿노라.

선정산(禪頂山) 명 산 이름. ≪朴諺, 中, 32ㅈ≫喚禪頂山, 禪頂山이라 브르ᄂᆞ니.

선조(先祖) 명 윗대의 조상. ≪朴諺, 中, 53ㅎ≫今日臘(集覽, 朴集, 中, 8ㅎ: 臘. 臘者, 獵也, 因獵取獸, 以祭先祖.)月二十五日, 오늘이 臘月 二十五日이라.

선주(旋做) 동 (수공예품을) 맞추다. ⇔마초다. ≪集覽, 字解, 單字解, 7ㅈ≫旋. 平聲, 回也, 斡也. 又疾也. 又셩녕 마초다, -做. ≪朴諺, 中, 2ㅎ≫木匠家裏旋做一箇樻子, 木匠의 집의 ᄒᆞᆫ 樻를 마초이되.

선지식(善知識) 명 〈불〉 불도(佛道)를 깨치고 지혜와 덕이 높아 사람을 교화하고 선도할 만한 능력이 있는 중. ≪朴諺, 上, 66ㅎ≫這的眞善智識(集覽, 朴集, 上, 16ㅎ: 善知識. 善知〈智〉識者, 指高僧之稱. 知亦作智. 反(飜)譯名義云, 佛·菩薩·羅

漢是善知〈智〉識, 六波羅密·三十七品是善知〈智〉識, 法性實〈宗〉際是善知〈智〉識.)那裏尋去, 이런 진짓 善智識을 어듸 어드리오.

선지식(善智識) 명 선지식(善知識). '智'는 '知'의 다른 표기. ≪朴諺, 上, 66ㅎ≫這的眞善智識(集覽, 朴集, 上, 16ㅎ: 善知識. 善知〈智〉識者, 指高僧之稱. 知亦作智. 反(飜)譯名義云, 佛·菩薩·羅漢是善知〈智〉識, 六波羅密·三十七品是善知〈智〉識, 法性實〈宗〉際是善知〈智〉識.)那裏尋去, 이런 진짓 善智識을 어듸 어드리오.

선찰(禪刹) 명 〈불〉 선종(禪宗)의 절. ≪朴諺, 下, 7ㅎ≫這七月十五日是諸佛解夏(集覽, 朴集, 下, 2ㅈ: 解夏. 荊楚歲時記云, 天下僧尼, 於四月十五日, 就禪刹掛搭不出門, 謂之結夏, 亦曰結制.)之日, 七月 十五日은 諸佛 解夏ᄒᆞᄂᆞᆫ 날이라.

선화(宣和) 명 송(宋)나라 휘종(徽宗)의 연호(1119~1125). 또는 휘종을 이르는 말. ≪朴諺, 下, 47ㅈ≫粧二郞爺爺(集覽, 朴集, 下, 10ㅎ: 二郞爺爺. 宣和遺事云, 宣和七年十二月, 有神降坤寧殿修(傍)神保觀.), 二郞爺爺ᄅᆞᆯ ᄭᆞ며. ≪朴諺, 下, 49ㅈ≫好女不看燈(集覽, 朴集, 下, 11ㅈ: 好女不看燈. 宣和遺事云, 天官好樂, 地官好人, 水官好燈.), 好女ᄂᆞᆫ 看燈 아니ᄒᆞᆫ다 ᄒᆞᄂᆞ니라.

선화유사(宣和遺事) 명 소설 이름. 전후 2집(集). 저자 미상. 송(宋)나라 휘종(徽宗)·흠종(欽宗) 부자의 교만하고 사치스러우며 음란한 행적과 금(金)나라 오국성(五國城)에 유폐되어 객사한 전말을 기술하였다. ≪朴諺, 下, 47ㅈ≫粧二郞爺爺(集覽, 朴集, 下, 10ㅎ: 二郞爺爺. 宣和遺事云, 宣和七年十二月, 有神降坤寧殿修(傍)神保觀.), 二郞爺爺ᄅᆞᆯ ᄭᆞ며. ≪朴諺, 下, 49ㅈ≫好女不看燈(集覽, 朴集, 下, 11ㅈ: 好女不看燈. 宣和遺事云, 天官好樂, 地官好人, 水官好燈.), 好女ᄂᆞᆫ 看燈 아니ᄒᆞᆫ다 ᄒᆞᄂᆞ니라.

설(舌) 명 혀. ⇔혀. ≪朴諺, 中, 35ㅈ≫舌尖兒潤開了窓孔, 혓긋ᄒᆞ로 불워 창 굼글 ᄠᅳᆯ고.

설(洩) 동 (액체나 기체가) 새다. 빠지다. ≪集覽, 字解, 單字解, 7ㅎ≫走. 行也. ᄃᆞᆫ니다. 又逃回曰走回. 又跑也. 能走·快走 잘 ᄃᆞᆫᄂᆞ다. 又透漏也. 走話. 又洩也. 走了氣 김 나다.

설(雪) 명 눈. ⇔눈. ≪朴諺, 上, 28ㅈ≫鞍子是雪白鹿角邉兒, 기ᄅᆞ마ᄂᆞᆫ 이 눈ᄀᆞᆺ티 흰 鹿角 邊児에.

설(說) 동 이르다. 말하다. ❶⇔니르다. ≪朴諺, 上, 47ㅈ≫我說與你, 내 너ᄃᆞ려 니르마. ❷⇔니ᄅᆞ다. ≪朴諺, 上, 3ㅈ≫我到那衙門裡堂上官說了, 내 더 衙門에 가 堂上官의게 니ᄅᆞ니. ≪朴諺, 上, 22ㅎ≫我不說停下來, 내 맛버리쟈 니ᄅᆞ디 아니ᄒᆞ드냐. ≪朴諺, 上, 30ㅈ≫我說與你, 내 너ᄃᆞ려 니ᄅᆞ마. ≪朴諺, 上, 36ㅈ≫我說幾箇謎, 내 여러 슈지엣말 니ᄅᆞᆯ 거시니. ≪朴諺, 上, 49ㅎ≫你說甚麽話, 네 므슴 말 니ᄅᆞᄂᆞᆫ다. ≪朴諺, 上, 52ㅎ≫說與小人麽, 小人ᄃᆞ려 니ᄅᆞ실고. ≪朴諺, 上, 61ㅎ≫諸般殿舍且不索說, 여러 가지 殿舍ᄂᆞᆫ 아직 다 니ᄅᆞ디 아니ᄒᆞ거니와. ≪朴諺, 上, 66ㅈ≫說幾箇日頭, 몃 날을 니ᄅᆞᆯ러뇨. ≪朴諺, 中, 2ㅈ≫喃(啣)將那一箇顔色的旗來說時, 아므 ᄒᆞᆫ 빗체 旗ᄅᆞᆯ 므러 오라 니ᄅᆞ면. ≪朴諺, 中, 7ㅎ≫你聽我說與你, 네 드르라 내 너ᄃᆞ려 니ᄅᆞ마. ≪朴諺, 中, 17ㅈ≫女兒說與你妳妳, 女兒ㅣ아 네 妳妳ᄃᆞ려 니ᄅᆞ라. ≪朴諺, 中, 28ㅎ≫說罷, 니ᄅᆞ기ᄅᆞᆯ ᄆᆞᄎᆞ매. ≪朴諺, 中, 31ㅈ≫哥你說甚麽話, 형아 네 므슴 말을 니ᄅᆞᄂᆞᆫ다. ≪朴諺, 中, 37ㅈ≫我說與你, 내 너ᄃᆞ려 니ᄅᆞ마. ≪朴諺, 中, 57ㅈ≫賣的價錢老實說, ᄑᆞᆯ 갑슬 고디식이 니ᄅᆞ라. ≪朴諺, 下, 6ㅈ≫你說甚麽話, 네 므슴 말 니ᄅᆞᄂᆞᆫ다. ≪朴諺, 下, 8ㅎ≫說目連尊者救母經, 目連尊者의 救母經을 니ᄅᆞ니. ≪朴諺, 下, 17ㅎ≫你說我聽, 네 니ᄅᆞ라 내 듯

쟈. ≪朴諺, 下, 24ㅎ≫說罷, 니ᄅᆞ기를 ᄆᆞᄎᆞ매. ≪朴諺, 下, 32ㅈ≫各自說, 각각 니ᄅᆞ쟈. ≪朴諺, 下, 56ㅎ≫先生你說一說, 先生아 네 니ᄅᆞ라. 要說甚麽, ᄆᆞ서슬 니ᄅᆞ과뎌 ᄒᆞᄂᆞ뇨. ≪朴諺, 下, 59ㅎ≫恰說的是甚麽官職, ᄀᆞᆺ 니ᄅᆞᄂᆞᆫ 거시 이 므슴 벼슬고. ❸⇔닐다. ≪集覽, 字解, 累字解, 2ㅈ≫說知. 닐어 알외다. ≪朴諺, 上, 12ㅎ≫監納官人們處說, 監納ᄒᆞᄂᆞᆫ 官人들의게 닐러. ≪朴諺, 上, 21ㅈ≫好生說與小厮們, ᄀᆞ장 아ᄒᆡ들ᄃᆞ려 닐러. ≪朴諺, 上, 23ㅈ≫咱就那一日各自說箇重誓, 우리 임의셔 그 날에 각각 듕ᄒᆞᆫ 밍셔를 닐러. ≪朴諺, 上, 49ㅎ≫說與你姐姐, 네 姐姐ᄃᆞ려 닐러. ≪朴諺, 上, 66ㅈ≫說三日三宿, 三日 三宿을 닐을 써시니. ≪朴諺, 中, 2ㅎ≫說定與他二兩銀, 닐러 定ᄒᆞ고 뎌를 두 냥 銀을 주엇더니. ≪朴諺, 中, 26ㅈ≫說與他, 뎌ᄃᆞ려 닐러. ≪朴諺, 中, 28ㅈ≫對他男兒說勸, 제 ᄉᆞ나희를 ᄃᆡᄒᆞ여 닐러 말리되. ≪朴諺, 中, 50ㅈ≫實說定了時不要改, 실로 닐러 뎡ᄒᆞ고 고티디 마쟈. ≪朴諺, 下, 19ㅈ≫師傅上說知, 스승의게 닐러 알게 ᄒᆞ고. ≪朴諺, 下, 21ㅎ≫說與先生櫃中有一顆桃, 先生ᄃᆞ려 궤 가온대 ᄒᆞᆫ 낫 복셩홰 잇다 닐럿더니. ≪朴諺, 下, 21ㅎ≫說與師傅, 師傅ᄃᆞ려 닐럿더니. ≪朴諺, 下, 26ㅎ≫不是這般說, 이리 닐은 거시 아니라. ≪朴諺, 下, 34ㅈ≫官人們這的不消說, 官人들아 일란 쇽졀업시 닐으디 말라. ❹⇔닐ᄋᆞ다. ≪朴諺, 上, 25ㅈ≫衫兒·袴兒·裹肚等裏衣且休說, 젹삼·고의·裹肚 等 속옷으란 아직 닐ᄋᆞ디 말려니와. ≪朴諺, 上, 36ㅈ≫你說我猜, 네 닐ᄋᆞ라 내 알마. ≪朴諺, 上, 36ㅈ≫你再說我猜着, 네 또 닐ᄋᆞ라 내 알마. ≪朴諺, 上, 43ㅎ≫姐姐不要說, 姐姐ㅣ아 닐ᄋᆞ디 말라. ≪朴諺, 中, 12ㅎ≫你說我地面裏的田禾如何, 네 닐ᄋᆞ라 우리 ᄯᅡ히 田禾ㅣ 엇더ᄒᆞ더뇨. ≪朴諺, 中, 17ㅎ≫却不說, 또 닐ᄋᆞ디 아녓ᄂᆞ냐. ≪朴諺, 中, 25ㅈ≫我說與你衆伴當們, 내 너희 모든 伴當들ᄃᆞ려 닐ᄋᆞ노니. ≪朴諺, 中, 40ㅎ≫我不說來, 說這般作怪的言語, 이런 괴이ᄒᆞᆫ 말을 닐ᄋᆞᄂᆞᆫ고나. 怎麽這們說, 엇디 이리 닐ᄋᆞᄂᆞ뇨. ≪朴諺, 中, 50ㅎ≫擺忙裏說甚麽閑話來, 밧븐ᄃᆡ 므슴 힘힘ᄒᆞᆫ 말 닐ᄋᆞ리오. ≪朴諺, 中, 51ㅈ≫我不說來, 내 닐ᄋᆞ디 아니터냐. ≪朴諺, 中, 60ㅈ≫好好的說, 됴히 됴히 닐ᄋᆞ라. ≪朴諺, 下, 20ㅈ≫說罷, 닐ᄋᆞ기를 ᄆᆞᄎᆞ매. ❺⇔말ᄒᆞ다. ≪朴諺, 上, 23ㅎ≫說口諂佞, 말ᄒᆞᄂᆞᆫ 입이 諂佞ᄒᆞ여.

설(說) 동 이르다. 말하다. …라고 말하다. ⇔닐오다. ≪朴諺, 上, 23ㅈ≫你說饒我四着, 네 닐오ᄃᆡ 날을 네흘 졉쟈 ᄒᆞ더니. ≪朴諺, 上, 29ㅎ≫你說都是好的, 네 닐오ᄃᆡ 다 이 됴타 ᄒᆞ더니. ≪朴諺, 上, 32ㅈ≫只說明日後日還我, 그저 닐오ᄃᆡ ᄂᆡ일 모ᄅᆡ 내게 갑ᄒᆞ마 ᄒᆞ니. ≪朴諺, 上, 32ㅎ≫傍邊看的閑人們說, 겨ᄐᆡ셔 보든 힘힘ᄒᆞᆫ 사ᄅᆞᆷ들히 닐오ᄃᆡ. ≪朴諺, 上, 34ㅈ≫那和尙說再也不敢, 뎌 즁이 닐오ᄃᆡ ᄂᆡ여란 ᄉᆡᆼ심이나. ≪朴諺, 上, 59ㅎ≫說時濟甚麽事, 닐온들 므슴 일이 일리오. ≪朴諺, 中, 27ㅎ≫小媳婦與大妻商(商)量說, 小媤婦ㅣ 大妻ᄃᆞ려 혜아려 닐오ᄃᆡ. ≪朴諺, 中, 43ㅎ≫你自說村莊無人來訪, 네 ᄉᆞᄉᆞ로 닐오ᄃᆡ 村莊에 와 ᄎᆞᄌᆞᆯ 사ᄅᆞᆷ이 업다 ᄒᆞ거니와. ≪朴諺, 下, 16ㅈ≫却說我家漢子偸了, 또 닐오ᄃᆡ 우리 집 놈이 도적ᄒᆞ다 ᄒᆞ니. ≪朴諺, 下, 21ㅎ≫三藏說是一箇桃核, 三藏이 닐오ᄃᆡ 이 ᄒᆞᆫ 복셩화 삐로다. ≪朴諺, 下, 22ㅈ≫大仙說是一顆桃, 大仙이 닐오ᄃᆡ 이 ᄒᆞᆫ 낫 복셩홰로다. ≪朴諺, 下, 23ㅈ≫孫行者說, 孫行者ㅣ 닐오ᄃᆡ. ≪朴諺, 下, 23ㅈ≫王說將軍你搭去, 王이 닐오ᄃᆡ 將軍아 네 건다라 가라. ≪朴諺, 下, 26ㅈ≫你說都是白銀, 네 닐오ᄃᆡ 다 이 白銀이라 ᄒᆞ더니. ≪朴諺, 下, 56ㅎ≫聽我說, 내 닐옴을 드르라.

설(說) 동 이름. 말함. ❶⇔니ᄅᆞᆷ. ≪朴諺, 上, 21ㅎ≫說的是, 니ᄅᆞᆷ이 올ᄒᆞ니. ≪朴

諺, 下, 10ㅈ≫那達達聽師傅說, 뎌 達達이 師傅의 니룸을 듯고. ≪朴諺, 下, 45ㅎ≫你自聽我說, 네 스스로 내 니루믈 드루면. ❷⇔닐옴. ≪朴諺, 上, 24ㅈ≫有甚麽話說, 므슴 말을 닐옴이 이시리오. ≪朴諺, 上, 48ㅎ≫說的是, 닐옴이 올타. ≪朴諺, 中, 28ㅈ≫大妻見那般說, 大妻ㅣ 그리 닐옴을 보고. ≪朴諺, 中, 41ㅈ≫你來聽我說, 이바 내 닐옴을 드르라. ≪朴諺, 中, 43ㅈ≫說的是, 닐옴이 올타. ≪朴諺, 中, 48ㅎ≫你說的是, 네 닐옴이 올타. ≪朴諺, 下, 56ㅎ≫聽我說, 내 닐옴을 드르라.

설다 㔾 설다. 덜 익다. ⇔생(生). ≪朴諺, 下, 44ㅈ≫做的生時也難喫, 짓기를 설게 ᄒᆞ면 먹기 어렵고.

설도(說道) 㔾 이르다. 말하다. ❶⇔닐다. ≪朴諺, 上, 66ㅎ≫說道, 닐럿ᄂᆞ니. ❷⇔닐오다. ≪朴諺, 下, 9ㅎ≫叫將根前來說道, 블러 앏픠 오라 ᄒᆞ여 닐오ᄃᆡ. ≪朴諺, 下, 60ㅈ≫娘子柳氏出來說道, 娘子 柳氏ㅣ 나와 닐오ᄃᆡ.

설두(舌頭) 㒚 혀[舌]. ⇔혀. ≪集覽, 字解, 單字解, 3ㅈ≫箇. 一枚也. 俗呼一枚爲一箇, 亦曰箇把. 又箇箇 난나치. 單言箇字, 亦爲一枚之意. 有箇人 ᄒᆞᆫ 사ᄅᆞ미. 又語助. 這箇·些箇. 又音이. 舌頭兩箇 혓 그토로, 今不用.

설두양개(舌頭兩箇) 㒚 혀끝. 혀의 끝. ⇔혓긑. ≪集覽, 字解, 單字解, 3ㅈ≫箇. 一枚也. 俗呼一枚爲一箇, 亦曰箇把. 又箇箇 난나치. 單言箇字, 亦爲一枚之意. 有箇人 ᄒᆞᆫ 사ᄅᆞ미. 又語助. 這箇·些箇. 又音이. 舌頭兩箇 혓 그토로, 今不用.

설백(雪白) 㒱 눈의 빛깔과 같이 희다. ≪朴諺, 下, 1ㅈ≫把我的銀鼠(集覽, 朴集, 下, 1ㅈ: 銀鼠. 形如青鼠而差小, 色純雪白, 出達子地, 價直甚高.)皮背子, 내 銀鼠皮背子와.

설법(說法) 㔾 〈불〉 불교의 교의(敎義)를 풀어 밝히다. ⇔설법ᄒᆞ다(說法-). ≪朴諺, 上, 66ㅈ≫皇帝聖旨裏開場說法裏, 皇帝 聖旨로 開場 說法ᄒᆞᄂᆞ니라. ≪朴諺, 下, 3ㅈ≫西天取經去(集覽, 朴集, 下, 1ㅈ: 西天取經去. 此時唐太宗, 聚天下僧尼, 設無遮大會, 因衆僧擧一高僧爲壇主說法, 卽玄裝〈奘〉法師也.)時節(節), 西天의 經 가질라 갈 제. ≪朴諺, 下, 8ㅈ≫那壇主(集覽, 朴集, 下, 2ㅎ: 壇主. 飜譯名義云, 梵言曼〈漫〉茶羅, 此云壇. 謂主場說法者曰壇主.)是高麗師傅, 뎌 壇主ᄂᆞᆫ 이 高麗ㅅ 師傅ㅣ라.

설법ᄒᆞ다(說法-) 㔾 〈불〉 불교의 교의(敎義)를 풀어 밝히다. ⇔설법(說法). ≪朴諺, 上, 66ㅈ≫皇帝聖旨裏開場說法裏, 皇帝 聖旨로 開場 說法ᄒᆞᄂᆞ니라.

설봉(雪峯) 㒚 당(唐)나라의 중 의존(義存)의 법호(法號). ≪朴諺, 上, 65ㅎ≫到江南地面石屋(集覽, 朴集, 上, 16ㅈ: 石屋. 事文類聚云, 釋氏五宗之敎, 傳至法眼, 爲雪峯眞覺禪師之道. 至永明, 其道傳于高麗國. 此卽普虛之傳也.)法名的和尙根底, 江南 싸 石屋이라 法名 ᄒᆞᆫ 즁의손ᄃᆡ 가니.

설석(設席) 㔾 연회석을 마련하다. ≪朴諺, 上, 1ㅈ≫做一箇賞花筵席(集覽, 朴集, 上, 1ㅈ: 筵席. 凡宴會, 常話曰筵席, 文話曰筵會, 吏語曰筵宴, 盖取肆筵設席之意.), ᄒᆞᆫ 賞花ᄒᆞᄂᆞᆫ 이바디를 ᄒᆞ여. ≪朴諺, 上, 51ㅈ≫百歲日(集覽, 朴集, 上, 13ㅎ: 百歲日. 子生一七日, 謂之一臘, 一歲, 謂之百晬. 質問云, 初生孩兒以百日爲百歲日, 六親皆以禮賀之, 主人設席館待.)又做筵席, 百歲日에 또 이바디ᄒᆞ면.

설수(薛收) 㒚 당(唐)나라 포주(蒲州) 분음(汾陰) 사람. 자는 백포(伯褒). 당초(唐初) 진왕부(秦王府) 십팔학사(十八學士)의 한 사람. 고조(高祖) 때 두건덕(竇建德)·왕세충(王世充)을 진압한 공으로 천책부 기실참군(天策府記室參軍)에 제수되고, 유흑달(劉黑闥)을 평정한 공으로 분음현남(汾陰縣南)에 봉해졌다. ≪朴諺, 中, 44ㅎ≫掛十八學士(集覽, 朴集, 中, 8ㅈ: 十八學士. 唐太宗秦王時, 開館延文學

之士, 杜如晦·房玄齡〈岭〉·虞世南·褚遂良·姚思廉·李玄道·蔡允恭·薛元敬·顔相時·蘇勗·于志寧·蘇世長·薛收·李守素·陸德明·孔穎達·蓋文達·許敬宗爲文學館學士, 分爲三番, 更日直宿.)大畫, 十八學士 그린 큰 그림을 걸고.

설수(爇水) 동 불을 피워 물을 데우다. ≪朴諺, 上, 46ㅎ≫孫舍混堂(集覽, 朴集, 上, 13ㅈ: 混堂. 人家設溫湯浴室處, 燕都多有之, 乃爇〈爇〉水爲湯, 非溫泉也. 或稱堂子, 舊本作湯子.)裏洗澡去來, 孫가아 混堂에 목욕ᄀᆞᄆᆞ라 가쟈.

설수(爇水) 동 설수(爇水). '爇'은 '爇'의 본자. ≪朴諺, 上, 46ㅎ≫孫舍混堂(集覽, 朴集, 上, 13ㅈ: 混堂. 人家設溫湯浴室處, 燕都多有之, 乃爇〈爇〉水爲湯, 非溫泉也. 或稱堂子, 舊本作湯子.)裏洗澡去來, 孫가아 混堂에 목욕ᄀᆞᄆᆞ라 가쟈.

설암(雪嵒) 명 당대(唐代) 진주(鎭州) 임제원(臨濟院)에서 주석(駐錫)하던 혜조선사 의현(慧照禪師義玄)의 정맥(正脈)을 이은 한 중의 법명(法名). ≪朴諺, 上, 65ㅈ≫法名(集覽, 朴集, 上, 15ㅎ: 法名. 至正丙戌春, 入燕都, 聞南朝有臨濟正脉不斷〈断〉, 可往印可. 盖指臨濟直下雪嵒〈嵓〉嫡孫石屋和尙清珙也.), 法名을 步虛ㅣ라 브르ᄂᆞᆫ 이.

설암(雪嵓) 명 설암(雪嵒). '嵓'은 '嵒'의 다른 표기. ≪朴諺, 上, 65ㅈ≫法名喚步虛(集覽, 朴集, 上, 15ㅎ: 步虛. 至正丙戌春, 入燕都, 聞南朝有臨濟正脉不斷〈断〉, 可往印可. 盖指臨濟直下雪嵒〈嵓〉嫡孫石屋和尙清珙也.), 法名을 步虛ㅣ라 브르ᄂᆞᆫ 이.

설약(設若) 명 만일. 만약. ≪集覽, 字解, 單字解, 2ㅎ≫怕. 疑懼之意. 怕人知道. 又設若之辭. 怕你不信 ᄒᆞ다가 너옷 밋디 몯거든. 又恐也. 害怕 두리여ᄒᆞ다.

설엇다 동 서릊다. 정리하다. 정돈하다. ⇔수습(收拾). ≪集覽, 字解, 累字解, 1ㅈ≫收拾. 간슈ᄒᆞ다. 又설엇다. 又거두다.

설연(設宴) 동 연회를 베풀다. ≪朴諺, 上, 41ㅎ≫第三日做圓飯筵席(集覽, 朴集, 上, 12ㅈ: 圓飯筵席. 圓作完是, 謂齊足之意. 今按, 漢人娶妻親迎, 而女至男家以宿, 則女家送女食于男家, 三日而止. 止食之日, 女家必具酒饌, 送男家設宴, 謂之完飯筵席.)了時, 第三日에 圓飯 이바디ᄒᆞ면.

설원경(薛元敬) 명 당(唐)나라 포주(蒲州) 분음(汾陰) 사람. 당초(唐初) 진왕부(秦王府) 십팔학사(十八學士)의 한 사람. 벼슬은 고조(高祖) 때 문학관 학사(文學館學士)를 지내고 황태자 이세민(李世民)의 태자 사인(太子舍人)을 역임하였다. ≪朴諺, 中, 44ㅎ≫掛十八學士(集覽, 朴集, 中, 8ㅈ: 十八學士. 唐太宗秦王時, 開館延文學之士, 杜如晦·房玄齡〈岭〉·虞世南·褚遂良·姚思廉·李玄道·蔡允恭·薛元敬·顔相時·蘇勗·于志寧·蘇世長·薛收·李守素·陸德明·孔穎達·蓋文達·許敬宗爲文學館學士, 分爲三番, 更日直宿.)大畫, 十八學士 그린 큰 그림을 걸고.

설지(說知) 동 말하여 알리다. 고(告)하다. 통지하다. ≪集覽, 字解, 累字解, 2ㅈ≫說知. 닐어 알외다.

설치(設置) 동 베풀어서 두다. ≪朴諺, 中, 8ㅎ≫牌子(集覽, 朴集, 中, 2ㅈ: 牌子. 凡馬驛設置, 馬驢不等, 其中管馬荅應者, 謂之馬牌, 管驢者, 謂之驢牌, 總〈総〉稱牌子.)·令史們來, 牌子·令史들흔 오라.

설퇴(雪堆) 명 눈 더미. ≪朴諺, 中, 23ㅈ≫齒排柯雪(集覽, 朴集, 中, 6ㅈ: 齒排柯雪. 謂齒如雪堆枝柯之上, 淨白頓整之形, 似人所編排然.), 니ᄂᆞᆫ 柯雪이 버럿ᄂᆞᆫ ᄃᆞᆺᄒᆞ고.

설해(說解) 동 설명하고 해석하다. ≪集覽, 凡例≫凡常用言語之義, 難以文字形容者, 直用諺文說解, 使人易曉庶不失眞.

설화(說話) 동 말하다. ⇔말ᄒᆞ다. ≪朴諺, 上, 52ㅎ≫慢慢的說話, 날회여 말ᄒᆞ쟈.

설화(說話) 명 말. ⇔말. ≪朴諺, 上, 21ㅈ≫那不會說話的頭口們喂不到, 뎌 말 못ᄒᆞᄂᆞᆫ 즘승들흘 먹이기를 이긋 못ᄒᆞ니.

설황(說謊) 동 거짓말하다. ≪朴諺, 上, 32

ㅈ≫人貧只爲慳少債快說謊, 사ᄅᆞᆷ이 가난ᄒᆞ면 그저 다랍고 빗지면 거즛말 니ᄅᆞ기 잘ᄒᆞᆫ다 ᄒᆞᄂᆞ니라.

섥 명 설기. (싸리 채나 버들 채 따위로 엮어서 만든 네모꼴의 상자) ⇔유상(柳箱). ≪朴諺, 中, 11ㅎ≫鑼鍋, 로고. 柳箱, 섥. 灑子, 드레. 三脚, 아리쇠. 椀·楪, 사발·뎝시. 匙筯, 술 져. 榪杓, 나모쥬게. 笊籬, 죠릐. 炊箒, 솔.

섬서(陝西) 명 중국 섬서성(陝西省). 동서로 이어지는 진령(秦嶺)을 경계로 하여 북부의 위수(渭水) 유역과 남부의 한수(漢水) 유역으로 나뉜다. 소재지는 서안시(西安市)에 있었다. ≪朴諺, 上, 64ㅈ≫這的是眞陜(陝)西(集覽, 朴集, 上, 15ㅎ: 陜(陝)西. 古雍州地, 漢所都長安之地. 唐置京圻〈畿〉道, 宋置陜(陝)西路, 元置陜(陝)西行中書省, 今置陜(陝)西布政使司〈司使〉.)地面裏來的, 이거시 이 진짓 陜(陝)西 싸흐로셔 온 거시로다. ≪朴諺, 中, 26ㅈ≫陜(陝)西赶來的白駝氈大帽兒一箇, 陜(陝)西셔 미러 온 白駝氈 큰갓 ᄒᆞ나흘 ᄆᆡᆫ드되.

섬서로(陝西路) 명 송대(宋代)에 둔 노(路). 지도(至道) 연간에 둔 15로의 하나. 소재지는 서안시(西安市)에 있었다. ≪朴諺, 上, 64ㅈ≫這的是眞陜(陝)西(集覽, 朴集, 上, 15ㅎ: 陜(陝)西. 古雍州地, 漢所都長安之地. 唐置京圻〈畿〉道, 宋置陜(陝)西路, 元置陜(陝)西行中書省, 今置陜(陝)西布政使司〈司使〉.)地面裏來的, 이거시 이 진짓 陜(陝)西 싸흐로셔 온 거시로다.

섬서포정사사(陝西布政司使) 명 섬서포정사사(陝西布政使司). '司使'는 '使司'의 잘못. ≪朴諺, 上, 64ㅈ≫這的是眞陜(陝)西(集覽, 朴集, 上, 15ㅎ: 陜(陝)西. 古雍州地, 漢所都長安之地. 唐置京圻〈畿〉道, 宋置陜(陝)西路, 元置陜(陝)西行中書省, 今置陜(陝)西布政使司〈司使〉.)地面裏來的, 이거시 이 진짓 陜(陝)西 싸흐로셔 온 거시로다.

섬서포정사사(陝西布政使司) 명 청(淸) 강희(康熙) 연간에 섬서 좌포정사사(陝西左布政使司)를 섬서 포정사사(陝西布政使司)로 고쳤다. ≪朴諺, 上, 64ㅈ≫這的是眞陜(陝)西(集覽, 朴集, 上, 15ㅎ: 陜(陝)西. 古雍州地, 漢所都長安之地. 唐置京圻〈畿〉道, 宋置陜(陝)西路, 元置陜(陝)西行中書省, 今置陜(陝)西布政使司〈司使〉.)地面裏來的, 이거시 이 진짓 陜(陝)西 싸흐로셔 온 거시로다.

섬서행중서성(陝西行中書省) 명 원대(元代)에 둔 행성(行省). 섬서성(陝西省)의 전 지역 및 감숙성(甘肅省) 평번현(平番縣)의 남쪽, 사천성(四川省) 무현(茂縣)의 서쪽, 한원현(漢源縣)의 북쪽 지역을 관할하였다. ≪朴諺, 上, 64ㅈ≫這的是眞陜(陝)西(集覽, 朴集, 上, 15ㅎ: 陜(陝)西. 古雍州地, 漢所都長安之地. 唐置京圻〈畿〉道, 宋置陜(陝)西路, 元置陜(陝)西行中書省, 今置陜(陝)西布政使司〈司使〉.)地面裏來的, 이거시 이 진짓 陜(陝)西 싸흐로셔 온 거시로다.

섬여(蟾蜍) 명 두꺼비. ≪朴諺, 下, 7ㅎ≫放着一箇三隻脚鐵蝦蟆兒(集覽, 朴集, 下, 2ㅈ: 三隻脚鐵蝦蟆. 書言故事云, 月宮蟾蜍三足, 是爲羿(羿)妻所化.)便是, ᄒᆞᆫ 세 발 가진 쇠두텁이 노흔 거시 곳 이라.

섭리(燮理) 동 조화시키고 조절하다. ≪朴諺, 下, 48ㅎ≫太保(集覽, 朴集, 下, 10ㅎ: 太師太保. 三師, 師〈ㄷ〉範一人, 儀刑四海, 三公, 論道經邦, 燮理陰陽.)家的, 太保ㅅ 집.

섭리(爕理) 동 섭리(燮理). '爕'은 '燮'의 속자. ≪朴諺, 下, 48ㅎ≫太保(集覽, 朴集, 下, 10ㅎ: 太師太保. 三師, 師〈ㄷ〉範一人, 儀刑四海, 三公, 論道經邦, 爕理陰陽.)家的, 太保ㅅ 집.

섭사기다 동 섭새기다. ⇔화(花). ≪朴諺, 上, 19ㅈ≫做一條銀廂花帶, ᄒᆞᆫ 올이 銀 젼메온 섭사긴 띄를 ᄆᆡᆫ들게 ᄒᆞ라. ≪朴諺, 上, 26ㅎ≫銀絲兒獅子頭的花鐙, 銀

입ᄉᆞᄒᆞᆫ 獅子 머리 섭사긴 등ᄌᆞ에.

섭섭이 뮈 부실히. ⇔송(鬆). ≪朴諺, 中, 25ㅎ≫做的鬆了, 민들기를 섭섭이 ᄒᆞ여 시니.

섭섭ᄒᆞ다 혱 ❶부실하다. 또는 게으르다. 해이하다. ⇔송(鬆). ≪朴諺, 中, 30ㅎ≫那謊鬆一箇財主人家裏, 뎌 거즛말ᄒᆞ고 섭섭ᄒᆞᆫ ᄒᆞᆫ 財主人 家에셔. ≪朴諺, 下, 26ㅎ≫呆鬆你將來我看, 어린 섭섭ᄒᆞᆫ 놈아 네 가져오라 내 보쟈. ❷부실하다. 또는 거짓말하다. ⇔탈공(脫空). ≪朴諺, 中, 47ㅎ≫老實常在, 고디식ᄒᆞ니ᄂᆞᆫ 덧덧이 잇고. 脫空常敗, 섭섭ᄒᆞᆫ 이ᄂᆞᆫ 덧덧이 패ᄒᆞᆫ다 ᄒᆞᄂᆞ니라.

섭아(鑷兒) 몡 족집게. ⇔죡집게. ≪朴諺, 上, 40ㅈ≫將那鑷兒來, 뎌 죡집게 가져다가.

섭지(攝持) 동 온전하게 간직하다. 보호하여 유지하다. ≪朴諺, 下, 3ㅈ≫往常唐三藏(集覽, 朴集, 下, 1ㅈ: 唐三藏法師〈三藏〉. 三藏, 經一藏, 律一藏, 論一藏. 曰脩多羅, 卽阿難聖衆結集爲經. 曰毗奈耶, 一曰毗尼, 卽優波尊者結集爲律. 曰阿毗曇, 卽諸大菩薩衍而爲論. 藏, 卽包含攝持之義.)師傅, 뎌적의 唐ㅅ 三藏 師傅ㅣ.

섯ㄱ다 동 섞다. ⇔간(間). ≪朴諺, 下, 25ㅈ≫沒有, 업고. 青白間串的上等玉珠兒有幾串, 青白 섯거 뀐 샹등 옥구슬 여러 꿰옴이 이셰라.

섯다 동 섞다. ⇔화(和). ≪朴諺, 下, 5ㅎ≫把那痲刀一打裏和的勻着, 뎌 삼쌔울을다가 ᄒᆞᆫ 번의 섯기를 고로게 ᄒᆞ라.

성(成) 동 되다. 이루어지다. ⇔되다. ≪朴諺, 下, 11ㅎ≫孩兒這裏所幹已成完備, 孩兒ㅣ 여긔 ᄒᆞᄂᆞᆫ 배 임의 完備케 되여시니.

성(姓) 몡 성씨(姓氏). ≪朴諺, 上, 2ㅎ≫光祿寺裡着姓李的館夫討去, 光祿寺에ᄂᆞᆫ 姓이 李가 館夫로 ᄒᆞ여 어드라 가게 ᄒᆞ고. ≪朴諺, 上, 3ㅈ≫內府裡着姓崔的外郎討去, 內府에ᄂᆞᆫ 姓이 崔가 外郎으로 ᄒᆞ여 어드라 가게 ᄒᆞ라. ≪朴諺, 下, 58ㅈ≫在下姓韓, 在下ㅣ 姓은 韓이라.

성(性) 몡 성품. ⇔셩. ≪朴諺, 下, 16ㅈ≫那廝急性便合口廝打, 뎌 놈이 셩이 급ᄒᆞ여 곳 입힐홈ᄒᆞ여 싸홧더니.

성(省) 동 알다. ⇔알다. ≪朴諺, 中, 47ㅈ≫不省人事, 인ᄉᆞ를 아디 못ᄒᆞ여.

성(城) 몡 서울. ⇔셔올. ≪朴諺, 中, 14ㅈ≫到城裏都賣了, 셔올 니르러 다 ᄑᆞ랏노라.

성(城) 몡 성. ❶⇔셩. ≪朴諺, 中, 38ㅎ≫京都在城黃華坊住人朱玉, 셔울 셩 안 黃華坊에셔 사ᄂᆞᆫ 사ᄅᆞᆷ 朱玉이. ≪朴諺, 下, 15ㅎ≫城外種稻子來, 셩 밧긔 벼 시므라 갓다가. ≪朴諺, 下, 18ㅎ≫正到城裏智海禪寺投宿, 졍히 셩 안 智海禪寺에 가 드러 자다가. ❷⇔셩자(城子). ≪朴諺, 下, 61ㅎ≫便是如今王京城子, 곳 이제 王京城이라. ❸⇔자. ≪朴諺, 上, 54ㅈ≫京都在城積慶坊住人趙寶兒, 京都 자 안 積慶坊에셔 사ᄂᆞᆫ 사ᄅᆞᆷ 趙寶兒ㅣ. ≪朴諺, 上, 57ㅈ≫喫筵席儘晚入城來, 이바디 먹고 잇긋 늣게야 자 안에 드러올 거시니. ≪朴諺, 中, 32ㅈ≫這離城三十里來地, 이 城에셔 ᄯᅥᆷ이 三十里 ᄯᅡ히. ≪朴諺, 下, 36ㅎ≫城外那劉村裏, 城 밧 뎌 劉村에. ❹⇔잣. ≪朴諺, 中, 10ㅈ≫隨問到本都在城某坊住某官人處賣與, 隨問ᄒᆞ야 本都 잣 안 아므 坊에셔 사ᄂᆞᆫ 아므 官人의손ᄃᆡ 가 ᄑᆞ라 주되.

성(盛) 동 담다. ⇔담다. ≪朴諺, 上, 37ㅎ≫金鑵兒·鐵携兒裏頭盛着白沙蜜, 금탕권 쇠곡지 속에 白沙蜜 담은 거시여. ≪朴諺, 上, 37ㅎ≫一箇長甕兒窄窄口裏頭盛着糯米酒, ᄒᆞᆫ 긴 독 조븐 부리 안히 츕ᄡᆞᆯ 술 담은 거시여. ≪朴諺, 中, 56ㅎ≫藍(籃)子裏盛將去, ᄃᆞ라치에 담아 가니.

성(盛) 동 뜨다. 푸다. ⇔쓰다. ≪朴諺, 下, 45ㅈ≫盛湯着, 湯을 ᄯᅳ라.

성(腥) 혱 비리다. ⇔비리다. ≪朴諺, 上, 49ㅎ≫休喫酸·甜·腥·葷等物, 싄 것 ᄃᆞᆫ 것 비린 것 누린 것들을 먹디 말고.

성(醒) 동 (술이) 깨다. ⇔ᄭᆡ다. ≪朴諺, 中,

47ㅈ≫他酒醒了起來不覺, 뎨 술이 씨여 니러나 씨티디 못ᄒᆞ고.

성(聲) 명 소리. ⇔소릐. ≪朴諺, 中, 22ㅈ≫以聲察聲拯悲酸於六道, 소릐로 ᄡᅧ 소릐를 술펴 悲酸을 六道에 건디고. ≪朴諺, 中, 32ㅎ≫有睍睍晥晥(晥晥)的山禽聲, 睍睍晥晥(晥晥)ᄒᆞᆫ 山禽 聲이 이시며. ≪朴諺, 下, 9ㅈ≫側耳聽聲, 귀를 기우려 소릐를 듯더니.

성(聲) 의 ❶번. 차례. (소리를 낸 횟수를 세는 단위) ⇔번. ≪朴諺, 中, 8ㅎ≫明日鷄兒叫一聲便上馬, ᄂᆡ일 ᄃᆞᆰ이 ᄒᆞᆫ 번 울어든 곳 ᄆᆞᆯ을 ᄐᆞᆯ 거시니. ≪朴諺, 下, 21ㅈ≫大仙叫一聲, 大仙이 ᄒᆞᆫ 번 소릐디ᄅᆞ고. ❷소리. (소리를 낸 횟수를 세는 단위) ⇔소릐. ≪朴諺, 下, 20ㅈ≫打一聲鍾響, ᄒᆞᆫ 소릐 鍾을 티고. ≪朴諺, 下, 22ㅈ≫孫行者念一聲唵字, 孫行者ㅣ ᄒᆞᆫ 소릐 唵字를 念ᄒᆞ니.

성경(聖境) 명 종교를 믿는 사람들이 지향하는 성인(聖人)의 경지. ≪朴諺, 下, 18ㅈ≫起盖三淸(集覽, 朴集, 下, 4ㅎ: 三淸. 道經云, 無上大羅. 玉淸, 十二天聖境也, 九聖所居, 元始天尊所治.)大殿, 三淸大殿을 지으니. ≪朴諺, 下, 18ㅎ≫做羅天(集覽, 朴集, 下, 4ㅎ: 羅天. 道經云, 七寶之樹各生一方, 弥覆一天, 八樹弥覆八天, 包羅衆天, 故云大羅, 此聖境也.)大醮, 羅天大醮를 ᄒᆞ더니.

성공(星拱) 동 뭇 별이 북극성(北極星)을 에워싸듯 빙 둘러싸다. ≪朴諺, 中, 20ㅈ≫將二兩銀到西山(集覽, 朴集, 中, 3ㅎ: 西山. 在順天府西三十里太行山首, 始于河內, 北至幽州, 强形鉅勢, 爭奇擁翠, 雲聳星拱于皇都之右.)裏, 두 냥 은을 가지고 西山에 가.

성긔다 형 성기다. ⇔희(稀). ≪朴諺, 上, 40ㅈ≫先將那稀笓子攏了, 몬져 뎌 셩긘 춤빗 가져다가 빗기고.

성덕(聖德) 명 성인(聖人)의 덕. ≪朴諺, 中, 23ㅈ≫聖德難思, 聖德을 ᄉᆡᆼ각기 어려온디라.

성명(成名) 동 명성을 얻다. 이름을 알리다. 유명해지다. ⇔성명ᄒᆞ다(成名-). ≪朴諺, 中, 43ㅎ≫一望成名, ᄒᆞᆫ골ᄀᆞᄐᆡ 成名ᄒᆞ기를 ᄇᆞ라니.

성명(姓名) 명 성과 이름. ≪朴諺, 下, 50ㅈ≫你這般金榜(集覽, 朴集, 下, 11ㅈ: 金榜. 唐崔昭暴卒復甦云, 見冥閒‹間›列榜‹牓›, 書人姓名, 將相金榜‹牓›, 次銀榜‹牓›, 州縣小官鐵榜‹鉄牓›.)掛名的書生, 너는 이런 金榜에 掛名ᄒᆞᆫ 書生이니. ≪朴諺, 下, 51ㅎ≫申(集覽, 朴集, 下, 11ㅎ: 申. 某府爲某事云云, 合行申覆, 伏乞照驗施行, 須至申者, 右申某處承宣布政使司, 年月, 府官姓名.)竊盜狀, 竊盜狀을 申ᄒᆞ노니.

성명(性命) 명 목숨. 생명. ≪朴諺, 下, 48ㅎ≫捨着性命, 性命을 ᄇᆞ려.

성명ᄒᆞ다(成名-) 동 명성을 얻다. 이름을 알리다. 유명해지다. ⇔성명(成名). ≪朴諺, 中, 43ㅎ≫一望成名, ᄒᆞᆫ골ᄀᆞᄐᆡ 成名ᄒᆞ기를 ᄇᆞ라니.

성문(聲聞) 명 ‹불› 설법(說法)을 듣고 사체(四諦)의 이치를 깨달아 아라한((阿羅漢)이 되고자 하는 불제자(佛弟子). ≪朴諺, 中, 21ㅎ≫或作童女(集覽, 朴集, 中, 4ㅎ: 童男童女. 觀音現三十二應, 曰佛身, 曰辟支‹支›, 曰圓覺, 曰聲聞, 曰梵王, 曰帝釋, 曰自在天, 曰大自在天, 曰天大將軍, 曰四天王, 曰四天太子, 曰人王, 曰長者, 曰居士, 曰宰官, 曰婆羅門, 曰比丘, 曰比丘尼, 曰優婆塞, 曰優婆夷, 曰女主, 曰童男, 曰童女, 曰天身, 曰龍身, 曰藥义, 曰乾達婆, 曰阿脩羅, 曰緊那羅, 曰摩睺羅, 曰樂人, 曰非人.), 혹 童女ㅣ 되며. ≪朴諺, 中, 21ㅈ≫智滿十身(集覽, 朴集, 中, 4ㅈ: 智滿十身. 十身有調御. 十身, 曰無着, 曰弘願, 曰業報, 曰住持, 曰涅槃, 曰淨法, 曰眞心, 曰三昧, 曰道性, 曰如意. 有內十身, 曰菩提, 曰願, 曰化, 曰力持, 曰莊嚴, 曰威勢, 曰意生, 曰福德, 曰法, 曰智. 有外十身, 曰自, 曰衆生, 曰國土, 曰業報,

曰聲聞, 曰圓覺, 曰菩薩, 曰智, 曰法, 曰虛空.), 智는 十身에 찻도다.

성분(性分) 명 타고난 성품. 천성(天性). ≪朴諺, 中, 40ㅎ≫把這生分忤逆(集覽, 朴集, 中, 8ㅈ: 生分忤逆. 生分, 謂賦受性分也, 忤亦逆也.)呆種, 이 본딕 忤逆ᄒᆞᆫ 어린씨롤다가.

성불(成佛) 동 〈불〉 부처가 되다. 곧, 보살이 자리(自利)와 이타(利他)의 덕을 완성하여 궁극적인 깨달음의 경지를 실현하다. ⇔성불ᄒᆞ다(成佛-). ≪朴諺, 上, 33ㅎ≫歸佛敬法看經(集覽, 朴集, 上, 10ㅈ: 經. 般若經序云, 經者, 徑也. 是成佛之徑路.)念佛也好, 歸佛 敬法ᄒᆞ며 看經·念佛홈이 됴커늘. ≪朴諺, 下, 4ㅎ≫度脫衆生各得成佛, 衆生을 度脫ᄒᆞ고 각각 成佛ᄒᆞ엿ᄂᆞ니.

성불ᄒᆞ다(成佛-) 동 〈불〉 부처가 되다. 곧, 보살이 자리(自利)와 이타(利他)의 덕을 완성하여 궁극적인 깨달음의 경지를 실현하다. ⇔성불(成佛). ≪朴諺, 下, 4ㅎ≫度脫衆生各得成佛, 衆生을 度脫ᄒᆞ고 각각 成佛ᄒᆞ엿ᄂᆞ니.

성상(城上) 명 성곽(城郭)의 위. ≪朴諺, 下, 46ㅎ≫順天府官, 順天府官과. 司天臺(集覽, 朴集, 下, 10ㅎ: 司天臺. 元置, 以司曆占. 今改爲欽天監. 又設司天監於朝陽門城上.)官衆官人們, 司天臺官 모든 官人들히.

성색(成色) 명 십성(十成). 금은(金銀)의 품질을 10등분한 가운데 제1등. 곧, 순도가 10할인 금은. ≪朴諺, 上, 30ㅈ≫我的都是細絲官銀(集覽, 朴集, 上, 9ㅎ: 細絲官銀. 銀十品曰十成, 曰足色, 曰成色, 曰細絲, 曰手絲兒, 曰吹螺, 曰白銀. 九品曰九成, 曰青絲. 八品曰八成. 總稱〈総称〉元寶〈宝〉. 元寶釋見下.), 내 하는 다 이 細絲官銀이라.

성수(成數) 명 일정 단위의 수. 정수(整數). ≪朴諺, 中, 29ㅈ≫將老李打了一百七(集覽, 朴集, 中, 7ㅈ: 一百七. 南村輟耕錄云, 凡七下至五十七下用笞, 六十七下至一百七下用杖. 而數用七者, 建元以前, 皆用成數.), 老李롤다가 一百 닐곱을 텨.

성수(星宿) 명 별. ≪朴諺, 上, 37ㅎ≫滿天星宿一箇月三條繩子由你曳, 하늘에 ᄀᆞ독ᄒᆞᆫ 星宿에 ᄒᆞᆫ 돌을 세 오리 노흐로 제대로 ᄭᅳᆺ으는 거시여.

성숙(成熟) 동 (과실·술·열매 등이) 익다. ≪朴諺, 上, 3ㅎ≫支與竹葉清酒十五瓶·腦兒酒(集覽, 朴集, 上, 1ㅎ: 腦兒酒. 質問云, 做酒用糆麴藥料爲糵, 久封不動, 其色紅而味最純厚. 又云, 以糯米爲之, 酒之帶糟者. 又云, 好麴〈麯〉好米作酒, 成熟粘稠有味, 不用參和.)五桶, 竹葉清酒 十五瓶과 腦兒酒 五桶을 支與ᄒᆞ더라.

성승(聖僧) 명 〈불〉 정과(正果)를 얻은 고승(高僧). ≪朴諺, 下, 24ㅈ≫行者念金頭揭地·銀頭揭地·波羅僧揭地(集覽, 朴集, 下, 5ㅈ: 金頭揭地·銀頭揭地·波羅僧揭地. 西遊記云, 釋迦牟尼佛在靈山雷音寺演說三乘敎法, 傍有侍奉阿難·伽舍諸菩薩·聖僧·羅漢·八金剛·四揭地·十代明王·天仙·地仙.)之後, 行者ㅣ 金頭揭地와 銀頭揭地와 波羅僧揭地롤 念ᄒᆞᆫ 後에.

성신(星辰) 명 별. ≪朴諺, 下, 18ㅎ≫做羅天大醮(集覽, 朴集, 下, 4ㅎ: 大醮. 道經云, 醮, 祭名. 夜中於星辰之下, 陳設餅餌·酒果·幣物, 禋祀天皇·太乙·地祇·列宿.), 羅天大醮롤 ᄒᆞ더니.

성신(誠信) 형 정성스럽고 참되다. ≪朴諺, 中, 16ㅎ≫故人誠信病中知, 故人의 誠信은 病中에 아ᄂᆞ니라.

성심(誠心) 명 정성스러운 마음. 진실한 마음. ≪朴諺, 中, 24ㅈ≫誠心懺悔後不復作, 誠心으로 懺悔ᄒᆞ여 후에 다시 짓디 마쟈. ≪朴諺, 下, 10ㅈ≫你如今誠心懺悔, 네 이제란 誠心으로 懺悔ᄒᆞ여.

성언(聲言) 동 세상에 공언(公言)하여 의견을 발표하다. ⇔성언ᄒᆞ다(聲言-). ≪朴諺, 下, 52ㅈ≫卽時某聲言, 卽時 某ㅣ 聲言ᄒᆞ여.

성언ᄒᆞ다(聲言-) 동 세상에 공언(公言)하

여 의견을 발표하다. ⇔성언(聲言). ≪朴諺, 下, 52ㅈ≫卽時某聲言, 卽時 某ㅣ 聲言ᄒᆞ여.

성음(聲音) 명 목소리. ≪朴諺, 下, 8ㅎ≫唱念聲音壓衆, 唱念ᄒᆞᄂᆞᆫ 聲音은 衆을 壓ᄒᆞ고.

성인(成人) 동 어른이 되다. 성년이 되다. ⇔성인ᄒᆞ다(成人-). ≪朴諺, 上, 45ㅎ≫你學的成人長大, 네 ᄇᆡ화 成人 長大ᄒᆞ야. ≪朴諺, 上, 51ㅎ≫養大成人, 養大 成人ᄒᆞ니.

성인(城闉) 명 성문(城門). ≪朴諺, 下, 49ㅈ≫好女不看燈(集覽, 朴集, 下, 11ㅈ: 好女不看燈. 其寺觀街巷, 燈明若晝. 士女夜遊, 車馬塞路, 有足不躡地浮行數十步者. 阡陌縱橫, 城闉下禁, 五陵年少, 滿路行歌, 萬戶千門, 笙簧未撤.), 好女는 看燈 아니ᄒᆞᆫ다 ᄒᆞᄂᆞ니라.

성인(聖人) 명 지혜와 덕이 매우 뛰어나 길이 우러러 본받을 만한 사람. ≪朴諺, 下, 51ㅎ≫便是小太公(集覽, 朴集, 下, 11ㅎ: 太公. 周文王出獵, 過於渭水之陽, 與語大悅, 曰, 自吾先君太公曰, 當有聖人適周, 周以興. 子豈是耶. 吾太公望子久矣.), 곳 이 小太公이라.

성인ᄒᆞ다(成人-) 동 어른이 되다. 성년이 되다. ⇔성인(成人). ≪朴諺, 上, 45ㅎ≫你學的成人長大, 네 ᄇᆡ화 成人 長大ᄒᆞ야. ≪朴諺, 上, 51ㅎ≫養大成人, 養大 成人ᄒᆞ니.

성자(姓字) 명 성을 나타내는 글자. ≪朴諺, 上, 46ㅈ≫老官人(集覽, 朴集, 上, 13ㅈ: 老官人. 漢人呼尊長必加老字於姓字之上, 尊之之辭.)爲頭兒, 老官人 爲頭ᄒᆞ야.

성자(城子) 명 성(城). ❶⇔셩. ≪朴諺, 下, 17ㅎ≫到一箇城子, ᄒᆞᆫ 셩에 가니. ❷⇔성(城). ≪朴諺, 下, 61ㅎ≫便是如今王京城子, 곳 이제 王京 城이라.

성저(盛貯) 동 담아서 보관하다. ≪朴諺, 下, 28ㅈ≫先喫甜的金橘蜜煎(集覽, 朴集, 下, 5ㅈ: 蜜煎. 事林廣記云, 凡煎生果, 最要遂其本性, 酸苦辛硬隨性製之. 以半蜜半水煮十數沸, 乘熟控乾, 別換新蜜, 入銀石器內, 用文·武火煮, 取其色明透爲度. 入新缶盛貯, 緊密封窖, 勿令生虫.)·銀杏煎, 몬져 ᄃᆞᆫ 金橘蜜煎과 銀杏煎을 먹어든.

성절일(聖節日) 명 성인(聖人)이나 임금의 생일을 경축하는 명절. ≪朴諺, 下, 30ㅈ≫今日是聖莭(節)日, 오늘은 이 聖莭(節)日이라.

성절일(聖莭日) 명 성절일(聖節日). '莭'은 '節'의 속자. ≪朴諺, 下, 30ㅈ≫今日是聖莭(節)日, 오늘은 이 聖莭(節)日이라.

성주(聖主) 명 어질고 덕이 뛰어난 임금. 성군(聖君). ≪朴諺, 上, 1ㅈ≫當今聖主, 當今 에 聖主ㅣ.

성중(聖衆) 명 〈불〉 성자(聖者)의 무리. 곧, 부처와 성문(聲聞)·연각(緣覺)·보살(菩薩) 따위. ≪朴諺, 下, 3ㅈ≫往常唐三藏(集覽, 朴集, 下, 1ㅈ: 唐三藏法師〈三藏〉. 三藏, 經一藏, 律一藏, 論一藏. 曰脩多羅, 卽阿難聖衆結集爲經. 曰毗奈耶, 一曰毗尼, 卽優波尊者結集爲律. 曰阿毗曇, 卽諸大菩薩衍而爲論. 藏, 卽包含攝持之義.)師傅, 뎌적의 唐ㅅ 三藏 師傅ㅣ.

성지(聖旨) 명 임금의 뜻. ≪朴諺, 上, 9ㅈ≫聖旨領了麽, 聖旨ᄅᆞᆯ 탓ᄂᆞᆫ다. ≪朴諺, 上, 60ㅈ≫有聖旨裏盖來的兩座瑠璃閣, 聖旨로 지은 兩座 瑠璃閣이 이시니. ≪朴諺, 上, 65ㅈ≫法名喚步虛(集覽, 朴集, 上, 15ㅎ: 步虛. 還大都, 時適丁太子令辰十二月二十四日, 奉傳聖旨, 住持永寧禪寺, 開堂演法.), 法名을 步虛ㅣ라 브ᄅᆞᄂᆞᆫ 이. ≪朴諺, 上, 66ㅈ≫皇帝聖旨裏開場說法裏, 皇帝 聖旨로 開場 說法ᄒᆞᄂᆞ니라. ≪朴諺, 中, 7ㅎ≫你不見這金字圓牌(集覽, 朴集, 中, 1ㅎ: 金字圓牌. 其他泛常勾當, 只許臨時領受, 給降聖旨, 方許給馬.), 네 이 金字圓牌ᄅᆞᆯ 보디 못ᄒᆞᄂᆞᆫ다.

성취(成就) 동 이루다. 성취하다. ⇔일오

다. ≪朴諺, 下, 4ㅎ≫願滿成就着, 願을 치와 일오라.

성행(性行) 명 본성과 행위. ≪朴諺, 下, 32ㅎ≫水滑經帶麵(集覽, 朴集, 下, 6ㅈ: 水滑經帶麵. 如此三四次, 微軟和餅劑, 就案上用拗棒拗百餘棒, 多揉數百拳. 至麪性行, 方可搓如指頭大, 新凉水內浸兩時許, 伺麵〈麪〉性行, 方下鍋, 闊〈濶〉細任意做.), 제믈엣 칼국슈와.

성향(聲響) 의 소리. (소리를 낸 횟수를 헤아리는 단위) ⇔소릐. ≪朴諺, 中, 43ㅈ≫我每日才聽明鍾一聲響, 내 날마다 계요 明鍾 호 소릐를 듣고.

성현(聖賢) 명 성인(聖人)과 현인(賢人). ≪朴諺, 中, 21ㅈ≫扇慈風於刹土(集覽, 朴集, 中, 4ㅈ: 刹土. 瓔珞經云, 刹土, 乃聖賢所居之處.), 慈風을 刹土에 붓ᄂᆞᆫ또다.

성회(省會) 동 알리다. 고(告)하다. ⇔알위다. ≪集覽, 字解, 累字解, 2ㅈ≫省會. 알위다.

세 관 세[三]. ❶⇔삼(三). ≪朴諺, 上, 10ㅎ≫一日三頓家饋他飽飯喫, ᄒᆞᄅᆞ 세 ᄢᅵ식 뎌를 주어 밥을 빅브리 먹이고. ≪朴諺, 上, 20ㅎ≫一日三遍家, ᄒᆞᄅᆞ 세 번식. ≪朴諺, 上, 37ㅎ≫滿天星宿一箇月三條繩子由你曳, 하늘에 ᄀᆞ독ᄒᆞᆫ 星宿에 ᄒᆞᆫ ᄃᆞᆯ을 세 오리 노ᄒᆞ로 제대로 ᄭᅳ으ᄂᆞᆫ 거시여. ≪朴諺, 上, 38ㅈ≫弟兄三四箇守着停柱坐, 弟兄 세 네히 기동을 딕희여 안잣ᄂᆞᆫ 거시여. ≪朴諺, 上, 45ㅈ≫手心上打三戒方 손바당을 세 번 견반으로 티ᄂᆞ니라. ≪朴諺, 上, 60ㅎ≫兩閣中間有三叉石橋, 두 집 ᄉᆞ이에 세 가래 石橋ㅣ 이시니. ≪朴諺, 中, 19ㅈ≫一日喫三頓家飯, ᄒᆞᄅᆞ 세 ᄢᅵ 밥 먹고. ≪朴諺, 下, 31ㅈ≫腰濶三圍抱不匝, 허리 너ᄅᆞ기 세 아름이나 ᄒᆞ니 안아 두로디 못ᄒᆞ고. ≪朴諺, 下, 36ㅈ≫三迴連打上了, 세 번을 년ᄒᆞ야 터 올려다. ≪朴諺, 下, 37ㅈ≫三停裡, 세 분에셔. ❷⇔삼개(三箇). ≪朴諺, 中, 5ㅎ≫三箇正的, 세 正官의게ᄂᆞᆫ. ❸⇔삼척(三隻). ≪朴諺, 下, 7ㅎ≫放着一箇三隻脚鐵蝦蟆兒便是, ᄒᆞᆫ 세 발 가진 쇠두텁이 노흔 거시 곳 이라.

세 수 세[三]. 셋. ⇔삼개(三箇). ≪朴諺, 中, 7ㅈ≫將三箇十分緊驌的頭馬來, 세 ᄀᆞ장 잰 웃ᄠᅳᆷ ᄆᆞᆯ을 가져오고.

세(世) 명 세기. 세대. ≪朴諺, 中, 24ㅈ≫萬刼(集覽, 朴集, 中, 6ㅈ: 萬劫. 儒曰世, 釋曰劫〈刼〉, 道曰塵. 一說, 儒家曰數, 道家曰劫〈刼〉, 佛家曰世.)再逢難, 萬劫이라도 다시 만나기 어려오니라.

세(洗) 동 ❶감다[洗]. ⇔ᄀᆞᆷ다. ≪朴諺, 上, 47ㅎ≫又入去洗一洗, 또 드러가 ᄀᆞᆷ고. ≪朴諺, 下, 23ㅎ≫與我洗頭, 날을 주어 머리 ᄀᆞᆷ게 ᄒᆞ라. ❷목욕하다. ⇔목욕ᄀᆞᆷ다. ≪朴諺, 上, 47ㅎ≫到裏間湯池裏洗了一會兒, 안깐 湯池에 가 ᄒᆞᆫ 디위 목욕ᄀᆞᆷ고. ❸씻기다. ⇔싯기다. ≪朴諺, 上, 20ㅎ≫背後河裏洗馬去來, 뒷 내헤 ᄆᆞᆯ 싯기라 가쟈. ≪朴諺, 上, 50ㅈ≫纔只洗了孩兒剃了頭, 그제아 아ᄒᆡ를 싯기고 머리 갓고. ❹씻다. ⇔싯다. ≪朴諺, 上, 44ㅎ≫洗臉到學裏, ᄂᆞᆺ 싯고 學에 가.

세(細) 부 세(細). 약간. 조금. ⇔셰. ≪朴諺, 上, 56ㅈ≫點的細, 셰가탈호되.

세(細) 형 가늘다. ⇔ᄀᆞᄂᆞᆯ다. ≪集覽, 老集, 下, 2ㅈ≫細褶. 譯語指南云, 細褶 ᄀᆞᄂᆞᆫ 견주름. 今按, 褶作摺是. 細摺, 細襞積也. ≪朴諺, 上, 7ㅈ≫都着些細料物(集覽, 朴集. 上, 3ㅎ: 細料物. 事林廣記食饌類, 細料物, 官桂·良薑·蓽撥草·豆蔻·陳皮·縮砂仁〈砂仁〉·八角·茴香各一兩, 川椒二兩, 杏仁五兩, 甘草一兩半, 白檀末半兩. 右共爲細末用之. 如欲出路停久用之者, 以水浸, 蒸餅爲丸, 如彈子大, 臨時湯泡用之. 今按, 漢俗謂·탕·숫·고·믈 曰細料物.), 다 져기 ᄀᆞᄂᆞᆫ 교토를 두고. ≪朴諺, 上, 21ㅈ≫切的草細着, 여믈 써흘기를 ᄀᆞᄂᆞᆯ게 ᄒᆞ야. ≪朴諺, 上, 35ㅎ≫把那艾來揉的細着, 뎌 쑥을다가 부뷔기를 ᄀᆞᄂᆞᆯ게 ᄒᆞ야. ≪朴諺, 上, 37ㅈ≫不知道我的麁和細,

나의 굴금과 ᄀᆞ놈을 아디 못ᄒᆞᄂᆞᆫ 거시여. ≪朴諺, 中, 4ㅈ≫這細綿紬染鴉青擺一擺, 이 ᄀᆞᄂᆞᆫ 綿紬란 鴉青 드려 널 다듬이 ᄒᆞ고. ≪朴諺, 中, 26ㅎ≫刺的細勻着, 치질ᄒᆞ기를 ᄀᆞᄂᆞᆯ고 고로게 ᄒᆞ라. ≪朴諺, 中, 55ㅈ≫捒(揀)着十分細的大紅腰線上, ᄀᆞ장 ᄀᆞᄂᆞᆫ 大紅 감기엣 치를 골ᄒᆡ라. ≪朴諺, 中, 55ㅈ≫繳的細勻着, 마모로기를 ᄀᆞᄂᆞᆯ고 고로게 ᄒᆞ라.

세(歲) 의 세. 살. ⇔ᄉᆞᆯ. ≪朴諺, 上, 40ㅎ≫今年纔十六歲的女孩兒, 올ᄒᆡ ᄀᆞᆺ 十六歲엣 새각시러라. ≪朴諺, 上, 42ㅈ≫那官人是今年十九歲, 뎌 官人은 이 올ᄒᆡ 十九歲오. ≪朴諺, 上, 66ㅎ≫不到三歲下世去的也有的, 三歲에 니ᄅᆞ디 못ᄒᆞ여셔 下世ᄒᆞ여 가ᄂᆞ니도 잇ᄂᆞ니라. ≪朴諺, 中, 10ㅎ≫五歲的小厮急且那裏走, 다ᄉᆞᆺ ᄉᆞᆯ엣 아ᄒᆡ 과거리 아직 어ᄃᆡ로 ᄃᆞ라나리오. ≪朴諺, 中, 49ㅈ≫恰十五歲的女孩兒, ᄀᆞᆺ 十五 歲엣 女孩兒ㅣ. ≪朴諺, 下, 41ㅈ≫今年纔三十七歲, 올ᄒᆡ ᄀᆞᆺ 三十七歲라. ≪朴諺, 下, 41ㅎ≫丙辰年生人三十七歲, 丙辰年에 난 사ᄅᆞᆷ 三十七歲ㅣ. ≪朴諺, 下, 55ㅎ≫牙幾歲, 나ᄒᆡ 현이오. ≪朴諺, 下, 59ㅈ≫年二十歲時分, 나ᄒᆡ 스믈인 제.

세간(世間) 명 영원하지 않은 것들이 서로 모여 있는 우주 공간. ≪朴諺, 中, 21ㅈ≫座節芙蓉(集覽, 朴集, 中, 4ㅎ: 座節芙蓉. 飜譯名義云, 大論問, 諸牀〈床〉可坐, 何必蓮華. 答曰, 牀爲世間白衣坐法, 又以蓮華軟淨, 欲現神力, 能坐其上, 令不壞故, 又以莊嚴妙法故, 又以此華華臺嚴淨香妙可坐故.)湛南海澄清之水, 안즌 ᄃᆡᄂᆞᆫ 芙蓉으로 ᄭᅮ며시니 南海 澄清ᄒᆞᆫ 水에 ᄌᆞᆷ겻고.

세거(細車) 명 장막을 쳐서 방처럼 아름답게 꾸며 만든 수레. ≪朴諺, 中, 12ㅈ≫各様帳房室車(集覽, 朴集, 中, 2ㅎ: 細車〈室車〉. 鄕習以細字作室字讀, 謂車上設屋可臥者也. 然漢人凡稱物之善者皆曰細, 如云茶之好者曰細茶. 今此細車亦謂設帳房於〈於〉車上爲屋, 乃車之善者也. 故謂之細車, 連呼帳房細車讀亦通. 質問云, 如婦人所乘車, 周圍雕刻花槅, 油飾花須, 方言謂之細車. 又云, 女人所乘有槅長盖之車.), 여러 가지 帳房ᄒᆞᆫ 室車와.

세계(世界) 명 사회의 풍조(風潮). 사회의 형세. ≪朴諺, 中, 60ㅈ≫如今是財帛世界, 이제ᄂᆞᆫ 이 財帛 世界라. ≪朴諺, 中, 60ㅎ≫如今是墻板世界, 이제ᄂᆞᆫ 墻板 世界라.

세네 관 세네[三四]. ⇔삼사(三四). ≪朴諺, 中, 35ㅎ≫着釘子釘在三四處, 못으로 세네 곳을 박고.

세다 형 세다. 딱딱하다. ⇔경(硬). ≪朴諺, 下, 44ㅈ≫硬了也不中喫, 세여도 먹기 맛당티 아니ᄒᆞ니.

세다(細茶) 명 품질이 아주 좋은 차. ≪朴諺, 中, 6ㅎ≫一壁廂熬些細茶, ᄒᆞᆫ ᄇᆞ롬 구석의셔 젹이 細茶를 달히라. ≪朴諺, 中, 12ㅈ≫各様帳房室車(集覽, 朴集, 中, 2ㅎ: 細車〈室車〉. 然漢人凡稱物之善者皆曰細, 如云茶之好者曰細茶.), 여러 가지 帳房ᄒᆞᆫ 室車와.

-세라 어미 -구나. ≪朴諺, 上, 35ㅎ≫只是腿上十分無氣力, 그저 ᄉᆡᆫ다리예 ᄀᆞ장 氣力이 업세라.

세말(細末) 명 아주 곱게 빻은 가루. ≪朴諺, 上, 7ㅈ≫都着些細料物(集覽, 朴集, 上, 3ㅎ: 細料物. 事林廣記食饌類, 細料物, 官桂·良薑·華撥草·豆蔻·陳皮·縮砂仁〈砂仁〉·八角·茴香各一兩, 川椒二兩, 杏仁五兩, 甘草一兩半, 白檀末半兩. 右共爲細末用之. 如欲出路停久用之者, 以水浸, 蒸餅爲丸, 如彈子大, 臨時湯泡用之. 今按, 漢俗謂·탕·숏·고·믈 曰細料物.), 다 져기 ᄀᆞᄂᆞᆫ 교토를 두고.

세모(細毛) 명 잔털. 가는 털. ≪朴諺, 上, 39ㅎ≫叫將那剃頭(集覽, 朴集, 上, 11ㅈ: 剃頭. 漢俗, 凡梳頭者必剃去腦後頂上髮際細毛, 故曰剃頭.)的來, 뎌 머리 갓ᄂᆞᆫ 이를 블러오라.

세무(細舞) 동 부드럽게 춤을 추다. ⇔세무ᄒᆞ다(細舞-). ≪朴諺, 下, 51ㅈ≫忽生得

淸歌細舞之心, 믄득 淸歌 細舞ᄒᆞᆯ ᄆᆞᄋᆞᆷ을 내여.

세무ᄒᆞ다(細舞-) 동 부드럽게 춤을 추다. ⇔세무(細舞). ≪朴諺, 下, 51ㅈ≫忽生得淸歌細舞之心, 믄득 淸歌 細舞ᄒᆞᆯ ᄆᆞᄋᆞᆷ을 내여.

세밀(細密) 형 품질이나 바탕이 정교하다. ≪朴諺, 中, 26ㅈ≫做雲南氈(集覽, 朴集, 中, 6ㅎ: 雲南氈. 雲南, 古梁州, 南境爲徼外夷也. 漢置益州郡, 元置路, 今改爲布政司. 州縣俱出氈, 細密爲天下最.)大帽兒一箇, 雲南氈으로 ᄒᆞᆫ 큰갓 ᄒᆞ나와.

세변아(細邉兒) 명 세변아(細邊兒). '邉'은 '邊'의 속자. ≪朴諺, 上, 26ㅎ≫藍斜皮細邉兒金絲夾縫的鞍座兒, 藍斜皮 細邉児에 金絲로 갸품ᄒᆞᆫ 鞍座児에. ≪朴諺, 上, 26ㅎ≫藍斜皮細邉兒刺(刺)靈芝草, 藍斜皮 細邉児에 靈芝草를 치질ᄒᆞ엿고.

세변아(細邊兒) 명 가는 변자(邊子). ≪朴諺, 上, 26ㅎ≫藍斜皮細邉兒金絲夾縫的鞍座兒, 藍斜皮 細邉児에 金絲로 갸품ᄒᆞᆫ 鞍座児에. ≪朴諺, 上, 26ㅎ≫藍斜皮細邉兒刺(刺)靈芝草, 藍斜皮 細邉児에 靈芝草를 치질ᄒᆞ엿고.

세사(細絲) 명 십성(十成). 금은(金銀)의 품질을 10등분한 가운데 제1등. 곧, 순도가 10할인 금은. ≪朴諺, 上, 30ㅈ≫我的都是細絲官銀(集覽, 朴集, 上, 9ㅎ: 細絲官銀. 銀十品曰十成, 曰足色, 曰成色, 曰細絲, 曰手絲兒, 曰吹螺, 曰白銀. 九品曰九成, 曰青絲. 八品曰八成. 總稱〈総称〉元寶〈宝〉. 元寶釋見下.), 내 하ᄂᆞᆫ 다 이 細絲官銀이라.

세사관은(細絲官銀) 명 십성(十成)인 관은(官銀). 금은(金銀)의 품질을 10등분한 가운데 제1등의 관은(官銀). ≪朴諺, 上, 30ㅈ≫我的都是細絲官銀(集覽, 朴集, 上, 9ㅎ: 細絲官銀. 銀十品曰十成, 曰足色, 曰成色, 曰細絲, 曰手絲兒, 曰吹螺, 曰白銀. 九品曰九成, 曰青絲. 八品曰八成. 總稱〈総称〉元寶〈宝〉. 元寶釋見下.), 내 하ᄂᆞᆫ 다 이 細絲官銀이라. ≪朴諺, 上, 54ㅈ≫借到細絲官銀五十兩整, 細絲官銀 五十兩 덩이를 수되. ≪朴諺, 上, 64ㅎ≫有細絲官銀, 細絲官銀이 이셰라.

세상(細詳) 형 ❶세상(細詳)하다. 상세하다. 자세하다. ⇔세상ᄒᆞ다(細詳-). ≪朴諺, 上, 16ㅈ≫好生細詳, ᄀᆞ장 細詳ᄒᆞ니. ≪朴諺, 上, 16ㅎ≫越細詳越好, 더옥 細詳토록 더옥 됴흐니라. ≪朴諺, 上, 30ㅎ≫咳你忒細詳, 애 네 너모 細詳ᄒᆞ다. ≪朴諺, 上, 56ㅎ≫料着你那細詳時, 혜아리건대 네 뎌리 細詳ᄒᆞ면. ≪朴諺, 下, 6ㅈ≫從來不曾見這般細詳的官人, 본ᄃᆡ 일즙 이런 細詳ᄒᆞᆫ 官人을 보디 못ᄒᆞ엿노라. ❷찬찬하다. 차근차근하다. ⇔촌촌ᄒᆞ다. ≪集覽, 字解, 單字解, 5ㅎ≫越. 尤甚也. 越好 ᄀᆞ장 됴타, 越細詳 더옥 촌촌ᄒᆞ다.

세상ᄒᆞ다(細詳-) 형 세상(細詳)하다. 상세하다. 자세하다. ⇔세상(細詳). ≪朴諺, 上, 16ㅈ≫好生細詳, ᄀᆞ장 細詳ᄒᆞ니. ≪朴諺, 上, 16ㅎ≫越細詳越好, 더옥 細詳토록 더옥 됴흐니라. ≪朴諺, 上, 30ㅎ≫咳你忒細詳, 애 네 너모 細詳ᄒᆞ다. ≪朴諺, 上, 56ㅎ≫料着你那細詳時, 혜아리건대 네 뎌리 細詳ᄒᆞ면. ≪朴諺, 下, 6ㅈ≫從來不曾見這般細詳的官人, 본ᄃᆡ 일즙 이런 細詳ᄒᆞᆫ 官人을 보디 못ᄒᆞ엿노라.

세쇄(洗刷) 동 씻기고 빗기다. ⇔싯빗기다. ≪朴諺, 上, 20ㅎ≫每日洗刷鉋的乾乾淨淨地, 每日에 싯빗겨 글게질ᄒᆞ기를 乾乾淨淨히 ᄒᆞ고.

세악(細樂) 명 취타(吹打)가 아닌 관현(管絃)으로 연주하는 음악. 타악기로 연주하는 음향이 큰 음악에 상대하여 이르는 말이다. ≪朴諺, 上, 62ㅈ≫動細樂·大樂, 細樂·大樂을 動ᄒᆞ고. ≪朴諺, 下, 47ㅈ≫前面動細樂·大樂吹角, 앏픠 細樂·大樂을 動ᄒᆞ며 角을 불고.

세오다 동 고집하다. 우기다. ⇔강(强). ≪朴諺, 中, 49ㅎ≫我忒强時也不是, 내 너모 세오면 올티 아니ᄒᆞ니. ≪朴諺, 下, 45ㅎ≫

你休强不要去, 네 세오디 말고 가디 말라.

세요물(細料物) 명 고명. 꾸미. 양념. ❶⇔교토. ≪朴諺, 上, 7ㅈ≫都着些細料物, 다 져기 ᄀᆞᄂᆞᆫ 교토롤 두고. ❷⇔탕숫고믈. ≪朴諺, 上, 7ㅈ≫都着些細料物(集覽, 朴集. 上, 3ㅎ: 細料物. 事林廣記食饌類, 細料物, 官桂·良薑·蓽撥草·豆蔻·陳皮·縮砂仁〈砂仁〉·八角·茴香各一兩, 川椒二兩, 杏仁五兩, 甘草一兩半, 白檀末半兩. 右共爲細末用之. 如欲出路停久用之者, 以水浸, 蒸餅爲丸, 如彈子大, 臨時湯泡用之. 今按, 漢俗謂·탕·숫·고·믈 曰細料物.), 다 져기 ᄀᆞᄂᆞᆫ 교토롤 두고. ≪朴諺, 下, 32ㅈ≫水精角兒(集覽, 朴集, 下, 6ㅈ: 水精角兒. 飮饌正要云, 羊肉·羊脂·羊尾子·生葱·陳皮·生薑, 各細切, 入細料物, 塩醬拌勻爲餡. 用豆粉作皮包之, 水煮供食.), 水精角兒과.

세우(細雨) 명 가랑비. ≪朴諺, 下, 50ㅎ≫一任交斜風細雨, 斜風 細雨 交호믈 一任ᄒᆞ여.

세인(世人) 명 세상 사람. ≪朴諺, 下, 7ㅎ≫這七月十五日(集覽, 朴集, 下, 2ㅈ: 七月十五日. 道藏經云, 七月十五日, 謂之中元, 地官下降人間, 檢校世人, 甄別善惡, 上告天曹.)是諸佛解夏之日, 七月 十五日은 諸佛 解夏ᄒᆞᄂᆞᆫ 날이라.

세장(細長) 형 후리후리하다. ⇔힐힐ᄒᆞ다. ≪朴諺, 中, 52ㅎ≫一箇細長身子兒, ᄒᆞᆫ 킈 힐힐ᄒᆞ고.

세전(世傳) 동 대대로 전하여 내려오다. ≪朴諺, 上, 5ㅎ≫叫教坊司十數箇樂工和做院本諸般雜技(集覽, 朴集, 上, 3ㅈ: 雜劇. 劇〈ㄷ〉, 戱也. 南村輟耕錄曰, 稗官廢而傳奇作, 傳奇作而戱曲繼〈継〉. 金季國初, 樂府猶宋詞之流, 傳奇猶宋戱曲之變〈变〉, 世傳謂之雜劇.)的來, 教坊司의 여라믄 樂工과 院本에 여러 가지 雜技ᄒᆞᄂᆞ니롤 블러오라. ≪朴諺, 中, 20ㅎ≫南海普陀落伽山(集覽, 朴集, 中, 3ㅎ: 南海普陁落伽山. 佛書所謂海岸高絶處, 普陀洛伽山, 世傳觀音現像于此, 上有普陀寺.)裏, 南海 普陀落伽山에.

세절(細切) 동 잘게 자르다. ≪朴諺, 上, 5ㅈ≫燜牛肉(集覽, 朴集, 上, 2ㅎ: 燜牛肉. 音義, 燜, 音붕〈붕〉, 平聲. 質問云, 牛肉細切, 用椒塩燜食. 又云, 以水和醬成湯, 放入鍋內, 燒至滾沸, 方下細切的牛肉, 再加椒·醋·葱花盛供, 故曰燜.), 구은 쇠고기와. ≪朴諺, 上, 6ㅎ≫第二道金銀豆腐湯(集覽, 朴集, 上, 3ㅎ: 金銀豆腐湯. 質問云, 豆腐用油煎熟, 其色黃如金, 白如銀, 細切作湯食之. 又云, 用雞〈鷄〉鴠清同鴠黃相制爲之. 今按, 鴠, 卽雞〈鷄〉子也.), 第二道ᄂᆞᆫ 金銀豆腐湯이오. ≪朴諺, 下, 32ㅈ≫水精角兒(集覽, 朴集, 下, 6ㅈ: 水精角兒. 飮饌正要云, 羊肉·羊脂·羊尾子·生葱·陳皮·生薑, 各細切, 入細料物, 塩醬拌勻爲餡. 用豆粉作皮包之, 水煮供食.), 水精角兒과.

세점(細點) 동 조금 가탈거리다. ⇔셰가톨ᄒᆞ다. ≪朴諺, 中, 7ㅈ≫五箇細點的馬來, 다ᄉᆞᆺ 셰가톨ᄒᆞᄂᆞᆫ ᄆᆞᆯ을 가져오고.

세점마(細點馬) 명 세점(細點)하는 말. ⇔셰가톨ᄒᆞᄂᆞᆫᄆᆞᆯ. ≪朴諺, 中, 7ㅈ≫五箇細點的馬來, 다ᄉᆞᆺ 셰가톨ᄒᆞᄂᆞᆫ ᄆᆞᆯ을 가져오고.

세조(世祖) 명 원(元)나라 제1대 황제(皇帝: 忽必烈)의 묘호(廟號). ≪朴諺, 下, 29ㅈ≫元寶(集覽, 朴集, 下, 5ㅎ: 元寶. 世祖大會王子·王孫·駙馬·國戚, 從而頒賜, 或用貨賣, 所以民間有此錠也.)我有半錠了, 元寶ㅣ 내게 반 뎡이 이시니.

세조(洗澡) 동 목욕하다. ❶⇔모욕곰다. ≪朴諺, 下, 22ㅈ≫入去洗澡, 드러가 모욕곰쟈. ❷⇔모욕ᄒᆞ다. ≪朴諺, 下, 20ㅈ≫第三滾油洗澡, 셋재ᄂᆞᆫ 끌ᄂᆞᆫ 기롬에 모욕ᄒᆞ고. ≪朴諺, 下, 23ㅈ≫纔待洗澡, ᄀᆞᆺ 모욕ᄒᆞ고져 ᄒᆞ더니. ≪朴諺, 下, 23ㅈ≫我如今入去洗澡, 내 이제 드러가 모욕ᄒᆞ리라 ᄒᆞ고. ❸⇔목욕곰다. ≪朴諺, 上, 46ㅎ≫孫舍混堂裏洗澡去來, 孫가아 混堂에 목

욕곰으라 가쟈. ❹⇔목욕ᄒᆞ다. ≪朴諺, 中, 56ㅈ≫背後河裡洗澡去, 뒷 내헤 목욕ᄒᆞ라 가라.

세진(洗塵) 동 (여행의 때를 씻겨 준다는 뜻으로 손님을) 맞이하다. 음식을 대접하다. 환영회를 열다. ⇔마지ᄒᆞ다. ≪朴諺, 上, 48ㅈ≫到家慢慢的與你洗塵, 집의 가 날회여 네게 마지ᄒᆞ마.

세ㅎ 수 세[三]. ⇔삼개(三箇). ≪朴諺, 中, 14ㅈ≫又不見了三箇, ᄯᅩ 세흘 일코.

세화(細花) 명 잔 꽃무늬. ⇔세화아(細花兒). ≪朴諺, 上, 25ㅎ≫象牙細花兒挑牙, 象牙로 細花 ᄒᆞᆫ 툐아에.

세화(細貨) 명 질이 좋은 값비싼 화물(貨物). ≪朴諺, 中, 13ㅎ≫抽分(集覽, 朴集, 中, 2ㅎ: 抽分. 今按, 中朝設抽分竹木局, 如遇客商〈商〉興販竹木·柴炭等項, 照例抽分. 粗貨十五分中抽二分, 細貨十分中抽二分.)了幾箇馬, 여러 ᄆᆞᆯ을 츄렴ᄒᆞ고.

세화아(細花兒) 명 잔 꽃무늬. ⇔세화(細花). ≪朴諺, 上, 25ㅎ≫象牙細花兒挑牙, 象牙로 細花 ᄒᆞᆫ 툐아에.

셋재 관 셋째. ❶⇔삼(三). ≪朴諺, 上, 4ㅈ≫第三遭十六楪, 셋재 줄 열 여숫 뎝시에ᄂᆞᆫ. ≪朴諺, 上, 36ㅈ≫三哥待要分開, 셋재 형은 ᄂᆞᆫ호고져 ᄒᆞ고. ≪朴諺, 上, 36ㅈ≫三哥是剪子, 셋재 형은 이 ᄀᆞ애오. ❷⇔제삼(第三). ≪朴諺, 上, 4ㅈ≫第三遭十六楪, 셋재 줄 열 여숫 뎝시에ᄂᆞᆫ. ≪朴諺, 下, 20ㅈ≫第三滾油洗澡, 셋재ᄂᆞᆫ 글ᄂᆞᆫ 기름에 모욕ᄒᆞ고.

셔 명 서. 서쪽. ⇔서(西). ≪朴諺, 上, 12ㅎ≫西邉對籌去, 셔편에 사슬 마초라 가. ≪朴諺, 中, 25ㅎ≫如今搬在法藏寺西邉混堂間壁住裏, 이제 法藏寺 셔편 混堂 ᄉᆞ이 ᄇᆞ람에 올마 사ᄂᆞ니. ≪朴諺, 中, 43ㅎ≫東走西走, 동으로 ᄃᆞ고 셔로 ᄃᆞ라. ≪朴諺, 下, 5ㅎ≫那西邉做一箇竈洞, 뎌 셔편의 ᄒᆞᆫ 굴을 ᄆᆡᆫ들라.

-셔 어미 -서. ≪朴諺, 上, 31ㅎ≫上他家門前, 뎌 집 門 앏히 가셔. ≪朴諺, 上, 66ㅎ≫不到三歲下世去的也有的, 三歲에 니ᄅᆞ디 못ᄒᆞ여셔 下世ᄒᆞ여 가ᄂᆞ니도 잇ᄂᆞ니라. ≪朴諺, 中, 47ㅎ≫不到一生日裏, ᄒᆞᆫ 싱일이 다ᄃᆞᆺ디 못ᄒᆞ여셔. ≪朴諺, 下, 15ㅎ≫咳事不過三日, 애 일이 사흘이 디나디 못ᄒᆞ여셔. ≪朴諺, 下, 19ㅈ≫到國王前面告未畢, 國王의 앏픠 가 고ᄒᆞ기를 ᄆᆞᆺ디 못ᄒᆞ여셔. ≪朴諺, 下, 46ㅎ≫立地赶牛, ᄡᅡ히 셔셔 쇼를 몰면. ≪朴諺, 下, 48ㅈ≫芒兒立在牛背後, 芒兒ㅣ 쇠 뒤히 셔셔. ≪朴諺, 下, 55ㅈ≫狀不過三日便告時好, 狀은 三日이 디나디 아녀셔 곳 告홈이 됴커니와.

-셔 조 -서. -에서. ≪集覽, 字解, 單字解, 5ㅎ≫就. 卽也. 就將來 즉재 가져오라, 就有了·就去了. 又遂也. 就那裏睡了 게셔 자다, 就便 곧. 又就行 드듸여셔 ᄒᆞ다. ≪朴諺, 上, 31ㅈ≫他京裏臨起身時莭(節), 뎨 셔울셔 起身홀 ᄢᅢ에 臨ᄒᆞ여. ≪朴諺, 上, 60ㅈ≫近看時遠侵碧漢, 갓가이셔 보면 멀리 碧漢을 侵ᄒᆞ고. ≪朴諺, 中, 17ㅈ≫我這裏好生多喫了, 내 예셔 ᄀᆞ장 만히 먹을와. ≪朴諺, 中, 25ㅈ≫你的帽兒那裏做來, 네 갓을 어ᄃᆡ셔 ᄆᆡᆫᄃᆞ란ᄂᆞ뇨. ≪朴諺, 中, 26ㅈ≫陜(陝)西赶來的白駝氈大帽兒一箇, 陜(陝)西셔 미러 온 白駝氈 큰갓 ᄒᆞ나흘 ᄆᆡᆫ드되. ≪朴諺, 中, 52ㅎ≫在那裏走來, 어ᄃᆡ셔 ᄃᆞ로뇨. ≪朴諺, 中, 56ㅈ≫咱只這裏跳入去, 우리 그저 예셔 ᄠᅱ어 드러가쟈. ≪朴諺, 下, 5ㅎ≫這裏和泥, 예셔 흙 니기라. ≪朴諺, 下, 29ㅎ≫這裏做生活, 예셔 셩녕ᄒᆞ라.

셔다 동 서다. ⇔입(立). ≪朴諺, 中, 43ㅈ≫鑽在爭前立的, 비븨여 앏셔기를 ᄃᆞ토아. ≪朴諺, 中, 48ㅈ≫恰學立的, ᄀᆞᆺ 셔기 비호ᄃᆡ. ≪朴諺, 下, 24ㅈ≫血瀝瀝的腔子立地, 피 ᄠᅳᆺ듣ᄂᆞᆫ 몸ᄯᅩᆼ만 ᄡᅡ히 셔고. ≪朴諺, 下, 30ㅎ≫四角頭立地的四箇將軍, 네 모히 셧ᄂᆞᆫ 네 將軍이. ≪朴諺, 下, 31ㅎ≫直挺挺的立地, 바로 곳곳이 ᄡᅡ히 셔시니. ≪朴諺, 下, 46ㅎ≫立地赶牛, ᄡᅡ히 셔셔 쇼를 몰면. ≪朴諺, 下, 48ㅈ≫芒兒立在

牛背後, 芒兒ㅣ 쇠 뒤희 셔셔.

셔안 명 서안(書案). ⇔서안(書案). ≪朴諺, 中, 45ㅈ≫那書案上的各樣書冊, 뎌 셔안 우희 各樣 書冊을.

셔올 명 서울. ⇔셩(城). ≪朴諺, 中, 14ㅈ≫到城裏都賣了, 셔올 니르러 다 ᄑᆞ랏노라.

셔울 명 서울. ❶⇔경(京). ≪朴諺, 上, 31ㅈ≫他京裏臨起身時莭(節), 뎨 셔울셔 起身 홀 ᄢᅢ에 臨ᄒᆞ여. ❷⇔경도(京都). ≪朴諺, 上, 48ㅈ≫京都駕幾時起, 셔울 대개 언제 긔동ᄒᆞ실러뇨. ≪朴諺, 上, 48ㅈ≫京都也沒甚麽買賣, 셔울도 아므란 買賣ㅣ 홀 거시 업드라. ≪朴諺, 中, 38ㅎ≫京都在城黃華坊住人朱玉, 셔울 셩 안 黃華坊에셔 사ᄂᆞᆫ 사ᄅᆞᆷ 朱玉이. ❸⇔대도(大都). ≪朴諺, 中, 9ㅎ≫大都某村住人錢小馬, 셔울 아모 촌의 사ᄂᆞᆫ 사ᄅᆞᆷ 錢小馬ㅣ. ❹⇔도(都). ≪朴諺, 下, 10ㅎ≫孩兒在都, 孩兒ㅣ 셔울 이셔.

셔편 명 서편. 서쪽. ⇔서변(西邊). ≪朴諺, 上, 12ㅎ≫西邉對籌去, 셔편에 사슬 마초라 가. ≪朴諺, 中, 25ㅎ≫如今搬在法藏寺西邉混堂間壁住裏, 이제 法藏寺 셔편 混堂 ᄉᆞ이 ᄇᆞ람에 올마 사ᄂᆞ니. ≪朴諺, 下, 5ㅎ≫那西邉做一箇竈洞, 뎌 셔편의 ᄒᆞᆫ 굴을 ᄆᆡᆫ들라.

셔품 명 습자(習字). ⇔방서(倣書). ≪朴諺, 上, 45ㅈ≫到晌午寫倣書, 나지 다ᄃᆞᄅᆞ면 셔품 쓰기 ᄒᆞ여.

셕대 명 굴레. ⇔비두(轡頭). ≪朴諺, 上, 56ㅈ≫好轡頭(集覽, 朴集, 上, 14ㅈ: 轡頭. 音義云, 잘 ᄃᆞᆫᄂᆞᆫ ᄆᆞ·롤〈물을〉 닐온 轡頭. 今按, 轡頭, 卽馬勒也, 今俗謂 ·셕·대 :됴·ᄒᆞᆫ ᄆᆞ·롤〈물을〉 呼爲好轡頭, 則音義亦當幷好字爲釋可也. 且漢俗, 以革爲之, 有銜〈銜〉者曰轡頭, 以索爲之, 無銜〈銜〉者曰籠頭. 今呼鞍轡之轡, 音·비, 好轡頭之轡, 音·피. 此轡字別有其字而今未得也. 恐當作披字爲是, 謂以勒披馬頭引之也.), 셕대 됴코.

셜다 형 섧다. 슬프다. ⇔휴(虧). ≪集覽, 字解, 單字解, 6ㅈ≫殺. 氣殺我 애ᄃᆞᆯ와 셜웨라, 猶言以此而可至於死也. 又愁殺人 사ᄅᆞ믈 ᄀᆞ장 근심ᄒᆞ야 셟게 ᄒᆞ다. 又厮殺 싸호다. 又助語辭. 最深殺 ᄀᆞ장 깁다. ≪朴諺, 下, 26ㅈ≫虧死我也, 셜워 날을 죽게 ᄒᆞᄂᆞᆫ고나.

셜마은 관 설마흔[三四十]. ⇔삼사십개(三四十箇). ≪朴諺, 中, 28ㅎ≫都搜出三四十箇血瀝瀝的尸首和那珠子·布絹, 셜마은 피 ᄠᅳᆺᄃᆞᆫᄂᆞᆫ 尸首와 그 진쥬·布絹을 다 뒤여 내고. ≪朴諺, 中, 55ㅈ≫三四十箇手帕也遞不勾, 셜마은 手帕ㅣ라도 드리기 유여티 못ᄒᆞ리라.

셜흔 관 서른. ⇔삼십(三十). ≪朴諺, 上, 23ㅈ≫我却怎麽贏了這三十路碁, 내 ᄯᅩ 엇디 이 셜흔 집 바독을 이긔여뇨. ≪朴諺, 中, 24ㅎ≫揷三十根箭, 셜흔 낫 살을 곳고.

셟다 형 섧다. ❶⇔고(苦). ≪朴諺, 下, 43ㅎ≫咳苦㤼苦㤼, 애 셟다 셟다. ❷⇔동살(疼殺). ≪朴諺, 下, 60ㅎ≫心裡疼殺, ᄆᆞ음에 셟거든. ❸⇔휴(虧). ≪朴諺, 上, 12ㅈ≫却不虧着我, ᄯᅩ 내게 셟디 아니ᄒᆞ냐.

셧녁 명 서녘. ⇔서(西). ≪集覽, 字解, 單字解, 7ㅈ≫頭. 首也. 東頭·西頭 동녁 근·셧녁 근, 頭到 나죵내, 到頭 나죵애. 通作投. 又上頭 젼ᄎᆞ로. 又頭盤 쳣 판, 頭舘 쳣 판, 頭雞 쳣 ᄃᆞᆰ.

셩 명 성(城). ❶⇔성(城). ≪朴諺, 中, 38ㅎ≫京都在城黃華坊住人朱玉, 셔울 셩 안 黃華坊에셔 사ᄂᆞᆫ 사ᄅᆞᆷ 朱玉이. ≪朴諺, 下, 15ㅎ≫城外種稻子來, 셩 밧긔 벼 시므라 갓다가. ≪朴諺, 下, 18ㅎ≫正到城裏智海禪寺投宿, 졍히 셩 안 智海禪寺에 가 드러 자다가. ❷⇔성자(城子). ≪朴諺, 下, 17ㅎ≫到一箇城子, ᄒᆞᆫ 셩에 가니.

셩 명 성(性). 성품. ⇔성(性). ≪朴諺, 下, 16ㅈ≫那厮急性便合口厮打, 뎌 놈이 셩이 급ᄒᆞ여 곳 입힐홈ᄒᆞ여 싸홧더니.

셩녕 명 수공예(手工藝). ⇔생활(生活). ≪集覽, 字解, 累字解, 2ㅎ≫生活. 셩녕. ≪集

覽, 字解, 單字解, 7ㅈ≫旋. 平聲, 回也, 斡也. 又疾也. 又셩녕 마초다, -做. ≪集覽, 字解, 單字解, 7ㅎ≫生. 生的 양ᄌᆞ. 生活 셩녕. 又甚也. 又語助. 怎生. ≪朴諺, 上, 16ㅎ≫我也用心做生活, 나도 用心ᄒᆞ여 셩녕을 ᄒᆞ리라. ≪朴諺, 上, 41ㅎ≫好刺(刺)綉生活, 슈지치 셩녕을 잘ᄒᆞ고. ≪朴諺, 中, 2ㅎ≫一箇薄薄的生活, ᄒᆞᆫ 薄薄ᄒᆞᆫ 셩녕이로다. ≪朴諺, 中, 3ㅎ≫看生活, 셩녕엣 것 보라. ≪朴諺, 中, 19ㅈ≫學生活去, 셩녕 ᄇᆡ호라 가고. 一箇狐帽匠家學生活去, ᄒᆞ나흔 狐帽匠의 집의 셩녕 ᄇᆡ호라 가고. ≪朴諺, 中, 26ㅎ≫這一箇高手的人做的生活, 이 ᄒᆞᆫ 高手엣 사ᄅᆞᆷ의 ᄆᆡᆫ든 셩녕이. ≪朴諺, 中, 49ㅈ≫我生活忙不閑耍, 내 셩녕이 밧바 놀기ᄅᆞᆯ 결을티 몯ᄒᆞ여라. ≪朴諺, 下, 6ㅈ≫一般動脚動手做生活, ᄒᆞᆫ가지로 발손을 놀려 ᄒᆞᆫ 셩녕이. 咳我到處裏做生活時, 애 내 간 ᄃᆡ마다 셩녕을 호ᄃᆡ. ≪朴諺, 下, 12ㅎ≫木植(集覽, 朴集, 下, 3ㅈ: 木植. 亦曰木料, 남·고〈그〉·로 :셩·녕〈셩녕〉홀 ᄆᆞᄉᆞ미〈ᄆᆞᄋᆞᆷ이〉니. 詳見字解料字下.)都有麽, ᄆᆞᄋᆞᆷ이 다 잇ᄂᆞ냐.

셩녕ᄒᆞ다 동 공작(工作)하다. 일하다. 제작하다. ⇔주생활(做生活). ≪朴諺, 上, 16ㅎ≫我也用心做生活, 나도 用心ᄒᆞ여 셩녕을 ᄒᆞ리라. ≪朴諺, 中, 49ㅈ≫你做甚麽生活, 네 므슴 셩녕ᄒᆞᄂᆞᆫ다. ≪朴諺, 下, 12ㅎ≫你只取將墨斗, 네 그저 먹고조와. 墨篗, 먹갈과. 和鎊, 갓괴와. 錛子, 항괴와. 退鉋, ᄃᆡ패와. 鑿子, 쓸과. 斧子, 도치와. 鋸子來做生活, 줄을 가져다가 셩녕ᄒᆞ라. ≪朴諺, 下, 29ㅎ≫這裏做生活, 예셔 셩녕ᄒᆞ라.

셰 부 세(細). 조금. 약간. ⇔세(細). ≪朴諺, 上, 56ㅈ≫點的細, 셰가탈호되.

셰가탈ᄒᆞ다 동 조금 가탈거리다. ❶⇔세점(細點). ≪朴諺, 中, 7ㅈ≫五箇細點的馬來, 다ᄉᆞᆺ 셰가탈ᄒᆞᄂᆞᆫ ᄆᆞᆯ을 가져오고. ❷⇔점(點). ≪朴諺, 中, 8ㅈ≫快走的點的都有了, 잘 건ᄂᆞᆫ 이와 셰가탈ᄒᆞᄂᆞᆫ 이 다 이셰라. ❸⇔점적세(點的細). ≪朴諺, 上, 56ㅈ≫點的細, 셰가탈호되.

셰가탈ᄒᆞᄂᆞᆫᄆᆞᆯ 명 조금 가탈거리는 말. ⇔세점마(細點馬). ≪朴諺, 中, 7ㅈ≫五箇細點的馬來, 다ᄉᆞᆺ 셰가탈ᄒᆞᄂᆞᆫ ᄆᆞᆯ을 가져오고.

셰내다 동 ❶세(貰)내다. ⇔임(賃). ≪朴諺, 中, 38ㅎ≫賃一所房子來, ᄒᆞᆫ 집을 셰내엿더니. ≪朴諺, 中, 38ㅎ≫賃一所房子, ᄒᆞᆫ 곳 집을 셰내엿노라. ≪朴諺, 中, 38ㅎ≫賃到房子一所, 집 ᄒᆞᆫ 곳을 셰내되. ≪朴諺, 中, 39ㅎ≫賃房錢每月銀二兩, 집 셰내ᄂᆞᆫ 갑슬 ᄃᆞᆯ마다 은 두 냥에 ᄒᆞ여. ≪朴諺, 中, 39ㅎ≫將賃房人家內應有直錢物件, 집 셰낸 사ᄅᆞᆷ의 집의 應有ᄒᆞᆫ 갑ᄊᆞᆫ 物件을다가. ≪朴諺, 中, 39ㅎ≫故立此賃房文字爲用, 짐ᄌᆞᆺ 이 집 셰내ᄂᆞᆫ 글월을 셰워 쓰게 ᄒᆞ노라. 賃房人某, 집 셰낸 사ᄅᆞᆷ 아모. ≪朴諺, 下, 42ㅎ≫賃魂車, 魂車와……諸般彩亭子, 여러 가지 彩亭子ᄅᆞᆯ 셰내고. ≪朴諺, 下, 57ㅈ≫你來街坊有賃的驢麽, 이바 거리에 셰낼 나귀 잇ᄂᆞ냐. 有錢時那裡沒賃的驢, 돈 이시면 어ᄃᆡ 셰낼 나귀 업스리오. ≪朴諺, 下, 57ㅈ≫疾快賃的來, ᄲᆞᆯ리 셰내여 오라. ❷세(貰)내다. 고용(雇用)하다. ⇔고(雇). ≪朴諺, 下, 55ㅎ≫又雇一箇小厮, ᄯᅩ ᄒᆞᆫ 아ᄒᆡᄅᆞᆯ 셰내여.

셰다 동 세우다. ⇔입(立). ≪朴諺, 下, 20ㅎ≫靠師傅立的, 師傅의게 의지ᄒᆞ여 셰고.

-셰라 어미 -구나. ≪朴諺, 中, 8ㅈ≫快走的點的都有了, 잘 건ᄂᆞᆫ 이와 셰가탈ᄒᆞᄂᆞᆫ 이 다 이셰라. ≪朴諺, 下, 53ㅎ≫打我來, 날을 텨셰라.

셰오다 동 세우다. (문서를) 작성하다. ⇔입(立). ≪朴諺, 上, 41ㅎ≫這月初十日立了婚書, 이 ᄃᆞᆯ 초열흘날 婚書을 셰오고.

셰우다 동 세우다. (문서를) 작성하다. ⇔입(立). ≪朴諺, 上, 54ㅎ≫故立此文契爲用, 짐ᄌᆞᆺ 이 글월을 셰워 쓰게 ᄒᆞ엿ᄂᆞ니.

≪朴諺, 中, 9ㅎ≫他的爺娘立與文書來, 제 어버이 文書를 셰워 주어시니. ≪朴諺, 中, 10ㅎ≫故立此文字爲用, 짐즛 이 글월을 셰워 쓰게 ᄒᆞ엿ᄂᆞ니. ≪朴諺, 中, 39ㅎ≫故立此賃房文字爲用, 짐즛 이 집 셰내ᄂᆞᆫ 글월을 셰워 쓰게 ᄒᆞ노라.

소 명 (송편이나 만두 따위에 넣는) 소. ⇔함(餡). ≪朴諺, 下, 14ㅈ≫軟肉薄餅喫了, 軟肉 소 녀ᄒᆞᆫ 薄餅을 먹고. ≪朴諺, 下, 32ㅈ≫羊肉餡饅頭, 羊肉 소 녀흔 상화과. ≪朴諺, 下, 32ㅈ≫素酸餡稍麦, 素酸 소 ᄒᆞᆫ 稍麦과. 匾食, 匾食과.

소(小) 접두 자기를 낮추어 겸손하게 일컫는 말. ≪朴諺, 上, 34ㅈ≫小僧從今日, 小僧이 오ᄂᆞᆯ브터.

소(小) 동 싸게 하다. 깎다. ⇔디우다. ≪朴諺, 中, 38ㅈ≫小賣了五錢銀, 닷 돈 은을 디워 ᄑᆞ노라.

소(小) 부 적이. 좀. 적게. ⇔젹이. ≪朴諺, 中, 52ㅎ≫小團欒面皮兒的漢兒人, 젹이 ᄂᆞᆺ치 두렷ᄒᆞᆫ 漢ㅅ 사ᄅᆞᆷ이.

소(小) 형 ❶작다. ⇔젹다. ≪朴諺, 上, 13ㅈ≫那的有四箇小車兒(集覽, 朴集, 上, 6ㅈ: 小車. 一輪車也. 卽轀輬.), 뎌 네 젹은 술위 이시니. ≪朴諺, 上, 13ㅈ≫不要小車, 젹은 술위란 말고. ≪朴諺, 上, 15ㅎ≫小刀子一把, 젹은 칼 ᄒᆞᆫ ᄌᆞᄅᆞ. ≪朴諺, 上, 46ㅈ≫大小家眷小娃娃們, 大小 家眷과 져근 아ᄒᆡ들로. ≪朴諺, 中, 1ㅎ≫他的主兒拿着諸般顏色的小旗兒, 제 님재 여러 가지 빗체 젹은 旗를 가져다가. ≪朴諺, 中, 25ㅎ≫簷兒小, 드르히 젹고. ≪朴諺, 中, 33ㅈ≫山頂上有一小池, 山 頂上에 ᄒᆞᆫ 젹은 못이 이시니. ≪朴諺, 中, 47ㅈ≫把他的小刀子拔了, 뎌의 져근 칼을다가 쌔이고. ≪朴諺, 中, 53ㅎ≫這月是大盡那小盡, 이 ᄃᆞᆯ이 커 진ᄒᆞᄂᆞ냐 젹어 진ᄒᆞᄂᆞ냐. ≪朴諺, 下, 26ㅎ≫這沒辯臉小胡孫, 이 얼굴 업슨 져근 진납이. ❷적다. ⇔젹다. ≪朴諺, 上, 13ㅈ≫與他小脚兒錢, 뎌를 젹은 삭 갑슬 주되. ≪朴諺, 中, 6ㅈ≫休少了我的便是, 우리게도 젹게 말미 곳 올흐니라. ≪朴諺, 下, 19ㅎ≫咱兩箇寃讎不小可裏, 우리 둘히 寃讎ㅣ 젹디 아니ᄒᆞ니라. ≪朴諺, 下, 38ㅈ≫也不小可, ᄯᅩ 젹디 아니타.

소(小) 형 ❶젊다. ⇔졈다. ≪朴諺, 下, 41ㅈ≫咳年紀也小裡, 애 나도 졈닷다. ❷잘다. ⇔즐다. ≪朴諺, 上, 56ㅈ≫只是小行上遲, 그저 즌 걸음이 ᄠᅳ고.

소(少) 동 ❶빚지다[債]. ⇔빗지다. ≪集覽, 字解, 單字解, 6ㅈ≫少. 多少. 又欠也, 少甚麽 므스거시 업스뇨. 少債 ᄂᆞᄆᆡ 비들 ᄲᅥ디워 잇다. 又缺也, 缺少口粮 양시기 그처디다. ≪朴諺, 上, 31ㅈ≫他少我五兩銀子裏, 뎨 내게 닷 냥 은을 빗졋ᄂᆞ니. ❷떨어뜨리다. 조금 남기다. ⇔ᄲᅥ디우다. ≪集覽, 字解, 單字解, 6ㅈ≫少. 多少. 又欠也. 少甚麽 므스거시 업스뇨. 少債 ᄂᆞᄆᆡ 비들 ᄲᅥ디워 잇다. 又缺也. 缺少口粮 양시기 그처디다.

소(少) 형 없다. ❶⇔업다. ≪朴諺, 下, 40ㅈ≫只少一口氣, 그저 ᄒᆞᆫ 입긔운만 업드라. ❷⇔없다. ≪集覽, 字解, 單字解, 6ㅈ≫少. 多少. 又欠也. 少甚麽 므스거시 업스뇨. 少債 ᄂᆞᄆᆡ 비들 ᄲᅥ디워 잇다. 又缺也. 缺少口粮 양시기 그처디다. ≪朴諺, 中, 11ㅈ≫如今少甚麽, 이제 므서시 업스뇨. ≪朴諺, 中, 11ㅎ≫少梯子, 술위앏괴오ᄂᆞᆫ 나모. 撑頭, 술위뒤괴오ᄂᆞᆫ나모. 套繩, 멧줄. 撒繩, ᄉᆞ을줄. 拘索, 목집게. 籠頭, 바굴레. 脚索, 지달쏠바. 鞍子, 기ᄅᆞ마. 肚帶, 빗대 업세라. ≪朴諺, 中, 52ㅈ≫又少些盤纏不曾去的, ᄯᅩ 져기 盤纏이 업서 일즙 가디 못ᄒᆞ롸.

소(少) 형 적다. ⇔젹다. ≪朴諺, 上, 3ㅎ≫如今怎麽少了, 이제 엇디 져그뇨. ≪朴諺, 上, 19ㅎ≫少儅時少贖, 젹게 典儅ᄒᆞ면 젹게 갑ᄂᆞ니라. ≪朴諺, 下, 44ㅈ≫不要多也不要少了, 만히도 말고 젹게도 말아. ≪朴諺, 下, 44ㅎ≫黃土少些箇, 黃土ㅣ 져기 젹에라. ≪朴諺, 下, 45ㅈ≫夜飯

少一口, 夜飯은 흔 입을 적게 흐면. 活到九十九, 살기를 九十九에 니른다 흐니라.

소(所) 명 ❶곳[處]. ⇔곳. ≪朴諺, 下, 19ㅈ≫唐僧也引徒弟去到王所, 唐僧이 또 徒弟를 두리고 王의 곳에 니르니. ❷배[所]. ⇔바. ≪朴諺, 下, 11ㅎ≫孩兒這裏所幹已成完備, 孩兒ㅣ 여긔 흐는 배 임의 完備케 되여시니. ≪朴諺, 下, 59ㅎ≫靡所不爲, 흐디 아닐 배 업므(으)니.

소(所) 의 곳[處]. ⇔곳. ≪朴諺, 中, 38ㅎ≫賃一所房子, 흔 곳 집을 셰내엿노라. ≪朴諺, 中, 38ㅎ≫賃到房子一所, 집 흔 곳을 셰내되.

소(梳) 동 빗기다. ⇔빗기다. ≪朴諺, 上, 40ㅈ≫撒開頭髮梳, 머리터럭을 헤켜고 빗기되. ≪朴諺, 上, 40ㅈ≫梳了, 빗겨다. ≪朴諺, 上, 47ㅈ≫梳頭五箇錢, 머리 빗기기는 다솟 낫 돈이오.

소(消) 동 스러지다. 사라지다. ⇔스러디다. ≪朴諺, 上, 14ㅈ≫那們時便消了, 그러면 곳 스러디리라.

소(消) 부 속절없이. ⇔속절업시. ≪朴諺, 下, 34ㅈ≫官人們這的不消說, 官人들아 일란 속절업시 닐으디 말라.

소(消) 형 없다. ⇔없다. ≪朴諺, 下, 30ㅈ≫顏色也都消了, 빗치 다 업서시니.

소(笑) 동 웃다. ⇔웃다. ≪朴諺, 下, 21ㅎ≫皇后大笑猜不着了, 皇后ㅣ 크게 우으며 아디 못흐여다.

소(素) 접두 민-. ⇔믠-. ≪朴諺, 上, 43ㅈ≫紫官素段子一尺, ᄌᆞ덕 구읫나기 믠비단 흔 자과.

소(掃) 동 쓸다. ⇔쓸다. ≪朴諺, 中, 44ㅎ≫將笤箒來掃的乾淨着, 뷔븨 가져다가 쓸기를 간졍히 흐고.

소(塑) 동 만들다. ⇔믿돌다. ≪朴諺, 下, 45ㅎ≫塑一箇象一般大的春牛, 흔 象ᄀᆞ티 큰 春牛를 믿ᄃᆞ라. ≪朴諺, 下, 46ㅈ≫一箇塑的小童子, 흔 小童子를 믿ᄃᆞ라.

소(霄) 명 하늘. ⇔하늘. ≪朴諺, 上, 60ㅈ≫遠望高接青霄, 멀리 ᄇᆞ라매 놉히 프른 하늘에 졉흐엿고.

소(燒) 동 ❶굽다[炙]. ⇔굽다. ≪朴諺, 上, 5ㅈ≫燒鵝·白煠鷄, 구은 게오와 믿기름에 지진 ᄃᆞᆰ과. ≪朴諺, 下, 2ㅈ≫且休燒簽子, 아직 젹을 굽디 말고. ≪朴諺, 下, 25ㅈ≫燒子珠兒好的有麽, 구은구슬 됴흐니 잇ᄂᆞ냐. ≪朴諺, 下, 25ㅎ≫這不是燒子的甚麽, 이 구으니 아니오 므섯고. ≪朴諺, 下, 26ㅈ≫燒子二兩家賣了幾串, 구은 이예 두 냥식 몃 쉐옴이나 ᄑᆞ란ᄂᆞ다. ❷(불) 때다[焚]. 피우다. ⇔딧다. ≪朴諺, 下, 5ㅈ≫死火炕燒火炕, 블 아니 딧ᄂᆞᆫ 구들을 흐라 블딧ᄂᆞᆫ 구들을 흐랴. ❸사르다[燒]. ⇔솔오다. ≪朴諺, 下, 43ㅎ≫燒人場裡燒着, 燒人場에셔 솔와.

소(燒) 동 피우다[燃]. ❶⇔퓌오다. ≪朴諺, 下, 2ㅈ≫將兩根香來燒, 두 ᄌᆞᄅᆞ 향을 가져다가 퓌오라. ❷⇔픠오다. ≪朴諺, 上, 62ㅎ≫到寺裏燒香隨喜之後, 뎔에 가 향 픠오고 구경흔 후에. ≪朴諺, 中, 45ㅈ≫燒些餅子香, 져기 餅子香 픠오고.

소가(小可) 형 적다. 또는 보통이다. 평범하다. ⇔젹다. ≪朴諺, 中, 53ㅈ≫不同小可, 젹디 아니흐다. ≪朴諺, 下, 38ㅈ≫也不小可, 또 젹디 아니타.

소간(小看) 동 업신여기다. 얕보다. 깔보다. ❶⇔소간흐다(小看-). ≪朴諺, 下, 36ㅎ≫怎麽小看人, 엇디 사름을 小看흐리오. ≪朴諺, 下, 36ㅎ≫你十分休小看人, 네 ᄀᆞ장 사름을 小看티 말라. ❷⇔업슈이너기다. ≪朴諺, 下, 26ㅎ≫好小看人, ᄀᆞ장 사름 업슈이너긴다.

소간흐다(小看-) 동 업신여기다. 얕보다. 깔보다. ⇔소간(小看). ≪朴諺, 下, 36ㅎ≫怎麽小看人, 엇디 사름을 小看흐리오. ≪朴諺, 下, 36ㅎ≫你十分休小看人, 네 ᄀᆞ장 사름을 小看티 말라.

소거(小車) 명 일륜차(一輪車). 바퀴가 하나 달린 수레. ≪朴諺, 上, 13ㅈ≫那的有四箇小車兒(集覽, 朴集, 上, 6ㅈ: 小車. 一輪車也. 卽轀輬.), 뎌 네 젹은 술위 이시

니. ≪朴諺, 上, 13ㅈ≫不要小車, 젹은 술위란 말고.

소거아(小車兒) 명 일륜차(一輪車). 바퀴가 하나 달린 수레. ≪朴諺, 上, 13ㅈ≫那的有四箇小車兒(集覽, 朴集, 上, 6ㅈ: 小車. 一輪車也. 卽轀輬.), 뎌 네 젹은 술위이시니.

소겁(小劫) 명 〈불〉 사람의 목숨이 8만 살부터 100년마다 한 살씩 줄어져서 열 살이 되기까지의 동안. 또는 열 살에서 100년마다 한 살씩 늘어서 8만 살에 이르는 동안. ≪朴諺, 中, 24ㅈ≫萬刧(集覽, 朴集, 中, 6ㅈ: 萬劫. 五劫〈刧〉旣周, 復從其始. 又六十年一甲子, 一百年爲一小劫〈刧〉, 一千年爲一中劫〈刧〉, 三中劫〈刧〉爲一大劫〈刧〉.)再逢難, 萬劫이라도 다시 만나기 어려오니라.

소겁(小刧) 명 소겁(小劫). '刧'은 '劫'의 속자. ≪朴諺, 中, 24ㅈ≫萬刧(集覽, 朴集, 中, 6ㅈ: 萬劫. 五劫〈刧〉旣周, 復從其始. 又六十年一甲子, 一百年爲一小劫〈刧〉, 一千年爲一中劫〈刧〉, 三中劫〈刧〉爲一大劫〈刧〉.)再逢難, 萬劫이라도 다시 만나기 어려오니라.

소견(召見) 동 윗사람이 아랫사람을 불러내어 만나 보다. ≪朴諺, 中, 25ㅎ≫可知那廝使長的大帽(集覽, 朴集, 中, 6ㅎ: 大帽. 南村輟耕錄云, 胡石塘先生嘗應聘入京, 世皇召見於〈於〉便殿, 趍(趨)進, 不覺笠子欹側.)也做裏, 그리어니 뎌 놈이 使長의 큰갓도 민드니.

소경(少卿) 명 벼슬 이름. 경(卿)의 버금 벼슬. 태상시(太常寺)·대리시(大理寺)·광록시(光祿寺)·태복시(太僕寺)에 두었다. ≪朴諺, 中, 15ㅈ≫是小人昨日張少卿(集覽, 朴集, 中, 3ㅈ: 少卿. 太常寺·大理寺·光祿寺·太僕寺有卿·少卿, 俱三品.)的慶賀筵席裏到來, 올흐니 小人이 어제 張少卿의 慶賀 잔채에 갓더니. ≪朴諺, 下, 13ㅎ≫第二少卿, 第二 少卿이라.

소곰 명 소금[鹽]. ⇔염(鹽). ≪集覽, 字解, 單字解, 3ㅈ≫着. 使之爲也. 着落 히여곰, 着他 뎌 ᄒᆞ야. 又置也. 着塩 소곰 두다. 又中也. 着了 맛다. 又見人所行之事, 正合人所指望之, 方則亦曰着了 마초ᄒᆞ야다. 又實也. 着實 실히. 又語助. 又穿衣服也.

소공(召公) 명 주(周)나라 문왕(文王)의 아들. 이름은 석(奭). 형 무왕(武王)이 주(紂)를 멸한 뒤 북연(北燕)에 봉하였고, 조카인 주공(周公)과 함께 어린 성왕(成王)을 도와 덕정(德政)을 폈다. ≪朴諺, 上, 11ㅎ≫我在平則門(集覽, 朴集, 上, 5ㅎ: 平則門. 燕都, 禹貢冀州之域. 唐曰幽都, 虞爲幽州, 武王封召公奭於燕, 卽此.)邉住, 내 平則門 ᄀᆞ의 이셔 사노라.

소관(小官) 명 직위가 낮은 벼슬. ≪朴諺, 下, 50ㅈ≫你這般金榜(集覽, 朴集, 下, 11ㅈ: 金榜. 唐崔昭暴卒復甦云, 見冥閒〈間〉列榜〈牓〉, 書人姓名, 將相金榜〈牓〉, 次銀榜〈牓〉, 州縣小官鐵榜〈鉄牓〉.)掛名的書生, 너는 이런 金榜에 掛名홀 書生이니.

소괄(梳刮) 동 긁어 빗다. ⇔긁빗다. ≪朴諺, 上, 47ㅎ≫梳刮頭修了脚, 머리 긁빗고 발톱 다듬고.

소광(素光) 명 눈이나 서리 따위와 같은 흰빛. ≪朴諺, 下, 59ㅈ≫上泰封王弓裔(集覽, 朴集, 下, 12ㅎ: 弓裔. 新羅憲安王之庶子, 以五月五日生, 屋上有素光屬天如虹.)手下, 泰封王 弓裔 手下에 올라.

소금 명 소금. ⇔염(鹽). ≪朴諺, 中, 6ㅈ≫醋, 초와. 醬, 장과. 塩, 소금과. 芥末, 계ᄌᆞ ᄀᆞᄅᆞ와. 葱, 파과. 蒜, 마ᄂᆞᆯ과. 薤菜, 부칙와, 油, 기름과. 生蘿蔔, 댓무우과. 瓜, 외와. 茄等, 가지 등. ≪朴諺, 下, 33ㅎ≫零碎和生薑·料物·葱·蒜·醋·塩都將來, 존 것과 싱강과 교퇴와 파와 마ᄂᆞᆯ과 초와 소금을 다 가져오라.

소금자도인(燒金子道人) 명 중국의 소설 서유기(西遊記)에 나오는, 거지국(車遲國)에 살면서 연금술(鍊金術)에 능하였다는 백안대선(伯眼大仙)의 외명(外名). ≪朴諺, 下, 17ㅎ≫和伯眼大仙, 伯眼大仙과. ≪朴諺, 下, 18ㅈ≫外名喚燒金子道人(集覽, 朴集, 下, 4ㅈ: 燒金子道人. 西遊記云, 有一先生到車遲國, 吹口氣以磚瓦皆化爲金, 驚動國王, 拜爲國師, 號伯眼大仙.), 外名은 燒金子道人이라 브ᄅᆞᄂᆞ니.

소기(小旗) 명 원·명대(元明代)에 군사 10명을 지휘하던 하급 군관(軍官). 또는 그 부대의 단위. ≪朴諺, 上, 58ㅎ≫你昨日張千戶(集覽, 朴集, 上, 14ㅎ: 千戶. 軍士五千六百名爲一衛, 二千二百名爲一千戶所, 一百一十名爲一百戶所. 每百戶內設總〈総〉旗二名, 小旗二名.)的生日裏, 네 어제 張千戶의 生日에.

소기(燒起) 동 불 때다. 불 피우다. ⇔블찟다. ≪朴諺, 下, 22ㅈ≫咱如今燒起油鍋, 우리 이제 기름 가마에 블 찟고.

소기다 동 속이다. ❶⇔광혹(誆惑). ≪朴諺, 上, 31ㅈ≫誆惑人東西不在家, 사ᄅᆞᆷ의 것 소기노라 집의 잇디 아니ᄒᆞ니. ❷⇔만(瞞). ≪朴諺, 中, 47ㅎ≫爲頭兒他瞞別人來, 처엄은 뎌 놈을 소겻더니. ❸⇔만(謾). ≪朴諺, 上, 64ㅈ≫你怎麽謾的我高麗人, 네 엇디 우리 高麗ㅅ 사ᄅᆞᆷ을 소기ᄂᆞᆫ다. ❹⇔만과(謾過). ≪朴諺, 下, 25ㅎ≫你待謾過我, 네 ᄒᆞ마 날을 소길랏다. ❺⇔홍롱(哄弄). ≪朴諺, 中, 37ㅈ≫休哄弄我, 날을 소기디 말라.

소낭(小娘) 명 첩(妾). ≪朴諺, 中, 16ㅎ≫大娘(集覽, 朴集, 中, 3ㅈ: 大娘. 音義云, 안해님이라 ᄒᆞ·돗 ᄒᆞᆫ :말. 今按, 汎稱尊長妻室曰大娘, 又稱人之正妻曰大娘, 妾曰小娘.)身子好麽, 大娘의 몸이 됴흐신가.

소단자(素段子) 명 민비단. 무늬가 없는 비단. ⇔믠비단. ≪朴諺, 上, 43ㅈ≫紫官素段子一尺, ᄌᆞ덕 구읫나기 믠비단 ᄒᆞᆫ 자과.

소두(小豆) 명 팥. ⇔ᄑᆞᆺ. ≪朴諺, 下, 37ㅈ≫稻子, 벼. 薥秫, 슈슈. 黍子, 기장. 大麥, 보리. 小麥, 밀. 蕎麥, 모밀. 黃豆, 콩. 小豆, ᄑᆞᆺ. 菉豆, 녹두. 莞豆, 광쟝이. 黑豆, 거믄콩. 芝麻, ᄎᆞᆷᄭᆡ. 蘇子, 듧ᄭᆡ.

소두(小肚) 명 아랫배. ⇔져근ᄇᆡ. ≪朴諺, 上, 35ㅈ≫一箇太醫看我小肚皮上使一針, ᄒᆞᆫ 太醫 날을 보고 져근ᄇᆡ 우희 ᄒᆞᆫ 번 침 주고.

소두(梳頭) 동 머리를 빗다. ≪朴諺, 上, 39ㅎ≫叫將那剃頭(集覽, 朴集, 上, 11ㅈ: 剃頭. 漢俗, 凡梳頭者必剃去腦後頂上髮際細毛, 故曰剃頭.)的來, 뎌 머리 갓ᄂᆞᆫ 이를 블러오라.

소두피(小肚皮) 명 아랫배의 뱃가죽. ≪朴諺, 上, 35ㅈ≫一箇太醫看我小肚皮上使一針, ᄒᆞᆫ 太醫 날을 보고 져근ᄇᆡ 우희 ᄒᆞᆫ 번 침 주고.

소득(所得) 명 일한 결과로 얻은 정신적·물질적 이익. ≪朴諺, 下, 29ㅈ≫元寶(集覽, 朴集, 下, 5ㅎ: 元寶. 錠上有字, 曰楊(揚)州元寶. 後朝廷亦鑄. 又有遼陽元寶, 至元二十三年, 征遼所得銀子而鑄者也.)我有半錠了, 元寶ㅣ 내게 반 뎡이 이시니.

소라 명 소래기. ⇔분(盆). ≪朴諺, 下, 43ㅈ≫誰碎盆(集覽, 朴集, 下, 9ㅎ: 碎盆. 未詳源流. 但本國送殯之晨, 在家者見靈輀登道, 卽隨以瓦器擲碎於門外, 大聲作語曰, 持汝家具而去. 云爾者, 盖使亡人無留念家緣之術也.)來, 뉘 소라를 ᄣᆞ리ᄃᆞᆫ뇨. 曹大就門前碎盆, 曹大ㅣ 문 앏픠셔 소라를 ᄣᆞ리더라.

소라(小羅) 명 도교에서 이르는, 신선이 산다는 삼계(三界)와 삼십팔천(三十八天)의 세계. ≪朴諺, 下, 18ㅎ≫做羅天(集覽, 朴集, 下, 4ㅎ: 羅天. 謂覆盖萬天, 羅絡三界, 極高無上, 故稱大羅. 三淸五境三十六天, 謂之大羅, 四方四梵三十二天, 謂之中羅, 其欲色三界三十八天, 謂之小羅, 總〈総〉謂之羅天三界.)大醮, 羅天大醮를 ᄒᆞ더니.

소련(素練) 명 흰 비단. 흰 명주. ≪朴諺, 上, 59ㅎ≫西湖是從玉泉(集覽, 朴集, 上, 15ㅈ: 玉泉. 一在山之陽, 泉出石罅間, 鑿

石爲螭頭, 泉從螭口噴出, 鳴若雜佩, 色如素鍊〈練〉, 泓澄百頃.)裏流下來, 西湖는 이 玉泉으로 조차 흘러ᄂᆞ리니.

소련(素鍊) 명 소련(素練). '鍊'은 '練'의 잘못. ≪朴諺, 上, 59ㅎ≫西湖是從玉泉(集覽, 朴集, 上, 15ㅈ: 玉泉. 一在山之陽, 泉出石罅間, 鑿石爲螭頭, 泉從螭口噴出, 鳴若雜佩, 色如素鍊〈練〉, 泓澄百頃.)裏流下來, 西湖는 이 玉泉으로 조차 흘러ᄂᆞ리니.

소리 명 소리. ⇔성(聲). ≪朴諺, 中, 22ㅈ≫以聲察聲拯悲酸於六道, 소리로 써 소리를 슬펴 悲酸을 六道에 건디고. ≪朴諺, 下, 9ㅈ≫側耳聽聲, 귀를 기우려 소리를 듣더니.

소리 의 소리. (소리를 낸 횟수를 헤아리는 단위) ❶⇔성(聲). ≪朴諺, 下, 20ㅈ≫打一聲鍾響, ᄒᆞᆫ 소리 鍾을 티고. ≪朴諺, 下, 22ㅈ≫孫行者念一聲唵字, 孫行者ㅣ ᄒᆞᆫ 소리 唵字를 念ᄒᆞ니. ❷⇔성향(聲響). ≪朴諺, 中, 43ㅈ≫我每日才聽明鍾一聲響, 내 날마다 계요 明鍾 ᄒᆞᆫ 소리를 듯고.

소리디ᄅᆞ다 동 소리를 지르다. ⇔규(叫). ≪朴諺, 下, 21ㅈ≫大仙叫一聲, 大仙이 ᄒᆞᆫ 번 소리디ᄅᆞ고.

소맥(小麥) 명 밀. ⇔밀. ≪朴諺, 下, 37ㅈ≫稻子, 벼. 薥秫, 슈슈. 黍子, 기장. 大麥, 보리. 小麥, 밀. 蕎麥, 모밀. 黃豆, 콩. 小豆, 폿. 菉豆, 녹두. 莞豆, 광장이. 黑豆, 거믄콩. 芝麻, 츰깨. 蘇子, 듧깨.

소명(小名) 명 보통 부르는 이름. ≪朴諺, 中, 9ㅎ≫今將親生孩兒小名喚神奴, 이제 親生ᄒᆞᆫ 아ᄒᆡ 小名을 神奴ㅣ라 브ᄅᆞ고. ≪朴諺, 中, 27ㅈ≫小名喚李大舍, 小名을 李大舍ㅣ라 브ᄅᆞᄂᆞᆫ이. ≪朴諺, 中, 52ㅎ≫小名喚許瘦兒, 小名을 許瘦児ㅣ라 ᄒᆞ리.

소모(小帽) 명 보통 모자. (갓양태나 갓모자가 대모(大帽)보다 작다) ≪朴諺, 中, 19ㅈ≫一箇狐帽匠(集覽, 朴集, 中, 3ㅎ: 狐帽匠. 今按, 以有毛皮作大帽·小帽〈以有毛皮作大小帽〉者, 皆謂之胡帽匠〈謂之胡帽匠〉, 狐字作胡.)家學生活去, ᄒᆞ나흔 狐帽匠의 집의 셩녕 ᄇᆡ호라 가고.

소무(韶舞) 명 당대(唐代) 교방사(敎坊司)의 관직 이름. 악무(樂舞)에 관한 일을 맡았다. ≪朴諺, 上, 5ㅎ≫叫敎坊司(集覽, 朴集, 上, 2ㅎ: 敎坊司. 掌雅·俗樂之司, 隷禮部, 有奉鑾〈銮〉·韶舞·司樂等官, 一名麗春院, 卽元俗所呼拘欄司.)十數箇樂工和做院本諸般雜技的來, 敎坊司의 여라믄 樂工과 院本에 여러 가지 雜技ᄒᆞᄂᆞ니를 블러오라.

소백화(小白花) 명 상록관목인 산반(山礬)의 당대(唐代) 말. 봄에 꽃을 피우는데 빛깔이 희다. ≪朴諺, 中, 20ㅎ≫南海普陀落伽山(集覽, 朴集, 中, 3ㅎ: 南海普陁落伽山. 普陁落伽, 唐言小白花, 卽山礬花也. 山多小白花, 故仍名. 往時高麗·新羅·日本諸國, 皆由此取道以候風汛. 飜譯名義云, 補陁落迦(伽), 此云海島, 又云小白花.)裏, 南海 普陀 落伽山에.

소변(小便) 명 오줌. ≪朴諺, 中, 18ㅎ≫推出後(集覽, 朴集, 中, 3ㅈ: 推出後. 漢人指廁爲後路, 詳見老乞大集覽〈詳見老乞大集覽上篇〉東廁下. 又大便·小便, 亦曰大後·小後.)去的一般出來時, 뒤보라 가는 톄ᄒᆞᆫ가지로 나오면.

소병(燒餠) 명 밀가루를 반죽하여 원형 혹은 사각의 평평한 모양으로 만들고 표면에 참깨를 뿌려 구운 떡. ⇔쇼병. ≪朴諺, 下, 33ㅈ≫芝麻燒餠, 츰깨 므틴 쇼병과. 黃燒餠, 누론 쇼병과. 酥燒餠, 酥油 너흔 쇼병과. 硬麵燒餠都有, 硬麪으로 ᄒᆞᆫ 쇼병이 다 잇다. 燒餠饃子你店裏有麽, 燒餠粿子 네 뎜에 잇ᄂᆞ냐. ≪朴諺, 下, 42ㅎ≫饃子·燒餠, 饃子와 燒餠과.

소사(燒死) 동 불에 타서 죽다. ≪朴諺, 上, 59ㅈ≫寒食(集覽, 朴集, 上, 14ㅎ: 寒食. 荊楚記云, 去冬節〈莭〉一百五日, 有疾風甚雨, 謂之寒食, 又謂之百五節〈莭〉. 秦人呼爲熟食日, 言其不動煙〈烟〉火, 預辦熟食過節〈莭〉也. 晉文公焚山求子推, 因

燒死, 遂禁火以報之.)不遲, 寒食이라도 더 듸디 아니타 ᄒᆞᄂᆞ니라.

소산(小蒜) 명 달래. ⇔쪽지. ≪朴諺, 中, 34ㅈ≫拔將小蒜, 죡지. 田菁, 샤틔올. 薺菜, 낭이. 芢荇, 비름을 킈여 오라.

소산함(素酸餡) 명 소함(素餡)과 산함(酸餡). ≪朴諺, 下, 32ㅈ≫素酸餡稍麥, 素酸소 ᄒᆞᆫ 稍麥과. 匾食, 匾食과.

소생(所生) 동 낳다. 출생하다. ≪朴諺, 上, 63ㅎ≫爭甚麽一母所生親弟兄, 므슴 一毋(母) 所生 親弟兄에셔 ᄡᅳ리오.

소선생(小先生) 명 먼저 글과 지식을 습득한 학생이 스승을 대신하여 학우(學友)를 가르치는 학생. ≪朴諺, 下, 19ㅈ≫小先生到前面教點燈, 小先生이 알ᄑᆡ 와 블혀이거늘.

소설(小雪) 명 고려(高麗)의 중 보우(普愚)가 경기도(京畿道) 용문산(龍門山)에 지은 암자 이름. ≪朴諺, 上, 65ㅈ≫法名喚步虛(集覽, 朴集, 上, 15ㅎ: 步虛. 戊子東還, 掛錫于三角山重興寺. 尋往龍門山, 結小庵, 額曰小雪.), 法名을 步虛ㅣ라 브르ᄂᆞᆫ 이.

소성이랑(小聖二郞) 명 중국의 소설 서유기(西遊記)에 나오는, 관주(灌州) 관강(灌江)에 산다는 신(神) 이름. ≪朴諺, 下, 17ㅈ≫唐三藏引孫行者(集覽, 朴集, 下, 4ㅈ: 孫行者. 老君·王母俱奏于玉帝, 傳宣李天王, 引領天兵十萬及諸神將至花菓山, 與大聖相戰失利. 巡山大力鬼上告天王, 擧灌州灌江口神曰小聖二郞, 可使拿獲. 天王遣太子木叉, 與大力鬼往請二郞神, 領神兵圍花菓山, 衆猴出戰皆敗.), 唐三藏이 孫行者를 ᄃᆞ리고. ≪朴諺, 下, 47ㅈ≫粧二郞爺爺(集覽, 朴集, 下, 10ㅎ: 二郞爺爺. 按西遊記, 灌州灌江口立廟, 有神曰小聖二郞, 又號二郞賢聖天王, 請二郞捕獲大聖, 卽此.), 二郞爺爺를 ᄭᅮ미며.

소세장(蘇世長) 명 당(唐)나라 경조(京兆) 무공(武功) 사람. 당초(唐初) 진왕부(秦王府) 십팔학사(十八學士)의 한 사람. 벼슬은 수(隋)에서 도수소감(都水少監)·태자 태보(太子太保)를 지내고, 당에 귀의하여 간의대부(諫議大夫)·파주 자사(巴州刺史)를 지냈다. ≪朴諺, 中, 44ㅎ≫掛十八學士(集覽, 朴集, 中, 8ㅈ: 十八學士. 唐太宗秦王時, 開館延文學之士, 杜如晦·房玄齡〈巹〉·虞世南·褚遂良·姚思廉·李玄道·蔡允恭·薛元敬·顏相時·蘇勗·于志寧·蘇世長·薛收·李守素·陸德明·孔穎達·蓋文達·許敬宗爲文學館學士, 分爲三番, 更日直宿.)大畫, 十八學士 그린 큰 그림을 걸고.

소수(消愁) 동 시름이나 걱정을 해소하다. ≪朴諺, 上, 1ㅈ≫咱們消愁解悶如何, 우리 消愁 解悶홈이 엇더ᄒᆞ뇨.

소수복(消瘦服) 명 〈불〉 가사(袈裟)의 다른 이름. 번뇌를 단절시키는 옷이라는 뜻이다. ≪朴諺, 上, 33ㅈ≫披着袈裟(集覽, 朴集, 上, 10ㅈ: 袈裟. 反(飜)譯名義云, 袈裟是外國三衣之名. 或名離塵服, 由斷〈断〉六塵故, 或名消瘦服, 由斷煩惱故, 或名無垢衣.), 袈裟 닙고.

소숙(燒熟) 동 불에 구어 익히다. ≪朴諺, 下, 33ㅈ≫黃燒餠(集覽, 朴集, 下, 7ㅈ: 黃燒餠. 事林廣記云, 每麵〈麺〉一斤, 入油一兩半, 炒塩一錢, 冷水和搜得所, 骨魯槌研開, 鏊上煿〈煿〉熟, 得硬煻火燒熟, 甚酥美. 酥, 걱걱ᄒᆞ다〈석석ᄒᆞ다〉.), 누론 쇼병과.

소승(小僧) 명 중이 자기를 낮추어 이르는 말. ≪朴諺, 上, 34ㅈ≫小僧從今日, 小僧이 오ᄂᆞᆯ브터.

소승선(小乘禪) 명 〈불〉 아공(我空: 자아(自我)는 오온(五蘊)이 화합하여 이루어진 것일 뿐, 참으로 자아라고 할 만한 실체는 없음)을 믿고 해탈(解脫)을 위하여 닦는 선. ≪朴諺, 上, 33ㅈ≫安禪(集覽, 朴集, 上, 10ㅈ: 禪. 靜也. 傳燈錄有五等禪, 有外道禪·凡夫禪·小乘禪·大乘禪·最上乘禪, 又名如來淸淨禪, 又名無上菩提. 又云, 被於身爲法, 說於口爲律, 行於

心爲禪.)悟法却不好, 安禪 悟法홈이 또 됴티 아니ᄒᆞ냐.

소시(小廝) 명 ❶놈. (보통 사람) ⇔놈. ≪朴諺, 上, 58ㅈ≫不通人情不得仁義的小廝, 人情을 통티 몯ᄒᆞ고 仁義ᄅᆞᆯ 엇디 몯ᄒᆞᆫ 놈이라. ≪朴諺, 下, 15ㅎ≫把我家小廝拿將去監了貳日, 우리 집 놈을다가 잡아가 가도왇디 이틀이오. ≪朴諺, 下, 15ㅎ≫又一箇小廝半夜裏起來, 또 ᄒᆞᆫ 놈은 半夜에 니러. ❷사나이. 사내. ⇔ᄉᆞ나희. ≪朴諺, 上, 49ㅎ≫一箇俊小廝, ᄒᆞᆫ 쥰슈ᄒᆞᆫ ᄉᆞ나희러라. ❸아이. ⇔아ᄒᆡ. ≪集覽, 字解, 單字解, 2ㅎ≫廝. 卑賤之稱. 這廝 이 놈. 又相也. 廝見 서르 보다. 又汎指人. 亦曰廝. 小廝 아ᄒᆡ, 瞎廝 쇼경. ≪朴諺, 上, 16ㅎ≫街上放空中的小廝們好生廣, 거리에 박핑이 틸 아ᄒᆡ들 ᄀᆞ장 흔터라. ≪朴諺, 上, 17ㅎ≫咳小廝們倒聒噪, 애 아ᄒᆡ들히 도로혀 지져귀여. ≪朴諺, 上, 21ㅈ≫懶小廝們一發滿槽子饋草, 게여른 아ᄒᆡ들히 홈ᄢᅴ 귀유에 ᄀᆞ득이 여믈을 주고. ≪朴諺, 上, 21ㅈ≫好生說與小廝們, ᄀᆞ장 아ᄒᆡ들ᄃᆞ려 닐러. ≪朴諺, 中, 10ㅎ≫五歲的小廝急且那裏走, 다ᄉᆞᆺ 술엣 아ᄒᆡ 과거리 아직 어ᄃᆡ로 ᄃᆞ라나리오. ≪朴諺, 中, 20ㅈ≫再那一箇小廝, 또 뎌 ᄒᆞᆫ 아ᄒᆡᄂᆞᆫ. ≪朴諺, 中, 37ㅈ≫小廝將那厨裏夾板來, 아ᄒᆡ아 뎌 듀방에 협판을 가져다가. ≪朴諺, 中, 40ㅈ≫你兩箇小廝慢慢的上去, 너 두 아ᄒᆡ 날회여 올라가. ≪朴諺, 中, 56ㅈ≫你弟兄兩箇引的那小廝們, 너희 弟兄 둘히 뎌 아ᄒᆡ들을 ᄃᆞ려. ≪朴諺, 下, 6ㅎ≫我那幾日着那小廝掐來, 내 뎌적의 뎌 아ᄒᆡ로 ᄒᆞ여 ᄃᆡ이더니. ≪朴諺, 下, 55ㅎ≫又雇一箇小廝, 또 ᄒᆞᆫ 아ᄒᆡᄅᆞᆯ 셰내어. ≪朴諺, 下, 57ㅎ≫小廝道, 아ᄒᆡ 니ᄅᆞ되.

소시(召試) 동 불러들여 시험하다. ≪朴諺, 中, 22ㅎ≫執楊柳於掌內拂病體於輕安(集覽, 朴集, 中, 5ㅎ: 執楊柳於掌內拂病體於輕安. 佛圖澄, 天竺〈笁〉人也. 妙通玄術, 善誦呪, 能役使鬼神. 石勒聞其名, 召試其術, 澄取鉢盛水, 燒香呪之, 須臾, 鉢中生青蓮花.), 楊柳ᄅᆞᆯ 손에 잡아 病體를 輕安ᄒᆞ되 ᄲᅥᆯ티고.

소시아(小廝兒) 명 ❶사나이. 사내. ⇔ᄉᆞ나희. ≪朴諺, 上, 49ㅎ≫小廝兒那女孩兒, ᄉᆞ나희가 ᄀᆞ나희가. ❷아이. ⇔아ᄒᆡ. ≪朴諺, 中, 9ㅎ≫我今日買一箇小廝兒, 내 오늘 ᄒᆞᆫ 아ᄒᆡᄅᆞᆯ 사되.

소식(消息) 명 ❶소식(捎箟). '消息'은 '捎箟'의 다른 표기. ≪朴諺, 上, 40ㅎ≫捎箟(集覽, 朴集, 上, 11ㅈ: 消息(捎箟). 以禽鳥毳翎安於竹針頭, 用以取耳垢者, 俗呼爲消息(捎箟). 舊本作蒲樓翎兒.)來掏一掏耳朶, 짓븨 가져다가 귓바회 ᄲᅳᆯ라. ≪朴新諺 1, 43ㅎ≫ 把捎箟(朴新注, 17ㅈ: 以禽鳥毳翎安於竹頭, 用以取耳垢者, 俗呼為消息.)掏一掏耳朶, 짓븨로다가 귓바회 ᄲᅳᆯ면. ❷소식. 편지. ≪集覽, 字解, 單字解, 3ㅈ≫消. -化, -息. 又須也.

소식(捎箟) 명 깃비[羽箒]. (댓개비 끝에 깃을 비 모양으로 모아 단) 귀이개의 한 가지. ⇔짓븨. ≪朴諺, 上, 40ㅎ≫捎箟(集覽, 朴集, 上, 11ㅈ: 消息(捎箟). 以禽鳥毳翎安於竹針頭, 用以取耳垢者, 俗呼爲消息(捎箟). 舊本作蒲樓翎兒.)來掏一掏耳朶, 짓븨 가져다가 귓바회 ᄲᅳᆯ라. ≪篇海≫捎, 捎箟子, 除耳垢者. ≪士小節, 婦儀≫捎箟, 男女不相通用.

소식부(小媳婦) 명 젊은 부인. 작은 부인. ≪朴諺, 中, 27ㅎ≫小媳婦與大妻商(商)量說, 小媳婦ㅣ 大妻ᄃᆞ려 혜아려 닐오ᄃᆡ.

소심(小心) 동 조심(操心)하다. ⇔조심ᄒᆞ다. ≪朴諺, 上, 49ㅎ≫好生小心着, ᄀᆞ장 조심ᄒᆞ야. ≪朴諺, 中, 36ㅈ≫小心必勝, 조심ᄒᆞ면 반ᄃᆞ시 이긘다 ᄒᆞᄂᆞ니라.

소심(小心) 형 소심(小心)하다. 도량이 좁다. ⇔소심ᄒᆞ다(小心-). ≪朴諺, 中, 15ㅎ≫那般不小心收拾身己, 뎌리 小心ᄒᆞ여 몸을 收拾디 아니홈애.

소심ᄒᆞ다(小心-) 형 소심(小心)하다. 도량이 좁다. ⇔소심(小心). ≪朴諺, 中, 15ㅎ≫

那般不小心收拾身己, 뎌리 小心ᄒᆞ여 몸을 收拾디 아니홈애.

소씨(邵氏) 명 송대(宋代)에 문견전록(聞見前錄)을 지은 소백온(邵伯溫)과 문견후록(聞見後錄)을 지은 그의 아들 박(博). ≪朴諺, 上, 41ㅎ≫第三日做圓飯筵席(集覽, 朴集, 上, 12ㅈ: 圓飯筵席. 邵氏聞見錄, 宋景文公納子婦, 其婦家饋食. 書云, 以食物煖女.)了時, 第三日에 圓飯 이바디ᄒᆞ면.

소아(小兒) 명 ❶사람 이름. ≪朴諺, 上, 30ㅎ≫李小兒那厮, 李小児ㅣ란 뎌 놈을. ❷아이. 어린아이. ⇔아ᄒᆡ. ≪集覽, 字解, 單字解, 2ㅈ≫咳. 五音集韻, 何來切, 小兒笑也. 口漑切, 咳嗽逆氣也. 今呼驚嘆之聲曰咳. 音해, 借用爲字也. 考韻書作唉是. ≪朴諺, 中, 41ㅈ≫家富小兒嬌, 집이 가옴열면 아ᄒᆡ ᄒᆞ건양ᄒᆞᆫ다 ᄒᆞᄂᆞ니라. ≪朴諺, 上, 17ㅈ≫八月裏却放鶴兒(集覽, 朴集, 上, 6ㅎ: 鶴兒. 卽紙鳶. 今漢俗呼爲風嚳, 亦曰風禽, 又號爲〈又號〉紙鶴兒. 質問云, 風旗也. 乃小兒三月放爲風箏〈嚳〉, 八月放爲紙鶴也.), 八月에 또 연노히 ᄒᆞᄂᆞ니. ≪朴諺, 上, 45ㅈ≫手心上打三戒方(集覽, 朴集, 上, 12ㅎ: 戒方. 音義云, 學罰에 티ᄂᆞᆫ 것. 質問云, 讀書小兒送入學堂, 師傅敎寫字, 不用心寫好字, 師傅拿二尺長·寸半寬·半寸厚的木板條打手掌, 使後日寫好字, 免打手掌, 謂之戒方.), 손바당을 세 번 겨반으로 티ᄂᆞ니라. ≪朴諺, 上, 46ㅈ≫大小家眷小娃娃(集覽, 朴集, 上, 13ㅈ: 娃娃. 娃娃, 指孩兒之稱. 字作呱, 音·와. 是小兒啼聲.)們, 大小 家眷과 져근 아ᄒᆡ들로. ≪朴諺, 上, 50ㅎ≫着繃子(集覽, 朴集, 上, 13ㅎ: 繃子. 보로기, 卽襁也. 廣韻〈韵〉, 束兒衣也. 闊〈濶〉八寸, 長一尺, 用約小兒而負之行者.)絟了, ᄇᆡ보로기 ᄆᆡ고.

소아(小児) 명 소아(小兒). '児'는 '兒'의 속자. ≪朴諺, 上, 30ㅎ≫李小兒那厮, 李小児ㅣ란 뎌 놈을.

소아두(小丫頭) 명 아이. 또는 하녀. 시녀. ⇔아ᄒᆡ. ≪朴諺, 中, 15ㅎ≫着這小丫頭們打扇子, 이 아ᄒᆡ들로 ᄒᆞ여 부체질 ᄒᆞ엿노라.

소암(小庵) 명 규모가 작은 암자. ≪朴諺, 上, 65ㅈ≫法名喚步虛(集覽, 朴集, 上, 15ㅎ: 步虛. 戊子東還, 掛錫于三角山重興寺. 尋住龍門山, 結小庵, 額曰小雪.), 法名을 步虛ㅣ라 브르ᄂᆞᆫ 이.

소어(笑語) 명 우스갯소리. ≪朴諺, 中, 18ㅈ≫隔簾聽笑語燈下看佳人, 발을 즈음ᄒᆞ여 笑語를 듯고 燈下에 佳人을 봄이라 ᄒᆞ니.

소여정(小驢精) 명 나귀새끼. (욕하는 말) ⇔나괴삐. ≪朴諺, 下, 25ㅎ≫這賊養漢生的小驢精, 이 도적 화냥년의 난 나괴삐야.

소요(搔擾) 동 여럿이 떠들썩하게 들고일어나다. 또는 그런 술렁거림과 소란. ⇔소요ᄒᆞ다(搔擾-). ≪朴諺, 中, 23ㅎ≫萬民無搔擾之憂, 萬民이 搔擾ᄒᆞᄂᆞᆫ 근심이 업고.

소요ᄒᆞ다(搔擾-) 동 여럿이 떠들썩하게 들고일어나다. 또는 그런 술렁거림과 소란. ⇔소요(搔擾). ≪朴諺, 中, 23ㅎ≫萬民無搔擾之憂, 萬民이 搔擾ᄒᆞᄂᆞᆫ 근심이 업고.

소욕(少欲) 형 욕심이 적다. 또는 적은 욕심. ≪朴諺, 上, 33ㅈ≫穿着衲襖(集覽, 朴集, 上, 10ㅈ: 衲襖. 大智論云, 行者少欲知是〈足〉, 衣趣盖形, 又國土多寒, 畜百衲具.)將着鉢盂, 누비옷 닙고 에우아리 가지고.

소용(所用) 동 쓰다. ⇔쓰다. ≪朴諺, 下, 62ㅈ≫正是所用之物, 졍히 썸 즉ᄒᆞᆫ 거시로다.

소욱(蘇勗) 명 당(唐)나라 경조(京兆) 무공(武功) 사람. 자는 신행(愼行). 당초(唐初) 진왕부(秦王府) 십팔학사(十八學士)의 한 사람. 고조(高祖) 때 이세민(李世民)의 자의(諮議)·전첨(典簽)을 지내고,

남강공주(南江公主)와 결혼하여 부마도위(駙馬都尉)가 되었으며, 뒤에 이부 시랑(吏部侍郞)·태자 좌서자(太子左庶子)를 지냈다. ≪朴諺, 中, 44ㅎ≫掛十八學士(集覽, 朴集, 中, 8ㅈ: 十八學士. 唐太宗秦王時, 開館延文學之士, 杜如晦·房玄齡〈岭〉·虞世南·褚遂良·姚思廉·李玄道·蔡允恭·薛元敬·顔相時·蘇勗·于志寧·蘇世長·薛收·李守素·陸德明·孔穎達·蓋文達·許敬宗爲文學館學士, 分爲三番, 更日直宿.)大畫, 十八學士 그린 큰 그림을 걸고.

소원(所願) 동 바라고 원하다. 또는 그렇게 하는 일. ≪朴諺, 中, 9ㅈ≫你與我甘結(集覽, 朴集, 中, 2ㅈ: 甘結. 吏學指南云, 所願曰甘, 合從曰結.)·應付, 네 날을 甘結과 應付를 주고려.

소위(所謂) 부 이른바. ≪朴諺, 上, 6ㅈ≫我們先喫兩巡酒後頭擡卓兒(集覽, 朴集, 上, 3ㅈ: 擡卓兒. 擡, 擧也. 進案撤案皆曰擡, 謂人所擧也. 卓, 卽本國所謂高足床也.), 우리 몬져 두 슌빈 술 머근 후에 상을 드러든. ≪朴諺, 下, 4ㅈ≫逢多少惡物刁蹶(集覽, 朴集, 下, 1ㅎ: 刁蹶. 又過棘〈釣洞·火炎山·薄屎洞·女人國及諸惡山險水, 恠〈怪〉害患苦, 不知其幾, 此所謂刁蹶也.), 언머 惡物의 눕쁨을 만나시리오.

소육(燒肉) 명 구은 고기. ≪朴諺, 上, 6ㅈ≫就將那燒肉來, 이믜셔 뎌 燒肉을 가져오라.

소이(所以) 명 까닭. 일이 생기게 된 원인이나 조건. ≪朴諺, 中, 59ㅈ≫那寃家們打關節(節)(集覽, 朴集, 中, 9ㅈ: 打關節. 吏學指南云, 下之所以通欵曲於上者曰關節〈節〉, 又造請權要謂之關節〈節〉.)時, 뎌 寃家ㅣ 쇼청ᄒᆞ니. ≪朴諺, 下, 29ㅈ≫元寶(集覽, 朴集, 下, 5ㅎ: 元寶. 世祖大會王子·王孫·駙馬·國戚, 從而頒賜, 或用貨賣, 所以民間有此錠也.)我有半錠了, 元寶ㅣ 내게 반 뎡이 이시니.

소인(小人) 명 소인. (자기를 겸손하게 일컫는 말) ⇔쇼인. ≪朴諺, 上, 8ㅈ≫小人到禮部裏, 小人이 禮部의 가노라. ≪朴諺, 上, 9ㅈ≫小人也得了箚付關字便上馬, 小人도 箚付 関字를 어드면 곳 上馬ᄒᆞ리로다. ≪朴諺, 上, 46ㅎ≫小人將來這裏, 小人이 여긔 가져왓노라. ≪朴諺, 上, 52ㅈ≫是小人見來, 올흐니 小人이 보앗노라. 小人每日不在家, 小人이 每日에 집의 잇디 아니ᄒᆞ니. ≪朴諺, 上, 58ㅎ≫小人其實不曾知道, 小人이 진실로 일즙 아디 몯ᄒᆞ와. ≪朴諺, 中, 3ㅈ≫大人不見小人過, 大人은 小人의 허믈을 보디 아니ᄒᆞᄂᆞ니라. ≪朴諺, 中, 15ㅈ≫小人虛汗只是流水一般, 小人이 虛汗이 그저 流水와 ᄒᆞᆫ가지오. ≪朴諺, 中, 37ㅈ≫小人不敢, 小人이 不敢ᄒᆞ여라. ≪朴諺, 中, 50ㅈ≫先小人後君子, 몬져는 쇼인이라도 후에는 군ᄌᆞ로 ᄒᆞᆯ 써시니라. ≪朴諺, 中, 59ㅈ≫合斷與小人, 결단ᄒᆞ여 小人의게 주엄 즉ᄒᆞ매. ≪朴諺, 下, 56ㅎ≫如今和小人望他去便了, 이제 쇼인과 뎌를 보라 가면 곳 ᄒᆞ리라. ≪朴諺, 下, 57ㅎ≫張編修是小人的同年, 張編修ᄂᆞᆫ 이 小人의 同年이니. ≪朴諺, 下, 58ㅈ≫小人門前有客是誰, 小人의 문 앏픠 客이 이시니 이 뉜고.

소인(少人) 명 (지위가 낮은) 사람. ⇔사ᄅᆞᆷ. ≪朴諺, 中, 9ㅎ≫少人錢債闕少口粮, 사ᄅᆞᆷ의 빗져 먹을거시 업서.

소인장(燒人場) 명 화장터. ≪朴諺, 下, 43ㅎ≫燒人場裡燒着, 燒人場에셔 ᄉᆞᆯ와.

소일(消日) 동 소일(消日)하다. (하는 일 없이 하루하루를 보내다) ⇔소일ᄒᆞ다(消日-). ≪朴諺, 中, 44ㅈ≫着碁論談能消日, 바독 두며 論談ᄒᆞ야 능히 消日ᄒᆞ고.

소일ᄒᆞ다(消日-) 동 소일(消日)하다. (하는 일 없이 하루하루를 보내다) ⇔소일(消日). ≪朴諺, 中, 44ㅈ≫着碁論談能消日, 바독 두며 論談ᄒᆞ야 능히 消日ᄒᆞ고.

소자(小子) 명 자기를 겸손히 이르는 말. ≪朴諺, 下, 56ㅎ≫小子近日聽得, 小子ㅣ 요ᄉᆞ이 드르니. ≪朴諺, 下, 61ㅎ≫小子

沒甚麼鄉産與先生, 小子ㅣ 아므란 鄕産을 先生씌 줄 써시 업스니.

소자(燒子) 명 구은 것. ❶⇔구으니. ≪朴諺, 下, 25ㅎ≫這不是燒子的甚麽, 이 구으니 아니오 므섯고. ❷⇔구은이. ≪朴諺, 下, 26ㅈ≫燒子二兩家賣了幾串, 구은이예 두 냥식 몃 쉐옴이나 ᄑᆞ란ᄂᆞ다.

소자(蘇子) 명 들깨. ⇔듧깨. ≪朴諺, 下, 37ㅈ≫稻子, 벼. 薥秫, 슈슈. 黍子, 기장. 大麥, 보리. 小麥, 밀. 蕎麥, 모밀. 黃豆, 콩. 小豆, 풋. 菉豆, 녹두. 莞豆, 광쟝이. 黑豆, 거믄콩. 芝麻, 츰깨. 蘇子, 듧깨.

소자주아(燒子珠兒) 명 구은 구슬. ⇔구은구슬. ≪朴諺, 下, 25ㅈ≫燒子珠兒好的有麽, 구은구슬 됴흐니 잇ᄂᆞ냐.

소작(所作) 명 해 놓은 짓. ≪朴諺, 下, 4ㅎ≫久後你也得證果金身(集覽, 朴集, 下, 1ㅎ: 證果金身. 又生時所作善惡謂之因, 他日報應謂之果. 謂證果者, 如三藏法師取經東還, 化爲栴檀佛如來.), 오란 후에 너도 證果金身홈을 어드리라.

소재(所在) 명 있는 곳. ≪朴諺, 中, 22ㅎ≫結草廬於香山之上(集覽, 朴集, 中, 5ㅎ: 結草廬於香山之上. 飜〈翻〉譯名義云, 西域記云, 阿耨達, 水名, 在香山之南. 觀此則香山亦西域山也, 而未詳所在.), 草廬를 香山 우희 지엇또다. ≪朴諺, 下, 17ㅎ≫到車遲國(集覽, 朴集, 下, 3ㅎ: 車遲國. 在西域. 未詳所在.), 車遲國에 가. ≪朴諺, 下, 35ㅈ≫却打花房窩兒(集覽, 朴集, 下, 7ㅎ: 花房窩兒. 毬行或騰起, 或斜起, 或輪轉, 各隨窩所在之宜.), 또 花房 굼글 티쟈.

소재(所載) 형 책 따위에 실려 있다. ≪集覽, 凡例≫單字·累字之解, 只取老乞大·朴通事中所載者爲解.

소재(消災) 동 재앙을 없애다. ≪朴諺, 下, 18ㅎ≫做羅天大醮(集覽, 朴集, 下, 4ㅎ: 大醮. 又有消災度厄之法, 依陰陽五行之數, 推人年命, 書爲章疏靑詞, 奏達天神, 謂之醮.), 羅天大醮ᄅᆞᆯ ᄒᆞ더니.

소적(小的) 명 아이. 어린아이. ⇔아ᄒᆡ. ≪朴諺, 下, 16ㅈ≫把我小的監了, 우리 아ᄒᆡ룰다가 가도완ᄂᆞ니라.

소제자(少梯子) 명 수레의 앞을 괴는 나무. 또는 사닥다리. ⇔술위앏괴오ᄂᆞᆫ나모. ≪朴諺, 中, 11ㅎ≫少梯子(集覽, 朴集, 中, 2ㅈ: 梯子. 音義云, 車前괴오·ᄂᆞᆫ나모.), 술위앏괴오ᄂᆞᆫ나모. 撑頭, 술위뒤괴오ᄂᆞᆫ나모. 套繩, 멛줄. 撒繩, ᄭᅳ을줄. 拘索, 목집게. 籠頭, 바굴레. 脚索, 지달쏠바. 鞦子, 기ᄅᆞ마. 肚帶, 빗대 업세라.

소종(昭宗) 명 당(唐)나라 19대 황제(皇帝: 李曄)의 묘호(廟號). ≪朴諺, 下, 59ㅈ≫唐昭宗(集覽, 朴集, 下, 12ㅎ: 唐昭宗. 姓李, 名曄, 僖宗第七子. 爲逆臣朱全忠所弑.)乾寧三年, 唐昭宗 乾寧 三年에.

소주(燒酒) 명 배갈(baigar: 白酒). (고량(高粱)을 원료로 하여 만든 중국식 증류주) ≪朴諺, 上, 2ㅈ≫討南方來的蜜林檎燒酒(集覽, 朴集, 上, 1ㅈ: 蜜林檎燒酒. 質問云, 初蒸熱燒酒, 用蜜·葡萄相參〈叅〉浸, 久而食之, 方言謂之蜜林檎燒酒. 又云, 以麵爲麯, 還用藥料, 以燒酒爲漿, 下入熟麋內〈肉〉, 待熟榨之, 其味甚甜. 又云, 如蒸的熱燒酒, 將蜜與林檎果參和盛入甁內封裹, 久而食之最妙.)一桶, 南方으로셔 온 蜜林檎燒酒 ᄒᆞᆫ 통과. ≪朴諺, 中, 15ㅎ≫燒酒和黃酒多喫了, 燒酒와 黃酒ᄅᆞᆯ 만히 먹고.

소지(所志) 명 고장(告狀). (예전에 청원(請願)이 있을 때에 관아에 내던 서면(書面)) ≪朴諺, 下, 51ㅎ≫申(集覽, 朴集, 下, 11ㅎ: 申. 音義云, 下司達於上司之謂, 猶言所志.)竊盜狀, 窃盜狀을 申ᄒᆞ노니. ≪朴諺, 下, 53ㅈ≫執結(集覽, 朴集, 下, 12ㅈ: 執結. 音義云, 亦猶云所志. 今按, 凡供狀內皆云執結是實, 謂今所供報之詞, 皆實非虛, 如虛甘罪云云之意, 非徒謂所志詞語也.)是實, 執結이 이 실ᄒᆞ니. ≪朴諺, 下, 53ㅎ≫你饋我寫一箇狀子(集覽, 朴集, 下, 12ㅈ: 狀子. 猶本國所志. 吏學指南云,

狀, 貌也, 以貌寫情於紙墨也. 亦曰告狀, 謂述其情, 告訴於上也.), 네 날을 ᄒᆞᆫ 고장을 써 주고려.

소채(少債) 명 조금 남아 있는 빚[債]. ≪集覽, 字解, 單字解, 6ㅈ≫少. 多少. 又欠也. 少甚麽 므스거시 업스뇨. 少債 ᄂᆞᄆᆡ 비들 떠디워 잇다. 又缺也. 缺少口粮 양시기 그처디다. ≪朴諺, 上, 32ㅈ≫人貧只爲慳少債快說謊, 사ᄅᆞᆷ이 가난ᄒᆞ면 그저 다랍고 빗지면 거즛말 니ᄅᆞ기 잘ᄒᆞᆫ다 ᄒᆞᄂᆞ니라.

소축생(小畜生) 명 개새끼. 개자식. 짐승 같은 놈. (욕하는 말) ⇔가히삐. ≪朴諺, 中, 40ㅎ≫都是你兩箇小畜生的勾當, 다 너희 두 가히삐의 일이라.

소편(小片) 명 조그마한 조각. ≪朴諺, 中, 35ㅈ≫拿着取燈兒(集覽, 朴集, 中, 7ㅎ: 取燈兒〈取燈〉. 南村輟耕錄云, 杭人削松木爲小片, 其薄如紙, 鎔硫黃塗木片頂分許, 名曰發燭, 又曰焠兒.), 取燈을 가지고.

소학(小學) 명 송(宋)나라의 유자징(劉子澄)이 주희(朱熹)의 가르침으로 지은 초학자들의 수양서. 6권 5책. ≪朴諺, 中, 59ㅎ≫彫在槅子閣落(集覽, 朴集, 中, 9ㅈ: 閣落. 唯於〈於〉直解小學內, 字作閣落, 兩字之音, 稍爲仿〈彷〉佛(彿), 今亦用之.) 裡, 궷 구석에 드리티고.

소함(素餡) 명 나물로 만든 소. ≪朴諺, 下, 32ㅈ≫羊肉餡(集覽, 朴集, 下, 5ㅎ: 餡. 或肉或菜及諸料物拌匀〈匂〉爲胎, 納於餅中者曰餡. 酸餡·素餡·葷餡·生餡·熟餡, 供用合宜.)饅頭, 羊肉 소 녀흔 상화과.

소해아(小孩兒) 명 어린아이. ⇔어린아ᄒᆡ. ≪朴諺, 下, 43ㅈ≫咳那小孩兒可憐見, 애뎌 어린아ᄒᆡ 에엿블샤.

소행(所行) 명 이미 한 일이나 짓. ≪集覽, 字解, 單字解, 3ㅈ≫着. 使之爲也. 着落 ᄒᆡ여곰, 着他 뎌 ᄒᆞ야. 又置也. 着塩 소곰 두다. 又中也. 着了 맛다. 又見人所行之事, 正合人所指望之, 方則亦曰着了 마초ᄒᆞ야다. 又實也. 着實 실히. 又語助. 又穿衣服也.

소향(燒香) 동 향을 사르다. ⇔소향ᄒᆞ다(燒香-). ≪朴諺, 中, 22ㅎ≫執楊柳於掌內拂病體於輕安(集覽, 朴集, 中, 5ㅎ: 執楊柳於掌內拂病體於輕安. 佛圖澄, 天竺〈竺〉人也. 妙通玄術, 善誦呪, 能役使鬼神. 石勒聞其名, 召試其術, 澄取鉢盛水, 燒香呪之, 須臾, 鉢中生靑蓮花.), 楊柳ᄅᆞᆯ 손에 잡아 病體를 輕安ᄒᆞᆫ듸 떨티고. ≪朴諺, 下, 48ㅈ≫燒香等候的其間, 燒香ᄒᆞ고 기드릴 ᄉᆞ이에.

소향ᄒᆞ다(燒香-) 동 향을 사르다. ⇔소향(燒香). ≪朴諺, 下, 48ㅈ≫燒香等候的其間, 燒香ᄒᆞ고 기드릴 ᄉᆞ이에.

소헌황후(昭獻皇后) 명 송(宋)나라 태조(太祖) 조광윤(趙匡胤)의 어머니. ≪朴諺, 下, 16ㅎ≫買趙太祖飛龍記(集覽, 朴集, 下, 3ㅎ: 趙太祖飛龍記. 宋太祖, 姓趙, 名匡胤. 母昭獻皇后夢日入懷而孕. 誕生之夕, 赤光滿室, 異香馥郁.), 趙太祖의 飛龍記와.

소홈 명 소름. 또는 그런 무늬. 곧, 좁쌀 모양의 무늬[粟紋]. ⇔화아(花兒). ≪朴諺, 上, 29ㅎ≫這一等花兒匀大的, 이 ᄒᆞᆫ 가지 소홈 고로고 크니를.

소홍(小紅) 명 분홍색. ≪朴諺, 中, 4ㅈ≫五箇染小紅乾色罷, 닷 필은 小紅 드려 건식으로 홈이 므던ᄒᆞ니. ≪朴諺, 中, 4ㅈ≫五箇小紅絹, 닷 필 小紅 깁은.

소화(笑話) 명 웃음거리. 비웃음. ⇔우임. ≪朴諺, 中, 47ㅎ≫路上必定喫別人笑話, 길헤 일뎡 ᄂᆞᆷ의 우임을 니브리라.

소화(消化) 동 (먹은 음식을) 소화하다. ≪集覽, 字解, 單字解, 2ㅈ≫消. -化, -息. 又須也.

소화(燒火) 동 불 때다. 불 피우다. ⇔블딧다. ≪朴諺, 上, 5ㅈ≫爣鴿子彈(集覽, 朴集, 上, 2ㅎ: 爣鴿子彈. 質問云, 鴿子彈糝於滾肉湯食之. 又云, 用肉湯在鍋, 再加椒料·菜·葱花, 燒火至滾沸, 方下鴿子卵, 盛之於碗, 以獻賓客.), 비둘기 알 술믄 이

와. ≪朴諺, 下, 5ㅈ≫死火炕燒火炕, 블 아니 딋는 구들을 ᄒᆞ랴 블딋는 구들을 ᄒᆞ랴.

소화항(燒火炕) 명 방고래가 있어 불을 땔 수 있게 만든 구들. ≪朴諺, 下, 5ㅈ≫死火炕燒火炕, 블 아니 딋는 구들을 ᄒᆞ랴 블딋는 구들을 ᄒᆞ랴.

소황하(小黃河) 명 중국 산서성(山西省) 북쪽에서 동쪽의 하북성(河北省)으로 흐르는 영정하(永定河)의 상류. 곧, 노구(蘆溝)의 다른 이름. ≪朴諺, 上, 9ㅎ≫水渰過蘆溝橋(集覽, 朴集, 上, 4ㅎ: 蘆溝橋. 蘆溝本桑乾河, 俗曰渾河, 亦曰小黃河. 上自保安州界, 歷山南流入宛平縣境, 至都城四十里.)獅子頭, 믈이 蘆溝橋 獅子ㅅ 머리를 좀가 너머.

소회(所懷) 명 마음에 품고 있는 회포. ≪朴諺, 下, 11ㅎ≫別無所懷, 다른 所懷ㅣ 업슨디라.

소후(小後) 명 오줌. ≪朴諺, 中, 18ㅎ≫推出後(集覽, 朴集, 中, 3ㅈ: 推出後. 漢人指廁爲後路, 詳見老乞大集覽〈詳見老乞大集覽上篇〉東廁下. 又大便·小便, 亦曰大後·小後.)去的一般出來時, 뒤보라 가는 톄 ᄒᆞᆫ가지로 나오면.

소흑두(小黑豆) 명 작은 검은콩. ≪集覽, 字解, 單字解, 1ㅎ≫料. 凡人飼馬, 或用小黑豆, 或用蜀黍雜飼之. 故凡稱飼馬穀豆曰料. 又該用物色雜稱曰物料, 造屋材木曰木料, 入畫彩色曰顔料. 又量也. 又理也.

속 명 ❶속. 안. ⇔이두(裏頭). ≪朴諺, 上, 37ㅎ≫金罐兒·鐵携兒裏頭盛着白沙蜜, 금탕권 쇠곡지 속에 白沙蜜 담은 거시여. ❷속. 안. 또는 속사정. ⇔취리(就裏). ≪朴諺, 下, 40ㅎ≫你知道他就裡麽, 네 뎌의 속을 아는다.

속(束) 의 뭇. ⇔뭇. ≪朴諺, 中, 5ㅎ≫分例支應(集覽, 朴集, 中, 1ㅈ: 分例支應. 正官曰廩給, 從人曰口粮, 通謂之分例. 元制, 正官一員, 一日宿頓, 該支〈支〉米一升, 麵一斤, 羊肉一斤, 酒一升, 柴一束, 經過減半, 從人一名, 止支〈支〉米一升, 經過減半. 今制, 正官一員, 一日經過, 米三升, 宿頓五升, 從人一名, 經過二升, 宿頓三升. 漢俗今云行三坐五.), 分例로 支應ᄒᆞ라. ≪朴諺, 中, 19ㅎ≫放稈草五錢一束(束)家放, 조딥헤 노흐되 다ᄉᆞᆺ 낫 돈에 ᄒᆞᆫ 뭇식 ᄒᆞ여 노코. 把摟草二錢半一束(束)家, 허튼 딥흔(흘)다가 돈 둘 반에 ᄒᆞᆫ 뭇식 ᄒᆞ여. ≪朴諺, 中, 20ㅈ≫錢半一束家, 돈 반에 ᄒᆞᆫ 뭇식 ᄒᆞ야. 五百來束(束)稻草裏放, 五百 뭇 볏딥헤 노흐라.

속(速) 부 빨리. ⇔ᄲᆞᆯ리. ≪朴諺, 中, 23ㅎ≫速詣其處, ᄲᆞᆯ리 그 곳에 나아가.

속(贖) 동 (산 물건을) 무르다. ❶⇔므르다. ≪朴諺, 下, 56ㅈ≫與他一半兒錢贖將來, 뎌를 一半 갑슬 주고 믈러 가져오리라. ≪朴諺, 下, 56ㅈ≫怎的是一半兒錢贖, 엇디홈은 이 一半 갑슬 주고 므르기고. ❷⇔므ᄅᆞ다. ≪朴諺, 下, 56ㅈ≫半張裏寫時與一半錢贖, 半張에 써시면 一半 갑슬 주고 므ᄅᆞ미니라.

속(贖) 동 갚다. ⇔갑다. ≪朴諺, 上, 19ㅎ≫多儅時多贖, 만히 典儅ᄒᆞ면 만히 갑고. 少儅時少贖, 젹게 典儅ᄒᆞ면 젹게 갑ᄂᆞ니라. ≪朴諺, 上, 55ㅈ≫將錢來贖將契去, 돈 가져와 갑고 글월 가져가라.

속관(屬官) 명 어떤 관청에 예속된 벼슬아치. ≪朴諺, 上, 3ㅎ≫官人們文書分付管酒的署官(集覽, 朴集, 上, 1ㅎ: 署官. 良醞署, 卽光祿寺屬官也. 有署正·署丞·監事等官.)根底, 官人들이 文書를 술 ᄀᆞ음아는 署官의게 分付ᄒᆞ여.

속성(俗姓) 명 〈불〉 중이 되기 전에 가졌던 성(姓). ≪朴諺, 上, 65ㅈ≫法名喚步虛(集覽, 朴集, 上, 15ㅎ: 步虛. 俗姓洪氏, 高麗洪州人, 法名普愚, 初名普虛, 號太古和尙. 有求法於天下之志.), 法名을 步虛ㅣ라 브ᄅᆞ는 이. ≪朴諺, 下, 3ㅈ≫往常唐三藏(集覽, 朴集, 下, 1ㅈ: 唐三藏法師〈三藏〉. 俗姓陳, 名偉, 洛州緱氏縣人也.)師

傅, 뎌적의 唐ㅅ 三藏 師傅ㅣ.

속아(束兒) 명 묶음쇠. ⇔뭇금쇠. ≪朴諺, 上, 15ㅈ≫梁兒·束兒打的輕妙着, ᄆᆞᄅᆞ쇠와 뭇금싀(쇠)ᄅᆞᆯ ᄆᆡᆼ들기ᄅᆞᆯ 輕妙히 ᄒᆞ고. ≪朴諺, 上, 18ㅎ≫左輔右弼板兒和兩箇束兒, 左輔右弼 돈과 두 뭇금쇠ᄂᆞᆫ.

속아(束兒) 의 뭇. ⇔뭇. ≪朴諺, 中, 14ㅈ≫草一錢銀子十一箇家大束(束)兒, 딥흔 ᄒᆞᆫ 돈 은에 열ᄒᆞᆫ 낫 큰 뭇이니.

속악(俗樂) 명 통속적으로 불리는 민간 음악. ≪朴諺, 上, 5ㅎ≫叫教坊司(集覽, 朴集, 上, 2ㅎ: 教坊司. 掌雅·俗樂之司, 隸禮部, 有奉鑾〈銮〉·韶舞·司樂等官, 一名麗春院, 卽元俗所呼拘欄司.)十數箇樂工和做院本諸般雜技的來, 教坊司의 여라믄 樂工과 院本에 여러 가지 雜技ᄒᆞᄂᆞ니ᄅᆞᆯ 블러오라.

속어(俗語) 명 통속적으로 쓰는 말. ≪集覽, 字解, 單字解, 3ㅎ≫勾. 平聲, 曲也. 勾龍, 社神, 勾芒, 春神, 勾吳, 地名. 今按, 俗語勾了 유여ᄒᆞ다, 又에우다. 又能勾 어루, 又유여히. 又吏語, 勾取 자피다, 又勾攝公事 공ᄉᆞ로 블리다, 又勾喚 블리다. 又去聲, 勾當, 幹管也, 又事也, 勾當亦去聲. ≪集覽, 字解, 單字解, 4ㅎ≫甚. 合. 俗語, 甚麽 므슴, 猶何也. 又有呼爲신音者, 故古文·語錄有什麽之語, 音시모. 以甚爲什, 殊無意義. 甚字用終聲, 連呼麽字, 則難於作音, 語不圓熟. 故甚字不用終聲之音, 今俗亦呼爲ᄉᆞ마. ≪朴諺, 中, 18ㅎ≫只怕同房人攪撒(集覽, 朴集, 中, 3ㅈ: 攪撒. 撒, 猶知也. 俗語亦曰快撒了.)了, 그저 同房 사ᄅᆞᆷ이 알ᄊᆞ 저프고. ≪朴諺, 中, 59ㅈ≫那寃家們打鬬莭(節)(集覽, 朴集, 中, 9ㅈ: 打鬬節. 宋包拯剛直好駁, 時人語曰, 鬬節〈莭〉不到, 有閻羅包老. 如本國俗語 쇼쳥〈청〉ᄒᆞ다.)時, 뎌 寃家ㅣ 쇼쳥ᄒᆞ니.

속옷 명 속옷. ⇔이의(裏衣). ≪朴諺, 上, 25ㅈ≫衫兒·袴兒·裹肚等裏衣且休說, 젹삼·고의·裹肚 等 속옷으란 아직 니ᄅᆞ디 말려니와.

속음(俗音) 명 본디의 음(音)은 아니나 시속(時俗)에서 널리 쓰이는 한자의 음. ≪朴諺, 上, 1ㅎ≫着李四買果子·拖爐·隨食(集覽, 朴集, 上, 1ㅈ: 隨食. 音義云, 與拖爐相似. 質問云, 以麥麵和油作小餅, 喫茶時食之, 取其香酥也. 原本用隨字, 故反(飜)譯亦用隨字, 俗音:쉬, 今更質之, 字作䭂, 宜從:쉬音讀, 今俗亦曰䭂餅.)去, 李四로 ᄒᆞ여 과실과 拖爐·隨食을 사라 가게 ᄒᆞ라.

속이다 동 속이다. ⇔만(謾). ≪朴諺, 上, 64ㅈ≫你謾不的我, 네 날을 속이디 말라.

속인(俗人) 명 〈불〉 불가에서 중이 아닌 일반 사람을 이르는 말. ≪朴諺, 下, 7ㅎ≫放着一箇三隻脚鐵蝦蟆兒(集覽, 朴集, 下, 2ㅈ: 三隻脚鐵蝦蟆. 今按, 漢俗, 優人作戲時, 手執三脚蝦蟆入優場作戲. 問之, 則曰, 唯仙家蓄養三脚蝦蟆, 俗人聞氣者必死.)便是, ᄒᆞᆫ 세 발 가진 쇠두텁이 노흔 거시 곳 이라.

속칭(俗稱) 동 통속적으로 부르다. 속칭(俗稱)하다. ≪集覽, 字解, 累字解, 1ㅎ≫相識. 俗稱相識, 滿天下知心能幾人, 謂朋友也.

손 명 ❶손. ⇔수(手). ≪朴諺, 上, 65ㅈ≫你的手裏難尋錢, 네 손에 돈 엇기 어렵다. ≪朴諺, 中, 22ㅎ≫執楊柳於掌內拂病體於輕安, 楊柳ᄅᆞᆯ 손에 잡아 病體를 輕安ᄒᆞᆫ ᄃᆡ 뻘티고. ≪朴諺, 中, 48ㅈ≫把那手來提的高着, 뎌 손을다가 들기ᄅᆞᆯ 노피 ᄒᆞ여. ≪朴諺, 下, 24ㅈ≫行者用手把頭提起, 行者ㅣ 손으로 ᄡᅥ 머리ᄅᆞᆯ다가 잡아 니ᄅᆞ혀. ≪朴諺, 下, 25ㅈ≫那裏想胡孫手裏死了, 어ᄃᆡ 胡孫의 손에 죽을 줄을 ᄉᆡᆼ각ᄒᆞ리오. ≪朴諺, 下, 31ㅈ≫手持畫干·方天戟的, 손에 畫干·方天戟을 잡으니와. ≪朴諺, 下, 46ㅎ≫手拿結線鞭, 손에 結線鞭을 잡고. 頭戴耳掩或提在手裡, 머리예 耳掩을 쓰며 혹 손에 들고. ≪朴諺, 下, 47ㅎ≫手拿結線鞭, 손에 結線鞭을 잡

고. ❷(바둑·장기의) 수(手). ⇔착(着). ≪朴諺, 上, 22ㅎ≫這一着好利害, 이 흔 손이 ᄀ장 利害ᄒ다.

손(孫) 명 ❶성씨(姓氏)의 하나. ≪朴諺, 上, 46ㅎ≫孫舍混堂裏洗澡去來, 孫가아 混堂에 목욕ᄀ으라 가쟈. ≪朴諺, 中, 30ㅎ≫孫舍那醜厮, 孫가 뎌 더러온 놈이. ❷자손. ≪朴諺, 上, 7ㅎ≫無子無孫盡是他人之物, 無子 無孫ᄒ면 다 他人의 거시라 ᄒ니.

손(損) 동 손(損)하다. 잃다. ⇔손ᄒ다(損-). ≪朴諺, 下, 25ㅈ≫殺人一萬, 사름 一萬을 죽이면. 自損三千, ᄉᄉ로 三千을 손흔다 ᄒ니라.

손가락 명 손가락. ⇔지두(指頭). ≪朴諺, 上, 13ㅎ≫將指頭那瘡口上, 손가락으로 다가 뎌 瘡 부리예. ≪朴諺, 上, 29ㅎ≫十箇指頭也有長的短的, 열 손가락도 기니 뎌ᄅ니 잇ᄂ니.

-손ᄃᆡ 조 -에게. -한테. ⇔근저(根底). ≪集覽, 字解, 單字解, 1ㅎ≫底. 下也. 底下 아래. 又本也. 底簿 믿글월. 又語助. 根底 앏픠. 又손ᄃᆡ. 又與的字通用. ≪朴諺, 中, 57ㅎ≫物在我根底, 物은 내손ᄃᆡ 이시니. ≪朴諺, 中, 59ㅈ≫待到根前來, ᄒ마 내손ᄃᆡ 왓더니.

손바당 명 손바닥. ⇔수심(手心). ≪朴諺, 上, 45ㅈ≫手心上打三戒方, 손바당을 세 번 젼반으로 티ᄂ니라.

손ᄶᅡ락 명 손가락. ⇔지두(指頭). ≪朴諺, 上, 27ㅎ≫指頭來大紫鴉忽頂兒, 손ᄶᅡ락 굴긔 紫鴉忽 頂子에. ≪朴諺, 中, 36ㅈ≫將指頭來大小的長鐵條兒, 손ᄶᅡ락 굴긔예 긴 쇠가락으로다가.

손돕 명 손톱. ❶⇔지(指). ≪朴諺, 中, 43ㅎ≫不得撚指歇息, 손돕 다ᄃ믈 쉬기도 엇디 몯ᄒ고. ❷⇔지갑(指甲). ≪朴諺, 下, 6ㅎ≫你的長指甲饋我搯一搯, 네 긴 손돕으로 날을 ᄃᆡ여 주고려. ≪朴諺, 下, 6ㅎ≫滿指甲疙瀼和膿水怎麽當, 손돕의 ᄀ득흔 더뎡이와 고롬을 엇디 당ᄒ리오.

손조 부 손수. ⇔자(自). ≪朴諺, 上, 51ㅈ≫如今自妳那尋妳子, 이제 손조 젓 먹이ᄂ냐 젓즐 어더ᄂ냐.

손즈 부 손수. ⇔자(自). ≪朴諺, 下, 29ㅎ≫你自這裏打爐子, 네 손즈 여긔 풀무를 민돌고.

손ᄌ 부 손수. ⇔자(自). ≪朴諺, 上, 29ㅎ≫你自揀(揀)着要, 네 손ᄌ ᄀᆯ히여 사라. ≪朴諺, 上, 55ㅎ≫你自馬市裏揀(揀)着買去, 네 손ᄌ ᄆᆯ 져제 ᄀᆯ히여 사라 가라. ≪朴諺, 上, 58ㅈ≫你自儘一儘, 네 손ᄌ 잇긋ᄒ라. ≪朴諺, 中, 7ㅈ≫舍人你自看, 舍人아 네 손ᄌ 보라. ≪朴諺, 下, 27ㅈ≫你休自誇我知道, 네 손ᄌ 쟈랑 말라 내 아노라.

손행자(孫行者) 명 성(姓)이 손씨(孫氏)인 행자(行者). 곧, 손오공(孫悟空)의 다른 별호. ≪朴諺, 下, 17ㅈ≫唐三藏引孫行者(集覽, 朴集, 下, 4ㅈ: 孫行者. 西遊記云, 西域有花菓山, 山下有水簾洞, 洞前有鐵板橋, 橋下有萬丈澗, 澗邊有萬箇小洞, 洞裏多猴. 有老猴精, 號齊天大聖, 神通廣大, 入天宮仙桃園偸蟠桃, 又偸老君靈丹藥, 又去王母宮偸王母綉仙衣一套, 來設慶仙衣會.老君·王母俱奏于玉帝, 傳宣李天王, 引領天兵十萬及諸神將至花菓山, 與大聖相戰失利. 巡山大力鬼上告天王, 擧灌州灌江口神曰小聖二郎, 可使拿獲. 天王遣太子木叉, 與大力鬼往請二郎神, 領神兵圍花菓山, 衆猴出戰皆敗. 大聖被執當死, 觀音上請于玉帝, 免死. 令巨靈神押大聖前往下方去, 乃於花菓山石縫內納身, 下截畫如來押字封着, 使山神·土地神鎭守. 飢食鉄〈鐵〉丸, 渴飮銅汁, 待我往東土尋取經之人, 經過此山, 觀大聖, 肯隨往西天, 則此時可放. 其後唐太宗勅玄奘法師, 往西天取經, 路經此山, 見此猴精壓在石縫, 去其佛押出之, 以爲徒弟, 賜法名吾空, 改号〈號〉爲孫行者, 與沙和尙及黑猪精·朱八戒偕往, 在路降妖去怪, 救師脫難, 皆是孫行者神通之力也. 法師到西天, 受

經三藏, 東還, 法師證果栴檀佛如來, 孫行者證果大力王菩薩, 朱八戒證果香華會上淨壇使者.), 唐三藏이 孫行者를 드리고. ≪朴諺, 下, 20ㅎ≫孫行者是箇胡孫, 孫行者는 이 진납이라. ≪朴諺, 下, 23ㅈ≫孫行者說, 孫行者ㅣ 닐오디. ≪朴諺, 下, 25ㅈ≫這孫行者正是了的, 이 孫行者는 경히 올탓다. ≪朴諺, 下, 47ㅈ≫粧二郎爺爺(集覽, 朴集, 下, 10ㅎ: 二郎爺爺. 廟額曰昭惠靈顯眞君之廟, 然未知何神. 打春之日, 取此塑像, 蓋亦未詳. 又見孫行者註下.), 二郎爺爺를 ᄭᅮ며.

손ᄒᆞ다(損-) 동 손(損)하다. 잃다. ⇔손(損). ≪朴諺, 下, 25ㅈ≫殺人一萬, 사ᄅᆞᆷ 一萬을 죽이면. 自損三千, 스스로 三千을 손ᄒᆞᆫ다 ᄒᆞ니라.

솔 명 ❶솔기. ⇔봉아(縫兒). ≪朴諺, 上, 36ㅎ≫金甕兒·銀甕兒表裏無縫兒, 금독·은독이 안팟긔 솔 업슨 거시여. ❷솔[刷子]. ⇔취추(炊箒). ≪朴諺, 中, 11ㅎ≫鑼鍋, 로고. 柳箱, 섥. 灑子, 드레. 三脚, 아리쇠. 椀·楪, 사발·뎝시. 匙筯, 술 져. 榪杓, 나모쥬게. 笊籬, 조리. 炊箒, 솔.

송(宋) 명 성씨(姓氏)의 하나. ≪朴諺, 下, 45ㅈ≫宋舍看打春去來, 宋개아 닙츈 노롯ᄒᆞᄂᆞᆫ 양 보라 가쟈.

송(松) 명 솔. 소나무. ≪朴諺, 上, 61ㅎ≫擎天耐寒傲雪蒼松, 擎天ᄒᆞᆫ 耐寒 傲雪ᄒᆞᄂᆞᆫ 蒼松과.

송(送) 동 ❶보내다. ⇔보내다. ≪朴諺, 中, 46ㅈ≫衙門令史們送的來了, 아문 령ᄉᆞ들히 보내여 왓거늘. ≪朴諺, 下, 39ㅈ≫送到那裡時也有些情分, 보내여 뎌긔 니르면 져기 情分이 이실랏다. 你送那裡迴來, 네 어듸 가 보내고 도라온다. 送到四十里地, 보내여 四十里 ᄯᅡ히 가. ≪朴諺, 下, 39ㅈ≫送到三四日辭迴來, 보내여 三四日에 가 하딕고 도라오면. ❷배웅하다. 전송하다. ⇔송ᄒᆞ다(送-). ≪朴諺, 下, 39ㅈ≫接客不如送客, 客을 接호미 客을 送ᄒᆞᄂᆞᆫ 이만 ᄀᆞᆺ디 못ᄒᆞ니.

송(鬆) 부 부실이. 부실하게. ⇔섭섭이. ≪朴諺, 中, 25ㅎ≫做的鬆了, 민둘기를 섭섭이 ᄒᆞ여시니.

송(鬆) 형 부실하다. 또는 게으르다. 해이하다. ⇔섭섭ᄒᆞ다. ≪朴諺, 中, 30ㅎ≫那謊鬆一箇財主人家裏, 뎌 거즛말ᄒᆞ고 섭섭ᄒᆞᆫ ᄒᆞᆫ 財主人 家에셔. ≪朴諺, 下, 26ㅎ≫呆鬆你將來我看, 어린 섭섭ᄒᆞᆫ 놈아 네 가져오라 내 보쟈.

송거(送去) 동 보내다. ⇔보내다. ≪朴諺, 中, 24ㅎ≫你將鋪盖送去, 네 鋪盖 가져 보내고.

송곳 명 송곳. ❶⇔추(錐). ≪朴諺, 上, 38ㅈ≫鑽天錐下大水, 하놀 ᄯᅮᆯᄂᆞᆫ 송곳 아래 큰 믈이여. ❷⇔추아(錐兒). ≪朴諺, 上, 15ㅎ≫錐兒一箇, 송곳 ᄒᆞ나.

송광사(松廣寺) 명 강원도(江原道) 금강산(金剛山)에 있던 절 이름. ≪朴諺, 上, 9ㅈ≫我也往金剛山禪院·松廣(集覽, 朴集, 上, 4ㅎ: 禪院松廣. 兩〈佛〉刹名, 俱在金剛山.)等處降香去, 나도 金剛山 禪院·松廣 等處를 향ᄒᆞ야 降香ᄒᆞ라 가노라.

송군(送君) 동 임과 이별하다. ≪朴諺, 下, 39ㅎ≫送君千里終有一別, 送君千里나 終有一別이라 ᄒᆞ니라.

송군천리종유일별(送君千里 終有一別) 구 임을 천 리까지 배웅해도 결국은 이별을 해야 한다는 뜻으로, 배웅하는 사람에게 멀리 나오지 말라고 부탁하는 말. ≪朴諺, 下, 39ㅎ≫送君千里終有一別, 送君千里나 終有一別이라 ᄒᆞ니라.

송납(送納) 동 보내다. 수납(輸納)하다. ⇔송납ᄒᆞ다(送納-). ≪朴諺, 上, 54ㅈ≫按月送納, ᄃᆞᆯ을 조차 送納호되. ≪朴諺, 中, 39ㅎ≫按月送納, ᄃᆞᆯ을 조차 送納호ᄃᆡ.

송납ᄒᆞ다(送納-) 동 보내다. 수납(輸納)하다. ⇔송납(送納). ≪朴諺, 上, 54ㅈ≫按月送納, ᄃᆞᆯ을 조차 送納호되. ≪朴諺, 中, 39ㅎ≫按月送納, ᄃᆞᆯ을 조차 送納호ᄃᆡ.

송례(送禮) 동 예물을 보내다. 또는 그런 예. ≪朴諺, 上, 41ㅈ≫十羊十酒(集覽, 朴

集, 上, 12ㅈ: 十羊十酒. 羊十牽, 酒十瓶也. 制禮亦隨貴賤異秩〈帙〉, 即送禮也. 詳見諸司職掌.)裏, 十羊과 十酒를 드리더라. ≪朴諺, 上, 42ㅈ≫媒人也有福(集覽, 朴集, 上, 12ㅈ: 媒人也有福. 兩次送禮之日, 媒人各有表裏之賞.), 媒人도 有福ᄒᆞ샤.

송례(送禮) 명 육례(六禮)의 하나로, 정혼(定婚)이 이루어진 증거로 신랑 집에서 신부 집으로 예물을 보내는 예. ≪朴諺, 上, 41ㅈ≫下多少財錢(集覽, 朴集, 上, 11ㅎ: 下多少財錢. 今制, 納采·問名·納吉揔〈総〉一次行禮, 以從簡便, 謂之定禮, 亦爲之定親, 亦曰下紅定, 亦送幣物. 又涓吉送婚書, 行納徵禮, 亦曰納幣, 俗云下財, 亦曰送禮. 俗總稱〈総称〉曰羊酒花紅. 又一次有禮曰請期, 謂之催裝, 亦具禮物. 五品以下無請期之禮.), 언멋 財錢을 드리더뇨.

송로(送路) 동 전송(餞送)하다. 배웅하다. ⇔송로ᄒᆞ다(送路-). ≪朴諺, 上, 44ㅈ≫我做饋你送路, 내 민ᄃᆞ라 너를 주어 送路ᄒᆞ마.

송로ᄒᆞ다(送路-) 동 전송(餞送)하다. 배웅하다. ⇔송로(送路). ≪朴諺, 上, 44ㅈ≫我做饋你送路, 내 민ᄃᆞ라 너를 주어 送路ᄒᆞ마.

송목(松木) 명 소나무 목재. ≪朴諺, 中, 35ㅈ≫拿着取燈兒(集覽, 朴集, 中, 7ㅎ: 取燈兒〈取燈〉. 南村輟耕錄云, 杭人削松木爲小片, 其薄如紙, 鎔硫黃塗木片頂分許, 名曰發燭, 又曰焠兒.), 取燈을 가지고.

송백(松柏) 명 소나무와 잣나무. ≪朴諺, 中, 32ㅈ≫松栢·檜栗諸雜樹木上, 松栢·檜栗 여러 가짓 남게.

송백(松栢) 명 송백(松柏). '栢'은 '柏'의 속자. ≪朴諺, 中, 32ㅈ≫松栢·檜栗諸雜樹木上, 松栢·檜栗 여러 가짓 남게.

송빈(送殯) 동 (발인할 때) 영구(靈柩)를 따라 전송(餞送)하다. ⇔송빈ᄒᆞ다(送殯-). ≪朴諺, 下, 42ㅎ≫諸般彩亭子(集覽, 朴集, 下, 9ㅈ: 彩亭子. 漢俗皆於白日送殯, 凡結飾車輿·幢幡·傘盖及紙造人馬爲前導者, 連亘四五十步.), 여러 가지 彩亭子를 셰내고. ≪朴諺, 下, 43ㅈ≫誰碎盆(集覽, 朴集, 下, 9ㅎ: 碎盆. 未詳源流. 但本國送殯之晨, 在家者見靈輀登道, 即隨以瓦器擲碎於門外, 大聲作語曰, 持汝家具而去. 云爾者, 盖使亡人無留念家緣之術也.)來, 뉘 소라를 ᄣᅠ리ᄃᆞ뇨. ≪朴諺, 下, 43ㅎ≫送殯的官人們, 送殯ᄒᆞᄂᆞᆫ 官人들히.

송빈ᄒᆞ다(送殯-) 동 (발인할 때) 영구(靈柩)를 따라 전송(餞送)하다. ⇔송빈(送殯). ≪朴諺, 下, 43ㅎ≫送殯的官人們, 送殯ᄒᆞᄂᆞᆫ 官人들히.

송악(松岳) 명 송악군(松岳郡). ≪朴諺, 下, 61ㅈ≫第二年, 第二年에. 移都松岳郡(集覽, 朴集, 下, 13ㅈ: 都松岳郡〈松岳郡〉. 今開城府. 高麗太祖之先有康忠者, 居五冠山摩訶岬. 時新羅監干八元善風水, 到扶蘇郡, 見扶蘇山形勝而童, 告康忠曰, 若移郡山南, 植松使不露巖〈岩〉石, 則統合三韓者出矣. 於是康忠與〈与〉郡人徙居山南, 栽松遍嶽, 改名松岳.), 松岳郡에 移都ᄒᆞ니.

송악군(松岳郡) 명 경기도(京畿道) 개성(開城)의 옛 이름. ≪朴諺, 下, 58ㅎ≫咱本國是太祖(集覽, 朴集, 下, 12ㅈ: 太祖. 姓王氏, 諱建, 字若天, 松岳郡人. 幼而聰明, 龍顏日角.)姓王諱建表德若天, 우리 本國이 太祖의 姓은 王이오 諱ᄂᆞᆫ 建이오 字ᄂᆞᆫ 若天이니. ≪朴諺, 下, 61ㅈ≫第二年, 第二年에. 移都松岳郡(集覽, 朴集, 下, 13ㅈ: 都松岳郡〈松岳郡〉. 今開城府. 高麗太祖之先有康忠者, 居五冠山摩訶岬. 時新羅監干八元善風水, 到扶蘇郡, 見扶蘇山形勝而童, 告康忠曰, 若移郡山南, 植松使不露巖〈岩〉石, 則統合三韓者出矣. 於是康忠與〈与〉郡人徙居山南, 栽松遍嶽, 改名松岳.), 松岳郡에 移都ᄒᆞ니.

송자(松子) 명 잣[柏]. ⇔잣. ≪朴諺, 上, 4ㅈ≫榛子, 개암과. 松子, 잣과. 乾葡萄, ᄆᆞ른葡萄와. 栗子, 밤과.

송자(頌字) 명 〈불〉 부처의 공덕을 찬미하는 노래. ≪朴諺, 上, 65ㅎ≫作與頌字, 頌字를 지어 주매. ≪朴諺, 上, 65ㅎ≫大發明得悟(集覽, 朴集, 上, 16ㅈ: 作與頌字迴光返照大發明得悟. 音義云, 石屋和尙作佛頌與〈与〉步虛, 其佛光迴還返照於步虛之身, 其於生死輪迴之說, 靡不通曉.), 크게 發明 得悟ᄒᆞ야.

송주(誦呪) 동 주문을 외다. ≪朴諺, 中, 22ㅎ≫執楊柳於掌內拂病體於輕安(集覽, 朴集, 中, 5ㅎ: 執楊柳於掌內拂病體於輕安. 佛圖澄, 天竺〈竺〉人也. 妙通玄術, 善誦呪, 能役使鬼神.), 楊柳를 손에 잡아 病體를 輕安흔듸 떨티고.

송ᄒᆞ다(送-) 동 배웅하다. 전송하다. ⇔송(送). ≪朴諺, 下, 39ㅈ≫接客不如送客, 客을 接호미 客을 送ᄒᆞᄂᆞᆫ 이만 ᄀᆞᆺ디 못ᄒᆞ니.

솨(耍) 동 ❶놀이하다. 장난하다. ⇔노롯ᄒᆞ다. ≪集覽, 字解, 單字解, 7ㅈ≫耍. 戲弄之辭曰耍子, 戲笑之事曰耍笑. 又行房亦曰耍子. ≪朴諺, 上, 17ㅈ≫耍鵪鶉, 뫼초라기 노롯ᄒᆞ고. ❷놀다. ⇔놀다. ≪朴諺, 中, 49ㅈ≫我生活忙不閑耍, 내 셩녕이 밧바 놀기를 결을티 못ᄒᆞ여라.

솨소(耍笑) 동 우스갯소리하다. 농담(弄談)하다. 시시덕거리다. ≪集覽, 字解, 單字解, 7ㅈ≫耍. 戲弄之辭曰耍子, 戲笑之事曰耍笑. 又行房亦曰耍子.

솨자(耍子) 동 ❶부부가 방사(房事)하다. 부부가 동침하다. ≪集覽, 字解, 單字解, 7ㅈ≫耍. 戲弄之辭曰耍子, 戲笑之事曰耍笑. 又行房亦曰耍子. ❷놀다. 장난하다. ⇔놀다. ≪集覽, 字解, 單字解, 7ㅈ≫耍. 戲弄之辭曰耍子, 戲笑之事曰耍笑. 又行房亦曰耍子. ≪朴諺, 上, 17ㅎ≫按四時耍子, 四時를 조차 노ᄂᆞᆫ 쏘다.

솽뉵 명 쌍륙(雙六). ⇔쌍륙(雙陸). ≪朴諺, 中, 46ㅎ≫打雙陸時莭(節), 솽뉵 틸 적의.

솽불쥐기 명 먹국하기. ❶⇔나전(拿錢). ≪朴諺, 上, 17ㅎ≫或是博錢拿錢(集覽, 朴集, 上, 6ㅎ: 拿錢. 卽猜拳也. 솽〈솽〉불:쥐·기. 質問云, 此二人以錢相賭之戲, 跌過兩背, 相同爲嬴(贏). 質問之釋, 若本國돈ᄲᅥ기.), 혹 돈더ᄂᆞ기 ᄒᆞ며 쌍블잡기 ᄒᆞ고. ❷⇔시권(猜拳). ≪集覽, 朴集, 上, 6ㅎ≫拿錢. 卽猜拳也. 솽〈솽〉불:쥐·기. 質問云, 此二人以錢相賭之戲, 跌過兩背, 相同爲嬴(贏). 質問之釋, 若本國돈ᄲᅥ기.

쇄(刷) 동 빗기다. ⇔빗기다. ≪朴諺, 上, 20ㅎ≫每日洗刷鉋的乾乾淨淨地, 每日에 싯빗겨 글게질ᄒᆞ기를 乾乾淨淨히 ᄒᆞ고.

쇄(洒) 동 뿌리다. ⇔ᄲᅳ리다. ≪朴諺, 中, 44ㅎ≫洒些水, 져기 믈 ᄲᅳ리고.

쇄(晒) 동 쇄(曬). '晒'는 '曬'의 속자. ≪朴諺, 下, 1ㅎ≫每日箇日頭裡晒, 每日에 볃티 뙤되.

쇄(碎) 동 깨뜨리다. ⇔ᄲᅳ리다. ≪朴諺, 下, 43ㅈ≫誰碎盆來, 뉘 소라를 ᄲᅳ리ᄃᆞᆫ뇨. 曹大就門前碎盆, 曹大ㅣ 문 앏픠셔 소라를 ᄲᅳ리더라.

쇄(碎) 형 잘다. ⇔ᄌᆞᆯ다. ≪集覽, 朴集, 上, 3ㅎ≫五軟三下鍋. 質問云, 五般無骨精肉〈五般精肉〉, 碎切爲片, 先用塩煎, 次用醋煮, 交葱花以食. ≪朴諺, 上, 13ㅈ≫將碎貼兒(集覽, 朴集, 上, 6ㅈ: 碎貼兒. 音義云, 出門驗放之貼.)來過籌, ᄌᆞᆫ톄ᄌᆞ 가져와 사슬 디내라. ≪朴諺, 中, 58ㅈ≫將碎塼塊來, ᄌᆞᆫ 벽 뎡이 가져다가. ≪朴諺, 下, 29ㅎ≫碎家事和將瀝青來, ᄌᆞᆫ 연장과 瀝青을 가져다가.

쇄(曬) 동 쇄(曬). '曬'는 '曬'의 속자. ≪朴諺, 中, 26ㅎ≫那頭盔好曬到了時, 뎌 ᄃᆡ우를 ᄀᆞ장 뙤기를 잇긋 ᄒᆞ고.

쇄(灑) 동 뿌리다. ⇔ᄲᅳ리다. ≪朴諺, 中, 21ㅈ≫灑悲雨於遐方, 悲雨를 遐方에 ᄲᅳ리고.

쇄(曬) 동 쬐다. ⇔뙤다. ≪朴諺, 中, 26ㅎ≫那頭盔好曬到了時, 뎌 ᄃᆡ우를 ᄀᆞ장 뙤기를 잇긋 ᄒᆞ고. ≪朴諺, 下, 1ㅎ≫每日箇日頭裡晒, 每日에 볃티 뙤되.

쇄건(晒乾) 동 쇄건(曬乾). '晒'는 '曬'의 속

자. ≪朴諺, 下, 44ㅎ≫只有些和的濕煤(集覽, 朴集, 下, 9ㅎ: 濕煤. 今按, 石炭搥碎, 并黃土以水和作塊, 晒乾, 臨用麄碎, 納於爐〈炉〉中, 總謂之水和炭. 未乾者謂之濕煤, 已乾者謂之煤簡兒, 亦曰煤塊子.), 그저 져기 버므린 濕煤ㅣ 이시되.

쇄건(曬乾) [동] 볕에 쬐어 말리다. ≪朴諺, 下, 44ㅎ≫只有些和的濕煤(集覽, 朴集, 下, 9ㅎ: 濕煤. 今按, 石炭搥碎, 并黃土以水和作塊, 晒乾, 臨用麄碎, 納於爐〈炉〉中, 總謂之水和炭. 未乾者謂之濕煤, 已乾者謂之煤簡兒, 亦曰煤塊子.), 그저 져기 버므린 濕煤ㅣ 이시되.

쇄분(碎盆) [명] 중국에서, 상여가 길을 나서면 동이를 문 밖에 던져서 깨뜨리며 큰 소리로 '당신 집의 가구(家具)를 가져가시오'라고 외치던 풍속. ≪朴諺, 下, 43ㅈ≫誰碎盆(集覽, 朴集, 下, 9ㅎ: 碎盆. 未詳源流. 但本國送殯之晨, 在家者見靈轜登道, 卽隨以瓦器擲碎於門外, 大聲作語曰, 持汝家具而去. 云爾者, 盖使亡人無留念家緣之術也.)來, 뉘 소라ᄅᆞᆯ ᄣᅵ리ᄃᆞ뇨.

쇄아(刷牙) [명] 이를 닦는 솔. 곧, 칫솔. ≪朴諺, 下, 28ㅎ≫刷牙兩箇, 刷牙 둘과. ≪朴諺, 下, 28ㅎ≫哥我與你這一箇刷牙一箇掠頭, 형아 내 너ᄅᆞᆯ 이 ᄒᆞᆫ 刷牙와 ᄒᆞᆫ 귀밋빗기ᄅᆞᆯ 줄 써시니.

쇄우(洒雨) [동] 비를 뿌리다. ≪朴諺, 中, 21ㅈ≫扇慈風(集覽, 朴集, 中, 4ㅈ: 悲雨慈風. 佛發大慈悲, 廣濟衆生, 猶洒雨發風然, 無遠不被, 故曰風雨.)於刹土, 慈風을 刹土에 붓ᄂᆞᆫ또다.

쇄육(碎肉) [명] 고기 조각. 고기 부스러기. ≪朴諺, 下, 14ㅈ≫喫稍麥(集覽, 朴集, 下, 3ㅎ: 稍麥. 又云, 皮薄內實切碎肉, 當頂撮細, 似線稍繫, 故曰稍麥.)粉湯, 稍麥과 스면 먹고.

쇄자(刷子) [명] 솔. ≪朴諺, 上, 40ㅈ≫將那挑針(集覽, 朴集, 上, 11ㅈ: 挑針. 用牛角作廣箴, 箴〈ヒ〉一端作刷子者. 多髮者髮厚難梳, 故先梳之髮, 以此箴插置上頭, 更梳下髮. 今俗猶然.)挑起來, 뎌 것고지 가져다가 것곳고. ≪朴諺, 下, 28ㅈ≫賣刷子的將來, 刷子 ᄑᆞᄂᆞᆫ 이아 가져오라.

쇄자(鎖子) [명] 자물쇠. ⇔ᄌᆞ믈쇠. ≪朴諺, 上, 36ㅎ≫這箇是鎖子, 이거슨 이 ᄌᆞ믈쇠로다.

쇄자(灑子) [명] 두레박. ⇔드레. ≪朴諺, 中, 11ㅎ≫鑼鍋, 로고. 柳箱, 섥. 灑子, 드레. 三脚, 아리쇠. 椀·楪, 사발·뎝시. 匙筯, 술 져. 櫊杓, 나모쥬게. 笊籬, 죠릐. 炊箒, 솔.

쇄자갑(鏁子甲) [명] 사슬갑. 사슬을 서로 꿰어 엮어서 만든 갑옷. ⇔사술갑. ≪朴諺, 下, 31ㅈ≫身披黃金鏁子甲, 몸에 黃金으로 ᄒᆞᆫ 사술갑을 닙어시니.

쇄절(碎切) [동] 잘게 썰다. ≪朴諺, 上, 7ㅈ≫第五道五軟三下鍋(集覽, 朴集, 上, 3ㅎ: 五軟三下鍋. 質問云, 五般無骨精肉〈五般精肉〉, 碎切爲片, 先用塩煎, 次用醋煮, 交葱花以食.), 第五道ᄂᆞᆫ 五軟三下鍋ㅣ오.

쇄첩아(碎貼兒) [명] 검사를 다 마친 뒤 문 밖으로의 통과를 허가하는 체자(帖子). ⇔즌뎨자. ≪朴諺, 上, 13ㅈ≫將碎貼兒(集覽, 朴集, 上, 6ㅈ: 碎貼兒. 音義云, 出門驗放之貼.)來過籌, 즌뎨ᄌᆞ 가져와 사술 디내라.

쇠 [명] 쇠. ❶⇔금(金). ≪朴諺, 下, 22ㅎ≫將軍使金鉤子, 將軍이 쇠갈고리로 ᄲᅧ. ❷⇔철(鐵). ≪朴諺, 上, 36ㅎ≫鐵人鐵馬不着鐵鞭不下馬, 쇠사ᄅᆞᆷ 쇠ᄆᆞᆯ긔 쇠채 아니면 ᄆᆞᆯ긔 ᄂᆞ리디 아니ᄒᆞᄂᆞᆫ 거시여. ≪朴諺, 上, 37ㅎ≫金罐兒·鐵携兒裏頭盛着白沙蜜, 금당권 쇠곡지 속에 白沙蜜 담은 거시여. ≪朴諺, 中, 46ㅎ≫命來鐵也爭光, 命이 오면 쇠도 비촐 ᄃᆞ토고. 運去黃金失色, 運이 가면 黃金도 비촐 일ᄂᆞ다 ᄒᆞ니라. ≪朴諺, 下, 7ㅎ≫放着一箇三隻脚鐵蝦蟆兒便是, ᄒᆞᆫ 세 발 가진 쇠두텁이 노흔 거시 곳 이라. ≪朴諺, 下, 19ㅈ≫却把伯眼打了一鐵棒, ᄯᅩ 伯眼을다가 ᄒᆞᆫ 쇠 막대로 티니. ≪朴諺, 下, 19ㅈ≫又打了

一鐵棒, 또 흔 쇠막대로 티니. ≪朴諺, 下, 20ㅈ≫更打了我兩鐵棒, 또 우리를 두 번 쇠막대로 티니.

쇠가락 명 쇠[鐵]로 된 가락. ⇔철조아(鐵條兒). ≪朴諺, 中, 36ㅈ≫將指頭來大小的長鐵條兒, 손짜락 굴긔예 긴 쇠가락으로다가.

쇠갈고리 명 쇠갈고랑이. ⇔금구(金鉤子). ≪朴諺, 下, 22ㅎ≫將軍使金鉤子, 將軍이 쇠갈고리로 써.

쇠곡지 명 쇠로 된 꼭지. ⇔철휴아(鐵携兒). ≪朴諺, 上, 37ㅎ≫金罐兒·鐵携兒裏頭盛着白沙蜜, 금탕권 쇠곡지 속에 白沙蜜 담은 거시여.

쇠두텁이 명 쇠두꺼비. (쇠로 된 두꺼비) ⇔철하마아(鐵蝦蟆兒). ≪朴諺, 下, 7ㅎ≫放着一箇三隻脚鐵蝦蟆兒便是, 흔 세 발 가진 쇠두텁이 노흔 거시 곳 이라.

쇠막대 명 쇠막대. ⇔철봉(鐵棒). ≪朴諺, 下, 19ㅈ≫却把伯眼打了一鐵棒, 또 伯眼을다가 흔 쇠막대로 티니. ≪朴諺, 下, 19ㅈ≫又打了一鐵棒, 또 흔 쇠막대로 티니. ≪朴諺, 下, 20ㅈ≫更打了我兩鐵棒, 또 우리를 두 번 쇠막대로 티니.

쇠물 명 쇠로 된 말[馬]. ⇔철마(鐵馬). ≪朴諺, 上, 36ㅎ≫鐵人鐵馬不着鐵鞭不下馬, 쇠사름 쇠믈싀 쇠채 아니면 믈싀 누리디 아니ᄒᆞ는 거시여.

쇠사름 명 쇠로 된 사람. ⇔철인(鐵人). ≪朴諺, 上, 36ㅎ≫鐵人鐵馬不着鐵鞭不下馬, 쇠사름 쇠믈싀 쇠채 아니면 믈싀 누리디 아니ᄒᆞ는 거시여.

쇠손 명 쇠흙손. ⇔이만(泥鏝). ≪朴諺, 下, 6ㅈ≫將泥鏝來再抹的光着, 쇠손 가져다가 다시 스서 번번이 ᄒᆞ라.

쇼 명 소. ⇔우(牛). ≪集覽, 字解, 單字解, 2ㅎ≫赶. 音干, 上聲. 亦作趕. 趁也, 及也. 赶上 밋다. 又逐也. 赶出去 내티다. 又驅也. 赶牛 쇼 모다. ≪朴諺, 上, 1ㅎ≫又買一隻好肥牛, 또 一隻 ᄀᆞ장 술진 쇼를 사고. ≪朴諺, 下, 46ㅎ≫立地赶牛, 싸히셔셔 쇼를 몰면.

쇼경 명 소경. 맹인(盲人). ⇔할시(瞎廝). ≪集覽, 字解, 單字解, 2ㅎ≫廝. 卑賤之稱. 這廝 이 놈. 又相也. 廝見 서르 보다. 又汎指人. 亦曰廝. 小廝 아히, 瞎廝 쇼경.

쇼로기 명 솔개. ⇔아로시(鵝老翅). ≪朴諺, 上, 17ㅈ≫鵝老翅鶴兒, 쇼로기연. 鮎魚鶴兒, 머유기연. 八角鶴兒, 여돏모연. 月樣鶴兒, 돌 ᄀᆞ튼 연. 人樣鶴兒, 사름 ᄀᆞ튼 연. 四方鶴兒, 네모연.

쇼로기연 명 솔개 모양으로 만든 연. ⇔아로시학아(鵝老翅鶴兒). ≪朴諺, 上, 17ㅈ≫鵝老翅鶴兒, 쇼로기연. 鮎魚鶴兒, 머유기연. 八角鶴兒, 여돏모연. 月樣鶴兒, 돌 ᄀᆞ튼 연. 人樣鶴兒, 사름 ᄀᆞ튼 연. 四方鶴兒, 네모연.

쇼병 명 밀가루를 반죽하여 원형 혹은 사각의 평평한 모양으로 만들고 표면에 참깨를 뿌려 구운 떡. ⇔소병(燒餠). ≪朴諺, 下, 33ㅈ≫芝麻燒餠, 춤깨 므틴 쇼병과. 黃燒餠, 누른 쇼병과. 酥燒餠, 酥油 너흔 쇼병과. 硬麵燒餠都有, 硬麪으로 흔 쇼병이 다 잇다. 燒餠饋子你店裏有麽, 燒餠 糕子 네 뎜에 잇느냐.

-쇼셔 어미 -소서. ≪朴諺, 上, 53ㅎ≫只願的爲頭兒射着, 그저 원컨대 웃뜸으로 쏘쇼셔. ≪朴諺, 中, 3ㅈ≫罷麽相公, 마루쇼셔 相公아. 饒他麽, 뎌를 샤ᄒᆞ쇼셔. ≪朴諺, 中, 13ㅈ≫謝天地只願的好收着, 天地ㅅ긔 謝ᄒᆞ노니 그저 원컨대 잘 거도게 ᄒᆞ쇼셔. ≪朴諺, 中, 17ㅈ≫饋婆婆口到些箇, 婆婆를 주어 적이 입브티쇼셔 ᄒᆞ더이다. ≪朴諺, 下, 11ㅈ≫望稍書來着, ᄇᆞ라건대 글을 브텨 보내쇼셔. ≪朴諺, 下, 12ㅈ≫善保尊顔, 尊顔을 善保ᄒᆞ쇼셔. ≪朴諺, 下, 12ㅈ≫相公支分怎的盖, 相公이 긔걸ᄒᆞ쇼셔 엇디 지으리잇고. ≪朴諺, 下, 53ㅈ≫赴官施行, 官에 보내여 施行ᄒᆞ쇼셔. ≪朴諺, 下, 54ㅎ≫伏乞詳狀施行, 伏乞ᄒᆞ노니 狀을 詳ᄒᆞ어(여) 施行ᄒᆞ쇼셔. ≪朴諺, 下, 60ㅈ≫願主公用心救百姓受苦, 願

컨대 主公은 用心ᄒᆞ야 百姓의 受苦호믈 救ᄒᆞ쇼셔.

쇼인 명 상대방에게 자기 자신을 낮추어 이르는 말. ⇔소인(小人). ≪朴諺, 中, 50ㅈ≫先小人後君子, 몬져는 쇼인이라도 후에는 군ᄌᆞ로 홀 써시니라. ≪朴諺, 下, 56ㅎ≫如今和小人望他去便了, 이제 쇼인과 ᄃᆞ려 보라 가면 곳 ᄒᆞ리라.

쇼쳥ᄒᆞ다 동 소청(訴請)하다. 또는 남몰래 부탁하다. ⇔타관절(打關節). ≪朴諺, 中, 59ㅈ≫那寃家們打關萠(節)(集覽, 朴集, 中, 9ㅈ: 打關節. 吏學指南云, 下之所以通欵曲於上者曰關節〈萠〉, 又造請權要謂之關節〈萠〉. 漢曰關說. 宋包拯剛直好駁, 時人語曰, 關節〈萠〉不到, 有閻羅包老. 如本國俗語 쇼쳥〈쳥〉ᄒᆞ다.)時, ᄃᆡ 寃家ㅣ 쇼쳥ᄒᆞ니.

쇽졀업다 형 속절없다. ❶⇔제심마사(濟甚麽事). ≪集覽, 字解, 累字解, 3ㅈ≫濟甚麽事. 므·슴 :이·리 :일·료. 猶言쇽졀:업·다. ≪集覽, 字解, 累字解, 3ㅈ≫濟甚麽事. 上同. ❷⇔제심사(濟甚事). ≪集覽, 字解, 累字解, 3ㅈ≫濟甚事. 므·슴 :이·리 :일·료. 猶言쇽졀:업·다.

쇽졀업시 부 속절없이. ❶⇔건(乾). ≪集覽, 字解, 單字解, 2ㅈ≫乾. 音干. 徒然之辭. 공히. 又쇽졀업시. ≪朴諺, 上, 52ㅈ≫大舍夜來乾走了一遭, 大舍ㅣ 어제 쇽졀업시 ᄒᆞᆫ 디위 ᄃᆞᆫ녀다. ❷⇔건무래유(乾無來由). ≪朴諺, 下, 49ㅈ≫乾無來由做甚麽去, 쇽졀업시 므슴 ᄒᆞ라 가리오. ❸⇔공(空). ≪朴諺, 上, 48ㅎ≫納房錢空費了, 房錢 드리ᄂᆞᆫ 거슬 쇽졀업시 허비ᄒᆞᆯ낫다. ❹⇔몰래유(沒來由). ≪朴諺, 上, 30ㅈ≫沒來由胡討價錢怎麽, 쇽졀업시 간대로 갑슬 ᄭᅬ옴은 엇디오. ≪朴諺, 上, 33ㅎ≫而今沒來由偸別人的媳婦怎麽, 이제 쇽졀업시 ᄂᆞᆷ의 겨집을 도적홈은 엇디오. ❺⇔소(消). ≪朴諺, 下, 34ㅈ≫官人們這的不消說, 官人들아 일란 쇽졀업시 닐으디 말라. ❻⇔왕(枉). ≪朴諺, 下, 6ㅈ≫枉可惜了飯, 쇽졀업시 밥이 앗갑다.

쇽졀없다 형 속절없다. ⇔불제사(不濟事). ≪朴諺, 下, 34ㅎ≫不濟事, 쇽졀업ᄉᆞ니.

쇠 명 소의. ⇔우(牛). ≪朴諺, 下, 46ㅈ≫絟在牛車上, 쇠 술위예 ᄆᆡ고. ≪朴諺, 下, 48ㅈ≫芒兒立在牛背後, 芒兒ㅣ 쇠 뒤히 셔셔. ≪朴諺, 下, 49ㅈ≫忽跳上牛去, 믄득 쇠게 ᄢᅱ여 올라.

쇠고기 명 쇠고기. ⇔우육(牛肉). ≪朴諺, 上, 5ㅈ≫爀牛肉, 구은 쇠고기와.

수 명 수. 수컷. ❶⇔갈적(羯的). ≪朴諺, 上, 1ㅎ≫休買母的都要羯的, 암을 사디 말고 다 수를 사고. ❷⇔아(兒). ≪朴諺, 中, 57ㅈ≫兒的五十箇錢, 수ᄂᆞᆫ 쉰 낫 돈이오.

수 명 수. 수효. ❶⇔수(數). ≪朴諺, 上, 54ㅈ≫歸還數足, 갑기를 수에 죡히 ᄒᆞ고. ≪朴諺, 上, 61ㅎ≫諸雜名花奇樹不知其數, 여러 가지 名花 奇蔨(樹)ᄂᆞᆫ 그 수를 아디 못ᄒᆞ고. ≪朴諺, 下, 47ㅎ≫不知其數, 그 수를 아디 못ᄒᆞ고. ❷⇔수목(數目). ≪朴諺, 上, 62ㅈ≫河邉兒窺魚的是無數目的水老鴉, 믈ᄼᆞ의 고기 엿ᄂᆞᆫ 거슨 이 수 업슨 가마오디오.

수(手) 명 ❶놈. 사람. ⇔놈. ≪集覽, 字解, 單字解, 5ㅈ≫快. 急也. 走的快·疾快. 又樂也. 快活·大快. 又快手 잘 ᄃᆞᆮᄂᆞᆫ 놈. 又呼餰曰快子. ❷손. ⇔손. ≪朴諺, 上, 65ㅈ≫你的手裏難尋錢, 네 손에 돈 엇기 어렵다. ≪朴諺, 中, 48ㅈ≫把那手來提的高着, ᄃᆡ 손을다가 들기를 노피 ᄒᆞ여. ≪朴諺, 下, 24ㅈ≫行者用手把頭提起, 行者ㅣ 손으로 ᄲᅥ 머리를다가 잡아 니ᄅᆞ혀. ≪朴諺, 下, 25ㅈ≫那裏想胡孫手裏死了, 어ᄃᆡ 胡孫의 손에 죽을 줄을 ᄉᆡᇰ각ᄒᆞ리오. ≪朴諺, 下, 31ㅈ≫手持畫干·方天戟的, 손에 畫干·方天戟을 잡으니와. ≪朴諺, 下, 46ㅎ≫手拿結線鞭, 손에 結線鞭을 잡고. 頭戴耳掩或提在手裡, 머리에 耳掩을 쓰며 혹 손에 들고. ≪朴諺, 下, 47ㅎ≫手拿結線鞭, 손에 結線鞭을 잡고.

수(水) 명 물. ⇔믈. ≪集覽, 字解, 單字解, 4ㅈ≫打. 擊也, 着實打, 又打三下. 又爲也. 打酒來 술 사 오라. 又曰, 打將來 ᄒᆞ야 오라, 打聽 듣보라, 打水 믈 긷다, 不打緊. 又打那裏去, 打東邊去, 有投向從往之意. 俗用打字, 似不合本意者多, 而實有取意不苟, 其用甚廣, 此不盡錄. ≪朴諺, 上, 6ㅈ≫大水杏半黃半生的有, 굵고 믈 한 ᄉᆞᆯ고ㅣ 半黃 半生ᄒᆞᆫ 이 잇더라. ≪朴諺, 上, 9ㅎ≫水渰過蘆溝橋獅子頭, 믈이 蘆溝橋 獅子ㅅ 머리ᄅᆞᆯ ᄌᆞᆷ가 너머. ≪朴諺, 上, 38ㅈ≫鑽天錐下大水, 하ᄂᆞᆯ 뚤ᄂᆞᆫ 송곳 아릐 큰 믈이여. ≪朴諺, 上, 50ㅈ≫着孩兒盆子水裏放着, 아ᄒᆡᄅᆞᆯ 盆子ㅅ 믈에 노흐면. ≪朴諺, 上, 50ㅈ≫親戚們那水裏, 親戚들이 뎌 믈에. ≪朴諺, 中, 16ㅈ≫水一盞半, 믈 ᄒᆞᆫ 잔 반. ≪朴諺, 中, 33ㅈ≫逢山開路遇水迭橋, 山을 만나 길흘 열고 믈을 만나 ᄃᆞ리ᄅᆞᆯ 놋ᄂᆞᆫ다 ᄒᆞᄂᆞ니라. ≪朴諺, 中, 40ㅈ≫養住那水, 뎌 믈을 머믈워. ≪朴諺, 中, 40ㅎ≫那瓦水潤了無些氣力, 뎌 디새 믈 ᄇᆡ야 져기 힘이 업스니. ≪朴諺, 中, 44ㅎ≫洒些水, 져기 믈 ᄲᅳ리고. ≪朴諺, 下, 2ㅈ≫拿些水來我漱口, 져기 믈 가져오라 내 양지질ᄒᆞ쟈. ≪朴諺, 下, 5ㅎ≫且打將兩擔水來, 아직 두 메움 믈을 기러다가. ≪朴諺, 下, 37ㅎ≫管山喫山, 山을 ᄀᆞ음알면 山읫 거ᄉᆞᆯ 먹고. 管水喫水, 믈을 ᄀᆞ음알면 믈엣 거ᄉᆞᆯ 먹ᄂᆞᆫ다 ᄒᆞᄂᆞ니라. ≪朴諺, 下, 44ㅈ≫着水停當着, 믈 두기ᄅᆞᆯ 마초 ᄒᆞ고. ≪朴諺, 下, 51ㅈ≫慢慢的將鈞兒垂下水裡去時, 날호여 낙시ᄅᆞᆯ다가 믈에 들이오면.

수(收) 동 거두다. 수확하다. ❶⇔거도다. ≪朴諺, 中, 13ㅈ≫謝天地只願的好收着, 天地ㅅ긔 謝ᄒᆞ노니 그저 원컨대 잘 거도게 ᄒᆞ쇼셔. ≪朴諺, 中, 35ㅈ≫今年天旱田禾不收, 올ᄒᆡ 하ᄂᆞᆯ이 ᄀᆞ므라 田禾ᄅᆞᆯ 거도디 못ᄒᆞ여시니. ❷⇔거두다. ≪朴諺, 上, 48ㅈ≫把田禾都收割了時, 田禾ᄅᆞᆯ다가 다 거두어 ᄇᆡ면. ≪朴諺, 中, 33ㅎ≫夜來箇都收割了蔴, 어제 삼을 다 거두어 ᄇᆡ여시니. ≪朴諺, 下, 53ㅈ≫收捉上件賊人, 上件 賊人을 거두어 잡아. ≪朴諺, 下, 55ㅎ≫收討的六兩, 거두어 어드니ᄂᆞᆫ 엿 냥을 ᄒᆞ여.

수(守) 동 지키다. ❶⇔딕희다. ≪朴諺, 上, 38ㅈ≫弟兄三四箇守着停柱坐, 弟兄 세네히 기동을 딕희여 안잣ᄂᆞᆫ 거시여. ❷⇔딕히다. ≪朴諺, 中, 45ㅎ≫守我半年來, 날을 딕히연 디 半年이니.

수(秀) 형 빼어나다. ⇔ᄲᅢ여나다. ≪朴諺, 中, 23ㅈ≫眉秀垂楊, 눈섭은 垂楊이 ᄲᅢ여난 ᄃᆞᆺᄒᆞ도다.

수(受) 동 받다. ❶⇔받다. ≪朴諺, 下, 3ㅎ≫受多少日炙風吹, 언머 日炙 風吹ᄅᆞᆯ 바ᄃᆞ며. ≪朴諺, 下, 15ㅈ≫受多少渴, 언머 갈호믈 바다시리오. ≪朴諺, 下, 60ㅈ≫怎受他苦, 엇디 뎌의 보채ᄆᆞᆯ 바ᄃᆞ리오. ❷⇔밧다. ≪朴諺, 上, 63ㅎ≫有苦時同受, 고로옴이 잇거든 ᄒᆞᆫ가지로 밧고. ≪朴諺, 中, 28ㅈ≫若作非理必受其殃, 만일 非理엣 일을 ᄒᆞ면 반ᄃᆞ시 그 앙화ᄅᆞᆯ 밧ᄂᆞᆫ다 ᄒᆞ니. ≪朴諺, 中, 59ㅈ≫受他錢財當住, 뎌의 錢財ᄅᆞᆯ 밧고 머믈워. ≪朴諺, 中, 59ㅎ≫該管的外郎也受了些錢財, ᄀᆞ음아ᄂᆞᆫ 外郎도 져기 錢財ᄅᆞᆯ 밧고. ≪朴諺, 下, 4ㅈ≫行六年受多少千辛萬苦, 行ᄒᆞᆫ 여ᄉᆞᆺ ᄒᆡ예 언머 千辛萬苦ᄅᆞᆯ 밧고.

수(垂) 동 내리다. 드리우다. 늘어뜨리다. ≪朴諺, 上, 39ㅈ≫狗有濺草之恩, 개ᄂᆞᆫ 濺草ᄒᆞᆫ 恩이 잇고. 馬有垂繮之報(集覽, 朴集, 上, 11ㅈ: 馬有垂繮之報. 漢高祖與項王會鴻門, 舞劒事急, 謀脫. 匹〈疋〉馬南行, 道傍有一眢井, 馬到井邊不肯行. 漢王恐追者至, 下馬入井.), ᄆᆞᆯ은 垂繮ᄒᆞᆫ 報ㅣ 잇다 ᄒᆞ니라.

수(搜) 동 뒤지다. 수색하다. 뒤져서 찾다. ⇔뒤이다. ≪朴諺, 中, 28ㅎ≫都搜出三四十箇血瀝瀝的尸首和那珠子·布絹, 셜마은 피 ᄠᅳᆺ듣ᄂᆞᆫ 尸首와 그 진쥬·布絹을 다 뒤여 내고.

수(首) 명 앞. ⇔앒ㅎ. ≪朴諺, 下, 57ㅎ≫二人到那門首敲門道, 두 사룸이 뎌 믄(문) 앒희 가 문을 두드려 닐오ᄃᆡ.

수(修) 동 ❶다듬다. ⇔다둠다. ≪朴諺, 上, 47ㅈ≫修脚五箇錢, 발돕 다돔기는 다숫낫 돈이니. ≪朴諺, 上, 47ㅎ≫梳刮頭修了脚, 머리 긁빗고 발돕 다돔고. ❷닦다. ⇔닷다. ≪朴諺, 中, 24ㅈ≫不修善時, 善을 닷디 아니ᄒᆞ면.

수(袖) 명 소매. ❶⇔ᄉᆞ매. ≪朴諺, 上, 25ㅈ≫刺(刺)通袖膝欄(集覽, 朴集, 上, 8ㅎ: 刺通袖膝欄. 元時好着此衣, 前後具胷背, 又連肩而通袖之脊, 至袖口爲紋, 當膝周圍亦爲紋如欄干, 然織成段匹爲衣者有之, 或皮或帛, 用綵線周遭回曲爲緣, 如花樣, 刺〈刺〉爲草樹〈尌〉·禽獸·山川·宮殿之文於〈紋於〉其內, 備極奇巧, 皆用團領着之, 其直甚高. 達達〈ㄷ〉之俗, 今亦猶然. 뷔윤 실로 치질ᄒᆞ니를 呼爲刺, 亦曰紉, 音扣.)羅帖裏上, ᄉᆞ매 ᄆᆞᄅᆞ 내 치질ᄒᆞ고 膝欄ᄒᆞᆫ 羅 텰릭에. ≪朴諺, 下, 1ㅈ≫貂鼠皮丟袖(集覽, 朴集, 下, 1ㅈ: 丟袖. 音義云, ·ᄉᆞ·ᄆᆡ〈매〉 조쳐 :내·브·틴 갓·옷.), 貂鼠皮 ᄉᆞ매 조차 내브틴 갓오ᄉᆞᆯ다가. ❷⇔ᄉᆞᄆᆡ. ≪朴諺, 下, 1ㅈ≫貂鼠皮丟袖(集覽, 朴集, 下, 1ㅈ: 丟袖. 音義云, ·ᄉᆞ·ᄆᆡ〈매〉 조쳐 :내·브·틴 갓·옷.), 貂鼠皮 ᄉᆞ매 조차 내브틴 갓오ᄉᆞᆯ다가.

수(須) 부 모름지기. ❶⇔모로미. ≪朴諺, 下, 11ㅈ≫身已(己)安樂不湏(須)憂念, 몸이 安樂ᄒᆞ니 모로미 憂念티 마ᄅᆞ쇼셔. ≪朴諺, 下, 61ㅎ≫何須謙讓, 엇디 모로미 겸양ᄒᆞᄂᆞ뇨. ❷⇔모롬이. ≪朴諺, 上, 13ㅎ≫不湏(須)貼膏藥, 모롬이 膏藥을 브티디 말라. ≪朴諺, 上, 16ㅈ≫這的你不湏(須)說, 이란 네 모롬이 니ᄅᆞ디 말라.

수(酥) 형 ❶바삭바삭하다. ⇔걱걱ᄒᆞ다. ≪朴諺, 下, 33ㅈ≫黃燒餅(集覽, 朴集, 下, 7ㅈ: 黃燒餅. 事林廣記云, 每麵〈麺〉一斤, 入油一兩半, 炒塩一錢, 冷水和搜得所, 骨魯槌砑開, 鏊上煿〈煿〉熟, 得硬煻火燒熟, 甚酥美. 酥, 걱걱ᄒᆞ다〈석석ᄒᆞ다〉.), 누론 쇼병과. ❷서걱서걱하다. 바삭바삭하다. ⇔석석ᄒᆞ다. ≪朴諺, 下, 33ㅈ≫黃燒餅(集覽, 朴集, 下, 7ㅈ: 黃燒餅. 事林廣記云, 每麵〈麺〉一斤, 入油一兩半, 炒塩一錢, 冷水和搜得所, 骨魯槌砑開, 鏊上煿〈煿〉熟, 得硬煻火燒熟, 甚酥美. 酥, 걱걱ᄒᆞ다〈석석ᄒᆞ다〉.), 누론 쇼병과.

수(愁) 동 ❶근심하다. ⇔근심ᄒᆞ다. ≪集覽, 字解, 單字解, 6ㅈ≫殺. 氣殺我 애ᄃᆞᆯ와 셜웨라, 猶言以此而可至於死也. 又愁殺人 사ᄅᆞᄆᆞᆯ ᄆᆞ장 근심ᄒᆞ야 셟게 ᄒᆞ다. 又廝殺 싸호다. 又助語辭. 最深殺 ᄆᆞ장 깁다. ≪朴諺, 中, 46ㅎ≫你高官裏轉除的有愁甚麽, 너는 노ᄑᆞᆫ 벼슬에 쳔뎐ᄒᆞ여 뎨슈홈이 이실 써시니 므슴 근심ᄒᆞ리오. ≪朴諺, 下, 3ㅈ≫願滿之日死時也不愁, 願滿ᄒᆞᆫ 날이면 죽어도 근심티 아니리라. ❷시름하다. 근심하다. ⇔시름ᄒᆞ다. ≪朴諺, 中, 32ㅎ≫只是這箇愁人腸, 그저 이 사ᄅᆞᄆᆡ 간댱을 시름ᄒᆞ게 ᄒᆞᄂᆞ니라.

수(愁) 명 근심. ⇔근심. ≪朴諺, 上, 43ㅈ≫這的你休愁, 이란 네 근심 말라. ≪朴諺, 中, 17ㅎ≫怎剖劃我這一場愁, 엇디 내 이 一場 愁ᄅᆞᆯ 헤와드료. ≪朴諺, 下, 55ㅈ≫你更有傷有何愁, 너는 또 傷ᄒᆞᆫ ᄃᆡ 이시니 므슴 근심이 이시리오.

수(睡) 동 자다. ⇔자다. ≪集覽, 字解, 單字解, 5ㅎ≫就. 卽也. 就將來 즉재 가져오라, 就有了·就去了. 又遂也. 就那裏睡了 게셔 자다, 就便 곧. 又就行 드듸여셔 ᄒᆞ다. ≪朴諺, 上, 21ㅈ≫睡到明, 자기ᄅᆞᆯ 블그매 다ᄃᆞᆺ도록 ᄒᆞ니. ≪朴諺, 上, 36ㅎ≫皺皺娘娘裏頭睡, 찡긘 겨집이 안히셔 자는 거시여. ≪朴諺, 上, 37ㅈ≫一箇老子當路睡, ᄒᆞᆫ 늘근 사ᄅᆞᆷ이 길헤 당ᄒᆞ여 자거든. ≪朴諺, 上, 47ㅎ≫第二間裏睡一覺, 第二間에 ᄒᆞᆫ숨 자고. ≪朴諺, 中, 8ㅎ≫我也鋪鋪盖睡些箇, 나도 鋪盖 ᄭᆞᆯ고 져기 자쟈. ≪朴諺, 中, 15ㅈ≫一宿不得半點睡, ᄒᆞᄅᆞᆺ밤을 半點도 자디 못ᄒᆞ니. ≪朴諺,

中, 47ㅈ≫倒在床上打鼾睡, 상 우희 것구러뎌 코 고오고 자거늘. ≪朴諺, 中, 58ㅈ≫打着睡, 티고 자쟈. ≪朴諺, 中, 58ㅎ≫鋪着睡時, 꾿고 자면.

수(睡) 명 잠. ⇔즘. ≪朴諺, 上, 21ㅈ≫那們時不渴睡, 그리면 즘이 낫브디 아니ᄒᆞ리라. ≪朴諺, 中, 12ㅎ≫到那裏各自省睡些箇, 뎌긔 가 각각 즘을 져기 덜고.

수(綉) 동 수(繡). '綉'는 '繡'와 같다. ≪朴諺, 上, 14ㅈ≫這的大紅綉五爪蟒龍, 이 大紅에 五瓜 蟒龍을 슈지칠ᄒᆞ고. ≪朴諺, 上, 24ㅎ≫五綵綉麒麟柳綠紵絲抹口的靴子, 五綵로 猉獜을 綉ᄒᆞ고 柳綠빗체 비단으로 부리 두론 훠ᄋᆞ에. ≪朴諺, 上, 27ㅈ≫絟着一對明綠綉四季花護膝, ᄒᆞᆫ 쌍 明綠빗치 四季花를 綉ᄒᆞᆫ 슬갑을 ᄆᆡ엿고. ≪朴諺, 上, 27ㅎ≫柳黃餙金綉四花羅搭護, 柳黃빗치 金으로 ᄭᅮ며 四花를 綉ᄒᆞᆫ 羅 더그레예.

수(數) 관 두어[二三]. ⇔두어. ≪朴諺, 下, 56ㅎ≫如何先生數日不見, 엇디 先生을 두어 날 보디 못ᄒᆞ올소니.

수(數) 명 수. 수효. ⇔수. ≪朴諺, 上, 54ㅈ≫歸還數足, 갑기를 수에 족히 ᄒᆞ고. ≪朴諺, 上, 61ㅎ≫諸雜名花奇樹不知其數, 여러 가지 名花 奇蔚(樹)는 그 수를 아디 못ᄒᆞ고. ≪朴諺, 下, 47ㅎ≫不知其數, 그 수를 아디 못ᄒᆞ고.

수(瘦) 형 여위다. 수척하다. ⇔여위다. ≪朴諺, 中, 14ㅈ≫瘦倒的倒了, 여위어 것ᄭᅮ러디리 것ᄭᅮ러디고.

수(誰) 대 ❶누구. 누구를. ⇔눌. ≪朴諺, 上, 2ㅎ≫着誰去討, 눌로 ᄒᆞ여 가 어더 오료. ≪朴諺, 下, 39ㅈ≫我這上直着誰當着, 내 이 上直을 눌로 ᄒᆞ여 당ᄒᆞ리오. ❷누구. ⇔뉘. ≪朴諺, 下, 41ㅈ≫陰陽人是誰, 陰陽ᄒᆞᄂᆞᆫ 사ᄅᆞᆷ은 이 뉘러뇨. ≪朴諺, 下, 58ㅈ≫小人門前有客是誰, 小人의 문 앏픠 客이 이시니 이 뉜고.

수(誰) 대 ❶누구가. ⇔뉘. ≪朴諺, 上, 18ㅈ≫你那金帶是誰廂的, 네 뎌 금ᄯᅴ를 뉘 젼메웟ᄂᆞ뇨. ≪朴諺, 中, 31ㅈ≫他要變時誰保他, 뎨 변코져 ᄒᆞ면 뉘 뎌를 긔수ᄒᆞ리오. ≪朴諺, 中, 50ㅎ≫誰喫蘿蔔打噎咈, 뉘 무우 먹고 트림ᄒᆞ엿ᄂᆞ뇨. ≪朴諺, 中, 52ㅎ≫年時誰先走來, 젼년에 뉘 몬져 ᄃᆞᄅᆞ뇨. ≪朴諺, 下, 1ㅈ≫這的是誰的不是, 이거시 이 뉘 올티 아니ᄒᆞ뇨. ≪朴諺, 下, 43ㅈ≫誰碎盆來, 뉘 소라ᄅᆞᆯ ᄠᆞ리ᄃᆞ뇨. ❷누구의. ⇔뉘. ≪朴諺, 中, 52ㅎ≫是誰家的牢子, 이 뉘 짓 牢子ㅣ러뇨.

수(樹) 명 나무. ❶⇔나모. ≪朴諺, 上, 39ㅈ≫乾淨田地上樹底下絟着, 乾淨ᄒᆞᆫ ᄯᅡ 나모 아래 ᄆᆡ고. ❷⇔남ㄱ. ≪朴諺, 中, 58ㅈ≫風不來樹不搖, ᄇᆞ람이 부디 아니면 남기 흔드기디 아니ᄒᆞ고. 雨不來河不漲, 비 오디 아니면 믈이 넘디 아니ᄒᆞᆫ다 ᄒᆞᄂᆞ니라.

수(輸) 동 지다. 패하다. ❶⇔디다. ≪朴諺, 下, 22ㅈ≫先生又輸了, 先生이 ᄯᅩ 디거다. ❷⇔지다. ≪朴諺, 上, 22ㅈ≫咱們下一局賭輸嬴(贏)如何, 우리 ᄒᆞᆫ 판 두어 지며 이긔믈 더느미 엇더ᄒᆞ뇨. ≪朴諺, 上, 22ㅈ≫眼下交手便見輸嬴(贏), 眼下에 交手ᄒᆞ면 곳 지며 이긔믈 보리라. ≪朴諺, 上, 22ㅈ≫有一箇輸了的便賽殺, ᄒᆞ나히 지ᄂᆞ니 이시면 곳 던기리라. ≪朴諺, 上, 22ㅎ≫我輸了這叔時遲了, 내 이 패을 지면 사오나오니. ≪朴諺, 上, 23ㅈ≫高碁輸頭盤, 놉흔 바독은 첫 판을 진다 ᄒᆞᄂᆞ니라. ≪朴諺, 中, 46ㅎ≫他輸了的猪頭也不肯買, 뎨 진 도틔 머리도 즐겨 사디 아니ᄒᆞ니. ≪朴諺, 中, 50ㅈ≫我輸了時, 내 지면. ≪朴諺, 中, 50ㅈ≫姐姐你輸了時, 姐姐ㅣ 네 지면. ≪朴諺, 下, 20ㅈ≫那一箇輸了時, 아므나 ᄒᆞ나히 지거든. ≪朴諺, 下, 20ㅎ≫但動的便筭輸, 므롯 動ᄒᆞᄂᆞᆫ 이를 곳 지니로 혜니라.

수(隨) 동 좇다[從]. ⇔좇다. ≪朴諺, 中, 22ㅈ≫隨相現相救苦惱於三塗, 샹을 조차 샹을 뵈야 苦惱를 三塗에 救ᄒᆞᄂᆞᆫ쏘다. ≪朴諺, 中, 31ㅎ≫可知貌隨福轉, 그리어

니 얼굴이 福을 조차 옴ᄂᆞ니라.

수(隨) 뮈 마음대로. ⇔ᄆᆞᄉᆞ모로. ≪集覽, 字解, 單字解, 5ㅈ≫隨. 從也. 隨你 네 ᄆᆞᄉᆞ모로, 隨喜 구경ᄒᆞ다, 隨從 조ᄎᆞ니. 吏語, 根隨 좃다.

수(獸) 몡 짐승. ⇔즘ᄉᆡᆼ. ≪朴諺, 上, 38ㅈ≫這裏有獸醫家麽, 여긔 즘ᄉᆡᆼ 고티ᄂᆞᆫ 집이 잇ᄂᆞ냐.

수(繡) 동 수(繡)놓다. 자수(刺繡)하다. ❶⇔수놓다(繡-). ≪朴諺, 上, 25ㅎ≫鴉青繡四花織金羅搭護, 鴉青빗치 四花ᄅᆞᆯ 繡노코 織金ᄒᆞᆫ 羅 더그레오. ≪朴諺, 上, 63ㅈ≫我的串香褐通袖膝欄五彩綉帖裏, 내 텸향빗체 通袖 膝欄ᄒᆞ고 五彩로 綉노흔 텰릭과. ❷⇔수ᄒᆞ다(繡-). ≪集覽, 朴集, 上, 9ㅈ≫納綉. 以未合之絲滿綉紗面, 不令紗之本質外見者, 呼爲納綉. 綉亦作繡. ≪朴諺, 上, 24ㅎ≫五綵綉麒麟柳綠紵絲抹口的靴子, 五綵로 猉獜을 綉ᄒᆞ고 柳綠빗체 비단으로 부리 두론 훠ᄋᆡ에. ≪朴諺, 上, 27ㅈ≫絟着一對明綠綉四季花護膝, ᄒᆞᆫ 쌍 明綠빗치 四季花ᄅᆞᆯ 綉ᄒᆞᆫ 슬갑을 ᄆᆡ엿고. ≪朴諺, 上, 27ㅎ≫柳黃飾金綉四花羅搭護, 柳黃빗치 金으로 ᄭᅮ며 四花ᄅᆞᆯ 綉ᄒᆞᆫ 羅 더그레예. ❸⇔슈지칠ᄒᆞ다. ≪朴諺, 上, 14ㅈ≫這的大紅綉五爪蟒龍, 이 大紅에 五瓜 蟒龍을 슈지칠ᄒᆞ고. ❹⇔슈ᄒᆞ다. ≪朴諺, 中, 54ㅎ≫這明綠通袖膝欄綉的做帖裏, 이 明綠빗체 通袖 膝欄 슈ᄒᆞᆫ 거스란 텰릭 짓고. ≪朴諺, 中, 54ㅎ≫這鷄冠紅綉四花做搭護, 이 만도람이빗체 四花 슈ᄒᆞᆫ 거스란 더그레 짓고.

수(繡) 몡 수(繡). ⇔슈. ≪朴諺, 中, 48ㅎ≫我也做饋他一對學行的綉鞋, 나도 ᄒᆞᆫ 빵 거름 ᄇᆡ호ᄂᆞᆫ 슈신을 지어 뎌ᄅᆞᆯ 주리라.

수(讐) 몡 원수(怨讐). ⇔원슈. ≪朴諺, 下, 20ㅈ≫這的不是大讎, 이거시 큰 원슈 아니가.

수(讎) 몡 수(讐). '讎'는 '讐'와 같다. ≪朴諺, 下, 20ㅈ≫這的不是大讎, 이거시 큰 원슈 아니가.

수각(修脚) 동 발톱을 깎다. 발톱을 다듬다. ≪朴諺, 上, 47ㅈ≫修脚五箇錢, 발돕 다듬기ᄂᆞᆫ 다ᄉᆞᆺ 낫 돈이니. ≪朴諺, 上, 47ㅎ≫梳刮頭修了脚, 머리 긁빗고 발돕 다듬고.

수갈(水褐) 몡 수갈색(水褐色). 물빛을 띤 갈색. ⇔슈헐빗ㅊ. ≪朴諺, 上, 63ㅈ≫我的串香褐(集覽, 朴集, 上, 15ㅎ: 串香褐. 串香者, 合和諸香以爲佩者也. 凡稱〈称〉染色之少文采〈彩〉者曰褐. 串香褐·麝香褐·鷹背褐·蜜褐·茶褐, 卽黃黑雜色也. 玉褐·艾褐·水褐·銀褐, 卽白黑雜色也. 藕褐, 卽紫黑雜色也. 深淺異色, 各取其像.)通袖膝欄五彩綉帖裏, 내 텸향빗체 通袖 膝欄ᄒᆞ고 五彩로 綉노흔 텰릭과. ≪朴諺, 下, 11ㅈ≫稍一箇水褐段匹, ᄒᆞᆫ 슈헐빗치 비단을 브텨.

수강(垂韁) 동 고삐를 드리우다. 고삐를 늘어뜨리다. ≪朴諺, 上, 39ㅈ≫狗有濺草之恩, 개ᄂᆞᆫ 濺草ᄒᆞᆫ 恩이 잇고. 馬有垂繮之報(集覽, 朴集, 上, 11ㅈ: 馬有垂繮之報. 漢高祖與項王會鴻門, 舞劒事急, 謀脫. 匹〈疋〉馬南行, 道傍有一智井, 馬到井邊不肯行. 漢王恐追者至, 下馬入井. 項王追至井傍, 見馬跡至井而止, 謂漢王在井, 令人下井搜求. 見井口有蜘蛛罩網, 鵓鴿一雙出井飛去, 謂無人在中, 項王還壁. 翌日, 其馬到井垂繮, 漢王執之而出.), ᄆᆞᆯ은 垂繮ᄒᆞᆫ 報ㅣ 잇다 ᄒᆞ니라.

수검(搜檢) 동 금제품(禁制品) 따위를 수색하여 검사하다. 뒤져가며 검사하다. ≪朴諺, 下, 29ㅈ≫元寶(集覽, 朴集, 下, 5ㅎ: 元寶. 南村輟耕錄云, 至元十三年, 元兵平宋, 回至楊(揚)州, 丞相伯顔號令搜撿(檢)將士行李, 所得撒花銀子, 銷鑄作錠, 每五十兩爲一錠, 歸朝獻〈献〉納.)我有半錠了, 元寶ㅣ 내게 반 뎡이 이시니.

수검(搜撿) 동 수검(搜檢). '撿'은 '檢'의 잘못. ≪朴諺, 下, 29ㅈ≫元寶(集覽, 朴集, 下, 5ㅎ: 元寶. 南村輟耕錄云, 至元十三年, 元兵平宋, 回至楊(揚)州, 丞相伯顔號

令搜撿(檢)將士行李, 所得撒花銀子, 銷鑄作錠, 每五十兩爲一錠, 歸朝獻〈献〉納.)我有半錠了, 元寶ㅣ 내게 반 뎡이 이시니.

수고(受苦) 동 일을 하느라고 힘을 들이고 애를 쓰다. ⇔수고ᄒᆞ다(受苦-). ≪朴諺, 下, 14ㅎ≫你伴當們其實受苦, 너희 伴當들히 실로 受苦ᄒᆞᄂᆞᆫ또다. ≪朴諺, 下, 15ㅈ≫這般受苦來, 이리 受苦ᄒᆞ여. ≪朴諺, 下, 60ㅈ≫願主公用心救百姓受苦, 願컨대 主公은 用心ᄒᆞ야 百姓의 受苦호믈 救ᄒᆞ쇼셔.

수고ᄒᆞ다(受苦-) 동 일을 하느라고 힘을 들이고 애를 쓰다. ⇔수고(受苦). ≪朴諺, 下, 14ㅎ≫你伴當們其實受苦, 너희 伴當들히 실로 受苦ᄒᆞᄂᆞᆫ또다. ≪朴諺, 下, 15ㅈ≫這般受苦來, 이리 受苦ᄒᆞ여. ≪朴諺, 下, 60ㅈ≫願主公用心救百姓受苦, 願컨대 主公은 用心ᄒᆞ야 百姓의 受苦호믈 救ᄒᆞ쇼셔.

수관(水官) 명 도관(道觀)에서 받들어 모시는 세 신관(神官)의 하나. ≪朴諺, 下, 49ㅈ≫好女不看燈(集覽, 朴集, 下, 11ㅈ: 好女不看燈. 宣和遺事云, 天官好樂, 地官好人, 水官好燈.), 好女ᄂᆞᆫ 看燈 아니ᄒᆞᆫ다 ᄒᆞᄂᆞ니라.

수관(水罐) 명 먼 길을 갈 때 행장으로 꾸리던, 뚜껑과 끈이 있는 물병. ≪朴諺, 下, 38ㅎ≫銀栲栳交椅, 銀栲栳 交椅와. 銀盆, 銀盆과. 水罐, 水罐과. 金瓜, 金瓜와. 古朶, 보리알과. 金鐙, 金鐙과. 鉞斧, 鉞斧와.

수구(袖口) 명 소맷부리. ≪朴諺, 上, 25ㅈ≫刺(刺)通袖膝欄(集覽, 朴集, 上, 8ㅎ: 刺通袖膝欄. 元時好着此衣, 前後具胷背, 又連肩而通袖之脊, 至袖口爲紋, 當膝周圍亦爲紋如欄干, 然織成段匹爲衣者有之, 或皮或帛, 用綵線周遭回曲爲緣, 如花樣, 刺〈刺〉爲草樹〈尌〉·禽獸·山川·宮殿之文於〈紋於〉其內, 備極奇巧, 皆用團領着之, 其直甚高.)羅帖裏上, ᄉᆞ매 ᄆᆞᄅᆞ 내 치질ᄒᆞ고 膝欄ᄒᆞᆫ 羅 텰릭에.

수구(搜求) 동 수색하여 찾다. ≪朴諺, 上, 39ㅈ≫狗有濺草之恩, 개ᄂᆞᆫ 濺草ᄒᆞᆫ 恩이 잇고. 馬有垂繮之報(集覽, 朴集, 上, 11ㅈ: 馬有垂繮之報. 漢高祖與項王會鴻門, 舞劒事急, 謀脫. 匹〈疋〉馬南行, 道傍有一眢井, 馬到井邊不肯行. 漢王恐追者至, 下馬入井. 項王追至井傍, 見馬跡至井而止, 謂漢王在井, 令人下井搜求. 見井口有蜘蛛罩網, 鵓鴿一雙出井飛去, 謂無人在中, 項王還壁. 翌日, 其馬到井垂繮, 漢王執之而出.), ᄆᆞᆯ은 垂繮ᄒᆞᆫ 報ㅣ 잇다 ᄒᆞ니라.

수구(綉紐) 동 수구(繡紐). '綉'는 '繡'와 같다. ≪朴諺, 上, 43ㅈ≫不要紙金要五錢皮金(集覽, 朴集, 上, 12ㅎ: 皮金. 未詳. 質問云, 以厚紙上貼金, 女人粧〈綉〉紐之用. 又云, 將金搥打如紙張之薄, 方言爲之皮金.), 紙金으란 말고 닷 돈 皮金을 ᄒᆞ고.

수구(漱口) 동 양치질하다. 입을 가시다. ⇔양지질ᄒᆞ다. ≪朴諺, 下, 2ㅈ≫拿些水來我漱口, 져기 믈 가져오라 내 양지질ᄒᆞ쟈.

수구(繡紐) 동 단추를 아름답게 꾸미다. ≪朴諺, 上, 43ㅈ≫不要紙金要五錢皮金(集覽, 朴集, 上, 12ㅎ: 皮金. 未詳. 質問云, 以厚紙上貼金, 女人粧〈綉〉紐之用. 又云, 將金搥打如紙張之薄, 方言爲之皮金.), 紙金으란 말고 닷 돈 皮金을 ᄒᆞ고.

수국(水國) 명 강이나 호수 따위가 많거나 바다로 둘러싸인 나라를 비유하여 이르는 말. ≪朴諺, 下, 50ㅎ≫潛入這水國魚邦, 이 水國 魚邦에 潛入ᄒᆞ여.

수군장군(水軍將軍) 명 수군을 거느리어 지휘하는 장군. ≪朴諺, 下, 59ㅎ≫陞做水軍將軍波珍餐侍中, 陞ᄒᆞ여 水軍將軍 波珍餐 侍中을 ᄒᆞ엿더니라.

수궁(守宮) 명 도마뱀붙잇과의 하나. 도마뱀과 비슷한데 몸의 길이는 12cm 정도이며, 야행성으로 주로 인가 가까이 살며 작은 소리로 운다. 음력 5월 5일에 잡아 주사(朱砂)를 먹여 기른 뒤, 다음해 단오(端午)에 짓찧어 궁녀의 팔뚝에 바르면,

성교를 하기 전에는 그 흔적이 지워지지 않는다 하여 붙여진 이름이다. ≪朴諺, 下, 29ㅈ≫你打饋我一箇立鼈兒, 네 날을 훈 立鼈兒와. 一箇蝦蟆·鼈兒和蝎虎(集覽, 朴集, 下, 5ㅈ: 蠍〈蝎〉虎. 蠑蚖·蜥蜴·蝘蜓·守宮, 一物而四名. 在壁曰守宮, 在草曰蜥蜴. 守宮卽蠍〈蝎〉虎也. 褐色四足, 偃伏壁間, 名蝘蜓, 亦曰守宮.)盞兒, 훈 蝦蟆鼈兒와 蝎虎盞을 민드라 주고려.

수근(水芹) 명 미나리. ⇔미나리. ≪朴諺, 中, 34ㅈ≫水芹田也脩理的好着, 미나리 밧도 脩理ᄒᆞ기를 잘ᄒᆞ라. ≪朴諺, 中, 55ㅎ≫這房子水芹田近, 이 집이 미나리밧티 갓가오니.

수근전(水芹田) 명 미나리꽝. ❶⇔미나리밧. ≪朴諺, 中, 34ㅈ≫水芹田也脩理的好着, 미나리밧도 脩理ᄒᆞ기를 잘ᄒᆞ라. ❷⇔미나리밧ㅌ. ≪朴諺, 中, 55ㅎ≫這房子水芹田近, 이 집이 미나리밧티 갓가오니.

수금(瘦禽) 동 새도 피로하여 여위다. 또는 그런 새. ≪朴諺, 下, 3ㅎ≫十萬八千里途程, 十萬 八千里 길히니. 正是瘦禽也飛不到, 졍히 瘦禽도 ᄂᆞ라가디 못ᄒᆞ고. 壯馬也實勞蹄, 壯馬도 진실로 勞蹄ᄒᆞ리니.

수기(手記) 명 가락지의 다른 이름. 후비(后妃)나 군첩(群妾)이 임금을 모실 때 표지로서 가락지를 끼었기 때문에 일컫는 말이다. ≪朴諺, 上, 20ㅈ≫一對窟嵌的金戒指兒(集覽, 朴集, 上, 7ㅎ: 窟嵌戒指. 今按, 窟嵌者, 指環之背剜空爲穴, 用珠塡穴爲飾. 總龜〈亀〉云, 亦名手記, 所飾玉石呼爲戒指面.), 훈 빵 날박은 금가락지.

수놓다(綉-) 동 수놓다(繡-). '綉'는 '繡'와 같다. ≪朴諺, 上, 63ㅈ≫我的串香褐通袖膝欄五彩綉帖裏, 내 팀향빗체 通袖 膝欄ᄒᆞ고 五彩로 綉노흔 텰릭과.

수놓다(繡-) 동 수(繡)놓다. ⇔수(繡). ≪朴諺, 上, 25ㅎ≫鴉青繡四花織金羅搭護, 鴉靑빗치 四花를 繡노코 織金훈 羅 더그레오. ≪朴諺, 上, 63ㅈ≫我的串香褐通袖膝欄五彩綉帖裏, 내 팀향빗체 通袖 膝欄ᄒᆞ고 五彩로 綉노흔 텰릭과.

수니(隨你) 부 너의 마음대로. ≪集覽, 字解, 單字解, 5ㅈ≫隨. 從也. 隨你 네 ᄆᆞᅀᆞ모로, 隨喜 구경ᄒᆞ다, 隨從 조ᄎᆞ니. 吏語, 根隨 좃다.

수다라(修多羅) 명 〈불〉 경전(經典). 인도(印度)에서 책을 꿰맬 때 여러 겹의 실을 꼬아서 사용하였기 때문에, 전의되어 경전(經典)의 뜻으로 쓰인다. ≪朴諺, 下, 3ㅈ≫往常唐三藏(集覽, 朴集, 下, 1ㅈ: 唐三藏法師〈三蔵〉. 三藏, 經一藏, 律一藏, 論一藏. 曰脩多羅, 卽阿難聖衆結集爲經. 曰毗奈耶, 一曰毗尼, 卽優波尊者結集爲律. 曰阿毗曇, 卽諸大菩薩衍而爲論.)師傅, 뎌적의 唐ㅅ 三藏 師傅ㅣ.

수다라(脩多羅) 명 수다라(修多羅). '脩'는 '修'와 같다. ≪朴諺, 下, 3ㅈ≫往常唐三藏(集覽, 朴集, 下, 1ㅈ: 唐三藏法師〈三蔵〉. 三藏, 經一藏, 律一藏, 論一藏. 曰脩多羅, 卽阿難聖衆結集爲經. 曰毗奈耶, 一曰毗尼, 卽優波尊者結集爲律. 曰阿毗曇, 卽諸大菩薩衍而爲論.)師傅, 뎌적의 唐ㅅ 三藏 師傅ㅣ.

수도(修道) 명 〈불〉 삼도(三道)의 둘째 단계. 감정이나 의지로부터 일어나는 온갖 번뇌의 속박에서 벗어나기 위하여 되풀이해서 수행하는 단계이다. ≪朴諺, 下, 4ㅈ≫正是好人魔障(集覽, 朴集, 下, 1ㅎ: 魔障. 飜譯名義云, 梵語魔, 此云障也, 能爲修道作障碍.)多, 졍히 됴흔 사ᄅᆞᆷ은 魔障이 만흐니라. ≪朴諺, 下, 42ㅈ≫黑夜道場(集覽, 朴集, 下, 9ㅈ: 道場. 反(飜)譯名義云, 修道之場, 僧寺或名道場. 隋煬帝勑天下寺院皆名道場.)裡你有來麽, 밤의 道場에 네 잇든다.

수두(獸頭) 명 잡상(雜像). (궁전이나 전각의 지붕 위 네 귀에 여러 가지 신상(神像)을 새겨 얹는 장식 기와) ≪朴諺, 上, 60ㅎ≫兩角獸頭都是青瑠璃, 두 모헤 獸頭는 다 靑瑠璃오.

수디새 명 수키와. ⇔통와(筒瓦). ≪朴諺, 上, 60ㅎ≫盖的都是龍鳳凹面花頭·筒瓦和仰瓦, 녠 거슨 다 龍鳳을 우묵겨 면 돗게 흔 막새와 수디새와 암디새오.

수라복(水蘿蔔) 명 즙이 많은 무의 한 가지. ⇔믈한댓무우. ≪朴諺, 中, 33ㅎ≫蘿蔔, 댓무우. 蔓菁, 쉿무우. 萵苣, 부로. 葵菜, 아혹. 白菜, 빅치. 赤根菜, 시근치. 園荽, 고싀. 蓼子, 역괴. 葱, 파. 蒜, 마늘. 韮, 부치. 荊芥, 형개. 薄荷, 박하. 茼蒿, 믈쑥. 水蘿蔔, 믈한댓무우. 胡蘿蔔, 노론댓무우. 芋頭, 토란. 紫蘇都種來, 紫蘇를 다 시므라.

수락(數落) 동 헤아리다. 또는 (잘못을 하나하나) 열거하며 꾸짖다. 일일이 따지며 질책하다. ⇔헤다. ≪集覽, 字解, 單字解, 7ㅎ≫落. 落了 디다. 又院落 뜰. 又落下 떠디우다. 又數落了罪過 죄목 헤다. 又吏語, 下落 간 곧, 又發落 공수 굶내다.

수래(修來) 동 미래의 선행을 닦다. ⇔수래ᄒᆞ다(修來-). ≪朴諺, 下, 10ㅈ≫改往修來着, 改往 修來ᄒᆞ라.

수래ᄒᆞ다(修來-) 동 미래의 선행을 닦다. ⇔수래(修來). ≪朴諺, 下, 10ㅈ≫改往修來着, 改往 修來ᄒᆞ라.

수렴동(水簾洞) 명 중국의 소설 서유기(西遊記)에 나오는, 화과산(花菓山) 아래에 있으며 폭포수에 가려져 있는 동굴 이름. ≪朴諺, 下, 17ㅈ≫唐三藏引孫行者(集覽, 朴集, 下, 4ㅈ: 孫行者. 西遊記云, 西域有花菓山, 山下有水簾洞, 洞前有鐵板橋, 橋下有萬丈澗, 澗邊有萬箇小洞, 洞裏多猴. 有老猴精, 號齊天大聖, 神通廣大, 入天宮仙桃園偷蟠桃, 又偷老君靈丹藥, 又去王母宮偷王母綉仙衣一套, 來設慶仙衣會.), 唐三藏이 孫行者를 ᄃᆞ리고.

수령관(首領官) 명 종인부(宗人府)의 경력(經歷)이나 육부(六部)의 주사(主事)를 이르던 말. ≪朴諺, 中, 46ㅈ≫你却不道首領官(集覽, 朴集, 中, 8ㅈ: 首領官. 今宗人府經歷爲首領官, 六部主事爲首領官之類, 然未詳取義. 但各衙門有首領官, 如有司之任, 主出納一司公事.)署了卷廳上不曾押裏, 네 또 首領官은 권에 일홈두고 廳上이 일즙 슈례두디 아녓다 니ᄅᆞ디 아니ᄒᆞ던다.

수로아(水老鴉) 명 가마우지. ⇔가마오디. ≪朴諺, 上, 62ㅈ≫河邉兒窺魚的是無數目的水老鴉, 믈ᄼᄀᆡ의 고기 엿는 거슨 이 수 업슨 가마오디오.

수리(修理) 동 수리하다. 고치다. ⇔수리ᄒᆞ다(修理-). ≪朴諺, 中, 11ㅈ≫怎麽還不曾修理車輛, 엇디 당시롱 일즙 車輛을 修理티 아니ᄒᆞ엿ᄂᆞ뇨. ≪朴諺, 中, 34ㅈ≫水芹田也脩理的好着, 미나리밧도 脩理ᄒᆞ기를 잘ᄒᆞ라. ≪朴諺, 中, 34ㅎ≫那厮把菜園脩理的好着, 뎌 놈아 菜園을다가 脩理ᄒᆞ기를 잘ᄒᆞ고.

수리(脩理) 동 수리(修理). '脩'는 '修'와 같다. ≪朴諺, 中, 34ㅈ≫水芹田也脩理的好着, 미나리밧도 脩理ᄒᆞ기를 잘ᄒᆞ라. ≪朴諺, 中, 34ㅎ≫那厮把菜園脩理的好着, 뎌 놈아 菜園을다가 脩理ᄒᆞ기를 잘ᄒᆞ고.

수리ᄒᆞ다(修理-) 동 수리하다. 고치다. ⇔수리(修理). ≪朴諺, 中, 11ㅈ≫怎麽還不曾修理車輛, 엇디 당시롱 일즙 車輛을 修理티 아니ᄒᆞ엿ᄂᆞ뇨. ≪朴諺, 中, 34ㅈ≫水芹田也脩理的好着, 미나리밧도 脩理ᄒᆞ기를 잘ᄒᆞ라. ≪朴諺, 中, 34ㅎ≫那厮把菜園脩理的好着, 뎌 놈아 菜園을다가 脩理ᄒᆞ기를 잘ᄒᆞ고.

수면(水面) 명 물. 수면. ⇔믈. ≪朴諺, 上, 61ㅎ≫閣前水面上, 집 앒 믈 우희.

수목 명 수목(數目). 수효. 낱낱의 수효. ⇔수목(數目). ≪朴諺, 下, 30ㅎ≫有甚麽數目, 언머 수목이 잇더뇨.

수목(數目) 명 수효. 낱낱의 수. ❶⇔수. ≪朴諺, 上, 62ㅈ≫河邉兒窺魚的是無數目的水老鴉, 믈ᄼᄀᆡ의 고기 엿는 거슨 이 수 업슨 가마오디오. ≪朴諺, 下, 43ㅎ≫有甚麽數目, 므슴 數目이 이시리오. ❷⇔수목. ≪朴諺, 下, 30ㅎ≫有甚麽數目, 언머 수목이 잇더뇨.

수목(樹木) 명 나무. ⇔남ㄱ. ≪朴諺, 中, 32ㅈ≫松栢·檜栗諸雜樹木上, 松栢·檜栗 여러 가짓 남게.

수문(水門) 명 저수지에 설치하여 수량(水量)을 조절하는 문. ≪朴諺, 上, 9ㅎ≫把水門都衝壞了, 水門을다가 다 딜러 해야 ㅂ리고.

수문(隨問) 동 묻고 그대로 따르다. ⇔수문ᄒᆞ다(隨問-). ≪朴諺, 中, 10ㅈ≫隨問到本都在城某坊住某官人處賣與, 隨問ᄒᆞ야 本都 잣 안 아므 坊에셔 사ᄂᆞᆫ 아므 官人 의손ᄃᆡ 가 ᄑᆞ라 주되. ≪朴諺, 中, 38ㅎ≫隨問到本坊住人沈元處, 隨問ᄒᆞ여 本坊에 사ᄂᆞᆫ 사ᄅᆞᆷ 沈元의손ᄃᆡ 가.

수문ᄒᆞ다(隨問-) 동 묻고 그대로 따르다. ⇔수문(隨問). ≪朴諺, 中, 10ㅈ≫隨問到本都在城某坊住某官人處賣與, 隨問ᄒᆞ야 本都 잣 안 아므 坊에셔 사ᄂᆞᆫ 아므 官人 의손ᄃᆡ 가 ᄑᆞ라 주되. ≪朴諺, 中, 38ㅎ≫隨問到本坊住人沈元處, 隨問ᄒᆞ여 本坊에 사ᄂᆞᆫ 사ᄅᆞᆷ 沈元의손ᄃᆡ 가.

수뭇져기 명 숨바꼭질. ⇔장장매매(藏藏味味). ≪朴諺, 上, 17ㅎ≫一夏裏藏藏味味, ᄒᆞᆫ 녀름은 수뭇져기 ᄒᆞᄂᆞ니라.

수반(水飯) 명 죽(粥). ≪朴諺, 中, 6ㅎ≫做乾飯那水飯, 乾飯을 지으랴 水飯을 지으랴.

수별면(水撇麵) 명 수제비의 한 가지. 밀가루 반죽을 작고 동글납작하게 만들어 익힌 뒤, 수유(酥油)에 볶은 양고기와 함께 시고 달콤한 맛이 나는 탕(湯)에 넣어 대꼬챙이로 찍어 먹는다. ≪朴諺, 中, 6ㅎ≫撇些禿禿麽思(集覽, 朴集, 中, 1ㅎ: 禿禿麽思. 一名手撇麪〈麵〉, 卽本國ᄆᆡ역져비.), 적이 ᄆᆡ역져비 쓰고.

수병(饊餠) 명 떡의 한 가지. 밀가루를 기름과 반죽하여 조그맣게 떼어낸 뒤 떡살로 눌러 익혀 만든다. 차를 마실 때 함께 먹는다. ≪朴諺, 上, 1ㅎ≫着李四買果子·拖爐·隨食(集覽, 朴集, 上, 1ㅈ: 隨食. 音義云, 與拖爐相似. 質問云, 以麥麵和油作小餠, 喫茶時食之, 取其香酥也. 原本用隨字, 故反(飜)譯亦用隨字, 俗音:취, 今更質之, 字作饊, 宜從:쉬音讀, 今俗亦曰饊餠.)去, 李四로 ᄒᆞ여 과실과 拖爐·隨食을 사라 가게 ᄒᆞ라.

수보리(須菩提) 명 〈불〉 불도(佛道)가 높고 출가한 기간이 오랜 중. ≪朴諺, 下, 2ㅎ≫長老(集覽, 朴集, 下, 1ㅈ: 長老. 僧有智德可尊者曰長老. 又道高臘長呼爲須菩提, 亦曰長老.)的佛像鑄了麽, 長老ㅣ아 佛像을 디윗ᄂᆞ다.

수복(繡腹) 명 수를 놓은 듯 아름다운 마음이란 뜻으로, 문장이 화려함을 비유하는 말. ≪朴諺, 下, 50ㅎ≫挽我這錦心繡腹, 내 이 錦心 繡腹을 ᄡᅳ으고.

수봉(修奉) 동 보수(補修)하고 제사를 지내다. ≪朴諺, 下, 18ㅎ≫做羅天大醮(集覽, 朴集, 下, 4ㅎ: 大醮. 上元金籙齋, 帝王修奉, 設普天大醮.), 羅天大醮ᄅᆞᆯ ᄒᆞ더니.

수사아(手絲兒) 명 십성(十成). 금은(金銀)의 품질을 10등분한 가운데 제1등. 곧, 순도가 10할인 금은. ≪朴諺, 上, 30ㅈ≫我的都是細絲官銀(集覽, 朴集, 上, 9ㅎ: 細絲官銀. 銀十品曰十成, 曰足色, 曰成色, 曰細絲, 曰手絲兒, 曰吹螺, 曰白銀. 九品曰九成, 曰青絲. 八品曰八成. 總稱〈総称〉元寶〈宝〉. 元寶釋見下.), 내 하ᄂᆞᆫ 다 이 細絲官銀이라.

수살(愁殺) 동 근심하다. 또는 못 견디게 걱정되다. 근심으로 애가 타다. ⇔근심ᄒᆞ다. ≪集覽, 字解, 單字解, 6ㅈ≫殺. 氣殺我 애ᄃᆞᆯ와 셜웨라, 猶言以此而可至於死也. 又愁殺人 사ᄅᆞᄆᆞᆯ ᄀᆞ장 근심ᄒᆞ야 셟게 ᄒᆞ다. 又廝殺 싸호다. 又助語辭. 最深殺 ᄀᆞ장 깁다. ≪朴諺, 上, 48ㅎ≫出外時端的是愁殺人, 밧긔 나가면 졍히 사ᄅᆞᆷ을 근심케 ᄒᆞᄂᆞ니. ≪朴諺, 上, 48ㅎ≫家貧不是貧路貧愁殺(集覽, 朴集, 上, 13ㅈ: 愁殺人. 謂人有愁之甚而可至於死, 甚言其愁之極也.)人, 家貧은 이 貧이 아니오 路

貧이아 사름을 근심케 ᄒᆞᄂᆞ니라.

수선(水線) 명 시침질에 쓰는 실. ⇔스츰이 실. ≪朴諺, 中, 54ㅎ≫且將那水線來都引了着, 아직 뎌 스츰이 실 가져다가 스츠라. ≪譯語類解, 下, 裁縫≫水線, 스침 실.

수선(修善) 동 선행을 쌓거나 올바르게 행동하다. ≪朴諺, 上, 28ㅎ≫這的都是前世裏修善積福來, 이 다 前世예 修善 積福ᄒᆞ여시매. ≪朴諺, 下, 4ㅎ≫久後你也得證果金身(集覽, 朴集, 下, 1ㅎ: 證果金身. 言果報者, 觀經疏云, 行眞實法感得勝報也. 又修善得善果, 作惡得惡報, 謂之果報.), 오란 후에 너도 證果金身홈을 어드리라.

수성(水聲) 명 물이 흐르거나 부딪히거나 하여 나는 소리. ≪朴諺, 下, 50ㅎ≫對着這水聲·山色·淡烟, 이 水聲·山色·淡煙을 對ᄒᆞ고.

수세(收稅) 동 세금을 거두어 들이다. ≪朴諺, 上, 29ㅈ≫店(集覽, 朴集, 上, 9ㅎ: 店. 停物貨賣之舍, 客商〈商〉往來者多寓之. 官所營建收稅者曰官店.)裏買獐皮去來, 店에 獐皮 사라 가쟈.

수세외 명 수세미외. ⇔초과(稍瓜). ≪朴諺, 中, 34ㅎ≫種些冬瓜, 동화. 西瓜, 슈박. 甜瓜, 참외. 揷葫, ᄌᆞᄅᆞ박. 稍瓜, 수세외. 黃瓜, 외. 茄子, 가지를 시므라.

수소병(酥燒餠) 명 수유(酥油)를 넣어 만든 소병(燒餠). ≪朴諺, 下, 33ㅈ≫酥燒餠(集覽, 朴集, 下, 7ㅈ: 酥燒餠. 質問云, 以麥麵〈麺〉用酥油調和作成餠子, 烙熟最酥, 方言謂之酥燒餠.), 酥油 녀흔 쇼병과.

수수(垂垂) 동 연이어지다. 또는 그런 모양. ⇔수수ᄒᆞ다(垂垂-). ≪朴諺, 中, 32ㅈ≫有累累垂垂石, 累累 垂垂ᄒᆞᆫ 돌히 이시며.

수수ᄒᆞ다(垂垂-) 동 연이어지다. 또는 그런 모양. ⇔수수(垂垂). ≪朴諺, 中, 32ㅈ≫有累累垂垂石, 累累 垂垂ᄒᆞᆫ 돌히 이시며.

수습(收拾) 동 ❶간수하다. 수습하다. 서릊다. ⇔간슈ᄒᆞ다. ≪集覽, 字解, 累字解, 1ㅈ≫收拾. 간슈ᄒᆞ다. 又설엇다. 又거두다. ❷거두다. ⇔거두다. ≪集覽, 字解, 累字解, 1ㅈ≫收拾. 간슈ᄒᆞ다. 又설엇다. 又거두다. ❸서릊다. 정리하다. 정돈하다. ⇔설엇다. ≪集覽, 字解, 累字解, 1ㅈ≫收拾. 간슈ᄒᆞ다. 又설엇다. 又거두다.

수습(收拾) 동 거두어 정리하다. 정돈하다. ❶⇔수습ᄒᆞ다(收拾-). ≪朴諺, 中, 11ㅎ≫都收拾下着, 다 收拾ᄒᆞ여 두라. ≪朴諺, 中, 15ㅎ≫那般不小心收拾身己, 뎌리 小心ᄒᆞ여 몸을 收拾디 아니홈애. ≪朴諺, 中, 19ㅎ≫收拾車輛, 술위를 收拾ᄒᆞ여. ≪朴諺, 中, 33ㅎ≫麻骨一邊收拾下着用着, 삼대를 ᄒᆞᆫ 편에 收拾ᄒᆞ여 두라 ᄡᅳ쟈. ≪朴諺, 中, 44ㅈ≫這客位收拾的好不整齊, 이 客位 收拾기를 ᄀᆞ장 정제히 못ᄒᆞ여시니. ≪朴諺, 中, 45ㅈ≫這般收拾的整齊時不好那, 이리 收拾ᄒᆞ기를 정제히 ᄒᆞ면 됴티 아니ᄒᆞ랴. ≪朴諺, 下, 1ㅈ≫一夏裡不曾好生收拾, ᄒᆞᆫ 녀름을 일즙 ᄀᆞ장 收拾디 못ᄒᆞ니. ≪朴諺, 下, 1ㅎ≫比及晌午剉正熱時分收拾, 낫계어 졍히 더울 ᄣᅢ예 미처 收拾ᄒᆞ여. ❺⇔슈습ᄒᆞ다. ≪朴諺, 中, 48ㅎ≫不用心收拾時怪你, 용심ᄒᆞ여 슈습디 아니ᄒᆞ면 너를 허믈ᄒᆞ리라.

수습ᄒᆞ다(收拾-) 동 거두어 정리하다. 정돈하다. ⇔수습(收拾). ≪朴諺, 中, 11ㅎ≫都收拾下着, 다 收拾ᄒᆞ여 두라. ≪朴諺, 中, 15ㅎ≫那般不小心收拾身己, 뎌리 小心ᄒᆞ여 몸을 收拾디 아니홈애. ≪朴諺, 中, 19ㅎ≫收拾車輛, 술위를 收拾ᄒᆞ여. ≪朴諺, 中, 33ㅎ≫麻骨一邊收拾下着用着, 삼대를 ᄒᆞᆫ 편에 收拾ᄒᆞ여 두라 ᄡᅳ쟈. ≪朴諺, 中, 44ㅈ≫這客位收拾的好不整齊, 이 客位 收拾기를 ᄀᆞ장 정제히 못ᄒᆞ여시니. ≪朴諺, 中, 45ㅈ≫這般收拾的整齊時不好那, 이리 收拾ᄒᆞ기를 정제히 ᄒᆞ면 됴티 아니ᄒᆞ랴. ≪朴諺, 下, 1ㅈ≫一夏裡不曾好生收拾, ᄒᆞᆫ 녀름을 일즙 ᄀᆞ장 收拾디 못ᄒᆞ니. ≪朴諺, 下, 1ㅎ≫比及晌午剉正熱時分收拾, 낫계어 졍히 더울 ᄣᅢ예

미처 收拾ᄒᆞ여.

수시(須時) 명 잠시. 잠깐. ≪朴諺, 下, 28ㅈ≫先喫甜的金橘蜜煎(集覽, 朴集, 下, 5ㅈ: 蜜煎. 須時復看視, 纔覺蜜酸, 急以新蜜煉熟易之.)·銀杏煎, 몬져 ᄃᆞᆫ 金橘蜜煎과 銀杏煎을 먹어든.

수식(垂飾) 동 매달아서 길게 늘어뜨리다. 또는 그런 물건. ≪朴諺, 下, 42ㅎ≫賃魂車(集覽, 朴集, 下, 9ㅈ: 魂車. 作小腰輿, 以黃絹結爲流蘇垂飾〈餙〉, 如本國結彩之施, 以貯魂〈魂〉帛, 爲前導.), 魂車와.

수식(垂餙) 동 수식(垂飾). '餙'은 '飾'의 속자. ≪朴諺, 下, 42ㅎ≫賃魂車(集覽, 朴集, 下, 9ㅈ: 魂車. 作小腰輿, 以黃絹結爲流蘇垂飾〈餙〉, 如本國結彩之施, 以貯魂〈魂〉帛, 爲前導.), 魂車와.

수식(修飾) 동 꾸미다. 화장하다. 단장하다. ≪集覽, 字解, 單字解, 7ㅈ≫扮. 修飾也. 裝扮 ᄭᅮ미다, 扮做 ᄭᅮ며 ᄆᆡᆼ그다. 音班, 去聲. ≪朴諺, 中, 31ㅈ≫粧腰大模搽(集覽, 朴集, 中, 7ㅈ: 粧腰大摸〈模〉搽. 質問云, 如人大氣像起來時, 又粧妖氣, 又作大摸〈模〉大搽, 不禮待人, 方言謂氣像大起來時, 粧妖大摸〈模〉搽. 一說, 粧腰猶脩飾〈餙〉也, 一說, 腰大猶言大起像也.), 腰大 模樣을 ᄭᅮ며.

수식(脩飾) 동 수식(修飾). '脩'는 '修'와 같다. ≪朴諺, 中, 31ㅈ≫粧腰大模搽(集覽, 朴集, 中, 7ㅈ: 粧腰大摸〈模〉搽. 質問云, 如人大氣像起來時, 又粧妖氣, 又作大摸〈模〉大搽, 不禮待人, 方言謂氣像大起來時, 粧妖大摸〈模〉搽. 一說, 粧腰猶脩飾〈餙〉也, 一說, 腰大猶言大起像也.), 腰大 模樣을 ᄭᅮ며.

수식(修餙) 동 수식(修飾). '餙'은 '飾'의 속자. ≪朴諺, 中, 31ㅈ≫粧腰大模搽(集覽, 朴集, 中, 7ㅈ: 粧腰大摸〈模〉搽. 質問云, 如人大氣像起來時, 又粧妖氣, 又作大摸〈模〉大搽, 不禮待人, 方言謂氣像大起來時, 粧妖大摸〈模〉搽. 一說, 粧腰猶脩飾〈餙〉也, 一說, 腰大猶言大起像也.), 腰大 模樣을 ᄭᅮ며.

수식(隨食) 명 떡의 한 가지. 밀가루를 기름과 반죽하여 조그맣게 떼어낸 뒤 떡살로 눌러 익혀 만든다. 차를 마실 때 함께 먹는다. ≪朴諺, 上, 1ㅎ≫着李四買果子·拖爐·隨食(集覽, 朴集, 上, 1ㅈ: 隨食. 音義云, 與拖爐相似. 質問云, 以麥麵和油作小餅, 喫茶時食之, 取其香酥也. 原本用隨字, 故反(飜)譯亦用隨字, 俗音:쉬, 今更質之, 字作饊, 宜從:쉬音讀, 今俗亦曰饊餅.)去, 李四로 ᄒᆞ여 과실과 拖爐·隨食을 사라 가게 ᄒᆞ라.

수신(修身) 동 마음과 행실을 바르게 되도록 심신을 닦아 수양하다. ≪朴諺, 中, 25ㅎ≫可知那厮使長的大帽(集覽, 朴集, 中, 6ㅎ: 大帽. 南村輟耕錄云, 胡石塘先生嘗應聘入京, 世皇召見於〈於〉便殿, 趍(趨)進, 不覺笠子欹側. 上問曰, 秀才何學. 對曰, 脩身齊家治國平天下之學. 上咲〈笑〉曰, 自家笠子尙不端正, 又能平天下耶.)也做裏, 그리어니 뎌 놈이 使長의 큰갓도 ᄆᆡᆫᄃᆞ니.

수신(脩身) 동 수신(修身). '脩'는 '修'와 같다. ≪朴諺, 中, 25ㅎ≫可知那厮使長的大帽(集覽, 朴集, 中, 6ㅎ: 大帽. 南村輟耕錄云, 胡石塘先生嘗應聘入京, 世皇召見於〈於〉便殿, 趍(趨)進, 不覺笠子欹側. 上問曰, 秀才何學. 對曰, 脩身齊家治國平天下之學. 上咲〈笑〉曰, 自家笠子尙不端正, 又能平天下耶.)也做裏, 그리어니 뎌 놈이 使長의 큰갓도 ᄆᆡᆫᄃᆞ니.

수신제가(修身齊家) 동 수신(修身)하고 집안을 잘 다스려 바로잡다. ≪朴諺, 中, 25ㅎ≫可知那厮使長的大帽(集覽, 朴集, 中, 6ㅎ: 大帽. 南村輟耕錄云, 胡石塘先生嘗應聘入京, 世皇召見於〈於〉便殿, 趍(趨)進, 不覺笠子欹側. 上問曰, 秀才何學. 對曰, 脩身齊家治國平天下之學. 上咲〈笑〉曰, 自家笠子尙不端正, 又能平天下耶.)也做裏, 그리어니 뎌 놈이 使長의 큰갓도 ᄆᆡᆫᄃᆞ니.

수심(手心) 명 손바닥. ⇔손바당. ≪朴諺, 上, 45ㅈ≫手心上打三戒方, 손바당을 세 번 젼반으로 티└니라.

수아(穗兒) 명 삭모(槊毛). ⇔딜채. ≪朴諺, 上, 27ㅈ≫鞦皮穗兒鞦根都是斜皮的, 쥬피 딜채와 군더귀를 다 이 斜皮로 ᄒᆞ엿고.

수양(垂楊) 명 수양버들. ≪朴諺, 中, 23ㅈ≫眉秀垂楊(集覽, 朴集, 中, 6ㅈ: 眉秀垂楊. 佛十相, 有眉細垂楊相.), 눈섭은 垂楊이 빼여난 ᄃᆞᆺᄒᆞ도다.

수양제(隋煬帝) 명 수(隋)나라 양광(楊廣)의 시호(謚號). ≪朴諺, 下, 42ㅈ≫黑夜道場(集覽, 朴集, 下, 9ㅈ: 道場. 反(飜)譯名義云, 修道之場, 僧寺或名道場. 隋煬帝勑天下寺院皆名道場.)裡你有來麽, 밤의 道場에 네 잇든다.

수없다 형 수(數)없다. ⇔무계산(無計算). ≪朴諺, 上, 42ㅈ≫無計筭的錢粮, 수업슨 쳔량이니.

수연(雖然) 부 비록. 비록 …일지라도(하지만). 설령 …일지라도. ⇔비록. ≪朴諺, 上, 2ㅈ≫酒京城槽房雖然多, 술은 京城에 술집이 비록 만ᄒᆞ나. ≪朴諺, 中, 49ㅎ≫雖然這般, 비록 이러ᄒᆞ나.

수와(水蛙) 명 개구리. ⇔머구리. ≪朴諺, 中, 55ㅎ≫水蛙叫的聒譟, 머구리 울어 짓궨다.

수와(睡臥) 동 자다. 드러누워 잠을 자다. ⇔자다. ≪朴諺, 下, 52ㅈ≫本家人口睡臥, 본집 사름이 자더니.

수우(水牛) 명 물소. ≪朴諺, 下, 34ㅎ≫飛棒杓兒(集覽, 朴集, 下, 7ㅎ: 飛棒杓兒. 質問畫成毬棒, 卽本國武試毬杖之形, 而下云煖木廂柄, 其杓用水牛皮爲之, 以木爲胎.), 飛棒 杓兒와. ≪朴諺, 下, 35ㅈ≫却打花房窩兒(集覽, 朴集, 下, 7ㅎ: 花房窩兒. 但本國龍飛御天歌云, 擊毬之法, 或數人, 或十餘人, 分左右以較勝負. 棒形如匙, 大如掌, 用水牛皮爲之, 以厚竹合而爲柄棒, 皮薄則毬高起, 厚則毬不高起.), 또 花房 굼글 티쟈.

수우피(水牛皮) 명 물소의 가죽. ≪朴諺, 下, 34ㅎ≫飛棒杓兒(集覽, 朴集, 下, 7ㅎ: 飛棒杓兒. 質問畫成毬棒, 卽本國武試毬杖之形, 而下云煖木廂柄, 其杓用水牛皮爲之, 以木爲胎.), 飛棒 杓兒와. ≪朴諺, 下, 35ㅈ≫却打花房窩兒(集覽, 朴集, 下, 7ㅎ: 花房窩兒. 但本國龍飛御天歌云, 擊毬之法, 或數人, 或十餘人, 分左右以較勝負. 棒形如匙, 大如掌, 用水牛皮爲之, 以厚竹合而爲柄棒, 皮薄則毬高起, 厚則毬不高起.), 또 花房 굼글 티쟈.

수유(酥油) 명 소나 양의 젖에서 뽑아낸 지방(脂肪). ≪朴諺, 中, 6ㅎ≫撇些禿禿麽思(集覽, 朴集, 中, 1ㅎ: 禿禿麽思. 劑法如水滑麪〈麵〉, 和圓少彈劑〈剂〉, 冷水浸手掌, 按作小薄餠兒, 下鍋煮熟, 以盤盛, 用酥油炒片羊肉, 加塩炒至焦, 以酸甜湯拌和. 滋味得所, 別硏蒜泥調酪, 任便加減, 使竹簽簽食之.), 젹이 믜역져비 쁘고. ≪朴諺, 下, 33ㅈ≫酥燒餠(集覽, 朴集, 下, 7ㅈ: 酥燒餠. 質問云, 以麥麵〈麺〉用酥油調和作成餠子, 烙熟最酥, 方言謂之酥燒餠.), 酥油 너흔 쇼병과. ≪朴諺, 下, 33ㅈ≫芝麻燒餠, ᄎᆞᆷ깨 므틴 쇼병과. 黃燒餠, 누론 쇼병과. 酥燒餠, 酥油 너흔 쇼병과. 硬麵燒餠都有, 硬麪으로 ᄒᆞᆫ 쇼병이 다 잇다. 燒餠饃子你店裏有麽, 燒餠 粿子 네 뎜에 잇└냐.

수유(須臾) 명 잠깐. 잠시. 편시(片時). ≪朴諺, 上, 4ㅎ≫放象生纏糖(集覽, 朴集, 上, 2ㅈ: 象生纏糖. 音義纏字註云, 用白糖·白芝麻相和, 以火煎熬, 傾入木印內, 須臾凉後, 〈與果實相似也〉.), 生物을 象ᄒᆞ여 ᄆᆡᆫ 沙糖이어나. ≪朴諺, 中, 22ㅎ≫執楊柳於掌內拂病體於輕安(集覽, 朴集, 中, 5ㅎ: 執楊柳於掌內拂病體於輕安. 佛圖澄, 天竺〈竺〉人也. 妙通玄術, 善誦呪, 能役使鬼神. 石勒聞其名, 召試其術, 澄取鉢盛水, 燒香呪之, 須臾, 鉢中生靑蓮花.), 楊柳를 손에 잡아 病體를 輕安ᄒᆞᆫ딕 뻘티고.

수의(獸醫) 명 수의사. ≪朴諺, 上, 38ㅈ≫ 這裏有獸醫(集覽, 朴集, 上, 10ㅎ: 獸醫. 南村輟耕錄云, 世以療馬者曰獸醫, 療牛者曰牛醫. 周禮獸醫註, 獸, 牛馬之屬. 按此則療牛者亦當曰獸醫, 今俗呼療馬者曰馬獸醫.)家麽, 여긔 즘승 고티는 집이 잇ᄂᆞ냐. 那紅橋邉有一箇張獸醫, 뎌 紅橋 ᄭᅩ에 ᄒᆞᆫ 張獸醫ㅣ 이시니.

수장(手掌) 명 손바닥. ≪朴諺, 上, 45ㅈ≫ 手心上打三戒方(集覽, 朴集, 上, 12ㅎ: 戒方. 音義云, 學罰에 티는 것. 質問云, 讀書小兒送入學堂, 師傅教寫字, 不用心寫好字, 師傅拿二尺長·寸半寬·半寸厚的木板條打手掌, 使後日寫好字, 免打手掌, 謂之戒方.), 손바당을 세 번 젼반으로 티ᄂᆞ니라. ≪朴諺, 中, 6ㅎ≫ 撇些禿禿麽思(集覽, 朴集, 中, 1ㅎ: 禿禿麽思. 劑法如水滑麪〈麵〉, 和圓少彈劑〈剂〉, 冷水浸手掌, 按作小薄餅兒, 下鍋煮熟, 以盤盛, 用酥油炒片羊肉, 加塩炒至焦, 以酸甜湯拌和. 滋味得所, 別研蒜泥調酪, 任便加減, 使竹簽簽食之.), 젹이 믜역져비 쓰고.

수장(收掌) 동 간수해 두고 관리하다. ≪朴諺, 上, 16ㅎ≫ 祭了社神(集覽, 朴集, 上, 6ㅈ: 社神. 今制, 每一鄕村之間, 或十五戶或二十戶, 随其所便, 合爲一社. 擇其鄉里之民有義行者一人爲社長, 擇其殷實者一人爲副, 立社倉, 收掌錢穀, 借貸應急.), 社神ᄭᅴ 祭ᄒᆞ여시니.

수재(秀才) 명 선비. 학자. 원·명대(元明代) 이래 서생(書生)이나 독서인(讀書人)을 이르던 말. ≪集覽, 音義≫ 音義云, 舊本內說的[呵]字, 不是常談, 如今秀才和朝官是有說的. ≪集覽, 字解, 單字解, 4ㅈ≫ 怎. 何也. 怎麽 엇디. 字音本合口聲, 或有不從合口聲而讀之者, 則曰젼麽, 呼如指字俗音. 故或書作只字, 又書作則字者有之. 又有呼怎的兩字, 則怎字音즌. 秀才·之士·老成之人, 凡呼合口韻諸字, 或從本音讀之. ≪朴諺, 上, 44ㅎ≫ 是秀才, 이 秀才라. ≪朴諺, 上, 53ㅎ≫ 秀才哥, 秀才 형아. ≪朴諺, 中, 25ㅎ≫ 可知那厮使長的大帽(集覽, 朴集, 中, 6ㅎ: 大帽. 南村輟耕錄云, 胡石塘先生嘗應聘入京, 世皇召見於〈於〉便殿, 趍(趨)進, 不覺笠子欹側. 上問曰, 秀才何學. 對曰, 脩身齊家治國平天下之學. 上咲〈笑〉曰, 自家笠子尙不端正, 又能平天下耶.)也做裏, 그리어니 뎌 놈이 使長의 큰갓도 ᄆᆡᆫᄃᆞ니. ≪朴諺, 下, 50ㅈ≫ 秀才哥, 秀才 형아. ≪朴諺, 下, 56ㅎ≫ 有高麗來的秀才, 高麗로셔 온 秀才 잇다 ᄒᆞ여늘. ≪朴諺, 下, 57ㅈ≫ 先生恰說的秀才在那裡下着裡, 先生이 ᄀᆞᆺ 니ᄅᆞ든 秀才 어ᄃᆡ 브리웟ᄂᆞ뇨. ≪朴諺, 下, 57ㅎ≫ 高麗來的秀才有麽, 高麗로셔 온 秀才 잇ᄂᆞ냐. ≪朴諺, 下, 62ㅈ≫ 咱秀才家, 우리 秀才ㅅ 집이.

수적(水賊) 명 해적(海賊). ≪朴諺, 中, 13ㅈ≫ 聽的今年水賊廣, 드르니 올히 水賊이 흔타 ᄒᆞ니.

수절(守莭) 동 수절(守節). '莭'은 '節'의 속자. ≪朴諺, 下, 60ㅈ≫ 娘子柳氏(集覽, 朴集, 下, 12ㅎ: 娘子柳氏〈柳氏〉. 太祖到其家, 天弓饗之甚欸, 以女薦寢. 旣去, 絶不往來, 女守節〈莭〉爲尼.)出來說道, 娘子柳氏ㅣ 나와 닐오ᄃᆡ.

수절(守節) 동 정절(貞節)을 지키다. ≪朴諺, 下, 60ㅈ≫ 娘子柳氏(集覽, 朴集, 下, 12ㅎ: 娘子柳氏〈柳氏〉. 太祖到其家, 天弓饗之甚欸, 以女薦寢. 旣去, 絶不往來, 女守節〈莭〉爲尼.)出來說道, 娘子 柳氏ㅣ 나와 닐오ᄃᆡ.

수정각아(水精角兒) 명 콩가루 따위를 반죽하여 얇은 반대기를 만들고, 양고기·파·생강과 양념을 버무린 소를 싼 뒤 물에 익혀 만든 음식. ≪朴諺, 下, 32ㅈ≫ 水精角兒(集覽, 朴集, 下, 6ㅈ: 水精角兒. 飮饌正要云, 羊肉·羊脂·羊尾子·生葱·陳皮·生薑, 各細切, 入細料物, 塩醬拌匀爲餡. 用豆粉作皮包之, 水煮供食. 又居家必用云, 皮用白麪於滾湯攪作稠糊, 於冷水浸, 以豆粉和搜作劑, 打作皮, 包餡上

籠, 緊火蒸熟, 洒兩次水, 方可下竈, 臨供時再洒些水便供.), 水精角兒과.

수조(水鳥) 명 물새. ≪朴諺, 上, 59ㅎ≫揮使你曾到西湖(集覽, 朴集, 上, 15ㅈ: 西湖. 在玉泉山下, 泉水瀦而爲湖, 流入宮中. 西苑爲太液池, 出都城爲玉河, 東南流注于大通河. 環湖十餘里, 荷·蒲·菱·芡與夫沙禽·水鳥出沒, 隱暎於天光雲影中, 實佳境也.)景來麽, 揮使ㅣ아 네 일즙 西湖ㅅ 景에 갓든다.

수조(垂釣) 동 낚시를 드리우다. ⇔수조ᄒᆞ다(垂釣-). ≪朴諺, 上, 62ㅈ≫撒網垂鈎的是大小漁艇, 撒網 垂釣ᄒᆞᆫ 거슨 이 大小 漁艇이오.

수조(修造) 동 고치거나 만들다. ≪朴諺, 上, 10ㅈ≫後日是天赦日(集覽, 朴集, 上, 5ㅈ: 天赦日. 春戊寅·夏甲午·秋戊申·冬甲子, 謂天道生育萬物而有其罪也. 甲戊爲陽干之德, 子午爲陰陽之成, 寅申爲陰陽之立, 以干德配之爲赦也, 可修造起工〈土〉.), 모릐는 이 天赦日이니.

수조ᄒᆞ다(垂釣-) 동 낚시를 드리우다. ⇔수조(垂釣). ≪朴諺, 上, 62ㅈ≫撒網垂鈎的是大小漁艇, 撒網 垂釣ᄒᆞᆫ 거슨 이 大小 漁艇이오.

수종(隨從) 동 ❶남을 따라다니며 시중을 들다. 또는 그런 사람. ≪朴諺, 中, 5ㅈ≫隨從幾箇, 隨從이 몃치나 ᄒᆞᄂᆈ. ❷좇다. ⇔좃다. ≪集覽, 字解, 單字解, 5ㅈ≫隨. 從也. 隨你 네 ᄆᆞᅀᆞᆷ모로, 隨喜 구경ᄒᆞ다, 隨從 조ᄎᆞ니. 吏語, 根隨 좃다.

수죵다리 명 (부리가 노란) 수종다리. 종다리의 수컷. (광대의 분장한 모습을 이른다) ❶⇔동취(銅觜). ≪朴諺, 中, 1ㅎ≫那主兒着那銅觜的, 그 님재 뎌 부리 노론 수죵다리로 ᄒᆞ여. ❷⇔동취조화(銅觜造化). ≪朴諺, 中, 1ㅎ≫又是一箇銅觜·钃觜造化, 또 ᄒᆞᆫ 부리 노론 수죵다리 부리 프른 암죵다리 노롯호ᄃᆡ.

수중(水中) 명 물속. ≪朴諺, 上, 39ㅈ≫狗有濺草之恩(集覽, 朴集, 上, 11ㅈ: 狗有濺草之恩. 晉太和中, 楊生養狗, 甚愛之. 後生飮酒醉, 行至大澤, 草中眠. 時値冬月, 野火起, 風又猛, 狗呼喚, 生不覺. 前有一坑水, 狗便走往水中, 還以身洒生, 左右草沾水得着, 地火尋過去, 生醒而去.), 개는 濺草ᄒᆞᆫ 恩이 잇고. 馬有垂繮之報, ᄆᆞᆯ은 垂繮ᄒᆞᆫ 報ㅣ 잇다 ᄒᆞᄂᆞ니라.

수지(手指) 명 손가락. ≪朴諺, 上, 17ㅎ≫或是慱錢(集覽, 朴集, 上, 6ㅎ: 慱錢. 質問云, 兩人賭錢, 將八文錢捏在手指, 擲之於地, 有八背, 謂之八八, 有七字, 謂之七七, 此是爲勝, 無八八·七七, 此是爲輸.)拿錢, 혹 돈더ᄂᆞ기 ᄒᆞ며 쌍블잡기 ᄒᆞ고.

수진(守眞) 동 본성(本性)을 보존하여 지키다. ≪朴諺, 下, 9ㅎ≫入寺敬三寶(集覽, 朴集, 下, 3ㅈ: 三寶. 佛·法·僧也. 功成妙智, 道登圓覺, 佛也, 玄理幽微, 正教精誠, 法也, 禁戒守眞, 威儀出俗, 僧也.), 뎔에 드러는 三寶를 敬ᄒᆞ고.

수집(收執) 동 거두어 보존하다. ≪朴諺, 中, 9ㅈ≫你與我甘結(集覽, 朴集, 中, 2ㅈ: 甘結. 今按, 如保擧人材者, 必寫稱所擧之人, 並無喪過及干娼優子嗣, 委的賢能, 如虛甘伏重罪云云. 擧此爲辞, 以成文狀, 與彼收執, 或呈報上司, 以憑後考, 謂之不致扶同, 重甘結狀.)·應付, 네 날을 甘結과 應付를 주고려.

수첩리(綉帖裏) 명 수첩리(繡帖裏). '綉'는 '繡'와 같다. ≪朴諺, 上, 63ㅎ≫我的帖裏怎麽赶上你的綉帖裏, 내 텰릭이 엇디 네 슈텰릭에 미ᄎᆞ리오.

수첩리(繡帖裏) 명 수를 놓은 철릭. ⇔슈텰릭. ≪朴諺, 上, 63ㅎ≫我的帖裏怎麽赶上你的綉帖裏, 내 텰릭이 엇디 네 슈텰릭에 미ᄎᆞ리오.

수침(水浸) 동 물에 담그다. ≪朴諺, 上, 7ㅈ≫都着些細料物(集覽, 朴集. 上, 3ㅎ: 細料物. 事林廣記食饌類, 細料物, 官桂·良薑·華撥草·豆蔻·陳皮·縮砂仁〈砂仁〉·八角·茴香各一兩, 川椒二兩, 杏仁五兩, 甘草一兩半, 白檀末半兩. 右共爲細末用

之. 如欲出路停久用之者, 以水浸, 蒸餠爲丸, 如彈子大, 臨時湯泡用之. 今按, 漢俗謂·탕·숏·고·믈 曰細料物.), 다 져기 ᄀᆞᄂᆞ 교토를 두고. ≪朴諺, 下, 32ㅎ≫餠餡(集覽, 朴集, 下, 6ㅈ: 餠餡. 質問云, 將菉豆粉糝和粘穀米, 着水浸濕, 用石磨磨, 細杓兒盛在鍋內, 一撮一撮煎熟而食.), 餠餡와. 煎餠, 煎餠과.

수탑(樹塔) 동 탑을 세우다. ≪朴諺, 上, 65ㅈ≫法名喚步虛(集覽, 朴集, 上, 15ㅎ: 步虛. 戊午冬, 示寂放舍利玄陵, 賜謚圓證國師, 樹塔于重興寺之東, 以藏舍利.), 法名을 步虛ㅣ라 브르ᄂᆞᆫ 이.

수파(手帕) 명 수건(手巾). ≪朴諺, 上, 58ㅎ≫我也那一日遞了手帕(集覽, 朴集, 上, 14ㅎ: 手帕. 卽手巾也.)之後, 나도 그 날에 手帕 드린 후에. ≪朴諺, 中, 55ㅈ≫又一箇女兒繳手帕着, 또 ᄒᆞᆫ 겨집은 手帕를 마모로되. ≪朴諺, 中, 55ㅈ≫三四十箇手帕也遞不勾, 셜마은 手帕ㅣ라도 드리기 유여티 못ᄒᆞ리라.

수파(水波) 명 물결. ≪朴諺, 上, 26ㅈ≫油心紅畫水波面兒的鞍橋子, 油心紅빗치 水波面 그린 기ᄅᆞ마가지오.

수파면(水波面) 명 물결 모양. ⇔수파면아(水波面兒). ≪朴諺, 上, 26ㅈ≫油心紅畫水波面兒的鞍橋子, 油心紅빗치 水波面 그린 기ᄅᆞ마가지오.

수파면아(水波面兒) 명 물결 모양. ⇔수파면(水波面). ≪朴諺, 上, 26ㅈ≫油心紅畫水波面兒的鞍橋子, 油心紅빗치 水波面 그린 기ᄅᆞ마가지오.

수하(手下) 명 손아래. 부하. ≪朴諺, 下, 59ㅈ≫上泰封王弓裔手下, 泰封王 弓裔 手下에 올라.

수하(垂下) 동 드리우다[垂]. 늘어뜨리다. ❶⇔드리오다. ≪集覽, 字解, 單字解, 7ㅎ≫ 觶. 垂下也. 觶下 드리워 잇다. 又借用爲趓避之趓. ≪朴諺, 上, 28ㅈ≫底下垂下着兩頭靑珠兒結串的駝毛肚帶, 미틔 드리온 거슨 두 머리에 프른 구슬로 ᄆᆡ자 쎄온 약대 털로 ᄒᆞᆫ 빗대오. ❷⇔드리우다. ≪集覽, 字解, 單字解, 7ㅎ≫觶. 垂下也. 觶下 드리워 잇다. 又借用爲趓避之趓. ❸⇔들이오다. ≪朴諺, 下, 51ㅈ≫慢慢的將鉤兒垂下水裡去時, 날호여 낙시를다가 믈에 들이오면.

수행(水杏) 명 즙이 많은 살구의 한 가지. ⇔믈한ᄉᆞᆯ고. ≪朴諺, 上, 6ㅈ≫大水杏半黃半生的有, 굴고 믈 한 ᄉᆞᆯ고ㅣ 半黃 半生ᄒᆞᆫ 이 잇더라.

수혜(綉鞋) 명 수혜(繡鞋). '綉'는 '繡'와 같다. ≪朴諺, 中, 48ㅎ≫我也做饋他一對學行的綉鞋, 나도 ᄒᆞᆫ 빵 거름 ᄇᆡ호ᄂᆞᆫ 슈신을 지어 뎌를 주리라.

수혜(繡鞋) 명 수(繡)신. ⇔슈신. ≪朴諺, 中, 48ㅎ≫我也做饋他一對學行的綉鞋, 나도 ᄒᆞᆫ 빵 거름 ᄇᆡ호ᄂᆞᆫ 슈신을 지어 뎌를 주리라.

수화탄(水和炭) 명 황토와 물을 한데 섞어 말린 석탄. ≪朴諺, 下, 44ㅎ≫只有些和的濕煤(集覽, 朴集, 下, 9ㅎ: 濕煤. 今按, 石炭搥碎, 幷黃土以水和作塊, 晒乾, 臨用麁碎, 納於爐〈炉〉中, 總謂之水和炭. 未乾者謂之濕煤, 已乾者謂之煤簡兒, 亦曰煤塊子.), 그저 져기 버므린 濕煤ㅣ 이시되.

수환(水患) 명 수해(水害)로 인하여 생기는 근심. ≪朴諺, 中, 19ㅎ≫東安州(集覽, 朴集, 中, 3ㅎ: 東安州. 在東安縣西北. 金以前皆爲縣, 元陞爲州, 今避水患移今治, 在順天府南一百里, 故城遂廢〈癈〉, 洪武初改爲縣.)去, 東安州에 가.

수활(水滑) 명 제물. (그 자체에서 우러난 물) ⇔제믈. ≪朴諺, 下, 32ㅎ≫水滑經帶麵(集覽, 朴集, 下, 6ㅈ: 水滑經帶麵. 水滑麵〈麪〉用頭麪, 春夏秋用新汲水, 入油塩, 先攪作拌麪羹揉, 漸漸入水和搜成劑, 用水拆開, 作小塊子, 再用油水洒和, 以拳搖一二百拳.), 제믈엣 칼국슈와.

수활경대면(水滑經帶麪) 명 수활경대면(水滑經帶麵). '麪'은 '麵'과 같다. ≪朴諺,

下, 32ㅎ≫水滑經帶麵(集覽, 朴集, 下, 6ㅈ: 水滑經帶麵. 質問云, 以麥麵〈麪〉扯成長條, 似包經帶子搽, 煮熟, 椒肉湯食之, 方言謂之水滑經帶麵〈麪〉.), 제믈엣 칼국슈와.

수활경대면(水滑經帶麵) 명 제물에 만 칼국수. ≪朴諺, 下, 32ㅎ≫水滑經帶麵(集覽, 朴集, 下, 6ㅈ: 水滑經帶麵. 質問云, 以麥麵〈麪〉扯成長條, 似包經帶子搽, 煮熟, 椒肉湯食之, 方言謂之水滑經帶麵〈麪〉. 事林廣記及居家必用以水滑·經帶爲二物. 水滑麵〈麪〉用頭麪, 春夏秋用新汲水, 入油塩, 先攪作拌麪羹搽, 漸漸入水和搜成劑, 用水拆開, 作小塊子, 再用油水洒和, 以拳搖一二百拳. 如此三四次, 微軟和餠劑, 就案上用拗棒拗百餘棒, 多揉數百拳. 至麪性行, 方可搓如指頭大, 新凉水內浸兩時許, 伺麵〈麪〉性行, 方下鍋, 闊〈濶〉細任意做.), 제믈엣 칼국슈와. ≪林園十六志, 鼎俎志 2, 炊餾之類, 麵≫經帶麵方. 頭白麪二斤, 減一兩, 塩二兩硏細, 新汲水破開和搜, 比捍麪劑微軟, 以拗棒拗百餘下, 停一時間許, 再拗百餘下, 捍至極薄, 切如經帶樣, 滚湯下候熟, 入凉水拔汁任意.

수활면(水滑麪) 명 수활면(水滑麵). '麪'은 '麵'과 같다. ≪朴諺, 中, 6ㅎ≫撇些禿禿麽思(集覽, 朴集, 中, 1ㅎ: 禿禿麽思. 劑法如水滑麪〈麵〉, 和圓少彈劑〈剂〉, 冷水浸手掌, 按作小薄餠兒, 下鍋煮熟, 以盤盛, 用酥油炒片羊肉, 加塩炒至焦, 以酸甜湯拌和. 滋味得所, 別硏蒜泥調酪, 任便加減, 使竹簽簽食之.), 젹이 믜역져비 쓰고.

수활면(水滑麵) 명 밀가루에 기름과 소금을 넣어 반죽한 뒤 밀방망이로 밀어 부드러워지면, 손가락 크기로 비벼 만들어 솥에 넣고 끓여 만든 음식. ≪朴諺, 中, 6ㅎ≫撇些禿禿麽思(集覽, 朴集, 中, 1ㅎ: 禿禿麽思. 劑法如水滑麪〈麵〉, 和圓少彈劑〈剂〉, 冷水浸手掌, 按作小薄餠兒, 下鍋煮熟, 以盤盛, 用酥油炒片羊肉, 加塩炒至焦, 以酸甜湯拌和. 滋味得所, 別硏蒜泥調酪, 任便加減, 使竹簽簽食之.), 젹이 믜역져비 쓰고.

수희(隨喜) 동 〈불〉 구경하다. 수희(隨喜)하다. 절을 찾아 참배하다. (불상에 절을 하면 마음에 희열이 생긴다 하여 일컫는 말이다) ⇔구경ᄒᆞ다. ≪集覽, 字解, 單字解, 5ㅈ≫隨. 從也. 隨你 네 ᄆᆞᅀᆞ모로. 隨喜 구경ᄒᆞ다, 隨從 조ᄎᆞ니. 吏語, 根隨 좃다. ≪朴諺, 上, 59ㅎ≫咱一箇日頭隨喜去來, 우리 ᄒᆞᄅᆞ 구경ᄒᆞ라 가쟈. ≪朴諺, 上, 62ㅎ≫到寺裏燒香隨喜之後, 뎔에 가 향 픠오고 구경ᄒᆞᆫ 후에. ≪朴諺, 上, 66ㅎ≫咱也隨喜去來, 우리도 구경ᄒᆞ라 가쟈. ≪朴諺, 中, 33ㅈ≫僧尼道俗都隨喜去, 僧尼 道俗이 다 구경ᄒᆞ라 가니. ≪朴諺, 中, 33ㅈ≫沿山沿峪隨喜那景致去來, 山을 조ᄎᆞ며 골을 조차 뎌 景致를 구경ᄒᆞ라 가쟈. ≪朴諺, 下, 8ㅈ≫我也隨喜去來, 나도 구경ᄒᆞ라 가쟈.

수ᄒᆞ다(綉-) 동 수ᄒᆞ다(繡-). '綉'는 '繡'와 같다. ≪朴諺, 上, 27ㅈ≫鴨綠羅納綉(集覽, 朴集, 上, 9ㅈ: 納綉. 以未合之絲滿綉紗面, 不令紗之本質外見者, 呼爲納綉. 綉亦作繡.)獅子的抹口青絨氊襪上, 鴨頭綠羅에 獅子를 綉ᄒᆞ야 깃 도론 프른 부드러온 시욹쳥에.

수ᄒᆞ다(繡-) 동 수(繡)놓다. 자수(刺繡)하다. ❶⇔납수(納繡). ≪集覽, 朴集, 上, 9ㅈ≫納綉. 以未合之絲滿綉紗面, 不令紗之本質外見者, 呼爲納綉. 綉亦作繡. ≪朴諺, 上, 27ㅈ≫鴨綠羅納綉(集覽, 朴集, 上, 9ㅈ: 納綉. 以未合之絲滿綉紗面, 不令紗之本質外見者, 呼爲納綉. 綉亦作繡.)獅子的抹口青絨氊襪上, 鴨頭綠 羅에 獅子를 綉ᄒᆞ야 깃 도론 프른 부드러온 시욹쳥에. ❷⇔수(繡). ≪集覽, 朴集, 上, 9ㅈ≫納綉. 以未合之絲滿綉紗面, 不令紗之本質外見者, 呼爲納綉. 綉亦作繡. ≪朴諺, 上, 24ㅎ≫五綵綉麒麟柳綠紵絲抹口的靴子, 五綵로 猉獜을 綉ᄒᆞ고 柳綠빗체 비단으로 부리 두론 휘ᄋᆞ에. ≪朴諺, 上, 27ㅈ≫絟着一對明綠綉四季花護膝, ᄒᆞᆫ 쌍 明綠

빗치 四季花를 綉흔 슬갑을 믹엿고. ≪朴諺, 上, 27ㅎ≫柳黃㡌金綉四花羅搭護, 柳黃빗치 金으로 쭘여 四花를 綉흔 羅 더그레예.

숙(宿) 동 자다. ⇔자다. ≪朴諺, 上, 57ㅈ≫今日到黃村宿, 오늘 黃村에 가 자고. ≪朴諺, 中, 7ㅎ≫使臣這站裏不宿, 使臣이 이 站에 자디 아니홀 거시니. ≪朴諺, 下, 18ㅎ≫正到城裏智海禪寺投宿, 정히 셩 안 智海禪寺에 가 드러 자다가. ≪朴諺, 下, 39ㅈ≫宿了一宿, 흐룻밤 자고.

숙(宿) 의 밤[夜]. ⇔밤. ≪朴諺, 中, 15ㅈ≫一宿不得半點睡, 흐룻밤을 半點도 자디 못흐니.

숙(熟) 동 ❶익다[熟]. ⇔닉다. ≪朴諺, 下, 44ㅎ≫𥌓眼熟了, 눈 금즉일 사이예 니그리라. ≪朴諺, 下, 45ㅈ≫這飯熟了, 이 밥이 닉거다. ❷익다. 여물다. ⇔닉다. ≪朴諺, 中, 43ㅎ≫稻熟蟹肥魚正美, 벼 닉고 게 술지고 고기 졍히 아름다오매.

숙(熟) 형 익다. 익숙하다. ⇔닉다. ≪朴諺, 中, 4ㅈ≫十箇絹練的熟到着, 열 필 깁을 누우기를 닉게 잇긋 흐라.

숙돈(宿頓) 동 숙박하다. 묵다. ≪朴諺, 中, 5ㅎ≫分例支應(集覽, 朴集, 中, 1ㅈ: 分例支應. 元制, 正官一員, 一日宿頓, 該支〈支〉米一升, 麵一斤, 羊肉一斤, 酒一升, 柴一束, 經過減半, 從人一名, 止支〈支〉米一升, 經過減半. 今制, 正官一員, 一日經過, 米三升, 宿頓五升, 從人一名, 經過二升, 宿頓三升. 漢俗今云行三坐五.), 分例로 支應흐라.

숙살(肅殺) 동 쌀쌀한 가을 기운이 풀이나 나무를 말리어 죽이다. ≪朴諺, 中, 60ㅎ≫衙門處處向南開(集覽, 朴集, 中, 9ㅈ: 衙門處處向南開. 南村輟耕錄云, 凡衙門皆坐北南向者, 南方屬離卦, 離虛中則聰. 又南方火位, 火明則能破暗, 故表南面聰〈聡〉明, 爲民治愚暗之事. 臺門必北開者, 取肅殺就陰之象.), 衙門이 곳곳이 南을 향흐여 여러시나.

숙식(熟食) 명 익힌 음식. ≪朴諺, 上, 59ㅈ≫寒食(集覽, 朴集, 上, 14ㅎ: 寒食. 荊楚記云, 去冬節〈莭〉一百五日, 有疾風甚雨, 謂之寒食, 又謂之百五節〈莭〉. 秦人呼爲熟食日, 言其不動煙〈烟〉火, 預辦熟食過節〈莭〉也.)不遲, 寒食이라도 더듸디 아니타 흐느니라.

숙식일(熟食日) 명 한식(寒食)의 다른 이름. (음식을 미리 익혀 두었다가 먹는 날이라 하여 붙인 이름이다) ≪朴諺, 上, 59ㅈ≫寒食(集覽, 朴集, 上, 14ㅎ: 寒食. 荊楚記云, 去冬節〈莭〉一百五日, 有疾風甚雨, 謂之寒食, 又謂之百五節〈莭〉. 秦人呼爲熟食日, 言其不動煙〈烟〉火, 預辦熟食過節〈莭〉也.)不遲, 寒食이라도 더듸디 아니타 흐느니라.

숙신씨(肅愼氏) 명 고조선(古朝鮮) 때에 지금의 흑룡강(黑龍江)과 송화강(松花江) 유역에 살던 퉁구스족(Tungus族). 고구려(高句麗) 서천왕(西川王) 때에 일부가 복속되었고, 광개토대왕(廣開土大王) 8년(398)에 완전히 병합되었다. ≪朴諺, 上, 8ㅎ≫往永平·大寧·遼陽(集覽, 朴集, 上, 4ㅈ: 遼陽. 遼誌云, 舜分冀東北爲幽州, 卽今廣寧以西之地. 靑東北爲營州, 卽今廣寧以東之地, 周武王封箕子於朝鮮, 是其地也, 卽古肅愼氏地.)·開元·瀋陽等處開去, 永平·大寧·遼陽·開元·瀋陽 等處를 향흐여 開讀흐라 가노라.

숙연(熟軟) 동 모피를 무두질하여 부드럽게 만들다. ≪朴諺, 上, 29ㅈ≫店裏買猠皮(集覽, 朴集, 上, 9ㅎ: 猠皮. 質問云, 羊皮去毛, 熟軟, 有鬃眼. 作靴好看. 今按, 猠字, 韻〈韵〉書不收, 字意未詳.)去來, 店에 猠皮 사라 가쟈.

숙창(宿娼) 동 창녀와 놀다. 창녀와 간음하다. ≪朴諺, 上, 18ㅈ≫是拘欄(集覽, 朴集, 上, 6ㅎ: 拘欄. 今按, 北京有東拘欄·西拘欄. 俗謂宿娼者曰院裏走. 質問云, 是京師樂工住處.)衚衕裏帶匠夏五廂的, 이 拘欄 골 씌쟝이 夏五ㅣ 졋메웟느니라.

숙한(熟閑) [동] 숙련(熟練)하다. 배워 익혀 숙달하다. ≪集覽, 字解, 單字解, 7ㅎ≫閑. 雜也. 閑雜人. 又替也. 파직ᄒᆞ다, 罷閑了·替閑了. 又遊息曰閑. 흥뚱여 ᄃᆞᆫ닐시니, 遊閑了. 又練熟也. 弓馬熟閑. 又空也. 空閑田地 뷔엿ᄂᆞᆫ ᄯᅡ. 又等閑 부질업시, 又힘히미, 又간대롭다.

숙함(熟餡) [명] 익힌 것으로 만든 소. ≪朴諺, 下, 32ㅈ≫羊肉餡(集覽, 朴集, 下, 5ㅎ: 餡. 或肉或菜及諸料物拌匀〈匂〉爲胎, 納於餅中者曰餡. 酸餡·素餡·葷餡·生餡·熟餡, 供用合宜.)饅頭, 羊肉 소 녀흔 상화과.

순(巡) [의] 순배(巡杯). ⇔슌ᄇᆡ. ≪朴諺, 上, 6ㅈ≫我們先喫兩巡酒後頭擡卓兒, 우리 몬져 두 슌ᄇᆡ 술 머근 후에 상을 드러든.

순(舜) [명] 고대 중국의 전설상의 임금. 성은 우(虞)·유우(有虞). 이름은 중화(重華). 요(堯)의 뒤를 이어 천하를 잘 다스려 태평 시대를 이루었다고 한다. ≪朴諺, 上, 19ㅎ≫一對釧兒(集覽, 朴集, 上, 7ㅎ: 釧. 事物紀原云, 黃帝時, 西王母獻〈献〉白環, 舜時亦獻〈献〉. 通俗文云, 環臂謂之釧. 漢順帝時有功者賜金釧, 亦曰環釧.), ᄒᆞᆫ 빵 폴쇠로다가 ᄒᆞ련노라.

순(順) [형] 순(順)하다. ⇔슌ᄒᆞ다. ≪朴諺, 中, 60ㅈ≫口也順, 입도 슌ᄒᆞ고.

순리(順理) [명] 순한 이치나 도리. 또는 도리나 이치에 순종하다. ≪朴諺, 下, 8ㅎ≫僧尼道俗善男信女(集覽, 朴集, 下, 2ㅎ: 善男信女. 了義經云, 善者, 順理也, 信者, 言是事如是也.), 僧尼 道俗과 善男 信女ㅣ.

순성문(順城門) [명] 중국 북경(北京) 내성(內城)에 있는 순승문(順承門)의 다른 표기. ≪朴諺, 上, 11ㅎ≫我在平則門(集覽, 朴集, 上, 5ㅎ: 平則門. 永樂十九年, 營建宮室, 立門九, 南曰正陽, 又曰午門, 元則曰麗正, 南之右曰宣武, 元則曰順承, 南之左曰文明, 元則曰崇文, 又曰哈噠, 北之東曰安定, 北之西曰德勝, 元則曰健德, 東之北曰崇仁, 一名東直, 元名同, 東之南曰朝陽, 元則曰齊華, 西之北曰西直, 西之南曰阜城, 元則曰平則. 元設十一門, 而今減其二.)邉住, 내 平則門 ᄀᆞ의 이셔 사노라. ≪朴諺, 下, 41ㅎ≫二十四日丁時殯出順城門, 二十四日 丁時예 殯이 順城門으로 나가니. ≪朴諺, 下, 49ㅎ≫宣武是順城門, 宣武ᄂᆞᆫ 이 順城門이오.

순숙(巡宿) [동] 순찰하며 숙직하다. ⇔순숙ᄒᆞ다(巡宿-). ≪朴諺, 下, 52ㅈ≫叫到隣人幷巡宿総甲人等, 隣人과 巡宿ᄒᆞᄂᆞᆫ 総甲人 等을 아오로 블러.

순숙ᄒᆞ다(巡宿-) [동] 순찰하며 숙직하다. ⇔순숙(巡宿). ≪朴諺, 下, 52ㅈ≫叫到隣人幷巡宿総甲人等, 隣人과 巡宿ᄒᆞᄂᆞᆫ 総甲人 等을 아오로 블러.

순승문(順承門) [명] 중국 북경(北京) 내성(內城)에 있는 성문. 정양문(正陽門) 서쪽에 있는 선무문(宣武門)의 원대(元代)의 이름이다. ≪朴諺, 上, 11ㅎ≫我在平則門(集覽, 朴集, 上, 5ㅎ: 平則門. 永樂十九年, 營建宮室, 立門九, 南曰正陽, 又曰午門, 元則曰麗正, 南之右曰宣武, 元則曰順承, 南之左曰文明, 元則曰崇文, 又曰哈噠, 北之東曰安定, 北之西曰德勝, 元則曰健德, 東之北曰崇仁, 一名東直, 元名同, 東之南曰朝陽, 元則曰齊華, 西之北曰西直, 西之南曰阜城, 元則曰平則. 元設十一門, 而今減其二.)邉住, 내 平則門 ᄀᆞ의 이셔 사노라.

순야(巡夜) [동] 야간에 순찰하다. 야간에 순찰을 돌다. ≪朴諺, 下, 15ㅎ≫被巡夜的拿着, 巡夜의게 잡힘을 닙어.

순제(順帝) [명] 후한(後漢) 제8대 황제(皇帝: 劉保)의 시호(諡號). 명(明)나라 태조 주원장(朱元璋)에게 나라를 빼앗겼다. ≪朴諺, 上, 19ㅎ≫一對釧兒(集覽, 朴集, 上, 7ㅎ: 釧. 事物紀原云, 黃帝時, 西王母獻〈献〉白環, 舜時亦獻〈献〉. 通俗文云, 環臂謂之釧. 漢順帝時有功者賜金釧, 亦曰環釧.), ᄒᆞᆫ 빵 폴쇠로다가 ᄒᆞ련노라.

순종(順從) [동] 순순히 따르다. ≪朴諺, 上,

34ㅈ≫往深山裏懺悔(集覽, 朴集, 上, 10ㅎ: 懺悔. 反(飜)譯名義云, 懺者, 首也, 悔者, 伏也. 不逆爲伏, 順從爲首, 正順道理, 不敢作非, 故名懺悔.)去, 深山을 향ᄒᆞ야 懺悔ᄒᆞ라 가노라.

순차(循次) 부 정해진 차례대로. 순서대로. ≪集覽, 字解, 單字解, 2ㅎ≫挨. 音애, 平聲. 俗語挨次謂循次. 歷審無攙越之意 ᄎᆞᄎᆞ니 ᄒᆞ다. 又吏語, 挨究·挨捕.

순천부(順天府) 명 명대(明代)에 북평부(北平府)를 고쳐 두었다. 소재지는 북경시(北京市)에 있었다. ≪朴諺, 中, 13ㅎ≫到三河縣(集覽, 朴集, 中, 2ㅎ: 三河縣. 在順天府東七十里, 以地近七渡·鮑丘·臨泃〈洵〉三水, 故名. 直隷通州.), 三河縣에 다ᄃᆞ라. ≪朴諺, 中, 19ㅎ≫東安州(集覽, 朴集, 中, 3ㅎ: 東安州. 在東安縣西北. 金以前皆爲縣, 元陞爲州, 今避水患移今治, 在順天府南一百里, 故城遂廢〈癈〉, 洪武初改爲縣.)去, 東安州에 가. ≪朴諺, 下, 8ㅈ≫慶壽寺(集覽, 朴集, 下, 2ㅎ: 慶壽寺. 一統志云, 在順天府西南, 內有飛虹·飛渡二橋, 石刻六大字, 極遵勁. 相傳金章宗所書.)裏爲諸亡靈, 慶壽寺에셔 모든 亡靈을 위ᄒᆞ여. ≪朴諺, 下, 38ㅈ≫除在南京應天府丞(集覽, 朴集, 下, 8ㅎ: 南京應天府丞. 正統中, 以北京爲京師, 設順天府, 以應天府爲南京.), 南京 應天府丞을 除ᄒᆞ엿ᄂᆞ니라. ≪朴諺, 下, 46ㅎ≫順天府官, 順天府官과. 司天臺官衆官人們, 司天臺官 모든 官人들히.

순편(順便) 부 내친김에. …하는 김에. …하는 바에. ≪集覽, 字解, 累字解, 2ㅈ≫空便. 空隙順便之時, 조각. 皆去聲. ≪集覽, 字解, 單字解, 4ㅎ≫便. 去聲, 卽也. 便行 즉재 가니라, 便去 즉재 가리라, 又즉재 가다. 又則也. 便有 곧 잇다, 便是 곧 올ᄒᆞ니라. 又順也, 順便. 又安也, 便當. 又宜也. 行方便 됴흘 양오로 ᄒᆞ다, 不方便 다히 마지 쉽사디 아니타. 又猶則也. 你去便就有了 너옷 가면 이시리라. 又平聲, 穩便 온당ᄒᆞ다. 吏語, 便益.

순풍이(順風耳) 명 아주 먼 곳의 소리도 들을 수 있다는 귀신 이름. ≪朴諺, 下, 22ㅈ≫行者教千里眼·順風耳(集覽, 朴集, 下, 5ㅈ: 千里眼順風耳. 兩鬼名.)等兩箇鬼, 行者ㅣ 千里眼과 順風耳 等 두 鬼神으로 ᄒᆞ여.

순후(純厚) 형 순수하고 후(厚)하다. ≪朴諺, 上, 3ㅎ≫支與竹葉淸酒十五瓶·腦兒酒(集覽, 朴集, 上, 1ㅎ: 腦兒酒. 質問云, 做酒用麵麴藥料爲蘖, 久封不動, 其色紅而味最純厚.)五桶, 竹葉淸酒 十五瓶과 腦兒酒 五桶을 支與ᄒᆞ더라.

술 명 숟가락. ❶⇔동시(銅匙). ≪集覽, 字解, 單字解, 1ㅎ≫和. 平聲, 調和也. 又去聲, 與也, 及也. 我和你 너와 나와, 銅匙和快子 술와 밋 져와. ❷⇔시(匙). ≪朴諺, 中, 11ㅎ≫鑼鍋, 로고. 柳箱, 섥. 灑子, 드레. 三脚, 아리쇠. 椀·楪, 사발·뎝시. 匙筯, 술 져. 榪杓, 나모쥬게. 笊籬, 조릭. 炊箒, 솔.

술 명 술. ⇔주(酒). ≪集覽, 字解, 單字解, 4ㅈ≫打. 擊也, 着實打, 又打三下. 又爲也. 打酒來 술 사 오라. ≪集覽, 字解, 單字解, 7ㅎ≫發. 酒發 술 괴다. 發將來 자바 보내다. ≪朴諺, 上, 2ㅈ≫酒京城槽房雖然多, 술은 京城에 술집이 비록 만ᄒᆞ나. 街市酒打將來怎麼喫, 져젯 술을 가져오면 엇디 머그리오. ≪朴諺, 上, 6ㅈ≫我們先喫兩巡酒後頭擡卓兒, 우리 몬져 두 슌비 술 머근 후에 상을 드러든. ≪朴諺, 上, 7ㅎ≫疾快旋將酒來, ᄲᆞᆯ리 술 둘러 가져와. ≪朴諺, 上, 37ㅎ≫一箇長甕兒窄窄口裏頭盛着糯米酒, ᄒᆞᆫ 긴 독 조븐 부리 안히 츠ᄡᆞᆯ 술 담은 거시여. ≪朴諺, 上, 58ㅎ≫喫幾盞酒過兩道湯, 여러 잔 술 먹고 兩道 湯을 디내고. ≪朴諺, 中, 5ㅎ≫兩瓶酒, 두 병 술이오. ≪朴諺, 中, 30ㅎ≫且旋將酒來, 아직 술을 둘러 가져오라. ≪朴諺, 中, 30ㅎ≫這酒忤禿怎麼喫, 이 술이 들므쥬근ᄒᆞ니 엇디 먹으료. ≪朴諺,

中, 44ㅈ≫對客飮酒吟詩句, 客을 對ᄒᆞ야 술을 먹고 詩句를 읇프며. ≪朴諺, 中, 47ㅈ≫我特故裏把酒灌的他爛醉了, 내 부러 술을다가 뎌의게 브으니 爛醉ᄒᆞ여. ≪朴諺, 中, 47ㅈ≫他酒醒了起來不覺, 뎨 술이 ᄭᆡ여 니러나 ᄭᆡ티디 못ᄒᆞ고. ≪朴諺, 下, 14ㅈ≫又喫幾盞酒之後, ᄯᅩ 여러 잔 술을 먹은 후에. ≪朴諺, 下, 14ㅈ≫擺茶飯又喫一會酒, 茶飯 버리고 ᄯᅩ ᄒᆞᆫ 디위 술 먹고. ≪朴諺, 下, 54ㅈ≫逢着本府張千帶酒, 本府 張千이 술 취ᄒᆞ믈 만나.

술시(戌時) 명 십이시(十二時)의 11째 시. 오후 7시부터 9시까지이다. ≪朴諺, 下, 46ㅎ≫頭戴耳掩或提在手裡(集覽, 朴集, 下, 10ㅈ: 頭戴耳掩或提在手裏. 芒神耳掩以立春時爲法, 從卯至戌八時, 掩耳用手提, 陽時左手提, 陰時右手提, 以八時見日溫和也.), 머리예 耳掩을 쓰며 혹 손에 들고.

술위 명 수레. ❶⇔거(車). ≪朴諺, 上, 13ㅈ≫一車兩擔家推將去, ᄒᆞᆫ 술위예 두 짐식 ᄒᆞ여 미러 가져가쟈. 不要小車, 져근 술위란 말고. 只着大車上裝去, 그저 큰 술위예 시러 가쟈. ≪朴諺, 中, 19ㅎ≫先載將一車來, 몬져 ᄒᆞᆫ 술위를 시러 가져오고. ≪朴諺, 下, 18ㅈ≫便拿着曳車解鋸, 곳 잡아 술위 ᄭᅳ이고 톱질 시겨. ≪朴諺, 下, 46ㅈ≫絟在牛車上, 쇠 술위예 ᄆᆡ고. ❷⇔거아(車兒). ≪朴諺, 上, 13ㅈ≫那的有四箇小車兒, 뎌 네 져근 술위 이시니. ❸⇔거자(車子). ≪朴諺, 上, 13ㅈ≫將車子來載, 술위 가져와 시르라. ≪朴諺, 上, 50ㅎ≫買將車子來, 술위를 사다가. ≪朴諺, 中, 12ㅈ≫你這車子先將到門外, 네 이 술위를 몬져 가지고 문 밧긔 가. ❹⇔차량(車輛). ≪朴諺, 中, 19ㅎ≫收拾車輛, 술위를 收拾ᄒᆞ여.

술위뒤괴오ᄂᆞᆫ나모 명 수레의 뒤를 괴는 나무. ⇔탱두(撑頭). ≪朴諺, 中, 11ㅎ≫少梯子, 술위앏괴오ᄂᆞᆫ나모. 撑頭(集覽, 朴集, 中, 2ㅈ: 撑頭. 音義云, 車後괴오·ᄂᆞᆫ나모.), 술위뒤괴오ᄂᆞᆫ나모. 套繩, 멧줄. 撒繩, ᄭᅳ을줄. 拘索, 목집게. 籠頭, 바굴레. 脚索, 지달쏠바. 鞍子, 기ᄅᆞ마. 肚帶, 빗대 업세라.

술위앏괴오ᄂᆞᆫ나모 명 수레의 앞을 괴는 나무. 또는 사닥다리. ⇔소제자(少梯子). ≪朴諺, 中, 11ㅎ≫少梯子(集覽, 朴集, 中, 2ㅈ: 梯子. 音義云, 車前괴오·ᄂᆞᆫ나모.), 술위앏괴오ᄂᆞᆫ나모. 撑頭, 술위뒤괴오ᄂᆞᆫ나모. 套繩, 멧줄. 撒繩, ᄭᅳ을줄. 拘索, 목집게. 籠頭, 바굴레. 脚索, 지달쏠바. 鞍子, 기ᄅᆞ마. 肚帶, 빗대 업세라.

술집 명 술집. 또는 양조장. ⇔조방(槽房). ≪朴諺, 上, 2ㅈ≫酒京城槽房(集覽, 朴集, 上, 1ㅈ: 槽房. 釀酒出賣之家, 官收其稅.)雖然多, 술은 京城에 술집이 비록 만ᄒᆞ나.

숨다 동 숨다. 피하다. 비키다. ⇔타(趓). ≪朴諺, 上, 31ㅎ≫只趓着我走, 그저 날을 수머 ᄃᆞᆫ니고. ≪朴諺, 下, 23ㅎ≫左邉搭右邉趓, 좌편으로 건디려 ᄒᆞ면 우편으로 숨고.

숫 명 숯. ⇔매(煤). ≪朴諺, 下, 15ㅎ≫煤場裏推煤去時莭(節), 煤場에 숫 실라 갈 ᄢᅢ예.

숭문(崇文) 명 숭문문(崇文門). ≪朴諺, 下, 50ㅈ≫崇文是合噠門, 崇文은 이 合噠門이오.

숭문문(崇文門) 명 중국 북경(北京) 내성(內城)에 있는 성문. 정양문(正陽門) 동쪽에 있는 문명문(文明門)의 원대(元代)의 이름이다. ≪朴諺, 上, 11ㅎ≫我在平則門(集覽, 朴集, 上, 5ㅎ: 平則門. 永樂十九年, 營建宮室, 立門九, 南曰正陽, 又曰午門, 元則曰麗正, 南之右曰宣武, 元則曰順承, 南之左曰文明, 元則曰崇文, 又曰哈噠, 北之東曰安定, 北之西曰德勝, 元則曰健德, 東之北曰崇仁, 一名東直, 元名同, 東之南曰朝陽, 元則曰齊華, 西之北曰西直, 西之南曰阜城, 元則曰平則. 元設十一門, 而今減其二.)邉住, 내 平則門 ᄀᆞᆺ의 이셔 사노라. ≪朴諺, 下, 49ㅎ≫南有正陽

門·宣武門·崇文門, 南에 正陽門·宣武門·崇文門이 잇고. ≪朴諺, 下, 57ㅈ≫崇文門裡頭, 崇文門 안.

숭인문(崇仁門) 명 중국 북경(北京) 내성(內城)에 있는 성문. 조양문(朝陽門) 북쪽에 있다. ≪朴諺, 上, 11ㅎ≫我在平則門(集覽, 朴集, 上, 5ㅎ: 平則門. 永樂十九年, 營建宮室, 立門九, 南曰正陽, 又曰午門, 元則曰麗正, 南之右曰宣武, 元則曰順承, 南之左曰文明, 元則曰崇文, 又曰哈噠, 北之東曰安定, 北之西曰德勝, 元則曰健德, 東之北曰崇仁, 一名東直, 元名同, 東之南曰朝陽, 元則曰齊華, 西之北曰西直, 西之南曰阜城, 元則曰平則. 元設十一門, 而今減其二.)邊住, 내 平則門 ᄉᆡ의 이셔 사노라.

쉬다 동 쉬다. ❶⇔헐(歇). ≪朴諺, 上, 47ㅎ≫却出客位裏歇一會兒, 또 客位에 나가 ᄒᆞᆫ 디위 쉬고. ≪朴諺, 上, 62ㅎ≫坐的歇一會兒, 안자 ᄒᆞᆫ 디위 쉬고. ❷⇔헐식(歇息). ≪朴諺, 中, 43ㅎ≫不得撚指歇息, 손ᄭᅩᆸ 다ᄃᆞᆷ 쉬기도 엇디 못ᄒᆞ고.

쉬아(焠兒) 명 성냥개비의 한 가지. (얇게 깎아낸 소나무 조각의 한쪽 끝에 유황을 발라 불을 붙이거나 밝힐 때 쓰던 물건) ≪朴諺, 中, 35ㅈ≫拿着取燈兒(集覽, 朴集, 中, 7ㅎ: 取燈兒〈取燈〉. 南村輟耕錄云, 杭人削松木爲小片, 其薄如紙, 鎔硫黃塗木片頂分許, 名曰發燭, 又曰焠兒.), 取燈을 가지고.

쉰 관 쉰. ⇔오십(五十). ≪朴諺, 中, 57ㅈ≫兒的五十箇錢, 수ᄂᆞᆫ 쉰 낫 돈이오.

쉽다 형 쉽다. ⇔용이(容易). ≪朴諺, 上, 13ㅎ≫容易醫他, 뎌ᄂᆞᆫ 고티기 쉬오니. ≪朴諺, 上, 44ㅈ≫那的最容易, 뎌ᄂᆞᆫ ᄀᆞ장 쉬오니. ≪朴諺, 中, 35ㅎ≫有法度容易隄防, 法度ㅣ 이시니 隄防ᄒᆞ기 쉬오니라. ≪朴諺, 中, 41ㅈ≫那的不容易, 그ᄂᆞᆫ 쉽디 아니ᄒᆞ니. ≪朴諺, 中, 42ㅈ≫那的不容易, 그ᄂᆞᆫ 쉽디 아니ᄒᆞ니.

쉿무우 명 순무. ⇔만청(蔓菁). ≪朴諺, 中, 33ㅎ≫蘿蔔, 댓무우. 蔓菁, 쉿무우. 萵苣, 부로. 葵菜, 아혹. 白菜, ᄇᆡ치. 赤根菜, 시근치. 園荽, 고싀. 蓼子, 역괴. 葱, 파. 蒜, 마ᄂᆞᆯ. 薤, 부치. 荊芥, 형개. 薄荷, 박하. 茼蒿, 믈ᄡᅮᆨ. 水蘿蔔, 믈한댓무우. 胡蘿蔔, 노론댓무우. 芋頭, 토란. 紫蘇都種來, 紫蘇를 다 시므라.

슈 명 수(繡). ⇔수(繡). ≪朴諺, 中, 48ㅎ≫我也做饋他一對學行的綉鞋, 나도 ᄒᆞᆫ ᄡᅡᆼ 거름 ᄇᆡ호ᄂᆞᆫ 슈신을 지어 뎌를 주리라.

슈고로이 부 수고로이. ❶⇔노역(勞易). ≪朴諺, 中, 16ㅎ≫勞易前來, 슈고로이 오니. ❷⇔생수(生受). ≪朴諺, 中, 14ㅎ≫我這吳舍生受服事我來, 우리 이 吳舍ㅣ 슈고로이 날을 服事ᄒᆞ여 오니라.

슈고ᄒᆞ다 동 수고하다. ⇔생수(生受). ≪朴諺, 中, 16ㅎ≫生受相公, 슈고ᄒᆞ여다 相公아. ≪朴諺, 中, 34ㅎ≫休嫌生受, 슈고홈을 혐의로이 너기디 말라.

슈례두다 동 수례(手例)하다. 수결(手決)하다. 서명(署名)하다. 표(表)하다. ⇔압(押). ≪朴諺, 中, 46ㅈ≫你却不道首領官署了卷廳上不曾押裏, 네 ᄯᅩ 首領官은 권에 일홈두고 廳上이 일즙 슈례두디 아녓다 니ᄅᆞ디 아니ᄒᆞ던다.

슈박 명 수박. ⇔서과(西瓜). ≪朴諺, 中, 34ㅎ≫種些冬瓜, 동화. 西瓜, 슈박. 甜瓜, 참외. 揷葫, ᄌᆞᄅᆞ박. 稍瓜, 수세외. 黃瓜, 외. 茄子, 가지를 시므라. ≪朴諺, 中, 56ㅈ≫跳冬瓜跳西瓜, 동과ᄠᅱ옴 ᄒᆞ랴 슈박ᄠᅱ옴 ᄒᆞ랴.

슈박ᄠᅱ옴 명 미상. ⇔도서과(跳西瓜). ≪朴諺, 中, 56ㅈ≫跳冬瓜跳西瓜, 동과ᄠᅱ옴 ᄒᆞ랴 슈박ᄠᅱ옴 ᄒᆞ랴.

슈슈 명 수수. ⇔촉출(薥秫). ≪朴諺, 下, 37ㅈ≫稻子, 벼. 薥秫, 슈슈. 黍子, 기장. 大麥, 보리. 小麥, 밀. 蕎麥, 모밀. 黃豆, 콩. 小豆, ᄑᆞᆺ. 菉豆, 녹두. 莞豆, 광쟝이. 黑豆, 거믄콩. 芝麻, 참ᄭᅢ. 蘇子, 듧ᄭᅢ.

슈습ᄒᆞ다 동 수습(收拾)하다. ⇔수습(收拾). ≪朴諺, 中, 48ㅎ≫不用心收拾時怪

你, 용심ᄒᆞ여 슈습디 아니ᄒᆞ면 너를 허믈ᄒᆞ리라.

슈신 명 수(繡)신. ⇔수혜(繡鞋). ≪朴諺, 中, 48ㅎ≫我也做饋他一對學行的綉鞋, 나도 ᄒᆞᆫ 빵 거롬 ᄇᆡ호ᄂᆞᆫ 슈신을 지어 뎌를 주리라.

슈종 명 수종(隨從). (수행하는 사람. 따르는 사람) ⇔종(從). ≪朴諺, 中, 5ㅎ≫從的六箇, 슈종 여슷의게ᄂᆞᆫ.

슈지엣말 명 수수께끼. ⇔미(謎). ≪朴諺, 上, 36ㅈ≫我說幾箇謎(集覽, 朴集, 上, 10ㅎ: 謎. 隱語也. 正, 音미, 俗或呼믜.), 내 여러 슈지엣말 니롤 거시니.

슈지치 명 수(繡)놓기. 자수(刺繡). ⇔자수(刺繡). ≪朴諺, 上, 41ㅎ≫好刺(刺)綉生活, 슈지치 셩녕을 잘ᄒᆞ고.

슈지칠ᄒᆞ다 동 수(繡)놓다. 자수(刺繡)하다. ⇔수(繡). ≪朴諺, 上, 14ㅈ≫這的大紅綉五爪蟒龍, 이 大紅에 五瓜 蟒龍을 슈지칠ᄒᆞ고.

슈털릭 명 수를 놓은 철릭. ⇔수첩리(繡帖裏). ≪朴諺, 上, 63ㅎ≫我的帖裏怎麽赶上你的綉帖裏, 내 텰릭이 엇디 네 슈텰릭에 미ᄎᆞ리오.

슈헐빗ㅊ 명 수갈색(水褐色). 물빛을 띤 갈색. ⇔수갈(水褐). ≪朴諺, 下, 11ㅈ≫稍一箇水褐段匹, ᄒᆞᆫ 슈헐빗치 비단을 브텨.

슈ᄒᆞ다 동 수(繡)놓다. ⇔수(繡). ≪朴諺, 中, 54ㅎ≫這明綠通袖膝欄綉的做帖裏, 이 明綠빗체 通袖 膝欄 슈ᄒᆞᆫ 거ᄉᆞ란 텰릭 짓고. ≪朴諺, 中, 54ㅎ≫這鷄冠紅綉四花做搭護, 이 만도람이빗체 四花 슈ᄒᆞᆫ 거ᄉᆞ란 더그레 짓고.

슉치칼 명 채칼. 채도(菜刀). ⇔찰상아(擦床兒). ≪朴諺, 中, 11ㅎ≫檫床兒, 슉치칼.

슌 의 순(巡). 바퀴. ⇔회(回). ≪集覽, 字解, 累字解, 2ㅎ≫一回. ᄒᆞᆫ 슌. ≪集覽, 字解, 累字解, 2ㅎ≫幾回. 몃 슌.

슌빅 의 순배(巡杯). ⇔순(巡). ≪朴諺, 上, 6ㅈ≫我們先喫兩巡酒後頭擡卓兒, 우리 몬져 두 슌빅 술 머근 후에 상을 드러든.

슌ᄒᆞ다 형 순(順)하다. ⇔순(順). ≪朴諺, 中, 60ㅈ≫口也順, 입도 슌ᄒᆞ고.

스다 동 쓰다[書]. ⇔사(寫). ≪朴諺, 下, 41ㅎ≫寫着甚麽裡, 므서시라 셧더뇨. ≪朴諺, 下, 41ㅎ≫寫着壬辰年二月朔丙午十二日丁卯, 壬辰年 二月朔 丙午 十二日 丁卯에.……巳·午·亥·卯生人忌犯裡, 巳·午·亥·卯에 난 사ᄅᆞᆷ은 忌犯ᄒᆞ라 셧더라.

스러디다 동 스러지다. 사라지다. ⇔소(消). ≪朴諺, 上, 14ㅈ≫那們時便消了, 그러면 곳 스러디리라.

스면 명 당면에 가늘게 썬 돼지고기를 넣고 끓인 국. ⇔분탕(粉湯). ≪朴諺, 上, 7ㅈ≫第七道粉湯·饅頭, 第七道ᄂᆞᆫ 스면과 상화를 ᄒᆞ면. ≪朴諺, 下, 14ㅈ≫喫稍麥粉湯, 稍麥과 스면 먹고.

스므 관 스무[二十]. ⇔이십(二十). ≪朴諺, 下, 27ㅈ≫這二十顆珊瑚怎的賣, 이 스므 낫 珊瑚를 엇디 폴려 ᄒᆞᄂᆞᆫ다. ≪朴諺, 下, 62ㅈ≫這的高麗筆墨和二十張大紙將去, 이 高麗ㅅ 筆墨과 스므 댱 큰 죠히를 가져가.

스므날 명 스무날. ⇔이십(二十). ≪朴諺, 上, 9ㅈ≫這月二十頭起身, 이 ᄃᆞᆯ 스므날씌 起身ᄒᆞ리로다.

스믈 수 스물[二十]. ⇔이십(二十). ≪朴諺, 下, 59ㅈ≫年二十歲時分, 나히 스믈인 제.

스믜다 동 스미다. 드러나지 않다. ⇔암(暗). ≪朴諺, 上, 64ㅎ≫你來你這暗花段子, 이바 네 이 스믠문 비단을.

스믠문 명 스민 무늬. (드러나지 않은 꽃무늬. 곧, 직물의 바탕에 명암이나 실의 굵기, 또는 성기고 밴 정도에 따라 은은하게 보이는 꽃무늬) ⇔암화(暗花). ≪朴諺, 上, 64ㅎ≫你來你這暗花段子, 이바 네 이 스믠문 비단을.

스스로 부 스스로. ⇔자(自). ≪朴諺, 中, 29ㅈ≫妻賢夫省事官淸民自安, 妻ㅣ 어딜면 지아븨 일이 덜리이고 官이 ᄆᆞᆯ그면 빅셩이 스스로 편안ᄒᆞᄂᆞ니라. ≪朴諺, 中, 43ㅎ≫你自說村莊無人來訪, 네 스스로 닐오ᄃᆡ 村莊에 와 ᄎᆞ즐 사ᄅᆞᆷ이 업다 ᄒᆞ거니와. ≪朴諺, 下, 25ㅈ≫殺人一萬, 사ᄅᆞᆷ 一萬을 죽이면. 自損三千, 스스로 三千을 손ᄒᆞᆫ다 ᄒᆞ니라. ≪朴諺, 下, 45ㅎ≫你自聽我說, 네 스스로 내 니ᄅᆞ믈 드ᄅᆞ면.

스승 명 스승. 훈장. 선생. ⇔사부(師傅). ≪朴諺, 上, 44ㅎ≫你師傅是甚麽人, 네 스승이 이 엇던 사ᄅᆞᆷ고. ≪朴諺, 上, 44ㅎ≫師傅上唱喏, 스승님ᄭᅴ 읍ᄒᆞ고. ≪朴諺, 中, 26ㅎ≫高如師傅, 스승어(에)셔 나으니라. ≪朴諺, 下, 19ㅈ≫師傅上說知, 스승의게 닐러 알게 ᄒᆞ고. ≪朴諺, 下, 20ㅈ≫强的上拜爲師傅, 나으니를 拜ᄒᆞ야 스승을 삼쟈.

스츠다 동 시치다. ≪朴諺, 中, 54ㅎ≫且將那水線來都引了着, 아직 뎌 스츰이 실 가져다가 스츠라.

스츰이 명 시침. 시침질. ≪朴諺, 中, 54ㅎ≫且將那水線來都引了着, 아직 뎌 스츰이 실 가져다가 스츠라.

스츰이실 명 시침질에 쓰는 실. ⇔수선(水線). ≪朴諺, 中, 54ㅎ≫且將那水線來都引了着, 아직 뎌 스츰이 실 가져다가 스츠라. ≪譯語類解, 下, 裁縫≫水線, 스침 실.

슬갑 명 슬갑(膝甲). ⇔호슬(護膝). ≪朴諺, 上, 24ㅎ≫絟着一副鴉青段子滿刺(刺)嬌護膝, ᄒᆞᆫ 부 야쳥 비단에 滿刺(刺)嬌 ᄒᆞᆫ 슬갑을 ᄆᆡ엿고. ≪朴諺, 上, 27ㅈ≫絟着一對明綠綉四季花護膝, ᄒᆞᆫ 쌍 明綠빗치 四季花를 綉ᄒᆞᆫ 슬갑을 ᄆᆡ엿고. ≪朴諺, 上, 42ㅎ≫你做饋我一副護膝, 네 날을 ᄒᆞᆫ 부 슬갑을 ᄆᆡᆫᄃᆞ라 주고려. ≪朴諺, 上, 43ㅈ≫護膝上但使的都說與我着, 슬갑에 믈읫 ᄡᅳᆯ 거슬 다 날ᄃᆞ려 니ᄅᆞ라. ≪朴諺, 上, 43ㅎ≫做一對護膝, ᄒᆞᆫ 빵 슬갑을 ᄆᆡᆫ들려 ᄒᆞ면.

슬란(膝欄) 동 스란하다. (스란에 용(龍)·봉(鳳)·전자(篆字) 따위의 무늬를 넣다) ⇔슬란ᄒᆞ다(膝欄-). ≪朴諺, 上, 25ㅈ≫刺(刺)通袖膝欄(集覽, 朴集, 上, 8ㅎ: 刺通袖膝欄. 元時好着此衣, 前後具胷背, 又連肩而通袖之脊, 至袖口爲紋, 當膝周圍亦爲紋如欄干, 然織成段匹爲衣者有之, 或皮或帛, 用綵線周遭回曲爲緣, 如花樣, 刺〈刺〉爲草樹〈尌〉·禽獸·山川·宮殿之文於〈紋於〉其內, 備極奇巧, 皆用團領着之, 其直甚高. 達達〈ヒ〉之俗, 今亦猶然. 뷔윤 실로 치질ᄒᆞ니를 呼爲刺, 亦曰紃, 音扣.)羅帖裏上, ᄉᆞ매 ᄆᆞᄅᆞ 내 치질ᄒᆞ고 膝欄ᄒᆞᆫ 羅 텰릭에. ≪朴諺, 上, 63ㅈ≫我的串香褐通袖膝欄五彩綉帖裏, 내 팀향빗체 通袖 膝欄ᄒᆞ고 五彩로 綉노흔 텰릭과. ≪朴諺, 中, 36ㅎ≫葱白素通袖膝欄段子有麽, 葱白빗체 ᄆᆡᆫ通袖 膝欄ᄒᆞᆫ 비단이 잇ᄂᆞ냐.

슬란(膝欄) 명 스란. ≪朴諺, 中, 37ㅎ≫葱白膝欄四兩銀子一匹, 葱白빗 膝欄에ᄂᆞᆫ 넉 냥 은에 ᄒᆞᆫ 필이라. ≪朴諺, 中, 54ㅎ≫這明綠通袖膝欄綉的做帖裏, 이 明綠빗체 通袖 膝欄 슈ᄒᆞᆫ 거스란 텰릭 짓고.

슬란ᄒᆞ다(膝欄-) 동 스란하다. (스란에 용(龍)·봉(鳳)·전자(篆字) 따위의 무늬를 넣다) ⇔슬란(膝欄). ≪朴諺, 上, 25ㅈ≫刺(刺)通袖膝欄(集覽, 朴集, 上, 8ㅎ: 刺通袖膝欄. 元時好着此衣, 前後具胷背, 又連肩而通袖之脊, 至袖口爲紋, 當膝周圍亦爲紋如欄干, 然織成段匹爲衣者有之, 或皮或帛, 用綵線周遭回曲爲緣, 如花樣, 刺〈刺〉爲草樹〈尌〉·禽獸·山川·宮殿之文於〈紋於〉其內, 備極奇巧, 皆用團領着之, 其直甚高. 達達〈ヒ〉之俗, 今亦猶然. 뷔윤 실로 치질ᄒᆞ니를 呼爲刺, 亦曰紃, 音扣.)羅帖裏上, ᄉᆞ매 ᄆᆞᄅᆞ 내 치질ᄒᆞ고 膝欄ᄒᆞᆫ 羅 텰릭에. ≪朴諺, 上, 63ㅈ≫我的串香褐通袖膝欄五彩綉帖裏, 내 팀향빗체 通袖 膝欄ᄒᆞ고 五彩로 綉노흔 텰릭과. ≪朴諺, 中, 36ㅎ≫葱白素通袖膝欄段子有麽, 葱白빗체 ᄆᆡᆫ通袖 膝欄ᄒᆞᆫ 비단이 잇ᄂᆞ냐.

슬ㅎ다 동 슳다. ⇔벌(帥). ≪朴諺, 中, 6ㅎ≫

這米䴷將去再篩一篩, 이 쌀이 구즈니 가져가 다시 슬흐라.

습매(濕煤) 명 황토와 물을 한데 섞어 만든, 아직 덜 마른 석탄. ≪朴諺, 下, 44ㅎ≫只有些和的濕煤(集覽, 朴集, 下, 9ㅎ: 濕煤. 質問云, 如和煤未乾, 濕燒取其燄火, 方言謂之濕煤. 今按, 石炭搥碎, 幷黃土以水和作塊, 晒乾, 臨用麁碎, 納於爐〈炉〉中, 總謂之水和炭. 未乾者謂之濕煤, 已乾者謂之煤簡兒, 亦曰煤塊子. 其燒過土塊曰乏煤, 揀(揀)其土塊, 更和石炭用之.), 그저 져기 버므린 濕煤ㅣ 이시되.

습병(習兵) 동 군대를 훈련시키다. 군사를 조련하다. ≪朴諺, 下, 35ㅈ≫却打花房窩兒(集覽, 朴集, 下, 7ㅎ: 花房窩兒. 又云擊鞠, 騎而以杖擊也, 黃帝習兵之勢.), 또 花房 굼글 티쟈.

습전(習傳) 동 배우고 전승(傳承)하다. ≪朴諺, 中, 15ㅈ≫奪腦(集覽, 朴集, 中, 2ㅎ: 奪腦. 奪字未詳. 鄕習傳解曰, 딕고리 뽄 앏〈알〉프다. 奪, 音드, 去聲讀.)疼的, 골치 쏫 앏프고.

슷다 동 ❶씻다. 닦다. ⇔개(揩). ≪朴諺, 中, 47ㅎ≫摔了他鼲帶揩的乾浄着, 제 코를 프러 슷기를 간졍히 ᄒᆞᄂᆞ니라. ≪朴諺, 中, 48ㅈ≫不曾揩來, 일즙 슷디 아니ᄒᆞ여시니. 我饋你揩的乾浄着, 내 너를 슷기를 간졍히 ᄒᆞ여 주마. ❷스치다. 문지르다. ⇔말(抹). ≪朴諺, 下, 6ㅈ≫你爲甚麽這炕面上灰泥的不平正, 네 므서슬 위ᄒᆞ여 이 炕面 灰 ᄇᆞᄅᆞ미 平正티 못ᄒᆞ뇨. 將泥鏝來再抹的光着, 쇠손 가져다가 다시 스서 번번이 ᄒᆞ라.

승(升) 명 되[升]. ⇔되. ≪朴諺, 中, 6ㅈ≫諸般菜蔬·鷄鴠和升·斗·等子, 여러 가지 ᄂᆞ믈과 ᄃᆞᆰ긔알과 되과 말과 저울을.

승(升) 의 되[升]. ⇔되. ≪朴諺, 中, 5ㅎ≫分例支應(集覽, 朴集, 中, 1ㅈ: 分例支應. 元制, 正官一員, 一日宿頓, 該支〈支〉米一升, 麵一斤, 羊肉一斤, 酒一升, 柴一束, 經過減半, 從人一名, 止支〈支〉米一升, 經過減半. 今制, 正官一員, 一日經過, 米三升, 宿頓五升, 從人一名, 經過二升, 宿頓三升. 漢俗今云行三坐五.), 分例로 支應ᄒᆞ라. ≪朴諺, 中, 5ㅎ≫三升米, 서 되 ᄡᆞᆯ과. ≪朴諺, 中, 5ㅎ≫三升米, 시(서) 되 ᄡᆞᆯ과. ≪朴諺, 下, 28ㅈ≫一霎兒贏了二升多榛子, 져근덧에 두 되 나믄 개암을 이긔어다.

승(陞) 동 관위(官位)가 오르다. ⇔승ᄒᆞ다(陞−). ≪朴諺, 下, 59ㅎ≫陞做水軍將軍波珍餐侍中, 陞ᄒᆞ여 水軍將軍 波珍餐 侍中을 ᄒᆞ엿더니라.

승(勝) 동 이기다. ⇔이긔다. ≪朴諺, 中, 36ㅈ≫小心必勝, 조심ᄒᆞ면 반ᄃᆞ시 이긘다 ᄒᆞᄂᆞ니라. ≪朴諺, 下, 21ㅈ≫王道唐僧得勝了, 王이 닐오ᄃᆡ 唐僧이 이긔어다.

승(勝) 형 낫다. ⇔낫다. ≪朴諺, 下, 12ㅈ≫勝如見面, ᄂᆞᆺ출 봄도곤 나으리이다.

승(僧) 명 〈불〉 삼보(三寶)의 하나. 부처의 가르침을 받들어 실천하는 사람들을 보배에 비유하여 이르는 말이다. ≪朴諺, 下, 9ㅎ≫入寺敬三寶(集覽, 朴集, 下, 3ㅈ: 三寶. 佛·法·僧也. 功成妙智, 道登圓覺, 佛也, 玄理幽微, 正教精誠, 法也, 禁戒守眞, 威儀出俗, 僧也.), 뎔에 드러는 三寶를 敬ᄒᆞ고.

승(縄) 명 승(繩). '縄'은 '繩'의 속자. ≪朴諺, 中, 28ㅎ≫將棍縄到那家裏, 막대과 노흘 가지고 뎌 집의 가.

승(繩) 명 ❶노[繩]. 노끈. ⇔노ㅎ. ≪朴諺, 中, 28ㅎ≫將棍縄到那家裏, 막대과 노흘 가지고 뎌 집의 가. ≪朴諺, 下, 46ㅈ≫椽子麁的四條繩, 혓가래 굴긔예 네 오리 노흐로. ❷줄. ⇔줄. ≪朴諺, 上, 34ㅎ≫一年經蛇咬三年怕井繩, ᄒᆞᆫ 히를 ᄇᆡ암 믈려 디내면 三年을 드렛줄도 접퍼ᄒᆞᆫ다 ᄒᆞᄂᆞ니라.

승(蠅) 명 파리. ⇔ᄑᆞ리. ≪朴諺, 中, 55ㅎ≫怎麽這般蠅子廣, 엇디 이리 ᄑᆞ리 흔ᄒᆞ뇨. 將蠅拂子來都赶了, ᄑᆞ리채 가져다가 다 ᄶᅩᆺ고.

승가대사(僧伽大士) 명 서역(西域)의 이름

난 중. 성(姓)은 하씨(何氏). 시호는 성증대사(聖證大師). 용삭(龍朔) 초에 당(唐)나라에 들어와 사주(泗州)에 절을 세웠고, 뒤에 천복사(薦福寺)에 거처하였다. 세상에서는 관음보살(觀音菩薩)의 화신(化身)이라 하며, 관음보살이나 소상(塑像)을 이를 때도 쓰인다. ≪朴諺, 中, 22ㅈ≫起浮屠於泗水之間(集覽, 朴集, 中, 5ㅈ: 起浮屠於泗水之間. 神僧傳云, 僧伽大士, 西域人, 姓何氏. 唐龍朔初, 於泗州臨淮縣信義坊, 將建伽藍, 掘得古香積寺銘記并金像一軀, 上有普照王佛字, 遂建寺焉. 中宗聞名, 遣使迎師, 居薦福寺, 頂上有一穴, 以絮窒之, 夜則去絮, 香從頂穴中出, 非常芬馥. 及曉, 香還頂中, 又以絮窒之. 景龍四年, 端立而終. 中宗令於寺起塔, 俄而大風欻起, 臭氣滿長安. 中宗問諸近臣, 近臣奏, 僧伽大師化緣在臨淮, 恐欲歸.), 浮屠를 泗水ㅅ ᄉᆞ이에 니ᄅᆞ혀고.

승가려(僧伽黎) 명 〈불〉 삼의(三衣)의 한 가지. 의식용 가사(袈裟)이다. ≪朴諺, 上, 33ㅈ≫披着袈裟(集覽, 朴集, 上, 10ㅈ: 袈裟. 反(飜)譯名義云, 袈裟是外國三衣之名. 或名離塵服, 由斷〈断〉六塵故, 或名消瘦服, 由斷煩惱故, 或名無垢衣. 一曰金縷僧伽黎, 卽大衣也, 入王宮聚落時衣, 乞食時着.), 袈裟 닙고.

승강(乘降) 동 올라가고 내려오다. ≪朴諺, 上, 18ㅈ≫那三台(集覽, 朴集, 上, 7ㅈ: 三台. 三台, 星名. 在天爲六座, 名天階, 亦曰泰階, 太上升降之道也.)板兒做得好, 뎌 三台 돈은 민둘기를 잘ᄒᆞ엿고.

승계(勝計) 동 하나하나 모두 헤아리다. ≪朴諺, 下, 58ㅎ≫咱本國是太祖(集覽, 朴集, 下, 12ㅈ: 太祖. 夫人柳氏曰, 妾聞諸公之言, 尙有感奮, 況大丈夫乎. 提甲領以披之, 諸將扶擁而出, 令人呼曰, 王公已擧義旗, 國人來赴者不可勝計.)姓王諱建表德若天, 우리 本國이 太祖의 姓은 王이오 諱는 建이오 字는 若天이니.

승니(僧尼) 명 〈불〉 비구(比丘)와 비구니(比丘尼). ≪朴諺, 中, 33ㅈ≫僧尼道俗都隨喜去, 僧尼 道俗이 다 구경ᄒᆞ라 가니. ≪朴諺, 下, 3ㅈ≫西天取經去(集覽, 朴集, 下, 1ㅈ: 西天取經去. 此時唐太宗, 聚天下僧尼, 設無遮大會, 因衆僧擧一高僧爲壇主說法, 卽玄裝〈奘〉法師也.)時莭(節), 西天의 經 가질라 갈 제. ≪朴諺, 下, 7ㅎ≫這七月十五日是諸佛解夏(集覽, 朴集, 下, 2ㅈ: 解夏. 荊楚歲時記云, 天下僧尼, 於四月十五日, 就禪刹掛搭不出門, 謂之結夏, 亦曰結制.)之日, 七月 十五日은 諸佛解夏ᄒᆞᄂᆞᆫ 날이라. ≪朴諺, 下, 8ㅎ≫僧尼道俗善男信女, 僧尼 道俗과 善男 信女ㅣ. ≪朴諺, 下, 42ㅎ≫諸般彩亭子(集覽, 朴集, 下, 9ㅈ: 彩亭子. 漢俗皆於白日送殯, 凡結飾車輿·幢幡·傘盖及紙造人馬爲前導者, 連亘四五十步. 僧尼·道士及鼓〈皷〉樂·鍾鈸塡咽大路, 遠近大小親鄰〈隣〉男女, 前後導從者, 不知幾人, 後施夾障從之.), 여러 가지 彩亭子를 셰내고.

승당(承當) 동 맡다. 담당(擔當)하다. 책임(責任)지다. ⇔승당ᄒᆞ다(承當-). ≪朴諺, 中, 10ㅈ≫賣主一面承當不詞, 픈 님재 一面으로 承當ᄒᆞ야 말 못ᄒᆞ고.

승당ᄒᆞ다(承當-) 동 맡다. 담당(擔當)하다. 책임(責任)지다. ⇔승당(承當). ≪朴諺, 中, 10ㅈ≫賣主一面承當不詞, 픈 님재 一面으로 承當ᄒᆞ야 말 못ᄒᆞ고.

승두(升斗) 명 두공(枓栱). (목조 건물에서 기둥 위에 지붕을 받치며 차례로 짜 올린 구조) ⇔바리. ≪朴諺, 下, 12ㅎ≫以至升斗, 뼈 바리와. 石, 돌과. 塼, 벽과. 培瓦, 培瓦에 니르히. 都有, 다 이셰라.

승록사(僧錄司) 명 절과 중에 대한 일을 맡아보던 관아. 당(唐)나라 개성(開成) 연간에 처음으로 두었다. ≪朴諺, 下, 8ㅈ≫慶壽寺(集覽, 朴集, 下, 2ㅎ: 慶壽寺. 一統志云, 在順天府西南, 內有飛虹·飛渡二橋, 石刻六大字, 極遒勁. 相傳金章宗所書. 又有金學士李晏碑文, 正統間重建, 賜額大興隆寺, 僧錄司在焉.)裏爲諸亡靈, 慶

壽寺에셔 모든 亡靈을 위ᄒᆞ여.

승보(勝報) 명 매우 승묘(勝妙)한 보응(報應). ≪朴諺, 下, 4ㅎ≫久後你也得證果金身(集覽, 朴集, 下, 1ㅎ: 證果金身. 言果報者, 觀經疏云, 行眞實法感得勝報也.), 오란 후에 너도 證果金身홈을 어드리라.

승보(僧寶) 명 〈불〉 삼보(三寶)의 하나. 본래 승단(僧團)을 이르는 말이었으나, 뒤에는 불법을 계승하고 선양(宣揚)하는 중의 무리를 일컫는 말로 쓰였다. ≪朴諺, 下, 9ㅎ≫入寺敬三寶(集覽, 朴集, 下, 3ㅈ: 三寶. 脫塵異俗, 圓頂方袍, 入聖超凡, 爲衆中尊, 卽僧寶也.), 뎔에 드러는 三寶를 敬ᄒᆞ고.

승부(勝負) 명 이김과 짐. ≪朴諺, 下, 35ㅈ≫却打花房窩兒(集覽, 朴集, 下, 7ㅎ: 花房窩兒. 但本國龍飛御天歌云, 擊毬之法, 或數人, 或十餘人, 分左右以較勝負.), 또 花房 굼글 티쟈.

승불자(蠅拂子) 명 파리채. ⇔ᄑᆞ리채. ≪朴諺, 中, 55ㅎ≫將蠅拂子來都赶了, ᄑᆞ리채 가져다가 다 ᄧᅩᆺ고.

승상(丞相) 명 전국시대(戰國時代) 진(秦)나라가 두었다. 무왕(武王) 2년(B.C. 309)에 처음으로 두었는데, 원대(元代)에는 좌·우승상(左右丞相)을 두어 재상(宰相)의 직임(職任)을 담당하고, 천자(天子)를 보좌하여 국사를 처리하게 하였다. 명(明)나라 홍무(洪武) 13년(1380)에 폐하였다. 우리나라의 정승(政丞)과 같다. ⇔승샹. ≪朴諺, 上, 18ㅎ≫南斗六星(集覽, 朴集, 上, 7ㅈ: 南斗. 晉書天文志, 六星天廟〈庙〉, 丞相太宰之位, 主褒賢進士, 稟授爵祿.)板兒做得忒圓了些, 南斗六星 돈은 민돌기를 너모 두렷게 ᄒᆞ엿고. ≪朴諺, 下, 29ㅈ≫元寶(集覽, 朴集, 下, 5ㅎ: 元寶. 南村輟耕錄云, 至元十三年, 元兵平宋, 回至楊(揚)州, 丞相伯顔號令搜撿(檢)將士行李, 所得撒花銀子, 銷鑄作錠, 每五十兩爲一錠, 歸朝獻〈献〉納.)我有半錠了, 元寶ㅣ 내게 반 뎡이 이시니. ≪朴諺, 下, 30ㅎ≫官裏前面丞相爲頭兒, 황뎨 앏픠 승샹 위두ᄒᆞ여. ≪朴諺, 下, 38ㅎ≫比丞相(集覽, 朴集, 下, 8ㅎ: 丞相. 元中書省有左右丞相, 任宰相之職〈耺〉, 左右天子平章萬機.)爭甚麽, 丞相에 比컨대 므서시 ᄲᅳ리오. ≪朴諺, 下, 48ㅎ≫丞相家的, 丞相 집. 公侯家的, 公侯ㅅ 집이. ≪朴諺, 下, 59ㅎ≫侍中是這裡丞相一般, 侍中은 이 여긔 丞相과 ᄒᆞᆫ가지라.

승상기하(承上起下) 동 앞의 문장을 받아서 뒷 문장을 잇다. ≪集覽, 字解, 單字解, 2ㅎ≫也. 在詞之上者, 又也. 也好 ᄯᅩ 됴타, 也是 ᄯᅩ 올타. 在詞之中者, 承上起下之辭. 我也去 나도 가마. 在詞之終者, 語助.

승샹 명 벼슬 이름. 전국시대(戰國時代) 진(秦)나라가 두었다. 무왕(武王) 2년(B.C. 309)에 처음으로 두었는데, 원대(元代)에는 좌·우승상(左右丞相)을 두어 재상(宰相)의 직임(職任)을 담당하고, 천자(天子)를 보좌하여 국사를 처리하게 하였다. 명(明)나라 홍무(洪武) 13년(1380)에 폐하였다. 우리나라의 정승(政丞)과 같다. ⇔승상(丞相). ≪朴諺, 下, 30ㅎ≫官裏前面丞相爲頭兒, 황뎨 앏픠 승샹 위두ᄒᆞ여.

승선포정사(承宣布政使) 명 벼슬 이름. 송대(宋代)에 두었던 절도 유후(節度留後)를 명대(明代)에 고친 이름. 청대(淸代)에는 포정사(布政使)라 하였다. 한 성(省)의 정사(政事)를 관장하고 조정의 시책과 금령(禁令)을 하부에 알리는 일을 맡았다. ≪朴諺, 上, 25ㅎ≫江西(集覽, 朴集, 上, 9ㅈ: 江西. 古楊(揚)州地, 今置承宣布政使司.)十分上等眞結綜(椶)帽兒上, 江西 ᄀᆞ장 上等에 진짓 綜(椶)으로 ᄆᆡᆫᄌᆞᆫ 갓 우희. ≪朴諺, 下, 11ㅎ≫得了照會(集覽, 朴集, 下, 3ㅈ: 照會. 五軍都督府照會六部, 六部照會承宣布政使司, 使司照會提刑按察司.), 照會를 얻노라. ≪朴諺, 下, 51ㅎ≫申(集覽, 朴集, 下, 11ㅎ: 申. 某府爲某事云云, 合行申覆, 伏乞照驗施行,

須至申者, 右申某處承宣布政使司, 年月, 府官姓名.)竊盜狀, 窃盜狀을 申ᄒᆞ노니.

승자(繩子) 명 승자(䋲子). '繩'은 '䋲'의 속자. ≪朴諺, 上, 37ㅎ≫滿天星宿一箇月三條繩子由你曳, 하늘에 ᄀᆞ득ᄒᆞᆫ 星宿에 ᄒᆞᆫ 둘을 세 오리 노ᄒᆞ로 제대로 ᄭᅳ으ᄂᆞᆫ 거시여.

승자(䋲子) 명 노. 노끈. ⇔노ㅎ. ≪朴諺, 上, 37ㅎ≫滿天星宿一箇月三條繩子由你曳, 하늘에 ᄀᆞ득ᄒᆞᆫ 星宿에 ᄒᆞᆫ 둘을 세 오리 노ᄒᆞ로 제대로 ᄭᅳ으ᄂᆞᆫ 거시여. ≪朴諺, 下, 5ㅎ≫你把那䋲子, 네 뎌 노ᄒᆞ로다가.

승자(蠅子) 명 파리. ⇔ᄑᆞ리. ≪朴諺, 中, 55ㅎ≫怎麼這般蠅子廣, 엇디 이리 ᄑᆞ리 흔ᄒᆞ뇨. 將蠅拂子來都赶了, ᄑᆞ리채 가져다가 다 ᄶᅩᆺ고.

승천포(昇天浦) 명 포구 이름. 경기도 풍덕군(豐德郡)에 있었다. ≪朴諺, 下, 60ㅈ≫娘子柳氏(集覽, 朴集, 下, 12ㅎ: 娘子柳氏〈柳氏〉. 貞州, 今豐〈豊〉德昇天浦古城北二里是也.)出來說道, 娘子 柳氏ㅣ 나와 닐오ᄃᆡ.

승행(僧行) 명 〈불〉 중이 되기 위하여 출가한 사람으로서 아직 도첩(度牒)을 받지 못한 사람. ≪朴諺, 下, 17ㅈ≫唐三藏引孫行者(集覽, 朴集, 下, 4ㅈ: 孫行者. 行者, 僧未經關給度牒者, 謂之僧行, 亦曰行者.), 唐三藏이 孫行者를 ᄃᆞ리고.

승ᄒᆞ다(陞-) 동 관위(官位)가 오르다. ⇔승(陞). ≪朴諺, 下, 59ㅎ≫陞做水軍將軍波珍餐侍中, 陞ᄒᆞ여 水軍將軍 波珍餐 侍中을 ᄒᆞ엿더니라.

싀다 형 시다. 시큼하다. ⇔산(酸). ≪朴諺, 上, 49ㅎ≫休喫酸·甜·腥·葷等物, 싄 것 ᄃᆞᆫ 것 비린 것 누린 것들을 먹디 말고.

싀훤ᄒᆞ다 형 시원하다. ⇔상리(爽利). ≪朴諺, 上, 40ㅈ≫將風屑去的爽利着, 비듬을 다가 업시ᄒᆞ야 싀훤케 ᄒᆞ라.

싄다리 명 허벅다리. ⇔퇴(腿). ≪朴諺, 上, 35ㅎ≫只是腿上十分無氣力, 그저 싄다리예 ᄀᆞ장 氣力이 업세라.

시 명 것이. ≪集覽, 字解, 單字解, 6ㅈ≫賃. 僦屋以語曰賃, 지블 둘마다 銀 현 량곰 삭 물오 드러 이셔 살 시라. 又雇用驢馬·舟車之類曰賃, 라괴와 ᄆᆞᆯ둘흘 삭 주고 브릴 시라.

시(市) 명 저자. 시장. ⇔져제. ≪朴諺, 上, 55ㅎ≫你自馬市裏揀(揀)着買去, 네 손ᄌᆞ ᄆᆞᆯ 져제 ᄀᆞᆯ히여 사라 가라. 市裏尋不着好馬, 져제ᄂᆞᆫ 됴흔 ᄆᆞᆯ을 엇디 몯ᄒᆞᆯ러라. ≪朴諺, 上, 59ㅈ≫我也明日到羊市裏, 나도 ᄂᆡ일 羊 져제 가. ≪朴諺, 中, 34ㅎ≫着那丫頭菜市裏, 뎌 丫頭로 ᄂᆞ믈 져제. ≪朴諺, 中, 38ㅎ≫我羊市裏前頭磚塔衚衕裏, 내 양 져제 앏 벽탑골에.

시(是) 관 이. ⇔이. ≪朴諺, 上, 10ㅈ≫後日是天赦日, 모뢰ᄂᆞᆫ 이 天赦日이니. ≪朴諺, 上, 27ㅈ≫鞦皮穗兒鞦根都是斜皮的, 쥬피 딜채와 군뎌귀를 다 이 斜皮로 ᄒᆞ엿고. ≪朴諺, 上, 32ㅈ≫知他是幾箇明日, 모로리로다 이 몃 ᄂᆡ일인디. ≪朴諺, 上, 37ㅈ≫這箇是蝎子, 이거슨 이 전갈이로다. ≪朴諺, 上, 39ㅈ≫馬是第(第)一寶貝, ᄆᆞᆯ은 이 第(第)一 寶貝라. ≪朴諺, 上, 44ㅎ≫是秀才, 이 秀才라. ≪朴諺, 上, 56ㅎ≫是買不得馬, 이 ᄆᆞᆯ을 사디 믓(몯)ᄒᆞ리라. ≪朴諺, 中, 7ㅎ≫這使臣是使長耳目一般的使臣, 이 使臣은 이 使長의 耳目 ᄒᆞᆫ가짓 使臣이라. ≪朴諺, 中, 26ㅈ≫休道是街上百姓的, 이 거릿 百姓의 거슨 니ᄅᆞ디 말리라. ≪朴諺, 中, 31ㅎ≫是人倫弟兄之意, 이 人倫 弟兄의 ᄠᅳᆮ이어니와. ≪朴諺, 中, 37ㅎ≫討的是虛還的是實, 뫼오ᄂᆞᆫ 거슨 이 거즛 거시오 갑ᄂᆞᆫ 거시아 이 실ᄒᆞ니라. ≪朴諺, 中, 49ㅎ≫是我先擲, 이 내 몬져 더디마. ≪朴諺, 中, 56ㅎ≫是賣猫的, 이 괴 ᄑᆞᆯ 리로다. ≪朴諺, 中, 60ㅈ≫你道是合理的事, 네 닐오ᄃᆡ 이 理에 合ᄒᆞᆫ 일이라 ᄒᆞ니. ≪朴諺, 下, 1ㅈ≫這的是誰的不是, 이거시 이 뉘 올티 아니ᄒᆞ뇨. ≪朴諺, 下, 10ㅈ≫怎的是佛法, 엇디ᄒᆞᆯ손 이

佛法고. ≪朴諺, 下, 19ㅎ≫貧僧是東土人, 貧僧은 이 東土ㅅ 사룸이라. ≪朴諺, 下, 24ㅎ≫不是師傅, 이 師傅ㅣ 아니면. ≪朴諺, 下, 30ㅈ≫今日是聖莭(節)日, 오놀은 이 聖莭(節)日이라. ≪朴諺, 下, 49ㅎ≫宣武是順城門, 宣武는 이 順城門이오. ≪朴諺, 下, 54ㅎ≫是某回言道, 이 某ㅣ 回言ᄒᆞ여 닐오되. ≪朴諺, 下, 59ㅎ≫侍中是這裡丞相一般, 侍中은 이 여긔 丞相과 ᄒᆞᆫ 가지라.

시(是) 때 ❶이. ⇔이. ≪朴諺, 上, 9ㅎ≫我是愚魯之人, 나는 이 愚魯ᄒᆞᆫ 사룸이라. ≪朴諺, 上, 29ㅈ≫都是好的, 다 이 됴흔 이라. ≪朴諺, 上, 38ㅈ≫眞箇是精細人, 진짓 이 精細ᄒᆞᆫ 사룸이로다. ≪朴諺, 上, 47ㅈ≫我是新來的莊家, 나는 이 새로 온 향암이라. ≪朴諺, 上, 52ㅈ≫朝南開着一箇小墻門便是, 남을 향ᄒᆞ여 ᄒᆞᆫ 小墻門 낸 거시 곳 이라. ≪朴諺, 上, 62ㅈ≫撒網垂鈎的是大小漁艇, 撒網 垂釣ᄒᆞᆫ 거슨 이 大小 漁艇이오. 弄水穿波的是覓死的魚蝦, 弄水 穿波ᄒᆞᄂᆞᆫ 거슨 이 覓死ᄒᆞᄂᆞᆫ 魚蝦오. ≪朴諺, 中, 37ㅎ≫駁彈的是買主, 나므라ᄂᆞ니아 이 사는 님재라. ≪朴諺, 中, 41ㅎ≫去字傍着反耳的便是, 去字 변에 뒨귀이 ᄒᆞᆫ 거시 곳 이라. ≪朴諺, 中, 42ㅈ≫金傍做昔字便是, 金字 변에 昔字 ᄒᆞᆫ 거시 곳 이라. ≪朴諺, 中, 42ㅎ≫田字下心字便是, 田字 아릐 心字 ᄒᆞᆫ 거시 곳 이라. ≪朴諺, 中, 53ㅈ≫休道是偌多鈔錠段子, 이 만ᄒᆞᆫ 鈔錠과 비단을 니ᄅᆞ디 말라. ≪朴諺, 中, 58ㅎ≫有的是裏, 잇거져 ᄒᆞᆫ 거시 이라. ≪朴諺, 下, 34ㅎ≫你是新來的莊家, 너는 이 새로 온 향암이라. ≪朴諺, 下, 53ㅈ≫檢驗是實, 檢驗ᄒᆞ야 이 실커든. ≪朴諺, 下, 53ㅈ≫執結是實, 執結이 이 실ᄒᆞ니. ❷이로. ⇔일로. ≪朴諺, 中, 23ㅈ≫由是威神莫測, 일로 말믹암아 威神을 혜아리디 못ᄒᆞ고.

시(是) 뷔 이렇게. ⇔이리. ≪朴諺, 上, 22ㅎ≫硬道是着麽, 굿ᄐᆞ여 이리 닐을다.

시(是) 혱 옳다. ❶⇔올타. ≪集覽, 字解, 單字解, 2ㅎ≫也. 在詞之上者, 又也. 也好 또 됴타, 也是 또 올타. 在詞之中者, 承上起下之辭. 我也去 나도 가마. 在詞之終者, 語助. ≪朴諺, 上, 11ㅎ≫絟馬錢與他一捧兒米便是, ᄆᆞᆯ 믹엿든 갑슬 뎌ᄅᆞᆯ ᄒᆞᆫ 우훔 ᄡᆞᆯ을 줌이 곳 올타. ≪朴諺, 上, 48ㅎ≫說的是, 닐옴이 올타. ≪朴諺, 中, 43ㅈ≫說的是, 닐옴이 올타. ≪朴諺, 中, 48ㅎ≫你說的是, 네 닐옴이 올타. ≪朴諺, 下, 16ㅈ≫禍不單行眞箇是, 禍不單行이 진실로 올타. ❷⇔올ᄒᆞ다. ≪集覽, 字解, 單字解, 4ㅎ≫便. 去聲, 卽也. 便行 즉재 가니라, 便去 즉재 가리라, 又즉재 가다. 又則也. 便有 곧 잇다, 便是 곧 올ᄒᆞ니라. 又順也, 順便. 又安也, 便當. 又宜也. 行方便 됴ᄒᆞᆯ 양오로 ᄒᆞ다, 不方便 다히 마지 쉽사디 아니타. 又猶則也. 你去便就有了 너옷 가면 이시리라. 又平聲, 穩便 온당ᄒᆞ다. 吏語, 便益. ≪朴諺, 上, 38ㅎ≫不問多少與他些箇便是, 多少ᄅᆞᆯ 뭇디 말고 뎌ᄅᆞᆯ 젹이 주미 곳 올ᄒᆞ니라. ≪朴諺, 中, 8ㅈ≫我的不是了, 우리 올티 아니호라. ≪朴諺, 中, 13ㅈ≫是那不是, 올ᄒᆞ냐 올티 아니ᄒᆞ냐. ≪朴諺, 中, 46ㅈ≫是大前日箇, 올ᄒᆞ니 긋그제. ≪朴諺, 中, 49ㅎ≫我忒强時也不是, 내 너모 세오면 올티 아니ᄒᆞ니. ≪朴諺, 下, 1ㅈ≫這的是誰的不是, 이거시 이 뉘 올티 아니ᄒᆞ뇨. ≪朴諺, 下, 1ㅎ≫你的不是, 네 올티 아니ᄒᆞ다. ≪朴諺, 下, 16ㅎ≫這的便是, 이 곳 올ᄒᆞ니. ≪朴諺, 下, 25ㅈ≫這孫行者正是了的, 이 孫行者는 정히 올탓다. ≪朴諺, 下, 62ㅈ≫這的便是, 이 곳 올ᄒᆞ니. ❸⇔옳다. ≪朴諺, 上, 21ㅎ≫說的是, 니름이 올흐니. ≪朴諺, 上, 33ㅎ≫却喫這一頓打也是, 또 이 ᄒᆞᆫ 디위 마즘을 니버도 올흐니라. ≪朴諺, 上, 45ㅎ≫這的便是, 이 곳 올흐니. ≪朴諺, 上, 52ㅈ≫是小人見來, 올흐니 小人이 보앗노라. ≪朴諺, 上, 53ㅎ≫小人奉承的便是, 小人이 奉承홈이

곳 올ᄒᆞ니. ≪朴諺, 上, 67ㅈ≫是裏, 올ᄒᆞ니. ≪朴諺, 中, 6ㅈ≫休少了我的便是, 우리게도 젹게 말미 곳 올ᄒᆞ니라. ≪朴諺, 中, 10ㅎ≫買人的文契只這的是, 사ᄅᆞᆷ 사ᄂᆞᆫ 글월을 그저 이리 홈이 올ᄒᆞ니. ≪朴諺, 中, 14ㅎ≫這的是, 이 올ᄒᆞ니. ≪朴諺, 中, 15ㅈ≫是小人昨日張少卿的慶賀筵席裏到來, 올ᄒᆞ니 小人이 어제 張少卿의 慶賀 잔채에 갓더니. ≪朴諺, 中, 56ㅎ≫恨的我沒是處, 뮙기 내 올흔 곳이 업세라. ≪朴諺, 中, 60ㅈ≫街上人道的是, 거릿 사ᄅᆞᆷ의 닐옴이 올ᄒᆞ니. ≪朴諺, 下, 26ㅈ≫但與的便是價錢, 믈읫 주ᄂᆞᆫ 거시 곳 올흔 갑시니.

시(柴) 명 나무. 땔나무. ⇔나모. ≪朴諺, 中, 12ㅈ≫買些柴·拳頭菜·茶葉拿去, 져기 나모와 고사리와 茶葉을 사 가져가라.

시(時) 명 ❶때[時]. ⇔ᄣᅢ. ≪朴諺, 下, 48ㅈ≫甚時幾刻立春, 아ᄆᆞ ᄣᅢ 현 刻에 立春 ᄒᆞᆫ다 ᄒᆞ면. ≪朴諺, 下, 52ㅈ≫右某伏爲於今月某日某時已來, 右 某ᄂᆞᆫ 伏爲 今月 아모 날 아모 ᄣᅢ예. ≪朴諺, 下, 54ㅈ≫伏爲於今月某日某時已來, 伏爲 이 ᄃᆞᆯ 아모 날 아모 ᄣᅢ에. ❷적. 때. ⇔쟉. ≪朴諺, 下, 16ㅎ≫買時買四書六經也好, 살 쟉시면 四書와 六經을 삼이 ᄯᅩ 됴ᄒᆞ니. ❸제. 때에. 적에. ⇔제. ≪朴諺, 下, 11ㅈ≫前者姐夫去時, 前에 姐夫ㅣ 갈 제.

시(匙) 명 숟가락. ⇔술. ≪朴諺, 中, 11ㅎ≫鑼鍋, 로고. 柳箱, 섥. 灑子, 드레. 三脚, 아리쇠. 椀·楪, 사발·뎝시. 匙筯, 술 져. 樢杓, 나모쥬게. 笊籬, 조릐. 炊箒, 솔.

시(猜) 동 알다. 알아맞히다. ⇔알다. ≪朴諺, 上, 14ㅈ≫你猜的麽, 네 알리로소냐. 我猜, 내 알리로다. ≪朴諺, 上, 14ㅎ≫便猜着了, 곳 아ᄂᆞᆫ고나. ≪朴諺, 上, 36ㅈ≫你猜, 네 알라. 你說我猜, 네 닐ᄋᆞ라 내 알마. ≪朴諺, 上, 36ㅈ≫我猜, 내 아노라. ≪朴諺, 上, 36ㅈ≫你再說我猜着, 네 ᄯᅩ 닐ᄋᆞ라 내 알마. ≪朴諺, 上, 38ㅈ≫咳都猜着了也, 애 다 아ᄂᆞᆫ고나. ≪朴諺, 下, 20ㅈ≫第二樻中猜物, 둘째ᄂᆞᆫ 樻中엣 거ᄉᆞᆯ 알고. ≪朴諺, 下, 21ㅈ≫着兩箇猜裏面有甚麽, 둘ᄒᆞ로 ᄒᆞ여 안희 므서시 잇ᄂᆞᆫ고 알라 ᄒᆞ니. ≪朴諺, 下, 21ㅎ≫王說今番着唐僧先猜, 王이 닐오ᄃᆡ 이번은 唐僧으로 몬져 알게 ᄒᆞ라. ≪朴諺, 下, 21ㅎ≫皇后大笑猜不着了, 皇后ㅣ 크게 우으며 아디 못ᄒᆞ여다.

시(試) 동 ❶바치다. 또는 시험(試驗)하다. 검사하고 평가하다. ⇔바티다. ≪朴諺, 上, 45ㅈ≫試文書的之後, 글을 바틴 후에. ❷시험(試驗)하다. ⇔시험ᄒᆞ다. ≪朴諺, 中, 48ㅎ≫我試一試, 내 시험ᄒᆞ쟈.

시(詩) 명 감흥과 사상 따위를 함축적이고 운율적인 언어로 표현한 글. ≪朴諺, 上, 45ㅈ≫做七言四句詩, 七言 四句 詩ᄅᆞᆯ 짓고.

시(廝) 명 놈. (보통 사람) ⇔놈. ≪朴諺, 上, 23ㅎ≫那廝不成, 뎌 놈이 不成ᄒᆞ여. ≪朴諺, 上, 30ㅎ≫李小兒那廝, 李小児ㅣ란 뎌 놈을. ≪朴諺, 上, 31ㅈ≫那廝高麗地面來的宰相們上做牙子, 뎌 놈이 高麗 ᄯᅡᄒᆞ로셔 온 宰相들희손ᄃᆡ ᄌᆞ름이 도엿ᄂᆞ니. ≪朴諺, 上, 52ㅎ≫醜廝你來, 더러온 놈아 이바. ≪朴諺, 上, 58ㅈ≫那廝那裏肯饋, 뎌 놈이 어ᄃᆡ 즐겨 주리오. ≪朴諺, 中, 3ㅈ≫這廝落了我一兩銀, 이 놈이 내 ᄒᆞᆫ 냥 은을 ᄠᅥ르텨시니. ≪朴諺, 中, 8ㅈ≫這廝們打的輕, 이 놈들을 티기ᄅᆞᆯ 경히 ᄒᆞ면. ≪朴諺, 中, 24ㅎ≫那廝你也將那箭帒裏, 뎌 놈아 너도 뎌 동개에. ≪朴諺, 中, 35ㅎ≫那廝們只是夜猫, 뎌 놈들은 그저 옷밤이오. ≪朴諺, 中, 47ㅈ≫昨日那廝我家裏來了, 어제 뎌 놈이 내 집의 왓거늘. ≪朴諺, 中, 58ㅎ≫跳蚤那廝近不的, 벼록이란 뎌 놈이 갓가이 못ᄒᆞᄂᆞ니라. ≪朴諺, 下, 7ㅈ≫那廝惶了, 뎌 놈이 두려. ≪朴諺, 下, 15ㅎ≫那廝先告官, 뎌 놈이 몬져 구의에 告ᄒᆞ야. ≪朴諺, 下, 16ㅈ≫種稻子那廝因何監着, 벼 시므든 뎌 놈은 므스 일을 인ᄒᆞ여 갓텻ᄂᆞ뇨. ≪朴

諺, 下, 27ㅈ≫你看那厮唧唧的喝倸, 네 보라 뎌 놈이 唧唧히 혀ᄎᆞᄂᆞᆫ고나. ≪朴諺, 下, 53ㅎ≫這般着, 이러면. 那厮多少年紀, 뎌 놈이 나히 언메나 ᄒᆞ더뇨. 那厮不到六十的摸㨾, 더(뎌) 놈이 六十이 다 ᄃᆞᆺ디 못ᄒᆞᆫ 摸㨾이러라.

시(厮) 부 서로. 상호. ⇔서ᄅᆞ. ≪朴諺, 下, 28ㅎ≫明日再厮見, ᄂᆡ일 다시 서ᄅᆞ 보ᄂᆞ니라. ≪朴諺, 下, 48ㅎ≫又是擔杖厮打着, 또 막대를 메고 서ᄅᆞ 싸화. ≪朴諺, 下, 55ㅈ≫捉賊見贓, 도적 잡기ᄂᆞᆫ 장믈을 보고. 厮打驗傷, 서ᄅᆞ 싸혼 ᄃᆡᄂᆞᆫ 傷處ᄅᆞᆯ 驗ᄒᆞᆫ다 ᄒᆞᄂᆞ니라.

-시- 어미 -시-. (존칭의 선어말어미) ≪朴諺, 上, 48ㅈ≫京都駕幾時起, 셔울 대개 언제 긔동ᄒᆞ실러뇨. ≪朴諺, 上, 52ㅈ≫留下一箇拜貼來見來麽, ᄒᆞᆫ 拜貼을 머므럿더니 보신가. ≪朴諺, 上, 52ㅎ≫說與小人麽, 小人ᄃᆞ려 니ᄅᆞ실고. ≪朴諺, 中, 5ㅈ≫拜揖舍人與我関字麽, 拜揖ᄒᆞ노니 舍人아 우리ᄅᆞᆯ 関字ᄅᆞᆯ 주실가. ≪朴諺, 中, 11ㅈ≫一兩日上位郊天去, ᄒᆞᄅᆞ 이틀만 ᄒᆞ면 上位ㅣ 郊天ᄒᆞ라 가실 거시니. ≪朴諺, 中, 16ㅎ≫大娘身子好麽, 大娘의 몸이 됴흐신가. ≪朴諺, 中, 52ㅎ≫上位在西湖景凉殿裏坐的看, 上位ㅣ 西湖 景凉殿에 안자 보시더라. ≪朴諺, 中, 53ㅈ≫上位賞了一百錠鈔兩表裏段子, 上位ㅣ 一百 錠鈔와 두 안밧 비단을 샹ᄒᆞ시니라. ≪朴諺, 下, 10ㅎ≫玉體安樂好麽, 玉體ㅣ 安樂ᄒᆞ여 됴흐신가. ≪朴諺, 下, 13ㅎ≫別要盖甚麽房子, 다른 므슴 집을 지으실고.

시가(時價) 명 일정한 시기의 물건값. 상품의 시장 가격. ≪朴諺, 上, 54ㅎ≫照依時價准折無詞, 時價에 照依ᄒᆞ야 准折ᄒᆞ야도 말 못ᄒᆞ고.

시견(厮見) 동 서로 보다(만나다). ≪集覽, 字解, 單字解, 2ㅎ≫厮. 卑賤之稱. 這厮 이 놈. 又相也. 厮見 서르 보다. 又汎指人. 亦曰厮. 小厮 아ᄒᆡ, 瞎厮 쇼경.

시관(市官) 명 무역을 관장하던 벼슬아치. ≪朴諺, 中, 27ㅈ≫開着一座觧儅庫(集覽, 朴集, 中, 6ㅎ: 觧儅庫. 王莽令市官收賤賣貴, 謂如貸錢與民一百箇, 每月收利錢三箇, 銀一兩, 則每月取利三分之類.), 一座 解儅庫ᄅᆞᆯ 열고.

시광(時光) 명 시경(時景). 눈앞의 경치. ≪朴諺, 上, 1ㅈ≫休蹉過了好時光, 됴흔 時光을 그릇 디내디 마쟈.

시구(詩句) 명 시의 구절. ≪朴諺, 中, 44ㅈ≫對客飮酒吟詩句, 客을 對ᄒᆞ야 술을 먹고 詩句ᄅᆞᆯ 읇프며.

시권(猜拳) 명 먹국하기. ⇔쌍불쥐기. ≪朴諺, 上, 17ㅎ≫或是愽錢拿錢(集覽, 朴集, 上, 6ㅎ: 拿錢. 卽猜拳也. 쌍〈쌍〉불:쥐·기. 質問云, 此二人以錢相賭之戲, 跌過兩背, 相同爲嬴(贏). 質問之釋, 若本國돈ᄠᅳ기.), 혹 돈더ᄂᆞ기 ᄒᆞ며 쌍블잡기 ᄒᆞ고.

시근치 명 시금치. ⇔적근채(赤根菜). ≪朴諺, 中, 33ㅎ≫蘿蔔, 댓무우. 蔓菁, 쉿무우. 萵苣, 부로. 葵菜, 아혹. 白菜, ᄇᆡ칙. 赤根菜, 시근치. 園荽, 고싀. 蓼子, 역괴. 葱, 파. 蒜, 마ᄂᆞᆯ. 薤, 부치. 荊芥, 형개. 薄荷, 박하. 茼蒿, 믈쑥. 水蘿蔔, 믈한댓무우. 胡蘿蔔, 노론댓무우. 芋頭, 토란. 紫蘇都種來, 紫蘇ᄅᆞᆯ 다 시므라.

시기다 동 시키다. ≪朴諺, 下, 18ㅈ≫便拿着曳車解鋸, 곳 잡아 술위 ᄭᅳ이고 톱질 시겨.

시내 명 시내. ⇔간(澗). ≪朴諺, 中, 32ㅎ≫有深深淺淺澗, 深深 淺淺ᄒᆞᆫ 시내 이시며.

시랄동(厮剌疼) 형 쓰라리다. 찢어지듯이 아프다. ≪集覽, 字解, 單字解, 5ㅈ≫剌. 音라, 語助. 又痛也. 厮剌疼. 集韻作辣. 又音치, 刺綉.

시름 명 씨름. ⇔졸교(捽挍). ≪朴諺, 中, 50ㅎ≫咱這草地裏學捽挍, 우리 이 草地에셔 시름 ᄇᆡ호쟈. ≪朴諺, 中, 50ㅎ≫傍邉看捽挍的人們道, 겨ᄐᆡ셔 시름 보ᄂᆞᆫ 사ᄅᆞᆷ들이 닐오ᄃᆡ.

시름ᄒᆞ다 동 ❶시름하다. 근심하다. ⇔수

(愁). ≪朴諺, 中, 32ㅎ≫只是這箇愁人腸, 그저 이 사름의 간댱을 시름ᄒᆞ게 ᄒᆞᄂᆞ니라. ❷씨름하다. ⇔졸(捽). ≪朴諺, 中, 50ㅎ≫咱兩箇捽, 우리 둘히 시름호되. ≪朴諺, 中, 50ㅎ≫好好的捽, 됴히 됴히 시름ᄒᆞ쟈.

시룸 명 씨름. ⇔졸교(捽挍). ≪朴諺, 下, 30ㅎ≫看捽挍的官人們, 시룸 보ᄂᆞᆫ 官人들히.

시룸ᄒᆞ다 동 씨름하다. ❶⇔졸교(捽挍). ≪朴諺, 下, 30ㅈ≫看捽挍來, 시룸ᄒᆞᄂᆞᆫ 양 보ᄃᆞ니라. ❷⇔졸도(捽倒). ≪朴諺, 下, 30ㅎ≫捽倒拿法, 시룸ᄒᆞ기를 법저이 잡더라.

시말(始末) 명 처음과 끝. ≪朴諺, 下, 16ㅎ≫唐三藏西遊記(集覽, 朴集, 下, 4ㅈ: 西遊記. 三藏法師徃西域取經六百卷而來, 記其徃來始末爲書, 名曰西遊記.)去, 唐三藏의 西遊記를 사라 가쟈.

시무(時務) 명 눈앞의 중대한 일. 눈앞의 (객관적인) 형세. ≪朴諺, 上, 47ㅈ≫我是新來的莊家(集覽, 朴集, 上, 13ㅈ: 莊家. 村莊治農之人曰莊家, 謂不達時務之人.), 나는 이 새로 온 향암이라.

시문서(試文書) 명 시험 때에 지어 올린 글. ≪朴諺, 上, 45ㅈ≫試文書的之後, 글을 바틴 후에.

시므다 동 심다. ❶⇔재(栽). ≪朴諺, 下, 13ㅈ≫栽些好名花, 져기 됴흔 名花를 시므고. ❷⇔종(種). ≪朴諺, 中, 33ㅎ≫後園裏種時好, 뒷동산에 시므면 됴흐리라. ≪朴諺, 中, 33ㅎ≫種菜來, ᄂᆞ믈 시므쟈. ≪朴諺, 中, 33ㅎ≫種甚麽菜來, 므슴 ᄂᆞ믈을 시므료. ≪朴諺, 中, 33ㅎ≫紫蘇都種來, 紫蘇를 다 시므라. ≪朴諺, 中, 34ㅎ≫種些冬瓜, 동화. 西瓜, 슈박. 甜瓜, 춤외. 揷葫, ᄌᆞᄅᆞ박. 稍瓜, 수세외. 黃瓜, 외. 茄子, 가지를 시므라. ≪朴諺, 下, 15ㅎ≫城外種稻子來, 셩 밧긔 벼 시므라 갓다가. ≪朴諺, 下, 16ㅈ≫種稻子那厮因何監着, 벼 시므든 뎌 놈은 므스 일을 인ᄒᆞ여 갓텬ᄂᆞ뇨.

시방(十方) 명 〈불〉 사방(四方)·사우(四隅)·상하(上下)를 통틀어 이르는 말. ≪朴諺, 下, 8ㅈ≫做盂蘭盆齋(集覽, 朴集, 下, 2ㅎ: 盂蘭盆齋. 大藏經云, 大目犍連尊者, 以母生餓鬼中不得食, 佛令作盂蘭盆, 至七月十五日, 具百味五果, 置盆中, 供養十方大德, 而後母乃得食.), 盂蘭盆齋를 ᄒᆞᄂᆞ니라.

시봉(侍奉) 동 시중을 들며 받들다. ≪朴諺, 下, 24ㅈ≫行者念金頭揭地·銀頭揭地·波羅僧揭地(集覽, 朴集, 下, 5ㅈ: 金頭揭地·銀頭揭地·波羅僧揭地. 西遊記云, 釋迦牟尼佛在靈山雷音寺演說三乘教法, 傍有侍奉阿難·伽舍諸菩薩·聖僧·羅漢·八金剛·四揭地·十代明王·天仙·地仙. 觀此則揭地神名, 然未詳何神.)之後, 行者ㅣ 金頭揭地와 銀頭揭地와 波羅僧揭地를 念ᄒᆞᆫ 後에.

시부(是否) 명 옳음과 아님. 또는 인지 아닌지. ≪朴諺, 上, 50ㅎ≫上頭鋪兩三箇褯子(集覽, 朴集, 上, 13ㅎ: 褯子. 音義云, 襁褓, 接臀汚穢之物. 今按, 襁卽綳子, 褓卽褯子, 音義混而一之, 誤矣. 但譯語指南, 亦呼綳子, 混稱爲襁褓. 未詳是否. 褯子, 깃.), 우희 두세 깃을 ᄭᆞᆯ고.

시분(時分) 명 ❶때[時]. ⇔ᄣᅢ. ≪朴諺, 中, 43ㅈ≫直到點燈時分恰下馬, 잇긋 블혈 ᄣᅢ예 다ᄃᆞᆺ게야 ᄀᆞᆺ ᄆᆞᆯ게 ᄂᆞ리니. ≪朴諺, 下, 1ㅎ≫比及晌午㓡正熱時分收拾, 낫계어 졍히 더울 ᄣᅢ예 미처 收拾ᄒᆞ여. ≪朴諺, 下, 14ㅎ≫直是人定時分纔下馬, 잇긋 人定 ᄣᅢ예 ᄀᆞᆺ ᄆᆞᆯ을 ᄂᆞ리ᄂᆞ니라. ❷제. 때에. 적에. ⇔제. ≪朴諺, 下, 59ㅈ≫年二十歲時分, 나히 스믈인 제.

시비(是非) 명 옳음과 그름. 잘잘못. ≪朴諺, 上, 18ㅎ≫後面北斗(集覽, 朴集, 上, 7ㅈ: 北斗左輔右弼. 凡九星, 曰樞宮貪狼, 曰璇宮巨門, 曰璣〈幾〉宮祿存, 曰權宮文曲, 曰衡宮廉貞, 曰闓(開)陽宮武曲, 曰瑤光宮破軍, 曰洞明宮左輔, 曰隱元宮右弼.

左輔連附北斗第〈節〉六星, 在外, 右弼連附北斗第〈節〉二星, 在內. 俱在紫薇(微)垣. 七現二隱, 世人惟見七星, 不見輔·弼二星. 盖九星宰生死是非之簿, 能解一切厄. 晉書天文志云, 七星在太微北, 七政之樞機, 陰陽之元本. 七星明, 其國昌, 輔星明, 則臣强.)七星板兒做的好, 後面 北斗七星 돈은 믿돌기롤 잘ᄒᆞ엿고.

시살(廝殺) 동 싸우다. ⇔싸호다. ≪集覽, 字解, 單字解, 6ㅈ≫殺. 氣殺我 애ᄃᆞᆯ와 셜웨라, 猶言以此而可至於死也. 又愁殺人 사ᄅᆞᄆᆞᆯ ᄀᆞ장 근심ᄒᆞ야 ᄉᆈᆸ게 ᄒᆞ다. 又廝殺 싸호다. 又助語辭. 最深殺 ᄀᆞ장 깁다.

시상(時常) 부 항상(恒常). ⇔시샹. ≪朴諺, 下, 14ㅎ≫時常這般早聚晚散麽, 시샹에 이리 일 모다 늣게야 흣터디ᄂᆞ냐.

시샹 부 시상(時常). 항상(恒常). ⇔시상(時常). ≪朴諺, 下, 14ㅎ≫時常這般早聚晚散麽, 시샹에 이리 일 모다 늣게야 흣터디ᄂᆞ냐.

시서(詩書) 명 시경(詩經)과 서경(書經). 또는 경서(經書)를 두루 일컫는 말. ≪朴諺, 上, 45ㅎ≫如今國家行仁義重詩書, 이제 國家ㅣ 仁義롤 行ᄒᆞ고 詩書롤 重히 너기니.

시수(尸首) 명 시체. 송장. 시신. ≪朴諺, 中, 28ㅎ≫都搜出三四十箇血瀝瀝的尸首和那珠子·布絹, 셜마은 피 ᄠᅳ듣ᄂᆞᆫ 尸首와 그 진쥬·布絹을 다 뒤여 내고. ≪朴諺, 下, 43ㅎ≫尸首實葬了那怎的, 尸首롤 실로 장ᄒᆞ더냐 엇디ᄒᆞ뇨.

시신(時辰) 명 때[時]. 시간. ⇔ᄢᅢ. ≪朴諺, 下, 48ㅈ≫這般揀(揀)定時辰, 이리 ᄢᅢ롤 ᄀᆞᆯ히여 定ᄒᆞ고.

시아(翅兒) 명 날개. ⇔ᄂᆞᆯ개. ≪朴諺, 中, 1ㅎ≫翅兒舞, ᄂᆞᆯ개 춤 츠이고.

시양(時㨾) 명 시양(時樣). '㨾'은 '樣'과 같다. ≪朴諺, 上, 28ㅈ≫時㨾的黑斜皮鞍橋子, 시톄로 ᄒᆞᆫ 黑斜皮 ᄡᅮᆫ 기ᄅᆞ마가지오.

시양(時樣) 명 시체(時體). (그 시대의 풍습이나 유행) ⇔시톄. ≪朴諺, 上, 28ㅈ≫時㨾的黑斜皮鞍橋子, 시톄로 ᄒᆞᆫ 黑斜皮 ᄡᅮᆫ 기ᄅᆞ마가지오.

시어(侍御) 동 제왕을 모시다. ≪朴諺, 上, 20ㅈ≫一對耳墜兒(集覽, 朴集, 上, 7ㅎ: 耳墜兒. 事文類聚云, 莊子曰, 天子之侍御, 不叉𣘻(不爪翦), 不穿耳, 則穿耳自古有之. 今俗亦曰耳環, 卽八珠環也.), ᄒᆞᆫ ᄡᅡᆼ 귀엿골회과.

시옴쳥 명 전(氈)버선. ⇔전말(氈襪). ≪朴諺, 上, 24ㅎ≫白絨氈襪上, 흰 부드러온 시옴쳥에.

시욹 명 모전(毛氈). ⇔전(氈). ≪朴諺, 中, 25ㅎ≫毡粗, 시욹이 굵고.

시욹쳥 명 전(氈)버선. ⇔전말(氈襪). ≪朴諺, 上, 27ㅈ≫鴨綠羅納綉獅子的抹口靑絨氈襪上, 鴨頭綠 羅에 獅子롤 綉ᄒᆞ야 깃 도론 프른 부드러온 시욹쳥에.

시월(十月) 명 시월. ≪朴諺, 上, 17ㅎ≫十月裏騎竹馬, 十月에 대ᄆᆞᆯ ᄐᆞ기 ᄒᆞ고.

시위(侍衛) 동 윗사람을 모시어 호위하다. 또는 그런 사람. ≪朴諺, 下, 30ㅈ≫穿着花袴皀靴的勇士(集覽, 朴集, 下, 5ㅎ: 勇士. 華制, 以紅毡裁成勇字, 附於方帛之上, 施長帶於四角, 橫負於背. 侍衛則用之, 故曰勇士, 卽本國甲士也.), 아롱바디예 거믄 훠 신은 勇士ㅣ.

시인(時人) 명 그 당시의 사람들. ≪朴諺, 中, 37ㅎ≫官人十分休駁彈(集覽, 朴集, 中, 7ㅎ: 褒彈. 今按, 包孝肅公名拯, 性剛直不撓, 其所彈劾, 不避權勢, 故時人呼爲包閻羅, 曰關節〈莭〉不到, 有閻羅包老.), 官人아 ᄀᆞ장 나므라디 말라. ≪朴諺, 中, 59ㅈ≫那寃家們打關莭(節)(集覽, 朴集, 中, 9ㅈ: 打關節. 宋包拯剛直好駁, 時人語曰, 關節〈莭〉不到, 有閻羅包老.)時, 뎌 寃家ㅣ 쇼쳥ᄒᆞ니.

시인(詩人) 명 시를 전문적으로 짓는 사람. ≪朴諺, 下, 51ㅎ≫也不想李白撈月(集覽, 朴集, 下, 11ㅎ: 李白撈月. 李白, 唐玄宗朝詩人也. 泛采石江, 見月影滿水, 以手弄

月, 身䰝〈翻〉而死.), 또 李白의 撈月을 싱각디 아니ᄒᆞ고.

시작ᄒᆞ다 동 시작하다. ⇔기(起). ≪朴諺, 上, 66ㅈ≫從今日起後日罷散, 오ᄂᆞᆯ브터 시작ᄒᆞ여 모릐면 罷散ᄒᆞᆯ러라.

시적(示寂) 명 〈불〉 보살(菩薩)이나 고승의 죽음을 이르는 말. ≪朴諺, 上, 65ㅈ≫法名(集覽, 朴集, 上, 15ㅎ: 法名. 戊子東還, 掛錫于三角山重興寺. 尋往龍門山, 結小庵, 額曰小雪. 戊午冬, 示寂放舍利玄陵, 賜謚圓證國師, 樹塔于重興寺之東, 以藏舍利.), 法名을 步虛ㅣ라 브르ᄂᆞᆫ 이.

시전(市纏) 명 가게. 시가. 상가. ≪朴諺, 上, 10ㅈ≫去角頭(集覽, 朴集, 上, 5ㅈ: 角頭. 今按, 角頭, 卽通逵達道要會之衝, 傭力求直之人坌集之所. 然漢俗呼市纏亦曰角頭, 爲歸〈攷〉市者必指角頭而去, 故云尒.)叫幾箇打墻的和坌工來築墻, 모롱이에 가 여러 담 ᄡᆞᄂᆞᆫ 이와 조역을 블러다가 담 ᄡᆞ이리라.

시절(時莭) 명 시절(時節). '莭'은 '節'의 속자. ≪朴諺, 上, 1ㅈ≫又逢着這春二三月好時莭(節), 또 이 봄 二三月 됴흔 時莭(節)을 만나시니. ≪朴諺, 上, 16ㅎ≫正是放空中的時莭(節), 졍히 박핑이 틸 ᄢᅢ로다. ≪朴諺, 上, 31ㅈ≫他京裏臨起身時莭(節), 뎨 셔울셔 起身ᄒᆞᆯ ᄢᅢ에 臨ᄒᆞ여. ≪朴諺, 上, 32ㅎ≫偸將去的時莭(節), 도적ᄒᆞ여 갈 ᄣᅡ(ᄢᅢ)예.

시절(時節) 명 ❶때. ⇔ᄢᅢ. ≪朴諺, 上, 1ㅈ≫又逢着這春二三月好時莭(節), 또 이 봄 二三月 됴흔 時莭(節)을 만나시니. ≪朴諺, 上, 16ㅎ≫正是放空中的時莭(節), 졍히 박핑이 틸 ᄢᅢ로다. ≪朴諺, 上, 31ㅈ≫他京裏臨起身時莭(節), 뎨 셔울셔 起身ᄒᆞᆯ ᄢᅢ에 臨ᄒᆞ여. ≪朴諺, 上, 32ㅎ≫偸將去的時莭(節), 도적ᄒᆞ여 갈 ᄣᅡ(ᄢᅢ)예. ≪朴諺, 中, 24ㅈ≫咱如今身已(己)安樂時莭(節), 우리 이제 몸이 安樂ᄒᆞᆫ ᄢᅢ예. ≪朴諺, 中, 31ㅎ≫如今更秋凉丹楓八月好時莭(節), 이제 또 秋凉 丹楓 八月 됴흔 ᄢᅢ니. ≪朴諺, 下, 1ㅈ≫你臨去時莭(節), 네 갈 ᄢᅢ예 다ᄃᆞ라. ≪朴諺, 下, 15ㅎ≫煤場裏推煤去時莭(節), 煤場에 숫 실라 갈 ᄢᅢ예. ≪朴諺, 下, 38ㅈ≫去時莭(節), 갈 ᄢᅢ에. ≪朴諺, 下, 48ㅈ≫地氣正旺上的時莭(節), 地氣 正히 旺上ᄒᆞᆯ ᄢᅢ에. ≪朴諺, 下, 59ㅎ≫那時莭(節), 그 時莭(節)에. ❷적. (편리한) 때. ⇔적. ≪朴諺, 中, 13ㅈ≫我來時莭(節), 내 올 적의. ≪朴諺, 中, 13ㅎ≫來時莭(節), 올 적의. ≪朴諺, 中, 14ㅈ≫我來時莭(節), 내 올 적의. ≪朴諺, 中, 46ㅎ≫打雙陸時莭(節), 쌍뉵 틸 적의. ❸제. 때에. 적에. ⇔제. ≪朴諺, 下, 3ㅈ≫西天取經去時莭(節), 西天의 經 가질라 갈 제. ≪朴諺, 下, 15ㅈ≫我也跟官人時莭(節), 나도 官人을 조차 ᄃᆞᆫ닐 제. ≪朴諺, 下, 17ㅈ≫悶時莭(節)好看有, 답답ᄒᆞᆫ 제 보기 됴호니라. ≪朴諺, 下, 17ㅎ≫唐僧往西天取經去時莭(節), 唐僧이 西天을 향ᄒᆞ여 經 가질라 갈 제. ≪朴諺, 下, 41ㅎ≫你過來時莭(節)不曾見, 네 디나올 제 일즙 보디 못ᄒᆞ다.

시주(施主) 명 〈불〉 자비심으로 조건 없이 절이나 중에게 돈이나 물건을 베풀어 주는 일. ≪朴諺, 上, 33ㅎ≫你布施(集覽, 朴集, 上, 10ㅎ: 布施. 菩薩布施, 但一心清淨, 利益一切, 爲大施主, 法施也. 此不住相布施也.)人家齋飯錢, 네 人家에 보시ᄒᆞᆫ 齋飯錢을.

시중(侍中) 명 벼슬 이름. 신라(新羅) 때 집사성(執事省)의 으뜸 벼슬. 경덕왕(景德王) 6년(747)에 중시(中侍)를 고친 이름. 국정(國政)을 총괄하던 대신(大臣)으로, 위계(位階)는 이찬(伊湌)에서 대아찬(大阿湌)까지였다. ≪朴諺, 下, 59ㅎ≫陞做水軍將軍波珍飡侍中, 陞ᄒᆞ여 水軍將軍 波珍飡 侍中을 ᄒᆞ엿더니라. ≪朴諺, 下, 59ㅎ≫侍中是這裡丞相一般, 侍中은 이 여긔 丞相과 ᄒᆞᆫ가지라.

시타(厮打) 동 싸우다. 뒤엉켜 싸우다. ⇔싸호다. ≪朴諺, 下, 15ㅎ≫和一箇漢兒人

廝打來, 흔 漢ㅅ 사룸과 싸홧더니. ≪朴諺, 下, 16ㅈ≫那廝急性便合口廝打, 뎌 놈이 셩이 급흐여 곳 입힐홈흐여 싸홧더니. ≪朴諺, 下, 48ㅎ≫又是擔杖廝打着, 또 막대를 메고 서르 싸화. ≪朴諺, 下, 55ㅈ≫捉賊見贓, 도적 잡기는 장믈을 보고. 廝打驗傷, 서르 싸혼 딕는 傷處롤 驗흔다 흐느니라.

시탄(柴炭) 명 땔나무와 숯. ≪朴諺, 中, 13ㅎ≫抽分(集覽, 朴集, 中, 2ㅎ: 抽分. 今按, 中朝設抽分竹木局, 如遇客商〈商〉興販竹木·柴炭等項, 照例抽分. 粗貨十五分中抽二分, 細貨十分中抽二分. 竹木·柴炭, 或三十分取二, 或十分取二, 或三分取一.)了幾箇馬, 여러 몰을 츌렴흐고.

시톄 명 시체(時體). (그 시대의 풍습이나 유행) ⇔시양(時樣). ≪朴諺, 上, 28ㅈ≫時揉的黑斜皮鞍橋子, 시톄로 흔 黑斜皮 받 기르마가지오.

시행(施行) 동 실제로 행하다. ⇔시행흐다(施行-). ≪朴諺, 下, 51ㅎ≫申(集覽, 朴集, 下, 11ㅎ: 申. 某府爲某事云云, 合行申覆, 伏乞照驗施行, 須至申者, 右申某處承宣布政使司, 年月, 府官姓名.)竊盜狀, 窃盜狀을 申흐노니. ≪朴諺, 下, 53ㅈ≫赴官施行, 官에 보내여 施行흐쇼셔. ≪朴諺, 下, 54ㅎ≫伏乞詳狀施行, 伏乞흐노니 狀을 詳흐어(여) 施行흐쇼셔.

시행흐다(施行-) 동 실제로 행하다. ⇔시행(施行). ≪朴諺, 下, 53ㅈ≫赴官施行, 官에 보내여 施行흐쇼셔. ≪朴諺, 下, 54ㅎ≫伏乞詳狀施行, 伏乞흐노니 狀을 詳흐어(여) 施行흐쇼셔.

시험흐다 동 시험(試驗)하다. ⇔시(試). ≪朴諺, 中, 48ㅎ≫我試一試, 내 시험흐쟈.

시협(腮頰) 명 시협(顋頰). '腮'는 '顋'의 속자. ≪朴諺, 上, 13ㅎ≫你那腮頰上甚麽瘡, 네 뎌 썀에 므슴 瘡고. ≪朴諺, 中, 29ㅎ≫腮頰凍的刺(剌)刺(剌)的疼, 썀이 드라 쁠알힌다.

시협(顋頰) 명 뺨. ❶⇔썀. ≪朴諺, 中, 29ㅎ≫腮頰凍的刺(剌)刺(剌)的疼, 썀이 드라 쁠알힌다. ❷⇔썀. ≪朴諺, 上, 13ㅎ≫你那腮頰上甚麽瘡, 네 뎌 썀에 므슴 瘡고.

식(食) 동 먹다. 받다. 수령(受領)하다. ⇔먹다. ≪朴諺, 中, 34ㅎ≫無功食祿寢食不安, 功이 업시 祿을 먹으면 寢食이 편안티 아니타 흐니라.

식(食) 명 음식. 먹거리. ≪朴諺, 中, 43ㅎ≫滿山果子以爲食, 산에 ᄀ득흔 과실로 뻐 食을 삼고.

식(植) 명 감. 재료. ❶⇔ᄀ숨. ≪朴諺, 下, 12ㅎ≫木植(集覽, 朴集, 下, 3ㅈ: 木植. 亦曰木料, 남·고〈그〉·로 :셩·녕〈셩녕〉홀 ᄀ ᅀᆞ미〈ᄀ음이〉니. 詳見字解料字下.)都有麽, ᄀ옴이 다 잇느냐. ❷⇔ᄀ옴. ≪朴諺, 下, 12ㅎ≫木植(集覽, 朴集, 下, 3ㅈ: 木植. 亦曰木料, 남·고〈그〉·로 :셩·녕〈셩녕〉홀 ᄀᅀᆞ미〈ᄀ음이〉니. 詳見字解料字下.)都有麽, ᄀ옴이 다 잇느냐.

식(餙) 동 꾸미다. '餙'은 '飾'의 속자. ≪朴諺, 上, 27ㅎ≫柳黃餙金綉四花羅搭護, 柳黃빗치 金으로 숨여 四花롤 綉흔 羅 더그레예.

식(飾) 동 꾸미다. ⇔숨이다. ≪朴諺, 上, 27ㅎ≫柳黃餙金綉四花羅搭護, 柳黃빗치 金으로 숨여 四花롤 綉흔 羅 더그레예. ≪朴諺, 中, 21ㅈ≫座飾芙蓉湛南海澄淸之水, 안즌 딕는 芙蓉으로 숨여시니 南海 澄淸흔 水에 줌겻고.

식(識) 동 알다. ⇔알다. ≪朴諺, 上, 64ㅈ≫舍人敢不識好物麽, 舍人이 됴흔 거슬 아디 못흐는 둧흐다. ≪朴諺, 中, 17ㅎ≫咳這孩兒也好不識, 애 이 아히 또 ᄀ장 아디 못흔다. ≪朴諺, 下, 40ㅈ≫是我好相識, 이 내 ᄀ장 서르 아는이라. ≪朴諺, 下, 40ㅎ≫相識們十分央及時, 서르 아는 이들히 ᄀ장 빌면. ≪朴諺, 下, 62ㅈ≫人事與相識弟兄, 人事로 서르 아는 弟兄을 주라.

-식 접미 ❶-씩. ≪朴諺, 上, 54ㅈ≫每兩月

利幾分, 每 兩에 月利 현 푼식 ᄒᆞ야. ≪朴諺, 中, 46ㅈ≫只是一步高如一步除將去, 그저 ᄒᆞᆫ 거름에 ᄒᆞᆫ 거름식 놉하 除ᄒᆞ여 가거니와. ❷-씩. ⇔가(家). ≪集覽, 字解, 單字解, 5ㅎ≫家. 止指一數之稱. 一箇家 ᄒᆞᆫ 낫식, 幾箇家 몃 낫식, 又현 낫식, 幾年家 현 ᄒᆡ식. ≪朴諺, 上, 10ㅎ≫二錢半一板家, 두 돈 반에 ᄒᆞᆫ 판식 호ᄃᆡ. ≪朴諺, 上, 20ㅎ≫一日三遍家, ᄒᆞᄅᆞ 세 번식. ≪朴諺, 上, 30ㅈ≫四錢一箇家將去麽, 너 돈에 ᄒᆞ나식 ᄒᆞ여 가져갈다. ≪朴諺, 上, 30ㅈ≫三錢一箇家買你的, 서 돈에 ᄒᆞ나직(식) ᄒᆞ여 네 하롤 사쟈. ≪朴諺, 上, 35ㅎ≫一箇脚上三壯家灸的, ᄒᆞᆫ 발 우희 三壯식 ᄣᅳ되. ≪朴諺, 上, 42ㅎ≫依體例十兩裏一兩家除時, 體例대로 열 량에 ᄒᆞᆫ 냥식 덜면. ≪朴諺, 上, 49ㅈ≫一邉五箇家分着射, ᄒᆞᆫ 편에 다ᄉᆞᆺ식 ᄂᆞᆫ화 뽀쟈. ≪朴諺, 中, 4ㅈ≫每一疋染錢四錢家, 每 ᄒᆞᆫ 필에 믈갑시 너 돈식이니. ≪朴諺, 中, 8ㅈ≫一日九站十站家行, ᄒᆞᄅᆞ 아홉 站식 열 站식 녜거늘. ≪朴諺, 中, 19ㅎ≫放稈草五錢一束(束)家放, 조딥헤 노흐되 다ᄉᆞᆺ 낫 돈에 ᄒᆞᆫ 뭇식 ᄒᆞ여 노코. 把摟草二錢半一束(束)家, 허튼 딥흔(흘)다가 돈 둘 반에 ᄒᆞᆫ 뭇식 ᄒᆞ여. ≪朴諺, 中, 20ㅈ≫錢半一束家, 돈 반에 ᄒᆞᆫ 뭇식 ᄒᆞ야. ≪朴諺, 中, 40ㅈ≫一根一根家拔的乾净着, ᄒᆞᆫ 낫식 ᄲᅢ혀 乾净히 ᄒᆞ고. ≪朴諺, 下, 26ㅈ≫燒子二兩家賣了幾串, 구은 이예 두 냥식 몃 꿰옴이나 푸란는다. ≪朴諺, 下, 27ㅈ≫八錢一顆家買你的, 여듧 돈에 ᄒᆞ낫식 ᄒᆞ여 네 하롤 사쟈. ≪朴諺, 下, 27ㅈ≫老實價錢一兩一顆家, 고디식ᄒᆞᆫ 갑ᄉᆞᆫ ᄒᆞᆫ 냥에 ᄒᆞᆫ 낫식이라. ≪朴諺, 下, 27ㅎ≫九錢一顆家, 아홉 돈에 ᄒᆞ낫식 ᄒᆞ쟈. ≪朴諺, 下, 30ㅈ≫四五對家簇簇趲趲的, 네다ᄉᆞᆺ 빵식 무둑무둑 나아드러. ≪朴諺, 下, 48ㅎ≫各自一火家, 各各 ᄒᆞᆫ 무리식.

식물(食物) 명 음식물. ≪朴諺, 上, 41ㅎ≫第三日做圓飯筵席(集覽, 朴集, 上, 12ㅈ: 圓飯筵席. 邵氏聞見錄, 宋景文公納子婦, 其婦家饋食. 書云, 以食物煖女.)了時, 第三日에 圓飯 이바디ᄒᆞ면.

식부(媳婦) 명 ❶아내. 처(妻). ≪朴諺, 中, 28ㅎ≫老李聽了惱懆起來, 老李 듯고 노ᄒᆞ여 니러나. 便要打殺那媳婦, 곳 뎌 媳婦롤 텨 죽이고져 ᄒᆞ거늘. ≪朴諺, 下, 37ㅈ≫養活他媳婦·孩兒, 뎌의 媳婦와 孩兒롤 養活ᄒᆞ여. ❷계집. 부인. 여자. ⇔겨집. ≪集覽, 字解, 單字解, 8ㅈ≫媳. 音息. 子之婦曰媳婦. 又古語泛稱婦人曰媳婦, 次妻亦曰媳婦. ≪朴諺, 上, 32ㅎ≫一箇和尙偸弄別人的媳婦, ᄒᆞᆫ 즁이 ᄂᆞᆷ의 겨집을 도적ᄒᆞ여 어ᄅᆞ노라. ≪朴諺, 上, 33ㅎ≫而今沒來由偸別人的媳婦怎麽, 이제 쇽졀업시 ᄂᆞᆷ의 겨집을 도적홈은 엇디오. ≪朴諺, 上, 34ㅈ≫你再敢偸別人媳婦麽, 네 다시 감히 ᄂᆞᆷ의 겨집 도적ᄒᆞᆯ다. ≪朴諺, 中, 29ㅈ≫一箇官人就便娶了那媳婦, ᄒᆞᆫ 官人이 임의셔 뎌 媳婦롤 聚(娶)ᄒᆞ려 ᄒᆞ니. 那媳婦道, 뎌 媳婦ㅣ 닐오ᄃᆡ. ❸며느리. ⇔자부(子婦). ≪集覽, 字解, 單字解, 8ㅈ≫媳. 音息. 子之婦曰媳婦. 又古語泛稱婦人曰媳婦, 次妻亦曰媳婦. ❹첩(妾). ⇔차처(次妻). ≪集覽, 字解, 單字解, 8ㅈ≫媳. 音息. 子之婦曰媳婦. 又古語泛稱婦人曰媳婦, 次妻亦曰媳婦.

식성(食性) 명 음식에 대하여 좋아하거나 싫어하는 성미. ≪朴諺, 中, 30ㅈ≫稀粥(集覽, 朴集, 中, 7ㅈ: 稀粥也熬着. 獵者·行者多齎粆米, 且其食性好粥, 尤好生肉湩酪, 故兩書皆元時所記, 多言稀粥及酪.)也熬着裏, 믉은 쥭도 ᄡᆞ어다.

식점(食店) 명 음식점. 식당. ⇔밥뎜. ≪朴諺, 下, 31ㅎ≫咱們食店裏喫些飯去來, 우리 밥뎜에 밥 먹으라 가쟈. 午門外前好飯店, 午門 밧기 밥뎜이 됴ᄒᆞ니. ≪朴諺, 下, 32ㅈ≫過賣(集覽, 朴集, 下, 5ㅎ: 過賣. 食店內執役供具之人, 如雇工者也.)你來有甚麽飯, 過賣아 이바 므슴 밥이 잇ᄂᆞ뇨.

식찬(食饌) 명 반찬(飯饌). ≪朴諺, 上, 7ㅈ≫都着些細料物(集覽, 朴集. 上, 3ㅎ: 細料物. 事林廣記食饌類, 細料物, 官桂·良薑·華撥草·豆蔻·陳皮·縮砂仁〈砂仁〉·八角·茴香各一兩, 川椒二兩, 杏仁五兩, 甘草一兩半, 白檀末半兩. 右共爲細末用之.), 다 져기 ᄀᆞᄂᆞᆫ 교토ᄅᆞᆯ 두고.

식품(食品) 명 식품. 음식물. ≪集覽, 字解, 累字解, 1ㅈ≫茶飯. 摠稱食品之謂.

신 명 신. ⇔혜(鞋). ≪朴諺, 上, 36ㅎ≫一箇長大漢撒大鞋, ᄒᆞᆫ 킈 큰 놈이 큰 신 ᄭᅳ으고. ≪朴諺, 中, 48ㅎ≫我也做饋他一對學行的綉鞋, 나도 ᄒᆞᆫ 빵 거름 ᄇᆡ호ᄂᆞᆫ 슈신을 지어 뎌ᄅᆞᆯ 주리라.

신(申) 동 소지(所志)를 하급 관아에서 상급 관아에 품신(稟申)하다. ⇔신ᄒᆞ다(申-). ≪朴諺, 下, 51ㅎ≫申(集覽, 朴集, 下, 11ㅎ: 申. 音義云, 下司達於上司之謂, 猶言所志.)竊盜狀, 窃盜狀을 申ᄒᆞ노니.

신(身) 명 몸. ⇔몸. ≪朴諺, 中, 14ㅎ≫身顫的當不的, 몸이 떨려 당티 못ᄒᆞ니. ≪朴諺, 中, 17ㅎ≫男兒無婦財無主, ᄉᆞ나희 겨집이 업스면 ᄌᆡ믈이 님재 업고. 婦人無夫身無主, 겨집이 지아비 업스면 몸이 님재 업다 ᄒᆞᄂᆞ니. ≪朴諺, 中, 21ㅎ≫身嚴瓔珞居普陁空翠之山, 몸에 瓔珞으로 장엄ᄒᆞ여시니 普陀 空翠의 山에 居ᄒᆞ엿도다. ≪朴諺, 中, 23ㅈ≫身瑩瓊瓌, 몸은 瓊瓌ㅣ ᄀᆞ티 ᄆᆞᆰ고. ≪朴諺, 中, 24ㅈ≫一失人身後, ᄒᆞᆫ 번 사ᄅᆞᆷ의 몸을 일흔 後ㅣ면. ≪朴諺, 下, 9ㅎ≫因你貪嗔癡三毒不離於身, 네 貪嗔癡 三毒이 몸에 ᄠᅥ나디 아니믈 인ᄒᆞ여. ≪朴諺, 下, 19ㅈ≫到羅天大醮壇場上藏身, 羅天大醮ᄒᆞᄂᆞᆫ 壇場우희 가 몸을 ᄀᆞᆷ초와. ≪朴諺, 下, 31ㅈ≫身披黃金鎖子甲, 몸에 黃金으로 ᄒᆞᆫ 사슬갑을 닙어시니. ≪朴諺, 下, 47ㅈ≫身穿黃袍, 몸에 黃袍ᄅᆞᆯ 닙고. ≪朴諺, 下, 60ㅎ≫穿與太祖身上, 太祖의 몸에 닙피니.

신(信) 동 믿다. ❶⇔믿다. ≪朴諺, 上, 64ㅎ≫怕你不信時, 저프건대 네 미더 아니ᄒᆞ거든. ❷⇔밋다. ≪集覽, 字解, 單字解, 2ㅎ≫怕. 疑懼之意. 怕人知道.又設若之辭. 怕你不信 ᄒᆞ다가 너옷 밋디 몯거든. 又恐也. 害怕 두리여ᄒᆞ다. ≪朴諺, 下, 9ㅎ≫這佛法最尊最貴不可不信, 이 佛法이 ᄀᆞ장 尊ᄒᆞ고 ᄀᆞ장 貴ᄒᆞ니 가히 밋디 아니티 못ᄒᆞᆯ 꺼시라. ≪朴諺, 下, 9ㅎ≫不信佛法不聽經論, 佛法을 밋디 아니ᄒᆞ고 經論을 듯디 아니ᄒᆞ니.

신(新) 관 새[新]. ⇔새. ≪朴諺, 上, 13ㅈ≫新布帒那裏怕漏, 새 布帒니 어ᄃᆡ 싈가 저프리오. ≪朴諺, 上, 32ㅈ≫把我的兩對新靴子都走破了, 내 두 쌍 새 훠ᄅᆞᆯ다가 다 ᄃᆞᆫ녀 해야ᄇᆞ리게 ᄒᆞ고. ≪朴諺, 中, 53ㅎ≫却沒一件兒新衣裳怎麽好, ᄯᅩ ᄒᆞᆫ 불 새 衣裳이 업스니 엇디 ᄒᆞ여야 됴ᄒᆞ료.

신(新) 부 새로. ⇔새로. ≪朴諺, 上, 47ㅈ≫我是新來的莊家, 나는 이 새로 온 향암이라. ≪朴諺, 中, 40ㅈ≫換箇新的, 새로 밧괴고. ≪朴諺, 下, 34ㅈ≫那箇新來的崔舍, 뎌 새로 온 崔개아. ≪朴諺, 下, 34ㅎ≫你是新來的莊家, 너는 이 새로 온 향암이라. ≪朴諺, 下, 36ㅈ≫新來的崔舍, 새로 온 崔개. ≪朴諺, 下, 36ㅈ≫我不想這新來的莊家快打, 내 이 새로 온 향암이 잘 틸 줄을 ᄉᆡᆼ각디 못호롸.

신고(申告) 동 관청에 어떤 사실을 진술하거나 보고하다. ⇔신고ᄒᆞ다(申告-). ≪朴諺, 下, 53ㅈ≫今具狀申告某官, 이제 狀을 ᄀᆞ초와 某官ᄭᅴ 申告ᄒᆞ노니.

신고(身故) 동 (사람이) 죽다. ⇔신고ᄒᆞ다(身故-). ≪朴諺, 下, 41ㅎ≫艮時身故, 艮時예 身故ᄒᆞ여.

신고(新故) 명 새 것과 옛 것. ≪朴諺, 中, 53ㅎ≫今日臘(集覽, 朴集, 中, 8ㅎ: 臘. 臘者, 獵也, 因獵取獸, 以祭先祖. 又臘者, 接也, 新故交接大祭, 以報功也.)月二十五日, 오늘이 臘月 二十五日이라.

신고ᄒᆞ다(申告-) 동 관청에 어떤 사실을 진술하거나 보고하다. ⇔신고(申告). ≪朴諺, 下, 53ㅈ≫今具狀申告某官, 이제 狀

을 ᄀᆞ초와 某官의 申告ᄒᆞ노니.

신고ᄒᆞ다(身故-) 동 (사람이) 죽다. ⇔신고(身故). ≪朴諺, 下, 41ㅎ≫艮時身故, 艮時예 身故ᄒᆞ여.

신구(身軀) 명 몸집. ≪朴諺, 下, 30ㅎ≫四角頭立地的四箇將軍(集覽, 朴集, 下, 5ㅎ: 四箇將軍. 募選身軀長大壯偉異於人者, 紅盔銀甲, 立於殿前月臺上四隅, 名鎭殿將軍, 亦曰紅盔將軍, 亦曰大漢將軍. 其請給衣粮曰大漢衣粮.), 네 모희 셧ᄂᆞᆫ 네 將軍이.

신기(身己) 명 몸. ⇔몸. ≪朴諺, 上, 46ㅈ≫我父毋(母)都身已(己)安樂麽, 우리 父毋(母)ㅣ 다 몸이 安樂ᄒᆞ더냐. ≪朴諺, 上, 46ㅈ≫都身已(己)安樂, 다 몸이 安樂ᄒᆞ더라. ≪朴諺, 上, 47ㅎ≫凉定了身已(己)時, 몸이 涼定ᄒᆞ거든. ≪朴諺, 中, 15ㅎ≫那般不小心收拾身己, 뎌리 小心ᄒᆞ여 몸을 收拾디 아니홈애. ≪朴諺, 中, 24ㅈ≫咱如今身已(己)安樂時莭(節), 우리 이제 몸이 安樂ᄒᆞᆫ ᄣᅢ예. ≪朴諺, 下, 1ㅎ≫身已(己)安樂時有也, 몸이 安樂ᄒᆞ면 이시리라. ≪朴諺, 下, 11ㅈ≫身已(己)安樂不湏(須)憂念, 몸이 安樂ᄒᆞ니 모로미 憂念티 마ᄅᆞ쇼셔.

신녀(信女) 명 〈불〉 불교를 믿고 삼귀(三歸)와 오계(五戒)를 받은 세속의 여자. ≪朴諺, 下, 8ㅎ≫僧尼道俗善男信女(集覽, 朴集, 下, 2ㅎ: 善男信女. 了義經云, 善者, 順理也, 信者, 言是事如是也.), 僧尼 道俗과 善男 信女ㅣ.

신노(神奴) 명 사람 이름. ≪朴諺, 中, 9ㅎ≫今將親生孩兒小名喚神奴, 이제 親生ᄒᆞᆫ 아희 小名을 神奴ㅣ라 브ᄅᆞ고. ≪朴諺, 中, 10ㅈ≫神奴來歷不明, 神奴ㅣ 來歷이 不明ᄒᆞ거나.

신다 동 신다. ⇔천(穿). ≪朴諺, 上, 24ㅎ≫脚穿着皀麂皮嵌金線藍條子, 발에 신은 거ᄉᆞᆫ 거믄 기ᄌᆞ피예 金線 남 오리로 갸품 씨고. ≪朴諺, 上, 67ㅈ≫今日脫靴上炕, 오늘 훠를 벗고 炕에 올랏다가. 明日難保得穿, ᄂᆡ일 어더 신기를 밋기 어렵다 ᄒᆞᄂᆞ니라. ≪朴諺, 下, 30ㅈ≫穿着花袴皀靴的勇士, 아롱바디예 거믄 훠 신은 勇士ㅣ. ≪朴諺, 下, 31ㅈ≫脚穿着朝雲靴, 발에 朝雲靴ᄅᆞᆯ 신고. ≪朴諺, 下, 47ㅈ≫脚穿朝雲靴, 발에 朝雲靴ᄅᆞᆯ 신고.

신라(新羅) 명 삼국(三國) 시대의 한 나라. 박혁거세(朴赫居世)가 지금의 영남(嶺南) 지방을 중심으로 건국하였는데, 29대 태종(太宗) 무열왕(武烈王) 때 백제(百濟)와 고구려(高句麗)를 멸시키고 삼국을 통일하였으나, 935년에 고려(高麗) 태조 왕건(王建)에게 망하였다. ≪朴諺, 中, 20ㅎ≫南海普陀落伽山(集覽, 朴集, 中, 3ㅎ: 南海普陁落伽山. 徃時高麗·新羅·日本諸國, 皆由此取道以候風汛.)裏, 南海 普陀落伽山에. ≪朴諺, 下, 59ㅈ≫上泰封王弓裔(集覽, 朴集, 下, 12ㅎ: 弓裔. 新羅憲安王之庶子, 以五月五日生, 屋上有素光屬天如虹.)手下, 泰封王 弓裔 手下에 올라. ≪朴諺, 下, 61ㅈ≫第二年, 第二年에. 移都松岳郡(集覽, 朴集, 下, 13ㅈ: 都松岳郡〈松岳郡〉. 時新羅監干八元善風水, 到扶蘇郡, 見扶蘇山形勝而童, 告康忠曰, 若移郡山南, 植松使不露巖〈岩〉石, 則統合三韓者出矣.), 松岳郡에 移都ᄒᆞ니.

신력(神力) 명 신묘한 도력(道力). 또는 그런 힘의 작용. ≪朴諺, 中, 21ㅈ≫座餙芙蓉(集覽, 朴集, 中, 4ㅎ: 座餙芙蓉. 飜譯名義云, 大論問, 諸牀〈床〉可坐, 何必蓮華. 荅曰, 牀爲世間白衣坐法, 又以蓮華軟淨, 欲現神力, 能坐其上, 令不壞故, 又以莊嚴妙法故, 又以此華華臺嚴淨香妙可坐故.)湛南海澄清之水, 안즌 듸ᄂᆞᆫ 芙蓉으로 ᄭᅮ며시니 南海 澄清ᄒᆞᆫ 水에 ᄌᆞᆷ겻고.

신묘(神廟) 명 신을 모신 사당. ≪朴諺, 下, 47ㅈ≫粧二郎爺爺(集覽, 朴集, 下, 10ㅎ: 二郎爺爺. 二郎, 神名, 爺爺, 尊敬之稱. 今遼東城內有二郎神廟.), 二郎爺爺ᄅᆞᆯ ᄭᅮ며.

신문(新聞) 명 새로운 소식이나 견문. ≪朴諺, 下, 56ㅎ≫先生有何新聞, 先生이 므슴 新聞이 잇ᄂᆞ뇨. 沒甚新聞, 아므란 新

聞이 업서.

신민(臣民) 명 관원과 백성. ≪朴諺, 下, 18ㅎ≫做羅天大醮(集覽, 朴集, 下, 4ㅎ: 大醮.上元金籙齋, 帝王修奉, 設普天大醮. 中元玉籙齋, 保佑六宮, 輔寧妃后, 設周天大醮. 下元黃籙齋, 臣民通修, 普資家國, 設羅天大醮.), 羅天大醮를 ᄒᆞ더니.

신변(神变) 명 신변(神變). '变'은 '變'의 속자. ≪朴諺, 下, 47ㅈ≫粧二郎爺爺(集覽, 朴集, 下, 10ㅎ: 二郎爺爺. 按西遊記, 西域花菓山洞有老猴精, 號齊天大聖, 神變〈变〉無測, 閙(鬧)乱天宮, 玉帝命李天王領神兵往捕, 相戰失利.), 二郎爺爺를 ᄭᅮ미며.

신변(神變) 명 (사람의 지혜로는 도저히 알 수 없는) 신비로운 변화. ≪朴諺, 下, 47ㅈ≫粧二郎爺爺(集覽, 朴集, 下, 10ㅎ: 二郎爺爺. 按西遊記, 西域花菓山洞有老猴精, 號齊天大聖, 神變〈变〉無測, 閙(鬧)乱天宮, 玉帝命李天王領神兵往捕, 相戰失利.), 二郎爺爺를 ᄭᅮ미며.

신병(神兵) 명 신이 보낸 군사. 또는 신의 가호(加護)를 받는 군사. ≪朴諺, 下, 17ㅈ≫唐三藏引孫行者(集覽, 朴集, 下, 4ㅈ: 孫行者. 老君·王母俱奏于玉帝, 傳宣李天王, 引領天兵十萬及諸神將至花菓山, 與大聖相戰失利. 巡山大力鬼上告天王, 擧灌州灌江口神曰小聖二郎, 可使拿獲. 天王遣太子木叉, 與大力鬼往請二郎神, 領神兵圍花菓山, 衆猴出戰皆敗.), 唐三藏이 孫行者를 ᄃᆞ리고. ≪朴諺, 下, 47ㅈ≫粧二郎爺爺(集覽, 朴集, 下, 10ㅎ: 二郎爺爺. 按西遊記, 西域花菓山洞有老猴精, 號齊天大聖, 神變〈变〉無測, 閙(鬧)乱天宮, 玉帝命李天王領神兵往捕, 相戰失利. 灌州灌江口立廟, 有神曰小聖二郎, 又號二郎賢聖天王, 請二郎捕獲大聖, 卽此.), 二郎爺爺를 ᄭᅮ미며.

신보관(神保觀) 명 전설상의 신(神)으로 받드는, 진(秦)나라 이빙(李冰)의 둘째 아들을 모시는 사당. ≪朴諺, 下, 47ㅈ≫粧二郎爺爺(集覽, 朴集, 下, 10ㅎ: 二郎爺爺. 宣和遺事云, 宣和七年十二月, 有神降坤寧殿修(傍)神保觀. 神保觀者, 乃二郎神也, 都人素畏之.), 二郎爺爺를 ᄭᅮ미며.

신복(申覆) 동 심의(審議)를 신청하다. ≪朴諺, 下, 51ㅎ≫申(集覽, 朴集, 下, 11ㅎ: 申. 某府爲某事云云, 合行申覆, 伏乞照驗施行, 須至申者, 右申某處承宣布政使司.)竊盜狀, 窃盜狀을 申ᄒᆞ노니.

신사(新事) 명 새해의 농사. ≪朴諺, 下, 56ㅎ≫只聽的高麗新事來, 그저 高麗ㅅ 新事를 드런노라.

신선(神仙) 명 도(道)를 닦아서 현실의 인간 세계를 떠나 자연과 벗하며 산다는 상상의 사람. ≪朴諺, 下, 7ㅎ≫自有神仙藥, ᄌᆞ연이 神仙藥이 잇ᄂᆞ니라.

신선약(神仙藥) 명 신선이 먹는다는 불사(不死)의 약. ≪朴諺, 下, 7ㅎ≫自有神仙藥, ᄌᆞ연이 神仙藥이 잇ᄂᆞ니라.

신션 명 신선(神仙). ⇔선(仙). ≪朴諺, 上, 4ㅎ≫或是獅仙糖(集覽, 朴集, 上, 2ㅎ: 獅仙糖. 以糖印做騎獅仙人之形也, 亦有爲樓觀僧佛之形者也.), 혹 ᄉᆞ직 툰 신션 양으로 밍근 沙糖을 노코.

신숭겸(申崇謙) 명 고려(高麗)의 개국 공신(?~927). 처음 이름은 능산(能山). 처음에 궁예(弓裔)의 기장(騎將)으로 있다가 궁예의 횡포가 심하자 배현경(裵玄慶) 등과 함께 왕건(王建)을 추대하여 고려를 개국하였다. 대장군(大將軍)이 되었고, 태조(太祖) 10년(927) 공산(公山)에서 견훤(甄萱)의 군대에 포위된 태조를 구하고 전사하였다. 태조 묘정(廟庭)에 배향되었다. ≪朴諺, 下, 59ㅎ≫將軍裵玄慶·洪儒·卜智謙·申崇謙等四箇人, 將軍 裵玄慶·洪儒·卜智謙·申崇謙 等 네 사ᄅᆞᆷ이.

신승전(神僧傳) 명 책 이름. 명(明) 영락(永樂) 15년(1417)에 주체(朱棣)가 지은 불교 사서(史書). 9권. 동한(東漢)의 마등(摩騰)으로부터 원대(元代)의 담파(膽巴)에 이르기까지 208명의 신승(神僧)에 대한 전기(傳記)를 기록하였다. ≪朴諺, 中, 22ㅈ≫起浮屠於泗水之間(集覽, 朴集, 中, 5ㅈ: 起浮屠於泗水之間. 浮屠, 卽塔也. 唐言高顯也. 神僧傳云, 僧伽大士, 西域人, 姓何氏.), 浮屠를 泗水ㅅ ᄉᆞ이에 니르혀고.

신아(身兒) 명 몸통. 몸뚱이. ⇔몸똥. ≪朴諺, 中, 3ㅎ≫這被面大紅身兒, 이 니블 거족 다홍 몸똥과.

신안현(新安縣) 명 원대(元代)에 두었다. 치소는 원대에는 하북성(河北省) 신안현 북동쪽의 신안진(新安鎭)에, 명대(明代)에는 광동성(廣東省) 보안현(寶安縣)에 있었다. ≪朴諺, 上, 8ㅎ≫往永平·大寧(集覽, 朴集, 上, 4ㅈ: 大寧. 遼誌云, 在遼東城北潢水之南, 漢爲新安縣, 唐置營州, 遼號大定府, 金改北京, 元改大寧路. 今廢.)·遼陽·開元·瀋陽等處開去, 永平·大寧·遼陽·開元·瀋陽 等處를 향ᄒᆞ여 開讀ᄒᆞ라 가노라.

신역(身役) 명 몸으로 치르는 노역(勞役)이나 고역(苦役). ≪朴諺, 上, 2ㅎ≫光祿寺裡着姓李的館夫(集覽, 朴集, 上, 1ㅎ: 館夫. 應當舘〈館〉驛接待使客之役. 質問云, 府·州·縣百姓擇撥〈差〉無差〈身〉役者, 做館夫荅應使客, 待三年更替.)討去, 光祿寺에는 姓이 李가 館夫로 ᄒᆞ여 어드라 가게 ᄒᆞ고.

신연(信然) 형 진실로 그러하다. ⇔신연ᄒᆞ다(信然-). ≪朴諺, 下, 61ㅎ≫信然, 信然ᄒᆞ도다.

신연ᄒᆞ다(信然-) 형 진실로 그러하다. ⇔신연(信然). ≪朴諺, 下, 61ㅎ≫信然, 信然ᄒᆞ도다.

신이(身已) 명 신기(身己). '已'는 '己'의 잘못. ≪朴諺, 上, 46ㅈ≫我父毋(母)都身已(己)安樂麽, 우리 父毋(母)ㅣ 다 몸이 安樂ᄒᆞ더냐. ≪朴諺, 上, 46ㅈ≫都身已(己)安樂, 다 몸이 安樂ᄒᆞ더라. ≪朴諺, 上, 47ㅎ≫涼定了身已(己)時, 몸이 涼定ᄒᆞ거든.

신인(神人) 명 도(道)를 닦아서 현실의 인간 세계를 떠나 산다는 상상의 사람. ≪朴諺, 中, 22ㅈ≫以聲察聲拯悲酸於六道(集覽, 朴集, 中, 5ㅈ: 六道. 人道·天道·阿脩羅道·餓鬼道·畜生道·地獄道, 亦名六趣, 加仙道, 名曰七趣. 阿脩羅有大力神人, 嘗共天鬪(鬪), 立大海中, 其高半天.), 소릐로 뻐 소릐를 ᄉᆞᆯ펴 悲酸을 六道에 건디고.

신임(信任) 동 신임(信任)하다. 믿고 일을 맡기다. ≪集覽, 字解, 單字解, 2ㅎ≫保. 恃也. 保你 너 믿노라, 難保 믿디 어렵다. 吏學指南, 相託信任曰保. 又保擧也.

신자(身子) 명 몸. ⇔몸. ≪朴諺, 中, 16ㅎ≫大娘身子好麽, 大娘의 몸이 됴ᄒᆞ신가.

신자아(身子兒) 명 키. ⇔킈. ≪朴諺, 中, 52ㅎ≫一箇細長身子兒, ᄒᆞᆫ 킈 힐힐ᄒᆞ고.

신장(申狀) 명 예전에 청원이 있을 때에 하급 관아에서 상급 관청에 내던 사실을 진술한 문서. ≪朴諺, 下, 51ㅎ≫申(集覽, 朴集, 下, 11ㅎ: 申. 今按, 直隷府申六部, 在外府州申都司, 應天府申五軍都督, 皆名曰申狀.)竊盜狀, 窃盜狀을 申ᄒᆞ노니.

신장(身長) 명 키. ≪朴諺, 下, 31ㅈ≫身長六尺, 身長이 六尺이오.

신장(神將) 명 신병(神兵)을 거느리는 장수. ≪朴諺, 下, 17ㅈ≫唐三藏引孫行者(集覽, 朴集, 下, 4ㅈ: 孫行者. 老君·王母俱奏于玉帝, 傳宣李天王, 引領天兵十萬及諸神將至花菓山, 與大聖相戰失利.), 唐三藏이 孫行者를 ᄃᆞ리고.

신재(身材) 명 몸매. 체격. 몸집. ≪朴諺, 下, 31ㅈ≫咳那身材, 애 뎌 身材여.

신통(神通) 명 무슨 일이든지 해낼 수 있는 영묘하고 불가사의한 힘이나 능력. ≪朴諺, 下, 17ㅈ≫唐三藏引孫行者(集覽, 朴集, 下, 4ㅈ: 孫行者. 西遊記云, 西域有花菓山, 山下有水簾洞, 洞前有鐵板橋, 橋下有萬丈澗, 澗邊有萬箇小洞, 洞裏多猴. 有老猴精, 號齊天大聖, 神通廣大, 入天宮仙桃園偸蟠桃, 又偸老君靈丹藥, 又去王母宮偸王母繡仙衣一套, 來設慶仙衣會.),

唐三藏이 孫行者를 ᄃᆞ리고.

신통력(神通力) 명 신통(神通)한 힘이나 능력. ≪朴諺, 下, 17ㅈ≫唐三藏引孫行者(集覽, 朴集, 下, 4ㅈ: 孫行者. 其後唐太宗勅玄奘法師, 往西天取經, 路經此山, 見此猴精壓在石縫, 去其佛押出之, 以爲徒弟, 賜法名吾空, 改号〈號〉爲孫行者, 與沙和尙及黑猪精·朱八戒偕往, 在路降妖去恠, 救師脫難, 皆是孫行者神通之力也.), 唐三藏이 孫行者를 ᄃᆞ리고.

신향(信向) 동 〈불〉 불교를 신봉하다. 또는 믿고 좇다. ⇔신향ᄒᆞ다(信向-). ≪朴諺, 下, 10ㅎ≫他也不肯信向, 뎨 즐겨 信向티 아니ᄒᆞ니.

신향ᄒᆞ다(信向-) 동 〈불〉 불교를 신봉하다. 또는 믿고 좇다. ⇔신향(信向). ≪朴諺, 下, 10ㅎ≫他也不肯信向, 뎨 즐겨 信向티 아니ᄒᆞ니.

신혜(神惠) 명 고려(高麗) 태조(太祖) 왕건(王建)의 원후(元后)인 유씨(柳氏)의 시호(諡號). ≪朴諺, 下, 60ㅈ≫娘子柳氏(集覽, 朴集, 下, 12ㅎ: 娘子柳氏〈柳氏〉. 太祖聞之, 迎以爲妃. 後裵玄慶·申崇謙等推戴太祖, 后贊成之. 旣卽位, 策后爲元妃. 薨, 謚神惠.)出來說道, 娘子 柳氏ㅣ 나와 닐오ᄃᆡ.

신혼(新婚) 동 갓 결혼하다. ≪朴諺, 中, 25ㅎ≫可知那厮使長的大帽(集覽, 朴集, 中, 6ㅎ: 大帽. 今俗唯出外行者及新婚壻郎無職者, 親迎之夕必戴大帽.)也做裏, 그리어니 뎌 놈이 使長의 큰갓도 ᄆᆡᆫᄃᆞ니.

신ᄒᆞ다(申-) 동 소지(所志)를 하급 관아에서 상급 관아에 품신(稟申)하다. ⇔신(申). ≪朴諺, 下, 51ㅎ≫申(集覽, 朴集, 下, 11ㅎ: 申. 音義云, 下司達於上司之謂, 猶言所志.)竊盜狀, 窃盜狀을 申ᄒᆞ노니.

싣다 동 싣다. ❶⇔장(裝). ≪朴諺, 上, 13ㅈ≫只着大車上裝去, 그저 큰 술위예 시러 가쟈. ❷⇔재(載). ≪朴諺, 上, 13ㅈ≫將車子來載, 술위 가져와 시르라. ≪朴諺, 中, 13ㅈ≫圍着一箇西京來的載黃豆的船, ᄒᆞᆫ 西京으로셔 오ᄂᆞᆫ 黃豆 시른 ᄇᆡ를 에오고. ≪朴諺, 中, 13ㅈ≫又高麗地面裏來載千餘筒布子的大船, 또 高麗ㅅ 싸ᄒᆞ로셔 오ᄂᆞᆫ 千餘 筒 뵈 시른 큰 ᄇᆡ를. ≪朴諺, 中, 19ㅎ≫先載將一車來, 몬져 ᄒᆞᆫ 술위를 시러 가져오고.

싣다 동 싣다. 옮기다. ⇔추(推). ≪朴諺, 下, 15ㅎ≫煤場裏推(集覽, 朴集, 下, 3ㅎ: 推. 用輻軸載煤炭, 一人推運而來.)煤去時節(節), 煤場에 숫 실라 갈 때예.

실 명 실[絲]. ⇔선(線). ≪朴諺, 上, 15ㅈ≫起線花梨木鞘兒, 실 도틘 花梨木 갑플에. ≪朴諺, 上, 15ㅈ≫也是走線, 또 실 도티려 ᄒᆞ노라. ≪朴諺, 上, 17ㅈ≫五六十托麁麻線也放不勾, 五六十 발 굴근 삼실이라도 노키 유여티 못ᄒᆞ니리(라). ≪朴諺, 上, 36ㅈ≫四哥是針線, 넷재 형은 이 바ᄂᆞ실이로다. ≪朴諺, 上, 43ㅈ≫諸般絨線砌山子吊珠兒的麁白線, 여러 가지 보ᄃᆞ라온 실과 귀여ᄉᆞ 무오고 진쥬 ᄃᆞᆯ 굴근 흰 실과. ≪朴諺, 中, 53ㅈ≫皇帝人家的一條線也, 皇帝ㅅ 집 ᄒᆞᆫ 오리 실인들. ≪朴諺, 中, 54ㅎ≫着他搓各色線, 뎔로 ᄒᆞ여 各色 실을 ᄇᆡ이고. ≪朴諺, 中, 54ㅎ≫且將那水線來都引了着, 아직 뎌 스ᄉᆞᆷ이 실 가져다가 ᄉᆞᄎᆞ라.

실(失) 동 잃다. ❶⇔일다. ≪朴諺, 中, 46ㅎ≫命來鐵也爭光, 命이 오면 쇠도 비ᄎᆞᆯ ᄃᆞ토고. 運去黃金失色, 運이 가면 黃金도 비ᄎᆞᆯ 일ᄂᆞᆫ다 ᄒᆞ니라. ❷⇔잃다. ≪朴諺, 中, 24ㅈ≫一失人身後, ᄒᆞᆫ 번 사ᄅᆞᆷ의 몸을 일흔 後ㅣ면. ≪朴諺, 下, 55ㅎ≫走失了甚色馬, 아모 빗쳇 ᄆᆞᆯ를 ᄃᆞ라나 일허시되.

실(失) 동 넘어지다. 절다. ⇔거티다. ≪朴諺, 上, 55ㅎ≫只是前失(集覽, 朴集, 上, 14ㅈ: 前失. 音義云, 거·티·ᄂᆞᆫ ᄆᆞᆯ. 譯語指南云, 앏거·티·ᄂᆞᆫ ᄆᆞᆯ.), 그저 앏 거티고.

실(實) 부 ❶실(實)로. ⇔실로. ≪朴諺, 中, 50ㅈ≫實說定了時不要改, 실로 닐러 뎡ᄒᆞ고 고티디 마쟈. ≪朴諺, 下, 14ㅎ≫但早散時實不見早回家, 다ᄆᆞᆫ 일 흣터디되

실로 일즉이 집의 도라오믈 보디 못ᄒᆞ니. ≪朴諺, 下, 14ㅎ≫你伴當們其實受苦, 너희 伴當들히 실로 受苦ᄒᆞᄂᆞᆫᄯᅩ다. ≪朴諺, 下, 25ㅎ≫實要二兩銀子賣與你, 실로 두 냥 은을 밧고 네게 풀마. ≪朴諺, 下, 43ㅎ≫尸首實葬了那怎的, 尸首를 실로 장ᄒᆞ더냐 엇디ᄒᆞ뇨. ❷진실로. ⇔진실로. ≪朴諺, 下, 3ㅎ≫壯馬也實勞蹄, 壯馬도 진실로 勞蹄ᄒᆞ리니.

실(實) 형 실(實)하다. ⇔실ᄒᆞ다. ≪朴諺, 中, 37ㅎ≫討的是虛還的是實, 꾀오ᄂᆞᆫ 거슨 이 거즛 거시오 갑ᄂᆞᆫ 거시아 이 실ᄒᆞ니라. ≪朴諺, 下, 53ㅈ≫執結是實, 執結이 이 실ᄒᆞ니. ≪朴諺, 下, 53ㅈ≫檢驗是實, 檢驗ᄒᆞ야 이 실커든.

실감기 명 실감개. ⇔요선(腰線). ≪朴諺, 中, 55ㅈ≫你來將那腰線包兒來, 이바 뎌 실감기 ᄡᆞᆷ 가져다가.

실거(室車) 명 방처럼 아름답게 꾸며 만든 수레. ≪朴諺, 中, 12ㅈ≫各樣帳房室車(集覽, 朴集, 中, 2ㅎ: 細車〈室車〉. 鄕習以細字作室字讀, 謂車上設屋可臥者也. 然漢人凡稱物之善者皆曰細, 如云茶之好者曰細茶. 今此細車亦謂設帳房於〈於〉車上爲屋, 乃車之善者也. 故謂之細車, 連呼帳房細車讀亦通. 質問云, 如婦人所乘車, 周圍雕刻花槅, 油飾花須, 方言謂之細車. 又云, 女人所乘有槅長盖之車.), 여러 가지 帳房ᄒᆞᆫ 室車와.

실구(實灸) 명 살뜸. (살 위에 바로 뜨는 뜸) ⇔실ᄯᅳᆷ. ≪朴諺, 上, 35ㅈ≫虛灸那實灸, 우각ᄯᅳᆷ을 ᄒᆞ냐 실ᄯᅳᆷ을 ᄒᆞ냐. 怎麽虛灸, 엇디 우각ᄯᅳᆷ을 ᄒᆞ리오.

실내(室內) 명 집 안. 방 안. 실내. ≪朴諺, 上, 20ㅎ≫典一箇大宅子(集覽, 朴集, 上, 8ㅈ: 宅子. 俗總稱〈総称〉家舍曰房子, 自稱〈称〉曰寒家, 文士呼曰寒居, 自指室內曰屋裏, 人稱王公·大人之家曰宅子.), ᄒᆞᆫ 큰 집을 典當ᄒᆞ리로다.

실로 부 실(實)로. ⇔실(實). ≪朴諺, 中, 50ㅈ≫實說定了時不要改, 실로 닐러 뎡ᄒᆞ고 고티디 마쟈. ≪朴諺, 下, 14ㅎ≫但早散時實不見早回家, 다ᄆᆞᆫ 일 흣터디되 실로 일즉이 집의 도라오믈 보디 못ᄒᆞ니. ≪朴諺, 下, 14ㅎ≫你伴當們其實受苦, 너희 伴當들히 실로 受苦ᄒᆞᄂᆞᆫᄯᅩ다. ≪朴諺, 下, 25ㅎ≫實要二兩銀子賣與你, 실로 두 냥 은을 밧고 네게 풀마. ≪朴諺, 下, 43ㅎ≫尸首實葬了那怎的, 尸首를 실로 장ᄒᆞ더냐 엇디ᄒᆞ뇨.

실리(失利) 동 (전쟁이나 시합에서) 지다. 패하다. ≪朴諺, 下, 17ㅈ≫唐三藏引孫行者(集覽, 朴集, 下, 4ㅈ: 孫行者. 老君·王母俱奏于玉帝, 傳宣李天王, 引領天兵十萬及諸神將至花菓山, 與大聖相戰失利.), 唐三藏이 孫行者를 ᄃᆞ리고. ≪朴諺, 下, 47ㅈ≫粧二郎爺爺(集覽, 朴集, 下, 10ㅎ: 二郎爺爺. 按西遊記, 西域花菓山洞有老猴精, 號齊天大聖, 神變〈変〉無測, 鬧(閙)乱天宮, 玉帝命李天王領神兵往捕, 相戰失利.), 二郎爺爺를 ᄡᅮ며.

실ᄉᆞ 명 실사(糸). 한자 부수(部首)의 이름. ⇔유사(紐絲). ≪朴諺, 中, 41ㅈ≫紐絲傍做逢字, 실ᄉᆞ 변에 逢字 ᄒᆞ여시니.

실ᄯᅳᆷ 명 살뜸. (살 위에 바로 뜨는 뜸) ⇔실구(實灸). ≪朴諺, 上, 35ㅈ≫虛灸那實灸, 우각ᄯᅳᆷ을 ᄒᆞ냐 실ᄯᅳᆷ을 ᄒᆞ냐. 怎麽虛灸, 엇디 우각ᄯᅳᆷ을 ᄒᆞ리오.

실제(宗際) 명 실제(實際). '宗'은 '實'의 속자. ≪朴諺, 上, 66ㅎ≫這的眞善智識(集覽, 朴集, 上, 16ㅎ: 善知識. 善知〈智〉識者, 指高僧之稱. 知亦作智. 反(飜)譯名義云, 佛·菩薩·羅漢是善知〈智〉識, 六波羅密·三十七品是善知〈智〉識, 法性實〈宗〉際是善知〈智〉識.)那裏尋去, 이런 진짓 善智識을 어ᄃᆡ 어드리오.

실제(實際) 명 〈불〉 허망(虛妄)을 떠난 열반의 깨달음. 또는 진여(眞如)의 이체(理體). ≪朴諺, 上, 66ㅎ≫這的眞善智識(集覽, 朴集, 上, 16ㅎ: 善知識. 善知〈智〉識者, 指高僧之稱. 知亦作智. 反(飜)譯名義云, 佛·菩薩·羅漢是善知〈智〉識, 六波羅

密·三十七品是善知〈智〉識, 法性實〈宗〉際是善知〈智〉識.)那裏尋去, 이런 진짓 善智識을 어듸 어드리오.

신임(信任) 동 신임(信任)하다. 믿고 일을 맡기다. ≪集覽, 字解, 單字解, 2ㅎ≫保. 恃也. 保你 너 믿노라, 難保 믿디 어렵다. 吏學指南, 相託信任曰保. 又保擧也.

실히 부 실(實)히. 착실히. 확실히. ⇔착실(着實). ≪集覽, 字解, 單字解, 3ㅈ≫着. 使之爲也. 着落 히여곰, 着他 뎌 ᄒᆞ야. 又置也. 着塩 소곰 두다. 又中也. 着了 맛다. 又見人所行之事, 正合人所指望之, 方則亦曰着了 마초ᄒᆞ야다. 又實也. 着實 실히. 又語助. 又穿衣服也.

실ᄒᆞ다 형 실(實)하다. ⇔실(實). ≪朴諺, 中, 37ㅎ≫討的是虛還的是實, ᄢᅬ오ᄂᆞᆫ 거슨 이 거즛 거시오 갑ᄂᆞᆫ 거시아 이 실ᄒᆞ니라. ≪朴諺, 下, 53ㅈ≫執結是實, 執結이 이 실ᄒᆞ니. ≪朴諺, 下, 53ㅈ≫檢驗是實, 檢驗ᄒᆞ야 이 실커든.

심(心) 명 마음. ❶⇔ᄆᆞᅀᆞᆷ. ≪朴諺, 中, 14ㅎ≫遠行知馬力, 멀리 가매 ᄆᆞᆯ 힘을 알고. 日久見人心, 날이 오라매 사ᄅᆞᆷ의 ᄆᆞᅀᆞᆷ을 보ᄂᆞ니라. ❷⇔ᄆᆞ옴. ≪朴諺, 上, 59ㅈ≫有心拜節(節), 節(節)에 拜홀 ᄆᆞ옴이 이시면. ≪朴諺, 中, 18ㅎ≫怕沒治病的心那, 저프건대 病 고틸 ᄆᆞ옴이 업스랴마ᄂᆞᆫ. ≪朴諺, 中, 19ㅈ≫你且休忙休心焦, 네 아직 밧바 말고 ᄆᆞ옴을 틔오디 말라. ≪朴諺, 中, 19ㅈ≫兩心相照亦不難, 둘희 ᄆᆞ옴이 서ᄅᆞ 비최면 ᄯᅩ흔 어렵디 아니ᄒᆞ니라. ≪朴諺, 中, 25ㅈ≫常防賊心莫偸他物, 샹히 도적 ᄆᆞ옴을 막고 ᄂᆞᆷ의 것 도적디 말라 ᄒᆞᄂᆞ니라. ≪朴諺, 下, 3ㅈ≫你休生怠慢心, 네 怠慢ᄒᆞᆫ ᄆᆞ옴을 내디 말고. ≪朴諺, 下, 9ㅎ≫心只在酒肉氣色, ᄆᆞ옴이 그저 酒肉과 氣色에 이셔. ≪朴諺, 下, 11ㅈ≫想念之心無日有忘, ᄉᆡᆼ각ᄒᆞᄂᆞᆫ ᄆᆞ옴이 니즐 날이 업서이다. ≪朴諺, 下, 27ㅎ≫我買的不應心, 내 사기 ᄆᆞ옴애 맛당티 못ᄒᆞ여라. ≪朴諺, 下, 40ㅎ≫知人知面不知心, 사ᄅᆞᆷ을 알매 ᄂᆞᆺ촌 아라도 ᄆᆞ옴은 아디 못ᄒᆞᆫ다 ᄒᆞᄂᆞ니라. ≪朴諺, 下, 51ㅈ≫忽生得淸歌細舞之心, 믄득 淸歌 細舞홀 ᄆᆞ옴을 내여.

심(甚) 관 무슨. ⇔므슴. ≪集覽, 字解, 累字解, 3ㅈ≫濟甚事. 므·슴 :이·리 :일·료. 猶言쇽졀:업·다.

심(甚) 관 아무[某]. ❶⇔아모. ≪朴諺, 下, 55ㅎ≫走失了甚色馬, 아모 빗쳇 ᄆᆞᆯ를 ᄃᆞ라나 일허시되. ❷⇔아ᄆᆞ. ≪朴諺, 下, 48ㅈ≫甚時幾刻立春, 아ᄆᆞ 때 현 刻에 立春ᄒᆞᆫ다 ᄒᆞ면.

심(甚) 대 무슨. ⇔므슴. ≪朴諺, 上, 56ㅎ≫槽疥有甚難處, 빌리아 므슴 어려온 곳이 이시리오.

심(甚) 형 아무런. 아무러한. ❶⇔아모란. ≪朴諺, 下, 55ㅎ≫有甚暗記沒印, 아모란 ㄱ만ᄒᆞᆫ 보람이 잇고 인은 업ᄂᆞ니. ❷⇔아므란. ≪朴諺, 中, 25ㅈ≫家中沒甚的事時賞你, 집의 아므란 일이 업스면 너를 샹ᄒᆞ고. ≪朴諺, 下, 56ㅎ≫沒甚新聞, 아므란 新聞이 업서.

심(深) 부 가장. 매우. 자못. ⇔ᄀᆞ장. ≪朴諺, 中, 9ㅎ≫深爲未便, ᄀᆞ장 未便호ᄃᆡ.

심(深) 형 ❶깊다. ⇔깁다. ≪朴諺, 中, 51ㅈ≫一劉浠泥曲膝盖深, ᄒᆞᆫ골ᄀᆞ티 즌흙이 무룹도리로 깁더라. ❷짙다. ⇔딛다. ≪朴諺, 中, 54ㅎ≫這深肉紅界地穿花鳳紵絲做比甲, 이 디튼 肉紅빗체 벽드르에 穿花鳳문ᄒᆞᆫ 비단으란 比甲을 짓고.

심(尋) 동 얻다. ❶⇔얻다. ≪朴諺, 上, 42ㅎ≫正着了也多尋鈔, 졍히 만나시니 錢鈔를 만히 어드리로다. ≪朴諺, 上, 51ㅈ≫如今自妳那尋妳子, 이제 손조 졋 먹이ᄂᆞ냐 졋즐 어던ᄂᆞ냐. 尋一箇好婦人妳, ᄒᆞᆫ 됴흔 婦人의 졋을 어더시되. ≪朴諺, 上, 66ㅎ≫這的眞善智識那裏尋去, 이런 진짓 善智識을 어듸 어드리오. ≪朴諺, 中, 17ㅈ≫醬麴今年沒處尋, 메조를 올히 어들 ᄃᆡ 업더니. ≪朴諺, 中, 40ㅎ≫每日家尋空便拿雀兒, 每日에 빈 적을 어더 새 잡

노라. ❷⇔엇다. ≪朴諺, 上, 55ㅎ≫市裏尋不着好馬, 져제는 됴흔 몰을 엇디 몯홀러라. ≪朴諺, 上, 65ㅈ≫你的手裏難尋錢, 네 손에 돈 엇기 어렵다.

심(尋) 동 찾다. ❶⇔얻다. ≪朴諺, 下, 56ㅈ≫走失了甚色馬, 아모 빗쳇 몰를 드라나 일허시되.……尋將馬來時, 몰을 어더오면. ❷⇔춧다. ≪朴諺, 下, 7ㅎ≫休尋海上方, 海上方을 춧디 말라. ❸⇔춫다. ≪朴諺, 上, 30ㅎ≫你饋我尋見了拿將來, 네 추자보아 잡아다가 날을 주고려. ≪朴諺, 上, 31ㅈ≫你尋他怎麼, 네 뎌롤 추자 므슴 호려 호는다. ≪朴諺, 下, 51ㅈ≫尋着這蘆葦密處巖頭石崖, 이 蘆葦 密處 岩頭 石崖롤 추자. ≪朴諺, 下, 56ㅎ≫尋他講論些文書來, 뎌롤 추자 글을 講論호노라.

심ㄱ다 동 심다[植]. ⇔종(種). ≪朴諺, 下, 37ㅈ≫到秋他種來的, ᄀ올이 다드라 뎌의 심근.

심견(尋見) 동 찾아보다. ⇔추자보다. ≪朴諺, 上, 30ㅎ≫你饋我尋見了拿將來, 네 추자보아 잡아다가 날을 주고려.

심광(甚廣) 형 매우 넓다. ≪集覽, 字解, 單字解, 4ㅈ≫打. 擊也, 着實打, 又打三下. 又爲也. 打酒來 술 사 오라. 又曰, 打將來 호야 오라, 打聽 듣보라, 打水 믈 긷다, 不打緊. 又打那裏去, 打東邊去, 有投向從往之意. 俗用打字, 似不合本意者多, 而實有取意不苟, 其用甚廣, 此不盡錄.

심두화(心頭火) 명 번뇌(煩惱). ≪朴諺, 中, 18ㅎ≫只滅了我這心頭火, 그저 나의 이 心頭火롤 쓰면.

심리(心裡) 명 심리(心裏). '裡'는 '裏'와 같다. ≪朴諺, 下, 60ㅎ≫心裡疼殺, 모음에 셟거든.

심리(心裏) 명 마음. ⇔모음. ≪朴諺, 下, 27ㅈ≫心裏想道, 모음에 싱각호니. ≪朴諺, 下, 28ㅎ≫心裏好着, 모음에 됴호면. ≪朴諺, 下, 60ㅎ≫心裡疼殺, 모음에 셟거든.

심마(甚麽) 관 무슨. ❶⇔므스. ≪朴諺, 中, 43ㅈ≫你每日做甚麽, 네 미일에 므스 일호는다. ≪朴諺, 下, 16ㅈ≫無贓時有甚麽事, 장믈이 업스면 므스 일이 이시리오. ❷⇔므슴. ≪集覽, 字解, 單字解, 4ㅎ≫甚. 숨. 俗語, 甚麽 므슴, 猶何也. 又有呼爲신音者, 故古文·語錄有什麽之語, 音시모. 以甚爲什, 殊無意義. 甚字用終聲, 連呼麽字, 則難於作音, 語不圓熟. 故甚字不用終聲之音, 今俗亦呼爲ᄉᆞ마. ≪朴諺, 上, 13ㅎ≫你那腮頰上甚麽瘡, 네 뎌 쌤에 므슴 瘡고. 不知甚麽瘡, 아디 몯쎄라 므슴 瘡인디. ≪朴諺, 上, 24ㅈ≫有甚麽話說, 므슴 말을 닐옴이 이시리오. ≪朴諺, 上, 44ㅎ≫你如今學甚麽文書, 네 이제 므슴 글을 비호는다. ≪朴諺, 上, 55ㅈ≫你待買甚麽本事的馬, 네 므슴 지조엣 몰을 사고져 호는다. ≪朴諺, 上, 63ㅎ≫爭甚麽一母所生親弟兄, 므슴 一毋(母) 所生親弟兄에셔 쁘리오. ≪朴諺, 中, 18ㅈ≫咳你說甚麽話, 애 네 므슴 말을 니르는다. ≪朴諺, 中, 30ㅈ≫做甚麽飯, 므슴 밥을 지엇느뇨. ≪朴諺, 中, 33ㅈ≫碍甚麽事, 므슴 일에 해로오리오. ≪朴諺, 中, 36ㅎ≫你要甚麽顏色的, 네 므슴 빗체 치롤 호려 호는다. ≪朴諺, 下, 13ㅎ≫別要盖甚麽房子, 다른 므슴 집을 지으실고. ≪朴諺, 下, 38ㅈ≫甚麽長行馬, 므슴 長行馬ㅣ리오. ≪朴諺, 下, 59ㅎ≫恰說的是甚麽官職, ᄀᆞᆺ 니르는 거시 이 므슴 벼슬고. ❸⇔므슴. ≪朴諺, 上, 64ㅎ≫舍人甚麽銀子, 舍人아 므솜 은고. ≪朴諺, 下, 5ㅈ≫沒家事時筭甚麽泥水匠, 연장이 업ᄉᆞ면 므솜 泥匠이라 혜리오. ≪朴諺, 下, 16ㅎ≫買甚麽文書去, 므솜 칙을 사라 가료. ≪朴諺, 下, 27ㅎ≫問客官人們喫甚麽茶, 客官人드려 무로딕 므솜 차 머글싸. ≪朴諺, 下, 32ㅈ≫過賣你來有甚麽飯, 過賣아 이바 므솜 밥이 잇느뇨. ≪朴諺, 下, 32ㅈ≫喫甚麽飯, 므솜 밥을 먹을싸. ≪朴諺, 下, 36ㅎ≫老安因甚麽事, 老安이 므솜 일을 인호여. ≪朴諺, 下, 38ㅎ≫有甚麽氣像,

므슴 氣像이 잇더뇨. ≪朴諺, 下, 41ㅈ≫ 甚麼人情, 므슴 人情고. ≪朴諺, 下, 43ㅎ≫ 有甚麼數目, 므슴 數目이 이시리오. ≪朴諺, 下, 53ㅎ≫甚麼狀子, 므슴 고장고.

심마(甚麼) 관 ❶아무. ⇔아모. ≪朴諺, 中, 50ㅈ≫不要賭甚麼, 아모 것도 던ᄋᆞ디 말고. ❷어떤. 어떠한. ⇔엇던. ≪朴諺, 上, 44ㅎ≫你師傅是甚麼人, 네 스승이 이 엇던 사ᄅᆞᆷ고.

심마(甚麼) 관 아무런. 아무러한. ❶⇔아므란. ≪朴諺, 下, 61ㅎ≫小子沒甚麼鄕産與先生, 小子ㅣ 아므란 鄕産을 先生ᄭᅴ 줄 써시 업ᄉᆞ니. ❷⇔아ᄆᆞ란. ≪朴諺, 上, 48ㅈ≫京都也沒甚麼買賣, 셔울도 아ᄆᆞ란 買賣ㅣ 홀 거시 업드라.

심마(甚麼) 대 무슨. ❶⇔므슴. ≪朴諺, 上, 59ㅈ≫有甚麼遲處, 므슴 더딘 곳이 이시리오. ≪朴諺, 中, 17ㅎ≫這般的有甚麼稀罕, 이런 거시 므슴 稀罕홈이 이시리오. ≪朴諺, 中, 37ㅈ≫說甚麼閑話, 므슴 힘힘ᄒᆞᆫ 말을 니ᄅᆞᄂᆞᆫ다. ≪朴諺, 中, 41ㅈ≫殺了有甚麼多處, 죽인들 므슴 앗가온 곳이 이시리오. ≪朴諺, 中, 46ㅎ≫你高官裏轉除的有愁甚麼, 너ᄂᆞᆫ 노픈 벼슬에 쳔뎐ᄒᆞ여 뎨슈홈이 이실 써시니 므슴 근심ᄒᆞ리오. ≪朴諺, 中, 49ㅈ≫你做甚麼生活, 네 므슴 셩녕ᄒᆞᄂᆞᆫ다. ≪朴諺, 中, 50ㅎ≫擺忙裏說甚麼閑話來, 밧븐ᄃᆡ 므슴 힘힘ᄒᆞᆫ 말 닐ᄋᆞ리오. ❷⇔므솜. ≪朴諺, 下, 28ㅎ≫這的有甚麼商量處, 이아 므솜 혜아릴 곳이 이시리오. ≪朴諺, 下, 28ㅎ≫有甚麼定害處, 므솜 너린 곳이 이시리오.

심마(甚麼) 대 무엇. ❶⇔므섯. ≪朴諺, 上, 10ㅈ≫如今待秋後整治怕甚麼, 이제 秋後를 기ᄃᆞ려 整治ᄒᆞ면 므서시 저프리오. ≪朴諺, 上, 19ㅎ≫把甚麼去償, 므서ᄉᆞ로 가 뎐당ᄒᆞ려 ᄒᆞᄂᆞᆫ다. ≪朴諺, 上, 29ㅈ≫買獐皮做甚麼, 獐皮 사 므섯 ᄒᆞ려 ᄒᆞᄂᆞᆫ다. ≪朴諺, 上, 39ㅎ≫管甚麼來刀子鈍, 므서슬 ᄀᆞ옴알관ᄃᆡ 칼이 무되리오. ≪朴諺, 上, 49ㅈ≫咱賭甚麼, 우리 므서슬 나기ᄒᆞ료. ≪朴諺, 上, 56ㅈ≫你爲甚麼不買來, 네 므서슬 위ᄒᆞ야 사오디 아니ᄒᆞᆫ다. ≪朴諺, 上, 63ㅎ≫打甚麼緊那, 므서시 다 긴ᄒᆞ리오. ≪朴諺, 中, 2ㅈ≫好看的甚麼沒, 보기 됴흔 거시 므서시 업ᄉᆞ리오. ≪朴諺, 中, 11ㅈ≫如今少甚麼, 이제 므서시 업스뇨. ≪朴諺, 中, 19ㅈ≫怕甚麼, 므서시 저프리오. ≪朴諺, 中, 26ㅎ≫爲甚麼, 므서슬 위홈고. ≪朴諺, 中, 37ㅎ≫怕甚麼, 므서시 저프료. ≪朴諺, 中, 45ㅎ≫爲甚麼不得, 므서슬 위ᄒᆞ여 엇디 못ᄒᆞ리오. ≪朴諺, 中, 52ㅈ≫你却爲甚麼不上去, 너ᄂᆞᆫ 또 므서슬 위ᄒᆞ여 올라가디 아니ᄒᆞᆫ다. ≪朴諺, 中, 58ㅎ≫要做甚麼, ᄒᆞ여 므섯ᄒᆞ려 ᄒᆞᄂᆞ뇨. ≪朴諺, 下, 13ㅎ≫咳這一除甚麼好, 애 이 ᄒᆞᆫ 벼슬이 므서시 됴ᄒᆞ뇨. ≪朴諺, 下, 21ㅈ≫着兩箇猜裏面有甚麼, 둘흐로 ᄒᆞ여 안히 므서시 잇ᄂᆞᆫ고 알라 ᄒᆞ니. ≪朴諺, 下, 25ㅎ≫這不是燒子的甚麼, 이 구으니 아니오 므섯고. ≪朴諺, 下, 34ㅈ≫咱賭甚麼, 우리 므서슬 더ᄂᆞ료. ≪朴諺, 下, 45ㅈ≫爲甚麼, 므서슬 위ᄒᆞ여뇨. ≪朴諺, 下, 56ㅎ≫要說甚麼, 므서슬 니ᄅᆞ과뎌 ᄒᆞᄂᆞ뇨. ≪朴諺, 下, 60ㅎ≫更是男子漢家怕甚麼, 또 이 男子漢이 므서슬 저퍼ᄒᆞ리오. ❷⇔므스것. ≪集覽, 字解, 單字解, 6ㅈ≫少. 多少. 又欠也. 少甚麼 므스거시 업스뇨. 少債 ᄂᆞᄆᆡ 비들 ᄲᅥ디워 잇다. 又缺也. 缺少口粮 양시기 그처디다. ≪朴諺, 上, 63ㅈ≫咱對換甚麼東西, 우리 므스거슬 막밧고료. ≪朴諺, 中, 60ㅈ≫與他甚麼東西, 뎌를 므스거슬 주리오. ≪朴諺, 下, 27ㅈ≫這的甚麼東西, 이거시 므스것고. ❸⇔므슴. ≪集覽, 字解, 單字解, 3ㅎ≫做. 韻會通韻作字註云, 造也, 俗作做非. 箇韻作字註云, 爲也, 造也, 起也, 俗作做非. 做音, 直信切. 今按, 俗語做甚麼 므슴ᄒᆞ료, 作衣裳 옷짓다, 作音조, 去聲. 不走作 드ᄂᆞ쁘디 아니타, 作音조, 入聲. 以此觀之, 則做從去聲, 作互呼去聲·入聲, 通做字. 俗不用直信

切之音. ≪朴諺, 上, 8ㅈ≫做甚麽, 므슴 ᄒᆞ리오. ≪朴諺, 上, 19ㅎ≫儻那偌多做甚麽, 더리 만히 典儅ᄒᆞ여 므슴 ᄒᆞ려 ᄒᆞᄂᆞ다. ≪朴諺, 上, 34ㅈ≫這一等和尙不打他要做甚麽, 이런 즁을 티디 아니ᄒᆞ고 므슴 ᄒᆞ리오. ≪朴諺, 中, 3ㅈ≫要做甚麽, ᄒᆞ여 므슴 ᄒᆞ리오. ≪朴諺, 中, 19ㅈ≫每日家閑浪蕩做甚麽, 날마다 힘힘이 ᄀᆞ래여 므슴 ᄒᆞ리오. ≪朴諺, 中, 28ㅎ≫把咱們不償命那甚麽, 우리롤다가 償命티 아니코 므슴 ᄒᆞ리오. ❹⇔므슴. ≪朴諺, 下, 37ㅎ≫便不使些箇做甚麽, 곳 져기 쓰디 아니코 므슴 ᄒᆞ리오. ≪朴諺, 下, 39ㅎ≫只管的遠去怎麽, 그저 ᄉᆞᄅᆡ야 멀리 가 므슴 ᄒᆞ리오. ≪朴諺, 下, 49ㅈ≫乾無來由做甚麽去, 쇽졀업시 므슴 ᄒᆞ라 가리오.

심마(甚麽) 㝵 무슨 까닭으로. 무엇 때문에. ❶⇔므슴아라. ≪朴諺, 上, 21ㅎ≫甚麽脿添不上, 므슴아라 술이 오ᄅᆞ디 아니ᄒᆞ리오. ≪朴諺, 上, 22ㅈ≫要甚麽合口, 므슴아라 입힐홈ᄒᆞ리오. ❷⇔므슴ᄒᆞ라. ≪朴諺, 上, 64ㅎ≫要甚麽多話, 므슴ᄒᆞ라 말 한 양 ᄒᆞ리오.

심마(甚麽) 㝵 얼마나. ⇔언머. ≪朴諺, 下, 30ㅎ≫有甚麽數目, 언머 수목이 잇더뇨.

심마(甚麽) 형 아무런. 아무러한. ⇔아므란. ≪朴諺, 中, 52ㅈ≫我也沒甚麽幹的勾當, 나도 아므란 홀 일이 업고.

심복(心腹) 명 마음. 마음속. ≪朴諺, 上, 63ㅈ≫咱們結相識知心腹多年了, 우리 結相識ᄒᆞ여 心腹 아란디 여러 ᄒᆡ로ᄃᆡ. ≪朴諺, 上, 63ㅈ≫一遍也不曾說知心腹的話, ᄒᆞᆫ 번도 일즉 心腹 아ᄂᆞᆫ 말을 니ᄅᆞ디 못ᄒᆞ여시니.

심사(尋思) 동 (깊이) 생각하다. ⇔ᄉᆡᇰ각ᄒᆞ다. ≪朴諺, 上, 22ㅎ≫咳這官人好尋思計量大, 애 이 官人이 ᄀᆞ창(장) 尋思 計量이 크다. ≪朴諺, 中, 18ㅈ≫姐姐你再尋思我這秋月紗窓一片心, 姐姐ㅣ아 네 ᄯᅩ 나의 이 秋月 紗窓 一片心을 ᄉᆡᇰ각ᄒᆞ여.

심산(深山) 명 깊은 산. ≪朴諺, 上, 34ㅈ≫往深山裏懺悔去, 深山을 향ᄒᆞ야 懺悔ᄒᆞ라 가노라.

심성(尋聲) 동 소리를 따라가다. 소리가 난 곳을 찾다. ≪朴諺, 中, 23ㅎ≫尋聲救苦應念除災(集覽, 朴集, 中, 6ㅈ: 尋聲救苦應念除災. 史記, 昔盧景裕繫晉陽獄, 志心念觀世音菩薩, 枷鎖自脫. 又有人當死, 志心誦觀世音菩薩普門品經千百遍, 臨刑刀折, 因以赦之.), 尋聲 救苦ᄒᆞ며 應念 除灾ᄒᆞᄂᆞ니.

심쇄(深殺) 형 깊다. ⇔깁다. ≪集覽, 字解, 單字解, 6ㅈ≫殺. 氣殺我 애ᄃᆞᆯ와 셜웨라, 猶言以此而可至於死也. 又愁殺人 사ᄅᆞᄆᆞᆯ ᄀᆞ장 근심ᄒᆞ야 셟게 ᄒᆞ다. 又廝殺 싸호다. 又助語辭. 最深殺 ᄀᆞ장 깁다.

심심(深深) 형 깊고 깊다. ≪朴諺, 中, 32ㅎ≫有深深淺淺澗, 深深 淺淺ᄒᆞᆫ 시내 이시며.

심아(心児) 명 심아(心兒). '児'는 '兒'의 속자. ≪朴諺, 上, 26ㅎ≫紅斜皮心兒, 紅斜皮 心児에. ≪朴諺, 上, 26ㅎ≫猠皮心兒藍斜皮邉兒的皮汗替, 猠皮 心児에 藍斜皮 邉児 ᄒᆞᆫ 가족 ᄯᆞᆷ어치에. ≪朴諺, 上, 28ㅈ≫紅斜皮心兒, 紅斜皮 心児에.

심아(心兒) 명 심. (어깨나 깃 따위에 빳빳하게 하려고 특별히 넣은 헝겊) ≪朴諺, 上, 26ㅎ≫紅斜皮心兒, 紅斜皮 心児에. ≪朴諺, 上, 26ㅎ≫猠皮心兒藍斜皮邉兒的皮汗替, 猠皮 心児에 藍斜皮 邉児 ᄒᆞᆫ 가족 ᄯᆞᆷ어치에. ≪朴諺, 上, 28ㅈ≫紅斜皮心兒, 紅斜皮 心児에.

심양(瀋陽) 명 땅 이름. 진대(秦代) 이전에는 숙신씨(肅愼氏)의 땅이었다. 발해(渤海)에서는 심주(瀋州), 원대(元代)에는 심양로(瀋陽路), 명대(明代)에는 심양위(瀋陽衛)를 두었다. 소재지는 요령성(遼寧省) 심양시(瀋陽市)에 있었다. ≪朴諺, 上, 8ㅎ≫往永平·大寧·遼陽·開元·瀋陽(集覽, 朴集, 上, 4ㅎ: 瀋陽. 遼誌云, 舊名瀋州. 禹貢營州之域. 遼爲節〈莭〉鎭, 屬遼東道, 遼亡〈亾〉, 歸〈皈〉金. 元爲瀋陽路, 去遼東城數舍. 今設瀋陽中衛, 地方廣衍,

東逼高麗, 北抵建州, 去衛治東北八十里, 有州曰貴德, 或謂玄菟郡.)等處開去, 永平·大寧·遼陽·開元·瀋陽 等處로 향ᄒᆞ여 開讀ᄒᆞ라 가노라.

심양로(瀋陽路) 명 원대(元代)에 둔 노(路). 소재지는 요령성(遼寧省) 심양시(瀋陽市)에 있었다. ≪朴諺, 上, 8ㅎ≫往永平·大寧·遼陽·開元·瀋陽(集覽, 朴集, 上, 4ㅎ: 瀋陽. 遼誌云, 舊名瀋州. 禹貢營州之域. 遼爲節〈莭〉鎭, 屬遼東道, 遼亡〈亾〉, 歸〈敀〉金. 元爲瀋陽路, 去遼東城數舍. 今設瀋陽中衛, 地方廣衍, 東逼高麗, 北抵建州, 去衛治東北八十里, 有州曰貴德, 或謂玄菟郡.)等處開去, 永平·大寧·遼陽·開元·瀋陽 等處로 향ᄒᆞ여 開讀ᄒᆞ라 가노라.

심양중위(瀋陽中衛) 명 명대(明代)에 둔 위(衛). 홍무(洪武) 연간에 심주(瀋州)를 고쳐 두었다. 소재지는 요령성(遼寧省) 심양시(瀋陽市)에 있었다. ≪朴諺, 上, 8ㅎ≫往永平·大寧·遼陽·開元·瀋陽(集覽, 朴集, 上, 4ㅎ: 瀋陽. 遼誌云, 舊名瀋州. 禹貢營州之域. 遼爲節〈莭〉鎭, 屬遼東道, 遼亡〈亾〉, 歸〈敀〉金. 元爲瀋陽路, 去遼東城數舍. 今設瀋陽中衛, 地方廣衍, 東逼高麗, 北抵建州, 去衛治東北八十里, 有州曰貴德, 或謂玄菟郡.)等處開去, 永平·大寧·遼陽·開元·瀋陽 等處로 향ᄒᆞ여 開讀ᄒᆞ라 가노라.

심오(深奧) 형 깊고 오묘하다. ≪朴諺, 中, 59ㅎ≫彫在槅子閣落(集覽, 朴集, 中, 9ㅈ: 閣落. 音ᄀᆞ·랖, 指一隅深奧之處.)裡, 귓구석에 드리티고.

심우(甚雨) 명 줄기차게 많이 오는 비. ≪朴諺, 上, 59ㅈ≫寒食(集覽, 朴集, 上, 14ㅎ: 寒食. 荊楚記云, 去冬節〈莭〉一百五日, 有疾風甚雨, 謂之寒食, 又謂之百五節〈莭〉.)不遲, 寒食이라도 더듸디 아니타 ᄒᆞᄂᆞ니라.

심원(沈元) 명 사람 이름. ≪朴諺, 中, 38ㅎ≫隨問到本坊住人沈元處, 隨問ᄒᆞ여 本坊에 사는 사ᄅᆞᆷ 沈元의손ᄃᆡ 가.

심주(瀋州) 명 요대(遼代)에 두었다. 명(明) 홍무(洪武) 연간에 심양중위(瀋陽中衛)로 고쳐 두었다. 소재지는 요령성(遼寧省) 심양시(瀋陽市)에 있었다. ≪朴諺, 上, 8ㅎ≫往永平·大寧·遼陽·開元·瀋陽(集覽, 朴集, 上, 4ㅎ: 瀋陽. 遼誌云, 舊名瀋州. 禹貢營州之域. 遼爲節〈莭〉鎭, 屬遼東道.)等處開去, 永平·大寧·遼陽·開元·瀋陽 等處로 향ᄒᆞ여 開讀ᄒᆞ라 가노라.

심중(心中) 명 가운데. 한 중심. ⇔가온ᄃᆡ. ≪朴諺, 上, 60ㅈ≫湖心中, 믈 ᄭᅡ온ᄃᆡ. ≪朴諺, 上, 61ㅎ≫湖心中浮上浮下的是雙雙兒鴨子, 湖 心中에 浮上 浮下ᄒᆞᄂᆞᆫ 거슨 이 雙雙ᄒᆞᆫ 올히오.

심진중(沈進中) 명 사람 이름. ≪朴諺, 下, 57ㅎ≫沈進中和葛敬之教授兩箇, 沈進中과 葛敬之 教授 둘히.

심천(深淺) 명 ❶(빛깔의) 짙음과 옅음. ≪朴諺, 上, 63ㅈ≫我的串香褐(集覽, 朴集, 上, 15ㅎ: 串香褐. 串香者, 合和諸香以爲佩者也. 凡稱〈称〉染色之少文采〈彩〉者曰褐. 串香褐·麝香褐·鷹背褐·蜜褐·茶褐, 卽黃黑雜色也. 玉褐·艾褐·水褐·銀褐, 卽白黑雜色也. 藕褐, 卽紫黑雜色也. 深淺異色, 各取其像.)通袖膝欄五彩綉帖裏, 내 팀향빗체 通袖 膝欄ᄒᆞ고 五彩로 綉노흔 텰릭과. ❷(물의) 깊음과 얕음. ≪朴諺, 上, 59ㅎ≫西湖是從玉泉(集覽, 朴集, 上, 15ㅈ: 玉泉. 在宛平縣西北三十里玉泉山下. 山有石洞三, 一在山之西南, 其下有泉, 深淺莫測.)裏流下來, 西湖는 이 玉泉으로 조차 흘러ᄂᆞ리니. ≪朴諺, 上, 60ㅈ≫深淺長短不可量, 深淺 長短을 可히 혜아리디 몯ᄒᆞ고.

심천(深淺) 형 깊다. 또는 깊이. ⇔깊다. ≪朴諺, 中, 27ㅈ≫正房背後掘開一箇老大深淺地坑, 正房 뒤헤 ᄒᆞᆫ 크고 기픈 ᄃᆡ함을 ᄑᆡ고.

심허(心許) 동 진정한 마음으로 허락하다. ≪朴諺, 中, 22ㅈ≫起浮屠於泗水之間(集覽, 朴集, 中, 5ㅈ: 起浮屠於泗水之間. 中

宗問諸近臣, 近臣奏, 僧伽大師化緣在臨淮, 恐欲歸. 中宗心許, 其臭頓息, 奇香馥烈.), 浮屠를 泗水ㅅ ᄀᆞ이에 니르혀고.

심후(沈厚) 형 인덕(仁德)이나 마음씨 따위가 깊고 두텁다. ≪朴諺, 下, 16ㅎ≫買趙太祖飛龍記(集覽, 朴集, 下, 3ㅎ: 趙太祖飛龍記. 宋太祖, 姓趙, 名匡胤. 母昭獻皇后夢日入懷而孕. 誕生之夕, 赤光滿室, 異香馥郁. 及長, 性沈厚, 有大度, 調遷爲殿前都點檢.), 趙太祖의 飛龍記와.

십(十) 관 열. ⇔열. ≪集覽, 字解, 單字解, 2ㅎ≫捱. 正作涯. 倚限有恃之意 그슴ᄒᆞ다, 捱到十年 열 ᄒᆡ 다ᄃᆞ도록. ≪朴諺, 上, 4ㅈ≫外手一遭兒十六楪, 밧 첫 줄 열 여슷 뎝시에는. ≪朴諺, 上, 4ㅈ≫第(第)二遭十六楪, 둘재 줄 열 여슷 뎝시에는. ≪朴諺, 上, 41ㅈ≫十表十裏, 열 것과 열 안과. ≪朴諺, 上, 42ㅎ≫依體例十兩裏一兩家除時, 體例대로 열 량에 ᄒᆞᆫ 냥식 덜면. ≪朴諺, 上, 46ㅈ≫貴眷稍的十箇白毛施布, 貴眷이 브틴 열 필 흰 모시뵈과. ≪朴諺, 上, 47ㅈ≫全做時只使的十九箇錢, 다 ᄒᆞ려 ᄒᆞ면 그저 열 아홉 낫 돈을 ᄡᅳ리라. ≪朴諺, 上, 51ㅎ≫懷躭十月, ᄇᆡ아 열 ᄃᆞᆯ이오. ≪朴諺, 上, 64ㅎ≫一打裏饋你十兩銀子, ᄒᆞᆫ번에 너를 열 량 은을 줄 거시니. ≪朴諺, 中, 3ㅎ≫這十箇絹裏, 이 열 필 깁에셔. ≪朴諺, 中, 4ㅈ≫十箇絹練的熟到着, 열 필 깁을 누우기를 닉게 잇긋 ᄒᆞ라. ≪朴諺, 中, 8ㅈ≫一日九站十站家行, ᄒᆞᄅᆞ 아홉 站식 열 站식 녜거늘. ≪朴諺, 中, 19ㅎ≫將十兩銀子, 열 량 은을 가지고. ≪朴諺, 下, 46ㅈ≫十尺來長尾子, 열 자 길의 ᄭᅩ리와.

십개(十箇) 관 ❶열 (개). ⇔열. ≪朴諺, 上, 29ㅎ≫十箇指頭也有長的短的, 열 손가락도 기니 뎌ᄅᆞ니 잇ᄂᆞ니. ≪朴諺, 上, 53ㅈ≫你打十箇氣力的一張, 네 열 힘에 치 ᄒᆞᆫ 댱과. ❷열 (명). ⇔열. ≪朴諺, 上, 21ㅈ≫十箇人一宿家輪着喂, 열 사ᄅᆞᆷ이 ᄒᆞᆫ 즘식 돌려 먹이게 ᄒᆞ라.

십개지두야유장적단적(十箇指頭也 有長的短的) 구 열 손가락에도 길고 짧은 것이 있다는 뜻으로, 모든 일이나 물건에는 크기나 우열의 차이가 있다는 말. ≪朴諺, 上, 29ㅎ≫十箇指頭也有長的短的, 열 손가락도 기니 뎌ᄅᆞ니 잇ᄂᆞ니.

십래(十來) 관 여남은. ⇔여라믄. ≪集覽, 字解, 單字解, 4ㅈ≫來. 來往. 又語助. 你來 이바, 夜來 어제, 有來 잇더라, 去來 가다. 又數物而有餘數, 未的知之辭. 十來箇 여라믄, 十里來地 십 리만ᄒᆞᆫ ᄃᆡ, 十來日 여라믄 날.

십래개(十來箇) 관 여남은 (개). ⇔여라믄. ≪集覽, 字解, 單字解, 4ㅈ≫來. 來往. 又語助. 你來 이바, 夜來 어제, 有來 잇더라, 去來 가다. 又數物而有餘數, 未的知之辭. 十來箇 여라믄, 十里來地 십 리만ᄒᆞᆫ ᄃᆡ, 十來日 여라믄 날.

십래일(十來日) 명 여남은 날. 십여일(十餘日). ≪集覽, 字解, 單字解, 4ㅈ≫來. 來往. 又語助. 你來 이바, 夜來 어제, 有來 잇더라, 去來 가다. 又數物而有餘數, 未的知之辭. 十來箇 여라믄, 十里來地 십 리만ᄒᆞᆫ ᄃᆡ, 十來日 여라믄 날.

십리래지(十里來地) 명 십 리 정도 떨어진 곳. ≪集覽, 字解, 單字解, 4ㅈ≫來. 來往. 又語助. 你來 이바, 夜來 어제, 有來 잇더라, 去來가다. 又數物而有餘數, 未的知之辭. 十來箇 여라믄, 十里來地 십 리만ᄒᆞᆫ ᄃᆡ, 十來日 여라믄 날.

십마(什麽) 대 어떤. 무슨. 어느. ≪集覽, 字解, 單字解, 4ㅎ≫甚. 슴. 俗語, 甚麽 므슴, 猶何也. 又有呼爲신音者, 故古文·語錄有什麽之語, 音시모. 以甚爲什, 殊無意義. 甚字用終聲, 連呼麽字, 則難於作音, 語不圓熟. 故甚字不用終聲之音, 今俗亦呼爲ᄉᆞ마.

십분(十分) 부 가장. 매우. 자못. ❶⇔ᄀᆞ장. ≪集覽, 字解, 累字解, 2ㅎ≫分外. 十者數之終, 十分爲數之極, 而甚言其太過則曰分外. ≪朴諺, 上, 9ㅎ≫今年雨水十

分大, 올히 雨水ㅣ ᄀ장 만ᄒ여. ≪朴諺, 上, 28ㅈ≫騎着一箇十分膘鐵青玉面馬, ᄒᆫ ᄀ장 술진 텰청총이광간쟈ᄆᆞᆯ을 탓고. ≪朴諺, 上, 35ㅎ≫只是腿上十分無氣力, 그저 ᄉᆡᆫ다리예 ᄀ장 氣力이 업세라. ≪朴諺, 上, 41ㅎ≫那女孩兒生的十分可喜, 뎌 새각시 얼굴이 ᄀ장 고아. ≪朴諺, 上, 55ㅎ≫一箇赤馬生的十分可喜, ᄒᆫ 졀다ᄆᆞᆯ이 얼굴이 ᄀ장 고오되. ≪朴諺, 中, 7ㅈ≫我騎的十分快走的馬將來, 나 ᄐᆞᆯ 이란 ᄀ장 잘 것는 ᄆᆞᆯ을 가져오라. ≪朴諺, 中, 13ㅈ≫十分好田禾, ᄀ장 田禾ㅣ 됴터라. ≪朴諺, 中, 25ㅎ≫那厮十分做的好, 뎌 놈이 ᄀ장 ᄆᆡᆫ돌기를 잘ᄒᄂ니라. ≪朴諺, 中, 37ㅎ≫官人十分休駁彈, 官人아 ᄀ장 나므라디 말라. ≪朴諺, 中, 55ㅈ≫揀(揀)着十分細的大紅腰線上, ᄀ장 ᄀ는 大紅 감기엣 치를 ᄀᆯ히라. ≪朴諺, 下, 3ㅈ≫一來是十分命不快, 一來 ᄀ장 命이 快티 못ᄒ여라. ≪朴諺, 下, 36ㅎ≫你十分休小看人, 네 ᄀ장 사ᄅᆞᆷ을 小看티 말라. ≪朴諺, 下, 40ㅎ≫相識們十分央及時, 서르 아는 이들히 ᄀ장 빌면. ≪朴諺, 下, 47ㅈ≫第二一箇十分可喜的衏衏, 第二는 ᄒᆫ ᄀ장 고온 녀기와. ❷⇔ᄀ쟝. ≪朴諺, 上, 25ㅎ≫江西十分上等眞結綜(棕)帽兒上, 江西 ᄀ쟝 上等에 진짓 綜(棕)으로 ᄆᆡᆫ 갓 우희.

십상(十相) 명 〈불〉 부처의 몸에 나타난 10가지의 특이한 형상(形相). ≪朴諺, 中, 23ㅈ≫眉秀垂楊(集覽, 朴集, 中, 6ㅈ: 眉秀垂楊. 佛十相, 有眉細垂楊相.), 눈섭은 垂楊이 ᄲᅢ여난 ᄃᆺᄒ도다.

십성(十成) 명 금은(金銀)의 품질을 10등분한 가운데 제1등. 곧, 순도가 10할인 금은. ≪朴諺, 上, 30ㅈ≫我的都是細絲官銀(集覽, 朴集, 上, 9ㅎ: 細絲官銀. 銀十品曰十成, 曰足色, 曰成色, 曰細絲, 曰手絲兒, 曰吹螺, 曰白銀. 九品曰九成, 曰青絲. 八品曰八成. 總稱〈総称〉元寶〈宝〉. 元寶釋見下.), 내 하는 다 이 細絲官銀이라.

십세(十歲) 명 열 살. ≪朴諺, 中, 41ㅈ≫十歲年紀了, 十歲 年紀에.

십수개(十數箇) 관 여남은 (명). ⇔여라믄. ≪朴諺, 上, 5ㅎ≫叫教坊司十數箇樂工和做院本諸般雜技的來, 教坊司의 여라믄 樂工과 院本에 여러 가지 雜技ᄒᄂ니를 블러오라. ≪朴諺, 上, 49ㅈ≫咱十數箇弟兄們去時勾了, 우리 여라믄 弟兄돌히 가면 유여ᄒᆯ 거시니.

십신(十身) 명 〈불〉 보살이 중생의 마음을 알아서 그 즐기는 바에 따라 권화(權化)한다는 열 가지 몸. 곧, 무착신(無着身)·홍원신(弘願身)·업보신(業報身)·주지신(住持身)·열반신(涅槃身)·정법신(淨法身)·진심신(眞心身)·삼매신(三昧身)·도성신(道性身)·여의신(如意身). ≪朴諺, 中, 21ㅈ≫智滿十身(集覽, 朴集, 中, 4ㅈ: 智滿十身. 本覺爲知, 始覺爲智. 滿, 備也. 十身有調御. 十身, 曰無着, 曰弘願, 曰業報, 曰住持, 曰涅槃, 曰淨法, 曰眞心, 曰三昧, 曰道性, 曰如意. 有內十身, 曰菩提, 曰願, 曰化, 曰力持, 曰莊嚴, 曰威勢, 曰意生, 曰福德, 曰法, 曰智. 有外十身, 曰自, 曰衆生, 曰國土, 曰業報, 曰聲聞, 曰圓覺, 曰菩薩, 曰智, 曰法, 曰虛空.), 智는 十身에 찻도다.

십양(十羊) 명 양 열 마리. ≪朴諺, 上, 41ㅈ≫十羊十酒(集覽, 朴集, 上, 12ㅈ: 十羊十酒. 羊十牽, 酒十瓶也. 制禮亦隨貴賤異秩〈帙〉, 卽送禮也. 詳見諸司職掌.)裏, 十羊과 十酒를 드리더라.

십여(十餘) 관 여남은. ⇔열아믄. ≪朴諺, 下, 43ㅈ≫十餘對幢旛·寶盖·螺鈸·皷磬, 열아믄 빵 幢旛과 寶盖와 螺鈸과 鼓磬이러라.

십오(十五) 관 열닷. 열다섯. ⇔열닷. ≪朴諺, 上, 56ㅈ≫有人出十五兩銀子, 사ᄅᆞᆷ이 열닷 냥 은을 내 리 잇더라.

십오일(十五日) 명 보름날. ≪朴諺, 上, 23ㅈ≫這八月十五日仲秋莭(節), 이 八月 十五日 仲秋莭(節)에.

십이(十二) 관 열두. ⇔열두. ≪朴諺, 上,

14ㅎ≫不着十二兩銀子, 열두 냥 은이 아니면.

십이천(十二天) 명 〈불〉 인간 세상을 지키는 열두 하늘. 또는 인간을 수호하며 그곳을 지킨다는 열두 신(神). 곧, 제석천(帝釋天: 東)·염마천(閻魔天: 南)·수천(水天: 西)·비사문천(毘沙門天: 北)·화천(火天: 東南)·나찰천(羅刹天: 西南)·풍천(風天: 西北)·대자재천(大自在天: 東北)·범천(梵天: 上)·지천(地天: 下)과 일천(日天)·월천(月天). ≪朴諺, 下, 18ㅈ≫起盖三淸(集覽, 朴集, 下, 4ㅎ: 三淸. 道經云, 無上大羅. 玉淸, 十二天聖境也, 九聖所居, 元始天尊所治. 上淸, 十二天眞境也, 九眞所居, 玉晨道君所治. 太淸, 十二天仙境也, 九仙所居, 太上老君所治. 謂之三淸.)大殿, 三淸大殿을 지으니.

십일(十一) 관 열한. ⇔열혼. ≪朴諺, 中, 14ㅈ≫草一錢銀子十一箇家大束(束)兒, 딥흔 혼 돈 은에 열혼 낫 큰 뭇이니.

십일(十日) 명 열흘날. ⇔열흘날. ≪朴諺, 上, 41ㅎ≫這月初十日立了婚書, 이 돌 초열흘날 婚書를 셰오고.

십주(十酒) 명 술 열 병. ≪朴諺, 上, 41ㅈ≫十羊十酒(集覽, 朴集, 上, 12ㅈ: 十羊十酒. 羊十牽, 酒十甁也. 制禮亦隨貴賤異秩〈帙〉, 卽送禮也. 詳見諸司職掌.)裏, 十羊과 十酒를 드리더라.

십팔범천(十八梵天) 명 〈불〉 삼계(三界) 중 색계(色界)에 있다는 18개의 범천(梵天). ≪朴諺, 中, 21ㅎ≫或現質梵王帝釋(集覽, 朴集, 中, 4ㅎ: 梵王帝釋. 有欲界·色界·無色界爲三界. 欲界有四洲·四惡趣·六欲天, 帝釋爲欲界主. 色界有四禪·十八梵天, 梵王爲色界主. 無色界有四空天.), 或 梵王帝釋에 現質ᄒᆞ며.

십팔학사(十八學士) 명 당 태종(唐太宗)이 문학관 학사(文學館學士)로 임명한 18명의 학사. 곧, 두여회(杜如晦)·방현령(房玄齡)·우세남(虞世南)·저수량(褚遂良)·요사렴(姚思廉)·이현도(李玄道)·채윤공(蔡允恭)·설원경(薛元敬)·안상시(顔相時)·소욱(蘇勗)·우지령(于志寧)·소세장(蘇世長)·설수(薛收: 죽은 뒤 劉孝孫이 이음)·이수소(李守素)·육덕명(陸德明)·공영달(孔穎達)·갑문달(蓋文達)·허경종(許敬宗). 염입본(閻立本)이 화상(畫像)을 그리고 저양(褚亮)이 찬(贊)을 지었다. ≪朴諺, 中, 44ㅎ≫掛十八學士(集覽, 朴集, 中, 8ㅈ: 十八學士. 唐太宗秦王時, 開館延文學之士, 杜如晦·房玄齡〈岭〉·虞世南·褚遂良·姚思廉·李玄道·蔡允恭·薛元敬·顔相時·蘇勗·于志寧·蘇世長·薛收·李守素·陸德明·孔穎達·蓋文達·許敬宗爲文學館學士, 分爲三番, 更日直宿. 秦王暇日, 至館中討論文籍, 使閻立本圖像, 褚亮爲贊. 得與其選者, 世謂之登瀛洲.)大畫, 十八學士 그린 큰 그림을 걸고.

십품(十品) 명 십성(十成). 금은(金銀)의 품질을 10등분한 가운데 제1등. 곧, 순도가 10할인 금은. ≪朴諺, 上, 30ㅈ≫我的都是細絲官銀(集覽, 朴集, 上, 9ㅎ: 細絲官銀. 銀十品曰十成, 曰足色, 曰成色, 曰細絲, 曰手絲兒, 曰吹螺, 曰白銀. 九品曰九成, 曰靑絲. 八品曰八成. 總稱〈総称〉元寶〈宝〉. 元寶釋見下.), 내 하는 다 이 細絲官銀이라.

십호(十號) 명 〈불〉 여래십호(如來十號). 부처의 공덕상(功德相)을 이르는 10가지 덕호(德號). 곧, 여래(如來)·응공(應供)·정변지(正徧知)·명행족(明行足)·선서(善逝)·세간해(世間解)·무상사(無上士)·조어장부(調御丈夫)·천인사(天人師)·불세존(佛世尊). ≪朴諺, 下, 9ㅎ≫入寺敬三寶(集覽, 朴集, 下, 3ㅈ: 三寶. 又法數云, 十號圓明, 萬行具足, 天龍戴仰, 稱無上尊, 卽佛寶也.), 뎔에 드러는 三寶를 敬ᄒᆞ고.

싯기다 동 씻기다. ⇔세(洗). ≪朴諺, 上, 20ㅎ≫背後河裏洗馬去來, 뒷 내헤 몰 싯기라 가쟈. ≪朴諺, 上, 50ㅈ≫纔只洗了孩兒剃了頭, 그제아 아히를 싯기고 머리 갓

고.

싯다 동 ❶씻다. ⇔세(洗). ≪朴諺, 上, 44ㅎ≫洗臉到學裏, 놋 싯고 學에 가. ❷싣다. ⇔장재(裝載). ≪朴諺, 下, 50ㅎ≫裝載這酒·琴·漁網, 이 酒·琴·漁網을 싯고.

싯닷다 동 씻고 닦다. ⇔약칙(掠飭). ≪朴諺, 下, 44ㅈ≫掠飭的好着, 싯닷기를 잘 ᄒᆞ라.

싯빗기다 동 씻기고 빗기다. ⇔세쇄(洗刷). ≪朴諺, 上, 20ㅎ≫每日洗刷鉋的乾乾淨淨地, 每日에 싯빗겨 글게질ᄒᆞ기를 乾乾淨淨히 ᄒᆞ고.

ᄉᆞ나희 명 사나이. 사내. ❶⇔남아(男兒). ≪朴諺, 中, 17ㅎ≫男兒無婦財無主, ᄉᆞ나희 겨집이 업스면 ᄌᆡ믈이 님재 업고. 婦人無夫身無主, 겨집이 지아비 업스면 몸이 님재 업다 ᄒᆞᄂᆞ니. ≪朴諺, 中, 28ㅈ≫我男兒做這般迷天大罪的事, 우리 ᄉᆞ나희 이런 迷天 大罪엣 일을 ᄒᆞ니. ≪朴諺, 中, 28ㅈ≫對他男兒說勸, 제 ᄉᆞ나희를 ᄃᆡᄒᆞ여 닐러 말리되. ❷⇔남아한(男兒漢). ≪朴諺, 上, 63ㅎ≫咱男兒漢做弟兄, 우리 ᄉᆞ나희 弟兄이 되여셔.

ᄉᆞ나희 명 사나이. 사내. 또는 남자아이. ❶⇔소시(小廝). ≪朴諺, 上, 49ㅎ≫一箇俊小廝, ᄒᆞᆫ 쥰슈ᄒᆞᆫ ᄉᆞ나희러라. ❷⇔소시아(小廝兒). ≪朴諺, 上, 49ㅎ≫小廝兒那女孩兒, ᄉᆞ나희가 ᄀᆞ나희가.

ᄉᆞ나히 명 사나이. 사내. ⇔남자한(男子漢). ≪朴諺, 上, 39ㅈ≫咱男子漢, 우리 ᄉᆞ나히.

ᄉᆞ릐야 부 함부로. ⇔지관(只管). ≪朴諺, 下, 39ㅎ≫只管的遠去怎麽, 그저 ᄉᆞ릐야 멀리 가 므슴 ᄒᆞ리오.

ᄉᆞ릐여 부 함부로. ⇔지관(只管). ≪朴諺, 上, 39ㅎ≫不要只管的刮, 그저 ᄉᆞ릐여 긁빗기디 말라. ≪朴諺, 下, 9ㅈ≫內中一箇達達只管呵欠, 그 듕에 ᄒᆞᆫ 達達이 그저 ᄉᆞ릐여 하회옴ᄒᆞ다가.

ᄉᆞ매 명 소매. ⇔수(袖). ≪朴諺, 上, 25ㅈ≫刺(刺)通袖膝欄羅帖裏上, ᄉᆞ매 므ᄅᆞ 내치질ᄒᆞ고 膝欄ᄒᆞᆫ 羅 텰릭에. ≪朴諺, 下, 1ㅈ≫貂鼠皮丢袖(集覽, 朴集, 下, 1ㅈ: 丢袖. 音義云, ·ᄉᆞ·미〈매〉 조쳐 :내·ᄇᆞ·틴 갓·옷.), 貂鼠皮 ᄉᆞ매 조차 내브틴 갓오ᄉᆞᆯ다가.

ᄉᆞᄆᆞᆺ다 동 통하다. ⇔투(透). ≪朴諺, 上, 14ㅈ≫話不說不知木不鑽不透, 말을 니ᄅᆞ디 아니면 아디 못ᄒᆞ고 남글 ᄯᅮᆯ디 아니면 ᄉᆞᄆᆞᆺ디 아닌ᄂᆞᆫ다 ᄒᆞ니라.

ᄉᆞ미 명 소매. ⇔수(袖). ≪朴諺, 下, 1ㅈ≫貂鼠皮丢袖(集覽, 朴集, 下, 1ㅈ: 丢袖. 音義云, ·ᄉᆞ·미〈매〉 조쳐 :내·ᄇᆞ·틴 갓·옷.), 貂鼠皮 ᄉᆞ매 조차 내브틴 갓오ᄉᆞᆯ다가.

ᄉᆞᄉᆡ 명 사이. ≪集覽, 字解, 累字解, 2ㅎ≫一霎兒. ᄒᆞᆫ 주ᅀᅳᆷᄉᆞᄉᆡ. ≪集覽, 字解, 單字解, 8ㅈ≫爭. 鬪爭也. 又ᄉᆞᄉᆡ ᄠᅳ다. 又不爭 므던히 너기다.

ᄉᆞ이 명 사이. ❶⇔간(間). ≪朴諺, 上, 51ㅎ≫小人在那東角頭堂子間壁下着裏, 小人이 뎌 동녁 모롱이 堂子ㅅ ᄇᆞ롬을 ᄉᆞ이ᄒᆞ여 브리워 잇노라. ≪朴諺, 中, 22ㅈ≫起浮居於泗水之間, 浮居를 泗水ㅅ ᄉᆞ이에 니ᄅᆞ혀고. ≪朴諺, 中, 25ㅎ≫如今搬在法藏寺西邊混堂間壁住裏, 이제 法藏寺 셔편 混堂 ᄉᆞ이 ᄇᆞ람에 올마 사ᄂᆞ니. ≪朴諺, 下, 33ㅎ≫這間壁磨房裏取將來, 이 ᄉᆞ잇 ᄇᆞ롬매(애) ᄀᆞᄂᆞᆫ집의 가져오쟈. ❷⇔기간(其間). ≪朴諺, 下, 22ㅈ≫王喝保的其間, 王이 혀출 ᄉᆞ이예. ≪朴諺, 下, 37ㅎ≫這般過當的其間裡, 이리 디낼 ᄉᆞ이예. ≪朴諺, 下, 48ㅈ≫燒香等候的其間, 燒香ᄒᆞ고 기ᄃᆞ릴 ᄉᆞ이예. ≪朴諺, 下, 60ㅈ≫太祖不准的其間, 太祖ㅣ 허티 아닐 ᄉᆞ이예. ❸⇔중간(中間). ≪朴諺, 上, 60ㅎ≫兩閣中間有三叉石橋, 두 집 ᄉᆞ이에 세 가래 石橋ㅣ 이시니. ≪朴諺, 下, 9ㅈ≫衆人看他的中間, 모든 사ᄅᆞᆷ이 뎌를 볼 ᄉᆞ이예.

ᄉᆞᄌᆡ 명 사자. ⇔사(獅). ≪朴諺, 上, 4ㅎ≫或是獅仙糖, 혹 ᄉᆞᄌᆡ ᄐᆞᆫ 신션 양으로 ᄆᆡᆫᄀᆞᆫ 沙糖을 노코.

ᄉᆞᆯ 명 살[肌]. ⇔표(膘). ≪朴諺, 上, 21ㅎ≫

甚麽膘添不上, ᄆᆞᄉᆞᆷ아라 ᄉᆞᆯ이 오ᄅᆞ디 아니ᄒᆞ리오. ≪朴諺, 上, 56ㅈ≫有九分膘, 九分이나 ᄉᆞᆯ이 잇고.

ᄉᆞᆯ 의 살[歲]. ⇔세(歲). ≪朴諺, 中, 10ㅎ≫五歲的小厮急且那裏走, 다ᄉᆞᆺ ᄉᆞᆯ엣 아ᄒᆡ 과거리 아직 어ᄃᆡ로 ᄃᆞ라나리오.

ᄉᆞᆯ고 명 살구. ❶⇔행(杏). ≪朴諺, 上, 6ㅈ≫大水杏半黃半生的有, 굵고 믈 한 ᄉᆞᆯ고ㅣ 半黃 半生ᄒᆞᆫ 이 잇더라. ❷⇔행아(杏兒). ≪集覽, 字解, 單字解, 5ㅈ≫兒. 嬰孩也, 孩兒. 又呼物名, 必用兒字, 爲助語之辭, 杏兒·李兒. 凡呼物名則呼兒字, 只宜微用其音, 而不至太白可也. ≪朴諺, 上, 6ㅈ≫杏兒·櫻桃諸般鮮果, ᄉᆞᆯ고와 잉도와 여러 가지 鮮果를. ❸⇔행자(杏子). ≪朴諺, 上, 4ㅎ≫柑子, 柑子와. 石榴, 石榴와. 香水梨, 香水梨와. 櫻桃, 櫻桃와. 杏子, ᄉᆞᆯ고와.

ᄉᆞᆯ오다 동 사르다[燒]. ⇔소(燒). ≪朴諺, 下, 43ㅎ≫燒人場裡燒着, 燒人場에셔 ᄉᆞᆯ와.

ᄉᆞᆯᄋᆡ여 부 함부로. ❶⇔언성(偃成). ≪集覽, 字解, 累字解, 1ㅎ≫則管. 則音ᄌᆞ, 去聲. 或作只. ᄉᆞᆯᄋᆡ여. 亦曰演成, 演亦作偃. ❷⇔연성(演成). ≪集覽, 字解, 累字解, 1ㅎ≫則管. 則音ᄌᆞ, 去聲. 或作只. ᄉᆞᆯᄋᆡ여. 亦曰演成, 演亦作偃. ❸⇔즉관(則管). ≪集覽, 字解, 累字解, 1ㅎ≫則管. 則音ᄌᆞ, 去聲. 或作只. ᄉᆞᆯᄋᆡ여. 亦曰演成, 演亦作偃. ❹⇔지관(只管). ≪集覽, 字解, 累字解, 1ㅎ≫則管. 則音ᄌᆞ, 去聲. 或作只. ᄉᆞᆯᄋᆡ여. 亦曰演成, 演亦作偃.

ᄉᆞᆯ지다 동 살찌다. ⇔비(肥). ≪朴諺, 上, 21ㅎ≫人不得橫財不富, 사ᄅᆞᆷ이 橫財를 얻디 못ᄒᆞ면 가ᄋᆞᆷ여디 못ᄒᆞ고. 馬不得夜草不肥, ᄆᆞᆯ이 夜草를 얻디 못ᄒᆞ면 ᄉᆞᆯ지디 못ᄒᆞᆫ다 ᄒᆞᄂᆞ니라. ≪朴諺, 中, 43ㅎ≫稻熟蟹肥魚正美, 베 닉고 게 ᄉᆞᆯ지고 고기 졍히 아ᄅᆞᆷ다오매.

ᄉᆞᆯ지다 형 살지다. ❶⇔비(肥). ≪朴諺, 上, 1ㅎ≫買二十箇好肥羊, 二十 낫 ᄀᆞ장 ᄉᆞᆯ진 羊을 사되. ≪朴諺, 上, 1ㅎ≫又買一隻好肥牛, ᄯᅩ 一隻 ᄀᆞ장 ᄉᆞᆯ진 쇼를 사고. ❷⇔표(膘). ≪朴諺, 上, 28ㅈ≫騎着一箇十分膘鐵青玉面馬, ᄒᆞᆫ ᄀᆞ장 ᄉᆞᆯ진 텰쳥총이 광간쟈ᄆᆞᆯ을 ᄐᆞᆺ고.

ᄉᆞᆯ피다 동 살피다. ⇔찰(察). ≪朴諺, 中, 22ㅈ≫以聲察聲拯悲酸於六道, 소ᄅᆡ로 ᄡᅧ 소ᄅᆡ를 ᄉᆞᆯ펴 悲酸을 六道에 건디고.

ᄉᆞᇂ 명 살[肉]. ⇔육(肉). ≪朴諺, 下, 21ㅎ≫把桃肉都喫了, 복셩화 ᄉᆞᆯ흘다가 다 먹고.

ᄉᆞᇝ다 동 삶다. ❶⇔오(熬). ≪朴諺, 中, 34ㅈ≫一冬裏熬喫好, ᄒᆞᆫ 겨울의 ᄉᆞᆯ마 먹기 됴ᄒᆞ니라. ❷⇔자(煮). ≪朴諺, 中, 30ㅈ≫乾羊脚子煮着裏, ᄆᆞ른 羊의 다리를 ᄉᆞᆯ맛노라. ≪朴諺, 中, 34ㅈ≫把芢荇來煮喫, 비름을다가 ᄉᆞᆯ마 먹쟈. ≪朴諺, 下, 44ㅎ≫煮一脚羊肉着, ᄒᆞᆫ 다리 양의 고기를 ᄉᆞᆯ므라. ❸⇔찬(爨). ≪朴諺, 上, 5ㅈ≫爨鴿子彈, 비둘기 알 ᄉᆞᆯ믄 이와.

ᄉᆡ다 동 새다. ⇔누(漏). ≪朴諺, 上, 13ㅈ≫布帒不漏麽, 布帒 ᄉᆡ디 아니ᄒᆞᄂᆞ냐. ≪朴諺, 上, 13ㅈ≫新布帒那裏怕漏, 새 布帒ㅣ 어ᄃᆡ ᄉᆡᆯ가 저프리오. ≪朴諺, 中, 40ㅈ≫房子都漏, 집이 다 ᄉᆡᆫ다. ≪朴諺, 中, 40ㅈ≫只越漏了, 그저 더옥 ᄉᆡᄂᆞ니.

ᄉᆡᆼ- 접두 생-. ⇔생(生). ≪朴諺, 中, 15ㅎ≫生果子也多喫了, ᄉᆡᆼ과실도 만히 먹고.

ᄉᆡᆼ각ᄒᆞ다 동 생각하다. ❶⇔사(思). ≪朴諺, 中, 23ㅈ≫聖德難思, 聖德을 ᄉᆡᆼ각기 어려온디라. ❷⇔상(想). ≪朴諺, 中, 18ㅈ≫咳姐姐我不想你這般煩惱, 애 姐姐ㅣ아 내 네 이리 노ᄒᆞ여 ᄒᆞᆯ 줄을 ᄉᆡᆼ각디 못호라. ≪朴諺, 中, 31ㅎ≫我也那般想着, 나도 뎌리 ᄉᆡᆼ각ᄒᆞ엿노라. ≪朴諺, 下, 25ㅈ≫那裏想胡孫手裏死了, 어ᄃᆡ 胡孫의 손에 죽을 줄을 ᄉᆡᆼ각ᄒᆞ리오. ≪朴諺, 下, 36ㅈ≫我不想這新來的莊家快打, 내 이 새로 온 향암이 잘 틸 줄을 ᄉᆡᆼ각디 못호롸. ≪朴諺, 下, 50ㅈ≫那裏想我這漁翁之味, 어ᄃᆡ 우리 이 漁翁의 마ᄉᆞᆯ ᄉᆡᆼ각ᄒᆞ리오. ≪朴諺, 下, 51ㅎ≫也不想李白撈月, ᄯᅩ 李白의 撈月을 ᄉᆡᆼ각디 아니ᄒᆞ고. ❸⇔상념

(想念). ≪朴諺, 下, 11ㅈ≫想念之心無日有忘, ᄉᆡᆼ각ᄒᆞᄂᆞᆫ ᄆᆞᄋᆞᆷ이 니즐 날이 업서이다. ❹⇔상도(想道). ≪朴諺, 下, 27ㅈ≫心裏想道, ᄆᆞᄋᆞᆷ에 ᄉᆡᆼ각ᄒᆞ니. ❺⇔심사(尋思). ≪朴諺, 中, 18ㅈ≫姐姐你再尋思我這秋月紗窓一片心, 姐姐ㅣ아 네 ᄯᅩ 나의 이 秋月 紗窓 一片心을 ᄉᆡᆼ각ᄒᆞ여.

ᄉᆡᆼ강 명 생강. ⇔생강(生薑). ≪朴諺, 下, 33ㅎ≫零碎和生薑·料物·葱·蒜·醋·塩都將來, ᄌᆞᆫ 것과 ᄉᆡᆼ강과 교퇴와 파와 마ᄂᆞᆯ과 초와 소금을 다 가져오라.

ᄉᆡᆼ계 명 생계(生計). 살아 나갈 방도. ⇔활계(活計). ≪集覽, 字解, 累字解, 2ㅎ≫活計. ᄉᆡᆼ계.

ᄉᆡᆼ션 명 생선. ⇔선어(鮮魚). ≪朴諺, 上, 5ㅈ≫蒸鮮魚, ᄧᅵᆫ ᄉᆡᆼ션과.

ᄉᆡᆼ심이나 부 감(敢)히. ❶⇔감(敢). ≪朴諺, 中, 56ㅈ≫你敢那, 네 ᄉᆡᆼ심이나. ≪朴諺, 中, 57ㅎ≫你敢罵我, 네 ᄉᆡᆼ심이나 날을 ᄭᅮ지즐다. ≪朴諺, 下, 36ㅎ≫再也敢和我打毬麼, ᄂᆞ외여 ᄉᆡᆼ심이나 날과 댱방올티기 ᄒᆞᆯᄯᅡ. ❷⇔불감(不敢). ≪朴諺, 上, 34ㅈ≫那和尙說再也不敢, 뎌 즁이 닐오ᄃᆡ ᄂᆞ외여란 ᄉᆡᆼ심이나.

ᄉᆡᆼ일 명 생일. ⇔생일(生日). ≪朴諺, 中, 47ㅎ≫不到一生日裏, ᄒᆞᆫ ᄉᆡᆼ일이 다ᄃᆞᆮ디 못ᄒᆞ여셔.

싹다 동 깎다. 자르다. ⇔체(剃). ≪朴諺, 上, 51ㅈ≫把孩兒又剃了頭頂上灸, 아ᄒᆡ를다가 ᄯᅩ 머리 싹고 뎡박이 ᄯᅳ고.

ᄲᅡᆨ다 동 깎다. 베다. ⇔과(剮). ≪朴諺, 中, 29ㅈ≫木樁上剮了, 나모 기동에 ᄆᆡ고 ᄲᅡᆨ가 죽이니라.

ᄭᆡ야디다 동 깨어지다. ⇔파(破). ≪朴諺, 中, 40ㅎ≫那瓦有破的麼, 뎌 디새 ᄭᆡ야디니 잇ᄂᆞ냐. 多有破的, ᄭᆡ야디니 만히 잇다.

ᄭᆡ여디다 동 깨어지다. ⇔파(破). ≪朴諺, 中, 40ㅈ≫你看那瓦有破的時, 네 보아 뎌 디새 ᄭᆡ여디니 잇거든.

ᄭᆡ이다 동 깨지다. ⇔파(破). ≪朴諺, 下, 9ㅈ≫那講主見那達達跌破鼻子, 뎌 講主ㅣ뎌 達達의 구러뎌 코 ᄭᆡ이믈 보고.

썻 명 ❶것. ('ㄹ' 받침 뒤에서 바뀐 표기) ≪朴諺, 上, 66ㅈ≫說三日三宿, 三日 三宿을 닐을 써시니. ≪朴諺, 中, 26ㅈ≫我如今與你一兩銀, 내 이제 너를 ᄒᆞᆫ 냥 은을 줄 써시니. ≪朴諺, 中, 28ㅈ≫帶累一家人都死也怎的好, 온 집 사ᄅᆞᆷ이 버므리여 다 죽을 써시니 엇디ᄒᆞ여야 됴ᄒᆞ리오. ≪朴諺, 中, 46ㅎ≫你高官裏轉除的有愁甚麼, 너는 노픈 벼슬에 쳔뎐ᄒᆞ여 뎨슈홈이 이실 써시니 므슴 근심ᄒᆞ리오. ≪朴諺, 中, 48ㅎ≫便那的步兒, 곳 논힐훠 거를 써시니. ≪朴諺, 中, 50ㅈ≫先小人後君子, 몬져는 쇼인이라도 후에는 군ᄌᆞ로 ᄒᆞᆯ 써시니라. ≪朴諺, 下, 2ㅈ≫等一會兒喫, ᄒᆞᆫ 디위 기ᄃᆞ려 먹을 써시니. ≪朴諺, 下, 9ㅎ≫這佛法最尊最貴不可不信, 이 佛法이 ᄀᆞ장 尊ᄒᆞ고 ᄀᆞ장 貴ᄒᆞ니 가히 밋디 아니티 못ᄒᆞᆯ 써시라. ≪朴諺, 下, 17ㅈ≫必達周公之理, 반ᄃᆞ시 周公의 理를 達ᄒᆞᆯ 써시니. ≪朴諺, 下, 26ㅈ≫與你一兩銀子賣麼, 너를 ᄒᆞᆫ 냥 은을 줄 써시니 ᄑᆞᆯᄯᅡ. ≪朴諺, 下, 28ㅎ≫哥我與你這一箇刷牙一箇掠頭, 형아 내 너를 이 ᄒᆞᆫ 刷牙와 ᄒᆞᆫ 귀밋빗기를 줄 써시니. ≪朴諺, 下, 61ㅎ≫小子沒甚麼鄕産與先生, 小子ㅣ 아므란 鄕産을 先生ᄭᅴ 줄 써시 업ᄉᆞ니. ❷것. 물건. ('ㄹ' 받침 뒤에서 바뀐 표기) ⇔물(物). ≪朴諺, 上, 54ㅎ≫如借錢人無物准與, 만일 돈 ᄭᅮᆫ 사ᄅᆞᆷ이 准與ᄒᆞᆯ 써시 업ᄉᆞ면.

ᄢᅦ다 동 꿰다. ⇔천(串). ≪朴諺, 上, 28ㅈ≫底下垂下着兩頭青珠兒結串的駝毛肚帶, 미틔 드리온 거슨 두 머리예 프른 구슬로 ᄆᆡ자 ᄢᅦ온 약대 털로 ᄒᆞᆫ 빗대오. ≪朴諺, 中, 34ㅈ≫着針線串上, 바ᄂᆞᆯ실로 ᄢᅦ여.

-쎄라 어미 -할 것이라. -하겠도다. ≪朴諺, 上, 13ㅎ≫不知甚麼瘡, 아디 못쎄라 므슴 瘡인디.

-ᄉᆞᆫ 어미 -고. ≪朴諺, 中, 2ㅎ≫板子又薄, 널이 ᄯᅩ 엷ᄉᆞᆫ.

ᄭᅩ리 명 꼬리. ⇔미자(尾子). ≪朴諺, 上, 28

ㅎ≫珠結子的蓋兒野狗尾子罕荅哈, 구슬로 믹자 찐 여으 쇼리 罕荅哈ㅣ러라. ≪朴諺, 上, 37ㅈ≫家後一群羊箇箇尾子長, 집 뒤헤 흔 무리 양이 낫낫치 쇼리 긴 거시여. ≪朴諺, 中, 51ㅎ≫把那尾子挽的牢着, 더 쇼리를다가 믹기를 구디 흐라. ≪朴諺, 下, 46ㅈ≫十尺來長尾子, 열 자 길의 쇼리와.

쐬 명 꾀. 수단. 수법. ⇔도아(道兒). ≪朴諺, 中, 3ㅈ≫我臨了喫了他一道兒, 내 나죵에 더의 흔 쐬롤 닙어다. ≪朴諺, 中, 47ㅎ≫臨了他也着我道兒, 나죵에 더도 내 쐬롤 닙어다.

쐬오다 동 에누리하다. ⇔토(討). ≪集覽, 字解, 單字解, 4ㅎ≫討. 求也, 探也. 討去 어드라 가다, 討債去 빋 주니 바드라 가다, 討價錢 빋 받다. 又本國傳習之解曰 빋 쐬오다, 亦通. ≪集覽, 字解, 單字解, 4ㅎ≫索. 求也. 索價錢 갑 받다. 又鄕習傳解曰 빋 쐬오다, 亦通. 又須也, 不索, 今皆罕用. ≪朴諺, 上, 29ㅎ≫每一箇討五錢銀子, 미 흐나히 닷 돈 은을 쐬오려니와. ≪朴諺, 上, 30ㅈ≫沒來由胡討價錢怎麽, 쇽졀업시 간대로 갑슬 쐬옴은 엇디오. ≪朴諺, 上, 56ㅈ≫討多少銀子, 언머 은을 쐬오더뇨. ≪朴諺, 中, 37ㅎ≫你休胡討價錢, 네 간대로 갑슬 쐬오디 말라. 討的是虛還的是實, 쐬오는 거슨 이 거즛 거시오 갑는 거시아 이 실흐니라. ≪朴諺, 中, 57ㅈ≫有甚麽討價錢處, 므슴 갑슬 쐬올 곳이 이시리오. ≪朴諺, 中, 57ㅎ≫你爲甚麽胡討價錢, 네 므슴아라 간대로 갑슬 쐬오는다. ≪朴諺, 下, 25ㅎ≫這珠兒討時討三兩價錢, 이 구슬을 쐬오면 석 냥 갑식 쐬오려니와.

쑤다 동 꾸다. 빌리다. ❶⇔차(借). ≪朴諺, 上, 53ㅎ≫你與我寫一紙借錢文書, 네 나롤 흔 당 돈 쑤는 文書롤 써 주고려. ≪朴諺, 上, 54ㅎ≫將借錢人在家應有直錢物件, 돈 쑨 사롬의 집의 應有흐엿는 갑쏜 物件을다가. ≪朴諺, 上, 54ㅎ≫如借錢人無物准與, 만일 돈 쑨 사롬이 准與흘 써시 업수면. ≪朴諺, 上, 54ㅎ≫某年月日借錢人某, 아모 年月日에 돈 쑨 사롬 아모. 同借錢人某, 흔가지로 돈 쑨 사롬 아모. ❷⇔차도(借到). ≪朴諺, 上, 54ㅈ≫借到細絲官銀五十兩整, 細絲官銀 五十兩 덩이롤 쑤되.

쑤미다 동 꾸미다. ❶⇔분(扮). ≪集覽, 字解, 單字解, 7ㅈ≫扮. 修飾也. 裝扮 쑤미다, 扮做 쑤며 밍그다. 音班, 去聲. ❷⇔장(粧). ≪朴諺, 下, 47ㅈ≫粧二郎爺爺, 二郎爺爺롤 쑤며. ❸⇔장분(裝扮). ≪集覽, 字解, 單字解, 7ㅈ≫扮. 修飾也. 裝扮 쑤미다, 扮做 쑤며 밍그다. 音班, 去聲. ❹⇔장점(粧點). ≪朴諺, 下, 45ㅎ≫粧點顔色, 빗출 쑤미고.

쑤이다 동 꾸이다. 빌려주다. ⇔차궤(借饋). ≪朴諺, 上, 31ㅈ≫別人便一兩要一兩利錢借饋, 다른 사롬은 곳 흔 냥에 흔 냥 利錢을 밧고 쑤이되.

쑤짓다 동 꾸짖다. ⇔매(罵). ≪朴諺, 中, 57ㅎ≫你爲甚麽罵人, 네 므슴아라 사롬을 쑤짓는다. ≪朴諺, 中, 57ㅎ≫怎麽不敢罵你, 엇디 감히 너를 쑤짓디 못흐리오. ≪朴諺, 下, 10ㅈ≫罵了走出去了, 쑤짓고 드라나니. ≪朴諺, 下, 26ㅈ≫村言村語的休罵人, 村言 村語로 사롬 쑤짓디 말고.

쑤짖다 동 꾸짖다. ⇔매(罵). ≪朴諺, 中, 57ㅎ≫你敢罵我, 네 싱심이나 날을 쑤지즐다. ≪朴諺, 下, 7ㅈ≫我罵他, 내 더롤 쑤지즈니.

쑴 명 꿈. ⇔몽(夢). ≪朴諺, 下, 36ㅈ≫夢着了也, 쑴이로다.

쑴이다 동 꾸미다. ❶⇔과(裹). ≪朴諺, 上, 43ㅎ≫結裹不出來, 밋쑴여 내디 못흐리라. ❷⇔식(飾). ≪朴諺, 上, 27ㅎ≫柳黃飾金綉四花羅搭護, 柳黃빗치 金으로 쑴여 四花롤 綉흔 羅 더그레예. ≪朴諺, 中, 21ㅈ≫座飾芙蓉湛南海澄淸之水, 안즌 듸는 芙蓉으로 쑴여시니 南海 澄淸흔 水에

즘겻고. ❸⇔장(粧). ≪朴諺, 上, 27ㅎ≫八瓣兒鋪翠眞言字粧金大帽上, 여둛 뽁에 비취 짓 찔고 眞言字를 금으로 꿈인 큰 갓에. ≪朴諺, 中, 31ㅈ≫粧腰大模様, 腰大 模様을 꿈여. ❹⇔태당(兌當). ≪朴諺, 中, 60ㅎ≫這般兌當着幹時, 이리 꿈여 일오면.

꿰다 동 궤다. ⇔천(串). ≪朴諺, 下, 25ㅈ≫沒有, 업고. 青白間串的上等玉珠兒有幾串, 青白 섯거 꿴 샹등 옥구슬 여러 꿰옴이 이셰라.

꿰옴 의 궤미. ⇔천(串). ≪朴諺, 下, 25ㅈ≫沒有, 업고. 青白間串的上等玉珠兒有幾串, 青白 섯거 꿴 샹등 옥구슬 여러 꿰옴이 이셰라. ≪朴諺, 下, 26ㅈ≫燒子二兩家賣了幾串, 구은 이예 두 냥식 몃 꿰옴이나 푸란ᄂᆞᆫ다.

쒸이다 동 꾸이다. 빌려주다. ⇔차여(借與). ≪朴諺, 上, 31ㅎ≫寫定文書借與他來, 文書를 써 定ᄒᆞ고 뎌를 쒸엿더니.

쓰다 동 끄다[滅]. 없애다. 소멸시키다. ⇔멸(滅). ≪朴諺, 中, 18ㅎ≫只滅了我這心頭火, 그저 나의 이 心頭火를 쓰면.

쓰으다 동 끌다. ❶⇔만(挽). ≪朴諺, 下, 50ㅎ≫挽我這錦心繡腹, 내 이 錦心 繡腹을 쓰으고. ❷⇔살(撒). ≪朴諺, 上, 36ㅎ≫一箇長大漢撒大鞋, ᄒᆞᆫ 킈 큰 놈이 큰 신 쓰으고. ≪朴諺, 中, 11ㅎ≫少梯子, 술위 앏괴오ᄂᆞᆫ나모. 撐頭, 술위뒤괴오ᄂᆞᆫ나모. 套繩, 멦줄. 撒繩, 쓰을줄. 拘索, 목집게. 籠頭, 바굴레. 脚索, 지달쓸바. 鞍子, 기ᄅᆞ마. 肚帶, 빗대 업세라. ❸⇔예(曳). ≪朴諺, 上, 37ㅎ≫滿天星宿一箇月三條繩子由你曳, 하ᄂᆞᆯ에 ᄀᆞ득ᄒᆞᆫ 星宿에 ᄒᆞᆫ ᄃᆞᆯ을 세 오리 노흐로 제대로 쓰으ᄂᆞᆫ 거시여. ❹⇔타(拖). ≪朴諺, 下, 24ㅈ≫把先生的頭拖將去, 先生의 머리롤다가 쓰어 가져 가니. ≪朴諺, 下, 24ㅎ≫行者直拖的王前面䫙了, 行者ㅣ 바로 쓰어 王의 앏픠 드리티니. ❺⇔타견(拖牽). ≪朴諺, 下, 46ㅈ≫衆人拖牽, 모든 사ᄅᆞᆷ이 쓰으고.

쓰을줄 명 끌줄. ⇔살승(撒繩). ≪朴諺, 中, 11ㅎ≫少梯子, 술위앏괴오ᄂᆞᆫ나모. 撐頭, 술위뒤괴오ᄂᆞᆫ나모. 套繩, 멦줄. 撒繩, 쓰을줄. 拘索, 목집게. 籠頭, 바굴레. 脚索, 지달쓸바. 鞍子, 기ᄅᆞ마. 肚帶, 빗대 업세라.

쓰이다 동 끌게 하다. 끌리다. ⇔예(曳). ≪朴諺, 下, 18ㅈ≫便拿着曳車解鋸, 곳 잡아 술위 쓰이고 톱질 시겨.

쓴츠다 동 끊다. ⇔교(鉸). ≪朴諺, 上, 35ㅈ≫比着只一把長短鉸了, 그저 ᄒᆞᆫ 뽐 기릐를 견초와 쓴처.

쓸 명 끌. ⇔착자(鑿子). ≪朴諺, 下, 12ㅎ≫你只取將墨斗, 네 그저 먹고조와. 墨筷, 먹갈과. 和鎊, 갓괴와. 錛子, 항괴와. 退鉋, ᄃᆡ패와. 鑿子, 쓸과. 斧子, 도치와. 銼子來做生活, 줄을 가져다가 셩녕ᄒᆞ라.

쓸다 동 끓다. ⇔곤(滾). ≪朴諺, 下, 20ㅈ≫第三滾油洗澡, 셋재는 쓸ᄂᆞᆫ 기름에 모욕ᄒᆞ고.

-씌 접미 ❶-께. ≪朴諺, 上, 46ㅈ≫大前日來了, 긋그적씌 왓노라. ≪朴諺, 中, 46ㅈ≫那幾日, 뎌 즈음씌. ❷-께. ⇔두(頭). ≪朴諺, 上, 9ㅈ≫這月二十頭起身, 이 ᄃᆞᆯ 스므날씌 起身ᄒᆞ리로다. ≪朴諺, 上, 41ㅎ≫半頭娶將來做筵席, 보름씌 취ᄒᆞ여 ᄃᆞ려와 이바디ᄒᆞ고.

-씌 조 ❶-에. ≪朴諺, 中, 12ㅈ≫你這車子先將到門外, 네 이 술위를 몬져 가지고 문 밧씌 가. ≪朴諺, 中, 29ㅎ≫我且外前坐的, 내 아직 밧씌 안잣쟈. ❷-께. -에게. ≪朴諺, 上, 8ㅈ≫堂上稟去裏, 堂上씌 稟ᄒᆞ라 가노라. ≪朴諺, 上, 16ㅎ≫祭了社神, 社神씌 祭ᄒᆞ여시니. ≪朴諺, 上, 36ㅎ≫鐵人鐵馬不着鐵鞭不下馬, 쇠사ᄅᆞᆷ 쇠ᄆᆞᆯ씌 쇠채 아니면 ᄆᆞᆯ씌 ᄂᆞ리디 아니ᄒᆞᄂᆞᆫ 거시여. ≪朴諺, 上, 44ㅎ≫師傅上唱喏, 스승님씌 읍ᄒᆞ고. ≪朴諺, 中, 13ㅈ≫謝天地只願的好收着, 天地ㅅ씌 謝ᄒᆞ노니 그저 원컨대 잘 거도게 ᄒᆞ쇼셔. ≪朴諺, 下, 3ㅈ≫告諸佛·菩薩, 諸佛과 菩薩씌

告ᄒᆞ여. ≪朴諺, 下, 11ㅎ≫孝順父母, 父母ᄭᅴ 孝順ᄒᆞ며. ≪朴諺, 下, 53ㅈ≫今具狀申告某官, 이제 狀을 ᄀᆞ초와 某官ᄭᅴ 申告ᄒᆞ노니.

-ᄭᅴ [조] -께. -에게. ⇔여(與). ≪朴諺, 下, 11ㅈ≫與父親用來之後, 父親ᄭᅴ 밧ᄌᆞ와 ᄡᅳ게 ᄒᆞᆫ 후에. ≪朴諺, 下, 61ㅎ≫小子沒甚麽鄕産與先生, 小子ㅣ 아므란 鄕産을 先生ᄭᅴ 줄 ᄡᅥ시 업ᄉᆞ니.

ᄢᅵ [의] 끼. ⇔돈(頓). ≪朴諺, 上, 10ㅎ≫一日三頓家饋他飽飯喫, ᄒᆞᄅᆞ 세 ᄢᅵ식 뎌를 주어 밥을 ᄇᆡ브리 먹이고.

-ᄢᅵ- [접미] -기-. ≪朴諺, 下, 20ㅈ≫起頭坐靜, 웃듬은 안ᄢᅵ를 靜히 ᄒᆞ고. ≪朴諺, 下, 20ㅎ≫各上禪床坐定, 각각 禪床에 올라 안ᄢᅵ를 定ᄒᆞ고.

ᄢᅵ다 [동] (구름이) 끼다. 덮다. 뒤덮다. ⇔농조(籠罩). ≪朴諺, 中, 32ㅎ≫五色彩雲籠罩, 五色 彩雲이 ᄢᅵ엿고.

ᄢᅵ다 [동] 끼다[挾]. 끼우다. ❶⇔감(嵌). ≪朴諺, 上, 24ㅎ≫脚穿着皂麂皮嵌金線藍條子, 발에 신은 거슨 거믄 기ᄌᆞ피예 金線 남 오리로 갸품 ᄢᅵ고. ≪朴諺, 上, 27ㅎ≫嵌八寶骨朶雲織金羅比甲, 八寶 ᄢᅵ고 굴근 운문ᄒᆞᆫ 織金 ᄆᆞᆽ 比甲에. ❷⇔개(蓋). ≪朴諺, 上, 28ㅎ≫珠結子的蓋兒野狗尾子罕荅哈, 구슬로 ᄆᆡ자 ᄢᅵᆫ 여ᄋᆞ ᄭᅩ리 罕荅哈ㅣ러라. ❸⇔투(套). ≪朴諺, 中, 26ㅎ≫纔套上氈兒, 그제야 털을 ᄢᅧ 올리ᄂᆞ니라. ≪朴諺, 中, 51ㅎ≫馬套上轡頭, ᄆᆞᆯ 굴레 ᄢᅧ. ❹⇔협(夾). ≪朴諺, 中, 43ㅎ≫夾着那屁眼, 뎌 밋굼글 ᄢᅵ고. ≪朴諺, 中, 57ㅎ≫夾着屁眼家裡坐的去, 밋흘 ᄢᅵ고 집의 안자시라 가라.

ᄀᆞᆺ [명] 가[邊]. ⇔변(邊). ≪朴諺, 上, 11ㅎ≫我在平則門邊住, 내 平則門 ᄀᆞᆺ의 이셔 사노라. ≪朴諺, 上, 38ㅎ≫那紅橋邊有一箇張獸醫, 뎌 紅橋 ᄀᆞᆺ에 ᄒᆞᆫ 張獸醫ㅣ 이시니. ≪朴諺, 上, 62ㅈ≫河邊兒窺魚的是無數目的水老鴉, 믈ᄀᆞᆺ의 고기 엿ᄂᆞᆫ 거슨 이수 업슨 가마오디오.

ᄭᆞ다 [동] 까다. 축나다. 부족하다. 모자라다. ⇔휴(虧). ≪集覽, 字解, 單字解, 5ㅎ≫虧. 損也, 少也. 虧你多少 네게 언메나 낟브뇨, 虧着我 내게 낟배라. 又次也. 吏語, 虧兌 원수에셔 ᄭᆞ다.

-ᄭᆞ지 [조] -까지. ≪朴諺, 上, 44ㅎ≫讀到那裏也, 닑기를 어ᄃᆡᄭᆞ지 ᄒᆞ엿ᄂᆞ뇨.

ᄭᆞᆯ다 [동] 깔다. ❶⇔만(幔). ≪朴諺, 上, 26ㅈ≫鞍子是一箇烏犀角邊兒幔玳瑁, 기ᄅᆞ마는 이 ᄒᆞᆫ 烏犀角 변ᄋᆞ에 玳瑁를 ᄭᆞᆯ랏고. ≪朴諺, 上, 60ㅎ≫瑪瑙幔地, 瑪瑙를 ᄡᅡ히 ᄭᆞᆯ랏고. ❷⇔포(鋪). ≪朴諺, 上, 27ㅎ≫八瓣兒鋪翠眞言字粧金大帽上, 여듧 ᄧᅡᆨ에 비취 짓 ᄭᆞᆯ고 眞言字를 금으로 ᄡᅮᆷ인 큰 갓에. ≪朴諺, 上, 50ㅎ≫底下鋪蒲席, 밋희 지즑 ᄭᆞᆯ고. 又鋪氈子, ᄯᅩ 담 ᄭᆞᆯ고. ≪朴諺, 上, 50ㅎ≫上頭鋪兩三箇襦子, 우희 두세 깃을 ᄭᆞᆯ고. ≪朴諺, 上, 53ㅈ≫你來這弓面上鋪筋將來, 이바 이 활 면에 힘을 ᄭᆞᆯ라 가져와. ≪朴諺, 上, 60ㅈ≫四面盖的如鋪翠, 四面에 녠 거시 비취를 ᄭᆞᆫ ᄃᆞᆺ ᄒᆞ야. ≪朴諺, 中, 8ㅎ≫我也鋪鋪盖睡些箇, 나도 鋪盖 ᄭᆞᆯ고 져기 자쟈. ≪朴諺, 中, 44ㅎ≫將花氈來底下鋪一條, 花氈 가져다가 밋희 ᄒᆞᆫ 불 ᄭᆞᆯ고. 炕上鋪着青錦褥(褥)子, 캉 우희 청금 요 ᄭᆞᆯ고. ≪朴諺, 中, 58ㅎ≫鋪着睡時, ᄭᆞᆯ고 자면.

ᄭᆡ다 [동] 깨다[醒]. ⇔성(醒). ≪朴諺, 中, 47ㅈ≫他酒醒了起來不覺, 뎨 술이 ᄭᆡ여 니러나 ᄭᆡ티디 못ᄒᆞ고.

ᄭᆡᄃᆞᆺ다 [동] 깨닫다. ⇔각(覺). ≪朴諺, 下, 52ㅈ≫不覺有賊人入來本家東屋內, 賊人이 이셔 本家 東屋 안희 드러오ᄆᆞᆯ ᄭᆡᄃᆞᆺ디 못ᄒᆞ여.

ᄭᆡ여나다 [동] 깨어나다. ⇔활(活). ≪朴諺, 上, 32ㅎ≫打的半死剌活的, 뎌 반만 죽엇다가 되ᄭᆡ여나니.

ᄭᆡ티다 [동] 깨치다. 깨닫다. ❶⇔각(覺). ≪朴諺, 中, 47ㅈ≫他酒醒了起來不覺, 뎨 술이 ᄭᆡ여 니러나 ᄭᆡ티디 못ᄒᆞ고. ❷⇔교살(攪撒). ≪朴諺, 下, 61ㅈ≫弓王攪撒了, 弓

王이 ᄡᅵ텨.

ᄯᅡ 명 ❶땅. ⇔전지(田地). ≪朴諺, 上, 39ㅈ≫乾淨田地上樹底下綷着, 乾淨ᄒᆞᆫ ᄯᅡ 나모 아래 ᄆᆡ고. ❷땅. 지역. 구역. ⇔지면(地面). ≪朴諺, 上, 65ㅎ≫到江南地面石屋法名的和尙根底, 江南 ᄯᅡ 石屋이라 法名ᄒᆞᆫ 즁의손ᄃᆡ 가니.

-ᄯᅡ 어미 -겠느냐. -것이냐. ≪朴諺, 下, 26ㅈ≫與你一兩銀子賣麽, 너를 ᄒᆞᆫ 냥 은을 줄 ᄡᅥ시니 ᄑᆞᆯᄯᅡ. ≪朴諺, 下, 28ㅎ≫掠頭兩箇怎麽賣, 귀밋빗기 둘흘 엇디 ᄑᆞᆯᄯᅡ.

ᄯᅡᇂ 명 땅. 토지. ⇔지(地). ≪集覽, 字解, 單字解, 7ㅎ≫閑. 雜也. 閑雜人. 又替也. 파직ᄒᆞ다, 罷閑了·替閑了. 又遊息曰閑. 흥ᄯᅨ여 ᄃᆞᆫ닐시니, 遊閑了. 又練熟也. 弓馬熟閑. 又空也. 空閑田地 뷔엿ᄂᆞᆫ ᄯᅡ. 又等閑 부질업시, 又힘히미, 又간대롭다. ≪朴諺, 上, 60ㅎ≫瑪瑙幔地, 瑪瑙를 ᄯᅡ히 ᄭᆞᆯ랏고. ≪朴諺, 下, 24ㅈ≫血瀝瀝的腔子立地, 피 ᄠᅳᆺ듣ᄂᆞᆫ 몸ᄯᅩᆼ만 ᄯᅡ히 셔고. ≪朴諺, 下, 31ㅎ≫直挺挺的立地, 바로 곳곳이 ᄯᅡ히 셔시니. ≪朴諺, 下, 46ㅎ≫立地赶牛, ᄯᅡ히 셔셔 쇼를 몰면.

ᄯᅡᇂ 명 땅. 지역. 구역. ❶⇔전지(田地). ≪朴諺, 上, 48ㅈ≫往迴二千里田地, 往迴 二千里 ᄯᅡ히. ≪朴諺, 下, 3ㅎ≫這般遠田地裏, 이런 먼 ᄯᅡ히. ❷⇔지(地). ≪集覽, 字解, 單字解, 6ㅈ≫多. 多少 언메나. 又許多 하나한. 又餘也. 三十里多地 삼십 리 나믄 ᄯᅡ. 吏語, 多餘. 又過也. 有甚麽多處 므스기 너믄 고디 이시리오. 又重也. 므스기 앗가온 고디 이시리오. ≪朴諺, 上, 12ㅈ≫平則門離這廣豊倉二十里地, 平則門이 이 廣豊倉에셔 ᄠᅳᆷ이 二十里 ᄯᅡ히니. ≪朴諺, 上, 12ㅎ≫那裏有二十里地來, 어ᄃᆡ 二十里 ᄯᅡ히 잇ᄂᆞ뇨. ≪朴諺, 中, 32ㅈ≫這離城三十里來地, 이 城에셔 ᄠᅳᆷ이 三十里 ᄯᅡ히. ≪朴諺, 下, 39ㅈ≫送到四十里地, 보내여 四十里 ᄯᅡ히 가. ❸⇔지면(地面). ≪朴諺, 上, 8ㅎ≫往那箇地面裏去, 어ᄂᆡ ᄯᅡ홀 향ᄒᆞ여 가ᄂᆞ뇨. ≪朴諺, 上, 9ㅈ≫高麗地面裏去麽, 高麗 ᄯᅡ히 갈다. ≪朴諺, 上, 31ㅈ≫那厮高麗地面來的宰相們上做牙子, 뎌 놈이 高麗 ᄯᅡ흐로셔 온 宰相들희손ᄃᆡ 즈름이 도엿ᄂᆞ니. ≪朴諺, 上, 64ㅈ≫這的是眞陝(陜)西地面裏來的, 이거시 이 진짓 陝(陜)西 ᄯᅡ흐로셔 온 거시로다. ≪朴諺, 中, 12ㅎ≫你說我地面裏的田禾如何, 네 닐ᄋᆞ라 우리 ᄯᅡ히 田禾ㅣ 엇더ᄒᆞ더뇨. ≪朴諺, 中, 13ㅈ≫又高麗地面裏來載千餘筒布子的大船, ᄯᅩ 高麗ㅅ ᄯᅡ흐로셔 오ᄂᆞᆫ 千餘 筒 뵈 시른 큰 ᄇᆡ를. ≪朴諺, 中, 16ㅎ≫這幾日高麗地面裏來的, 요ᄉᆞ이 高麗ㅅ ᄯᅡ흐로셔 온. ≪朴諺, 下, 2ㅎ≫我如今又往江南地面裡布施去, 내 이제 ᄯᅩ 江南 ᄯᅡ흘 향ᄒᆞ여 보시ᄒᆞ라 가려 ᄒᆞ니.

ᄯᅥᆨ 명 떡[餠]. ≪朴諺, 上, 6ㅎ≫第一道爊羊蒸捲, 第一道ᄂᆞᆫ ᄆᆞ르고온 羊과 蒸捲 ᄯᅥᆨ이오. ≪朴諺, 下, 14ㅈ≫却喫糕子, ᄯᅩ 糕子 ᄯᅥᆨ을 먹고.

ᄯᅩ 부 또. ❶⇔각(却). ≪集覽, 字解, 單字解, 5ㅈ≫却. ᄯᅩ. 又却來·却有來 뉘 아니라 커니, 却有 ᄯᅩ 그. ≪朴諺, 上, 12ㅈ≫却不虧着我, ᄯᅩ 내게 셟디 아니ᄒᆞ냐. ≪朴諺, 上, 21ㅎ≫半夜裏却拌饋他料喫, 半夜에 ᄯᅩ 뎌를 콩을 버므려 주어 먹이되. ≪朴諺, 上, 32ㅎ≫却拿着那和尙, ᄯᅩ 뎌 즁을 잡아. ≪朴諺, 上, 45ㅈ≫却到學裏上書念一會, ᄯᅩ 學에 가 글 ᄇᆡ화 ᄒᆞᆫ 디위 念ᄒᆞ고. ≪朴諺, 上, 57ㅎ≫八舍你却那裏去, 八舍ㅣ아 네 ᄯᅩ 어ᄃᆡ 가ᄂᆞᆫ다. ≪朴諺, 上, 62ㅎ≫却到湖心橋上玉石龍床上, ᄯᅩ 湖心橋上 玉石 龍床에 가. ≪朴諺, 中, 17ㅎ≫却不說, ᄯᅩ 닐ᄋᆞ디 아녓ᄂᆞ냐. ≪朴諺, 中, 25ㅈ≫却要打, ᄯᅩ 티리라. ≪朴諺, 中, 27ㅈ≫却打死那人, ᄯᅩ 그 사ᄅᆞᆷ을 텨 죽여. ≪朴諺, 中, 46ㅈ≫你却不道首領官署了卷廳上不曾押裏, 네 ᄯᅩ 首領官은 권에 일홈두고 廳上이 일즙 슈례두디 아녓다 니ᄅᆞ디 아니ᄒᆞ던다. ≪朴諺, 中, 53ㅎ≫却沒一件兒新衣裳怎麽好, ᄯᅩ ᄒᆞᆫ 불 새 衣

裳이 업스니 엇디 ᄒᆞ여야 됴흐료. ≪朴諺, 下, 14ㅈ≫却喫糕子, 또 糕子떡을 먹고. ≪朴諺, 下, 16ㅈ≫却說我家漢子偸了, 또 닐오ᄃᆡ 우리 집 놈이 도적ᄒᆞ다 ᄒᆞ니. ≪朴諺, 下, 19ㅈ≫却把伯眼打了一鐵棒, 또 伯眼을다가 ᄒᆞᆫ 쇠막대로 티니. ≪朴諺, 下, 22ㅈ≫却是桃核, 또 이 복셩화 ᄡᅵ라. ≪朴諺, 下, 37ㅎ≫却點饋那官人, 또 뎌 官人의게 뎍어 주니. ≪朴諺, 下, 41ㅈ≫却不沒了老曹來, 또 老曹ㅣ 죽디 아니ᄒᆞ냐. ≪朴諺, 下, 52ㅎ≫却跳墻出去, 또 담을 ᄠᅱ여 나가시니. ❷⇔각우(却又). ≪朴諺, 下, 15ㅎ≫却又招災, 또 직화를 브ᄅᆞ니. ❸⇔갱(更). ≪朴諺, 上, 33ㅎ≫更不時, 또 그리 못ᄒᆞ거든. ≪朴諺, 中, 9ㅈ≫更沒多騎鋪馬, 또 鋪馬를 만히 틈이 업고. ≪朴諺, 中, 10ㅎ≫更待怎的, 또 므서슬 기ᄃᆞ리리오. ≪朴諺, 中, 31ㅎ≫如今更秋凉丹楓八月好時莭(節), 이제 또 秋凉 丹楓 八月 됴흔 ᄢᅢ니. ≪朴諺, 中, 35ㅈ≫使鈎子的賊們更是廣, 갈고리 ᄡᅳᄂᆞᆫ 도적이 또 흔ᄒᆞ여. ≪朴諺, 下, 13ㅎ≫這衙門更是好湯食, 이 衙門이 또 湯食이 됴흐니라. ≪朴諺, 下, 20ㅈ≫更打了我兩鐵棒, 또 우리를 두 번 쇠막대로 티니. ≪朴諺, 下, 55ㅈ≫你更有傷有何愁, 너ᄂᆞᆫ 또 傷ᄒᆞᆫ ᄃᆡ 이시니 므슴 근심이 이시리오. ≪朴諺, 下, 57ㅎ≫那般時更好, 그러면 또 됴타. ≪朴諺, 下, 60ㅎ≫更是男子漢家怕甚麽, 또 이 男子漢이 므서슬 저퍼ᄒᆞ리오. ❹⇔야(也). ≪集覽, 字解, 單字解, 2ㅎ≫也. 在詞之上者, 又也. 也好 또 됴타, 也是 또 올타. 在詞之中者, 承上起下之辭. 我也去 나도 가마. 在詞之終者, 語助. ≪朴諺, 上, 14ㅎ≫也不是常行的, 또 常行엣 거시 아니라. ≪朴諺, 上, 19ㅈ≫也不打緊, 또 打緊티 아니ᄒᆞ니. ≪朴諺, 上, 56ㅈ≫也有些撒蹄, 또 져기 굽ᄀᆞ리미 잇더라. ≪朴諺, 上, 61ㅎ≫也有帶霧披烟翠竹, 또 帶霧 披烟ᄒᆞᆫ 翠竹이 잇고. ≪朴諺, 上, 64ㅈ≫生達達·回回如今也都會了, 生達達·回回도 이제ᄂᆞᆫ 또 다 아ᄂᆞ니라. ≪朴諺, 中, 1ㅈ≫也有弄棒的, 또 막대 弄ᄒᆞᄂᆞᆫ 이 이시니. ≪朴諺, 中, 17ㅎ≫咳這孩兒也好不識, 애 이 아ᄒᆡ 또 ᄀᆞ장 아디 못ᄒᆞᆫ다. ≪朴諺, 中, 27ㅎ≫也打殺撇在坑裏, 또 텨 죽여 디함에 드리티고. ≪朴諺, 中, 50ㅈ≫也不要違了我的言語, 또 내 말을 어긔오디 마쟈. ≪朴諺, 中, 53ㅎ≫也有五箇日頭裡, 또 닷쇄 이시니. ≪朴諺, 中, 60ㅎ≫也不見的, 또 일흘까 ᄒᆞ노라. ≪朴諺, 下, 1ㅎ≫也恠不的虫子, 또 좀도 허믈 못ᄒᆞᆯ 거시니. ≪朴諺, 下, 16ㅎ≫買時買四書六經也好, 살 작시면 四書와 六經을 삼이 또 됴ᄒᆞ니. ≪朴諺, 下, 19ㅈ≫唐僧也引徒弟去到王所, 唐僧이 또 徒弟를 ᄃᆞ리고 王의 곳에 니ᄅᆞ니. ≪朴諺, 下, 38ㅈ≫也不小可, 또 젹디 아니타. ≪朴諺, 下, 40ㅎ≫也不要工錢, 또 工錢도 밧디 아니호ᄃᆡ. ≪朴諺, 下, 51ㅎ≫也不學屈原投江, 또 屈原의 投江을 ᄇᆡ호디 아니ᄒᆞ니. ❺⇔역(亦). ≪朴諺, 中, 19ㅈ≫兩心相照亦不難, 둘희 ᄆᆞ옴이 서ᄅᆞ 비최면 또ᄒᆞᆫ 어렵디 아니ᄒᆞ니라. ≪朴諺, 中, 43ㅎ≫亦看樓外滿池荷花, 또 樓外ㅅ 못에 ᄀᆞ득ᄒᆞᆫ 년곳츨 보노니. ≪朴諺, 下, 13ㅈ≫臨窓看書亦看花, 窓에 臨ᄒᆞ여 글을 보고 또 곳츨 보쟈. ❻⇔우(又). ≪朴諺, 上, 1ㅈ≫又逢着這春二三月好時莭(節), 또 이 봄 二三月 됴흔 時莭(節)을 만나시니. ≪朴諺, 上, 26ㅈ≫又是箇鵓鴿翎兒, 또 이 두롬의 짓츨 ᄃᆞ랏고. ≪朴諺, 上, 42ㅈ≫對月又做箇大筵席, 버금 ᄃᆞᆯ에 또 큰 이바디ᄒᆞ면. ≪朴諺, 上, 50ㅎ≫又鋪氈子, 또 담 ᄭᆞᆯ고. ≪朴諺, 上, 51ㅈ≫把孩兒又剃了頭頂上灸, 아ᄒᆡ를다가 또 머리 ᄶᅡᆨ고 뎡박이 ᄯᅳ고. ≪朴諺, 上, 62ㅎ≫又上琉璃閣, 또 琉璃閣에 올ᄋᆞ면. ≪朴諺, 上, 64ㅈ≫我又不是生達達·回回, 내 또 生達達·回回 아니라. ≪朴諺, 中, 1ㅎ≫又是一箇銅觜·鑞觜造化, 또 ᄒᆞᆫ 부리 노론 수죵다리 부리 프른 암죵다리 노롯호ᄃᆡ. ≪朴

諺, 中, 7ㅈ≫我又先報馬去, 내 또 몬져 물을 報ᄒᆞ라 가노라. ≪朴諺, 中, 13ㅈ≫又高麗地面裏來載千餘筒布子的大船, 또 高麗ㅅ 싸ᄒᆞ로셔 오ᄂᆞᆫ 千餘 筒 뵈 시른 큰 빈ᄅᆞᆯ. ≪朴諺, 中, 19ㅎ≫又兩箇人, 또 두 사ᄅᆞᆷ은. ≪朴諺, 中, 26ㅎ≫又不怕雨雪, 또 雨雪이 저프디 아니ᄒᆞ니라. ≪朴諺, 中, 46ㅎ≫急且幾時又得除, 과거리 언제 또 除홈을 어드리오. ≪朴諺, 中, 57ㅈ≫又不是大買賣, 도(또) 큰 흥졍이 아니니. ≪朴諺, 下, 2ㅎ≫我如今又往江南地面裡布施去, 내 이제 또 江南 싸흘 향ᄒᆞ여 보시ᄒᆞ라 가려 ᄒᆞ니. ≪朴諺, 下, 7ㅈ≫又蟒抓了一遍, 또 ᄒᆞᆫ 번을 긁티니. ≪朴諺, 下, 14ㅈ≫又喫幾盞酒之後, 또 여러 잔 술을 먹은 후에. ≪朴諺, 下, 21ㅈ≫又叫兩箇宮娥, 또 두 宮娥ᄅᆞᆯ 블러. ≪朴諺, 下, 36ㅈ≫又打一會, 또 ᄒᆞᆫ 디위 티더니. ≪朴諺, 下, 48ㅎ≫又是擔杖廝打着, 또 막대를 메고 서ᄅᆞ 싸화. ≪朴諺, 下, 55ㅎ≫又雇一箇小廝, 또 ᄒᆞᆫ 아ᄒᆡᄅᆞᆯ 셰내여. ❼⇔유(有). ≪朴諺, 下, 58ㅎ≫三旬有二, 三旬이오 또 二라. ❽⇔재(再). ≪朴諺, 上, 20ㅈ≫我再把一副頭面, 내 또 ᄒᆞᆫ 불 곳갈과. ≪朴諺, 上, 36ㅈ≫你再說我猜着, 네 또 닐ᄋᆞ라 내 알마. ≪朴諺, 上, 44ㅈ≫我再央及, 내 또 비노니. ≪朴諺, 中, 17ㅈ≫再有一件, 또 ᄒᆞᆫ 가지ᄂᆞᆫ. ≪朴諺, 中, 18ㅈ≫姐姐你再尋思我這秋月紗窓一片心, 姐姐ㅣ아 네 또 나의 이 秋月 紗窓 一片心을 ᄉᆡᆼ각ᄒᆞ여. ≪朴諺, 中, 20ㅈ≫再那一箇小廝, 또 뎌 ᄒᆞᆫ 아ᄒᆡᄂᆞᆫ. ≪朴諺, 中, 30ㅈ≫再有甚麼就飯的, 또 므슴 밥ᄒᆞ여 먹을 것 잇ᄂᆞ뇨. ≪朴諺, 中, 37ㅎ≫你再饋我絶高的, 네 또 날을 ᄀᆞ장 노프니ᄅᆞᆯ 주고려. ≪朴諺, 下, 28ㅈ≫再將凉酪來, 또 ᄎᆞᆫ 타락을 가져오라. ≪朴諺, 下, 29ㅎ≫再添上三五兩銀子時勾也, 또 三五兩 銀을 더ᄒᆞ면 유여ᄒᆞ리라.

-쏘다 어미 -도다. -구나. ≪朴諺, 中, 22ㅎ≫結草廬於香山之上, 草廬ᄅᆞᆯ 香山 우희 지엇쏘다.

쑬다 동 뚫다. ⇔찬(鑽). ≪朴諺, 上, 14ㅈ≫話不說不知木不鑽不透, 말을 니ᄅᆞ디 아니면 아디 못ᄒᆞ고 남글 쑬디 아니면 ᄉᆞᄆᆞᆺ디 아닌ᄂᆞᆫ다 ᄒᆞ니라. ≪朴諺, 上, 38ㅈ≫鑽天錐下大水, 하ᄂᆞᆯ 쑬ᄂᆞᆫ 송곳 아ᄅᆡ 큰 믈이여.

쑷다 동 뚫다. ⇔완(剜). ≪朴諺, 下, 52ㅎ≫於東屋那邉剜(剜)窟, 동녁 집 뎌 편에 굼글 쑷고.

쓰다 동 (뜸) 뜨다. ⇔구(灸). ≪朴諺, 上, 35ㅈ≫脚內踝上灸了三壯艾來, 발 안쮜머리 우희 三壯 ᄡᅮᆨ으로 쓰니. ≪朴諺, 上, 51ㅈ≫把孩兒又剃了頭頂上灸, 아ᄒᆡᄅᆞᆯ다가 또 머리 깍고 뎡박이 쓰고.

쓰다 동 뜨다. 푸다. ❶⇔별(撇). ≪朴諺, 中, 6ㅎ≫撇些禿禿麽思, 젹이 믜역져비 쓰고. ❷⇔성(盛). ≪朴諺, 下, 45ㅈ≫盛湯着, 湯을 쓰라.

쓰다 형 뜨다. 느리다. ⇔지(遲). ≪朴諺, 上, 56ㅈ≫只是小行上遲, 그저 준 걸음이 쓰고.

씌 명 띠. ❶⇔계요(繫腰). ≪朴諺, 上, 25ㅈ≫珊瑚鉤子繫腰, 珊瑚 鉤子 ᄒᆞᆫ 씌오. ❷⇔대(帶). ≪朴諺, 上, 18ㅈ≫你那金帶是誰廂的, 네 뎌 금씌ᄅᆞᆯ 뉘 젼메웟ᄂᆞ뇨. ≪朴諺, 上, 18ㅈ≫是抅欄衚衕裏帶匠夏五廂的, 이 抅欄 골 씌쟝이 夏五ㅣ 젼메웟ᄂᆞ니라. ≪朴諺, 上, 19ㅈ≫做一條銀廂花帶, ᄒᆞᆫ 올이 銀 젼메온 섭사긴 씌ᄅᆞᆯ ᄆᆡᆫ들게 ᄒᆞ라. ❸⇔대자(帶子). ≪朴諺, 上, 43ㅎ≫做帶子和裏兒, 씌와 안흘 ᄆᆡᆫ들리로다.

씌다 동 (띠를) 띠다. ⇔계(繫). ≪朴諺, 下, 43ㅎ≫都繫着孝帶, 다 孝帶ᄅᆞᆯ 씌엿더라. ≪朴諺, 下, 47ㅈ≫腰繫白玉帶, 허리예 白玉帶ᄅᆞᆯ 씌고.

씌쟝이 명 띠를 만드는 장인(匠人). ⇔대장(帶匠). ≪朴諺, 上, 18ㅈ≫是抅欄衚衕裏帶匠夏五廂的, 이 抅欄 골 씌쟝이 夏五ㅣ 젼메웟ᄂᆞ니라.

씨다 동 찌다[蒸]. ⇔증(蒸). ≪朴諺, 中, 55ㅈ≫咳今日熱氣蒸人裏, 애 오늘 熱氣 사름을 씨니.

-ᄯᆞ나 접미 -말거나. ≪集覽, 字解, 累字解, 1ㅎ≫可知. 그러 아니려. 又그러커니ᄯᆞ나. 本朝傳習之釋曰새로욀셔.

-ᄯᆞ녀 조 -랴. -이랴. ≪朴諺, 上, 24ㅈ≫却有弟兄之意, ᄯᅩ 弟兄의 ᄠᅳᆮ이 이시려니ᄯᆞ녀. ≪朴諺, 中, 60ㅎ≫好的一般, 됴흠이 ᄒᆞᆫ가지어니ᄯᆞ녀.

ᄯᆞ다 동 (사이가) 뜨다. ⇔이(離). ≪朴諺, 中, 32ㅈ≫這離城三十里來地, 이 城에셔 ᄯᅳᆷ이 三十里 짜히.

ᄯᆞᆯ오다 동 따르다. ⇔근(跟). ≪朴諺, 中, 12ㅎ≫我慢慢的跟駕去, 내 날회여 대가를 ᄯᆞᆯ와 가마. ≪朴諺, 中, 52ㅎ≫跟張総兵使的牢子, 張総兵을 ᄯᆞᆯ와 브리이ᄂᆞᆫ 牢子ㅣ러라.

ᄯᆞᆷ 명 땀. ⇔한(汗). ≪朴諺, 上, 26ㅎ≫猠皮心兒藍斜皮邉兒的皮汗替, 猠皮 心児에 藍斜皮 邉児 ᄒᆞᆫ 가족 ᄯᆞᆷ어치에. ≪朴諺, 中, 16ㅈ≫熱炕上熰着出些汗, 더온 캉에 블무회고 젹이 ᄯᆞᆷ 내라.

ᄯᆞᆷ어치 명 땀받이 언치. ⇔한체(汗替). ≪朴諺, 上, 26ㅎ≫猠皮心兒藍斜皮邉兒的皮汗替, 猠皮 心児에 藍斜皮 邉児 ᄒᆞᆫ 가족 ᄯᆞᆷ어치에.

ᄲᅡ여나다 형 빼어나다. ⇔수(秀). ≪朴諺, 中, 23ㅈ≫眉秀垂楊, 눈섭은 垂楊이 ᄲᅡ여난 ᄃᆞᆺᄒᆞ도다.

ᄲᅡ이다 동 빼다. 빼내다. ⇔발(拔). ≪朴諺, 中, 47ㅈ≫把他的小刀子拔了, 뎌의 져근 칼을다가 ᄲᅡ이고.

ᄲᅡ히다 동 빼다. 빼내다. ❶⇔발(拔). ≪朴諺, 中, 40ㅈ≫一根一根家拔的乾浄着, ᄒᆞᆫ 낫식 ᄲᅡ혀 乾浄히 ᄒᆞ고. ≪朴諺, 下, 20ㅎ≫他却拔下一根毛衣(來), 뎨 ᄯᅩ ᄒᆞᆫ 낫 털을 ᄲᅡ혀. ≪朴諺, 下, 20ㅎ≫拔下一根頭髮, ᄒᆞᆫ 낫 머리털을 ᄲᅡ혀. ❷⇔방(放). ≪朴諺, 上, 38ㅎ≫就蹄子放血, 임의셔 굽에 피 ᄲᅡ히리라. ≪朴諺, 上, 39ㅈ≫一發就蹄子放血着, ᄒᆞᆫ 번에 임의셔 굽에도 피 ᄲᅡ히라. ❸⇔적(摘). ≪朴諺, 上, 40ㅈ≫摘了那鼻孔的毫毛, 뎌 코ᇫ긔 터럭 ᄲᅡ히고. ❹⇔차(扯). ≪朴諺, 中, 46ㅎ≫扯了我一把刀兒, 내 ᄒᆞᆫ ᄌᆞ로 칼을 ᄲᅡ히고.

ᄲᅢᆷ 명 뺨. ⇔시협(腮頬). ≪朴諺, 中, 29ㅎ≫腮頬凍的刺(剌)刺(剌)的疼, ᄲᅢᆷ이 ᄃᆞ라 ᄇᆞᆯ알힌다.

ᄲᅢ히다 동 빼다. 빼내다. ⇔촬(撮). ≪朴諺, 下, 49ㅈ≫撮下那明珠, 뎌 明珠를 ᄲᅢ혀.

ᄲᅣᆷ 명 뺨. ⇔시협(顋頬). ≪朴諺, 上, 13ㅎ≫你那腮頬上甚麽瘡, 네 뎌 ᄲᅣᆷ에 므슴 瘡고.

ᄲᅧ 명 뼈. ❶⇔골(骨). ≪朴諺, 上, 15ㅈ≫駝骨底子, 약대 ᄲᅧ 밋히. ≪朴諺, 下, 40ㅎ≫畫虎畫皮難畫骨, 범을 그리매 가족은 그려도 ᄲᅧ 그리기 어렵고. 知人知面不知心, 사ᄅᆞᆷ을 알매 ᄂᆞᆺ촌 아라도 ᄆᆞᄋᆞᆷ은 아디 못ᄒᆞᆫ다 ᄒᆞᄂᆞ니라. ❷⇔골두(骨頭). ≪朴諺, 上, 35ㅈ≫放在脚內踝尖骨頭上, 발 안쥐머리 ᄲᅨᄶᅩᆨᄒᆞᆫ ᄲᅧ 우희 노하. ≪朴諺, 下, 23ㅈ≫搭出箇爛骨頭的先生, ᄒᆞᆫ ᄆᆞ르노가 ᄲᅧ만 잇ᄂᆞᆫ 先生을 건뎌 내니.

ᄲᅨᄶᅩᆨᄒᆞ다 형 뾰족하다. ⇔첨(尖). ≪朴諺, 上, 35ㅈ≫放在脚內踝尖骨頭上, 발 안쥐머리 ᄲᅨᄶᅩᆨᄒᆞᆫ ᄲᅧ 우희 노하.

ᄲᅨᆷ 의 뼘. ⇔파(把). ≪朴諺, 上, 35ㅈ≫比着只一把長短鉸了, 그저 ᄒᆞᆫ ᄲᅨᆷ 기ᄅᆡ를 견초와 ᄀᆞᄎᆞ처.

ᄲᅮᆷ다 동 뿜다. ❶⇔분(噴). ≪朴諺, 上, 62ㅈ≫噴鼻眼花的是紅白荷花, 코헤 ᄲᅮᆷ기고 눈에 밤읜 거슨 이 紅白 荷花러라. ❷⇔분분(噴噴). ≪朴諺, 中, 33ㅈ≫滿池荷花香噴噴, 못에 ᄀᆞ득ᄒᆞᆫ 년곳치 향내 ᄲᅮᆷ기더라.

ᄲᅳ리다 동 뿌리다. ❶⇔살(撒). ≪朴諺, 下, 1ㅈ≫着菖蒲末兒撒的勻了着, 菖蒲 ᄀᆞᄅᆞ로 ᄲᅳ리기를 고로게 ᄒᆞ고. ❷⇔쇄(洒). ≪朴諺, 中, 44ㅎ≫洒些水, 져기 믈 ᄲᅳ리고. ❸⇔쇄(灑). ≪朴諺, 中, 21ㅈ≫灑悲雨於遐方, 悲雨를 遐方에 ᄲᅳ리고.

쌸 명 뿔. ⇔기각(機角). ≪朴諺, 上, 49ㅈ≫饋你濟機(集覽, 朴集, 上, 13ㅈ: 濟機. 音義云, ·쌸·로 밍·ᄀ·론〈밍근〉 혈거피 ·ᄀ·튼 것. 今按, 漢人或牛角或鹿角爲之, 形如環, 着於拇指, 亦所以鉤〈所以鉤〉弦開弓.), 너를 각지를 주마. ≪朴諺, 下, 46ㅈ≫一托來長的兩箇機角(集覽, 朴集, 下, 10ㅈ: 機角. 華人鄕語呼角曰機角.), ᄒᆞᆫ 발 기릐에 두 쌸이오.

ᄲᆡᄅᆞ다 형 ❶빠르다. 또는 다급하다. ⇔연망(連忙). ≪集覽, 字解, 單字解, 7ㅎ≫忙. 疾也. 疾忙·連忙·擺忙 ᄲᆡᄅᆞ다. 走的忙·去的忙. ❷빠르다. 재빠르다. ⇔질망(疾忙). ≪集覽, 字解, 單字解, 7ㅎ≫忙. 疾也. 疾忙·連忙·擺忙 ᄲᆡᄅᆞ다. 走的忙·去的忙. ❸빠르다. 또는 갑자기. 돌연. ⇔파망(擺忙). ≪集覽, 字解, 單字解, 7ㅎ≫忙. 疾也. 疾忙·連忙·擺忙 ᄲᆡᄅᆞ다. 走的忙·去的忙.

ᄲᆡ이다 동 뽑히다. ⇔선(選). ≪朴諺, 中, 46ㅈ≫你常選官, 너는 샹샹에 ᄲᆡ이는 관원이라.

ᄲᆞᆯ리 부 빨리. ❶⇔속(速). ≪朴諺, 中, 23ㅎ≫速詣其處, ᄲᆞᆯ리 그 곳에 나아가. ❷⇔연망(連忙). ≪集覽, 字解, 累字解, 2ㅎ≫疾快. ᄲᆞᆯ리. ≪集覽, 字解, 累字解, 2ㅎ≫疾忙. 上同. ≪集覽, 字解, 累字解, 2ㅎ≫連忙. 上同. ❸⇔질망(疾忙). ≪集覽, 字解, 累字解, 2ㅎ≫疾快. ᄲᆞᆯ리. ≪集覽, 字解, 累字解, 2ㅎ≫疾忙. 上同. ≪朴諺, 中, 6ㅈ≫疾忙如今都將來, ᄲᆞᆯ리 이제 다 가져와. ≪朴諺, 中, 6ㅎ≫疾忙做飯, ᄲᆞᆯ리 밥을 지으라. ≪朴諺, 下, 2ㅈ≫疾忙將苕箒來, ᄲᆞᆯ리 닛븨 가져다가. ❹⇔질쾌(疾快). ≪集覽, 字解, 累字解, 2ㅎ≫疾快. ᄲᆞᆯ리. ≪朴諺, 上, 7ㅎ≫疾快旋將酒來, ᄲᆞᆯ리 술 둘러 가져와. ≪朴諺, 中, 7ㅎ≫疾快將好馬來, ᄲᆞᆯ리 됴흔 ᄆᆞᆯ을 가져오라. ≪朴諺, 下, 57ㅈ≫疾快賃的來, ᄲᆞᆯ리 셰내여 오라. ≪朴諺, 下, 61ㅎ≫疾快將茶來, ᄲᆞᆯ리 茶를 가져오라. ❺⇔쾌(快). ≪朴諺, 下, 44ㅎ≫弄的火快時, 블 퓌오기를 ᄲᆞᆯ리 ᄒᆞ면.

싸다 형 비싸다. 값나가다. ⇔치(値). ≪朴諺, 中, 3ㅈ≫這樻子多直的一兩銀儘勾也, 이 樻 만히 싸야 ᄒᆞᆫ 냥 銀이 잇긋 유여ᄒᆞ거늘.

싸호다 동 싸우다. ❶⇔시살(廝殺). ≪集覽, 字解, 單字解, 6ㅈ≫殺. 氣殺我 애ᄃᆞᆯ와 셜웨라, 猶言以此而可至於死也. 又愁殺人 사ᄅᆞᆷ을 ᄀᆞ장 근심ᄒᆞ야 셟게 ᄒᆞ다. 又廝殺 싸호다. 又助語辭. 最深殺 ᄀᆞ장 깁다. ❷⇔시타(廝打). ≪朴諺, 下, 15ㅎ≫和一箇漢兒人廝打來, ᄒᆞᆫ 漢ㅅ 사ᄅᆞᆷ과 싸홧더니. ≪朴諺, 下, 16ㅈ≫那廝急性便合口廝打, 뎌 놈이 셩이 급ᄒᆞ여 곳 입힐홈ᄒᆞ여 싸홧더니. ≪朴諺, 下, 48ㅎ≫又是擔杖廝打着, 쏘 막대를 메고 서ᄅᆞ 싸화. ≪朴諺, 下, 55ㅈ≫捉賊見贓, 도적 잡기ᄂᆞᆫ 장믈을 보고. 廝打驗傷, 서ᄅᆞ 싸혼 ᄃᆡᄂᆞᆫ 傷處를 驗ᄒᆞᆫ다 ᄒᆞᄂᆞ니라.

싸홈 명 싸움. ⇔투(鬪). ≪朴諺, 上, 17ㅎ≫鬪(鬪)促織兒, 뵈짱이 싸홈 브티고.

쌍 의 쌍. ⇔대(對). ≪朴諺, 上, 27ㅈ≫絟着一對明綠綉四季花護膝, ᄒᆞᆫ 쌍 明綠빗치 四季花를 綉ᄒᆞᆫ 슬갑을 ᄆᆡ엿고. ≪朴諺, 上, 32ㅈ≫把我的兩對新靴子都走破了, 내 두 쌍 새 훠를다가 다 ᄃᆞᆫ녀 해야ᄇᆞ리게 ᄒᆞ고.

쌍(雙) 관 두[二]. ⇔두. ≪朴諺, 下, 9ㅈ≫人人盡盤雙足, 사ᄅᆞᆷ마다 다 두 발을 서리고. ≪朴諺, 下, 19ㅎ≫大仙睜開雙眼道, 大仙이 두 눈을 브릅ᄠᅳ고 닐오ᄃᆡ.

쌍(雙) 명 짝. 상대. ≪朴諺, 下, 39ㅎ≫天下沒雙, 天下에 雙이 업ᄉᆞ니라.

쌍륙(雙陸) 명 쌍륙(雙六). ⇔쌍뉵. ≪朴諺, 中, 46ㅎ≫打雙陸時莭(節), 쌍뉵 틸 적의.

쌍블잡기 명 먹국하기. ⇔나전(拿錢). ≪朴諺, 上, 17ㅎ≫或是博錢·拿錢(集覽, 朴集, 上, 6ㅎ: 拿錢. 卽猜拳也. 솽〈쌍〉불: 쥐·기. 質問云, 此二人以錢相賭之戲, 跌過兩背, 相同爲嬴(贏). 質問之釋, 若本國돈ᄲᅥ기.), 혹 돈더ᄂᆞ기 ᄒᆞ며 쌍블잡기 ᄒᆞ

고.

쌍선(雙扇) 명 쌍닫이. 쌍바라지. ⇔상다디. ≪朴諺, 下, 12ㅎ≫檁, 납. 樑, ᄆᆞᄅᆞ. 椽, 혀. 柱, 기동. 短柱, 短柱. 叉竪, 쟉슈. 門框, 門얼굴. 門扇, 門짝. 吊窓, 들창. 天窓, 울어리창. 雙扇, 상다디. 單扇, 외다디. 窓欞, 창살로.

쌍쌍(雙雙) 명 둘 이상의 쌍. ≪朴諺, 上, 61ㅎ≫湖心中浮上浮下的是雙雙兒鴨子, 湖 心中에 浮上 浮下ᄒᆞᄂᆞᆫ 거슨 이 雙雙 ᄒᆞᆫ 올히오.

쌍인(雙人) 명 두인변[彳]. 한자 부수(部首)의 이름. ≪朴諺, 中, 42ㅎ≫雙人傍做寺字便是, 雙人 변에 寺字 ᄒᆞᆫ 거시 곳 이라.

쌍조(雙條) 명 두 오리(줄). ≪朴諺, 上, 26ㅎ≫大紅斜皮雙條轡頭, 大紅斜皮로 ᄒᆞᆫ 雙條 구레에.

쌓다 동 쌓다. ⇔퇴(堆). ≪朴諺, 中, 45ㅈ≫堆的乾浄着, 싸키를 乾浄히 ᄒᆞ라.

써흘다 동 썰다. ⇔절(切). ≪朴諺, 上, 21ㅈ≫切的草細着, 여믈 써흘기를 ᄀᆞᄂᆞᆯ게 ᄒᆞ야.

쑥 명 쑥. ⇔애(艾). ≪朴諺, 上, 35ㅎ≫把那艾來揉的細着, 뎌 쑥을다가 부븨기를 ᄀᆞᄂᆞᆯ게 ᄒᆞ야.

쓰다 동 ❶쓰다[書]. ⇔사(寫). ≪朴諺, 上, 3ㅈ≫寫勘合就使印信與我來, 勘合을 써 이믜셔 인텨 나ᄅᆞᆯ 주ᄃᆞ라. ≪朴諺, 上, 23ㅎ≫衆朋友們的名字都寫着請去, 모ᄃᆞᆫ 벗들의 名字ᄅᆞᆯ 다 써 청ᄒᆞ라 가쟈. ≪朴諺, 上, 31ㅎ≫寫定文書借與他來, 文書를 써 定ᄒᆞ고 뎌ᄅᆞᆯ 쒸엿더니. ≪朴諺, 上, 54ㅈ≫這文契寫了, 이 글월 써다. ≪朴諺, 上, 55ㅈ≫空處寫大吉利, 뷘 곳에 大吉利라 쓰거나. 或寫餘白兩字着, 或 餘白 兩字ᄅᆞᆯ 쓰라. ≪朴諺, 中, 16ㅈ≫貼兒上寫與你引子, 貼에 너ᄅᆞᆯ 引子ᄅᆞᆯ 써 주리라. ≪朴諺, 中, 38ㅎ≫哥你寫與我房契, 형아 네 날을 집 글월 써 주고려. ≪朴諺, 中, 42ㅈ≫劉字怎的寫, 劉字ᄅᆞᆯ 어이 쓰ᄂᆞ뇨. ≪朴諺, 中, 42ㅈ≫宋字怎麽寫, 宋字ᄅᆞᆯ 어이 쓰ᄂᆞ뇨. ≪朴諺, 中, 42ㅈ≫笠字怎麽寫, 笠字ᄅᆞᆯ 어이 쓰ᄂᆞ뇨. ≪朴諺, 中, 42ㅈ≫滿字怎麽寫, 滿字ᄅᆞᆯ 어이 쓰ᄂᆞ뇨. ≪朴諺, 中, 42ㅈ≫麽字怎麽寫, 麽字ᄅᆞᆯ 어이 쓰ᄂᆞ뇨. ≪朴諺, 中, 42ㅎ≫待字怎的寫, 待字ᄅᆞᆯ 어이 쓰ᄂᆞ뇨. ≪朴諺, 中, 42ㅎ≫東字怎的寫, 東字ᄅᆞᆯ 어이 쓰ᄂᆞ뇨. ≪朴諺, 下, 10ㅎ≫先生你寫與我書稍的去, 先生아 네 날을 글 써 주어든 브텨 보내쟈. ≪朴諺, 下, 46ㅎ≫牌上寫着勾芒神, 牌예 勾芒神이라 쓰고. ≪朴諺, 下, 53ㅎ≫你饋我寫一箇状子, 네 날을 ᄒᆞᆫ 고장을 써 주고려. ≪朴諺, 下, 55ㅎ≫你寫與我告子, 네 날을 방을 써 주라. ≪朴諺, 下, 56ㅈ≫半張紙上寫着裏, 半張 죠희예 썻ᄂᆞ니. 一張裏寫時全饋他, ᄒᆞᆫ 張에 써시면 오로 뎌ᄅᆞᆯ 주고. 半張裏寫時與一半錢贖, 半張에 써시면 一半 갑ᄉᆞᆯ 주고 므ᄅᆞ미니라. ❷(머리에) 쓰다. ⇔대(戴). ≪朴諺, 下, 31ㅈ≫頭戴四縫盔, 머리예 四縫盔ᄅᆞᆯ 쓰고. ≪朴諺, 下, 46ㅎ≫頭戴耳掩或提在手裡, 머리예 耳掩을 쓰며 혹 손에 들고. ≪朴諺, 下, 47ㅈ≫頭戴幞頭, 머리예 幞頭ᄅᆞᆯ 쓰고.

ᄊᆞ다 동 매다. 묶다. ≪朴諺, 中, 11ㅎ≫少梯子, 술위앏괴오ᄂᆞᆫ나모. 撑頭, 술위뒤괴오ᄂᆞᆫ나모. 套繩, 멧줄. 撒繩, ᄡᅳ을줄. 拘索, 목집게. 籠頭, 바굴레. 脚索, 지달ᄊᆞᆯ바. 鞍子, 기ᄅᆞ마. 肚帶, 빗대 업세라.

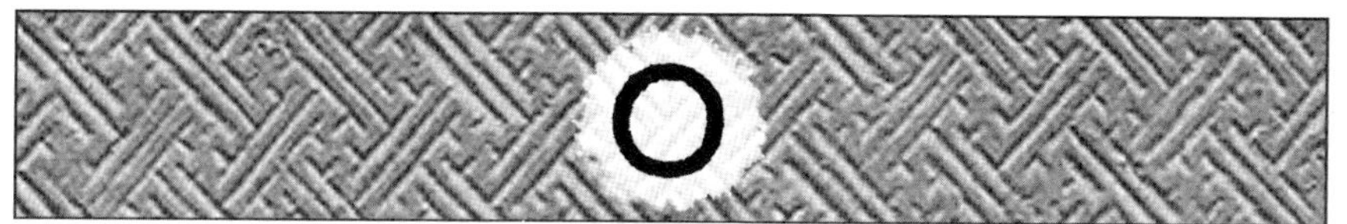

아(牙) 명 ❶나이. ⇔나ㅎ. ≪朴諺, 下, 55ㅎ≫牙幾歲, 나히 현이오. ❷이[齒]. ⇔니. ≪朴諺, 中, 29ㅎ≫只是一劄狼牙也似, 그저 흔골ᄀ티 일희 니 ᄀᄐ니. ≪朴諺, 下, 44ㅈ≫牙疼的當不的, 니 알파 당티 못ᄒ여라.

아(我) 대 ❶나. ⇔나. ≪集覽, 字解, 單字解, 1ㅎ≫和. 平聲, 調和也. 又去聲, 與也, 及也. 我和你 너와 나와, 銅匙和快子 술와 밋 져와. ≪集覽, 字解, 單字解, 2ㅎ≫也. 在詞之上者, 又也. 也好 또 됴타, 也是 또 올타. 在詞之中者, 承上起下之辭. 我也去 나도 가마. 在詞之終者, 語助. ≪朴諺, 上, 3ㅈ≫寫勘合就使印信與我來, 勘合을 써 이믜셔 인텨 나를 주드라. ≪朴諺, 上, 16ㅎ≫我也用心做生活, 나도 用心ᄒ여 셩녕을 ᄒ리라. ≪朴諺, 上, 43ㅎ≫我也知道, 나도 아노라. ≪朴諺, 上, 59ㅈ≫我也明日到羊市裏, 나도 ᄂ일 羊 져제가. ≪朴諺, 中, 7ㅈ≫我騎的十分快走的馬將來, 나 ᄐᆯ 이란 ᄀ장 잘 것ᄂ ᄆᆯ을 가져오라. ≪朴諺, 中, 18ㅈ≫姐姐你再尋思我這秋月紗窓一片心, 姐姐ㅣ아 네 또 나의 이 秋月 紗窓 一片心을 ᄉᆡᆼ각ᄒ여. ≪朴諺, 中, 31ㅈ≫我也敬他十分, 나도 뎌를 十分을 공경ᄒ고. ≪朴諺, 中, 48ㅎ≫我也做饋他一對學行的綉鞋, 나도 ᄒᆫ ᄡᅡᆼ 거름 ᄇᆡ호ᄂᆫ 슈신을 지어 뎌를 주리라. ≪朴諺, 中, 59ㅈ≫我也學了, 나도 ᄇᆡ호과라. ≪朴諺, 下, 8ㅈ≫我也隨喜去來, 나도 구경ᄒ라 가쟈. ≪朴諺, 下, 15ㅈ≫我也跟官人時莭(節), 나도 官人을 조차 ᄃᆫ닐 제. ❷우리. ⇔우리. ≪朴諺, 上, 10ㅈ≫我家墻也倒了幾堵, 우리 집 담도 여러 도림이 믄허뎌시니. ≪朴諺, 上, 46ㅈ≫我家裏書信有麽, 우리 집 書信이 잇ᄂ냐. ≪朴諺, 上, 57ㅎ≫我家裏取氈衫和油帽去, 우리 집의 氈衫과 油帽를 가질라 가노라. ≪朴諺, 上, 64ㅈ≫你怎麽謾的我高麗人, 네 엇디 우리 高麗ㅅ 사ᄅᆞᆷ을 소기ᄂ다. ≪朴諺, 中, 5ㅈ≫拜揖舍人與我関字麽, 拜揖ᄒ노니 舍人아 우리를 関字를 주실가. ≪朴諺, 中, 12ㅎ≫你說我地面裏的田禾如何, 네 닐ᄋ라 우리 ᄯᅡ히 田禾ㅣ 엇더ᄒ더뇨. ≪朴諺, 中, ≪朴諺, 中, 28ㅈ≫我男兒做這般迷天大罪的事, 우리 ᄉ나희 이런 迷天 大罪엣 일을 ᄒ니. ≪朴諺, 中, 43ㅎ≫那裏肯來我一般村莊人家, 어ᄃᆡ 즐겨 우리 ᄀᄐᆫ 村莊 人家에 오리오. ≪朴諺, 下, 10ㅎ≫這幾日我家裏有人去, 요ᄉ이 우리 집의 사ᄅᆞᆷ 가리 이시니. ≪朴諺, 下, 16ㅈ≫却說我家漢子偸了, 또 닐오ᄃᆡ 우리 집 놈이 도적ᄒ다 ᄒ니. ≪朴諺, 下, 20ㅈ≫更打了我兩鐵棒, 또 우리를 두 번 쇠막대로 티니. ≪朴諺, 下, 50ㅈ≫那裏想我這漁翁之味, 어ᄃᆡ 우리 이 漁翁의 마ᄉᆞᆷ ᄉᆡᆼ각ᄒ리오. ≪朴諺, 下, 57ㅎ≫我相公不在家, 우리 相公이 집의 잇디 아니ᄒ다.

아(我) 대 ❶나의. ⇔내. ≪集覽, 字解, 單字解, 5ㅎ≫虧. 損也, 少也. 虧你多少 네게 언메나 난브뇨, 虧着我 내게 난배라. 又次也. 吏語, 虧兒 원수에셔 ᄯᅥ다. ≪朴諺, 上, 12ㅈ≫却不虧着我, 또 내게 쉽디 아니ᄒ냐. ≪朴諺, 上, 22ㅈ≫那裏抵當的我, 어ᄃᆡ 내게 抵當ᄒᆯ다. ≪朴諺, 上, 31ㅈ≫他少我五兩銀子裏, 뎨 내게 닷 냥 은을 빗졋ᄂ니. ≪朴諺, 上, 43ㅈ≫我有明緑紵絲, 내게 明緑빗치 비단이 이시니.

≪朴諺, 上, 43ㅎ≫氈子·駝毛我都有, 담과 약대 털은 내게 다 이시니. ≪朴諺, 中, 3ㅈ≫這厮落了我一兩銀, 이 놈이 내 흔 냥 은을 떠르터시니. ≪朴諺, 中, 15ㅎ≫好哥哥弟兄們央及我, 므음 됴흔 형 아ᄋᆞ들히 내게 빌거늘. ≪朴諺, 中, 17ㅎ≫怎剷劃我這一場愁, 엇디 내 이 一場 愁를 헤와드료. ≪朴諺, 中, 37ㅎ≫我再沒高的了, 내게 또 노프니 업스니. ≪朴諺, 中, 51ㅎ≫將我木綿衣撒來穿, 내 목면 이삭 딕녕을 가져오라 닙쟈. ≪朴諺, 中, 56ㅎ≫我家裏老鼠好生廣, 내 집의 쥐 ᄀᆞ장 흔ᄒᆞ니. ≪朴諺, 下, 1ㅈ≫把我的銀鼠皮背子, 내 銀鼠皮 背子와. ≪朴諺, 下, 25ㅎ≫爲我命不好, 내 명이 됴티 아니믈 위ᄒᆞ여. ≪朴諺, 下, 28ㅎ≫我靴靿裏揣將去, 내 휫돈에 고자 가져가리라. ≪朴諺, 下, 29ㅈ≫元寶我有半錠了, 元寶ㅣ 내게 반 뎡이 이시니. ≪朴諺, 下, 29ㅎ≫你看我這帽頂子, 네 보라 내 이 가싓 頂子ㅣ. ≪朴諺, 下, 40ㅈ≫要畫我的喜身裏, 내 진영을 그리고져 ᄒᆞ노라. ≪朴諺, 下, 56ㅎ≫聽我說, 내 닐옴을 드르라. ❷내가. ⇔내. ≪朴諺, 上, 3ㅈ≫我到那衙門裡堂上官說了, 내 뎌 衙門에 가 堂上官의게 니ᄅᆞ니. ≪朴諺, 上, 15ㅈ≫我打一副刀子, 내 흔 불 칼을 ᄆᆡᆫ돌려 ᄒᆞ노라. ≪朴諺, 上, 23ㅈ≫我却怎麽贏了這三十路碁, 내 또 엇디 이 셜흔 집 바독을 이긔여뇨. ≪朴諺, 上, 42ㅎ≫我這幾日差使出去, 내 요ᄉᆞ이 差使로 나가니. ≪朴諺, 上, 52ㅎ≫我有些央及的勾當, 내 져기 빌 일이 이셔. ≪朴諺, 上, 66ㅎ≫我到衙門押了公座便來, 내 衙門에 가 公座簿에 일홈두고 곳 오리라. ≪朴諺, 中, 2ㅈ≫我沒零錢怎麽好, 내 ᄧᅳᆫ 돈이 업ᄉᆞ니 엇디 ᄒᆞ여야 됴ᄒᆞ료. ≪朴諺, 中, 11ㅎ≫我饋你銀子, 내 너를 은을 줄 거시니. ≪朴諺, 中, 17ㅈ≫我這裏好生多喫了, 내 예셔 ᄀᆞ장 만히 먹을와. ≪朴諺, 中, 38ㅎ≫我羊市裏前頭磚塔衚衕裏, 내 양 져제 앏 벽탑골에. ≪朴諺, 中, 41ㅈ≫我問你些字樣, 내 너ᄃᆞ려 져기 字樣을 무로리라. ≪朴諺, 中, 51ㅈ≫我不說來, 내 닐ᄋᆞ디 아니터냐. ≪朴諺, 下, 1ㅈ≫我差使出去了, 내 差使로 나가매. ≪朴諺, 下, 12ㅈ≫我要盖一座書房, 내 一座 書房을 짓고져 ᄒᆞ니. ≪朴諺, 下, 17ㅎ≫你說我聽, 네 니ᄅᆞ라 내 듯쟈. ≪朴諺, 下, 29ㅎ≫觜我把兒且打下我看着銲, 부리와 줄를 아직 ᄆᆡᆫᄃᆞ라 내 보와든 ᄲᅢ라. ≪朴諺, 下, 34ㅈ≫我怎麽打不的, 내 엇디 티디 못ᄒᆞ리오. ≪朴諺, 下, 45ㅎ≫你自聽我說, 네 스스로 내 니ᄅᆞ믈 드ᄅᆞ면. ≪朴諺, 下, 50ㅎ≫我援琴一張酒一壺, 내 琴 一張 酒 一壺를 가지고.

아(兒) 명 ❶수. 수컷. ⇔수. ≪朴諺, 中, 57ㅈ≫兒的五十箇錢, 수는 쉰 낫 돈이오. ❷아이. 어린아이. ⇔아ᄒᆡ. ≪集覽, 字解, 單字解, 5ㅈ≫兒. 嬰孩也. 孩兒. 又呼物名, 必用兒字, 爲助語之辭. 杏兒·李兒. 凡呼物名則呼兒字, 只宜微用其音, 而不至太白可也. ≪朴諺, 中, 10ㅎ≫某年月日賣兒人錢小馬, 某年月日에 아ᄒᆡ ᄑᆞᆫ 사ᄅᆞᆷ 錢小馬.

아(鵝) 명 거위. ⇔게오. ≪朴諺, 上, 5ㅈ≫燒鵝·白煠鷄, 구은 게오와 ᄆᆡᆫ기름에 지진 ᄃᆞᆰ과.

-아 어미 ❶-아. ≪朴諺, 上, 22ㅎ≫罷罷來拈子爲定, 두어 두어 오라 ᄆᆞᆯ 잡바 뎡ᄒᆞ쟈. ≪朴諺, 上, 31ㅈ≫你尋他怎麽, 네 뎌를 ᄎᆞ자 므슴 ᄒᆞ려 ᄒᆞᄂᆞ다. ≪朴諺, 上, 34ㅎ≫我這幾日害痢疾, 내 요ᄉᆞ이 痢疾 알하. ≪朴諺, 上, 38ㅎ≫我的赤馬害骨眼, 내 졀짜ᄆᆞᆯ이 눈에 치 알하. ≪朴諺, 上, 47ㅈ≫我管着湯錢去來, 내 湯錢을 ᄀᆞ음아라 가마. ≪朴諺, 上, 59ㅈ≫做人情去, 人情을 삼아 가. ≪朴諺, 上, 62ㅎ≫坐的歇一會兒, 안자 흔 디위 쉬고. ≪朴諺, 中, 1ㅈ≫一箇人與他五箇錢時放入去, 흔 사ᄅᆞᆷ이 뎌를 다ᄉᆞᆺ 낫 돈을 주면 노하 드려보내ᄂᆞ니라. ≪朴諺, 中, 10ㅈ≫恩養財禮銀五兩永遠爲主, 恩養흔 財禮 銀 닷

냥에 ᄒᆞ야 永遠히 님자를 삼아. ≪朴諺, 中, 20ㅈ≫商量着放饋, 혜아려 노하 주고. ≪朴諺, 中, 34ㅈ≫一冬裏熬喫好, ᄒᆞᆫ 겨울의 ᄉᆞᆯ마 먹기 됴ᄒᆞ니라. ≪朴諺, 中, 46ㅈ≫只是一步高如一步除將去, 그저 ᄒᆞᆫ 거름에 ᄒᆞᆫ 거름식 놉하 除ᄒᆞ여 가거니와. ≪朴諺, 中, 56ㅎ≫藍(籃)子裏盛將去, ᄃᆞ라치에 담아 가니. ≪朴諺, 下, 1ㅈ≫貂鼠皮丢袖, 貂鼠皮 ᄉᆞ매 조차 내ᄇᆞ틴 갓오ᄉᆞᆯ 다가. ≪朴諺, 下, 15ㅈ≫我也跟官人時莭(節), 나도 官人을 조차 ᄃᆞᆫ닐 제. ≪朴諺, 下, 21ㅎ≫飛入横中, ᄂᆞ라 궷 가온대 드러가. ≪朴諺, 下, 43ㅈ≫都裝在卓兒上擡着, 다 탁ᄌᆞ에 담아 들고. ≪朴諺, 下, 51ㅈ≫尋着這蘆葦密處巖頭石崖, 이 蘆葦 密處 岩頭 石崖를 ᄎᆞ자. ≪朴諺, 下, 61ㅈ≫撞着射殺, 만나 뽀아 죽기니. ❷-어. ≪朴諺, 上, 43ㅎ≫三尺半白淸水(集覽, 朴集, 上, 12ㅎ: 白淸水絹. 무리 ·픗〈플〉:긔 ·업·시 다ᄃᆞ·마 :돌호로 미·론 :깁·이·니, 光滑緻硬, 如本國擣砧者也. 卽不用糨粉而鍊〈練〉生絹, 以石碾者.)絹, 석 자 반 제믈엣 깁이야. ≪朴諺, 上, 43ㅎ≫你用心做與我, 네 用心ᄒᆞ여 ᄆᆡᆫᄃᆞ라 날을 주고려. ≪朴諺, 上, 44ㅈ≫你做饋我荷包如何, 네 날을 주머니를 ᄆᆡᆫᄃᆞ라 줌이 엇더ᄒᆞ뇨. ≪朴諺, 上, 44ㅈ≫我做饋你送路, 내 ᄆᆡᆫᄃᆞ라 너를 주어 送路ᄒᆞ마. ≪朴諺, 上, 52ㅎ≫你打饋我兩張弓如何, 네 나를 두 댱 활을 ᄆᆡᆫᄃᆞ라 주미 엇더ᄒᆞ뇨. ≪朴諺, 下, 29ㅈ≫一箇蝦蟆·鼈兒和蝎虎盞兒, ᄒᆞᆫ 蝦蟆鼈兒와 蝎虎盞을 ᄆᆡᆫᄃᆞ라 주고려.

-아 囨 ❶-아. (호격조사) ≪朴諺, 上, 8ㅈ≫好院判哥, ᄆᆞᄋᆞᆷ 듀ᄒᆞᆫ 院判 형아. ≪朴諺, 上, 34ㅎ≫不敢相公, 不敢ᄒᆞ여라 相公아. ≪朴諺, 上, 53ㅎ≫不敢相公, 不敢ᄒᆞ여라 相公아. ≪朴諺, 上, 64ㅈ≫不敢舍人, 不敢ᄒᆞ여라 舍人아. ≪朴諺, 上, 64ㅎ≫舍人甚麽銀子, 舍人아 므슴 은고. ≪朴諺, 中, 3ㅈ≫罷麽相公, 마ᄅᆞ쇼셔 相公아. ≪朴諺, 中, 16ㅎ≫生受相公, 슈고ᄒᆞ여다 相公아. ≪朴諺, 中, 24ㅎ≫那厮你也將那箭俗裏, 뎌 놈아 너도 뎌 동개에. ≪朴諺, 中, 31ㅈ≫哥你說甚麽話, 형아 네 므슴 말을 니ᄅᆞᄂᆞᆫ다. ≪朴諺, 中, 38ㅎ≫哥你寫與我房契, 형아 네 날을 집 글월 써 주고려. ≪朴諺, 中, 45ㅎ≫同知哥, 同知 형아. ≪朴諺, 中, 51ㅎ≫官人那裏去, 官人아 어ᄃᆡ 가ᄂᆞᆫ다. ≪朴諺, 下, 10ㅎ≫先生你寫與我書稍的去, 先生아 네 날을 글 써 주어든 브텨 보내쟈. ≪朴諺, 下, 12ㅈ≫木匠你來咱商(商)量, 木匠아 이바 우리 혜아리쟈. ≪朴諺, 下, 23ㅈ≫王說將軍你搭去, 王이 닐오ᄃᆡ 將軍아 네 건디라 가라. ≪朴諺, 下, 26ㅎ≫呆鬆你將來我看, 어린 섭섭ᄒᆞᆫ 놈아 네 가져오라 내 보쟈. ≪朴諺, 下, 34ㅈ≫官人們這的不消說, 官人들아 일란 쇽졀업시 닐으디 말라. ≪朴諺, 下, 45ㅈ≫伯伯喫些飯, 伯伯아 져기 밥 먹으라. ≪朴諺, 下, 56ㅎ≫先生你說一說, 先生아 네 니ᄅᆞ라. ❷-야. (호격조사) ≪朴諺, 上, 29ㅈ≫賣猠皮的好猠皮有麽, 猠皮 ᄑᆞᄂᆞ니아 됴ᄒᆞᆫ 猠皮 잇ᄂᆞ냐. ≪朴諺, 上, 42ㅎ≫好姐姐, ᄆᆞᄋᆞᆷ 됴ᄒᆞᆫ 각시아. ≪朴諺, 上, 46ㅎ≫孫舍混堂裏洗澡去來, 孫가아 混堂에 목욕ᄀᆞᆷ으라 가쟈. ≪朴諺, 上, 64ㅈ≫那賣織金胷背段子的, 뎌 織金 胷背 비단 ᄑᆞᆯ 리아. ≪朴諺, 中, 37ㅈ≫小厮將那厨裏夾板來, 아ᄒᆡ아 뎌 듀방에 협판을 가져다가. ≪朴諺, 中, 56ㅈ≫好孩兒好孩兒, 어딘 아ᄒᆡ아 어딘 아ᄒᆡ아. ≪朴諺, 中, 58ㅈ≫孩兒你饋我買將草布蚊帳來, 아ᄒᆡ아 네 날을 얼믠 뵈로 ᄒᆞᆫ 모긔댱을 사다가 주고려. ≪朴諺, 下, 25ㅈ≫那賣珠兒的你來, 뎌 구슬 ᄑᆞᆯ 리아 이바. ≪朴諺, 下, 28ㅈ≫賣刷子的將來, 刷子 ᄑᆞᄂᆞᆫ 이아 가져오라. ≪朴諺, 下, 28ㅈ≫賣榛子的你來, 개암 ᄑᆞᄂᆞᆫ 이아 이바. ≪朴諺, 下, 32ㅈ≫過賣你來有甚麽飯, 過賣아 이바 므슴 밥이 잇ᄂᆞ뇨.

-아 囨 -야. ≪朴諺, 上, 48ㅎ≫家貧不是貧路貧愁殺人, 家貧은 이 貧이 아니오 路貧

이아 사룸을 근심케 ᄒᆞᄂᆞ니라. ≪朴諺, 上, 50ㅈ≫纔只洗了孩兒剃了頭, 그제아 아희를 싯기고 머리 갓고. ≪朴諺, 上, 56ㅎ≫槽疥有甚難處, 빌리아 므슴 어려온 곳이 이시리오. ≪朴諺, 下, 28ㅎ≫這的有甚麽商量處, 이아 므슴 헤아릴 곳이 이시리오.

아가(牙家) 명 주릅. 거간(居間)꾼. 중개인. ⇔즈름. ≪朴諺, 上, 55ㅈ≫東角頭牙家(集覽, 朴集, 上, 14ㅈ: 牙家. 事文類聚云, 今人云駔驓爲牙, 本爲之互郞, 主互市事也. 唐人書互作㸦, 似牙字, 因轉爲牙. 今漢俗亦曰牙子, 卽古之牙儈.)去處廣, 동녁 모롱이에 즈름 가는 ᄃᆡ 만ᄒᆞ니.

아개(砑開) 동 밀어 넓게 펴다. ≪朴諺, 下, 33ㅈ≫黃燒餠(集覽, 朴集, 下, 7ㅈ: 黃燒餠. 事林廣記云, 每麵〈麪〉一斤, 入油一兩半, 炒塩一錢, 冷水和搜得所, 骨魯槌砑開, 鏊上熯〈熯〉熟, 得硬煻火燒熟, 甚酥美. 酥, 걱걱ᄒᆞ다〈석석ᄒᆞ다〉.), 누론 쇼병과.

아귀(餓鬼) 명 〈불〉 팔부(八部)의 하나. 계율(戒律)을 어기거나 탐욕을 부려 아귀도(餓鬼道)에 떨어진 귀신으로, 목구멍이 바늘구멍 같아서 음식을 먹을 수 없어 늘 굶주림으로 괴로워한다고 한다. ≪朴諺, 下, 8ㅈ≫做盂蘭盆齋(集覽, 朴集, 下, 2ㅎ: 盂蘭盆齋. 大藏經云, 大目犍連尊者, 以母生餓鬼中不得食, 佛令作盂蘭盆, 至七月十五日, 具百味五果, 置盆中, 供養十方大德, 而後母乃得食.), 盂蘭盆齋를 ᄒᆞᄂᆞ니라.

아귀도(餓鬼塗) 명 〈불〉 삼악도(三惡塗)의 하나. 아귀(餓鬼)들이 모여 산다는 세계이다. ≪朴諺, 中, 22ㅈ≫隨相現相救苦惱於三塗(集覽, 朴集, 中, 5ㅈ: 三塗. 餓鬼塗·畜生塗·地獄塗.), 샹을 조차 샹을 뵈야 苦惱를 三塗에 救ᄒᆞᄂᆞᆫ또다.

아귀도(餓鬼道) 명 〈불〉 육도(六道)의 하나. 아귀(餓鬼)들이 모여 산다는 세계이다. ≪朴諺, 中, 22ㅈ≫以聲察聲拯悲酸於六道(集覽, 朴集, 中, 5ㅈ: 六道. 人道·天道·阿脩羅道·餓鬼道·畜生道·地獄道, 亦名六趣, 加仙道, 名曰七趣. 阿脩羅有大力神人, 嘗共天鬪(鬪), 立大海中, 其高半天.), 소리로 써 소리를 솔펴 悲酸을 六道에 건디고.

아난(阿難) 명 〈불〉 아난다(阿難陀: Ānanda). 석가모니의 10대 제자 가운데 한 사람. 곡반왕(斛飯王)의 아들. 십육나한(十六羅漢)의 한 사람으로, 석가모니 열반 후에 경전 결집에 중심이 되었다. ≪朴諺, 下, 3ㅈ≫往常唐三藏(集覽, 朴集, 下, 1ㅈ: 唐三藏法師〈三藏〉. 三藏, 經一藏, 律一藏, 論一藏. 曰脩多羅, 卽阿難聖衆結集爲經. 曰毗奈耶, 一曰毗尼, 卽優波尊者結集爲律. 曰阿毗曇, 卽諸大菩薩衍而爲論.)師傅, 뎌적의 唐ㅅ 三藏 師傅ㅣ. ≪朴諺, 下, 24ㅈ≫行者念金頭揭地·銀頭揭地·波羅僧揭地(集覽, 朴集, 下, 5ㅈ: 金頭揭地·銀頭揭地·波羅僧揭地. 西遊記云, 釋迦牟尼佛在靈山雷音寺演說三乘教法, 傍有侍奉阿難·伽舍諸菩薩·聖僧·羅漢·八金剛·四揭地·十代明王·天仙·地仙.)之後, 行者ㅣ 金頭揭地와 銀頭揭地와 波羅僧揭地를 念ᄒᆞᆫ 後에.

아녀 보동 아니하여. ⇔불(不). ≪朴諺, 下, 2ㅈ≫我如今不喫飯, 내 이제 밥을 먹디 아녀. ≪朴諺, 下, 55ㅈ≫状不過三日便告時好, 狀은 三日이 디나디 아녀셔 곳 告홈이 됴커니와.

-아뇨 어미 -뇨. -거뇨. -ㅂ(-습)니까. ≪朴諺, 上, 48ㅎ≫省多少盤纏, 언멋 盤纏을 므ᄃᆡ와뇨.

아누달(阿耨達) 명 인도(印度) 설산(雪山)의 북쪽에 있던 못. 당대(唐代)에는 무열뇌지(無熱惱池)라고 불렸다. ≪朴諺, 中, 22ㅎ≫結草廬於香山之上(集覽, 朴集, 中, 5ㅎ: 結草廬於香山之上. 飜〈翻〉譯名義云, 西域記云, 阿耨達, 水名, 在香山之南.), 草廬를 香山 우희 지엇또다.

아니 부 아니. ❶⇔막불(莫不). ≪朴諺, 下, 22ㅎ≫莫不死了麽, 아니 죽은가 ᄒᆞ여. ❷⇔불(不). ≪朴諺, 中, 56ㅎ≫那的不賣猫

兒的, 뎨 아니 괴 ᄑᆞᄂᆞ니가.

아니다 [보동] 아니다. ⇔불(不). ≪朴諺, 上, 12ㅎ≫不去時叫別箇, 가디 아니면 다ᄅᆞ니ᄅᆞᆯ 브ᄅᆞ쟈. ≪朴諺, 上, 14ㅈ≫話不說不知木不鑽不透, 말을 니ᄅᆞ디 아니면 아디 못ᄒᆞ고 남글 ᄯᅮᆯ디 아니면 ᄉᆞᄆᆞᆺ디 아닌ᄂᆞ다 ᄒᆞ니라. ≪朴諺, 上, 43ㅎ≫不算功錢時, 功錢을 혜디 아녀도. ≪朴諺, 上, 58ㅈ≫又不喫了他的, ᄯᅩ 뎌의 거슬 먹디 아닐 거시니. ≪朴諺, 上, 64ㅎ≫不肯時罷, 즐기디 아니면 마쟈. ≪朴諺, 中, 8ㅈ≫他不保好生打, 뎨 긔수티 아닐 거시니 ᄀᆞ장 티라. ≪朴諺, 中, 17ㅎ≫却不說, ᄯᅩ 닐ᄋᆞ디 아녓ᄂᆞ냐. ≪朴諺, 中, 28ㅈ≫你做這般不合理的勾當, 네 이런 理에 合디 아닌 일을 ᄒᆞ다가. ≪朴諺, 中, 46ㅈ≫你却不道首領官署了卷廳上不曾押裏, 네 ᄯᅩ 首領官은 권에 일홈두고 廳上이 일즙 슈례두디 아녓다 니ᄅᆞ디 아니ᄒᆞ던다. ≪朴諺, 中, 58ㅈ≫風不來樹不搖, ᄇᆞ람이 부디 아니면 남기 흔드기디 아니ᄒᆞ고. ≪朴諺, 下, 3ㅈ≫願滿之日死時也不愁, 願滿ᄒᆞᆫ 날이면 죽어도 근심티 아니리라. ≪朴諺, 下, 9ㅎ≫因你貪嗔癡三毒不離於身, 네 貪嗔癡 三毒이 몸에 ᄠᅥ나디 아니믈 인ᄒᆞ여. ≪朴諺, 下, 22ㅎ≫王見多時不出時, 王이 오래 나오디 아니믈 보고. ≪朴諺, 下, 40ㅎ≫似不肯家畫麽, 즐겨 그리디 아닐 ᄃᆞᆺᄒᆞ고. ≪朴諺, 下, 59ㅎ≫靡所不爲, ᄒᆞ디 아닐 배 업므(으)니. ≪朴諺, 下, 60ㅈ≫太祖不准的其間, 太祖ㅣ 허티 아닐 ᄉᆞ이예.

아니다 [보형] 아니다. ⇔불(不). ≪朴諺, 上, 29ㅈ≫那裏將不好的來, 어ᄃᆡ 됴티 아니니ᄅᆞᆯ 가져오리오. ≪朴諺, 中, 9ㅎ≫你與我看一看中也不中, 네 날을 맛당홈 맛당티 아남(님)을 보아 주고려. ≪朴諺, 下, 25ㅎ≫爲我命不好, 내 명이 됴티 아니믈 위ᄒᆞ여.

아니다 [형] 아니다. ⇔불(不). ≪朴諺, 上, 14ㅎ≫不是諸王段子, 諸王의 비단이 아니오. 也不是常行的, ᄯᅩ 常行엣 거시 아니라. 不着十二兩銀子, 열두 냥 은이 아니면. ≪朴諺, 上, 48ㅎ≫家貧不是貧路貧愁殺人, 家貧은 이 貧이 아니오 路貧이아 사ᄅᆞᆷ을 근심케 ᄒᆞᄂᆞ니라. ≪朴諺, 上, 64ㅈ≫我又不是生達達·回回, 내 ᄯᅩ 生達達·回回 아니라. ≪朴諺, 中, 3ㅈ≫那厮不是人, 뎌 놈이 사ᄅᆞᆷ이 아니라. ≪朴諺, 中, 35ㅎ≫不是强盜, 强盜ㅣ 아니라. ≪朴諺, 中, 57ㅈ≫又不是大買賣, 도(ᄯᅩ) 큰 흥졍이 아니니. ≪朴諺, 下, 20ㅈ≫這的不是大讎, 이거시 큰 원슈 아니가. ≪朴諺, 下, 24ㅎ≫不是師傅, 이 師傅ㅣ 아니면. ≪朴諺, 下, 25ㅎ≫這不是燒子的甚麽, 이 구으니 아니오 므섯고. ≪朴諺, 下, 39ㅈ≫更不時, 그리 아니면.

아니타 [동] 아니하다. 않다. ⇔불회(不會). ≪集覽, 字解, 累字解, 2ㅎ≫竝不會. 젼혀 아니타.

아니타 [보형] 아니하다. 않다. ⇔불(不). ≪集覽, 字解, 單字解, 3ㅎ≫做. 韻會遇韻作字註云, 造也, 俗作做非. 箇韻作字註云, 爲也, 造也, 起也, 俗作做非. 做音, 直信切. 今按, 俗語做甚麽 므슴ᄒᆞ료, 作衣裳 옷짓다, 作音조, 去聲. 不走作 듧ᄠᅳ디 아니타, 作音조, 入聲. 以此觀之, 則做從去聲, 作互呼去聲·入聲, 通做字. 俗不用直信切之音. ≪朴諺, 中, 2ㅈ≫因風吹火用力不多, ᄇᆞ람을 因ᄒᆞ여 블을 불면 힘ᄡᅳ미 하디 아니타 ᄒᆞᄂᆞ니라. ≪朴諺, 中, 34ㅎ≫無功食祿寢食不安, 功이 업시 祿을 먹으면 寢食이 편안티 아니타 ᄒᆞ니라. ≪朴諺, 下, 38ㅈ≫也不小可, ᄯᅩ 젹디 아니타. ≪朴諺, 下, 53ㅎ≫不合加刑, 형벌을 더으미 맛당티 아니타 ᄒᆞ엿ᄂᆞ니.

아니ᄒᆞ다 [동] 아니하다. ≪朴諺, 上, 32ㅈ≫債不殺人, 빗이 사ᄅᆞᆷ을 죽게 아니ᄒᆞᄂᆞ냐. ≪朴諺, 上, 64ㅎ≫怕你不信時, 저프건대 네 미더 아니ᄒᆞ거든.

아니ᄒᆞ다 [보동] 아니하다. ❶⇔불(不). ≪朴諺, 上, 8ㅈ≫咱如今不快活時, 우리 이제

ㅇ

즐기디 아니ᄒᆞ면. ≪朴諺, 上, 13ㅈ≫布帒不漏麽, 布帒 ᄉᆡ디 아니ᄒᆞᄂᆞ냐. ≪朴諺, 上, 22ㅎ≫我不說停下來, 내 맛버리쟈 니ᄅᆞ디 아니ᄒᆞ드냐. ≪朴諺, 上, 44ㅈ≫你今日怎麽學裏不曾去, 네 오ᄂᆞᆯ 엇디 學에 일즙 가디 아니ᄒᆞ엿ᄂᆞᆫ다. ≪朴諺, 上, 56ㅈ≫你爲甚麽不買來, 네 므ᄉᆞ슬 위ᄒᆞ야 사오디 아니ᄒᆞᆫ다. ≪朴諺, 上, 61ㅎ≫諸般殿舍且不索說, 여러 가지 殿舍ᄂᆞᆫ 아직 다 니ᄅᆞ디 아니ᄒᆞ거니와. ≪朴諺, 中, 11ㅈ≫怎麽還不曾修理車輛, 엇디 당시롱 일즙 車輛을 修理티 아니ᄒᆞ엿ᄂᆞ뇨. ≪朴諺, 中, 23ㅎ≫如是菩薩不可不參, 이런 菩薩을 可히 참견티 아니티 못ᄒᆞᆯ 거시라. ≪朴諺, 中, 35ㅎ≫不論竿子上的横子上的物件, 홰엣 거시나 궤엣 物件을 혜디 아니ᄒᆞ고. ≪朴諺, 中, 51ㅈ≫我不說來, 내 닐ᄋᆞ디 아니터냐. ≪朴諺, 中, 60ㅈ≫你不與他一文錢, 네 뎌를 一文錢도 주디 아니ᄒᆞ고. ≪朴諺, 下, 10ㅎ≫他也不肯信向, 뎨 즐겨 信向티 아니ᄒᆞ니. ≪朴諺, 下, 26ㅎ≫有時有不賣, 이시믄 이시되 ᄑᆞᆯ디 아니ᄒᆞ리라. ≪朴諺, 下, 30ㅈ≫我不筭工錢, 내 공젼을 혜아리디 아니ᄒᆞ고. ≪朴諺, 下, 38ㅎ≫你却爲甚麽不跟去, 네 ᄯᅩ 므ᄉᆞ슬 위ᄒᆞ여 ᄯᆞ로와 가디 아니ᄒᆞᆫ다. ≪朴諺, 下, 50ㅈ≫如何不去, 엇디 가디 아니ᄒᆞᄂᆞᆫ다. ≪朴諺, 下, 61ㅎ≫君子不出戶而知天下, 君子ᄂᆞᆫ 戶에 나디 아니ᄒᆞ여셔 天下를 안다 ᄒᆞ니. ❷⇔부득(不得). ≪朴諺, 上, 11ㅈ≫五十年也倒不得, 五十年이라도 믄허디디 아니ᄒᆞ리라. ❷⇔불상(不上). ≪朴諺, 上, 21ㅎ≫甚麽膘添不上, 므슴아라 ᄉᆞᆯ이 오ᄅᆞ디 아니ᄒᆞ리오.

아니ᄒᆞ다 보형 아니하다. ❶⇔몰(沒). ≪朴諺, 中, 17ㅎ≫又沒多, ᄯᅩ 만티 아니ᄒᆞ이다. ❷⇔부동(不同). ≪朴諺, 中, 53ㅈ≫不同小可, 젹디 아니ᄒᆞ다. ❸⇔불(不). ≪朴諺, 上, 4ㅈ≫罷罷減不多, 두어 두어 감ᄒᆞᆫ 거시 하디 아니ᄒᆞ다. ≪朴諺, 上, 12ㅈ≫却不虧着我, ᄯᅩ 내게 셟디 아니ᄒᆞ냐. ≪朴諺, 上, 23ㅎ≫結做弟兄時不中, 弟兄 지음이 맛당티 아니ᄒᆞ니. ≪朴諺, 上, 31ㅈ≫誆惑人東西不在家, 사ᄅᆞᆷ의 것 소기노라 집의 잇디 아니ᄒᆞ니. ≪朴諺, 上, 35ㅎ≫慢慢的將息却不好, 날회여 됴리ᄒᆞ면 ᄯᅩ 됴티 아니ᄒᆞ랴. ≪朴諺, 上, 52ㅈ≫小人每日不在家, 小人이 每日에 집의 잇디 아니ᄒᆞ니. ≪朴諺, 中, 2ㅈ≫不妨事, 일에 해롭디 아니ᄒᆞ다. ≪朴諺, 中, 18ㅈ≫不妨事, 일에 해롭디 아니ᄒᆞ다. ≪朴諺, 中, 30ㅈ≫凍面皮都打破了不中, 언 ᄂᆞᆺ가족이 다 ᄒᆡ여딜 거시니 맛당티 아니ᄒᆞ니. ≪朴諺, 中, 45ㅈ≫這般收拾的整齊時不好那, 이리 收拾ᄒᆞ기를 정졔히 ᄒᆞ면 됴티 아니ᄒᆞ랴. ≪朴諺, 中, 58ㅈ≫裏頭床兒不穩, 안히 상이 편티 아니ᄒᆞ니. ≪朴諺, 下, 1ㅈ≫這的是誰的不是, 이거시 이 뉘 올티 아니ᄒᆞ뇨. ≪朴諺, 下, 19ㅎ≫咱兩箇寃讎不小可裏, 우리 둘히 寃讎ㅣ 젹디 아니ᄒᆞ니라. ≪朴諺, 下, 25ㅎ≫一發做賊時不好, ᄒᆞᆷᄭᅴ 도적질호미 됴티 아니ᄒᆞ랴. ≪朴諺, 下, 28ㅎ≫不妨事, 일에 해롭디 아니ᄒᆞ니. ≪朴諺, 下, 44ㅈ≫忒軟了也不好, 너모 믈러도 됴티 아니ᄒᆞ고. ≪朴諺, 下, 57ㅎ≫就望他去時也不多, 이믜셔 뎌도 보라 가면 ᄯᅩ 多티 아니ᄒᆞ랴.

아닛곱다 형 메스껍다. 역겹다. ⇔오심(惡心). ≪朴諺, 下, 2ㅈ≫惡心上來, 아닛고오미 올라.

아다 동 알다. 이해하다. ❶⇔각살료(覺撒了). ≪集覽, 字解, 單字解, 1ㅎ≫撒. 散之也. 撒了 헤티다. 又覺也. 覺撒了 아다. 又放也. 撒放罪人 죄인을 앗아라 노타. ❷⇔이회(理會). ≪集覽, 字解, 累字解, 2ㅈ≫理會. :아다. 又ᄎᆞ리·다. ≪集覽, 字解, 累字解, 2ㅈ≫知道. 아다. ≪集覽, 字解, 累字解, 2ㅈ≫知得. 上同. ❸⇔인득(認得). ≪集覽, 字解, 單字解, 6ㅎ≫認. 識也. 辨認 ᄎᆞ려내다. 又認得 사괴다. 又 아다. 又認記 보람. ❹⇔지도(知道). ≪集覽, 字解, 累字解, 2ㅈ≫知道. 아다. ❺⇔

지득(知得). ≪集覽, 字解, 累字解, 2ㅈ≫ 知道. 아다. ≪集覽, 字解, 累字解, 2ㅈ≫ 知得. 上同.

-아다 어미 -았다. ≪朴諺, 上, 40ㅈ≫剃了, 갓가다.

-아다가 어미 -아다가. ≪朴諺, 中, 7ㅎ≫ 拿將管馬的來吊着, 뭀 ㄱ음아는 이를 자바다가 돌고.

아답개 명 깔개. 방석. ⇔좌욕(坐褥). ≪朴諺, 上, 29ㅈ≫做坐褥·皮搭連, 아답개와 가족 대련을 믿들려 ᄒᆞ노라.

아덕(我德) 명 〈불〉 사덕(四德)의 하나. 참된 자아를 확립하여 열반에 이르는 보살 수행. ≪朴諺, 中, 20ㅎ≫理圓四德(集覽, 朴集, 中, 4ㅈ: 理圓四德. 理者, 固常道之至也. 圓, 全備也. 四德, 曰常, 曰樂, 曰我, 曰淨無二.), 理ᄂᆞᆫ 四德에 ᄀᆞ잣고.

-아도 어미 -아도. ≪朴諺, 上, 49ㅈ≫我獨自箇射時也贏的, 내 혼자 쏘아도 이긔리로다.

아동(兒童) 명 어린이. ≪朴諺, 上, 23ㅈ≫ 斂些錢做翫月會(集覽, 朴集, 上, 8ㅈ: 翫月會. 東京錄云, 中秋夜, 貴家結飾臺榭, 民間爭占酒樓翫〈玩〉月, 絲簧鼎沸, 近內庭居民, 夜深遙聞笙竽之聲, 宛若雲外天樂, 閭里兒童連宵嬉戲, 夜市騈闐, 至於通曉.), 져기 돈 거두어 翫月會를 ᄒᆞ쟈.

아두(丫頭) 명 계집종. 하녀. 시녀(侍女). ≪朴諺, 中, 34ㅎ≫着那丫頭菜市裏, 뎌 丫頭로 ᄂᆞ믈 져제.

-아든 어미 -거든. ≪朴諺, 下, 29ㅎ≫揹我把兒且打下我看着銲, 부리와 줄를 아직 믿ᄃᆞ라 내 보와든 빼라.

아래 명 아래. ⇔저하(底下). ≪集覽, 字解, 單字解, 1ㅎ≫底. 下也. 底下 아래. 又本也. 底簿 믿글월. 又語助. 根底 앏픠. 又 손ᄃᆡ. 又與的字通用. ≪朴諺, 上, 39ㅈ≫ 乾淨田地上樹底下絟着, 乾淨ᄒᆞᆫ ᄯᅡ 나모 아래 ᄆᆡ고.

아로시(鵝老翅) 명 솔개. ⇔쇼로기. ≪朴諺, 上, 17ㅈ≫鵝老翅鶴兒, 쇼로기연. 鮎魚鶴兒, 머유기연. 八角鶴兒, 여듧모연. 月樣鶴兒, ᄃᆞᆯ ᄀᆞᄐᆞᆫ 연. 人樣鶴兒, 사ᄅᆞᆷ ᄀᆞᄐᆞᆫ 연. 四方鶴兒, 네모연.

아로시학아(鵝老翅鶴兒) 명 솔개연. 솔개 모양으로 만든 연. ⇔쇼로기연. ≪朴諺, 上, 17ㅈ≫鵝老翅鶴兒, 쇼로기연. 鮎魚鶴兒, 머유기연. 八角鶴兒, 여듧모연. 月樣鶴兒, ᄃᆞᆯ ᄀᆞᄐᆞᆫ 연. 人樣鶴兒, 사ᄅᆞᆷ ᄀᆞᄐᆞᆫ 연. 四方鶴兒, 네모연.

아롱 명 아롱. 아롱이. ⇔화(花). ≪朴諺, 下, 30ㅈ≫穿着花袴皀靴的勇士, 아롱바디예 거믄 훠 신은 勇士ㅣ.

아롱바디 명 아롱아롱한 무늬가 있는 옷감으로 지은 바지. ⇔화고(花袴). ≪朴諺, 下, 30ㅈ≫穿着花袴皀靴的勇士, 아롱바디예 거믄 훠 신은 勇士ㅣ.

아리쇠 명 삼발이. ⇔삼각(三脚). ≪朴諺, 中, 11ㅎ≫鑼鍋, 로고. 柳箱, 섥. 灑子, 드레. 三脚, 아리쇠. 椀·楪, 사발·뎝시. 匙筯, 술 져. 榪杓, 나모쥬게. 笊籬, 조ᄅᆡ. 炊箒, 솔.

아롬 의 아름. ⇔위(圍). ≪朴諺, 下, 31ㅈ≫ 腰濶三圍抱不匝, 허리 너ᄅᆞ기 세 아름이나 ᄒᆞ니 안아 두로디 몯ᄒᆞ고.

아롬답다 형 아름답다. ⇔미(美). ≪朴諺, 中, 43ㅎ≫稻熟蟹肥魚正美, 베 닉고 게 솔지고 고기 졍히 아롬다오매. ≪朴諺, 下, 61ㅎ≫咳美哉, 애 아롬답다.

아릐 명 아래. 전일(前日). 이전. ⇔왕상(往常). ≪集覽, 字解, 單字解, 5ㅈ≫往. 向也. 往那裏去 어드러 향ᄒᆞ야 가ᄂᆞ다. 又昔也. 往常 아릐.

아릐 명 아래. ❶⇔저하(底下). ≪朴諺, 中, 41ㅎ≫久字底下手字, 久字 아릐 手字 ᄒᆞ고. ≪朴諺, 中, 42ㅈ≫點水傍做草頭底下雨(兩)字, 點水 변에 草頭 아릐 雨(兩)字 ᄒᆞ엿ᄂᆞ니라. ≪朴諺, 下, 9ㅈ≫不知怎生滾在底下, 아디 못게라 엇디ᄒᆞᆫ디 구으러 아릐 이셔. ❷⇔하(下). ≪朴諺, 上, 27ㅈ≫ 攀胷下滴溜着一箇珠兒網盖兒罕荅哈, 가슴거리 아릐 ᄒᆞᆫ 구슬로 망 ᄆᆡ자 ᄢᅵᆫ 罕荅

哈를 드리웟더라. ≪朴諺, 上, 28ㅎ≫攀胷下滴溜着, 가숨거리 아릭 드리온 거슨. ≪朴諺, 上, 38ㅈ≫鑽天錐下大水, 하늘 뚤는 송곳 아릭 큰 믈이여. ≪朴諺, 中, 42ㅈ≫二字下一箇丿, 二字 아릭 혼 긋 밧그로 비티고. ≪朴諺, 中, 42ㅎ≫一畫下日字, 혼 긋 아릭 日字 ᄒᆞ고. ≪朴諺, 中, 42ㅎ≫田字下心字便是, 田字 아릭 心字 혼 거시 곳 이라.

아매(我每) 대 우리. ⇔우리. ≪集覽, 字解, 單字解, 1ㅈ≫每. 本音上聲, 頻也. 每年, 每一箇. 又平聲, 等輩也, 我每·咱每·俺每 우리. 恁每·你每 너희. 今俗喜用們字.

아모 관 아무[某]. ❶⇔기(幾). ≪朴諺, 下, 55ㅎ≫幾年月日, 아모 희 月日에. ❷⇔나(那). ≪朴諺, 中, 35ㅈ≫到那一箇人家裏, 아모 혼 人家에 가. ≪朴諺, 下, 48ㅎ≫其中那一火兒强的, 그 듕에 아모 혼 무리 나은 이. ❸⇔모(某). ≪朴諺, 上, 54ㅈ≫情愿立約於某財主處, 情愿으로 아모 財主 處에 立約ᄒᆞ야. ≪朴諺, 上, 54ㅎ≫某年月日借錢人某, 아모 年月日에 돈 쑨 사름 아모. 同借錢人某, 혼가지로 돈 쑨 사름 아모. 代保人某, 代保혼 사름 아모. 同保人某等押, 同保혼 사름 아모 등이 일홈두어다. ≪朴諺, 中, 9ㅎ≫大都某村住人錢小馬, 셔울 아모 촌의 사는 사름 錢小馬ㅣ. ≪朴諺, 中, 39ㅎ≫賃房人某, 집 셰낸 사름 아모. ≪朴諺, 下, 52ㅈ≫右某伏爲於今月某日某時已來, 右 某는 伏爲 今月 아모 날 아모 빼예. ≪朴諺, 下, 54ㅈ≫伏爲於今月某日某時已來, 伏爲 이 돌 아모 날 아모 빼에. ≪朴諺, 下, 54ㅈ≫到某處, 아모 곳에 가. ❹⇔모인(某人). ≪朴諺, 下, 52ㅈ≫某村住某人, 아모 촌에 사는 아뫼. 年幾無病, 나히 현이오 병 업슨 이라. ❺⇔심(甚). ≪朴諺, 下, 55ㅎ≫走失了甚色馬, 아모 빗쳇 ᄆᆞᆯ를 ᄃᆞ라나 일허시되. ❻⇔심마(甚麽). ≪朴諺, 中, 50ㅈ≫不要賭甚麽, 아모 것도 던ᄋᆞ디 말고.

아모 대 아무[某]. ⇔나(那). ≪朴諺, 上, 24ㅈ≫那一箇有喜事便去慶賀, 아모나 ᄒᆞ나히 喜事ㅣ 잇거든 곳 가 慶賀ᄒᆞ고. ≪朴諺, 中, 10ㅎ≫見人某, 본 사름 아모. 引進人某, 引進혼 사름 아모ㅣ라. ≪朴諺, 中, 39ㅎ≫代保人某, 代保人 아모. 引進人某, 引進혼 사름 아모ㅣ라. ≪朴諺, 下, 53ㅈ≫告狀人某, 告狀혼 사름 아뫼라.

아모란 형 아무런. ⇔심(甚). ≪朴諺, 下, 55ㅎ≫有甚暗記沒印, 아모란 ᄀᆞ만혼 보람이 잇고 인은 업ᄂᆞ니.

아문(我們) 대 우리(들). ⇔우리. ≪集覽, 字解, 單字解, 3ㅎ≫們. 諸韻書皆云, 們渾, 肥滿皃. 今俗借用爲等輩之字, 而曰我們·咱們 우리, 你們 너희. 又猶言如此也. 這們 이리, 那們 뎌리. ≪集覽, 字解, 單字解, 4ㅈ≫把. 持也, 握也. 一把 혼 줌, 又혼 ᄌᆞᄅᆞ. 把我們 우리를다가, 把來 그를다가, 與將字大同小異. 又元時語, 有把解之語, 猶言典當也, 今不用. ≪朴諺, 上, 6ㅈ≫我們先喫兩巡酒後頭擡卓兒, 우리 몬져 두 슌비 술 머근 후에 상을 드러든. ≪朴諺, 中, 5ㅈ≫我們都在這裏, 우리 다 여긔 잇노라. ≪朴諺, 中, 34ㅎ≫我們大家嘗新, 우리 대되 嘗新ᄒᆞ쟈.

아문(衙門) 명 ❶관아. 관청. ≪朴諺, 上, 3ㅈ≫內府裡着姓崔的外郞(集覽, 朴集, 上, 1ㅎ: 外郞. 泛稱各衙門吏典之號. 俗嫌其犯於員外郞之號, 呼外字爲上聲. 大小衙門吏典名稱各異.)討去, 內府에는 姓이 崔가 外郞으로 ᄒᆞ여 어드라 가게 ᄒᆞ라. ≪朴諺, 上, 3ㅈ≫我到那衙門裡堂上官說了, 내 뎌 衙門에 가 堂上官의게 니ᄅᆞ니. ≪朴諺, 上, 12ㅎ≫將米貼兒(集覽, 朴集, 上, 5ㅎ: 米貼. 月俸之貼. 質問云, 收米·放米計數之票〈標〉也. 又云, 是文武官員關支(支)月米時, 各該衙門出給印信貼兒.)來對官號, ᄡᆞᆯ 톄ᄌᆞ 가져다가 官號 마초고. ≪朴諺, 上, 57ㅎ≫各衙門官人們, 各 衙門 官人들을. ≪朴諺, 上, 66ㅎ≫我到衙門押了公座便來, 내 衙門에 가 公座簿에

일홈두고 곳 오리라. ≪朴諺, 中, 8ㅎ≫牌子·令史(集覽, 朴集, 中, 2ㅈ: 令史. 在京六部及三品衙門, 在外各衛及都布按三司俱有令史, 驛吏則無令史之稱.)們來, 牌子·令史들흔 오라. ≪朴諺, 中, 46ㅈ≫你却不道首領官(集覽, 朴集, 中, 8ㅈ: 首領官. 今宗人府經歷爲首領官, 六部主事爲首領官之類, 然未詳取義. 但各衙門有首領官, 如有司之任, 主出納一司公事.)署了卷廳上不曾押裏, 네 또 首領官은 권에 일홈두고 廳上이 일즙 슈례두디 아녀다 니ᄅᆞ디 아니ᄒᆞ던다. ≪朴諺, 中, 46ㅈ≫衙門令史們送的來了, 아문 령ᄉᆞ들히 보내여 왓거늘. ≪朴諺, 下, 13ㅎ≫這衙門更是好湯食, 이 衙門이 또 湯食이 됴흐니라. ≪朴諺, 下, 30ㅎ≫各衙門官人們, 各 衙門 官人들히. ❷관아의 출입문. ≪朴諺, 中, 60ㅎ≫衙門處處向南開(集覽, 朴集, 中, 9ㅈ: 衙門處處向南開. 南村輟耕錄云, 凡衙門皆坐北南向者, 南方屬離卦, 離虛中則聰. 又南方火位, 火明則能破暗, 故表南面聰〈聡〉明, 爲民治愚暗之事.), 衙門이 곳곳이 南을 향ᄒᆞ여 여러시나.

아므 관 아무[某]. ❶⇔기(幾). ≪朴諺, 上, 54ㅈ≫其銀限至下年幾月內, 그 은을 限이 ᄂᆡ년 아므 ᄃᆞᆯ ᄂᆡ에 니ᄅᆞ게 ᄒᆞ야. ❷⇔나(那). ≪朴諺, 中, 2ㅈ≫喃(喇)將那一箇顔色的旗來說時, 아므 ᄒᆞᆫ 빗체 旗를 므러오라 니ᄅᆞ면. ❸⇔모(某). ≪朴諺, 中, 10ㅈ≫隨問到本都在城某坊住某官人處賣與, 隨問ᄒᆞ야 本都 잣 안 아므 坊에셔 사는 아므 官人의손ᄃᆡ 가 ᄑᆞ라 주되. ≪朴諺, 下, 12ㅈ≫某年秋季月十有五日, 아므히 秋季月 十五日에. ≪朴諺, 下, 52ㅎ≫約至某處, 거의 아므 곳에 가되.

아므 대 아무[某]. ❶⇔나(那). ≪朴諺, 下, 20ㅈ≫那一箇輸了時, 아므나 ᄒᆞ나히 지거든. ❷⇔임수(任誰). ≪朴諺, 上, 37ㅈ≫墻上一箇琵琶任誰不敢拿他, 담 우희 ᄒᆞᆫ 琵琶를 아므도 감히 뎌를 잡디 못ᄒᆞ는 거시여.

아므ᄃᆡ 대 아무데[何處]. ⇔나리(那裏). ≪朴諺, 中, 35ㅎ≫看東西在那裏時, 자븐거시 아므 ᄃᆡ 잇는 줄을 보아.

아므란 관 아무런. ❶⇔심(甚). ≪朴諺, 中, 25ㅈ≫家中沒甚的事時賞你, 집의 아므란 일이 업스면 너를 상ᄒᆞ고. ≪朴諺, 下, 56ㅎ≫沒甚新聞, 아므란 新聞이 업서. ❷⇔심마(甚麽). ≪朴諺, 中, 52ㅈ≫我也沒甚麽幹的勾當, 나도 아므란 ᄒᆞᆯ 일이 업고. ≪朴諺, 下, 61ㅎ≫小子沒甚麽鄕産與先生, 小子ㅣ 아므란 鄕産을 先生ᄭᅴ 줄 써시 업ᄉᆞ니.

아ᄆᆞ 관 아무. 아무런. ❶⇔나개(那箇). ≪朴諺, 下, 48ㅈ≫纔只那箇太師家的, 그제야 아ᄆᆞ 太師ㅅ 집. ❷⇔심(甚). ≪朴諺, 下, 48ㅈ≫甚時幾刻立春, 아ᄆᆞ 때 현 刻에 立春 ᄒᆞᆫ다 ᄒᆞ면.

아ᄆᆞ라나 부 아무렇든. 아무튼. ≪集覽, 字解, 累字解, 1ㅎ≫不揀. 아ᄆᆞ라나 마나. 俗語, 不揀甚麽.

아ᄆᆞ란 관 아무런. ⇔심마(甚麽). ≪朴諺, 上, 48ㅈ≫京都也沒甚麽買賣, 셔울도 아ᄆᆞ란 買賣ㅣ ᄒᆞᆯ 거시 업드라.

아바 명 아비. ⇔노자(老子). ≪朴諺, 中, 55ㅎ≫老子伯伯阿, 아바 아ᄌᆞ바.

아비담(阿毗曇) 명 〈불〉 불교의 삼장(三藏)의 하나인 논장(論藏)을 이르는 말. ≪朴諺, 下, 3ㅈ≫往常唐三蔵(集覽, 朴集, 下, 1ㅈ: 唐三藏法師〈三蔵〉. 三藏, 經一藏, 律一藏, 論一藏. 曰脩多羅, 卽阿難聖衆結集爲經. 曰毗奈耶, 一曰毗尼, 卽優波尊者結集爲律. 曰阿毗曇, 卽諸大菩薩衍而爲論.)師傅, 뎌적의 唐ㅅ 三藏 師傅ㅣ.

아사 동 빼앗아. ≪朴諺, 下, 30ㅈ≫顔色也都消了, 빗치 다 업서시니. 你就饋我掠飾, 네 임의셔 날을 빗 아사 주고려.

아석(砑石) 명 매. 방아. ≪朴諺, 中, 3ㅎ≫五箇大紅碾(集覽, 朴集, 中, 1ㅈ: 碾. 砑石也. 形如磨磑一隻之半, 轉其外圓以碾絹, 則卽同砧擣者.)着, 닷 필은 다홍 드려 다듬고.

아수라(阿修羅) 명 〈불〉 팔부중(八部衆)의 하나. 싸우기를 좋아하는 귀신으로, 항상 제석천(帝釋天)과 싸움을 벌인다고 한다. ≪朴諺, 中, 21ㅎ≫或作童女(集覽, 朴集, 中, 4ㅎ: 童男童女. 觀音現三十二應, 曰佛身, 曰辟支〈支〉, 曰圓覺, 曰聲聞, 曰梵王, 曰帝釋, 曰自在天, 曰大自在天, 曰天大將軍, 曰四天王, 曰四天太子, 曰人王, 曰長者, 曰居士, 曰宰官, 曰婆羅門, 曰比丘, 曰比丘尼, 曰優婆塞, 曰優婆夷, 曰女主, 曰童男, 曰童女, 曰天身, 曰龍身, 曰藥叉, 曰乾達婆, 曰阿脩羅, 曰緊那羅, 曰摩睺羅, 曰樂人, 曰非人.), 혹 童女ㅣ 되며. ≪朴諺, 中, 22ㅈ≫以聲察聲拯悲酸於六道(集覽, 朴集, 中, 5ㅈ: 六道. 人道·天道·阿脩羅道·餓鬼道·畜生道·地獄道, 亦名六趣, 加仙道, 名曰七趣. 阿脩羅有大力神人, 嘗共天鬪(鬪), 立大海中, 其高半天.), 소릐로 뻐 소릐를 술펴 悲酸을 六道에 건디고.

아수라도(阿修羅道) 명 〈불〉 삼선도(三善道)의 하나. 항상 싸움이 그치지 않는 세계로, 교만심과 시기심이 많은 사람이 죽어서 간다고 한다. ≪朴諺, 中, 22ㅈ≫以聲察聲拯悲酸於六道(集覽, 朴集, 中, 5ㅈ: 六道. 人道·天道·阿脩羅道·餓鬼道·畜生道·地獄道, 亦名六趣, 加仙道, 名曰七趣. 阿脩羅有大力神人, 嘗共天鬪(鬪), 立大海中, 其高半天.), 소릐로 뻐 소릐를 술펴 悲酸을 六道에 건디고.

아순(雅馴) 형 우아하고 순정(純正)하다. ≪朴諺, 上, 27ㅎ≫嵌八寶骨朶(集覽, 朴集, 上, 9ㅈ: 骨朶. 予按字書, 簻·檛皆音竹爪〈瓜〉切, 通作薖, 又音徒果切, 簻〈簻字〉之變〈变〉爲骨朶, 雖不雅馴, 其來久矣.)雲織金羅比甲, 八寶 씨고 굴근 운문 훈 織金 깁 比甲에.

-아시니 어미 -으시니. ≪朴諺, 中, 3ㅎ≫裏兒都全, 안히 다 ᄀ자시니.

아악(雅樂) 명 예전에 궁중에서 연주되던 전통 음악. 속악(俗樂)에 상대하여 이르는 말이다. ≪朴諺, 上, 5ㅎ≫叫教坊司(集覽, 朴集, 上, 2ㅎ: 教坊司. 掌雅·俗樂之司, 隷禮部, 有奉鑾〈銮〉·韶舞·司樂等官, 一名麗春院, 即元俗所呼拘欄司.)十數箇樂工和做院本諸般雜技的來, 教坊司의 여라믄 樂工과 院本에 여러 가지 雜技ᄒᆞᄂᆞ니를 블러오라.

아오로 부 아울러. ⇔병(幷). ≪朴諺, 下, 52ㅈ≫叫到隣人幷巡宿総甲人等, 隣人과 巡宿ᄒᆞᄂᆞᆫ 総甲人 等을 아오로 블러.

아육왕(阿育王) 명 아소카왕(Asoka王). 인도(印度) 마가다국(Magadha國) 마우리아 왕조(Maurya王朝)의 제3대 왕. 처음에는 바라문교(婆羅門教)를 믿다가 뒤에 불교에 귀의(歸依)하여 국교(國教)로 삼고, 외국에 전교(傳教)하는 등 불교 발전에 크게 공헌하였다. ≪朴諺, 中, 21ㅈ≫扇慈風於刹土(集覽, 朴集, 中, 4ㅈ: 刹土. 法苑云, 阿育王取金華金幡懸諸刹上.), 慈風을 刹土에 붓ᄂᆞᆫ또다.

아으 명 아우. ⇔형제(兄弟). ≪朴諺, 上, 23ㅈ≫來麽兄弟, 오라 아으야.

아ᄋᆞ 명 아우. ❶⇔제형(弟兄). ≪朴諺, 上, 63ㅈ≫好哥哥弟兄們裏頭, ᄆᆞᄋᆞᆷ 됴흔 형 아ᄋᆞ들 듕에. ≪朴諺, 中, 15ㅎ≫好哥哥弟兄們央及我, ᄆᆞᄋᆞᆷ 됴흔 형 아ᄋᆞ들히 내게 빌거늘. ❷⇔형제(兄弟). ≪朴諺, 下, 11ㅎ≫與兄弟佛童將去, 아ᄋᆞ 佛童을 주어 가져가니.

아자(牙子) 명 주릅. 거간(居間)꾼. 중개인. ⇔즈름. ≪朴諺, 上, 31ㅈ≫那厮高麗地面來的宰相們上做牙子, 뎌 놈이 高麗 짜흐로셔 온 宰相들희손ᄃᆡ 즈름이 도엿ᄂᆞ니. ≪朴諺, 上, 55ㅈ≫東角頭牙家(集覽, 朴集, 上, 14ㅈ: 牙家. 事文類聚云, 今人云駔驓爲牙, 本爲之互郎, 主互市事也. 唐人書互作𠙵, 似牙字, 因轉爲牙. 今漢俗亦曰牙子, 即古之牙儈.)去處廣, 동녁 모롱이에 즈름 가ᄂᆞᆫ ᄃᆡ 만ᄒᆞ니. ≪朴諺, 中, 36ㅎ≫牙子道都有, 즈름이 닐오ᄃᆡ 다 이셰라. ≪朴諺, 中, 38ㅈ≫咱這裏沒牙子省

些牙錢不好, 우리 여긔 즈름이 업스니 져기 즈름갑시 덜림이 됴티 아니ᄒᆞ냐.

아자(兒子) 명 아들. ≪朴諺, 上, 42ㅈ≫便着拜門(集覽, 朴集, 上, 12ㅈ: 拜門. 質問云, 女嫁九日, 公婆使兒子·女兒往丈人家, 拜丈人·丈母或兄嫂們, 方言謂之拜門.), 곳 拜門ᄒᆞ고.

아전(牙錢) 명 구문(口文). 중개료. ⇔즈름갑. ≪朴諺, 中, 38ㅈ≫咱這裏沒牙子省些牙錢不好, 우리 여긔 즈름이 업스니 져기 즈름갑시 덜림이 됴티 아니ᄒᆞ냐.

아직 부 아직. ⇔차(且). ≪朴諺, 上, 11ㅎ≫咱們且商(商)量脚錢着, 우리 아직 삭 갑혜아리쟈. ≪朴諺, 上, 35ㅎ≫你且休上馬, 네 아직 ᄆᆞᆯ ᄐᆞ디 말라. ≪朴諺, 上, 46ㅎ≫且喂幾日賣時好, 아직 요ᄉᆞ이 먹여 ᄑᆞᆯ면 됴흐려니와. ≪朴諺, 上, 48ㅈ≫且早裏, 아직 일럿더라. ≪朴諺, 上, 56ㅎ≫且胡亂騎時怕甚麽, 아직 간대로 ᄐᆞ면 므서시 저프리오. ≪朴諺, 上, 59ㅎ≫且說一說着, 아직 니ᄅᆞ라. ≪朴諺, 上, 61ㅎ≫諸般殿舍且不索說, 여러 가지 殿舍ᄂᆞᆫ 아직 다 니ᄅᆞ디 아니ᄒᆞ거니와. ≪朴諺, 上, 66ㅎ≫你且停一停, 네 아직 머믈라. ≪朴諺, 中, 10ㅎ≫五歲的小厮急且那裏走, 다ᄉᆞᆺ ᄉᆞᆯ엣 아ᄒᆡ 과거리 아직 어ᄃᆡ로 ᄃᆞ라나리오. ≪朴諺, 中, 19ㅈ≫你且休忙休心焦, 네 아직 밧바 말고 ᄆᆞᄋᆞᆷ을 ᄐᆡ오디 말라. ≪朴諺, 中, 29ㅎ≫我且外前坐的, 내 아직 밧긔 안잣쟈. ≪朴諺, 中, 30ㅎ≫且旋將酒來, 아직 술을 둘러 가져오라. ≪朴諺, 中, 49ㅎ≫你且來麽, 네 아직 오라. ≪朴諺, 中, 54ㅈ≫且慢着我看, 아직 날회라 내 보쟈. ≪朴諺, 下, 2ㅈ≫且休燒簽子, 아직 젹을 굽디 말고. ≪朴諺, 下, 5ㅎ≫且打將兩擔水來, 아직 두 메움 믈을 기러다가. ≪朴諺, 下, 29ㅎ≫觜我把兒且打下我看着鋅, 부리와 줄롤 아직 민ᄃᆞ라 내 보와든 빼라. ≪朴諺, 下, 35ㅈ≫咱且打毬門窩兒了, 우리 아직 毬門 굼글 티고. ≪朴諺, 下, 57ㅈ≫且住, 아직 머믈라. ≪朴諺, 下, 61ㅎ≫先生且坐一坐, 先生은 아직 안ᄌᆞ라.

아ᄌᆞ바 명 아재비여. ⇔백백아(伯伯阿). ≪朴諺, 中, 55ㅎ≫老子伯伯阿, 아바 아ᄌᆞ바.

아첨(牙籤) 명 상아로 만든 서첨(書籤). ≪朴諺, 下, 59ㅈ≫上泰封王弓裔(集覽, 朴集, 下, 12ㅎ: 弓裔. 一日, 持鉢赴齋, 有烏啣(啣)牙籤落鉢中, 視之, 有王字. 遂叛, 據鉄圓郡爲都, 卽今鐵〈鉄〉原府也. 國號摩震, 改元武泰, 後改國號〈号〉泰封.)手下, 泰封王 弓裔 手下에 올라.

아청(鴉青) 명 반물빛. 짙은 남빛. ❶⇔아청빗(鴉青-). ≪朴諺, 中, 37ㅈ≫鴉青四季花六兩銀子一匹, 鴉青빗 四季花 문에ᄂᆞᆫ 엿 냥 은에 ᄒᆞᆫ 필이오. ❷⇔아청빗ㅊ(鴉青-). ≪朴諺, 中, 36ㅎ≫南京鴉青段子, 南京 鴉青빗체 비단과. ≪朴諺, 中, 54ㅎ≫這鴉青織金大蟒龍的做上盖, 이 雅青빗체 大蟒龍 織金ᄒᆞᆫ 이란 웃거리 지으라. ❸⇔야청. ≪朴諺, 上, 24ㅎ≫絟着一副鴉青段子滿刺(刺)嬌護膝, ᄒᆞᆫ 부 야청 비단에 滿刺(刺)嬌 ᄒᆞᆫ 슬갑을 ᄆᆡ엿고. ≪朴諺, 中, 4ㅈ≫這細綿紬染鴉青擺一擺, 이 ᄀᆞᄂᆞᆫ 綿紬란 鴉青 드려 널 다듬이 ᄒᆞ고. ≪朴諺, 中, 4ㅎ≫這鴉青綿紬六錢, 이 鴉青 綿紬에ᄂᆞᆫ 엿 돈이오. ≪朴諺, 中, 38ㅈ≫這鴉青的五兩銀子, 이 鴉青에ᄂᆞᆫ 닷 냥 은이오.

아청빗(鴉青-) 명 반물빛. 짙은 남빛. ⇔아청(鴉青). ≪朴諺, 中, 37ㅈ≫鴉青四季花六兩銀子一匹, 鴉青빗 四季花 문에ᄂᆞᆫ 엿 냥 은에 ᄒᆞᆫ 필이오.

아청빗ㅊ(鴉青-) 명 반물빛. 짙은 남빛. ⇔아청(鴉青). ≪朴諺, 中, 36ㅎ≫南京鴉青段子, 南京 鴉青빗체 비단과. ≪朴諺, 中, 54ㅎ≫這鴉青織金大蟒龍的做上盖, 이 雅青빗체 大蟒龍 織金ᄒᆞᆫ 이란 웃거리 지으라.

아춤 명 아침. ❶⇔조(早). ≪朴諺, 上, 56ㅎ≫早起家裏有客人來, 아ᄎᆞᄆᆡ 집의 나그내 왓거ᄂᆞᆯ. ❷⇔조기(早起). ≪朴諺, 中, 38ㅎ≫今日早起表褙(褙)衚衕裏, 오ᄂᆞᆯ 아춤

에 빅뎝골에. ≪朴諺, 下, 44ㅈ≫早起飯裏咬了一塊沙子, 아촘밥에 ᄒᆞᆫ 덩이 모래를 므러쩌니.

아촘밥 명 아침밥. ⇔조기반(早起飯). ≪朴諺, 下, 44ㅈ≫早起飯裏咬了一塊沙子, 아촘밥에 ᄒᆞᆫ 덩이 모래를 므러쩌니.

아쾌(牙儈) 명 주릅. 거간(居間)꾼. 중개인. ≪朴諺, 上, 55ㅈ≫東角頭牙家(集覽, 朴集, 上, 14ㅈ: 牙家. 事文類聚云, 今人云駔驓爲牙, 本爲之互郞, 主互市事也. 唐人書互作㸦, 似牙字, 因轉爲牙. 今漢俗亦曰牙子, 卽古之牙儈.)去處廣, 동녁 모롱이에 즈름 가ᄂᆞᆫ ᄃᆡ 만ᄒᆞ니.

아혹 명 아욱. ⇔규채(葵菜). ≪朴諺, 中, 33ㅎ≫蘿蔔, 댓무우. 蔓菁, 쉿무우. 萵苣, 부로. 葵菜, 아혹. 白菜, 빅치. 赤根菜, 시근치. 園荽, 고싀. 蓼子, 역괴. 葱, 파. 蒜, 마ᄂᆞᆯ. 薤, 부치. 荊芥, 형개. 薄荷, 박하. 茼蒿, 믈쑥. 水蘿蔔, 믈한댓무우. 胡蘿蔔, 노론댓무우. 芋頭, 토란. 紫蘇都種來, 紫蘇를 다 시므라.

아홉 관 아홉. ❶⇔구(九). ≪朴諺, 上, 47ㅈ≫全做時只使的十九箇錢, 다 ᄒᆞ려 ᄒᆞ면 그저 열 아홉 낫 돈을 쓰리라. ≪朴諺, 中, 8ㅈ≫一日九站十站家行, ᄒᆞᄅᆞ 아홉 站식 열 站식 녜거ᄂᆞᆯ. ≪朴諺, 下, 27ㅎ≫九錢一顆家, 아홉 돈에 ᄒᆞᆫ낫식 ᄒᆞ쟈. ❷⇔구개(九箇). ≪朴諺, 中, 47ㅎ≫九箇月了, 아홉 ᄃᆞᆯ이라.

아ᄒᆡ 명 아이. ≪朴諺, 上, 17ㅎ≫一冬裏踢建子(集覽, 朴集, 上, 6ㅎ: 建子. 아ᄒᆡ〈아희〉 ᄎᆞᄂᆞᆫ 뎌기. 建, 免疑雜韻〈韵〉內字作毽, 音健, 俗自撰也.), ᄒᆞᆫ 겨울은 뎌기ᄎᆞ기 ᄒᆞ고.

아희 명 아이. ❶⇔소시(小廝). ≪集覽, 字解, 單字解, 2ㅎ≫廝. 卑賤之稱. 這廝 이 놈. 又相也. 廝見 서르 보다. 又汎指人. 亦曰廝. 小廝 아희, 瞎廝 쇼경. ≪朴諺, 上, 16ㅎ≫街上放空中的小廝們好生廣, 거리에 박핑이 틸 아희들 ᄀᆞ장 흔터라. ≪朴諺, 上, 17ㅎ≫一冬裏踢建子(集覽, 朴集, 上, 6ㅎ: 建子. 아ᄒᆡ〈아희〉 ᄎᆞᄂᆞᆫ 뎌기. 建, 免疑雜韻〈韵〉內字作毽, 音健, 俗自撰也.), ᄒᆞᆫ 겨울은 뎌기ᄎᆞ기 ᄒᆞ고. ≪朴諺, 上, 17ㅎ≫咳小廝們倒聒噪, 애 아희들히 도로혀 지져귀여. ≪朴諺, 上, 21ㅈ≫懶小廝們一發滿槽子饋草, 게여른 아희들히 흠씌 귀유에 ᄀᆞ득이 여믈을 주고. ≪朴諺, 上, 21ㅈ≫好生說與小廝們, ᄀᆞ장 아희들ᄃᆞ려 닐러. ≪朴諺, 中, 10ㅎ≫五歲的小廝急且那裏走, 다ᄉᆞᆺ 술엣 아희 과거리 아직 어ᄃᆡ로 ᄃᆞ라나리오. ≪朴諺, 中, 20ㅈ≫再那一箇小廝, 또 뎌 ᄒᆞᆫ 아희ᄂᆞᆫ. ≪朴諺, 中, 37ㅈ≫小廝將那厨裏夾板來, 아희아 뎌 듀방에 협판을 가져다가. ≪朴諺, 中, 40ㅈ≫你兩箇小廝慢慢的上去, 너 두 아희 날회여 올라가. ≪朴諺, 中, 56ㅈ≫你弟兄兩箇引的那小廝們, 너희 弟兄 둘히 뎌 아희들을 ᄃᆞ려. ≪朴諺, 下, 6ㅎ≫我那幾日着那小廝掐來, 내 뎌적의 뎌 아희로 ᄒᆞ여 ᄃᆡ이더니. ≪朴諺, 下, 55ㅎ≫又雇一箇小廝, 또 ᄒᆞᆫ 아희를 셰내여. ≪朴諺, 下, 57ㅎ≫小廝道, 아희 니ᄅᆞ되. ❷⇔소시아(小廝兒). ≪朴諺, 中, 9ㅎ≫我今日買一箇小廝兒, 내 오ᄂᆞᆯ ᄒᆞᆫ 아희를 사되. ❸⇔소아(小兒). ≪朴諺, 中, 41ㅈ≫家富小兒嬌, 집이 가음열면 아희 ᄒᆞ건양ᄒᆞᆫ다 ᄒᆞᄂᆞ니라. ❹⇔소아두(小丫頭). ≪朴諺, 中, 15ㅎ≫着這小丫頭們打扇子, 이 아희들로 ᄒᆞ여 부체질 ᄒᆞ엿노라. ❺⇔소적(小的). ≪朴諺, 下, 16ㅈ≫把我小的監了, 우리 아희를다가 가도왓ᄂᆞ니라. ❻⇔아(兒). ≪朴諺, 中, 10ㅎ≫某年月日賣兒人錢小馬, 某年月日에 아희 ᄑᆞᆫ 사ᄅᆞᆷ 錢小馬. ❼⇔왜왜(娃娃). ≪朴諺, 上, 46ㅈ≫大小家眷小娃娃們, 大小 家眷과 져근 아희들로. ❽⇔해아(孩兒). ≪朴諺, 上, 46ㅈ≫大小家眷小娃娃(集覽, 朴集, 上, 13ㅈ: 娃娃. 娃娃, 指孩兒之稱. 字作㕞, 音·와. 是小兒啼聲.)們, 大小 家眷과 져근 아희들로. ≪朴諺, 上, 50ㅈ≫着孩兒盆子水裏放着, 아희를 盆子ㅅ 믈에 노흐면. ≪朴諺, 上,

50ㅈ≫纔只洗了孩兒剃了頭, 그제아 아힉를 싯기고 머리 갓고. 把孩兒上搖車, 아힉룰다가 搖車에 올리ᄂᆞ니라. ≪朴諺, 上, 50ㅎ≫着孩兒臥着, 아힉로 ᄒᆞ여 누이고. ≪朴諺, 上, 50ㅎ≫見孩兒啼哭時, 아힉 울믈 보면. ≪朴諺, 上, 51ㅈ≫百歲日(集覽, 朴集, 上, 13ㅎ: 百歲日. 質問云, 初生孩兒以百日爲百歲日, 六親皆以禮賀之, 主人設席館待.)又做筵席, 百歲日에 ᄯᅩ 이바디ᄒᆞ면. ≪朴諺, 上, 51ㅈ≫把孩兒又剃了頭頂上灸, 아힉룰다가 ᄯᅩ 머리 ᄶᅡᆨ고 뎡박이 ᄯᅳ고. ≪朴諺, 中, 9ㅎ≫今將親生孩兒小名喚神奴, 이제 親生ᄒᆞᆫ 아힉 小名을 神奴ㅣ라 브ᄅᆞ고. ≪朴諺, 中, 17ㅎ≫咳這孩兒也好不識, 애 이 아힉 ᄯᅩ ᄀᆞ장 아디 못ᄒᆞᆫ다. ≪朴諺, 中, 48ㅈ≫孩兒碗揣兒碗揣兒, 아힉 완나이질 ᄒᆞᄂᆞ냐 완나이질 ᄒᆞᄂᆞ냐. ≪朴諺, 中, 55ㅎ≫這孩兒們怎麽這般定害我, 이 아힉들이 엇디 이리 날을 보채ᄂᆞ뇨. ≪朴諺, 中, 56ㅈ≫好孩兒好孩兒, 어딘 아힉아 어딘 아힉아. ≪朴諺, 中, 58ㅈ≫孩兒你饋我買將草布蚊帳來, 아힉아 네 날을 얼믠 뵈로 ᄒᆞᆫ 모긔댱을 사다가 주고려.

악공(樂工) 명 가무(歌舞)와 악기 연주를 전문으로 하는 사람. 중국의 남북조(南北朝) 때부터 당대(唐代)까지 있었다. ≪朴諺, 上, 5ㅎ≫叫教坊司十數箇樂工和做院本諸般雜技的來, 教坊司의 여라믄 樂工과 院本에 여러 가지 雜技ᄒᆞᄂᆞ니를 블러오라. ≪朴諺, 上, 18ㅈ≫是抅欄(集覽, 朴集, 上, 6ㅎ: 抅欄. 今按, 北京有東抅欄·西抅欄. 俗謂宿娼者曰院裏走. 質問云, 是京師樂工住處.)衚衕裏帶匠夏五廂的, 이 抅欄 ᄉᆞᆯ ᄶᅵᆨ장이 夏五ㅣ 젼메웟ᄂᆞ니라.

악기(樂器) 명 악기. ≪朴諺, 上, 6ㅎ≫彈的們動樂器, ᄠᆞᄂᆞ니들이 樂器을 動ᄒᆞ고.

악독(嶽瀆) 명 국전(國典)으로 제사지내던 오악(五嶽)과 사독(四瀆). ≪朴諺, 中, 11ㅈ≫一兩日上位郊天(集覽, 朴集, 中, 2ㅈ: 郊天. 天子設圜丘於南郊, 以祭天神·地祇·日月星辰·山川·嶽瀆, 以太祖配享.)去, ᄒᆞᄅᆞ 이틀만 ᄒᆞ면 上位ㅣ 郊天ᄒᆞ라 가실 거시니.

악물(惡物) 명 성질이 흉악한 사람이나 동물. ≪朴諺, 下, 4ㅈ≫逢多少惡物刁蹶, 언머 惡物의 놀쁨을 만나시리오.

악보(惡報) 명 〈불〉 나쁜 짓에 대한 보응(報應). ≪朴諺, 下, 4ㅎ≫久後你也得證果金身(集覽, 朴集, 下, 1ㅎ: 證果金身. 言果報者, 觀經疏云, 行眞實法感得勝報也. 又修善得善果, 作惡得惡報, 謂之果報.), 오란 후에 너도 證果金身홈을 어드리라.

악부(樂府) 명 인정(人情) 풍속을 내용으로 읊은 한시(漢詩)의 한 체. ≪朴諺, 上, 5ㅎ≫叫教坊司十數箇樂工和做院本諸般雜技(集覽, 朴集, 上, 3ㅈ: 雜劇. 金季國初, 樂府猶宋詞之流, 傳奇猶宋戲曲之變〈変〉, 世傳謂之雜劇.)的來, 教坊司의 여라믄 樂工과 院本에 여러 가지 雜技ᄒᆞᄂᆞ니를 블러오라.

악산(惡山) 명 험한 산. ≪朴諺, 下, 4ㅈ≫過多少惡山·險水·難路, 언머 惡山·險水·難路를 디내며. ≪朴諺, 下, 4ㅈ≫逢多少惡物刁蹶(集覽, 朴集, 下, 1ㅎ: 刁蹶. 又過棘〈鈞洞·火炎山·薄屎洞·女人國及諸惡山險水, 恠〈怪〉害患苦, 不知其幾, 此所謂刁蹶也.), 언머 惡物의 놀쁨을 만나시리오.

악인(樂人) 명 악사(樂師)·악생(樂生)·악공(樂工)·가동(歌童) 따위 가무(歌舞)나 악기를 연주하는 예인(藝人)을 두루 이르는 말. ≪朴諺, 上, 5ㅎ≫叫教坊司十數箇樂工和做院本(集覽, 朴集, 上, 2ㅎ: 院本. 盖古教坊色長有魏·武·劉三人, 而魏長於念誦, 武長於筋斗, 劉長於科範, 至今樂人皆宗之.)諸般雜技的來, 教坊司의 여라믄 樂工과 院本에 여러 가지 雜技ᄒᆞᄂᆞ니를 블러오라. ≪朴諺, 上, 18ㅈ≫是抅欄(集覽, 朴集, 上, 6ㅎ: 抅欄. 質問云, 麗春院樂人搬演戲文雜劇之處也.)衚衕裏帶匠夏五廂的, 이 抅欄 ᄉᆞᆯ ᄶᅵᆨ장이 夏五ㅣ 젼메

웟ᄂᆞ니라. ≪朴諺, 中, 21ㅎ≫或作童女(集覽, 朴集, 中, 4ㅎ: 童男童女. 觀音現三十二應, 曰佛身, 曰辟支〈支〉, 曰圓覺, 曰聲聞, 曰梵王, 曰帝釋, 曰自在天, 曰大自在天, 曰天大將軍, 曰四天王, 曰四天太子, 曰人王, 曰長者, 曰居士, 曰宰官, 曰婆羅門, 曰比丘, 曰比丘尼, 曰優婆塞, 曰優婆夷, 曰女主, 曰童男, 曰童女, 曰天身, 曰龍身, 曰藥叉, 曰乾達婆, 曰阿脩羅, 曰緊那羅, 曰摩睺羅, 曰樂人, 曰非人.), 혹 童女ㅣ 되며.

안 명 안[內]. ❶⇔내(內). ≪朴諺, 上, 35ㅈ≫脚內踝上灸了三壯艾來, 발 안쮜머리 우희 三壯 ᄡᅮᆨ으로 ᄯᅳ니. ≪朴諺, 上, 35ㅈ≫放在脚內踝尖骨頭上, 발 안쮜머리 ᄲᅧᄌᆞᆨ ᄒᆞᆫ ᄲᅧ 우희 노하. ❷⇔이(裏). ≪朴諺, 下, 18ㅎ≫正到城裏智海禪寺投宿, 졍히 셩 안 智海禪寺에 가 드러 자다가. ❸⇔이두(裏頭). ≪朴諺, 下, 57ㅈ≫崇文門裡頭, 崇文門 안. ❹⇔재(在). ≪朴諺, 上, 54ㅈ≫京都在城積慶坊住人趙寶兒, 京都 쟈 안 積慶坊에셔 사ᄂᆞᆫ 사ᄅᆞᆷ 趙寶兒ㅣ. ≪朴諺, 中, 10ㅈ≫隨問到本都在城某坊住某官人處賣與, 隨問ᄒᆞ야 本都 쟛 안 아므 坊에셔 사ᄂᆞᆫ 아므 官人의손ᄃᆡ 가 ᄑᆞ라 주되. ≪朴諺, 中, 38ㅎ≫京都在城黃華坊住人朱玉, 셔울 셩 안 黃華坊에셔 사ᄂᆞᆫ 사ᄅᆞᆷ 朱玉이.

안 명 안[內]. 안찝. ⇔이(裏). ≪朴諺, 上, 41ㅈ≫十表十裏, 열 것과 열 안과.

안(安) 동 (솥을) 걸다. ⇔걸다. ≪集覽, 字解, 單字解, 1ㅎ≫安. 安鍋兒 가마 거다. 又安下 사ᄅᆞ미 자리 븓다. 又吏語, 安揷 사ᄅᆞᄆᆞᆯ 안졉ᄒᆞ게 ᄒᆞ다.

안(安) 명 성씨(姓氏)의 하나. ≪朴諺, 下, 36ㅎ≫老安因甚麽事, 老安이 므슴 일을 인ᄒᆞ여. ≪朴諺, 下, 37ㅎ≫監下老安要追裡, 老安을 가도고 믈리고져 ᄒᆞᄂᆞ니라.

안(安) 부 좋게. 편안히. ⇔됴히. ≪朴諺, 下, 61ㅎ≫安置韓先生, 됴히 이시라 韓先生아.

안(安) 형 편안(便安)하다. ⇔편안ᄒᆞ다. ≪朴諺, 中, 29ㅈ≫妻賢夫省事官清民自安, 妻ㅣ 어딜면 지아븨 일이 덜리이고 官이 ᄆᆞᆯ그면 ᄇᆡᆨ셩이 ᄉᆞᄉᆞ로 편안ᄒᆞᄂᆞ니라. ≪朴諺, 中, 34ㅎ≫無功食祿寢食不安, 功이 업시 祿을 먹으면 寢食이 편안티 아니타 ᄒᆞ니라.

안(岸) 명 언덕. ⇔언덕. ≪朴諺, 上, 61ㅈ≫北岸上有一座大寺, 북편 언덕 우희 ᄒᆞᆫ 座 큰 뎔이 이시니.

안(按) 동 ❶박다. ⇔박다. ≪朴諺, 下, 46ㅈ≫當間裏按一箇木頭做的明珠, 가온ᄃᆡ ᄒᆞᆫ 남그로 ᄆᆡᆫᄃᆞᆫ 明珠를 박고. ❷좇다. 따르다. ⇔좇다. ≪朴諺, 上, 17ㅎ≫按四時耍子, 四時를 조차 노ᄂᆞᆫ또다. ≪朴諺, 上, 51ㅎ≫按四時與他衣服, 四時를 조차 뎌를 衣服을 주니. ≪朴諺, 上, 54ㅈ≫按月送納, ᄃᆞᆯ을 조차 送納호되. ≪朴諺, 中, 39ㅎ≫按月送納, ᄃᆞᆯ을 조차 送納호ᄃᆡ.

안(眼) 명 ❶눈[眼]. ⇔눈. ≪朴諺, 上, 62ㅈ≫噴鼻眼花的是紅白荷花, 코헤 ᄲᅮᆷ기고 눈에 밤읜 거슨 이 紅白 荷花러라. ≪朴諺, 中, 1ㅎ≫弄的只是眼花了, 농ᄒᆞ기를 그저 눈이 바믜엿게 ᄒᆞ고. ≪朴諺, 中, 43ㅈ≫睜着驢眼, 나귀 눈 브르ᄯᅳᆺ ᄒᆞ고. ≪朴諺, 中, 47ㅈ≫眼花的不辨東西, 눈이 밤의여 동셔를 분변티 못ᄒᆞ고. ≪朴諺, 中, 48ㅈ≫眼脂兒眼角裏流下來, 눈곱이 눈ᄉᆞ석에 흘러ᄂᆞ리되. ≪朴諺, 下, 19ㅎ≫大仙睜開雙眼道, 大仙이 두 눈을 브릅ᄯᅳ고 닐오ᄃᆡ. ≪朴諺, 下, 31ㅎ≫燈盞也似兩隻眼, 등잔 ᄀᆞᄐᆞᆫ 두 눈에. ≪朴諺, 下, 44ㅎ≫臁眼熟了, 눈 곰ᄌᆞ일 사이예 니그리라. ≪朴諺, 下, 48ㅎ≫睜着眼, 눈을 브르ᄯᅳ고. ❷(바둑에서의) 집. ⇔눈. ≪朴諺, 上, 22ㅎ≫你的殺子多沒眼碁, 네 주긴 ᄆᆞᆯ이 만ᄒᆞ니 눈 업슨 바독이로다.

안(眼) 의 개. (우물의 수효를 세는 단위) ≪朴諺, 中, 39ㅈ≫井一眼, 우믈 ᄒᆞ나.

안(鞍) 명 길마. ⇔기ᄅᆞ마. ≪朴諺, 下, 55ㅈ≫門前絟着帶鞍的白馬來, 門 앏희 기ᄅᆞ마 지은 白馬를 ᄆᆡ엿더니.

-안- 어미 -었-. ≪朴諺, 中, 25ㅈ≫你的帽兒那裏做來, 네 갓을 어ᄃᆡ셔 ᄆᆡᆼᄃᆞ란ᄂᆞ뇨.

안거(安居) 명 〈불〉 출가한 중이 일정한 기간 동안 외출하지 않고 한곳에 머무르면서 수행하는 일. ≪朴諺, 下, 7ㅎ≫這七月十五日是諸佛解夏(集覽, 朴集, 下, 2ㅈ: 解夏. 盖夏乃長養之節〈莭〉, 在外行則恐傷草木·虫類. 故九十日安居不出, 至七月十五日, 應禪寺掛搭僧尼, 盡皆散去, 謂之解夏, 又謂解制.)之日, 七月 十五日은 諸佛 解夏ᄒᆞᄂᆞᆫ 날이라.

안교자(鞍橋子) 명 길맛가지. ⇔기ᄅᆞ마가지. ≪朴諺, 上, 26ㅈ≫油心紅畫水波面兒的鞍橋子, 油心紅빗치 水波面 그린 기ᄅᆞ마가지오. ≪朴諺, 上, 28ㅈ≫時摥的黑斜皮鞍橋子, 시톄로 ᄒᆞᆫ 黑斜皮 ᄡᅳᆫ 기ᄅᆞ마가지오.

안다 동 안다[抱]. ⇔포(抱). ≪朴諺, 下, 31ㅈ≫腰濶三圍抱不匝, 허리 너ᄅᆞ기 세 아ᄅᆞᆷ이나 ᄒᆞ니 안아 두로디 못ᄒᆞ고.

안다 동 앉다. ❶⇔좌(坐). ≪朴諺, 上, 37ㅎ≫一間房子裏五箇人剛坐的, ᄒᆞᆫ 간 방에 다ᄉᆞᆺ 사ᄅᆞᆷ이 계요 안ᄂᆞᆫ 거시여. ❷⇔좌지(坐地). ≪集覽, 字解, 單字解, 3ㅎ≫地. 土也, 田地·土地·地方·地面. 又指當處土地之神, 亦曰土地. 又語助, 坐地. 又恁地, 猶言如此. ≪朴諺, 上, 61ㅈ≫有官裏坐的地白玉石玲瓏龍床, 황뎨 안ᄂᆞᆫ 白玉石으로 玲瓏히 ᄒᆞᆫ 龍床이 잇고. ≪朴諺, 上, 61ㅈ≫西壁廂有太子坐的地石床, 西壁廂에 太子 안ᄂᆞᆫ 石床이 잇고.

-안디 어미 -은지. ≪朴諺, 下, 15ㅎ≫把我家小廝拿將去監了貳日, 우리 집 놈을다가 잡아가 가도완디 이틀이오.

안락(安樂) 형 편안하다. 편안하고 즐겁다. ⇔안락ᄒᆞ다(安樂-). ≪朴諺, 上, 46ㅈ≫我父毋(母)都身已(己)安樂麽, 우리 父毋(母)ㅣ 다 몸이 安樂ᄒᆞ더냐. ≪朴諺, 上, 46ㅈ≫都身已(己)安樂, 다 몸이 安樂ᄒᆞ더라. ≪朴諺, 中, 24ㅈ≫咱如今身已(己)安樂時莭(節), 우리 이제 몸이 安樂ᄒᆞᆫ 빼예. ≪朴諺, 下, 1ㅎ≫身已(己)安樂時有也, 몸이 安樂ᄒᆞ면 이시리라. ≪朴諺, 下, 1ㅎ≫休道黃金貴, 黃金을 귀타 니ᄅᆞ디 말라. 安樂直錢多, 安樂호미 갑시 만타 ᄒᆞ니라. ≪朴諺, 下, 10ㅎ≫玉體安樂好麽, 玉體ㅣ 安樂ᄒᆞ여 됴흐신가. ≪朴諺, 下, 11ㅈ≫身已(己)安樂不湏(須)憂念, 몸이 安樂ᄒᆞ니 모로미 憂念티 마ᄅᆞ쇼셔.

안락ᄒᆞ다(安樂-) 형 편안하다. 편안하고 즐겁다. ⇔안락(安樂). ≪朴諺, 上, 46ㅈ≫我父毋(母)都身已(己)安樂麽, 우리 父毋(母)ㅣ 다 몸이 安樂ᄒᆞ더냐. ≪朴諺, 上, 46ㅈ≫都身已(己)安樂, 다 몸이 安樂ᄒᆞ더라. ≪朴諺, 中, 24ㅈ≫咱如今身已(己)安樂時莭(節), 우리 이제 몸이 安樂ᄒᆞᆫ 빼예. ≪朴諺, 下, 1ㅎ≫身已(己)安樂時有也, 몸이 安樂ᄒᆞ면 이시리라. ≪朴諺, 下, 1ㅎ≫休道黃金貴, 黃金을 귀타 니ᄅᆞ디 말라. 安樂直錢多, 安樂호미 갑시 만타 ᄒᆞ니라. ≪朴諺, 下, 10ㅎ≫玉體安樂好麽, 玉體ㅣ 安樂ᄒᆞ여 됴흐신가. ≪朴諺, 下, 11ㅈ≫身已(己)安樂不湏(須)憂念, 몸이 安樂ᄒᆞ니 모로미 憂念티 마ᄅᆞ쇼셔.

안료(顔料) 명 안료. 도료. 물감. ≪集覽, 字解, 單字解, 1ㅎ≫料. 凡人飼馬, 或用小黑豆, 或用蜀黍雜飼之. 故凡稱飼馬穀豆曰料. 又該用物色雜稱曰物料, 造屋材木曰木料, 入畫彩色曰顔料. 又量也. 又理也.

안마(鞍馬) 명 안장을 지운 말. ≪朴諺, 中, 30ㅎ≫那裏將那般好衣服好鞍馬來撇摥子, 어ᄃᆡ 가 뎌리 됴흔 옷과 됴흔 鞍馬ᄅᆞᆯ 가져와 얼굴을 비언ᄂᆞᆫ고.

안면(顔面) 명 얼굴. ≪朴諺, 下, 8ㅎ≫白淨淨顔面, 흰 淨淨ᄒᆞᆫ 顔面이오.

안밧 명 ❶안팎. ⇔내외(內外). ≪朴諺, 上, 61ㅈ≫內外大小佛殿, 안밧 大小 佛殿과. ❷안팎. 안찝과 겉감. ⇔표리(表裏). ≪朴諺, 中, 53ㅈ≫上位賞了一百錠鈔兩表裏段子, 上位ㅣ 一百 錠鈔와 두 안밧 비단을 상ᄒᆞ시니라.

ㅇ

안비(鞍轡) 명 안장과 고삐. ≪朴諺, 上, 56ㅈ≫好轡頭(集覽, 朴集, 上, 14ㅈ: 轡頭. 音義云, 잘 드는 ᄆᆞᆯ·롤〈물을〉 닐온 轡頭. 今按, 轡頭, 卽馬勒也, 今俗謂 ·셕·대 :됴·흔 ᄆᆞᆯ·롤〈물을〉 呼爲好轡頭, 則音義亦當幷好字爲釋可也. 且漢俗, 以革爲之, 有銜〈銜〉者曰轡頭, 以索爲之, 無銜〈銜〉者曰籠頭. 今呼鞍轡之轡, 音·비, 好轡頭之轡, 音·피. 此轡字別有其字而今未得也. 恐當作披字爲是, 謂以勒披馬頭引之也.), 셕대 됴코.

안ㅅ다 동 앉다. ⇔좌(坐). ≪朴諺, 下, 20ㅈ≫起頭坐靜, 웃듬은 안씨롤 靜히 ᄒᆞ고. ≪朴諺, 下, 20ㅎ≫各上禪床坐定, 각각 禪床에 올라 안씨롤 定ᄒᆞ고.

안삽(安揷) 동 안주시키다. 안착시키다. 편히 머물러 살게 하다. ⇔안졉ᄒᆞ다. ≪集覽, 字解, 單字解, 1ㅎ≫安. 安鍋兒 가마 거다. 又安下 사ᄅᆞ미 자리 븓다. 又吏語, 安揷 사ᄅᆞᆷ올 안졉ᄒᆞ게 ᄒᆞ다.

안상(安祥) 형 편안하고 행복하다. ⇔안상ᄒᆞ다(安祥-). ≪朴諺, 中, 23ㅎ≫萬民無搔擾之憂, 萬民이 搔擾ᄒᆞᄂᆞᆫ 근심이 업고. 百姓有安祥之慶, 百姓이 安祥ᄒᆞᆫ 慶이 잇도다.

안상시(顔相時) 명 당(唐)나라 경조(京兆) 만년(萬年) 사람. 자는 예(睿). 사고(師古)의 아우. 당초(唐初) 진왕부(秦王府) 십팔학사(十八學士)의 한 사람. 벼슬은 간의대부(諫議大夫)·예부 시랑(禮部侍郎)을 지냈다. 형 사고가 죽자 슬퍼하다가 몸이 상하여 죽었다. ≪朴諺, 中, 44ㅎ≫掛十八學士(集覽, 朴集, 中, 8ㅈ: 十八學士. 唐太宗秦王時, 開館延文學之士, 杜如晦·房玄齡〈昤〉·虞世南·褚遂良·姚思廉·李玄道·蔡允恭·薛元敬·顔相時·蘇勗·于志寧·蘇世長·薛收·李守素·陸德明·孔穎達·蓋文達·許敬宗爲文學館學士, 分爲三番, 更日直宿.)大畫, 十八學士 그린 큰 그림을 걸고.

안상ᄒᆞ다(安祥-) 형 편안하고 행복하다. ⇔안상(安祥). ≪朴諺, 中, 23ㅎ≫萬民無搔擾之憂, 萬民이 搔擾ᄒᆞᄂᆞᆫ 근심이 업고. 百姓有安祥之慶, 百姓이 安祥ᄒᆞᆫ 慶이 잇도다.

안색(顔色) 명 빛깔. ❶⇔빗. ≪朴諺, 下, 26ㅎ≫好顔色圓淨的價錢大, 빗 됴코 圓淨ᄒᆞ니ᄂᆞᆫ 갑시 만흔디라. ❷⇔빗ㅊ. ≪朴諺, 中, 1ㅎ≫他的主兒拿着諸般顔色的小旗兒, 제 님재 여러 가지 빗체 젹은 旗롤 가져다가. ≪朴諺, 中, 2ㅈ≫喃(啣)將那一箇顔色的旗來說時, 아므 ᄒᆞᆫ 빗체 旗롤 므러 오라 니ᄅᆞ면. ≪朴諺, 中, 4ㅎ≫假如明日這搽兒上的顔色, 가ᄉᆞ 닉일 이 견양엣 빗체셔. ≪朴諺, 中, 36ㅎ≫你要甚麽顔色的, 네 므슴 빗체 치롤 ᄒᆞ려 ᄒᆞᄂᆞᆫ다. ≪朴諺, 下, 30ㅈ≫顔色也都消了, 빗치 다 업서시니. ≪朴諺, 下, 45ㅎ≫粧點顔色(集覽, 朴集, 下, 10ㅈ: 粧點顔色. 牛色以立春日爲法, 日干爲頭·角·耳·色, 日支〈支〉爲身色, 納音爲蹄·尾·肚色.), 빗출 ᄭᅮ미고.

안선(安禪) 동 〈불〉 좌선(坐禪)하다. ≪朴諺, 上, 33ㅈ≫安禪(集覽, 朴集, 上, 10ㅈ: 禪. 靜也. 傳燈錄有五等禪, 有外道禪·凡夫禪·小乘禪·大乘禪·最上乘禪, 又名如來淸淨禪, 又名無上菩提. 又云, 被於身爲法, 說於口爲律, 行於心爲禪.)悟法却不好, 安禪 悟法홈이 ᄯᅩ 됴티 아니ᄒᆞ냐.

안시판(鴈翅板) 명 둥주리. ⇔둥울. ≪朴諺, 上, 26ㅎ≫鴈翅板上釘着金絲減鐵事件, 둥울 우희 金 입ᄉᆞᆫ 事件을 박앗고.

안싼 명 안채. ⇔이간(裏間). ≪朴諺, 上, 47ㅎ≫到裏間湯池裏洗了一會兒, 안싼 湯池에 가 ᄒᆞᆫ 디위 목욕곰고.

안쪄 명 안[內]의 깃. ⇔대리아(帶裏兒). ≪朴諺, 中, 4ㅎ≫被表帶裏兒八錢, 니블 거족과 안쪄ᄂᆞᆫ 여듧 돈이니.

안쥐머리 명 안쪽복사. ⇔내과(內踝). ≪朴諺, 上, 35ㅈ≫脚內踝上灸了三壯艾來, 발 안쥐머리 우희 三壯 ᄡᅮᆨ으로 ᄯᅳ니. ≪朴諺, 上, 35ㅈ≫放在脚內踝尖骨頭上, 발

안쉬머리 샌족흔 쌔 우희 노하.

안싸 동 앉다. ⇔坐的. ≪集覽, 字解, 單字解, 3ㅎ≫的. 指物之辭. 你的 네 것, 好的 됴흔 것. 又語助. 坐的 안싸, 通作地. 又明也, 實也, 端也. 吏語, 的確·的當·虛的·的實.

안일(安逸) 형 편안하고 한가롭다. ≪朴諺, 下, 51ㅎ≫我待學范蠡歸湖(集覽, 朴集, 下, 11ㅎ: 范蠡歸湖. 范蠡, 越之大夫也. 相越王勾踐敗吳, 曰, 越王爲人長頸鳥〈烏〉喙, 可與啚〈圖〉患難, 不可與共安逸. 遂泛扁舟, 載西施, 遊五湖不返.), 내 范蠡의 歸湖를 비호고져 호노라.

안자(鞍子) 명 길마. ⇔기르마. ≪朴諺, 上, 26ㅈ≫鞍子是一箇烏犀角邉兒幔玳瑁, 기르마는 이 흔 烏犀角 변으에 玳瑁를 서랏고. ≪朴諺, 上, 28ㅈ≫鞍子是雪白鹿角邉兒, 기르마는 이 눈ᄀᆞ티 흰 鹿角 邊児에. ≪朴諺, 中, 8ㅎ≫疾忙着背鞍子, 밧비 기르마지고. ≪朴諺, 中, 11ㅎ≫少梯子, 술위앏괴오는나모. 撑頭, 술위뒤괴오는나모. 套繩, 멘줄. 撒繩, ᄭᅳ을줄. 拘索, 목집게. 籠頭, 바굴레. 脚索, 지달쏠바. 鞍子, 기르마. 肚帶, 빗대 업세라. ≪朴諺, 中, 51ㅎ≫這裏將來鞴鞍子, 여긔 가져다가 기르마짓고.

안전(眼前) 명 눈앞. 면전(面前). ≪朴諺, 上, 7ㅎ≫有酒有花以爲眼前之樂, 술이 잇고 곳치 잇거든 써 眼前의 樂을 흐라.

안정문(安定門) 명 중국 북경(北京) 내성(內城)에 있는 성문. 덕승문(德勝門) 동쪽에 있다. ≪朴諺, 上, 11ㅎ≫我在平則門(集覽, 朴集, 上, 5ㅎ: 平則門. 燕都, 禹貢冀州之域. 唐曰幽都, 虞爲幽州, 武王封召公奭於燕, 卽此. 元初爲燕京路, 後稱〈称〉大都路, 洪武初改爲北平布政司. 太宗皇帝龍潛於此, 及承大統, 遂爲北京, 遷都焉. 永樂十九年, 營建宮室, 立門九, 南曰正陽, 又曰午門, 元則曰麗正, 南之右曰宣武, 元則曰順承, 南之左曰文明, 元則曰崇文, 又曰哈噠, 北之東曰安定, 北之西曰德勝, 元則曰健德, 東之北曰崇仁, 一名東直, 元名同, 東之南曰朝陽, 元則曰齊華, 西之北曰西直, 西之南曰阜城, 元則曰平則. 元設十一門, 而今減其二.)邉住, 내 平則門 ᄀᆞ의 이셔 사노라. ≪朴諺, 下, 49ㅎ≫北有安定門·德勝門, 北에 安定門·德勝門이 잇고.

안졉ᄒᆞ다 동 안접(安接)하다. 편히 머물러 살게 하다. ⇔안삽(安揷). ≪集覽, 字解, 單字解, 1ㅎ≫安. 安鍋兒 가마 거다. 又安下 사르미 자리 븓다. 又吏語, 安揷 사르ᄆᆞᆯ 안졉ᄒᆞ게 ᄒᆞ다.

안좌아(鞍座兒) 명 안좌아(鞍座兒). '児'는 '兒'의 속자. ≪朴諺, 上, 26ㅎ≫藍斜皮細邉兒金絲夾縫的鞍座兒, 藍斜皮 細邉児에 金絲로 갸품흔 鞍座児에.

안좌아(鞍座兒) 명 안장(鞍裝). ≪朴諺, 上, 26ㅎ≫藍斜皮細邉兒金絲夾縫的鞍座兒, 藍斜皮 細邉児에 金絲로 갸품흔 鞍座児에.

안주(按酒) 명 (술)안주. ≪集覽, 字解, 累字解, 1ㅈ≫按酒. 飮酒時, 其所助酒按下之物曰按酒. 猶言餚饌. ≪朴諺, 上, 6ㅈ≫將些乾按酒來, 져기 ᄆᆞ른按酒을 가져오고.

안지아(眼脂兒) 명 눈곱. ⇔눈쏩. ≪朴諺, 中, 48ㅈ≫眼脂兒眼角裏流下來, 눈쏩이 눈 ᄉᆞ석에 흘러ᄂᆞ리되.

안직 부 아직. 가장. ⇔차(且). ≪集覽, 字解, 單字解, 2ㅈ≫且. 姑也 안직. 急且 과글이. 亦曰且節, 俗罕用.

안치(安置) 동 편히 쉬다. ≪朴諺, 下, 61ㅎ≫安置韓先生, 됴히 이시라 韓先生아.

안치다 동 앉히다. ⇔방좌(放坐). ≪朴諺, 下, 42ㅈ≫上頭放坐一尊佛像, 우희 一尊佛像을 안치고.

안타회(安陀會) 명 〈불〉 중이 입는 삼의(三衣)의 한 가지. 오조(五條)로 된 가사(袈裟)이다. ≪朴諺, 上, 33ㅈ≫披着袈裟(集覽, 朴集, 上, 10ㅈ: 袈裟. 三曰安陁會, 卽五條也, 院內行道雜作衣.), 袈裟 닙고.

안타회(安陁會) 명 안타회(安陀會). '陁'는

'陀'와 같다. ≪朴諺, 上, 33ㅈ≫披着袈裟(集覽, 朴集, 上, 10ㅈ: 袈裟. 三曰安陁會, 卽五條也, 院內行道雜作衣.), 袈裟 닙고.

안팟 명 안팎. ⇔표리(表裏). ≪朴諺, 上, 36ㅎ≫金甕兒·銀甕兒表裏無縫兒, 금독·은독이 안팟긔 솔 업슨 거시여.

안ㅎ 명 안[內]. ❶⇔내(內). ≪朴諺, 下, 52ㅈ≫不覺有賊人入來本家東屋內, 賊人이 이셔 本家 東屋 안히 드러오믈 씨돗디 못ᄒᆞ여. ≪朴諺, 下, 52ㅎ≫一箇入來屋內, ᄒᆞ나히 집 안히 드러와. ❷⇔이(裏). ≪朴諺, 中, 29ㅎ≫請官人屋裏喫飯, 쳥컨대 官人은 집 안희셔 밥 먹으라. ≪朴諺, 中, 41ㅎ≫氷角裏木字, 氷角 안히 木字 ᄒᆞ엿ᄂᆞ니라. ≪朴諺, 下, 11ㅎ≫各俱壹裏, 각각 ᄒᆞᆫ 안흘 ᄀᆞ초와. ❸⇔이두(裏頭). ≪朴諺, 上, 12ㅎ≫郎中你如今到裏頭, 郎中아네 이제 안히 가. ≪朴諺, 上, 36ㅎ≫皺皺娘娘裏頭睡, 찡긘 겨집이 안히셔 자는 거시여. ≪朴諺, 上, 37ㅎ≫一箇長甕兒窄窄口裏頭盛着糯米酒, ᄒᆞᆫ 긴 독 조븐 부리 안히 찹쌀 술 담은 거시여. ≪朴諺, 上, 47ㅎ≫都放在這櫃裏頭, 다 이 櫃 안히 두고. ≪朴諺, 中, 27ㅈ≫彪在那裏頭, 그 안히 드리티더니. ≪朴諺, 中, 30ㅈ≫如今便入裏頭去時, 이제 즉시 안히 드러가면. ≪朴諺, 中, 42ㅎ≫裏頭一箇林字, 안히 ᄒᆞᆫ 林字 ᄒᆞ고. ≪朴諺, 中, 58ㅈ≫裏頭床兒不穩, 안히 상이 편티 아니ᄒᆞ니. ≪朴諺, 下, 46ㅈ≫前面彩亭裡頭, 前面 彩亭 안히. ❹⇔이면(裏面). ≪朴諺, 中, 35ㅎ≫亮窓裏面把簾子幔上, ᄇᆞᆯ근 창 안히 발을 다가 디(티)고. ≪朴諺, 中, 35ㅎ≫鑽入裏面, 안히 비븨여 드려. ≪朴諺, 下, 21ㅈ≫着兩箇猜裏面有甚麽, 둘흐로 ᄒᆞ여 안히 므서시 잇ᄂᆞᆫ고 알라 ᄒᆞ니. ≪朴諺, 下, 22ㅎ≫拿着肩膀彪在裏面, 엇게를 잡아 안히 드리티라 ᄒᆞ엿더니.

안ㅎ 명 안[內]. 안찝. ⇔이아(裏兒). ≪朴諺, 上, 43ㅎ≫做帶子和裏兒, 씌와 안흘 ᄆᆡᆫ들리로다. ≪朴諺, 中, 3ㅎ≫裏兒都全, 안히 다 ᄀᆞ자시니.

안하(安下) 동 붙다. 머물다. 쉬다. ⇔븓다. ≪集覽, 字解, 單字解, 1ㅎ≫安. 安鍋兒 가마 거다. 又安下 사ᄅᆞ미 자리 븓다. 又吏語, 安揷 사ᄅᆞᆷ 안졉ᄒᆞ게 ᄒᆞ다.

안하(按下) 동 억제하다. 어루만지다. ≪集覽, 字解, 累字解, 1ㅈ≫按酒. 飮酒時, 其所助酒按下之物曰按酒. 猶言餚饌.

안하(眼下) 명 눈 아래. 곧, 현재. 지금. ≪朴諺, 上, 22ㅈ≫眼下交手便見輸嬴(贏), 眼下에 交手ᄒᆞ면 곳 지며 이긔믈 보리라.

안해 명 아내. ⇔대낭(大娘). ≪朴諺, 中, 16ㅎ≫大娘(集覽, 朴集, 中, 3ㅈ: 大娘. 音義云, 안해님이라 ᄒᆞ·ᄃᆞᆺ ᄒᆞᆫ :말. 今按, 汎稱尊長妻室曰大娘, 又稱人之正妻曰大娘, 妾曰小娘.)身子好麽, 大娘의 몸이 됴흐신가.

안화(眼花) 형 눈이 침침하다. 눈이 아물아물하다. 전의되어, 눈이 부시다. ≪朴諺, 上, 62ㅈ≫噴鼻眼花的是紅白荷花, 코헤 쏨기고 눈에 밤읜 거슨 이 紅白 荷花 러라. ≪朴諺, 中, 1ㅎ≫弄的只是眼花了, 농ᄒᆞ기를 그저 눈이 바믜엿게 ᄒᆞ고. ≪朴諺, 中, 1ㅎ≫弄的只是眼花了, 농ᄒᆞ기를 그저 눈이 바믜엿게 ᄒᆞ고.

앉다 동 앉다. ❶⇔좌(坐). ≪朴諺, 中, 43ㅎ≫堂上掛佛端然坐, 堂上에 블상을 걸고 단졍히 안자. ≪朴諺, 下, 16ㅎ≫閉門屋裏坐, 문을 닷고 집의 안자셔도. ≪朴諺, 下, 58ㅈ≫請坐, 쳥ᄒᆞ노니 안ᄌᆞ라. ≪朴諺, 下, 61ㅎ≫先生且坐一坐, 先生은 아직 안ᄌᆞ라. ❷⇔좌(座). ≪朴諺, 中, 21ㅈ≫座飾芙蓉湛南海澄淸之水, 안즌 ᄃᆡᄂᆞᆫ 芙蓉으로 ᄭᅮ며시니 南海 澄淸ᄒᆞᆫ 水에 ᄌᆞᆷ겻고. ❸⇔좌적(坐的). ≪朴諺, 中, 15ㅈ≫好相公坐的, ᄆᆞᄋᆞᆷ 됴흔 相公은 안즈라. ≪朴諺, 中, 29ㅎ≫我且外前坐的, 내 아직 밧긔 안잣쟈. ≪朴諺, 中, 52ㅎ≫上位在西湖景凉殿裏坐的看, 上位ㅣ 西湖 景凉殿에 안자 보시더라. ≪朴諺, 中, 53ㅎ≫五六箇婦人們坐的縫時, 다엿 겨집들이 안자 지으면. ≪朴諺, 中, 57ㅎ≫夾着屁

眼家裡坐的去, 밋흘 씨고 집의 안자시라 가라. ≪朴諺, 下, 27ㅎ≫坐的哥, 안ᄌᆞ라 형아. ≪朴諺, 下, 57ㅎ≫書房裡坐的看文書裡, 書房에 안자 글 보ᄂᆞ니라.

알 명 알(卵). ❶⇔단(鴠). ≪朴諺, 上, 36ㅎ≫這箇是鷄鴠, 이거슨 이 ᄃᆞᆰ의알이로다. ❷⇔탄(彈). ≪朴諺, 上, 5ㅈ≫爦鴿子彈(集覽, 朴集, 上, 2ㅎ: 爦鴿子彈. 質問云, 鴿子彈糝於滾肉湯食之. 又云, 用肉湯在鍋, 再加椒料·菜·葱花, 燒火至滾沸, 方下鴿子卵, 盛之於碗, 以獻賓客.), 비둘기 알 ᄉᆞᆯ믄 이와.

알(斡) 동 돌리다. 빙빙 돌다. 선회(旋回)하다. ⇔도로다. ≪朴諺, 上, 40ㅈ≫將那鉸刀斡(集覽, 朴集, 上, 11ㅈ: 斡. 運也. 俗音呼: 와, 字作空是.)耳, 뎌 귀갓갈 가져다가 귀 안 도로고.

알다 동 알다. ❶⇔교살(攪撒). ≪朴諺, 中, 18ㅎ≫只怕同房人攪撒(集覽, 朴集, 中, 3ㅈ: 攪撒. 攪, 作覺是. 覺字雖入聲, 而凡入聲淸聲〈声〉, 則呼如上聲者多矣. 如角字, 亦或呼如上聲. 記書者以覺撒之, 覺呼爲上聲, 而謂覺字爲入聲, 不可呼如上聲, 故書用攪字耳. 撒, 猶知也. 俗語亦曰快撒了. 今以撒放之撒, 用爲知覺之義者, 亦未詳.)了, 그저 同房 사ᄅᆞᆷ이 알까 저프고. ❷⇔성(省). ≪朴諺, 中, 47ㅈ≫不省人事, 인ᄉᆞ를 아디 몯ᄒᆞ여. ❸⇔식(識). ≪朴諺, 上, 64ㅈ≫舍人敢不識好物麽, 舍人이 됴흔 거슬 아디 몯ᄒᆞᄂᆞᆫ 듯ᄒᆞ다. ≪朴諺, 中, 17ㅎ≫咳這孩兒也好不識, 애 이 아ᄒᆡ 또 ᄀᆞ장 아디 몯ᄒᆞᆫ다. ≪朴諺, 下, 40ㅈ≫是我好相識, 이 내 ᄀᆞ장 서ᄅᆞ 아ᄂᆞᆫ이라. ≪朴諺, 下, 40ㅎ≫相識們十分央及時, 서ᄅᆞ 아ᄂᆞᆫ 이들히 ᄀᆞ장 빌면. ≪朴諺, 下, 62ㅈ≫人事與相識弟兄, 人事로 서ᄅᆞ 아ᄂᆞᆫ 弟兄을 주라. ❹⇔이회(理會). ≪朴諺, 上, 9ㅎ≫不理會那裏的法度, 뎌긔 法度를 아디 몯ᄒᆞ니. ≪朴諺, 上, 30ㅎ≫你不理會的, 네 아디 몯ᄒᆞᆫ다. ≪朴諺, 上, 47ㅈ≫不理會的, 아디 몯ᄒᆞ니. ≪朴諺, 上, 57ㅎ≫我不理會的, 내 아디 몯ᄒᆞ여. ≪朴諺, 中, 49ㅈ≫咱們人今日死的明日死的不理會的, 우리 사ᄅᆞᆷ이 오ᄂᆞᆯ 죽을 줄 ᄂᆡ일 죽을 줄 아디 몯ᄒᆞ니. ≪朴諺, 下, 25ㅎ≫別人不理會的, 다ᄅᆞᆫ 사ᄅᆞᆷ은 아디 몯ᄒᆞ리라. ❺⇔인(認). ≪朴諺, 下, 19ㅎ≫不曾認的, 일즙 아디 몯ᄒᆞ니. ❻⇔지(知). ≪朴諺, 上, 13ㅎ≫不知甚麽瘡, 아디 몯게라 므슴 瘡인디. ≪朴諺, 上, 14ㅈ≫話不說不知木不鑽不透, 말을 니ᄅᆞ디 아니면 아디 몯ᄒᆞ고 남글 ᄯᅮᆯ디 아니면 ᄉᆞᄆᆞᆺ디 아닌ᄂᆞᆫ다 ᄒᆞ니라. ≪朴諺, 上, 51ㅎ≫養子方知父母恩, ᄌᆞ식을 길러야 보야흐로 父母 은혜를 안다 ᄒᆞ니라. ≪朴諺, 上, 61ㅎ≫諸雜名花奇樹不知其數, 여러 가지 名花 奇ᄉᆔ(樹)ᄂᆞᆫ 그 수를 아디 몯ᄒᆞ고. ≪朴諺, 上, 63ㅈ≫一遍也不曾說知心腹的話, ᄒᆞᆫ 번도 일즉 心腹 아ᄂᆞᆫ 말을 니ᄅᆞ디 몯ᄒᆞ여시니. ≪朴諺, 中, 14ㅎ≫遠行知馬力, 멀리 가매 ᄆᆞᆯ 힘을 알고. 日久見人心, 날이 오라매 사ᄅᆞᆷ의 ᄆᆞᅀᆞᆷ을 보ᄂᆞ니라. ≪朴諺, 中, 16ㅎ≫故人誠信病中知, 故人의 誠信은 病中에 아ᄂᆞ니라. ≪朴諺, 中, 23ㅎ≫咱這衆生知不知, 우리 이 衆生이 알거나 아디 몯ᄒᆞ거나. ≪朴諺, 下, 9ㅈ≫不知怎生滾在底下, 아디 몯게라 엇디ᄒᆞᆫ디 구으러 아ᄅᆡ 이셔. ≪朴諺, 下, 11ㅈ≫不知得否, 得否를 아디 몯ᄒᆞᄂᆞᆫ디라. ≪朴諺, 下, 19ㅈ≫師傅上說知, 스승의게 닐러 알게 ᄒᆞ고. ≪朴諺, 下, 40ㅎ≫知人知面不知心, 사ᄅᆞᆷ을 알매 ᄂᆞᆺ촌 아라도 ᄆᆞᅀᆞᆷ은 아디 몯ᄒᆞᆫ다 ᄒᆞᄂᆞ니라. ≪朴諺, 下, 47ㅎ≫不知其數, 그 수를 아디 몯ᄒᆞ고. ≪朴諺, 下, 52ㅎ≫不知去向, 去向을 아디 몯ᄒᆞ더니. ≪朴諺, 下, 61ㅎ≫君子不出戶而知天下, 君子ᄂᆞᆫ 戶에 나디 아니ᄒᆞ여셔 天下를 안다 ᄒᆞ니. ❼⇔지도(知道). ≪集覽, 字解, 單字解, 5ㅎ≫敢. 忍爲也. 你敢那 네 구틔여 그리ᄒᆞᆯ다. 又疑似也. 敢知道 아ᄂᆞᆫ 둣ᄒᆞ다. ≪朴諺, 上, 14ㅈ≫却怎麽知道, 또 엇디 알리오. ≪朴諺, 上, 19ㅈ≫我知

道領你去, 내 알과라 너를 드려가마. ≪朴諺, 上, 30ㅎ≫罷罷我知道, 두어 두어 내 알과라. ≪朴諺, 上, 37ㅈ≫不知道我的麁和細, 나의 굴금과 ᄀᆞ놂을 아디 못ᄒᆞᄂᆞᆫ 거시여. ≪朴諺, 上, 43ㅎ≫我也知道, 나도 아노라. ≪朴諺, 上, 58ㅎ≫小人其實不曾知道, 小人이 진실로 일즙 아디 못홀와. ≪朴諺, 中, 18ㅈ≫我夫主知道時了不得, 우리 지아비 알면 에워나디 못ᄒᆞ리라. ≪朴諺, 中, 28ㅈ≫若官司知道時, 만일 官司ㅣ 알면. ≪朴諺, 中, 35ㅎ≫知道了的之後, 안 후에. ≪朴諺, 中, 58ㅎ≫不知道葉兒用處, 닙 쓰ᄂᆞᆫ 곳은 아디 못ᄒᆞ더니. ≪朴諺, 下, 2ㅈ≫不知道那裡躧死了一箇蝤蜒, 아디 못게라 어ᄃᆡ ᄒᆞᆫ 지차리 볼펴 죽엇ᄂᆞ뇨. ≪朴諺, 下, 7ㅈ≫我不知道那家有甚麽幌〈慌〉字, 내 아디 못ᄒᆞ니 뎌 집의 므슴 보람이 잇ᄂᆞ뇨. ≪朴諺, 下, 17ㅎ≫闘(鬪)聖的你知道麽, 闘(鬪)聖ᄒᆞ든 줄을 네 아ᄂᆞᆫ다. ≪朴諺, 下, 25ㅎ≫我看便知道, 내 보면 곳 알리라. ≪朴諺, 下, 27ㅈ≫你休自誇我知道, 네 손조 쟈랑 말라 내 아노라. ≪朴諺, 下, 36ㅎ≫你不知道, 네 아디 못ᄒᆞᄂᆞᆫ다. ≪朴諺, 下, 41ㅈ≫我不曾知道來, 내 일즙 아디 못ᄒᆞ엿노라. ❽⇔회(會). ≪朴諺, 上, 64ㅈ≫生達達·回回如今也都會了, 生達達·回回도 이제ᄂᆞᆫ 또 다 아ᄂᆞ니라. ≪朴諺, 中, 14ㅎ≫我不會漢兒言語, 내 한말을 아디 못ᄒᆞ고. 又不會做飯, 또 밥 짓기를 아디 못ᄒᆞ니. ≪朴諺, 中, 47ㅎ≫會爬麽, 긔기를 아ᄂᆞ냐. ≪朴諺, 中, 54ㅎ≫一箇不會針線的女兒, ᄒᆞᆫ 바ᄂᆞ질 아디 못ᄒᆞᄂᆞᆫ 女児란. ≪朴諺, 中, 58ㅎ≫我只會根兒解酒和做醋, 나ᄂᆞᆫ 그저 불회로 解酒ᄒᆞ고 초 빗ᄂᆞᆫ 줄만 알고. ≪朴諺, 下, 34ㅎ≫那裏會打, 어ᄃᆡ 티기를 알리오.

알다 동 알다. 알아맞히다. ⇔시(猜). ≪朴諺, 上, 14ㅈ≫你猜的麽, 네 알리로소냐. 我猜, 내 알리로다. ≪朴諺, 上, 14ㅎ≫便猜着了, 곳 아ᄂᆞᆫ고나. ≪朴諺, 上, 36ㅈ≫你猜, 네 알라. 你說我猜, 네 닐ᄋᆞ라 내 알마. ≪朴諺, 上, 36ㅈ≫我猜, 내 아노라. ≪朴諺, 上, 36ㅈ≫你再說我猜着, 네 또 닐ᄋᆞ라 내 알마. ≪朴諺, 上, 38ㅈ≫咳都猜着了也, 애 다 아ᄂᆞᆫ고나. ≪朴諺, 下, 20ㅈ≫第二櫃中猜物, 둘째ᄂᆞᆫ 櫃中엣 거ᄉᆞᆯ 알고. ≪朴諺, 下, 21ㅈ≫着兩箇猜裏面有甚麽, 둘흐로 ᄒᆞ여 안희 므서시 잇ᄂᆞᆫ고 알라 ᄒᆞ니. ≪朴諺, 下, 21ㅎ≫王說今番着唐僧先猜, 王이 닐오ᄃᆡ 이번은 唐僧으로 몬져 알게 ᄒᆞ라. ≪朴諺, 下, 21ㅎ≫皇后大笑猜不着了, 皇后ㅣ 크게 우으며 아디 못ᄒᆞ여다.

알맛다 형 알맞다. ⇔중중(中中). ≪朴諺, 中, 25ㅎ≫這帽兒也做得中中的, 이 갓을 ᄆᆡᆫ돌기를 알맛게 ᄒᆞ엿다.

알맞다 형 알맞다. ⇔중중(中中). ≪朴諺, 中, 37ㅎ≫這箇段子中中的, 이 비단이 알마즈니.

알외다 동 알리다. 알게 하다. ⇔지(知). ≪集覽, 字解, 累字解, 2ㅈ≫說知. 닐어 알외다.

알위다 동 알리다. 고(告)하다. ❶⇔성회(省會). ≪集覽, 字解, 累字解, 2ㅈ≫省會. 알위다. ❷⇔지회(知會). ≪集覽, 字解, 累字解, 2ㅈ≫省會. 알위다. ≪集覽, 字解, 累字解, 2ㅈ≫知會. 上同. 吏語, .

알파 형 아파. ❶⇔동(疼). ≪朴諺, 下, 44ㅈ≫牙疼的當不的, 니 알파 당티 못ᄒᆞ여라. ❷⇔해(害). ≪朴諺, 下, 6ㅎ≫我害疥痒當不的, 내 옴 알파 ᄀᆞ려옴을 당티 못ᄒᆞ니.

알프다 형 아프다. ⇔동(疼). ≪朴諺, 上, 39ㅎ≫刮的多頭疼, 긁빗기기를 만히 ᄒᆞ면 머리 알프ᄂᆞ니라. ≪朴諺, 中, 15ㅈ≫奪腦(集覽, 朴集, 中, 2ㅎ: 奪腦. 奪字未詳. 鄕習傳解曰, ᄃᆡ고리 뽄 알ㅍ〈알〉프다. 奪, 音드, 去聲讀.)疼的, 골치 ᄣᅧ 앏프고.

알ᄑᆞ다 형 아프다. ⇔동(疼). ≪朴諺, 下, 7ㅈ≫越疼的當不的, 더옥 알ᄑᆞ믈 당티 못ᄒᆞ여라.

알ᄒᆞ다 동 (병을) 앓다. 병이 생기다. ⇔해(害). ≪朴諺, 上, 38ㅎ≫我的赤馬害骨眼

(集覽, 朴集, 上, 11ㅈ: 骨眼. 質問云, 馬害肚疼打滾, 割眼內肉, 方言謂之䩞眼, 音姑.), 내 졀짜몰이 눈에 치 알하.

앏 명 앞. ❶⇔전(前). ≪朴諺, 上, 55ㅎ≫只是前失(集覽, 朴集, 上, 14ㅈ: 前失. 音義云, 거·티·는 몰. 譯語指南云, 앏거·티·는 몰.), 그저 앏 거티고. ≪朴諺, 上, 61ㅎ≫閣前水面上, 집 앏 믈 우희. ≪朴諺, 下, 7ㅈ≫那家門前兀子上, 뎌 집 문 앏 노도 우희. ≪朴諺, 下, 30ㅎ≫大明殿前月臺上, 大明殿 앏 月臺 우희. ❷⇔전두(前頭). ≪朴諺, 中, 38ㅎ≫我羊市裏前頭磚塔衚衕裏, 내 양 져제 앏 벽탑골에.

앏거티다 동 앞발을 절다. ⇔전실(前失). ≪朴諺, 上, 55ㅎ≫只是前失(集覽, 朴集, 上, 14ㅈ: 前失. 音義云, 거·티·는 몰. 譯語指南云, 앏거·티·는 몰.), 그저 앏 거티고.

앏셔다 동 앞서다. ⇔전립(前立). ≪朴諺, 中, 43ㅈ≫鑽在爭前立的, 비븨여 앏셔기를 ᄃᆞ토아.

앏ㅍ 명 앞. ❶⇔근저(根底). ≪集覽, 字解, 單字解, 1ㅎ≫底. 下也. 底下 아래. 又本也. 底簿 믿글월. 又語助. 根底 앏픠. 又손ᄃᆡ. 又與的字通用. ≪集覽, 字解, 累字解, 2ㅈ≫根底. 앏픠. 比根前稍卑之稱. ❷⇔근전(根前). ≪集覽, 字解, 累字解, 2ㅈ≫根前. 앏픠. ≪集覽, 字解, 累字解, 2ㅈ≫根底. 앏픠. 比根前稍卑之稱. ≪朴諺, 下, 9ㅎ≫叫將根前來說道, 블러 앏픠 오라 ᄒᆞ여 닐오ᄃᆡ. ❸⇔면전(面前). ≪朴諺, 下, 20ㅈ≫咱兩箇對君王面前鬪(鬪)聖, 우리 둘히 君王 앏퓰 ᄃᆡᄒᆞ여 鬪(鬪)聖ᄒᆞ야. ❹⇔전(前). ≪朴諺, 下, 16ㅎ≫我兩箇部前買文書去來, 우리 둘히 部 앏픠 칙 사라 가쟈. ≪朴諺, 下, 43ㅈ≫曹大就門前碎盆, 曹大ㅣ 문 앏픠셔 소라를 ᄡᅳ리더라. ≪朴諺, 下, 58ㅈ≫沈先生在門前裡, 沈先生이 문 앏픠 잇ᄂᆞ이다. 小人門前有客是誰, 小人의 문 앏픠 客이 이시니 이 뉘고. ≪朴諺, 下, 60ㅎ≫着一箇人前行, ᄒᆞᆫ 사ᄅᆞᆷ으로 앏픠 行ᄒᆞ여. ❺⇔전면(前面). ≪朴諺, 下, 5ㅈ≫前面做一箇煤爐, 앏픠 ᄒᆞᆫ 煤爐를 ᄆᆡᆫᄃᆞ라. ≪朴諺, 下, 19ㅈ≫到國王前面告未畢, 國王의 앏픠 가 고ᄒᆞ기를 ᄆᆞᆺ디 못ᄒᆞ여셔. ≪朴諺, 下, 21ㅈ≫前面放下, 앏픠 노코. ≪朴諺, 下, 24ㅎ≫行者直拖的王前面彪了, 行者ㅣ 바로 ᄭᅳ어 王의 앏픠 드리티니. ≪朴諺, 下, 30ㅈ≫我在官裏前面, 내 황뎨 앏픠 이셔. ≪朴諺, 下, 47ㅈ≫前面動細樂·大樂吹角, 앏픠 細樂·大樂을 動ᄒᆞ며 角을 불고. ≪朴諺, 下, 47ㅎ≫前面一箇鬼, 앏픠 ᄒᆞᆫ 귀졸이.

앏파 형 아파. ⇔동(疼). ≪朴諺, 中, 14ㅎ≫我今日腦疼頭旋, 내 오늘 골치 앏파 머리 어즐ᄒᆞ고.

앏프다 형 아프다. ⇔동(疼). ≪朴諺, 中, 15ㅈ≫奪腦(集覽, 朴集, 中, 2ㅎ: 奪腦. 奪字未詳. 鄕習傳解曰, ᄃᆡ고리 ᄡᅳ 앏〈알〉프다. 奪, 音ᄃᆞ, 去聲讀.)疼的, 골치 ᄠᅳᆺ 앏프고.

앏ㅎ 명 앞. ❶⇔근전(根前). ≪朴諺, 上, 6ㅎ≫叫將唱的根前來着他唱, 노래 브르ᄂᆞ니를 블러 앏히 와 뎌로 ᄒᆞ여 브ᄅᆞ게 ᄒᆞ라. ❷⇔수(首). ≪朴諺, 下, 57ㅎ≫二人到那門首敲門道, 두 사ᄅᆞᆷ이 뎌 믄(문) 앏희 가 문을 두드려 닐오ᄃᆡ. ❸⇔전(前). ≪朴諺, 上, 31ㅎ≫上他家門前, 뎌 집 門 앏히 가셔. ≪朴諺, 下, 55ㅈ≫門前絟着帶鞍的白馬來, 門 앏희 기ᄅᆞ마지은 白馬를 ᄆᆡ엿더니. ≪朴諺, 下, 61ㅈ≫先到宮門前等的萬千人, 몬져 宮門 앏희 가 기ᄃᆞ리리 萬千人이나 ᄒᆞ니. ❹⇔전면(前面). ≪朴諺, 上, 53ㅈ≫官裏前面挃柳射弓的多有, 황뎨 앏희셔 버들 곳고 활 ᄡᅩᄂᆞ니 만히 이시니. ≪朴諺, 上, 57ㅈ≫官裏前面看書畫裏, 황뎨 앏희셔 書畫를 보니. ≪朴諺, 下, 48ㅈ≫到鼓樓前面, 鼓樓 앏히 니ᄅᆞ러.

앓다 동 앓다. ⇔해(害). ≪朴諺, 上, 34ㅎ≫我這幾日害痢疾, 내 요ᄉᆞ이 痢疾 알하.

암 명 암. 암컷. ❶⇔모(母). ≪朴諺, 下, 21

ㅈ≫變做青母蝎, 변ᄒᆞ여 프른 암 젼갈이 되여. ❷⇔모적(母的). ≪朴諺, 上, 1ㅎ≫ 休買母的都要羯的, 암을 사디 말고 다 수를 사고. ❸⇔여(女). ≪朴諺, 中, 56ㅎ≫ 我要這女花猫兒, 내 이 암 어롱괴를 사려 ᄒᆞ노라. ❹⇔여적(女的). ≪朴諺, 中, 57ㅈ≫女的價錢大, 암은 갑시 만ᄒᆞ니라. ≪朴諺, 中, 57ㅈ≫女的一百箇錢賣與你, 암은 一百 낫 돈에 ᄑᆞ라 너를 주마.

암(庵) 명 암자. ≪朴諺, 上, 33ㅈ≫揀(揀)那清淨山庵裏, 뎌 清淨ᄒᆞᆫ 山庵을 ᄀᆞᆯᄒᆡ여.

암(暗) 동 스미다. 드러나지 않다. ⇔스믜다. ≪朴諺, 上, 64ㅎ≫你來你這暗花段子, 이바 네 이 스믠문 비단을.

암(暗) 부 가만히. 은밀히. ⇔ᄀᆞ만이. ≪朴諺, 下, 21ㅎ≫皇后暗使一箇宮娥, 皇后ㅣ ᄀᆞ만이 ᄒᆞᆫ 宮娥를 브려.

암(暗) 형 가만하다. 은밀하다. ⇔ᄀᆞ만ᄒᆞ다. ≪朴諺, 下, 55ㅎ≫有甚暗記沒印, 아모란 ᄀᆞ만ᄒᆞᆫ 보람이 잇고 인은 업ᄂᆞ니.

암당(庵堂) 명 〈불〉 (주로 비구니들이 머무는) 암자(庵子). ≪朴諺, 中, 32ㅎ≫有凹坡凸嶺庵堂, 凹坡 凸嶺엣 庵堂이 이시며.

암두(巖頭) 명 바위의 위나 바위의 가. ≪朴諺, 下, 51ㅈ≫尋着這蘆葦密處巖頭石崖, 이 蘆葦 密處 岩頭 石崖를 ᄎᆞ자.

암디새 명 암키와. ⇔앙와(仰瓦). ≪朴諺, 上, 60ㅎ≫盖的都是龍鳳凹面花頭·筒瓦和仰瓦, 녠 거슨 다 龍鳳을 우묵겨 면 돗게 ᄒᆞᆫ 막새와 수디새와 암디새오.

암석(岩石) 명 암석(巖石). '岩'은 '巖'의 속자. ≪朴諺, 下, 61ㅈ≫第二年, 第二年에. 移都松岳郡(集覽, 朴集, 下, 13ㅈ: 都松岳郡〈松岳郡〉. 時新羅監干八元善風水, 到扶蘇郡, 見扶蘇山形勝而童, 告康忠曰, 若移郡山南, 植松使不露巖〈岩〉石, 則統合三韓者出矣.), 松岳郡에 移都ᄒᆞ니.

암석(巖石) 명 부피가 큰 돌. 바위. ≪朴諺, 下, 61ㅈ≫第二年, 第二年에. 移都松岳郡(集覽, 朴集, 下, 13ㅈ: 都松岳郡〈松岳郡〉. 時新羅監干八元善風水, 到扶蘇郡, 見扶蘇山形勝而童, 告康忠曰, 若移郡山南, 植松使不露巖〈岩〉石, 則統合三韓者出矣.), 松岳郡에 移都ᄒᆞ니.

암순(鵪鶉) 명 메추라기. ⇔뫼초라기. ≪朴諺, 上, 17ㅈ≫耍鵪鶉, 뫼초라기 노롯ᄒᆞ고.

암애(巖崖) 명 바위로 이루어진 벼랑. ≪朴諺, 下, 51ㅈ≫尋着這蘆葦密處巖頭石崖, 이 蘆葦 密處 岩頭 石崖를 ᄎᆞ자.

암자(唵字) 명 〈불〉 육자진언(六字眞言)의 글자. 곧, 문수보살의 진언(眞言)인 암파계타나마(闇婆計陀那摩) 또는 암박계담납막(唵縛鷄淡納莫)의 여섯 자. ≪朴諺, 下, 22ㅈ≫孫行者念一聲唵字, 孫行者ㅣ ᄒᆞᆫ 소릐 唵字를 念ᄒᆞ니.

암죵다리 명 (부리가 푸른) 암종다리. 종다리의 암컷. (광대의 분장한 모습을 이른다) ⇔납취조화(鑞觜造化). ≪朴諺, 中, 1ㅎ≫又是一箇銅觜·鑞觜造化, 또 ᄒᆞᆫ 부리 노론 수죵다리 부리 프른 암죵다리 노롯ᄒᆞᄃᆡ.

암화(暗花) 명 스민 무늬. (드러나지 않은 꽃무늬. 곧, 직물의 바탕에 명암이나 실의 굵기, 또는 성기고 밴 정도에 따라 은은하게 보이는 꽃무늬) ⇔스믠문. ≪朴諺, 上, 64ㅎ≫你來你這暗花段子, 이바 네 이 스믠문 비단을.

압 명 앞. ⇔전면(前面). ≪朴諺, 上, 5ㅈ≫前面一遭, 압 ᄒᆞᆫ 줄은.

압(押) 동 ❶수례(手例)하다. 수결(手決)하다. 서명(署名)하다. 표(表)하다. ⇔슈례두다. ≪朴諺, 中, 46ㅈ≫你却不道首領官署了卷廳上不曾押裏, 네 또 首領官은 권에 일홈두고 廳上이 일즙 슈례두디 아녓다 니ᄅᆞ디 아니ᄒᆞ던다. ❷화압(畫押)하다. 수결(手決)하다. 서명(署名)하다. 표(表)하다. ⇔일홈두다. ≪朴諺, 上, 54ㅎ≫同保人某等押, 同保ᄒᆞᆫ 사ᄅᆞᆷ 아모 등이 일홈두어다. ≪朴諺, 上, 66ㅎ≫我到衙門押了公座便來, 내 衙門에 가 公座簿에 일홈두고 곳 오리라.

압(壓) 동 압도(壓倒)하다. ⇔압ᄒᆞ다(壓-). ≪朴諺, 下, 8ㅎ≫唱念聲音壓衆, 唱念ᄒᆞᄂᆞᆫ 聲音은 衆을 壓ᄒᆞ고.

압두록(鴨頭綠) 명 압록색(鴨綠色). 짙은 녹색. ⇔압록(鴨綠). ≪朴諺, 上, 27ㅈ≫鴨綠羅納綉獅子的抹口青絨氈襪上, 鴨頭綠 羅에 獅子를 綉ᄒᆞ야 깃 도론 ᄑᆞ른 부드러온 시욹청에.

압록(鴨綠) 명 압록색(鴨綠色). 짙은 녹색. ⇔압두록(鴨頭綠). ≪朴諺, 上, 27ㅈ≫鴨綠羅納綉獅子的抹口青絨氈襪上, 鴨頭綠羅에 獅子를 綉ᄒᆞ야 깃 도론 ᄑᆞ른 부드러온 시욹청에.

압자(押字) 명 서명(署名). 수결(手決). ≪朴諺, 下, 17ㅈ≫唐三藏引孫行者(集覽, 朴集, 下, 4ㅈ: 孫行者. 大聖被執當死, 觀音上請于玉帝, 免死. 令巨靈神押大聖前往下方去, 乃於花菓山石縫內納身, 下截畫如來押字封着, 使山神·土地神鎮守. 飢食鉄〈鐵〉丸, 渴飮銅汁, 待我往東土尋取經之人, 經過此山, 觀大聖, 肯隨往西天, 則此時可放.), 唐三藏이 孫行者를 ᄃᆞ리고.

압자(鴨子) 명 오리. ⇔올히. ≪朴諺, 上, 61ㅎ≫湖心中浮上浮下的是雙雙兒鴨子, 湖 心中에 浮上 浮下ᄒᆞᄂᆞᆫ 거슨 이 雙雙 ᄒᆞᆫ 올히오.

압ᄒᆞ다(壓-) 동 압도(壓倒)하다. ⇔압(壓). ≪朴諺, 下, 8ㅎ≫唱念聲音壓衆, 唱念ᄒᆞᄂᆞᆫ 聲音은 衆을 壓ᄒᆞ고.

-앗- 어미 -았-. ≪朴諺, 上, 25ㅎ≫鞘兒都全, 갑플이 다 ᄀᆞ잣고. ≪朴諺, 上, 26ㅈ≫又是箇鶻鵃翎兒, 또 이 두롬의 짓촐 ᄃᆞ랏고. ≪朴諺, 上, 28ㅈ≫傍邊揷孔雀翎兒, 겻틔 孔雀의 짓츨 고잣고. ≪朴諺, 上, 35ㅎ≫氣脉通行便好了, 氣脉이 通行ᄒᆞ야 곳 됴핫거니와. ≪朴諺, 上, 38ㅈ≫兩箇先生合賣藥一箇坐一箇跳, 두 先生이 모다 약 ᄑᆞ노라 ᄒᆞ나흔 안잣고 ᄒᆞ나흔 뛰노ᄂᆞᆫ 거시여. ≪朴諺, 上, 52ㅈ≫是小人見來, 올ᄒᆞ니 小人이 보앗노라. ≪朴諺, 上, 60ㅎ≫瑪瑙幔地, 瑪瑙를 ᄊᆞ히 ᄭᆞ랏고. ≪朴諺, 上, 61ㅈ≫前面放一箇玉石玲瓏酒卓兒, 前面에 ᄒᆞᆫ 玉石으로 玲瓏히 ᄒᆞᆫ 酒卓을 노핫고. ≪朴諺, 中, 5ㅈ≫使臣來也, 使臣이 왓다. ≪朴諺, 中, 14ㅈ≫到城裏都賣了, 셔올 니르러 다 ᄑᆞ랏노라. ≪朴諺, 中, 16ㅎ≫我妳妳使的我說將來, 우리 妳妳ㅣ 날을 브려 닐러ᄂᆞᆯ 가져왓노이다. ≪朴諺, 中, 26ㅎ≫李大的帽兒樣兒可喜不走作, 李大의 갓이 모양이 곱고 듧ᄠᅳ디 아니케 ᄆᆡᆫ드랏고. ≪朴諺, 中, 34ㅈ≫吊在一壁廂, ᄒᆞᆫ ᄇᆞ람 ᄌᆞ석의 ᄃᆞ랏다가. ≪朴諺, 中, 46ㅈ≫衙門令史們送的來了, 아문 령ᄉᆞ들히 보내여 왓거ᄂᆞᆯ. ≪朴諺, 中, 59ㅈ≫待到根前來, ᄒᆞ마 내손ᄃᆡ 왓더니. ≪朴諺, 下, 15ㅎ≫和一箇漢兒人廝打來, ᄒᆞᆫ 漢ㅅ 사ᄅᆞᆷ과 싸홧더니. ≪朴諺, 下, 16ㅈ≫那廝急性便合口廝打, 뎌 놈이 셩이 급ᄒᆞ여 곳 입힐홈ᄒᆞ여 싸홧더니. ≪朴諺, 下, 41ㅈ≫人情來麽, 人情이 왓더냐. ≪朴諺, 下, 58ㅈ≫探先生來裡, 先生을 보라 왓다 ᄒᆞ라. ≪朴諺, 下, 58ㅈ≫葛教授探先生來裡, 葛教授ㅣ라 ᄒᆞ리 先生을 보라 왓ᄂᆞ니라.

앗갑다 형 ❶아깝다. ⇔가석(可惜). ≪朴諺, 下, 1ㅈ≫咳可惜了, 애 앗가올셔. ≪朴諺, 下, 6ㅈ≫枉可惜了飯, 쇽졀업시 밥이 앗갑다. ≪朴諺, 下, 6ㅈ≫不可惜了工錢, 工錢이 앗갑디 아니ᄒᆞ랴. ❷아깝다. 또는 지나치다. ⇔다(多). ≪集覽, 字解, 單字解, 6ㅈ≫多. 多少 언메나. 又許多 하나한. 又餘也. 三十里多地 삼십 리 나믄 ᄯᅡ. 吏語, 多餘. 又過也. 有甚麽多處 므스기 너믄 고ᄃᆡ 이시리오. 又重也. 므스기 앗가온 고ᄃᆡ 이시리오. ≪朴諺, 中, 41ㅈ≫殺了有甚麽多處, 죽인들 므슴 앗가온 곳이 이시리오.

앗기다 동 아끼다. ❶⇔사부적(捨不的). ≪朴諺, 下, 26ㅎ≫官人捨不的錢那裏買的, 官人이 쳔을 앗기니 어ᄃᆡ 사리오. ❷⇔애(愛). ≪朴諺, 中, 57ㅎ≫愛錢買東西, 돈을 앗기며 자븐것 사려 ᄒᆞ거든. ❸⇔애석

(愛惜). ≪朴諺, 上, 10ㅎ≫你來, 이바. 休愛惜那飯, 뎌 밥을 앗기디 말고.

앗다 동 ❶앗다. 취하다. 체포하다. ≪集覽, 字解, 單字解, 1ㅎ≫撒. 散之也. 撒了 헤티다. 又覺也. 覺撒了 아다. 又放也. 撒放罪人 죄인을 앗아라 노타. ❷앉다. ⇔좌(坐). ≪集覽, 字解, 單字解, 1ㅎ≫剛. 僅也. 剛坐 계우 앗다. 纔也. 剛纔 ᄀᆞᆺ.

앗다 동 빼앗다. ❶⇔약칙(掠飭). ≪朴諺, 下, 30ㅈ≫你就饋我掠飭, 네 임의셔 날을 빗 아사 주고려. ❷⇔탈(奪). ≪朴諺, 中, 13ㅈ≫那賊們把那船上的物件都奪了, 뎌 도적들히 그 빈엣 物件을 다 앗고. ≪朴諺, 中, 27ㅈ≫便奪了那物, 곳 그 거슬 앗고. ≪朴諺, 中, 27ㅎ≫又奪了, ᄯᅩ 앗고. ≪朴諺, 中, 27ㅎ≫把那布·絹來都奪了, 뎌 뵈와 깁을 다 앗고.

앙(仰) 동 (얼굴을 위를 향하여) 자빠지다. ⇔쟛바다. ≪朴諺, 中, 56ㅈ≫跳的河裡仰不搽, 믈에 뛰어드러 쟛바 즘기디 마쟈.

앙(殃) 명 앙화(殃禍). (지은 죄의 앙갚음으로 받는 재앙) ⇔앙화. ≪朴諺, 中, 28ㅈ≫若作非理必受其殃, 만일 非理엣 일을 ᄒᆞ면 반ᄃᆞ시 그 앙화를 밧ᄂᆞ다 ᄒᆞ니.

앙급(央及) 동 빌다[祈]. 간청하다. 애원하다. 부탁하다. ⇔빌다. ≪集覽, 字解, 累字解, 1ㅎ≫央及. 請乞也. 字之取義未詳. 吏語, 亦只稱央字. ≪朴諺, 上, 31ㅈ≫那般磕頭禮拜央及我, 뎌리 머리 좃고 禮拜ᄒᆞ여 내게 빌거늘. ≪朴諺, 上, 52ㅎ≫我有些央及的勾當, 내 져기 빌 일이 이셔. ≪朴諺, 中, 15ㅎ≫好哥哥弟兄們央及我, ᄆᆞᄋᆞᆷ 됴흔 형 아ᄋᆞ들히 내게 빌거늘. ≪朴諺, 下, 40ㅎ≫相識們十分央及時, 서ᄅᆞ 아ᄂᆞᆫ 이들히 ᄀᆞ장 빌면.

앙면(仰面) 동 (얼굴을 위를 향하여) 자빠지다. ⇔쟛바다. ≪朴諺, 中, 58ㅈ≫這的便是仰面唾天, 이거시 곳 쟛바 하ᄂᆞᆯ헤 춤바톰이로다.

앙방(殃榜) 명 사람이 죽었을 때 음양설에 정통한 사람에게 물어 출관(出棺)하는 일시(日時)와 망자(亡者)의 생년월일 및 사망 연월일 등을 써서 문밖에 붙이던 것. ≪朴諺, 下, 41ㅈ≫殃榜(集覽, 朴集, 下, 9ㅈ: 殃榜. 漢俗, 凡遇人死, 則其家必斜貼殃榜〈楞〉於門外壁上, 榜〈楞〉文如本節〈莭〉所云, 使生人臨喪知所避忌也. 臞仙肘後經云, 生人所生之年, 與亡〈亾〉者所死月節〈莭〉相犯, 則忌避. 如四孟節〈莭〉內死者, 忌寅·申·巳·亥生人, 四仲月節〈莭〉內死者, 忌子·午·卯·酉生人, 四季月節內者〈四季月莭內死者〉, 忌辰·戌·丑·未生人是也.)橫貼在門上, 殃楞을 문 우희 빗기 브텻더니.

앙백(仰白) 동 위를 향하다. ≪朴諺, 中, 1ㅈ≫赤條條的仰白着臥, 벌거케 올올이 쟛바누어.

앙백와(仰白臥) 동 (얼굴을 위를 향하여) 반듯이 눕다. ⇔쟛바눕다. ≪朴諺, 中, 1ㅈ≫赤條條的仰白着臥, 벌거케 올올이 쟛바누어.

앙와(仰瓦) 명 암키와. ⇔암디새. ≪朴諺, 上, 60ㅎ≫蓋的都是龍鳳凹面花頭·筒瓦和仰瓦, 녣 거슨 다 龍鳳을 우묵겨 면 돗게 ᄒᆞᆫ 막새와 수디새와 암디새오.

앙화 명 앙화(殃禍). (지은 죄의 앙갚음으로 받는 재앙) ⇔앙(殃). ≪朴諺, 中, 28ㅈ≫若作非理必受其殃, 만일 非理엣 일을 ᄒᆞ면 반ᄃᆞ시 그 앙화를 밧ᄂᆞ다 ᄒᆞ니.

애 감 허! 아이구! ⇔해(咳). ≪集覽, 字解, 單字解, 2ㅈ≫咳. 五音集韻, 何來切, 小兒笑也. 口漑切, 咳嗽逆氣也. 今呼驚嘆之聲曰咳, 音해, 借用爲字也, 考韻書作唉是. ≪朴諺, 上, 14ㅎ≫咳眞箇好標致, 애 진실로 ᄀᆞ장 영노슬갑다. ≪朴諺, 上, 17ㅎ≫咳小廝們倒聒噪, 애 아희들히 도로혀 지져귀여. ≪朴諺, 上, 22ㅎ≫咳這官人好尋思計量大, 애 이 官人이 ᄀᆞ창(장) 尋思 計量이 크다. ≪朴諺, 上, 38ㅈ≫咳都猜着了也, 애 다 아ᄂᆞᆫ고나. ≪朴諺, 上, 58ㅎ≫咳我眞箇不曾知道來, 애 내 진실로 일즙 아디 못ᄒᆞ엿더니. ≪朴諺, 中, 15

ㅈ≫咳相公脉息, 애 相公의 脉이. ≪朴諺, 中, 18ㅈ≫咳姐姐我不想你這般煩惱, 애 姐姐ㅣ아 내 네 이리 노ᄒᆞ여 ᄒᆞᆯ 줄을 ᄉᆡᆼ각디 몯호라. ≪朴諺, 中, 29ㅎ≫咳今日天氣冷殺人, 애 오ᄂᆞᆯ 하ᄂᆞᆯ 긔운이 차 사ᄅᆞᆷ을 죽게 ᄒᆞᄂᆞ니. ≪朴諺, 中, 50ㅎ≫咳那矬漢你那裏抵當的我, 애 뎌 킈 져근 놈이 네 어ᄃᆡ 내게 ᄃᆡ당ᄒᆞ리오. ≪朴諺, 中, 55ㅈ≫咳今日熱氣蒸人裏, 애 오ᄂᆞᆯ 熱氣 사ᄅᆞᆷ을 ᄶᅵᄂᆞ니. ≪朴諺, 下, 1ㅈ≫咳可惜了, 애 앗가올셔. ≪朴諺, 下, 6ㅈ≫咳我到處裏做生活時, 애 내 간 ᄃᆡ마다 셩녕을 호ᄃᆡ. ≪朴諺, 下, 13ㅎ≫咳這一除甚麽好, 애 이 ᄒᆞᆫ 벼ᄉᆞᆯ이 므스시 됴흐뇨. ≪朴諺, 下, 15ㅎ≫咳事不過三日, 애 일이 사흘이 디나디 몯ᄒᆞ여셔. ≪朴諺, 下, 27ㅈ≫咳一件好物, 애 ᄒᆞᆫ 벌 됴ᄒᆞᆫ 거시라. ≪朴諺, 下, 31ㅎ≫咳正是一條好漢, 애 졍히 一條好漢이러라. ≪朴諺, 下, 43ㅎ≫咳春奴, 애 春奴ㅣ아. ≪朴諺, 下, 57ㅈ≫咳沒頭口却怎的好, 애 즘승이 업ᄉᆞ니 엇디ᄒᆞ여 됴흐료. ≪朴諺, 下, 61ㅎ≫咳美戒, 애 아ᄅᆞᆷ답다.

애(艾) 명 쑥. ❶⇔ᄡᅮᆨ. ≪朴諺, 上, 35ㅈ≫脚内踝上灸了三壯艾來, 발 안쮜머리 우희 三壯 ᄡᅮᆨ으로 ᄠᅳ니. ❷⇔쑥. ≪朴諺, 上, 35ㅎ≫把那艾來揉的細着, 뎌 쑥을다가 부뷔기를 ᄀᆞᄂᆞᆯ게 ᄒᆞ야.

애(挨) 동 순서를 따르다. 순번을 좇다. ≪集覽, 字解, 單字解, 2ㅎ≫挨. 音애, 平聲. 俗語挨次謂循次. 歷審無攙越之意 ᄎᆞᆫᄎᆞ니 ᄒᆞ다. 又吏語, 挨究·挨捕.

애(涯) 명 가[邊]. 가장자리 . ≪朴諺, 上, 62ㅈ≫無邉無涯的是浮萍蒲棒, 無邉 無涯ᄒᆞᆫ 거슨 이 浮萍과 蒲棒이오.

애(捱) 동 한정(限定)하다. 한도로 하다. ⇔그슴ᄒᆞ다. ≪集覽, 字解, 單字解, 2ㅎ≫捱. 正作涯. 倚限有恃之意 그슴ᄒᆞ다, 捱到十年 열 ᄒᆡ 다ᄃᆞᆮ도록.

애(碍) 형 해롭다. ⇔해롭다. ≪朴諺, 上, 13ㅎ≫這們時不碍事, 이러면 일에 해롭디 아니ᄒᆞ다. ≪朴諺, 中, 33ㅈ≫碍甚麽事, 므슴 일에 해로오리오.

애(愛) 동 아끼다. 중시하다. ⇔앗기다. ≪朴諺, 中, 57ㅎ≫愛錢買東西, 돈을 앗기며 자븐것 사려 ᄒᆞ거든.

애(噯) 감 아! 아아!. 아이고!. ≪集覽, 字解, 單字解, 2ㅈ≫噯. 五音集韻, 烏盖切, 氣也. 今呼驚訝之聲曰噯, 借用爲字也. 考韻書作欸是.

-애 조 -에. ≪朴諺, 上, 35ㅎ≫這般時, 이리 홈애. ≪朴諺, 上, 49ㅎ≫張弓有別力飮酒有別腸腹, 張弓애 別力이 잇고 飮酒애 別腸이 잇ᄂᆞ니라. ≪朴諺, 上, 54ㅈ≫不致拖欠, 믄그어 ᄠᅥᄅᆞ팀애 니ᄅᆞ게 말고. ≪朴諺, 上, 60ㅈ≫遠望高接青霄, 멀리 ᄇᆞ라매 놉히 프른 하ᄂᆞᆯ에 졉ᄒᆞ엿고. ≪朴諺, 中, 15ㅎ≫那般不小心收拾身己, 뎌리 小心ᄒᆞ여 몸을 收拾디 아니홈애. ≪朴諺, 下, 27ㅎ≫我買的不應心, 내 사기 ᄆᆞᄋᆞᆷ애 맛당티 몯ᄒᆞ여라. ≪朴諺, 下, 33ㅎ≫這間壁磨房裏取將來, 이 ᄉᆞ잇 ᄇᆞᄅᆞᆷ매(애) ᄀᆞᄂᆞᆫ집의 가져오쟈. ≪朴諺, 下, 42ㅎ≫臨明喫和和飯, ᄇᆞᆰ음애 님ᄒᆞ여 온반을 먹드라.

애갈(艾褐) 명 쑥의 빛깔이 나는 갈색. ≪朴諺, 上, 63ㅈ≫我的串香褐(集覽, 朴集, 上, 15ㅎ: 串香褐. 串香褐·麝香褐·鷹背褐·蜜褐·茶褐, 卽黃黑雜色也. 玉褐·艾褐·水褐·銀褐, 卽白黑雜色也. 藕褐, 卽紫黑雜色也.)通袖膝欄五彩綉帖裏, 내 텁향빗체 通袖 膝欄ᄒᆞ고 五彩로 綉노ᄒᆞᆫ 텰릭과.

애고(崖高) 명 높은 벼랑. ≪朴諺, 中, 32ㅎ≫崖高道窄, 崖高 道窄ᄒᆞ니.

애구(挨究) 동 찬찬하게 애써 끝까지 찾다. 추궁하다. ≪集覽, 字解, 單字解, 2ㅎ≫挨. 音애, 平聲. 俗語挨次謂循次. 歷審無攙越之意 ᄎᆞᆫᄎᆞ니 ᄒᆞ다. 又吏語, 挨究·挨捕. ≪吏文輯覽 11≫挨究. 挨, 俗言 ᄎᆞᆫᄎᆞᆫ. 究, 窮尋.

애기(艾氣) 명 쑥을 태울 때 나오는 기운. ≪朴諺, 上, 35ㅎ≫艾氣肚裏入去, 艾氣

ㅇ

빅에 드러가.

애도(捱到) 동 다다르다. 이르다. …가 되다. ⇔다둗다. ≪集覽, 字解, 單字解, 2ㅎ≫捱. 正作涯. 倚限有恃之意 그슴ᄒ다, 捱到十年 열 히 다둗도록.

애돌다 형 애달프다. ≪集覽, 字解, 單字解, 6ㅈ≫殺. 氣殺我 애돌와 셜웨라, 猶言以此而可至於死也. 又愁殺人 사ᄅ믈 ᄀ장 근심ᄒ야 셟게 ᄒ다. 又廝殺 싸호다. 又助語辭. 最深殺 ᄀ장 깁다.

애쁴오다 동 애씌우다. 애쓰게 하다. ⇔기살(氣殺). ≪朴諺, 上, 32ㅈ≫眞箇氣殺我, 진실로 날을 애쁴오ᄂ니라. ≪朴諺, 中, 18ㅈ≫氣殺我也, 날을 애쁴온다.

애석(愛惜) 동 아끼다. 소중하게 생각하다. ⇔앗기다. ≪朴諺, 上, 10ㅎ≫你來, 이바. 休愛惜那飯, 뎌 밥을 앗기디 말고.

애심마사(碍甚麽事) 형 무던하다. 무방하다. ⇔므던ᄒ다. ≪集覽, 字解, 累字解, 3ㅈ≫碍甚事. 므슴 이리 방애ᄒ료. 猶言므던ᄒ다. ≪集覽, 字解, 累字解, 3ㅈ≫碍甚麽事. 上同.

애심사(碍甚事) 형 무던하다. 무방하다. ⇔므던ᄒ다. ≪集覽, 字解, 累字解, 3ㅈ≫碍甚事. 므슴 이리 방애ᄒ료. 猶言므던ᄒ다.

애차(挨次) 부 정해진 차례로. 순서대로. ≪集覽, 字解, 單字解, 2ㅎ≫挨. 音해, 平聲. 俗語挨次謂循次. 歷審無攙越之意 ᄎᄎ니 ᄒ다. 又吏語, 挨究·挨捕.

애포(挨捕) 동 엄중히 수색하여 찾다. 체포하다. ≪集覽, 字解, 單字解, 2ㅎ≫挨. 音해, 平聲. 俗語挨次謂循次. 歷審無攙越之意 ᄎᄎ니 ᄒ다. 又吏語, 挨究·挨捕.

액두(額頭) 명 이마[額]. ⇔니마ㅎ. ≪朴諺, 中, 48ㅎ≫額頭上跌破了, 니마히 구러뎌 해야디니.

앵도(櫻桃) 명 앵두. ⇔잉도. ≪朴諺, 上, 4ㅎ≫柑子, 柑子와. 石榴, 石榴와. 香水梨, 香水梨와. 櫻桃, 櫻桃와. 杏子, 슬고와. ≪朴諺, 上, 6ㅈ≫杏兒·櫻桃諸般鮮果, 슬고와 잉도와 여러 가지 鮮果를. ≪朴諺, 上, 37ㅎ≫這箇是櫻桃, 이거슨 이 櫻桃ㅣ로다.

야(也) 부 또. …도 또한. …도 역시. ⇔또. ≪集覽, 字解, 單字解, 2ㅎ≫也. 在詞之上者, 又也. 也好 또 됴타, 也是 또 올타. 在詞之中者, 承上起下之辭. 我也去 나도 가마. 在詞之終者, 語助. ≪朴諺, 上, 14ㅎ≫也不是常行的, 또 常行엣 거시 아니라. ≪朴諺, 上, 19ㅈ≫也不打緊, 또 打緊티 아니ᄒ니. ≪朴諺, 上, 56ㅈ≫也有些撒蹄, 또 져기 굽ᄀ리미 잇더라. ≪朴諺, 上, 64ㅈ≫生達達·回回如今也都會了, 生達達·回回도 이제는 또 다 아ᄂ니라. ≪朴諺, 中, 1ㅈ≫也有弄棒的, 또 막대 弄ᄒᄂ 이 이시니. ≪朴諺, 中, 17ㅎ≫咳這孩兒也好不識, 애 이 아히 또 ᄀ장 아디 몯ᄒ다. ≪朴諺, 中, 27ㅎ≫也打殺撇在坑裏, 또 텨 죽여 디함에 드리티고. ≪朴諺, 中, 27ㅎ≫也打殺撇在那坑裏, 또 텨 죽여 그 디함에 드리티고. ≪朴諺, 中, 50ㅈ≫也不要違了我的言語, 또 내 말을 어긔오디 마쟈. ≪朴諺, 中, 60ㅎ≫也不見的, 또 일흘까 ᄒ노라. ≪朴諺, 下, 1ㅎ≫也恠不的虫子, 또 좀도 허믈 몯홀 거시니. ≪朴諺, 下, 16ㅎ≫買時買四書六經也好, 살쟉시면 四書와 六經을 삼이 또 됴흐니. ≪朴諺, 下, 19ㅈ≫唐僧也引徒弟去到王所, 唐僧이 또 徒弟를 ᄃ리고 王의 곳에 니ᄅ니. ≪朴諺, 下, 38ㅈ≫也不小可, 또 젹디 아니타. ≪朴諺, 下, 40ㅎ≫也不要工錢, 또 工錢도 받디 아니호ᄃᆡ. ≪朴諺, 下, 51ㅎ≫也不學屈原投江, 또 屈原의 投江을 비호디 아니ᄒ니.

야(也) 조 -도. …도 또한. ⇔-도. ≪集覽, 字解, 單字解, 2ㅎ≫也. 在詞之上者, 又也. 也好 또 됴타, 也是 또 올타. 在詞之中者, 承上起下之辭. 我也去 나도 가마. 在詞之終者, 語助. ≪朴諺, 上, 7ㅎ≫酒也醉了茶飯也飽了, 술도 醉ᄒ엿고 茶飯도 ᄇᆡ브르다. ≪朴諺, 上, 20ㅈ≫二十兩也不

勾, 二十兩도 유여티 못ᄒᆞ여라. ≪朴諺, 上, 35ㅈ≫如今飯也喫得些箇却無事了, 이제ᄂᆞᆫ 밥도 져기 먹고 또 無事ᄒᆞ여라. ≪朴諺, 上, 48ㅈ≫京都也沒甚麽買賣, 셔울도 아ᄆᆞ란 買賣ㅣ 홀 거시 업드라. ≪朴諺, 上, 66ㅎ≫不到三歲下世去的也有的, 三歲에 니ᄅᆞ디 못ᄒᆞ여셔 下世ᄒᆞ여 가ᄂᆞ니도 잇ᄂᆞ니라. ≪朴諺, 中, 15ㅎ≫生果子也多喫了, ᄉᆡᆼ과실도 만히 먹고. ≪朴諺, 中, 24ㅈ≫咱也到佛所, 우리도 佛所에 가. ≪朴諺, 中, 30ㅈ≫稀粥也熬着裏, ᄆᆞᆯ근 쥭도 ᄡᅮ엇다. ≪朴諺, 中, 45ㅈ≫來的客人們也道我精細, 오ᄂᆞᆫ 客人들토 날을 精細타 닐ᄋᆞ리라. ≪朴諺, 中, 52ㅈ≫我也沒甚麽幹的勾當, 나도 아므란 홀 일이 업고. ≪朴諺, 中, 60ㅈ≫口也順, 입도 슌ᄒᆞ고. ≪朴諺, 下, 3ㅎ≫正是瘦禽也飛不到, 졍히 瘦禽도 ᄂᆞ라가디 못ᄒᆞ고. ≪朴諺, 下, 4ㅎ≫久後你也得證果金身, 오란 후에 너도 證果金身홈을 어드리라. ≪朴諺, 下, 8ㅈ≫我也隨喜去來, 나도 구경ᄒᆞ라 가쟈. ≪朴諺, 下, 15ㅈ≫我也跟官人時莭(節), 나도 官人을 조차 ᄃᆞᆫ닐 제. ≪朴諺, 下, 19ㅎ≫先生也稽首迴禮, 先生도 稽首ᄒᆞ고 迴禮ᄒᆞ더라. ≪朴諺, 下, 24ㅈ≫伯眼大仙也割下頭來, 伯眼大仙도 머리를 버혀 ᄂᆞ리와. ≪朴諺, 下, 41ㅈ≫咳年紀也小裡, 애 나도 졈닷다. ≪朴諺, 下, 60ㅎ≫咱婦人家也聽的這衆人之言, 우리 婦人도 이 衆人의 말을 드ᄅᆞ니.

야(夜) 명 밤. ⇔밤. ≪朴諺, 中, 44ㅈ≫月明紗窓秋夜半, ᄃᆞᆯ이 紗窓에 ᄇᆞᆰ고 ᄀᆞᄋᆞᆯ밤이 반만 ᄒᆞᆫ 제. ≪朴諺, 下, 13ㅎ≫能盖萬間房, ᄂᆞᆼ히 萬間 房을 지어도. 夜眠一廈間, 밤의 一廈 間에 잔다 ᄒᆞᄂᆞ니라.

야(偌) 부 너무. ⇔너므. ≪集覽, 字解, 單字解, 7ㅈ≫偌. 太甚也. 偌大 너므 크다, 偌多 너므 하다. 又하나한. 通作熱.

야(野) 명 들. ⇔들. ≪朴諺, 中, 34ㅈ≫拔野菜去, 들ᄂᆞ물을 ᄏᆡ라 가되.

야(惹) 동 짐작하다. ⇔짐작ᄒᆞ다. ≪朴諺, 中, 57ㅎ≫我先惹你來, 내 몬져 너를 짐작ᄒᆞ냐.

-야 어미 ❶-야. ≪朴諺, 中, 3ㅈ≫這槓子多直的一兩銀儘勾也, 이 槓 만히 ᄡᅡ야 ᄒᆞᆫ 냥 銀이 잇긋 유여ᄒᆞ거늘. ≪朴諺, 中, 32ㅈ≫咱那箇山裏去好, 우리 어ᄂᆡ 산에 가야 됴ᄒᆞ료. ❷-어. ≪朴諺, 中, 22ㅈ≫隨相現相救苦惱於三塗, 샹을 조차 샹을 뵈야 苦惱를 三塗에 救ᄒᆞᄂᆞᆫ또다. ≪朴諺, 中, 28ㅈ≫帶累一家人都死也怎的好, 온 집 사ᄅᆞᆷ이 버므리여 다 죽을 ᄡᅥ시니 엇디 ᄒᆞ여야 됴ᄒᆞ리오. ≪朴諺, 中, 40ㅎ≫那瓦水潤了無些氣力, 뎌 디새 믈 빅야 져기 힘이 업스니. ❸-여. ≪集覽, 字解, 單字解, 1ㅈ≫待. 擬要也 ᄒᆞ마 그리 호려 ᄒᆞ다라. 又欲也. 待賣幾箇馬去 여러 ᄆᆞ를 ᄑᆞᆯ오져 ᄒᆞ야 가노라. ≪朴諺, 上, 1ㅈ≫洪福齊天, 큰 福이 하ᄂᆞᆯ과 ᄀᆞᄌᆞᆨᄒᆞ야. ≪朴諺, 上, 34ㅈ≫准備窘笠·瓦鉢, 굴갓과 어유아리를 准備ᄒᆞ야. ≪朴諺, 上, 35ㅎ≫氣脉通行便好了, 氣脉이 通行ᄒᆞ야 곳 됴핫거니와. ≪朴諺, 上, 54ㅈ≫其銀限至下年幾月內, 그 은을 限이 ᄂᆡ년 아므 ᄃᆞᆯ ᄂᆡ에 니ᄅᆞ게 ᄒᆞ야. ≪朴諺, 上, 66ㅈ≫發大慈心, 큰 慈心을 發ᄒᆞ야. ≪朴諺, 中, 10ㅈ≫隨問到本都在城某坊住某官人處賣與, 隨問ᄒᆞ야 本都 잣 안 아므 坊에셔 사ᄂᆞᆫ 아므 官人의손ᄃᆡ 가 ᄑᆞ라 주되. ≪朴諺, 中, 19ㅎ≫把那驢·騾們喂的好着, 뎌 나귀·노새들을 먹이기를 잘ᄒᆞ야. ≪朴諺, 中, 23ㅎ≫救衆生難, 衆生의 難을 救ᄒᆞ야. ≪朴諺, 中, 30ㅈ≫你把那鑞壺瓶汕的乾淨着, 네 뎌 鑞瓶을다가 부싀기를 乾淨히 ᄒᆞ야. ≪朴諺, 中, 44ㅈ≫着碁論談能消日, 바독 두며 論談ᄒᆞ야 능히 消日ᄒᆞ고. ≪朴諺, 下, 15ㅎ≫那廝先告官, 뎌 놈이 몬져 구의에 告ᄒᆞ야. ≪朴諺, 下, 20ㅈ≫强的上拜爲師傅, 나으니를 拜ᄒᆞ야 스승을 삼쟈. ≪朴諺, 下, 36ㅈ≫三迴連打上了, 세 번을 년ᄒᆞ야 텨 올려다. ≪朴諺, 下, 50ㅎ≫自飮自歌, 自飮 自歌ᄒᆞ야. ≪朴

諺, 下, 60ㅈ≫願主公用心救百姓受苦, 願컨대 主公은 用心ᄒᆞ야 百姓의 受苦호ᄆᆞᆯ 救ᄒᆞ쇼셔.

-야 조 -야. (호격) ≪朴諺, 上, 16ㅈ≫張舍你來, 張가야 이바. ≪朴諺, 上, 23ㅈ≫來麽兄弟, 오라 아ᄋᆞ야. ≪朴諺, 下, 25ㅎ≫這賊養漢生的小驢精, 이 도적 화냥년의 난 나괴삐야.

야구(野狗) 명 여우. ⇔여ᄋᆞ. ≪朴諺, 上, 28ㅎ≫珠結子的蓋兒野狗尾子罕荅哈, 구슬로 ᄆᆡ자 ᄭᅵᆫ 여ᄋᆞ ᄭᅩ리 罕荅哈ㅣ러라.

야낭(爺娘) 명 어버이. ❶⇔어버. ≪朴諺, 下, 37ㅎ≫孩兒使爺娘的, ᄌᆞ식은 어버의 거슬 ᄡᅳ고. 奴婢使使長的, 죻은 뇌연의 거슬 ᄡᅳᄂᆞ니. ❷⇔어버이. ≪朴諺, 中, 9ㅎ≫他的爺娘立與文書來, 제 어버이 文書를 셰워 주어시니. ≪朴諺, 下, 10ㅎ≫托着爺娘福蔭裏, 爺娘의 福蔭을 닙어.

야다(偌多) 관 하고많은. 많고 많은. ⇔하나한. ≪集覽, 字解, 單字解, 7ㅈ≫偌. 太甚也. 偌大 너므 크다, 偌多 너므 하다. 又하나한. 通作熱.

야다(偌多) 형 (너무) 많다. 이렇게 많다. 많고 많다. ⇔많다. ≪集覽, 字解, 單字解, 7ㅈ≫偌. 太甚也. 偌大 너므 크다, 偌多 너므 하다. 又하나한. 通作熱. ≪朴諺, 中, 53ㅈ≫得偌多賞賜, 만흔 賞賜를 엇도다. 休道是偌多鈔錠段子, 이 만흔 鈔錠과 비단을 니ᄅᆞ디 말라.

-야다 어미 -였다. ≪集覽, 字解, 單字解, 3ㅈ≫着. 使之爲也. 着落 ᄒᆡ여곰, 着他 뎌 ᄒᆞ야. 又置也. 着塩 소곰 두다. 又中也. 着了 맛다. 又見人所行之事, 正合人所指望之, 方則亦曰着了 마초ᄒᆞ야다. 又實也. 着實 실히. 又語助. 又穿衣服也.

야대(偌大) 형 너무 크다. 이렇게 크다. 그렇게 크다. ≪集覽, 字解, 單字解, 7ㅈ≫偌. 太甚也. 偌大 너므 크다, 偌多 너므 하다. 又하나한. 通作熱.

-야도 어미 -여도. ≪朴諺, 上, 54ㅎ≫照依時價准折無詞, 時價에 照依ᄒᆞ야 准折ᄒᆞ야도 말 못ᄒᆞ고.

야래(夜來) 명 어제. 작일(昨日). ⇔어제. ≪集覽, 字解, 單字解, 4ㅈ≫來. 來往. 又語助. 你來 이바, 夜來 어제, 有來 잇더라, 去來 가다. 又數物而有餘數, 未的知之辭. 十來箇 여라믄, 十里來地 십 리만 ᄒᆞᆫ ᄃᆡ, 十來日 여라믄 날. ≪朴諺, 上, 24ㅎ≫夜來兩箇舍人操馬, 어제 두 舍人이 ᄆᆞᆯ 됴습호ᄃᆡ. ≪朴諺, 上, 52ㅈ≫大舍夜來乾走了一遭, 大舍ㅣ 어제 쇽졀업시 ᄒᆞᆫ 디위 ᄃᆞᆫ녀다. ≪朴諺, 中, 2ㅎ≫夜來着李三, 어제 李三으로 ᄒᆞ여. ≪朴諺, 中, 33ㅎ≫夜來箇都收割了麻, 어제 삼을 다 거두어 ᄇᆡ여시니.

야묘(夜猫) 명 올빼미. ⇔옷밤이. ≪朴諺, 中, 35ㅎ≫那廝們只是夜猫, 뎌 놈들은 그저 옷밤이오.

야반(夜飯) 명 저녁밥. 석반(夕飯). ≪朴諺, 下, 45ㅈ≫夜飯少一口, 夜飯은 ᄒᆞᆫ 입을 젹게 ᄒᆞ면. 活到九十九, 살기를 九十九에 니ᄅᆞ다 ᄒᆞ니라.

야사(也似) 부 듯이. ⇔ᄃᆞ시. ≪朴諺, 中, 8ㅈ≫飛也似緊驪, ᄂᆞᄂᆞᆫ ᄃᆞ시 재고.

야사(也似) 형 같다. ❶⇔ᄀᆞᄐᆞ다. ≪朴諺, 上, 26ㅈ≫騎着一箇墨丁也似黑五明馬, ᄒᆞᆫ 墨丁 ᄀᆞᄐᆞᆫ 가라간쟈ᄉᆞ죡빅ᄆᆞᆯ을 ᄐᆞ고. ≪朴諺, 中, 29ㅎ≫只是一剗狼牙也似, 그저 ᄒᆞᆫ골ᄀᆞ티 일희 니 ᄀᆞᄐᆞ니. ≪朴諺, 下, 31ㅎ≫燈盞也似兩隻眼, 등잔 ᄀᆞᄐᆞᆫ 두 눈에. 山也似不動憚, 山 ᄀᆞᄐᆞ여 動憚티 아니ᄒᆞ니. ❷⇔ᄀᆞᆺ다. ≪朴諺, 下, 26ㅎ≫血點也似, 血點 ᄀᆞᆺ고.

야시(也是) 형 또 옳다. …하는 편이 옳다. ≪集覽, 字解, 單字解, 2ㅎ≫也. 在詞之上者, 又也. 也好 ᄯᅩ 됴타, 也是 ᄯᅩ 올타. 在詞之中者, 承上起下之辭. 我也去 나도 가마. 在詞之終者, 語助.

야시(夜市) 명 밤에만 물건을 파는 장. 야시장(夜市場). ≪朴諺, 上, 23ㅈ≫斂些錢做翫月會(集覽, 朴集, 上, 8ㅈ: 翫月會. 東京錄云, 中秋夜, 貴家結飾臺榭, 民間爭占

酒樓翫〈玩〉月, 絲簧鼎沸, 近內庭居民, 夜深遙聞笙竽之聲, 宛若雲外天樂, 閭里兒童連宵嬉戲, 夜市駢闐, 至於通曉.), 져기 돈 거두어 翫月會를 ᄒᆞ쟈.

야심(夜深) 형 야심(夜深)하다. 밤이 깊다. ≪朴諺, 上, 23ㅈ≫斂些錢做翫月會(集覽, 朴集, 上, 8ㅈ: 翫月會. 東京錄云, 中秋夜, 貴家結飾臺榭, 民間爭占酒樓翫〈玩〉月, 絲簧鼎沸, 近內庭居民, 夜深遙聞笙竽之聲, 宛若雲外天樂, 閭里兒童連宵嬉戲, 夜市駢闐, 至於通曉.), 져기 돈 거두어 翫月會를 ᄒᆞ쟈.

야야(爺爺) 명 어른에 대한 높임말. ≪朴諺, 下, 47ㅈ≫粧二郎爺爺(集覽, 朴集, 下, 10ㅎ: 二郎爺爺. 二郎, 神名, 爺爺, 尊敬之稱. 今遼東城內有二郎神廟.), 二郎爺爺를 ᄭᅮ며.

야유(夜遊) 명 밤놀이. ≪朴諺, 下, 49ㅈ≫好兒不看春, 好兒ᄂᆞᆫ 看春 아니ᄒᆞ고. 好女不看燈(集覽, 朴集, 下, 11ㅈ: 好女不看燈. 今人正月望夜, 夜遊觀月, 是其遺事.……今漢俗, 上元夜行過三橋, 則一年度厄, 謂之過橋. 傾城士女, 夜遊徹明, 頗有穢聲.), 好女ᄂᆞᆫ 看燈 아니ᄒᆞᆫ다 ᄒᆞᄂᆞ니라.

야중(夜中) 명 밤중. ≪朴諺, 下, 18ㅎ≫做羅天大醮(集覽, 朴集, 下, 4ㅎ: 大醮. 道經云, 醮, 祭名. 夜中於星辰之下, 陳設餠餌·酒果·幣物, 禋祀天皇·太乙·地祇·列宿.), 羅天大醮를 ᄒᆞ더니.

야채(野菜) 명 들나물. 야채. ⇔들ᄂᆞ믈. ≪朴諺, 中, 34ㅈ≫拔野菜去, 들ᄂᆞ믈을 ᄏᆡ라 가되.

야청 명 반물. 짙은 남빛. ⇔아청(鴉靑). ≪朴諺, 上, 24ㅎ≫経着一副鴉靑段子滿刺(刺)嬌護膝, ᄒᆞᆫ 부 야청 비단에 滿刺(刺)嬌 ᄒᆞᆫ 슬갑을 ᄆᆡ엿고.

야초(夜草) 명 밤에 마소에게 먹이는 풀. ≪朴諺, 上, 21ㅎ≫人不得橫財不富, 사ᄅᆞᆷ이 橫財를 엇디 못ᄒᆞ면 가ᄋᆞᆷ여디 못ᄒᆞ고. 馬不得夜草不肥, ᄆᆞᆯ이 夜草를 엇디 못ᄒᆞ면 ᄉᆞᆯ지디 못ᄒᆞᆫ다 ᄒᆞᄂᆞ니라.

야파(也罷) 감 그만둬! 좋아! 됐어! ⇔두워. ≪集覽, 字解, 累字解, 1ㅎ≫罷罷. 두워 두워. 亦曰也罷.

야행(夜行) 동 밤길을 가다. ≪朴諺, 下, 11ㅎ≫衣錦還鄕(集覽, 朴集, 下, 3ㅈ: 衣錦還鄕. 項羽屠咸陽, 與沛公分王. 又懷東歸, 曰, 富貴不歸故鄕, 如衣綉〈繡〉夜行.), 비단옷 닙고 고향의 도라가. ≪朴諺, 下, 49ㅈ≫好女不看燈(集覽, 朴集, 下, 11ㅈ: 好女不看燈. 今漢俗, 上元夜行過三橋, 則一年度厄, 謂之過橋. 傾城士女, 夜遊徹明, 頗有穢聲.), 好女ᄂᆞᆫ 看燈 아니ᄒᆞᆫ다 ᄒᆞᄂᆞ니라.

야호(也好) 형 또 좋다. …하는 편이 좋다. ≪集覽, 字解, 單字解, 2ㅎ≫也. 在詞之上者, 又也. 也好 ᄯᅩ 됴타, 也是 ᄯᅩ 올타. 在詞之中者, 承上起下之辭. 我也去 나도 가마. 在詞之終者, 語助.

야화(野火) 명 들불. ≪朴諺, 上, 39ㅈ≫狗有濺草之恩(集覽, 朴集, 上, 11ㅈ: 狗有濺草之恩. 晉太和中, 楊生養狗, 甚愛之. 後生飮酒醉, 行至大澤, 草中眠. 時値冬月, 野火起, 風又猛, 狗呼喚, 生不覺.), 개ᄂᆞᆫ 濺草ᄒᆞᆫ 恩이 잇고. 馬有垂繮之報, ᄆᆞᆯ은 垂繮ᄒᆞᆫ 報ㅣ 잇다 ᄒᆞᄂᆞ니라.

약 명 약. ⇔약(藥). ≪朴諺, 上, 38ㅈ≫兩箇先生合賣藥一箇坐一箇跳, 두 先生이 모다 약 ᄑᆞ노라 ᄒᆞ나흔 안잣고 ᄒᆞ나흔 ᄠᅱ노ᄂᆞᆫ 거시여. ≪朴諺, 下, 7ㅎ≫撓破了疥瘡搽那藥, 疥瘡을 글거 헐우고 뎌 약을 ᄇᆞᆯ라.

약(約) 부 거의. ⇔거의. ≪朴諺, 下, 52ㅎ≫約至某處, 거의 아므 곳에 가되. ≪朴諺, 下, 52ㅎ≫約賊幾人, 거의 도직 현 사ᄅᆞᆷ이.

약(若) 부 만일. ⇔만일. ≪朴諺, 上, 19ㅈ≫若廝的好時, 만일 젼메오기를 잘ᄒᆞ면. ≪朴諺, 中, 23ㅎ≫若人有難, 만일 사ᄅᆞᆷ이 어려옴이 잇거든. ≪朴諺, 中, 25ㅈ≫我若出直房來, 내 만일 直房으로셔 나와. ≪朴諺, 中, 28ㅈ≫若作非理必受其殃, 만

일 非理엣 일을 ᄒᆞ면 반ᄃᆞ시 그 앙화를 밧ᄂᆞ다 ᄒᆞ니. ≪朴諺, 中, 28ㅈ≫若官司知道時, 만일 官司ㅣ 알면. ≪朴諺, 中, 44ㅈ≫若你也到我樓上, 만일 너도 내 樓上에 오면.

약(藥) 명 약. ⇔약. ≪朴諺, 上, 38ㅈ≫兩箇先生合賣藥一箇坐一箇跳, 두 先生이 모다 약 ᄑᆞ노라 ᄒᆞ나흔 안잣고 ᄒᆞ나흔 뛰노ᄂᆞᆫ 거시여. ≪朴諺, 下, 7ㅎ≫撓破了疥瘡搽那藥, 疥瘡을 글거 헐우고 뎌 약을 ᄇᆞᆯ라.

약대 명 약대. 낙타. ⇔타(駝). ≪朴諺, 上, 15ㅈ≫駝骨底子, 약대 쌔 밋히. ≪朴諺, 上, 28ㅈ≫底下垂下着兩頭青珠兒結串的駝毛肚帶, 미틔 드리온 거슨 두 머리예 프른 구슬로 ᄆᆡ자 쎄온 약대 털로 ᄒᆞᆫ 빗대오. ≪朴諺, 上, 43ㅎ≫氈子·駝毛我都有, 담과 약대 털은 내게 다 이시니.

약도(藥刀) 명 약작두[藥斫刀]. ≪朴諺, 上, 38ㅈ≫這箇是藥刀, 이거슨 이 藥刀ㅣ로다.

약두(掠頭) 명 빗. ⇔귀밋빗기. ≪朴諺, 下, 28ㅎ≫掠頭兩箇怎麽賣, 귀밋빗기 둘흘 엇디 ᄑᆞᆯ짜. ≪朴諺, 下, 28ㅎ≫哥我與你這一箇刷牙一箇掠頭, 형아 내 너를 이 ᄒᆞᆫ 刷牙와 ᄒᆞᆫ 귀밋빗기를 줄 쩌시니. ≪朝鮮成宗實錄 156, 14年, 7月, 癸巳≫欽賜國王母銀一百兩, 金嵌寶石眞珠頭面一副, 掠頭一件, 火焰一件. 梔子花一件, 松竹梅一件, 梅花掩鬢一對, 菊花釵一件. ≪家禮輯覽, 圖說≫掠頭, 交於額上繞髻.

약료(藥料) 명 약제(藥劑). 약종(藥種). ≪朴諺, 上, 2ㅈ≫討南方來的蜜林檎燒酒(集覽, 朴集, 上, 1ㅈ: 蜜林檎燒酒. 質問云, 初蒸熱燒酒, 用蜜·葡萄相參〈叅〉浸, 久而食之, 方言謂之蜜林檎燒酒. 又云, 以麵爲麯, 還用藥料, 以燒酒爲漿, 下入熟麋內〈肉〉, 待熟榨之, 其味甚甜.)一桶, 南方으로셔 온 蜜林檎燒酒 ᄒᆞᆫ 통과. ≪朴諺, 上, 3ㅎ≫支與竹葉淸酒十五瓶·腦兒酒(集覽, 朴集, 上, 1ㅎ: 腦兒酒. 質問云, 做酒用糆麴藥料爲蘗, 久封不動, 其色紅而味最純厚.)五桶, 竹葉淸酒 十五瓶과 腦兒酒 五桶을 支與ᄒᆞ더라.

약립(篛笠) 명 굴갓. ⇔굴갓. ≪朴諺, 上, 34ㅈ≫准備篛笠(集覽, 朴集, 上, 10ㅎ: 篛笠. 音義云, 日灼切, 亦作篛, 竹皮笠.)·瓦鉢, 굴갓과 어유아리를 准備ᄒᆞ야. ≪朴諺, 下, 50ㅎ≫披着這篛笠·蓑衣, 이 篛笠·蓑衣를 닙고.

약수(弱水) 명 신선이 살았다는 중국 서쪽의 전설 속의 강. 길이가 3천 리나 되며 부력이 매우 약하여 기러기의 털도 가라앉는다고 한다. ≪朴諺, 上, 62ㅎ≫休誇天上瑤池(集覽, 朴集, 上, 15ㅈ: 瑤池. 列仙傳, 崐崘〈崑崙〉閬苑, 有〈白〉玉樓十二, 玄室九層, 左瑤池, 右翠水, 環以弱水九重, 非颷(飈)車羽輪, 不可到也. 註, 瑤池, 王母所居.), 天上 瑤池를 쟈랑티 말라.

약차(藥叉) 명 〈불〉 야차(夜叉). 팔부중(八部衆)의 하나로 사람을 괴롭히거나 해친다는 사나운 귀신. ≪朴諺, 中, 21ㅎ≫或作童女(集覽, 朴集, 中, 4ㅎ: 童男童女. 觀音現三十二應, 曰佛身, 曰辟支〈支〉, 曰圓覺, 曰聲聞, 曰梵王, 曰帝釋, 曰自在天, 曰大自在天, 曰天大將軍, 曰四天王, 曰四天太子, 曰人王, 曰長者, 曰居士, 曰宰官, 曰婆羅門, 曰比丘, 曰比丘尼, 曰優婆塞, 曰優婆夷, 曰女主, 曰童男, 曰童女, 曰天身, 曰龍身, 曰藥叉, 曰乾達婆, 曰阿脩羅, 曰緊那羅, 曰摩睺羅, 曰樂人, 曰非人.), 혹 童女ㅣ 되며.

약천(若天) 명 고려(高麗) 태조(太祖) 왕건(王建)의 자(字). ≪朴諺, 下, 58ㅎ≫咱本國是太祖(集覽, 朴集, 下, 12ㅈ: 太祖. 姓王氏, 諱建, 字若天, 松岳郡人. 幼而聰明, 龍顔日角.)姓王諱建表德若天, 우리 本國이 太祖의 姓은 王이오 諱ᄂᆞᆫ 建이오 字ᄂᆞᆫ 若天이니.

약칙(掠飭) 동 ❶씻고 닦다. ⇔싯닷다. ≪朴諺, 下, 44ㅈ≫掠飭的好着, 싯닷기를 잘ᄒᆞ라. ❷빼앗다. 약탈하다. ⇔앗다. ≪朴諺, 下, 30ㅈ≫顔色也都消了, 빗치 다 업

ㅇ

서시니. 你就饋我掠飭, 네 임의셔 날을 빗 아사 주고려.

양 명 ❶모양. ≪朴諺, 上, 4ㅎ≫或是獅仙糖, 혹 ᄉᆞ직 ᄐᆞᆫ 신션 양으로 ᄆᆡᆫ근 沙糖을 노코. ≪朴諺, 上, 24ㅎ≫午門外前看操馬去來, 午門 밧긔 ᄆᆞᆯ 됴습ᄒᆞᄂᆞᆫ 양 보라 가쟈. ≪朴諺, 上, 65ㅈ≫聽說佛法去來, 佛法 니ᄅᆞᄂᆞᆫ 양 드르라 가쟈. ≪朴諺, 下, 30ㅈ≫看摔挍來, 시름ᄒᆞᄂᆞᆫ 양 보ᄃᆞ니라. ≪朴諺, 下, 45ㅈ≫宋舍看打春去來, 宋개아 넙츈 노롯ᄒᆞᄂᆞᆫ 양 보라 가쟈. ❷양. 체. ≪朴諺, 上, 64ㅎ≫要甚麼多話, 므슴ᄒᆞ라 말 한 양 ᄒᆞ리오.

양 명 모양. ❶⇔모양(模樣). ≪朴諺, 中, 49ㅎ≫你敢怪我的摸(模)樣, 네 날을 허믈홀 듯홀 양이로다. ❷⇔양(樣). ≪朴諺, 下, 12ㅎ≫捲篷樣做, 무랑각 양으로 지으려 ᄒᆞ노라. ❸⇔양자(樣子). ≪朴諺, 中, 25ㅎ≫着了幾遍雨時都走了樣子, 여러 번 비를 마즈면 다 듧ᄲᅳᆯ 양이로다.

양 명 ❶양(胖). (소의 밥통을 고기로 이르는 말) ⇔두(肚). ≪朴諺, 上, 5ㅈ≫炮炒(集覽, 朴集, 上, 2ㅎ: 炮炒. 用醬和水炒之. 質問云, 如猪肚生切, 置於鍋中, 用緊火炒熟, 方言謂炮炒.)猪肚, 炮炒ᄒᆞᆫ 돗희 양과. ❷양(羊). ⇔양(羊). ≪朴諺, 上, 37ㅈ≫家後一群羊箇箇尾子長, 집 뒤희 ᄒᆞᆫ 무리 양이 낫낫치 ᄭᅩ리 긴 거시여. ≪朴諺, 上, 59ㅈ≫五錢銀子買一箇羊腔子(集覽, 朴集, 上, 14ㅎ: 羊腔子. 韻會云, 骨体曰腔. 音義云, 羊無首之名. 羊有首, 則人猒〈厭〉看. 今按, 漢俗屠羊出賣者, 皆去其首.), 닷 돈 은에 ᄒᆞᆫ 양의 얼골을 사. ≪朴諺, 中, 38ㅎ≫我羊市裏前頭磚塔衚衕裏, 내 양 져제 앏 벽탑골에. ≪朴諺, 下, 44ㅎ≫煮一脚羊肉着, ᄒᆞᆫ 다리 양의 고기를 ᄉᆞᆯ므라.

양(羊) 명 양. ⇔양. ≪朴諺, 上, 1ㅎ≫買二十箇好肥羊, 二十 낫 ᄀᆞ장 ᄉᆞᆯ진 羊을 사되. ≪朴諺, 上, 6ㅎ≫第一道爊羊蒸捲, 第一道ᄂᆞᆫ ᄆᆞ르고온 羊과 蒸捲 ᄯᅥᆨ이오. ≪朴諺, 上, 22ㅈ≫咱賭一箇羊着, 우리 ᄒᆞᆫ 羊을 더ᄂᆞ쟈. ≪朴諺, 上, 37ㅈ≫家後一群羊箇箇尾子長, 집 뒤희 ᄒᆞᆫ 무리 양이 낫낫치 ᄭᅩ리 긴 거시여. ≪朴諺, 上, 59ㅈ≫五錢銀子買一箇羊腔子(集覽, 朴集, 上, 14ㅎ: 羊腔子. 韻會云, 骨体曰腔. 音義云, 羊無首之名. 羊有首, 則人猒〈厭〉看. 今按, 漢俗屠羊出賣者, 皆去其首.), 닷 돈 은에 ᄒᆞᆫ 양의 얼골을 사. ≪朴諺, 中, 30ㅈ≫乾羊脚子煮着裏, ᄆᆞ른 羊의 다리를 ᄉᆞᆯ맛노라. ≪朴諺, 中, 38ㅎ≫我羊市裏前頭磚塔衚衕裏, 내 양 져제 앏 벽탑골에. ≪朴諺, 下, 13ㅎ≫可知每日兩箇羊爲頭兒, 그리어니 每日에 두 羊을 읏듬으로 ᄒᆞ고. ≪朴諺, 下, 44ㅎ≫煮一脚羊肉着, ᄒᆞᆫ 다리 양의 고기를 ᄉᆞᆯ므라.

양(兩) 관 ❶두[二]. ⇔두. ≪朴諺, 上, 13ㅈ≫一車兩擔家推將去, ᄒᆞᆫ 술위예 두 짐식 ᄒᆞ여 미러 가져가쟈. ≪朴諺, 上, 28ㅈ≫底下垂下着兩頭青珠兒結串的駝毛肚帶, 미틔 드리온 거슨 두 머리예 프른 구슬로 ᄆᆡ자 ᄢᅦ온 약대 털로 ᄒᆞᆫ 빗대오. ≪朴諺, 上, 32ㅈ≫把我的兩對新靴子都走破了, 내 두 ᄡᅡᆼ 새 훠를다가 다 ᄃᆞᆫ녀 해야ᄇᆞ리게 ᄒᆞ고. ≪朴諺, 上, 47ㅈ≫撓背兩箇錢, 등 므디ᄅᆞ기ᄂᆞᆫ 두 낫 돈이오. ≪朴諺, 上, 52ㅎ≫你打饋我兩張弓如何, 네 나를 두 댱 활을 ᄆᆡᆫᄃᆞ라 주미 엇더ᄒᆞ뇨. ≪朴諺, 上, 60ㅎ≫兩角獸頭都是青瑠璃, 두 모헤 獸頭ᄂᆞᆫ 다 青瑠璃오. ≪朴諺, 中, 3ㅎ≫兩頭有記事, 두 머리예 보람 이시니. ≪朴諺, 中, 5ㅎ≫兩瓶酒, 두 병 술이오. ≪朴諺, 中, 16ㅈ≫熬兩服喫, 두 복을 달혀 먹고. ≪朴諺, 中, 53ㅈ≫上位賞了一百錠鈔兩表裏段子, 上位ㅣ 一百 錠鈔와 두 안밧 비단을 샹ᄒᆞ시니라. ≪朴諺, 下, 2ㅈ≫將兩根香來燒, 두 ᄌᆞᄅᆞ 향을 가져다가 퓌오라. ≪朴諺, 下, 5ㅎ≫且打將兩擔水來, 아직 두 메웅 믈을 기러다가. ≪朴諺, 下, 20ㅈ≫更打了我兩鐵棒, ᄯᅩ 우리를 두 번 쇠막대로 티니. ≪朴諺, 下, 22ㅎ≫油鍋

兩邉看着, 기름 가마 두 편의셔 보와. ≪朴諺, 下, 47ㅈ≫街上兩行擺着行, 거리예 두 줄로 버러 가며. ❷두어. ⇔두어. ≪朴諺, 上, 30ㅎ≫這兩日不見他, 이 두어 날 뎌를 보디 못ᄒᆞ니. ≪朴諺, 上, 34ㅎ≫這兩日不見, 이 두어 날 보디 못ᄒᆞ엿더니. ≪朴諺, 下, 37ㅎ≫這兩日官司裡告了, 이 두어 날에 官司에 告ᄒᆞ여.

양(兩) 㽞 둘[二]. ⇔둘ㅎ. ≪朴諺, 中, 19ㅈ≫兩心相照亦不難, 둘희 ᄆᆞ음이 서르 비최면 ᄯᅩᄒᆞᆫ 어렵디 아니ᄒᆞ니라.

양(亮) 형 밝다. ⇔ᄇᆞᆰ다. ≪朴諺, 中, 35ㅎ≫亮窓裏面把簾子幔上, ᄇᆞᆯ근 창 안히 발을 다가 디(티)고.

양(凉) 형 차다[寒]. ⇔ᄎᆞ다. ≪朴諺, 下, 28ㅈ≫再將凉酪來, ᄯᅩ ᄎᆞᆫ 타락을 가져오라.

양(梁) 명 성씨(姓氏)의 하나. ≪朴諺, 上, 58ㅎ≫八里庄梁家花園裏做來, 八里庄 梁家 花園의셔 ᄒᆞ니라.

양(痒) 형 가렵다. ⇔ᄀᆞ렵다. ≪朴諺, 上, 13ㅎ≫痒的當不得, ᄀᆞ렵기를 當티 못ᄒᆞ여라. ≪朴諺, 下, 6ㅎ≫我害疥痒當不的, 내 옴 알파 ᄀᆞ려옴을 당티 못ᄒᆞ니.

양(量) 동 ❶(말[斗] 따위로) 되다. 재다. ⇔되다. ≪朴諺, 上, 12ㅎ≫斗量時不勾, 말로 되면 ᄎᆞ디 못ᄒᆞ리라. ≪朴諺, 下, 36ㅈ≫人不可貌相, 사ᄅᆞᆷ은 가히 얼굴로 상티 못ᄒᆞ고. 海不可斗量, 바다흔 가히 말로 되디 못ᄒᆞᆫ다 ᄒᆞ니. ❷헤아리다. 계산하다. 셈하다. ⇔혜아리다. ≪朴諺, 上, 60ㅈ≫深淺長短不可量, 深淺 長短을 可히 혜아리디 못ᄒᆞ고.

양(樣) 명 모양. ❶⇔모양. ≪朴諺, 中, 26ㅎ≫李大的帽兒樣兒可喜不走作, 李大의 갓이 모양이 곱고 듧쁘디 아니케 ᄆᆡᆫ드랏고. ❷⇔양. ≪朴諺, 下, 12ㅎ≫捲篷樣做, 무량각 양으로 지으려 ᄒᆞ노라. ❸⇔양자(樣子). ≪朴諺, 中, 15ㅈ≫傷着冷物的樣子, 冷物의 傷ᄒᆞᆫ 樣이오.

양(樣) 의 가지[種]. ⇔가지. ≪朴諺, 中, 12ㅈ≫各樣帳房室車, 여러 가지 帳房ᄒᆞᆫ 室車와.

양(樑) 명 마룻대. ⇔ᄆᆞᄅᆞ. ≪朴諺, 下, 12ㅎ≫檁, 납. 樑, ᄆᆞᄅᆞ. 椽, 혀. 柱, 기동. 短柱, 短柱. 叉竪, 작슈. 門框, 門얼굴. 門扇, 門짝. 吊窓, 들창. 天窓, 울어리창. 雙扇, 상다디. 單扇, 외다디. 窓欞, 창살로.

양(養) 동 ❶교합(交合)하다. 성교(性交)하다. 간통하다. ⇔어르다. ≪朴諺, 上, 34ㅈ≫到處裏養老婆, 간 곳마다 겨집을 어르니. ❷교합(交合)하여. 성교(性交)하여. 간통하여. ⇔얼러. ≪朴諺, 上, 31ㅎ≫那驢養下來的, 뎌 나귀 얼러 나흔 놈이.

양(養) 동 기르다. 키우다. ❶⇔기르다. ≪朴諺, 上, 51ㅎ≫養子方知父母恩, ᄌᆞ식을 길러야 보야흐로 父母 은혜를 안다 ᄒᆞ니라. ❷⇔기ᄅᆞ다. ≪朴諺, 上, 51ㅎ≫養孩兒好難, ᄌᆞ식 기ᄅᆞ기 ᄀᆞ장 어렵더라.

양(養) 동 낳다. 출산하다. ⇔나타. ≪集覽, 字解, 單字解, 7ㅎ≫養. 養成 기르다. 又生産曰養, 養孩兒 ᄌᆞ식 나타. 又呼淫婦宣淫者曰養漢的.

양(讓) 동 양보하다. 겸양하다. ⇔미다. ≪集覽, 字解, 單字解, 5ㅈ≫儘. 讓也, 任也. 儘他 제게 다와ᄃᆞ라, 儘讓 더긔 미다. 又縱令也. 儘敎 므던타. 又儘一儘 지긔우다. 又儘船 빗 ᄀᆞ장.

양가(良家) 명 지체가 있는 좋은 집안. ≪朴諺, 上, 41ㅎ≫幾時下紅定(集覽, 朴集, 上, 12ㅈ: 紅定. 晉武帝多簡良家女以充內職, 而自擇美者入選, 則以絳紗繫臂. 鎭軍將軍胡奮女入選, 亦以絳紗繫臂, 故俗謂定婚曰紅定.), 언제 紅定을 드리더뇨.

양가(梁家) 명 양씨(梁氏) 성(姓)을 가진 사람의 집. ≪朴諺, 上, 58ㅎ≫八里庄梁家花園裏做來, 八里庄 梁家 花園의셔 ᄒᆞ니라.

양간(羊肝) 명 양(羊) 간(肝)의 빛깔. 곧, 적갈색(赤褐色). ⇔양간빗ㅊ(羊肝-). ≪朴諺, 上, 26ㅎ≫羊肝漆鞊, 羊肝빗ᄎᆞ로 칠ᄒᆞᆫ ᄃᆞ래예.

양간(陽干) 명 천간(天干) 중에서 기수(奇

數)에 해당하는 것. 곧, 갑(甲)·병(丙)·무(戊)·경(庚)·임(壬). ≪朴諺, 上, 10ㅈ≫後日是天赦日(集覽, 朴集, 上, 5ㅈ: 天赦日. 春戊寅·夏甲午·秋戊申·冬甲子, 謂天道生育萬物而有其罪也. 甲戊爲陽干之德, 子午爲陰陽之成, 寅申爲陰陽之立, 以干德配之爲赦也, 可修造起工〈土〉.), 모뢰는 이 天赦日이니.

양간빗ㅊ(羊肝-) 명 양(羊) 간(肝)의 빛깔. 곧, 적갈색(赤褐色). ⇔양간(羊肝). ≪朴諺, 上, 26ㅎ≫羊肝漆黏, 羊肝빗츠로 칠 흔 드래예.

양강(良薑) 명 생강의 한 가지. 씨는 홍두구(紅荳蔻)라 하여 뿌리와 같이 한약재로 쓴다. ≪朴諺, 上, 7ㅈ≫都着些細料物(集覽, 朴集. 上, 3ㅎ: 細料物. 事林廣記食饌類, 細料物, 官桂·良薑·華撥草·豆蔻·陳皮·縮砂仁〈砂仁〉·八角·茴香各一兩, 川椒二兩, 杏仁五兩, 甘草一兩半, 白檀末半兩. 右共爲細末用之. 如欲出路停久用之者, 以水浸, 蒸餅爲丸, 如彈子大, 臨時湯泡用之. 今按, 漢俗謂·탕·숫·고·믈曰細料物.), 다 져기 ᄀᆞᄂᆞᆫ 교토를 두고.

양개(兩箇) 관 ❶두 (개). ⇔두. ≪朴諺, 上, 11ㅈ≫我有兩箇月俸來關, 내 두 ᄃᆞᆯ 뇨 ᄐᆞᆯ 써시 이셰라. ≪朴諺, 上, 18ㅎ≫左輔右弼板兒和兩箇束兒, 左輔右弼 돈과 두 뭇금쇠ᄂᆞᆫ. ≪朴諺, 上, 57ㅎ≫你將兩箇油紙帽兒來, 네 두 油紙帽를 가져와. ≪朴諺, 上, 57ㅎ≫孟舍有兩箇油紙帽兒, 孟가의게 두 油紙帽ㅣ 이시니. ≪朴諺, 中, 2ㅎ≫兩箇鋸鍬兒, 두 비목과. ≪朴諺, 下, 11ㅎ≫待兩箇月, 두 ᄃᆞᆯ을 기ᄃᆞ리면. ≪朴諺, 下, 22ㅈ≫行者教千里眼·順風耳等兩箇鬼, 行者ㅣ 千里眼과 順風耳 等 두 鬼神으로 ᄒᆞ여. ≪朴諺, 下, 46ㅈ≫一托來長的兩箇機角, ᄒᆞᆫ 발 기릐에 두 쁠이오. ❷두 (마리). ⇔두. ≪朴諺, 下, 13ㅎ≫可知每日兩箇羊爲頭兒, 그리어니 每日에 두 羊을 읏듬으로 ᄒᆞ고. ❸두 (명). ⇔두. ≪朴諺, 上, 24ㅎ≫夜來兩箇舍人操馬, 어제 두 舍人이 ᄆᆞᆯ 됴습호ᄃᆡ. ≪朴諺, 上, 28ㅎ≫兩箇舍人打扮的風風流流, 두 舍人의 비온거시 風風流流ᄒᆞ고. ≪朴諺, 上, 38ㅈ≫兩箇先生合賣藥一箇坐一箇跳, 두 先生이 모다 약 ᄑᆞ노라 ᄒᆞ나흔 안잣고 ᄒᆞ나흔 뛰노ᄂᆞᆫ 거시여. ≪朴諺, 中, 19ㅎ≫兩箇漢子, 두 놈은. ≪朴諺, 中, 19ㅎ≫又兩箇人, 또 두 사ᄅᆞᆷ은. ≪朴諺, 中, 27ㅎ≫他有兩箇婶(渾)家, 뎌 두 겨집이 이시니. ≪朴諺, 中, 40ㅈ≫你兩箇小厮慢慢的上去, 너 두 아희 날회여 올라가. ≪朴諺, 中, 40ㅎ≫都是你兩箇小畜生的勾當, 다 너희 두 가히ᄊᆡ의 일이라. ≪朴諺, 下, 4ㅎ≫叫一箇泥水匠和兩箇坌工來, ᄒᆞᆫ 泥匠이와 두 조역을 블러다가. ≪朴諺, 下, 21ㅈ≫又叫兩箇宮娥, 또 두 宮娥를 블러.

양개(兩箇) 수 둘[二]. 두 (명). ⇔둘ㅎ. ≪朴諺, 中, 36ㅈ≫咱兩箇去來買了段子, 우리 둘히 가 비단을 사고. ≪朴諺, 中, 50ㅎ≫咱兩箇交手時便見, 우리 둘히 交手ᄒᆞ면 곳 보리라. ≪朴諺, 中, 50ㅎ≫咱兩箇捽, 우리 둘히 시름호되. ≪朴諺, 中, 56ㅈ≫你弟兄兩箇引的那小厮們, 너희 弟兄 둘히 ᄃᆞ려 아희들을 ᄃᆞ려. ≪朴諺, 下, 16ㅎ≫我兩箇部前買文書去來, 우리 둘히 部 앏픠 칙 사라 가쟈. ≪朴諺, 下, 19ㅎ≫咱兩箇寃讎不小可裏, 우리 둘히 寃讎ㅣ 젹디 아니ᄒᆞ니라. ≪朴諺, 下, 20ㅈ≫咱兩箇對君王面前鬪(鬪)聖, 우리 둘히 君王 앏폴ᄃᆡᄒᆞ여 鬪(鬪)聖ᄒᆞ야. ≪朴諺, 下, 21ㅈ≫着兩箇猜裏面有甚麽, 둘흐로 ᄒᆞ여 안히 므서시 잇ᄂᆞᆫ고 알라 ᄒᆞ니. ≪朴諺, 下, 40ㅈ≫和我兩箇至好麽, 날과 둘히 ᄀᆞ장 됴컨마ᄂᆞᆫ. ≪朴諺, 下, 40ㅎ≫咱兩箇去來, 우리 둘히 가. ≪朴諺, 下, 57ㅎ≫沈進中和葛敬之教授兩箇, 沈進中과 葛敬之 教授 둘히.

양개(兩箇) 수 둘[二].두 (개). ❶⇔둘. ≪朴諺, 下, 28ㅎ≫刷牙兩箇, 刷牙 둘과. ❷⇔둘ㅎ. ≪朴諺, 上, 66ㅎ≫咱兩箇將些布施和香去, 우리 둘히 져기 보시와 항을 가

지고 가. ≪朴諺, 下, 28ㅎ≫掠頭兩箇怎麽賣, 귀밋빗기 둘흘 엇디 폴짜.

양경기(兩京記) 명 양경신기(兩京新記). 당(唐) 위술(韋述) 지음. 1권. 원본은 5권. 당대(唐代)의 장안(長安)과 낙양(洛陽)에 대하여 서술하였다. ≪朴諺, 下, 49ㅈ≫好女不看燈(集覽, 朴集, 下, 11ㅈ: 好女不看燈. 唐韋述兩京記曰, 正月十五日夜, 勑金吾弛禁, 前後各一日, 以觀燈.), 好女는 看燈 아니흔다 ᄒᆞᄂᆞ니라.

양구아(兩口兒) 관 두[二] (명). ⇔두. ≪朴諺, 上, 42ㅎ≫這兩口兒夫妻好爽利, 이 두 夫妻ㅣ ᄀᆞ장 영노슬갑더라.

양년(陽年) 명 지지(地支)가 자(子)·인(寅)·진(辰)·오(午)·신(申)·술(戌)인 해. ≪朴諺, 下, 46ㅎ≫立地赶牛(集覽, 朴集, 下, 10ㅎ: 立地赶牛. 芒神閑忙, 立春在正旦前後, 各五日內者是忙, 芒神與牛齊立, 在正旦前五辰外者是農早忙, 芒神在牛前立, 正旦後五辰外者是農晩閑, 芒神在牛後立, 子·寅·辰·午·申·戌陽年, 在左邊立, 丑·卯·巳·未·酉·亥陰年, 在右邊立.), 싸히 셔셔 쇼를 몰면.

양노파(養老婆) 동 계집질하다. ≪朴諺, 上, 34ㅈ≫到處裏養老婆, 간 곳마다 겨집을 어르니.

양대(養大) 동 크게 키우다. ≪朴諺, 上, 51ㅎ≫養大成人, 養大 成人ᄒᆞ니.

양도(兩道) 명 두 번. 두 차례. ≪朴諺, 上, 58ㅎ≫喫幾盞酒過兩道湯, 여러 잔 술 먹고 兩道 湯을 디내고.

양류(楊柳) 명 버드나무. ≪朴諺, 中, 22ㅎ≫執楊柳於掌內拂病體於輕安(集覽, 朴集, 中, 5ㅎ: 執楊柳於掌內拂病體於輕安. 佛圖澄, 天竺〈笁〉人也. 妙通玄術, 善誦呪, 能役使鬼神. 石勒聞其名, 召試其術, 澄取鉢盛水, 燒香呪之, 須臾, 鉢中生靑蓮花. 勒愛子暴病死, 澄又取楊枝沾水, 洒而呪之, 遂蘇. 自後凡謝僧醫病曰辱沾楊枝之水.), 楊柳를 손에 잡아 病體를 輕安흔ᄃᆡ 떨티고.

양명(揚名) 동 명성을 떨치다. 이름을 널리 알리다. ⇔양명ᄒᆞ다(揚名-). ≪朴諺, 上, 45ㅎ≫揚名於後世, 後世에 揚名ᄒᆞ야.

양명ᄒᆞ다(揚名-) 동 명성을 떨치다. 이름을 널리 알리다. ⇔양명(揚名). ≪朴諺, 上, 45ㅎ≫揚名於後世, 後世에 揚名ᄒᆞ야.

양미자(羊尾子) 명 양의 꼬리. ≪朴諺, 下, 32ㅈ≫水精角兒(集覽, 朴集, 下, 6ㅈ: 水精角兒. 飮饌正要云, 羊肉·羊脂·羊尾子·生葱·陳皮·生薑, 各細切, 入細料物, 塩醬拌匀爲餡. 用豆粉作皮包之, 水煮供食.), 水精角兒과.

양방(兩旁) 명 좌우. 양쪽. ≪朴諺, 上, 9ㅎ≫水渰過蘆溝橋(集覽, 朴集, 上, 4ㅎ: 蘆溝橋. 其一東南流, 入于蘆溝, 又東入于東安縣界. 去都城三十里, 有石橋跨于河, 廣二百餘步, 其上兩旁皆石欄, 雕刻石獅, 形狀奇巧, 成於金明昌三年.)獅子頭, 믈이 蘆溝橋 獅子ㅅ 머리를 줌가 너머.

양삼(兩三) 관 두세. ⇔두세. ≪朴諺, 中, 36ㅈ≫着鋸鉞兒釘在兩三處, 비목으로 두세 곳을 박고.

양삼개(兩三箇) 관 두세 (개). ⇔두세. ≪朴諺, 上, 50ㅎ≫上頭鋪兩三箇褯子, 우희 두세 깃을 ᄭᆞᆯ고.

양생(楊生) 명 양씨(楊氏) 성을 가진 젊은이. '생(生)'은 (성(姓) 뒤에 붙어) '젊은 사람'의 뜻을 더하는 접미사. ≪朴諺, 上, 39ㅈ≫狗有濺草之恩(集覽, 朴集, 上, 11ㅈ: 狗有濺草之恩. 晉太和中, 楊生養狗, 甚愛之. 後生飮酒醉, 行至大澤, 草中眠. 時値冬月, 野火起, 風又猛, 狗呼喚, 生不覺.), 개는 濺草흔 恩이 잇고. 馬有垂繮之報, ᄆᆞᆯ은 垂繮흔 報ㅣ 잇다 ᄒᆞ니라.

양성(養成) 동 기르다. 키우다. ⇔기르다. ≪集覽, 字解, 單字解, 7ㅎ≫養. 養成 기르다. 又生産曰養, 養孩兒 ᄌᆞ식 나타. 又呼淫婦宣淫者曰養漢的. ≪朴諺, 中, 10ㅈ≫養成軀使, 길러 브리되.

양수(凉水) 명 시원한 물. 찬물. ≪朴諺, 下, 32ㅎ≫水滑經帶麵(集覽, 朴集, 下, 6

ㅈ: 水滑經帶麵. 如此三四次, 微軟和餠劑, 就案上用拗棒拗百餘棒, 多揉數百拳. 至麪性行, 方可搓如指頭大, 新凉水內浸兩時許, 伺麵〈麪〉性行, 方下鍋, 闊〈濶〉細任意做.), 제믈엣 칼국슈와.

양식 명 양식(糧食). ⇔구량(口粮). ≪集覽, 字解, 單字解, 6ㅈ≫少. 多少. 又欠也. 少甚麽 므스거시 업스뇨. 少債 ᄂᆞᄆᆡ 비들 뻐디워 잇다. 又缺也. 缺少口粮 양시기 그처디다.

양아(梁兒) 명 마루쇠. ⇔ᄆᆞᄅᆞ쇠. ≪朴諺, 上, 15ㅈ≫梁兒·東兒打的輕妙着, ᄆᆞᄅᆞ쇠와 믓금싀(쇠)를 ᄆᆡᆫ들기를 輕妙히 ᄒᆞ고.

양아(搽兒) 명 양아(樣兒). '搽'은 '樣'과 같다. ≪朴諺, 中, 4ㅎ≫你將搽子(集覽, 朴集, 中, 1ㅈ: 搽兒〈子〉. 染家有簿冊一本, 有人求染絹帛者, 必於簿上記其物數及染色, 幷其染直以當契約者, 謂之搽兒.)來我看, 네 搽子를 가져오라 내 보쟈.

양아(樣兒) 명 견양(見樣). 본보기. ⇔견양. ≪朴諺, 中, 4ㅎ≫你將搽子(集覽, 朴集, 中, 1ㅈ: 搽兒〈子〉. 染家有簿冊一本, 有人求染絹帛者, 必於簿上記其物數及染色, 幷其染直以當契約者, 謂之搽兒.)來我看, 네 搽子를 가져오라 내 보쟈. ≪朴諺, 中, 4ㅎ≫假如明日這搽兒上的顔色, 가ᄉᆞ니일 이 견양엣 빗체셔.

양안(兩岸) 명 강이나 하천 따위의 양쪽 기슭. ≪朴諺, 下, 51ㅈ≫閑居兩岸靑蒲紅蓼灘邉, 兩岸 靑蒲 紅蓼 灘邉에 閑居ᄒᆞ야.

양약(良藥) 명 효험이 있는 좋은 약. ≪朴諺, 中, 18ㅎ≫强如良藥治病, 良藥으로 病 다ᄉᆞ림도곤 나으리라.

양양(洋洋) 형 바다가 한없이 넓다. ≪朴諺, 下, 50ㅎ≫彈一曲流水高山(集覽, 朴集, 下, 11ㅈ: 流水高山. 俄而志在流水. 子期曰, 善犹, 洋洋乎, 志在流水.), 一曲流水山을 ᄩᅳ며.

양언(兩言) 명 몇 마디의 말. ≪朴諺, 中, 10ㅈ≫兩言議定, 兩言에 議定ᄒᆞ야. ≪朴諺, 中, 39ㅎ≫兩言議定, 兩言 議定ᄒᆞ야.

양온서(良醞署) 명 명대(明代)의 관서 이름. 광록시(光祿寺)에 딸리어 술에 관한 일을 맡았다. ≪朴諺, 上, 2ㅈ≫咱們問那光祿寺(集覽, 朴集, 上, 1ㅈ: 光祿寺. 在東長安門內, 其屬有大官·珍〈珎〉羞·良醞·掌醢四署, 掌供辦內府諸品膳羞酒醴及管待使客之事.)裏, 우리 뎌 光祿寺에 무러. ≪朴諺, 上, 3ㅎ≫官人們文書分付管酒的署官(集覽, 朴集, 上, 1ㅎ: 署官. 良醞署, 卽光祿寺屬官也. 有署正·署丞·監事等官.)根底, 官人들이 文書를 술 ᄀᆞᅀᆞᆷ아는 署官의게 分付ᄒᆞ여.

양왕(梁王) 명 오대 양(五代梁) 태조 주온(朱溫: 朱全忠)을 일컫는 말. ≪朴諺, 下, 59ㅎ≫梁貞明(集覽, 朴集, 下, 12ㅎ: 梁貞明. 朱溫事唐僖宗, 賜名全忠, 拜宣武軍節〈莭〉度使, 封梁王.)四年三月裡, 梁貞明 四年 三月에.

양웅(揚雄) 명 한(漢)나라 성도(成都) 사람. 자(字)는 자운(子雲). 학식이 넓고 사부(辭賦)에 능하였다. 왕망(王莽)에게 나아가 벼슬하였다. 저서에 방언(方言)·태현경(太玄經)·양자법언(揚子法言) 등이 있다. ≪朴諺, 上, 11ㅎ≫關幾擔(集覽, 朴集, 上, 5ㅈ: 擔. 前漢[書]蒯通傳, 守甔石之祿. 應劭注, 擔, 受二斛. 楊(揚)雄傳, 家無甔石之儲.), 몃 짐을 ᄐᆞ료.

양웅(楊雄) 명 양웅(揚雄). '楊'은 '揚'의 잘못. ≪朴諺, 上, 11ㅎ≫關幾擔(集覽, 朴集, 上, 5ㅈ: 擔. 前漢[書]蒯通傳, 守甔石之祿. 應劭注, 擔, 受二斛. 楊(揚)雄傳, 家無甔石之儲.), 몃 짐을 ᄐᆞ료.

양육(羊肉) 명 양고기. ≪朴諺, 中, 5ㅎ≫分例支應(集覽, 朴集, 中, 1ㅈ: 分例支應. 元制, 正官一員, 一日宿頓, 該支〈支〉米一升, 麵一斤, 羊肉一斤, 酒一升, 柴一束, 經過減半, 從人一名, 止支〈支〉米一升, 經過減半.), 分例로 支應ᄒᆞ라. ≪朴諺, 中, 5ㅎ≫三斤羊肉, 서 근 羊肉과. ≪朴諺, 中, 6ㅎ≫撇些禿禿麽思(集覽, 朴集, 中, 1ㅎ:

秃秃麽思. 劑法如水滑麪〈麵〉, 和圓少彈劑〈剂〉, 冷水浸手掌, 按作小薄餅兒, 下鍋煮熟, 以盤盛, 用酥油炒片羊肉, 加塩炒至焦, 以酸甜湯拌和. 滋味得所, 別研蒜泥調酪, 任便加減, 使竹簽簽食之.), 젹이 믜역 져비 쓰고. ≪朴諺, 下, 32ㅈ≫羊肉餡饅頭, 羊肉 소 녀흔 상화과. ≪朴諺, 下, 32ㅈ≫水精角兒(集覽, 朴集, 下, 6ㅈ: 水精角兒. 飮饌正要云, 羊肉·羊脂·羊尾子·生葱·陳皮·生薑, 各細切, 入細料物, 塩醬拌勻爲餡. 用豆粉作皮包之, 水煮供食.), 水精角兒과.

양일(兩日) 명 이틀. ❶⇔이틀. ≪朴諺, 中, 11ㅈ≫一兩日上位郊天去, ᄒᆞᄅᆞ 이틀만 ᄒᆞ면 上位ㅣ 郊天ᄒᆞ라 가실 거시니. ❷⇔이틀. ≪朴諺, 上, 44ㅎ≫待一兩日了也, ᄒᆞᆫ 이틀만 ᄒᆞ면 ᄆᆞᄎᆞ리로다.

양자(兩字) 명 두 개의 글자. ≪朴諺, 上, 55ㅈ≫或寫餘白兩字着, 或 餘白 兩字를 쓰라.

양자(揉子) 명 양자(樣子). '揉'은 '樣'과 같다. ≪朴諺, 中, 4ㅎ≫你將揉子(集覽, 朴集, 中, 1ㅈ: 揉兒〈子〉. 染家有簿冊一本, 有人求染絹帛者, 必於簿上記其物數及染色, 幷其染直以當契約者, 謂之揉兒.)來我看, 네 揉子를 가져오라 내 보쟈.

양자(樣子) 명 ❶견양(見樣). 본보기. ≪朴諺, 中, 4ㅎ≫你將揉子(集覽, 朴集, 中, 1ㅈ: 揉兒〈子〉. 染家有簿冊一本, 有人求染絹帛者, 必於簿上記其物數及染色, 幷其染直以當契約者, 謂之揉兒.)來我看, 네 揉子를 가져오라 내 보쟈. ❷모양. 형상. ⇔얼굴. ≪朴諺, 中, 30ㅎ≫那裏將那般好衣服好鞍馬來㢶揉子, 어듸 가 뎌리 됴흔 옷과 됴흔 鞍馬를 가져와 얼굴을 비언ᄂᆞᆫ고.

양자(樣子) 명 모양. ❶⇔양. ≪朴諺, 中, 25ㅎ≫着了幾遍雨時都走了揉子, 여러 번 비를 마즈면 다 듧ᄠᅳᆫ 양이로다. ❷⇔양(樣). ≪朴諺, 中, 15ㅈ≫傷着冷物的揉子, 冷物의 傷ᄒᆞᆫ 揉이오.

양자방지부모은(養子方知父母恩) 구 자식을 길러봐야 부모 마음을 안다는 뜻. ≪朴諺, 上, 51ㅎ≫養子方知父母恩, ᄌᆞ식을 길러야 보야흐로 父母 은혜를 안다 ᄒᆞ니라.

양장(羊腸) 명 양의 창자. ≪朴諺, 上, 7ㅈ≫第四道三鮮湯(集覽, 朴集, 上, 3ㅎ: 鮮湯. 質問云, 魚·蛤·蠏三味合爲一羹, 或鷄·鴨·鵝〈鵞〉三味合爲羹, 方言俱謂之三鮮湯. 又云〈言〉, 以羊腸·豆粉做假蓮蓬·假茭菰·假合呑魚, 謂之三鮮. 今按, 合呑魚恐是河豚魚之誤, 然亦未詳.), 第四道ᄂᆞᆫ 三鮮湯이오.

양정(凉定) 동 차게 하다. 식히다. ⇔양정ᄒᆞ다(凉定-). ≪朴諺, 上, 47ㅎ≫凉定了身已(己)時, 몸이 凉定ᄒᆞ거든.

양정ᄒᆞ다(凉定-) 동 차게 하다. 식히다. ⇔양정(凉定). ≪朴諺, 上, 47ㅎ≫凉定了身已(己)時, 몸이 凉定ᄒᆞ거든.

양제(煬帝) 명 수(隋)나라 제2대 황제(569~618). 이름은 양광(楊廣). 대운하(大運河)를 비롯한 토목 공사를 크게 일으켰다. 대군을 보내어 고구려를 침입하였다가 을지문덕(乙支文德)에게 패하였다. 재위 15년(604~618). ≪朴諺, 下, 42ㅈ≫黑夜道場(集覽, 朴集, 下, 9ㅈ: 道場. 反(飜)譯名義云, 修道之場, 僧寺或名道場. 隋煬帝勅天下寺院皆名道場.)裡你有來麽, 밤의 道場에 네 잇든다.

양족(兩族) 명 두 피붙이. 두 가족. ≪朴諺, 中, 32ㅎ≫有一簇兩簇人家, 一簇 兩簇 人家ㅣ 이시며.

양주(揚州) 명 명·청대(明淸代)에 강소성(江蘇省)에 두었다. 양자강(揚子江) 북쪽, 회하(淮河)를 양자강과 이어주는 대운하의 남쪽 끝에 있었다. ≪朴諺, 上, 25ㅎ≫江西(集覽, 朴集, 上, 9ㅈ: 江西. 古楊(揚)州地, 今置承宣布政使司.)十分上等眞結綜(椶)帽兒上, 江西 ᄀᆞ쟝 上等에 진짓 綜(棕)으로 ᄆᆡ존 갓 우희. ≪朴諺, 中, 3ㅎ≫這楊(揚)州綾子滿七托長, 이 楊(揚)州ㅅ 綾이 닐곱 발 기릐 ᄎᆞ고. ≪朴諺, 下, 29

ㅈ≫元寶(集覽, 朴集, 下, 5ㅎ: 元寶. 南村輟耕錄云, 至元十三年, 元兵平宋, 回至楊(揚)州, 丞相伯顔號令搜撿(檢)將士行李, 所得撒花銀子, 銷鑄作錠, 每五十兩爲一錠, 歸朝獻〈献〉納.)我有半錠了, 元寶ㅣ 내게 반 뎡이 이시니.

양주(楊州) 명 양주(揚州). '楊'은 '揚'의 잘못. ≪朴諺, 上, 25ㅎ≫江西(集覽, 朴集, 上, 9ㅈ: 江西. 古楊(揚)州地, 今置承宣布政使司.)十分上等眞結綜(椶)帽兒上, 江西ᄀᆞ장 上等에 진짓 綜(椶)으로 ᄆᆡᄌᆞᆫ 갓 우희. ≪朴諺, 中, 3ㅎ≫這楊(揚)州綾子滿七托長, 이 楊(揚)州ㅅ 綾이 닐곱 발 기릐ᄎᆞ고. ≪朴諺, 下, 29ㅈ≫元寶(集覽, 朴集, 下, 5ㅎ: 元寶. 南村輟耕錄云, 至元十三年, 元兵平宋, 回至楊(揚)州, 丞相伯顔號令搜撿(檢)將士行李, 所得撒花銀子, 銷鑄作錠, 每五十兩爲一錠, 歸朝獻〈献〉納.)我有半錠了, 元寶ㅣ 내게 반 뎡이 이시니.

양주(羊酒) 명 양고기와 술. 예전 선물용 물품이었다. ≪朴諺, 上, 41ㅈ≫下多少財錢(集覽, 朴集, 上, 11ㅎ: 下多少財錢. 今制, 納采·問名·納吉揔〈総〉一次行禮, 以從簡便, 謂之定禮, 亦爲之定親, 亦曰下紅定, 亦送幣物. 又涓吉送婚書, 行納徵禮, 亦曰納幣, 俗云下財, 亦曰送禮. 俗緫稱〈総称〉曰羊酒花紅.), 언멋 財錢을 드리더뇨.

양주(釀酒) 동 술을 빚다. 술을 담그다. ≪朴諺, 上, 2ㅈ≫酒京城槽房(集覽, 朴集, 上, 1ㅈ: 槽房. 釀酒出賣之家, 官收其稅.)雖然多, 술은 京城에 술집이 비록 만ᄒᆞ나.

양주화홍(羊酒花紅) 명 육례(六禮)의 하나로, (정혼(定婚)이 이루어진 증거로) 신랑 집에서 신부 집으로 예물을 보내는 일. ≪朴諺, 上, 41ㅈ≫下多少財錢(集覽, 朴集, 上, 11ㅎ: 下多少財錢. 今制, 納采·問名·納吉揔〈総〉一次行禮, 以從簡便, 謂之定禮, 亦爲之定親, 亦曰下紅定, 亦送幣物. 又涓吉送婚書, 行納徵禮, 亦曰納幣, 俗云下財, 亦曰送禮. 俗緫稱〈総称〉曰羊酒花紅.), 언멋 財錢을 드리더뇨.

양지(羊脂) 명 양이나 염소의 지방(脂肪). ≪朴諺, 下, 32ㅈ≫水精角兒(集覽, 朴集, 下, 6ㅈ: 水精角兒. 飮饌正要云, 羊肉·羊脂·羊尾子·生葱·陳皮·生薑, 各細切, 入細料物, 塩醬拌匀爲餡. 用豆粉作皮包之, 水煮供食.), 水精角兒과.

양지(楊枝) 명 버들가지. ≪朴諺, 中, 22ㅎ≫執楊柳於掌內拂病體於輕安(集覽, 朴集, 中, 5ㅎ: 執楊柳於掌內拂病體於輕安. 佛圖澄, 天竺〈竺〉人也. 妙通玄術, 善誦呪, 能役使鬼神. 石勒聞其名, 召試其術, 澄取鉢盛水, 燒香呪之, 須臾, 鉢中生青蓮花. 勒愛子暴病死, 澄又取楊枝沾水, 洒而呪之, 遂蘇.), 楊柳ᄅᆞᆯ 손에 잡아 病體를 輕安ᄒᆞᆫ듸 ᄠᅥᆯ티고. ≪朴諺, 中, 22ㅎ≫傾甘露於甁中濟險途於飢渴(集覽, 朴集, 中, 5ㅎ: 傾甘露於甁中濟險途於飢渴. 佛經云, 佛洒甘露水. 又云, 開甘露門. 又云, 手執青楊枝, 徧洒甘露之水.), 甘露ᄅᆞᆯ 甁中에 기우려 險途를 飢渴에 구졔ᄒᆞᄂᆞᆺ다.

양지옥(羊脂玉) 명 양지옥. (양지(羊脂)의 덩이같이 빛이 나고 윤택이 있는 흰 옥) ≪朴諺, 上, 26ㅈ≫綴着上等玲瓏羊脂玉頂兒, 上等에 玲瓏히 ᄒᆞᆫ 羊脂玉 딩ᄌᆞ에.

양지질ᄒᆞ다 동 양치질하다. ⇔수구(漱口). ≪朴諺, 下, 2ㅈ≫拿些水來我漱口, 져기 믈 가져오라 내 양지질ᄒᆞ쟈.

양ᄌᆞ 명 양자(樣子·樣姿). 모양. 모습. ⇔생적(生的). ≪集覽, 字解, 單字解, 7ㅎ≫生. 生的 양ᄌᆞ. 生活 ᄉᆡᆼ녕. 又甚也. 又語助. 怎生.

양차(兩次) 명 두 번. 두 차례. ≪朴諺, 上, 42ㅈ≫媒人也有福(集覽, 朴集, 上, 12ㅈ: 媒人也有福. 兩次送禮之日, 媒人各有表裏之賞.), 媒人도 有福ᄒᆞ리라.

양척(兩隻) 관 두 (개). ⇔두. ≪朴諺, 下, 31ㅎ≫燈盞也似兩隻眼, 등잔 ᄀᆞᄐᆞᆫ 두 눈에.

양피(羊皮) 명 양의 가죽. ≪朴諺, 上, 29ㅈ≫店裏買獐皮(集覽, 朴集, 上, 9ㅎ: 獐皮. 質問云, 羊皮去毛, 熟軟, 有鬃眼. 作靴好看.

今按, 㺃字, 韻〈韵〉書不收, 字意未詳.)去來, 店에 㺃皮 사라 가쟈.

양한(兩漢) 명 중국의 서한(西漢)과 동한(東漢)의 두 나라. ≪朴諺, 上, 32ㅎ≫正撞見他的漢子(集覽, 朴集, 上, 9ㅎ: 漢子. 泛稱〈称〉男兒曰漢, 又指婦女之夫曰漢子. 事物紀原云, 三代以降, 有國號者至多, 獨以漢爲名者, 取兩漢之盛. 漢武帝征討四夷, 專事匈奴, 由此有漢胡之斥. 至晉末, 五胡亂〈乱〉華, 胡人罵華人曰漢兒, 華人罵胡人曰胡虜, 此稱〈称〉漢之始也. 今按, 元時胡漢相雜, 故兩書稱〈称〉漢者居多.), 졍히 뎌의 남진을 만나 보니.

양한(養漢) 동 화냥질하다. 정부(情夫)를 두다. 서방질하다. ⇔양한ᄒᆞ다(養漢-). ≪集覽, 字解, 單字解, 7ㅎ≫養. 養成 기르다. 又生産曰養, 養孩兒 ᄌᆞ식 나타. 又呼淫婦宣淫者曰養漢的. ≪朴諺, 上, 32ㅈ≫他那養漢的老婆, 뎌의 뎌 養漢ᄒᆞᄂᆞᆫ 老婆ㅣ.

양한(養漢) 명 화냥년. (서방질을 하는 여자) ⇔화냥년. ≪朴諺, 下, 25ㅎ≫這賊養漢生的小驢精, 이 도적 화냥년의 난 나괴삐야.

양한적(養漢的) 명 양한(養漢)하는 사람. ≪集覽, 字解, 單字解, 7ㅎ≫養. 養成 기르다. 又生産曰養, 養孩兒 ᄌᆞ식 나타. 又呼淫婦宣淫者曰養漢的. ≪朴諺, 上, 32ㅈ≫他那養漢的老婆, 뎌의 뎌 養漢ᄒᆞᄂᆞᆫ 老婆ㅣ.

양한ᄒᆞ다(養漢-) 동 화냥질하다. 정부(情夫)를 두다. 서방질하다. ⇔양한(養漢). ≪集覽, 字解, 單字解, 7ㅎ≫養. 養成 기르다. 又生産曰養, 養孩兒 ᄌᆞ식 나타. 又呼淫婦宣淫者曰養漢的. ≪朴諺, 上, 32ㅈ≫他那養漢的老婆, 뎌의 뎌 養漢ᄒᆞᄂᆞᆫ 老婆ㅣ.

양해아(養孩兒) 동 자식을 낳다. 출산(出産)하다. ≪集覽, 字解, 單字解, 7ㅎ≫養. 養成 기르다. 又生産曰養, 養孩兒 ᄌᆞ식 나타. 又呼淫婦宣淫者曰養漢的.

양활(養活) 동 부양(扶養)하다. ⇔양활ᄒᆞ다(養活-). ≪朴諺, 中, 9ㅎ≫不能養活, 능히 養活티 몯ᄒᆞ니. ≪朴諺, 下, 37ㅈ≫養活他媳婦·孩兒, 뎌의 媳婦와 孩兒를 養活ᄒᆞ여.

양활ᄒᆞ다(養活-) 동 부양(扶養)하다. ⇔양활(養活). ≪朴諺, 中, 9ㅎ≫不能養活, 능히 養活티 몯ᄒᆞ니. ≪朴諺, 下, 37ㅈ≫養活他媳婦·孩兒, 뎌의 媳婦와 孩兒를 養活ᄒᆞ여.

어(於) 조 -에. -에서. (시간이나 장소를 나타낸다) ⇔-에. ≪朴諺, 上, 45ㅎ≫揚名於後世, 後世에 揚名ᄒᆞ야. ≪朴諺, 上, 54ㅈ≫情愿立約於某財主處, 情愿으로 아모 財主 處에 立約ᄒᆞ야. ≪朴諺, 中, 21ㅈ≫灑悲雨於遐方, 悲雨를 遐方에 쁘리고. ≪朴諺, 中, 22ㅈ≫隨相現相救苦惱於三塗, 샹을 조차 샹을 뵈야 苦惱를 三塗에 救ᄒᆞᄂᆞᆫ쏘다. ≪朴諺, 中, 22ㅎ≫執楊柳於掌內拂病體於輕安, 楊柳를 손에 잡아 病體를 輕安ᄒᆞᆫᄃᆡ 쩔티고. ≪朴諺, 下, 9ㅎ≫因你貪嗔癡三毒不離於身, 네 貪嗔癡 三毒이 몸에 떠나디 아니믈 인ᄒᆞ여.

어(魚) 명 고기. 물고기. ⇔고기. ≪朴諺, 上, 62ㅈ≫河邉兒窺魚的是無數目的水老鴉, 믈ᄭᆞ의 고기 엿ᄂᆞᆫ 거슨 이 수 업슨 가마오디오. ≪朴諺, 上, 62ㅈ≫弄水穿波的是覔死的魚蝦, 弄水 穿波ᄒᆞᄂᆞᆫ 거슨 이 覔死ᄒᆞᄂᆞᆫ 魚蝦오. ≪朴諺, 中, 43ㅎ≫稻熟蟹肥魚正美, 베 닉고 게 ᄉᆞᆯ지고 고기 졍히 아름다오매.

어(漁) 동 물고기를 잡다. ≪朴諺, 上, 62ㅈ≫撒網垂鈎的是大小漁艇, 撒網 垂釣ᄒᆞᆫ 거슨 이 大小 漁艇이오.

-어 어미 -어. ≪朴諺, 上, 2ㅎ≫討十來甁如何, 여라믄 병을 어더 오미 엇더ᄒᆞ뇨. ≪朴諺, 上, 32ㅈ≫把我的兩對新靴子都走破了, 내 두 쌍 새 훠를다가 다 ᄃᆞᆫ녀 해야ᄇᆞ리게 ᄒᆞ고. ≪朴諺, 上, 40ㅈ≫用那密的篦子好生挖着, 뎌 빈 춤빗을 ᄡᅥ ᄀᆞ장 빗겨. ≪朴諺, 上, 65ㅎ≫作與頌字, 頌字를 지어 주매. ≪朴諺, 中, 1ㅈ≫赤條條的仰白着臥, 벌거케 올올이 쟛바누어. ≪朴諺, 中, 16ㅈ≫我旋合與你藿香正氣散, 내

미조차 너를 藿香正氣散을 지어 줄 거시니. ≪朴諺, 中, 26ㅈ≫將去饋李大做定錢, 가져가 李大를 주어 마초는 갑슬 삼고. ≪朴諺, 中, 37ㅈ≫解與官人高的, 官人을 노픈 이를 프러 주라. ≪朴諺, 中, 53ㅎ≫怎麽做不出一套衣裳來, 엇디 흔 볼 衣裳을 지어 내디 못ᄒᆞ리오. ≪朴諺, 下, 1ㅈ≫虫蛀的無一根兒風毛, 좀이 먹어 ᄒᆞᆫ 낫 당티도 업서시니. ≪朴諺, 下, 10ㅈ≫便喝跳起來道, 곳 혀ᄎᆞ고 뛰여 니러 닐오ᄃᆡ. ≪朴諺, 下, 20ㅎ≫變做假行者, 변ᄒᆞ여 거즛 行者ㅣ 되어. ≪朴諺, 下, 34ㅎ≫借與崔舍打, 崔가를 빌려 주어 티게 ᄒᆞ라. ≪朴諺, 下, 37ㅎ≫却點饋那官人, 또 뎌 官人의게 뎍어 주니. ≪朴諺, 下, 40ㅎ≫沒奈何畫, 엇디려뇨 홈이 업서 그리ᄂᆞ니라. ≪朴諺, 下, 53ㅈ≫收捉上件賊人, 上件 賊人을 거두어 잡아. ≪朴諺, 下, 55ㅎ≫收討的六兩, 거두어 어드니는 엿 냥을 ᄒᆞ여.

어귀 명 어귀. ⇔구자(口子). ≪朴諺, 中, 13ㅎ≫到遷民鎭口子裏, 遷民鎭 어귀예 다ᄃᆞ라.

어긔오다 동 어기다. ⇔위(違). ≪朴諺, 中, 16ㅎ≫不違寒生薄面, 寒生의 薄面을 어긔오디 아니ᄒᆞ고. ≪朴諺, 中, 16ㅎ≫小人豈敢有違, 小人이 엇디 감히 어긔옴이 이시리오. ≪朴諺, 中, 50ㅈ≫不敢違了姐姐的言語, 감히 姐姐의 말을 어긔오디 말고. ≪朴諺, 中, 50ㅈ≫也不要違了我的言語, 또 내 말을 어긔오디 마쟈.

어느 관 어느. 무슨. 어떤. ≪集覽, 字解, 累字解, 1ㅎ≫早晩. 這早晩 이 늣도록. 又問何時曰, 多早晩 어느 ᄢᅢ.

어느제 대 어느 때. 언제. ⇔기증(幾曾). ≪集覽, 字解, 累字解, 2ㅈ≫幾曾. 어느 제.

어늬 관 어느. 무슨. 어떤. ⇔나개(那箇). ≪集覽, 字解, 單字解, 3ㅎ≫那. 平聲, 音 노, 推移也. 那一那 논힐후다. 上聲 나, 何也. 那裏 어듸, 那箇 어늬. 又誰也. 那一箇 누고. 去聲 나. 那裏, 彼處也. 那箇 뎌것. 又語助. 有那沒 잇ᄂᆞ녀 업스녀.

어늬제 대 어느 때. 언제. ⇔기증(幾曾). ≪集覽, 字解, 單字解, 6ㅎ≫幾. 數問多少之辭. 幾箇 몃고, 幾時 언제, 幾曾 어늬제.

-어니 어미 -거니. -으니. -니. ≪朴諺, 中, 60ㅎ≫好的一般, 됴흠이 ᄒᆞᆫ가지어니ᄯᆞ녀.

-어ᄂᆞᆫ 어미 -어서는. ≪朴諺, 下, 9ㅎ≫入寺敬三寶, 뎔에 드러ᄂᆞᆫ 三寶를 敬ᄒᆞ고.

-어ᄂᆞᆯ 어미 -거늘. ≪朴諺, 上, 46ㅈ≫稍將來了, 브텨ᄂᆞᆯ 가져왓노라. ≪朴諺, 下, 6ㅎ≫一會兒打頓着撓破了, ᄒᆞᆫ 디위 조으다가 긁텨 헤여ᄇᆞ려ᄂᆞᆯ.

어늬 관 어느. 무슨. ❶⇔나(那). ≪朴諺, 下, 35ㅈ≫咱打那一箇窩兒, 우리 어늬 ᄒᆞᆫ 굼글 티료. ≪朴諺, 下, 36ㅈ≫看那一箇毬兒老時, 어늬 ᄒᆞ나 댱방올티기 니그니를 보와. ❷⇔나개(那箇). ≪朴諺, 上, 8ㅎ≫往那箇地面裏去, 어늬 ᄯᅡ홀 향ᄒᆞ여 가ᄂᆞ뇨. ≪朴諺, 上, 29ㅈ≫那箇店裏去, 어늬 店에 가료. ≪朴諺, 中, 32ㅈ≫咱那箇山裏去好, 우리 어늬 산에 가야 됴ᄒᆞ료.

어늬ᄢᅢ 대 어느 때. 언제. ⇔다조만(多早晩). ≪朴諺, 下, 42ㅎ≫多早晩入斂來, 어늬 ᄢᅢ예 入斂ᄒᆞ뇨.

-어다 어미 -었다. ≪朴諺, 上, 39ㅈ≫醫了, 고텨다. ≪朴諺, 上, 40ㅈ≫梳了, 빗겨다. ≪朴諺, 上, 52ㅈ≫大舍夜來乾走了一遭, 大舍ㅣ 어제 쇽졀업시 ᄒᆞᆫ 디위 ᄃᆞᆫ녀다. ≪朴諺, 中, 3ㅈ≫我臨了喫了他一道兒, 내 나죵에 뎌의 ᄒᆞᆫ 쇠를 닙어다. ≪朴諺, 中, 47ㅎ≫臨了他也着我道兒, 나죵에 뎌도 내 쇠를 닙어다. ≪朴諺, 下, 21ㅈ≫王道唐僧得勝了, 王이 닐오ᄃᆡ 唐僧이 이긔어다. ≪朴諺, 下, 23ㅎ≫衆人喝保佛家贏了也, 모든 사ᄅᆞᆷ이 혀ᄎᆞ고 佛家ㅣ 이긔어다 ᄒᆞ더라. ≪朴諺, 下, 28ㅈ≫一霎兒贏了二升多榛子, 져근덧에 두 되 나믄 개암을 이긔어다. ≪朴諺, 下, 28ㅈ≫倒省錢, 도로혀 돈을 ᄆᆞᄃᆡ어다. ≪朴諺, 下, 36ㅈ≫三迴連打上了, 세 번을 년ᄒᆞ야 텨 올려다. ≪朴諺, 下, 57ㅈ≫牽將來韝了也, 잇

그러 와 기ᄅᆞ마지어다.

-어도 어미 -어도. ≪朴諺, 上, 33ㅎ≫却喫這一頓打也是, ᄯᅩ 이 ᄒᆞᆫ 디위 마ᄌᆞᆷ을 니버도 올ᄒᆞ니라. ≪朴諺, 上, 43ㅎ≫不筭功錢時, 功錢을 혜디 아녀도. ≪朴諺, 上, 50ㅈ≫滿月過了時喫的不妨事, ᄃᆞᆯ이 차 디나면 먹어도 일에 해롭디 아니ᄒᆞ리라. ≪朴諺, 中, 10ㅎ≫沒保人中麽, 保人이 업서도 므던ᄒᆞ랴. ≪朴諺, 中, 57ㅈ≫一百箇錢短一箇錢也不賣, 一百 낫 돈에 ᄒᆞᆫ 낫 돈이 업서도 ᄑᆞ디 이(아)니ᄒᆞ리라. ≪朴諺, 中, 61ㅈ≫有理無錢休入來, 理 이셔도 돈이 업거든 드러오디 말라 ᄒᆞᄂᆞ니라. ≪朴諺, 下, 3ㅈ≫願滿之日死時也不愁, 願滿ᄒᆞᆫ 날이면 죽어도 근심티 아니리라. ≪朴諺, 下, 13ㅎ≫能盖萬間房, 능히 萬間 房을 지어도. 夜眠一夏間, 밤의 一夏間에 잔다 ᄒᆞᄂᆞ니라. ≪朴諺, 下, 26ㅈ≫只與我二兩沒利錢, 그저 날을 두 냥을 주어도 니쳔이 업ᄉᆞ니. ≪朴諺, 下, 43ㅎ≫置下千百口, 千百口를 두어도.

어돕다 형 어둡다. ⇔매(昧). ≪朴諺, 下, 27ㅎ≫寸心不昧, 寸心이 어돕디 아니ᄒᆞ면. 萬法皆明, 萬法이 다 ᄇᆞᆰᄂᆞ니라.

어드러 부 어디로. 어느 곳으로. ⇔나리(那裏). ≪集覽, 字解, 單字解, 5ㅈ≫往. 向也. 往那裏去 어드러 향ᄒᆞ야 가ᄂᆞ다. 又昔也. 往常 아ᄅᆡ.

-어든 어미 -거든. -으니. ≪朴諺, 上, 50ㅈ≫各自丢入去, 각각 드리텨든. ≪朴諺, 中, 8ㅎ≫明日鷄兒叫一聲便上馬, ᄂᆡ일 ᄃᆞᆰ이 ᄒᆞᆫ 번 울어든 곳 ᄆᆞᆯ을 ᄐᆞᆯ 거시니. ≪朴諺, 下, 10ㅎ≫先生你寫與我書稍的去, 先生아 네 날을 글 써 주어든 브텨 보내쟈. ≪朴諺, 下, 28ㅈ≫先喫甜的金橘蜜煎·銀杏煎, 몬져 ᄃᆞᆫ 金橘蜜煎과 銀杏煎을 먹어든. ≪朴諺, 下, 56ㅈ≫得了馬時, ᄆᆞᆯ을 어더든.

어듬 동 얻음. ⇔득(得). ≪朴諺, 中, 46ㅈ≫得也得了, 어듬은 어덧노라.

어듸 대 어디. ❶⇔나개(那箇). ≪集覽, 字解, 單字解, 3ㅎ≫那. 平聲, 音노, 推移也, 那一那 논힐후다. 上聲나, 何也, 那裏 어듸, 那箇 어듸. 又誰也, 那一箇 누고. 去聲나, 那裏, 彼處也, 那箇 뎌것. 又語助, 有那沒 잇ᄂᆞ녀 업스녀. ❷⇔나리(那裏). ≪集覽, 字解, 單字解, 3ㅎ≫那. 平聲, 音노, 推移也. 那一那 논힐후다. 上聲 나, 何也. 那裏 어듸, 那箇 어늬. 又誰也. 那一箇 누고. 去聲 나. 那裏, 彼處也. 那箇 뎌것. 又語助. 有那沒 잇ᄂᆞ녀 업스녀.

어딜다 형 어질다. ❶⇔현(賢). ≪朴諺, 中, 29ㅈ≫妻賢夫省事官淸民自安, 妻ㅣ 어딜면 지아븨 일이 덜리이고 官이 ᄆᆞᆯ그면 ᄇᆡᆨ셩이 스스로 편안ᄒᆞᄂᆞ니라. ❷⇔호(好). ≪朴諺, 中, 56ㅈ≫好孩兒好孩兒, 어딘 아ᄒᆡ아 어딘 아ᄒᆡ아.

-어ᄃᆞᆫ 어미 -거든. ≪朴諺, 上, 6ㅈ≫我們先喫兩巡酒後頭擡卓兒, 우리 몬져 두 슌비 술 머근 후에 상을 드러ᄃᆞᆫ.

어ᄃᆡ 대 어디. ⇔나리(那裏). ≪朴諺, 上, 3ㅎ≫在那裏拿來我看, 어ᄃᆡ 잇ᄂᆞ뇨 가져오라 내 보쟈. ≪朴諺, 上, 15ㅈ≫快打刀子的匠人那裏有, 칼 잘 ᄆᆡᆫᄃᆞᄂᆞᆫ 匠人이 어ᄃᆡ 인ᄂᆞ뇨. ≪朴諺, 上, 29ㅈ≫那裏將不好的來, 어ᄃᆡ 됴티 아니니를 가져오리오. ≪朴諺, 上, 34ㅎ≫你那裏有來, 네 어ᄃᆡ 잇ᄃᆞᆫ다. ≪朴諺, 上, 44ㅎ≫讀到那裏也, 닑기를 어ᄃᆡᄭᆞ지 ᄒᆞ엿ᄂᆞ뇨. ≪朴諺, 上, 58ㅈ≫那廝那裏肯饋, 뎌 놈이 어ᄃᆡ 즐겨 주리오. ≪朴諺, 上, 63ㅎ≫那裏計較, 어ᄃᆡ 혜아리리오. ≪朴諺, 中, 5ㅈ≫百戶都那裏死去了, 百戶ㅣ 다 어ᄃᆡ 죽어가냐. ≪朴諺, 中, 10ㅎ≫五歲的小厮急且那裏走, 다ᄉᆞᆺ 술엣 아ᄒᆡ 과거리 아직 어ᄃᆡ로 ᄃᆞ라나리오. ≪朴諺, 中, 25ㅈ≫你的帽兒那裏做來, 네 갓을 어ᄃᆡ셔 ᄆᆡᆫᄃᆞ란ᄂᆞ뇨. ≪朴諺, 中, 38ㅎ≫你搬那裏去, 네 어ᄃᆡ 올마 가ᄂᆞᆫ다. ≪朴諺, 中, 43ㅎ≫那裏肯來我一般村莊人家, 어ᄃᆡ 즐겨 우리 ᄀᆞᄐᆞᆫ 村莊 人家에 오리오. ≪朴諺, 中, 59ㅎ≫那裏肯用心發落, 어ᄃᆡ 즐겨 用心ᄒᆞ여 發

落ᄒᆞ리오. ≪朴諺, 下, 2ㅈ≫不知道那裡躧死了一箇蝤蜒, 아디 못게라 어ᄃᆡ ᄒᆞᆫ 지차리 ᄇᆞᆯ펴 죽엇ᄂᆞ뇨. ≪朴諺, 下, 13ㅎ≫你官人除做那裏, 네 官人이 어ᄃᆡᆺ 벼슬ᄒᆞ엿ᄂᆞ뇨. ≪朴諺, 下, 25ㅈ≫那裏想胡孫手裏死了, 어ᄃᆡ 胡孫의 손에 죽을 줄을 ᄉᆡᆼ각ᄒᆞ리오. ≪朴諺, 下, 39ㅈ≫你送那裡迴來, 네 어ᄃᆡ 가 보내고 도라온다. ≪朴諺, 下, 50ㅈ≫那裏想我這漁翁之味, 어ᄃᆡ 우리 이 漁翁의 마ᄉᆞᆯ ᄉᆡᆼ각ᄒᆞ리오. ≪朴諺, 下, 57ㅈ≫先生恰說的秀才在那裡下着裡, 先生이 ᄀᆞᆺ 니ᄅᆞ든 秀才 어ᄃᆡ ᄇᆞ리원ᄂᆞ뇨.

-어라 어미 -어라. (감탄의 종결어미) ≪朴諺, 上, 11ㅈ≫我有兩箇月俸來關, 내 두 ᄃᆞᆯ 뇨 ᄐᆞᆯ 써시 이셰라. ≪朴諺, 上, 55ㅎ≫我有三十兩銀子, 내게 三十兩 銀이 이셰라. ≪朴諺, 上, 64ㅎ≫有細絲官銀, 細絲官銀이 이셰라.

어려온 형 어려운. ⇔난(難). ≪朴諺, 上, 56ㅎ≫槽疥有甚難處, 빌리아 므슴 어려온 곳이 이시리오. ≪朴諺, 中, 23ㅈ≫聖德難思, 聖德을 ᄉᆡᆼ각기 어려온디라. ≪朴諺, 下, 62ㅈ≫正是難得之物, 졍히 엇기 어려온 거시로다.

어렵다 형 어렵다. ⇔난(難). ≪朴諺, 上, 34ㅎ≫咳貴人難見, 애 貴人을 보기 어렵다. ≪朴諺, 上, 49ㅎ≫難道難道, 니ᄅᆞ기 어렵다 니ᄅᆞ기 어렵다. ≪朴諺, 上, 51ㅎ≫養孩兒好難, ᄌᆞ식 기ᄅᆞ기 ᄀᆞ장 어렵더라. 可知難裏, 그리어이(니) 어려오니. ≪朴諺, 上, 61ㅎ≫筆舌難窮, 筆舌로도 다ᄒᆞ기 어려오니라. ≪朴諺, 上, 67ㅈ≫今日脫靴上炕, 오늘 훠ᄅᆞᆯ 벗고 炕에 올랏다가. 明日難保得穿, ᄂᆡ일 어더 신기를 밋기 어렵다 ᄒᆞᄂᆞ니라. ≪朴諺, 中, 19ㅈ≫兩心相照亦不難, 둘희 ᄆᆞᄋᆞᆷ이 서ᄅᆞ 비최면 쏘ᄒᆞᆫ 어렵디 아니ᄒᆞ니라. ≪朴諺, 中, 23ㅎ≫若人有難, 만일 사ᄅᆞᆷ이 어려옴이 잇거든. ≪朴諺, 中, 33ㅈ≫只是平平斜斜石徑難行, 그저 平平 斜斜ᄒᆞᆫ 石徑에 行키 어려오니라. ≪朴諺, 中, 53ㅈ≫福不至萬事難, 福이 니ᄅᆞ디 아니면 萬事ㅣ 어렵다 ᄒᆞᄂᆞ니라. ≪朴諺, 下, 10ㅎ≫這的無緣衆生難化, 이런 인연 업ᄉᆞᆫ 衆生은 化키 어려오니라. ≪朴諺, 下, 40ㅎ≫難道不要工錢, 工錢을 밧디 아니리라 니ᄅᆞ기 어렵다. ≪朴諺, 下, 40ㅎ≫畫虎畫皮難畫骨, 범을 그리매 가족은 그려도 뼈 그리기 어렵고. ≪朴諺, 下, 44ㅈ≫做的生時也難喫, 짓기를 설게 ᄒᆞ면 먹기 어렵고.

어록(語錄) 명 위인이나 유명인의 말을 모은 기록. 또는 그런 책. ≪集覽, 字解, 單字解, 4ㅎ≫甚. 슴. 俗語, 甚麼 므슴, 猶何也. 又有呼爲신音者, 故古文·語錄有什麼之語, 音시모. 以甚爲什, 殊無意義. 甚字用終聲, 連呼麼字, 則難於作音, 語不圓熟. 故甚字不用終聲之音, 今俗亦呼爲ᄉᆞ마.

어롱 명 얼룩. ⇔화(花). ≪朴諺, 中, 56ㅎ≫我要這女花猫兒, 내 이 암 어롱괴를 사려 ᄒᆞ노라.

어롱괴 명 얼룩 고양이. ⇔화묘아(花猫兒). ≪朴諺, 中, 56ㅎ≫我要這女花猫兒, 내 이 암 어롱괴를 사려 ᄒᆞ노라.

어루 부 가(可)히. ⇔능구(能勾). ≪集覽, 字解, 單字解, 3ㅎ≫勾. 平聲, 曲也. 勾龍, 社神, 勾芒, 春神, 勾吳, 地名. 今按, 俗語勾了 유여ᄒᆞ다, 又에우다. 又能勾 어루, 又유여히. 又吏語, 勾取 자피다, 又勾攝公事 공ᄉᆞ로 블리다, 又勾喚 블리다. 又去聲, 勾當, 幹管也, 又事也, 勾當亦去聲.

어리다 형 어리석다. ⇔매(呆). ≪朴諺, 下, 26ㅎ≫呆鬆你將來我看, 어린 섭섭ᄒᆞᆫ 놈아 네 가져오라 내 보쟈.

어린ᄢᅵ 명 어리석은 놈의 새끼. (욕하는 말) ⇔메즁(呆種). ≪朴諺, 中, 40ㅎ≫把這生分忤逆呆種(集覽, 朴集, 中, 8ㅈ: 呆種. 事林廣記, 呆, 音俙, 易見雜字, 呆, 音崖. 今俗之呼, 皆從去聲·여.), 이 본ᄃᆡ 忤逆ᄒᆞᆫ 어린ᄢᅵ를다가.

어린아히 명 어린아이. ⇔소해아(小孩兒). ≪朴諺, 下, 43ㅈ≫咳那小孩兒可憐見, 애

뎌 어린아희 에엿블샤.

어ᄅᆞ다 동 어르다. 희롱하다. ⇔농(弄). ≪朴諺, 上, 32ㅎ≫一箇和尙偸弄別人的媳婦, ᄒᆞᆫ 즁이 ᄂᆞᆷ의 겨집을 도적ᄒᆞ여 어ᄅᆞ노라.

어ᄅᆞᄆᆞ지다 동 어루만지다. (가볍게) 누르다. (현악기를) 타다. ⇔무(撫). ≪朴諺, 中, 44ㅈ≫撫琴一操解千愁, 거믄고 ᄒᆞᆫ 곡됴ᄅᆞᆯ 어ᄅᆞᄆᆞ져 千愁ᄅᆞᆯ ᄑᆞᄂᆞ니.

어롬 명 얼음. ⇔빙(氷). ≪朴諺, 上, 6ㅈ≫那氷盤上放一塊氷, 뎌 氷盤에 ᄒᆞᆫ 덩이 어롬을 노코.

어망(漁網) 명 물고기를 잡는 데 쓰는 그물. ≪朴諺, 下, 50ㅎ≫裝載這酒·琴·漁網, 이 酒·琴·漁網을 싯고.

어방(魚邦) 명 물고기가 많이 나는 수역(水域). ≪朴諺, 下, 50ㅎ≫潛入這水國魚邦, 이 水國 魚邦에 潛入ᄒᆞ여.

어버 명 어버이. ⇔야냥(爺娘). ≪朴諺, 下, 37ㅎ≫孩兒使爺娘的, ᄌᆞ식은 어버의 거ᄉᆞᆯ ᄡᅳ고. 奴婢使使長的, 죵은 뇌연의 거ᄉᆞᆯ ᄡᅳᄂᆞ니.

어버이 명 어버이. ⇔야냥(爺娘). ≪朴諺, 中, 9ㅎ≫他的爺娘立與文書來, 제 어버이 文書ᄅᆞᆯ 셰워 주어시니.

어사(御史) 명 벼슬 이름. 춘추전국시대에는 모든 나라가 어사를 두어 임금 가까이에서 문서(文書)나 기사(記事)에 관한 일을 맡아보게 하였다. 한대(漢代)부터는 직함이 여러 차례 변경되었는데, 규찰(糾察)과 탄핵(彈劾)만 맡고 문서와 기사는 태사(太史)가 맡았다. ≪朴諺, 上, 8ㅈ≫都堂(集覽, 朴集, 上, 4ㅈ: 都堂. 唐制, 尙書省曰都堂. 元時亦有尙書省. 今按, 華制, 都察院有左右都御史·副都御史·僉都御史, 在外十三布政司及都司, 皆有御史一員, 都御史所在謂之都堂, 監察御史所在謂之察院.)捴兵官的詔書, 都堂 捴兵官의게 ᄒᆞᄂᆞᆫ 詔書라.

어사(語辭) 명 어조사(語助辭). ≪集覽, 字解, 累字解, 2ㅈ≫怎生. 怎, 何也. 生, 語辭. 詳見上.

-어셔 조 -보다. '어'는 '에'의 잘못. ≪朴諺, 中, 26ㅎ≫高如師傅, 스승어(에)셔 나으니라.

-어시니 어미 -으시니. -시니. ≪朴諺, 上, 10ㅈ≫看那人家墻壁都倒了, 뎌 人家 墻壁을 보니 다 믄허뎌시니. ≪朴諺, 上, 10ㅈ≫我家墻也倒了幾堵, 우리 집 담도 여러 도림이 믄허뎌시니. ≪朴諺, 中, 3ㅈ≫這厮落了我一兩銀, 이 놈이 내 ᄒᆞᆫ 냥 은을 ᄠᅥ르텨시니. ≪朴諺, 中, 9ㅎ≫他的爺娘立與文書來, 제 어버이 文書ᄅᆞᆯ 셰워 주어시니. ≪朴諺, 中, 21ㅈ≫座飾芙蓉湛南海澄淸之水, 안즌 ᄃᆡᄂᆞᆫ 芙蓉으로 ᄭᅮ몃시니 南海 澄淸ᄒᆞᆫ 水에 ᄌᆞᆷ겻고. ≪朴諺, 中, 40ㅎ≫把瓦來都躧破了, 디새ᄅᆞᆯ다가 다 ᄇᆞᆯ와 �ᄯᅢ려시니. ≪朴諺, 中, 56ㅎ≫我的衣裳被兒包袱也都齩了, 내 衣裳과 니블 ᄡᆞᆫ 보흘 다 텨시니. ≪朴諺, 下, 1ㅈ≫虫蛀的無一根兒風毛, 좀이 먹어 ᄒᆞᆫ 낫 댱티도 업서시니. ≪朴諺, 下, 30ㅈ≫顔色也都消了, 빗치 다 업서시니. ≪朴諺, 下, 31ㅈ≫身披黃金鎖子甲, 몸에 黃金으로 ᄒᆞᆫ 사ᄉᆞᆯ갑을 닙어시니.

-어시되 어미 -어 있으되. ≪朴諺, 上, 51ㅈ≫尋一箇好婦人妳, ᄒᆞᆫ 됴흔 婦人의 졋을 어더시되. ≪朴諺, 下, 55ㅎ≫走失了甚色馬, 아모 빗쳇 ᄆᆞᆯ를 ᄃᆞ라나 일허시되.

-어시면 어미 -어 있으면. -면. ≪朴諺, 下, 17ㅈ≫旣讀孔聖之書, 임의 孔聖의 書ᄅᆞᆯ 닑어시면.

어아(魚兒) 명 고기. 물고기. ⇔고기. ≪朴諺, 下, 50ㅈ≫咱們打魚兒去來, 우리 고기 잡으라 가쟈.

-어야 어미 -어야. ≪朴諺, 上, 20ㅎ≫共有二百兩銀子, 대되 二百兩 銀이 이셔야. ≪朴諺, 上, 51ㅎ≫養子方知父母恩, ᄌᆞ식을 길러야 보야흐로 父母 은혜ᄅᆞᆯ 안다 ᄒᆞ니라. ≪朴諺, 中, 37ㅎ≫官人你與多少便了, 官人아 네 언머ᄅᆞᆯ 주어야 편ᄒᆞ료.

어엿브다 형 가엽다. 불쌍하다. ⇔연견(憐

見). ≪朴諺, 上, 21ㅈ≫可憐見, 가히 어엿브다.

어엿비 [부] 가엾이. 사랑스럽게. ⇔가련견(可憐見). ≪朴諺, 中, 8ㅈ≫相公可憐見, 相公은 어엿비 너기라.

어옹(漁翁) [명] 물고기를 잡는 노인. ≪朴諺, 下, 50ㅈ≫那裏想我這漁翁之味, 어듸 우리 이 漁翁의 마술 싱각ᄒᆞ리오. ≪朴諺, 下, 51ㅈ≫漁翁之味萬無迭, 漁翁의 마순 만 가지도 迭ᄒᆞᆫ 거시 업ᄉᆞ니라.

어용(御用) [명] 제왕이 쓰는 것. ≪朴諺, 上, 14ㅈ≫這的大紅紡五爪蟒龍(集覽, 朴集, 上, 6ㅈ: 五爪蟒龍. 蟒, 大蛇也. 蟒龍, 謂無角龍也. 元制, 五爪二角龍爲紋〈文〉者, 止供御用, 不許下人穿用.), 이 大紅에 五瓜 蟒龍을 슈지칠ᄒᆞ고.

어유아리 [명] 〈불〉 (중이 걸식할 때 쓰는, 질흙으로 만든) 바리때. ⇔와발(瓦鉢). ≪朴諺, 上, 34ㅈ≫准備篘笠·瓦鉢, 굴갓과 어유아리를 准備ᄒᆞ야.

어육(魚肉) [명] 물고기와 짐승의 고기. ≪朴諺, 上, 50ㅈ≫滿月(集覽, 朴集, 上, 13ㅎ: 滿月. 産書云, 分娩未滿月, 恣食生冷粘·硬果·菜·肥膩魚·肉之物, 當時雖未覺大〈有〉損, 滿月之後, 卽成蓐勞.)過了時喫的不妨事, ᄃᆞᆯ이 차 디나면 먹어도 일에 해롭디 아니ᄒᆞ리라.

어이 [부] 어이. 어찌. ❶⇔즘마(怎麼). ≪朴諺, 中, 41ㅈ≫縫衣裳的縫字怎麼寫, 衣裳을 호다 ᄒᆞᄂᆞᆫ 縫字를 어이 쓰ᄂᆞ뇨. ≪朴諺, 中, 41ㅎ≫替代的代字怎麼寫, 替代ᄒᆞ다 ᄒᆞᆫ 代字를 어이 쓰ᄂᆞ뇨. ≪朴諺, 中, 41ㅎ≫却字怎麼寫, 却字를 어이 쓰ᄂᆞ뇨. ≪朴諺, 中, 42ㅈ≫錯字怎麼寫, 錯字를 어이 쓰ᄂᆞ뇨. ≪朴諺, 中, 42ㅈ≫宋字怎麼寫, 宋字를 어이 쓰ᄂᆞ뇨. ≪朴諺, 中, 42ㅈ≫笠字怎麼寫, 笠字를 어이 쓰ᄂᆞ뇨. ≪朴諺, 中, 42ㅈ≫滿字怎麼寫, 滿字를 어이 쓰ᄂᆞ뇨. ≪朴諺, 中, 42ㅈ≫麼字怎麼寫, 麼字를 어이 쓰ᄂᆞ뇨. ≪朴諺, 中, 42ㅎ≫思字怎麼寫, 思字를 어이 쓰ᄂᆞ뇨. ❷⇔즘적(怎的). ≪朴諺, 中, 41ㅎ≫拖字怎的寫, 拖字를 어이 쓰ᄂᆞ뇨. ≪朴諺, 中, 42ㅎ≫待字怎的寫, 待字를 어이 쓰ᄂᆞ뇨. ≪朴諺, 中, 42ㅎ≫東字怎的寫, 東字를 어이 쓰ᄂᆞ뇨.

-어이다 [어미] -으니이다. ≪朴諺, 下, 11ㅈ≫想念之心無日有忘, 싱각ᄒᆞᄂᆞᆫ ᄆᆞᄋᆞᆷ이 니즐 날이 업서이다.

어자(魚子) [명] 물고기의 알. ≪朴諺, 上, 25ㅎ≫江西十分上等眞結綜(棕)帽兒(集覽, 朴集, 上, 9ㅈ: 結椶帽. 椶, 木名, 高一二丈, 葉如車輪, 旁〈蒡〉無枝, 皆萃於木杪. 其下有皮, 重疊裹之, 每皮一匝爲一節〈莭〉, 花黃白色, 結實作房, 如魚子狀, 其皮皆是絲而經緯如織, 傍有細縷, 交相連綴不散.)上, 江西 ᄀᆞ쟝 上等에 진짓 綜(棕)으로 ᄆᆡᄌᆞᆫ 갓 우희.

어전(御前) [명] 임금의 앞. ≪朴諺, 中, 52ㅈ≫年時牢子們走(集覽, 朴集, 中, 8ㅎ: 牢子走. 在大都則自河西務起程, 若上都則自泥河兒起程, 越三時, 走一百八十里, 直抵御前, 俯伏呼萬歲.)的你見來麼, 젼년에 牢子들희 ᄃᆞ롬질을 네 본다.

어정(漁艇) [명] 물고기를 잡는 배. 어선(漁船). ≪朴諺, 上, 62ㅈ≫撒網垂鈞的是大小漁艇, 撒網 垂釣ᄒᆞᆫ 거슨 이 大小 漁艇이오. ≪朴諺, 下, 50ㅎ≫將一葉小漁艇, 一葉 小漁艇을 가지고.

어제 [명] 어제. ❶⇔야래(夜來). ≪集覽, 字解, 單字解, 4ㅈ≫來. 來往. 又語助. 你來 이바, 夜來 어제, 有來 잇더라, 去來 가다. 又數物而有餘數, 未的知之辭. 十來箇 여라믄, 十里來地 십 리만ᄒᆞᆫ ᄃᆡ, 十來日 여라믄 날. ≪朴諺, 上, 24ㅎ≫夜來兩箇舍人操馬, 어제 두 舍人이 ᄆᆞᆯ 됴습호ᄃᆡ. ≪朴諺, 上, 52ㅈ≫大舍夜來乾走了一遭, 大舍ㅣ 어제 속절업시 ᄒᆞᆫ 디위 ᄃᆞᆫ녀다. ≪朴諺, 中, 2ㅎ≫夜來着李三, 어제 李三으로 ᄒᆞ여. ≪朴諺, 中, 33ㅎ≫夜來箇都收割了麻, 어제 삼을 다 거두어 븨여시니. ❷⇔작일(昨日). ≪朴諺, 上, 52ㅈ≫

小人昨日貴宅裏, 小人이 어제 貴宅에. ≪朴諺, 上, 58ㅎ≫你昨日張千戶的生日裏, 네 어제 張千戶의 生日에. ≪朴諺, 中, 12ㅎ≫昨日恰來到, 어제 ᄀᆞᆺ 올와. ≪朴諺, 中, 15ㅈ≫是小人昨日張少卿的慶賀筵席裏到來, 올흐니 小人이 어제 張少卿의 慶賀 잔채에 갓더니. ≪朴諺, 中, 47ㅈ≫昨日那厮我家裏來了, 어제 뎌 놈이 내 집의 왓거늘. ≪朴諺, 下, 38ㅈ≫昨日去了, 어제 가니라.

어조사(語助辭) 명 어기조사(語氣助詞). ≪集覽, 字解, 單字解, 4ㅎ≫麽. 本音모. 俗用爲語助辭, 音마, 古人皆呼爲모, 故或通作莫. 怎麽 엇디, 來麽 오나라. 又用如乎字之意者則曰, 去麽 갈다, 有麽 잇ᄂᆞ녀. 元語, 麽道 니ᄅᆞᄂᆞ다, 麽音ᄆᆞ, 今不用.

어즐ᄒᆞ다 형 어질어질하다. 어뜩어뜩하다. ⇔선(旋). ≪朴諺, 中, 14ㅎ≫我今日腦疼頭旋, 내 오늘 골치 알파 머리 어즐ᄒᆞ고.

어치 명 언치. (안장이나 길마 밑에 까는 방석이나 담요) ⇔체(替). ≪朴諺, 上, 26ㅎ≫猠皮心兒藍斜皮邉兒的皮汗替, 猠皮心児에 藍斜皮 邉児 ᄒᆞᆫ 가족 ᄯᆞᆷ어치에.

어하(魚蝦) 명 물고기와 새우. ≪朴諺, 上, 62ㅈ≫弄水穿波的是覔死的魚蝦, 弄水 穿波ᄒᆞᄂᆞᆫ 거슨 이 覔死ᄒᆞᄂᆞᆫ 魚蝦오.

언(言) 명 말[語]. ⇔말. ≪朴諺, 上, 24ㅈ≫咱休別了兄長之言, 우리 兄長의 말을 변티 말고. ≪朴諺, 下, 60ㅎ≫咱婦人家也聽的這衆人之言, 우리 婦人도 이 衆人의 말을 드ᄅᆞ니. ≪朴諺, 下, 62ㅈ≫古人有言, 古人이 말을 두되.

-언- 어미 -었-. ≪朴諺, 上, 48ㅈ≫哥你聽的麽, 형아 네 드런ᄂᆞᆫ다. ≪朴諺, 上, 51ㅈ≫如今自妳那尋妳子, 이제 손조 졋 먹이ᄂᆞ냐 졋즐 어던ᄂᆞ냐. ≪朴諺, 中, 30ㅎ≫那裏將那般好衣服好鞍馬來擻搽子, 어ᄃᆡ가 뎌리 됴흔 옷과 됴흔 鞍馬를 가져와 얼굴을 비언ᄂᆞᆫ고. ≪朴諺, 下, 15ㅎ≫冷鋪裏監禁着, 冷鋪에 가텬ᄂᆞ니라. ≪朴諺, 下, 16ㅈ≫種稻子那厮因何監着, 벼 시므든 뎌 놈은 므스 일을 인ᄒᆞ여 갓텬ᄂᆞ뇨. ≪朴諺, 下, 31ㅎ≫這的擎天白玉柱, 이ᄂᆞᆫ 하늘을 바텬ᄂᆞᆫ 白玉柱ㅣ오. ≪朴諺, 下, 36ㅎ≫監在牢裏, 옥에 갓텬ᄂᆞ뇨. ≪朴諺, 下, 56ㅎ≫只聽的高麗新事來, 그저 高麗ㅅ 新事를 드런노라. ≪朴諺, 下, 57ㅈ≫先生恰說的秀才在那裡下着裡, 先生이 ᄀᆞᆺ 니ᄅᆞ든 秀才 어ᄃᆡ 브리원ᄂᆞ뇨. ≪朴諺, 下, 57ㅈ≫張編修家裡下着, 張編修의 집의 브리원ᄂᆞ니라.

언덕 명 언덕. ⇔안(岸). ≪朴諺, 上, 61ㅈ≫北岸上有一座大寺, 북편 언덕 우희 ᄒᆞᆫ 座 큰 뎔이 이시니.

언도(言道) 동 이르다. 말해 주다. …라고 말하다. ⇔닐오다. ≪朴諺, 下, 54ㅈ≫將某衣領扯住言道, 某의 옷기술 잡고 닐오되.

언머 명 얼마. ❶⇔기개(幾箇). ≪朴諺, 上, 52ㅎ≫你要打幾箇氣力的弓, 네 언머 힘에 활을 ᄆᆡᆫ들고져 ᄒᆞᄂᆞᆫ다. ❷⇔다다소소(多多少少). ≪朴諺, 下, 30ㅎ≫知他是多多少少, 모로리로다 언메런디. ❸⇔다소(多少). ≪朴諺, 上, 10ㅎ≫多少一板, 언머에 ᄒᆞᆫ 판고. ≪朴諺, 中, 37ㅎ≫官人你與多少便了, 官人아 네 언머를 주어야 편ᄒᆞ료. ≪朴諺, 中, 57ㅈ≫要多少賣, 언머를 밧고 폴려 ᄒᆞᄂᆞᆫ다. ≪朴諺, 下, 25ㅎ≫你多少賣, 네 언머에 폴다.

언머 부 얼마나. ❶⇔다소(多少). ≪朴諺, 上, 12ㅈ≫你與多少脚錢, 네 언머 삭 갑슬 주려 ᄒᆞᄂᆞᆫ다. ≪朴諺, 上, 38ㅎ≫他要多少功錢, 뎌 언머 功錢을 밧ᄃᆞ뇨. ≪朴諺, 上, 55ㅎ≫你拿着多少銀子買, 네 언머 은을 가지고 사려 ᄒᆞᄂᆞᆫ다. ≪朴諺, 上, 56ㅈ≫討多少銀子, 언머 은을 ᄢᅬ오더뇨. ≪朴諺, 下, 3ㅎ≫經多少風寒暑濕, 언머 風寒과 暑濕을 디내며. 受多少日炙風吹, 언머 日炙 風吹를 바드며. 過多少惡山·險水·難路, 언머 惡山·險水·難路를 디내며. 見多少怪物·妖精侵他, 언머 怪物·妖精이 뎌를 침노홈을 보며. 撞多少猛虎

·毒虫定害, 언머 猛虎·毒虫의 보채는 거슬 만나며. ≪朴諺, 下, 4ㅈ≫逢多少惡物刁蹶, 언머 惡物의 놂쁨을 만나시리오. ≪朴諺, 下, 4ㅈ≫行六年受多少千辛萬苦, 行혼 여슷 히예 언머 千辛萬苦를 밧고. ≪朴諺, 下, 15ㅈ≫忍多少飢, 인(언)머 주리믈 ᄎᆞ므며. 受多少渴, 언머 갈호믈 바다시리오. ❷⇔심마(甚麽). ≪朴諺, 下, 30ㅎ≫有甚麽數目, 언머 수목이 잇더뇨.

언머나 부 얼마나. ❶⇔다소(多少). ≪朴諺, 上, 44ㅎ≫多少學課錢, 學課錢이 언머나 ᄒᆞᄂᆞ뇨. ❷⇔하사(何似). ≪朴諺, 下, 58ㅎ≫春秋何似, 春秋ㅣ 언머나 ᄒᆞ뇨.

언멋 명 얼마. 얼마의. ⇔다소(多少). ≪朴諺, 上, 19ㅈ≫他要多少工錢, 뎨 언멋 工錢을 밧더뇨. ≪朴諺, 上, 19ㅎ≫儅的多少錢, 언멋 돈에 典儅ᄒᆞ려 ᄒᆞᄂᆞ다. ≪朴諺, 上, 41ㅈ≫下多少財錢, 언멋 財錢을 드리더뇨. ≪朴諺, 上, 48ㅎ≫省多少盤纏, 언멋 盤纏을 ᄆᆞ듸와뇨.

언메나 부 얼마나. ❶⇔기(幾). ≪朴諺, 下, 41ㅈ≫幾歲了, 나히 언메나 ᄒᆞ더뇨. ❷⇔다(多). ≪朴諺, 上, 19ㅎ≫那珠兒多大小, 뎌 진쥬ㅣ 크기 언메나 ᄒᆞ뇨. ❸⇔다소(多少). ≪集覽, 字解, 單字解, 1ㅈ≫還. 猶尙也, 再也. 還有多少 당시론 언메나 잇ᄂᆞ뇨. 又다하. 還要多少 다하 언메나 받고져 ᄒᆞ나뇨. 還有·還要之還, 或呼如孩字之音. 此或還音之訛, 或別有其字, 未可知也. 又償也. 還錢 갑 주다. ≪集覽, 字解, 單字解, 5ㅎ≫虧. 損也, 少也. 虧你多少 네게 언메나 낟브뇨, 虧着我 내게 낟배라. 又次也. 吏語, 虧兒 원수에셔 ᄉᆞ다. ≪朴諺, 上, 3ㅎ≫照依前例該與多少, 前例대로 ᄒᆞ면 언메나 주엄 즉ᄒᆞ관ᄃᆡ. ≪朴諺, 上, 47ㅈ≫多少湯錢, 湯錢이 언메나 ᄒᆞ뇨. ≪朴諺, 下, 53ㅎ≫這般着, 이러면. 那廝多少年紀, 뎌 놈이 나히 언메나 ᄒᆞ더뇨.

언멧 명 얼마. 얼마의. ⇔다소(多少). ≪朴諺, 上, 18ㅈ≫多少分兩, 언멧 分兩고.

언문(諺文) 명 언문(諺文). 곧, 한글. ≪集覽, 凡例≫凡常用言語之義, 難以文字形容者, 直用諺文說解, 使人易曉庶不失眞.

언설(言說) 동 이르다. 말해 주다. …라고 말하다. ⇔닐오다. ≪朴諺, 下, 54ㅎ≫張千言說, 張千이 닐오듸.

언성(偃成) 부 함부로. ⇔슬이여. ≪集覽, 字解, 累字解, 1ㅎ≫則管. 則音즈, 去聲. 或作只. 슬이여. 亦曰演成, 演亦作偃.

언어(言語) 명 말[語]. ⇔말. ≪集覽, 凡例≫凡俗用言語諸字, 有於本義之外, 別借爲義者, 今除本義, 只擧俗用之義爲解. ≪集覽, 凡例≫凡常用言語之義, 難以文字形容者, 直用諺文說解, 使人易曉庶不失眞. ≪集覽, 凡例≫質問者, 入中朝質問而來者也. 兩書皆元朝言語, 其沿舊未改者, 今難曉解. 前後質問亦有抵捂, 姑幷收以袪初學之碍. 間有未及質問, 大有疑碍者, 不敢强解, 宜竢更質. ≪朴諺, 中, 14ㅎ≫我不會漢兒言語, 내 한말을 아디 못ᄒᆞ고. ≪朴諺, 中, 49ㅈ≫說這般作怪的言語, 이런 괴이ᄒᆞᆫ 말을 닐ᄋᆞᄂᆞᆫ고나. ≪朴諺, 中, 50ㅈ≫不敢違了姐姐的言語, 감히 姐姐의 말을 어긔오디 말고. ≪朴諺, 中, 50ㅈ≫也不要違了我的言語, 또 내 말을 어긔오디 마쟈. ≪朴諺, 下, 26ㅈ≫我不敢言語, 내 감히 말 못호리라.

언음(諺音) 명 우리나라의 말소리를 중국의 한음(漢音)에 상대하여 이르는 말. ≪集覽, 凡例≫諺音及字旁之點, 皆從鄕語·鄕音, 詳見反譯凡例.

언전(蝘蜓) 명 도마뱀붙잇과의 하나. 도마뱀과 비슷한데 몸의 길이는 12cm 정도이며, 야행성으로 주로 인가 가까이 살며 작은 소리로 운다. ≪朴諺, 下, 29ㅈ≫你打饋我一箇立鼈兒, 네 날을 ᄒᆞᆫ 立鼈兒와. 一箇蝦蟆·鼈兒和蝎虎(集覽, 朴集, 下, 5ㅈ: 蠍〈蝎〉虎. 蠑蚖·蜥蜴·蝘蜓·守宮, 一物而四名. 在壁曰守宮, 在草曰蜥蜴.)盞兒, ᄒᆞᆫ 蝦蟆鼈兒와 蝎虎盞을 ᄆᆡᆫᄃᆞ라 주고려.

언정(言定) 동 (주로 남자측에서 여자측 집에) 사돈을 맺기를 청하다. 혼인을 청하다. ≪朴諺, 上, 40ㅎ≫今日做筵席(集覽, 朴集, 上, 11ㅎ: 今日做筵席. 舊本作開口筵席, 古所謂言定, 今俗云求親.), 오늘 이바디ᄒᆞᄂᆞ니라.

언제 뫼 언제. ⇔기시(幾時). ≪集覽, 字解, 單字解, 6ㅎ≫幾. 數問多少之辭. 幾箇 몃고, 幾時 언제, 幾曾 어늬 제. ≪朴諺, 上, 9ㅈ≫哥哥你幾時起身, 형아 네 언제 起身ᄒᆞᆯ다. ≪朴諺, 上, 13ㅎ≫從幾時出來, 언제브터 낫ᄂᆞ뇨. ≪朴諺, 上, 41ㅎ≫幾時下紅定, 언제 紅定을 드리더뇨. ≪朴諺, 上, 46ㅈ≫你幾時來, 네 언제 온다. ≪朴諺, 上, 48ㅈ≫京都駕幾時起, 셔울 대개 언제 긔동ᄒᆞ실러뇨. ≪朴諺, 上, 49ㅎ≫你姐姐曾幾時喫粥來, 네 姐姐ㅣ 일즙 언제브터 쥭을 먹ᄂᆞ뇨. ≪朴諺, 中, 5ㅈ≫幾時來取, 언제 와 가져가료. ≪朴諺, 中, 12ㅎ≫幾時來了, 언제 온다. ≪朴諺, 中, 13ㅎ≫那丁舍你幾時來, 뎌 丁舍ㅣ아 네 언제 온다. ≪朴諺, 中, 16ㅎ≫幾時忘這恩念, 언제 이 恩念을 니즈리오. ≪朴諺, 中, 43ㅈ≫幾時得些閑, 언제 져기 한가홈을 어드리오. ≪朴諺, 中, 46ㅎ≫急且幾時又得除, 과거리 언제 또 除홈을 어드리오. ≪朴諺, 中, 59ㅎ≫知他是幾時的勾當, 모로리로다 언제 일인디. ≪朴諺, 中, 60ㅈ≫幾時倒的了, 언제 긃나리오. ≪朴諺, 下, 38ㅈ≫幾時行, 언제 가뇨.

언해(諺解) 동 한문을 한글로 풀어서 쓰다. 또는 그런 책. ≪集覽, 凡例≫兩書諺解簡帙重大, 故朴通事分爲上·中·下, 老乞大分爲上·下, 以便繙閱.

얻다 동 얻다. ❶⇔득(得). ≪朴諺, 上, 9ㅈ≫小人也得了箚付關字便上馬, 小人도 箚付關字를 어드면 곳 上馬ᄒᆞ리로다. ≪朴諺, 上, 28ㅎ≫今世裏那般得自在, 今世예 뎌리 自在홈을 어덧ᄂᆞ니. ≪朴諺, 上, 42ㅎ≫得十兩銀, 열 량 은을 어드리로다. ≪朴諺, 上, 45ㅎ≫應科擧得做官, 科擧를 應ᄒᆞ여 벼슬홈을 어더. ≪朴諺, 上, 65ㅎ≫得傳衣鉢, 衣鉢 傳홈을 어더. ≪朴諺, 上, 67ㅈ≫今日脫靴上炕, 오ᄂᆞᆯ 훠를 벗고 炕에 올랏다가. 明日難保得穿, ᄂᆡ일 어더 신기를 밋기 어렵다 ᄒᆞᄂᆞ니라. ≪朴諺, 中, 23ㅈ≫故得人天之喜躍鬼神之歡欣, 이러모로 人天의 喜躍과 鬼神의 歡欣을 어더. ≪朴諺, 中, 24ㅈ≫尙有可得日, 오히려 可히 어들 날이 이시려니와. ≪朴諺, 中, 43ㅈ≫幾時得些閑, 언제 져기 한가홈을 어드리오. ≪朴諺, 中, 45ㅎ≫解由得了不曾, 解由를 어덧ᄂᆞ냐 못ᄒᆞ엿ᄂᆞ냐. ≪朴諺, 中, 46ㅈ≫得也得了, 어듬은 어덧노라. ≪朴諺, 中, 46ㅎ≫急且幾時又得除, 과거리 언제 또 除홈을 어드리오. ≪朴諺, 中, 53ㅈ≫怎能勾得, 엇디 유여히 어드리오. ≪朴諺, 中, 54ㅈ≫斗星日得飮食的日頭, 斗星日은 飮食 어들 날이니. ≪朴諺, 下, 4ㅎ≫久後你也得證果金身, 오란 후에 너도 證果金身홈을 어드리라. ≪朴諺, 下, 28ㅈ≫乾得那些榛子喫, 공히 뎌 개암을 어더먹으니. ❷⇔멱득(覓得). ≪朴諺, 上, 30ㅎ≫覔得高麗錢大快三十年, 高麗ㅅ 錢을 어든들 크게 三十年을 즐기랴. ❸⇔심(尋). ≪朴諺, 上, 42ㅎ≫正着了也多尋鈔, 정히 만나시니 錢鈔를 만히 어드리로다. ≪朴諺, 上, 51ㅈ≫如今自妳那尋妳子, 이제 손조 졋 먹이ᄂᆞ냐 졋즐 어던ᄂᆞ냐. 尋一箇好婦人妳, ᄒᆞᆫ 됴ᄒᆞᆫ 婦人의 졋을 어더시되. ≪朴諺, 上, 66ㅎ≫這的眞善智識那裏尋去, 이런 진짓 善智識을 어ᄃᆡ 어드리오. ≪朴諺, 中, 17ㅈ≫醬麴今年沒處尋, 메조를 올ᄒᆡ 어들 ᄃᆡ 업더니. ≪朴諺, 中, 40ㅎ≫每日家尋空便拿雀兒, 每日에 빈 적을 어더 새 잡노라. ❹⇔토(討). ≪集覽, 字解, 單字解, 4ㅎ≫討. 求也, 探也. 討去 어드라 가다, 討債去 빋 주니 바ᄃᆞ라 가다, 討價錢 빋 받다. 又本國傳習之解曰 빋 쐬오다, 亦通. ≪朴諺, 上, 2ㅈ≫討南方來的蜜林檎燒酒一桶, 南方으로셔 온 蜜林檎燒酒 ᄒᆞᆫ 통과……豆酒一桶, 豆酒 ᄒᆞᆫ 통을 어더 오고. ≪朴諺, 上, 2ㅎ≫着誰去討, 눌로 ᄒᆞ여 가 어더 오

료. ≪朴諺, 上, 3ㅈ≫討將來了, 어더 가져왓노라.

얻다 동 얻다. 찾다. ❶⇔득(得). ≪朴諺, 下, 52ㅎ≫辨驗得賊人蹤跡, 辨驗ᄒᆞ여 賊人의 蹤跡을 어드니. ≪朴諺, 下, 56ㅈ≫得了馬時, ᄆᆞᆯ을 어더든. ❷⇔심(尋). ≪朴諺, 下, 56ㅈ≫尋將馬來時, ᄆᆞᆯ을 어더 오면. ❸⇔토(討). ≪朴諺, 下, 55ㅎ≫收討的六兩, 거두어 어드니는 엿 냥을 ᄒᆞ여.

얼거 동 얽혀. ≪朴諺, 上, 60ㅎ≫那殿一剗是纏金龍木香停柱, 뎌 殿에 ᄒᆞᆫ골ᄀᆞᆺ티 金龍이 얼거딘 木香 기동이오.

얼거디다 동 얽혀지다. ⇔전(纏). ≪朴諺, 上, 60ㅎ≫那殿一剗是纏金龍木香停柱, 뎌 殿에 ᄒᆞᆫ골ᄀᆞᆺ티 金龍이 얼거딘 木香 기동이오.

얼골 명 (제사나 잔치 때에 쓰던, 대가리를 제거한 동물의) 몸뚱이. ⇔강자(腔子). ≪朴諺, 上, 59ㅈ≫五錢銀子買一箇羊腔子(集覽, 朴集, 上, 14ㅎ: 羊腔子. 韻會云, 骨体曰腔. 音義云, 羊無首之名. 羊有首, 則人猒〈厭〉看. 今按, 漢俗屠羊出賣者, 皆去其首.), 닷 돈 은에 ᄒᆞᆫ 양의 얼골을 사.

얼굴 명 ❶모양. 형상. ⇔양자(樣子). ≪朴諺, 中, 30ㅎ≫那裏將那般好衣服好鞍馬來撇搽子, 어ᄃᆡ 가 뎌리 됴흔 옷과 됴흔 鞍馬를 가져와 얼굴을 비언ᄂᆞᆫ고. ❷얼굴. ⇔영(影). ≪朴諺, 下, 40ㅈ≫他別處畫了一箇官人的影來, 뎨 다른 ᄃᆡ ᄒᆞᆫ 官人의 얼굴을 그리니. ❸얼굴. 상판. 몰골. ⇔취검(觜臉). ≪朴諺, 下, 26ㅎ≫這沒觜臉小胡孫, 이 얼굴 업슨 져근 진납이.

얼굴 명 얼굴. 용모. ❶⇔모(貌). ≪朴諺, 中, 31ㅎ≫可知貌隨福轉, 그리어니 얼굴이 福을 조차 옴ᄂᆞ니라. ≪朴諺, 下, 36ㅈ≫人不可貌相, 사ᄅᆞᆷ은 가히 얼굴로 상티 못ᄒᆞ고. 海不可斗量, 바다흔 가히 말로 되디 못ᄒᆞᆫ다 ᄒᆞ니. ❷⇔생적(生的). ≪朴諺, 上, 41ㅎ≫那女孩兒生的(集覽, 朴集, 上, 12ㅈ: 生的. 天生容範.)十分可喜, 뎌 새각시 얼굴이 ᄀᆞ장 고아. ≪朴諺, 上, 55ㅎ≫一箇赤馬生的十分可喜, ᄒᆞᆫ 졀다ᄆᆞᆯ이 얼굴이 ᄀᆞ장 고오되.

얼다 동 ❶얼다[凍]. ⇔동(凍). ≪朴諺, 中, 29ㅎ≫街上泥凍的, 거리예 즌흙 언 거시. ≪朴諺, 中, 30ㅈ≫凍面皮都打破了不中, 언 ᄂᆞᆺ가족이 다 히여딜 거시니 맛당티 아니ᄒᆞ니. ❷교합(交合)하다. 성교(性交)하다. 간통하다. ⇔양(養). ≪朴諺, 上, 31ㅎ≫那驢養下來的, 뎌 나귀 얼러 나흔 놈이. ≪朴諺, 上, 34ㅈ≫到處裏養老婆, 간 곳마다 겨집을 어르니.

얼러 동 교합(交合)하여. 성교(性交)하여. 간통하여. ⇔양(養). ≪朴諺, 上, 31ㅎ≫那驢養下來的, 뎌 나귀 얼러 나흔 놈이.

얼머 명 얼마. ⇔다소(多小). ≪朴諺, 中, 37ㅈ≫這段子多小賣, 이 비단을 얼머에 풀려 ᄒᆞᄂᆞᆫ다.

얼멍이 명 어레미. ⇔사자(篩子). ≪朴諺, 中, 11ㅎ≫簸箕, 키. 篩子, 얼멍이. 馬尾羅兒, ᄆᆞᆯ총체. 卓兒, 상. 盤子, 반. 茶盤, 찻반. 擡盞, 졉잔. 壺甁, 壺甁. 酒鼈, 쥬벼ᄋᆞ. 銅杓, 놋쥬게ᄅᆞᆯ. 都收拾下着, 다 收拾ᄒᆞ여 두라.

얼믜다 형 성기다. 설피다. ⇔초(草). ≪朴諺, 中, 58ㅈ≫孩兒你饋我買將草布蚊帳來, 아ᄒᆡ아 네 날을 얼믠 뵈로 ᄒᆞᆫ 모긔댱을 사다가 주고려. ≪朴諺, 中, 58ㅈ≫一發着草布糊了, ᄒᆞᆫ 번에 얼믠 뵈로 ᄇᆞᄅᆞ라.

얼키다 동 얽히다. ⇔전착(纏着). ≪朴諺, 中, 32ㅈ≫纏着乞留曲葎藤, 굽걸온 藤이 얼켯고.

엄(渰) 동 잠기다[沈]. ⇔ᄌᆞᆷㄱ다. ≪朴諺, 上, 9ㅎ≫水渰過蘆溝橋獅子頭, 믈이 蘆溝橋 獅子ㅅ 머리ᄅᆞᆯ ᄌᆞᆷ가 너머.

엄(嚴) 형 장엄(莊嚴)하다. ⇔장엄ᄒᆞ다. ≪朴諺, 中, 21ㅎ≫身嚴瓔珞居普陁空翠之山, 몸에 瓔珞으로 장엄ᄒᆞ여시니 普陀 空翠의 山에 居ᄒᆞ엿도다.

-엄 접미 -음. ≪朴諺, 中, 59ㅈ≫合斷與小人, 결단ᄒᆞ여 小人의게 주엄 즉ᄒᆞ매.

엄매(俺每) 대 우리. ⇔우리. ≪集覽, 字解,

單字解, 1ㅈ≫每. 本音上聲, 頻也. 每年, 每一箇. 又平聲, 等輩也, 我每·咱每·俺每 우리. 恁每·你每 너희. 今俗喜用們字.

엄응(嚴凝) 형 몹시 춥다. ≪朴諺, 下, 46ㅎ≫頭戴耳掩或提在手裡(集覽, 朴集, 下, 10ㅈ: 頭戴耳掩或提在手裏. 寅時揭左邊, 亥時揭右邊而戴, 以寅·亥時爲通氣, 故揭一邊也, 子·丑時全戴, 爲嚴凝也.), 머리예 耳掩을 쓰며 혹 손에 들고.

엄이(掩耳) 명 이엄(耳掩). (방한용 귀마개) ≪朴諺, 下, 46ㅎ≫頭戴耳掩或提在手裡(集覽, 朴集, 下, 10ㅈ: 頭戴耳掩或提在手裏. 芒神耳掩以立春時爲法, 從卯至戌八時, 掩耳用手提, 陽時左手提, 陰時右手提, 以八時見日溫和也.), 머리예 耳掩을 쓰며 혹 손에 들고. ≪元典章, 禮部 5, 春牛經式≫釋策牛人掩耳……寅亥時爲通氣, 故揭一邊, 子丑時芒神全戴掩耳, 爲嚴凝時全掩也.

엄정(嚴淨) 형 엄숙하고 깨끗하다. ≪朴諺, 中, 21ㅈ≫座飾芙蓉(集覽, 朴集, 中, 4ㅎ: 座飾芙蓉. 飜譯名義云, 大論問, 諸牀〈床〉可坐, 何必蓮華. 答曰, 牀爲世間白衣坐法, 又以蓮華軟淨, 欲現神力, 能坐其上, 令不壞故, 又以莊嚴妙法故, 又以此華華臺嚴淨香妙可坐故.)湛南海澄淸之水, 안즌 듸는 芙蓉으로 꾸며시니 南海 澄淸혼 水에 즘겻고.

업다 형 없다. ❶⇔몰(沒). ≪朴諺, 上, 10ㅈ≫澇了田禾沒一根兒, 田禾에 믈씨여 혼 불회도 업고. ≪朴諺, 上, 29ㅎ≫怎麽沒一箇中使的, 엇디 ᄒᆞ나토 쁨즉ᄒᆞ니 업ᄂᆞ뇨. ≪朴諺, 上, 43ㅈ≫我沒裁帛, 내게 裁帛이 업세라. ≪朴諺, 上, 48ㅈ≫京都也沒甚麽買賣, 셔울도 아므란 買賣ㅣ 홀 거시 업드라. ≪朴諺, 中, 5ㅈ≫怎麽沒一箇聽事的, 엇디 혼 聽事ᄒᆞ리도 업ᄂᆞ뇨. ≪朴諺, 中, 9ㅈ≫相公們別沒擎賫錢粮, 相公들이 각별이 錢粮을 擊賫홈이 업고. ≪朴諺, 中, 17ㅈ≫醬麴今年沒處尋, 메조를 올히 어들 듸 업더니. ≪朴諺, 中, 36ㅎ≫沒你時怕買不成, 네 업다 사디 못홀가 저프랴. ≪朴諺, 中, 45ㅎ≫別沒不了的事件, 각별이 뭇디 못혼 일이 업고. ≪朴諺, 中, 52ㅈ≫我也沒甚麽幹的勾當, 나도 아므란 홀 일이 업고. ≪朴諺, 下, 19ㅈ≫這禿厮好沒道理, 이 머리믠놈이 ᄀᆞ장 道理 업다 ᄒᆞ고. ≪朴諺, 下, 23ㅎ≫行者油煎的肉都沒了, 行者ㅣ 기름에 지지여 슬히 다 업더이다. ≪朴諺, 下, 44ㅎ≫沒了, 업고. ≪朴諺, 下, 55ㅎ≫有甚暗記沒印, 아모란 ᄀᆞ만혼 보람이 잇고 인은 업ᄂᆞ니. ❷⇔몰유(沒有). ≪集覽, 字解, 單字解, 1ㅎ≫沒. 無也. 沒有 업다. ≪集覽, 字解, 單字解, 5ㅎ≫家. 止指一數之稱. 一箇家 혼 낫식, 幾箇家 몃 낫식, 又현 낫식, 幾年家 현 히식. 又槩也. 大家 대개. 又擧姓呼人之稱. 李家·張家. 又呼皇帝曰官家. 又語助. 沒有家 업다. ❸⇔몰유가(沒有家). ≪集覽, 字解, 單字解, 5ㅎ≫家. 止指一數之稱. 一箇家 혼 낫식, 幾箇家 몃 낫식, 又현 낫식, 幾年家 현 히식. 又槩也. 大家 대개. 又擧姓呼人之稱. 李家·張家. 又呼皇帝曰官家. 又語助. 沒有家 업다. ❹⇔무(無). ≪朴諺, 上, 33ㅎ≫無處發落, 發落혼 곳이 업고. ≪朴諺, 中, 23ㅎ≫萬民無搔擾之憂, 萬民이 搔擾ᄒᆞᄂᆞᆫ 근심이 업고. ≪朴諺, 中, 41ㅈ≫無些兒尊貴處, 져기 尊貴혼 곳이 업다. ≪朴諺, 中, 43ㅎ≫你自說村莊無人來訪, 네 스스로 닐오듸 村莊에 와 ᄎᆞ즐 사름이 업다 ᄒᆞ거니와. ≪朴諺, 中, 61ㅈ≫有理無錢休入來, 理 이셔도 돈이 업거든 드러오디 말라 ᄒᆞᄂᆞ니라. ≪朴諺, 下, 58ㅎ≫無德可表, 德이 可히 表홀 거시 업고. ❺⇔미(靡). ≪朴諺, 下, 59ㅎ≫靡所不爲, ᄒᆞ디 아닐 배 업므(으)니. ❻⇔미유(未有). ≪朴諺, 上, 6ㅈ≫黃杏未有裏, 黃杏은 업고. ❼⇔소(少). ≪朴諺, 下, 40ㅈ≫只少一口氣, 그저 혼 입긔운만 업드라. ❽⇔흠(欠). ≪朴諺, 上, 18ㅎ≫欠端正些, 端正홈이 업고.

업ᄃᆡ다 동 엎디다. ⇔복(伏). ≪朴諺, 下, 53ㅈ≫伏取處分, 업ᄃᆡ여 處分을 取ᄒᆞ노이다.

업보(業報) 명 〈불〉 선악의 행업(行業)으로 말미암은 과보(果報). ≪朴諺, 中, 21ㅈ≫智滿十身(集覽, 朴集, 中, 4ㅈ: 智滿十身. 本覺爲知, 始覺爲智. 滿, 備也. 十身有調御. 十身, 曰無着, 曰弘願, 曰業報, 曰住持, 曰涅槃, 曰淨法, 曰眞心, 曰三昧, 曰道性, 曰如意. 有內十身, 曰菩提, 曰願, 曰化, 曰力持, 曰莊嚴, 曰威勢, 曰意生, 曰福德, 曰法, 曰智. 有外十身, 曰自, 曰衆生, 曰國土, 曰業報, 曰聲聞, 曰圓覺, 曰菩薩, 曰智, 曰法, 曰虛空.), 智는 十身에 찻도다.

업슈이너기다 동 업신여기다. 얕보다. 깔보다. ⇔소간(小看). ≪朴諺, 下, 26ㅎ≫好小看人, ᄀᆞ장 사ᄅᆞᆷ 업슈이너긴다.

업시ᄒᆞ다 동 없이하다. ⇔거(去). ≪朴諺, 上, 40ㅈ≫將風屑去的爽利着, 비듬을다가 업시ᄒᆞ야 싀훤케 ᄒᆞ라.

업장(業障) 명 〈불〉 삼장(三障)의 하나. 말·동작·마음으로 지은 악업에 의한 장애(障碍). ≪朴諺, 中, 23ㅎ≫作一切罪障(集覽, 朴集, 中, 6ㅈ: 罪障. 猶言業障·罪業.), 一切히 罪障 지은 거시.

없다 형 없다. ❶⇔결(缺). ≪朴諺, 上, 54ㅈ≫今爲缺錢使用, 이제 돈 ᄡᅳᆯ 것 업ᄉᆞ믈 위ᄒᆞ여. ❷⇔궐소(闕少). ≪朴諺, 中, 9ㅎ≫少人錢債闕少口粮, 사ᄅᆞᆷ의 빗져 먹을거시 업서. ❸⇔몰(沒). ≪集覽, 字解, 單字解, 2ㅈ≫阿. 俗音하. 阿的, 猶言此也. 又語助辭. 有阿沒 잇ᄂᆞ녀 업스녀. 皆元朝之語. ≪集覽, 字解, 單字解, 3ㅎ≫那. 平聲, 音노, 推移也. 那一那 논힐후다. 上聲 나, 何也. 那裏 어듸, 那箇 어늬. 又誰也. 那一箇 누고. 去聲 나. 那裏, 彼處也. 那箇 뎌것. 又語助. 有那沒 잇ᄂᆞ녀 업스녀. ≪朴諺, 上, 22ㅎ≫你的般子多沒眼碁, 네 주긴 ᄆᆞᆯ이 만ᄒᆞ니 눈 업슨 바독이로다. ≪朴諺, 上, 39ㅈ≫沒馬時怎麽過, ᄆᆞᆯ이 업ᄉᆞ면 엇디 디내리오. ≪朴諺, 上, 55ㅎ≫沒本事, 직죄 업ᄉᆞ니. ≪朴諺, 中, 2ㅈ≫好看的甚麽沒, 보기 됴흔 거시 므서시 업ᄉᆞ리오. ≪朴諺, 中, 10ㅎ≫沒保人中麽, 保人이 업서도 므던ᄒᆞ랴. ≪朴諺, 中, 18ㅎ≫怕沒治病的心那, 저프건대 病 고틸 ᄆᆞ음이 업스랴마ᄂᆞᆫ. ≪朴諺, 中, 25ㅈ≫看家裏沒你時, 집의 보아 네 업스면.≪朴諺, 中, 37ㅎ≫我再沒高的了, 내게 ᄯᅩ 노프니 업ᄉᆞ니. ≪朴諺, 中, 45ㅎ≫又沒過犯, ᄯᅩ 過犯이 업ᄉᆞ니. ≪朴諺, 中, 53ㅎ≫却沒一件兒新衣裳怎麽好, ᄯᅩ ᄒᆞᆫ 불 새 衣裳이 업스니 엇디 ᄒᆞ여야 됴흐료. ≪朴諺, 中, 59ㅎ≫沒油水的勾當, 기름믈 업슨 일을. ≪朴諺, 下, 2ㅎ≫沒計奈何, 계교 엇디호미 업서. ≪朴諺, 下, 5ㅈ≫沒家事時筭甚麽泥水匠, 연장이 업ᄉᆞ면 므슴 泥匠이라 혜리오. ≪朴諺, 下, 26ㅈ≫只與我二兩沒利錢, 그저 날을 두 냥을 주어도 니쳔이 업ᄉᆞ니. ≪朴諺, 下, 39ㅎ≫天下沒雙, 天下에 雙이 업ᄉᆞ니라. ≪朴諺, 下, 57ㅈ≫咳沒頭口却怎的好, 애 즘승이 업ᄉᆞ니 엇디ᄒᆞ여 됴흐료. ≪朴諺, 下, 61ㅎ≫小子沒甚麽鄕産與先生, 小子ㅣ 아므란 鄕産을 先生ᄭᅴ 줄 써시 업ᄉᆞ니. ❹⇔몰유(沒有). ≪朴諺, 上, 43ㅎ≫沒有五六錢銀子, 다엿 돈 은이 업ᄉᆞ면. ❺⇔무(無). ≪朴諺, 上, 36ㅎ≫金甕兒·銀甕兒表裏無縫兒, 금독·은독이 안팟ᄭᅴ 솔 업슨 거시여. ≪朴諺, 上, 54ㅈ≫如至日無錢歸還, 만일 날이 다ᄃᆞ라 갑흘 돈이 업ᄉᆞ면. ≪朴諺, 上, 54ㅎ≫如借錢人無物准與, 만일 돈 ᄭᅮᆫ 사ᄅᆞᆷ이 准與홀 써시 업ᄉᆞ면. ≪朴諺, 上, 54ㅎ≫恐後無憑, 후에 의빙홈이 업슬가 저허. ≪朴諺, 上, 62ㅈ≫河邊兒窺魚的是無數目的水老鴉, ᄆᆞᆯᄭᅳᆺ의 고기 엿ᄂᆞᆫ 거슨 이 수 업슨 가마오디오. ≪朴諺, 中, 10ㅎ≫恐後無憑, 후에 의빙홈이 업슬가 저허. ≪朴諺, 中, 17ㅎ≫男兒無婦財無主, ᄉᆞ나희 겨집이 업스면 직물이 님재 업고. 婦人無夫身無主, 겨집이

지아비 업스면 몸이 님재 업다 ᄒᆞᄂᆞ니. ≪朴諺, 中, 19ㅈ≫無緣對面不相逢, 인연이 업스면 ᄂᆞᆺ촐 ᄃᆡᄒᆞ여도 서르 만나디 못ᄒᆞᄂᆞ니. ≪朴諺, 中, 30ㅎ≫他如今喫的穿的無處發落裏, 뎌 이제ᄂᆞᆫ 먹을 것 닙을 것시 發落홀 곳이 업스니라. ≪朴諺, 中, 40ㅎ≫那瓦水潤了無些氣力, 뎌 디새 믈 비야 져기 힘이 업스니. ≪朴諺, 下, 1ㅈ≫虫蛀的無一根兒風毛, 좀이 먹어 ᄒᆞᆫ 낫 댱티도 업서시니. ≪朴諺, 下, 10ㅎ≫這的無緣衆生難化, 이런 인연 업슨 衆生은 化키 어려오니라. ≪朴諺, 下, 16ㅈ≫無贓時有甚麽事, 장믈이 업스면 므스 일이 이시리오. ≪朴諺, 下, 43ㅎ≫一日無常萬事休, 一日에 常이 업ᄉᆞ면 萬事ㅣ 休ᄒᆞᄂᆞ니라. ≪朴諺, 下, 51ㅈ≫漁翁之味萬無迭, 漁翁의 마ᄉᆞᆫ 만 가지도 迭ᄒᆞᆫ 거시 업ᄉᆞ니라. ≪朴諺, 下, 54ㅈ≫年幾歲無病, 나히 현이오 病 업슨이. ❻⇔불(不). ≪朴諺, 中, 57ㅈ≫一百箇錢短一箇錢也不賣, 一百 낫 돈에 ᄒᆞᆫ 낫 돈이 업서도 ᄑᆞ디 이(아)니ᄒᆞ리라. ❼⇔소(少). ≪集覽, 字解, 單字解, 6ㅈ≫少. 多少. 又欠也. 少甚麽 므스거시 업스뇨. 少債 ᄂᆞᄆᆡ 비들 뻐디워 잇다. 又缺也. 缺少口粮 양시기 그처디다. ≪朴諺, 中, 11ㅈ≫如今少甚麽, 이제 므서시 업스뇨. ≪朴諺, 中, 11ㅎ≫少梯子, 술위앏괴오ᄂᆞᆫ나모. 撑頭, 술위뒤괴오ᄂᆞᆫ나모. 套繩, 멧줄. 撒繩, ᄉᆞ을줄. 拘索, 목집게. 籠頭, 바굴레. 脚索, 지달쏠바. 鞍子, 기ᄅᆞ마. 肚帶, 빗대 업세라. ≪朴諺, 中, 52ㅈ≫又少些盤纏不曾去的, 또 져기 盤纏이 업서 일즙 가디 못ᄒᆞ롸. ❽⇔소(消). ≪朴諺, 下, 30ㅈ≫顔色也都消了, 빗치 다 업서시니.

-엇- 어미 -었-. ≪朴諺, 上, 18ㅈ≫你那金帶是誰廂的, 네 뎌 금ᄯᅴ를 뉘 젼메웟ᄂᆞ뇨. ≪朴諺, 上, 27ㅈ≫攀胷下滴溜着一箇珠兒網盖兒罕荅哈, 가숨거리 아ᄅᆡ ᄒᆞᆫ 구슬로 망 ᄆᆡ자 ᄭᅵᆫ 罕荅哈를 드리웟더라. ≪朴諺, 上, 31ㅈ≫他少我五兩銀子裏, 뎨 내게 닷 냥 은을 빗졋ᄂᆞ니. ≪朴諺, 上, 32ㅎ≫打的半死刺活的, 텨 반만 죽엇다가 되ᄡᅵ여나니. ≪朴諺, 上, 48ㅈ≫且早裏, 아직 일럿더라. ≪朴諺, 上, 52ㅈ≫留下一箇拜貼來見來麽, ᄒᆞᆫ 拜貼을 머므럿더니 보신가. ≪朴諺, 上, 66ㅎ≫說道, 닐럿ᄂᆞ니. ≪朴諺, 中, 2ㅎ≫說定與他二兩銀, 닐러 定ᄒᆞ고 뎌를 두 냥 銀을 주엇더니. ≪朴諺, 中, 17ㅎ≫却不說, 또 닐ᄋᆞ디 아녓ᄂᆞ냐. ≪朴諺, 中, 21ㅈ≫座飾芙蓉湛南海澄淸之水, 안즌 ᄃᆡᄂᆞᆫ 芙蓉으로 ᄭᅮ며시니 南海 澄淸ᄒᆞᆫ 水에 ᄌᆞᆷ겻고. ≪朴諺, 中, 30ㅈ≫乾飯也做着裏, 된밥도 지엇고. ≪朴諺, 中, 32ㅈ≫纏着乞留曲律藤, 굽걸온 藤이 얼켯고. ≪朴諺, 中, 41ㅈ≫可知道裏, 그리어니 닐럿ᄂᆞ니. ≪朴諺, 中, 46ㅈ≫得也得了, 어듬은 어덧노라. ≪朴諺, 中, 47ㅈ≫又將筆來面皮上畫了, 또 붓을 가져다가 ᄂᆞ체 그렷더니. ≪朴諺, 中, 51ㅈ≫雨住了麽, 비 그쳣ᄂᆞ냐. ≪朴諺, 中, 53ㅈ≫可知道裡, 그리어니 닐럿ᄂᆞ니.

엇게 명 어깨. ❶⇔견(肩). ≪朴諺, 下, 22ㅎ≫拿着肩膀彫在裏面, 엇게를 잡아 안ᄒᆡ 드리티라 ᄒᆞ엿더니. ❷⇔견방(肩膀). ≪朴諺, 下, 31ㅎ≫三尺寬肩膀, 석 자나 너른 엇게오.

엇다 동 얻다. ❶⇔득(得). ≪朴諺, 上, 21ㅎ≫人不得橫財不富, 사ᄅᆞᆷ이 橫財를 엇디 못ᄒᆞ면 가ᄋᆞᆷ여디 못ᄒᆞ고. 馬不得夜草不肥, ᄆᆞᆯ이 夜草를 엇디 못ᄒᆞ면 ᄉᆞᆯ지디 못ᄒᆞᆫ다 ᄒᆞ니라. ≪朴諺, 上, 23ㅎ≫不得仁義的人, 仁義를 엇디 못ᄒᆞᆫ 사ᄅᆞᆷ이라. ≪朴諺, 上, 58ㅈ≫不通人情不得仁義的小廝, 人情을 통티 못ᄒᆞ고 仁義를 엇디 못ᄒᆞᆫ 놈이라. ≪朴諺, 中, 15ㅎ≫可知得這證候, 그리어니 이 證候를 엇도다. ≪朴諺, 中, 42ㅎ≫不得工夫去不得, 工夫를 엇디 못ᄒᆞ여 가디 못ᄒᆞ노라. ≪朴諺, 中, 43ㅎ≫不得撚指歇息, 손ᄯᅡᆸ 다ᄃᆞᆷ 쉬기도 엇디 못ᄒᆞ고. ≪朴諺, 中, 45ㅎ≫爲甚麽不得, 므서슬 위ᄒᆞ여 엇디 못ᄒᆞ리오. ≪朴諺, 中, 53

ㅈ≫得偌多賞賜, 만흔 賞賜를 엇도다. ≪朴諺, 下, 11ㅎ≫得了照會, 照會를 엇노라. ≪朴諺, 下, 56ㅎ≫因此不得工夫闕拜望, 이런 젼ᄎᆞ로 工夫를 엇디 못ᄒᆞ여 拜望을 闕ᄒᆞ니. ≪朴諺, 下, 62ㅈ≫正是難得之物, 경히 엇기 어려온 거시로다. ❷⇔심(尋). ≪朴諺, 上, 55ㅎ≫市裏尋不着好馬, 져제는 됴흔 ᄆᆞᆯ을 엇디 못ᄒᆞᆯ러라. ≪朴諺, 上, 65ㅈ≫你的手裏難尋錢, 네 손에 돈 엇기 어렵다.

엇더ᄒᆞ다 형 어떠하다. ⇔여하(如何). ≪朴諺, 上, 1ㅈ≫咱們消愁解悶如何, 우리 消愁 解悶홈이 엇더ᄒᆞ뇨. ≪朴諺, 上, 10ㅈ≫你家墻如何, 네 집 담은 엇더ᄒᆞ뇨. ≪朴諺, 上, 22ㅈ≫咱們下一局賭輸嬴(贏)如何, 우리 ᄒᆞᆫ 판 두어 지며 이긔믈 더느미 엇더ᄒᆞ뇨. ≪朴諺, 上, 23ㅎ≫結做好弟兄時如何, ᄆᆞᄋᆞᆷ 됴흔 弟兄을 지음이 엇더ᄒᆞ뇨. ≪朴諺, 上, 44ㅈ≫你做饋我荷包如何, 네 날을 주머니를 ᄆᆡᆫᄃᆞ라 줌이 엇더ᄒᆞ뇨. ≪朴諺, 上, 46ㅎ≫今年馬價如何, 올히 ᄆᆞᆯ 갑시 엇더ᄒᆞ뇨. ≪朴諺, 上, 52ㅎ≫你打饋我兩張弓如何, 네 나를 두 댱 활을 ᄆᆡᆫᄃᆞ라 주미 엇더ᄒᆞ뇨. ≪朴諺, 上, 63ㅈ≫對換如何, 막밧곰이 엇더ᄒᆞ뇨. ≪朴諺, 中, 12ㅎ≫你說我地面裏的田禾如何, 네 닐ᄋᆞ라 우리 ᄯᅡ히 田禾ㅣ 엇더ᄒᆞ더뇨. ≪朴諺, 中, 38ㅈ≫葱白的三兩銀子如何, 葱白에는 석 냥 은에 홈이 엇더ᄒᆞ뇨. ≪朴諺, 中, 50ㅈ≫這般時如何, 이리 ᄒᆞ면 엇더ᄒᆞ료. ≪朴諺, 下, 29ㅈ≫如今銀子如何, 이제 은이 엇더ᄒᆞ뇨. ≪朴諺, 下, 34ㅈ≫咱們今日打毬兒如何, 우리 오ᄂᆞᆯ 댱방올 팀이 엇더ᄒᆞ뇨.

엇던 관 어떤. 어떠한. ⇔심마(甚麽). ≪朴諺, 上, 44ㅎ≫你師傅是甚麽人, 네 스승이 이 엇던 사ᄅᆞᆷ고.

엇디 부 어찌. ❶⇔기(豈). ≪朴諺, 上, 53ㅎ≫豈可望賞, 엇디 가히 샹을 ᄇᆞ라리오. ≪朴諺, 中, 16ㅎ≫小人豈敢有違, 小人이 엇디 감히 어긔옴이 이시리오. ❷⇔여하(如何). ≪朴諺, 下, 50ㅈ≫如何不去, 엇디 가디 아니ᄒᆞᄂᆞᆫ다. ≪朴諺, 下, 56ㅎ≫如何先生數日不見, 엇디 先生을 두어 날 보디 못ᄒᆞᆯ소니. ❸⇔즘(怎). ≪朴諺, 中, 17ㅎ≫怎剗劃我這一場愁, 엇디 내 이 一場愁를 헤와드료. ≪朴諺, 中, 50ㅈ≫怎那般道, 엇디 뎌리 닐ᄋᆞᄂᆞᆫ다. ≪朴諺, 中, 53ㅈ≫怎能勾得, 엇디 유여히 어드리오. ≪朴諺, 下, 60ㅈ≫怎受他苦, 엇디 뎌의 보채믈 바드리오. ❹⇔즘마(怎麽). ≪集覽, 字解, 單字解, 4ㅈ≫怎. 何也. 怎麽 엇디. ≪集覽, 字解, 單字解, 4ㅎ≫麽. 本音모. 俗用爲語助辭, 音마, 古人皆呼爲모, 故或通作莫. 怎麽 엇디, 來麽 오나라. ≪朴諺, 上, 2ㅈ≫街市酒打將來怎麽喫, 져젯 술을 가져오면 엇디 머그리오. ≪朴諺, 上, 15ㅈ≫你打時怎麽打, 네 ᄆᆡᆫᄃᆞᆯ면 엇디 ᄆᆡᆫᄃᆞᆯ려 ᄒᆞᄂᆞᆫ다. ≪朴諺, 上, 29ㅎ≫怎麽沒一箇中使的, 엇디 ᄒᆞ나토 ᄡᅥᆷ즉ᄒᆞ니 업ᄂᆞ뇨. ≪朴諺, 上, 44ㅈ≫你今日怎麽學裏不曾去, 네 오ᄂᆞᆯ 엇디 學에 일즙 가디 아니ᄒᆞ엿ᄂᆞᆫ다. ≪朴諺, 上, 56ㅎ≫你怎麽纔來, 네 엇디 ᄀᆞᆺ 온다. ≪朴諺, 上, 64ㅈ≫你怎麽謾的我高麗人, 네 엇디 우리 高麗ㅅ 사ᄅᆞᆷ을 소기ᄂᆞᆫ다. ≪朴諺, 中, 1ㅈ≫去時怎麽得入去的, 가면 엇디 드러가료. ≪朴諺, 中, 11ㅈ≫怎麽還不曾修理車輛, 엇디 당시롱 일즙 車輛을 修理티 아니ᄒᆞ엿ᄂᆞ뇨. ≪朴諺, 中, 29ㅎ≫馬們怎麽當的, ᄆᆞᆯ들히 엇디 당ᄒᆞ리오. ≪朴諺, 中, 35ㅈ≫如今怎麽那般賊廣, 이제 엇디 뎌리 도적이 흔ᄒᆞ뇨. ≪朴諺, 中, 49ㅈ≫怎麽這們說, 엇디 이리 닐ᄋᆞᄂᆞ뇨. ≪朴諺, 中, 55ㅎ≫怎麽這般蠅子廣, 엇디 이리 ᄑᆞ리 흔ᄒᆞ뇨. ≪朴諺, 中, 60ㅅ≫怎麽這般說, 엇디 이리 닐ᄋᆞᄂᆞᆫ다. ≪朴諺, 下, 1ㅎ≫虫子怎麽蛀的, 좀이 엇디 먹으리오. ≪朴諺, 下, 6ㅎ≫滿指甲疙瀼和膿水怎麽當, 손ᄐᆞᆸ의 ᄀᆞ득ᄒᆞᆫ 더뎡이와 고롬을 엇디 당ᄒᆞ리오. ≪朴諺, 下, 17ㅈ≫要怎麽那一等平話, 엇디 뎌 ᄒᆞᆫ 등 平話를 要ᄒᆞ

리오. ≪朴諺, 下, 28ㅎ≫掠頭兩箇怎麽賣, 귀밋빗기 둘흘 엇디 풀짜. ≪朴諺, 下, 34ㅈ≫我怎麽打不的, 내 엇디 티디 못ᄒᆞ리오. ≪朴諺, 下, 36ㅎ≫怎麽小看人, 엇디 사ᄅᆞᆷ을 小看ᄒᆞ리오. ≪朴諺, 下, 40ㅈ≫怎麽來的, 엇디 오리오. ❺⇔즘생(怎生). ≪朴諺, 下, 24ㅎ≫怎生拿出他本像, 엇디 뎌 本像을 잡아 내리오. ≪朴諺, 下, 55ㅈ≫不知怎生走了, 아디 못게라 엇디 ᄃᆞᆯ아난디. ≪朴諺, 下, 58ㅎ≫當初怎生建國來, 當初에 엇디 國을 建ᄒᆞ뇨. ❻⇔즘적(怎的). ≪朴諺, 上, 57ㅈ≫上了墳迴來怎的, 上墳ᄒᆞ고 도라올러냐 엇딜러뇨. ≪朴諺, 上, 58ㅈ≫咱們的馬怎的喂, 우리 ᄆᆞᆯ을 엇디 먹이료. ≪朴諺, 下, 12ㅈ≫相公支分怎的盖, 相公이 긔걸ᄒᆞ쇼셔 엇디 지으리잇고. ≪朴諺, 下, 27ㅈ≫這二十顆珊瑚怎的賣, 이 스므 낫 珊瑚를 엇디 ᄑᆞᆯ려 ᄒᆞᄂᆞᆫ다. ❼⇔하(何). ≪朴諺, 下, 58ㅈ≫何必如此, 엇디 반ᄃᆞ시 이러ᄐᆞᆺ ᄒᆞᄂᆞ뇨. ≪朴諺, 下, 61ㅎ≫何須謙讓, 엇디 모로미 겸양ᄒᆞᄂᆞ뇨.

엇디ᄒᆞ다 동 어찌하다. ❶⇔내하(奈何). ≪朴諺, 下, 2ㅎ≫沒計奈何, 계괴 엇디호미 업서. ≪朴諺, 下, 40ㅎ≫沒奈何畫, 엇디려뇨 홈이 업서 그리ᄂᆞ니라. ❷⇔즘생(怎生). ≪朴諺, 下, 9ㅈ≫不知怎生滾在底下, 아디 못게라 엇디ᄒᆞᆫ디 구으러 아릐 이셔. ❸⇔즘적(怎的). ≪朴諺, 中, 28ㅈ≫帶累一家人都死也怎的好, 온 집 사ᄅᆞᆷ이 버므리여 다 죽을 써시니 엇디ᄒᆞ여야 됴흐리오. ≪朴諺, 下, 1ㅈ≫怎的好, 엇디ᄒᆞ여야 됴ᄒᆞ료. ≪朴諺, 下, 10ㅈ≫怎的是佛法, 엇디홀ᄉᆞᆫ 이 佛法고. ≪朴諺, 下, 14ㅎ≫便到家裏那怎的, 곳 집의 가ᄂᆞ냐 엇디ᄒᆞᄂᆞ뇨. ≪朴諺, 下, 43ㅎ≫尸首實葬了那怎的, 尸首를 실로 장ᄒᆞ더냐 엇디ᄒᆞ뇨. ≪朴諺, 下, 56ㅈ≫怎的是一半兒錢贖, 엇디홀ᄉᆞᆫ 이 一半 갑ᄉᆞᆯ 주고 므르기고. ≪朴諺, 下, 57ㅈ≫咳沒頭口却怎的好, 애 즘승이 업ᄉᆞ니 엇디ᄒᆞ여 됴흐료.

-에 조 ❶-에. ≪朴諺, 上, 1ㅈ≫去那有名的花園裏, 뎌 有名ᄒᆞᆫ 花園에 가. ≪朴諺, 上, 17ㅎ≫十月裏騎竹馬, 十月에 대ᄆᆞᆯ ᄐᆞ기 ᄒᆞ고. ≪朴諺, 上, 26ㅈ≫綴着上等玲瓏羊脂玉頂兒, 上等에 玲瓏히 ᄒᆞᆫ 羊脂玉 딩ᄌᆞ에. ≪朴諺, 上, 35ㅎ≫艾氣肚裏入去, 艾氣 ᄇᆡ에 드러가. ≪朴諺, 上, 45ㅎ≫光顯門閭時如何, 門閭에 光顯ᄒᆞ면 엇더ᄒᆞ뇨. ≪朴諺, 上, 62ㅈ≫官裏上龍舡, 황뎨 龍舡에 오ᄅᆞ면. ≪朴諺, 上, 66ㅈ≫迴來到這永寧寺裏, 이 永寧寺에 도라오니. ≪朴諺, 中, 1ㅈ≫油紅畫金棒子, 油紅빗체 金으로 그림 그린 막대를. ≪朴諺, 中, 10ㅈ≫如賣已後, 만일 ᄑᆞᆫ 후에. ≪朴諺, 中, 16ㅈ≫然後喫進食丸, 그린 후에 進食丸을 먹으되. ≪朴諺, 中, 22ㅈ≫起浮屠於泗水之間, 浮屠를 泗水ㅅ ᄉᆞ이에 니ᄅᆞ혀고. ≪朴諺, 中, 28ㅈ≫你做這般不合理的勾當, 네 이런 理에 合디 아닌 일을 ᄒᆞ다가. ≪朴諺, 中, 36ㅈ≫揷在鍋鍬裏, ᄇᆡ목에 곳고. ≪朴諺, 中, 52ㅈ≫年時牢子們走的你見來麽, 젼년에 牢子들희 ᄃᆞ롬질을 네 본다. ≪朴諺, 中, 59ㅈ≫內中一兩箇官人, 그 듕에 ᄒᆞᆫ두 官人이. ≪朴諺, 下, 9ㅎ≫心只在酒肉氣色, ᄆᆞᄋᆞᆷ이 그저 酒肉과 氣色에 이셔. ≪朴諺, 下, 16ㅈ≫律條裏明白有, 律條에 明白히 이시니. ≪朴諺, 下, 19ㅎ≫王請唐僧上殿, 王이 唐僧을 請ᄒᆞ여 뎐에 올린대. ≪朴諺, 下, 25ㅎ≫你多少賣, 네 언머에 ᄑᆞᆯ다. ≪朴諺, 下, 31ㅈ≫手柱槍的, 손에 槍을 딥흔 이. ≪朴諺, 下, 39ㅎ≫天下沒雙, 天下에 雙이 업ᄉᆞ니라. ≪朴諺, 下, 49ㅎ≫北京外羅城, 北京外 羅城에. ≪朴諺, 下, 54ㅈ≫前去街上勾當, 거리에 일로 가드니. ❷-에. ⇔어(於). ≪朴諺, 中, 21ㅈ≫灑悲雨於遐方, 悲雨를 遐方에 ᄲᅳ리고. ≪朴諺, 中, 22ㅈ≫隨相現相救苦惱於三塗, 샹을 조차 샹을 뵈야 苦惱를 三塗에 救ᄒᆞᄂᆞᆫ쏘다. ≪朴諺, 中, 22ㅎ≫執楊柳於掌內拂病體於輕安, 楊柳를 손에 잡아 病體를 輕安ᄒᆞᆫᄃᆡ 떨티고.

≪朴諺, 下, 9ㅎ≫因你貪嗔癡三毒不離於身, 네 貪嗔癡 三毒이 몸에 떠나디 아니믈 인ᄒᆞ여.

-에ᄂᆞᆫ 조 -에는. ≪朴諺, 上, 2ㅎ≫光祿寺裡着姓李的館夫討去, 光祿寺에ᄂᆞᆫ 姓이 李가 館夫로 ᄒᆞ여 어드라 가게 ᄒᆞ고. ≪朴諺, 上, 3ㅈ≫內府裡着姓崔的外郎討去, 內府에ᄂᆞᆫ 姓이 崔가 外郎으로 ᄒᆞ여 어드라 가게 ᄒᆞ라. ≪朴諺, 上, 4ㅈ≫外手一遭兒十六楪, 밧 첫 줄 열 여ᄉᆞᆺ 뎝시에ᄂᆞᆫ. ≪朴諺, 上, 4ㅈ≫第(第)二遭十六楪, 둘재 줄 열 여ᄉᆞᆺ 뎝시에ᄂᆞᆫ. ≪朴諺, 上, 4ㅈ≫第三遭十六楪, 셋재 줄 열 여ᄉᆞᆺ 뎝시에ᄂᆞᆫ. ≪朴諺, 中, 4ㅎ≫這鴉青綿紬六錢, 이 鴉青 綿紬에ᄂᆞᆫ 엿 돈이오. ≪朴諺, 中, 37ㅈ≫鴉青四季花六兩銀子一匹, 鴉青빗 四季花 문에ᄂᆞᆫ 엿 냥 은에 ᄒᆞᆫ 필이오. ≪朴諺, 中, 37ㅎ≫葱白膝欄四兩銀子一匹, 葱白빗 膝欄에ᄂᆞᆫ 넉 냥 은에 ᄒᆞᆫ 필이라. ≪朴諺, 中, 38ㅈ≫這鴉青的五兩銀子, 이 鴉青에ᄂᆞᆫ 닷 냥 은이오. ≪朴諺, 中, 38ㅈ≫葱白的三兩銀子如何, 葱白에ᄂᆞᆫ 석 냥 은에 홈이 엇더ᄒᆞᄂᆞ뇨. ≪朴諺, 中, 50ㅈ≫先小人後君子, 몬져ᄂᆞᆫ 쇼인이라도 후에ᄂᆞᆫ 군ᄌᆞ로 ᄒᆞᆯ 써시니라.

-에도 조 -에도. -에서도. ≪朴諺, 上, 39ㅈ≫一發就蹄子放血着, ᄒᆞᆫ 번에 임의셔 굽에도 피 ᄲᅢ히라. ≪朴諺, 上, 61ㅈ≫東壁也有石床, 東壁에도 石床이 잇고. ≪朴諺, 中, 41ㅈ≫學裏也不肯去, 學에도 즐겨 가디 아니ᄒᆞ고.

에돌다 동 에돌다. 피하다. 비키다. 숨다. ⇔타(趓). ≪集覽, 字解, 單字解, 7ㅎ≫趓. 逃也. 趓着走 에도라 ᄃᆞᆫ닌다. 又避也. 趓一趓 길 츼라. 亦作躲, 通作軃.

-에라 어미 -도다. -구나. ≪朴諺, 上, 43ㅈ≫我沒裁帛, 내게 裁帛이 업세라. ≪朴諺, 中, 11ㅎ≫少梯子, 술위앏괴오ᄂᆞᆫ나모. 撑頭, 술위뒤괴오ᄂᆞᆫ나모. 套繩, ᄇᆡᆺ줄. 撒繩, ᄉᆞ을줄. 拘索, 목집게. 籠頭, 바굴레. 脚索, 지달쏠바. 鞍子, 기ᄅᆞ마. 肚帶, 빗대 업세라. ≪朴諺, 中, 11ㅈ≫都有了, 다 이셰라. ≪朴諺, 中, 36ㅎ≫牙子道都有, 즈름이 닐오ᄃᆡ 다 이셰라. ≪朴諺, 中, 56ㅎ≫恨的我沒是處, 뮙기 내 올흔 곳이 업세라. ≪朴諺, 下, 5ㅈ≫都有裏, 다 이셰라. ≪朴諺, 下, 5ㅎ≫這一脫兒無處綻, 이 ᄒᆞᆫ 긋틀 밀 곳이 업세라. ≪朴諺, 下, 12ㅎ≫以至升斗, 뻐 바리와. 石, 돌과. 塼, 벽과. 培瓦, 培瓦에 니르히. 都有, 다 이셰라. ≪朴諺, 下, 44ㅎ≫黃土少些箇, 黃土ㅣ 져기 젹에라.

-에셔 조 ❶-보다. ≪朴諺, 中, 26ㅎ≫高如師傅, 스승어(에)셔 나으니라. ≪朴諺, 上, 63ㅎ≫爭甚麼一母所生親弟兄, 므슴 一毋(母) 所生 親弟兄에셔 ᄠᅳ리오. ❷-에서. ≪集覽, 字解, 單字解, 5ㅎ≫虧. 損也, 少也. 虧你多少 네게 언메나 낟브뇨, 虧着我 내게 낟배라. 又次也. 吏語, 虧兒 원수에셔 ᄉᆞ다. ≪朴諺, 上, 12ㅈ≫平則門離這廣豊倉二十里地, 平則門이 이 廣豊倉에셔 ᄠᅳᆷ이 二十里 ᄊᆞ히니. ≪朴諺, 上, 36ㅈ≫大哥山上擂皷, 큰형은 山에셔 붑 티고. ≪朴諺, 上, 54ㅈ≫京都在城積慶坊住人趙寶兒, 京都 자 안 積慶坊에셔 사ᄂᆞᆫ 사ᄅᆞᆷ 趙寶兒ㅣ. ≪朴諺, 中, 3ㅎ≫這十箇絹裏, 이 열 필 깁에셔. ≪朴諺, 中, 5ㅈ≫站家擂皷, 站에셔 붑 티니. ≪朴諺, 中, 10ㅈ≫隨問到本都在城某坊住某官人處賣與, 隨問ᄒᆞ야 本都 잣 안 아므 坊에셔 사ᄂᆞᆫ 아므 官人의손ᄃᆡ 가 ᄑᆞ라 주되. ≪朴諺, 中, 30ㅎ≫那謊鬆一箇財主人家裏, 더 거즛말ᄒᆞ고 섭섭ᄒᆞᆫ ᄒᆞᆫ 財主人 家에셔. ≪朴諺, 中, 38ㅎ≫京都在城黃華坊住人朱玉, 셔울 셩 안 黃華坊에셔 사ᄂᆞᆫ 사ᄅᆞᆷ 朱玉이. ≪朴諺, 中, 50ㅎ≫咱這草地裏學捽挍, 우리 이 草地에셔 시름 ᄇᆡ호쟈. ≪朴諺, 中, 53ㅈ≫萬千人裏頭, 萬千人에셔. ≪朴諺, 下, 8ㅈ≫慶壽寺裏爲諸亡靈, 慶壽寺에셔 모든 亡靈을 위ᄒᆞ여. ≪朴諺, 下, 22ㅎ≫就油裏死了, 기ᄅᆞᆷ에셔 죽으니. ≪朴諺, 下, 37ㅈ≫三停裡, 세 분

에셔. ≪朴諺, 下, 43ㅎ≫燒人場裡燒着, 燒人場에셔 솔와. ≪朴諺, 下, 45ㅎ≫那牛廠裡, 뎌 牛廠에셔.

-에야 조 -에야. ≪朴諺, 下, 48ㅈ≫那灰忽然飛將起來後頭, 뎌 직 忽然히 ᄂᆞ라 니러난 후에야.

에엿브다 형 가엾다. 불쌍하다. ⇔가련견(可憐見). ≪朴諺, 下, 43ㅈ≫咳那小孩兒可憐見, 애 뎌 어린아히 에엿블샤.

에오다 동 에우다. 둘러싸다. ⇔위(圍). ≪朴諺, 中, 13ㅈ≫圍着一箇西京來的載黃豆的船, ᄒᆞᆫ 西京으로셔 오ᄂᆞᆫ 黃豆 시른 ᄇᆡ롤 에오고.

에우다 동 ❶긋다. 지우다. ⇔구료(勾了). ≪集覽, 字解, 單字解, 3ㅎ≫勾. 平聲, 曲也. 勾龍, 社神, 勾芒, 春神, 勾吳, 地名. 今按, 俗語勾了 유여ᄒᆞ다, 又에우다. 又能勾 어루, 又유여히. 又吏語, 勾取 자피다, 又勾攝公事 공ᄉᆞ로 블리다, 又勾喚 블리다. 又去聲, 勾當, 幹管也, 又事也, 勾當亦去聲. ❷에우다. 두르다. ⇔유(扭). ≪朴諺, 上, 22ㅎ≫殺一殺入一入赶一赶扭將去打㧐, 주기리 주기고 드리리 드리고 몰 리 모라 에워 가 패 티쟈.

에우아리 명 〈불〉 바리때. ⇔발우(鉢盂). ≪朴諺, 上, 33ㅈ≫穿着衲襖將着鉢盂, 누비옷 닙고 에우아리 가지고. ≪朴諺, 下, 24ㅎ≫賜唐僧金錢三百貫金鉢盂一箇, 唐僧을 金돈 三百貫과 金에우아리 ᄒᆞ나흘 주고.

에워나다 동 감당해내다. 맡아 해내다. ⇔요(了). ≪朴諺, 中, 18ㅈ≫我夫主知道時了不得, 우리 지아비 알면 에워나디 못ᄒᆞ리라.

-엣 조 ❶-에 의한. ≪朴諺, 上, 14ㅎ≫也不是常行的, 또 常行엣 거시 아니라. ≪朴諺, 上, 22ㅈ≫你一般淺見薄識的人, 너 ᄀᆞ틴 淺見 薄識엣 사ᄅᆞᆷ이. ≪朴諺, 上, 40ㅎ≫今年纔十六歲的女孩兒, 올히 ᄀᆞᆺ 十六歲엣 새각시러라. ≪朴諺, 上, 43ㅈ≫諸般絨線砌山子(集覽, 朴集, 上, 12ㅎ: 砌山子. 音義云, 귀·여ᅀᆞ 類·엣 것. 今按, 山子, 卽귀·여ᅀᆞ, 砌, 卽結成之意. 俗呼築城曰砌城, 謂疊石而築成之也.)·吊珠兒的麁白線, 여러 가지 보ᄃᆞ라온 실과 귀여ᅀᆞ 무오고 진쥬 ᄃᆞᆯ 굴근 흰 실과. ≪朴諺, 上, 43ㅎ≫三尺半白淸水絹, 석 자 반 제믈엣 깁이야. ≪朴諺, 中, 3ㅎ≫看生活, 셩녕엣 것 보라. ≪朴諺, 中, 4ㅎ≫假如明日這㨾兒上的顔色, 가ᄉᆞ ᄂᆡ일 이 견양엣 빗체셔. ≪朴諺, 中, 10ㅎ≫五歲的小厮急且那裏走, 다ᄉᆞᆺ 술엣 아히 과거리 아직 어ᄃᆡ로 ᄃᆞ라나리오. ≪朴諺, 中, 28ㅈ≫我男兒做這般迷天大罪的事, 우리 ᄉᆞ나희 이런 迷天 大罪엣 일을 ᄒᆞ니. ≪朴諺, 中, 49ㅈ≫恰十五歲的女孩兒, ᄀᆞᆺ 十五 歲엣 女孩兒ㅣ. ≪朴諺, 下, 32ㅎ≫水滑經帶麵, 제믈엣 칼국슈와. ❷-에 있는. ≪朴諺, 上, 55ㅈ≫你待買甚麽本事的馬, 네 므슴 ᄌᆡ조엣 ᄆᆞᆯ을 사고져 ᄒᆞᄂᆞᆫ다. ≪朴諺, 中, 13ㅈ≫那賊們把那船上的物件都奪了, 뎌 도적들히 그 ᄇᆡ엣 物件을 다 앗고. 把那船上的人來打殺了, 그 ᄇᆡ엣 사ᄅᆞᆷ을 텨 죽이다 ᄒᆞ더라. ≪朴諺, 中, 26ㅎ≫這一箇高手的人做的生活, 이 ᄒᆞᆫ 高手엣 사ᄅᆞᆷ의 ᄆᆡᆫᄃᆞᆫ 셩녕이. ≪朴諺, 中, 32ㅎ≫有凹坡凸嶺庵堂, 凹坡 凸嶺엣 庵堂이 이시며. ≪朴諺, 中, 55ㅈ≫揀(揀)着十分細的大紅腰線上, ᄀᆞ장 ᄀᆞᄂᆞᆫ 大紅 감기엣 치롤 ᄀᆞᆯ히라. ≪朴諺, 下, 20ㅈ≫第二櫃中猜物, 둘째는 櫃中엣 거ᄉᆞᆯ 알고. ≪朴諺, 下, 55ㅎ≫走失了甚色馬, 아모 빗쳇 ᄆᆞᆯ를 ᄃᆞ라나 일허시되.

여(女) 명 암. 암컷. ⇔암. ≪朴諺, 中, 56ㅎ≫我要這女花猫兒, 내 이 암 어롱괴를 사려 ᄒᆞ노라.

여(如) 보형 듯하다. ⇔ᄃᆞᆺᄒᆞ다. ≪朴諺, 上, 60ㅈ≫四面盖的如鋪翠, 四面에 녠 거시 비취를 ᄭᅧᆫ ᄃᆞᆺᄒᆞ야.

여(如) 부 만일. ⇔만일. ≪朴諺, 上, 54ㅈ≫如至日無錢歸還, 만일 날이 다ᄃᆞ라 갑흘 돈이 업ᄉᆞ면. ≪朴諺, 上, 54ㅎ≫如借錢

人無物准與, 만일 돈 쓴 사름이 准與홀 써시 업스면. ≪朴諺, 中, 10ㅈ≫如賣已後, 만일 픈 후에. ≪朴諺, 中, 39ㅎ≫如至日無錢送納, 만일 날이 다드라 送納홀 돈이 업스면. ≪朴諺, 下, 12ㅈ≫如書到日, 만일 글이 니르는 날이면.

여(如) 형 같다. ⇔곧다. ≪朴諺, 上, 13ㅈ≫千零不如一頓, 千零이 一頓만 곧디 못ᄒᆞ니라. ≪朴諺, 下, 39ㅈ≫接客不如送客, 客을 接호미 客을 送ᄒᆞ는 이만 곧디 못ᄒᆞ니.

여(與) 동 ❶받들어 바치다. ⇔밧줍다. ≪朴諺, 下, 11ㅈ≫與父親用來之後, 父親의 밧ᄌᆞ와 ᄡᅳ게 ᄒᆞᆫ 후에. ❷주다. ⇔주다. ≪集覽, 字解, 單字解, 2ㅎ≫與. 給也, 與你多少. 又及也. 又爲也, 爲去聲. ≪朴諺, 上, 3ㅈ≫寫勘合就使印信與我來, 勘合을 써 이믜셔 인텨 나를 주드라. ≪朴諺, 上, 13ㅎ≫你教與我這好法兒, 네 나를 이 됴흔 법을 ᄀᆞᄅᆞ쳐 주고려. ≪朴諺, 上, 38ㅎ≫不問多少與他些箇便是, 多少를 뭇디 말고 뎌를 젹이 주미 곳 올ᄒᆞ니라. ≪朴諺, 上, 43ㅎ≫你用心做與我, 네 用心ᄒᆞ여 ᄆᆡᆫ드라 날을 주고려. ≪朴諺, 上, 53ㅎ≫你與我寫一紙借錢文書, 네 나를 ᄒᆞᆫ 댱 돈 ᄭᅮ는 文書를 써 주고려. ≪朴諺, 上, 65ㅎ≫作與頌字, 頌字를 지어 주매. ≪朴諺, 中, 2ㅎ≫說定與他二兩銀, 닐러 定ᄒᆞ고 뎌를 두 냥 銀을 주엇더니. ≪朴諺, 中, 10ㅈ≫隨問到本都在城某坊住某官人處賣與, 隨問ᄒᆞ야 本都 잣 안 아므 坊에셔 사는 아므 官人의손ᄃᆡ 가 ᄑᆞ라 주되. ≪朴諺, 中, 17ㅈ≫重意的多與將來, 重ᄒᆞᆫ ᄠᅳᆮ으로 만히 주어 가져오니. ≪朴諺, 中, 26ㅈ≫我如今與你一兩銀, 내 이제 너를 ᄒᆞᆫ 냥 은을 줄 써시니. ≪朴諺, 中, 37ㅈ≫解與官人高的, 官人을 노픈 이를 프러 주라. ≪朴諺, 中, 60ㅈ≫你不與他一文錢, 네 뎌를 一文錢도 주디 아니ᄒᆞ고. ≪朴諺, 下, 10ㅎ≫先生你寫與我書稍的去, 先生아 네 날을 글 써 주어든 브텨 보내쟈. ≪朴諺, 下, 23ㅎ≫與我洗頭, 날을 주어 머리 ᄀᆞᆷ게 ᄒᆞ라. ≪朴諺, 下, 28ㅎ≫哥我與你這一箇刷牙一箇掠頭, 형아 내 너를 이 ᄒᆞᆫ 刷牙와 ᄒᆞᆫ 귀ᄆᆡᆺ빗기를 줄 써시니. ≪朴諺, 下, 35ㅈ≫都借與你, 다 너를 빌려 주마. ≪朴諺, 下, 54ㅎ≫你買與我喫來, 네 날을 사 주어 머긴다 ᄒᆞ고. ≪朴諺, 下, 62ㅈ≫人事與相識弟兄, 人事로 서ᄅᆞ 아는 弟兄을 주라.

여(與) 부 더불어. 함께. ❶⇔더브러. ≪朴諺, 下, 52ㅎ≫某與隣人等, 某ㅣ 隣人 等으로 더브러. ❷⇔ᄃᆞ려. ≪朴諺, 中, 36ㅎ≫我也與你做伴兒閑看去, 나도 널로 ᄃᆞ려 벗지어 힘힘이 보라 가쟈. ❸⇔다ᄆᆺ. ≪朴諺, 中, 44ㅈ≫一發忘棄名與利, 홈ᄭᅴ 名과 다ᄆᆺ 利를 니저ᄇᆞ리리라.

여(與) 조 ❶-게. -에게. ⇔-게. ≪朴諺, 上, 44ㅈ≫多多的與你人事, 만히 네게 人事ᄒᆞ마. ≪朴諺, 上, 48ㅈ≫到家慢慢的與你洗塵, 집의 가 날회여 네게 마지ᄒᆞ마. ≪朴諺, 上, 65ㅈ≫濫賤的賣與你, 濫賤히 네게 ᄑᆞᆯ리라. ❷-더러. -에게. ⇔-ᄃᆞ려. ≪朴諺, 上, 21ㅈ≫好生說與小厮們, ᄀᆞ장 아ᄒᆡ들ᄃᆞ려 닐러. ≪朴諺, 上, 30ㅈ≫我說與你, 내 너ᄃᆞ려 니ᄅᆞ마. ≪朴諺, 上, 43ㅈ≫護膝上但使的都說與我着, 슬갑에 믈읫 ᄡᅳᆯ 거슬 다 날ᄃᆞ려 니ᄅᆞ라. ≪朴諺, 上, 49ㅎ≫說與你姐姐, 네 姐姐ᄃᆞ려 닐러. ≪朴諺, 上, 52ㅎ≫說與小人麽, 小人ᄃᆞ려 니ᄅᆞ실고. ≪朴諺, 上, 59ㅎ≫我說與你, 내 너ᄃᆞ려 니ᄅᆞ마. ≪朴諺, 上, 59ㅎ≫你說與我那裏的景致麽, 네 날ᄃᆞ려 뎌긔 景致를 니ᄅᆞ라. ≪朴諺, 中, 4ㅎ≫我說與你, 내 너ᄃᆞ려 니ᄅᆞ마. ≪朴諺, 中, 7ㅎ≫你聽我說與你, 네 드르라 내 너ᄃᆞ려 니ᄅᆞ마. ≪朴諺, 中, 17ㅈ≫女兒說與你嬸嬸, 女兒ㅣ아 네 嬸嬸ᄃᆞ려 니ᄅᆞ라. ≪朴諺, 中, 25ㅈ≫我說與你衆伴當們, 내 너희 모든 伴當들ᄃᆞ려 닐ᄋᆞ노니. ≪朴諺, 中, 26ㅈ≫說與他, 뎌ᄃᆞ려 닐러. ≪朴諺, 中, 27ㅎ≫小媳婦與大妻商(商)量說, 小媳

婦ㅣ 大妻ᄃᆞ려 혜아려 닐오ᄃᆡ. ≪朴諺, 中, 37ㅈ≫我說與你, 내 너ᄃᆞ려 니ᄅᆞ마. ≪朴諺, 下, 6ㅎ≫我說與你, 내 너ᄃᆞ려 니ᄅᆞ마. ≪朴諺, 下, 9ㅎ≫你聽我說與你, 네 드ᄅᆞ라 내 너ᄃᆞ려 니ᄅᆞ마. ≪朴諺, 下, 21ㅎ≫說與先生櫃中有一顆桃, 先生ᄃᆞ려 궷 가온대 ᄒᆞᆫ 낫 복셩홰 잇다 닐럿더니. ≪朴諺, 下, 21ㅎ≫說與師傅, 師傅ᄃᆞ려 닐럿더니. ❸-께. ⇔-ᄭᅴ. ≪朴諺, 下, 11ㅈ≫與父親用來之後, 父親ᄭᅴ 밧ᄌᆞ와 ᄡᅳ게 ᄒᆞᆫ 후에. ≪朴諺, 下, 61ㅎ≫小子沒甚麽鄕産與先生, 小子ㅣ 아므란 鄕産을 先生ᄭᅴ 줄 ᄶᅥ시 업ᄉᆞ니. ❹-에게. ⇔-의게. ≪朴諺, 下, 62ㅈ≫賣劒賣與烈士, 劒을 ᄑᆞᆯ매 烈士의게 ᄑᆞᆯ고. 臙粉贈與佳人, 臙粉은 佳人의게 준다 ᄒᆞᄂᆞ니라.

여(餘) 동 남다. ⇔남다. ≪朴諺, 上, 43ㅎ≫其餘的你如今買去, 그 남은 거스란 네 이제 사라 가라. ≪朴諺, 中, 24ㅎ≫其餘的件當們家裏有着, 그 나믄 伴當들흔 집의 이셔.

여(驢) 명 나귀. ❶⇔나괴. ≪朴諺, 下, 25ㅎ≫這賊養漢生的小驢精, 이 도적 화냥년의 난 나괴ᄡᅵ야. ❷⇔나귀. ≪朴諺, 上, 31ㅎ≫那驢養下來的, 뎌 나귀 얼려 나흔 놈이. ≪朴諺, 中, 3ㅈ≫驢一般打, 나귀ᄀᆞ티 티리라. ≪朴諺, 中, 19ㅎ≫把那驢·騾們喂的好着, 뎌 나귀·노새들을 먹이기를 잘ᄒᆞ야. ≪朴諺, 中, 43ㅈ≫睜着驢眼, 나귀 눈 브르ᄠᅳᆺ ᄒᆞ고. ≪朴諺, 下, 57ㅈ≫你來街坊有賃的驢麽, 이바 거리에 셰낼 나귀 잇ᄂᆞ냐. 有錢時那裡沒賃的驢, 돈 이시면 어ᄃᆡ 셰낼 나귀 업스리오. ❸⇔라괴. ≪集覽, 字解, 單字解, 6ㅈ≫賃. 僦屋以語曰賃, 지블 ᄃᆞᆯ마다 銀 현 량곰 삭 물오 드러 이셔 살 시라. 又雇用驢馬·舟車之類曰賃, 라괴와 ᄆᆞᆯ돌ᄒᆞᆯ 삭 주고 브릴 시라.

-여 어미 ❶-어. ≪朴諺, 上, 10ㅈ≫澇了田禾沒一根兒, 田禾에 믈ᄶᅵ여 ᄒᆞᆫ 불회도 업고. ≪朴諺, 上, 17ㅎ≫咳小廝們倒聒噪, 애 아ᄒᆡ들히 도로혀 지져귀여. ≪朴諺, 上, 29ㅎ≫你自揀(揀)着要, 네 손조 ᄀᆞᆯᄒᆡ여 사라. ≪朴諺, 上, 33ㅈ≫揀(揀)那淸淨山庵裏, 뎌 淸淨ᄒᆞᆫ 山庵을 ᄀᆞᆯᄒᆡ여. ≪朴諺, 上, 38ㅈ≫弟兄三四箇守着停柱坐, 弟兄 세 네히 기동을 딕희여 안잣는 거시여. ≪朴諺, 上, 55ㅎ≫你自馬市裏揀(揀)着買去, 네 손조 ᄆᆞᆯ 져제 ᄀᆞᆯᄒᆡ여 사라 가라. ≪朴諺, 中, 28ㅈ≫帶累一家人都死也怎的好, 온 집 사ᄅᆞᆷ이 버므리여 다 죽을 ᄶᅥ시니 엇디ᄒᆞ여야 됴흐리오. ≪朴諺, 中, 34ㅈ≫拔將小蒜, 족지. 田菁, 샤틔올. 薺菜, 냥이. 芢荇, 비름을 ᄏᆡ여 오라. 都拔將來, 다 ᄏᆡ여 가져오나든. ≪朴諺, 中, 43ㅈ≫鑽在爭前立的, 비븨여 앏셔기를 ᄃᆞ토아. ≪朴諺, 中, 47ㅈ≫他酒醒了起來不覺, 뎨 술이 ᄭᆡ여 니러나 ᄭᆡ티디 못ᄒᆞ고. ≪朴諺, 中, 51ㅎ≫揀(揀)路兒行來, 길흘 ᄀᆞᆯᄒᆡ여 오롸. ≪朴諺, 下, 10ㅈ≫便喝跳起來道, 곳 혀ᄎᆞ고 ᄠᅱ여 니러 닐오ᄃᆡ. ≪朴諺, 下, 21ㅈ≫變做青母蝎, 변ᄒᆞ여 프른 암 젼갈이 되여. ≪朴諺, 下, 34ㅎ≫拿出毬棒來, 댱방올 막대를 내여. ≪朴諺, 下, 39ㅈ≫送到三四日辭迴來, 보내여 三四日에 가 하딕고 도라오면. ≪朴諺, 下, 48ㅈ≫這般揀(揀)定時辰, 이리 ᄠᅢ를 ᄀᆞᆯᄒᆡ여 定ᄒᆞ고. ≪朴諺, 下, 55ㅎ≫又雇一箇小廝, ᄯᅩ ᄒᆞᆫ 아ᄒᆡ를 셰내여. ≪朴諺, 下, 60ㅎ≫擡出金甲來, 金甲을 드러내여 와. ❷-여. ≪朴諺, 中, 8ㅈ≫爲頭兒老漢們告道, 爲頭ᄒᆞᆫ 老漢들이 告ᄒᆞ여 닐오ᄃᆡ. ≪朴諺, 中, 11ㅎ≫都收拾下着, 다 收拾ᄒᆞ여 두라. ≪朴諺, 中, 15ㅎ≫來到家裏害熱時, 집의 오니 熱ᄒᆞ여. ≪朴諺, 中, 19ㅎ≫收拾車輛, 술위를 收拾ᄒᆞ여. ≪朴諺, 中, 30ㅈ≫再有甚麽就飯的, ᄯᅩ 므슴 밥ᄒᆞ여 먹을 것 잇ᄂᆞ뇨. ≪朴諺, 中, 35ㅈ≫使鉤子的賊們更是廣, 갈고리 ᄡᅳᄂᆞᆫ 도적이 ᄯᅩ 흔ᄒᆞ여. ≪朴諺, 中, 46ㅈ≫只是一步高如一步除將去, 그저 ᄒᆞᆫ 거름에 ᄒᆞᆫ 거름식 놉하 除ᄒᆞ여 가거니와. ≪朴諺, 中,

48ㅈ≫我饋你揩的乾浄着, 내 너롤 슷기롤 간정히 ᄒᆞ여 주마. ≪朴諺, 中, 54ㅎ≫如今便下手縫, 이제 곳 下手ᄒᆞ여 짓고. ≪朴諺, 中, 59ㅎ≫那裏肯用心發落, 어딕 즐겨 用心ᄒᆞ여 發落ᄒᆞ리오.

-어셔 어미 -어서. ≪朴諺, 上, 63ㅎ≫咱男兒漢做弟兄, 우리 ᄉᆞ나희 弟兄이 되여셔.

여가(女家) 명 (결혼에 있어서의) 신부 측. 여자 측. ≪朴諺, 上, 41ㅎ≫第三日做圓飯筵席(集覽, 朴集, 上, 12ㅈ: 圓飯筵席. 圓作完是, 謂齊足之意. 今按, 漢人娶妻親迎, 而女至男家以宿, 則女家送女食于男家, 三日而止. 止食之日, 女家必具酒饌, 送男家設宴, 謂之完飯筵席. 質問同. 舊本曰解〈鮮〉幔筵席. 邵氏聞見錄, 宋景文公納子婦, 其婦家饋食. 書云, 以食物煖女. 公曰, 錯用字, 從食·從而·從大, 其子退檢. 愽雅餪字注云, 女家三日餉食爲餪女也. 圓飯, 卽遺制也.)了時, 第三日에 圓飯 이바디ᄒᆞ면.

여경(餘慶) 명 남에게 좋은 일을 많이 한 보답으로 뒷날 그 자손이 받는 경사(慶事). ≪朴諺, 上, 28ㅎ≫積善之家必有餘慶, 積善ᄒᆞᆫ 집은 반ᄃᆞ시 餘慶이 잇다 ᄒᆞ니라.

여공동(呂公洞) 명 중국 북경시(北京市) 북서쪽 교외 옥천산(玉泉山) 남쪽에 있는 바위 이름. 그 위에 금대(金代)에 지은 부용전(芙蓉殿)의 옛 터가 있다. ≪朴諺, 上, 59ㅎ≫西湖是從玉泉(集覽, 朴集, 上, 15ㅈ: 玉泉. 一在山之根, 有泉湧出, 洞門刻玉泉二字, 有觀音閣. 又南有石巖〈岩〉, 號呂公洞, 其上有金時芙蓉殿廢址.)裏流下來, 西湖는 이 玉泉으로 조차 흘러 ᄂᆞ리니.

여구(犂具) 명 쟁기 따위의 농기구. ≪朴諺, 下, 45ㅈ≫宋舍看打春(集覽, 朴集, 下, 9ㅎ: 打春. 東京夢華錄云, 立春前五日, 造土牛·耕夫·犂具, 前一日順天府進農牛入禁中鞭春, 府縣官吏·士庶·耆社, 具鼓樂出東郊迎春, 牛芒神至府前, 各安方位.)去來, 宋개아 닙츈 노롯ᄒᆞᄂᆞᆫ 양 보라 가쟈.

여금(如今) 명 이제. 현재. ⇔이제. ≪集覽, 音義≫音義云, 舊本內說的[呵]字, 不是常談, 如今秀才和朝官是有說的. ≪朴諺, 上, 3ㅎ≫如今怎麽少了, 이제 엇디 져그뇨. ≪朴諺, 上, 16ㅈ≫如今張黑子家裏去來, 이제 張黑子의 집의 가쟈. ≪朴諺, 上, 34ㅎ≫如今都好了不曾, 이제 다 됴한ᄂᆞᆫ가 못ᄒᆞ엿ᄂᆞᆫ가. ≪朴諺, 上, 43ㅈ≫如今鋪裏買去, 이제 푸ᄌᆞ에 사라 가쟈. ≪朴諺, 上, 46ㅎ≫如今賣時, 이제 폴면. ≪朴諺, 上, 51ㅈ≫如今自妳那尋妳子, 이제 손조 졋 먹이ᄂᆞ냐 졋즐 어던ᄂᆞ냐. ≪朴諺, 上, 64ㅈ≫生達達·回回如今也都會了, 生達達·回回도 이제ᄂᆞᆫ 또 다 아ᄂᆞ니라. ≪朴諺, 中, 6ㅈ≫疾忙如今都將來, ᄲᆞᆯ리 이제 다 가져와. 如今支(支)一支(支), 이제 支應호되. ≪朴諺, 中, 11ㅈ≫如今少甚麽, 이제 므서시 업스뇨. ≪朴諺, 中, 15ㅎ≫我如今先與你香蘇飮(散)子, 내 이제 몬져 너롤 香蘇飮(散)子롤 줄 거시니. ≪朴諺, 中, 26ㅈ≫我如今與你一兩銀, 내 이제 너롤 ᄒᆞᆫ 냥 은을 줄 써시니. ≪朴諺, 中, 35ㅈ≫如今怎麽那般賊廣, 이제 엇디 뎌리 도적이 흔ᄒᆞ뇨. ≪朴諺, 中, 54ㅎ≫如今便下手縫, 이제 곳 下手ᄒᆞ여 짓고. ≪朴諺, 中, 60ㅈ≫如今是財帛世界, 이제ᄂᆞᆫ 이 財帛 世界라. ≪朴諺, 下, 2ㅈ≫我如今不喫飯, 내 이제 밥을 먹디 아녀. ≪朴諺, 下, 5ㅈ≫如今疾忙買石灰·麻刀去, 이제 밧비 石灰와 삼거울을 사라 가라. ≪朴諺, 下, 10ㅈ≫你如今誠心懺悔, 네 이제란 誠心으로 懺悔ᄒᆞ여. ≪朴諺, 下, 22ㅈ≫咱如今燒起油鍋, 우리 이제 기름 가마에 블 짓고. ≪朴諺, 下, 29ㅈ≫如今銀子如何, 이제 은이 엇더ᄒᆞ뇨. ≪朴諺, 下, 56ㅎ≫如今和小人望他去便了, 이제 쇼인과 뎌롤 보라 가면 곳 ᄒᆞ리라. ≪朴諺, 下, 61ㅎ≫便是如今王京城子, 곳 이제 王京 城이라.

여긔 때 여기. ⇔저리(這裏). ≪朴諺, 上, 38ㅈ≫這裏有獸醫家麽, 여긔 즘싱 고티ᄂᆞᆫ 집이 잇ᄂᆞᆫ냐. ≪朴諺, 上, 46ㅎ≫小人將來這裏, 小人이 여긔 가져왓노라. ≪朴諺, 中, 5ㅈ≫我們都在這裏, 우리 다 여긔 잇노라. ≪朴諺, 中, 14ㅎ≫太醫來這裏, 太醫 여긔 왓ᄂᆞ니이다. ≪朴諺, 中, 38ㅈ≫咱這裏沒牙子省些牙錢不好, 우리 여긔 즈름이 업스니 져기 즈름갑시 덜림이 됴티 아니ᄒᆞ냐. ≪朴諺, 中, 51ㅈ≫我只到這裏來, 내 그저 여긔 오노라. ≪朴諺, 中, 51ㅎ≫這裏將來韝鞍子, 여긔 가져다가 기ᄅᆞ마짓고. ≪朴諺, 下, 11ㅎ≫孩兒這裏所幹已成完備, 孩兒ㅣ 여긔 ᄒᆞᄂᆞᆫ 배 임의 完備케 되여시니. ≪朴諺, 下, 29ㅎ≫你自這裏打爐子, 네 손즈 여긔 풀무를 ᄆᆡᆫ ᄃᆞᆯ고. ≪朴諺, 下, 40ㅈ≫你請他這裡來麽, 네 뎌를 청ᄒᆞ여 여긔 올짜. ≪朴諺, 下, 59ㅎ≫侍中是這裡丞相一般, 侍中은 이 여긔 丞相과 ᄒᆞᆫ가지라.

여노(荔奴) 명 용안(龍眼)의 다른 이름. ≪朴諺, 上, 4ㅈ≫龍眼(集覽, 朴集, 上, 2ㅈ: 龍眼. 一名圓眼. 樹如荔支〈支〉, 但枝葉稍小, 其子形如彈丸, 核如木槵, 肉白, 漿甘如蜜, 五六十顆作穗. 荔支〈支〉熟後龍眼熟, 號荔奴. 木槵, 卽本國모관쥬. 槵, 音患.), 龍眼과.

여동(如同) 형 같다. ⇔ᄀᆞᄐᆞ다. ≪朴諺, 中, 24ㅈ≫如同禽獸之類, 禽獸의 類 ᄀᆞᄐᆞᆫ디라.

여듧 관 여덟. ⇔팔(八). ≪朴諺, 上, 11ㅎ≫闞八擔, 여듧 짐을 ᄐᆞ리로다. ≪朴諺, 上, 21ㅎ≫一夜裏喂到七八遍家, ᄒᆞᄅᆞᆺ밤의 먹이기를 닐곱 여듧 번의 다ᄃᆞᆺ게 ᄒᆞ라. ≪朴諺, 上, 27ㅎ≫八瓣兒鋪翠眞言字粧金大帽上, 여듧 ᄡᅩᆨ에 비취 짓 셜고 眞言字를 금으로 ᄭᅮ민 큰갓에. ≪朴諺, 上, 30ㅈ≫通該一兩八錢, 通ᄒᆞ여 혜오니 ᄒᆞᆫ 냥 여듧 돈이로다. ≪朴諺, 上, 53ㅈ≫七八箇氣力的一張, 닐곱 여듧 힘에 ᄒᆞᆫ 댱을 ᄆᆡᆫ들라. ≪朴諺, 中, 4ㅎ≫被表帶裏兒八錢, 니블 거족과 안ᄶᅧ는 여듧 돈이니. ≪朴諺, 下, 27ㅈ≫八錢一顆家買你的, 여듧 돈에 ᄒᆞᆫ 낫식 ᄒᆞ여 네 하롤 사쟈.

여듧모 명 여덟 모. ⇔팔각(八角). ≪朴諺, 上, 17ㅈ≫鵝老翅鶴兒, 쇼로기연. 鮎魚鶴兒, 머유기연. 八角鶴兒, 여듧모연. 月撲鶴兒, ᄃᆞᆯ ᄀᆞᄐᆞᆫ 연. 人撲鶴兒, 사ᄅᆞᆷ ᄀᆞᄐᆞᆫ 연. 四方鶴兒, 네모연.

여듧모연 명 여덟 모 나게 만든 연. ⇔팔각학아(八角鶴兒). ≪朴諺, 上, 17ㅈ≫鵝老翅鶴兒, 쇼로기연. 鮎魚鶴兒, 머유기연. 八角鶴兒, 여듧모연. 月撲鶴兒, ᄃᆞᆯ ᄀᆞᄐᆞᆫ 연. 人撲鶴兒, 사ᄅᆞᆷ ᄀᆞᄐᆞᆫ 연. 四方鶴兒, 네모연.

-여라 어미 -여라. ≪朴諺, 上, 20ㅈ≫二十兩也不勾, 二十兩도 유여티 못ᄒᆞ여라. ≪朴諺, 上, 34ㅎ≫不敢相公, 不敢ᄒᆞ여라 相公아. ≪朴諺, 上, 35ㅈ≫如今飯也喫得些箇却無事了, 이제ᄂᆞᆫ 밥도 져기 먹고 ᄯᅩ 無事ᄒᆞ여라. ≪朴諺, 上, 53ㅎ≫不敢相公, 不敢ᄒᆞ여라 相公아. ≪朴諺, 中, 16ㅎ≫不敢哥, 不敢ᄒᆞ여라 형아. ≪朴諺, 中, 55ㅎ≫熱當不的, 더위 當티 못ᄒᆞ여라. ≪朴諺, 下, 27ㅎ≫我買的不應心, 내 사기 ᄆᆞᄋᆞᆷ애 맛당티 못ᄒᆞ여라. ≪朴諺, 下, 56ㅈ≫不敢, 不敢ᄒᆞ여라. ≪朴諺, 下, 56ㅎ≫得罪得罪, 得罪 得罪ᄒᆞ여라. ≪朴諺, 下, 58ㅈ≫咳惶恐惶恐, 애 惶恐 惶恐ᄒᆞ여라. ≪朴諺, 下, 58ㅈ≫不敢, 不敢ᄒᆞ여라. ≪朴諺, 下, 58ㅎ≫在下具慶, 在下ㅣ 具慶ᄒᆞ여라. ≪朴諺, 下, 61ㅎ≫不當家, 당티 못ᄒᆞ여라. ≪朴諺, 下, 62ㅈ≫多謝, 多謝ᄒᆞ여라.

여라믄 관 여남은. ❶⇔십래(十來). ≪集覽, 字解, 單字解, 4ㅈ≫來. 來往. 又語助. 你來 이바, 夜來 어제, 有來 잇더라, 去來 가다. 又數物而有餘數, 未的知之辭. 十來箇 여라믄, 十里來地 십 리만ᄒᆞᆫ ᄃᆡ, 十來日 여라믄 날. ≪朴諺, 上, 2ㅎ≫討十來瓶如何, 여라믄 병을 어더 오미 엇더ᄒᆞ뇨. ❷⇔십래개(十來箇). ≪集覽, 字解, 單字

解, 4ㅈ≫來. 來往. 又語助. 你來 이바, 夜來 어제, 有來 잇더라, 去來 가다. 又數物而有餘數, 未的知之辭. 十來箇 여라믄, 十里來地 십 리만ᄒᆞᆫ ᄃᆡ, 十來日 여라믄 날. ❸⇔십수개(十數箇). ≪朴諺, 上, 5ㅎ≫叫教坊司十數箇樂工和做院本諸般雜技的來, 教坊司의 여라믄 樂工과 院本에 여러 가지 雜技ᄒᆞᄂᆞ니롤 블러오라. ≪朴諺, 上, 49ㅈ≫咱十數箇弟兄們去時勾了, 우리 여라믄 弟兄돌히 가면 유여홀 거시니.

여래(如來) 명 〈불〉 부처를 달리 이르는 말. ≪朴諺, 下, 4ㅈ≫正是好人魔障(集覽, 朴集, 下, 1ㅎ: 魔障. 昔釋迦出世時, 魔王名波旬, 若人來供養恭敬〈若如來供養恭敬〉, 魔王依於佛法, 得善利, 不念報恩, 而反欲加毁. 故名波旬, 此言惡中惡.)多, 졍히 됴흔 사ᄅᆞᆷ은 魔障이 만흔디라. ≪朴諺, 下, 4ㅎ≫久後你也得證果金身(集覽, 朴集, 下, 1ㅎ: 證果金身. 言果報者, 觀經䟽云, 行眞實法感得勝報也. 又修善得善果, 作惡得惡報, 謂之果報. 又生時所作善惡謂之因, 他日報應謂之果. 謂證果者, 如三藏法師取經東還, 化爲梅檀佛如來. 詳見下.), 오란 후에 너도 證果金身홈을 어드리라. ≪朴諺, 下, 49ㅈ≫好女不看燈(集覽, 朴集, 下, 11ㅈ: 好女不看燈. 涅槃經云, 上元, 如來闍維訖, 收舍利, 置金床上, 天人散花, 奏樂繞城, 步步燃燈十二里.), 好女는 看燈 아니ᄒᆞᆫ다 ᄒᆞᄂᆞ니라.

여래선(如來禪) 명 〈불〉 여래(如來)의 가르침에 의하여 깨닫는 진실한 선. ≪朴諺, 上, 33ㅈ≫安禪(集覽, 朴集, 上, 10ㅈ: 禪. 靜也. 傳燈錄有五等禪, 有外道禪·凡夫禪·小乘禪·大乘禪·最上乘禪, 又名如來淸淨禪, 又名無上菩提. 又云, 被於身爲法, 說於口爲律, 行於心爲禪.)悟法却不好, 安禪 悟法홈이 쏘 됴티 아니ᄒᆞ냐.

여래청정선(如來淸淨禪) 명 〈불〉 여래(如來)의 가르침에 의하여 깨닫는 청정하고 진실한 선. ≪朴諺, 上, 33ㅈ≫安禪(集覽, 朴集, 上, 10ㅈ: 禪. 靜也. 傳燈錄有五等禪, 有外道禪·凡夫禪·小乘禪·大乘禪·最上乘禪, 又名如來淸淨禪, 又名無上菩提. 又云, 被於身爲法, 說於口爲律, 行於心爲禪.)悟法却不好, 安禪 悟法홈이 쏘 됴티 아니ᄒᆞ냐.

여러 관 여러. ❶⇔각(各). ≪朴諺, 中, 12ㅈ≫各樣帳房室車, 여러 가지 帳房ᄒᆞᆫ 室車와. ❷⇔기(幾). ≪集覽, 字解, 單字解, 1ㅈ≫待. 擬要也 ᄒᆞ마 그리 호려 ᄒᆞ다라. 又欲也. 待賣幾箇馬去 여러 ᄆᆞᆯ롤 ᄑᆞᆯ오져 ᄒᆞ야 가노라. ≪集覽, 字解, 累字解, 2ㅎ≫幾會. 여러 즈음. ≪朴諺, 上, 10ㅈ≫我家墻也倒了幾堵, 우리 집 담도 여러 도림이 믄허뎌시니. ≪朴諺, 上, 17ㅈ≫有幾等鶴兒, 여러 가지 연이 이시니. ≪朴諺, 上, 47ㅎ≫却穿衣服喫幾盞閉風酒, 쏘 옷 닙고 여러 잔 閉風酒롤 먹으면. ≪朴諺, 上, 58ㅎ≫喫幾盞酒過兩道湯, 여러 잔 술 먹고 兩道 湯을 디내고. ≪朴諺, 上, 62ㅈ≫官人們也上幾隻舡, 官人들도 여러 ᄇᆡ에 올라. ≪朴諺, 中, 25ㅎ≫着了幾遍雨時都走了樣子, 여러 번 비롤 마즈면 다 듧ᄠᅳᆯ 양이로다. ≪朴諺, 中, 44ㅎ≫一周遭放幾張交椅, ᄒᆞᆫ 도림으로 여러 댱 교의롤 노코. ≪朴諺, 中, 44ㅎ≫掛幾軸畫兒, 여러 튝 그림을 걸고. ≪朴諺, 下, 14ㅈ≫又喫幾盞酒之後, 쏘 여러 잔 술을 먹은 후에. ≪朴諺, 下, 16ㅈ≫不見了幾件衣裳, 여러 볼 오술 일코. ≪朴諺, 下, 25ㅈ≫青白間串的上等玉珠兒有幾串, 青白 섯거 웬 샹등 옥구슬 여러 웨옴이 이셰라. ❸⇔기개(幾箇). ≪集覽, 字解, 單字解, 1ㅈ≫待. 擬要也 ᄒᆞ마 그리 호려 ᄒᆞ다라. 又欲也. 待賣幾箇馬去 여러 ᄆᆞᆯ롤 ᄑᆞᆯ오져 ᄒᆞ야 가노라. ≪朴諺, 上, 1ㅈ≫咱們幾箇好弟兄, 우리 여러 됴흔 弟兄들히. ≪朴諺, 上, 10ㅈ≫去角頭叫幾箇打墻的和坌工來築墻, 모롱이에 가 여러 담 ᄡᆞᄂᆞᆫ 이와 조역을 블러다가 담 ᄡᅡ이리라. ≪朴諺, 上, 23ㅈ≫咱幾箇好朋友們, 우리 여러 ᄆᆞᄋᆞᆷ 됴흔 벗들이. ≪朴諺, 上, 36ㅈ≫我說幾箇謎, 내

여러 슈지엣말 니롤 거시니. ≪朴諺, 中, 13ㅎ≫抽分了幾箇馬, 여러 물을 츌렴ᄒᆞ고. ≪朴諺, 中, 14ㅈ≫抽分了幾箇馬, 여러 믈을 츌렴ᄒᆞ고. ≪朴諺, 中, 19ㅈ≫這幾箇賊漢們, 이 여러 도적놈들히. ≪朴諺, 中, 28ㅎ≫官人們引着幾箇皀隷, 官人들이 여러 皀隷를 ᄃᆞ리고. ≪朴諺, 中, 44ㅎ≫將幾箇磨果釘子來, 여러 머리 뭉권못 가져다가. ❹⇔다(多). ≪朴諺, 上, 63ㅈ≫咱們結相識知心腹多年了, 우리 結相識ᄒᆞ여 心腹 아란디 여러 ᄒᆡ로ᄃᆡ. ❺⇔제(諸). ≪集覽, 字解, 單字解, 7ㅈ≫般. 名數也. 諸般 여러 가짓. 又等也. 一般. 又多也. ≪朴諺, 上, 5ㅎ≫叫教坊司十數箇樂工和做院本諸般雜技的來, 教坊司의 여라믄 樂工과 院本에 여러 가지 雜技ᄒᆞᄂᆞ니를 블러오라. ≪朴諺, 上, 6ㅈ≫杏兒·櫻桃諸般鮮果, 솔고와 잉도와 여러 가지 鮮果를. ≪朴諺, 上, 42ㅈ≫好文章諸般才藝, 文章이 됴코 여러 가지 才藝오. ≪朴諺, 上, 43ㅈ≫諸般絨線砌山子吊珠兒的麁白線, 여러 가지 보ᄃᆞ라온 실과 귀여ᄉᆞ 무오고 진쥬 둘 굴근 흰 실과. ≪朴諺, 上, 61ㅎ≫諸般殿舍且不索說, 여러 가지 殿舍는 아직 다 니ᄅᆞ디 아니ᄒᆞ거니와. ≪朴諺, 上, 61ㅎ≫諸雜名花奇樹不知其數, 여러 가지 名花 奇蘤(樹)는 그 수를 아디 못ᄒᆞ고. ≪朴諺, 中, 1ㅈ≫有諸般唱詞的, 여러 가지 唱詞ᄒᆞᄂᆞᆫ 이 이시며. ≪朴諺, 中, 1ㅎ≫他的主兒拿着諸般顏色的小旗兒, 제 님재 여러 가지 빗체 젹은 旗를 가져다가. ≪朴諺, 中, 2ㅈ≫有呈諸般把戲的那, 여러 가지 노롯 呈ᄒᆞᄂᆞᆫ 이 잇ᄂᆞ냐. ≪朴諺, 中, 6ㅈ≫諸般菜蔬·鷄鳴和升·斗·等子, 여러 가지 ᄂᆞᄆᆞᆯ과 ᄃᆞᆰ긔알과 되과 말과 저울을. ≪朴諺, 中, 32ㅈ≫松栢·檜栗諸雜樹木上, 松栢·檜栗 여러 가짓 남게. ≪朴諺, 下, 37ㅈ≫諸般的都納與了租稅, 여러 가짓 거슬 다 租稅예 밧티고. ≪朴諺, 下, 42ㅈ≫擺諸般茶果等味, 여러 가짓 茶果 等 味를 버리고. ≪朴諺, 下, 42ㅎ≫諸般彩亭子, 여러 가지 彩亭子를 셰내고.

여릉왕(廬陵王) 명 여릉효헌왕(廬陵孝獻王). 남조 송(南朝宋) 유의진(劉義眞)의 봉시호(封諡號). ≪朴諺, 上, 33ㅈ≫穿着衲襖將着鉢盂(集覽, 朴集, 上, 10ㅈ: 鉢盂. 總龜〈総亀〉云, 天竺國器也, 釋迦有女青石鉢, 宋廬陵王以銅鉢餉于五祖, 是宋·晉間中國始用也.), 누비옷 닙고 에우아리 가지고.

여리(閭里) 명 백성이 사는 곳. 마을. ≪朴諺, 上, 23ㅈ≫斂些錢做翫月會(集覽, 朴集, 上, 8ㅈ: 翫月會. 東京錄云, 中秋夜, 貴家結飾臺榭, 民間爭占酒樓翫〈玩〉月, 絲簧鼎沸, 近內庭居民, 夜深遙聞笙竽之聲, 宛若雲外天樂, 閭里兒童連宵嬉戲, 夜市駢闐, 至於通曉.), 져기 돈 거두어 翫月會를 ᄒᆞ쟈.

여롬 명 열매. ⇔자(子). ≪朴諺, 上, 36ㅈ≫下雨開花刮風結子, 비 오면 곳 픠고 ᄇᆞ람 블면 여롬 여ᄂᆞᆫ 거시여.

여마(驢馬) 명 나귀와 말. ≪集覽, 字解, 單字解, 6ㅈ≫賃. 僦屋以語曰賃, 지블 ᄃᆞᆯ마다 銀 현 량곰 삭 물오 드러 이셔 살 시라. 又雇用驢馬·舟車之類曰賃, 라괴와 몰ᄃᆞᆯᄒᆞᆯ 삭 주고 브릴 시라.

여명(黎明) 명 희미하게 날이 밝아 오는 빛. 또는 그런 무렵. ≪朴諺, 下, 45ㅈ≫宋舍看打春(集覽, 朴集, 下, 9ㅎ: 打春. 至日黎明, 官吏具香花·燈燭爲壇, 以祭先農. 至立春時, 官吏行禮畢, 各執彩杖, 環擊土牛者三, 以示勸農之意.)去來, 宋개아님춘 노롯ᄒᆞᄂᆞᆫ 양 보라 가쟈.

여무(女巫) 명 여자 무당. 무녀(巫女). ≪朴諺, 上, 40ㅎ≫別處一箇官人娶娘子(集覽, 朴集, 上, 11ㅎ: 娘子. 南村輟耕[錄]云〈南村輟耕錄〉, 世謂穩婆曰老娘, 女巫曰師娘, 唱〈娼〉婦曰花娘, 達人又曰草娘, 苗人謂妻曰夫娘, 南方謂婦人無行者曰夫娘, 謂婦人之卑賤者曰某娘, 曰幾娘, 鄙之曰婆娘.), 다른 고ᄃᆡ ᄒᆞᆫ 官人이 娘子를 娶ᄒᆞ

노라.

여믈 명 여물. 꼴. ⇔초(草). ≪朴諺, 上, 20ㅎ≫等一會兒饋些草喫, 흔 디위 기드려 져기 여믈을 주어 먹이고. ≪朴諺, 上, 21ㅈ≫懶小厮們一發滿槽子饋草, 게여른 아히들히 흠씌 귀유에 ᄀ독이 여믈을 주고. ≪朴諺, 上, 21ㅈ≫切的草細着, 여믈 써흘기를 ᄀ늘게 ᄒ야. 爲頭兒只半筐兒草, 처음은 그저 반 광조리 여믈을. 着攪草棍拌饋他些料水喫, 여믈 버므리는 막대로 뎌를 져기 콩믈을 버므려 주어 먹이고. ≪朴諺, 上, 38ㅎ≫一宿不喫草, ᄒ룻밤을 여믈을 먹디 아니ᄒ니.

여백(餘白) 명 종이 따위의 글자나 그림이 있는 이외의 빈 자리. ≪朴諺, 上, 55ㅈ≫或寫餘白兩字着, 或 餘白 兩字를 쓰라.

여복(荔支) 명 여지(荔支). '支'는 '支'의 잘못. ≪朴諺, 上, 4ㅈ≫龍眼(集覽, 朴集, 上, 2ㅈ: 龍眼. 一名圓眼. 樹如荔支〈支〉, 但枝葉稍小, 其子形如彈丸, 核如木槵, 肉白, 漿甘如蜜, 五六十顆作穗. 荔支〈支〉熟後龍眼熟, 號荔奴. 木槵, 卽本國모관쥬. 槵, 音患.), 龍眼과. ≪朴諺, 上, 4ㅈ≫荔子(集覽, 朴集, 上, 2ㅈ: 荔子. 子作支〈支〉. 荔支〈支〉, 生巴峽間, 形狀團如帷盖, 葉如冬青, 花如橘, 春榮. 實如丹夏, 朶如葡萄, 核如枇杷, 殼如紅繒, 膜如紫綃, 瓤肉潔白如冰霜, 漿液甘如醴酪. 如離本枝, 一日色變, 二日香變, 三日味變, 四五日外色·香·味盡〈尽〉變.), 녀지오.

여사(旅舍) 명 여관(旅館). ≪朴諺, 上, 9ㅎ≫水渰過蘆溝橋(集覽, 朴集, 上, 4ㅎ: 蘆溝橋. 橋之路西通關陝, 南達江淮. 兩旁多旅舍, 以其密邇京都.)獅子頭, 믈이 蘆溝橋 獅子ㅅ 머리를 즘가 너머.

여상(如常) 형 평소와 다름이 없다. ⇔여상ᄒ다(如常-). ≪朴諺, 下, 29ㅈ≫只是如常, 그저 如常ᄒ니라.

여상ᄒ다(如常-) 형 평소와 다름이 없다. ⇔여상(如常). ≪朴諺, 下, 29ㅈ≫只是如常, 그저 如常ᄒ니라.

여서(女壻) 명 사위[壻]. ⇔사회. ≪朴諺, 中, 30ㅎ≫招做女壻來, 블러 사회를 삼으니.

-여셔 어미 -여서. ≪朴諺, 上, 63ㅎ≫咱男兒漢做弟兄, 우리 ᄉ나희 弟兄이 되여셔.

여시(如是) 관 이런. ⇔이런. ≪朴諺, 上, 33ㅈ≫穿着衲襖(集覽, 朴集, 上, 10ㅈ: 衲襖. 反(飜)譯名義云, 好衣是未得道者生貪着處, 招致賊難, 或致奪夻(命), 有如是等患, 故受弊衲衣.)將着鉢盂, 누비옷 닙고 에우아리 가지고. ≪朴諺, 下, 8ㅎ≫僧尼道俗善男信女(集覽, 朴集, 下, 2ㅎ: 善男信女. 了義經云, 善者, 順理也, 信者, 言是事如是也.), 僧尼 道俗과 善男 信女ㅣ. ≪朴諺, 中, 23ㅎ≫如是菩薩不可不參, 이런 菩薩을 可히 참견티 아니티 못ᄒᆯ 거시라.

여시(如是) 부 하다가. 만일. 만약. ⇔ᄒ다가. ≪集覽, 字解, 累字解, 2ㅈ≫如是. ᄒ다가.

-여시니 어미 -시거니. -시니. ≪朴諺, 上, 16ㅎ≫祭了社神, 社神씌 祭ᄒ여시니. ≪朴諺, 上, 48ㅈ≫未裏, 못ᄒ여시니. ≪朴諺, 上, 57ㅎ≫不曾將得來, 일즙 가져오디 못ᄒ여시니. ≪朴諺, 上, 59ㅎ≫我不曾到來, 내 일즙 가디 못ᄒ여시니. ≪朴諺, 上, 63ㅈ≫一遍也不曾說知心腹的話, 흔 변도 일즉 心腹 아는 말을 니르디 못ᄒ여시니. ≪朴諺, 中, 21ㅎ≫身嚴瓔珞居普陁空翠之山, 몸에 瓔珞으로 장엄ᄒ여시니 普陀空翠의 山에 居ᄒ엿도다. ≪朴諺, 下, 11ㅎ≫孩兒這裏所幹已成完備, 孩兒ㅣ 여긔 ᄒ는 배 임의 完備케 되여시니. ≪朴諺, 下, 41ㅎ≫我不曾見, 내 일즙 보디 못ᄒ여시니. ≪朴諺, 下, 54ㅎ≫你醉家去, 네 醉ᄒ여시니 집의 가라.

여숫 관 여섯. ❶⇔육(六). ≪朴諺, 上, 4ㅈ≫外手一遭兒十六楪, 밧 첫 줄 열 여숫 뎝시에는. ≪朴諺, 上, 4ㅈ≫第三遭十六楪, 셋재 줄 열 여숫 뎝시에는. ≪朴諺, 上, 4ㅈ≫第(第)二遭十六楪, 둘재 줄 열 여숫

뎝시에는. ≪朴諺, 上, 17ㅈ≫有六七等鶴兒, 여숫 닐곱 가지 연이 이시니. ≪朴諺, 上, 20ㅈ≫這六件兒儅的五十兩銀子, 이 여숫 가지로 五十兩 銀에 典儅ᄒᆞ려 ᄒᆞ니. ≪朴諺, 下, 4ㅈ≫行六年受多少千辛萬苦, 行ᄒᆞᆫ 여숫 ᄒᆡ예 언머 千辛萬苦를 밧고. ❷⇔육개(六箇). ≪朴諺, 上, 29ㅈ≫使的六箇猠皮, 여숫 猠皮를 ᄡᅳ리로다. ≪朴諺, 上, 29ㅎ≫這六箇商(商)量價錢着, 이 여숫 갑슬 혜아리쟈. ≪朴諺, 上, 30ㅈ≫六箇猠皮每一箇三錢家筭時, 여숫 猠皮에 ᄆᆡ ᄒᆞ나희 서 돈식 혜아리면. ≪朴諺, 中, 5ㅎ≫正官三員六箇伴當, 正官이 三員이오 여숫 伴當이니. ≪朴諺, 中, 5ㅎ≫從的六箇, 슈종 여숫의게는.

여숫 [주] 여섯. ⇔육개(六箇). ≪朴諺, 上, 29ㅎ≫這六箇大的, 이 여숫 크니예.

여숫ㅅ [주] 여섯. ⇔육개(六箇). ≪朴諺, 上, 29ㅎ≫要六箇, 여숫슬 ᄒᆞ고져 ᄒᆞ노라.

여아(女兒) [명] ❶딸. ≪朴諺, 上, 42ㅈ≫便着拜門(集覽, 朴集, 上, 12ㅈ: 拜門. 質問云, 女嫁九日, 公婆使兒子·女兒往丈人家, 拜丈人·丈母或兄嫂們, 方言謂之拜門.), 곳 拜門ᄒᆞ고. ❷계집. 여자. ⇔겨집. ≪朴諺, 中, 17ㅈ≫女兒說與你妳妳, 女兒ㅣ아 네 妳妳ᄃᆞ려 니ᄅᆞ라. ≪朴諺, 中, 54ㅎ≫一箇不會針線的女兒, ᄒᆞᆫ 바ᄂᆞ질 아디 못ᄒᆞᄂᆞᆫ 女兒란. ≪朴諺, 中, 55ㅈ≫又一箇女兒繳手帕着, 또 ᄒᆞᆫ 겨집은 手帕를 마모로되.

-여야 [어미] -여야. ≪朴諺, 中, 53ㅎ≫却沒一件兒新衣裳怎麽好, 또 ᄒᆞᆫ 볼 새 衣裳이 업스니 엇디 ᄒᆞ여야 됴흐료. ≪朴諺, 中, 56ㅎ≫怎的好, 엇디 ᄒᆞ여야 됴흐료. ≪朴諺, 下, 1ㅈ≫怎的好, 엇디ᄒᆞ여야 됴ᄒᆞ료.

여어 [부] 남몰래. 살짝. 슬그머니. 슬며시. ⇔투(偸). ≪朴諺, 中, 18ㅎ≫又怕窓孔裏偸眼兒看, 또 창 굼그로 여어볼가 저페라.

여어보다 [동] 엿보다. ⇔투안아간(偸眼兒看). ≪朴諺, 中, 18ㅎ≫又怕窓孔裏偸眼兒看, 또 창 굼그로 여어볼가 저페라.

여위다 [형] 여위다. 수척하다. ⇔수(瘦). ≪朴諺, 中, 14ㅈ≫瘦倒的倒了, 여위어 것ᄭᅮ러디리 것ᄭᅮ러디고.

여의(如意) [명] 〈불〉 뜻대로 되다. 마음에 들다. ≪朴諺, 中, 21ㅈ≫智滿十身(集覽, 朴集, 中, 4ㅈ: 智滿十身. 十身有調御. 十身, 曰無着, 曰弘願, 曰業報, 曰住持, 曰涅槃, 曰淨法, 曰眞心, 曰三昧, 曰道性, 曰如意. 有內十身, 曰菩提, 曰願, 曰化, 曰力持, 曰莊嚴, 曰威勢, 曰意生, 曰福德, 曰法, 曰智. 有外十身, 曰自, 曰衆生, 曰國土, 曰業報, 曰聲聞, 曰圓覺, 曰菩薩, 曰智, 曰法, 曰虛空.), 智는 十身에 찻도다.

여이 [부] 어이. 어찌. ⇔즘적(怎的). ≪朴諺, 中, 41ㅎ≫床字怎的寫, 床字를 여이 ᄡᅳᄂᆞ뇨.

여인(女人) [명] 여인. 어른이 된 여자. ≪朴諺, 中, 12ㅈ≫各樣帳房室車(集覽, 朴集, 中, 2ㅎ: 細車〈室車〉. 質問云, 如婦人所乘車, 周圍雕刻花槅, 油飾花須, 方言謂之細車. 又云, 女人所乘有槅長盖之車.), 여러 가지 帳房ᄒᆞᆫ 室車와.

여인(麗人) [명] 고려(高麗) 사람. ≪朴諺, 上, 46ㅈ≫貴眷稍的十箇白毛施布(集覽, 朴集, 上, 13ㅈ: 毛施布. 今言毛施布, 卽沒絲〈卽沒絲布〉之訛也. 而漢人因麗人之稱, 見麗布則直稱此名而呼之. 記書者因其相稱而遂以爲名也.), 貴眷이 브틴 열 필 흰 모시뵈과.

여인국(女人國) [명] 전설상 여자들만 산다는 나라. ≪朴諺, 下, 4ㅈ≫逢多少惡物刁蹶(集覽, 朴集, 下, 1ㅎ: 刁蹶. 又過棘〈鈞洞·火炎山·薄屎洞·女人國及諸惡山險水, 恠〈怪〉害患苦, 不知其幾, 此所謂刁蹶也.), 언머 惡物의 놀쁨을 만나시리오.

여ᄋᆞ [명] 여우. ⇔야구(野狗). ≪朴諺, 上, 28ㅎ≫珠結子的蓋兒野狗尾子罕荅哈, 구슬로 ᄆᆡ자 ᄢᅵᆫ 여ᄋᆞ ᄭᅩ리 罕荅哈ㅣ러라.

여자(女子) [명] 여자. ≪朴諺, 下, 60ㅈ≫娘子柳氏(集覽, 朴集, 下, 12ㅎ: 娘子柳氏

〈柳氏〉. 貞州柳天弓女也. 高麗太祖初爲弓裔將軍, 領兵過貞州, 憩古柳下, 見川上有一女子甚美, 問誰. 女對曰, 天弓之女.)出來說道, 娘子 柳氏ㅣ 나와 닐오듸.

여자(荔子) 명 여지(荔枝). 여주. ⇔녀지. ≪朴諺, 上, 4ㅈ≫荔子(集覽, 朴集, 上, 2ㅈ: 荔子. 子作支〈支〉. 荔支〈支〉, 生巴峽間, 形狀團如帷盖, 葉如冬青, 花如橘, 春榮. 實如丹夏, 朵如葡萄, 核如枇杷, 殼如紅繒, 膜如紫綃, 瓤肉潔白如冰霜, 漿液甘如醴酪. 如離本枝, 一日色變, 二日香變, 三日味變, 四五日外色·香·味盡〈尽〉變.), 녀지오.

여적(女的) 명 암. 암컷. ⇔암. ≪朴諺, 中, 57ㅈ≫女的價錢大, 암은 갑시 만흐니라. ≪朴諺, 中, 57ㅈ≫女的一百箇錢賣與你, 암은 一百 낫 돈에 프라 너를 주마.

여정문(麗正門) 명 중국 북경(北京) 내성(內城)에 있는 성문. 정남(正南)쪽의 문인 정양문(正陽門)의 원대(元代)의 이름이다. ≪朴諺, 上, 11ㅎ≫我在平則門(集覽, 朴集, 上, 5ㅎ: 平則門. 永樂十九年, 營建宮室, 立門九, 南曰正陽, 又曰午門, 元則曰麗正, 南之右曰宣武, 元則曰順承, 南之左曰文明, 元則曰崇文, 又曰哈噠, 北之東曰安定, 北之西曰德勝, 元則曰健德, 東之北曰崇仁, 一名東直, 元名同, 東之南曰朝陽, 元則曰齊華, 西之北曰西直, 西之南曰阜城, 元則曰平則. 元設十一門, 而今減其二.)邊住, 내 平則門 ᄭᅿ의 이셔 사노라.

여주(女主) 명 여왕(女王). ≪朴諺, 中, 21ㅎ≫或作童女(集覽, 朴集, 中, 4ㅎ: 童男童女. 觀音現三十二應, 曰佛身, 曰辟支〈支〉, 曰圓覺, 曰聲聞, 曰梵王, 曰帝釋, 曰自在天, 曰大自在天, 曰天人將軍, 曰四天王, 曰四天太子, 曰人王, 曰長者, 曰居士, 曰宰官, 曰婆羅門, 曰比丘, 曰比丘尼, 曰優婆塞, 曰優婆夷, 曰女主, 曰童男, 曰童女, 曰天身, 曰龍身, 曰藥叉, 曰乾達婆, 曰阿脩羅, 曰緊那羅, 曰摩睺羅, 曰樂人, 曰非人.), 혹 童女ㅣ 되며.

여지(荔支) 명 여주. 여지(荔枝). ≪朴諺, 上, 4ㅈ≫龍眼(集覽, 朴集, 上, 2ㅈ: 龍眼. 一名圓眼. 樹如荔支〈支〉, 但枝葉稍小, 其子形如彈丸, 核如木槵, 肉白, 漿甘如蜜, 五六十顆作穗. 荔支〈支〉熟後龍眼熟, 號荔奴. 木槵, 卽本國모관쥬. 槵, 音患.), 龍眼과. ≪朴諺, 上, 4ㅈ≫荔子(集覽, 朴集, 上, 2ㅈ: 荔子. 子作支〈支〉. 荔支〈支〉, 生巴峽間, 形狀團如帷盖, 葉如冬青, 花如橘, 春榮. 實如丹夏, 朵如葡萄, 核如枇杷, 殼如紅繒, 膜如紫綃, 瓤肉潔白如冰霜, 漿液甘如醴酪. 如離本枝, 一日色變, 二日香變, 三日味變, 四五日外色·香·味盡〈尽〉變.), 녀지오.

여직(女直) 명 여진(女眞). 요(遼)나라 흥종(興宗)의 이름인 종진(宗眞)을 피휘하여 요나라 사람들이 고쳐 불렀다. ≪朴諺, 中, 8ㅈ≫轡頭都散與(集覽, 朴集, 中, 1ㅎ: 轡頭散與. 女直·達子朝貢時, 到驛應付馬匹騎坐者, 各出轡頭, 散與馬夫, 馬夫受轡套馬, 令各轡主認轡占馬, 使無爭占之擾.)他, 구레를 다 흣터 뎌를 주라.

여차(如此) 부 ❶이렇듯. 이렇게. ⇔이러틋. ≪朴諺, 下, 58ㅈ≫何必如此, 엇디 반ᄃᆞ시 이러틋 ᄒᆞᄂᆞ뇨. ❷이렇듯이. ⇔이러ᄐᆞ시. ≪朴諺, 下, 18ㅎ≫如此定害三寶, 이러ᄐᆞ시 三寶를 보채더라. ≪朴諺, 下, 59ㅎ≫弓王如此無道, 弓王이 이러ᄐᆞ시 無道ᄒᆞ니.

여차(如此) 형 이와 같다. 이러하다. ≪集覽, 字解, 單字解, 3ㅎ≫地. 土也. 田地·土地·地方·地面. 又指當處. 土地之神亦曰土地. 又語助. 坐地. 又恁地, 猶言如此. ≪集覽, 字解, 單字解, 3ㅎ≫們. 諸韻書皆云, 們渾, 肥滿皃. 今俗借用爲等輩之字, 而曰我們·咱們 우리, 你們 너희. 又猶言如此也. 這們 이리, 那們 뎌리. ≪集覽, 字解, 累字解, 2ㅎ≫這般. 猶言如此. ≪集覽, 字解, 累字解, 2ㅎ≫這們. 上同. ≪集覽, 字解, 單字解, 5ㅈ≫恁. 汝也. 亦作您. 又恁地, 猶言如此也. ≪朴諺, 中, 6ㅎ≫撇

些禿禿麽思(集覽, 朴集, 中, 1ㅎ: 禿禿麽思. 一名手撇麪〈麵〉, 卽本國믜역져비. 禿字, 音투, 上聲〈声〉讀. 麽思二合爲音맛, 急呼則用思字, 曰투투맛, 慢言之則用食字, 曰투투마시. 元時語如此.), 져이 믜역져비 쓰고. ≪朴諺, 下, 13ㅈ≫上面畫六鶴舞琴(集覽, 朴集, 下, 3ㅈ: 六鶴舞琴. 善惡報應錄云, 江夏郡辛氏沽酒爲業, 有一先生入坐曰, 有好酒飮吾否. 辛飮以巨杯. 明日復來, 如此半載.), 上面에 六鶴舞琴을 그리고. ≪朴諺, 下, 32ㅎ≫水滑經帶麵(集覽, 朴集, 下, 6ㅈ: 水滑經帶麵. 如此三四次, 微軟和餅劑, 就案上用拗棒拗百餘棒, 多揉數百拳. 至麪性行, 方可搓如指頭大, 新凉水內浸兩時許, 伺麵〈麪〉性行, 方下鍋, 闊〈濶〉細任意做.), 제믈엣 칼국슈와. ≪朴諺, 下, 35ㅈ≫却打花房窩兒(集覽, 朴集, 下, 7ㅎ: 花房窩兒. 質問云, 如打毬, 先立毬窩於花房之上, 然後用棒打入, 方言謂之花房窩兒. 凡數搽毬名, 用各不同如此.), 또 花房 굼글 티쟈.

여처(弈妻) 명 예처(羿妻). '弈'는 '羿'의 잘못. ≪朴諺, 下, 7ㅎ≫放着一箇三隻脚鐵蝦蟆兒(集覽, 朴集, 下, 2ㅈ: 三隻脚鐵蝦蟆. 書言故事云, 月宮蟾蜍三足, 是爲弈(羿)妻所化.)便是, 흔 세 발 가진 쇠두텁이 노흔 거시 곳 이라.

여춘원(麗春院) 명 교방사(敎坊司)의 다른 이름. ≪朴諺, 上, 5ㅎ≫叫敎坊司(集覽, 朴集, 上, 2ㅎ: 敎坊司. 掌雅·俗樂之司, 隷禮部, 有奉鑾〈銮〉·韶舞·司樂等官, 一名麗春院, 卽元俗所呼拘欄司.)十數箇樂工和做院本諸般雜技的來, 敎坊司의 여라믄 樂工과 院本에 여러 가지 雜技ᄒᆞᄂᆞ니를 블러오라. ≪朴諺, 上, 18ㅈ≫是抅欄(集覽, 朴集, 上, 6ㅎ: 抅欄. 質問云, 麗春院樂人搬演戲文雜劇之處也. 又云, 麗春院, 卽敎坊司也.)衚衕裏帶匠夏五廂的, 이 抅欄 솔 씌쟝이 夏五ㅣ 져메웟ᄂᆞ니라.

여토다 동 여투다. 저축하다. 또는 (현금을) 지불하다. ⇔태부(兌付). ≪朴諺, 中, 20ㅎ≫咱兌付些盤纏, 우리 져이 盤纏을 여토아.

여패(驢牌) 명 역관(驛館)에서 나귀를 관리하는 사람. ≪朴諺, 中, 8ㅎ≫牌子(集覽, 朴集, 中, 2ㅈ: 牌子. 凡馬驛設置, 馬驢不等, 其中管馬荅應者, 謂之馬牌, 管驢者, 謂之驢牌, 總〈総〉稱牌子.)·令史們來, 牌子·令史들흔 오라.

여포(麗布) 명 고려(高麗)에서 나는 모시. ≪朴諺, 上, 46ㅈ≫貴眷稍的十箇白毛施布(集覽, 朴集, 上, 13ㅈ: 毛施布. 今言毛施布, 卽沒絲〈卽沒絲布〉之訛也. 而漢人因麗人之稱, 見麗布則直稱此名而呼之. 記書者因其相稱而遂以爲名也.), 貴眷이 브틴 열 필 흰 모시뵈과.

여피(如彼) 대 그렇게. 저렇게. ≪集覽, 字解, 累字解, 2ㅎ≫那們. 猶言如彼.

여하(如何) 부 어찌. ⇔엇디. ≪朴諺, 下, 50ㅈ≫如何不去, 엇디 가디 아니ᄒᆞᄂᆞ다. ≪朴諺, 下, 56ㅎ≫如何先生數日不見, 엇디 先生을 두어 날 보디 못ᄒᆞ올소니.

여하(如何) 형 어떠하다. ⇔엇더ᄒᆞ다. ≪朴諺, 上, 1ㅈ≫咱們消愁解悶如何, 우리 消愁 解悶홈이 엇더ᄒᆞ뇨. ≪朴諺, 上, 10ㅈ≫你家墻如何, 네 집 담은 엇더ᄒᆞ뇨. ≪朴諺, 上, 23ㅎ≫結做好弟兄時如何, ᄆᆞ음됴흔 弟兄을 지음이 엇더ᄒᆞ뇨. ≪朴諺, 上, 44ㅈ≫你做饋我荷包如何, 네 날을 주머니를 ᄆᆡᆫᄃᆞ라 줌이 엇더ᄒᆞ뇨. ≪朴諺, 上, 45ㅎ≫光顯門閭時如何, 門閭에 光顯ᄒᆞ면 엇더ᄒᆞ뇨. ≪朴諺, 上, 46ㅎ≫今年馬價如何, 올히 ᄆᆞᆯ 갑시 엇더ᄒᆞ뇨. ≪朴諺, 上, 52ㅎ≫你打饋我兩張弓如何, 네 나를 두 댱 활을 ᄆᆡᆫᄃᆞ라 주미 엇더ᄒᆞ뇨. ≪朴諺, 上, 63ㅈ≫對換如何, 막밧곰이 엇더ᄒᆞ뇨. ≪朴諺, 中, 12ㅎ≫你說我地面裏的田禾如何, 네 닐ᄋᆞ라 우리 ᄯᅡ히 田禾ㅣ 엇더ᄒᆞ더뇨. ≪朴諺, 中, 38ㅈ≫葱白的三兩銀子如何, 葱白에는 석 냥 은에 홈이 엇더ᄒᆞ뇨. ≪朴諺, 中, 50ㅈ≫這般時如何, 이리 ᄒᆞ면 엇더ᄒᆞ료. ≪朴諺, 下, 29ㅈ≫如

今銀子如何, 이제 은이 엇더ᄒᆞ뇨. ≪朴諺, 下, 34ㅈ≫咱們今日打毬兒如何, 우리 오늘 당방올 팀이 엇더ᄒᆞ뇨.

여해아(女孩兒) 명 ❶계집아이. ⇔근나희. ≪朴諺, 上, 49ㅎ≫小廝兒那女孩兒, ᄉᆞ나희가 근나희가. ≪朴諺, 中, 49ㅈ≫恰十五歲的女孩兒, ᄀᆞᆺ 十五 歲엣 女孩兒ㅣ. ❷새색시. ⇔새각시. ≪朴諺, 上, 40ㅎ≫女孩兒那後婚, 새각시러냐 니믈리기러냐. 今年纔十六歲的女孩兒, 올히 ᄀᆞᆺ 十六 歲엣 새각시러라. ≪朴諺, 上, 41ㅎ≫那女孩兒生的十分可喜, 뎌 새각시 얼굴이 ᄀᆞ장 고아. ≪朴諺, 上, 42ㅈ≫女孩兒家親戚們都去會親, 새각시 집 권당들히 다 가 會親ᄒᆞᄂᆞ니라.

역(力) 명 힘. ⇔힘. ≪朴諺, 中, 14ㅎ≫遠行知馬力, 멀리 가매 ᄆᆞᆯ 힘을 알고. 日久見人心, 날이 오라매 사ᄅᆞᆷ의 ᄆᆞᅀᆞᆷ을 보ᄂᆞ니라. ≪朴諺, 下, 36ㅎ≫寸鐵入木九牛之力, 寸鐵이 남게 들매 九牛의 힘이라 ᄒᆞᄂᆞ니라.

역(亦) 부 ❶또. ⇔ᄯᅩ. ≪朴諺, 中, 43ㅎ≫亦看樓外滿池荷花, ᄯᅩ 樓外ㅅ 못에 ᄀᆞ득ᄒᆞᆫ 년곳츨 보노니. ≪朴諺, 下, 13ㅈ≫臨窓看書亦看花, 窓에 臨ᄒᆞ여 글을 보고 ᄯᅩ 곳츨 보쟈. ❷또한. ⇔ᄯᅩᄒᆞᆫ. ≪朴諺, 中, 19ㅈ≫兩心相照亦不難, 둘희 ᄆᆞᄋᆞᆷ이 서ᄅᆞ 비최면 ᄯᅩᄒᆞᆫ 어렵디 아니ᄒᆞ니라.

역경(易經) 명 주역(周易). ≪朴諺, 上, 28ㅎ≫易經云, 易經에 닐오ᄃᆡ.

역괴 명 여뀌. (마디풀과의 한해살이풀) ⇔요자(蓼子). ≪朴諺, 中, 33ㅎ≫蘿蔔, 댓무우. 蔓菁, 쉿무우. 萵苣, 부로. 葵菜, 아혹. 白菜, ᄇᆡ치. 赤根菜, 시근치. 園荽, 고싀. 蓼子, 역괴. 葱, 파. 蒜, 마ᄂᆞᆯ. 薤, 부치. 荊芥, 형개. 薄荷, 박하. 茼蒿, 믈ᄡᅮᆨ. 水蘿蔔, 믈한댓무우. 胡蘿蔔, 노론댓무우. 芋頭, 토란. 紫蘇都種來, 紫蘇를 다 시므라.

역기(逆氣) 명 욕지기. ≪集覽, 字解, 單字解, 2ㅈ≫咳. 五音集韻, 何來切, 小兒笑也. 口漑切, 咳嗽逆氣也. 今呼驚嘆之聲曰咳. 音해, 借用爲字也. 考韻書作唉是.

역대(歷代) 명 대대로 이어 내려온 여러 대. ≪朴諺, 下, 58ㅎ≫你這東國歷代幾年, 네 이 東國 歷代 몃 ᄒᆡ나 ᄒᆞ며.

역두(曆頭) 명 책력(冊曆). 달력. ⇔칙녁. ≪朴諺, 中, 53ㅎ≫將曆頭來我看, 칙녁 가져오라 내 보쟈.

역력(瀝瀝) 동 듣다[滴]. 떨어지다. ⇔뜻듣다. ≪朴諺, 中, 28ㅎ≫都搜出三四十箇血瀝瀝的尸首和那珠子·布絹, 셜마은 피 뜻듣ᄂᆞᆫ 尸首와 그 진쥬·布絹을 다 뒤여 내고. ≪朴諺, 下, 24ㅈ≫血瀝瀝的腔子立地, 피 뜻듣ᄂᆞᆫ 몸똥만 ᄡᅡ히 셔고.

역리(驛吏) 명 역참(驛站)에 속한 구실아치. ≪朴諺, 中, 8ㅎ≫牌子·令史(集覽, 朴集, 中, 2ㅈ: 令史. 在京六部及三品衙門, 在外各衛及都布按三司俱有令史, 驛吏則無令史之稱. 元制, 未詳.)們來, 牌子·令史들흔 오라.

역사(役使) 동 부리다. 또는 지배하다. ≪朴諺, 中, 22ㅎ≫執楊柳於掌內拂病體於輕安(集覽, 朴集, 中, 5ㅎ: 執楊柳於掌內拂病體於輕安. 佛圖澄, 天竺〈竺〉人也. 妙通玄術, 善誦呪, 能役使鬼神.), 楊柳를 손에 잡아 病體를 輕安ᄒᆞᆫᄃᆡ 뻘티고.

역산(歷山) 명 중국 하북성(河北城) 탁록현(涿鹿縣) 남서쪽에 있다. ≪朴諺, 上, 9ㅎ≫水渰過蘆溝橋(集覽, 朴集, 上, 4ㅎ: 蘆溝橋. 蘆溝本桑乾河, 俗曰渾河, 亦曰小黃河. 上自保安州界, 歷山南流入宛平縣境, 至都城四十里, 分爲二派.)獅子頭, 믈이 蘆溝橋 獅子ㅅ 머리를 ᄌᆞᆷ가 너머.

역신(逆臣) 명 임금을 반역한 신하. ≪朴諺, 下, 59ㅈ≫唐昭宗(集覽, 朴集, 下, 12ㅎ: 唐昭宗. 姓李, 名曄, 僖宗第七子. 爲逆臣朱全忠所弑.)乾寧三年, 唐昭宗 乾寧 三年에.

역심(歷審) 동 조목조목 조사하다. 여러 차례 심문하다. ≪集覽, 字解, 單字解, 2ㅎ≫挨. 音해, 平聲. 俗語挨次謂循次. 歷

審無攙越之意 춘추니 ᄒᆞ다. 又吏語, 挨究·挨捕.

역어지남(譯語指南) 명 본래는 명(明)나라 헌제(憲帝) 14년(1478)에 김자정(金自貞) 등이 엮은 중국어 어휘 사전. 조선(朝鮮) 성종(成宗) 9년(1478)에 이극배(李克培) 등이 언석(諺釋)하여 찬진(撰進)하였다. ≪集覽, 凡例≫音義者, 卽原本所著音義也. 所釋或與譯語指南不同, 今從音義之釋. 音義有誤者, 今亦正之. ≪朴諺, 上, 50ㅎ≫上頭鋪兩三箇襯子(集覽, 朴集, 上, 13ㅎ: 襯子. 音義云, 䙆褓, 接脣汚穢之物. 今按, 䙆卽綳子, 褓卽襯子, 音義混而一之, 誤矣. 但譯語指南, 亦呼綳子, 混稱爲䙆褓. 未詳是否. 襯子, 깃.), 우희 두세 깃을 ᄭᆞᆯ고.

역지(力持) 동 힘써 지키다. ≪朴諺, 中, 21ㅈ≫智滿十身(集覽, 朴集, 中, 4ㅈ: 智滿十身. 十身有調御. 十身, 曰無着, 曰弘願, 曰業報, 曰住持, 曰涅槃, 曰淨法, 曰眞心, 曰三昧, 曰道性, 曰如意. 有內十身, 曰菩提, 曰願, 曰化, 曰力持, 曰莊嚴, 曰威勢, 曰意生, 曰福德, 曰法, 曰智.), 智ᄂᆞᆫ 十身에 ᄎᆞᆺ도다.

역청(瀝青) 명 조개껍질 가루와 유동(油桐)의 기름을 한데 섞은 뒤 끓여 만든다. ≪朴諺, 下, 29ㅎ≫碎家事和將瀝青(集覽, 朴集, 下, 5ㅎ: 瀝青. 家禮儀制云, 生蛤粉·桐油, 合熬爲之.)來, 준 연장과 瀝青을 가져다가.

연 명 연(鳶). ⇔학아(鶴兒). ≪朴諺, 上, 17ㅈ≫八月裏却放鶴兒, 八月에 ᄯᅩ 연노히 ᄒᆞᄂᆞ니. 有幾等鶴兒, 여러 가지 연이 이시니. 鵝老翅鶴兒, 쇼로기연. 鮎魚鶴兒, 머유기연. 八角鶴兒, 여ᄃᆞᆲ모연. 月樣鶴兒, ᄃᆞᆯ ᄀᆞᄐᆞᆫ 연. 人樣鶴兒, 사ᄅᆞᆷ ᄀᆞᄐᆞᆫ 연. 四方鶴兒, 네모연. 有六七等鶴兒, 여ᄉᆞᆺ 닐곱 가지 연이 이시니.

연(年) 명 ❶나이. ⇔나ㅎ. ≪朴諺, 中, 9ㅎ≫年五歲無病, 나히 五歲오 병 업스니ᄅᆞᆯ다가. ≪朴諺, 下, 52ㅈ≫年幾無病, 나히 현이오 병 업ᄉᆞᆫ 이라. ≪朴諺, 下, 54ㅈ≫年幾歲無病, 나히 현이오 病 업ᄉᆞᆫ이. ≪朴諺, 下, 59ㅈ≫年二十歲時分, 나히 스믈인 제. ❷해[年]. ⇔ᄒᆡ. ≪集覽, 字解, 單字解, 2ㅎ≫捱. 正作涯. 倚限有恃之意 그ᄉᆞᆷᄒᆞ다, 捱到十年 열 ᄒᆡ 다ᄃᆞᆮ도록. ≪集覽, 字解, 單字解, 5ㅎ≫家. 止指一數之稱. 一箇家 ᄒᆞᆫ 낫식, 幾箇家 몃 낫식, 又현 낫식, 幾年家 현 ᄒᆡ식. 又槩也. 大家 대개. 又擧姓呼人之稱. 李家·張家. 又呼皇帝曰官家. 又語助. 沒有家 업다. ≪朴諺, 下, 12ㅈ≫某年秋季月十有五日, 아므ᄒᆡ 秋季月 十五日에. ≪朴諺, 下, 55ㅎ≫幾年月日, 아모 ᄒᆡ 月日에.

연(沿) 동 좇다[從]. ⇔좇다. ≪朴諺, 上, 62ㅈ≫沿河快活, 河를 조차 즐기다가. ≪朴諺, 中, 33ㅈ≫沿山沿峪隨喜那景致去來, 山을 조ᄎᆞ며 골을 조차 뎌 景致를 구경ᄒᆞ라 가쟈. ≪朴諺, 中, 51ㅎ≫我慢慢兒沿着人家房簷底下, 내 날회여 人家 쳠하를 조차. ≪朴諺, 下, 3ㅈ≫沿路上用心好去着, 길흘 조차 用心ᄒᆞ여 됴히 가라. ≪朴諺, 下, 55ㅎ≫着他沿街叫, 뎔로 ᄒᆞ여 거리를 조차 웨려 ᄒᆞ노라.

연(軟) 형 무르다. ❶⇔므르다. ≪朴諺, 下, 44ㅈ≫忒軟了也不好, 너모 믈러도 됴티 아니ᄒᆞ고. ❷⇔므ᄅᆞ다. ≪朴諺, 中, 48ㅈ≫腰兒軟休弄他, 허리 므ᄅᆞ니 뎌를 놓티 말라.

연(連) 동 연(連)하다. ⇔년ᄒᆞ다. ≪朴諺, 下, 36ㅈ≫三迴連打上了, 세 번을 년ᄒᆞ야 텨 올려다.

연(連) 의 ❶마리. 매[鷹]의 수효를 세는 단위. ≪集覽, 字解, 單字解, 7ㅈ≫連. 及也. 并也 조쳐. 又秤一把曰一連. 又鷹一箇亦曰一連. 字又作聯. ❷저울의 수효를 세는 단위. ≪集覽, 字解, 單字解, 7ㅈ≫連. 及也. 并也 조쳐. 又秤一把曰一連. 又鷹一箇亦曰一連. 字又作聯.

연(然) 관 그런. 그러한. ⇔그런. ≪朴諺, 中, 16ㅈ≫然後喫進食丸, 그런 후에 進食丸을 먹으되.

연(硯) 명 벼루. ≪朴諺, 上, 53ㅎ≫拿紙·墨·筆(筆)·硯來我寫與你, 紙·墨·筆(筆)·硯을 가져오라 내 써 너를 주마.

연(撚) 동 (손톱을) 다듬다. ⇔다돔다. ≪朴諺, 中, 43ㅎ≫不得撚指歇息, 손쏩 다드믈 쉬기도 엇디 못ᄒ고.

연(碾) 동 (피륙을) 다듬다[練]. 다듬이질을 하다. ⇔다돔다. ≪朴諺, 中, 3ㅎ≫染柳黃碾的光着, 柳黃 드려 다돔기를 빗나게 ᄒ고. ≪朴諺, 中, 3ㅎ≫五箇大紅碾着, 닷 필은 다홍 드려 다돔고. ≪朴諺, 中, 4ㅈ≫改染做桃紅碾到着, 고텨 桃紅 드려 다돔기를 잇긋 ᄒ라.

연(碾) 명 매. 방아. ≪朴諺, 中, 3ㅎ≫五箇大紅碾(集覽, 朴集, 中, 1ㅈ: 碾. 砑石也. 形如磨磑一隻之半, 轉其外圓以碾絹, 則卽同砧擣者.)着, 닷 필은 다홍 드려 다돔고.

연(練) 동 (피륙을) 누이다. ⇔누우다. ≪朴諺, 中, 4ㅈ≫十箇絹練的熟到着, 열 필 깁을 누우기를 닉게 잇긋 ᄒ라.

연(緣) 명 〈불〉 인연(因緣). 인(因)과 연(緣). (결과를 만드는 직접적인 힘과 그를 돕는 외적이고 간접적인 힘을 이른다) ⇔인연. ≪朴諺, 中, 19ㅈ≫有緣千里能相會, 인연이 이시면 千里라도 능히 서ᄅ 못ᄃ고. 無緣對面不相逢, 인연이 업스면 ᄂᆞᆺ촐 ᄃᆡᄒ여도 서ᄅ 만나디 못ᄒᄂ니. ≪朴諺, 下, 10ㅎ≫這的無緣衆生難化, 이런 인연 업슨 衆生은 化키 어려오니라.

연(椽) 명 서까래. ⇔혀. ≪朴諺, 下, 12ㅎ≫榱, 납. 樑, ᄆᄅ. 椽, 혀. 柱, 기동. 短柱, 短柱. 叉竪, 쟉슈. 門框, 門얼굴. 門扇, 門짝. 吊窓, 들창. 天窓, 울어리창. 雙扇, 상다디. 單扇, 외다디. 窓櫺, 창살로.

연(聯) 의 마리. 매[鷹]의 수효를 세는 단위. ≪集覽, 字解, 單字解, 7ㅈ≫連. 及也. 幷也 조쳐. 又秤一把曰一連. 又鷹一箇亦曰一連. 字又作聯.

-연 어미 -ㄴ. -은. ≪朴諺, 上, 31ㅎ≫討了半年不肯還我, 달라 ᄒ연 디 半年이로ᄃᆡ 즐겨 내게 갑디 아니ᄒ매. ≪朴諺, 中, 45ㅎ≫守我半年來, 날을 딕히연 디 半年이니.

연간(年間) 명 한 임금이 왕위(王位)에 있는 동안. ≪朴諺, 上, 59ㅎ≫西湖是從玉泉(集覽, 朴集, 上, 15ㅈ: 玉泉. 宣德年間, 建玉泉亭于其上, 以備臨幸.)裏流下來, 西湖는 이 玉泉으로 조차 흘러ᄂ리니.

연강(延康) 명 〈불〉 오겁(五劫) 가운데 네 번째 겁. ≪朴諺, 中, 24ㅈ≫萬刼(集覽, 朴集, 中, 6ㅈ: 萬劫. 道經云, 天地一成一敗謂之劫〈刼〉. 上天開化, 建五劫〈刼〉紹運, 曰龍漢, 曰赤明, 曰上皇, 曰延康, 曰開皇.)再逢難, 萬劫이라도 다시 만나기 어려오니라.

연견(憐見) 형 가엾다. 불쌍하다. 또는 불쌍히 여기다. 동정하다. ⇔어엿브다. ≪朴諺, 上, 21ㅈ≫可憐見, 가히 어엿브다.

연견(碾絹) 동 비단을 다듬질하다. 또는 그렇게 한 비단. ≪朴諺, 中, 3ㅎ≫五箇大紅碾(集覽, 朴集, 中, 1ㅈ: 碾. 砑石也. 形如磨磑一隻之半, 轉其外圓以碾絹, 則卽同砧擣者.)着, 닷 필은 다홍 드려 다돔고.

연경(延頸) 동 목을 길게 빼다. ≪朴諺, 下, 13ㅈ≫上面畫六鶴舞琴(集覽, 朴集, 下, 3ㅈ: 六鶴舞琴. 史記, 師曠援琴而鼓, 一奏之, 有玄鶴二八集于廊門, 再奏之, 延頸而鳴, 舒翼而舞.), 上面에 六鶴舞琴을 그리고.

연경(燕京) 명 수도 이름. 춘추전국시대(春秋戰國時代) 때 연(燕)나라의 수도가 이 지역에 있었기 때문에 불리어진 이름이다. ≪朴諺, 上, 8ㅎ≫往永平(集覽, 朴集, 上, 4ㅈ: 永平. 一統誌云, 禹貢冀州之域. 虞分冀北爲營州, 此卽其地. 商〈商〉爲孤竹國, 元爲永平路. 洪武二年, 改永平府屬北平布政司, 北平卽燕都, 永樂都燕京, 以此直隸京師.)·大寧·遼陽·開元·瀋陽等處開去, 永平·大寧·遼陽·開元·瀋陽 等處로 향ᄒ여 開讀ᄒ라 가노라. ≪朴諺, 上, 11ㅎ≫我在平則門邊住, 내 平則門 ᄀᆺ의 이셔 사노라. ≪朴諺, 上, 65ㅈ≫南城(集覽, 朴集, 上, 15ㅎ: 南城. 大元以

燕京爲大都, 俗號南城, 以開平府爲上都, 俗號北城. 開平府在陰山之南. 自燕京至上都, 地勢一步高一步, 四時多雨雪.)永寧寺裏, 南城 永寧寺에. ≪朴諺, 下, 38ㅈ≫除在南京應天府丞(集覽, 朴集, 下, 8ㅎ: 南京應天府丞. 南京, 古金陵之地, 吳·晉·宋·齊·梁·陳·南唐建都, 大明太祖定鼎於此, 爲京師, 設應天府, 以燕京爲北平布政司.), 南京 應天府丞을 除ᄒᆞ엿ᄂᆞ니라.

연고 명 연고(緣故). (일의 까닭) ⇔고(故). ≪朴諺, 上, 58ㅎ≫何故不來, 므슴 연고로 오디 아니ᄒᆞᆫ다. ≪朴諺, 中, 9ㅈ≫何故不與甘結, 므슴 연고로 甘結을 주디 아니ᄒᆞ리오.

연긍(連亘) 동 끊임없이 이어지다. ≪朴諺, 下, 42ㅎ≫諸般彩亭子(集覽, 朴集, 下, 9ㅈ: 彩亭子. 漢俗皆於白日送殯, 凡結飾車輿·幢幡·傘盖及紙造人馬爲前導者, 連亘四五十步.), 여러 가지 彩亭子를 셰내고.

연기(年紀) 명 나이. 연세. ❶⇔나. ≪朴諺, 下, 41ㅈ≫咳年紀也小裡, 애 나도 졈닷다. ❷⇔나ㅎ. ≪朴諺, 下, 53ㅎ≫這般着, 이러면. 那廝多少年紀, 뎌 놈이 나히 언메나 ᄒᆞ더뇨.

연길(涓吉) 동 혼인 따위의 경사를 위하여 좋은 날을 고르다. ≪朴諺, 上, 41ㅈ≫下多少財錢(集覽, 朴集, 上, 11ㅎ: 下多少財錢. 今制, 納采·問名·納吉揔〈総〉一次行禮, 以從簡便, 謂之定禮, 亦爲之定親, 亦曰下紅定, 亦送幣物. 又涓吉送婚書, 行納徵禮, 亦曰納幣, 俗云下財, 亦曰送禮.), 언멋 財錢을 드리더뇨.

연노히 명 연날리기. ⇔방학아(放鶴兒). ≪朴諺, 上, 17ㅈ≫八月裏却放鶴兒(集覽, 朴集, 上, 6ㅎ: 鶴兒. 卽紙鳶. 今漢俗呼爲風詈, 亦曰風禽, 又號爲〈又號〉紙鶴兒. 質問云, 風旗也. 乃小兒三月放爲風筝〈詈〉, 八月放爲紙鶴也.), 八月에 ᄯᅩ 연노히 ᄒᆞᄂᆞ니.

연도(燕都) 명 연경(燕京). 춘추전국시대(春秋戰國時代) 때 연(燕)나라의 수도가 이 지역에 있었기 때문에 불리어진 이름이다. ≪朴諺, 上, 8ㅎ≫往永平(集覽, 朴集, 上, 4ㅈ: 永平. 洪武二年, 改永平府屬北平布政司, 北平卽燕都, 永樂都燕京, 以此直隷京師.)·大寧·遼陽·開元·瀋陽等處開去, 永平·大寧·遼陽·開元·瀋陽 等處로 향ᄒᆞ여 開讀ᄒᆞ라 가노라. ≪朴諺, 上, 11ㅎ≫我在平則門(集覽, 朴集, 上, 5ㅎ: 平則門. 燕都, 禹貢冀州之域. 唐曰幽都, 虞爲幽州, 武王封召公奭於燕, 卽此.)邊住, 내 平則門 ᄭᅳᆺ의 이셔 사노라. ≪朴諺, 上, 46ㅎ≫孫舍混堂(集覽, 朴集, 上, 13ㅈ: 混堂. 人家設溫湯浴室處, 燕都多有之, 乃爇〈爇〉水爲湯, 非溫泉也.)裏洗澡去來, 孫가아 混堂에 목욕금으라 가쟈. ≪朴諺, 上, 65ㅈ≫法名喚步虛(集覽, 朴集, 上, 15ㅎ: 步虛. 至正丙戌春, 入燕都, 聞南朝有臨濟正脉不斷〈断〉, 可往印可. 盖指臨濟直下雪嵒〈嵓〉嫡孫石屋和尙清珙也.), 法名을 步虛ㅣ라 브르ᄂᆞᆫ 이.

연등(燃燈) 명 연등놀이를 할 때에 밝히는 등불. ≪朴諺, 下, 49ㅈ≫好女不看燈(集覽, 朴集, 下, 11ㅈ: 好女不看燈. 涅槃經云, 上元, 如來闍維訖, 收舍利, 置金床上, 天人散花, 奏樂繞城, 步步燃燈十二里.), 好女ᄂᆞᆫ 看燈 아니ᄒᆞᆫ다 ᄒᆞᄂᆞ니라.

연등불(燃燈佛) 명 〈불〉 과거불(過去佛)의 하나. 석가모니(釋迦牟尼)에게 미래에 성불(成佛)한다는 예언을 한 부처. 그가 태어날 때 몸의 주의가 등불같이 빛났다 하여 붙여진 이름이다. ≪朴諺, 中, 24ㅈ≫萬刼(集覽, 朴集, 中, 6ㅈ: 萬劫. 佛家初劫〈刼〉爲釋迦牟尼佛, 二劫〈刼〉爲寶髻佛, 三劫〈刼〉爲燃燈佛.)再逢難, 萬劫이라도 다시 만나기 어려오니라.

연망(連忙) 부 빨리. ⇔ᄲᆞᆯ리. ≪集覽, 字解, 累字解, 2ㅎ≫疾快. ᄲᆞᆯ리. ≪集覽, 字解, 累字解, 2ㅎ≫疾忙. 上同. ≪集覽, 字解, 累字解, 2ㅎ≫連忙. 上同.

연망(連忙) 형 빠르다. 다급하다. ⇔ᄲᆞᄅᆞ다. ≪集覽, 字解, 單字解, 7ㅎ≫忙. 疾也.

疾忙·連忙·擺忙 섈ᄅ다. 走的忙·去的忙.

연명(年命) 명 운명. 또는 수명. ≪朴諺, 下, 18ㅎ≫做羅天大醮(集覽, 朴集, 下, 4ㅎ: 大醮. 又有消災度厄之法, 依陰陽五行之數, 推人年命, 書爲章疏靑詞, 奏達天神, 謂之醮.), 羅天大醮를 ᄒᆞ더니.

연문(沿門) 부 집집마다. 한 집 한 집. ⇔집마다. ≪朴諺, 下, 4ㅎ≫慢慢的到江南沿門布施, 날호여 江南의 가 집마다 보시ᄒᆞ여.

연법(演法) 동 교리(敎理)를 강의하다. ≪朴諺, 上, 65ㅈ≫法名喚步虛(集覽, 朴集, 上, 15ㅎ: 步虛. 還大都, 時適丁太子令辰十二月二十四日, 奉傳聖旨, 住持永寧禪寺, 開堂演法.), 法名을 步虛ㅣ라 브ᄅᆞᄂᆞᆫ 이.

연봉(蓮蓬) 명 연방(蓮房). (연의 열매가 들어 있는 송이) ≪朴諺, 上, 7ㅈ≫第四道三鮮湯(集覽, 朴集, 上, 3ㅎ: 鮮湯. 質問云, 魚·蛤·蠏三味合爲一羹, 或鷄·鴨·鵝〈鵞〉三味合爲羹, 方言俱謂之三鮮湯. 又云〈言〉, 以羊腸·豆粉做假蓮蓬·假茨菰·假合呑魚, 謂之三鮮.), 第四道ᄂᆞᆫ 三鮮湯이오.

연부(連附) 동 딸리다. 의지하다. ≪朴諺, 上, 18ㅎ≫後面北斗(集覽, 朴集, 上, 7ㅈ: 北斗左輔右弼. 左輔連附北斗第〈茾〉六星, 在外, 右弼連附北斗第〈茾〉二星, 在內. 俱在紫薇(微)垣.)七星板兒做的好, 後面 北斗七星 돈은 민둘기를 잘ᄒᆞ엿고.

연분(臙粉) 명 연지(臙脂)와 분(粉). ≪朴諺, 下, 62ㅈ≫賣劒賣與烈士, 劒을 ᄑᆞᆯ매 烈士의게 ᄑᆞᆯ고. 臙粉贈與佳人, 臙粉은 佳人의게 준다 ᄒᆞᄂᆞ니라.

연사(掾史) 명 한대(漢代) 이래 관아에서 장관(長官)의 업무를 보좌하던 벼슬. 당·송대(唐宋代) 이후로는 서리(胥吏)를 지칭하였다. ≪朴諺, 下, 14ㅈ≫纔只掾史(集覽, 朴集, 下, 3ㅎ: 掾史. 今按, 五軍都督府有掾史, 而光祿寺吏無此名. 元制, 未詳.)們將文卷來, 굿 掾史들히 文卷을 가져와.

연석(筵席) 명 ❶이바지. 잔치. ⇔이바디. ≪朴諺, 上, 1ㅈ≫做一箇賞花筵席(集覽, 朴集, 上, 1ㅈ: 筵席. 凡宴會, 常話曰筵席, 文話曰筵會, 吏語曰筵宴, 盖取肆筵設席之意.), ᄒᆞᆫ 賞花ᄒᆞᄂᆞᆫ 이바디를 ᄒᆞ여. ≪朴諺, 上, 49ㅈ≫咱賭一箇筵席着, 우리 ᄒᆞᆫ 이바디를 나기ᄒᆞ쟈. ≪朴諺, 上, 57ㅈ≫喫筵席儘晩入城來, 이바디 먹고 잇긋 늣게야 자 안에 드러올 거시니. ❷잔치. 이바지. ⇔잔채. ≪朴諺, 中, 15ㅈ≫是小人昨日張少卿的慶賀筵席裏到來, 올ᄒᆞ니 小人이 어제 張少卿의 慶賀 잔채에 갓더니.

연설(演說) 동 도리(道理)·교의(敎義)·의의(意義) 따위를 진술하다. ≪朴諺, 下, 9ㅎ≫入寺敬三寶(集覽, 朴集, 下, 3ㅈ: 三寶. 一音演說, 普應群〈羣〉機, 究竟淸淨, 名離欲尊, 卽法寶也.), 뎔에 드러ᄂᆞᆫ 三寶를 敬ᄒᆞ고. ≪朴諺, 下, 24ㅈ≫行者念金頭揭地·銀頭揭地·波羅僧揭地(集覽, 朴集, 下, 5ㅈ: 金頭揭地·銀頭揭地·波羅僧揭地. 西遊記云, 釋迦牟尼佛在靈山雷音寺演說三乘敎法, 傍有侍奉阿難·伽舍諸菩薩·聖僧·羅漢·八金剛·四揭地·十代明王·天仙·地仙. 觀此則揭地神名, 然未詳何神.)之後, 行者ㅣ 金頭揭地와 銀頭揭地와 波羅僧揭地를 念ᄒᆞᆫ 後에.

연성(演成) 부 함부로. ⇔ᄉᆞᆯ이여. ≪集覽, 字解, 累字解, 1ㅎ≫則管. 則音즈, 去聲. 或作只. ᄉᆞᆯ이여. 亦曰演成, 演亦作偃.

연소(年少) 형 나이가 적다. ≪朴諺, 上, 32ㅎ≫一箇和尙(集覽, 朴集, 上, 9ㅎ: 和尙. 萬里相和曰和, 外道相尙曰尙. 又和者, 太和也, 尙者, 高尙也. 又和尙, 外國語, 此云近誦. 以弟子年少, 不離於師, 常遂相〈常〉近, 受經而誦者.)偷弄別人的媳婦, ᄒᆞᆫ 즁이 ᄂᆞᆷ의 겨집을 도적ᄒᆞ여 어ᄅᆞ노라.

연소(連宵) 동 밤을 새우다. ≪朴諺, 上, 23ㅈ≫斂些錢做翫月會(集覽, 朴集, 上, 8ㅈ: 翫月會. 東京錄云, 中秋夜, 貴家結飾臺榭, 民間爭占酒樓翫〈玩〉月, 絲簧鼎沸, 近內庭居民, 夜深遙聞笙竽之聲, 宛若雲外

天樂, 閭里兒童連宵嬉戲, 夜市騈闐, 至於通曉.), 쳐기 돈 거두어 翫月會를 ᄒᆞ쟈.

연수(然雖) 부 비록. 비록 …이지만. ⇔비록. ≪朴諺, 上, 59ㅎ≫然雖那們時, 비록 그러나.

연숙(練熟) 동 ❶(실이나 옷감을) 누이다. ≪朴諺, 上, 25ㅎ≫明綠抹絨胷背(集覽, 朴集, 上, 8ㅎ: 抹絨胷背. 凡於紗羅·段帛之上, 以綵絨織成胷背之紋, 裁成衣服者也. 凡絲之練熟未合者曰絨, 已合爲綸者曰線.) 的比甲, 明綠빗치 융ᄉᆞ로 ᄀᆞ 두론 胷背 比甲과. ❷숙련(熟練)하다. 배워 익혀 숙달하다. ≪集覽, 字解, 單字解, 7ㅎ≫閑. 雜也. 閑雜人. 又替也. 파직ᄒᆞ다, 罷閑了·替閑了. 又遊息曰閑. 홍ᄯᅧ ᄃᆞᆫ닐시니, 遊閑了. 又練熟也. 弓馬熟閑. 又空也. 空閑田地 뷔엿ᄂᆞᆫ ᄯᅡ. 又等閑 부질업시, 又힘히미, 又간대롭다.

연습(練習) 동 익숙하도록 익히다. ≪朴諺, 上, 24ㅎ≫午門外前看操(集覽, 朴集, 上, 8ㅈ: 操. 練習也. 謂軍士上番, 亦曰上操.) 馬去來, 午門 밧긔 ᄆᆞᆯ 됴습ᄒᆞᄂᆞᆫ 양 보라 가쟈.

연시(年時) 명 전년(前年). ⇔젼년. ≪朴諺, 中, 52ㅈ≫年時牢子們走的你見來麽, 젼년에 牢子들희 ᄃᆞ롬질을 네 본다. ≪朴諺, 中, 52ㅎ≫年時誰先走來, 젼년에 뉘 몬져 ᄃᆞᄅᆞ뇨.

연연(筵宴) 명 이바지. 잔치. ≪朴諺, 上, 1ㅈ≫做一箇賞花筵席(集覽, 朴集, 上, 1ㅈ: 筵席. 凡宴會, 常話曰筵席, 文話曰筵會, 吏語曰筵宴, 盖取肆筵設席之意.), ᄒᆞᆫ 賞花ᄒᆞᄂᆞᆫ 이바디를 ᄒᆞ여. ≪朴諺, 中, 6ㅈ≫廚子(集覽, 朴集, 中, 1ㅎ: 廚子. 光祿寺有廚子, 卽供應大小筵宴及館〈舘〉待使客執爨之役者也.)你來, 廚子ㅣ 아 이바.

연월일(年月日) 명 해와 달과 날을 통틀어 이르는 말. ≪朴諺, 上, 54ㅎ≫某年月日借錢人某, 아모 年月日에 돈 ᄭᅮᆫ 사ᄅᆞᆷ 아모.

연유(年幼) 형 연소하다. 어리다. ⇔연유ᄒᆞ다(年幼-). ≪朴諺, 下, 58ㅎ≫在下年幼, 在下ㅣ 年幼ᄒᆞ니.

연유ᄒᆞ다(年幼-) 형 연소하다. 어리다. ⇔연유(年幼). ≪朴諺, 下, 58ㅎ≫在下年幼, 在下ㅣ 年幼ᄒᆞ니.

연육 명 연육(軟肉). 연한 고기. ⇔연육(軟肉). ≪朴諺, 下, 32ㅎ≫軟肉薄餠, 연육 소 ᄒᆞᆫ 박병과.

연육(軟肉) 명 연한 고기. ⇔연육. ≪朴諺, 下, 14ㅈ≫軟肉薄餠(集覽, 朴集, 下, 6ㅈ: 軟肉薄餠. 質問云, 以麥麪作成薄餠片, 而用爁軟肉捲而食之.)喫了, 軟肉 소 녀ᄒᆞᆫ 薄餠을 먹고. ≪朴諺, 下, 32ㅎ≫軟肉薄餠, 연육 소 ᄒᆞᆫ 박병과.

연육박병(軟肉薄餠) 명 불에 구은 연육(軟肉)의 소를 얇은 밀가루 반대기에 싼 뒤 익힌 음식. ≪朴諺, 下, 14ㅈ≫軟肉薄餠(集覽, 朴集, 下, 6ㅈ: 軟肉薄餠. 質問云, 以麥麪作成薄餠片, 而用爁軟肉捲而食之.)喫了, 軟肉 소 녀ᄒᆞᆫ 薄餠을 먹고. ≪朴諺, 下, 32ㅎ≫軟肉薄餠, 연육 소 ᄒᆞᆫ 박병과.

연자(椽子) 명 서까래. ⇔혓가래. ≪朴諺, 下, 46ㅈ≫椽子龟的四條繩, 혓가래 굴긔예 네 오리 노흐로.

연자(碾子) 명 맷돌. ⇔매. ≪朴諺, 上, 37ㅈ≫這箇是碾子(集覽, 朴集, 上, 10ㅎ: 碾子. 磨也. 磨上轉石曰碾, 磨下定石曰磑, 緫〈総〉稱曰碾.), 이거슨 이 매로다.

연장 명 연장. 도구. ⇔가사(家事). ≪朴諺, 下, 5ㅈ≫沒家事時筭甚麽泥水匠, 연장이 업ᄉᆞ면 므슴 泥匠이라 혜리오. ≪朴諺, 下, 29ㅎ≫碎家事和將瀝青來, 즈ᄂᆞᆫ 연장과 瀝青을 가져다가.

연절(年節) 명 설. 정월 초하루. ≪朴諺, 中, 53ㅎ≫咳却早年莭(節)下也, 애 볼셔 年莭(節)이 다ᄃᆞ랏ᄂᆞ냐.

연절(年莭) 명 연절(年節). '莭'은 '節'의 속자. ≪朴諺, 中, 53ㅎ≫咳却早年莭(節)下也, 애 볼셔 年莭(節)이 다ᄃᆞ랏ᄂᆞ냐.

연접(連接) 동 서로 잇닿다. 또는 이어 맞닿게 하다. ≪朴諺, 上, 17ㅎ≫打毬兒(集覽, 朴集, 上, 6ㅎ: 打毬兒. 質問云, 作成

木圓毬二介, 用木杓一上一下連接不絶, 方言謂之打毬兒.), 당방올티기 ᄒᆞ고.

연정(軟淨) 형 부드럽고 정결하다. ≪朴諺, 中, 21ㅈ≫座飾芙蓉(集覽, 朴集, 中, 4ㅎ: 座飾芙蓉. 飜譯名義云, 大論問, 諸牀〈床〉可坐, 何必蓮華. 荅曰, 牀爲世間白衣坐法, 又以蓮華軟淨, 欲現神力, 能坐其上, 令不壞故, 又以莊嚴妙法故, 又以此華華臺嚴淨香妙可坐故.)湛南海澄清之水, 안즌 ᄃᆡᄂᆞᆫ 芙蓉으로 ᄭᅮ며시니 南海 澄清ᄒᆞᆫ 水에 ᄌᆞᆷ겻고.

연좌아(軟座児) 명 연좌아(軟座兒). '児'는 '兒'의 속자. ≪朴諺, 上, 26ㅎ≫黃猠皮軟座兒, 黃猠皮 軟座児에.

연좌아(軟座兒) 명 푹신한 좌석. ≪朴諺, 上, 26ㅎ≫黃猠皮軟座兒, 黃猠皮 軟座児에.

연철(連綴) 동 잇닿다. 이어지다. 연결(連結)하다. ≪朴諺, 上, 19ㅎ≫把一對八珠環兒(集覽, 朴集, 上, 7ㅎ: 八珠環. 귀·엿골·회. 以珍〈珎〉珠大者四顆連綴爲一隻, 一雙〈雙〉共八珠.), ᄒᆞᆫ 쌍 八珠環과.

연호(年號) 명 임금이 즉위한 해에 붙이던 칭호. ≪朴諺, 下, 59ㅎ≫梁貞明(集覽, 朴集, 下, 12ㅎ: 梁貞明. 梁, 國號, 卽五代朱梁也. 貞明, 均王年號.)四年三月裡, 梁貞明 四年 三月에.

연화(烟火) 명 연화(煙火). '烟'은 '煙'과 같다. ≪朴諺, 上, 59ㅈ≫寒食(集覽, 朴集, 上, 14ㅎ: 寒食. 荊楚記云, 去冬節〈莭〉一百五日, 有疾風甚雨, 謂之寒食, 又謂之百五節〈莭〉. 秦人呼爲熟食日, 言其不動煙〈烟〉火, 預辦熟食過節〈莭〉也.)不遲, 寒食이라도 더듸디 아니타 ᄒᆞᄂᆞ니라.

연화(煙火) 명 연기와 불. (일반적으로 밥을 짓는 연기를 일컫는다) ≪朴諺, 上, 59ㅈ≫寒食(集覽, 朴集, 上, 14ㅎ: 寒食. 荊楚記云, 去冬節〈莭〉一百五日, 有疾風甚雨, 謂之寒食, 又謂之百五節〈莭〉. 秦人呼爲熟食日, 言其不動煙〈烟〉火, 預辦熟食過節〈莭〉也.)不遲, 寒食이라도 더듸디 아니타 ᄒᆞᄂᆞ니라.

연화(蓮花) 명 연꽃. ≪朴諺, 上, 24ㅎ≫絟着一副鴉青段子滿刺(剌)嬌(集覽, 朴集, 上, 8ㅈ: 滿刺〈剌〉嬌. 質問云, 以蓮花·荷葉·藕〈耦〉·鴛鴦·蜂蝶之屬〈形〉, 或用五色絨綉, 或用彩色畫於段帛上, 謂之滿池嬌.)護膝, ᄒᆞᆫ 부 야쳥 비단에 滿刺(剌)嬌 ᄒᆞᆫ 슬갑을 ᄆᆡ엿고. ≪朴諺, 中, 22ㅎ≫執楊柳於掌內拂病體於輕安(集覽, 朴集, 中, 5ㅎ: 執楊柳於掌內拂病體於輕安. 佛圖澄, 天竺〈笁〉人也. 妙通玄術, 善誦呪, 能役使鬼神. 石勒聞其名, 召試其術, 澄取鉢盛水, 燒香呪之, 須臾, 鉢中生青蓮花.), 楊柳를 손에 잡아 病體를 輕安ᄒᆞᆫᄃᆡ 쩔티고.

연화(蓮華) 명 연꽃. ≪朴諺, 中, 21ㅈ≫座飾芙蓉(集覽, 朴集, 中, 4ㅎ: 座飾芙蓉. 飜譯名義云, 大論問, 諸牀〈床〉可坐, 何必蓮華. 荅曰, 牀爲世間白衣坐法, 又以蓮華軟淨, 欲現神力, 能坐其上, 令不壞故, 又以莊嚴妙法故, 又以此華華臺嚴淨香妙可坐故.)湛南海澄清之水, 안즌 ᄃᆡᄂᆞᆫ 芙蓉으로 ᄭᅮ며시니 南海 澄清ᄒᆞᆫ 水에 ᄌᆞᆷ겻고.

연환(連環) 명 쇠로 된 고리를 잇따라 꿰어 만든 사슬. ≪朴諺, 下, 31ㅈ≫身披黃金鏁子甲, 몸에 黃金으로 ᄒᆞᆫ 사슬갑을 닙어시니. 曜日連環, ᄒᆡ 連環에 비최고.

연회(宴會) 명 이바지. 잔치. ≪朴諺, 上, 1ㅈ≫做一箇賞花筵席(集覽, 朴集, 上, 1ㅈ: 筵席. 凡宴會, 常話曰筵席, 文話曰筵會, 吏語曰筵宴, 盖取肆筵設席之意.), ᄒᆞᆫ 賞花ᄒᆞᄂᆞᆫ 이바디를 ᄒᆞ여.

연회(筵會) 명 이바지. 잔치. ≪朴諺, 上, 1ㅈ≫做一箇賞花筵席(集覽, 朴集, 上, 1ㅈ: 筵席. 凡宴會, 常話曰筵席, 文話曰筵會, 吏語曰筵宴, 盖取肆筵設席之意.), ᄒᆞᆫ 賞花ᄒᆞᄂᆞᆫ 이바디를 ᄒᆞ여.

연후(然後) 명 그런 뒤. 그렇게 하고 난 후. ≪朴諺, 中, 52ㅈ≫年時牢子們走(集覽, 朴集, 中, 8ㅎ: 牢子走. 南村輟耕錄云, 牢子走者, 元時, 每歲一試之, 名曰放走, 亦名貴由赤, 俗謂快行是也. 以脚力便捷者膺上賞, 故監役之官, 齊其名數而約之

以繩, 使無後先參差之爭, 然後去繩放行.) 的你見來麽, 젼년에 牢子들희 ᄃᆞ롬질을 네 본다. ≪朴諺, 下, 35ㅈ≫咱且打毬門窩兒(集覽, 朴集, 下, 7ㅎ: 毬門窩兒. 質問云, 如打毬兒, 先竪一毬門, 上繫毬窩, 然後將毬打上, 方言謂之毬門窩兒.)了, 우리 아직 毬門 굼글 티고. ≪朴諺, 下, 35ㅈ≫却打花房窩兒(集覽, 朴集, 下, 7ㅎ: 花房窩兒. 質問云, 如打毬, 先立毬窩於花房之上, 然後用棒打入, 方言謂之花房窩兒.), 또 花房 굼글 티쟈.

연희(演戲) 동 말과 동작으로 여러 사람 앞에서 재주를 부리다. ≪朴諺, 上, 18ㅈ≫是构欄(集覽, 朴集, 上, 6ㅎ: 构欄. 質問云, 麗春院樂人搬演戲文雜劇之處也. 又云, 麗春院, 卽敎坊司也.)衚衕裏帶匠夏五廂的, 이 构欄 골 띄쟝이 夏五ㅣ 젼메윗ᄂᆞ니라.

열 관 열. ❶⇔십(十). ≪集覽, 字解, 單字解, 2ㅎ≫捱. 正作涯. 倚限有恃之意 그슴ᄒᆞ다, 捱到十年 열 ᄒᆡ 다ᄃᆞ도록. ≪朴諺, 上, 4ㅈ≫外手一遭兒十六楪, 밧 첫 줄 열여숫 뎝시에ᄂᆞᆫ. ≪朴諺, 上, 4ㅈ≫苐(第)二遭十六楪, 둘재 줄 열 여숫 뎝시에ᄂᆞᆫ. ≪朴諺, 上, 41ㅈ≫十表十裏, 열 것과 열 안과. ≪朴諺, 上, 42ㅎ≫依體例十兩裏一兩家除時, 體例대로 열 량에 ᄒᆞᆫ 냥식 덜면. ≪朴諺, 上, 42ㅎ≫得十兩銀, 열 량 은을 어드리로다. ≪朴諺, 上, 46ㅈ≫貴眷稍的十箇白毛施布, 貴眷이 브틴 열 필 흰 모시뵈과. ≪朴諺, 上, 47ㅈ≫全做時只使的十九箇錢, 다 ᄒᆞ려 ᄒᆞ면 그저 열아홉 낫 돈을 ᄡᅳ리라. ≪朴諺, 上, 51ㅎ≫懷躭十月, ᄇᆡ아 열 ᄃᆞᆯ이오. ≪朴諺, 上, 64ㅎ≫一打裏饋你十兩銀子, ᄒᆞᆫ번에 너를 열 량 은을 줄 거시니. ≪朴諺, 中, 3ㅎ≫這十箇絹裏, 이 열 필 깁에셔. ≪朴諺, 中, 4ㅈ≫十箇絹練的熟到着, 열 필 깁을 누우기를 닉게 잇긋 ᄒᆞ라. ≪朴諺, 中, 8ㅈ≫一日九站十站家行, ᄒᆞᄅᆞ 아홉 站식 열 站식 녜거늘. ≪朴諺, 中, 19ㅎ≫將十兩銀子, 열 량 은을 가지고. ≪朴諺, 下, 46ㅈ≫十尺來長尾子, 열 자 길의 ᄭᅩ리와. ❷⇔십개(十箇). ≪朴諺, 上, 21ㅈ≫十箇人一宿家輪着喂, 열 사ᄅᆞᆷ이 ᄒᆞᆫ 즘식 돌려 먹이게 ᄒᆞ라. ≪朴諺, 上, 29ㅎ≫十箇指頭也有長的短的, 열 손가락도 기니 뎌ᄅᆞ니 잇ᄂᆞ니. ≪朴諺, 上, 53ㅈ≫你打十箇氣力的一張, 네 열 힘에 치 ᄒᆞᆫ 댱과.

열(熱) 형 덥다. ⇔덥다. ≪朴諺, 中, 16ㅈ≫熱炕上熰着出些汗, 더온 캉에 블무희고 젹이 ᄯᆞᆷ 내라. ≪朴諺, 中, 55ㅎ≫熱當不的, 더워 當티 못ᄒᆞ여라. ≪朴諺, 下, 1ㅎ≫比及晌午剉正熱時分收拾, 낫계어 졍히 더울 ᄢᅢ예 미처 收拾ᄒᆞ여. ≪朴諺, 下, 22ㅎ≫鹿皮熱當不的, 鹿皮ㅣ 더오믈 당티 못ᄒᆞ여. ≪朴諺, 下, 33ㅎ≫你來飮汁熱着, 이바 마실 즙을 덥게 ᄒᆞ고.

열기(熱氣) 명 뜨거운 기운. ≪朴諺, 中, 55ㅈ≫咳今日熱氣蒸人裏, 애 오ᄂᆞᆯ 熱氣 사ᄅᆞᆷ을 ᄶᅵ니.

열뇨(熱閙) 형 열뇨(熱鬧). '閙'는 '鬧'의 와자. ≪朴諺, 下, 17ㅈ≫西遊記熱閙(鬧), 西遊記ᄂᆞᆫ 워젼즈런ᄒᆞ니.

열뇨(熱鬧) 형 어수선하다. 수선스럽다. 떠들썩하다. 시끌벅적하다. ⇔워젼즈런ᄒᆞ다. ≪朴諺, 下, 17ㅈ≫西遊記熱閙(鬧), 西遊記ᄂᆞᆫ 워젼즈런ᄒᆞ니.

열다 동 ❶열다[開]. ⇔개(開). ≪朴諺, 中, 27ㅈ≫開着一座解當庫, 一座 解當庫를 열고. ≪朴諺, 中, 33ㅈ≫逢山開路遇水迭橋, 山을 만나 길흘 열고 믈을 만나 ᄃᆞ리를 놋ᄂᆞ다 ᄒᆞᄂᆞ니라. ≪朴諺, 中, 60ㅎ≫衙門處處向南開, 衙門이 곳곳이 南을 향ᄒᆞ여 여러시나. ≪朴諺, 下, 22ㅈ≫着將軍開櫃看, 將軍으로 ᄒᆞ여 櫃를 여러 보니. ❷열다. 결실(結實)하다. ⇔결(結). ≪朴諺, 上, 36ㅈ≫下雨開花刮風結子, 비 오면 곳 픠고 ᄇᆞ람 블면 여름 여ᄂᆞᆫ 거시여.

열단 관 열닷[十五]. ⇔십오(十五). ≪朴諺, 上, 56ㅈ≫有人出十五兩銀子, 사ᄅᆞᆷ이 열단 냥 은을 내 리 잇더라.

열두 관 열두. ⇔십이(十二). ≪朴諺, 上, 14ㅎ≫不着十二兩銀子, 열두 냥 은이 아니면.

열반(涅槃) 명 〈불〉 불도(佛道)를 완전하게 이루어 일체의 번뇌를 해탈(解脫)한 최고의 경지. ≪朴諺, 中, 20ㅎ≫理圓四德(集覽, 朴集, 中, 4ㅈ: 理圓四德. 生死爲常, 不受二邊爲樂, 具入自在爲我, 三業淸淨爲淨. 又我者卽是佛義, 常者卽是法身義, 淨者卽是法義, 樂者卽是涅槃義.), 理ᄂᆞᆫ 四德에 ᄀᆞ잣고. ≪朴諺, 中, 21ㅈ≫智滿十身(集覽, 朴集, 中, 4ㅈ: 智滿十身. 十身有調御. 十身, 曰無着, 曰弘願, 曰業報, 曰住持, 曰涅槃, 曰淨法, 曰眞心, 曰三昧, 曰道性, 曰如意. 有內十身, 曰菩提, 曰願, 曰化, 曰力持, 曰莊嚴, 曰威勢, 曰意生, 曰福德, 曰法, 曰智. 有外十身, 曰自, 曰衆生, 曰國土, 曰業報, 曰聲聞, 曰圓覺, 曰菩薩, 曰智, 曰法, 曰虛空.), 智ᄂᆞᆫ 十身에 찻도다.

열반경(涅槃經) 명 〈불〉 대반열반경(大般涅槃經). 석가모니의 열반을 설명하기 위하여 편찬한 불교 경전(經典). ≪朴諺, 下, 49ㅈ≫好女不看燈(集覽, 朴集, 下, 11ㅈ: 好女不看燈. 涅槃經云, 上元, 如來闍維訖, 收舍利, 置金床上, 天人散花, 奏樂繞城, 步步燃燈十二里.), 好女ᄂᆞᆫ 看燈 아니ᄒᆞᆫ다 ᄒᆞᄂᆞ니라.

열사(烈士) 명 절의(節義)를 굳게 지키며 큰 포부를 지닌 사람. ≪朴諺, 下, 62ㅈ≫賣劒賣與烈士, 劒을 폴매 烈士의게 폴고. 臙粉贈與佳人, 臙粉은 佳人의게 준다 ᄒᆞ니라.

열선전(列仙傳) 명 한(漢)나라 유향(劉向) 지음. 2권. 71명의 선인(仙人)을 열녀전(烈女傳)의 체제를 좇아 엮었다. ≪朴諺, 上, 62ㅎ≫休誇天上瑤池(集覽, 朴集, 上, 15ㅈ: 瑤池. 列仙傳, 崐崘〈崑崙〉閬苑, 有〈白〉玉樓十二, 玄室九層, 左瑤池, 右翠水, 環以弱水九重, 非飆(飇)車羽輪, 不可到也. 註, 瑤池, 王母所居.), 天上 瑤池를 쟈랑티 말라.

열수(列宿) 명 하늘에 떠 있는 무수한 별. ≪朴諺, 下, 18ㅎ≫做羅天大醮(集覽, 朴集, 下, 4ㅎ: 大醮. 道經云, 醮, 祭名. 夜中於星辰之下, 陳設餠餌·酒果·幣物, 禋祀天皇·太乙·地祇·列宿.), 羅天大醮를 ᄒᆞ더니.

열아믄 관 여남은. ⇔십여(十餘). ≪朴諺, 下, 43ㅈ≫十餘對幢旛·寶盖·螺鈸·皷磬, 열아믄 쌍 幢旛과 寶盖와 螺鈸과 鼓磬이러라.

열자(列子) 명 중국 도가(道家) 경전의 하나. 전국시대의 열자(列子)와 그 제자가 썼다고 하나, 현전하는 8편은 진(晉)나라 장담(張湛)이 쓴 것이다. ≪朴諺, 下, 50ㅎ≫彈一曲流水高山(集覽, 朴集, 下, 11ㅈ: 流水高山. 列子, 伯牙善鼓〈皷〉琴, 鍾子期善聽.), 一曲 流水高山을 ᄩᆞ며.

열흘날 명 열흘날. ⇔십일(十日). ≪朴諺, 上, 41ㅎ≫這月初十日立了婚書, 이 ᄃᆞᆯ 초열흘날 婚書을 셰오고.

열ᄒᆞ다(熱–) 동 (몸에) 열이 나다. 더위를 느끼다. ⇔해열(害熱). ≪朴諺, 中, 15ㅎ≫來到家裏害熱時, 집의 오니 熱ᄒᆞ여.

열ᄒᆞᆫ 관 열한[十一]. ⇔십일(十一). ≪朴諺, 中, 14ㅈ≫草一錢銀子十一箇家大束(束)兒, 딥흔 ᄒᆞᆫ 돈 은에 열ᄒᆞᆫ 낫 큰 뭇이니.

엷다 형 엷다. ⇔박(薄). ≪朴諺, 中, 2ㅎ≫板子又薄, 널이 또 엷ᄭᅩ.

염(念) 동 〈불〉 염(念)하다. (조용히 불경이나 진언(眞言) 따위를 외우다) ❶⇔념ᄒᆞ다. ≪朴諺, 下, 42ㅈ≫念經念佛, 經을 념ᄒᆞ고 佛을 념ᄒᆞ야. 直念到明, 잇긋 念홈을 ᄇᆞᆰ으매 다ᄃᆞㅅ게 ᄒᆞ고. ❷⇔염ᄒᆞ다(念–). ≪朴諺, 上, 45ㅈ≫却到學裏上書念一會, 또 學에 가 글 ᄇᆡ화 ᄒᆞᆫ 디위 念ᄒᆞ고. ≪朴諺, 中, 9ㅎ≫將來我念, 가져오라 내 念ᄒᆞ마. ≪朴諺, 中, 23ㅎ≫念菩薩名, 菩薩의 일홈을 念ᄒᆞ면. ≪朴諺, 下, 10ㅎ≫你聽我念, 네 드르라 내 念ᄒᆞ마. ≪朴諺, 下, 22ㅈ≫孫行者念一聲唵字, 孫行者ㅣ ᄒᆞᆫ 소

릐 唵字를 念ᄒᆞ니. ≪朴諺, 下, 24ㅈ≫行者念金頭揭地·銀頭揭地·波羅僧揭地之後, 行者ㅣ 金頭揭地와 銀頭揭地와 波羅僧揭地를 念ᄒᆞᆫ 後에. ≪朴諺, 下, 42ㅈ≫直念到明, 잇긋 念홈을 ᄇᆞᆰ으매 다ᄃᆞᆺ게 ᄒᆞ고. ≪朴諺, 下, 53ㅎ≫你聽我念, 네 드ᄅᆞ라 내 念ᄒᆞ마.

염(念) 동 읽다. 외우다. ⇔닑다. ≪朴諺, 中, 38ㅎ≫你聽我念, 네 드ᄅᆞ라 내 닐그마.

염(拈) 동 잡다[執]. 집다. ⇔잡ㅂ다. ≪朴諺, 上, 22ㅎ≫罷罷來拈子爲定, 두어 두어 오라 믈 잡바 뎡ᄒᆞ쟈.

염(染) 동 ❶(물)들이다[染]. ⇔드리다. ≪朴諺, 中, 3ㅎ≫染柳黃碾的光着, 柳黃 드려 다듬기를 빗나게 ᄒᆞ고. ≪朴諺, 中, 4ㅈ≫這細綿紬染鴉青擺一擺, 이 ᄀᆞᄂᆞᆫ 綿紬란 鴉青 드려 널 다둠이 ᄒᆞ고. ≪朴諺, 中, 4ㅈ≫改染做桃紅碾到着, 고텨 桃紅 드려 다둠기를 잇긋 ᄒᆞ라. ≪朴諺, 中, 4ㅎ≫你便替我再染, 네 곳 날을 ᄀᆞᄅᆞ차 다시 드리리라. ❷물들이다[染]. ⇔믈드리다. ≪朴諺, 中, 3ㅎ≫染房裏染東西去來, 믈집의 잡은것 믈드리라 가쟈. 染家你來, 믈드리ᄂᆞᆫ 이아 이바. ≪朴諺, 中, 3ㅎ≫要染的好着, 믈드리기를 잘ᄒᆞ고져 ᄒᆞ노라.

염(塩) 명 염(鹽). '塩'은 '鹽'의 속자. ≪朴諺, 中, 6ㅈ≫醋, 초와. 醬, 쟝과. 塩, 소금과. 芥末, 계ᄌᆞ ᄀᆞᄅᆞ와. 葱, 파과. 蒜, 마ᄂᆞᆯ과. 薤菜, 부치와, 油, 기름과. 生蘿蔔, 댓무우과. 瓜, 외와. 茄等, 가지 등. ≪朴諺, 下, 33ㅎ≫零碎和生薑·料物·葱·蒜·醋·塩都將來, 즌 것과 ᄉᆡᆼ강과 교퇴와 파와 마ᄂᆞᆯ과 초와 소금을 다 가져오라.

염(斂) 동 거두다. ⇔거두다. ≪朴諺, 上, 23ㅈ≫斂些錢做甑月會, 져기 돈 거두어 甑月會를 ᄒᆞ쟈.

염(簾) 명 발[簾]. ⇔발. ≪朴諺, 中, 18ㅈ≫隔簾聽笑語燈下看佳人, 발을 ᄌᆞ음ᄒᆞ여 笑語를 듯고 燈下에 佳人을 봄이라 ᄒᆞ니.

염(鹽) 명 소금. ❶⇔소곰. ≪集覽, 字解, 單字解, 3ㅈ≫着. 使之爲也. 着落 ᄒᆡ여곰, 着他 뎌 ᄒᆞ야. 又置也. 着塩 소곰 두다. 又中也. 着了 맛다. 又見人所行之事, 正合人所指望之, 方則亦曰着了 마초ᄒᆞ야다. 又實也. 着實 실히. 又語助. 又穿衣服也. ❷⇔소금. ≪朴諺, 中, 6ㅈ≫醋, 초와. 醬, 쟝과. 塩, 소금과. 芥末, 계ᄌᆞ ᄀᆞᄅᆞ와. 葱, 파과. 蒜, 마ᄂᆞᆯ과. 薤菜, 부치와, 油, 기름과. 生蘿蔔, 댓무우과. 瓜, 외와. 茄等, 가지 등. ≪朴諺, 下, 33ㅎ≫零碎和生薑·料物·葱·蒜·醋·塩都將來, 즌 것과 ᄉᆡᆼ강과 교퇴와 파와 마ᄂᆞᆯ과 초와 소금을 다 가져오라.

염가(染家) 명 물집. (물들이는 일을 직업으로 하는 집) ≪朴諺, 中, 4ㅎ≫你將揉子(集覽, 朴集, 中, 1ㅈ: 揉兒〈子〉. 染家有簿冊一本, 有人求染絹帛者, 必於簿上記其物數及染色, 并其染直以當契約者, 謂之揉兒.)來我看, 네 揉子를 가져오라 내 보쟈.

염과아(鹽瓜兒) 명 장아찌. ⇔장과(醬瓜). ≪朴諺, 上, 50ㅈ≫只着些好醬瓜兒就飯喫, 그저 젹이 됴흔 醬瓜로 밥ᄒᆞ여 먹히라.

염라(閻羅) 명 염라대왕(閻羅大王). ≪朴諺, 中, 37ㅎ≫官人十分休駁彈(集覽, 朴集, 中, 7ㅎ: 褒彈. 今按, 包孝肅公名拯, 性剛直不撓, 其所彈劾, 不避權勢, 故時人呼爲包閻羅, 曰關節〈莭〉不到, 有閻羅包老.), 官人아 ᄀᆞ장 나므라디 말라. ≪朴諺, 中, 59ㅈ≫那寃家們打關莭(節)(集覽, 朴集, 中, 9ㅈ: 打關節. 吏學指南云, 下之所以通欵曲於上者曰關節〈莭〉, 又造請權要謂之關節〈莭〉. 漢曰關說. 宋包拯剛直好駁, 時人語曰, 關節〈莭〉不到, 有閻羅包老.)時, 뎌 寃家ㅣ 쇼쳥ᄒᆞ니.

염라포로(閻羅包老) 명 송(宋)나라 포증(包拯)을 달리 이르는 말. (포씨 성을 가진 늙은 염라대왕이라는 뜻으로, 포증이 대관(臺官)으로 있을 때 잘못이 있는 관원은 반드시 탄핵하였기 때문에 불리던 별명이다) ≪朴諺, 中, 37ㅎ≫官人十分休駁彈(集覽, 朴集, 中, 7ㅎ: 褒彈. 今按, 包

孝肅公名拯, 性剛直不撓, 其所彈劾, 不避權勢, 故時人呼爲包閻羅, 曰關節〈莭〉不到, 有閻羅包老.), 官人아 ㄱ장 나므라디 말라. ≪朴諺, 中, 59ㅈ≫那寃家們打關莭(節)(集覽, 朴集, 中, 9ㅈ: 打關節. 吏學指南云, 下之所以通欵曲於上者曰關節〈莭〉, 又造請權要謂之關節〈莭〉. 漢曰關說. 宋包拯剛直好駁, 時人語曰, 關節〈莭〉不到, 有閻羅包老.)時, 뎌 寃家ㅣ 쇼청ᄒᆞ니.

염방(染房) 명 물집. (물들이는 일을 직업으로 하는 집) ⇔믈집. ≪朴諺, 中, 3ㅎ≫染房裏染東西去來, 믈집의 잡은것 믈드리라 가쟈.

염불(念佛) 동 〈불〉 염불하다. ⇔염불ᄒᆞ다(念佛-). ≪朴諺, 上, 33ㅎ≫歸佛敬法看經念佛也好, 歸佛 敬法ᄒᆞ며 看經·念佛홈이 됴커늘.

염불ᄒᆞ다(念佛-) 동 〈불〉 염불하다. ⇔염불(念佛). ≪朴諺, 上, 33ㅎ≫歸佛敬法看經念佛也好, 歸佛 敬法ᄒᆞ며 看經·念佛홈이 됴커늘.

염색(染色) 명 물들이는 빛깔. 또는 물감으로 물을 들이다. ≪朴諺, 中, 4ㅎ≫你將揉子(集覽, 朴集, 中, 1ㅈ: 揉兒〈子〉. 染家有簿冊一本, 有人求染絹帛者, 必於簿上記其物數及染色, 幷其染直以當契約者, 謂之揉兒.)來我看, 네 揉子를 가져오라 내 보쟈.

염송(念誦) 동 〈불〉 마음속으로 부처를 잊지 아니하고 불경(佛經)을 외우다. ≪朴諺, 上, 5ㅎ≫叫教坊司十數箇樂工和做院本(集覽, 朴集, 上, 2ㅎ: 院本.盖古教坊色長有魏·武·劉三人, 而魏長於念誦, 武長於筋斗, 劉長於科範, 至今樂人皆宗之.)諸般雜技的來, 教坊司의 여라믄 樂工과 院本에 여러 가지 雜技ᄒᆞᄂᆞ니를 블러오라.

염수(塩水) 명 염수(鹽水). '塩'은 '鹽'의 속자. ≪朴諺, 上, 5ㅈ≫川炒(集覽, 朴集, 上, 2ㅎ: 川炒. 音義云, 믿므레〈믿믈에〉 炒ᄒᆞᆫ 猪肉. 今按, 川炒, 塩水炒也.)猪肉, 제믈에 쵸ᄒᆞᆫ 뎨육과.

염수(鹽水) 명 소금물. ≪朴諺, 上, 5ㅈ≫川炒(集覽, 朴集, 上, 2ㅎ: 川炒. 音義云, 믿므레〈믿믈에〉 炒ᄒᆞᆫ 猪肉. 今按, 川炒, 塩水炒也.)猪肉, 제믈에 쵸ᄒᆞᆫ 뎨육과.

염입본(閻立本) 명 당(唐) 옹주(雍州) 만년(萬年) 사람. 시호는 문정(文貞). 그림에 뛰어났다. 작품에 봉부십팔학사도(奉府十八學士圖)와 능연각공신도(凌煙閣功臣圖) 등이 있다. ≪朴諺, 中, 44ㅎ≫掛十八學士(集覽, 朴集, 中, 8ㅈ: 十八學士. 唐太宗秦王時, 開館延文學之士, 杜如晦·房玄齡〈昤〉·虞世南·褚遂良·姚思廉·李玄道·蔡允恭·薛元敬·顔相時·蘇勗·于志寧·蘇世長·薛收·李守素·陸德明·孔穎達·蓋文達·許敬宗爲文學館學士, 分爲三番, 更日直宿. 秦王暇日, 至館中討論文籍, 使閻立本圖像, 褚亮爲贊.)大畫, 十八學士 그린 큰 그림을 걸고.

염자(簾子) 명 발[簾]. ⇔발. ≪朴諺, 中, 35ㅎ≫那廝們怕簾子, 뎌 놈들이 발을 두려ᄒᆞᄂᆞ니. 亮窓裏面把簾子幔上, ᄇᆞᆯ근 창 안히 발을다가 디(티)고. ≪朴諺, 中, 55ㅎ≫把這簾子都捲起, 이 발을다가 다 것고.

염장(塩醬) 명 염장(鹽醬). '塩'은 '鹽'의 속자. ≪朴諺, 下, 32ㅈ≫水精角兒(集覽, 朴集, 下, 6ㅈ: 水精角兒. 飮饌正要云, 羊肉·羊脂·羊尾子·生葱·陳皮·生薑, 各細切, 入細料物, 塩醬拌匀爲餡. 用豆粉作皮包之, 水煮供食.), 水精角兒과.

염장(鹽醬) 명 소금과 간장. ≪朴諺, 下, 32ㅈ≫水精角兒(集覽, 朴集, 下, 6ㅈ: 水精角兒. 飮饌正要云, 羊肉·羊脂·羊尾子·生葱·陳皮·生薑, 各細切, 入細料物, 塩醬拌匀爲餡. 用豆粉作皮包之, 水煮供食.), 水精角兒과.

염전(染錢) 명 물들이는 값. ⇔믈갑. ≪朴諺, 中, 4ㅈ≫商(啇)量染錢着, 믈갑슬 혜아리쟈. 這柳黃綾染錢五錢半銀子, 이 柳黃 綾은 믈갑시 닷 돈 반 銀이오. ≪朴諺, 中, 4ㅈ≫每一疋染錢四錢家, 每 ᄒᆞᆫ 필에 믈갑시 너 돈식이니. ≪朴諺, 中, 4ㅎ≫都

通染錢是五兩四錢半銀子, 대되 통ᄒᆞ여 븐갑시 닷 냥 너 돈 반 은이라.

염정(廉貞) 명 구성(九星) 중의 다섯째 별 이름. 문곡성(文曲星)의 아래 무곡성(武曲星)의 위에 있다. ≪朴諺, 上, 18ㅎ≫後面北斗(集覽, 朴集, 上, 7ㅈ: 北斗左輔右弼. 凡九星, 曰樞宮貪狼, 曰璇宮巨門, 曰璣〈幾〉宮祿存, 曰權宮文曲, 曰衡宮廉貞, 曰闓(開)陽宮武曲, 曰瑤光宮破軍, 曰洞明宮左輔, 曰隱元宮右弼.)七星板兒做的好, 後面 北斗七星 돈은 민돌기를 잘ᄒᆞ엿고.

염치(染直) 명 물들이는 값. ≪朴諺, 中, 4ㅎ≫你將揉子(集覽, 朴集, 中, 1ㅈ: 揉兒〈子〉. 染家有簿冊一本, 有人求染絹帛者, 必於簿上記其物數及染色, 并其染直以當契約者, 謂之揉兒.)來我看, 네 揉子를 가져오라 내 보쟈.

염화(燄火) 명 불꽃. ≪朴諺, 下, 44ㅎ≫只有些和的濕煤(集覽, 朴集, 下, 9ㅎ: 濕煤. 質問云, 如和煤未乾, 濕燒取其燄火, 方言謂之濕煤.), 그저 져기 버므린 濕煤ㅣ 이시되.

염ᄒᆞ다(念-) 동 〈불〉 염(念)하다. (조용히 불경이나 진언(眞言) 따위를 외우다) ⇔염(念). ≪朴諺, 上, 45ㅈ≫却到學裏上書念一會, 또 學에 가 글 ᄇᆡ화 ᄒᆞᆫ ᄃᆡ위 念ᄒᆞ고. ≪朴諺, 中, 9ㅎ≫將來我念, 가져오라 내 念ᄒᆞ마. ≪朴諺, 中, 23ㅎ≫念菩薩名, 菩薩의 일홈을 念ᄒᆞ면. ≪朴諺, 下, 10ㅎ≫你聽我念, 네 드르라 내 念ᄒᆞ마. ≪朴諺, 下, 22ㅈ≫孫行者念一聲唵字, 孫行者ㅣ ᄒᆞᆫ 소ᄅᆡ 唵字를 念ᄒᆞ니. ≪朴諺, 下, 24ㅈ≫行者念金頭揭地·銀頭揭地·波羅僧揭地之後, 行者ㅣ 金頭揭地와 銀頭揭地와 波羅僧揭地를 念ᄒᆞᆫ 後에. ≪朴諺, 下, 42ㅈ≫念經念佛, 經을 념ᄒᆞ고 佛을 념ᄒᆞ야. 直念到明, 잇긋 念홈을 ᄇᆞᆰ으매 다듯게 ᄒᆞ고. ≪朴諺, 下, 53ㅎ≫你聽我念, 네 드르라 내 念ᄒᆞ마.

엽아(葉兒) 명 잎. ❶⇔닙. ≪朴諺, 中, 58ㅎ≫不知道葉兒用處, 닙 ᄡᅳᄂᆞᆫ 곳은 아디 못ᄒᆞ더니. ❷⇔닙ㅎ. ≪朴諺, 中, 34ㅈ≫把那葉兒摘了, 뎌 닙흘다가 ᄠᅡ. ≪朴諺, 中, 58ㅎ≫你摘饋我些葉兒, 네 날을 져기 닙흘 ᄠᅡ 주고려. ≪朴諺, 中, 58ㅎ≫把那蒲葉兒來做席子, 뎌 菖蒲 닙흘다가 자리 ᄆᆡᆫᄃᆞ라.

엿 관 엿[六]. ⇔욱(六). ≪朴諺, 上, 64ㅎ≫老實價錢六兩銀子, 고디식ᄒᆞᆫ 갑슨 엿 냥 은이라. ≪朴諺, 中, 4ㅎ≫這鴉青綿紬六錢, 이 鴉青 綿紬에ᄂᆞᆫ 엿 돈이오. ≪朴諺, 中, 37ㅈ≫鴉青四季花六兩銀子一匹, 鴉青빗 四季花 문에ᄂᆞᆫ 엿 냥 은에 ᄒᆞᆫ 필이오. ≪朴諺, 下, 55ㅎ≫收討的六兩, 거두어 어드니ᄂᆞᆫ 엿 냥을 ᄒᆞ여.

엿다 동 엿보다. ⇔규(窺). ≪朴諺, 上, 62ㅈ≫河邉兒窺魚的是無數目的水老鴉, 믈ᄭᅵ의 고기 엿ᄂᆞᆫ 거슨 이 수 업슨 가마오디오.

엿줍다 동 여쭙다. ⇔주(奏). ≪朴諺, 下, 23ㅎ≫將軍奏道, 將軍이 엿ᄌᆞ와 닐오ᄃᆡ.

영(另) 관 딴. 다른. ⇔ᄲᅡᆫ. ≪集覽, 字解, 單字解, 2ㅎ≫另. 音零, 去聲. 別也, 零也. 另的 ᄲᅡᆫ 것. 吏語, 另行 각벼리 ᄒᆞ다.

영(另) 부 따로. ⇔ᄯᆞ로. ≪朴諺, 下, 37ㅈ≫另除了種子後頭, ᄯᆞ로 ᄡᅵ를 데ᄒᆞᆫ 후에.

영(零) 관 부스러기의. 우수리. 나머지. ⇔ᄲᅡᆫ. ≪朴諺, 中, 2ㅈ≫我沒零錢怎麼好, 내 ᄲᅡᆫ돈이 업ᄉᆞ니 엇디 ᄒᆞ여야 됴흐료. ≪朴諺, 中, 2ㅈ≫我有零錢, 내게 ᄲᅡᆫ 돈이 이시니.

영(領) 동 타다[受]. 받다. ⇔타다. ≪朴諺, 上, 9ㅈ≫聖旨領了麼, 聖旨를 탓ᄂᆞᆫ다. 領了, 탓노라.

영(領) 명 깃. 옷깃. ⇔깃. ≪朴諺, 下, 54ㅈ≫將某衣領扯住言道, 某의 옷기ᄉᆞᆯ 잡고 닐오되.

영(影) 명 ❶얼굴. ⇔얼굴. ≪朴諺, 下, 40ㅈ≫他別處畫了一箇官人的影來, 뎨 다른 ᄃᆡ ᄒᆞᆫ 官人의 얼굴을 그리니. ❷탱(幀). 탱화(幀畫). ⇔ᄐᆡᆼ. ≪朴諺, 上, 61ㅈ≫影堂, ᄐᆡᆼ 잇ᄂᆞᆫ 집과. 串廊, 월랑과.

영(瑩) 형 맑다. ⇔ᄆᆞᆰ다. ≪朴諺, 中, 23ㅈ≫

身瑩瓊瓌, 몸은 瓊瓌ㅣ ᄀᆞ티 ᄆᆞᆰ고.

영(嬴) 동 영(贏). '嬴'은 '贏'의 잘못. ≪朴諺, 上, 22ㅈ≫咱們下一局賭輸嬴(贏)如何, 우리 ᄒᆞᆫ 판 두어 지며 이긔믈 더느미 엇더ᄒᆞ뇨. 你那裏嬴(贏)的我, 네 어ᄃᆡ 날을 이긜다. ≪朴諺, 上, 22ㅈ≫眼下交手便見輸嬴(贏), 眼下에 交手ᄒᆞ면 곳 지며 이긔믈 보리라.

영(贏) 동 이기다[勝]. 패배시키다. 굴복시키다. ⇔이긔다. ≪朴諺, 上, 22ㅈ≫咱們下一局賭輸嬴(贏)如何, 우리 ᄒᆞᆫ 판 두어 지며 이긔믈 더느미 엇더ᄒᆞ뇨. 你那裏嬴(贏)的我, 네 어ᄃᆡ 날을 이긜다. ≪朴諺, 上, 22ㅈ≫眼下交手便見輸嬴(贏), 眼下에 交手ᄒᆞ면 곳 지며 이긔믈 보리라. ≪朴諺, 上, 23ㅈ≫我却怎麽贏了這三十路碁, 내 ᄯᅩ 엇디 이 셜흔 집 바독을 이긔여뇨. ≪朴諺, 上, 49ㅈ≫我獨自箇射時也贏的, 내 혼자 ᄡᅩ아도 이긔리로다. ≪朴諺, 下, 23ㅎ≫衆人喝保佛家贏了也, 모든 사ᄅᆞᆷ이 혀ᄎᆞ고 佛家ㅣ 이긔어다 ᄒᆞ더라. ≪朴諺, 下, 28ㅈ≫一霎兒贏了二升多榛子, 져근 덧에 두 되 나믄 개암을 이긔어다.

영거(領去) 동 데려가다. ⇔ᄃᆞ려가다. ≪朴諺, 上, 19ㅈ≫你明日領我去, 네 ᄂᆡ일 날을 ᄃᆞ려가. ≪朴諺, 上, 19ㅈ≫我知道領你去, 내 알과라 너를 ᄃᆞ려가마.

영건(營建) 동 집이나 건물을 짓다. ≪朴諺, 上, 11ㅎ≫我在平則門(集覽, 朴集, 上, 5ㅎ: 平則門. 燕都, 禹貢冀州之域. 唐曰幽都, 虞爲幽州, 武王封召公奭於燕, 卽此. 元初爲燕京路, 後稱〈称〉大都路, 洪武初改爲北平布政司. 太宗皇帝龍潛於此, 及承大統, 遂爲北京, 遷都焉. 永樂十九年, 營建宮室, 立門九.)邉住, 내 平則門 ᄭᅴ의 이셔 사노라.

영구(永久) 형 영원(永遠)하다. 장구(長久)하다. 끝없이 오래다. ≪朴諺, 上, 2ㅎ≫長春酒(集覽, 朴集, 上, 1ㅎ: 長春酒. 質問云, 春分日所造之酒, 永久不變其味, 方言謂之長春酒.)一桶, 長春酒 ᄒᆞᆫ 통과.

영구불변(永久不變) 동 사물의 모양이나 성질이 오래도록 변하지 아니하다. ≪朴諺, 上, 2ㅎ≫長春酒(集覽, 朴集, 上, 1ㅎ: 長春酒. 質問云, 春分日所造之酒, 永久不變其味, 方言謂之長春酒.)一桶, 長春酒 ᄒᆞᆫ 통과.

영귀(榮貴) 형 지체가 높고 귀하다. ≪朴諺, 下, 11ㅎ≫衣錦還鄉(集覽, 朴集, 下, 3ㅈ: 衣錦還鄉. 項羽屠咸陽, 與沛公分王. 又懷東歸, 曰, 富貴不歸故鄉, 如衣綉〈繡〉夜行. 遂東歸, 都彭城. 故後人仕官〈宦〉榮貴還鄉里者曰衣錦還鄉.), 비단옷 닙고 고향의 도라가.

영녕사(永寧寺) 명 절 이름. ≪朴諺, 上, 66ㅈ≫迴來到這永寧寺裏, 이 永寧寺에 도라오니.

영녕선사(永寧禪寺) 명 절 이름. ≪朴諺, 上, 65ㅈ≫法名喚步虛(集覽, 朴集, 上, 15ㅎ: 步虛. 還大都, 時適丁太子令辰十二月二十四日, 奉傳聖旨, 住持永寧禪寺, 開堂演法.), 法名을 步虛ㅣ라 브르ᄂᆞᆫ 이.

영노술갑다 형 영리하고 슬기롭다. ❶⇔상리(爽利). ≪朴諺, 上, 42ㅎ≫這兩口兒夫妻好爽利, 이 두 夫妻ㅣ ᄀᆞ장 영노솔갑더라. ❷⇔표치(標致). ≪朴諺, 上, 14ㅎ≫咳眞箇好標致, 애 진실로 ᄀᆞ장 영노솔갑다. ≪朴諺, 下, 40ㅈ≫他標致, 뎌 영노술가오니.

영단약(靈丹藥) 명 모든 병을 치료할 수 있다는 단약. 모든 병을 물리쳐서 불로장생(不老長生)하게 한다고 한다. ≪朴諺, 下, 17ㅈ≫唐三藏引孫行者(集覽, 朴集, 下, 4ㅈ: 孫行者. 西遊記云, 西域有花菓山, 山下有水簾洞, 洞前有鐵板橋, 橋下有萬丈澗, 澗邊有萬箇小洞, 洞裏多猴. 有老猴精, 號齊天大聖, 神通廣大, 入天宮仙桃園偸蟠桃, 又偸老君靈丹藥, 又去王母宮偸王母綉仙衣一套, 來設慶仙衣會.), 唐三藏이 孫行者를 ᄃᆞ리고.

영당(令堂) 명 남의 어머니를 높여 이르는 말. ≪朴諺, 下, 58ㅎ≫賢尊令堂有麽, 賢

尊 令堂이 잇ᄂᆞ냐.

영당(影堂) 명 〈불〉 불교의 한 종파의 조사(祖師)나 한 절의 창시자, 또는 덕이 높은 중의 진영(眞影)을 모신 집. ≪朴諺, 上, 61ㅈ≫影堂, 틩 잇는 집과. 串廊, 월랑과.

영락(永樂) 명 명(明)나라 성조(成祖)의 연호(1403~1424). ≪朴諺, 上, 8ㅎ≫往永平(集覽, 朴集, 上, 4ㅈ: 永平.洪武二年, 改永平府屬北平布政司, 北平卽燕都, 永樂都燕京, 以此直隷京師.)·大寧·遼陽·開元·瀋陽等處開去, 永平·大寧·遼陽·開元·瀋陽 等處룰 향ᄒᆞ여 開讀ᄒᆞ라 가노라. ≪朴諺, 上, 11ㅎ≫我在平則門(集覽, 朴集, 上, 5ㅎ: 平則門. 永樂十九年, 營建宮室, 立門九.)邊住, 내 平則門 ᄀᆞᆺ의 이셔 사노라. ≪朴諺, 下, 38ㅈ≫除在南京應天府丞(集覽, 朴集, 下, 8ㅎ: 南京應天府丞. 永樂中, 於北平肇建北京, 爲行在所.), 南京 應天府丞을 除ᄒᆞ엿ᄂᆞ니라.

영락(瓔珞) 명 구슬을 꿰어 만든 장신구. 목이나 팔 따위에 건다. ≪朴諺, 中, 21ㅎ≫身嚴瓔珞(集覽, 朴集, 中, 4ㅎ: 瓔珞. 頸飾也. 普門品經云, 無盡意, 菩薩解頜下衆寶瓔珞而以與之. 一說, 珠在頸曰瓔, 在身曰珞.)居普陁空翠之山, 몸에 瓔珞으로 장엄ᄒᆞ여시니 普陀 空翠의 山에 居ᄒᆞ엿도다.

영락경(瓔珞經) 명 〈불〉 불경(佛經) 이름. ≪朴諺, 中, 21ㅈ≫扇慈風於刹土(集覽, 朴集, 中, 4ㅈ: 刹土. 瓔珞經云, 刹土, 乃聖賢所居之處 又刹土猶言法界也. 又號伽藍曰梵刹者, 以柱爲表也.), 慈風을 刹土에 붓ᄂᆞᆫ또다.

영롱(玲瓏) 부 영롱히. ⇔영롱히(玲瓏-). ≪朴諺, 上, 25ㅎ≫玲瓏龍頭鮮錐兒, 龍頭룰 玲瓏히 ᄒᆞᆫ 鮮錐児와. ≪朴諺, 上, 26ㅈ≫綴着上等玲瓏羊脂玉頂兒, 上等에 玲瓏히 ᄒᆞᆫ 羊脂玉 딩ᄌᆞ에. ≪朴諺, 上, 61ㅈ≫有官裏坐的地白玉石玲瓏龍床, 황뎨 안ᄂᆞᆫ 白玉石으로 玲瓏히 ᄒᆞᆫ 龍床이 잇고. ≪朴諺, 上, 61ㅈ≫前面放一箇玉石玲瓏酒卓兒, 前面에 ᄒᆞᆫ 玉石으로 玲瓏히 ᄒᆞᆫ 酒卓을 노핫고.

영롱(玲瓏) 형 영롱하다. 찬란하다. ≪朴諺, 上, 6ㅎ≫第三道鮮笋燈籠湯(集覽, 朴集, 上, 3ㅎ: 鮮笋燈龍湯. 質問云, 鮮笋, 以笋雕爲玲瓏花様, 空其內, 糝肉作羹食之.), 第三道ᄂᆞᆫ 鮮笋燈籠湯이오.

영롱히(玲瓏-) 부 영롱히. ⇔영롱(玲瓏). ≪朴諺, 上, 25ㅎ≫玲瓏龍頭鮮錐兒, 龍頭룰 玲瓏히 ᄒᆞᆫ 鮮錐児와. ≪朴諺, 上, 26ㅈ≫綴着上等玲瓏羊脂玉頂兒, 上等에 玲瓏히 ᄒᆞᆫ 羊脂玉 딩ᄌᆞ에. ≪朴諺, 上, 61ㅈ≫有官裏坐的地白玉石玲瓏龍床, 황뎨 안ᄂᆞᆫ 白玉石으로 玲瓏히 ᄒᆞᆫ 龍床이 잇고. ≪朴諺, 上, 61ㅈ≫前面放一箇玉石玲瓏酒卓兒, 前面에 ᄒᆞᆫ 玉石으로 玲瓏히 ᄒᆞᆫ 酒卓을 노핫고.

영막(營幕) 명 군영(軍營)의 막사. ≪朴諺, 上, 44ㅎ≫師傅上唱喏(集覽, 朴集, 上, 12ㅎ: 唱喏. 揖也. 詞曲曰, 一箇唱, 百箇喏, 謂一人呼唱於上, 衆人應諾於下. 如將帥在營幕下, 軍卒投謁於前者列立於〈軍卒投謁於前者列於〉庭, 將帥發一令語, 則衆下齊聲以應.), 스승님ᄭᅴ 읍ᄒᆞ고.

영명(永明) 명 남조 제(南朝齊) 무제(武帝: 蕭賾)의 연호(483~493). ≪朴諺, 上, 65ㅎ≫到江南地面石屋(集覽, 朴集, 上, 16ㅈ: 石屋. 事文類聚云, 釋氏五宗之教, 傳至法眼, 爲雪峯眞覺禪師之道. 至永明, 其道傳于高麗國. 此卽普虛之傳也.)法名的和尙根底, 江南 ᄯᅡ 石屋이라 法名 ᄒᆞᆫ 즁의손ᄃᆡ 가니.

영모(翎毛) 명 새의 깃털. ≪朴諺, 上, 41ㅈ≫珠鳳冠(集覽, 朴集, 上, 11ㅎ: 珠鳳冠. 音義云, 珠子結成鳳的冠. 今按, 用珍珠串結, 作成鳳形, 而至於翎毛, 則皆用綵線及翠羽爲飾(飾).), 珠鳳冠과.

영사(令史) 명 아전(衙前)이나 이속(吏屬). 송·원대(宋元代) 이래 각 관아의 서리(胥吏)를 통틀어 이르던 말. ⇔령ᄉᆞ. ≪朴諺, 中, 8ㅎ≫牌子·令史(集覽, 朴集, 中,

2ㅈ: 令史. 在京六部及三品衙門, 在外各衛及都布按三司俱有令史, 驛吏則無令史之稱. 元制, 未詳.)們來, 牌子·令史들흔 오라. ≪朴諺, 中, 46ㅈ≫衙門令史們送的來了, 아문 령ᄉᆞ들히 보내여 왓거늘.

영산(灵山) 명 영산(靈山). '灵'은 '靈'의 속자. ≪朴諺, 上, 65ㅎ≫到江南地面石屋(集覽, 朴集, 上, 16ㅈ: 石屋. 遂以袈裟表信曰, 衣雖今日, 法自靈〈灵〉山流傳至今, 今附於汝, 汝善護持, 母〈毋〉令斷〈断〉絶.)法名的和尙根底, 江南 ᄯᅡ 石屋이라 法名 ᄒᆞᆫ 즁의손ᄃᆡ 가니.

영산(靈山) 명 영취산(靈鷲山). 고대 인도(印度) 마갈타국(摩竭陀國)의 라자그리하(Rajagriha) 북동쪽에 있는 산. 석가여래(釋迦如來)가 법화경(法華經)과 무량수경(無量壽經)을 강(講)하였다는 곳이다. ≪朴諺, 上, 65ㅎ≫到江南地面石屋(集覽, 朴集, 上, 16ㅈ: 石屋. 遂以袈裟表信曰, 衣雖今日, 法自靈〈灵〉山流傳至今, 今附於汝, 汝善護持, 母〈毋〉令斷〈断〉絶.)法名的和尙根底, 江南 ᄯᅡ 石屋이라 法名 ᄒᆞᆫ 즁의손ᄃᆡ 가니. ≪朴諺, 下, 3ㅈ≫西天取經去(集覽, 朴集, 下, 1ㅈ: 西天取經去. 西遊記云, 昔釋迦牟尼佛在西天靈山雷音寺, 撰成經·律·論三藏金經, 須送東土, 解度郡〈羣〉迷. 問諸菩薩, 往東土尋取經人來.)時節(節), 西天의 經 가질라 갈 제. ≪朴諺, 下, 24ㅈ≫行者念金頭揭地·銀頭揭地·波羅僧揭地(集覽, 朴集, 下, 5ㅈ: 金頭揭地·銀頭揭地·波羅僧揭地. 西遊記云, 釋迦牟尼佛在靈山雷音寺演說三乘敎法, 傍有侍奉阿難·伽舍諸菩薩·聖僧·羅漢·八金剛·四揭地·十代明王·天仙·地仙.)之後, 行者ㅣ 金頭揭地와 銀頭揭地와 波羅僧揭地ᄅᆞᆯ 念ᄒᆞᆫ 後에.

영쇄(零碎) 형 잘다. ⇔ᄌᆞᆯ다. ≪朴諺, 下, 33ㅎ≫零碎和生薑·料物·葱·蒜·醋·塩都將來, ᄌᆞᆫ 것과 ᄉᆡᆼ강과 교퇴와 파와 마ᄂᆞᆯ과 초와 소금을 다 가져오라.

영수(零數) 명 정수(整數)에 차지 못하거나 차고 남은 수. ≪朴諺, 上, 54ㅈ≫借到細絲官銀五十兩整(集覽, 朴集, 上, 14ㅈ: 整. 無零數之謂.), 細絲官銀 五十兩 덩이ᄅᆞᆯ 수되.

영수(領受) 동 돈이나 물건 따위를 받다. 수령(受領)하다. ≪朴諺, 中, 7ㅎ≫你不見這金字圓牌(集覽, 朴集, 中, 1ㅎ: 金字圓牌. 至正條格云, 元時, 中書省奏, 諸王·駙馬各投下有軍情緊急重事, 許令懸帶原降銀字圓牌應付鋪馬騎坐, 其餘差使人員有緊急軍情重事, 許令懸帶金字圓牌, 方付鋪馬. 其他泛常勾當, 只許臨時領受, 給降聖旨, 方許給馬.), 네 이 金字圓牌ᄅᆞᆯ 보디 몯ᄒᆞᄂᆞᆫ다.

영신(令辰) 명 좋은 날. 길한 날. ≪朴諺, 上, 65ㅈ≫法名喚步虛(集覽, 朴集, 上, 15ㅎ: 步虛. 還大都, 時適丁太子令辰十二月二十四日, 奉傳聖旨, 住持永寧禪寺, 開堂演法.), 法名을 步虛ㅣ라 브르ᄂᆞᆫ 이.

영아(翎兒) 명 깃[羽]. ⇔짗ㅊ. ≪朴諺, 上, 26ㅈ≫又是箇鵝鵝翎兒, ᄯᅩ 이 두롬의 짗출 ᄃᆞ랏고. ≪朴諺, 上, 28ㅈ≫傍邉揷孔雀翎兒, 겻틔 孔雀의 짗츨 고잣고.

영왕(郢王) 명 오대 양(五代梁) 때의 왕. 태조(太祖) 주온(朱溫: 朱全忠)의 둘째 아들. 아버지 주온을 시해(弑害)하고 왕위에 올랐다. ≪朴諺, 下, 59ㅎ≫梁貞明(集覽, 朴集, 下, 12ㅎ: 梁貞明. 朱溫事唐僖宗, 賜名全忠, 拜宣武軍節〈莭〉度使, 封梁王. 尋受唐禪, 卽位六年, 爲第〈苐〉二子郢王友珪所弑. 均王誅友珪而立.)四年三月裡, 梁貞明 四年 三月에.

영원(永遠) 부 영원히. 언제까지나. 길이길이. ⇔영원히(永遠-). ≪朴諺, 中, 10ㅈ≫恩養財禮銀五兩永遠爲主, 恩養ᄒᆞᆫ 財禮銀 닷 냥에 ᄒᆞ야 永遠히 님자ᄅᆞᆯ 삼아.

영원(蠑螈) 명 도마뱀붙잇과의 하나. 도마뱀과 비슷한데 몸의 길이는 12cm 정도이며, 야행성으로 주로 인가 가까이 살며 작은 소리로 운다. ≪朴諺, 下, 29ㅈ≫你打饋我一箇立鼈兒, 네 날을 ᄒᆞᆫ 立鼈兒와.

一箇蝦蟆·鼈兒和蝎虎(集覽, 朴集, 下, 5ㅈ: 蠍〈蝎〉虎. 蠑蚖·蜥蜴·蝘蜓·守宮, 一物而四名. 在壁曰守宮, 在草曰蜥蜴.)盞兒, 흔 蝦蟆鼈兒와 蝎虎盞을 민ᄃᆞ라 주고려.

영원히(永遠-) 뷔 영원히. 언제까지나. 길이길이. ⇔영원(永遠). ≪朴諺, 中, 10ㅈ≫恩養財禮銀五兩永遠爲主, 恩養흔 財禮銀 닷 냥에 ᄒᆞ야 永遠히 님자를 삼아.

영이(靈輀) 명 영구차(靈柩車). ≪朴諺, 下, 43ㅈ≫誰碎盆(集覽, 朴集, 下, 9ㅎ: 碎盆. 未詳源流. 但本國送殯之晨, 在家者見靈輀登道, 卽隨以瓦器擲碎於門外, 大聲作語曰, 持汝家具而去. 云爾者, 盖使亡人無留念家緣之術也.)來, 뉘 소라를 ᄣᅳ리ᄃᆞ뇨.

영인(令人) 명 아내. ≪朴諺, 下, 58ㅎ≫咱本國是太祖(集覽, 朴集, 下, 12ㅈ: 太祖. 夫人柳氏曰, 妾聞諸公之言, 尙有感奮, 況大丈夫乎. 提甲領以披之, 諸將扶擁而出, 令人呼曰, 王公已擧義旗, 國人來赴者不可勝計. 先至宮門, 鼓〈皷〉噪以待者, 亦萬餘人.)姓王諱建表德若天, 우리 本國이 太祖의 姓은 王이오 諱ᄂᆞᆫ 建이오 字ᄂᆞᆫ 若天이니.

영적(另的) 명 딴 것. 다른 것. ≪集覽, 字解, 單字解, 2ㅎ≫另. 音零, 去聲. 別也, 零也. 另的 ᄲᅡᆫ 것. 吏語, 另行 각벼리 ᄒᆞ다.

영전(零錢) 명 잔돈. 우수리. 용돈. ⇔ᄲᅡᆫ돈. ≪朴諺, 中, 2ㅈ≫我沒零錢怎麽好, 내 ᄲᅡᆫ 돈이 업ᄉᆞ니 엇디 ᄒᆞ여야 됴ᄒᆞ료.

영정자(影亭子) 명 장례 때 죽은 사람의 진용(眞容)을 걸어 받쳐 드는 작은 정자 모양의 기구. ≪朴諺, 下, 42ㅎ≫影亭子(集覽, 朴集, 下, 9ㅈ: 影亭子. 畫死者〈畫死者之〉眞容, 掛於小腰輿, 爲前導.), 影亭子와. 香亭子, 香亭子와.

영주(營州) 명 우공(禹貢)의 기주(冀州) 지역. 우(虞)나라가 기주의 북방을 나누어 영주(營州)라 하였다. ≪朴諺, 上, 8ㅎ≫往永平(集覽, 朴集, 上, 4ㅈ: 永平. 一統誌云, 禹貢冀州之域. 虞分冀北爲營州, 此卽其地.)·大寧·遼陽·開元·瀋陽等處開去, 永平·大寧·遼陽·開元·瀋陽 等處를 향ᄒᆞ여 開讀ᄒᆞ라 가노라.

영주(瀛洲) 명 선비가 선경(仙境)에 들어간 것처럼 특별한 영예를 얻은 것을 비유하는 말. 당 태종(唐太宗)이 천하의 인재를 모으기 위하여 문학관(文學館)을 설치하고 두여회(杜如晦)·방현령(房玄齡〈昤〉) 등 18명의 문신을 학사(學士)로 임명한 일에서 비롯되었다. ≪朴諺, 中, 44ㅎ≫掛十八學士(集覽, 朴集, 中, 8ㅈ: 十八學士. 唐太宗秦王時, 開館延文學之士, 杜如晦·房玄齡〈昤〉·虞世南·褚遂良·姚思廉·李玄道·蔡允恭·薛元敬·顔相時·蘇勗·于志寧·蘇世長·薛收·李守素·陸德明·孔穎達·蓋文達·許敬宗爲文學館學士, 分爲三番, 更日直宿. 秦王暇日, 至館中討論文籍, 使閻立本圖像, 褚亮爲贊. 得與其選者, 世謂之登瀛洲.)大畫, 十八學士 그린 큰 그림을 걸고.

영지초(靈芝草) 명 영지(靈芝). (불로초과의 버섯) ≪朴諺, 上, 26ㅎ≫藍斜皮細邉兒刺(刺)靈芝草, 藍斜皮 細邉児에 靈芝草를 치질ᄒᆞ엿고.

영춘(迎春) 동 봄을 맞이하다. ≪朴諺, 下, 45ㅈ≫宋舍看打春(集覽, 朴集, 下, 9ㅎ: 打春. 東京夢華錄云, 立春前五日, 造土牛·耕夫·犁具, 前一日順天府進農牛入禁中鞭春, 府縣官吏·士庶·耆社, 具鼓樂出東郊迎春, 牛芒神至府前, 各安方位.)去來, 宋개아 닙츈 노롯ᄒᆞᄂᆞᆫ 양 보라 가쟈.

영통(纓筒) 명 가슴걸이. ⇔번영. ≪朴諺, 上, 27ㅈ≫帶纓筒, 번영을 ᄃᆞᆯ랏고.

영파부(寧波府) 명 중국 절강성(浙江省) 동부 연해(沿海)와 항주만(杭州灣) 남쪽에 있었다. 송대(宋代)에는 경원부(慶元府)의 치소, 명·청대(明淸代)에는 영파부의 치소였다. ≪朴諺, 中, 20ㅎ≫南海普陀落伽山(集覽, 朴集, 中, 3ㅎ: 南海普陁落伽山. 山在寧波府定海縣, 古昌國縣海

中.)裏, 南海 普陀 落伽山에.

영평(永平) 명 땅 이름. 우공(禹貢)의 기주(冀州) 지역. 우(虞)나라가 기주의 북방을 나누어 영주(營州)라 하였고, 상대(商代)에는 고죽국(孤竹國), 원대(元代)에는 영평로(永平路)라 하였다. 홍무(洪武) 2년(1369)에 영평부(永平府)로 고치고 북평포정사(北平布政司)에 속하게 하였다. ≪朴諺, 上, 8ㅎ≫往永平(集覽, 朴集, 上, 4ㅈ: 永平. 一統誌云, 禹貢冀州之域. 虞分冀北爲營州, 此卽其地. 商〈商〉爲孤竹國, 元爲永平路. 洪武二年, 改永平府屬北平布政司, 北平卽燕都, 永樂都燕京, 以此直隷京師.)·大寧·遼陽·開元·瀋陽等處開去, 永平·大寧·遼陽·開元·瀋陽 等處를 향ᄒᆞ여 開讀ᄒᆞ라 가노라.

영평부(永平府) 명 명대(明代)에 두었다. 홍무(洪武) 2년(1369)에 영평(永平)을 영평부(永平府)로 고치고 북평포정사(北平布政司)에 속하게 하였다. 소재지는 하북성(河北省) 노룡현(盧龍縣) 지역에 있었다. 청대(淸代)까지 존치되었다. ≪朴諺, 上, 8ㅎ≫往永平(集覽, 朴集, 上, 4ㅈ: 永平. 一統誌云, 禹貢冀州之域. 虞分冀北爲營州, 此卽其地. 商〈商〉爲孤竹國, 元爲永平路. 洪武二年, 改永平府屬北平布政司, 北平卽燕都, 永樂都燕京, 以此直隷京師.)·大寧·遼陽·開元·瀋陽等處開去, 永平·大寧·遼陽·開元·瀋陽 等處를 향ᄒᆞ여 開讀ᄒᆞ라 가노라.

영해(嬰孩) 명 어린아이. ≪集覽, 字解, 單字解, 5ㅈ≫兒. 嬰孩也. 孩兒. 又呼物名, 必用兒字, 爲助語之辭. 杏兒·李兒. 凡呼物名則呼兒字, 只宜微用其音, 而不至太白可也.

영행(另行) 동 각별하게 하다. 따로 시행하다. 별도로 행하다. ≪集覽, 字解, 單字解, 2ㅎ≫另. 音零, 去聲. 別也, 零也. 另的 ᄲᅧᆫ 것. 吏語, 另行 각벼리 ᄒᆞ다.

예 대 여기. 이에. ⇔저리(這裏). ≪朴諺, 中, 17ㅈ≫我這裏好生多喫了, 내 예셔 ᄀᆞ장 만히 먹을와. ≪朴諺, 中, 56ㅈ≫咱只這裏跳入去, 우리 그저 예셔 뛰어 드러가쟈. ≪朴諺, 下, 5ㅎ≫這裏和泥, 예셔 흙 니기라. ≪朴諺, 下, 29ㅎ≫這裏做生活, 예셔 셩녕ᄒᆞ라.

예(曳) 동 ❶끌다. ⇔ᄭᅳ으다. ≪朴諺, 上, 37ㅎ≫滿天星宿一箇月三條繩子由你曳, 하ᄂᆞᆯ에 ᄀᆞ득ᄒᆞᆫ 星宿에 ᄒᆞᆫ ᄃᆞᆯ을 세 오리 노흐로 제대로 ᄭᅳ으ᄂᆞᆫ 거시여. ❷끌게 하다. 끌리다. ⇔ᄭᅳ이다. ≪朴諺, 下, 18ㅈ≫便拿着曳車解鋸, 곳 잡아 술위 ᄭᅳ이고 톱질 시겨.

예(羿) 명 중국 고대의 전설적 영웅. 요(堯)의 신하로, 활을 잘 쏘아 당시 10개의 태양이 함께 떠올라 초목이 말라 죽게 되었을 때 그중 9개를 쏘아 떨어뜨렸다고 한다. ≪朴諺, 下, 7ㅎ≫放着一箇三隻脚鐵蝦蟆兒(集覽, 朴集, 下, 2ㅈ: 三隻脚鐵蝦蟆. 書言故事云, 月宮蟾蜍三足, 是爲羿(羿)妻所化.)便是, ᄒᆞᆫ 세 발 가진 쇠두텁이 노흔 거시 곳 이라.

예(詣) 동 나아가다. ⇔나아가다. ≪朴諺, 中, 23ㅎ≫速詣其處, ᄲᆞᆯ리 그 곳에 나아가.

-예 조 -에. ≪朴諺, 上, 10ㅎ≫着墻板當着墻頭絟的牢着, 담 ᄡᆞᄂᆞᆫ 널로 담 머리예 막아 ᄆᆡ기를 긋(굿)이 ᄒᆞ고. ≪朴諺, 上, 26ㅎ≫羊肝漆黏, 羊肝빗ᄎᆞ로 칠ᄒᆞᆫ ᄃᆞ래예. ≪朴諺, 上, 27ㅎ≫柳黃飾金綉四花羅搭護, 柳黃빗치 金으로 ᄭᅮ며 四花를 綉ᄒᆞᆫ 羅 더그레예. ≪朴諺, 上, 29ㅎ≫這六箇大的, 이 여슷 크니예. ≪朴諺, 上, 32ㅎ≫偸將去的時莭(節), 도적ᄒᆞ여 갈 ᄢᅢ(ᄣᅢ)예. ≪朴諺, 上, 35ㅎ≫只是腿上十分無氣力, 그저 쉰다리예 ᄀᆞ장 氣力이 업세라. ≪朴諺, 中, 1ㅈ≫一托來長短, ᄒᆞᆫ 발 기릐예. 停柱來麁細的, 기동만ᄒᆞᆫ 굴긔예. ≪朴諺, 中, 13ㅎ≫到遷民鎭口子裏, 遷民鎭 어귀예 다ᄃᆞ라. ≪朴諺, 中, 24ㅈ≫咱如今身已(己)安樂時莭(節), 우리 이제 몸이 安樂ᄒᆞᆫ ᄢᅢ예. ≪朴諺, 中, 36ㅈ≫將指頭來

大小的長鐵條兒, 손짜락 굴긔예 긴 쇠가락으로다가. ≪朴諺, 中, 43ㅈ≫直到點燈時分恰下馬, 잇긋 블혈 빼예 다듯게야 ᄀᆞᆺ믈게 ᄂᆞ리니. ≪朴諺, 中, 51ㅈ≫街上有路麽, 거리예 길히 잇더냐. ≪朴諺, 中, 56ㅎ≫庫房槓子裏放的米都喫了, 곳집 궤예 둔 ᄡᆞᆯ을 다 먹고. ≪朴諺, 下, 1ㅈ≫你臨去時莭(節), 네 갈 빼예 다ᄃᆞ라. ≪朴諺, 下, 4ㅈ≫行六年受多少千辛萬苦, 行ᄒᆞᆫ 여ᄉᆞᆺ 히예 언머 千辛萬苦를 밧고. ≪朴諺, 下, 26ㅈ≫燒子二兩家賣了幾串, 구은이예 두 냥식 몃 쉐옴이나 ᄑᆞ란ᄂᆞ다. ≪朴諺, 下, 37ㅈ≫諸般的都納與了租稅, 여러 가짓 거술 다 租稅예 밧티고. ≪朴諺, 下, 41ㅎ≫艮時身故, 艮時예 身故ᄒᆞ여. 二十四日丁時殯出順城門, 二十四日 丁時예 殯이 順城門으로 나가니. ≪朴諺, 下, 56ㅈ≫半張紙上寫着裏, 半張 죠희예 썻ᄂᆞ니. ≪朴諺, 下, 60ㅈ≫太祖不准的其間, 太祖ㅣ 허티 아닐 ᄉᆞ이예.

예근(禮覲) 동 예를 갖추어 뵙다. 참배하다. ≪朴諺, 中, 20ㅎ≫參(集覽, 朴集, 中, 4ㅈ: 參. 禮覲也.)見觀音菩薩眞像去來, 觀音菩薩 眞像을 參見ᄒᆞ라 가쟈.

예기(禮記) 명 유교의 경전(經典)으로 예의 이론과 실제를 풀이해 적은 오경(五經)의 하나. 한(漢)나라 무제(武帝) 때에 하간헌왕(河間獻王)이 공자와 그 후학들이 지은 1백 31편의 책을 모아 정리한 뒤에, 선제(宣帝) 때 대덕(戴德)이 85편으로 엮어 대대례(大戴禮)라 하였고, 대덕의 조카 대성(戴聖)이 49편으로 줄여 소대례(小戴禮)라 하였다. 현재의 예기는 소대례의 별칭이다. ≪朴諺, 中, 21ㅎ≫或分身居士·宰官(集覽, 朴集, 中, 5ㅈ: 居士宰官. 禮記玉藻曰, 居士錦帶. 注, 道藝處士也.), 或 居士·宰官에 分身ᄒᆞ고.

예대(禮待) 동 보살피다. 또는 예로서 대우하다. ⇔보ᅀᅡᆲ피다. ≪集覽, 字解, 累字解, 2ㅈ≫打發. 禮待應答之稱, 보ᅀᅡᆲ펴 ᄃᆡ답ᄒᆞ다. ≪朴諺, 中, 31ㅈ≫粧腰大模樣(集覽, 朴集, 中, 7ㅈ: 粧腰大摸〈模〉樣. 質問云, 如人大氣像起來時, 又粧妖氣, 又作大摸〈模〉大樣, 不禮待人, 方言謂氣像大起來時, 粧妖大摸〈模〉樣.), 腰大 模樣을 ᄭᅮᆷ여.

예락(醴酪) 명 단술과 우유. ≪朴諺, 上, 4ㅈ≫荔子(集覽, 朴集, 上, 2ㅈ: 荔子. 子作支〈支〉. 荔支〈支〉, 生巴峽間, 形狀團如帷盖, 葉如冬青, 花如橘, 春榮. 實如丹夏, 朶如葡萄, 核如枇杷, 殼如紅繒, 膜如紫綃, 瓤肉潔白如冰霜, 漿液甘如醴酪. 如離本枝, 一日色變, 二日香變, 三日味變, 四五日外色·香·味盡〈尽〉變.), 녀지오.

예물(禮物) 명 예로 주는 물품. ≪朴諺, 上, 41ㅈ≫下多少財錢(集覽, 朴集, 上, 11ㅎ: 下多少財錢. 又一次有禮曰請期, 謂之催裝, 亦具禮物. 五品以下無請期之禮.), 언멋 財錢을 드리더뇨.

예배(禮拜) 동 신이나 부처와 같은 초월적 존재 앞에 경배하는 의식을 행하다. ⇔예배ᄒᆞ다(禮拜-). ≪朴諺, 上, 31ㅈ≫那般磕頭禮拜央及我, 뎌리 머리 조ᅀᅡ 禮拜ᄒᆞ여 내게 빌거늘. ≪朴諺, 上, 37ㅈ≫墻上一塊土吊下來禮拜, 담 우희 ᄒᆞᆫ 덩이 ᄒᆞᆰ이 ᄠᅥ러뎌 ᄂᆞ려와 禮拜ᄒᆞᄂᆞᆫ 거시여. ≪朴諺, 上, 66ㅎ≫禮拜供養做些因緣時好, 禮拜供養ᄒᆞ야 져기 인연을 지음이 됴흐리로다.

예배ᄒᆞ다(禮拜-) 동 신이나 부처와 같은 초월적 존재 앞에 경배하는 의식을 행하다. ⇔예배(禮拜). ≪朴諺, 上, 31ㅈ≫那般磕頭禮拜央及我, 뎌리 머리 조ᅀᅡ 禮拜ᄒᆞ여 내게 빌거늘. ≪朴諺, 上, 37ㅈ≫墻上一塊土吊下來禮拜, 담 우희 ᄒᆞᆫ 덩이 ᄒᆞᆰ이 ᄠᅥ러뎌 ᄂᆞ려와 禮拜ᄒᆞᄂᆞᆫ 거시여.

예부(禮部) 명 육부(六部)의 하나. 국가의 법령과 제도, 제사(祭祀)·학교·과거(科擧) 및 외국 사신의 접대 등 중요한 국사를 관장하던 관서. 원래는 한대(漢代) 상서(尙書)의 객조(客曹)였으나, 북위(北魏) 때 의조(儀曹)라 부르다가 북주(北周) 때부터 예부라 하였다. 청(淸)나라 말기에 전례원(典禮院)으로 고쳤다. ≪朴諺, 上, 5ㅎ≫叫教坊司(集覽, 朴集, 上, 2ㅎ: 教坊司. 掌雅·俗樂之司, 隷禮部, 有奉鑾〈鑾〉·韶舞·司樂等官, 一名麗春院, 卽元俗所呼抅欄司.)十數箇樂工和做院本諸般雜技的來, 教坊司의 여라믄 樂工과 院本에 여러 가지 雜技ᄒᆞᄂᆞ니를 블러오라. ≪朴諺, 上, 8ㅈ≫小人到禮部裏, 小人이 禮部의 가노라. ≪朴諺, 上, 9ㅈ≫小人也得了劄付(集覽, 朴集, 上, 4ㅎ: 劄付. 音義云, 禮部知會都堂總兵官文書, 內有事件, 体式詳見求政錄.)關字便上馬, 小人도 劄付 關字를 어드면 곳 上馬ᄒᆞ리로다.

예상(禮上) 동 출관(出官)하다. 출사(出仕)하다. ⇔츌관ᄒᆞ다. ≪朴諺, 中, 45ㅎ≫五月初頭禮上了也, 五月 初生에 츌관ᄒᆞ리라.

예성(穢聲) 명 추잡하고 좋지 못한 소문. ≪朴諺, 下, 49ㅈ≫好女不看燈(集覽, 朴集, 下, 11ㅈ: 好女不看燈. 今漢俗, 上元夜行過三橋, 則一年度厄, 謂之過橋. 傾城士女, 夜遊徹明, 頗有穢聲.), 好女는 看燈 아니ᄒᆞᆫ다 ᄒᆞᄂᆞ니라.

예송(禮誦) 명 〈불〉 예불(禮佛)과 독경(讀經). ≪朴諺, 上, 33ㅈ≫披着袈裟(集覽, 朴集, 上, 10ㅈ: 袈裟. 二曰鬱〈齎〉多羅僧, 卽七條也, 此云上着衣也, 入衆時衣, 禮誦齋講時着.), 袈裟 닙고.

예처(羿妻) 명 신화상 예(羿)의 아내라는 여자. 곧, 항아(嫦娥). 예가 서왕모(西王母)에게 얻어온 불사약(不死藥)을 훔쳐 먹고 달로 도망갔다고 한다. ≪朴諺, 下, 7ㅎ≫放着一箇三隻脚鐵蝦蟆兒(集覽, 朴集, 下, 2ㅈ: 三隻脚鐵蝦蟆. 書言故事云, 月宮蟾蜍三足, 是爲羿(羿)妻所化.)便是, ᄒᆞᆫ 세 발 가진 쇠두텁이 노ᄒᆞᆫ 거시 곳 이라.

예체(禮體) 명 예절. 또는 규범. ≪朴諺, 中, 41ㅈ≫不學些禮體, 져기 禮體를 ᄇᆡ호디 아니ᄒᆞ니.

예필(禮畢) 동 인사를 끝마치다. ⇔예필ᄒᆞ다(禮畢-). ≪朴諺, 下, 30ㅈ≫百官禮畢後, 百官이 禮畢ᄒᆞᆫ 後에.

예필ᄒᆞ다(禮畢-) 동 인사를 끝마치다. ⇔예필(禮畢). ≪朴諺, 下, 30ㅈ≫百官禮畢後, 百官이 禮畢ᄒᆞᆫ 後에.

-엣 조 -에 있는. ≪朴諺, 中, 35ㅎ≫不論竿子上的樻子上的物件, 홰엣 거시나 궤엣 物件을 혜디 아니ᄒᆞ고.

오(五) 관 ❶다섯. ⇔다ᄉᆞᆺ. ≪朴諺, 上, 16ㅈ≫你這五件兒刀子, 네 이 다ᄉᆞᆺ 발 칼을. ≪朴諺, 上, 40ㅎ≫與你五箇銅錢, 너를 다ᄉᆞᆺ 낫 銅錢을 주마. ≪朴諺, 上, 47ㅈ≫湯錢五箇錢, 湯錢은 다ᄉᆞᆺ 낫 돈이오. ≪朴諺, 上, 47ㅈ≫梳頭五箇錢, 머리 빗기기는 다ᄉᆞᆺ 낫 돈이오. ≪朴諺, 上, 47ㅈ≫修脚五箇錢, 발돕 다듬기는 다ᄉᆞᆺ 낫 돈이니. ≪朴諺, 中, 1ㅈ≫一箇人與他五箇錢時放入去, ᄒᆞᆫ 사ᄅᆞᆷ이 뎌를 다ᄉᆞᆺ 낫 돈을 주면 노하 드려보내ᄂᆞ니라. ≪朴諺, 中, 10ㅎ≫五歲的小厮急且那裏走, 다ᄉᆞᆺ 슬엣 아ᄒᆡ 과거리 아직 어ᄃᆡ로 ᄃᆞ라나리오. ≪朴諺, 中, 19ㅎ≫放稈草五錢一束(束)家放, 조딥헤 노흐되 다ᄉᆞᆺ 낫 돈에 ᄒᆞᆫ 뭇식 ᄒᆞ여 노코. ❷닷. ⇔닷. ≪朴諺, 上, 18ㅈ≫五兩金子廂的, 닷 냥 金으로 젼메웟ᄂᆞ니라. ≪朴諺, 上, 29ㅎ≫每一箇討五錢銀子, ᄆᆡ ᄒᆞ나히 닷 돈 은을 ᄡᅬ오려니와. ≪朴諺, 上, 31ㅈ≫他少我五兩銀子裏, 뎨 내게 닷 냥 은을 빗졋ᄂᆞ니. ≪朴諺, 上, 43ㅈ≫不要紙金要五錢皮金, 紙金으란 말고 닷 돈 皮金을 ᄒᆞ고. ≪朴諺, 上, 46ㅎ≫五箇黃毛施布, 닷 필 누른 모시뵈와. 五箇黑帖裏布, 닷 필 거믄 텰릭 뵈를. ≪朴諺, 上, 59ㅈ≫五錢銀子買一箇羊腔子, 닷 돈 은에 ᄒᆞᆫ 양의 얼골을 사. ≪朴諺, 中, 3ㅎ≫五箇大紅碾着, 닷 필은 다홍 드려 다듬고. 五箇染小紅乾色罷, 닷 필은 小紅 드려 건식으로 홈이 므던ᄒᆞ니. ≪朴諺, 中, 10ㅈ≫恩養財禮銀五兩永遠爲主, 恩養ᄒᆞᆫ 財禮 銀 닷 냥에 ᄒᆞ야 永遠히 님자를 삼아. ≪朴諺, 中, 19ㅎ≫將五兩銀子下馬莊

裏去, 닷 냥 은을 가지고 下馬莊에 가. ≪朴諺, 中, 38ㅈ≫這鴉靑的五兩銀子, 이 鴉靑에ᄂᆞᆫ 닷 냥 은이오. ≪朴諺, 中, 38ㅈ≫小賣了五錢銀, 닷 돈 은을 디워 ᄑᆞ노라.

오(汚) 동 더럽히다. ⇔더러이다. ≪朴諺, 中, 51ㅎ≫一套兒衣裳都汚了泥, ᄒᆞᆫ 불 衣裳을 다 즌흙에 더러엿더라.

오(悞) 명 그릇. 잘못. ⇔그릇. ≪朴諺, 中, 5ㅈ≫不悞了你的, 네 하ᄅᆞᆯ 그릇 아니호리라.

오(悮) 명 오(悞). '悮'는 '悞'의 속자. ≪朴諺, 中, 5ㅈ≫不悮了你的, 네 하ᄅᆞᆯ 그릇 아니호리라.

오(熬) 동 ❶달이다. ⇔달히다. ≪朴諺, 中, 6ㅎ≫一壁廂熬些細茶, ᄒᆞᆫ ᄇᆞᄅᆞᆷ 구석의셔 젹이 細茶ᄅᆞᆯ 달히라. ≪朴諺, 中, 16ㅈ≫熬兩服喫, 두 복을 달혀 먹고. ≪朴諺, 下, 2ㅈ≫熬些茶芽來我喫, 져기 茶芽ᄅᆞᆯ 달혀 오라 내 먹쟈. ❷쑤다. ⇔ᄡᆞ다. ≪朴諺, 中, 6ㅎ≫熬些稀粥, 젹이 믈근 쥭을 ᄡᆞ고. ≪朴諺, 中, 30ㅈ≫稀粥也熬着裏, 믉은 쥭도 ᄡᅮ엇다. ❸삶다. ⇔ᄉᆞᆱ다. ≪朴諺, 中, 34ㅈ≫一冬裏熬喫好, ᄒᆞᆫ 겨올의 ᄉᆞᆯ마 먹기 됴흐니라.

-오 어미 -고. -오. ≪朴諺, 上, 14ㅎ≫不是諸王段子, 諸王의 비단이 아니오. ≪朴諺, 上, 30ㅈ≫沒來由胡討價錢怎麼, ᄉᆞᆨ졀업시 간대로 갑슬 ᄭᅬ옴은 엇디오. ≪朴諺, 上, 33ㅎ≫而今沒來由偸別人的媳婦怎麼, 이제 ᄉᆞᆨ졀업시 ᄂᆞᆷ의 겨집을 도적홈은 엇디오. ≪朴諺, 上, 48ㅎ≫家貧不是貧路貧愁殺人, 家貧은 이 貧이 아니오 路貧이아 사ᄅᆞᆷ을 근심케 ᄒᆞᄂᆞ니라.

-오 조 -고. -오. ≪朴諺, 上, 1ㅈ≫人生一世草生一秋, 人生 一世ㅣ오 草生 一秋ㅣ라. ≪朴諺, 上, 25ㅈ≫珊瑚鉤子繫腰, 珊瑚 鉤子 ᄒᆞᆫ ᄯᅴ오. ≪朴諺, 上, 25ㅎ≫象牙頂兒, 象牙 머리오. ≪朴諺, 上, 26ㅈ≫油心紅畫水波面兒的鞍橋子, 油心紅빗치 水波面 그린 기ᄅᆞ마가지오. ≪朴諺, 上, 28ㅈ≫底下垂下着兩頭靑珠兒結串的駝毛肚帶, 미ᄐᆡ 드리온 거슨 두 머리예 프른 구슬로 ᄆᆡ자 ᄢᅦ온 약대 털로 ᄒᆞᆫ 빗대오. ≪朴諺, 上, 28ㅎ≫白斜皮鞦皮轡頭, 白斜皮로 ᄒᆞᆫ 쥬피와 굴레오. ≪朴諺, 上, 36ㅈ≫二哥是運斗, 둘재 형은 이 다리우리오. ≪朴諺, 上, 42ㅈ≫好文章諸般才藝, 文章이 됴코 여러 가지 才藝오. ≪朴諺, 上, 60ㅎ≫兩角獸頭都是靑瑠璃, 두 모헤 獸頭ᄂᆞᆫ 다 靑瑠璃오. ≪朴諺, 上, 61ㅎ≫湖心中浮上浮下的是雙雙兒鴨子, 湖 心中에 浮上 浮下ᄒᆞᄂᆞᆫ 거슨 이 雙雙ᄒᆞᆫ 올히오. ≪朴諺, 上, 62ㅈ≫河邉兒窺魚的是無數目的水老鴉, 믈ᄭᆞ의 고기 엿ᄂᆞᆫ 거슨 이 수 업슨 가마오디오. ≪朴諺, 中, 15ㅈ≫小人虛汗只是流水一般, 小人이 虛汗이 그저 流水와 ᄒᆞᆫ가지오. ≪朴諺, 中, 35ㅎ≫那廝們只是夜猫, 뎌 놈들은 그저 옷밤이오. ≪朴諺, 中, 9ㅎ≫年五歲無病, 나히 五歲오 병 업스니ᄅᆞᆯ다가.

-오- 어미 -오-. ≪朴諺, 上, 13ㅎ≫容易醫他, 뎌ᄂᆞᆫ 고티기 쉬오니. ≪朴諺, 上, 44ㅈ≫那的最容易, 뎌ᄂᆞᆫ ᄀᆞ장 쉬오니. ≪朴諺, 上, 55ㅎ≫一箇赤馬生的十分可喜, ᄒᆞᆫ 졀다ᄆᆞᆯ이 얼굴이 ᄀᆞ장 고오되. ≪朴諺, 上, 59ㅈ≫常言道, 常言에 닐오ᄃᆡ. ≪朴諺, 上, 61ㅎ≫筆舌難窮, 筆舌로도 다ᄒᆞ기 어려오니라. ≪朴諺, 中, 24ㅈ≫萬刼再逢難, 萬劫이라도 다시 만나기 어려오니라. ≪朴諺, 中, 29ㅈ≫那媳婦道, 뎌 媳婦ㅣ 닐오ᄃᆡ. ≪朴諺, 中, 35ㅎ≫有法度容易隄防, 法度ㅣ 이시니 隄防ᄒᆞ기 쉬오니라. ≪朴諺, 中, 45ㅈ≫燒些餠子香, 져기 餠子香 픠오고. ≪朴諺, 中, 50ㅈ≫不敢違了姐姐的言語, 감히 姐姐의 말을 어긔오디 말고. ≪朴諺, 中, 55ㅎ≫這房子水芹田近, 이 집이 미나리밧티 갓가오니. ≪朴諺, 中, 60ㅎ≫反上反下, 도로혀 올리락 도로혀 ᄂᆞ리오락 ᄒᆞᆫ다 ᄒᆞ니. ≪朴諺, 下, 1ㅎ≫古人道, 古人이 닐오ᄃᆡ. ≪朴諺, 下, 10ㅈ≫便喝跳起來道, 곳 혀ᄎᆞ고 ᄠᅱ여 니러 닐오ᄃᆡ. ≪朴諺, 下, 23ㅎ≫將

軍奏道, 將軍이 엿ᄌᆞ와 닐오ᄃᆡ. ≪朴諺, 下, 36ㅈ≫衆人喝保道, 모든 사ᄅᆞᆷ이 혀ᄎᆞ고 닐오ᄃᆡ. ≪朴諺, 下, 36ㅈ≫別人道, 다ᄅᆞᆫ 사ᄅᆞᆷ이 닐오ᄃᆡ. ≪朴諺, 下, 40ㅈ≫他標致, 뎌 영노솔가오니. ≪朴諺, 下, 51ㅈ≫慢慢的將鈎兒垂下水裡去時, 날호여 낙시ᄅᆞᆯ다가 믈에 들이오면.

오가(五家) 명 다섯 채의 집. 또는 다섯 세대. ≪朴諺, 下, 52ㅈ≫叫到隣人幷巡宿總甲(集覽, 朴集, 下, 11ㅎ: 總甲. 又里制, 每里一百戶, 五家爲一火, 十家爲一甲, 每十戶, 甲首一名.)人等, 隣人과 巡宿ᄒᆞᄂᆞᆫ 總甲人 等을 아오로 블러.

오개(五箇) 관 ❶다섯 (마리). ⇔다ᄉᆞᆺ. ≪朴諺, 下, 38ㅈ≫五箇鋪馬去了, 다ᄉᆞᆺ 鋪馬로 가니라. ❷다섯 (명). ⇔다ᄉᆞᆺ. ≪朴諺, 上, 37ㅎ≫一間房子裏五箇人剛坐的, ᄒᆞᆫ 간 방에 다ᄉᆞᆺ 사ᄅᆞᆷ이 계요 안는 거시여. ≪朴諺, 上, 44ㅈ≫咱學長爲頭兒四十五箇學生, 우리 學長으로 爲頭ᄒᆞ여 마은 다ᄉᆞᆺ 學生이라.

오개(五箇) 수 ❶다섯 (개). ⇔다ᄉᆞᆺ. ≪朴諺, 上, 49ㅈ≫一邉五箇家分着射, ᄒᆞᆫ 편에 다ᄉᆞᆺ식 논화 ᄡᅩ쟈. ❷다섯 (마리). ⇔다ᄉᆞᆺ. ≪朴諺, 中, 7ㅈ≫五箇細點的馬來, 다ᄉᆞᆺ 셰가ᄐᆞᆯᄒᆞᄂᆞᆫ ᄆᆞᆯ을 가져오고.

오개일두(五箇日頭) 명 닷새. ⇔닷쇄. ≪朴諺, 中, 53ㅎ≫也有五箇日頭裡, ᄯᅩ 닷쇄이시니.

오겁(五劫) 명 〈불〉 용한(龍漢)·적명(赤明)·상황(上皇)·연강(延康)·개황(開皇)의 다섯 겁을 통틀어 이르는 말. ≪朴諺, 中, 24ㅈ≫萬刼(集覽, 朴集, 中, 6ㅈ: 萬劫. 道經云, 天地一成一敗謂之劫〈刼〉. 上天開化, 建五劫〈刼〉紹運, 曰龍漢, 曰赤明, 曰上皇, 曰延康, 曰開皇. 五劫〈刼〉旣周, 復從其始.)再逢難, 萬劫이라도 다시 만나기 어려오니라.

오겁(五刼) 명 오겁(五劫). '刼'은 '劫'의 속자. ≪朴諺, 中, 24ㅈ≫萬刼(集覽, 朴集, 中, 6ㅈ: 萬劫. 道經云, 天地一成一敗謂之劫〈刼〉. 上天開化, 建五劫〈刼〉紹運, 曰龍漢, 曰赤明, 曰上皇, 曰延康, 曰開皇. 五劫〈刼〉旣周, 復從其始.)再逢難, 萬劫이라도 다시 만나기 어려오니라.

오경(五境) 명 〈불〉 오식(五識)으로 깨닫는 다섯 가지 대상. 곧, 빛[色]·소리[聲]·냄새[香]·맛[味]·닿는 느낌[觸]. ≪朴諺, 下, 18ㅎ≫做羅天(集覽, 朴集, 下, 4ㅎ: 羅天. 謂覆盖萬天, 羅絡三界, 極高無上, 故稱大羅. 三淸五境三十六天, 謂之大羅, 四方四梵三十二天, 謂之中羅, 其欲色三界三十八天, 謂之小羅, 緫〈総〉謂之羅天三界.)大醮, 羅天大醮ᄅᆞᆯ ᄒᆞ더니.

오공(吾空) 명 오공(悟空). '吾'는 '悟'의 다른 표기. ≪朴諺, 下, 17ㅈ≫唐三藏引孫行者(集覽, 朴集, 下, 4ㅈ: 孫行者. 其後唐太宗勑玄奘法師, 徃西天取經, 路經此山, 見此猴精壓在石縫, 去其佛押出之, 以爲徒弟, 賜法名吾空, 改号〈號〉爲孫行者, 與沙和尙及黑猪精·朱八戒偕徃, 在路降妖去恠, 救師脫難, 皆是孫行者神通之力也.), 唐三藏이 孫行者ᄅᆞᆯ ᄃᆞ리고.

오공(悟空) 명 중국의 소설 서유기(西遊記)에 나오는 손오공(孫悟空)의 법명(法名). 일명 제천대성(齊天大聖). ≪朴諺, 下, 17ㅈ≫唐三藏引孫行者(集覽, 朴集, 下, 4ㅈ: 孫行者. 其後唐太宗勑玄奘法師, 徃西天取經, 路經此山, 見此猴精壓在石縫, 去其佛押出之, 以爲徒弟, 賜法名吾空, 改号〈號〉爲孫行者, 與沙和尙及黑猪精·朱八戒偕徃, 在路降妖去恠, 救師脫難, 皆是孫行者神通之力也.), 唐三藏이 孫行者ᄅᆞᆯ ᄃᆞ리고.

오과(五果) 명 〈불〉 범서(梵書)에서 이르는 다섯 가지의 과일. 곧, 복숭아·대추·살구 따위의 핵과(核果), 배·사과 따위의 부과(膚果), 콩·팥 따위의 각과(殼果), 솔방울·잣 따위의 회과(檜果), 야자·호두 따위의 견과(堅果). ≪朴諺, 下, 8ㅈ≫做盂蘭盆齋(集覽, 朴集, 下, 2ㅎ: 盂蘭盆齋. 大藏經云, 大目犍連尊者, 以母生餓鬼

中不得食, 佛令作盂蘭盆, 至七月十五日, 具百味五果, 置盆中, 供養十方大德, 而後母乃得食. 翻譯名義云, 梵言盂蘭, 唐言救倒懸也.), 盂蘭盆齋를 ᄒᆞᄂᆞ니라.

오관산(五冠山) 명 경기도(京畿道) 개풍군(開豐郡) 영남면(嶺南面)에 있다. 정상에 작은 봉우리 다섯이 둥그렇게 관(冠)처럼 솟아 있다 하여 붙여진 이름이다. ≪朴諺, 下, 61ㅈ≫第二年, 第二年에. 移都松岳郡(集覽, 朴集, 下, 13ㅈ: 都松岳郡〈松岳郡〉. 今開城府. 高麗太祖之先有康忠者, 居五冠山摩訶岬.), 松岳郡에 移都ᄒᆞ니.

오군(五軍) 명 군제(軍制)의 하나. 명대(明代)의 좌군(左軍)·우군(右軍)·중군(中軍)·전군(前軍)·후군(後軍)의 다섯 군대를 이른다. ≪朴諺, 下, 11ㅎ≫得了照會(集覽, 朴集, 下, 3ㅈ: 照會. 五軍都督府照會六部, 六部照會承宣布政使司, 使司照會提刑按察司.), 照會를 얻노라. ≪朴諺, 下, 14ㅈ≫纔只掾史(集覽, 朴集, 下, 3ㅎ: 掾史. 今按, 五軍都督府有掾史, 而光祿寺吏無此名.)們將文卷來, ᄀᆞᆺ 掾史들히 文卷을 가져와.

오나ᄂᆞᆯ 동 오거늘. ≪朴諺, 下, 22ㅈ≫山神·土地神鬼都來了, 山神과 土地神鬼ㅣ 다 오나ᄂᆞᆯ.

오나라 동 오너라. 오거라. ⇔내마(來麼). ≪集覽, 字解, 單字解, 4ㅎ≫麼. 本音모. 俗用爲語助辭, 音마, 古人皆呼爲모, 故或通作莫. 怎麼 엇디, 來麼 오나라. 又用如乎字之意者則曰, 去麼 갈다, 有麼 잇ᄂᆞ녀. 元語, 麼道 니ᄅᆞᄂᆞ다, 麼音ᄆᆞ, 今不用.

-오니 어미 -우니. ≪朴諺, 上, 13ㅎ≫容易醫他, 뎌는 고티기 쉬오니. ≪朴諺, 上, 22ㅎ≫我輸了這場時遲了, 내 이 패을 지면 사오나오니. ≪朴諺, 上, 51ㅎ≫可知難裏, 그리어이(니) 어려오니.

오ᄂᆞᆯ 명 오늘. ❶⇔금(今). ≪朴諺, 下, 41ㅈ≫今早起出殯來, 오ᄂᆞᆯ 새배 出殯ᄒᆞ니라. ❷⇔금일(今日). ≪朴諺, 上, 7ㅎ≫今日箇日頭, 오ᄂᆞᆯ날에. ≪朴諺, 上, 19ㅈ≫你今日那裏去, 네 오ᄂᆞᆯ 어ᄃᆡ 가ᄂᆞᆫ다. 我今日印子鋪裏儅錢去, 내 오ᄂᆞᆯ 印子鋪에 돈 典儅ᄒᆞ라 가노라. ≪朴諺, 上, 34ㅈ≫小僧從今日, 小僧이 오ᄂᆞᆯ브터. ≪朴諺, 上, 44ㅈ≫你今日怎麼學裏不曾去, 네 오ᄂᆞᆯ 엇디 學에 일즙 가디 아니ᄒᆞ엿ᄂᆞᆫ다. ≪朴諺, 上, 57ㅎ≫今日都請下了, 오ᄂᆞᆯ 다 請ᄒᆞ엿ᄂᆞ니라. ≪朴諺, 上, 66ㅈ≫從今日起後日罷散, 오ᄂᆞᆯ브터 시작ᄒᆞ여 모뢰면 罷散ᄒᆞᆯ러라. ≪朴諺, 中, 9ㅎ≫我今日買一箇小厮兒, 내 오ᄂᆞᆯ ᄒᆞᆫ 아ᄒᆡ를 사되. ≪朴諺, 中, 14ㅎ≫我今日腦疼頭旋, 내 오ᄂᆞᆯ 골치 앏파 머리 어즐ᄒᆞ고. ≪朴諺, 中, 24ㅎ≫今日上直去, 오ᄂᆞᆯ 上直 가니. ≪朴諺, 中, 38ㅎ≫今日早起表褙(背)衚衕裏, 오ᄂᆞᆯ 아ᄎᆞᆷ에 ᄇᆡ뎝골에. ≪朴諺, 中, 49ㅈ≫咱們人今日死的明日死的不理會的, 우리 사ᄅᆞᆷ이 오ᄂᆞᆯ 죽을 줄 ᄂᆡ일 죽을 줄 아디 못ᄒᆞ니. ≪朴諺, 中, 53ㅎ≫今日幾, 오ᄂᆞᆯ이 몃츨고. ≪朴諺, 中, 55ㅈ≫咳今日熱氣蒸人裏, 애 오ᄂᆞᆯ 熱氣 사ᄅᆞᆷ을 ᄶᅵ니. ≪朴諺, 下, 15ㅈ≫今日箇日頭, 오ᄂᆞᆯ날에. ≪朴諺, 下, 30ㅈ≫今日是聖莭(節)日, 오ᄂᆞᆯ은 이 聖莭(節)日이라. ≪朴諺, 下, 55ㅈ≫今日早起, 오ᄂᆞᆯ 일쓱에.

오ᄂᆞᆯ날 명 오늘날. ⇔금일일두(今日日頭). ≪朴諺, 上, 7ㅎ≫今日箇日頭, 오ᄂᆞᆯ날에. ≪朴諺, 下, 15ㅈ≫今日箇日頭, 오ᄂᆞᆯ날에.

오다 동 오다. ❶⇔내(來). ≪集覽, 字解, 單字解, 1ㅎ≫稍. 寄也. 稍將來 브텨 가져오라. ≪集覽, 字解, 單字解, 4ㅅ≫打. 擊也, 着實打, 又打三下. 又爲也. 打酒來 술 사 오라. 又曰, 打將來 ᄒᆞ야 오라, 打聽 듣보라, 打水 믈 긷다, 不打緊. 又打那裏去, 打東邊去, 有投向從往之意. 俗用打字, 似不合本意者多, 而實有取意不苟, 其用甚廣, 此不盡錄. ≪朴諺, 上, 2ㅈ≫討南方來的蜜林檎燒酒一桶, 南方으로셔 온 蜜林檎燒酒 ᄒᆞᆫ 통과. ≪朴諺, 上, 31ㅈ≫那厮高麗地面來的宰相們上做牙子, 뎌 놈이 高麗 ᄯᅡ흐로셔 온 宰相들희손ᄃᆡ 즈름

이 도엿ᄂᆞ니. ≪朴諺, 上, 51ㅈ≫親戚們都來慶, 親戚들히 다 와 경하ᄒᆞᄂᆞ니라. ≪朴諺, 上, 66ㅎ≫我到衙門押了公座便來, 내 衙門에 가 公座簿에 일홈두고 곳 오리라. ≪朴諺, 中, 2ㅈ≫喃(唧)將那一箇顔色的旗來說時, 아므 ᄒᆞᆫ 빗체 旗롤 므러 오라 니ᄅᆞ면. ≪朴諺, 中, 16ㅎ≫這幾日高麗地面裏來的, 요ᄉᆞ이 高麗ㅅ 짜흐로셔 온. ≪朴諺, 中, 26ㅈ≫陝(陜)西赶來的白駝氊大帽兒一箇, 陝(陜)西셔 미러 온 白駝氈 큰갓 ᄒᆞ나흘 ᄆᆡᆫ드되. ≪朴諺, 中, 38ㅈ≫明日來管迴換, ᄂᆡ일 와 므르믈 ᄆᆞ음알리라. ≪朴諺, 中, 51ㅎ≫揀(揀)路兒行來, 길흘 ᄀᆞᆯ히여 오롸. ≪朴諺, 下, 2ㅈ≫熬些茶芽來我喫, 져기 茶芽롤 달혀 오라 내 먹쟈. ≪朴諺, 下, 11ㅈ≫有人來時, 사ᄅᆞᆷ 오리 잇거든. ≪朴諺, 下, 16ㅎ≫禍從天上來, 禍ㅣ 天上으로 조차 오ᄂᆞ니라. ≪朴諺, 下, 22ㅈ≫山神·土地神鬼都來了, 山神과 土地神鬼ㅣ 다 오나ᄂᆞᆯ. ≪朴諺, 下, 34ㅈ≫一箇去百箇來, ᄒᆞ나히 가매 ᄇᆡᆨ이 온다 ᄒᆞᄂᆞ니라. ≪朴諺, 下, 40ㅈ≫你請他這裡來麼, 네 뎌롤 청ᄒᆞ여 여긔 올싸. 來不的, 오디 아니ᄒᆞ랴. ≪朴諺, 下, 60ㅈ≫咱衆人們特來告報, 우리 모든 사ᄅᆞᆷ들히 특별이 와 告報ᄒᆞ노니. ❷⇔내도(來到). ≪朴諺, 中, 12ㅎ≫昨日恰來到, 어제 ᄀᆞᆺ 올와. ≪朴諺, 中, 15ㅎ≫來到家裏害熱時, 집의 오니 熱ᄒᆞ여. ❸⇔도(到). ≪朴諺, 中, 44ㅈ≫若你也到我樓上, 만일 너도 내 樓上에 오면. ≪朴諺, 下, 19ㅈ≫小先生到前面教點燈, 小先生이 앏픠 와 블혀이거ᄂᆞᆯ. ❹⇔전래(前來). ≪朴諺, 中, 16ㅎ≫勞易前來, 슈고로이 오니.

오다 동 오다. 내리다. ⇔하(下). ≪朴諺, 上, 21ㅎ≫今日下雨正好下碁, 오ᄂᆞᆯ 비 오니 졍히 바독 두기 됴타. ≪朴諺, 上, 36ㅈ≫下雨開花刮風結子, 비 오면 곳 픠고 ᄇᆞ람 블면 여름 여ᄂᆞᆫ 거시여. ≪朴諺, 中, 40ㅈ≫每日下雨, 每日에 비 와.

오대(五代) 명 당(唐)나라 말기의 다섯 나라. 곧, 양(梁)·당(唐)·진(晉)·한(漢)·주(周). ≪朴諺, 下, 59ㅎ≫梁貞明(集覽, 朴集, 下, 12ㅎ: 梁貞明. 梁, 國號, 卽五代朱梁也. 貞明, 均王年號.)四年三月裡, 梁貞明 四年 三月에.

오독(忤禿) 형 밍밍하다. 싱겁다. ⇔들므쥬군ᄒᆞ다. ≪朴諺, 中, 30ㅎ≫這酒忤禿怎麼喫, 이 술이 들므쥬군ᄒᆞ니 엇디 먹으료.

-오되 어미 -되. -오되. ≪朴諺, 上, 54ㅈ≫按月送納, ᄃᆞᆯ을 조차 送納호되. ≪朴諺, 上, 55ㅎ≫一箇赤馬生的十分可喜, ᄒᆞᆫ 졀다ᄆᆞᆯ이 얼굴이 ᄀᆞ장 고오되. ≪朴諺, 上, 55ㅎ≫那裏有一箇土黃馬好本事, 뎌긔 ᄒᆞᆫ 고라ᄆᆞᆯ이 이셔 ᄌᆡ죄 됴호되. ≪朴諺, 上, 56ㅈ≫點的細, 셰가탈호되.

오등선(五等禪) 명 〈불〉 다섯 가지의 참선(參禪). 수준에 따라 외도선(外道禪)·범부선(凡夫禪)·소승선(小乘禪)·대승선(大乘禪)·최상승선(最上乘禪)으로 나눈다. ≪朴諺, 上, 33ㅈ≫安禪(集覽, 朴集, 上, 10ㅈ: 禪. 靜也. 傳燈錄有五等禪, 有外道禪·凡夫禪·小乘禪·大乘禪·最上乘禪, 又名如來淸淨禪, 又名無上菩提. 又云, 被於身爲法, 說於口爲律, 行於心爲禪.)悟法却不好, 安禪 悟法홈이 ᄯᅩ 됴티 아니ᄒᆞ냐.

-오듸 어미 -으되. -되. ≪朴諺, 中, 2ㅈ≫古人道, 古人이 닐오ᄃᆡ. ≪朴諺, 中, 18ㅈ≫古人道, 古人이 닐오ᄃᆡ. ≪朴諺, 中, 27ㅎ≫小媳婦與大妻商(商)量說, 小媳婦ㅣ 大妻ᄃᆞ려 혜아려 닐오ᄃᆡ. ≪朴諺, 中, 28ㅈ≫常言道, 常言에 닐오ᄃᆡ. ≪朴諺, 中, 41ㅈ≫古人道, 古人이 닐오ᄃᆡ. ≪朴諺, 中, 45ㅈ≫古人道, 古人이 닐오ᄃᆡ. ≪朴諺, 下, 1ㅎ≫古人道, 古人이 닐오ᄃᆡ. ≪朴諺, 下, 6ㅈ≫咳我到處裏做生活時, 애 내 간 ᄃᆡ마다 셩녕을 호ᄃᆡ. ≪朴諺, 下, 23ㅎ≫將軍奏道, 將軍이 엿ᄌᆞ와 닐오ᄃᆡ. ≪朴諺, 下, 36ㅈ≫別人道, 다ᄅᆞᆫ 사ᄅᆞᆷ이 닐오ᄃᆡ. ≪朴諺, 下, 37ㅎ≫常言道, 常言에 닐오ᄃᆡ. ≪朴諺, 下, 40ㅎ≫也不要工錢, ᄯᅩ 工錢도 받디

아니호되.

-오라 어미 -어라. -노라. ≪朴諺, 中, 18ㅈ≫咳姐姐我不想你這般煩惱, 애 姐姐ㅣ아 내 네 이리 노ᄒᆞ여 홀 줄을 싱각디 못호라. ≪朴諺, 中, 30ㅎ≫將去再吊一吊, 가져가 다시 드리오라. ≪朴諺, 中, 55ㅎ≫把這窓兒都支起着, 이 창을다가 다 벗틔오라.

오라다 형 오래다. ⇔구(久). ≪朴諺, 中, 14ㅎ≫遠行知馬力, 멀리 가매 ᄆᆞᆯ 힘을 알고. 日久見人心, 날이 오라매 사ᄅᆞᆷ의 ᄆᆞᅀᆞᆷ을 보ᄂᆞ니라. ≪朴諺, 下, 4ㅎ≫久後你也得證果金身, 오란 후에 너도 證果金身 홈을 어드리라.

오락가락ᄒᆞ다 동 오락가락하다. ⇔내래거거(來來去去). ≪朴諺, 上, 36ㅈ≫二哥來來去去, 둘재 형은 오락가락ᄒᆞ고.

오래 부 오래. ⇔다시(多時). ≪朴諺, 下, 22ㅎ≫王見多時不出時, 王이 오래 나오디 아니ᄆᆞᆯ 보고.

오로 부 온전히. ⇔전(全). ≪朴諺, 下, 56ㅈ≫一張裏寫時全饋他, ᄒᆞᆫ 張에 써시면 오로 뎌를 주고.

-오로 조 -으로. ≪集覽, 字解, 累字解, 1ㅎ≫一面. 호은자. 又ᄒᆞ녀고로. 又ᄒᆞᆫ 번. ≪集覽, 字解, 單字解, 3ㅈ≫箇. 一枚也. 俗呼一枚爲一箇, 亦曰箇把. 又箇箇 난나치. 單言箇字, 亦爲一枚之意. 有箇人 ᄒᆞᆫ 사ᄅᆞ미. 又語助. 這箇·些箇. 又音이. 舌頭兩箇 혓 그토로, 今不用. ≪集覽, 字解, 單字解, 4ㅎ≫便. 去聲, 卽也. 便行 즉재 가니라, 便去 즉재 가리라, 又즉재 가다. 又則也. 便有 곧 잇다, 便是 곧 올ᄒᆞ니라. 又順也, 順便. 又安也, 便當. 又宜也. 行方便 됴홀 양오로 ᄒᆞ다, 不方便 다히 마지 쉽사디 아니타. 又猶則也. 你去便就有了 너옷 가면 이시리라. 又平聲, 穩便 온당ᄒᆞ다. 吏語, 便益. ≪集覽, 字解, 單字解, 5ㅈ≫隨. 從也. 隨你 네 ᄆᆞᅀᆞ모로, 隨喜 구경ᄒᆞ다, 隨從 조ᄎᆞ니. 吏語, 根隨 좃다. ≪朴諺, 下, 12ㅎ≫木植(集覽, 朴集, 下, 3ㅈ: 木植. 亦曰木料, 남·고〈그〉·로 : 셩·녕〈셩녕〉홀 ᄆᆞᅀᆞ미〈ᄆᆞᄋᆞᆷ이〉니. 詳見字解料字下.)都有麽, ᄆᆞᄋᆞᆷ이 다 잇ᄂᆞ냐.

오륙(五六) 관 대엿. 대여섯. ⇔다엿. ≪朴諺, 上, 25ㅎ≫五六件兒刀子, 다엿 ᄇᆞᆯ 칼은. ≪朴諺, 上, 43ㅎ≫沒有五六錢銀子, 다엿 돈 은이 업ᄉᆞ면.

오륙개(五六箇) 관 ❶대엿 (명). 대여섯 (명). ⇔다엿. ≪朴諺, 中, 53ㅎ≫五六箇婦人們坐的縫時, 다엿 겨집들이 안자 지으면. ❷대엿 (개). 대여섯(개). ⇔대엿. ≪朴諺, 中, 13ㅈ≫五六箇賊船, 대엿 賊舡이.

오르다 동 오르다. ⇔상(上). ≪朴諺, 上, 62ㅈ≫官人們也上幾隻舡, 官人들도 여러 비에 올라. ≪朴諺, 上, 67ㅈ≫今日脫靴上炕, 오ᄂᆞᆯ 훠를 벗고 炕에 올랏다가. ≪朴諺, 下, 2ㅈ≫惡心上來, 아닛고오미 올라. ≪朴諺, 下, 20ㅎ≫各上禪床坐定, 각각 禪床에 올라 안ᄶᅵ를 定ᄒᆞ고. ≪朴諺, 下, 49ㅈ≫忽跳上牛去, 믄득 쇠게 ᄠᅱ여 올라. ≪朴諺, 下, 59ㅈ≫上泰封王弓裔手下, 泰封王 弓裔 手下에 올라.

오릉(五陵) 명 중국 장안(長安)에 있는 한(漢) 고조(高祖) 이하 오제(五帝)의 능. 이 근처에 사는 많은 부호가(富豪家)의 아들들이 여기에서 모여 호화롭게 놀았다 한다. ≪朴諺, 下, 49ㅈ≫好女不看燈(集覽, 朴集, 下, 11ㅈ: 好女不看燈. 其寺觀街巷, 燈明若晝. 士女夜遊, 車馬塞路, 有足不躡地浮行數十步者. 阡陌縱橫, 城闉下禁, 五陵年少, 滿路行歌, 萬戶千門, 笙簧未撤.), 好女는 看燈 아니ᄒᆞᆫ다 ᄒᆞᄂᆞ니라.

오릉연소(五陵年少) 명 중국 경도(京都) 오릉(五陵) 근처에 사는 부호가(富豪家)의 아들을 일컫는 말. ≪朴諺, 下, 49ㅈ≫好女不看燈(集覽, 朴集, 下, 11ㅈ: 好女不看燈. 其寺觀街巷, 燈明若晝. 士女夜遊, 車馬塞路, 有足不躡地浮行數十步者. 阡陌縱橫, 城闉下禁, 五陵年少, 滿路行歌, 萬戶千門, 笙簧未撤.), 好女는 看燈 아니

ᄒᆞᆫ다 ᄒᆞᄂᆞ니라.

오리 의 오리. ❶⇔조(條). ≪朴諺, 上, 37ㅎ≫滿天星宿一箇月三條繩子由你曳, 하ᄂᆞᆯ에 ᄀᆞᄃᆞᆨᄒᆞᆫ 星宿에 ᄒᆞᆫ ᄃᆞᆯ을 세 오리 노흐로 제대로 ᄮᅳ으ᄂᆞᆫ 거시여. ≪朴諺, 中, 53ㅈ≫皇帝人家的一條線也, 皇帝ㅅ 집 ᄒᆞᆫ 오리 실인ᄃᆞᆯ. ≪朴諺, 下, 46ㅈ≫椽子麄的四條繩, 혓가래 굴긔예 네 오리 노흐로. ❷⇔조자(條子). ≪朴諺, 上, 24ㅎ≫脚穿着皀麂皮嵌金線藍條子, 발에 신은 거슨 거믄 기ᄌᆞ피예 金線 남 오리로 가품 ᄢᅵ고.

-오리라 어미 -으리다. ≪朴諺, 中, 41ㅈ≫我問你些字樣, 내 너ᄃᆞ려 져기 字樣을 무로리라. ≪朴諺, 下, 26ㅈ≫我不敢言語, 내 감히 말 못호리라.

오ᄅᆞ다 동 ❶오르다. ⇔상(上). ≪朴諺, 上, 62ㅈ≫官裏上龍缸, 황뎨 龍缸에 오ᄅᆞ면. ❷(살이) 오르다. 찌다. ⇔첨(添). ≪朴諺, 上, 21ㅎ≫甚麽膘添不上, 므슴아라 ᄉᆞᆯ이 오ᄅᆞ디 아니ᄒᆞ리오.

오문(午門) 명 중국 북경(北京) 내성(內城)에 있는 성문. 정남(正南)쪽의 문인 정양문(正陽門)의 다른 이름이다. ≪朴諺, 上, 11ㅎ≫我在平則門(集覽, 朴集, 上, 5ㅎ: 平則門. 永樂十九年, 營建宮室, 立門九, 南曰正陽, 又曰午門, 元則曰麗正, 南之右曰宣武, 元則曰順承, 南之左曰文明, 元則曰崇文, 又曰哈噠, 北之東曰安定, 北之西曰德勝, 元則曰健德, 東之北曰崇仁, 一名東直, 元名同, 東之南曰朝陽, 元則曰齊華, 西之北曰西直, 西之南曰阜城, 元則曰平則.)邊住, 내 平則門 ᄀᆞ의 이셔 사노라. ≪朴諺, 上, 24ㅎ≫午門(集覽, 朴集, 上, 8ㅈ: 午門. 見上平則門下.)外前看操馬去來, 午門 밧긔 ᄆᆞᆯ 됴습ᄒᆞᄂᆞᆫ 양 보라 가쟈. ≪朴諺, 下, 31ㅎ≫午門外前好飯店, 午門 밧기 밥뎜이 됴ᄒᆞ니. ≪朴諺, 下, 49ㅎ≫正陽是午門, 正陽은 이 午門이오.

오법(悟法) 동 〈불〉 불법(佛法)을 깨닫다. ⇔오법ᄒᆞ다(悟法-). ≪朴諺, 上, 33ㅈ≫安禪悟法却不好, 安禪 悟法홈이 ᄯᅩ 됴티 아니ᄒᆞ냐.

오법ᄒᆞ다(悟法-) 동 〈불〉 불법(佛法)을 깨닫다. ⇔오법(悟法). ≪朴諺, 上, 33ㅈ≫安禪悟法却不好, 安禪 悟法홈이 ᄯᅩ 됴티 아니ᄒᆞ냐.

오분(五分) 명 반(半). 5할(割). ≪朴諺, 中, 31ㅈ≫他敬我五分刺(刺), 뎨 날을 五分을 공경ᄒᆞ면. ≪朴諺, 中, 31ㅈ≫我敬他五分, 나ᄂᆞᆫ 뎌ᄅᆞᆯ 五分을 공경ᄒᆞ리라.

오사(吳舍) 명 오씨(吳氏) 성(姓)을 가진 사인(舍人). 또는 오가(吳哥). ≪朴諺, 中, 14ㅎ≫我這吳舍生受服事我來, 우리 이 吳舍ㅣ 슈고로이 날을 服事ᄒᆞ여 오니라.

오색(五色) 명 황(黃)·청(靑)·적(赤)·백(白)·흑(黑)의 다섯 가지 빛깔. ≪朴諺, 上, 24ㅎ≫絟着一副鴉靑段子滿刺(刺)嬌(集覽, 朴集, 上, 8ㅈ: 滿刺〈刺〉嬌. 質問云, 以蓮花·荷葉·藕〈耦〉·鴛鴦·蜂蝶之屬〈形〉, 或用五色絨綉, 或用彩色畫於段帛上, 謂之滿池嬌. 今按, 刺〈刺〉, 新舊原本皆作池, 今詳文義, 作刺〈刺〉是. 池與〈与〉刺〈刺〉音相近而訛.)護膝, ᄒᆞᆫ 부 야쳥 비단에 滿刺(刺)嬌 ᄒᆞᆫ 슬갑을 ᄆᆡ엿고. ≪朴諺, 中, 32ㅎ≫五色彩雲籠罩, 五色彩雲이 ᄢᅵ엿고. ≪朴諺, 下, 35ㅈ≫咱打那一箇窩兒(集覽, 朴集, 下, 7ㅎ: 窩兒. 又一本質問畫毬門架子, 如本國抛毬樂架子. 而云木架子, 其高一丈, 用五色絹結成彩門, 中有圓眼, 擊起毬兒入眼過落窩者勝.), 우리 어ᄂᆡ ᄒᆞᆫ 굼글 티료.

오서(烏犀) 명 코뿔소. ≪朴諺, 上, 26ㅈ≫鞍子是一箇烏犀角邉兒幔玳瑁, 기ᄅᆞ마ᄂᆞᆫ 이 ᄒᆞᆫ 烏犀角 변ᄋᆞ에 玳瑁를 ᄭᆞ랏고.

오서각(烏犀角) 명 오서(烏犀)의 뿔. ≪朴諺, 上, 26ㅈ≫鞍子是一箇烏犀角邉兒幔玳瑁, 기ᄅᆞ마ᄂᆞᆫ 이 ᄒᆞᆫ 烏犀角 변ᄋᆞ에 玳瑁를 ᄭᆞ랏고.

오선(五禪) 명 〈불〉 다섯 가지의 참선(參禪). 수준에 따라 외도선(外道禪)·범부선(凡夫禪)·소승선(小乘禪)·대승선(大乘禪)·최상승선(最上乘禪)으로 나눈다.

≪朴諺, 上, 33ㅈ≫安禪(集覽, 朴集, 上, 10ㅈ: 禪. 靜也. 傳燈錄有五等禪, 有外道禪·凡夫禪·小乘禪·大乘禪·最上乘禪, 又名如來淸淨禪, 又名無上菩提. 又云, 被於身爲法, 說於口爲律, 行於心爲禪.)悟法却不好, 安禪 悟法홈이 또 됴티 아니ᄒᆞ냐.

오설(傲雪) 동 눈이 나뭇가지에 쌓여도 그 무게를 무릅쓰고 굽히지 않다. ⇔오설ᄒᆞ다(傲雪-). ≪朴諺, 上, 61ㅎ≫擎天耐寒傲雪蒼松, 擎天ᄒᆞᆫ 耐寒 傲雪ᄒᆞᄂᆞᆫ 蒼松과.

오설ᄒᆞ다(傲雪-) 동 눈이 나뭇가지에 쌓여도 그 무게를 무릅쓰고 굽히지 않다. ⇔오설(傲雪). ≪朴諺, 上, 61ㅎ≫擎天耐寒傲雪蒼松, 擎天ᄒᆞᆫ 耐寒 傲雪ᄒᆞᄂᆞᆫ 蒼松과.

오심(惡心) 형 메스껍다. 역겹다. ⇔아닛곱다. ≪朴諺, 下, 2ㅈ≫惡心上來, 아닛고오미 올라.

오십(五十) 관 쉰. ⇔쉰. ≪朴諺, 上, 1ㅎ≫買五十斤猪肉, 五十斤 猪肉을 사고. ≪朴諺, 上, 11ㅈ≫五十年也倒不得, 五十年이라도 믄허디디 아니ᄒᆞ리라. ≪朴諺, 上, 12ㅈ≫五十箇銅錢一擔家去來, 五十 낫 銅錢에 ᄒᆞᆫ 짐식 ᄒᆞ여 가쟈. ≪朴諺, 中, 57ㅈ≫兒的五十箇錢, 수ᄂᆞᆫ 쉰 낫 돈이오.

오역(忤逆) 동 거역하다. 거스르다. ⇔오역ᄒᆞ다(忤逆-). ≪朴諺, 中, 40ㅎ≫把這生分忤逆(集覽, 朴集, 中, 8ㅈ: 生分忤逆. 生分, 謂賦受性分也, 忤亦逆也.)呆種, 이 본딕 忤逆ᄒᆞᆫ 어린ᄡᅵ롤다가.

오역ᄒᆞ다(忤逆-) 동 거역하다. 거스르다. ⇔오역(忤逆). ≪朴諺, 中, 40ㅎ≫把這生分忤逆(集覽, 朴集, 中, 8ㅈ: 生分忤逆. 生分, 謂賦受性分也, 忤亦逆也.)呆種, 이 본딕 忤逆ᄒᆞᆫ 어린ᄡᅵ롤다가.

오연삼하과(五軟三下鍋) 명 주로 돼지고기의 정육(精肉)을 잘게 썰어 소금과 초를 뿌려 익힌 음식. 잘게 썬 파와 함께 먹는다. ≪朴諺, 上, 7ㅈ≫第五道五軟三下鍋(集覽, 朴集, 上, 3ㅎ: 五軟三下鍋. 質問云, 五般無骨精肉〈五般精肉〉, 碎切爲片, 先用塩煎, 次用醋煮, 交葱花以食.), 第五道ᄂᆞᆫ 五軟三下鍋ㅣ오.

오예(汚穢) 명 지저분하고 더러운 것. ≪朴諺, 上, 50ㅎ≫上頭鋪兩三箇襁子(集覽, 朴集, 上, 13ㅎ: 襁子. 音義云, 襁褓, 接習汚穢之物. 今按, 襁卽繃子, 褓卽襁子, 音義混而一之, 誤矣. 但譯語指南, 亦呼繃子, 混稱爲襁褓. 未詳是否. 襁子, 깃.), 우희 두세 깃을 ᄭᆞᆯ고.

오욕(五欲) 명 〈불〉 다섯 가지 욕심이라는 뜻으로, 빛[色]·소리[聲]·냄새[香]·맛[味]·닿는 느낌[觸]의 다섯 가지 정욕(情欲)을 이르는 말. ≪朴諺, 上, 62ㅎ≫只此人間兜率(集覽, 朴集, 上, 15ㅈ: 兜率. 梵語兜率, 此云妙足, 又云知足於五欲知止足. 故佛地論云, 名憙足, 謂後身菩薩於中敎化, 多修憙足故.), 그저 이 人間ㅅ 兜率이러라.

오월(五月) 명 한 해 열두 달 가운데 다섯째 달. ≪朴諺, 中, 45ㅎ≫這五月裏滿了, 이 五月에 ᄎᆞᄂᆞ니라. ≪朴諺, 中, 45ㅎ≫五月初頭禮上了也, 五月 初生에 츌관ᄒᆞ리라.

오일(午日) 명 지지(地支)가 오(午)인 날. ≪朴諺, 下, 59ㅈ≫上泰封王弓裔(集覽, 朴集, 下, 12ㅎ: 弓裔. 日官奏曰, 此兒以重午日生, 生而有齒, 且光談〈焰〉異常, 恐將不利於國家, 宜勿擧.)手下, 泰封王 弓裔 手下에 올라.

오자(誤字) 명 잘못 쓴 글자. ≪集覽, 凡例≫凡漢人用字, 或取音同, 或取省文以書. 兩本多有誤字, 今皆去僞從眞, 以便初學之習.

오작(仵作) 명 지방 관아에 속하여 수령이 시체를 임검할 때에 시체를 주워 맞추는 일을 하던 하인. ≪朴諺, 下, 42ㅎ≫仵作(集覽, 朴集, 下, 9ㅈ: 仵作. 吏學指南云, 中人也. 仵者, 偶也, 作者, 任事也. 爾雅曰, 偶者, 合也. 陰陽相合則成偶, 謂得中也. 仵字從人從午, 萬物至午則中正, 又午位屬火, 破諸幽暗, 所以仵作名中人也.)家, 仵作의 집의.

오제(五帝) 명 중국 고대의 다섯 성군(聖

君). 곧, 황제(黃帝)·전욱(顓頊)·제곡(帝嚳)·당요(唐堯)·우순(虞舜). ≪朴諺, 上, 53ㅈ≫官裏(集覽, 朴集, 上, 14ㅈ: 官裏. 呼皇帝爲官家, 亦曰官裏. 五帝官天下·三王家天下, 故云耳〈三王家天下故耳〉.)前面揨柳射弓的多有, 황뎨 앏희셔 버들 곳고 활 뽀ᄂᆞ니 만히 이시니.

-오져 어미 -고자. ≪集覽, 字解, 單字解, 1ㅈ≫待. 擬要也 ᄒᆞ마 그리 호려 ᄒᆞ다라. 又欲也. 待賣幾箇馬去 여러 ᄆᆞᄅᆞᆯ ᄑᆞᆯ오져 ᄒᆞ야 가노라.

오조(五條) 명 〈불〉 중이 입는 삼의(三衣)의 한 가지. 안타회(安陁會: 下衣). 다섯 조각의 헝겊을 기워 보자기처럼 만드는데, 보통 일할 때나 잘 때 입는다. ≪朴諺, 上, 33ㅈ≫披着袈裟(集覽, 朴集, 上, 10ㅈ: 袈裟. 三曰安陁會, 卽五條也, 院內行道雜作衣.), 袈裟 닙고.

오조망룡(五爪蟒龍) 명 발가락이 다섯인 이무기. ≪朴諺, 上, 14ㅈ≫這的大紅綉五爪蟒龍(集覽, 朴集, 上, 6ㅈ: 五爪蟒龍. 蟒, 大蛇也. 蟒龍, 謂無角龍也. 元制, 五爪二角龍爲紋〈文〉者, 止供御用, 不許下人穿用.), 이 大紅에 五瓜 蟒龍을 슈지칠 ᄒᆞ고.

오좀 명 오줌. ⇔요(溺). ≪朴諺, 上, 50ㅎ≫把溺胡蘆正着那窟籠裏放了, 오좀 누는 박을다가 바로 뎌 굼긔 노코.

오종(五宗) 명 〈불〉 불교의 다섯 종파(宗派). 대승(大乘)의 다섯 종파는 천태종(天台宗)·화엄종(華嚴宗)·법상종(法相宗)·삼론종(三論宗)·율종(律宗)이고, 선종(禪宗)의 다섯 종파는 법안종(法眼宗)·운문종(雲門宗)·위앙종(潙仰宗)·임제종(臨濟宗)·조동종(曹洞宗)이다. ≪朴諺, 上, 65ㅎ≫到江南地面石屋(集覽, 朴集, 上, 16ㅈ: 石屋. 事文類聚云, 釋氏五宗之敎, 傳至法眼, 爲雪峯眞覺禪師之道.)法名的和尙根底, 江南 ᄯᅡ 石屋이라 法名 ᄒᆞᆫ 즁의손ᄃᆡ 가니.

오직 부 오직. ⇔지(只). ≪集覽, 字解, 單字解, 1ㅈ≫只. 止此之辭. 다ᄆᆞᆫ, 又오직. 韻書皆上聲, 俗讀去聲. 唯韻會註云, 今俗讀若質.

오채(五彩) 명 황(黃)·청(靑)·적(赤)·백(白)·흑(黑)의 다섯 가지 빛깔. ≪朴諺, 上, 24ㅎ≫五綵綉麒麟柳綠紵絲抹口的靴子, 五綵로 猉獜을 綉ᄒᆞ고 柳綠빗체 비단으로 부리 두론 훠ᄋᆡ에. ≪朴諺, 上, 63ㅈ≫我的串香褐通袖膝襴五彩綉帖裏, 내 텸향빗체 通袖 膝襴ᄒᆞ고 五彩로 綉노흔 텰릭과.

오촌(五寸) 명 다섯 치[寸]. ≪朴諺, 下, 23ㅈ≫行者變做五寸來大的胡孫, 行者ㅣ 변ᄒᆞ여 五寸만치 큰 진납이 되여.

오품(五品) 명 벼슬의 다섯째 품계(品階). 정오품(正五品)과 종오품(從五品)의 구별이 있다. ≪朴諺, 上, 11ㅎ≫郎中(集覽, 朴集, 上, 5ㅎ: 郎中. 六部郎中〈元制, 郎中〉, 正五品, 月支〈支〉米十六石, 歲該一百九十石. 今此月支〈支〉四石, 則非實郎中, 乃斯須(須)假號推敬之稱〈称〉.)馬只寄在這人家裏, 郎中아 ᄆᆞᆯ을 그저 이 人家에 브텨 두엇다가.

오행(五行) 명 우주 만물을 이루는 다섯 가지 원소. 곧, 금(金)·수(水)·목(木)·화(火)·토(土). ≪朴諺, 下, 18ㅎ≫做羅天大醮(集覽, 朴集, 下, 4ㅎ: 大醮. 又有消災度厄之法, 依陰陽五行之數, 推人年命, 書爲章疏靑詞, 奏達天神, 謂之醮.), 羅天大醮를 ᄒᆞ더니.

오호(五胡) 명 중국의 동한(東漢)에서 남북조(南北朝) 시대에 이르기까지 서북방으로부터 중국 본토에 이주한 다섯 민족. 곧, 흉노(匈奴)·갈(羯)·선비(鮮卑)·저(氐)·강(羌). ≪朴諺, 上, 4ㅈ≫核桃(集覽, 朴集, 上, 2ㅈ: 核桃. 張騫使西域, 得胡桃回, 種于中國. 後五胡時, 避胡字, 改名核桃.), 호도와. ≪朴諺, 上, 32ㅎ≫正撞見他的漢子(集覽, 朴集, 上, 9ㅎ: 漢子. 至晉末, 五胡亂〈乱〉華, 胡人罵華人曰漢兒, 華人罵胡人曰胡虜, 此稱〈称〉漢之始也.), 졍히 뎌의 남진을 만나 보니.

오호(五湖) 명 중국의 태호(太湖)와 그 부근의 사호(四湖)를 합하여 부르는 이름. ≪朴諺, 下, 51ㅎ≫我待學范蠡歸湖(集覽, 朴集, 下, 11ㅎ: 范蠡歸湖. 范蠡, 越之大夫也. 相越王勾踐敗吳, 曰, 越王爲人長頸鳥〈烏〉喙, 可與啚〈圖〉患難, 不可與共安逸. 遂泛扁舟, 載西施, 遊五湖不返.), 내 范蠡의 歸湖를 빅호고져 ᄒᆞ노라.

오호난화(五胡亂華) 명 오호(五胡)가 중원(中原)에서 일으킨 난. ≪朴諺, 上, 32ㅎ≫正撞見他的漢子(集覽, 朴集, 上, 9ㅎ: 漢子. 至晉末, 五胡亂〈乱〉華, 胡人罵華人曰漢兒, 華人罵胡人曰胡虜, 此稱〈称〉漢之始也.), 졍히 뎌의 남진을 만나 보니.

오화찬롱(五花爨弄) 명 송·원대(宋元代)의 잡극(雜劇)에서의 배역인 부정(副淨)·부말(副末)·인희(引戲)·말니(末泥)·고장(孤裝)을 통틀어 이르던 말. ≪朴諺, 上, 5ㅎ≫叫教坊司十數箇樂工和做院本(集覽, 朴集, 上, 2ㅎ: 院本. 院本則五人, 一曰副淨, 古謂之叅軍, 一曰副末, 古謂之蒼鶻, 鶻能擊禽鳥, 末可打副淨, 古(故)云, 一曰引戲, 一曰末泥, 一曰孤裝, 又謂之五花爨弄.)諸般雜技的來, 教坊司의 여라믄 樂工과 院本에 여러 가지 雜技ᄒᆞᄂᆞ니를 블러오라.

오훼(烏喙) 명 까마귀의 부리처럼 입이 뾰족한 모양. 월왕(越王) 구천(句踐)이 그렇게 생겼다 하여 그를 일컫기도 한다. ≪朴諺, 下, 51ㅎ≫我待學范蠡歸湖(集覽, 朴集, 下, 11ㅎ: 范蠡歸湖. 范蠡, 越之大夫也. 相越王勾踐敗吳, 曰, 越王爲人長頸鳥〈烏〉喙, 可與啚〈圖〉患難, 不可與共安逸. 遂泛扁舟, 載西施, 遊五湖不返.), 내 范蠡의 歸湖를 빅호고져 ᄒᆞ노라.

오히려 부 오히려. 도리어. ⇔상(尙). ≪朴諺, 中, 24ㅈ≫尙有可得日, 오히려 可히 어들 날이 이시려니와.

옥 명 ❶옥(獄). ⇔뇌(牢). ≪朴諺, 下, 36ㅎ≫監在牢裏, 옥에 갓텻ᄂᆞᆫ뇨. ❷옥(玉). ⇔옥(玉). ≪朴諺, 下, 25ㅎ≫你敢要玉價錢, 네 감히 옥 갑슬 밧고져 ᄒᆞᄂᆞᆫ다.

옥(玉) 명 옥. ⇔옥. ≪朴諺, 下, 25ㅎ≫你敢要玉價錢, 네 감히 옥 갑슬 밧고져 ᄒᆞᄂᆞᆫ다.

옥(屋) 명 집. ⇔집. ≪集覽, 字解, 單字解, 6ㅈ≫賃. 僦屋以語曰賃, 지블 ᄃᆞᆯ마다 銀 현 량곰 삭 물오 드러 이셔 살 시라. 又雇用驢馬·舟車之類曰賃, 라괴와 ᄆᆞᆯ돌홀 삭 주고 브릴 시라. ≪朴諺, 中, 14ㅎ≫請的屋裏來, 쳥ᄒᆞ여 집의 드러오라. ≪朴諺, 中, 27ㅎ≫那大舍叫將屋裏去, 뎌 大舍ㅣ 블러 집의 가. ≪朴諺, 中, 29ㅎ≫請官人屋裏喫飯, 쳥컨대 官人은 집 안희셔 밥 먹으라. ≪朴諺, 下, 16ㅎ≫閉門屋裏坐, 문을 닺고 집의 안자셔도. ≪朴諺, 下, 52ㅎ≫於東屋那邉剜(剜)窟, 동녁 집 뎌 편에 굼글 ᄯᅮᆯ고. 一箇入來屋內, ᄒᆞ나히 집 안히 드러와.

옥각(玉角) 명 옥과 뿔. ≪朴諺, 上, 25ㅈ≫珊瑚鉤子(集覽, 朴集, 上, 8ㅎ: 鉤子. 用金銀·銅鉄〈銕〉·玉角等物, 刻成龜〈亀〉·龍·獅·虎之頭, 繫於絛之一端, 人若帶之, 則以其〈則又以〉絛之一端屈曲爲環, 納於鉤獸頭之空, 以爲固, 使不解〈觧〉落, 如絛環之制然.)繫腰, 珊瑚 鉤子 ᄒᆞᆫ 씌오.

옥갈(玉褐) 명 옥의 빛깔이 나는 갈색. ≪朴諺, 上, 63ㅈ≫我的串香褐(集覽, 朴集, 上, 15ㅎ: 串香褐. 串香褐·麝香褐·鷹背褐·蜜褐·茶褐, 卽黃黑雜色也. 玉褐·艾褐·水褐·銀褐, 卽白黑雜色也. 藕褐, 卽紫黑雜色也.)通袖膝欄五彩綉帖裏, 내 텸향빗체 通袖 膝欄ᄒᆞ고 五彩로 綉노흔 텰릭과.

옥구술 명 옥(玉)구슬. ⇔옥주아(玉珠兒). ≪朴諺, 下, 25ㅈ≫沒有, 업고. 靑白間串的上等玉珠兒有幾串, 靑白 섯거 뀀 샹등 옥구술 여러 뀀옴이 이셰라.

옥내(屋內) 명 집 안. 실내. ⇔집안ㅎ. ≪朴諺, 下, 52ㅎ≫於東屋那邉剜(剜)窟, 동녁 집 뎌 편에 굼글 ᄯᅮᆯ고. 一箇入來屋內, ᄒᆞ나히 집 안히 드러와.

옥당(玉堂) 명 문연각(文淵閣)의 다른 이

름. ≪朴諺, 上, 57ㅈ≫官人在文淵閣(集覽, 朴集, 上, 14ㅎ: 文淵閣. 一名玉堂. 有大學士, 正五品官.), 官人이 文淵閣에 이셔.

옥록재(玉籙齋) 명 도사(道士)가 음력 8월 보름날에 거행하는 의식의 한 가지. 이때 주천대초(周天大醮)를 베푼다. 의식 때 사용하는 부록(符籙)이 옥색이기 때문이다. ≪朴諺, 下, 18ㅎ≫做羅天大醮(集覽, 朴集, 下, 4ㅎ: 大醮. 上元金籙齋, 帝王修奉, 設普天大醮. 中元玉籙齋, 保佑六宮, 輔寧妃后, 設周天大醮. 下元黃籙齋, 臣民通修, 普資家國, 設羅天大醮.), 羅天大醮를 ᄒᆞ더니.

옥루(玉樓) 명 전설상 천상계(天上界) 곤륜산(崑崙山)에 있는데 신선이 산다고 한다. ≪朴諺, 上, 62ㅎ≫休誇天上瑤池(集覽, 朴集, 上, 15ㅈ: 瑤池. 列仙傳, 崐崘〈崑崙〉閬苑, 有〈白〉玉樓十二, 玄室九層, 左瑤池, 右翠水, 環以弱水九重, 非飆(飈)車羽輪, 不可到也. 註, 瑤池, 王母所居.), 天上 瑤池ᄅᆞᆯ 쟈랑티 말라.

옥리(屋裏) 명 집 안. 방 안. 실내. ⇔집안ㅎ. ≪朴諺, 上, 20ㅎ≫典一箇大宅子(集覽, 朴集, 上, 8ㅈ: 宅子. 俗總稱〈総称〉家舍曰房子, 自稱〈称〉曰寒家, 文士呼曰寒居, 自指室內曰屋裏, 人稱王公·大人之家曰宅子.), ᄒᆞᆫ 큰 집을 典當ᄒᆞ리로다. ≪朴諺, 中, 14ㅎ≫請的屋裏來, 청ᄒᆞ여 집의 드러오라. ≪朴諺, 中, 27ㅎ≫那大舍叫將屋裏去, 뎌 大舍ㅣ 블러 집의 가. ≪朴諺, 中, 29ㅎ≫請官人屋裏喫飯, 청컨대 官人은 집 안희셔 밥 먹으라. ≪朴諺, 下, 16ㅎ≫閉門屋裏坐, 문을 닷고 집의 안자셔도.

옥사(獄史) 명 소송 사건을 심리하던 벼슬아치. ≪朴諺, 中, 29ㅈ≫木椿(集覽, 朴集, 中, 7ㅈ: 木椿. 劊子, 獄史刑罪人者也.)上剮了, 나모 기동에 미고 싹가 죽이니라.

옥상(屋上) 명 지붕 위. ≪朴諺, 下, 59ㅈ≫上泰封王弓裔(集覽, 朴集, 下, 12ㅎ: 弓裔. 新羅憲安王之庶子, 以五月五日生, 屋上有素光屬天如虹.)手下, 泰封王 弓裔 手下에 올라.

옥석(玉石) 명 옥돌. ≪朴諺, 上, 20ㅈ≫一對窟嵌的金戒指兒(集覽, 朴集, 上, 7ㅎ: 窟嵌戒指. 總龜〈亀〉云, 亦名手記, 所飾玉石呼爲戒指面. 舊本作指纏兒.), ᄒᆞᆫ 빵 날박은 금가락지. ≪朴諺, 上, 60ㅎ≫欄干都是白玉石, 欄干은 다 白玉石이오. ≪朴諺, 上, 61ㅈ≫有官裏坐的地白玉石玲瓏龍床, 황뎨 안ᄂᆞᆫ 白玉石으로 玲瓏히 ᄒᆞᆫ 龍床이 잇고. ≪朴諺, 上, 61ㅈ≫前面放一箇玉石玲瓏酒卓兒, 前面에 ᄒᆞᆫ 玉石으로 玲瓏히 ᄒᆞᆫ 酒卓을 노핫고. ≪朴諺, 上, 62ㅎ≫却到湖心橋上玉石龍床上, 또 湖心 橋上 玉石 龍床에 가.

옥신도군(玉晨道君) 명 도교에서 이르는 세 신(神) 가운데 상청 옥신도군(上清玉晨道君)을 이르는 말. ≪朴諺, 下, 18ㅈ≫起盖三清(集覽, 朴集, 下, 4ㅎ: 三清. 上清, 十二天眞境也, 九眞所居, 玉晨道君所治.)大殿, 三清大殿을 지으니.

옥제(玉帝) 명 흔히 도가(道家)에서 옥황상제(玉皇上帝)를 이르는 말. ≪朴諺, 下, 17ㅈ≫唐三藏引孫行者(集覽, 朴集, 下, 4ㅈ: 孫行者. 老君·王母俱奏于玉帝, 傳宣李天王, 引領天兵十萬及諸神將至花菓山, 與大聖相戰失利.), 唐三藏이 孫行者ᄅᆞᆯ ᄃᆞ리고. ≪朴諺, 下, 47ㅈ≫粧二郎爺爺(集覽, 朴集, 下, 10ㅎ: 二郎爺爺. 按西遊記, 西域花菓山洞有老猴精, 號齊天大聖, 神變〈変〉無測, 鬧(鬦)乱天宮, 玉帝命李天王領神兵往捕, 相戰失利.), 二郎爺爺ᄅᆞᆯ ᄭᅮ며.

옥조(玉藻) 명 예기(禮記)의 편명(篇名). ≪朴諺, 中, 21ㅎ≫或分身居士·宰官(集覽, 朴集, 中, 5ㅈ: 居士宰官. 禮記玉藻曰, 居士錦帶.), 或 居士·宰官에 分身ᄒᆞ고.

옥주아(玉珠兒) 명 옥(玉)구슬. ⇔옥구슬. ≪朴諺, 下, 25ㅈ≫沒有, 업고. 青白間串的上等玉珠兒有幾串, 青白 섯거 ᄢᅦᆫ 샹등

옥구슬 여러 쉐옴이 이셰라.

옥천(玉泉) 명 중국 북경시(北京市) 북서쪽 옥천산(玉泉山)에서 발원하여 곤명호(昆明湖)로 흐르고, 자금성(紫禁城)을 휘돌아 대통하(大通河)로 흘러든다. ≪朴諺, 上, 59ㅎ≫西湖是從玉泉(集覽, 朴集, 上, 15ㅈ: 玉泉. 在宛平縣西北三十里玉泉山下. 山有石洞三, 一在山之西南, 其下有泉, 深淺莫測. 一在山之陽, 泉出石罅間, 鑿石爲螭頭, 泉從螭口噴出, 鳴若雜佩, 色如素鍊〈練〉, 泓澄百頃. 一在山之根, 有泉湧出, 洞門刻玉泉二字, 有觀音閣. 又南有石巖〈岩〉, 號呂公洞, 其上有金時芙蓉殿廢址. 相傳以爲章宗避暑處. 宣德年間, 建玉泉亭于其上, 以備臨幸.)裏流下來, 西湖는 이 玉泉으로 조차 흘러ᄂᆞ리니.

옥천산(玉泉山) 명 중국 북경시(北京市) 북서쪽 교외에 있다. 산 아래에 옥천(玉泉)이 있다. ≪朴諺, 上, 59ㅎ≫揮使你曾到西湖(集覽, 朴集, 上, 15ㅈ: 西湖. 在玉泉山下, 泉水瀦而爲湖, 流入宮中. 西苑爲太液池, 出都城爲玉河, 東南流注于大通河. 環湖十餘里, 荷·蒲·菱·芡與夫沙禽·水鳥出沒, 隱暎於天光雲影中, 實佳境也.)景來麽, 揮使ㅣ아 네 일즙 西湖ㅅ 景에 갓든다. ≪朴諺, 上, 59ㅎ≫西湖是從玉泉(集覽, 朴集, 上, 15ㅈ: 玉泉. 在宛平縣西北三十里玉泉山下. 山有石洞三.)裏流下來, 西湖는 이 玉泉으로 조차 흘러ᄂᆞ리니.

옥천정(玉泉亭) 명 중국 북경시(北京市) 북서쪽 교외 옥천산(玉泉山) 남쪽 옥천(玉泉) 위에 있던 정자 이름. ≪朴諺, 上, 59ㅎ≫西湖是從玉泉(集覽, 朴集, 上, 15ㅈ: 玉泉. 宣德年間, 建玉泉亭于其上, 以備臨幸.)裏流下來, 西湖는 이 玉泉으로 조차 흘러ᄂᆞ리니.

옥청(玉淸) 명 도교에서 이르는 삼청(三淸)의 하나. 원시천존(元始天尊)이 다스린다는 곳. 달리 원시천존이나 성경(聖境)를 이르는 말로도 쓰인다. ≪朴諺, 下, 18ㅈ≫起盖三淸(集覽, 朴集, 下, 4ㅎ: 三淸. 道經云, 無上大羅. 玉淸, 十二天聖境也, 九聖所居, 元始天尊所治.)大殿, 三淸大殿을 지으니.

옥체(玉體) 명 남의 몸을 높여 이르는 말. ≪朴諺, 下, 10ㅎ≫玉體安樂好麽, 玉體ㅣ安樂ᄒᆞ여 됴흐신가.

옥하(玉河) 명 중국 북경시(北京市) 북서쪽 옥천산(玉泉山)에서 발원하여 대통하(大通河)로 흘러드는 강 이름. ≪朴諺, 上, 59ㅎ≫揮使你曾到西湖(集覽, 朴集, 上, 15ㅈ: 西湖. 在玉泉山下, 泉水瀦而爲湖, 流入宮中. 西苑爲太液池, 出都城爲玉河, 東南流注于大通河. 環湖十餘里, 荷·蒲·菱·芡與夫沙禽·水鳥出沒, 隱暎於天光雲影中, 實佳境也.)景來麽, 揮使ㅣ아 네 일즙 西湖ㅅ 景에 갓든다.

옥황자(玉黃子) 명 살구의 한 가지. ⇔유황술고. ≪朴諺, 上, 4ㅎ≫蘋蔢果, 굴근님금과. 玉黃子, 유황술고와.

온 관 온. 전부의. 또는 모두의. ⇔일(一). ≪朴諺, 中, 28ㅈ≫帶累一家人都死也怎的好, 온 집 사ᄅᆞᆷ이 버므리여 다 죽을 써시니 엇디ᄒᆞ여야 됴흐리오.

온(溫) 형 덥다. ⇔덥다. ≪朴諺, 中, 16ㅈ≫去滓溫服, 滓를 ᄇᆞ리고 더온 이를 먹으라.

온(穩) 부 편(便)히. ⇔편히. ≪朴諺, 中, 58ㅈ≫㩳的穩着, 괴와 편히 ᄒᆞ고.

온(穩) 형 편(便)하다. ⇔편ᄒᆞ다. ≪朴諺, 中, 58ㅈ≫裏頭床兒不穩, 안히 상이 편티 아니ᄒᆞ니.

-온 어미 -은. ≪朴諺, 上, 43ㅎ≫三尺半白淸水(集覽, 朴集, 上, 12ㅎ: 白淸水絹. 무·리 ·픗〈플〉:긔 ·업·시 다ᄃᆞ·마 :돌호로 미·론 :깁·이·니, 光滑緻硬, 如本國擣砧者也. 卽不用糨粉而鍊〈練〉生絹, 以石碾者.)絹, 석 자 반 제믈엣 깁이야.

온당ᄒᆞ다 형 온당(穩當)하다. 사리에 맞고 원만하다. ⇔온편(穩便). ≪集覽, 字解, 單字解, 4ㅎ≫便. 去聲, 卽也. 便行 즉재 가니라, 便去 즉재 가리라, 又즉재 가다.

又則也. 便有 곧 잇다, 便是 곧 올ᄒᆞ니라. 又順也, 順便. 又安也, 便當. 又宜也. 行方便 됴홀 양오로 ᄒᆞ다, 不方便 다히 마지 쉽사디 아니타. 又猶則也. 你去便就有了 너옷 가면 이시리라. 又平聲, 穩便 온당ᄒᆞ다. 吏語, 便益.

온반 명 온반(溫飯). 장국밥. ⇔화화반(和和飯). ≪朴諺, 下, 42ㅎ≫臨明喫和和飯, 붉음애 님ᄒᆞ여 온반을 먹드라. ≪譯語類解, 上, 食餌≫和和飯, 온반.

온수(溫水) 명 더운물. ≪朴諺, 下, 32ㅎ≫麻尼汁經卷兒(集覽, 朴集, 下, 6ㅈ: 麻尼汁經卷兒. 飮膳〈饌〉正要云, 白麪一斤, 小油一斤, 小椒一兩炒去汗, 茴香一兩炒. 右件, 隔宿用酵子·塩·減(鹹)·溫水一同和麵〈麪〉, 次日入麪, 接肥, 再和成麪, 每斤作二箇入籠蒸.), 춤깨즙 經卷兒와. ≪朴諺, 下, 32ㅎ≫水滑經帶麵(集覽, 朴集, 下, 6ㅈ: 水滑經帶麵. 冬月溫水浸. 經帶麵〈麪〉, 用頭白麵〈麪〉二斤, 減(鹹)二兩, 塩二兩, 硏細, 新汲水破開和搜, 比趕麵〈麪〉劑微軟, 漸以拗棒拗百餘下, 停一時許, 再拗百餘下, 趕至極薄, 切如經帶樣, 滾湯下, 候熟入凉水, 投汁任意.), 제믈엣 칼국슈와.

온천(溫泉) 명 온천. ≪朴諺, 上, 46ㅎ≫孫舍混堂(集覽, 朴集, 上, 13ㅈ: 混堂. 人家設溫湯浴室處, 燕都多有之, 乃爇〈爇〉水爲湯, 非溫泉也. 或稱堂子, 舊本作湯子.)裏洗澡去來, 孫가아 混堂에 목욕곰으라 가쟈.

온탕(溫湯) 명 온수(溫水). 더운물. ≪朴諺, 上, 46ㅎ≫孫舍混堂(集覽, 朴集, 上, 13ㅈ: 混堂. 人家設溫湯浴室處, 燕都多有之, 乃爇〈爇〉水爲湯, 非溫泉也. 或稱堂子, 舊本作湯子.)裏洗澡去來, 孫가아 混堂에 목욕곰으라 가쟈.

온파(穩婆) 명 산파(産婆). 조산원(助産員). ≪朴諺, 上, 40ㅎ≫別處一箇官人娶娘子(集覽, 朴集, 上, 11ㅎ: 娘子. 南村輟耕[錄]云〈南村輟耕錄〉, 世謂穩婆曰老娘, 女巫曰師娘, 唱〈娼〉婦曰花娘, 達人又曰草娘, 苗人謂妻曰夫娘, 南方謂婦人無行者曰夫娘, 謂婦人之卑賤者曰某娘, 曰幾娘, 鄙之曰婆娘.), 다른 고ᄃᆡ ᄒᆞᆫ 官人이 娘子를 娶ᄒᆞ노라. ≪朴諺, 上, 50ㅈ≫滿月日老娘(集覽, 朴集, 上, 13ㅎ: 老娘. 音義云, 伏侍生産的婦人. 今按, 俗呼穩婆.)來, ᄃᆞᆯ이 ᄎᆞᆫ 날에 老娘이 와.

온편(穩便) 형 온당(穩當)하다. 사리에 맞고 원만하다. ⇔온당ᄒᆞ다. ≪集覽, 字解, 單字解, 4ㅎ≫便. 去聲, 卽也. 便行 즉재 가니라, 便去 즉재 가리라, 又즉재 가다. 又則也. 便有 곧 잇다, 便是 곧 올ᄒᆞ니라. 又順也, 順便. 又安也, 便當. 又宜也. 行方便 됴홀 양오로 ᄒᆞ다, 不方便 다히 마지 쉽사디 아니타. 又猶則也. 你去便就有了 너옷 가면 이시리라. 又平聲, 穩便 온당ᄒᆞ다. 吏語, 便益.

온화(溫和) 형 날씨가 맑고 따뜻하며 바람이 부드럽다. ≪朴諺, 下, 46ㅎ≫頭戴耳掩或提在手裡(集覽, 朴集, 下, 10ㅈ: 頭戴耳掩或提在手裏. 芒神耳掩以立春時爲法, 從卯至戌八時, 掩耳用手提, 陽時左手提, 陰時右手提, 以八時見日溫和也.), 머리예 耳掩을 쓰며 혹 손에 들고.

올라가다 동 올라가다. ⇔상거(上去). ≪朴諺, 中, 40ㅈ≫你兩箇小厮慢慢的上去, 너 두 아ᄒᆡ 날회여 올라가. ≪朴諺, 中, 52ㅈ≫你却爲甚麼不上去, 너는 또 므서슬 위ᄒᆞ여 올라가디 아니ᄒᆞᆫ다.

올리다 동 ❶올리다[獻]. 드리다. ⇔상(上). ≪朴諺, 下, 10ㅎ≫頓首拜上父親·母親·尊侍前, 頓首ᄒᆞ고 절ᄒᆞ여 父親·母親·尊侍前에 올리노니. ❷올리다. 입히다. ⇔상(上). ≪朴諺, 下, 2ㅎ≫我待要上金來, 내 ᄒᆞ마 금을 올리려 ᄒᆞ더니.

올리다 동 올리다. ❶⇔상(上). ≪朴諺, 上, 50ㅎ≫把孩兒上搖車, 아ᄒᆡ를다가 搖車에 올리ᄂᆞ니라. ≪朴諺, 中, 26ㅎ≫套上氊兒, 털을 ᄢᅧ 올려. ≪朴諺, 中, 26ㅎ≫纔套上氊兒, 그제야 털을 ᄢᅧ 올리ᄂᆞ니라. ≪朴諺, 中, 60ㅎ≫反上反下, 도로혀 올리락

도로혀 ᄂᆞ리오락 ᄒᆞᆫ다 ᄒᆞ니. ≪朴諺, 下, 19ㅎ≫王請唐僧上殿, 王이 唐僧을 請ᄒᆞ여 뎐에 올린대. ≪朴諺, 下, 36ㅈ≫咱打不上的, 우리 텨 올리디 못ᄒᆞ니. ≪朴諺, 下, 36ㅈ≫三迴連打上了, 세 번을 년ᄒᆞ야 텨 올려다. ≪朴諺, 下, 36ㅈ≫崔舍又打上, 崔개 ᄯᅩ 텨 올리니. ❷⇔상거(上去). ≪朴諺, 中, 1ㅎ≫吊下來踢上去, ᄂᆞ려오거든 차 올려.

올올이 부 올올이. ⇔조조(條條). ≪朴諺, 中, 1ㅈ≫赤條條的仰白着臥, 벌거케 올올이 잣바누어.

올이 의 올. 오리. ⇔조(條). ≪朴諺, 上, 19ㅈ≫做一條銀廂花帶, ᄒᆞᆫ 올이 銀 젼메온 섭사긴 ᄯᅴ를 ᄆᆡᆫ들게 ᄒᆞ라.

올ᄋᆞ다 동 오르다. ⇔상(上). ≪朴諺, 上, 62ㅎ≫又上琉璃閣, ᄯᅩ 琉璃閣에 올ᄋᆞ면.

올자(兀子) 명 노둣돌. 하마석(下馬石). ⇔노도. ≪朴諺, 下, 7ㅈ≫那家門前兀子上, 뎌 집 문 앏 노도 우희.

올타 형 옳다. ⇔시(是). ≪集覽, 字解, 單字解, 2ㅎ≫也. 在詞之上者, 又也. 也好 ᄯᅩ 됴타, 也是 ᄯᅩ 올타. 在詞之中者, 承上起下之辭. 我也去 나도 가마. 在詞之終者, 語助. ≪朴諺, 上, 11ㅎ≫絟馬錢與他一捧兒米便是, ᄆᆞᆯ ᄆᆡ엿든 갑슬 뎌를 ᄒᆞᆫ 우훔 ᄡᆞᆯ을 줌이 곳 올타. ≪朴諺, 上, 48ㅎ≫說的是, 닐옴이 올타. ≪朴諺, 中, 43ㅈ≫說的是, 닐옴이 올타. ≪朴諺, 中, 48ㅎ≫你說的是, 네 닐옴이 올타. ≪朴諺, 下, 16ㅈ≫禍不單行眞箇是, 禍不單行이 진실로 올타.

올ᄒᆡ 명 올해. ⇔금년(今年). ≪朴諺, 上, 9ㅎ≫今年雨水十分大, 올ᄒᆡ 雨水ㅣ ᄀᆞ장 만ᄒᆞ여. ≪朴諺, 上, 40ㅎ≫今年纔十六歲的女孩兒, 올ᄒᆡ ᄀᆞᆺ 十六歲엣 새각시러라. ≪朴諺, 上, 42ㅈ≫那官人是今年十九歲, 뎌 官人은 이 올ᄒᆡ 十九歲오. ≪朴諺, 上, 46ㅎ≫今年馬價如何, 올ᄒᆡ ᄆᆞᆯ 갑시 엇더ᄒᆞ뇨. 今年較賤些箇, 올ᄒᆡ 젹이 賤ᄒᆞ니. ≪朴諺, 上, 48ㅈ≫今年錢鈔艱難, 올ᄒᆡ 錢鈔ㅣ 艱難ᄒᆞ야. ≪朴諺, 中, 12ㅎ≫今年那裏慶尚·全羅·黃海·忠淸·江原各道裏, 올ᄒᆡ 뎌긔 慶尚·全羅·黃海·忠淸·江原 各 道에. ≪朴諺, 中, 13ㅈ≫聽的今年水賊廣, 드르니 올ᄒᆡ 水賊이 흔타 ᄒᆞ니. ≪朴諺, 中, 14ㅎ≫今年好生賤了, 올ᄒᆞᆫ ᄀᆞ장 쳔ᄒᆞ더라. ≪朴諺, 中, 17ㅈ≫醬麴今年沒處尋, 메조를 올ᄒᆡ 어들 ᄃᆡ 업더니. ≪朴諺, 中, 35ㅈ≫今年天旱田禾不收, 올ᄒᆡ 하ᄂᆞᆯ이 ᄀᆞᄆᆞ라 田禾를 거도디 못ᄒᆞ여시니. ≪朴諺, 中, 52ㅈ≫你今年怎麼京城不曾去, 네 올ᄒᆡ 엇디 京城에 일즙 가디 아니ᄒᆞᆫ다. ≪朴諺, 下, 41ㅈ≫今年纔三十七歲, 올ᄒᆡ ᄀᆞᆺ 三十七歲라.

올히 명 오리[鴨]. ⇔압자(鴨子). ≪朴諺, 上, 61ㅎ≫湖心中浮上浮下的是雙雙兒鴨子, 湖 心中에 浮上 浮下ᄒᆞᄂᆞᆫ 거슨 이 雙雙ᄒᆞᆫ 올히오.

올ᄒᆞ다 형 옳다. ⇔시(是). ≪集覽, 字解, 單字解, 4ㅎ≫便. 去聲, 卽也. 便行 즉재 가니라, 便去 즉재 가리라, 又즉재 가다. 又則也. 便有 곧 잇다; 便是 곧 올ᄒᆞ니라. 又順也, 順便. 又安也, 便當. 又宜也. 行方便 됴흘 양오로 ᄒᆞ다, 不方便 다히 마지 쉽사디 아니타. 又猶則也. 你去便就有了 너옷 가면 이시리라. 又平聲, 穩便 온당ᄒᆞ다. 吏語, 便益. ≪朴諺, 上, 38ㅎ≫不問多少與他些箇便是, 多少를 믓디 말고 뎌를 젹이 주미 곳 올ᄒᆞ니라. ≪朴諺, 中, 8ㅈ≫我的不是了, 우리 올티 아니호라. ≪朴諺, 中, 13ㅈ≫是那不是, 올ᄒᆞ냐 올티 아니ᄒᆞ냐. ≪朴諺, 中, 46ㅈ≫是大前日箇, 올ᄒᆞ니 긋그제. ≪朴諺, 中, 49ㅎ≫我忒强時也不是, 내 너모 세오면 올티 아니ᄒᆞ니. ≪朴諺, 下, 1ㅈ≫這的是誰的不是, 이거시 이 뉘 올티 아니ᄒᆞ뇨. ≪朴諺, 下, 1ㅎ≫你的不是, 네 올티 아니ᄒᆞ다. ≪朴諺, 下, 16ㅎ≫這的便是, 이 곳 올ᄒᆞ니. ≪朴諺, 下, 25ㅈ≫這孫行者正是了的, 이 孫行者ᄂᆞᆫ 졍히 올탓다. ≪朴諺, 下, 62ㅈ≫這的便是, 이 곳 올ᄒᆞ니.

옮다 동 옮다. ⇔반(搬). ≪朴諺, 中, 25ㅎ≫如今搬在法藏寺西邉混堂間壁住裏, 이제 法藏寺 셔편 混堂 ᄉᆞ이 ᄇᆞ람에 올마 사ᄂᆞ니. ≪朴諺, 中, 38ㅎ≫你搬那裏去, 네 어ᄃᆡ 올마 가ᄂᆞᆫ다.

옳다 형 옳다. ⇔시(是). ≪朴諺, 上, 21ㅎ≫說的是, 니ᄅᆞᆷ이 올ᄒᆞ니. ≪朴諺, 上, 33ㅎ≫却喫這一頓打也是, ᄯᅩ 이 ᄒᆞᆫ 디위 마즘을 니버도 올ᄒᆞ니라. ≪朴諺, 上, 45ㅎ≫這的便是, 이 곳 올ᄒᆞ니. ≪朴諺, 上, 52ㅈ≫是小人見來, 올ᄒᆞ니 小人이 보앗노라. ≪朴諺, 上, 53ㅎ≫小人奉承的便是, 小人이 奉承홈이 곳 올ᄒᆞ니. ≪朴諺, 上, 67ㅈ≫是裏, 올ᄒᆞ니. ≪朴諺, 中, 6ㅈ≫休少了我的便是, 우리게도 젹게 말미 곳 올ᄒᆞ니라. ≪朴諺, 中, 10ㅎ≫買人的文契只這的是, 사ᄅᆞᆷ 사ᄂᆞᆫ 글월을 그저 이리 홈이 올ᄒᆞ니. ≪朴諺, 中, 14ㅎ≫這的是, 이 올ᄒᆞ니. ≪朴諺, 中, 15ㅈ≫是小人昨日張少卿的慶賀筵席裏到來, 올ᄒᆞ니 小人이 어제 張少卿의 慶賀 잔채에 갓더니. ≪朴諺, 中, 56ㅎ≫恨的我沒是處, 믭기 내 올ᄒᆞᆫ 곳이 업세라. ≪朴諺, 中, 60ㅈ≫街上人道的是, 거릿 사ᄅᆞᆷ의 닐옴이 올ᄒᆞ니. ≪朴諺, 下, 26ㅈ≫但與的便是價錢, 믈읫 주ᄂᆞᆫ 거시 곳 올ᄒᆞᆫ 갑시니.

옴 동 옴[來]. ⇔내(來). ≪朴諺, 中, 7ㅈ≫馬們怎麽來的遲, ᄆᆞᆯ들히 엇디 옴이 더듸뇨.

옴 명 옴[疥]. ⇔개(疥). ≪朴諺, 下, 6ㅎ≫我害疥痒當不的, 내 옴 알파 ᄀᆞ려옴을 당티 몯ᄒᆞ니.

-옴 접미 -음. ≪朴諺, 上, 24ㅈ≫有甚麽話說, 므슴 말을 닐옴이 이시리오. ≪朴諺, 中, 2ㅎ≫把來做的不成, 가져오니 ᄆᆡᆫ돌옴이 不成ᄒᆞ고. ≪朴諺, 中, 16ㅎ≫小人豈敢有違, 小人이 엇디 감히 어긔옴이 이시리오. ≪朴諺, 中, 41ㅈ≫你來聽我說, 이바 내 닐옴을 드르라. ≪朴諺, 中, 48ㅎ≫你說的是, 네 닐옴이 올타. ≪朴諺, 中, 60ㅈ≫街上人道的是, 거릿 사ᄅᆞᆷ의 닐옴이 올ᄒᆞ니. ≪朴諺, 下, 2ㅈ≫惡心上來, 아닛고오미 올라. ≪朴諺, 下, 6ㅎ≫我害疥痒當不的, 내 옴 알파 ᄀᆞ려옴을 당티 몯ᄒᆞ니. ≪朴諺, 下, 22ㅎ≫鹿皮熱當不的, 鹿皮ㅣ 더오믈 당티 몯ᄒᆞ여. ≪朴諺, 下, 54ㅎ≫便行作惡, 곳 사오나옴을 지어.

옮다 동 옮다. ⇔전(轉). ≪朴諺, 中, 31ㅎ≫可知貌隨福轉, 그리어니 얼굴이 福을 조차 옴ᄂᆞ니라.

옷 명 옷. ❶⇔의(衣). ≪朴諺, 中, 54ㅈ≫好裁衣, 옷 ᄆᆞᄅᆞ기 됴ᄒᆞ니. ≪朴諺, 下, 1ㅈ≫貂鼠皮丟袖(集覽, 朴集, 下, 1ㅈ: 丟袖. 音義云, ·ᄉᆞ·미〈매〉 조쳐 :내·ᄇᆞ·틴 갓·옷.), 貂鼠皮 ᄉᆞ매 조차 내ᄇᆞ틴 갓오ᄉᆞᆯ다가. ≪朴諺, 下, 54ㅈ≫將某衣領扯住言道, 某의 옷기ᄉᆞᆯ 잡고 닐오되. ❷⇔의복(衣服). ≪朴諺, 上, 47ㅎ≫却穿衣服喫幾盞閉風酒, ᄯᅩ 옷 닙고 여러 잔 閉風酒를 먹으면. ≪朴諺, 中, 30ㅎ≫那裏將那般好衣服好鞍馬來撇摚子, 어ᄃᆡ 가 뎌리 됴ᄒᆞᆫ 옷과 됴ᄒᆞᆫ 鞍馬를 가져와 얼굴을 비언ᄂᆞᆫ고. ≪朴諺, 下, 22ㅈ≫鹿皮先脫下衣服, 鹿皮ㅣ 몬져 오ᄉᆞᆯ 벗고. ≪朴諺, 下, 61ㅈ≫穿着下次人的衣服, 下次人의 오ᄉᆞᆯ 닙고. ❸⇔의상(衣裳). ≪集覽, 字解, 單字解, 3ㅎ≫做. 韻會遇韻作字註云, 造也, 俗作做非. 箇韻作字註云, 爲也, 造也, 起也, 俗作做非. 做音, 直信切. 今按, 俗語做甚麽 므슴 ᄒᆞ료, 作衣裳 옷 짓다, 作音조, 去聲. 不走作 듧ᄣᅳ디 아니타, 作音조, 入聲. 以此觀之, 則做從去聲, 作互呼去聲·入聲, 通做字. 俗不用直信切之音. ≪朴諺, 上, 47ㅈ≫衣裳·帽子·靴子, 옷과 갓과 훠를. ≪朴諺, 上, 50ㅎ≫上頭盖着他衣裳, 우희 제 옷 덥고. ≪朴諺, 中, 1ㅈ≫一箇高卓兒上脫下衣裳, ᄒᆞᆫ 노픈 卓子 우희 옷 벗고. ≪朴諺, 下, 16ㅈ≫不見了幾件衣裳, 여러 불 오ᄉᆞᆯ 일코. ≪朴諺, 下, 23ㅈ≫脫了衣裳, 오ᄉᆞᆯ 벗고.

-옷 조 -곧. -만. ≪集覽, 字解, 單字解, 2ㅎ≫怕. 疑懼之意. 怕人知道.又設若之辭. 怕你不信 ᄒᆞ다가 너옷 밋디 몯거든. 又

恐也. 害怕 두리여ᄒᆞ다. ≪集覽, 字解, 單字解, 4ㅎ≫便. 去聲, 卽也. 便行 즉재 가니라, 便去 즉재 가리라, 又즉재 가다. 又則也. 便有 곧 잇다, 便是 곧 올ᄒᆞ니라. 又順也, 順便. 又安也, 便當. 又宜也. 行方便 됴ᄒᆞᆯ 양오로 ᄒᆞ다, 不方便 다히 마지 쉽사디 아니타. 又猶則也. 你去便就有了 너옷 가면 이시리라. 又平聲, 穩便 온당ᄒᆞ다. 吏語, 便益.

옷깃 명 옷깃. ⇔의령(衣領). ≪朴諺, 下, 54ㅈ≫將某衣領扯住言道, 某의 옷기슬 잡고 닐오되.

옷밤이 명 올빼미. ⇔야묘(夜猫). ≪朴諺, 中, 35ㅎ≫那廝們只是夜猫, 뎌 놈들은 그저 옷밤이오.

옹아(甕兒) 명 독. ⇔독. ≪朴諺, 上, 36ㅎ≫金甕兒·銀甕兒表裏無縫兒, 금독·은독이 안팟긔 솔 업슨 거시여. ≪朴諺, 上, 37ㅎ≫一箇長甕兒窄窄口裏頭盛着糯米酒, ᄒᆞᆫ 긴 독 조븐 부리 안ㅎ희 촙ᄡᆞᆯ 술 담은 거시여.

옹종(擁癱) 형 울퉁불퉁하고 고르지 못하다. ≪朴諺, 中, 32ㅈ≫纏着乞留曲葎藤(集覽, 朴集, 中, 7ㅈ: 乞留曲律〈葎〉藤. 乞留曲律(葎), 乞留曲律, 謂屈曲擁癱之意.), 굽걸온 藤이 얼켯고.

옹취(擁翠) 명 산 이름. 중국 운남성(雲南省) 몽화현(蒙化縣)의 남쪽에 있는 산. 조사랑(刁斯郎)이 쌓은 산채(山寨)의 유지(遺址)가 있었다. ≪朴諺, 中, 20ㅈ≫將二兩銀到西山(集覽, 朴集, 中, 3ㅎ: 西山. 在順天府西三十里太行山首, 始于河內, 北至幽州, 强形鉅勢, 爭奇擁翠, 雲聳星拱于皇都之右.)裏, 두 냥 은을 가지고 西山에 가.

와(瓦) 명 기와. ⇔디새. ≪朴諺, 中, 40ㅈ≫你看那瓦有破的時, 네 보아 뎌 디새 ᄢᅢ여디니 잇거든. ≪朴諺, 中, 40ㅎ≫那瓦水潤了無些氣力, 뎌 디새 믈 빗야 져기 힘이 업스니. ≪朴諺, 中, 40ㅎ≫那瓦有破的麼, 뎌 디새 ᄢᅢ야디니 잇ᄂᆞ냐. ≪朴諺, 中, 40ㅎ≫把瓦來都躧破了, 디새를다가 다 ᄇᆞᆲ와 ᄡᅳ려시니.

와(臥) 동 ❶누이다. ⇔누이다. ≪朴諺, 上, 50ㅎ≫着孩兒臥着, 아ᄒᆡ로 ᄒᆞ여 누이고. ❷눕다. ⇔눕다. ≪朴諺, 中, 1ㅈ≫赤條條的仰白着臥, 벌거케 올올이 잣바누어.

와(涴) 동 묻히다. 적시다. ⇔므티다. ≪朴諺, 下, 12ㅈ≫涴饋你筆, 먹 므텨 너를 붓을 주니. ≪朴諺, 下, 33ㅈ≫芝麻燒餠, 참깨 므틴 쇼병과.

-와 어미 -고. ≪集覽, 字解, 累字解, 2ㅈ≫照依. 마초와 그대로 ᄒᆞ다.

-와 조 ❶-와. ≪朴諺, 上, 4ㅈ≫核桃, 호도와. ≪朴諺, 上, 15ㅈ≫梁兒·東兒打的輕妙着, ᄆᆞᄅᆞ쇠와 뭇금쇠(쇠)를 ᄆᆡᆫ들기를 輕妙히 ᄒᆞ고. ≪朴諺, 上, 29ㅈ≫做坐褥·皮搭連, 아답개와 가족 대련을 ᄆᆡᆫ들려 ᄒᆞ노라. ≪朴諺, 上, 44ㅎ≫讀毛詩·尙書, 毛詩와 尙書를 닑노라. ≪朴諺, 上, 61ㅈ≫兩壁鐘樓, 兩壁 鐘樓와. 金堂, 金堂과. 禪堂, 禪堂과. 齋堂, 齋堂과. 碑殿, 碑殿과. ≪朴諺, 中, 11ㅈ≫買饋他木料·席子整理, 뎌를 木料와 삿글 사 주어 整理케 ᄒᆞ라. ≪朴諺, 中, 17ㅈ≫這海菜·乾魚·脯肉, 이 머육과 乾魚와 脯肉을. ≪朴諺, 中, 24ㅎ≫盔·甲一副, 투구와 갑옷 ᄒᆞᆫ 부와. ≪朴諺, 中, 34ㅈ≫叫將翠兒春喜來, 翠兒와 春喜를 블러다가. ≪朴諺, 中, 53ㅈ≫上位賞了一百錠鈔兩表裏段子, 上位ㅣ 一百錠鈔와 두 안밧 비단을 샹ᄒᆞ시니라. ≪朴諺, 下, 1ㅈ≫把我的銀鼠皮背子, 내 銀鼠皮 背子와. ≪朴諺, 下, 12ㅎ≫你只取將墨斗, 네 그저 먹고조와. 墨篗, 먹갈과. 和鎊, 갓괴와. 鏟子, 항괴와. 退鉋, ᄃᆡ패와. 鑿子, 끌과. 斧子, 도치와. 銼子來做生活, 줄을 가져다가 셩녕ᄒᆞ라. ≪朴諺, 下, 31ㅈ≫將鉞斧的, 鉞斧를 가지니와. ≪朴諺, 下, 47ㅈ≫第二一箇十分可喜的衏衏, 第二ᄂᆞᆫ ᄒᆞᆫ ᄀᆞ장 고온 녀기와. ❷-와. ⇔화(和). ≪集覽, 字解, 單字解, 1ㅎ≫和. 平聲, 調和也. 又去聲, 與也, 及也. 我和你 너와 나와, 銅匙和快子 술와 밋 져

와. ≪朴諺, 上, 10ㅈ≫去角頭叫幾箇打墻的和坌工來築墻, 모롱이에 가 여러 담 ᄡᆞᆫ 이와 조역을 블러다가 담 ᄡᅵ리라. ≪朴諺, 上, 43ㅎ≫做帶子和裏兒, ᄯᅴ와 안흘 ᄆᆡᆼ들리로다. ≪朴諺, 上, 60ㅎ≫盖的都是龍鳳凹面花頭·筒瓦和仰瓦, 녠 거슨 다 龍鳳을 우묵겨 면 돗게 ᄒᆞᆫ 막새와 수디새와 암디새오. ≪朴諺, 上, 66ㅎ≫咱兩箇將些布施和香去, 우리 둘히 져기 보시와 향을 가지고 가. ≪朴諺, 中, 6ㅈ≫一瓶米酒和駱(酪), ᄒᆞᆫ 병 米酒와 타락과. ≪朴諺, 中, 15ㅎ≫燒酒和黃酒多喫了, 燒酒와 黃酒ᄅᆞᆯ 만히 먹고. ≪朴諺, 中, 28ㅎ≫都搜出三四十箇血瀝瀝的尸首和那珠子·布絹, 셜마은 피 ᄠᅳᆺ듣ᄂᆞᆫ 尸首와 그 진쥬·布絹을 다 뒤여 내고. ≪朴諺, 下, 28ㅈ≫我和你拿榛子, 내 너와 개암 더ᄂᆞ기 ᄒᆞ쟈. ≪朴諺, 下, 34ㅎ≫將我那提攬和皮帒來, 내 뎌 광주리와 皮帒ᄅᆞᆯ 가져다가.

와거(萵苣) 명 상추. ⇔부로. ≪朴諺, 中, 33ㅎ≫蘿蔔, 댓무우. 蔓菁, 쉿무우. 萵苣, 부로. 葵菜, 아혹. 白菜, ᄇᆡᆨ치. 赤根菜, 시근치. 園荽, 고싀. 蓼子, 역괴. 葱, 파. 蒜, 마ᄂᆞᆯ. 薤, 부치. 荊芥, 형개. 薄荷, 박하. 茼蒿, 믈ᄡᅮᆨ. 水蘿蔔, 믈한댓무우. 胡蘿蔔, 노론댓무우. 芋頭, 토란. 紫蘇都種來, 紫蘇ᄅᆞᆯ 다 시므라.

와기(瓦器) 명 진흙으로 만들어 유약을 바르지 아니하고 구운 그릇. ≪朴諺, 下, 43ㅈ≫誰碎盆(集覽, 朴集, 下, 9ㅎ: 碎盆. 未詳源流. 但本國送殯之晨, 在家者見靈輀登道, 卽隨以瓦器擲碎於門外, 大聲作語曰, 持汝家具而去. 云爾者, 盖使亡人無留念家緣之術也.)來, 뉘 소라ᄅᆞᆯ ᄣᅵ리ᄃᆞᇿ.

와도(臥倒) 동 눕다. 드러눕다. 또는 엎드리다. ≪朴諺, 上, 38ㅎ≫不住的臥倒打滾, 머므디 아니ᄒᆞ고 누우ᄯᅮ러.

와도타곤(臥倒打滾) 동 드러누워서 (이리저리) 뒹굴다. ⇔누우ᄯᅮᆯ다. ≪朴諺, 上, 38ㅎ≫不住的臥倒打滾, 머므디 아니ᄒᆞ고 누우ᄯᅮ러. 一宿不喫草, ᄒᆞᄅᆞᆺ밤을 여믈을 먹디 아니ᄒᆞ니.

와발(瓦鉢) 명 〈불〉 중이 걸식할 때 쓰는, 질흙으로 만든 바리때. ⇔어유아리. ≪朴諺, 上, 34ㅈ≫准備箬笠·瓦鉢, 굴갓과 어유아리ᄅᆞᆯ 准備ᄒᆞ야.

와아(窩兒) 명 ❶장치기공을 치는 공채의 끝에 달린 태(胎). ≪朴諺, 下, 35ㅈ≫却打花房窩兒(集覽, 朴集, 下, 7ㅎ: 花房窩兒. 又云, 在馬上舞毬棒, 一木有一尺五寸長, 上下俱窩兒.), ᄯᅩ 花房 굼글 티쟈. ❷장치기 경기에서, 땅을 사발 모양으로 파서 공을 쳐 넣는 구멍. ⇔굼ㄱ. ≪朴諺, 下, 34ㅎ≫拿出毬棒(集覽, 朴集, 下, 7ㅈ: 毬棒. 又云, 此戲之一端也, 有毬門, 有窩兒, 中者爲勝. 以下四者俱打毬之用.)來, 댱방올 막대ᄅᆞᆯ 내여. ≪朴諺, 下, 35ㅈ≫咱打那一箇窩兒, 우리 어ᄂᆡ ᄒᆞᆫ 굼글 티료. ≪朴諺, 下, 35ㅈ≫却打花房窩兒(集覽, 朴集, 下, 7ㅎ: 花房窩兒. 但本國龍飛御天歌云, 擊毬之法, 或數人, 或十餘人, 分左右以較勝負. 棒形如匙, 大如掌, 用水牛皮爲之, 以厚竹合而爲柄棒, 皮薄則毬高起, 厚則毬不高起. 又有滾棒, 所擊之毬輪而不起. 隨其厚薄大小, 厥名各異. 毬用木爲之, 或用瑪瑠〈瑙〉, 大如雞〈鷄〉卵. 掘地如椀, 名窩兒. 或隔殿閣而作窩, 或於階上作窩, 或於平地作窩.), ᄯᅩ 花房 굼글 티쟈.

와와이질 명 아기 재롱의 한 가지. ⇔요요(凹凹). ≪朴諺, 中, 48ㅈ≫打光光打凹凹, 광광이질 ᄒᆞ며 와와이질 ᄒᆞᄂᆞ니라.

완(剜) 동 완(剜). '剜'은 '剜'의 와자. ≪朴諺, 下, 52ㅎ≫於東屋那邉剜(剜)窟, 동녁 집 뎌 편에 굼글 ᄯᅮᆯ고.

완(剜) 동 뚫다. ⇔ᄯᅮᆯ다. ≪朴諺, 下, 52ㅎ≫於東屋那邉剜(剜)窟, 동녁 집 뎌 편에 굼글 ᄯᅮᆯ고.

완(椀) 명 사발. ⇔사발. ≪朴諺, 中, 11ㅎ≫鑼鍋, 로고. 柳箱, 셤. 灑子, 드레. 三脚, 아리쇠. 椀·楪, 사발·뎝시. 匙筯, 술 져. 樢杓, 나모쥬게. 笊籬, 죠리. 炊箒, 솔.

완(碗) 명 그릇. 사발. 공기(空器). ≪朴諺, 上, 5ㅈ≫爛鴿子彈(集覽, 朴集, 上, 2ㅎ: 爛鴿子彈. 質問云, 鴿子彈糝於滾肉湯食之. 又云, 用肉湯在鍋, 再加椒料·菜·葱花, 燒火至滾沸, 方下鴿子卵, 盛之於碗, 以獻賔客.), 비둘기 알 솔믄 이와.

완경(翫景) 동 경치를 감상(구경)하다. ⇔완경ᄒᆞ다(翫景-). ≪朴諺, 中, 31ㅎ≫遊山翫景去來, 遊山 翫景ᄒᆞ라 가쟈.

완경ᄒᆞ다(翫景-) 동 경치를 감상(구경)하다. ⇔완경(翫景). ≪朴諺, 中, 31ㅎ≫遊山翫景去來, 遊山 翫景ᄒᆞ라 가쟈.

완공(剜空) 동 구멍을 내다. 뚫다. 파다. ≪朴諺, 上, 16ㅎ≫街上放空中(集覽, 朴集, 上, 6ㅈ: 空中. 音義云, 用檀木旋圓, 內用刀剜空, 以繩〈繩〉曳之, 在地轉動有聲.)的小厮們好生廣, 거리에 박핑이 틸 아희들 ᄀᆞ장 흔터라. ≪朴諺, 上, 20ㅈ≫一對窟嵌的金戒指兒(集覽, 朴集, 上, 7ㅎ: 窟嵌戒指. 今按, 窟嵌者, 指環之背剜空爲穴, 用珠塡穴爲飾.), ᄒᆞᆫ 빵 날박은 금가락지.

완나이질 명 아기 재롱의 한 가지. ⇔완약아(盌掿兒). ≪朴諺, 中, 48ㅈ≫孩兒碗掿兒碗掿兒, 아희 완나이질 ᄒᆞᄂᆞ냐 완나이질 ᄒᆞᄂᆞ냐.

완동(頑童) 명 장난꾸러기. 개구쟁이. 악동(惡童). ≪朴諺, 上, 16ㅎ≫街上放空中(集覽, 朴集, 上, 6ㅈ: 空中. 質問云, 頑童將胡蘆用木釘串之, 傍作一眼, 以繩〈繩〉繫扯, 旋轉有聲, 亦謂之空中.)的小厮們好生廣, 거리에 박핑이 틸 아희들 ᄀᆞ장 흔터라.

완두(莞豆) 명 광저기. 동부. ⇔광쟝이. ≪朴諺, 下, 37ㅈ≫稻子, 벼. 薥秫, 슈슈. 黍子, 기장. 大麥, 보리. 小麥, 밀. 蕎麥, 모밀. 黃豆, 콩. 小豆, 폿. 菉豆, 녹두. 莞豆, 광쟝이. 黑豆, 거믄콩. 芝麻, 츰깨. 蘇子, 듧깨.

완반(完飯) 명 예전 중국의 혼인에서, 친영(親迎) 때 신부가 신랑 집에 가서 사흘을 묵는데, 마지막 날 신부 측에서 잔치를 위하여 신랑 측에 보내온 술과 음식. ≪朴諺, 上, 41ㅎ≫第三日做圓飯筵席(集覽, 朴集, 上, 12ㅈ: 圓飯筵席. 今按, 漢人娶妻親迎, 而女至男家以宿, 則女家送女食于男家, 三日而止. 止食之日, 女家必具酒饌, 送男家設宴, 謂之完飯筵席.)了時, 第三日에 圓飯 이바디ᄒᆞ면.

완반연석(完飯筵席) 명 완반(完飯)으로 신랑 집에서 벌이는 잔치. ≪朴諺, 上, 41ㅎ≫第三日做圓飯筵席(集覽, 朴集, 上, 12ㅈ: 圓飯筵席. 今按, 漢人娶妻親迎, 而女至男家以宿, 則女家送女食于男家, 三日而止. 止食之日, 女家必具酒饌, 送男家設宴, 謂之完飯筵席.)了時, 第三日에 圓飯 이바디ᄒᆞ면.

완비(完備) 동 완비(完備)하다. ⇔완비ᄒᆞ다(完備-). ≪朴諺, 下, 11ㅎ≫孩兒這裏所幹已成完備, 孩兒ㅣ 여긔 ᄒᆞᄂᆞᆫ 배 임의 完備케 되여시니.

완비ᄒᆞ다(完備-) 동 완비(完備)하다. ⇔완비(完備). ≪朴諺, 下, 11ㅎ≫孩兒這裏所幹已成完備, 孩兒ㅣ 여긔 ᄒᆞᄂᆞᆫ 배 임의 完備케 되여시니.

완약(宛若) 형 거의 비슷하다. 흡사(恰似)하다. ≪朴諺, 上, 23ㅈ≫斂些錢做翫月會(集覽, 朴集, 上, 8ㅈ: 翫月會. 東京錄云, 中秋夜, 貴家結飾臺榭, 民間爭占酒樓翫〈玩〉月, 絲簧鼎沸, 近內庭居民, 夜深遙聞笙竽之聲, 宛若雲外天樂, 閭里兒童連宵嬉戲, 夜市駢闐, 至於通曉.), 져기 돈 거두어 翫月會를 ᄒᆞ쟈.

완약아(盌掿兒) 명 아기 재롱의 한 가지. ⇔완나이질. ≪朴諺, 中, 48ㅈ≫孩兒碗掿兒碗掿兒, 아희 완나이질 ᄒᆞᄂᆞ냐 완나이질 ᄒᆞᄂᆞ냐.

완월(玩月) 동 달을 구경하며 즐기다. ≪朴諺, 上, 23ㅈ≫斂些錢做翫月會(集覽, 朴集, 上, 8ㅈ: 翫月會. 東京錄云, 中秋夜, 貴家結飾臺榭, 民間爭占酒樓翫〈玩〉月, 絲簧鼎沸, 近內庭居民, 夜深遙聞笙竽之聲, 宛若雲外天樂, 閭里兒童連宵嬉戲, 夜

市騈闐, 至於通曉.), 져기 돈 거두어 翫月會를 ᄒᆞ쟈.

완월(翫月) 동 달을 구경하며 즐기다. ≪朴諺, 上, 23ㅈ≫斂些錢做翫月會(集覽, 朴集, 上, 8ㅈ: 翫月會. 東京錄云, 中秋夜, 貴家結飾臺榭, 民間爭占酒樓翫〈玩〉月, 絲簧鼎沸, 近內庭居民, 夜深遙聞笙竽之聲, 宛若雲外天樂, 閭里兒童連宵嬉戲, 夜市騈闐, 至於通曉.), 져기 돈 거두어 翫月會를 ᄒᆞ쟈.

완월회(翫月會) 명 완월(翫月)하는 모임. ≪朴諺, 上, 23ㅈ≫斂些錢做翫月會(集覽, 朴集, 上, 8ㅈ: 翫月會. 東京錄云, 中秋夜, 貴家結飾臺榭, 民間爭占酒樓翫〈玩〉月, 絲簧鼎沸, 近內庭居民, 夜深遙聞笙竽之聲, 宛若雲外天樂, 閭里兒童連宵嬉戲, 夜市騈闐, 至於通曉.), 져기 돈 거두어 翫月會를 ᄒᆞ쟈.

완평현(宛平縣) 명 요대(遼代)에 두었다. 소재지는 북경시(北京市) 서쪽 영정하(永定河)의 서안에 있었다. ≪朴諺, 上, 9ㅎ≫水渰過蘆溝橋(集覽, 朴集, 上, 4ㅎ: 蘆溝橋. 蘆溝本桑乾河, 俗曰渾河, 亦曰小黃河. 上自保安州界, 歷山南流入宛平縣境, 至都城四十里,)獅子頭, 믈이 蘆溝橋 獅子ㅅ 머리를 즘가 너머. ≪朴諺, 上, 59ㅎ≫西湖是從玉泉(集覽, 朴集, 上, 15ㅈ: 玉泉. 在宛平縣西北三十里玉泉山下.)裏流下來, 西湖는 이 玉泉으로 조차 흘러ᄂᆞ리니.

왕(王) 명 ❶성씨(姓氏)의 하나. ≪朴諺, 上, 52ㅎ≫王舍來了, 王가ㅣ아 오라. ❷왕. 임금. ≪朴諺, 下, 19ㅈ≫唐僧也引徒弟去到王所, 唐僧이 또 徒弟를 ᄃᆞ리고 王의 곳에 니ᄅᆞ니. 王請唐僧上殿, 王이 唐僧을 請ᄒᆞ여 뎐에 올린대. ≪朴諺, 下, 21ㅈ≫王道唐僧得勝了, 王이 닐오ᄃᆡ 唐僧이 이긔어다. ≪朴諺, 下, 21ㅎ≫王說今番着唐僧先猜, 王이 닐오ᄃᆡ 이번은 唐僧으로 몬져 알게 ᄒᆞ라. ≪朴諺, 下, 22ㅈ≫王喝保的其間, 王이 혀츨 ᄉᆞ이에. ≪朴諺, 下, 22ㅎ≫王見多時不出時, 王이 오래 나오디 아니믈 보고. ≪朴諺, 下, 23ㅈ≫王說將軍你搭去, 王이 닐오ᄃᆡ 將軍아 네 건디라 가라. ≪朴諺, 下, 24ㅎ≫行者直拖的王前面颩了, 行者ㅣ 바로 ᄭᅳ어 王의 앏픠 드리티니.

왕(往) 동 향하다. ⇔향ᄒᆞ다. ≪集覽, 字解, 單字解, ㅈ≫往. 向也. 往那裏去 어드러 향ᄒᆞ야 가ᄂᆞᆫ다. 又昔也. 往常 아릐. ≪朴諺, 上, 8ㅎ≫往那箇地面裏去, 어ᄂᆡ 짜흘 향ᄒᆞ여 가ᄂᆞ뇨. ≪朴諺, 上, 8ㅎ≫往永平·大寧·遼陽·開元·瀋陽(等處開去, 永平·大寧·遼陽·開元·瀋陽 等處를 향ᄒᆞ여 開讀ᄒᆞ라 가노라. ≪朴諺, 上, 9ㅈ≫我也往金剛山禪院·松廣等處降香去, 나도 金剛山 禪院·松廣 等處를 향ᄒᆞ야 降香ᄒᆞ라 가노라. ≪朴諺, 上, 34ㅈ≫往深山裏懺悔去, 深山을 향ᄒᆞ야 懺悔ᄒᆞ라 가노라. ≪朴諺, 上, 57ㅈ≫上馬往那裏去, ᄆᆞᆯ ᄐᆞ면 어ᄃᆡ를 향ᄒᆞ여 갈러뇨. ≪朴諺, 下, 2ㅎ≫我如今又往江南地面裡布施去, 내 이제 또 江南 짜흘 향ᄒᆞ여 보시ᄒᆞ라 가려 ᄒᆞ니. ≪朴諺, 下, 17ㅎ≫唐僧往西天取經去時莭(節), 唐僧이 西天을 향ᄒᆞ여 經 가질라 갈 제.

왕(徃) 동 왕(往). '徃'은 '往'의 속자. ≪朴諺, 上, 8ㅎ≫徃那箇地面裏去, 어ᄂᆡ 짜흘 향ᄒᆞ여 가ᄂᆞ뇨. ≪朴諺, 上, 8ㅎ≫徃永平·大寧·遼陽·開元·瀋陽(等處開去, 永平·大寧·遼陽·開元·瀋陽 等處를 향ᄒᆞ여 開讀ᄒᆞ라 가노라. ≪朴諺, 上, 9ㅈ≫我也徃金剛山禪院·松廣等處降香去, 나도 金剛山 禪院·松廣 等處를 향ᄒᆞ야 降香ᄒᆞ라 가노라. ≪朴諺, 上, 34ㅈ≫徃深山裏懺悔去, 深山을 향ᄒᆞ야 懺悔ᄒᆞ라 가노라. ≪朴諺, 上, 57ㅈ≫上馬徃那裏去, ᄆᆞᆯ ᄐᆞ면 어ᄃᆡ를 향ᄒᆞ여 갈러뇨. ≪朴諺, 下, 2ㅎ≫我如今又徃江南地面裡布施去, 내 이제 또 江南 짜흘 향ᄒᆞ여 보시ᄒᆞ라 가려 ᄒᆞ니. ≪朴諺, 下, 17ㅎ≫唐僧徃西天取經去時莭(節), 唐僧이 西天을 향ᄒᆞ여 經 가

질라 갈 제.

왕(枉) 부 속절없이. ⇔쇽졀업시. ≪朴諺, 下, 6ㅈ≫枉可惜了飯, 쇽졀업시 밥이 앗갑다.

왕경(王京) 명 서울. ≪朴諺, 下, 61ㅎ≫便是如今王京城子, 곳 이제 王京 城이라.

왕공(王公) 명 ❶왕과 공. 곧, 신분이 높은 사람. ≪朴諺, 上, 16ㅈ≫張舍(集覽, 朴集, 上, 6ㅈ: 張舍. 王公·大人之家, 必有舍人, 卽家臣也. 如本國伴倘〈儻〉之類, 爲權勢倚任之人, 貧賤之所羨慕者也〈貧賤之所羨慕者〉. 故街巷呼親識爲張舍·李舍, 乃一時推敬之稱〈称〉. 又質問云, 武職官下閑人, 謂之舍[人].)你來, 張가야 이바. ≪朴諺, 上, 20ㅎ≫典一箇大宅子(集覽, 朴集, 上, 8ㅈ: 宅子. 俗總稱〈総称〉家舍曰房子, 自稱〈称〉曰寒家, 文士呼曰寒居, 自指室內曰屋裏, 人稱王公·大人之家曰宅子.), ᄒᆞᆫ 큰 집을 典儅ᄒᆞ리로다. ❷왕씨(王氏) 성을 가진, 신분이 높은 사람. 곧, 왕건(王建). ≪朴諺, 下, 60ㅎ≫曉諭衆百姓們道, 모든 百姓들의게 曉諭ᄒᆞ여 닐오ᄃᆡ. 王公已擧義兵了也, 王公이 ᄇᆞᆯ셔 義兵을 드럿ᄂᆞ니라.

왕궁(王宮) 명 임금이 사는 궁궐. ≪朴諺, 上, 33ㅈ≫披着袈裟(集覽, 朴集, 上, 10ㅈ: 袈裟. 一曰金縷僧伽黎, 卽大衣也, 入王宮聚落時衣, 乞食時着.), 袈裟 닙고.

왕대호(王大戶) 명 사람 이름. ≪朴諺, 下, 54ㅎ≫當有某縣某村住人王大戶爲證, 곳 아모 고을 아모 촌에 사ᄂᆞᆫ 사ᄅᆞᆷ 王大戶ㅣ 이셔 證ᄒᆞ엿ᄂᆞ니이다.

왕래(往來) 동 왕래(往來)하다. ⇔왕래ᄒᆞ다(往來-). ≪朴諺, 上, 8ㅎ≫徃永平·大寧·遼陽·開元(集覽, 朴集, 上, 4ㅈ: 開元. 城東陸路, 舊有設站, 至三散口子, 通朝鮮後門, 管屬外夷徃來朝貢之路, 四面皆古設站之地.)·瀋陽等處開去, 永平·大寧·遼陽·開元·瀋陽 等處ᄅᆞᆯ 향ᄒᆞ여 開讀ᄒᆞ라 가노라. ≪朴諺, 上, 10ㅈ≫去角頭(集覽, 朴集, 上, 5ㅈ: 角頭. 音義云, 東南西北徃來人煙〈烟〉湊集之處.)叫幾箇打墻的和坌工來築墻, 모롱이에 가 여러 담 ᄡᆞᄂᆞᆫ 이와 조역을 블러다가 담 ᄡᆞ이리라. ≪朴諺, 上, 29ㅈ≫店(集覽, 朴集, 上, 9ㅎ: 店. 停物貨賣之舍, 客商〈商〉徃來者多寓之. 官所營建收稅者曰官店.)裏買猠皮去來, 店에 猠皮 사라 가쟈. ≪朴諺, 中, 10ㅈ≫徃來爭競, 徃來ᄒᆞ야 ᄃᆞ토면. ≪朴諺, 下, 16ㅎ≫唐三藏西遊記(集覽, 朴集, 下, 4ㅈ: 西遊記. 三藏法師徃西域取經六百卷而來, 記其徃來始末爲書, 名曰西遊記.)去, 唐三藏의 西遊記ᄅᆞᆯ 사라 가쟈. ≪朴諺, 下, 60ㅈ≫娘子柳氏(集覽, 朴集, 下, 12ㅎ: 娘子柳氏〈柳氏〉. 太祖到其家, 天弓饗之甚欵, 以女薦寢. 旣去, 絶不徃來, 女守節〈莭〉爲尼.)出來說道, 娘子 柳氏ㅣ 나와 닐오ᄃᆡ.

왕래(徃來) 동 왕래(往來). '徃'은 '往'의 속자. ≪朴諺, 上, 8ㅎ≫徃永平·大寧·遼陽·開元(集覽, 朴集, 上, 4ㅈ: 開元. 城東陸路, 舊有設站, 至三散口子, 通朝鮮後門, 管屬外夷徃來朝貢之路, 四面皆古設站之地.)·瀋陽等處開去, 永平·大寧·遼陽·開元·瀋陽 等處ᄅᆞᆯ 향ᄒᆞ여 開讀ᄒᆞ라 가노라.

왕래ᄒᆞ다(往來-) 동 왕래(往來)하다. ⇔왕래(往來). ≪朴諺, 中, 10ㅈ≫徃來爭競, 徃來ᄒᆞ야 ᄃᆞ토면.

왕망(王莽) 명 한(漢) 제남(濟南) 동평릉(東平陵) 사람(B.C. 45~A.D. 23). 자는 거군(巨君). 원제 황후(元帝皇后)의 조카. 신(新) 왕조의 창업자. 평제(平帝)를 독살하고 어린 유영(劉嬰)을 세워 섭정하면서 스스로 가황제(假皇帝)라 칭하다가, 초시(初始) 원년(8)에 유영을 몰아내고 즉위하여 국호를 신(新)이라 하였다. 재위 동안 주례(周禮)에 의거하여 다스렸으나 실패로 돌아가 각지에서 반란이 일어났고, 상인 두오(杜吳)에게 피살됨으로써 신(新)도 망하였다. ≪朴諺, 中, 27ㅈ≫開着一座解儅庫(集覽, 朴集, 中, 6ㅎ: 解儅

庫. 王莽令市官收賤賣貴, 謂如貸錢與民一百箇, 每月收利錢三箇, 銀一兩, 則每月取利三分之類.), 一座 解儅庫를 열고.

왕모(王母) 명 서왕모(西王母). 고대 신화상의 여신. 곤륜산(崑崙山)의 요지(瑤池)에 사는데, 그곳에 있는 선도(仙桃)를 먹으면 불로장생(不老長生)한다고 한다. ≪朴諺, 上, 62ㅎ≫休誇天上瑤池(集覽, 朴集, 上, 15ㅈ: 瑤池. 列仙傳, 崐崘〈崑崙〉閬苑, 有〈白〉玉樓十二, 玄室九層, 左瑤池, 右翠水, 環以弱水九重, 非飆(飈)車羽輪, 不可到也. 註, 瑤池, 王母所居.), 天上 瑤池를 쟈랑티 말라. ≪朴諺, 下, 17ㅈ≫唐三藏引孫行者(集覽, 朴集, 下, 4ㅈ: 孫行者. 西遊記云, 西域有花菓山, 山下有水簾洞, 洞前有鐵板橋, 橋下有萬丈澗, 澗邊有萬箇小洞, 洞裏多猴. 有老猴精, 號齊天大聖, 神通廣大, 入天宮仙桃園偸蟠桃, 又偸老君靈丹藥, 又去王母宮偸王母綉仙衣一套, 來設慶仙衣會.), 唐三藏이 孫行者를 ᄃᆞ리고.

왕사(王舍) 명 왕씨(王氏) 성(姓)을 가진 사인(舍人). 또는 왕가(王哥). ≪朴諺, 下, 7ㅈ≫你去更皷樓北邉王舍家裏, 네 更皷樓 北邉 王舍의 집의 가.

왕사위성(王舍衛城) 명 중국 남서쪽 바다 가운데 있으며 점성국(占城國)에 예속되었던 나라 이름. 점성국에서 사람을 선발하여 지주(地主)를 삼았다. ≪朴諺, 下, 8ㅎ≫說目連尊者(集覽, 朴集, 下, 2ㅎ: 目連尊者. 事林廣記云, 佛書所謂王舍衛城, 卽賓童龍國也, 國在西南海中, 隷占城.)救母經, 目連尊者의 救母經을 니ᄅᆞ니.

왕상(往常) 명 ❶저적. 접때. 지난번. ⇔뎌적. ≪朴諺, 下, 3ㅈ≫往常唐三藏師傅, 뎌적의 唐ㅅ 三藏 師傅ㅣ. ❷아래. 전일(前日). 이전. ⇔아릐. ≪集覽, 字解, 單字解, 5ㅈ≫往. 向也. 往那裏去 어드러 향ᄒᆞ야 가ᄂᆞ다. 又昔也. 往常 아릐.

왕상(徃常) 명 왕상(往常). '徃'은 '往'의 속자. ≪朴諺, 下, 3ㅈ≫徃常唐三藏師傅, 뎌적의 唐ㅅ 三藏 師傅ㅣ.

왕상(旺上) 형 왕성(旺盛)하다. ⇔왕상ᄒᆞ다(旺上-). ≪朴諺, 下, 48ㅈ≫地氣正旺上的時莭(節), 地氣 正히 旺上ᄒᆞᆯ 때에.

왕상ᄒᆞ다(旺上-) 형 왕성(旺盛)하다. ⇔왕상(旺上). ≪朴諺, 下, 48ㅈ≫地氣正旺上的時莭(節), 地氣 正히 旺上ᄒᆞᆯ 때에.

왕손(王孫) 명 임금의 손자 또는 후손. ≪朴諺, 下, 29ㅈ≫元寶(集覽, 朴集, 下, 5ㅎ: 元寶. 世祖大會王子·王孫·駙馬·國戚, 從而頒賜, 或用貨賣, 所以民間有此錠也.)我有半錠了, 元寶ㅣ 내게 반 뎡이 이시니.

왕시(往時) 명 옛적. 지나간 때. ≪朴諺, 中, 20ㅎ≫南海普陀落伽山(集覽, 朴集, 中, 3ㅎ: 南海普陁落伽山. 往時高麗·新羅·日本諸國, 皆由此取道以候風汛.)裏, 南海普陀 落伽山에.

왕시(徃時) 명 왕시(往時). '徃'은 '往'의 속자. ≪朴諺, 中, 20ㅎ≫南海普陀落伽山(集覽, 朴集, 中, 3ㅎ: 南海普陁落伽山. 徃時高麗·新羅·日本諸國, 皆由此取道以候風汛.)裏, 南海 普陀 落伽山에.

왕약(王約) 명 원(元)나라 진정(眞定) 사람. 자는 언박(彦博). 박학하고 문장에 뛰어났다. 벼슬은 형부 상서(刑部尙書)·한림 직학사(翰林直學士)·집현전 태학사(集賢殿大學士)를 지냈다. ≪朴諺, 中, 29ㅈ≫將老李打了一百七(集覽, 朴集, 中, 7ㅈ: 一百七. 大德中, 刑部尙書王約上言, 國朝用刑寬恕, 笞杖十減其三, 故笞一十減爲七.), 老李를다가 一百 닐곱을 텨.

왕오(王五) 명 왕씨(王氏)의 다섯째 아들이란 뜻으로, 이름이나 신분이 뚜렷하지 못한 평범한 사람을 이르는 말. ≪朴諺, 上, 1ㅎ≫着張三(集覽, 朴集, 上, 1ㅈ: 張三. 三, 或族次, 或朋友行輩之次, 或有官者以職次相呼, 或稱爲定名者有之. 李四·王五亦同.)買羊去, 張三으로 ᄒᆞ여 羊을 사라 가. ≪朴諺, 上, 52ㅎ≫叫將那斜眼的弓匠王五來, 뎌 눈흘뵌 弓匠 王五를 블러오라. ≪朴諺, 上, 52ㅎ≫相公王五來,

相公아 王五ㅣ 왓ᄂᆞ이다.

왕자(王子) 명 임금의 아들. ≪朴諺, 下, 29ㅈ≫元寶(集覽, 朴集, 下, 5ㅎ: 元寶. 世祖大會王子·王孫·駙馬·國戚, 從而頒賜, 或用貨賣, 所以民間有此錠也.)我有半錠了, 元寶ㅣ 내게 반 뎡이 이시니.

왕천호(王千戶) 명 왕씨(王氏) 성(姓)을 가진 천호(千戶). ≪朴諺, 中, 46ㅎ≫王千戶打背後來, 王千戶ㅣ 뒤흐로셔 와.

왕회(往廻) 명 왕래. 왕복. ≪朴諺, 上, 48ㅈ≫往迴二千里田地, 往迴 二千里 ᄯᅡ히.

왜노(倭奴) 명 예전에 중국 사람이나 고려(高麗) 사람이 일본(日本) 사람을 낮잡아 이르던 말. ≪朴諺, 下, 30ㅈ≫穿着花袴(集覽, 朴集, 下, 5ㅎ: 花袴. 以裩連上衣爲之者, 如倭奴上着纈文之衣.)皀靴的勇士, 아롱바디예 거믄 훠 신은 勇士ㅣ.

왜왜(娃娃) 명 아이. 갓난아이. 젖먹이. ⇔아ᄒᆡ. ≪朴諺, 上, 46ㅈ≫大小家眷小娃娃(集覽, 朴集, 上, 13ㅈ: 娃娃. 娃娃, 指孩兒之稱. 字作㖴, 音·와. 是小兒啼聲.)們, 大小 家眷과 져근 아ᄒᆡ들로.

왜자(矮子) 명 난장이. ⇔난장. ≪朴諺, 中, 51ㅈ≫矮子呵欠氣兒不長, 난장의 하회옴은 긔운이 기디 아니타 ᄒᆞᄂᆞ니라.

외 명 외. 오이. ❶⇔과(瓜). ≪朴諺, 中, 6ㅈ≫醋, 초와. 醬, 쟝과. 塩, 소금과. 芥末, 계ᄌᆞ ᄀᆞᄅᆞ와. 葱, 파과. 蒜, 마늘과. 薤菜, 부ᄎᆡ와, 油, 기름과. 生蘿蔔, 댓무우과. 瓜, 외와. 茄等, 가지 등. ❷⇔황과(黃瓜). ≪朴諺, 中, 34ㅎ≫種些冬瓜, 동화. 西瓜, 슈박. 甜瓜, 춤외. 挿葫, ᄌᆞᄅᆞ박. 稍瓜, 수세외. 黃瓜, 외. 茄子, 가지를 시므라.

외(外) 명 밖. ❶⇔밧. ≪朴諺, 上, 24ㅎ≫午門外前看操馬去來, 午門 밧긔 ᄆᆞᆯ 됴습ᄒᆞᄂᆞᆫ 양 보라 가쟈. ≪朴諺, 上, 48ㅎ≫出外時端的是愁殺人, 밧긔 나가면 졍히 사ᄅᆞᆷ을 근심케 ᄒᆞᄂᆞ니. ≪朴諺, 中, 12ㅈ≫你這車子先將到門外, 네 이 술위ᄅᆞᆯ 몬져 가지고 문 밧긔 가. ≪朴諺, 中, 29ㅎ≫我且外前坐的, 내 아직 밧긔 안잣쟈. ≪朴諺, 下, 36ㅎ≫城外那劉村裏, 城 밧 뎌 劉村에. ❷⇔밧ㄱ. ≪朴諺, 下, 15ㅎ≫城外種稻子來, 셩 밧긔 벼 시므라 갓다가. ≪朴諺, 下, 31ㅎ≫午門外前好飯店, 午門 밧기 밥뎜이 됴ᄒᆞ니. ≪朴諺, 下, 37ㅈ≫官人上納與二停外, 官人의게 두 분을 바틴 밧긔. ≪朴諺, 下, 42ㅈ≫爲頭兒門外前放一箇卓兒, 웃듬으로 문 밧긔 ᄒᆞᆫ 탁ᄌᆞᄅᆞᆯ 노코.

외(外) 명 중국 전통 극에서의 배역 이름. 원대(元代)에는 정식 이외의 보충된 배역으로 남자의 역이나 여자의 역을, 명대(明代) 이후로는 남자의 역이나 늙은 영감의 역을 지칭하였다. ≪朴諺, 上, 5ㅎ≫叫教坊司十數箇樂工和做院本(集覽, 朴集, 上, 2ㅎ: 院本. 質問云, 院本有曰外; 或粧先生·採訪使·考試官·老人·達達之類, 皆是外扮.)諸般雜技的來, 教坊司의 여라믄 樂工과 院本에 여러 가지 雜技ᄒᆞᄂᆞ니를 블러오라.

외(喂) 동 먹이다. ⇔먹이다. ≪朴諺, 上, 21ㅈ≫黑夜好生用心喂他, 밤의 ᄀᆞ장 用心ᄒᆞ여 뎌를 먹이라. ≪朴諺, 上, 21ㅈ≫那不會說話的頭口們喂不到, 뎌 말 못ᄒᆞᄂᆞᆫ 즘승들흘 먹이기를 이긋 못ᄒᆞ니. ≪朴諺, 上, 21ㅈ≫十箇人一宿家輪着喂, 열 사ᄅᆞᆷ이 ᄒᆞᆫ 즘식 돌려 먹이게 ᄒᆞ라. ≪朴諺, 上, 21ㅎ≫一夜裏喂到七八遍家, ᄒᆞᄅᆞᆺ 밤의 먹이기를 닐곱 여듧 번의 다ᄃᆞᆺ게 ᄒᆞ라. 每日這般勤勤的喂時, 每日에 이리 브즈런이 먹이면. ≪朴諺, 上, 39ㅈ≫喂的好着, 먹이기를 잘ᄒᆞ라. ≪朴諺, 上, 46ㅎ≫且喂幾日賣時好, 아직 요ᄉᆞ이 먹여 ᄑᆞᆯ면 됴흐려니와. ≪朴諺, 上, 58ㅈ≫咱們的馬怎的喂, 우리 ᄆᆞᆯ을 엇디 먹이료. ≪朴諺, 上, 58ㅈ≫散饋喂馬的草料錢, ᄆᆞᆯ 먹일 딥과 콩 갑슬 흐터 주라. ≪朴諺, 中, 19ㅎ≫把那驢·騾們喂的好着, 뎌 나귀·노새들을 먹이기를 잘ᄒᆞ야.

외국(外國) 명 자기 나라 밖의 다른 나라.

≪朴諺, 上, 33ㅈ≫披着袈裟(集覽, 朴集, 上, 10ㅈ: 袈裟. 反(飜)譯名義云, 袈裟是外國三衣之名. 或名離塵服, 由斷〈断〉六塵故, 或名消瘦服, 由斷煩惱故, 或名無垢衣.), 袈裟 닙고. ≪朴諺, 下, 9ㅈ≫箇箇擎拳合掌(集覽, 朴集, 下, 2ㅎ: 擎拳合掌. 飜譯名義云, 此方以拱手爲恭, 外國以合掌爲敬.), 낫낫치 擎拳 合掌ᄒᆞ야.

외국어(外國語) 명 외국(外國)의 말. ≪朴諺, 上, 32ㅎ≫一箇和尙(集覽, 朴集, 上, 9ㅎ: 和尙. 萬里相和曰和, 外道相尙曰尙. 又和者, 太和也, 尙者, 高尙也. 又和尙, 外國語, 此云近誦.)偸弄別人的媳婦, ᄒᆞᆫ 즁이 ᄂᆞᆷ의 겨집을 도적ᄒᆞ여 어ᄅᆞ노라.

외다디 명 외닫이. ⇔단선(單扇). ≪朴諺, 下, 12ㅎ≫檁, 납. 樑, ᄆᆞᄅᆞ. 椽, 혀. 柱, 기동. 短柱, 短柱. 叉竪, 쟉슈. 門框, 門얼굴. 門扇, 門짝. 吊窓, 들창. 天窓, 울어리창. 雙扇, 상다디. 單扇, 외다디. 窓欞, 창살로.

외도(外道) 명 〈불〉 불교 이외의 다른 종교나 사상. ≪朴諺, 上, 32ㅎ≫一箇和尙(集覽, 朴集, 上, 9ㅎ: 和尙. 萬里相和曰和, 外道相尙曰尙. 又和者, 太和也, 尙者, 高尙也.)偸弄別人的媳婦, ᄒᆞᆫ 즁이 ᄂᆞᆷ의 겨집을 도적ᄒᆞ여 어ᄅᆞ노라.

외도선(外道禪) 명 〈불〉 인과(因果)를 믿지 않고 유루(有漏: 번뇌에 얽매이어 깨달음을 얻지 못한 범부의 경지)의 공덕(功德)을 위하여 닦는 선. ≪朴諺, 上, 33ㅈ≫安禪(集覽, 朴集, 上, 10ㅈ: 禪. 靜也. 傳燈錄有五等禪, 有外道禪·凡夫禪·小乘禪·大乘禪·最上乘禪, 又名如來淸淨禪, 又名無上菩提.)悟法却不好, 安禪 悟法홈이 ᄯᅩ 됴티 아니ᄒᆞ냐.

외랑(外郞) 명 서리(胥吏). 각 아문(衙門)의 하급 벼슬아치. ≪朴諺, 上, 3ㅈ≫內府裡着姓崔的外郞(集覽, 朴集, 上, 1ㅎ: 外郞. 泛稱各衙門吏典之號. 俗嫌其犯於員外郞之號, 呼外字爲上聲. 大小衙門吏典名稱各異.)討去, 內府에ᄂᆞᆫ 姓이 崔가 外郞으로 ᄒᆞ여 어드라 가게 ᄒᆞ라. ≪朴諺, 上, 3ㅈ≫便叫將當該的外郞來, 곳 當該外郞을 블러 와. ≪朴諺, 中, 59ㅎ≫該管的外郞也受了些錢財, ᄀᆞ옴아ᄂᆞᆫ 外郞도 져기 錢財를 밧고.

외명(外名) 명 외부에 알려진 이름. 곧, 다른 이름. ≪朴諺, 上, 19ㅎ≫圓眼(集覽, 朴集, 上, 7ㅎ: 圓眼. 音義云, 龍眼的外名. 釋見上.)來大的好明淨, 龍眼만치 크고 ᄀᆞ장 明淨ᄒᆞ니라. ≪朴諺, 下, 18ㅈ≫外名喚燒金子道人, 外名은 燒金子道人이라 브ᄅᆞᄂᆞ니.

외분(外扮) 동 겉을 꾸미다. 분장하다. ≪朴諺, 上, 5ㅎ≫叫敎坊司十數箇樂工和做院本(集覽, 朴集, 上, 2ㅎ: 院本. 質問云, 院本有曰外, 或粧先生·採訪使·考試官·老人·達達之類, 皆是外扮.)諸般雜技的來, 敎坊司의 여라믄 樂工과 院本에 여러 가지 雜技ᄒᆞᄂᆞ니를 블러오라.

외수(外手) 명 밖. 바깥쪽. ⇔밧. ≪朴諺, 上, 4ㅈ≫外手一遭兒十六楪, 밧 쳣 줄 열여슷 뎝시에ᄂᆞᆫ.

외오다 동 지우다. 긋다. ⇔말(抹). ≪朴諺, 上, 23ㅎ≫將筆(筆)來抹了着, 붓 가져다가 외오라.

외외(巍巍) 형 산이나 바위 따위가 매우 높고 우뚝하다. ⇔외외ᄒᆞ다(巍巍-). ≪朴諺, 中, 32ㅎ≫有崔崔巍巍棧道, 崔崔 巍巍ᄒᆞᆫ 棧道ㅣ 잇고. ≪朴諺, 下, 50ㅎ≫彈一曲流水高山(集覽, 朴集, 下, 11ㅈ: 流水高山. 伯牙鼓〈皷〉琴, 志在高山. 子期曰, 善扰, 巍巍乎, 志在高山.), 一曲 流水高山을 ᄲᅳ며.

외외ᄒᆞ다(巍巍-) 형 산이나 바위 따위가 매우 높고 우뚝하다. ⇔외외(巍巍). ≪朴諺, 中, 32ㅎ≫有崔崔巍巍棧道, 崔崔 巍巍ᄒᆞᆫ 棧道ㅣ 잇고.

외이(外夷) 명 오랑캐. 예전에 두만강(豆滿江) 일대의 만주(滿洲) 지방에 살던 여진족(女眞族)을 멸시하여 이르던 말. ≪朴諺, 上, 8ㅎ≫往永平·大寧·遼陽·開元(集

覽, 朴集, 上, 4ㅈ: 開元. 城東陸路, 舊有設站, 至三散口子, 通朝鮮後門, 管屬外夷往來朝貢之路, 四面皆古設站之地.)·瀋陽等處開去, 永平·大寧·遼陽·開元·瀋陽等處를 향ᄒᆞ여 開讀ᄒᆞ라 가노라. ≪朴諺, 中, 26ㅈ≫做雲南氊(集覽, 朴集, 中, 6ㅎ: 雲南氈. 雲南, 古梁州, 南境爲徼外夷也.)大帽兒一箇, 雲南氊으로 ᄒᆞᆫ 큰갓 ᄒᆞ나와.

외호(外號) 명 ❶관청에서 발송하는 공문서 위에 찍던 기호. 발송하는 공문서에는 '외(外)'자, 보관하는 공문서에는 '내(內)'자를 새긴 감합(勘合)을 찍었다. ≪朴諺, 上, 3ㅈ≫勘合(集覽, 朴集, 上, 1ㅎ: 勘合. 質問云, 官府設簿冊二扇, 凡事用印鈐記, 上寫外字幾號, 發行去者曰外號, 上寫內字幾號, 留在官府者曰內號.)有了不曾, 勘合이 잇ᄂᆞᆫ가 몯ᄒᆞ엿ᄂᆞᆫ가. ❷별명(別名). (사람의 본명 외에 붙인 이름) ≪朴諺, 上, 65ㅈ≫法名(集覽, 朴集, 上, 15ㅎ: 法名. 剃〈削〉髮披緇, 歸〈故〉依佛法, 別立外號, 是謂法名.)喚步虛, 法名을 步虛ㅣ라 브르ᄂᆞᆫ 이.

외후일(外後日) 명 글피. ⇔글픠. ≪朴諺, 中, 5ㅈ≫外後日來取, 글픠 와 가져가라.

요 명 요[褥]. ⇔욕자(褥子). ≪朴諺, 中, 44ㅎ≫炕上鋪着青錦褥(褥)子, 캉 우희 청금 요 ᄭᆞᆯ고.

요(了) 동 감당해내다. 맡아 해내다. ⇔에워나다. ≪朴諺, 中, 18ㅈ≫我夫主知道時了不得, 우리 지아비 알면 에워나디 못ᄒᆞ리라.

요(了) 동 마치다. ❶⇔ᄆᆞᆾ다. ≪朴諺, 中, 45ㅎ≫別沒不了的事件, 각별이 ᄆᆞᆾ디 못ᄒᆞᆫ 일이 업고. ❷⇔ᄆᆞᆾ다. ≪朴諺, 上, 44ㅎ≫待一兩日了也, ᄒᆞᆫ 이틀만 ᄒᆞ면 ᄆᆞᄎᆞ리로다.

요(了) 조 동사 뒤에 쓰여 동작의 완성(完成)을 표시한다. ≪朴諺, 下, 21ㅎ≫把桃肉都喫了, 복셩화 ᄉᆞᆯ흘다가 다 먹고.

요(凹) 동 음각(陰刻)하다. ⇔우묵기다. ≪朴諺, 上, 60ㅎ≫盖的都是龍鳳凹面花頭·筒瓦和仰瓦, 녠 거슨 다 龍鳳을 우묵겨 면 돗게 ᄒᆞᆫ 막새와 수디새와 암디새오.

요(凹) 명 구멍. ⇔굼ㄱ. ≪朴諺, 下, 21ㅈ≫大仙鼻凹裏放了, 大仙의 곳굼긔 노ᄒᆞ니.

요(要) 동 ❶달라고. ⇔달라. ≪朴諺, 中, 59ㅈ≫因你要蒲葉, 네 蒲葉 달라 홈을 인ᄒᆞ여. ❷요구하다. ⇔요ᄒᆞ다(要-). ≪朴諺, 下, 17ㅈ≫要怎麽那一等平話, 엇디 뎌 ᄒᆞᆫ 등 平話를 要ᄒᆞ리오. ❸하려하다. …하려고 하다. ⇔ᄒᆞ려ᄒᆞ다. ≪朴諺, 中, 37ㅈ≫要時請下馬來看, ᄒᆞ려커든 청컨대 ᄆᆞᆯ ᄂᆞ려 보라.

요(要) 동 받다. 요구하다. ❶⇔받다. ≪集覽, 字解, 單字解, 1ㅈ≫還. 猶尙也, 再也. 還有多少 당시론 언메나 잇ᄂᆞ뇨. 又다하. 還要多少 다하 언메나 받고져 ᄒᆞ나뇨. 還有·還要之還, 或呼如孩字之音. 此或還音之訛, 或別有其字, 未可知也. 又償也. 還錢 갑 주다. ≪朴諺, 上, 64ㅎ≫要七兩銀, 닐곱 냥 은을 바드려니와. ❷⇔밧다. ≪朴諺, 上, 11ㅈ≫管的三年不要功錢打, 三年을 ᄀᆞ옴아라 工錢을 밧디 아니ᄒᆞ고 다으게 ᄒᆞ라. 這般要他文書打了時, 이리 뎌의게 文書를 밧고 다이면. ≪朴諺, 上, 19ㅈ≫他要多少工錢, 뎨 언멋 工錢을 밧더뇨. 要一兩銀子, ᄒᆞᆫ 냥 은을 밧더라. ≪朴諺, 上, 31ㅈ≫別人便一兩要一兩利錢借饋, 다른 사ᄅᆞᆷ은 곳 ᄒᆞᆫ 냥에 ᄒᆞᆫ 냥 利錢을 밧고 ᄭᅮ이되. ≪朴諺, 上, 38ㅎ≫他要多少功錢, 뎨 언머 功錢을 밧ᄂᆞ뇨. ≪朴諺, 中, 57ㅈ≫要多少賣, 언머를 밧고 풀려 ᄒᆞᄂᆞᆫ다. ≪朴諺, 下, 25ㅎ≫你敢要玉價錢, 네 감히 옥 갑슬 밧고져 ᄒᆞᄂᆞᆫ다. ≪朴諺, 下, 25ㅎ≫實要二兩銀子賣與你, 실로 두 냥 은을 밧고 네게 풀마. ≪朴諺, 下, 40ㅎ≫也不要工錢, ᄯᅩ 工錢도 밧디 아니호되. ≪朴諺, 下, 40ㅎ≫難道不要工錢, 工錢을 밧디 아니리라 니ᄅᆞ기 어렵다.

요(要) 보동 하다. …하려고 하다. 머지않아 …할 것이다. ⇔ᄒᆞ다. ≪朴諺, 中, 3ㅎ≫要染的好着, 믈드리기를 잘ᄒᆞ고져 ᄒᆞ노

라. ≪朴諺, 中, 28ㅎ≫便要打殺那媳婦, 곳 뎌 媳婦를 텨 죽이고져 ᄒᆞ거늘. ≪朴諺, 中, 31ㅈ≫他要變時誰保他, 뎨 변코져 ᄒᆞ면 뉘 뎌를 긔수ᄒᆞ리오. ≪朴諺, 上, 55ㅈ≫我要打圍處騎的快走的馬, 내 산영ᄒᆞᄂᆞᆫ 고ᄃᆡ 틸 잘 ᄃᆞᆮᄂᆞᆫ ᄆᆞᆯ을 사고져 ᄒᆞ노라. ≪朴諺, 下, 12ㅈ≫我要盖一座書房, 내 一座 書房을 짓고져 ᄒᆞ니. ≪朴諺, 下, 18ㅈ≫要滅佛教, 佛教를 滅코져 ᄒᆞ여. ≪朴諺, 下, 20ㅎ≫要動禪, 禪을 動코져 ᄒᆞ거늘. ≪朴諺, 下, 26ㅎ≫你要那, 네 사고져 ᄒᆞᄂᆞᆫ다. ≪朴諺, 下, 33ㅎ≫官人們要時, 官人들히 ᄒᆞ고져 ᄒᆞ면. ≪朴諺, 下, 37ㅎ≫監下老安要追裡, 老安을 가도고 물리고져 ᄒᆞᄂᆞ니라. ≪朴諺, 下, 40ㅈ≫你要畫甚麽, 네 므서슬 그리고져 ᄒᆞᄂᆞᆫ다. 要畫我的喜身裏, 내 진영을 그리고져 ᄒᆞ노라. ≪朴諺, 下, 56ㅎ≫要說甚麽, 므서슬 니ᄅᆞ과뎌 ᄒᆞᄂᆞ뇨.

요(料) 동 ❶헤아리다. 계산하다. 셈하다. ⇔헤아리다. ≪朴諺, 上, 56ㅎ≫料着你那細詳時, 헤아리건대 네 뎌리 細詳ᄒᆞ면. ❷헤아리다. 예상하다. 짐작하다. ⇔헤아리다. ≪朴諺, 中, 60ㅎ≫我料你那事色, 내 네 뎌 일을 헤아리니.

요(料) 명 감. 재료. ❶⇔ᄀᆞ숨. ≪朴諺, 中, 11ㅈ≫買饋他木料(集覽, 朴集, 中, 2ㅈ: 木料. 凡造一件物而該用之物皆曰料. 木料, 나모ᄇᆞ·팃 ᄀᆞ숨〈옴〉. 詳見字解料字下.)·席子整理, 뎌를 木料와 삿글 사 주어 整理케 ᄒᆞ라. ≪朴諺, 下, 12ㅎ≫木植(集覽, 朴集, 下, 3ㅈ: 木植. 亦曰木料, 남·고〈그〉·로 :셩·녕〈셩녕〉흘 ᄀᆞᅀᆞ미〈ᄀᆞ옴이〉니. 詳見字解料字下.)都有麽, ᄀᆞ옴이 다 잇ᄂᆞ냐. ❷⇔ᄀᆞ옴. ≪朴諺, 中, 11ㅈ≫買饋他木料(集覽, 朴集, 中, 2ㅈ: 木料. 凡造一件物而該用之物皆曰料. 木料, 나모ᄇᆞ·팃 ᄀᆞ숨〈옴〉. 詳見字解料字下.)·席子整理, 뎌를 木料와 삿글 사 주어 整理케 ᄒᆞ라. ≪朴諺, 下, 12ㅎ≫木植(集覽, 朴集, 下, 3ㅈ: 木植. 亦曰木料, 남·고〈그〉·로 :셩·녕〈셩녕〉흘 ᄀᆞᅀᆞ미〈ᄀᆞ옴이〉니. 詳見字解料字下.)都有麽, ᄀᆞ옴이 다 잇ᄂᆞ냐.

요(料) 명 콩. ⇔콩. ≪集覽, 字解, 單字解, 1ㅎ≫料. 漢俗, 飼馬或用小黑豆, 或用蜀黍雜飼之, 故凡稱飼馬穀豆曰料. 又該用物色雜稱曰物料, 造屋材木曰木料, 入畫彩色曰顏料. 又量也. 又理也. ≪朴諺, 上, 21ㅎ≫半夜裏却拌饋他料喫, 半夜에 ᄯᅩ 뎌를 콩을 버므려 주어 먹이되. ≪朴諺, 上, 58ㅈ≫散饋喂馬的草料錢, ᄆᆞᆯ 먹일 딥과 콩 갑슬 ᄒᆞ터 주라. ≪朴諺, 中, 14ㅈ≫草料貴賤, 딥과 콩이 貴ᄒᆞ더냐 賤ᄒᆞ더냐.

요(搖) 동 ❶흔들거리다. ⇔흔드기다. ≪朴諺, 中, 58ㅈ≫風不來樹不搖, ᄇᆞ람이 부디 아니면 남기 흔드기디 아니ᄒᆞ고. 雨不來河不漲, 비 오디 아니면 믈이 넘디 아니ᄒᆞᆫ다 ᄒᆞᄂᆞ니라. ❷흔들다. ⇔흔들다. ≪朴諺, 上, 51ㅈ≫把搖車搖一搖便住了, 搖車를다가 흔들면 곳 그치ᄂᆞ니라.

요(溺) 명 오줌. ⇔오좀. ≪朴諺, 上, 50ㅎ≫把溺胡蘆正着那窟籠裏放了, 오좀 누ᄂᆞᆫ 박을다가 바로 뎌 굼긔 노코.

요(腰) 명 허리. ⇔허리. ≪朴諺, 下, 31ㅈ≫腰濶三圍抱不匝, 허리 너ᄅᆞ기 세 아름이나 ᄒᆞ니 안아 두로디 못ᄒᆞ고. ≪朴諺, 下, 31ㅈ≫各自腰帶七寶環刀, 각각 허리예 七寶 ᄒᆞᆫ 環刀를 ᄎᆞ고. ≪朴諺, 下, 47ㅈ≫腰繫白玉帶, 허리예 白玉帶를 ᄯᅴ고.

요(鬧) 동 요(鬧). '閙'는 '鬧'의 와자. ≪朴諺, 下, 36ㅈ≫一霎兒人閙(鬧)起來, ᄒᆞᆫ 디위 사ᄅᆞᆷ이 짓궤더니.

요(撓) 동 ❶긁다. ⇔긁다. ≪朴諺, 下, 6ㅎ≫撓時厮刺疼, 글그면 �알히고. ≪朴諺, 下, 7ㅎ≫撓破了疥瘡搽那藥, 疥瘡을 글거 헐우고 뎌 약을 ᄇᆞᆯ라. ❷할퀴다. ⇔긁티다. ≪朴諺, 下, 6ㅎ≫一會兒打頓着撓破了, ᄒᆞᆫ 디위 조으다가 긁텨 ᄒᆡ여ᄇᆞ려늘. ❸문지르다. 문대다. ⇔믄디ᄅᆞ다. ≪朴諺, 上, 47ㅈ≫撓背兩箇錢, 등 믄디ᄅᆞ기ᄂᆞᆫ 두 낫 돈이오.

요(繞) 부 두루. ⇔두로. ≪朴諺, 下, 14ㅎ≫

繞地裏望官人, 두로 官人을 ᄎᆞ자보고. ≪朴諺, 下, 49ㅈ≫各飯店·酒肆裡繞着走, 各飯店과 酒肆에 두로 ᄃᆞᄃᆞ니.

요(鬧) 동 지껄이다. ⇔짓궤다. ≪朴諺, 下, 36ㅈ≫一宴兒人鬧(閙)起來, ᄒᆞᆫ 디위 사ᄅᆞᆷ이 짓궤더니.

요(曜) 동 비추다. ⇔비최다. ≪朴諺, 下, 31ㅈ≫曜日連環, 힛 連環에 비최고.

요(饒) 동 ❶사(赦)하다. 용서하다. ⇔샤ᄒᆞ다. ≪朴諺, 中, 3ㅈ≫饒他麽, 뎌ᄅᆞᆯ 샤ᄒᆞ쇼셔. ❷(바둑이나 장기의 수(手)를) 접다. 접어주다. ⇔졉다. ≪朴諺, 上, 22ㅈ≫你饒四着時纔好, 네 네흘 졉혜야 ᄀᆞᆺ 됴흐리라. ≪朴諺, 上, 22ㅎ≫我饒四着, 내 네흘 졉으마. ≪朴諺, 上, 23ㅈ≫你說饒我四着, 네 닐오ᄃᆡ 날을 네흘 졉쟈 ᄒᆞ더니.

요거(搖車) 명 달구지. 곧, 유모차(乳母車). ≪朴諺, 上, 50ㅎ≫把孩兒上搖車, 아ᄒᆡᄅᆞᆯ다가 搖車에 올리ᄂᆞ니라. ≪朴諺, 上, 51ㅈ≫把搖車搖一搖便住了, 搖車ᄅᆞᆯ다가 흔들면 곳 그치ᄂᆞ니라.

요광(瑤光) 명 북두칠성의 일곱째 별 이름. ≪朴諺, 上, 18ㅎ≫後面北斗(集覽, 朴集, 上, 7ㅈ: 北斗左輔右弼. 凡九星, 曰樞宮貪狼, 曰璇宮巨門, 曰璣〈幾〉宮祿存, 曰權宮文曲, 曰衡宮廉貞, 曰闓(開)陽宮武曲, 曰瑤光宮破軍, 曰洞明宮左輔, 曰隱元宮右弼.)七星板兒做的好, 後面 北斗七星 돈은 ᄆᆡᆫᄃᆞᆯ기ᄅᆞᆯ 잘ᄒᆞ엿고.

요괴(妖怪) 명 요사스러운 귀신. ≪朴諺, 下, 3ㅈ≫西天取經去(集覽, 朴集, 下, 1ㅈ: 西天取經去. 乃以西天去東土十萬八千里之程, 妖恠〈怪〉又多, 諸衆不敢輕諾. 唯南海落伽〈迦〉山觀世音菩薩, 騰雲駕霧往東土去, 遙見長安京兆府, 一道瑞氣衝天, 觀音化作老僧入城.)時莭(節), 西天의 經 가질라 갈 제.

요괴(妖恠) 명 요괴(妖怪). '恠'는 '怪'의 속자. ≪朴諺, 下, 3ㅈ≫西天取經去(集覽, 朴集, 下, 1ㅈ: 西天取經去. 乃以西天去東土十萬八千里之程, 妖恠〈怪〉又多, 諸衆不敢輕諾. 唯南海落伽〈迦〉山觀世音菩薩, 騰雲駕霧往東土去, 遙見長安京兆府, 一道瑞氣衝天, 觀音化作老僧入城.)時莭(節), 西天의 經 가질라 갈 제.

요기(妖氣) 명 요망하고 간사스러운 기운. ≪朴諺, 中, 31ㅈ≫粧腰大模搽(集覽, 朴集, 中, 7ㅈ: 粧腰大摸〈模〉搽. 質問云, 如人大氣像起來時, 又粧妖氣, 又作大摸〈模〉大搽, 不禮待人, 方言謂氣像大起來時, 粧妖大摸〈模〉搽.), 腰大 模樣을 ᄭᅮ며.

요기(療飢) 동 시장기를 겨우 면할 정도로 조금 먹다. 허기(虛飢)를 채우다. ≪朴諺, 中, 22ㅈ≫隨相現相(集覽, 朴集, 中, 5ㅈ: 隨相現相. 帝釋悲愍, 思所救濟, 乃變其形爲大蟒身, 殭屍川〈殭屍出于〉谷, 空中遍告, 聞者感慶, 相率〈率(饑)〉奔赴, 隨割隨生, 療飢療疾.)救苦惱於三塗, 상을 조차 샹을 뵈야 苦惱ᄅᆞᆯ 三塗에 救ᄒᆞᄂᆞᆫᄯᅳ다.

요기래(鬧起來) 형 요기래(閙起來). '閙'는 '鬧'의 와자. ≪朴諺, 下, 49ㅈ≫這般閙(鬧)起來, 이리 요란ᄒᆞ여.

요기래(鬧起來) 형 요란(擾亂)하다. 소란을 일으키다. ⇔요란ᄒᆞ다. ≪朴諺, 下, 49ㅈ≫這般閙(鬧)起來, 이리 요란ᄒᆞ여.

요당(了當) 동 완료하다. 완전히 끝내다. ≪集覽, 字解, 單字解, 3ㅈ≫了. 語助, 去了. 又決絶之意, 了不得. 又了當.

요대(腰大) 명 기개(氣概). 도량(度量). ≪朴諺, 中, 31ㅈ≫粧腰大模搽(集覽, 朴集, 中, 7ㅈ: 粧腰大摸〈模〉搽. 質問云, 如人大氣像起來時, 又粧妖氣, 又作大摸〈模〉大搽, 不禮待人, 方言謂氣像大起來時, 粧妖大摸〈模〉搽. 一說, 粧腰猶脩飾〈飾〉也, 一說, 腰大猶言大起像也.), 腰大 模樣을 ᄭᅮ며.

요동(遼東) 명 중국 요하(遼河) 동쪽 지역을 이르는 말. 소재지는 지금의 요령성(遼寧省) 동부와 남부 지역이다. ≪朴諺, 上, 8ㅎ≫往永平·大寧(集覽, 朴集, 上, 4ㅈ: 大寧. 遼誌云, 在遼東城北潢水之南, 漢爲新安縣, 唐置營州, 遼號大定府, 金改北京, 元改大寧路. 今廢.)·遼陽·開元·

瀋陽等處開去, 永平·大寧·遼陽·開元·瀋陽 等處를 향ᄒᆞ여 開讀ᄒᆞ라 가노라. ≪朴諺, 下, 47ㅈ≫粧二郎爺爺(集覽, 朴集, 下, 10ㅎ: 二郎爺爺. 二郎, 神名, 爺爺, 尊敬之稱. 今遼東城內有二郎神廟.), 二郎爺爺를 ᄭᅮ며.

요두채(搖頭菜) 명 두릅. ⇔두룹치. ≪朴諺, 中, 34ㅎ≫買些拳頭菜, 져기 고사리치. 貫衆菜, 회초미치. 搖頭菜, 두룹치. 蒼朮菜來, 삽듀치를 사 오라.

요란(閙亂) 형 요란(鬧亂). '閙'는 '鬧'의 와자. ≪朴諺, 下, 47ㅈ≫粧二郎爺爺(集覽, 朴集, 下, 10ㅎ: 二郎爺爺. 按西遊記, 西域花菓山洞有老猴精, 號齊天大聖, 神變〈变〉無測, 閙(鬧)乱天宮, 玉帝命李天王領神兵徃捕, 相戰失利.), 二郎爺爺를 ᄭᅮ며.

요란(閙乱) 형 요란(鬧亂). '乱'은 '亂'의 속자. ≪朴諺, 下, 47ㅈ≫粧二郎爺爺(集覽, 朴集, 下, 10ㅎ: 二郎爺爺. 按西遊記, 西域花菓山洞有老猴精, 號齊天大聖, 神變〈变〉無測, 閙(鬧)乱天宮, 玉帝命李天王領神兵徃捕, 相戰失利.), 二郎爺爺를 ᄭᅮ며.

요란(鬧亂) 형 요란(擾亂)하다. ≪朴諺, 下, 47ㅈ≫粧二郎爺爺(集覽, 朴集, 下, 10ㅎ: 二郎爺爺. 按西遊記, 西域花菓山洞有老猴精, 號齊天大聖, 神變〈变〉無測, 閙(鬧)乱天宮, 玉帝命李天王領神兵徃捕, 相戰失利.), 二郎爺爺를 ᄭᅮ며.

요란ᄒᆞ다 형 요란(擾亂)하다. 소란을 일으키다. ⇔요기래(閙起來). ≪朴諺, 下, 49ㅈ≫這般閙(鬧)起來, 이리 요란ᄒᆞ여.

요로(要路) 명 영향력이 있는 중요한 자리나 지위. ≪朴諺, 下, 15ㅈ≫官人們的要路裏到了也, 官人들의 要路에 다ᄃᆞ란노라.

요문(遙聞) 동 멀리서 듣다. ≪朴諺, 上, 23ㅈ≫斂些錢做翫月會(集覽, 朴集, 上, 8ㅈ: 翫月會. 東京錄云, 中秋夜, 貴家結飾臺榭, 民間爭占酒樓翫〈玩〉月, 絲篁鼎沸, 近內庭居民, 夜深遙聞笙竽之聲, 宛若雲外天樂, 閭里兒童連宵嬉戲, 夜市駢闐, 至於通曉.), 져기 돈 거두어 翫月會를 ᄒᆞ쟈.

요물(料物) 명 고명. 꾸미. 양념. ❶⇔교토. ≪朴諺, 上, 7ㅈ≫都着些細料物(集覽, 朴集. 上, 3ㅎ: 細料物. 事林廣記食饌類, 細料物, 官桂·良薑·蓽撥草·豆蔻·陳皮·縮砂仁〈砂仁〉·八角·茴香各一兩, 川椒二兩, 杏仁五兩, 甘草一兩半, 白檀末半兩. 右共爲細末用之. 如欲出路停久用之者, 以水浸, 蒸餠爲丸, 如彈子大, 臨時湯泡用之. 今按, 漢俗謂·탕·숫·고·믈 曰細料物.), 다 져기 ᄀᆞᄂᆞᆫ 교토를 두고. ❷⇔교퇴. ≪朴諺, 下, 32ㅈ≫羊肉餡(集覽, 朴集, 下, 5ㅎ: 餡. 或肉或菜及諸料物拌勻〈匀〉爲胎, 納於餠中者曰餡. 酸餡·素餡·葷餡·生餡·熟餡, 供用合宜.)饅頭, 羊肉 소 녀흔 상화과. ≪朴諺, 下, 33ㅎ≫零碎和生薑·料物·葱·蒜·醋·塩都將來, 즈ᄅᆞᆫ 것과 싱강과 교퇴와 파와 마ᄂᆞᆯ과 초와 소금을 다 가져오라.

요부득(了不得) 형 엄청나다. 대단하다. 뛰어나다. 굉장하다. ≪集覽, 字解, 單字解, 3ㅈ≫了. 語助, 去了. 又決絶之意, 了不得. 又了當.

요분(尿盆) 명 분지(糞池). 요강. ⇔분지. ≪朴諺, 上, 50ㅎ≫把尿盆放在底下, 분지를다가 미틔 노코.

요사렴(姚思廉) 명 당(唐)나라 만년(萬年) 사람. 본명은 간(簡). 자(字)로 세상에 알려졌다. 시호는 강(康). 당초(唐初) 진왕부(秦王府) 십팔학사(十八學士)의 한 사람. 벼슬은 당 태종(唐太宗) 때 홍문관학사(弘文館學士)를 지냈다. 아버지의 구고(舊稿)를 참고하여 위징(魏徵)과 함께 양서(梁書)·진서(陳書)를 찬술(撰述)하였다. ≪朴諺, 中, 44ㅎ≫掛十八學士(集覽, 朴集, 中, 8ㅈ: 十八學士. 唐太宗秦王時, 開館延文學之士, 杜如晦·房玄齡〈岭〉·虞世南·褚遂良·姚思廉·李玄道·蔡允恭·薛元敬·顏相時·蘇勗·于志寧·蘇世長·薛收·李守素·陸德明·孔穎達·蓋文達·許敬宗爲文學館學士, 分爲三番,

更日直宿.)大畫, 十八學士 그린 큰 그림을 걸고.

요산(樂山) 동 산을 좋아하다. ≪朴諺, 下, 50ㅎ≫彈一曲流水高山(集覽, 朴集, 下, 11ㅈ: 流水高山. 孔子曰, 仁者樂山, 智者樂水. 子期嘆伯牙仁智兼備.), 一曲 流水高山을 ᄩᅳ며.

요선(腰線) 명 실감개. ❶⇔감기. ≪朴諺, 中, 55ㅈ≫揀(揀)着十分細的大紅腰線上, ᄀᆞ장 ᄀᆞᄂᆞᆫ 大紅 감기엣 치ᄅᆞᆯ ᄀᆞᆯᄒᆡ라. ❷⇔실감기. ≪朴諺, 中, 55ㅈ≫你來將那腰線包兒來, 이바 뎌 실감기 ᄡᆞᆷ 가져다가.

요수(料水) 명 콩물. 콩을 삶은 물. ⇔콩믈. ≪朴諺, 上, 21ㅈ≫着攪草棍拌饋他些料水喫, 여믈 버므리ᄂᆞᆫ 막대로 뎌ᄅᆞᆯ 져기 콩믈을 버므려 주어 먹이고.

요수(樂水) 동 물을 좋아하다. ≪朴諺, 下, 50ㅎ≫彈一曲流水高山(集覽, 朴集, 下, 11ㅈ: 流水高山. 孔子曰, 仁者樂山, 智者樂水. 子期嘆伯牙仁智兼備.), 一曲 流水高山을 ᄩᅳ며.

요ᄉᆞ이 명 요사이. 요새. ❶⇔근일(近日). ≪朴諺, 下, 56ㅎ≫小子近日聽得, 小子ㅣ 요ᄉᆞ이 드르니. ❷⇔기일(幾日). ≪朴諺, 上, 46ㅎ≫且喂幾日賣時好, 아직 요ᄉᆞ이 먹여 ᄑᆞᆯ면 됴흐려니와. ❸⇔저기일(這幾日). ≪朴諺, 上, 34ㅎ≫我這幾日害痢疾, 내 요ᄉᆞ이 痢疾 알하. ≪朴諺, 上, 42ㅎ≫我這幾日差使出去, 내 요ᄉᆞ이 差使로 나가니. ≪朴諺, 中, 16ㅎ≫這幾日高麗地面裏來的, 요ᄉᆞ이 高麗ㅅ ᄯᅡ흐로셔 온. ≪朴諺, 下, 10ㅎ≫這幾日我家裏有人去, 요ᄉᆞ이 우리 집의 사ᄅᆞᆷ 가리 이시니.

요아(腰兒) 명 허리. ⇔허리. ≪朴諺, 中, 48ㅈ≫腰兒軟休弄他, 허리 므ᄅᆞ니 뎌ᄅᆞᆯ 농티 말라.

요양(遼陽) 명 현(縣) 이름. 요대(遼代)에 두었다. 소재지는 요령성(遼寧省) 요양시(遼陽市) 노성구(老城區) 에 있었다. ≪朴諺, 上, 8ㅎ≫往永平·大寧·遼陽·開元·瀋陽等處開去, 永平·大寧·遼陽·開元·瀋陽 等處ᄅᆞᆯ 향ᄒᆞ여 開讀ᄒᆞ라 가노라. ≪朴諺, 下, 29ㅈ≫元寶(集覽, 朴集, 下, 5ㅎ: 元寶. 錠上有字, 曰楊(揚)州元寶. 後朝廷亦鑄. 又有遼陽元寶, 至元二十三年, 征遼所得銀子而鑄者也.)我有半錠了, 元寶ㅣ 내게 반 뎡이 이시니.

요여(腰輿) 명 혼백과 신주를 모시는 작은 가마. ≪朴諺, 下, 42ㅎ≫賃魂車(集覽, 朴集, 下, 9ㅈ: 魂車. 作小腰輿, 以黃絹結爲流蘇垂飾〈餙〉, 如本國結彩之施, 以貯魂〈黿〉帛, 爲前導.), 魂車와. ≪朴諺, 下, 42ㅎ≫影亭子(集覽, 朴集, 下, 9ㅈ: 影亭子. 畫死者〈畫死者之〉眞容, 掛於小腰輿, 爲前導.), 影亭子와. 香亭子, 香亭子와.

요요(凹凹) 명 아기 재롱의 한 가지. ⇔와와이질. ≪朴諺, 中, 48ㅈ≫打光光打凹凹, 광광이질 ᄒᆞ며 와와이질 ᄒᆞᄂᆞ니라.

요의경(了義經) 명 〈불〉 불법의 도리를 명백하고 완전하게 말한 경전. ≪朴諺, 下, 8ㅎ≫僧尼道俗善男信女(集覽, 朴集, 下, 2ㅎ: 善男信女. 了義經云, 善者, 順理也, 信者, 言是事如是也.), 僧尼 道俗과 善男信女ㅣ.

요자(腰子) 명 콩팥. 신장(腎臟). ≪朴諺, 上, 7ㅈ≫第六道鷄脆芙蓉湯(集覽, 朴集, 上, 3ㅎ: 雞脆芙蓉湯. 質問云, 將雞〈鷄〉腰子作芙蓉花, 做湯食之.), 第六道ᄂᆞᆫ 鷄脆芙蓉湯이니.

요자(蓼子) 명 여뀌. ⇔역괴. ≪朴諺, 中, 33ㅎ≫蘿蔔, 댓무우. 蔓菁, 쉿무우. 萵苣, 부로. 葵菜, 아혹. 白菜, ᄇᆡ치. 赤根菜, 시근치. 園荽, 고싀. 蓼子, 역괴. 葱, 파. 蒜, 마ᄂᆞᆯ. 薤, 부치. 荊芥, 형개. 薄荷, 박하. 茼蒿, 믈ᄡᅮᆨ. 水蘿蔔, 믈한댓무우. 胡蘿蔔, 노론댓무우. 芋頭, 토란. 紫蘇都種來, 紫蘇ᄅᆞᆯ 다 시므라.

요전(腰絟) 명 빗장. ⇔빗댱. ≪朴諺, 中, 36ㅈ≫腰絟插的牢, 빗댱 곳기ᄅᆞᆯ 구디 ᄒᆞ라.

요정(妖精) 명 요사스러운 정령(精靈). ≪朴諺, 下, 4ㅈ≫見多少怪物·妖精侵他, 언머 怪物·妖精이 뎌ᄅᆞᆯ 침노홈을 보며.

요지(瑤池) 명 전설상 곤륜산(崑崙山)에 있다는 연못. 서왕모(西王母)가 살았던 곳으로 그 왼쪽에 백옥루(白玉樓)가 있다고 한다. ≪朴諺, 上, 62ㅎ≫休誇天上瑤池(集覽, 朴集, 上, 15ㅈ: 瑤池. 列仙傳, 崐崘〈崑崙〉閬苑, 有〈白〉玉樓十二, 玄室九層, 左瑤池, 右翠水, 環以弱水九重, 非飆(飈)車羽輪, 不可到也. 註, 瑤池, 王母所居.), 天上 瑤池ᄅᆞᆯ 쟈랑티 말라.

요파(凹坡) 명 움푹하게 패인 언덕. ≪朴諺, 中, 32ㅎ≫有凹坡凸嶺庵堂, 凹坡 凸嶺엣 庵堂이 이시며.

요파철령(凹坡凸嶺) 명 요파(凹坡)와 툭 튀어나온 고갯마루. ≪朴諺, 中, 32ㅎ≫有凹坡凸嶺庵堂, 凹坡 凸嶺엣 庵堂이 이시며.

요해위(遼海衛) 명 위(衛) 이름. 명대(明代)에 두었다. 원대(元代)의 삼만위(三萬衛)를 고쳐 부른 이름이다. ≪朴諺, 上, 8ㅎ≫往永平·大寧·遼陽·開元(集覽, 朴集, 上, 4ㅈ: 開元. 遼誌云, 本肅愼氏地, 虞舜時高麗有其地, 周時爲荒服, 元設開元路, 元末屬納哈出, 今設三萬衛, 又設遼海衛.)·瀋陽等處開去, 永平·大寧·遼陽·開元·瀋陽 等處ᄅᆞᆯ 향ᄒᆞ여 開讀ᄒᆞ라 가노라.

요회(要會) 명 사통팔달(四通八達)한 대도시의 요로(要路). ≪朴諺, 上, 10ㅈ≫去角頭(集覽, 朴集, 上, 5ㅈ: 角頭. 音義云, 東南西北往來人煙〈烟〉湊集之處. 今按, 角頭, 卽通逵達道要會之衝, 傭力求直之人坌集之所.)叫幾箇打墻的和坌工來築墻, 모롱이에 가 여러 담 ᄡᅡᆫᄂᆞᆫ 이와 조역을 블러다가 담 ᄡᅡᆫ이리라.

요ᄒᆞ다(要-) 동 요구하다. ⇔요(要). ≪朴諺, 下, 17ㅈ≫要怎麽那一等平話, 엇디 뎌 ᄒᆞᆫ 등 平話ᄅᆞᆯ 要ᄒᆞ리오.

욕(峪) 명 골[谷]. 골짜기. ⇔골. ≪朴諺, 中, 33ㅈ≫沿山沿峪隨喜那景致去來, 山을 조ᄎᆞ며 골을 조차 뎌 景致ᄅᆞᆯ 구경ᄒᆞ라 가쟈.

욕계(欲界) 명 〈불〉 삼계(三界)의 하나. 색욕(色欲)·식욕(食欲)·재욕(財欲) 등의 욕망이 강한 중생이 머무는 세계. ≪朴諺, 上, 62ㅎ≫只此人間兜率(集覽, 朴集, 上, 15ㅈ: 兜率. 梵語兜率, 此云妙足, 又云知足於五欲知止足. 故佛地論云, 名憙足, 謂後身菩薩於中敎化, 多修憙足故. 卽欲界六天之一也. 兜率天, 人間四百世爲一日.), 그저 이 人間ㅅ 兜率이러라. ≪朴諺, 中, 21ㅎ≫或現質梵王帝釋(集覽, 朴集, 中, 4ㅎ: 梵王帝釋. 有欲界·色界·無色界爲三界. 欲界有四洲·四惡趣·六欲天, 帝釋爲欲界主.), 或 梵王帝釋에 現質ᄒᆞ며.

욕로(蓐勞) 명 산후에 기혈이 소모된 상태에서 몸조리를 잘못하여 생기는 허로 증상. ≪朴諺, 上, 50ㅈ≫滿月(集覽, 朴集, 上, 13ㅎ: 滿月. 産書云, 分娩未滿月, 恣食生冷粘·硬果·菜·肥膩魚·肉之物, 當時雖未覺大〈有〉損, 滿月之後, 卽成蓐勞.)過了時喫的不妨事, ᄃᆞᆯ이 차 디나면 먹어도 일에 해롭디 아니ᄒᆞ리라.

욕실(浴室) 명 목욕실. ≪朴諺, 上, 46ㅎ≫孫舍混堂(集覽, 朴集, 上, 13ㅈ: 混堂. 人家設溫湯浴室處, 燕都多有之, 乃爇〈熱〉水爲湯, 非溫泉也.)裏洗澡去來, 孫가아 混堂에 목욕ᄀᆞᄆᆞ라 가쟈.

욕자(褥子) 명 욕자(褥子). '褥'은 褥의 잘못. ≪朴諺, 中, 44ㅎ≫炕上鋪着青錦褥(褥)子, 캉 우희 청금 요 ᄭᆞᆯ고.

욕자(褥子) 명 요[褥]. ⇔요. ≪朴諺, 中, 44ㅎ≫炕上鋪着青錦褥(褥)子, 캉 우희 청금 요 ᄭᆞᆯ고.

용(用) 동 쓰다[用]. 사용하다. ⇔ᄡᅳ다. ≪朴諺, 上, 40ㅈ≫用那密的笓子好生搥着, 뎌 빈 춤빗을 ᄡᅥ ᄀᆞ장 빗겨. ≪朴諺, 上, 54ㅎ≫故立此文契爲用, 짐즛 이 글월을 셰워 ᄡᅳ게 ᄒᆞ엿ᄂᆞ니. ≪朴諺, 中, 10ㅎ≫故立此文字爲用, 짐즛 이 글월을 셰워 ᄡᅳ게 ᄒᆞ엿ᄂᆞ니. ≪朴諺, 中, 27ㅎ≫用板盖在上頭, 널로 ᄡᅥ 우희 덥고. ≪朴諺, 中, 33ㅎ≫麻骨一邉收拾下着用着, 삼대ᄅᆞᆯ ᄒᆞᆫ 편에 收拾ᄒᆞ여 두라 ᄡᅳ쟈. ≪朴諺, 中, 39ㅎ≫故立此賃房文字爲用, 짐즛 이 집 셰내ᄂᆞᆫ

글월을 세워 쓰게 ᄒᆞ노라. ≪朴諺, 中, 58ㅎ≫不知道葉兒用處, 닙 쓰는 곳은 아디 몯ᄒᆞ더니. ≪朴諺, 下, 11ㅈ≫與父親用來之後, 父親의 밧ᄌᆞ와 쓰게 ᄒᆞᆫ 후에. ≪朴諺, 下, 23ㅈ≫將軍用鉤子搭去, 將軍이 갈고리로 ᄡᅥ 건디라 가니. ≪朴諺, 下, 24ㅈ≫行者用手把頭提起, 行者ㅣ 손으로 ᄡᅥ 머리ᄅᆞᆯ다가 잡아 니ᄅᆞ혀.

용강(龍舡) 명 용선(龍船). (용으로 장식한, 제왕이 타는 배) ≪朴諺, 上, 62ㅈ≫官裏上龍舡, 황뎨 龍舡에 오ᄅᆞ면.

용두(龍頭) 명 용의 대가리. ≪朴諺, 上, 25ㅎ≫玲瓏龍頭解錐兒, 龍頭ᄅᆞᆯ 玲瓏히 ᄒᆞᆫ 解錐児와.

용력(用力) 동 힘쓰다. ⇔힘쓰다. ≪朴諺, 中, 2ㅈ≫因風吹火用力不多, ᄇᆞ람을 因ᄒᆞ여 블을 불면 힘씀이 하디 아니타 ᄒᆞᄂᆞ니라.

용력(傭力) 동 품삯을 받고 남의 일을 하다. ≪朴諺, 上, 10ㅈ≫去角頭(集覽, 朴集, 上, 5ㅈ: 角頭. 今按, 角頭, 卽通逵達道要會之衝, 傭力求直之人坌集之所.)叫幾箇打墻的和坌工來築墻, 모롱이에 가 여러 담 ᄡᆞᄂᆞᆫ 이와 조역을 블러다가 담 ᄡᆞ이리라.

용문산(龍門山) 명 경기도(京畿道) 양평군(楊平郡) 용문면(龍門面)과 옥천면(玉泉面) 사이에 있다. ≪朴諺, 上, 65ㅈ≫法名喚步虛(集覽, 朴集, 上, 15ㅎ: 步虛. 戊子東還, 掛錫于三角山重興寺. 尋住龍門山, 結小庵, 額曰小雪.), 法名을 步虛ㅣ라 브ᄅᆞᄂᆞᆫ 이.

용범(容範) 명 용모와 인품. 풍채. ≪朴諺, 上, 41ㅎ≫那女孩兒生的(集覽, 朴集, 上, 12ㅈ: 生的. 天生容範.)十分可喜, 뎌 새각시 얼굴이 ᄀᆞ장 고아.

용봉(龍鳳) 명 용(龍)과 봉(鳳). ≪朴諺, 上, 60ㅎ≫盖的都是龍鳳凹面花頭·筒瓦和仰瓦, 녠 거슨 다 龍鳳을 우묵겨 면 돗게 ᄒᆞᆫ 막새와 수디새와 암디새오.

용비어천가(龍飛御天歌) 명 악장의 하나. 조선 세종(世宗) 27년(1445)에 정인지(鄭麟趾)·안지(安止)·권제(權踶) 등이 지어 세종 29년에 간행하였다. 125장. 10권 5책. 훈민정음(訓民正音)으로 쓴 최초의 작품으로, 조선을 세우기까지 목조(穆祖)·익조(翼祖)·도조(度祖)·환조(桓祖)·태조(太祖)·태종(太宗)의 사적(事跡)을 중국 고사(古事)에 비유하여 그 공덕을 기리어 지은 노래이다. 각 사적의 기술에 앞서 우리말 노래를 먼저 싣고 그에 대한 한역시(漢譯詩)를 뒤에 붙였다. ≪朴諺, 下, 35ㅈ≫却打花房窩兒(集覽, 朴集, 下, 7ㅎ: 花房窩兒. 但本國龍飛御天歌云, 擊毬之法, 或數人, 或十餘人, 分左右以較勝負.), ᄯᅩ 花房 굼글 티쟈.

용사(勇士) 명 붉은 모전(毛氈)으로 용(勇)자를 오려 사각형의 천에 붙인 표장(表章)을 등에 붙이고 시위(侍衛)하던 군사. ≪朴諺, 下, 30ㅈ≫穿着花袴皀靴的勇士(集覽, 朴集, 下, 5ㅎ: 勇士. 華制, 以紅毡裁成勇字, 附於方帛之上, 施長帶於四角, 橫負於背. 侍衛則用之, 故曰勇士, 卽本國甲士也.), 아롱바디에 거믄 훠 신은 勇士ㅣ.

용상(龍床) 명 용상. 용평상(龍平床). ≪朴諺, 上, 61ㅈ≫有官裏坐的地白玉石玲瓏龍床, 황뎨 안ᄂᆞᆫ 白玉石으로 玲瓏히 ᄒᆞᆫ 龍床이 잇고. ≪朴諺, 上, 62ㅎ≫却到湖心橋上玉石龍床上, ᄯᅩ 湖心 橋上 玉石 龍床에 가.

용신(龍身) 명 〈불〉 용왕(龍王). 또는 용왕의 몸. ≪朴諺, 中, 21ㅎ≫或作童女(集覽, 朴集, 中, 4ㅎ: 童男童女. 觀音現三十二應, 曰佛身, 曰辟支〈支〉, 曰圓覺, 曰聲聞, 曰梵王, 曰帝釋, 曰自在天, 曰大自在天, 曰天大將軍, 曰四天王, 曰四天太子, 曰人王, 曰長者, 曰居士, 曰宰官, 曰婆羅門, 曰比丘, 曰比丘尼, 曰優婆塞, 曰優婆夷, 曰女主, 曰童男, 曰童女, 曰天身, 曰龍身, 曰藥叉, 曰乾達婆, 曰阿脩羅, 曰緊那羅, 曰摩睺羅, 曰樂人, 曰非人.), 혹 童女ㅣ 되며.

용심(用心) 동 용심(用心)하다. 주의력을 집중하다. 마음을 쓰다. ❶⇔용심ᄒᆞ다. ≪朴諺, 中, 48ㅎ≫你好生用心看守着, 네

ᄀᆞ장 용심ᄒᆞ여 간슈ᄒᆞ라. 不用心收拾時怪你, 용심ᄒᆞ여 슈습디 아니ᄒᆞ면 너를 허믈ᄒᆞ리라. ≪朴諺, 下, 34ㅈ≫我用心伏侍官人們, 내 용심ᄒᆞ여 官人들을 복시ᄒᆞ리라. ❷⇔용심ᄒᆞ다(用心-). ≪朴諺, 上, 16ㅈ≫你用心下功夫打, 네 用心ᄒᆞ여 功夫드려 ᄆᆡᆫ들라. ≪朴諺, 上, 21ㅈ≫黑夜好生用心喂他, 밤의 ᄀᆞ장 用心ᄒᆞ여 더를 먹이라. ≪朴諺, 上, 43ㅎ≫你用心做與我, 네 用心ᄒᆞ여 ᄆᆡᆫᄃᆞ라 날을 주고려. ≪朴諺, 上, 49ㅈ≫咱各自用心儘氣力射, 우리 각각 用心ᄒᆞ야 氣力을 잇긋ᄒᆞ야 ᄡᅩ쟈. ≪朴諺, 上, 53ㅎ≫你用心做的好時, 네 用心ᄒᆞ여 ᄆᆡᆫ들기를 잘ᄒᆞ면. ≪朴諺, 中, 12ㅎ≫黑夜用心好生看着, 밤의 用心ᄒᆞ여 ᄀᆞ장 보ᄉᆞᆯ피라. ≪朴諺, 中, 25ㅈ≫好生用心看家着, ᄀᆞ장 用心ᄒᆞ여 집을 보라. ≪朴諺, 中, 59ㅎ≫可知道不肯用心, 그리어니 즐겨 用心티 아니ᄒᆞᄂᆞ니. ≪朴諺, 中, 59ㅎ≫那裏肯用心發落, 어ᄃᆡ 즐겨 用心ᄒᆞ여 發落ᄒᆞ리오. ≪朴諺, 下, 1ㅎ≫每日這般用心弄他時, 每日에 이리 用心ᄒᆞ여 더를 달호면. ≪朴諺, 下, 3ㅈ≫沿路上用心好去着, 길흘 조차 用心ᄒᆞ여 됴히 가라. ≪朴諺, 下, 15ㅈ≫一發用心上緊着, ᄒᆞᆫ골ᄀᆞᆺ티 用心ᄒᆞ기를 긴히 ᄒᆞ라. ≪朴諺, 下, 60ㅈ≫願主公用心救百姓受苦, 願컨대 主公은 用心ᄒᆞ야 百姓의 受苦호ᄆᆞᆯ 救ᄒᆞ쇼셔.

용심ᄒᆞ다 동 용심(用心)하다. 주의력을 집중하다. 마음을 쓰다. ⇔용심(用心). ≪朴諺, 中, 48ㅎ≫你好生用心看守着, 네 ᄀᆞ장 용심ᄒᆞ여 간슈ᄒᆞ라. 不用心收拾時怪你, 용심ᄒᆞ여 슈습디 아니ᄒᆞ면 너를 허믈ᄒᆞ리라. ≪朴諺, 下, 34ㅈ≫我用心伏侍官人們, 내 용심ᄒᆞ여 官人들을 복시ᄒᆞ리라.

용심ᄒᆞ다(用心-) 동 용심(用心)하다. 주의력을 집중하다. 마음을 쓰다. ⇔용심(用心). ≪朴諺, 上, 16ㅈ≫你用心下功夫打, 네 用心ᄒᆞ여 功夫 드려 ᄆᆡᆫ들라. ≪朴諺, 上, 16ㅎ≫我也用心做生活, 나도 用心ᄒᆞ여 셩녕을 ᄒᆞ리라. ≪朴諺, 上, 43ㅎ≫你用心做與我, 네 用心ᄒᆞ여 ᄆᆡᆫᄃᆞ라 날을 주고려. ≪朴諺, 上, 49ㅈ≫咱各自用心儘氣力射, 우리 각각 用心ᄒᆞ야 氣力을 잇긋ᄒᆞ야 ᄡᅩ쟈. ≪朴諺, 上, 53ㅎ≫你用心做的好時, 네 用心ᄒᆞ여 ᄆᆡᆫ들기를 잘ᄒᆞ면. ≪朴諺, 中, 12ㅎ≫黑夜用心好生看着, 밤의 用心ᄒᆞ여 ᄀᆞ장 보ᄉᆞᆯ피라. ≪朴諺, 中, 25ㅈ≫好生用心看家着, ᄀᆞ장 用心ᄒᆞ여 집을 보라. ≪朴諺, 中, 59ㅎ≫可知道不肯用心, 그리어니 즐겨 用心티 아니ᄒᆞᄂᆞ니. ≪朴諺, 中, 59ㅎ≫那裏肯用心發落, 어ᄃᆡ 즐겨 用心ᄒᆞ여 發落ᄒᆞ리오. ≪朴諺, 下, 1ㅎ≫每日這般用心弄他時, 每日에 이리 用心ᄒᆞ여 더를 달호면. ≪朴諺, 下, 3ㅈ≫沿路上用心好去着, 길흘 조차 用心ᄒᆞ여 됴히 가라. ≪朴諺, 下, 15ㅈ≫一發用心上緊着, ᄒᆞᆫ골ᄀᆞᆺ티 用心ᄒᆞ기를 긴히 ᄒᆞ라. ≪朴諺, 下, 60ㅈ≫願主公用心救百姓受苦, 願컨대 主公은 用心ᄒᆞ야 百姓의 受苦호ᄆᆞᆯ 救ᄒᆞ쇼셔.

용안(龍眼) 명 무환자과에 속하는 상록 교목. 씨에 붙은 용안육은 맛이 달아 식용 또는 약용한다. ≪朴諺, 上, 4ㅈ≫龍眼(集覽, 朴集, 上, 2ㅈ: 龍眼. 一名圓眼. 樹如茘支〈支〉, 但枝葉稍小, 其子形如彈丸, 核如木梙, 肉白, 漿甘如蜜, 五六十顆作穗. 茘支〈支〉熟後龍眼熟, 號茘奴. 木梙, 卽本國모관쥬. 梙, 音患.), 龍眼과. ≪朴諺, 上, 19ㅎ≫圓眼(集覽, 朴集, 上, 7ㅎ: 圓眼. 音義云, 龍眼的外名. 釋見上.)來大的好明淨, 龍眼만치 크고 ᄀᆞ장 明淨ᄒᆞ니라.

용안(龍顔) 명 임금의 얼굴을 높여 이르던 말. ≪朴諺, 下, 58ㅎ≫咱本國是太祖(集覽, 朴集, 下, 12ㅈ: 太祖. 姓王氏, 諱建, 字若天, 松岳郡人. 幼而聰明, 龍顔日角.)姓王諱建表德若天, 우리 本國이 太祖의 姓은 王이오 諱ᄂᆞᆫ 建이오 字ᄂᆞᆫ 若天이니.

용의(用意) 동 어떤 일을 하려고 마음을 먹다. 또는 그 마음. ⇔용의ᄒᆞ다(用意-). ≪朴諺, 下, 44ㅈ≫這婆娘好不用意, 이 년이 ᄀᆞ장 用意티 아니ᄒᆞ엿다.

용의ᄒᆞ다(用意-) 동 어떤 일을 하려고 마음을 먹다. 또는 그 마음. ⇔용의(用意). ≪朴諺, 下, 44ㅈ≫這婆娘好不用意, 이 년이 ᄀᆞ장 用意티 아니ᄒᆞ엿다.

용이(容易) 형 쉽다. ⇔쉽다. ≪朴諺, 上, 13ㅎ≫容易醫他, 더는 고티기 쉬오니. ≪朴諺, 上, 44ㅈ≫那的最容易, 뎌는 ᄀᆞ장 쉬오니. ≪朴諺, 中, 35ㅎ≫有法度容易隄防, 法度ㅣ 이시니 隄防ᄒᆞ기 쉬오니라. ≪朴諺, 中, 41ㅈ≫那的不容易, 그는 쉽디 아니ᄒᆞ니. ≪朴諺, 中, 42ㅈ≫那的不容易, 그는 쉽디 아니ᄒᆞ니.

용인(容忍) 동 참고 용서하다. 참고 견디다. 허용하다. ≪集覽, 字解, 累字解, 1ㅎ≫將就. 猶容忍扶護之意.

용잠(龍潛) 명 임금이 왕위에 오르기 전에 살던 집. ≪朴諺, 上, 11ㅎ≫我在平則門(集覽, 朴集, 上, 5ㅎ: 平則門. 燕都, 禹貢冀州之域. 唐曰幽都, 虞爲幽州, 武王封召公奭於燕, 卽此. 元初爲燕京路, 後稱〈称〉大都路, 洪武初改爲北平布政司. 太宗皇帝龍潛於此, 及承大統, 遂爲北京, 遷都焉.)邊住, 내 平則門 ᄀᆞᅀᅴ 이셔 사노라.

용재(容齋) 명 송(宋)나라 홍매(洪邁)의 호(號). ≪朴諺, 下, 49ㅈ≫好兒不看春, 好兒는 看春 아니ᄒᆞ고. 好女不看燈(集覽, 朴集, 下, 11ㅈ: 好女不看燈. 容齋隨筆云, 漢家祠太乙, 以昏時祠到明. 今人正月望夜, 夜遊觀月, 是其遺事.), 好女는 看燈 아니혼다 ᄒᆞᄂᆞ니라.

용재수필(容齋隨筆) 명 송(宋)나라 홍매(洪邁)의 수필집. 16권. 속필(續筆) 16권, 삼필(三筆) 16권, 사필(四筆) 16권, 오필(五筆) 15권. 경사(經史)와 제자백가(諸子百家)에서 의복(醫卜)과 성산(星算)에 이르기까지 폭넓게 고증하였다. ≪朴諺, 下, 49ㅈ≫好兒不看春, 好兒는 看春 아니ᄒᆞ고. 好女不看燈(集覽, 朴集, 下, 11ㅈ: 好女不看燈. 容齋隨筆云, 漢家祠太乙, 以昏時祠到明. 今人正月望夜, 夜遊觀月, 是其遺事.), 好女는 看燈 아니혼다 ᄒᆞᄂᆞ니라.

용전(用錢) 동 돈을 쓰다. ≪集覽, 字解, 單字解, 6ㅎ≫儅. 人有遇急用錢, 則必以重物, 納質于富家, 賒錢取用. 至限則幷其本利償還錢主, 方得退回己之重物而來也. 典字人物通用, 儅字人用於物.

용출(湧出) 동 물이 솟아 나오다. ≪朴諺, 上, 59ㅎ≫西湖是從玉泉(集覽, 朴集, 上, 15ㅈ: 玉泉. 一在山之根, 有泉湧出, 洞門刻玉泉二字, 有觀音閣.)裏流下來, 西湖는 이 玉泉으로 조차 흘러ᄂᆞ리니.

용한(龍漢) 명 도교의 원시천존(元始天尊)의 연호(年號) 가운데 하나. 또는 오겁(五劫) 가운데 첫 번째 겁. ≪朴諺, 中, 24ㅈ≫萬刼(集覽, 朴集, 中, 6ㅈ: 萬劫. 道經云, 天地一成一敗謂之劫〈刼〉. 上天開化, 建五劫〈刼〉紹運, 曰龍漢, 曰赤明, 曰上皇, 曰延康, 曰開皇.)再逢難, 萬劫이라도 다시 만나기 어려오니라.

우 명 ❶위. ⇔상(上). ≪朴諺, 上, 61ㅈ≫橋上丁字街中間正面上, ᄃᆞ리 우 丁字街 中間 正面에. ❷오른쪽. ⇔우(右). ≪朴諺, 下, 23ㅎ≫左邊搭右邊趓, 좌편으로 건디려 ᄒᆞ면 우편으로 숨고. ≪朴諺, 下, 23ㅎ≫右邊搭左邊去, 우편으로 건디려 ᄒᆞ면 좌편으로 가매.

우(又) 부 또. ⇔또. ≪朴諺, 上, 1ㅈ≫又逢着這春二三月好時莭(節), ᄯᅩ 이 봄 二三月 됴흔 時莭(節)을 만나시니. ≪朴諺, 上, 26ㅈ≫又是箇鶵鵮翎兒, ᄯᅩ 이 두롬의 짓촐 ᄃᆞ랏고. ≪朴諺, 上, 27ㅈ≫又一箇舍人打扮的, ᄯᅩ ᄒᆞᆫ 舍人 비ᄋᆞ기는. ≪朴諺, 上, 42ㅈ≫對月又做箇大筵席, 버금 ᄃᆞᆯ에 ᄯᅩ 큰 이바디ᄒᆞ면. ≪朴諺, 上, 51ㅈ≫把孩兒又剃了頭頂上灸, 아ᄒᆡ롤다가 ᄯᅩ 머리 싹고 뎡박이 ᄯᅳ고. ≪朴諺, 上, 62ㅎ≫又上琉璃閣, ᄯᅩ 琉璃閣에 올ᄋᆞ면. ≪朴諺, 上, 64ㅈ≫我又不是生達達·回回, 내 ᄯᅩ 生達達·回回 아니라. ≪朴諺, 中, 1ㅎ≫又是一箇銅觜·鑞觜造化, ᄯᅩ ᄒᆞᆫ 부리 노론 수ᇴ다리 부리 프른 암ᇴ다리 노롯호ᄃᆡ. ≪朴諺, 中, 13ㅈ≫又高麗地面裏來載

千餘筒布子的大船, 또 高麗ㅅ 짜흐로셔 오는 千餘 筒 뵈 시른 큰 비를. ≪朴諺, 中, 19ㅎ≫又兩箇人, 또 두 사름은. ≪朴諺, 中, 26ㅎ≫又不怕雨雪, 또 雨雪이 저프디 아니ᄒᆞ니라. ≪朴諺, 中, 57ㅈ≫又不是大買賣, 도(또) 큰 흥졍이 아니니. ≪朴諺, 下, 2ㅎ≫我如今又往江南地面裡布施去, 내 이제 또 江南 짜흘 향ᄒᆞ여 보시ᄒᆞ라 가려 ᄒᆞ니. ≪朴諺, 下, 7ㅈ≫又蟒抓了一遍, 또 ᄒᆞᆫ 번을 긁티니. ≪朴諺, 下, 14ㅈ≫又喫幾盞酒之後, 또 여러 잔 술을 먹은 후에. ≪朴諺, 下, 21ㅈ≫又叫兩箇宮娥, 또 두 宮娥를 블러. ≪朴諺, 下, 36ㅈ≫又打一會, 또 ᄒᆞᆫ 디위 티더니. ≪朴諺, 下, 47ㅎ≫後頭又是箇茶博士們, 뒤희 또 이 茶博士들히. ≪朴諺, 下, 48ㅎ≫又是擔杖廝打着, 또 막대를 메고 서르 싸화. ≪朴諺, 下, 55ㅎ≫又雇一箇小廝, 또 ᄒᆞᆫ 아희를 세내여.

우(牛) 명 ❶우수(牛宿). 이십팔수(二十八宿)의 하나. 북방(北方) 현무 칠수(玄武七宿)의 둘째 별자리. 6개의 별로 이루어져 있다. 일명 견우(牽牛). ≪朴諺, 中, 54ㅈ≫牛休, 牛는 休ᄒᆞ고. ❷소. ⇔쇼. ≪集覽, 字解, 單字解, 2ㅎ≫赶. 音干, 上聲. 亦作趕. 趁也, 及也. 赶上 밋다. 又逐也. 赶出去 내티다. 又驅也. 赶牛 쇼 모다. ≪朴諺, 上, 1ㅎ≫又買一隻好肥牛, 또 一隻 ᄀᆞ장 ᄉᆞᆯ진 쇼를 사고. ≪朴諺, 下, 46ㅈ≫絟在牛車上, 쇠 술위예 ᄆᆡ고. ≪朴諺, 下, 46ㅎ≫立地赶牛, 싸히 셔셔 쇼를 몰면. ≪朴諺, 下, 48ㅈ≫芒兒立在牛背後, 芒兒ㅣ 쇠 뒤희 셔셔. ≪朴諺, 下, 49ㅈ≫忽跳上牛去, 믄득 쇠게 ᄠᅱ여 올라.

우(右) 명 오른쪽. ⇔우. ≪朴諺, 下, 23ㅎ≫左邉搭右邉趓, 좌편으로 건디려 ᄒᆞ면 우편으로 숨고. ≪朴諺, 下, 23ㅎ≫右邉搭左邉去, 우편으로 건디려 ᄒᆞ면 좌편으로 가매. ≪朴諺, 下, 52ㅈ≫右某伏爲於今月某日某時已來, 右 某는 伏爲 今月 아모 날 아모 ᄣᆡ예.

우(雨) 명 비. ⇔비. ≪朴諺, 上, 21ㅎ≫今日下雨正好下碁, 오ᄂᆞᆯ 비 오니 졍히 바독 두기 됴타. ≪朴諺, 上, 36ㅈ≫下雨開花刮風結子, 비 오면 곳 픠고 ᄇᆞ람 블면 여름 여ᄂᆞᆫ 거시여. ≪朴諺, 中, 25ㅎ≫着了幾遍雨時都走了摓子, 여러 번 비를 마즈면 다 듧ᄠᅳᆯ 양이로다. ≪朴諺, 中, 40ㅈ≫每日下雨, 每日에 비 와. ≪朴諺, 中, 51ㅈ≫雨住了麽, 비 그쳣ᄂᆞ냐. 雨晴了也, 비 개엿다. ≪朴諺, 中, 58ㅈ≫雨不來河不漲, 비 오디 아니면 믈이 넘디 아니ᄒᆞᆫ다 ᄒᆞᄂᆞ니라.

우(遇) 동 만나다. ⇔만나다. ≪朴諺, 下, 51ㅎ≫也不願遇文王, 또 文王 만나믈 願티 아니ᄒᆞ고.

우(憂) 명 근심. ⇔근심. ≪朴諺, 中, 23ㅎ≫萬民無搔擾之憂, 萬民이 搔擾ᄒᆞᄂᆞᆫ 근심이 업고.

우(耦) 명 우(藕). '耦'는 '藕'의 잘못. ≪朴諺, 上, 24ㅎ≫絟着一副鴉青段子滿刺(刺)嬌(集覽, 朴集, 上, 8ㅈ: 滿刺〈刺〉嬌. 質問云, 以蓮花·荷葉·藕〈耦〉·鴛鴦·蜂蝶之屬〈形〉, 或用五色絨綉, 或用彩色畫於段帛上, 謂之滿池嬌.)護膝, ᄒᆞᆫ 부 야쳥 비단에 滿刺(刺)嬌 ᄒᆞᆫ 슬갑을 ᄆᆡ엿고.

우(藕) 명 연뿌리. ≪朴諺, 上, 24ㅎ≫絟着一副鴉青段子滿刺(刺)嬌(集覽, 朴集, 上, 8ㅈ: 滿刺〈刺〉嬌. 質問云, 以蓮花·荷葉·藕〈耦〉·鴛鴦·蜂蝶之屬〈形〉, 或用五色絨綉, 或用彩色畫於段帛上, 謂之滿池嬌.)護膝, ᄒᆞᆫ 부 야쳥 비단에 滿刺(刺)嬌 ᄒᆞᆫ 슬갑을 ᄆᆡ엿고.

우각(牛角) 명 쇠ᄲᅳᆯ. ≪朴諺, 上, 40ㅈ≫將那挑針(集覽, 朴集, 上, 11ㅈ: 挑針. 用牛角作廣篋, 篋〈ㅂ〉一端作刷子者.)挑起來, 뎌 것고지 가져다가 것곳고. ≪朴諺, 上, 49ㅈ≫饋你濟機(集覽, 朴集, 上, 13ㅈ: 濟機. 今按, 漢人或牛角或鹿角爲之, 形如環, 着於拇指, 亦所以鉤〈所以鉤〉弦開弓.), 너를 각지를 주마.

우각씀 명 우각뜸. (쇠ᄲᅳᆯ을 불에 달구어 뜨

는 뜸. 뜸 자국이 남지 않는다) ⇔허구(虛灸). ≪朴諺, 上, 35ㅈ≫虛灸那實灸, 우각뜸을 ᄒᆞ냐 실뜸을 ᄒᆞ냐. 怎麽虛灸, 엇디 우각뜸을 ᄒᆞ리오.

우갈(藕褐) 명 연뿌리의 빛깔이 나는 갈색. ≪朴諺, 上, 63ㅈ≫我的串香褐(集覽, 朴集, 上, 15ㅎ: 串香褐. 串香褐·麝香褐·鷹背褐·蜜褐·茶褐, 卽黃黑雜色也. 玉褐·艾褐·水褐·銀褐, 卽白黑雜色也. 藕褐, 卽紫黑雜色也.)通袖膝欄五彩綉帖裏, 내 팀향빗체 通袖 膝欄ᄒᆞ고 五彩로 綉노흔 텰릭과.

우거(寓居) 동 남의 집이나 타향에서 임시로 몸을 붙이어 살다. ≪朴諺, 下, 54ㅈ≫係本府本縣附籍(集覽, 朴集, 下, 12ㅈ: 附籍. 非土著〈着〉戶, 而以他鄕之人, 來寓居者也.)人戶, 本府 本縣에 ᄆᆡ여 附籍ᄒᆞᆫ 人戶ㅣ.

우공(禹貢) 명 중국 구주(九州)의 지리와 산물에 대하여 기술한 고대의 지리서. 서경(書經) 하서(夏書)의 편명이다. ≪朴諺, 上, 8ㅎ≫往永平(集覽, 朴集, 上, 4ㅈ: 永平. 一統誌云, 禹貢冀州之域. 虞分冀北爲營州, 此卽其地. 商〈商〉爲孤竹國, 元爲永平路.)·大寧·遼陽·開元·瀋陽等處開去, 永平·大寧·遼陽·開元·瀋陽 等處를 향ᄒᆞ여 開讀ᄒᆞ라 가노라. ≪朴諺, 上, 11ㅎ≫我在平則門(集覽, 朴集, 上, 5ㅎ: 平則門. 燕都, 禹貢冀州之域. 唐曰幽都, 虞爲幽州, 武王封召公奭於燕, 卽此.)邊住, 내 平則門 ᄀᆞᆺ의 이셔 사노라. ≪朴諺, 下, 39ㅎ≫是眞定(集覽, 朴集, 下, 9ㅈ: 眞定. 禹貢冀州之域, 周爲幷州地, 秦爲鉅鹿郡, 漢置恒山郡, 元爲眞定路, 今爲眞定府, 直隷京師.)人, 이 眞定 사ᄅᆞᆷ이라.

우규(友珪) 명 오대 양(五代梁) 영왕(郢王)의 이름. 태조(太祖) 주온(朱溫: 朱全忠)의 둘째 아들로 아버지를 시해(弑害)하고 왕위에 올랐다. ≪朴諺, 下, 59ㅎ≫梁貞明(集覽, 朴集, 下, 12ㅎ: 梁貞明. 朱溫事唐僖宗, 賜名全忠, 拜宣武軍節〈莭〉度使, 封梁王. 尋受唐禪, 卽位六年, 爲第〈苐〉二子郢王友珪所弑. 均王誅友珪而立.)四年三月裡, 梁貞明 四年 三月에.

우남(愚男) 명 어리석은 사내. ≪朴諺, 下, 10ㅎ≫愚男山童, 愚男 山童은. ≪朴諺, 下, 12ㅈ≫愚男山童頓首百拜, 愚男 山童은 頓首百拜ᄒᆞ노이다.

우념(憂念) 동 우념(憂念)하다. 근심하고 염려하다. ⇔우념ᄒᆞ다(憂念-). ≪朴諺, 下, 11ㅈ≫身已(己)安樂不湏(須)憂念, 몸이 安樂ᄒᆞ니 모로미 憂念티 마ᄅᆞ쇼셔.

우념ᄒᆞ다(憂念-) 동 우념(憂念)하다. 근심하고 염려하다. ⇔우념(憂念). ≪朴諺, 下, 11ㅈ≫身已(己)安樂不湏(須)憂念, 몸이 安樂ᄒᆞ니 모로미 憂念티 마ᄅᆞ쇼셔.

우두(芋頭) 명 토란. ⇔토란. ≪朴諺, 中, 33ㅎ≫蘿蔔, 댓무우. 蔓菁, 쉿무우. 萵苣, 부로. 葵菜, 아혹. 白菜, ᄇᆡ친. 赤根菜, 시근칙. 園荽, 고싀. 蓼子, 역괴. 葱, 파. 蒜, 마ᄂᆞᆯ. 薤, 부칙. 荊芥, 형개. 薄荷, 박하. 茼蒿, ᄆᆞᆯ쑥. 水蘿蔔, ᄆᆞᆯ한댓무우. 胡蘿蔔, 노론댓무우. 芋頭, 토란. 紫蘇都種來, 紫蘇ᄅᆞᆯ 다 시므라.

우란(盂蘭) 명 우란분(盂蘭盆)의 준말. ≪朴諺, 下, 8ㅈ≫做盂蘭盆齋(集覽, 朴集, 下, 2ㅎ: 盂蘭盆齋. 飜譯名義云, 梵言盂蘭, 唐言救倒懸也.), 盂蘭盆齋ᄅᆞᆯ ᄒᆞᄂᆞ니라.

우란분(盂蘭盆) 명 〈불〉 우란분회(盂蘭盆會). 아귀도(餓鬼道)에 떨어진 망령을 위하여 여는 불사(佛事). 하안거(夏安居)의 끝 날인 음력 7월 보름을 앞뒤로 한 사흘간 여러 가지 음식을 만들어 조상이나 부처에게 공양(供養)한다. 목련건존자(目連犍尊者)가 아귀도(餓鬼道)에 떨어진 어머니를 구하기 위하여 석가모니의 가르침을 받아 삼보(三寶)에게 올린 공양에서 비롯되었다. ≪朴諺, 下, 8ㅈ≫做盂蘭盆齋(集覽, 朴集, 下, 2ㅎ: 盂蘭盆齋. 大藏經云, 大目犍連尊者, 以母生餓鬼中不得食, 佛令作盂蘭盆, 至七月十五日, 具百味五果, 置盆中, 供養十方大德, 而後母乃得

食.), 盂蘭盆齋를 ᄒᆞᄂᆞ니라.

우란분재(盂蘭盆齋) 명 우란분(盂蘭盆). ≪朴諺, 下, 8ㅈ≫做盂蘭盆齋(集覽, 朴集, 下, 2ㅎ: 盂蘭盆齋. 大藏經云, 大目犍連尊者, 以母生餓鬼中不得食, 佛令作盂蘭盆, 至七月十五日, 具百味五果, 置盆中, 供養十方大德, 而後母乃得食.), 盂蘭盆齋를 ᄒᆞᄂᆞ니라.

우로(愚魯) 형 우로(愚魯)하다. (어리석고 매우 둔하다) ⇔우로ᄒᆞ다(愚魯-). ≪朴諺, 上, 9ㅎ≫我是愚魯之人, 나ᄂᆞᆫ 이 愚魯ᄒᆞᆫ 사ᄅᆞᆷ이라.

우로ᄒᆞ다(愚魯-) 형 우로(愚魯)하다. (어리석고 매우 둔하다) ⇔우로(愚魯). ≪朴諺, 上, 9ㅎ≫我是愚魯之人, 나ᄂᆞᆫ 이 愚魯ᄒᆞᆫ 사ᄅᆞᆷ이라.

우륜(羽輪) 명 난새[鸞]와 학(鶴)이 끈다는, 전설상 신선의 수레. ≪朴諺, 上, 62ㅎ≫休誇天上瑤池(集覽, 朴集, 上, 15ㅈ: 瑤池. 列仙傳, 崐崘〈崑崙〉閬苑, 有〈白〉玉樓十二, 玄室九層, 左瑤池, 右翠水, 環以弱水九重, 非飆(颷)車羽輪, 不可到也. 註, 瑤池, 王母所居.), 天上 瑤池를 쟈랑티 말라.

우리 대 우리. ❶⇔아(我). ≪朴諺, 上, 10ㅈ≫我家墻也倒了幾堵, 우리 집 담도 여러 도림이 믄허뎌시니. ≪朴諺, 上, 46ㅈ≫我家裏書信有麽, 우리 집 書信이 잇ᄂᆞ냐. ≪朴諺, 上, 46ㅈ≫我父毋(母)都身已(己)安樂麽, 우리 父毋(母)ㅣ 다 몸이 安樂ᄒᆞ더냐. ≪朴諺, 上, 57ㅎ≫我家裏取氈衫和油帽去, 우리 집의 氈衫과 油帽를 가질라 가노라. ≪朴諺, 上, 64ㅈ≫你怎麽謾的我高麗人, 네 엇디 우리 高麗ㅅ 사ᄅᆞᆷ을 소기ᄂᆞᆫ다. ≪朴諺, 中, 5ㅈ≫拜揖舍人與我関字麽, 拜揖ᄒᆞ노니 舍人아 우리를 関字를 주실가. ≪朴諺, 中, 6ㅈ≫休少了我的便是, 우리게도 젹게 말미 곳 올흐니라. ≪朴諺, 中, 16ㅎ≫我姊姊使的我說將來, 우리 姊姊ㅣ 날을 브려 닐러늘 가져왓노이다. ≪朴諺, 中, 28ㅈ≫我男兒做這般迷天大罪的事, 우리 ᄉᆞ나희 이런 迷天 大罪엣 일을 ᄒᆞ니. ≪朴諺, 中, 31ㅈ≫只把我這舊弟兄伴當們根底, 그저 우리 녯 弟兄伴當들의손ᄃᆡ. ≪朴諺, 中, 43ㅎ≫那裏肯來我一般村莊人家, 어ᄃᆡ 즐겨 우리 ᄀᆞᄐᆞᆫ 村莊 人家에 오리오. ≪朴諺, 下, 10ㅎ≫這幾日我家裏有人去, 요ᄉᆞ이 우리 집의 사ᄅᆞᆷ 가리 이시니. ≪朴諺, 下, 16ㅈ≫却說我家漢子偸了, 또 닐오ᄃᆡ 우리 집 놈이 도적ᄒᆞ다 ᄒᆞ니. ≪朴諺, 下, 19ㅎ≫壞了我羅天大醮, 우리 羅天大醮를 해여ᄇᆞ리고. ≪朴諺, 下, 20ㅈ≫更打了我兩鐵棒, 또 우리를 두 번 쇠막대로 티니. ≪朴諺, 下, 50ㅈ≫那裏想我這漁翁之味, 어ᄃᆡ 우리 이 漁翁의 마ᄉᆞᆯ ᄉᆡᆼ각ᄒᆞ리오. ≪朴諺, 下, 57ㅎ≫我相公不在家, 우리 相公이 집의 잇디 아니ᄒᆞ다. ❷⇔아매(我每). ≪集覽, 字解, 單字解, 1ㅈ≫每. 本音上聲, 頻也. 每年, 每一箇. 又平聲, 等輩也, 我每·咱每·俺每 우리. 恁每·你每 너희. 今俗喜用們字. ❸⇔아문(我們). ≪集覽, 字解, 單字解, 3ㅎ≫們. 諸韻書皆云, 們渾, 肥滿皃. 今俗借用爲等輩之字, 而曰我們·咱們 우리, 你們 너희. 又猶言如此也. 這們 이리, 那們 뎌리. ≪集覽, 字解, 單字解, 4ㅈ≫把. 持也, 握也. 一把 ᄒᆞᆫ 줌, 又 ᄒᆞᆫ ᄌᆞᄅᆞ. 把我們 우리를다가, 把來 그를다가, 與將字大同小異. 又元時語, 有把解之語, 猶言典當也, 今不用. ≪朴諺, 上, 6ㅈ≫我們先喫兩巡酒後頭擡卓兒, 우리 몬져 두 슌빗 술 머근 후에 상을 드러든. ≪朴諺, 中, 5ㅈ≫我們都在這裏, 우리 다 여긔 잇노라. ≪朴諺, 中, 34ㅎ≫我們大家嘗新, 우리 대되 嘗新ᄒᆞ쟈. ❹⇔엄매(俺每). ≪集覽, 字解, 單字解, 1ㅈ≫每. 本音上聲, 頻也. 每年, 每一箇. 又平聲, 等輩也, 我每·咱每·俺每 우리. 恁每·你每 너희. 今俗喜用們字. ❺⇔자(咱). ≪朴諺, 上, 7ㅎ≫咱弟兄們和順的上頭, 우리 弟兄들히 和順ᄒᆞᆫ 젼ᄎᆞ로. ≪朴諺, 上, 7ㅎ≫咱弟兄們和順的上頭, 우리 弟兄들히 和順ᄒᆞᆫ 젼ᄎᆞ로.

≪朴諺, 上, 16ㅈ≫咱這官人要打一副刀子, 우리 이 官人이 훈 볼 칼을 뮌둘고져 호되. ≪朴諺, 上, 24ㅈ≫咱休別了兄長之言, 우리 兄長의 말을 변티 말고. ≪朴諺, 上, 44ㅈ≫咱學長爲頭兒四十五箇學生, 우리 學長으로 爲頭ᄒᆞ여 마은 다ᄉᆞᆺ 學生이라. ≪朴諺, 上, 59ㅎ≫咱一箇日頭隨喜去來, 우리 ᄒᆞᄅᆞ 구경ᄒᆞ라 가쟈. ≪朴諺, 中, 20ㅎ≫咱兌付些盤纏, 우리 젹이 盤纏을 여토아. ≪朴諺, 中, 31ㅎ≫一箇日頭咱商(商)量着, ᄒᆞᄅᆞ 우리 헤아려. ≪朴諺, 中, 38ㅈ≫咱這裏沒牙子省些牙錢不好, 우리 여긔 즈름이 업스니 져기 즈름갑시 덜림이 됴티 아니ᄒᆞ냐. ≪朴諺, 中, 49ㅎ≫咱休揀(揀)着擺, 우리 굴히여 버리디 말고. ≪朴諺, 中, 56ㅈ≫咱河裏浪蕩去來, 우리 내히 ᄀᆞ래라 가쟈. 咱只這裏跳入去, 우리 그저 예셔 뛰어 드러가쟈. ≪朴諺, 下, 12ㅈ≫木匠你來咱商(商)量, 木匠아 이바 우리 헤아리쟈. ≪朴諺, 下, 22ㅈ≫咱如今燒起油鍋, 우리 이제 기름 가마에 블 찟고. ≪朴諺, 下, 35ㅈ≫咱且打毬門窩兒了, 우리 아직 毬門 굼글 티고. ≪朴諺, 下, 40ㅎ≫咱兩箇去來, 우리 둘히 가. 咱商(商)量了放下定錢, 우리 헤아려 定錢을 두쟈. ≪朴諺, 下, 58ㅎ≫咱本國是太祖姓王諱建表德若天, 우리 本國이 太祖의 姓은 王이오 諱ᄂᆞᆫ 建이오 字ᄂᆞᆫ 若天이니. ≪朴諺, 下, 60ㅈ≫咱衆人們特來告報, 우리 모든 사ᄅᆞᆷ들히 특별이 와 告報ᄒᆞ노니. ❻⇔자매(咱每). ≪集覽, 字解, 單字解, 1ㅈ≫每. 本音上聲, 頻也. 每年, 每一箇. 又平聲, 等輩也, 我每·咱每·俺每 우리. 恁每·你每 너희. 今俗喜用們字. ❼⇔자문(咱們). ≪集覽, 字解, 單字解, 3ㅎ≫們. 諸韻書皆云, 們渾, 肥滿皃. 今俗借用爲等輩之字, 而曰我們·咱們 우리, 你們 너희. 又猶言如此也. 這們 이리, 那們 뎌리. ≪集覽, 字解, 單字解, 4ㅈ≫將. 持也. 將來 가져오라, 將着 가지라, 將咱們 우리를다가. 又將次 장ᄎᆞ. ≪朴諺, 上, 1ㅈ≫咱們幾箇好弟兄, 우리 여러 됴흔 弟兄들히. ≪朴諺, 上, 11ㅎ≫咱們且商(商)量脚錢着, 우리 아직 삭 갑 헤아리쟈. ≪朴諺, 上, 22ㅈ≫咱們下一局賭輸贏(贏)如何, 우리 훈 판 두어 지며 이긔믈 더느미 엇더ᄒᆞ뇨. ≪朴諺, 上, 48ㅎ≫咱們教場裏射箭去來, 우리 敎場에 활 쏘라 가쟈. ≪朴諺, 上, 49ㅈ≫這般時咱們幾箇去, 이러면 우리 몃치 가료. ≪朴諺, 上, 58ㅈ≫咱們的馬怎的喂, 우리 ᄆᆞᆯ을 엇디 먹이료. ≪朴諺, 上, 63ㅈ≫咱們結相識知心腹多年了, 우리 結相識ᄒᆞ여 心腹 아란디 여러 ᄒᆡ로ᄃᆡ. ≪朴諺, 中, 28ㅎ≫把咱們不償命那甚麼, 우리를다가 償命티 아니코 므슴ᄒᆞ리오. ≪朴諺, 中, 49ㅈ≫咱們下蟞碁, 우리 츄사ᄋᆞ ᄒᆞ쟈. ≪朴諺, 中, 49ㅈ≫咱們人今日死的明日死的不理會的, 우리 사ᄅᆞᆷ이 오ᄂᆞᆯ 죽을 줄 ᄂᆡ일 죽을 줄 아디 못ᄒᆞ니. ≪朴諺, 中, 49ㅎ≫咱們下一盤, 우리 훈 판 두쟈. ≪朴諺, 下, 31ㅎ≫咱們食店裏喫些飯去來, 우리 밥뎜에 밥 먹으라 가쟈. ≪朴諺, 下, 34ㅈ≫咱們今日打毬兒如何, 우리 오ᄂᆞᆯ 댱방올 팀이 엇더ᄒᆞ뇨. ≪朴諺, 下, 50ㅈ≫咱們打魚兒去來, 우리 고기 잡으라 가쟈.

우마(牛馬) 명 소와 말. ≪朴諺, 上, 38ㅈ≫這裏有獸醫(集覽, 朴集, 上, 10ㅎ: 獸醫. 南村輟耕錄云, 世以療馬者曰獸醫, 療牛者曰牛醫. 周禮獸醫註, 獸, 牛馬之屬.)家麽, 여긔 즘싱 고티ᄂᆞᆫ 집이 잇ᄂᆞ냐.

우묵기다 동 음각(陰刻)하다. ⇔요(凹). ≪朴諺, 上, 60ㅎ≫盖的都是龍鳳凹面花頭·筒瓦和仰瓦, 녠 거슨 다 龍鳳을 우묵겨 면돗게 훈 막새와 수디새와 암디새오.

우망(牛芒) 명 토우(土牛)와 망신(芒神)의 준말. ≪朴諺, 下, 45ㅈ≫宋舍看打春(集覽, 朴集, 下, 9ㅎ: 打春. 音義云, 如今北京迎春時, 唯牛芒而已. 在前只有府縣官員, 幷師生耆老引赴順天府, 候春至之時.)去來, 宋개아 닙츈 노롯ᄒᆞᄂᆞᆫ 양 보라 가쟈.

우망신(牛芒神) 명 토우(土牛)와 망신(芒

神)의 준말. ≪朴諺, 下, 45ㅈ≫宋舍看打春(集覽, 朴集, 下, 9ㅎ: 打春. 東京夢華錄云, 立春前五日, 造土牛·耕夫·犁具, 前一日順天府進農牛入禁中鞭春, 府縣官吏·士庶·耆社, 具鼓樂出東郊迎春, 牛芒神至府前, 各安方位.)去來, 宋개아 닙츈 노롯ᄒᆞᄂᆞᆫ 양 보라 가쟈. ≪朴諺, 下, 48ㅈ≫朝東放着土牛, 東을 향ᄒᆞ여 土牛를 노코.

우믈 명 우물. ⇔정(井). ≪朴諺, 中, 39ㅈ≫井一眼, 우믈 ᄒᆞ나.

우바(優波) 명 〈불〉 불도(佛徒). 승니(僧尼). ≪朴諺, 下, 3ㅈ≫住常唐三藏(集覽, 朴集, 下, 1ㅈ: 唐三藏法師〈三藏〉. 三藏, 經一藏, 律一藏, 論一藏. 曰脩多羅, 卽阿難聖衆結集爲經. 曰毗奈耶, 一曰毗尼, 卽優波尊者結集爲律. 曰阿毗曇, 卽諸大菩薩衍而爲論.)師傅, 뎌적의 唐ㅅ 三藏 師傅ㅣ.

우바새(優婆塞) 명 〈불〉 불교를 믿는 남자를 통틀어 이르는 말. ≪朴諺, 中, 21ㅎ≫或作童女(集覽, 朴集, 中, 4ㅎ: 童男童女. 觀音現三十二應, 曰佛身, 曰辟支〈支〉, 曰圓覺, 曰聲聞, 曰梵王, 曰帝釋, 曰自在天, 曰大自在天, 曰天大將軍, 曰四天王, 曰四天太子, 曰人王, 曰長者, 曰居士, 曰宰官, 曰婆羅門, 曰比丘, 曰比丘尼, 曰優婆塞, 曰優婆夷, 曰女主, 曰童男, 曰童女, 曰天身, 曰龍身, 曰藥叉, 曰乾達婆, 曰阿脩羅, 曰緊那羅, 曰摩睺羅, 曰樂人, 曰非人.), 혹 童女ㅣ 되며.

우바이(優婆夷) 명 〈불〉 불교를 믿는 여자를 통틀어 이르는 말. ≪朴諺, 中, 21ㅎ≫或作童女(集覽, 朴集, 中, 4ㅎ: 童男童女. 觀音現三十二應, 曰佛身, 曰辟支〈支〉, 曰圓覺, 曰聲聞, 曰梵王, 曰帝釋, 曰自在天, 曰大自在天, 曰天大將軍, 曰四天王, 曰四天太子, 曰人王, 曰長者, 曰居士, 曰宰官, 曰婆羅門, 曰比丘, 曰比丘尼, 曰優婆塞, 曰優婆夷, 曰女主, 曰童男, 曰童女, 曰天身, 曰龍身, 曰藥叉, 曰乾達婆, 曰阿脩羅, 曰緊那羅, 曰摩睺羅, 曰樂人, 曰非人.), 혹 童女ㅣ 되며.

우변(右邉) 명 우변(右邊). '邉'은 '邊'의 속자. ≪朴諺, 下, 23ㅎ≫左邉搭右邉趓, 좌편으로 건디려 ᄒᆞ면 우편으로 숨고.

우변(右邊) 명 우편(右便). 오른쪽. ⇔우편. ≪朴諺, 下, 23ㅎ≫左邉搭右邉趓, 좌편으로 건디려 ᄒᆞ면 우편으로 숨고. ≪朴諺, 下, 23ㅎ≫右邉搭左邉去, 우편으로 건디려 ᄒᆞ면 좌편으로 ≪集覽, 字解, 單字解, 4ㅈ≫將. 持也. 將來 가져오라, 將着 가지라, 將咱們 우리를다가. 又將次 쟝ᄎᆞ. ≪朴諺, 上, 1ㅈ≫咱們幾箇好弟兄, 우리 여러 됴흔 弟兄들히. ≪朴諺, 上, 11ㅎ≫咱們且商(商)量脚錢着, 우리 아직 삭갑 혜아리쟈. ≪朴諺, 上, 22ㅈ≫咱們下一局賭輸贏(贏)如何, 우리 ᄒᆞᆫ 판 두어 지며 이긔믈 더느미 엇더ᄒᆞ뇨. ≪朴諺, 上, 48ㅎ≫咱們教場裏射箭去來, 우리 教場에 활 뽀라 가쟈. ≪朴諺, 上, 49ㅈ≫這般時咱們幾箇去, 이러면 우리 몃치 가료. ≪朴諺, 上, 58ㅈ≫咱們的馬怎的喂, 우리 ᄆᆞᆯ을 엇디 먹이료. ≪朴諺, 上, 63ㅈ≫咱們結相識知心腹多年了, 우리 結相識ᄒᆞ여 心腹 아란디 여러 ᄒᆡ로ᄃᆡ. ≪朴諺, 中, 28ㅎ≫把咱們不償命那甚麽, 우리를다가 償命티 아니코 므슴 ᄒᆞ리오. ≪朴諺, 中, 49ㅈ≫咱們下鱉碁, 우리 츄사ᄋᆞ ᄒᆞ쟈. ≪朴諺, 中, 49ㅈ≫咱們人今日死的明日死的不理會的, 우리 사ᄅᆞᆷ이 오ᄂᆞᆯ 죽을 줄 ᄂᆡ일 죽을 줄 아디 못ᄒᆞ니. ≪朴諺, 中, 49ㅎ≫咱們下一盤, 우리 ᄒᆞᆫ 판 두쟈. ≪朴諺, 下, 31ㅎ≫咱們食店裏喫些飯去來, 우리 밥뎜에 밥 먹으라 가쟈. ≪朴諺, 下, 34ㅈ≫咱們今日打毬兒如何, 우리 오ᄂᆞᆯ 댱방올 팀이 엇더ᄒᆞ뇨. ≪朴諺, 下, 50ㅈ≫咱們打魚兒去來, 우리 고기 잡으라 가쟈. 가매. ≪朴諺, 下, 46ㅎ≫頭戴耳掩或提在手裡(集覽, 朴集, 下, 10ㅈ: 頭戴耳掩或提在手裏. 寅時揭左邊, 亥時揭右邊而戴, 以寅·亥時爲通氣, 故揭一邊也, 子·丑時全戴, 爲嚴凝也.), 머리에 耳掩을 쓰며 혹

손에 들고.

우산 명 우산. ⇔산(傘). ≪朴諺, 上, 36ㅎ≫這的是傘, 이는 이 우산이로다.

우설(雨雪) 명 눈비. ≪朴諺, 上, 65ㅈ≫南城(集覽, 朴集, 上, 15ㅎ: 南城. 開平府在陰山之南. 自燕京至上都, 地勢一步高一步, 四時多雨雪.)永寧寺裏, 南城 永寧寺에. ≪朴諺, 中, 26ㅎ≫又不怕雨雪, 또 雨雪이 저프디 아니ᄒᆞ니라. ≪朴諺, 下, 15ㅈ≫那裏問雨雪陰晴, 어ᄃᆡ 雨雪 陰晴을 무로리오.

우세남(虞世南) 명 당(唐)나라 월주(越州) 여요(餘姚) 사람. 자는 백시(伯施). 시호는 문의(文懿). 당초(唐初) 진왕부(秦王府) 십팔학사(十八學士)의 한 사람. 왕희지(王羲之)의 필법을 터득하여 구양순(歐陽詢)·저수량(褚遂良)·설직(薛稷)과 함께 사대서가(四大書家)로 불린다. 벼슬은 수(隋)에서 기거사인(起居舍人), 당에서 홍문관 학사(弘文館學士)를 역임하였다. ≪朴諺, 中, 44ㅎ≫掛十八學士(集覽, 朴集, 中, 8ㅈ: 十八學士. 唐太宗秦王時, 開館延文學之士, 杜如晦·房玄齡〈妗〉·虞世南·褚遂良·姚思廉·李玄道·蔡允恭·薛元敬·顔相時·蘇勗·于志寧·蘇世長·薛收·李守素·陸德明·孔穎達·蓋文達·許敬宗爲文學館學士, 分爲三番, 更日直宿.)大畫, 十八學士 그린 큰 그림을 걸고.

우수(右手) 명 오른손. ≪朴諺, 上, 20ㅈ≫一對窟嵌的金戒指兒(集覽, 朴集, 上, 7ㅎ: 窟嵌戒指. 事物紀原云, 古者后妃羣妾御于君, 所當御者, 以銀環進之, 娠則以金環退之, 進者着右手, 退者着左手. 今有指環, 卽遺制也.), ᄒᆞᆫ 빵 날박은 금가락지.

우수(雨水) 명 빗물. ≪朴諺, 上, 9ㅎ≫今年雨水十分大, 올히 雨水ㅣ ᄀᆞ장 만ᄒᆞ여.

우순(雨順) 동 비가 때맞추어 알맞게 내리다. ≪朴諺, 上, 1ㅈ≫風調雨順, 風調 雨順ᄒᆞ고.

우순(虞舜) 명 고대 중국의 황제(黃帝)·전욱(顓頊)·제곡(帝嚳)·당요(唐堯)와 함께 다섯 성군(聖君)의 하나. 성은 요(姚) 또는 규(嬀). 이름은 중화(中華). 효성이 지극하였고, 요(堯)에게 등용되어 섭정하다가 요가 죽은 뒤 제위(帝位)에 올랐다. 사흉(四凶)을 제거하였으며, 우(禹)를 등용하여 홍수를 다스렸다. 재위 39년. ≪朴諺, 上, 8ㅎ≫往永平·大寧·遼陽·開元(集覽, 朴集, 上, 4ㅈ: 開元. 遼誌云, 本肅愼氏地, 虞舜時高麗有其地, 周時爲荒服, 元設開元路, 元末屬納哈出, 今設三萬衛, 又設遼海衛.)·瀋陽等處開去, 永平·大寧·遼陽·開元·瀋陽 等處를 향ᄒᆞ여 開讀ᄒᆞ라 가노라.

우승상(右丞相) 명 벼슬 이름. 좌승상(左丞相)과 함께 천자(天子)를 도와 정무(政務)를 총괄하였다. 진(秦) 무왕(武王) 2년(B.C. 309)에 두었으며, 원대(元代)까지 존속되었다. ≪朴諺, 下, 38ㅎ≫比丞相(集覽, 朴集, 下, 8ㅎ: 丞相. 元中書省有左右丞相, 任宰相之職〈戝〉, 左右天子平章萬機.)爭甚麼, 丞相에 比컨대 므서시 ᄠᅳ리오.

우심(尤甚) 형 더욱 심하다. ≪集覽, 字解, 單字解, 5ㅎ≫越. 尤甚也. 越好 ᄀᆞ장 됴타, 越細詳 더욱 ᄎᆞᆫᄎᆞᆫᄒᆞ다.

우심(牛心) 명 소의 심장. ≪朴諺, 上, 26ㅈ≫油心紅(集覽, 朴集, 上, 9ㅈ: 油心紅. 質問云, 朱紅, 一云如心之紅也. 油, 加油於紅漆之上也. 又云, 油乃牛字, 非油也, 其色紅如牛心.)畫水波面兒的鞍橋子, 油心紅 빗치 水波面 그린 기ᄅᆞ마가지오.

우암(愚暗) 형 우매하다. 사리에 밝지 못하다. 암둔(闇鈍)하다. ≪朴諺, 中, 60ㅎ≫衙門處處向南開(集覽, 朴集, 中, 9ㅈ: 衙門處處向南開. 南村輟耕錄云, 凡衙門皆坐北南向者, 南方屬離卦, 離虛中則聰. 又南方火位, 火明則能破暗, 故表南面聰〈聡〉明, 爲民治愚暗之事.), 衙門이 곳곳이 南을 향ᄒᆞ여 여러시ᄂᆞ.

우육(牛肉) 명 쇠고기. ⇔쇠고기. ≪朴諺, 上, 5ㅈ≫𤑔牛肉(集覽, 朴集, 上, 2ㅎ: 𤑔

牛肉. 音義, 焩, 音붕〈붕〉, 平聲. 質問云, 牛肉細切, 用椒塩焩食.), 구은 쇠고기와.

우의(牛醫) 명 소의 질병을 진찰하고 치료하는 의사. ≪朴諺, 上, 38ㅈ≫這裏有獸醫(集覽, 朴集, 上, 10ㅎ: 獸醫. 南村輟耕錄云, 世以療馬者曰獸醫, 療牛者曰牛醫.)家麽, 여긔 즘싱 고티는 집이 잇느냐.

우인(優人) 명 배우(俳優). 광대[倡優]. ≪朴諺, 上, 5ㅎ≫叫教坊司十數箇樂工和做院本(集覽, 朴集, 上, 2ㅎ: 院本. 或曰, 宋徽宗見爨國人來朝, 衣裝·鞵履·巾裹, 傅粉墨, 擧動如此, 使優人効之以爲戲. 其間副淨有散說, 有道念, 有筋斗, 有科範.)諸般雜技的來, 教坊司의 여라믄 樂工과 院本에 여러 가지 雜技ᄒᆞᄂᆞ니를 블러오라. ≪朴諺, 上, 17ㅎ≫打毬兒(集覽, 朴集, 上, 6ㅎ: 打毬兒. 質問云, 作成木圓毬二介, 用木杓一上一下連接不絶, 方言謂之打毬兒. 質問所釋, 疑卽本國優人所弄杓鈴之戲, 與此節〈茚〉小兒之戲恐或不同. 詳見下卷集覽.), 당방올티기 ᄒᆞ고. ≪朴諺, 中, 1ㅎ≫弄寶盖(集覽, 朴集, 中, 1ㅈ: 弄寶盖. 凡優人以造化鳥爲戲時, 一人擎一彩帛葆盖, 先入優場, 以告戲雀之由. 次有一人捧一雀以入作戲. 如本節〈茚〉所云, 造化鳥 죵〈죵〉다리, 雄曰銅觜, 雌曰鑯觜.)的, 寶盖 농ᄒᆞᄂᆞᆫ 이ᄂᆞᆫ. ≪朴諺, 下, 7ㅎ≫放着一箇三隻脚鐵蝦蟆兒(集覽, 朴集, 下, 2ㅈ: 三隻脚鐵蝦蟆. 今按, 漢俗, 優人作戲時, 手執三脚蝦蟆入優場作戲. 問之, 則曰, 唯仙家蓄養三脚蝦蟆, 俗人聞氣者必死.)便是, ᄒᆞᆫ 세 발 가진 쇠두텁이 노흔 거시 곳이라.

우임 명 웃음거리. 비웃음. ⇔소화(笑話). ≪朴諺, 中, 47ㅎ≫路上必定喫別人笑話, 길ᄒᆡ 일뎡 놈의 우임을 니브리라.

우장(優場) 명 배우가 극을 연출하는 곳. ≪朴諺, 中, 1ㅎ≫弄寶盖(集覽, 朴集, 中, 1ㅈ: 弄寶盖. 凡優人以造化鳥爲戲時, 一人擎一彩帛葆盖, 先入優場, 以告戲雀之由. 次有一人捧一雀以入作戲. 如本節〈茚〉所云, 造化鳥 죵〈죵〉다리, 雄曰銅觜, 雌曰鑯觜.)的, 寶盖 농ᄒᆞᄂᆞᆫ 이ᄂᆞᆫ.

우장(優場) 명 우장(優塲). '塲'은 '場'과 같다. ≪朴諺, 中, 1ㅎ≫弄寶盖(集覽, 朴集, 中, 1ㅈ: 弄寶盖. 凡優人以造化鳥爲戲時, 一人擎一彩帛葆盖, 先入優塲, 以告戲雀之由. 次有一人捧一雀以入作戲. 如本節〈茚〉所云, 造化鳥 죵〈죵〉다리, 雄曰銅觜, 雌曰鑯觜.)的, 寶盖 농ᄒᆞᄂᆞᆫ 이ᄂᆞᆫ.

우지령(于志寧) 명 당대(唐代)의 문신. 자는 중밀(仲謐). 시호는 정(定). 당초(唐初) 진왕부(秦王府) 십팔학사(十八學士)의 한 사람. 국사(國史)를 감수하고 격식율령(格式律令)·오경의소(五經義疏)의 제작에 참여하였다. 벼슬은 태자 태사(太子太師)를 지냈다. ≪朴諺, 中, 44ㅎ≫掛十八學士(集覽, 朴集, 中, 8ㅈ: 十八學士. 唐太宗秦王時, 開館延文學之士, 杜如晦·房玄齡〈岭〉·虞世南·褚遂良·姚思廉·李玄道·蔡允恭·薛元敬·顔相時·蘇勗·于志寧·蘇世長·薛收·李守素·陸德明·孔穎達·蓋文達·許敬宗爲文學館學士, 分爲三番, 更日直宿.)大畫, 十八學士 그린 큰 그림을 걸고.

우참(右驂) 명 수레를 끄는 세 마리 또는 네 마리 말 중 맨 오른쪽의 말. ≪朴諺, 下, 38ㅈ≫五箇鋪馬(集覽, 朴集, 下, 8ㅎ: 五箇鋪馬. 按禮, 天子六馬, 左右驂, 三公·九卿駟馬, 左驂.)去了, 다ᄉᆞᆺ 鋪馬로 가니라.

우창(牛廠) 명 토우(土牛)를 만드는 헛간. ≪朴諺, 下, 45ㅎ≫那牛廠(集覽, 朴集, 下, 10ㅈ: 牛廠. 屋無壁爲廠, 卽塑牛處.)裡, 뎌 牛廠에셔.

우편 명 우편(右便). 오른쪽. ⇔우변(右邊). ≪朴諺, 下, 23ㅎ≫左邉搭右邉趖, 좌편으로 건디려 ᄒᆞ면 우편으로 숨고. ≪朴諺, 下, 23ㅎ≫右邉搭左邉去, 우편으로 건디려 ᄒᆞ면 좌편으로 가매.

우필(右弼) 명 구성(九星) 중(中)의 여덟째 별 이름. 좌보성(左輔星)의 아래에 있다.

≪朴諺, 上, 18ㅎ≫後面北斗(集覽, 朴集, 上, 7ㅈ: 北斗左輔右弼. 凡九星, 曰樞宮貪狼, 曰璇宮巨門, 曰璣〈幾〉宮祿存, 曰權宮文曲, 曰衡宮廉貞, 曰闓(開)陽宮武曲, 曰瑤光宮破軍, 曰洞明宮左輔, 曰隱元宮右弼.)七星板兒做的好, 後面 北斗七星 돈은 믿돌기를 잘ᄒᆞ엿고.

우ㅎ 명 위. ❶⇔상(上). ≪朴諺, 上, 15ㅎ≫鋸兒上鈒一箇好花揉兒, 톱 우희 ᄒᆞᆫ 됴ᄒᆞᆫ 花揉을 사기고. ≪朴諺, 上, 25ㅎ≫江西十分上等眞結綜(棕)帽兒上, 江西 ᄀᆞ쟝 上等에 진짓 綜(棕)으로 ᄆᆡᄌᆞᆫ 갓 우희. ≪朴諺, 上, 35ㅎ≫一箇脚上三壯家灸的, ᄒᆞᆫ 발 우희 三壯식 ᄠᅳ되. ≪朴諺, 上, 37ㅈ≫墻上一塊土吊下來禮拜, 담 우희 ᄒᆞᆫ 덩이 흙이 ᄠᅥ러뎌 ᄂᆞ려와 禮拜ᄒᆞᄂᆞᆫ 거시여. ≪朴諺, 上, 61ㅈ≫北岸上有一座大寺, 북편 언덕 우희 ᄒᆞᆫ 座 큰 뎔이 이시니. ≪朴諺, 上, 61ㅎ≫閣前水面上, 집 앒 믈 우희. ≪朴諺, 中, 1ㅈ≫一箇高卓兒上脫下衣裳, ᄒᆞᆫ 노ᄑᆞᆫ 卓子 우희 옷 벗고. ≪朴諺, 中, 1ㅎ≫指頭上轉, 가락 우희 구을리다가. ≪朴諺, 中, 22ㅎ≫結草廬於香山之上, 草廬를 香山 우희 지엇ᄯᅩ다. ≪朴諺, 中, 40ㅈ≫房上生出那草, 집 우희 뎌 플이 나. ≪朴諺, 中, 44ㅈ≫我每日臨池樓上, 내 每日에 池樓 우희 臨ᄒᆞ여. ≪朴諺, 中, 44ㅎ≫炕上鋪着青錦褥(褥)子, 캉 우희 청금 요 ᄭᆞᆯ고. ≪朴諺, 中, 45ㅈ≫那書案上的各揉書冊, 뎌 셔안 우희 各揉 書冊을. ≪朴諺, 中, 47ㅈ≫倒在床上打鼾睡, 상 우희 것구러뎌 코 고오고 자거늘. ≪朴諺, 下, 5ㅎ≫在墻上驗的正着, 담 우희 견조기를 바로 ᄒᆞ라. ≪朴諺, 下, 7ㅈ≫那家門前兀子上, 뎌 집 문 앒 노도 우희. ≪朴諺, 下, 19ㅈ≫到羅天大醮壇場上藏身, 羅天大醮ᄒᆞᄂᆞᆫ 壇場 우희 가 몸을 ᄀᆞᆷ초와. ≪朴諺, 下, 24ㅈ≫接在顙項上依舊了, 목 우희 니으니 녜라온 ᄃᆞᆺᄒᆞᆫ디라. ≪朴諺, 下, 30ㅎ≫大明殿前月臺上, 大明殿 앒 月臺 우희. ≪朴諺, 下, 41ㅈ≫殃榜橫貼在門上, 殃榜을 문 우희 빗기 브텻더니. ❷⇔상두(上頭). ≪朴諺, 上, 50ㅎ≫上頭鋪兩三箇襦子, 우희 두세 깃을 ᄭᆞᆯ고. ≪朴諺, 上, 50ㅎ≫上頭盖着他衣裳, 우희 제 옷 덥고. ≪朴諺, 中, 27ㅎ≫用板盖在上頭, 널로 ᄡᅥ 우희 덥고. ≪朴諺, 下, 42ㅈ≫上頭放坐一尊佛像, 우희 一尊佛像을 안치고.

우홈 의 움큼. ⇔봉아(捧兒). ≪朴諺, 上, 11ㅎ≫紟馬錢與他一捧兒米便是, ᄆᆞᆯ ᄆᆡ엿든 갑슬 뎌를 ᄒᆞᆫ 우홈 ᄡᆞᆯ을 줌이 곳 올타.

운(云) 동 이르다. 말해 주다. ⇔닐오다. ≪朴諺, 上, 28ㅎ≫易經云, 易經에 닐오ᄃᆡ.

운(雲) 동 운문(雲紋)하다. (구름무늬를 만들다) ⇔운문ᄒᆞ다. ≪朴諺, 上, 27ㅎ≫嵌八寶骨朶雲織金羅比甲, 八寶 ᄢᅵ고 굴근 운문ᄒᆞᆫ 織金 ᄀᆞᆺ 比甲에.

운(運) 명 운수(運數). 운명. ≪朴諺, 中, 46ㅎ≫命來鐵也爭光, 命이 오면 쇠도 비출 ᄃᆞ토고. 運去黃金失色, 運이 가면 黃金도 비출 일ᄂᆞᆫ다 ᄒᆞ니라.

-운 어미 -은. ≪朴諺, 上, 25ㅈ≫剌(刺)通袖膝欄(集覽, 朴集, 上, 8ㅎ: 刺通袖膝欄. 뷔윤 실로 치질ᄒᆞ니를 呼爲刺.)羅帖裏上, ᄉᆞ매 ᄆᆞᄅᆞ 내 치질ᄒᆞ고 膝欄ᄒᆞᆫ 羅 텰릭에.

운남(雲南) 명 현(縣) 이름. 한대(漢代)에 두었다. 소재지는 운남성(雲南省) 상운현(祥雲縣) 남쪽에 있었다. ≪朴諺, 中, 26ㅈ≫做雲南氊(集覽, 朴集, 中, 6ㅎ: 雲南氈. 雲南, 古梁州, 南境爲徼外夷也. 漢置益州郡, 元置路, 今改爲布政司.)大帽兒一箇, 雲南氊으로 ᄒᆞᆫ 큰갓 ᄒᆞ나와.

운남전(雲南氈) 명 중국 운남(雲南)에서 나는 품질이 좋은 모전(毛氈). ≪朴諺, 中, 26ㅈ≫做雲南氊(集覽, 朴集, 中, 6ㅎ: 雲南氈. 雲南, 古梁州, 南境爲徼外夷也. 漢置益州郡, 元置路, 今改爲布政司. 州縣俱出氈, 細密爲天下最.)大帽兒一箇, 雲南氊으로 ᄒᆞᆫ 큰갓 ᄒᆞ나와.

운두(運斗) 명 다리미. ⇔다리우리. ≪朴

諺, 上, 36ㅈ≫二哥是運斗, 둘재 형은 이 다리우리오.

운략(韵畧) 명 운략(韻略). '韵畧'은 '韻略'과 같다. ≪朴諺, 中, 59ㅎ≫彪在樻子閣落(集覽, 朴集, 中, 9ㅈ: 閣落. 按韻〈韵〉書, 栲栳, 木名, 筹筌, 柳器. 並音캎랖, 皆上聲, 與本語字音大不相同. 但免疑韻略〈韵畧〉及字學啓蒙字作𢈢旮, 音·ᄀ랖.)裡, 퀫 구석에 드리티고.

운략(韻略) 명 예부운략(禮部韻略). 송(宋)나라의 정도(丁度)가 지은 운서(韻書). ≪朴諺, 中, 17ㅎ≫怎剅劃(集覽, 朴集, 中, 3ㅈ: 剅劃. 排擠開割之意. 剅, 韻書不收, 免疑韻略音〈免疑韻略音作〉百.)我這一場愁, 엇디 내 이 一場 愁를 헤와드료. ≪朴諺, 中, 59ㅎ≫彪在樻子閣落(集覽, 朴集, 中, 9ㅈ: 閣落. 按韻〈韵〉書, 栲栳, 木名, 筹筌, 柳器. 並音캎랖, 皆上聲, 與本語字音大不相同. 但免疑韻略〈韵畧〉及字學啓蒙字作𢈢旮, 音·ᄀ랖.)裡, 퀫 구석에 드리티고.

운문ᄒ다 동 운문(雲紋)하다. (구름무늬를 만들다) ⇔운(雲). ≪朴諺, 上, 27ㅎ≫嵌八寶骨朶雲織金羅比甲, 八寶 쎄고 굴근 운문ᄒᆞᆫ 織金 쬬 比甲에.

운서(韵書) 명 운서(韻書). '韵'은 '韻'과 같다. ≪朴諺, 中, 59ㅎ≫彪在樻子閣落(集覽, 朴集, 中, 9ㅈ: 閣落. 按韻〈韵〉書, 栲栳, 木名, 筹筌, 柳器. 並音캎랖, 皆上聲.)裡, 퀫 구석에 드리티고.

운서(韻書) 명 한자를 운(韻)에 따라 분류한 자서(字書). ≪集覽, 字解, 單字解, 3ㅎ≫們. 諸韻書皆云, 們渾, 肥滿皃. 今俗借用爲等輩之字, 而曰我們·咱們 우리, 你們 너희. 又猶言如此也. 這們 이리, 那們 뎌리. ≪朴諺, 中, 17ㅎ≫怎剅劃(集覽, 朴集, 中, 3ㅈ: 剅劃. 排擠開割之意. 剅, 韻書不收, 免疑韻略音〈免疑韻略音作〉百.)我這一場愁, 엇디 내 이 一場 愁를 헤와드료. ≪朴諺, 中, 40ㅎ≫只怕躧(集覽, 朴集, 中, 7ㅎ: 躧. 今按, 舊本作躧. 韻書, 跐, 音재, 又ᄌᆞ. 躧, 音새, 又시. 兩字爲채音者, 韻書不收, 而俗讀則俱從채音, 並上聲.)破了, 그저 불와 ᄩ릴가 저페라. ≪朴諺, 中, 59ㅎ≫彪在樻子閣落(集覽, 朴集, 中, 9ㅈ: 閣落. 按韻〈韵〉書, 栲栳, 木名, 筹筌, 柳器. 並音캎랖, 皆上聲.)裡, 퀫 구석에 드리티고.

운영(雲影) 명 구름의 그림자. ≪朴諺, 上, 59ㅎ≫揮使你曾到西湖(集覽, 朴集, 上, 15ㅈ: 西湖. 在玉泉山下, 泉水瀦而爲湖, 流入宮中. 西苑爲太液池, 出都城爲玉河, 東南流注于大通河. 環湖十餘里, 荷·蒲·菱·芡與夫沙禽·水鳥出沒, 隱暎於天光雲影中, 實佳境也.)景來麽, 揮使ㅣ아 네 일즙 西湖ㅅ 景에 갓든다.

운외(雲外) 명 구름의 밖이라는 뜻으로, 선계(仙界)를 비유하는 말. ≪朴諺, 上, 23ㅈ≫歛些錢做翫月會(集覽, 朴集, 上, 8ㅈ: 翫月會. 東京錄云, 中秋夜, 貴家結飾臺榭, 民間爭占酒樓翫〈玩〉月, 絲簧鼎沸, 近內庭居民, 夜深遙聞笙竽之聲, 宛若雲外天樂, 閭里兒童連宵嬉戲, 夜市駢闐, 至於通曉.), 져기 돈 거두어 翫月會를 ᄒᆞ쟈.

운운(云云) 형 이와 같다. 이러하다. ≪朴諺, 中, 9ㅈ≫你與我甘結(集覽, 朴集, 中, 2ㅈ: 甘結. 今按, 如保擧人材者, 必寫稱所擧之人, 並無喪過及干娼優子嗣, 委的賢能, 如虛甘伏重罪云云.)·應付, 네 날을 甘結과 應付를 주고려. ≪朴諺, 下, 53ㅈ≫執結(集覽, 朴集, 下, 12ㅈ: 執結. 今按, 凡供狀內皆云執結是實, 謂今所供報之詞, 皆實非虛, 如虛甘罪云云之意, 非徒謂所志詞語也.)是實, 執結이 이 실ᄒᆞ니.

운한(雲漢) 명 은하(銀河). 은하수(銀河水). ≪朴諺, 上, 60ㅈ≫近看時遠侵碧漢(集覽, 朴集, 上, 15ㅈ: 碧漢. 〈卽〉天河也. 河精上爲天漢. 爾雅, 析木爲之津. ㄴ在箕斗間, 自坤抵艮爲地紀, 亦名雲漢, 曰天潢, 曰銀河, 曰銀漢, 曰河漢.), 갓가이셔 보면 멀리 碧漢을 侵ᄒᆞ고.

울다 동 울다. ❶⇔규(叫). ≪朴諺, 中, 8ㅎ≫

明日鷄兒叫一聲便上馬, ᄂᆡ일 ᄃᆞᆰ이 ᄒᆞᆫ 번 울어든 곳 ᄆᆞᆯ을 ᄐᆞᆯ 거시니. ≪朴諺, 中, 8ㅎ≫相公鷄兒叫起來, 相公아 ᄃᆞᆰ이 우니 닐라. ≪朴諺, 中, 55ㅎ≫水蛙叫的聒譟, 머구리 울어 짓궨다. ❷⇔제곡(啼哭). ≪朴諺, 上, 50ㅎ≫見孩兒啼哭時, 아ᄒᆡ 울믈 보면. ≪朴諺, 下, 23ㅎ≫唐僧見了啼哭, 唐僧이 보고 우더니.

울다라승(蔚多羅僧) 명 울다라승(鬱多羅僧). '蔚'은 '鬱'의 속자. ≪朴諺, 上, 33ㅈ≫披着袈裟(集覽, 朴集, 上, 10ㅈ: 袈裟. 二曰鬱〈蔚〉多羅僧, 卽七條也, 此云上着衣也, 入衆時衣, 禮誦齋講時着.), 袈裟 닙고.

울다라승(鬱多羅僧) 명 〈불〉 중이 입는 삼의(三衣)의 하나. 예송(禮誦)·청강(聽講)·설계(說戒)할 때 윗옷으로 입는 법의(法衣)이다. ≪朴諺, 上, 33ㅈ≫披着袈裟(集覽, 朴集, 上, 10ㅈ: 袈裟. 二曰鬱〈蔚〉多羅僧, 卽七條也, 此云上着衣也, 入衆時衣, 禮誦齋講時着.), 袈裟 닙고.

울어리창 명 지붕창. (채광이나 환기를 위하여 지붕에 낸 창) ⇔천창(天窓). ≪朴諺, 下, 12ㅎ≫檁, 납. 樑, ᄆᆞᄅᆞ. 椽, 혀. 柱, 기동. 短柱, 短柱. 叉竪, 쟈슈. 門框, 門얼굴. 門扇, 門ᄶᅡᆨ. 吊窓, 들창. 天窓, 울어리창. 雙扇, 상다디. 單扇, 외다디. 窓櫺, 창살로.

웃거리 명 웃옷. ⇔상개(上蓋). ≪朴諺, 中, 54ㅎ≫這鴉靑織金大蟒龍的做上盖, 이 雅靑빗체 大蟒龍 織金ᄒᆞᆫ 이란 웃거리 지으라.

웃다 동 웃다. ⇔소(笑). ≪朴諺, 下, 21ㅎ≫皇后大笑猜不着了, 皇后ㅣ 크게 우으며 아디 못ᄒᆞ여다.

워전즈런ᄒᆞ다 형 어수선하다. 수선스럽다. 떠들썩하다. 시끌벅적하다. ⇔열뇨(熱鬧). ≪朴諺, 下, 17ㅈ≫西遊記熱鬧(鬧), 西遊記ᄂᆞᆫ 워전즈런ᄒᆞ니.

원(員) 의 명. 인(人). ≪朴諺, 上, 8ㅈ≫好院判(集覽, 朴集, 上, 4ㅈ: 院判. 太醫院有院使一員, 院判一員.)哥, ᄆᆞᄋᆞᆷ 됴흔 院判 형아. ≪朴諺, 中, 5ㅈ≫正官幾員, 正官이 몃 員이며. ≪朴諺, 中, 5ㅎ≫分例支應(集覽, 朴集, 中, 1ㅈ: 分例支應. 元制, 正官一員, 一日宿頓, 該支〈支〉米一升, 麵一斤, 羊肉一斤, 酒一升, 柴一束, 經過減半, 從人一名, 止支〈支〉米一升, 經過減半. 今制, 正官一員, 一日經過, 米三升, 宿頓五升, 從人一名, 經過二升, 宿頓三升. 漢俗今云行三坐五.), 分例로 支應ᄒᆞ라.

원(圓) 형 둥글다. ⇔두렷ᄒᆞ다. ≪朴諺, 上, 18ㅎ≫南斗六星板兒做得忒圓了些, 南斗六星 돈은 ᄆᆡᆫᄃᆞᆯ기ᄅᆞᆯ 너모 두렷게 ᄒᆞ엿고. ≪朴諺, 中, 23ㅈ≫面圓璧月, ᄂᆞᆺᄎᆞᆫ 壁(璧)月ᄀᆞ티 두렷ᄒᆞ고.

원(援) 동 가지다. 잡다. 쥐다. ⇔가지다. ≪朴諺, 下, 50ㅎ≫我援琴一張酒一壺, 내 琴 一張 酒 一壺ᄅᆞᆯ 가지고.

원(遠) 부 멀리. ⇔멀리. ≪朴諺, 上, 60ㅈ≫遠望高接靑霄, 멀리 ᄇᆞ라매 놉히 프른 하ᄂᆞᆯ에 졉ᄒᆞ엿고. 近看時遠侵碧漢, 갓가이 셔 보면 멀리 碧漢을 侵ᄒᆞ고. ≪朴諺, 上, 62ㅎ≫遠望滿眼景致, 멀리 ᄇᆞ라매 滿眼景致ㅣ. ≪朴諺, 中, 14ㅎ≫遠行知馬力, 멀리 가매 ᄆᆞᆯ 힘을 알고. 日久見人心, 날이 오라매 사ᄅᆞᆷ의 ᄆᆞᅀᆞᆷ을 보ᄂᆞ니라. ≪朴諺, 中, 32ㅎ≫遠望一似黑水精, 멀리 ᄇᆞ라매 黑水精 ᄀᆞᆺ고. ≪朴諺, 下, 39ㅎ≫只管的遠去怎麽, 그저 ᄉᆞ리야 멀리 가 므슴 ᄒᆞ리오.

원(遠) 형 멀다. ❶⇔머다. ≪朴諺, 中, 38ㅈ≫争着遠裏, ᄠᅳᆷ이 머다. ❷⇔멀다. ≪朴諺, 下, 3ㅎ≫這般遠田地裏, 이런 먼 ᄯᅡ히.

원(願) 동 〈불〉 간구(懇求)하다. 기구(祈求)하다. ≪朴諺, 中, 21ㅈ≫智滿十身(集覽, 朴集, 中, 4ㅈ: 智滿十身. 十身有調御. 十身, 曰無着, 曰弘願, 曰業報, 曰住持, 曰涅槃, 曰淨法, 曰眞心, 曰三昧, 曰道性, 曰如意. 有內十身, 曰菩提, 曰願, 曰化, 曰力持, 曰莊嚴, 曰威勢, 曰意生, 曰福德, 曰法, 曰智. 有外十身, 曰自, 曰衆生, 曰

國土, 曰業報, 曰聲聞, 曰圓覺, 曰菩薩, 曰智, 曰法, 曰虛空.), 智는 十身에 찻도다.

원(願) 동 원(願)하다. ❶⇔원ᄒᆞ다. ≪朴諺, 上, 53ㅎ≫只願的爲頭兒射着, 그저 원컨대 웃뜸으로 쏘쇼셔. ≪朴諺, 中, 13ㅈ≫謝天地只願的好收着, 天地ㅅ긔 謝ᄒᆞ노니 그저 원컨대 잘 거도게 ᄒᆞ쇼셔. ❷⇔원ᄒᆞ다(願-). ≪朴諺, 下, 51ㅎ≫也不願遇文王, 또 文王 만나믈 願티 아니ᄒᆞ고. ≪朴諺, 下, 60ㅈ≫願主公用心救百姓受苦, 願컨대 主公은 用心ᄒᆞ야 百姓의 受苦호믈 救ᄒᆞ쇼셔.

원(願) 명 (신령과 부처에게 비는) 기원(祈願). 염원(念願). 소원(所願). ≪朴諺, 下, 4ㅎ≫願滿成就着, 願을 ᄎᆡ와 일오라.

원가(原價) 명 원래의 가격. ≪集覽, 字解, 單字解, 6ㅈ≫典. 凡人或缺少口粮, 或遇事用錢者, 以物折直, 立限賣與人爲質而求錢取用. 至限償還其直取物而還也. 律條疏議云, 以價易去, 而原價取贖曰典.

원가(寃家) 명 자기에게 원한을 갖고 있는 사람. 원수(怨讐). ≪朴諺, 中, 59ㅈ≫那寃家們打關節(節)時, 뎌 寃家ㅣ 쇼쳥ᄒᆞ니.

원각(圓覺) 명 〈불〉 부처의 원만한 깨달음. ≪朴諺, 中, 21ㅎ≫或作童女(集覽, 朴集, 中, 4ㅎ: 童男童女. 觀音現三十二應, 曰佛身, 曰辟支〈支〉, 曰圓覺, 曰聲聞, 曰梵王, 曰帝釋, 曰自在天, 曰大自在天, 曰天大將軍, 曰四天王, 曰四天太子, 曰人王, 曰長者, 曰居士, 曰宰官, 曰婆羅門, 曰比丘, 曰比丘尼, 曰優婆塞, 曰優婆夷, 曰女主, 曰童男, 曰童女, 曰天身, 曰龍身, 曰藥叉, 曰乾達婆, 曰阿脩羅, 曰緊那羅, 曰摩睺羅, 曰樂人, 曰非人.), 혹 童女ㅣ 되며. ≪朴諺, 中, 21ㅎ≫或作童女(集覽, 朴集, 中, 4ㅎ: 童男童女. 觀音現三十二應, 曰佛身, 曰辟支〈支〉, 曰圓覺, 曰聲聞, 曰梵王, 曰帝釋, 曰自在天, 曰大自在天, 曰天大將軍, 曰四天王, 曰四天太子, 曰人王, 曰長者, 曰居士, 曰宰官, 曰婆羅門, 曰比丘, 曰比丘尼, 曰優婆塞, 曰優婆夷, 曰女主, 曰童男, 曰童女, 曰天身, 曰龍身, 曰藥叉, 曰乾達婆, 曰阿脩羅, 曰緊那羅, 曰摩睺羅, 曰樂人, 曰非人.), 혹 童女ㅣ 되며. ≪朴諺, 下, 9ㅎ≫入寺敬三寶(集覽, 朴集, 下, 3ㅈ: 三寶. 佛·法·僧也. 功成妙智, 道登圓覺, 佛也, 玄理幽微, 正教精誠, 法也, 禁戒守眞, 威儀出俗, 僧也.), 뎔에 드러는 三寶를 敬ᄒᆞ고.

원권(圓圈) 명 원(圓). 고리. 테두리. ≪朴諺, 下, 34ㅎ≫將我那提攬(集覽, 朴集, 下, 7ㅈ: 提攬. 質問云, 如筐子, 上有圓圈, 用手提携, 方言謂之提攬.)和皮俗來, 내 더 광주리와 皮俗를 가져다가.

원근(遠近) 명 멀고 가까움. ≪朴諺, 中, 10ㅈ≫遠近親戚閑雜人等, 遠近 親戚 閑雜人 等이. ≪朴諺, 下, 42ㅎ≫諸般彩亭子(集覽, 朴集, 下, 9ㅈ: 彩亭子. 僧尼·道士及鼓〈皷〉樂·鍾鈸塡咽大路, 遠近大小親鄰〈隣〉男女, 前後導從者, 不知幾人, 後施夾障從之.), 여러 가지 彩亭子를 셰내고.

원금(援琴) 동 거문고를 잡다(쥐다). 곧, 거문고를 연주하다. ≪朴諺, 下, 13ㅈ≫上面畫六鶴舞琴(集覽, 朴集, 下, 3ㅈ: 六鶴舞琴. 史記, 師曠援琴而鼓, 一奏之, 有玄鶴二八集于廊門, 再奏之, 延頸而鳴, 舒翼而舞.), 上面에 六鶴舞琴을 그리고. ≪朴諺, 下, 50ㅎ≫我援琴一張酒一壺, 내 琴 一張 酒 一壺를 가지고.

원내(院內) 명 〈불〉 절의 경내(境內). ≪朴諺, 上, 33ㅈ≫披着袈裟(集覽, 朴集, 上, 10ㅈ: 袈裟. 三曰安陁會, 卽五條也, 院內行道雜作衣.), 袈裟 닙고.

원락(院落) 명 뜰. 정원. ⇔뜰. ≪集覽, 字解, 單字解, 7ㅎ≫落. 落了 디다. 又院落 뜰. 又落下 떠디우다. 又數落了罪過 죄목 헤다. 又吏語, 下落 간 곧, 又發落 공ᄉᆞ 긇내다.

원래(元來) 부 본디. ⇔본ᄃᆡ. ≪朴諺, 下, 24ㅎ≫元來是一箇虎精, 본ᄃᆡ 이 ᄒᆞᆫ 虎精이랏다.

원류(源流) 명 사물이나 현상의 본래 근원. ≪朴諺, 上, 48ㅎ≫省多少盤纏(集覽, 朴集, 上, 13ㅈ: 盤纏. 길헤 여·러 가지로 쓰는 것. 質問云, 盤費纏繳供給之物, 如供給服食應用金銀·財帛之類. 今按, 盤纏二字, 取義源流未詳.), 언멋 盤纏을 ᄆᆞ되와뇨. ≪朴諺, 下, 7ㅎ≫放着一箇三隻脚鐵蝦蟆兒(集覽, 朴集, 下, 2ㅈ: 三隻脚鐵蝦蟆. 今按, 漢俗, 優人作戲時, 手執三脚蝦蟆入優場作戲. 問之, 則曰, 唯仙家蓄養三脚蝦蟆, 俗人聞氣者必死. 然未詳源流.) 便是, ᄒᆞᆫ 세 발 가진 쇠두텁이 노흔 거시 곳 이라. ≪朴諺, 下, 43ㅈ≫誰碎盆(集覽, 朴集, 下, 9ㅎ: 碎盆. 未詳源流. 但本國送殯之晨, 在家者見靈輀登道, 卽隨以瓦器擲碎於門外, 大聲作語曰, 持汝家具而去. 云爾者, 盖使亡人無留念家緣之術也.)來, 뉘 소라ᄅᆞᆯ ᄣᅳ리ᄃᆞ뇨.

원리주(院裏走) 명 창녀와 노는 사람. 창녀와 간음하는 사람. ≪朴諺, 上, 18ㅈ≫是拘欄(集覽, 朴集, 上, 6ㅎ: 拘欄. 今按, 北京有東拘欄·西拘欄. 俗謂宿娼者曰院裏走.)衚衕裏帶匠夏五廂的, 이 拘欄 골 씌쟝이 夏五ㅣ 겨메웟ᄂᆞ니라.

원만(願滿) 동 원만(願滿)하다. (소원하는 바가 이루어지다) ⇔원만ᄒᆞ다(願滿-). ≪朴諺, 下, 3ㅈ≫願滿之日死時也不愁, 願滿ᄒᆞᆫ 날이면 죽어도 근심티 아니리라.

원만ᄒᆞ다(願滿-) 동 원만(願滿)하다. (소원하는 바가 이루어지다) ⇔원만(願滿). ≪朴諺, 下, 3ㅈ≫願滿之日死時也不愁, 願滿ᄒᆞᆫ 날이면 죽어도 근심티 아니리라.

원명(圓明) 동 철저하게 깨닫다. ≪朴諺, 下, 9ㅎ≫入寺敬三寶(集覽, 朴集, 下, 3ㅈ: 三寶. 又法數云, 十號圓明, 萬行具足, 天龍戴仰, 稱無上尊, 卽佛寶也.), 뎔에 드러 三寶ᄅᆞᆯ 敬ᄒᆞ고.

원목(圓木) 명 둥근 나무. 또는 몽둥이. ≪朴諺, 上, 17ㅈ≫九月裏打㨶(集覽, 朴集, 上, 6ㅎ: 打㨶. 音義云, 杭州小兒之戲也. 用小圓木長三四寸, 各持〈各持一〉塊, 彼此相擊, 出限者爲輸.), 九月에 태티기 ᄒᆞ고.

원반(圓飯) 명 예전 중국의 혼인에서, 친영(親迎) 때 신부가 신랑 집에 가서 사흘을 묵는데, 마지막 날 신부 측에서 잔치를 위하여 신랑 측에 보내온 술과 음식. ≪朴諺, 上, 41ㅎ≫第三日做圓飯筵席(集覽, 朴集, 上, 12ㅈ: 圓飯筵席. 圓作完是, 謂齊足之意. 今按, 漢人娶妻親迎, 而女至男家以宿, 則女家送女食于男家, 三日而止. 止食之日, 女家必具酒饌, 送男家設宴, 謂之完飯筵席. 質問同. 舊本曰解〈鮮〉幔筵席. 邵氏聞見錄, 宋景文公納子婦, 其婦家饋食. 書云, 以食物餪女. 公曰, 錯用字, 從食·從而·從大, 其子退撿. 愽雅餪字注云, 女家三日餉食爲餪女也. 圓飯, 卽遺制也.)了時, 第三日에 圓飯 이바디ᄒᆞ면.

원반연석(圓飯筵席) 동 원반(圓飯)으로 큰 이바지(잔치)를 하다. 또는 그런 찬치. ⇔원반이바디ᄒᆞ다(圓飯-). ≪朴諺, 上, 41ㅎ≫第三日做圓飯筵席(集覽, 朴集, 上, 12ㅈ: 圓飯筵席. 圓作完是, 謂齊足之意. 今按, 漢人娶妻親迎, 而女至男家以宿, 則女家送女食于男家, 三日而止. 止食之日, 女家必具酒饌, 送男家設宴, 謂之完飯筵席. 質問同. 舊本曰解〈鮮〉幔筵席. 邵氏聞見錄, 宋景文公納子婦, 其婦家饋食. 書云, 以食物餪女. 公曰, 錯用字, 從食·從而·從大, 其子退撿. 愽雅餪字注云, 女家三日餉食爲餪女也. 圓飯, 卽遺制也.)了時, 第三日에 圓飯 이바디ᄒᆞ면.

원반이바디ᄒᆞ다(圓飯-) 동 원반(圓飯)으로 큰 이바지(잔치)를 하다. 또는 그런 찬치. ⇔원반연석(圓飯筵席). ≪朴諺, 上, 41ㅎ≫第三日做圓飯筵席(集覽, 朴集, 上, 12ㅈ: 圓飯筵席. 圓作完是, 謂齊足之意. 今按, 漢人娶妻親迎, 而女至男家以宿, 則女家送女食于男家, 三日而止. 止食之日, 女家必具酒饌, 送男家設宴, 謂之完飯筵席. 質問同. 舊本曰解〈鮮〉幔筵席. 邵氏聞見錄, 宋景文公納子婦, 其婦家饋食. 書云, 以食物餪女. 公曰, 錯用字, 從食·從而·

從大, 其子退撿. 博雅餪字注云, 女家三日餉食爲餪女也. 圓飯, 卽遺制也.)了時, 第三日에 圓飯 이바디ᄒᆞ면.

원방(遠方) 명 먼 지방. 또는 먼 곳. ≪朴諺, 下, 38ㅈ≫五箇鋪馬(集覽, 朴集, 下, 8ㅎ: 五箇鋪馬. 鋪馬, 站馬也. 元制, 遠方之任官員, 一品五疋〈匹〉, 二品四疋〈匹〉, 三·四品三疋〈匹〉, 五品以下二疋〈匹〉.)去了, 다ᄉᆞᆺ 鋪馬로 가니라.

원보(元宝) 명 원보(元寶)의 ❷. '宝'는 '寶'의 속자. ≪朴諺, 上, 30ㅈ≫我的都是細絲官銀(集覽, 朴集, 上, 9ㅎ: 細絲官銀. 銀十品曰十成, 曰足色, 曰成色, 曰細絲, 曰手絲兒, 曰吹螺, 曰白銀. 九品曰九成, 曰青絲. 八品曰八成. 總稱〈総称〉元寶〈宝〉. 元寶釋見下.), 내 하ᄂᆞᆫ 다 이 細絲官銀이라.

원보(元寶) 명 ❶전폐(錢幣)의 한 가지. 당(唐)나라 때 개원통보(開元通寶)를 개통원보(開通元寶)로 잘못 읽어 생겨난 이름으로, 대송원보(大宋元寶)·대력원보(大曆元寶) 등이 있었다. ≪朴諺, 中, 53ㅈ≫上位賞了一百錠(集覽, 朴集, 中, 8ㅎ: 錠. 今按, 俗謂銀一餅, 亦謂之一錠, 元寶則五十兩爲一錠.)鈔兩表裏段子, 上位ㅣ 一百錠鈔와 두 안밧 비단을 샹ᄒᆞ시니라. ≪朴諺, 下, 29ㅈ≫元寶(集覽, 朴集, 下, 5ㅎ: 元寶. 南村輟耕錄云, 至元十三年, 元兵平宋, 回至楊(揚)州, 丞相伯顏號令搜撿(檢)將士行李, 所得撒花銀子, 銷鑄作錠, 每五十兩爲一錠, 歸朝獻〈献〉納. 世祖大會王子·王孫·駙馬·國戚, 從而頒賜, 或用貨賣, 所以民間有此錠也. 錠上有字, 曰楊(揚)州元寶. 後朝廷亦鑄. 又有遼陽元寶, 至元二十三年, 征遼所得銀子而鑄者也. 撒花, 元語, 猶本國語曰土產也.)我有半錠了, 元寶ㅣ 내게 반 뎡이 이시니. ❷말굽은(銀). 중국에서 쓰던 화폐의 하나. ≪朴諺, 上, 30ㅈ≫我的都是細絲官銀(集覽, 朴集, 上, 9ㅎ: 細絲官銀. 銀十品曰十成, 曰足色, 曰成色, 曰細絲, 曰手絲兒, 曰吹螺, 曰白銀. 九品曰九成, 曰青絲. 八品曰八成. 總稱〈総称〉元寶〈宝〉. 元寶釋見下.), 내 하ᄂᆞᆫ 다 이 細絲官銀이라.

원본(元本) 명 근본. 시작. 근원. ≪朴諺, 上, 18ㅎ≫後面北斗(集覽, 朴集, 上, 7ㅈ: 北斗左輔右弼. 晉書天文志云, 七星在太微北, 七政之樞機, 陰陽之元本.)七星板兒做的好, 後面 北斗七星 돈은 민ᄃᆞᆯ기를 잘 ᄒᆞ엿고.

원본(原本) 명 개정이나 번역 따위를 하기 전 본디의 서류나 책. ≪集覽, 凡例≫音義者, 卽原本所著音義也. 所釋或與譯語指南不同, 今從音義之釋. 音義有誤者, 今亦正之. ≪朴諺, 上, 1ㅎ≫着李四買果子·拖爐·隨食(集覽, 朴集, 上, 1ㅈ: 隨食. 質問云, 以麥麵和油作小餅, 喫茶時食之, 取其香酥也. 原本用隨字, 故反(飜)譯亦用隨字, 俗音:취, 今更質之, 字作饊, 宜從:쉬音讀, 今俗亦曰饊餅.)去, 李四로 ᄒᆞ여 과실과 拖爐·隨食을 사라 가게 ᄒᆞ라. ≪朴諺, 上, 24ㅎ≫紵着一副鴉青段子滿刺(刺)嬌(集覽, 朴集, 上, 8ㅈ: 滿刺〈刺〉嬌. 今按, 刺〈刺〉, 新舊原本皆作池, 今詳文義, 作刺〈刺〉是.)護膝, ᄒᆞᆫ 부 야쳥 비단에 滿刺(刺)嬌 ᄒᆞᆫ 슬갑을 ᄆᆡ엿고.

원본(院本) 명 금·원대(金元代)에 기원(妓院)에서 연창(演唱)하던 희곡의 각본. 명·청대(明淸代)에는 잡극(雜劇)이나 전기(傳奇)를 이르는 말로 썼다. ≪朴諺, 上, 5ㅎ≫叫教坊司十數箇樂工和做院本(集覽, 朴集, 上, 2ㅎ: 院本. 南村輟耕錄云, 唐有傳奇, 宋有戲曲·唱諢·詞說, 金有雜劇·諸宮調. 院本·雜劇, 其實一也. 國朝, 院本·雜劇, 始釐而二之. 院本則五人, 一曰副淨, 古謂之叅軍, 一曰副末, 古謂之蒼鶻, 鶻能擊禽鳥, 末可打副淨, 古(故)云, 一曰引戲, 一曰末泥, 一曰孤裝, 又謂之五花爨弄. 或曰, 宋徽宗見爨國人來朝, 衣裝·鞵履·巾裹, 傅粉墨, 擧動如此, 使優人効之以爲戲. 其間副淨有散說, 有道念, 有筋斗, 有科範. 盖古教坊色長有魏·武·

劉三人, 而魏長於念誦, 武長於筋斗, 劉長於科範, 至今樂人皆宗之. 質問云, 院本有曰外, 或粧先生·採訪使·考試官·老人·達達之類, 皆是外扮, 曰淨, 有男淨·有女淨, 亦做醜態, 專一弄言取人歡笑, 曰末, 粧扮不一, 初則開場白說, 或粧家人·祗候, 或扮使臣之類, 曰丑, 狂言戲弄, 或粧醉漢·太醫·吏員·媒婆之類. 今按, 諢音混, 優人戲弄之言也.)諸般雜技的來, 教坊司의 여라믄 樂工과 院本에 여러 가지 雜技ᄒᆞᄂᆞ니롤 블러오라.

원비(元妃) 명 임금의 정실을 이르던 말. ≪朴諺, 下, 60ㅈ≫娘子柳氏(集覽, 朴集, 下, 12ㅎ: 娘子柳氏〈柳氏〉. 太祖聞之, 迎以爲妃. 後裵玄慶·申崇謙等推戴太祖, 后贊成之. 旣卽位, 策后爲元妃.)出來說道, 娘子 柳氏ㅣ 나와 닐오ᄃᆡ.

원사(院使) 명 청대(淸代)에 태의원(太醫院)의 사무를 총괄하던 벼슬아치. ≪朴諺, 上, 8ㅈ≫好院判(集覽, 朴集, 上, 4ㅈ: 院判. 太醫院有院使一員, 院判一員.)哥, ᄆᆞ음 됴흔 院判 형아.

원수 명 원수(元數). 본디의 수. ⇔태(兌). ≪集覽, 字解, 單字解, 5ㅎ≫虧. 損也, 少也. 虧你多少 네게 언메나 난브뇨, 虧着我 내게 난배라. 又次也. 吏語, 虧兌 원수에셔 ᄉᆞ다.

원수(冤讎) 명 원수(冤讐). '讎'는 '讐'와 같다. ≪朴諺, 下, 19ㅎ≫咱兩箇冤讎不小可裏, 우리 둘히 冤讎ㅣ 젹디 아니ᄒᆞ니라. ≪朴諺, 下, 19ㅎ≫你有何冤讎, 네 므슴 冤讐ㅣ 잇다 ᄒᆞᄂᆞ뇨.

원수(冤讐) 명 원수(怨讐). ≪朴諺, 下, 19ㅎ≫咱兩箇冤讎不小可裏, 우리 둘히 冤讎ㅣ 젹디 아니ᄒᆞ니라. ≪朴諺, 下, 19ㅎ≫你有何冤讎, 네 므슴 冤讐ㅣ 잇다 ᄒᆞᄂᆞ뇨.

원숙(圓熟) 형 원숙(圓熟)하다. 노련하다. ≪集覽, 字解, 單字解, 4ㅎ≫甚. 含. 俗語, 甚麼 므슴, 猶何也. 又有呼爲신音者, 故古文·語錄有什麽之語, 音시모. 以甚爲什, 殊無意義. 甚字用終聲, 連呼麽字, 則難於作音, 語不圓熟. 故甚字不用終聲之音, 今俗亦呼爲ᄉᆞ마.

원슈 명 원수(怨讐). ⇔수(讐). ≪朴諺, 下, 20ㅈ≫這的不是大讎, 이거시 큰 원쉬 아니가.

원시천존(元始天尊) 명 도교에서 이르는 세 신(神) 가운데 옥청원시천존(玉淸元始天尊)을 이르는 말. ≪朴諺, 下, 18ㅈ≫起盖三淸(集覽, 朴集, 下, 4ㅎ: 三淸. 道經云, 無上大羅. 玉淸, 十二天聖境也, 九聖所居, 元始天尊所治.)大殿, 三淸大殿을 지으니.

원안(圓眼) 명 ❶(장치기공을 쳐 넣는, 가자(架子)에 낸) 둥근 구멍. ≪朴諺, 下, 35ㅈ≫咱打那一箇窩兒(集覽, 朴集, 下, 7ㅎ: 窩兒. 又一本質問畫毬門架子, 如本國抛毬樂架子. 而云木架子, 其高一丈, 用五色絹結成彩門, 中有圓眼, 擊起毬兒入眼過落窩者勝.), 우리 어늬 ᄒᆞᆫ 굼글 티료. ❷용안(龍眼)의 다른 이름. (무환자과에 속하는 상록 교목으로, 씨에 붙은 용안육은 맛이 달아 식용 또는 약용한다) ≪朴諺, 上, 4ㅈ≫龍眼(集覽, 朴集, 上, 2ㅈ: 龍眼. 一名圓眼. 樹如茘支〈支〉, 但枝葉稍小, 其子形如彈丸, 核如木梡, 肉白, 漿甘如蜜, 五六十顆作穗. 茘支〈支〉熟後龍眼熟, 號茘奴. 木梡, 卽本國모관쥬. 梡, 音患.), 龍眼과. ≪朴諺, 上, 19ㅎ≫圓眼(集覽, 朴集, 上, 7ㅎ: 圓眼. 音義云, 龍眼的外名. 釋見上.)來大的好明淨, 龍眼만치 크고 ᄀᆞ장 明淨ᄒᆞ니라.

원앙(鴛鴦) 명 원앙새. ≪朴諺, 上, 24ㅎ≫絟着一副鴉靑段子滿刺(刺)嬌(集覽, 朴集, 上, 8ㅈ: 滿刺〈刺〉嬌. 質問云, 以蓮花·荷葉·藕〈耦〉·鴛鴦·蜂蝶之屬〈形〉, 或用五色絨綉, 或用彩色畫於段帛上, 謂之滿池嬌.)護膝, ᄒᆞᆫ 부 야쳥 비단에 滿刺(刺)嬌 ᄒᆞᆫ 슬갑을 ᄆᆡ엿고. ≪朴諺, 上, 61ㅎ≫自在快活的是對對兒鴛鴦, 제대로 즐기는 거슨 이 對對 鴛鴦이오.

원와(圓窩) 명 (장치기공을 쳐 넣는, 땅을

파서 만든) 둥근 구멍. ≪朴諺, 下, 35ㅈ≫ 咱且打毬門窩兒(集覽, 朴集, 下, 7ㅎ: 毬門窩兒. 質問云, 如打毬兒, 先竪一毬門, 上繫毬窩, 然後將毬打上, 方言謂之毬門窩兒. 又云, 平地窟成圓窩, 擊起毬兒落入窩者勝.)了, 우리 아직 毬門 굼글 티고.

원외랑(員外郞) 명 정원 이외에 둔 낭관(郞官). 진(晉) 무제(武帝)가 원외 산기상시(員外散騎常侍)와 원외 산기시랑(員外散騎侍郞)을 두어 원외랑이라 칭한 데에서 비롯되었는데, 당대(唐代)에는 각 부(部)의 정식 관원으로 삼아 낭중(郞中)의 아래와 주사(主事)의 위로 대우하였다. ≪朴諺, 上, 3ㅈ≫內府裡着姓崔的外郞(集覽, 朴集, 上, 1ㅎ: 外郞. 泛稱各衙門吏典之號. 俗嫌其犯於員外郞之號, 呼外字爲上聲. 大小衙門吏典名稱各異.)討去, 內府에는 姓이 崔가 外郞으로 ᄒᆞ여 어드라 가게 ᄒᆞ라.

원유(園囿) 명 원소(園所)와 나라 동산. ≪朴諺, 上, 59ㅈ≫寒食(集覽, 朴集, 上, 14ㅎ: 寒食. 東京錄云, 唐明皇詔寒食上墓, 近代相承, 皆用此日拜掃丘墓, 都人傾城出郊, 四野如芳市〈四野如市〉, 樹之下〈芳樹之下〉, 園囿之間, 羅列杯〈盃〉盤, 抵暮而歸.)不遲, 寒食이라도 더듸디 아니타 ᄒᆞᄂᆞ니라.

원유(園荽) 명 고수[香荽]. (산형과(繖形科)의 한해살이풀) ⇔고싀. ≪朴諺, 中, 33ㅎ≫蘿蔔, 댓무우. 蔓菁, 쉿무우. 萵苣, 부로. 葵菜, 아혹. 白菜, ᄇᆡ치. 赤根菜, 시근치. 園荽, 고싀. 蓼子, 역괴. 葱, 파. 蒜, 마ᄂᆞᆯ. 薤, 부치. 荊芥, 형개. 薄荷, 박하. 茼蒿, ᄃᆞᆯ쑥. 水蘿蔔, ᄆᆞᆯ군댓무우. 胡蘿蔔, 노론댓무우. 芋頭, 토란. 紫蘇都種來, 紫蘇ᄅᆞᆯ 다 시므라.

원일(元日) 명 설날. 정월 초하루. ≪朴諺, 上, 59ㅈ≫有心拜莭(節)(集覽, 朴集, 上, 14ㅎ: 拜節. 歲時樂事記云, 元日, 士庶自早互相慶賀, 車馬交馳, 衣服華煥, 雜遝街市, 三四日乃止〈三四日而乃止〉.), 莭(節)에 拜홀 ᄆᆞᅀᆞᆷ이 이시면.

원정(眢井) 명 폐정(廢井). 마른 우물. ≪朴諺, 上, 39ㅈ≫狗有濺草之恩, 개는 濺草ᄒᆞᆫ 恩이 잇고. 馬有垂繮之報(集覽, 朴集, 上, 11ㅈ: 馬有垂繮之報. 漢高祖與項王會鴻門, 舞劒事急, 謀脫. 匹〈疋〉馬南行, 道傍有一眢井, 馬到井邊不肯行. 漢王恐追者至, 下馬入井.), ᄆᆞᆯ은 垂繮ᄒᆞᆫ 報ㅣ 잇다 ᄒᆞ니라.

원정(圓淨) 형 모양이 둥글고 빛깔이 맑다. ⇔원정ᄒᆞ다(圓淨-). ≪朴諺, 下, 26ㅎ≫好顔色圓淨的價錢大, 빗 됴코 圓淨ᄒᆞ니는 갑시 만흔디라.

원정(圓頂) 명 둥근 머리. ≪朴諺, 下, 8ㅎ≫青旋旋圓頂, 프른 旋旋ᄒᆞᆫ 圓頂이오. ≪朴諺, 下, 9ㅎ≫入寺敬三寶(集覽, 朴集, 下, 3ㅈ: 三寶. 脫塵異俗, 圓頂方袍, 入聖超凡, 爲衆中尊, 卽僧寶也.), 뎔에 드러는 三寶ᄅᆞᆯ 敬ᄒᆞ고.

원정ᄒᆞ다(圓淨-) 형 모양이 둥글고 빛깔이 맑다. ⇔원정(圓淨). ≪朴諺, 下, 26ㅎ≫好顔色圓淨的價錢大, 빗 됴코 圓淨ᄒᆞ니는 갑시 만흔디라.

원제(元制) 명 원(元)나라의 제도(制度). ≪朴諺, 上, 11ㅈ≫我有兩箇月俸(集覽, 朴集, 上, 5ㅈ: 月俸. 中朝〈元制〉官祿, 每月支〈支〉給.)來關, 내 두 ᄃᆞᆯ 뇨 ᄐᆞᆯ 써시 이셰라. ≪朴諺, 下, 38ㅈ≫五箇鋪馬(集覽, 朴集, 下, 8ㅎ: 五箇鋪馬. 鋪馬, 站馬也. 元制, 遠方之任官員, 一品五疋〈匹〉, 二品四疋〈匹〉, 三·四品三疋〈匹〉, 五品以下二疋〈匹〉.)去了, 다ᄉᆞᆺ 鋪馬로 가니라.

원조(元朝) 명 원(元)나라. 또는 원나라의 조정. ≪集覽, 凡例≫質問者, 入中朝質問而來者也. 兩書皆元朝言語, 其沿舊未改者, 今難曉解. 前後質問亦有抵捂, 姑幷收以袪初學之碍. 間有未及質問, 大有疑碍者, 不敢强解, 宜竢更質.

원증(圓證) 명 고려(高麗)의 중 보우(普愚)의 시호(諡號). ≪朴諺, 上, 65ㅈ≫法名喚步虛(集覽, 朴集, 上, 15ㅎ: 步虛. 戊午冬,

示寂放舍利玄陵, 賜諡圓證國師, 樹塔于重興寺之東, 以藏舍利.), 法名을 步虛ㅣ라 브르는 이.

원증국사(圓證國師) 명 고려(高麗)의 중 보우(普愚)의 사시(賜諡). ≪朴諺, 上, 65ㅈ≫法名喚步虛(集覽, 朴集, 上, 15ㅎ: 步虛. 戊午冬, 示寂放舍利玄陵, 賜諡圓證國師, 樹塔于重興寺之東, 以藏舍利.), 法名을 步虛ㅣ라 브르는 이.

원첨(院簽) 명 추밀원(樞密院)의 첨서(簽書). 첨서추밀원사(簽書樞密院事)의 준말이다. ≪朴諺, 下, 39ㅎ≫他在樞密院(集覽, 朴集, 下, 8ㅎ: 樞密院. 元制, 有使·副使·知院·同知院·簽書院, 與〈与〉中書號爲二府, 主兵政.)角頭住裏, 뎌 樞密院 모롱이에 이셔 사느니라.

원통(圓通) 동 〈불〉 지혜로써 진여(眞如)의 이치를 깨닫다. 또는 그 이치. ≪朴諺, 上, 41ㅎ≫俊如觀音菩薩(集覽, 朴集, 上, 12ㅈ: 觀音菩薩. 以耳根圓通, 以聞聲作觀, 故謂之觀世音.), 쥰슈홈이 觀音菩薩 굿고.

원판(院判) 명 원(院) 자(字)가 든 관서의 판관(判官). 곧, 태의원(太醫院)의 판관을 이른다. 이 외에 선휘원(宣徽院)과 추밀원(樞密院)에도 판관이 있었다. ≪朴諺, 上, 8ㅈ≫好院判(集覽, 朴集, 上, 4ㅈ: 院判. 太醫院有院使一員, 院判一員.)哥, 므음 됴흔 院判 형아.

원행(遠行) 동 먼 길을 가다. ≪朴諺, 中, 14ㅎ≫遠行知馬力, 멀리 가매 물 힘을 알고. 日久見人心, 날이 오라매 사름의 므숨을 보느니라.

원행지마력일구견인심(遠行知馬力 日久見人心) 구 길이 멀어야 말의 힘을 알고, 사람은 지내보아야 그 마음을 알 수 있다는 뜻. ≪朴諺, 中, 14ㅎ≫遠行知馬力, 멀리 가매 물 힘을 알고. 日久見人心, 날이 오라매 사름의 므숨을 보느니라.

원ᄒᆞ다 동 원(願)하다. ⇔원(願). ≪朴諺, 上, 53ㅎ≫只願的爲頭兒射着, 그저 원컨대 읏뜸으로 뽀쇼셔. ≪朴諺, 中, 13ㅈ≫謝天地只願的好收着, 天地ㅅ긔 謝ᄒᆞ노니 그저 원컨대 잘 거도게 ᄒᆞ쇼셔.

원ᄒᆞ다(願-) 동 원하다. ⇔원(願). ≪朴諺, 下, 51ㅎ≫也不願遇文王, 또 文王 만나믈 願티 아니ᄒᆞ고. ≪朴諺, 下, 60ㅈ≫願主公用心救百姓受苦, 願컨대 主公은 用心ᄒᆞ야 百姓의 受苦호믈 救ᄒᆞ쇼셔.

월(月) 명 ❶달. (한 해를 열둘로 나눈 것 가운데 하나의 기간) ⇔ᄃᆞᆯ. ≪朴諺, 上, 9ㅈ≫這月二十頭起身, 이 ᄃᆞᆯ 스므날씌 起身ᄒᆞ리로다. ≪朴諺, 上, 41ㅎ≫這月初十日立了婚書, 이 ᄃᆞᆯ 초열흘날 婚書을 셰오고. ≪朴諺, 上, 50ㅈ≫滿月過了時喫的不妨事, ᄃᆞᆯ이 차 디나면 먹어도 일에 해롭디 아니ᄒᆞ리라. 滿月日老娘來, ᄃᆞᆯ이 ᄎᆞᆫ 날에 老娘이 와. ≪朴諺, 上, 51ㅈ≫做滿月, ᄃᆞᆯ ᄎᆞᆫ 이바디ᄒᆞ면. ≪朴諺, 上, 54ㅈ≫按月送納, ᄃᆞᆯ을 조차 送納호되. ≪朴諺, 上, 54ㅈ≫其銀限至下年幾月內, 그 은을 限이 ᄂᆡ년 아므 ᄃᆞᆯ ᄂᆡ에 니르게 ᄒᆞ야. ≪朴諺, 中, 39ㅎ≫賃房錢每月銀二兩, 집 셰 내는 갑슬 ᄃᆞᆯ마다 은 두 냥에 ᄒᆞ여. 按月送納, ᄃᆞᆯ을 조차 送納호ᄃᆡ. ≪朴諺, 中, 53ㅎ≫這月是大盡那小盡, 이 ᄃᆞᆯ이 커 진ᄒᆞᄂᆞ냐 젹어 진ᄒᆞᄂᆞ냐. ≪朴諺, 下, 54ㅈ≫伏爲於今月某日某時已來, 伏爲 이 ᄃᆞᆯ 아모 날 아모 때에. ❷달. ⇔ᄃᆞᆯ. ≪朴諺, 上, 37ㅎ≫滿天星宿一箇月三條繩子由你曳, 하늘에 ᄀᆞ득ᄒᆞᆫ 星宿에 ᄒᆞᆫ ᄃᆞᆯ을 세 오리 노흐로 제대로 ᄭᅳ으는 거시여. ≪朴諺, 中, 44ㅈ≫月明紗窓秋夜半, ᄃᆞᆯ이 紗窓에 ᄇᆞᆰ고 ᄀᆞ올밤이 반만 ᄒᆞᆫ 제.

월(月) 의 달. ⇔ᄃᆞᆯ. ≪朴諺, 上, 11ㅈ≫我有兩箇月俸來關, 내 두 ᄃᆞᆯ 뇨 ᄐᆞᆯ 써시 이셰라. ≪朴諺, 上, 42ㅈ≫對月又做箇大筵席, 버금 ᄃᆞᆯ에 또 큰 이바디ᄒᆞ면. ≪朴諺, 上, 44ㅎ≫一箇月五錢家, ᄒᆞᆫ ᄃᆞᆯ에 닷 돈식이라. ≪朴諺, 上, 48ㅎ≫到那裏住三箇月, 뎌긔 가 석 ᄃᆞᆯ을 머믈면. ≪朴諺, 上, 51ㅎ≫一箇月二兩娇子錢, ᄒᆞᆫ ᄃᆞᆯ에 두 냥

져 갑시오. ≪朴諺, 上, 51ㅎ≫懷躭十月, 비아 열 둘이오. ≪朴諺, 中, 47ㅎ≫這孩兒幾箇月也, 이 아희 몃 둘이나 ᄒᆞ뇨. 九箇月了, 아홉 둘이라. ≪朴諺, 下, 11ㅎ≫待兩箇月, 두 둘을 기ᄃᆞ리면.

월(越) 뮈 ❶가장. ⇔ᄀᆞ장. ≪集覽, 字解, 單字解, 5ㅎ≫越. 尤甚也. 越好 ᄀᆞ장 됴타, 越細詳 더옥 ᄎᆞᆫᄎᆞᆫᄒᆞ다. ❷더욱. ⇔더옥. ≪集覽, 字解, 單字解, 5ㅎ≫越. 尤甚也. 越好 ᄀᆞ장 됴타, 越細詳 더옥 ᄎᆞᆫᄎᆞᆫᄒᆞ다. ≪朴諺, 上, 16ㅎ≫越細詳越好, 더옥 細詳토록 더옥 됴ᄒᆞ니라. ≪朴諺, 上, 45ㅎ≫越在意勤勤的學着, 더옥 ᄠᅳᆮ 두어 브즈런이 ᄇᆡ호라. ≪朴諺, 中, 40ㅈ≫只越漏了, 그저 더옥 ᄉᆡ니. ≪朴諺, 下, 7ㅈ≫越疼的當不的, 더옥 알프믈 당티 몯ᄒᆞ여라. ≪朴諺, 下, 24ㅎ≫越敬佛門, 더옥 佛門을 敬ᄒᆞ여.

월(鉞) 명 장수가 출정할 때 임금이 부신(符信)으로 주던 도끼 모양의 의장(儀仗). ≪朴諺, 下, 31ㅈ≫將鉞斧的, 鉞斧를 가지니와.

월건(月建) 명 달의 간지(干支). ≪朴諺, 下, 45ㅈ≫宋舍看打春(集覽, 朴集, 下, 9ㅎ: 打春. 至日黎明, 官吏具香花·燈燭爲壇, 以祭先農. 至立春時, 官吏行禮畢, 各執彩杖, 環擊土牛者三, 以示勸農之意. 爲牛者, 謂十二月建丑屬牛, 寒將極, 故爲其像以送之, 且以升陽也.)去來, 宋개아 닙츈 노롯ᄒᆞᄂᆞᆫ 양 보라 가쟈.

월궁(月宮) 명 전설상 달 속에 있다는 궁전. ≪朴諺, 下, 7ㅎ≫放着一箇三隻脚鐵蝦蟆兒(集覽, 朴集, 下, 2ㅈ: 三隻脚鐵蝦蟆. 書言故事云, 月宮蟾蜍三足, 是爲羿(羿)妻所化.)便是, ᄒᆞᆫ 세 발 가진 쇠두텁이 노흔 거시 곳 이라.

월대(月臺) 명 궁전이나 누각 따위의 앞에 있는 섬돌. ≪朴諺, 下, 30ㅎ≫大明殿前月臺上, 大明殿 앏 月臺 우희.

월랑 명 행랑(行廊). ⇔천랑(串廊). ≪朴諺, 上, 61ㅈ≫影堂, 틩 잇ᄂᆞᆫ 집과. 串廊, 월랑과.

월령(月令) 명 농가나 국가의 정례적인 연간 행사를 월별로 구별하여 기록한 표. ≪朴諺, 下, 45ㅈ≫宋舍看打春(集覽, 朴集, 下, 9ㅎ: 打春. 今按, 月令曰, 季冬出土牛, 以示農之早晩.)去來, 宋개아 닙츈 노롯ᄒᆞᄂᆞᆫ 양 보라 가쟈.

월리(月利) 명 월리. 달변. ≪朴諺, 上, 54ㅈ≫每兩月利幾分, 每 兩에 月利 현 픈식 ᄒᆞ야.

월봉(月俸) 명 요(料). 녹봉. 급료(給料). ⇔뇨. ≪朴諺, 上, 11ㅈ≫我有兩箇月俸(集覽, 朴集, 上, 5ㅈ: 月俸. 中朝〈元制〉官祿, 每月支〈支〉給. 今此一月四石之俸, 以元制考之, 乃從九品也. 米·豆曰祿, 鈔·錢·絹曰俸.)來關, 내 두 둘 뇨 툴 써시이셰라. ≪朴諺, 上, 12ㅎ≫將米貼兒(集覽, 朴集, 上, 5ㅎ: 米貼. 月俸之貼. 質問云, 收米·放米計數之票〈標〉也. 又云, 是文武官員關支(支)月米時, 各該衙門出給印信貼兒.)來對官號, ᄡᆞᆯ 톄ᄌᆞ 가져다가 官號 마초고.

월부(鉞斧) 명 월(鉞)과 부(斧). (장수가 출정할 때 임금이 부신(符信)으로 주던 도끼 모양의 의장(儀仗)이다) ≪朴諺, 下, 31ㅈ≫將鉞斧的, 鉞斧를 가지니와. ≪朴諺, 下, 38ㅎ≫銀栲栳交椅, 銀栲栳 交椅와. 銀盆, 銀盆과. 水罐, 水罐과. 金瓜, 金瓜와. 古朶, 보리알과. 金鐙, 金鐙과. 鉞斧, 鉞斧와.

월세상(越細詳) 형 더욱 찬찬하다. 더욱 차근차근하다. ≪集覽, 字解, 單字解, 5ㅎ≫越. 尤甚也. 越好 ᄀᆞ장 됴타, 越細詳 더옥 ᄎᆞᆫᄎᆞᆫᄒᆞ다.

월양학아(月揉鶴兒) 명 월양학아(月樣鶴兒). '揉'은 '樣'과 같다. ≪朴諺, 上, 17ㅈ≫鵝老翅鶴兒, 쇼로기연. 鮎魚鶴兒, 머유기연. 八角鶴兒, 여듧모연. 月揉鶴兒, 둘 ᄀᆞ튼 연. 人揉鶴兒, 사ᄅᆞᆷ ᄀᆞ튼 연. 四方鶴兒, 네모연.

월양학아(月樣鶴兒) 명 달 모양으로 만든

연. ⇔돌ㄱ튼연. ≪朴諺, 上, 17ㅈ≫鵝老翅鶴兒, 쇼로기연. 鮎魚鶴兒, 머유기연. 八角鶴兒, 여둛모연. 月樣鶴兒, 돌 ㄱ튼 연. 人樣鶴兒, 사름 ㄱ튼 연. 四方鶴兒, 네모연.

월영(月影) 명 달의 그림자. 또는 달의 모습. ≪朴諺, 下, 51ㅎ≫也不想李白撲月(集覽, 朴集, 下, 11ㅎ: 李白撲月. 李白, 唐玄宗朝詩人也. 泛采石江, 見月影滿水, 以手弄月, 身飜〈翻〉而死.), 또 李白의 撲月을 싱각디 아니ᄒᆞ고.

월왕(越王) 명 월(越)나라의 왕. 곧, 월왕(越王) 구천(勾踐)을 이르는 말. ≪朴諺, 下, 51ㅎ≫我待學范蠡歸湖(集覽, 朴集, 下, 11ㅎ: 范蠡歸湖. 范蠡, 越之大夫也. 相越王勾踐敗吳, 曰, 越王爲人長頸鳥〈烏〉喙, 可與啚〈圖〉患難, 不可與共安逸. 遂泛扁舟, 載西施, 遊五湖不返.), 내 范蠡의 歸湖를 비호고져 ᄒᆞ노라.

월일(月日) 명 달과 날. ≪朴諺, 中, 45ㅎ≫你的月日滿了不曾, 네 月日이 찻ᄂᆞ냐 못ᄒᆞ엿ᄂᆞ냐. ≪朴諺, 下, 55ㅎ≫幾年月日, 아모 ᄒᆡ 月日에.

월절(月莭) 명 월절(月節). '莭'은 '節'의 속자. ≪朴諺, 下, 41ㅈ≫殃榜(集覽, 朴集, 下, 9ㅈ: 殃榜. 臞仙肘後經云, 生人所生之年, 與亡〈亾〉者所死月節〈莭〉相犯, 則忌避. 如四孟節〈莭〉內死者, 忌寅·申·巳·亥生人, 四仲月節〈莭〉內死者, 忌子·午·卯·酉生人, 四季月節內者〈四季月莭內死者〉, 忌辰·戌·丑·未生人是也.)橫貼在門上, 殃栲을 문 우희 빗기 브텻더니.

월절(月節) 명 음력 한 달. ≪朴諺, 下, 41ㅈ≫殃榜(集覽, 朴集, 下, 9ㅈ: 殃榜. 臞仙肘後經云, 生人所生之年, 與亡〈亾〉者所死月節〈莭〉相犯, 則忌避. 如四孟節〈莭〉內死者, 忌寅·申·巳·亥生人, 四仲月節〈莭〉內死者, 忌子·午·卯·酉生人, 四季月節內者〈四季月莭內死者〉, 忌辰·戌·丑·未生人是也.)橫貼在門上, 殃栲을 문 우희 빗기 브텻더니.

월호(越好) 형 가장 좋다. ≪集覽, 字解, 單字解, 5ㅎ≫越. 尤甚也. 越好 ᄀᆞ장 됴타, 越細詳 더옥 ᄌᆞᆫᄌᆞᆫᄒᆞ다.

웨다 동 외치다. ⇔규(呌). ≪朴諺, 下, 55ㅎ≫着他沿街呌, 뎌로 ᄒᆞ여 거리를 조차 웨려 ᄒᆞ노라.

위 명 위(位). 지위(地位). ⇔위(位). ≪朴諺, 下, 13ㅎ≫做了第幾位, 몃재 위를 ᄒᆞ엿ᄂᆞ뇨.

위(位) 명 위(位). 지위(地位). ⇔위. ≪朴諺, 下, 13ㅎ≫做了第幾位, 몃재 위를 ᄒᆞ엿ᄂᆞ뇨.

위(圍) 동 에우다. 둘러싸다. ⇔에오다. ≪朴諺, 中, 13ㅈ≫圍着一箇西京來的載黃豆的船, ᄒᆞᆫ 西京으로셔 오는 黃豆 시른 ᄇᆡ를 에오고.

위(圍) 의 아름. ⇔아름. ≪朴諺, 下, 31ㅈ≫腰濶三圍抱不匝, 허리 너ᄅᆞ기 세 아름이나 ᄒᆞ니 안아 두로디 못ᄒᆞ고.

위(爲) 동 ❶(어떤 일을) 하다. 해버리다. 해 보다. ⇔ᄒᆞ다. ≪朴諺, 上, 54ㅎ≫故立此文契爲用, 짐즛 이 글월을 세워 쓰게 ᄒᆞ엿ᄂᆞ니. ≪朴諺, 上, 63ㅎ≫爲之妙也, ᄒᆡ옴이 妙ᄒᆞ니라. ≪朴諺, 下, 13ㅎ≫可知每日兩箇羊爲頭兒, 그리어니 每日에 두 羊을 읏듬으로 ᄒᆞ고. ≪朴諺, 下, 59ㅎ≫靡所不爲, ᄒᆞ디 아닐 배 업므(으)니. ❷삼다. 대우하다. ⇔삼다. ≪朴諺, 上, 65ㅎ≫拜他爲師傅, 뎌를 拜ᄒᆞ야 師傅를 삼고. ≪朴諺, 中, 10ㅈ≫恩養財禮銀五兩永遠爲主, 恩養ᄒᆞᆫ 財禮 銀 닷 냥에 ᄒᆞ야 永遠히 님자를 삼아. ≪朴諺, 中, 43ㅎ≫滿山果子以爲食, 산에 ᄀᆞ둑ᄒᆞᆫ 과실로 ᄡᅥ 食을 삼고. ≪朴諺, 下, 20ㅈ≫强的上拜爲師傅, 나으니를 拜ᄒᆞ야 스승을 삼쟈. ❸위하다. ⇔위ᄒᆞ다. ≪朴諺, 上, 54ㅈ≫今爲缺錢使用, 이제 돈 ᄡᅳᆯ 것 업ᄉᆞᆷ을 위ᄒᆞ여. ≪朴諺, 上, 56ㅈ≫你爲甚麽不買來, 네 므서슬 위ᄒᆞ야 사오디 아니ᄒᆞᆫ다. ≪朴諺, 中, 26ㅎ≫爲甚麽, 므서슬 위ᄒᆞᆷ고. ≪朴諺, 中, 45ㅎ≫爲甚麽不得, 므서슬 위ᄒᆞ

여 엇디 못ᄒᆞ리오. ≪朴諺, 中, 52ㅈ≫你却爲甚麽不上去, 너는 또 므서슬 위ᄒᆞ여 올라가디 아니ᄒᆞᆫ다. ≪朴諺, 下, 6ㅈ≫你爲甚麽這炕面上灰泥的不平正, 네 므서슬 위ᄒᆞ여 이 炕面 灰 ᄇᆞᄅᆞ미 平正티 못ᄒᆞᄂᆞ뇨. ≪朴諺, 下, 8ㅈ≫慶壽寺裏爲諸亡靈, 慶壽寺에셔 모든 亡靈을 위ᄒᆞ여. ≪朴諺, 下, 25ㅎ≫爲我命不好, 내 명이 됴티 아니믈 위ᄒᆞ여. ≪朴諺, 下, 38ㅎ≫你却爲甚麽不跟去, 네 또 므서슬 위ᄒᆞ여 ᄯᆞᆯ와 가디 아니ᄒᆞᆫ다. ≪朴諺, 下, 45ㅈ≫爲甚麽, 므서슬 위ᄒᆞ여ᄂᆞ뇨.

위(違) 동 어기다. ⇔어긔오다. ≪朴諺, 中, 16ㅎ≫不違寒生薄面, 寒生의 薄面을 어긔오디 아니ᄒᆞ고. ≪朴諺, 中, 16ㅎ≫小人豈敢有違, 小人이 엇디 감히 어긔옴이 이시리오. ≪朴諺, 中, 50ㅈ≫不敢違了姐姐的言語, 감히 姐姐의 말을 어긔오디 말고. ≪朴諺, 中, 50ㅈ≫也不要違了我的言語, 또 내 말을 어긔오디 마쟈.

위(緯) 명 씨. 씨실. ⇔ᄡᅵ. ≪朴諺, 上, 14ㅎ≫經·緯合線結織, ᄡᅵ·늘을 合線ᄒᆞ여 ᄧᆞ시니.

위(衛) 명 원·명대(元明代)에 병졸 5천 6백 명으로 이루어진 단위 부대. 천호소(千戶所)의 위이다. ≪朴諺, 上, 58ㅎ≫你昨日張千戶(集覽, 朴集, 上, 14ㅎ: 千戶. 軍士五千六百名爲一衛, 二千二百名爲一千戶所, 一百一十名爲一百戶所. 每百戶內設總〈総〉旗二名, 小旗二名.)的生日裏, 네 어제 張千戶의 生日에.

위두(爲頭) 명 으뜸. 첫째. ❶⇔읏듬. ≪朴諺, 下, 13ㅎ≫可知每日兩箇羊爲頭兒, 그리어니 每日에 두 羊을 읏듬으로 ᄒᆞ고. ≪朴諺, 下, 42ㅈ≫爲頭兒門外前放一箇卓兒, 읏듬으로 문 밧긔 ᄒᆞᆫ 탁ᄌᆞ를 노코. 上頭放坐一尊佛像, 우ᄒᆡ 一尊佛像을 안치고. ❷⇔읏뜸. ≪朴諺, 上, 53ㅎ≫只願的爲頭兒射着, 그저 원컨대 읏뜸으로 ᄡᅩ쇼셔.

위두(爲頭) 명 처음. ❶⇔처엄. ≪朴諺, 中, 47ㅎ≫爲頭兒他瞞別人來, 처엄은 뎌 놈을 소겻더니. ❷⇔처음. ≪朴諺, 上, 21ㅈ≫爲頭兒只半筐兒草, 처음은 그저 반 광조리 여믈을.

위두(爲頭) 형 위두(爲頭)하다. 으뜸가다. 으뜸이 되다. ❶⇔위두ᄒᆞ다. ≪朴諺, 下, 30ㅎ≫官裏前面丞相爲頭兒, 황뎨 앏픠 승샹 위두ᄒᆞ여. ❷⇔위두ᄒᆞ다(爲頭-). ≪朴諺, 上, 44ㅈ≫咱學長爲頭兒四十五箇學生, 우리 學長으로 爲頭ᄒᆞ여 마은 다ᄉᆞᆺ 學生이라. ≪朴諺, 上, 46ㅈ≫老官人爲頭兒, 老官人 爲頭ᄒᆞ야. ≪朴諺, 中, 8ㅈ≫爲頭兒老漢們告道, 爲頭ᄒᆞᆫ 老漢들이 告ᄒᆞ여 닐오ᄃᆡ.

위두ᄒᆞ다 형 위두(爲頭)하다. 으뜸가다. 으뜸이 되다. ⇔위두(爲頭). ≪朴諺, 下, 30ㅎ≫官裏前面丞相爲頭兒, 황뎨 앏픠 승샹 위두ᄒᆞ여.

위두ᄒᆞ다(爲頭-) 형 위두(爲頭)하다. 으뜸가다. 으뜸이 되다. ⇔위두(爲頭). ≪朴諺, 上, 44ㅈ≫咱學長爲頭兒四十五箇學生, 우리 學長으로 爲頭ᄒᆞ여 마은 다ᄉᆞᆺ 學生이라. ≪朴諺, 上, 46ㅈ≫老官人爲頭兒, 老官人 爲頭ᄒᆞ야. ≪朴諺, 中, 8ㅈ≫爲頭兒老漢們告道, 爲頭ᄒᆞᆫ 老漢들이 告ᄒᆞ여 닐오ᄃᆡ.

위민(爲民) 동 백성을 위하다. ≪朴諺, 中, 60ㅎ≫衙門處處向南開(集覽, 朴集, 中, 9ㅈ: 衙門處處向南開. 南村輟耕錄云, 凡衙門皆坐北南向者, 南方屬離卦, 離虛中則聰. 又南方火位, 火明則能破暗, 故表南面聰〈聡〉明, 爲民治愚暗之事. 臺門必北開者, 取肅殺就陰之象.), 衙門이 곳곳이 南을 향ᄒᆞ여 여러시나.

위사(衛士) 명 대궐이나 능(陵)·관아·군영(軍營)을 지키던 장교(將校). ≪朴諺, 上, 27ㅎ≫嵌八寶骨朶(集覽, 朴集, 上, 9ㅈ: 骨朶. 事文類聚云, 宋景文筆錄謂俗以檛爲骨朶, 古無稽. 據國朝旣〈統〉名, 衛士執檛扈從者爲骨朶子班.)雲織金羅比甲, 八寶 ᄢᅵ고 굴근 운문ᄒᆞᆫ 織金 ᄀᆞᆸ 比甲에.

위세(威勢) 명 위엄과 권세. ≪朴諺, 中, 21ㅈ≫智滿十身(集覽, 朴集, 中, 4ㅈ: 智滿十身. 十身有調御. 十身, 曰無着, 曰弘願, 曰業報, 曰住持, 曰涅槃, 曰淨法, 曰眞心, 曰三昧, 曰道性, 曰如意. 有內十身, 曰菩提, 曰願, 曰化, 曰力持, 曰莊嚴, 曰威勢, 曰意生, 曰福德, 曰法, 曰智. 有外十身, 曰自, 曰衆生, 曰國土, 曰業報, 曰聲聞, 曰圓覺, 曰菩薩, 曰智, 曰法, 曰虛空.), 智ᄂᆞᆫ 十身에 챳도다.

위수(渭水) 명 중국 황하(黃河) 중류의 지류인 위하(渭河)를 이르는 말. 발원지는 감숙성(甘肅省) 위원현(渭源縣)의 서쪽에 있는 조서산(鳥鼠山)이다. ≪朴諺, 下, 51ㅎ≫便是小太公(集覽, 朴集, 下, 11ㅎ: 太公. 姓呂, 名尙. 釣於渭水, 周文王出獵, 過於渭水之陽, 與語大悅, 曰, 自吾先君太公曰, 當有聖人適周, 周以興. 子豈是耶. 吾太公望子久矣.), 곳 이 小太公이라.

위술(韋述) 명 당(唐)나라 경조(京兆) 만년(萬年) 사람. 경룡(景龍) 연간의 진사(進士). 벼슬은 집현원 학사(集賢院學士)·공부 상서(工部尙書). 서부(書府)에 40년, 사관(史官)으로 20년을 지내면서 국사 편찬을 주도하고 많은 저술을 남겼다. ≪朴諺, 下, 49ㅈ≫好女不看燈(集覽, 朴集, 下, 11ㅈ: 好女不看燈. 唐韋述兩京記曰, 正月十五日夜, 勑金吾弛禁, 前後各一日, 以觀燈.), 好女ᄂᆞᆫ 看燈 아니ᄒᆞᆫ다 ᄒᆞᄂᆞ니라.

위신(威神) 명 〈불〉 부처가 가진, 인간의 지식으로는 헤아릴 수 없는 영묘하고도 불가사의한 힘. ≪朴諺, 中, 23ㅈ≫由是威神莫測, 일로 말미암아 威神을 혜아리디 못ᄒᆞ고.

위심마(爲甚麽) 부 무슨 까닭으로. 무엇 때문에. ⇔므슴아라. ≪朴諺, 中, 57ㅎ≫你爲甚麽罵人, 네 므슴아라 사ᄅᆞᆷ을 ᄭᅮ짓ᄂᆞᆫ다. 你爲甚麽胡討價錢, 네 므슴아라 간대로 갑슬 ᄭᅬ오ᄂᆞᆫ다.

위역(違逆) 동 거스르다. 따르지 않다. 거역(拒逆)하다. ≪朴諺, 下, 9ㅎ≫因你貪嗔癡(集覽, 朴集, 下, 3ㅈ: 貪嗔癡. 大智論云, 有利益我者生貪欲, 有違逆我者生嗔恚. 不從智生, 從狂惑生, 是名爲癡, 爲一切煩惱之根本.)三毒不離於身, 네 貪嗔癡 三毒이 몸에 ᄠᅥ나디 아니믈 인ᄒᆞ여.

위의(威儀) 명 〈불〉 불자(佛者)가 지켜야 할 계율(戒律). 계는 깨끗하고 착한 습관을 익혀 지키기를 맹세하는 결의를, 율은 불교 교단(敎團)의 규칙을 이른다. ≪朴諺, 下, 9ㅎ≫入寺敬三寶(集覽, 朴集, 下, 3ㅈ: 三寶. 佛·法·僧也. 功成妙智, 道登圓覺, 佛也, 玄理幽微, 正敎精誠, 法也, 禁戒守眞, 威儀出俗, 僧也.), 뎔에 드러ᄂᆞᆫ 三寶ᄅᆞᆯ 敬ᄒᆞ고.

위인(爲人) 명 사람의 됨됨이. ≪朴諺, 下, 51ㅎ≫我待學范蠡歸湖(集覽, 朴集, 下, 11ㅎ: 范蠡歸湖. 范蠡, 越之大夫也. 相越王勾踐敗吳, 曰, 越王爲人長頸鳥〈烏〉喙, 可與啚〈圖〉患難, 不可與共安逸. 遂泛扁舟, 載西施, 遊五湖不返.), 내 范蠡의 歸湖ᄅᆞᆯ 비호고져 ᄒᆞ노라.

위조(爲照) 동 증거로 삼다. 근거로 삼다. ≪朴諺, 上, 19ㅈ≫我今日印子鋪(集覽, 朴集, 上, 7ㅎ: 印子鋪. 質問云, 有錢之人開鋪, 執那無錢之人拿衣服或器皿, 當借銅錢或銀子使用, 每十分加利一分, 亦與有印號帖兒, 以爲照.)裏當錢去, 내 오ᄂᆞᆯ 印子鋪에 돈 典當ᄒᆞ라 가노라.

위풍(威風) 명 위세가 있고 엄숙하여 쉽게 범하기 힘든 풍채나 기세. ≪朴諺, 下, 31ㅎ≫將軍八面威風, 將軍은 八面威風이러라.

위화(葦華) 명 갈대꽃. ≪朴諺, 中, 44ㅎ≫將苕箒(集覽, 朴集, 中, 8ㅈ: 苕箒. 周禮桃茢鄭云, 茢, 苕箒也, 苕, 葦華也.)來掃的乾淨着, 닛뷔 가져다가 ᄲᅳᆯ기ᄅᆞᆯ 간정히 ᄒᆞ고.

위ᄒᆞ다 동 위하다. ⇔위(爲). ≪朴諺, 上, 54ㅈ≫今爲缺錢使用, 이제 돈 ᄡᅳᆯ 것 업ᄉᆞ믈 위ᄒᆞ여. ≪朴諺, 上, 56ㅈ≫你爲甚麽不買來, 네 므서슬 위ᄒᆞ야 사오디 아니ᄒᆞᆫ

다. ≪朴諺, 中, 26ㅎ≫爲甚麽, 므서슬 위홈고. ≪朴諺, 中, 45ㅎ≫爲甚麽不得, 므서슬 위ᄒᆞ여 엇디 못ᄒᆞ리오. ≪朴諺, 中, 52ㅈ≫你却爲甚麽不上去, 너ᄂᆞᆫ 또 므서슬 위ᄒᆞ여 올라가디 아니ᄒᆞᆫ다. ≪朴諺, 下, 6ㅈ≫你爲甚麽這炕面上灰泥的不平正, 네 므서슬 위ᄒᆞ여 이 炕面 灰 ᄇᆞᄅᆞ미 平正티 못ᄒᆞᄂᆞ뇨. ≪朴諺, 下, 8ㅈ≫慶壽寺裏爲諸亡靈, 慶壽寺에셔 모든 亡靈을 위ᄒᆞ여. ≪朴諺, 下, 25ㅎ≫爲我命不好, 내 명이 됴티 아니믈 위ᄒᆞ여. ≪朴諺, 下, 38ㅎ≫你却爲甚麽不跟去, 네 또 므서슬 위ᄒᆞ여 ᄯᆞ와 가디 아니ᄒᆞᆫ다. ≪朴諺, 下, 45ㅈ≫爲甚麽, 므서슬 위ᄒᆞ여뇨.

유(由) 동 말미암다. ⇔말믜암다. ≪朴諺, 上, 56ㅎ≫萬事不由人計較, 萬事ㅣ 사ᄅᆞᆷ의 計較를 말믜암디 아니ᄒᆞᄂᆞ니라. ≪朴諺, 中, 23ㅈ≫由是威神莫測, 일로 말믜암아 威神을 혜아리디 못ᄒᆞ고.

유(由) 부 마음대로. ❶⇔ᄆᆞᅀᆞ모로. ≪集覽, 字解, 累字解, 1ㅎ≫由你. 네 ᄆᆞᅀᆞ모로 ᄒᆞ라. ≪集覽, 字解, 累字解, 2ㅈ≫自由. 제 ᄆᆞᅀᆞ모로 ᄒᆞ다. ❷⇔ᄆᆞᅀᆞᆷ대로. ≪集覽, 字解, 累字解, 1ㅎ≫由他. 더뎌두라. 又제 ᄆᆞᅀᆞᆷ대로 ᄒᆞ게 ᄒᆞ라.

유(由) 조 -대로. ⇔-대로. ≪朴諺, 上, 37ㅎ≫滿天星宿一箇月三條繩子由你曳, 하ᄂᆞᆯ에 ᄀᆞᄃᆞᆨᄒᆞᆫ 星宿에 ᄒᆞᆫ ᄃᆞᆯ을 세 오리 노ᄒᆞ로 제대로 ᄭᅳᅀᅳᄂᆞᆫ 거시여.

유(有) 관 한. 어떤. (명시되지 않은 사람·때·장소 따위를 나타낸다. '某'와 비슷하다) ≪集覽, 老集, 上, 1ㅈ≫漢兒人有. 元時語必於言終用有字, 如語助而實非語助. 今俗不用.

유(有) 동 두다. 또는 있다. 존재하다. ⇔두다. ≪朴諺, 下, 61ㅎ≫張編修有此好文官, 張編修ㅣ 이 됴ᄒᆞᆫ 文官을 두엇다. ≪朴諺, 下, 62ㅈ≫古人有言, 古人이 말을 두되.

유(有) 부 또. 다시. 또다시. ⇔또. ≪朴諺, 下, 58ㅎ≫三旬有二, 三旬이오 또 二라.

유(有) 형 있느냐. ❶⇔인ᄂᆞ냐. ≪朴諺, 上, 6ㅈ≫如今却早有賣的拳杏麽, 이제 블셔 拳杏 풀 리 인ᄂᆞ냐. ❷⇔인ᄂᆞ뇨. ≪朴諺, 上, 15ㅈ≫快打刀子的匠人那裏有, 칼 잘 ᄆᆡᆼᄃᆞᄂᆞᆫ 匠人이 어듸 인ᄂᆞ뇨.

유(有) 형 있다. ❶⇔이시다. ≪集覽, 字解, 單字解, 4ㅎ≫便. 去聲, 卽也. 便行 즉재 가니라, 便去 즉재 가리라, 又즉재 가다. 又則也. 便有 곧 잇다, 便是곳 올ᄒᆞ니라. 又順也, 順便. 又安也, 便當. 又宜也. 行方便 됴흘 야오로 ᄒᆞ다, 不方便 다히 마지 쉽사디 아니타. 又猶則也. 你去便就有了 너옷 가면 이시리라. 又平聲, 穩便 온당ᄒᆞ다. 吏語, 便益. ≪集覽, 字解, 單字解, 6ㅈ≫多. 多少 언메나. 又許多 하나한. 又餘也. 三十里多地 삼십 리 나믄 ᄯᅡ. 吏語, 多餘. 又過也. 有甚麽多處 므스기 너믄 고디 이시리오. 又重也. 므스기 앗가온 고디 이시리오. ≪朴諺, 上, 17ㅈ≫有六七等鶴兒, 여슷 닐곱 가지 연이 이시니. ≪朴諺, 上, 24ㅈ≫却有弟兄之意, 또 弟兄의 ᄠᅳ디 이시려니ᄯᆞ녀. ≪朴諺, 上, 38ㅎ≫那紅橋邉有一箇張獸醫, 뎌 紅橋 ᄀᆞᅀᅦ ᄒᆞᆫ 張獸醫ㅣ 이시니. ≪朴諺, 上, 56ㅎ≫槽疥有甚難處, 빌리아 므슴 어려온 곳이 이시리오. ≪朴諺, 中, 1ㅈ≫有諸般唱詞的, 여러 가지 唱詞ᄒᆞᄂᆞᆫ 이 이시며. 也有弄棒的, 또 막대 弄ᄒᆞᄂᆞᆫ 이 이시니. ≪朴諺, 中, 11ㅈ≫都有了, 다 이셰라. ≪朴諺, 中, 16ㅎ≫小人豈敢有違, 小人이 엇디 감히 어긔옴이 이시리오. ≪朴諺, 中, 24ㅈ≫尙有可得日, 오히려 可히 어들 날이 이시려니와. ≪朴諺, 中, 40ㅈ≫這的有些法度, 이ᄂᆞᆫ 法度ㅣ 이시니. ≪朴諺, 下, 1ㅎ≫身巳(己)安樂時有也, 몸이 安樂ᄒᆞ면 이시리라. ≪朴諺, 下, 5ㅈ≫都有裏, 다 이셰라. ≪朴諺, 下, 10ㅎ≫這幾日我家裏有人去, 요ᄉᆞ이 우리 집의 사ᄅᆞᆷ 가리 이시니. ≪朴諺, 下, 16ㅈ≫律條裏明白有, 律條에 明白히 이시니. ≪朴諺, 下, 26ㅎ≫有時有不賣, 이시믄 이시되 ᄑᆞ

디 아니ᄒ리라. ≪朴諺, 下, 43ㅎ≫有甚麽數目, 므슴 數目이 이시리오. ≪朴諺, 下, 57ㅈ≫有錢時那裡沒賃的驢, 돈 이시면 어ᄃᆡ 셰낼 나귀 업스리오. ❷⇔인다. ≪朴諺, 上, 6ㅈ≫如今却早有賣的拳杏麽, 이제 불셔 拳杏 풀 리 인ᄂᆞ냐. ≪朴諺, 上, 15ㅈ≫快打刀子的匠人那裏有, 칼 잘 ᄆᆡᆫᄃᆞᄂᆞᆫ 匠人이 어ᄃᆡ 인ᄂᆞ뇨. ❸⇔잇다. ≪集覽, 字解, 單字解, 1ㅈ≫還. 猶尙也, 再也. 還有多少 당시론 언메나 잇ᄂᆞ뇨. ≪集覽, 字解, 單字解, 2ㅈ≫阿. 俗音하. 阿的, 猶言此也. 又語助辭. 有阿沒 잇ᄂᆞ녀 업스녀. 皆元朝之語. ≪集覽, 字解, 單字解, 4ㅎ≫便. 去聲, 卽也. 便行 즉재 가니라, 便去 즉재 가리라, 又즉재 가다. 又則也. 便有 곧 잇다, 便是 곧 올ᄒᆞ니라. ≪朴諺, 上, 3ㅈ≫勘合有了不曾, 勘合이 잇ᄂᆞᆫ가 몯ᄒᆞ엿ᄂᆞᆫ가. ≪朴諺, 上, 12ㅎ≫那裏有二十里地來, 어ᄃᆡ 二十里 ᄯᅡ히 잇ᄂᆞ뇨. ≪朴諺, 上, 28ㅎ≫積善之家必有餘慶, 積善ᄒᆞᆫ 집은 반ᄃᆞ시 餘慶이 잇다 ᄒᆞ니라. ≪朴諺, 上, 49ㅎ≫張弓有別力飮酒有別膓腹, 張弓애 別力이 잇고 飮酒애 別膓이 잇ᄂᆞ니라. ≪朴諺, 上, 66ㅎ≫不到三歲下世去的也有的, 三歲에 니ᄅᆞ디 몯ᄒᆞ여셔 下世ᄒᆞ여 가ᄂᆞ니도 잇ᄂᆞ니라. ≪朴諺, 中, 2ㅈ≫有呈諸般把戲的那, 여러 가지 노롯 呈ᄒᆞᄂᆞᆫ 이 잇ᄂᆞ냐. ≪朴諺, 中, 11ㅈ≫車輛都有麽, 車輛이 다 잇ᄂᆞ냐. ≪朴諺, 中, 23ㅎ≫百姓有安祥之慶, 百姓이 安祥ᄒᆞᆫ 慶이 잇도다. 若人有難, 만일 사ᄅᆞᆷ이 어려옴이 잇거든. ≪朴諺, 中, 32ㅎ≫有崔崔巍巍棧道, 崔崔 巍巍ᄒᆞᆫ 棧道ㅣ 잇고. ≪朴諺, 中, 58ㅎ≫你家裏不有菖蒲來, 네 집의 菖蒲ㅣ 잇디 아니ᄒᆞ냐. ≪朴諺, 下, 5ㅈ≫你有泥鏝·泥托麽, 네게 흙손과 흙밧기 잇ᄂᆞ냐. ≪朴諺, 下, 11ㅈ≫有人來時, 사ᄅᆞᆷ 오리 잇거든. ≪朴諺, 下, 19ㅎ≫你有何寃讎, 네 므슴 寃讐ㅣ 잇다 ᄒᆞᄂᆞ뇨. ≪朴諺, 下, 30ㅈ≫你那裏有來, 네 어ᄃᆡ 잇든다. ≪朴諺, 下, 38ㅎ≫有甚麽氣像, 므슴 氣像이 잇더뇨. ≪朴諺, 下, 49ㅎ≫南有正陽門·宣武門·崇文門, 南에 正陽門·宣武門·崇文門이 잇고. ≪朴諺, 下, 58ㅎ≫賢尊令堂有麽, 賢尊 令堂이 잇ᄂᆞ냐.

유(有) 형 있어. ⇔이셔. ≪朴諺, 上, 8ㅈ≫我有箇差使, 내 差使ㅣ 이셔. ≪朴諺, 上, 52ㅎ≫我有些央及的勾當, 내 져기 빌 일이 이셔. ≪朴諺, 上, 52ㅎ≫相公有甚麽話, 相公아 므슴 말이 이셔. ≪朴諺, 中, 51ㅎ≫我別處有些緊勾當去, 내 다른 고ᄃᆡ 져기 긴ᄒᆞᆫ 일이 이셔 가노라. ≪朴諺, 中, 61ㅈ≫有理無錢休入來, 理 이셔도 돈이 업거든 드러오디 말라 ᄒᆞᄂᆞ니라. ≪朴諺, 下, 54ㅎ≫有此情理難甘, 이런 情理難甘홈이 이셔.

유(扭) 동 에우다. 두르다. ⇔에우다. ≪朴諺, 上, 22ㅎ≫殺一殺入一入赶一赶扭將去打翅, 주기리 주기고 드리리 드리고 몰리 모라 에워 가 패 티쟈.

유(乳) 명 젖. ⇔졋. ≪朴諺, 上, 51ㅎ≫乳哺三年, 졋 머겨 三年이오.

유(油) 명 기름. ❶⇔기름. ≪朴諺, 中, 6ㅈ≫醋, 초와. 醬, 쟝과. 塩, 소금과. 芥末, 계ᄌᆞ ᄀᆞᄅᆞ와. 葱, 파과. 蒜, 마ᄂᆞᆯ과. 薤菜, 부ᄎᆡ와, 油, 기름과. 生蘿蔔, ᄃᆡᆺ무우과. 瓜, 외와. 茄等, 가지 등. ❷⇔기롬. ≪朴諺, 下, 20ㅈ≫第三滾油洗澡, 셋재ᄂᆞᆫ 글ᄂᆞᆫ 기롬에 모욕ᄒᆞ고. ≪朴諺, 下, 22ㅈ≫咱如今燒起油鍋, 우리 이제 기롬 가마에 블 ᄯᅵᆺ고. ≪朴諺, 下, 22ㅎ≫油鍋兩邊看着, 기롬 가마 두 편의셔 보와. ≪朴諺, 下, 22ㅎ≫就油裏死了, 기롬에셔 죽으니. ≪朴諺, 下, 23ㅈ≫跳入油中, ᄠᅱ여 기롬 가온대 드러가. ≪朴諺, 下, 23ㅎ≫行者油煎的肉都沒了, 行者ㅣ 기롬에 지지여 ᄉᆞᆯ히 다 업더이다.

유(油) 명 칠(漆). 또는 칠하다. 바르다. ⇔칠. ≪朴諺, 中, 2ㅎ≫油的也不好, 칠도 됴티 아니ᄒᆞ고.

유(柳) 명 버들. 버드나무. ⇔버들. ≪朴諺,

上, 53ㅈ≫官裏前面揷柳(集覽, 朴集, 上, 14ㅈ: 钊〈揷〉柳. 質問云, 端午節日, 赴教場內, 將三枝柳植之三處, 走馬射之. 歲時樂事記云, 武士軍校䂳柳于擊場. 今按, 䂳字, 卽钊音, 而钊字韻〈韵〉書不着〈著〉, 唯免疑雜韻〈韵〉內音乍, 卽與揷字音意同. 總龜〈総亀〉云, 端午日, 武士射柳爲鬪(鬦)力之戲, 各料强弱相敵. 〈此作揷恐誤〉.)射弓的多有, 황뎨 앏희셔 버들 곳고 활 쏘ᄂᆞ니 만히 이시니.

유(流) 동 흐르다. ⇔흐르다. ≪朴諺, 中, 40ㅈ≫好生流不下來, ᄀᆞ장 흘러ᄂᆞ리디 몯ᄒᆞ여. ≪朴諺, 中, 48ㅈ≫眼脂兒眼角裏流下來, 눈곱이 눈 ᄊᆞ석에 흘러ᄂᆞ리되.

유(留) 동 ❶머무르게 하다. ⇔머므로다. ≪朴諺, 下, 41ㅈ≫留幾日來, 몃츨을 머므로뇨. ❷머물다. 머무르다. ⇔머믈다. ≪朴諺, 下, 21ㅎ≫只留下桃核出來, 다만 복셩화 ᄡᅵ만 머므러 두고 나와.

유(揉) 동 비비다. ⇔부븨다. ≪朴諺, 上, 35ㅎ≫把那艾來揉的細着, 뎌 쑥을다가 부븨기를 ᄀᆞ늘게 ᄒᆞ야.

유(劉) 명 성씨(姓氏)의 하나. ≪朴諺, 上, 23ㅎ≫那箇劉三舍如何, 뎌 劉三舍ㅣ 엇더ᄒᆞ뇨.

유(儒) 명 유가(儒家). ≪朴諺, 中, 24ㅈ≫萬刼(集覽, 朴集, 中, 6ㅈ: 萬劫. 儒曰世, 釋曰劫〈刼〉, 道曰塵. 一說, 儒家曰數, 道家曰劫〈刼〉, 佛家曰世.)再逢難, 萬劫이라도 다시 만나기 어려오니라.

유(類) 명 종류. ≪朴諺, 上, 50ㅈ≫金銀·珠子之類, 金銀·珠子의 類를. ≪朴諺, 中, 24ㅈ≫如同禽獸之類, 禽獸의 類 ᄀᆞᄐᆞ니라. ≪朴諺, 下, 43ㅈ≫又是魂馬·衣帽·靴帶之類, 또 魂馬와 衣帽와 靴帶ㅅ 類와.

유가(遊街) 동 거리를 돌아다니며 놀다. ≪朴諺, 下, 49ㅈ≫好女不看燈(集覽, 朴集, 下, 11ㅈ: 好女不看燈. 道經云, 正月十五日, 謂之上元, 天官下降人閒〈間〉, 考定罪福. 是夜張燈, 士女鼓〈皷〉樂遊街.), 好女ᄂᆞᆫ 看燈 아니ᄒᆞᆫ다 ᄒᆞᄂᆞ니라.

유가(儒家) 명 공자(孔子)의 학설이나 학풍 등을 신봉하고 연구하는 학자나 학파. ≪朴諺, 中, 24ㅈ≫萬刼(集覽, 朴集, 中, 6ㅈ: 萬劫. 儒曰世, 釋曰劫〈刼〉, 道曰塵. 一說, 儒家曰數, 道家曰劫〈刼〉, 佛家曰世.)再逢難, 萬劫이라도 다시 만나기 어려오니라.

유개인(有箇人) 명 한 명의 사람. ≪集覽, 字解, 單字解, 3ㅈ≫箇. 一枚也. 俗呼一枚爲一箇, 亦曰箇把. 又箇箇 난나치. 單言箇字, 亦爲一枚之意. 有箇人 ᄒᆞᆫ 사ᄅᆞ미. 又語助. 這箇·些箇. 又音이. 舌頭兩箇 혓 그토로, 今不用.

유견(油絹) 명 기름을 먹인 비단. ≪朴諺, 上, 57ㅎ≫我只有一箇油絹帽兒裏, 내게 다만 ᄒᆞᆫ 油絹帽ㅣ 잇고.

유견모(油絹帽) 명 유견(油絹)으로 만든 갈모. ⇔유견모아(油絹帽兒). ≪朴諺, 上, 57ㅎ≫我只有一箇油絹帽兒裏, 내게 다만 ᄒᆞᆫ 油絹帽ㅣ 잇고.

유견모아(油絹帽兒) 명 유견(油絹)으로 만든 갈모. ⇔유견모(油絹帽). ≪朴諺, 上, 57ㅎ≫我只有一箇油絹帽兒裏, 내게 다만 ᄒᆞᆫ 油絹帽ㅣ 잇고.

유기(柳器) 명 고리버들의 가지나 대오리 따위로 결어서 상자같이 만든 물건. ≪朴諺, 中, 59ㅎ≫彫在樻子閣落(集覽, 朴集, 中, 9ㅈ: 閣落. 按韻〈韵〉書, 栲栳, 木名, 筹笔, 柳器.)裡, 궤 구석에 드리티고.

유나몰(有那沒) 형 있느냐 없느냐. ≪集覽, 字解, 單字解, 3ㅎ≫那. 平聲, 音노, 推移也. 那一那 논힐후다. 上聲 나, 何也. 那裏 어듸, 那箇 어늬. 又誰也. 那一箇 누고. 去聲 나. 那裏, 彼處也. 那箇 뎌것. 又語助. 有那沒 잇ᄂᆞ녀 업스녀.

유념(留念) 동 잊거나 소홀히 하지 않도록 마음속에 깊이 간직하여 생각하다. ≪朴諺, 下, 43ㅈ≫誰碎盆(集覽, 朴集, 下, 9ㅎ: 碎盆. 未詳源流. 但本國送殯之晨, 在家者見靈輀登道, 卽隨以瓦器擲碎於門外, 大聲作語曰, 持汝家具而去. 云爾者, 盖使

亡人無留念家緣之術也.)來, 뉘 소라를 ᄠᅳ리ᄃᆞ뇨.

유니(由你) 동 네 마음대로 하게 하다. ≪集覽, 字解, 累字解, 1ㅎ≫由你. 네 ᄆᆞᅀᆞᄆᆞ로 ᄒᆞ라.

유도(幽都) 명 현(縣) 이름. 당대(唐代)에 두었다. 소재지는 하북성(河北省) 북평시(北平市) 남서쪽에 있었다. ≪朴諺, 上, 11ㅎ≫我在平則門(集覽, 朴集, 上, 5ㅎ: 平則門. 燕都, 禹貢冀州之域. 唐曰幽都, 虞爲幽州, 武王封召公奭於燕, 卽此.)邊住, 내 平則門 ᄀᆞᅀᆡ 이셔 사노라.

유록(柳綠) 명 유록(柳綠)빛. (버들잎의 빛깔과 같은 연한 녹색) ⇔유록빗ㅊ(柳綠-). ≪朴諺, 上, 24ㅎ≫五綵綉麒麟柳綠紵絲抹口的靴子, 五綵로 猉獜을 綉ᄒᆞ고 柳綠빗체 비단으로 부리 두론 훠ᄋᆡ에. ≪朴諺, 上, 27ㅈ≫柳綠蟒龍織金羅帖裏, 柳綠빗치 蟒龍을 織金ᄒᆞᆫ 羅 텰릭에.

유록빗ㅊ(柳綠-) 명 유록(柳綠)빛. (버들잎의 빛깔과 같은 연한 녹색) ⇔유록(柳綠). ≪朴諺, 上, 24ㅎ≫五綵綉麒麟柳綠紵絲抹口的靴子, 五綵로 猉獜을 綉ᄒᆞ고 柳綠빗체 비단으로 부리 두론 훠ᄋᆡ에. ≪朴諺, 上, 27ㅈ≫柳綠蟒龍織金羅帖裏, 柳綠빗치 蟒龍을 織金ᄒᆞᆫ 羅 텰릭에.

유료(有了) 형 있다. ≪集覽, 字解, 單字解, 5ㅎ≫就. 卽也. 就將來 즉재 가져오라, 就有了·就去了. 又遂也. 就那裏睡了 게셔 자다, 就便 곧. 又就行 드듸여셔 ᄒᆞ다.

유리(有理) 형 사리(事理)에 맞는 점이 있다. 이치가 서 있다. ⇔유리ᄒᆞ다(有理-). ≪朴諺, 中, 60ㅈ≫終久是有理的勾當, 終久ᄐᆞ록 이 有理ᄒᆞᆫ 일이라.

유리(琉璃) 명 유리. ≪朴諺, 上, 60ㅈ≫有聖旨裏盖來的兩座瑠璃閣, 聖旨로 지은 兩座 瑠璃閣이 이시니. ≪朴諺, 上, 62ㅎ≫又上琉璃閣, 또 琉璃閣에 올ᄋᆞ면. ≪朴諺, 中, 23ㅈ≫身瑩瓊瓌(集覽, 朴集, 中, 6ㅈ: 身瑩瓊瓌. 佛八十種好云, 身有光明, 又云身淸淨. 又云色潤澤如瑠璃.), 몸은 瓊瓌ㅣ ᄀᆞ티 ᄆᆞᆰ고.

유리(瑠璃) 명 유리(琉璃). '瑠'는 '琉'와 같다. ≪朴諺, 上, 60ㅈ≫有聖旨裏盖來的兩座瑠璃閣, 聖旨로 지은 兩座 瑠璃閣이 이시니. ≪朴諺, 上, 62ㅎ≫又上琉璃閣, 또 琉璃閣에 올ᄋᆞ면. ≪朴諺, 中, 23ㅈ≫身瑩瓊瓌(集覽, 朴集, 中, 6ㅈ: 身瑩瓊瓌. 佛八十種好云, 身有光明, 又云身淸淨. 又云色潤澤如瑠璃.), 몸은 瓊瓌ㅣ ᄀᆞ티 ᄆᆞᆰ고.

유리각(琉璃閣) 명 유리로 만든 누각. ≪朴諺, 上, 60ㅈ≫有聖旨裏盖來的兩座瑠璃閣, 聖旨로 지은 兩座 瑠璃閣이 이시니. ≪朴諺, 上, 62ㅎ≫又上琉璃閣, 또 琉璃閣에 올ᄋᆞ면.

유리ᄒᆞ다(有理-) 형 사리(事理)에 맞는 점이 있다. 이치가 서 있다. ⇔유리(有理). ≪朴諺, 中, 60ㅈ≫終久是有理的勾當, 終久ᄐᆞ록 이 有理ᄒᆞᆫ 일이라.

유명(有名) 동 유명(有名)하다. ⇔유명ᄒᆞ다(有名-). ≪朴諺, 上, 1ㅈ≫去那有名的花園裏, 뎌 有名ᄒᆞᆫ 花園에 가. ≪朴諺, 上, 15ㅈ≫有名的張黑子, 有名ᄒᆞᆫ 張黑子ㅣ. ≪朴諺, 下, 39ㅎ≫一箇有名的畫匠, ᄒᆞᆫ 有名ᄒᆞᆫ 畫匠이.

유명ᄒᆞ다(有名-) 동 유명(有名)하다. ⇔유명(有名). ≪朴諺, 上, 1ㅈ≫去那有名的花園裏, 뎌 有名ᄒᆞᆫ 花園에 가. ≪朴諺, 上, 15ㅈ≫有名的張黑子, 有名ᄒᆞᆫ 張黑子ㅣ. ≪朴諺, 下, 39ㅎ≫一箇有名的畫匠, ᄒᆞᆫ 有名ᄒᆞᆫ 畫匠이.

유모(油帽) 명 갈모. ≪朴諺, 上, 57ㅎ≫我家裏取氈衫和油帽去, 우리 집의 氈衫과 油帽를 가질라 가노라.

유미(幽微) 형 심오(深奧)하고 정미(精微)하다. ≪朴諺, 下, 9ㅎ≫入寺敬三寶(集覽, 朴集, 下, 3ㅈ: 三寶. 佛·法·僧也. 功成妙智, 道登圓覺, 佛也, 玄理幽微, 正教精誠, 法也, 禁戒守眞, 威儀出俗, 僧也.), 뎔에 드러는 三寶를 敬ᄒᆞ고.

유밀과(油蜜果) 명 밀가루나 쌀가루에 기름이나 꿀을 넣어 굽거나 튀겨 만든 음식. ≪朴諺, 上, 1ㅎ≫着李四買果子(集覽, 朴集, 上, 1ㅈ: 果子. 果實也. 又呼油蜜果, 亦曰果子, 曰蜜果子, 制形如棗.)·拖爐·隨食去, 李四로 ᄒᆞ여 과실과 拖爐·隨食을 사라 가게 ᄒᆞ라.

유복(有福) 형 유복(有福)하다. ⇔유복ᄒᆞ다(有福-). ≪朴諺, 上, 42ㅈ≫媒人也有福(集覽, 朴集, 上, 12ㅈ: 媒人也有福. 兩次送禮之日, 媒人各有表裏之賞.), 媒人도 有福홀샤. ≪朴諺, 上, 42ㅎ≫可知有福裏, 그리어니 有福ᄒᆞ다.

유복ᄒᆞ다(有福-) 형 유복(有福)하다. ⇔유복(有福). ≪朴諺, 上, 42ㅈ≫媒人也有福(集覽, 朴集, 上, 12ㅈ: 媒人也有福. 兩次送禮之日, 媒人各有表裏之賞.), 媒人도 有福홀샤. ≪朴諺, 上, 42ㅎ≫可知有福裏, 그리어니 有福ᄒᆞ다.

유비(乳婢) 명 유모(乳母). ≪朴諺, 下, 59ㅈ≫上泰封王弓裔(集覽, 朴集, 下, 12ㅎ: 弓裔. 日官奏曰, 此兒以重午日生, 生而有齒, 且光燄〈焰〉異常, 恐將不利於國家, 宜勿擧. 王勑中使殺之, 乳婢竊〈窃〉奉而逃, 祝髮爲僧.)手下, 泰封王 弓裔 手下에 올라.

유사(有司) 명 관리. 벼슬아치. ≪朴諺, 中, 46ㅈ≫你却不道首領官(集覽, 朴集, 中, 8ㅈ: 首領官. 今宗人府經歷爲首領官, 六部主事爲首領官之類, 然未詳取義. 但各衙門有首領官, 如有司之任, 主出納一司公事.)署了卷廳上不曾押裏, 네 또 首領官은 권에 일홈두고 廳上이 일즙 슈례두디 아녓다 니ᄅᆞ디 아니ᄒᆞ던다.

유사(有些) 부 적이. 좀. 조금. 약간. ⇔져기. ≪朴諺, 上, 56ㅈ≫也有些撒蹄, 또 져기 굽ᄀᆞ리미 잇더라.

유사(紐絲) 명 실사(糸). 한자 부수(部首)의 이름. ⇔실ᄉᆞ. ≪朴諺, 中, 41ㅈ≫紐絲傍做逢字, 실ᄉᆞ 변에 逢字 ᄒᆞ여시니.

유사(遺事) 명 예로부터 전하여 오는 사적(事跡). ≪朴諺, 下, 49ㅈ≫好兒不看春, 好兒는 看春 아니ᄒᆞ고. 好女不看燈(集覽, 朴集, 下, 11ㅈ: 好女不看燈. 容齋隨筆云, 漢家祠太乙, 以昏時祠到明. 今人正月望夜, 夜遊觀月, 是其遺事.), 好女는 看燈 아니ᄒᆞᆫ다 ᄒᆞᄂᆞ니라.

유산(遊山) 동 산으로 놀러 다니다. ≪朴諺, 中, 31ㅎ≫遊山翫景去來, 遊山 翫景ᄒᆞ라 가쟈.

유삼(劉三) 명 유씨劉氏)의 셋째 아들이란 뜻으로, 이름이나 신분이 뚜렷하지 못한 평범한 사람을 이르는 말. ≪朴諺, 上, 23ㅎ≫那箇劉三舍如何, 뎌 劉三舍ㅣ 엇더ᄒᆞ뇨.

유상(柳箱) 명 설기. (싸리 채나 버들 채 따위로 엮어서 만든 네모꼴의 상자) ⇔섥. ≪朴諺, 中, 11ㅎ≫鑼鍋, 로고. 柳箱, 섥. 灑子, 드레. 三脚, 아리쇠. 椀·楪, 사발·뎝시. 匙筯, 술 져. 榪杓, 나모쥬게. 笊籬, 죠릐. 炊箒, 솔.

유소(流蘇) 명 기(旗)나 승교(乘轎) 따위에 다는 술. ≪朴諺, 下, 42ㅎ≫賃魂車(集覽, 朴集, 下, 9ㅈ: 魂車. 作小腰輿, 以黃絹結爲流蘇垂飾〈餙〉, 如本國結彩之施, 以貯魂〈霝〉帛, 爲前導.), 魂車와.

유수(油水) 명 기름기. 이익(利益)을 비유하는 말. ⇔기름믈. ≪朴諺, 中, 59ㅎ≫沒油水的勾當, 기름믈 업슨 일을.

유수(流水) 명 흐르는 물. ≪朴諺, 中, 15ㅈ≫小人虛汗只是流水一般, 小人이 虛汗이 그저 流水와 ᄒᆞᆫ가지오. ≪朴諺, 下, 50ㅎ≫彈一曲流水高山(集覽, 朴集, 下, 11ㅈ: 流水高山. 列子, 伯牙善鼓〈皷〉琴, 鍾子期善聽. 伯牙鼓〈皷〉琴, 志在高山. 子期曰, 善扰, 巍巍乎, 志在高山. 俄而志在流水. 子期曰, 善扰, 洋洋乎, 志在流水.), 一曲 流水高山을 ᄠᅳ며.

유수(留守) 명 임금이 순행(巡行)하거나 친정(親征)할 경우에 임시로 수도를 관할하던 벼슬. ≪朴諺, 中, 45ㅎ≫同知(集覽, 朴集, 中, 8ㅈ: 同知. 都督同知, 從一品, 指揮同知, 從二品, 留守司同知·各衛同知, 俱從三品.)哥, 同知 형아.

유수고산(流水高山) 명 풍류의 곡조를 잘

아는 사람이 아니면 알지 못할 미묘한 거문고의 소리를 비유적으로 이르는 말. ≪朴諺, 下, 50ㅎ≫彈一曲流水高山(集覽, 朴集, 下, 11ㅈ: 流水高山. 列子, 伯牙善鼓〈皷〉琴, 鍾子期善聽. 伯牙鼓〈皷〉琴, 志在高山. 子期曰, 善抁, 巍巍乎, 志在高山. 俄而志在流水. 了期曰, 善抁, 洋洋乎, 志在流水. 子期死, 伯牙以爲世無知音, 終身不復鼓琴. 孔子曰, 仁者樂山, 智者樂水. 子期嘆伯牙仁智兼偹.), 一曲 流水高山을 ᄩᅳ며.

유식(油飾) 동 기물에 기름을 바르거나 옻칠을 하여 단장하다. ≪朴諺, 中, 12ㅈ≫各㨾帳房室車(集覽, 朴集, 中, 2ㅎ: 細車〈室車〉.質問云, 如婦人所乘車, 周圍雕刻花槅, 油飾花須, 方言謂之細車.), 여러 가지 帳房ᄒᆞᆫ 室車와.

유식(遊息) 동 유식(遊息)하다. 무위도식하다. ≪集覽, 字解, 單字解, 7ㅎ≫閑. 雜也. 閑雜人. 又替也. 파직ᄒᆞ다, 罷閑了·替閑了. 又遊息曰閑. 흥ᄯᅥ여 ᄃᆞᆫ니시니, 遊閑了. 又練熟也. 弓馬熟閑. 又空也. 空閑田地 뷔엿ᄂᆞᆫ ᄯᅡ. 又等閑 부질업시, 又힘히미, 又간대롭다.

유심(有心) 형 마음이 있다. 생각이 있다. 의향이 있다. ≪朴諺, 上, 59ㅈ≫有心拜莭(節), 莭(節)에 拜ᄒᆞᆯ ᄆᆞᄋᆞᆷ이 이시면.

유심배절한식부지(有心拜節 寒食不遲) 구 세배할 마음만 있다면 한식(寒食)이라도 늦지 않다는 뜻으로, 진정으로 행하려는 마음만 가지고 있다면 좀 시일이 지나더라도 별로 문제가 되지 않는다는 말. ≪朴諺, 上, 59ㅈ≫有心拜莭(節)(集覽, 朴集, 上, 14ㅎ: 拜節. 歲時樂事記云, 元日, 士庶自早互相慶賀, 車馬交馳, 衣服華煥, 雜遝街市, 三四日乃止〈三四日而乃止〉.), 莭(節)에 拜ᄒᆞᆯ ᄆᆞᄋᆞᆷ이 이시면. ≪朴諺, 上, 59ㅈ≫寒食(集覽, 朴集, 上, 14ㅎ: 寒食. 荊楚記云, 去冬節〈莭〉一百五日, 有疾風甚雨, 謂之寒食, 又謂之百五節〈莭〉. 秦人呼爲熟食日, 言其不動煙〈烟〉火, 預辦熟食過節〈莭〉也. 晉文公焚山求子推, 因燒死, 遂禁火以報之. 東京錄云, 唐明皇詔寒食上墓, 近代相承, 皆用此日拜掃丘墓, 都人傾城出郊, 四野如芳市〈四野如市〉, 樹之下〈芳樹之下〉, 園囿之間, 羅列杯〈盃〉盤, 抵暮而歸.)不遲, 寒食이라도 더듸디 아니타 ᄒᆞᄂᆞ니라.

유심홍(油心紅) 명 주홍색(朱紅色). ⇔유심홍빗ㅊ(油心紅-). ≪朴諺, 上, 26ㅈ≫油心紅(集覽, 朴集, 上, 9ㅈ: 油心紅. 質問云, 朱紅, 一云如心之紅也. 油, 加油於紅漆之上也. 又云, 油乃牛字, 非油也, 其色紅如牛心.)畫水波面兒的鞍橋子, 油心紅 빗치 水波面 그린 기ᄅᆞ마가지오.

유심홍빗ㅊ(油心紅-) 명 주홍색(朱紅色). ⇔유심홍(油心紅). ≪朴諺, 上, 26ㅈ≫油心紅(集覽, 朴集, 上, 9ㅈ: 油心紅. 質問云, 朱紅, 一云如心之紅也. 油, 加油於紅漆之上也. 又云, 油乃牛字, 非油也, 其色紅如牛心.)畫水波面兒的鞍橋子, 油心紅 빗치 水波面 그린 기ᄅᆞ마가지오.

유아(流兒) 의 줄. ⇔줄. ≪朴諺, 下, 13ㅈ≫那西壁廂打一流兒短墻, 뎌 西 壁廂에 ᄒᆞᆫ 줄 短墻을 ᄡᅡ고.

유암(幽暗) 형 그윽하고 어둠침침하다. ≪朴諺, 下, 42ㅎ≫仵作(集覽, 朴集, 下, 9ㅈ: 仵作. 仵字從人從午, 萬物至午則中正, 又午位屬火, 破諸幽暗, 所以仵作名中人也.)家, 仵作의 집의.

유여히 부 유여(有餘)히. 넉넉히. ❶⇔구(勾). ≪朴諺, 上, 1ㅎ≫勾使用了, 유여히 ᄡᅳ리라. ≪朴諺, 中, 20ㅈ≫一冬裏這頭口們勾喫了, ᄒᆞᆫ 겨ᄋᆞᆯ을 이 즘ᄉᆡᆼ들이 유여히 먹으리라. ≪朴諺, 下, 39ㅎ≫不能勾跟將去, 유여히 ᄠᆞ라가디 못ᄒᆞᆯ쟉시면. ❷⇔능구(能勾). ≪集覽, 字解, 單字解, 3ㅎ≫勾. 平聲, 曲也. 勾龍, 社神, 勾芒, 春神, 勾吳, 地名. 今按, 俗語勾了 유여ᄒᆞ다, 又에우다. 又能勾 어루, 又유여히. 又吏語, 勾取 자피다, 又勾攝公事 공ᄉᆞ로 블리다, 又勾喚 블리다. 又去聲, 勾當, 幹管也, 又

事也, 勾當亦去聲. ≪朴諺, 中, 53ㅈ≫怎能勾得, 엇디 유여히 어드리오.

유여ᄒᆞ다 형 유여(有餘)하다. 넉넉하다. ❶⇔구(勾). ≪朴諺, 上, 17ㅈ≫五六十托麄麻線也放不勾, 五六十 발 굴근 삼실이라도 노키 유여티 못ᄒᆞ니리(라). ≪朴諺, 上, 20ㅈ≫二十兩也不勾, 二十兩도 유여티 못ᄒᆞ여라. ≪朴諺, 上, 49ㅈ≫咱十數箇弟兄們去時勾了, 우리 여라믄 弟兄들히 가면 유여ᄒᆞᆯ 거시니. ≪朴諺, 中, 3ㅈ≫這槓子多直的一兩銀儘勾也, 이 槓 만히 싸야 ᄒᆞᆫ 냥 銀이 잇긋 유여ᄒᆞ거늘. ≪朴諺, 中, 55ㅈ≫三四十箇手帕也遞不勾, 셜마은 手帕ㅣ라도 드리기 유여티 못ᄒᆞ리라. ≪朴諺, 下, 13ㅎ≫儘勾也, 잇긋 유여ᄒᆞ다. ≪朴諺, 下, 27ㅎ≫看銀子買了儘勾了, 은을 보라 사기ᄂᆞᆫ 잇긋 유여호ᄃᆡ. ≪朴諺, 下, 29ㅎ≫再添上三五兩銀子時勾也, 또 三五兩 銀을 더ᄒᆞ면 유여ᄒᆞ리라. ❷⇔구료(勾了). ≪集覽, 字解, 單字解, 3ㅎ≫勾. 平聲, 曲也. 勾龍, 社神, 勾芒, 春神, 勾吳, 地名. 今按, 俗語勾了 유여ᄒᆞ다, 又에우다. 又能勾 어루, 又유여히. 又吏語, 勾取 자피다, 又勾攝公事 공ᄉᆞ로 블리다, 又勾喚 블리다. 又去聲, 勾當, 幹管也, 又事也, 勾當亦去聲.

유연(猶然) 형 여전히 그러하다. ≪朴諺, 上, 25ㅈ≫剌(刺)通袖膝欄(集覽, 朴集, 上, 8ㅎ: 刺通袖膝欄. 元時好着此衣, 前後具胷背, 又連肩而通袖之脊, 至袖口爲紋, 當膝周圍亦爲紋如欄干, 然織成段匹爲衣者有之, 或皮或帛, 用綵線周遭回曲爲緣, 如花樣, 刺〈剌〉爲草樹〈尌〉·禽獸·山川·宮殿之文於〈紋於〉其內, 備極奇巧, 皆用團領着之, 其直甚高. 達達〈ㅌ〉之俗, 今亦猶然. 뷔윤 실로 치질ᄒᆞ니를 呼爲刺, 亦曰絎, 音扣.)羅帖裏上, ᄉᆞ매 ᄆᆞᄅᆞ 내 치질ᄒᆞ고 膝欄ᄒᆞᆫ 羅 텰릭에.

유연천리능상회무연대면불상봉(有緣千里能相會 無緣對面不相逢) 구 인연이 있으면 천릿길을 마다하고 와서 만나고, 인연이 없으면 마주보고도 만나지 못한다는 뜻. ≪朴諺, 中, 19ㅈ≫有緣千里能相會, 인연이 이시면 千里라도 능히 서ᄅᆞ 못ᄭᅩ. 無緣對面不相逢, 인연이 업스면 ᄂᆞᆺ촐 ᄃᆡᄒᆞ여도 서ᄅᆞ 만나디 못ᄒᆞᄂᆞ니.

유엽(柳葉) 명 버들잎. 버드나무의 잎. ≪朴諺, 下, 33ㅈ≫柳葉餌子(集覽, 朴集, 下, 7ㅈ: 柳葉餌子. 質問云, 以麥麵作成柳葉樣餌子, 亦便於行路之食, 方言謂之柳葉餌子.), 柳葉 ᄀᆞ톤 粿子와.

유인(有人) 명 어떤 사람. 누군가. ≪朴諺, 中, 4ㅎ≫你將摞子(集覽, 朴集, 中, 1ㅈ: 摞兒〈子〉. 染家有簿冊一本, 有人求染絹帛者, 必於簿上記其物數及染色, 并其染直以當契約者, 謂之摞兒.)來我看, 네 摞子를 가져오라 내 보쟈. ≪朴諺, 中, 23ㅎ≫尋聲救苦應念除災(集覽, 朴集, 中, 6ㅈ: 尋聲救苦應念除災. 史記, 昔盧景裕繫晉陽獄, 志心念觀世音菩薩, 枷鎖自脫. 又有人當死, 志心誦觀世音菩薩普門品經千百遍, 臨刑刀折, 因以赦之.), 尋聲 救苦ᄒᆞ며 應念 除災ᄒᆞᄂᆞ니.

유입(流入) 동 물이 어떤 곳으로 흘러들다. ≪朴諺, 上, 9ㅎ≫水淤過蘆溝橋(集覽, 朴集, 上, 4ㅎ: 蘆溝橋. 蘆溝本桑乾河, 俗曰渾河, 亦曰小黃河. 上自保安州界, 歷山南流入宛平縣境, 至都城四十里.)獅子頭, 믈이 蘆溝橋 獅子ㅅ 머리를 즘가 너머. ≪朴諺, 上, 59ㅎ≫揮使你曾到西湖(集覽, 朴集, 上, 15ㅈ: 西湖. 在玉泉山下, 泉水瀦而爲湖, 流入宮中. 西苑爲太液池, 出都城爲玉河, 東南流注于大通河. 環湖十餘里, 荷·蒲·菱·芡與夫沙禽·水鳥出沒, 隱暎於天光雲影中, 實佳境也.)景來麽, 揮使ㅣ아 네 일즉 西湖ㅅ 景에 갓든다.

유자(紐子) 명 단추. ⇔돌마기. ≪朴諺, 中, 55ㅈ≫紐子不要底似大恰好着, 돌마기를 너모 크게 말고 마치 됴케 ᄒᆞ라.

유적시(有的是) 형 많이 있다. 숱하다. 얼마든지 있다. ⇔잇거져ᄒᆞ다. ≪朴諺, 上, 29ㅎ≫有的是獱皮裏, 잇거져ᄒᆞᆫ 獱皮에.

≪朴諺, 中, 58ㅎ≫有的是裏, 잇거져흔 거시 이라.

유전(油煎) 동 기름에 지지다. ≪朴諺, 上, 5ㅈ≫燒鵝·白煠(集覽, 朴集, 上, 2ㅎ: 煠. 音義, 音·짱, 誤. 以油煎也.)鷄, 구은 게오와 믿기름에 지진 돍과. ≪朴諺, 上, 6ㅎ≫第二道金銀豆腐湯(集覽, 朴集, 上, 3ㅎ: 金銀豆腐湯. 質問云, 豆腐用油煎熟, 其色黃如金, 白如銀, 細切作湯食之.), 第二道는 金銀豆腐湯이오.

유전(流傳) 동 세상에 널리 퍼져 전하다. 널리 전파(傳播)하다. ≪朴諺, 上, 65ㅎ≫到江南地面石屋(集覽, 朴集, 上, 16ㅈ: 石屋. 遂以袈裟表信曰, 衣雖今日, 法自靈〈灵〉山流傳至今, 今附於汝, 汝善護持, 母〈毋〉令斷〈断〉絶.)法名的和尙根底, 江南 짜 石屋이라 法名 흔 즁의손딕 가니.

유정(有情) 명 〈불〉 마음을 가진 살아 있는 중생. ≪朴諺, 上, 33ㅈ≫你是佛(集覽, 朴集, 上, 9ㅎ: 佛. 梵云婆加婆, 唐言佛. ㅌ者, 覺也, 自覺·ㅌ他. 一切有情咸具此道, 悟者卽名佛, 迷者曰衆生.)家弟子, 너는 이 佛家 弟子ㅣ라.

유제(遺制) 명 예로부터 전하여 오는 제도. ≪朴諺, 上, 20ㅈ≫一對窟嵌的金戒指兒(集覽, 朴集, 上, 7ㅎ: 窟嵌戒指. 事物紀原云, 古者后妃羣妾御于君, 所當御者, 以銀環進之, 娠則以金環退之, 進者着右手, 退者着左手. 今有指環, 卽遺制也.), 흔 빵 날박은 금가락지. ≪朴諺, 上, 41ㅎ≫第三日做圓飯筵席(集覽, 朴集, 上, 12ㅈ: 圓飯筵席. 邵氏聞見錄, 宋景文公納子婦, 其婦家饋食. 書云, 以食物煖女. 公曰, 錯用字, 從食·從而·從大, 其子退撿. 博雅餪字注云, 女家三日餉食爲餪女也. 圓飯, 卽遺制也.)了時, 第三日에 圓飯 이바디흐면. ≪朴諺, 中, 35ㅈ≫拿着取燈兒(集覽, 朴集, 中, 7ㅎ: 取燈兒〈取燈〉. 宋陶學士淸異錄云, 夜有急, 苦於作燈之緩, 批杉木條染硫黃, 一與火遇, 得燄必速, 呼爲引光奴. 今之取燈兒, 其遺制也.), 取燈을 가지고.

유주(幽州) 명 중국 옛 구주(九州)의 하나. 전국시대 연(燕)나라 지역으로 하북성(河北省) 북부와 요령성(遼寧省) 일대이다. ≪朴諺, 上, 8ㅎ≫往永平·大寧·遼陽(集覽, 朴集, 上, 4ㅈ: 遼陽. 遼誌云, 舜分冀東北爲幽州, 卽今廣寧以西之地.)·開元·瀋陽等處開去, 永平·大寧·遼陽·開元·瀋陽 等處를 향흐여 開讀흐라 가노라. ≪朴諺, 上, 11ㅎ≫我在平則門(集覽, 朴集, 上, 5ㅎ: 平則門. 燕都, 禹貢冀州之域. 唐曰幽都, 虞爲幽州, 武王封召公奭於燕, 卽此.)邊住, 내 平則門 ㅅ의 이셔 사노라. ≪朴諺, 中, 20ㅈ≫將二兩銀到西山(集覽, 朴集, 中, 3ㅎ: 西山. 在順天府西三十里太行山首, 始于河內, 北至幽州, 强形鉅勢, 爭奇擁翠, 雲聳星拱于皇都之右.)裏, 두 냥 은을 가지고 西山에 가.

유주유화이위안전지락(有酒有花 以爲眼前之樂) 구 술이 있고 꽃이 피는 좋은 때를 만나면 바로 즐기기를 할 것이라는 뜻. ≪朴諺, 上, 7ㅎ≫有酒有花以爲眼前之樂, 술이 잇고 곳치 잇거든 뻐 眼前의 樂을 흐라.

유지(油紙) 명 기름을 먹인 종이. ≪朴諺, 上, 57ㅎ≫你將兩箇油紙帽兒來, 네 두 油紙帽를 가져와. ≪朴諺, 上, 57ㅎ≫孟舍有兩箇油紙帽兒, 孟가의게 두 油紙帽ㅣ 이시니.

유지(柳枝) 명 버들가지. 버드나무의 가지. ≪朴諺, 下, 46ㅎ≫手拿結線鞭(集覽, 朴集, 下, 10ㅈ: 手拿結線鞭. 鞭子用柳枝, 長二尺四寸, 按二十四氣, 上用結子.), 손에 結線鞭을 잡고.

유지모(油紙帽) 명 유지油紙)로 만든 갈모. ⇔유지모아(油紙帽兒). ≪朴諺, 上, 57ㅎ≫你將兩箇油紙帽兒來, 네 두 油紙帽를 가져와. ≪朴諺, 上, 57ㅎ≫孟舍有兩箇油紙帽兒, 孟가의게 두 油紙帽ㅣ 이시니.

유지모아(油紙帽兒) 명 유지油紙)로 만든 갈모. ⇔유지모(油紙帽). ≪朴諺, 上, 57ㅎ≫

你將兩箇油紙帽兒來, 네 두 油紙帽를 가져와. ≪朴諺, 上, 57ㅎ≫孟舍有兩箇油紙帽兒, 孟가의게 두 油紙帽ㅣ 이시니.

유차(有差) 형 다르다. 같지 않다. 구별이 있다. 차이가 있다. ≪朴諺, 中, 52ㅈ≫年時牢子們走(集覽, 朴集, 中, 8ㅎ: 牢子走. 在大都則自河西務起程, 若上都則自泥河兒起程, 越三時, 走一百八十里, 直抵御前, 俯伏呼萬歲. 先至者賜銀一餠, 餘者賜段匹〈疋〉有差.)的你見來麽, 젼년에 牢子들희 ᄃᆞ름질을 네 본다.

유천궁(柳天弓) 명 고려(高麗) 태조(太祖) 왕건(王建)의 장인(丈人) 이름. ≪朴諺, 下, 60ㅈ≫娘子柳氏(集覽, 朴集, 下, 12ㅎ: 娘子柳氏〈柳氏〉. 貞州柳天弓女也. 高麗太祖初爲弓裔將軍, 領兵過貞州, 憩古柳下, 見川上有一女子甚美, 問誰. 女對曰, 天弓之女.)出來說道, 娘子 柳氏ㅣ 나와 닐오ᄃᆡ.

유촌(劉村) 명 유씨(劉氏) 성(姓)을 가진 사람이 모여 사는 촌락. ≪朴諺, 下, 36ㅎ≫城外那劉村裏, 城 밧 뎌 劉村에.

유타(由他) 동 버려두다. 맡겨두다. 제 마음대로 하게 하다. ⇔더뎌두다. ≪集覽, 字解, 累字解, 1ㅎ≫由他. 더뎌두라. 又제 ᄆᆞᅀᆞᆷ대로 ᄒᆞ게 ᄒᆞ라.

유탕(遊蕩) 동 빈둥거리다. 한가롭게 노닐다. ⇔유탕ᄒᆞ다(遊蕩-). ≪朴諺, 上, 45ㅎ≫街上休遊蕩, 거리에 遊蕩티 말고.

유탕ᄒᆞ다(遊蕩-) 동 빈둥거리다. 한가롭게 노닐다. ⇔유탕(遊蕩). ≪朴諺, 上, 45ㅎ≫街上休遊蕩, 거리에 遊蕩티 말고.

유하(留下) 동 머물다. 멈추다. ⇔머믈다. ≪朴諺, 上, 52ㅈ≫留下一箇拜貼來見來麽, ᄒᆞᆫ 拜貼을 머므럿더니 보신가.

유하래(流下來) 동 흘러내리다. ⇔흘러ᄂᆞ리다. ≪朴諺, 上, 59ㅎ≫西湖是從玉泉裏流下來, 西湖는 이 玉泉으로 조차 흘러ᄂᆞ리니. ≪朴諺, 中, 40ㅈ≫好生流不下來, ᄀᆞ장 흘러ᄂᆞ리디 못ᄒᆞ여. ≪朴諺, 中, 48ㅈ≫眼脂兒眼角裏流下來, 눈곱이 눈 ᄉᆞ석에 흘러ᄂᆞ리되.

유한(遊閑) 동 흥청거리며 한가하게 놀다. 또는 시간이나 재물 따위에 여유가 있어 한가하다. ≪集覽, 字解, 單字解, 7ㅎ≫閑. 雜也. 閑雜人. 又替也. 파직ᄒᆞ다, 罷閑了·替閑了. 又遊息曰閑. 흥쳥여 ᄃᆞᆫ닐시니, 遊閑了. 又練熟也. 弓馬熟閑. 又空也. 空閑田地 뷔엿ᄂᆞᆫ ᄯᅡ. 又等閑 부질업시, 又힘히미, 又간대롭다.

유행(流行) 동 전염병이 널리 퍼져 돌아다니다. ≪朴諺, 中, 22ㅈ≫隨相現相(集覽, 朴集, 中, 5ㅈ: 隨相現相. 飜譯名義云, 佛昔爲帝釋時, 遭飢歲, 疾疫流行, 醫療無功, 道殣相屬.)救苦惱於三塗, 샹을 조차 샹을 뵈야 苦惱를 三塗에 救ᄒᆞᄂᆞᆫ쏘다.

유향(劉向) 명 한(漢)나라 초 원왕(楚元王) 교(交)의 4세손. 자(字)는 자정(子政). 본래 이름은 갱생(更生). 벼슬은 중루 교위(中壘校尉). 경학(經學)과 천문(天文)에 정통하였다. ≪朴諺, 中, 44ㅈ≫撫琴一操(集覽, 朴集, 中, 8ㅈ: 操. 劉向別錄曰, 其道閉塞, 悲愁而作者, 其曲曰操. 言遇災害不失其操也. 仍名曲爲操.)解千愁, 거믄고 ᄒᆞᆫ 곡됴를 어ᄅᆞ만져 千愁를 프ᄂᆞ니.

유향별록(劉向別錄) 명 유향(劉向)이 비부(祕府)의 책을 교정하며 적은 사기(私記)를 청(淸)나라의 홍이훤(洪頤煊)이 엮은 책. 1권. ≪朴諺, 中, 44ㅈ≫撫琴一操(集覽, 朴集, 中, 8ㅈ: 操. 劉向別錄曰, 其道閉塞, 悲愁而作者, 其曲曰操. 言遇災害不失其操也. 仍名曲爲操.)解千愁, 거믄고 ᄒᆞᆫ 곡됴를 어ᄅᆞ만져 千愁를 프ᄂᆞ니.

유홍(油紅) 명 검붉은 빛깔. ⇔유홍빗ㅊ(油紅-). ≪朴諺, 中, 1ㅈ≫油紅畫金棒子, 油紅빗체 金으로 그림 그린 막대를.

유홍빗ㅊ(油紅-) 명 검붉은 빛깔. ⇔유홍(油紅). ≪朴諺, 中, 1ㅈ≫油紅畫金棒子, 油紅빗체 金으로 그림 그린 막대를.

유황(柳黃) 명 녹황색. ⇔유황빗ㅊ(柳黃-). ≪朴諺, 上, 27ㅎ≫柳黃飾金綉四花羅搭護, 柳黃빗치 金으로 ᄭᅮ며 四花를 綉ᄒᆞᆫ 羅 더그레예. ≪朴諺, 中, 3ㅎ≫染柳黃礙

的光着, 柳黃 드려 다듬기롤 빗나게 ᄒᆞ고. ≪朴諺, 中, 4ㅈ≫這柳黃綾染錢五錢半銀子, 이 柳黃 綾은 믈갑시 닷 돈 반 銀이오.

유황(硫黃) 명 유황. (비금속 원소의 하나) ≪朴諺, 中, 35ㅈ≫拿着取燈兒(集覽, 朴集, 中, 7ㅎ: 取燈兒〈取燈〉. 南村輟耕錄云, 杭人削松木爲小片, 其薄如紙, 鎔硫黃塗木片頂分許, 名曰發燭, 又曰焠兒.), 取燈을 가지고.

유황빗ㅊ(柳黃-) 명 녹황색. ⇔유황(柳黃). ≪朴諺, 上, 27ㅎ≫柳黃飾金綉四花羅搭護, 柳黃빗치 金으로 숨여 四花롤 綉ᄒᆞᆫ 羅 더그레예.

유황술고 명 살구의 한 가지. ⇔옥황자(玉黃子). ≪朴諺, 上, 4ㅎ≫蘋蔢果, 굴근님금과. 玉黃子, 유황술고와.

육(六) 관 ❶여섯. ⇔여숫. ≪朴諺, 上, 4ㅈ≫外手一遭兒十六楪, 밧 첫 줄 열 여숫 뎝시에는. ≪朴諺, 上, 4ㅈ≫第三遭十六楪, 셋재 줄 열 여숫 뎝시에는. ≪朴諺, 上, 4ㅈ≫苐(第)二遭十六楪, 둘재 줄 열 여숫 뎝시에는. ≪朴諺, 上, 17ㅈ≫有六七等鶴兒, 여숫 닐곱 가지 연이 이시니. ≪朴諺, 上, 20ㅈ≫這六件兒儅的五十兩銀子, 이 여숫 가지로 五十兩 銀에 典儅ᄒᆞ려 ᄒᆞ니. ≪朴諺, 下, 4ㅈ≫行六年受多少千辛萬苦, 行ᄒᆞᆫ 여숫 ᄒᆡ예 언머 千辛萬苦롤 밧고. ❷엿. ⇔엿. ≪朴諺, 上, 64ㅎ≫老實價錢六兩銀子, 고디식ᄒᆞᆫ 갑슨 엿 냥 은이라. ≪朴諺, 中, 4ㅎ≫這鴉青綿紬六錢, 이 鴉青 綿紬에는 엿 돈이오. ≪朴諺, 中, 37ㅈ≫鴉青四季花六兩銀了一匹, 鴉青빗 四季花 문에는 엿 냥 은에 ᄒᆞᆫ 필이오. ≪朴諺, 下, 55ㅎ≫收討的六兩, 거두어 어드니는 엿 냥을 ᄒᆞ여.

육(肉) 명 ❶고기[肉]. ⇔고기. ≪朴諺, 下, 44ㅎ≫煮一脚羊肉着, ᄒᆞᆫ 다리 양의 고기롤 술므라. ❷살[肉]. ⇔술ㅎ. ≪朴諺, 下, 21ㅎ≫把桃肉都喫了, 복셩화 술흘다가 다 먹고. ≪朴諺, 下, 23ㅎ≫行者油煎的肉都沒了, 行者ㅣ 기름에 지지여 술히 다 업더이다.

육개(六箇) 관 ❶여섯 (개). ⇔여숫. ≪朴諺, 上, 29ㅈ≫使的六箇猠皮, 여숫 猠皮롤 쁘리로다. ≪朴諺, 上, 29ㅎ≫這六箇商(商)量價錢着, 이 여숫 갑슬 혜아리쟈. ≪朴諺, 上, 30ㅈ≫六箇猠皮每一箇三錢家筭時, 여숫 猠皮에 ᄆᆡ ᄒᆞ나히 서 돈식 혜아리면. ❷여섯 (명). ⇔여숫. ≪朴諺, 中, 5ㅎ≫正官三員六箇伴當, 正官이 三員이오 여숫 伴當이니.

육개(六箇) 수 여섯 (개). ❶⇔여숫. ≪朴諺, 上, 29ㅎ≫這六箇大的, 이 여숫 크니예. ❷⇔여숫ㅅ. ≪朴諺, 上, 29ㅎ≫要六箇, 여숫슬 ᄒᆞ고져 ᄒᆞ노라.

육개(六箇) 수 여섯 (명). ⇔여숫. ≪朴諺, 中, 5ㅎ≫從的六箇, 슈종 여숫의게는.

육경(六經) 명 중국 춘추시대의 여섯 가지 경서(經書). 곧, 역경(易經)·서경(書經)·시경(詩經)·춘추(春秋)·예기(禮記)·악경(樂經). ≪朴諺, 下, 16ㅎ≫買時買四書六經也好, 살 작시면 四書와 六經을 삼이 ᄯᅩ 됴흐니.

육궁(六宮) 명 왕비. 또는 왕비가 거처하는 궁. ≪朴諺, 下, 18ㅎ≫做羅天大醮(集覽, 朴集, 下, 4ㅎ: 大醮. 上元金籙齋, 帝王修奉, 設普天大醮. 中元玉籙齋, 保佑六宮, 輔寧妃后, 設周天大醮. 下元黃籙齋, 臣民通修, 普資家國, 設羅天大醮.), 羅天大醮롤 ᄒᆞ더니.

육덕명(陸德明) 명 당(唐)나라 소주(蘇州) 오(吳) 땅 사람. 이름은 원랑(元朗). 덕명은 자(字). 봉호는 오현남(吳縣南). 당초(唐初) 진왕부(秦王府) 십팔학사(十八學士)의 한 사람. 벼슬은 남조진(南朝陳)과 수(隋)나라에서 국자 조교(國子助教), 당나라에서 국자 박사(國子博士)를 지냈다. 경전석문(經典釋文)을 지어 의소(義疏)의 효시가 되었다. ≪朴諺, 中, 44ㅎ≫掛十八學士(集覽, 朴集, 中, 8ㅈ: 十八學士. 唐太宗秦王時, 開館延文學之士, 杜如晦·

房玄齡〈岭〉·虞世南·褚遂良·姚思廉·李玄道·蔡允恭·薛元敬·顔相時·蘇勗·于志寧·蘇世長·薛收·李守素·陸德明·孔穎達·蓋文達·許敬宗爲文學館學士, 分爲三番, 更日直宿.)大畫, 十八學士 그린 큰 그림을 걸고.

육도(六道) 몡 〈불〉 삼악도(三惡道)와 삼선도(三善道)를 통틀어 이르는 말. 중생(衆生)이 선악의 원인에 의하여 윤회(輪廻)하는 여섯 가지의 세계이다. 곧, 지옥도(地獄道)·축생도(畜生道)·아귀도(餓鬼道)·천도(天道)·인도(人道)·아수라도(阿修羅道). ≪朴諺, 中, 22ㅈ≫以聲察聲拯悲酸於六道(集覽, 朴集, 中, 5ㅈ: 六道. 人道·天道·阿脩羅道·餓鬼道·畜生道·地獄道, 亦名六趣, 加仙道, 名曰七趣. 阿脩羅有大力神人, 嘗共天鬪(鬪), 立大海中, 其高半天.), 소리로 뻐 소리를 솔펴 悲酸을 六道에 건디고.

육례(六禮) 몡 예전 혼인의 여섯 가지 예법. 곧, 납채(納采)·문명(問名)·납길(納吉)·납징(納徵)·청기(請期)·친영(親迎). ≪朴諺, 上, 41ㅈ≫下多少財錢(集覽, 朴集, 上, 11ㅎ: 下多少財錢. 亦云下財. 家禮會通云, 婚有六禮, 納采·問名·納吉·納徵·請期·親迎.), 언멋 財錢을 드리더뇨.

육로(陸路) 몡 땅위로 난 길. ≪朴諺, 上, 8ㅎ≫往永平·大寧·遼陽·開元(集覽, 朴集, 上, 4ㅈ: 開元. 永樂年間, 設安樂·自在二州, 俱隷遼東都司. 城東陸路, 舊有設站, 至三散口子, 通朝鮮後門, 管屬外夷往來朝貢之路, 四面皆古設站之地.)·瀋陽等處開去, 永平·大寧·遼陽·開元·瀋陽等處롤 향ᄒ여 開讀ᄒ라 가노라.

육바라밀(六波羅密) 몡 〈불〉 열반(涅槃)에 이르기 위한 보살의 여섯 가지 수행. 곧, 보시(布施)·인욕(忍辱)·지계(持戒)·정진(精進)·선정(禪定)·지혜(智慧). ≪朴諺, 上, 66ㅎ≫這的眞善智識(集覽, 朴集, 上, 16ㅎ: 善知識. 善知〈智〉識者, 指高僧之稱. 知亦作智. 反(飜)譯名義云, 佛·菩薩·羅漢是善知〈智〉識, 六波羅密·三十七品是善知〈智〉識, 法性實〈宗〉際是善知〈智〉識.)那裏尋去, 이런 진짓 善智識을 어듸 어드리오.

육부(六部) 몡 수·당대(隋唐代)로부터 청대(淸代)까지 두었던 여섯 중앙 행정기관. 곧, 이부(吏部)·호부(戶部)·예부(禮部)·병부(兵部)·형부(刑部)·공부(工部). ≪朴諺, 上, 11ㅎ≫郎中(集覽, 朴集, 上, 5ㅎ: 郎中. 六部郎中〈元制, 郎中〉, 正五品, 月支〈支〉米十六石, 歲該一百九十石.)馬只寄在這人家裏, 郎中아 몰을 그저 이 人家에 브텨 두엇다가. ≪朴諺, 中, 8ㅎ≫牌子·令史(集覽, 朴集, 中, 2ㅈ: 令史. 在京六部及三品衙門, 在外各衛及都布按三司俱有令史, 驛吏則無令史之稱.)們來, 牌子·令史들흔 오라. ≪朴諺, 中, 46ㅈ≫你却不道首領官(集覽, 朴集, 中, 8ㅈ: 首領官. 今宗人府經歷爲首領官, 六部主事爲首領官之類.)署了卷廳上不曾押裏, 네 또 首領官은 권에 일홈두고 廳上이 일즙 슈례두디 아녓다 니ᄅ디 아니ᄒ던다. ≪朴諺, 下, 11ㅎ≫得了照會(集覽, 朴集, 下, 3ㅈ: 照會. 五軍都督府照會六部, 六部照會承宣布政使司, 使司照會提刑按察司.), 照會를 엇노라. ≪朴諺, 下, 51ㅎ≫申(集覽, 朴集, 下, 11ㅎ: 申. 今按, 直隷府申六部, 在外府州申都司, 應天府申五軍都督, 皆名曰申狀.)竊盜狀, 竊盜狀을 申ᄒ노니.

육서리(陸書吏) 몡 육씨(陸氏) 성(姓)을 가진 서리(書吏). ≪朴諺, 下, 53ㅎ≫陸書吏, 陸書吏아.

육욕(六欲) 몡 〈불〉 육근(六根)을 통하여 일어나는 여섯 가지 욕정(欲情). 곧, 색(色: 色欲)·미모(美貌: 形貌欲)·애교(愛嬌: 威儀姿態欲)·말소리[言語音聲欲]·이성의 부드러운 살결[細滑欲]·사랑스러운 인상(人相: 人相欲) 등에 대한 탐욕. ≪朴諺, 中, 21ㅎ≫或現質梵王帝釋(集覽, 朴集, 中, 4ㅎ: 梵王帝釋. 有欲界·色界·無

色界爲三界. 欲界有四洲·四惡趣·六欲天, 帝釋爲欲界主.), 或 梵王帝釋에 現質ᄒᆞ며.

육조(六祖) 명 〈불〉 선종(禪宗)의 6대 조사(祖師)인 혜능(慧能)을 일컫는 말. 남종(南宗)의 시조가 되었으며, 오가칠종(五家七宗)으로 퍼지게 한 조사이다. ≪朴諺, 上, 34ㅅ≫往深山裏懺悔(集覽, 朴集, 上, 10ㅎ: 懺悔. 自陳悔也. 六祖惠能大師曰, 懺者, 懺其前愆, 悔者, 悔其後過.)去, 深山을 향ᄒᆞ야 懺悔ᄒᆞ라 가노라.

육진(六塵) 명 〈불〉 심성(心性)을 더럽히는 육식(六識)의 대상계(對象界). 곧, 육신으로 깨닫는 색(色)·성(聲)·향(香)·미(味)·촉(觸)·법(法)의 여섯 가지 욕정. ≪朴諺, 上, 33ㅈ≫披着袈裟(集覽, 朴集, 上, 10ㅈ: 袈裟. 反(飜)譯名義云, 袈裟是外國三衣之名. 或名離塵服, 由斷〈断〉六塵故, 或名消瘦服, 由斷煩惱故, 或名無垢衣.), 袈裟 닙고.

육천(六天) 명 〈불〉 육욕천(六欲天). 욕계(欲界)에 속한 여섯 하늘. 곧, 사천왕천(四天王天)·야마천(夜摩天)·도리천(忉利天)·도솔천(兜率天)·낙변화천(樂變化天)·타화자재천(他化自在天). ≪朴諺, 上, 62ㅎ≫只此人間兜率(集覽, 朴集, 上, 15ㅈ: 兜率. 梵語兜率, 云妙足. 又云知足, 於五欲知止足, 故佛地論云, 名憙足, 謂後身菩薩於中敎化, 多修憙足故. 即欲界六天之一也. 兜率天, 人間四百世爲一日.), 그저 이 人間ㅅ 兜率이러라.

육취(六趣) 명 〈불〉 삼악도(三惡道)와 삼선도(三善道). 중생(衆生)이 선악의 원인에 의하여 윤회(輪廻)하는 여섯 가지의 세계이다. 곧, 지옥도(地獄道)·축생도(畜生道)·아귀도(餓鬼道)·천도(天道)·인도(人道)·아수라도(阿修羅道). ≪朴諺, 中, 22ㅈ≫以聲察聲拯悲酸於六道(集覽, 朴集, 中, 5ㅈ: 六道. 人道·天道·阿脩羅道·餓鬼道·畜生道·地獄道, 亦名六趣, 加仙道, 名曰七趣.), 소리로 뼈 소리를 솔펴 悲酸을 六道에 건디고. ≪朴諺, 下, 9ㅎ≫入寺敬三寶(集覽, 朴集, 下, 3ㅈ: 三寶. 佛·法·僧也. 功成妙智, 道登圓覺, 佛也, 玄理幽微, 正教精誠, 法也, 禁戒守眞, 威儀出俗, 僧也. 皆是四生導首, 六趣舟航, 故曰寶.), 뎔에 드러는 三寶를 敬ᄒᆞ고.

육친(六親) 명 부모·형제·처자를 통틀어 이르는 말. ≪朴諺, 上, 51ㅈ≫白歲日(集覽, 朴集, 上, 13ㅎ: 百歲日. 質問云, 初生孩兒以百日爲百歲日, 六親皆以禮賀之, 主人設席館待.)又做筵席, 百歲日에 또 이바디ᄒᆞ면.

육탕(肉湯) 명 고기붙이로 끓여 만든 국. ≪朴諺, 上, 5ㅈ≫爛鴿子彈(集覽, 朴集, 上, 2ㅎ: 爛鴿子彈. 質問云, 鴿子彈糝於滾肉湯食之.), 비둘기 알 솔믄 이와. ≪朴諺, 上, 35ㅎ≫且着乾飯·肉湯, 아직 乾飯과 肉湯으로. ≪朴諺, 下, 32ㅎ≫水滑經帶麵(集覽, 朴集, 下, 6ㅈ: 水滑經帶麵. 質問云, 以麥麵〈麪〉扯成長條, 似包經帶子㨾, 煮熟, 椒肉湯食之, 方言謂之水滑經帶麵〈麪〉.), 제믈엣 칼국슈와.

육학무금(六鶴舞琴) 명 여섯 마리의 학이 춤을 추는 모양이 그려진 거문고. ≪朴諺, 下, 13ㅈ≫上面畫六鶴舞琴(集覽, 朴集, 下, 3ㅈ: 六鶴舞琴. 史記, 師曠援琴而鼓, 一奏之, 有玄鶴二八集于廊門, 再奏之, 延頸而鳴, 舒翼而舞. 善惡報應錄云, 江夏郡辛氏沽酒爲業, 有一先生入坐曰, 有好酒飲吾否. 辛飲以巨杯. 明日復來, 如此半載. 謂辛曰, 多負酒債, 無錢酬汝. 遂取藍橘皮, 於壁上畫鶴, 曰, 客來飲酒, 但令拍手歌之, 其鶴必舞, 將此酬汝. 後客至, 如其言, 鶴果舞, 觀者沓至, 酬之以錢, 遂致鉅〈巨〉富.), 上面에 六鶴舞琴을 그리고.

육홍(肉紅) 명 살코기의 빛깔. 연홍색(軟紅色). ⇔육홍빗ㅊ(肉紅-). ≪朴諺, 中, 4ㅈ≫這肉紅婦人搭忽表兒, 이 肉紅빗체 婦人의 더그레 것츤. ≪朴諺, 中, 54ㅎ≫這深肉紅界地穿花鳳紵絲做比甲, 이 디튼 肉紅빗체 벽드르에 穿花鳳 문ᄒᆞᆫ 비단으란

比甲을 짓고.

육홍빗ㅊ(肉紅-) 명 살코기의 빛깔. 연홍색(軟紅色). ⇔육홍(肉紅). ≪朴諺, 中, 4ㅈ≫這肉紅婦人搭忽表兒, 이 肉紅빗체 婦人의 더그레 것츤. ≪朴諺, 中, 54ㅎ≫這深肉紅界地穿花鳳紵絲做比甲, 이 디튼 肉紅빗체 벽드르에 穿花鳳 문흔 비단으란 比甲을 짓고.

윤(潤) 동 ❶불리다. ⇔불우다. ≪朴諺, 中, 35ㅈ≫舌尖兒潤開了窓孔, 혓긋흐로 불워 창 굼글 뚤고. ❷배다. 젖다. 스미다. ⇔빅다. ≪朴諺, 中, 40ㅎ≫那瓦水潤了無些氣力, 뎌 디새 믈 빅야 져기 힘이 업스니.

윤(輪) 동 돌리다. 교대하다. ⇔돌리다. ≪朴諺, 上, 21ㅈ≫十箇人一宿家輪着喂, 열 사름이 흔 즘식 돌려 먹이게 흐라.

윤류(輪流) 동 교대하다. 순번대로 하다. ≪朴諺, 上, 27ㅎ≫嵌八寶骨朶(集覽, 朴集, 上, 9ㅈ: 骨朶. 南村輟耕錄云, 國朝有四怯薛中有云都赤, 三日一次輪流入直, 負骨朶於背〈於肩〉, 余究骨朶字義, 嘗記宋景文筆記云, 關中人以腹大爲胍肫, 音孤都, 俗謂杖頭大者亦曰胍肫, 後訛爲骨朶.)雲織金羅比甲, 八寶 씨고 굴근 운문흔 織金 罖 比甲에.

윤전(輪轉) 동 굴러가다. 회전하다. ≪集覽, 字解, 單字解, 2ㅈ≫滾. 煮水使沸曰滾滾花水 글른 믈. 又輪轉曰滾滾了 구으다, 字作輥. 又通共和雜曰累滾 흔 믈와비라. 又滾子 방올. ≪朴諺, 下, 35ㅈ≫却打花房窩兒(集覽, 朴集, 下, 7ㅎ: 花房窩兒. 毬行或騰起, 或斜起, 或輪轉, 各隨窩所在之宜.), 또 花房 굼글 티쟈.

윤택(潤澤) 형 광택에 윤기가 있다. ≪朴諺, 中, 23ㅈ≫身瑩瓊瓌(集覽, 朴集, 中, 6ㅈ: 身瑩瓊瓌. 佛八十種好云, 身有光明, 又云身淸淨. 又云色潤澤如瑠璃.), 몸은 瓊瓌ㅣ ᄀ티 묽고.

윤회(輪廻) 명 〈불〉 중생(衆生)이 성도 수업(聖道修業)의 결과 해탈(解脫)을 얻을 때까지, 그의 영혼이 육체와 함께 업(業)에 의하여 다른 생(生)을 받아 끊임없이 생사를 반복하는 일. ≪朴諺, 上, 65ㅎ≫大發明得悟(集覽, 朴集, 上, 16ㅈ: 作與頌字迴光返照大發明得悟. 音義云, 石屋和尙作佛頌與〈与〉步虛, 其佛光迴還返照於步虛之身, 其於生死輪迴之說, 靡不通曉.), 크게 發明 得悟ᄒ야.

율(律) 명 〈불〉 율장(律藏). 삼장(三藏)의 하나. 부처가 제정한 계율의 조례(條例)를 모은 책. ≪朴諺, 下, 3ㅈ≫往常唐三藏(集覽, 朴集, 下, 1ㅈ: 唐三藏法師〈三藏〉. 三藏, 經一藏, 律一藏, 論一藏. 曰脩多羅, 卽阿難聖衆結集爲經. 曰毗奈耶, 一曰毗尼, 卽優波尊者結集爲律. 曰阿毗曇, 卽諸大菩薩衍而爲論.)師傅, 뎌적의 唐ㅅ 三藏師傅ㅣ. ≪朴諺, 下, 3ㅈ≫西天取經去(集覽, 朴集, 下, 1ㅈ: 西天取經去. 西遊記云, 昔釋迦牟尼佛在西天靈山雷音寺, 撰成經·律·論三藏金經, 須送東土, 解度郡〈羣〉迷. 問諸菩薩, 往東土尋取經人來.)時莭(節), 西天의 經 가질라 갈 제.

율색(栗色) 명 밤색. ⇔구렁빗ㅊ. ≪朴諺, 上, 55ㅎ≫一箇栗色白臉馬, 흔 구렁빗치 간쟈믈이.

율자(栗子) 명 밤. ⇔밤. ≪朴諺, 上, 4ㅈ≫榛子, 개암과. 松子, 잣과. 乾葡萄, ᄆ른 葡萄와. 栗子, 밤과. ≪朴諺, 中, 32ㅎ≫栗子·葡萄滿山峪, 밤과 葡萄ㅣ 山峪에 ᄀ독ᄒ여시니.

율조(律條) 명 법조(法條). 법률의 조문(條文). ≪朴諺, 下, 16ㅈ≫律條裏明白有, 律條에 明白히 이시니.

융(絨) 명 융사(絨絲). ⇔융ᄉ. ≪朴諺, 上, 25ㅎ≫明綠抹絨胷背(集覽, 朴集, 上, 8ㅎ: 抹絨胷背. 凡於紗羅·段帛之上, 以綵絨織成胷背之紋, 裁成衣服者也. 凡絲之練熟未合者曰絨, 已合爲綸者曰線.)的比甲, 明綠빗치 융ᄉ로 ᄆ 두론 胷背 比甲과.

융(絨) 형 ❶보드랍다. ⇔보ᄃ랍다. ≪朴諺, 上, 43ㅈ≫諸般絨線砌山子吊珠兒的麁白線, 여러 가지 보ᄃ라온 실과 귀여ᄉ

무오고 진쥬 들 굴근 흰 실과. ❷부드럽다. ⇔부드럽다. ≪朴諺, 上, 24ㅎ≫白絨氈襪上, 흰 부드러온 시욹청에. ≪朴諺, 上, 27ㅈ≫鴨綠羅納綉獅子的抹口青絨氈襪上, 鴨頭綠 羅에 獅子를 綉ᄒᆞ야 깃 도론 프른 부드러온 시욹청에.

융선(絨線) 명 ❶융사(絨絲). 또는 사수용 굵은 실. ≪集覽, 老集, 下, 3ㅎ≫繡銀條紗. 紗之白而無紋者, 只以白絨線織成胸背而已. ❷보드라운 실. ⇔보ᄃᆞ라온실. ≪朴諺, 上, 43ㅈ≫諸般絨線砌山子吊珠兒的麁白線, 여러 가지 보ᄃᆞ라온 실과 귀여ᄉᆞ 무오고 진쥬 들 굴근 흰 실과.

융수(絨綉) 동 융수(絨繡). '綉'는 '繡'와 같다. ≪朴諺, 上, 24ㅎ≫絟着一副鴉青段子滿刺(刺)嬌(集覽, 朴集, 上, 8ㅈ: 滿刺〈刺〉嬌. 質問云, 以蓮花·荷葉·藕〈耦〉·鴛鴦·蜂蝶之屬〈形〉, 或用五色絨綉, 或用彩色畫於段帛上, 謂之滿池嬌.)護膝, ᄒᆞᆫ 부 야쳥 비단에 滿刺(刺)嬌 ᄒᆞᆫ 슬갑을 ᄆᆡ엿고.

융수(絨繡) 동 누인 명주실로 수를 놓다. 또는 그런 직물. ≪朴諺, 上, 24ㅎ≫絟着一副鴉青段子滿刺(刺)嬌(集覽, 朴集, 上, 8ㅈ: 滿刺〈刺〉嬌. 質問云, 以蓮花·荷葉·藕〈耦〉·鴛鴦·蜂蝶之屬〈形〉, 或用五色絨綉, 或用彩色畫於段帛上, 謂之滿池嬌.)護膝, ᄒᆞᆫ 부 야쳥 비단에 滿刺(刺)嬌 ᄒᆞᆫ 슬갑을 ᄆᆡ엿고.

융ᄉᆞ 명 융사(絨絲). ⇔융(絨). ≪朴諺, 上, 25ㅎ≫明綠抹絨胷背(集覽, 朴集, 上, 8ㅎ: 抹絨胷背. 凡於紗羅·段帛之上, 以綵絨織成胷背之紋, 裁成衣服者也. 凡絲之練熟未合者曰絨, 已合爲綸者曰線.)的比甲, 明綠빗치 융ᄉᆞ로 ᄀᆞ 두론 胷背 比甲과.

융전(絨氈) 명 부드럽고 가는 털로 짠 모전(毛氈). ≪朴諺, 上, 24ㅎ≫白絨氈襪上, 흰 부드러온 시욹청에. ≪朴諺, 上, 27ㅈ≫鴨綠羅納綉獅子的抹口青絨氈襪上, 鴨頭綠 羅에 獅子를 綉ᄒᆞ야 깃 도론 프른 부드러온 시욹청에.

-으- 매개모음 -으-. ≪朴諺, 上, 2ㅈ≫討南方來的蜜林檎燒酒一桶, 南方으로셔 온 蜜林檎燒酒 ᄒᆞᆫ 통과. ≪朴諺, 上, 13ㅎ≫有箇法度便好了, ᄒᆞᆫ 法度ㅣ 이시니 곳 됴흐리라. ≪朴諺, 上, 31ㅈ≫那廝高麗地面來的宰相們上做牙子, 뎌 놈이 高麗 ᄯᅡ흐로셔 온 宰相늘희손ᄃᆡ 즈름이 도엿ᄂᆞ니. ≪朴諺, 上, 46ㅎ≫且喂幾日賣時好, 아직 요ᄉᆞ이 먹여 ᄑᆞᆯ면 됴흐려니와. ≪朴諺, 上, 64ㅈ≫這的是眞陝(陜)西地面裏來的, 이거시 이 진짓 陝(陜)西 ᄯᅡ흐로셔 온 거시로다. ≪朴諺, 中, 10ㅎ≫買人的文契只這的是, 사름 사ᄂᆞᆫ 글월을 그저 이리 홈이 올흐니. ≪朴諺, 中, 13ㅈ≫後頭聽的, 후에 드르니. ≪朴諺, 中, 26ㅎ≫高如師傅, 스승어(에)셔 나으니라. ≪朴諺, 中, 30ㅎ≫他如今喫的穿的無處發落裏, 뎨 이제ᄂᆞᆫ 먹을 것 닙을 것시 發落ᄒᆞᆯ 곳이 업스니라. ≪朴諺, 中, 41ㅈ≫你來聽我說, 이바 내 닐옴을 드르라. ≪朴諺, 中, 54ㅎ≫這鴉青織金大蟒龍的做上盖, 이 雅青빗체 大蟒龍 織金ᄒᆞᆫ 이란 웃거리 지으라. ≪朴諺, 下, 10ㅎ≫玉體安樂好麽, 玉體ㅣ 安樂ᄒᆞ여 됴흐신가. ≪朴諺, 下, 12ㅈ≫相公支分怎的盖, 相公이 긔결ᄒᆞ쇼셔 엇디 지으리잇고. ≪朴諺, 下, 18ㅈ≫起盖三清大殿, 三淸大殿을 지으니. ≪朴諺, 下, 22ㅎ≫就油裏死了, 기름에셔 죽으니. ≪朴諺, 下, 28ㅈ≫乾得那些榛子喫, 공히 뎌 개암을 어더먹으니. ≪朴諺, 下, 44ㅎ≫瞓眼熟了, 눈 곰즉일 사이에 니그리라. ≪朴諺, 下, 57ㅈ≫有錢時那裡沒賃的驢, 돈 이시면 어ᄃᆡ 셰낼 나귀 업스리오. ≪朴諺, 下, 60ㅈ≫怎受他苦, 엇디 뎌의 보채믈 바드리오.

-으냐 어미 -느냐. -는가. ≪朴諺, 中, 56ㅎ≫你家裏沒猫兒那, 네 집의 괴 업스냐. 我家裏沒, 내 집의 업스니.

-으녀 어미 -느냐. -는가. ≪集覽, 字解, 單字解, 2ㅈ≫阿. 俗音하. 阿的, 猶言此也. 又語助辭. 有阿沒 잇ᄂᆞ녀 업스녀. 皆

元朝之語. ≪集覽, 字解, 單字解, 3ㅎ≫ 那. 平聲, 音노, 推移也. 那一那 논힐후다. 上聲 나, 何也. 那裏 어듸, 那箇 어늬. 又誰也. 那一箇 누고. 去聲 나. 那裏, 彼處也. 那箇 뎌것. 又語助. 有那沒 잇ᄂᆞ녀 업스녀.

-으뇨 어미 -으냐. -느냐. ≪集覽, 字解, 單字解, 6ㅈ≫少. 多少. 又欠也. 少甚麽 므스거시 업스뇨. 少債 ᄂᆞᄆᆡ 비들 ᄲᅥ디워 잇다. 又缺也. 缺少口粮 량시기 그처디다. ≪朴諺, 上, 3ㅎ≫如今怎麽少了, 이제 엇디 져그뇨. ≪朴諺, 中, 11ㅈ≫如今少甚麽, 이제 므서시 업스뇨. ≪朴諺, 下, 13ㅎ≫咳這一除甚麽好, 애 이 ᄒᆞᆫ 벼슬이 므서시 됴흐뇨.

-으니 어미 -으니. ≪朴諺, 上, 21ㅎ≫說的是, 니ᄅᆞᆷ이 올흐니. ≪朴諺, 上, 45ㅎ≫這的便是, 이 곳 올흐니. ≪朴諺, 上, 52ㅈ≫是小人見來, 올흐니 小人이 보앗노라. ≪朴諺, 上, 53ㅎ≫小人奉承的便是, 小人이 奉承홈이 곳 올흐니. ≪朴諺, 上, 67ㅈ≫是裏, 올흐니. ≪朴諺, 中, 10ㅎ≫買人的文契只這的是, 사ᄅᆞᆷ 사는 글월을 그저 이리 홈이 올흐니. ≪朴諺, 中, 15ㅈ≫是小人昨日張少卿的慶賀筵席裏到來, 올흐니 小人이 어제 張少卿의 慶賀 잔채에 갓더니. ≪朴諺, 中, 30ㅎ≫招做女壻來, 블러 사회를 삼으니. ≪朴諺, 中, 47ㅈ≫我特故裏把酒灌的他爛醉了, 내 부러 술을다가 뎌의게 브으니 爛醉ᄒᆞ여. ≪朴諺, 中, 60ㅈ≫街上人道的是, 거릿 사ᄅᆞᆷ의 닐옴이 올흐니. ≪朴諺, 下, 16ㅎ≫買時買四書六經也好, 살 쟉시면 四書와 六經을 삼이 쏘 됴흐니. ≪朴諺, 下, 18ㅈ≫起盖三清大殿, 三清大殿을 지으니. ≪朴諺, 下, 22ㅎ≫就油裏死了, 기름에셔 죽으니. ≪朴諺, 下, 24ㅈ≫接在額項上依舊了, 목 우희 니으니 녜라온 ᄃᆞᆺᄒᆞᆫ디라. ≪朴諺, 下, 28ㅈ≫乾得那些榛子喫, 공히 뎌 개암을 어더먹으니. ≪朴諺, 下, 56ㅎ≫小子近日聽得, 小子ㅣ 요ᄉᆞ이 드르니. ≪朴諺, 下, 59ㅎ≫靡所不爲, ᄒᆞ디 아닐 배 업므(으)니.

-으니라 어미 -으니라. ≪朴諺, 上, 15ㅈ≫打的好刀子, ᄆᆡᆫ든 칼이 됴흐니라. ≪朴諺, 上, 16ㅎ≫越細詳越好, 더옥 細詳토록 더옥 됴흐니라. ≪朴諺, 上, 33ㅎ≫却喫這一頓打也是, 쏘 이 ᄒᆞᆫ 디위 마즘을 니버도 올흐니라. ≪朴諺, 中, 6ㅈ≫休少了我的便是, 우리게도 젹게 말미 곳 올흐니라. ≪朴諺, 中, 26ㅎ≫高如師傅, 스승어(에)셔 나으니라. ≪朴諺, 中, 30ㅎ≫他如今喫的穿的無處發落裏, 뎨 이제는 먹을 것 닙을 것시 發落ᄒᆞᆯ 곳이 업스니라. ≪朴諺, 中, 34ㅈ≫紫蘇這厮好喫, 紫蘇란 이거시 먹기 됴흐니라. ≪朴諺, 中, 34ㅈ≫一冬裏熬喫好, ᄒᆞᆫ 겨울의 ᄉᆞᆯ마 먹기 됴흐니라. ≪朴諺, 中, 57ㅈ≫女的價錢大, 암은 갑시 만흐니라. ≪朴諺, 下, 13ㅎ≫這衙門更是好湯食, 이 衙門이 쏘 湯食이 됴흐니라. ≪朴諺, 下, 17ㅈ≫悶時莭(節)好看有, 답답ᄒᆞᆫ 제 보기 됴흐니라.

-으되 어미 -되. -으되. ≪朴諺, 中, 16ㅈ≫然後喫進食丸, 그런 후에 進食丸을 먹으되. ≪朴諺, 中, 19ㅎ≫放稈草五錢一束(束)家放, 조딥헤 노흐되 다ᄉᆞᆺ 낫 돈에 ᄒᆞᆫ 뭇식 ᄒᆞ여 노코. ≪朴諺, 下, 27ㅈ≫我還與你價錢, 내 네게 갑슬 가프되.

-으라 어미 ❶-으라. ≪朴諺, 上, 13ㅈ≫將車子來載, 술위 가져와 시르라. ≪朴諺, 上, 54ㅈ≫我讀你聽, 내 닐거든 네 드르라. ≪朴諺, 中, 6ㅎ≫疾忙做飯, ᄲᆞᆯ리 밥을 지으라. ≪朴諺, 中, 7ㅎ≫你聽我說與你, 네 드르라 내 너ᄃᆞ려 니ᄅᆞ마. ≪朴諺, 中, 15ㅈ≫好相公坐的, ᄆᆞ음 됴흔 相公은 안즈라. ≪朴諺, 中, 16ㅈ≫去滓溫服, 滓를 ᄇᆞ리고 더온 이를 먹으라. ≪朴諺, 中, 20ㅈ≫五百來束(束)稻草裏放, 五百 뭇 벳딥헤 노흐라. ≪朴諺, 中, 29ㅎ≫打一對馬脚匙來釘上着, ᄒᆞᆫ 보 다갈을 티여다가 박으라. ≪朴諺, 中, 33ㅎ≫紫蘇都種來, 紫蘇를 다 시므라. ≪朴諺, 中, 41ㅈ≫你

來聽我說, 이바 내 닐옴을 드르라. ≪朴諺, 中, 54ㅎ≫這鴉青織金大蟒龍的做上盖, 이 雅青빗체 大蟒龍 織金흔 이란 웃거리 지으라. ≪朴諺, 下, 10ㅎ≫你聽我念, 네 드르라 내 念흐마. ≪朴諺, 下, 44ㅎ≫煮一脚羊肉着, 흔 다리 양의 고기를 술므라. ≪朴諺, 下, 45ㅈ≫伯伯喫些飯, 伯伯아 져기 밥 먹으라. ≪朴諺, 下, 56ㅎ≫聽我說, 내 닐옴을 드르라. ❷-으러. ≪集覽, 字解, 單字解, 4ㅎ≫討. 求也, 探也. 討去 어드라 가다, 討債去 빋 주니 바드라 가다, 討價錢 빋 받다. 又本國傳習之解曰 빋 쐬오다, 亦通. ≪朴諺, 上, 2ㅎ≫光祿寺裡着姓李的館夫討去, 光祿寺에는 姓이 李가 館夫로 흐여 어드라 가게 흐고. ≪朴諺, 上, 3ㅈ≫內府裡着姓崔的外郎討去, 內府에는 姓이 崔가 外郎으로 흐여 어드라 가게 흐라. ≪朴諺, 上, 46ㅎ≫孫舍混堂裏洗澡去來, 孫가아 混堂에 목욕곰으라 가쟈. ≪朴諺, 上, 65ㅈ≫聽說佛法去來, 佛法 니르는 양 드르라 가쟈. ≪朴諺, 中, 29ㅎ≫我明日通州接尙書去, 내 닉일 通州 尙書 마즈라 가리라. ≪朴諺, 中, 36ㅎ≫茶房裏喫茶去來, 茶房에 차 먹으라 가쟈. ≪朴諺, 下, 15ㅎ≫城外種稻子來, 셩 밧긔 벼 시므라 갓다가. ≪朴諺, 下, 27ㅎ≫喫些茶去來, 져기 차 머그라 가쟈. ≪朴諺, 下, 31ㅎ≫咱們食店裏喫些飯去來, 우리 밥뎜에 밥 먹으라 가쟈. 那裏喫去來, 뎌긔 먹으라 가쟈. ≪朴諺, 下, 50ㅈ≫咱們打魚兒去來, 우리 고기 잡으라 가쟈.

-으란 조 -을랑. -을랑은. ≪朴諺, 上, 25ㅈ≫衫兒·袴児·褁肚等裏衣且休說, 젹삼·고의·褁肚 等 속옷으란 아직 닐ᄋ디 말려니와. ≪朴諺, 上, 43ㅈ≫不要紙金要五錢皮金, 紙金으란 말고 닷 돈 皮金을 흐고. ≪朴諺, 上, 43ㅎ≫其餘的你如今買去, 그 남은 거스란 네 이제 사라 가라. ≪朴諺, 中, 54ㅎ≫這明綠通袖膝欄綉的做帖裏, 이 明綠빗체 通袖 膝欄 슈흔 거스란 텰릭 짓고. ≪朴諺, 中, 54ㅎ≫這深肉紅界地穿花鳳紵絲做比甲, 이 디튼 肉紅빗체 벽드르에 穿花鳳 문흔 비단으란 比甲을 짓고. ≪朴諺, 中, 54ㅎ≫這鷄冠紅綉四花做搭護, 이 만도람이빗체 四花 슈흔 거스란 더그레 짓고.

-으랴 어미 -으랴. ≪朴諺, 中, 6ㅎ≫做乾飯那水飯, 乾飯을 지으랴 水飯을 지으랴. ≪朴諺, 中, 18ㅎ≫怕沒治病的心那, 저프건대 病 고틸 므음이 업스랴마는.

-으랴마는 어미 -으랴마는. ≪朴諺, 中, 18ㅎ≫怕沒治病的心那, 저프건대 病 고틸 므음이 업스랴마는.

-으려 어미 -으려. -으려고. ≪朴諺, 下, 12ㅎ≫捲篷揉做, 무량각 양으로 지으려 흐노라.

-으려니와 어미 -으려니와. ≪朴諺, 上, 46ㅎ≫且喂幾日賣時好, 아직 요ᄉ이 먹여 풀면 됴흐려니와. ≪朴諺, 上, 64ㅎ≫要七兩銀, 닐곱 냥 은을 바드려니와.

-으로 조 ❶-로. ≪朴諺, 下, 5ㅎ≫你把那繩子, 네 뎌 노흐로다가. ≪朴諺, 下, 21ㅈ≫着兩箇猜裏面有甚麽, 둘흐로 흐여 안히 므서시 잇는고 알라 흐니. ≪朴諺, 下, 39ㅈ≫你的伴當着一箇替當, 네 伴當 흐나흐로 替當흐거나. ≪朴諺, 下, 46ㅈ≫椽子�的四條繩, 혓가래 굴긔예 네 오리 노흐로. ≪朴諺, 下, 46ㅈ≫當間裏按一箇木頭做的明珠, 가온딕 흔 남그로 믿든 明珠를 박고. ❷-으로. ≪朴諺, 上, 1ㅎ≫着張三買羊去, 張三으로 흐여 羊을 사라 가. ≪朴諺, 上, 24ㅎ≫五綵綉麒麟柳綠紵絲抹口的靴子, 五綵로 猉獜을 綉흐고 柳綠빗체 비단으로 부리 두론 훠ᄋ에. ≪朴諺, 上, 35ㅈ≫脚內踝上灸了三壯艾來, 발 안쮜머리 우희 三壯 뽁으로 뜨니. ≪朴諺, 上, 35ㅎ≫且着乾飯·肉湯, 아직 乾飯과 肉湯으로. ≪朴諺, 上, 53ㅎ≫只願的爲頭兒射着, 그저 원컨대 웃뜸으로 뽀쇼셔. ≪朴諺, 上, 64ㅎ≫着別人看, 다른 사름으로 흐여 뵈면. ≪朴諺, 中, 1ㅈ≫油紅

畵金棒子, 油紅빗체 金으로 그림 그린 막대를. ≪朴諺, 中, 17ㅈ≫重意的多與將來, 重ᄒᆞᆫ 뜯으로 만히 주어 가져오니. ≪朴諺, 中, 24ㅈ≫誠心懺悔後不復作, 誠心으로 懺悔ᄒᆞ여 후에 다시 짓디 마쟈. ≪朴諺, 中, 35ㅎ≫着釘子釘在三四處, 못으로 세네 곳을 박고. ≪朴諺, 中, 42ㅈ≫二字下一箇ノ, 二字 아ᄅᆡ ᄒᆞᆫ 긋 밧그로 비티고. ≪朴諺, 下, 10ㅈ≫你如今誠心懺悔, 네 이제란 誠心으로 懺悔ᄒᆞ여. ≪朴諺, 下, 16ㅎ≫禍從天上來, 禍ㅣ 天上으로 조차 오ᄂᆞ니라. ≪朴諺, 下, 23ㅎ≫右邉搭左邉去, 우편으로 건디려 ᄒᆞ면 좌편으로 가매. ≪朴諺, 下, 27ㅎ≫着別人看去, 다른 사ᄅᆞᆷ으로 ᄒᆞ여 뵈라 가라. ≪朴諺, 下, 31ㅈ≫身披黃金鏁子甲, 몸에 黃金으로 ᄒᆞᆫ 사슬갑을 닙어시니. ≪朴諺, 下, 42ㅈ≫爲頭兒門外前放一箇卓兒, 읏듬으로 문 밧긔 ᄒᆞᆫ 탁ᄌᆞ를 노코. ≪朴諺, 下, 52ㅎ≫某與隣人等, 某ㅣ 隣人 等으로 더브러. ≪朴諺, 下, 60ㅎ≫着一箇人前行, ᄒᆞᆫ 사ᄅᆞᆷ으로 앏픠 行ᄒᆞ여. ❸-으로부터. ≪朴諺, 下, 21ㅎ≫王說今番着唐僧先猜, 王이 닐오ᄃᆡ 이번은 唐僧으로 몬져 알게 ᄒᆞ라. ≪朴諺, 下, 30ㅎ≫一品至九品, 一品으로 九品에 니ᄅᆞ히.

-으로셔 조 -으로부터. ≪朴諺, 上, 2ㅈ≫討南方來的蜜林檎燒酒一桶, 南方으로셔 온 蜜林檎燒酒 ᄒᆞᆫ 통과. ≪朴諺, 上, 31ㅈ≫那廝高麗地面來的宰相們上做牙子, 뎌 놈이 高麗 ᄯᅡ흐로셔 온 宰相들희손ᄃᆡ 즈름이 도엿ᄂᆞ니. ≪朴諺, 上, 64ㅈ≫這的是眞陜(陝)西地面裏來的, 이거시 이 진짓 陜(陝)西 ᄯᅡ흐로셔 온 거시로다. ≪朴諺, 中, 13ㅈ≫圍着一箇西京來的載黃豆的船, ᄒᆞᆫ 西京으로셔 오는 黃豆 시른 ᄇᆡ를 에오고. ≪朴諺, 中, 13ㅈ≫又高麗地面裏來載千餘筒布子的大船, ᄯᅩ 高麗ㅅ ᄯᅡ흐로셔 오는 千餘 筒 뵈 시른 큰 ᄇᆡ를. ≪朴諺, 中, 16ㅎ≫這幾日高麗地面裏來的, 요ᄉᆞ이 高麗ㅅ ᄯᅡ흐로셔 온. ≪朴諺, 中, 25ㅈ≫我若出直房來, 내 만일 直房으로셔 나와. ≪朴諺, 中, 46ㅎ≫王千戶打背後來, 王千戶ㅣ 뒤흐로셔 와.

-으료 어미 -으리오. ≪朴諺, 中, 2ㅈ≫我沒零錢怎麽好, 내 ᄡᅳᆫ돈이 업ᄉᆞ니 엇디 ᄒᆞ여야 됴흐료. ≪朴諺, 中, 6ㅎ≫舍人道做甚麽飯, 舍人아 니ᄅᆞ라 므슴 밥을 지으료. ≪朴諺, 中, 17ㅎ≫怎刮劃我這一場愁, 엇디 내 이 一場 愁를 헤와드료. ≪朴諺, 中, 30ㅎ≫這酒忤秃怎麽喫, 이 술이 들므쥬군ᄒᆞ니 엇디 먹으료. ≪朴諺, 中, 32ㅈ≫咱那箇山裏去好, 우리 어ᄂᆡ 산에 가야 됴흐료. ≪朴諺, 中, 33ㅎ≫種甚麽菜來, 므슴 ᄂᆞ믈을 시므료. ≪朴諺, 中, 53ㅎ≫却沒一件兒新衣裳怎麽好, ᄯᅩ ᄒᆞᆫ 벌 새 衣裳이 업스니 엇디 ᄒᆞ여야 됴흐료. ≪朴諺, 中, 56ㅎ≫怎的好, 엇디 ᄒᆞ여야 됴흐료. ≪朴諺, 下, 57ㅈ≫咳沒頭口却怎的好, 애 즘승이 업ᄉᆞ니 엇디ᄒᆞ여 됴흐료.

-으리라 어미 -으리라. ≪朴諺, 上, 13ㅎ≫有箇法度便好了, ᄒᆞᆫ 法度ㅣ 이시니 곳 됴흐리라. ≪朴諺, 上, 22ㅈ≫你饒四着時纔好, 네 네흘 졉혜야 ᄀᆞᆺ 됴흐리라. ≪朴諺, 中, 18ㅎ≫强如良藥治病, 良藥으로 病 다ᄉᆞ림도곤 나으리라. ≪朴諺, 中, 20ㅈ≫一冬裏這頭口們勾喫了, ᄒᆞᆫ 겨울을 이 즘싱들이 유여히 먹으리라. ≪朴諺, 中, 25ㅈ≫有些事時喫打, 져기 일이 이시면 마즘을 니브리라. ≪朴諺, 中, 33ㅎ≫後園裏種時好, 뒷동산에 시므면 됴흐리라. ≪朴諺, 中, 47ㅎ≫路上必定喫別人笑話, 길히 일뎡 놈의 우임을 니브리라. ≪朴諺, 中, 54ㅈ≫赶也赶上做裡, 밋츠믄 미처 지으리라. ≪朴諺, 下, 4ㅎ≫久後你也得證果金身, 오란 후에 너도 證果金身홈을 어드리라. ≪朴諺, 下, 44ㅎ≫睡眼熟了, 눈 곰즉일 사이에 니그리라. ≪朴諺, 下, 45ㅎ≫强如親自看, 친히 보니도곤 나으리라.

-으리로다 어미 -으리로다. ≪朴諺, 上, 42ㅎ≫得十兩銀, 열 량 은을 어드리로다. ≪朴諺, 上, 42ㅎ≫正着了也多尋鈔, 졍히

만나시니 錢鈔를 만히 어드리로다. ≪朴諺, 上, 66ㅎ≫禮拜供養做些因緣時好, 禮拜 供養ᄒᆞ야 져기 인연을 지음이 됴ᄒᆞ리로다. ≪朴諺, 中, 32ㅈ≫正好山中之味, 正히 山中 味 됴ᄒᆞ리로다.

-으리오 어미 -으리오. ≪朴諺, 上, 2ㅈ≫街市酒打將來怎麽喫, 져젯 술을 가져오면 엇디 머그리오. ≪朴諺, 上, 66ㅎ≫這的眞善智識那裏尋去, 이런 진짓 善智識을 어ᄃᆡ 어드리오. ≪朴諺, 中, 16ㅎ≫幾時忘這恩念, 언제 이 恩念을 니즈리오. ≪朴諺, 中, 28ㅈ≫帶累一家人都死也怎的好, 온 집 사름이 버므리여 다 죽을 꺼시니 엇디ᄒᆞ여야 됴ᄒᆞ리오. ≪朴諺, 中, 43ㅈ≫幾時得些閑, 언제 져기 한가홈을 어드리오. ≪朴諺, 中, 46ㅎ≫急且幾時又得除, 과거리 언제 또 除홈을 어드리오. ≪朴諺, 中, 51ㅈ≫你那裏迭的我, 네 어ᄃᆡ 내게 미츠리오. ≪朴諺, 中, 53ㅈ≫怎能勾得, 엇디 유여히 어드리오. ≪朴諺, 下, 1ㅎ≫虫子怎麽蛀的, 좀이 엇디 먹으리오. ≪朴諺, 下, 57ㅈ≫有錢時那裡沒賃的驢, 돈 이시면 어ᄃᆡ 셰낼 나귀 업스리오. ≪朴諺, 下, 60ㅈ≫怎受他苦, 엇디 뎌의 보채믈 바드리오.

-으리이다 어미 -으리다. -을 것입니다. ≪朴諺, 下, 12ㅈ≫勝如見面, ᄂᆞᆺ출 봄도곤 나으리이다.

-으리잇고 어미 -으리까. -을 것입니까. ≪朴諺, 下, 12ㅈ≫相公支分怎的盖, 相公이 긔결ᄒᆞ쇼셔 엇디 지으리잇고.

-으마 어미 -으마. ≪朴諺, 上, 22ㅎ≫我饒四着, 내 네흘 졉으마. ≪朴諺, 上, 32ㅈ≫只說明日後日還我, 그저 닐오ᄃᆡ ᄂᆡ일 모뢰 내게 갑흐마 ᄒᆞ니. ≪朴諺, 上, 43ㅎ≫慢慢的把盞, 날호여 잔을 자브마. ≪朴諺, 中, 38ㅎ≫你聽我念, 네 드ᄅᆞ라 내 닐그마. ≪朴諺, 下, 56ㅈ≫請的哥來把一盞, 형을 請ᄒᆞ여 와 ᄒᆞᆫ 盞을 자브마.

-으며 어미 -으며. ≪朴諺, 中, 44ㅈ≫對客飮酒吟詩句, 客을 對ᄒᆞ야 술을 먹고 詩句를 읇프며. ≪朴諺, 下, 3ㅎ≫受多少日炙風吹, 언머 日炙 風吹를 바드며. ≪朴諺, 下, 15ㅈ≫忍多少飢, 인(언)머 주리믈 ᄎᆞᄆᆞ며. ≪朴諺, 下, 21ㅎ≫皇后大笑猜不着了, 皇后ㅣ 크게 우으며 아디 못ᄒᆞ여다.

-으면 어미 -으면. ≪朴諺, 上, 9ㅈ≫小人也得了箚付·関字便上馬, 小人도 箚付 関字를 어드면 곳 上馬ᄒᆞ리로다. ≪朴諺, 上, 38ㅎ≫治得馬好時, ᄆᆞᆯ을 고텨 됴ᄒᆞ면. ≪朴諺, 上, 47ㅎ≫却穿衣服喫幾盞閉風酒, 또 옷 닙고 여러 잔 閉風酒를 먹으면. ≪朴諺, 上, 50ㅈ≫着孩兒盆子水裏放着, 아ᄒᆡ를 盆子ㅅ 믈에 노ᄒᆞ면. ≪朴諺, 上, 57ㅈ≫一會兒喫罷湯時便上馬, ᄒᆞᆫ 디위 탕을 먹으면 곳 上馬ᄒᆞᆯ러라. ≪朴諺, 中, 16ㅈ≫喫了時便無事了, 먹으면 곳 無事ᄒᆞ리라. ≪朴諺, 中, 19ㅈ≫無緣對面不相逢, 인연이 업스면 ᄂᆞᆺ출 ᄃᆡᄒᆞ여도 서ᄅᆞ 만나디 못ᄒᆞᄂᆞ니. ≪朴諺, 中, 25ㅈ≫看家裏沒你時, 집의 보아 네 업스면. 家中沒甚的事時賞你, 집의 아므란 일이 업스면 너를 샹ᄒᆞ고. ≪朴諺, 中, 29ㅈ≫妻賢夫省事官淸民自安, 妻ㅣ 어딜면 지아븨 일이 덜리이고 官이 ᄆᆞᆯ그면 빅셩이 스스로 편안ᄒᆞᄂᆞ니라. ≪朴諺, 中, 39ㅎ≫如至日無錢送納, 만일 날이 다ᄃᆞ라 送納ᄒᆞᆯ 돈이 업스면. ≪朴諺, 中, 49ㅈ≫做些好因緣時不好, 져기 됴흔 인연을 지으면 됴티 아니ᄒᆞ랴. ≪朴諺, 中, 53ㅎ≫五六箇婦人們坐的縫時, 다엿 겨집들이 안자 지으면. ≪朴諺, 下, 16ㅈ≫無臟時有甚麽事, 장믈이 업스면 므스 일이 이시리오. ≪朴諺, 下, 48ㅈ≫放一堆灰, ᄒᆞᆫ 무둑 ᄌᆡ를 노ᄒᆞ면.

-으쇼셔 어미 -으소서. ≪朴諺, 下, 11ㅎ≫父親·母親穿用, 父親·母親은 닙으쇼셔.

은 명 은(銀). ❶⇔은(銀). ≪朴諺, 上, 36ㅎ≫金甕兒·銀甕兒表裏無縫兒, 금독·은독이 안팟씌 솔 업슨 거시여. ≪朴諺, 上, 42ㅎ≫得十兩銀, 열 량 은을 어드리로다. ≪朴諺, 上, 54ㅈ≫其銀限至下年幾月內, 그

은을 限이 ᄂᆞ년 아므 ᄃᆞᆯ ᄂᆞ에 니ᄅᆞ게 ᄒᆞ야. ≪朴諺, 上, 64ㅎ≫要七兩銀, 닐곱 냥 은을 바드려니와. ≪朴諺, 中, 20ㅈ≫將二兩銀到西山裏, 두 냥 은을 가지고 西山에 가. ≪朴諺, 中, 26ㅈ≫我如今與你一兩銀, 내 이제 너ᄅᆞᆯ ᄒᆞᆫ 냥 은을 줄 꺼시니. ≪朴諺, 中, 38ㅈ≫小賣了五錢銀, 닷 돈 은을 디워 ᄑᆞ노라. ≪朴諺, 中, 39ㅎ≫賃房錢每月銀二兩, 집 셰내는 갑슬 ᄃᆞᆯ마다 은 두 냥에 ᄒᆞ여. ❷⇔은자(銀子). ≪朴諺, 上, 14ㅎ≫不着十二兩銀子, 열두 냥 은이 아니면. ≪朴諺, 上, 29ㅎ≫每一箇討五錢銀子, ᄆᆡ ᄒᆞ나히 닷 돈 은을 ᄡᅬ오려니와. ≪朴諺, 上, 51ㅈ≫老娘上賞銀子·段匹, 老娘의게 은과 비단을 샹ᄒᆞ고. ≪朴諺, 上, 64ㅎ≫一打裏饋你十兩銀子, ᄒᆞᆫ번에 너ᄅᆞᆯ 열 량 은을 줄 거시니. ≪朴諺, 上, 65ㅈ≫將銀子來, 은을 가져오라. ≪朴諺, 中, 4ㅎ≫都通染錢是五兩四錢半銀子, 대되 통ᄒᆞ여 믈갑시 닷 냥 너 돈 반 은이라. ≪朴諺, 中, 11ㅎ≫我饋你銀子, 내 너ᄅᆞᆯ 은을 줄 거시니. ≪朴諺, 中, 19ㅎ≫將五兩銀子下馬莊裏去, 닷 냥 은을 가지고 下馬莊에 가. ≪朴諺, 中, 37ㅈ≫鴉青四季花六兩銀子一匹, 鴉青빗 四季花 문에는 엿 냥 은에 ᄒᆞᆫ 필이오. 葱白膝欄四兩銀子一匹, 葱白빗 膝欄에는 넉 냥 은에 ᄒᆞᆫ 필이라. ≪朴諺, 下, 25ㅎ≫實要二兩銀子賣與你, 실로 두 냥 은을 밧고 네게 ᄑᆞᆯ마. ≪朴諺, 下, 26ㅈ≫與你一兩銀子賣麽, 너ᄅᆞᆯ ᄒᆞᆫ 냥 은을 줄 써시니 ᄑᆞᆯᄡᅡ. ≪朴諺, 下, 27ㅎ≫看銀子買了儘勾了, 은을 보라 사기는 잇긋 유여호ᄃᆡ. ≪朴諺, 下, 29ㅈ≫如今銀子如何, 이제 은이 엇더ᄒᆞ뇨.

은(恩) 명 은(恩). '恩'은 '恩'의 속자. ≪朴諺, 上, 39ㅈ≫狗有濺草之恩(集覽, 朴集, 上, 11ㅈ: 狗有濺草之恩. 晉太和中, 楊生養狗, 甚愛之. 後生飮酒醉, 行至大澤, 草中眠. 時値冬月, 野火起, 風又猛, 狗呼喚, 生不覺. 前有一坑水, 狗便走往水中, 還以身洒生, 左右草沾水得着, 地火尋過去, 生醒而去.), 개는 濺草ᄒᆞᆫ 恩이 잇고. 馬有垂繮之報, ᄆᆞᆯ은 垂繮ᄒᆞᆫ 報ㅣ 잇다 ᄒᆞ니라. ≪朴諺, 上, 51ㅎ≫養子方知父母恩, ᄌᆞ식을 길러야 보야흐로 父母 은혜ᄅᆞᆯ 안다 ᄒᆞ니라.

은(恩) 명 은혜. ⇔은혜. ≪朴諺, 上, 39ㅈ≫狗有濺草之恩(集覽, 朴集, 上, 11ㅈ: 狗有濺草之恩. 晉太和中, 楊生養狗, 甚愛之. 後生飮酒醉, 行至大澤, 草中眠. 時値冬月, 野火起, 風又猛, 狗呼喚, 生不覺. 前有一坑水, 狗便走往水中, 還以身洒生, 左右草沾水得着, 地火尋過去, 生醒而去.), 개는 濺草ᄒᆞᆫ 恩이 잇고. 馬有垂繮之報, ᄆᆞᆯ은 垂繮ᄒᆞᆫ 報ㅣ 잇다 ᄒᆞ니라. ≪朴諺, 上, 51ㅎ≫養子方知父母恩, ᄌᆞ식을 길러야 보야흐로 父母 은혜ᄅᆞᆯ 안다 ᄒᆞ니라.

은(銀) 명 은(銀). ❶⇔은. ≪朴諺, 上, 36ㅎ≫金甕兒·銀甕兒表裏無縫兒, 금독·은독이 안팟씌 솔 업슨 거시여. ≪朴諺, 上, 42ㅎ≫得十兩銀, 열 량 은을 어드리로다. ≪朴諺, 上, 54ㅈ≫其銀限至下年幾月內, 그 은을 限이 ᄂᆞ년 아므 ᄃᆞᆯ ᄂᆞ에 니ᄅᆞ게 ᄒᆞ야. ≪朴諺, 上, 64ㅎ≫要七兩銀, 닐곱 냥 은을 바드려니와. ≪朴諺, 中, 20ㅈ≫將二兩銀到西山裏, 두 냥 은을 가지고 西山에 가. ≪朴諺, 中, 26ㅈ≫我如今與你一兩銀, 내 이제 너ᄅᆞᆯ ᄒᆞᆫ 냥 은을 줄 써시니. ≪朴諺, 中, 38ㅈ≫小賣了五錢銀, 닷 돈 은을 디워 ᄑᆞ노라. ≪朴諺, 中, 39ㅎ≫賃房錢每月銀二兩, 집 셰내는 갑슬 ᄃᆞᆯ마다 은 두 냥에 ᄒᆞ여. ❷⇔은자(銀子). ≪朴諺, 上, 19ㅎ≫儅的二十兩銀子, 二十兩 銀에 典儅ᄒᆞ려 ᄒᆞ노라. ≪朴諺, 上, 20ㅎ≫共有二百兩銀子, 대되 二百兩 銀이 이셔야. ≪朴諺, 上, 30ㅎ≫出饋你一錢八分銀子, 너ᄅᆞᆯ ᄒᆞᆫ 돈 八分 銀을 내여 주마. ≪朴諺, 上, 31ㅎ≫本·利八兩銀子, 本과 利ㅣ 八兩 銀을. ≪朴諺, 上, 41ㅈ≫下一百兩銀子, 一百兩 銀과. ≪朴諺, 上, 55ㅎ≫我有三十兩銀子, 내게 三十兩 銀이 이셰라. ≪朴諺, 中, 4ㅈ≫這柳黃綾染錢五錢半銀

子, 이 柳黃 綾은 믌갑시 닷 돈 반 銀이오.

-은 어미 -은. ≪朴諺, 上, 1ㅈ≫又逢着這春二三月好時莭(節), 또 이 봄 二三月 됴흔 時莭(節)을 만나시니. ≪朴諺, 上, 14ㅈ≫眞箇好法兒, 진실로 됴흔 법이로다. ≪朴諺, 上, 24ㅎ≫脚穿着皀麂皮嵌金線藍條子, 발에 신은 거슨 거믄 기즈피예 金線 남 오리로 갸품 씨고. ≪朴諺, 上, 37ㅎ≫一箇長甕兒窄窄口裏頭盛着糯米酒, 흔 긴 독 조븐 부리 안히 츱발 술 담은 거시여. ≪朴諺, 上, 42ㅈ≫無計筭的錢粮, 수업슨 쳔량이니. ≪朴諺, 上, 64ㅈ≫舍人敢不識好物麽, 舍人이 됴흔 거슬 아디 못ᄒᆞᄂᆞᆫ 둧ᄒᆞ다. ≪朴諺, 中, 1ㅈ≫一箇高卓兒上脫下衣裳, 흔 노픈 卓子 우희 옷 벗고. ≪朴諺, 中, 13ㅈ≫又高麗地面裏來載千餘筒布子的大船, 또 高麗ㅅ 싸흐로셔 오ᄂᆞᆫ 千餘 筒 뵈 시른 큰 빈룰. ≪朴諺, 中, 21ㅈ≫座飾芙蓉湛南海澄淸之水, 안즌 듸ᄂᆞᆫ 芙蓉으로 숨여시니 南海 澄淸흔 水에 즘겻고. ≪朴諺, 中, 30ㅈ≫稀粥也熬着裏, 믉은 쥭도 뿌엇다. ≪朴諺, 中, 35ㅎ≫亮窓裏面把簾子幔上, 볼근 창 안히 발을다가 디(티)고. ≪朴諺, 中, 53ㅈ≫得偌多賞賜, 만흔 賞賜룰 엇도다. ≪朴諺, 下, 5ㅎ≫這高處鑽些土, 이 노픈 곳의 흙을 뚤고. ≪朴諺, 下, 14ㅈ≫或是淡粥後頭, 或 믈근 쥭을 흔 후에. ≪朴諺, 下, 21ㅈ≫擡過一箇紅漆樻子來, 흔 블근 칠흔 樻룰 드러 오라 ᄒᆞ여. ≪朴諺, 下, 26ㅈ≫但與的便是價錢, 믈읫 주ᄂᆞᆫ 거시 곳 올흔 갑시니. ≪朴諺, 下, 28ㅈ≫一霎兒贏了二升多榛子, 져근덧에 두 되 나믄 개암을 이긔어다. ≪朴諺, 下, 31ㅈ≫手柱槍的, 손에 槍을 딥흔 이. ≪朴諺, 下, 47ㅎ≫拿茶椀把盞的跟着, 茶椀 가지며 잔 잡은 이 뜰와. ≪朴諺, 下, 55ㅈ≫門前絟着帶鞍的白馬來, 門 앏희 기ᄅᆞ마지은 白馬룰 미엿더니.

-은 조 ❶-는. ≪朴諺, 中, 19ㅈ≫一箇狐帽匠家學生活去, ᄒᆞ나흔 狐帽匠의 집의 셩녕 비호라 가고. ≪朴諺, 下, 36ㅈ≫人不可貌相, 사ᄅᆞᆷ은 가히 얼굴로 상티 못ᄒᆞ고. 海不可斗量, 바다흔 가히 말로 되디 못ᄒᆞᆫ다 ᄒᆞ니. ❷-은. ≪朴諺, 上, 2ㅈ≫酒京城槽房雖然多, 술은 京城에 술집이 비록 만ᄒᆞ나. ≪朴諺, 上, 18ㅈ≫那三台板兒做得好, 뎌 三台 돈은 ᄆᆡᆫ돌기룰 잘ᄒᆞ엿고. ≪朴諺, 上, 36ㅈ≫三哥待要分開, 셋재 형은 ᄂᆞᆫ호고져 ᄒᆞ고. ≪朴諺, 上, 47ㅈ≫湯錢五箇錢, 湯錢은 다ᄉᆞᆺ 낫 돈이오. ≪朴諺, 上, 61ㅎ≫湖心中浮上浮下的是雙雙兒鴨子, 湖 心中에 浮上 浮下ᄒᆞᄂᆞᆫ 거슨 이 雙雙흔 올히오. ≪朴諺, 上, 64ㅎ≫老實價錢六兩銀子, 고디식흔 갑슨 엿 냥 은이라. ≪朴諺, 中, 10ㅎ≫買人的契, 사ᄅᆞᆷ 사ᄂᆞᆫ 글월은. ≪朴諺, 中, 14ㅈ≫草一錢銀子十一箇家大束(束)兒, 딥흔 흔 돈 은에 열흔 낫 큰 뭇이니. ≪朴諺, 中, 15ㅈ≫好相公坐的, ᄆᆞᄋᆞᆷ 됴흔 相公은 안즈라. ≪朴諺, 中, 23ㅈ≫眉秀垂楊, 눈섭은 垂楊이 쌔여난 둧ᄒᆞ도다. ≪朴諺, 中, 38ㅈ≫我老實價錢, 내 고디식흔 갑슨. ≪朴諺, 中, 46ㅈ≫我一般雜職人家, 나 흔가짓 雜職에 사ᄅᆞᆷ은. ≪朴諺, 中, 51ㅈ≫矮子呵欠氣兒不長, 난장의 하회옴은 긔운이 기디 아니타 ᄒᆞᄂᆞ니라. ≪朴諺, 中, 57ㅈ≫女的價錢大, 암은 갑시 만ᄒᆞ니라. ≪朴諺, 下, 10ㅎ≫愚男山童, 愚男 山童은. ≪朴諺, 下, 19ㅎ≫貧僧是東土人, 貧僧은 이 東土ㅅ 사ᄅᆞᆷ이라. ≪朴諺, 下, 25ㅎ≫別人不理會的, 다른 사ᄅᆞᆷ은 아디 못ᄒᆞ리라. ≪朴諺, 下, 30ㅈ≫今日是聖莭(節)日, 오ᄂᆞᆯ은 이 聖莭(節)日이라. ≪朴諺, 下, 40ㅎ≫知人知面不知心, 사ᄅᆞᆷ을 알매 ᄂᆞᆺ촌 아라도 ᄆᆞᄋᆞᆷ은 아디 못ᄒᆞᆫ다 ᄒᆞᄂᆞ니라. ≪朴諺, 下, 49ㅎ≫正陽是午門, 正陽은 이 午門이오. ≪朴諺, 下, 55ㅈ≫状不過三日便告時好, 狀은 三日이 디나디 아녀셔 곳 告홈이 됴커니와. ≪朴諺, 下, 61ㅎ≫先生且坐一坐, 先生은 아직 안즈라.

-은가 어미 -은가. ≪朴諺, 下, 22ㅎ≫莫不

死了麼, 아니 죽은가 ᄒᆞ여.

은갈(銀褐) 명 은의 빛깔이 나는 갈색. ≪朴諺, 上, 63ㅈ≫我的串香褐(集覽, 朴集, 上, 15ㅎ: 串香褐. 串香褐·麝香褐·鷹背褐·蜜褐·茶褐, 卽黃黑雜色也. 玉褐·艾褐·水褐·銀褐, 卽白黑雜色也. 藕褐, 卽紫黑雜色也.)通袖膝欄五彩綉帖裏, 내 팀향빗체 通袖 膝欄ᄒᆞ고 五彩로 綉노흔 텰릭과.

은갑(銀甲) 명 은빛이 나는 갑옷. ≪朴諺, 下, 30ㅎ≫四角頭立地的四箇將軍(集覽, 朴集, 下, 5ㅎ: 四箇將軍. 募選身軀長大壯偉異於人者, 紅盔銀甲, 立於殿前月臺上四隅, 名鎭殿將軍, 亦曰紅盔將軍, 亦曰大漢將軍. 其請給衣粮曰大漢衣粮.), 네 모히 셧ᄂᆞᆫ 네 將軍이.

은거(隱居) 동 숨어서 살다. 은거(隱居)하다. ≪朴諺, 中, 21ㅎ≫或分身居士·宰官(集覽, 朴集, 中, 5ㅈ: 居士宰官. 隱居之士, 宰輔之官. 佛書云, 應以居士得道者必在居士, 應以宰官得道者必現宰官.), 或居士·宰官에 分身ᄒᆞ고.

은념(恩念) 명 은념(恩念). '恩'은 '恩'의 속자. ≪朴諺, 中, 16ㅎ≫幾時忘這恩念, 언제 이 恩念을 니즈리오.

은념(恩念) 명 은혜로 사랑하는 마음. 또는 인정 어린 마음. ≪朴諺, 中, 16ㅎ≫幾時忘這恩念, 언제 이 恩念을 니즈리오.

은독 명 은(銀)으로 만든 독[甕]. ⇔은옹아(銀甕兒). ≪朴諺, 上, 36ㅎ≫金甕兒·銀甕兒表裏無縫兒, 금독·은독이 안팟긔 솔 업슨 거시여.

-은들 어미 -은들. ≪朴諺, 上, 30ㅎ≫覓得高麗錢大快三十年, 高麗ㅅ 錢을 어든들 크게 三十年을 즐기랴.

-은디라 어미 -은지라. ≪朴諺, 下, 4ㅈ≫正是好人魔障多, 졍히 됴흔 사ᄅᆞᆷ은 魔障이 만흔디라. ≪朴諺, 下, 26ㅎ≫好顔色圓淨的價錢大, 빗 됴코 圓淨ᄒᆞ니ᄂᆞᆫ 갑시 만흔디라.

은방(銀榜) 명 은방(銀榜).'榜'은 '榜'의 속자. ≪朴諺, 下, 50ㅈ≫你這般金榜(集覽, 朴集, 下, 11ㅈ: 金榜. 唐崔昭暴卒復甦云, 見冥間〈間〉列榜〈榜〉, 書人姓名, 將相金榜〈榜〉, 次銀榜〈榜〉, 州縣小官鐵榜〈鉄榜〉.)掛名的書生, 너ᄂᆞᆫ 이런 金榜에 掛名ᄒᆞᆫ 書生이니.

은방(銀榜) 명 명간(冥間)에서 장상(將相)에 버금가는 사람의 이름을 게시하는 방(榜). ≪朴諺, 下, 50ㅈ≫你這般金榜(集覽, 朴集, 下, 11ㅈ: 金榜. 唐崔昭暴卒復甦云, 見冥間〈間〉列榜〈榜〉, 書人姓名, 將相金榜〈榜〉, 次銀榜〈榜〉, 州縣小官鐵榜〈鉄榜〉.)掛名的書生, 너ᄂᆞᆫ 이런 金榜에 掛名ᄒᆞᆫ 書生이니.

은분(銀盆) 명 관리가 먼 길을 갈 때 행장으로 꾸리던 대야. 먼지나 때를 씻는 데 썼다. ≪朴諺, 下, 38ㅎ≫銀栲栳交椅, 銀栲栳 交椅와. 銀盆, 銀盆과. 水罐, 水罐과. 金瓜, 金瓜와. 古朶, 보리알과. 金鐙, 金鐙과. 鉞斧, 鉞斧와.

은사(銀絲) 명 은사(銀絲). 은실. ≪朴諺, 上, 28ㅈ≫銀絲事件, 銀 입ᄉᆞᄒᆞᆫ 事件이오. ≪朴諺, 下, 51ㅈ≫銀絲鈎破波紋, 銀絲 낙시 波紋을 헤티고.

은사아(銀絲兒) 명 은사(銀絲). 은실. ≪朴諺, 上, 26ㅎ≫銀絲兒獅子頭的花鐙, 銀 입ᄉᆞᄒᆞᆫ 獅子 머리 섭사긴 등ᄌᆞ에.

은서(銀鼠) 명 무산쇠족제비. (족제빗과의 포유류. 겨울에는 온몸이 흰색이고 여름에는 등이 엷은 붉은 갈색으로 바뀐다) ≪朴諺, 下, 1ㅈ≫把我的銀鼠(集覽, 朴集, 下, 1ㅈ: 銀鼠. 形如青鼠而差小, 色純雪白, 出達子地, 價直甚高.)皮背子, 내 銀鼠皮 背子와.

은서피(銀鼠皮) 명 은서(銀鼠)의 털가죽. ≪朴諺, 下, 1ㅈ≫把我的銀鼠皮背子, 내 銀鼠皮 背子와.

은실(殷實) 형 넉넉하다. 부유(富裕)하다. ≪朴諺, 上, 16ㅎ≫祭了社神(集覽, 朴集, 上, 6ㅈ: 社神. 今制, 每一鄕村之間, 或十五戶或二十戶, 隨其所便, 合爲一社. 擇其鄕里之民有義行者一人爲社長, 擇其殷實

者一人爲副.), 社神씌 祭ᄒᆞ여시니.

은양(恩養) 동 은양(恩養). '恩'은 '恩'의 속자. ≪朴諺, 中, 10ㅈ≫恩養財禮銀五兩永遠爲主, 恩養ᄒᆞᆫ 財禮 銀 닷 냥에 ᄒᆞ야 永遠히 님자를 삼아.

은양(恩養) 동 정성들여 기르다(양육하다). ⇔은양ᄒᆞ다(恩養-). ≪朴諺, 中, 10ㅈ≫恩養財禮銀五兩永遠爲主, 恩養ᄒᆞᆫ 財禮 銀 닷 냥에 ᄒᆞ야 永遠히 님자를 삼아.

은양ᄒᆞ다(恩養-) 동 정성들여 기르다(양육하다). ⇔은양(恩養). ≪朴諺, 中, 10ㅈ≫恩養財禮銀五兩永遠爲主, 恩養ᄒᆞᆫ 財禮 銀 닷 냥에 ᄒᆞ야 永遠히 님자를 삼아.

은어(隱語) 명 수수께끼. 미어(謎語). ≪朴諺, 上, 36ㅈ≫我說幾箇謎(集覽, 朴集, 上, 10ㅎ: 謎. 隱語也. 正, 音미, 俗或呼믜.), 내 여러 슈지엣말 니를 거시니.

은영(隱暎) 동 겉으로 드러나지 아니하면서 은은하게 비치다. ≪朴諺, 上, 59ㅎ≫揮使你曾到西湖(集覽, 朴集, 上, 15ㅈ: 西湖. 在玉泉山下, 泉水瀦而爲湖, 流入宮中. 西苑爲太液池, 出都城爲玉河, 東南流注于大通河. 環湖十餘里, 荷·蒲·菱·芡與夫沙禽·水鳥出沒, 隱暎於天光雲影中, 實佳境也.)景來麽, 揮使ㅣ아 네 일즙 西湖ㅅ 景에 갓든다.

은옹아(銀甕兒) 명 은으로 만든 독. ⇔은독. ≪朴諺, 上, 36ㅎ≫金甕兒·銀甕兒表裏無縫兒, 금독·은독이 안팟씌 솔 업슨 거시여.

은원(隱元) 명 구성(九星) 중의 여덟째 별 이름. 좌보성(左輔星)의 아래에 있다. ≪朴諺, 上, 18ㅎ≫後面北斗(集覽, 朴集, 上, 7ㅈ: 北斗左輔右弼. 凡九星, 曰樞宮貪狼, 曰璇宮巨門, 曰璣〈幾〉宮祿存, 曰權宮文曲, 曰衡宮廉貞, 曰闓(開)陽宮武曲, 曰瑤光宮破軍, 曰洞明宮左輔, 曰隱元宮右弼.)七星板兒做的好, 後面 北斗七星 돈은 민돌기를 잘ᄒᆞ엿고.

은자(銀子) 명 은. ❶⇔은. ≪朴諺, 上, 14ㅎ≫不着十二兩銀子, 열두 냥 은이 아니면. ≪朴諺, 上, 29ㅎ≫每一箇討五錢銀子, ᄆᆡ ᄒᆞ나히 닷 돈 은을 쐬오려니와. ≪朴諺, 上, 51ㅈ≫老娘上賞銀子·段匹, 老娘의게 은과 비단을 샹ᄒᆞ고. ≪朴諺, 上, 55ㅎ≫你拿着多少銀子買, 네 언머 은을 가지고 사려 ᄒᆞᄂᆞᆫ다. ≪朴諺, 上, 64ㅎ≫一打裏饋你十兩銀子, ᄒᆞᆫ번에 너를 열 량 은을 줄 거시니. ≪朴諺, 上, 65ㅈ≫將銀子來, 은을 가져오라. ≪朴諺, 中, 4ㅎ≫都通染錢是五兩四錢半銀子, 대되 통ᄒᆞ여 믈갑시 닷 냥 너 돈 반 은이라. ≪朴諺, 中, 11ㅎ≫我饋你銀子, 내 너를 은을 줄 거시니. ≪朴諺, 中, 19ㅎ≫將五兩銀子下馬莊裏去, 닷 냥 은을 가지고 下馬莊에 가. ≪朴諺, 中, 37ㅈ≫鴉青四季花六兩銀子一匹, 鴉青빗 四季花 문에ᄂᆞᆫ 엿 냥 은에 ᄒᆞᆫ 필이오. 葱白膝欄四兩銀子一匹, 葱白빗 膝欄에ᄂᆞᆫ 넉 냥 은에 ᄒᆞᆫ 필이라. ≪朴諺, 中, 38ㅈ≫葱白的三兩銀子如何, 葱白에ᄂᆞᆫ 석 냥 은에 홈이 엇더ᄒᆞ뇨. ≪朴諺, 下, 25ㅎ≫實要二兩銀子賣與你, 실로 두 냥 은을 밧고 네게 풀마. ≪朴諺, 下, 26ㅈ≫與你一兩銀子賣麽, 너를 ᄒᆞᆫ 냥 은을 줄 써시니 풀짜. ≪朴諺, 下, 27ㅎ≫看銀子買了儘勾了, 은을 보라 사기ᄂᆞᆫ 잇긋 유여호ᄃᆡ. ≪朴諺, 下, 29ㅈ≫如今銀子如何, 이제 은이 엇더ᄒᆞ뇨. ❷⇔은(銀). ≪朴諺, 上, 19ㅎ≫儅的二十兩銀子, 二十兩 銀에 典儅ᄒᆞ려 ᄒᆞ노라. ≪朴諺, 上, 20ㅎ≫共有二百兩銀子, 대되 二百兩 銀이 이셔야. ≪朴諺, 上, 30ㅎ≫出饋你一錢八分銀子, 너를 ᄒᆞᆫ 돈 八分 銀을 내여 주마. ≪朴諺, 上, 31ㅎ≫本·利八兩銀子, 本과 利ㅣ 八兩 銀을. ≪朴諺, 上, 41ㅈ≫下一百兩銀子, 一百兩 銀과. ≪朴諺, 上, 55ㅎ≫我有三十兩銀子, 내게 三十兩 銀이 이셰라. ≪朴諺, 中, 4ㅈ≫這柳黃綾染錢五錢半銀子, 이 柳黃 綾은 믈갑시 닷 돈 반 銀이오.

은자원패(銀字圓牌) 명 원대(元代)에 군사상 중요하고 긴급한 일이 발생하였을 때, 긴급히 공문서를 전달하기 위하여 투하

(投下)에게 지니게 하던 패. 역말을 이용할 수 있는 권한이 있었다. ≪朴諺, 中, 7ㅎ≫你不見這金字圓牌(集覽, 朴集, 中, 1ㅎ: 金字圓牌. 至正條格云, 元時, 中書省奏, 諸王·駙馬各投下有軍情緊急重事, 許令懸帶原降銀字圓牌應付鋪馬騎坐, 其餘差使人員有緊急軍情重事, 許令懸帶金字圓牌, 方付鋪馬.), 네 이 金字圓牌를 보디 몯ᄒᆞᄂᆞ다.

은전지(銀錢紙) 명 지전(紙錢) 모양으로 만든 은색의 종이. ≪朴諺, 下, 42ㅎ≫紙車(集覽, 朴集, 下, 9ㅈ: 紙車. 以金·銀錢紙結造小空車, 爲前導.), 紙車와.

은하(銀河) 명 은하(銀河). 은하수. ≪朴諺, 上, 60ㅈ≫近看時遠侵碧漢(集覽, 朴集, 上, 15ㅈ: 碧漢. 〈卽〉天河也. 河精上爲天漢. 爾雅, 析木爲之津. ㄴ在箕斗間, 自坤抵艮爲地紀, 亦名雲漢, 曰天潢, 曰銀河, 曰銀漢, 曰河漢.), 갓가이셔 보면 멀리 碧漢을 侵ᄒᆞ고.

은한(銀漢) 명 은하(銀河). 은하수. ≪朴諺, 上, 60ㅈ≫近看時遠侵碧漢(集覽, 朴集, 上, 15ㅈ: 碧漢. 〈卽〉天河也. 河精上爲天漢. 爾雅, 析木爲之津. ㄴ在箕斗間, 自坤抵艮爲地紀, 亦名雲漢, 曰天潢, 曰銀河, 曰銀漢, 曰河漢.), 갓가이셔 보면 멀리 碧漢을 侵ᄒᆞ고.

은행전(銀杏煎) 명 은행(銀杏)을 넣어 만든 전(煎). ≪朴諺, 下, 28ㅈ≫先喫甜的金橘蜜煎·銀杏煎, 몬져 ᄃᆞᆫ 金橘蜜煎과 銀杏煎을 먹어든.

은혜 명 은혜. ⇔은(恩). ≪朴諺, 上, 51ㅎ≫養子方知父母恩, ᄌᆞ식을 길러야 보야흐로 父母 은혜를 안다 ᄒᆞᄂᆞ니라.

은환(銀環) 명 은가락지. ≪朴諺, 上, 20ㅈ≫一對窟嵌的金戒指兒(集覽, 朴集, 上, 7ㅎ: 窟嵌戒指. 事物紀原云, 古者后妃羣妾御于君, 所當御者, 以銀環進之, 娠則以金環退之, 進者着右手, 退者着左手.), ᄒᆞᆫ 빵 날박은 금가락지.

-을 어미 -을. ≪朴諺, 中, 49ㅈ≫咱們人今日死的明日死的不理會的, 우리 사ᄅᆞᆷ이 오늘 죽을 줄 ᄂᆡ일 죽을 줄 아디 몯ᄒᆞ니. ≪朴諺, 中, 54ㅈ≫斗星日得飮食的日頭, 斗星日은 飮食 어들 날이니. ≪朴諺, 下, 11ㅈ≫想念之心無日有忘, ᄉᆡᆼ각ᄒᆞᄂᆞᆫ ᄆᆞᄋᆞᆷ이 니즐 날이 업서이다.

-을 조 ❶-를. ≪朴諺, 上, 22ㅎ≫我輸了這𡘢時遲了, 내 이 패을 지면 사오나오니. ≪朴諺, 中, 56ㅎ≫我的衣裳被兒包袱也都敵了, 내 衣裳과 니블 ᄡᅡᆫ 보흘 다 텨시니. ❷-을. ≪朴諺, 上, 1ㅈ≫又逢着這春二三月好時莭(節), 또 이 봄 二三月 됴흔 時莭(節)을 만나시니. ≪朴諺, 上, 16ㅎ≫我也用心做生活, 나도 用心ᄒᆞ여 셩녕을 ᄒᆞ리라. ≪朴諺, 上, 24ㅎ≫五綵綉麒麟柳綠紵絲抹口的靴子, 五綵로 猉獜을 綉ᄒᆞ고 柳綠빗체 비단으로 부리 두론 훠ᄋᆡ에. ≪朴諺, 上, 32ㅈ≫債不殺人, 빗이 사ᄅᆞᆷ을 죽게 아니ᄒᆞᄂᆞ냐. ≪朴諺, 上, 53ㅈ≫七八箇氣力的一張, 닐곱 여듧 힘에 ᄒᆞᆫ 댱을 ᄆᆡᆫ들라. ≪朴諺, 上, 58ㅈ≫不通人情不得仁義的小廝, 人情을 통티 몯ᄒᆞ고 仁義를 엇디 몯ᄒᆞᆫ 놈이라. ≪朴諺, 上, 66ㅎ≫咱兩箇將些布施和香去, 우리 둘히 져기 보시와 향을 가지고 가. ≪朴諺, 中, 10ㅎ≫保人只管一百日, 保人이 그저 일 빅 날을 ᄀᆞ옴아니. ≪朴諺, 中, 15ㅈ≫一宿不得半點睡, ᄒᆞᄅᆞᆺ밤을 半點도 자디 몯ᄒᆞ니. ≪朴諺, 中, 23ㅈ≫聖德難思, 聖德을 ᄉᆡᆼ각기 어려온디라. ≪朴諺, 中, 29ㅎ≫打一對馬脚匙來釘上着, ᄒᆞᆫ 보 다갈을 티여다가 박으라. ≪朴諺, 中, 35ㅈ≫吹起火來, 블을 부러 니르켜. ≪朴諺, 中, 46ㅎ≫扯了我一把刀兒, 내 ᄒᆞᆫ ᄌᆞᄅᆞ 칼을 ᄢᅢ히고. ≪朴諺, 中, 56ㅎ≫庫房櫃子裏放的米都喫了, 곳집 궤예 둔 ᄡᆞᆯ을 다 먹고. ≪朴諺, 中, 60ㅈ≫你多與他些物, 네 만히 뎌를 인졍을 주고. ≪朴諺, 下, 3ㅈ≫你休生怠慢心, 네 怠慢ᄒᆞᆫ ᄆᆞᄋᆞᆷ을 내디 말고. ≪朴諺, 下, 10ㅈ≫一年一日解說戒法時, 一年 一日에 戒法을 解說ᄒᆞ되. ≪朴諺, 下, 18ㅈ≫便

使黑心, 므득 게엄ᄆᆞᄋᆞᆷ을 브려. ≪朴諺, 下, 24ㅎ≫怎生拿出他本像, 엇디 뎌 本像을 잡아 내리오. ≪朴諺, 下, 35ㅈ≫咱且打毬門窩兒了, 우리 아직 毬門 굼글 티고. ≪朴諺, 下, 39ㅈ≫我這上直着誰當着, 내 이 上直을 눌로 ᄒᆞ여 당ᄒᆞ리오. ≪朴諺, 下, 45ㅈ≫盛湯着, 湯을 ᄯᅳ라. ≪朴諺, 下, 55ㅎ≫收討的六兩, 거두어 어드니는 엿 냥을 ᄒᆞ여.

-을가 어미 -을까. ≪朴諺, 上, 54ㅎ≫恐後無憑, 후에 의빙홈이 업슬가 저허. ≪朴諺, 中, 10ㅎ≫恐後無憑, 후에 의빙홈이 업슬가 저허. ≪朴諺, 中, 39ㅎ≫恐後無憑, 후에 의빙홈이 업슬가 저허.

-을다 어미 -을 것이냐. -겠느냐. ≪朴諺, 上, 22ㅎ≫硬道是着麽, 굿ᄐᆡ여 이리 닐을다. ≪朴諺, 中, 57ㅎ≫你敢罵我, 네 싱심이나 날을 ᄭᅮ지즐다.

-을ᄭᅡ 어미 -을까. ≪朴諺, 中, 60ㅎ≫也不見的, ᄯᅩ 일흘ᄭᅡ ᄒᆞ노라.

-을ᄡᅡ 어미 -ㄹ 것이냐. -겠느냐. ≪朴諺, 下, 26ㅎ≫你不賣將家去就飯喫, 네 ᄑᆞ디 아니ᄒᆞ고 집의 가져가 밥ᄒᆞ여 먹을ᄡᅡ. ≪朴諺, 下, 27ㅎ≫問客官人們喫甚麽茶, 客官人ᄃᆞ려 무로ᄃᆡ 므슴 차 머글ᄡᅡ. ≪朴諺, 下, 32ㅈ≫喫甚麽飯, 므슴 밥을 먹을ᄡᅡ.

을축(乙丑) 명 육십갑자의 둘째. ≪朴諺, 中, 54ㅈ≫今日是乙丑日·斗星日, 오늘은 이 乙丑日이오 斗星日이라.

을축일(乙丑日) 명 간지(干支)가 을축인 날. ≪朴諺, 中, 54ㅈ≫今日是乙丑日·斗星日, 오늘은 이 乙丑日이오 斗星日이라.

읇ㅍ다 동 읊다. ⇔음(吟). ≪朴諺, 中, 44ㅈ≫對客飮酒吟詩句, 客을 對ᄒᆞ야 술을 먹고 詩句를 읇프며.

음(吟) 동 읊다. ⇔읇ㅍ다. ≪朴諺, 中, 44ㅈ≫對客飮酒吟詩句, 客을 對ᄒᆞ야 술을 먹고 詩句를 읇프며.

음(飮) 동 먹다. 마시다. ⇔먹다. ≪朴諺, 中, 44ㅈ≫對客飮酒吟詩句, 客을 對ᄒᆞ야 술을 먹고 詩句를 읇프며.

-음 접미 -음. ≪朴諺, 上, 23ㅎ≫結做好弟兄時如何, ᄆᆞᄋᆞᆷ 됴흔 弟兄을 지음이 엇더ᄒᆞ뇨. ≪朴諺, 上, 33ㅎ≫却喫這一頓打也是, ᄯᅩ 이 ᄒᆞᆫ 디위 마즘을 니버도 올흐니라. ≪朴諺, 上, 37ㅈ≫不知道我的麁和細, 나의 굴금과 ᄀᆞᄂᆞᆷ을 아디 못ᄒᆞᄂᆞᆫ 거시여. ≪朴諺, 上, 66ㅎ≫禮拜供養做些因緣時好, 禮拜 供養ᄒᆞ야 져기 인연을 지음이 됴흐리로다. ≪朴諺, 中, 25ㅈ≫有些事時喫打, 져기 일이 이시면 마즘을 니브리라. ≪朴諺, 中, 38ㅎ≫嫌窄裏, 좁으믈 나므라. ≪朴諺, 中, 54ㅈ≫赶也赶上做裡, 밋ᄎᆞᆷ은 미처 지으리라. ≪朴諺, 中, 58ㅈ≫這的便是仰面唾天, 이거시 곳 잣바 하늘헤 춤바틈이로다. ≪朴諺, 中, 60ㅎ≫好的一般, 됴흠이 ᄒᆞᆫ가지어니ᄯᆞ녀. ≪朴諺, 下, 12ㅈ≫比及孩兒相會, 孩兒ㅣ 서르 모듬을 미처. ≪朴諺, 下, 42ㅎ≫臨明喫和和飯, ᄇᆞᆰ음애 님ᄒᆞ여 온반을 먹드라. ≪朴諺, 下, 22ㅎ≫被鬼們當住出不來, 귀신들의 막으믈 닙어 나오디 못ᄒᆞ여. ≪朴諺, 下, 43ㅎ≫臨死獨自當, 죽으매 님ᄒᆞ여 홀로 당ᄒᆞ니.

음년(陰年) 명 지지(地支)가 축(丑)·묘(卯)·사(巳)·미(未)·유(酉)·해(亥)인 해. ≪朴諺, 下, 46ㅎ≫立地赶牛(集覽, 朴集, 下, 10ㅎ: 立地赶牛. 芒神閑忙, 立春在正旦前後, 各五日內者是忙, 芒神與牛齊立, 在正旦前五辰外者是農早忙, 芒神在牛前立, 正旦後五辰外者是農晩閑, 芒神在牛後立, 子寅辰午申戌陽年, 在左邊立, 丑·卯·巳·未·酉·亥陰年, 在右邊立.), ᄡᅡ히 셔셔 쇼를 몰면.

음년(陰年) 명 음년(陰年). '陰'은 '陰'의 속자. ≪朴諺, 下, 46ㅎ≫立地赶牛(集覽, 朴集, 下, 10ㅎ: 立地赶牛. 芒神閑忙, 立春在正旦前後, 各五日內者是忙, 芒神與牛齊立, 在正旦前五辰外者是農早忙, 芒神在牛前立, 正旦後五辰外者是農晩閑, 芒神在牛後立, 子寅辰午申戌陽年, 在左邊立, 丑·卯·巳·未·酉·亥陰年, 在右邊立.),

ᄶᅡᄒᆡ 셔셔 쇼를 몰면.

음량(陰凉) 형 서늘하다. ⇔서늘ᄒᆞ다. ≪朴諺, 上, 20ㅎ≫絟在陰凉處, 서늘ᄒᆞᆫ ᄃᆡ ᄆᆡ여 두고.

음부(淫婦) 명 음란하고 방탕한 여자. ≪集覽, 字解, 單字解, 7ㅎ≫養. 養成 기르다. 又生産曰養, 養孩兒 ᄌᆞ식 나타. 又呼淫婦宣淫者曰養漢的.

음산(陰山) 명 내몽구자치구(內蒙古自治區)에 있다. ≪朴諺, 上, 65ㅈ≫南城(集覽, 朴集, 上, 15ㅎ: 南城. 大元以燕京爲大都, 俗號南城, 以開平府爲上都, 俗號北城. 開平府在陰山之南. 自燕京至上都, 地勢一步高一步, 四時多雨雪.)永寧寺裏, 南城 永寧寺에.

음성(音聲) 명 사람의 목소리나 말소리. ≪朴諺, 中, 21ㅎ≫或作童女(集覽, 朴集, 中, 4ㅎ: 童男童女. 應作種種身, 或在天上, 在人間, 隨其所樂, 皆令見衆生形相各不同, 行業音聲亦無量.), 혹 童女ㅣ 되며.

음식(飮食) 명 먹는 것과 마시는 것. ≪朴諺, 中, 15ㅈ≫尺脉較沈(集覽, 朴集, 中, 3ㅈ: 尺脉較沈. 人手有寸·關·尺三部脉. 尺脉主腎命門, 屬水而沈. 脾屬土, 凡人飮食傷脾土, 則土不克水而見沈, 脉較差也.), 尺脉이 젹이 沈ᄒᆞ니. ≪朴諺, 中, 54ㅈ≫斗星日得飮食的日頭, 斗星日은 飮食 어들 날이니.

음양(陰陽) 동 상묘(相墓)·택일(擇日)·점성(占星)·점복(占卜) 따위를 보다. ⇔음양ᄒᆞ다(陰陽-). ≪朴諺, 下, 41ㅈ≫陰陽人是誰, 陰陽ᄒᆞᄂᆞᆫ 사ᄅᆞᆷ은 이 뉘러뇨.

음양(陰陽) 명 음과 양. ≪朴諺, 上, 10ㅈ≫後日是天赦日(集覽, 朴集, 上, 5ㅈ: 天赦日. 春戊寅·夏甲午·秋戊申·冬甲子, 謂天道生育萬物而宥其罪也. 甲戊爲陽干之德, 子午爲陰陽之成, 寅申爲陰陽之立, 以干德配之爲赦也, 可修造起工〈土〉.), 모뢰ᄂᆞᆫ 이 天赦日이니. ≪朴諺, 上, 18ㅈ≫那三台(集覽, 朴集, 上, 7ㅈ: 三台. 三台, 星名. 事文類聚云, 上階爲天子, 中階爲諸侯·公卿·大夫, 下階爲士·庶人. 三階平則陰陽和, 風雨時, 天下大安.)板兒做得好, 뎌 三台 돈은 ᄆᆡᆫ돌기를 잘ᄒᆞ엿고. ≪朴諺, 上, 18ㅎ≫後面北斗(集覽, 朴集, 上, 7ㅈ: 北斗左輔右弼. 晉書天文志云, 七星在太微北, 七政之樞機, 陰陽之元本.)七星板兒做的好, 後面 北斗七星 돈은 ᄆᆡᆫ돌기를 잘ᄒᆞ엿고. ≪朴諺, 下, 18ㅎ≫做羅天大醮(集覽, 朴集, 下, 4ㅎ: 大醮. 又有消災度厄之法, 依陰陽五行之數, 推人年命, 書爲章疏靑詞, 奏達天神, 謂之醮.), 羅天大醮를 ᄒᆞ더니. ≪朴諺, 下, 42ㅎ≫仵作(集覽, 朴集, 下, 9ㅈ: 仵作. 爾雅曰, 偶者, 合也. 陰陽相合則成偶, 謂得中也.)家, 仵作의 집의. ≪朴諺, 下, 48ㅎ≫太保(集覽, 朴集, 下, 10ㅎ: 太師太保. 元以太師·太傅·太保爲三師, 以太尉·司徒·司空爲三公. 漢·唐舊〈旧〉制也. 三師, 師〈ヒ〉範一人, 儀刑四海, 三公, 論道經邦, 燮理陰陽.)家的, 太保ㅅ 집.

음양(陰陽) 명 음양(陰陽). '陰'은 '陰'의 속자. ≪朴諺, 上, 10ㅈ≫後日是天赦日(集覽, 朴集, 上, 5ㅈ: 天赦日. 春戊寅·夏甲午·秋戊申·冬甲子, 謂天道生育萬物而宥其罪也. 甲戊爲陽干之德, 子午爲陰陽之成, 寅申爲陰陽之立, 以干德配之爲赦也, 可修造起工〈土〉.), 모뢰ᄂᆞᆫ 이 天赦日이니.

음양오행(陰陽五行) 명 음양과 오행. ≪朴諺, 下, 18ㅎ≫做羅天大醮(集覽, 朴集, 下, 4ㅎ: 大醮. 又有消災度厄之法, 依陰陽五行之數, 推人年命, 書爲章疏靑詞, 奏達天神, 謂之醮.), 羅天大醮를 ᄒᆞ더니.

음양인(陰陽人) 명 음양(陰陽)하는 일을 업으로 하는 사람. ⇔음양ᄒᆞᄂᆞᆫ사ᄅᆞᆷ(陰陽-). ≪朴諺, 下, 41ㅈ≫陰陽人是誰, 陰陽ᄒᆞᄂᆞᆫ 사ᄅᆞᆷ은 이 뉘러뇨.

음양ᄒᆞᄂᆞᆫ사ᄅᆞᆷ(陰陽-) 명 음양(陰陽)하는 일을 업으로 하는 사람. ⇔음양인(陰陽人). ≪朴諺, 下, 41ㅈ≫陰陽人是誰, 陰陽ᄒᆞᄂᆞᆫ 사ᄅᆞᆷ은 이 뉘러뇨.

음양ᄒᆞ다(陰陽-) 동 상묘(相墓)·택일(擇

日)·점성(占星)·점복(占卜) 따위를 보다. ⇔음양(陰陽). ≪朴諺, 下, 41ㅈ≫陰陽人是誰, 陰陽ᄒᆞᄂᆞᆫ 사ᄅᆞᆷ은 이 뉘러뇨.

음의(音義) 명 소리와 뜻. ≪集覽, 凡例≫音義者, 卽原本所著音義也. 所釋或與譯語指南不同, 今從音義之釋. 音義有誤者, 今亦正之.

음주(飮酒) 동 술을 마시다. ≪集覽, 字解, 累字解, 1ㅈ≫按酒. 飮酒時, 其所助酒按下之物曰按酒. 猶言餚饌. ≪朴諺, 上, 39ㅈ≫狗有濺草之恩(集覽, 朴集, 上, 11ㅈ: 狗有濺草之恩. 晉太和中, 楊生養狗, 甚愛之. 後生飮酒醉, 行至大澤, 草中眠. 時値冬月, 野火起, 風又猛, 狗呼喚, 生不覺.), 개ᄂᆞᆫ 濺草ᄒᆞᆫ 恩이 잇고. 馬有垂繮之報, ᄆᆞᆯ은 垂繮ᄒᆞᆫ 報ㅣ 잇다 ᄒᆞᄂᆞ니라. ≪朴諺, 上, 49ㅎ≫張弓有別力飮酒有別腸腹, 張弓애 別力이 잇고 飮酒애 別腸이 잇ᄂᆞ니라. ≪朴諺, 下, 13ㅈ≫上面畫六鶴舞琴(集覽, 朴集, 下, 3ㅈ: 六鶴舞琴. 遂取藍橘皮, 於壁上畫鶴, 曰, 客來飮酒, 但令拍手歌之, 其鶴必舞, 將此酬汝. 後客至, 如其言, 鶴果舞, 觀者沓至, 酬之以錢, 遂致鉅〈巨〉富.), 上面에 六鶴舞琴을 그리고.

음찬정요(飮饌正要) 명 책 이름. ≪朴諺, 下, 32ㅈ≫水精角兒(集覽, 朴集, 下, 6ㅈ: 水精角兒. 飮饌正要云, 羊肉·羊脂·羊尾子·生葱·陳皮·生薑, 各細切, 入細料物, 塩醬拌勻爲餡. 用豆粉作皮包之, 水煮供食.), 水精角兒과.

음청(陰晴) 명 날씨가 흐린 날과 갠 날. 또는 흐림과 갬. ≪朴諺, 下, 15ㅈ≫那裏問雨雪陰晴, 어ᄃᆡ 雨雪 陰晴을 무로리오.

읍ᄒᆞ다 동 읍(揖)하다. ⇔창야(唱喏). ≪朴諺, 上, 44ㅎ≫師傅上唱喏, 스승님ᄭᅴ 읍ᄒᆞ고.

읏듬 명 으뜸. 첫째. ❶⇔기두(起頭). ≪朴諺, 下, 20ㅈ≫起頭坐靜, 읏듬은 안ᄶᅵ를 靜히 ᄒᆞ고. 第二槓中猜物, 둘째ᄂᆞᆫ 槓中엣 거슬 알고. 第三滾油洗澡, 셋재ᄂᆞᆫ 긇ᄂᆞᆫ 기름에 모욕ᄒᆞ고. ❷⇔두(頭). ≪朴諺, 中, 8ㅈ≫你怎麽不肯將頭馬來, 네 엇디 즐겨 읏듬 ᄆᆞᆯ을 가져오디 아니ᄒᆞᄂᆞᆫ다. ❸⇔위두(爲頭). ≪朴諺, 下, 13ㅎ≫可知每日兩箇羊爲頭兒, 그리어니 每日에 두 羊을 읏듬으로 ᄒᆞ고. 軟肉薄餠喫了, 軟肉 소 녀ᄒᆞᆫ 薄餠을 먹고. ≪朴諺, 下, 42ㅈ≫爲頭兒門外前放一箇卓兒, 읏듬으로 문 밧긔 ᄒᆞᆫ 탁ᄌᆞ를 노코.

읏뜸 명 으뜸. 첫째. ❶⇔두(頭). ≪朴諺, 中, 7ㅈ≫將三箇十分緊驪的頭馬來, 세 ᄀᆞ장 잰 읏뜸 ᄆᆞᆯ을 가져오고. ❷⇔위두(爲頭). ≪朴諺, 上, 53ㅎ≫只願的爲頭兒射着, 그저 원컨대 읏뜸으로 ᄡᅩ쇼셔.

응(應) 동 응하다. ⇔응ᄒᆞ다(應-). ≪朴諺, 上, 45ㅎ≫應科擧得做官, 科擧를 應ᄒᆞ여 벼슬홈을 어더.

응(應) 형 마땅하다. ⇔맛당ᄒᆞ다. ≪朴諺, 下, 27ㅎ≫我買的不應心, 내 사기 ᄆᆞ음애 맛당티 못ᄒᆞ여라.

응공(應供) 동 봉양(奉養)하다. 또는 봉양을 받다. ≪朴諺, 上, 65ㅎ≫得傳衣鉢(集覽, 朴集, 上, 16ㅈ: 傳衣鉢. 書言故事云, 傳授佛法, 謂之傳衣鉢. 衣, 卽袈裟三事衣也, 鉢, 應供器也.), 衣鉢 傳홈을 어더.

응급(應急) 동 급한 대로 우선 처리하다. 또는 급한 정황에 대처하다. ≪朴諺, 上, 16ㅎ≫祭了社神(集覽, 朴集, 上, 6ㅈ: 社神. 今制, 每一鄕村之間, 或十五戶或二十戶, 隨其所便, 合爲一社. 擇其鄕里之民有義行者一人爲社長, 擇其殷實者一人爲副, 立社倉, 收掌錢穀, 借貸應急.), 社神ᄭᅴ 祭ᄒᆞ여시니.

응낙(應諾) 동 상대편의 요청에 응하여 승낙하다. ≪朴諺, 上, 44ㅎ≫師傅上唱喏(集覽, 朴集, 上, 12ㅎ: 唱喏. 揖也. 詞曲曰, 一箇唱, 百箇喏, 謂一人呼唱於上, 衆人應諾於下. 如將帥在營幕下, 軍卒投謁於前者列立於〈軍卒投謁於前者列於〉庭, 將帥發一令語, 則衆下齊聲以應.), 스승님ᄭᅴ 읍ᄒᆞ고.

응답(應答) 동 대답하다. 응답하다. ⇔ᄃᆡ

답ᄒᆞ다. ≪集覽, 字解, 累字解, 2ㅈ≫打發. 禮待應答之稱, 보숣펴 ᄃᆡ답ᄒᆞ다.

응당(應當) 閅 응당(應當). ≪朴諺, 上, 2ㅎ≫光祿寺裡着姓李的館夫(集覽, 朴集, 上, 1ㅎ: 館夫. 應當舘〈館〉驛接待使客之役.)討去, 光祿寺에ᄂᆞᆫ 姓이 李가 館夫로 ᄒᆞ여 어드라 가게 ᄒᆞ고.

응배갈(鷹背褐) 명 매 등의 빛깔과 같은 갈색. ≪朴諺, 上, 63ㅈ≫我的串香褐(集覽, 朴集, 上, 15ㅎ: 串香褐. 串香褐·麝香褐·鷹背褐·蜜褐·茶褐, 卽黃黑雜色也. 玉褐·艾褐·水褐·銀褐, 卽白黑雜色也. 藕褐, 卽紫黑雜色也.)通袖膝欄五彩綉帖裏, 내 팀향빗체 通袖 膝欄ᄒᆞ고 五彩로 綉노흔 텰릭과.

응부(應付) 동 요구에 응하여 내어주다. ≪朴諺, 中, 7ㅎ≫你不見這金字圓牌(集覽, 朴集, 中, 1ㅎ: 金字圓牌. 至正條格云, 元時, 中書省奏, 諸王·駙馬各投下有軍情緊急重事, 許令懸帶原降銀字圓牌應付鋪馬騎坐, 其餘差使人員有緊急軍情重事, 許令懸帶金字圓牌, 方付鋪馬.), 네 이 金字圓牌를 보디 못ᄒᆞᄂᆞᆫ다. ≪朴諺, 中, 8ㅈ≫轡頭都散與(集覽, 朴集, 中, 1ㅎ: 轡頭散與. 女直·達子朝貢時, 到驛應付馬匹騎坐者, 各出轡頭, 散與馬夫, 馬夫受轡套馬, 令各轡主認轡占馬, 使無爭占之擾.)他, 구레를 다 흣터 뎌를 주라. ≪朴諺, 中, 9ㅈ≫你與我甘結·應付(集覽, 朴集, 中, 2ㅈ: 應付. 質問云, 應者, 荅應也, 付者, 與也. 如遇使客到驛, 將口粮·馬驢荅應與他, 方言謂之應付.), 네 날을 甘結과 應付를 주고려.

응빙(應聘) 동 초빙(招聘)에 응하다. 초빙되다. ≪朴諺, 中, 25ㅎ≫可知那厮使長的大帽(集覽, 朴集, 中, 6ㅎ: 大帽. 如本國笠子之制. 南村輟耕錄云, 胡石塘先生嘗應聘入京, 世皇召見於〈於〉便殿, 趍(趨)進, 不覺笠子欹側.)也做裏, 그리어니 뎌 놈이 使長의 큰갓도 밍ᄀᆞ니.

응소(應劭) 명 후한(後漢) 여남(汝南) 사람. 봉(奉)의 아들. 자(字)는 중원(仲遠). 박학다문(博學多聞)하였다. 효렴(孝廉)으로 천거되어 태산 태수(太山太守)가 되고, 황건적(黃巾賊) 토벌에 공을 세워 헌제(獻帝) 때 원소(袁紹)의 군모 교위(軍謀校尉)를 지냈다. 저서에 풍속통(風俗通)이 있다. ≪朴諺, 上, 11ㅎ≫關幾擔(集覽, 朴集, 上, 5ㅈ: 擔. 前漢[書]蒯通傳, 守甔石之祿. 應劭注, 擔, 受二斛.), 몃 짐을 ᄐᆞ료.

응용(應用) 동 응용(應用)하다. (필요에 따라서 활용하다. 사용하다) ≪朴諺, 上, 48ㅎ≫省多少盤纏(集覽, 朴集, 上, 13ㅈ: 盤纏. 質問云, 盤費纏繳供給之物, 如供給服食應用金銀·財帛之類.), 언멋 盤纏을 ᄆᆡ와뇨.

응유(應有) 동 마땅히 있어야 할. 상응하는. 당연한. 합당한. ⇔응유ᄒᆞ다(應有-). ≪朴諺, 上, 54ㅎ≫將借錢人在家應有直錢物件, 돈 ᄲᅮᆫ 사ᄅᆞᆷ의 집의 應有ᄒᆞ엿ᄂᆞᆫ 갑ᄊᆞᆫ 物件을다가. ≪朴諺, 中, 39ㅎ≫將賃房人家內應有直錢物件, 집 셰낸 사ᄅᆞᆷ의 집의 應有ᄒᆞᆫ 갑ᄊᆞᆫ 物件을다가.

응유ᄒᆞ다(應有-) 동 마땅히 있어야 할. 상응하는. 당연한. 합당한. ⇔응유(應有). ≪朴諺, 上, 54ㅎ≫將借錢人在家應有直錢物件, 돈 ᄲᅮᆫ 사ᄅᆞᆷ의 집의 應有ᄒᆞ엿ᄂᆞᆫ 갑ᄊᆞᆫ 物件을다가. ≪朴諺, 中, 39ㅎ≫將賃房人家內應有直錢物件, 집 셰낸 사ᄅᆞᆷ의 집의 應有ᄒᆞᆫ 갑ᄊᆞᆫ 物件을다가.

응천부(應天府) 명 명대(明代)에 두었다. 태조(太祖)가 도읍을 정한 곳으로, 성조(成祖)가 북경(北京)으로 도읍을 옮기면서 남경(南京)이라 하였다. ≪朴諺, 下, 51ㅎ≫申(集覽, 朴集, 下, 11ㅎ: 申. 今按, 直隷府申六部, 在外府州申都司, 應天府申五軍都督, 皆名曰申狀.)竊盜狀, 窃盜狀을 申ᄒᆞ노니. ≪朴諺, 下, 38ㅈ≫除在南京應天府丞(集覽, 朴集, 下, 8ㅎ: 南京應天府丞. 南京, 古金陵之地, 吳·晉·宋·齊·梁·陳·南唐建都, 大明太祖定鼎於此, 爲京師, 設應天府, 以燕京爲北平布政司.),

南京 應天府丞을 除ᄒᆞ엿ᄂᆞ니라.

응취(鷹觜) 명 장치기공을 치는 공채의 위를 꾸미는 물건. ≪朴諺, 下, 35ㅈ≫滾子, 방올과. 鷹觜(集覽, 朴集, 下, 7ㅎ: 鷹觜. 質問云, 毬棒上所用之物.)擊起毬兒, 鷹觜와 擊起 毬兒ᄅᆞᆯ.

응판(應辦) 동 수요(需要)에 응하여 갖추어 대다. ≪朴諺, 中, 5ㅈ≫站家擂皷(集覽, 朴集, 中, 1ㅈ: 站家擂鼓. 舘驛門上皆設更鼓〈皷〉之樓, 凡使客入門必擊其鼓〈皷〉, 招集人衆, 應辦事務.), 站에셔 붑 티니.

응ᄒᆞ다(應-) 동 응(應)하다. ⇔응(應). ≪朴諺, 上, 45ㅎ≫應科擧得做官, 科擧ᄅᆞᆯ 應ᄒᆞ여 벼슬홈을 어더.

의(衣) 동 입다[服]. 입히다. ⇔닙다. ≪朴諺, 下, 11ㅎ≫衣錦還鄕, 비단옷 닙고 고향의 도라가.

의(衣) 명 옷. ⇔옷. ≪朴諺, 中, 54ㅈ≫好裁衣, 옷 ᄆᆞᄅᆞ기 됴흐니. ≪朴諺, 下, 54ㅈ≫將某衣領扯住言道, 某의 옷기슬 잡고 닐오되.

의(依) 부 그대로. …대로. ⇔그대로. ≪集覽, 字解, 累字解, 2ㅈ≫照依. 마초와 그대로 ᄒᆞ다.

의(依) 조 -대로. …따라. …에 의해서. ⇔-대로. ≪朴諺, 上, 3ㅎ≫照依前例該與多少, 前例대로 ᄒᆞ면 언메나 주엄 즉ᄒᆞ관ᄃᆡ. ≪朴諺, 上, 42ㅎ≫依體例十兩裏一兩家除時, 體例대로 열 량에 ᄒᆞᆫ 냥식 덜면.

의(倚) 동 의지(依支)하다. ⇔지혀다. ≪朴諺, 下, 9ㅈ≫一會兒倚着欄干頓睡, ᄒᆞᆫ 디위 欄干을 지혀 조으더니.

의(意) 명 뜻. ⇔ᄠᅳᆮ. ≪朴諺, 上, 24ㅈ≫却有弟兄之意, 또 弟兄의 ᄠᅳᆮ이 이시려니ᄯᆞ녀. ≪朴諺, 上, 45ㅎ≫越在意勤勤的學着, 더옥 ᄠᅳᆮ 두어 브즈런이 ᄇᆡ호라. ≪朴諺, 中, 17ㅈ≫重意的多與將來, 重ᄒᆞᆫ ᄠᅳᆮ으로 만히 주어 가져오니. ≪朴諺, 中, 31ㅎ≫是人倫弟兄之意, 이 人倫 弟兄의 ᄠᅳᆮ이어니와.

의(醫) 동 고치다. 치료하다. ❶⇔고티다. ≪朴諺, 上, 13ㅎ≫容易醫他, 뎌는 고티기 쉬오니. ≪朴諺, 上, 38ㅈ≫這裏有獸醫(集覽, 朴集, 上, 10ㅎ: 獸醫. 南村輟耕錄云, 世以療馬者曰獸醫, 療牛者曰牛醫. 周禮獸醫註, 獸, 牛馬之屬. 按此則療牛者亦當曰獸醫, 今俗呼療馬者曰馬獸醫.)家麽, 여긔 즘ᄉᆡᆼ 고티ᄂᆞᆫ 집이 잇ᄂᆞ냐. ≪朴諺, 上, 38ㅎ≫他快醫頭口, 뎨 즘ᄉᆡᆼ 고티기 잘ᄒᆞᄂᆞ니라. ≪朴諺, 上, 39ㅈ≫張五你饋我醫馬骨眼, 張五ㅣ야 네 나ᄅᆞᆯ ᄆᆞᆯ 눈에 치 고텨 주고. ≪朴諺, 上, 39ㅈ≫醫了, 고텨다. ❷⇔곳티다. ≪朴諺, 上, 56ㅎ≫醫他時便是, 뎌ᄅᆞᆯ 곳티면 곳 이라.

-의 조 ❶-에게. -게. ≪朴諺, 下, 25ㅎ≫這賊養漢生的小驢精, 이 도적 화냥년의 난 나괴ᄡᅵ야. ❷-에. ≪集覽, 字解, 單字解, 1ㅎ≫底. 下也. 底下 아래. 又本也. 底簿 믿글월. 又語助. 根底 알ᄑᆡ. 又손ᄃᆡ. 又與的字通用. ≪朴諺, 上, 8ㅈ≫小人到禮部裏, 小人이 禮部의 가노라. ≪朴諺, 上, 31ㅈ≫誆惑人東西不在家, 사ᄅᆞᄆᆡ 것 소기노라 집의 잇디 아니ᄒᆞ니. ≪朴諺, 上, 48ㅈ≫到家慢慢的與你洗塵, 집의 가 날회여 네게 마지ᄒᆞ마. ≪朴諺, 上, 50ㅎ≫底下鋪蒲席, 밋희 지즑 ᄭᆞᆯ고. ≪朴諺, 上, 56ㅎ≫早起家裏有客人來, 아ᄎᆞᄆᆡ 집의 나그ᄂᆡ 왓거ᄂᆞᆯ. ≪朴諺, 上, 61ㅈ≫北岸上有一座大寺, 북편 언덕 우희 ᄒᆞᆫ 座 큰 뎔이 이시니. ≪朴諺, 中, 12ㅎ≫黑夜用心好生看着, 밤의 用心ᄒᆞ여 ᄀᆞ장 보ᄉᆞᆯ피라. ≪朴諺, 中, 13ㅈ≫我來時節(節), 내 올 적의. ≪朴諺, 中, 24ㅎ≫其餘的件當們家裏有着, 그 나믄 伴當들흔 집의 이셔. ≪朴諺, 中, 39ㅎ≫將賃房人家內應有直錢物件, 집 셰낸 사ᄅᆞᄆᆡ 집의 應有ᄒᆞᆫ 갑ᄊᆞᆫ 物件을다가. ≪朴諺, 中, 46ㅎ≫打雙陸時節(節), 쌍뉵 틸 적의. ≪朴諺, 中, 58ㅎ≫你家裏不有菖蒲來, 네 집의 菖蒲ㅣ 잇디 아니ᄒᆞ냐. ≪朴諺, 下, 3ㅈ≫往常唐三藏師傅, 뎌적의 唐ㅅ 三藏 師傅ㅣ. ≪朴諺, 下, 10ㅈ≫到家裏敬重父母, 집의

가는 父母를 敬重ᄒᆞᄂᆞ니. ≪朴諺, 下, 15ㅎ≫城外種稻子來, 셩 밧긔 벼 시므라 갓다가. ≪朴諺, 下, 19ㅈ≫到羅天大醮壇場上蔵身, 羅天大醮ᄒᆞ는 壇場 우희 가 몸을 ᄀᆞᆷ초와. ≪朴諺, 下, 30ㅎ≫大明殿前月臺上, 大明殿 앏 月臺 우희. ≪朴諺, 下, 40ㅈ≫他家裏事多, 뎌 집의 일이 만ᄒᆞ니. ≪朴諺, 下, 55ㅈ≫門前絟着帶鞍的白馬來, 門 앏희 기르마지은 白馬를 ᄆᆡ엿더니. ≪朴諺, 下, 61ㅈ≫逃走在山裏, 도망ᄒᆞ야 山의 잇더니.

-의 조 ❶-의. ≪朴諺, 上, 2ㅎ≫又內府管酒的官人們造的好酒, 또 內府에 술 ᄀᆞ음아는 官人들의 비즌 됴흔 술을. ≪朴諺, 上, 23ㅎ≫衆朋友們的名字都寫着請去, 모든 벗들의 名字를 다 써 청ᄒᆞ라 가쟈. ≪朴諺, 上, 31ㅈ≫誆惑人東西不在家, 사ᄅᆞᆷ의 것 소기노라 집의 잇디 아니ᄒᆞ니. ≪朴諺, 上, 45ㅎ≫孝之終也, 孝의 終이니라. ≪朴諺, 上, 54ㅎ≫將借錢人在家應有直錢物件, 돈 ᄭᅮᆫ 사ᄅᆞᆷ의 집의 應有ᄒᆞ엿는 갑ᄊᆞᆫ 物件을다가. ≪朴諺, 上, 58ㅈ≫又不喫了他的, 또 뎌의 거슬 먹디 아닐 거시니. ≪朴諺, 上, 62ㅈ≫河邉兒窺魚的是無數目的水老鴉, 믈ᄭᅵᆺ의 고기 엿는 거슨 이 수 업슨 가마오디오. ≪朴諺, 中, 14ㅎ≫遠行知馬力, 멀리 가매 ᄆᆞᆯ 힘을 알고. 日久見人心, 날이 오라매 사ᄅᆞᆷ의 ᄆᆞᄋᆞᆷ을 보ᄂᆞ니라. ≪朴諺, 中, 15ㅈ≫咳相公脉息, 애 相公의 脉이. ≪朴諺, 中, 23ㅎ≫救衆生難, 衆生의 難을 救ᄒᆞ야. ≪朴諺, 中, 25ㅎ≫徐五家的, 徐五의 집의셔 ᄒᆞᆫ 거시라. ≪朴諺, 中, 30ㅈ≫乾羊脚子煮着裏, ᄆᆞ른 羊의 다리를 ᄉᆞᆯ맛노라. ≪朴諺, 中, 50ㅈ≫不敢違了姐姐的言語, 감히 姐姐의 말을 어긔오디 말고. ≪朴諺, 中, 59ㅈ≫受他錢財當住, 뎌의 錢財를 밧고 머믈워. ≪朴諺, 下, 4ㅈ≫逢多少惡物刁蹶, 언머 惡物의 ᄂᆞᆷ뽐을 만나시리오. ≪朴諺, 下, 10ㅈ≫那達達聽師傅說, 뎌 達達이 師傅의 니ᄅᆞᆷ을 듯고. ≪朴諺, 下, 24ㅈ≫把先生的頭拖將去, 先生의 머리를다가 ᄭᅳ어 가져가니. ≪朴諺, 下, 40ㅈ≫他別處畫了一箇官人的影來, 뎨 다른 ᄃᆡ ᄒᆞᆫ 官人의 얼굴을 그리니. ≪朴諺, 下, 50ㅈ≫那裏想我這漁翁之味, 어ᄃᆡ 우리 이 漁翁의 마ᄉᆞᆯ ᄉᆡᆼ각ᄒᆞ리오. ≪朴諺, 下, 57ㅎ≫張編修是小人的同年, 張編修는 이 小人의 同年이니. ≪朴諺, 下, 60ㅈ≫怎受他苦, 엇디 뎌의 보채믈 바드리오. ❷-의. ⇔지(之). ≪朴諺, 上, 7ㅎ≫有酒有花以爲眼前之樂, 술이 잇고 곳치 잇거든 ᄡᅥ 眼前의 樂을 ᄒᆞ라. ≪朴諺, 上, 7ㅎ≫無子無孫盡是他人之物, 無子 無孫ᄒᆞ면 다 他人의 거시라 ᄒᆞ니. ≪朴諺, 中, 23ㅈ≫故得人天之喜躍鬼神之歡欣, 이러모로 人天의 喜躍과 鬼神의 歡欣을 어더. ≪朴諺, 下, 17ㅈ≫必達周公之理, 반ᄃᆞ시 周公의 理를 達ᄒᆞᆯ ᄶᅥ시니. ≪朴諺, 下, 17ㅈ≫旣讀孔聖之書, 임의 孔聖의 書를 닑어시면. ≪朴諺, 下, 36ㅎ≫寸鐵入木九牛之力, 寸鐵이 남게 들매 九牛의 힘이라 ᄒᆞᄂᆞ니라. ≪朴諺, 下, 60ㅎ≫咱婦人家也聽的這衆人之言, 우리 婦人도 이 衆人의 말을 드ᄅᆞ니.

-의게 조 -에게. -한테. ≪朴諺, 上, 3ㅈ≫我到那衙門裡堂上官說了, 내 뎌 衙門에 가 堂上官의게 니ᄅᆞ니. ≪朴諺, 上, 3ㅎ≫官人們文書分付管酒的署官根底, 官人들이 文書를 술 ᄀᆞ음아는 署官의게 分付ᄒᆞ여. ≪朴諺, 上, 8ㅈ≫都堂捴兵官的詔書, 都堂 捴兵官의게 ᄒᆞ는 詔書라. ≪朴諺, 上, 11ㅈ≫這般要他文書打了時, 이리 뎌의게 文書를 밧고 다이면. ≪朴諺, 上, 12ㅎ≫監納官人們處說, 監納ᄒᆞ는 官人들의게 닐러. ≪朴諺, 上, 51ㅈ≫那一日老娘上又賞, 그 날 老娘의게 또 샹ᄒᆞᄂᆞ니라. ≪朴諺, 上, 57ㅎ≫孟舍有兩箇油紙帽兒, 孟가의게 두 油紙帽ㅣ 이시니. ≪朴諺, 中, 47ㅈ≫我特故裏把酒灌的他爛醉了, 내 부러 술을다가 뎌의게 브으니 爛醉ᄒᆞ여. ≪朴諺, 中, 59ㅈ≫合斷與小人, 결단ᄒᆞ여 小

人의게 주엄 즉ᄒᆞ매. ≪朴諺, 下, 8ㅎ≫聰明智慧過人, 聰明과 智慧ᄂᆞᆫ 사ᄅᆞᆷ의게 디나고. ≪朴諺, 下, 15ㅎ≫被巡夜的拿着, 巡夜의게 잡힘을 닙어. ≪朴諺, 下, 20ㅎ≫靠師傅立的, 師傅의게 의지ᄒᆞ여 셰고. ≪朴諺, 下, 37ㅎ≫却點饋那官人, 또 더 官人의게 뎍어 주니. ≪朴諺, 下, 39ㅈ≫上直官人前告暇, 上直 官人의게 告暇ᄒᆞ고. ≪朴諺, 下, 60ㅎ≫曉諭衆百姓們道, 모든 百姓들의게 曉諭ᄒᆞ여 닐오ᄃᆡ.

-의게 㖆 -에게. -한테. ❶⇔근저(根底). ≪朴諺, 上, 3ㅎ≫官人們文書分付管酒的署官根底, 官人들이 文書를 술 ᄀᆞ음아ᄂᆞᆫ 署官의게 分付ᄒᆞ여. ❷-에게. ⇔여(與). ≪朴諺, 下, 62ㅈ≫賣劒賣與烈士, 劒을 ᄑᆞᆯ매 烈士의게 ᄑᆞᆯ고. 賸粉贈與佳人, 賸粉은 佳人의게 준다 ᄒᆞ니라.

-의게ᄂᆞᆫ 㖆 -에게는. ≪朴諺, 中, 5ㅎ≫三箇正的, 세 正官의게ᄂᆞᆫ. ≪朴諺, 中, 5ㅎ≫從的六箇, 슈종 여슷의게ᄂᆞᆫ. ≪朴諺, 中, 10ㅈ≫並不干買主之事, 다 산 님자의게ᄂᆞᆫ 간셥디 아닌 일이라.

의구(依舊) 형 예스럽다. ⇔네랍다. ≪朴諺, 下, 24ㅈ≫接在頦項上依舊了, 목 우희 니으니 녜라온 ᄃᆞᆺᄒᆞ더라.

의구(疑懼) 동 의심하고 두려워하다. ≪集覽, 字解, 單字解, 2ㅎ≫怕. 疑懼之意. 怕人知道.又設若之辭. 怕你不信 ᄒᆞ다가 너 옷 밋디 몯거든. 又恐也. 害怕 두리여ᄒᆞ다.

의금(衣錦) 명 비단옷을 입는다는 뜻으로, 부귀한 몸이 됨을 이르는 말. ≪朴諺, 下, 11ㅎ≫衣錦還鄕(集覽, 朴集, 下, 3ㅈ: 衣錦還鄕. 項羽屠咸陽, 與沛公分王. 又懷東歸, 曰, 富貴不歸故鄕, 如衣綉〈繡〉夜行. 遂東歸, 都彭城. 故後人仕官〈宦〉榮貴還鄕里者曰衣錦還鄕.), 비단옷 닙고 고향의 도라가.

의금환향(衣錦還鄕) 명 비단옷을 입고 고향에 돌아온다는 뜻으로, 출세를 하여 고향에 돌아가거나 돌아옴을 비유적으로 이르는 말. ≪朴諺, 下, 11ㅎ≫衣錦還鄕(集覽, 朴集, 下, 3ㅈ: 衣錦還鄕. 項羽屠咸陽, 與沛公分王. 又懷東歸, 曰, 富貴不歸故鄕, 如衣綉〈繡〉夜行. 遂東歸, 都彭城. 故後人仕官〈宦〉榮貴還鄕里者曰衣錦還鄕.), 비단옷 닙고 고향의 도라가.

의기(義旗) 명 의병(義兵)의 군기(軍旗). ≪朴諺, 下, 58ㅎ≫咱本國是太祖(集覽, 朴集, 下, 12ㅈ: 太祖. 夫人柳氏曰, 妾聞諸公之言, 尙有感奮, 况大丈夫乎. 提甲領以披之, 諸將扶擁而出, 令人呼曰, 王公已擧義旗, 國人來赴者不可勝計.)姓王諱建表德若天, 우리 本國이 太祖의 姓은 王이오 諱ᄂᆞᆫ 建이오 字ᄂᆞᆫ 若天이니.

-의ᄂᆞᆫ 㖆 -에는. ≪朴諺, 下, 11ㅎ≫只此已外, 그저 이 밧긔ᄂᆞᆫ.

의량(衣糧) 명 옷과 식량. 곧, 급료. ≪朴諺, 下, 30ㅎ≫四角頭立地的四箇將軍(集覽, 朴集, 下, 5ㅎ: 四箇將軍. 募選身軀長大壯偉異於人者, 紅盔銀甲, 立於殿前月臺上四隅, 名鎭殿將軍, 亦曰紅盔將軍, 亦曰大漢將軍. 其請給衣粮曰大漢衣粮.), 네 모희 셧ᄂᆞᆫ 네 將軍이.

의령(衣領) 명 옷깃. ⇔옷깃. ≪朴諺, 下, 54ㅈ≫將某衣領扯住言道, 某의 옷기슬 잡고 닐오ᄃᆡ.

의료(醫療) 동 의술로 병을 고치다. 또는 그런 일. ≪朴諺, 中, 22ㅈ≫隨相現相(集覽, 朴集, 中, 5ㅈ: 隨相現相. 飜譯名義云, 佛昔爲帝釋時, 遭飢歲, 疾疫流行, 醫療無功, 道殣相屬.)救苦惱於三塗, 샹을 조차 샹을 뵈야 苦惱를 三塗에 救ᄒᆞᄂᆞᆫ또다.

의리(義理) 명 문장의 내용과 이치. ≪朴諺, 下, 35ㅈ≫却打花房窩兒(集覽, 朴集, 下, 7ㅎ: 花房窩兒. 今按, 上文自打毬兒以下, 質問各說似不穩合. 先說尤不合於本節〈莭〉所云事意, 而又無義理, 後說似有可取, 而又有一疑.), 또 花房 굼글 티쟈.

의모(衣帽) 명 옷과 모자. ≪朴諺, 下, 43ㅈ≫又是魂馬·衣帽·靴帶之類, 또 魂馬와 衣帽와 靴帶ㅅ 類와.

의발(衣鉢) 명 가사(袈裟)와 바리때. ≪朴諺, 上, 65ㅎ≫得傳衣鉢(集覽, 朴集, 上, 16ㅈ: 傳衣鉢. 書言故事云, 傳授佛法, 謂之傳衣鉢. 衣, 卽袈裟三事衣也, 鉢, 應供器也. 詳見上. 釋迦佛生年十九出家, 住世四十九年, 傳衣鉢于迦葉初祖達摩, 達摩傳衣鉢于二祖, 二祖傳于三祖, 至於六祖, 至三十二祖弘忍. 盖以此爲傳道之器也.), 衣鉢 傳홈을 어더.

의방(醫方) 명 병이나 상처를 고치는 기술. 의학에 관련되는 기술. ≪朴諺, 下, 7ㅎ≫休尋海上方(集覽, 朴集, 下, 2ㅈ: 海上方. 唐崔元亮著海上方, 卽醫方也.), 海上方을 춫디 말라.

의병(義兵) 명 의(儀)를 위하여 자발적으로 일어난 병졸. ≪朴諺, 下, 58ㅎ≫咱本國是太祖(集覽, 朴集, 下, 12ㅈ: 太祖. 年二十, 始仕弓裔, 拜波珍餐. 其時, 洪儒等四人詣建第(第), 請擧義兵, 公固拒不從.) 姓王諱建表德若天, 우리 本國이 太祖의 姓은 王이오 諱는 建이오 字는 若天이니. ≪朴諺, 下, 60ㅎ≫王公已擧義兵了也, 王公이 볼셔 義兵을 드럿ᄂᆞ니라.

의병(醫病) 동 병을 고치다. ≪朴諺, 中, 22ㅎ≫執楊柳於掌內拂病體於輕安(集覽, 朴集, 中, 5ㅎ: 執楊柳於掌內拂病體於輕安. 勒愛子暴病死, 澄又取楊枝沾水, 洒而呪之, 遂蘇. 自後凡謝僧醫病曰辱沾楊枝之水.), 楊柳를 손에 잡아 病體를 輕安혼ᄃᆡ 뻘티고.

의복(衣服) 명 옷. ⇔옷. ≪集覽, 字解, 單字解, 3ㅈ≫着. 使之爲也. 着落 히여곰, 着他 뎌 ᄒᆞ야. 又置也. 着塩 소곰 두다. 又中也. 着了 맛다. 又見人所行之事, 正合人所指望之, 方則亦曰着了 마초ᄒᆞ야다. 又實也. 着實 실히. 又語助. 又穿衣服也. ≪朴諺, 上, 19ㅈ≫我今日印子鋪(集覽, 朴集, 上, 7ㅎ: 印子鋪. 質問云, 有錢之人開鋪, 那無錢之人拿衣服或器皿, 儅借銅錢或銀子使用, 每十分加利一分, 亦與有印號帖兒, 以爲執照.)裏儅錢去, 내 오늘 印子鋪에 돈 典儅ᄒᆞ라 가노라. ≪朴諺, 上, 25ㅎ≫明綠抹絨胷背(集覽, 朴集, 上, 8ㅎ: 抹絨胷背. 凡於紗羅·段帛之上, 以綵絨織成胷背之紋, 裁成衣服者也.)的比甲, 明綠빗치 융ᄉᆞ로 ᄀ 두론 胷背 比甲과. ≪朴諺, 上, 47ㅎ≫却穿衣服喫幾盞閉風酒, 또 옷 닙고 여러 잔 閉風酒를 먹으면. ≪朴諺, 上, 51ㅎ≫按四時與他衣服, 四時를 조차 뎌를 衣服을 주니. ≪朴諺, 上, 59ㅈ≫有心拜莭(節)(集覽, 朴集, 上, 14ㅎ: 拜節. 歲時樂事記云, 元日, 士庶自早互相慶賀, 車馬交馳, 衣服華煥, 雜遝街市, 三四日乃止〈三四日而乃止〉.), 莭(節)에 拜홀 ᄆᆞ음이 이시면. ≪朴諺, 中, 15ㅎ≫把一身衣服都脫了, 一身에 衣服을 다 벗고. ≪朴諺, 中, 30ㅎ≫那裏將那般好衣服好鞍馬來撇摌子, 어ᄃᆡ 가 뎌리 됴흔 옷과 됴흔 鞍馬를 가져와 얼굴을 비언ᄂᆞᆫ고. ≪朴諺, 下, 22ㅈ≫鹿皮先脫下衣服, 鹿皮ㅣ 몬져 오술 벗고. ≪朴諺, 下, 61ㅈ≫穿着下次人的衣服, 下次人의 오슬 닙고.

의빙ᄒᆞ다 동 의빙(依憑)하다. (어떤 사실이나 원리에 근거하다) ⇔빙(憑). ≪朴諺, 上, 54ㅎ≫恐後無憑, 후에 의빙홈이 업슬가 저허. ≪朴諺, 中, 10ㅎ≫恐後無憑, 후에 의빙홈이 업슬가 저허. ≪朴諺, 中, 39ㅎ≫恐後無憑, 후에 의빙홈이 업슬가 저허. ≪朴諺, 中, 59ㅈ≫憑着理時, 理를 의빙ᄒᆞ면. ≪朴諺, 下, 60ㅈ≫憑着大體例, 大體例를 의빙ᄒᆞ면.

의사(意思) 명 뜻. 의미. ≪朴諺, 上, 23ㅎ≫好意思, 됴흔 意思ㅣ로다. ≪朴諺, 中, 17ㅈ≫好意思好意思, 됴흔 意思ㅣ로다 됴흔 意思ㅣ로다.

의사(疑似) 형 불분명하다. 긴가민가하다. 애매모호(曖昧模糊)하다. ≪集覽, 字解, 單字解, 5ㅎ≫敢. 忍爲也. 你敢那 네 구틔여 그리홀다. 又疑似也. 敢知道 아는 ᄃᆞᆺᄒᆞ다.

의살(衣撒) 명 직령(直領)의 한 가지. ⇔이삭ᄃᆡ녕. ≪朴諺, 中, 51ㅎ≫將我木綿衣撒

來穿, 내 목면 이삭딕녕을 가져오라 닙자.

의상(衣裳) 명 옷. ⇔옷. ≪集覽, 字解, 單字解, 3ㅎ≫做. 韻會遇韻作字註云, 造也, 俗作做非. 箇韻作字註云, 爲也, 造也, 起也, 俗作做非. 做音, 直信切. 今按, 俗語做甚麽 므슴ᄒᆞ료, 作衣裳 옷 짓다, 作音조, 去聲. 不走作 듣쁘디 아니타, 作音조, 入聲. 以此觀之, 則做從去聲, 作互呼去聲·入聲, 通做字. 俗不用直信切之音. ≪朴諺, 上, 47ㅈ≫衣裳·帽子·靴子, 옷과 갓과 훠를. ≪朴諺, 上, 50ㅎ≫上頭盖着他衣裳, 우희 제 옷 덥고. ≪朴諺, 中, 1ㅈ≫一箇高卓兒上脫下衣裳, ᄒᆞᆫ 노픈 卓子 우희 옷 벗고. ≪朴諺, 中, 41ㅈ≫縫衣裳的縫字怎麽寫, 衣裳을 호다 ᄒᆞᄂᆞᆫ 縫字를 어이 쓰ᄂᆞ뇨. ≪朴諺, 中, 51ㅎ≫一套兒衣裳都汚了泥, ᄒᆞᆫ 볼 衣裳을 다 즌흙에 더러엿더라. ≪朴諺, 中, 53ㅎ≫却沒一件兒新衣裳怎麽好, 쏘 ᄒᆞᆫ 볼 새 衣裳이 업스니 엇디 ᄒᆞ여야 됴ᄒᆞ료. ≪朴諺, 中, 53ㅎ≫怎麽做不出一套衣裳來, 엇디 ᄒᆞᆫ 볼 衣裳을 지어 내디 못ᄒᆞ리오. ≪朴諺, 中, 56ㅎ≫我的衣裳被兒包袱也都黻了, 내 衣裳과 니블 빤 보흘 다 터시니. ≪朴諺, 下, 16ㅈ≫不見了幾件衣裳, 여러 볼 오ᄉᆞᆯ 일코. ≪朴諺, 下, 23ㅈ≫脫了衣裳, 오ᄉᆞᆯ 벗고.

의생(意生) 동 〈불〉 보살이 중생을 제도하기 위하여 마음먹은 대로 세상에 나타나다. ≪朴諺, 中, 21ㅈ≫智滿十身(集覽, 朴集, 中, 4ㅈ: 智滿十身. 十身有調御. 十身, 曰無着, 曰弘願, 曰業報, 曰住持, 曰涅槃, 曰淨法, 曰眞心, 曰三昧, 曰道性, 曰如意. 有內十身, 曰菩提, 曰願, 曰化, 曰力持, 曰莊嚴, 曰威勢, 曰意生, 曰福德, 曰法, 曰智. 有外十身, 曰自, 曰衆生, 曰國土, 曰業報, 曰聲聞, 曰圓覺, 曰菩薩, 曰智, 曰法, 曰虛空.), 智ᄂᆞᆫ 十身에 찻도다.

-의셔 조 -에서. ≪朴諺, 上, 53ㅈ≫官裏前面㮨柳射弓的多有, 황뎨 앏희셔 버들 곳고 활 뽀ᄂᆞ니 만히 이시니. ≪朴諺, 上, 57ㅈ≫官裏前面看書畫裏, 황뎨 앏희셔 書畫를 보니. ≪朴諺, 上, 58ㅎ≫八里庄梁家花園裏做來, 八里庄 梁家 花園의셔 ᄒᆞ니라. ≪朴諺, 中, 6ㅎ≫一壁廂熬些細茶, ᄒᆞᆫ ᄇᆞ롬 구석의셔 젹이 細茶를 달히라. ≪朴諺, 中, 25ㅎ≫徐五家的, 徐五의 집의셔 ᄒᆞᆫ 거시라. ≪朴諺, 中, 29ㅎ≫請官人屋裏喫飯, 청컨대 官人은 집 안희셔 밥 먹으라. ≪朴諺, 中, 46ㅎ≫那一日李指揮家裏, 뎌 ᄒᆞᆫ 날 李指揮 집의셔. ≪朴諺, 下, 22ㅎ≫油鍋兩邉看着, 기롬 가마두 편의셔 보와.

-의손듸 조 -에게. -한테. ≪朴諺, 上, 31ㅈ≫那厮高麗地面來的宰相們上做牙子, 뎌 놈이 高麗 짜흐로셔 온 宰相들희손듸 즈름이 도엿ᄂᆞ니. ≪朴諺, 上, 58ㅈ≫官人的伴當處, 官人의 伴當의손듸. ≪朴諺, 上, 65ㅎ≫到江南地面石屋法名的和尙根底, 江南 짜 石屋이라 法名 ᄒᆞᆫ 즁의손듸 가니. ≪朴諺, 中, 10ㅈ≫隨問到本都在城某坊住某官人處賣與, 隨問ᄒᆞ야 本都 잣 안 아므 坊에셔 사ᄂᆞᆫ 아므 官人의손듸가 ᄑᆞ라 주되. ≪朴諺, 中, 31ㅈ≫只把我這舊弟兄伴當們根底, 그저 우리 녯 弟兄伴當들의손듸. ≪朴諺, 中, 38ㅎ≫隨問到本坊住人沈元處, 隨問ᄒᆞ여 本坊에 사ᄂᆞᆫ 사름 沈元의손듸 가.

의수(衣綉) 동 의수(衣繡). '綉'는 '繡'와 같다. ≪朴諺, 下, 11ㅎ≫衣錦還鄉(集覽, 朴集, 下, 3ㅈ: 衣錦還鄉. 項羽屠咸陽, 與沛公分王. 又懷東歸, 曰, 富貴不歸故鄉, 如衣綉〈繡〉夜行. 遂東歸, 都彭城. 故後人仕官〈宦〉榮貴還鄉里者曰衣錦還鄉.), 비단옷 닙고 고향의 도라가.

의수(衣繡) 동 수놓은 비단옷을 입다. ≪朴諺, 下, 11ㅎ≫衣錦還鄉(集覽, 朴集, 下, 3ㅈ: 衣錦還鄉. 項羽屠咸陽, 與沛公分王. 又懷東歸, 曰, 富貴不歸故鄉, 如衣綉〈繡〉夜行. 遂東歸, 都彭城. 故後人仕官〈宦〉榮貴還鄉里者曰衣錦還鄉.), 비단옷 닙고 고향의 도라가.

의수야행(衣繡夜行) 명 의수(衣繡)를 입고 밤길을 다닌다는 뜻으로, 아무 보람이 없는 일을 함을 이르는 말. ≪朴諺, 下, 11ㅎ≫衣錦還鄕(集覽, 朴集, 下, 3ㅈ: 衣錦還鄕. 項羽屠咸陽, 與沛公分王. 又懷東歸, 曰, 富貴不歸故鄕, 如衣綉〈繡〉夜行. 遂東歸, 都彭城. 故後人仕官〈宦〉榮貴還鄕里者曰衣錦還鄕.), 비단옷 닙고 고향의 도라가.

의애(疑碍) 동 의심스럽고 지장을 주다. ≪集覽, 凡例≫質問者, 入中朝質問而來者也. 兩書皆元朝言語, 其沿舊未改者, 今難曉解. 前後質問亦有抵捂, 姑幷收以祛初學之碍. 間有未及質問, 大有疑碍者, 不敢强解, 宜竢更質.

의요(擬要) 동 장차 하려고 하다. 장차 할 작정이다. ≪集覽, 字解, 單字解, 1ㅈ≫待. 擬要也 ᄒᆞ마 그리 호려 ᄒᆞ다라. 又欲也. 待賣幾箇馬去 여러 ᄆᆞ롤 ᄑᆞᆯ오져 ᄒᆞ야 가노라.

의임(倚任) 동 의지하고 신임하다. ≪朴諺, 上, 16ㅈ≫張舍(集覽, 朴集, 上, 6ㅈ: 張舍. 王公·大人之家, 必有舍人, 卽家臣也. 如本國伴倘〈儻〉之類, 爲權勢倚任之人, 貧賤之所羡慕者也〈貧賤之所羡慕者〉. 故街巷呼親識爲張舍·李舍, 乃一時推敬之稱〈称〉.)你來, 張가야 이바.

의장(衣裝) 명 옷차림. ≪朴諺, 上, 5ㅎ≫叫教坊司十數箇樂工和做院本(集覽, 朴集, 上, 2ㅎ: 院本. 或曰, 宋徽宗見爨國人來朝, 衣裝·鞵履·巾裹, 傅粉墨, 擧動如此, 使優人効之以爲戱.)諸般雜技的來, 教坊司의 여라믄 樂工과 院本에 여러 가지 雜技ᄒᆞᄂᆞ니롤 블러오라.

의정(議定) 동 의논하여 결정하다. 토의하여 결정하다. ⇔의정ᄒᆞ다(議定-). ≪朴諺, 中, 10ㅈ≫兩言議定, 兩言에 議定ᄒᆞ야. ≪朴諺, 中, 39ㅎ≫兩言議定, 兩言 議定ᄒᆞ야.

의정ᄒᆞ다(議定-) 동 의논하여 결정하다. 토의하여 결정하다. ⇔의정(議定). ≪朴諺, 中, 10ㅈ≫兩言議定, 兩言에 議定ᄒᆞ야. ≪朴諺, 中, 39ㅎ≫兩言議定, 兩言 議定ᄒᆞ야.

의지ᄒᆞ다 동 의지(依支)하다. ⇔고(靠). ≪朴諺, 下, 20ㅎ≫靠師傅立的, 師傅의게 의지ᄒᆞ여 셰고.

의한(倚限) 동 기한에 따르다. 기한에 의거하다. ≪集覽, 字解, 單字解, 2ㅎ≫捱. 正作涯. 倚限有恃之意 그슴ᄒᆞ다, 捱到十年 열 히 다ᄃᆞ도록.

의행(義行) 명 의(義)로운 행위. ≪朴諺, 上, 16ㅎ≫祭了社神(集覽, 朴集, 上, 6ㅈ: 社神. 今制, 每一鄕村之間, 或十五戶或二十戶, 隨其所便, 合爲一社. 擇其鄕里之民有義行者一人爲社長, 擇其殷實者一人爲副.), 社神씌 祭ᄒᆞ여시니.

의형(儀刑) 명 본보기. 전범(典範). ≪朴諺, 下, 48ㅎ≫太保(集覽, 朴集, 下, 10ㅎ: 太師太保. 元以太師·太傅·太保爲三師, 以太尉·司徒·司空爲三公. 漢·唐舊〈旧〉制也. 三師, 師〈ㄴ〉範一人, 儀刑四海, 三公, 論道經邦, 燮理陰陽.)家的, 太保ㅅ 집.

-읫 조 -엣. -에 있는. ≪朴諺, 中, 39ㅈ≫捲蓬(篷)(集覽, 朴集, 中, 7ㅎ: 捲篷. 音義云, ·비 우·흿 지·비〈집이〉·니 ᄆᆞᄅᆞ 업슨 지블 닐오ᄃᆡ 捲篷.)幾間, 무량각이 현 간. ≪朴諺, 下, 37ㅎ≫管山喫山, 山을 ᄀᆞ음알면 山읫 거슬 먹고. 管水喫水, 믈을 ᄀᆞ음알면 믈엣 거슬 먹ᄂᆞ다 ᄒᆞᄂᆞ니라.

이 관 이. ❶⇔금(今). ≪朴諺, 下, 54ㅈ≫伏爲於今月某日某時已來, 伏爲 이 ᄃᆞᆯ 아모 날 아모 빼에. ❷⇔시(是). ≪朴諺, 上, 10ㅈ≫後日是天赦日, 모뢰는 이 天赦日이니. ≪朴諺, 上, 26ㅈ≫又是箇鵜鶘翎兒, 또 이 두롬의 짓촐 ᄃᆞ랏고. ≪朴諺, 上, 32ㅈ≫知他是幾箇明日, 모로리로다 이 몃 ᄂᆡ일인디. ≪朴諺, 上, 39ㅈ≫馬是第(第)一寶貝, ᄆᆞᆯ은 이 苐(第)一 寶貝라. ≪朴諺, 上, 44ㅎ≫是秀才, 이 秀才라. ≪朴諺, 上, 48ㅈ≫遭是我不去, 마초아 이 내 가디 아니ᄒᆞ샤. ≪朴諺, 上, 56ㅎ≫是買不

得馬, 이 물을 사디 뭇(못)ᄒ리라. ≪朴諺, 中, 7ㅎ≫這使臣是使長耳目一般的使臣, 이 使臣은 이 使長의 耳目 ᄒ가짓 使臣이라. ≪朴諺, 中, 26ㅈ≫休道是街上百姓的, 이 거릿 百姓의 거슨 니ᄅ디 말리라. ≪朴諺, 中, 31ㅎ≫是人倫弟兄之意, 이 人倫 弟兄의 ᄠ디어니와. ≪朴諺, 中, 49ㅎ≫是我先擲, 이 내 몬져 더디마. ≪朴諺, 中, 56ㅎ≫是賣猫的, 이 괴 풀 리로다. ≪朴諺, 中, 60ㅈ≫你道是合理的事, 네 닐오ᄃ 이 理에 合ᄒ 일이라 ᄒ니. ≪朴諺, 下, 1ㅈ≫這的是誰的不是, 이거시 이 뉘 올티 아니ᄒ뇨. ≪朴諺, 下, 10ㅈ≫怎的是佛法, 엇디홀ᄉ 이 佛法고. ≪朴諺, 下, 19ㅎ≫貧僧是東土人, 貧僧은 이 東土ㅅ 사ᄅ이라. ≪朴諺, 下, 24ㅎ≫不是師傅, 이 師傅ㅣ 아니면. ≪朴諺, 下, 38ㅎ≫那氣像是氣像, 뎌 氣像이 이 氣像이러라. ≪朴諺, 下, 49ㅎ≫宣武是順城門, 宣武ᄂ 이 順城門이오. ≪朴諺, 下, 59ㅎ≫侍中是這裡丞相一般, 侍中은 이 여긔 丞相과 ᄒ가지라. ❸⇔저(這). ≪朴諺, 上, 1ㅈ≫又逢着這春二三月好時莭(節), ᄯ 이 봄 二三月 됴흔 時莭(節)을 만나시니. ≪朴諺, 上, 14ㅈ≫這的幾托, 이거시 몃 발고. ≪朴諺, 上, 23ㅈ≫我却怎麽贏了這三十路碁, 내 ᄯ 엇디 이 셜흔 집 바독을 이긔여뇨. ≪朴諺, 上, 47ㅎ≫分付這管混堂的看着, 이 混堂 ᄀ음아ᄂ니게 分付ᄒ여 보라 ᄒ고. ≪朴諺, 上, 53ㅈ≫你來這弓面上鋪筋將來, 이바 이 활 면에 힘을 ᄭ라 가져와. ≪朴諺, 上, 66ㅈ≫迴來到這永寧寺裏, 이 永寧寺에 도라오니. ≪朴諺, 中, 12ㅈ≫你這車子先將到門外, 네 이 술위를 몬져 가지고 문 밧긔 가. ≪朴諺, 中, 19ㅈ≫這幾箇賊漢們, 이 여러 도적놈들히. ≪朴諺, 中, 23ㅎ≫咱這衆生知不知, 우리 이 衆生이 알거나 아디 못ᄒ거나. ≪朴諺, 中, 30ㅎ≫這酒忤禿怎麽喫, 이 술이 들므쥬군ᄒ니 엇디 먹으료. ≪朴諺, 中, 38ㅈ≫這鴉靑的五兩銀子, 이 鴉靑에 ᄂ 닷 냥 은이오. ≪朴諺, 中, 55ㅎ≫把這簾子都捲起, 이 발을다가 다 것고. ≪朴諺, 中, 58ㅈ≫把這窓孔的紙都扯了, 이 창 굼게 죵히를다가 다 믜티고. ≪朴諺, 下, 5ㅈ≫整治這炕壁, 이 炕壁을 整治ᄒ쟈. ≪朴諺, 下, 13ㅈ≫盖了這房子, 이 집을 짓고. ≪朴諺, 下, 19ㅈ≫這禿厮好沒道理, 이 머리 믠 놈이 ᄀ장 道理 업다 ᄒ고. ≪朴諺, 下, 25ㅈ≫這孫行者正是了的, 이 孫行者ᄂ 졍히 올탓다. ≪朴諺, 下, 37ㅎ≫這兩日官司裡告了, 이 두어 날에 官司에 告ᄒ여. ≪朴諺, 下, 44ㅈ≫這婆娘好不用意, 이 년이 ᄀ장 用意티 아니ᄒ엿다. ≪朴諺, 下, 50ㅈ≫我棄了這名利家筵, 내 이 名利 家筵을 ᄇ리고. ≪朴諺, 下, 62ㅈ≫這的便是, 이 곳 올ᄒ니. ❹⇔저개(這箇). ≪朴諺, 中, 32ㅎ≫只是這箇愁人腸, 그저 이 사ᄅ의 간댱을 시름ᄒ게 ᄒᄂ니라. ❺⇔차(此). ≪朴諺, 上, 54ㅎ≫故立此文契爲用, 짐즛 이 글월을 셰워 ᄡ게 ᄒ엿ᄂ니. ≪朴諺, 上, 62ㅎ≫只此人間兜率, 그저 이 人間ㅅ 兜率이러라. ≪朴諺, 中, 10ㅎ≫故立此文字爲用, 짐즛 이 글월을 셰워 ᄡ게 ᄒ엿ᄂ니. ≪朴諺, 中, 39ㅎ≫故立此賃房文字爲用, 짐즛 이 집 셰내ᄂ 글월을 셰워 ᄡ게 ᄒ노라. ≪朴諺, 下, 11ㅎ≫只此已外, 그저 이 밧긔ᄂ.

이 대 이. ❶⇔가(家). ≪朴諺, 中, 3ㅎ≫染房裏染東西去來, 믈집의 잡은것 믈드리라 가쟈. 染家你來, 믈드리ᄂ 이아 이바. ❷⇔시(是). ≪朴諺, 上, 9ㅎ≫我是愚魯之人, 나ᄂ 이 愚魯ᄒ 사ᄅ이라. ≪朴諺, 上, 29ㅈ≫都是好的, 다 이 됴흔 이라. ≪朴諺, 上, 29ㅎ≫你說都是好的, 네 닐오ᄃ 다 이 됴타 ᄒ더니. ≪朴諺, 上, 38ㅈ≫眞箇是精細人, 진짓 이 精細ᄒ 사ᄅ이로다. ≪朴諺, 上, 47ㅈ≫我是新來的莊家, 나ᄂ 이 새로 온 향암이라. ≪朴諺, 上, 52ㅈ≫朝南開着一箇小墻門便是, 남을 향ᄒ여 ᄒ 小墻門 낸 거시 곳 이라. ≪朴諺, 上, 62ㅈ≫弄水穿波的是兎死的魚蝦, 弄水 穿波

ᄒᆞᄂᆞᆫ 거슨 이 㷀死ᄒᆞᄂᆞᆫ 魚蝦오. ≪朴諺, 中, 37ㅎ≫駁彈的是買主, 나므라ᄂᆞ니아 이 사ᄂᆞᆫ 님재라. ≪朴諺, 中, 41ㅎ≫去字傍着反耳的便是, 去字 변에 뒨귀이 ᄒᆞᆫ 거시 곳 이라. 文字傍着刀字的便是, 文字 변에 刀字 ᄒᆞᆫ 거시 곳 이라. ≪朴諺, 中, 42ㅈ≫金傍做昔字便是, 金字 변에 昔字 ᄒᆞᆫ 거시 곳 이라. ≪朴諺, 中, 42ㅎ≫田字下心字便是, 田字 아ᄅᆡ 心字 ᄒᆞᆫ 거시 곳 이라. ≪朴諺, 中, 42ㅎ≫一丿一乀便是, ᄒᆞᆫ 긋 밧그로 비티고 ᄒᆞᆫ 긋 안흐로 비틴 거시 곳 이라. ≪朴諺, 中, 53ㅈ≫休道是偌多鈔錠段子, 이 만ᄒᆞᆫ 鈔錠과 비단을 니ᄅᆞ디 말라. ≪朴諺, 中, 58ㅎ≫有的是裏, 잇거져ᄒᆞᆫ 거시 이라. ≪朴諺, 下, 34ㅎ≫你是新來的莊家, 너ᄂᆞᆫ 이 새로 온 향암이라. ≪朴諺, 下, 53ㅈ≫檢驗是實, 檢驗ᄒᆞ야 이 실커든. ≪朴諺, 下, 53ㅈ≫執結是實, 執結이 이 실ᄒᆞ니. ❸⇔저(這). ≪集覽, 字解, 累字解, 8ㅎ≫早晩. 這早晩 ·이 ᄂᆞᆺ도·록. 又問何時曰多早晩 어·느 ·ᄢᅴ. ≪朴諺, 上, 13ㅎ≫你敎與我這好法兒, 네 나를 이 됴흔 법을 ᄀᆞᄅᆞ쳐 주고려. ≪朴諺, 中, 57ㅈ≫這潑禽獸殺娘賊, 이 보피라온 즘싱 殺娘ᄒᆞᄂᆞᆫ 도적아. ≪朴諺, 中, 54ㅎ≫這深肉紅界地穿花鳳紵絲做比甲, 이 디튼 肉紅빗체 벽드르에 穿花鳳 문ᄒᆞᆫ 비단으란 比甲을 짓고. ≪朴諺, 下, 5ㅎ≫這高處鑽些土, 이 노픈 곳의 흙을 ᄠᅮᆯ고. ≪朴諺, 下, 25ㅎ≫這不是燒子的甚麽, 이 구으니 아니오 므섯고. ≪朴諺, 下, 36ㅈ≫我不想這新來的莊家快打, 내 이 새로 온 향암이 잘 틸 줄을 ᄉᆡᆼ각디 못호롸. ❹⇔저적(這的). ≪朴諺, 上, 28ㅎ≫這的都是前世裏修善積福來, 이 다 前世예 修善 積福ᄒᆞ여시매. ≪朴諺, 上, 43ㅈ≫這的你休愁, 이란 네 근심 말라. ≪朴諺, 上, 45ㅎ≫這的便是, 이 곳 올ᄒᆞ니. ≪朴諺, 中, 7ㅈ≫這的不來了也, 이 오디 아니ᄒᆞ엿ᄂᆞ냐. ≪朴諺, 中, 8ㅈ≫這的恰將來的馬, 이 ᄀᆞᆺ 가져 온 ᄆᆞᆯ이. ≪朴諺, 中, 14ㅎ≫這的是, 이 올ᄒᆞ니. ≪朴諺, 下, 28ㅎ≫這的有甚麽商量處, 이아 므슴 혜아릴 곳이 이시리오. ≪朴諺, 下, 31ㅎ≫這的擎天白玉柱, 이ᄂᆞᆫ 하ᄂᆞᆯ을 바텨ᄂᆞᆫ 白玉柱ㅣ오. ≪朴諺, 下, 34ㅈ≫官人們這的不消說, 官人들아 일란 쇽졀업시 닐으디 말라. ❺⇔차(此). ≪朴諺, 下, 61ㅎ≫張編修有此好文官, 張編修ㅣ 이 됴ᄒᆞᆫ 文官을 두엇다.

이 명 이. 것. 물건. ⇔적(的). ≪朴諺, 上, 6ㅈ≫大水杏半黃半生的有, 굴고 믈 한 술고ㅣ 半黃 半生ᄒᆞᆫ 이 잇더라. ≪朴諺, 上, 29ㅎ≫十箇指頭也有長的短的, 열 손가락도 기니 뎌ᄅᆞ니 잇ᄂᆞ니. ≪朴諺, 中, 7ㅈ≫我騎的十分快走的馬將來, 나 ᄐᆞᆯ 이란 ᄀᆞ장 잘 것ᄂᆞᆫ ᄆᆞᆯ을 가져오라. ≪朴諺, 中, 8ㅈ≫快走的䵚的都有了, 잘 건ᄂᆞᆫ 이와 셰가탈ᄒᆞᄂᆞᆫ 이 다 이셰라. ≪朴諺, 中, 40ㅈ≫你看那瓦有破的時, 네 보아 뎌 디새 ᄣᅢ여디니 잇거든. ≪朴諺, 中, 40ㅎ≫那瓦有破的麽, 뎌 디새 ᄣᅢ야디니 잇ᄂᆞ냐. 多有破的, ᄣᅢ야디니 만히 잇다. ≪朴諺, 中, 54ㅎ≫這鴉青織金大蟒龍的做上盖, 이 雅青빗체 大蟒龍 織金ᄒᆞᆫ 이란 웃거리 지으라. ≪朴諺, 下, 25ㅈ≫燒子珠兒好的有麽, 구은구슬 됴ᄒᆞ니 잇ᄂᆞ냐. ≪朴諺, 下, 26ㅎ≫好顔色圓淨的價錢大, 빗 됴코 圓淨ᄒᆞ니ᄂᆞᆫ 갑시 만흔디라.

이 명 이. 사람. ❶⇔개(箇). ≪朴諺, 上, 12ㅎ≫不去時叫別箇, 가디 아니면 다ᄅᆞ니를 브ᄅᆞ쟈. ❷⇔적(的). ≪朴諺, 上, 6ㅎ≫叫將唱的根前來着他唱, 노래 브ᄅᆞᄂᆞ니를 블러 앏히 와 뎔로 ᄒᆞ여 브ᄅᆞ게 ᄒᆞ라. ≪朴諺, 上, 11ㅈ≫那挑脚的, 뎌 삭짐 지ᄂᆞᆫ 이아. ≪朴諺, 上, 22ㅈ≫有一箇輸了的便賽殺, ᄒᆞ나히 지ᄂᆞ니 이시면 곳 던기리라. ≪朴諺, 上, 39ㅎ≫我剃頭的, 나ᄂᆞᆫ 머리 갓ᄂᆞᆫ 이라. ≪朴諺, 上, 47ㅎ≫分付這管混堂的看着, 이 混堂 ᄀᆞ옴아ᄂᆞ니게 分付ᄒᆞ여 보라 ᄒᆞ고. ≪朴諺, 上, 66ㅎ≫不到三歲下世去的也有的, 三歲에 니ᄅᆞ디 못ᄒᆞ여셔 下世ᄒᆞ여 가ᄂᆞ니도 잇ᄂᆞ니라. ≪朴

諺, 中, 1ㅈ≫有諸般唱詞的, 여러 가지 唱詞ᄒᆞᄂᆞᆫ 이 이시며. 也有弄棒的, 또 막대弄ᄒᆞᄂᆞᆫ 이 이시니. ≪朴諺, 中, 1ㅎ≫弄寶盖的, 寶盖 농ᄒᆞᄂᆞᆫ 이ᄂᆞᆫ. ≪朴諺, 中, 5ㅈ≫怎麽沒一箇聽事的, 엇디 ᄒᆞᆫ 聽事ᄒᆞ리도 업ᄂᆞ뇨. ≪朴諺, 中, 37ㅈ≫觧與官人高的, 官人을 노픈 이를 프러 주라. ≪朴諺, 中, 37ㅎ≫駁彈的是買主, 나므라ᄂᆞ니아 이 사ᄂᆞᆫ 님재라. ≪朴諺, 中, 56ㅎ≫那的不賣猫兒的, 뎨 아니 괴 ᄑᆞᄂᆞ니가. ≪朴諺, 下, 20ㅎ≫但動的便筭輸, 므릇 動ᄒᆞᄂᆞᆫ 이를 곳 지니로 혜니라. ≪朴諺, 下, 28ㅈ≫賣刷子的將來, 刷子 ᄑᆞᄂᆞᆫ 이아 가져오라. ≪朴諺, 下, 31ㅈ≫手持畫干·方天戟的, 손에 畫干·方天戟을 잡으니와. 將鉞斧的, 鉞斧를 가지니와. 拿劒的, 劒을 가지니와. 手柱槍的, 손에 槍을 딥흔 이. ≪朴諺, 下, 40ㅎ≫他不曾開鋪的, 뎨 일즙 開鋪티 아니ᄒᆞᆫ 이니. ≪朴諺, 下, 47ㅎ≫拿茶椀把盞的跟着, 茶椀 가지며 잔 잡은 이 ᄯᆞᆯ와. ≪朴諺, 下, 55ㅎ≫報信的三兩, 報信ᄒᆞᄂᆞ니ᄂᆞᆫ 석 냥이오. 收討的六兩, 거두어 어드니ᄂᆞᆫ 엿 냥을 ᄒᆞ여.

이(二) 관 ❶두. ⇔두. ≪朴諺, 上, 10ㅎ≫二錢半一板家, 두 돈 반에 ᄒᆞᆫ 판식 호ᄃᆡ. ≪朴諺, 上, 51ㅎ≫一箇月二兩嫁子錢, ᄒᆞᆫ ᄃᆞᆯ에 두 냥 젓 갑시오. ≪朴諺, 中, 2ㅎ≫說定與他二兩銀, 닐러 定ᄒᆞ고 뎌를 두 냥 銀을 주엇더니. ≪朴諺, 中, 14ㅈ≫黑豆一錢銀子二㪷, 거믄콩은 ᄒᆞᆫ 돈 은에 두 말이오. ≪朴諺, 中, 20ㅈ≫將二兩銀到西山裏, 두 냥 은을 가지고 西山에 가. ≪朴諺, 中, 39ㅎ≫賃房錢每月銀二兩, 집 세 내ᄂᆞᆫ 갑슬 ᄃᆞᆯ마다 은 두 냥에 ᄒᆞ여. ≪朴諺, 下, 25ㅎ≫實要二兩銀子賣與你, 실로 두 냥 은을 밧고 네게 ᄑᆞᆯ마. ≪朴諺, 下, 28ㅈ≫一霎兒贏了二升多榛子, 져근덧에 두 되 나믄 개암을 이긔어다. ≪朴諺, 下, 37ㅈ≫官人上納與二停外, 官人의게 두 분을 바틴 밧긔. ≪朴諺, 下, 55ㅎ≫與他二兩告子錢, 뎌를 두 냥 告子錢을 주고. ≪朴諺, 下, 57ㅎ≫二人到那門首敲門道, 두 사ᄅᆞᆷ이 뎌 믄(문) 앏희 가 문을 두드려 닐오ᄃᆡ. ❷둘. ⇔둘. ≪朴諺, 中, 20ㅈ≫把摟草二錢半一束(束)家, 허튼 딥흔(흘)다가 돈 둘 반에 ᄒᆞᆫ 뭇식 ᄒᆞ여. ❸둘째. ⇔둘재. ≪朴諺, 上, 36ㅈ≫二哥來來去去, 둘재 형은 오락가락ᄒᆞ고. ≪朴諺, 上, 36ㅈ≫二哥是運㪷, 둘재 형은 이 다리우리오.

이(己) 명 기[己]. '已'는 '己'의 잘못. ≪朴諺, 上, 23ㅎ≫到處裏破別人誇自已(己), 간 곳마다 다른 사ᄅᆞᆷ을 해야ᄇᆞ리며 내 몸을 쟈랑ᄒᆞ고.

이(已) 부 ❶벌써. ⇔ᄇᆞᆯ셔. ≪朴諺, 下, 60ㅎ≫王公已擧義兵了也, 王公이 ᄇᆞᆯ셔 義兵을 드럿ᄂᆞ니라. ❷이미. ⇔임의. ≪朴諺, 下, 11ㅎ≫孩兒這裏所幹已成完備, 孩兒ㅣ 여긔 ᄒᆞᄂᆞᆫ 배 임의 完備케 되여시니.

이(以) 부 써. (그것을 가지고, 그런 까닭으로, 그것으로 말미암아의 뜻) ⇔ᄡᅧ. ≪朴諺, 上, 7ㅎ≫有酒有花以爲眼前之樂, 술이 잇고 곳치 잇거든 ᄡᅧ 眼前의 樂을 ᄒᆞ라. ≪朴諺, 上, 45ㅎ≫以顯父母, ᄡᅧ 父母를 顯홈이. ≪朴諺, 上, 46ㅈ≫以至下人們, ᄡᅧ 下人들에 니ᄅᆞ히. ≪朴諺, 中, 22ㅈ≫以聲察聲拯悲酸於六道, 소ᄅᆡ로 ᄡᅧ 소ᄅᆡ를 ᄉᆞᆯ펴 悲酸을 六道에 건디고. ≪朴諺, 中, 43ㅎ≫滿山果子以爲食, 산에 ᄀᆞ득ᄒᆞᆫ 과실로 ᄡᅧ 食을 삼고. ≪朴諺, 下, 12ㅎ≫以至升㪷, ᄡᅧ 바리와. 石, 돌과. 塼, 벽과. 培瓦, 培瓦에 니르히. 都有, 다 이셰라.

이(耳) 명 귀. ⇔귀. ≪朴諺, 上, 40ㅈ≫將那鉸刀斡耳, 뎌 귀갓갈 가져다가 귀 안도로고. ≪朴諺, 中, 41ㅎ≫去字傍着反耳的便是, 去字 변에 뒨귀이 ᄒᆞᆫ 거시 곳 이라. ≪朴諺, 下, 9ㅈ≫側耳聽聲, 귀를 기우려 소ᄅᆡ를 듯더니.

이(你) 대 ❶너. ⇔너. ≪集覽, 字解, 單字解, 1ㅎ≫和. 平聲, 調和也. 又去聲, 與也, 及也. 我和你 너와 나와, 銅匙和快子 술

와 밋 져와. ≪集覽, 字解, 單字解, 2ㅎ≫ 怕. 疑懼之意. 怕人知道.又設若之辭. 怕你不信 ᄒᆞ다가 너옷 밋디 몯거든. 又恐也. 害怕 두리여ᄒᆞ다. ≪朴諺, 上, 10ㅎ≫ 你來, 이바. 我教與你, 내 너를 ᄀᆞᄅᆞ치마. ≪朴諺, 上, 19ㅈ≫我知道領你去, 내 알과라 너를 ᄃᆞ려가마. ≪朴諺, 上, 30ㅈ≫ 我說與你, 내 너ᄃᆞ려 니ᄅᆞ마. ≪朴諺, 上, 47ㅈ≫我說與你, 내 너ᄃᆞ려 니르마. ≪朴諺, 上, 64ㅎ≫一打裏饋你十兩銀子, ᄒᆞᆫ번에 너를 열 량 은을 줄 거시니. ≪朴諺, 中, 11ㅎ≫我饋你銀子, 내 너를 은을 줄 거시니. ≪朴諺, 中, 17ㅎ≫姐姐我看上你, 姐姐ㅣ아 내 너를 보니. ≪朴諺, 中, 26ㅈ≫ 我如今與你一兩銀, 내 이제 너를 ᄒᆞᆫ 냥 은을 줄 써시니. ≪朴諺, 中, 37ㅈ≫我說與你, 내 너ᄃᆞ려 니ᄅᆞ마. ≪朴諺, 中, 46ㅎ≫你高官裏轉除的有愁甚麽, 너는 노픈 벼슬에 쳔뎐ᄒᆞ여 뎨슈홈이 이실 써시니 므슴 근심ᄒᆞ리오. ≪朴諺, 中, 57ㅈ≫女的一百箇錢賣與你, 암은 一百 낫 돈에 ᄑᆞ라 너를 주마. ≪朴諺, 下, 4ㅎ≫師傅你也休忙, 師傅ㅣ아 너도 밧바 말고. ≪朴諺, 下, 9ㅎ≫你聽我說與你, 네 드ᄅᆞ라 내 너ᄃᆞ려 니ᄅᆞ마. ≪朴諺, 下, 12ㅈ≫浣饋你筆, 먹 므텨 너를 붓을 주니. ≪朴諺, 下, 28ㅈ≫我和你拿榛子, 내 너와 개암 더ᄂᆞ기 ᄒᆞ쟈. ≪朴諺, 下, 34ㅈ≫你也打的麽, 너도 티기 ᄒᆞᄂᆞ다. ≪朴諺, 下, 50ㅈ≫你這般金榜掛名的書生, 너는 이런 金榜에 掛名ᄒᆞᆯ 書生이니. ≪朴諺, 下, 56ㅈ≫我且問你, 내 아직 너ᄃᆞ려 뭇노니. ❷너의. ⇔네. ≪集覽, 字解, 單字解, 5ㅈ≫隨. 從也. 隨你 네 ᄆᆞᄉᆞ모로, 隨喜 구경ᄒᆞ다, 隨從 조ᄎᆞ니. 吏語, 根隨 좃다. ≪集覽, 字解, 單字解, 5ㅎ≫虧. 損也, 少也. 虧你多少 네게 언메나 낟ᄇᆞ뇨, 虧着我 내게 낟배라. 又次也. 吏語, 虧兌 원수에셔 ᄉᆡ다. ≪集覽, 字解, 單字解, 5ㅎ≫敢. 忍爲也. 你敢那 네 구틔여 그리ᄒᆞᆯ다. 又疑似也. 敢知道 아는 ᄃᆞᆺᄒᆞ다. ≪朴諺, 上, 10ㅈ≫ 你家墻如何, 네 집 담은 엇더ᄒᆞ뇨. ≪朴諺, 上, 18ㅈ≫你那金帶是誰廂的, 네 뎌 금ᄯᅴ를 뉘 젼메웟ᄂᆞ뇨. ≪朴諺, 上, 30ㅈ≫ 三錢一箇家買你的, 서 돈에 ᄒᆞ나직(식) ᄒᆞ여 네 하를 사쟈. ≪朴諺, 上, 48ㅈ≫到家慢慢的與你洗塵, 집의 가 날회여 네게 마지ᄒᆞ마. ≪朴諺, 上, 63ㅎ≫你的大紅織金胷背帖裏對換着, 네 大紅빗체 금ᄉᆞ로 ᄧᅡ 胷背 ᄒᆞᆫ 텰릭과 막밧고쟈. ≪朴諺, 中, 5ㅈ≫不悞了你的, 네 하를 그릇 아니호리라. ≪朴諺, 中, 25ㅈ≫你的帽兒那裏做來, 네 갓을 어ᄃᆡ셔 ᄆᆡᆫᄃᆞ란ᄂᆞ뇨. ≪朴諺, 中, 34ㅈ≫那廝你西園裏, 뎌 놈아 네 西園에. ≪朴諺, 中, 42ㅎ≫我要你莊頭裏去, 내 네 농장에 가고져 호ᄃᆡ. ≪朴諺, 中, 51ㅎ≫ 你的靴子怎麽乾, 네 훠ᄋᆡ 엇디 ᄆᆞᆯ랏ᄂᆞ뇨. ≪朴諺, 中, 57ㅎ≫錢是你上有, 갑슨 네게 잇고. ≪朴諺, 下, 5ㅈ≫你有泥鏝·泥托麽, 네게 흙손과 흙밧기 잇ᄂᆞ냐. ≪朴諺, 下, 13ㅎ≫你官人除做那裏, 네 官人이 어ᄃᆡᆺ 벼슬ᄒᆞ엿ᄂᆞ뇨. ≪朴諺, 下, 19ㅎ≫ 你教徒弟, 네 徒弟로 ᄒᆞ여. ≪朴諺, 下, 25ㅎ≫實要二兩銀子賣與你, 실로 두 냥 은을 밧고 네게 ᄑᆞᆯ마. ≪朴諺, 下, 30ㅈ≫ 多多的賞你, 만히 네게 샹호리라. ❸네가. ⇔네. ≪朴諺, 上, 9ㅈ≫哥哥你幾時起身, 형아 네 언제 起身ᄒᆞᆯ다. ≪朴諺, 上, 16ㅈ≫你用心下功夫打, 네 用心ᄒᆞ여 功夫 드려 ᄆᆡᆫ들라. ≪朴諺, 上, 23ㅈ≫你說饒我四着, 네 닐오ᄃᆡ 날을 네흘 졉쟈 ᄒᆞ더니. ≪朴諺, 上, 30ㅎ≫你不理會的, 네 아디 못ᄒᆞᆫ다. ≪朴諺, 上, 42ㅎ≫你做饋我一副護膝, 네 날을 ᄒᆞᆫ 부 슬갑을 ᄆᆡᆫᄃᆞ라 주고려. ≪朴諺, 上, 57ㅎ≫你將兩箇油紙帽兒來, 네 두 油紙帽를 가져와. ≪朴諺, 上, 66ㅎ≫你且停一停, 네 아직 머믈라. ≪朴諺, 中, 12ㅈ≫你這車子先將到門外, 네 이 술위를 몬져 가지고 문 밧긔 가. ≪朴諺, 中, 18ㅈ≫咳姐姐我不想你這般煩惱, 애 姐姐ㅣ아 내 네 이리 노ᄒᆞ여 ᄒᆞᆯ 줄을 ᄉᆡᆼ각디 못호라. ≪朴諺, 中, 24ㅎ≫

你將鋪盖送去, 네 鋪盖 가져 보내고. ≪朴諺, 中, 31ㅈ≫哥你說甚麽話, 형아 네 므슴 말을 니ᄅᆞᄂᆞᆫ다. ≪朴諺, 中, 40ㅈ≫你看那瓦有破的時, 네 보아 뎌 디새 ᄣᅢ여디니 잇거든. ≪朴諺, 中, 60ㅈ≫你不與他一文錢, 네 뎌를 一文錢도 주디 아니ᄒᆞ고. ≪朴諺, 下, 1ㅈ≫你臨去時莭(節), 네 갈 ᄢᅢ예 다ᄃᆞ라. ≪朴諺, 下, 10ㅈ≫你如今誠心懺悔, 네! 이제란 誠心으로 懺悔ᄒᆞ여. ≪朴諺, 下, 17ㅎ≫你說我聽, 네 니ᄅᆞ라 내 듯쟈. ≪朴諺, 下, 23ㅈ≫王說將軍你搭去, 王이 닐오ᄃᆡ 將軍아 네 건디라 가라. ≪朴諺, 下, 29ㅎ≫你看我這帽頂子, 네 보라 내 이 가ᄉᆡᆺ 頂子ㅣ. ≪朴諺, 下, 36ㅎ≫你不知道, 네 아디 못ᄒᆞᄂᆞᆫ다. ≪朴諺, 下, 42ㅈ≫黑夜道場裡你有來麽, 밤의 道場에 네 잇든다. ≪朴諺, 下, 53ㅎ≫你聽我念, 네 드ᄅᆞ라 내 念ᄒᆞ마. ≪朴諺, 下, 56ㅎ≫先生你說一說, 先生아 네 니ᄅᆞ라. ❹제. 저의. ⇔제. ≪朴諺, 上, 37ㅎ≫滿天星宿一箇月三條繩子由你曳, 하늘에 ᄀᆞ득ᄒᆞᆫ 星宿에 ᄒᆞᆫ ᄃᆞᆯ을 세 오리 노흐로 제대로 ᄭᅳᅀᅳᄂᆞᆫ 거시여.

이(你) 대 너희.❶ ⇔너희. ≪朴諺, 上, 44ㅈ≫你幾箇學生, 너희 몃 學生고. ≪朴諺, 中, 25ㅈ≫我說與你衆伴當們, 내 너희 모ᄃᆞᆫ 伴當들ᄃᆞ려 닐ᄋᆞ노니. ≪朴諺, 中, 37ㅈ≫你官人們, 너희 官人들히. ≪朴諺, 中, 40ㅎ≫都是你兩箇小畜生的勾當, 다 너희 두 가히ᄡᅵ의 일이라. ≪朴諺, 中, 56ㅈ≫你弟兄兩箇引的那小厮們, 너희 弟兄 둘히 ᄃᆞ 아히들을 ᄃᆞ려. ≪朴諺, 下, 14ㅎ≫你伴當們其實受苦, 너희 伴當들히 실로 受苦ᄒᆞᄂᆞᆫ쏘다. ❷⇔너희. ≪朴諺, 下, 36ㅎ≫哥你們, 형아 너희들이.

이(利) 명 ❶이익. ≪朴諺, 中, 44ㅈ≫一發忘棄名與利, 홈ᄭᅴ 名과 다ᄆᆺ 利를 니저ᄇᆞ리리라. ❷길미. 이자. 이윤. ≪朴諺, 上, 31ㅎ≫本·利八兩銀子, 本과 利ㅣ 八兩銀을.

이(李) 명 성씨(姓氏)의 하나. ≪朴諺, 上, 2ㅎ≫光祿寺裡着姓李的館夫討去, 光祿寺에ᄂᆞᆫ 姓이 李가 館夫로 ᄒᆞ여 어드라 가게 ᄒᆞ고.

이(里) 명 주대(周代)의 행정 구역으로 5가(家)를 인(鄰), 25가를 이라 하였다. ≪集覽, 字解, 單字解, 2ㅈ≫里. 居也. 五家爲鄰, 五鄰爲里. 又路程, 以三百六十步爲一里. 又語助.

이(泥) 동 바르다. ⇔ᄇᆞᄅᆞ다. ≪朴諺, 上, 60ㅎ≫泥椒紅墻壁, 호쵸로 ᄇᆞᄅᆞᆫ 블근 墻壁에. ≪朴諺, 下, 6ㅈ≫你爲甚麽這炕面上灰泥的不平正, 네 므서슬 위ᄒᆞ여 이 炕面 灰 ᄇᆞᄅᆞ미 平正티 못ᄒᆞᆫ뇨.

이(泥) 명 ❶진흙. ⇔즌흙. ≪朴諺, 中, 29ㅎ≫街上泥凍的, 거리예 즌흙 언 거시. ≪朴諺, 中, 51ㅈ≫一劄浠泥曲膝盖深, ᄒᆞᆫ ᄌᆞᆯᄀᆞ티 즌흙이 무룹도리로 깁더라. ≪朴諺, 中, 51ㅎ≫一套兒衣裳都汚了泥, ᄒᆞᆫ ᄇᆞᆯ 衣裳을 다 즌흙에 더러엿더라. ❷흙. ⇔흙. ≪朴諺, 下, 5ㅎ≫這裏和泥, 예셔 흙 니기라. ≪朴諺, 下, 21ㅈ≫和將一塊青泥來, ᄒᆞᆫ 덩이 프른 흙을 닉여 가져다가.

이(理) 명 사물의 정당한 조리(條理). 또는 변하지 않는 떳떳한 도리(道理). ≪朴諺, 中, 20ㅎ≫理圓四德(集覽, 朴集, 中, 4ㅈ: 理圓四德. 理者, 固常道之至也. 圓, 全備也.), 理ᄂᆞᆫ 四德에 ᄀᆞ잣고. ≪朴諺, 中, 28ㅈ≫你做這般不合理的勾當, 네 이런 理에 合디 아닌 일을 ᄒᆞ다가. ≪朴諺, 中, 59ㅈ≫憑着理時, 理를 의빙ᄒᆞ면. ≪朴諺, 中, 60ㅈ≫我放着合理的事, 내 理에 合ᄒᆞᆫ 일을 두고. ≪朴諺, 中, 60ㅈ≫你道是合理的事, 네 닐오ᄃᆡ 이 理에 合ᄒᆞᆫ 일이라 ᄒᆞ니. ≪朴諺, 中, 61ㅈ≫有理無錢休入來, 理 이셔도 돈이 업거든 드러오디 말라 ᄒᆞᄂᆞ니라. ≪朴諺, 下, 17ㅈ≫必達周公之理, 반ᄃᆞ시 周公의 理를 達ᄒᆞᆯ ᄶᅧ시니.

이(裏) 명 안[內]. ❶⇔안. ≪朴諺, 下, 18ㅎ≫正到城裏智海禪寺投宿, 경히 셩 안 智海禪寺에 가 드러 자다가. ❷⇔안ㅎ. ≪朴

諺, 中, 29ㅎ≫請官人屋裏喫飯, 청컨대 官人은 집 안희셔 밥 먹으라. ≪朴諺, 中, 41ㅎ≫氷角裏木字, 氷角 안희 木字 ᄒᆞ엿ᄂᆞ니라. ≪朴諺, 下, 11ㅎ≫各俱壹裏, 각각 ᄒᆞᆫ 안흘 ᄀᆞ초와.

이(裏) 명 안[內]. 안찝. ⇔안. ≪朴諺, 上, 41ㅈ≫十表十裏, 열 것과 열 안과. ≪朴諺, 下, 38ㅎ≫車馬, 車馬와. 茶褐羅傘(集覽, 朴集, 下, 8ㅎ: 羅傘. 〈卽〉丞用傘, 紅浮屠頂, 黑色茶褐羅表, 紅絹裏, 三簷.), 차할빗치 羅傘과.

이(離) 동 (사이가) 뜨다. ❶⇔ᄠᅳ다. ≪朴諺, 上, 12ㅈ≫平則門離這廣豊倉二十里地, 平則門이 이 廣豊倉에셔 ᄠᅳᆷ이 二十里 ᄶᅡ히니. ❷⇔ᄯᅳ다. ≪朴諺, 中, 32ㅈ≫這離城三十里來地, 이 城에셔 ᄯᅳᆷ이 三十里 ᄶᅡ히.

이(離) 동 떠나다. ⇔ᄠᅥ나다. ≪朴諺, 下, 9ㅎ≫因你貪嗔癡三毒不離於身, 네 貪嗔癡三毒이 몸에 ᄠᅥ나디 아니믈 인ᄒᆞ여.

-이 접미 ❶-이. (고유명사에 뒤에 붙는다) ≪朴諺, 中, 11ㅈ≫叫將那木匠來, 뎌 木匠이를 블러다가. ≪朴諺, 中, 38ㅎ≫京都在城黃華坊住人朱玉, 셔울 셩 안 黃華坊에셔 사ᄂᆞᆫ 사름 朱玉이. ≪朴諺, 下, 54ㅈ≫告狀人李萬見, 告狀ᄒᆞᆫ 사름 李萬見이. ❷-이. (동사나 형용사 뒤에 붙는다) ≪朴諺, 上, 43ㅎ≫三尺半白淸水(集覽, 朴集, 上, 12ㅎ: 白淸水絹. 무·리 ·픗〈플〉:긔·업·시 다ᄃᆞ·마 :돌호로 미·론 :깁·이·니, 光滑緻硬, 如本國擣砧者也. 卽不用糨粉而錬〈練〉生絹, 以石碾者.)絹, 석 자 반 제믈엣 깁이야. ❸-이. (사동접미사) ≪朴諺, 下, 19ㅈ≫小先生到前面敎點燈, 小先生이 앏픠 와 블혀이거늘.

-이 조 ❶-가. ≪朴諺, 中, 25ㅎ≫簷兒小, 드르히 젹고. ≪朴諺, 下, 20ㅈ≫那一箇輸了時, 아므나 ᄒᆞ나히 지거든. ≪朴諺, 下, 34ㅈ≫一箇去百箇來, ᄒᆞ나히 가매 빅이 온다 ᄒᆞᄂᆞ니라. ≪朴諺, 下, 41ㅈ≫今年纔三十七歲, 올히 ᄀᆞᆺ 三十七歲라. ≪朴諺, 下, 53ㅎ≫這般着, 이러면. 那廝多少年紀, 뎌 놈이 나히 언메나 ᄒᆞ더뇨. ≪朴諺, 下, 54ㅈ≫年幾歲無病, 나히 현이오 病 업ᄉᆞᆫ이. ≪朴諺, 下, 59ㅈ≫年二十歲時分, 나히 ᄉᆞ믈인 제. ❷-이. ≪集覽, 字解, 單字解, 1ㅎ≫安. 安鍋兒 가마 거다. 又安下 사ᄅᆞ미 자리 븐다. 又吏語, 安插 사ᄅᆞ믈 안졉ᄒᆞ게 ᄒᆞ다. ≪朴諺, 上, 1ㅈ≫洪福齊天, 큰 福이 하놀과 ᄀᆞᄌᆞᆨᄒᆞ야. ≪朴諺, 上, 21ㅈ≫十箇人一宿家輪着喂, 열 사름이 ᄒᆞᆫ 즘식 돌려 먹이게 ᄒᆞ라. ≪朴諺, 上, 31ㅎ≫那驢養下來的, 뎌 나귀 얼러 나흔 놈이. ≪朴諺, 上, 49ㅈ≫咱十數箇弟兄們去時勾了, 우리 여라믄 弟兄들히 가면 유여홀 거시니. ≪朴諺, 上, 57ㅈ≫咱官人在那裏, 우리 官人이 어ᄃᆡ 잇ᄂᆞ뇨. ≪朴諺, 上, 66ㅎ≫人生七十古來稀, 人生七十이 古來稀라 ᄒᆞ니. ≪朴諺, 中, 10ㅈ≫神奴來歷不明, 神奴ㅣ 來歷이 不明ᄒᆞ거나. ≪朴諺, 中, 16ㅎ≫大娘身子好麼, 大娘의 몸이 됴흐신가. ≪朴諺, 中, 21ㅎ≫或作童男, 혹 童男이 되며. 或作童女, 혹 童女ㅣ 되며. ≪朴諺, 中, 30ㅈ≫凍面皮都打破了不中, 언 ᄂᆞᆺ가족이 다 헤여딜 거시니 맛당티 아니ᄒᆞ니. ≪朴諺, 中, 47ㅎ≫不到一生日裏, ᄒᆞᆫ 싱일이 다듯디 못ᄒᆞ여셔. ≪朴諺, 中, 60ㅎ≫衙門處處向南開, 衙門이 곳곳이 南을 향ᄒᆞ여 여러시나. ≪朴諺, 下, 10ㅈ≫那達達聽師傅說, 뎌 達達이 師傅의 니롬을 듯고. ≪朴諺, 下, 13ㅎ≫咳這一除甚麽好, 애 이 ᄒᆞᆫ 벼슬이 므서시 됴흐뇨. ≪朴諺, 下, 19ㅈ≫小先生到前面敎點燈, 小先生이 앏픠 와 블혀이거늘. ≪朴諺, 下, 30ㅈ≫顏色也都消了, 빗치 다 업서시니. ≪朴諺, 下, 39ㅈ≫怕甚麽, 므서시 저프리오. ≪朴諺, 下, 49ㅎ≫舊名, 네 일홈이. ≪朴諺, 下, 57ㅈ≫咳沒頭口却怎的好, 애 즘승이 업ᄉᆞ니 엇디ᄒᆞ여 됴흐료. ≪朴諺, 下, 60ㅎ≫王公已擧義兵了也, 王公이 블셔 義兵을 드럿ᄂᆞ니라.

이가(二哥) 명 둘째 형(兄). ≪集覽, 字解,

累字解, 1ㅈ≫大哥. 哥兄也. 人有數兄, 則呼長曰大哥, 次曰二哥, 三曰三哥. 雖非同胞而見儕輩, 可推敬者, 則亦呼爲哥. 或加大字, 或加老字, 推敬之重也. 只呼弟曰兄弟, 竝擧兄及弟曰弟兄. ≪朴諺, 上, 36ㅈ≫二哥來來去去, 둘재 형은 오락가락ᄒᆞ고. ≪朴諺, 上, 36ㅈ≫二哥是運斗, 둘재 형은 이 다리우리오.

이가(李家) 명 이가(李哥). 이씨. ≪集覽, 字解, 單字解, 5ㅎ≫家. 止指一數之稱. 一箇家 ᄒᆞᆫ 낫식, 幾箇家 몃 낫식, 又현 낫식, 幾年家 현 ᄒᆡ식. 又槩也. 大家 대개. 又擧姓呼人之稱. 李家·張家. 又呼皇帝曰官家. 又語助. 沒有家 업다.

이간(裏間) 명 안채. 안방. ⇔안깐. ≪朴諺, 上, 47ㅎ≫到裏間湯池裏洗了一會兒, 안깐 湯池에 가 ᄒᆞᆫ 디위 목욕ᄀᆞᆷ고.

이것 대 이것. ❶⇔저개(這箇). ≪朴諺, 上, 36ㅎ≫這箇是燈臺, 이거슨 이 燈臺로다. ≪朴諺, 上, 36ㅎ≫這箇是核桃, 이거슨 이 호되로다. ≪朴諺, 上, 36ㅎ≫這箇是鷄鴠, 이거슨 이 ᄃᆞᆰ의알이로다. ≪朴諺, 上, 36ㅎ≫這箇是鎖子, 이거슨 이 ᄌᆞ믈쇠로다. ≪朴諺, 上, 37ㅈ≫這箇是雀兒, 이거슨 이 새로다. ≪朴諺, 上, 37ㅈ≫這箇是碾子, 이거슨 이 매로다. ≪朴諺, 上, 37ㅈ≫這箇是蝎子, 이거슨 이 전갈이로다. ≪朴諺, 上, 37ㅎ≫這箇是櫻桃, 이거슨 이 櫻桃ㅣ로다. ≪朴諺, 上, 37ㅎ≫這箇是靴子, 이거슨 이 훠ᄋᆡ로다. ≪朴諺, 上, 37ㅎ≫這箇是梨兒, 이거슨 이 ᄇᆡ로다. ≪朴諺, 上, 37ㅎ≫這箇是秤, 이거슨 이 저울이로다. ≪朴諺, 上, 38ㅈ≫這箇是藥刀, 이거슨 이 藥刀ㅣ로다. ≪朴諺, 上, 38ㅈ≫這箇是蒜, 이거슨 이 마ᄂᆞᆯ이로다. ≪朴諺, 上, 38ㅈ≫這箇是塔兒, 이거슨 이 탑이로다. ❷⇔저시(這廝). ≪朴諺, 中, 34ㅈ≫紫蘇這厮好喫, 紫蘇란 이거시 먹기 됴ᄒᆞ니라. ❸⇔저적(這的). ≪朴諺, 上, 64ㅈ≫這的是眞陝(陜)西地面裏來的, 이거시 이 진짓 陝(陜)西 ᄯᅡᄒᆞ로셔 온 거시로다. ≪朴諺, 中, 58ㅈ≫這的便是仰面唾天, 이거시 곳 잣바 하ᄂᆞᆯ헤 춤 바ᄐᆞᆷ이로다. ≪朴諺, 下, 1ㅈ≫這的是誰的不是, 이거시 이 뉘 올티 아니ᄒᆞᄂᆞ뇨. ≪朴諺, 下, 1ㅎ≫這的是恠不的人, 이거슨 이 사ᄅᆞᆷ도 허믈 못ᄒᆞ고. ≪朴諺, 下, 20ㅈ≫這的不是大讎, 이거시 큰 원슈 아니가. ≪朴諺, 下, 26ㅈ≫這的八成銀, 이거슨 八成銀이니. ≪朴諺, 下, 27ㅈ≫這的甚麽東西, 이거시 므스것고.

이괘(離卦) 명 팔괘(八卦)의 하나. 불을 상징한다. ≪朴諺, 中, 60ㅎ≫衙門處處向南開(集覽, 朴集, 中, 9ㅈ: 衙門處處向南開. 南村輟耕錄云, 凡衙門皆坐北南向者, 南方屬離卦, 離虛中則聰. 又南方火位, 火明則能破暗, 故表南面聰〈聡〉明, 爲民治愚暗之事.), 衙門이 곳곳이 南을 향ᄒᆞ여 여러시나.

이구(耳垢) 명 귀지. ≪朴諺, 上, 40ㅎ≫捎篦(集覽, 朴集, 上, 11ㅈ: 消息(捎篦). 以禽鳥毳翎安於竹針頭, 用以取耳垢者, 俗呼爲消息(捎篦).)來掏一掏耳朶, 짓븨 가져다가 귓바회 ᄈᆞᆯ라.

이구(螭口) 명 이수(螭首)의 아가리. ≪朴諺, 上, 59ㅎ≫西湖是從玉泉(集覽, 朴集, 上, 15ㅈ: 玉泉. 在宛平縣西北三十里玉泉山下. 山有石洞三, 一在山之西南, 其下有泉, 深淺莫測. 一在山之陽, 泉出石罅間, 鑿石爲螭頭, 泉從螭口噴出, 鳴若雜佩, 色如素鍊〈練〉, 泓澄百頃.)裏流下來, 西湖는 이 玉泉으로 조차 흘러ᄂᆞ리니.

이근(耳根) 명 〈불〉 오근(五根)의 하나. 청각 기관인 귀를 이르는 말이다. ≪朴諺, 上, 41ㅎ≫俊如觀音菩薩(集覽, 朴集, 上, 12ㅈ: 觀音菩薩. 以耳根圓通, 以聞聲作觀, 故謂之觀世音.), 쥰슈홈이 觀音菩薩 ᄀᆞᆮ고.

이금(而今) 명 이제. 지금. 현재. ⇔이제. ≪朴諺, 上, 33ㅎ≫而今沒來由偷別人的媳婦怎麽, 이제 쇽졀업시 ᄂᆞᆷ의 겨집을 도적홈은 엇디오.

이금(弛禁) 동 금령(禁令)을 풀다. 해금(解禁)하다. ≪朴諺, 下, 49ㅈ≫好女不看燈(集覽, 朴集, 下, 11ㅈ: 好女不看燈. 唐韋述兩京記曰, 正月十五日夜, 勑金吾弛禁, 前後各一日, 以觀燈.), 好女ᄂᆞᆫ 看燈 아니 ᄒᆞᆫ다 ᄒᆞᄂᆞ니라.

이긔다 동 이기다[勝]. ❶⇔승(勝). ≪朴諺, 中, 36ㅈ≫小心必勝, 조심ᄒᆞ면 반ᄃᆞ시 이긘다 ᄒᆞᄂᆞ니라. ≪朴諺, 下, 21ㅈ≫王道唐僧得勝了, 王이 닐오ᄃᆡ 唐僧이 이긔어다. ❷⇔영(贏). ≪朴諺, 上, 22ㅈ≫咱們下一局賭輸贏(贏)如何, 우리 ᄒᆞᆫ 판 두어 지며 이긔믈 더느미 엇더ᄒᆞ뇨. 你那裏贏(贏)的我, 네 어ᄃᆡ 날을 이길다. ≪朴諺, 上, 22ㅈ≫眼下交手便見輸贏(贏), 眼下에 交手ᄒᆞ면 곳 지며 이긔믈 보리라. ≪朴諺, 上, 23ㅈ≫我却怎麼贏了這三十路碁, 내 ᄯᅩ 엇디 이 셜흔 집 바독을 이긔여뇨. ≪朴諺, 上, 49ㅈ≫我獨自箇射時也贏的, 내 혼자 ᄡᅩ아도 이긔리로다. ≪朴諺, 下, 23ㅎ≫衆人喝倸佛家贏了也, 모든 사ᄅᆞᆷ이 혀ᄎᆞ고 佛家ㅣ 이긔어다 ᄒᆞ더라. ≪朴諺, 下, 28ㅈ≫一霎兒贏了二升多榛子, 져근덧에 두 되 나믄 개암을 이긔어다.

-이나 조 -이나. ≪朴諺, 上, 29ㅎ≫你要幾箇, 네 몃치나 ᄒᆞ고져 ᄒᆞᄂᆞᆫ다. ≪朴諺, 上, 56ㅈ≫有九分膘, 九分이나 ᄉᆞᆯ이 잇고. ≪朴諺, 中, 5ㅈ≫隨從幾箇, 隨從이 몃치나 ᄒᆞ뇨. ≪朴諺, 中, 31ㅎ≫我敬他甚麼屁, 내 뎌를 므슴 밋티나 공경ᄒᆞ랴. ≪朴諺, 中, 35ㅎ≫不論竿子上的橫子上的物件, 홰옛 거시나 궤옛 物件을 혜디 아니ᄒᆞ고. ≪朴諺, 中, 43ㅈ≫每日馬肚皮塵埋三尺, ᄆᆡ일에 ᄆᆞᆯ 빗가족에 틧글이 석자히나 무텻고. ≪朴諺, 中, 47ㅎ≫這孩兒幾箇月也, 이 아희 몃 ᄃᆞᆯ이나 ᄒᆞ뇨. ≪朴諺, 下, 26ㅈ≫燒子二兩家賣了幾串, 구은 이예 두 냥식 몃 꿰옴이나 ᄑᆞ란ᄂᆞ다. ≪朴諺, 下, 31ㅈ≫腰濶三圍抱不匝, 허리 너ᄅᆞ기 세 아름이나 ᄒᆞ니 안아 두로디 몯ᄒᆞ고. ≪朴諺, 下, 61ㅈ≫先到宮門前等的萬千人, 몬져 宮門 앏희 가 기ᄃᆞ리리 萬千人이나 ᄒᆞ니.

-이니 조 -이니. ≪朴諺, 上, 1ㅎ≫共通三千箇銅錢, 대되 三千 낫 銅錢이니. ≪朴諺, 上, 16ㅎ≫如今這七月立了秋, 이제 이 七月이니 立秋 ᄒᆞ엿고. ≪朴諺, 上, 36ㅈ≫我說幾箇謎, 내 여러 슈지엣말 니ᄅᆞᆯ 거시니. ≪朴諺, 上, 58ㅈ≫又不喫了他的, ᄯᅩ 뎌의 거슬 먹디 아닐 거시니. ≪朴諺, 上, 62ㅎ≫描也描不出, 모ᄒᆞ려 ᄒᆞ여도 모티 몯ᄒᆞᆯ 거시니. ≪朴諺, 上, 66ㅈ≫說三日三宿, 三日 三宿을 닐을 ᄲᅥ시니. ≪朴諺, 中, 3ㅈ≫誆猾賊, 誆猾ᄒᆞᆫ 도적이니. ≪朴諺, 中, 11ㅈ≫一兩日上位郊天去, ᄒᆞᄅᆞ 이틀만 ᄒᆞ면 上位ㅣ 郊天ᄒᆞ라 가실 거시니. ≪朴諺, 中, 14ㅈ≫草一錢銀子十一箇家大東(束)兒, 딥흔 ᄒᆞᆫ 돈 은에 열ᄒᆞᆫ 낫 큰 뭇이니. ≪朴諺, 中, 26ㅈ≫我如今與你一兩銀, 내 이제 너를 ᄒᆞᆫ 냥 은을 줄 ᄲᅥ시니. ≪朴諺, 中, 30ㅈ≫凍面皮都打破了不中, 언 ᄂᆞᆺ가족이 다 ᄒᆡ여딜 거시니 맛당티 아니ᄒᆞ니. ≪朴諺, 中, 48ㅎ≫便那的步兒, 곳 논힐훠 거를 ᄲᅥ시니. ≪朴諺, 下, 1ㅎ≫也恠不的虫子, ᄯᅩ 좀도 허믈 몯ᄒᆞᆯ 거시니. ≪朴諺, 下, 12ㅎ≫木植(集覽, 朴集, 下, 3ㅈ: 木植. 亦曰木料, 남·고〈그〉·로 :셩·녕〈셩녕〉ᄒᆞᆯ ᄀᆞᅀᆞ미〈ᄀᆞ음이〉니. 詳見字解料字下.)都有麼, ᄀᆞ음이 다 잇ᄂᆞ냐. ≪朴諺, 下, 26ㅈ≫但與的便是價錢, 믈읫 주ᄂᆞᆫ 거시 곳 올ᄒᆞᆫ 갑시니. ≪朴諺, 下, 30ㅎ≫便是箇人城, 곳 이 人城이니. ≪朴諺, 下, 45ㅈ≫黑夜不敢喫多, 밤이니 감히 먹기를 만히 몯ᄒᆞᆯ로다. ≪朴諺, 下, 58ㅎ≫咱本國是太祖姓王諱建表德若天, 우리 本國이 太祖의 姓은 王이오 諱ᄂᆞᆫ 建이오 字ᄂᆞᆫ 若天이니.

-이니라 조 -이니라. ≪朴諺, 上, 45ㅎ≫孝之終也, 孝의 終이니라. ≪朴諺, 中, 50ㅈ≫先小人後君子, 몬져ᄂᆞᆫ 쇼인이라도 후에ᄂᆞᆫ 군ᄌᆞ로 ᄒᆞᆯ ᄲᅥ시니라. ≪朴諺, 下, 6ㅈ≫拙匠人巧主人, 拙ᄒᆞᆫ 匠人이오 巧ᄒᆞᆫ 主人

이니라. ≪朴諺, 下, 56ㅈ≫半張裏寫時與一半錢讀, 半張에 써시면 一半 갑슬 주고 므르미니라.

-이다 어미 -ㅂ니다. ≪朴諺, 中, 17ㅎ≫又沒多, 또 만티 아니ᄒᆞ이다.

이대(李大) 명 사람 이름. ≪朴諺, 中, 25ㅎ≫徐五的徒弟李大, 徐五의 뎨시 李大ㅣ. ≪朴諺, 中, 26ㅈ≫將去饋李大做定錢, 가져가 李大를 주어 마초는 갑슬 삼고. ≪朴諺, 中, 26ㅎ≫李大的帽兒摞兒可喜不走作, 李大의 갓이 모양이 곱고 듦쁘디 아니케 믿드랏고.

이대사(李大舍) 명 사람 이름. ≪朴諺, 中, 27ㅈ≫小名喚李大舍, 小名을 李大舍ㅣ라 브르ᄂᆞᆫ이.

이도(移都) 동 도읍을 옮기다. ⇔이도ᄒᆞ다(移都-). ≪朴諺, 下, 61ㅈ≫移都松岳郡, 松岳郡에 移都ᄒᆞ니.

이도ᄒᆞ다(移都-) 동 도읍을 옮기다. ⇔이도(移都). ≪朴諺, 下, 61ㅈ≫移都松岳郡, 松岳郡에 移都ᄒᆞ니.

이두(裏頭) 명 궁중. 궁궐 안. ≪集覽, 字解, 單字解, 2ㅈ≫裏. 內也. 裏頭·內裏. 又闕內. 亦曰裏頭, 又曰內裏. 又處也. 這裏·那裏. 又語助. 去裏·有裏. 通作里·俚·哩.

이두(裏頭) 명 ❶중(中). 가운데. ⇔듕. ≪朴諺, 上, 24ㅈ≫咱衆弟兄們裏頭, 우리 모ᄃᆞᆫ 弟兄들 듕에. ≪朴諺, 上, 63ㅈ≫好哥哥弟兄們裏頭, ᄆᆞᄋᆞᆷ 됴ᄒᆞᆫ 형 아ᄋᆞ들 듕에. ≪朴諺, 下, 49ㅎ≫這門裡頭, 이 門ㅅ 듕에. ❷속. 안. ⇔속. ≪朴諺, 上, 37ㅎ≫金罐兒·鐵携兒裏頭盛着白沙蜜, 금탕권 쇠곡지 속에 白沙蜜 담은 거시여.

이두(裏頭) 명 안[內]. ❶⇔안. ≪集覽, 字解, 單字解, 2ㅈ≫裏. 內也. 裏頭·內裏. 又闕內. 亦曰裏頭, 又曰內裏. 又處也. 這裏·那裏. 又語助. 去裏·有裏. 通作里·俚·哩. ≪朴諺, 下, 57ㅈ≫崇文門裡頭, 崇文門 안. ❷⇔안ㅎ. ≪朴諺, 上, 12ㅎ≫郎中你如今到裏頭, 郎中아 네 이제 안희 가. ≪朴諺, 上, 36ㅎ≫皺皺娘娘裏頭睡, 삥긘 겨집이 안희셔 자는 거시여. ≪朴諺, 上, 37ㅎ≫一箇長甕兒窄窄口裏頭盛着糯米酒, ᄒᆞᆫ 긴 독 조븐 부리 안희 촙ᄡᆞᆯ 술 담은 거시여. ≪朴諺, 上, 47ㅎ≫都放在這櫃裏頭, 다 이 櫃 안희 두고. ≪朴諺, 中, 27ㅈ≫颩在那裏頭, 그 안희 드리티더니. ≪朴諺, 中, 30ㅈ≫如今便入裏頭去時, 이제 즉시 안희 드러가면. ≪朴諺, 中, 42ㅎ≫裏頭一箇林字, 안희 ᄒᆞᆫ 林字 ᄒᆞ고. ≪朴諺, 中, 58ㅈ≫裏頭床兒不穩, 안희 상이 편티 아니ᄒᆞ니. ≪朴諺, 下, 46ㅈ≫前面彩亭裡頭, 前面 彩亭 안희.

이두(裡頭) 명 이두(裏頭). '裡'는 '裏'와 같다. ≪朴諺, 下, 46ㅈ≫前面彩亭裡頭, 前面 彩亭 안희. ≪朴諺, 下, 49ㅎ≫這門裡頭, 이 門ㅅ 듕에. ≪朴諺, 下, 57ㅈ≫崇文門裡頭, 崇文門 안.

이두(螭頭) 명 이수(螭首). (건축물 따위에 뿔 없는 용의 모양을 아로새긴 형상) ≪朴諺, 上, 59ㅎ≫西湖是從玉泉(集覽, 朴集, 上, 15ㅈ: 玉泉. 一在山之陽, 泉出石罅間, 鑿石爲螭頭, 泉從螭口噴出, 鳴若雜佩, 色如素鍊〈練〉, 泓澄百頃.)裏流下來, 西湖는 이 玉泉으로 조차 흘러ᄂᆞ리니.

-이라 조 ❶-이라. -라. ≪集覽, 字解, 單字解, 2ㅈ≫滾. 煮水使沸曰滾滾花水 글른 믈. 又輪轉曰滾滾了 구으다, 字作輥. 又通共和雜曰累滾 ᄒᆞᆫ 믈와비라. 又滾子 방올. ≪朴諺, 上, 23ㅎ≫不得仁義的人, 仁義를 엇디 못ᄒᆞᆫ 사ᄅᆞᆷ이라. ≪朴諺, 上, 44ㅈ≫咱學長爲頭兒四十五箇學生, 우리 學長으로 爲頭ᄒᆞ여 마은 다ᄉᆞᆺ 學生이라. ≪朴諺, 上, 58ㅈ≫不通人情不得仁義的小廝, 人情을 통티 못ᄒᆞ고 仁義를 엇디 못ᄒᆞᆫ 놈이라. ≪朴諺, 上, 64ㅎ≫老實價錢六兩銀子, 고디식ᄒᆞᆫ 갑슨 엿 냥 은이라. ≪朴諺, 中, 4ㅎ≫都通染錢是五兩四錢半銀子, 대되 통ᄒᆞ여 믈갑시 닷 냥 너 돈 반 은이라. ≪朴諺, 中, 10ㅈ≫並不干買主之事, 다 산 님자의게는 간셥디 아닌

일이라. ≪朴諺, 中, 23ㅎ≫如是菩薩不可不參, 이런 菩薩을 可히 참견티 아니티 못홀 거시라. ≪朴諺, 中, 46ㅈ≫你常選官, 너는 샹샹에 쌘이는 관원이라. ≪朴諺, 中, 60ㅈ≫終久是有理的勾當, 終久ᄐᆞ록 이 有理ᄒᆞᆫ 일이라. ≪朴諺, 下, 13ㅎ≫第二少卿, 第二 少卿이라. ≪朴諺, 下, 19ㅎ≫貧僧是東土人, 貧僧은 이 東土ㅅ 사ᄅᆞᆷ이라. ≪朴諺, 下, 27ㅈ≫咳一件好物, 애 ᄒᆞᆫ 불 됴흔 거시라. ≪朴諺, 下, 39ㅎ≫是眞定人, 이 眞定 사ᄅᆞᆷ이라. ≪朴諺, 下, 55ㅈ≫告狀人李萬見, 告狀ᄒᆞᆫ 사ᄅᆞᆷ 李萬見이라. ≪朴諺, 下, 61ㅎ≫便是如今王京城子, 곳 이제 王京 城이라. ❷-이라. -이라고. ≪朴諺, 上, 7ㅎ≫無子無孫盡是他人之物, 無子 無孫ᄒᆞ면 다 他人의 거시라 ᄒᆞ니. ≪朴諺, 上, 42ㅎ≫一夜夫妻百夜恩, 一夜 夫妻ㅣ 百夜恩이라 ᄒᆞᄂᆞ니라. ≪朴諺, 中, 16ㅎ≫大娘(集覽, 朴集, 中, 3ㅈ: 大娘. 音義云, 안해님이라 ᄒᆞ·ᄃᆞᆺ ᄒᆞᆫ : 말. 今按, 汎稱尊長妻室曰大娘, 又稱人之正妻曰大娘, 妾曰小娘.)身子好麽, 大娘의 몸이 됴ᄒᆞ신가. ≪朴諺, 中, 18ㅈ≫隔簾聽笑語燈下看佳人, 발을 즈음ᄒᆞ여 笑語를 듯고 燈下에 佳人을 봄이라 ᄒᆞ니. ≪朴諺, 中, 32ㅈ≫喚禪頂山, 禪頂山이라 브ᄅᆞ니. ≪朴諺, 中, 60ㅈ≫你道是合理的事, 네 닐오ᄃᆡ 이 理에 合ᄒᆞᆫ 일이라 ᄒᆞ니. ≪朴諺, 下, 5ㅈ≫沒家事時筭甚麽泥水匠, 연장이 업ᄉᆞ면 므슴 泥匠이라 혜리오. ≪朴諺, 下, 17ㅎ≫喚做車遲國, 車遲國이라 브ᄅᆞᄂᆞᆫ디라. ≪朴諺, 下, 18ㅈ≫喚伯眼, 伯眼이라 브ᄅᆞ고. ≪朴諺, 下, 26ㅈ≫你說都是白銀, 네 닐오ᄃᆡ 다 이 白銀이라 ᄒᆞ더니. ≪朴諺, 下, 36ㅎ≫寸鐵入木九牛之力, 寸鐵이 남게 들매 九牛의 힘이라 ᄒᆞᄂᆞ니라. ≪朴諺, 下, 39ㅎ≫送君千里終有一別, 送君千里나 終有一別이라 ᄒᆞ니라. ≪朴諺, 下, 41ㅎ≫寫着甚麽裡, 므서시라 섯더뇨. ≪朴諺, 下, 46ㅎ≫牌上寫着勾芒神, 牌예 勾芒神이라 쓰고.

-이라도 조 -이라도. ≪朴諺, 上, 11ㅈ≫五十年也倒不得, 五十年이라도 므허디디 아니ᄒᆞ리라. ≪朴諺, 上, 17ㅈ≫五六十托麁麻線也放不勾, 五六十 발 굴근 삼실이라도 노키 유여티 못ᄒᆞ니리(라). ≪朴諺, 上, 59ㅈ≫寒食不遲, 寒食이라도 더듸디 아니타 ᄒᆞᄂᆞ니라. ≪朴諺, 中, 24ㅈ≫萬刼再逢難, 萬劫이라도 다시 만나기 어려오니라. ≪朴諺, 中, 50ㅈ≫先小人後君子, 몬져는 쇼인이라도 후에는 군ᄌᆞ로 홀 써시니라.

-이란 조 -이란. ≪朴諺, 中, 58ㅎ≫跳蚤那廝近不的, 벼록이란 뎌 놈이 갓가이 못ᄒᆞᄂᆞ니라.

-이랏다 조 -이었다. ≪朴諺, 上, 56ㅈ≫眞箇是好馬麽, 진실로 됴ᄒᆞᆫ ᄆᆞᆯ이랏다. ≪朴諺, 下, 24ㅎ≫元來是一箇虎精, 본ᄃᆡ 이 ᄒᆞᆫ 虎精이랏다.

이랑(二郞) 명 이랑신(二郞神). ≪朴諺, 下, 47ㅈ≫粧二郞爺爺(集覽, 朴集, 下, 10ㅎ: 二郞爺爺. 二郞, 神名, 爺爺, 尊敬之稱. 今遼東城內有二郞神廟. 按西遊記, 西域花菓山洞有老猴精, 號齊天大聖, 神變〈変〉無測, 閙(鬧)乱天宮, 玉帝命李天王領神兵往捕, 相戰失利. 灌州灌江口立廟, 有神曰小聖二郞, 又號二郞賢聖天王, 請二郞捕獲大聖, 卽此. 廟額曰昭惠靈顯眞君之廟, 然未知何神. 打春之日, 取此塑像, 盖亦未詳. 又見孫行者註下. 宣和遺事云, 宣和七年十二月, 有神降坤寧殿修(傍)神保觀. 神保觀者, 乃二郞神也, 都人素畏之.), 二郞爺爺를 ᄉᆞ며.

이랑신(二郞神) 명 전설상의 신(神) 이름. 진(秦)나라 이빙(李冰)의 둘째 아들을 신격화하여 이르는 말. 또는 그를 모시는 사당. ≪朴諺, 下, 17ㅈ≫唐三藏引孫行者(集覽, 朴集, 下, 4ㅈ: 孫行者. 老君·王母俱奏于玉帝, 傳宣李天王, 引領天兵十萬及諸神將至花菓山, 與大聖相戰失利. 巡山大力鬼上告天王, 擧灌州灌江口神曰小聖二郞, 可使拿獲. 天王遣太子木叉, 與大

力鬼往請二郎神, 領神兵圍花菓山, 衆猴出戰皆敗.), 唐三藏이 孫行者를 ᄃᆞ리고. ≪朴諺, 下, 47ㅈ≫粧二郎爺爺(集覽, 朴集, 下, 10ㅎ: 二郎爺爺. 二郎, 神名, 爺爺, 尊敬之稱. 今遼東城內有二郎神廟. 按西遊記, 西域花菓山洞有老猴精, 號齊天大聖, 神變〈变〉無測, 鬧(閙)乱天宮, 玉帝命李天王領神兵往捕, 相戰失利. 灌州灌江口立廟, 有神曰小聖二郎, 又號二郎賢聖天王, 請二郎捕獲大聖, 卽此. 廟額曰昭惠靈顯眞君之廟, 然未知何神. 打春之日, 取此塑像, 盖亦未詳. 又見孫行者註下. 宣和遺事云, 宣和七年十二月, 有神降坤寧殿修(傍)神保觀. 神保觀者, 乃二郎神也, 都人素畏之.), 二郎爺爺를 ᄭᅮ며.

이랑현성천왕(二郎賢聖天王) 명 소성이랑(小聖二郎)의 다른 이름. ≪朴諺, 下, 47ㅈ≫粧二郎爺爺(集覽, 朴集, 下, 10ㅎ: 二郎爺爺. 按西遊記, 灌州灌江口立廟, 有神曰小聖二郎, 又號二郎賢聖天王, 請二郎捕獲大聖, 卽此.), 二郎爺爺를 ᄭᅮ며. ≪朴諺, 下, 17ㅈ≫唐三藏引孫行者(集覽, 朴集, 下, 4ㅈ: 孫行者. 老君·王母俱奏于玉帝, 傳宣李天王, 引領天兵十萬及諸神將至花菓山, 與大聖相戰失利. 巡山大力鬼上告天王, 擧灌州灌江口神曰小聖二郎, 可使拿獲. 天王遣太子木叉, 與大力鬼往請二郎神, 領神兵圍花菓山, 衆猴出戰皆敗.), 唐三藏이 孫行者를 ᄃᆞ리고.

이래(已來) 명 이래(以來). '已'는 '以'와 같다. ≪朴諺, 下, 52ㅈ≫右某伏爲於今月某日某時已來, 右 某ㄴ 伏爲 今月 아모 날 아모 ᄢᅢ예. ≪朴諺, 下, 54ㅈ≫伏爲於今月某日某時已來, 伏爲 이 ᄃᆞᆯ 아모 날 아모 ᄢᅢ에.

이래(你來) 감 이봐. 여봐라. ⇔이바. ≪集覽, 字解, 單字解, 4ㅈ≫來. 來往. 又語助. 你來 이바, 夜來 어제, 有來 잇더라, 去來 가다. 又數物而有餘數, 未的知之辭. 十來箇 여라믄, 十里來地 십 리만ᄒᆞᆫ ᄃᆡ, 十來日 여라믄 날. ≪朴諺, 上, 10ㅎ≫你來, 이바. 我教與你, 내 너를 ᄀᆞᄅᆞ치마. ≪朴諺, 上, 16ㅈ≫張舍你來, 張가야 이바. ≪朴諺, 上, 34ㅎ≫你來怎麽這般黃痩, 이바 엇디 이리 黃痩ᄒᆞ엿ᄂᆞ뇨. ≪朴諺, 上, 52ㅎ≫醜廝你來, 더러온 놈아 이바. ≪朴諺, 上, 64ㅎ≫你來你這暗花段子, 이바 네 이 스믠문 비단을. ≪朴諺, 中, 3ㅎ≫染家你來, 믈드리ᄂᆞᆫ 이아 이바. ≪朴諺, 中, 4ㅎ≫你來, 이바. ≪朴諺, 中, 6ㅈ≫廚子你來, 廚子ㅣ아 이바. ≪朴諺, 中, 41ㅈ≫你來聽我說, 이바 내 닐옴을 드르라. ≪朴諺, 中, 50ㅎ≫鄭舍你來, 鄭舍ㅣ아 이바. ≪朴諺, 中, 56ㅈ≫我兒你來, 我兒ㅣ아 이바. ≪朴諺, 下, 12ㅈ≫木匠你來咱商(啇)量, 木匠아 이바 우리 혜아리쟈. ≪朴諺, 下, 25ㅈ≫那賣珠兒的你來, 뎌 구슬 ᄑᆞᆯ 리아 이바. ≪朴諺, 下, 28ㅈ≫賣榛子的你來, 개암 ᄑᆞᄂᆞᆫ 이아 이바. ≪朴諺, 下, 32ㅈ≫過賣你來有甚麽飯, 過賣아 이바 므슴 밥이 잇ᄂᆞ뇨. ≪朴諺, 下, 33ㅎ≫你來欱汁熱着, 이바 마실 즙을 덥게 ᄒᆞ고. ≪朴諺, 下, 57ㅈ≫你來街坊有賃的驢麽, 이바 거리에 셰낼 나귀 잇ᄂᆞ냐.

-이러라 조 -이더라. ≪朴諺, 下, 8ㅎ≫眞是一箇有德行的和尙, 진실로 이 ᄒᆞᆫ 德行 잇ᄂᆞᆫ 和尙이러라. ≪朴諺, 下, 31ㅎ≫咳正是一條好漢, 애 졍히 一條 好漢이러라. ≪朴諺, 下, 38ㅎ≫那氣像是氣像, 뎌 氣像이 이 氣像이러라. ≪朴諺, 下, 43ㅈ≫十餘對幢旛·寶盖·螺鈸·皷磬, 열아믄 ᄡᅡᆼ 幢旛과 寶盖와 螺鈸과 鼓磬이러라. ≪朴諺, 下, 53ㅎ≫那厮不到六十的摸㨾, 더(뎌) 놈이 六十이 다ᄃᆞᆺ디 못ᄒᆞᆫ 摸㨾이러라.

이러면 부 이러면. ❶⇔저문(這們). ≪朴諺, 上, 13ㅎ≫這們時不碍事, 이러면 일에 해롭디 아니ᄒᆞ다. ≪朴諺, 上, 22ㅈ≫這們時, 이러면. ≪朴諺, 中, 20ㅈ≫這們時, 이러면. ≪朴諺, 中, 36ㅎ≫這們時, 이러면. ❷⇔저반(這般). ≪朴諺, 上, 49ㅈ≫這般時咱們幾箇去, 이러면 우리 몃치 가

료. ≪朴諺, 中, 2ㅈ≫這般時倒好, 이러면 도로혀 됴타. ≪朴諺, 下, 53ㅎ≫這般着, 이러면. 那廝多少年紀, 뎌 놈이 나히 언메나 ᄒᆞ더뇨. ❸⇔저적(這的). ≪朴諺, 上, 24ㅈ≫這的時, 이러면.

이러모로 㔃 이러므로. ❶⇔고(故). ≪朴諺, 中, 23ㅈ≫故得人天之喜躍鬼神之歡欣, 이러모로 人天의 喜躍과 鬼神의 歡欣을 어더. ❷⇔저적(這的). ≪朴諺, 下, 36ㅈ≫這的喚做, 이러모로 니ᄅᆞ기를.

이러ᄐᆞ시 㔃 이렇듯이. ⇔여차(如此). ≪朴諺, 下, 18ㅎ≫如此定害三寶, 이러ᄐᆞ시 三寶를 보채더라. ≪朴諺, 下, 59ㅎ≫弓王如此無道, 弓王이 이러ᄐᆞ시 無道ᄒᆞ니.

이러톳 㔃 이렇듯. 이렇게. ⇔여차(如此). ≪朴諺, 下, 58ㅈ≫何必如此, 엇디 반ᄃᆞ시 이러톳 ᄒᆞᄂᆞ뇨.

이러ᄒᆞ다 㓝 이러하다. ⇔저반(這般). ≪朴諺, 中, 46ㅈ≫便是這般, 곳 이러ᄒᆞ면. ≪朴諺, 中, 49ㅎ≫雖然這般, 비록 이러ᄒᆞ나.

이런 㒵 이런. ❶⇔여시(如是). ≪朴諺, 中, 23ㅎ≫如是菩薩不可不參, 이런 菩薩을 可히 참견티 아니티 못홀 거시라. ❷⇔저(這). ≪朴諺, 上, 34ㅈ≫這一等和尙不打他要做甚麽, 이런 즁을 티디 아니ᄒᆞ고 므슴 ᄒᆞ리오. ❸⇔저반(這般). ≪朴諺, 中, 17ㅈ≫這般稀罕的好物, 이런 稀罕ᄒᆞᆫ 됴ᄒᆞᆫ 거슬. ≪朴諺, 中, 17ㅎ≫這般的有甚麽稀罕, 이런 거시 므슴 稀罕홈이 이시리오. ≪朴諺, 中, 18ㅈ≫再來休說這般不曉事的話, 뇌여란 이런 일 모로ᄂᆞᆫ 말 니ᄅᆞ디 말라. ≪朴諺, 中, 27ㅎ≫頻頻的這般做歹勾當, ᄌᆞ로 이런 사오나온 일을 ᄒᆞ더니. ≪朴諺, 中, 28ㅈ≫你做這般不合理的勾當, 네 이런 理에 合디 아닌 일을 ᄒᆞ다가. ≪朴諺, 中, 49ㅈ≫說這般作怪的言語, 이런 괴이ᄒᆞᆫ 말을 닐ᄋᆞᄂᆞᆫ고나. ≪朴諺, 下, 3ㅎ≫這般遠田地裏, 이런 먼 ᄯᅡ히. ≪朴諺, 下, 6ㅈ≫從來不曾見這般細詳的官人, 본ᄃᆡ 일즙 이런 細詳ᄒᆞᆫ 官人을 보디 못ᄒᆞ엿노라. ≪朴諺, 下, 49ㅈ≫這般戰場裡, 이런 戰場에. ≪朴諺, 下, 50ㅈ≫你這般金榜掛名的書生, 너ᄂᆞᆫ 이런 金榜에 掛名홀 書生이니. ❹⇔저적(這的). ≪朴諺, 上, 66ㅎ≫這的眞善智識那裏尋去, 이런 진짓 善智識을 어ᄃᆡ 어드리오. ≪朴諺, 下, 10ㅎ≫這的無緣衆生難化, 이런 인연 업ᄉᆞᆫ 衆生은 化키 어려오니라. ❺⇔차(此). ≪朴諺, 上, 28ㅎ≫因此上, 이런 젼ᄎᆞ로. ≪朴諺, 上, 31ㅎ≫因此上, 이런 젼ᄎᆞ로. ≪朴諺, 上, 51ㅎ≫因此上, 이런 젼ᄎᆞ로. ≪朴諺, 中, 35ㅈ≫因此上賊廣, 이런 젼ᄎᆞ로 도직(적)이 흔ᄒᆞ니라. ≪朴諺, 下, 9ㅎ≫因此上見世報, 이런 젼ᄎᆞ로 見世에 報ᄒᆞᄂᆞ니라. ≪朴諺, 下, 54ㅎ≫有此情理難甘, 이런 情理 難甘홈이 이셔. ≪朴諺, 下, 56ㅎ≫因此不得工夫闕拜望, 이런 젼ᄎᆞ로 工夫를 엇디 못ᄒᆞ여 拜望을 闕ᄒᆞ니.

-이로다 㓇 -이구나. ≪朴諺, 上, 14ㅈ≫眞箇好法兒, 진실로 됴ᄒᆞᆫ 법이로다. ≪朴諺, 上, 22ㅎ≫你的穀子多沒眼碁, 네 주긴 ᄆᆞᆯ이 만ᄒᆞ니 눈 업ᄉᆞᆫ 바독이로다. ≪朴諺, 上, 30ㅈ≫通該一兩八錢, 通ᄒᆞ여 혜오니 ᄒᆞᆫ 냥 여듧 돈이로다. ≪朴諺, 上, 36ㅈ≫四哥是針線, 넷재 형은 이 바ᄂᆞ실이로다. ≪朴諺, 上, 37ㅈ≫這箇是蝎子, 이거ᄉᆞᆫ 이 전갈이로다. ≪朴諺, 上, 38ㅈ≫這箇是蒜, 이거ᄉᆞᆫ 이 마ᄂᆞᆯ이로다. ≪朴諺, 上, 64ㅈ≫這的是眞陝(陜)西地面裏來的, 이거시 이 진짓 陝(陜)西 ᄯᅡ흐로셔 온 거시로다. ≪朴諺, 中, 2ㅎ≫一箇薄薄的生活, ᄒᆞᆫ 薄薄ᄒᆞᆫ 셩녕이로다. ≪朴諺, 中, 25ㅎ≫着了幾遍雨時都走了㨾子, 여러 번 비를 마즈면 다 ᄃᆞᆯᄠᅳᆯ 양이로다. ≪朴諺, 中, 49ㅎ≫你敢怪我的摸(模)㨾, 네 날을 허믈홀 ᄃᆞᆺ홀 양이로다. ≪朴諺, 中, 54ㅈ≫今日好日頭, 오ᄂᆞᆯ이 됴ᄒᆞᆫ 날이로다. ≪朴諺, 中, 58ㅈ≫這的便是仰面唾天, 이거시 곳 잣바 하ᄂᆞᆯ헤 춤 바틈이로다. ≪朴諺, 下, 36ㅈ≫夢着了也, ᄭᅮᆷ이로다. ≪朴諺, 下, 62ㅈ≫正是所用之物, 졍히 ᄡᅧᆷ ᄌᆞᆨᄒᆞᆫ 거시로

다. ≪朴諺, 下, 62ㅈ≫正是難得之物, 졍히 얻기 어려온 거시로다.

-이로딕 조 -이로되. ≪朴諺, 上, 31ㅎ≫討了半年不肯還我, 달라 ᄒᆞ연 디 半年이로딕 즐겨 내게 갑디 아니ᄒᆞ매.

이리 부 이렇게. ❶⇔시(是). ≪朴諺, 上, 22ㅎ≫硬道是着麽, 굿ᄐᆞ여 이리 닐을다. ❷⇔저문(這們). ≪集覽, 字解, 單字解, 3ㅎ≫們. 諸韻書皆云, 們渾, 肥滿皃. 今俗借用爲等輩之字, 而曰我們·咱們 우리, 你們 너희. 又猶言如此也. 這們 이리, 那們 뎌리. ≪朴諺, 中, 49ㅈ≫怎麽這們說, 엇디 이리 닐ᄋᆞᄂᆞ뇨. ≪朴諺, 中, 57ㅈ≫硬道是這們, 굿ᄒᆡ여 이리 니ᄅᆞ다. ❸⇔저반(這般). ≪朴諺, 上, 11ㅈ≫這般要他文書打了時, 이리 뎌의게 文書ᄅᆞᆯ 밧고 다이면. ≪朴諺, 上, 16ㅈ≫這般打的可喜乾浄時, 이리 민들기ᄅᆞᆯ 곱고 乾浄히 ᄒᆞ려 ᄒᆞ면. ≪朴諺, 上, 21ㅎ≫每日這般勤勤的喂時, 每日에 이리 브즈런이 먹이면. ≪朴諺, 上, 24ㅈ≫這般照覷, 이리 보ᄉᆞᆯ피면. ≪朴諺, 上, 34ㅎ≫你來怎麽這般黃瘦, 이바 엇디 이리 黃瘦ᄒᆞ엿ᄂᆞ뇨. ≪朴諺, 中, 18ㅈ≫咳姐姐我不想你這般煩惱, 애 姐姐ㅣ아 내 네 이리 노ᄒᆞ여 홀 줄을 ᄉᆡᆼ각디 못호라. ≪朴諺, 中, 36ㅈ≫這般隄防時, 이리 隄防ᄒᆞ면. ≪朴諺, 中, 45ㅈ≫這般收拾的整齊時不好那, 이리 收拾ᄒᆞ기ᄅᆞᆯ 졍졔히 ᄒᆞ면 됴티 아니ᄒᆞ랴. ≪朴諺, 中, 55ㅎ≫怎麽這般蠅子廣, 엇디 이리 ᄑᆞ리 흔ᄒᆞ뇨. ≪朴諺, 中, 60ㅎ≫這般兌當着幹時, 이리 숨여 일오면. ≪朴諺, 下, 1ㅎ≫每日這般用心弄他時, 每日에 이리 用心ᄒᆞ여 뎌ᄅᆞᆯ 달호면. ≪朴諺, 下, 6ㅈ≫這般做的不成時, 이리 민들기ᄅᆞᆯ 블셩이 ᄒᆞ면. ≪朴諺, 下, 15ㅈ≫這般受苦來, 이리 受苦ᄒᆞ여. ≪朴諺, 下, 26ㅎ≫不是這般說, 이리 닐은 거시 아니라. ≪朴諺, 下, 37ㅎ≫這般過當的其間裡, 이리 디낼 ᄉᆞ이예. ≪朴諺, 下, 47ㅎ≫這般擺隊行, 이리 隊ᄅᆞᆯ 버러 가. ≪朴諺, 下, 48ㅈ≫這般揀(揀)定時辰, 이리 빼ᄅᆞᆯ ᄀᆞᆯᄒᆡ여 定ᄒᆞ고. ≪朴諺, 下, 49ㅈ≫這般閙(鬧)起來, 이리 요란ᄒᆞ여. ❹⇔저적(這的). ≪朴諺, 中, 10ㅎ≫買人的文契只這的是, 사ᄅᆞᆷ 사ᄂᆞᆫ 글월을 그저 이리 홈이 올흐니.

이리면 부 이러면. ⇔저반(這般). ≪朴諺, 下, 7ㅎ≫這般時便好了, 이리면 곳 됴흐리라.

-이리오 조 -이겠느냐. ≪朴諺, 上, 44ㅈ≫打甚麽不緊, 므서시리오 다 긴티 아니ᄒᆞ다.

이만(泥鏝) 명 ❶쇠흙손. ⇔쇠손. ≪朴諺, 下, 6ㅈ≫將泥鏝來再抹的光着, 쇠손 가져다가 다시 스서 번번이 ᄒᆞ라. ❷흙손. ⇔흙손. ≪朴諺, 下, 5ㅈ≫你有泥鏝·泥托麽, 네게 흙손과 흙밧기 잇ᄂᆞ냐.

이만견(李萬見) 명 사람 이름. ≪朴諺, 下, 54ㅈ≫告狀人李萬見, 告狀ᄒᆞᆫ 사ᄅᆞᆷ 李萬見이. ≪朴諺, 下, 55ㅈ≫告狀人李萬見, 告狀ᄒᆞᆫ 사ᄅᆞᆷ 李萬見이라.

이매(你每) 대 너희. ⇔너희. ≪集覽, 字解, 單字解, 1ㅈ≫每. 本音上聲, 頻也. 每年, 每一箇. 又平聲, 等輩也, 我每·咱每·俺每 우리. 恁每·你每 너희. 今俗喜用們字.

-이며 조 -이며. ≪朴諺, 上, 64ㅎ≫便見眞假, 곳 眞이며 假ᄅᆞᆯ 보리라. ≪朴諺, 中, 5ㅈ≫正官幾員, 正官이 몃 員이며.

이면(裏面) 명 안[內]. ⇔안ㅎ. ≪朴諺, 中, 35ㅎ≫亮窓裏面把簾子幔上, ᄇᆞᆯ근 창 안히 발을다가 디(티)고. ≪朴諺, 中, 35ㅎ≫鑽入裏面, 안히 비븨여 드려. ≪朴諺, 下, 21ㅈ≫着兩箇猜裏面有甚麽, 둘흐로 ᄒᆞ여 안히 므서시 잇ᄂᆞᆫ고 알라 ᄒᆞ니. ≪朴諺, 下, 22ㅎ≫拿着肩膀彫在裏面, 엇게ᄅᆞᆯ 잡아 안히 드리티라 ᄒᆞ엿더니.

-이면 조 -이면. ≪朴諺, 下, 3ㅈ≫願滿之日死時也不愁, 願滿ᄒᆞᆫ 날이면 죽어도 근심티 아니리라. ≪朴諺, 下, 12ㅈ≫如書到日, 만일 글이 니ᄅᆞᄂᆞᆫ 날이면.

이목(耳目) 명 귀와 눈. ≪朴諺, 中, 7ㅎ≫

這使臣是使長耳目一般的使臣, 이 使臣은 이 使長의 耳目 혼가짓 使臣이라.

이문(耳門) 명 귀. 또는 귓문. ⇔귀. ≪朴諺, 下, 20ㅎ≫唐僧耳門後咬, 唐僧의 귀 뒤흘 므러.

이문(你們) 대 너희. ⇔너희. ≪集覽, 字解, 單字解, 3ㅎ≫們. 諸韻書皆云, 們渾, 肥滿皃. 今俗借用爲等輩之字, 而曰我們·咱們 우리, 你們 너희. 又猶言如此也. 這們 이리, 那們 뎌리.

이믜셔 부 곧. 즉시. 바로. 당장. ❶⇔일발(一發). ≪集覽, 字解, 累字解, 1ㅎ≫一發. 홈·쯰. 又이·믜·셔. 又·칙여. ❷⇔일취(一就). ≪集覽, 字解, 累字解, 1ㅎ≫一就. 이믜셔. 又홈쯰. ❸⇔취(就). ≪朴諺, 上, 3ㅈ≫寫勘合就使印信與我來, 勘合을 써 이믜셔 인텨 나를 주드라. ≪朴諺, 上, 6ㅈ≫就將那燒肉來, 이믜셔 뎌 燒肉을 가져오라. ≪朴諺, 下, 57ㅎ≫就望他去時也不多, 이믜셔 뎌도 보라 가면 또 多티 아니ᄒᆞ랴.

이바 감 이봐. 여봐라. ⇔이래(你來). ≪集覽, 字解, 單字解, 4ㅈ≫來. 來往. 又語助. 你來 이바, 夜來 어제, 有來 잇더라, 去來 가다. 又數物而有餘數, 未的知之辭. 十來箇 여라믄, 十里來地 십 리만ᄒᆞᆫ ᄃᆡ, 十來日 여라믄 날. ≪朴諺, 上, 10ㅎ≫你來, 이바. 我敎與你, 내 너를 ᄀᆞᄅᆞ치마. ≪朴諺, 上, 16ㅈ≫張舍你來, 張가야 이바. ≪朴諺, 上, 34ㅎ≫你來怎麽這般黃瘦, 이바 엇디 이리 黃瘦ᄒᆞ엿ᄂᆞ뇨. ≪朴諺, 上, 52ㅎ≫醜厮你來, 더러온 놈아 이바. ≪朴諺, 上, 64ㅎ≫你來你這暗花段子, 이바 네 이 스뮌문 비단을. ≪朴諺, 中, 3ㅎ≫染家你來, 믈느리는 이아 이바. ≪朴諺, 中, 4ㅎ≫你來, 이바. ≪朴諺, 中, 5ㅎ≫大使你來, 大使ㅣ아 이바. ≪朴諺, 中, 6ㅈ≫廚子你來, 廚子ㅣ아 이바. ≪朴諺, 中, 41ㅈ≫你來聽我說, 이바 내 닐옴을 드르라. ≪朴諺, 中, 50ㅎ≫鄭舍你來, 鄭舍ㅣ아 이바. ≪朴諺, 中, 55ㅈ≫你來將那腰線包兒來, 이바 뎌 실감기 ᄡᅡᆨ 가져다가. ≪朴諺, 中, 56ㅈ≫我兒你來, 我兒ㅣ아 이바. ≪朴諺, 下, 12ㅈ≫木匠你來咱商(商)量, 木匠아 이바 우리 혜아리쟈. ≪朴諺, 下, 25ㅈ≫那賣珠兒的你來, 뎌 구슬 풀 리아 이바. ≪朴諺, 下, 28ㅈ≫賣榛子的你來, 개암 ᄑᆞ는 이아 이바. ≪朴諺, 下, 32ㅈ≫過賣你來有甚麽飯, 過賣아 이바 므슴 밥이 잇ᄂᆞ뇨. ≪朴諺, 下, 33ㅎ≫你來欲汁熱着, 이바 마실 즙을 덥게 ᄒᆞ고. ≪朴諺, 下, 57ㅈ≫你來街坊有賃的驢麽, 이바 거리에 셰낼 나귀 잇ᄂᆞ냐.

이바디 명 이바지. 잔치. ⇔연석(筵席). ≪朴諺, 上, 1ㅈ≫做一箇賞花筵席, ᄒᆞᆫ 賞花ᄒᆞ는 이바디를 ᄒᆞ여. ≪朴諺, 上, 49ㅈ≫咱賭一箇筵席着, 우리 ᄒᆞᆫ 이바디를 나기ᄒᆞ쟈. ≪朴諺, 上, 57ㅈ≫喫筵席儘晩入城來, 이바디 먹고 잇긋 늣게야 자 안에 드러올 거시니.

이바디ᄒᆞ다 동 이바지하다. 잔치하다. ⇔주연석(做筵席). ≪朴諺, 上, 40ㅎ≫今日做筵席, 오늘 이바디ᄒᆞᄂᆞ니라. ≪朴諺, 上, 41ㅎ≫半頭娶將來做筵席, 보롬씌 취ᄒᆞ여 ᄃᆞ려와 이바디ᄒᆞ고. 第三日做圓飯筵席了時, 第三日에 圓飯 이바디ᄒᆞ면. ≪朴諺, 上, 42ㅈ≫對月又做箇大筵席, 버금 ᄃᆞᆯ에 또 큰 이바디ᄒᆞ면. ≪朴諺, 上, 51ㅈ≫百歲日又做筵席, 百歲日에 또 이바디ᄒᆞ면. ≪朴諺, 上, 62ㅈ≫做箇筵席, 이바디ᄒᆞ여.

이백(李白) 명 당(唐)나라 성기(成紀) 사람(701~762). 자는 태백(太白). 호는 청련거사(靑蓮居士)·취선옹(醉仙翁). 젊은 시절 협객(俠客)으로 사방을 주유하며 밤낮으로 호음(豪飮)하였다. 안녹산(安祿山)의 난리에 영왕 인(永王璘)의 막좌(幕佐)가 되어 평란(平亂)에 참여하였으나 영왕이 패하여 야랑(夜郞)으로 귀양 갔다. 칠언 절구에 특히 뛰어났으며, 두보(杜甫)와 더불어 시(詩)의 양대 산맥을 이루었다. ≪朴諺, 下, 51ㅎ≫也不想李白撈月(集

覽, 朴集, 下, 11ㅎ: 李白撈月. 李白, 唐玄宗朝詩人也. 泛采石江, 見月影滿水, 以手弄月, 身飜〈翻〉而死.), 또 李白의 撈月을 싱각디 아니ᄒᆞ고.

이번 명 이번. ⇔금번(今番). ≪朴諺, 下, 21ㅎ≫王說今番着唐僧先猜, 王이 닐오ᄃᆡ 이번은 唐僧으로 몬져 알게 ᄒᆞ라.

이변(二邊) 명 사물(事物)에 대한 상대적인 두 가지의 견해. ≪朴諺, 中, 20ㅎ≫理圓四德(集覽, 朴集, 中, 4ㅈ: 理圓四德. 生死爲常, 不受二邊爲樂, 具入自在爲我, 三業淸淨爲淨.), 理는 四德에 ᄀᆞ잣고.

이사(李四) 명 이씨(李氏)의 넷째 아들이란 뜻으로, 이름이나 신분이 뚜렷하지 못한 평범한 사람을 이르는 말. ≪朴諺, 上, 1ㅎ≫着張三(集覽, 朴集, 上, 1ㅈ: 張三. 三, 或族次, 或朋友行輩之次, 或有官者以職次相呼, 或稱爲定名者有之. 李四·王五亦同.)買羊去, 張三으로 ᄒᆞ여 羊을 사라 가. ≪朴諺, 上, 1ㅎ≫着李四買果子·拖爐·隨食去, 李四로 ᄒᆞ여 과실과 拖爐·隨食을 사라 가게 ᄒᆞ라.

이사(李舍) 명 이씨(李氏) 성(姓)을 가진 사인(舍人). 또는 이가(李哥). ≪朴諺, 上, 16ㅈ≫張舍(集覽, 朴集, 上, 6ㅈ: 張舍. 王公·大人之家, 必有舍人, 卽家臣也. 如本國伴倘〈儻〉之類, 爲權勢倚任之人, 貧賤之所羨慕者也〈貧賤之所羨慕者〉. 故街巷呼親識爲張舍·李舍, 乃一時推敬之稱〈称〉. 又質問云, 武職官下閑人, 謂之舍[人].)你來, 張가야 이바. ≪朴諺, 下, 28ㅎ≫李舍哥好生定害你, 李舍 형아 ᄀᆞ장 네게 너리과라.

이삭딕녕 명 직령(直領)의 한 가지. ⇔의살(衣撒). ≪朴諺, 中, 51ㅎ≫將我木綿衣撒來穿, 내 목면 이삭딕녕을 가져오라 닙쟈.

이삼(二三) 관 두셋. ≪朴諺, 下, 2ㅎ≫把我二三年布施來的金銀·鈔錠, 내 二三年 布施ᄒᆞ여 온 金銀·鈔錠을다가.

이삼(李三) 명 이씨(李氏)의 셋째 아들이라는 뜻으로, 이름이나 신분이 특별하지 아니한 평범한 사람들을 이르는 말. ≪朴諺, 中, 2ㅎ≫夜來着李三, 어제 李三으로 ᄒᆞ여.

이상(已上) 명 이상(以上). '已'는 '以'와 같다. ≪朴諺, 下, 53ㅎ≫官法內七十已上十五已下, 官法 內예 七十 已上 十五 已下는.

이상(異常) 명 평소와는 다른 상태. ≪朴諺, 下, 59ㅈ≫上泰封王弓裔(集覽, 朴集, 下, 12ㅎ: 弓裔. 日官奏曰, 此兒以重午日生, 生而有齒, 且光燄〈焰〉異常, 恐將不利於國家, 宜勿擧.)手下, 泰封王 弓裔 手下에 올라.

이색(異色) 명 다른 빛깔. ≪朴諺, 上, 63ㅈ≫我的串香褐(集覽, 朴集, 上, 15ㅎ: 串香褐. 串香者, 合和諸香以爲佩者也. 凡稱〈称〉染色之少文采〈彩〉者曰褐. 串香褐·麝香褐·鷹背褐·蜜褐·茶褐, 卽黃黑雜色也. 玉褐·艾褐·水褐·銀褐, 卽白黑雜色也. 藕褐, 卽紫黑雜色也. 深淺異色, 各取其像.)通袖膝欄五彩綉帖裏, 내 팀향빗체 通袖 膝欄ᄒᆞ고 五彩로 綉노흔 텰릭과.

이셔 형 있어. ❶⇔유(有). ≪朴諺, 上, 8ㅈ≫我有箇差使, 내 差使ㅣ 이셔. ≪朴諺, 上, 52ㅎ≫我有些央及的勾當, 내 져기 빌 일이 이셔. ≪朴諺, 上, 52ㅎ≫相公有甚麽話, 相公아 므슴 말이 이셔. ≪朴諺, 中, 51ㅎ≫我別處有些緊勾當去, 내 다른 고ᄃᆡ 져기 긴ᄒᆞᆫ 일이 이셔 가노라. ≪朴諺, 中, 61ㅈ≫有理無錢休入來, 理 이셔도 돈이 업거든 드러오디 말라 ᄒᆞᄂᆞ니라. ❷⇔재(在). ≪朴諺, 上, 11ㅎ≫郎中你在那裏住, 郎中아 네 어ᄃᆡ 이셔 사ᄂᆞ다. 我在平則門邊住, 내 平則門 ᄀᆞᆺ의 이셔 사노라. ≪朴諺, 上, 57ㅈ≫官人在文淵閣, 官人이 文淵閣에 이셔. ≪朴諺, 中, 43ㅎ≫我在村裏, 내 村에 이셔. ≪朴諺, 下, 9ㅈ≫不知怎生滾在底下, 아디 몯게라 엇디ᄒᆞᆫ디 구으러 아리 이셔. ≪朴諺, 下, 10ㅎ≫孩兒在都, 孩兒ㅣ 셔울 이셔. ≪朴諺, 下, 30ㅈ≫我在官裏前面, 내 황뎨 앏픠 이셔.

≪朴諺, 下, 39ㅎ≫他在樞密院角頭住裏, 뎌 樞密院 모롱이에 이셔 사ᄂᆞ니라.

이속(異俗) 명 다른 풍속. ≪朴諺, 下, 9ㅎ≫入寺敬三寶(集覽, 朴集, 下, 3ㅈ: 三寶. 脫塵異俗, 圓頂方袍, 入聖超凡, 爲衆中尊, 卽僧寶也.), 뎔에 드러는 三寶를 敬ᄒᆞ고.

이수소(李守素) 명 당(唐)나라 조주(趙州) 사람. 당초(唐初) 진왕부(秦王府) 십팔학사(十八學士)의 한 사람. 벼슬은 천책부 창조 참군(天策府倉曹參軍)을 지냈다. 보학(譜學)에 밝아 육보(肉譜)라 불리었다. ≪朴諺, 中, 44ㅎ≫掛十八學士(集覽, 朴集, 中, 8ㅈ: 十八學士. 唐太宗秦王時, 開館延文學之士, 杜如晦·房玄齡〈岭〉·虞世南·褚遂良·姚思廉·李玄道·蔡允恭·薛元敬·顔相時·蘇勗·于志寧·蘇世長·薛攸·李守素·陸德明·孔穎達·蓋文達·許敬宗爲文學館學士, 分爲三番, 更日直宿.)大畫, 十八學士 그린 큰 그림을 걸고.

이시다 형 있다. ❶⇔유(有). ≪集覽, 字解, 單字解, 4ㅎ≫便. 去聲, 卽也. 便行 즉재 가니라, 便去 즉재 가리라, 又즉재 가다. 又則也. 便有 곧 잇다, 便是곳 올ᄒᆞ니라. 又順也, 順便. 又安也, 便當. 又宜也. 行方便 됴흘 양오로 ᄒᆞ다, 不方便 다히 마지 쉽사디 아니타. 又猶則也. 你去便就有了 너옷 가면 이시리라. 又平聲, 穩便 온당ᄒᆞ다. 吏語, 便益. ≪集覽, 字解, 單字解, 6ㅈ≫多. 多少 언메나. 又許多 하나한. 又餘也. 三十里多地 삼십 리 나믄 싸. 吏語, 多餘. 又過也. 有甚麼多處 므스기 너믄 고디 이시리오. 又重也. 므스기 앗가온 고디 이시리오. ≪朴諺, 上, 11ㅈ≫我有兩箇月俸來關, 내 두 ᄃᆞᆯ 뇨 ᄐᆞᆯ 쎠시 이셰라. ≪朴諺, 上, 22ㅈ≫有一箇輸了的便賽殺, ᄒᆞ나히 지ᄂᆞ니 이시면 곳 던기리라. ≪朴諺, 上, 38ㅎ≫那紅橋邉有一箇張獸醫, 뎌 紅橋 ᄉᆞ에 ᄒᆞᆫ 張獸醫ㅣ 이시니. ≪朴諺, 上, 64ㅎ≫有細絲官銀, 細絲官銀이 이셰라. ≪朴諺, 中, 1ㅈ≫有諸般唱詞的, 여러 가지 唱詞ᄒᆞᄂᆞᆫ 이 이시며. 也有弄棒的, ᄯᅩ 막대 弄ᄒᆞᄂᆞᆫ 이 이시니. ≪朴諺, 中, 11ㅈ≫都有了, 다 이셰라. ≪朴諺, 中, 16ㅎ≫小人豈敢有違, 小人이 엇디 감히 어긔옴이 이시리오. ≪朴諺, 中, 24ㅈ≫尙有可得日, 오히려 可히 어들 날이 이시려니와. ≪朴諺, 中, 32ㅈ≫有箇名山, 名山이 이시되. ≪朴諺, 中, 40ㅈ≫這的有些法度, 이ᄂᆞᆫ 法度ㅣ 이시니. ≪朴諺, 下, 1ㅎ≫身已(已)安樂時有也, 몸이 安樂ᄒᆞ면 이시리라. ≪朴諺, 下, 5ㅈ≫都有裏, 다 이셰라. ≪朴諺, 下, 10ㅎ≫這幾日我家裏有人去, 요ᄉᆞ이 우리 집의 사ᄅᆞᆷ 가리 이시니. ≪朴諺, 下, 16ㅈ≫律條裏明白有, 律條에 明白히 이시니. ≪朴諺, 下, 26ㅎ≫有時有不賣, 이시믄 이시되 ᄑᆞ디 아니ᄒᆞ리라. ≪朴諺, 下, 39ㅈ≫送到那裡時也有些情分, 보내여 뎌긔 니ᄅᆞ면 져기 情分이 이실랏다. ≪朴諺, 下, 49ㅎ≫有九座門, 九座 門이 이시니. ≪朴諺, 下, 57ㅈ≫有錢時那裡沒賃的驢, 돈 이시면 어ᄃᆡ 셰낼 나귀 업스리오. ❷⇔재(在). ≪朴諺, 中, 57ㅎ≫物在我根底, 物은 내손ᄃᆡ 이시니. ≪朴諺, 下, 43ㅎ≫三寸氣在千般有, 三寸 氣ㅣ 이시매 쳔 가지나 잇다가. ❸⇔치(置). ≪朴諺, 下, 61ㅎ≫安置韓先生, 됴히 이시라 韓先生아.

이십(二十) 관 스무. ⇔스므. ≪朴諺, 上, 1ㅎ≫買二十箇好肥羊, 二十 낫 ᄀᆞ장 ᄉᆞᆯ진 羊을 사되. ≪朴諺, 下, 27ㅈ≫這二十顆珊瑚怎的賣, 이 스므 낫 珊瑚를 엇디 ᄑᆞᆯ려 ᄒᆞᄂᆞᆫ다. ≪朴諺, 下, 62ㅈ≫這的高麗筆墨和二十張大紙將去, 이 高麗ㅅ 筆墨과 스므 댱 큰 죠히를 가져가.

이십(二十) 수 스물. 스무날. ⇔스므날. ≪朴諺, 上, 9ㅈ≫這月二十頭起身, 이 ᄃᆞᆯ 스므날ᄭᅴ 起身ᄒᆞ리로다.

이십(二十) 수 스물. ⇔스믈. ≪朴諺, 下, 59ㅈ≫年二十歲時分, 나히 스믈인 제.

이십사기(二十四氣) 명 이십사절기(二十四節氣). ≪朴諺, 下, 46ㅎ≫手拿結線鞭(集覽, 朴集, 下, 10ㅈ: 手拿結線鞭. 鞭子

用柳枝, 長二尺四寸, 按二十四氣, 上用結子. 立春在孟日用麻, 仲日用苧, 季日用絲, 用五彩色醮染.), 손에 結線鞭을 잡고.

이아(李兒) 명 자두. ≪集覽, 字解, 單字解, 5ㅈ≫兒. 嬰孩也. 孩兒. 又呼物名, 必用兒字, 爲助語之辭. 杏兒·李兒. 凡呼物名則呼兒字, 只宜微用其音, 而不至太白可也.

이아(梨兒) 명 배. ⇔빈. ≪朴諺, 上, 37ㅎ≫這箇是梨兒, 이거슨 이 빈로다.

이아(裏兒) 명 안[內].안찝. ⇔안ㅎ. ≪朴諺, 上, 43ㅎ≫做帶子和裏兒, 씌와 안흘 민들리로다. ≪朴諺, 中, 3ㅎ≫裏兒都全, 안히 다 ᄀ자시니.

이아(爾雅) 명 책 이름. 자서(字書). 기원전 2세기(世紀) 무렵에 주공(周公)이 지은 것이라고 전해진다. 3권. 시경(詩經)·서경(書經)에서 글자를 뽑아 고어를 용법과 종목별로 19편으로 나누고 풀이하였다. 청(淸)나라 때의 이아의소(爾雅義疏) 20권은 가장 뛰어난 주석서이다. ≪朴諺, 下, 42ㅎ≫仵作(集覽, 朴集, 下, 9ㅈ: 仵作. 爾雅曰, 偶者, 合也. 陰陽相合則成偶, 謂得中也.)家, 仵作의 집의.

-이아 조 -이야. ≪朴諺, 上, 48ㅎ≫家貧不是貧路貧愁殺人, 家貧은 이 貧이 아니오 路貧이아 사ᄅᆞᆷ을 근심케 ᄒᆞᄂᆞ니라.

이안(李晏) 명 금(金)나라 고평(高平) 사람. 벼슬은 병부 시랑(兵部侍郞). 글씨를 잘 썼고 검소하였다. ≪朴諺, 下, 8ㅈ≫慶壽寺(集覽, 朴集, 下, 2ㅎ: 慶壽寺. 一統志云, 在順天府西南, 內有飛虹·飛渡二橋, 石刻六大字, 極遒勁. 相傳金章宗所書. 又有金學士李晏碑文, 正統間重建, 賜額大興隆寺, 僧錄司在焉.)裏爲諸亡靈, 慶壽寺에셔 모든 亡靈을 위ᄒᆞ여.

-이야 조 -이야. ≪朴諺, 上, 16ㅈ≫三錢銀子打的, 서 돈 은이야 ᄆᆡᆫ들리라. ≪朴諺, 上, 43ㅎ≫三尺半白淸水絹, 석 자 반 제믈엣 깁이야.

이어(吏語) 명 이문(吏文). 벼슬아치 사이에서 쓰는 말. ≪集覽, 字解, 單字解, 1ㅎ≫安. 安鍋兒 가마 거다. 又安下 사ᄅᆞ미 자리 븓다. 又吏語, 安挿 사ᄅᆞᄆᆞᆯ 안졉ᄒᆞ게 ᄒᆞ다. ≪集覽, 字解, 單字解, 5ㅈ≫隨. 從也. 隨你 네 ᄆᆞᄋᆞ모로, 隨喜 구경ᄒᆞ다, 隨從 조ᄎᆞ니. 吏語, 根隨 좃다. ≪朴諺, 上, 1ㅈ≫做一箇賞花筵席(集覽, 朴集, 上, 1ㅈ: 筵席. 凡宴會, 常話曰筵席, 文話曰筵會, 吏語曰筵宴, 盖取肆筵設席之意.), ᄒᆞᆫ 賞花ᄒᆞᄂᆞᆫ 이바디를 ᄒᆞ여.

이어(鯉魚) 명 잉어. ≪朴諺, 下, 51ㅈ≫瞞眼釣出箇老大的金色鯉漁(魚), 瞞眼훌 ᄉᆞ이예 ᄒᆞᆫ ᄀ장 큰 금빗치 鯉魚를 낫가 내니.

이어(鯉漁) 명 =이어(鯉魚). '漁'는 '魚'의 잘못. ≪朴諺, 下, 51ㅈ≫瞞眼釣出箇老大的金色鯉漁(魚), 瞞眼훌 ᄉᆞ이예 ᄒᆞᆫ ᄀ장 큰 금빗치 鯉魚를 낫가 내니.

-이어니와 조 -이거니와. ≪朴諺, 中, 31ㅎ≫是人倫弟兄之意, 이 人倫 弟兄의 ᄠᅳᆺ이어니와.

이엄(耳掩) 명 모피로 된 방한용 귀마개. ≪朴諺, 下, 46ㅎ≫頭戴耳掩或提在手裡(集覽, 朴集, 下, 10ㅈ: 頭戴耳掩或提在手裏. 芒神耳掩以立春時爲法, 從卯至戌八時, 掩耳用手提, 陽時左手提, 陰時右手提, 以八時見日溫和也.), 머리예 耳掩을 쓰며 혹 손에 들고.

-이여 조 -이여. ≪朴諺, 上, 36ㅈ≫四哥待要一處, 넷재 형은 ᄒᆞᆫᄃᆡ 모호고져 ᄒᆞᄂᆞᆫ 거시여. ≪朴諺, 上, 36ㅎ≫鐵人鐵馬不着鐵鞭不下馬, 쇠사ᄅᆞᆷ 쇠ᄆᆞᆯ씌 쇠채 아니면 ᄆᆞᆯ씌 ᄂᆞ리디 아니ᄒᆞᄂᆞᆫ 거시여. ≪朴諺, 上, 37ㅈ≫墻上一塊土吊下來禮拜, 담 우희 ᄒᆞᆫ 덩이 ᄒᆞᆰ이 ᄠᅥ러뎌 ᄂᆞ려와 禮拜ᄒᆞᄂᆞᆫ 거시여. ≪朴諺, 上, 37ㅈ≫家後一群羊箇箇尾子長, 집 뒤헤 ᄒᆞᆫ 무리 양이 낫낫치 ᄭᅩ리 긴 거시여. ≪朴諺, 上, 37ㅎ≫一間房子裏五箇人剛坐的, ᄒᆞᆫ 간 방에 다ᄉᆞᆺ 사ᄅᆞᆷ이 계요 안는 거시여. ≪朴諺, 上, 37ㅎ≫金罐兒·鐵攜兒裏頭盛着白沙蜜, 금탕권 쇠곡지 속에 白沙蜜 담은 거시여. ≪朴諺, 上, 37ㅎ≫滿天星宿一箇月三條繩子

由你曳, 하늘에 ᄀᆞ득ᄒᆞᆫ 星宿에 ᄒᆞᆫ ᄃᆞᆯ을 세 오리 노흐로 제대로 ᄡᅳᄂᆞᆫ 거시여. ≪朴諺, 上, 38ㅈ≫兩箇先生合賣藥一箇坐一箇跳, 두 先生이 모다 약 ᄑᆞ노라 ᄒᆞ나흔 안잣고 ᄒᆞ나흔 ᄹᅱ노ᄂᆞᆫ 거시여. ≪朴諺, 上, 38ㅈ≫弟兄三四箇守着停柱坐, 弟兄 세 네히 기동을 딕희여 안잣ᄂᆞᆫ 거시여. ≪朴諺, 上, 38ㅈ≫鑽天錐下大水, 하늘 ᄯᅮᆯᄂᆞᆫ 송곳 아ᄅᆡ 큰 믈이여. ≪朴諺, 下, 58ㅈ≫先生貴姓, 先生의 貴姓이여.

-이오 조 -이고. -이오. ≪朴諺, 上, 4ㅎ≫虎刺賓, 굴근외얏이오. ≪朴諺, 上, 24ㅈ≫君子一言快馬一鞭, 君子ᄂᆞᆫ 一言이오 快馬ᄂᆞᆫ 一鞭이라 ᄒᆞ니라. ≪朴諺, 上, 47ㅈ≫湯錢五箇錢, 湯錢은 다ᄉᆞᆺ 낫 돈이오. ≪朴諺, 上, 51ㅎ≫一箇月二兩妳子錢, ᄒᆞᆫ ᄃᆞᆯ에 두 냥 졋 갑시오. ≪朴諺, 上, 60ㅎ≫那殿一剗是纏金龍木香停柱, 뎌 殿에 ᄒᆞᆫ굴ᄀᆞ티 金龍이 얼거딘 木香 기동이오. ≪朴諺, 上, 62ㅈ≫無邊無涯的是浮萍蒲棒, 無邊 無涯ᄒᆞᆫ 거슨 이 浮萍과 蒲棒이오. ≪朴諺, 中, 4ㅈ≫這柳黃綾染錢五錢半銀子, 이 柳黃 綾은 믈갑시 닷 돈 반 銀이오. ≪朴諺, 中, 15ㅈ≫傷着冷物的樣子, 冷物의 傷ᄒᆞᆫ 樣이오. ≪朴諺, 中, 32ㅈ≫灣灣曲曲的路, 灣灣 曲曲ᄒᆞᆫ 길히오. ≪朴諺, 中, 38ㅈ≫這鴉青的五兩銀子, 이 鴉青에ᄂᆞᆫ 닷 냥 은이오. ≪朴諺, 中, 57ㅈ≫兒的五十箇錢, 수ᄂᆞᆫ 쉰 낫 돈이오. ≪朴諺, 下, 6ㅈ≫拙匠人巧主人, 拙ᄒᆞᆫ 匠人이오 巧ᄒᆞᆫ 主人이니라. ≪朴諺, 下, 15ㅎ≫把我家小廝拿將去監了貳日, 우리 집 놈을다가 잡아가 가도완디 이틀이오. ≪朴諺, 下, 31ㅈ≫身長六尺, 身長이 六尺이오. ≪朴諺, 下, 42ㅎ≫麵茶等飯, 麵茶 等 飯이오. ≪朴諺, 下, 46ㅈ≫一托來長的兩箇機角, ᄒᆞᆫ 발 기ᄅᆡ에 두 ᄲᅳᆯ이오. ≪朴諺, 下, 54ㅈ≫年幾歲無病, 나히 현이오 病 업슨이. ≪朴諺, 下, 58ㅎ≫三旬有二, 三旬이오 ᄯᅩ 二라.

이외(已外) 명 이외(以外). '已'는 '以'와 같다. ⇔밧ㄱ. ≪朴諺, 下, 11ㅎ≫只此已外, 그저 이 밧긔ᄂᆞᆫ.

이욕(離欲) 동 욕망에서 벗어나다. ≪朴諺, 下, 9ㅎ≫入寺敬三寶(集覽, 朴集, 下, 3ㅈ: 三寶. 一音演說, 普應群〈羣〉機, 究竟清淨, 名離欲尊, 卽法寶也.), 뎔에 드러ᄂᆞᆫ 三寶ᄅᆞᆯ 敬ᄒᆞ고.

이원(吏員) 명 구실아치. ≪朴諺, 上, 5ㅎ≫叫教坊司十數箇樂工和做院本(集覽, 朴集, 上, 2ㅎ: 院本. 曰丑, 狂言戲弄, 或粧醉漢·太醫·吏員·媒婆之類.)諸般雜技的來, 教坊司의 여라믄 樂工과 院本에 여러 가지 雜技ᄒᆞᄂᆞ니ᄅᆞᆯ 블러오라.

이의(裏衣) 명 속옷. ⇔속옷. ≪朴諺, 上, 25ㅈ≫衫兒·袴兒·褁肚等裏衣且休說, 젹삼·고의·褁肚 等 속옷으란 아직 닐ᄋᆞ디 말려니와.

이이(而已) 조 다만 …일 뿐이다. ≪朴諺, 下, 45ㅈ≫宋舍看打春(集覽, 朴集, 下, 9ㅎ: 打春. 音義云, 如今北京迎春時, 唯牛芒而已.)去來, 宋개아 닙츈 노롯ᄒᆞᄂᆞᆫ 양 보라 가쟈.

이익(利益) 명 〈불〉 부처의 가르침을 받음으로써 얻는 은혜나 행복. ≪朴諺, 上, 33ㅎ≫你布施(集覽, 朴集, 上, 10ㅎ: 布施. 捨施也, 財施爲凡, 法施爲聖. 凡布施, 必以滿三千世界, 七寶〈宝〉爲求福之具, 財施也. 此住相布施也. 菩薩布施, 但一心淸淨, 利益一切, 爲大施主, 法施也. 此不住相布施也.)人家齋飯錢, 네 人家에 보시ᄒᆞᆫ 齋飯錢을. ≪朴諺, 下, 9ㅎ≫因你貪嗔癡(集覽, 朴集, 下, 3ㅈ: 貪嗔癡. 大智論云, 有利益我者生貪欲, 有違逆我者生嗔恚.)三毒不離於身, 네 貪嗔癡 三毒이 몸에 ᄯᅥ나디 아니믈 인ᄒᆞ여.

이일(貳日) 명 이틀. ⇔이틀. ≪朴諺, 下, 15ㅎ≫把我家小廝拿將去監了貳日, 우리 집 놈을다가 잡아가 가도완디 이틀이오.

이장(泥匠) 명 미장이. ≪朴諺, 下, 4ㅎ≫叫一箇泥水匠和兩箇坌工來, ᄒᆞᆫ 泥匠이와 두 조역을 블러다가. ≪朴諺, 下, 5ㅈ≫沒家事時筭甚麽泥水匠, 연장이 업ᄉᆞ면 므

숨 泥匠이라 혜리오.

이적(你的) 명 네 것. ≪集覽, 字解, 單字解, 3ㅎ≫的. 指物之辭. 你的 네 것, 好的 됴흔 것. 又語助. 坐的 안싸, 通作地. 又明也, 實也, 端也. 吏語, 的確·的當·虛的·的實.

이전(以前) 명 이제보다 전. ≪朴諺, 中, 29ㅈ≫將老李打了一百七(集覽, 朴集, 中, 7ㅈ: 一百七. 南村輟耕錄云, 凡七下至五十七下用笞, 六十七下至一百七下用杖. 而數用七者, 建元以前, 皆用成數. 大德中, 刑部尙書王約上言, 國朝用刑寬恕, 笞杖十減其三, 故笞一十減爲七. 今之杖一百者, 宜止九十七, 而不當反加十也. 議者憚於變更, 其事遂寢〈寢〉.), 老李를다가 一百 닐곱을 텨.

이전(吏典) 명 원(元)·명(明)·청대(清代)의 부(府)와 현(縣)의 하급 벼슬아치. ≪朴諺, 上, 3ㅈ≫內府裡着姓崔的外郎(集覽, 朴集, 上, 1ㅎ: 外郎. 泛稱各衙門吏典之號. 俗嫌其犯於員外郎之號, 呼外字爲上聲. 大小衙門吏典名稱各異.)討去, 內府에는 姓이 崔가 外郎으로 ᄒᆞ여 어드라 가게 ᄒᆞ라.

이전(利錢) 명 변리(邊利). 길미. 이자. ⇔니쳔. ≪朴諺, 上, 31ㅈ≫別人便一兩要一兩利錢借饋, 다른 사ᄅᆞᆷ은 곳 ᄒᆞᆫ 냥에 ᄒᆞᆫ 냥 利錢을 밧고 ᄭᅮ이되. ≪朴諺, 上, 31ㅎ≫一分利錢也不肯還, 一分 利錢도 즐겨 갑디 아니ᄒᆞ니. ≪朴諺, 中, 27ㅈ≫開着一座解儅庫(集覽, 朴集, 中, 6ㅎ: 解儅庫. 王莽令市官收賤賣貴, 謂如貸錢與民一百箇, 每月收利錢三箇, 銀一兩, 則每月取利三分之類.), 一座 解儅庫를 열고. ≪朴諺, 下, 26ㅈ≫只與我二兩沒利錢, 그저 날을 두 냥을 주어도 니쳔이 업ᄉᆞ니.

이제 명 이제. 현재. ❶⇔금(今). ≪朴諺, 上, 31ㅎ≫到今一年半了, 이제 一年 半이 다ᄃᆞᆺ게야. ≪朴諺, 上, 54ㅈ≫今爲缺錢使用, 이제 돈 ᄡᅳᆯ 것 업ᄉᆞᆷ을 위ᄒᆞ여. ≪朴諺, 上, 63ㅎ≫咱從今已後, 우리 이제로브터 已後ㅣ야. ≪朴諺, 中, 9ㅎ≫今將親生孩兒小名喚神奴, 이제 親生ᄒᆞᆫ 아ᄒᆡ 小名을 神奴ㅣ라 브ᄅᆞ고. ≪朴諺, 下, 11ㅈ≫孩兒今將金色茶褐段子一箇, 孩兒ㅣ 이제 金色 차헐빗ᄎᆡ 비단 ᄒᆞᆫ 필과. ≪朴諺, 下, 53ㅈ≫今具狀申告某官, 이제 狀을 ᄀᆞ초와 某官ᄭᅴ 申告ᄒᆞ노니. ≪朴諺, 下, 54ㅎ≫今不免具狀, 이제 마디몯ᄒᆞ여 具狀ᄒᆞ여. ❷⇔여금(如今). ≪朴諺, 上, 3ㅎ≫如今怎麽少了, 이제 엇디 져그뇨. ≪朴諺, 上, 10ㅈ≫如今待秋後整治怕甚麽, 이제 秋後를 기ᄃᆞ려 整治ᄒᆞ면 므서시 저프리오. ≪朴諺, 上, 16ㅎ≫如今這七月立了秋, 이제 이 七月이니 立秋 ᄒᆞ엿고. ≪朴諺, 上, 34ㅎ≫如今都好了不曾, 이제 다 됴한ᄂᆞᆫ가 못ᄒᆞ엿ᄂᆞᆫ가. ≪朴諺, 上, 43ㅈ≫如今鋪裏買去, 이제 푸ᄌᆞ에 사라 가쟈. ≪朴諺, 上, 51ㅈ≫如今自妳那尋妳子, 이제 손조 졋 먹이ᄂᆞ냐 졋즐 어던ᄂᆞ냐. ≪朴諺, 上, 64ㅈ≫生達達·回回如今也都會了, 生達達·回回도 이제ᄂᆞᆫ ᄯᅩ 다 아ᄂᆞ니라. ≪朴諺, 中, 6ㅈ≫疾忙如今都將來, ᄲᆞᆯ리 이제 다 가져와. 如今攴(支)一攴(支), 이제 支應호되. ≪朴諺, 中, 15ㅎ≫我如今先與你香蘇飲(散)子, 내 이제 몬져 너를 香蘇飲(散)子를 줄 거시니. ≪朴諺, 中, 24ㅈ≫咱如今身已(己)安樂時莭(節), 우리 이제 몸이 安樂ᄒᆞᆫ ᄢᅢ예. ≪朴諺, 中, 35ㅈ≫如今怎麽那般賊廣, 이제 엇디 뎌리 도적이 흔ᄒᆞ뇨. ≪朴諺, 中, 54ㅎ≫如今便下手縫, 이제 곳 下手ᄒᆞ여 짓고. ≪朴諺, 中, 60ㅈ≫如今是財帛世界, 이제ᄂᆞᆫ 이 財帛 世界라. ≪朴諺, 下, 2ㅈ≫我如今不喫飯, 내 이제 밥을 먹디 아녀. ≪朴諺, 下, 5ㅈ≫如今疾忙買石灰·麻刀去, 이제 밧비 石灰와 삼거울을 사라 가라. ≪朴諺, 下, 10ㅈ≫你如今誠心懺悔, 네 이제란 誠心으로 懺悔ᄒᆞ여. ≪朴諺, 下, 22ㅈ≫咱如今燒起油鍋, 우리 이제 기름 가마에 블 ᄣᅵᆺ고. ≪朴諺, 下, 29ㅈ≫如今銀子如何, 이제 은이 엇더ᄒᆞ뇨. ≪朴諺, 下, 56ㅎ≫如今和小人望他

去便了, 이제 쇼인과 뎌롤 보라 가면 곳 ᄒᆞ리라. ≪朴諺, 下, 61ㅎ≫便是如今王京城子, 곳 이제 王京 城이라. ❸⇔이금(而今). ≪朴諺, 上, 33ㅎ≫而今沒來由偸別人的媳婦怎麽, 이제 쇽졀업시 ᄂᆞᆷ의 겨집을 도적홈은 엇디오.

이제(里制) 명 한 이(里)의 편제와 제도. ≪朴諺, 下, 52ㅈ≫叫到隣人幷巡宿總甲(集覽, 朴集, 下, 11ㅎ: 總甲. 又里制, 每里一百戶, 五家爲一火, 十家爲一甲, 每十戶, 甲首一名.)人等, 隣人과 巡宿ᄒᆞᄂᆞᆫ 總甲人 等을 아오로 블러.

이제로브터 부 이제부터. 지금부터. 오늘부터. ⇔종금(從今). ≪朴諺, 上, 63ㅎ≫咱從今已後, 우리 이제로브터 已後ㅣ야.

이진복(離塵服) 명 〈불〉 가사(袈裟)의 다른 이름. 심성(心性)을 더럽히는 육식(六識)을 단절시키는 옷이란 뜻이다. ≪朴諺, 上, 33ㅈ≫披着袈裟(集覽, 朴集, 上, 10ㅈ: 袈裟. 反(飜)譯名義云, 袈裟是外國三衣之名. 或名離塵服, 由斷〈断〉六塵故, 或名消瘦服, 由斷煩惱故, 或名無垢衣.), 袈裟 닙고.

이질(痢疾) 명 이질. ≪朴諺, 上, 34ㅎ≫我這幾日害痢疾, 내 요ᄉᆞ이 痢疾 알하.

이차(以此) 부 그래서. 그러므로. 이 때문에. ≪朴諺, 上, 11ㅎ≫關幾擔(集覽, 朴集, 上, 5ㅈ: 擔. 楊(揚)雄傳, 家無甔石之儲. 注〈註〉, 一石爲石, 再石爲擔. 以此觀之, 則擔爲二石也.), 몃 짐을 ᄐᆞ료.

이천왕(李天王) 명 당(唐)나라 이정(李靖)을 신격화하여 이르는 말. ≪朴諺, 下, 17ㅈ≫唐三藏引孫行者(集覽, 朴集, 下, 4ㅈ: 孫行者. 老君·王母俱奏于玉帝, 傳宣李天王, 引領天兵十萬及諸神將至花菓山, 與大聖相戰失利.), 唐三藏이 孫行者를 ᄃᆞ리고. ≪朴諺, 下, 47ㅈ≫粧二郎爺爺(集覽, 朴集, 下, 10ㅎ: 二郎爺爺. 按西遊記, 西域花菓山洞有老猴精, 號齊天大聖, 神變〈变〉無測, 鬧(鬧)乱天宮, 玉帝命李天王領神兵往捕, 相戰失利.), 二郎爺爺를 ᄭᅮ미며.

이추아(耳墜兒) 명 귀고리. ⇔귀옛골회. ≪朴諺, 上, 20ㅈ≫一對耳墜兒(集覽, 朴集, 上, 7ㅎ: 耳墜兒. 事文類聚云, 莊子曰, 天子之侍御, 不叉揃(不爪翦), 不穿耳, 則穿耳自古有之. 今俗亦曰耳環, 卽八珠環也.), ᄒᆞᆫ ᄡᅡᆼ 귀옛골회과.

이타(耳朶) 명 귓바퀴. 또는 귓불. ⇔귓바회. ≪朴諺, 上, 40ㅎ≫捎篦來掏一掏耳朶(集覽, 朴集, 上, 11ㅈ: 耳朶. 朶作垜是, 俗去聲讀.), 짓븨 가져다가 귓바회 ᄡᅳᆯ라. ≪朴諺, 下, 46ㅈ≫簸箕來大一對耳朶, 키만치 크게 ᄒᆞᆫ ᄒᆞᆫ ᄡᅡᆼ 귓바회와.

이타(耳垜) 명 이타(耳朶). '垜'는 '朶'와 같다. ≪朴諺, 上, 40ㅎ≫捎篦來掏一掏耳朶(集覽, 朴集, 上, 11ㅈ: 耳朶. 朶作垜是, 俗去聲讀.), 짓븨 가져다가 귓바회 ᄡᅳᆯ라.

이탁(泥托) 명 흙받기. ⇔흙밧기. ≪朴諺, 下, 5ㅈ≫你有泥鏝·泥托麽, 네게 흙손과 흙밧기 잇ᄂᆞ냐.

이틀 명 이틀. ❶⇔양일(兩日). ≪朴諺, 中, 11ㅈ≫一兩日上位郊天去, ᄒᆞᄅᆞ 이틀만 ᄒᆞ면 上位ㅣ 郊天ᄒᆞ라 가실 거시니. ❷⇔이일(貳日). ≪朴諺, 下, 15ㅎ≫把我家小廝拿將去監了貳日, 우리 집 놈을다가 잡아가 가도완디 이틀이오.

이톨 명 이틀. ⇔양일(兩日). ≪朴諺, 上, 44ㅎ≫待一兩日了也, ᄒᆞᆫ 이톨만 ᄒᆞ면 ᄆᆞᄎᆞ리로다.

이하(已下) 명 이하(以下). '已'는 '以'와 같다. ≪朴諺, 下, 53ㅎ≫官法內七十已上十五已下, 官法 內예 七十 已上 十五 已下ᄂᆞᆫ.

이학지남(吏學指南) 명 원(元)나라 때의 공문(公文) 용어 사전. 정치·경제·법률 등의 용어를 간략하게 풀이하여 놓았다. ≪朴諺, 上, 3ㅈ≫勘合(集覽, 朴集, 上, 1ㅎ: 勘合. 吏學指南云, 勘合, 卽古之符契也.)有了不曾, 勘合이 잇ᄂᆞᆫ가 몯ᄒᆞ엿ᄂᆞᆫ가. ≪朴諺, 下, 53ㅎ≫你饋我寫一箇狀子(集覽, 朴集, 下, 12ㅈ: 狀子. 吏學指南云, 狀, 貌也, 以貌寫情於紙墨也.), 네 날을

ᄒᆞᆫ 고장을 써 주고려.

이항(里巷) 명 마을. 촌리(村里). ≪朴諺, 上, 44ㅎ≫師傅上唱喏(集覽, 朴集, 上, 12ㅎ: 唱喏. 揖也. 詞曲曰, 一箇唱, 百箇喏, 謂一人呼唱於上, 衆人應諾於下. 如將帥在營幕下, 軍卒投謁於前者列立於〈軍卒投謁於前者列於〉庭, 將帥發一令語, 則衆下齊聲以應. 凡里巷子弟拜謁父兄亦然.), 스승님끠 읍ᄒᆞ고.

이해(利害) 형 ❶무섭다. 매섭다. ⇔므ᅀᅵ엽다. ≪集覽, 字解, 累字解, 1ㅎ≫利害. 므ᅀᅵ엽다. ❷맵다. 심하다. 사납다. 격렬하다. ⇔이해ᄒᆞ다(利害-). ≪朴諺, 上, 22ㅎ≫這一着好利害, 이 ᄒᆞᆫ 손이 ᄀᆞ장 利害ᄒᆞ다.

이해ᄒᆞ다(利害-) 형 맵다. 심하다. 사납다. 격렬하다. ⇔이해(利害). ≪朴諺, 上, 22ㅎ≫這一着好利害, 이 ᄒᆞᆫ 손이 ᄀᆞ장 利害ᄒᆞ다.

이향(異香) 명 이상야릇하게 좋은 향기. ≪朴諺, 下, 16ㅎ≫買趙太祖飛龍記(集覽, 朴集, 下, 3ㅎ: 趙太祖飛龍記. 宋太祖, 姓趙, 名匡胤. 母昭獻皇后夢日入懷而孕. 誕生之夕, 赤光滿室, 異香馥郁.), 趙太祖의 飛龍記와.

이향(離鄕) 동 고향을 떠나다. ⇔이향ᄒᆞ다(離鄕-). ≪朴諺, 中, 17ㅎ≫人離鄕賤物離鄕貴, 사ᄅᆞᆷ이 離鄕ᄒᆞ면 쳔ᄒᆞ고 物이 離鄕ᄒᆞ면 貴타 ᄒᆞᄂᆞ니라.

이향ᄒᆞ다(離鄕-) 동 고향을 떠나다. ⇔이향(離鄕). ≪朴諺, 中, 17ㅎ≫人離鄕賤物離鄕貴, 사ᄅᆞᆷ이 離鄕ᄒᆞ면 쳔ᄒᆞ고 物이 離鄕ᄒᆞ면 貴타 ᄒᆞᄂᆞ니라.

이현도(李玄道) 명 당(唐)나라 농서(隴西) 사람. 태종(太宗) 때 문학관 학사(文學館學士)를 지냈다. 당초(唐初) 진왕부(秦王府) 십팔학사(十八學士)의 한 사람. 상주자사(常州刺史)로 있을 때 청간(淸簡)한 태도로 선정을 베풀어 백성들에게 칭송을 받았다. ≪朴諺, 中, 44ㅎ≫掛十八學士(集覽, 朴集, 中, 8ㅈ: 十八學士. 唐太宗秦王時, 開館延文學之士, 杜如晦·房玄齡〈岭〉·虞世南·褚遂良·姚思廉·李玄道·蔡允恭·薛元敬·顔相時·蘇勗·于志寧·蘇世長·薛收·李守素·陸德明·孔穎達·蓋文達·許敬宗爲文學館學士, 分爲三番, 更日直宿.)大畫, 十八學士 그린 큰 그림을 걸고.

이환(耳環) 명 귀고리. ≪朴諺, 上, 20ㅈ≫一對耳墜兒(集覽, 朴集, 上, 7ㅎ: 耳墜兒. 事文類聚云, 莊子曰, 天子之侍御, 不叉揃(不爪翦), 不穿耳, 則穿耳自古有之. 今俗亦曰耳環, 卽八珠環也.), ᄒᆞᆫ 빵 귀엣골회과.

이회(理會) 동 알다. 이해하다. 깨닫다. ❶⇔아다. ≪集覽, 字解, 累字解, 2ㅈ≫理會. :아다. 又ᄎᆞ리·다. ❷⇔알다. ≪朴諺, 上, 9ㅎ≫不理會那裏的法度, 뎌긔 法度를 아디 못ᄒᆞ니. ≪朴諺, 上, 30ㅎ≫你不理會的, 네 아디 못ᄒᆞᆫ다. ≪朴諺, 上, 47ㅈ≫不理會的, 아디 못ᄒᆞ니. ≪朴諺, 上, 57ㅎ≫我不理會的, 내 아디 못ᄒᆞ여. ≪朴諺, 中, 49ㅈ≫咱們人今日死的明日死的不理會的, 우리 사ᄅᆞᆷ이 오늘 죽을 줄 ᄂᆡ일 죽을 줄 아디 못ᄒᆞ니. ≪朴諺, 下, 25ㅎ≫別人不理會的, 다른 사ᄅᆞᆷ은 아디 못ᄒᆞ리라.

이회(理會) 동 (알아)차리다. ⇔ᄎᆞ리다. ≪集覽, 字解, 累字解, 2ㅈ≫理會. :아다. 又ᄎᆞ리·다.

이후(已後) 명 후(後). 이후(以後). '已'는 '以'와 같다. ⇔후. ≪朴諺, 上, 24ㅈ≫定體已後不得改別, 定體ᄒᆞᆫ 후의 改別티 마쟈. ≪朴諺, 上, 63ㅎ≫咱從今已後, 우리 이제로브터 已後ㅣ야. ≪朴諺, 中, 10ㅈ≫如賣已後, 만일 폰 후에.

이후(而後) 명 후(後). 연후(然後). 이후(以後). ⇔후. ≪朴諺, 中, 45ㅈ≫家齊而後國治, 집이 ᄀᆞ즉ᄒᆞᆫ 후에 나라히 다ᄉᆞ리ᄂᆞ니라.

익(翼) 명 익수(翼宿). 이십팔수(二十八宿)의 하나. 남방(南方) 주작 칠수(朱雀七宿)의 여섯째 별자리. ≪朴諺, 中, 54ㅈ≫壁翼獲財, 壁翼은 獲財ᄒᆞ고.

익주군(益州郡) 명 한대(漢代)에 두었다. 소재지는 운남성(雲南省) 진녕현(晉寧縣) 동쪽에 있었다. ≪朴諺, 中, 26ㅈ≫做雲南氈(集覽, 朴集, 中, 6ㅎ: 雲南氈. 雲南, 古梁州, 南境爲徼外夷也. 漢置益州郡, 元置路, 今改爲布政司.)大帽兒一箇, 雲南氈으로 흔 큰갓 흐나와.

인 명 인(印). 도장. ❶⇔인(印). ≪朴諺, 下, 55ㅎ≫有甚暗記沒印, 아모란 ᄀ만흔 보람이 잇고 인은 업ᄂ니. ❷⇔인신(印信). ≪朴諺, 上, 3ㅈ≫寫勘合就使印信與我來, 勘合을 써 이믜셔 인터 나를 주드라.

인(人) 명 사람. ⇔사름. ≪集覽, 字解, 單字解, 3ㅈ≫箇. 一枚也. 俗呼一枚爲一箇, 亦曰箇把. 又箇箇 난나치. 單言箇字, 亦爲一枚之意. 有箇人 흔 사르미. 又語助. 這箇·些箇. 又音이. 舌頭兩箇 혓 그토로, 今不用. ≪集覽, 字解, 單字解, 6ㅈ≫殺. 氣殺我 애들와 셜웨라, 猶言以此而可至於死也. 又愁殺人 사르믈 ᄀ장 근심ᄒ야 쉷게 ᄒ다. 又廝殺 싸호다. 又助語辭. 最深殺 ᄀ장 깁다. ≪朴諺, 上, 9ㅎ≫我是愚魯之人, 나는 이 愚魯흔 사름이라. ≪朴諺, 上, 38ㅈ≫眞箇是精細人, 진짓 이 精細흔 사름이로다. ≪朴諺, 上, 56ㅎ≫萬事不由人計較, 萬事ㅣ 사름의 計較를 말믜암디 아니ᄒᄂ니라. ≪朴諺, 中, 1ㅈ≫一箇人與他五箇錢時放入去, 흔 사름이 뎌를 다숫 낫 돈을 주면 노하 드려보내ᄂ니라. ≪朴諺, 中, 10ㅎ≫某年月日賣兒人錢小馬, 某年月日에 아히 픈 사름 錢小馬. ≪朴諺, 中, 26ㅎ≫這一箇高手的人做的生活, 이 흔 高手엣 사름의 ᄆᆡᆫ든 셩녕이. ≪朴諺, 中, 38ㅎ≫京都在城黃華坊住人朱玉, 셔울 셩 안 黃華坊에셔 사는 사름 朱玉이. ≪朴諺, 中, 60ㅈ≫街上人道的是, 거릿 사름의 닐옴이 올흐니. ≪朴諺, 下, 1ㅎ≫這的是恠不的人, 이거슨 이 사름도 허믈 못ᄒ고. ≪朴諺, 下, 10ㅎ≫這幾日我家裏有人去, 요ᄉ이 우리 집의 사름 가리 이시니. ≪朴諺, 下, 15ㅎ≫和一箇漢兒人廝打來, 흔 漢ㅅ 사름과 싸홧더니. ≪朴諺, 下, 27ㅎ≫着別人看去, 다른 사름으로 ᄒ여 뵈라 가라. ≪朴諺, 下, 36ㅈ≫一霎兒人閙(鬧)起來, 흔 디위 사름이 짓궤더니. ≪朴諺, 下, 53ㅈ≫告狀人某, 告狀흔 사름 아뫼라.

인(人) 의 인. 명(名). ≪朴諺, 上, 1ㅎ≫咱們三十箇人, 우리 三十人이.

인(引) 동 데리다. 더불다. 거느리다. ⇔ᄃ리다. ≪朴諺, 中, 28ㅎ≫官人們引着幾箇皂隷, 官人들이 여러 皂隷를 ᄃ리고. ≪朴諺, 中, 56ㅈ≫你弟兄兩箇引的那小厮們, 너희 弟兄 둘히 뎌 아히들을 ᄃ려. ≪朴諺, 下, 17ㅈ≫唐三藏引孫行者, 唐三藏이 孫行者를 ᄃ리고. ≪朴諺, 下, 19ㅈ≫唐僧也引徒弟去到王所, 唐僧이 쏘 徒弟를 ᄃ리고 王의 곳에 니르니.

인(印) 명 인(印). ⇔인. ≪朴諺, 下, 55ㅎ≫有甚暗記沒印, 아모란 ᄀ만흔 보람이 잇고 인은 업ᄂ니.

인(因) 동 인(因)하다. 말미암다. ❶⇔인ᄒ다. ≪朴諺, 中, 59ㅈ≫因你要蒲葉, 네 蒲葉 달라 홈을 인ᄒ여. ≪朴諺, 下, 9ㅎ≫因你貪嗔癡三毒不離於身, 네 貪嗔癡 三毒이 몸에 떠나디 아니믈 인ᄒ여. ≪朴諺, 下, 16ㅈ≫種稻子那厮因何監着, 벼 시므든 뎌 놈은 므스 일을 인ᄒ여 갓텻ᄂ뇨. ≪朴諺, 下, 36ㅎ≫老安因甚麽事, 老安이 므슴 일을 인ᄒ여. ❷⇔인ᄒ다(因-). ≪朴諺, 中, 2ㅈ≫因風吹火用力不多, ᄇ람을 因ᄒ여 블을 불면 힘쁨이 하디 아니타 ᄒᄂ니라.

인(因) 명 까닭. ⇔젼ᄎ. ≪朴諺, 上, 28ㅎ≫因此上, 이런 젼ᄎ로. ≪朴諺, 上, 31ㅎ≫因此上, 이런 젼ᄎ로. ≪朴諺, 上, 51ㅎ≫因此上, 이런 젼ᄎ로. ≪朴諺, 中, 35ㅈ≫因此上賊廣, 이런 젼ᄎ로 도직(적)이 흔ᄒ니라. ≪朴諺, 下, 9ㅎ≫因此上見世報, 이런 젼ᄎ로 見世에 報ᄒᄂ니라. ≪朴諺, 下, 56ㅎ≫因此不得工夫闕拜望, 이런 젼

ᄎᆞ로 工夫를 엇디 못ᄒᆞ여 拜望을 闕ᄒᆞ니.

인(忍) 동 참다. ⇔ᄎᆞᆷ다. ≪朴諺, 下, 15ㅈ≫忍多少飢, 인(언)머 주리믈 ᄎᆞᄆᆞ며.

인(認) 동 알다. 인식하다. 분별하다. ⇔알다. ≪朴諺, 下, 19ㅎ≫不曾認的, 일즙 아디 못ᄒᆞ니.

-인 조 -인. ≪朴諺, 下, 59ㅈ≫年二十歲時分, 나히 스믈인 제.

인가(人家) 명 ❶사람이 사는 집. ≪朴諺, 上, 10ㅈ≫看那人家墻壁都倒了, 뎌 人家 墻壁을 보니 다 믄허뎌시니. ≪朴諺, 上, 11ㅎ≫郎中馬只寄在這人家裏, 郎中아 ᄆᆞᆯ을 그저 이 人家에 브텨 두엇다가. ≪朴諺, 上, 33ㅎ≫你布施人家齋·飯錢, 네 人家에 보시ᄒᆞᆫ 齋飯錢을. ≪朴諺, 上, 46ㅎ≫孫舍混堂(集覽, 朴集, 上, 13ㅈ: 混堂. 人家設溫湯浴室處, 燕都多有之, 乃爇〈爇〉水爲湯, 非溫泉也. 或稱堂子, 舊本作湯子.)裏洗澡去來, 孫가아 混堂에 목욕ᄀᆞᆷ으라 가쟈. ≪朴諺, 中, 32ㅎ≫有一簇兩簇人家, 一簇 兩簇 人家ㅣ 이시며. ≪朴諺, 中, 35ㅈ≫到那一箇人家裏, 아모 ᄒᆞᆫ 人家에 가. ≪朴諺, 中, 43ㅎ≫那裏肯來我一般村莊人家, 어ᄃᆡ 즐겨 우리 ᄀᆞᄐᆞᆫ 村莊人家에 오리오. ≪朴諺, 中, 51ㅎ≫我慢慢兒沿着人家房簷底下, 내 날회여 人家 쳠하롤 조차. ❷사람. 사람들. (불특정한 사람을 일컫는다) ⇔사ᄅᆞᆷ. ≪朴諺, 中, 46ㅈ≫我一般雜職人家, 나 ᄒᆞᆫ가짓 雜職에 사ᄅᆞᆷ은. ❸집. ⇔집. ≪朴諺, 中, 53ㅈ≫皇帝人家的一條線也, 皇帝ㅅ 집 ᄒᆞᆫ 오리 실인들.

인가(印可) 동 〈불〉 사승(師僧)이 제자의 득법(得法)이나 설법(說法) 등을 증명하고 인가(認可)하다. ≪朴諺, 上, 65ㅈ≫法名喚步虛(集覽, 朴集, 上, 15ㅎ: 步虛. 至正丙戌春, 入燕都, 聞南朝有臨濟正脉不斷〈断〉, 可往印可. 盖指臨濟直下雪嵒〈嵓〉嫡孫石屋和尙淸珙也.), 法名을 步虛ㅣ라 브ᄅᆞᄂᆞᆫ 이.

인간(人間) 명 사람이 사는 세상. ≪朴諺, 上, 62ㅎ≫只此人間兜率, 그저 이 人間ㅅ 兜率이러라. ≪朴諺, 中, 21ㅎ≫或作童女(集覽, 朴集, 中, 4ㅎ: 童男童女. 應作種種身, 或在天上, 在人間, 隨其所樂, 皆令見衆生形相各不同, 行業音聲亦無量.), 혹 童女ㅣ 되며. ≪朴諺, 下, 7ㅎ≫這七月十五日(集覽, 朴集, 下, 2ㅈ: 七月十五日. 道藏經云, 七月十五日, 謂之中元, 地官下降人間, 檢校世人, 甄別善惡, 上告天曹.)是諸佛解夏之日, 七月 十五日은 諸佛 解夏ᄒᆞᄂᆞᆫ 날이라. ≪朴諺, 下, 49ㅈ≫好女不看燈(集覽, 朴集, 下, 11ㅈ: 好女不看燈. 道經云, 正月十五日, 謂之上元, 天官下降人閒〈間〉, 考定罪福. 是夜張燈, 士女鼓〈鼓〉樂遊街.), 好女ᄂᆞᆫ 看燈 아니ᄒᆞᆫ다 ᄒᆞᄂᆞ니라.

인광노(引光奴) 명 성냥개비의 한 가지. (삼(杉)나무 가지 한쪽 끝에 유황을 발라, 불을 붙이거나 밝힐 때 쓰던 물건) ≪朴諺, 中, 35ㅈ≫拿着取燈兒(集覽, 朴集, 中, 7ㅎ: 取燈兒〈取燈〉. 宋陶學士淸異錄云, 夜有急, 苦於作燈之緩, 批杉木條染硫黃, 一與火遇, 得燄必速, 呼爲引光奴.), 取燈을 가지고.

인군(人君) 명 임금. ≪朴諺, 下, 16ㅎ≫買趙太祖飛龍記(集覽, 朴集, 下, 3ㅎ: 趙太祖飛龍記. 易曰, 飛龍在天. 龍爲人君之象, 故稱卽位曰飛龍.), 趙太祖의 飛龍記와.

인기(認記) 명 보람. 서명(署名). 표(表). 표지(標識). ⇔보람. ≪集覽, 字解, 單字解, 6ㅎ≫認. 識也. 辨認 ᄎᆞ려내다. 又認得 사괴다. 又아다. 又認記 보람.

인ᄂᆞ냐 형 있느냐. ⇔유(有). ≪朴諺, 上, 6ㅈ≫如今却早有賣的拳杏麽, 이제 ᄇᆞᆯ셔 拳杏 ᄑᆞᆯ 리 인ᄂᆞ냐.

인ᄂᆞ뇨 형 있느냐. ⇔유(有). ≪朴諺, 上, 15ㅈ≫快打刀子的匠人那裏有, 칼 잘 ᄆᆡᆫᄃᆞᄂᆞᆫ 匠人이 어ᄃᆡ 인ᄂᆞ뇨.

인다 형 있다. ⇔유(有). ≪朴諺, 上, 6ㅈ≫如今却早有賣的拳杏麽, 이제 ᄇᆞᆯ셔 拳杏

풀 리 인ᄂᆞ냐. ≪朴諺, 上, 15ㅈ≫快打刀子的匠人那裏有, 칼 잘 믿ᄃᆞᄂᆞᆫ 匠人이 어ᄃᆡ 인ᄂᆞ뇨.

인도(人道) 명 〈불〉 육도(六道)의 하나. 사람이 사는 세계. ≪朴諺, 中, 22ㅈ≫以聲察聲拯悲酸於六道(集覽, 朴集, 中, 5ㅈ: 六道. 人道·天道·阿脩羅道·餓鬼道·畜生道·地獄道, 亦名六趣, 加仙道, 名曰七趣.), 소ᄅᆡ로 ᄡᅧ 소ᄅᆡ를 ᄉᆞᆯ펴 悲酸을 六道에 건디고.

인득(認得) 동 ❶사귀다. ⇔사괴다. ≪集覽, 字解, 單字解, 6ㅎ≫認. 識也. 辨認 ᄎᆞ려내다. 又認得 사괴다. 又아다. 又認記 보람. ❷알다. ⇔아다. ≪集覽, 字解, 單字解, 6ㅎ≫認. 識也. 辨認 ᄎᆞ려내다. 又認得 사괴다. 又아다. 又認記 보람.

-인디 조 -인지. ≪朴諺, 上, 13ㅎ≫不知甚麽瘡, 아디 못ᄒᆡ라 므슴 瘡인디. ≪朴諺, 上, 32ㅈ≫知他是幾箇明日, 모로리로다 이 몃 ᄂᆡ일인디.

인령(引領) 동 이끌다. 인도하다. 인솔하다. ≪朴諺, 下, 17ㅈ≫唐三藏引孫行者(集覽, 朴集, 下, 4ㅈ: 孫行者. 老君·王母俱奏于玉帝, 傳宣李天王, 引領天兵十萬及諸神將至花菓山, 與大聖相戰失利.), 唐三藏이 孫行者를 ᄃᆞ리고.

인륜(人倫) 명 사람이 지켜야 할 떳떳한 도리(道理). ≪朴諺, 中, 31ㅎ≫是人倫弟兄之意, 이 人倫 弟兄의 ᄠᅳᆮ이어니와.

인리향천물리향귀(人離鄕賤 物離鄕貴) 구 사람이 고향을 떠나면 천해지지만, 물건은 생산지를 떠나면 귀해진다는 뜻. ≪朴諺, 中, 17ㅎ≫人離鄕賤物離鄕貴, 사ᄅᆞᆷ이 離鄕ᄒᆞ면 쳔ᄒᆞ고 物이 離鄕ᄒᆞ면 貴타 ᄒᆞᄂᆞ니라.

인마(人馬) 명 사람과 말. ≪朴諺, 下, 42ㅎ≫諸般彩亭子(集覽, 朴集, 下, 9ㅈ: 彩亭子. 漢俗皆於白日送殯, 凡結飾車輿·幢幡·傘盖及紙造人馬爲前導者, 連亘四五十步.), 여러 가지 彩亭子를 셰내고.

인물(人物) 명 사람과 물건. ≪集覽, 字解, 單字解, 6ㅎ≫儅. 人有遇急用錢, 則必以重物, 納質于富家, 賒錢取用. 至限則幷其本利償還錢主, 方得退回己之重物而來也. 典字人物通用, 儅字人用於物.

인민(人民) 명 사람들. 백성. ≪朴諺, 上, 66ㅈ≫諸國人民一切善男善女, 諸國 人民 一切 善男善女ㅣ.

인부득횡재불부마부득야초불비(人不得橫財不富 馬不得夜草不肥) 구 사람은 횡재를 얻지 못하면 부자가 되지 못하고, 말은 밤에 꼴을 먹지 못하면 살찌지 못한다는 뜻. ≪朴諺, 上, 21ㅎ≫人不得橫財不富, 사ᄅᆞᆷ이 橫財를 엇디 못ᄒᆞ면 가ᄋᆞᆷ여디 못ᄒᆞ고. 馬不得夜草不肥, ᄆᆞᆯ이 夜草를 엇디 못ᄒᆞ면 ᄉᆞᆯ지디 못ᄒᆞᆫ다 ᄒᆞ니라.

인불가모상해불가두량(人不可貌相 海不可斗量) 구 사람은 겉모습만 보고 판단하면 안 되며, 바닷물은 말[斗]로 될 수 없다는 뜻. ≪朴諺, 下, 36ㅈ≫人不可貌相, 사ᄅᆞᆷ은 가히 얼굴로 상티 못ᄒᆞ고. 海不可斗量, 바다ᄒᆞᆫ 가히 말로 되디 못ᄒᆞᆫ다 ᄒᆞ니.

인빈지위간소채쾌설황(人貧只爲慳 少債快說謊) 구 사람은 가난하면 몹시 인색해지고, 빚을 지면 거짓말을 잘한다는 뜻. ≪朴諺, 上, 32ㅈ≫人貧只爲慳少債快說謊, 사ᄅᆞᆷ이 가난ᄒᆞ면 그저 다랍고 빗지면 거즛말 니ᄅᆞ기 잘ᄒᆞᆫ다 ᄒᆞᄂᆞ니라.

인사(人事) 동 선물(膳物)하다. ⇔인사ᄒᆞ다(人事-). ≪朴諺, 上, 44ㅈ≫多多的與你人事(集覽, 朴集, 上, 12ㅎ: 人事. 土産, 俗·도·산. 舊本作撒花.), 만히 네게 人事ᄒᆞ마.

인사(人事) 명 ❶선물(膳物). ⇔도산. ≪朴諺, 上, 44ㅈ≫多多的與你人事(集覽, 朴集, 上, 12ㅎ: 人事. 土産, 俗·도·산. 舊本作撒花.), 만히 네게 人事ᄒᆞ마. ≪朴諺, 下, 62ㅈ≫人事與相識弟兄, 人事로 서ᄅᆞ 아ᄂᆞᆫ 弟兄을 주라. ≪朴諺, 下, 62ㅈ≫人事與相識弟兄, 人事로 서ᄅᆞ 아ᄂᆞᆫ 弟兄을 주라. ❷인사(人事). (사람으로서 해야

할 일) ⇔인ᄉᆞ. ≪朴諺, 中, 47ㅈ≫眼花的不辨東西, 눈이 밤의여 동셔를 분변티 못ᄒᆞ고. 不省人事, 인ᄉᆞ를 아디 못ᄒᆞ여.

인사(禋祀) 명 제천의식(祭天儀式)의 한 가지. 섶을 태워 연기를 올린 뒤에 희생이나 옥백(玉帛)을 올려놓고 태운다. ≪朴諺, 下, 18ㅎ≫做羅天大醮(集覽, 朴集, 下, 4ㅎ: 大醮. 道經云, 醮, 祭名. 夜中於星辰之下, 陳設餠餌·酒果·幣物, 禋祀天皇·太乙·地祇·列宿.), 羅天大醮를 ᄒᆞ더니.

인사ᄒᆞ다(人事-) 동 선물(膳物)하다. ⇔인사(人事). ≪朴諺, 上, 44ㅈ≫多多的與你人事(集覽, 朴集, 上, 12ㅎ: 人事. 土産, 俗·도·산. 舊本作撒花.), 만히 네게 人事ᄒᆞ마.

인생(人生) 명 인생. 인간. 사람. ≪朴諺, 上, 1ㅈ≫人生一世草生一秋, 人生 一世ㅣ오 草生 一秋ㅣ라. ≪朴諺, 上, 66ㅎ≫人生七十古來稀, 人生 七十이 古來稀라 ᄒᆞ니.

인생일세초생일추(人生一世 草生一秋) 구 사람은 나서 한평생을 살고, 초목은 나서 한 해를 산다는 뜻으로, 인생은 한가을의 나무나 풀과 같다는 말. ≪朴諺, 上, 1ㅈ≫人生一世草生一秋, 人生 一世ㅣ오 草生 一秋ㅣ라.

인생칠십고래희(人生七十古來稀) 구 사람이 일흔 살까지 살기란 예로부터 드문 일이라는 뜻. ≪朴諺, 上, 66ㅎ≫人生七十古來稀, 人生 七十이 古來稀라 ᄒᆞ니.

인성(人城) 명 사람이 성을 이루었다는 뜻으로, 아주 많은 사람이 빙 둘러 있는 상태를 이르는 말. ≪朴諺, 下, 30ㅎ≫便是箇人城, 곳 이 人城이니.

인시(寅時) 명 십이시(十二時)의 셋째 시. 오전 3시에서 5시까지이다. ≪朴諺, 下, 46ㅎ≫頭戴耳掩或提在手裡(集覽, 朴集, 下, 10ㅈ: 頭戴耳掩或提在手裏. 寅時揭左邊, 亥時揭右邊而戴, 以寅·亥時爲通氣, 故揭一邊也, 子·丑時全戴, 爲嚴凝也.), 머리예 耳掩을 쓰며 혹 손에 들고.

인신(印信) 명 인(印). 도장. ⇔인. ≪朴諺, 上, 3ㅈ≫寫勘合就使印信與我來, 勘合을 써 이믜셔 인텨 나를 주드라. ≪朴諺, 上, 12ㅎ≫將米貼兒(集覽, 朴集, 上, 5ㅎ: 米貼. 月俸之貼. 質問云, 收米·放米計數之票〈標〉也. 又云, 是文武官員關支(支)月米時, 各該衙門出給印信貼兒.)來對官號, ᄡᆞᆯ 톄ᄌᆞ 가져다가 官號 마초고.

인심(人心) 명 사람의 마음. ≪集覽, 字解, 累字解, 2ㅈ≫標致. 聰俊敏慧之稱, 俱美其人心貌之辭. 標字本在竝母, 則宜從俗呼爲去聲. 而今俗呼標致之標爲上聲, 則字宜作表字讀是. ≪朴諺, 中, 14ㅎ≫遠行知馬力, 멀리 가매 ᄆᆞᆯ 힘을 알고. 日久見人心, 날이 오라매 사ᄅᆞᆷ의 ᄆᆞᅀᆞᆷ을 보ᄂᆞ니라.

인ᄉᆞ 명 인사(人事). (사람으로서 해야 할 일) ⇔인사(人事). ≪朴諺, 中, 47ㅈ≫眼花的不辨東西, 눈이 밤의여 동셔를 분변티 못ᄒᆞ고. 不省人事, 인ᄉᆞ를 아디 못ᄒᆞ여.

인씨(人氏) 명 (본적을 가리킬 때의) 사람. ≪朴諺, 下, 39ㅎ≫他是那裏人氏, 뎨 이 어ᄃᆡ 人氏고.

인아(刃兒) 명 날[刃]. ⇔ᄂᆞᆯ. ≪朴諺, 上, 15ㅎ≫刃兒不要忒厚了, ᄂᆞᆯ을 너무 두터이 말고.

인양학아(人様鶴兒) 명 사람 모양으로 만든 연. ⇔사ᄅᆞᆷᄀᆞᄐᆞᆫ연. ≪朴諺, 上, 17ㅈ≫鵝老翅鶴兒, 쇼로기연. 鮎魚鶴兒, 머유기연. 八角鶴兒, 여ᄃᆞᆲ모연. 月摟鶴兒, ᄃᆞᆯ ᄀᆞᄐᆞᆫ 연. 人摟鶴兒, 사ᄅᆞᆷ ᄀᆞᄐᆞᆫ 연. 四方鶴兒, 네모연.

인연 명 〈불〉 인연(因緣). 인(因)과 연(緣). (결과를 만드는 직접적인 힘과 그를 돕는 외적이고 간접적인 힘을 이른다) ❶⇔연(緣). ≪朴諺, 中, 19ㅈ≫有緣千里能相會, 인연이 이시면 千里라도 능히 서ᄅᆞ 못ᄇᆞᆺ고. 無緣對面不相逢, 인연이 업스면 ᄂᆞᆺ츨 ᄃᆡᄒᆞ여도 서ᄅᆞ 만나디 못ᄒᆞᄂᆞ니. ≪朴諺, 下, 10ㅎ≫這的無緣衆生難化, 이런 인연 업슨 衆生은 化키 어려오니라. ❷⇔인연

(因緣). ≪朴諺, 上, 66ㅎ≫禮拜供養做些因緣時好, 禮拜 供養ᄒᆞ야 져기 인연을 지음이 됴흐리로다. ≪朴諺, 中, 49ㅈ≫做些好因緣(集覽, 朴集, 中, 8ㅎ: 因緣. 反(飜)譯名義云, 因, 謂先無其事而從彼生也, 緣, 謂素有其分而從彼起也. 又云, 前緣相生, 因也, 現相助成, 緣也.)時不好, 져기 됴흔 인연을 지으면 됴티 아니ᄒᆞ랴.

인연(因緣) 명 〈불〉 인(因)과 연(緣). (결과를 만드는 직접적인 힘과 그를 돕는 외적이고 간접적인 힘을 이른다). ⇔인연. ≪朴諺, 上, 66ㅎ≫禮拜供養做些因緣時好, 禮拜 供養ᄒᆞ야 져기 인연을 지음이 됴흐리로다. ≪朴諺, 中, 49ㅈ≫做些好因緣(集覽, 朴集, 中, 8ㅎ: 因緣. 反(飜)譯名義云, 因, 謂先無其事而從彼生也, 緣, 謂素有其分而從彼起也. 又云, 前緣相生, 因也, 現相助成, 緣也.)時不好, 져기 됴흔 인연을 지으면 됴티 아니ᄒᆞ랴.

인왕(人王) 명 임금. 왕. ≪朴諺, 中, 21ㅎ≫或作童女(集覽, 朴集, 中, 4ㅎ: 童男童女. 觀音現三十二應, 曰佛身, 曰辟支〈支〉, 曰圓覺, 曰聲聞, 曰梵王, 曰帝釋, 曰自在天, 曰大自在天, 曰天大將軍, 曰四天王, 曰四天太子, 曰人王, 曰長者, 曰居士, 曰宰官, 曰婆羅門, 曰比丘, 曰比丘尼, 曰優婆塞, 曰優婆夷, 曰女主, 曰童男, 曰童女, 曰天身, 曰龍身, 曰藥叉, 曰乾達婆, 曰阿脩羅, 曰緊那羅, 曰摩睺羅, 曰樂人, 曰非人.), 혹 童女ㅣ 되며.

인원(人員) 명 단체를 이루고 있는 사람들. 또는 그 수효. ≪朴諺, 中, 7ㅎ≫你不見這金字圓牌(集覽, 朴集, 中, 1ㅎ: 金字圓牌. 至正條格云, 元時, 中書省奏, 諸王·駙馬各投下有軍情緊急重事, 許令懸帶原降銀字圓牌應付鋪馬騎坐, 其餘差使人員有緊急軍情重事, 許令懸帶金字圓牌, 方付鋪馬.), 네 이 金字圓牌ᄅᆞᆯ 보디 몯ᄒᆞᄂᆞ다.

인위(忍爲) 부 감히. 차마 어찌하다. ≪集覽, 字解, 單字解, 5ㅎ≫敢. 忍爲也. 你敢那 네 구틔여 그리ᄒᆞᆯ다. 又疑似也. 敢知道 아ᄂᆞᆫ 듯ᄒᆞ다.

인의(仁義) 명 어진 것과 의로운 것. 또는 인애(仁愛)와 정의(正義). ≪朴諺, 上, 45ㅎ≫如今國家行仁義重詩書, 이제 國家ㅣ 仁義ᄅᆞᆯ 行ᄒᆞ고 詩書ᄅᆞᆯ 重히 너기니. ≪朴諺, 上, 58ㅈ≫不通人情不得仁義的小廝, 人情을 통티 몯ᄒᆞ고 仁義ᄅᆞᆯ 엇디 몯ᄒᆞᆫ 놈이라.

인인(隣人) 명 이웃 사람. ≪朴諺, 下, 52ㅈ≫叫到隣人幷巡宿総甲人等, 隣人과 巡宿ᄒᆞᄂᆞᆫ 総甲人 等을 아오로 블러. ≪朴諺, 下, 52ㅎ≫某與隣人等, 某ㅣ 隣人 等으로 더브러.

인자(仁者) 명 마음이 어진 사람. ≪朴諺, 下, 50ㅎ≫彈一曲流水高山(集覽, 朴集, 下, 11ㅈ: 流水高山. 孔子曰, 仁者樂山, 智者樂水. 子期嘆伯牙仁智兼俻.), 一曲 流水高山을 ᄠᅳ며.

인자(引子) 명 한약 처방에서 주된 약재(藥材)에 배합시켜 약효를 높여 주는 보조 약재. ≪朴諺, 中, 16ㅈ≫貼兒上寫與你引子, 貼에 너ᄅᆞᆯ 引子ᄅᆞᆯ 써 주리라.

인자요산(仁者樂山) 명 어진 사람은 몸가짐이 무겁고 덕이 두터워 그 마음이 산과 비슷하므로 자연히 산을 좋아한다는 말. ≪朴諺, 下, 50ㅎ≫彈一曲流水高山(集覽, 朴集, 下, 11ㅈ: 流水高山. 孔子曰, 仁者樂山, 智者樂水. 子期嘆伯牙仁智兼俻.), 一曲 流水高山을 ᄠᅳ며.

인자포(印子鋪) 명 전당포. 원대(元代)의 말이다. ≪朴諺, 上, 19ㅈ≫我今日印子鋪(集覽, 朴集, 上, 7ㅎ: 印子鋪. 音義云, 是典儅錢物濟急之所. 質問云, 有錢之人開鋪, 那無錢之人拿衣服或器皿, 儅借銅錢或銀子使用, 每十分加利一分, 亦與有印號帖兒, 以爲執照.)裏儅錢去, 내 오ᄂᆞᆯ 印子鋪에 돈 典儅ᄒᆞ라 가노라. ≪朴諺, 中, 27ㅈ≫開着一座解儅庫(集覽, 朴集, 中, 6ㅎ: 解儅庫. 元時或稱印子鋪, 或稱把解, 人以重物來儅, 取錢而去, 在後償還本利, 還取其物而去, 此卽解儅庫也.), 一座 解

儅庫를 열고.

인재(人材) 명 학식이나 능력이 뛰어난 사람. ≪朴諺, 中, 9ㅈ≫你與我甘結(集覽, 朴集, 中, 2ㅈ: 甘結. 今按, 如保擧人材者, 必寫稱所擧之人, 並無喪過及干娼優子嗣, 委的賢能, 如虛甘伏重罪云云.)·應付, 네 날을 甘結과 應付를 주고려.

인정(人定) 명 밤이 깊어 인적이 끊기는 시간. ≪朴諺, 下, 14ㅎ≫直是人定時分纔下馬, 잇긋 人定 때예 깃 몰을 누리느니라.

인정(人情) 명 ❶사람이 본래 가지고 있는 감정이나 심정. ≪朴諺, 上, 58ㅈ≫不通人情不得仁義的小厮, 人情을 통티 못ᄒᆞ고 仁義를 엇디 못ᄒᆞᆫ 놈이라. ≪朴諺, 上, 59ㅈ≫做人情去, 人情을 삼아 가. ❷선물. 예물. ≪朴諺, 下, 41ㅈ≫人情來麽, 人情이 왓더냐. 甚麽人情, 므슴 人情고.

인졍 명 인정(人情: 선물). 선물. 예물. ⇔사물(些物). ≪朴諺, 中, 60ㅈ≫你多與他些物, 네 만히 뎌를 인졍을 주고.

인중(人衆) 형 사람이 많다. 또는 많은 사람. ≪朴諺, 中, 5ㅈ≫站家擂皷(集覽, 朴集, 中, 1ㅈ: 站家擂鼓. 舘驛門上皆設更鼓〈皷〉之樓, 凡使客入門必擊其鼓〈皷〉, 招集人衆, 應辦事務.), 站에셔 붑 티니.

인지(仁智) 형 어질고 슬기롭다. ≪朴諺, 下, 50ㅎ≫彈一曲流水高山(集覽, 朴集, 下, 11ㅈ: 流水高山. 孔子曰, 仁者樂山, 智者樂水. 子期嘆伯牙仁智兼倫.), 一曲流水高山을 ᄩᆞ며.

인진(引進) 동 추천하다. 천거하다. ⇔인진ᄒᆞ다(引進-). ≪朴諺, 中, 10ㅎ≫引進人某, 引進ᄒᆞᆫ 사름 아모ㅣ라. ≪朴諺, 中, 39ㅎ≫引進人某, 引進ᄒᆞᆫ 사름 아모ㅣ라.

인진ᄒᆞ다(引進-) 동 추천하다. 천거하다. ⇔인진(引進). ≪朴諺, 中, 10ㅎ≫引進人某, 引進ᄒᆞᆫ 사름 아모ㅣ라. ≪朴諺, 中, 39ㅎ≫引進人某, 引進ᄒᆞᆫ 사름 아모ㅣ라.

인차(因此) 부 이런 까닭으로. 그래서. 그러므로. 이 때문에. ≪朴諺, 下, 56ㅎ≫因此不得工夫闕拜望, 이런 젼ᄎᆞ로 工夫를 엇디 못ᄒᆞ여 拜望을 闕ᄒᆞ니.

인차상(因此上) 부 이런 까닭으로. 그래서. 그러므로. 이 때문에. ≪集覽, 字解, 累字解, 2ㅎ≫因此上. 猶言上頭. ≪朴諺, 上, 28ㅎ≫因此上, 이런 젼ᄎᆞ로. ≪朴諺, 上, 31ㅎ≫因此上, 이런 젼ᄎᆞ로. ≪朴諺, 上, 51ㅎ≫因此上, 이런 젼ᄎᆞ로.

인천(人天) 명 〈불〉 인간계(人間界)와 천상계(天上界). 또는 그곳의 중생. ≪朴諺, 中, 23ㅈ≫故得人天之喜躍鬼神之歡欣, 이러모로 人天의 喜躍과 鬼神의 歡欣을 어더.

인티다 동 인(印)치다. 도장을 찍다. ⇔사인신(使印信). ≪朴諺, 上, 3ㅈ≫寫勘合就使印信與我來, 勘合을 써 이믜셔 인텨 나를 주드라.

인풍취화용력부다(因風吹火 用力不多) 구 바람을 빌어 불을 불면 힘이 적게 든다는 뜻. ≪朴諺, 中, 2ㅈ≫因風吹火用力不多, ᄇᆞ람을 因ᄒᆞ여 블을 불면 힘씀이 하디 아니타 ᄒᆞᄂᆞ니라.

인행(芢荇) 명 비름. ⇔비름. ≪朴諺, 中, 34ㅈ≫拔將小蒜, 죡지. 田菁, 샤틱올. 薺菜, 냥이. 芢荇, 비름을 킈여 오라. ≪朴諺, 中, 34ㅈ≫把芢荇來煮喫, 비름을다가 ᄉᆞᆯ마 먹쟈.

인호(人戶) 명 인가(人家). ≪朴諺, 下, 54ㅈ≫係本府本縣附籍人戶, 本府 本縣에 ᄆᆡ여 附籍ᄒᆞᆫ 人戶ㅣ.

인호(印號) 동 도장을 찍어 기호로 표시하다. ≪朴諺, 上, 19ㅈ≫我今日印子鋪(集覽, 朴集, 上, 7ㅎ: 印子鋪. 質問云, 有錢之人開鋪, 那無錢之人拿衣服或器皿, 儅借銅錢或銀子使用, 每十分加利一分, 亦與有印號帖兒, 以爲執照.)裏儅錢去, 내 오ᄂᆞᆯ 印子鋪에 돈 典儅ᄒᆞ라 가노라.

인희(引戱) 명 송대(宋代)의 잡극(雜劇)과 금대(金代)의 원본(院本)에 나오는 배우의 하나. ≪朴諺, 上, 5ㅎ≫叫教坊司十數箇樂工和做院本(集覽, 朴集, 上, 2ㅎ: 院本. 院本則五人, 一曰副淨, 古謂之叅軍,

一曰副末, 古謂之蒼鶻, 鶻能擊禽鳥, 末可打副淨, 古(故)云, 一曰引戱, 一曰末泥, 一曰孤裝, 又謂之五花爨弄.)諸般雜技的來, 教坊司의 여라믄 樂工과 院本에 여러 가지 雜技ᄒᆞᄂᆞ니를 블러오라.

인ᄒᆞ다 동 인(因)하다. 말미암다. ⇔인(因). ≪朴諺, 中, 59ㅈ≫因你要蒲葉, 네 蒲葉 달라 홈을 인ᄒᆞ여. ≪朴諺, 下, 9ㅎ≫因你貪嗔癡三毒不離於身, 네 貪嗔癡 三毒이 몸에 떠나디 아니믈 인ᄒᆞ여. ≪朴諺, 下, 16ㅈ≫種稻子那廝因何監着, 벼 시므든 뎌 놈은 므스 일을 인ᄒᆞ여 갓텻ᄂᆞ뇨. ≪朴諺, 下, 36ㅎ≫老安因甚麽事, 老安이 므슴 일을 인ᄒᆞ여.

인ᄒᆞ다(因-) 동 인(因)하다. 말미암다. ⇔인(因). ≪朴諺, 中, 2ㅈ≫因風吹火用力不多, ᄇᆞ람을 因ᄒᆞ여 블을 불면 힘쁨이 하디 아니타 ᄒᆞᄂᆞ니라.

일 관 일[一]. ⇔일(一). ≪朴諺, 中, 10ㅎ≫保人只管一百日, 保人이 그저 일 빅 날을 ᄀᆞ옴아니.

일 명 ❶일[事]. ⇔사(事). ≪集覽, 字解, 累字解, 3ㅈ≫濟甚事. 므·슴 :이·리 :일·료. 猶言쇽졀:업·다. ≪朴諺, 上, 13ㅎ≫這們時不碍事, 이러면 일에 해롭디 아니ᄒᆞ다. ≪朴諺, 上, 50ㅈ≫滿月過了時喫的不妨事, ᄃᆞᆯ이 차 디나면 먹어도 일에 해롭디 아니ᄒᆞ리라. ≪朴諺, 上, 59ㅎ≫說時濟甚麽事, 닐온들 므슴 일이 일리오. ≪朴諺, 中, 7ㅈ≫管事的來, 일 ᄀᆞ옴아는 이 오라. ≪朴諺, 中, 10ㅈ≫並不干買主之事, 다 산 님자의게는 간셥디 아닌 일이라. ≪朴諺, 中, 18ㅈ≫不妨事, 일에 해롭디 아니ᄒᆞ다. ≪朴諺, 中, 25ㅈ≫家中沒甚的事時賞你, 집의 아므란 일이 업스면 너를 샹ᄒᆞ고. 有些事時喫打, 져기 일이 이시면 마즘을 니브리라. ≪朴諺, 中, 29ㅈ≫妻賢夫省事官淸民自安, 妻ㅣ 어딜면 지아븨 일이 덜리이고 官이 ᄆᆞᆯ그면 ᄇᆡᆨ셩이 스스로 편안ᄒᆞᄂᆞ니라. ≪朴諺, 中, 38ㅈ≫不妨事, 일에 해롭디 아니ᄒᆞ니. ≪朴諺, 中, 48ㅈ≫不妨事, 일에 해롭디 아니ᄒᆞ니. ≪朴諺, 中, 60ㅈ≫我放着合理的事, 내 理에 合ᄒᆞᆫ 일을 두고. ≪朴諺, 下, 15ㅎ≫咳事不過三日, 애 일이 사흘이 디나디 못ᄒᆞ여셔. ≪朴諺, 下, 16ㅈ≫無臟時有甚麽事, 장믈이 업스면 므스 일이 이시리오. ≪朴諺, 下, 28ㅎ≫不妨事, 일에 해롭디 아니ᄒᆞ니. ≪朴諺, 下, 36ㅎ≫老安因甚麽事, 老安이 므슴 일을 인ᄒᆞ여. ≪朴諺, 下, 40ㅈ≫他家裏事多, 뎌 집의 일이 만ᄒᆞ니. ❷일[事]. 직임(職任). ⇔구당(句當). ≪集覽, 字解, 單字解, 3ㅎ≫勾. 平聲, 曲也. 勾龍, 社神, 勾芒, 春神, 勾吳, 地名. 今按, 俗語勾了 유여ᄒᆞ다, 又에우다, 又能勾 어루, 又유여히. 又吏語, 勾取 자피다, 又勾攝公事 공ᄉᆞ로 블리다, 又勾喚 블리다. 又勾當, 幹管也, 俗語謂事也, 勾當竝去聲. ≪朴諺, 上, 8ㅈ≫有甚麽勾當, 므슴 일이 잇ᄂᆞ뇨. ≪朴諺, 上, 52ㅎ≫我有些央及的勾當, 내 져기 빌 일이 이셔. ≪朴諺, 中, 27ㅎ≫頻頻的這般做歹勾當, ᄌᆞ로 이런 사오나온 일을 ᄒᆞ더니. ≪朴諺, 中, 28ㅈ≫你做這般不合理的勾當, 네 이런 理에 合디 아닌 일을 ᄒᆞ다가. ≪朴諺, 中, 40ㅎ≫都是你兩箇小畜生的勾當, 다 너희 두 가히ᄲᅴ의 일이라. ≪朴諺, 中, 51ㅎ≫我別處有些緊勾當去, 내 다른 고ᄃᆡ 져기 긴ᄒᆞᆫ 일이 이셔 가노라. ≪朴諺, 中, 52ㅈ≫我也沒甚麽幹的勾當, 나도 아므란 ᄒᆞᆯ 일이 업고. ≪朴諺, 中, 59ㅈ≫你那告狀的勾當, 네 뎌 告狀ᄒᆞᆫ 일을. ≪朴諺, 中, 60ㅈ≫終久是有理的勾當, 終久ᄐᆞ록 이 有理ᄒᆞᆫ 일이라. ≪朴諺, 中, 60ㅎ≫不使錢幹勾當, 돈을 ᄡᅳ디 아니ᄒᆞ고 일을 일오려 ᄒᆞ면. ≪朴諺, 下, 54ㅈ≫前去街上勾當, 거리에 일로 가드니. ❸일. 또는 일의 진행 상황. 일의 형편. ⇔사색(事色). ≪朴諺, 中, 60ㅎ≫我料你那事色, 내 네 뎌 일을 혜아리니. ❹일. 사항(事項). ⇔사건(事件). ≪朴諺, 中, 45ㅎ≫別沒不了的事件, 각별이 ᄆᆞᆺ디 못ᄒᆞᆫ 일이 업고.

일 뮈 일찍. 일찍이. ⇔조(早). ≪朴諺, 下, 14ㅎ≫時常這般早聚晩散麽, 시샹에 이리 일 모다 늣게야 흣터디ᄂᆞ냐. 但早散時實不見早回家, 다ᄆᆞᆫ 일 흣터디되 실로 일즉이 집의 도라오믈 보디 몯ᄒᆞ니. ≪朴諺, 下, 45ㅈ≫做的早時, 짓기를 일 ᄒᆞ던들.

일(一) 관 ❶전부의. 또는 모두의. ⇔온. ≪朴諺, 中, 28ㅈ≫帶累一家人都死也怎的好, 온 집 사ᄅᆞᆷ이 버므리여 다 죽을 써시니 엇디ᄒᆞ여야 됴흐리오. ❷일(一). ⇔일. ≪朴諺, 中, 10ㅎ≫保人只管一百日, 保人이 그저 일 ᄇᆡᆨ 날을 ᄀᆞ음아니. ❸첫. ⇔첫. ≪朴諺, 上, 4ㅈ≫外手一遭兒十六楪, 밧 첫 줄 열 여슷 뎝시에ᄂᆞᆫ. ❹한[一]. ⇔ᄒᆞᆫ. ≪集覽, 字解, 累字解, 1ㅎ≫一面. ᄒᆞ온자. 又ᄒᆞᆫ녀고로. 又ᄒᆞᆫ 번. ≪集覽, 字解, 累字解, 2ㅎ≫一回. ᄒᆞᆫ 슌. ≪集覽, 字解, 單字解, 5ㅎ≫家. 止指一數之稱. 一箇家 ᄒᆞᆫ 낫식, 幾箇家 몃 낫식, 又현 낫식, 幾年家 현 ᄒᆡ식. 又槩也. 大家 대개. 又擧姓呼人之稱. 李家·張家. 又呼皇帝曰官家. 又語助. 沒有家 업다. ≪朴諺, 上, 10ㅈ≫澇了田禾沒一根兒, 田禾에 믈 ᄡᅵ여 ᄒᆞᆫ 불회도 업고. ≪朴諺, 上, 19ㅈ≫做一條銀廂花帶, ᄒᆞᆫ 올이 銀 젼메온 섭사긴 ᄯᅴ를 ᄆᆡᆫ들게 ᄒᆞ라. ≪朴諺, 上, 29ㅎ≫這一等花兒勻大的, 이 ᄒᆞᆫ 가지 소홈 고로고 크니를. ≪朴諺, 上, 39ㅈ≫一發就蹄子放血着, ᄒᆞᆫ 번에 임의셔 굽에도 피 ᄲᅡ히라. ≪朴諺, 上, 64ㅎ≫一打裏饋你十兩銀子, ᄒᆞᆫ번에 너를 열 량 은을 줄 거시니. ≪朴諺, 中, 1ㅈ≫一托來長短, ᄒᆞᆫ 발 기릐예. ≪朴諺, 中, 14ㅈ≫黑豆一錢銀子二斗, 거믄콩은 ᄒᆞᆫ 돈 은에 두 말이오. 草一錢銀子十一箇家大束(束)兒, 딥흔 ᄒᆞᆫ 돈 은에 열ᄒᆞᆫ 낫 큰 뭇이니. ≪朴諺, 中, 19ㅎ≫放稈草五錢一束(束)家放, 조딥헤 노흐되 다ᄉᆞᆺ 낫 돈에 ᄒᆞᆫ 뭇식 ᄒᆞ여 노코. ≪朴諺, 中, 24ㅈ≫一失人身後, ᄒᆞᆫ 번 사ᄅᆞᆷ의 몸을 일흔 後ㅣ면. ≪朴諺, 中, 37ㅈ≫鴉青四季花六兩銀子一匹, 鴉青빗 四季花 문에ᄂᆞᆫ 엿 냥 은에 ᄒᆞᆫ 필이오. ≪朴諺, 中, 53ㅈ≫皇帝人家的一條線也, 皇帝ㅅ 집 ᄒᆞᆫ 오리 실인들. ≪朴諺, 下, 2ㅈ≫等一會兒喫, ᄒᆞᆫ 디위 기ᄃᆞ려 먹을 써시니. ≪朴諺, 下, 11ㅈ≫孩兒今將金色茶褐段子一箇, 孩兒ㅣ 이제 金色 차혈빗치 비단 ᄒᆞᆫ 필과. ≪朴諺, 下, 13ㅈ≫那西壁廂打一流兒短墻, 뎌 西 壁廂에 ᄒᆞᆫ 줄 短墻을 ᄡᅡ고. ≪朴諺, 下, 23ㅈ≫打一箇跟阧, ᄒᆞᆫ 번 跟阧질 ᄒᆞ여. ≪朴諺, 下, 34ㅎ≫我學打這一會, 내 이 ᄒᆞᆫ 디위 ᄇᆡ화 티리라. ≪朴諺, 下, 40ㅈ≫只少一口氣, 그저 ᄒᆞᆫ 입긔운만 업드라. ≪朴諺, 下, 56ㅈ≫一張裏寫時全饋他, ᄒᆞᆫ 張에 써시면 오로 뎌를 주고.

일(一) 뮈 ❶중국어에서, (어떤 동작을) 한 차례 또는 한순간에 하는 것을 나타낼 때 중첩하는 동사(動詞)의 중간에 쓴다. 자신의 의지나 상대의 동작 또는 행위를 재촉하는 어감을 내포한다. ≪集覽, 字解, 累字解, 2ㅎ≫看一看. 보다. 難於單字之語, 故重言爲句也. 一, 語助辭. ≪集覽, 字解, 累字解, 3ㅈ≫打聽一打聽. 듣보다. 唯擧打聽二字, 可說而疊言之者, 此漢人好事者之說也. 今亦罕用. ≪朴諺, 上, 22ㅎ≫殺一殺入一入赶一赶扭將去打趓, 주기리 주기고 드리리 드리고 몰 리 모라 에워 가 패 티쟈. ≪朴諺, 上, 24ㅈ≫便儘氣力去救一救, 곳 氣力을 다ᄒᆞ여 가 救ᄒᆞ쟈. ≪朴諺, 上, 40ㅎ≫捎箟來掏一掏耳朶, 짓븨 가져다가 귓바회 ᄲᆞᆯ라. ≪朴諺, 上, 47ㅎ≫又入去洗一洗, ᄯᅩ 드러가 ᄀᆞᆷ고. ≪朴諺, 上, 51ㅈ≫把搖車搖一搖便住了, 搖車롤다가 흔들면 곳 그치ᄂᆞ니라. ≪朴諺, 上, 53ㅎ≫着我看了之後, 날을 뵌 후에. 樺一樺, 봇 닙히라. ≪朴諺, 上, 58ㅈ≫你自儘一儘, 네 손ᄌᆞ 잇긋ᄒᆞ라. ≪朴諺, 上, 59ㅎ≫且說一說着, 아직 니ᄅᆞ라. ≪朴諺, 上, 66ㅎ≫你且停一停, 네 아직 머믈라. ≪朴諺, 中, 4ㅈ≫這細綿紬染鴉青擺一擺, 이 ᄀᆞᄂᆞᆫ 綿紬란 鴉青 드려 널 다둠이 ᄒᆞ고. ≪朴諺, 中, 15ㅈ≫與我把脉息

看一看, 날을 脉을 보아 주고려. ≪朴諺, 中, 30ㅎ≫將去再吊一吊, 가져가 다시 드리오라. ≪朴諺, 中, 30ㅎ≫控一控, 거후로고. ≪朴諺, 中, 48ㅎ≫我試一試, 내 시험ᄒᆞ쟈. ≪朴諺, 下, 6ㅎ≫你的長指甲饋我掐一掐, 네 긴 손톱으로 날을 ᄃᆞᆨ여 주고려. ≪朴諺, 下, 56ㅎ≫先生你說一說, 先生아 네 니ᄅᆞ라. ≪朴諺, 下, 57ㅎ≫你入去說一說, 네 드러가 니ᄅᆞ라. ❷한결같이. 늘. 줄곧. 언제나. ⇔ᄒᆞᆫ골ᄀᆞ티. ≪朴諺, 中, 43ㅎ≫一望成名, ᄒᆞᆫ골ᄀᆞ티 成名ᄒᆞ기를 ᄇᆞ라니.

일(日) 명 ❶날. ⇔날. ≪集覽, 字解, 單字解, 4ㅈ≫來. 來往. 又語助. 你來 이바, 夜來 어제, 有來 잇더라, 去來 가다. 又數物而有餘數, 未的知之辭. 十來箇 여라믄, 十里來地 십 리만ᄒᆞᆫ ᄃᆡ, 十來日 여라믄 날. ≪朴諺, 上, 30ㅎ≫這兩日不見他, 이 두어 날 뎌를 보디 못ᄒᆞ니. ≪朴諺, 上, 34ㅎ≫這兩日不見, 이 두어 날 보디 못ᄒᆞ엿더니. ≪朴諺, 上, 50ㅈ≫滿月日老娘來, ᄃᆞᆯ이 ᄎᆞᆫ 날에 老娘이 와. ≪朴諺, 上, 54ㅈ≫如至日無錢歸還, 만일 날이 다ᄃᆞ라 갑흘 돈이 업ᄉᆞ면. ≪朴諺, 中, 10ㅎ≫保人只管一百日, 保人이 그저 일 ᄇᆡᆨ 날을 ᄀᆞ음아니. ≪朴諺, 中, 14ㅎ≫遠行知馬力, 멀리 가매 ᄆᆞᆯ 힘을 알고. 日久見人心, 날이 오라매 사ᄅᆞᆷ의 ᄆᆞᄉᆞᆷ을 보ᄂᆞ니라. ≪朴諺, 中, 24ㅈ≫尙有可得日, 오히려 可히 어들 날이 이시려니와. ≪朴諺, 中, 39ㅎ≫如至日無錢送納, 만일 날이 다ᄃᆞ라 送納 홀 돈이 업스면. ≪朴諺, 中, 46ㅎ≫那一日李指揮家裏, 뎌 ᄒᆞᆫ 날 李指揮 집의셔. ≪朴諺, 下, 3ㅈ≫願滿之日死時也不愁, 願滿ᄒᆞᆫ 날이면 죽어도 근심티 아니리라. ≪朴諺, 下, 7ㅎ≫這七月十五日是諸佛解夏之日, 七月 十五日은 諸佛 解夏ᄒᆞᄂᆞᆫ 날이라. ≪朴諺, 下, 11ㅈ≫想念之心無日有忘, ᄉᆡᆼ각ᄒᆞᄂᆞᆫ ᄆᆞᄋᆞᆷ이 니즐 날이 업서이다. ≪朴諺, 下, 14ㅎ≫直到日平西纔上馬, 잇긋 날이 平西호매 다ᄃᆞᆺ게야 ᄀᆞᆺ ᄆᆞᆯ을 ᄐᆞᄂᆞ니라. ≪朴諺, 下, 37ㅎ≫這兩日官司裡告了, 이 두어 날에 官司에 告ᄒᆞ여. ≪朴諺, 下, 52ㅈ≫右某伏爲於今月某日某時已來, 右 某ᄂᆞᆫ 伏爲 今月 아모 날 아모 때예. ❷해[日]. ⇔ᄒᆡ. ≪朴諺, 下, 31ㅈ≫曜日連環, ᄒᆡ 連環에 비최고.

일(迭) 동 일(迭)하다. 잃어버리다. ⇔일ᄒᆞ다(迭-). ≪朴諺, 下, 51ㅈ≫漁翁之味萬無迭, 漁翁의 마ᄉᆞᆫ 만 가지도 迭ᄒᆞᆫ 거시 업ᄉᆞ니라.

일(壹) 관 한. ⇔ᄒᆞᆫ. ≪朴諺, 下, 11ㅎ≫各俱壹裏, 각각 ᄒᆞᆫ 안흘 ᄀᆞ초와.

일각(一覺) 명 한숨. 또는 한 번의 잠. ⇔ᄒᆞᆫ숨. ≪朴諺, 上, 47ㅎ≫第二間裏睡一覺, 第二間에 ᄒᆞᆫ숨 자고.

일각(日角) 명 관상에서, 이마 한가운데 뼈가 불거져 있는 상. 대귀(大貴)한 사람의 상(相)이라고 한다. ≪朴諺, 下, 58ㅎ≫咱本國是太祖(集覽, 朴集, 下, 12ㅈ: 太祖. 姓王氏, 諱建, 字若天, 松岳郡人. 幼而聰明, 龍顔日角.)姓王諱建表德若天, 우리 本國이 太祖의 姓은 王이오 諱ᄂᆞᆫ 建이오 字ᄂᆞᆫ 若天이니.

일간(日干) 명 날을 기록하는 데 쓰이는 천간(天干). ≪朴諺, 下, 45ㅎ≫粧點顔色(集覽, 朴集, 下, 10ㅈ: 粧點顔色. 牛色以立春日爲法, 日干爲頭·角·耳·色, 日支〈支〉爲身色, 納音爲蹄·尾·肚色. 日干, 甲·乙, 木, 靑色, 丙·丁, 火, 紅色之類.), 빗츨 ᄭᅮ미고.

일갑(一甲) 명 행정구역 단위. 10호(戶). 송(宋)나라의 보갑법(保甲法)에는 10호(戶)를 1갑, 10갑을 1보(保)라 하였다. ≪朴諺, 下, 52ㅈ≫呌到隣人幷巡宿総甲(集覽, 朴集, 下, 11ㅎ: 總甲. 又里制, 每里一百戶, 五家爲一火, 十家爲一甲, 每十戶, 甲首一名.)人等, 隣人과 巡宿ᄒᆞᄂᆞᆫ 総甲人等을 아오로 블러.

일갑자(一甲子) 명 육십 년. (천간(天干)과 지지(地支)를 조합해서 계산한 햇수) ≪朴諺, 中, 24ㅈ≫萬刼(集覽, 朴集, 中, 6ㅈ:

萬劫. 五劫〈刼〉旣周, 復從其始. 又六十年一甲子, 一百年爲一小劫〈刼〉, 一千年爲一中劫〈刼〉, 三中劫〈刼〉爲一大劫〈刼〉.) 再逢難, 萬劫이라도 다시 만나기 어려오니라.

일개(一箇) 관 ❶한 (개). ⇔ᄒᆞᆫ. ≪朴諺, 上, 20ㅈ≫我典一箇房子裏, 내 ᄒᆞᆫ 집을 典儅ᄒᆞ려 ᄒᆞ야. ≪朴諺, 上, 26ㅈ≫鞍子是一箇烏犀角邊兒幔玳瑁, 기ᄅᆞ마ᄂᆞᆫ 이 ᄒᆞᆫ 烏犀角 변ᄋᆡ에 玳瑁ᄅᆞᆯ ᄭᅵᄅᆞᆺ고. ≪朴諺, 上, 44ㅎ≫一箇月五錢家, ᄒᆞᆫ ᄃᆞᆯ에 닷 돈식이라. ≪朴諺, 上, 52ㅈ≫朝南開着一箇小墻門便是, 남을 향ᄒᆞ여 ᄒᆞᆫ 小墻門 낸 거시 곳 이라. ≪朴諺, 上, 57ㅎ≫我只有一箇油絹帽兒裏, 내게 다만 ᄒᆞᆫ 油絹帽ㅣ 잇고. ≪朴諺, 上, 61ㅈ≫前面放一箇玉石玲瓏酒卓兒, 前面에 ᄒᆞᆫ 玉石으로 玲瓏히 ᄒᆞᆫ 酒卓을 노핫고. ≪朴諺, 中, 2ㅈ≫喃(啣)將那一箇顔色的旗來說時, 아므 ᄒᆞᆫ 빗체 旗ᄅᆞᆯ 므러 오라 니ᄅᆞ면. ≪朴諺, 中, 13ㅈ≫圍着一箇西京來的載黃豆的船, ᄒᆞᆫ 西京으로셔 오ᄂᆞᆫ 黃豆 시른 ᄇᆡᄅᆞᆯ 에오고. ≪朴諺, 中, 35ㅈ≫到那一箇人家裏, 아모 ᄒᆞᆫ 人家에 가. ≪朴諺, 中, 42ㅈ≫二字下一箇ノ, 二字 아릐 ᄒᆞᆫ 긋 밧그로 비티고. ≪朴諺, 下, 11ㅈ≫稍一箇水褐段匹, ᄒᆞᆫ 슈헐빗치 비단을 브텨. ≪朴諺, 下, 29ㅈ≫你打饋我一箇立鼈兒, 네 날을 ᄒᆞᆫ 立鼈兒와. ≪朴諺, 下, 35ㅈ≫咱打那一箇窩兒, 우리 어ᄂᆡ ᄒᆞᆫ 굼글 티료. ≪朴諺, 下, 53ㅎ≫你饋我寫一箇状子, 네 날을 ᄒᆞᆫ 고장을 써 주고려. ❷한 (마리). ⇔ᄒᆞᆫ. ≪朴諺, 上, 22ㅈ≫咱賭一箇羊着, 우리 ᄒᆞᆫ 羊을 더ᄂᆞ쟈. ≪朴諺, 上, 28ㅈ≫騎着一箇十分膘鐵青玉面馬, ᄒᆞᆫ ᄀᆞ장 ᄉᆞᆯ진 털청총이광간쟈ᄆᆞᆯ을 탓고. ≪朴諺, 上, 55ㅎ≫一箇栗色白臉馬, ᄒᆞᆫ 구렁빗치 간쟈ᄆᆞᆯ이. ≪朴諺, 中, 57ㅈ≫一箇猫兒怎麽直的一百箇錢, ᄒᆞᆫ 괴예 엇디 일ᄇᆡᆨ 낫 돈이 ᄊᆞ리오. ≪朴諺, 下, 45ㅎ≫塑一箇象一般大的春牛, ᄒᆞᆫ 象ᄀᆞ티 큰 春牛ᄅᆞᆯ ᄆᆡᆫᄃᆞ라. ❸한 (명). ⇔ᄒᆞᆫ. ≪朴諺, 上, 24ㅎ≫一箇舍人打扮的, ᄒᆞᆫ 舍人 비ᄋᆞ기ᄂᆞᆫ. ≪朴諺, 上, 27ㅈ≫又一箇舍人打扮的, ᄯᅩ ᄒᆞᆫ 舍人 비ᄋᆞ기ᄂᆞᆫ. ≪朴諺, 上, 32ㅎ≫一箇和尙偸弄別人的媳婦, ᄒᆞᆫ 즁이 ᄂᆞᆷ의 겨집을 도적ᄒᆞ여 어ᄅᆞ노라. ≪朴諺, 上, 38ㅎ≫那紅橋邉有一箇張獸醫, 뎌 紅橋 ᄀᆞᆺ에 ᄒᆞᆫ 張獸醫ㅣ 이시니. ≪朴諺, 中, 1ㅈ≫一箇人與他五箇錢時放入去, ᄒᆞᆫ 사ᄅᆞᆷ이 뎌ᄅᆞᆯ 다ᄉᆞᆺ 낫 돈을 주면 노하 드려보내ᄂᆞ니라. ≪朴諺, 中, 9ㅎ≫我今日買一箇小厮兒, 내 오ᄂᆞᆯ ᄒᆞᆫ 아ᄒᆡᄅᆞᆯ 사되. ≪朴諺, 中, 19ㅈ≫一箇賊那靴鋪裏, ᄒᆞᆫ 도적은 뎌 훠ᄋᆞ푸ᄌᆞ에. ≪朴諺, 中, 26ㅎ≫這一箇高手的人做的生活, 이 ᄒᆞᆫ 高手엣 사ᄅᆞᆷ의 ᄆᆡᆫᄃᆞᆫ 셩녕이. ≪朴諺, 中, 30ㅎ≫那謊鬆一箇財主人家裏, 뎌 거즛말ᄒᆞ고 섭섭ᄒᆞᆫ ᄒᆞᆫ 財主人 家에셔. ≪朴諺, 中, 52ㅎ≫一箇細長身子兒, ᄒᆞᆫ 킈 힐힐ᄒᆞ고. ≪朴諺, 中, 55ㅈ≫又一箇女兒繳手帕着, ᄯᅩ ᄒᆞᆫ 겨집은 手帕ᄅᆞᆯ 마모로되. ≪朴諺, 下, 15ㅎ≫又一箇小厮半夜裏起來, ᄯᅩ ᄒᆞᆫ 놈은 半夜에 니러. ≪朴諺, 下, 40ㅈ≫他別處畫了一箇官人的影來, 뎌 다ᄅᆞᆫ ᄃᆡ ᄒᆞᆫ 官人의 얼굴을 그리니. ≪朴諺, 下, 60ㅎ≫着一箇人前行, ᄒᆞᆫ 사ᄅᆞᆷ으로 앏픠 行ᄒᆞ여.

일개(一箇) 수 ❶하나. 한 (개). ⇔ᄒᆞ나. ≪朴諺, 上, 15ㅎ≫叉兒一箇, 쳠ᄌᆞ ᄒᆞ나. 錐兒一箇, 송곳 ᄒᆞ나. ≪朴諺, 上, 30ㅈ≫四錢一箇家將去麽, 너 돈에 ᄒᆞ나식 ᄒᆞ여 가져갈다. ≪朴諺, 上, 30ㅈ≫三錢一箇家買你的, 서 돈에 ᄒᆞ나직(식) ᄒᆞ여 네 하ᄅᆞᆯ 사쟈. ≪朴諺, 中, 26ㅈ≫做雲南氈大帽兒一箇, 雲南氈으로 ᄒᆞᆫ 큰갓 ᄒᆞ나와. ❷하나. 한 (명). ⇔ᄒᆞ나. ≪朴諺, 下, 36ㅈ≫看那一箇毬兒老時, 어ᄂᆡ ᄒᆞ나 댱방올티기 니그니ᄅᆞᆯ 보와.

일개(一箇) 수 ❶하나. 한 (개). ⇔ᄒᆞ나ㅎ. ≪朴諺, 上, 15ㅎ≫鋸兒刀子一箇, 톱칼 ᄒᆞ나흘 호되. ≪朴諺, 上, 29ㅎ≫怎麽沒一箇中使的, 엇디 ᄒᆞ나토 ᄡᅥᆷ즉ᄒᆞ니 업ᄂᆞ

뇨. ≪朴諺, 上, 29ㅎ≫每一箇討五錢銀子, 미 ᄒᆞ나희 닷 돈 은을 쇠오려니와. ≪朴諺, 上, 57ㅎ≫借與我一箇, 날을 ᄒᆞ나흘 빌려 주고려. ≪朴諺, 中, 26ㅈ≫陝(陜)西赶來的白駝氈大帽兒一箇, 陝(陜)西셔 미러 온 白駝氈 큰갓 ᄒᆞ나흘 ᄆᆡᆫ드되. ≪朴諺, 中, 56ㅎ≫我買一箇, 내 ᄒᆞ나흘 사쟈. ≪朴諺, 下, 24ㅎ≫賜唐僧金錢三百貫金鉢盂一箇, 唐僧을 金돈 三百貫과 金에우아리 ᄒᆞ나흘 주고. ❷하나. 한 (명). ⇔ᄒᆞ나ㅎ. ≪朴諺, 上, 22ㅈ≫有一箇輸了的便賽殺, ᄒᆞ나히 지ᄂᆞ니 이시면 곳 던기리라. ≪朴諺, 上, 24ㅈ≫那一箇有喜事便去慶賀, 아모나 ᄒᆞ나히 喜事ㅣ 잇거든 곳가 慶賀ᄒᆞ고. ≪朴諺, 上, 38ㅈ≫兩箇先生合賣槳一箇坐一箇跳, 두 先生이 모다 약 ᄑᆞ노라 ᄒᆞ나흔 안잣고 ᄒᆞ나흔 ᄧᅱ노는 거시여. ≪朴諺, 中, 19ㅈ≫一箇狐帽匠家學生活去, ᄒᆞ나흔 狐帽匠의 집의 셩녕 빅호라 가고. ≪朴諺, 下, 20ㅈ≫那一箇輸了時, 아므나 ᄒᆞ나히 지거든. ≪朴諺, 下, 34ㅈ≫一箇去百箇來, ᄒᆞ나히 가매 빅이 온다 ᄒᆞᄂᆞ니라. ≪朴諺, 下, 39ㅈ≫你的伴當着一箇替當, 네 伴當 ᄒᆞ나흐로 替當ᄒᆞ거나. ≪朴諺, 下, 52ㅎ≫一箇入來屋內, ᄒᆞ나히 집 안히 드러와.

일개(一箇) 㖄 ❶한 (개). ⇔ᄒᆞᆫ. ≪朴諺, 上, 1ㅈ≫做一箇賞花筵席, ᄒᆞᆫ 賞花ᄒᆞᄂᆞᆫ 이바디롤 ᄒᆞ여. ≪朴諺, 上, 15ㅎ≫鋸兒上鈒一箇好花樣兒, 톱 우희 ᄒᆞᆫ 됴흔 花樣을 사기고. ❷한 (명). ⇔ᄒᆞᆫ. ≪朴諺, 上, 51ㅈ≫尋一箇好婦人妳, ᄒᆞᆫ 됴흔 婦人의 졋을 어더시되. ≪朴諺, 上, 65ㅈ≫一箇見性得道的高麗和尙, ᄒᆞᆫ 見性 得道ᄒᆞᆫ 高麗ㅅ 즁. ❸하나. 한 (개). ⇔ᄒᆞᆫ나. ≪朴諺, 下, 28ㅈ≫這帽刷·靴刷各一箇, 이 帽刷·靴刷 각 ᄒᆞᆫ나와.

일개기력(一箇氣力) 명 12근(斤) 무게의 힘. ≪朴諺, 上, 52ㅎ≫你要打幾箇氣力(集覽, 朴集, 上, 13ㅎ: 氣力. 音義云, 弓强弱之力, 重十二斤曰一箇氣力. 今按, 舊本以斗石爲重, 續綱目兩石弓註, 三十斤爲鈞, 四鈞爲石, 重百二十斤也.)的弓, 네 언머 힘에 활을 ᄆᆡᆫ들고져 ᄒᆞᄂᆞᆫ다.

일개일두(一箇日頭) 명 하루. ⇔ᄒᆞᄅᆞ. ≪朴諺, 上, 59ㅎ≫咱一箇日頭隨喜去來, 우리 ᄒᆞᄅᆞ 구경ᄒᆞ라 가쟈. ≪朴諺, 中, 31ㅎ≫一箇日頭咱商(啇)量着, ᄒᆞᄅᆞ 우리 혜아려.

일곡(一曲) 명 음악의 한 곡조. ≪朴諺, 下, 50ㅎ≫彈一曲流水高山, 一曲 流水 高山을 ᄠᅳ며.

일과(一顆) 㖄 하나. 한 (개). ⇔ᄒᆞ나. ≪朴諺, 下, 27ㅈ≫八錢一顆家買你的, 여ᄃᆞᆲ 돈에 ᄒᆞ낫식 ᄒᆞ여 네 하롤 사쟈. ≪朴諺, 下, 27ㅎ≫九錢一顆家, 아홉 돈에 ᄒᆞ낫식 ᄒᆞ쟈.

일관(日官) 명 천문(天文)과 역수(曆數)를 관장하던 관원. ≪朴諺, 下, 59ㅈ≫上泰封王弓裔(集覽, 朴集, 下, 12ㅎ: 弓裔. 日官奏曰, 此兒以重午日生, 生而有齒, 且光談〈焰〉異常, 恐將不利於國家, 宜勿擧.)手下, 泰封王 弓裔 手下에 올라.

일구(一口) 㖄 하나. 한 (개). ⇔ᄒᆞ나ㅎ. ≪朴諺, 中, 24ㅎ≫環刀一口, 環刀 ᄒᆞ나흘.

일구(日久) 동 시일이 경과하다. ≪朴諺, 中, 14ㅎ≫遠行知馬力, 멀리 가매 ᄆᆞᆯ 힘을 알고. 日久見人心, 날이 오라매 사ᄅᆞᆷ의 ᄆᆞᅀᆞᆷ을 보ᄂᆞ니라.

일년(一年) 명 한 해. ≪朴諺, 下, 10ㅈ≫一年一日解說戒法時, 一年 一日에 戒法을 解說ᄒᆞ되.

일년경사교삼년파정승(一年經蛇咬 三年怕井繩) 구 뱀에게 한 해 물리면 삼 년 동안 두레박줄도 무서워한다는 뜻으로, 재난이나 좌절을 한번 겪고 난 후에는 두려운 마음이 있어서, 소심해지고 일을 무서워한다는 말. ≪朴諺, 上, 34ㅎ≫一年經蛇咬三年怕井繩, ᄒᆞᆫ 히롤 ᄇᆡ얌 믈려 디내면 三年을 드렛줄도 접퍼ᄒᆞᆫ다 ᄒᆞᄂᆞ니라.

일다 동 ❶일다[淘]. ⇔도(淘). ≪朴諺, 下, 44ㅈ≫淘的米乾淨着, ᄡᆞᆯ 일기롤 乾淨히 ᄒᆞ라. ❷잃다. ⇔실(失). ≪朴諺, 中, 46ㅎ≫

命來鐵也爭光, 命이 오면 쇠도 비출 드토고. 運去黃金失色, 運이 가면 黃金도 비출 일는다 ᄒᆞ니라. ❸이루어지다. 되다. 생기다. ⇔제(濟). ≪集覽, 字解, 累字解, 3ㅈ≫濟甚事. 므·슴 :이·리 :일·료. 猶言쇽졀:업·다. ≪朴諺, 上, 59ㅎ≫說時濟甚麽事, 닐온들 므슴 일이 일리오.

일다 형 이르다[早]. ❶⇔조(早). ≪集覽, 字解, 單字解, 5ㅈ≫早. 早裏 일엇다, 却早 볼셔. ≪朴諺, 上, 48ㅈ≫且早裏, 아직 일럿더라. ❷⇔조리(早裏). ≪集覽, 字解, 單字解, 5ㅈ≫早. 早裏 일엇다, 却早 볼셔.

일단(一端) 명 한 끝. ≪朴諺, 上, 40ㅈ≫將那挑針(集覽, 朴集, 上, 11ㅈ: 挑針. 用牛角作廣箴, 箴〈ㄷ〉一端作刷子者. 多髮者髮厚難梳, 故先梳之髮, 以此箴揷置上頭, 更梳下髮. 今俗猶然.)挑起來, 더 것고지 가져다가 것곳고.

일뎡 부 반드시. 필연코. ⇔필정(必定). ≪朴諺, 中, 47ㅎ≫路上必定喫別人笑話, 길히 일뎡 놈의 우임을 니브리라.

일뎡히 부 일정(一定)히. ⇔준(準). ≪朴諺, 中, 5ㅈ≫准的麽, 일뎡히 홀다.

일돈(一頓) 명 한 덩어리(덩이). ≪朴諺, 上, 13ㅈ≫千零不如一頓, 千零이 一頓만 굿디 못ᄒᆞ니라.

일두(日頭) 명 ❶날[日]. ⇔날. ≪朴諺, 上, 7ㅎ≫今日箇日頭, 오늘날에. ≪朴諺, 中, 54ㅈ≫今日好日頭, 오늘이 됴흔 날이로다. 斗星日得飮食的日頭, 斗星日은 飮食 어들 날이니. ≪朴諺, 下, 15ㅈ≫今日箇日頭, 오늘날에. ❷별. ⇔볏ㅌ. ≪朴諺, 下, 1ㅎ≫每日箇日頭裡晒, 每日에 볏틔 뙤되.

일등(一等) 명 한 유(類). 한 종류. 한 부류. ≪朴諺, 上, 34ㅈ≫這一等和尙不打他要做甚麽, 이런 즁을 티디 아니ᄒᆞ고 므슴 ᄒᆞ리오.

일랍(一臘) 명 아이가 태어난 날로부터 일곱째 되는 날. 죽은 뒤 일곱째 되는 날인 기(忌)의 상대어이다. ≪朴諺, 上, 51ㅈ≫百歲日(集覽, 朴集, 上, 13ㅎ: 百歲日. 子生一七日, 謂之一臘, 一歲, 謂之百晬. 質問云, 初生孩兒以百日爲百歲日, 六親皆以禮賀之, 主人設席館待.)又做筵席, 百歲日에 또 이바디ᄒᆞ면.

일래(一來) 명 첫째로는. 첫 번째로는. 하나는. ≪朴諺, 下, 3ㅈ≫一來是十分命不快, 一來 ᄀᆞ장 命이 快티 못ᄒᆞ여라.

일로 대 이로. ⇔시(是). ≪朴諺, 中, 23ㅈ≫由是威神莫測, 일로 말미암아 威神을 헤아리디 못ᄒᆞ고.

일륜차(一輪車) 명 바퀴가 하나 달린 수레. ≪朴諺, 上, 13ㅈ≫那的有四箇小車兒(集覽, 朴集, 上, 6ㅈ: 小車. 一輪車也. 卽轀輬.), 더 네 젹은 술위 이시니.

일리(一里) 의 노정의 단위. 3백 60보(步)를 1리라 하였다. ≪集覽, 字解, 單字解, 2ㅈ≫里. 居也. 五家爲鄰, 五鄰爲里. 又路程, 以三百六十步爲一里. 又語助.

일만(一萬) 명 천의 열 배. ≪朴諺, 下, 25ㅈ≫殺人一萬, 사름 一萬을 죽이면. 自損三千, 스스로 三千을 손혼다 ᄒᆞ니라.

일면(一面) 명 ❶한 번. ≪集覽, 字解, 累字解, 1ㅎ≫一面. 호은자. 又ᄒᆞ녀고로. 又흔 번. ❷한 녘. 한쪽. 한편. ⇔ᄒᆞ녁. ≪集覽, 字解, 累字解, 1ㅎ≫一面. 호은자. 又ᄒᆞ녀고로. 又흔 번.

일면(一面) 명 혼자. ⇔호은자. ≪集覽, 字解, 累字解, 1ㅎ≫一面. 호은자. 又ᄒᆞ녀고로. 又흔 번. ≪朴諺, 上, 54ㅎ≫代保人一面(集覽, 朴集, 上, 14ㅈ: 一面. 호은·자. 詳見字解.)替還, 代保人이 一面으로 ᄀᆞᄅᆞ차 갑게 ᄒᆞ라. ≪朴諺, 中, 10ㅈ≫賣主一面(集覽, 朴集, 中, 2ㅈ: 賣主. 一面, 音義云, 猶言賣主自身. 又一面, 詳見字解.)承當不詞, 픈 님재 一面으로 承當ᄒᆞ야 말 못ᄒᆞ고.

일명(一名) 명 본명(本名) 이외에 따로 부르는 이름. ≪朴諺, 上, 9ㅈ≫我也往金剛山(集覽, 朴集, 上, 4ㅎ: 金剛山. 一名皆骨山, 卽白頭山南條也. 南至淮陽縣之東, 高城郡之西爲金剛山, 凡一萬二千峯.)禪院·

松廣等處降香去, 나도 金剛山 禪院·松廣等處를 향ᄒᆞ야 降香ᄒᆞ라 가노라.

일모(一母) 명 한 어머니. 같은 어머니. ≪朴諺, 上, 63ㅎ≫爭甚麼一母所生親弟兄, 므슴 一毋(母) 所生 親弟兄에셔 ᄠᅳ리오.

일모(日暮) 명 해질 무렵. ≪朴諺, 上, 33ㅎ≫你布施人家齋飯(集覽, 朴集, 上, 10ㅎ: 齋飯. 請觀音經疏云, 齋者, 齊也, 齊身口業也. 佛氏日中而食, 瓶沙王問, 佛, 何故日中食. 答〈荅〉云, 早起諸天食, 日中三世佛食, 日西畜生食, 日暮鬼神食.)錢, 네 人家에 보시ᄒᆞᆫ 齋飯錢을.

일무(一毋) 명 일모(一母). '毋'는 '母'의 잘못. ≪朴諺, 上, 63ㅎ≫爭甚麼一母所生親弟兄, 므슴 一毋(母) 所生 親弟兄에셔 ᄠᅳ리오.

일문전(一文錢) 명 한 잎의 돈. 약간의 돈. ≪朴諺, 中, 60ㅈ≫你不與他一文錢, 네 뎌를 一文錢도 주디 아니ᄒᆞ고.

일반(一半) 명 반(半). 절반(折半). 반절(半切). ≪朴諺, 下, 56ㅈ≫半張裏寫時與一半錢贖, 半張에 써시면 一半 갑ᄉᆞᆯ 주고 므ᄅᆞ미니라.

일반(一般) 명 한가지. ⇔ᄒᆞᆫ가지. ≪朴諺, 中, 7ㅎ≫這使臣是使長耳目一般的使臣, 이 使臣은 이 使長의 耳目 ᄒᆞᆫ가짓 使臣이라. ≪朴諺, 中, 15ㅈ≫小人虛汗只是流水一般, 小人이 虛汗이 그저 流水와 ᄒᆞᆫ가지오. ≪朴諺, 中, 43ㅈ≫你一般爭名奪利的官人, 너 ᄒᆞᆫ가짓 爭名 奪利ᄒᆞᄂᆞᆫ 官人이. ≪朴諺, 中, 46ㅈ≫我一般雜職人家, 나 ᄒᆞᆫ가짓 雜職에 사ᄅᆞᆷ은. ≪朴諺, 中, 60ㅎ≫好的一般, 됴흠이 ᄒᆞᆫ가지어니ᄯᆞ녀. ≪朴諺, 下, 59ㅎ≫侍中是這裡丞相一般, 侍中은 이 여긔 丞相과 ᄒᆞᆫ가지라.

일반(一般) 부 함께. ⇔ᄒᆞᆫ가지로. ≪朴諺, 中, 18ㅎ≫推出後去的一般出來時, 뒤보라 가ᄂᆞᆫ 톄 ᄒᆞᆫ가지로 나오면. ≪朴諺, 下, 6ㅈ≫一般動脚動手做生活, ᄒᆞᆫ가지로 발 손을 놀려 ᄒᆞᆫ 셩녕이.

일반(一般) 조 -같이. ⇔-ᄀᆞ티. ≪朴諺, 下, 45ㅎ≫塑一箇象一般大的春牛, ᄒᆞᆫ 象ᄀᆞ티 큰 春牛를 ᄆᆡᆫᄃᆞ라.

일반(一般) 형 같다. ⇔ᄀᆞᄐᆞ다. ≪朴諺, 上, 22ㅈ≫你一般淺見薄識的人, 너 ᄀᆞᄐᆞᆫ 淺見 薄識엣 사ᄅᆞᆷ이. ≪朴諺, 中, 43ㅎ≫那裏肯來我一般村莊人家, 어ᄃᆡ 즐겨 우리 ᄀᆞᄐᆞᆫ 村莊 人家에 오리오.

일반아(一半兒) 명 반(半). 절반(折半). 반절(半切). ≪朴諺, 下, 56ㅈ≫與他一半兒錢贖將來, 뎌를 一半 갑ᄉᆞᆯ 주고 믈러 가져오리라. ≪朴諺, 下, 56ㅈ≫怎的是一半兒錢贖, 엇디홈은 이 一半 갑ᄉᆞᆯ 주고 므르기고.

일발(一發) 동 치우치다. ⇔츼이다. ≪集覽, 字解, 累字解, 1ㅎ≫一發. 홈·의. 又이·믜·셔. 又·츼여.

일발(一發) 명 한번. ⇔ᄒᆞᆫ번. ≪朴諺, 上, 39ㅈ≫一發就蹄子放血着, ᄒᆞᆫ 번에 임의셔 굽에도 피 ᄢᅢ히라.

일발(一發) 부 ❶곧. 즉시. 바로. 당장. ⇔이믜셔. ≪集覽, 字解, 累字解, 1ㅎ≫一發. 홈·의. 又이·믜·셔. 又·츼여. ❷한결같이. ⇔ᄒᆞᆫ골ᄀᆞ티. ≪朴諺, 下, 15ㅈ≫一發用心上緊着, ᄒᆞᆫ골ᄀᆞ티 用心ᄒᆞ기를 긴히 ᄒᆞ라. ❸함께. ⇔홈ᄭᅴ. ≪集覽, 字解, 累字解, 1ㅎ≫一發. 홈·의. 又이·믜·셔. 又·츼여. ≪朴諺, 上, 21ㅈ≫懶小厮們一發滿槽子饋草, 게여른 아ᄒᆡ들히 홈ᄭᅴ 귀유에 ᄀᆞ득이 여믈을 주고. ≪朴諺, 中, 17ㅈ≫一發稍將些醬麴來最好, 홈ᄭᅴ 젹이 메조를 브텨 가져오니 ᄀᆞ장 됴타. ≪朴諺, 中, 44ㅈ≫一發忘棄名與利, 홈ᄭᅴ 名과 다ᄆᆞᆺ 利를 니저ᄇᆞ리리라. ≪朴諺, 下, 25ㅎ≫一發做賊時不好, 홈ᄭᅴ 도적질호미 됴티 아니ᄒᆞ랴.

일방(一方) 명 어느 한쪽. 또는 어느 한편. ≪朴諺, 下, 18ㅎ≫做羅天(集覽, 朴集, 下, 4ㅎ: 羅天. 道經云, 七寶之樹各生一方, 弥覆一天, 八樹弥覆八天, 包羅衆天, 故云大羅, 此聖境也.)大醮, 羅天大醮를 ᄒᆞ더니.

일백(一百) 관 일 백. ≪朴諺, 上, 1ㅎ≫各人出一百箇銅錢, 各人이 一百 낫 銅錢을 내면.

일변(一邊) 명 한쪽. 한편. ≪朴諺, 上, 4ㅈ≫一邉擺卓兒, 一邉으로 상 버리라.

일별(一別) 동 한 번 헤어지다. ≪朴諺, 下, 39ㅎ≫送君千里終有一別, 送君千里나 終有一別이라 ᄒᆞ니라.

일본(日本) 명 나라 이름. 수도는 동경(東京: Tokyo). ≪朴諺, 中, 20ㅎ≫南海普陀落伽山(集覽, 朴集, 中, 3ㅎ: 南海普陁落伽山.徃時高麗·新羅·日本諸國, 皆由此取道以候風汛.)裏, 南海 普陀 落伽山에.

일분(一分) 명 한 푼. ≪朴諺, 上, 31ㅎ≫一分利錢也不肯還, 一分 利錢도 즐겨 갑디 아니ᄒᆞ니. ≪朴諺, 中, 31ㅈ≫他敬我一分時, 뎨 날을 一分을 공경ᄒᆞ면.

일사(一似) 형 같다. 똑같다. 비슷하다. ❶⇔ᄀᆞᄐᆞ다. ≪朴諺, 上, 28ㅎ≫驪的那馬一似那箭, 잰 뎌 ᄆᆞᆯ은 뎌 살 ᄀᆞᄐᆞ니. ❷⇔곳다. ≪朴諺, 中, 32ㅎ≫遠望一似黑水精, 멀리 ᄇᆞ라매 黑水精 곳고. ≪朴諺, 下, 40ㅈ≫一似那活的, 뎌 사니 곳고.

일삽(一霎) 부 잠깐. 잠시. 한참. ⇔져근덧. ≪朴諺, 下, 28ㅈ≫一霎兒贏了二升多榛子, 져근덧에 두 되 나믄 개암을 이긔어다.

일삽아(一翣兒) 부 한참. 잠시. 잠깐. ❶⇔ᄒᆞᆫ디위. ≪朴諺, 下, 36ㅈ≫一霎兒人鬧(閙)起來, ᄒᆞᆫ 디위 사ᄅᆞᆷ이 짓궤더니. ❷⇔ᄒᆞᆫ주음ᄉᆞᄉᆡ. ≪集覽, 字解, 累字解, 9ㅎ≫一霎兒. ᄒᆞᆫ 주음ᄉᆞᄉᆡ. ≪集覽, 字解, 累字解, 9ㅎ≫一會兒. 上同.

일서(日西) 동 해가 서쪽으로 기울다. ≪朴諺, 上, 33ㅎ≫你布施人家齋飯(集覽, 朴集, 上, 10ㅎ: 齋飯. 請觀音經䟽云, 齋者, 齊也, 齊身口業也. 佛氏日中而食, 瓶沙王問, 佛, 何故日中食. 答〈荅〉云, 早起諸天食, 日中三世佛食, 日西畜生食, 日暮鬼神食.)錢, 네 人家에 보시ᄒᆞᆫ 齋飯錢을.

일설(一說) 명 하나의 주장이나 학설. ≪朴諺, 中, 24ㅈ≫萬刼(集覽, 朴集, 中, 6ㅈ: 萬刼. 儒曰世, 釋曰刼〈刼〉, 道曰塵. 一說, 儒家曰數, 道家曰刼〈刼〉, 佛家曰世.)再逢難, 萬刼이라도 다시 만나기 어려오니라. ≪朴諺, 中, 31ㅈ≫粧腰大模搽(集覽, 朴集, 中, 7ㅈ: 粧腰大摸〈模〉搽. 質問云, 如人大氣像起來時, 又粧妖氣, 又作大摸〈模〉大搽, 不禮待人, 方言謂氣像大起來時, 粧妖大摸〈模〉搽. 一說, 粧腰猶脩飾〈餙〉也, 一說, 腰大猶言大起像也.), 腰大模樣을 숨어.

일세(一世) 명 일세. 한평생. ≪朴諺, 上, 1ㅈ≫人生一世草生一秋, 人生 一世ㅣ오 草生 一秋ㅣ라.

일세(一歲) 명 백일(百日). 돌. ≪朴諺, 上, 51ㅈ≫百歲日(集覽, 朴集, 上, 13ㅎ: 百歲日. 子生一七日, 謂之一臘, 一歲, 謂之百晬. 質問云, 初生孩兒以百日爲百歲日, 六親皆以禮賀之, 主人設席館待.)又做筵席, 百歲日에 ᄯᅩ 이바디ᄒᆞ면.

일숙(一宿) 명 ❶하룻밤. ⇔ᄒᆞᄅᆞᆺ밤. ≪集覽, 字解, 累字解, 1ㅎ≫一宿. ᄒᆞᆫ숨. 又ᄒᆞᄅᆞᆺ밤. ≪朴諺, 上, 38ㅎ≫一宿不喫草, ᄒᆞᄅᆞᆺ밤을 여믈을 먹디 아니ᄒᆞ니. ≪朴諺, 中, 15ㅈ≫一宿不得半點睡, ᄒᆞᄅᆞᆺ밤을 半點도 자디 못ᄒᆞ니. ≪朴諺, 下, 39ㅈ≫宿了一宿, ᄒᆞᄅᆞᆺ밤 자고. ❷한숨. ⇔ᄒᆞᆫ숨. ≪集覽, 字解, 累字解, 1ㅎ≫一宿. ᄒᆞᆫ숨. 又ᄒᆞᄅᆞᆺ밤. ❸한잠. ⇔ᄒᆞᆫ좀. ≪朴諺, 上, 21ㅈ≫十箇人一宿家輪着喂, 열 사ᄅᆞᆷ이 ᄒᆞᆫ 좀식 돌려 먹이게 ᄒᆞ라.

일시(一時) 명 ❶즉시. 당장. 곧. ≪朴諺, 上, 9ㅎ≫咱會同着一時行, 우리 모다 ᄒᆞᆷᄭᅴ 가쟈. ❷한때. 한 시기. 한동안. ≪朴諺, 上, 16ㅈ≫張舍(集覽, 朴集, 上, 6ㅈ: 張舍. 王公·大人之家, 必有舍人, 卽家臣也. 如本國伴倘〈儻〉之類, 爲權勢倚任之人, 貧賤之所羡慕者也〈貧賤之所羡慕者〉. 故街巷呼親識爲張舍·李舍, 乃一時推敬之稱〈称〉.)你來, 張가야 이바.

일신(一身) 명 온몸. 몸 전체. ≪朴諺, 中, 15ㅎ≫把一身衣服都脫了, 一身에 衣服을

다 벗고.

일심(一心) 명 〈불〉 단 하나의 심성(心性)이라는 뜻으로, 진여(眞如)를 이르는 말. ≪朴諺, 上, 33ㅎ≫你布施(集覽, 朴集, 上, 10ㅎ: 布施. 菩薩布施, 但一心淸淨, 利益一切, 爲大施主, 法施也. 此不住相布施也.)人家齋飯錢, 네 人家에 보시훈 齋飯錢을. ≪朴諺, 下, 9ㅈ≫箇箇擎拳合掌(集覽, 朴集, 下, 2ㅎ: 擎拳合掌. 飜譯名義云, 此方以拱手爲恭, 外國以合掌爲敬. 手本二邊, 今合爲一, 表不散誕, 專主一心.), 낫낫치 擎拳 合掌ᄒᆞ야.

일쯕에 부 일찍이. ⇔조기(早起). ≪朴諺, 下, 55ㅈ≫今日早起, 오늘 일쯕에. 我別處望相識去來, 내 다른 고ᄃᆡ 아는 이를 보라 가.

일안(一眼) 주 하나. 한 (개). ⇔ᄒᆞ나. ≪朴諺, 中, 39ㅈ≫井一眼, 우믈 ᄒᆞ나.

일야(一夜) 명 하룻밤. ⇔ᄒᆞᄅᆞᆺ밤. ≪朴諺, 上, 21ㅎ≫一夜裏喂到七八遍家, ᄒᆞᄅᆞᆺ밤의 먹이기를 닐곱 여듧 번의 다ᄃᆞᆺ게 ᄒᆞ라. ≪朴諺, 上, 42ㅎ≫一夜夫妻百夜恩, 一夜 夫妻ㅣ 百夜恩이라 ᄒᆞᄂᆞ니라.

일야부처백야은(一夜夫妻百夜恩) 구 하룻밤 부부는 백일의 애정이 있다는 뜻. ≪朴諺, 上, 42ㅎ≫一夜夫妻百夜恩, 一夜 夫妻ㅣ 百夜恩이라 ᄒᆞᄂᆞ니라.

일양개(一兩箇) 관 한두 (명). ⇔ᄒᆞᆫ두. ≪朴諺, 中, 59ㅈ≫內中一兩箇官人, 그 듕에 ᄒᆞᆫ두 官人이.

일언(一言) 명 한 마디의 말. 또는 한번 한 말. ≪朴諺, 上, 24ㅈ≫君子一言快馬一鞭, 君子ᄂᆞᆫ 一言이오 快馬ᄂᆞᆫ 一鞭이라 ᄒᆞ니라.

일여(一如) 형 (어떤 상황과) 똑같다. 완전히 같다. 동일(同一)하다. ≪朴諺, 下, 7ㅈ≫我不知道那家有甚麽幌〈慌〉字(集覽, 朴集, 下, 2ㅈ: 幌字. 今按, 漢俗, 凡出賣諸物之家, 俱設標幟之物, 置於門口, 或於門前起立牌榜, 如曰張家出賣高麗布扇. 一如賣酒家標植靑帘之類, 俗呼靑帘曰酒家望子.), 내 아디 몯ᄒᆞ니 뎌 집의 므슴 보람이 잇ᄂᆞ뇨. ≪朴諺, 下, 35ㅈ≫却打花房窩兒(集覽, 朴集, 下, 7ㅎ: 花房窩兒. 毬棒杓兒之制, 一如本國武試毬杖之設, 卽元時擊丸之事.), 또 花房 굼글 티쟈.

일엽(一葉) 명 한 척의 작은 배를 비유하는 말. ≪朴諺, 下, 50ㅎ≫將一葉小漁艇, 一葉 小漁艇을 가지고.

일오다 동 이루다. 되다. ❶⇔간(幹). ≪朴諺, 中, 60ㅎ≫這般兒當着幹時, 이리 ᄉᆞᆷ여 일오면. ≪朴諺, 中, 60ㅎ≫不使錢幹勾當, 돈을 ᄡᅳ디 아니ᄒᆞ고 일을 일오려 ᄒᆞ면. ❷⇔성취(成就). ≪朴諺, 下, 4ㅎ≫願滿成就着, 願을 ᄎᆡ와 일오라. ❸⇔제(濟). ≪朴諺, 中, 60ㅎ≫不濟事, 일을 일오디 몯ᄒᆞᄂᆞ니.

일우(一隅) 명 구석. 모퉁이. ≪朴諺, 中, 59ㅎ≫彪在槓子閣落(集覽, 朴集, 中, 9ㅈ: 閣落. 音ㄱ·랖, 指一隅深奧之處.)裡, 궷 구석에 드리티고.

일월(一月) 명 한 달. ≪朴諺, 上, 11ㅈ≫我有兩箇月俸(集覽, 朴集, 上, 5ㅈ: 月俸. 中朝〈元制〉官祿, 每月支〈支〉給. 今此一月四石之俸, 以元制考之, 乃從九品也. 米·豆曰祿, 鈔·錢·絹曰俸.)來關, 내 두 ᄃᆞᆯ 뇨 ᄐᆞᆯ ᄡᅥ시 이셰라.

일월성신(日月星辰) 명 해와 달과 별을 통틀어 이르는 말. ≪朴諺, 中, 11ㅈ≫一兩日上位郊天(集覽, 朴集, 中, 2ㅈ: 郊天. 天子設圜丘於南郊, 以祭天神·地祇·日月星辰·山川·嶽瀆, 以太祖配享.)去, ᄒᆞᄅᆞ 이틀만 ᄒᆞ면 上位ㅣ 郊天ᄒᆞ라 가실 거시니.

일음(一音) 명 〈불〉 대승(大乘)과 소승(小乘), 돈교(頓敎)와 점교(漸敎)의 구별은 근기(根機)에 차이가 있어 견해를 달리하는 것일 뿐이고 원래 부처의 설법은 동일하다는 뜻으로, 부처의 설법을 이르는 말. ≪朴諺, 下, 9ㅎ≫入寺敬三寶(集覽, 朴集, 下, 3ㅈ: 三寶. 一音演說, 普應群〈羣〉機, 究竟淸淨, 名離欲尊, 卽法寶也.), 뎔에 드러ᄂᆞᆫ 三寶를 敬ᄒᆞ고.

일인(一人) 명 한 사람. 한 명. ≪朴諺, 上, 44ㅎ≫師傅上唱喏(集覽, 朴集, 上, 12ㅎ: 唱喏. 揖也. 詞曲曰, 一箇唱, 百箇喏, 謂一人呼唱於上, 衆人應諾於下.), 스승님씌 읍ᄒᆞ고.

일일(一日) 명 ❶〈불〉 도솔천(兜率天)에서의 하루. 이승에서는 4백 세(世)의 기간이 된다고 한다. ≪朴諺, 上, 62ㅎ≫只此人間兜率(集覽, 朴集, 上, 15ㅈ: 兜率. 梵語兜率, 此云妙足, 又云知足於五欲知止足. 故佛地論云, 名憙足, 謂後身菩薩於中敎化, 多修憙足故. 卽欲界六天之一也. 兜率天, 人間四百世爲一日.), 그저 이 人間ㅅ 兜率이러라. ❷(어느) 날. ⇔날. ≪朴諺, 上, 23ㅈ≫咱就那一日各自說箇重誓, 우리 임의셔 그 날에 각각 듕ᄒᆞᆫ ᄆᆡᆼ셔를 닐러. ≪朴諺, 上, 51ㅈ≫那一日老娘上又賞, 그 날 老娘의게 또 샹ᄒᆞᄂᆞ니라. ≪朴諺, 上, 58ㅎ≫我也那一日遞了手帕之後, 나도 그 날에 手帕 드린 후에. ≪朴諺, 中, 48ㅎ≫那一日喫了一跌, 뎌 ᄒᆞᆫ 날 ᄒᆞᆫ 번 구러딤을 닙어. ≪朴諺, 下, 18ㅎ≫一日先生們, 一日에 先生들히. ≪朴諺, 下, 43ㅎ≫三寸氣在千般有, 三寸 氣ㅣ 이시매 쳔 가지나 잇다가. 一日無常萬事休, 一日에 常이 업ᄉᆞ면 萬事ㅣ 休ᄒᆞᄂᆞ니라. ≪朴諺, 下, 61ㅈ≫便那一日卽位布政殿, 곳 그 날에 布政殿에 卽位ᄒᆞ고. ❸하루. ⇔ᄒᆞᄅᆞ. ≪朴諺, 上, 10ㅎ≫一日三頓家饋他飽飯喫, ᄒᆞᄅᆞ 세 ᄢᅵ식 뎌를 주어 밥을 ᄇᆡ브리 먹이고. ≪朴諺, 上, 20ㅎ≫一日三遍家, ᄒᆞᄅᆞ 세 번식. ≪朴諺, 中, 8ㅈ≫一日九站十站家行, ᄒᆞᄅᆞ 아홉 站식 열 站식 녜거늘. ≪朴諺, 中, 11ㅈ≫一兩日上位郊天去, ᄒᆞᄅᆞ 이틀만 ᄒᆞ면 上位ㅣ 郊天ᄒᆞ라 가실 거시니. ≪朴諺, 中, 19ㅈ≫一日喫三頓家飯, ᄒᆞᄅᆞ 세 ᄢᅵ 밥 먹고. ❹하루는. ⇔ᄒᆞᆯ른. ≪朴諺, 中, 27ㅈ≫有一日賣布·絹的過去, ᄒᆞᆯ른 布와 깁 ᄑᆞᆯ 리 디나가거늘. ≪朴諺, 中, 27ㅎ≫又一日一箇婦人, 또 ᄒᆞᆯ른 ᄒᆞᆫ 계집이.

일임(一任) 동 모두 다 맡기다. ⇔일임ᄒᆞ다(一任-). ≪朴諺, 下, 50ㅎ≫一任交斜風細雨, 斜風 細雨 交호믈 一任ᄒᆞ여.

일임ᄒᆞ다(一任-) 동 모두 다 맡기다. ⇔일임(一任). ≪朴諺, 下, 50ㅎ≫一任交斜風細雨, 斜風 細雨 交호믈 一任ᄒᆞ여.

일자(日炙) 동 뜨거운 햇볕에 그을리다. ≪朴諺, 下, 3ㅎ≫受多少日炙風吹, 언머 日炙 風吹를 바드며.

일자풍취(日炙風吹) 동 일자(日炙)하고 바람에 시달리다. 먼 여로(旅路)에서의 고통을 이르는 말이다. ≪朴諺, 下, 3ㅎ≫受多少日炙風吹, 언머 日炙 風吹를 바드며.

일잔(一剗) 부 한결같이. 늘. 항상. 줄곧. 언제나. ❶⇔ᄆᆡ오로시. ≪集覽, 字解, 累字解, 1ㅈ≫一剗. ᄆᆡ오로시. 亦曰剗地. ❷⇔ᄒᆞᆫ골ᄀᆞ티. ≪朴諺, 上, 60ㅎ≫那殿一剗是纏金龍木香停柱, 뎌 殿에 ᄒᆞᆫ골ᄀᆞ티 金龍이 얼거딘 木香 기동이오. ≪朴諺, 中, 29ㅎ≫只是一剗狼牙也似, 그저 ᄒᆞᆫ골ᄀᆞ티 일희 니 ᄀᆞᄐᆞ니. ≪朴諺, 中, 51ㅈ≫一剗浠泥曲膝盖深, ᄒᆞᆫ골ᄀᆞ티 즌ᄒᆞᆰ이 무룹도리로 깁더라.

일장(一場) 명 한바탕. ≪朴諺, 中, 17ㅎ≫怎刮劃我這一場愁, 엇디 내 이 一場 愁를 헤와드료.

일점(一點) 명 한 점. ≪朴諺, 中, 9ㅈ≫沒一點非理害民, 一點도 非理로 害民홈이 업ᄉᆞ니.

일조(一遭) 부 한참. 잠시. 잠깐. ⇔ᄒᆞᆫ디위. ≪集覽, 字解, 單字解, 7ㅈ≫遭. 一次謂之一遭. 又周遭, 猶言周圍也. 又遭是 마초와. ≪朴諺, 上, 52ㅈ≫大舍夜來乾走了一遭, 大舍ㅣ 어제 쇽졀업시 ᄒᆞᆫ 디위 ᄃᆞᆫ녀다.

일족(一簇) 명 한 피붙이. 한 가족. 일가. ≪朴諺, 中, 32ㅎ≫有一簇兩簇人家, 一簇 兩簇 人家ㅣ 이시며.

일존(一尊) 명 〈불〉 (불상(佛像)의) 일좌(一座). ≪朴諺, 下, 42ㅈ≫上頭放坐一尊佛(集覽, 朴集, 下, 9ㅈ: 一尊佛. 解見三尊佛下.)像, 우희 一尊佛像을 안치고.

일존불(一尊佛) 명 〈불〉 일좌(一座)의 불상(佛像). ≪朴諺, 下, 42ㅈ≫上頭放坐一尊佛(集覽, 朴集, 下, 9ㅈ: 一尊佛. 解見三尊佛下.)像, 우희 一尊佛像을 안치고.

일중(日中) 명 정오(正午). ≪朴諺, 上, 33ㅎ≫你布施人家齋飯(集覽, 朴集, 上, 10ㅎ: 齋飯. 請觀音經疏云, 齋者, 齊也, 齊身口業也. 佛氏日中而食, 瓶沙王問, 佛, 何故日中食. 答〈荅〉云, 早起諸天食, 日中三世佛食, 日西畜生食, 日暮鬼神食.)錢, 네 人家에 보시ᄒᆞᆫ 齋飯錢을.

일즉 부 일찍. 일찍이. ❶⇔조(早). ≪朴諺, 上, 34ㅎ≫早知道時, 일즉 아드면. ❷⇔증(曾). ≪集覽, 字解, 單字解, 6ㅎ≫曾. ᄎᆞᆼ, 乃也, 則也. 又經也, 嘗也. 又증, 曾孫. 又姓. ≪朴諺, 上, 63ㅈ≫一遍也不曾說知心腹的話, ᄒᆞᆫ 변도 일즉 心腹 아ᄂᆞᆫ 말을 니ᄅᆞ디 몯ᄒᆞ여시니.

일즉이 부 일찍이. ⇔조(早). ≪朴諺, 下, 14ㅎ≫但早散時實不見早回家, 다믄 일흣터디되 실로 일즉이 집의 도라오믈 보디 몯ᄒᆞ니.

일즙 부 일찍. 일찍이. ⇔증(曾). ≪朴諺, 上, 34ㅎ≫不曾上馬, 일즙 ᄆᆞᆯ을 ᄐᆞ디 몯ᄒᆞ더니라. 咳我不曾知道來, 애 내 일즙 아디 몯ᄒᆞᆯ샤. ≪朴諺, 上, 49ㅎ≫你姐姐曾幾時喫粥來, 네 姐姐ㅣ 일즙 언제브터 쥭을 먹ᄂᆞ뇨. ≪朴諺, 上, 52ㅈ≫不知道下處不曾得望去, 下處ᄅᆞᆯ 아디 몯ᄒᆞ여 일즙 보라 가디 몯ᄒᆞ니. ≪朴諺, 上, 59ㅎ≫我不曾到來, 내 일즙 가디 몯ᄒᆞ여시니. ≪朴諺, 中, 9ㅈ≫又不曾冒支分例, 또 일즙 分例ᄅᆞᆯ 冒支티 아니ᄒᆞ여. ≪朴諺, 中, 11ㅈ≫怎麽還不曾修理車輛, 엇디 당시롱 일즙 車輛을 修理티 아니ᄒᆞ엿ᄂᆞ뇨. ≪朴諺, 中, 46ㅈ≫你却不道首領官署了卷廳上不曾押裏, 네 또 首領官은 권에 일홈두고 廳上이 일즙 슈례두디 아녓다 니ᄅᆞ디 아니ᄒᆞ던다. ≪朴諺, 中, 52ㅈ≫你今年怎麽京城不曾去, 네 올히 엇디 京城에 일즙 가디 아니ᄒᆞᆫ다. ≪朴諺, 下, 1ㅈ≫一夏裡不曾好生收拾, ᄒᆞᆫ 녀름을 일즙 ᄀᆞ장 收拾디 못ᄒᆞ니. ≪朴諺, 下, 6ㅈ≫從來不曾見這般細詳的官人, 본ᄃᆡ 일즙 이런 細詳ᄒᆞᆫ 官人을 보디 못ᄒᆞ엿노라. ≪朴諺, 下, 19ㅎ≫不曾認的, 일즙 아디 못ᄒᆞ니. ≪朴諺, 下, 40ㅎ≫他不曾開鋪的, 뎨 일즙 開鋪티 아니ᄒᆞᆫ 이니. ≪朴諺, 下, 45ㅎ≫我從來不曾看, 내 본ᄃᆡ 일즙 보디 아니ᄒᆞ엿노라. ≪朴諺, 下, 54ㅎ≫某並不曾抵敵, 某ㅣ 다ᄆᆞ기 일즙 抵敵디 아니ᄒᆞ엿ᄂᆞ니.

일지(日支) 명 날을 기록하는 데 쓰이는 지지(地支). ≪朴諺, 下, 45ㅎ≫粧點顔色(集覽, 朴集, 下, 10ㅈ: 粧點顔色. 牛色以立春日爲法, 日干爲頭·角·耳·色, 日支〈支〉爲身色, 納音爲蹄·尾·肚色. 日干, 甲·乙, 木, 靑色, 丙·丁, 火, 紅色之類. 日支〈支〉, 亥·子, 水, 黑色, 寅·卯, 木, 靑色之類.), 빗출 ᄭᅮ미고.

일처(一處) 명 한데. ⇔ᄒᆞᆫᄃᆡ. ≪朴諺, 上, 36ㅈ≫四哥待要一處, 넷재 형은 ᄒᆞᆫᄃᆡ 모호고져 ᄒᆞᄂᆞᆫ 거시여.

일척(一隻) 명 한 마리. ≪朴諺, 上, 1ㅎ≫又買一隻好肥牛, ᄯᅩ 一隻 ᄀᆞ장 ᄉᆞᆯ진 쇼ᄅᆞᆯ 사고.

일체(一切) 관 모든. 온갖. ≪朴諺, 上, 18ㅎ≫後面北斗(集覽, 朴集, 上, 7ㅈ: 北斗左輔右弼. 左輔連附北斗第〈萴〉六星, 在外, 右弼連附北斗第〈萴〉二星, 在內. 俱在紫薇(微)垣. 七現二隱, 世人惟見七星, 不見輔·弼二星. 盖九星宰生死是非之簿, 能解一切厄.)七星板兒做的好, 後面 北斗七星 돈은 ᄆᆡᆫ돌기ᄅᆞᆯ 잘ᄒᆞ엿고. ≪朴諺, 上, 33ㅈ≫你是佛(集覽, 朴集, 上, 9ㅎ: 佛. 梵云婆加婆, 唐言佛. ヒ者, 覺也, 自覺·ヒ他. 一切有情咸具此道, 悟者卽名佛, 迷者曰衆生.)家弟子, 너ᄂᆞᆫ 이 佛家 弟子ㅣ라. ≪朴諺, 上, 33ㅎ≫你布施(集覽, 朴集, 上, 10ㅎ: 布施. 菩薩布施, 但一心淸淨, 利益一切, 爲大施主, 法施也. 此不住相布施也.)人家齋飯錢, 네 人家에 보시ᄒᆞᆫ 齋飯錢을. ≪朴諺, 上, 66ㅈ≫諸國人

民一切善男善女, 諸國 人民 一切 善男善女ㅣ. ≪朴諺, 中, 23ㅎ≫咱這衆生(集覽, 朴集, 中, 6ㅈ: 衆生. 一切衆染, 合集而生, 故曰衆生. 又衆緣和合名曰衆生.)知不知, 우리 이 衆生이 알거나 아디 몯ᄒᆞ거나. ≪朴諺, 下, 3ㅈ≫往常唐三藏(集覽, 朴集, 下, 1ㅈ: 唐三藏法師〈三藏〉. 藏, 卽包含攝持之義. 非藏無以積錢財, 非藏無以蘊文義, 謂攝一切所應知義, 無令分散, 故名爲藏也.)師傅, 뎌적의 唐ㅅ 三藏 師傅ㅣ. ≪朴諺, 下, 9ㅎ≫因你貪嗔癡(集覽, 朴集, 下, 3ㅈ: 貪嗔癡. 大智論云, 有利益我者生貪欲, 有違逆我者生嗔恚. 不從智生, 從狂惑生, 是名爲癡, 爲一切煩惱之根本.)三毒不離於身, 네 貪嗔癡 三毒이 몸에 ᄠᅥ나디 아니ᄆᆞᆯ 인ᄒᆞ여.

일체(一切) 명 모든 것이. 온갖 것이. ⇔일체히(一切-). ≪朴諺, 中, 23ㅎ≫作一切罪障(集覽, 朴集, 中, 6ㅈ: 罪障. 猶言業障·罪業.), 一切히 罪障 지은 거시.

일체히(一切-) 명 모든 것이. 온갖 것이. ⇔일체(一切). ≪朴諺, 中, 23ㅎ≫作一切罪障(集覽, 朴集, 中, 6ㅈ: 罪障. 猶言業障·罪業.), 一切히 罪障 지은 거시.

일추(一秋) 명 한 가을. ≪朴諺, 上, 1ㅈ≫人生一世草生一秋, 人生 一世ㅣ오 草生 一秋ㅣ라.

일취(一就) 부 ❶이미. 곧. ⇔이믜셔. ≪集覽, 字解, 累字解, 1ㅎ≫一就. 이믜셔. 又홈ᄢᅴ. ❷함께. ⇔홈ᄢᅴ. ≪集覽, 字解, 累字解, 1ㅎ≫一就. 이믜셔. 又홈ᄢᅴ.

일침(一針) 명 하나의 바늘. ≪朴諺, 中, 24ㅈ≫一針投海底, 一針을 海底에 드리티면.

일타리(一打裏) 명 한번. ⇔ᄒᆞᆫ번. ≪朴諺, 上, 64ㅎ≫一打裏饋你十兩銀子, ᄒᆞᆫ번에 너를 열 량 은을 줄 거시니. ≪朴諺, 中, 24ㅎ≫都一打裏將到直房裏等我着, 다 ᄒᆞᆫ번의 가지고 直房에 가 날을 기ᄃᆞ리고.

일타리(一打裏) 부 한데. 한곳. ⇔ᄒᆞᆫᄃᆡ. ≪朴諺, 下, 44ㅎ≫一打裡和着乾不的, ᄒᆞᆫᄃᆡ 버므려 ᄆᆞᆯ뢰디 몯ᄒᆞᆯ소냐. ≪譯語類解, 上, 動靜≫一打裏睡, ᄒᆞᆫᄃᆡ셔 자다.

일통지(一統誌) 명 지리서(地理書). 원·명·청대(元明淸代)에 각각 있었으나, 원대(元代)의 일통지 1천 권은 전하지 않는다. ≪朴諺, 上, 8ㅎ≫往永平(集覽, 朴集, 上, 4ㅈ: 永平. 一統誌云, 禹貢冀州之域. 虞分冀北爲營州, 此卽其地.)·大寧·遼陽·開元·瀋陽等處開去, 永平·大寧·遼陽·開元·瀋陽 等處ᄅᆞᆯ 향ᄒᆞ여 開讀ᄒᆞ라 가노라. ≪朴諺, 下, 8ㅈ≫慶壽寺(集覽, 朴集, 下, 2ㅎ: 慶壽寺. 一統志云, 在順天府西南, 內有飛虹·飛渡二橋, 石刻六大字, 極遵勁. 相傳金章宗所書.)裏爲諸亡靈, 慶壽寺에셔 모든 亡靈을 위ᄒᆞ여.

일편(一鞭) 명 한 번의 채찍질. ≪朴諺, 上, 24ㅈ≫君子一言快馬一鞭, 君子ᄂᆞᆫ 一言이오 快馬ᄂᆞᆫ 一鞭이라 ᄒᆞ니라.

일편심(一片心) 명 한 조각의 마음이라는 뜻으로, 흔들리지 않는 곧은 마음을 이르는 말. ≪朴諺, 中, 18ㅈ≫姐姐你再尋思我這秋月紗窓一片心, 姐姐ㅣ아 네 ᄯᅩ 나의 이 秋月 紗窓 一片心을 ᄉᆡᆼ각ᄒᆞ여.

일품(一品) 명 문무관 품계의 첫째. 정일품(正一品)과 종일품(從一品)이 있다. ≪朴諺, 下, 30ㅎ≫一品至九品, 一品으로 九品에 니ᄅᆞ히.

일행(一行) 명 함께 길을 가는 사람들의 무리. ≪朴諺, 下, 38ㅎ≫一行部從, 一行 部從이.

일홈 명 이름. ⇔명(名). ≪朴諺, 中, 23ㅎ≫念菩薩名, 菩薩의 일홈을 念ᄒᆞ면. ≪朴諺, 下, 20ㅎ≫大仙徒弟名鹿皮, 大仙의 徒弟 일홈 鹿皮라 ᄒᆞ리. ≪朴諺, 下, 49ㅎ≫舊名, 네 일홈이.

일홈두다 동 서명(署名)하다. 수결(手決)하다. 화압(畫押)하다. ❶⇔서(署). ≪朴諺, 中, 46ㅈ≫你却不道首領官署了卷廳上不曾押裏, 네 ᄯᅩ 首領官은 권에 일홈두고 廳上이 일즙 슈례두디 아녓다 니ᄅᆞ디 아니ᄒᆞ던다. ❷⇔압(押). ≪朴諺, 上, 54ㅎ≫

同保人某等押, 同保훈 사름 아모 둥이 일홈두어다. ≪朴諺, 上, 66ㅎ≫我到衙門押了公座便來, 내 衙門에 가 公座簿에 일홈두고 곳 오리라. ❸⇔화자(畫字). ≪朴諺, 下, 12ㅈ≫畫箇字, 일홈두라.

일화(一火) 명 행정구역 단위. 5가(家). ≪朴諺, 下, 52ㅈ≫呌到隣人幷巡宿總甲(集覽, 朴集, 下, 11ㅎ: 總甲. 又里制, 每里一百戶, 五家爲一火, 十家爲一甲, 每十戶, 甲首一名.)人等, 隣人과 巡宿ᄒᆞᄂᆞᆫ 總甲人等을 아오로 블러.

일회(一回) 명 한 순(巡). 한 순배(巡杯). ≪集覽, 字解, 累字解, 2ㅎ≫一回. ᄒᆞᆫ 슌.

일회(一會) 부 한참. 잠시. 잠깐. ⇔ᄒᆞᆫ디위. ≪朴諺, 下, 14ㅈ≫擺茶飯又喫一會酒, 茶飯 버리고 또 ᄒᆞᆫ 디위 술 먹고. ≪朴諺, 下, 36ㅈ≫又打一會, 또 ᄒᆞᆫ 디위 티더니.

일회아(一會兒) 부 한참. 잠시. 잠깐. ❶⇔ᄒᆞᆫ디위. ≪朴諺, 上, 20ㅎ≫等一會兒饋些草喫, ᄒᆞᆫ 디위 기ᄃᆞ려 져기 여믈을 주어 먹이고. ≪朴諺, 上, 47ㅎ≫到裏間湯池裏洗了一會兒, 안쫀 湯池에 가 ᄒᆞᆫ 디위 목욕곰고. ≪朴諺, 上, 47ㅎ≫却出客位裏歇一會兒, 또 客位에 나가 ᄒᆞᆫ 디위 쉬고. ≪朴諺, 中, 30ㅈ≫等一會兒喫, ᄒᆞᆫ 디위 기ᄃᆞ려 먹쟈. ≪朴諺, 下, 9ㅈ≫一會兒倚着欄干頓睡, ᄒᆞᆫ 디위 欄干을 지혀 조으더니. ❷⇔ᄒᆞᆫ주ᅀᅳᆷᄉᆞᅀᅵ. ≪集覽, 字解, 累字解, 9ㅎ≫一霎兒. ᄒᆞᆫ 주ᅀᅳᆷᄉᆞᅀᅵ. ≪集覽, 字解, 累字解, 9ㅎ≫一會兒. 上同.

일희 명 이리[狼]. ⇔낭(狼). ≪朴諺, 中, 29ㅎ≫只是一剗狼牙也似, 그저 ᄒᆞᆫ골ᄀᆞ티 일희 니 ᄀᆞᄐᆞ니.

일ᄒᆞ다 동 일하다. ⇔주(做). ≪朴諺, 中, 43ㅈ≫你每日做甚麼, 네 ᄆᆡ일에 므스 일ᄒᆞᄂᆞᆫ다.

일ᄒᆞ다(迭-) 동 일(迭)하다. 잃어버리다. ⇔일(迭). ≪朴諺, 下, 51ㅈ≫漁翁之味萬無迭, 漁翁의 마ᄉᆞᆫ 만 가지도 迭ᄒᆞᆫ 거시 업ᄉᆞ니라.

잃다 동 잃다. ❶⇔불견(不見). ≪朴諺, 中, 14ㅈ≫又不見了三箇, 또 세흘 일코. ≪朴諺, 中, 60ㅎ≫也不見的, 또 일흘싸 ᄒᆞ노라. ≪朴諺, 下, 16ㅈ≫不見了幾件衣裳, 여러 불 오슬 일코. ❷⇔실(失). ≪朴諺, 中, 24ㅈ≫一失人身後, ᄒᆞᆫ 번 사ᄅᆞᆷ의 몸을 일흔 後ㅣ면. ≪朴諺, 下, 55ㅎ≫走失了甚色馬, 아모 빗쳇 ᄆᆞᆯ를 ᄃᆞ라나 일허시되.

임(任) 명 벼슬. 또는 (벼슬의) 임기. ⇔벼슬. ≪朴諺, 中, 46ㅈ≫滿了一任時, ᄒᆞᆫ 벼슬이 ᄎᆞᆫ들.

임(賃) 동 세(貰)내다. ⇔세내다. ≪朴諺, 中, 38ㅎ≫賃一所房子來, ᄒᆞᆫ 집을 세내엿더니. ≪朴諺, 中, 38ㅎ≫賃一所房子, ᄒᆞᆫ 곳 집을 세내엿노라. ≪朴諺, 中, 38ㅎ≫賃到房子一所, 집 ᄒᆞᆫ 곳을 세내되. ≪朴諺, 中, 39ㅎ≫賃房錢每月銀二兩, 집 세내ᄂᆞᆫ 갑슬 ᄃᆞᆯ마다 은 두 냥에 ᄒᆞ여. ≪朴諺, 中, 39ㅎ≫將賃房人家內應有直錢物件, 집 세낸 사ᄅᆞᆷ의 집의 應有ᄒᆞᆫ 갑ᄊᆞᆫ 物件을다가. ≪朴諺, 中, 39ㅎ≫故立此賃房文字爲用, 짐즛 이 집 세내ᄂᆞᆫ 글월을 셰워 ᄡᅳ게 ᄒᆞ노라. 賃房人某, 집 세낸 사ᄅᆞᆷ 아모. ≪朴諺, 下, 42ㅎ≫賃魂車, 魂車와.……諸般彩亭子, 여러 가지 彩亭子를 세내고. ≪朴諺, 下, 57ㅈ≫你來街坊有賃的驢麽, 이바 거리에 세낼 나귀 잇ᄂᆞ냐. 有錢時那裡沒賃的驢, 돈 이시면 어ᄃᆡ 세낼 나귀 업스리오. ≪朴諺, 下, 57ㅈ≫疾快賃的來, ᄲᆞᆯ리 세내여 오라.

임(臨) 동 ❶임(臨)하다. 직면하다. ⇔님ᄒᆞ다. ≪朴諺, 下, 42ㅎ≫臨明喫和和飯, ᄇᆞᆰ음애 님ᄒᆞ여 온반을 먹드라. ≪朴諺, 下, 43ㅎ≫臨死獨自當, 죽으매 님ᄒᆞ여 홀로 당ᄒᆞ니. ❷임(臨)하다. 다다르다. ⇔다ᄃᆞ라다. ≪朴諺, 下, 1ㅈ≫你臨去時莭(節), 네 갈 빼예 다ᄃᆞ라. ❸임(臨)하다. 도달하다. ⇔임ᄒᆞ다(臨-). ≪朴諺, 上, 31ㅈ≫他京裏臨起身時莭(節), 뎌 셔울셔 起身홀 빼에 臨ᄒᆞ여. ≪朴諺, 中, 44ㅈ≫我每日臨池樓上, 내 每日에 池樓 우희 臨ᄒᆞ여. ≪朴諺, 下, 13ㅈ≫臨窓看書亦看花,

窓에 臨ᄒᆞ여 글을 보고 또 곳출 보쟈.

임구(臨泃) 명 강 이름. 중국 하북성(河北省) 삼하현(三河縣)에 있다. ≪朴諺, 中, 13ㅎ≫到三河縣(集覽, 朴集, 中, 2ㅎ: 三河縣. 在順天府東七十里, 以地近七渡·鮑丘·臨泃〈洵〉三水, 故名. 直隷通州.), 三河縣에 다ᄃᆞ라.

임금(林檎) 명 능금. ≪朴諺, 上, 4ㅎ≫蘋蔢果(集覽, 朴集, 上, 2ㅈ: 蘋蔢果. 似林檎而大者. 飜〈反〉譯名義云, 梵言頻婆果, 此云相思果, 色丹且潤. 質問云, 形如沙果, 其大如梨.), 굴근님금과. 玉黃子, 유황슬고와.

임료(臨了) 명 나중에. 최후에. 결국은. ⇔나죵에. ≪朴諺, 中, 3ㅈ≫我臨了喫了他一道兒, 내 나죵에 뎌의 ᄒᆞᆫ 쇠를 닙어다. ≪朴諺, 中, 47ㅎ≫臨了他也着我道兒, 나죵에 뎌도 내 쇠를 닙어다.

임매(恁每) 대 너희. ⇔너희. ≪集覽, 字解, 單字解, 1ㅈ≫每. 本音上聲, 頻也. 每年, 每一箇. 又平聲, 等輩也, 我每·咱每·俺每 우리. 恁每·你每 너희. 今俗喜用們字.

임사(任事) 동 사무를 맡다. ≪朴諺, 下, 42ㅎ≫仵作(集覽, 朴集, 下, 9ㅈ: 仵作. 吏學指南云, 中人也. 仵者, 偶也, 作者, 任事也.)家, 仵作의 집의.

임수(任誰) 대 아무. 아무든지. 아무나. 누구든지. ⇔아므. ≪朴諺, 上, 37ㅈ≫墻上一箇琵琶任誰不敢拿他, 담 우희 ᄒᆞᆫ 琵琶를 아므도 감히 뎌를 잡디 못ᄒᆞᄂᆞᆫ 거시여.

임시(臨時) 명 미리 정하지 아니하고 그때 그때 필요에 따라 정한 것. ≪朴諺, 上, 7ㅈ≫都着些細料物(集覽, 朴集, 上, 3ㅎ: 細料物. 事林廣記食饌類, 細料物, 官桂·良薑·蓽撥草·豆蔻·陳皮·縮砂仁〈砂仁〉·八角·茴香各一兩, 川椒二兩, 杏仁五兩, 甘草一兩半, 白檀末半兩. 右共爲細末用之. 如欲出路停久用之者, 以水浸, 蒸餅爲丸, 如彈子大, 臨時湯泡用之. 今按, 漢俗謂·탕·슛·고·믈 曰細料物.), 다 져기 ᄀᆞᄂᆞᆫ 교토를 두고. ≪朴諺, 中, 7ㅎ≫你不見這金字圓牌(集覽, 朴集, 中, 1ㅎ: 金字圓牌. 其他泛常勾當, 只許臨時領受, 給降聖旨, 方許給馬.), 네 이 金字圓牌를 보디 못ᄒᆞᄂᆞ다.

임의 부 이미. ❶⇔기(旣). ≪朴諺, 下, 17ㅈ≫旣讀孔聖之書, 임의 孔聖의 書를 닑어시면. ❷⇔이(已). ≪朴諺, 下, 11ㅎ≫孩兒這裏所幹已成完備, 孩兒ㅣ 여긔 ᄒᆞᄂᆞᆫ 배 임의 完備케 되여시니.

임의(任意) 동 일정한 기준이나 원칙 없이 하고 싶은 대로 하다. ≪朴諺, 下, 32ㅎ≫水滑經帶麵(集覽, 朴集, 下, 6ㅈ: 水滑經帶麵. 如此三四次, 微軟和餅劑, 就案上用拗棒拗百餘棒, 多揉數百拳. 至麪性行, 方可搓如指頭大, 新凉水內浸兩時許, 伺麵〈麪〉性行, 方下鍋, 闊〈濶〉細任意做.), 제믈엣 칼국슈와.

임의셔 부 곧. 장차. ❶⇔취(就). ≪朴諺, 上, 23ㅈ≫咱就那一日各自說箇重誓, 우리 임의셔 그 날에 각각 듕ᄒᆞᆫ 밍셔를 닐러. ≪朴諺, 上, 38ㅎ≫就蹄子放血, 임의셔 굽에 피 ᄲᅡ히리라. ≪朴諺, 上, 39ㅈ≫一發就蹄子放血着, ᄒᆞᆫ 번에 임의셔 굽에도 피 ᄲᅡ히라. ≪朴諺, 上, 57ㅈ≫明日就那裏上了墳, ᄂᆡ일 임의셔 게셔 上墳ᄒᆞ고. ≪朴諺, 下, 30ㅈ≫你就饋我掠餝, 네 임의셔 날을 빗 아사 주고려. ❷⇔취변(就便). ≪朴諺, 中, 29ㅈ≫一箇官人就便娶了那媳婦, ᄒᆞᆫ 官人이 임의셔 뎌 媳婦를 聚(娶)ᄒᆞ려 ᄒᆞ니.

임제(臨濟) 명 당대(唐代) 진주(鎭州) 임제원(臨濟院)에서 주석(駐錫)하던 혜조선사 의현(慧照禪師義玄)을 이르는 말. ≪朴諺, 上, 65ㅈ≫法名喚步虛(集覽, 朴集, 上, 15ㅎ: 步虛. 至正丙戌春, 入燕都, 聞南朝有臨濟正脉不斷〈断〉, 可往印可. 盖指臨濟直下雪嵒〈嵓〉嫡孫石屋和尙淸珙也.), 法名을 步虛ㅣ라 브ᄅᆞᄂᆞᆫ 이. ≪朴諺, 上, 65ㅎ≫到江南地面石屋(集覽, 朴集, 上, 16ㅈ: 石屋. 法名淸珙, 號石屋和尙, 臨濟十

八世之嫡孫也.)法名的和尙根底, 江南 싸 石屋이라 法名 ᄒᆞᆫ 즁의손ᄃᆡ 가니.

임지(恁地) 부 이렇게. 그렇게. 이와 같이. 그와 같이. ≪集覽, 字解, 單字解, 3ㅎ≫地. 土也. 田地·土地·地方·地面. 又指當處. 土地之神亦曰土地. 又語助. 坐地. 又恁地, 猶言如此. ≪集覽, 字解, 單字解, 5ㅈ≫恁. 汝也. 亦作您. 又恁地, 猶言如此也.

임진(壬辰) 명 육십갑자의 스물아홉째. ≪朴諺, 下, 41ㅎ≫寫着壬辰年二月朔丙午十二日丁卯, 壬辰年 二月朔 丙午 十二日 丁卯에.

임행(臨幸) 동 임금이 어떤 곳에 거둥하다. ≪朴諺, 上, 59ㅎ≫西湖是從玉泉(集覽, 朴集, 上, 15ㅈ: 玉泉. 宣德年間, 建玉泉亭于其上, 以備臨幸.)裏流下來, 西湖는 이 玉泉으로 조차 흘러ᄂᆞ리ᄂᆞ니.

임회현(臨淮縣) 명 당대(唐代)에 두었다. 소재지는 강소성(江蘇省) 우이현(盱眙縣)의 북서쪽에 있었다. ≪朴諺, 中, 22ㅈ≫起浮居於泗水之間(集覽, 朴集, 中, 5ㅈ: 起浮屠於泗水之間. 神僧傳云, 僧伽大士, 西域人, 姓何氏. 唐龍朔初, 於泗州臨淮縣信義坊, 將建伽藍, 掘得古香積寺銘記并金像一軀, 上有普照王佛字, 遂建寺焉.), 浮居를 泗水ㅅ ᄉᆞ이에 니르혀고.

임ᄒᆞ다(臨-) 동 임(臨)하다. 도달하다. ⇔임(臨). ≪朴諺, 上, 31ㅈ≫他京裏臨起身時節(節), 뎨 셔울셔 起身홀 때에 臨ᄒᆞ여. ≪朴諺, 中, 44ㅈ≫我每日臨池樓上, 내 每日에 池樓 우희 臨ᄒᆞ여. ≪朴諺, 下, 13ㅈ≫臨窓看書亦看花, 窓에 臨ᄒᆞ여 글을 보고 ᄯᅩ 곳출 보쟈.

입 명 입. ⇔구(口). ≪朴諺, 上, 23ㅎ≫說口諂佞, 말ᄒᆞᄂᆞᆫ 입이 諂佞ᄒᆞ여. ≪朴諺, 中, 60ㅈ≫口也順, 입도 슌ᄒᆞ고. ≪朴諺, 下, 40ㅈ≫只少一口氣, 그저 ᄒᆞᆫ 입긔운만 업드라.

입 의 입. ⇔구(口). ≪朴諺, 下, 45ㅈ≫夜飯少一口, 夜飯은 ᄒᆞᆫ 입을 적게 ᄒᆞ면. 活到九十九, 살기를 九十九에 니르다 ᄒᆞ니라.

입(入) 동 ❶들어가다. ⇔드러가다. ≪朴諺, 下, 21ㅎ≫飛入横中, ᄂᆞ라 궷 가온대 드러가. ≪朴諺, 下, 23ㅈ≫跳入油中, 뛰여 기름 가온대 드러가. ≪朴諺, 下, 51ㅈ≫或撑開入這荷國花城, 혹 빅 ᄢᅧ혀 이 荷國花城에 드러가. ❷들이다. 들게 하다. ⇔드리다. ≪朴諺, 上, 22ㅎ≫殺一殺入一入赶一赶扭將去打奴, 주기리 주기고 드리리 드리고 몰 리 모라 에워 가 패 티쟈. ≪朴諺, 中, 35ㅎ≫鑽入裏面, 안히 비븨여 드려. ❸들다[入]. ⇔들다. ≪朴諺, 下, 9ㅎ≫入寺敬三寶, 뎔에 드러는 三寶를 敬ᄒᆞ고. ≪朴諺, 下, 22ㅈ≫入鍋裏, 가마에 드니. ≪朴諺, 下, 36ㅎ≫寸鐵入木九牛之力, 寸鐵이 남게 들매 九牛의 힘이라 ᄒᆞᄂᆞ니라.

입(立) 동 ❶서다. ⇔셔다. ≪朴諺, 中, 43ㅈ≫鑽在爭前立的, 비븨여 앏셔기를 ᄃᆞ토아. ≪朴諺, 中, 48ㅈ≫恰學立的, ᄀᆞᆺ 셔기 비호ᄃᆡ. ≪朴諺, 下, 24ㅈ≫血瀝瀝的腔子立地, 피 ᄠᅳᆺ듣는 몸ᄯᅩᆼ만 ᄡᅡ히 셔고. ≪朴諺, 下, 30ㅎ≫四角頭立地的四箇將軍, 네 모히 셧는 네 將軍이. ≪朴諺, 下, 31ㅎ≫直挺挺的立地, 바로 곳곳이 ᄡᅡ히 셔시니. ≪朴諺, 下, 46ㅎ≫立地赶牛, ᄡᅡ히 셔셔 쇼를 몰면. ≪朴諺, 下, 48ㅈ≫芒兒立在牛背後, 芒兒ㅣ 쇠 뒤히 셔셔. ❷세우다. ⇔셰다. ≪朴諺, 下, 20ㅎ≫靠師傅立的, 師傅의게 의지ᄒᆞ여 셰고.

입(立) 동 세우다. (문서를) 작성하다. ❶⇔셰오다. ≪朴諺, 上, 41ㅎ≫這月初十日立了婚書, 이 ᄃᆞᆯ 초열흘날 婚書을 셰오고. ❷⇔셰우다. ≪朴諺, 上, 54ㅎ≫故立此文契爲用, 짐즛 이 글월을 셰워 ᄡᅳ게 ᄒᆞ엿ᄂᆞ니. ≪朴諺, 中, 9ㅎ≫他的爺娘立與文書來, 제 어버이 文書를 셰워 주어시니. ≪朴諺, 中, 10ㅎ≫故立此文字爲用, 짐즛 이 글월을 셰워 ᄡᅳ게 ᄒᆞ엿ᄂᆞ니. ≪朴諺, 中, 39ㅎ≫故立此賃房文字爲用, 짐즛 이 집 셰내는 글월을 셰워 ᄡᅳ게 ᄒᆞ노라.

입거(入去) 동 ❶들어가다. ⇔드러가다. ≪朴諺, 上, 35ㅎ≫艾氣肚裏入去, 艾氣 빅에 드러가. ≪朴諺, 上, 47ㅎ≫又入去洗一洗, 또 드러가 곰고. ≪朴諺, 中, 1ㅈ≫去時怎麽得入去的, 가면 엇디 드러가료. ≪朴諺, 中, 30ㅈ≫如今便入裏頭去時, 이제 즉시 안희 드러가면. ≪朴諺, 中, 36ㅈ≫怎麽得入去, 엇디 드러가리오. ≪朴諺, 中, 56ㅈ≫咱只這裏跳入去, 우리 그저 예셔 뛰어 드러가쟈. ≪朴諺, 下, 22ㅈ≫入去洗澡, 드러가 모욕곰쟈. ≪朴諺, 下, 23ㅈ≫我如今入去洗澡, 내 이제 드러가 모욕ᄒᆞ리라 ᄒᆞ고. ≪朴諺, 下, 57ㅎ≫你入去說一說, 네 드러가 니ᄅᆞ라. ❷들여보내다. ⇔드려보내다. ≪朴諺, 中, 1ㅈ≫一箇人與他五箇錢時放入去, ᄒᆞᆫ 사ᄅᆞᆷ이 뎌를 다ᄉᆞᆺ 낫 돈을 주면 노하 드려보내ᄂᆞ니라.

입경(入京) 동 서울에 들어가거나 들어오다. ≪朴諺, 中, 25ㅎ≫可知那廝使長的大帽(集覽, 朴集, 中, 6ㅎ: 大帽. 南村輟耕錄云, 胡石塘先生嘗應聘入京, 世皇召見於〈於〉便殿, 趍(趨)進, 不覺笠子欹側.)也做裏, 그리어니 뎌 놈이 使長의 큰갓도 ᄆᆡᆫᄃᆞ니.

입긔운 명 입김. (입에서 나오는 기운) ⇔구기(口氣). ≪朴諺, 下, 40ㅈ≫只少一口氣, 그저 ᄒᆞᆫ 입긔운만 업드라.

입도(入到) 동 들이다. 들여놓다. ⇔드리다. ≪朴諺, 下, 42ㅈ≫請佛入到殯前, 佛을 쳥ᄒᆞ여 殯前에 드리매.

입래(入來) 동 들어오다. ⇔드러오다. ≪朴諺, 上, 57ㅈ≫喫筵席儘晚入城來, 이바디 먹고 잇긋 늣게야 자 안에 드러올 거시니. ≪朴諺, 中, 58ㅎ≫蚊子怎麽得入來, 모긔 엇디 드러오리오. ≪朴諺, 中, 61ㅈ≫有理無錢休入來, 理 이셔도 돈이 업거든 드러오디 말라 ᄒᆞᄂᆞ니라. ≪朴諺, 下, 2ㅎ≫前日三更前後賊入來, 그젓긔 三更은 ᄒᆞ여 도적이 드러와. ≪朴諺, 下, 52ㅈ≫不覺有賊人入來本家東屋內, 賊人이 이셔 本家 東屋 안희 드러오ᄆᆞᆯ ᄭᆡ돗디 못ᄒᆞ여. ≪朴諺, 下, 52ㅎ≫於本家那邉跳墻入來家內, 본집 뎌 편 담을 뛰여 안희 드러와. ≪朴諺, 下, 52ㅎ≫一箇入來屋內, ᄒᆞ나히 집 안희 드러와.

입렴(入斂) 동 시체를 관(棺)에 넣다. ⇔입렴ᄒᆞ다(入斂-). ≪朴諺, 下, 42ㅎ≫多早晩入斂來, 어늬 ᄞᆡ예 入斂ᄒᆞ뇨. 丑時入斂, 丑時에 入斂ᄒᆞ니라.

입렴ᄒᆞ다(入斂-) 동 시체를 관(棺)에 넣다. ⇔입렴(入斂). ≪朴諺, 下, 42ㅎ≫多早晩入斂來, 어늬 ᄞᆡ예 入斂ᄒᆞ뇨. 丑時入斂, 丑時에 入斂ᄒᆞ니라.

입류(入流) 동 구품(九品) 이내의 관계(官階)에 오르다. ≪朴諺, 中, 5ㅎ≫大使(集覽, 朴集, 中, 1ㅈ: 大使. 舘驛有大使一員, 或正九品, 或從九品, 有副使一員, 從九品, 亦有未入流大使·副使. 詳見諸司職掌.)你來, 大使ㅣ아 이바.

입별아(立鼈兒) 명 자라[鼈]가 서 있는 모양으로 만든 주합(酒盒). ≪朴諺, 下, 29ㅈ≫張大, 張大ㅣ아. 你打饋我一箇立鼈兒, 네 날을 ᄒᆞᆫ 立鼈兒와.

입브티다 동 맛을 보다. ⇔구도(口到). ≪朴諺, 中, 17ㅈ≫饋婆婆口到些箇, 婆婆ᄅᆞᆯ 주어 젹이 입브티쇼셔 ᄒᆞ더이다.

입선(入選) 동 뽑히다. 선출되다. 선발되다. ≪朴諺, 上, 41ㅎ≫幾時下紅定(集覽, 朴集, 上, 12ㅈ: 紅定. 晉武帝多簡良家女以充內職, 而自擇美者入選, 則以絳紗繫臂. 鎭軍將軍胡奮女入選, 亦以絳紗繫臂, 故俗謂定婚曰紅定.), 언제 紅定을 드리더뇨.

입성(入城) 동 성 안으로 들어가거나 들어오다. ≪朴諺, 下, 3ㅈ≫西天取經去(集覽, 朴集, 下, 1ㅈ: 西天取經去. 乃以西天去東土十萬八千里之程, 妖恠〈怪〉又多, 諸衆不敢輕諾. 唯南海落伽〈迦〉山觀世音菩薩, 騰雲駕霧往東土去, 遙見長安京兆府, 一道瑞氣衝天, 觀音化作老僧入城.)時莭(節), 西天의 經 가질라 갈 제.

입성(入聖) 동 〈불〉 불도(佛道)를 닦아서

성자(聖者)의 단계에 들어서다. ≪朴諺, 下, 9ㅎ≫入寺敬三寶(集覽, 朴集, 下, 3ㅈ: 三寶. 脫塵異俗, 圓頂方袍, 入聖超凡, 爲衆中尊, 卽僧寶也.), 뎔에 드러는 三寶를 敬ᄒᆞ고.

입성(入聲) 명 한자음 사성(四聲)의 하나. 짧고 빨리 끝나는 소리이다. ≪朴諺, 中, 18ㅎ≫只怕同房人攪撒(集覽, 朴集, 中, 3ㅈ: 攪撒. 攪, 作覺是. 覺字雖入聲, 而凡入聲淸聲〈声〉, 則呼如上聲者多矣. 如角字, 亦或呼如上聲. 記書者以覺撒之, 覺呼爲上聲, 而謂覺字爲入聲, 不可呼如上聲, 故書用攪字耳.)了, 그저 同房 사ᄅᆞᆷ이 알까 저프고.

입성초범(入聖超凡) 동 〈불〉 보통 사람의 경지를 벗어나 성인(聖人)의 경지로 들어가다. ≪朴諺, 下, 9ㅎ≫入寺敬三寶(集覽, 朴集, 下, 3ㅈ: 三寶. 脫塵異俗, 圓頂方袍, 入聖超凡, 爲衆中尊, 卽僧寶也.), 뎔에 드러는 三寶를 敬ᄒᆞ고.

입신(立身) 동 수양하여 도리에 맞게 처신하다. ≪朴諺, 上, 45ㅎ≫立身行道, 立身 行道ᄒᆞ야.

입신행도(立身行道) 동 입신(立身)하여 도를 행하다. ≪朴諺, 上, 45ㅎ≫立身行道, 立身 行道ᄒᆞ야.

입ᄉᆞᄒᆞ다 동 입사(入絲)하다. (그릇 표면에 은사(銀絲)로 장식하다) ⇔감(減). ≪朴諺, 上, 26ㅎ≫鴈翅板上釘着金絲减鐵事件, 둥울 우희 金 입ᄉᆞᄒᆞᆫ 事件을 박앗고. ≪朴諺, 上, 26ㅎ≫銀絲兒獅子頭的花鐙, 銀 입ᄉᆞᄒᆞᆫ 獅子 머리 섭사긴 등ᄌᆞ에. ≪朴諺, 上, 28ㅈ≫銀絲事件, 銀 입ᄉᆞᄒᆞᆫ 事件이오.

입약(立約) 동 기약하다. 언약하여 정하다. ⇔입약ᄒᆞ다(立約-). ≪朴諺, 上, 54ㅈ≫情愿立約於某財主處, 情愿으로 아모 財主 處에 立約ᄒᆞ야.

입약ᄒᆞ다(立約-) 동 기약하다. 언약하여 정하다. ⇔입약(立約). ≪朴諺, 上, 54ㅈ≫情愿立約於某財主處, 情愿으로 아모 財主 處에 立約ᄒᆞ야.

입인(立人) 명 사람인(亻). 한자 부수(部首)의 이름. ≪朴諺, 中, 41ㅎ≫立人傍做弋字便是, 立人 변에 弋字 ᄒᆞᆫ 거시 곳 이라.

입자(笠子) 명 갓. 모자. ≪朴諺, 中, 25ㅎ≫可知那厮使長的大帽(集覽, 朴集, 中, 6ㅎ: 大帽. 南村輟耕錄云, 胡石塘先生嘗應聘入京, 世皇召見於〈於〉便殿, 趍(趨)進, 不覺笠子欹側.)也做裏, 그리어니 뎌 놈이 使長의 큰갓도 ᄆᆡᆫᄃᆞ니.

입좌(入坐) 동 자리에 앉다. 착석(着席)하다. ≪朴諺, 下, 13ㅈ≫上面畫六鶴舞琴(集覽, 朴集, 下, 3ㅈ: 六鶴舞琴. 善惡報應錄云, 江夏郡辛氏沽酒爲業, 有一先生入坐曰, 有好酒飮吾否. 辛飮以巨杯. 明日復來, 如此半載.), 上面에 六鶴舞琴을 그리고.

입중(入衆) 동 〈불〉 도(道)를 깨우친 후 처음으로 총림(叢林)에 들어가 대중과 함께 기거하다. ≪朴諺, 上, 33ㅈ≫披着袈裟(集覽, 朴集, 上, 10ㅈ: 袈裟. 二曰鬱〈欝〉多羅僧, 卽七條也, 此云上着衣也, 入衆時衣, 禮誦齋講時着.), 袈裟 닙고.

입직(入直) 동 입직하다. 숙직하다. 당직 근무하다. ≪朴諺, 上, 27ㅎ≫嵌八寶骨朶(集覽, 朴集, 上, 9ㅈ: 骨朶. 南村輟耕錄云, 國朝有四怯薛中有云都赤, 三日一次輪流入直, 負骨朶於背〈於肩〉, 余究骨朶字義, 嘗記宋景文筆記云, 關中人以腹大爲胍肞, 音孤都, 俗謂杖頭大者亦曰胍肞, 後訛爲骨朶. 朶〈ㅌ〉, 平聲.)雲織金羅比甲, 八寶 ᄢᅵ고 굴근 운문ᄒᆞᆫ 織金 ᄆᆞᆺ 比甲에.

입추(立秋) 명 입추. (이십사절기(二十四節氣)의 하나) ≪朴諺, 上, 16ㅎ≫如今這七月立了秋, 이제 이 七月이니 立秋 ᄒᆞ엿고. 祭了社神(集覽, 朴集, 上, 6ㅈ: 社神. 立春後第〈莭〉五戊爲春社, 立秋後第〈莭〉五戊爲秋社.), 社神ᄭᅴ 祭ᄒᆞ여시니.

입춘(立春) 명 입춘. (이십사절기(二十四節氣)의 하나) ≪朴諺, 上, 16ㅎ≫祭了社

神(集覽, 朴集, 上, 6ㅈ: 社神. 立春後第〈苐〉五戊爲春社, 立秋後第〈苐〉五戊爲秋社.), 社神씌 祭ᄒᆞ여시니. ≪朴諺, 下, 45ㅈ≫宋舍看打春(集覽, 朴集, 下, 9ㅎ: 打春. 東京夢華錄云, 立春前五日, 造土牛·耕夫·犁具, 前一日順天府進農牛入禁中鞭春, 府縣官吏·士庶·耆社, 具鼓樂出東郊迎春, 牛芒神至府前, 各安方位.)去來, 宋개아 닙춘 노롯ᄒᆞᄂᆞᆫ 양 보라 가쟈. ≪朴諺, 下, 45ㅎ≫粧點顔色(集覽, 朴集, 下, 10ㅈ: 粧點顔色. 牛色以立春日爲法, 日干爲頭·角·耳·色, 日支〈支〉爲身色, 納音爲蹄·尾·肚色.), 빗출 ᄭᅮ미고. ≪朴諺, 下, 48ㅈ≫甚時幾刻立春, 아므 ᄢᅢ 현 刻에 立春 ᄒᆞᆫ다 ᄒᆞ면. ≪朴諺, 下, 48ㅈ≫放一堆灰(集覽, 朴集, 下, 10ㅎ: 放一堆灰. 立春之日, 以葭莩灰實〈宲〉律之端, 氣至則灰飛.), ᄒᆞᆫ 무둑 ᄌᆡ롤 노흐면.

입한(立限) 동 기한을 정하다. ≪集覽, 字解, 單字解, 6ㅈ≫典. 凡人或缺少口粮, 或遇事用錢者, 以物折直, 立限賣與人爲質而求錢取用. 至限償還其直取物而還也. 律條疏議云, 以價易去, 而原價取贖曰典.

입힐홈ᄒᆞ다 동 입다툼하다. 말다툼하다. ⇔합구(合口). ≪朴諺, 上, 22ㅈ≫要甚麽合口, 므슴아라 입힐홈ᄒᆞ리오. ≪朴諺, 下, 16ㅈ≫那廝急性便合口廝打, 뎌 놈이 셩이 급ᄒᆞ여 곳 입힐홈ᄒᆞ여 싸홧더니.

잇거져ᄒᆞ다 형 많이 있다. 숱하다. 얼마든지 있다. ⇔유적시(有的是). ≪朴諺, 上, 29ㅎ≫有的是猠皮裏, 잇거져ᄒᆞᆫ 猠皮에. ≪朴諺, 中, 58ㅎ≫有的是裏, 잇거져ᄒᆞᆫ 거시 이라.

잇글다 동 이끌다. ⇔견(牽). ≪朴諺, 下, 57ㅈ≫牽將來鞴了也, 잇그러 와 기르마 지어다.

잇긋 부 느긋하게. 만족히. ❶⇔도(到). ≪朴諺, 上, 21ㅈ≫那不會說話的頭口們喂不到, 뎌 말 못ᄒᆞᄂᆞᆫ 즘승들흘 먹이기롤 이긋 못ᄒᆞ니. ≪朴諺, 中, 4ㅈ≫十箇絹練的熟到着, 열 필 깁을 누우기롤 닉게 잇긋 ᄒᆞ라. ≪朴諺, 中, 4ㅈ≫改染做桃紅碾到着, 고텨 桃紅 드려 다둠기롤 잇긋 ᄒᆞ라. ≪朴諺, 中, 26ㅎ≫那頭盔好瞧到了時, 뎌 ᄃᆡ우롤 ᄀᆞ장 ᄢᅦ기롤 잇긋 ᄒᆞ고. ❷⇔직(直). ≪朴諺, 下, 14ㅎ≫直是人定時分纔下馬, 잇긋 人定 ᄢᅢ예 ᄀᆞᆺ 물을 ᄂᆞ리ᄂᆞ니라. ≪朴諺, 下, 42ㅈ≫直念到明, 잇긋 念홈을 ᄇᆞᆰ으매 다ᄃᆞᆺ게 ᄒᆞ고. ❸⇔진(儘). ≪朴諺, 上, 57ㅈ≫喫筵席儘晩入城來, 이바디 먹고 잇긋 늣게야 자 안에 드러올 거시니. ≪朴諺, 中, 3ㅈ≫這櫃子多直的一兩銀儘勾也, 이 櫃 만히 싸야 ᄒᆞᆫ 냥 銀이 잇긋 유여ᄒᆞ거늘. ≪朴諺, 下, 13ㅎ≫儘勾也, 잇긋 유여ᄒᆞ다. ≪朴諺, 下, 27ㅎ≫看銀子買了儘勾了, 은을 보라 사기ᄂᆞᆫ 잇긋 유여호ᄃᆡ. ≪朴諺, 下, 33ㅎ≫咱各自儘飽喫, 우리 각각 잇긋 ᄇᆡ블리 먹쟈.

잇긋ᄒᆞ다 동 느긋하게 하다. 만족하게 하다. ⇔진(儘). ≪朴諺, 上, 49ㅈ≫咱各自用心儘氣力射, 우리 각각 用心ᄒᆞ야 氣力을 잇긋ᄒᆞ야 뽀쟈. ≪朴諺, 上, 58ㅈ≫你自儘一儘, 네 손ᄌᆞ 잇긋ᄒᆞ라.

잇다 형 있다. ❶⇔유(有). ≪集覽, 字解, 單字解, 1ㅈ≫還. 猶尙也, 再也. 還有多少 당시론 언메나 잇ᄂᆞ뇨. ≪集覽, 字解, 單字解, 2ㅈ≫阿. 俗音하. 阿的, 猶言此也. 又語助辭. 有阿沒 잇ᄂᆞ녀 업스녀. 皆元朝之語. ≪集覽, 字解, 單字解, 4ㅎ≫便. 去聲, 卽也. 便行 즉재 가니라, 便去 즉재 가리라, 又즉재 가다. 又則也. 便有 곧 잇다, 便是 곧 올ᄒᆞ니라. ≪朴諺, 上, 3ㅈ≫勘合有了不曾, 勘合이 잇ᄂᆞᆫ가 못ᄒᆞ엿ᄂᆞᆫ가. ≪朴諺, 上, 12ㅎ≫那裏有二十里地來, 어ᄃᆡ 二十里 ᄶᅡ히 잇ᄂᆞ뇨. ≪朴諺, 上, 24ㅈ≫有官司灾難, 官司 灾難이 잇거든. ≪朴諺, 上, 34ㅎ≫你那裏有來, 네 어ᄃᆡ 잇드다. ≪朴諺, 上, 46ㅈ≫我家裏書信有麽, 우리 집 書信이 잇ᄂᆞ냐. ≪朴諺, 中, 2ㅈ≫有呈諸般把戲的那, 여러 가지 노롯 뎡ᄒᆞᄂᆞᆫ 이 잇ᄂᆞ냐. ≪朴諺, 中, 11ㅈ≫車輛都有麽, 車輛이 다 잇ᄂᆞ냐. ≪朴諺,

中, 23ㅎ≫百姓有安祥之慶, 百姓이 安祥흔 慶이 잇도다. 若人有難, 만일 사름이 어려옴이 잇거든. ≪朴諺, 中, 32ㅎ≫有崔崔巍巍棧道, 崔崔 巍巍흔 棧道ㅣ 잇고. ≪朴諺, 中, 45ㅎ≫替的官人有麽, 테딕홀 官人이 잇느냐. 有了, 잇느니라. ≪朴諺, 下, 5ㅈ≫你有泥鏝·泥托麽, 네게 흙손과 흙밧기 잇느냐. ≪朴諺, 下, 11ㅈ≫有人來時, 사름 오리 잇거든. ≪朴諺, 下, 19ㅎ≫你有何寃讎, 네 므슴 寃讐ㅣ 잇다 흐느뇨. ≪朴諺, 下, 25ㅈ≫燒子珠兒好的有麽, 구은구슬 됴흐니 잇느냐. ≪朴諺, 下, 38ㅎ≫有甚麽氣像, 므슴 氣像이 잇더뇨. ≪朴諺, 下, 43ㅎ≫三寸氣在千般有, 三寸氣ㅣ 이시매 쳔 가지나 잇다가. ≪朴諺, 下, 55ㅎ≫有甚暗記沒印, 아모란 ㄱ만흔 보람이 잇고 인은 업느니. ❷⇔재(在). ≪朴諺, 上, 3ㅎ≫在那裏拿來我看, 어딕 잇느뇨 가져오라 내 보쟈. ≪朴諺, 上, 31ㅈ≫誆惑人東西不在家, 사름의 것 소기노라 집의 잇디 아니흐니. ≪朴諺, 上, 52ㅈ≫小人每日不在家, 小人이 每日에 집의 잇디 아니흐니. ≪朴諺, 上, 57ㅈ≫咱官人在那裏, 우리 官人이 어딕 잇느뇨. ≪朴諺, 中, 5ㅈ≫我們都在這裏, 우리 다 여긔 잇노라. ≪朴諺, 中, 35ㅎ≫看東西在那裏時, 자븐거시 아므 딕 잇는 줄을 보아. ≪朴諺, 中, 47ㅎ≫老實常在, 고디식흐니는 덧덧이 잇고. ≪朴諺, 中, 49ㅎ≫死不在老少, 죽기 老少에 잇디 아니흐니라. ≪朴諺, 下, 24ㅈ≫頭落在地上, 머리 뻐러뎌 싸히 잇더니. ≪朴諺, 下, 57ㅎ≫我相公不在家, 우리 相公이 집의 잇디 아니흐다. ≪朴諺, 下, 58ㅈ≫沈先生在門前裡, 沈先生이 문 앏픠 잇느이다. ≪朴諺, 下, 61ㅈ≫逃走在山裏, 도망흐야 山의 잇더니. ❸⇔착(着). ≪朴諺, 上, 51ㅎ≫小人在那東角頭堂子間壁下着裏, 小人이 뎌 동녁 모롱이 堂子ㅅ 보름을 스이흐여 브리워 잇노라.

잇쓸다 동 이끌다. ⇔견(牽). ≪朴諺, 上, 39ㅈ≫慢慢的牽將去, 날회여 잇쓰러 가.

-ㅣ 조 ❶-가. ≪朴諺, 上, 1ㅈ≫當今聖主, 當今에 聖主ㅣ. ≪朴諺, 上, 19ㅎ≫那珠兒多大小, 뎌 진쥬ㅣ 크기 언메나 흐뇨. ≪朴諺, 上, 24ㅈ≫那一箇有喜事便去慶賀, 아모나 흐나히 喜事ㅣ 잇거든 곳 가 慶賀흐고. ≪朴諺, 上, 45ㅎ≫如今國家行仁義重詩書, 이제 國家ㅣ 仁義를 行흐고 詩書를 重히 너기니. ≪朴諺, 上, 49ㅎ≫你姐姐曾幾時喫粥來, 네 姐姐ㅣ 일즙 언제브터 쥭을 먹느뇨. ≪朴諺, 上, 60ㅎ≫兩閣中間有三叉石橋, 두 집 스이에 세 가래 石橋ㅣ 이시니. ≪朴諺, 中, 12ㅎ≫你說我地面裏的田禾如何, 네 닐으라 우리 짜히 田禾ㅣ 엇더흐더뇨. ≪朴諺, 中, 25ㅎ≫徐五的徒弟李大, 徐五의 뎨시 李大ㅣ. ≪朴諺, 中, 39ㅈ≫鋪面周圍幾十間, 鋪面 周圍ㅣ 幾十間이오. ≪朴諺, 中, 46ㅎ≫王千戶打背後來, 王千戶ㅣ 뒤흐로셔 와. ≪朴諺, 中, 53ㅈ≫上位賞了一百錠鈔兩表裏段子, 上位ㅣ 一百 錠鈔와 두 안밧 비단을 샹흐시니라. ≪朴諺, 中, 59ㅈ≫那寃家們打鬪蓢(節)時, 뎌 寃家ㅣ 쇼쳥흐니. ≪朴諺, 下, 10ㅈ≫師傅道, 師傅ㅣ 닐오딕. ≪朴諺, 下, 11ㅈ≫前者姐夫去時, 前에 姐夫ㅣ 갈 제. ≪朴諺, 下, 19ㅎ≫你有何寃讎, 네 므슴 寃讐ㅣ 잇다 흐느뇨. ≪朴諺, 下, 24ㅎ≫先生變做老虎赶, 先生이 변흐여 老虎ㅣ 되여 쪼로거늘. ≪朴諺, 下, 43ㅎ≫三寸氣在千般有, 三寸 氣ㅣ 이시매 쳔 가지나 잇다가. 一日無常萬事休, 一日에 常이 업스면 萬事ㅣ 休흐느니라. ≪朴諺, 下, 56ㅎ≫小子近日聽得, 小子ㅣ 요스이 드르니. ≪朴諺, 下, 60ㅈ≫娘子柳氏出來說道, 娘子 柳氏ㅣ 나와 닐오딕. ❷-와. ≪朴諺, 中, 23ㅈ≫身瑩瓊瓌, 몸은 瓊瓌ㅣ ㄱ티 몱고. ❸-에. ≪朴諺, 中, 14ㅈ≫到通州賣了多一半兒, 通州ㅣ 다드라 반남아 풀고. ❹-의. ≪朴諺, 中, 10ㅈ≫神奴來歷不明, 神奴ㅣ 來歷이 不明흐거나.

-ㅣ게 조 -에게. ≪朴諺, 下, 49ㅈ≫忽跳上牛去, 믄득 쇠게 뛰여 올라.

-ㅣ라 조 ❶-이라. -라. ≪朴諺, 上, 1ㅈ≫人生一世草生一秋, 人生 一世ㅣ오 草生一秋ㅣ라. ≪朴諺, 上, 33ㅈ≫你是佛家弟子, 너는 이 佛家 弟子ㅣ라. ≪朴諺, 中, 10ㅎ≫引進人某, 引進흔 사름 아모ㅣ라. ≪朴諺, 中, 39ㅎ≫引進人某, 引進흔 사름 아모ㅣ라. ≪朴諺, 下, 8ㅈ≫那壇主是高麗師傅, 뎌 壇主는 이 高麗ㅅ 師傅ㅣ라. ≪朴諺, 下, 53ㅈ≫告状人某, 告狀흔 사름 아뫼라. ❷-이라. -이라고. ≪朴諺, 中, 9ㅎ≫今將親生孩兒小名喚神奴, 이제 親生흔 아희 小名을 神奴ㅣ라 브르고. ≪朴諺, 中, 27ㅈ≫小名喚李大舍, 小名을 李大舍ㅣ라 브르는이. ≪朴諺, 中, 52ㅎ≫小名喚許瘦兒, 小名을 許瘦児ㅣ라 흐리. ≪朴諺, 下, 46ㅈ≫吗做芒兒, 브르기를 芒兒ㅣ라 흐고. ≪朴諺, 下, 58ㅈ≫葛教授探先生來裡, 葛教授ㅣ라 흐리 先生을 보라 왓느니라. ≪朴諺, 下, 61ㅈ≫國號高麗, 國號를 高麗ㅣ라 흐고.

-ㅣ라도 조 -이라도. -라도. ≪朴諺, 中, 55ㅈ≫三四十箇手帕也遞不匀, 셜마은 手帕ㅣ라도 드리기 유여티 못흐리라.

-ㅣ란 조 -이라는. ≪朴諺, 上, 30ㅎ≫李小兒那厮, 李小児ㅣ란 뎌 놈을.

-ㅣ러뇨 조 -이더냐. ≪朴諺, 中, 52ㅎ≫是誰家的牢子, 이 뉘 짓 牢子ㅣ러뇨.

-ㅣ러라 조 -이더라. ≪朴諺, 上, 28ㅎ≫珠結子的蓋兒野狗尾子罕荅哈, 구슬로 믹자 씬 여ᄋ 꼬리 罕荅哈ㅣ러라. ≪朴諺, 上, 28ㅎ≫眞箇是好男兒, 진짓 이 好男児ㅣ러라. ≪朴諺, 中, 52ㅎ≫跟張総兵使的牢子, 張総兵을 뚤와 브리이는 牢子ㅣ러라.

-ㅣ로다 조 -이로다. -로다. ≪朴諺, 上, 23ㅎ≫好意思, 됴흔 意思ㅣ로다. ≪朴諺, 上, 37ㅎ≫這箇是櫻桃, 이거슨 이 櫻桃ㅣ로다. ≪朴諺, 上, 38ㅈ≫這箇是藥刀, 이거슨 이 藥刀ㅣ로다. ≪朴諺, 中, 17ㅈ≫好意思好意思, 됴흔 意思ㅣ로다 됴흔 意思ㅣ로다. ≪朴諺, 下, 22ㅈ≫大仙說是一顆桃, 大仙이 닐오딕 이 흔 낫 복셩홰로다.

-ㅣ리오 조 -겠느냐. ≪朴諺, 下, 38ㅈ≫甚麼長行馬, 므슴 長行馬ㅣ리오.

-ㅣ면 조 -이면. ≪朴諺, 中, 24ㅈ≫一失人身後, 흔 번 사름의 몸을 일흔 後ㅣ면.

-ㅣ아 조 -이야. -야. ≪朴諺, 上, 43ㅎ≫姐姐不要說, 姐姐ㅣ아 닐ᄋ디 말라. ≪朴諺, 上, 44ㅈ≫多謝姐姐, 多謝흐노라 姐姐ㅣ아. ≪朴諺, 上, 51ㅎ≫好大舍, ᄆ음 됴흔 大舍ㅣ아. ≪朴諺, 上, 52ㅈ≫大舍休怪, 大舍ㅣ아 허믈 말라. ≪朴諺, 上, 57ㅎ≫八舍你却那裏去, 八舍ㅣ아 네 쏘 어딕 가는다. ≪朴諺, 上, 59ㅎ≫揮使你曾到西湖(景來麽, 揮使ㅣ아 네 일즙 西湖ㅅ 景에 갓든다. ≪朴諺, 中, 5ㅎ≫大使你來, 大使ㅣ아 이바. ≪朴諺, 中, 6ㅈ≫廚子你來, 廚子ㅣ아 이바. ≪朴諺, 中, 17ㅎ≫姐姐我看上你, 姐姐ㅣ아 내 너를 보니. ≪朴諺, 中, 49ㅈ≫姐姐來, 姐姐ㅣ아 오라. ≪朴諺, 中, 56ㅈ≫我兒你來, 我兒ㅣ아 이바. ≪朴諺, 下, 2ㅎ≫長老的佛像鑄了麽, 長老ㅣ아 佛像을 디웟는다. ≪朴諺, 下, 3ㅈ≫罷罷師傅善因不滅, 두어 두어 師傅ㅣ아 善因은 滅티 아니흐느니. ≪朴諺, 下, 4ㅎ≫師傅你也休忙, 師傅ㅣ아 너도 밧바 말고. ≪朴諺, 下, 29ㅈ≫張大, 張大ㅣ아. ≪朴諺, 下, 33ㅎ≫過賣你這飯, 過賣ㅣ아 네 이 밥을. ≪朴諺, 下, 34ㅈ≫那箇新來的崔舍, 뎌 새로 온 崔개아. ≪朴諺, 下, 43ㅎ≫咳春奴, 애 春奴ㅣ아. ≪朴諺, 下, 45ㅈ≫宋舍看打春去來, 宋개아 닙춘 노롯흐는 양 보라 가쟈.

-ㅣ야 조 -이야. -야. ≪朴諺, 上, 39ㅈ≫張五你饋我醫馬骨眼, 張五ㅣ야 네 나를 ᄆᆞᆯ 눈에 치 고텨 주고. ≪朴諺, 上, 63ㅎ≫咱從今已後, 우리 이제로브터 已後ㅣ야.

-ㅣ오 조 -이오. -요. ≪朴諺, 上, 4ㅈ≫菜蔬, 菜蔬ㅣ오. ≪朴諺, 上, 7ㅈ≫第五道五軟三下鍋, 第五道는 五軟三下鍋ㅣ오. ≪朴諺, 上, 28ㅈ≫藍斜皮邉兒的座兒, 藍

斜皮로 邉兒 ᄒᆞᆫ 座兒ㅣ오. ≪朴諺, 下, 31ㅎ≫這的擎天白玉柱, 이ᄂᆞᆫ 하늘을 바텽ᄂᆞᆫ 白玉柱ㅣ오.

-ᄋᆞ- 매개모음 -으-. ≪集覽, 字解, 單字解, 4ㅎ≫討. 求也, 探也. 討去 어ᄃᆞ라 가다, 討債去 빋 주니 바ᄃᆞ라 가다, 討價錢 빋 받다. 又本國傳習之解曰 빋 쇠오다, 亦通. ≪集覽, 字解, 單字解, 5ㅈ≫隨. 從也. 隨你 네 ᄆᆞᅀᆞ모로, 隨喜 구경ᄒᆞ다, 隨從 조ᄎᆞ니. 吏語, 根隨 졷다. ≪朴諺, 上, 19ㅎ≫把甚麽去儅, 므서ᄉᆞ로 가 뎐당ᄒᆞ려 ᄒᆞᄂᆞᆫ다. ≪朴諺, 上, 25ㅈ≫衫兒·袴兒·褁肚等裏衣且休說, 젹삼·고의·褁肚 等 속옷으란 아직 닐ᄋᆞ디 말려니와. ≪朴諺, 上, 36ㅈ≫你說我猜, 네 닐ᄋᆞ라 내 알마. ≪朴諺, 上, 54ㅈ≫今爲缺錢使用, 이제 돈 ᄲᅳᆯ 것 업ᄉᆞᄆᆞᆯ 위ᄒᆞ여. ≪朴諺, 上, 63ㅎ≫我的帖裏怎麽赶上你的綉帖裏, 내 텰릭이 엇디 네 슈텰릭에 미ᄎᆞ리오. ≪朴諺, 中, 2ㅈ≫好看的甚麽沒, 보기 됴흔 거시 므서시 업ᄉᆞ리오. 我沒零錢怎麽好, 내 ᄲᅳᆫ돈이 업ᄉᆞ니 엇디 ᄒᆞ여야 됴흐료. ≪朴諺, 中, 9ㅈ≫沒一點非理害民, 一點도 非理로 害民홈이 업ᄉᆞ니. ≪朴諺, 中, 33ㅈ≫沿山沿峪隨喜那景致去來, 山을 조ᄎᆞ며 골을 조차 뎌 景致ᄅᆞᆯ 구경ᄒᆞ라 가쟈. ≪朴諺, 中, 46ㅎ≫休那般道, 뎌리 닐ᄋᆞ디 말라. ≪朴諺, 下, 1ㅈ≫着菖蒲末兒撒的匀了着, 菖蒲 ᄀᆞᄅᆞ로 ᄲᅳ리기ᄅᆞᆯ 고로게 ᄒᆞ고. ≪朴諺, 下, 10ㅈ≫道罷, 니ᄅᆞ기ᄅᆞᆯ ᄆᆞᄎᆞ매. ≪朴諺, 下, 20ㅈ≫說罷, 닐ᄋᆞ기ᄅᆞᆯ ᄆᆞᄎᆞ매. ≪朴諺, 下, 26ㅈ≫只與我二兩沒利錢, 그저 날을 두 냥을 주어도 니쳔이 업ᄉᆞ니. ≪朴諺, 下, 34ㅎ≫不濟事, 쇽졀업ᄉᆞ니. ≪朴諺, 下, 43ㅎ≫一日無常萬事休, 一日에 常이 업ᄉᆞ면 萬事ㅣ 休ᄒᆞᄂᆞ니라. ≪朴諺, 下, 57ㅈ≫咳沒頭口却怎的好, 애 즘승이 업ᄉᆞ니 엇디ᄒᆞ여 됴흐료. ≪朴諺, 下, 61ㅎ≫小子沒甚麽鄕產與先生, 小子ㅣ 아므란 鄕產을 先生ᄭᅴ 줄 ᄶᅥ시 업ᄉᆞ니.

-ᄋᆞ니 어미 -으니. ≪集覽, 字解, 單字解, 5ㅈ≫隨. 從也. 隨你 네 ᄆᆞᅀᆞ모로, 隨喜 구경ᄒᆞ다, 隨從 조ᄎᆞ니. 吏語, 根隨 졷다. ≪朴諺, 上, 55ㅎ≫沒本事, 직죄 업ᄉᆞ니. ≪朴諺, 中, 9ㅈ≫沒一點非理害民, 一點도 非理로 害民홈이 업ᄉᆞ니. ≪朴諺, 中, 37ㅎ≫我再沒高的了, 내게 ᄯᅩ 노프니 업ᄉᆞ니. ≪朴諺, 中, 45ㅎ≫又沒過犯, ᄯᅩ 過犯이 업ᄉᆞ니. ≪朴諺, 中, 46ㅈ≫是大前日箇, 올ᄒᆞ니 긋그제. ≪朴諺, 下, 2ㅈ≫我聞了臊氣, 내 노린내ᄅᆞᆯ 맛ᄐᆞ니. ≪朴諺, 下, 7ㅈ≫我罵他, 내 뎌ᄅᆞᆯ ᄭᅮ지ᄌᆞ니. ≪朴諺, 下, 21ㅈ≫大仙鼻凹裏放了, 大仙의 콧굼긔 노ᄒᆞ니. ≪朴諺, 下, 26ㅈ≫只與我二兩沒利錢, 그저 날을 두 냥을 주어도 니쳔이 업ᄉᆞ니. ≪朴諺, 下, 34ㅎ≫不濟事, 쇽졀업ᄉᆞ니. ≪朴諺, 下, 57ㅈ≫咳沒頭口却怎的好, 애 즘승이 업ᄉᆞ니 엇디ᄒᆞ여 됴흐료. ≪朴諺, 下, 60ㅎ≫咱婦人家也聽的這衆人之言, 우리 婦人도 이 衆人의 말을 드ᄅᆞ니. ≪朴諺, 下, 61ㅎ≫小子沒甚麽鄕產與先生, 小子ㅣ 아므란 鄕產을 先生ᄭᅴ 줄 ᄶᅥ시 업ᄉᆞ니. ≪朴諺, 下, 62ㅈ≫這的便是, 이 곳 올ᄒᆞ니.

-ᄋᆞ니라 어미 -으니라. ≪朴諺, 下, 39ㅎ≫天下沒雙, 天下에 雙이 업ᄉᆞ니라. ≪朴諺, 下, 51ㅈ≫漁翁之味萬無迭, 漁翁의 마ᄉᆞᆫ 만 가지도 迭ᄒᆞᆫ 거시 업ᄉᆞ니라.

-ᄋᆞ디 어미 -으지. ≪朴諺, 上, 25ㅈ≫衫兒·袴兒·褁肚等裏衣且休說, 젹삼·고의·褁肚 等 속옷으란 아직 닐ᄋᆞ디 말려니와.

-ᄋᆞ라 어미 ❶-으라. ≪朴諺, 中, 33ㅈ≫聽的賣菜子的過去麽, ᄃᆞᄅᆞ라 ᄂᆞᄆᆞᆯ ᄡᅵ 폴 리 디나가ᄂᆞ냐. ≪朴諺, 下, 9ㅎ≫你聽我說與你, 네 ᄃᆞᄅᆞ라 내 너ᄃᆞ려 니ᄅᆞ마. ≪朴諺, 下, 27ㅎ≫坐的哥, 안ᄌᆞ라 형아. ≪朴諺, 下, 53ㅎ≫你聽我念, 네 ᄃᆞᄅᆞ라 내 念ᄒᆞ마. ≪朴諺, 下, 58ㅈ≫請坐, 쳥ᄒᆞ노니 안ᄌᆞ라. ≪朴諺, 下, 61ㅎ≫先生且坐一坐, 先生은 아직 안ᄌᆞ라. ❷-으러. ≪集覽, 字解, 單字解, 4ㅎ≫討. 求也, 探也. 討去 어ᄃᆞ라 가다, 討債去 빋 주니 바ᄃᆞ라 가

다, 討價錢 빋 받다. 又本國傳習之解曰 빋 쇠오다, 亦通.

-ᄋᆞ로 어미 -으로. ≪朴諺, 上, 19ㅎ≫把甚麽去儅, 므서ᄉᆞ로 가 뎐당ᄒᆞ려 ᄒᆞᄂᆞ다.

-ᄋᆞ리라 어미 -으리라. ≪朴諺, 下, 58ㅈ≫主人先行客従之, 主人이 몬져 힝ᄒᆞ여든 客이 조ᄎᆞ리라.

-ᄋᆞ리오 어미 -으리오. ≪朴諺, 上, 63ㅎ≫我的帖裏怎麽赶上你的綉帖裏, 내 텰릭이 엇디 네 슈텰릭에 미ᄎᆞ리오.

-ᄋᆞ매 어미 -으매. ≪朴諺, 下, 10ㅈ≫道罷, 니ᄅᆞ기를 ᄆᆞᄎᆞ매. ≪朴諺, 下, 20ㅈ≫說罷, 닐ᄋᆞ기를 ᄆᆞᄎᆞ매. ≪朴諺, 下, 60ㅎ≫百姓們聽的歡喜無盡, 百姓들이 드ᄅᆞ매 歡喜호미 無盡ᄒᆞ야.

-ᄋᆞ며 어미 -으며. ≪朴諺, 中, 33ㅈ≫沿山沿峪隨喜那景致去來, 山을 조ᄎᆞ며 골을 조차 뎌 景致를 구경ᄒᆞ라 가쟈.

-ᄋᆞ면 어미 -으면. ≪朴諺, 上, 39ㅈ≫沒馬時怎麽過, ᄆᆞᆯ이 업ᄉᆞ면 엇디 디내리오. ≪朴諺, 上, 43ㅎ≫沒有五六錢銀子, 다엿 돈 은이 업ᄉᆞ면. ≪朴諺, 上, 54ㅈ≫如至日無錢歸還, 만일 날이 다ᄃᆞ라 갑흘 돈이 업ᄉᆞ면. ≪朴諺, 上, 54ㅎ≫如借錢人無物准與, 만일 돈 쑨 사ᄅᆞᆷ이 准與ᄒᆞᆯ 쳐시 업ᄉᆞ면. ≪朴諺, 下, 5ㅈ≫沒家事時筭甚麽泥水匠, 연장이 업ᄉᆞ면 므슴 泥匠이라 혜리오. ≪朴諺, 下, 43ㅎ≫三寸氣在千般有, 三寸 氣ㅣ 이시매 쳔 가지나 잇다가. 一日無常萬事休, 一日에 常이 업ᄉᆞ면 萬事ㅣ 休ᄒᆞᄂᆞ니라. ≪朴諺, 下, 45ㅎ≫你自聽我說, 네 스스로 내 니ᄅᆞᆷ을 드ᄅᆞ면.

-ᄋᆞ쇼셔 어미 -으소서. ≪朴諺, 下, 11ㅈ≫身巳(已)安樂不湏(須)憂念, 몸이 安樂ᄒᆞ니 모로미 憂念티 마ᄅᆞ쇼셔.

-ᄋᆞᆫ 어미 ❶-는. ≪朴諺, 下, 52ㅈ≫某村住某人, 아모 촌에 사ᄂᆞᆫ 아뫼. 年幾無病, 나히 현이오 병 업ᄉᆞᆫ 이라. ❷-은. ≪朴諺, 上, 25ㅎ≫江西十分上等眞結綜(棕)帽兒上, 江西 ᄀᆞ쟝 上等에 진짓 綜(棕)으로 ᄆᆡ존 갓 우희. ≪朴諺, 上, 49ㅈ≫饋你濟機(集覽, 朴集, 上, 13ㅈ: 濟機. 音義云, ·ᄈᆞᆯ로 ᄆᆡᆼ·ᄀᆞ·론〈ᄆᆡᆼ근〉 혈거피 ·ᄀᆞ·ᄐᆞᆫ 것. 今按, 漢人或牛角或鹿角爲之, 形如環, 着於拇指, 亦所以鉤〈所以鉤〉弦開弓.), 너를 각지를 주마. ≪朴諺, 上, 56ㅈ≫眞箇是好馬麽, 진실로 됴ᄒᆞᆫ ᄆᆞᆯ이랏다. ≪朴諺, 中, 13ㅈ≫圍着一箇西京來的載黃豆的船, ᄒᆞᆫ 西京으로셔 오ᄂᆞᆫ 黃豆 시른 ᄇᆡ를 에오고. ≪朴諺, 中, 53ㅈ≫休道是偌多鈔錠段子, 이 만ᄒᆞᆫ 鈔錠과 비단을 니ᄅᆞ디 말라. ≪朴諺, 下, 14ㅈ≫軟肉薄餅喫了, 軟肉 소 녀ᄒᆞᆫ 薄餅을 먹고. ≪朴諺, 下, 31ㅎ≫燈盞也似兩隻眼, 등잔 ᄀᆞᄐᆞᆫ 두 눈에. ≪朴諺, 下, 61ㅎ≫張編修有此好文官, 張編修ㅣ 이 됴ᄒᆞᆫ 文官을 두엇다.

-ᄋᆞᆫ 조 -은. ≪朴諺, 上, 29ㅎ≫老實價錢, 고디식ᄒᆞᆫ 갑ᄉᆞᆫ. ≪朴諺, 上, 36ㅎ≫白日去黑夜來, 나즌 가고 밤은 오ᄂᆞᆫ 거시여. ≪朴諺, 中, 4ㅈ≫這肉紅婦人搭忽表兒, 이 肉紅빗체 婦人의 더그레 것ᄎᆞᆫ. ≪朴諺, 中, 23ㅈ≫面圓璧月, ᄂᆞᆺᄎᆞᆫ 壁(璧)月ᄀᆞ티 두렷ᄒᆞ고. ≪朴諺, 下, 1ㅎ≫這的是恠不的人, 이거ᄉᆞᆫ 이 사ᄅᆞᆷ도 허믈 못ᄒᆞ고. ≪朴諺, 下, 26ㅈ≫這的八成銀, 이거ᄉᆞᆫ 八成銀이니. ≪朴諺, 下, 40ㅎ≫畫虎畫皮難畫骨, 범을 그리매 가족은 그려도 쎠 그리기 어렵고. 知人知面不知心, 사ᄅᆞᆷ을 알매 ᄂᆞᆺᄎᆞᆫ 아라도 ᄆᆞᄋᆞᆷ은 아디 못ᄒᆞᆫ다 ᄒᆞᄂᆞ니라. ≪朴諺, 下, 51ㅈ≫漁翁之味萬無迭, 漁翁의 마ᄉᆞᆫ 만 가지도 迭ᄒᆞᆫ 거시 업ᄉᆞ니라.

-ᄋᆞᆯ 조 -을. ≪集覽, 字解, 單字解, 1ㅈ≫待. 擬要也 ᄒᆞ마 그리 호려 ᄒᆞ다라. 又欲也. 待賣幾箇馬去 여러 ᄆᆞᄅᆞᆯ ᄑᆞᆯ오져 ᄒᆞ야 가노라. ≪集覽, 字解, 單字解, 1ㅎ≫安. 安鍋兒 가마 거다. 又安下 사ᄅᆞ미 자리 븓다. 又吏語, 安揷 사ᄅᆞᄆᆞᆯ 안졉ᄒᆞ게 ᄒᆞ다. ≪朴諺, 上, 8ㅎ≫往那箇地面裏去, 어ᄂᆡ 짜ᄒᆞᆯ 향ᄒᆞ여 가ᄂᆞ뇨. ≪朴諺, 上, 22ㅈ≫咱賭甚麽, 우리 므서슬 더ᄂᆞ료. ≪朴諺, 上, 30ㅈ≫沒來由胡討價錢怎麽, 쇽졀

업시 간대로 갑슬 꾀옴은 엇디오. ≪朴諺, 上, 35ㅈ≫將那草梢兒, 뎌 플 긋틀다가. ≪朴諺, 上, 64ㅎ≫說賣的價錢, 폴 갑슬 니ᄅᆞ라. ≪朴諺, 中, 4ㅈ≫商(商)量染錢着, 믈갑슬 혜아리쟈. ≪朴諺, 中, 27ㅎ≫將豆子來大的明眞珠一百顆來儅, 콩만치 큰 ᄇᆞᆯ근 眞珠 一百 낫츨 가져다가 뎐당ᄒᆞ거늘. ≪朴諺, 中, 46ㅎ≫命來鐵也爭光, 命이 오면 쇠도 비츨 ᄃᆞ토고. ≪朴諺, 下, 1ㅈ≫貂鼠皮丟袖, 貂鼠皮 ᄉᆞ매 조차 내브틴 갓오슬다가. ≪朴諺, 下, 12ㅈ≫勝如見面, ᄂᆞᆺ츨 봄도곤 나으리이다. ≪朴諺, 下, 20ㅈ≫咱兩箇對君王面前鬪(鬪)聖, 우리 둘히 君王 앏ᄑᆡ ᄃᆡᄒᆞ여 鬪(鬪)聖ᄒᆞ야. ≪朴諺, 下, 27ㅈ≫我還與你價錢, 내 네게 갑슬 가프되. ≪朴諺, 下, 45ㅎ≫粧點顔色, 빗ᄎᆞᆯ ᄉᆞ미고. ≪朴諺, 下, 54ㅈ≫將某衣領扯住言道, 某의 옷기슬 잡고 닐오되.

-ᄋᆡ 囨 ❶-에. ≪朴諺, 上, 6ㅎ≫吅將唱的根前來着他唱, 노래 브ᄅᆞᄂᆞ니를 블러 앏ᄒᆡ 와 뎌로 ᄒᆞ여 브ᄅᆞ게 ᄒᆞ라. ≪朴諺, 上, 15ㅈ≫駝骨底子, 약대 ᄲᅧ 밋ᄒᆡ. ≪朴諺, 上, 28ㅈ≫傍邊揷孔雀翎兒, 겻ᄐᆡ 孔雀의 짓츨 고잣고. ≪朴諺, 上, 37ㅈ≫一箇老子當路睡, ᄒᆞᆫ 늘근 사ᄅᆞᆷ이 길ᄒᆡ 당ᄒᆞ여 자거든. ≪朴諺, 上, 46ㅎ≫今年馬價如何, 올ᄒᆡ ᄆᆞᆯ 갑시 엇더ᄒᆞ뇨. 今年較賤些箇, 올ᄒᆡ 젹이 賤ᄒᆞ니. ≪朴諺, 上, 50ㅎ≫把尿盆放在底下, 분지ᄅᆞᆯ다가 미ᄐᆡ 노코. ≪朴諺, 上, 55ㅈ≫我要打圍處騎的快走的馬, 내 산영ᄒᆞᄂᆞᆫ 고ᄃᆡ ᄐᆞᆯ 잘 ᄃᆞᆮᄂᆞᆫ ᄆᆞᆯ을 사고져 ᄒᆞ노라. ≪朴諺, 上, 60ㅎ≫瑪瑙幔地, 瑪瑙ᄅᆞᆯ ᄯᅡᄒᆡ ᄭᆞ랏고. ≪朴諺, 中, 17ㅈ≫醬麴今年沒處尋, 메조ᄅᆞᆯ 올ᄒᆡ 어들 ᄃᆡ 업더니. ≪朴諺, 中, 27ㅈ≫彪在那裏頭, 그 안ᄒᆡ 드리티더니. ≪朴諺, 中, 30ㅈ≫如今便入裏頭去時, 이제 즉시 안ᄒᆡ 드러가면. ≪朴諺, 中, 35ㅈ≫今年天旱田禾不收, 올ᄒᆡ 하ᄂᆞᆯ이 ᄀᆞᄆᆞ라 田禾ᄅᆞᆯ 거도디 몯ᄒᆞ여시니. ≪朴諺, 中, 41ㅎ≫氷角裏木字, 氷角 안ᄒᆡ 木字 ᄒᆞ엿ᄂᆞ니라. ≪朴諺, 中, 58ㅈ≫裏頭床兒不穩, 안ᄒᆡ 상이 편티 아니ᄒᆞ니. ≪朴諺, 下, 1ㅎ≫每日箇日頭裡晒, 每日에 볏ᄐᆡ 뙤되. ≪朴諺, 下, 16ㅎ≫我兩箇部前買文書去來, 우리 둘히 部 앏ᄑᆡ 칙 사라 가쟈. ≪朴諺, 下, 24ㅈ≫接在領項上依舊了, 목 우ᄒᆡ 니으니 녜라온 ᄃᆞᆺᄒᆞᆫ더라. ≪朴諺, 下, 31ㅎ≫直挺挺的立地, 바로 곳곳이 ᄯᅡᄒᆡ 셔시니. ≪朴諺, 下, 47ㅎ≫後頭又是箇茶博士們, 뒤ᄒᆡ ᄯᅩ 이 茶博士들히. ≪朴諺, 下, 55ㅈ≫我別處望相識去來, 내 다ᄅᆞᆫ 고ᄃᆡ 아ᄂᆞᆫ 이ᄅᆞᆯ 보라 가. ❷-의. ≪朴諺, 上, 25ㅎ≫明綠抹絨胷背的比甲, 明綠빗ᄎᆡ 융ᄉᆞ로 ᄀᆞ두론 胷背 比甲과. ≪朴諺, 上, 25ㅎ≫鴉青繡四花織金羅搭護, 鴉青빗ᄎᆡ 四花ᄅᆞᆯ 繡노코 織金ᄒᆞᆫ 羅 더그레오. ≪朴諺, 上, 26ㅈ≫油心紅畫水波面兒的鞍橋子, 油心紅빗ᄎᆡ 水波面 그린 기ᄅᆞ마가지오. ≪朴諺, 上, 27ㅈ≫絟着一對明綠綉四季花護膝, ᄒᆞᆫ 쌍 明綠빗ᄎᆡ 四季花ᄅᆞᆯ 綉ᄒᆞᆫ 슬갑을 ᄆᆡ엿고. ≪朴諺, 上, 27ㅈ≫柳綠蟒龍織金羅帖裏, 柳綠빗ᄎᆡ 蟒龍을 織金ᄒᆞᆫ 羅 텰릭에. ≪朴諺, 上, 27ㅎ≫柳黃餙金綉四花羅搭護, 柳黃빗ᄎᆡ 金으로 ᄭᅮ며 四花ᄅᆞᆯ 綉ᄒᆞᆫ 羅 더그레예. ≪朴諺, 上, 43ㅈ≫我有明綠紵絲, 내게 明綠빗ᄎᆡ 비단이 이시니. ≪朴諺, 中, 12ㅎ≫你說我地面裏的田禾如何, 네 닐ᄋᆞ라 우리 ᄯᅡᄒᆡ 田禾ㅣ 엇더ᄒᆞ더뇨. ≪朴諺, 中, 52ㅈ≫路上盤纏艱難怎麽去, 길ᄒᆡ 盤纏이 간난ᄒᆞ니 엇디 가리오. ≪朴諺, 下, 11ㅈ≫孩兒今將金色茶褐段子一箇, 孩兒ㅣ 이제 金色 차혈빗ᄎᆡ 비단 ᄒᆞᆫ 필과. ≪朴諺, 下, 29ㅎ≫你看我這帽頂子, 네 보라 내 이 가ᄉᆡᆺ 頂子ㅣ.

-ᄋᆡ셔 囨 -에서. ≪朴諺, 上, 32ㅎ≫傍邊看的閑人們說, 겻ᄐᆡ셔 보ᄃᆞᆫ 힘힘ᄒᆞᆫ 사ᄅᆞᆷ들히 닐오ᄃᆡ. ≪朴諺, 上, 36ㅎ≫皺皺娘娘裏頭睡, ᄧᅵᆼ긘 겨집이 안ᄒᆡ셔 자ᄂᆞᆫ 거시여. ≪朴諺, 中, 50ㅎ≫傍邊看捽挍的人們道, 겻ᄐᆡ셔 시름 보ᄂᆞᆫ 사ᄅᆞᆷ들이 닐오ᄃᆡ.

≪朴諺, 下, 43ㅈ≫曹大就門前碎盆, 曹大ㅣ 문 앏픠셔 소라를 ᄣ리더라.

잉도 명 앵두. ⇔앵도(櫻桃). ≪朴諺, 上, 6ㅈ≫杏兒·櫻桃諸般鮮果, 슬고와 잉도와 여러 가지 鮮果를.

자 명 ❶자(者). 것. ≪朴諺, 下, 11ㅈ≫藍長綾一箇, 藍 자 긴 綾 흔 필을. ❷성(城). ⇔성(城). ≪朴諺, 上, 54ㅈ≫京都在城積慶坊住人趙寶兒, 京都 자 안 積慶坊에셔 사는 사름 趙寶兒ㅣ. ≪朴諺, 上, 57ㅈ≫喫筵席儘晩入城來, 이바디 먹고 잇긋 늣게야 자 안에 드러올 거시니.

자 의 재[尺]. ⇔척(尺). ≪朴諺, 上, 43ㅈ≫紫官素段子一尺, 주뎍 구읫나기 믠비단 흔 자과. ≪朴諺, 上, 43ㅎ≫三尺半白淸水絹, 석 자 반 제믈엣 깁이야. ≪朴諺, 下, 31ㅎ≫三尺寬肩膀, 석 자나 너른 엇게오. ≪朴諺, 下, 46ㅈ≫十尺來長尾子, 열 자 길의 ᄭᅩ리와.

자(子) 명 ❶말. 바둑알. ⇔ᄆᆞᆯ. ≪朴諺, 上, 22ㅎ≫罷罷來拈子爲定, 두어 두어 오라 ᄆᆞᆯ 잡바 뎡ᄒᆞ쟈. ≪朴諺, 上, 22ㅎ≫你的殺子多沒眼碁, 네 주긴 ᄆᆞᆯ이 만ᄒᆞ니 눈 업슨 바독이로다. ❷사람. ⇔사름. ≪朴諺, 上, 37ㅈ≫一箇老子當路睡, 흔 늘근 사름이 길희 당ᄒᆞ여 자거든. ❸씨. 씨앗. ⇔�. ≪朴諺, 中, 33ㅈ≫聽的賣菜子的過去麽, 드ᄅᆞ라 ᄂᆞ믈 ᄡᅵ ᄑᆞᆯ 리 디나가ᄂᆞ냐. 買些菜子兒, 져기 ᄂᆞ믈 ᄡᅵ를 사. ❹열매. ⇔여름. ≪朴諺, 上, 36ㅈ≫下雨開花刮風結子, 비 오면 곳 픠고 ᄇᆞ람 블면 여름 여ᄂᆞᆫ 거시여. ❺자식. ⇔ᄌᆞ식. ≪朴諺, 上, 51ㅎ≫養子方知父母恩, ᄌᆞ식을 길러야 보야흐로 父母 은혜를 안다 ᄒᆞᄂᆞ니라.

자(字) 명 ❶본이름 외에 부르는 이름. ≪朴諺, 下, 58ㅎ≫在下名是彬字文中, 在下ㅣ 名은 이 彬이오 字ᄂᆞᆫ 文中이라. ❷자(字). 글자. ≪朴諺, 上, 27ㅎ≫八瓣兒鋪翠眞言字粧金大帽上, 여듧 ᄶᅡᆨ에 비취 짓 ᄭᆞᆯ고 眞言字를 금으로 ᄭᅮ민 큰갓에. ≪朴諺, 上, 45ㅈ≫寫差字的, 字를 그룻 ᄡᅳᄂᆞᆫ 이ᄂᆞᆫ.

자(字) 의 자. 글자. ≪朴諺, 上, 55ㅈ≫或寫餘白兩字着, 或 餘白 兩字를 ᄡᅳ라.

자(朿) 의 뭇. '朿'는 '束'의 잘못. ≪朴諺, 中, 14ㅈ≫草一錢銀子十一箇家大朿(束)兒, 딥흔 흔 돈 은에 열흔 낫 큰 뭇이니. ≪朴諺, 中, 19ㅎ≫放稈草五錢一朿(束)家放, 조딥헤 노흐되 다ᄉᆞᆺ 낫 돈에 흔 뭇식 ᄒᆞ여 노코. 把摟草二錢半一朿(束)家, 허튼 딥흔(흘)다가 돈 둘 반에 흔 뭇식 ᄒᆞ여. ≪朴諺, 中, 20ㅈ≫錢半一朿家, 돈 반에 흔 뭇식 ᄒᆞ야. 五百來朿(束)稻草裏放, 五百 뭇 볏딥헤 노흐라.

자(自) 대 나의. ⇔내. ≪朴諺, 上, 23ㅎ≫到處裏破別人誇自已(己), 간 곳마다 다른 사름을 해야ᄇᆞ리며 내 몸을 쟈랑ᄒᆞ고.

자(自) 명 〈불〉 자기 자신. ≪朴諺, 中, 21ㅈ≫智滿十身(集覽, 朴集, 中, 4ㅈ: 智滿十身. 十身有調御. 十身, 曰無着, 曰弘願, 曰業報, 曰住持, 曰涅槃, 曰淨法, 曰眞心, 曰三昧, 曰道性, 曰如意. 有內十身, 曰菩提, 曰願, 曰化, 曰力持, 曰莊嚴, 曰威勢, 曰意生, 曰福德, 曰法, 曰智. 有外十身, 曰自, 曰衆生, 曰國土, 曰業報, 曰聲聞, 曰圓覺, 曰菩薩, 曰智, 曰法, 曰虛空.), 智ᄂᆞᆫ 十身에 찻도다.

자(自) 부 ❶스스로. ⇔스스로. ≪朴諺, 中, 29ㅈ≫妻賢夫省事官淸民自安, 妻ㅣ 어딜면 지아븨 일이 덜리이고 官이 ᄆᆞᆯ그면 ᄇᆡᆨ셩이 스스로 편안ᄒᆞᄂᆞ니라. ≪朴諺, 中, 43ㅎ≫你自說村莊無人來訪, 네 스스로 닐오ᄃᆡ 村莊에 와 ᄎᆞᄌᆞᆯ 사름이 업다 ᄒᆞ거

니와. ≪朴諺, 下, 25ㅈ≫殺人一萬, 사름 一萬을 죽이면. 自損三千, 스스로 三千을 손흔다 ᄒᆞ니라. ≪朴諺, 下, 45ㅎ≫你自聽我說, 네 스스로 내 니ᄅᆞᆷ들 드ᄅᆞ면. ❷ 자연히. ⇔ᄌᆞ연이. ≪朴諺, 下, 7ㅎ≫自有神仙藥, ᄌᆞ연이 神仙藥이 잇ᄂᆞ니라.

자(自) 뷔 손수. ❶⇔손조. ≪朴諺, 上, 51ㅈ≫如今自妳那尋妳子, 이제 손조 젓 먹이ᄂᆞ냐 젓즐 어던ᄂᆞ냐. ❷⇔손ᄌᆞ. ≪朴諺, 下, 29ㅎ≫你自這裏打爐子, 네 손ᄌᆞ 여긔 풀무를 ᄆᆡᆼ들고. ❸⇔손ᄌᆞ. ≪朴諺, 上, 29ㅎ≫你自揀(揀)着要, 네 손ᄌᆞ ᄀᆞᆯ히여 사라. ≪朴諺, 上, 55ㅎ≫你自馬市裏揀(揀)着買去, 네 손ᄌᆞ ᄆᆞᆯ 져제 ᄀᆞᆯ히여 사라 가라. ≪朴諺, 上, 58ㅈ≫你自儘一儘, 네 손ᄌᆞ 잇긋ᄒᆞ라. ≪朴諺, 中, 7ㅈ≫舍人你自看, 舍人아 네 손ᄌᆞ 보라. ≪朴諺, 下, 27ㅈ≫你休自誇我知道, 네 손ᄌᆞ 쟈랑 말라 내 아노라.

자(自) 조 -부터. ⇔-브터. ≪朴諺, 下, 60ㅈ≫自古有之, 녜브터 잇ᄂᆞ니.

자(刺) 동 자수(刺繡)하다. 수놓다. ⇔치질ᄒᆞ다. ≪朴諺, 上, 25ㅈ≫刺(刺)通袖膝欄(集覽, 朴集, 上, 8ㅎ: 刺通袖膝欄. 元時好着此衣, 前後具胷背, 又連肩而通袖之脊, 至袖口爲紋, 當膝周圍亦爲紋如欄干, 然織成段匹爲衣者有之, 或皮或帛, 用綵線周遭回曲爲緣, 如花樣, 刺〈刺〉爲草樹〈尌〉·禽獸·山川·宮殿之文於〈紋於〉其內, 備極奇巧, 皆用團領着之, 其直甚高. 達達〈ㄴ〉之俗, 今亦猶然. 뷔윤 실로 치질ᄒᆞ니를 呼爲刺, 亦曰紃, 音扣.)羅帖裏上, ᄉᆞ매 ᄆᆞᄅᆞ 내 치질ᄒᆞ고 膝欄흔 羅 털릭에. ≪朴諺, 上, 26ㅎ≫藍斜皮細邉兒刺(刺)靈芝草, 藍斜皮 細邉児에 靈芝草를 치질ᄒᆞ엿고. ≪朴諺, 中, 26ㅎ≫着刺邉兒, ᄀᆞ에 치질호ᄃᆡ. 刺的細匀着, 치질ᄒᆞ기를 ᄀᆞ놀고 고로게 ᄒᆞ라.

자(咱) 대 우리. ⇔우리. ≪朴諺, 上, 7ㅎ≫咱弟兄們和順的上頭, 우리 弟兄들히 和順흔 젼ᄎᆞ로. ≪朴諺, 上, 16ㅈ≫咱這官人要打一副刀子, 우리 이 官人이 흔 볼 칼을 ᄆᆡᆼ돌고져 호ᄃᆡ. ≪朴諺, 上, 24ㅈ≫咱休別了兄長之言, 우리 兄長의 말을 변티 말고. ≪朴諺, 上, 44ㅈ≫咱學長爲頭兒四十五箇學生, 우리 學長으로 爲頭ᄒᆞ여 마은 다ᄉᆞᆺ 學生이라. ≪朴諺, 上, 59ㅎ≫咱一箇日頭隨喜去來, 우리 ᄒᆞᄅᆞ 구경ᄒᆞ라 가쟈. ≪朴諺, 中, 20ㅎ≫咱兌付些盤纏, 우리 젹이 盤纏을 여토아. ≪朴諺, 中, 31ㅎ≫一箇日頭咱商(商)量着, ᄒᆞᄅᆞ 우리 혜아려. ≪朴諺, 中, 38ㅈ≫咱這裏沒牙子省些牙錢不好, 우리 여긔 즈름이 업스니 져기 즈름갑시 덜림이 됴티 아니ᄒᆞ냐. ≪朴諺, 中, 49ㅎ≫咱休揀(揀)着擺, 우리 ᄀᆞᆯ히여 버리디 말고. ≪朴諺, 中, 56ㅈ≫咱河裏浪蕩去來, 우리 내히 ᄀᆞᆯ래라 가쟈. 咱只這裏跳入去, 우리 그저 예셔 뛰어 드러가쟈. ≪朴諺, 下, 12ㅈ≫木匠你來咱商(商)量, 木匠아 이바 우리 혜아리쟈. ≪朴諺, 下, 22ㅈ≫咱如今燒起油鍋, 우리 이제 기름 가마에 블 ᄡᅵᆺ고. ≪朴諺, 下, 35ㅈ≫咱且打毬門窩兒了, 우리 아직 毬門 굼글 티고. ≪朴諺, 下, 40ㅎ≫咱兩箇去來, 우리 둘히 가. 咱商(商)量了放下定錢, 우리 혜아려 定錢을 두쟈. ≪朴諺, 下, 58ㅎ≫咱本國是太祖姓王諱建表德若天, 우리 本國이 太祖의 姓은 王이오 諱ᄂᆞᆫ 建이오 字ᄂᆞᆫ 若天이니. ≪朴諺, 下, 60ㅈ≫咱衆人們特來告報, 우리 모든 사름들히 특별이 와 告報ᄒᆞ노니.

자(煮) 동 삶다. ⇔ᄉᆞᆱ다. ≪朴諺, 中, 30ㅈ≫乾羊脚子煮着裏, ᄆᆞᄅᆞᆫ 羊의 다리를 ᄉᆞᆯ맛노라. ≪朴諺, 中, 34ㅈ≫把芒荇來煮喫, 비름을다가 ᄉᆞᆯ마 먹쟈. ≪朴諺, 下, 44ㅎ≫煮一脚羊肉着, 흔 다리 양의 고기를 ᄉᆞᆯ므라.

자(紫) 명 자줏빛. ⇔ᄌᆞ뎍. ≪朴諺, 上, 43ㅈ≫紫官素段子一尺, ᄌᆞ뎍 구읫나기 ᄆᆡᆫ비단 흔 자과.

자(跐) 동 밟다. 짓밟다. ≪朴諺, 中, 40ㅎ≫只怕躧(集覽, 朴集, 中, 7ㅎ: 躧. 音義云,

跐, 音채, 躧通用, 後同. 今按, 舊本作躧. 韻書, 跐, 音재, 又즈. 躧, 音새, 又시. 兩字爲채音者, 韻書不收, 而俗讀則俱從채音, 並上聲. 今亦從之. 字學啓蒙, 字作䟫.)破了, 그저 블와 쁘릴가 저페라.

자가(自家) 명 자기. 자신. ≪朴諺, 中, 25ㅎ≫可知那厮使長的大帽(集覽, 朴集, 中, 6ㅎ: 大帽. 南村輟耕錄云, 胡石塘先生嘗應聘入京, 世皇召見於〈於〉便殿, 趍(趨)進, 不覺笠子欹側. 上問曰, 秀才何學. 對曰, 脩身齊家治國平天下之學. 上咲〈笑〉曰, 自家笠子尙不端正, 又能平天下耶.)也做裏, 그리어니 뎌 놈이 使長의 큰갓도 민ᄃᆞ니.

자가(自歌) 동 자기가 직접 노래를 부르다. ⇔자가ᄒᆞ다(自歌-). ≪朴諺, 下, 50ㅎ≫自飮自歌, 自飮 自歌ᄒᆞ야.

자가ᄒᆞ다(自歌-) 동 자기가 직접 노래를 부르다. ⇔자가(自歌). ≪朴諺, 下, 50ㅎ≫自飮自歌, 自飮 自歌ᄒᆞ야.

자각(自覺) 동 자각(自覺)하다. (스스로 자기를 깨닫다) ≪朴諺, 上, 33ㅈ≫你是佛(集覽, 朴集, 上, 9ㅎ: 佛. 梵云婆加婆, 唐言佛. ヒ者, 覺也, 自覺·ヒ他. 一切有情咸具此道, 悟者卽名佛, 迷者曰衆生.)家弟子, 너는 이 佛家 弟子ㅣ라.

자거(自居) 동 스스로 차지하여 앉다. ≪朴諺, 中, 21ㅎ≫或分身居士·宰官(集覽, 朴集, 中, 5ㅈ: 居士宰官. 飜〈翻〉譯名義云, 愛談名言, 淸淨自居, 又多積財貨, 居業豐〈豊〉盈, 皆謂之居士.), 或 居士·宰官에 分身ᄒᆞ고.

자고(自古) 명 예로부터 지금까지의 동안. ≪朴諺, 上, 20ㅈ≫一對耳墜兒(集覽, 朴集, 上, 7ㅎ: 耳墜兒. 事文類聚云, 莊子曰, 天子之侍御, 不叉楄(不爪翦), 不穿耳, 則穿耳自古有之. 今俗亦曰耳環, 卽八珠環也.), ᄒᆞᆫ 빵 귀엿골회과. ≪朴諺, 下, 60ㅈ≫自古有之, 녜브터 잇ᄂᆞ니.

자고(茨菰) 명 소귀나물. ≪朴諺, 上, 7ㅈ≫第四道三鮮湯(集覽, 朴集, 上, 3ㅎ: 鮮湯. 質問云, 魚·蛤·蟹三味合爲一羹, 或鷄·鴨·鵝〈鵞〉三味合爲羹, 方言俱謂之三鮮湯. 又云〈言〉, 以羊腸·豆粉做假蓮蓬·假茨菰·假合吞魚, 謂之三鮮.), 第四道ᄂᆞᆫ 三鮮湯이오.

자금(紫金) 명 자마금(紫磨金). (자색(紫色)을 띈 순수한 황금) ≪朴諺, 下, 31ㅎ≫駕海紫金梁, 바다흘 걸탄ᄂᆞᆫ 紫金梁이로다.

자금량(紫金梁) 명 자금(紫金)으로 만든 들보. ≪朴諺, 下, 31ㅎ≫駕海紫金梁, 바다흘 걸탄ᄂᆞᆫ 紫金梁이로다.

자기(子期) 명 종자기(鍾子期)의 이름. ≪朴諺, 下, 50ㅎ≫彈一曲流水高山(集覽, 朴集, 下, 11ㅈ: 流水高山. 列子, 伯牙善鼓〈皷〉琴, 鍾子期善聽. 伯牙鼓〈皷〉琴, 志在高山. 子期曰, 善扰, 巍巍乎, 志在高山. 俄而志在流水. 子期曰, 善扰, 洋洋乎, 志在流水. 子期死, 伯牙以爲世無知音, 終身不復鼓琴. 孔子曰, 仁者樂山, 智者樂水. 子期嘆伯牙仁智兼俻.), 一曲 流水高山을 ᄠᅳ며.

자기(自己) 명 자기. 자신. ≪集覽, 字解, 單字解, 3ㅈ≫咱. 五音集韻, 子葛切. 俗謂自己爲咱. 免疑雜字, 音匝. 兩書皆有咱們之文, 們字初聲謂合口聲. 鄕習以們字初聲, 連咱字之終讀之, 故咱字亦似合口聲之字, 遂以咱字爲合口聲習以爲常, 誤矣. 又着於詞終則爲語助, 今罕用也.

자다 동 자다[宿]. ❶⇔면(眠). ≪朴諺, 下, 13ㅎ≫能盖萬間房, 능히 萬間 房을 지어도. 夜眠一廈間, 밤의 一廈 間에 잔다 ᄒᆞᄂᆞ니라. ❷⇔수(睡). ≪集覽, 字解, 單字解, 5ㅎ≫就. 卽也. 就將來 즉재 가져오라, 就有了·就去了. 又遂也. 就那裏睡了 게셔 자다, 就便 곧. 又就行 드듸여셔 ᄒᆞ다. ≪朴諺, 上, 21ㅈ≫睡到明, 자기를 블그매 다ᄃᆞᆺ도록 ᄒᆞ니. ≪朴諺, 上, 36ㅎ≫皷皺娘娘裏頭睡, 찡긘 겨집이 안희셔 자는 거시여. ≪朴諺, 上, 37ㅈ≫一箇老子當路睡, ᄒᆞᆫ 늘근 사ᄅᆞᆷ이 길헤 당ᄒᆞ여 자거든. ≪朴諺, 上, 47ㅎ≫第二間裏睡一覺,

第二間에 흔숨 자고. ≪朴諺, 中, 8ㅎ≫我也鋪鋪盖睡些箇, 나도 鋪盖 꼴고 져기 자쟈. ≪朴諺, 中, 15ㅈ≫一宿不得半點睡, 흐룻밤을 半點도 자디 몯ᄒᆞ니. ≪朴諺, 中, 47ㅈ≫倒在床上打鼾睡, 상 우희 것구러뎌 코 고오고 자거늘. ≪朴諺, 中, 58ㅈ≫打着睡, 티고 자쟈. ≪朴諺, 中, 58ㅎ≫鋪着睡時, 꼴고 자면. ❸⇔수와(睡臥). ≪朴諺, 下, 52ㅈ≫本家人口睡臥, 본집 사ᄅᆞᆷ이 자더니. ❹⇔숙(宿). ≪朴諺, 上, 57ㅈ≫今日到黃村宿, 오ᄂᆞᆯ 黃村에 가 자고. ≪朴諺, 中, 7ㅎ≫使臣這站裏不宿, 使臣이 이 站에 자디 아니ᄒᆞᆯ 거시니. ≪朴諺, 下, 18ㅎ≫正到城裏智海禪寺投宿, 졍히 셩 안 智海禪寺에 가 드러 자다가. ≪朴諺, 下, 39ㅈ≫宿了一宿, ᄒᆞᄅᆞᆺ밤 자고.

자단(紫檀) 명 자단. (콩과의 상록 활엽 교목. 재목은 건축·가구 따위의 재료로 쓴다) ≪朴諺, 上, 15ㅈ≫紫檀把兒, 紫檀 줄레.

자라(紫羅) 명 자줏빛 비단. ≪朴諺, 下, 14ㅈ≫紫羅書案上展開, 紫羅 書案에 펴고.

자로(鶖鴰) 명 두루미. ⇔두롬. ≪朴諺, 上, 26ㅈ≫又是箇鵚鴰翎兒, 쏘 이 두롬의 짓촐 ᄃᆞ랏고.

자로(鵚鴰) 명 자로(鶖鴰). '鵚'는 '鶖'의 속자. ≪朴諺, 上, 26ㅈ≫又是箇鵚鴰翎兒, 쏘 이 두롬의 짓촐 ᄃᆞ랏고.

자리 명 자리[席]. ⇔석자(席子). ≪集覽, 字解, 單字解, 1ㅎ≫安. 安鍋兒 가마 거다. 又安下 사ᄅᆞ미 자리 븓다. 又吏語, 安揷 사ᄅᆞᄆᆞᆯ 안졉ᄒᆞ게 ᄒᆞ다. ≪朴諺, 中, 58ㅎ≫把那蒲葉兒來做席子, 뎌 菖蒲 닙흘다가 자리 ᄆᆡᆫᄃᆞ라.

자매(咱每) 대 우리(들). ⇔우리. ≪集覽, 字解, 單字解, 1ㅈ≫每. 本音上聲, 頻也. 每年, 每一箇. 又平聲, 等輩也, 我每·咱每·俺每 우리. 恁每·你每 너희. 今俗喜用們字.

자문(咱們) 대 우리(들). ⇔우리. ≪集覽, 字解, 單字解, 3ㅎ≫們. 諸韻書皆云, 們渾, 肥滿皃. 今俗借用爲等輩之字, 而曰我們·咱們 우리, 你們 너희. 又猶言如此也. 這們 이리, 那們 뎌리. ≪集覽, 字解, 單字解, 4ㅈ≫將. 持也. 將來 가져오라, 將着 가지라, 將咱們 우리를다가. 又將次 쟝ᄎᆞ. ≪朴諺, 上, 1ㅈ≫咱們幾箇好弟兄, 우리 여러 됴흔 弟兄들히. ≪朴諺, 上, 11ㅎ≫咱們且商(商)量脚錢着, 우리 아직 삭갑 혜아리쟈. ≪朴諺, 上, 22ㅈ≫咱們下一局賭輸贏(贏)如何, 우리 ᄒᆞᆫ 판 두어 지며 이긔믈 더ᄂᆞ미 엇더ᄒᆞ뇨. ≪朴諺, 上, 48ㅎ≫咱們教場裏射箭去來, 우리 教場에 활 뽀라 가쟈. ≪朴諺, 上, 49ㅈ≫這般時咱們幾箇去, 이러면 우리 몃치 가료. ≪朴諺, 上, 58ㅈ≫咱們的馬怎的喂, 우리 ᄆᆞᆯ을 엇디 먹이료. ≪朴諺, 上, 63ㅈ≫咱們結相識知心腹多年了, 우리 結相識ᄒᆞ여 心腹 아란디 여러 ᄒᆡ로듸. ≪朴諺, 中, 28ㅎ≫把咱們不償命那甚麽, 우리ᄅᆞᆯ다가 償命티 아니코 므슴 ᄒᆞ리오. ≪朴諺, 中, 49ㅈ≫咱們下盤碁, 우리 츄사ᄋᆞ ᄒᆞ쟈. ≪朴諺, 中, 49ㅈ≫咱們人今日死的明日死的不理會的, 우리 사ᄅᆞᆷ이 오ᄂᆞᆯ 죽을 줄 ᄂᆡ일 죽을 줄 아디 못ᄒᆞ니. ≪朴諺, 中, 49ㅎ≫咱們下一盤, 우리 ᄒᆞᆫ 판 두쟈. ≪朴諺, 下, 31ㅎ≫咱們食店裏喫些飯去來, 우리 밥뎜에 밥 먹으라 가쟈. ≪朴諺, 下, 34ㅈ≫咱們今日打毬兒如何, 우리 오ᄂᆞᆯ 댱방올 팀이 엇더ᄒᆞ뇨. ≪朴諺, 下, 50ㅈ≫咱們打魚兒去來, 우리 고기 잡으라 가쟈.

자미(滋味) 명 (음식의) 맛. ≪朴諺, 中, 6ㅎ≫撇些禿禿麽思(集覽, 朴集, 中, 1ㅎ: 禿禿麽思. 劑法如水滑麪〈麵〉, 和圓少彈劑〈剤〉, 冷水浸手掌, 按作小薄餠兒, 下鍋煮熟, 以盤盛, 用酥油炒片羊肉, 加塩炒至焦, 以酸甜湯拌和. 滋味得所, 別硏蒜泥調酪, 任便加減, 使竹簽簽食之.), 적이 믜역져비 쓰고.

자미원(紫微垣) 명 큰곰자리를 중심으로 1백 70개의 별로 이루어진 별자리. 태미원(太微垣)·천시원(天市垣)과 더불어 삼원

(三垣)이라고 하며, 별자리를 천자(天子)의 자리에 비유한다. ≪朴諺, 上, 18ㅎ≫ 後面北斗(集覽, 朴集, 上, 7ㅈ: 北斗左輔右弼. 左輔連附北斗第〈莭〉六星, 在外, 右弼連附北斗第〈莭〉二星, 在內. 俱在紫薇(微)垣.)七星板兒做的好, 後面 北斗七星 돈은 민둘기를 잘ᄒᆞ엿고.

자미원(紫薇垣) 명 자미원(紫微垣). '薇'는 '微'의 잘못. ≪朴諺, 上, 18ㅎ≫後面北斗(集覽, 朴集, 上, 7ㅈ: 北斗左輔右弼. 左輔連附北斗第〈莭〉六星, 在外, 右弼連附北斗第〈莭〉二星, 在內. 俱在紫薇(微)垣.)七星板兒做的好, 後面 北斗七星 돈은 민둘기를 잘ᄒᆞ엿고.

자방(字旁) 명 언문(諺文)에 찍은 방점(傍點). ≪集覽, 凡例≫諺音及字旁之點, 皆從鄕語·鄕音, 詳見反譯凡例.

자부(子婦) 명 며느리. ⇔식부(媳婦). ≪集覽, 字解, 單字解, 8ㅈ≫媳. 音息. 子之婦曰媳婦. 又古語泛稱婦人曰媳婦, 次妻亦曰媳婦. ≪朴諺, 上, 41ㅎ≫第三日做圓飯筵席(集覽, 朴集, 上, 12ㅈ: 圓飯筵席. 邵氏聞見錄, 宋景文公納子婦, 其婦家饋食.)了時, 第三日에 圓飯 이바디ᄒᆞ면.

자븐것 명 잡다한 것. 또는 그런 물건. ⇔동서(東西). ≪朴諺, 中, 35ㅎ≫吹起火來, 블을 부러 니르켜. 鑽入裏面, 안히 비븨여 드려. 看東西在那裏時, 자븐거시 아므ᄃᆡ 잇는 줄을 보아. 知道了的之後, 안 후에. ≪朴諺, 中, 57ㅎ≫愛錢買東西, 돈을 앗기며 자븐것 사려 ᄒᆞ거든.

자비희사(慈悲喜捨) 명 〈불〉 모든 원한을 버리고 중생을 차별하지 아니하는 보살의 네 가지 마음인 자무량심(慈無量心)·비무량심(悲無量心)·희무량심(喜無量心)·사무량심(捨無量心)의 준말. ≪朴諺, 中, 21ㅈ≫扇慈風(集覽, 朴集, 中, 4ㅈ: 悲雨慈風. 佛發大慈悲, 廣濟衆生, 猶洒雨發風然, 無遠不被, 故曰風雨. 佛有四無量心, 慈悲喜捨.)於刹土, 慈風을 刹土에 붓는또다.

자사(子嗣) 명 자식. 대를 이을 아들. ≪朴諺, 中, 9ㅈ≫你與我甘結(集覽, 朴集, 中, 2ㅈ: 甘結. 今按, 如保擧人材者, 必寫稱所擧之人, 並無喪過及干娼優子嗣, 委的賢能, 如虛甘伏重罪云云.)·應付, 네 날을 甘結과 應付를 주고려.

자소(紫蘇) 명 꿀풀과의 한해살이풀. 잎과 줄기는 약재로 쓰고 어린잎과 씨는 식용한다. ≪朴諺, 中, 33ㅎ≫蘿蔔, 댓무우. 蔓菁, 쉿무우. 萵苣, 부로. 葵菜, 아혹. 白菜, ᄇᆡ치. 赤根菜, 시근치. 園荽, 고싀. 蓼子, 역괴. 葱, 파. 蒜, 마ᄂᆞᆯ. 薤, 부치. 荊芥, 형개. 薄荷, 박하. 茼蒿, 믈쑥. 水蘿蔔, 믈한댓무우. 胡蘿蔔, 노론댓무우. 芋頭, 토란. 紫蘇都種來, 紫蘇를 다 시므라. 紫蘇這厮好喫, 紫蘇란 이거시 먹기 됴ᄒᆞ니라.

자수(刺綉) 명 자수(刺繡). '綉'는 '繡'와 같다. ≪朴諺, 上, 41ㅎ≫好刺(刺)綉生活, 슈지치 셩녕을 잘ᄒᆞ고.

자수(刺繡) 명 수놓기. 자수(刺繡). ⇔슈지치. ≪集覽, 字解, 單字解, 5ㅈ≫刺. 音라, 語助. 又痛也. 厮刺疼. 集韻作辣. 又音치, 刺綉. ≪朴諺, 上, 41ㅎ≫好刺(刺)綉生活, 슈지치 셩녕을 잘ᄒᆞ고.

자수(煮水) 동 물을 끓이다. ≪集覽, 字解, 單字解, 2ㅈ≫滾. 煮水使沸曰滾滾花水 글른 믈. 又輪轉曰滾滾了 구으다, 字作輥. 又通共和雜曰累滾 ᄒᆞᆫ 믈와비라. 又滾子 방올.

자숙(煮熟) 동 알맞게 삶(아지)다. ≪朴諺, 上, 6ㅎ≫第三道鮮笋燈籠湯(集覽, 朴集, 上, 3ㅎ: 鮮笋燈籠湯. 質問云, 鮮笋, 以笋雕爲玲瓏花㨾, 空其內, 糝肉作羹食之. 又云, 以竹芽切成寸段, 鷄子煮熟, 去黃, 粧肉做湯.), 第三道는 鮮笋燈籠湯이오. ≪朴諺, 中, 6ㅎ≫撇些禿禿麽思(集覽, 朴集, 中, 1ㅎ: 禿禿麽思. 劑法如水滑麪〈麵〉, 和圓少彈劑〈剂〉, 冷水浸手掌, 按作小薄餅兒, 下鍋煮熟, 以盤盛, 用酥油炒片羊肉, 加塩炒至焦, 以酸甜湯拌和. 滋味得所, 別

硏蒜泥調酪, 任便加減, 使竹簽簽食之.), 젹이 믜역져비 쓰고. ≪朴諺, 下, 33ㅈ≫ 象眼糕子(集覽, 朴集, 下, 6ㅎ: 象眼餜子. 俺者再切, 細者有糜末, 却篩去, 皆要一搽極細如米粒. 下鍋煮熟, 連湯起在盆內. 用凉水寬投之, 三五次方得精細.), 象眼 ᄀ톤 糕子와.

자시(子時) 명 십이시(十二時)의 첫째 시. 밤 11부터 오전 1시까지이다. ≪朴諺, 下, 46ㅎ≫頭戴耳掩或提在手裡(集覽, 朴集, 下, 10ㅈ: 頭戴耳掩或提在手裏. 寅時揭左邊, 亥時揭右邊而戴, 以寅·亥時爲通氣, 故揭一邊也, 子·丑時全戴, 爲嚴凝也.), 머리예 耳掩을 쓰며 혹 손에 들고.

자신(自身) 명 자기 또는 자기의 몸. ≪朴諺, 中, 10ㅈ≫賣主一面(集覽, 朴集, 中, 2ㅈ: 賣主. 一面, 音義云, 猶言賣主自身. 又一面, 詳見字解.)承當不詞, 픈 님재 一面으로 承當ᄒᆞ야 말 못ᄒᆞ고.

자심(慈心) 명 〈불〉 중생을 사랑하고 가엾게 여기는 마음. ≪朴諺, 上, 66ㅈ≫發大慈心, 큰 慈心을 發ᄒᆞ야.

자아(子兒) 명 씨. 씨앗. ⇔삐. ≪朴諺, 中, 33ㅈ≫買些菜子兒, 져기 ᄂᆞ믈 삐롤 사.

자아홀(紫鴉忽) 명 자줏빛 나는 옥(玉)의 한 가지. ≪朴諺, 上, 27ㅎ≫指頭來大紫鴉忽(集覽, 朴集, 上, 9ㅎ: 紫鴉忽. 瓓也. 出南番·西番. 性堅滑, 有紅瓓·紫瓓, 亦有淡者, 色明瑩. 有大如指面者, 儘大儘貴. 古語云, 瓓重一錢, 十萬可相. 瓓, 音날, 舊本作剌〈剌〉, 元語作剌〈剌〉兒.)頂兒, 손까락 굴긔 紫鴉忽 頂子에. ≪朴諺, 上, 41ㅈ≫滿頭珠翠金廂寶石(集覽, 朴集, 上, 11ㅎ: 金廂寶石. 寶石, 卽上節〈莭〉紫鴉忽之類, 以金爲斗供〈拱〉而納石於其中, 綴着於女冠之上, 以爲飾也. 音義云, 寶石·에 금 :젼메·워 ·ᄉᆞ민 頭面.)頭面, 머리예 ᄀᆞ득ᄒᆞᆫ 珠翠와 금으로 寶石에 젼메온 곳갈과.

자액(自縊) 동 스스로 목을 매다. 스스로 목매어 죽다. 목매어 자살하다. ≪集覽, 字解, 單字解, 6ㅎ≫弔. 以繩懸物曰弔着. 又自縊而死曰弔死. 又物自彫落曰弔了. 又行文州縣取其問囚卷宗曰弔取·曰弔卷.

자양(字樣) 명 글자꼴. ≪朴諺, 中, 41ㅈ≫我問你些字樣, 내 너ᄃᆞ려 져기 字樣을 무로리라.

자오(子午) 명 십이지(十二支) 중의 자(子)와 오(午). 방위로는 자는 정북, 오는 정남에 해당된다. 시각으로는 자는 밤 11시에서 오전 1시까지, 오는 오전 11시에서 오후 1시까지이다. ≪朴諺, 上, 10ㅈ≫後日是天赦日(集覽, 朴集, 上, 5ㅈ: 天赦日. 春戊寅·夏甲午·秋戊申·冬甲子, 謂天道生育萬物而有其罪也. 甲戊爲陽干之德, 子午爲陰陽之成, 寅申爲陰陽之立, 以干德配之爲赦也, 可修造起工〈土〉.), 모뢰는 이 天赦日이니.

자유(自由) 동 제 마음대로 하다. ≪集覽, 字解, 累字解, 2ㅈ≫自由. 저 ᄆᆞᅀᆞ모로 ᄒᆞ다.

자음(字音) 명 글자의 음. 흔히 한자(漢字)의 음을 이른다. ≪朴諺, 中, 59ㅎ≫彫在槓子閣落(集覽, 朴集, 中, 9ㅈ: 閣落. 按韻〈韵〉書, 栲栳, 木名, 笿箸, 柳器. 並音캎랖, 皆上聲, 與本語字音大不相同. 但免疑韻略〈韵畧〉及字學啓蒙字作旭旮, 音·ᄀ랖. 此二字乃俗之自撰, 諸韻〈韵〉書所不收, 今不採用.)裡, 궤 구석에 드리티고.

자음(自飮) 동 자기가 직접 따라 마시다. ≪朴諺, 下, 50ㅎ≫自飮自歌, 自飮 自歌ᄒᆞ야.

자의(字意) 명 글자의 뜻. 글자의 의미. ≪朴諺, 上, 29ㅈ≫店裏買猠皮(集覽, 朴集, 上, 9ㅎ: 猠皮. 質問云, 羊皮去毛, 熟軟, 有鬃眼. 作靴好看. 今按, 猠字, 韻〈韵〉書不收, 字意未詳.)去來, 店에 猠皮 사라 가쟈.

자재(自在) 동 ❶제 스스로 마음 편하게 있다. ≪集覽, 字解, 累字解, 2ㅈ≫自在. 마ᅀᆞᆷ 편안히 잇다. ❷〈불〉 번뇌의 속박에서 벗어나 아무런 장애가 없이 마음대로 하다. ⇔자재ᄒᆞ다(自在-). ≪朴諺, 上, 28ㅎ≫今世裏那般得自在, 今世예 뎌리

自在홈을 어덧ᄂᆞ니. ≪朴諺, 中, 20ㅎ≫ 理圓四德(集覽, 朴集, 中, 4ㅈ: 理圓四德. 生死爲常, 不受二邊爲樂, 具入自在爲我, 三業淸淨爲淨.), 理ᄂᆞᆫ 四德에 ᄀᆞ잣고.

자재(自在) 부 제대로. 자유롭게. ⇔제대로. ≪朴諺, 上, 61ㅎ≫自在快活的是對對兒鴛鴦, 제대로 즐기ᄂᆞᆫ 거슨 이 對對 鴛鴦이오.

자재천(自在天) 명 〈불〉 대천세계(大千世界)를 주재한다는 신(神). 눈은 셋, 팔은 여덟이며, 흰 소를 타고 흰 불자(拂子)를 들고 있다고 한다. ≪朴諺, 中, 21ㅎ≫或作童女(集覽, 朴集, 中, 4ㅎ: 童男童女. 觀音現三十二應, 曰佛身, 曰辟支〈支〉, 曰圓覺, 曰聲聞, 曰梵王, 曰帝釋, 曰自在天, 曰大自在天, 曰天大將軍, 曰四天王, 曰四天太子, 曰人王, 曰長者, 曰居士, 曰宰官, 曰婆羅門, 曰比丘, 曰比丘尼, 曰優婆塞, 曰優婆夷, 曰女主, 曰童男, 曰童女, 曰天身, 曰龍身, 曰藥叉, 曰乾達婆, 曰阿脩羅, 曰緊那羅, 曰摩睺羅, 曰樂人, 曰非人.), 혹 童女ㅣ 되며.

자재ᄒᆞ다(自在-) 동 〈불〉 번뇌의 속박에서 벗어나 아무런 장애가 없이 마음대로 하다. ⇔자재(自在). ≪朴諺, 上, 28ㅎ≫今世裏那般得自在, 今世예 뎌리 自在홈을 어덧ᄂᆞ니.

자제(子弟) 명 남의 집안의 젊은 사람을 일컫는 말. ≪朴諺, 上, 44ㅎ≫師傅上唱喏(集覽, 朴集, 上, 12ㅎ: 唱喏. 揖也. 詞曲曰, 一箇唱, 百箇喏, 謂一人呼唱於上, 衆人應諾於下. 如將帥在營幕下, 軍卒投謁於前者列立於〈軍卒投謁於前者列於〉庭, 將帥發一令語, 則衆下齊聲以應. 凡里巷子弟拜謁父兄亦然.), 스승님ᄭᅴ 읍ᄒᆞ고.

자진(自陳) 동 스스로 진술하다. 스스로 해명하다. ≪朴諺, 上, 34ㅈ≫往深山裏懺悔(集覽, 朴集, 上, 10ㅎ: 懺悔. 自陳悔也. 六祖惠能大師曰, 懺者, 懺其前愆, 悔者, 悔其後過.)去, 深山을 향ᄒᆞ야 懺悔ᄒᆞ라 가노라.

자찬(自撰) 동 글을 손수 짓거나 책을 편찬하다. ≪朴諺, 中, 59ㅎ≫彫在櫝子閣落(集覽, 朴集, 中, 9ㅈ: 閣落. 按韻〈韵〉書, 栲栳, 木名, 笭箵, 柳器. 並音칼랖, 皆上聲, 與本語字音大不相同. 但免疑韻略〈韵略〉及字學啓蒙字作𥺸𥺸, 音·ᄀᆞ랖. 此二字乃俗之自撰, 諸韻〈韵〉書所不收, 今不採用.)裡, 궷 구석에 드리티고.

자추(子推) 명 개자추(介子推). 중국 춘추시대의 은인(隱人). 진(晉)나라 문공(文公)이 공자(公子)일 때 19년 동안 함께 망명 생활을 하며 고생하였으나, 문공이 귀국하여 왕이 된 후 자신을 멀리하자 면산(緜山)에 들어가 숨어 살았다. 문공이 잘못을 뉘우치고 자추가 나오도록 하기 위하여 그 산에 불을 질렀으나 나오지 않고 타 죽었다고 한다. ≪朴諺, 上, 59ㅈ≫寒食(集覽, 朴集, 上, 14ㅎ: 寒食. 荊楚記云, 去冬節〈莭〉一百五日, 有疾風甚雨, 謂之寒食, 又謂之百五節〈莭〉. 秦人呼爲熟食日, 言其不動煙〈烟〉火, 預辦熟食過節〈莭〉也. 晉文公焚山求子推, 因燒死, 遂禁火以報之.)不遲, 寒食이라도 더듸디 아니타 ᄒᆞᄂᆞ니라.

자칭(自称) 명 자칭(自稱). '称'은 '稱'의 속자. ≪朴諺, 上, 20ㅎ≫典一箇大宅子(集覽, 朴集, 上, 8ㅈ: 宅子. 俗總稱〈総称〉家舍曰房子, 自稱〈称〉曰寒家, 文士呼曰寒居, 自指室內曰屋裏, 人稱王公·大人之家曰宅子.), ᄒᆞᆫ 큰 집을 典儅ᄒᆞ리로다.

자칭(自稱) 명 남에게 대하여 자기 스스로를 일컫는 말. ≪朴諺, 上, 20ㅎ≫典一箇大宅子(集覽, 朴集, 上, 8ㅈ: 宅子. 俗總稱〈総称〉家舍曰房子, 自稱〈称〉曰寒家, 文士呼曰寒居, 自指室內曰屋裏, 人稱王公·大人之家曰宅子.), ᄒᆞᆫ 큰 집을 典儅ᄒᆞ리로다.

자통수슬란(刺通袖膝欄) 명 원대(元代)에 즐겨 입던 옷. 앞뒤로 흉배(胸背)가 있고, 어깨와 소매가 연결되어 있으며, 등에서 소매까지 무늬를 수놓았다. ≪朴諺, 上,

25ㅈ≫刺(刺)通袖膝欄(集覽, 朴集, 上, 8ㅎ: 刺通袖膝欄. 元時好着此衣, 前後具胷背, 又連肩而通袖之脊, 至袖口爲紋, 當膝周圍亦爲紋如欄干, 然織成段匹爲衣者有之, 或皮或帛, 用綵線周遭回曲爲緣, 如花樣, 刺〈刺〉爲草樹〈尌〉·禽獸·山川·宮殿之文於〈紋於〉其內, 備極奇巧, 皆用團領着之, 其直甚高. 達達〈ㄷ〉之俗, 今亦猶然. 뷔윤 실로 치질ᄒᆞ니를 呼爲刺, 亦曰絎, 音扣.)羅帖裏上, ᄉᆞ매 ᄆᆞᄅᆞ 내 치질ᄒᆞ고 膝欄ᄒᆞᆫ 羅 텰릭에.

자폐(資幣) 명 돈. 화폐. ≪朴諺, 上, 48ㅈ≫今年錢鈔(集覽, 朴集, 上, 13ㅈ: 錢鈔. 錢者, 金帛之名. 古曰泉, 後鑄而曰錢. 古者天降災戾, 於是乎量資幣, 權輕重, 以救民困.)艱難, 올히 錢鈔ㅣ 艱難ᄒᆞ야.

자풍(慈風) 명 자애로운 바람. ≪朴諺, 中, 21ㅈ≫扇慈風(集覽, 朴集, 中, 4ㅈ: 悲雨慈風. 佛發大慈悲, 廣濟衆生, 猶洒雨發風然, 無遠不被, 故曰風雨. 佛有四無量心, 慈悲喜捨.)於刹土, 慈風을 刹土에 ᄇᆞᆺᄂᆞᆫ ᄯᅩ다.

자피다 동 잡히다. ⇔구취(勾取). ≪集覽, 字解, 單字解, 3ㅎ≫勾. 平聲, 曲也. 勾龍, 社神, 勾芒, 春神, 勾吳, 地名. 今按, 俗語勾了 유여ᄒᆞ다, 又에우다. 又能勾 어루, 又유여히. 又吏語, 勾取 자피다, 又勾攝公事 공ᄉᆞ로 블리다, 又勾喚 블리다. 又去聲, 勾當, 幹管也, 又事也, 勾當亦去聲.

자ㅎ 의 재[尺]. ⇔척(尺). ≪朴諺, 中, 43ㅈ≫每日馬肚皮塵埋三尺, ᄆᆡ일에 ᄆᆞᆯ 빗가ᄌᆞᆨ에 틧글이 석 자히나 무텻고.

자학계몽(字學啓蒙) 명 책 이름. ≪朴諺, 中, 40ㅎ≫只怕躧(集覽, 朴集, 中, 7ㅎ: 躧. 音義云, 跐, 音채, 躧通用, 後同. 今按, 舊本作躧. 韻書, 跐, 音재, 又ᄌᆞ. 躧, 音새, 又시. 兩字爲채音者, 韻書不收, 而俗讀則俱從채音, 並上聲. 今亦從之. 字學啓蒙, 字作蹝.)破了, 그저 ᄇᆞᆯ와 ᄣᅥ릴가 저페라.

자해(字觧) 명 자해(字解). '觧'는 '解'의 속자. ≪朴諺, 上, 54ㅎ≫代保人一面(集覽, 朴集, 上, 14ㅈ: 一面. 호ᄋᆞᆫ자. 詳見字觧.)替還, 代保人이 一面으로 ᄀᆞᄅᆞ차 갑게 ᄒᆞ라.

자해(字解) 명 글자에 대한 해석. 주로 한자(漢字)에 대하여 이른다. ≪朴諺, 上, 54ㅎ≫代保人一面(集覽, 朴集, 上, 14ㅈ: 一面. 호ᄋᆞᆫ자. 詳見字觧.)替還, 代保人이 一面으로 ᄀᆞᄅᆞ차 갑게 ᄒᆞ라.

자후(自後) 명 이로부터 뒤. ≪朴諺, 中, 22ㅎ≫執楊柳於掌內拂病體於輕安(集覽, 朴集, 中, 5ㅎ: 執楊柳於掌內拂病體於輕安. 勒愛子暴病死, 澄又取楊枝沾水, 洒而呪之, 遂蘇. 自後凡謝僧醫病曰辱沾楊枝之水.), 楊柳를 손에 잡아 病體를 輕安ᄒᆞᆫ ᄃᆡ ᄲᅥᆯ티고.

자흑(紫黑) 명 자줏빛을 띤 검은색. ≪朴諺, 上, 63ㅈ≫我的串香褐(集覽, 朴集, 上, 15ㅎ: 串香褐. 串香者, 合和諸香以爲佩者也. 凡稱〈称〉染色之少文采〈彩〉者曰褐. 串香褐·麝香褐·鷹背褐·蜜褐·茶褐, 卽黃黑雜色也. 玉褐·艾褐·水褐·銀褐, 卽白黑雜色也. 藕褐, 卽紫黑雜色也. 深淺異色, 各取其像.)通袖膝欄五彩綉帖裏, 내 텀향빗체 通袖 膝欄ᄒᆞ고 五彩로 綉노ᄒᆞᆫ 텰릭과.

작(作) 동 ❶되다. ⇔되다. ≪朴諺, 中, 21ㅎ≫或作童男, 혹 童男이 되며. 或作童女, 혹 童女ㅣ 되며. ❷만들다. ⇔ᄆᆡᆫ들다. ≪朴諺, 中, 26ㅎ≫李大的帽兒摋兒可喜不走作, 李大의 갓이 모양이 곱고 듧ᄯᅳ디 아니케 ᄆᆡᆫ드랏고. ❸(글을) 짓다. ⇔짓다. ≪朴諺, 上, 65ㅎ≫作與頌字, 頌字를 지어 주매. ❹짓다[作]. ⇔짓다. ≪集覽, 字解, 單字解, 3ㅎ≫做. 韻會遇韻作字註云, 造也, 俗作做非. 箇韻作字註云, 爲也, 造也, 起也, 俗作做非. 做音, 直信切. 今按, 俗語做甚麽 므슴ᄒᆞ료, 作衣裳 옷 짓다, 作音조, 去聲. 不走作 듧ᄯᅳ디 아니타, 作音조, 入聲. 以此觀之, 則做從去聲, 作互呼去聲·入聲, 通做字. 俗不用直信切之

音. ≪朴諺, 中, 24ㅈ≫誠心懺悔後不復作, 誠心으로 懺悔ᄒᆞ여 후에 다시 짓디 마쟈. ≪朴諺, 下, 54ㅎ≫便行作惡, 곳 사오나옴을 지어. 於某面上用拳打破, 某의 ᄂᆞᆺ출 주머괴로 텨 하야ᄇᆞ리되. ❺하다. ⇔ᄒᆞ다. ≪朴諺, 中, 28ㅈ≫若作非理必受其殃, 만일 非理엣 일을 ᄒᆞ면 반ᄃᆞ시 그 앙화를 밧ᄂᆞ다 ᄒᆞ니.

작(綽) 동 쓸다[掃]. 또는 털다. ⇔ᄡᅳᆯ다. ≪朴諺, 下, 2ㅈ≫綽的乾淨着, ᄡᅳᆯ기를 乾淨히 ᄒᆞ고.

작록(爵祿) 명 관작(官爵)과 봉록(俸祿). ≪朴諺, 上, 18ㅎ≫南斗六星(集覽, 朴集, 上, 7ㅈ: 南斗. 晉書天文志, 六星天廟〈庙〉, 丞相太宰之位, 主褒賢進士, 稟授爵祿.)板兒做得忒圓了些, 南斗六星 돈은 민ᄃᆞᆯ기를 너모 두렷게 ᄒᆞ엿고.

작설아(雀舌兒) 명 날름쇠. ⇔혓쇠. ≪朴諺, 上, 19ㅈ≫那雀舌兒牢壯便好, 뎌 혓쇠는 牢壯ᄒᆞ니 곳 됴타.

작아(雀兒) 명 새[鳥]. 또는 작은 새. ⇔새. ≪朴諺, 上, 37ㅈ≫這箇是雀兒, 이거슨 이 새로다. ≪朴諺, 中, 40ㅎ≫每日家尋空便拿雀兒, 每日에 뷘 적을 어더 새 잡노라.

작악(作惡) 동 나쁜 짓을 하다. 나쁜 짓을 저지르다. ≪朴諺, 下, 4ㅎ≫久後你也得證果金身(集覽, 朴集, 下, 1ㅎ: 證果金身. 言果報者, 觀經疏云, 行眞實法感得勝報也. 又修善得善果, 作惡得惡報, 謂之果報.), 오란 후에 너도 證果金身홈을 어드리라.

작악(作惡) 형 사납다. 나쁘다. ⇔사오납다. ≪朴諺, 下, 54ㅎ≫便行作惡, 곳 사오나옴을 지어.

작일(昨日) 명 어제. ⇔어제. ≪朴諺, 上, 52ㅈ≫小人昨日貴宅裏, 小人이 어제 貴宅에. ≪朴諺, 上, 58ㅎ≫你昨日張千戶的生日裏, 네 어제 張千戶의 生日에. ≪朴諺, 中, 12ㅎ≫昨日恰來到, 어제 ᄀᆞᆺ 올와. ≪朴諺, 中, 15ㅈ≫是小人昨日張少卿的慶賀筵席裏到來, 올흐니 小人이 어제 張少卿의 慶賀 잔채에 갓더니. ≪朴諺, 中, 47ㅈ≫昨日那厮我家裏來了, 어제 뎌 놈이 내 집의 왓거ᄂᆞᆯ. ≪朴諺, 下, 38ㅈ≫昨日去了, 어제 가니라.

작자(綽子) 명 중국 강회(江淮) 지방에서 일컫던, 배자(褙子)의 다른 이름. ≪朴諺, 上, 25ㅎ≫鴉靑繡四花織金羅搭護(集覽, 朴集, 上, 8ㅎ: 搭護. 事物紀原云, 隋內官多服半臂, 餘皆長袖. 唐高祖減其袖, 謂之半臂, 卽今背子也. 江淮間或曰綽子, 庶人競服之. 今俗呼爲搭護, 더그레.), 鴉靑빗치 四花를 繡노코 織金ᄒᆞᆫ 羅 더그레오.

작질(爵秩) 명 작위(爵位)와 봉록(俸祿). ≪朴諺, 上, 18ㅎ≫南斗六星(集覽, 朴集, 上, 7ㅈ: 南斗. 南極老人星名, 曰天府, 曰天相, 曰天梁, 曰天童, 曰天樞, 曰天機. 六星秉爵秩祿俸之籍, 能解本命〈侖〉之厄.)板兒做得忒圓了些, 南斗六星 돈은 민ᄃᆞᆯ기를 너모 두렷게 ᄒᆞ엿고.

작희(作戲) 동 놀이를 하다. ≪朴諺, 中, 1ㅎ≫弄寶盖(集覽, 朴集, 中, 1ㅈ: 弄寶盖. 凡優人以造化鳥爲戲時, 一人擎一彩帛葆盖, 先入優場, 以告戲雀之由. 次有一人捧一雀以入作戲. 如本節〈莭〉所云, 造化鳥좋〈좋〉다리, 雄曰銅觜, 雌曰鑞觜.)的, 寶盖 농ᄒᆞᄂᆞᆫ 이ᄂᆞᆫ.

잔 명 잔. ⇔잔(盞). ≪朴諺, 上, 43ㅎ≫慢慢的把盞, 날호여 잔을 자브마. ≪朴諺, 下, 47ㅎ≫拿茶椀把盞的跟着, 茶椀 가지며 잔 잡은 이 ᄠᆞᆯ와.

잔 의 잔. ⇔잔(盞). ≪朴諺, 上, 47ㅎ≫却穿衣服喫幾盞閉風酒, ᄯᅩ 옷 닙고 여러 잔 閉風酒를 먹으면. ≪朴諺, 上, 58ㅎ≫喫幾盞酒過兩道湯, 여러 잔 술 먹고 兩道湯을 디내고. ≪朴諺, 中, 16ㅈ≫水一盞半, 믈 ᄒᆞᆫ 잔 반. ≪朴諺, 中, 30ㅎ≫喫一盞, ᄒᆞᆫ 잔 먹쟈. ≪朴諺, 下, 14ㅈ≫又喫幾盞酒之後, ᄯᅩ 여러 잔 술을 먹은 후에.

잔(盞) 명 잔. ❶⇔잔. ≪朴諺, 上, 43ㅎ≫慢慢的把盞, 날호여 잔을 자브마. ≪朴

諺, 下, 47ㅎ≫拿茶椀把盞的跟着, 茶椀 가지며 잔 잡은 이 뚤와. ❷⇔잔아(盞兒). ≪朴諺, 下, 29ㅈ≫一箇蝦蟆·鼈兒和蝎虎盞兒, 흔 蝦蟆鼈兒와 蝎虎盞을 민드라 주고려.

잔(盞) 의 잔. ⇔잔. ≪朴諺, 上, 47ㅎ≫却穿衣服喫幾盞閉風酒, 또 옷 닙고 여러 잔 閉風酒를 먹으면. ≪朴諺, 上, 58ㅎ≫喫幾盞酒過兩道湯, 여러 잔 술 먹고 兩道湯을 디내고. ≪朴諺, 中, 16ㅈ≫水一盞半, 믈 흔 잔 반. ≪朴諺, 中, 30ㅎ≫喫一盞, 흔 잔 먹쟈. ≪朴諺, 下, 14ㅈ≫又喫幾盞酒之後, 또 여러 잔 술을 먹은 후에. ≪朴諺, 下, 56ㅈ≫請的哥來把一盞, 형을 請ᄒᆞ여 와 흔 盞을 자브마.

잔도(棧道) 명 험한 벼랑 같은 곳에 낸 길. 선반처럼 달아서 낸다. ≪朴諺, 中, 32ㅎ≫有崔崔巍巍棧道, 崔崔 巍巍흔 棧道ㅣ 잇고.

잔신(剗新) 부 새로이. 새롭게. ⇔새로이. ≪集覽, 字解, 累字解, 1ㅈ≫剗新. 새로이.

잔아(盞兒) 명 잔. ⇔잔(盞). ≪朴諺, 下, 29ㅈ≫你打饋我一箇立鼈兒, 네 날을 흔 立鼈兒와. 一箇蝦蟆·鼈兒和蝎虎盞兒, 흔 蝦蟆鼈兒와 蝎虎盞을 민드라 주고려.

잔지(剗地) 부 한결같이. ⇔미오로시. ≪集覽, 字解, 累字解, 1ㅈ≫一剗. 미오로시. 亦曰剗地.

잔채 명 잔치. ⇔연석(筵席). ≪朴諺, 中, 15ㅈ≫是小人昨日張少卿的慶賀筵席裏到來, 올흐니 小人이 어제 張少卿의 慶賀 잔채에 갓더니.

잘 부 잘. ❶⇔능(能). ≪集覽, 字解, 單字解, 7ㅎ≫走. 行也. ᄃᆞ니다. 又逃回曰走回. 又跑也. 能走·快走 잘 ᄃᆞᄂᆞ다. 又透漏也. 走話. 又洩也. 走了氣 김 나다. ❷⇔쾌(快). ≪集覽, 字解, 單字解, 7ㅎ≫走. 行也. ᄃᆞ니다. 又逃回曰走回. 又跑也. 能走·快走 잘 ᄃᆞᄂᆞ다. 又透漏也. 走話. 又洩也. 走了氣 김 나다. ≪朴諺, 上, 15ㅈ≫快打刀子的匠人那裏有, 칼 잘 민ᄃᆞᄂᆞᆫ 匠人이 어듸 인ᄂᆞ뇨. ≪朴諺, 上, 55ㅈ≫我要打圍處騎的快走的馬, 내 산영ᄒᆞᄂᆞᆫ 고듸 톨 잘 ᄃᆞᆮᄂᆞᆫ ᄆᆞᆯ을 사고져 ᄒᆞ노라. ≪朴諺, 上, 55ㅎ≫一箇黑鬃青馬快走, 흔 가리온총이ᄆᆞᆯ이 잘 ᄃᆞᄅᆞ되. ≪朴諺, 中, 7ㅈ≫我騎的十分快走的馬將來, 나 톨 이란 ᄀᆞ장 잘 것ᄂᆞᆫ ᄆᆞᆯ을 가져오라. ≪朴諺, 中, 8ㅈ≫快走的㸃的都有了, 잘 건ᄂᆞᆫ 이와 셰가탈ᄒᆞᄂᆞᆫ 이 다 이셰라. ≪朴諺, 下, 36ㅈ≫我不想這新來的莊家快打, 내 이 새로 온 향암이 잘 틸 줄을 싱각디 못호롸. ❸⇔호(好). ≪朴諺, 中, 13ㅈ≫謝天地只願的好收着, 天地ㅅ긔 謝ᄒᆞ노니 그저 원컨대 잘 거도게 ᄒᆞ쇼셔. ≪朴諺, 中, 13ㅎ≫馬們都好將來也麽, ᄆᆞᆯ들흘 다 잘 가져온다. ≪朴諺, 下, 39ㅎ≫好畫匠那裏有, 그림 잘 그리ᄂᆞᆫ 장인이 어듸 잇ᄂᆞ뇨.

잘ᄒᆞ다 동 잘하다. ❶⇔쾌(快). ≪朴諺, 上, 32ㅈ≫只是快說謊, 그저 거즛말 니ᄅᆞ기를 잘ᄒᆞ니. ≪朴諺, 上, 32ㅈ≫可知快說謊, 그리어니 거즛말 니ᄅᆞ기를 잘ᄒᆞᄂᆞ니. ≪朴諺, 上, 32ㅈ≫人貧只爲慳少債快說謊, 사ᄅᆞᆷ이 가난ᄒᆞ면 그저 다랍고 빗지면 거즛말 니ᄅᆞ기 잘ᄒᆞᆫ다 ᄒᆞᄂᆞ니라. ≪朴諺, 上, 38ㅎ≫他快醫頭口, 뎨 즘싱 고티기 잘ᄒᆞᄂᆞ니라. ❷⇔호(好). ≪朴諺, 上, 18ㅈ≫那三台板兒做得好, 뎌 三台 돈은 민돌기를 잘ᄒᆞ엿고. ≪朴諺, 上, 18ㅎ≫後面北斗七星板兒做的好, 後面 北斗七星 돈은 민돌기를 잘ᄒᆞ엿고. ≪朴諺, 上, 19ㅈ≫若廂的好時, 만일 젼메오기를 잘ᄒᆞ면. ≪朴諺, 上, 39ㅈ≫喂的好着, 먹이기를 잘ᄒᆞ라. ≪朴諺, 上, 41ㅎ≫好剌(刺)綉生活, 슈지치 셩녕을 잘ᄒᆞ고. ≪朴諺, 上, 53ㅎ≫你用心做的好時, 네 用心ᄒᆞ여 민들기를 잘ᄒᆞ면. ≪朴諺, 中, 3ㅎ≫要染的好着, 믈드리기를 잘ᄒᆞ고져 ᄒᆞ노라. ≪朴諺, 中, 19ㅎ≫把那驢·騾們喂的好着, 뎌 나귀·노새들을 먹이기를 잘ᄒᆞ야. ≪朴諺, 中, 25ㅎ≫那厮十分做的好, 뎌 놈이

ᄀᆞ장 ᄆᆡᆫ돌기를 잘ᄒᆞᄂᆞ니라. ≪朴諺, 中, 34ㅈ≫水芹田也脩理的好着, 미나리밧도 脩理ᄒᆞ기를 잘ᄒᆞ라. ≪朴諺, 中, 34ㅎ≫那厮把菜園脩理的好着, 뎌 놈아 菜園을다가 脩理ᄒᆞ기를 잘ᄒᆞ고. ≪朴諺, 下, 44ㅈ≫掠飭的好着, 싯닷기를 잘ᄒᆞ라.

잠아(簪兒) 명 비녀. ⇔빈혀. ≪朴諺, 上, 20ㅈ≫一箇七寶金簪兒, ᄒᆞᆫ 七寶 ᄒᆞᆫ 금빈혀와.

잠입(潛入) 동 남몰래 숨어들다. ⇔잠입ᄒᆞ다(潛入-). ≪朴諺, 下, 50ㅎ≫潛入這水國魚邦, 이 水國 魚邦에 潛入ᄒᆞ여.

잠입ᄒᆞ다(潛入-) 동 남몰래 숨어들다. ⇔잠입(潛入). ≪朴諺, 下, 50ㅎ≫潛入這水國魚邦, 이 水國 魚邦에 潛入ᄒᆞ여.

잡(匝) 동 두르다. 감싸다. ⇔두로다. ≪朴諺, 下, 31ㅈ≫腰濶三圍抱不匝, 허리 너ᄅᆞ기 세 아름이나 ᄒᆞ니 안아 두로디 못ᄒᆞ고.

잡(匝) 의 겹. ≪朴諺, 上, 25ㅎ≫江西十分上等眞結綜(棕)帽兒(集覽, 朴集, 上, 9ㅈ: 結椶帽. 椶, 木名, 高一二丈, 葉如車輪, 旁〈㫄〉無枝, 皆萃於木杪. 其下有皮, 重疊裹之, 每皮一匝爲一節〈莭〉, 花黃白色, 結實作房, 如魚子狀, 其皮皆是絲而經緯如織, 傍有細縷, 交相連綴不散. 取其絲理之, 以結成大帽. 又剝其皮一匝, 編爲蓑衣, 亦可避雨.)上, 江西 ᄀᆞ쟝 上等에 진짓 綜(棕)으로 ᄆᆡᄌᆞᆫ 갓 우희.

잡(煠) 동 지지다. ⇔지지다. ≪朴諺, 上, 5ㅈ≫燒鵝·白煠(集覽, 朴集, 上, 2ㅎ: 煠. 音義, 音·짭, 誤. 以油煎也.)鷄, 구은 게오와 ᄆᆡᆫ기름에 지진 ᄃᆞᆰ과.

잡(雜) 의 가지. ⇔가지. ≪朴諺, 上, 61ㅎ≫諸雜名花奇樹不知其數, 여러 가지 名花 奇薾(樹)는 그 수를 아디 몯ᄒᆞ고. ≪朴諺, 中, 32ㅈ≫松栢·檜栗諸雜樹木上, 松栢·檜栗 여러 가짓 남게.

잡극(雜劇) 명 중국에서 이루어진 연극 형태의 하나. 송대(宋代)에는 익살 풍자극을, 원대(元代)에는 고사(故事)·전설·재판 따위의 내용을 다룬 가극을, 명·청대(明淸代)에는 단편극을 이르는 말로 쓰였다. ≪朴諺, 上, 5ㅎ≫叫敎坊司十數箇樂工和做院本(集覽, 朴集, 上, 2ㅎ: 院本. 南村輟耕錄云, 唐有傳奇, 宋有戲曲·唱諢·詞說, 金有雜劇·諸宮調. 院本·雜劇, 其實一也.)諸般雜技的來, 敎坊司의 여라믄 樂工과 院本에 여러 가지 雜技ᄒᆞᄂᆞ니를 블러오라. ≪朴諺, 上, 18ㅈ≫是㧱欄(集覽, 朴集, 上, 6ㅎ: 㧱欄. 質問云, 麗春院樂人搬演戲文雜劇之處也.)衚衕裏帶匠夏五廟的, 이 㧱欄 ᄉᆞᆯ 띄쟝이 夏五ㅣ 뎐메 잇ᄂᆞ니라.

잡기(雜技) 동 잡기(雜技)를 하다. ⇔잡기ᄒᆞ다(雜技-). ≪朴諺, 上, 5ㅎ≫叫敎坊司十數箇樂工和做院本諸般雜技的來, 敎坊司의 여라믄 樂工과 院本에 여러 가지 雜技ᄒᆞᄂᆞ니를 블러오라.

잡기(雜技) 명 오락 형식의 하나. 백희(百戲)·잡악(雜樂)·가무희(歌舞戲)·괴뢰희(傀儡戲) 따위를 이른다. ≪朴諺, 中, 1ㅈ≫㧱欄(集覽, 朴集, 中, 1ㅈ: 枸〈㧱〉欄. 見上〈見上篇〉.)裏看雜技去來, 㧱欄에 雜技 보라 가쟈.

잡기적(雜技的) 명 잡기(雜技)를 하는 사람. 곧, 재인(才人). 광대[倡優]. ⇔잡기ᄒᆞᄂᆞ니(雜技-). ≪朴諺, 上, 5ㅎ≫叫敎坊司十數箇樂工和做院本諸般雜技的來, 敎坊司의 여라믄 樂工과 院本에 여러 가지 雜技ᄒᆞᄂᆞ니를 블러오라.

잡기ᄒᆞᄂᆞ니(雜技-) 명 잡기(雜技)를 하는 사람. 곧, 재인(才人). 광대[倡優]. ⇔잡기적(雜技的). ≪朴諺, 上, 5ㅎ≫叫敎坊司十數箇樂工和做院本(集覽, 朴集, 上, 2ㅎ: 院本. 南村輟耕錄云, 唐有傳奇, 宋有戲曲·唱諢·詞說, 金有雜劇·諸宮調. 院本·雜劇, 其實一也.)諸般雜技的來, 敎坊司의 여라믄 樂工과 院本에 여러 가지 雜技ᄒᆞᄂᆞ니를 블러오라.

잡기ᄒᆞ다(雜技-) 동 잡기(雜技)를 하다. ⇔잡기(雜技). ≪朴諺, 上, 5ㅎ≫叫敎坊司十數箇樂工和做院本諸般雜技的來, 敎坊

司의 여라믄 樂工과 院本에 여러 가지 雜技ᄒᆞᄂᆞ니ᄅᆞᆯ 블러오라.

잡다 동 잡다[執]. ❶⇔나(拿). ≪朴諺, 上, 37ㅈ≫墻上一箇琵琶任誰不敢拿他, 담 우희 ᄒᆞᆫ 琵琶ᄅᆞᆯ 아므도 감히 뎌ᄅᆞᆯ 잡디 못ᄒᆞᄂᆞᆫ 거시여. ≪朴諺, 下, 24ㅎ≫怎生拿出他本像, 엇디 뎌 本像을 잡아 내리오. ≪朴諺, 下, 30ㅎ≫捽倒拿法, 시름ᄒᆞ기ᄅᆞᆯ 법저이 잡더라. ≪朴諺, 下, 46ㅎ≫手拿結線鞭, 손에 結線鞭을 잡고. ❷⇔나착(拿着). ≪朴諺, 下, 22ㅎ≫拿着肩膀彫在裏面, 엇게ᄅᆞᆯ 잡아 안희 드리티라 ᄒᆞ엿더니. ≪朴諺, 下, 47ㅎ≫手拿結線鞭, 손에 結線鞭을 잡고. ≪朴諺, 下, 47ㅎ≫一箇小鬼拿着大紅羅傘, ᄒᆞᆫ 小鬼ㅣ 大紅 羅傘을 잡고. ≪朴諺, 下, 47ㅎ≫拿着三丈來高的大旗號上寫着明現眞君, 三丈 노핀 큰 긔예 明現眞君이라 쓴 거슬 잡고. ❸⇔제(提). ≪朴諺, 下, 24ㅈ≫行者用手把頭提起, 行者ㅣ 손으로 뻐 머리ᄅᆞᆯ다가 잡아 니ᄅᆞ혀. ❹⇔지(持). ≪朴諺, 下, 31ㅈ≫手持畫干·方天戟的, 손에 畫干·方天戟을 잡으니와. ❺⇔집(執). ≪朴諺, 中, 22ㅎ≫執楊柳於掌內拂病體於輕安, 楊柳ᄅᆞᆯ 손에 잡아 病體를 輕安ᄒᆞᆫ ᄃᆡ 떨티고. ❻⇔차주(扯住). ≪朴諺, 下, 54ㅈ≫將某衣領扯住言道, 某의 옷기슬 잡고 닐오ᄃᆡ. ❼⇔파(把). ≪朴諺, 上, 7ㅎ≫把上馬盃兒, 上馬盃ᄅᆞᆯ 잡게 ᄒᆞ라. ≪朴諺, 上, 43ㅎ≫慢慢的把盞, 날호여 잔을 자브마. ≪朴諺, 下, 47ㅎ≫拿茶椀把盞的跟着, 茶椀 가지며 잔 잡은 이 ᄲᅩᆯ와. ≪朴諺, 下, 56ㅈ≫請的哥來把一盞, 형을 請ᄒᆞ여 와 ᄒᆞᆫ 盞을 자브마.

잡다 동 잡다[捕]. ❶⇔나(拿). ≪朴諺, 上, 30ㅎ≫你饋我尋見了拿將來, 네 ᄎᆞ자보아 잡아다가 날을 주고려. ≪朴諺, 中, 7ㅎ≫拿將管馬的來吊着, ᄆᆞᆯ ᄀᆞ음아ᄂᆞᆫ 이ᄅᆞᆯ 자바다가 ᄃᆞᆯ고. ≪朴諺, 中, 40ㅎ≫每日家尋空便拿雀兒, 每日에 뷘 적을 어더 새 잡노라. ≪朴諺, 下, 15ㅎ≫把我家小厮拿將去監了貳日, 우리 집 놈을다가 잡아가 가도완디 이틀이오. ≪朴諺, 下, 20ㅎ≫便拿下來磕死了, 곳 잡아 ᄂᆞ리와 즛긔텨 죽이고. ❷⇔나착(拿着). ≪朴諺, 中, 28ㅎ≫把老李拿着背綁了, 老李ᄅᆞᆯ다가 자바 져차리켜 ᄆᆡ고. ≪朴諺, 上, 32ㅎ≫却拿着那和尙, 또 뎌 즁을 잡아. ≪朴諺, 中, 3ㅈ≫我拿着這厮時, 내 이 놈을 잡으면. ≪朴諺, 下, 18ㅈ≫便拿着曳車解鋸, 곳 잡아 술위 ᄭᅳ이고 톱질 시겨. ❸⇔착(捉). ≪朴諺, 下, 53ㅈ≫收捉上件賊人, 上件 賊人을 거두어 잡아. ≪朴諺, 下, 55ㅈ≫捉賊見贓, 도적 잡기ᄂᆞᆫ 장믈을 보고. 厮打驗傷, 서ᄅᆞ 싸혼 ᄃᆡᄂᆞᆫ 傷處ᄅᆞᆯ 驗ᄒᆞᆫ다 ᄒᆞᄂᆞ니라. ❹⇔타(打). ≪朴諺, 下, 50ㅈ≫咱們打魚兒去來, 우리 고기 잡으라 가쟈.

잡답(雜遝) 명 번잡하고 어수선한 모양. 난잡하고 소란스러운 모양. ≪朴諺, 上, 59ㅈ≫有心拜莭(節)(集覽, 朴集, 上, 14ㅎ: 拜節. 歲時樂事記云, 元日, 士庶自早互相慶賀, 車馬交馳, 衣服華煥, 雜遝街市, 三四日乃止〈三四日而乃止〉.), 莭(節)에 拜홀 ᄆᆞ음이 이시면.

잡ㅂ다 동 잡다[執]. ⇔염(拈). ≪朴諺, 上, 22ㅎ≫罷罷來拈子爲定, 두어 두어 오라 ᄆᆞᆯ 잡바 뎡ᄒᆞ쟈.

잡색(雜色) 명 여러 가지 잡다한 색. ≪朴諺, 上, 63ㅈ≫我的串香褐(集覽, 朴集, 上, 15ㅎ: 串香褐. 串香褐·麝香褐·鷹背褐·蜜褐·茶褐, 卽黃黑雜色也. 玉褐·艾褐·水褐·銀褐, 卽白黑雜色也. 藕褐, 卽紫黑雜色也.)通袖膝欄五彩綉帖裏, 내 팀향빗체 通袖 膝欄ᄒᆞ고 五彩로 綉노ᄒᆞᆫ 텰릭과.

잡아가다 동 잡아가다. ⇔나거(拿去). ≪朴諺, 下, 15ㅎ≫把我家小厮拿將去監了貳日, 우리 집 놈을다가 잡아가 가도완디 이틀이오.

잡은것 명 잡다한 물건(것). ≪朴諺, 中, 3ㅎ≫染房裏染東西去來, 믈집의 잡은것 믈드리라 가쟈.

잡작(雜作) 동 함께 일하다. ≪朴諺, 上, 33

ㅈ≫披着袈裟(集覽, 朴集, 上, 10ㅈ: 袈裟. 三曰安陁會, 卽五條也, 院內行道雜作衣.), 袈裟 닙고.

잡직(雜織) 명 품계에 들지 않은 말단 벼슬아치. ≪朴諺, 中, 46ㅈ≫我一般雜職人家, 나 ᄒᆞᆫ가짓 雜職에 사ᄅᆞᆷ은.

잡패(雜佩) 명 잡다한 패물(佩物). ≪朴諺, 上, 59ㅎ≫西湖是從玉泉(集覽, 朴集, 上, 15ㅈ: 玉泉. 山有石洞三, 一在山之西南, 其下有泉, 深淺莫測. 一在山之陽, 泉出石罅間, 鑿石爲螭頭, 泉從螭口噴出, 鳴若雜佩, 色如素鍊〈練〉, 泓澄百頃.)裏流下來, 西湖는 이 玉泉으로 조차 흘러ᄂᆞ리ᄂᆞ니.

잡히다 동 잡히다. ⇔나착(拿着). ≪朴諺, 下, 15ㅎ≫被巡夜的拿着, 巡夜의게 잡힘을 닙어.

잣 명 ❶성(城). ⇔성(城). ≪朴諺, 中, 10ㅈ≫隨問到本都在城某坊住某官人處賣與, 隨問ᄒᆞ야 本都 잣 안 아므 坊에셔 사는 아므 官人의손ᄃᆡ 가 ᄑᆞ라 주되. ❷잣[栢]. ⇔송자(松子). ≪朴諺, 上, 4ㅈ≫榛子, 개얌과. 松子, 잣과. 乾葡萄, ᄆᆞ른葡萄와. 栗子, 밤과.

장(丈) 의 장(丈). ≪朴諺, 下, 35ㅈ≫咱打那一箇窩兒(集覽, 朴集, 下, 7ㅎ: 窩兒. 又一本質問畫毬門架子, 如本國抛毬樂架子. 而云木架子, 其高一丈, 用五色絹結成彩門, 中有圓眼, 擊起毬兒入眼過落窩者勝.), 우리 어늬 ᄒᆞᆫ 굼글 티료.

장(匠) 명 장인(匠人). ⇔쟝인. ≪朴諺, 下, 39ㅎ≫好畫匠那裏有, 그림 잘 그리는 쟝인이 어ᄃᆡ 잇ᄂᆞ뇨.

장(杖) 명 막대기. ⇔막대. ≪朴諺, 下, 48ㅎ≫又是擔杖廝打着, 또 막대를 메고 서르 싸화.

장(状) 명 장(狀). '状'은 '狀'의 속자. ≪朴諺, 下, 54ㅎ≫伏乞詳状施行, 伏乞ᄒᆞ노니 狀을 詳ᄒᆞ어(여) 施行ᄒᆞ쇼셔. ≪朴諺, 下, 55ㅈ≫状不過三日便告時好, 狀은 三日이 디나디 아녀셔 곳 告홈이 됴커니와.

장(壯) 의 장(壯). (쑥뜸을 할 때 쑥 덩어리의 수효를 세는 단위) ≪朴諺, 上, 35ㅈ≫脚內踝上灸了三壯艾來, 발 안쮜머리 우희 三壯 ᄡᅮᆨ으로 ᄠᅳ니. ≪朴諺, 上, 35ㅎ≫一箇脚上三壯家灸的, ᄒᆞᆫ 발 우희 三壯식 ᄯᅳ되.

장(壯) 형 ❶장(壯)하다. 건장하다. ⇔장ᄒᆞ다. ≪朴諺, 中, 7ㅈ≫背包馬們都將好壯馬來, 背包馬들을 다 ᄀᆞ장 장ᄒᆞᆫ ᄆᆞᆯ을 가져오라. ❷장(壯)하다. 튼튼하다. 견고하다. ⇔장ᄒᆞ다(壯-). ≪朴諺, 中, 2ㅎ≫事件也不壯, 事件도 壯티 아니ᄒᆞ고. 一箇了吊兒都不壯, ᄒᆞᆫ ᄃᆞ림쇠 다 壯티 아니ᄒᆞ니. ≪朴諺, 中, 12ㅈ≫薦·筐·馬槽都壯麽, 삿·광조리·ᄆᆞᆯ귀유ㅣ 다 壯ᄒᆞ냐. 都壯, 다 壯ᄒᆞ엿다.

장(狀) 명 고장(告狀). 소장(訴狀). ≪朴諺, 下, 51ㅎ≫申竊盜狀, 竊盜狀을 申ᄒᆞ노니. ≪朴諺, 下, 53ㅈ≫今具狀申告某官, 이제 狀을 ᄀᆞ초와 某官ᄭᅴ 申告ᄒᆞ노니. ≪朴諺, 下, 54ㅈ≫狀告, 狀을 告ᄒᆞ노니. ≪朴諺, 下, 54ㅎ≫伏乞詳狀施行, 伏乞ᄒᆞ노니 狀을 詳ᄒᆞ어(여) 施行ᄒᆞ쇼셔. ≪朴諺, 下, 55ㅈ≫狀不過三日便告時好, 狀은 三日이 디나디 아녀셔 곳 告홈이 됴커니와.

장(長) 명 길이. ❶⇔기릐. ≪朴諺, 中, 3ㅎ≫這楊(揚)州綾子滿七托長, 이 楊(揚)州ㅅ 綾이 닐곱 발 기릐 ᄎᆞ고. ≪朴諺, 下, 46ㅈ≫一托來長的兩箇機角, ᄒᆞᆫ 발 기릐에 두 쓸이오. ❷⇔길. ≪朴諺, 下, 46ㅈ≫十尺來長尾子, 열 자 길의 ᄭᅩ리와.

장(長) 형 길다. ⇔길다. ≪朴諺, 上, 18ㅈ≫鞓帶忒長了, 바탕이 너모 기니. ≪朴諺, 上, 29ㅎ≫十箇指頭也有長的短的, 열 손가락도 기니 뎌ᄅᆞ니 잇ᄂᆞ니. ≪朴諺, 上, 37ㅈ≫家後一群羊箇箇尾子長, 집 뒤희 ᄒᆞᆫ 무리 양이 낫낫치 ᄭᅩ리 긴 거시여. ≪朴諺, 上, 37ㅎ≫一箇長甕兒窄窄口裏頭盛着糯米酒, ᄒᆞᆫ 긴 독 조븐 부리 안희 츕ᄡᆞᆯ 술 담은 거시여. ≪朴諺, 中, 36ㅈ≫將指頭來大小的長鐵條兒, 손�ᅡ락 굴긔예 긴 쇠가락으로다가. ≪朴諺, 中, 51ㅈ≫矮子

呵欠氣兒不長, 난장의 하회옴은 긔운이 기디 아니타 ᄒᆞᄂᆞ니라. ≪朴諺, 下, 6ㅎ≫你的長指甲饋我掐一掐, 네 긴 손돕으로 날을 딕여 주고려. ≪朴諺, 下, 11ㅈ≫藍長綾一箇, 藍 자 긴 綾 ᄒᆞᆫ 필을.

장(將) 동 가지다[執]. ⇔가지다. ≪集覽, 字解, 單字解, 1ㅎ≫稍. 寄也. 稍將來 브터 가져오라. ≪集覽, 字解, 單字解, 4ㅈ≫將. 持也. 將來 가져오라, 將着 가지라, 將咱們 우리를다가. 又將次 장ᄎᆞ. ≪朴諺, 上, 12ㅎ≫將米貼兒來對官號, 빨 톄ᄌᆞ 가져다가 官號 마초고. ≪朴諺, 上, 23ㅎ≫將一張紙來, ᄒᆞᆫ 댱 죠희를 가져다가. ≪朴諺, 上, 33ㅈ≫穿着衲襖將着鉢盂, 누비옷 닙고 에우아리 가지고. ≪朴諺, 上, 40ㅈ≫將那鉸刀斡耳, 뎌 귀갓갈 가져다가 귀 안 도로고. ≪朴諺, 上, 56ㅎ≫將就着買將來, 두어라 ᄒᆞ여 사 가져다가. ≪朴諺, 中, 12ㅈ≫你這車子先將到門外, 네 이 술위를 몬져 가지고 문 밧ᄭᅴ 가. ≪朴諺, 中, 19ㅎ≫將五兩銀子下馬莊裏去, 닷 냥 은을 가지고 下馬莊에 가. ≪朴諺, 中, 24ㅎ≫你將鋪盖送去, 네 鋪盖 가져 보내고. ≪朴諺, 中, 37ㅈ≫小厮將那厨裏夾板來, 아희아 뎌 듀방에 협판을 가져다가. ≪朴諺, 中, 44ㅎ≫將幾箇磨果釘子來, 여러 머리 뭉긘 못 가져다가. ≪朴諺, 中, 58ㅈ≫將碎塼塊來, 즌 벽 덩이 가져다가. ≪朴諺, 下, 2ㅈ≫將兩根香來燒, 두 ᄌᆞᄅᆞ 향을 가져다가 퓌오라. ≪朴諺, 下, 5ㅈ≫將鐵杴和鍋來掘土, 삷과 광이를 가져다가 흙을 픠여. ≪朴諺, 下, 6ㅈ≫將泥鏝來再抹的光着, 쇠손 가져다가 다시 스서 번번이 ᄒᆞ라. ≪朴諺, 下, 21ㅈ≫和將一塊青泥來, ᄒᆞᆫ 덩이 프른 흙을 닉여 가져다가. ≪朴諺, 下, 31ㅈ≫將鉞斧的, 鉞斧를 가지니와. ≪朴諺, 下, 34ㅎ≫將我那提攬和皮帒來, 내 뎌 광주리와 皮帒를 가져다가. ≪朴諺, 下, 50ㅎ≫將一葉小漁艇, 一葉 小漁艇을 가지고.

장(將) 조 '-를'의 뜻. ❶(격조사 '를' 뒤에 붙는다) ⇔-다가. ≪集覽, 字解, 單字解, 4ㅈ≫將. 持也. 將來 가져오라, 將着 가지라, 將咱們 우리를다가. 又將次 장ᄎᆞ. ❷(격조사 '룰' 뒤에 붙는다) ⇔-다가. ≪朴諺, 中, 29ㅈ≫將老李打了一百七, 老李룰다가 一百 닐곱을 텨. ≪朴諺, 下, 51ㅈ≫慢慢的將鈎兒垂下水裡去時, 날호여 낙시룰다가 믈에 드리오면.

장(將) 조 '-을'의 뜻. (격조사 '을' 뒤에 붙는다) ⇔-다가. ≪朴諺, 上, 40ㅈ≫將風屑去的爽利着, 비듬을다가 업시ᄒᆞ야 싀훤케 ᄒᆞ라. ≪朴諺, 上, 54ㅎ≫將借錢人在家應有直錢物件, 돈 쑨 사ᄅᆞᆷ의 집의 應有ᄒᆞ엿ᄂᆞᆫ 갑ᄊᆞᆫ 物件을다가. ≪朴諺, 中, 39ㅎ≫將賃房人家內應有直錢物件, 집 셰낸 사ᄅᆞᆷ의 집의 應有ᄒᆞᆫ 갑ᄊᆞᆫ 物件을다가.

장(帳) 명 장(帳). 휘장. ⇔댱. ≪朴諺, 下, 29ㅎ≫帳房門上磕着, 댱 방문에 다텨.

장(張) 명 성씨(姓氏)의 하나. ≪朴諺, 上, 15ㅈ≫有名的張黑子(集覽, 朴集, 上, 6ㅈ: 張黑子. 張, 姓. 黑子, 痣也. 張之面有痣, 因以爲號, 人號爲張黑子.), 有名ᄒᆞᆫ 張黑子ㅣ. ≪朴諺, 上, 16ㅈ≫如今張黑子家裏去來, 이제 張黑子의 집의 가쟈.

장(張) 의 장. ❶금(琴)의 수효를 세는 단위. ≪朴諺, 下, 50ㅎ≫我援琴一張酒一壺, 내 琴 一張 酒 一壺를 가지고. ❷종이의 수효를 세는 단위. ⇔댱. ≪朴諺, 上, 23ㅎ≫將一張紙來, ᄒᆞᆫ 댱 죠희를 가져다가. ≪朴諺, 下, 62ㅈ≫這的高麗筆墨和二十張大紙將去, 이 高麗ㅅ 筆墨과 스므 댱 큰 죠희를 가져가. ≪朴諺, 下, 56ㅈ≫一張裏寫時全饋他, ᄒᆞᆫ 張에 써시면 오로 뎌를 주고. ❸교의(交椅)의 수효를 세는 단위. ⇔댱. ≪朴諺, 中, 44ㅎ≫一周遭放幾張交椅, ᄒᆞᆫ 도림으로 여러 댱 교의를 노코. ❹활의 수효를 세는 단위. ⇔댱. ≪朴諺, 上, 52ㅎ≫你打饋我兩張弓如何, 네 나를 두 댱 활을 ᄆᆡᆫᄃᆞ라 주미 엇더ᄒᆞ뇨. ≪朴諺, 上, 53ㅈ≫你打十箇氣力的一張, 네 열 힘에 치 ᄒᆞᆫ 댱과. 七八箇氣力的一張,

닐곱 여둛 힘에 흔 댱을 뮌들라. ≪朴諺, 中, 24ㅎ≫弓俗裏插一張弓, 弓俗에 흔 댱 활을 곳고.

장(莊) 명 농장(農場). ⇔농장. ≪朴諺, 中, 42ㅎ≫我要你莊頭裏去, 내 네 농장에 가고져 호딕.

장(粧) 동 꾸미다. ❶⇔수미다. ≪朴諺, 下, 47ㅈ≫粧二郎爺爺, 二郎爺爺를 수며. ❷⇔쑴이다. ≪朴諺, 上, 27ㅎ≫八瓣兒鋪翠眞言字粧金大帽上, 여둛 뽁에 비취 짓 실고 眞言字를 금으로 쑴인 큰갓에. ≪朴諺, 中, 31ㅈ≫粧腰大模樣, 腰大 模樣을 쑴여.

장(裝) 동 ❶담다. ⇔담다. ≪朴諺, 下, 43ㅈ≫都裝在卓兒上擡着, 다 탁즈에 담아 들고. ❷싣다. ⇔싣다. ≪朴諺, 上, 13ㅈ≫只着大車上裝去, 그저 큰 술위예 시러 가쟈.

장(腸) 명 간장(肝腸). ⇔간댱. ≪朴諺, 中, 32ㅎ≫只是這箇愁人腸, 그저 이 사롬의 간댱을 시름흐게 흐느니라.

장(葬) 동 장(葬)하다. 장사(葬事)를 지내다. ⇔장흐다. ≪朴諺, 下, 43ㅎ≫尸首實葬了那怎的, 尸首를 실로 장흐더냐 엇디흐뇨.

장(樁) 명 기둥. ⇔기동. ≪朴諺, 中, 29ㅈ≫木樁上剮了, 나모 기동에 믹고 싹가 죽이니라.

장(蔵) 동 장(藏). '蔵'은 '藏'의 잘못. ≪朴諺, 下, 19ㅈ≫到羅天大醮壇場上蔵身, 羅天大醮흐는 壇場 우희 가 몸을 곰초와.

장(墻) 명 담. ⇔담. ≪朴諺, 上, 10ㅈ≫你家墻如何, 네 집 담은 엇더흐뇨. 我家墻也倒了幾堵, 우리 집 담도 여러 도림이 믄허뎌시니. ≪朴諺, 上, 10ㅈ≫去角頭叫幾箇打墻的和坌工來築墻, 모롱이에 가 여러 담 쌋는 이와 조역을 블러다가 담 쌋이리라. ≪朴諺, 上, 10ㅎ≫着墻板當着墻頭絟的牢着, 담 쌋는 널로 담 머리예 막아 믹기를 긋(끗)이 흐고. ≪朴諺, 上, 37ㅈ≫墻上一塊土吊下來禮拜, 담 우희 흔 덩이 흙이 떠러뎌 느려와 禮拜흐는 거시여. ≪朴諺, 上, 37ㅈ≫墻上一箇琵琶任誰不敢拿他, 담 우희 흔 琵琶를 아므도 감히 뎌를 잡디 못흐는 거시여. ≪朴諺, 下, 5ㅎ≫在墻上驗的正着, 담 우희 견조기를 바로 흐라. ≪朴諺, 下, 52ㅎ≫於本家那邉跳墻入來家內, 본집 뎌 편 담을 뛰여 안히 드러와. ≪朴諺, 下, 52ㅎ≫却跳墻出去, 또 담을 뛰여 나가시니.

장(藏) 동 감추다. ⇔곰초다. ≪朴諺, 下, 19ㅈ≫到羅天大醮壇場上藏身, 羅天大醮흐는 壇場 우희 가 몸을 곰초와.

장(醬) 명 장(醬). ⇔장. ≪朴諺, 中, 6ㅈ≫醋, 초와. 醬, 장과. 塩, 소금과. 芥末, 계즈 ᄀᆞᄅᆞ와. 葱, 파과. 蒜, 마놀과. 薤菜, 부치와, 油, 기름과. 生蘿蔔, 댓무우과. 瓜, 외와. 茄等, 가지 등.

장(贓) 명 장물(贓物). ⇔장믈. ≪朴諺, 下, 16ㅈ≫無贓時有甚麽事, 장믈이 업스면 므스 일이 이시리오. ≪朴諺, 下, 55ㅈ≫捉賊見贓, 도적 잡기는 장믈을 보고. 廝打驗傷, 서르 싸혼 딕는 傷處를 驗흐다 흐느니라.

장가(莊家) 명 향암(鄕闇). 농민. 시골뜨기. ⇔향암. ≪朴諺, 上, 47ㅈ≫我是新來的莊家(集覽, 朴集, 上, 13ㅈ: 莊家. 村莊治農之人曰莊家, 謂不達時務之人.), 나는 이 새로 온 향암이라. ≪朴諺, 下, 34ㅎ≫你是新來的莊家, 너는 이 새로 온 향암이라. ≪朴諺, 下, 36ㅈ≫我不想這新來的莊家快打, 내 이 새로 온 향암이 잘 틸 줄을 싱각디 못호롸.

장가(張家) 명 장가(張哥). 장씨. ≪集覽, 字解, 單字解, 5ㅎ≫家. 止指一數之稱. 一箇家 흔 낫식, 幾箇家 몃 낫식, 又현 낫식, 幾年家 현 히식. 又槩也. 大家 대개. 又擧姓呼人之稱. 李家·張家. 又呼皇帝曰官家. 又語助. 沒有家 업다.

장거(將去) 동 가져가다. ⇔가져가다. ≪朴諺, 上, 13ㅈ≫一車兩擔家推將去, 흔 술위예 두 짐식 흐여 미러 가져가쟈. ≪朴諺, 上, 30ㅈ≫四錢一箇家將去麽, 너 돈

에 ᄒᆞ나식 ᄒᆞ여 가져갈다. ≪朴諺, 上, 55ㅈ≫將錢來贖將契去, 돈 가져와 갑고 글월 가져가라. ≪朴諺, 中, 6ㅎ≫這米麤將去再篩一篩, 이 ᄡᆞᆯ이 구즈니 가져가 다시 슬흐라. ≪朴諺, 中, 13ㅈ≫衝將去了, 딜러 가져갓더니. ≪朴諺, 中, 26ㅈ≫將去饋李大做定錢, 가져가 李大ᄅᆞᆯ 주어 마초ᄂᆞᆫ 갑슬 삼고. ≪朴諺, 中, 35ㅎ≫便着鉤子鉤出來將去, 곳 갈고리로 그러내여 가져가ᄂᆞ니라. ≪朴諺, 中, 57ㅎ≫賣便賣不賣便將的去, ᄑᆞᆯ거든 곳 ᄑᆞᆯ고 ᄑᆞ디 아니커든 곳 가져가라. ≪朴諺, 下, 2ㅎ≫都偷將去了, 다 도적ᄒᆞ여 가져가니. ≪朴諺, 下, 11ㅎ≫與兄弟佛童將去, 아ᄋᆞ 佛童을 주어 가져가니. ≪朴諺, 下, 24ㅈ≫把先生的頭拖將去, 先生의 머리ᄅᆞᆯ다가 ᄭᅳ어 가져가니. ≪朴諺, 下, 28ㅎ≫將去使休吊了, 가져가 ᄡᅳ고 ᄲᅥᄅᆞ티디 말라. ≪朴諺, 下, 55ㅎ≫着他將的去, 뎌로 ᄒᆞ여 가져가게 ᄒᆞ고. ≪朴諺, 下, 57ㅈ≫將一百箇錢去, 一百 낫 돈을 가져가. ≪朴諺, 下, 62ㅈ≫這的高麗筆墨和二十張大紙將去, 이 高麗ㅅ 筆墨과 스므 댱 큰 죠희ᄅᆞᆯ 가져가.

장건(張騫) 명 한(漢)나라 한중(漢中) 성고(成固) 사람. 건원(建元) 연간에 낭(郎)이 되었다. 월지국(月氏國)에 사신으로 갔다가 흉노에게 붙잡혀 13년 동안 억류되었다가 도망하여 대중대부(大中大夫)를 지냈다. ≪朴諺, 上, 4ㅈ≫核桃(集覽, 朴集, 上, 2ㅈ: 核桃. 張騫使西域, 得胡桃回, 種于中國. 後五胡時, 避胡字, 改名核桃.), 호도와.

장경(長頸) 형 목이 길다. 또는 그런 목. ≪朴諺, 下, 51ㅎ≫我待學范蠡歸湖(集覽, 朴集, 下, 11ㅎ: 范蠡歸湖. 范蠡, 越之大夫也. 相越王勾踐敗吳, 曰, 越王爲人長頸鳥〈烏〉喙, 可與啚〈圖〉患難, 不可與共安逸. 遂泛扁舟, 載西施, 遊五湖不返.), 내 范蠡의 歸湖ᄅᆞᆯ ᄇᆡ호고져 ᄒᆞ노라.

장과(醬瓜) 명 월과(越瓜: 김치참외)로 담근 장아찌. 또는 된장에 절인 김치참외. ⇔장과아(醬瓜兒). ≪朴諺, 上, 50ㅈ≫只着些好醬瓜兒就飯喫, 그저 젹이 됴흔 醬瓜로 밥ᄒᆞ여 먹히라. ≪朴諺, 下, 33ㅈ≫象眼粿子(集覽, 朴集, 下, 6ㅎ: 象眼饃子. 麁者再切, 細者有糜末, 却簸去, 皆要一搓極細如米粒. 下鍋煮熟, 連湯起在盆內. 用涼水寬投之, 三五次方得精細. 攪轉, 撈起控乾, 麻汁加碎肉·糟〈槽〉姜米·醬瓜米·黃瓜米·香菜等粧點用供.), 象眼 ᄀᆞ튼 粿子와.

장과미(醬瓜米) 명 장과(醬瓜)를 썰어 쌀알과 같이 잘게 만든 것. ≪朴諺, 下, 33ㅈ≫象眼粿子(集覽, 朴集, 下, 6ㅎ: 象眼饃子. 麁者再切, 細者有糜末, 却簸去, 皆要一搓極細如米粒. 下鍋煮熟, 連湯起在盆內. 用涼水寬投之, 三五次方得精細. 攪轉, 撈起控乾, 麻汁加碎肉·糟〈槽〉姜米·醬瓜米·黃瓜米·香菜等粧點用供.), 象眼 ᄀᆞ튼 粿子와.

장과아(醬瓜兒) 명 월과(越瓜: 김치참외)로 담근 장아찌. 또는 된장에 절인 김치참외. ⇔장과(醬瓜). ≪朴諺, 上, 50ㅈ≫只着些好醬瓜兒就飯喫, 그저 젹이 됴흔 醬瓜로 밥ᄒᆞ여 먹히라.

장구(粧絇) 동 단추를 아름답게 장식하다. ≪朴諺, 上, 43ㅈ≫不要紙金要五錢皮金(集覽, 朴集, 上, 12ㅎ: 皮金. 未詳. 質問云, 以厚紙上貼金, 女人粧〈綉〉絇之用. 又云, 將金搥打如紙張之薄, 方言爲之皮金.), 紙金으란 말고 닷 돈 皮金을 ᄒᆞ고.

장국(醬麴) 명 메주. ⇔메조. ≪朴諺, 中, 17ㅈ≫醬麴今年沒處尋, 메조ᄅᆞᆯ 올히 어들 ᄃᆡ 업더니. 一發稍將些醬麴來最好, 흠ᄢᅴ 젹이 메조ᄅᆞᆯ ᄇᆞ텨 가져오니 ᄀᆞ장 됴타.

장군(將軍) 명 ❶군의 우두머리로 군을 지휘하고 통솔하는 무관. ≪朴諺, 下, 22ㅎ≫教將軍看, 將軍으로 ᄒᆞ여 보라 ᄒᆞ니. 將軍使金鉤子, 將軍이 쇠갈고리로 ᄡᅥ. ≪朴諺, 下, 23ㅈ≫王說將軍你搭去, 王이 닐오ᄃᆡ 將軍아 네 건디라 가라. ≪朴諺, 下, 23ㅈ≫將軍用鉤子搭去, 將軍이 갈고리로

뼈 건디라 가니. ≪朴諺, 下, 59ㅎ≫將軍裴玄慶·洪儒·卜智謙·申崇謙等四箇人, 將軍 裴玄慶·洪儒·卜智謙·申崇謙 等 네 사름이. ≪朴諺, 下, 60ㅈ≫娘子柳氏(集覽, 朴集, 下, 12ㅎ: 娘子柳氏〈柳氏〉. 高麗太祖初爲弓裔將軍, 領兵過貞州, 憩古柳下, 見川上有一女子甚美, 問誰. 女對曰, 天弓之女.)出來說道, 娘子 柳氏ㅣ 나와 닐오듸. ≪朴諺, 下, 60ㅎ≫衆將軍們扶侍上馬, 모든 將軍들히 븟드러 ᄆᆞᆯ 틔오고. ❷궁전 앞 월대(月臺)의 네 모퉁이에 서서 시위(侍衛)하는 병졸에 대한 칭호. ≪朴諺, 下, 30ㅎ≫四角頭立地的四箇將軍(集覽, 朴集, 下, 5ㅎ: 四箇將軍. 募選身軀長大壯偉異於人者, 紅盔銀甲, 立於殿前月臺上四隅, 名鎭殿將軍, 亦曰紅盔將軍, 亦曰大漢將軍. 其請給衣粮曰大漢衣粮. 年過五十, 方許出官.), 네 모희 셧ᄂᆞᆫ 네 將軍이. ≪朴諺, 下, 31ㅎ≫將軍八面威風, 將軍은 八面威風이러라.

장궁(張弓) 동 활시위를 당기다. ≪朴諺, 上, 49ㅎ≫張弓有別力飮酒有別腸腹, 張弓애 別力이 잇고 飮酒애 別腸이 잇ᄂᆞ니라.

장궁유별력음주유별장(張弓有別力 飮酒有別腸) 구 활을 당기기에는 각별한 힘이 있어야 되고, 음주(飮酒)에도 각별한 창자가 있어야 된다는 뜻으로, 무슨 일이든지 그에 걸맞는 역량과 능력이 필요하다는 말. ≪朴諺, 上, 49ㅎ≫張弓有別力飮酒有別腸腹, 張弓애 別力이 잇고 飮酒애 別腸이 잇ᄂᆞ니라.

장단(長短) 명 길이. ⇔기릐. ≪朴諺, 上, 35ㅈ≫比着只一把長短鉸了, 그저 ᄒᆞᆫ 뼘 기릐를 견초와 ᄀᆞ초. ≪朴諺, 上, 60ㅈ≫深淺長短不可量, 深淺 長短을 可히 혜아리디 못ᄒᆞ고. ≪朴諺, 中, 1ㅈ≫一托來長短, ᄒᆞᆫ 발 기릐예.

장대(長大) 동 자라나다. 성장하다. ⇔장대ᄒᆞ다(長大-). ≪朴諺, 上, 45ㅎ≫你學的成人長大, 네 빈화 成人 長大ᄒᆞ야.

장대(長大) 형 ❶길고 크다. ≪朴諺, 上, 4ㅎ≫虎刺賓(集覽, 朴集, 上, 2ㅈ: 虎刺(剌)賓. 質問云, 如李長大, 半靑半紅色, 食之可口. 又云, 如赤李長而大者.), 굴근외얏이오. ❷허우대가 크고 튼튼하다. ≪朴諺, 上, 36ㅎ≫一箇長大漢撒大鞋, ᄒᆞᆫ 킈 큰 놈이 큰 신 ᄭᅳᆺ으고. ≪朴諺, 下, 30ㅎ≫四角頭立地的四箇將軍(集覽, 朴集, 下, 5ㅎ: 四箇將軍. 募選身軀長大壯偉異於人者, 紅盔銀甲, 立於殿前月臺上四隅, 名鎭殿將軍, 亦曰紅盔將軍, 亦曰大漢將軍. 其請給衣粮曰大漢衣粮.), 네 모희 셧ᄂᆞᆫ 네 將軍이.

장대(張大) 명 사람 이름. ≪朴諺, 下, 29ㅈ≫張大, 張大ㅣ 아. 你打饋我一箇立饠兒, 네 날을 ᄒᆞᆫ 立饠兒와.

장대ᄒᆞ다(長大-) 동 자라나다. 성장하다. ⇔장대(長大). ≪朴諺, 上, 45ㅎ≫你學的成人長大, 네 빈화 成人 長大ᄒᆞ야.

장등(張燈) 동 등불을 켜 놓다. ≪朴諺, 下, 49ㅈ≫好女不看燈(集覽, 朴集, 下, 11ㅈ: 好女不看燈. 道經云, 正月十五日, 謂之上元, 天官下降人閒〈間〉, 考定罪福. 是夜張燈, 士女鼓〈皷〉樂遊街.), 好女ᄂᆞᆫ 看燈 아니ᄒᆞᆫ다 ᄒᆞᄂᆞ니라.

장래(將來) 동 ❶가져오다. ⇔가져오다. ≪集覽, 字解, 單字解, 1ㅎ≫稍. 寄也. 稍將來 브터 가져오라. ≪集覽, 字解, 單字解, 4ㅈ≫將. 持也. 將來 가져오라, 將着 가지라, 將咱們 우리를다가. 又將次 쟝ᄎᆞ. ≪集覽, 字解, 單字解, 5ㅎ≫就. 卽也. 就將來 즉재 가져오라, 就有了·就去了. ≪朴諺, 上, 2ㅈ≫街市酒打將來怎麽喫, 져젯 술을 가져오면 엇디 머그리오. ≪朴諺, 上, 13ㅈ≫將碎貼兒來過籌, ᄌᆞᆫ톄ᄌᆞ 가져와 사슬 디내라. ≪朴諺, 上, 46ㅈ≫稍將來了, 브터늘 가져왓노라. ≪朴諺, 上, 53ㅈ≫你來這弓面上鋪筋將來, 이바 이 활 면에 힘을 ᄭᆞ라 가져와. ≪朴諺, 上, 65ㅈ≫將銀子來, 은을 가져오라. ≪朴諺, 中, 5ㅎ≫將闕字來, 闕字 가져오라. ≪朴諺, 中, 13

ㅎ≫馬們都好將來也麽, 뭀들흘 다 잘 가져온다. ≪朴諺, 中, 17ㅈ≫重意的多與將來, 重흔 뜨으로 만히 주어 가져오니. ≪朴諺, 中, 29ㅎ≫將交床來, 됴상을 가져오라. ≪朴諺, 中, 34ㅈ≫都拔將來, 다 킈여 가져오나든. ≪朴諺, 中, 38ㅈ≫將銀子來, 은을 가져오라. ≪朴諺, 中, 49ㅎ≫將過碁盤來, 바독판 가져오라. ≪朴諺, 中, 51ㅎ≫將我木綿衣撒來穿, 내 목면 이삭딕녕을 가져오라 닙쟈. ≪朴諺, 中, 56ㅎ≫將猫兒來, 괴 가져오라. ≪朴諺, 下, 4ㅎ≫到西天取將經來, 西天의 가 經을 가져와. ≪朴諺, 下, 7ㅎ≫買將些箇來, 져기 사 가져와. ≪朴諺, 下, 14ㅈ≫纔只掾史們將文卷來, 굿 掾史들히 文卷을 가져와. ≪朴諺, 下, 25ㅈ≫你將來, 네 가져오라. ≪朴諺, 下, 33ㅎ≫這間壁磨房裏取將來, 이 ᄉᆞ잇 ᄇᆞᄅᆞᆷ매(애) ᄀᆞᆫ집의 가져오쟈. ≪朴諺, 下, 45ㅈ≫點將燈來喫飯, 등잔블 혀 가져오라 밥 먹쟈. ≪朴諺, 下, 56ㅈ≫與他一半兒錢贖將來, 뎌를 一半 갑슬 주고 믈러 가져오리라. ❷데려오다. ⇔ᄃᆞ려오다. ≪朴諺, 上, 41ㅎ≫半頭娶將來做筵席, 보름씌 취ᄒᆞ여 ᄃᆞ려와 이바디ᄒᆞ고.

장로(長老) 명 〈불〉 배움이 크고 나이가 많으며 지덕(知德)이 높은 중을 높여 이르는 말. ≪朴諺, 下, 2ㅎ≫長老(朴集, 下, 1ㅈ: 長老. 僧有智德可尊者曰長老. 又道高臘長呼爲須菩提, 亦曰長老.)的佛像鑄了麽, 長老ㅣ아 佛像을 디웟ᄂᆞ다.

장리(將理) 동 휴양(休養)하여 몸을 돌보다. ≪朴諺, 上, 35ㅎ≫慢慢的將息(集覽, 朴集, 上, 10ㅎ: 將息. 將, 養也, 息, 生也. 謂調養其氣, 使生息之也. 亦曰將理, 又曰將攝, 今俗只說得〈將〉息.)却不好, 날회여 됴리ᄒᆞ면 또 됴티 아니ᄒᆞ랴.

장마(壯馬) 명 건장한 말. ≪朴諺, 下, 3ㅎ≫壯馬也實勞蹄, 壯馬도 진실로 勞蹄ᄒᆞ리니.

장모(丈母) 명 아내의 어머니. ≪朴諺, 上, 42ㅈ≫便着拜門(集覽, 朴集, 上, 12ㅈ: 拜門. 質問云, 女嫁九日, 公婆使兒子·女兒往丈人家, 拜丈人·丈母或兄嫂們, 方言謂之拜門.), 곳 拜門ᄒᆞ고.

장문(墻門) 명 일각문(一角門). ≪朴諺, 上, 52ㅈ≫朝南開着一箇小墻門便是, 남을 향ᄒᆞ여 ᄒᆞᆫ 小墻門 낸 거시 곳 이라.

장믈 명 장물(贓物). ⇔장(贓). ≪朴諺, 下, 16ㅈ≫無贓時有甚麽事, 장믈이 업스면 므스 일이 이시리오. ≪朴諺, 下, 55ㅈ≫捉賊見贓, 도적 잡기ᄂᆞᆫ 장믈을 보고. 廝打驗傷, 서ᄅᆞ 싸혼 ᄃᆡᄂᆞᆫ 傷處ᄅᆞᆯ 驗ᄒᆞᆫ다 ᄒᆞᄂᆞ니라.

장방(帳房) 동 장막을 둘러쳐 방을 만들다. ⇔장방ᄒᆞ다(帳房-). ≪朴諺, 中, 12ㅈ≫各樣帳房室車(集覽, 朴集, 中, 2ㅎ: 細車〈室車〉. 鄕習以細字作室字讀, 謂車上設屋可臥者也. 然漢人凡稱物之善者皆曰細, 如云茶之好者曰細茶. 今此細車亦謂設帳房於〈於〉車上爲屋, 乃車之善者也. 故謂之細車, 連呼帳房細車讀亦通.), 여러 가지 帳房ᄒᆞᆫ 室車와.

장방세거(帳房細車) 명 장방(帳房)하여 아름답게 꾸며 만든 수레. ≪朴諺, 中, 12ㅈ≫各樣帳房室車(集覽, 朴集, 中, 2ㅎ: 細車〈室車〉. 鄕習以細字作室字讀, 謂車上設屋可臥者也. 然漢人凡稱物之善者皆曰細, 如云茶之好者曰細茶. 今此細車亦謂設帳房於〈於〉車上爲屋, 乃車之善者也. 故謂之細車, 連呼帳房細車讀亦通.), 여러 가지 帳房ᄒᆞᆫ 室車와.

장방ᄒᆞ다(帳房-) 동 장막을 둘러쳐 방을 만들다. ⇔장방(帳房). ≪朴諺, 中, 12ㅈ≫各樣帳房室車(集覽, 朴集, 中, 2ㅎ: 細車〈室車〉. 鄕習以細字作室字讀, 謂車上設屋可臥者也. 然漢人凡稱物之善者皆曰細, 如云茶之好者曰細茶. 今此細車亦謂設帳房於〈於〉車上爲屋, 乃車之善者也. 故謂之細車, 連呼帳房細車讀亦通.), 여러 가지 帳房ᄒᆞᆫ 室車와.

장벽(墻壁) 명 담. ≪朴諺, 上, 10ㅈ≫看那人家墻壁都倒了, 뎌 人家 墻壁을 보니

다 믄허뎌시니. ≪朴諺, 上, 60ㅎ≫泥椒紅墻壁, 호쵸로 ᄇᆞ른 블근 墻壁에.

장분(裝扮) 동 꾸미다. ⇔ᄭᅮ미다. ≪集覽, 字解, 單字解, 7ㅈ≫扮. 修飾也. 裝扮 ᄭᅮ미다, 扮做 ᄭᅮ며 밍그다. 音班, 去聲.

장사(將士) 명 장수와 병졸. ≪朴諺, 下, 29ㅈ≫元寶(集覽, 朴集, 下, 5ㅎ: 元寶. 南村輟耕錄云, 至元十三年, 元兵平宋, 回至楊(揚)州, 丞相伯顔號令搜撿(檢)將士行李, 所得撒花銀子, 銷鑄作錠, 每五十兩爲一錠, 歸朝獻〈献〉納.)我有半錠了, 元寶ㅣ 내게 반 뎡이 이시니.

장사(張舍) 명 장씨(張氏) 성을 가진 사인(舍人). 또는 장가(張哥). ≪朴諺, 上, 24ㅎ≫夜來兩箇舍人(集覽, 朴集, 上, 8ㅈ: 舍人. 見上張舍下.)操馬, 어제 두 舍人이 ᄆᆞᆯ 됴습호ᄃᆡ.

장삼(張三) 명 장씨(張氏)의 셋째 아들이란 뜻으로, 성명이나 신분이 뚜렷하지 못한 평범한 사람을 이르는 말. ≪朴諺, 上, 1ㅎ≫着張三(集覽, 朴集, 上, 1ㅈ: 張三. 三, 或族次, 或朋友行輩之次, 或有官者以職次相呼, 或稱爲定名者有之. 李四·王五亦同.)買羊去, 張三으로 ᄒᆞ여 羊을 사라 가. ≪朴諺, 上, 5ㅈ≫着張三去, 張三으로 ᄒᆞ여 가.

장상(將相) 명 장수와 재상. ≪朴諺, 下, 50ㅈ≫你這般金榜(集覽, 朴集, 下, 11ㅈ: 金榜. 唐崔昭暴卒復甦云, 見冥閒〈間〉列榜〈㮄〉, 書人姓名, 將相金榜〈㮄〉, 次銀榜〈㮄〉, 州縣小官鐵榜〈鉄㮄〉.)掛名的書生, 너는 이런 金榜에 掛名ᄒᆞᆯ 書生이니.

장섭(將攝) 동 조섭(調攝)하다. 휴양(休養)하다. ≪朴諺, 上, 35ㅎ≫慢慢的將息(集覽, 朴集, 上, 10ㅎ: 將息. 將, 養也, 息, 生也. 謂調養其氣, 使生息之也. 亦曰將理, 又曰將攝, 今俗只說得〈將〉息.)却不好, 날회여 됴리ᄒᆞ면 ᄯᅩ 됴티 아니ᄒᆞ랴.

장소(章疏) 명 임금이나 천신(天神)에게 올리는 글. ≪朴諺, 下, 18ㅎ≫做羅天大醮(集覽, 朴集, 下, 4ㅎ: 大醮. 又有消災度厄之法, 依陰陽五行之數, 推人年命, 書爲章疏青詞, 奏達天神, 謂之醮.), 羅天大醮를 ᄒᆞ더니.

장소경(張少卿) 명 장씨(張氏) 성(姓)을 가진 소경(少卿). ≪朴諺, 中, 15ㅈ≫是小人昨日張少卿的慶賀筵席裏到來, 올ᄒᆞ니 小人이 어제 張少卿의 慶賀 잔채에 갓더니.

장소청사(章疏青詞) 명 도교를 믿는 사람들이 푸른 종이에 붉은 글씨로 쓴 부적. ≪朴諺, 下, 18ㅎ≫做羅天大醮(集覽, 朴集, 下, 4ㅎ: 大醮. 又有消災度厄之法, 依陰陽五行之數, 推人年命, 書爲章疏青詞, 奏達天神, 謂之醮.), 羅天大醮를 ᄒᆞ더니.

장수(長袖) 명 긴 소매. ≪朴諺, 上, 25ㅎ≫鴉青繡四花織金羅搭護(集覽, 朴集, 上, 8ㅎ: 搭護. 事物紀原云, 隋內官多服半臂, 餘皆長袖.), 鴉青빗치 四花를 繡노코 織金ᄒᆞᆫ 羅 더그레오.

장수(將帥) 명 군사를 거느리는 우두머리. ≪朴諺, 上, 44ㅎ≫師傅上唱喏(集覽, 朴集, 上, 12ㅎ: 唱喏. 揖也. 詞曲曰, 一箇唱, 百箇喏, 謂一人呼唱於上, 衆人應諾於下. 如將帥在營幕下, 軍卒投謁於前者列立於〈軍卒投謁於前者列於〉庭, 將帥發一令語, 則衆下齊聲以應.), 스승님ᄭᅴ 읍ᄒᆞ고.

장식(將息) 동 조리(調理)하다. 몸조리하다. ⇔됴리ᄒᆞ다. ≪朴諺, 上, 35ㅎ≫慢慢的將息(集覽, 朴集, 上, 10ㅎ: 將息. 將, 養也, 息, 生也. 謂調養其氣, 使生息之也. 亦曰將理, 又曰將攝, 今俗只說得〈將〉息.)却不好, 날회여 됴리ᄒᆞ면 ᄯᅩ 됴티 아니ᄒᆞ랴.

장안(長安) 명 중국 섬서성(陝西省) 서안(西安) 일대. 서한(西漢)·신(新)·서진(西晉)·전조(前趙)·진(秦)·서위(西魏)·북주(北周)·수(隋)·당(唐)나라의 도읍지였다. ≪朴諺, 上, 64ㅈ≫這的是眞陝(陜)西(集覽, 朴集, 上, 15ㅎ: 陝(陜)西. 古雍州地, 漢所都長安之地.)地面裏來的, 이거시 이 진짓 陝(陜)西 ᄯᅡ흐로셔 온 거시로다. ≪朴諺, 中, 22ㅈ≫起浮屠於泗水之間(集

覽, 朴集, 中, 5ㅈ: 起浮屠於泗水之間. 中宗令於寺起塔, 俄而大風欻起, 臭氣滿長安.), 浮屠를 泗水ㅅ ᄉᆞ이에 니ᄅᆞ혀고. ≪朴諺, 下, 3ㅈ≫西天取經去(集覽, 朴集, 下, 1ㅈ: 西天取經去. 乃以西天去東土十萬八千里之程, 妖恠〈怪〉又多, 諸衆不敢輕諾. 唯南海落伽〈迦〉山觀世音菩薩, 騰雲駕霧往東土去, 遙見長安京兆府, 一道瑞氣衝天, 觀音化作老僧入城.)時莭(節), 西天의 經 가질라 갈 제.

장안문(長安門) 명 중국 장안(長安)에 있던 문 이름. ≪朴諺, 上, 2ㅈ≫咱們問那光祿寺(集覽, 朴集, 上, 1ㅈ: 光祿寺. 在東長安門內, 其屬有大官·珍〈珎〉羞·良醞·掌醢四署, 掌供辦內府諸品膳羞酒醴及管待使客之事.)裏, 우리 뎌 光祿寺에 무러.

장애(障碍) 동 지장을 주다. 장애를 주다. ≪朴諺, 下, 4ㅈ≫正是好人魔障(集覽, 朴集, 下, 1ㅎ: 魔障. 飜譯名義云, 梵語魔, 此云障也, 能爲修道作障碍.)多, 졍히 됴흔 사ᄅᆞᆷ은 魔障이 만ᄒᆞᆫ디라.

장액(漿液) 명 과일의 즙. ≪朴諺, 上, 4ㅈ≫茘子(集覽, 朴集, 上, 2ㅈ: 茘子. 子作支〈支〉. 茘支〈支〉, 生巴峽間, 形狀團如帷盖, 葉如冬青, 花如橘, 春榮. 實如丹夏, 朶如葡萄, 核如枇杷, 殼如紅繒, 膜如紫綃, 瓤肉潔白如冰霜, 漿液甘如醴酪. 如離本枝, 一日色變, 二日香變, 三日味變, 四五日外色·香·味盡〈尽〉變.), 녀지오.

장양(長養) 동 길러 양성하다. ≪朴諺, 下, 7ㅎ≫這七月十五日是諸佛解夏(集覽, 朴集, 下, 2ㅈ: 解夏. 盖夏乃長養之節〈莭〉, 在外行則恐傷草木·虫類. 故九十日安居不出, 至七月十五日, 應禪寺掛搭僧尼, 盡皆散去, 謂之解夏, 又謂解制.)之日, 七月十五日은 諸佛 解夏ᄒᆞᄂᆞᆫ 날이라.

장엄(莊嚴) 형 〈불〉 씩씩하고 웅장하며 위엄 있고 엄숙하다. ≪朴諺, 中, 21ㅈ≫智滿十身(集覽, 朴集, 中, 4ㅈ: 智滿十身. 十身有調御. 十身, 曰無着, 曰弘願, 曰業報, 曰住持, 曰涅槃, 曰淨法, 曰眞心, 曰三昧, 曰道性, 曰如意. 有內十身, 曰菩提, 曰願, 曰化, 曰力持, 曰莊嚴, 曰威勢, 曰意生, 曰福德, 曰法, 曰智. 有外十身, 曰自, 曰衆生, 曰國土, 曰業報, 曰聲聞, 曰圓覺, 曰菩薩, 曰智, 曰法, 曰虛空.), 智ᄂᆞᆫ 十身에 찻도다. ≪朴諺, 中, 21ㅈ≫座餙芙蓉(集覽, 朴集, 中, 4ㅎ: 座餙芙蓉. 飜譯名義云, 大論問, 諸牀〈床〉可坐, 何必蓮華. 答曰, 牀爲世間白衣坐法, 又以蓮華軟淨, 欲現神力, 能坐其上, 令不壞故, 又以莊嚴妙法故, 又以此華華臺嚴淨香妙可坐故.)湛南海澄清之水, 안ᄌᆞᆫ ᄃᆡᄂᆞᆫ 芙蓉으로 ᄭᅮ몃시니 南海 澄清ᄒᆞᆫ 水에 ᄌᆞᆷ겻고.

장엄ᄒᆞ다 형 장엄(莊嚴)하다. ⇔엄(嚴). ≪朴諺, 中, 21ㅎ≫身嚴瓔珞居普陁空翠之山, 몸에 瓔珞으로 장엄ᄒᆞ여시니 普陀 空翠의 山에 居ᄒᆞ엿도다.

장오(張五) 명 장씨(張氏)의 다섯째 아들이란 뜻으로, 이름이나 신분이 뚜렷하지 않은 평범한 사람을 이르는 말. ≪朴諺, 上, 39ㅈ≫張五你饋我醫馬骨眼, 張五ㅣ야 네 나를 ᄆᆞᆯ 눈에 치 고텨 주고.

장요(粧腰) 동 꾸미다. 단장하다. 화장하다. ≪朴諺, 中, 31ㅈ≫粧腰大模揉(集覽, 朴集, 中, 7ㅈ: 粧腰大摸〈模〉揉. 質問云, 如人大氣像起來時, 又粧妖氣, 又作大摸〈模〉大揉, 不禮待人, 方言謂氣像大起來時, 粧妖大摸〈模〉揉. 一說, 粧腰猶脩餙〈餙〉也, 一說, 腰大猶言大起像也.), 腰大模樣을 ᄭᅮ며.

장원(長圓) 명 타원형. ≪朴諺, 下, 34ㅎ≫將我那提攬(集覽, 朴集, 下, 7ㅈ: 提攬. 又云, 或竹或荊爲之, 有本等長圓提繫.)和皮俗來, 내 뎌 광주리와 皮俗를 가져다가.

장위(壯偉) 형 장대하고 늠름하다. ≪朴諺, 下, 30ㅎ≫四角頭立地的四箇將軍(集覽, 朴集, 下, 5ㅎ: 四箇將軍. 募選身軀長大壯偉異於人者, 紅盔銀甲, 立於殿前月臺上四隅, 名鎭殿將軍, 亦曰紅盔將軍, 亦曰大漢將軍. 其請給衣粮曰大漢衣粮.), 네 모희 셧ᄂᆞᆫ 네 將軍이.

장인(丈人) 명 아내의 아버지. ≪朴諺, 上, 42ㅈ≫便着拜門(集覽, 朴集, 上, 12ㅈ: 拜門. 質問云, 女嫁九日, 公婆使兒子·女兒往丈人家, 拜丈人·丈母或兄嫂們, 方言謂之拜門.), 곳 拜門ᄒᆞ고.

장인(匠人) 명 장인. ≪朴諺, 上, 15ㅈ≫快打刀子的匠人那裏有, 칼 잘 ᄆᆡᆫᄃᆞᄂᆞᆫ 匠人이 어ᄃᆡ 잇ᄂᆞ뇨. ≪朴諺, 下, 6ㅈ≫拙匠人巧主人, 拙ᄒᆞᆫ 匠人이오 巧ᄒᆞᆫ 主人이니라.

장자(長者) 명 〈불〉 덕망이 뛰어나고 경험이 많아 세상일에 익숙한 어른. ≪朴諺, 中, 21ㅎ≫或作童女(集覽, 朴集, 中, 4ㅎ: 童男童女. 觀音現三十二應, 曰佛身, 曰辟支〈支〉, 曰圓覺, 曰聲聞, 曰梵王, 曰帝釋, 曰自在天, 曰大自在天, 曰天大將軍, 曰四天王, 曰四天太子, 曰人王, 曰長者, 曰居士, 曰宰官, 曰婆羅門, 曰比丘, 曰比丘尼, 曰優婆塞, 曰優婆夷, 曰女主, 曰童男, 曰童女, 曰天身, 曰龍身, 曰藥叉, 曰乾達婆, 曰阿脩羅, 曰緊那羅, 曰摩睺羅, 曰樂人, 曰非人.), 혹 童女ㅣ 되며.

장자(状子) 명 장자(狀子). '状'은 '狀'의 약자. ≪朴諺, 下, 53ㅎ≫你饋我寫一箇状子(集覽, 朴集, 下, 12ㅈ: 狀子. 猶本國所志. 吏學指南云, 狀, 貌也, 以貌寫情於紙墨也. 亦曰告狀, 謂述其情, 告訴於上也.), 네 날을 ᄒᆞᆫ 고장을 써 주고려. 甚麽状子, 므슴 고장고.

장자(狀子) 명 고장(告狀). 소장(訴狀). ⇔고장. ≪朴諺, 下, 53ㅎ≫你饋我寫一箇狀子(集覽, 朴集, 下, 12ㅈ: 狀子. 猶本國所志. 吏學指南云, 狀, 貌也, 以貌寫情於紙墨也. 亦曰告狀, 謂述其情, 告訴於上也.), 네 날을 ᄒᆞᆫ 고장을 써 주고려. 甚麽狀子, 므슴 고장고.

장자(莊子) 명 중국 전국시대의 사상가. 또는 그가 지은 책 이름. 중국의 철학과 선종(禪宗)의 발전에 큰 영향을 미쳤다. ≪朴諺, 上, 20ㅈ≫一對耳墜兒(集覽, 朴集, 上, 7ㅎ: 耳墜兒. 事文類聚云, 莊子曰, 天子之侍御, 不叉揃(不爪翦), 不穿耳, 則穿耳自古有之. 今俗亦曰耳環, 卽八珠環也.), ᄒᆞᆫ 빵 귀엿골회과.

장장매매(蔵蔵昧昧) 명 장장매매(藏藏昧昧). '蔵'은 '藏'의 속자. ≪朴諺, 上, 17ㅎ≫一夏裏蔵蔵昧昧, ᄒᆞᆫ 녀름은 수뭇져기 ᄒᆞᄂᆞ니라.

장장매매(藏藏昧昧) 명 숨바꼭질. ⇔수뭇져기. ≪朴諺, 上, 17ㅎ≫一夏裏蔵蔵昧昧, ᄒᆞᆫ 녀름은 수뭇져기 ᄒᆞᄂᆞ니라.

장재(裝載) 동 싣다. ⇔싯다. ≪朴諺, 下, 50ㅎ≫裝載這酒·琴·漁網, 이 酒·琴·漁網을 싯고.

장점(粧點) 동 꾸미다. 단장하다. 장식하다. ⇔ᄭᅮ미다. ≪朴諺, 下, 33ㅈ≫象眼粿子(集覽, 朴集, 下, 6ㅎ: 象眼餜子. 麁者再切, 細者有麋末, 却簸去, 皆要一搽極細如米粒. 下鍋煮熟, 連湯起在盆內. 用凉水寬投之, 三五次方得精細. 攪轉, 撈起控乾, 麻汁加碎肉·糟〈槽〉姜米·醬瓜米·黃瓜米·香菜等粧點用供.), 象眼 ᄀᆞᄐᆞᆫ 粿子와. ≪朴諺, 下, 45ㅎ≫粧點顔色(集覽, 朴集, 下, 10ㅈ: 粧點顔色. 牛色以立春日爲法, 日干爲頭·角·耳·色, 日支〈支〉爲身色, 納音爲蹄·尾·肚色. 日干, 甲·乙, 木, 青色, 丙·丁, 火, 紅色之類. 日支〈支〉, 亥·子, 水, 黑色, 寅·卯, 木, 青色之類. 納音, 如甲子日立春, 納音屬金, 用白色之類. 餘倣此.), 빗촐 ᄭᅮ미고.

장종(章宗) 명 금(金)나라 제6대 황제 완안경(完顔璟)의 묘호(廟號). ≪朴諺, 上, 59ㅎ≫西湖是從玉泉(集覽, 朴集, 上, 15ㅈ: 玉泉. 又南有石巖〈岩〉, 號呂公洞, 其上有金時芙蓉殿廢址. 相傳以爲章宗避暑處. 宣德年間, 建玉泉亭于其上, 以備臨幸.)裏流下來, 西湖ᄂᆞᆫ 이 玉泉으로 조차 흘러ᄂᆞ리니. ≪朴諺, 下, 8ㅈ≫慶壽寺(集覽, 朴集, 下, 2ㅎ: 慶壽寺. 一統志云, 在順天府西南, 內有飛虹·飛渡二橋, 石刻六大字, 極遒勁. 相傳金章宗所書.)裏爲諸亡靈, 慶壽寺에셔 모든 亡靈을 위ᄒᆞ여.

장차(將次) 부 장차. 앞으로. 미래에. ⇔쟝

추. ≪集覽, 字解, 單字解, 4ㅈ≫將. 持也. 將來 가져오라, 將着 가지라, 將咱們 우리를다가. 又將次 쟝추.

장착(將着) 동 가지다. ⇔가지다. ≪集覽, 字解, 單字解, 4ㅈ≫將. 持也. 將來 가져오라, 將着 가지라, 將咱們 우리를다가. 又將次 쟝추.

장천(張千) 명 장(張)씨 성을 가진 천호(千戶). ≪朴諺, 下, 54ㅈ≫逢着本府張千帶酒, 本府 張千이 술 취호믈 만나. ≪朴諺, 下, 54ㅈ≫張千前來赶上, 張千이 나아와 뜰와. ≪朴諺, 下, 54ㅎ≫張千言說, 張千이 닐오되.

장천호(張千戶) 명 장씨(張氏) 성(姓)을 가진 천호(千戶). 천호는 원·명대(元明代)의 무관(武官) 벼슬 이름이다. ≪朴諺, 上, 58ㅎ≫你昨日張千戶(集覽, 朴集, 上, 14ㅎ: 千戶. 軍士五千六百名爲一衛, 二千二百名爲一千戶所, 一百一十名爲一百戶所. 每百戶內設總〈総〉旗二名, 小旗二名.)的生日裏, 네 어제 張千戶의 生日에.

장총병(張総兵) 명 장총병(張總兵). '総'은 '總'과 같다. ≪朴諺, 中, 52ㅎ≫跟張総兵使的牢子, 張総兵을 뜰와 브리이는 牢子 ㅣ러라.

장총병(張總兵) 명 장씨(張氏) 성(姓)을 가진 총병(總兵). 총병은 명·청대(明淸代)에 각 성(省)의 제독(提督) 휘하에 두었던 군사 지휘관이다. ≪朴諺, 中, 52ㅎ≫跟張総兵使的牢子, 張総兵을 뜰와 브리이는 牢子ㅣ러라.

장춘주(長春酒) 명 춘분(春分)날 삶은 기장에 술을 부어 빚은 술. 오래도록 맛이 변하지 않는다고 한다. ≪朴諺, 上, 2ㅎ≫長春酒(集覽, 朴集, 上, 1ㅎ: 長春酒. 質問云, 春分日所造之酒, 永久不變其味, 方言謂之長春酒. 又云, 以春分日蒸穈下酒, 三日後封閉了瓮, 待夏後方榨.)一桶, 長春酒 훈 통과.

장취(將就) 동 두다. 또는 아쉬운 대로. 마지못해. ⇔두다. ≪集覽, 字解, 累字解, 1ㅎ≫將就. 猶容忍扶護之意. ≪朴諺, 上, 56ㅎ≫將就着買將來, 두어라 ᄒᆞ여 사 가져다가.

장쾌(駔儈) 명 가축의 매매를 알선하는 사람. 뒤에 주릅(중개인)을 이르는 말로 썼다. ≪朴諺, 上, 55ㅈ≫東角頭牙家(集覽, 朴集, 上, 14ㅈ: 牙家. 事文類聚云, 今人云駔儈爲牙, 本爲之互郎, 主互市事也. 唐人書互作㸦, 似牙字, 因轉爲牙. 今漢俗亦曰牙子, 卽古之牙儈.)去處廣, 동녁 모롱이에 즈름 가는 딕 만ᄒᆞ니.

장토(莊土) 명 농지(農地). ⇔농소. ≪朴諺, 下, 36ㅎ≫管着他官人家莊土種田來, 뎌 官人의 농소를 ᄀᆞ옴아라 種田ᄒᆞ더니. ≪朴諺, 下, 37ㅎ≫管着那莊土, 뎌 농소를 ᄀᆞ옴아다가.

장판(墻板) 명 축판(築板). 담틀. ≪朴諺, 上, 10ㅎ≫着墻板當着墻頭絟的牢着, 담 빤는 널로 담 머리예 막아 믹기를 굿(굳)이 ᄒᆞ고. ≪朴諺, 中, 60ㅎ≫如今是墻板世界, 이제는 墻板 世界라.

장편수(張編修) 명 장씨(張氏) 성(姓)을 가진 편수(編修). 편수는 국사(國史)의 편찬에 종사하던 사관(史官)이다. ≪朴諺, 下, 57ㅈ≫張編修家裡下着, 張編修의 집의 브리원ᄂᆞ니라. ≪朴諺, 下, 57ㅎ≫張編修是小人的同年, 張編修는 이 小人의 同年이니. ≪朴諺, 下, 61ㅎ≫張編修有此好文官, 張編修ㅣ 이 됴흔 文官을 두엇다.

장해서(掌醢署) 명 청대(淸代)의 관서 이름. 광록시(光祿寺)에 딸리어 장(醬)이나 젓갈에 관한 일을 맡았다. ≪朴諺, 上, 2ㅈ≫咱們問那光祿寺(集覽, 朴集, 上, 1ㅈ: 光祿寺. 在東長安門內, 其屬有大官·珍〈㺭〉羞·良醞·掌醢四署, 掌供辦內府諸品膳羞酒醴及管待使客之事.)裏, 우리 뎌 光祿寺에 무러.

장행(長行) 동 먼 길을 가다. 먼 곳으로 가다. ≪朴諺, 下, 38ㅈ≫長行馬去, 長行馬로 가냐. 甚麽長行馬, 므슴 長行馬ㅣ리오.

장흑자(張黑子) 명 성(姓)이 장씨(張氏)이

고 얼굴에 사마귀가 있는 사람을 빗대어 일컫는 이름. ≪朴諺, 上, 15ㅈ≫有名的張黑子(集覽, 朴集, 上, 6ㅈ: 張黑子. 張, 姓. 黑子, 痣也. 張之面有痣, 因以爲號, 人號爲張黑子.), 有名흔 張黑子ㅣ. ≪朴諺, 上, 16ㅈ≫如今張黑子家裏去來, 이제 張黑子의 집의 가쟈.

장ᄒᆞ다 동 장(葬)하다. 장사(葬事)를 지내다. ⇔장(葬). ≪朴諺, 下, 43ㅎ≫尸首實葬了那怎的, 尸首를 실로 장ᄒᆞ더냐 엇디ᄒᆞᄂᆞ뇨.

장ᄒᆞ다 형 장(壯)하다. 건장하다. ⇔장(壯). ≪朴諺, 中, 7ㅈ≫背包馬們都將好壯馬來, 背包馬들을 다 ᄀᆞ장 장흔 ᄆᆞᆯ을 가져오라.

장ᄒᆞ다(壯-) 형 장(壯)하다. 튼튼하다. 견고하다. ⇔장(壯). ≪朴諺, 中, 2ㅎ≫事件也不壯, 事件도 壯티 아니ᄒᆞ고. 一箇了吊兒都不壯, 흔 ᄃᆞ림쇠 다 壯티 아니ᄒᆞ니. ≪朴諺, 中, 12ㅈ≫薦·筐·馬槽都壯麽, 삿·광조리·ᄆᆞᆯ귀유ㅣ 다 壯ᄒᆞ냐. 都壯, 다 壯ᄒᆞ엿다.

재 명 채. 채로. ≪朴諺, 中, 47ㅈ≫只那般去了, 그저 그린 재 가니.

재(才) 부 겨우. ⇔계요. ≪朴諺, 中, 43ㅈ≫我每日才聽明鍾一聲響, 내 날마다 계요 明鍾 흔 소ᄅᆡ를 듯고.

재(在) 동 두다[置]. ⇔두다. ≪朴諺, 上, 6ㅈ≫浸在氷盤裏好生好看, 氷盤에 줌가 두면 ᄀᆞ장 보기 됴ᄒᆞ니라. ≪朴諺, 上, 11ㅎ≫郎中馬只寄在這人家裏, 郎中아 ᄆᆞᆯ을 그저 이 人家에 브텨 두엇다가. ≪朴諺, 上, 20ㅎ≫絟在陰凉處, 서늘흔 ᄃᆡ ᄆᆡ여 두고. ≪朴諺, 上, 45ㅎ≫越在意勤勤的學着, 더옥 ᄠᅳᆺ 두어 브즈런이 ᄇᆡ호라.

재(在) 명 안[內]. (사물이나 사람이 있는 곳 또는 처소를 나타낸다) ⇔안. ≪朴諺, 上, 54ㅈ≫京都在城積慶坊住人趙寶兒, 京都 자 안 積慶坊에셔 사는 사름 趙寶兒ㅣ. ≪朴諺, 中, 10ㅈ≫隨問到本都在城某坊住某官人處賣與, 隨問ᄒᆞ야 本都 잣 안 아므 坊에셔 사는 아므 官人의손ᄃᆡ 가프라 주되. ≪朴諺, 中, 38ㅎ≫京都在城黃華坊住人朱玉, 셔울 셩 안 黃華坊에셔 사는 사름 朱玉이.

재(在) 형 있다. ❶⇔이시다. ≪朴諺, 中, 57ㅎ≫物在我根底, 物은 내손ᄃᆡ 이시니. ≪朴諺, 下, 43ㅎ≫三寸氣在千般有, 三寸氣ㅣ 이시매 쳔 가지나 잇다가. ❷⇔잇다. ≪集覽, 字解, 累字解, 9ㅈ≫自在. ᄆᆞ슴 편안히 잇다. ≪朴諺, 上, 3ㅎ≫在那裏拿來我看, 어ᄃᆡ 잇ᄂᆞ뇨 가져오라 내 보쟈. ≪朴諺, 上, 31ㅈ≫誆惑人東西不在家, 사름의 것 소기노라 집의 잇디 아니ᄒᆞ니. ≪朴諺, 上, 52ㅈ≫小人每日不在家, 小人이 每日에 집의 잇디 아니ᄒᆞ니. ≪朴諺, 上, 57ㅈ≫咱官人在那裏, 우리 官人이 어ᄃᆡ 잇ᄂᆞ뇨. ≪朴諺, 中, 5ㅈ≫我們都在這裏, 우리 다 여긔 잇노라. ≪朴諺, 中, 35ㅎ≫看東西在那裏時, 자븐거시 아므 ᄃᆡ 잇는 줄을 보아. ≪朴諺, 中, 47ㅎ≫老實常在, 고디식ᄒᆞ니는 덧덧이 잇고. ≪朴諺, 中, 49ㅎ≫死不在老少, 죽기 老少에 잇디 아니ᄒᆞ니라. ≪朴諺, 下, 24ㅈ≫頭落在地上, 머리 ᄢᅥ러뎌 ᄯᅡ히 잇더니. ≪朴諺, 下, 57ㅎ≫我相公不在家, 우리 相公이 집의 잇디 아니ᄒᆞ다. ≪朴諺, 下, 58ㅈ≫沈先生在門前裡, 沈先生이 문 앏ᄑᆡ 잇ᄂᆞ이다. ≪朴諺, 下, 61ㅈ≫逃走在山裏, 도망ᄒᆞ야 山의 잇더니.

재(在) 형 있어. ⇔이셔. ≪朴諺, 上, 11ㅎ≫郎中你在那裏住, 郎中아 네 어ᄃᆡ 이셔 사는다. 我在平則門邊住, 내 平則門 ᄀᆞᆺ의 이셔 사노라. ≪朴諺, 上, 57ㅈ≫官人在文淵閣, 官人이 文淵閣에 이셔. ≪朴諺, 中, 43ㅎ≫我在村裏, 내 村에 이셔. ≪朴諺, 下, 9ㅈ≫不知怎生滾在底下, 아디 몯게라 엇디흔디 구으러 아ᄅᆡ 이셔. ≪朴諺, 下, 10ㅎ≫孩兒在都, 孩兒ㅣ 셔울 이셔. ≪朴諺, 下, 30ㅈ≫我在官裏前面, 내 황뎨 앏ᄑᆡ 이셔. ≪朴諺, 下, 39ㅎ≫他在樞密院角頭住裏, 뎨 樞密院 모롱이에 이셔 사ᄂᆞ니라.

재(再) [부] 다시. ❶ ⇔뇌여. ≪朴諺, 上, 34ㅈ≫那和尙說再也不敢, 뎌 즁이 닐오ᄃᆡ 뇌여란 ᄉᆡᆼ심이나. ≪朴諺, 下, 36ㅎ≫再也敢和我打毬麽, 뇌여 ᄉᆡᆼ심이나 날과 댱방올티기 ᄒᆞᆯ짜. ❷⇔다시. ≪朴諺, 上, 11ㅈ≫你再和他商(商)量, 네 다시 뎌과 商(商)量ᄒᆞ여. ≪朴諺, 上, 34ㅈ≫你再敢偸別人媳婦麽, 네 다시 감히 ᄂᆞᆷ의 겨집 도적ᄒᆞᆯ다. ≪朴諺, 上, 34ㅈ≫衆人再問和尙, 모든 사ᄅᆞᆷ이 다시 즁ᄃᆞ려 무로ᄃᆡ. ≪朴諺, 中, 4ㅎ≫你便替我再染, 네 곳 날을 ᄀᆞᄅᆞ차 다시 드리리라. ≪朴諺, 中, 6ㅎ≫這米麤將去再篩一篩, 이 ᄡᆞᆯ이 구즈니 가져가 다시 슬흐라. ≪朴諺, 中, 24ㅈ≫萬刼再逢難, 萬劫이라도 다시 만나기 어려오니라. ≪朴諺, 中, 30ㅎ≫將去再吊一吊, 가져가 다시 드리오라. ≪朴諺, 下, 6ㅈ≫將泥鏝來再抹的光着, 쇠손 가져다가 다시 스서 번번이 ᄒᆞ라. ≪朴諺, 下, 20ㅈ≫第四割頭再接, 넷재는 머리 버혀 다시 닛기 ᄒᆞ쟈. ≪朴諺, 下, 28ㅎ≫明日再廝見, ᄂᆡ일 다시 서르 보ᄂᆞ니라.

재(再) [부] 또. ⇔ᄯᅩ. ≪朴諺, 上, 20ㅈ≫我再把一副頭面, 내 ᄯᅩ ᄒᆞᆫ 불 곳갈과. ≪朴諺, 上, 36ㅈ≫你再說我猜着, 네 ᄯᅩ 닐ᄋᆞ라 내 알마. ≪朴諺, 上, 44ㅈ≫我再央及, 내 ᄯᅩ 비노니. ≪朴諺, 中, 17ㅈ≫再有一件, ᄯᅩ ᄒᆞᆫ 가지는. ≪朴諺, 中, 18ㅈ≫姐姐你再尋思我這秋月紗窓一片心, 姐姐ㅣ아 네 ᄯᅩ 나의 이 秋月 紗窓 一片心을 ᄉᆡᆼ각ᄒᆞ여. ≪朴諺, 中, 20ㅈ≫再那一箇小厮, ᄯᅩ 뎌 ᄒᆞᆫ 아ᄒᆡ는. ≪朴諺, 中, 30ㅈ≫再有甚麽就飯的, ᄯᅩ ᄆᆞ슴 밥ᄒᆞ여 먹을 것 잇ᄂᆞ뇨. ≪朴諺, 中, 37ㅎ≫你再饋我絶高的, 네 ᄯᅩ 날을 ᄀᆞ장 노프니를 주고려. ≪朴諺, 下, 28ㅈ≫再將凉酪來, ᄯᅩ ᄎᆞᆫ 타락을 가져오라. ≪朴諺, 下, 29ㅎ≫再添上三五兩銀子時勾也, ᄯᅩ 三五兩 銀을 더ᄒᆞ면 유여ᄒᆞ리라.

재(災) [명] 재화(災禍). 재앙(災殃)과 화난(禍難). ⇔ᄌᆡ화. ≪朴諺, 下, 15ㅎ≫却又招災, ᄯᅩ ᄌᆡ화ᄅᆞᆯ 브ᄅᆞ니.

재(哉) [어미] -더라. (감탄을 나타낸다) ⇔-더라. ≪朴諺, 上, 60ㅎ≫果是奇㧾, 果然 긔특ᄒᆞ더라.

재(栽) [동] 심다. ⇔시므다. ≪朴諺, 下, 13ㅈ≫栽些好名花, 져기 됴흔 名花ᄅᆞᆯ 시므고.

재(財) [명] 재물. ⇔ᄌᆡ믈. ≪朴諺, 中, 17ㅎ≫男兒無婦財無主, ᄉᆞ나희 겨집이 업스면 ᄌᆡ믈이 님재 업고. 婦人無夫身無主, 겨집이 지아비 업스면 몸이 님재 업다 ᄒᆞᄂᆞ니.

재(裁) [동] 마르다[裁]. ❶⇔ᄆᆞᄅᆞ다. ≪朴諺, 中, 54ㅈ≫好裁衣, 옷 ᄆᆞᄅᆞ기 됴흐니. ❷⇔ᄆᆞᆯ라다. ≪朴諺, 中, 54ㅎ≫都裁了也, 다 ᄆᆞᆯ라다.

재(滓) [명] 찌꺼기. ≪朴諺, 中, 16ㅈ≫去滓溫服, 滓ᄅᆞᆯ ᄇᆞ리고 더온 이ᄅᆞᆯ 먹으라.

재(載) [동] 싣다. ⇔싣다. ≪朴諺, 上, 13ㅈ≫將車子來載, 술위 가져와 시르라. ≪朴諺, 中, 13ㅈ≫圍着一箇西京來的載黃豆的船, ᄒᆞᆫ 西京으로셔 오는 黃豆 시른 ᄇᆡᄅᆞᆯ 에오고. ≪朴諺, 中, 13ㅈ≫又高麗地面裏來載千餘筒布子的大船, ᄯᅩ 高麗ㅅ ᄯᅡ흐로셔 오는 千餘 筒 뵈 시른 큰 ᄇᆡᄅᆞᆯ. ≪朴諺, 中, 19ㅎ≫先載將一車來, 몬져 ᄒᆞᆫ 술위ᄅᆞᆯ 시러 가져오고.

재(纔) [부] 갓. 겨우. 방금. ⇔ᄀᆞᆺ. ≪集覽, 字解, 單字解, 2ㅎ≫纔. 方得僅始之辭. ᄀᆞᆺ, 纔自. 又剛纔, 又方纔, 又恰纔. ≪朴諺, 上, 22ㅈ≫你饒四着時纔好, 네 네흘 졉혜야 ᄀᆞᆺ 됴흐리라. ≪朴諺, 上, 40ㅎ≫今年纔十六歲的女孩兒, 올히 ᄀᆞᆺ 十六歲옛 새각시러라. ≪朴諺, 上, 56ㅎ≫你怎麽纔來, 네 엇디 ᄀᆞᆺ 온다. ≪朴諺, 上, 57ㅈ≫打發他去了纔來, 뎌ᄅᆞᆯ 打發ᄒᆞ여 보내고 ᄀᆞᆺ 올와. ≪朴諺, 下, 14ㅎ≫直到日平西纔上馬, 잇긋 날이 平西호매 다ᄃᆞᆺ게야 ᄀᆞᆺ ᄆᆞᆯ을 ᄐᆞᄂᆞ니라. ≪朴諺, 下, 14ㅎ≫直是人定時分纔下馬, 잇긋 人定 ᄢᅢ예 ᄀᆞᆺ ᄆᆞᆯ을 ᄂᆞ리ᄂᆞ니라. ≪朴諺, 下, 23ㅈ≫纔待洗澡, ᄀᆞᆺ 모욕ᄒᆞ고져 ᄒᆞ더니. ≪朴諺, 下, 41ㅈ≫今

年纔三十七歲, 올히 굿 三十七歲라.

-재 접미 -째. ≪朴諺, 下, 13ㅎ≫做了第幾位, 몃재 위를 ᄒᆞ엿ᄂᆞ뇨.

재강(齋講) 명 〈불〉 법회(法會). (설법하는 모임) ≪朴諺, 上, 33ㅈ≫披着袈裟(集覽, 朴集, 上, 10ㅈ: 袈裟. 二曰鬱〈齌〉多羅僧, 卽七條也, 此云上着衣也, 入衆時衣, 禮誦齋講時着.), 袈裟 닙고.

재경(在京) 형 서울에 있다. ≪朴諺, 中, 8ㅎ≫牌子·令史(集覽, 朴集, 中, 2ㅈ: 令史. 在京六部及三品衙門, 在外各衛及都布按三司俱有令史, 驛吏則無令史之稱.)們來, 牌子·令史들흔 오라.

재관(宰官) 명 ❶〈불〉 벼슬아치. ≪朴諺, 中, 21ㅎ≫或作童女(集覽, 朴集, 中, 4ㅎ: 童男童女. 觀音現三十二應, 曰佛身, 曰辟支〈支〉, 曰圓覺, 曰聲聞, 曰梵王, 曰帝釋, 曰自在天, 曰大自在天, 曰天大將軍, 曰四天王, 曰四天太子, 曰人王, 曰長者, 曰居士, 曰宰官, 曰婆羅門, 曰比丘, 曰比丘尼, 曰優婆塞, 曰優婆夷, 曰女主, 曰童男, 曰童女, 曰天身, 曰龍身, 曰藥叉, 曰乾達婆, 曰阿脩羅, 曰緊那羅, 曰摩睺羅, 曰樂人, 曰非人.), 혹 童女ㅣ 되며. ❷천자(天子)를 보필하는 벼슬아치. ≪朴諺, 中, 21ㅎ≫或分身居士·宰官(集覽, 朴集, 中, 5ㅈ: 居士宰官. 隱居之士, 宰輔之官. 佛書云, 應以居士得道者必在居士, 應以宰官得道者必現宰官.), 或 居士·宰官에 分身ᄒᆞ고.

재난(災難) 명 뜻밖에 일어나는 불행(不幸)한 일. ≪朴諺, 上, 24ㅈ≫有官司灾難, 官司 灾難이 잇거든.

재난(灾難) 명 재난(災難). '灾'는 '災'와 같다. ≪朴諺, 上, 24ㅈ≫有官司灾難, 官司 灾難이 잇거든.

재내(在內) 형 어느 곳의 안에 있다. ≪朴諺, 上, 58ㅎ≫八里庄(集覽, 朴集, 上, 14ㅎ: 八里庄. 地名. 凡鄕井之制, 在內曰街·坊·關·廂, 在外曰店·鎭·鄕·莊〈庄〉·品·保·屯·務·寨·峪·灣·窩, 盖因俗呼得名, 皆指人所聚居之處也.)梁家花園裏做來, 八里庄 梁家 花園의셔 ᄒᆞ니라.

재다 형 재다[敏]. 빠르다. ❶⇔긴찬(緊驟). ≪朴諺, 中, 7ㅈ≫將三箇十分緊驟的頭馬來, 세 ᄀᆞ장 잰 웃듬 ᄆᆞᆯ을 가져오고. ≪朴諺, 中, 8ㅈ≫飛也似緊驟, ᄂᆞᄂᆞᆫ ᄃᆞ시 재고. ❷⇔찬(驟). ≪朴諺, 上, 28ㅎ≫驟的那馬一似那箭, 잰 더 ᄆᆞᆯ은 더 살 ᄀᆞᄐᆞ니.

재당(齋堂) 명 〈불〉 재(齋)를 올리며 염불하는 절의 건물. 또는 절의 식당. ≪朴諺, 上, 61ㅈ≫兩壁鐘樓, 兩壁 鐘樓와. 金堂, 金堂과. 禪堂, 禪堂과. 齋堂, 齋堂과. 碑殿, 碑殿과.

재래(再來) 부 다시. 또는 한 번 더 …하다. ⇔뇌여. ≪朴諺, 中, 18ㅈ≫再來休說這般不曉事的話, 뇌여란 이런 일 모로ᄂᆞᆫ 말 니ᄅᆞ디 말라. ≪朴諺, 中, 28ㅎ≫你再來休做, 네 뇌여란 ᄒᆞ디 말라.

재려(災戾) 명 재앙. 자연 재해. ≪朴諺, 上, 48ㅈ≫今年錢鈔(集覽, 朴集, 上, 13ㅈ: 錢鈔. 錢者, 金帛之名. 古曰泉, 後鑄而曰錢. 古者天降災戾, 於是乎量資幣, 權輕重, 以救民困.)艱難, 올히 錢鈔ㅣ 艱難ᄒᆞ야.

재례(財禮) 명 예(禮)로 주는 금품. 본래는 혼인할 때 신랑 집에서 신부 집에 보내는 금품을 이르던 말이다. ≪朴諺, 中, 10ㅈ≫恩養財禮銀五兩永遠爲主, 恩養ᄒᆞᆫ 財禮銀 닷 냥에 ᄒᆞ야 永遠히 님자를 삼아.

재목(材木) 명 재목. ≪集覽, 字解, 單字解, 1ㅎ≫料. 凡人飼馬, 或用小黑豆, 或用蜀黍雜飼之. 故凡稱飼馬穀豆曰料. 又該用物色雜稱曰物料, 造屋材木曰木料, 入畫彩色曰顔料. 又量也. 又理也.

재반(齋飯) 명 〈불〉 동냥밥. (중이 탁발(托鉢)한 밥) ≪朴諺, 上, 33ㅎ≫你布施人家齋飯(集覽, 朴集, 上, 10ㅎ: 齋飯. 請觀音經䟽云, 齋者, 齊也, 齊身口業也. 佛氏日中而食, 甁沙王問, 佛, 何故日中食. 答〈荅〉云, 早起諸天食, 日中三世佛食, 日西畜生食, 日暮鬼神食.)錢, 네 人家에 보시ᄒᆞᆫ 齋飯錢을.

재백(財帛) 명 재화(財貨)와 포백(布帛).

≪朴諺, 上, 48ㅎ≫省多少盤纏(集覽, 朴集, 上, 13ㅈ: 盤纏. 길헤 여·러 가지로 쓰논 것. 質問云, 盤費纏繳供給之物, 如供給服食應用金銀·財帛之類. 今按, 盤纏二字, 取義源流未詳.), 언멋 盤纏을 ᄆᆞᄃᆡ와뇨. ≪朴諺, 中, 60ㅈ≫如今是財帛世界, 이제는 이 財帛 世界라.

재백(裁帛) 명 (온 필이 아닌) 조각 비단. ≪朴諺, 上, 43ㅈ≫我沒裁帛, 내게 裁帛이 업세라.

재보(宰輔) 동 천자(天子)를 보좌하다. ≪朴諺, 中, 21ㅎ≫或分身居士·宰官(集覽, 朴集, 中, 5ㅈ: 居士宰官. 隱居之士, 宰輔之官. 佛書云, 應以居士得道者必在居士, 應以宰官得道者必現宰官.), 或 居士·宰官에 分身ᄒᆞ고.

재상(宰相) 명 천자를 보좌하고 국사(國事)를 주관하던 최고 벼슬. 또는 그 벼슬아치. 진·한대(秦漢代)의 승상(丞相), 수대(隋代)의 내사(內史), 당·송대(唐宋代)의 중서(中書)·문하(門下)·상서(尙書)의 장관(長官), 명·청대(明淸代)의 내각 태학사(內閣太學士)가 이에 해당된다. ≪朴諺, 上, 31ㅈ≫那厮高麗地面來的宰相們上做牙子, 뎌 놈이 高麗 ᄶᅡ호로셔 온 宰相들희손ᄃᆡ 즈름이 도엿ᄂᆞ니. ≪朴諺, 下, 38ㅎ≫比丞相(集覽, 朴集, 下, 8ㅎ: 丞相. 元中書省有左右丞相, 任宰相之職〈戢〉, 左右天子平章萬機.)爭甚麽, 丞相에 比컨대 므서시 ᄠᅳ리오.

재수(才手) 명 손수[扌]. 한자 부수(部首)의 이름. ≪朴諺, 中, 41ㅎ≫才手傍做人字下也字便是, 才手 변에 人字 아리 也字 ᄒᆞᆫ 거시 곳 이라.

재시(財施) 명 〈불〉 삼시(三施)의 하나. 절이나 가난한 사람에게 재산과 입을 것과 먹을 것 등을 베푸는 일. ≪朴諺, 上, 33ㅎ≫你布施(集覽, 朴集, 上, 10ㅎ: 布施. 捨施也, 財施爲凡, 法施爲聖. 凡布施, 必以滿三千世界, 七寶〈宝〉爲求福之具, 財施也. 此住相布施也.)人家齋飯錢, 네 人家에 보시ᄒᆞᆫ 齋飯錢을.

재아(裁兒) 명 감. 재료. ⇔ᄀᆞ음. ≪朴諺, 下, 53ㅎ≫正是喫打的裁兒(集覽, 朴集, 下, 12ㅈ: 裁兒. 裁, 作材是, 謂軀幹也.), 경히 마ᄌᆞᆯ ᄀᆞ음이로다.

재예(才藝) 명 재주. 재능과 기예. ≪朴諺, 上, 42ㅈ≫好文章諸般才藝, 文章이 됴코 여러 가지 才藝오.

재외(在外) 동 외출하다. ≪朴諺, 下, 7ㅎ≫這七月十五日是諸佛解夏(集覽, 朴集, 下, 2ㅈ: 解夏. 盖夏乃長養之節〈莭〉, 在外行則恐傷草木·虫類. 故九十日安居不出, 至七月十五日, 應禪寺掛搭僧尼, 盡皆散去, 謂之解夏, 又謂解制.)之日, 七月 十五日은 諸佛 解夏ᄒᆞᄂᆞᆫ 날이라.

재외(在外) 형 어느 곳의 밖에 있다. ≪朴諺, 上, 58ㅎ≫八里庄(集覽, 朴集, 上, 14ㅎ: 八里庄. 地名. 凡鄕井之制, 在內曰街·坊·關·廂, 在外曰店·鎭·鄕·莊〈庄〉·啚·保·屯·務·寨·峪·灣·窩, 盖因俗呼得名, 皆指人所聚居之處也.)梁家花園裏做來, 八里庄 梁家 花園의셔 ᄒᆞ니라. ≪朴諺, 下, 51ㅎ≫申(集覽, 朴集, 下, 11ㅎ: 申. 今按, 直隷府申六部, 在外府州申都司, 應天府申五軍都督, 皆名曰申狀.)竊盜狀, 窃盜狀을 申ᄒᆞ노니.

재의(在意) 동 뜻을 두다. 마음에 두다. 거리끼다. ≪朴諺, 上, 45ㅎ≫越在意勤勤的學着, 더옥 ᄠᅳᆺ 두어 브즈런이 ᄇᆡ호라.

재자(纔自) 부 지금 막. 방금. 이제. 금방. ≪集覽, 字解, 單字解, 2ㅎ≫纔. 方得僅始之辭. 又, 纔自. 又剛纔, 又方纔, 又恰纔.

재전(在前) 명 이전. 종전. ≪朴諺, 下, 45ㅈ≫宋舍看打春(集覽, 朴集, 下, 9ㅎ: 打春. 音義云, 如今北京迎春時, 唯牛芒而已. 在前只有府縣官員, 幷師生耆老引赴順天府, 候春至之時.)去來, 宋개아 닙츈 노롯ᄒᆞᄂᆞᆫ 양 보라 가쟈.

재전(財錢) 명 천량[錢糧]. 재물. ≪朴諺, 上, 41ㅈ≫下多少財錢(集覽, 朴集, 上, 11ㅎ: 下多少財錢. 亦云下財. 家禮會通云, 婚

有六禮, 納采·問名·納吉·納徵·請期·親迎. 今制, 納采·問名·納吉揔〈総〉一次行禮, 以從簡便, 謂之定禮, 亦爲之定親, 亦曰下紅定, 亦送幣物. 又涓吉送婚書, 行納徵禮, 亦曰納幣, 俗云下財, 亦曰送禮. 俗總稱〈総称〉曰羊酒花紅. 又一次有禮曰請期, 謂之催裝, 亦具禮物. 五品以下無請期之禮.), 언멋 財錢을 드리더뇨.

재전(齋錢) 명 〈불〉 중이 탁발(托鉢)하여 시주로 받은 돈(재물). ≪朴諺, 上, 33ㅎ≫你布施人家齋·飯錢, 네 人家에 보시흔 齋飯錢을.

재주(財主) 명 재산이나 재물의 임자. ≪朴諺, 上, 54ㅈ≫情愿立約於某財主處, 情愿으로 아모 財主 處에 立約ᄒᆞ야. ≪朴諺, 中, 27ㅈ≫一箇放債財主, 흔 빗 주기 ᄒᆞᄂᆞᆫ 財主.

재주인(財主人) 명 재산이나 재물의 임자. ≪朴諺, 中, 30ㅎ≫那謊鬆一箇財主人家裏, 뎌 거즛말ᄒᆞ고 섭섭흔 흔 財主人 家에셔.

재지(纔只) 명 그때야. ❶⇔그제야. ≪朴諺, 上, 50ㅈ≫纔只洗了孩兒剃了頭, 그제야 아히를 싯기고 머리 갓고. ❷⇔그제야. ≪朴諺, 下, 48ㅈ≫纔只那箇太師家的, 그제야 아모 太師ㅅ 집.

재지(纔只) 부 갓. 겨우. 방금. ⇔ᄀᆞᆺ. ≪朴諺, 下, 14ㅈ≫纔只掾史們將文卷來, ᄀᆞᆺ 掾史들히 文卷을 가져와.

재천(在天) 형 하늘에 있다. ≪朴諺, 下, 16ㅎ≫買趙太祖飛龍記(集覽, 朴集, 下, 3ㅎ: 趙太祖飛龍記. 易曰, 飛龍在天. 龍爲人君之象, 故稱卽位曰飛龍.), 趙太祖의 飛龍記와.

재하(在下) 대 저. 소생. 시생. (자기 자신을 겸손하게 이르는 말) ≪朴諺, 下, 58ㅈ≫在下姓韓, 在下ㅣ 姓은 韓이라. 在下年幼, 在下ㅣ 年幼ᄒᆞ니. ≪朴諺, 下, 58ㅎ≫在下名是彬字文中, 在下ㅣ 名은 이 彬이오 字ᄂᆞᆫ 文中이라. ≪朴諺, 下, 58ㅎ≫在下具慶, 在下ㅣ 具慶ᄒᆞ여라.

재해(災害) 명 재앙으로 말미암아 받는 피해. ≪朴諺, 中, 44ㅈ≫撫琴一操(集覽, 朴集, 中, 8ㅈ: 操. 劉向別錄曰, 其道閉塞, 悲愁而作者, 其曲曰操. 言遇災害不失其操也.)解千愁, 거믄고 흔 곡됴를 어ᄅᆞ만져 千愁를 프ᄂᆞ니.

재화(財貨) 명 재물. ≪朴諺, 中, 21ㅎ≫或分身居士·宰官(集覽, 朴集, 中, 5ㅈ: 居士宰官. 飜〈翻〉譯名義云, 愛談名言, 淸淨自居, 又多積財貨, 居業豐〈豊〉盈, 皆謂之居士.), 或 居士·宰官에 分身ᄒᆞ고.

재후(在後) 명 이후(以後). ≪朴諺, 中, 27ㅈ≫開着一座解儅庫(集覽, 朴集, 中, 6ㅎ: 解儅庫. 元時或稱印子鋪, 或稱把解, 人以重物來儅, 取錢而去, 在後償還本利, 還取其物而去, 此卽解儅庫也.), 一座 解儅庫를 열고.

쟁(爭) 동 다투다. ❶⇔ᄃᆞ토다. ≪朴諺, 中, 43ㅈ≫鑽在爭前立的, 비븨여 앏셔기를 ᄃᆞ토아. ≪朴諺, 中, 46ㅎ≫命來鐵也爭光, 命이 오면 쇠도 비츨 ᄃᆞ토고. 運去黃金失色, 運이 가면 黃金도 비츨 일ᄂᆞᆫ다 ᄒᆞ니라. ❷⇔ᄃᆞᆺ토다. ≪朴諺, 下, 48ㅎ≫爭那明珠, 뎌 明珠를 ᄃᆞᆺ토와.

쟁(爭) 형 다르다. 차이 나다. ⇔쁘다. ≪集覽, 字解, 單字解, 8ㅈ≫爭. 鬪爭也. 又ᄉᆞ시 쁘다. 又不爭 므던히 너기다. ≪朴諺, 上, 63ㅎ≫爭甚麽一母所生親弟兄, 므슴 一毋(母) 所生 親弟兄에셔 쁘리오. ≪朴諺, 中, 38ㅈ≫爭着遠裏, ᄧᅳᆷ이 머다. ≪朴諺, 下, 38ㅎ≫比丞相爭甚麽, 丞相에 比컨대 므서시 쁘리오.

쟁경(爭競) 동 다투다. ⇔ᄃᆞ토다. ≪朴諺, 中, 10ㅈ≫往來爭競, 往來ᄒᆞ야 ᄃᆞ토면.

쟁기(爭奇) 동 서로 기이함을 뽐내려고 다투다. ≪朴諺, 中, 20ㅈ≫將二兩銀到西山(集覽, 朴集, 中, 3ㅎ: 西山. 在順天府西三十里太行山首, 始于河內, 北至幽州, 强形鉅勢, 爭奇擁翠, 雲聳星拱于皇都之右.)裏, 두 냥 은을 가지고 西山에 가.

쟁명(爭名) 동 서로 명성을 다투다. ≪朴

諺, 中, 43ㅈ≫你一般爭名奪利的官人, 너 흔가짓 爭名 奪利흐는 官人이.

쟁점(爭占) 동 다투어 차지하다. ≪朴諺, 上, 23ㅈ≫斂些錢做翫月會(集覽, 朴集, 上, 8ㅈ: 翫月會. 東京錄云, 中秋夜, 貴家結飾臺榭, 民間爭占酒樓翫〈玩〉月, 絲簧鼎沸, 近內庭居民, 夜深遙聞笙竽之聲, 宛若雲外天樂, 閭里兒童連宵嬉戱, 夜市駢闐, 至於通曉.), 져기 돈 거두어 翫月會를 흐쟈.

-쟈 어미 -자. (청유형 종결어미) ≪朴諺, 上, 1ㅈ≫休蹉過了好時光, 됴흔 時光을 그룻 디내디 마쟈. ≪朴諺, 上, 20ㅎ≫背後河裏洗馬去來, 뒷 내헤 ᄆᆞᆯ 싯기라 가쟈. ≪朴諺, 上, 29ㅈ≫山西店裏去, 山西店에 가쟈. ≪朴諺, 上, 43ㅈ≫如今鋪裏買去, 이제 푸즈에 사라 가쟈. ≪朴諺, 上, 59ㅎ≫咱一箇日頭隨喜去來, 우리 ᄒᆞᄅᆞ 구경ᄒᆞ라 가쟈. ≪朴諺, 上, 65ㅈ≫聽說佛法去來, 佛法 니ᄅᆞ는 양 드르라 가쟈. ≪朴諺, 中, 1ㅈ≫抅欄裏看雜技去來, 抅欄에 雜技 보라 가쟈. ≪朴諺, 中, 8ㅎ≫將飯來我喫, 밥 가져오라 내 먹쟈. ≪朴諺, 中, 12ㅈ≫我囑付你, 내 너ᄃᆞ려 당부ᄒᆞ쟈. ≪朴諺, 中, 20ㅎ≫參見觀音菩薩眞像去來, 觀音菩薩 眞像을 參見ᄒᆞ라 가쟈. ≪朴諺, 中, 29ㅎ≫我且外前坐的, 내 아직 밧씌 안잣쟈. ≪朴諺, 中, 34ㅈ≫把芒荇來煮喫, 비름을다가 술마 먹쟈. ≪朴諺, 中, 49ㅎ≫咱們下一盤, 우리 ᄒᆞᆫ 판 두쟈. ≪朴諺, 中, 56ㅈ≫咱只這裏跳入去, 우리 그저 예셔 뛰어 드러가쟈. ≪朴諺, 下, 2ㅈ≫拿些水來我漱口, 져기 믈 가져오라 내 양지질ᄒᆞ쟈. ≪朴諺, 下, 10ㅎ≫先生你寫與我書稍的去, 先生아 네 날을 글 써 주어든 브텨 보내쟈. ≪朴諺, 下, 22ㅈ≫入去洗澡, 드러가 모욕곰쟈. ≪朴諺, 下, 35ㅈ≫却打花房窩兒, 또 花房 굼글 티쟈. ≪朴諺, 下, 40ㅎ≫咱商(商)量了放下定錢, 우리 혜아려 定錢을 두쟈. ≪朴諺, 下, 50ㅈ≫咱們打魚兒去來, 우리 고기 잡으라 가쟈.

쟈랑 명 자랑. ⇔과(誇). ≪朴諺, 下, 27ㅈ≫你休自誇我知道, 네 손조 쟈랑 말라 내 아노라.

쟈랑ᄒᆞ다 동 자랑하다. ⇔과(誇). ≪朴諺, 上, 23ㅎ≫到處裏破別人誇自已(己), 간 곳마다 다른 사ᄅᆞᆷ을 해야ᄇᆞ리며 내 몸을 쟈랑ᄒᆞ고. ≪朴諺, 上, 62ㅎ≫休誇天上瑤池, 天上 瑤池ᄅᆞᆯ 쟈랑티 말라.

쟉 명 적. 때. ⇔시(時). ≪朴諺, 下, 16ㅎ≫買時買四書六經也好, 살 쟉시면 四書와 六經을 삼이 또 됴흐니.

쟉슈 명 작사리. (한끝을 엇결어서 동여맨 작대기) ⇔차수(叉竪). ≪朴諺, 下, 12ㅎ≫檁, 납. 樑, ᄆᆞᄅᆞ. 椽, 혀. 柱, 기동. 短柱, 短柱. 叉竪, 쟉슈. 門框, 門얼굴. 門扇, 門짝. 吊窓, 들창. 天窓, 울어리창. 雙扇, 상다디. 單扇, 외다디. 窓欞, 창살로.

쟛바눕다 동 (얼굴을 위를 향하여) 반듯이 눕다. ⇔앙백와(仰白臥). ≪朴諺, 中, 1ㅈ≫赤條條的仰白着臥, 벌거케 올올이 쟛바누어.

쟛바다 동 (얼굴을 위를 향하여) 자빠지다. ❶⇔앙(仰). ≪朴諺, 中, 56ㅈ≫跳的河裡仰不搽, 믈에 뛰어드러 쟛바 즘기디 마쟈. ❷⇔앙면(仰面). ≪朴諺, 中, 58ㅈ≫這的便是仰面唾天, 이거시 곳 쟛바 하ᄂᆞᆯ헤 춤 바틈이로다.

쟝 명 장(醬). ⇔장(醬). ≪朴諺, 中, 6ㅈ≫醋, 초와. 醬, 쟝과. 塩, 소금과. 芥末, 계ᄌᆞ ᄀᆞᄅᆞ와. 葱, 파과. 蒜, 마ᄂᆞᆯ과. 薤菜, 부치와, 油, 기름과. 生蘿蔔, 댓무우과. 瓜, 외와. 茄等, 가지 등.

-쟝이 접미 -장이[匠]. ⇔장(匠). ≪朴諺, 上, 18ㅈ≫是抅欄衚衕裏帶匠夏五廂的, 이 抅欄 골 씌쟝이 夏五ㅣ 져메읫ᄂᆞ니라.

쟝인 명 장인(匠人). ⇔장(匠). ≪朴諺, 下, 39ㅎ≫好畫匠那裏有, 그림 잘 그리ᄂᆞᆫ 쟝인이 어ᄃᆡ 잇ᄂᆞ뇨.

쟝ᄎᆞ 부 장차(將次). 앞으로. 미래에. ⇔장차(將次). ≪集覽, 字解, 單字解, 4ㅈ≫將.

持也. 將來 가져오라, 將着 가지라, 將咱們 우리를다가. 又將次 쟝ᄎᆞ.

저(底) 명 ❶(신창의) 바닥. ⇔디즈. ≪朴諺, 上, 24ㅎ≫搶尖粉底, 부리 것고 디즈에 분칠ᄒᆞ고. ❷밑. 근본(根本). ⇔믿. ≪集覽, 字解, 單字解, 1ㅎ≫底. 下也. 底下 아래. 又本也. 底簿 믿글월. 又語助. 根底 앏픠. 又손ᄃᆡ. 又與的字通用.

저(抵) 동 이르다[至]. 도착하다. ⇔니ᄅᆞ다. ≪朴諺, 下, 16ㅈ≫妄告官司抵罪反坐, 망녕되이 官司에 고ᄒᆞ면 죄 反坐에 니ᄅᆞᄂᆞ니라.

저(杵) 명 달구. 또는 방앗공이. ⇔고. ≪朴諺, 上, 10ㅎ≫着石杵慢慢兒打, 돌고로다가 날회여 다이되.

저(這) 관 ❶이. ⇔이. ≪朴諺, 上, 1ㅈ≫又逢着這春二三月好時莭(節), 쏘 이 봄 二三月 됴흔 時莭(節)을 만나시니. ≪朴諺, 上, 11ㅎ≫郎中馬只寄在這人家裏, 郎中아 ᄆᆞᆯ을 그저 이 人家에 브텨 두엇다가. ≪朴諺, 上, 22ㅎ≫我輸了這㚷時遲了, 내 이 패을 지면 사오나오니. ≪朴諺, 上, 47ㅎ≫分付這管混堂的看着, 이 混堂 ᄀᆞ음아ᄂᆞ니게 分付ᄒᆞ여 보라 ᄒᆞ고. ≪朴諺, 上, 54ㅈ≫這文契寫了, 이 글월 써다. ≪朴諺, 上, 64ㅎ≫你來你這暗花段子, 이바네 이 스믠문 비단을. ≪朴諺, 中, 12ㅈ≫你這車子先將到門外, 네 이 술위를 몬져 가지고 문 밧긔 가. ≪朴諺, 中, 19ㅈ≫這幾箇賊漢們, 이 여러 도적놈들히. ≪朴諺, 中, 23ㅎ≫咱這衆生知不知, 우리 이 衆生이 알거나 아디 못ᄒᆞ거나. ≪朴諺, 中, 30ㅎ≫這酒忤禿怎麼喫, 이 술이 들므쥬군ᄒᆞ니 엇디 먹으료. ≪朴諺, 中, 50ㅎ≫咱這草地裏學摔校, 우리 이 草地에셔 시름 비호쟈. ≪朴諺, 中, 58ㅈ≫把這窓孔的紙都扯了, 이 창 숨게 죵히를다가 다 믜티고. ≪朴諺, 下, 5ㅈ≫整治這炕壁, 이 炕壁을 整治ᄒᆞ쟈. ≪朴諺, 下, 13ㅈ≫盖了這房子, 이 집을 짓고. ≪朴諺, 下, 19ㅈ≫這禿厮好沒道理, 이 머리 믠 놈이 ᄀᆞ장 道理 업다 ᄒᆞ고. ≪朴諺, 下, 25ㅈ≫這孫行者正是了的, 이 孫行者ᄂᆞᆫ 졍히 올탓다. ≪朴諺, 下, 37ㅎ≫這兩日官司裡告了, 이 두어 날에 官司에 告ᄒᆞ여. ≪朴諺, 下, 50ㅈ≫我棄了這名利家筵, 내 이 名利 家筵을 ᄇᆞ리고. ❷이런. ⇔이런. ≪朴諺, 上, 34ㅈ≫這一等和尙不打他要做甚麽, 이런 즁을 티디 아니ᄒᆞ고 므슴 ᄒᆞ리오.

저(這) 대 이. ⇔이. ≪集覽, 字解, 累字解, 8ㅎ≫早晚. 這早晚 ·이 ·늣·도·록. 又問何時曰多早晚 어·느 ·때. ≪朴諺, 上, 13ㅎ≫你教與我這好法兒, 네 나를 이 됴흔 법을 ᄀᆞᄅᆞ쳐 주고려. ≪朴諺, 中, 54ㅎ≫這深肉紅界地穿花鳳紵絲做比甲, 이 디튼 肉紅빗체 벽드르에 穿花鳳 문흔 비단으란 比甲을 짓고. ≪朴諺, 中, 57ㅈ≫這潑禽獸殺娘賊, 이 보피라온 즘싱 殺娘ᄒᆞᄂᆞᆫ 도적아. ≪朴諺, 下, 5ㅎ≫這高處鑽些土, 이 노픈 곳의 흙을 ᄠᆞᆯ고. ≪朴諺, 下, 25ㅎ≫這不是燒子的甚麽, 이 구으니 아니오 므섯고. ≪朴諺, 下, 36ㅈ≫我不想這新來的莊家快打, 내 이 새로 온 향암이 잘 틸 줄을 ᄉᆡᇰ각디 못호롸.

저(猪) 명 돼지. ❶⇔돗ㅎ. ≪朴諺, 上, 5ㅈ≫炮炒(集覽, 朴集, 上, 2ㅎ: 炮炒. 用醬和水炒之. 質問云, 如猪肚生切, 置於鍋中, 用緊火炒熟, 方言謂炮炒.)猪肚, 炮炒ᄒᆞᆫ 돗희 양과. ❷⇔돋. ≪朴諺, 中, 46ㅎ≫他輸了的猪頭也不肯買, 뎨 진 도틔 머리도 즐겨 사디 아니ᄒᆞ니.

저(筯) 명 저. 젓가락. ⇔져. ≪朴諺, 中, 11ㅎ≫鑼鍋, 로고. 柳箱, 섥. 灑子, 드레. 三脚, 아리쇠. 椀·楪, 사발·뎝시. 匙筯, 술져. 樗杓, 나모쥬게. 笊籬, 죠리. 炊箒, 솔.

저개(這箇) 관 이. ⇔이. ≪朴諺, 中, 32ㅎ≫只是這箇愁人腸, 그저 이 사ᄅᆞᆷ의 간댱을 시름ᄒᆞ게 ᄒᆞᄂᆞ니라.

저개(這箇) 대 이것. ⇔이것. ≪集覽, 字解, 單字解, 1ㅈ≫這. 此也. 這箇, 這裏. 俗呼二音, 之夜切 져, 之石切 지. 俗從지音者多. ≪集覽, 字解, 單字解, 3ㅈ≫箇. 一枚

也. 俗呼一枚爲一箇, 亦曰箇把. 又箇箇 난나치. 單言箇字, 亦爲一枚之意. 有箇人 훈 사르미. 又語助. 這箇·些箇. 又音이. 舌頭兩箇 혓 그토로, 今不用. ≪朴諺, 上, 36ㅎ≫這箇是燈臺, 이거슨 이 燈臺로다. ≪朴諺, 上, 36ㅎ≫這箇是核桃, 이거슨 이 호되로다. ≪朴諺, 上, 36ㅎ≫這箇是鷄鴠, 이거슨 이 둙의알이로다. ≪朴諺, 上, 36ㅎ≫這箇是鎖子, 이거슨 이 즈믈쇠로다. ≪朴諺, 上, 37ㅈ≫這箇是雀兒, 이거슨 이 새로다. ≪朴諺, 上, 37ㅈ≫這箇是碾子, 이거슨 이 매로다. ≪朴諺, 上, 37ㅈ≫這箇是蝎子, 이거슨 이 전갈이로다. ≪朴諺, 上, 37ㅎ≫這箇是櫻桃, 이거슨 이 櫻桃ㅣ로다. ≪朴諺, 上, 37ㅎ≫這箇是靴子, 이거슨 이 훠엿로다. ≪朴諺, 上, 37ㅎ≫這箇是梨兒, 이거슨 이 비로다. ≪朴諺, 上, 37ㅎ≫這箇是秤, 이거슨 이 저울이로다. ≪朴諺, 上, 38ㅈ≫這箇是藥刀, 이거슨 이 藥刀ㅣ로다. ≪朴諺, 上, 38ㅈ≫這箇是蒜, 이거슨 이 마늘이로다. ≪朴諺, 上, 38ㅈ≫這箇是塔兒, 이거슨 이 탑이로다.

저기일(這幾日) 명 요사이. 요새. ⇔요스이. ≪朴諺, 上, 34ㅎ≫我這幾日害痢疾, 내 요스이 痢疾 알하. ≪朴諺, 上, 42ㅎ≫我這幾日差使出去, 내 요스이 差使로 나가니. ≪朴諺, 中, 16ㅎ≫這幾日高麗地面裏來的, 요스이 高麗ㅅ 싸흐로셔 온. ≪朴諺, 下, 10ㅎ≫這幾日我家裏有人去, 요스이 우리 집의 사름 가리 이시니. ≪古今釋林 15, 三字類 ≫這幾日, 요즈음.

저당(抵當) 동 이기다. 막아내다. ❶⇔더당ㅎ다. ≪朴諺, 中, 50ㅎ≫咳那矬漢你那裏抵當的我, 애 더 킈 져근 놈이 네 어딕 내게 뎌당ㅎ리오. ❷⇔저당ㅎ다(抵當-). ≪朴諺, 上, 22ㅈ≫那裏抵當的我, 어딕 내게 抵堂홀다.

저당ㅎ다(抵當-) 동 이기다. 막아내다. ⇔저당(抵當). ≪朴諺, 上, 22ㅈ≫那裏抵當的我, 어딕 내게 抵堂홀다.

저두(猪肚) 명 돼지의 밥통. ≪朴諺, 上, 5ㅈ≫炮炒(集覽, 朴集, 上, 2ㅎ: 炮炒. 用醬和水炒之. 質問云, 如猪肚生切, 置於鍋中, 用緊火炒熟, 方言謂炮炒.)猪肚, 炮炒혼 돗희 양과.

저리(這裡) 대 저리(這裏)의 ❶. '裡'는 '裏'와 같다. ≪朴諺, 下, 40ㅈ≫你請他這裡來麽, 네 뎌를 청ㅎ여 여긔 올싸. ≪朴諺, 下, 59ㅎ≫侍中是這裡丞相一般, 侍中은 이 여긔 丞相과 혼가지라.

저리(這裏) 대 ❶여기. ⇔여긔. ≪集覽, 字解, 單字解, 1ㅈ≫這. 此也. 這箇, 這裏. 俗呼二音, 之夜切 져, 之石切 지. 俗從지音者多. ≪集覽, 字解, 單字解, 2ㅈ≫裏. 內也. 裏頭·內裏. 又闕內. 亦曰裏頭, 又曰內裏. 又處也. 這裏·那裏. 又語助. 去裏·有裏. 通作里·俚·哩. ≪朴諺, 上, 38ㅈ≫這裏有獸醫家麽, 여긔 즘싱 고티는 집이 잇느냐. ≪朴諺, 上, 46ㅎ≫小人將來這裏, 小人이 여긔 가져왓노라. ≪朴諺, 中, 5ㅈ≫我們都在這裏, 우리 다 여긔 잇노라. ≪朴諺, 中, 14ㅎ≫太醫來這裏, 太醫 여긔 왓닉이다. ≪朴諺, 中, 38ㅈ≫咱這裏沒牙子省些牙錢不好, 우리 여긔 즈름이 업스니 져기 즈름갑시 덜림이 됴티 아니ㅎ냐. ≪朴諺, 中, 51ㅈ≫我只到這裏來, 내 그저 여긔 오노라. ≪朴諺, 中, 51ㅎ≫這裏將來韂鞍子, 여긔 가져다가 기르마짓고. ≪朴諺, 下, 11ㅎ≫孩兒這裏所幹已成完備, 孩兒ㅣ 여긔 ㅎ는 배 임의 完備케 되여시니. ≪朴諺, 下, 29ㅎ≫你自這裏打爐子, 네 손즈 여긔 풀무를 민들고. ≪朴諺, 下, 40ㅈ≫你請他這裡來麽, 네 뎌를 청ㅎ여 여긔 올싸. ≪朴諺, 下, 59ㅎ≫侍中是這裡丞相一般, 侍中은 이 여긔 丞相과 혼가지라. ❷여기. 이에. ⇔예. ≪朴諺, 中, 17ㅈ≫我這裏好生多喫了, 내 예셔 ㄱ장 만히 먹을와. ≪朴諺, 中, 56ㅈ≫咱只這裏跳入去, 우리 그저 예셔 뛰어 드러가쟈. ≪朴諺, 下, 5ㅎ≫這裏和泥, 예셔 흙 니기라. ≪朴諺, 下, 29ㅎ≫

這裏做生活, 예셔 셩녕ᄒᆞ라.

저마포(苧麻布) 명 모시. ≪朴諺, 上, 46ㅈ≫ 貴眷稍的十箇白毛施布(集覽, 朴集, 上, 13ㅈ: 毛施布. 此卽本國人呼苧麻布之稱〈卽本國人呼苧麻布之稱〉, 漢人皆呼曰苧麻布, 亦曰麻布, 曰木絲布, 或書作沒絲布. 又曰漂白布, 又曰白布.), 貴眷이 브틴 열 필 흰 모시뵈과.

저문(這們) 부 ❶이러면. ⇔이러면. ≪朴諺, 上, 13ㅎ≫這們時不碍事, 이러면 일에 해롭디 아니ᄒᆞ다. ≪朴諺, 上, 22ㅈ≫這們時, 이러면. ≪朴諺, 中, 20ㅈ≫這們時, 이러면. ≪朴諺, 中, 36ㅎ≫這們時, 이러면. ❷이렇게. ⇔이리. ≪集覽, 字解, 單字解, 3ㅎ≫們. 諸韻書皆云, 們渾, 肥滿皃. 今俗借用爲等輩之字, 而曰我們·咱們 우리, 你們 너희. 又猶言如此也. 這們 이리, 那們 뎌리. ≪朴諺, 中, 49ㅈ≫怎麽這們說, 엇디 이리 닐ᄋᆞᄂᆞ뇨. ≪朴諺, 中, 57ㅈ≫硬道是這們, 굿히여 이리 니ᄅᆞ다.

저문(這們) 형 이와 같은. 이러한. 이런. ≪集覽, 字解, 累字解, 2ㅎ≫這般. 猶言如此. ≪集覽, 字解, 累字解, 2ㅎ≫這們. 上同.

저반(這般) 관 이런. ⇔이런. ≪集覽, 字解, 累字解, 2ㅎ≫這般. 猶言如此. ≪朴諺, 中, 17ㅈ≫這般稀罕的好物, 이런 稀罕ᄒᆞᆫ 됴ᄒᆞᆫ 거슬. ≪朴諺, 中, 17ㅎ≫這般的有甚麽稀罕, 이런 거시 므슴 稀罕홈이 이시리오. ≪朴諺, 中, 18ㅈ≫再來休說這般不曉事的話, 뇌여란 이런 일 모로ᄂᆞᆫ 말 니ᄅᆞ디 말라. ≪朴諺, 中, 27ㅎ≫頻頻的這般做歹勾當, ᄌᆞ로 이런 사오나온 일을 ᄒᆞ더니. ≪朴諺, 中, 28ㅈ≫你做這般不合理的勾當, 네 이런 理에 合디 아닌 일을 ᄒᆞ다가. ≪朴諺, 中, 49ㅈ≫說這般作怪的言語, 이런 괴이ᄒᆞᆫ 말을 닐ᄋᆞᄂᆞᆫ고나. ≪朴諺, 下, 3ㅎ≫這般遠田地裏, 이런 먼 싸히. ≪朴諺, 下, 6ㅈ≫從來不曾見這般細詳的官人, 본ᄃᆡ 일즙 이런 細詳ᄒᆞᆫ 官人을 보디 못ᄒᆞ엿노라. ≪朴諺, 下, 49ㅈ≫這般戰場裡, 이런 戰場에. ≪朴諺, 下, 50ㅈ≫你這般金榜掛名的書生, 너ᄂᆞᆫ 이런 金榜에 掛名ᄒᆞᆯ 書生이니.

저반(這般) 부 이렇게. ⇔이리. ≪集覽, 字解, 累字解, 9ㅎ≫這般. 猶言如此. ≪朴諺, 上, 11ㅈ≫這般要他文書打了時, 이리 뎌의게 文書ᄅᆞᆯ 밧고 다이면. ≪朴諺, 上, 16ㅈ≫這般打的可喜乾淨時, 이리 ᄆᆡᆫ들기ᄅᆞᆯ 곱고 乾淨히 ᄒᆞ려 ᄒᆞ면. ≪朴諺, 上, 21ㅎ≫每日這般勤勤的喂時, 每日에 이리 브즈런이 먹이면. ≪朴諺, 上, 24ㅈ≫這般照覷, 이리 보ᄉᆞᆯ피면. ≪朴諺, 上, 34ㅎ≫你來怎麽這般黃瘦, 이바 엇디 이리 黃瘦ᄒᆞ엿ᄂᆞ뇨. ≪朴諺, 中, 18ㅈ≫咳姐姐我不想你這般煩惱, 애 姐姐ㅣ아 내 네 이리 노ᄒᆞ여 ᄒᆞᆯ 줄을 ᄉᆡᇰ각디 못호라. ≪朴諺, 中, 36ㅈ≫這般隄防時, 이리 隄防ᄒᆞ면. ≪朴諺, 中, 45ㅈ≫這般收拾的整齊時不好那, 이리 收拾ᄒᆞ기ᄅᆞᆯ 졍졔히 ᄒᆞ면 됴티 아니ᄒᆞ랴. ≪朴諺, 中, 55ㅎ≫怎麽這般蠅子廣, 엇디 이리 ᄑᆞ리 흔ᄒᆞ뇨. ≪朴諺, 中, 60ㅎ≫這般兌當着幹時, 이리 ᄉᆞᆷ여 일오면. ≪朴諺, 下, 1ㅎ≫每日這般用心弄他時, 每日에 이리 用心ᄒᆞ여 뎌ᄅᆞᆯ 달호면. ≪朴諺, 下, 6ㅈ≫這般做的不成時, 이리 ᄆᆡᆫ들기ᄅᆞᆯ 블셩이 ᄒᆞ면. ≪朴諺, 下, 15ㅈ≫這般受苦來, 이리 受苦ᄒᆞ여. ≪朴諺, 下, 26ㅎ≫不是這般說, 이리 닐은 거시 아니라. ≪朴諺, 下, 37ㅎ≫這般過當的其間裡, 이리 디낼 ᄉᆞ이예. ≪朴諺, 下, 47ㅎ≫這般擺隊行, 이리 隊ᄅᆞᆯ 버러 가. ≪朴諺, 下, 49ㅈ≫這般鬧(閙)起來, 이리 요란ᄒᆞ여.

저반(這般) 부 이러면. ❶⇔이러면. ≪朴諺, 上, 49ㅈ≫這般時咱們幾箇去, 이러면 우리 몃치 가료. ≪朴諺, 中, 2ㅈ≫這般時倒好, 이러면 도로혀 됴타. ≪朴諺, 下, 7ㅎ≫這般時便好了, 이리면 곳 됴흐리라. ≪朴諺, 下, 53ㅎ≫這般着, 이러면. 那廝多少年紀, 뎌 놈이 나히 언메나 ᄒᆞ더뇨. ❷⇔이리면. ≪朴諺, 下, 7ㅎ≫這般時便好了, 이리면 곳 됴흐리라.

저반(這般) 형 이러하다. ⇔이러ᄒᆞ다. ≪集覽, 字解, 累字解, 2ㅎ≫這般. 猶言如此. ≪集覽, 字解, 累字解, 2ㅎ≫這們. 上同. ≪朴諺, 中, 46ㅈ≫便是這般, 곳 이러ᄒᆞ면. ≪朴諺, 中, 49ㅎ≫雖然這般, 비록 이러ᄒᆞ나.

저방(氐房) 명 이십팔수(二十八宿)의 하나. 동방(東方) 창룡 칠수(蒼龍七宿)의 셋째와 넷째 별자리. ≪朴諺, 中, 54ㅈ≫氐房益, 氐房은 益ᄒᆞ고.

저부(姐夫) 명 자형(姊兄). 매형(妹兄). ≪朴諺, 下, 11ㅈ≫前者姐夫去時, 前에 姐夫ㅣ 갈 제.

저부(底簿) 명 원문(原文). 원고. 초안. ⇔ 믿글월. ≪集覽, 字解, 單字解, 1ㅎ≫底. 下也. 底下 아래. 又本也. 底簿 믿글월. 又語助. 根底 얇픠. 又손ᄃᆡ. 又與的字通用.

저사(底似) 부 가장. ⇔ᄀᆞ장. ≪集覽, 字解, 累字解, 2ㅈ≫底似. ᄀᆞ장. 又너므. 今不用.

저사(底似) 부 너무. ❶⇔너모. ≪朴諺, 中, 55ㅈ≫紐子不要底似(注: 底似, 너모)大恰好着, 돌마기를 너모 크게 말고 마치 됴케 ᄒᆞ라. ❸⇔너므. ≪集覽, 字解, 累字解, 2ㅈ≫底似. ᄀᆞ장. 又너므. 今不用.

저사(紵絲) 명 비단. ⇔비단. ≪朴諺, 上, 24ㅎ≫五綵綉麒麟柳綠紵絲抹口的靴子, 五綵로 猉獜을 綉ᄒᆞ고 柳綠빗체 비단으로 부리 두론 훠ᄋᆞ에. ≪朴諺, 上, 43ㅈ≫我有明綠紵絲, 내게 明綠빗치 비단이 이시니. ≪朴諺, 中, 54ㅎ≫這深肉紅界地穿花鳳紵絲做比甲, 이 디튼 肉紅빗체 벽드르에 穿花鳳 문흔 비단으란 比甲을 짓고.

저수량(褚遂良) 명 당(唐)나라 항주(杭州) 전당(錢塘) 사람. 자는 등선(登善). 당초(唐初) 진왕부(秦王府) 십팔학사(十八學士)의 한 사람. 벼슬은 상서 우복야(尙書右僕射)를 지냈다. 글씨에 뛰어나 구양순(歐陽詢)·우세남(虞世南)·설직(薛稷)과 함께 사대서가(四大書家)로 불린다. ≪朴諺, 中, 44ㅎ≫掛十八學士(集覽, 朴集, 中, 8ㅈ: 十八學士. 唐太宗秦王時, 開館延文學之士, 杜如晦·房玄齡〈玪〉·虞世南·褚遂良·姚思廉·李玄道·蔡允恭·薛元敬·顏相時·蘇勗·于志寧·蘇世長·薛收·李守素·陸德明·孔穎達·蓋文達·許敬宗爲文學館學士, 分爲三番, 更日直宿.)大畫, 十八學士 그린 큰 그림을 걸고.

저시(這廝) 명 ❶이 놈. ≪集覽, 字解, 單字解, 2ㅎ≫廝. 卑賤之稱. 這廝 이 놈. 又相也. 廝見 서르 보다. 又汎指人. 亦曰廝. 小廝 아희, 瞎廝 쇼경. ❷이것. ⇔이것. ≪朴諺, 中, 34ㅈ≫紫蘇這廝好喫, 紫蘇란 이거시 먹기 됴흐니라.

저양(褚亮) 명 당(唐)나라 항주(杭州) 전당(錢塘) 사람. 자는 희명(希明). 봉호는 양적현후(陽翟縣侯). 시호는 강(康). 벼슬은 남조 진(南朝陳)나라에서 상서 전중시랑(尙書殿中侍郞), 수(隋)나라에서 태상 박사(太常博士), 당나라에서 진왕부 문학(秦王府文學)·산기상시(散騎常侍)를 지냈다. 시에 능하였다. ≪朴諺, 中, 44ㅎ≫掛十八學士(集覽, 朴集, 中, 8ㅈ: 十八學士. 唐太宗秦王時, 開館延文學之士, 杜如晦·房玄齡〈玪〉·虞世南·褚遂良·姚思廉·李玄道·蔡允恭·薛元敬·顏相時·蘇勗·于志寧·蘇世長·薛收·李守素·陸德明·孔穎達·蓋文達·許敬宗爲文學館學士, 分爲三番, 更日直宿. 秦王暇日, 至館中討論文籍, 使閻立本圖像, 褚亮爲贊. 得與其選者, 世謂之登瀛洲.)大畫, 十八學士 그린 큰 그림을 걸고.

저오(抵捂) 동 서로 모순되다. 서로 일치하지 아니하다. ≪集覽, 凡例≫質問者, 入中朝質問而來者也. 兩書皆元朝言語, 其沿舊未改者, 今難曉解. 前後質問亦有抵捂, 姑幷收以袪初學之碍. 間有未及質問, 大有疑碍者, 不敢强解, 宜竢更質.

저올 명 저울. ⇔칭(秤). ≪朴諺, 上, 37ㅎ≫這箇是秤, 이거슨 이 저올이로다.

저울 명 저울. ⇔등자(等子). ≪集覽, 字解, 單字解, 1ㅈ≫等. 候待也. 等他·等着 기

들우다. 又等子 저울. 又吏語, 用此爲等輩之意. 又等閑, 釋見下. ≪朴諺, 中, 6ㅈ≫諸般菜蔬·鷄鳴和升·斗·等子, 여러 가지 ᄂᆞ믈과 ᄃᆞᆰ긔알과 되과 말과 저울을.

저육(猪肉) 명 돼지고기. ⇔뎨육. ≪朴諺, 上, 1ㅎ≫買五十斤猪肉, 五十斤 猪肉을 사고. ≪朴諺, 上, 5ㅈ≫川炒(集覽, 朴集, 上, 2ㅎ: 川炒. 音義云, 민므레〈민믈에〉 炒ᄒᆞᆫ 猪肉. 今按, 川炒, 塩水炒也.)猪肉, 제믈에 쵸ᄒᆞᆫ 뎨육과. ≪朴諺, 中, 5ㅎ≫三斤猪肉, 서 근 猪肉과.

저자(底子) 명 밑. 아래. ⇔밋ㅎ. ≪朴諺, 上, 15ㅈ≫駝骨底子, 약대 쎄 밋히.

저저(姐姐) 명 각시. 누나. 언니. ⇔각시. ≪朴諺, 上, 42ㅎ≫好姐姐(集覽, 朴集, 上, 12ㅈ: 姐姐. 漢俗呼姉曰姐姐. 雖非弟妹, 如遇婦女, 可展斯須之敬者, 亦曰姐姐, 是尊之之謂.), ᄆᆞᄋᆞᆷ 됴흔 각시아. ≪朴諺, 上, 43ㅎ≫姐姐不要說, 姐姐ㅣ아 닐ᄋᆞ디 말라. ≪朴諺, 上, 44ㅈ≫多謝姐姐, 多謝ᄒᆞ노라 姐姐ㅣ아. ≪朴諺, 上, 49ㅎ≫你姐姐曾幾時喫粥來, 네 姐姐ㅣ 일즙 언제브터 쥭을 먹ᄂᆞ뇨. ≪朴諺, 上, 49ㅎ≫說與你姐姐, 네 姐姐ᄃᆞ려 닐러. ≪朴諺, 中, 17ㅎ≫姐姐我看上你, 姐姐ㅣ아 내 너를 보니. ≪朴諺, 中, 18ㅈ≫咳姐姐我不想你這般煩惱, 애 姐姐ㅣ아 내 네 이리 노ᄒᆞ여 홀 줄을 ᄉᆡᆼ각디 못호라. ≪朴諺, 中, 18ㅈ≫姐姐你再尋思我這秋月紗窓一片心, 姐姐ㅣ아 네 또 나의 이 秋月 紗窓 一片心을 ᄉᆡᆼ각ᄒᆞ여. ≪朴諺, 中, 49ㅈ≫姐姐來, 姐姐ㅣ아 오라. ≪朴諺, 中, 50ㅈ≫不敢違了姐姐的言語, 감히 姐姐의 말을 어긔오디 말고. ≪朴諺, 中, 50ㅈ≫姐姐你輸了時, 姐姐ㅣ 네 지면.

저적(抵敵) 동 적이나 어떤 세력 또는 힘 따위와 맞서 겨루다. ⇔저적ᄒᆞ다(抵敵-). ≪朴諺, 下, 54ㅎ≫某並不曾抵敵, 某ㅣ 다므기 일즙 抵敵디 아니ᄒᆞ엿ᄂᆞ니.

저적(這的) 관 이런. ⇔이런. ≪朴諺, 上, 66ㅎ≫這的眞善智識那裏尋去, 이런 진짓 善智識을 어ᄃᆡ 어드리오. ≪朴諺, 下, 10ㅎ≫這的無緣衆生難化, 이런 인연 업슨 衆生은 化키 어려오니라.

저적(這的) 대 ❶이. ⇔이. ≪朴諺, 上, 28ㅎ≫這的都是前世裏修善積福來, 이 다 前世예 修善 積福ᄒᆞ여시매. ≪朴諺, 上, 43ㅈ≫這的你休愁, 이란 네 근심 말라. ≪朴諺, 上, 45ㅎ≫這的便是, 이 곳 올흐니. ≪朴諺, 中, 7ㅈ≫這的不來了也, 이 오디 아니ᄒᆞ엿ᄂᆞ냐. ≪朴諺, 中, 8ㅈ≫這的恰將來的馬, 이 ᄀᆞᆺ 가져온 ᄆᆞᆯ이. ≪朴諺, 中, 14ㅎ≫這的是, 이 올흐니. ≪朴諺, 下, 28ㅎ≫這的有甚麽商量處, 이아 므슴 혜아릴 곳이 이시리오. ≪朴諺, 下, 31ㅎ≫這的擎天白玉柱, 이ᄂᆞᆫ 하ᄂᆞᆯ을 바텨ᄂᆞᆫ 白玉柱ㅣ오. ≪朴諺, 下, 34ㅈ≫官人們這的不消說, 官人들아 일란 쇽졀업시 닐으디 말라. ❷이것. ⇔이것. ≪朴諺, 上, 64ㅈ≫這的是眞陝(陜)西地面裏來的, 이거시 이 진짓 陝(陜)西 ᄯᅡ흐로셔 온 거시로다. ≪朴諺, 中, 58ㅈ≫這的便是仰面唾天, 이거시 곳 잣바 하ᄂᆞᆯ헤 춤 바틈이로다. ≪朴諺, 下, 1ㅈ≫這的是誰的不是, 이거시 이 뉘 올티 아니ᄒᆞ뇨. ≪朴諺, 下, 1ㅎ≫這的是恠不的人, 이거ᄉᆞᆫ 이 사ᄅᆞᆷ도 허믈 못ᄒᆞ고. ≪朴諺, 下, 20ㅈ≫這的不是大讎, 이거시 큰 원슈 아니가. ≪朴諺, 下, 26ㅈ≫這的八成銀, 이거ᄉᆞᆫ 八成銀이니. ≪朴諺, 下, 27ㅈ≫這的甚麽東西, 이거시 므스것고.

저적(這的) 부 ❶이러면. ⇔이러면. ≪朴諺, 上, 24ㅈ≫這的時, 이러면. ❷이러므로. ⇔이러모로. ≪朴諺, 下, 36ㅈ≫這的喚做, 이러모로 니ᄅᆞ기를. ❸이렇게. ⇔이리. ≪朴諺, 中, 10ㅎ≫買人的文契只這的是, 사ᄅᆞᆷ 사ᄂᆞᆫ 글월을 그저 이리 홈이 올흐니.

저적ᄒᆞ다(抵敵-) 동 적이나 어떤 세력 또는 힘 따위와 맞서 겨루다. ⇔저적(抵敵). ≪朴諺, 下, 54ㅎ≫某並不曾抵敵, 某ㅣ 다므기 일즙 抵敵디 아니ᄒᆞ엿ᄂᆞ니.

저조만(這早晚) 형 이리 늦도록. ≪集覽,

字解, 累字解, 1ㅎ≫早晚. 這早晚 이 늣도록. 又問何時曰, 多早晚 어느 빼.

저퍼ᄒᆞ다 동 저어하다. 두려워하다. ⇔파(怕). ≪朴諺, 下, 60ㅎ≫更是男子漢家怕甚麽, 또 이 男子漢이 므서슬 저퍼ᄒᆞ리오.

저페라 형 두려워라. ⇔파(怕). ≪朴諺, 中, 18ㅎ≫又怕窓孔裏偸眼兒看, 또 창 굼그로 여어볼가 저페라. ≪朴諺, 中, 40ㅎ≫只怕躧破了, 그저 볼와 ᄣᅳ릴가 저페라.

저폐(楮幣) 명 저화(楮貨). (중국 북송(北宋) 때부터 국가나 상인이 발행한 지폐) ≪朴諺, 上, 48ㅈ≫今年錢鈔(集覽, 朴集, 上, 13ㅈ: 錢鈔. 錢者, 金帛之名. 古曰泉, 後鑄而曰錢. 古者天降災戾, 於是乎量資幣, 權輕重, 以救民困. 代各鑄錢, 輕重不一. 鈔, 楮幣也. 始於蜀之交子, 唐之飛錢, 至元朝有中統元寶. 交鈔, 通行寶鈔之名.) 艱難, 올히 錢鈔ㅣ 艱難ᄒᆞ야.

저프다 형 두렵다. ⇔파(怕). ≪朴諺, 上, 10ㅈ≫如今待秋後整治怕甚麽, 이제 秋後를 기ᄃᆞ려 整治ᄒᆞ면 므서시 저프리오. ≪朴諺, 上, 13ㅈ≫新布袋那裏怕漏, 새 布袋니 어ᄃᆡ 실가 저프리오. ≪朴諺, 上, 49ㅎ≫只怕産後風感冒, 그저 産後에 ᄇᆞᄅᆞᆷ에 感冒홀가 저프니. ≪朴諺, 上, 56ㅎ≫且胡亂騎時怕甚麽, 아직 간대로 ᄐᆞ면 므서시 저프리오. ≪朴諺, 上, 64ㅎ≫怕你不信時, 저프건대 네 미더 아니ᄒᆞ거든. ≪朴諺, 中, 10ㅎ≫怕甚麽, 므서시 저프리오. ≪朴諺, 中, 18ㅎ≫怕沒治病的心那, 저프건대 病 고틸 ᄆᆞᅀᆞᆷ이 업스랴마ᄂᆞᆫ. 只怕同房人攪撒了, 그저 同房 사ᄅᆞᆷ이 알까 저프고. ≪朴諺, 中, 19ㅈ≫怕甚麽, 므서시 저프리오. ≪朴諺, 中, 26ㅎ≫又不怕雨雪, 또 雨雪이 저프디 아니ᄒᆞ니라. ≪朴諺, 中, 36ㅎ≫沒你時怕買不成, 네 업다 사디 못홀가 저프랴. ≪朴諺, 中, 37ㅎ≫怕甚麽, 므서시 저프료. ≪朴諺, 下, 27ㅎ≫怕你錯買時, 네 그릇 사ᄂᆞᆫ가 서(저)프거든. ≪朴諺, 下, 39ㅈ≫怕甚麽, 므서시 저프리오. ≪朴諺, 下, 45ㅎ≫其實怕看去, 진실로 보라 가기 저프니라.

저하(底下) 명 밑. 아래. ❶⇔밋ㅎ. ≪朴諺, 上, 50ㅎ≫底下鋪蒲席, 밋희 지즑 ᄭᆞᆯ고. ≪朴諺, 中, 44ㅎ≫將花氈來底下鋪一條, 花氈 가져다가 밋희 ᄒᆞᆫ 불 ᄭᆞᆯ고. ❷⇔밑. ≪朴諺, 上, 28ㅈ≫底下垂下着兩頭青珠兒結串的駝毛肚帶, 미틔 드리온 거슨 두 머리예 프른 구슬로 ᄆᆡ자 ᄢᅦ온 약대 털로 ᄒᆞᆫ 빗대오. ≪朴諺, 上, 50ㅎ≫把尿盆放在底下, 분지를다가 미틔 노코. ≪朴諺, 中, 51ㅎ≫我慢慢兒沿着人家房簷底下, 내 날회여 人家 쳠하를 조차.

저하(底下) 명 아래. ❶⇔아래. ≪集覽, 字解, 單字解, 1ㅎ≫底. 下也. 底下 아래. 又本也. 底簿 믿글월. 又語助. 根底 앏픠. 又손ᄃᆡ. 又與的字通用. ≪朴諺, 上, 39ㅈ≫乾淨田地上樹底下絟着, 乾淨ᄒᆞᆫ 싸 나모 아래 ᄆᆡ고. ❷⇔아ᄅᆡ. ≪朴諺, 中, 41ㅎ≫久字底下手字, 久字 아ᄅᆡ 手字 ᄒᆞ고. ≪朴諺, 中, 42ㅈ≫點水傍做草頭底下雨(兩)字, 點水 변에 草頭 아ᄅᆡ 雨(兩)字 ᄒᆞ엿ᄂᆞ니라. ≪朴諺, 下, 9ㅈ≫不知怎生滾在底下, 아디 못게라 엇디ᄒᆞᆫ디 구으러 아ᄅᆡ 이셔.

저허 형 두려워. ⇔공(恐). ≪朴諺, 上, 54ㅎ≫恐後無憑, 후에 의빙홈이 업슬가 저허. ≪朴諺, 中, 10ㅎ≫恐後無憑, 후에 의빙홈이 업슬가 저허. ≪朴諺, 中, 39ㅎ≫恐後無憑, 후에 의빙홈이 업슬가 저허.

저ᄒᆞ다 동 저어하다. 두려워하다. ⇔공(恐). ≪朴諺, 中, 60ㅎ≫只怕反過來, 그저 저컨대 두르티면.

적 명 적. (편리한) 때(시기). ❶⇔시절(時節). ≪朴諺, 中, 13ㅈ≫我來時莭(節), 내 올 적의. ≪朴諺, 中, 13ㅎ≫來時莭(節), 올 적의. ≪朴諺, 中, 14ㅈ≫我來時莭(節), 내 올 적의. ≪朴諺, 中, 46ㅎ≫打雙陸時莭(節), 솽뉵 틸 적의. ❷⇔편(便). ≪朴諺, 中, 40ㅎ≫每日家尋空便拿雀兒, 每日에 뷘 적을 어더 새 잡노라.

적(赤) 형 벌겋다. ⇔벌거ᄒᆞ다. ≪朴諺, 中, 1ㅈ≫赤條條的仰白着臥, 벌거케 올올이 쟛바누어.

적(炙) 동 쬐다[曝]. ⇔쬐다. ≪朴諺, 下, 7ㅎ≫火裏炙, 블에 쬐라.

적(的) 명 ❶것. 물건. ⇔것. ≪集覽, 字解, 單字解, 2ㅎ≫另. 音零, 去聲. 別也, 零也. 另的 ᄣᅳᆫ 것. 吏語, 另行 각벼리 ᄒᆞ다. ≪集覽, 字解, 單字解, 3ㅎ≫的. 指物之辭. 你的 네 것, 好的 됴ᄒᆞᆫ 것. 又語助. 坐的 안ᄶᅡ, 通作地. 又明也, 實也, 端也. 吏語, 的確·的當·虛的·的實. ≪朴諺, 上, 28ㅎ≫兩箇舍人打扮的風風流流, 두 舍人의 비온 거시 風風流流ᄒᆞ고. ≪朴諺, 上, 43ㅈ≫護膝上但使的都說與我着, 슬갑에 믈읫 ᄡᅳᆯ 거슬 다 날ᄃᆞ려 니ᄅᆞ라. ≪朴諺, 上, 61ㅎ≫湖心中浮上浮下的是雙雙兒鴨子, 湖 心中에 浮上 浮下ᄒᆞᄂᆞᆫ 거슨 이 雙雙ᄒᆞᆫ 올히오. ≪朴諺, 中, 2ㅈ≫好看的甚麽沒, 보기 됴ᄒᆞᆫ 거시 므서시 업ᄉᆞ리오. ≪朴諺, 中, 17ㅎ≫這般的有甚麽稀罕, 이런 거시 므슴 稀罕홈이 이시리오. ≪朴諺, 中, 26ㅈ≫休道是街上百姓的, 이 거릿 百姓의 거슨 니ᄅᆞ디 말리라. ≪朴諺, 中, 35ㅎ≫不論竿子上的槓子上的物件, 홰옛 거시나 궤옛 物件을 혜디 아니ᄒᆞ고. ≪朴諺, 中, 41ㅎ≫着走之的便是, 走字 ᄒᆞᆫ 거시 곳 이라. ≪朴諺, 中, 54ㅎ≫這明綠通袖膝欄綉的做帖裏, 이 明綠빗체 通袖 膝欄 슈ᄒᆞᆫ 거스란 텰릭 짓고. ≪朴諺, 下, 26ㅈ≫但與的便是價錢, 믈읫 주ᄂᆞᆫ 거시 곳 올ᄒᆞᆫ 갑시니. ≪朴諺, 下, 37ㅈ≫諸般的都納與了租稅, 여러 가짓 거ᄉᆞᆯ 다 租稅예 밧티고. ≪朴諺, 下, 42ㅎ≫供養的是豆子粥, 供養ᄒᆞᄂᆞᆫ 거슨 이 ᄑᆞᆺ쥭과. ≪朴諺, 下, 59ㅎ≫恰說的是甚麽官職, ᄀᆞᆺ 니ᄅᆞᄂᆞᆫ 거시 이 므슴 벼ᄉᆞᆯ고. ❷놈. (보통 사람) ⇔놈. ≪朴諺, 上, 31ㅎ≫那驢養下來的, 뎌 나귀 얼러 나ᄒᆞᆫ 놈이. ❸이. 것. 물건. ⇔이. ≪朴諺, 上, 6ㅈ≫大水杏半黃半生的有, 굴고 믈 한 ᄉᆞᆯ고ㅣ 半黃 半生ᄒᆞᆫ 이 잇더라. ≪朴諺, 上, 29ㅎ≫十箇指頭也有長的短的, 열 손가락도 기니 뎌ᄅᆞ니 잇ᄂᆞ니. ≪朴諺, 中, 7ㅈ≫我騎的十分快走的馬將來, 나 ᄐᆞᆯ 이란 ᄀᆞ장 잘 것ᄂᆞᆫ ᄆᆞᆯ을 가져오라. ≪朴諺, 中, 8ㅈ≫快走的點的都有了, 잘 건ᄂᆞᆫ 이와 셰가탈ᄒᆞᄂᆞᆫ 이 다 이셰라. ≪朴諺, 中, 40ㅈ≫你看那瓦有破的時, 네 보아 뎌 디새 ᄭᅢ여디니 잇거든. ≪朴諺, 中, 40ㅎ≫那瓦有破的麽, 뎌 디새 ᄭᅢ야디니 잇ᄂᆞ냐. 多有破的, ᄭᅢ야디니 만히 잇다. ≪朴諺, 中, 54ㅎ≫這鴉青織金大蟒龍的做上盖, 이 雅青빗체 大蟒龍 織金ᄒᆞᆫ 이란 웃거리 지으라. ≪朴諺, 下, 25ㅈ≫燒子珠兒好的有麽, 구은구ᄉᆞᆯ 됴ᄒᆞ니 잇ᄂᆞ냐. ≪朴諺, 下, 26ㅎ≫好顏色圓淨的價錢大, 빗 됴코 圓淨ᄒᆞ니ᄂᆞᆫ 갑시 만ᄒᆞᆫ디라.

적(的) 명 이. 사람. ❶⇔리. ≪朴諺, 上, 6ㅈ≫如今却早有賣的拳杏麽, 이제 불셔 拳杏 ᄑᆞᆯ 리 인ᄂᆞ냐. ≪朴諺, 上, 6ㅎ≫捧湯的都來, 湯 들 리 다 오라. ≪朴諺, 上, 64ㅈ≫那賣織金胷背段子的, 뎌 織金 胷背 비단 ᄑᆞᆯ 리아. ≪朴諺, 中, 27ㅈ≫有一日賣布·絹的過去, ᄒᆞᄅᆞᆫ 布와 깁 ᄑᆞᆯ 리 디나가거늘. ≪朴諺, 中, 33ㅈ≫聽的賣菜子的過去麽, 드ᄅᆞ라 ᄂᆞ믈 ᄡᅵ ᄑᆞᆯ 리 디나가ᄂᆞ냐. ≪朴諺, 中, 56ㅎ≫是賣猫的, 이 괴 ᄑᆞᆯ 리로다. ≪朴諺, 下, 25ㅈ≫那賣珠兒的你來, 뎌 구ᄉᆞᆯ ᄑᆞᆯ 리아 이바. ≪朴諺, 下, 37ㅈ≫賣的賣了, ᄑᆞᆯ 리 ᄑᆞᆯ고. ❷⇔이. ≪朴諺, 上, 6ㅎ≫叫將唱的根前來着他唱, 노래 브ᄅᆞᄂᆞ니를 블러 앏히 와 뎔로 ᄒᆞ여 브ᄅᆞ게 ᄒᆞ라. ≪朴諺, 上, 22ㅈ≫有一箇輸了的便賽殺, ᄒᆞ나히 지ᄂᆞ니 이시면 곳 던기리라. ≪朴諺, 上, 39ㅎ≫我剃頭的, 나ᄂᆞᆫ 머리 갓ᄂᆞᆫ 이라. ≪朴諺, 上, 45ㅈ≫寫差字的, 字를 그릇 ᄡᅳᄂᆞᆫ 이ᄂᆞᆫ. ≪朴諺, 上, 66ㅎ≫不到三歲下世去的也有的, 三歲에 니ᄅᆞ디 몯ᄒᆞ여셔 下世ᄒᆞ여 가ᄂᆞ니도 잇ᄂᆞ니라. ≪朴諺, 中, 1ㅈ≫有諸般唱詞的, 여러 가지 唱詞ᄒᆞᄂᆞᆫ 이 이시며. 也

有弄棒的, 또 막대 弄ᄒᆞᄂᆞᆫ 이 이시니. ≪朴諺, 中, 1ㅎ≫弄寶盖的, 寶盖 농ᄒᆞᄂᆞᆫ 이ᄂᆞᆫ. ≪朴諺, 中, 5ㅈ≫怎麽沒一箇聽事的, 엇디 ᄒᆞᆫ 聽事ᄒᆞ리도 업ᄂᆞ뇨. ≪朴諺, 中, 7ㅎ≫拿將管馬的來吊着, ᄆᆞᆯ ᄀᆞ음아ᄂᆞᆫ 이ᄅᆞᆯ 자바다가 ᄃᆞᆯ고. ≪朴諺, 中, 8ㅎ≫當直的點將燈來, 當直ᄒᆞᄂᆞᆫ 이아 등잔블 혀 오라. ≪朴諺, 中, 37ㅈ≫觧與官人高的, 官人을 노픈 이를 프러 주라. ≪朴諺, 中, 37ㅎ≫駁彈的是買主, 나므라ᄂᆞ니아 이사ᄂᆞᆫ 님재라. ≪朴諺, 中, 56ㅎ≫那的不賣猫兒的, 뎌 아니 괴 ᄑᆞᄂᆞ니가. ≪朴諺, 下, 20ㅎ≫但動的便筭輸, 므릇 動ᄒᆞᄂᆞᆫ 이ᄅᆞᆯ 곳 지니로 혜니라. ≪朴諺, 下, 28ㅈ≫賣刷子的將來, 刷子 ᄑᆞᄂᆞᆫ 이아 가져오라. ≪朴諺, 下, 31ㅈ≫手持畫干·方天戟的, 손에 畫干·方天戟을 잡으니와. 將鉞斧的, 鉞斧ᄅᆞᆯ 가지니와. ≪朴諺, 下, 40ㅎ≫他不曾開鋪的, 뎌 일즙 開鋪티 아니ᄒᆞᆫ 이니. ≪朴諺, 下, 47ㅎ≫拿茶椀把盞的跟着, 茶椀 가지며 잔 잡은 이 �와. ≪朴諺, 下, 55ㅎ≫報信的三兩, 報信ᄒᆞᄂᆞ니ᄂᆞᆫ 석 냥이오. 收討的六兩, 거두어 어ᄃᆞ니ᄂᆞᆫ 엿 냥을 ᄒᆞ여.

적(的) 명 ❶치. 것. ⇔치. ≪朴諺, 上, 53ㅈ≫你打十箇氣力的一張, 네 열 힘에 치 ᄒᆞᆫ 댱과. ≪朴諺, 中, 36ㅎ≫你要甚麽顏色的, 네 므슴 빗체 치ᄅᆞᆯ ᄒᆞ려 ᄒᆞᄂᆞᆫ다. ❷해. 것. ⇔하. ≪朴諺, 上, 30ㅈ≫三錢一箇家買你的, 서 돈에 ᄒᆞ나직(식) ᄒᆞ여 네 하ᄅᆞᆯ 사쟈. ≪朴諺, 上, 30ㅈ≫我的都是細絲官銀, 내 하ᄂᆞᆫ 다 이 細絲官銀이라. ≪朴諺, 上, 64ㅎ≫肯時要你的, 즐기면 네 하ᄅᆞᆯ ᄒᆞ고. ≪朴諺, 中, 5ㅈ≫不悞了你的, 네 하ᄅᆞᆯ 그릇 아니호리라. ≪朴諺, 下, 27ㅈ≫八錢一顆家買你的, 여ᄃᆞᆲ 돈에 ᄒᆞ낫식 ᄒᆞ여 네 하ᄅᆞᆯ 사쟈.

적(賊) 명 ❶도적. 도둑. ⇔도적. ≪朴諺, 中, 3ㅈ≫誆猾賊, 誆猾ᄒᆞᆫ 도적이니. ≪朴諺, 中, 13ㅈ≫那賊們把那船上的物件都奪了, 뎌 도적들히 그 ᄇᆡ엣 物件을 다 앗고. ≪朴諺, 中, 19ㅈ≫一箇賊那靴鋪裏, ᄒᆞᆫ 도적은 뎌 훠ᄋᆞ푸ᄌᆞ에. ≪朴諺, 中, 19ㅈ≫這幾箇賊漢們, 이 여러 도적놈들히. ≪朴諺, 中, 25ㅈ≫常防賊心莫偸他物, 샹히 도적 ᄆᆞ음을 막고 놈의 것 도적디 말라 ᄒᆞᄂᆞ니라. ≪朴諺, 中, 35ㅈ≫因此上賊廣, 이런 젼ᄎᆞ로 도직(적)이 흔ᄒᆞ니라. 使鈎子的賊們更是廣, 갈고리 ᄡᅳᄂᆞᆫ 도적이 또 흔ᄒᆞ여. ≪朴諺, 中, 57ㅈ≫這潑禽獸殺娘賊, 이 보피라온 즘ᄉᆡᆼ 殺娘ᄒᆞᄂᆞᆫ 도적아. ≪朴諺, 下, 2ㅎ≫前日三更前後賊入來, 그젓긔 三更은 ᄒᆞ여 도적이 드러와. ≪朴諺, 下, 25ㅎ≫這賊養漢生的小驢精, 이 도적 화냥년의 난 나괴씨야. ≪朴諺, 下, 52ㅎ≫約賊幾人, 거의 도적 현 사ᄅᆞᆷ이. ≪朴諺, 下, 55ㅈ≫捉賊見贓, 도적 잡기ᄂᆞᆫ 장믈을 보고. 厮打驗傷, 서ᄅᆞ 싸혼 ᄃᆡᄂᆞᆫ 傷處ᄅᆞᆯ 驗ᄒᆞᆫ다 ᄒᆞᄂᆞ니라. ❷도적놈. 도둑놈. ⇔도적놈. ≪朴諺, 中, 7ㅎ≫這賊弟子孩兒, 이 도적놈의 ᄌᆞ식아.

적(摘) 동 ❶따다[摘]. ⇔ᄠᅡ다. ≪朴諺, 中, 34ㅈ≫把那葉兒摘了, 뎌 닙흘다가 ᄠᅡ. ≪朴諺, 中, 58ㅎ≫你摘饋我些葉兒, 네 날을 져기 닙흘 ᄠᅡ 주고려. ❷빼다. 빼내다. 뽑다. ⇔ᄲᅢ히다. ≪朴諺, 上, 40ㅈ≫摘了那鼻孔的毫毛, 뎌 코궁긔 터럭 ᄲᅢ히고.

적강(賊舡) 명 해적선(海賊船). ≪朴諺, 中, 13ㅈ≫五六箇賊船, 대엿 賊舡이.

적경방(積慶坊) 명 중국 북경(北京)에 있던 행정구역 이름. ≪朴諺, 上, 54ㅈ≫京都在城積慶坊住人趙寶兒, 京都 자 안 積慶坊에셔 사ᄂᆞᆫ 사ᄅᆞᆷ 趙寶兒ㅣ.

적광(赤光) 명 붉은 기운의 빛. ≪朴諺, 下, 16ㅎ≫買趙太祖飛龍記(集覽, 朴集, 下, 3ㅎ: 趙太祖飛龍記. 宋太祖, 姓趙, 名匡胤. 母昭獻皇后夢日入懷而孕. 誕生之夕, 赤光滿室, 異香馥郁.), 趙太祖의 飛龍記와.

적근채(赤根菜) 명 시금치. ⇔시근치. ≪朴諺, 中, 33ㅎ≫蘿蔔, 댓무우. 蔓菁, 쉿무우. 萵苣, 부로. 葵菜, 아혹. 白菜, ᄇᆡ치. 赤根菜, 시근치. 園荽, 고싀. 蓼子, 역괴.

葱, 파. 蒜, 마놀. 薤, 부치. 荊芥, 형개. 薄荷, 박하. 茼蒿, 믈쑥. 水蘿蔔, 믈한댓무우. 胡蘿蔔, 노론댓무우. 芋頭, 토란. 紫蘇都種來, 紫蘇롤 다 시므라.

적난(賊難) 동 도둑에게 재난을 당하다. 또는 그 재난. ≪朴諺, 上, 33ㅈ≫穿着衲襖(集覽, 朴集, 上, 10ㅈ: 衲襖. 反(飜)譯名義云, 好衣是未得道者生貪着處, 招致賊難, 或致奪夼(命), 有如是等患, 故受弊衲衣.)將着鉢盂, 누비옷 닙고 에우아리 가지고.

적다 형 작다. 왜소(矮小)하다. ⇔좌(矬). ≪朴諺, 中, 51ㅈ≫咳那矬金舍倒了也, 애뎌 킈 저근 金舍ㅣ 것구러디거다.

적당(的當) 동 꼭 들어맞다. ≪集覽, 字解, 單字解, 3ㅎ≫的. 指物之辭. 你的 네 것, 好的 됴흔 것. 又語助. 坐的 안짜, 通作地. 又明也, 實也, 端也. 吏語, 的確·的當·虛的·的實.

적당(適當) 형 적당(適當)하다. 적절하다. 알맞다. ≪集覽, 字解, 單字解, 1ㅈ≫恰. 適當之辭. 恰便似 마치. 又方纔之辭. 恰纔 又.

적량(啇量) 동 상량(商量). '啇'은 '商'의 잘못. ≪朴諺, 上, 1ㅎ≫衆弟兄們啇(商)量了, 모든 弟兄들히 혜아리자. ≪朴諺, 上, 11ㅎ≫咱們且啇(商)量脚錢着, 우리 아직 삭 갑 혜아리쟈. ≪朴諺, 上, 29ㅎ≫這六箇啇(商)量價錢着, 이 여슷 갑슬 혜아리쟈. ≪朴諺, 中, 31ㅎ≫一箇日頭咱啇(商)量着, ᄒᆞᄅᆞ 우리 혜아려. ≪朴諺, 中, 59ㅈ≫都啇(商)量了, 다 혜아려. ≪朴諺, 下, 12ㅈ≫木匠你來咱啇(商)量, 木匠아 이바 우리 혜아리쟈. ≪朴諺, 下, 59ㅎ≫到太祖宅裡啇(商)量道, 太祖 宅에 가 혜아려 닐오듸.

적량ᄒᆞ다(啇量-) 동 상량ᄒᆞ다(商量-). '啇'은 '商'의 잘못. ≪朴諺, 上, 11ㅈ≫你再和他啇(商)量, 네 다시 뎌과 啇(商)量ᄒᆞ여.

적류(滴溜) 동 드리우다[垂]. 늘어뜨리다. ⇔드리우다. ≪朴諺, 上, 27ㅈ≫攀胷下滴溜着一箇珠兒網盖兒罕荅哈, 가숨거리 아ᄅᆡ ᄒᆞᆫ 구슬로 망 ᄆᆡ자 ᄢᅵᆫ 罕荅哈를 드리웟더라. ≪朴諺, 上, 28ㅎ≫攀胷下滴溜着, 가숨거리 아ᄅᆡ 드리온 거슨.

적리(赤李) 명 알이 붉은 오얏. ≪朴諺, 上, 4ㅎ≫虎刺賓(集覽, 朴集, 上, 2ㅈ: 虎剌(刺)賓. 質問云, 如李長大, 半靑半紅色, 食之可口. 又云, 如赤李長而大者.), 굴근 외얏이오.

적마(赤馬) 명 절따말. ❶⇔졀다ᄆᆞᆯ. ≪朴諺, 上, 55ㅎ≫一箇赤馬生的十分可喜, ᄒᆞᆫ 졀다ᄆᆞᆯ이 얼굴이 ᄀᆞ장 고오되. ❷⇔졀짜ᄆᆞᆯ. ≪朴諺, 上, 38ㅎ≫我的赤馬害骨眼, 내 졀짜ᄆᆞᆯ이 눈에 치 알하.

적명(赤明) 명 오겁(五劫) 가운데 두 번째 겁. 또는 천지가 개벽한 이후의 시간을 계산한 연호(年號)의 하나. ≪朴諺, 中, 24ㅈ≫萬刼(集覽, 朴集, 中, 6ㅈ: 萬劫. 道經云, 天地一成一敗謂之劫〈刼〉. 上天開化, 建五劫〈刼〉紹運, 曰龍漢, 曰赤明, 曰上皇, 曰延康, 曰開皇.)再逢難, 萬劫이라도 다시 만나기 어려오니라.

적복(積福) 동 복을 쌓다. 또는 그 쌓은 복. ⇔적복ᄒᆞ다(積福-). ≪朴諺, 上, 28ㅎ≫這的都是前世裏修善積福來, 이 다 前世예 修善 積福ᄒᆞ여시매.

적복ᄒᆞ다(積福-) 동 복을 쌓다. 또는 그 쌓은 복. ⇔적복(積福). ≪朴諺, 上, 28ㅎ≫這的都是前世裏修善積福來, 이 다 前世예 修善 積福ᄒᆞ여시매.

적선(賊船) 명 해적선(海賊船). ≪朴諺, 中, 13ㅈ≫五六箇賊船, 대엿 賊舡이.

적선(積善) 동 착한 일을 많이 하다. ⇔적선ᄒᆞ다(積善-). ≪朴諺, 上, 28ㅎ≫積善之家必有餘慶, 積善ᄒᆞᆫ 집은 반ᄃᆞ시 餘慶이 잇다 ᄒᆞ니라.

적선지가필유여경(積善之家 必有餘慶) 구 착한 일을 많이 한 집안에는 반드시 경사스런 일이 있다는 뜻으로, 착한 일을 계속해서 하면 복이 자신뿐만 아니라 자손에까지도 미친다는 말. ≪朴諺, 上, 28ㅎ≫

積善之家必有餘慶, 積善ᄒᆞᆫ 집은 반ᄃᆞ시 餘慶이 잇다 ᄒᆞ니라.

적선ᄒᆞ다(積善-) 동 착한 일을 많이 하다. ⇔적선(積善). ≪朴諺, 上, 28ㅎ≫積善之家必有餘慶, 積善ᄒᆞᆫ 집은 반ᄃᆞ시 餘慶이 잇다 ᄒᆞ니라.

적소(積素) 동 흰 눈이 쌓이다. ≪朴諺, 中, 20ㅈ≫將二兩銀到西山(集覽, 朴集, 中, 3ㅎ: 西山. 每大雪初霽, 千峯萬壑〈砮〉, 積素凝華, 若圖畫然, 爲京師八景之一, 曰西山霽雪.)裏, 두 냥 은을 가지고 西山에 가.

적손(嫡孫) 명 적자(嫡子)의 적자. 곧, 적통(嫡統)을 이은 제자나 후손. ≪朴諺, 上, 65ㅈ≫法名喚步虛(集覽, 朴集, 上, 15ㅎ: 步虛. 俗姓洪氏, 高麗洪州人, 法名普愚, 初名普虛, 號太古和尙. 有求法於天下之志. 至正丙戌春, 入燕都, 聞南朝有臨濟正脉不斷〈断〉, 可往印可. 盖指臨濟直下雪嵒〈嵓〉嫡孫石屋和尙清珙也. 遂往湖州霞霧山天湖庵謁和尙, 嗣法傳衣.), 法名을 步虛ㅣ라 브르ᄂᆞᆫ 이. ≪朴諺, 上, 65ㅎ≫到江南地面石屋(集覽, 朴集, 上, 16ㅈ: 石屋. 法名清珙, 號石屋和尙, 臨濟十八世之嫡孫也.)法名的和尙根底, 江南 ᄯᅡ 石屋이라 法名 ᄒᆞᆫ 즁의손ᄃᆡ 가니.

적심(賊心) 명 도둑질하려는 마음. ≪朴諺, 中, 25ㅈ≫常防賊心莫偷他物, 샹히 도적 ᄆᆞᄋᆞᆷ을 막고 놈의 것 도적디 말라 ᄒᆞᄂᆞ니라.

적아(笛兒) 명 저. (가로로 불게 되어 있는 관악기를 통틀어 이르는 말) ⇔뎌. ≪朴諺, 上, 7ㅎ≫吹笛兒着, 뎌를 불라.

적인(賊人) 명 도둑. 도둑놈. ≪朴諺, 下, 52ㅈ≫不覺有賊人入來本家東屋內, 賊人이 이셔 本家 東屋 안희 드러오믈 ᄭᆡ돗디 못ᄒᆞ여. ≪朴諺, 下, 52ㅎ≫追赶賊人, 賊人을 ᄠᆞᆯ와. ≪朴諺, 下, 52ㅎ≫辨驗得賊人蹤跡, 辨驗ᄒᆞ여 賊人의 蹤跡을 어드니. ≪朴諺, 下, 53ㅈ≫收捉上件賊人, 上件 賊人을 거두어 잡아.

적정(適丁) 동 때마침 만나다. 운 좋게 만나다. ≪朴諺, 上, 65ㅈ≫法名喚步虛(集覽, 朴集, 上, 15ㅎ: 步虛. 還大都, 時適丁太子令辰十二月二十四日, 奉傳聖旨, 住持永寧禪寺, 開堂演法.), 法名을 步虛ㅣ라 브르ᄂᆞᆫ 이.

적한(賊漢) 명 도적놈. 도둑놈. ⇔도적놈. ≪朴諺, 中, 19ㅈ≫這幾箇賊漢們, 이 여러 도적놈들히.

적확(的確) 부 확실히. 분명히. 참으로. 실로. ≪集覽, 字解, 單字解, 3ㅎ≫的. 指物之辭. 你的 네 것, 好的 됴ᄒᆞᆫ 것. 又語助. 坐的 안ᄶᆞ, 通作地. 又明也, 實也, 端也. 吏語, 的確·的當·虛的·的實.

전(田) 명 밭. ❶⇔밧. ≪朴諺, 中, 34ㅈ≫水芹田也脩理的好着, 미나리밧도 脩理ᄒᆞ기를 잘ᄒᆞ라. ❷⇔밧ㅌ. ≪朴諺, 中, 55ㅎ≫這房子水芹田近, 이 집이 미나리밧티 갓가오니.

전(全) 부 ❶다. 모두. ⇔다. ≪朴諺, 上, 47ㅈ≫全做時只使的十九箇錢, 다 ᄒᆞ려 ᄒᆞ면 그저 열 아홉 낫 돈을 ᄡᅳ리라. ≪朴諺, 中, 39ㅈ≫門窓炕壁俱全, 門窓 炕壁이 다 ᄀᆞ잣고. ❷온전히. ⇔오로. ≪朴諺, 下, 56ㅈ≫一張裏寫時全饋他, ᄒᆞᆫ 張에 써시면 오로 뎌를 주고.

전(全) 형 갖다. 구비되어 있다. ⇔ᄀᆞᆽ다. ≪朴諺, 上, 25ㅎ≫鞘兒都全, 갑플이 다 ᄀᆞ잣고. ≪朴諺, 中, 3ㅎ≫裏兒都全, 안히 다 ᄀᆞ자시니.

전(典) 동 전당(典當)하다. ⇔전당ᄒᆞ다(典儅-). ≪集覽, 字解, 單字解, 6ㅈ≫典. 凡人或缺少口粮, 或遇事用錢者, 以物折直, 立限賣與人爲質而求錢取用. 至限償還其直取物而還也. 律條䟽議云, 以價易去, 而原價取贖曰典. ≪朴諺, 上, 20ㅈ≫我典一箇房子裏, 내 ᄒᆞᆫ 집을 典儅ᄒᆞ려 ᄒᆞ야. ≪朴諺, 上, 20ㅎ≫典一箇大宅子, ᄒᆞᆫ 큰 집을 典儅ᄒᆞ리로다.

전(前) 명 앞. ❶⇔앒. ≪朴諺, 上, 55ㅎ≫只是前失(集覽, 朴集, 上, 14ㅈ: 前失. 音義云, 거·티·ᄂᆞᆫ 믈. 譯語指南云, 앒거·티·ᄂᆞᆫ

믈.), 그저 앏 거티고. ≪朴諺, 上, 61ㅎ≫閣前水面上, 집 앏 믈 우희. ≪朴諺, 下, 7ㅈ≫那家門前兀子上, 뎌 집 문 앏 노도 우희. ≪朴諺, 下, 30ㅎ≫大明殿前月臺上, 大明殿 앏 月臺 우희. ❷⇔앒ㅍ. ≪朴諺, 下, 16ㅎ≫我兩箇部前買文書去來, 우리 둘히 部 앏픠 칙 사라 가쟈. ≪朴諺, 下, 43ㅈ≫曹大就門前碎盆, 曹大ㅣ 문 앏픠셔 소라를 ᄣ리더라. ≪朴諺, 下, 58ㅈ≫沈先生在門前裡, 沈先生이 문 앏픠 잇ᄂ이다. 小人門前有客是誰, 小人의 문 앏픠 客이 이시니 이 뉜고. ≪朴諺, 下, 60ㅎ≫着一箇人前行, 혼 사름으로 앏픠 行ᄒ여. ❸⇔앒ㅎ. ≪朴諺, 上, 31ㅎ≫上他家門前, 뎌 집 門 앏히 가셔. ≪朴諺, 下, 55ㅈ≫門前絟着帶鞍的白馬來, 門 앏희 기ᄅ마지은 白馬를 ᄆ엿더니. ≪朴諺, 下, 61ㅈ≫先到宮門前等的萬千人, 몬져 宮門 앏희 가 기ᄃ리리 萬千人이나 ᄒ니.

전(前) 명 지난번. 전일. ⇔전자(前者). ≪朴諺, 下, 11ㅈ≫前者姐夫去時, 前에 姐夫ㅣ 갈 제.

전(絟) 동 매다. 묶다. ⇔ᄆ다. ≪集覽, 字解, 單字解, 7ㅈ≫絟. 纏縛也. 音촨, 或音췬, 字亦作拴. ≪朴諺, 上, 10ㅎ≫着墻板當着墻頭絟的牢着, 담 ᄡᄂ 널로 담 머리예 막아 ᄆ기를 굿(굳)이 ᄒ고. ≪朴諺, 上, 11ㅎ≫絟馬錢與他一捧兒米便是, 믈 ᄆ엿든 갑슬 뎌를 혼 우흠 ᄡᆯ을 줌이 곳 올타. ≪朴諺, 上, 20ㅎ≫絟在陰凉處, 서늘훈 ᄃ ᄆ여 두고. ≪朴諺, 上, 24ㅎ≫絟着一副鴉青段子滿刺(刺)嬌護膝, 혼 부 야청 비단에 滿刺(刺)嬌 혼 슬갑을 ᄆ엿고. ≪朴諺, 上, 27ㅈ≫絟着一對明綠綉四季花護膝, 혼 쌍 明綠빗치 四季花를 綉훈 슬갑을 ᄆ엿고. ≪朴諺, 上, 39ㅈ≫乾淨田地上樹底下絟着, 乾淨훈 ᄯ 나모 아래 ᄆ고. ≪朴諺, 上, 50ㅎ≫着繃子絟了, 빗보로기 ᄆ고. ≪朴諺, 下, 5ㅎ≫這一脫兒無處絟, 이 혼 굿틀 ᄆᆯ 곳이 업세라. ≪朴諺, 下, 5ㅎ≫打一箇橛子絟不的, 혼 말뚝을 박고 ᄆ디 몯홀소냐. ≪朴諺, 下, 46ㅈ≫絟在牛車上, 쇠 술위예 ᄆ고. ≪朴諺, 下, 55ㅈ≫門前絟着帶鞍的白馬來, 門 앏희 기ᄅ마지은 白馬를 ᄆ엿더니.

전(傳) 동 전하다. 전수(傳受)하다. ⇔전ᄒ다(傳-). ≪朴諺, 上, 65ㅎ≫得傳衣鉢(集覽, 朴集, 上, 16ㅈ: 傳衣鉢. 書言故事云, 傳授佛法, 謂之傳衣鉢. 衣, 卽袈裟三事衣也, 鉢, 應供器也. 詳見上. 釋迦佛生年十九出家, 住世四十九年, 傳衣鉢于迦葉初祖達摩, 達摩傳衣鉢于二祖, 二祖傳于三祖, 至於六祖, 至三十二祖弘忍. 盖以此爲傳道之器也.), 衣鉢 傳홈을 어더.

전(殿) 명 궁전. ⇔뎐. ≪朴諺, 上, 60ㅎ≫那殿一剗是纏金龍木香停柱, 뎌 殿에 혼골ᄀ티 金龍이 얼거딘 木香 기동이오. ≪朴諺, 上, 61ㅎ≫殿前閣後, 殿前 閣後에. ≪朴諺, 下, 19ㅎ≫王請唐僧上殿, 王이 唐僧을 請ᄒ여 뎐에 올린대.

전(煎) 동 ❶달이다. ⇔달히다. ≪朴諺, 中, 16ㅈ≫煎至七分, 달혀 七分에 니르거든. ❷지지다. ⇔지지다. ≪朴諺, 下, 23ㅎ≫行者油煎的肉都沒了, 行者ㅣ 기름에 지지여 술히 다 업더이다.

전(塼) 명 벽돌. ⇔벽. ≪朴諺, 中, 58ㅈ≫將碎塼塊來, 즌 벽 덩이 가져다가. ≪朴諺, 下, 5ㅈ≫棓塼都有麽, ᄇ와과 벽이 다 잇ᄂ냐. ≪朴諺, 下, 12ㅎ≫以至升斗, ᄲ바리와. 石, 돌과. 塼, 벽과. 棓瓦, 棓瓦에 니르히. 都有, 다 이세라.

전(箭) 명 ❶화살. ⇔살. ≪朴諺, 上, 28ㅎ≫驪的那馬一似那箭, 잰 뎌 ᄆᆯ은 뎌 살 ᄀᄐ니. ❷활. 화살. ⇔활. ≪朴諺, 上, 48ㅎ≫咱們教場裏射箭去來, 우리 教場에 활 ᄡ라 가쟈.

전(碍) 명 전(甎). '碍'는 '甎'의 속자. ≪朴諺, 中, 38ㅎ≫我羊市裏前頭碍塔衚衕裏, 내 양 져제 앏 벽탑골에.

전(甎) 명 벽돌. ⇔벽. ≪朴諺, 中, 38ㅎ≫我羊市裏前頭碍塔衚衕裏, 내 양 져제 앏 벽탑골에.

전(錢) 명 값. ❶⇔갑. ≪集覽, 字解, 單字解, 1ㅈ≫還. 猶尙也, 再也. 還有多少 당시론 언메나 잇ᄂᆞ뇨. 又다하. 還要多少 다하 언메나 받고져 ᄒᆞ나뇨. 還有·還要之還, 或呼如孩字之音. 此或還音之訛, 或別有其字, 未可知也. 又償也. 還錢 갑 주다. ≪朴諺, 上, 11ㅎ≫咱們且商(商)量脚錢着, 우리 아직 삭 갑 혜아리쟈. ❷⇔갔. ≪朴諺, 上, 11ㅎ≫絟馬錢與他一捧兒米便是, ᄆᆞᆯ ᄆᆡ엿든 갑ᄉᆞᆯ 뎌를 ᄒᆞᆫ 우훔 ᄡᆞᆯ을 줌이 곳 올타. ≪朴諺, 上, 12ㅈ≫你與多少脚錢, 네 언머 삭 갑ᄉᆞᆯ 주려 ᄒᆞᄂᆞᆫ다. ≪朴諺, 上, 12ㅎ≫與他一百箇斗子錢, 뎌를 一百 낫 말 되ᄂᆞᆫ 갑ᄉᆞᆯ 주고. ≪朴諺, 上, 13ㅈ≫與他小脚兒錢, 뎌를 젹은 삭 갑ᄉᆞᆯ 주되. ≪朴諺, 上, 51ㅎ≫一箇月二兩妳子錢, ᄒᆞᆫ ᄃᆞᆯ에 두 냥 졋 갑시오. ≪朴諺, 上, 58ㅈ≫散饋喂馬的草料錢, ᄆᆞᆯ 먹일 딥과 콩 갑슬 흐터 주라. ≪朴諺, 中, 26ㅈ≫將去饋李大做定錢, 가져가 李大를 주어 마초ᄂᆞᆫ 갑슬 삼고. ≪朴諺, 中, 39ㅎ≫賃房錢每月銀二兩, 집 셰내ᄂᆞᆫ 갑슬 ᄃᆞᆯ마다 은 두 냥에 ᄒᆞ여. ≪朴諺, 中, 57ㅎ≫錢是你上有, 갑ᄉᆞᆫ 네게 잇고. ≪朴諺, 下, 56ㅈ≫半張裏寫時與一半錢贖, 半張에 써시면 一半 갑ᄉᆞᆯ 주고 므ᄅᆞ미니라.

전(錢) 명 ❶돈. ⇔돈. ≪朴諺, 上, 19ㅎ≫儅的多少錢, 언멋 돈에 典儅ᄒᆞ려 ᄒᆞᄂᆞᆫ다. ≪朴諺, 上, 53ㅎ≫你與我寫一紙借錢文書, 네 나를 ᄒᆞᆫ 댱 돈 ᄭᅮᄂᆞᆫ 文書를 써 주고려. ≪朴諺, 上, 54ㅈ≫今爲缺錢使用, 이제 돈 ᄡᅳᆯ 것 업ᄉᆞᆷ을 위ᄒᆞ여. ≪朴諺, 上, 54ㅎ≫某年月日借錢人某, 아모 年月日에 돈 ᄭᅮᆫ 사ᄅᆞᆷ 아모. 同借錢人某, ᄒᆞᆫ가지로 돈 ᄭᅮᆫ 사ᄅᆞᆷ 아모. ≪朴諺, 上, 55ㅈ≫將錢來贖將契去, 돈 가져와 갑고 글월 가져가라. ≪朴諺, 上, 65ㅈ≫你的手裏難尋錢, 네 손에 돈 엇기 어렵다. ≪朴諺, 中, 39ㅎ≫如至日無錢送納, 만일 날이 다ᄃᆞ라 送納ᄒᆞᆯ 돈이 업스면. ≪朴諺, 中, 57ㅎ≫愛錢買東西, 돈을 앗기며 자븐것 사려 ᄒᆞ거든. ≪朴諺, 中, 60ㅎ≫不使錢幹勾當, 돈을 쓰디 아니ᄒᆞ고 일을 일오려 ᄒᆞ면. ≪朴諺, 中, 61ㅈ≫有理無錢休入來, 理 이셔도 돈이 업거든 드러오디 말라 ᄒᆞᄂᆞ니라. ≪朴諺, 下, 28ㅈ≫倒省錢, 도로혀 돈을 ᄆᆞᄃᆡ어다. ≪朴諺, 下, 34ㅈ≫咱賭錢兒, 우리 돈을 더ᄂᆞ쟈. ≪朴諺, 下, 57ㅈ≫有錢時那裡沒賃的驢, 돈 이시면 어ᄃᆡ 셰낼 나귀 업스리오. 將一百箇錢去, 一百 낫 돈을 가져가. ❷천량[錢糧]. 돈. 재물. ⇔쳔. ≪朴諺, 下, 26ㅎ≫官人捨不的錢那裏買的, 官人이 쳔을 앗기니 어ᄃᆡ 사리오.

전(錢) 의 돈. ⇔돈. ≪朴諺, 上, 16ㅈ≫三錢銀子打的, 서 돈 은이야 ᄆᆡᆫ들리라. ≪朴諺, 上, 29ㅎ≫每一箇討五錢銀子, ᄆᆡ ᄒᆞ나희 닷 돈 은을 ᄡᅬ오려니와. ≪朴諺, 上, 30ㅈ≫三錢一箇家買你的, 서 돈에 ᄒᆞ나 직(식) ᄒᆞ여 네 하를 사쟈. ≪朴諺, 上, 43ㅎ≫沒有五六錢銀子, 다엿 돈 은이 업ᄉᆞ면. ≪朴諺, 中, 4ㅈ≫每一疋染錢四錢家, 每 ᄒᆞᆫ 필에 믈갑시 너 돈식이니. ≪朴諺, 中, 14ㅈ≫黑豆一錢銀子二斗, 거믄콩은 ᄒᆞᆫ 돈 은에 두 말이오. 草一錢銀子十一箇家大束(束)兒, 딥흔 ᄒᆞᆫ 돈 은에 열ᄒᆞᆫ 낫 큰 뭇이니. ≪朴諺, 中, 38ㅈ≫小賣了五錢銀, 닷 돈 은을 디워 ᄑᆞ노라. ≪朴諺, 中, 57ㅈ≫一百箇錢短一箇錢也不賣, 一百 낫 돈에 ᄒᆞᆫ 낫 돈이 업서도 ᄑᆞ디 이(아)니ᄒᆞ리라. ≪朴諺, 下, 27ㅈ≫八錢一顆家買你的, 여ᄃᆞᆲ 돈에 ᄒᆞ낫식 ᄒᆞ여 네 하를 사쟈. ≪朴諺, 下, 27ㅎ≫九錢一顆家, 아홉 돈에 ᄒᆞ낫식 ᄒᆞ쟈.

전(氈) 명 ❶담(毯). ⇔담. ≪朴諺, 上, 36ㅎ≫皱皺氈皱皺被, ᄶᅵᆼ긘 담에 ᄶᅵᆼ긘 니블에. ❷모전(毛氈). ⇔시울. ≪朴諺, 中, 25ㅎ≫毡粗, 시울이 굵고.

전(轉) 동 ❶굴리다. ⇔구을리다. ≪朴諺, 中, 1ㅎ≫放在他脚心上轉, 뎌 발빠당에 노하 구을리고. 脚背上轉, 발ᄯᅳᆼ에 구을리고. 脚背上轉, 발ᄯᅳᆼ에 구을리고. 指頭上

轉, 가락 우희 구을리다가. ❷옮다. ⇔옴다. ≪朴諺, 中, 31ㅎ≫可知貌隨福轉, 그리어니 얼굴이 福을 조차 옴ᄂᆞ니라. ❸천전(遷轉)하다. 벼슬자리를 옮기다. ⇔쳔뎐ᄒᆞ다. ≪朴諺, 中, 46ㅎ≫你高官裏轉除的有愁甚麽, 너는 노픈 벼슬에 쳔뎐ᄒᆞ여 뎨슈홈이 이실 써시니 므슴 근심ᄒᆞ리오.

전(纏) 동 얽혀지다. ⇔얼거디다. ≪朴諺, 上, 60ㅎ≫那殿一剗是纏金龍木香停柱, 뎌 殿에 ᄒᆞᆫ굴ᄀᆞ티 金龍이 얼거딘 木香 기동이오.

전(顫) 동 떨리다. ⇔뻘리다. ≪朴諺, 中, 14ㅎ≫身顫的當不的, 몸이 뻘려 당티 못ᄒᆞ니.

전각(殿閣) 명 궁전과 누각. ≪朴諺, 上, 53ㅈ≫京都綜(棕)殿(集覽, 朴集, 上, 13ㅎ: 椶殿. 作殿閣, 用椶木皮苫盖, 以爲遊御之所. 舊本作棕毛殿. 椶, 通作棕.)西敎場裡, 京都 綜(棕)殿 西敎場에. ≪朴諺, 下, 35ㅈ≫却打花房窩兒(集覽, 朴集, 下, 7ㅎ: 花房窩兒. 掘地如椀, 名窩兒. 或隔殿閣而作窩, 或於階上作窩, 或於平地作窩.), 또 花房 굼글 티쟈.

전갈 명 전갈(全蠍). (전갈목의 절지동물의 하나) ⇔갈자(蠍子). ≪朴諺, 上, 37ㅈ≫這箇是蝎子, 이거슨 이 전갈이로다. 를 사고.

전갈(全蠍) 명 전갈. (전갈목의 절지동물의 하나) ≪朴諺, 下, 29ㅈ≫一箇蝦蟆·鼈兒和蝎虎(集覽, 朴集, 下, 5ㅈ: 蠍〈蝎〉虎. 五月五日捕其生者, 飼以朱砂, 明年端午搗〈擣〉之, 點宮人臂上, 經事則消, 否則雖死不改, 故名曰守宮. 漢武帝嘗試之, 果驗, 常捕全蠍食之, 故名蠍虎.)盞兒, ᄒᆞᆫ 蝦蟆鼈兒와 蝎虎盞을 ᄆᆡᆫᄃᆞ라 주고려.

전개(展開) 동 펴다. ⇔펴다. ≪朴諺, 下, 14ㅈ≫紫羅書案上展開, 紫羅 書案에 펴고.

전거(前去) 동 가다. 앞으로 (나아)가다. 전진하다. ⇔가다. ≪朴諺, 下, 54ㅈ≫前去街上勾當, 거리에 일로 가ᄃᆞ니.

전건(前愆) 명 이전에 저지른 잘못이나 죄. ≪朴諺, 上, 34ㅈ≫往深山裏懺悔(集覽, 朴集, 上, 10ㅎ: 懺悔. 自陳悔也. 六祖惠能大師曰, 懺者, 懺其前愆, 悔者, 悔其後過.)去, 深山을 향ᄒᆞ야 懺悔ᄒᆞ라 가노라.

전곡(錢穀) 명 돈과 곡식. ≪朴諺, 上, 16ㅎ≫祭了社神(集覽, 朴集, 上, 6ㅈ: 社神. 元制, 五十戶爲一社. 今制, 每一鄕村之間, 或十五戶或二十戶, 隨其所便, 合爲一社. 擇其鄕里之民有義行者一人爲社長, 擇其殷實者一人爲副, 立社倉, 收掌錢穀, 借貸應急.), 社神씌 祭ᄒᆞ여시니.

전교(纏繳) 동 성가시게 굴다. 방해하다. ≪朴諺, 上, 48ㅎ≫省多少盤纏(集覽, 朴集, 上, 13ㅈ: 盤纏. 길헤 여·러 가지로 쓰논 것. 質問云, 盤費纏繳供給之物, 如供給服食應用金銀·財帛之類. 今按, 盤纏二字, 取義源流未詳.), 언멋 盤纏을 ᄆᆞᄃᆡ와뇨.

전국(戰國) 명 중국의 전국시대(戰國時代). (춘추시대 다음의 기원전 403년부터 진나라가 중국을 통일한 기원전 221년까지 약 200년간의 과도기) ≪朴諺, 下, 35ㅈ≫却打花房窩兒(集覽, 朴集, 下, 7ㅎ: 花房窩兒. 又云擊鞠, 騎而以杖擊也, 黃帝習兵之勢. 或曰起於戰國, 所以練〈鍊〉武士, 因嬉戲而講習之, 猶打毬, 非蹋鞠之戲也.), 또 花房 굼글 티쟈.

전기(傳奇) 명 기이한 사실을 기록한 소설이나 희곡. ≪朴諺, 上, 5ㅎ≫吗敎坊司十數箇樂工和做院本(集覽, 朴集, 上, 2ㅎ: 院本. 南村輟耕錄云, 唐有傳奇, 宋有戲曲·唱諢·詞說, 金有雜劇·諸宮調. 院本·雜劇, 其實一也. 國朝, 院本·雜劇, 始釐而二之.)諸般雜技(集覽, 朴集, 上, 3ㅈ: 雜劇. 劇〈ㄴ〉, 戲也. 南村輟耕錄曰, 稗官廢而傳奇作, 傳奇作而戲曲繼〈継〉. 金季國初, 樂府猶宋詞之流, 傳奇猶宋戲曲之變〈変〉, 世傳謂之雜劇.)的來, 敎坊司의 여라믄 樂工과 院本에 여러 가지 雜技ᄒᆞᄂᆞ

니를 블러오라.

전단(栴檀) 명 인도에서 나는 향나무의 하나. 목재는 불상을 만드는 재료로 쓰고, 뿌리는 가루로 만들어 단향(檀香)으로 쓴다. ≪朴諺, 下, 4ㅎ≫久後你也得證果金身(集覽, 朴集, 下, 1ㅎ: 證果金身. 又生時所作善惡謂之因, 他日報應謂之果. 謂證果者, 如三藏法師取經東還, 化爲栴檀佛如來. 詳見下.), 오란 후에 너도 證果金身홈을 어드리라.

전당(典儅) 동 전당(典當)을 잡히다. 전당하다. ≪朴諺, 上, 19ㅈ≫我今日印子鋪(集覽, 朴集, 上, 7ㅎ: 印子鋪. 音義云, 是典儅錢物濟急之所.)裏儅錢去, 내 오늘 印子鋪에 돈 典儅ᄒᆞ라 가노라.

전당(典儅) 명 전당포(典當舖). ≪集覽, 字解, 單字解, 4ㅈ≫把. 持也, 握也. 一把 ᄒᆞᆫ 줌, 又ᄒᆞᆫ ᄌᆞᄅᆞ. 把我們 우리를다가, 把來 그를다가, 與將字大同小異. 又元時語, 有把解之語, 猶言典儅也, 今不用.

전당(纏糖) 명 설탕. 사탕. ≪朴諺, 上, 4ㅎ≫放象生纏糖(集覽, 朴集, 上, 2ㅈ: 象生纏糖. 音義纏字註云, 用白糖·白芝麻相和, 以火煎熬, 傾入木印內, 須臾凉後, 〈與果實相似也〉. 糖字註云, 白糖化後用木印澆成, 亦與果實相似. 今按, 纏糖, 卽一物之名. 諸司職掌婚禮定親及納徵, 皆用芝麻·纏糖二合, 茶纏糖二合, 則纏與糖非二物矣. 況音義內解〈鮮〉義相同, 則是亦明爲一物矣. 象生者, 像生物之形而爲之也. 象作像. 木印, 以木刻成物形爲模範者也. 糖, 卽沙糖也, 煎甘蔗莖爲之.), 生物을 象ᄒᆞ여 ᄆᆡᆼ근 沙糖이어나.

전당ᄒᆞ다(典儅-) 동 전당(典當)하다. 전당을 잡히다. ❶⇔당(儅). ≪朴諺, 上, 19ㅈ≫我今日印子鋪(集覽, 朴集, 上, 7ㅎ: 印子鋪. 音義云, 是典儅錢物濟急之所.)裏儅錢去, 내 오늘 印子鋪에 돈 典儅ᄒᆞ라 가노라. ≪朴諺, 上, 19ㅎ≫儅的多少錢, 언멋 돈에 典儅ᄒᆞ려 ᄒᆞᄂᆞ다. 儅的二十兩銀子, 二十兩 銀에 典儅ᄒᆞ려 ᄒᆞ노라. 儅那偌多做甚麼, 뎌리 만히 典儅ᄒᆞ여 므슴 ᄒᆞ려 ᄒᆞᄂᆞ다. 多儅時多贖, 만히 典儅ᄒᆞ면 만히 갑고. 少儅時少贖, 젹게 典儅ᄒᆞ면 젹게 갑ᄂᆞ니라. ≪朴諺, 上, 20ㅈ≫這六件兒儅的五十兩銀子, 이 여ᄉᆞᆺ 가지로 五十兩 銀에 典儅ᄒᆞ려 ᄒᆞ니. ❷⇔전(典). ≪朴諺, 上, 20ㅎ≫典一箇大宅子, ᄒᆞᆫ 큰 집을 典儅ᄒᆞ리로다.

전대(全戴) 동 모자 따위를 온전하게 머리에 쓰다. ≪朴諺, 下, 46ㅎ≫頭戴耳掩或提在手裡(集覽, 朴集, 下, 10ㅈ: 頭戴耳掩或提在手裏. 寅時揭左邊, 亥時揭右邊而戴, 以寅·亥時爲通氣, 故揭一邊也, 子·丑時全戴, 爲嚴凝也.), 머리예 耳掩을 쓰며 혹 손에 들고.

전대(箭袋) 명 동개. (활과 화살을 꽂아 넣어 등에 지도록 만든 물건) ⇔동개. ≪朴諺, 中, 24ㅎ≫那厮你也將那箭俗裏, 뎌 놈아 너도 뎌 동개에.

전도(前導) 동 앞길을 인도하다. 또는 앞서서 이끌다. ≪朴諺, 下, 42ㅎ≫賃魂車(集覽, 朴集, 下, 9ㅈ: 魂車. 作小腰輿, 以黃絹結爲流蘇垂飾〈飾〉, 如本國結彩之施, 以貯魂〈竃〉帛, 爲前導.), 魂車와. 紙車(集覽, 朴集, 下, 9ㅈ: 紙車. 以金·銀錢紙結造小空車, 爲前導.), 紙車와. 影亭子(集覽, 朴集, 下, 9ㅈ: 影亭子. 畫死者〈畫死者之〉眞容, 掛於小腰輿, 爲前導.), 影亭子와. 香亭子, 香亭子와. ≪朴諺, 下, 42ㅎ≫諸般彩亭子(集覽, 朴集, 下, 9ㅈ: 彩亭子. 亦以彩絹結作小輿, 爲前導.), 여러 가지 彩亭子를 셰내고.

전도(傳道) 동 도리를 세상에 널리 알리다. ≪朴諺, 上, 65ㅎ≫得傳衣鉢(集覽, 朴集, 上, 16ㅈ: 傳衣鉢. 釋迦佛生年十九出家, 住世四十九年, 傳衣鉢于迦葉初祖達摩, 達摩傳衣鉢于二祖, 二祖傳于三祖, 至於六祖, 至三十二祖弘忍. 盖以此爲傳道之器也.), 衣鉢 傳홈을 어더.

전동(轉動) 동 돌리다. 회전시키다. ≪朴諺, 上, 16ㅎ≫街上放空中(集覽, 朴集, 上,

6ㅈ: 空中. 音義云, 用檀木旋圓, 內用刀剜空, 以繩〈絕〉曳之, 在地轉動有聲.)的小廝們好生廣, 거리에 박핑이 틸 아히들 ᄀ장 흔터라.

전두(前頭) 명 앞. ⇔앏. ≪朴諺, 中, 38ㅎ≫我羊市裏前頭磚塔衚衕裏, 내 양 져제 앏 벽탑골에.

전등록(傳燈錄) 명 경덕전등록(景德傳燈錄). 송(宋)나라 때의 고승 도원(道源)이 경덕(景德) 1년(1004)에 지은 불서(佛書). 선종(禪宗)의 전등(傳燈)한 법계(法系)의 차례를 과거(過去) 칠불(七佛)로부터 시작하여, 인도·중국 역대 제사(諸師)의 전기(傳記)를 수록하였다. ≪朴諺, 上, 33ㅈ≫安禪(集覽, 朴集, 上, 10ㅈ: 禪. 靜也. 傳燈錄有五等禪, 有外道禪·凡夫禪·小乘禪·大乘禪·最上乘禪, 又名如來淸淨禪, 又名無上菩提.)悟法却不好, 安禪 悟法홈이 ᄯᅩ 됴티 아니ᄒᆞ냐.

전라(全羅) 명 전라도(全羅道). ≪朴諺, 中, 12ㅎ≫今年那裏慶尙·全羅·黃海·忠淸·江原各道裏, 올히 뎌긔 慶尙·全羅·黃海·忠淸·江原 各 道에.

전래(前來) 동 ❶나오다. ⇔나아오다. ≪朴諺, 下, 54ㅈ≫張千前來赶上, 張千이 나아와 ᄯᆞᆯ와. ❷오다. ⇔오다. ≪朴諺, 中, 16ㅎ≫勞易前來, 슈고로이 오니.

전량(錢粮) 명 전량(錢糧). '粮'은 '糧'과 같다. ≪朴諺, 上, 42ㅈ≫無計筭的錢粮, 수 업슨 쳔량이니. ≪朴諺, 中, 9ㅈ≫相公們別沒擎賫錢粮, 相公들이 각별이 錢粮을 擎賫홈이 업고.

전량(錢糧) 명 천량[錢糧]. 돈. 재물. ⇔쳔량. ≪朴諺, 上, 42ㅈ≫無計筭的錢粮, 수 업슨 쳔량이니. ≪朴諺, 中, 9ㅈ≫相公們別沒擎賫錢粮, 相公들이 각별이 錢粮을 擎賫홈이 업고.

전례(前例) 명 이전부터 있었던 사례. ≪朴諺, 上, 3ㅎ≫照依前例該與多少, 前例대로 ᄒᆞ면 언메나 주엄 즉ᄒᆞ관ᄃᆡ.

전립(前立) 동 앞서다. ⇔앏셔다. ≪朴諺, 中, 43ㅈ≫鑽在爭前立的, 비븨여 앏셔기를 ᄃᆞ토아.

전말(氈襪) 명 전(氈)버선. ❶⇔시울청. ≪朴諺, 上, 24ㅎ≫白絨氊襪上, 흰 부드러온 시욹청에. ❷⇔시욹청. ≪朴諺, 上, 27ㅈ≫鴨綠羅納綉獅子的抹口靑絨氊襪上, 鴨頭綠 羅에 獅子를 綉ᄒᆞ야 깃 도론 프른 부드러온 시욹청에.

전면(前面) 명 앞. 앞쪽. ❶⇔압. ≪朴諺, 上, 5ㅈ≫前面一遭, 압 ᄒᆞᆫ 줄은. ❷⇔앏ㅍ. ≪朴諺, 下, 5ㅈ≫前面做一箇煤爐, 앏픠 ᄒᆞᆫ 煤爐를 ᄆᆡᆫᄃᆞ라. ≪朴諺, 下, 19ㅈ≫到國王前面告未畢, 國王의 앏픠 가 고ᄒᆞ기를 ᄆᆞᆺ디 몯ᄒᆞ여셔. ≪朴諺, 下, 21ㅈ≫前面放下, 앏픠 노코. ≪朴諺, 下, 24ㅎ≫行者直拖的王前面颩了, 行者ㅣ 바로 ᄭᅳ어 王의 앏픠 드리티니. ≪朴諺, 下, 30ㅈ≫我在官裏前面, 내 황데 앏픠 이셔. ≪朴諺, 下, 47ㅈ≫前面動細樂·大樂吹角, 앏픠 細樂·大樂을 動ᄒᆞ며 角을 불고. ≪朴諺, 下, 47ㅎ≫前面一箇鬼, 앏픠 ᄒᆞᆫ 귀졋이. ❸⇔앏ㅎ. ≪朴諺, 上, 53ㅈ≫官裏前面插柳射弓的多有, 황데 앏희셔 버들 곳고 활 ᄡᅩᄂᆞ니 만히 이시니. ≪朴諺, 上, 57ㅈ≫官裏前面看書畫裏, 황데 앏희셔 書畫를 보니. ≪朴諺, 上, 61ㅈ≫前面放一箇玉石玲瓏酒卓兒, 前面에 ᄒᆞᆫ 玉石으로 玲瓏히 ᄒᆞᆫ 酒卓을 노핫고. ≪朴諺, 下, 48ㅈ≫到鼓樓前面, 鼓樓 앏히 니ᄅᆞ러. ≪朴諺, 下, 13ㅈ≫前面壘一箇花臺兒, 前面에 ᄒᆞᆫ 花臺를 무으고. ≪朴諺, 下, 46ㅈ≫前面彩亭裡頭, 前面 彩亭 안히.

전물(錢物) 명 돈과 재물. ≪朴諺, 上, 19ㅈ≫我今日印子鋪(集覽, 朴集, 上, 7ㅎ: 印子鋪. 音義云, 是典儅錢物濟急之所.)裏儅錢去, 내 오늘 印子鋪에 돈 典儅ᄒᆞ라 가노라.

전박(纏縛) 동 동여매다. 붙들어 매다. 얽매다. ≪集覽, 字解, 單字解, 7ㅈ≫絟. 纏縛也. 音솬, 或音쉬, 字亦作拴.

전병(煎餅) 명 찹쌀가루나 밀가루 따위를

둥글넓적하게 부친 떡. ≪朴諺, 下, 32ㅎ≫ 餠餡, 餠餡와. 煎餠, 煎餠과.

전부(顚仆) 동 넘어지다. 쓰러지다. 자빠지다. ≪朴諺, 下, 4ㅈ≫逢多少惡物刁蹶(集覽, 朴集, 下, 1ㅎ: 刁蹶. 音義云, 刁, 難也, 蹶, 顚仆而不能行也.), 언머 惡物의 넒쁨을 만나시리오.

전비(全備) 동 빠진 것이 없이 모든 것을 다 갖추다. ≪朴諺, 中, 20ㅎ≫理圓四德(集覽, 朴集, 中, 4ㅈ: 理圓四德. 理者, 固常道之至也. 圓, 全備也. 四德, 曰常, 曰樂, 曰我, 曰淨無二.), 理는 四德에 ᄀᆞ잣고.

전사(專事) 동 오로지 어떤 일만 하다. 전념(專念)하다. ≪朴諺, 上, 32ㅎ≫正撞見他的漢子(集覽, 朴集, 上, 9ㅎ: 漢子. 事物紀原云, 三代以降, 有國號者至多, 獨以漢爲名者, 取兩漢之盛. 漢武帝征討四夷, 專事匈奴, 由此有漢胡之斥.), 졍히 뎌의 남진을 만나 보니.

전사(殿舍) 명 집. ≪朴諺, 上, 61ㅎ≫諸般殿舍且不索說, 여러 가지 殿舍는 아직 다니ᄅᆞ디 아니ᄒᆞ거니와.

전삼(氈衫) 명 모전(毛氈)으로 만든 적삼. ≪朴諺, 上, 57ㅎ≫我家裏取氈衫和油帽去, 우리 집의 氈衫과 油帽를 가질라 가노라.

전선(傳宣) 동 명령을 전하여 선포하다. ≪朴諺, 下, 17ㅈ≫唐三藏引孫行者(集覽, 朴集, 下, 4ㅈ: 孫行者. 老君·王母俱奏于玉帝, 傳宣李天王, 引領天兵十萬及諸神將至花菓山, 與大聖相戰失利.), 唐三藏이 孫行者를 ᄃᆞ리고.

전세(前世) 명 〈불〉 삼생(三生)의 하나. 이 세상에 태어나기 이전의 생애. ≪朴諺, 上, 28ㅎ≫這的都是前世裏修善積福來, 이 다 前世예 修善 積福ᄒᆞ여시매.

전소마(錢小馬) 명 사람 이름. ≪朴諺, 中, 9ㅎ≫大都某村住人錢小馬, 셔울 아모 촌의 사는 사름 錢小馬ㅣ. ≪朴諺, 中, 10ㅎ≫某年月日賣兒人錢小馬, 某年月日에 아희 폰 사름 錢小馬.

전수(傳授) 동 기술이나 지식 따위를 차례차례 전하여 주다. ≪朴諺, 上, 65ㅎ≫得傳衣鉢(集覽, 朴集, 上, 16ㅈ: 傳衣鉢. 書言故事云, 傳授佛法, 謂之傳衣鉢. 衣, 卽袈裟三事衣也, 鉢, 應供器也.), 衣鉢 傳홈을 어더.

전습(傳習) 동 전수(傳授)받아 익히다. 또는 전수(傳授)와 학습. ≪集覽, 字解, 累字解, 1ㅎ≫可知. 그러 아니려. 又그러커니ᄯᆞ나. 本朝傳習之釋曰새로윌셔. ≪集覽, 字解, 單字解, 4ㅎ≫討. 求也, 探也. 討去 어드라 가다, 討債去 빋 주니 바ᄃᆞ라 가다, 討價錢 빋 받다. 又本國傳習之解曰 빋 씌오다, 亦通. ≪集覽, 字解, 單字解, 4ㅎ≫索. 求也. 索價錢 갑 받다. 又鄕習傳解曰 빋 씌오다, 亦通. 又須也. 不索, 今皆罕用.

전실(前失) 동 앞발을 절다. ⇔앏거티다. ≪朴諺, 上, 55ㅎ≫只是前失(集覽, 朴集, 上, 14ㅈ: 前失. 音義云, 거·티·는 몰. 譯語指南云, 앏거·티·는 몰.), 그저 앏 거티고.

전아(氈兒) 명 털. ⇔털. ≪朴諺, 中, 26ㅎ≫套上氈兒, 털을 벼 올려. ≪朴諺, 中, 26ㅎ≫纔套上氈兒, 그제야 털을 벼 올리ᄂᆞ니라.

전연(前緣) 명 〈불〉 전생(前生)에서 맺은 연분이나 인연. ≪朴諺, 中, 49ㅈ≫做些好因緣(集覽, 朴集, 中, 8ㅎ: 因緣. 反(飜)譯名義云, 因, 謂先無其事而從彼生也, 緣, 謂素有其分而從彼起也. 又云, 前緣相生, 因也, 現相助成, 緣也.)時不好, 져기 됴흔 인연을 지으면 됴티 아니ᄒᆞ랴.

전열(塡咽) 동 가득 메우다. 꽉 들어차다. ≪朴諺, 下, 42ㅎ≫諸般彩亭子(集覽, 朴集, 下, 9ㅈ: 彩亭子. 僧尼·道士及鼓〈皷〉樂·鍾鈸塡咽大路, 遠近大小親鄰〈隣〉男女, 前後導從者, 不知幾人, 後施夾障從之.), 여러 가지 彩亭子를 셰내고.

전오(煎熬) 동 끓이고 삶다. ≪朴諺, 上, 4ㅎ≫放象生纏糖(集覽, 朴集, 上, 2ㅈ: 象生纏糖. 音義纏字註云, 用白糖·白芝麻

相和, 以火煎熬, 傾入木印內, 須臾凉後,〈與果實相似也〉.), 生物을 象ㅎ여 ᄆᆡᆫ 沙糖이어나.

전와(磚瓦) 명 전와(甎瓦). '磚'은 '甎'의 속자. ≪朴諺, 下, 18ㅈ≫外名喚燒金子道人(集覽, 朴集, 下, 4ㅈ: 燒金子道人. 西遊記云, 有一先生到車遲國, 吹口氣以磚瓦皆化爲金, 驚動國王, 拜爲國師, 號伯眼大仙.), 外名은 燒金子道人이라 브ᄅᆞᄂᆞ니.

전와(甎瓦) 명 벽돌과 기와. ≪朴諺, 下, 18ㅈ≫外名喚燒金子道人(集覽, 朴集, 下, 4ㅈ: 燒金子道人. 西遊記云, 有一先生到車遲國, 吹口氣以磚瓦皆化爲金, 驚動國王, 拜爲國師, 號伯眼大仙.), 外名은 燒金子道人이라 브ᄅᆞᄂᆞ니.

전의(傳衣) 명 〈불〉 전의발(傳衣鉢). ≪朴諺, 上, 65ㅈ≫法名喚步虛(集覽, 朴集, 上, 15ㅎ: 步虛. 至正丙戌春, 入燕都, 聞南朝有臨濟正脉不斷〈断〉, 可往印可. 盖指臨濟直下雪嵒〈嵓〉嫡孫石屋和尙淸珙也. 遂往湖州霞霧山天湖庵謁和尙, 嗣法傳衣.), 法名을 步虛ㅣ라 브ᄅᆞᄂᆞᆫ 이.

전의발(傳衣鉢) 명 〈불〉 스승이 제자에게 도나 학문을 전하여 줌을 이르는 말. 당(唐)나라 선종(禪宗)의 일조(一祖)인 달마(達磨)로부터 육조(六祖) 혜능(惠能)까지 가사와 바리때를 전하여 준 데에서 유래한 말이다. ≪朴諺, 上, 65ㅎ≫得傳衣鉢(集覽, 朴集, 上, 16ㅈ: 傳衣鉢. 書言故事云, 傳授佛法, 謂之傳衣鉢. 衣, 卽袈裟三事衣也, 鉢, 應供器也. 詳見上. 釋迦佛生年十九出家, 住世四十九年, 傳衣鉢于迦葉初祖達摩, 達摩傳衣鉢于二祖, 二祖傳于三祖, 至於六祖, 至三十二祖弘忍. 盖以此爲傳道之器也.), 衣鉢 傳홈을 어더.

전일(前日) 명 ❶그저께. ⇔그젓긔. ≪朴諺, 下, 2ㅎ≫前日三更前後賊入來, 그젓긔 三更은 ᄒᆞ여 도적이 드러와. ❷그제. 그저께. ⇔그제. ≪朴諺, 上, 13ㅎ≫從前日箇出來, 그제브터 나시되.

전일(專一) 동 마음과 힘을 모아 오직 한 곳에만 쓰다. ≪朴諺, 上, 5ㅎ≫叫教坊司十數箇樂工和做院本(集覽, 朴集, 上, 2ㅎ: 院本. 質問云, 院本有曰外, 或粧先生·探訪使·考試官·老人·達達之類, 皆是外扮, 曰淨, 有男淨·有女淨, 亦做醜態, 專一弄言取人歡笑.)諸般雜技的來, 教坊司의 여라믄 樂工과 院本에 여러 가지 雜技ᄒᆞᄂᆞ니를 블러오라.

전자(前者) 명 지난번. 전일. ⇔전(前). ≪朴諺, 下, 11ㅈ≫前者姐夫去時, 前에 姐夫ㅣ 갈 제.

전자(剪子) 명 가위. ⇔ᄀᆞ애. ≪朴諺, 上, 36ㅈ≫三哥是剪子, 셋재 형은 이 ᄀᆞ애오.

전자(氈子) 명 담(毯). ⇔담. ≪朴諺, 上, 43ㅎ≫氊子·駝毛我都有, 담과 약대 털은 내게 다 이시니. ≪朴諺, 上, 50ㅎ≫又鋪氊子, 또 담 ᄭᆞᆯ고.

전장(戰場) 명 전쟁터. ≪朴諺, 下, 49ㅈ≫這般戰場裡, 이런 戰場에.

전재(錢財) 명 돈과 재물. ≪朴諺, 中, 59ㅈ≫受他錢財當住, 뎌의 錢財를 밧고 머믈워. ≪朴諺, 中, 59ㅎ≫該管的外郎也受了些錢財, ᄀᆞ음아는 外郎도 져기 錢財를 밧고. ≪朴諺, 下, 3ㅈ≫往常唐三藏(集覽, 朴集, 下, 1ㅈ: 唐三藏法師〈三藏〉. 非藏無以積錢財, 非藏無以蘊文義, 謂攝一切所應知義, 無令分散, 故名爲藏也.)師傅, 뎌적의 唐ㅅ 三藏 師傅ㅣ.

전전도점검(殿前都點檢) 명 오대 주(五代周)에서 송(宋)나라 초까지 두었던 전전사(殿前司)의 으뜸 벼슬. 금군(禁軍)을 통할(統轄)하고 각 군(軍)의 방어(防禦)와 출정(出征)을 통솔하였다. ≪朴諺, 下, 16ㅎ≫買趙太祖飛龍記(集覽, 朴集, 下, 3ㅎ: 趙太祖飛龍記. 宋太祖, 姓趙, 名匡胤. 母昭獻皇后夢日入懷而孕. 誕生之夕, 赤光滿室, 異香馥郁. 及長, 性沈厚, 有大度, 調遷爲殿前都點檢.), 趙太祖의 飛龍記와.

전주(專主) 동 오로지 중시하다. ≪朴諺, 下, 9ㅈ≫箇箇擎拳合掌(集覽, 朴集, 下, 2ㅎ: 擎拳合掌. 飜譯名義云, 此方以拱手爲

恭, 外國以合掌爲敬. 手本二邊, 今合爲一, 表不散誕, 專主一心.), 낫낫치 擎拳合掌ᄒᆞ야.

전주(錢主) 명 돈 임자. 돈을 대여해준 사람. ≪集覽, 字解, 單字解, 6ㅎ≫儅. 人有遇急用錢, 則必以重物, 納質于富家, 賖錢取用. 至限則幷其本利償還錢主, 方得退回己之重物而來也. 典字人物通用, 儅字人用於物.

전지(田地) 명 ❶땅. 토지. ⇔ᄯᅡ. ≪集覽, 字解, 單字解, 3ㅎ≫地. 土也. 田地·土地·地方·地面. 又指當處. 土地之神亦曰土地. 又語助. 坐地. 又恁地, 猶言如此. ≪集覽, 字解, 單字解, 7ㅎ≫閑. 雜也. 閑雜人. 又替也. 파직ᄒᆞ다, 罷閑了·替閑了. 又遊息曰閑. 흥뭥여 ᄃᆞ닐시니, 遊閑了. 又練熟也. 弓馬熟閑. 又空也. 空閑田地 뷔엿ᄂᆞᆫ ᄯᅡ. 又等閑 부질업시, 又힘히미, 又간대롭다. ≪朴諺, 上, 39ㅈ≫乾淨田地上樹底下絟着, 乾淨ᄒᆞᆫ ᄯᅡ 나모 아래 ᄆᆡ고. ❷땅. 지역. 구역. ⇔ᄯᅡㅎ. ≪朴諺, 上, 48ㅈ≫往迴二千里田地, 往迴 二千里 ᄯᅡ히. ≪朴諺, 下, 3ㅎ≫這般遠田地裏, 이런 먼 ᄯᅡ히.

전지(錢紙) 명 지전(紙錢) 모양으로 만든 가짜 돈. ≪朴諺, 下, 42ㅎ≫紙車(集覽, 朴集, 下, 9ㅈ: 紙車. 以金·銀錢紙結造小空車, 爲前導.), 紙車와.

전착(纏着) 동 얽히다. (덩굴 따위가 친친) 휘감아 붙다. ⇔얼키다. ≪朴諺, 中, 32ㅈ≫纏着乞留曲律藤, 굽걸온 藤이 얼켯고.

전채(錢債) 동 빚지다. ⇔빗지다. ≪朴諺, 中, 9ㅎ≫少人錢債闕少口粮, 사ᄅᆞᆷ의 빗져 먹을거시 업서.

전청(田菁) 명 사라부루. (쉽싸리의 한 가지. 잎과 뿌리는 무쳐서 먹는다) ⇔샤틔올. ≪朴諺, 中, 34ㅈ≫拔將小蒜, 죡지. 田菁, 샤틔올. 薺菜, 낭이. 芒荇, 비름을 킈여 오라.

전초(錢鈔) 명 동전과 지폐. 곧, 돈. 재물. ⇔초(鈔). ≪朴諺, 上, 42ㅎ≫正着了也多尋鈔, 졍히 만나시니 錢鈔를 만히 어드리로다. ≪朴諺, 上, 48ㅈ≫今年錢鈔(集覽, 朴集, 上, 13ㅈ: 錢鈔. 錢者, 金帛之名. 古曰泉, 後鑄而曰錢. 古者天降災戾, 於是乎量資幣, 權輕重, 以救民困. 代各鑄錢, 輕重不一. 鈔, 楮幣也. 始於蜀之交子, 唐之飛錢, 至元朝有中統元寶. 交鈔, 通行寶鈔之名.)艱難, 올히 錢鈔ㅣ 艱難ᄒᆞ야.

전최(殿最) 동 고과(考課)하다. 평가하다. ≪朴諺, 中, 45ㅎ≫觧由(集覽, 朴集, 中, 8ㅈ: 觧由. 吏學指南云, 考滿職除曰解, 歷其殿最曰由.)得了不曾, 觧由를 어덧ᄂᆞ냐 못ᄒᆞ엿ᄂᆞ냐.

전충(全忠) 명 오대 양(五代梁) 주전충(朱全忠)의 이름. ≪朴諺, 下, 59ㅎ≫梁貞明(集覽, 朴集, 下, 12ㅎ: 梁貞明. 太祖朱溫之第〈苐〉四子也. 朱溫事唐僖宗, 賜名全忠, 拜宣武軍節〈莭〉度使, 封梁王.)四年三月裡, 梁貞明 四年 三月에.

전탑(磚塔) 명 전탑(甎塔). '磚'은 '甎'의 속자. ≪朴諺, 中, 38ㅎ≫我羊市裏前頭磚塔衚衕裏, 내 양 져제 앏 벽탑골에.

전탑(甎塔) 명 돌을 벽돌 모양으로 깎아서 쌓아 올린 탑. ≪朴諺, 中, 38ㅎ≫我羊市裏前頭磚塔衚衕裏, 내 양 져제 앏 벽탑골에.

전탑호동(甎塔衚衕) 명 벽탑[甎塔]이 있는 골목 이름. ⇔벽탑골. ≪朴諺, 中, 38ㅎ≫我羊市裏前頭磚塔衚衕裏, 내 양 져제 앏 벽탑골에.

전피(獺皮) 명 무두질한 양의 가죽. ≪朴諺, 上, 26ㅎ≫獺皮心兒藍斜皮邉兒的皮汗替, 獺皮 心児에 藍斜皮 邉児 ᄒᆞᆫ 가족 ᄯᅡᆷ어치에. ≪朴諺, 上, 26ㅎ≫黃獺皮軟座兒, 黃獺皮 軟座児에. ≪朴諺, 上, 29ㅈ≫店裏買獺皮(集覽, 朴集, 上, 9ㅎ: 獺皮. 質問云, 羊皮去毛, 熟軟, 有鬃眼. 作靴好看. 今按, 獺字, 韻〈韵〉書不收, 字意未詳.)去來, 店에 獺皮 사라 가쟈. ≪朴諺, 上, 29ㅈ≫買獺皮做甚麽, 獺皮 사 므슷 ᄒᆞ려 ᄒᆞᄂᆞᆫ다. ≪朴諺, 上, 29ㅈ≫使的六箇獺皮, 여슷 獺皮를 ᄡᅳ리로다. 賣獺皮的好獺皮有麽, 獺皮 ᄑᆞᄂᆞ니아 됴흔 獺皮 잇ᄂᆞ냐.

≪朴諺, 上, 29ㅎ≫有的是獖皮裏, 잇거져 흔 獖皮에. ≪朴諺, 上, 30ㅈ≫六箇獖皮每一箇三錢家筭時, 여슷 獖皮에 미 ᄒᆞ나히 서 돈식 혜아리면.

전항(前項) 명 앞에 적혀 있는 사항. ≪朴諺, 下, 52ㅎ≫偸盜前項物色, 도적흔 前項 物色을. ≪朴諺, 下, 52ㅎ≫偸盜前項布匹, 前項 布匹을 도적ᄒᆞ여.

전화(田禾) 명 논밭의 곡식. 농작물. ≪朴諺, 上, 10ㅈ≫澇了田禾沒一根兒, 田禾에 믈ᄢᅵ여 흔 불회도 업고. ≪朴諺, 上, 48ㅈ≫把田禾都收割了時, 田禾를다가 다 거두어 븨면. ≪朴諺, 中, 12ㅎ≫你說我地面裏的田禾如何, 네 닐ᄋᆞ라 우리 ᄯᅡ히 田禾ㅣ 엇더ᄒᆞ더뇨. ≪朴諺, 中, 13ㅈ≫十分好田禾, ᄀᆞ장 田禾ㅣ 됴터라. ≪朴諺, 中, 35ㅈ≫今年天旱田禾不收, 올히 하늘이 ᄀᆞ므라 田禾를 거도디 못ᄒᆞ여시니.

전후(前後) 명 ❶먼저와 나중. ≪集覽, 凡例≫質問者, 入中朝質問而來者也. 兩書皆元朝言語, 其沿舊未改者, 今難曉解. 前後質問亦有抵捂, 姑幷收以袪初學之碍. 間有未及質問, 大有疑碍者, 不敢强解, 宜竢更質. ❷앞과 뒤. ≪朴諺, 上, 25ㅈ≫剌(刺)通袖膝欄(集覽, 朴集, 上, 8ㅎ: 刺通袖膝欄. 元時好着此衣, 前後具胷背, 又連肩而通袖之脊, 至袖口爲紋, 當膝周圍亦爲紋如欄干, 然織成段匹爲衣者有之, 或皮或帛, 用綵線周遭回曲爲緣, 如花樣, 刺〈剌〉爲草樹〈尌〉·禽獸·山川·宮殿之文於〈紋於〉其內, 備極奇巧, 皆用團領着之, 其直甚高.)羅帖裏上, ᄉᆞ매 ᄆᆞᄅᆞ 내 치질ᄒᆞ고 膝欄흔 羅 텰릭에. ≪朴諺, 下, 2ㅎ≫前日三更前後(集覽, 朴集, 下, 1ㅈ: 三更前後. 言前後者, 未能定稱的時而云然也.)賊入來, 그젓긔 三更은 ᄒᆞ여 도적이 드러와. ≪朴諺, 下, 42ㅎ≫諸般彩亭子(集覽, 朴集, 下, 9ㅈ: 彩亭子. 僧尼·道士及鼓〈皷〉樂·鍾鈸塡咽大路, 遠近大小親鄰〈隣〉男女, 前後導從者, 不知幾人, 後施夾障從之.), 여러 가지 彩亭子를 셰내고. ≪朴諺, 下, 49ㅈ≫好女不看燈(集覽, 朴集, 下, 11ㅈ: 好女不看燈. 唐韋述兩京記曰, 正月十五日夜, 勅金吾弛禁, 前後各一日, 以觀燈.), 好女는 看燈 아니흔다 ᄒᆞᄂᆞ니라.

전ᄒᆞ다(傳-) 동 전하다. 전수(傳受)하다. ⇔전(傳). ≪朴諺, 上, 65ㅎ≫得傳衣鉢(集覽, 朴集, 上, 16ㅈ: 傳衣鉢. 書言故事云, 傳授佛法, 謂之傳衣鉢. 衣, 卽袈裟三事衣也, 鉢, 應供器也. 詳見上. 釋迦佛生年十九出家, 住世四十九年, 傳衣鉢于迦葉初祖達摩, 達摩傳衣鉢于二祖, 二祖傳于三祖, 至於六祖, 至三十二祖弘忍. 蓋以此爲傳道之器也.), 衣鉢 傳홈을 어더.

절(切) 동 썰다. ⇔써흘다. ≪朴諺, 上, 21ㅈ≫切的草細着, 여믈 써흘기를 ᄀᆞ늘게 ᄒᆞ야.

절(絶) 부 가장. 매우. 자못. 크게. ⇔ᄀᆞ장. ≪朴諺, 中, 37ㅎ≫你再饋我絶高的, 네 ᄯᅩ 날을 ᄀᆞ장 노프니를 주고려.

절(莭) 명 절(節). '莭' 은 '節'의 속자. ≪朴諺, 上, 59ㅈ≫有心拜莭(節), 莭(節)에 拜홀 ᄆᆞ음이 이시면.

절(節) 명 명절. ≪朴諺, 上, 59ㅈ≫有心拜莭(節)(集覽, 朴集, 上, 14ㅎ: 拜節. 歲時樂事記云, 元日, 士庶自早互相慶賀, 車馬交馳, 衣服華煥, 雜遝街市, 三四日乃止〈三四日而乃止〉.), 莭(節)에 拜홀 ᄆᆞ음이 이시면.

절도(竊盜) 동 남의 물건을 몰래 훔치다. ≪朴諺, 下, 51ㅎ≫申竊盜狀, 窃盜狀을 申ᄒᆞ노니.

절도사(莭度使) 명 절도사(節度使). '莭'은 '節'의 속자. ≪朴諺, 下, 59ㅎ≫梁貞明(集覽, 朴集, 下, 12ㅎ: 梁貞明. 朱溫事唐僖宗, 賜名全忠, 拜宣武軍節〈莭〉度使, 封梁王.)四年三月裡, 梁貞明 四年 三月에.

절도사(節度使) 명 당·송대(唐宋代)에 한 도(道)나 여러 주(州)의 군사(軍事)·민정(民政)·재정(財政) 등을 관할하던 벼슬. ≪朴諺, 下, 59ㅎ≫梁貞明(集覽, 朴集, 下, 12ㅎ: 梁貞明. 朱溫事唐僖宗, 賜名全忠,

拜宣武軍節〈莭〉度使, 封梁王.)四年三月裡, 梁貞明 四年 三月에.

절목(莭目) 명 절목(節目). '莭'은 '節'의 속자. ≪朴諺, 下, 35ㅈ≫却打花房窩兒(集覽, 朴集, 下, 7ㅎ: 花房窩兒. 或立而擊, 或跪而擊, 節〈莭〉目甚多.), 또 花房 굼글 티쟈.

절목(節目) 명 낱낱의 순서나 절차. ≪朴諺, 下, 35ㅈ≫却打花房窩兒(集覽, 朴集, 下, 7ㅎ: 花房窩兒. 或立而擊, 或跪而擊, 節〈莭〉目甚多.), 또 花房 굼글 티쟈.

절자(節子) 명 옹이. 마디. ⇔공이. ≪朴諺, 中, 2ㅎ≫多有莭(節)子, 공이 만히 잇고.

절진(莭鎭) 명 절진(節鎭). '莭'은 '節'의 속자. ≪朴諺, 上, 8ㅎ≫往永平·大寧·遼陽·開元·瀋陽(集覽, 朴集, 上, 4ㅎ: 瀋陽. 遼誌云, 舊名瀋州. 禹貢營州之域. 遼爲節〈莭〉鎭, 屬遼東道.)等處開去, 永平·大寧·遼陽·開元·瀋陽 等處를 향ᄒᆞ여 開讀ᄒᆞ라 가노라.

절진(節鎭) 명 절도사(節度使)를 둔 군사상 요충지. 또는 군사 지휘관이 있는 요새를 이른다. ≪朴諺, 上, 8ㅎ≫往永平·大寧·遼陽·開元·瀋陽(集覽, 朴集, 上, 4ㅎ: 瀋陽. 遼誌云, 舊名瀋州. 禹貢營州之域. 遼爲節〈莭〉鎭, 屬遼東道.)等處開去, 永平·大寧·遼陽·開元·瀋陽 等處를 향ᄒᆞ여 開讀ᄒᆞ라 가노라.

절치(折直) 동 물건을 값으로 환산하다. ≪集覽, 字解, 單字解, 6ㅈ≫典. 凡人或缺少口粮, 或遇事用錢者, 以物折直, 立限賣與人爲質而求錢取用. 至限償還其直取物而還也. 律條疏議云, 以價易去, 而原價取贖曰典.

절ᄒᆞ다 동 절하다. ⇔배(拜). ≪朴諺, 下, 10ㅎ≫頓首拜上父親·母親·尊侍前, 頓首ᄒᆞ고 절ᄒᆞ여 父親·母親·尊侍前에 올리노니.

점(店) 명 점방(店房). 상점. 가게. ⇔뎜. ≪朴諺, 上, 29ㅈ≫店(集覽, 朴集, 上, 9ㅎ: 店. 停物貨賣之舍, 客商〈商〉往來者多寓之. 官所營建收稅者曰官店.)裏買猠皮去來, 店에 猠皮 사라 가쟈. 那箇店裏去, 어ᄂᆡ 店에 가료. 山西店裏去, 山西 店에 가쟈. ≪朴諺, 中, 36ㅈ≫角頭店裏買段子去裏, 모롱이 店에 비단 사라 가니. ≪朴諺, 中, 52ㅎ≫六十里店裏走, 六十里 店에셔 ᄃᆞᄅᆞ니. ≪朴諺, 下, 31ㅎ≫咱們食店裏喫些飯去來, 우리 밥뎜에 밥 먹으라 가쟈. 午門外前好飯店, 午門 밧기 밥뎜이 됴ᄒᆞ니. ≪朴諺, 下, 33ㅎ≫燒餠餜子你店裏有麽, 燒餠 粿子 네 뎜에 잇ᄂᆞ냐.

점(掂) 동 괴다[支]. ⇔괴오다. ≪朴諺, 中, 58ㅈ≫掂的穩着, 괴와 편히 ᄒᆞ고.

점(點) 동 ❶적다[記]. 또는 지적하다. 일깨우다. ⇔뎍다. ≪朴諺, 下, 37ㅎ≫一箇挾讎的人, ᄒᆞᆫ 挾讐ᄒᆞᆫ 사ᄅᆞᆷ이. 却點饋那官人, 또 뎌 官人의게 뎍어 주니. 這兩日官司裡告了, 이 두어 날에 官司에 告ᄒᆞ여. ❷조금 가탈거리다. ⇔셰가탈ᄒᆞ다. ≪朴諺, 中, 8ㅈ≫快走的點的都有了, 잘 건ᄂᆞᆫ 이와 셰가탈ᄒᆞᄂᆞᆫ 이 다 이셰라. ❸(불) 켜다. ⇔혀다. ≪朴諺, 中, 8ㅎ≫當直的點將燈來, 當直ᄒᆞᄂᆞᆫ 이아 등잔블 혀 오라. ≪朴諺, 下, 42ㅈ≫明點燈燭, 燈燭을 ᄇᆞᆰ게 혀고. ≪朴諺, 下, 45ㅈ≫點將燈來喫飯, 등잔블 혀 가져오라 밥 먹쟈.

점(點) 동 가탈거리다. 절뚝거리다. ❶⇔가탈ᄒᆞ다. ≪朴諺, 上, 56ㅈ≫點的細, 셰가탈호되. ❷⇔가틀ᄒᆞ다. ≪朴諺, 中, 7ㅈ≫五箇細點的馬來, 다ᄉᆞᆺ 셰가틀ᄒᆞᄂᆞᆫ ᄆᆞᆯ을 가져오고.

점(點) 의 ❶점. 시각의 단위. 경(更)의 5분의 1. ≪朴諺, 中, 15ㅈ≫一宿不得半點睡, ᄒᆞᄅᆞᆺ밤을 半點도 자디 못ᄒᆞ니. ❷점. ≪朴諺, 中, 31ㅈ≫半點也不保, 半點도 긔수티 아니터라.

점경(粘硬) 명 차진 것과 단단한 것. ≪朴諺, 上, 50ㅈ≫滿月(集覽, 朴集, 上, 13ㅎ: 滿月. 産書云, 分娩未滿月, 恣食生冷粘·硬果·菜·肥膩魚·肉之物, 當時雖未覺大〈有〉損, 滿月之後, 卽成蓐勞.)過了時喫

的不妨事, 돌이 차 디나면 먹어도 일에 해롭디 아니ᄒᆞ리라.

점등(點燈) 동 ❶불 켜다. ⇔블혀다. ≪朴諺, 中, 43ㅈ≫直到點燈時分恰下馬, 잇긋 블혈 때예 다ᄃᆞᆺ게야 ᄀᆞᆺ 물게 ᄂᆞ리니. ❷불을 켜게 하다. ⇔블혀이다. ≪朴諺, 下, 19ㅈ≫小先生到前面敎點燈, 小先生이 앏픠 와 블혀이거ᄂᆞᆯ.

점성(占城) 명 나라 이름. 후한(後漢) 말기 인도차이나반도(Indo-China半島) 동쪽 해안 지역에 챔족(Cham族)이 세운 나라. 15세기 말기에 멸망하였다. ≪朴諺, 下, 8ㅎ≫說目連尊者(集覽, 朴集, 下, 2ㅎ: 目連尊者. 事林廣記云, 佛書所謂王舍衛城, 卽賓童龍國也, 國在西南海中, 隷占城. 占城選人作地主.)救母經, 目連尊者의 救母經을 니ᄅᆞ니.

점수(點水) 명 물수[氵]. 한자 부수(部首)의 이름. ≪朴諺, 中, 42ㅈ≫點水傍做草頭底下雨(兩)字, 點水 변에 草頭 아리 雨(兩)字 ᄒᆞ엿ᄂᆞ니라.

점어(鮎魚) 명 메기. ⇔머유기. ≪朴諺, 上, 17ㅈ≫鵝老翅鶴兒, 쇼로기연. 鮎魚鶴兒, 머유기연. 八角鶴兒, 여ᄃᆞᆲ모연. 月樣鶴兒, ᄃᆞᆯ ᄀᆞ튼 연. 人樣鶴兒, 사ᄅᆞᆷ ᄀᆞ튼 연. 四方鶴兒, 네모연.

점어학아(鮎魚鶴兒) 명 메기 모양으로 만든 연. ⇔머유기연. ≪朴諺, 上, 17ㅈ≫鵝老翅鶴兒, 쇼로기연. 鮎魚鶴兒, 머유기연. 八角鶴兒, 여ᄃᆞᆲ모연. 月樣鶴兒, ᄃᆞᆯ ᄀᆞ튼 연. 人樣鶴兒, 사ᄅᆞᆷ ᄀᆞ튼 연. 四方鶴兒, 네모연.

점적세(點的細) 동 말이 조금 가탈거리다. ⇔세가탈ᄒᆞ다. ≪朴諺, 上, 56ㅈ≫點的細, 세가탈호되.

점점(漸漸) 부 조금씩 더하거나 덜하여지는 모양. ≪朴諺, 下, 32ㅎ≫水滑經帶麵(集覽, 朴集, 下, 6ㅈ: 水滑經帶麵. 水滑麵〈麪〉用頭麪, 春夏秋用新汲水, 入油塩, 先攪作拌麪羹樣, 漸漸入水和搜成劑, 用水拆開, 作小塊子, 再用油水洒和, 以拳搭一二百拳.), 제믈엣 칼국슈와.

점조(粘稠) 형 차지고 밀도(密度)가 조밀하다. ≪朴諺, 上, 3ㅎ≫支與竹葉淸酒十五瓶·腦兒酒(集覽, 朴集, 上, 1ㅎ: 腦兒酒. 質問云, 做酒用糆麴藥料爲蘗, 久封不動, 其色紅而味最純厚. 又云, 以糯米爲之, 酒之帶糟者. 又云, 好麴〈麯〉好米作酒, 成熟粘稠有味, 不用參和.)五桶, 竹葉淸酒 十五瓶과 腦兒酒 五桶을 支與ᄒᆞ더라.

접(接) 동 ❶맞다[迎]. ⇔맞다. ≪朴諺, 中, 29ㅎ≫我明日通州接尙書去, 내 ᄂᆡ일 通州 尙書 마즈라 가리라. ❷접(接)하다. (마땅한 예로써 대하다) ⇔접ᄒᆞ다(接-). ≪朴諺, 下, 39ㅈ≫接客不如送客, 客을 接호미 客을 送ᄒᆞᄂᆞᆫ 이만 ᄀᆞᆺ디 못ᄒᆞ니.

접(接) 동 ❶잇다. 붙이다. ⇔닛다. ≪朴諺, 下, 20ㅈ≫第四割頭再接, 넷재ᄂᆞᆫ 머리 버혀 다시 닛기 ᄒᆞ쟈. ≪朴諺, 下, 24ㅈ≫接在頷項上依舊了, 목 우희 니으니 녜라온 ᄃᆞᆺᄒᆞ더라. ≪朴諺, 下, 24ㅈ≫待要接, 닛고져 ᄒᆞ거ᄂᆞᆯ. ❷접(接)하다. ⇔졉ᄒᆞ다. ≪朴諺, 上, 60ㅈ≫遠望高接靑霄, 멀리 ᄇᆞ라매 놉히 프른 하ᄂᆞᆯ에 졉ᄒᆞ엿고.

접(楪) 명 접시. ⇔뎝시. ≪朴諺, 中, 11ㅎ≫鑼鍋, 로고. 柳箱, 섥. 灑子, 드레. 三脚, 아리쇠. 椀·楪, 사발·뎝시. 匙筯, 술 져. 樗杓, 나모쥬게. 笊籬, 죠리. 炊箒, 솔.

접(楪) 의 접시. ⇔뎝시. ≪朴諺, 上, 4ㅈ≫外手一遭兒十六楪, 밧 쳣 줄 열 여ᄉᆞᆺ 뎝시에ᄂᆞᆫ. ≪朴諺, 上, 4ㅈ≫第(第)二遭十六楪, 둘재 줄 열 여ᄉᆞᆺ 뎝시에ᄂᆞᆫ. ≪朴諺, 上, 4ㅈ≫第三遭十六楪, 셋재 줄 열 여ᄉᆞᆺ 뎝시에ᄂᆞᆫ.

접대(接待) 동 손을 맞아서 대접하다. ≪朴諺, 上, 2ㅎ≫光祿寺裡着姓李的館夫(集覽, 朴集, 上, 1ㅎ: 館夫. 應當舘〈館〉驛接待使客之役. 質問云, 府·州·縣百姓擇撥〈差〉無差〈身〉役者, 做館夫荅應使客, 待三年更替.)討去, 光祿寺에ᄂᆞᆫ 姓이 李가 館夫로 ᄒᆞ여 어드라 가게 ᄒᆞ고.

접두(接頭) 동 잇다. 연결하다. ⇔니와기

다. ≪朴諺, 中, 2ㅎ≫都是接頭補定麽, 다 니와겨 깁보태엿다.

접퍼ᄒᆞ다 동 저어하다. 두려워하다. ⇔파(怕). ≪朴諺, 上, 34ㅎ≫一年經蛇咬三年怕井繩, ᄒᆞᆫ ᄒᆡ를 ᄇᆡ얌 믈려 디내면 三年을 드렛줄도 접퍼ᄒᆞᆫ다 ᄒᆞ니라.

접ᄒᆞ다(接-) 동 접(接)하다. (마땅한 예로써 대하다) ⇔접(接). ≪朴諺, 下, 39ㅈ≫接客不如送客, 客을 接호미 客을 送ᄒᆞᄂᆞᆫ 이만 ᄀᆞᆺ디 못ᄒᆞ니.

정(井) 명 우물. ⇔우믈. ≪朴諺, 中, 39ㅈ≫井一眼, 우믈 ᄒᆞ나.

정(正) 부 바로. 바르게. ⇔바로. ≪朴諺, 上, 50ㅎ≫把溺胡蘆正着那窟籠裏放了, 오좀 누ᄂᆞᆫ 박을다가 바로 뎌 굼긔 노코. ≪朴諺, 下, 5ㅎ≫在墻上驗的正着, 담 우희 견조기를 바로 ᄒᆞ라.

정(正) 부 정(正)히. ❶⇔정히(正-). ≪朴諺, 中, 32ㅈ≫正好山中之味, 正히 山中味 됴흐리로다. ≪朴諺, 下, 48ㅈ≫地氣正旺上的時莭(節), 地氣 正히 旺上ᄒᆞᆯ 때에. ❷⇔졍히. ≪朴諺, 上, 16ㅎ≫正是放空中的時莭(節), 졍히 박핑이 ᄐᆡᆯ 때로다. ≪朴諺, 上, 21ㅎ≫今日下雨正好下碁, 오ᄂᆞᆯ 비 오니 졍히 바독 두기 됴타. ≪朴諺, 上, 32ㅎ≫正撞見他的漢子, 졍히 뎌의 남진을 만나 보니. ≪朴諺, 上, 42ㅎ≫正着了也多尋鈔, 졍히 만나시니 錢鈔를 만히 어드리로다. ≪朴諺, 中, 43ㅎ≫稻熟蠏肥魚正美, 벼 닉고 게 ᄉᆞᆯ지고 고기 졍히 아ᄅᆞᆷ다오매. ≪朴諺, 下, 1ㅎ≫比及晌午剉正熱時分收拾, 낫계어 졍히 더울 때예 미처 收拾ᄒᆞ여. ≪朴諺, 下, 13ㅈ≫相公道的正好正好, 相公의 닐오미 졍히 됴타 졍히 됴타. ≪朴諺, 下, 18ㅎ≫正到城裏智海禪寺投宿, 졍히 셩 안 智海禪寺에 가 드러 자다가.

정(呈) 동 정(呈)하다. 드러내 보이다. 나타내다. ⇔졍ᄒᆞ다(呈-). ≪朴諺, 中, 2ㅈ≫有呈諸般把戲的那, 여러 가지 노롯 呈ᄒᆞᄂᆞᆫ 이 잇ᄂᆞ냐.

정(定) 동 (수공예품을) 맞추다. ⇔마초다. ≪朴諺, 中, 26ㅈ≫將去饋李大做定錢, 가져가 李大를 주어 마초ᄂᆞᆫ 갑슬 삼고.

정(定) 동 정(定)하다. ❶⇔뎡ᄒᆞ다. ≪朴諺, 上, 22ㅎ≫罷罷來拈子爲定, 두어 두어 오라 믈 잡바 뎡ᄒᆞ쟈. ≪朴諺, 中, 8ㅈ≫揀(揀)定了馬也, ᄆᆞᆯ을 ᄀᆞᆯ히여 뎡ᄒᆞ여다. ≪朴諺, 中, 50ㅈ≫實說定了時不要改, 실로 닐러 뎡ᄒᆞ고 고티디 마쟈. ❷⇔졍ᄒᆞ다(定-). ≪朴諺, 上, 31ㅎ≫寫定文書借與他來, 文書를 써 定ᄒᆞ고 뎌를 ᄭᅱ엿더니. ≪朴諺, 中, 2ㅎ≫說定與他二兩銀, 닐러 定ᄒᆞ고 뎌를 두 냥 銀을 주엇더니. ≪朴諺, 下, 20ㅎ≫各上禪床坐定, 각각 禪床에 올라 안ᄶᅵ를 定ᄒᆞ고. ≪朴諺, 下, 48ㅈ≫這般揀(揀)定時辰, 이리 때를 ᄀᆞᆯ히여 定ᄒᆞ고.

정(釘) 동 박다. ⇔박다. ≪朴諺, 上, 26ㅎ≫鴈翅板上釘着金絲減鐵事件, 둥울 우희 金 입ᄉᆞᄒᆞᆫ 事件을 박앗고. ≪朴諺, 中, 35ㅎ≫着釘子釘在三四處, 못으로 세네 곳을 박고. 着鋸鉞兒釘在兩三處, ᄇᆡ목으로 두세 곳을 박고. ≪朴諺, 中, 44ㅎ≫釘在這壁子上, 이 ᄇᆞᄅᆞᆷ 우희 박고. ≪朴諺, 中, 44ㅎ≫那中柱上釘一箇釘子, 뎌 가온댓 기동에 ᄒᆞᆫ 낫 못을 박고.

정(停) 동 ❶ 우뚝 솟다. ≪朴諺, 中, 1ㅈ≫停柱來麁細的, 기동만ᄒᆞᆫ 굴긔예. ❷머물다. 멈추다. ⇔머믈다. ≪朴諺, 上, 66ㅎ≫你且停一停, 네 아직 머믈라.

정(停) 의 분(分). 몫. ⇔분. ≪朴諺, 下, 37ㅈ≫三停裡, 세 분에셔. 官人上納與二停外, 官人의게 두 분을 바틴 밧긔.

정(淨) 명 중국 전통 극에서의 배역의 하나. 장비(張飛)나 조조(曹操)처럼 성격이 강렬하거나 거친 남자 배역이다. ≪朴諺, 上, 5ㅎ≫叫敎坊司十數箇樂工和做院本(集覽, 朴集, 上, 2ㅎ: 院本. 質問云, 院本有曰外, 或粧先生·採訪使·考試官·老人·達達之類, 皆是外扮, 曰淨, 有男淨·有女淨, 亦做醜態, 專一弄言取人歡笑, 曰末, 粧扮不一, 初則開場白說, 或粧家人·祇

候, 或扮使臣之類, 曰丑, 狂言戲弄, 或粧醉漢·太醫·吏員·媒婆之類. 今按, 諢音混, 優人戲弄之言也.)諸般雜技的來, 敎坊司의 여라믄 樂工과 院本에 여러 가지 雜技ᄒᆞᄂᆞ니를 블러오라.

정(睜) 동 부릅뜨다. ⇔브르ᄠᅳ다. ≪朴諺, 中, 43ㅈ≫睜着驢眼, 나귀 눈 브르ᄠᅳ돗ᄒᆞ고. ≪朴諺, 下, 48ㅎ≫睜着眼, 눈을 브르ᄠᅳ고.

정(精) 명 씨. 종자. ⇔ᄡᅵ. ≪朴諺, 下, 25ㅎ≫這賊養漢生的小驢精, 이 도적 화냥년의 난 나괴ᄡᅵ야.

정(整) 명 덩이. ⇔덩이. ≪朴諺, 上, 54ㅈ≫借到細絲官銀五十兩整(集覽, 朴集, 上, 14ㅈ: 整. 無零數之謂.), 細絲官銀 五十兩 덩이를 수되.

정(錠) 명 화폐로 쓰는 은괴(銀塊). 말굽은. ≪朴諺, 中, 53ㅈ≫上位賞了一百錠(集覽, 朴集, 中, 8ㅎ: 錠. 質問云, 每一張鈔, 謂之一錠. 又云, 五貫寶鈔爲一錠. 今按, 俗謂銀一餠, 亦謂之一錠, 元寶則五十兩爲一錠.)鈔兩表裏段子, 上位ㅣ 一百 錠鈔와 두 안밧 비단을 상ᄒᆞ시니라.

정(錠) 의 덩이. ⇔덩이. ≪朴諺, 下, 29ㅈ≫元寶我有半錠了, 元寶ㅣ 내게 반 덩이 이시니.

정(靜) 부 조용히. 차분하게. 평정하게. ⇔정히(靜-). ≪朴諺, 下, 20ㅈ≫起頭坐靜, 웃듬은 안ᄶᅵ를 靜히 ᄒᆞ고.

정개(睜開) 동 부릅뜨다. ⇔브릅ᄠᅳ다. ≪朴諺, 下, 19ㅎ≫大仙睜開雙眼道, 大仙이 두 눈을 브릅ᄠᅳ고 닐오ᄃᆡ.

정관(正官) 명 정식 편제(編制) 안에 있는 벼슬아치. ≪朴諺, 中, 5ㅈ≫正官幾員, 正官이 몇 員이며. ≪朴諺, 中, 5ㅎ≫正官三員六箇伴當, 正官이 三員이오 여슷 伴當이니. ≪朴諺, 中, 5ㅎ≫三箇正的, 세 正官의게ᄂᆞᆫ.

정관(貞觀) 명 당 태종(唐太宗: 李世民)의 연호(627~649). ≪朴諺, 下, 3ㅈ≫往常唐三蔵(集覽, 朴集, 下, 1ㅈ: 唐三藏法師〈三藏〉. 貞觀三年, 奉勑往西域, 取經六百卷而來, 仍呼爲三藏法師.)師傅, 뎌적의 唐ㅅ 三藏 師傅ㅣ.

정교(正敎) 명 정교(政敎). 정령(政令)과 교화(敎化). ≪朴諺, 下, 9ㅎ≫入寺敬三寶(集覽, 朴集, 下, 3ㅈ: 三寶. 玄理幽微, 正敎精誠, 法也.), 뎔에 드러ᄂᆞᆫ 三寶를 敬ᄒᆞ고.

정단(正旦) 명 설날 아침. ≪朴諺, 下, 46ㅎ≫立地赶牛(集覽, 朴集, 下, 10ㅎ: 立地赶牛. 芒神閑忙, 立春在正旦前後, 各五日內者是忙, 芒神與牛齊立, 在正旦前五辰外者是農早忙, 芒神在牛前立, 正旦後五辰外者是農晩閑, 芒神在牛後立, 子·寅·辰·午·申·戌陽年, 在左邊立, 丑·卯·巳·未·酉·亥陰年, 在右邊立.), ᄶᅡ히 셔셔 쇼를 몰면.

정당(停當) 부 맞추어. 맞게. ⇔마초. ≪朴諺, 下, 44ㅈ≫着水停當着, 믈 두기를 마초 ᄒᆞ고.

정대(鞓帶) 명 정대(鞓帶). '鞓'은 '鞓'과 같다. ≪朴諺, 上, 18ㅈ≫鞓帶忒長了, 바탕이 너모 기니.

정대(鞓帶) 명 가죽띠. ⇔바탕. ≪朴諺, 上, 18ㅈ≫鞓帶忒長了, 바탕이 너모 기니.

정덕(淨德) 명 〈불〉 사덕(四德)의 하나. 삼업(三業)으로부터 청정(淸淨)한 덕. ≪朴諺, 中, 20ㅎ≫理圓四德(集覽, 朴集, 中, 4ㅈ: 理圓四德. 四德, 曰常, 曰樂, 曰我, 曰淨無二.), 理ᄂᆞᆫ 四德에 ᄀᆞ잣고.

정도(程途) 명 목적지까지의 거리. 또는 거쳐 지나가는 길이나 과정. ≪朴諺, 下, 3ㅈ≫西天取經去(集覽, 朴集, 下, 1ㅈ: 西天取經去. 法師曰, 旣有程途, 須有到時.)時節(節), 西天의 經 가질라 갈 제.

정례(定禮) 명 정혼(定婚)한 뒤에 신랑 집에서 신부 집으로 보내는 예물. ≪朴諺, 上, 41ㅈ≫下多少財錢(集覽, 朴集, 上, 11ㅎ: 下多少財錢. 今制, 納采·問名·納吉揔〈總〉一次行禮, 以從簡便, 謂之定禮, 亦爲之定親, 亦曰下紅定, 亦送幣物.), 언멋 財錢을 드리더뇨. ≪朴諺, 上, 41ㅎ≫下

了定禮, 定禮를 드리고.

정례(頂禮) 동 공경하는 뜻으로 이마가 땅에 닿도록 절을 하다. 또는 그렇게 하는 절. ≪朴諺, 中, 39ㅈ≫佛堂(集覽, 朴集, 中, 7ㅎ: 佛堂. 漢人酷好釋敎, 家設一堂, 或安金像, 或掛畫佛, 焚香頂禮, 朝夕不懈.)一間, 佛堂이 ᄒᆞᆫ 간.

정리(情理) 명 인정과 도리. ≪朴諺, 下, 54ㅎ≫有此情理難甘, 이런 情理 難甘홈이 이셔.

정리(整理) 동 정리(整理)하다. ⇔정리ᄒᆞ다(整理-). ≪朴諺, 中, 11ㅈ≫買饋他木料·席子整理, 뎌롤 木料와 삿글 사 주어 整理케 ᄒᆞ라.

정리ᄒᆞ다(整理-) 동 정리(整理)하다. ⇔정리(整理). ≪朴諺, 中, 11ㅈ≫買饋他木料·席子整理, 뎌롤 木料와 삿글 사 주어 整理케 ᄒᆞ라.

정맥(正脉) 명 정맥(正脈). '脉'은 '脈'의 속자. ≪朴諺, 上, 65ㅈ≫法名喚步虛(集覽, 朴集, 上, 15ㅎ: 步虛. 至正丙戌春, 入燕都, 聞南朝有臨濟正脉不斷〈断〉, 可往印可.), 法名을 步虛ㅣ라 브ᄅᆞᄂᆞᆫ 이.

정맥(正脈) 명 바른 계통. 정통(正統). ≪朴諺, 上, 65ㅈ≫法名喚步虛(集覽, 朴集, 上, 15ㅎ: 步虛. 至正丙戌春, 入燕都, 聞南朝有臨濟正脉不斷〈断〉, 可往印可.), 法名을 步虛ㅣ라 브ᄅᆞᄂᆞᆫ 이.

정면(正面) 명 사물에서 앞쪽으로 향한 면. ≪朴諺, 上, 61ㅈ≫橋上丁字街中間正面上, ᄃᆞ리 우 丁字街 中間 正面에.

정명(定名) 동 명칭을 확정하다. ≪朴諺, 上, 1ㅎ≫着張三(集覽, 朴集, 上, 1ㅈ: 張三. 三, 或族次, 或朋友行輩之次, 或有官者以職次相呼, 或稱爲定名者有之. 李四·王五亦同.)買羊去, 張三으로 ᄒᆞ여 羊을 사라 가.

정명(貞明) 명 오대 양(五代梁) 균왕(均王)의 연호(915~920). ≪朴諺, 下, 59ㅎ≫梁貞明(集覽, 朴集, 下, 12ㅎ: 梁貞明. 梁, 國號, 卽五代朱梁也. 貞明, 均王年號. 均王名瑱, 太祖朱溫之第〈苐〉四子也.)四年三月裡, 梁貞明 四年 三月에.

정묘(丁卯) 명 육십갑자의 넷째. 또는 간지(干支)가 정묘인 날. ≪朴諺, 下, 41ㅎ≫寫着壬辰年二月朔丙午十二日丁卯, 壬辰年 二月朔 丙午 十二日 丁卯에.

정방(正房) 명 여러 채로 된 살림집에서 주가 되는 집채. ≪朴諺, 中, 27ㅈ≫正房背後掘開一箇老大深淺地坑, 正房 뒤헤 ᄒᆞᆫ 크고 기픈 디함을 픠고. ≪朴諺, 中, 39ㅈ≫正房幾間, 正房이 현 간.

정백(淨白) 형 깨끗하고 희다. ≪朴諺, 中, 23ㅈ≫齒排柯雪(集覽, 朴集, 中, 6ㅈ: 齒排柯雪. 謂齒如雪堆枝柯之上, 淨白頓整之形, 似人所編排然.), 니ᄂᆞᆫ 柯雪이 버럿ᄂᆞᆫ ᄃᆞᆺᄒᆞ고.

정벌(征伐) 동 적 또는 죄 있는 무리를 무력으로써 치다. ⇔정벌ᄒᆞ다(征伐-). ≪朴諺, 下, 60ㅈ≫征伐無道, 無道롤 征伐호미.

정벌ᄒᆞ다(征伐-) 동 적 또는 죄 있는 무리를 무력으로써 치다. ⇔정벌(征伐). ≪朴諺, 下, 60ㅈ≫征伐無道, 無道롤 征伐호미.

정법(淨法) 명 〈불〉 온갖 번뇌와 정욕(情欲: 물건을 탐내고 집착하는 마음)으로부터 해탈하는 일. ≪朴諺, 中, 21ㅈ≫智滿十身(集覽, 朴集, 中, 4ㅈ: 智滿十身. 十身有調御. 十身, 曰無着, 曰弘願, 曰業報, 曰住持, 曰涅槃, 曰淨法, 曰眞心, 曰三昧, 曰道性, 曰如意. 有內十身, 曰菩提, 曰願, 曰化, 曰力持, 曰莊嚴, 曰威勢, 曰意生, 曰福德, 曰法, 曰智. 有外十身, 曰自, 曰衆生, 曰國土, 曰業報, 曰聲聞, 曰圓覺, 曰菩薩, 曰智, 曰法, 曰虛空.), 智ᄂᆞᆫ 十身에 찻도다.

정보(呈報) 동 보고서를 올리다. ≪朴諺, 中, 9ㅈ≫你與我甘結(集覽, 朴集, 中, 2ㅈ: 甘結. 今按, 如保擧人材者, 必寫稱所擧之人, 並無喪過及干娼優子嗣, 委的賢能, 如虛甘伏重罪云云. 擧此爲辭, 以成文狀, 與彼收執, 或呈報上司, 以憑後考, 謂之不致扶同, 重甘結狀.)·應付, 네 날을 甘結과

應付를 주고려.

정분(情分) 명 사귀어서 든 정. ≪朴諺, 下, 39ㅈ≫送到那裡時也有些情分, 보내여 뎌긔 니르면 져기 情分이 이실랏다.

정비(鼎沸) 동 (솥 안의 물이 끓는 것처럼) 떠들썩하다. 시끌벅적하다. 어수선하다. ≪朴諺, 上, 23ㅈ≫斂些錢做翫月會(集覽, 朴集, 上, 8ㅈ: 翫月會. 東京錄云, 中秋夜, 貴家結飾臺榭, 民間爭占酒樓翫〈玩〉月, 絲簧鼎沸, 近內庭居民, 夜深遙聞笙竽之聲, 宛若雲外天樂, 閭里兒童連宵嬉戲, 夜市騈闐, 至於通曉.), 져기 돈 거두어 翫月會를 ᄒᆞ쟈.

정사(丁舍) 명 정씨(丁氏) 성(姓)을 가진 사인(舍人). 또는 정가(丁哥). ≪朴諺, 中, 13ㅎ≫那丁舍你幾時來, 뎌 丁舍ㅣ아 네 언제 온다.

정사(鄭舍) 명 정씨(鄭氏) 성(姓)을 가진 사인(舍人). 또는 정가(鄭哥). ≪朴諺, 中, 50ㅎ≫鄭舍你來, 鄭舍ㅣ아 이바.

정상(釘上) 동 (못을) 박다. ⇔박다. ≪朴諺, 中, 29ㅎ≫打一對馬脚跓來釘上着, ᄒᆞᆫ 보 다갈을 티여다가 박으라.

정상(頂上) 명 ❶꼭대기. ≪朴諺, 中, 33ㅈ≫山頂上有一小池, 山 頂上에 ᄒᆞᆫ 져근 못이 이시니. ❷정수리. ⇔뎡박이. ≪朴諺, 上, 39ㅎ≫叫將那剃頭(集覽, 朴集, 上, 11ㅈ: 剃頭. 漢俗, 凡梳頭者必剃去腦後頂上髮際細毛, 故曰剃頭.)的來, 뎌 머리 갓ᄂᆞᆫ 이ᄅᆞᆯ 블러오라. ≪朴諺, 上, 51ㅈ≫把孩兒又剃了頭頂上灸, 아희ᄅᆞᆯ다가 ᄯᅩ 머리 ᄶᅡᆨ고 뎡박이 ᄯᅳ고.

정성(精誠) 명 참되고 성실한 마음. ≪朴諺, 下, 9ㅎ≫入寺敬三寶(集覽, 朴集, 下, 3ㅈ: 三寶. 玄理幽微, 正教精誠, 法也.), 뎔에 드러ᄂᆞᆫ 三寶ᄅᆞᆯ 敬ᄒᆞ고.

정세(精細) 형 음식 따위가 훌륭하다. ≪朴諺, 下, 33ㅈ≫象眼棋子(集覽, 朴集, 下, 6ㅎ: 象眼餜子. 麁者再切, 細者有糜末, 却簸去, 皆要一摞極細如米粒. 下鍋煮熟, 連湯起在盆內. 用凉水寬投之, 三五次方得精細.), 象眼 ᄀᆞᄐᆞᆫ 粸子와.

정세(精細) 형 정세하다. 정교하다. 세밀하다. ❶⇔정세타(精細-). ≪朴諺, 中, 45ㅈ≫來的客人們也道我精細, 오ᄂᆞᆫ 客人들토 날을 精細타 닐ᄋᆞ리라. ❷⇔정세ᄒᆞ다(精細-). ≪朴諺, 上, 38ㅈ≫眞箇是精細人, 진짓 이 精細ᄒᆞᆫ 사ᄅᆞᆷ이로다. ❸⇔졍셰ᄒᆞ다. ≪朴諺, 中, 48ㅈ≫這妳子也好不精細, 이 졋어미 ᄀᆞ장 졍셰티 아니ᄒᆞ다.

정세타(精細-) 형 정세하다. 정교하다. 세밀하다. ⇔정세(精細). ≪朴諺, 中, 45ㅈ≫來的客人們也道我精細, 오ᄂᆞᆫ 客人들토 날을 精細타 닐ᄋᆞ리라.

정세ᄒᆞ다(精細-) 형 정세하다. 정교하다. 세밀하다. ⇔정세(精細). ≪朴諺, 上, 38ㅈ≫眞箇是精細人, 진짓 이 精細ᄒᆞᆫ 사ᄅᆞᆷ이로다.

졍셰ᄒᆞ다 형 정세하다. 정교하다. 세밀하다. ⇔정세(精細). ≪朴諺, 中, 48ㅈ≫這妳子也好不精細, 이 졋어미 ᄀᆞ장 졍셰티 아니ᄒᆞ다.

정승(井繩) 명 두레박줄. ⇔드렛줄. ≪朴諺, 上, 34ㅎ≫一年經蛇咬三年怕井繩, ᄒᆞᆫ 히ᄅᆞᆯ ᄇᆡ얌 믈려 디내면 三年을 드렛줄도 접퍼ᄒᆞᆫ다 ᄒᆞᄂᆞ니라.

정승(定僧) 명 〈불〉 선정(禪定)에 든 중. ≪朴諺, 中, 56ㅈ≫定僧你來, 定僧아 이바.

정시(丁時) 명 이십사시(二十四時)의 열넷째 시. 오후 12시 반부터 1시 반까지이다. ≪朴諺, 下, 41ㅎ≫二十四日丁時殯出順城門, 二十四日 丁時예 殯이 順城門으로 나가니.

정시(正是) 부 정(正)히. 또는 바로 …하다. 바로 그러하다. ⇔졍히. ≪朴諺, 上, 16ㅎ≫正是放空中的時莭(節), 졍히 박핑이 ᄐᆞᆯ ᄠᅢ로다. ≪朴諺, 下, 3ㅎ≫正是瘦禽也飛不到, 졍히 瘦禽도 ᄂᆞ라가디 못ᄒᆞ고. ≪朴諺, 下, 25ㅈ≫這孫行者正是了的, 이 孫行者ᄂᆞᆫ 졍히 올탓다. ≪朴諺, 下, 31ㅎ≫咳正是一條好漢, 애 졍히 一條 好漢이러

라. ≪朴諺, 下, 53ㅎ≫正是喫打的裁兒, 경히 마줄 ᄀᆞ음이로다. ≪朴諺, 下, 62ㅈ≫正是所用之物, 경히 썸 즉ᄒᆞᆫ 거시로다.

정신(精神) 명 육체나 물질에 대립되는 영혼이나 마음. ≪朴諺, 上, 47ㅎ≫精神便別有, 精神이 곳 ᄏᆞ별이 이시리라.

정아(停兒) 의 분(分). 몫. ⇔분. ≪朴諺, 下, 37ㅈ≫除了一停兒, ᄒᆞᆫ 분을 뎨ᄒᆞ여.

정아(頂兒) 명 ❶증자[頂子]. ⇔딩ᄌᆞ. ≪朴諺, 上, 26ㅈ≫綴着上等玲瓏羊脂玉頂兒, 上等에 玲瓏히 ᄒᆞᆫ 羊脂玉 딩ᄌᆞ에. ❷머리. 꼭대기. ⇔머리. ≪朴諺, 上, 15ㅈ≫象牙頂兒, 象牙 머리에. ≪朴諺, 上, 25ㅎ≫象牙頂兒, 象牙 머리오.

정양(正陽) 명 정양문(正陽門). ≪朴諺, 下, 49ㅎ≫正陽是午門, 正陽은 이 午門이오.

정양문(正陽門) 명 중국 북경(北京) 내성(內城)에 있는 정남(正南)쪽의 문. 원대(元代)의 여정문(麗正門)을 명(明) 영락(永樂) 연간에 고친 이름이다. ≪朴諺, 上, 11ㅎ≫我在平則門(集覽, 朴集, 上, 5ㅎ: 平則門. 永樂十九年, 營建宮室, 立門九, 南曰正陽, 又曰午門, 元則曰麗正, 南之右曰宣武, 元則曰順承, 南之左曰文明, 元則曰崇文, 又曰哈噠, 北之東曰安定, 北之西曰德勝, 元則曰健德, 東之北曰崇仁, 一名東直, 元名同, 東之南曰朝陽, 元則曰齊華, 西之北曰西直, 西之南曰阜城, 元則曰平則. 元設十一門, 而今減其二.)邉住, 내 平則門 ᄀᆞ의 이셔 사노라. ≪朴諺, 下, 49ㅎ≫南有正陽門·宣武門·崇文門, 南에 正陽門·宣武門·崇文門이 잇고.

정원(情愿) 동 진정으로 바라다. ≪朴諺, 上, 54ㅈ≫情愿立約於某財主處, 情愿으로 아모 財主 處에 立約ᄒᆞ야.

정월(正月) 명 음력으로 한 해의 첫째 달. ≪朴諺, 下, 49ㅈ≫好兒不看春, 好兒ᄂᆞᆫ 看春 아니ᄒᆞ고. 好女不看燈(集覽, 朴集, 下, 11ㅈ: 好女不看燈. 容齋隨筆云, 漢家祠太乙, 以昏時祠到明. 今人正月望夜, 夜遊觀月, 是其遺事.), 好女ᄂᆞᆫ 看燈 아니ᄒᆞᆫ다 ᄒᆞᄂᆞ니라. ≪朴諺, 下, 49ㅈ≫好女不看燈(集覽, 朴集, 下, 11ㅈ: 好女不看燈. 唐韋述兩京記曰, 正月十五日夜, 勑金吾弛禁, 前後各一日, 以觀燈.), 好女ᄂᆞᆫ 看燈 아니ᄒᆞᆫ다 ᄒᆞᄂᆞ니라.

정육(精肉) 명 정육. (주로 돼지고기 중에서 비계가 없는 살코기를 이른다) ≪朴諺, 上, 7ㅈ≫第五道五軟三下鍋(集覽, 朴集, 上, 3ㅎ: 五軟三下鍋. 質問云, 五般無骨精肉〈五般精肉〉, 碎切爲片, 先用塩煎, 次用醋煮, 交葱花以食.), 第五道ᄂᆞᆫ 五軟三下鍋ㅣ오.

정자(釘子) 명 못[釘]. ⇔못. ≪朴諺, 中, 35ㅎ≫着釘子釘在三四處, 못으로 세네 곳을 박고. ≪朴諺, 中, 44ㅎ≫那中柱上釘一箇釘子, 뎌 가온댓 기동에 ᄒᆞᆫ 낫 못을 박고. ≪朴諺, 中, 44ㅎ≫將幾箇磨果釘子來, 여러 머리 뭉킨 못 가져다가.

정자(頂子) 명 증자[頂子]. ≪朴諺, 上, 27ㅎ≫指頭來大紫鴉忽頂兒, 손짜락 굴긔 紫鴉忽 頂子에. ≪朴諺, 下, 29ㅎ≫你看我這帽頂子, 네 보라 내 이 가ᄉᆡᆺ 頂子ㅣ.

정자가(丁字街) 명 삼거리. ≪朴諺, 上, 61ㅈ≫橋上丁字街中間正面上, ᄃᆞ리 우 丁字街 中間 正面에.

정전(定錢) 명 계약금. 보증금. ≪朴諺, 下, 40ㅎ≫咱商(商)量了放下定錢, 우리 혜아려 定錢을 두쟈.

정정(亭亭) 명 아기 재롱의 하나. ⇔딩딩이질. ≪朴諺, 中, 48ㅈ≫這孩兒亭亭的麽, 이 아ᄒᆡ 딩딩이질 ᄒᆞᄂᆞ냐.

정정(淨淨) 형 아주 맑고 깨끗하다. ⇔정정ᄒᆞ다(淨淨-). ≪朴諺, 下, 8ㅎ≫白淨淨顔面, 흰 淨淨ᄒᆞᆫ 顔面이오.

정정(挺挺) 부 꼿꼿이. 또는 바르고 곧은 모양. 똑바른 모양. ⇔곳곳이. ≪朴諺, 下, 31ㅎ≫直挺挺的立地, 바로 곳곳이 싸히 셔시니.

정정(整錠) 명 완전한 모양의 말굽은. 원대(元代)의 원보(元寶)로부터 적주(滴珠) 등의 여러 은화에 이르기까지 주조한 채

자르지 않은 완전한 모양의 은화를 이른다. ≪朴諺, 上, 30ㅈ≫每一兩傾(集覽, 朴集, 上, 8ㅈ: 傾銀. 質問云, 將碎銀子與銀匠, 化了傾成整錠.)白臉(集覽, 朴集, 上, 8ㅈ: 白臉. 質問云, 將好銀子與銀匠, 化了傾成細絲雪白錠兒. 又有光色好看, 卽十成銀也.)銀子出一錢裏, 每 흔 냥에 白臉銀을 디워 민들려 ᄒᆞ면 흔 돈을 내리라.

정정ᄒᆞ다(淨淨-) 형 아주 맑고 깨끗하다. ⇔정정(淨淨). ≪朴諺, 下, 8ㅎ≫白淨淨顔面, 흰 淨淨ᄒᆞᆫ 顔面이오.

정제(整齊) 부 정제(整齊)히. 정돈하여 가지런하게. ⇔졍졔히. ≪朴諺, 中, 44ㅈ≫這客位收拾的好不整齊, 이 客位 收拾기를 ᄀᆞ장 졍졔히 못ᄒᆞ여시니. ≪朴諺, 中, 45ㅈ≫這般收拾的整齊時不好那, 이리 收拾ᄒᆞ기를 졍졔히 ᄒᆞ면 됴티 아니ᄒᆞ랴.

정주(貞州) 명 땅 이름. 경기도(京畿道) 풍덕(豐德)의 고구려(高句麗) 때 이름. ≪朴諺, 下, 60ㅈ≫娘子柳氏(集覽, 朴集, 下, 12ㅎ: 娘子柳氏〈柳氏〉. 貞州柳天弓女也.……貞州, 今豐〈豊〉德昇天浦古城北二里是也.)出來說道, 娘子 柳氏ㅣ 나와 닐오ᄃᆡ.

정주(停柱) 동 우뚝 솟은 기둥. ≪朴諺, 上, 38ㅈ≫弟兄三四箇守着停柱坐, 弟兄 세네히 기동을 딕희여 안잣는 거시여. ≪朴諺, 上, 60ㅎ≫那殿一剗是纏金龍木香停柱, 뎌 殿에 흔골ᄀᆞ티 金龍이 얼거딘 木香 기동이오.

정처(正妻) 명 정실(正室). 본처(本妻). ≪朴諺, 中, 16ㅎ≫大娘(集覽, 朴集, 中, 3ㅈ: 大娘. 音義云, 안해님이라 ᄒᆞ·ᄃᆞᆺ 흔 :말. 今按, 汎稱尊長妻室曰大娘, 又稱人之正妻曰大娘, 妾曰小娘.)身子好麽, 大娘의 몸이 됴흐신가.

정체(定體) 동 한 번 제정하다. 또는 주체를 확정하다. ⇔졍톄ᄒᆞ다(定體-). ≪朴諺, 上, 24ㅈ≫定體已後不得改別, 定體흔 후의 改別티 마쟈.

정체ᄒᆞ다(定體-) 동 한 번 제정하다. 또는 주체를 확정하다. ⇔정체(定體). ≪朴諺, 上, 24ㅈ≫定體已後不得改別, 定體흔 후의 改別티 마쟈.

정초(錠鈔) 명 화폐로 쓰는 은괴(銀塊)와 돈. ≪朴諺, 上, 20ㅎ≫共有二百兩銀子(集覽, 朴集, 上, 7ㅎ: 共有二百兩銀. 今觀所典之物, 只得七十兩, 而云二百兩銀者, 盖舊本云有二百錠鈔, 今本改鈔爲銀, 仍存鈔之舊數而不改也.), 대되 二百兩 銀이 이셔야. ≪朴諺, 中, 53ㅈ≫上位賞了一百錠鈔兩表裏段子, 上位ㅣ 一百 錠鈔와 두 안밧 비단을 샹ᄒᆞ시니라.

정촉(丁囑) 동 당부하다. 부탁하다. ⇔당부ᄒᆞ다. ≪集覽, 字解, 累字解, 2ㅈ≫丁囑. 당부ᄒᆞ다.

정치(整治) 동 수보(修補)하다. 정비하다. 보수하다. ⇔정치ᄒᆞ다(整治-). ≪朴諺, 上, 10ㅈ≫如今待秋後整治怕甚麽, 이제 秋後를 기ᄃᆞ려 整治ᄒᆞ면 므서시 저프리오. ≪朴諺, 下, 5ㅈ≫整治這炕壁, 이 炕壁을 整治ᄒᆞ쟈.

정치ᄒᆞ다(整治-) 동 수보(修補)하다. 정비하다. 보수하다. ⇔정치(整治). ≪朴諺, 上, 10ㅈ≫如今待秋後整治怕甚麽, 이제 秋後를 기ᄃᆞ려 整治ᄒᆞ면 므서시 저프리오. ≪朴諺, 下, 5ㅈ≫整治這炕壁, 이 炕壁을 整治ᄒᆞ쟈.

정친(定親) 동 혼인을 정하다. 약혼하다. ≪朴諺, 上, 4ㅎ≫放象生纏糖(集覽, 朴集, 上, 2ㅈ: 象生纏糖. 今按, 纏糖, 卽一物之名. 諸司職掌婚禮定親及納徵, 皆用芝麻·纏糖二合茶.), 生物을 象ᄒᆞ여 ᄆᆡᆫ 沙糖이어나. ≪朴諺, 上, 41ㅈ≫下多少財錢(集覽, 朴集, 上, 11ㅎ: 下多少財錢. 今制, 納采·問名·納吉揔〈総〉一次行禮, 以從簡便, 謂之定禮, 亦爲之定親, 亦曰下紅定, 亦送幣物.), 언멋 財錢을 드리더뇨.

정토(征討) 동 무력으로 공격하여 없애다. 토벌하다. 정벌하다. ≪朴諺, 上, 32ㅎ≫正撞見他的漢子(集覽, 朴集, 上, 9ㅎ: 漢

子. 事物紀原云, 三代以降, 有國號者至多, 獨以漢爲名者, 取兩漢之盛. 漢武帝征討四夷, 專事匈奴, 由此有漢胡之斥.), 정히 뎌의 남진을 만나 보니.

정통(正統) 명 명(明)나라 영종(英宗: 李祁鎭)의 연호(1436~1449). ≪朴諺, 下, 8ㅈ≫ 慶壽寺(集覽, 朴集, 下, 2ㅎ: 慶壽寺.相傳金章宗所書. 又有金學士李晏碑文, 正統間重建, 賜額大興隆寺, 僧錄司在焉.)裏爲諸亡靈, 慶壽寺에셔 모든 亡靈을 위ᄒᆞ여. ≪朴諺, 下, 38ㅈ≫除在南京應天府丞(集覽, 朴集, 下, 8ㅎ: 南京應天府丞. 正統中, 以北京爲京師, 設順天府, 以應天府爲南京.), 南京 應天府丞을 除ᄒᆞ엿ᄂᆞ니라.

정하(停下) 동 맛벌이다. 마주 벌이다. ⇔맛버리다. ≪朴諺, 上, 22ㅎ≫咱停下, 우리 맛버리쟈. ≪朴諺, 上, 22ㅎ≫我不說停下來, 내 맛버리쟈 니ᄅᆞ디 아니ᄒᆞ드냐.

정합(正合) 동 바로 맞다. 과연 그러하다. ≪集覽, 字解, 單字解, 3ㅈ≫着. 使之爲也. 着落 히여곰, 着他 뎌 ᄒᆞ야. 又置也. 着塩 소곰 두다. 又中也. 着了 맛다. 又見人所行之事, 正合人所指望之, 方則亦曰着了 마초ᄒᆞ야다. 又實也. 着實 실히. 又語助. 又穿衣服也.

정해(定害) 동 폐 끼치다. ❶⇔너리다. ≪集覽, 字解, 累字解, 1ㅎ≫定害. 너리과라. 又해자ᄒᆞ이과라. ≪朴諺, 下, 28ㅎ≫李舍哥好生定害你, 李舍 형아 ᄀᆞ장 네게 너리과라. 有甚麽定害處, 므슴 너린 곳이 이시리오. ❷⇔해자ᄒᆞ다. ≪集覽, 字解, 累字解, 1ㅎ≫定害. 너리과라. 又해자하이과라.

정해(定害) 동 보채다. ⇔보채다. ≪朴諺, 中, 55ㅎ≫這孩兒們怎麽這般定害我, 이 아히들이 엇디 이리 날을 보채ᄂᆞ뇨. ≪朴諺, 下, 4ㅈ≫撞多少猛虎·毒虫定害, 언머 猛虎·毒虫의 보채ᄂᆞᆫ 거슬 만나며. ≪朴諺, 下, 18ㅎ≫如此定害三寶, 이러ᄐᆞ시 三寶를 보채더라.

정해현(定海縣) 명 청대(淸代)에 두었다. 소재지는 절강성(浙江省) 은현(鄞縣)의 북동쪽 지역에 있었다. ≪朴諺, 中, 20ㅎ≫南海普陀落伽山(集覽, 朴集, 中, 3ㅎ: 南海普陁落伽山. 山在寧波府定海縣, 古昌國縣海中.)裏, 南海 普陀 落伽山에.

정호(情好) 동 마음으로 좋아하다. 사랑하다. ≪集覽, 字解, 單字解, 6ㅈ≫好. 됴타. 又好生 ᄀᆞ장. 又去聲, 喜−·情−.

정혼(定婚) 동 혼인을 정하다. ≪朴諺, 上, 41ㅎ≫幾時下紅定(集覽, 朴集, 上, 12ㅈ: 紅定. 晉武帝多簡良家女以充內職, 而自擇美者入選, 則以絳紗繫臂. 鎭軍將軍胡奮女入選, 亦以絳紗繫臂, 故俗謂定婚曰紅定.), 언제 紅定을 드리더뇨.

정히(正−) 부 정(正)히. ⇔정(正). ≪朴諺, 中, 32ㅈ≫正好山中之味, 正히 山中 味 됴ᄒᆞ리로다. ≪朴諺, 下, 48ㅈ≫地氣正旺上的時節(節), 地氣 正히 旺上ᄒᆞᆯ 때에.

정히(靜−) 부 조용히. 차분하게. 평정하게. ⇔정(靜). ≪朴諺, 下, 20ㅈ≫起頭坐靜, 웃듬은 안끼를 靜히 ᄒᆞ고.

정ᄒᆞ다(呈−) 동 정(呈)하다. 드러내 보이다. 나타내다. ⇔정(呈). ≪朴諺, 中, 2ㅈ≫有呈諸般把戲的那, 여러 가지 노롯 呈ᄒᆞᄂᆞᆫ 이 잇ᄂᆞ냐.

정ᄒᆞ다(定−) 동 정(定)하다. ⇔정(定). ≪朴諺, 上, 31ㅎ≫寫定文書借與他來, 文書를 써 定ᄒᆞ고 뎌를 뀌엿더니. ≪朴諺, 中, 2ㅎ≫說定與他二兩銀, 닐러 定ᄒᆞ고 뎌를 두 냥 銀을 주엇더니. ≪朴諺, 下, 20ㅎ≫各上禪床坐定, 각각 禪床에 올라 안끼를 定ᄒᆞ고. ≪朴諺, 下, 48ㅈ≫這般揀(揀)定時辰, 이리 때를 골히여 定ᄒᆞ고.

제 대 제. 저의. ❶⇔이(你). ≪朴諺, 上, 37ㅎ≫滿天星宿一箇月三條繩子由你曳, 하ᄂᆞᆯ에 ᄀᆞᄃᆞᆨᄒᆞᆫ 星宿에 ᄒᆞᆫ ᄃᆞᆯ을 세 오리 노ᄒᆞ로 제대로 ᄭᅳᄋᆞᄂᆞᆫ 거시여. ❷⇔타(他). ≪集覽, 字解, 單字解, 5ㅈ≫儘. 讓也, 任也. 儘他 제게 다와ᄃᆞ라, 儘讓 뎌긔 미다. 又縱令也. 儘教 므던타. 又儘一儘 지긔우다. 又儘船 빗 ᄀᆞ장. ≪集覽, 字解, 累

字解, 8ㅎ≫由他. 더뎌두라. 又제 ᄆᆞᅀᆞᆷ대로 ᄒᆞ게 ᄒᆞ라. ≪朴諺, 上, 50ㅎ≫上頭盖着他衣裳, 우희 제 옷 덥고. ≪朴諺, 中, 1ㅎ≫他的主兒拿着諸般顔色的小旗兒, 제 님재 여러 가지 빗체 젹은 旗를 가져다가. ≪朴諺, 中, 9ㅎ≫他的爺娘立與文書來, 제 어버이 文書를 셰워 주어시니. ≪朴諺, 中, 28ㅈ≫對他男兒說勸, 제 ᄉᆞ나희를 ᄃᆡᄒᆞ여 닐러 말리되. ≪朴諺, 中, 47ㅎ≫揸了他鼶帶揩的乾浄着, 제 코를 프러 슷기를 간정히 ᄒᆞᄂᆞ니라. ≪朴諺, 下, 23ㅎ≫孫行者把他的頭, 孫行者ㅣ 제 머리를다가.

제 명 제. 때에. 적에. ❶⇔시(時). ≪朴諺, 下, 11ㅈ≫前者姐夫去時, 前에 姐夫ㅣ 갈 제. ❷⇔시분(時分). ≪朴諺, 下, 59ㅈ≫年二十歲時分, 나히 스믈인 제. ❸⇔시절(時節). ≪朴諺, 下, 3ㅈ≫西天取經去時莭(節), 西天의 經 가질라 갈 제. ≪朴諺, 下, 15ㅈ≫我也跟官人時莭(節), 나도 官人을 조차 ᄃᆞᆫ닐 제. ≪朴諺, 下, 17ㅈ≫悶時莭(節)好看有, 답답ᄒᆞᆫ 제 보기 됴ᄒᆞ니라. ≪朴諺, 下, 17ㅎ≫唐僧往西天取經去時莭(節), 唐僧이 西天을 향ᄒᆞ여 經 가질라 갈 제. ≪朴諺, 下, 41ㅎ≫你過來時莭(節)不曾見, 네 디나올 제 일즙 보디 못ᄒᆞ다.

제(除) 동 ❶덜다. ⇔덜다. ≪朴諺, 上, 42ㅎ≫依體例十兩裏一兩家除時, 體例대로 열 량에 ᄒᆞᆫ 냥식 덜면. ≪朴諺, 下, 25ㅎ≫除了你, 너를 덜면. ❷제(除)하다. ⇔뎨ᄒᆞ다. ≪朴諺, 下, 37ㅈ≫另除了種子後頭, ᄯᅳ로 씨를 뎨ᄒᆞᆫ 후에. ≪朴諺, 下, 37ㅈ≫除了一停兒, ᄒᆞᆫ 분을 뎨ᄒᆞ여.

제(除) 동 제수(除授)하다. ❶⇔뎨슈ᄒᆞ다. ≪朴諺, 中, 46ㅎ≫你高官裏轉除的有愁甚麽, 너는 노픈 벼슬에 쳔뎐ᄒᆞ여 뎨슈홈이 이실 써시니 므슴 근심ᄒᆞ리오. ❷⇔제ᄒᆞ다(除-). ≪朴諺, 中, 46ㅈ≫只是一步高如一步除將去, 그저 ᄒᆞᆫ 거름에 ᄒᆞᆫ 거름식 놉하 除ᄒᆞ여 가거니와. ≪朴諺, 中, 46ㅎ≫急且幾時又得除, 과거리 언제 ᄯᅩ 除홈을 어드리오. ≪朴諺, 下, 13ㅎ≫除做光祿寺卿, 光祿寺卿을 除ᄒᆞ엿ᄂᆞ니라. ≪朴諺, 下, 38ㅈ≫除在那裡, 어ᄃᆡ 除ᄒᆞ엿ᄂᆞ뇨. ≪朴諺, 下, 38ㅈ≫除在南京應天府丞, 南京 應天府丞을 除ᄒᆞ엿ᄂᆞ니라.

제(除) 명 벼슬. ⇔벼ᄉᆞᆯ. ≪朴諺, 下, 13ㅎ≫咳這一除甚麽好, 애 이 ᄒᆞᆫ 벼ᄉᆞᆯ이 므서시 됴ᄒᆞ뇨. 除好淸高, 벼ᄉᆞᆯ이 ᄀᆞ장 淸高ᄒᆞ니라.

제(第) 접두 제-. …번째. (수사(數詞)의 앞에 써서 서수(序數)·차례·순서 따위를 표시한다) ≪朴諺, 上, 6ㅎ≫第一道爊羊蒸捲, 第一道ᄂᆞᆫ ᄆᆞ르고온 羊과 蒸捲 썩이오. ≪朴諺, 上, 6ㅎ≫第二道金銀豆腐湯, 第二道ᄂᆞᆫ 金銀豆腐湯이오. ≪朴諺, 上, 6ㅎ≫第三道鮮笋燈籠湯, 第三道ᄂᆞᆫ 鮮笋燈籠湯이오. ≪朴諺, 上, 7ㅈ≫第四道三鮮湯, 第四道ᄂᆞᆫ 三鮮湯이오. ≪朴諺, 上, 7ㅈ≫第五道五軟三下鍋, 第五道ᄂᆞᆫ 五軟三下鍋ㅣ오. ≪朴諺, 上, 7ㅈ≫第六道鷄脆芙蓉湯, 第六道ᄂᆞᆫ 鷄脆芙蓉湯이니. ≪朴諺, 上, 7ㅈ≫第七道粉湯·饅頭, 第七道ᄂᆞᆫ 스면과 상화를 ᄒᆞ면.

제(提) 동 ❶들다[擧]. ⇔들다. ≪朴諺, 中, 48ㅈ≫把那手來提的高着, 뎌 손을다가 들기를 노피 ᄒᆞ여. ≪朴諺, 下, 46ㅎ≫頭戴耳掩或提在手裡, 머리예 耳掩을 쓰며 혹 손에 들고. ≪朴諺, 下, 47ㅎ≫提湯灌的, 湯灌 든 이며. ❷잡다[執]. ⇔잡다. ≪朴諺, 下, 24ㅈ≫行者用手把頭提起, 行者ㅣ 손으로 ᄡᅧ 머리를다가 잡아 니ᄅᆞ혀.

제(祭) 동 제사지내다. ⇔제ᄒᆞ다(祭-). ≪朴諺, 上, 16ㅎ≫祭了社神(集覽, 朴集, 上, 6ㅈ: 社神. 立春後第〈莭〉五戊爲春社, 立秋後第〈莭〉五戊爲秋社. 孝經緯曰, 社, 土地之主也. 土地闊〈濶〉, 不可盡祭, 故封土爲社, 以報功也. 春祭社, 祈穀之生, 秋祭社, 報穀之成.), 社神끠 祭ᄒᆞ여시니.

제(齊) 형 가지런하다. ⇔ᄀᆞᄌᆞᆨᄒᆞ다. ≪朴諺, 上, 1ㅈ≫洪福齊天, 큰 福이 하늘과 ᄀᆞᄌᆞᆨᄒᆞ야. ≪朴諺, 中, 45ㅈ≫家齊而後國

治, 집이 ᄀᆞ즉ᄒᆞᆫ 후에 나라히 다ᄉᆞ다 ᄒᆞ니라.

제(蹄) 명 굽. 발굽. ⇔굽. ≪朴諺, 上, 56ㅈ≫ 也有些撒蹄(集覽, 朴集, 上, 14ㅈ: 撒蹄. 音義云, ·뒷·굽 므리므리·예 ·ᄀᆞ·리·ᄂᆞᆫ 믈. 譯語指南云, ·굽·ᄀᆞ·리·ᄂᆞᆫ 믈.), 쏘 져기 굽 ᄀᆞ리미 잇더라.

제(諸) 관 ❶모ᄃᆞᆫ. ⇔모ᄃᆞᆫ. ≪朴諺, 下, 8ㅈ≫ 慶壽寺裏爲諸亡靈, 慶壽寺에셔 모ᄃᆞᆫ 亡靈을 위ᄒᆞ여. ❷여러. ⇔여러. ≪集覽, 字解, 單字解, 7ㅈ≫般. 名數也. 諸般 여러 가짓. 又等也. 一般. 又多也. ≪朴諺, 上, 5ㅎ≫叫教坊司十數箇樂工和做院本諸般雜技的來, 敎坊司의 여라믄 樂工과 院本에 여러 가지 雜技ᄒᆞᄂᆞ니를 블러오라. ≪朴諺, 上, 6ㅈ≫杏兒·櫻桃諸般鮮果, 솔고와 잉도와 여러 가지 鮮果를. ≪朴諺, 上, 42ㅈ≫好文章諸般才藝, 文章이 됴코 여러 가지 才藝오. ≪朴諺, 上, 43ㅈ≫諸般絨線砌山子吊珠兒的麁白線, 여러 가지 보ᄃᆞ라온 실과 귀여ᄉᆞ 무오고 진쥬 ᄃᆞᆯ 굴근 흰 실과. ≪朴諺, 上, 61ㅎ≫諸般殿舍且不索說, 여러 가지 殿舍ᄂᆞᆫ 아직 다 니ᄅᆞ디 아니ᄒᆞ거니와. ≪朴諺, 中, 1ㅈ≫有諸般唱詞的, 여러 가지 唱詞ᄒᆞᄂᆞᆫ 이 이시며. ≪朴諺, 中, 1ㅎ≫他的主兒拿着諸般顏色的小旗兒, 제 님재 여러 가지 빗체 젹은 旗를 가져다가. ≪朴諺, 中, 2ㅈ≫有呈諸般把戲的那, 여러 가지 노롯 呈ᄒᆞᄂᆞᆫ 이 잇ᄂᆞ냐. ≪朴諺, 中, 6ㅈ≫諸般菜蔬·鷄鴠和升·斗·等子, 여러 가지 ᄂᆞᄆᆞᆯ과 ᄃᆞᆰ긔알과 되과 말과 저울을. ≪朴諺, 中, 32ㅈ≫松栢·檜栗諸雜樹木上, 松栢·檜栗 여러 가짓 남게. ≪朴諺, 下, 37ㅈ≫諸般的都納與了租稅, 여러 가짓 거슬 다 租稅예 밧티고. ≪朴諺, 下, 42ㅈ≫擺諸般茶果等味, 여러 가짓 茶果 等 味를 버리고. ≪朴諺, 下, 42ㅎ≫諸般彩亭子, 여러 가지 彩亭子를 세내고.

제(濟) 동 ❶구제(救濟)하다. ⇔구제ᄒᆞ다. ≪朴諺, 中, 22ㅎ≫傾甘露於甁中濟險途於飢渴, 甘露를 甁中에 기우려 險途를 飢渴에 구제ᄒᆞᄂᆞ다. ❷이루어지다. 되다. 생기다. ⇔일다. ≪集覽, 字解, 累字解, 3ㅈ≫濟甚事. ᄆᆞ·슴 :이·리 :일·료. 猶言쇽졀:업·다. ≪朴諺, 上, 59ㅎ≫說時濟甚麼事, 닐온들 므슴 일이 일리오. ❸이루다. 되다. ⇔일오다. ≪朴諺, 中, 60ㅎ≫不濟事, 일을 일오디 몯ᄒᆞᄂᆞ니.

제가(齊家) 동 집안을 잘 다스려 바로잡다. ≪朴諺, 中, 25ㅎ≫可知那廝使長的大帽(集覽, 朴集, 中, 6ㅎ: 大帽. 南村輟耕錄云, 胡石塘先生嘗應聘入京, 世皇召見於〈於〉便殿, 趍(趨)進, 不覺笠子欹側. 上問曰, 秀才何學. 對曰, 脩身齊家治國平天下之學. 上咲〈笑〉曰, 自家笠子尙不端正, 又能平天下耶.)也做裏, 그리어니 뎌 놈이 使長의 큰갓도 ᄆᆡᆫᄃᆞ니.

제곡(啼哭) 동 (큰 소리로) 울다. ⇔울다. ≪朴諺, 上, 50ㅎ≫見孩兒啼哭時, 아희 울믈 보면. ≪朴諺, 下, 23ㅎ≫唐僧見了啼哭, 唐僧이 보고 우더니.

제국(諸國) 명 여러 나라. ≪朴諺, 上, 66ㅈ≫諸國人民一切善男善女, 諸國 人民 一切 善男善女ㅣ. ≪朴諺, 中, 20ㅎ≫南海普陀落伽山(集覽, 朴集, 中, 3ㅎ: 南海普陁落伽山. 普陁落伽, 唐言小白花, 卽山礬花也. 山多小白花, 故仍名. 徃時高麗·新羅·日本諸國, 皆由此取道以候風汛.)裏, 南海 普陀 落伽山에.

제궁조(諸宮調) 명 북송(北宋) 말에 산서성(山西省) 출신의 예인(藝人) 공삼전(孔三傳)이 창시한 창극(唱劇)의 하나. 노래와 대사(臺詞)의 연쇄(連鎖)로 현악기의 반주에 의하여 한 사람이 창연(唱演)하는 형식인데, 한 편이 각종 궁조(宮調)의 여러 가곡(歌曲)으로 이루어졌다. ≪朴諺, 上, 5ㅎ≫叫教坊司十數箇樂工和做院本(集覽, 朴集, 上, 2ㅎ: 院本. 南村輟耕錄云, 唐有傳奇, 宋有戲曲·唱諢·詞說, 金有雜劇·諸宮調.)諸般雜技的來, 敎坊司의 여라믄 樂工과 院本에 여러 가지 雜技ᄒᆞᄂᆞ

니를 블러오라.

제급(濟急) 동 급한 일이 있을 때 구제하다. ≪朴諺, 上, 19ㅈ≫我今日印子鋪(集覽, 朴集, 上, 7ㅎ: 印子鋪. 音義云, 是典當錢物濟急之所.)裏儅錢去, 내 오늘 印子鋪에 돈 典儅ᄒᆞ라 가노라.

제기(濟機) 명 깍지. 각지(角指). ❶⇔각지. ≪朴諺, 上, 49ㅈ≫饋你濟機(集覽, 朴集, 上, 13ㅈ: 濟機. 音義云, ·쏠로 밍·ᄀᆞ·론〈밍근〉 혈거피 ·ᄀᆞ·튼 것. 今按, 漢人或牛角或鹿角爲之, 形如環, 着於拇指, 亦所以鉤〈所以鉤〉弦開弓.), 너를 각지를 주마. ❷⇔혈거피. ≪朴諺, 上, 49ㅈ≫饋你濟機(集覽, 朴集, 上, 13ㅈ: 濟機. 音義云, ·쏠로 밍·ᄀᆞ·론〈밍근〉 혈거피 ·ᄀᆞ·튼 것. 今按, 漢人或牛角或鹿角爲之, 形如環, 着於拇指, 亦所以鉤〈所以鉤〉弦開弓.), 너를 각지를 주마.

제대로 부 제대로. 자유롭게. ⇔자재(自在). ≪朴諺, 上, 61ㅎ≫自在快活的是對對兒鴛鴦, 제대로 즐기는 거슨 이 對對鴛鴦이오.

제람(提攬) 명 광주리. ⇔광주리. ≪朴諺, 下, 34ㅎ≫將我那提攬(集覽, 朴集, 下, 7ㅈ: 提攬. 質問云, 如筐子, 上有圓圈, 用手提携, 方言謂之提攬. 又云, 或竹或荊爲之, 有本等長圓提繫. 今以質問之釋考之, 則攬字作籃爲是. 然此兩釋似皆不合本意, 未詳是否.)和皮俗來, 내 뎌 광주리와 皮俗를 가져다가.

제례(制禮) 동 예법을 제정하다. ≪朴諺, 上, 41ㅈ≫十羊十酒(集覽, 朴集, 上, 12ㅈ: 十羊十酒. 羊十牽, 酒十瓶也. 制禮亦隨貴賤異秩〈帙〉, 卽送禮也. 詳見諸司職掌.)裏, 十羊과 十酒를 드리더라.

제매(弟妹) 명 남동생과 여동생. ≪朴諺, 上, 42ㅎ≫好姐姐(集覽, 朴集, 上, 12ㅈ: 姐姐. 漢俗呼姉曰姐姐. 雖非弟妹, 如遇婦女, 可展斯須之敬者, 亦曰姐姐, 是尊之之謂.), ᄆᆞ음 됴흔 각시아.

제믈 명 제물. 또는 맹물. 곧, 무리풀이 섞이지 않응 물. ❶⇔백청수(白淸水). ≪朴諺, 上, 43ㅎ≫三尺半白淸水(集覽, 朴集, 上, 12ㅎ: 白淸水絹. 무·리 ·픗〈플〉:긔 ·업·시 다ᄃᆞ·마 :돌호로 미·론 :깁·이·니, 光滑緻硬, 如本國擣砧者也. 卽不用糨粉而錬〈練〉生絹, 以石碾者.)絹, 석 자 반 제믈엣 깁이야. ≪朴新諺 1, 46ㅈ≫ 白淸水絹(朴新注, 18ㅈ: 不用粉餙, 而碾光者.)三尺, 흰 제믈엣 깁 석 자는. ❷⇔청수(淸水). ≪朴諺, 上, 43ㅎ≫三尺半白淸水(集覽, 朴集, 上, 12ㅎ: 白淸水絹. 무·리 ·픗〈플〉:긔 ·업·시 다ᄃᆞ·마 :돌호로 미·론 :깁·이·니, 光滑緻硬, 如本國擣砧者也. 卽不用糨粉而錬〈練〉生絹, 以石碾者.)絹, 석 자 반 제믈엣 깁이야. ≪朴新諺 1, 46ㅈ≫ 白淸水絹(朴新注, 18ㅈ: 不用粉餙, 而碾光者.)三尺, 흰 제믈엣 깁 석 자는.

제믈 명 제물. (그 자체에서 우러난 물) ❶⇔수활(水滑). ≪朴諺, 下, 32ㅎ≫水滑經帶麵(集覽, 朴集, 下, 6ㅈ: 水滑經帶麵. 水滑麵〈麪〉用頭麪, 春夏秋用新汲水, 入油塩, 先攪作拌麪羹揉, 漸漸入水和搜成劑, 用水拆開, 作小塊子, 再用油水洒和, 以拳搖一二百拳.), 제믈엣 칼국슈와. ❷⇔천(川). ≪朴諺, 上, 5ㅈ≫川炒(集覽, 朴集, 上, 2ㅎ: 川炒. 音義云, 믿므레〈믿믈에〉 炒ᄒᆞᆫ 猪肉. 今按, 川炒, 塩水炒也.)猪肉, 제믈에 쵸ᄒᆞᆫ 뎨육과.

제믈엣깁 명 무리풀을 먹이지 않고 다듬이질하여 반드럽게 한 비단. ⇔백청수견(白淸水絹). ≪朴諺, 上, 43ㅎ≫三尺半白淸水(集覽, 朴集, 上, 12ㅎ: 白淸水絹. 무·리 ·픗〈플〉:긔 ·업·시 다ᄃᆞ·마 :돌호로 미·론 :깁·이·니, 光滑緻硬, 如本國擣砧者也. 卽不用糨粉而錬〈練〉生絹, 以石碾者.)絹, 석 자 반 제믈엣 깁이야. ≪朴新諺 1, 46ㅈ≫ 白淸水絹(朴新注, 18ㅈ: 不用粉餙, 而碾光者.)三尺, 흰 제믈엣 깁 석 자는.

제밀(齊密) 형 가지런하고 조밀하다. ≪朴諺, 中, 23ㅈ≫齒排柯雪(集覽, 朴集, 中, 6ㅈ: 齒排柯雪. 謂齒如雪堆枝柯之上, 淨白

頓整之形, 似人所編排然. 佛三十二相, 有四十齒相, 有齒白淨相, 有齒齊密相.), 니는 柯雪이 버럿는 돗ᄒᆞ고.

제반(諸般) 명 여러 가지. 모든 것. ≪集覽, 字解, 單字解, 7ㅈ≫般. 名數也. 諸般 여러 가짓. 又等也. 一般. 又多也. ≪朴諺, 上, 5ㅎ≫叫敎坊司十數箇樂工和做院本諸般雜技的來, 敎坊司의 여라믄 樂工과 院本에 여러 가지 雜技ᄒᆞᄂᆞ니를 블러오라. ≪朴諺, 上, 6ㅈ≫杏兒·櫻桃諸般鮮果, 숤고와 잉도와 여러 가지 鮮果를. ≪朴諺, 上, 42ㅈ≫好文章諸般才藝, 文章이 됴코 여러 가지 才藝오. ≪朴諺, 上, 43ㅈ≫諸般絨線砌山子吊珠兒的麁白線, 여러 가지 보드라온 실과 귀여ᄉᆞ 무오고 진쥬 들 굴근 흰 실과. ≪朴諺, 上, 61ㅎ≫諸般殿舍且不索說, 여러 가지 殿舍는 아직 다 니ᄅᆞ디 아니ᄒᆞ거니와.

제방(隄防) 동 방비하다. 대비하다. ⇔제방ᄒᆞ다(隄防-). ≪朴諺, 中, 35ㅎ≫有法度容易隄防, 法度ㅣ 이시니 隄防ᄒᆞ기 쉬오니라. ≪朴諺, 中, 36ㅈ≫這般隄防時, 이리 隄防ᄒᆞ면.

제방ᄒᆞ다(隄防-) 동 방비하다. 대비하다. ⇔제방(隄防). ≪朴諺, 中, 35ㅎ≫有法度容易隄防, 法度ㅣ 이시니 隄防ᄒᆞ기 쉬오니라. ≪朴諺, 中, 36ㅈ≫這般隄防時, 이리 隄防ᄒᆞ면.

제배(儕輩) 명 동료. 동배(同輩). ≪集覽, 字解, 累字解, 1ㅈ≫大哥. 哥兄也. 人有數兄, 則呼長曰大哥, 次曰二哥, 三曰三哥. 雖非同胞而見儕輩, 可推敬者, 則亦呼爲哥. 或加大字, 或加老字, 推敬之重也. 只呼弟曰兄弟, 竝擧兄及弟曰弟兄.

제법(劑法) 명 여러 가지 재료를 조합(調合)하여 만드는 방법. ≪朴諺, 中, 6ㅎ≫撇些禿禿麽思(集覽, 朴集, 中, 1ㅎ: 禿禿麽思. 劑法如水滑麪〈麵〉, 和圓少彈劑〈剤〉, 冷水浸手掌, 按作小薄餠兒, 下鍋煮熟, 以盤盛, 用酥油炒片羊肉, 加塩炒至焦, 以酸甜湯拌和. 滋味得所, 別硏蒜泥調酪, 任便加減, 使竹簽簽食之.), 적이 ᄆᆡ역져비 쓰고. ≪朴諺, 下, 32ㅈ≫羊肉餡(集覽, 朴集, 下, 5ㅎ: 餡. 或肉或菜及諸料物拌匀〈匂〉爲胎, 納於餠中者曰餡. 酸餡·素餡·葷餡·生餡·熟餡, 供用合宜. 詳見事林廣記·事文類聚·居家必用等書, 劑法不一. 今不煩註.)饅頭, 羊肉 소 녀흔 상화과. ≪朴諺, 下, 33ㅈ≫象眼棋子(集覽, 朴集, 下, 6ㅎ: 象眼餜子. 但居家必用著米心餜子劑法云, 頭麵〈麪〉以涼水入塩和成劑, 拗棒拗過, 趕至薄, 切作細棊子, 晒〈洒〉乾, 以篵子隔過, 再用刀切千百次, 再隔過.), 象眼 ᄀᆞᄐᆞᆫ 棋子와.

제불(諸佛) 명 〈불〉 모든 부처. ≪朴諺, 下, 3ㅈ≫告諸佛·菩薩, 諸佛과 菩薩긔 告ᄒᆞ여. ≪朴諺, 下, 7ㅎ≫這七月十五日是諸佛解夏之日, 七月 十五日은 諸佛 解夏ᄒᆞ는 날이라.

제사(第四) 수 넷째. ⇔넷재. ≪朴諺, 下, 20ㅈ≫第四割頭再接, 넷재는 머리 버혀 다시 닛기 ᄒᆞ쟈.

제사(祭社) 동 토지신에게 제사를 지내다. ≪朴諺, 上, 16ㅎ≫祭了社神(集覽, 朴集, 上, 6ㅈ: 社神. 立春後第〈茀〉五戊爲春社, 立秋後第〈茀〉五戊爲秋社. 孝經緯曰, 社, 土地之主也. 土地闊〈濶〉, 不可盡祭, 故封土爲社, 以報功也. 春祭社, 祈穀之生, 秋祭社, 報穀之成.), 社神긔 祭ᄒᆞ여시니.

제사(諸司) 명 여러 관서. ≪朴諺, 上, 4ㅎ≫放象生纏糖(集覽, 朴集, 上, 2ㅈ: 象生纏糖. 諸司職掌婚禮定親及納徵, 皆用芝麻·纏糖二合茶.), 生物을 象ᄒᆞ여 ᄆᆡᆫᄃᆞᆫ 沙糖이어나. ≪朴諺, 上, 41ㅈ≫十羊十酒(集覽, 朴集, 上, 12ㅈ: 十羊十酒. 羊十牽, 酒十瓶也. 制禮亦隨貴賤異秩〈帙〉, 卽送禮也. 詳見諸司職掌.)裏, 十羊과 十酒를 드리더라.

제사직장(諸司職掌) 명 책 이름. 명(明)나라 홍무(洪武) 26년(1393)에 책선(翟善) 등 지음. 각 관아에서 하는 일과 인원 등에 대하여 기록하였다. ≪朴諺, 上, 4ㅎ≫

放象生纏糖(集覽, 朴集, 上, 2ㅈ: 象生纏糖. 諸司職掌婚禮定親及納徵, 皆用芝麻·纏糖二合茶.), 生物을 象ᄒᆞ여 ᄭᆡ민 沙糖이어나. ≪朴諺, 上, 41ㅈ≫十羊十酒(集覽, 朴集, 上, 12ㅈ: 十羊十酒. 羊十牽, 酒十瓶也. 制禮亦隨貴賤異秩〈帙〉, 即送禮也. 詳見諸司職掌.)裏, 十羊과 十酒를 드리더라.

제삼(第三) 관 셋째. ⇔셋재. ≪朴諺, 上, 4ㅈ≫第三遭十六棵, 셋재 줄 열 여슷 뎝시에는. ≪朴諺, 下, 20ㅈ≫第三滾油洗澡, 셋재는 긇는 기름에 모욕ᄒᆞ고.

제석(帝釋) 명 〈불〉 호법신(護法神)의 하나. 수미산(須彌山) 꼭대기에 있는 도리천(忉利天)의 임금으로, 사천왕(四天王)과 삼십이천(三十二天)을 통솔하면서 불법과 불법에 귀의하는 사람을 보호하고 아수라(阿修羅)의 군대를 정벌한다고 한다. ≪朴諺, 中, 21ㅎ≫或作童女(集覽, 朴集, 中, 4ㅎ: 童男童女. 觀音現三十二應, 曰佛身, 曰辟支〈支〉, 曰圓覺, 曰聲聞, 曰梵王, 曰帝釋, 曰自在天, 曰大自在天, 曰天大將軍, 曰四天王, 曰四天太子, 曰人王, 曰長者, 曰居士, 曰宰官, 曰婆羅門, 曰比丘, 曰比丘尼, 曰優婆塞, 曰優婆夷, 曰女主, 曰童男, 曰童女, 曰天身, 曰龍身, 曰藥叉, 曰乾達婆, 曰阿脩羅, 曰緊那羅, 曰摩睺羅, 曰樂人, 曰非人.), 혹 童女ㅣ 되며. ≪朴諺, 中, 21ㅎ≫或現質梵王帝釋(集覽, 朴集, 中, 4ㅎ: 梵王帝釋. 有欲界·色界·無色界爲三界. 欲界有四洲·四惡趣·六欲天, 帝釋爲欲界主. 色界有四禪·十八梵天, 梵王爲色界主. 無色界有四空天.), 或 梵王帝釋에 現質ᄒᆞ며. ≪朴諺, 中, 22ㅈ≫隨相現相(集覽, 朴集, 中, 5ㅈ: 隨相現相. 飜譯名義云, 佛昔爲帝釋時, 遭飢歲, 疾疫流行, 醫療無功, 道殣相屬.)救苦惱於三塗, 샹을 조차 샹을 뵈야 苦惱를 三塗에 救ᄒᆞᄂᆞᆫ뎌다.

제성(祭星) 동 매년 봄에 천자(天子)가 동교(東郊)에 제단을 쌓고 성신(星辰)에게 제사를 올리다. 고대 제례(祭禮)의 하나이다. ⇔제성ᄒᆞ다(祭星-). ≪朴諺, 下, 18ㅎ≫聽的道人們祭星, 道人들의 祭星홈을 듣고. ≪朴諺, 下, 19ㅈ≫奪喫了祭星茶果, 祭星ᄒᆞᄂᆞᆫ 茶果를 아사 먹고.

제성(啼聲) 명 우는 소리. ≪朴諺, 上, 46ㅈ≫大小家眷小娃娃(集覽, 朴集, 上, 13ㅈ: 娃娃. 娃娃, 指孩兒之稱. 字作呱, 音·와. 是小兒啼聲.)們, 大小 家眷과 져근 아희들로.

제성(齊聲) 동 여러 사람이 한꺼번에 일제히 소리를 지르다. ≪朴諺, 上, 44ㅎ≫師傅上唱喏(集覽, 朴集, 上, 12ㅎ: 唱喏. 揖也. 詞曲曰, 一箇唱, 百箇喏, 謂一人呼唱於上, 衆人應諾於下. 如將帥在營幕下, 軍卒投謁於前者列立於〈軍卒投謁於前者列於〉庭, 將帥發一令語, 則衆下齊聲以應.), 스승님ᄭᅴ 읍ᄒᆞ고.

제성ᄒᆞ다(祭星-) 동 매년 봄에 천자(天子)가 동교(東郊)에 제단을 쌓고 성신(星辰)에게 제사를 올리다. 고대 제례(祭禮)의 하나이다. ⇔제성(祭星). ≪朴諺, 下, 18ㅎ≫聽的道人們祭星, 道人들의 祭星홈을 듣고. ≪朴諺, 下, 19ㅈ≫奪喫了祭星茶果, 祭星ᄒᆞᄂᆞᆫ 茶果를 아사 먹고.

제신(齊身) 동 몸을 정연(整然)하게 하다. ≪朴諺, 上, 33ㅎ≫你布施人家齋飯(集覽, 朴集, 上, 10ㅎ: 齋飯. 請觀音經䟽云, 齋者, 齊也, 齊身口業也.)錢, 네 人家에 보시ᄒᆞᆫ 齋飯錢을.

제심마사(濟甚麽事) 형 속절없다. ⇔쇽졀업다. ≪集覽, 字解, 累字解, 3ㅈ≫濟甚事. 므슴 이리 일료. 猶言쇽졀업다. ≪集覽, 字解, 累字解, 3ㅈ≫濟甚麽事. 上同.

제심사(濟甚事) 형 속절없다. ⇔쇽졀업다. ≪集覽, 字解, 累字解, 3ㅈ≫濟甚事. 므슴 이리 일료. 猶言쇽졀업다.

제왕(帝王) 명 황제와 국왕. ≪朴諺, 下, 18ㅎ≫做羅天大醮(集覽, 朴集, 下, 4ㅎ: 大醮. 上元金籙齋, 帝王修奉, 設普天大醮. 中元玉籙齋, 保佑六宮, 輔寧妃后, 設周天

大醮. 下元黃籙齋, 臣民通修, 普資家國, 設羅天大醮.), 羅天大醮를 ᄒᆞ더니.

제왕(諸王) 명 여러 임금. ≪朴諺, 上, 14ㅎ≫ 不是諸王段子, 諸王의 비단이 아니오. ≪朴諺, 中, 7ㅎ≫你不見這金字圓牌(集覽, 朴集, 中, 1ㅎ: 金字圓牌. 至正條格云, 元時, 中書省奏, 諸王·駙馬各投下有軍情緊急重事, 許令懸帶原降銀字圓牌應付鋪馬騎坐, 其餘差使人員有緊急軍情重事, 許令懸帶金字圓牌, 方付鋪馬.), 네 이 金字圓牌를 보디 몯ᄒᆞᄂᆞ다.

제이(第二) 관 둘째. ⇔둘재. ≪朴諺, 上, 4ㅈ≫第(第)二遭十六楪, 둘재 줄 열 여ᄉᆞᆺ 뎝시에ᄂᆞᆫ. ≪朴諺, 上, 47ㅎ≫第二間裏睡一覺, 第二間에 ᄒᆞᆫ숨 자고.

제이(第二) 명 버금. 다음. ≪朴諺, 下, 13ㅎ≫第二少卿, 第二 少卿이라.

제이(第二) 수 둘째. ⇔둘ᄶᅢ. ≪朴諺, 下, 20ㅈ≫第二槓中猜物, 둘ᄶᅢᄂᆞᆫ 槓中엣 거ᄉᆞᆯ 알고.

제일(第一) 명 제일. 첫째. ≪朴諺, 上, 39ㅈ≫馬是第(第)一寶貝, ᄆᆞᆯ은 이 第(第)一寶貝라. ≪朴諺, 中, 53ㅈ≫第一箇走, 第一로 ᄃᆞᆺ고.

제자(弟子) 명 제자(弟子). 문하생(門下生). ≪朴諺, 上, 32ㅎ≫一箇和尙(集覽, 朴集, 上, 9ㅎ: 和尙. 萬里相和曰和, 外道相尙曰尙. 又和者, 太和也, 尙者, 高尙也. 又和尙, 外國語, 此云近誦. 以弟子年少, 不離於師, 常逐相〈常〉近, 受經而誦者.) 偷弄別人的媳婦, ᄒᆞᆫ 즁이 ᄂᆞᆷ의 겨집을 도적ᄒᆞ여 어ᄅᆞ노라. ≪朴諺, 上, 33ㅈ≫你是佛家弟子, 너ᄂᆞᆫ 이 佛家 弟子ㅣ라. ≪朴諺, 中, 37ㅈ≫和那弟子孩兒, 뎌 弟子 孩兒과. ≪朴諺, 中, 57ㅎ≫這弟子孩兒, 이 弟子 孩兒아.

제자(梯子) 명 수레의 앞을 괴는 나무. 또는 사닥다리. ❶⇔거전괴오ᄂᆞᆫ나모(車前-). ≪朴諺, 中, 11ㅎ≫少梯子(集覽, 朴集, 中, 2ㅈ: 梯子. 音義云, 車前괴오·ᄂᆞᆫ나모.), 술위앏괴오ᄂᆞᆫ나모. 撑頭, 술위뒤괴오ᄂᆞᆫ나모. 套繩, 멧줄. 撒繩, ᄉᆞ을줄. 拘索, 목집게. 籠頭, 바굴레. 脚索, 지달쏠바. 鞍子, 기ᄅᆞ마. 肚帶, 빗대 업세라. ❷⇔술위앏괴오ᄂᆞᆫ나모. ≪朴諺, 中, 11ㅎ≫少梯子, 술위앏괴오ᄂᆞᆫ나모. 撑頭, 술위뒤괴오ᄂᆞᆫ나모. 套繩, 멧줄. 撒繩, ᄉᆞ을줄. 拘索, 목집게. 籠頭, 바굴레. 脚索, 지달쏠바. 鞍子, 기ᄅᆞ마. 肚帶, 빗대 업세라.

제자(蹄子) 명 굽. 발굽. ⇔굽. ≪朴諺, 上, 38ㅎ≫就蹄子放血, 임의셔 굽에 피 ᄲᅡ히리라. ≪朴諺, 上, 39ㅈ≫一發就蹄子放血着, ᄒᆞᆫ 번에 임의셔 굽에도 피 ᄲᅡ히라.

제자해아(弟子孩兒) 명 자식. (기생이 낳은 아이라는 뜻으로, 남을 욕하는 말) ⇔ᄌᆞ식. ≪朴諺, 中, 7ㅎ≫這賊弟子孩兒, 이 도적놈의 ᄌᆞ식아.

제잡(諸雜) 명 여러 가지. ≪朴諺, 上, 61ㅎ≫ 諸雜名花奇樹不知其數, 여러 가지 名花 奇蔚(樹)ᄂᆞᆫ 그 수를 아디 몯ᄒᆞ고.

제재(除灾) 동 제재(除災). '灾'는 '災'와 같다. ≪朴諺, 中, 23ㅎ≫尋聲救苦應念除災, 尋聲 救苦ᄒᆞ며 應念 除灾ᄒᆞᄂᆞ니.

제재(除災) 동 해로운 것을 없애다. ⇔제재ᄒᆞ다(除災-). ≪朴諺, 中, 23ㅎ≫尋聲救苦應念除災(集覽, 朴集, 中, 6ㅈ: 尋聲救苦應念除災. 史記, 昔盧景裕繫晉陽獄, 志心念觀世音菩薩, 枷鎖自脫. 又有人當死, 志心誦觀世音菩薩普門品經千百遍, 臨刑刀折, 因以赦之.), 尋聲 救苦ᄒᆞ며 應念 除灾ᄒᆞᄂᆞ니.

제재ᄒᆞ다(除災-) 동 해로운 것을 없애다. ⇔제재(除災). ≪朴諺, 中, 23ㅎ≫尋聲救苦應念除災(集覽, 朴集, 中, 6ㅈ: 尋聲救苦應念除災. 史記, 昔盧景裕繫晉陽獄, 志心念觀世音菩薩, 枷鎖自脫. 又有人當死, 志心誦觀世音菩薩普門品經千百遍, 臨刑刀折, 因以赦之.), 尋聲 救苦ᄒᆞ며 應念 除灾ᄒᆞᄂᆞ니.

제족(齊足) 형 모두 충족하다. ≪朴諺, 上, 41ㅎ≫第三日做圓飯筵席(集覽, 朴集, 上, 12ㅈ: 圓飯筵席. 圓作完是, 謂齊足之意.)

了時, 第三日에 圓飯 이바디ᄒᆞ면.

제주(除做) 동 벼슬하다. ⇔벼ᅀᆞᆯᄒᆞ다. ≪朴諺, 下, 13ㅎ≫你官人除做那裏, 네 官人이 어딋 벼ᅀᆞᆯᄒᆞ엿ᄂᆞ뇨. ≪譯語類解補, 官職≫除做官, 벼슬ᄒᆞ이다.

제채(薺菜) 명 냉이. ⇔낭이. ≪朴諺, 中, 34ㅈ≫拔將小蒜, 죡지. 田菁, 샤틱올. 薺菜, 낭이. 芒荇, 비름을 킈여 오라.

제천(祭天) 동 하늘에 제사를 지내다. ≪朴諺, 中, 11ㅈ≫一兩日上位郊天(集覽, 朴集, 中, 2ㅈ: 郊天. 天子設圜丘於南郊, 以祭天神·地祇·日月星辰·山川·嶽瀆, 以太祖配享. 古制, 冬至祭天. 今制, 正月十五日以裏祭天, 俗謂之拜郊〈謂之拜郊〉.)去, ᄒᆞᄅᆞ 이틀만 ᄒᆞ면 上位ㅣ 郊天ᄒᆞ라 가실 거시니.

제천(齊天) 형 하늘과 가지런하다. ≪朴諺, 上, 1ㅈ≫洪福齊天, 큰 福이 하늘과 ᄀᆞᄌᆞᆨᄒᆞ야.

제천(諸天) 명 〈불〉 모든 하늘. 욕계(欲界)의 육욕천(六欲天), 색계(色界)의 십팔천(十八天), 무색계(無色界)의 사천(四天) 등을 통틀어 이르는 말. ≪朴諺, 上, 33ㅎ≫你布施人家齋飯(集覽, 朴集, 上, 10ㅎ: 齋飯. 請觀音經疏云, 齋者, 齊也, 齊身口業也. 佛氏日中而食, 瓶沙王問, 佛, 何故日中食. 答〈荅〉云, 早起諸天食, 日中三世佛食, 日西畜生食, 日暮鬼神食.)錢, 네 人家에 보시ᄒᆞᆫ 齋飯錢을.

제천대성(齊天大聖) 명 중국의 소설 서유기(西遊記)에 나오는 손오공(孫悟空)의 별호. ≪朴諺, 下, 17ㅈ≫唐三藏引孫行者(集覽, 朴集, 下, 4ㅈ: 孫行者. 西遊記云, 西域有花菓山, 山下有水簾洞, 洞前有鐵板橋, 橋下有萬丈澗, 澗邊有萬箇小洞, 洞裏多猴. 有老猴精, 號齊天大聖, 神通廣大, 入天宮仙桃園偷蟠桃, 又偷老君靈丹藥, 又去王母宮偷王母綉仙衣一套, 來設慶仙衣會.), 唐三藏이 孫行者를 ᄃᆞ리고. ≪朴諺, 下, 47ㅈ≫粧二郎爺爺(集覽, 朴集, 下, 10ㅎ: 二郎爺爺. 按西遊記, 西域花菓山洞有老猴精, 號齊天大聖, 神變〈变〉無測, 鬧(閙)乱天宮, 玉帝命李天王領神兵往捕, 相戰失利. 灌州灌江口立廟, 有神曰小聖二郎, 又號二郎賢聖天王, 請二郎捕獲大聖, 卽此.), 二郎爺爺를 ᄭᅮ미며.

제품(諸品) 명 여러 종류의 물품. ≪朴諺, 上, 2ㅈ≫咱們問那光祿寺(集覽, 朴集, 上, 1ㅈ: 光祿寺. 在東長安門內, 其屬有大官·珍〈珎〉羞·良醞·掌醢四署, 掌供辦內府諸品膳羞酒醴及管待使客之事.)裏, 우리 뎌 光祿寺에 무러.

제형(弟兄) 명 ❶형제. 형과 아우. ≪朴諺, 上, 1ㅈ≫咱們幾箇好弟兄, 우리 여러 됴ᄒᆞᆫ 弟兄들히. ≪朴諺, 上, 7ㅎ≫咱弟兄們和順的上頭, 우리 弟兄들히 和順ᄒᆞᆫ 젼ᄎᆞ로. ≪朴諺, 上, 23ㅎ≫結做好弟兄時如何, ᄆᆞᄋᆞᆷ 됴ᄒᆞᆫ 弟兄을 지음이 엇더ᄒᆞ뇨. ≪朴諺, 上, 24ㅈ≫咱衆弟兄們裏頭, 우리 모ᄃᆞᆫ 弟兄들 듕에. ≪朴諺, 上, 24ㅈ≫却有弟兄之意, ᄯᅩ 弟兄의 ᄠᅳᆮ이 이시려니ᄯᆞ녀. ≪朴諺, 上, 38ㅈ≫弟兄三四箇守着停柱坐, 弟兄 세 네히 기동을 딕희여 안잣ᄂᆞᆫ 거시여. ≪朴諺, 上, 49ㅈ≫咱十數箇弟兄們去時勾了, 우리 여라믄 弟兄ᄃᆞᆯ히 가면 유여ᄒᆞᆯ 거시니. ≪朴諺, 上, 63ㅎ≫咱男兒漢做弟兄, 우리 ᄉᆞ나희 弟兄이 되여셔. ≪朴諺, 中, 31ㅈ≫只把我這舊弟兄伴當們根底, 그저 우리 녯 弟兄 伴當들의손ᄃᆡ. ≪朴諺, 中, 31ㅎ≫是人倫弟兄之意, 이 人倫 弟兄의 ᄠᅳᆮ이어니와. ≪朴諺, 中, 56ㅈ≫你弟兄兩箇引的那小厮們, 너희 弟兄 둘히 ᄃᆞ려 아희들을 ᄃᆞ려. ≪朴諺, 下, 62ㅈ≫人事與相識弟兄, 人事로 서ᄅᆞ 아ᄂᆞᆫ 弟兄을 주라. ❷아우. ⇔아ᄋᆞ. ≪朴諺, 上, 63ㅈ≫好哥哥弟兄們裏頭, ᄆᆞᄋᆞᆷ 됴ᄒᆞᆫ 형 아ᄋᆞ들 듕에. ≪朴諺, 中, 15ㅎ≫好哥哥弟兄們央及我, ᄆᆞᄋᆞᆷ 됴ᄒᆞᆫ 형 아ᄋᆞ들히 내게 빌거ᄂᆞᆯ.

제형안찰사(提刑按察司) 명 관서 이름. 원대(元代)에 처음 두어 명·청대(明淸代)까지 존속되었다. 장관(長官)인 제형

안찰사는 송(宋)나라의 제점형옥(提點刑獄)에 해당되는 벼슬로서 옥송(獄訟)과 농사에 관한 일을 관장하였다. ≪朴諺, 下, 11ㅎ≫得了照會(集覽, 朴集, 下, 3ㅈ: 照會. 五軍都督府照會六部, 六部照會承宣布政使司, 使司照會提刑按察司.), 照會를 엇노라.

제화문(齊華門) 명 중국 북경(北京) 내성(內城)에 있는 성문. 숭인문(崇仁門) 남쪽에 있는 조양문(朝陽門)의 원대(元代)의 이름이다. ≪朴諺, 上, 11ㅎ≫我在平則門(集覽, 朴集, 上, 5ㅎ: 平則門. 永樂十九年, 營建宮室, 立門九, 南曰正陽, 又曰午門, 元則曰麗正, 南之右曰宣武, 元則曰順承, 南之左曰文明, 元則曰崇文, 又曰哈噠, 北之東曰安定, 北之西曰德勝, 元則曰健德, 東之北曰崇仁, 一名東直, 元名同, 東之南曰朝陽, 元則曰齊華, 西之北曰西直, 西之南曰阜城, 元則曰平則. 元設十一門, 而今減其二.)邉住, 내 平則門 ᄭᅥᆺ의 이셔 사노라. ≪朴諺, 下, 50ㅈ≫朝陽是齊華門, 朝陽은 이 齊華門이오.

제후(諸侯) 명 봉건시대에 일정한 영토를 가지고 그 영내의 백성을 지배하는 권력을 가지던 사람. ≪朴諺, 上, 18ㅈ≫那三台(集覽, 朴集, 上, 7ㅈ: 三台. 三台, 星名. 在天爲六座, 名天階, 亦曰泰階, 太上升降之道也. 事文類聚云, 上階爲天子, 中階爲諸侯·公卿·大夫, 下階爲士·庶人. 三階平則陰陽和, 風雨時, 天下大安. 周禮䟽, 上台司命〈侖〉爲太尉, 中台司中爲司徒, 下台司祿爲司空, 三公之象.)板兒做得好, 뎌 三台 돈은 ᄆᆡᆫᄃᆞᆯ기를 잘ᄒᆞ엿고.

제휴(提携) 동 휴대하다. ≪朴諺, 下, 34ㅎ≫將我那提攬(集覽, 朴集, 下, 7ㅈ: 提攬. 質問云, 如筐子, 上有圓圈, 用手提携, 方言謂之提攬.)和皮帒來, 내 뎌 광주리와 皮帒를 가져다가.

제ᄒᆞ다(除-) 동 (직위와 계급 등을) 수여하다. 제수(除授)하다. ⇔제(除). ≪朴諺, 中, 46ㅈ≫只是一步高如一步除將去, 그저 ᄒᆞᆫ 거름에 ᄒᆞᆫ 거름식 놉하 除ᄒᆞ여 가거니와. ≪朴諺, 中, 46ㅎ≫急且幾時又得除, 과거리 언제 또 除홈을 어드리오. ≪朴諺, 下, 13ㅎ≫除做光祿寺卿, 光祿寺卿을 除ᄒᆞ엿ᄂᆞ니라. ≪朴諺, 下, 38ㅈ≫除在那裡, 어ᄃᆡ 除ᄒᆞ엿ᄂᆞ뇨. ≪朴諺, 下, 38ㅈ≫除在南京應天府丞, 南京 應天府丞을 除ᄒᆞ엿ᄂᆞ니라.

제ᄒᆞ다(祭-) 동 제사지내다. ⇔제(祭). ≪朴諺, 上, 16ㅎ≫祭了社神(集覽, 朴集, 上, 6ㅈ: 社神. 立春後第〈節〉五戊爲春社, 立秋後第〈節〉五戊爲秋社. 孝經緯曰, 社, 土地之主也. 土地闊〈濶〉, 不可盡祭, 故封土爲社, 以報功也. 春祭社, 祈穀之生, 秋祭社, 報穀之成.), 社神ᄭᅴ 祭ᄒᆞ여시니.

져 명 저. 젓가락. ❶⇔저(筯). ≪朴諺, 中, 11ㅎ≫鑼鍋, 로고. 柳箱, 섥. 灑子, 드레. 三脚, 아리쇠. 椀·楪, 사발·뎝시. 匙筯, 술 져. 樢杓, 나모쥬게. 笊籬, 조ᄅᆡ. 炊箒, 솔. ❷⇔쾌자(快子). ≪集覽, 字解, 單字解, 1ㅎ≫和. 平聲, 調和也. 又去聲, 與也, 及也. 我和你 너와 나와, 銅匙和快子 술와 밋 져와.

져근덧 부 잠깐. ⇔일삽(一霎). ≪朴諺, 下, 28ㅈ≫一霎兒贏了二升多榛子, 져근덧에 두 되 나믄 개암을 이긔어다.

져근ᄇᆡ 명 아랫배. ⇔소두(小肚). ≪朴諺, 上, 35ㅈ≫一箇太醫看我小肚皮上使一針, ᄒᆞᆫ 太醫 날을 보고 져근ᄇᆡ 우희 ᄒᆞᆫ 번 침 주고.

져기 부 적이. 좀. ❶ ⇔사(些). ≪集覽, 字解, 單字解, 5ㅈ≫些. 少也. 些兒·些箇·些少 져기. 又語助. ≪朴諺, 上, 6ㅈ≫將些乾按酒來, 져기 ᄆᆞ른按酒을 가져오고. ≪朴諺, 上, 18ㅈ≫你饋我趲短些, 네 날을 져기 주려 주고려. ≪朴諺, 上, 20ㅎ≫等一會兒饋些草喫, ᄒᆞᆫ 디위 기ᄃᆞ려 져기 여믈을 주어 먹이고. ≪朴諺, 上, 23ㅈ≫斂些錢做翫月會, 져기 돈 거두어 翫月會를 ᄒᆞ쟈. ≪朴諺, 上, 52ㅎ≫我有些央及的勾當, 내 져기 빌 일이 이셔. ≪朴諺,

上, 66ㅎ≫禮拜供養做些因緣時好, 禮拜供養ᄒᆞ야 져기 인연을 지음이 됴ᄒᆞ리로다. ≪朴諺, 中, 12ㅈ≫買些柴·拳頭菜·茶葉拿去, 져기 나모와 고사리와 茶葉을 사 가져가라. ≪朴諺, 中, 25ㅈ≫有些事時喫打, 져기 일이 이시면 마즘을 니브리라. ≪朴諺, 中, 33ㅎ≫買些菜子兒, 져기 ᄂᆞ믈 � 사. ≪朴諺, 中, 40ㅎ≫那瓦水潤了無些氣力, 뎌 디새 믈 ᄇᆡ야 져기 힘이 업스니. ≪朴諺, 中, 52ㅈ≫又少些盤纏不曾去的, 또 져기 盤纏이 업서 일즙 가디 못ᄒᆞ롸. ≪朴諺, 中, 59ㅎ≫該管的外郎也受了些錢財, ᄀᆞ음아ᄂᆞᆫ 外郎도 져기 錢財를 밧고. ≪朴諺, 下, 2ㅈ≫拿些水來我漱口, 져기 믈 가져오라 내 양지질ᄒᆞ쟈. ≪朴諺, 下, 13ㅈ≫栽些好名花, 져기 됴흔 名花를 시므고. ≪朴諺, 下, 27ㅎ≫喫些茶去來, 져기 차 머그라 가쟈. ≪朴諺, 下, 44ㅈ≫有些胡撥氣, 져기 노린내 이시니. ≪朴諺, 下, 45ㅈ≫伯伯喫些飯, 伯伯아 져기 밥 먹으라. ≪朴諺, 下, 61ㅎ≫喫些淡茶去不妨, 져기 淡茶를 먹고 가미 해롭디 아니ᄒᆞ니. ❷⇔사개(些箇). ≪集覽, 字解, 單字解, 5ㅈ≫些. 少也. 些兒·些箇·些少 져기. 又語助. ≪朴諺, 上, 35ㅈ≫如今飯也喫得些箇却無事了, 이제ᄂᆞᆫ 밥도 져기 먹고 또 無事ᄒᆞ여라. ≪朴諺, 中, 8ㅎ≫我也鋪鋪盖睡些箇, 나도 鋪盖 ᄭᆞᆯ고 져기 자쟈. ≪朴諺, 下, 7ㅎ≫買將些箇來, 져기 사 가져와. ≪朴諺, 下, 29ㅎ≫鼈兒打的匾着些箇, 鼈兒 ᄆᆡᆫ돌기를 져기 납쟉이 ᄒᆞ고. ≪朴諺, 下, 37ㅈ≫落下些箇, 져기 ᄲᅥ러ᄃᆞ려. ≪朴諺, 下, 37ㅎ≫便不使些箇做甚麽, 곳 져기 ᄡᅳ디 아니코 므슴 ᄒᆞ리오. ≪朴諺, 下, 44ㅎ≫黃土少些箇, 黃土ㅣ 져기 젹에라. ≪朴諺, 下, 45ㅈ≫喫些箇好來, 져기 먹기 됴흐러니. ❸⇔사소(些少). ≪集覽, 字解, 單字解, 5ㅈ≫些. 少也. 些兒·些箇·些少 져기. 又語助. ❹⇔사아(些兒). ≪集覽, 字解, 單字解, 5ㅈ≫些. 少也. 些兒·些箇·些少 져기. 又語助. ≪朴諺, 中, 4ㅎ≫但有些兒不像時, 믈읫 져기 ᄀᆞᆺ디 아님이 이시면. ❺⇔유사(有些). ≪朴諺, 上, 56ㅈ≫也有些撒蹄, 또 져기 굽ᄆᆞ리미 잇더라.

져제 명 저자. 시장. ❶⇔가시(街市). ≪朴諺, 上, 2ㅈ≫街市酒打將來怎麽喫, 져젯 술을 가져오면 엇디 머그리오. ❷⇔시(市). ≪朴諺, 上, 55ㅎ≫你自馬市裏揀(揀)着買去, 네 손ᄉᆞ ᄆᆞᆯ 져제 ᄀᆞᆯᄒᆡ여 사라 가라. 市裏尋不着好馬, 져제ᄂᆞᆫ 됴흔 ᄆᆞᆯ을 엇디 못ᄒᆞᆯ러라. ≪朴諺, 上, 59ㅈ≫我也明日到羊市裏, 나도 ᄂᆡ일 羊 져제 가. ≪朴諺, 中, 34ㅎ≫着那丫頭菜市裏, 뎌 丫頭로 ᄂᆞ믈 져제. ≪朴諺, 中, 38ㅎ≫我羊市裏前頭磚塔衚衕裏, 내 양 져제 앏 벽탑골에.

져차리키다 동 뒷짐 지우다. ⇔배(背). ≪朴諺, 中, 28ㅎ≫把老李拿着背綁了, 老李를다가 자바 져차리켜 ᄆᆡ고.

젹 명 적(炙). ⇔첨자(簽子). ≪朴諺, 下, 2ㅈ≫且休燒簽子, 아직 젹을 굽디 말고.

젹다 형 ❶작다. ⇔소(小). ≪朴諺, 上, 13ㅈ≫那的有四箇小車兒(集覽, 朴集, 上, 6ㅈ: 小車. 一輪車也. 卽轀輬.), 뎌 네 젹은 술위 이시니. ≪朴諺, 上, 13ㅈ≫不要小車, 젹은 술위란 말고. ≪朴諺, 上, 15ㅎ≫小刀子一把, 젹은 칼 ᄒᆞᆫ ᄌᆞ르. ≪朴諺, 上, 46ㅈ≫大小家眷小娃娃們, 大小 家眷과 져근 아ᄒᆡ들로. ≪朴諺, 中, 1ㅎ≫他的主兒拿着諸般顏色的小旗兒, 제 님재 여러 가지 빗체 젹은 旗를 가져다가. ≪朴諺, 中, 25ㅎ≫簷兒小, 드르히 젹고. ≪朴諺, 中, 33ㅈ≫山頂上有一小池, 山 頂上에 ᄒᆞᆫ 젹은 못이 이시니. ≪朴諺, 中, 47ㅈ≫把他的小刀子拔了, 뎌의 져근 칼을다가 ᄲᅢ이고. ≪朴諺, 中, 53ㅎ≫這月是大盡那小盡, 이 ᄃᆞᆯ이 커 진ᄒᆞᄂᆞ냐 젹어 진ᄒᆞᄂᆞ냐. ≪朴諺, 下, 26ㅎ≫這沒觜臉小胡孫, 이 얼굴 업슨 져근 진납이. ❷적다. ⇔소(小). ≪朴諺, 上, 13ㅈ≫與他小脚兒錢, 뎌를 젹은 삭 갑슬 주되. ≪朴諺, 下, 19

ㅎ≫咱兩箇寃讎不小可裏, 우리 둘히 寃讎ㅣ 젹디 아니ᄒᆞ니라. ≪朴諺, 下, 38ㅈ≫也不小可, 또 젹디 아니타.

젹다 형 적다. ❶⇔소(少). ≪朴諺, 上, 3ㅎ≫如今怎麽少了, 이제 엇디 져그뇨. ≪朴諺, 上, 19ㅎ≫少儅時少贖, 젹게 典儅ᄒᆞ면 젹게 갑ᄂᆞ니라. ≪朴諺, 中, 6ㅈ≫休少了我的便是, 우리게도 젹게 말미 곳 올ᄒᆞ니라. ≪朴諺, 下, 44ㅈ≫不要多也不要少了, 만히도 말고 젹게도 말아. ≪朴諺, 下, 44ㅎ≫黃土少些箇, 黃土ㅣ 져기 젹에라. ≪朴諺, 下, 45ㅈ≫夜飯少一口, 夜飯은 ᄒᆞᆫ 입을 젹게 ᄒᆞ면. 活到九十九, 살기를 九十九에 니르다 ᄒᆞ니라. ❷⇔소가(小可). ≪朴諺, 中, 53ㅈ≫不同小可, 젹디 아니ᄒᆞ다. ≪朴諺, 下, 38ㅈ≫也不小可, 또 젹디 아니타.

젹다 형 작다. 왜소(矮小)하다. ⇔좌(矬). ≪朴諺, 中, 50ㅎ≫咳那矬漢你那裏抵當的我, 애 더 킈 져근 놈이 네 어ᄃᆡ 내게 더당ᄒᆞ리오. ≪朴諺, 中, 50ㅎ≫敢是這矬漢喫來, 이 킈 져근 놈이 먹은 듯ᄒᆞ다.

젹삼 명 적삼. ⇔삼아(衫兒). ≪朴諺, 上, 25ㅈ≫衫兒·袴児·裹肚等裏衣且休說, 젹삼·고의·裹肚 等 속옷으란 아직 닐ᄋᆞ디 말려니와.

젹이 부 적이. 좀. ❶⇔교(較). ≪朴諺, 中, 15ㅈ≫尺脉較沈, 尺脉이 젹이 沈ᄒᆞ니. ❷⇔사(些). ≪朴諺, 上, 50ㅈ≫只着些好醬瓜兒就飯喫, 그저 젹이 됴흔 醬瓜로 밥ᄒᆞ여 먹히라. ≪朴諺, 中, 6ㅎ≫熬些稀粥, 젹이 믈근 쥭을 ᄲᅮ고. ≪朴諺, 中, 6ㅎ≫捏些匾食, 젹이 匾食를 빗고. ≪朴諺, 中, 6ㅎ≫撇些禿禿麽思, 젹이 믜역져비 ᄡᅳ고. ≪朴諺, 中, 6ㅎ≫一壁廂熬些細茶, ᄒᆞᆫ ᄇᆞ룸 구석의셔 젹이 細茶를 달히라. ≪朴諺, 中, 16ㅈ≫熱炕上熰着出些汗, 더온 캉에 블무회고 젹이 ᄯᆞᆷ 내라. ≪朴諺, 中, 17ㅈ≫一發稍將些醬麴來最好, 흠ᄭᅴ 젹이 메조를 브텨 가져오니 ᄀᆞ장 됴타. ≪朴諺, 中, 20ㅎ≫咱兌付些盤纏, 우리 젹이 盤纏을 여토아. ❸⇔사개(些箇). ≪朴諺, 上, 38ㅎ≫不問多少與他些箇便是, 多少를 뭇디 말고 뎌를 젹이 주미 곳 올ᄒᆞ니라. ≪朴諺, 上, 46ㅎ≫今年較賤些箇, 올히 젹이 賤ᄒᆞ니. ≪朴諺, 中, 17ㅈ≫饋婆婆口到些箇, 婆婆를 주어 젹이 입브티쇼셔 ᄒᆞ더이다. ❹⇔소(小). ≪朴諺, 中, 52ㅎ≫小團欒面皮兒的漢兒人, 젹이 ᄂᆞᆺ치 두렷ᄒᆞᆫ 漢ㅅ 사ᄅᆞᆷ이.

젼갈 명 전갈(全蠍). ⇔갈(蝎). ≪朴諺, 下, 21ㅈ≫變做靑母蝎, 변ᄒᆞ여 프른 암 젼갈이 되여.

젼년 명 전년(前年). ⇔연시(年時). ≪朴諺, 中, 52ㅈ≫年時牢子們走的你見來麽, 젼년에 牢子들희 ᄃᆞ롬질을 네 본다. ≪朴諺, 中, 52ㅎ≫年時誰先走來, 젼년에 뉘 몬져 ᄃᆞ르뇨.

젼메오기 명 전 메우기. ⇔상(廂). ≪朴諺, 上, 19ㅈ≫若廂的好時, 만일 젼메오기를 잘ᄒᆞ면.

젼메오다 동 전 메우다. ⇔상(廂). ≪朴諺, 上, 19ㅈ≫若廂的好時, 만일 젼메오기를 잘ᄒᆞ면. ≪朴諺, 上, 19ㅈ≫做一條銀廂花帶, ᄒᆞᆫ 올이 銀 젼메온 섭사긴 ᄯᅴ를 ᄆᆡᆼ들게 ᄒᆞ라. ≪朴諺, 上, 41ㅈ≫滿頭珠翠金廂寶石頭面, 머리예 ᄀᆞ득ᄒᆞᆫ 珠翠와 금으로 寶石에 젼메온 곳갈과.

젼메우다 동 전 메우다. ⇔상(廂). ≪朴諺, 上, 18ㅈ≫你那金帶是誰廂的, 네 뎌 금ᄯᅴ를 뉘 젼메윗ᄂᆞ뇨. ≪朴諺, 上, 18ㅈ≫是拘欄(衚衕裏帶匠夏五廂的, 이 拘欄 ᄭᅩᆯ ᄯᅴ쟝이 夏五ㅣ 젼메윗ᄂᆞ니라. ≪朴諺, 上, 18ㅈ≫五兩金子廂的, 닷 냥 金으로 젼메윗ᄂᆞ니라. ≪朴諺, 上, 41ㅈ≫滿頭珠翠金廂寶石(集覽, 朴集, 上, 11ㅎ: 金廂寶石. 寶石, 卽上節〈苗〉紫鴉忽之類, 以金爲斗供〈拱〉而納石於其中, 綴着於女冠之上, 以爲飾也. 音義云, 寶石·에 금 :젼메·워 ·ᄭᅮ·민 頭面.)頭面, 머리예 ᄀᆞ득ᄒᆞᆫ 珠翠와 금으로 寶石에 젼메온 곳갈과.

젼반 명 전반[翦板]. (예전에 서당 훈장이

학생을 체벌할 때 사용하던 목판) ⇔계방(戒方). ≪朴諺, 上, 45ㅈ≫手心上打三戒方(集覽, 朴集, 上, 12ㅎ: 戒方. 音義云, 學罰에 티는 것. 質問云, 讀書小兒送入學堂, 師傅教寫字, 不用心寫好字, 師傅拿二尺長·寸半寬·半寸厚的木板條打手掌, 使後日寫好字, 免打手掌, 謂之戒方.), 손바당을 세 번 젼반으로 티ᄂᆞ니라.

젼ᄎᆞ 명 까닭. ❶⇔상두(上頭). ≪集覽, 字解, 累字解, 2ㅈ≫上頭. 젼ᄎᆞ로. 今不用. ≪集覽, 字解, 單字解, 7ㅈ≫頭. 首也. 東頭·西頭 동녁 귿·셔녁 귿, 頭到 나죵내, 到頭 나죵애. 通作投. 又上頭 젼ᄎᆞ로. 又頭盤 첫 판, 頭舘 첫 판, 頭雞 첫 ᄃᆞᆰ. ≪朴諺, 上, 7ㅎ≫咱弟兄們和順的上頭, 우리 弟兄들히 和順ᄒᆞᆫ 젼ᄎᆞ로. ❷⇔인(因). ≪朴諺, 上, 28ㅎ≫因此上, 이런 젼ᄎᆞ로. ≪朴諺, 上, 31ㅎ≫因此上, 이런 젼ᄎᆞ로. ≪朴諺, 上, 51ㅎ≫因此上, 이런 젼ᄎᆞ로. ≪朴諺, 中, 35ㅈ≫因此上賊廣, 이런 젼ᄎᆞ로 도직(적)이 흔ᄒᆞ니라. ≪朴諺, 下, 9ㅎ≫因此上見世報, 이런 젼ᄎᆞ로 見世에 報ᄒᆞᄂᆞ니라. ≪朴諺, 下, 56ㅎ≫因此不得工夫闕拜望, 이런 젼ᄎᆞ로 工夫를 엇디 못ᄒᆞ여 拜望을 闕ᄒᆞ니.

젼혀 부 전혀. ⇔병(竝). ≪集覽, 字解, 累字解, 2ㅎ≫竝不會. 젼혀 아니타.

졀다ᄆᆞᆯ 명 절따말. ⇔적마(赤馬). ≪朴諺, 上, 55ㅎ≫一箇赤馬生的十分可喜, ᄒᆞᆫ 졀다ᄆᆞᆯ이 얼굴이 ᄀᆞ장 고오되.

졀ᄯᅡᄆᆞᆯ 명 절따말. ⇔적마(赤馬). ≪朴諺, 上, 38ㅎ≫我的赤馬害骨眼, 내 졀ᄯᅡᄆᆞᆯ이 눈에 치 알하.

졈다 형 젊다. ⇔소(小). ≪朴諺, 下, 41ㅈ≫咳年紀也小裡, 애 나도 졈닷다.

졉다 동 (바둑이나 장기의 수(手)를) 접다. 접어주다. ⇔요(饒). ≪朴諺, 上, 22ㅈ≫你饒四着時纔好, 네 네흘 졉혜야 굿 됴흐리라. ≪朴諺, 上, 22ㅎ≫我饒四着, 내 네흘 졉으마. ≪朴諺, 上, 23ㅈ≫你說饒我四着, 네 닐오ᄃᆡ 날을 네흘 졉쟈 ᄒᆞ더니.

졉잔 명 큰 잔(盞). 또는 주기(酒器)를 놓는 받침대. ⇔대잔(擡盞). ≪朴諺, 中, 11ㅎ≫簸箕, 키. 篩子, 얼멍이. 馬尾羅兒, ᄆᆞᆯ총체. 卓兒, 상. 盤子, 반. 茶盤, 찻반. 擡盞, 졉잔. 壺瓶, 壺瓶. 酒鱉, 쥬벼ᄋᆞ. 銅杓, 놋쥬게롤. 都收拾下着, 다 收拾ᄒᆞ여 두라.

졉혜다 동 (바둑이나 장기의 수(手)를) 접어 헤아리다. 접어 계산하다. ≪朴諺, 上, 22ㅈ≫你饒四着時纔好, 네 네흘 졉혜야 굿 됴흐리라.

졉ᄒᆞ다 동 접(接)하다. ⇔접(接). ≪朴諺, 上, 60ㅈ≫遠望高接青霄, 멀리 ᄇᆞ라매 놉히 프른 하늘에 졉ᄒᆞ엿고.

졋 명 젖. 유방. ⇔내자(嬭子). ≪朴諺, 上, 37ㅎ≫一箇長甕兒窄窄口裏頭盛着糯米酒, ᄒᆞᆫ 긴 독 조븐 부리 안히 출발 술 담은 거시여. 這箇是妳子, 이거슨 이 졋이로다.

졋 명 젖. ❶⇔내(嬭). ≪朴諺, 上, 51ㅈ≫尋一箇好婦人妳, ᄒᆞᆫ 됴흔 婦人의 졋을 어더시되. 尋一箇好婦人妳, ᄒᆞᆫ 됴흔 婦人의 졋을 어더시되. ❷⇔내자(嬭子). ≪朴諺, 上, 51ㅎ≫一箇月二兩妳子錢, ᄒᆞᆫ ᄃᆞᆯ에 두 냥 졋 갑시오. ≪朴諺, 上, 51ㅎ≫一箇月二兩妳子錢, ᄒᆞᆫ ᄃᆞᆯ에 두 냥 졋 갑시오. ❸⇔유(乳). ≪朴諺, 上, 51ㅎ≫乳哺三年, 졋 머겨 三年이오.

졋어미 명 젖어미. 젖어머니. ⇔내자(嬭子). ≪朴諺, 中, 48ㅈ≫這妳子也好不精細, 이 졋어미 ᄀᆞ장 졍셰티 아니ᄒᆞ다.

졋ᄌᆞ 명 젖. ⇔내자(嬭子). ≪朴諺, 上, 51ㅈ≫如今自妳那尋妳子, 이제 손조 졋 먹이ᄂᆞ냐 졋즐 어던ᄂᆞ냐.

졍셰ᄒᆞ다 형 정세(精細)하다. ⇔정세(精細). ≪朴諺, 中, 48ㅈ≫這妳子也好不精細, 이 졋어미 ᄀᆞ장 졍셰티 아니ᄒᆞ다.

졍졔히 부 정제(整齊)히. ⇔정제(整齊). ≪朴諺, 中, 44ㅈ≫這客位收拾的好不整齊, 이 客位 收拾기를 ᄀᆞ장 졍졔히 못ᄒᆞ여시니. ≪朴諺, 中, 45ㅈ≫這般收拾的整齊時不好那, 이리 收拾ᄒᆞ기를 졍졔히 ᄒᆞ면 됴티

아니ᄒᆞ랴.

정히 囝 정(正)히. ❶⇔단적(端的). ≪朴諺, 上, 48ㅎ≫出外時端的是愁殺人, 밧긔 나가면 정히 사ᄅᆞᆷ을 근심케 ᄒᆞᄂᆞ니. ❷⇔정(正). ≪朴諺, 上, 21ㅎ≫今日下雨正好下碁, 오ᄂᆞᆯ 비 오니 정히 바독 두기 됴타. ≪朴諺, 上, 32ㅎ≫正撞見他的漢子, 정히 뎌의 남진을 만나 보니. ≪朴諺, 上, 42ㅎ≫正着了也多尋鈔, 정히 만나시니 錢鈔를 만히 어드리로다. ≪朴諺, 中, 43ㅎ≫稻熟蟹肥魚正美, 베 닉고 게 ᄉᆞᆯ지고 고기 정히 아ᄅᆞᆷ다오매. ≪朴諺, 下, 1ㅎ≫比及晌午剉正熱時分收拾, 낫계어 정히 더올 ᄣᅢ예 미처 收拾ᄒᆞ여. ≪朴諺, 下, 13ㅈ≫相公道的正好正好, 相公의 닐오미 정히 됴타 정히 됴타. ≪朴諺, 下, 18ㅎ≫正到城裏智海禪寺投宿, 정히 셩 안 智海禪寺에 가 드러 자다가. ❸⇔정시(正是). ≪朴諺, 上, 16ㅎ≫正是放空中的時節(節), 정히 박핑이 틸 ᄣᅢ로다. ≪朴諺, 下, 3ㅎ≫正是瘦禽也飛不到, 정히 瘦禽도 ᄂᆞ라가디 못ᄒᆞ고. ≪朴諺, 下, 25ㅈ≫這孫行者正是了的, 이 孫行者ᄂᆞᆫ 정히 올탓다. ≪朴諺, 下, 31ㅎ≫咳正是一條好漢, 애 정히 一條 好漢이러라. ≪朴諺, 下, 53ㅎ≫正是喫打的裁兒, 정히 마ᄌᆞᆯ ᄀᆞ음이로다. ≪朴諺, 下, 62ㅈ≫正是所用之物, 정히 ᄡᅥᆷ 즉ᄒᆞᆫ 거시로다.

조(弔) 동 ❶(술을) 거르다. ⇔드리오다. ≪朴諺, 中, 30ㅎ≫這酒忺禿怎麽喫, 이 술이 들므쥬군ᄒᆞ니 엇디 먹으료. 將去再弔一弔, 가져가 다시 드리오라. ❷달다[懸]. ⇔ᄃᆞᆯ다. ≪朴諺, 上, 43ㅈ≫諸般絨線砌山子弔珠兒的麄白線, 여러 가지 보ᄃᆞ라온 실과 귀여ᄉᆞ 무오고 진쥬 ᄃᆞᆯ 굴근 흰 실과. ≪朴諺, 中, 7ㅎ≫拿將管馬的來弔着, ᄆᆞᆯ ᄀᆞ음아ᄂᆞᆫ 이를 자바다가 ᄃᆞᆯ고. ≪朴諺, 中, 34ㅈ≫弔在一壁廂, ᄒᆞᆫ ᄇᆞ람 ᄭᅮ석의 ᄃᆞ랏다가.

조(弔) 동 ❶떨어지다. ⇔ᄠᅥ러디다. ≪朴諺, 上, 37ㅈ≫墻上一塊土弔下來禮拜, 담우희 ᄒᆞᆫ 덩이 ᄒᆞᆰ이 ᄠᅥ러뎌 ᄂᆞ려와 禮拜ᄒᆞᄂᆞᆫ 거시여. ≪朴諺, 中, 1ㅎ≫弔下來踢上去, ᄂᆞ려오거든 차 올려. ≪朴諺, 下, 7ㅈ≫便成疙滓都弔了, 곳 더덩이져 다 ᄠᅥ러디리라. ❷떨어뜨리다. ⇔ᄠᅥᄅᆞ티다. ≪朴諺, 下, 28ㅎ≫將去使休弔了, 가져가 ᄡᅳ고 ᄠᅥᄅᆞ티디 말라.

조(早) 명 새벽. ⇔새배. ≪朴諺, 下, 41ㅈ≫今早起出殯來, 오ᄂᆞᆯ 새배 出殯ᄒᆞ니라.

조(早) 囝 일찍. 일찍이. ❶⇔일. ≪朴諺, 下, 14ㅎ≫時常這般早聚晩散麽, 시샹에 이리 일 모다 늣게야 홋터디ᄂᆞ냐. ≪朴諺, 下, 45ㅈ≫做的早時, 짓기를 일 ᄒᆞ던들. ❷⇔일즉. ≪朴諺, 上, 34ㅎ≫早知道時, 일즉 아드면.

조(早) 囝 일찍이. ⇔일즉이. ≪朴諺, 下, 14ㅎ≫但早散時實不見早回家, 다믄 일 홋터디되 실로 일즉이 집의 도라오믈 보디 못ᄒᆞ니.

조(早) 형 이르다. ⇔일다. ≪集覽, 字解, 單字解, 5ㅈ≫早. 早裏 일엇다, 却早 블셔. ≪朴諺, 上, 48ㅈ≫且早裏, 아직 일럿더라.

조(助) 동 돕다. ⇔돕다. ≪朴諺, 下, 31ㅎ≫天子百靈咸助, 天子ᄂᆞᆫ 百靈이 다 돕고.

조(皁) 형 검다. ⇔검다. ≪朴諺, 上, 24ㅎ≫脚穿着皀麂皮嵌金線藍條子, 발에 신은 거슨 거믄 기ᄌᆞ피예 金線 남 오리로 갸품씨고. ≪朴諺, 下, 30ㅈ≫穿着花袴皀靴的勇士, 아롱바디예 거믄 훠 신은 勇士ㅣ.

조(蚤) 명 벼룩. ⇔벼록. ≪朴諺, 下, 20ㅎ≫變做狗蚤, 변ᄒᆞ여 개벼록이 되여. ≪朴諺, 下, 20ㅎ≫見那狗蚤, 뎌 개벼록을 보고.

조(條) 의 벌. ⇔볼. ≪朴諺, 中, 44ㅎ≫將花氈來底下鋪一條, 花氈 가져다가 밋희 ᄒᆞᆫ 볼 ᄭᆞᆯ고.

조(條) 의 오리. ❶⇔오리. ≪朴諺, 上, 37ㅎ≫滿天星宿一箇月三條繩子由你曳, 하ᄂᆞᆯ에 ᄀᆞ득ᄒᆞᆫ 星宿에 ᄒᆞᆫ ᄃᆞᆯ을 세 오리 노ᄒᆞ로 제대로 ᄭᅳ으ᄂᆞᆫ 거시여. ≪朴諺, 中,

53ㅈ≫皇帝人家的一條線也, 皇帝ㅅ 집 흔 오리 실인들. ≪朴諺, 下, 46ㅈ≫椽子麁的四條繩, 혓가래 굴긔예 네 오리 노흐로. ❷⇔올이. ≪朴諺, 上, 19ㅈ≫做一條銀廂花帶, 흔 올이 銀 젼메온 섭사긴 씌를 민돌게 ᄒᆞ라.

조(曹) 명 성씨(姓氏)의 하나. ≪朴諺, 下, 41ㅈ≫曹大家裡, 曹大ㅣ의 집의. ≪朴諺, 下, 41ㅈ≫却不沒了老曹來, 또 老曹ㅣ 죽디 아니ᄒᆞ냐.

조(粗) 형 굵다. 거칠다. ⇔굵다. ≪朴諺, 中, 25ㅎ≫毡粗, 시울이 굵고.

조(造) 동 (술) 빚다. 담그다. ⇔빗다. ≪朴諺, 上, 2ㅎ≫又內府管酒的官人們造的好酒, 또 內府에 술 ᄀᆞ음아는 官人들의 비즌 됴흔 술을.

조(釣) 동 낚다. ⇔낫ㄱ다. ≪朴諺, 下, 51ㅈ≫瞓眼釣出箇老大的金色鯉漁(魚), 瞓眼훌ᄉᆞ이에 흔 ᄀᆞ장 큰 금빗치 鯉魚를 낫가내니.

조(朝) 동 향[向]하다. ⇔향ᄒᆞ다. ≪集覽, 字解, 單字解, 5ㅎ≫朝. 音潮, 向也. 朝南·朝東. ≪朴諺, 上, 52ㅈ≫朝南開着一箇小墻門便是, 남을 향ᄒᆞ여 흔 小墻門 낸 거시 곳 이라. ≪朴諺, 下, 48ㅈ≫朝東放着土牛, 東을 향ᄒᆞ여 土牛를 노코.

조(棗) 명 대추. ≪朴諺, 中, 16ㅈ≫生薑三片棗一枚, 生薑 三片 棗 一枚를 ᄒᆞ야.

조(詔) 명 임금의 명령을 일반에게 알릴 목적으로 적은 문서. ⇔조서(詔書). ≪朴諺, 上, 8ㅈ≫開詔去, 詔書 開讀ᄒᆞ라 가노라. 甚麽詔, 므슴 詔書고. ≪朴諺, 上, 9ㅈ≫開詔後頭, 詔書 開讀흔 후의.

조(照) 동 ❶맞추다. 견주다. 비교 대조하다. ⇔마초다. ≪集覽, 字解, 累字解, 2ㅈ≫照依. 마초와 그대로 ᄒᆞ다. ❷비치다. ⇔비최다. ≪朴諺, 中, 19ㅈ≫兩心相照亦不難, 둘희 ᄆᆞ음이 서르 비최면 ᄯᅩ흔 어렵디 아니ᄒᆞ니라.

조(遭) 의 ❶번. 차례. 회. ⇔디위. ≪集覽, 字解, 單字解, 7ㅈ≫遭. 一次謂之一遭. 又周遭, 猶言周圍也. 又遭是 마초와. ≪朴諺, 上, 52ㅈ≫大舍夜來乾走了一遭, 大舍ㅣ 어제 쇽절업시 흔 디위 ᄃᆞᆫ녀다. ❷줄. ⇔줄. ≪朴諺, 上, 4ㅈ≫苐(第)二遭十六楪, 둘재 줄 열 여슷 뎝시에ᄂᆞᆫ. ≪朴諺, 上, 4ㅈ≫第三遭十六楪, 셋재 줄 열 여슷 뎝시에ᄂᆞᆫ. ≪朴諺, 上, 5ㅈ≫前面一遭, 압흔 줄은.

조(操) 동 조습(調習)하다. ⇔됴습ᄒᆞ다. ≪朴諺, 上, 24ㅎ≫午門外前看操(集覽, 朴集, 上, 8ㅈ: 操. 練習也. 謂軍士上番, 亦曰上操.)馬去來, 午門 밧긔 ᄆᆞᆯ 됴습ᄒᆞᄂᆞᆫ 양 보라 가쟈. ≪朴諺, 上, 24ㅎ≫夜來兩箇舍人操馬, 어제 두 舍人이 ᄆᆞᆯ 됴습호ᄃᆡ.

조(操) 의 곡조(曲調). ⇔곡됴. ≪朴諺, 中, 44ㅈ≫撫琴一操觧千愁, 거믄고 흔 곡됴를 어ᄅᆞ만져 千愁를 프ᄂᆞ니.

조각 명 틈. 기회. 겨를. 짬. ⇔공편(空便). ≪集覽, 字解, 累字解, 2ㅈ≫空便. 空隙順便之時, 조각. 皆去聲.

조각(雕刻) 동 재료를 새기거나 깎아서 입체 형상을 만들다. ≪朴諺, 上, 9ㅎ≫水渰過蘆溝橋(集覽, 朴集, 上, 4ㅎ: 蘆溝橋. 其一東南流, 入于蘆溝, 又東入于東安縣界. 去都城三十里, 有石橋跨于河, 廣二百餘步, 其上兩旁皆石欄, 雕刻石獅, 形狀奇巧, 成於金明昌三年.)獅子頭, 믈이 蘆溝橋 獅子ㅅ 머리를 ᄌᆞᆷ가 너머. ≪朴諺, 中, 12ㅈ≫各樣帳房室車(集覽, 朴集, 中, 2ㅎ: 細車〈室車〉. 質問云, 如婦人所乘車, 周圍雕刻花槅, 油飾花須, 方言謂之細車.), 여러 가지 帳房흔 室車와.

조강(槽姜) 명 조강(糟姜). '槽'는 '糟'의 잘못. ≪朴諺, 下, 33ㅈ≫象眼糕子(集覽, 朴集, 下, 6ㅎ: 象眼餌子. 麁者再切, 細者有糜末, 却簸去, 皆要一樣極細如米粒. 下鍋煮熟, 連湯起在盆內. 用凉水寬投之, 三五次方得精細. 攪轉, 撈起控乾, 麻汁加碎肉·糟〈槽〉姜米·醬瓜米·黃瓜米·香菜等粧點用供.), 象眼 ᄀᆞᄐᆞᆫ 糕子와.

조강(糟姜) 명 술이나 지게미에 절인 생강

(生薑). ≪朴諺, 下, 33ㅈ≫象眼粿子(集覽, 朴集, 下, 6ㅎ: 象眼餜子. 篚者再切, 細者有糜末, 却簸去, 皆要一揲極細如米粒. 下鍋煮熟, 連湯起在盆內. 用凉水寬投之, 三五次方得精細. 攪轉, 撈起控乾, 麻汁加碎肉·糟〈槽〉姜米·醬瓜米·黃瓜米·香菜等粧點用供.), 象眼 ᄀᆞ튼 粿子와.

조강미(槽姜米) 명 조강미(糟姜米). '槽'는 '糟'의 잘못. ≪朴諺, 下, 33ㅈ≫象眼粿子(集覽, 朴集, 下, 6ㅎ: 象眼餜子. 篚者再切, 細者有糜末, 却簸去, 皆要一揲極細如米粒. 下鍋煮熟, 連湯起在盆內. 用凉水寬投之, 三五次方得精細. 攪轉, 撈起控乾, 麻汁加碎肉·糟〈槽〉姜米·醬瓜米·黃瓜米·香菜等粧點用供.), 象眼 ᄀᆞ튼 粿子와.

조강미(糟姜米) 명 조강(糟姜)을 썰어 쌀알과 같이 잘게 만든 것. ≪朴諺, 下, 33ㅈ≫象眼粿子(集覽, 朴集, 下, 6ㅎ: 象眼餜子. 篚者再切, 細者有糜末, 却簸去, 皆要一揲極細如米粒. 下鍋煮熟, 連湯起在盆內. 用凉水寬投之, 三五次方得精細. 攪轉, 撈起控乾, 麻汁加碎肉·糟〈槽〉姜米·醬瓜米·黃瓜米·香菜等粧點用供.), 象眼 ᄀᆞ튼 粿子와.

조개(槽疥) 명 비루. (피부가 헐고 털이 빠지는 병) ❶⇔비ᄅᆞ. ≪朴諺, 上, 56ㅈ≫有些槽疥, 져기 비ᄅᆞ 잇고. ❷⇔빌리. ≪朴諺, 上, 56ㅎ≫槽疥有甚難處, 빌리아 므슴 어려온 곳이 이시리오.

조건(肇建) 동 처음으로 세우다. 창건하다. ≪朴諺, 下, 38ㅈ≫除在南京應天府丞(集覽, 朴集, 下, 8ㅎ: 南京應天府丞. 永樂中, 於北平肇建北京, 爲行在所.), 南京 應天府丞을 除ᄒᆞ엿ᄂᆞ니라.

조격(條格) 명 법규. 조례(條例). ≪朴諺, 中, 7ㅎ≫你不見這金字圓牌(集覽, 朴集, 中, 1ㅎ: 金字圓牌. 至正條格云, 元時, 中書省奏, 諸王·駙馬各投下有軍情緊急重事, 許令懸帶原降銀字圓牌應付鋪馬騎坐, 其餘差使人員有緊急軍情重事, 許令懸帶金字圓牌, 方付鋪馬.), 네 이 金字圓牌를 보디 못ᄒᆞᄂᆞᆫ다.

조경(造經) 동 〈불〉 불경(佛經)을 만들다. ≪朴諺, 下, 3ㅈ≫西天取經去(集覽, 朴集, 下, 1ㅈ: 西天取經去. 老僧見法師曰, 西天釋迦〈伽〉造經三藏, 以待取經之人. 法師曰, 既有程途, 須有到時.)時莭(節), 西天의 經 가질라 갈 제.

조공(朝貢) 동 종속국이 종주국에 때를 맞추어 예물을 바치다. 또는 그 예물. ≪朴諺, 上, 8ㅎ≫往永平·大寧·遼陽·開元(集覽, 朴集, 上, 4ㅈ: 開元. 城東陸路, 舊有設站, 至三散口子, 通朝鮮後門, 管屬外夷往來朝貢之路, 四面皆古設站之地.)·瀋陽等處開去, 永平·大寧·遼陽·開元·瀋陽 等處ᄅᆞᆯ 향ᄒᆞ여 開讀ᄒᆞ라 가노라. ≪朴諺, 中, 8ㅈ≫轡頭都散與(集覽, 朴集, 中, 1ㅎ: 轡頭散與. 女直·達子朝貢時, 到驛應付馬匹騎坐者, 各出轡頭, 散與馬夫, 馬夫受轡套馬, 令各轡主認轡占馬, 使無爭占之擾.)他, 구레ᄅᆞᆯ 다 흣터 뎌ᄅᆞᆯ 주라.

조관(朝官) 명 조정에서 벼슬살이를 하고 있는 벼슬아치. ≪集覽, 音義≫音義云, 舊本內說的[呵]字, 不是常談, 如今秀才和朝官是有說的.

조관(照管) 동 보살피다. ⇔보ᅀᆞᆲ피다. ≪集覽, 字解, 累字解, 2ㅈ≫照管. 보ᅀᆞᆲ피다.

조관(澡罐) 명 〈불〉 중이 쓰는 세숫대야. ≪朴諺, 中, 22ㅎ≫傾甘露於瓶中濟險途於飢渴(集覽, 朴集, 中, 5ㅎ: 傾甘露於瓶中濟險途於飢渴. 西域記云, 軍持, 澡瓶也. 尼畜軍持, 僧畜澡罐.), 甘露ᄅᆞᆯ 瓶中에 기우려 險途를 飢渴에 구제ᄒᆞᄂᆞᆺ다.

조광윤(趙匡胤) 명 송(宋)나라 창업 황제. 묘호(廟號)는 태조(太祖). 후주(後周)의 절도사(節度使)로 있다가 선위(禪位)를 받았다. 강남(江南) 및 사천(四川)의 제후국을 병합하여 통일국가를 형성하였으며, 중앙집권적 제도의 확립과 과거(科擧)제도를 정비하였다. 연호는 건륭(乾隆)·건덕(乾德)·개보(開寶). 재위 17년. ≪朴諺, 下, 16ㅎ≫買趙太祖飛龍記(集覽,

朴集, 下, 3ㅎ: 趙太祖飛龍記. 宋太祖, 姓趙, 名匡胤. 母昭獻皇后夢日入懷而孕. 誕生之夕, 赤光滿室, 異香馥郁.), 趙太祖의 飛龍記와.

조권(弔卷) 동 공문을 주현(州縣)에 보내어 죄인을 심문한 권종(卷宗)을 취하다. 또는 그 권종. 권종은 보관용으로 분류하여 철한 관아의 문서(文書)를 이른다. ⇔조취(弔取). ≪集覽, 字解, 單字解, 6ㅎ≫弔. 以繩懸物曰弔着. 又自縊而死曰弔死. 又物自彫落曰弔了. 又行文州縣取其問囚卷宗曰弔取·曰弔卷.

조궐(刁蹶) 동 날뛰다. ⇔ᄂᆞᆲᄠᅳ다. ≪朴諺, 下, 4ㅈ≫逢多少惡物刁蹶(集覽, 朴集, 下, 1ㅎ: 刁蹶. 音義云, 刁, 難也, 蹶, 顚仆而不能行也. 今按, 法師往西天時, 初到師陀國界, 遇猛虎·毒蛇之害, 次遇黑熊精·黃風恠〈怪〉·地湧夫人·蜘蛛精·獅子恠〈怪〉·多目恠〈怪〉·紅孩兒恠〈怪〉, 幾死僅免. 又過棘〈鈞洞·火炎山·薄屎洞·女人國及諸惡山險水, 恠〈怪〉害患苦, 不知其幾, 此所謂刁蹶也. 詳見西遊記.), 언머 惡物의 ᄂᆞᆲᄠᅳᆷ을 만나시리오.

조기(早起) 동 일찍 일어나다. ≪朴諺, 上, 33ㅎ≫你布施人家齋飯(集覽, 朴集, 上, 10ㅎ: 齋飯. 請觀音經疏云, 齋者, 齊也, 齊身口業也. 佛氏日中而食, 甁沙王問, 佛, 何故日中食. 答〈荅〉云, 早起諸天食, 日中三世佛食, 日西畜生食, 日暮鬼神食.)錢, 네 人家에 보시ᄒᆞᆫ 齋飯錢을.

조기(早起) 명 아침. 또는 상오(上午). ⇔아ᄎᆞᆷ. ≪朴諺, 上, 56ㅎ≫早起家裏有客人來, 아ᄎᆞᆷ의 집의 나그닉 왓거ᄂᆞᆯ. ≪朴諺, 中, 38ㅎ≫今日早起表褙(褙)衚衕裏, 오ᄂᆞᆯ 아ᄎᆞᆷ에 빅뎝골에. ≪朴諺, 下, 44ㅈ≫早起飯裏咬了一塊沙子, 아ᄎᆞᆷ밥에 ᄒᆞᆫ 덩이 모래를 므러ᄡᅥ니.

조기(早起) 부 일찍이. ⇔일ᄶᅳᆨ에. ≪朴諺, 下, 55ㅈ≫今日早起, 오ᄂᆞᆯ 일ᄶᅳᆨ에. 我別處望相識去來, 내 다른 고ᄃᆡ 아는 이를 보라 가.

조기(臊氣) 명 노린내. ⇔노린내. ≪朴諺, 下, 2ㅈ≫我聞了臊氣, 내 노린내를 맛ᄐᆞ니.

조기반(早起飯) 명 아침밥. ⇔아ᄎᆞᆷ밥. ≪朴諺, 下, 44ㅈ≫早起飯裏咬了一塊沙子, 아ᄎᆞᆷ밥에 ᄒᆞᆫ 덩이 모래를 므러ᄡᅥ니.

조남(朝南) 동 남쪽으로 향하다. ⇔남향ᄒᆞ다. ≪集覽, 字解, 單字解, 5ㅎ≫朝. 音潮, 向也. 朝南·朝東. ≪朴諺, 下, 5ㅎ≫你只朝南做門兒, 네 그저 남향ᄒᆞ여 문을 ᄆᆡᆫ들고.

조대(曹大) 명 사람 이름. ≪朴諺, 下, 43ㅈ≫曹大就門前碎盆, 曹大ㅣ 문 앏ᄑᆡ셔 소라를 ᄠᅳ리더라.

조동(朝東) 동 동쪽으로 향하다. ≪集覽, 字解, 單字解, 5ㅎ≫朝. 音潮, 向也. 朝南·朝東.

조동(竈洞) 명 굴[窟]. ⇔굴. ≪朴諺, 下, 5ㅎ≫那西邉做一箇竈洞(集覽, 朴集, 下, 2ㅈ: 竈洞. 音義云, 取灰之處. 今按,:굴.), 뎌 셔편의 ᄒᆞᆫ 굴을 ᄆᆡᆫ들라.

조딥ㅎ 명 조짚. ⇔간초(稈草). ≪朴諺, 中, 19ㅎ≫放稈草(集覽, 朴集, 中, 3ㅎ: 稈草. 稈, 禾莖也, 卽稭之和皮者也. 中國北方士〈土〉地高燥, 宜粟不宜稻, 故治田好種粟. 收粟者截穗取實, 留〈畱〉其稭以飼馬, 因名其稭曰稈草, 亦曰穀草. 稭, 音戞, 稻稭曰稻草.)五錢一束(束)家放, 조딥헤 노호되 다ᄉᆞᆺ 낫 돈에 ᄒᆞᆫ 뭇식 ᄒᆞ여 노코.

조락(彫落) 동 나뭇잎이나 꽃잎이 시들어 스스로 떨어지다. ≪集覽, 字解, 單字解, 6ㅎ≫弔. 以繩懸物曰弔着. 又自縊而死曰弔死. 又物自彫落曰弔了. 又行文州縣取其問囚卷宗曰弔取·曰弔卷.

조례(皀隷) 명 조례(皁隷). '皀'는 '皁'의 속자. ≪朴諺, 中, 28ㅎ≫官人們引着幾箇皀隷, 官人들이 여러 皀隷를 ᄃᆞ리고. ≪朴諺, 下, 38ㅎ≫對對皀隷, 對對 皀隷ㅣ.

조례(皁隷) 명 관아에서 천역(賤役)에 종사하던 관노(官奴) 따위. 뒤에 관아의 구실아치나 심부름꾼을 이르는 말로 썼다.

≪朴諺, 中, 28ㅎ≫官人們引着幾箇皀隷, 官人들이 여러 皀隷를 ᄃᆞ리고. ≪朴諺, 下, 38ㅎ≫對對皀隷, 對對 皀隷ㅣ.

조례(照例) 동 전례(前例)에 비추어 상고(詳考)하다. ≪朴諺, 中, 13ㅎ≫抽分(集覽, 朴集, 中, 2ㅎ: 抽分. 今按, 中朝設抽分竹木局, 如遇客商〈商〉興販竹木·柴炭等項, 照例抽分.)了幾箇馬, 여러 ᄆᆞᆯ을 츌렴ᄒᆞ고.

조료(弔了) 동 나뭇잎이나 꽃잎이 시들어 스스로 떨어지다. ≪集覽, 字解, 單字解, 6ㅎ≫弔. 以繩懸物曰弔着. 又自縊而死曰弔死. 又物自彫落曰弔了. 又行文州縣取其問囚卷宗曰弔取·曰弔卷.

조리(早裏) 형 이르다. ⇔일다. ≪集覽, 字解, 單字解, 5ㅈ≫早. 早裏 일엇다, 却早 ᄇᆞᆯ셔.

조리(笊籬) 명 조리. ⇔죠릐. ≪朴諺, 中, 11ㅎ≫鑼鍋, 로고. 柳箱, 섥. 灑子, 드레. 三脚, 아리쇠. 椀·楪, 사발·뎝시. 匙筯, 술 져. 榪杓, 나모쥬게. 笊籬, 죠릐. 炊箒, 솔.

조리다 동 줄이다. ⇔찬(儹). ≪集覽, 字解, 單字解, 6ㅎ≫趲. 잔, 上聲, 逼使走也. 又促之也. 通作儹. 又縮之也. 儹短些 조려 댜ᄅᆞ게 ᄒᆞ다.

조만(早晩) 명 ❶이름과 늦음. ≪朴諺, 下, 45ㅈ≫宋舍看打春(集覽, 朴集, 下, 9ㅎ: 打春. 今按, 月令曰, 季冬出土牛, 以示農之早晩.)去來, 宋개아 닙츈 노롯ᄒᆞᄂᆞᆫ 양 보라 가쟈. ❷때[時]. ⇔ᄣᅢ. ≪集覽, 字解, 累字解, 1ㅎ≫早晩. 這早晩 이 늣도록. 又問何時曰, 多早晩 어느 ᄣᅢ.

조만(早晩) 형 늦다. ⇔늣다. ≪集覽, 字解, 累字解, 1ㅎ≫早晩. 這早晩 이 늣도록. 又問何時曰, 多早晩 어느 ᄣᅢ.

조방(槽房) 명 술집. 또는 양조장. ⇔술집. ≪朴諺, 上, 2ㅈ≫酒京城槽房(集覽, 朴集, 上, 1ㅈ: 槽房. 釀酒出賣之家, 官收其稅.)雖然多, 술은 京城에 술집이 비록 만ᄒᆞ나.

조병(澡甁) 명 〈불〉 중이 손 씻을 물을 담아 두는 병. ≪朴諺, 中, 22ㅎ≫傾甘露於甁中濟險途於飢渴(集覽, 朴集, 中, 5ㅎ: 傾甘露於甁中濟險途於飢渴. 西域記云, 軍持, 澡甁也. 尼畜軍持, 僧畜澡罐.), 甘露를 甁中에 기우려 險途를 飢渴에 구제ᄒᆞᄂᆞᆺ다.

조보아(趙寶兒) 명 사람 이름. ≪朴諺, 上, 54ㅈ≫京都在城積慶坊住人趙寶兒, 京都 자 안 積慶坊에셔 사ᄂᆞᆫ 사ᄅᆞᆷ 趙寶兒ㅣ.

조사(弔死) 동 스스로 목을 매어 죽다. ≪集覽, 字解, 單字解, 6ㅎ≫弔. 以繩懸物曰弔着. 又自縊而死曰弔死. 又物自彫落曰弔了. 又行文州縣取其問囚卷宗曰弔取·曰弔卷.

조사(趙舍) 명 조씨(趙氏) 성(姓)을 가진 사인(舍人). 또는 조가(趙哥). ≪朴諺, 中, 12ㅎ≫拜揖趙舍, 拜揖ᄒᆞ노라 趙舍ㅣ아

조서(詔書) 명 임금의 명령을 일반에게 알릴 목적으로 적은 문서. ⇔조(詔). ≪朴諺, 上, 8ㅈ≫開詔去, 詔書 開讀ᄒᆞ라 가노라. 甚麽詔, 므슴 詔書고. ≪朴諺, 上, 8ㅈ≫都堂捴兵官的詔書, 都堂 捴兵官의게 ᄒᆞᄂᆞᆫ 詔書라. ≪朴諺, 上, 9ㅈ≫開詔後頭, 詔書 開讀ᄒᆞᆫ 후의.

조석(朝夕) 명 아침과 저녁. ≪朴諺, 中, 39ㅈ≫佛堂(集覽, 朴集, 中, 7ㅎ: 佛堂. 漢人酷好釋敎, 家設一堂, 或安金像, 或掛畫佛, 焚香頂禮, 朝夕不懈.)一間, 佛堂이 ᄒᆞᆫ 간.

조선(朝鮮) 명 은(殷)나라가 망한 후 기자(箕子)가 고조선(古朝鮮)에 망명하여 세웠다고 하는 나라. ≪朴諺, 上, 8ㅎ≫往永平·大寧·遼陽(集覽, 朴集, 上, 4ㅈ: 遼陽. 遼誌云, 舜分冀東北爲幽州, 卽今廣寧以西之地. 青東北爲營州, 卽今廣寧以東之地, 周武王封箕子於朝鮮, 是其地也, 卽古肅愼氏地.)·開元·瀋陽等處開去, 永平·大寧·遼陽·開元·瀋陽 等處를 향ᄒᆞ여 開讀ᄒᆞ라 가노라.

조성(助成) 동 도와서 이루게 하다. ≪朴諺, 中, 49ㅈ≫做些好因緣(集覽, 朴集, 中,

8ㅎ: 因緣. 反(飜)譯名義云, 因, 謂先無其事而從彼生也, 緣, 謂素有其分而從彼起也. 又云, 前緣相生, 因也, 現相助成, 緣也.)時不好, 져기 됴흔 인연을 지으면 됴티 아니ᄒᆞ랴.

조세(租稅) 명 토지세와 각종 세금의 총칭. ≪朴諺, 下, 37ㅈ≫諸般的都納與了租稅, 여러 가짓 거슬 다 租稅예 밧티고.

조시(遭是) 부 마침. ❶⇔마즘. ≪朴諺, 中, 9ㅎ≫遭是你來也, 마즘 네 오나다. ❷⇔마초아. ≪朴諺, 上, 48ㅈ≫遭是我不去, 마초아 이 내 가디 아니홀샤. ❸⇔마초와. ≪集覽, 字解, 單字解, 7ㅈ≫遭. 一次謂之一遭. 又周遭, 猶言周圍也. 又遭是 마초와.

조신(朝臣) 명 조정에서 벼슬살이를 하던 신하. ≪朴諺, 下, 38ㅈ≫五箇鋪馬(集覽, 朴集, 下, 8ㅎ: 五箇鋪馬. 遯齋閑覽云, 漢朝臣出使爲太守, 增一馬, 故爲五馬.)去了, 다섯 鋪馬로 가니라.

조심ᄒᆞ다 동 조심(操心)하다. ⇔소심(小心). ≪朴諺, 上, 49ㅎ≫好生小心着, ᄀᆞ장 조심ᄒᆞ야. ≪朴諺, 中, 36ㅈ≫小心必勝, 조심ᄒᆞ면 반ᄃᆞ시 이긘다 ᄒᆞᄂᆞ니라.

조아(弔兒) 명 다림추. ⇔ᄃᆞ림쇠. ≪朴諺, 中, 2ㅎ≫木匠家裏旋做一箇樻子, 木匠의 집의 ᄒᆞᆫ 樻ᄅᆞᆯ 마초이되.……事件也不壯, 事件도 壯티 아니ᄒᆞ고. 兩箇鉅鈹兒, 두 빅목과. 一箇了吊兒都不壯, ᄒᆞᆫ ᄃᆞ림쇠 다 壯티 아니ᄒᆞ니.

조아(條児) 명 조아(條兒). '児'는 '兒'의 속자. ≪朴諺, 上, 15ㅎ≫買將條兒來帶他, 條児을 사다가 더를 ᄎᆞ려 ᄒᆞ노라.

조아(條兒) 명 술. ≪朴諺, 上, 15ㅎ≫買將條兒來帶他, 條児을 사다가 뎌를 ᄎᆞ려 ᄒᆞ노라.

조아(遭兒) 의 줄. ⇔줄. ≪朴諺, 上, 4ㅈ≫外手一遭兒十六楪, 밧 첫 줄 열 여슷 뎝시에ᄂᆞᆫ.

조양(朝陽) 명 조양문(朝陽門). ≪朴諺, 下, 50ㅈ≫朝陽是齊華門, 朝陽은 이 齊華門이오.

조양(調養) 동 몸조리하다. 요양하다. ≪朴諺, 上, 35ㅎ≫慢慢的將息(集覽, 朴集, 上, 10ㅎ: 將息. 將, 養也, 息, 生也. 謂調養其氣, 使生息之也. 亦曰將理, 又曰將攝, 今俗只說得〈將〉息.)却不好, 날회여 됴리ᄒᆞ면 또 됴티 아니ᄒᆞ랴.

조양문(朝陽門) 명 중국 북경(北京) 내성(內城)에 있는 성문. 숭인문(崇仁門) 남쪽에 있다. 원대(元代)의 제화문(齊華門)을 명(明) 영락(永樂) 연간에 고친 이름이다. ≪朴諺, 上, 11ㅎ≫我在平則門(集覽, 朴集, 上, 5ㅎ: 平則門. 永樂十九年, 營建宮室, 立門九, 南曰正陽, 又曰午門, 元則曰麗正, 南之右曰宣武, 元則曰順承, 南之左曰文明, 元則曰崇文, 又曰哈噠, 北之東曰安定, 北之西曰德勝, 元則曰健德, 東之北曰崇仁, 一名東直, 元名同, 東之南曰朝陽, 元則曰齊華, 西之北曰西直, 西之南曰阜城, 元則曰平則. 元設十一門, 而今減其二.)邉住, 내 平則門 ᄀᆞᄋᆡ 이셔 사노라. ≪朴諺, 下, 46ㅎ≫順天府官, 順天府官과. 司天臺(集覽, 朴集, 下, 10ㅎ: 司天臺. 元置, 以司曆占. 今改爲欽天監. 又設司天監於朝陽門城上.)官衆官人們, 司天臺官 모든 官人들히. ≪朴諺, 下, 49ㅎ≫東有朝陽門·東直門, 東에 朝陽門·東直門이 잇고.

조어(助語) 명 어기조사(語氣助詞). 일정한 의미가 없이 실자(實字)를 도와서 문법적 관계나 어기(語氣)의 강약, 억양 따위를 나타내는 글자. ≪集覽, 音義≫這們助語的那·也·了·阿等字, 都輕輕兒, 微微的說, 順帶過去了罷, 若緊說了時不好聽.

조어(調御) 동 〈불〉 조복(調伏: 부처의 힘으로 원수나 악마를 굴복시킴)하여 제어(制御)하다. ≪朴諺, 中, 21ㅈ≫智滿十身(集覽, 朴集, 中, 4ㅈ: 智滿十身. 本覺爲知, 始覺爲智. 滿, 備也. 十身有調御.), 智ᄂᆞᆫ 十身에 찻도다.

조역 명 조역(助役). 조역꾼. ⇔분공(坌工). ≪朴諺, 上, 10ㅈ≫去角頭叫幾箇打墻的和坌工(集覽, 朴集, 上, 5ㅈ: 坌工. 分工用力之人.)來築墻, 모롱이에 가 여러 담 ᄡᅡᆞ는 이와 조역을 블러다가 담 ᄡᅡᆞ이리라. ≪朴諺, 下, 4ㅎ≫叫一箇泥水匠和兩箇坌工來, ᄒᆞᆫ 泥匠이와 두 조역을 블러다가.

조운(漕運) 동 배로 물건을 실어 나르다. ≪朴諺, 中, 14ㅈ≫到通州(集覽, 朴集, 中, 2ㅎ: 通州. 在順天府東四十五里, 卽古潞州, 金陞爲通州, 取漕運通濟之義.)賣了多一半兒, 通州ㅣ 다ᄃᆞ라 반남아 ᄑᆞᆯ고.

조운통제(漕運通濟) 동 조운(漕運)으로 융통하여 구제하다. ≪朴諺, 中, 14ㅈ≫到通州(集覽, 朴集, 中, 2ㅎ: 通州. 在順天府東四十五里, 卽古潞州, 金陞爲通州, 取漕運通濟之義.)賣了多一半兒, 通州ㅣ 다ᄃᆞ라 반남아 ᄑᆞᆯ고.

조운화(朝雲靴) 명 구름무늬가 있는, 조정에 나아갈 때 신는 가죽신. ≪朴諺, 下, 31ㅈ≫脚穿着朝雲靴, 발에 朝雲靴ㄹ 신고. ≪朴諺, 下, 47ㅈ≫脚穿朝雲靴, 발에 朝雲靴ㄹ 신고.

조으다 동 졸다. ❶⇔돈수(頓睡). ≪朴諺, 下, 9ㅈ≫一會兒倚着欄干頓睡, ᄒᆞᆫ 디위 欄干을 지혀 조으더니. ❷⇔타돈(打頓). ≪朴諺, 下, 6ㅎ≫一會兒打頓(注: 頓, 集韻作盹, 朦朧欲睡之皃. 打盹, 今俗語, 조으다.)着撓破了, ᄒᆞᆫ 디위 조으다가 긁텨 ᄒᆡ여ᄇᆞ려늘. ❸⇔타순(打盹). ≪朴諺, 下, 6ㅎ≫一會兒打頓(注: 頓, 集韻作盹, 朦朧欲睡之皃. 打盹, 今俗語, 조으다.)着撓破了, ᄒᆞᆫ 디위 조으다가 긁텨 ᄒᆡ여ᄇᆞ려늘.

조의(照依) 동 견주어보다. (…에) 비추어보다. ⇔조의ᄒᆞ다(照依-). ≪集覽, 字解, 累字解, 2ㅈ≫照依. 마초와 그대로 ᄒᆞ다. ≪朴諺, 上, 3ㅎ≫照依前例該與多少, 前例대로 ᄒᆞ면 언메나 주엄 즉ᄒᆞ관ᄃᆡ. ≪朴諺, 上, 54ㅎ≫照依時價准折無詞, 時價에 照依ᄒᆞ야 准折ᄒᆞ야도 말 못ᄒᆞ고.

조의ᄒᆞ다(照依-) 동 견주어보다. (…에) 비추어보다. ⇔조의(照依). ≪集覽, 字解, 累字解, 2ㅈ≫照依. 마초와 그대로 ᄒᆞ다. ≪朴諺, 上, 54ㅎ≫照依時價准折無詞, 時價에 照依ᄒᆞ야 准折ᄒᆞ야도 말 못ᄒᆞ고.

조자(弔子) 명 걸쇠. ⇔걸새. ≪朴諺, 中, 36ㅈ≫把了吊子叩上了, 걸새로 걸고.

조자(條子) 의 오리. ⇔오리. ≪朴諺, 上, 24ㅎ≫脚穿着皀麂皮嵌金線藍條子, 발에 신은 거슨 거믄 기ᄌᆞ피예 金線 남 오리로 갸품 ᄢᅵ고.

조자(槽子) 명 구유. ⇔귀유. ≪朴諺, 上, 21ㅈ≫懶小厮們一發滿槽子饋草, 게여른 아ᄒᆡ들히 흠ᄭᅴ 귀유에 ᄀᆞ득이 여믈을 주고.

조전(爪翦) 동 손톱과 발톱을 깎고 다듬다. ≪朴諺, 上, 20ㅈ≫一對耳墜兒(集覽, 朴集, 上, 7ㅎ: 耳墜兒. 事文類聚云, 莊子曰, 天子之侍御, 不叉揃(不爪翦), 不穿耳.), ᄒᆞᆫ 빵 귀옛골회과. ≪莊子, 德充符≫爲天子之諸御, 不爪翦, 不穿耳. ≪淮南子, 兵略訓≫臣辭而行, 乃爪翦, 設明衣也.

조정(朝廷) 명 임금이 정사(政事)를 주관하던 곳. ≪朴諺, 下, 29ㅈ≫元寶(集覽, 朴集, 下, 5ㅎ: 元寶. 錠上有字, 曰楊(揚)州元寶. 後朝廷亦鑄. 又有遼陽元寶, 至元二十三年, 征遼所得銀子而鑄者也.)我有半錠了, 元寶ㅣ 내게 반 뎡이 이시니.

조조(條條) 부 올올이. ⇔올올이. ≪朴諺, 中, 1ㅈ≫赤條條的仰白着臥, 벌거케 올올이 쟛바누어.

조주(曹州) 명 중국 산동성(山東省) 조현(曹縣) 지역에 있었다. 춘추시대 조(曹)나라 땅으로 북주(北周) 때는 서연주(西兗州), 수대(隋代)에 제음군(濟陰郡)으로 고쳤다가 당대(唐代)에 조주로 환언하였다. ≪朴諺, 下, 59ㅎ≫梁貞明(集覽, 朴集, 下, 12ㅎ: 梁貞明. 十一年, 唐人取曹州, 帝爲其臣皇甫瓔所弑, 是爲末帝.)四年三月裡, 梁貞明 四年 三月에.

조지다 동 쫒다. 틀어 올리다. ⇔관기(綰起). ≪朴諺, 上, 40ㅈ≫綰起頭髮來, 머리

터럭을 조지고.

조착(弔着) 동 (끈으로 물건을) 걸다. 매달다. ≪集覽, 字解, 單字解, 6ㅎ≫弔. 以繩懸物曰弔着. 又自縊而死曰弔死. 又物自彫落曰弔了. 又行文州縣取其問囚卷宗曰弔取·曰弔卷.

조창(弔窓) 명 들창. ⇔들창. ≪朴諺, 下, 12ㅎ≫榱, 납. 樑, ᄆᆞᄅᆞ. 椽, 혀. 柱, 기동. 短柱, 短柱. 叉堅, 쟉슈. 門框, 門얼굴. 門扇, 門빡. 吊窓, 들창. 天窓, 울어리창. 雙扇, 상다디. 單扇, 외다디. 窓欞, 창살로.

조처(照覷) 동 보살피다. ❶⇔보술피다. ≪朴諺, 上, 24ㅈ≫這般照覷, 이리 보술피면. ❷⇔보숣피다. ≪集覽, 字解, 累字解, 2ㅈ≫照管. 보숣피다. ≪集覽, 字解, 累字解, 9ㅈ≫照覻. 上同. ≪朴諺, 上, 9ㅎ≫好生照覷我, ᄀᆞ장 날을 보숣피라.

조천(調遷) 동 (관리가) 전임하다. 전근하다. 조정하여 다른 자리로 옮기다. ≪朴諺, 下, 16ㅎ≫買趙太祖飛龍記(集覽, 朴集, 下, 3ㅎ: 趙太祖飛龍記. 宋太祖, 姓趙, 名匡胤. 母昭獻皇后夢日入懷而孕. 誕生之夕, 赤光滿室, 異香馥郁. 及長, 性沈厚, 有大度, 調遷爲殿前都點檢.), 趙太祖의 飛龍記와.

조취(弔取) 동 공문을 주현(州縣)에 보내어 죄인을 심문한 권종(卷宗)을 취하다. 권종은 보관용으로 분류하여 철한 관문서(官文書)를 이른다. ⇔조권(弔卷). ≪集覽, 字解, 單字解, 6ㅎ≫弔. 以繩懸物曰弔着. 又自縊而死曰弔死. 又物自彫落曰弔了. 又行文州縣取其問囚卷宗曰弔取·曰弔卷.

조치다 동 겸(兼)하다. 아우르다. ≪朴諺, 下, 1ㅈ≫貂鼠皮丢袖(集覽, 朴集, 下, 1ㅈ: 丢袖. 音義云, ·ᄉᆞ·미〈매〉 조쳐 :내·브·틴 갓·옷.), 貂鼠皮 ᄉᆞ매 조차 내브틴 갓오술다가.

조타 형 깨끗하다. ⇔건건정정(乾乾淨淨). ≪集覽, 字解, 累字解, 3ㅈ≫乾乾淨淨. 조타. 又조히 ᄒᆞ다. 重言之者, 甚言其乾淨也. 凡疊字爲說者, 倣此.

조태조(趙太祖) 명 송(宋)나라 태조 조광윤(趙匡胤)을 이르는 말. ≪朴諺, 下, 16ㅎ≫買趙太祖飛龍記(集覽, 朴集, 下, 3ㅎ: 趙太祖飛龍記. 宋太祖, 姓趙, 名匡胤. 母昭獻皇后夢日入懷而孕. 誕生之夕, 赤光滿室, 異香馥郁. 及長, 性沈厚, 有大度, 調遷爲殿前都點檢. 陳橋之變, 黃袍已加于身, 受周恭帝之禪, 卽皇帝位. 易曰, 飛龍在天. 龍爲人君之象, 故稱卽位曰飛龍.), 趙太祖의 飛龍記와.

조험(照驗) 동 서로 맞대어 보아 알다. ≪朴諺, 下, 51ㅎ≫申(集覽, 朴集, 下, 11ㅎ: 申. 某府爲某事云云, 合行申覆, 伏乞照驗施行, 須至申者, 右申某處承宣布政使司, 年月, 府官姓名.)竊盜狀, 竊盜狀을 申ᄒᆞ노니.

조화(粗貨) 명 질이 낮은 값싼 화물(貨物). ≪朴諺, 中, 13ㅎ≫抽分(集覽, 朴集, 中, 2ㅎ: 抽分. 今按, 中朝設抽分竹木局, 如遇客商〈商〉興販竹木·柴炭等項, 照例抽分. 粗貨十五分中抽二分, 細貨十分中抽二分. 竹木·柴炭, 或三十分取二, 或十分取二, 或三分取一.)了幾箇馬, 여러 ᄆᆞᆯ을 츌렴ᄒᆞ고.

조화(造化) 명 종다리. ⇔죵다리. ≪朴諺, 中, 1ㅎ≫又是一箇銅觜·鑞觜造化, 또 ᄒᆞᆫ 부리 노론 수죵다리 부리 프른 암죵다리 노롯호ᄃᆡ. ≪譯語類解, 下, 飛禽≫造化, 舊譯, 죵다리.

조화(調和) 동 서로 잘 어울리다. 화목하다. ≪集覽, 字解, 單字解, 1ㅎ≫和. 平聲, 調和也. 又去聲, 與也, 及也. 我和你 너와 나와, 銅匙和快子 술와 밋 져와. ≪朴諺, 下, 33ㅈ≫酥燒餅(集覽, 朴集, 下, 7ㅈ: 酥燒餅. 質問云, 以麥麵〈麪〉用酥油調和作成餅子, 烙熟最酥, 方言謂之酥燒餅.), 酥油 너흔 쇼병과.

조화조(造化鳥) 명 종다리. ⇔죵다리. ≪朴諺, 中, 1ㅎ≫弄寶盖(集覽, 朴集, 中, 1ㅈ: 弄寶盖. 凡優人以造化鳥爲戲時, 一人擎一彩帛葆盖, 先入優場, 以告戲雀之由. 次

有一人捧一雀以入作戲. 如本節〈莭〉所云, 造化鳥 죵〈죵〉다리, 雄曰銅觜, 雌曰鑞觜.)的, 寶盖 농ᄒᆞᆫ 이ᄂᆞᆫ.

조회(照會) 명 한 관서에서 유관(有關) 사안에 대한 문건을 다른 관서에 보내는 일. 또는 그 문건. ≪朴諺, 下, 11ㅎ≫得了照會(集覽, 朴集, 下, 3ㅈ: 照會. 五軍都督府照會六部, 六部照會承宣布政使司, 使司照會提刑按察司. 体〈體〉式詳見求政錄.), 照會를 엇노라.

조훼(烏喙) 명 오훼(烏喙). '烏'는 '烏'의 잘못. ≪朴諺, 下, 51ㅎ≫我待學范蠡歸湖(集覽, 朴集, 下, 11ㅎ: 范蠡歸湖. 范蠡, 越之大夫也. 相越王勾踐敗吳, 曰, 越王爲人長頸烏〈烏〉喙, 可與啚〈圖〉患難, 不可與共安逸. 遂泛扁舟, 載西施, 遊五湖不返.), 내 范蠡의 歸湖를 ᄇᆡ호고져 ᄒᆞ노라.

조히 부 깨끗이. ≪集覽, 字解, 累字解, 3ㅈ≫乾乾淨淨. 조타. 又조히 ᄒᆞ다. 重言之者, 甚言其乾淨也. 凡疊字爲說者, 倣此.

족(足) 명 발[足]. ⇔발. ≪朴諺, 下, 9ㅈ≫人人盡盤雙足, 사ᄅᆞᆷ마다 다 두 발을 서리고.

족(足) 부 족(足)히. ⇔죡히. ≪朴諺, 上, 54ㅈ≫歸還數足, 갑기를 수에 죡히 ᄒᆞ고.

족색(足色) 명 십성(十成). 금은(金銀)의 품질을 10등분한 가운데 제1등. 곧, 순도가 10할인 금은. ≪朴諺, 上, 30ㅈ≫我的都是細絲官銀(集覽, 朴集, 上, 9ㅎ: 細絲官銀. 銀十品曰十成, 曰足色, 曰成色, 曰細絲, 曰手絲兒, 曰吹螺, 曰白銀.), 내 하ᄂᆞᆫ 다 이 細絲官銀이라.

족족(簇簇) 부 무더기무더기. ⇔무둑무둑. ≪朴諺, 下, 30ㅈ≫四五對家簇簇攢攢的, 네다ᄉᆞᆺ 빵식 무둑무둑 나아드러.

족차(族次) 명 가족 간의 차례. 곧, 항렬(行列). 촌수. ≪朴諺, 上, 1ㅎ≫着張三(集覽, 朴集, 上, 1ㅈ: 張三. 三, 或族次, 或朋友行輩之次, 或有官者以職次相呼, 或稱爲定名者有之. 李四·王五亦同.)買羊去, 張三으로 ᄒᆞ여 羊을 사라 가.

존(尊) 형 지위나 서열이 높다. ⇔존ᄒᆞ다(尊-). ≪朴諺, 下, 9ㅎ≫這佛法最尊最貴不可不信, 이 佛法이 ᄀᆞ장 尊ᄒᆞ고 ᄀᆞ장 貴ᄒᆞ니 가히 밋디 아니티 못ᄒᆞᆯ 써시라.

존귀(尊貴) 형 존귀(尊貴)하다. ⇔존귀ᄒᆞ다(尊貴-). ≪朴諺, 中, 41ㅈ≫無些兒尊貴處, 져기 尊貴ᄒᆞᆫ 곳이 업다.

존귀ᄒᆞ다(尊貴-) 형 존귀(尊貴)하다. ⇔존귀(尊貴). ≪朴諺, 中, 41ㅈ≫無些兒尊貴處, 져기 尊貴ᄒᆞᆫ 곳이 업다.

존시(尊侍) 명 나이가 많은 웃어른과 나이가 적은 아랫사람. ≪朴諺, 下, 10ㅎ≫頓首拜上父親·母親·尊侍前, 頓首ᄒᆞ고 절ᄒᆞ여 父親·母親·尊侍前에 올리노니.

존안(尊顔) 명 남의 얼굴을 높여 이르는 말. ≪朴諺, 下, 12ㅈ≫善保尊顔, 尊顔을 善保ᄒᆞ쇼셔.

존자(尊者) 명 〈불〉 학문과 덕행이 뛰어난 부처의 제자를 높여 이르는 말. ≪朴諺, 下, 3ㅈ≫往常唐三藏(集覽, 朴集, 下, 1ㅈ: 唐三藏法師〈三藏〉. 三藏, 經一藏, 律一藏, 論一藏. 曰脩多羅, 卽阿難聖衆結集爲經. 曰毗奈耶, 一曰毗尼, 卽優波尊者結集爲律. 曰阿毗曇, 卽諸大菩薩衍而爲論.)師傅, 뎌적의 唐ㅅ 三藏 師傅ㅣ. ≪朴諺, 下, 8ㅈ≫做盂蘭盆齋(集覽, 朴集, 下, 2ㅎ: 盂蘭盆齋. 大藏經云, 大目犍連尊者, 以母生餓鬼中不得食, 佛令作盂蘭盆, 至七月十五日, 具百味五果, 置盆中, 供養十方大德, 而後母乃得食.), 盂蘭盆齋를 ᄒᆞᄂᆞ니라. ≪朴諺, 下, 8ㅎ≫說目連尊者(集覽, 朴集, 下, 2ㅎ: 目連尊者. 反(飜)譯名義云, 目連, 婆羅門姓也, 名拘〈抅〉律陀.)救母經, 目連尊者의 救母經을 니ᄅᆞ니.

존장(尊長) 명 손윗사람. 웃어른. ≪朴諺, 上, 46ㅈ≫老官人(集覽, 朴集, 上, 13ㅈ: 老官人. 漢人呼尊長必加老字於姓字之上, 尊之之辭.)爲頭兒, 老官人 爲頭ᄒᆞ야. ≪朴諺, 中, 16ㅎ≫我妳妳(集覽, 朴集, 中, 3ㅈ: 妳妳. 凡稱尊長妻室曰妳妳.)使的我說將來, 우리 妳妳ㅣ 날을 브려 닐러늘 가

져왓노이다. 大娘(集覽, 朴集, 中, 3ㅈ: 大娘. 今按, 汎稱尊長妻室曰大娘, 又稱人之正妻曰大娘, 妾曰小娘.)身子好麽, 大娘의 몸이 됴흐신가.

존ᄒᆞ다(尊-) 형 지위나 서열이 높다. ⇔존(尊). ≪朴諺, 下, 9ㅎ≫這佛法最尊最貴不可不信, 이 佛法이 ᄀᆞ장 尊ᄒᆞ고 ᄀᆞ장 貴ᄒᆞ니 가히 밋디 아니티 못ᄒᆞᆯ 써시라.

졸(拙) 형 솜씨가 서투르다. ⇔졸ᄒᆞ다(拙-). ≪朴諺, 下, 6ㅈ≫拙匠人巧主人, 拙ᄒᆞᆫ 匠人이오 巧ᄒᆞᆫ 主人이니라.

졸(捽) 동 씨름하다. ⇔시름ᄒᆞ다. ≪朴諺, 中, 50ㅎ≫咱兩箇捽, 우리 둘히 시름호되. ≪朴諺, 中, 50ㅎ≫好好的捽, 됴히 됴히 시름ᄒᆞ쟈.

졸교(捽挍) 명 씨름. ❶⇔시름. ≪朴諺, 中, 50ㅎ≫咱這草地裏學捽挍, 우리 이 草地에셔 시름 ᄇᆡ호쟈. ≪朴諺, 中, 50ㅎ≫傍邊看捽挍的人們道, 겨ᄐᆡ셔 시름 보ᄂᆞᆫ 사ᄅᆞᆷ들이 닐오ᄃᆡ. ❷⇔시ᄅᆞᆷ. ≪朴諺, 下, 30ㅎ≫看捽挍的官人們, 시ᄅᆞᆷ 보ᄂᆞᆫ 官人들히.

졸교(捽挍) 동 씨름하다. ⇔시ᄅᆞᆷᄒᆞ다. ≪朴諺, 下, 30ㅈ≫看捽挍來, 시ᄅᆞᆷᄒᆞᄂᆞᆫ 양 보ᄃᆞ니라.

졸도(捽倒) 동 씨름하다. ⇔시ᄅᆞᆷᄒᆞ다. ≪朴諺, 下, 30ㅎ≫捽倒拿法, 시ᄅᆞᆷᄒᆞ기를 법저이 잡더라.

졸ᄒᆞ다(拙-) 형 솜씨가 서투르다. ⇔졸(拙). ≪朴諺, 下, 6ㅈ≫拙匠人巧主人, 拙ᄒᆞᆫ 匠人이오 巧ᄒᆞᆫ 主人이니라.

좀 명 좀[蠹]. ❶⇔충(蟲). ≪朴諺, 下, 1ㅈ≫虫蛀的無一根兒風毛, 좀이 먹어 ᄒᆞᆫ 낫 댱티도 업서시니. ❷⇔충자(蟲子). ≪朴諺, 下, 1ㅎ≫虫子怎麽蛀的, 좀이 엇디 먹으리오. ≪朴諺, 下, 1ㅎ≫也恠不的虫子, ᄯᅩ 좀도 허믈 못ᄒᆞᆯ 거시니.

좁다 형 좁다. ⇔착(窄). ≪朴諺, 上, 37ㅎ≫一箇長甕兒窄窄口裏頭盛着糯米酒, ᄒᆞᆫ 긴 독 조븐 부리 안ᄒᆡ 촙ᄡᆞᆯ 술 담은 거시여. ≪朴諺, 中, 38ㅎ≫嫌窄裏, 좁으믈 나므라.

좃다 동 조아리다. ⇔개(磕). ≪朴諺, 上, 31ㅈ≫那般磕頭禮拜央及我, 뎌리 머리 좃고 禮拜ᄒᆞ여 내게 빌거늘.

좃다 동 좇다. 따르다. 뒤따르다. ❶⇔근수(根隨). ≪集覽, 字解, 單字解, 5ㅈ≫隨. 從也. 隨你 네 ᄆᆞᅀᆞ모로, 隨喜 구경ᄒᆞ다, 隨從 조ᄎᆞ니. 吏語, 根隨 좃다. ❷⇔근수(跟隨). ≪朴諺, 上, 58ㅈ≫官人的伴當(集覽, 朴集, 上, 14ㅎ: 伴當. 質問云, 軍職〈戢〉官跟隨儀從人, 謂之伴當, 三日一換. 當, 去聲.)處, 官人의 伴當의손ᄃᆡ.

종(従) 동 종(從). '従'은 '從'의 속자. ≪朴諺, 上, 59ㅎ≫西湖是従玉泉裏流下來, 西湖ᄂᆞᆫ 이 玉泉으로 조차 흘러ᄂᆞ리니. ≪朴諺, 下, 16ㅎ≫禍従天上來, 禍ㅣ 天上으로 조차 오ᄂᆞ니라. ≪朴諺, 下, 58ㅈ≫主人先行客従之, 主人이 몬져 힝ᄒᆞ여든 客이 조ᄎᆞ리라.

종(從) 동 좇다. 따르다. ⇔좇다. ≪朴諺, 上, 59ㅎ≫西湖是從玉泉裏流下來, 西湖ᄂᆞᆫ 이 玉泉으로 조차 흘러ᄂᆞ리니. ≪朴諺, 下, 16ㅎ≫禍從天上來, 禍ㅣ 天上으로 조차 오ᄂᆞ니라. ≪朴諺, 下, 58ㅈ≫主人先行客從之, 主人이 몬져 힝ᄒᆞ여든 客이 조ᄎᆞ리라.

종(從) 명 수종(隨從). (수행하는 사람. 따르는 사람) ⇔슈종. ≪朴諺, 中, 5ㅎ≫從的六箇, 슈종 여슷의게ᄂᆞᆫ.

종(從) 조 -부터. …에서부터. ⇔-브터. ≪朴諺, 上, 13ㅎ≫從幾時出來, 언제브터 낫ᄂᆞ뇨. 從前日箇出來, 그제브터 나시되. ≪朴諺, 上, 34ㅈ≫小僧從今日, 小僧이 오ᄂᆞᆯ브터. ≪朴諺, 上, 66ㅈ≫從今日起後日罷散, 오ᄂᆞᆯ브터 시작ᄒᆞ여 모뢰면 罷散ᄒᆞᆯ러라.

종(終) 동 마치다. ≪朴諺, 上, 45ㅎ≫孝之終也, 孝의 終이니라.

종(棕) 명 종려(棕櫚)나무. ≪朴諺, 上, 25ㅎ≫江西十分上等眞結綜(棕)帽兒(集覽, 朴集, 上, 9ㅈ: 結椶帽. 椶, 木名, 高一二丈, 葉如車輪, 旁〈㫄〉無枝, 皆萃於木杪.

其下有皮, 重疊裹之, 每皮一匝爲一節〈莭〉, 花黃白色, 結實作房, 如魚子狀, 其皮皆是絲而經緯如織, 傍有細縷, 交相連綴不散. 取其絲理之, 以結成大帽. 又剝其皮一匝, 編爲蓑衣, 亦可避雨.)上, 江西 ᄀᆞ쟝 上等에 진짓 綜(棕)으로 ᄆᆡᄌᆞᆫ 갓 우희.

종(種) 동 심다. ❶⇔시므다. ≪朴諺, 中, 33ㅎ≫後園裏種時好, 뒷동산에 시므면 됴흐리라. ≪朴諺, 中, 33ㅎ≫種菜來, ᄂᆞ믈 시므쟈. ≪朴諺, 中, 33ㅎ≫種甚麽菜來, 므슴 ᄂᆞ믈을 시므료. ≪朴諺, 中, 33ㅎ≫紫蘇都種來, 紫蘇를 다 시므라. ≪朴諺, 中, 34ㅎ≫種些冬瓜, 동화. 西瓜, 슈박. 甜瓜, 참외. 揷葫, ᄌᆞᄅᆞ박. 稍瓜, 수세외. 黃瓜, 외. 茄子, 가지를 시므라. ≪朴諺, 下, 15ㅎ≫城外種稻子來, 셩 밧긔 벼 시므라 갓다가. ≪朴諺, 下, 16ㅈ≫種稻子那廝因何監着, 벼 시므든 뎌 놈은 므스 일을 인ᄒᆞ여 갓텬ᄂᆞ뇨. ❷⇔심ㄱ다. ≪朴諺, 下, 37ㅈ≫到秋他種來的, ᄀᆞ올이 다ᄃᆞ라 뎌의 심근.

종(椶) 명 종(棕). '椶'은 '棕'과 같다. ≪朴諺, 上, 25ㅎ≫江西十分上等眞結綜(棕)帽兒(集覽, 朴集, 上, 9ㅈ: 結椶帽. 椶, 木名, 高一二丈, 葉如車輪, 旁〈𣃟〉無枝, 皆萃於木杪. 其下有皮, 重疊裹之, 每皮一匝爲一節〈莭〉, 花黃白色, 結實作房, 如魚子狀, 其皮皆是絲而經緯如織, 傍有細縷, 交相連綴不散. 取其絲理之, 以結成大帽. 又剝其皮一匝, 編爲蓑衣, 亦可避雨.)上, 江西 ᄀᆞ쟝 上等에 진짓 綜(棕)으로 ᄆᆡᄌᆞᆫ 갓 우희.

종(鍾) 명 종(鐘). '鍾'은 '鐘'과 통용. ≪朴諺, 下, 20ㅈ≫打一聲鍾響, ᄒᆞᆫ 소ᄅᆡ 鍾을 티고.

종(鐘) 명 종. ≪朴諺, 下, 20ㅈ≫打一聲鍾響, ᄒᆞᆫ 소ᄅᆡ 鍾을 티고.

종구(終久) 형 장구(長久)하다. ⇔종구ᄒᆞ다(終久-). ≪朴諺, 中, 60ㅈ≫終久是有理的勾當, 終久ᄐᆞ록 이 有理ᄒᆞᆫ 일이라.

종구ᄒᆞ다(終久-) 형 장구(長久)하다. ⇔종구(終久). ≪朴諺, 中, 60ㅈ≫終久是有理的勾當, 終久ᄐᆞ록 이 有理ᄒᆞᆫ 일이라.

종금(從今) 부 이제부터. 지금부터. 오늘부터. ⇔이제로브터. ≪朴諺, 上, 63ㅎ≫咱從今已後, 우리 이제로브터 已後ㅣ야.

종래(從來) 부 본디. ⇔본ᄃᆡ. ≪朴諺, 下, 6ㅈ≫従來不曾見這般細詳的官人, 본ᄃᆡ 일즙 이런 細詳ᄒᆞᆫ 官人을 보디 못ᄒᆞ엿노라. ≪朴諺, 下, 45ㅎ≫我従來不曾看, 내 본ᄃᆡ 일즙 보디 아니ᄒᆞ엿노라.

종령(縱令) 동 방임(放任)하다. 내버려두다. ≪集覽, 字解, 單字解, 5ㅈ≫儘. 讓也, 任也. 儘他 제게 다와ᄃᆞ라, 儘讓 뎌긔 미다. 又縱令也. 儘教 ㅁ던타. 又儘一儘 지긔우다. 又儘船 빗 ᄀᆞ장.

종루(鐘樓) 명 종을 달아 두는 누각. 종각(鐘閣). ≪朴諺, 上, 61ㅈ≫兩壁鐘樓, 兩壁 鐘樓와. 金堂, 金堂과. 禪堂, 禪堂과. 齋堂, 齋堂과. 碑殿, 碑殿과.

종모아(棕帽兒) 명 종려(棕櫚)털로 결어 만든 모자. ≪朴諺, 上, 25ㅎ≫江西十分上等眞結綜(棕)帽兒(集覽, 朴集, 上, 9ㅈ: 結椶帽. 椶, 木名, 高一二丈, 葉如車輪, 旁〈𣃟〉無枝, 皆萃於木杪. 其下有皮, 重疊裹之, 每皮一匝爲一節〈莭〉, 花黃白色, 結實作房, 如魚子狀, 其皮皆是絲而經緯如織, 傍有細縷, 交相連綴不散. 取其絲理之, 以結成大帽. 又剝其皮一匝, 編爲蓑衣, 亦可避雨.)上, 江西 ᄀᆞ쟝 上等에 진짓 綜(棕)으로 ᄆᆡᄌᆞᆫ 갓 우희.

종모아(綜帽兒) 명 종모아(棕帽兒). '綜'은 '棕'의 잘못. ≪朴諺, 上, 25ㅎ≫江西十分上等眞結綜(棕)帽兒(集覽, 朴集, 上, 9ㅈ: 結椶帽. 椶, 木名, 高一二丈, 葉如車輪, 旁〈𣃟〉無枝, 皆萃於木杪. 其下有皮, 重疊裹之, 每皮一匝爲一節〈莭〉, 花黃白色, 結實作房, 如魚子狀, 其皮皆是絲而經緯如織, 傍有細縷, 交相連綴不散. 取其絲理之, 以結成大帽. 又剝其皮一匝, 編爲蓑衣, 亦可避雨.)上, 江西 ᄀᆞ쟝 上等에 진짓

綜(棕)으로 믹즌 갓 우희.

종모전(棕毛殿) 명 원대(元代)에 상도(上都)에 있던 별전(別殿)의 통칭. 기와 대신 종려털로 지붕을 이었기 때문에 붙여진 이름이다. ≪朴諺, 上, 53ㅈ≫京都綜(棕)殿(集覽, 朴集, 上, 13ㅎ: 椶殿. 作殿閣, 用椶木皮苫盖, 以爲遊御之所. 舊本作棕毛殿. 椶, 通作棕.)西教場裡, 京都 綜(棕)殿 西教場에.

종목(棕木) 명 종려나무. ≪朴諺, 上, 53ㅈ≫京都綜(棕)殿(集覽, 朴集, 上, 13ㅎ: 椶殿. 作殿閣, 用椶木皮苫盖, 以爲遊御之所. 舊本作棕毛殿. 椶, 通作棕.)西教場裡, 京都綜(棕)殿 西教場에.

종목(椶木) 명 종목(棕木). '椶'은 '棕'과 같다. ≪朴諺, 上, 53ㅈ≫京都綜(棕)殿(集覽, 朴集, 上, 13ㅎ: 椶殿. 作殿閣, 用椶木皮苫盖, 以爲遊御之所. 舊本作棕毛殿. 椶, 通作棕.)西教場裡, 京都 綜(棕)殿 西教場에.

종발(鍾鈸) 명 종발(鐘鈸). '鍾'은 '鐘'과 통용. ≪朴諺, 下, 42ㅎ≫諸般彩亭子(集覽, 朴集, 下, 9ㅈ: 彩亭子. 僧尼·道士及鼓〈皷〉樂·鍾鈸塡咽大路, 遠近大小親鄰〈隣〉男女, 前後導從者, 不知幾人, 後施夾障從之.), 여러 가지 彩亭子ᄅᆞᆯ 셰내고.

종발(鐘鈸) 명 종과 동발(銅鈸). ≪朴諺, 下, 42ㅎ≫諸般彩亭子(集覽, 朴集, 下, 9ㅈ: 彩亭子. 僧尼·道士及鼓〈皷〉樂·鍾鈸塡咽大路, 遠近大小親鄰〈隣〉男女, 前後導從者, 不知幾人, 後施夾障從之.), 여러 가지 彩亭子ᄅᆞᆯ 셰내고.

종식(從食) 명 부식(副食). 가벼운 식사나 간식. ≪朴諺, 上, 41ㅎ≫第三日做圓飯筵席(集覽, 朴集, 上, 12ㅈ: 圓飯筵席. 邵氏聞見錄, 宋景文公納子婦, 其婦家饋食. 書云, 以食物煖女. 公曰, 錯用字, 從食·從而·從大, 其子退撿. 博雅餪字注云, 女家三日餉食爲餪女也. 圓飯, 卽遺制也.)了時, 第三日에 圓飯 이바디ᄒᆞ면.

종신(終身) 명 목숨을 다하기까지의 동안. ≪朴諺, 下, 50ㅎ≫彈一曲流水高山(集覽, 朴集, 下, 11ㅈ: 流水高山. 子期死, 伯牙以爲世無知音, 終身不復鼓琴.), 一曲 流水高山을 ᄠᅳ며.

종안(鬃眼) 명 동물의 털구멍과 같은 모양. 곧, 좁쌀 모양의 무늬[粟紋]. ≪朴諺, 上, 29ㅈ≫店裏買猠皮(集覽, 朴集, 上, 9ㅎ: 猠皮. 質問云, 羊皮去毛, 熟軟, 有鬃眼. 作靴好看. 今按, 猠字, 韻〈韵〉書不收, 字意未詳.)去來, 店에 猠皮 사라 가쟈.

종이(從而) 부 따라서. 이로 인해. 그래서. 그리하여. ≪朴諺, 上, 41ㅎ≫第三日做圓飯筵席(集覽, 朴集, 上, 12ㅈ: 圓飯筵席. 邵氏聞見錄, 宋景文公納子婦, 其婦家饋食. 書云, 以食物煖女. 公曰, 錯用字, 從食·從而·從大, 其子退撿. 博雅餪字注云, 女家三日餉食爲餪女也. 圓飯, 卽遺制也.)了時, 第三日에 圓飯 이바디ᄒᆞ면.

종인(從人) 명 수종(隨從)하는 사람. 곧, 하인. 종복(從僕). ≪朴諺, 中, 5ㅎ≫分例支應(集覽, 朴集, 中, 1ㅈ: 分例支應. 正官曰廩給, 從人曰口粮, 通謂之分例. 元制, 正官一員, 一日宿頓, 該支〈攴〉米一升, 麵一斤, 羊肉一斤, 酒一升, 柴一束, 經過減半, 從人一名, 止支〈攴〉米一升, 經過減半. 今制, 正官一員, 一日經過, 米三升, 宿頓五升, 從人一名, 經過二升, 宿頓三升. 漢俗今云行三坐五.), 分例로 支應ᄒᆞ라.

종인부(宗人府) 명 황실의 황족에 대한 일을 관리하던 기관. ≪朴諺, 中, 46ㅈ≫你却不道首領官(集覽, 朴集, 中, 8ㅈ: 首領官. 今宗人府經歷爲首領官, 六部主事爲首領官之類.)署了卷廳上不曾押裏, 네 ᄯᅩ 首領官은 권에 일훔두고 廳上이 일즙 슈례두디 아녓다 니ᄅᆞ디 아니ᄒᆞ던다.

종자(種子) 명 씨. 씨앗. ⇔ᄡᅵ. ≪朴諺, 下, 37ㅈ≫另除了種了後頭, ᄠᅩ로 ᄡᅵ를 뎨ᄒᆞᆫ 후에.

종자기(鍾子期) 명 중국 춘추시대 초(楚)나라 사람. 당시 거문고의 명인이었던 백아(伯牙)의 친구로서, 그의 거문고 소리를 잘 알아들었다고 한다. 종자기가 죽자 백아는 자기의 음악을 이해하여 주는 이가 없음을 한탄하여 거문고 줄을 끊고 다시는 거문고를 타지 않았다고 한다. ≪朴諺, 下, 50ㅎ≫彈一曲流水高山(集覽, 朴集, 下, 11ㅈ: 流水高山. 列子, 伯牙善鼓〈皷〉琴, 鍾子期善聽. 伯牙鼓〈皷〉琴, 志在高山. 子期曰, 善哉, 巍巍乎, 志在高山.), 一曲 流水高山을 뽀며.

종적(蹤迹) 명 없어지거나 떠난 뒤에 남는 자취나 형상. ≪朴諺, 下, 52ㅎ≫辨驗得賊人蹤跡, 辨驗ᄒᆞ여 賊人의 蹤跡을 어드니.

종전(棕殿) 명 원대(元代)에 상도(上都)에 있던 별전(別殿)의 통칭. 기와 대신 종려털로 지붕을 이었기 때문에 붙여진 이름이다. ≪朴諺, 上, 53ㅈ≫京都綜(棕)殿(集覽, 朴集, 上, 13ㅎ: 椶殿. 作殿閣, 用椶木皮苫盖, 以爲遊御之所. 舊本作棕毛殿. 椶, 通作棕.)西敎場裡, 京都 綜(棕)殿 西敎場에.

종전(綜殿) 명 종전(棕殿). '綜'은 '棕'의 잘못. ≪朴諺, 上, 53ㅈ≫京都綜(棕)殿(集覽, 朴集, 上, 13ㅎ: 椶殿. 作殿閣, 用椶木皮苫盖, 以爲遊御之所. 舊本作棕毛殿. 椶, 通作棕.)西敎場裡, 京都 綜(棕)殿 西敎場에.

종전(種田) 동 논밭에 씨앗을 뿌리다. ⇔종전ᄒᆞ다(種田-). ≪朴諺, 下, 36ㅎ≫管着他官人家莊土種田來, 뎌 官人의 농소롤 ᄀᆞ옴아라 種田ᄒᆞ더니.

종전(椶殿) 명 종전(棕殿). '椶'은 '棕'과 같다. ≪朴諺, 上, 53ㅈ≫京都綜(棕)殿(集覽, 朴集, 上, 13ㅎ: 椶殿. 作殿閣, 用椶木皮苫盖, 以爲遊御之所. 舊本作棕毛殿. 椶, 通作棕.)西敎場裡, 京都 綜(棕)殿 西敎場에.

종전ᄒᆞ다(種田-) 동 논밭에 씨앗을 뿌리다. ⇔종전(種田). ≪朴諺, 下, 36ㅎ≫管着他官人家莊土種田來, 뎌 官人의 농소롤 ᄀᆞ옴아라 種田ᄒᆞ더니.

종종(種種) 명 모양이나 성질이 다른 여러 가지. ≪朴諺, 中, 21ㅎ≫或作童女(集覽, 朴集, 中, 4ㅎ: 童男童女. 應作種種身, 或在天上, 在人間, 隨其所樂, 皆令見衆生形相各不同, 行業音聲亦無量.), 혹 童女ㅣ 되며.

종횡(縱橫) 동 거침없이 마구 오가거나 이리저리 다니다. ≪朴諺, 下, 49ㅈ≫好女不看燈(集覽, 朴集, 下, 11ㅈ: 好女不看燈. 其寺觀街巷, 燈明若晝. 士女夜遊, 車馬塞路, 有足不躡地浮行數十步者. 阡陌縱橫, 城闉下禁, 五陵年少, 滿路行歌, 萬戶千門, 笙簧未撤.), 好女는 看燈 아니ᄒᆞ다 ᄒᆞᄂᆞ니라.

좇다 동 겸(兼)하다. 아우르다. ≪朴諺, 下, 1ㅈ≫貂鼠皮丢袖, 貂鼠皮 ᄉᆞ매 조차 내브틴 갓오슬다가.

좇다 동 좇다[從]. 따르다. ❶⇔근(跟). ≪朴諺, 下, 15ㅈ≫跟官人時休撒懶, 官人을 조출쟉시면 게어리 말고. ≪朴諺, 下, 15ㅈ≫我也跟官人時莭(節), 나도 官人을 조차 ᄃᆞᆫ닐 제. ❷⇔수(隨). ≪朴諺, 中, 22ㅈ≫隨相現相救苦惱於三塗, 샹을 조차 샹을 뵈야 苦惱롤 三塗에 救ᄒᆞᄂᆞᆫ쏘다. ≪朴諺, 中, 31ㅎ≫可知貌隨福轉, 그리어니 얼굴이 福을 조차 옴ᄂᆞ니라. ❸⇔수종(隨從). ≪集覽, 字解, 單字解, 5ㅈ≫隨. 從也. 隨你 네 ᄆᆞᄉᆞ모로, 隨喜 구경ᄒᆞ다, 隨從 조ᄎᆞ니. 吏語, 根隨 졷다. ❹⇔안(按). ≪朴諺, 上, 17ㅎ≫按四時耍子, 四時롤 조차 노ᄂᆞᆫ쏘다. ≪朴諺, 上, 51ㅎ≫按四時與他衣服, 四時롤 조차 뎌롤 衣服을 주니. ≪朴諺, 上, 54ㅈ≫按月送納, ᄃᆞᆯ을 조차 送納호되. ≪朴諺, 中, 39ㅎ≫按月送納, ᄃᆞᆯ을 조차 送納호ᄃᆡ. ❺⇔연(沿). ≪朴諺, 上, 62ㅈ≫沿河快活, 河롤 조차 즐기다가. ≪朴諺, 中, 33ㅈ≫沿山沿峪隨喜那景致去來, 山을 조ᄎᆞ며 골을 조차 뎌 景致롤 구경ᄒᆞ라 가쟈. ≪朴諺, 中, 51ㅎ≫我慢慢兒沿着人家房簷底下, 내 날회여 人家 쳠하롤 조차. ≪朴諺, 下, 3ㅈ≫沿路上用心好

去着, 길흘 조차 用心ᄒᆞ여 됴히 가라. ≪朴諺, 下, 55ㅎ≫着他沿街吅, 뎔로 ᄒᆞ여 거리를 조차 웨려 ᄒᆞ노라. ❻⇔종(從). ≪朴諺, 上, 59ㅎ≫西湖是從玉泉裏流下來, 西湖는 이 玉泉으로 조차 흘러ᄂᆞ리니. ≪朴諺, 下, 16ㅎ≫禍從天上來, 禍ㅣ 天上으로 조차 오ᄂᆞ니라. ≪朴諺, 下, 58ㅈ≫主人先行客從之, 主人이 몬져 힝ᄒᆞ여든 客이 조ᄎᆞ리라.

좌 명 좌(左). 왼쪽. ⇔좌(左). ≪朴諺, 下, 23ㅎ≫左邉搭右邉趖, 좌편으로 건디려 ᄒᆞ면 우편으로 숨고. ≪朴諺, 下, 23ㅎ≫右邉搭左邉去, 우편으로 건디려 ᄒᆞ면 좌편으로 가매.

좌(左) 명 좌. 왼쪽. ⇔좌. ≪朴諺, 下, 23ㅎ≫左邉搭右邉趖, 좌편으로 건디려 ᄒᆞ면 우편으로 숨고. ≪朴諺, 下, 23ㅎ≫右邉搭左邉去, 우편으로 건디려 ᄒᆞ면 좌편으로 가매.

좌(坐) 동 앉다. ❶⇔안다. ≪朴諺, 上, 37ㅎ≫一間房子裏五箇人剛坐的, ᄒᆞᆫ 간 방에 다ᄉᆺ 사ᄅᆞᆷ이 계요 안는 거시여. ❷⇔안ㅅ다. ≪朴諺, 下, 20ㅈ≫起頭坐靜, 웃듬은 안ᄯᅵ를 靜히 ᄒᆞ고. ≪朴諺, 下, 20ㅎ≫各上禪床坐定, 각각 禪床에 올라 안ᄯᅵ를 定ᄒᆞ고. ❸⇔앉다. ≪朴諺, 中, 43ㅎ≫堂上掛佛端然坐, 堂上에 블샹을 걸고 단졍히 안자. ≪朴諺, 下, 16ㅎ≫閉門屋裏坐, 문을 닷고 집의 안자셔도. ≪朴諺, 下, 58ㅈ≫請坐, 청ᄒᆞ노니 안ᄌᆞ라. ≪朴諺, 下, 61ㅎ≫先生且坐一坐, 先生은 아직 안ᄌᆞ라. ❹⇔앗다. ≪集覽, 字解, 單字解, 1ㅎ≫剛. 僅也. 剛坐 계우 앗다. 纔也. 剛纔 ᄀᆞᆺ.

좌(剉) 동 지나다. 넘다. ⇔계다. ≪朴諺, 下, 1ㅎ≫比及晌午剉正熱時分收拾, 낫계어 졍히 더울 ᄣᅢ예 미처 收拾ᄒᆞ여.

좌(座) 동 앉다. ⇔앉다. ≪朴諺, 中, 21ㅈ≫座餙芙蓉湛南海澄淸之水, 안즌 ᄃᆡᆫ 芙蓉으로 ᄭᅮ며시니 南海 澄淸ᄒᆞᆫ 水에 ᄌᆞᆷ겻고.

좌(座) 의 좌. 채. ≪朴諺, 上, 60ㅈ≫有聖旨裏盖來的兩座瑠璃閣, 聖旨로 지은 兩座 瑠璃閣이 이시니. ≪朴諺, 上, 61ㅈ≫北岸上有一座大寺, 북편 언덕 우희 ᄒᆞᆫ 座 큰 뎔이 이시니. ≪朴諺, 中, 20ㅈ≫將二兩銀到西山(集覽, 朴集, 中, 3ㅎ: 西山. 每大雪初霽, 千峯萬壑〈砮〉, 積素凝華, 若圖畫然, 爲京師八景之一, 曰西山霽雪. 今見北京西城外有山一座, 即是.)裏, 두 냥 은을 가지고 西山에 가. ≪朴諺, 中, 27ㅈ≫開着一座解儅庫, 一座 解儅庫를 열고. ≪朴諺, 下, 12ㅈ≫我要盖一座書房, 내 一座 書房을 짓고져 ᄒᆞ니. ≪朴諺, 下, 49ㅎ≫有九座門, 九座 門이 이시니.

좌(矬) 형 작다. 왜소(矮小)하다. ❶⇔적다. ≪朴諺, 中, 51ㅈ≫咳那矬金舍倒了也, 애 뎌 킈 저근 金舍ㅣ 것구러디거다. ❷⇔젹다. ≪朴諺, 中, 50ㅎ≫咳那矬漢你那裏抵當的我, 애 뎌 킈 져근 놈이 네 어ᄃᆡ 내게 뎌당ᄒᆞ리오. ≪朴諺, 中, 50ㅎ≫敢是這矬漢喫來, 이 킈 져근 놈이 먹은 듯ᄒᆞ다.

좌법(坐法) 명 〈불〉 결가부좌(結跏趺坐) 따위의 부처나 불도들이 앉는 법식. ≪朴諺, 中, 21ㅈ≫座餙芙蓉(集覽, 朴集, 中, 4ㅎ: 座餙芙蓉. 飜譯名義云, 大論問, 諸牀〈床〉可坐, 何必蓮華. 荅曰, 牀爲世間白衣坐法, 又以蓮華軟淨, 欲現神力, 能坐其上, 令不壞故, 又以莊嚴妙法故, 又以此華華臺嚴淨香妙可坐故.)湛南海澄淸之水, 안즌 ᄃᆡᆫ 芙蓉으로 ᄭᅮ며시니 南海 澄淸ᄒᆞᆫ 水에 ᄌᆞᆷ겻고.

좌변(左邊) 명 좌편(左便). 왼쪽. ⇔좌편. ≪朴諺, 下, 23ㅎ≫左邉搭右邉趖, 좌편으로 건디려 ᄒᆞ면 우편으로 숨고. ≪朴諺, 下, 23ㅎ≫右邉搭左邉去, 우편으로 건디려 ᄒᆞ면 좌편으로 가매. ≪朴諺, 下, 46ㅎ≫頭戴耳掩或提在手裡(集覽, 朴集, 下, 10ㅈ: 頭戴耳掩或提在手裏. 寅時揭左邊, 亥時揭右邊而戴, 以寅·亥時爲通氣, 故揭一邊也, 子·丑時全戴, 爲嚴凝也.), 머리예 耳掩을 쓰며 혹 손에 들고.

좌보(左輔) 명 구성(九星) 중의 여덟째 별 이름. 파군성(破軍星)의 아래 우필성(右

弼星)의 위에 있다. ≪朴諺, 上, 18ㅎ≫左輔右弼板兒和兩箇束兒, 左輔右弼 돈과 두 뭇금쇠ᄂᆞᆫ. ≪朴諺, 上, 18ㅎ≫後面北斗(集覽, 朴集, 上, 7ㅈ: 北斗左輔右弼. 凡九星, 曰樞宮貪狼, 曰璇宮巨門, 曰璣〈幾〉宮祿存, 曰權宮文曲, 曰衡宮廉貞, 曰闓(開)陽宮武曲, 曰瑤光宮破軍, 曰洞明宮左輔, 曰隱元宮右弼. 左輔連附北斗第〈萴〉六星, 在外, 右弼連附北斗第〈萴〉二星, 在內. 俱在紫薇(微)垣.)七星板兒做的好, 後面 北斗七星 돈은 ᄆᆡᆫ돌기를 잘ᄒᆞ엿고.

좌보우필(左輔右弼) 명 좌보성(左輔星)과 우필성(右弼星). ≪朴諺, 上, 18ㅎ≫左輔右弼板兒和兩箇束兒, 左輔右弼 돈과 두 뭇금쇠ᄂᆞᆫ. ≪朴諺, 上, 18ㅎ≫後面北斗(集覽, 朴集, 上, 7ㅈ: 北斗左輔右弼. 凡九星, 曰樞宮貪狼, 曰璇宮巨門, 曰璣〈幾〉宮祿存, 曰權宮文曲, 曰衡宮廉貞, 曰闓(開)陽宮武曲, 曰瑤光宮破軍, 曰洞明宮左輔, 曰隱元宮右弼. 左輔連附北斗第〈萴〉六星, 在外, 右弼連附北斗第〈萴〉二星, 在內. 俱在紫薇(微)垣. 七現二隱, 世人惟見七星, 不見輔·弼二星. 盖九星宰生死是非之簿, 能解一切厄. 晉書天文志云, 七星在太微北, 七政之樞機, 陰陽之元本. 七星明, 其國昌, 輔星明, 則臣强.)七星板兒做的好, 後面 北斗七星 돈은 ᄆᆡᆫ돌기를 잘ᄒᆞ엿고.

좌수(左手) 명 왼손. ≪朴諺, 上, 20ㅈ≫一對窟嵌的金戒指兒(集覽, 朴集, 上, 7ㅎ: 窟嵌戒指. 事物紀原云, 古者后妃羣妾御于君, 所當御者, 以銀環進之, 娠則以金環退之, 進者着右手, 退者着左手.), ᄒᆞᆫ 빵 날박은 금가락지.

좌승상(左丞相) 명 벼슬 이름. 우승상(右丞相)과 함께 천자(天子)를 도와 정무(政務)를 총괄하였다. 진(秦) 무왕(武王) 2년(B.C. 309)에 두었으며, 원대(元代)까지 존속되었다. ≪朴諺, 下, 38ㅎ≫比丞相(集覽, 朴集, 下, 8ㅎ: 丞相. 元中書省有左右丞相, 任宰相之職〈戢〉, 左右天子平章萬機.)爭甚麽, 丞相에 比컨대 므서시 ᄠᅳ리오.

좌아(座児) 명 좌아(座兒). '児'는 '兒'의 속자. ≪朴諺, 上, 28ㅈ≫藍斜皮邉兒的座児, 藍斜皮로 邉兒 ᄒᆞᆫ 座児ㅣ오.

좌아(座兒) 명 깔개. 자리. ≪朴諺, 上, 28ㅈ≫藍斜皮邉兒的座兒, 藍斜皮로 邉兒 ᄒᆞᆫ 座児ㅣ오.

좌욕(坐褥) 명 깔개. 방석. ⇔아답개. ≪朴諺, 上, 29ㅈ≫做坐褥·皮搭連, 아답개와 가족 대련을 ᄆᆡᆫ들려 ᄒᆞ노라.

좌우(左右) 명 ❶주위. 옆이나 곁. 또는 주변. ≪朴諺, 上, 39ㅈ≫狗有濺草之恩(集覽, 朴集, 上, 11ㅈ: 狗有濺草之恩. 前有一坑水, 狗便走徃水中, 還以身洒生, 左右草沾水得着, 地火尋過去, 生醒而去.), 개ᄂᆞᆫ 濺草ᄒᆞᆫ 恩이 잇고. 馬有垂繮之報, ᄆᆞᆯ은 垂繮ᄒᆞᆫ 報ㅣ 잇다 ᄒᆞ니라. ❷왼쪽과 오른쪽. ≪朴諺, 下, 35ㅈ≫却打花房窩兒(集覽, 朴集, 下, 7ㅎ: 花房窩兒. 但本國龍飛御天歌云, 擊毬之法, 或數人, 或十餘人, 分左右以較勝負.), ᄯᅩ 花房 굼글 티쟈.

좌우승상(左右丞相) 명 벼슬 이름. 좌승상(左丞相)과 우승상(右丞相). 진(秦) 무왕(武王) 2년(B.C. 309)에 두었으며, 원대(元代)까지 존속되었다. ≪朴諺, 下, 38ㅎ≫比丞相(集覽, 朴集, 下, 8ㅎ: 丞相. 元中書省有左右丞相, 任宰相之職〈戢〉, 左右天子平章萬機.)爭甚麽, 丞相에 比컨대 므서시 ᄠᅳ리오.

좌우참(左右驂) 명 좌참(左驂)과 우참(右驂). ≪朴諺, 下, 38ㅈ≫五箇鋪馬(集覽, 朴集, 下, 8ㅎ: 五箇鋪馬. 按禮, 天子六馬, 左右驂, 三公·九卿駟馬, 左驂.)去了, 다ᄉᆞᆺ 鋪馬로 가니라.

좌자(銼子) 명 줄[鑢]. ⇔줄. ≪朴諺, 下, 12ㅎ≫你只取將墨斗, 네 그저 먹고조와. 墨篗, 먹갈과. 和鎊, 갓괴와. 鏟子, 항괴와. 退鉋, ᄃᆡ패와. 鑿子, ᄭᅳᆯ과. 斧子, 도치와. 銼子來做生活, 줄을 가져다가 셩녕ᄒᆞ라.

좌적(坐的) 동 앉다. 앉아 있다. ❶⇔안짜. ≪集覽, 字解, 單字解, 3ㅎ≫的. 指物之辭. 你的 네 것, 好的 됴흔 것. 又語助. 坐的 안짜, 通作地. 又明也, 實也, 端也. 吏語, 的確·的當·虛的·的實. ❷⇔앉다. ≪朴諺, 中, 15ㅈ≫好相公坐的, ᄆᆞ음 됴흔 相公은 안즈라. ≪朴諺, 中, 29ㅎ≫我且外前坐的, 내 아직 밧긔 안잣쟈. ≪朴諺, 中, 52ㅎ≫上位在西湖景凉殿裏坐的看, 上位ㅣ 西湖 景凉殿에 안자 보시더라. ≪朴諺, 中, 53ㅎ≫五六箇婦人們坐的縫時, 다엿 겨집들이 안자 지으면. ≪朴諺, 中, 57ㅎ≫夾着屁眼家裡坐的去, 밋흘 찌고 집의 안자시라 가라. ≪朴諺, 下, 27ㅎ≫坐的哥, 안즈라 형아. ≪朴諺, 下, 57ㅎ≫書房裡坐的看文書裡, 書房에 안자 글 보ᄂᆞ니라.

좌전(左傳) 명 춘추좌씨전(春秋左氏傳). 노(魯)나라의 좌구명(左丘明)이 춘추(春秋)를 해설한 책. 30권. ≪朴諺, 上, 16ㅎ≫祭了社神(集覽, 朴集, 上, 6ㅈ: 社神. 孝經緯曰, 社, 土地之主也. 土地闊〈濶〉, 不可盡祭, 故封土爲社, 以報功也. 春祭社, 祈穀之生, 秋祭社, 報穀之成. 左傳, 共工氏有子, 曰勾龍氏, 平水土, 故立以爲社.), 社神의 祭ᄒᆞ여시니.

좌지(坐地) 동 앉다. 좌정(坐定)하다. ⇔안다. ≪集覽, 字解, 單字解, 3ㅎ≫地. 土也. 田地·土地·地方·地面. 又指當處. 土地之神亦曰土地. 又語助. 坐地. 又恁地, 猶言如此. ≪朴諺, 上, 61ㅈ≫有官裏坐的地白玉石玲瓏龍床, 황뎨 안ᄂᆞᆫ 白玉石으로 玲瓏히 ᄒᆞᆫ 龍床이 잇고. ≪朴諺, 上, 61ㅈ≫西壁廂有太子坐的地石床, 西壁廂에 太子 안ᄂᆞᆫ 石床이 잇고.

좌참(左驂) 명 수레를 끄는 세 마리 또는 네 마리 말 중 맨 왼쪽의 말. ≪朴諺, 下, 38ㅈ≫五箇鋪馬(集覽, 朴集, 下, 8ㅎ: 五箇鋪馬. 按禮, 天子六馬, 左右驂, 三公·九卿駟馬, 左驂.)去了, 다ᄉᆞᆺ 鋪馬로 가니라.

좌편 명 좌편(左便). 왼쪽. ⇔좌변(左邊). ≪朴諺, 下, 23ㅎ≫左邉搭右邉趓, 좌편으로 건디려 ᄒᆞ면 우편으로 숨고. ≪朴諺, 下, 23ㅎ≫右邉搭左邉去, 우편으로 건디려 ᄒᆞ면 좌편으로 가매.

죄 명 죄(罪). ⇔죄(罪). ≪朴諺, 下, 16ㅈ≫妄告官司抵罪反坐, 망녕되이 官司에 고ᄒᆞ면 죄 反坐에 니르ᄂᆞ니라.

죄(罪) 명 죄. ⇔죄. ≪朴諺, 下, 16ㅈ≫妄告官司抵罪反坐, 망녕되이 官司에 고ᄒᆞ면 죄 反坐에 니르ᄂᆞ니라.

죄과(罪過) 명 죄목(罪目). 죄과. ⇔죄목. ≪集覽, 字解, 單字解, 7ㅎ≫落. 落了 디다. 又院落 뜰. 又落下 떠디우다. 又數落了罪過 죄목 혜다. 又吏語, 下落 간 곧, 又發落 공ᄉᆞ 긃내다.

죄목 명 죄목(罪目). 죄과. ⇔죄과(罪過). ≪集覽, 字解, 單字解, 7ㅎ≫落. 落了 디다. 又院落 뜰. 又落下 떠디우다. 又數落了罪過 죄목 혜다. 又吏語, 下落 간 곧, 又發落 공ᄉᆞ 긃내다.

죄복(罪福) 명 죄와 복. ≪朴諺, 下, 49ㅈ≫好女不看燈(集覽, 朴集, 下, 11ㅈ: 好女不看燈. 道經云, 正月十五日, 謂之上元, 天官下降人閒〈間〉, 考定罪福. 是夜張燈, 士女鼓〈皷〉樂遊街.), 好女ᄂᆞᆫ 看燈 아니ᄒᆞᆫ다 ᄒᆞᄂᆞ니라.

죄업(罪業) 명 〈불〉 몸[身業]·입[口業]·마음[心業]의 3업(業)으로 짓는 죄. 또는 당연히 나쁜 응보(應報)를 받는 죄악을 두루 이르는 말. ≪朴諺, 中, 23ㅎ≫作一切罪障(集覽, 朴集, 中, 6ㅈ: 罪障. 猶言業障·罪業.), 一切히 罪障 지은 거시.

죄신 명 죄인. ⇔죄인(罪人). ≪集覽, 字解, 單字解, 1ㅎ≫撒. 散之也. 撒了 헤티다. 又覺也. 覺撒了 아다. 又放也. 撒放罪人 죄신을 앗아라 노타.

죄인(罪人) 명 죄인. ⇔죄신. ≪集覽, 字解, 單字解, 1ㅎ≫撒. 散之也. 撒了 헤티다. 又覺也. 覺撒了 아다. 又放也. 撒放罪人 죄신을 앗아라 노타. ≪朴諺, 中, 29ㅈ≫

木椿(集覽, 朴集, 中, 7ㅈ: 木椿. 其制, 於刑人法場, 植一大柱, 縛着罪人於〈縛着罪人於其〉上, 劊子用法刀剮其肉以喂狗, 而只留〈畱〉其骨, 極其慘酷, 方施大辟, 卽古之冎刑也.)上剮了, 나모 기동에 ᄆᆡ고 ᄶᅡᆨ가 죽이니라.

죄장(罪障) 명 〈불〉 선을 행하는 데에 장애가 되는 죄악을 이르는 말. ≪朴諺, 中, 23ㅎ≫作一切罪障(集覽, 朴集, 中, 6ㅈ: 罪障. 猶言業障·罪業.), 一切히 罪障 지은 거시.

죠ᄅᆡ 명 조리. ⇔조리(笊籬). ≪朴諺, 中, 11ㅎ≫鑼鍋, 로고. 柳箱, 섥. 灑子, 드레. 三脚, 아리쇠. 椀·楪, 사발·뎝시. 匙筯, 술져. 榪杓, 나모쥬게. 笊籬, 죠ᄅᆡ. 炊箒, ᄉᆞᆯ.

죠희 명 종이. ⇔지(紙). ≪朴諺, 下, 56ㅈ≫半張紙上寫着裏, 半張 죠희예 썻ᄂᆞ니.

죠ᄒᆡ 명 종이. ⇔지(紙). ≪朴諺, 上, 23ㅎ≫將一張紙來, ᄒᆞᆫ 댱 죠ᄒᆡᄅᆞᆯ 가져다가. ≪朴諺, 下, 62ㅈ≫這的高麗筆墨和二十張大紙將去, 이 高麗ㅅ 筆墨과 스므 댱 큰 죠ᄒᆡᄅᆞᆯ 가져가.

족 명 족(足). ⇔방제(蹄蹄). ≪朴諺, 上, 5ㅈ≫爊爛蹄蹄, 농난히 구은 족과.

족지 명 달래. ⇔소산(小蒜). ≪朴諺, 中, 34ㅈ≫拔將小蒜, 족지. 田菁, 샤티올. 薺菜, 냉이. 芷荇, 비름을 ᄏᆡ여 오라.

족집게 명 족집게. ⇔섭아(鑷兒). ≪朴諺, 上, 40ㅈ≫將那鑷兒來, 뎌 족집게 가져다가.

족히 부 족(足)히. ⇔족(足). ≪朴諺, 上, 54ㅈ≫歸還數足, 갑기ᄅᆞᆯ 수에 족히 ᄒᆞ고.

죵 명 종[僕]. 노비. ⇔노비(奴婢). ≪朴諺, 下, 37ㅎ≫孩兒使爺娘的, ᄌᆞ식은 어버의 거ᄉᆞᆯ 쓰고. 奴婢使使長的, 죵은 뇌연의 거ᄉᆞᆯ 쓰ᄂᆞ니.

죵다리 명 종다리. ❶⇔조화(造化). ≪朴諺, 中, 1ㅎ≫又是一箇銅觜·鑞觜造化, ᄯᅩ ᄒᆞᆫ 부리 노론 수죵다리 부리 프른 암죵다리 노롯호ᄃᆡ. ≪譯語類解, 下, 飛禽≫造化, 舊譯, 죵다리. ❷⇔조화조(造化鳥). ≪朴諺, 中, 1ㅎ≫弄寶盖(集覽, 朴集, 中, 1ㅈ: 弄寶盖. 凡優人以造化鳥爲戱時, 一人擎一彩帛葆盖, 先入優場, 以告戱雀之由. 次有一人捧一雀以入作戱. 如本節〈莭〉所云, 造化鳥 죵〈죵〉다리, 雄曰銅觜, 雌曰鑞觜.)的, 寶盖 농ᄒᆞᄂᆞᆫ 이ᄂᆞᆫ.

죵ᄒᆡ 명 종이. ⇔지(紙). ≪朴諺, 中, 58ㅈ≫把這窓孔的紙都扯了, 이 창 숨게 죵ᄒᆡ를다가 다 ᄆᆡ티고.

주(主) 명 임자. ⇔님자. ≪朴諺, 中, 10ㅈ≫恩養財禮銀五兩永遠爲主, 恩養ᄒᆞᆫ 財禮銀 닷 냥에 ᄒᆞ야 永遠히 님자ᄅᆞᆯ 삼아. ≪朴諺, 中, 10ㅈ≫並不干買主之事, 다 산 님자의게ᄂᆞᆫ 간셥디 아닌 일이라. ≪朴諺, 中, 17ㅎ≫男兒無婦財無主, ᄉᆞ나ᄒᆡ 겨집이 업스면 ᄌᆡ믈이 님재 업고. 婦人無夫身無主, 겨집이 지아비 업스면 몸이 님재 업다 ᄒᆞᄂᆞ니. ≪朴諺, 中, 37ㅎ≫駁彈的是買主, 나므라ᄂᆞ니아 이 사ᄂᆞᆫ 님재라.

주(朱) 명 성씨(姓氏)의 하나. ≪朴諺, 下, 41ㅈ≫朱先生來, 朱先生이 왓더라.

주(丟) 동 내어 붙이다. ⇔내브티다. ≪朴諺, 下, 1ㅈ≫貂鼠皮丟袖(集覽, 朴集, 下, 1ㅈ: 丟袖. 音義云, ·ᄉᆞ·ᄆᆡ〈매〉 조쳐 :내·브·틴 갓·옷.), 貂鼠皮 ᄉᆞ매 조차 내브틴 갓오ᄉᆞᆯ다가.

주(住) 동 ❶그치다. 멈추다. ⇔그치다. ≪朴諺, 上, 51ㅈ≫把搖車搖一搖便住了, 搖車ᄅᆞᆯ다가 흔들면 곳 그치ᄂᆞ니라. ≪朴諺, 中, 51ㅈ≫雨住了麽, 비 그첫ᄂᆞ냐. ❷머물다. 멈추다. ⇔머믈다. ≪朴諺, 上, 38ㅎ≫不住的臥倒打滾, 머므디 아니ᄒᆞ고 누우쑤러. ≪朴諺, 上, 48ㅎ≫到那裏住三箇月, 뎌긔 가 석 ᄃᆞᆯ을 머믈면. ≪朴諺, 下, 57ㅈ≫且住, 아직 머믈라.

주(住) 동 머무르게 하다. 멈추게 하다. ❶⇔머므로다. ≪朴諺, 上, 13ㅎ≫着唾沫白日黑夜不住的揉, ᄎᆞᆷ으로다가 白日 黑夜에 머므로디 말고 ᄇᆞᄅᆞ라. ❷⇔머믈우다. ≪朴諺, 中, 40ㅈ≫養住那水, 뎌 믈을 머

믈워. ≪朴諺, 中, 59ㅈ≫受他錢財當住, 뎌의 錢財를 밧고 머믈워.

주(住) 동 살다[住]. ⇔살다. ≪朴諺, 上, 11ㅎ≫郎中你在那裏住, 郎中아 네 어ᄃᆡ 이셔 사ᄂᆞᆫ다. 我在平則門邉住, 내 平則門 ᄭᆡ의 이셔 사노라. ≪朴諺, 上, 54ㅈ≫京都在城積慶坊住人趙寶兒, 京都 자 안 積慶坊에셔 사ᄂᆞᆫ 사ᄅᆞᆷ 趙寶兒ㅣ. ≪朴諺, 中, 9ㅎ≫大都某村住人錢小馬, 셔울 아모 촌의 사ᄂᆞᆫ 사ᄅᆞᆷ 錢小馬ㅣ. ≪朴諺, 中, 10ㅈ≫隨問到本都在城某坊住某官人處賣與, 隨問ᄒᆞ야 本都 잣 안 아므 坊에셔 사ᄂᆞᆫ 아므 官人의손ᄃᆡ 가 ᄑᆞ라 주되. ≪朴諺, 中, 25ㅎ≫如今搬在法蔵寺西邉混堂間壁住裏, 이제 法蔵寺 셔편 混堂 ᄉᆞ이 ᄇᆞ람에 올마 사ᄂᆞ니. ≪朴諺, 中, 38ㅎ≫京都在城黃華坊住人朱玉, 셔울 셩 안 黃華坊에셔 사ᄂᆞᆫ 사ᄅᆞᆷ 朱玉이. 隨問到本坊住人沈元處, 隨問ᄒᆞ여 本坊에 사ᄂᆞᆫ 사ᄅᆞᆷ 沈元의손ᄃᆡ 가. ≪朴諺, 下, 16ㅈ≫他一家住的漢兒人, 뎌 ᄒᆞᆫ 집의 사ᄂᆞᆫ 漢 사ᄅᆞᆷ이. ≪朴諺, 下, 39ㅎ≫在那裏住, 어ᄃᆡ 이셔 사ᄂᆞ뇨. ≪朴諺, 下, 39ㅎ≫他在樞密院角頭住裏, 뎌 樞密院 모롱이에 이셔 사ᄂᆞ니라. ≪朴諺, 下, 52ㅈ≫某村住某人, 아모 촌에 사ᄂᆞᆫ 아뫼. ≪朴諺, 下, 54ㅎ≫當有某縣某村住人王大戶爲證, 곳 아모 고을 아모 촌에 사ᄂᆞᆫ 사ᄅᆞᆷ 王大戶ㅣ 이셔 證ᄒᆞ엿ᄂᆞ니이다.

주(走) 동 걷다. ❶⇔걷다. ≪朴諺, 中, 8ㅈ≫快走的點的都有了, 잘 건ᄂᆞᆫ 이와 셰가탈ᄒᆞᄂᆞᆫ 이 다 이셰라. ❷⇔것다. ≪朴諺, 中, 7ㅈ≫我騎的十分快走的馬將來, 나 ᄐᆞᆯ 이란 ᄀᆞ장 잘 것ᄂᆞᆫ ᄆᆞᆯ을 가져오라.

주(走) 동 ❶나다. 나오다. ⇔나다. ≪集覽, 字解, 單字解, 7ㅎ≫走. 行也. ᄃᆞᆫ니다. 又逃回曰走回. 又跑也. 能走·快走 잘 ᄃᆞᆫᄂᆞ다. 又透漏也. 走話. 又洩也. 走了氣 김 나다. ❷돋치다. 도드라지다. ⇔도티다. ≪朴諺, 上, 15ㅈ≫也是走線, ᄯᅩ 실 도티려 ᄒᆞ노라. ❸들뜨다. 또는 원형(原形)이 변하다. ⇔듧ᄠᅳ다. ≪朴諺, 中, 25ㅎ≫着了幾遍雨時都走了㨾子, 여러 번 비ᄅᆞᆯ 마즈면 다 듧ᄠᅳᆯ 양이로다. ≪朴諺, 中, 26ㅎ≫李大的帽兒㨾兒可喜不走作, 李大의 갓이 모양이 곱고 듧ᄠᅳ디 아니케 ᄆᆡᆫ드랏고.

주(走) 동 달리다. ❶⇔ᄃᆞᄅᆞ다. ≪朴諺, 上, 55ㅎ≫一箇黑鬃靑馬快走, ᄒᆞᆫ 가리온총이 ᄆᆞᆯ이 잘 ᄃᆞᄅᆞ되. ≪朴諺, 中, 52ㅎ≫在那裏走來, 어ᄃᆡ셔 ᄃᆞᄅᆞ뇨. 六十里店裏走, 六十里 店에셔 ᄃᆞᄅᆞ니. ≪朴諺, 中, 52ㅎ≫年時誰先走來, 젼년에 뉘 몬져 ᄃᆞᄅᆞ뇨. ≪朴諺, 中, 52ㅎ≫他先走來, 뎌 몬져 ᄃᆞᄅᆞ니라. ≪朴諺, 下, 49ㅈ≫各飯店·酒肆裡繞着走, 各 飯店과 酒肆에 두로 ᄃᆞᄅᆞ니. ❷⇔ᄃᆞᆫᄂᆞ다. ≪集覽, 字解, 單字解, 7ㅎ≫趓. 逃也. 趓着走 에도라 ᄃᆞᆫ닌다. 又避也. 趓一趓 길 ᄎᆡ라. 亦作躱, 通作嚲. ≪集覽, 字解, 單字解, 7ㅎ≫走. 行也. ᄃᆞᆫ니다. 又逃回曰走回. 又跑也. 能走·快走 잘 ᄃᆞᆫᄂᆞ다. 又透漏也. 走話. 又洩也. 走了氣 김 나다. ≪集覽, 字解, 單字解, 7ㅎ≫走. 行也. ᄃᆞᆫ니다. 又逃回曰走回. 又跑也. 能走·快走 잘 ᄃᆞᆫᄂᆞ다. 又透漏也. 走話. 又洩也. 走了氣 김 나다.

주(走) 동 달아나다. ❶⇔ᄃᆞ라나다. ≪朴諺, 中, 10ㅎ≫五歲的小廝急且那裏走, 다ᄉᆞᆺ ᄉᆞᆯ엣 아ᄒᆡ 과거리 아직 어ᄃᆡ로 ᄃᆞ라나리오. ≪朴諺, 中, 28ㅎ≫那婦人便走了, 그 계집이 곳 ᄃᆞ라나. ≪朴諺, 下, 55ㅎ≫走失了甚色馬, 아모 빗쳇 ᄆᆞᆯ를 ᄃᆞ라나 일허시되. ❷⇔ᄃᆞᆯ아나다. ≪朴諺, 下, 55ㅈ≫不知怎生走了, 아디 몯게라 엇디 ᄃᆞᆯ아난디.

주(走) 동 ❶다니다. ⇔ᄃᆞᆫ니다. ≪集覽, 字解, 單字解, 7ㅎ≫走. 行也 ᄃᆞᆫ니다. 又逃回曰走回. 又跑也, 能走·快走 잘 ᄃᆞᆫᄂᆞ다. 又透漏也, 走話. 又洩也, 走了氣 김 나다. ≪朴諺, 上, 31ㅎ≫只趓着我走, 그저 날을 수머 ᄃᆞᆫ니고. ≪朴諺, 上, 32ㅈ≫把我的兩對新靴子都走破了, 내 두 쌍 새 훠ᄅᆞᆯ 다가 다 ᄃᆞᆫ녀 해야ᄇᆞ리게 ᄒᆞ고. ≪朴諺, 上, 52ㅈ≫大舍夜來乾走了一遭, 大舍ㅣ

어제 속졀업시 ᄒᆞᆫ 디위 ᄃᆞ녀다. ≪朴諺, 中, 40ㅈ≫你慢慢兒走, 네 날회여 ᄃᆞ니라. ❷닫는. 달리는. ⇔ᄃᆞᆮᄂᆞᆫ. ≪朴諺, 上, 55ㅈ≫我要打圍處騎的快走的馬, 내 산영ᄒᆞᄂᆞᆫ 고ᄃᆡ ᄐᆞᆯ 잘 ᄃᆞᆮᄂᆞᆫ ᄆᆞᆯ을 사고져 ᄒᆞ노라. ❸닫다. 달리다. ⇔ᄃᆞᆺ다. ≪朴諺, 中, 43ㅎ≫東走西走, 동으로 ᄃᆞᆺ고 셔로 ᄃᆞ라. ≪朴諺, 中, 53ㅈ≫第一箇走, 第一로 ᄃᆞᆺ고.

주(走) 명 달음질. ⇔ᄃᆞ롬질. ≪朴諺, 中, 52ㅈ≫年時牢子們走的你見來麽, 젼년에 牢子들희 ᄃᆞ롬질을 네 본다.

주(奏) 동 여쭙다. ⇔엳ᄌᆞᆸ다. ≪朴諺, 下, 23ㅎ≫將軍奏道, 將軍이 엳ᄌᆞ와 닐오ᄃᆡ.

주(柱) 동 짚다. ❶⇔딥다. ≪朴諺, 中, 33ㅈ≫咱也柱着柱杖, 우리도 막대 딥고. ❷⇔딥ㅎ다. ≪朴諺, 下, 31ㅈ≫手柱槍的, 손에 槍을 딥흔 이.

주(柱) 명 기둥. ⇔기동. ≪朴諺, 上, 38ㅈ≫弟兄三四箇守着停柱坐, 弟兄 세 네히 기동을 ᄃᆡ희여 안잣ᄂᆞᆫ 거시여. ≪朴諺, 上, 60ㅎ≫那殿一剗是纏金龍木香停柱, 뎌 殿에 ᄒᆞᆫ골ᄀᆞᆺ티 金龍이 얼거딘 木香 기동이오. ≪朴諺, 中, 1ㅈ≫停柱來麁細的, 기동만ᄒᆞᆫ 굴긔예. ≪朴諺, 中, 44ㅎ≫那中柱上釘一箇釘子, 뎌 가온댓 기동에 ᄒᆞᆫ 낫 못을 박고. ≪朴諺, 下, 12ㅎ≫檁, 납. 樑, ᄆᆞᄅᆞ. 椽, 혀. 柱, 기동. 短柱, 短柱. 叉竪, 작슈. 門框, 門얼굴. 門扇, 門ᄯᅡᆨ. 吊窓, 들창. 天窓, 울어리창. 雙扇, 상다디. 單扇, 외다디. 窓欞, 창살로.

주(酒) 명 술. ⇔술. ≪集覽, 字解, 單字解, 4ㅈ≫打. 擊也, 着實打, 又打三下. 又爲也. 打酒來 술 사 오라. 又曰, 打將來 ᄒᆞ야 오라, 打聽 듣보라, 打水 믈 긷다, 不打緊. 又打那裏去, 打東邊去, 有投向從往之意. 俗用打字, 似不合本意者多, 而實有取意不苟, 其用甚廣, 此不盡錄. ≪集覽, 字解, 單字解, 7ㅎ≫發. 酒發 술 괴다. 發將來 자바 보내다. 一發, 見下. 又吏語, 告發 고ᄒᆞ야나다. ≪朴諺, 上, 2ㅈ≫酒京城槽房雖然多, 술은 京城에 술집이 비록 만ᄒᆞ나. 街市酒打將來怎麽喫, 져젯 술을 가져오면 엇디 머그리오. ≪朴諺, 上, 7ㅎ≫有酒有花以爲眼前之樂, 술이 잇고 곳치 잇거든 뻐 眼前의 樂을 ᄒᆞ라. ≪朴諺, 上, 37ㅎ≫一箇長甕兒窄窄口裏頭盛着糯米酒, ᄒᆞᆫ 긴 독 조븐 부리 안희 ᄎᆞᆸᄡᆞᆯ 술 담은 거시여. ≪朴諺, 上, 58ㅎ≫喫幾盞酒過兩道湯, 여러 잔 술 먹고 兩道 湯을 디내고. ≪朴諺, 中, 5ㅎ≫兩瓶酒, 두 병 술이오. ≪朴諺, 中, 30ㅎ≫且旋將酒來, 아직 술을 둘러 가져오라. ≪朴諺, 中, 44ㅈ≫對客飮酒吟詩句, 客을 對ᄒᆞ야 술을 먹고 詩句를 읇프며. ≪朴諺, 中, 47ㅈ≫他酒醒了起來不覺, 뎨 술이 ᄭᆡ여 니러나 ᄭᆡ티디 못ᄒᆞ고. ≪朴諺, 下, 14ㅈ≫又喫幾盞酒之後, 또 여러 잔 술을 먹은 후에. ≪朴諺, 下, 14ㅈ≫擺茶飯又喫一會酒, 茶飯 버리고 또 ᄒᆞᆫ 디위 술 먹고. ≪朴諺, 下, 50ㅎ≫我援琴一張酒一壺, 내 琴 一張 酒 一壺를 가지고. ≪朴諺, 下, 54ㅈ≫逢着本府張千帶酒, 本府 張千이 술 취호믈 만나.

주(珠) 명 구슬. ⇔구슬. ≪朴諺, 上, 28ㅎ≫珠結子的蓋兒野狗尾子罕荅哈, 구슬로 ᄆᆡ자 ᄢᅵᆫ 여ᄋᆞ ᄭᅩ리 罕荅哈ㅣ러라.

주(蛀) 동 (좀이) 먹다. 슬다. ⇔먹다. ≪朴諺, 下, 1ㅈ≫虫蛀的無一根兒風毛, 좀이 먹어 ᄒᆞᆫ 낫 댱티도 업서시니. ≪朴諺, 下, 1ㅎ≫虫子怎麽蛀的, 좀이 엇디 먹으리오.

주(做) 동 되다. ❶⇔도이다. ≪朴諺, 上, 31ㅈ≫那廝高麗地面來的宰相們上做牙子, 뎌 놈이 高麗 ᄯᅡ흐로셔 온 宰相들희 손ᄃᆡ 즈름이 도엿ᄂᆞ니. ❷⇔되다. ≪朴諺, 上, 35ㅎ≫直到做灰, 잇긋 ᄌᆡ 되게 ᄒᆞ니. ≪朴諺, 上, 63ㅎ≫咱男兒漢做弟兄, 우리 ᄉᆞ나희 弟兄이 되여셔. ≪朴諺, 下, 20ㅎ≫變做假行者, 변ᄒᆞ여 거즛 行者ㅣ 되어. ≪朴諺, 下, 21ㅈ≫變做青母蝎, 변ᄒᆞ여 프른 암 젼갈이 되여. ≪朴諺, 下, 23ㅈ≫行者變做五寸來大的胡孫, 行者ㅣ 변ᄒᆞ여 五寸만치 큰 진납이 되여. ≪朴諺, 下, 24ㅈ≫變做大黑狗, 변ᄒᆞ여 큰 거

믄 개 되여. ≪朴諺, 下, 24ㅎ≫先生變做老虎赶, 先生이 변ᄒᆞ여 老虎ㅣ 되여 ᄯᅩ로거ᄂᆞᆯ. ≪朴諺, 下, 59ㅈ≫做了鐵原京太守, 鉄原京 太守ㅣ 되엿더니.

주(做) 동 만들다. ❶⇔ᄆᆡᆫ들다. ≪朴諺, 上, 29ㅈ≫做坐褥·皮搭連, 아답개와 가족 대련을 ᄆᆡᆫ들려 ᄒᆞ노라. ≪朴諺, 上, 43ㅎ≫做一對護膝, ᄒᆞᆫ 빵 슬갑을 ᄆᆡᆫ들려 ᄒᆞ면. ≪朴諺, 上, 43ㅎ≫做帶子和裏兒, ᄯᅴ와 안흘 ᄆᆡᆫ들리로다. ≪朴諺, 上, 53ㅎ≫你用心做的好時, 네 用心ᄒᆞ여 ᄆᆡᆫ들기를 잘ᄒᆞ면. ≪朴諺, 下, 5ㅎ≫你只朝南做門兒, 네 그저 남향ᄒᆞ여 문을 ᄆᆡᆫ들고. ≪朴諺, 下, 5ㅎ≫那西邉做一箇竈洞, 뎌 셔편의 ᄒᆞᆫ 굴을 ᄆᆡᆫ들라. ≪朴諺, 下, 6ㅈ≫這般做的不成時, 이리 ᄆᆡᆫ들기를 블셩이 ᄒᆞ면. ≪朴諺, 下, 46ㅈ≫當間裏按一箇木頭做的明珠, 가온ᄃᆡ ᄒᆞᆫ 남그로 ᄆᆡᆫ든 明珠를 박고. ❷⇔ᄆᆡᆫᄃᆞᆯ다. ≪朴諺, 上, 18ㅎ≫後面北斗七星板兒做的好, 後面 北斗七星 돈은 ᄆᆡᆫᄃᆞᆯ기를 잘ᄒᆞ엿고. ≪朴諺, 上, 29ㅈ≫這兩件東西做時, 이 두 가짓 거슬 ᄆᆡᆫᄃᆞᆯ려 ᄒᆞ면. ≪朴諺, 上, 42ㅎ≫你做饋我一副護膝, 네 날을 ᄒᆞᆫ 부 슬갑을 ᄆᆡᆫᄃᆞ라 주고려. ≪朴諺, 上, 44ㅈ≫你做饋我荷包如何, 네 날을 주머니를 ᄆᆡᆫᄃᆞ라 줌이 엇더ᄒᆞ뇨. ≪朴諺, 上, 44ㅈ≫我做饋你送路, 내 ᄆᆡᆫᄃᆞ라 너를 주어 送路ᄒᆞ마. ≪朴諺, 中, 2ㅎ≫把來做的不成, 가져오니 ᄆᆡᆫᄃᆞᆯ옴이 不成ᄒᆞ고. ≪朴諺, 中, 25ㅈ≫你的帽兒那裏做來, 네 갓을 어ᄃᆡ셔 ᄆᆡᆫᄃᆞ란ᄂᆞ뇨. ≪朴諺, 中, 25ㅎ≫做的鬆了, ᄆᆡᆫᄃᆞᆯ기를 섭섭이 ᄒᆞ여시니. ≪朴諺, 中, 25ㅎ≫可知那厮使長也做裏, 그리어니 뎌 놈이 使長의 큰갓도 ᄆᆡᆫᄃᆞ니. ≪朴諺, 中, 26ㅎ≫這一箇高手的人做的生活, 이 ᄒᆞᆫ 高手엣 사ᄅᆞᆷ의 ᄆᆡᆫ든 셩녕이. ≪朴諺, 中, 49ㅈ≫我做袈裟裏, 내 袈裟를 ᄆᆡᆫᄃᆞ노라. ≪朴諺, 中, 58ㅎ≫把那蒲葉兒來做席子, 뎌 菖蒲 닙흘다가 자리 ᄆᆡᆫᄃᆞ라. ≪朴諺, 下, 5ㅈ≫做炕時, 구들을 ᄆᆡᆫᄃᆞᆯ려 ᄒᆞ면. ≪朴諺, 下, 5ㅈ≫你只做饋我煤火炕着, 네 그저 날을 ᄆᆡ탄 퓌오ᄂᆞᆫ 구들을 ᄆᆡᆫᄃᆞ라 주되. 前面做一箇煤爐, 앏픠 ᄒᆞᆫ 煤爐를 ᄆᆡᆫᄃᆞ라. ❸⇔ᄆᆡᆼ글다. ≪集覽, 字解, 單字解, 7ㅈ≫扮. 修飾也. 裝扮 ᄭᆞ미다, 扮做 ᄭᆞ며 ᄆᆡᆼ그다. 音班, 去聲.

주(做) 동 ❶빚다. 만들다. ⇔빗다. ≪朴諺, 中, 58ㅎ≫我只會根兒觧酒和做醋, 나ᄂᆞᆫ 그저 불회로 觧酒ᄒᆞ고 초 빗ᄂᆞᆫ 줄만 알고. ❷삼다. 여기다. 간주하다. ⇔삼다. ≪朴諺, 上, 59ㅈ≫做人情去, 人情을 삼아 가. ≪朴諺, 中, 26ㅈ≫將去饋李大做定錢, 가져가 李大를 주어 마초ᄂᆞᆫ 갑슬 삼고. ≪朴諺, 中, 30ㅎ≫招做女壻來, 블러 사회를 삼으니. ❸일하다. 종사하다. ⇔일ᄒᆞ다. ≪朴諺, 中, 43ㅈ≫你每日做甚麽, 네 ᄆᆡ일에 므스 일ᄒᆞᄂᆞᆫ다.

주(做) 동 ❶(글을) 짓다. 저술(著述)하다. ⇔짓다. ≪朴諺, 上, 45ㅈ≫做七言四句詩, 七言 四句 詩를 짓고. ❷(어떤 일을) 하다. ⇔ᄒᆞ다. ≪朴諺, 上, 1ㅈ≫做一箇賞花筵席, ᄒᆞᆫ 賞花ᄒᆞᄂᆞᆫ 이바디를 ᄒᆞ여. ≪朴諺, 上, 8ㅈ≫做甚麽, 므슴 ᄒᆞ리오. ≪朴諺, 上, 16ㅎ≫我也用心做生活, 나도 用心ᄒᆞ여 셩녕을 ᄒᆞ리라. ≪朴諺, 上, 29ㅈ≫買獺皮做甚麽, 獺皮 사 므섯 ᄒᆞ려 ᄒᆞᄂᆞᆫ다. ≪朴諺, 上, 34ㅈ≫這一等和尙不打他要做甚麽, 이런 즁을 티디 아니ᄒᆞ고 므슴 ᄒᆞ리오. ≪朴諺, 上, 47ㅈ≫全做時只使的十九箇錢, 다 ᄒᆞ려 ᄒᆞ면 그저 열 아홉 낫 돈을 ᄡᅳ리라. ≪朴諺, 上, 58ㅎ≫八里庄梁家花園裏做來, 八里庄 梁家 花園의셔 ᄒᆞ니라. ≪朴諺, 中, 3ㅈ≫要做甚麽, ᄒᆞ여 므슴 ᄒᆞ리오. ≪朴諺, 中, 10ㅎ≫要做甚麽, ᄒᆞ여 므슴 ᄒᆞ리오. ≪朴諺, 中, 19ㅈ≫每日家閑浪蕩做甚麽, 날마다 힘힘이 ᄀᆞ래여 므슴 ᄒᆞ리오. ≪朴諺, 中, 28ㅎ≫你再來休做, 네 뇌여란 ᄒᆞ디 말라. ≪朴諺, 中, 41ㅈ≫紐絲傍做逢字, 실ᄉᆞ 변에 逢字 ᄒᆞ여시니. ≪朴諺, 中, 42ㅈ≫點水傍做草頭底下雨(兩)字, 點水 변에 草頭 아ᄅᆡ 雨

(兩)字 ᄒᆞ엿ᄂᆞ니라. ≪朴諺, 下, 6ㅈ≫一般動脚動手做生活, ᄒᆞᆫ가지로 발손을 놀려 ᄒᆞᆫ 셩녕이. ≪朴諺, 下, 13ㅎ≫做了第幾位, 몃재 위를 ᄒᆞ엿ᄂᆞ뇨. ≪朴諺, 下, 18ㅎ≫做羅天大醮, 羅天大醮를 ᄒᆞ더니. ≪朴諺, 下, 37ㅎ≫便不使些箇做甚麽, 곳 져기 ᄡᅳ디 아니코 므슴 ᄒᆞ리오. ≪朴諺, 下, 46ㅈ≫呌做芒兒, 브ᄅᆞ기를 芒兒ㅣ라 ᄒᆞ고. ≪朴諺, 下, 59ㅎ≫陞做水軍將軍波珍餐侍中, 陞ᄒᆞ여 水軍將軍 波珍餐 侍中을 ᄒᆞ엿더니라.

주(做) 동 ❶짓다[作]. 조리(調理)하다. 요리하다. ⇔짓다. ≪朴諺, 中, 6ㅎ≫疾忙做飯, 섈리 밥을 지으라. 舍人道做甚麽飯, 舍人아 니ᄅᆞ라 므슴 밥을 지으료. 做乾飯那水飯, 乾飯을 지으랴 水飯을 지으랴. ≪朴諺, 中, 14ㅎ≫又不會做飯, 또 밥 짓기를 아디 못ᄒᆞ니. ≪朴諺, 中, 30ㅈ≫做甚麽飯, 므슴 밥을 지엇ᄂᆞ뇨. 乾飯也做着裏, 된밥도 지엇고. ≪朴諺, 下, 44ㅈ≫做的生時也難喫, 짓기를 설게 ᄒᆞ면 먹기 어렵고. ≪朴諺, 下, 45ㅈ≫喫些箇好來, 져기 먹기 됴흘러니. 做的早時, 짓기를 일ᄒᆞ던둘. ❷짓다. 만들다. 제조하다. ⇔짓다. ≪朴諺, 中, 53ㅎ≫怎麽做不出一套衣裳來, 엇디 ᄒᆞᆫ 불 衣裳을 지어 내디 못ᄒᆞ리오. 赶也赶上做裡, 밋츠믄 미처 지으리라. ≪朴諺, 中, 54ㅎ≫這明綠通袖膝欄綉的做帖裏, 이 明綠빗체 通袖 膝欄 슈ᄒᆞᆫ 거스란 텰릭 짓고. 這深肉紅界地穿花鳳紵絲做比甲, 이 디튼 肉紅빗체 벽드르에 穿花鳳 문ᄒᆞᆫ 비단으란 比甲을 짓고. 這鷄冠紅綉四花做搭護, 이 만도람이빗체 四花 슈ᄒᆞᆫ 거스란 더그레 짓고. 這鴉青織金大蟒龍的做上盖, 이 雅青빗체 大蟒龍 織金ᄒᆞᆫ 이란 웃거리 지으라. ≪朴諺, 下, 12ㅎ≫捲篷搽做, 무량각 양으로 지으려 ᄒᆞ노라. ❸짓다. 삼다. 맺다. ⇔짓다. ≪朴諺, 上, 23ㅎ≫結做好弟兄時如何, ᄆᆞ옴 됴흔 弟兄을 지음이 엇더ᄒᆞ뇨. ≪朴諺, 上, 66ㅎ≫禮拜供養做些因緣時好, 禮拜 供養ᄒᆞ야 져기 인연을 지음이 됴흐리로다. ≪朴諺, 中, 36ㅎ≫我也與你做伴兒閑看去, 나도 널로 ᄃᆞ려 벗지어 힘힘이 보라 가쟈. ≪朴諺, 中, 49ㅈ≫做些好因緣時不好, 져기 됴흔 인연을 지으면 됴티 아니ᄒᆞ랴.

주(廚) 명 주방(廚房). 부엌. ⇔듀방. ≪朴諺, 中, 37ㅈ≫小厮將那厨裏夾板來, 아ᄒᆡ아 뎌 듀방에 협판을 가져다가.

주(籌) 명 사슬. 제비. 댓가지. ⇔사슬. ≪朴諺, 上, 12ㅎ≫西邉對籌(集覽, 朴集, 上, 5ㅎ: 籌. 音義云, 出倉之計筭. 質問云, 以木爲之. 此收·放米計數之籌, 每米一石, 對籌一根.)去, 셔편에 사슬 마초라 가. ≪朴諺, 上, 13ㅈ≫將碎貼兒來過籌, 즌톄ᄌᆞ 가져와 사슬 디내라.

주(鑄) 동 주조(鑄造)하다. ⇔디우다. ≪朴諺, 下, 2ㅎ≫長老的佛像鑄了麽, 長老ㅣ아 佛像을 디웟는다. 鑄了三尊佛, 三尊佛을 디워.

주가(酒家) 명 술집. ≪朴諺, 下, 7ㅈ≫我不知道那家有甚麽幟〈幌〉字(集覽, 朴集, 下, 2ㅈ: 幟字. 今按, 漢俗, 凡出賣諸物之家, 俱設標幟之物, 置於門口, 或於門前起立牌榜, 如曰張家出賣高麗布扇. 一如賣酒家標植青帘之類, 俗呼青帘曰酒家望子.), 내 아디 못ᄒᆞ니 뎌 집의 므슴 보람이 잇ᄂᆞ뇨.

주가망자(酒家望子) 명 청기(青旗). (중국에서 주막집의 표시로 세우는 기) ≪朴諺, 下, 7ㅈ≫我不知道那家有甚麽幟〈幌〉字(集覽, 朴集, 下, 2ㅈ: 幟字. 今按, 漢俗, 凡出賣諸物之家, 俱設標幟之物, 置於門口, 或於門前起立牌榜, 如曰張家出賣高麗布扇. 一如賣酒家標植青帘之類, 俗呼青帘曰酒家望子.), 내 아디 못ᄒᆞ니 뎌 집의 므슴 보람이 잇ᄂᆞ뇨.

주거(舟車) 명 배와 수레. ≪集覽, 字解, 單字解, 6ㅈ≫賃. 僦屋以語曰賃, 지블 돌마다 銀 현 량곰 삭 물오 드러 이셔 살 시라. 又雇用驢馬·舟車之類曰賃, 라괴와

믈돌홀 삭 주고 브릴 시라.

주공(主公) 명 임금. ≪朴諺, 下, 60ㅈ≫願主公用心救百姓受苦, 願컨대 主公은 用心ᄒᆞ야 百姓의 受苦호ᄆᆞᆯ 救ᄒᆞ쇼셔.

주공(周公) 명 주(周)나라의 정치가. 문왕(文王)의 아들. 성은 희(姬). 이름은 단(旦). 형인 무왕(武王)을 도와 은(殷)나라를 멸하였고, 주나라의 기초를 튼튼히 하였다. ≪朴諺, 下, 17ㅈ≫必達周公之理, 반ᄃᆞ시 周公의 理ᄅᆞᆯ 達홀 ᄊᆞ시니.

주과(酒果) 명 술과 과일. ≪朴諺, 下, 18ㅎ≫做羅天大醮(集覽, 朴集, 下, 4ㅎ: 大醮. 道經云, 醮, 祭名. 夜中於星辰之下, 陳設餠餌·酒果·幣物, 禋祀天皇·太乙·地祇·列宿.), 羅天大醮ᄅᆞᆯ ᄒᆞ더니.

주관(做官) 동 벼슬하다. 벼슬아치가 되다. ⇔벼슬ᄒᆞ다. ≪朴諺, 上, 45ㅎ≫應科擧得做官, 科擧ᄅᆞᆯ 應ᄒᆞ여 벼슬홈을 어더.

주금(酒琴) 명 술과 거문고. ≪朴諺, 下, 50ㅎ≫裝載這酒·琴·漁網, 이 酒·琴·漁網을 싯고.

주기(走氣) 동 김이 나다. ≪集覽, 字解, 單字解, 7ㅎ≫走. 行也 ᄃᆞᆫ니다. 又逃回曰走回. 又跑也, 能走·快走 잘 ᄃᆞᆫᄂᆞ다. 又透漏也, 走話. 又洩也, 走了氣 김 나다. ≪朴諺, 上, 31ㅎ≫只趍着我走, 그저 날을 수머 ᄃᆞᆫ니고.

주기(酒器) 명 술을 마시는 데 쓰는 여러 가지 그릇. ≪朴諺, 下, 43ㅈ≫花果·酒器家事, 花果와 酒器 家事ᄅᆞᆯ.

주기다 동 죽이다. ⇔살(殺). ≪朴諺, 上, 22ㅎ≫殺一殺入一入赶一赶扭將去打劫, 주기리 주기고 드리리 드리고 몰 리 모라 에워 가 패 티쟈. ≪朴諺, 上, 22ㅎ≫你的殺子多沒眼碁, 네 주긴 ᄆᆞᆯ이 만ᄒᆞ니 눈 업슨 바독이로다.

주년(周年) 명 돌[朞]. ≪朴諺, 上, 31ㅈ≫限至周年, 限을 周年에 니르게 ᄒᆞ여.

주다 동 주다. ❶⇔궤(饋). ≪朴諺, 上, 10ㅎ≫一日三頓家饋他飽飯喫, ᄒᆞᄅᆞ 세 ᄢᅵ식 뎌ᄅᆞᆯ 주어 밥을 ᄇᆡ브리 먹이고. ≪朴諺, 上, 18ㅈ≫你饋我趲短些, 네 날을 져기 주려 주고려. ≪朴諺, 上, 30ㅎ≫你饋我尋見了拿將來, 네 ᄎᆞ자보아 잡아다가 날을 주고려. ≪朴諺, 上, 42ㅎ≫你做饋我一副護膝, 네 날을 ᄒᆞᆫ 부 슬갑을 ᄆᆡᆫᄃᆞ라 주고려. ≪朴諺, 上, 59ㅈ≫饋他補生日, 뎌ᄅᆞᆯ 주어 生日을 다ᄂᆞ림ᄒᆞ면. ≪朴諺, 上, 64ㅎ≫一打裏饋你十兩銀子, ᄒᆞᆫ번에 너ᄅᆞᆯ 열 량 은을 줄 거시니. ≪朴諺, 中, 2ㅈ≫我管着饋你, 내 ᄆᆞᄋᆞᆷ아라 너ᄅᆞᆯ 주마. ≪朴諺, 中, 11ㅈ≫買饋他木料·席子整理, 뎌ᄅᆞᆯ 木料와 삿글 사 주어 整理케 ᄒᆞ라. ≪朴諺, 中, 20ㅈ≫商量着放饋, 혜아려 노하 주고. ≪朴諺, 中, 26ㅈ≫將去饋李大做定錢, 가져가 李大ᄅᆞᆯ 주어 마초ᄂᆞᆫ 갑슬 삼고. ≪朴諺, 中, 37ㅎ≫你再饋我絶高的, 네 ᄯᅩ 날을 ᄀᆞ장 노ᄑᆞ니ᄅᆞᆯ 주고려. ≪朴諺, 中, 48ㅈ≫我饋你揩的乾浄着, 내 너ᄅᆞᆯ ᄉᆞᆺ기ᄅᆞᆯ 간졍히 ᄒᆞ여 주마. ≪朴諺, 中, 58ㅈ≫孩兒你饋我買將草布蚊帳來, 아희아 네 날을 얼믠 뵈로 ᄒᆞᆫ 모긔댱을 사다가 주고려. ≪朴諺, 下, 5ㅈ≫你只做饋我煤火炕着, 네 그저 날을 ᄆᆡ탄 퓌오ᄂᆞᆫ 구들을 ᄆᆡᆫᄃᆞ라 주되. ≪朴諺, 下, 12ㅈ≫浣饋你筆, 먹 므텨 너ᄅᆞᆯ 붓을 주니. ≪朴諺, 下, 29ㅈ≫你打饋我一箇立鼈兒, 네 날을 ᄒᆞᆫ 立鼈兒와. 一箇蝦蟆·鼈兒和蝎虎盞兒, ᄒᆞᆫ 蝦蟆鼈兒와 蝎虎盞을 ᄆᆡᆫᄃᆞ라 주고려. ≪朴諺, 下, 37ㅎ≫却點饋那官人, ᄯᅩ 뎌 官人의게 뎍어 주니. ≪朴諺, 下, 56ㅈ≫一張裏寫時全饋他, ᄒᆞᆫ 張에 ᄡᅥ시면 오로 뎌ᄅᆞᆯ 주고. ❷⇔방(放). ≪朴諺, 中, 27ㅈ≫一箇放債財主, ᄒᆞᆫ 빗 주기 ᄒᆞᄂᆞᆫ 財主. ❸⇔사(賜). ≪朴諺, 下, 24ㅎ≫賜唐僧金錢三百貫金鉢盂一箇, 唐僧을 金돈 三百貫과 金에우아리 ᄒᆞ나ᄒᆞᆯ 주고. 賜行者金錢三百貫打發了, 行者ᄅᆞᆯ 金돈 三百貫을 주어 打發ᄒᆞ니. ❹⇔여(與). ≪朴諺, 上, 3ㅈ≫寫勘合就使印信與我來, 勘合을 ᄡᅥ 이믜셔 인텨 나ᄅᆞᆯ 주드라. ≪朴諺, 上, 11ㅎ≫絟馬錢與他一捧兒米便是, ᄆᆞᆯ ᄆᆡ엿든

갑슬 뎌를 흔 우훔 밟을 줌이 곳 올타. ≪朴諺, 上, 38ㅎ≫不問多少與他些箇便是, 多少를 믓디 말고 뎌를 젹이 주미 곳 올ᄒᆞ니라. ≪朴諺, 上, 51ㅎ≫按四時與他衣服, 四時를 조차 뎌를 衣服을 주니. ≪朴諺, 上, 65ㅎ≫作與頌字, 頌字를 지어 주매. ≪朴諺, 中, 2ㅎ≫說定與他二兩銀, 닐러 定ᄒᆞ고 뎌를 두 냥 銀을 주엇더니. ≪朴諺, 中, 10ㅈ≫隨問到本都在城某坊住某官人處賣與, 隨問ᄒᆞ야 本都 잣 안 아므 坊에셔 사는 아므 官人의손ᄃᆡ 가 ᄑᆞ라 주되. ≪朴諺, 中, 17ㅈ≫重意的多與將來, 重흔 뜻으로 만히 주어 가져오니. ≪朴諺, 中, 26ㅈ≫我如今與你一兩銀, 내 이제 너를 흔 냥 은을 줄 쩌시니. ≪朴諺, 中, 37ㅈ≫解與官人高的, 官人을 노픈 이를 ᄑᆞ러 주라. ≪朴諺, 中, 55ㅎ≫將一把扇兒來與我, 흔 ᄌᆞᄅᆞ 부체 가져다가 날을 주고려. ≪朴諺, 下, 10ㅎ≫先生你寫與我書稍的去, 先生아 네 날을 글 써 주어든 브텨 보내쟈. ≪朴諺, 下, 23ㅎ≫與我洗頭, 날을 주어 머리 금게 ᄒᆞ라. ≪朴諺, 下, 35ㅈ≫都借與你, 다 너를 빌려 주마. ≪朴諺, 下, 54ㅎ≫你買與我喫來, 네 날을 사 주어 머긴다 ᄒᆞ고. ≪朴諺, 下, 61ㅎ≫小子沒甚麽鄕產與先生, 小子ㅣ 아므란 鄕產을 先生ᄭᅴ 줄 쩌시 업ᄉᆞ니. ≪朴諺, 下, 62ㅈ≫人事與相識弟兄, 人事로 서르 아는 弟兄을 주라. ❺⇔증(贈). ≪朴諺, 下, 62ㅈ≫賣劒賣與烈士, 劒을 풀매 烈士의게 풀고. 臙粉贈與佳人, 臙粉은 佳人의게 준다 ᄒᆞ니라.

주다 동 ❶(침) 주다. 놓다. ⇔사(使). ≪朴諺, 上, 35ㅈ≫一箇太醫看我小肚皮上使一針, 흔 太醫 날을 보고 져근비 우희 흔 번 침 주고. ❷주다. 갚다. ⇔환(還). ≪集覽, 字解, 單字解, 1ㅈ≫還. 猶尙也, 再也. 還有多少 당시론 언메나 잇ᄂᆞ뇨. 又다하. 還要多少 다하 언메나 받고져 ᄒᆞ나뇨. 還有·還要之還, 或呼如孩字之音. 此或還音之訛, 或別有其字, 未可知也. 又償也. 還錢 갑 주다.

주달(奏達) 동 신(神)이나 임금에게 아뢰다. ≪朴諺, 下, 18ㅎ≫做羅天大醮(集覽, 朴集, 下, 4ㅎ: 大醮. 又有消災度厄之法, 依陰陽五行之數, 推人年命, 書爲章疏青詞, 奏達天神, 謂之醮.), 羅天大醮를 ᄒᆞ더니.

주도(走到) 동 달려가다. ⇔ᄃᆞ라가다. ≪朴諺, 中, 28ㅎ≫走到官司告了, 官司에 ᄃᆞ라가 告ᄒᆞ니. ≪朴諺, 下, 21ㅈ≫他走到金水河裏, 뎨 金水河에 ᄃᆞ라가.

주득(做得) 동 만들다. 해내다. 이루다. ⇔ᄆᆡᆼ돌다. ≪朴諺, 上, 18ㅈ≫那三台板兒做得好, 뎌 三台 돈은 ᄆᆡᆼ돌기를 잘ᄒᆞ엿고. ≪朴諺, 上, 18ㅎ≫南斗六星板兒做得忒圓了些, 南斗六星 돈은 ᄆᆡᆼ돌기를 너모 두렷게 ᄒᆞ엿고. ≪朴諺, 中, 25ㅎ≫這帽兒也做得中中的, 이 갓을 ᄆᆡᆼ돌기를 알맛게 ᄒᆞ엿다.

주례(周禮) 명 의례(儀禮)·예기(禮記)와 함께 삼례(三禮)의 하나. 주(周)나라 때의 관제(官制)를 적은 책. 주공단(周公旦)이 지었다고 한다. 예전에는 주관(周官), 당(唐)나라 이후에는 주례라 일컬었다. 진시황(秦始皇) 때 분서(焚書)된 것을 한(漢)나라 때 5편을 발견하여 고공기(考工記)로 보충하여 6편으로 하였다. ≪朴諺, 上, 18ㅈ≫那三台(集覽, 朴集, 上, 7ㅈ: 三台. 三台, 周禮疏, 上台司命〈命〉爲太尉, 中台司中爲司徒, 下台司祿爲司空, 三公之象.)板兒做得好, 뎌 三台 돈은 ᄆᆡᆼ돌기를 잘ᄒᆞ엿고. ≪朴諺, 中, 44ㅎ≫將苕箒(集覽, 朴集, 中, 8ㅈ: 苕箒. 周禮桃茢鄭云, 茢, 苕箒也, 苕, 葦華也.)來掃的乾淨着, 닛븨 가져다가 쁠기를 간졍히 ᄒᆞ고.

주례(酒醴) 명 술과 단술. 또는 술을 두루 이르는 말. ≪朴諺, 上, 2ㅈ≫咱們問那光祿寺(集覽, 朴集, 上, 1ㅈ: 光祿寺. 在東長安門內, 其屬有大官·珍〈珎〉羞·良醞·掌醢四署, 掌供辦內府諸品膳羞酒醴及管待使客之事.)裏, 우리 뎌 光祿寺에 무러.

주료기(走了氣) 동 김이 나가다. 김이 빠져 나가다. ≪集覽, 字解, 單字解, 7ㅎ≫走. 行也. ᄃᆞᆫ니다. 又逃回曰走回. 又跑也. 能走·快走 잘 ᄃᆞᆫᄂᆞ다. 又透漏也. 走話. 又洩也. 走了氣 김 나다.

주루(酒樓) 명 비교적 큰 규모의 술집. ≪朴諺, 上, 23ㅈ≫斂些錢做翫月會(集覽, 朴集, 上, 8ㅈ: 翫月會. 東京錄云, 中秋夜, 貴家結飾臺榭, 民間爭占酒樓翫〈玩〉月, 絲簧鼎沸, 近內庭居民, 夜深遙聞笙竽之聲, 宛若雲外天樂, 閭里兒童連宵嬉戲, 夜市騈闐, 至於通曉.), 져기 돈 거두어 翫月會를 ᄒᆞ쟈.

주리다 동 ❶주리다[飢]. ⇔기(飢). ≪朴諺, 下, 15ㅈ≫忍多少飢, 인(언)머 주리믈 ᄎᆞ므며. ❷줄이다[短]. ⇔단찬(趲短). ≪朴諺, 上, 18ㅈ≫你饋我趲短些, 네 날을 져기 주려 주고려.

주마(走馬) 동 말을 타고 달리다. ≪朴諺, 上, 53ㅈ≫官裏前面挃柳(集覽, 朴集, 上, 14ㅈ: 钊〈挃〉柳. 質問云, 端午節日, 赴教場內, 將三枝柳植之三處, 走馬射之.)射弓的多有, 황뎨 앏희셔 버들 곳고 활 뽀ᄂᆞ니 만히 이시니.

주머괴 명 주먹. ⇔권(拳). ≪朴諺, 下, 54ㅎ≫於某面上用拳打破, 某의 ᄂᆞᆺ촐 주머괴로 텨 하야ᄇᆞ리되.

주머니 명 주머니. ⇔하포(荷包). ≪朴諺, 上, 44ㅈ≫你做饋我荷包如何, 네 날을 주머니를 ᄆᆡᆫᄃᆞ라 줌이 엇더ᄒᆞ뇨.

주반아(做伴兒) 동 벗 짓다. 벗을 삼다. ⇔벗짓다. ≪朴諺, 中, 36ㅎ≫我也與你做伴兒閑看去, 나도 널로 ᄃᆞ려 벗지어 힘힘이 보라 가쟈.

주발(酒發) 동 술이 괴다. ≪集覽, 字解, 單字解, 7ㅎ≫發. 酒發 술 괴다. 發將來 자바 보내다. 一發, 見下. 又吏語, 告發 고ᄒᆞ야나다.

주방(廚房) 명 부엌. ≪朴諺, 中, 39ㅈ≫廚房幾間, 廚房이 현 간.

주별(酒鼈) 명 가죽으로 자라처럼 납작하게 만든 술 부대. ⇔쥬벼ᄋᆞ. ≪朴諺, 中, 11ㅎ≫簸箕, 키. 篩子, 얼멍이. 馬尾羅兒, ᄆᆞᆯ총체. 卓兒, 상. 盤子, 반. 茶盤, 찻반. 擡盞, 졉잔. 壺瓶, 壺瓶. 酒鼈, 쥬벼ᄋᆞ. 銅杓, 놋쥬게를. 都收拾下着, 다 收拾ᄒᆞ여 두라.

주봉관(珠鳳冠) 명 진주나 구슬로 봉(鳳)의 모양을 만들어 붙인 관. ≪朴諺, 上, 41ㅈ≫珠鳳冠(集覽, 朴集, 上, 11ㅎ: 珠鳳冠. 音義云, 珠子結成鳳的冠. 今按, 用珍珠串結, 作成鳳形, 而至於翎毛, 則皆用綵線及翠羽爲飾(餙).), 珠鳳冠과.

주사(主事) 명 벼슬 이름. 한(漢)나라 때 처음 두었는데, 명·청대(明淸代)에는 육부(六部)의 원외랑(員外郞) 아래에 두었다. ≪朴諺, 中, 46ㅈ≫你却不道首領官(集覽, 朴集, 中, 8ㅈ: 首領官. 今宗人府經歷爲首領官, 六部主事爲首領官之類.)署了卷廳上不曾押裏, 네 또 首領官은 권에 일홈두고 廳上이 일즙 슈례두디 아녓다 니ᄅᆞ디 아니ᄒᆞ던다.

주사(朱砂) 명 수은으로 이루어진 황화 광물(黃化鑛物). 붉은색 안료(顔料)나 약재로 쓴다. ≪朴諺, 下, 29ㅈ≫一箇蝦蟆·鼈兒和蝎虎(集覽, 朴集, 下, 5ㅈ: 蠍〈蝎〉虎. 五月五日捕其生者, 飼以朱砂, 明年端午搗〈擣〉之, 點宮人臂上, 經事則消, 否則雖死不改, 故名曰守宮.)盞兒, ᄒᆞᆫ 蝦蟆鼈兒와 蝎虎盞을 ᄆᆡᆫᄃᆞ라 주고려.

주사(酒肆) 명 술집. ≪朴諺, 下, 49ㅈ≫各飯店·酒肆裡繞着走, 各 飯店과 酒肆에 두로 ᄃᆞᄅᆞ니.

주상(住相) 명 〈불〉 사상(四相)의 하나. 만유(萬有)가 현재의 상태로 잠시 안주해 있는 모습을 이른다. ≪朴諺, 上, 33ㅎ≫你布施(集覽, 朴集, 上, 10ㅎ: 布施. 捨施也, 財施爲凡, 法施爲聖. 凡布施, 必以滿三千世界, 七寶〈宝〉爲求福之具, 財施也. 此住相布施也. 菩薩布施, 但一心淸淨, 利益一切, 爲大施主, 法施也. 此不住相布施也.)人家齋飯錢, 네 人家에 보시ᄒᆞᆫ 齋飯

錢을.

주상보시(住相布施) 명 〈불〉 주상(住相)하는 보시. ≪朴諺, 上, 33ㅎ≫你布施(集覽, 朴集, 上, 10ㅎ: 布施. 捨施也, 財施爲凡, 法施爲聖. 凡布施, 必以滿三千世界, 七寶〈宝〉爲求福之具, 財施也. 此住相布施也. 菩薩布施, 但一心淸淨, 利益一切, 爲大施主, 法施也. 此不住相布施也.)人家齋飯錢, 네 人家에 보시혼 齋飯錢을.

주생활(做生活) 동 수공예(手工藝)하다. 공작(工作)하다. ⇔셩녕ᄒᆞ다. ≪朴諺, 上, 16ㅎ≫我也用心做生活, 나도 用心ᄒᆞ여 셩녕을 ᄒᆞ리라. ≪朴諺, 中, 49ㅈ≫你做甚麽生活, 네 므슴 셩녕ᄒᆞᄂᆞᆫ다. ≪朴諺, 下, 12ㅎ≫你只取將墨斗, 네 그저 먹고조와. 墨幓, 먹갈과. 和鎊, 갓괴와. 鉾子, 항괴와. 退鉋, ᄃᆡ패와. 鑿子, 끌과. 斧子, 도칙와. 銼子來做生活, 줄을 가져다가 셩녕ᄒᆞ라. ≪朴諺, 下, 29ㅎ≫這裏做生活, 예셔 셩녕ᄒᆞ라.

주수(丟袖) 명 소매를 내어 붙인 가죽옷. ≪朴諺, 下, 1ㅈ≫貂鼠皮丟袖(集覽, 朴集, 下, 1ㅈ: 丟袖. 音義云, ·ᄉᆞ·ᄆᆡ〈매〉 조쳐 : 내·브·틴 갓·옷.), 貂鼠皮 ᄉᆞ매 조차 내브틴 갓오ᄉᆞᆯ다가.

주식(酒食) 명 술과 식사. 곧, 음식물의 총칭. ≪集覽, 字解, 累字解, 1ㅈ≫下飯. 以酒食爲主, 而以物爲酒食之助者, 則曰下飯. ≪朴諺, 下, 31ㅎ≫咱們食店裏喫些飯(集覽, 朴集, 下, 5ㅎ: 飯. 漢人凡稱餠·麪〈麵〉·酒食之類皆曰飯.)去來, 우리 밥뎜에 밥 먹으라 가쟈.

주슴 명 즈음. ≪集覽, 字解, 累字解, 2ㅎ≫一霎兒. ᄒᆞᆫ 주슴ᄉᆞᅀᅵ.

주슴ᄉᆞᅀᅵ 의 번. 차례. 회. ❶⇔삽아(霎兒). ≪集覽, 字解, 累字解, 2ㅎ≫一霎兒. ᄒᆞᆫ 주슴ᄉᆞᅀᅵ. ❷⇔회아(會兒). ≪集覽, 字解, 累字解, 2ㅎ≫一霎兒. ᄒᆞᆫ 주슴ᄉᆞᅀᅵ. ≪集覽, 字解, 累字解, 2ㅎ≫一會兒. 上同.

주아(主兒) 명 임자. 주인. ⇔님자. ≪朴諺, 中, 1ㅎ≫他的主兒拿着諸般顔色的小旗兒, 제 님재 여러 가지 빗체 격은 旗를 가져다가. 那主兒着那銅觜的, 그 님재 뎌 부리 노론 수좋다리로 ᄒᆞ여. ≪朴諺, 中, 2ㅈ≫與他那主兒, 뎌 님자를 주ᄂᆞ니라.

주아(珠兒) 명 구슬. ❶⇔구슬. ≪朴諺, 上, 27ㅈ≫攀胷下滴溜着一箇珠兒網盖兒罕荅哈, 가슴거리 아리 ᄒᆞᆫ 구슬로 망 ᄆᆡ자 찐 罕荅哈를 드리웟더라. ❷⇔구술. ≪朴諺, 上, 28ㅈ≫底下垂下着兩頭靑珠兒結串的駝毛肚帶, 미틔 드리온 거슨 두 머리예 프른 구술로 ᄆᆡ자 쎄온 약대 털로 ᄒᆞᆫ 빗대오. ≪朴諺, 下, 25ㅈ≫那賣珠兒的你來, 뎌 구술 풀 리아 이바. ≪朴諺, 下, 25ㅎ≫這珠兒討時討三兩價錢, 이 구술을 ᄡᅬ오면 석 냥 갑식 ᄡᅬ오려니와.

주아(珠兒) 명 진주(眞珠). ⇔진쥬. ≪朴諺, 上, 19ㅎ≫那珠兒多大小, 뎌 진쥬ㅣ 크기 언메나 ᄒᆞ뇨.

주악(奏樂) 동 음악을 연주하다. 또는 그 음악. ≪朴諺, 下, 49ㅈ≫好女不看燈(集覽, 朴集, 下, 11ㅈ: 好女不看燈. 涅槃經云, 上元, 如來闍維訖, 收舍利, 置金床上, 天人散花, 奏樂繞城, 步步燃燈十二里.), 好女ᄂᆞᆫ 看燈 아니ᄒᆞᆫ다 ᄒᆞᄂᆞ니라.

주안(珠鞍) 명 구슬로 장식한 안장. ≪朴諺, 下, 47ㅎ≫騎坐白馬珠鞍, 白馬 珠鞍을 ᄐᆞ고.

주양(朱梁) 명 오대 양(五代梁)의 별칭. 주온(朱溫)이 세웠기 때문에 이르는 말이다. ≪朴諺, 下, 59ㅎ≫梁貞明(集覽, 朴集, 下, 12ㅎ: 梁貞明. 梁, 國號, 卽五代朱梁也. 貞明, 均王年號.)四年三月裡, 梁貞明 四年 三月에.

주연석(做筵席) 동 이바지하다. 잔치하다. ⇔이바디ᄒᆞ다. ≪朴諺, 上, 40ㅎ≫今日做筵席(集覽, 朴集, 上, 11ㅎ: 今日做筵席. 舊本作開口筵席, 古所謂言定, 今俗云求親.), 오ᄂᆞᆯ 이바디ᄒᆞᄂᆞ니라. ≪朴諺, 上, 41ㅎ≫半頭娶將來做筵席, 보름씌 취ᄒᆞ여 ᄃᆞ려와 이바디ᄒᆞ고. 第三日做圓飯筵席了時, 第三日에 圓飯 이바디ᄒᆞ면. ≪朴諺,

上, 51ㅈ≫百歲日又做筵席, 百歲日에 ᄯᅩ 이바디ᄒᆞ면. ≪朴諺, 上, 62ㅈ≫做箇筵席, 이바디ᄒᆞ여.

주옥(朱玉) 명 사람 이름. ≪朴諺, 中, 38ㅎ≫京都在城黃華坊住人朱玉, 셔울 셩 안 黃華坊에셔 사ᄂᆞᆫ 사ᄅᆞᆷ 朱玉이.

주온(朱溫) 명 오대 양(五代梁)의 태조(太祖: 朱全忠)를 이르는 말. ≪朴諺, 下, 59ㅎ≫梁貞明(集覽, 朴集, 下, 12ㅎ: 梁貞明. 梁, 國號, 卽五代朱梁也. 貞明, 均王年號. 均王名瑱, 太祖朱溫之第〈茀〉四子也. 朱溫事唐僖宗, 賜名全忠, 拜宣武軍節〈莭〉度使, 封梁王.)四年三月裡, 梁貞明 四年 三月에.

주왕(走往) 동 왕래하다. ≪朴諺, 上, 39ㅈ≫狗有濺草之恩(集覽, 朴集, 上, 11ㅈ: 狗有濺草之恩. 前有一坑水, 狗便走往水中, 還以身洒生, 左右草沾水得着, 地火尋過去, 生醒而去.), 개ᄂᆞᆫ 濺草ᄒᆞᆫ 恩이 잇고. 馬有垂繮之報, ᄆᆞᆯ은 垂繮ᄒᆞᆫ 報ㅣ 잇다 ᄒᆞᄂᆞ니라.

주위(周圍) 명 주위. 둘레. 사방. ≪集覽, 字解, 單字解, 7ㅈ≫遭. 一次謂之一遭. 又周遭, 猶言周圍也. 又遭是 마초와. ≪朴諺, 上, 25ㅈ≫剌(刺)通袖膝欄(集覽, 朴集, 上, 8ㅎ: 刺通袖膝欄. 元時好着此衣, 前後具胷背, 又連肩而通袖之脊, 至袖口爲紋, 當膝周圍亦爲紋如欄干, 然織成段匹爲衣者有之, 或皮或帛, 用綵線周遭回曲爲緣, 如花摥, 刺〈剌〉爲草樹〈尌〉·禽獸·山川·宮殿之文於〈紋於〉其內, 備極奇巧, 皆用團領着之, 其直甚高.)羅帖裏上, ᄉᆞ매 ᄆᆞᄅᆞ 내 치질ᄒᆞ고 膝欄ᄒᆞᆫ 羅 텰릭에. ≪朴諺, 中, 12ㅈ≫各摥帳房室車(集覽, 朴集, 中, 2ㅎ: 細車〈室車〉. 質問云, 如婦人所乘車, 周圍雕刻花槅, 油飾花須, 方言謂之細車. 又云, 女人所乘有槅長盖之車.), 여러 가지 帳房ᄒᆞᆫ 室車와. ≪朴諺, 中, 39ㅈ≫鋪面周圍(集覽, 朴集, 中, 7ㅎ: 鋪面周圍. 漢人造屋於大街之間者, 向街周遭必設空屋, 聽令坐賈賃居爲市, 按月受直.)幾十間, 鋪面 周圍ㅣ 幾十間이오.

주육(酒肉) 명 술과 고기. 또는 좋은 음식. ≪朴諺, 下, 9ㅎ≫心只在酒肉氣色, ᄆᆞᄋᆞᆷ이 그저 酒肉과 氣色에 이셔.

주인(主人) 명 주인. ≪朴諺, 上, 51ㅈ≫百歲日(集覽, 朴集, 上, 13ㅎ: 百歲日. 子生一七日, 謂之一臘, 一歲, 謂之百晬. 質問云, 初生孩兒以百日爲百歲日, 六親皆以禮賀之, 主人設席館待.)又做筵席, 百歲日에 ᄯᅩ 이바디ᄒᆞ면. ≪朴諺, 下, 58ㅈ≫主人先行客從之, 主人이 몬져 힝ᄒᆞ여든 客이 조ᄎᆞ리라.

주입(丟入) 동 던져 넣다. 집어넣다. 찔러 넣다. ⇔드리티다. ≪朴諺, 上, 50ㅈ≫各自丟入去, 각각 드리텨든.

주자(珠子) 명 진주(眞珠). ⇔진쥬. ≪朴諺, 上, 41ㅈ≫珠鳳冠(集覽, 朴集, 上, 11ㅎ: 珠鳳冠. 音義云, 珠子結成鳳的冠. 今按, 用珍珠串結, 作成鳳形, 而至於翎毛, 則皆用綵線及翠羽爲飾(餙).), 珠鳳冠과. ≪朴諺, 上, 50ㅈ≫金銀·珠子之類, 金銀·珠子의 類ᄅᆞᆯ. ≪朴諺, 中, 28ㅎ≫都搜出三四十箇血瀝瀝的尸首和那珠子·布絹, 셜마은 피 ᄡᅳᆺ듣ᄂᆞᆫ 尸首와 그 진쥬·布絹을 다 뒤여 내고.

주자(廚子) 명 요리사. ≪朴諺, 中, 6ㅈ≫廚子(集覽, 朴集, 中, 1ㅎ: 廚子. 光祿寺有廚子, 卽供應大小筵宴及館〈舘〉待使客執爨之役者也.)你來, 廚子ㅣ아 이바.

주작(走作) 동 들뜨다. 원래의 모양이 바뀌다. ⇔듧ᄠᅳ다. ≪集覽, 字解, 單字解, 3ㅎ≫做. 韻會遇韻作字註云, 造也, 俗作做非. 箇韻作字註云, 爲也, 造也, 起也, 俗作做非. 做音, 直信切. 今按, 俗語做甚麽 므슴ᄒᆞ료, 作衣裳 옷 짓다, 作音조, 去聲. 不走作 듧ᄠᅳ디 아니타, 作音조, 入聲. 以此觀之, 則做從去聲, 作互呼去聲·入聲, 通做字. 俗不用直信切之音.

주잔ᄡᅡ 동 주저앉다. ⇔돈좌(頓坐). ≪集覽, 字解, 單字解, 5ㅎ≫頓. 一次也. 一頓飯. 又踈也. 頓坐 주잔ᄡᅡ. 又拜頭叩地也. 頓首百拜.

주장(柱杖) 명 막대기. 지팡이. ⇔막대. ≪朴諺, 中, 33ㅈ≫咱也柱着柱杖, 우리도 막대 딥고.

주적(做賊) 동 도둑질하다. ⇔도적질ᄒᆞ다. ≪朴諺, 下, 25ㅎ≫一發做賊時不好, ᄒᆞᆷᄭᅴ 도적질호미 됴티 아니ᄒᆞ랴.

주적망(走的忙) 동 빨리 달리다. ≪集覽, 字解, 單字解, 7ㅎ≫忙. 疾也. 疾忙·連忙·擺忙 ᄲᆞᄅᆞ다. 走的忙·去的忙.

주적쾌(走的快) 동 달리기를 잘하다. 빨리 달리다. ≪集覽, 字解, 單字解, 5ㅈ≫快. 急也. 走的快·疾快. 又樂也. 快活·大快. 又快手 잘 ᄃᆞᆫᄂᆞᆫ 놈. 又呼筋曰快子.

주전(鑄錢) 동 돈을 주조하다. 또는 그 돈. ≪朴諺, 上, 48ㅈ≫今年錢鈔(集覽, 朴集, 上, 13ㅈ: 錢鈔. 古者天降災戾, 於是乎量資幣, 權輕重, 以救民困. 代各鑄錢, 輕重不一.)艱難, 올ᄒᆡ 錢鈔ㅣ 艱難ᄒᆞ야.

주전충(朱全忠) 명 오대 양(五代梁)의 태조(太祖). 탕산(碭山) 사람. 이름은 황(晃). 본래 이름은 온(溫). 전충은 당 희종(唐僖宗)이 내려준 이름. 황소(黃巢)의 장군으로 당에 항복하고 전공을 세워 사진 절도사(四鎭節度使)가 되고, 양왕(梁王)에 봉(封)하여졌다가 찬위(簒位)하여 황제가 되었다. 아들 우규(友珪)에게 시해되었다. ≪朴諺, 下, 59ㅈ≫唐昭宗(集覽, 朴集, 下, 12ㅎ: 唐昭宗. 姓李, 名曄, 僖宗第七子. 爲逆臣朱全忠所弑.)乾寧三年, 唐昭宗 乾寧 三年에.

주조(周遭) 명 둘레. 사방. 주위. ≪集覽, 字解, 單字解, 7ㅈ≫遭. 一次謂之一遭. 又周遭, 猶言周圍也. 又遭是 마초와. ≪朴諺, 上, 25ㅈ≫剌(刺)通袖膝欄(集覽, 朴集, 上, 8ㅎ: 刺通袖膝欄. 元時好着此衣, 前後具胷背, 又連肩而通袖之脊, 至袖口爲紋, 當膝周圍亦爲紋如欄干, 然織成段匹爲衣者有之, 或皮或帛, 用綵線周遭回曲爲緣, 如花搽, 剌〈刺〉爲草樹〈尌〉·禽獸·山川·宮殿之文於〈紋於〉其內, 備極奇巧, 皆用團領着之, 其直甚高.)羅帖裏上, ᄉᆞ매 ᄆᆞᄅᆞ 내 치질ᄒᆞ고 膝欄ᄒᆞᆫ 羅 텰릭에. ≪朴諺, 中, 39ㅈ≫鋪面周圍(集覽, 朴集, 中, 7ㅎ: 鋪面周圍. 漢人造屋於大街之間者, 向街周遭必設空屋, 聽令坐賈賃居爲市, 按月受直.)幾十間, 鋪面 周圍ㅣ 幾十間이오.

주조(周遭) 의 돌림. ⇔도림. ≪朴諺, 中, 44ㅎ≫一周遭放幾張交椅, ᄒᆞᆫ 도림으로 여러 댱 교의를 노코.

주지(住持) 명 〈불〉 한 절을 주관하는 중. ≪朴諺, 上, 65ㅈ≫法名喚步虛(集覽, 朴集, 上, 15ㅎ: 步虛. 還大都, 時適丁太子令辰十二月二十四日, 奉傳聖旨, 住持永寧禪寺, 開堂演法.), 法名을 步虛ㅣ라 브ᄅᆞᄂᆞᆫ 이. ≪朴諺, 中, 21ㅈ≫智滿十身(集覽, 朴集, 中, 4ㅈ: 智滿十身. 十身有調御. 十身, 曰無着, 曰弘願, 曰業報, 曰住持, 曰涅槃, 曰淨法, 曰眞心, 曰三昧, 曰道性, 曰如意. 有內十身, 曰菩提, 曰願, 曰化, 曰力持, 曰莊嚴, 曰威勢, 曰意生, 曰福德, 曰法, 曰智. 有外十身, 曰自, 曰衆生, 曰國土, 曰業報, 曰聲聞, 曰圓覺, 曰菩薩, 曰智, 曰法, 曰虛空.), 智ᄂᆞᆫ 十身에 찻도다.

주찬(酒饌) 명 술과 음식. ≪朴諺, 上, 41ㅎ≫第三日做圓飯筵席(集覽, 朴集, 上, 12ㅈ: 圓飯筵席. 圓作完是, 謂齊足之意. 今按, 漢人娶妻親迎, 而女至男家以宿, 則女家送女食于男家, 三日而止. 止食之日, 女家必具酒饌, 送男家設宴, 謂之完飯筵席.)了時, 第三日에 圓飯 이바디ᄒᆞ면.

주채(酒債) 명 술값으로 진 빚. ≪朴諺, 下, 13ㅈ≫上面畫六鶴舞琴(集覽, 朴集, 下, 3ㅈ: 六鶴舞琴. 善惡報應錄云, 江夏郡辛氏沽酒爲業, 有一先生入坐曰, 有好酒飮吾否. 辛飮以巨杯. 明日復來, 如此半載. 謂辛曰, 多負酒債, 無錢酬汝.), 上面에 六鶴舞琴을 그리고.

주천대초(周天大醮) 명 도교에서, 육궁(六宮)을 보우(保佑)하고 비후(妃后)의 안녕을 위하여 성대하게 거행하던 제전(祭典). ≪朴諺, 下, 18ㅎ≫做羅天大醮(集覽,

朴集, 下, 4ㅎ: 大醮. 上元金籙齋, 帝王修奉, 設普天大醮. 中元玉籙齋, 保佑六宮, 輔寧妃后, 設周天大醮. 下元黃籙齋, 臣民通修, 普資家國, 設羅天大醮.), 羅天大醮 를 ᄒᆞ더니.

주출거(走出去) 동 달아나다. ⇔ᄃᆞ라나다. ≪朴諺, 下, 10ㅈ≫罵了走出去了, 우짓고 ᄃᆞ라나니.

주취(珠翠) 명 진주와 비취. ≪朴諺, 上, 41ㅈ≫滿頭珠翠金廂寶石頭面, 머리예 ᄀᆞ득ᄒᆞᆫ 珠翠와 금으로 寶石에 젼메온 곳갈과.

주탁(酒卓) 명 술상. ⇔주탁아(酒卓兒). ≪朴諺, 上, 61ㅈ≫前面放一箇玉石玲瓏酒卓兒, 前面에 ᄒᆞᆫ 玉石으로 玲瓏히 ᄒᆞᆫ 酒卓을 노핫고.

주탁아(酒卓兒) 명 술상. ⇔주탁(酒卓). ≪朴諺, 上, 61ㅈ≫前面放一箇玉石玲瓏酒卓兒, 前面에 ᄒᆞᆫ 玉石으로 玲瓏히 ᄒᆞᆫ 酒卓을 노핫고.

주팔계(朱八戒) 명 중국의 소설 서유기(西遊記)에 나오는 저팔계(豬八戒)의 다른 표기. ≪朴諺, 下, 17ㅈ≫唐三藏引孫行者(集覽, 朴集, 下, 4ㅈ: 孫行者. 其後唐太宗勑玄奘法師, 往西天取經, 路經此山, 見此猴精壓在石縫, 去其佛押出之, 以爲徒弟, 賜法名吾空, 改号〈號〉爲孫行者, 與沙和尙及黑猪精·朱八戒偕往, 在路降妖去恠, 救師脫難, 皆是孫行者神通之力也. 法師到西天, 受經三藏, 東還, 法師證果栴檀佛如來, 孫行者證果大力王菩薩, 朱八戒證果香華會上淨壇使者.), 唐三藏이 孫行者 를 ᄃᆞ리고.

주항(舟航) 동 〈불〉 구제(救濟)하다. ≪朴諺, 下, 9ㅎ≫入寺敬三寶(集覽, 朴集, 下, 3ㅈ: 三寶. 佛·法·僧也. 功成妙智, 道登圓覺, 佛也, 玄理幽微, 正教精誠, 法也, 禁戒守眞, 威儀出俗, 僧也. 皆是四生導首, 六趣舟航, 故曰寶.), 뎔에 드러ᄂᆞᆫ 三寶를 敬ᄒᆞ고.

주현(州縣) 명 주와 현. ≪朴諺, 下, 50ㅈ≫你這般金榜(集覽, 朴集, 下, 11ㅈ: 金榜. 唐崔昭暴卒復甦云, 見冥閒〈間〉列榜〈㮄〉, 書人姓名, 將相金榜〈㮄〉, 次銀榜〈㮄〉, 州縣小官鐵榜〈鉄㮄〉.)掛名的書生, 너ᄂᆞᆫ 이런 金榜에 掛名ᄒᆞᆯ 書生이니.

주홍(朱紅) 명 주홍색. ≪朴諺, 上, 26ㅈ≫油心紅(集覽, 朴集, 上, 9ㅈ: 油心紅. 質問云, 朱紅, 一云如心之紅也. 油, 加油於紅漆之上也. 又云, 油乃牛字, 非油也, 其色紅如牛心.)畫水波面兒的鞍橋子, 油心紅 빗치 水波面 그린 기ᄅᆞ마가지오.

주화(走話) 동 말이 새다. 곧, 누설되다. ≪集覽, 字解, 單字解, 7ㅎ≫走. 行也. ᄃᆞ니다. 又逃回曰走回. 又跑也. 能走·快走 잘 ᄃᆞᄂᆞ다. 又透漏也. 走話. 又洩也. 走了氣 김 나다.

주회(走回) 동 달아나 돌아오다. 도망쳐 돌아오다. ≪集覽, 字解, 單字解, 7ㅎ≫走. 行也. ᄃᆞ니다. 又逃回曰走回. 又跑也. 能走·快走 잘 ᄃᆞᄂᆞ다. 又透漏也. 走話. 又洩也. 走了氣 김 나다.

주후경(肘後經) 명 의서(醫書) 이름. ≪朴諺, 下, 41ㅈ≫殃榜(集覽, 朴集, 下, 9ㅈ: 殃榜. 臞仙肘後經云, 生人所生之年, 與亡〈亾〉者所死月節〈莭〉相犯, 則忌避.)橫貼在門上, 殃㮄을 문 우희 빗기 브텻더니.

죽(粥) 명 죽. ⇔쥭. ≪朴諺, 上, 49ㅎ≫你姐姐曾幾時喫粥來, 네 姐姐ㅣ 일즙 언제브터 쥭을 먹ᄂᆞ뇨. ≪朴諺, 中, 6ㅎ≫熬些稀粥, 젹이 믈근 쥭을 쑤고. ≪朴諺, 中, 30ㅈ≫稀粥也熬着裏, 믉은 쥭도 쑤엇다. ≪朴諺, 下, 14ㅈ≫或是淡粥後頭, 或 믈근 쥭을 ᄒᆞᆫ 후에. ≪朴諺, 下, 42ㅎ≫供養的是豆子粥, 供養ᄒᆞᄂᆞᆫ 거슨 이 ᄑᆞᆺ쥭과.

죽기다 동 죽이다. ⇔살(殺). ≪朴諺, 下, 61ㅈ≫撞着射殺, 만나 쏘아 죽기니.

죽다 동 죽다. ❶⇔몰(沒). ≪朴諺, 下, 41ㅈ≫却不沒了老曹來, 또 老曹ㅣ 죽디 아니ᄒᆞ냐. ❷⇔사(死). ≪朴諺, 上, 32ㅎ≫打的半死剌活的, 텨 반만 죽엇다가 되싀여나니. ≪朴諺, 中, 28ㅈ≫帶累一家人都死也怎的好, 온 집 사ᄅᆞᆷ이 버므리여 다 죽을

쩌시니 엇디ᄒᆞ여야 됴ᄒᆞ리오. ≪朴諺, 中, 49ㅈ≫咱們人今日死的明日死的不理會的, 우리 사ᄅᆞᆷ이 오ᄂᆞᆯ 죽을 줄 ᄂᆡ일 죽을 줄 아디 몯ᄒᆞ니. ≪朴諺, 中, 49ㅎ≫死不在老少, 죽기 老少에 잇디 아니ᄒᆞ니라. ≪朴諺, 下, 2ㅈ≫不知道那裡蹺死了一箇蝤蜒, 아디 못게라 어ᄃᆡ ᄒᆞᆫ 지차리 볼펴 죽엇ᄂᆞ뇨. ≪朴諺, 下, 3ㅈ≫願滿之日死時也不愁, 願滿ᄒᆞᆫ 날이면 죽어도 근심티 아니리라. ≪朴諺, 下, 22ㅎ≫就油裏死了, 기름에셔 죽으니. ≪朴諺, 下, 23ㅈ≫行者敢死了也, 行者ㅣ 죽은 ᄃᆞᆺᄒᆞ다. ≪朴諺, 下, 25ㅈ≫那裏想胡孫手裏死了, 어ᄃᆡ 胡孫의 손에 죽을 줄을 ᄉᆡᆼ각ᄒᆞ리오. ≪朴諺, 下, 26ㅈ≫虧死我也, 셜워 날을 죽게 ᄒᆞᄂᆞᆫ고나. ≪朴諺, 下, 43ㅎ≫臨死獨自當, 죽으매 님ᄒᆞ여 홀로 당ᄒᆞ니. ❸⇔살(殺). ≪朴諺, 上, 32ㅈ≫債不殺人, 빗이 사ᄅᆞᆷ을 죽게 아니ᄒᆞᄂᆞ냐. ≪朴諺, 中, 29ㅎ≫咳今日天氣冷殺人, 애 오ᄂᆞᆯ 하ᄂᆞᆯ 긔운이 차 사ᄅᆞᆷ을 죽게 ᄒᆞ니. ≪朴諺, 下, 6ㅎ≫掐時甜殺人, ᄃᆡ이면 ᄃᆞ라 사ᄅᆞᆷ을 죽게 ᄒᆞᄂᆞ니라.

죽마(竹馬) 명 대말[竹馬]. ⇔대ᄆᆞᆯ. ≪朴諺, 上, 17ㅎ≫十月裏騎竹馬, 十月에 대ᄆᆞᆯ ᄐᆞ기 ᄒᆞ고.

죽목(竹木) 명 대나무와 나무. ≪朴諺, 中, 13ㅎ≫抽分(集覽, 朴集, 中, 2ㅎ: 抽分. 音義云, 十分而取一分, 以利官用. 今按, 中朝設抽分竹木局, 如遇客商〈商〉興販竹木·柴炭等項, 照例抽分. 粗貨十五分中抽二分, 細貨十分中抽二分. 竹木·柴炭, 或三十分取二, 或十分取二, 或三分取一.)了幾箇馬, 여러 ᄆᆞᆯ을 츌렴ᄒᆞ고.

죽목국(竹木局) 명 죽목(竹木)이나 시탄(柴炭) 따위의 현물세를 징수하기 위하여 두었던 관서. ≪朴諺, 中, 13ㅎ≫抽分(集覽, 朴集, 中, 2ㅎ: 抽分. 今按, 中朝設抽分竹木局, 如遇客商〈商〉興販竹木·柴炭等項, 照例抽分.)了幾箇馬, 여러 ᄆᆞᆯ을 츌렴ᄒᆞ고.

죽어가다 동 죽어서 세상을 떠나다. ⇔사거(死去). ≪朴諺, 中, 5ㅈ≫百戶都那裏死去了, 百戶ㅣ 다 어ᄃᆡ 죽어가냐.

죽엽(竹葉) 명 대나무의 잎. ≪朴諺, 上, 3ㅎ≫支與竹葉清酒(集覽, 朴集, 上, 1ㅎ: 竹葉清酒. 質問云, 其酒甚清, 色如竹葉.)十五瓶·腦兒酒五桶, 竹葉清酒 十五瓶과 腦兒酒 五桶을 支與ᄒᆞ더라.

죽엽청주(竹葉清酒) 명 댓잎과 같이 빛깔이 푸른 청주(清酒). 지금은 분주(汾酒)에 여러 가지 약재를 넣어 만드는데 맛이 순하다. ≪朴諺, 上, 3ㅎ≫支與竹葉清酒(集覽, 朴集, 上, 1ㅎ: 竹葉清酒. 質問云, 其酒甚清, 色如竹葉.)十五瓶·腦兒酒五桶, 竹葉清酒 十五瓶과 腦兒酒 五桶을 支與ᄒᆞ더라.

죽이다 동 죽이다. ❶⇔사(死). ≪朴諺, 中, 27ㅈ≫却打死那人, 또 그 사ᄅᆞᆷ을 텨 죽여. ≪朴諺, 下, 20ㅎ≫便拿下來磕死了, 곳 잡아 ᄂᆞ리와 즛긔텨 죽이고. ❷⇔살(殺). ≪朴諺, 中, 13ㅎ≫把那船上的人來打殺了, 그 ᄇᆡ엣 사ᄅᆞᆷ을 텨 죽이다 ᄒᆞ더라. ≪朴諺, 中, 27ㅎ≫也打殺撇在坑裏, 또 텨 죽여 디함에 드리티고. ≪朴諺, 中, 27ㅎ≫也打殺撇在那坑裏, 또 텨 죽여 그 디함에 드리티고. ≪朴諺, 中, 28ㅎ≫便要打殺那媳婦, 곳 뎌 媳婦를 텨 죽이고져 ᄒᆞ거늘. ≪朴諺, 中, 41ㅈ≫殺了有甚麽多處, 죽인들 므슴 앗가온 곳이 이시리오. ≪朴諺, 下, 25ㅈ≫殺人一萬, 사ᄅᆞᆷ 一萬을 죽이면. 自損三千, ᄉᆞᄉᆞ로 三千을 손ᄒᆞᆫ다 ᄒᆞ니라.

죽이다 동 죽이다. 불을 끄다. ⇔살(殺). ≪朴諺, 中, 35ㅎ≫却吹殺那燈, 또 그 등잔을 부러 죽이고.

죽첨(竹簽) 명 대꼬챙이. 또는 대나무 젓가락. ≪朴諺, 中, 6ㅎ≫撇些禿禿麽思(集覽, 朴集, 中, 1ㅎ: 禿禿麽思. 劑法如水滑麪〈麵〉, 和圓少彈劑〈剂〉, 冷水浸手掌, 按作小薄餅兒, 下鍋煮熟, 以盤盛, 用酥油炒片羊肉, 加塩炒至焦, 以酸甜湯拌和. 滋

味得所, 別硏蒜泥調酪, 任便加減, 使竹簽簽食之.), 젹이 믜역져비 쓰고.

죽침(竹針) 명 대바늘. ≪朴諺, 上, 40ㅎ≫捎篦(集覽, 朴集, 上, 11ㅈ: 消息(捎篦). 以禽鳥毳翎安於竹針頭, 用以取耳垢者, 俗呼爲消息(捎篦). 舊本作蒲樓翎兒.)來掏一掏耳朶, 짓븨 가져다가 귓바회 빨라.

죽피립(竹皮笠) 명 굴갓. (갓모자를 둥글게 대로 만든 갓) ≪朴諺, 上, 34ㅈ≫准備箬笠(集覽, 朴集, 上, 10ㅎ: 箬笠. 音義云, 日灼切, 亦作篛, 竹皮笠.)·瓦鉢, 굴갓과 어유아리를 准備ᄒᆞ야.

준(准) 동 준(準). '准'은 '準'의 속자. ≪朴諺, 下, 60ㅈ≫太祖不准的其間, 太祖ㅣ 허티 아닐 ᄉᆞ이예.

준(准) 부 준(準). '准'은 '準'의 속자. ≪朴諺, 中, 5ㅈ≫准的麽, 일뎡히 홀다.

준(俊) 형 준수(俊秀)하다. ⇔쥰슈ᄒᆞ다. ≪朴諺, 上, 41ㅎ≫俊如觀音菩薩, 쥰슈홈이 觀音菩薩 ᄀᆞᆮ고. ≪朴諺, 上, 49ㅎ≫一箇俊小廝, ᄒᆞᆫ 쥰슈ᄒᆞᆫ ᄉᆞ나희러라.

준(準) 동 허(許)하다. 허락하다. ⇔허ᄒᆞ다. ≪朴諺, 下, 60ㅈ≫太祖不准的其間, 太祖ㅣ 허티 아닐 ᄉᆞ이예.

준(準) 부 일정(一定)히. 또는 부합되게. 들어맞게. ⇔일뎡히. ≪朴諺, 中, 5ㅈ≫准的麽, 일뎡히 홀다.

준분(蠢坌) 형 거칠다. ⇔멀텁다. ≪朴諺, 中, 55ㅈ≫大時看的蠢坌了, 크면 보기 멀텁오니라.

준비(準備) 동 준비(準備)하다. 장만하다. ⇔준비ᄒᆞ다(準備-). ≪朴諺, 上, 34ㅈ≫准備箬笠·瓦鉢, 굴갓과 어유아리를 准備ᄒᆞ야. ≪朴諺, 中, 8ㅎ≫茶飯都准備下着, 茶飯을 다 准備ᄒᆞ여 두라.

준비ᄒᆞ다(准備-) 동 준비(準備). '准'은 '準'의 속자. ≪朴諺, 上, 34ㅈ≫准備箬笠·瓦鉢, 굴갓과 어유아리를 准備ᄒᆞ야. ≪朴諺, 中, 8ㅎ≫茶飯都准備下着, 茶飯을 다 准備ᄒᆞ여 두라.

준비ᄒᆞ다(準備-) 동 준비(準備)하다. 장만하다. ⇔준비(準備). ≪朴諺, 上, 34ㅈ≫准備箬笠·瓦鉢, 굴갓과 어유아리를 准備ᄒᆞ야. ≪朴諺, 中, 8ㅎ≫茶飯都准備下着, 茶飯을 다 准備ᄒᆞ여 두라.

준여(准與) 동 준여(準與). '准'은 '準'의 속자. ≪朴諺, 上, 54ㅎ≫如借錢人無物准與, 만일 돈 ᄭᅮᆫ 사ᄅᆞᆷ이 准與홀 써시 업ᄉᆞ면.

준여(準與) 동 준(準)하여 주다. ⇔준여ᄒᆞ다(準與-). ≪朴諺, 上, 54ㅎ≫如借錢人無物准與, 만일 돈 ᄭᅮᆫ 사ᄅᆞᆷ이 准與홀 써시 업ᄉᆞ면.

준여ᄒᆞ다(準與-) 동 준(準)하여 주다. ⇔준여(準與). ≪朴諺, 上, 54ㅎ≫如借錢人無物准與, 만일 돈 ᄭᅮᆫ 사ᄅᆞᆷ이 准與홀 써시 업ᄉᆞ면.

준절(准折) 동 준절(準折). '准'은 '準'의 속자. ≪朴諺, 上, 54ㅎ≫照依時價准折無詞, 時價에 照依ᄒᆞ야 准折ᄒᆞ야도 말 못ᄒᆞ고. ≪朴諺, 中, 39ㅎ≫准折無詞, 准折ᄒᆞ여도 말 못ᄒᆞ리라.

준절(準折) 동 준(準)하여 헤아리다(셈하다). ⇔준절ᄒᆞ다(準折-). ≪朴諺, 上, 54ㅎ≫照依時價准折無詞, 時價에 照依ᄒᆞ야 准折ᄒᆞ야도 말 못ᄒᆞ고. ≪朴諺, 中, 39ㅎ≫准折無詞, 准折ᄒᆞ여도 말 못ᄒᆞ리라.

준절ᄒᆞ다(準折-) 동 준(準)하여 헤아리다(셈하다). ⇔준절(準折). ≪朴諺, 上, 54ㅎ≫照依時價准折無詞, 時價에 照依ᄒᆞ야 准折ᄒᆞ야도 말 못ᄒᆞ고. ≪朴諺, 中, 39ㅎ≫准折無詞, 准折ᄒᆞ여도 말 못ᄒᆞ리라.

줄 명 ❶줄. 것. ≪朴諺, 中, 35ㅎ≫看東西在那裏時, 자븐거시 아므 ᄃᆡ 잇ᄂᆞᆫ 줄을 보아. ≪朴諺, 中, 49ㅈ≫咱們人今日死的明日死的不理會的, 우리 사ᄅᆞᆷ이 오ᄂᆞᆯ 죽을 줄 ᄂᆡ일 죽을 줄 아디 못ᄒᆞ니. ≪朴諺, 中, 58ㅎ≫我只會根兒解酒和做醋, 나ᄂᆞᆫ 그저 불회로 解酒ᄒᆞ고 초 빗ᄂᆞᆫ 줄만 알고. ≪朴諺, 下, 17ㅎ≫鬭(鬪)聖的你知道麽, 鬭(鬪)聖ᄒᆞ든 줄을 네 아ᄂᆞ다. ≪朴諺, 下, 25ㅈ≫那裏想胡孫手裏死了, 어ᄃᆡ 胡孫의 손에 죽을 줄을 ᄉᆡᆼ각ᄒᆞ리오. ≪朴

諺, 下, 36ㅈ≫我不想這新來的莊家快打, 내 이 새로 온 향암이 잘 틸 줄을 싱각디 몯호롸. ❷줄. ⇔승(繩). ≪朴諺, 上, 34ㅎ≫一年經蛇咬三年怕井繩, 흔 히롤 빈얌 믈려 디내면 三年을 드렛줄도 접퍼흔다 ᄒ니라. ❸줄[鑢]. ⇔좌자(銼子). ≪朴諺, 下, 12ㅎ≫你只取將墨斗, 네 그저 먹고조와. 墨線, 먹갈과. 和鎊, 갓괴와. 鏟子, 항괴와. 退鉋, ᄃ패와. 鑿子, 쓸과. 斧子, 도치와. 銼子來做生活, 줄을 가져다가 셩녕ᄒ라.

줄 의 줄. ❶⇔유아(流兒). ≪朴諺, 下, 13ㅈ≫那西壁廂打一流兒短墻, 뎌 西 壁廂에 흔 줄 短墻을 싸고. ❷⇔조(遭). ≪朴諺, 上, 4ㅈ≫第(第)二遭十六楪, 둘재 줄 열 여숫 뎝시에는. ≪朴諺, 上, 4ㅈ≫第三遭十六楪, 셋재 줄 열 여숫 뎝시에는. ≪朴諺, 上, 5ㅈ≫前面一遭, 압 흔 줄은. ❸⇔조아(遭兒). ≪朴諺, 上, 4ㅈ≫外手一遭兒十六楪, 밧 첫 줄 열 여숫 뎝시에는. ❹⇔항(行). ≪朴諺, 下, 47ㅈ≫街上兩行擺着行, 거리예 두 줄로 버러 가며.

줌 의 줌. 움큼. ⇔파(把). ≪集覽, 字解, 單字解, 4ㅈ≫把. 持也, 握也. 一把 흔 줌, 又흔 ᄌᄅ. 把我們 우리를다가, 把來 그를다가, 與將字大同小異. 又元時語, 有把解之語, 猶言典當也, 今不用.

중(中) 명 ❶가운데. ⇔가온대. ≪朴諺, 中, 44ㅎ≫那中柱上釘一箇釘子, 뎌 가온댓 기동에 흔 낫 못을 박고. ≪朴諺, 下, 21ㅎ≫說與先生櫃中有一顆桃, 先生ᄃ려 궤 가온대 흔 낫 복셩홰 잇다 닐럿더니. ≪朴諺, 下, 21ㅎ≫飛入櫃中, ᄂ라 궤 가온대 드러가. ≪朴諺, 下, 23ㅈ≫跳入油中, 쀠여 기름 가온대 드러가. ❷중(中). 가운데. ⇔듕. ≪朴諺, 下, 48ㅎ≫其中那一火兒强的, 그 듕에 아모 흔 무리 나은 이.

중(中) 형 ❶마땅하다. ⇔맛당ᄒ다. ≪朴諺, 上, 23ㅎ≫結做弟兄時不中, 弟兄 지음이 맛당티 아니ᄒ니. ≪朴諺, 中, 7ㅈ≫這馬都不中, 이 ᄆ리 다 맛당티 아니ᄒ니. ≪朴諺, 中, 9ㅎ≫你與我看一看中也不中, 네 날을 맛당흠 맛당티 아남(님)을 보아 주고려. ≪朴諺, 中, 30ㅈ≫凍面皮都打破了不中, 언 ᄂᆞᆺ가족이 다 히여딜 거시니 맛당티 아니ᄒ니. ≪朴諺, 下, 44ㅈ≫硬了也不中喫, 세여도 먹기 맛당티 아니ᄒ니. ❷무던하다. 괜찮다. ⇔므던ᄒ다. ≪朴諺, 中, 10ㅎ≫沒保人中麼, 保人이 업서도 므던ᄒ랴.

중(重) 부 중히. ⇔중히(重-). ≪朴諺, 上, 45ㅎ≫如今國家行仁義重詩書, 이제 國家ㅣ 仁義롤 行ᄒ고 詩書롤 重히 너기니.

중(重) 형 중(重)하다. 소중하다. ❶⇔듕ᄒ다. ≪朴諺, 上, 23ㅈ≫咱就那一日各自說箇重誓, 우리 임의셔 그 날에 각각 듕흔 밍셔롤 닐러. ❷⇔중ᄒ다(重-). ≪朴諺, 中, 17ㅈ≫重意的多與將來, 重흔 뜨으로 만히 주어 가져오니.

중(衆) 관 모든. ❶⇔모든. ≪朴諺, 上, 1ㅎ≫衆弟兄們商(商)量了, 모든 弟兄들히 혜아리쟈. ≪朴諺, 上, 34ㅈ≫衆人再問和尙, 모든 사름이 다시 즁ᄃ려 무로ᄃ. ≪朴諺, 中, 25ㅈ≫我說與你衆伴當們, 내 너희 모든 伴當들ᄃ려 닐ᄋ노니. ≪朴諺, 下, 9ㅈ≫衆人看他的中間, 모든 사름이 뎌롤 볼 ᄉ이예. ≪朴諺, 下, 23ㅎ≫衆人喝保佛家贏了也, 모든 사름이 혀 ᄎ고 佛家ㅣ 이긔어다 ᄒ더라. ≪朴諺, 下, 36ㅈ≫衆人喝保道, 모든 사름이 혀ᄎ고 닐오ᄃ. ≪朴諺, 下, 46ㅈ≫衆人拖牽, 모든 사름이 쯔으고. ≪朴諺, 下, 46ㅎ≫司天臺官衆官人們, 司天臺官 모든 官人들히. ≪朴諺, 下, 60ㅈ≫咱衆人們特來告報, 우리 모든 사름들히 특별이 와 告報ᄒ노니. ≪朴諺, 下, 60ㅎ≫衆將軍們扶侍上馬, 모든 將軍들히 븟드러 ᄆᆞᆯ 틔오고. ≪朴諺, 下, 60ㅎ≫曉諭衆百姓們道, 모든 百姓들의게 曉諭ᄒ여 닐오ᄃ. ❷⇔모둔. ≪朴諺, 上, 23ㅎ≫衆朋友們的名字都寫着請去, 모둔 벗들의 名字롤 다 써 쳥ᄒ라 가쟈. ≪朴諺, 上, 24ㅈ≫咱衆弟兄們裏頭, 우리 모

듣 弟兄들 듕에.

중(衆) 명 많은 사람. 또는 중생(衆生). ≪朴諺, 下, 8ㅎ≫唱念聲音壓衆, 唱念ᄒᆞᄂᆞᆫ 聲音은 衆을 壓ᄒᆞ고.

중간(中間) 명 ❶가운데. ⇔가온대. ≪朴諺, 上, 4ㅎ≫當中間裡, 가온대ᄂᆞᆫ. ≪朴諺, 上, 61ㅈ≫橋上丁字街中間正面上, ᄃᆞ리 우 丁字街 中間 正面에. ❷사이. ⇔ᄉᆞ이. ≪朴諺, 上, 60ㅎ≫兩閣中間有三叉石橋, 두 집 ᄉᆞ이에 세 가래 石橋ㅣ 이시니. ≪朴諺, 下, 9ㅈ≫衆人看他的中間, 모든 사ᄅᆞᆷ이 뎌를 볼 ᄉᆞ이예.

중건(重建) 동 건축물을 보수하거나 고쳐 짓다. ≪朴諺, 下, 8ㅈ≫慶壽寺(集覽, 朴集, 下, 2ㅎ: 慶壽寺. 一統志云, 在順天府西南, 內有飛虹·飛渡二橋, 石刻六大字, 極遵勁. 相傳金章宗所書. 又有金學士李晏碑文, 正統間重建, 賜額大興隆寺, 僧錄司在焉.)裏爲諸亡靈, 慶壽寺에셔 모든 亡靈을 위ᄒᆞ여.

중겁(中劫) 명 〈불〉 소겁(小劫)의 열 곱절이 되는 기간. 곧, 1천 년. ≪朴諺, 中, 24ㅈ≫萬刼(集覽, 朴集, 中, 6ㅈ: 萬劫. 上天開化, 建五劫〈刼〉紹運, 曰龍漢, 曰赤明, 曰上皇, 曰延康, 曰開皇. 五劫〈刼〉既周, 復從其始. 又六十年一甲子, 一百年爲一小劫〈刼〉, 一千年爲一中劫〈刼〉, 三中劫〈刼〉爲一大劫〈刼〉.)再逢難, 萬劫이라도 다시 만나기 어려오니라.

중겁(中刼) 명 중겁(中劫). '刼'은 '劫'의 속자. ≪朴諺, 中, 24ㅈ≫萬刼(集覽, 朴集, 中, 6ㅈ: 萬劫. 上天開化, 建五劫〈刼〉紹運, 曰龍漢, 曰赤明, 曰上皇, 曰延康, 曰開皇. 五劫〈刼〉既周, 復從其始. 又六十年一甲子, 一百年爲一小劫〈刼〉, 一千年爲一中劫〈刼〉, 三中劫〈刼〉爲一大劫〈刼〉.)再逢難, 萬劫이라도 다시 만나기 어려오니라.

중관(衆官) 명 여러 벼슬아치. ≪朴諺, 下, 30ㅎ≫大小衆官, 大小 衆官이니.

중국(中國) 명 아시아 동부에 있는 나라. 1949년 중화인민공화국(中華人民共和國)과 중화민국(中華民國)으로 분단되었다. ≪朴諺, 上, 4ㅈ≫核桃(集覽, 朴集, 上, 2ㅈ: 核桃. 張騫使西域, 得胡桃回, 種于中國. 後五胡時, 避胡字, 改名核桃.), 호도와. ≪朴諺, 上, 33ㅈ≫穿着衲襖將着鉢盂(集覽, 朴集, 上, 10ㅈ: 鉢盂. 總龜〈総亀〉云, 天竺國器也, 釋迦有女青石鉢, 宋廬陵王以銅鉢餉于五祖, 是宋·晉間中國始用也.), 누비옷 닙고 에우아리 가지고. ≪朴諺, 中, 19ㅎ≫放稈草(集覽, 朴集, 中, 3ㅎ: 稈草. 中國北方土〈土〉地高燥, 宜粟不宜稻, 故治田好種粟.)五錢一束(束)家放, 조딥헤 노흐되 다ᄉᆞᆺ 낫 돈에 ᄒᆞᆫ 뭇식 ᄒᆞ여 노코.

중대(重大) 형 크고 무겁다. ≪集覽, 凡例≫兩書諺解簡帙重大, 故朴通事分爲上·中·下, 老乞大分爲上·下, 以便繙閱.

중라(中羅) 명 도교에서 이르는, 신선이 산다는 사방(四方) 사범(四梵)과 32천(天)의 세계. ≪朴諺, 下, 18ㅎ≫做羅天(集覽, 朴集, 下, 4ㅎ: 羅天. 三淸五境三十六天, 謂之大羅, 四方四梵三十二天, 謂之中羅, 其欲色三界三十八天, 謂之小羅, 總〈総〉謂之羅天三界.)大醮, 羅天大醮ᄅᆞᆯ ᄒᆞ더니.

중문(中門) 명 집의 가운데 뜰로 들어가는 대문. ≪朴諺, 中, 39ㅈ≫中門一間, 中門이 ᄒᆞᆫ 간.

중물(重物) 명 ❶귀중한 물건. 값이 나가는 물건. ≪集覽, 字解, 單字解, 6ㅎ≫儅. 人有遇急用錢, 則必以重物, 納質于富家, 賒錢取用. 至限則幷其本利償還錢主, 方得退回己之重物而來也. 典字人物通用, 儅字人用於物. ≪朴諺, 中, 27ㅈ≫開着一座解儅庫(集覽, 朴集, 中, 6ㅎ: 解儅庫. 元時或稱印子鋪, 或稱把解, 人以重物來儅, 取錢而去, 在後償還本利, 還取其物而去, 此卽解儅庫也.), 一座 解儅庫ᄅᆞᆯ 열고. ❷무게가 무거운 물건. ≪朴諺, 上, 11ㅈ≫那挑脚(集覽, 朴集, 上, 5ㅈ: 挑脚. 舊本作赶脚的. 謂赶脚者, 賃驢〈駈〉取直之人, 謂

挑脚者, 負擔重物求直之人也.)的, 뎌 삭짐 지는 이아.

중사(中使) 명 궁중에서 왕의 명령을 전하던 내시(內侍). ≪朴諺, 下, 59ㅈ≫上泰封王弓裔(集覽, 朴集, 下, 12ㅎ: 弓裔. 日官奏曰, 此兒以重午日生, 生而有齒, 且光談〈焰〉異常, 恐將不利於國家, 宜勿擧. 王勅中使殺之, 乳婢竊〈窃〉奉而逃, 祝髮爲僧.)手下, 泰封王 弓裔 手下에 올라.

중사(中使) 형 쓸직하다. 쓸 만하다. 유용(有用)하다. ⇔썸즉ᄒᆞ다. ≪朴諺, 上, 29ㅎ≫怎麽沒一箇中使的, 엇디 ᄒᆞ나토 썸즉ᄒᆞ니 업ᄂᆞ뇨.

중사(重事) 명 중대한 일. ≪朴諺, 中, 7ㅎ≫你不見這金字圓牌(集覽, 朴集, 中, 1ㅎ: 金字圓牌. 至正條格云, 元時, 中書省奏, 諸王·駙馬各投下有軍情緊急重事, 許令懸帶原降銀字圓牌應付鋪馬騎坐, 其餘差使人員有緊急軍情重事, 許令懸帶金字圓牌, 方付鋪馬.), 네 이 金字圓牌를 보디 몯ᄒᆞᄂᆞ다.

중생(衆生) 명 〈불〉 부처의 구제 대상이 되는 인간과 그 밖의 일체의 생물. ≪朴諺, 上, 33ㅈ≫你是佛(集覽, 朴集, 上, 9ㅎ: 佛. 梵云婆加婆, 唐言佛. ㅌ者, 覺也, 自覺·ㅌ他. 一切有情咸具此道, 悟者卽名佛, 迷者曰衆生.)家弟子, 너는 이 佛家 弟子ㅣ라. ≪朴諺, 上, 41ㅎ≫俊如觀音菩薩(集覽, 朴集, 上, 12ㅈ: 觀音菩薩. 以耳根圓通, 以聞聲作觀, 故謂之觀世音. 菩〈普〉者, 普也, 薩者, 濟也, 謂菩(普)濟衆生也.), 쥰슈홈이 觀音菩薩 ᄀᆞᆺ고. ≪朴諺, 中, 21ㅈ≫扇慈風(集覽, 朴集, 中, 4ㅈ: 悲雨慈風. 佛發大慈悲, 廣濟衆生, 猶洒雨發風然, 無遠不被, 故曰風雨. 佛有四無量心, 慈悲喜捨.)於刹土, 慈風을 刹土에 붓는또다. ≪朴諺, 中, 21ㅎ≫或作童女(集覽, 朴集, 中, 4ㅎ: 童男童女. 應作種種身, 或在天上, 在人間, 隨其所樂, 皆令見衆生形相各不同, 行業音聲亦無量.), 혹 童女ㅣ 되며. ≪朴諺, 中, 23ㅎ≫咱這衆生(集覽, 朴集, 中, 6ㅈ: 衆生. 一切衆染, 合集而生, 故曰衆生. 又衆緣和合名曰衆生. 衆, 平聲.)知不知, 우리 이 衆生이 알거나 아디 몯ᄒᆞ거나. ≪朴諺, 中, 23ㅎ≫救衆生難, 衆生의 難을 救ᄒᆞ야. ≪朴諺, 下, 4ㅎ≫度脫衆生各得成佛, 衆生을 度脫ᄒᆞ고 각각 成佛ᄒᆞ엿ᄂᆞ니. ≪朴諺, 下, 10ㅎ≫這的無緣衆生難化, 이런 인연 업슨 衆生은 化키 어려오니라.

중서(中書) 명 중서성(中書省). ≪朴諺, 下, 39ㅎ≫他在樞密院(集覽, 朴集, 下, 8ㅎ: 樞密院. 元制, 有使·副使·知院·同知院·簽書院, 與〈与〉中書號爲二府, 主兵政.)角頭住裏, 뎨 樞密院 모롱이에 이셔 사ᄂᆞ니라.

중서성(中書省) 명 국가의 기무(機務)·조명(詔命)·비기(秘記) 따위를 관장하던 최고 관서의 하나. ≪朴諺, 中, 7ㅎ≫你不見這金字圓牌(集覽, 朴集, 中, 1ㅎ: 金字圓牌. 至正條格云, 元時, 中書省奏, 諸王·駙馬各投下有軍情緊急重事, 許令懸帶原降銀字圓牌應付鋪馬騎坐, 其餘差使人員有緊急軍情重事, 許令懸帶金字圓牌, 方付鋪馬.), 네 이 金字圓牌를 보디 몯ᄒᆞᄂᆞ다. ≪朴諺, 下, 38ㅎ≫比丞相(集覽, 朴集, 下, 8ㅎ: 丞相. 元中書省有左右丞相, 任宰相之職〈戢〉, 左右天子平章萬機.)爭甚麽, 丞相에 比컨대 므서시 쁘리오.

중수(重囚) 명 큰 죄를 지은 죄수. ≪朴諺, 中, 52ㅈ≫年時牢子們走(集覽, 朴集, 中, 8ㅎ: 牢子走. 牢, 獄名, 繫重囚之所. 牢子, 守獄之卒也.)的你見來麽, 젼년에 牢子들희 ᄃᆞ롬질을 네 본다.

중언(重言) 명 한 음절 한자(漢字)를 중첩하여 묘사의 효과를 강하게 하는 수사법(修辭法)의 하나. ≪集覽, 字解, 累字解, 2ㅎ≫看一看. 보다. 難於單字之語, 故重言爲句也. 一, 語助辭. ≪集覽, 字解, 累字解, 3ㅈ≫乾乾淨淨. 조타. 又조히 ᄒᆞ다. 重言之者, 甚言其乾淨也. 凡疊字爲說者, 倣此.

중원(中元) 명 음력 7월 보름날. 이날 도교에서는 천상(天上)의 선관(仙官)이 인간의 선악을 살피는 때라 하여 초제(醮祭)를 지낸다. 정월 보름을 상원(上元), 10월 보름을 하원(下元)이라고 하는데, 7월 보름의 중원과 함께 삼원(三元)이라 하며 초제(醮祭)를 지내는 풍속이 있다. ≪朴諺, 下, 7ㅎ≫這七月十五日(集覽, 朴集, 下, 2ㅈ: 七月十五日. 道藏經云, 七月十五日, 謂之中元, 地官下降人間, 檢校世人, 甄別善惡, 上告天曹.)是諸佛解夏之日, 七月 十五日은 諸佛 解夏ᄒᆞᄂᆞᆫ 날이라. ≪朴諺, 下, 18ㅎ≫做羅天大醮(集覽, 朴集, 下, 4ㅎ: 大醮. 中元玉籙齋, 保佑六宮, 輔寧妃后, 設周天大醮.), 羅天大醮ᄅᆞᆯ ᄒᆞ더니.

중의(中衣) 명 〈불〉 중이 입는 삼의(三衣)의 한 가지. 중이 장삼 위 왼쪽 어깨에서 오른쪽 겨드랑이 밑으로 걸쳐 입는 법의(法衣). 예불(禮佛)·독경(讀經)·청강(聽講) 등을 할 때 입는다. ≪朴諺, 上, 33ㅈ≫披着袈裟(集覽, 朴集, 上, 10ㅈ: 袈裟. 戒壇云, 五條下衣, 斷〈断〉貪身也, 七條中衣, 斷〈断〉嗔口也, 大衣上衣, 斷痴心也.), 袈裟 닙고.

중인(中人) 명 양반과 평민의 중간에 있던 신분 계급. ≪朴諺, 下, 42ㅎ≫仵作(集覽, 朴集, 下, 9ㅈ: 仵作. 吏學指南云, 中人也. 仵者, 偶也, 作者, 任事也.)家, 仵作의 집의.

중인(衆人) 명 여러 사람. ≪朴諺, 上, 44ㅎ≫師傅上唱喏(集覽, 朴集, 上, 12ㅎ: 唱喏. 揖也. 詞曲曰, 一箇唱, 百箇喏, 謂一人呼唱於上, 衆人應諾於下.), 스승님ᄭᅴ 읍ᄒᆞ고. ≪朴諺, 下, 60ㅎ≫咱婦人家也聽的這衆人之言, 우리 婦人도 이 衆人의 말을 드ᄅᆞ니.

중일(仲日) 명 지지(地支)가 묘(卯)·오(午)·유(酉)·자(子)인 날. 일 년 사계절의 둘째 달의 지지(地支)인 음력 2월의 묘(卯), 5월의 오(午), 8월의 유(酉), 11월의 자(子)를 통틀어 이르는 말이다. ≪朴諺, 下, 46ㅎ≫手拿結線鞭(集覽, 朴集, 下, 10ㅈ: 手拿結線鞭. 鞭子用柳枝, 長二尺四寸, 按二十四氣, 上用結子. 立春在孟日用麻, 仲日用苧, 季日用絲, 用五彩色醮染.), 손에 結線鞭을 잡고.

중정(中正) 형 어느 한쪽으로 지나치거나 모자람이 없이 곧고 올바르다. 또는 그런 모양. ≪朴諺, 下, 42ㅎ≫仵作(集覽, 朴集, 下, 9ㅈ: 仵作. 仵字從人從午, 萬物至午則中正, 又午位屬火, 破諸幽暗, 所以仵作名中人也.)家, 仵作의 집의.

중조(中朝) 명 중국 조정. 곧, 중국. ≪集覽, 凡例≫質問者, 入中朝質問而來者也. 兩書皆元朝言語, 其沿舊未改者, 今難曉解. 前後質問亦有抵捂, 姑幷收以祛初學之碍. 間有未及質問, 大有疑碍者, 不敢强解, 宜竢更質. ≪朴諺, 上, 11ㅈ≫我有兩箇月俸(集覽, 朴集, 上, 5ㅈ: 月俸. 中朝〈元制〉官祿, 每月支〈支〉給. 今此一月四石之俸, 以元制考之, 乃從九品也. 米·豆曰祿, 鈔·錢·絹曰俸.)來關, 내 두 ᄃᆞᆯ 뇨ᄅᆞᆯ 써시 이셰라. ≪朴諺, 上, 44ㅎ≫師傅上唱喏(集覽, 朴集, 上, 12ㅎ: 唱喏.今中朝俗以鞠躬拱手爲唱喏.), 스승님ᄭᅴ 읍ᄒᆞ고.

중종(中宗) 명 당(唐)나라 이현(李顯)의 묘호(廟號). ≪朴諺, 中, 22ㅈ≫起浮屠於泗水之間(集覽, 朴集, 中, 5ㅈ: 起浮屠於泗水之間. 唐龍朔初, 於泗州臨淮縣信義坊, 將建伽藍, 掘得古香積寺銘記幷金像一軀, 上有普照王佛字, 遂建寺焉. 中宗聞名, 遣使迎師, 居薦福寺, 頂上有一穴, 以絮窒之, 夜則去絮, 香從頂穴中出, 非常芬馥. 及曉, 香還頂中, 又以絮窒之. 景龍四年, 端立而終. 中宗令於寺起塔, 俄而大風欻起, 臭氣滿長安. 中宗問諸近臣, 近臣奏, 僧伽大師化緣在臨淮, 恐欲歸. 中宗心許, 其臭頓息, 奇香馥烈. 五月送至臨淮, 起塔供養, 卽今泗上僧伽塔是也. 中宗問萬迴和尙曰, 僧伽是何人. 迴曰, 觀音化身.),

浮屠를 泗水ㅅ ᄉᆞ이에 니ᄅᆞ혀고.

중죄(重罪) 명 무거운 죄. ≪朴諺, 中, 9ㅈ≫ 你與我甘結(集覽, 朴集, 中, 2ㅈ: 甘結. 今按, 如保擧人材者, 必寫稱所擧之人, 並無喪過及干娼優子嗣, 委的賢能, 如虛甘伏重罪云云.)·應付, 네 날을 甘結과 應付를 주고려.

중중(中中) 형 알맞다. 보통이다. 일반적이다. ❶⇔알맞다. ≪朴諺, 中, 25ㅎ≫ 這帽兒也做得中中的, 이 갓을 ᄆᆡᆫ돌기를 알맞게 ᄒᆞ엿다. ❷⇔알맞다. ≪朴諺, 中, 37ㅎ≫ 這箇段子中中的, 이 비단이 알마즈니.

중중(重重) 형 겹겹으로 겹쳐져 있다. ≪朴諺, 中, 32ㅎ≫ 有重重疊疊奇峯, 重重 疊疊ᄒᆞᆫ 奇峯이 이시며.

중중(衆中) 명 많은 사람 가운데. ≪朴諺, 下, 9ㅎ≫ 入寺敬三寶(集覽, 朴集, 下, 3ㅈ: 三寶. 脫塵異俗, 圓頂方袍, 入聖超凡, 爲衆中尊, 卽僧寶也.), 뎔에 드러는 三寶를 敬ᄒᆞ고.

중첩(重疊) 동 중첩하다. 겹치다. ≪朴諺, 上, 25ㅎ≫ 江西十分上等眞結綜(棕)帽兒(集覽, 朴集, 上, 9ㅈ: 結椶帽. 椶, 木名, 高一二丈, 葉如車輪, 旁〈㫄〉無枝, 皆萃於木杪. 其下有皮, 重疊裹之, 每皮一匝爲一節〈莭〉, 花黃白色, 結實作房, 如魚子狀, 其皮皆是絲而經緯如織, 傍有細縷, 交相連綴不散.)上, 江西 ᄀᆞ장 上等에 진짓 綜(棕)으로 ᄆᆡ준 갓 우희.

중추(中秋) 명 추석. 한가위. ≪朴諺, 上, 23ㅈ≫ 斂些錢做翫月會(集覽, 朴集, 上, 8ㅈ: 翫月會. 東京錄云, 中秋夜, 貴家結飾臺榭, 民間爭占酒樓翫〈玩〉月, 絲簧鼎沸, 近內庭居民, 夜深遙聞笙竽之聲, 宛若雲外天樂, 閭里兒童連宵嬉戲, 夜市駢闐, 至於通曉.), 져기 돈 거두어 翫月會를 ᄒᆞ쟈.

중추절(仲秋莭) 명 중추절(仲秋節). '莭'은 '節'의 속자. ≪朴諺, 上, 23ㅈ≫ 這八月十五日仲秋莭(節), 이 八月 十五日 仲秋莭(節)에.

중추절(仲秋節) 명 중추절. 추석. ≪朴諺, 上, 23ㅈ≫ 這八月十五日仲秋莭(節), 이 八月 十五日 仲秋莭(節)에.

중태(中台) 명 삼태(三台) 중의 하나. 또는 사도(司徒)를 달리 이르는 말. ≪朴諺, 上, 18ㅈ≫ 那三台(集覽, 朴集, 上, 7ㅈ: 三台. 周禮疏, 上台司命〈侖〉爲太尉, 中台司中爲司徒, 下台司祿爲司空, 三公之象.)板兒做得好, 뎌 三台 돈은 ᄆᆡᆫ돌기를 잘ᄒᆞ엿고.

중통(中統) 명 원(元)나라 세조(世祖: 忽必烈)의 연호(1260-1264). ≪朴諺, 上, 48ㅈ≫ 今年錢鈔(集覽, 朴集, 上, 13ㅈ: 錢鈔. 鈔, 楮幣也. 始於蜀之交子, 唐之飛錢, 至元朝有中統元寶. 交鈔, 通行寶鈔之名.)艱難, 올히 錢鈔ㅣ 艱難ᄒᆞ야.

중통원보(中統元寶) 명 중통원보교초(中統元寶交鈔). 중통(中統) 원년(1260) 7월에 발행한 지폐. ≪朴諺, 上, 48ㅈ≫ 今年錢鈔(集覽, 朴集, 上, 13ㅈ: 錢鈔. 鈔, 楮幣也. 始於蜀之交子, 唐之飛錢, 至元朝有中統元寶. 交鈔, 通行寶鈔之名.)艱難, 올히 錢鈔ㅣ 艱難ᄒᆞ야.

중흥사(重興寺) 명 북한산(北漢山) 노적봉(露積峰) 아래에 있었다. 고려(高麗) 충혜왕(忠惠王) 복위(復位) 2년(1341)에 보우(普愚)가 중수하였다. 1915년에 홍수로 인하여 폐사(廢寺)되었다. ≪朴諺, 上, 65ㅈ≫ 法名喚步虛(集覽, 朴集, 上, 15ㅎ: 步虛. 戊午冬, 示寂放舍利玄陵, 賜謚圓證國師, 樹塔于重興寺之東, 以藏舍利.), 法名을 步虛ㅣ라 브ᄅᆞᄂᆞᆫ 이.

중히(重-) 부 중히. ⇔중(重). ≪朴諺, 上, 45ㅎ≫ 如今國家行仁義重詩書, 이제 國家ㅣ 仁義를 行ᄒᆞ고 詩書를 重히 너기니.

중ᄒᆞ다(重-) 형 중(重)하다. ⇔중(重). ≪朴諺, 中, 17ㅈ≫ 重意的多與將來, 重ᄒᆞᆫ 뜨으로 만히 주어 가져오니.

쥐 명 쥐. ⇔노서(老鼠). ≪朴諺, 中, 56ㅎ≫ 我家裏老鼠好生廣, 내 집의 쥐 ᄀᆞ장 흔ᄒᆞ니.

쥬벼ᄋᆞ 명 가죽으로 자라처럼 납작하게 만

든 술 부대. ⇔주별(酒鼈). ≪朴諺, 中, 11ㅎ≫簸箕, 키. 篩子, 얼멍이. 馬尾羅兒, ᄆᆞᆯ총체. 桌兒, 상. 盤子, 반. 茶盤, 찻반. 擡盞, 졉잔. 壺瓶, 壺瓶. 酒鼈, 쥬벼ᄋᆞ. 銅杓, 놋쥬게를. 都收拾下着, 다 收拾ᄒᆞ여 두라.

쥬피 명 고들개. ⇔추피(鞦皮). ≪朴諺, 上, 27ㅈ≫鞦皮穗兒鞦根都是斜皮的, 쥬피 딜채와 군ᄃᆡ귀를 다 이 斜皮로 ᄒᆞ엿고. ≪朴諺, 上, 28ㅎ≫白斜皮鞦皮轡頭, 白斜皮로 ᄒᆞᆫ 쥬피와 굴레오.

쥭 명 죽(粥). ⇔죽(粥). ≪朴諺, 上, 49ㅎ≫你姐姐曾幾時喫粥來, 네 姐姐ㅣ 일즙 언제브터 쥭을 먹ᄂᆞ뇨. ≪朴諺, 中, 6ㅎ≫熬些稀粥, 젹이 믈근 쥭을 ᄡᅮ고. ≪朴諺, 中, 30ㅈ≫稀粥也熬着裏, 믉은 쥭도 ᄡᅮ엇다. ≪朴諺, 下, 14ㅈ≫或是淡粥後頭, 或 믈근 쥭을 ᄒᆞᆫ 후에. ≪朴諺, 下, 42ㅎ≫供養的是豆子粥, 供養ᄒᆞᄂᆞᆫ 거슨 이 ᄑᆞᆺ쥭과.

쥰슈ᄒᆞ다 형 준수(俊秀)하다. ⇔쥰(俊). ≪朴諺, 上, 41ㅎ≫俊如觀音菩薩, 쥰슈홈이 觀音菩薩 ᄀᆞᆺ고. ≪朴諺, 上, 49ㅎ≫一箇俊小廝, ᄒᆞᆫ 쥰슈ᄒᆞᆫ ᄉᆞ나희러라.

즁 명 중[僧]. ⇔화상(和尙). ≪朴諺, 上, 32ㅎ≫一箇和尙偸弄別人的媳婦, ᄒᆞᆫ 즁이 ᄂᆞᆷ의 겨집을 도적ᄒᆞ여 어ᄅᆞ노라. ≪朴諺, 上, 32ㅎ≫却拿着那和尙, ᄯᅩ ᄃᆡ 즁을 잡아. ≪朴諺, 上, 34ㅈ≫這一等和尙不打他要做甚麽, 이런 즁을 티디 아니ᄒᆞ고 므슴ᄒᆞ리오. 衆人再問和尙, 모든 사ᄅᆞᆷ이 다시 즁ᄃᆞ려 무로ᄃᆡ. ≪朴諺, 上, 34ㅈ≫那和尙說再也不敢, ᄃᆡ 즁이 닐오ᄃᆡ 뇌여란 싱심이나. ≪朴諺, 上, 65ㅈ≫一箇見性得道的高麗和尙, ᄒᆞᆫ 見性 得道ᄒᆞᆫ 高麗ㅅ 즁. ≪朴諺, 上, 65ㅎ≫到江南地面石屋法名的和尙根底, 江南 ᄯᅡ 石屋이라 法名 ᄒᆞᆫ 즁의손ᄃᆡ 가니. ≪朴諺, 下, 18ㅈ≫但見和尙, 믈읫 즁을 보면.

즈름 명 주릅. 거간(居間)꾼. 중개인. ❶⇔아가(牙家). ≪朴諺, 上, 55ㅈ≫東角頭牙家去處廣, 동녁 모롱이에 즈름 가는 ᄃᆡ 만ᄒᆞ니. ❷⇔아자(牙子). ≪朴諺, 上, 31ㅈ≫那廝高麗地面來的宰相們上做牙子, ᄃᆡ 놈이 高麗 ᄯᅡ흐로셔 온 宰相들희손ᄃᆡ 즈름이 도엿ᄂᆞ니. ≪朴諺, 中, 36ㅎ≫牙子道都有, 즈름이 닐오ᄃᆡ 다 이셰라. ≪朴諺, 中, 38ㅈ≫咱這裏沒牙子省些牙錢不好, 우리 여긔 즈름이 업스니 져기 즈름갑시 덜림이 됴티 아니ᄒᆞ냐.

즈름값 명 구문(口文). 중개료. ⇔아전(牙錢). ≪朴諺, 中, 38ㅈ≫咱這裏沒牙子省些牙錢不好, 우리 여긔 즈름이 업스니 져기 즈름갑시 덜림이 됴티 아니ᄒᆞ냐.

즈음 명 즈음. 사이. ❶⇔기일(幾日). ≪朴諺, 中, 46ㅈ≫那幾日, ᄃᆡ 즈음ᄢᅴ. ❷⇔회(會). ≪集覽, 字解, 累字解, 2ㅎ≫幾會. 여러 즈음.

즈음ᄒᆞ다 동 사이에 두다. 격(隔)하다. ⇔격(隔). ≪朴諺, 中, 18ㅈ≫隔簾聽笑語燈下看佳人, 발을 즈음ᄒᆞ여 笑語를 듣고 燈下에 佳人을 봄이라 ᄒᆞ니.

즉(卽) 부 곧. ≪朴諺, 下, 54ㅎ≫當有(集覽, 朴集, 下, 12ㅈ: 當有. 猶言卽有也. 一曰, 猶言上項之辞〈辭〉.)某縣某村住人王大戶爲證, 곳 아모 고을 아모 촌에 사는 사ᄅᆞᆷ 王大戶ㅣ 이셔 證ᄒᆞ엿ᄂᆞ니이다.

즉관(則管) 부 함부로. 또는 오직. 다만. ⇔ 술이여. ≪集覽, 字解, 累字解, 1ㅎ≫則管. 則音ᄌᆞ, 去聲. 或作只. 술이여. 亦曰演成, 演亦作偃.

즉성(卽成) 동 그 자리에서 바로 이루어지다. ≪朴諺, 上, 50ㅈ≫滿月(集覽, 朴集, 上, 13ㅎ: 滿月. 産書云, 分娩未滿月, 恣食生冷粘·硬果·菜·肥膩魚·肉之物, 當時雖未覺大〈有〉損, 滿月之後, 卽成蓐勞.)過了時喫的不妨事, ᄃᆞᆯ이 차 디나면 먹어도 일에 해롭디 아니ᄒᆞ리라.

즉시 부 즉시. 곧. ⇔변(便). ≪朴諺, 中, 30ㅈ≫如今便入裏頭去時, 이제 즉시 안희 드러가면.

즉시(卽時) 부 즉시. 곧. ⇔즉제. ≪朴諺, 下, 52ㅈ≫卽時某聲言, 卽時 某ㅣ 聲言ᄒᆞ

여. ≪朴諺, 下, 54ㅈ≫卽時趖避, 즉제 趖避ᄒᆞ니.

즉위(卽位) 동 임금의 자리에 오르다. ⇔즉위ᄒᆞ다(卽位-). ≪朴諺, 下, 16ㅎ≫買趙太祖飛龍記(集覽, 朴集, 下, 3ㅎ: 趙太祖飛龍記. 易曰, 飛龍在天. 龍爲人君之象, 故稱卽位曰飛龍.), 趙太祖의 飛龍記와. ≪朴諺, 下, 58ㅎ≫咱本國是太祖(集覽, 朴集, 下, 12ㅈ: 太祖. 弓裔微服逃至斧壤, 爲民所害. 太祖卽位, 國號高麗.)姓王諱建表德若天, 우리 本國이 太祖의 姓은 王이오 諱ᄂᆞᆫ 建이오 字ᄂᆞᆫ 若天이니. ≪朴諺, 下, 59ㅎ≫梁貞明(集覽, 朴集, 下, 12ㅎ: 梁貞明. 朱溫事唐僖宗, 賜名全忠, 拜宣武軍節〈莭〉度使, 封梁王. 尋受唐禪, 卽位六年, 爲第〈苐〉二子郢王友珪所弑. 均王誅友珪而立.)四年三月裡, 梁貞明 四年 三月에. ≪朴諺, 下, 60ㅈ≫娘子柳氏(集覽, 朴集, 下, 12ㅎ: 娘子柳氏〈栁氏〉. 太祖聞之, 迎以爲妃. 後裴玄慶·申崇謙等推戴太祖, 后贊成之. 旣卽位, 策后爲元妃. 薨, 諡神惠.)出來說道, 娘子 柳氏ㅣ 나와 닐오ᄃᆡ. ≪朴諺, 下, 61ㅈ≫便那一日卽位布政殿, 곳 그 날에 布政殿에 卽位ᄒᆞ고.

즉위ᄒᆞ다(卽位-) 동 임금의 자리에 오르다. ⇔즉위(卽位). ≪朴諺, 下, 61ㅈ≫便那一日卽位布政殿, 곳 그 날에 布政殿에 卽位ᄒᆞ고.

즉재 부 즉시. 곧. ❶⇔변(便). ≪集覽, 字解, 單字解, 4ㅎ≫便. 去聲, 卽也. 便行 즉재 가니라, 便去 즉재 가리라, 又즉재 가다. 又則也. 便有 곧 잇다, 便是 곧 올ᄒᆞ니라. 又順也, 順便. 又安也, 便當. 又宜也. 行方便 됴ᄒᆞᆯ 양오로 ᄒᆞ다, 不方便 다히 마지 쉽사디 아니타. 又猶則也. 你去便就有了 너옷 가면 이시리라. 又平聲, 穩便 온당ᄒᆞ다. 吏語, 便益. ❷⇔취(就). ≪集覽, 字解, 單字解, 5ㅎ≫就. 卽也. 就將來 즉재 가져오라, 就有了·就去了. 又遂也. 就那裏睡了 게셔 자다, 就便 곧. 又就行 드듸여셔 ᄒᆞ다.

즉제 부 즉시. 곧. ⇔즉시(卽時). ≪朴諺, 下, 54ㅈ≫卽時趖避, 즉제 趖避ᄒᆞ니.

즉즉(喞喞) 동 쯧쯧하다(거리다). 혀를 차다. ⇔즉즉ᄒᆞ다(喞喞-). ≪朴諺, 下, 27ㅈ≫你看那厮喞喞的喝倸, 네 보라 뎌 놈이 喞喞히 혀ᄎᆞᄂᆞᆫ고나.

즉즉ᄒᆞ다(喞喞-) 동 쯧쯧하다(거리다). 혀를 차다. ⇔즉즉(喞喞). ≪朴諺, 下, 27ㅈ≫你看那厮喞喞的喝倸, 네 보라 뎌 놈이 喞喞히 혀ᄎᆞᄂᆞᆫ고나.

즉ᄒᆞ다 보형 직하다. ⇔해(該). ≪朴諺, 上, 3ㅎ≫照依前例該與多少, 前例대로 ᄒᆞ면 언메나 주엄 즉ᄒᆞ관ᄃᆡ. ≪朴諺, 中, 59ㅈ≫合斷與小人, 결단ᄒᆞ여 小人의게 주엄 즉ᄒᆞ매. ≪朴諺, 下, 62ㅈ≫正是所用之物, 졍히 ᄡᅥᆷ 즉ᄒᆞᆫ 거시로다.

즌ᄒᆞᆰ 명 진흙. ⇔이(泥). ≪朴諺, 中, 29ㅎ≫街上泥凍的, 거리예 즌ᄒᆞᆰ 언 거시. ≪朴諺, 中, 51ㅈ≫一剗浠泥曲膝盖深, ᄒᆞᆫ골ᄀᆞ티 즌ᄒᆞᆰ이 무룹도리로 깁더라. ≪朴諺, 中, 51ㅎ≫一套兒衣裳都汚了泥, ᄒᆞᆫ 블 衣裳을 다 즌ᄒᆞᆰ에 더러엿더라.

즐거옴 형 즐거움. ⇔낙(樂). ≪朴諺, 上, 63ㅎ≫有樂時同樂, 즐거옴이 잇거든 ᄒᆞᆫ가지로 즐겨 홈이.

즐겁다 형 즐겁다. ⇔쾌활(快活). ≪朴諺, 上, 48ㅎ≫不去的倒快活, 가디 아님이 도로혀 즐겁다.

즐기다 동 즐기다. ❶⇔긍(肯). ≪朴諺, 上, 31ㅎ≫一分利錢也不肯還, 一分 利錢도 즐겨 갑디 아니ᄒᆞ니. ≪朴諺, 上, 31ㅎ≫討了半年不肯還我, 달라 ᄒᆞ연 디 半年이로ᄃᆡ 즐겨 내게 갑디 아니ᄒᆞ매. ≪朴諺, 上, 58ㅈ≫那廝那裏肯饋, 뎌 놈이 어ᄃᆡ 즐겨 주리오. ≪朴諺, 上, 64ㅎ≫肯時要你的, 즐기면 네 하ᄅᆞᆯ ᄒᆞ고. 不肯時罷, 즐기디 아니면 마쟈. ≪朴諺, 中, 8ㅈ≫你怎麽不肯將頭馬來, 네 엇디 즐겨 웃듬 ᄆᆞᆯ을 가져오디 아니ᄒᆞᄂᆞ다. ≪朴諺, 中, 41ㅈ≫學裏也不肯去, 學에도 즐겨 가디 아니ᄒᆞ

고. ≪朴諺, 中, 46ㅎ≫他輸了的猪頭也不肯買, 뎨 진 도틔 머리도 즐겨 사디 아니ᄒᆞ니. ≪朴諺, 中, 59ㅎ≫還不肯發落, 당시롱 즐겨 發落디 아니ᄒᆞ고. ≪朴諺, 中, 59ㅎ≫可知道不肯用心, 그리어니 즐겨 用心티 아니ᄒᆞᄂᆞ니. ≪朴諺, 中, 59ㅎ≫那裏肯用心發落, 어ᄃᆡ 즐겨 用心ᄒᆞ여 發落ᄒᆞ리오. ≪朴諺, 下, 10ㅎ≫他也不肯信向, 뎨 즐겨 信向티 아니ᄒᆞ니. ≪朴諺, 下, 40ㅎ≫似不肯家畫麽, 즐겨 그리디 아닐 ᄃᆞᆺᄒᆞ고. ❷⇔낙(樂). ≪朴諺, 上, 63ㅎ≫有樂時同樂, 즐거옴이 잇거든 ᄒᆞᆫ가지로 즐겨 홈이. ❸⇔쾌(快). ≪朴諺, 上, 30ㅎ≫覓得高麗錢大快三十年, 高麗ㅅ 錢을 어든들 크게 三十年을 즐기랴. ❹⇔쾌활(快活). ≪集覽, 字解, 累字解, 2ㅎ≫快活. 즐기다. ≪朴諺, 上, 8ㅈ≫咱如今不快活時, 우리 이제 즐기디 아니ᄒᆞ면. ≪朴諺, 上, 61ㅎ≫自在快活的是對對兒鴛鴦, 제대로 즐기ᄂᆞᆫ 거ᄉᆞᆫ 이 對對 鴛鴦이오. ≪朴諺, 上, 62ㅈ≫沿河快活, 河를 조차 즐기다가.

즘(怎) 뷔 어찌. ⇔엇디. ≪集覽, 字解, 單字解, 4ㅈ≫怎. 何也, 怎麽 엇디. 字音本合口聲, 或有不從合口聲, 而讀之者, 則曰즌麽, 呼如指字俗音, 故或書作只字, 又書作則字者有之. 又有呼怎的兩字, 則怎字音즌. 秀才之士, 老成之人, 凡呼合口韻諸字, 或從本音讀之. ≪朴諺, 中, 17ㅎ≫怎剷劃我這一場愁, 엇디 내 이 一場 愁를 헤와드료. ≪朴諺, 中, 50ㅈ≫怎那般道, 엇디 뎌리 닐ᄋᆞᄂᆞᆫ다. ≪朴諺, 中, 53ㅈ≫怎能勾得, 엇디 유여히 어드리오. ≪朴諺, 下, 60ㅈ≫怎受他苦, 엇디 뎌의 보채물 바드리오.

즘마(怎麽) 대 무엇. ❶⇔므섯. ≪朴諺, 上, 35ㅎ≫忙怎麽, 밧바 므섯 ᄒᆞ리오. ❷⇔므슴. ≪朴諺, 上, 31ㅈ≫你尋他怎麽, 네 뎌를 ᄎᆞ자 므슴 ᄒᆞ려 ᄒᆞᄂᆞᆫ다.

즘마(怎麽) 뷔 ❶어이. 어찌. ⇔어이. ≪朴諺, 中, 41ㅈ≫縫衣裳的縫字怎麽寫, 衣裳을 호다 ᄒᆞᄂᆞᆫ 縫字를 어이 쓰ᄂᆞ뇨. ≪朴諺, 中, 41ㅎ≫替代的代字怎麽寫, 替代ᄒᆞ다 ᄒᆞᆫ 代字를 어이 쓰ᄂᆞ뇨. ≪朴諺, 中, 41ㅎ≫却字怎麽寫, 却字를 어이 쓰ᄂᆞ뇨. ≪朴諺, 中, 42ㅈ≫錯字怎麽寫, 錯字를 어이 쓰ᄂᆞ뇨. ≪朴諺, 中, 42ㅈ≫宋字怎麽寫, 宋字를 어이 쓰ᄂᆞ뇨. ≪朴諺, 中, 42ㅈ≫笠字怎麽寫, 笠字를 어이 쓰ᄂᆞ뇨. ≪朴諺, 中, 42ㅈ≫滿字怎麽寫, 滿字를 어이 쓰ᄂᆞ뇨. ≪朴諺, 中, 42ㅈ≫麽字怎麽寫, 麽字를 어이 쓰ᄂᆞ뇨. ≪朴諺, 中, 42ㅎ≫思字怎麽寫, 思字를 어이 쓰ᄂᆞ뇨. ❷어찌. ⇔엇디. ≪集覽, 字解, 單字解, 4ㅈ≫怎. 何也. 怎麽 엇디. ≪集覽, 字解, 單字解, 4ㅎ≫麽. 本音모. 俗用爲語助辭, 音마, 古人皆呼爲모, 故或通作莫. 怎麽 엇디, 來麽 오나라. ≪朴諺, 上, 2ㅈ≫街市酒打將來怎麽喫, 져젯 술을 가져오면 엇디 머그리오. ≪朴諺, 上, 15ㅈ≫你打時怎麽打, 네 ᄆᆡᆫ돌면 엇디 ᄆᆡᆫ돌려 ᄒᆞᄂᆞᆫ다. ≪朴諺, 上, 29ㅎ≫怎麽沒一箇中使的, 엇디 ᄒᆞ나토 ᄡᅥᆷ즉ᄒᆞ니 업ᄂᆞ뇨. ≪朴諺, 上, 39ㅈ≫沒馬時怎麽過, ᄆᆞᆯ이 업ᄉᆞ면 엇디 디내리오. ≪朴諺, 上, 56ㅎ≫你怎麽纔來, 네 엇디 ᄀᆞᆺ 온다. ≪朴諺, 中, 1ㅈ≫去時怎麽得入去的, 가면 엇디 드러가료. ≪朴諺, 中, 11ㅈ≫怎麽還不曾修理車輛, 엇디 당시롱 일즙 車輛을 修理티 아니ᄒᆞ엿ᄂᆞ뇨. ≪朴諺, 中, 29ㅎ≫馬們怎麽當的, ᄆᆞᆯ들히 엇디 당ᄒᆞ리오. ≪朴諺, 中, 35ㅈ≫如今怎麽那般賊廣, 이제 엇디 뎌리 도적이 흔ᄒᆞ뇨. ≪朴諺, 中, 49ㅈ≫怎麽這們說, 엇디 이리 닐ᄋᆞᄂᆞ뇨. ≪朴諺, 中, 58ㅎ≫蚊子怎麽得入來, 모긔 엇디 드러오리오. ≪朴諺, 下, 1ㅎ≫虫子怎麽蛀的, 좀이 엇디 먹으리오. ≪朴諺, 下, 6ㅎ≫滿指甲疙瀼和膿水怎麽當, 손ᄐᆞᆸ의 ᄀᆞ득ᄒᆞᆫ 더덩이와 고롬을 엇디 당ᄒᆞ리오. ≪朴諺, 下, 17ㅈ≫要怎麽那一等平話, 엇디 뎌 ᄒᆞᆫ 등 平話를 要ᄒᆞ리오. ≪朴諺, 下, 28ㅎ≫掠頭兩箇怎麽賣, 귀밋빗기 둘흘 엇디 ᄑᆞᆯ

짜. ≪朴諺, 下, 34ㅈ≫我怎麽打不的, 내 엇디 티디 몯ᄒᆞ리오. ≪朴諺, 下, 36ㅎ≫怎麽小看人, 엇디 사ᄅᆞᆷ을 小看ᄒᆞ리오. ≪朴諺, 下, 40ㅈ≫怎麽來的, 엇디 오리오.

즘생(怎生) 동 어찌하다. ⇔엇디ᄒᆞ다. ≪朴諺, 下, 9ㅈ≫不知怎生滾在底下, 아디 몯게라 엇디ᄒᆞᆫ디 구으러 아래 이셔.

즘생(怎生) 부 어찌. ⇔엇디. ≪集覽, 字解, 單字解, 7ㅎ≫生. 生的 양ᄌᆞ. 生活 ᄉᆡᆼ녕. 又甚也. 又語助. 怎生. ≪朴諺, 下, 24ㅎ≫怎生拿出他本像, 엇디 뎌 本像을 잡아 내리오. ≪朴諺, 下, 55ㅈ≫不知怎生走了, 아디 몯게라 엇디 ᄃᆞ라난디. ≪朴諺, 下, 58ㅎ≫當初怎生建國來, 當初에 엇디 國을 建ᄒᆞ뇨.

즘승 명 짐승. 가축의 총칭. ⇔두구(頭口). ≪朴諺, 上, 21ㅈ≫那不會說話的頭口們喂不到, 뎌 말 몯ᄒᆞᄂᆞᆫ 즘승들흘 먹이기를 이긋 몯ᄒᆞ니. ≪朴諺, 下, 57ㅈ≫咳沒頭口却怎的好, 애 즘승이 업ᄉᆞ니 엇디ᄒᆞ여 됴ᄒᆞ료.

즘싱 명 짐승. ❶⇔금수(禽獸). ≪朴諺, 中, 57ㅈ≫這潑禽獸殺娘賊, 이 보피라온 즘싱 殺娘ᄒᆞᄂᆞᆫ 도적아. ❷⇔수(獸). ≪朴諺, 上, 38ㅈ≫這裏有獸醫家麽, 여긔 즘싱 고티ᄂᆞᆫ 집이 잇ᄂᆞ냐.

즘싱 명 짐승. 가축의 총칭. ⇔두구(頭口). ≪朴諺, 上, 38ㅎ≫他快醫頭口, 뎨 즘싱 고티기 잘ᄒᆞᄂᆞ니라. ≪朴諺, 中, 20ㅈ≫一冬裏這頭口(集覽, 朴集, 上, 8ㅈ: 頭口. 汎指馬·牛·猪·羊之稱數, 猪以頭數, 牛亦曰頭數, 羊以口數, 獐亦曰口, 故泛稱畜口曰頭口, 牛·馬亦曰頭·疋.)們勾喫了, ᄒᆞᆫ 겨ᄋᆞᆯ을 이 즘싱들이 유여히 먹으리라.

즘적(怎的) 대 무엇. ⇔므섯. ≪朴諺, 中, 10ㅎ≫更待怎的, ᄯᅩ 므서슬 기ᄃᆞ리리오.

즘적(怎的) 동 어찌하다. ⇔엇디ᄒᆞ다. ≪朴諺, 中, 28ㅈ≫帶累一家人都死也怎的好, 온 집 사ᄅᆞᆷ이 버므리여 다 죽을 써시니 엇디ᄒᆞ여야 됴ᄒᆞ리오. ≪朴諺, 下, 1ㅈ≫怎的好, 엇디ᄒᆞ여야 됴ᄒᆞ료. ≪朴諺, 下, 10ㅈ≫怎的是佛法, 엇디홀ᄉᆞᆫ 이 佛法고. ≪朴諺, 下, 14ㅎ≫便到家裏那怎的, 곳 집의 가ᄂᆞ냐 엇디ᄒᆞᄂᆞ뇨. ≪朴諺, 下, 43ㅎ≫尸首實葬了那怎的, 尸首를 실로 장ᄒᆞ더냐 엇디ᄒᆞ뇨. ≪朴諺, 下, 56ㅈ≫怎的是一半兒錢贖, 엇디홀ᄉᆞᆫ 이 一半 갑ᄉᆞᆯ 주고 므르기고. ≪朴諺, 下, 57ㅈ≫咳沒頭口却怎的好, 애 즘승이 업ᄉᆞ니 엇디ᄒᆞ여 됴ᄒᆞ료.

즘적(怎的) 부 어이. 어찌. ❶⇔어이. ≪朴諺, 中, 41ㅎ≫拖字怎的寫, 拖字를 어이 쓰ᄂᆞ뇨. ≪朴諺, 中, 42ㅎ≫待字怎的寫, 待字를 어이 쓰ᄂᆞ뇨. ≪朴諺, 中, 42ㅎ≫東字怎的寫, 東字를 어이 쓰ᄂᆞ뇨. ❷⇔여이. ≪朴諺, 中, 41ㅎ≫床字怎的寫, 床字를 여이 쓰ᄂᆞ뇨.

즘적(怎的) 부 어찌. ⇔엇디. ≪朴諺, 上, 57ㅈ≫上了墳迴來怎的, 上墳ᄒᆞ고 도라올러냐 엇딜러뇨. ≪朴諺, 上, 58ㅈ≫咱們的馬怎的喂, 우리 ᄆᆞᆯ을 엇디 먹이료. ≪朴諺, 下, 12ㅈ≫相公支分怎的盖, 相公이 긔걸ᄒᆞ쇼셔 엇디 지으리잇고. ≪朴諺, 下, 27ㅈ≫這二十顆珊瑚怎的賣, 이 스므낫 珊瑚를 엇디 ᄑᆞᆯ려 ᄒᆞᄂᆞᆫ다.

즙 명 국물. ⇔즙(汁). ≪朴諺, 下, 33ㅎ≫你來欲汁熱着, 이바 마실 즙을 덥게 ᄒᆞ고.

즙(汁) 명 국물. ⇔즙. ≪朴諺, 下, 33ㅎ≫你來欲汁熱着, 이바 마실 즙을 덥게 ᄒᆞ고.

즛긔티다 동 짓이기다. ⇔개(磕). ≪朴諺, 下, 20ㅎ≫便拿下來磕死了, 곳 잡아 ᄂᆞ리와 즛긔텨 죽이고.

증(拯) 동 건지다. ⇔건디다. ≪朴諺, 中, 22ㅈ≫以聲察聲拯悲酸於六道, 소릐로 뻐 소릐를 슬펴 悲酸을 六道에 건디고.

증(曾) 부 일찍. 일찍이. ❶⇔일즉. ≪集覽, 字解, 單字解, 6ㅎ≫曾. ᄎᆞᆼ, 乃也, 則也. 又經也, 嘗也. 又증, 曾孫. 又姓. ≪朴諺, 上, 63ㅈ≫一遍也不曾說知心腹的話, ᄒᆞᆫ 번도 일즉 心腹 아ᄂᆞᆫ 말을 니ᄅᆞ디 몯ᄒᆞ여시니. ❷⇔일즙. ≪朴諺, 上, 34ㅎ≫不曾上馬, 일즙 ᄆᆞᆯ을 ᄐᆞ디 몯ᄒᆞ더니라. 咳我

不曾知道來, 애 내 일즙 아디 몯홀샤. ≪朴諺, 上, 49ㅎ≫你姐姐曾幾時喫粥來, 네 姐姐ㅣ 일즙 언제브터 쥭을 먹느뇨. ≪朴諺, 上, 56ㅎ≫不曾買來, 일즙 사오디 몯호라. ≪朴諺, 上, 59ㅎ≫揮使你曾到西湖景來麽, 揮使ㅣ아 네 일즙 西湖ㅅ 景에 갓든다. ≪朴諺, 中, 9ㅈ≫又不曾冒支分例, 또 일즙 分例를 冒支티 아니ᄒᆞ여. ≪朴諺, 中, 11ㅈ≫怎麽還不曾修理車輛, 엇디 당시롱 일즙 車輛을 修理티 아니ᄒᆞ엿ᄂᆞ뇨. ≪朴諺, 中, 46ㅈ≫你却不道首領官署了卷廳上不曾押裏, 네 또 首領官은 권에 일홈두고 廳上이 일즙 슈례두디 아녓다 니ᄅᆞ디 아니ᄒᆞ던다. ≪朴諺, 中, 48ㅈ≫不曾揩來, 일즙 슷디 아니ᄒᆞ여시니. ≪朴諺, 中, 52ㅈ≫你今年怎麽京城不曾去, 네 올히 엇디 京城에 일즙 가디 아니ᄒᆞᆫ다. ≪朴諺, 下, 1ㅈ≫一夏裡不曾好生收拾, ᄒᆞᆫ 녀름을 일즙 ᄀᆞ장 收拾디 몯ᄒᆞ니. ≪朴諺, 下, 6ㅈ≫從來不曾見這般細詳的官人, 본ᄃᆡ 일즙 이런 細詳ᄒᆞᆫ 官人을 보디 몯ᄒᆞ엿노라. ≪朴諺, 下, 19ㅎ≫不曾認的, 일즙 아디 몯ᄒᆞ니. ≪朴諺, 下, 40ㅎ≫他不曾開鋪的, 뎌 일즙 開鋪티 아니ᄒᆞᆫ 이니. ≪朴諺, 下, 41ㅈ≫我不曾知道來, 내 일즙 아디 몯ᄒᆞ엿노라. ≪朴諺, 下, 45ㅎ≫我從來不曾看, 내 본ᄃᆡ 일즙 보디 아니ᄒᆞ엿노라. ≪朴諺, 下, 54ㅎ≫某並不曾抵敵, 某ㅣ 다므기 일즙 抵敵디 아니ᄒᆞ엿ᄂᆞ니.

증(蒸) 동 찌다[蒸]. ❶⇔띠다. ≪朴諺, 上, 5ㅈ≫蒸鮮魚, ᄢᅵᆫ 싱션과. ❷⇔ᄶᅵ다. ≪朴諺, 中, 55ㅈ≫咳今日熱氣蒸人裏, 애 오ᄂᆞᆯ 熱氣 사ᄅᆞᆷ을 ᄶᅵᄂᆞ니.

증(證) 동 증명(證明)하다. ⇔증ᄒᆞ다(證-). ≪朴諺, 下, 54ㅎ≫當有某縣某村住人王大戶爲證, 곳 아모 고을 아모 촌에 사ᄂᆞᆫ 사ᄅᆞᆷ 王大戶ㅣ 이셔 證ᄒᆞ엿ᄂᆞ니이다.

증(贈) 동 주다. ⇔주다. ≪朴諺, 下, 62ㅈ≫賣劒賣與烈士, 劒을 ᄑᆞᆯ매 烈士의게 ᄑᆞᆯ고. 臙粉贈與佳人, 臙粉은 佳人의게 준다 ᄒᆞ니라.

증과(證果) 동 〈불〉 오랜 수행을 통하여 깨달아 득도하다. ≪朴諺, 下, 4ㅎ≫久後你也得證果金身(集覽, 朴集, 下, 1ㅎ: 證果金身. 又生時所作善惡謂之因, 他日報應謂之果. 謂證果者, 如三藏法師取經東還, 化爲栴檀佛如來.), 오란 후에 너도 證果金身홈을 어드리라. ≪朴諺, 下, 17ㅈ≫唐三藏引孫行者(集覽, 朴集, 下, 4ㅈ: 孫行者. 法師到西天, 受經三藏, 東還, 法師證果栴檀佛如來, 孫行者證果大力王菩薩, 朱八戒證果香華會上淨壇使者.), 唐三藏이 孫行者를 ᄃᆞ리고.

증권(蒸捲) 명 밀가루를 반죽하여 다섯 치[寸] 정도의 길이로 만든 뒤 쪄서 만든 떡. ≪朴諺, 上, 6ㅎ≫第一道燒羊蒸捲(集覽, 朴集, 上, 3ㅎ: 蒸捲. 質問云, 麥麵作成五寸長糕, 蒸熟食之. 又云, 以麵爲之, 長疊四折, 用籠蒸熟.), 第一道ᄂᆞᆫ ᄆᆞᄅᆞ고온 羊과 蒸捲 ᄯᅥᆨ이오.

증손(曾孫) 명 증손. ≪集覽, 字解, 單字解, 6ㅎ≫曾. ᄎᆞᆼ, 乃也, 則也. 又經也, 嘗也. 又증, 曾孫. 又姓.

증숙(蒸熟) 동 음식을 쪄서 익히다. ≪朴諺, 上, 6ㅎ≫第一道燒羊蒸捲(集覽, 朴集, 上, 3ㅎ: 蒸捲. 質問云, 麥麵作成五寸長糕, 蒸熟食之. 又云, 以麵爲之, 長疊四折, 用籠蒸熟.), 第一道ᄂᆞᆫ ᄆᆞᄅᆞ고온 羊과 蒸捲 ᄯᅥᆨ이오. ≪朴諺, 下, 14ㅈ≫喫稍麥(集覽, 朴集, 下, 3ㅎ: 稍麥. 質問云, 以麥麵作成薄片, 包肉蒸熟, 與湯食之, 方言謂之稍麥. 麥, 亦作賣.)粉湯, 稍麥과 스면 먹고. ≪朴諺, 下, 32ㅈ≫水精角兒(集覽, 朴集, 下, 6ㅈ: 水精角兒. 又居家必用云, 皮用白麪於滾湯攪作稠糊, 於冷水浸, 以豆粉和搜作劑, 打作皮, 包餡上籠, 緊火蒸熟, 洒兩次水, 方可下竈, 臨供時再洒些水便供.), 水精角兒과.

증여(贈與) 동 물품 따위를 선물로 주다. ≪朴諺, 下, 62ㅈ≫賣劒賣與烈士, 劒을 ᄑᆞᆯ매 烈士의게 ᄑᆞᆯ고. 臙粉贈與佳人, 臙粉은 佳人의게 준다 ᄒᆞ니라.

증열(蒸熱) 동 뜨겁게 찌다. 뜨거운 김으로 익히거나 데우다. ≪朴諺, 上, 2ㅈ≫討南方來的蜜林檎燒酒(集覽, 朴集, 上, 1ㅈ: 蜜林檎燒酒. 質問云, 初蒸熱燒酒, 用蜜·葡萄相參〈叅〉浸, 久而食之, 方言謂之蜜林檎燒酒.)一桶, 南方으로셔 온 蜜林檎燒酒 ᄒᆞᆫ 통과.

증후(證候) 명 증상(症狀). 증세. ≪朴諺, 上, 56ㅎ≫只有那些證候, 그저 뎌 證候ㅣ 잇고. ≪朴諺, 中, 15ㅎ≫可知得這證候, 그리어니 이 證候를 엇도다.

증ᄒᆞ다(證-) 동 증명(證明)하다. ⇔증(證). ≪朴諺, 下, 54ㅎ≫當有某縣某村住人王大戶爲證, 곳 아모 고을 아모 촌에 사ᄂᆞᆫ 사ᄅᆞᆷ 王大戶ㅣ 이셔 證ᄒᆞ엿ᄂᆞ니이다.

지(之) 조 -의. ⇔-의. ≪朴諺, 中, 23ㅈ≫故得人天之喜躍鬼神之歡欣, 이러모로 人天의 喜躍과 鬼神의 歡欣을 어더. ≪朴諺, 下, 17ㅈ≫必達周公之理, 반ᄃᆞ시 周公의 理를 達ᄒᆞᆯ 써시니. ≪朴諺, 下, 17ㅈ≫旣讀孔聖之書, 임의 孔聖의 書를 닑어시면. ≪朴諺, 下, 36ㅎ≫寸鐵入木九牛之力, 寸鐵이 남게 들매 九牛의 힘이라 ᄒᆞᄂᆞ니라. ≪朴諺, 下, 60ㅎ≫咱婦人家也聽的這衆人之言, 우리 婦人도 이 衆人의 말을 드ᄅᆞ니.

지(支) 동 제공하다. 공급하다. ⇔지응ᄒᆞ다(支應-). ≪朴諺, 中, 6ㅈ≫如今支(支)一支(支), 이제 支應호되.

지(只) 부 그저. ❶⇔그저. ≪朴諺, 上, 11ㅎ≫郎中馬只寄在這人家裏, 郎中아 ᄆᆞᆯ을 그저 이 人家에 브텨 두엇다가. ≪朴諺, 上, 21ㅈ≫爲頭兒只半筐兒草, 처음은 그저 반 광조리 여믈을. ≪朴諺, 上, 39ㅎ≫不要只管的刮, 그저 ᄉᆞᆨ이여 긁빗기디 말라. ≪朴諺, 上, 47ㅈ≫全做時只使的十九箇錢, 다 ᄒᆞ려 ᄒᆞ면 그저 열 아홉 낫 돈을 ᄡᅳ리라. ≪朴諺, 上, 62ㅎ≫只此人間兜率, 그저 이 人間ㅅ 兜率이러라. ≪朴諺, 中, 10ㅎ≫保人只管一百日, 保人이 그저 일ᄇᆡᆨ 날을 ᄀᆞ음아니. ≪朴諺, 中, 12ㅎ≫我只船上來了, 내 그저 ᄇᆡ로 올와. ≪朴諺, 中, 18ㅎ≫只滅了我這心頭火, 그저 나의 이 心頭火를 ᄭᅳ면. ≪朴諺, 中, 31ㅈ≫只把我這舊弟兄伴當們根底, 그저 우리 녯 弟兄 伴當들의손ᄃᆡ. ≪朴諺, 中, 47ㅈ≫只那般去了, 그저 그런 재 가니. ≪朴諺, 中, 51ㅈ≫我只到這裏來, 내 그저 여긔 오노라. ≪朴諺, 中, 60ㅎ≫只怕反過來, 그저 저컨대 두르티면. ≪朴諺, 下, 5ㅈ≫你只做饋我煤火炕着, 네 그저 날을 ᄆᆡ탄 퓌오ᄂᆞᆫ 구들을 ᄆᆡᆫᄃᆞ라 주되. ≪朴諺, 下, 11ㅎ≫只此已外, 그저 이 밧긔ᄂᆞᆫ. ≪朴諺, 下, 26ㅈ≫只與我二兩沒利錢, 그저 날을 두 냥을 주어도 니쳔이 업ᄉᆞ니. ≪朴諺, 下, 33ㅎ≫只要乾淨休着冷了, 그저 간정히 ᄒᆞ고 ᄎᆞ게 말라. ≪朴諺, 下, 39ㅎ≫只管的遠去怎麼, 그저 ᄉᆞᆨ이야 멀리 가 므슴 ᄒᆞ리오. ≪朴諺, 下, 44ㅎ≫只有些和的濕煤, 그저 져기 버므린 濕煤ㅣ 이시되. ≪朴諺, 下, 56ㅎ≫只聽的高麗新事來, 그저 高麗ㅅ 新事를 드런노라. ❷오직. ⇔오직. ≪集覽, 字解, 單字解, 1ㅈ≫只. 止此之辭. 다믄, 又오직. 韻書皆上聲, 俗讀去聲. 唯韻會註云, 今俗讀若質.

지(只) 부 다만. ❶⇔다만. ≪朴諺, 上, 57ㅎ≫我只有一箇油絹帽兒裏, 내게 다만 ᄒᆞᆫ 油絹帽ㅣ 잇고. ❷⇔다믄. ≪集覽, 字解, 單字解, 1ㅈ≫只. 止此之辭. 다믄, 又오직. 韻書皆上聲, 俗讀去聲. 唯韻會註云, 今俗讀若質. ≪朴諺, 上, 55ㅎ≫只腿跨不開, 다믄 뒷 지페 펴디디 못ᄒᆞ고.

지(地) 명 ❶데. 곳. ⇔ᄃᆡ. ≪集覽, 字解, 單字解, 4ㅈ≫來. 來往. 又語助. 你來 이바, 夜來 어제, 有來 잇더라, 去來 가다. 又數物而有餘數, 未的知之辭. 十來箇 여라믄, 十里來地 십 리만ᄒᆞᆫ ᄃᆡ, 十來日 여라믄 날. ❷땅. 토지. ⇔ᄯᅡᇂ. ≪集覽, 字解, 單字解, 3ㅎ≫地. 土也, 田地·土地·地方·地面. 又指當處土地之神, 亦曰土地. 又語助, 坐地. 又恁地, 猶言如此. ≪朴諺, 上, 60ㅎ≫瑪瑙幔地, 瑪瑙를 ᄡᅡ히 ᄭᆞ랏

고. ≪朴諺, 下, 24ㅈ≫血瀝瀝的腔子立地, 피 뿟듣는 몸뚱만 싸히 셔고. ≪朴諺, 下, 31ㅎ≫直挺挺的立地, 바로 곳곳이 싸히 셔시니. ≪朴諺, 下, 46ㅎ≫立地赶牛, 싸히 셔셔 쇼롤 몰면.

지(地) 명 땅. 지역. 구역. ❶⇔싸. ≪集覽, 字解, 單字解, 6ㅈ≫多. 多少 언메나. 又許多 하나한. 又餘也. 三十里多地 삼십리 나믄 싸. 吏語, 多餘. 又過也. 有甚麽多處 므스기 너믄 고디 이시리오. 又重也. 므스기 앗가온 고디 이시리오. ❷⇔싸ㅎ. ≪朴諺, 上, 12ㅈ≫平則門離這廣豊倉二十里地, 平則門이 이 廣豊倉에셔 뜸이 二十里 싸히니. ≪朴諺, 上, 12ㅎ≫那裏有二十里地來, 어딕 二十里 싸히 잇ᄂᆞ뇨. ≪朴諺, 中, 32ㅈ≫這離城三十里來地, 이 城에셔 뜸이 三十里 싸히. ≪朴諺, 下, 39ㅈ≫送到四十里地, 보내여 四十里 싸히 가.

지(池) 명 못[池]. ⇔못. ≪朴諺, 中, 33ㅈ≫山頂上有一小池, 山 頂上에 ᄒᆞᆫ 져근 못이 이시니. 滿池荷花香噴噴, 못에 ᄀᆞ득ᄒᆞᆫ 련곳치 향내 뿜기더라. ≪朴諺, 中, 43ㅎ≫亦看樓外滿池荷花, 또 樓外ㅅ 못에 ᄀᆞ득ᄒᆞᆫ 련곳츨 보노니.

지(至) 동 ❶가다. 이르다. ⇔가다. ≪朴諺, 下, 52ㅎ≫約至某處, 거의 아므 곳에 가되. ❷다다르다. 이르다. ⇔다ᄃᆞ라다. ≪朴諺, 上, 54ㅈ≫如至日無錢歸還, 만일 날이 다ᄃᆞ라 갑흘 돈이 업ᄉᆞ면. ≪朴諺, 中, 39ㅎ≫如至日無錢送納, 만일 날이 다ᄃᆞ라 送納홀 돈이 업스면.

지(至) 동 이르다. ❶⇔니르다. ≪朴諺, 中, 16ㅈ≫煎至七分, 달혀 七分에 니르거든. ❷⇔니ᄅᆞ다. ≪朴諺, 上, 31ㅈ≫限至周年, 限을 周年에 니ᄅᆞ게 ᄒᆞ여. ≪朴諺, 上, 54ㅈ≫其銀限至下年幾月內, 그 은을 限이 ᄂᆡ년 아므 ᄃᆞᆯ ᄂᆡ에 니ᄅᆞ게 ᄒᆞ야. ≪朴諺, 中, 53ㅈ≫福不至萬事難, 福이 니ᄅᆞ디 아니면 萬事ㅣ 어렵다 ᄒᆞᄂᆞ니라.

지(至) 부 가장. 매우. 제일. ⇔ᄀᆞ장. ≪朴諺, 下, 40ㅈ≫和我兩箇至好麽, 날과 둘히 ᄀᆞ장 됴컨마는.

지(至) 부 이르도록. 이르기까지. ❶⇔니르히. ≪朴諺, 下, 12ㅎ≫以至升斗, 뼈 바리와. 石, 돌과. 塼, 벽과. 培瓦, 培瓦에 니르히. 都有, 다 이셰라. ❷⇔니ᄅᆞ히. ≪朴諺, 上, 46ㅈ≫以至下人們, 뼈 下人들에 니ᄅᆞ히.

지(志) 명 기전체(紀傳體)의 역사책에서 본기(本紀)·열전(列傳) 외에 천문(天文)·지리(地理)·예악(禮樂) 따위를 기술한 것. ≪朴諺, 上, 18ㅎ≫南斗六星(集覽, 朴集, 上, 7ㅈ: 南斗. 晉書天文志, 六星天廟〈庙〉, 丞相太宰之位, 主褒賢進士, 稟授爵祿.)板兒做得忒圓了些, 南斗六星 돈은 민둘기롤 너모 두렷게 ᄒᆞ엿고.

지(知) 동 ❶알다. ⇔알다. ≪朴諺, 上, 13ㅎ≫不知甚麽瘡, 아디 못ᄒᆡ라 므슴 瘡인디. ≪朴諺, 上, 14ㅈ≫話不說不知木不鑽不透, 말을 니ᄅᆞ디 아니면 아디 못ᄒᆞ고 남글 뚤디 아니면 ᄉᆞᄆᆞᆺ디 아닌ᄂᆞᆫ다 ᄒᆞ니라. ≪朴諺, 上, 51ㅎ≫養子方知父母恩, ᄌᆞ식을 길러야 보야흐로 父母 은혜롤 안다 ᄒᆞ니라. ≪朴諺, 上, 63ㅈ≫一遍也不曾說知心腹的話, ᄒᆞᆫ 번도 일즉 心腹 아ᄂᆞᆫ 말을 니ᄅᆞ디 못ᄒᆞ여시니. ≪朴諺, 中, 14ㅎ≫遠行知馬力, 멀리 가매 ᄆᆞᆯ 힘을 알고. 日久見人心, 날이 오라매 사ᄅᆞᆷ의 ᄆᆞ음을 보ᄂᆞ니라. ≪朴諺, 中, 16ㅎ≫故人誠信病中知, 故人의 誠信은 病中에 아ᄂᆞ니라. ≪朴諺, 中, 23ㅎ≫咱這衆生知不知, 우리 이 衆生이 알거나 아디 못ᄒᆞ거나. ≪朴諺, 下, 9ㅈ≫不知怎生滾在底下, 아디 못게라 엇디ᄒᆞᆫ디 구으러 아ᄅᆡ 이셔. ≪朴諺, 下, 11ㅈ≫不知得否, 得否롤 아디 못ᄒᆞᄂᆞᆫ디라. ≪朴諺, 下, 19ㅈ≫師傅上說知, 스승의게 닐러 알게 ᄒᆞ고. ≪朴諺, 下, 40ㅎ≫知人知面不知心, 사ᄅᆞᆷ을 알매 ᄂᆞᆺ촌 아라도 ᄆᆞ옴은 아디 못ᄒᆞᆫ다 ᄒᆞᄂᆞ니라. ≪朴諺, 下, 47ㅎ≫不知其數, 그 수롤 아디 못ᄒᆞ고. ≪朴諺, 下, 52ㅎ≫不

知去向, 去向을 아디 몯ᄒᆞ더니. ≪朴諺, 下, 55ㅈ≫不知去向, 간 ᄃᆡ를 아디 몯ᄒᆞ니. ≪朴諺, 下, 61ㅎ≫君子不出戶而知天下, 君子ᄂᆞᆫ 戶에 나디 아니ᄒᆞ여셔 天下를 안다 ᄒᆞ니. ❷알리다. 알게 하다. ⇔알외다. ≪集覽, 字解, 累字解, 2ㅈ≫說知. 닐어 알외다.

지(持) 동 잡다[執]. ⇔잡다. ≪朴諺, 下, 31ㅈ≫手持畫干·方天戟的, 손에 畫干·方天戟을 잡으니와.

지(指) 명 손톱. ⇔손톱. ≪朴諺, 中, 43ㅎ≫不得撚指歇息, 손똡 다ᄃᆞ믈 쉬기도 얻디 몯ᄒᆞ고.

지(紙) 명 종이. ❶⇔죠희. ≪朴諺, 下, 56ㅈ≫半張紙上寫着裏, 半張 죠희예 써ᄂᆞ니. ❷⇔죠히. ≪朴諺, 上, 23ㅎ≫將一張紙來, ᄒᆞᆫ 당 죠히를 가져다가. ≪朴諺, 下, 62ㅈ≫這的高麗筆墨和二十張大紙將去, 이 高麗ㅅ 筆墨과 스므 당 큰 죠히를 가져가. ❸⇔죵히. ≪朴諺, 中, 58ㅈ≫把這窓孔的紙都扯了, 이 창 숨게 죵히를다가 다 믜티고.

지(紙) 의 장(張). (종이의 수효를 세는 단위) ⇔댱. ≪朴諺, 上, 53ㅎ≫你與我寫一紙借錢文書, 네 나를 ᄒᆞᆫ 댱 돈 ᄭᅮᄂᆞᆫ 文書를 써 주고려.

지(智) 명 〈불〉 십바라밀(十波羅蜜)의 하나. 모든 사물이나 현상·도리·선악에 대하여 올바른 판단을 내리고 번뇌를 끊는 힘. ≪朴諺, 中, 21ㅈ≫智滿十身(集覽, 朴集, 中, 4ㅈ: 智滿十身. 本覺爲知, 始覺爲智. 滿, 備也. 十身有調御. 十身, 曰無着, 曰弘願, 曰業報, 曰住持, 曰涅槃, 曰淨法, 曰眞心, 曰三昧, 曰道性, 曰如意. 有內十身, 曰菩提, 曰願, 曰化, 曰力持, 曰莊嚴, 曰威勢, 曰意生, 曰福德, 曰法, 曰智. 有外十身, 曰自, 曰衆生, 曰國土, 曰業報, 曰聲聞, 曰圓覺, 曰菩薩, 曰智, 曰法, 曰虛空.), 智ᄂᆞᆫ 十身에 찻도다.

지(痣) 명 사마귀. ≪朴諺, 上, 15ㅈ≫有名的張黑子(集覽, 朴集, 上, 6ㅈ: 張黑子. 張, 姓. 黑子, 痣也. 張之面有痣, 因以爲號, 人號爲張黑子.), 有名ᄒᆞᆫ 張黑子ㅣ.

지(遲) 형 지(遲). '遅'는 '遲'의 속자. ≪朴諺, 上, 59ㅈ≫有甚麽遅處, 므슴 더딘 곳이 이시리오. ≪朴諺, 上, 59ㅈ≫寒食不遅, 寒食이라도 더듸디 아니타 ᄒᆞᄂᆞ니라. ≪朴諺, 中, 7ㅈ≫馬們怎麽來的遅, ᄆᆞᆯ들히 엇디 옴이 더듸뇨.

지(遲) 형 ❶더디다. ⇔더듸다. ≪朴諺, 上, 59ㅈ≫有甚麽遲處, 므슴 더딘 곳이 이시리오. ≪朴諺, 上, 59ㅈ≫寒食不遲, 寒食이라도 더듸디 아니타 ᄒᆞᄂᆞ니라. ≪朴諺, 中, 7ㅈ≫馬們怎麽來的遲, ᄆᆞᆯ들히 엇디 옴이 더듸뇨. ❷좋지 않다. 나쁘다. ⇔사오납다. ≪朴諺, 上, 22ㅎ≫我輸了這刼時遲了, 내 이 패을 지면 사오나오니. ❸뜨다. 느리다. ⇔ᄹᅳ다. ≪朴諺, 上, 56ㅈ≫只是小行上遲, 그저 ᄌᆞᆫ 걸음이 ᄹᅳ고.

지가(枝柯) 명 나뭇가지. ≪朴諺, 中, 23ㅈ≫齒排柯雪(集覽, 朴集, 中, 6ㅈ: 齒排柯雪. 謂齒如雪堆枝柯之上, 淨白頓整之形, 似人所編排然. 佛三十二相, 有四十齒相, 有齒白淨相, 有齒齊密相.), 니ᄂᆞᆫ 柯雪이 버럿ᄂᆞᆫ ᄃᆞᆺᄒᆞ고.

지각(知覺) 동 알아서 깨닫다. ≪朴諺, 中, 18ㅎ≫只怕同房人攪撒(集覽, 朴集, 中, 3ㅈ: 攪撒. 今以撒放之撒, 用爲知覺之義者, 亦未詳.)了, 그저 同房 사ᄅᆞᆷ이 알ᄭᅡ 저프고.

지갑(指甲) 명 손톱. ⇔손똡. ≪朴諺, 下, 6ㅎ≫你的長指甲饋我掐一掐, 네 긴 손똡으로 날을 ᄃᆡ여 주고려. ≪朴諺, 下, 6ㅎ≫滿指甲疙瀼和膿水怎麽當, 손똡의 ᄀᆞ득ᄒᆞᆫ 더덩이와 고롬을 엇디 당ᄒᆞ리오.

지갱(地坑) 명 지함(地陷). 구덩이. ⇔디함. ≪朴諺, 中, 27ㅈ≫正房背後掘開一箇老大深淺地坑, 正房 뒤헤 ᄒᆞᆫ 크고 기픈 디함을 픠고.

지거(紙車) 명 금은(金銀)의 전지(錢紙)를 붙여 만든 작은 수레. 상여의 앞에서 길을 인도한다. ≪朴諺, 下, 42ㅎ≫紙車(集

覽, 朴集, 下, 9ㅈ: 紙車. 以金·銀錢紙結造小空車, 爲前導.), 紙車와.

지관(只管) 부 함부로. 마음대로. ❶⇔ᄉᆞ리야. ≪朴諺, 下, 39ㅎ≫只管的遠去怎麽, 그저 ᄉᆞ리야 멀리 가 므슴 ᄒᆞ리오. ❷⇔ᄉᆞ리여. ≪朴諺, 上, 39ㅎ≫不要只管的刮, 그저 ᄉᆞ리여 긁빗기디 말라. ≪朴諺, 下, 9ㅈ≫內中一箇達達只管呵欠, 그 듕에 ᄒᆞᆫ 達達이 그저 ᄉᆞ리여 하회옴ᄒᆞ다가. ❸⇔ᄉᆞᆯᄋᆡ여. ≪集覽, 字解, 單字解, 8ㅈ≫管. 攝也. 又只管. 照管, 見下. ≪集覽, 字解, 累字解, 1ㅎ≫則管. 則音ᄌᆞ, 去聲. 或作只. ᄉᆞᆯᄋᆡ여. 亦曰演成, 演亦作偃.

지관(地官) 명 도관(道觀)에서 받들어 모시는 세 신관(神官)의 하나. 음력 7월 보름날 중원(中元)이 되면 하늘에서 내려와 사람들의 선악을 맡아 기록한다고 한다. ≪朴諺, 下, 7ㅎ≫這七月十五日(集覽, 朴集, 下, 2ㅈ: 七月十五日. 道藏經云, 七月十五日, 謂之中元, 地官下降人間, 檢校世人, 甄別善惡, 上告天曹.)是諸佛解夏之日, 七月 十五日은 諸佛 解夏ᄒᆞᄂᆞᆫ 날이라. ≪朴諺, 下, 49ㅈ≫好女不看燈(集覽, 朴集, 下, 11ㅈ: 好女不看燈. 宣和遺事云, 天官好樂, 地官好人, 水官好燈.), 好女ᄂᆞᆫ 看燈 아니ᄒᆞᆫ다 ᄒᆞᄂᆞ니라.

지금(至今) 부 지우금(至于今). 예로부터 오늘에 이르기까지. ≪朴諺, 上, 5ㅎ≫叫教坊司十數箇樂工和做院本(集覽, 朴集, 上, 2ㅎ: 院本. 盖古教坊色長有魏·武·劉三人, 而魏長於念誦, 武長於筋斗, 劉長於科範, 至今樂人皆宗之.)諸般雜技的來, 教坊司의 여라믄 樂工과 院本에 여러 가지 雜技ᄒᆞᄂᆞ니ᄅᆞᆯ 블러오라. ≪朴諺, 上, 65ㅎ≫到江南地面石屋(集覽, 朴集, 上, 16ㅈ: 石屋. 遂以袈裟表信曰, 衣雖今日, 法自靈〈灵〉山流傳至今, 今附於汝, 汝善護持, 母〈毋〉令斷〈断〉絶.)法名的和尙根底, 江南 ᄯᅡ 石屋이라 法名 ᄒᆞᆫ 즁의손ᄃᆡ 가니. ≪朴諺, 下, 8ㅎ≫說目連尊者(集覽, 朴集, 下, 2ㅎ: 目連尊者. 事林廣記云, 佛書所謂王舍衛城, 卽賔童龍國也, 國在西南海中, 隷占城. 占城選人作地主. 目連, 卽此國人也. 人云, 目連舍基, 至今猶存.)救母經, 目連尊者의 救母經을 니ᄅᆞ니.

지금(紙金) 명 두꺼운 종이 위에 입힌 금. ≪朴諺, 上, 43ㅈ≫不要紙金要五錢皮金, 紙金으란 말고 닷 돈 皮金을 ᄒᆞ고.

지급(支給) 동 돈이나 물품 따위를 정하여진 몫만큼 내주다. ≪朴諺, 上, 11ㅈ≫我有兩箇月俸(集覽, 朴集, 上, 5ㅈ: 月俸. 中朝〈元制〉官祿, 每月攴〈支〉給. 今此一月四石之俸, 以元制考之, 乃從九品也.)來關, 내 두 ᄃᆞᆯ 뇨 ᄐᆞᆯ 써시 이셰라.

지긔우다 동 지겹게 하다. 최대한으로 하다. 힘껏 하다. ⇔진일진(儘一儘). ≪集覽, 字解, 單字解, 5ㅈ≫儘. 讓也, 任也. 儘他 제게 다와ᄃᆞ라, 儘讓 뎌긔 미다. 又縱令也. 儘教 므던타. 又儘一儘 지긔우다. 又儘船 빗 ᄀᆞ장.

지기(支起) 동 버티게 하다. ⇔벗틔오다. ≪朴諺, 中, 55ㅎ≫把這窓兒都支起着, 이 창을다가 다 벗틔오라.

지기(地紀) 명 대지(大地)를 묶어 유지시킨다는 끈. ≪朴諺, 上, 60ㅈ≫近看時遠侵碧漢(集覽, 朴集, 上, 15ㅈ: 碧漢. 〈卽〉天河也. 河精上爲天漢. 爾雅, 析木爲之津. ㅌ在箕斗間, 自坤抵艮爲地紀, 亦名雲漢, 曰天潢, 曰銀河, 曰銀漢, 曰河漢.), 갓가이셔 보면 멀리 碧漢을 侵ᄒᆞ고.

지기(地祇) 명 땅의 신(神). ≪朴諺, 中, 11ㅈ≫一兩日上位郊天(集覽, 朴集, 中, 2ㅈ: 郊天. 天子設圜丘於南郊, 以祭天神·地祇·日月星辰·山川·嶽瀆, 以太祖配享.)去, ᄒᆞᄅᆞ 이틀만 ᄒᆞ면 上位ㅣ 郊天ᄒᆞ라 가실 거시니. ≪朴諺, 下, 18ㅎ≫做羅天大醮(集覽, 朴集, 下, 4ㅎ: 大醮. 道經云, 醮, 祭名. 夜中於星辰之下, 陳設餠餌·酒果·幣物, 禋祀天皇·太乙·地祇·列宿.), 羅天大醮ᄅᆞᆯ ᄒᆞ더니.

지기(地氣) 명 땅의 정기. ≪朴諺, 下, 48ㅈ≫地氣正旺上的時莭(節), 地氣 正히 旺上

홀 때에.

지기(地基) 명 집터. ≪朴諺, 上, 60ㅎ≫地基地餙都是花班石, 地基 地餙은 다 花班石이오.

지다 동 지다[負]. 메다. ⇔도(挑). ≪朴諺, 上, 11ㅈ≫那挑脚(集覽, 朴集, 上, 5ㅈ: 挑脚. 舊本作赶脚的. 謂赶脚者, 賃驢〈驢〉取直之人, 謂挑脚者, 負擔重物求直之人也.)的, 뎌 삭짐 지ᄂᆞᆫ 이아.

지다 동 지다. 패하다. ⇔수(輸). ≪朴諺, 上, 22ㅈ≫咱們下一局賭輸嬴(贏)如何, 우리 ᄒᆞᆫ 판 두어 지며 이긔믈 더느미 엇더ᄒᆞ뇨. ≪朴諺, 上, 22ㅈ≫眼下交手便見輸嬴(贏), 眼下에 交手ᄒᆞ면 곳 지며 이긔믈 보리라. ≪朴諺, 上, 22ㅈ≫有一箇輸了的便賽殺, ᄒᆞ나히 지ᄂᆞ니 이시면 곳 던기리라. ≪朴諺, 上, 22ㅎ≫我輸了這刼時遲了, 내 이 패을 지면 사오나오니. ≪朴諺, 上, 23ㅈ≫高碁輸頭盤, 놉흔 바독은 첫 판을 진다 ᄒᆞᄂᆞ니라. ≪朴諺, 中, 46ㅎ≫他輸了的猪頭也不肯買, 뎌 진 도틔 머리도 즐겨 사디 아니ᄒᆞ니. ≪朴諺, 中, 50ㅈ≫我輸了時, 내 지면. ≪朴諺, 中, 50ㅈ≫姐姐你輸了時, 姐姐ㅣ 네 지면. ≪朴諺, 下, 20ㅈ≫那一箇輸了時, 아므나 ᄒᆞ나히 지거든. ≪朴諺, 下, 20ㅎ≫但動的便筭輸, 므릇 動ᄒᆞᄂᆞᆫ 이를 곳 지니로 혜니라.

지달 명 지달. (말이 뛰거나 달아나지 못하게 앞발 두 개를 얽어매는 줄) ≪朴諺, 中, 11ㅎ≫少梯子, 술위앏괴오ᄂᆞᆫ나모. 撑頭, 술위뒤괴오ᄂᆞᆫ나모. 套繩, 멘줄. 撒繩, 쓰을줄. 拘索, 목집게. 籠頭, 바굴레. 脚索, 지달쏠바. 鞍子, 기ᄅᆞ마. 肚帶, 빗대 업세라.

지달쓰다 동 지달로 묶다. 지달로 얽어매다. ≪朴諺, 中, 11ㅎ≫少梯子, 술위앏괴오ᄂᆞᆫ나모. 撑頭, 술위뒤괴오ᄂᆞᆫ나모. 套繩, 멘줄. 撒繩, 쓰을줄. 拘索, 목집게. 籠頭, 바굴레. 脚索, 지달쏠바. 鞍子, 기ᄅᆞ마. 肚帶, 빗대 업세라.

지달쏠바 명 지달로 말의 앞발을 묶을 때 쓰는 바. ⇔각삭(脚索). ≪朴諺, 中, 11ㅎ≫少梯子, 술위앏괴오ᄂᆞᆫ나모. 撑頭, 술위뒤괴오ᄂᆞᆫ나모. 套繩, 멘줄. 撒繩, 쓰을줄. 拘索, 목집게. 籠頭, 바굴레. 脚索, 지달쏠바. 鞍子, 기ᄅᆞ마. 肚帶, 빗대 업세라.

지덕(智德) 명 〈불〉 삼덕(三德)의 하나. 여래(如來)가 평등한 지혜로 일체(一切) 만법(萬法)을 모두 비추는 덕을 이른다. ≪朴諺, 下, 2ㅎ≫長老(朴集, 下, 1ㅈ: 長老. 僧有智德可尊者曰長老. 又道高臘長呼爲須菩提, 亦曰長老.)的佛像鑄了麽, 長老ㅣ아 佛像을 디웟ᄂᆞ다.

지도(知道) 동 알다. 이해하다. 깨닫다. ❶⇔아다. ≪集覽, 字解, 累字解, 2ㅈ≫知道. 아다. ❷⇔알다. ≪集覽, 字解, 單字解, 5ㅎ≫敢. 忍爲也. 你敢那 네 구틔여 그리홀다. 又疑似也. 敢知道 아는 ᄃᆞᆺᄒᆞ다. ≪朴諺, 上, 14ㅈ≫却怎麽知道, 또 엇디 알리오. ≪朴諺, 上, 19ㅈ≫我知道領你去, 내 알과라 너를 ᄃᆞ려가마. ≪朴諺, 上, 30ㅎ≫罷罷我知道, 두어 두어 내 알과라. ≪朴諺, 上, 37ㅈ≫不知道我的麁和細, 나의 굴금과 ᄀᆞ놈을 아디 못ᄒᆞᄂᆞᆫ 거시여. ≪朴諺, 上, 43ㅎ≫我也知道, 나도 아노라. ≪朴諺, 上, 52ㅈ≫不知道下處不曾得望去, 下處를 아디 못ᄒᆞ여 일즙 보라 가디 못ᄒᆞ니. ≪朴諺, 上, 58ㅎ≫咳我眞箇不曾知道來, 애 내 진실로 일즙 아디 못ᄒᆞ엿더니. ≪朴諺, 中, 18ㅈ≫我夫主知道時了不得, 우리 지아비 알면 에워나디 못ᄒᆞ리라. ≪朴諺, 中, 28ㅈ≫若官司知道時, 만일 官司ㅣ 알면. ≪朴諺, 中, 35ㅎ≫知道了的之後, 안 후에. ≪朴諺, 中, 58ㅎ≫不知道葉兒用處, 닙 ᄡᅳᄂᆞᆫ 곳은 아디 못ᄒᆞ더니. ≪朴諺, 下, 2ㅈ≫不知道那裡躧死了一箇蝻蜒, 아디 못게라 어ᄃᆡ ᄒᆞᆫ 지차리 불펴 죽엇ᄂᆞ뇨. ≪朴諺, 下, 7ㅈ≫我不知道那家有甚麽幌〈慌〉字, 내 아디 못ᄒᆞ니 뎌 집의 므슴 보람이 잇ᄂᆞ뇨. ≪朴諺, 下, 17ㅎ≫鬪(鬪)聖的你知道麽, 鬪(鬪)聖ᄒᆞ든 줄을 네 아ᄂᆞᆫ다. ≪朴諺, 下, 25ㅎ≫我看

便知道, 내 보면 곳 알리라. ≪朴諺, 下, 36ㅎ≫你不知道, 네 아디 못ᄒᆞᄂᆞ다. ≪朴諺, 下, 40ㅎ≫你知道他就裡麽, 네 뎌의 속을 아ᄂᆞ다. ≪朴諺, 下, 41ㅈ≫我不曾知道來, 내 일즙 아디 못ᄒᆞ엿노라.

지두(指頭) 명 ❶손가락. ≪朴諺, 下, 32ㅎ≫水滑經帶麵(集覽, 朴集, 下, 6ㅈ: 水滑經帶麵. 如此三四次, 微軟和餠劑, 就案上用拗棒拗百餘棒, 多揉數百拳. 至麪性行, 方可搓如指頭大, 新凉水內浸兩時許, 伺麵〈麪〉性行, 方下鍋, 闊〈濶〉細任意做.), 제믈엣 칼국슈와. ❷손가락. 또는 발가락. ⇔가락. ≪朴諺, 中, 1ㅎ≫指頭上轉, 가락 우희 구을리다가.

지두(指頭) 명 손가락. ❶⇔손가락. ≪朴諺, 上, 13ㅎ≫將指頭那瘡口上, 손가락으로다가 뎌 瘡 부리예. ≪朴諺, 上, 29ㅎ≫十箇指頭也有長的短的, 열 손가락도 기니 뎌ᄅᆞ니 잇ᄂᆞ니. ❷⇔손짜락. ≪朴諺, 上, 27ㅎ≫指頭來大紫鴉忽頂兒, 손짜락 굴긔 紫鴉忽 頂子에. ≪朴諺, 中, 36ㅈ≫將指頭來大小的長鐵條兒, 손짜락 굴긔예 긴 쇠가락으로다가.

지득(知得) 동 알다. 이해하다. 깨닫다. ⇔아다. ≪集覽, 字解, 累字解, 2ㅈ≫知道. 아다. ≪集覽, 字解, 累字解, 2ㅈ≫知得. 上同.

지루(池樓) 명 못 가에 지은 누(樓). ≪朴諺, 中, 44ㅈ≫我每日臨池樓上, 내 每日에 池樓 우희 臨ᄒᆞ여.

지마(芝麻) 명 참깨. ⇔ᄎᆞᆷ쌔. ≪朴諺, 上, 4ㅎ≫放象生纏糖(集覽, 朴集, 上, 2ㅈ: 象生纏糖. 音義纏字註云, 用白糖·白芝麻相和, 以火煎熬, 傾入木印內, 須臾凉後, 〈與果實相似也〉. 糖字註云, 白糖化後用木印澆成, 亦與果實相似. 今按, 纏糖, 卽一物之名. 諸司職掌婚禮定親及納徵, 皆用芝麻·纏糖二合茶.), 生物을 象ᄒᆞ여 ᄭᅮ민 沙糖이어나. ≪朴諺, 上, 15ㅎ≫着鑌鐵(集覽, 朴集, 上, 6ㅈ: 鑌鐵. 総〈聡〉龜云, 出西番, 面上自有旋螺花者, 有芝麻花者. 凡刀劍器打磨光淨, 價直過於銀, 鐵〈銕〉中最利者也.)打, 鑌鐵로 티이되. ≪朴諺, 下, 33ㅈ≫黃燒餠(集覽, 朴集, 下, 7ㅈ: 黃燒餠. 質問云, 以麥麵〈麪〉作成餠子, 用芝麻粘洒, 烙熟食之.), 누론 쇼병과. ≪朴諺, 下, 33ㅈ≫芝麻燒餠, ᄎᆞᆷ쌔 므틴 쇼병과. ≪朴諺, 下, 37ㅈ≫稻子, 벼. 薥秫, 슈슈. 黍子, 기장. 大麥, 보리. 小麥, 밀. 蕎麥, 모밀. 黃豆, 콩. 小豆, ᄑᆞᆺ. 菉豆, 녹두. 莞豆, 광쟝이. 黑豆, 거믄콩. 芝麻, ᄎᆞᆷ쌔. 蘇子, 듧쌔.

지마(脂麻) 명 참깨. ≪朴諺, 下, 32ㅎ≫麻尼汁經卷兒(集覽, 朴集, 下, 6ㅈ: 麻尼汁經卷兒. 麻, 卽脂麻也.), ᄎᆞᆷ쌔즙 經卷兒와.

지망(指望) 동 (한 마음으로) 기대하다. 꼭 믿다. ≪集覽, 字解, 單字解, 3ㅈ≫着. 使之爲也. 着落 ᄒᆡ여곰, 着他 뎌 ᄒᆞ야. 又置也. 着塩 소곰 두다. 又中也. 着了 맛다. 又見人所行之事, 正合人所指望之, 方則亦曰着了 마초ᄒᆞ야다. 又實也. 着實 실히. 又語助. 又穿衣服也.

지맥(地脉) 명 지맥(地脈). '脉'은 '脈'의 속자. ≪朴諺, 下, 48ㅈ≫相着地脉, 地脉을 相ᄒᆞ야.

지맥(地脈) 명 땅의 맥락(脈絡). ≪朴諺, 下, 48ㅈ≫相着地脉, 地脉을 相ᄒᆞ야.

지면(地面) 명 땅. 지역. 구역. ❶⇔ᄯᅡ. ≪朴諺, 上, 65ㅎ≫到江南地面石屋法名的和尙根底, 江南 ᄯᅡ 石屋이라 法名 ᄒᆞᆫ 즁의 손ᄃᆡ 가니. ❷⇔ᄯᅡㅎ. ≪集覽, 字解, 單字解, 3ㅎ≫地. 土也, 田地·土地·地方·地面. 又指當處土地之神, 亦曰土地. 又語助, 坐地. 又恁地, 猶言如此. ≪朴諺, 上, 8ㅎ≫往那箇地面裏去, 어ᄂᆡ ᄯᅡ흘 향ᄒᆞ여 가ᄂᆞ뇨. ≪朴諺, 上, 9ㅈ≫高麗地面裏去麽, 高麗 ᄯᅡ히 갈다. ≪朴諺, 上, 31ㅈ≫那厮高麗地面來的宰相們上做牙子, 뎌 놈이 高麗 ᄯᅡ흐로셔 온 宰相들희손ᄃᆡ 즈름이 도엿ᄂᆞ니. ≪朴諺, 上, 64ㅈ≫這的是眞陝(陜)西地面裏來的, 이거시 이 진짓 陝(陜)西 ᄯᅡ흐로셔 온 거시로다. ≪朴諺,

中, 12ㅎ≫你說我地面裏的田禾如何, 네 닐ᄋᆞ라 우리 싸히 田禾ㅣ 엇더ᄒᆞ더뇨. ≪朴諺, 中, 13ㅈ≫又高麗地面裏來載千餘筒布子的大船, ᄯᅩ 高麗ㅅ 싸흐로셔 오ᄂᆞᆫ 千餘筒 뵈 시른 큰 ᄇᆡ를. ≪朴諺, 中, 16ㅎ≫這幾日高麗地面裏來的, 요ᄉᆞ이 高麗ㅅ 싸흐로셔 온. ≪朴諺, 下, 2ㅎ≫我如今又往江南地面裡布施去, 내 이제 ᄯᅩ 江南 싸흘 향ᄒᆞ여 보시ᄒᆞ라 가려 ᄒᆞ니.

지면(地面) 명 지면. 지표. 땅바닥. ≪集覽, 字解, 單字解, 3ㅎ≫地. 土也. 田地·土地·地方·地面. 又指當處. 土地之神亦曰土地. 又語助. 坐地. 又恁地, 猶言如此.

지명(地名) 명 땅 이름. ≪集覽, 字解, 單字解, 3ㅎ≫勾. 平聲, 曲也. 勾龍, 社神, 勾芒, 春神, 勾吳, 地名. 今按, 俗語勾了 유여ᄒᆞ다, 又에우다. 又能勾 어루, 又유여히. 又吏語, 勾取 자피다, 又勾攝公事 공ᄉᆞ로 블리다, 又勾喚 블리다. 又去聲, 勾當, 幹管也, 又事也, 勾當亦去聲.

지묵(紙墨) 명 종이와 먹. ≪朴諺, 上, 53ㅎ≫拿紙·墨·筆(筆)·硯來我寫與你, 紙·墨·筆(筆)·硯을 가져오라 내 써 너를 주마. ≪朴諺, 下, 53ㅎ≫你饋我寫一箇狀子(集覽, 朴集, 下, 12ㅈ: 狀子. 吏學指南云, 狀, 貌也, 以貌寫情於紙墨也.), 네 날을 ᄒᆞᆫ 고장을 써 주고려.

지방(地方) 명 지방. 장소. 곳. ≪集覽, 字解, 單字解, 3ㅎ≫地. 土也. 田地·土地·地方·地面. 又指當處. 土地之神亦曰土地. 又語助. 坐地. 又恁地, 猶言如此. ≪朴諺, 上, 8ㅎ≫往永平·大寧·遼陽·開元·瀋陽(集覽, 朴集, 上, 4ㅎ: 瀋陽. 今設瀋陽中衛, 地方廣衍, 東逼高麗, 北抵建州, 去衛治東北八十里, 有州曰貴德, 或謂玄菟郡.)等處開去, 永平·大寧·遼陽·開元·瀋陽 等處를 향ᄒᆞ여 開讀ᄒᆞ라 가노라.

지분(支分) 동 명령하다. 지시하다. 제어(制御)하다. ⇔긔걸ᄒᆞ다. ≪朴諺, 下, 12ㅈ≫相公支分怎的盖, 相公이 긔걸ᄒᆞ쇼셔 엇디 지으리잇고.

지분(地分) 명 군대가 주둔하고 있는 곳. ≪朴諺, 下, 53ㅈ≫着當該地分弓手人等, 當該 地分 弓手人 等으로 ᄒᆞ여.

지분(指分) 동 명령하다. 지시하다. 제어(制御)하다. ⇔긔걸ᄒᆞ다. ≪朴諺, 下, 12ㅎ≫我慢慢的旋指分, 내 날호여 ᄀᆞᆺ곰 긔걸ᄒᆞ마.

지선(地仙) 명 인간 세계에 머물러 산다는 신선. ≪朴諺, 下, 24ㅈ≫行者念金頭揭地·銀頭揭地·波羅僧揭地(集覽, 朴集, 下, 5ㅈ: 金頭揭地·銀頭揭地·波羅僧揭地. 西遊記云, 釋迦牟尼佛在靈山雷音寺演說三乘教法, 傍有侍奉阿難·伽舍諸菩薩·聖僧·羅漢·八金剛·四揭地·十代明王·天仙·地仙.)之後, 行者ㅣ 金頭揭地와 銀頭揭地와 波羅僧揭地를 念ᄒᆞᆫ 後에.

지세(地勢) 명 땅의 생긴 모양이나 형세. ≪朴諺, 上, 65ㅈ≫南城(集覽, 朴集, 上, 15ㅎ: 南城. 大元以燕京爲大都, 俗號南城, 以開平府爲上都, 俗號北城. 開平府在陰山之南. 自燕京至上都, 地勢一步高一步, 四時多雨雪.)永寧寺裏, 南城 永寧寺에.

지시(只是) 부 그저. ⇔그저. ≪朴諺, 上, 35ㅎ≫只是腿上十分無氣力, 그저 쉰다리예 ᄀᆞ장 氣力이 업세라. ≪朴諺, 上, 55ㅎ≫只是前失, 그저 앏 거티고. ≪朴諺, 上, 56ㅈ≫只是小行上遲, 그저 ᄌᆞᆫ 걸음이 ᄠᅳ고. ≪朴諺, 中, 1ㅎ≫弄的只是眼花了, 농ᄒᆞ기를 그저 눈이 바믜엿게 ᄒᆞ고. ≪朴諺, 中, 29ㅎ≫只是一剗狼牙也似, 그저 ᄒᆞᆫ갈ᄀᆞ티 일희 니 ᄀᆞᄐᆞ니. ≪朴諺, 中, 32ㅎ≫只是這箇愁人腸, 그저 이 사ᄅᆞᆷ의 간댱을 시름ᄒᆞ게 ᄒᆞᄂᆞ니라. ≪朴諺, 中, 33ㅈ≫只是平平斜斜石徑難行, 그저 平平斜斜ᄒᆞᆫ 石徑에 行키 어려오니라. ≪朴諺, 中, 35ㅎ≫那廝們只是夜猫, 뎌 놈들은 그저 옷밤이오. ≪朴諺, 中, 46ㅈ≫只是一步高如一步除將去, 그저 ᄒᆞᆫ 거름에 ᄒᆞᆫ 거름식 놉하 除ᄒᆞ여 가거니와. ≪朴諺, 下, 29ㅈ≫只是如常, 그저 如常ᄒᆞ니라. ≪朴

諺, 下, 30ㅎ≫只是垓垓滾滾的, 그저 구믈구믈ᄒᆞ더라.

지시(知是) 동 지족(知足). '是'는 '足'의 잘못. ≪朴諺, 上, 33ㅈ≫穿着衲襖(集覽, 朴集, 上, 10ㅈ: 衲襖. 大智論云, 行者少欲知是〈足〉, 衣趣盖形, 又國土多寒, 畜百衲具.)將着鉢盂, 누비옷 닙고 에우아리 가지고.

지식(地飾) 명 바닥 장식. 또는 그 재료. ≪朴諺, 上, 60ㅎ≫地基地餙都是花班石, 地基 地餙은 다 花班石이오.

지식(地餙) 명 지식(地飾). '餙'은 '飾'의 속자. ≪朴諺, 上, 60ㅎ≫地基地餙都是花班石, 地基 地餙은 다 花班石이오.

지심(志心) 명 더없이 성실한 마음. ≪朴諺, 中, 23ㅎ≫尋聲救苦應念除災(集覽, 朴集, 中, 6ㅈ: 尋聲救苦應念除災. 史記, 昔盧景裕繫晉陽獄, 志心念觀世音菩薩, 枷鎖自脫. 又有人當死, 志心誦觀世音菩薩普門品經千百遍, 臨刑刀折, 因以赦之.), 尋聲 救苦ᄒᆞ며 應念 除灾ᄒᆞᄂᆞ니.

지심(知心) 형 절친하다. 마음을 이해하다. ≪集覽, 字解, 累字解, 1ㅎ≫相識. 俗稱相識, 滿天下知心能幾人, 謂朋友也.

지아븨 명 지아비의. ⇔부(夫). ≪朴諺, 中, 29ㅈ≫妻賢夫省事官清民自安, 妻ㅣ 어딜면 지아븨 일이 덜리이고 官이 ᄆᆞᆯ그면 ᄇᆡᆨ셩이 스스로 편안ᄒᆞᄂᆞ니라.

지아비 명 지아비. ❶⇔부(夫). ≪朴諺, 中, 17ㅎ≫男兒無婦財無主, ᄉᆞ나희 겨집이 업스면 쥐믈이 님재 업고. 婦人無夫身無主, 겨집이 지아비 업스면 몸이 님재 업다 ᄒᆞᄂᆞ니. ❷⇔부주(夫主). ≪朴諺, 中, 18ㅈ≫我夫主知道時了不得, 우리 지아비 알면 에워나디 못ᄒᆞ리라.

지여(支與) 동 타게 하다[受]. 받게 하다. 수령하게 하다. ⇔지여ᄒᆞ다(支與-). ≪朴諺, 上, 3ㅎ≫支與竹葉清酒十五瓶·腦兒酒五桶, 竹葉清酒 十五瓶과 腦兒酒 五桶을 支與ᄒᆞ더라.

지여ᄒᆞ다(支與-) 동 타게 하다[受]. 받게 하다. 수령하게 하다. ⇔지여(支與). ≪朴諺, 上, 3ㅎ≫支與竹葉清酒十五瓶·腦兒酒五桶, 竹葉清酒 十五瓶과 腦兒酒 五桶을 支與ᄒᆞ더라.

지연(紙鳶) 명 연(鳶). ≪朴諺, 上, 17ㅈ≫八月裏却放鶴兒(集覽, 朴集, 上, 6ㅎ: 鶴兒. 卽紙鳶. 今漢俗呼爲風罾, 亦曰風禽, 又號爲〈又號〉紙鶴兒.), 八月에 쏘 연노히 ᄒᆞᄂᆞ니.

지엽(枝葉) 명 가지와 잎. ≪朴諺, 上, 4ㅈ≫龍眼(集覽, 朴集, 上, 2ㅈ: 龍眼. 一名圓眼. 樹如荔支〈支〉, 但枝葉稍小, 其子形如彈丸, 核如木梂, 肉白, 漿甘如蜜, 五六十顆作穗.), 龍眼과.

지옥도(地獄塗) 명 〈불〉 삼도(三塗)의 하나. 죄를 지은 중생(衆生)이 죽은 뒤에 태어난다는 지옥의 세계이다. ≪朴諺, 中, 22ㅈ≫隨相現相救苦惱於三塗(集覽, 朴集, 中, 5ㅈ: 三塗. 餓鬼塗·畜生塗·地獄塗.), 샹을 조차 샹을 뵈야 苦惱를 三塗에 救ᄒᆞᄂᆞᆫ쏘다.

지옥도(地獄道) 명 〈불〉 육도(六道)의 하나. 죄를 지은 중생(衆生)이 죽은 뒤에 태어난다는 지옥의 세계이다. ≪朴諺, 中, 22ㅈ≫以聲察聲拯悲酸於六道(集覽, 朴集, 中, 5ㅈ: 六道. 人道·天道·阿脩羅道·餓鬼道·畜生道·地獄道, 亦名六趣, 加仙道, 名曰七趣.), 소리로 뻐 소리를 ᄉᆞᆯ펴 悲酸을 六道에 건디고.

지원(至元) 명 원(元)나라 세조(世祖)의 연호(1264~1296). ≪朴諺, 下, 29ㅈ≫元寶(集覽, 朴集, 下, 5ㅎ: 元寶. 南村輟耕錄云, 至元十三年, 元兵平宋, 回至楊(揚)州, 丞相伯顏號令搜撿(檢)將士行李, 所得撒花銀子, 銷鑄作錠, 每五十兩爲一錠, 歸朝獻〈献〉納.)我有半錠了, 元寶ㅣ 내게 반 덩이 이시니.

지원(知院) 명 지추밀원사(知樞密院使)의 준말. 추밀원(樞密院)의 장관(長官). 오대 진(五代晉) 천복(天福) 원년(936)에 처음 두어 송·원대(宋元代)까지 이어졌다.

≪朴諺, 下, 39ㅎ≫他在樞密院(集覽, 朴集, 下, 8ㅎ: 樞密院. 元制, 有使·副使·知院·同知院·簽書院, 與〈与〉中書號爲二府, 主兵政.)角頭住裏, 뎨 樞密院 모롱이에 이셔 사ᄂᆞ니라.

지음(知音) 명 마음이 서로 통하는 친한 벗을 비유하여 이르는 말. 거문고의 명인 백아(伯牙)가 자기의 소리를 잘 이해해 준 벗 종자기(鍾子期)가 죽자 자신의 거문고 소리를 아는 자가 없다고 하여 거문고 줄을 끊었다는 데서 유래하였다. ≪朴諺, 下, 50ㅎ≫彈一曲流水高山(集覽, 朴集, 下, 11ㅈ: 流水高山. 子期死, 伯牙以爲世無知音, 終身不復鼓琴.), 一曲 流水高山을 ᄠᅳ며.

지응(支應) 동 공급하다. 제공하다. ⇔지응ᄒᆞ다(支應-). ≪朴諺, 上, 9ㅈ≫小人也得了箚付關字(集覽, 朴集, 上, 4ㅎ: 関字. 音義云. 攴〈支〉應馬匹〈疋〉幷廩給者, 体式詳見求政錄.)便上馬, 小人도 箚付 関字를 어드면 곳 上馬ᄒᆞ리로다. ≪朴諺, 中, 5ㅎ≫分例支應(集覽, 朴集, 中, 1ㅈ: 分例支應. 正官曰廩給, 從人曰口粮, 通謂之分例. 元制, 正官一員, 一日宿頓, 該攴〈支〉米一升, 麵一斤, 羊肉一斤, 酒一升, 柴一束, 經過減半, 從人一名, 止攴〈支〉米一升, 經過減半. 今制, 正官一員, 一日經過, 米三升, 宿頓五升, 從人一名, 經過二升, 宿頓三升. 漢俗今云行三坐五.), 分例로 支應ᄒᆞ라.

지응ᄒᆞ다(支應-) 동 제공하다. 공급하다. ❶⇔지(支). ≪朴諺, 中, 6ㅈ≫如今攴(支)一攴(支), 이제 支應호되. ❷⇔지응(支應). ≪朴諺, 中, 5ㅎ≫分例支應, 分例로 支應ᄒᆞ라.

지자(智者) 명 슬기가 있는 사람. ≪朴諺, 下, 50ㅎ≫彈一曲流水高山(集覽, 朴集, 下, 11ㅈ: 流水高山. 孔子曰, 仁者樂山, 智者樂水. 子期嘆伯牙仁智兼俻.), 一曲 流水高山을 ᄠᅳ며.

지자요수(智者樂水) 명 슬기로운 사람은 사리에 밝고 막힘이 없어, 그 마음이 흐르는 물과 비슷하므로 자연히 물을 좋아한다는 말. ≪朴諺, 下, 50ㅎ≫彈一曲流水高山(集覽, 朴集, 下, 11ㅈ: 流水高山. 孔子曰, 仁者樂山, 智者樂水.), 一曲 流水高山을 ᄠᅳ며.

지장(紙張) 명 종이. ≪朴諺, 上, 43ㅈ≫不要紙金要五錢皮金(集覽, 朴集, 上, 12ㅎ: 皮金. 未詳. 質問云, 以厚紙上貼金, 女人粧〈綉〉紅之用. 又云, 將金搥打如紙張之薄, 方言爲之皮金.), 紙金으란 말고 닷 돈 皮金을 ᄒᆞ고.

지전아(指纏兒) 명 가락지에 장식한 옥석(玉石)을 이르는 말. ≪朴諺, 上, 20ㅈ≫一對窟嵌的金戒指兒(集覽, 朴集, 上, 7ㅎ: 窟嵌戒指. 總龜〈亀〉云, 亦名手記, 所飾玉石呼爲戒指面. 舊本作指纏兒. 音義, 窟, 音왕, 窟是空字之誤. 窟音쿵, 空音쾅.), ᄒᆞᆫ 빵 날박은 금가락지.

지정(至正) 명 원(元)나라 순제(順帝)의 연호(1341~1367). ≪朴諺, 上, 65ㅈ≫法名喚步虛(集覽, 朴集, 上, 15ㅎ: 步虛. 至正丙戌春, 入燕都, 聞南朝有臨濟正脉不斷〈断〉, 可往印可.), 法名을 步虛ㅣ라 브ᄅᆞᄂᆞᆫ 이. ≪朴諺, 中, 7ㅎ≫你不見這金字圓牌(集覽, 朴集, 中, 1ㅎ: 金字圓牌. 至正條格云, 元時, 中書省奏, 諸王·駙馬各投下有軍情緊急重事, 許令懸帶原降銀字圓牌應付鋪馬騎坐, 其餘差使人員有緊急軍情重事, 許令懸帶金字圓牌, 方付鋪馬.), 네 이 金字圓牌를 보디 못ᄒᆞᄂᆞ다.

지져귀다 동 지껄이다. 시끄럽게 떠들다. 떠들썩하다. ⇔괄조(聒噪). ≪朴諺, 上, 17ㅎ≫咳小廝們倒聒噪, 애 아희들히 도로혀 지져귀여.

지족(止足) 동 그칠 것과 만족할 줄을 알아 탐욕을 부리지 않다. ≪朴諺, 上, 62ㅎ≫只此人間兜率(集覽, 朴集, 上, 15ㅈ: 兜率. 梵語兜率, 此云妙足, 又云知足於五欲知止足. 故佛地論云, 名憙足.), 그저 이 人間ㅅ 兜率이러라.

지족(知足) 동 분수를 지키어 만족할 줄을 알다. ≪朴諺, 上, 33ㅈ≫穿着衲襖(集覽, 朴集, 上, 10ㅈ: 衲襖. 大智論云, 行者少欲知是〈足〉, 衣趣盖形, 又國土多寒, 畜百衲具.)將着鉢盂, 누비옷 닙고 에우아리 가지고. ≪朴諺, 上, 62ㅎ≫只此人間兜率(集覽, 朴集, 上, 15ㅈ: 兜率. 梵語兜率, 此云妙足, 又云知足於五欲知止足. 故佛地論云, 名憙足.), 그저 이 人間ㅅ 兜率이러라.

지주(地主) 명 일정한 지역의 땅을 관리 운영하는 사람. ≪朴諺, 下, 8ㅎ≫說目連尊者(集覽, 朴集, 下, 2ㅎ: 目連尊者. 事林廣記云, 佛書所謂王舍衛城, 卽賔童龍國也, 國在西南海中, 隷占城. 占城選人作地主.)救母經, 目連尊者의 救母經을 니ᄅᆞ니.

지주(蜘蛛) 동 거미. ≪朴諺, 上, 39ㅈ≫狗有濺草之恩, 개는 濺草ᄒᆞᆫ 恩이 잇고. 馬有垂繮之報(集覽, 朴集, 上, 11ㅈ: 馬有垂繮之報. 項王追至井傍, 見馬跡至井而止, 謂漢王在井, 令人下井搜求. 見井口有蜘蛛罥網, 鵓鴿一雙出井飛去, 謂無人在中, 項王還壁.), ᄆᆞᆯ은 垂繮ᄒᆞᆫ 報ㅣ 잇다 ᄒᆞ니라.

지주정(蜘蛛精) 명 거미의 정령(精靈). ≪朴諺, 下, 4ㅈ≫逢多少惡物刁蹶(集覽, 朴集, 下, 1ㅎ: 刁蹶. 音義云, 刁, 難也, 蹶, 顚仆而不能行也. 今按, 法師徃西天時, 初到師陀國界, 遇猛虎·毒蛇之害, 次遇黑熊精·黃風恠〈怪〉·地湧夫人·蜘蛛精·獅子恠〈怪〉·多目恠〈怪〉·紅孩兒恠〈怪〉, 幾死僅免.), 언머 惡物의 놀쁨을 만나시리오.

지즑 명 기직. 부들자리. ⇔포석(蒲席). ≪朴諺, 上, 50ㅎ≫底下鋪蒲席, 밋희 지즑 설고.

지지다 동 지지다. ❶⇔잡(煠). ≪朴諺, 上, 5ㅈ≫燒鵝·白煠(集覽, 朴集, 上, 2ㅎ: 煠. 音義, 音·쨩, 誤. 以油煎也.)鷄, 구은 게오와 민기름에 지진 ᄃᆞᆰ과. ❷⇔전(煎). ≪朴諺, 下, 23ㅎ≫行者油煎的肉都沒了, 行者ㅣ 기름에 지지여 ᄉᆞᆯ히 다 업더이다.

지차리 명 그리마. ⇔추연(蝤蜒). ≪朴諺, 下, 2ㅈ≫不知道那裡躧死了一箇蝤蜒, 아디 못게라 어ᄃᆡ ᄒᆞᆫ 지차리 ᄇᆞᆯ펴 죽엇ᄂᆞ뇨.

지타(知他) 동 모르다. 모르겠다. (…를) 누가 알아(알게 뭐야). ❶⇔모로다. ≪朴諺, 上, 31ㅈ≫那狗骨頭知他那裏去, 뎌 가희씨 모로리로다 어ᄃᆡ 간디. ≪朴諺, 上, 32ㅈ≫知他是幾箇明日, 모로리로다 이 몃 ᄂᆡ일인디. ≪朴諺, 中, 59ㅎ≫知他是幾時的勾當, 모로리로다 언제 일인디. ≪朴諺, 下, 30ㅎ≫知他是多多少少, 모로리로다 언메런디. ❷⇔모ᄅᆞ다. ≪集覽, 字解, 累字解, 2ㅈ≫知他. 모ᄅᆞ리로다.

지페 명 다리. ⇔퇴과(腿跨). ≪朴諺, 上, 55ㅎ≫只腿跨不開(集覽, 朴集, 上, 14ㅈ: 腿跨不開. 音義, 지·페딘믈.), 다ᄆᆞᆫ 뒷 지페 펴디디 못ᄒᆞ고.

지페디다 동 다리를 절름거리다. 다리를 절다. ⇔퇴과불개(腿跨不開). ≪朴諺, 上, 55ㅎ≫只腿跨不開(集覽, 朴集, 上, 14ㅈ: 腿跨不開. 音義, 지·페딘믈.), 다ᄆᆞᆫ 뒷 지페 펴디디 못ᄒᆞ고.

지학(紙鶴) 명 연(鳶). 특별히 8월에 띄우는 연을 지칭하기도 한다. ≪朴諺, 上, 17ㅈ≫八月裏却放鶴兒(集覽, 朴集, 上, 6ㅎ: 鶴兒. 質問云, 風旗也. 乃小兒三月放爲風箏〈罾〉, 八月放爲紙鶴也.), 八月에 ᄯᅩ 연노히 ᄒᆞᄂᆞ니.

지학아(紙鶴兒) 명 연(鳶). ≪朴諺, 上, 17ㅈ≫八月裏却放鶴兒(集覽, 朴集, 上, 6ㅎ: 鶴兒. 卽紙鳶. 今漢俗呼爲風罾, 亦曰風禽, 又號爲〈又號〉紙鶴兒.), 八月에 ᄯᅩ 연노히 ᄒᆞᄂᆞ니.

지해선사(智海禪寺) 명 절 이름. ≪朴諺, 下, 18ㅎ≫正到城裏智海禪寺投宿, 졍히 셩 안 智海禪寺에 가 드러 자다가.

지혀다 동 의지(依支)하다. ⇔의(倚). ≪朴諺, 下, 9ㅈ≫一會兒倚着欄干頓睡, ᄒᆞᆫ 디위 欄干을 지혀 조으더니.

지혜(智慧) 명 사물의 이치를 빨리 깨닫고

사물을 정확하게 처리하는 정신적 능력. ≪朴諺, 下, 8ㅎ≫聰明智慧過人, 聰明과 智慧는 사름의게 디나고.

지환(指環) 명 가락지. ≪朴諺, 上, 20ㅈ≫一對窟嵌的金戒指兒(集覽, 朴集, 上, 7ㅎ: 窟嵌戒指. 今按, 窟嵌者, 指環之背剜空爲穴, 用珠塡穴爲飾.), 흔 빵 날박은 금가락지.

지회(知會) 동 (통지하여) 알리다. 고(告)하다. ⇔알위다. ≪集覽, 字解, 累字解, 2ㅈ≫省會. 알위다. ≪集覽, 字解, 累字解, 2ㅈ≫知會. 上同. 吏語. ≪朴諺, 上, 9ㅈ≫小人也得了箚付(集覽, 朴集, 上, 4ㅎ: 箚付. 音義云, 禮部知會都堂總兵官文書, 內有事件, 体式詳見求政錄.)關字便上馬, 小人도 箚付 関字를 어드면 곳 上馬흐리로다.

지후(之後) 명 후(後). ⇔후. ≪朴諺, 上, 45ㅈ≫試文書的之後, 글을 바틴 후에. ≪朴諺, 上, 53ㅎ≫着我看了之後, 날을 뵌 후에. ≪朴諺, 上, 58ㅎ≫我也那一日遞了手帕之後, 나도 그 날에 手帕 드린 후에. ≪朴諺, 上, 62ㅎ≫到寺裏燒香隨喜之後, 뎔에 가 향 픠오고 구경흔 후에. ≪朴諺, 中, 26ㅎ≫着我看了的之後, 날로 흐여 뵌 후에. ≪朴諺, 中, 35ㅎ≫知道了的之後, 안 후에. ≪朴諺, 下, 11ㅈ≫與父親用來之後, 父親씌 밧즈와 쁘게 흔 후에. ≪朴諺, 下, 14ㅈ≫又喫幾盞酒之後, 또 여러 잔 술을 먹은 후에.

지후(祗候) 명 원·명대(元明代) 각 관아의 아역(衙役)이나 세도가의 종을 이르던 말. ≪朴諺, 上, 5ㅎ≫叫教坊司十數箇樂工和做院本(集覽, 朴集, 上, 2ㅎ: 院本. 曰末, 粧扮不一, 初則開場白說, 或粧家人·祗候, 或扮使臣之類.)諸般雜技的來, 教坊司의 여라믄 樂工과 院本에 여러 가지 雜技흐느니를 블러오라.

지휘(指揮) 명 지휘사(指揮使)의 준말. ≪朴諺, 上, 59ㅎ≫揮使(集覽, 朴集, 上, 15ㅈ: 揮使. 音義云, 指揮之美稱〈称〉.)你曾到西湖景來麽, 揮使ㅣ아 네 일즙 西湖ㅅ 景에 갓든다. ≪朴諺, 中, 45ㅎ≫同知(集覽, 朴集, 中, 8ㅈ: 同知. 都督同知, 從一品, 指揮同知, 從二品, 留守司同知·各衛同知, 俱從三品.)哥, 同知 형아. ≪朴諺, 中, 46ㅎ≫那一日李指揮家裏, 뎌 흔 날 李指揮 집의셔.

지휘사(指揮使) 명 당대(唐代) 중기 이후에 둔 도지휘사(都指揮使). 명대(明代)에는 금위군(禁衛軍) 외의 모든 위(衛)에 두고 정삼품(正三品)을 제수하였다. ≪朴諺, 上, 59ㅎ≫揮使(集覽, 朴集, 上, 15ㅈ: 揮使. 音義云, 指揮之美稱〈称〉. 今按, 指揮使, 官名. 都督府都指揮使, 正二品, 各衛指揮使, 正三品.)你曾到西湖景來麽, 揮使ㅣ아 네 일즙 西湖ㅅ 景에 갓든다.

직(直) 부 ❶꼭. 굳이. 직접. ⇔긋. ≪集覽, 字解, 單字解, 2ㅈ≫直. 用強務致之辭. 긋. 又直錢 빋스다. 通作値. ❷느긋하게. 만족히. ⇔잇긋. ≪朴諺, 下, 14ㅎ≫直是人定時分纔下馬, 잇긋 人定 빼예 굿 물을 느리느니라. ≪朴諺, 下, 42ㅈ≫直念到明, 잇긋 念홈을 붉으매 다돗게 흐고.

직(直) 부 ❶바로. 곧. ⇔바로. ≪朴諺, 下, 24ㅎ≫行者直拖的王前面颩了, 行者ㅣ 바로 쯔어 王의 앏픠 드리티니. ❷바로. 곧게. ⇔바로. ≪朴諺, 下, 31ㅎ≫直挺挺的立地, 바로 곳곳이 싸히 셔시니.

직(直) 형 곧다. ⇔곧다. ≪朴諺, 中, 42ㅎ≫一箇直老條, 흔 고든긋 흐고.

직(織) 동 짜다[織]. ⇔빠다. ≪朴諺, 上, 63ㅎ≫你的大紅織金胷背帖裏對換着, 네 大紅빗체 금스로 빠 胷背 흔 텰릭과 막밧고쟈.

-직 접미 -씩. '직'은 '식'의 잘못. ≪朴諺, 上, 30ㅈ≫三錢一箇家買你的, 서 돈에 흐나직(식) 흐여 네 하롤 사쟈.

직관(戢官) 명 직관(職官). '戢'은 '職'의 속자. ≪朴諺, 上, 58ㅈ≫官人的伴當(集覽, 朴集, 上, 14ㅎ: 伴當. 質問云, 軍職〈戢〉官跟隨儀從人, 謂之伴當, 三日一換.)處, 官人의 伴當의손디.

직관(職官) 명 각급 관리의 총칭. ≪朴諺, 上, 58ㅈ≫官人的伴當(集覽, 朴集, 上, 14ㅎ: 伴當. 質問云, 軍職〈耶〉官跟隨儀從人, 謂之伴當, 三日一換.)處, 官人의 伴當 의손딕.

직금(織金) 동 직금(織金)하다. (은실이나 금실로 무늬를 넣어 옷감을 짜다) ⇔직금ᄒᆞ다(織金-). ≪朴諺, 上, 25ㅎ≫鴉青繡四花織金羅搭護, 鴉青빗치 四花롤 繡노코 織金ᄒᆞᆫ 羅 더그레오. ≪朴諺, 上, 27ㅈ≫柳綠蟒龍織金羅帖裏, 柳綠빗치 蟒龍을 織金ᄒᆞᆫ 羅 텰릭에. ≪朴諺, 上, 63ㅎ≫你的大紅織金胷背帖裏對換着, 네 大紅빗체 금ᄉᆞ로 짜 胷背 ᄒᆞᆫ 텰릭과 막밧고쟈. ≪朴諺, 上, 64ㅈ≫那賣織金胷背段子的, 뎌 織金 胷背 비단 폴 리아. ≪朴諺, 中, 54ㅎ≫這鴉青織金大蟒龍的做上盖, 이 雅青빗체 大蟒龍 織金ᄒᆞᆫ 이란 웃거리 지으라.

직금ᄒᆞ다(織金-) 동 직금(織金)하다. (은실이나 금실로 무늬를 넣어 옷감을 짜다) ⇔직금(織金). ≪朴諺, 上, 25ㅎ≫鴉青繡四花織金羅搭護, 鴉青빗치 四花롤 繡노코 織金ᄒᆞᆫ 羅 더그레오. ≪朴諺, 上, 27ㅈ≫柳綠蟒龍織金羅帖裏, 柳綠빗치 蟒龍을 織金ᄒᆞᆫ 羅 텰릭에. ≪朴諺, 中, 54ㅎ≫這鴉青織金大蟒龍的做上盖, 이 雅青빗체 大蟒龍 織金ᄒᆞᆫ 이란 웃거리 지으라.

직도(直到) 동 죽 …에 이르다. (주로 시간을 가리킨다) ≪朴諺, 上, 35ㅎ≫直到做灰, 잇긋 직 되게 ᄒᆞ니. ≪朴諺, 中, 43ㅈ≫直到點燈時分恰下馬, 잇긋 블혈 빼예 다ᄃᆞᆺ게야 굿 ᄆᆞᆯ게 ᄂᆞ리니. ≪朴諺, 下, 14ㅎ≫直到日平西纔上馬, 잇긋 날이 平西호매 다ᄃᆞᆺ게야 굿 ᄆᆞᆯ을 ᄐᆞᄂᆞ니라.

직례(直隸) 동 직접 예속되다. ≪朴諺, 中, 13ㅎ≫到三河縣(集覽, 朴集, 中, 2ㅎ: 三河縣. 在順天府東七十里, 以地近七渡·鮑丘·臨泃〈泃〉三水, 故名. 直隸通州.), 三河縣에 다ᄃᆞ라. ≪朴諺, 中, 14ㅈ≫到通州(集覽, 朴集, 中, 2ㅎ: 通州. 在順天府東四十五里, 卽古潞州, 金陞爲通州, 取漕運通濟之義. 今仍之. 直隸順天府.)賣了多一半兒, 通州ㅣ 다ᄃᆞ라 반남아 ᄑᆞᆯ고. ≪朴諺, 下, 39ㅎ≫是眞定(集覽, 朴集, 下, 9ㅈ: 眞定. 禹貢冀州之域, 周爲幷州地, 秦爲鉅鹿郡, 漢置恒山郡, 元爲眞定路, 今爲眞定府, 直隸京師.)人, 이 眞定 사ᄅᆞᆷ이라. ≪朴諺, 下, 51ㅎ≫申(集覽, 朴集, 下, 11ㅎ: 申. 今按, 直隸府申六部, 在外府州申都司, 應天府申五軍都督, 皆名曰申狀.)竊盜狀, 窃盜狀을 申ᄒᆞᄂᆞ니.

직로조(直老條) 명 뚫을곤(丨). 한자 부수의 하나. ⇔고ᄃᆞᆫ긋. ≪朴諺, 中, 42ㅎ≫東字怎的寫, 東字롤 어이 쓰ᄂᆞ뇨. 一箇直老條, ᄒᆞᆫ 고ᄃᆞᆫ긋 ᄒᆞ고. 一ノ一乀便是, ᄒᆞᆫ 긋 밧그로 비티고 ᄒᆞᆫ 긋 안흐로 비틘 거시 곳 이라.

직방(直房) 명 당직 관원이 근무하는 곳. ≪朴諺, 中, 24ㅎ≫都一打裏將到直房裏等我着, 다 ᄒᆞᆫ번의 가지고 直房에 가 날을 기ᄃᆞ리고. ≪朴諺, 中, 25ㅈ≫我若出直房來, 내 만일 直房으로셔 나와.

직숙(直宿) 동 숙직(宿直)하다. ≪朴諺, 中, 44ㅎ≫掛十八學士(集覽, 朴集, 中, 8ㅈ: 十八學士. 唐太宗秦王時, 開館延文學之士, 杜如晦·房玄齡〈齢〉·虞世南·褚遂良·姚思廉·李玄道·蔡允恭·薛元敬·顔相時·蘇勗·于志寧·蘇世長·薛收·李守素·陸德明·孔穎達·蓋文達·許敬宗爲文學館學士, 分爲三番, 更日直宿.)大畫, 十八學士 그린 큰 그림을 걸고.

직장(職掌) 동 관장(管掌)하다. 주관하다. 맡다. ≪朴諺, 上, 4ㅎ≫放象生纏糖(集覽, 朴集, 上, 2ㅈ: 象生纏糖. 今按, 纏糖, 卽一物之名. 諸司職掌婚禮定親及納徵, 皆用芝麻·纏糖二合茶.), 生物을 象ᄒᆞ여 ᄆᆡᆫ 沙糖이어나. ≪朴諺, 上, 41ㅈ≫十羊十酒(集覽, 朴集, 上, 12ㅈ: 十羊十酒. 羊十牽, 酒十瓶也. 制禮亦隨貴賤異秩〈帙〉, 卽送禮也. 詳見諸司職掌.)裏, 十羊과 十酒롤 드리더라.

직저(直抵) 동 곧바로 다다르다. 직접 도

달하다. ≪朴諺, 中, 52ㅈ≫年時牢子們走(集覽, 朴集, 中, 8ㅎ: 牢子走. 在大都則自河西務起程, 若上都則自泥河兒起程, 越三時, 走一百八十里, 直抵御前, 俯伏呼萬歲.)的你見來麼, 젼년에 牢子들희 ᄃᆞ롬질을 네 본다.

직차(職次) 명 직책(職責)의 차례. ≪朴諺, 上, 1ㅎ≫着張三(集覽, 朴集, 上, 1ㅈ: 張三. 三, 或族次, 或朋友行輩之次, 或有官者以職次相呼, 或稱爲定名者有之. 李四·王五亦同.)買羊去, 張三으로 ᄒᆞ여 羊을 사라 가.

직하(直下) 명 바로 그 아래. ≪朴諺, 上, 65ㅈ≫法名喚步虛(集覽, 朴集, 上, 15ㅎ: 步虛. 至正丙戌春, 入燕都, 聞南朝有臨濟正脉不斷〈断〉, 可往印可. 盖指臨濟直下雪嵒〈嵓〉嫡孫石屋和尙淸珙也.), 法名을 步虛ㅣ라 브르ᄂᆞᆫ 이.

직해(直解) 동 문장이나 구절을 글자 뜻 그대로 해석하다. ≪朴諺, 中, 59ㅎ≫彪在櫃子閣落(集覽, 朴集, 中, 9ㅈ: 閣落. 唯於〈於〉直解小學內, 字作閣落, 兩字之音, 稍爲仿〈彷〉佛(彿), 今亦用之.)裡, 궤 구석에 드리티고.

진(眞) 명 진짜. 참. 진실. ⇔진짓. ≪朴諺, 上, 25ㅎ≫江西十分上等眞結綜(棕)帽兒上, 江西 ᄯᅡ해 上等에 진짓 綜(棕)으로 ᄆᆡ존 갓 우희. ≪朴諺, 上, 64ㅈ≫這的是眞陝(陜)西地面裏來的, 이거시 이 진짓 陝(陜)西 ᄯᅡ흐로셔 온 거시로다. ≪朴諺, 上, 66ㅎ≫這的眞善智識那裏尋去, 이런 진짓 善智識을 어ᄃᆡ 어드리오.

진(軫) 명 진수(軫宿). 이십팔수(二十八宿)의 스물여덟째 별자리. ≪朴諺, 中, 54ㅈ≫軫久, 軫은 久ᄒᆞ고.

진(塵) 명 티끌. ⇔틧글. ≪朴諺, 中, 43ㅈ≫每日馬肚皮塵埋三尺, ᄆᆡ일에 ᄆᆞᆯ 빗가족에 틧글이 석 자히나 무텻고.

진(盡) 동 진(盡)하다. 다하다. ⇔진ᄒᆞ다. ≪朴諺, 中, 53ㅎ≫這月是大盡那小盡, 이 ᄃᆞᆯ이 커 진ᄒᆞᄂᆞ냐 젹어 진ᄒᆞᄂᆞ냐. 這的大盡, 이 커 진ᄒᆞᄂᆞ니라.

진(盡) 부 다. 모두. ⇔다. ≪朴諺, 上, 7ㅎ≫無子無孫盡是他人之物, 無子 無孫ᄒᆞ면 다 他人의 거시라 ᄒᆞ니. ≪朴諺, 下, 9ㅈ≫人人盡盤雙足, 사ᄅᆞᆷ마다 다 두 발을 서리고.

진(儘) 동 ❶다그치다. 닥치다. 맞부딪치다. ⇔다완다. ≪集覽, 字解, 單字解, 5ㅈ≫儘. 讓也, 任也. 儘他 제게 다와ᄃᆞ라, 儘讓 뎌긔 미다. 又縱令也. 儘敎 므던타. 又儘一儘 지긔우다. 又儘船 빗 ᄀᆞ장. ❷다하다. ⇔다ᄒᆞ다. ≪朴諺, 上, 24ㅈ≫便儘氣力去救一救, 곳 氣力을 다ᄒᆞ여 가 救ᄒᆞ쟈. ❸느긋하게 하다. 만족하게 하다. ⇔잇긋ᄒᆞ다. ≪朴諺, 上, 49ㅈ≫咱各自用心儘氣力射, 우리 각각 用心ᄒᆞ야 氣力을 잇긋ᄒᆞ야 쏘쟈. ≪朴諺, 上, 58ㅈ≫你自儘一儘, 네 손조 잇긋ᄒᆞ라.

진(儘) 명 끝. ⇔ᄀᆞ장. ≪集覽, 字解, 單字解, 5ㅈ≫儘. 讓也, 任也. 儘他 제게 다와ᄃᆞ라, 儘讓 뎌긔 미다. 又縱令也. 儘敎 므던타. 又儘一儘 지긔우다. 又儘船 빗 ᄀᆞ장.

진(儘) 부 느긋하게. 만족히. ⇔잇긋. ≪朴諺, 上, 57ㅈ≫喫筵席儘晩入城來, 이바디 먹고 잇긋 늣게야 자 안에 드러올 거시니. ≪朴諺, 中, 3ㅈ≫這櫃子多直的一兩銀儘勾也, 이 櫃 만히 ᄊᆞ야 ᄒᆞᆫ 냥 銀이 잇긋 유여ᄒᆞ거늘. ≪朴諺, 下, 13ㅎ≫儘勾也, 잇긋 유여ᄒᆞ다. ≪朴諺, 下, 27ㅎ≫看銀子買了儘勾了, 은을 보라 사기ᄂᆞᆫ 잇긋 유여호ᄃᆡ. ≪朴諺, 下, 33ㅎ≫咱各自儘飽喫, 우리 각각 잇긋 ᄇᆡ블리 먹쟈.

진가(眞假) 명 옳은 것과 옳지 않은 것. 또는 진짜와 가짜. ≪朴諺, 上, 64ㅎ≫便見眞假, 곳 眞이며 假ᄅᆞᆯ 보리라.

진각선사(眞覺禪師) 명 당(唐)나라의 중 의존(義存)의 법호(法號). ≪朴諺, 上, 65ㅎ≫到江南地面石屋(集覽, 朴集, 上, 16ㅈ: 石屋. 事文類聚云, 釋氏五宗之敎, 傳至法眼, 爲雪峯眞覺禪師之道.)法名的和尙根底, 江南 ᄯᅡ 石屋이라 法名 ᄒᆞᆫ 즁의

손ᄃᆡ 가니.

진개(眞箇) 부 진실로. 정말로. 참으로. ❶⇔진실로. ≪朴諺, 上, 14ㅈ≫眞箇好法兒, 진실로 됴흔 법이로다. ≪朴諺, 上, 14ㅎ≫咳眞箇好標致, 애 진실로 ᄀᆞ장 영노ᄉᆞᆯ갑다. ≪朴諺, 上, 32ㅈ≫眞箇氣殺我, 진실로 날을 애ᄢᅥ오ᄂᆞ니라. ≪朴諺, 上, 56ㅈ≫眞箇是好馬麽, 진실로 됴흔 ᄆᆞᆯ이랏다. ≪朴諺, 上, 58ㅎ≫咳我眞箇不曾知道來, 애 내 진실로 일즙 아디 못ᄒᆞ엿더니. ≪朴諺, 上, 62ㅎ≫眞箇是畫也畫不成, 진실로 그리려 ᄒᆞ여도 그리디 못ᄒᆞ고. ≪朴諺, 中, 32ㅈ≫眞箇奇妙, 진실로 奇妙ᄒᆞ니라. ≪朴諺, 下, 16ㅈ≫禍不單行眞箇是, 禍不單行이 진실로 올타. ❷⇔진짓. ≪朴諺, 上, 28ㅎ≫眞箇是好男兒, 진짓 이 好男兒ㅣ러라. ≪朴諺, 上, 38ㅈ≫眞箇是精細人, 진짓 이 精細ᄒᆞᆫ 사ᄅᆞᆷ이로다.

진개(盡皆) 명 모두. 전부. ≪朴諺, 下, 7ㅎ≫這七月十五日是諸佛解夏(集覽, 朴集, 下, 2ㅈ: 解夏. 盖夏乃長養之節〈莭〉, 在外行則恐傷草木·虫類. 故九十日安居不出, 至七月十五日, 應禪寺掛搭僧尼, 盡皆散去, 謂之解夏, 又謂解制.)之日, 七月 十五日은 諸佛 解夏ᄒᆞᄂᆞᆫ 날이라.

진경(眞境) 명 도교에서 이르는 경계(境界). 또는 선경(仙境). ≪朴諺, 下, 18ㅈ≫起盖三清(集覽, 朴集, 下, 4ㅎ: 三淸. 上淸, 十二天眞境也, 九眞所居, 玉晨道君所治.)大殿, 三淸大殿을 지으니.

진교(儘敎) 형 무던하다. ⇔므던타. ≪集覽, 字解, 單字解, 5ㅈ≫儘. 讓也, 任也. 儘他 제게 다와ᄃᆞ라, 儘讓 더긔 미다. 又縱令也. 儘敎 므던타. 又儘一儘 지긔우다. 又儘船 빗 ᄀᆞ장.

진교지변(陳橋之變) 명 오대 주(五代周) 현덕(顯德) 7년(960)에 북한(北漢)·거란의 연합군을 방어하기 위하여 출정하였던 조광윤(趙匡胤)이 진교역(陳橋驛)에서 병변(兵變)을 일으켜 황제에 옹립된 사건. ≪朴諺, 下, 16ㅎ≫買趙太祖飛龍記(集覽, 朴集, 下, 3ㅎ: 趙太祖飛龍記. 陳橋之變, 黃袍已加于身, 受周恭帝之禪, 卽皇帝位.), 趙太祖의 飛龍記와.

진구(嗔口) 동 입으로 성을 내다. ≪朴諺, 上, 33ㅈ≫披着袈裟(集覽, 朴集, 上, 10ㅈ: 袈裟. 華嚴云, 着袈裟者, 捨離三毒. 戒壇云, 五條下衣, 斷〈断〉貪身也, 七條中衣, 斷〈断〉嗔口也, 大衣上衣, 斷痴心也.), 袈裟 닙고.

진군(鎭軍) 명 장군(將軍)의 칭호. 삼국 위(三國魏) 때 진군(陳群)을 진군대장군(鎭軍大將軍)으로 임명한 뒤로 진군장군(鎭軍將軍)의 명칭이 이어지다가 송대(宋代) 이후에 없어졌다. ≪朴諺, 上, 41ㅎ≫幾時下紅定(集覽, 朴集, 上, 12ㅈ: 紅定. 晉武帝多簡良家女以充內職, 而自擇美者入選, 則以絳紗繫臂. 鎭軍將軍胡奮女入選, 亦以絳紗繫臂, 故俗謂定婚曰紅定.), 언제 紅定을 드리더뇨.

진군장군(鎭軍將軍) 명 진군(鎭軍)의 장군. 진군(鎭軍)은 장군(將軍)의 칭호. ≪朴諺, 上, 41ㅎ≫幾時下紅定(集覽, 朴集, 上, 12ㅈ: 紅定. 晉武帝多簡良家女以充內職, 而自擇美者入選, 則以絳紗繫臂. 鎭軍將軍胡奮女入選, 亦以絳紗繫臂, 故俗謂定婚曰紅定.), 언제 紅定을 드리더뇨.

진기력(儘氣力) 동 힘쓰다. 있는 힘을 다하여 노력하다. ≪朴諺, 上, 24ㅈ≫便儘氣力去救一救, 곳 氣力을 다ᄒᆞ여 가 救ᄒᆞ쟈. ≪朴諺, 上, 49ㅈ≫咱各自用心儘氣力射, 우리 각각 用心ᄒᆞ야 氣力을 잇긋ᄒᆞ야 ᄡᅩ쟈.

진다(進茶) 동 차(茶)를 올리다. ≪朴諺, 下, 27ㅎ≫茶博士(集覽, 朴集, 下, 5ㅈ: 茶博士. 音義云, 進茶人之假稱.)們, 茶博士들히.

진사(進士) 동 조정에 어진 선비를 천거하다. ≪朴諺, 上, 18ㅎ≫南斗六星(集覽, 朴集, 上, 7ㅈ: 南斗. 晉書天文志, 六星天廟〈庙〉, 丞相太宰之位, 主褒賢進士, 稟授爵祿.)板兒做得忒圓了些, 南斗六星 돈은

민돌기롤 너모 두렷게 ᄒᆞ엿고.

진상(眞像) 명 진짜 모습 그대로의 형상. ≪朴諺, 中, 20ㅎ≫參見觀音菩薩眞像去來, 觀音菩薩 眞像을 參見ᄒᆞ라 가쟈.

진서(晉書) 명 당대(唐代)에 방현령(房玄齡)·이연수(李延壽) 등 21명이 황제의 명에 따라 펴낸 진(晉)나라의 정사. 1백 30권. 중국 이십오사(二十五史)의 하나로, 정관(貞觀) 20년(646)에 간행되었다. ≪朴諺, 上, 18ㅎ≫南斗六星(集覽, 朴集, 上, 7ㅈ: 南斗. 晉書天文志, 六星天廟〈庙〉, 丞相太宰之位, 主褒賢進士, 稟授爵祿.)板兒做得忒圓了些, 南斗六星 돈은 민돌기롤 너모 두렷게 ᄒᆞ엿고.

진선(儘船) 명 배[舟]의 끝. 곧, 고물. ⇔빗ᄀᆞ장. ≪集覽, 字解, 單字解, 5ㅈ≫儘. 讓也, 任也. 儘他 제게 다와ᄃᆞ라, 儘讓 뎌긔미다. 又縱令也. 儘敎 므던타. 又儘一儘 지긔우다. 又儘船 빗 ᄀᆞ장.

진설(陳設) 동 제사나 잔치 때 음식을 법식에 따라 상 위에 차려 놓다. ≪朴諺, 下, 18ㅎ≫做羅天大醮(集覽, 朴集, 下, 4ㅎ: 大醮. 道經云, 醮, 祭名. 夜中於星辰之下, 陳設餠餌·酒果·幣物, 禋祀天皇·太乙·地祇·列宿.), 羅天大醮롤 ᄒᆞ더니.

진수(鎭守) 동 요해처(要害處)에 군대를 주둔시켜 지키다. ≪朴諺, 上, 8ㅈ≫都堂捴兵官(集覽, 朴集, 上, 4ㅈ: 總〈捴〉兵官. 各都司各有鎭守總〈捴〉兵官一員, 以管兵政.)的詔書, 都堂 捴兵官의게 ᄒᆞᄂᆞᆫ 詔書라. ≪朴諺, 下, 17ㅈ≫唐三藏引孫行者(集覽, 朴集, 下, 4ㅈ: 孫行者. 大聖被執當死, 觀音上請于玉帝, 免死. 令巨靈神押大聖前往下方去, 乃於花菓山石縫內納身, 下截畫如來押字封着, 使山神·土地神鎭守. 飢食鉄〈鐵〉丸, 渴飮銅汁, 待我往東土尋取經之人, 經過此山, 觀大聖, 肯隨往西天, 則此時可放.), 唐三藏이 孫行者롤 ᄃᆞ리고.

진수서(珍羞署) 명 청대(淸代)의 관아 이름. 광록시(光祿寺)에 딸리어 짐승이나 물고기 따위를 조달하는 일을 맡았다. ≪朴諺, 上, 2ㅈ≫咱們問那光祿寺(集覽, 朴集, 上, 1ㅈ: 光祿寺. 在東長安門內, 其屬有大官·珍〈珎〉羞·良醞·掌醢四署, 掌供辦內府諸品膳羞酒醴及管待使客之事.)裏, 우리 뎌 光祿寺에 무러.

진수서(珎羞署) 명 진수서(珍羞署). '珎'은 '珍'의 속자. ≪朴諺, 上, 2ㅈ≫咱們問那光祿寺(集覽, 朴集, 上, 1ㅈ: 光祿寺. 在東長安門內, 其屬有大官·珍〈珎〉羞·良醞·掌醢四署, 掌供辦內府諸品膳羞酒醴及管待使客之事.)裏, 우리 뎌 光祿寺에 무러.

진식(進食) 동 병이 나은 뒤에 입맛이 나서 식욕이 차츰 더해지다. ≪朴諺, 中, 16ㅈ≫然後喫進食丸, 그린 후에 進食丸을 먹으되.

진식환(進食丸) 명 진식(進食)하게 하기 위하여 먹는 환약. ≪朴諺, 中, 16ㅈ≫然後喫進食丸, 그린 후에 進食丸을 먹으되.

진실(眞實) 명 〈불〉 참되고 변하지 아니하는 영원한 진리를 방편으로 베푸는 교의(教義)에 상대하여 이르는 말. ≪朴諺, 下, 4ㅎ≫久後你也得證果金身(集覽, 朴集, 下, 1ㅎ: 證果金身. 金身者, 佛三十二相, 云身眞金色. 言果報者, 觀經疏云, 行眞實法感得勝報也.), 오란 후에 너도 證果金身홈을 어드리라.

진실로 부 진실로. 정말로. 참으로. ❶⇔기실(其實). ≪朴諺, 上, 58ㅎ≫小人其實不曾知道, 小人이 진실로 일즙 아디 못홀와. ≪朴諺, 下, 45ㅎ≫其實怕看去, 진실로 보라 가기 저프니라. ❷⇔실(實). ≪朴諺, 下, 3ㅎ≫壯馬也實勞蹄, 壯馬도 진실로 勞蹄ᄒᆞ리니. ❸⇔진개(眞箇). ≪朴諺, 上, 14ㅈ≫眞箇好法兒, 진실로 됴흔 법이로다. ≪朴諺, 上, 14ㅎ≫咳眞箇好標致, 애 진실로 ᄀᆞ장 영노솔갑다. ≪朴諺, 上, 32ㅈ≫眞箇氣殺我, 진실로 날을 애ᄡᅴ오ᄂᆞ니라. ≪朴諺, 上, 56ㅈ≫眞箇是好馬麽, 진실로 됴흔 ᄆᆞᆯ이랏다. ≪朴諺, 上, 58ㅎ≫咳我眞箇不曾知道來, 애 내 진실로 일즙

아디 못ᄒᆞ엿더니. ≪朴諺, 上, 62ㅎ≫眞箇是畫也畫不成, 진실로 그리려 ᄒᆞ여도 그리디 못ᄒᆞ고. ≪朴諺, 中, 32ㅈ≫眞箇奇妙, 진실로 奇妙ᄒᆞ니라. ≪朴諺, 下, 16ㅈ≫禍不單行眞箇是, 禍不單行이 진실로 올타.

진심(眞心) 명 〈불〉 참되고 변하지 않는 마음의 본체(本體). ≪朴諺, 中, 21ㅈ≫智滿十身(集覽, 朴集, 中, 4ㅈ: 智滿十身. 十身有調御. 十身, 曰無着, 曰弘願, 曰業報, 曰住持, 曰涅槃, 曰淨法, 曰眞心, 曰三昧, 曰道性, 曰如意. 有內十身, 曰菩提, 曰願, 曰化, 曰力持, 曰莊嚴, 曰威勢, 曰意生, 曰福德, 曰法, 曰智. 有外十身, 曰自, 曰衆生, 曰國土, 曰業報, 曰聲聞, 曰圓覺, 曰菩薩, 曰智, 曰法, 曰虛空.), 智ᄂᆞᆫ 十身에 찻도다.

진안(進案) 동 음식상을 들여오다. ≪朴諺, 上, 6ㅈ≫我們先喫兩巡酒後頭擡卓兒(集覽, 朴集, 上, 3ㅈ: 擡卓兒. 擡, 擧也. 進案撤案皆曰擡, 謂人所擧也. 卓, 卽本國所謂高足床也.), 우리 몬져 두 슌빈 술 머근 후에 상을 드러든.

진양(晉陽) 명 현(縣) 이름. 진대(秦代)에 두었다. 소재지는 산서성(山西省) 태원시(太原市) 남서쪽에 있었다. ≪朴諺, 中, 23ㅎ≫尋聲救苦應念除災(集覽, 朴集, 中, 6ㅈ: 尋聲救苦應念除災. 史記, 昔盧景裕繫晉陽獄, 志心念觀世音菩薩, 枷鎖自脫.), 尋聲 救苦ᄒᆞ며 應念 除災ᄒᆞᄂᆞ니.

진양(儘讓) 동 적이 양보하다. 겸양하다. ≪集覽, 字解, 單字解, 5ㅈ≫儘. 讓也, 任也. 儘他 제게 다와ᄃᆞ라, 儘讓 뎌긔 미다. 又縱令也. 儘教 므던타. 又儘一儘 지긔우다. 又儘船 빗 ᄀᆞ장.

진언(眞言) 명 진(眞)과 언(言)의 두 글자. ≪朴諺, 上, 27ㅎ≫八瓣兒鋪翠眞言字粧金大帽上, 여듧 쪽에 비취 짓 설고 眞言字를 금으로 ᄭᅮ민 큰갓에.

진언자(眞言字) 명 진(眞)자와 언(言)자. 곧, 진언(眞言)의 글자. ≪朴諺, 上, 27ㅎ≫八瓣兒鋪翠眞言字粧金大帽上, 여듧 쪽에 비취 짓 설고 眞言字를 금으로 ᄭᅮ민 큰 갓에.

진에(嗔恚) 명 〈불〉 십악(十惡)의 하나. 자기 뜻이 어그러지는 것을 노여워함을 이르는 말. ≪朴諺, 下, 9ㅎ≫因你貪嗔癡(集覽, 朴集, 下, 3ㅈ: 貪嗔癡. 大智論云, 有利益我者生貪欲, 有違逆我者生嗔恚. 不從智生, 從狂惑生, 是名爲癡, 爲一切煩惱之根本.)三毒不離於身, 네 貪嗔癡 三毒이 몸에 ᄠᅥ나디 아니믈 인ᄒᆞ여.

진영 명 진영(眞影). (주로 얼굴을 그린 화상(畫像)) ⇔희신(喜身). ≪朴諺, 下, 40ㅈ≫要畫我的喜身裏, 내 진영을 그리고져 ᄒᆞ노라.

진왕(秦王) 명 당 태종(唐太宗)의 처음 봉호(封號). ≪朴諺, 中, 44ㅎ≫掛十八學士(集覽, 朴集, 中, 8ㅈ: 十八學士. 唐太宗秦王時, 開館延文學之士.)大畫, 十八學士 그린 큰 그림을 걸고.

진용(眞容) 명 참모습을 모사(模寫)한 그림이나 상(像). ≪朴諺, 下, 42ㅎ≫影亭子(集覽, 朴集, 下, 9ㅈ: 影亭子. 畫死者〈畫死者之〉眞容, 掛於小腰輿, 爲前導.), 影亭子와. 香亭子, 香亭子와.

진일진(儘一儘) 동 지겹게 하다. 최대한으로 하다. 힘껏 하다. ⇔지긔우다. ≪集覽, 字解, 單字解, 5ㅈ≫儘. 讓也, 任也. 儘他 제게 다와ᄃᆞ라, 儘讓 뎌긔 미다. 又縱令也. 儘教 므던타. 又儘一儘 지긔우다. 又儘船 빗 ᄀᆞ장. ≪朴通事諺解, 上, 36ㅈ≫你自儘一儘, 네 손ᄌᆞ 잇긋ᄒᆞ라.

진자(榛子) 명 개암. ❶⇔개암. ≪朴諺, 下, 28ㅈ≫賣榛子的你來, 개암 ᄑᆞᄂᆞᆫ 이아 이바. ≪朴諺, 下, 28ㅈ≫我和你拿榛子, 내 너와 개암 더ᄂᆞ기 ᄒᆞ쟈. ≪朴諺, 下, 28ㅈ≫一霎兒贏了二升多榛子, 져근덧에 두 되 나믄 개암을 이긔어다. ≪朴諺, 下, 28ㅈ≫乾得那些榛子喫, 공히 뎌 개암을 어더먹으니. ❷⇔개얌. ≪朴諺, 上, 4ㅈ≫榛子, 개얌과. 松子, 잣과. 乾葡萄, ᄆᆞ른葡萄와.

栗子, 밤과.

진전장군(鎭殿將軍) 명 궁전 앞 월대(月臺)의 네 모퉁이에 서서 시위(侍衛)하던 병졸에 대한 칭호. ≪朴諺, 下, 30ㅎ≫四角頭立地的四箇將軍(集覽, 朴集, 下, 5ㅎ: 四箇將軍. 募選身軀長大壯偉異於人者, 紅盔銀甲, 立於殿前月臺上四隅, 名鎭殿將軍, 亦曰紅盔將軍, 亦曰大漢將軍. 其請給衣粮曰大漢衣粮.), 네 모히 셧는 네 將軍이.

진주(珍珠) 명 진주(眞珠). ≪朴諺, 上, 19ㅎ≫把一對八珠環兒(集覽, 朴集, 上, 7ㅎ: 八珠環. 귀·엿골·회. 以珍〈珎〉珠大者四顆連綴爲一隻, 一雙〈雙〉共八珠.), 혼 빵 八珠環과. ≪朴諺, 上, 41ㅈ≫珠鳳冠(集覽, 朴集, 上, 11ㅎ: 珠鳳冠. 音義云, 珠子結成鳳的冠. 今按, 用珍珠串結, 作成鳳形, 而至於翎毛, 則皆用綵線及翠羽爲飾(飾).), 珠鳳冠과.

진주(珎珠) 명 진주(珍珠). '珎'은 '珍'의 속자. ≪朴諺, 上, 19ㅎ≫把一對八珠環兒(集覽, 朴集, 上, 7ㅎ: 八珠環. 귀·엿골·회. 以珍〈珎〉珠大者四顆連綴爲一隻, 一雙〈雙〉共八珠.), 혼 빵 八珠環과.

진주(眞珠) 명 진주(眞珠). ≪朴諺, 中, 27ㅎ≫將豆子來大的明眞珠一百顆來儅, 콩만치 큰 볼근 眞珠 一百 낫출 가져다가 뎐당ᄒᆞ거늘.

진쥬 명 진주(眞珠). ❶⇔주아(珠兒). ≪朴諺, 上, 19ㅎ≫那珠兒多大小, 뎌 진쥬ㅣ 크기 언메나 ᄒᆞ뇨. ❷⇔주자(珠子). ≪朴諺, 中, 28ㅎ≫都搜出三四十箇血瀝瀝的尸首和那珠子·布絹, 셜마은 피 ᄲᅮᆺ듣는 尸首와 그 진쥬·布絹을 다 뒤여 내고.

진집(溱集) 동 많이 모이다. ≪朴諺, 上, 10ㅈ≫去角頭(集覽, 朴集, 上, 5ㅈ: 角頭. 音義云, 東南西北往來人煙〈烟〉溱集之處.) 叫幾箇打墻的和坌工來築墻, 모롱이에 가 여러 담 ᄡᅡᄂᆞᆫ 이와 조역을 블러다가 담 ᄡᅡ이리라.

진짓 명 진짜. 참. 진실. ⇔진(眞). ≪朴諺, 上, 25ㅎ≫江西十分上等眞結綜(棕)帽兒上, 江西 ᄀᆞ쟝 上等에 진짓 綜(棕)으로 ᄆᆡ즌 갓 우희. ≪朴諺, 上, 64ㅈ≫這的是眞陜(陝)西地面裏來的, 이거시 이 진짓 陜(陝)西 ᄯᅡ흐로셔 온 거시로다. ≪朴諺, 上, 66ㅎ≫這的眞善智識那裏尋去, 이런 진짓 善智識을 어ᄃᆡ 어드리오.

진짓 부 참으로. 정말로. 진실로. ⇔진개(眞箇). ≪朴諺, 上, 28ㅎ≫眞箇是好男兒, 진짓 이 好男兒ㅣ러라. ≪朴諺, 上, 38ㅈ≫眞箇是精細人, 진짓 이 精細ᄒᆞᆫ 사ᄅᆞᆷ이로다.

진타(儘他) 동 그에게 다그치다. 그(저)에게 맡기다. ≪集覽, 字解, 單字解, 5ㅈ≫儘. 讓也, 任也. 儘他 제게 다와ᄃᆞ라, 儘讓 더긔 미다. 又縱令也. 儘教 므던타. 又儘一儘 지긔우다. 又儘船 빗 ᄀᆞ장.

진피(陳皮) 명 말린 귤의 껍질. ≪朴諺, 上, 7ㅈ≫都着些細料物(集覽, 朴集. 上, 3ㅎ: 細料物. 事林廣記食饌類, 細料物, 官桂·良薑·蓽撥草·豆蔻·陳皮·縮砂仁〈砂仁〉·八角·茴香各一兩, 川椒二兩, 杏仁五兩, 甘草一兩半, 白檀末半兩. 右共爲細末用之.), 다 져기 ᄀᆞᄂᆞᆫ 교토ᄅᆞᆯ 두고. ≪朴諺, 下, 32ㅈ≫水精角兒(集覽, 朴集, 下, 6ㅈ: 水精角兒. 飮饌正要云, 羊肉·羊脂·羊尾子·生葱·陳皮·生薑, 各細切, 入細料物, 塩醬拌匀爲餡. 用豆粉作皮包之, 水煮供食.), 水精角兒과.

진ᄒᆞ다 동 진(盡)하다. 다하다. ⇔진(盡). ≪朴諺, 中, 53ㅎ≫這月是大盡那小盡, 이 ᄃᆞᆯ이 커 진ᄒᆞᄂᆞ냐 젹어 진ᄒᆞᄂᆞ냐. 這的大盡, 이 커 진ᄒᆞᄂᆞ니라.

질(迭) 동 (다리를) 놓다. 쌓다. ⇔놋다. ≪朴諺, 中, 33ㅈ≫逢山開路遇水迭橋, 山을 만나 길흘 열고 믈을 만나 ᄃᆞ리ᄅᆞᆯ 놋ᄂᆞᆫ다 ᄒᆞᄂᆞ니라.

질(迭) 동 미치다. 이르다. ❶⇔밋다. ≪集覽, 字解, 單字解, 2ㅈ≫迭. 企及之辭. 밋다. ❷⇔및다. ≪朴諺, 中, 51ㅈ≫你那裏迭的我, 네 어ᄃᆡ 내게 미ᄎᆞ리오.

질(秩) 명 관직. 품계. ≪朴諺, 下, 38ㅈ≫

五箇鋪馬(集覽, 朴集, 下, 8ㅎ: 五箇鋪馬. 按禮, 天子六馬, 左右驂, 三公·九卿駟馬, 左驂. 則漢制太守駟馬, 其加秩中二千石乃右驂, 故以五馬爲貴.)去了, 다ᄉᆞᆺ 鋪馬로 가니라.

질(跌) 동 ❶거꾸러지다. ⇔구러디다. ≪朴諺, 中, 48ㅎ≫那一日喫了一跌, 뎌 ᄒᆞᆫ 날 ᄒᆞᆫ 번 구러딤을 닙어. 額頭上跌破了, 니마히 구러뎌 해야디니. ≪朴諺, 下, 9ㅈ≫喫了一跌, ᄒᆞᆫ 번 구러디믈 닙어. 把鼻子跌破了, 코ᄅᆞᆯ다가 구러뎌 해여ᄇᆞ리니. 那講主見那達達跌破鼻子, 뎌 講主ㅣ 뎌 達達의 구러뎌 코 ᄣᅢ이믈 보고. ❷거꾸러뜨리다. ⇔구르티다. ≪朴諺, 中, 48ㅎ≫休跌了孩兒, 아ᄒᆡᄅᆞᆯ 구르티디 말라.

질망(疾忙) 부 ❶바삐. 바쁘게. ⇔밧비. ≪朴諺, 中, 8ㅎ≫疾忙着背鞍子, 밧비 기ᄅᆞ마 짓고. ≪朴諺, 下, 5ㅈ≫如今疾忙買石灰·麻刀去, 이제 밧비 石灰와 삼거울을 사라 가라. ❷빨리. ⇔섈리. ≪集覽, 字解, 累字解, 2ㅎ≫疾快. 섈리. ≪集覽, 字解, 累字解, 9ㅎ≫疾忙. 上同. ≪朴諺, 中, 6ㅈ≫疾忙如今都將來, 섈리 이제 다 가져와. ≪朴諺, 中, 6ㅎ≫疾忙做飯, 섈리 밥을 지으라. ≪朴諺, 下, 2ㅈ≫疾忙將苕箒來, 섈리 닛븨 가져다가.

질망(疾忙) 형 빠르다. 재빠르다. ⇔ᄲᆡᄅᆞ다. ≪集覽, 字解, 單字解, 7ㅎ≫忙. 疾也. 疾忙·連忙·擺忙 ᄲᆡᄅᆞ다. 走的忙·去的忙.

질문(質問) 동 따져 묻다. 질문하다. ≪集覽, 凡例≫質問者, 入中朝質問而來者也. 兩書皆元朝言語, 其沿舊未改者, 今難曉解. 前後質問亦有抵捂, 姑幷收以袪初學之碍. 間有未及質問, 大有疑碍者, 不敢强解, 宜竢更質.

질문(質問) 명 역관(譯官)들이 난해한 한자말이나 구(句)를 중국에 가서 직접 한인(漢人)에게 질문하여 기록한 것. ≪集覽, 凡例≫質問者, 入中朝質問而來者也. 兩書皆元朝言語, 其沿舊未改者, 今難曉解. 前後質問亦有抵捂, 姑幷收以袪初學之碍. 間有未及質問, 大有疑碍者, 不敢强解, 宜竢更質.

질역(疾疫) 명 유행하는 병. ≪朴諺, 中, 22ㅈ≫隨相現相(集覽, 朴集, 中, 5ㅈ: 隨相現相. 飜譯名義云, 佛昔爲帝釋時, 遭飢歲, 疾疫流行, 醫療無功, 道殣相屬.)救苦惱於三塗, 샹을 조차 샹을 뵈야 苦惱ᄅᆞᆯ 三塗에 救ᄒᆞᄂᆞᆫᄯᅩ다.

질쾌(疾快) 동 빨리 달리다. ≪集覽, 字解, 單字解, 5ㅈ≫快. 急也. 走的快·疾快. 又樂也. 快活·大快. 又快手 잘 ᄃᆞᄂᆞᆫ 놈. 又呼筯曰快子.

질쾌(疾快) 부 빨리. ⇔섈리. ≪集覽, 字解, 累字解, 2ㅎ≫疾快. 섈리. ≪朴諺, 上, 7ㅎ≫疾快旋將酒來, 섈리 술 둘러 가져와. ≪朴諺, 中, 7ㅎ≫疾快將好馬來, 섈리 됴ᄒᆞᆫ ᄆᆞᆯ을 가져오라. ≪朴諺, 下, 57ㅈ≫疾快賃的來, 섈리 셰내여 오라. ≪朴諺, 下, 61ㅎ≫疾快將茶來, 섈리 茶ᄅᆞᆯ 가져오라.

질풍(疾風) 명 강하고 빠르게 부는 바람. ≪朴諺, 上, 59ㅈ≫寒食(集覽, 朴集, 上, 14ㅎ: 寒食. 荊楚記云, 去冬節〈莭〉一百五日, 有疾風甚雨, 謂之寒食, 又謂之百五節〈莭〉.)不遲, 寒食이라도 더듸디 아니타 ᄒᆞᄂᆞ니라.

짐 의 짐. ⇔담(擔). ≪朴諺, 上, 11ㅎ≫關幾擔, 몃 짐을 ᄐᆞ료. ≪朴諺, 上, 11ㅎ≫關八擔, 여ᄃᆞᆲ 짐을 ᄐᆞ리로다. ≪朴諺, 上, 12ㅈ≫五十箇銅錢一擔家去來, 五十 낫 銅錢에 ᄒᆞᆫ 짐식 ᄒᆞ여 가쟈. ≪朴諺, 上, 12ㅈ≫五十箇銅錢一擔時, 五十 낫 銅錢에 ᄒᆞᆫ 짐식 ᄒᆞ면. ≪朴諺, 上, 13ㅈ≫三十箇錢一擔家, 三十 낫 돈에 ᄒᆞᆫ 짐식 ᄒᆞ고. ≪朴諺, 上, 13ㅈ≫一車兩擔家推將去, ᄒᆞᆫ 술위예 두 짐식 ᄒᆞ여 미러 가져가쟈.

짐쟉ᄒᆞ다 동 짐작하다. ⇔야(惹). ≪朴諺, 中, 57ㅎ≫我先惹你來, 내 몬져 너ᄅᆞᆯ 짐쟉ᄒᆞ냐.

짐즛 부 짐짓. ⇔고(故). ≪朴諺, 中, 10ㅎ≫故立此文字爲用, 짐즛 이 글월을 셰워 쓰

게 ᄒᆞ엿ᄂᆞ니. ≪朴諺, 中, 39ㅎ≫故立此賃房文字爲用, 짐즛 이 집 셰내ᄂᆞᆫ 글월을 셰워 쓰게 ᄒᆞ노라.

짐즛 뷔 짐짓. ⇔고(故). ≪朴諺, 上, 54ㅎ≫故立此文契爲用, 짐즛 이 글월을 셰워 쓰게 ᄒᆞ엿ᄂᆞ니.

집 명 집. ❶⇔가(家). ≪朴諺, 上, 10ㅈ≫你家墻如何, 네 집 담은 엇더ᄒᆞᆫ뇨. 我家墻也倒了幾堵, 우리 집 담도 여러 도림이 믄허뎌시니. ≪朴諺, 上, 16ㅈ≫如今張黑子家裏去來, 이제 張黑子의 집의 가쟈. ≪朴諺, 上, 28ㅎ≫積善之家必有餘慶, 積善ᄒᆞᆫ 집은 반ᄃᆞ시 餘慶이 잇다 ᄒᆞ니라. ≪朴諺, 上, 37ㅈ≫家後一群羊箇箇尾子長, 집 뒤희 ᄒᆞᆫ 무리 양이 낫낫치 ᄭᅩ리 긴 거시여. ≪朴諺, 上, 42ㅈ≫女孩兒家親戚們都去會親, 새각시 집 권당들히 다 가 會親ᄒᆞᄂᆞ니라. ≪朴諺, 中, 2ㅎ≫木匠家裏旋做一箇樻子, 木匠의 집의 ᄒᆞᆫ 樻를 마초이되. ≪朴諺, 中, 15ㅎ≫來到家裏害熱時, 집의 오니 熱ᄒᆞ여. ≪朴諺, 中, 25ㅎ≫徐五家的, 徐五의 집의셔 ᄒᆞᆫ 거시라. ≪朴諺, 中, 39ㅎ≫將賃房人家內應有直錢物件, 집 셰낸 사ᄅᆞᆷ의 집의 應有ᄒᆞᆫ 갑ᄡᆞᆫ 物件을다가. ≪朴諺, 中, 45ㅈ≫家齊而後國治, 집이 ᄀᆞ즉ᄒᆞᆫ 후에 나라히 다ᄉᆞ다 ᄒᆞ니라. ≪朴諺, 中, 56ㅎ≫你家裏沒猫兒那, 네 집의 괴 업ᄉᆞ냐. 我家裏沒, 내 집의 업ᄉᆞ니. ≪朴諺, 下, 1ㅈ≫家裡好生囑付, 집의 ᄀᆞ장 당부ᄒᆞ여. ≪朴諺, 下, 10ㅈ≫到家裏敬重父母, 집의 가ᄂᆞᆫ 父母를 敬重ᄒᆞᄂᆞ니. ≪朴諺, 下, 16ㅈ≫他一家住的漢兒人, 뎌 ᄒᆞᆫ 집의 사ᄂᆞᆫ 漢 사ᄅᆞᆷ이. ≪朴諺, 下, 26ㅎ≫你不賣將家去就飯喫, 네 ᄑᆞ디 아니ᄒᆞ고 집의 가져가 밥ᄒᆞ여 먹을ᄶᆞ. ≪朴諺, 下, 40ㅈ≫他家裏事多, 뎨 집의 일이 만ᄒᆞ니. ≪朴諺, 下, 54ㅎ≫你醉家去, 네 醉ᄒᆞ여시니 집의 가라. ≪朴諺, 下, 62ㅈ≫咱秀才家, 우리 秀才ㅅ 집이. ❷⇔각(閣). ≪朴諺, 上, 60ㅎ≫兩閣中間有三叉石橋, 두 집 ᄉᆞ이에 세 가래 石橋ㅣ 이시니. ≪朴諺, 上, 61ㅎ≫閣前水面上, 집 앏 믈 우희. ❸⇔당(堂). ≪朴諺, 上, 61ㅈ≫影堂, 팅 잇ᄂᆞᆫ 집과. 串廊, 월랑과.

집 명 집. ❶⇔방(房). ≪朴諺, 中, 38ㅎ≫哥你寫與我房契, 형아 네 날을 집 글월 써 주고려. ≪朴諺, 中, 38ㅎ≫這房契寫了, 이 집 글월 써다. ≪朴諺, 中, 39ㅎ≫賃房錢每月銀二兩, 집 셰내ᄂᆞᆫ 갑슬 ᄃᆞᆯ마다 은 두 냥에 ᄒᆞ여. ≪朴諺, 中, 39ㅎ≫將賃房人家內應有直錢物件, 집 셰낸 사ᄅᆞᆷ의 집의 應有ᄒᆞᆫ 갑ᄡᆞᆫ 物件을다가. ≪朴諺, 中, 39ㅎ≫故立此賃房文字爲用, 짐즛 이 집 셰내ᄂᆞᆫ 글월을 셰워 쓰게 ᄒᆞ노라. 賃房人某, 집 셰낸 사ᄅᆞᆷ 아모. ≪朴諺, 中, 40ㅈ≫房上生出那草, 집 우희 뎌 플이 나. ≪朴諺, 中, 40ㅈ≫把那房上草來, 뎌 집 우희 플을다가. ≪朴諺, 下, 33ㅎ≫這間壁磨房裏取將來, 이 ᄉᆞ잇 ᄇᆞ롬매(애) ᄀᆞᄂᆞᆫ집의 가져오쟈. ❷⇔방자(房子). ≪朴諺, 上, 20ㅈ≫我典一箇房子裏, 내 ᄒᆞᆫ 집을 典當ᄒᆞ려 ᄒᆞ야. ≪朴諺, 中, 38ㅎ≫賃一所房子來, ᄒᆞᆫ 집을 셰내엿더니. ≪朴諺, 中, 38ㅎ≫賃一所房子, ᄒᆞᆫ 곳 집을 셰내엿노라. ≪朴諺, 中, 38ㅎ≫賃到房子一所, 집 ᄒᆞᆫ 곳을 셰내되. ≪朴諺, 中, 38ㅎ≫賃到房子一所, 집 ᄒᆞᆫ 곳을 셰내되. ≪朴諺, 中, 40ㅈ≫房子都漏, 집이 다 신다. ≪朴諺, 中, 55ㅎ≫這房子水芹田近, 이 집이 미나리밧티 갓가오니. ≪朴諺, 下, 13ㅈ≫盖了這房子, 이 집을 짓고. ≪朴諺, 下, 13ㅎ≫別要盖甚麽房子, 다른 므슴 집을 지으실고. ❸⇔옥(屋). ≪集覽, 字解, 單字解, 6ㅈ≫賃. 僦屋以語曰賃, 지블 ᄃᆞᆯ마다 銀 현 량곰 삭 물오 드러 이셔 살 시라. 又雇用驢馬·舟車之類曰賃, 라괴와 ᄆᆞᆯ돌홀 삭 주고 ᄇᆞ릴 시라. ≪朴諺, 中, 14ㅎ≫請的屋裏來, 청ᄒᆞ여 집의 드러오라. ≪朴諺, 中, 27ㅎ≫那大舍叫將屋裏去, 뎌 大舍ㅣ 블러 집의 가. ≪朴諺, 中, 29ㅎ≫請官人屋裏喫飯, 청컨대 官人은 집 안희셔 밥 먹으라. ≪朴諺, 下, 16ㅎ≫閉

門屋裏坐, 문을 닫고 집의 안자셔도. ≪朴諺, 下, 52ㅎ≫於東屋那邉剜(剜)窟, 동녁 집 더 편에 굼글 뚤고. 一箇入來屋內, ᄒᆞ나히 집 안히 드러와. ❹⇔인가(人家). ≪朴諺, 中, 53ㅈ≫皇帝人家的一條線也, 皇帝ㅅ 집 ᄒᆞᆫ 오리 실인들. ❺⇔택자(宅子). ≪朴諺, 上, 20ㅎ≫典一箇大宅子(集覽, 朴集, 上, 8ㅈ: 宅子. 俗總稱〈総称〉家舍曰房子, 自稱〈称〉曰寒家, 文士呼曰寒居, 自指室內曰屋裏, 人稱王公·大人之家曰宅子.), ᄒᆞᆫ 큰 집을 典儅ᄒᆞ리로다.

집 ㊂ (바둑의) 집. ⇔노(路). ≪朴諺, 上, 23ㅈ≫我却怎麼贏了這三十路碁, 내 쏘 엇디 이 셜흔 집 바독을 이긔여뇨.

집(執) ⓓ 잡다[執]. ⇔잡다. ≪朴諺, 中, 22ㅎ≫執楊柳於掌內拂病體於輕安, 楊柳를 손에 잡아 病體를 輕安ᄒᆞᆫ듸 떨티고.

집게 ⓜ 집게. ⇔겸자(鉗子). ≪朴諺, 下, 29ㅎ≫鐵鎚, 마치. 鉗子, 집게. 鐵枕, 모로. 鍋兒, 도관.

집결(執結) ⓜ 책임자를 명시하여 관청에 보내는 증명서. ≪朴諺, 下, 53ㅈ≫執結(集覽, 朴集, 下, 12ㅈ: 執結. 音義云, 亦猶云所志. 今按, 凡供狀內皆云執結是實, 謂今所供報之詞, 皆實非虛, 如虛甘罪云云之意, 非徒謂所志詞語也.)是實, 執結이 이 실ᄒᆞ니.

집마다 ⓟ 집집마다. 한 집 한 집. ⇔연문(沿門). ≪朴諺, 下, 4ㅎ≫慢慢的到江南沿門布施, 날호여 江南의 가 집마다 보시ᄒᆞ여.

집안ㅎ ⓜ 집 안. 실내. ❶⇔옥내(屋內). ≪朴諺, 下, 52ㅎ≫於東屋那邉剜(剜)窟, 동녁 집 더 편에 굼글 뚤고. 一箇入來屋內, ᄒᆞ나히 집 안히 드러와. ❷⇔옥리(屋裏). ≪朴諺, 中, 29ㅎ≫請官人屋裏喫飯, 쳥컨대 官人은 집 안희셔 밥 먹으라.

집역(執役) ⓜ 인부(人夫). ≪朴諺, 下, 32ㅈ≫過賣(集覽, 朴集, 下, 5ㅎ: 過賣. 食店內執役供具之人, 如雇工者也.)你來有甚麽飯, 過賣아 이바 므슴 밥이 잇ᄂᆞ뇨.

집주(集註) ⓓ 한 책에 대한 여러 사람의 주석을 한데 모으다. 또는 그런 책. ≪朴諺, 上, 44ㅎ≫師傅上唱喏(集覽, 朴集, 上, 12ㅎ: 唱喏. 凡里巷子弟拜謁父兄亦然. 因謂揖曰唱喏, 未詳是否. 但家禮集註說云, 揖者, 拱手着胷也. 恐非所謂唱喏也. 今中朝俗以鞠躬拱手爲唱喏.), 스승님쯰 읍ᄒᆞ고.

집찬(執爨) ⓓ 취사(炊事)를 주관하다. 또는 그런 일을 하는 사람. ≪朴諺, 中, 6ㅈ≫廚子(集覽, 朴集, 中, 1ㅎ: 廚子. 光祿寺有廚子, 卽供應大小筵宴及館〈舘〉待使客執爨之役者也.)你來, 廚子ㅣ아 이바.

짓 ⓜ 깃[羽]. ≪朴諺, 上, 27ㅎ≫八瓣兒鋪翠眞言字粧金大帽上, 여듧 뽁에 비취 짓 살고 眞言字를 금으로 ᄭᅮ민 큰갓에.

짓 ⓜ 집의. ⇔가(家). ≪朴諺, 中, 52ㅎ≫是誰家的牢子, 이 뉘 짓 牢子ㅣ러뇨.

짓궤다 ⓓ 지껄이다. ❶⇔괄조(聒譟). ≪朴諺, 中, 48ㅎ≫娘子見了時聒譟難聽, 娘子ㅣ 보고 짓궤니 듯기 어렵더라. ≪朴諺, 中, 50ㅈ≫不要聒譟連忙擲, 짓궤디 말고 밧비 더디라. ≪朴諺, 中, 55ㅎ≫水蛙吽的聒譟, 머구리 울어 짓궨다. ❷⇔요(鬧). ≪朴諺, 下, 36ㅈ≫一霎兒人鬧(鬧)起來, ᄒᆞᆫ 디위 사ᄅᆞᆷ이 짓궤더니.

짓다 ⓓ 짓다[作]. 만들다. ❶ ⇔개(蓋). ≪朴諺, 上, 60ㅈ≫有聖旨裏盖來的兩座瑠璃閣, 聖旨로 지은 兩座 瑠璃閣이 이시니. ≪朴諺, 下, 12ㅈ≫相公支分怎的盖, 相公이 긔걸ᄒᆞ쇼셔 엇디 지으리잇고. ≪朴諺, 下, 12ㅈ≫我要盖一座書房, 내 一座 書房을 짓고져 ᄒᆞ니. ≪朴諺, 下, 13ㅈ≫盖了這房子, 이 집을 짓고. ≪朴諺, 下, 13ㅎ≫別要盖甚麽房子, 다른 므슴 집을 지으실고. 不要盖, 짓디 말고져 ᄒᆞ노라. ≪朴諺, 下, 13ㅎ≫能盖萬間房, 능히 萬間 房을 지어도. 夜眠一廈間, 밤의 一廈 間에 잔다 ᄒᆞᄂᆞ니라. ❷⇔결(結). ≪朴諺, 中, 22ㅎ≫結草廬於香山之上, 草廬를 香山 우희 지엇ᄯᅩ다. ❸⇔기개(起蓋). ≪朴諺,

下, 18ㅈ≫起盖三淸大殿, 三淸大殿을 지으니. ❹⇔주(做). ≪朴諺, 下, 12ㅎ≫捲篷搽做, 무량각 양으로 지으려 ᄒᆞ노라.

짓다 동 짓다. 삼다. 맺다. ❶⇔결주(結做). ≪朴諺, 上, 23ㅎ≫結做好弟兄時如何, ᄆᆞᄋᆞᆷ 됴흔 弟兄을 지음이 엇더ᄒᆞ뇨. ≪朴諺, 上, 23ㅎ≫結做弟兄時不中, 弟兄 지음이 맛당티 아니ᄒᆞ니. ❷⇔주(做). ≪朴諺, 上, 66ㅎ≫禮拜供養做些因緣時好, 禮拜 供養ᄒᆞ야 져기 인연을 지음이 됴흐리로다. ≪朴諺, 中, 36ㅎ≫我也與你做伴兒閑看去, 나도 널로 ᄃᆞ려 벗지어 힘힘이 보라 가쟈. ≪朴諺, 中, 49ㅈ≫做些好因緣時不好, 져기 됴흔 인연을 지으면 됴티 아니ᄒᆞ랴.

짓다 동 짓다[作]. 갖추다. ❶⇔대(帶). ≪朴諺, 下, 55ㅈ≫門前絟着帶鞍的白馬來, 門앏희 기ᄅᆞ마지은 白馬ᄅᆞᆯ ᄆᆡ엿더니. ❷⇔배(背). ≪朴諺, 中, 8ㅎ≫疾忙着背鞍子, 밧비 기ᄅᆞ마짓고. ❸⇔비(鞴). ≪朴諺, 中, 51ㅎ≫這裏將來鞴鞍子, 여긔 가져다가 기ᄅᆞ마짓고.

짓다 동 짓다[縫]. 꿰매다. ❶⇔봉(縫). ≪朴諺, 中, 53ㅎ≫五六箇婦人們坐的縫時, 다엿 겨집들이 안자 지으면. ≪朴諺, 中, 54ㅎ≫如今便下手縫, 이제 곳 下手ᄒᆞ여 짓고. ❷⇔작(作). ≪集覽, 字解, 單字解, 3ㅎ≫做. 韻會遇韻作字註云, 造也, 俗作做非. 箇韻作字註云, 爲也, 造也, 起也, 俗作做非. 做音, 直信切. 今按, 俗語做甚麽 므슴ᄒᆞ료, 作衣裳 옷 짓다, 作音조, 去聲. 不走作 듧ᄠᅳ디 아니타, 作音조, 入聲. 以此觀之, 則做從去聲, 作互呼去聲·入聲, 通做字. 俗不用直信切之音. ❸⇔주(做). ≪朴諺, 中, 53ㅎ≫怎麽做不出一套衣裳來, 엇디 ᄒᆞᆫ 불 衣裳을 지어 내디 못ᄒᆞ리오. 赶也赶上做裡, 밋츠믄 미처 지으리라. ≪朴諺, 中, 54ㅎ≫這明綠通袖膝欄綉的做帖裏, 이 明綠빗체 通袖 膝欄 슈ᄒᆞᆫ 거스란 텰릭 짓고. 這深肉紅界地穿花鳳紵絲做比甲, 이 디튼 肉紅빗체 벽ᄃᆞ르에 穿花鳳 문ᄒᆞᆫ 비단으란 比甲을 짓고. 這鷄冠紅綉四花做搭護, 이 만도람이빗체 四花 슈ᄒᆞᆫ 거스란 더그레 짓고. 這鴉靑織金大蟒龍的做上盖, 이 雅靑빗체 大蟒龍 織金ᄒᆞᆫ 이란 웃거리 지으라.

짓다 동 (글을) 짓다. ❶⇔작(作). ≪朴諺, 上, 65ㅎ≫作與頌字, 頌字ᄅᆞᆯ 지어 주매. ❷⇔주(做). ≪朴諺, 上, 45ㅈ≫做七言四句詩, 七言 四句 詩ᄅᆞᆯ 짓고.

짓다 동 짓다[作]. (행)하다. ⇔작(作). ≪朴諺, 中, 23ㅎ≫作一切罪障, 一切히 罪障 지은 거시. ≪朴諺, 中, 24ㅈ≫誠心懺悔後不復作, 誠心으로 懺悔ᄒᆞ여 후에 다시 짓디 마쟈. ≪朴諺, 下, 54ㅎ≫便行作惡, 곳 사오나옴을 지어. 於某面上用拳打破, 某의 ᄂᆞᆺ출 주머괴로 텨 하야ᄇᆞ리되.

짓다 동 ❶짓다[作]. 요리하다. ⇔주(做). ≪朴諺, 中, 6ㅎ≫疾忙做飯, ᄲᆞᆯ리 밥을 지으라. 舍人道做甚麽飯, 舍人아 니ᄅᆞ라 므슴 밥을 지으료. 做乾飯那水飯, 乾飯을 지으랴 水飯을 지으랴. ≪朴諺, 中, 14ㅎ≫又不會做飯, ᄯᅩ 밥 짓기를 아디 못ᄒᆞ니. ≪朴諺, 中, 30ㅈ≫做甚麽飯, 므슴 밥을 지엇ᄂᆞ뇨. 乾飯也做着裏, 된밥도 지엇고. ≪朴諺, 下, 44ㅈ≫做的生時也難喫, 짓기ᄅᆞᆯ 설게 ᄒᆞ면 먹기 어렵고. ≪朴諺, 下, 45ㅈ≫喫些箇好來, 져기 먹기 됴흘러니. 做的早時, 짓기ᄅᆞᆯ 일 ᄒᆞ던들. ❷짓다[作]. 조제하다. ⇔합(合). ≪朴諺, 中, 16ㅈ≫我旋合與你藿香正氣散, 내 미조차 너ᄅᆞᆯ 藿香正氣散을 지어 줄 거시니.

짓븨 명 깃비[羽箒]. (댓개비 끝에 깃을 비 모양으로 모아 단) 귀이개의 한 가지. ⇔소식(捎篒). ≪朴諺, 上, 40ㅎ≫捎篒(集覽, 朴集, 上, 11ㅈ: 消息(捎篒). 以禽鳥毳翎安於竹針頭, 用以取耳垢者, 俗呼爲消息(捎篒). 舊本作蒲樓翎兒.)來掏一掏耳朶, 짓븨 가져다가 귓바회 ᄠᅳᆯ라.

짓ㅊ 명 깃[羽]. ⇔영아(翎兒). ≪朴諺, 上, 26ㅈ≫又是箇鵓鴿翎兒, ᄯᅩ 이 두롬의 짓출 ᄃᆞ랏고. ≪朴諺, 上, 28ㅈ≫傍邉揷孔

雀翎兒, 곗틔 孔雀의 짓츨 고잣고.

징청(澄淸) 형 맑고 깨끗하다. ⇔징청ᄒ다(澄淸-). ≪朴諺, 中, 21ㅈ≫座飾芙蓉湛南海澄淸之水, 안즌 듸는 芙蓉으로 꿈여시니 南海 澄淸ᄒ 水에 즘겻고.

징청ᄒ다(澄淸-) 형 맑고 깨끗하다. ⇔징청(澄淸). ≪朴諺, 中, 21ㅈ≫座飾芙蓉湛南海澄淸之水, 안즌 듸는 芙蓉으로 꿈여시니 南海 澄淸ᄒ 水에 즘겻고.

ᄌ뎍 명 자줏빛. ⇔자(紫). ≪朴諺, 上, 43ㅈ≫紫官素段子一尺, ᄌ뎍 구읫나기 믠비단 ᄒ 자과.

ᄌ라다 형 자라다. 족하다. ⇔구(勾). ≪朴諺, 上, 56ㅎ≫銀子也不勾, 은도 ᄌ라디 못ᄒ야.

ᄌ로 부 자주. ⇔번번(頻頻). ≪朴諺, 中, 27ㅎ≫頻頻的這般做歹勾當, ᄌ로 이런 사오나온 일을 ᄒ더니.

ᄌᄅ 의 자루. ❶⇔근(根). ≪朴諺, 下, 2ㅈ≫將兩根香來燒, 두 ᄌᄅ 향을 가져다가 퓌오라. ❷⇔파(把). ≪集覽, 字解, 單字解, 4ㅈ≫把. 持也, 握也. 一把 ᄒ 줌, 又ᄒ ᄌᄅ. 把我們 우리를다가, 把來 그를다가, 與將字大同小異. 又元時語, 有把解之語, 猶言典儅也, 今不用. ≪朴諺, 上, 15ㅎ≫大刀子一把, 큰 칼 ᄒ ᄌᄅ. 小刀子一把, 젹은 칼 ᄒ ᄌᄅ. ≪朴諺, 中, 46ㅎ≫扯了我一把刀兒, 내 ᄒ ᄌᄅ 칼을 빼히고. ≪朴諺, 中, 55ㅎ≫將一把扇兒來與我, ᄒ ᄌᄅ 부체 가져다가 날을 주고려.

ᄌᄅ박 명 호리병박. ⇔삽호(插葫). ≪朴諺, 中, 34ㅎ≫種些冬瓜, 동화. 西瓜, 슈박. 甛瓜, 촘외. 插葫, ᄌᄅ박. 稍瓜, 수세외. 黃瓜, 외. 茄子, 가지를 시므라.

ᄌ믈쇠 명 자물쇠. ⇔쇄자(鎖子). ≪朴諺, 上, 36ㅎ≫這箇是鎖子, 이거슨 이 ᄌ믈쇠로다.

ᄌ식 명 자식. ❶⇔자(子). ≪朴諺, 上, 51ㅎ≫養子方知父母恩, ᄌ식을 길러야 보야흐로 父母 은혜를 안다 ᄒ니라. ❷⇔해아(孩兒). ≪集覽, 字解, 單字解, 7ㅎ≫養. 養成 기르다. 又生産曰養, 養孩兒 ᄌ식 나타. 又呼淫婦宣淫者曰養漢的. ≪朴諺, 上, 51ㅎ≫養孩兒好難, ᄌ식 기ᄅ기 ᄀ장 어렵더라. ≪朴諺, 下, 37ㅎ≫孩兒使爺娘的, ᄌ식은 어버의 거슬 쓰고. 奴婢使使長的, 죵은 뇌연의 거슬 쓰ᄂ니.

ᄌ식 명 자식. (기생이 낳은 아이라는 뜻으로, 남을 욕하는 말) ⇔제자해아(弟子孩兒). ≪朴諺, 中, 7ㅎ≫這賊弟子孩兒, 이 도적놈의 ᄌ식아.

ᄌ연이 부 자연히. ⇔자(自). ≪朴諺, 下, 7ㅎ≫自有神仙藥, ᄌ연이 神仙藥이 잇ᄂ니라.

ᄌ뎨자 명 검사를 다 마친 뒤 문 밖으로의 통과를 허가하는 체자(帖子). ⇔쇄첩아(碎貼兒). ≪朴諺, 上, 13ㅈ≫將碎貼兒來過籌, ᄌ뎨ᄌ 가져와 사술 디내라.

ᄌᆯ 명 자루[柄]. ⇔파아(把兒). ≪朴諺, 下, 29ㅎ≫觜我把兒且打下我看着鍔, 부리와 ᄌᆯ를 아직 믠ᄃ라 내 보와든 빼라.

ᄌᆯ다 형 잘다. ❶⇔소(小). ≪朴諺, 上, 56ㅈ≫只是小行上遲, 그저 ᄌ 걸음이 ᄯ고. ❷⇔쇄(碎). ≪朴諺, 上, 13ㅈ≫將碎貼兒來過籌, ᄌ뎨ᄌ 가져와 사술 디내라. ≪朴諺, 中, 58ㅈ≫將碎塼塊來, ᄌ 벽 덩이 가져다가. ≪朴諺, 下, 29ㅎ≫碎家事和將瀝青來, ᄌ 연장과 瀝青을 가져다가. ❸⇔영쇄(零碎). ≪朴諺, 下, 33ㅎ≫零碎和生薑·料物·葱·蒜·醋·塩都將來, ᄌ 것과 싱강과 교퇴와 파와 마늘과 초와 소금을 다 가져오라.

ᄌᆯㄹ 명 자루[柄]. ⇔파아(把兒). ≪朴諺, 上, 15ㅈ≫紫檀把兒, 紫檀 ᄌᆯ레. ≪朴諺, 下, 29ㅎ≫觜我把兒且打下我看着鍔, 부리와 ᄌᆯ를 아직 믠ᄃ라 내 보와든 빼라.

ᄌᆯ레 명 자루[柄]에. ≪朴諺, 上, 15ㅈ≫紫檀把兒, 紫檀 ᄌᆯ레.

ᄌᆯ를 명 자루[柄]를. ≪朴諺, 下, 29ㅎ≫觜我把兒且打下我看着鍔, 부리와 ᄌᆯ를 아직 믠ᄃ라 내 보와든 빼라.

ᄌᆷ 명 잠. ⇔수(睡). ≪朴諺, 上, 21ㅈ≫那們

時不渴睡, 그리면 좀이 낫브디 아니ᄒᆞ리라. ≪朴諺, 中, 12ㅎ≫到那裏各自省睡些箇, 뎌긔 가 각각 좀을 져기 덜고.

좀기다 동 잠기다[沈]. ❶⇔차(搽). ≪朴諺, 中, 56ㅈ≫跳的河裡仰不搽, 믈에 뛰어드러 잣바 좀기디 마쟈. ❷⇔침(湛). ≪朴諺, 中, 21ㅈ≫座飾芙蓉湛南海澄淸之水, 안즌 듸는 芙蓉으로 ᄭᅮᆷ여시니 南海 澄淸ᄒᆞᆫ 水에 좀겻고.

좀다 동 ❶잠기다[浸]. ⇔엄(渰). ≪朴諺, 上, 9ㅎ≫水渰過蘆溝橋獅子頭, 믈이 蘆溝橋 獅子ㅅ 머리롤 좀가 너머. ❷잠그다[浸]. ⇔침(浸). ≪朴諺, 上, 6ㅈ≫浸在氷盤裏好生好看, 氷盤에 좀가 두면 ᄀᆞ장 보기 됴ᄒᆞ니라.

ᄌᆡ 명 재[灰]. ⇔회(灰). ≪朴諺, 上, 35ㅎ≫直到做灰, 잇긋 ᄌᆡ 되게 ᄒᆞ니. ≪朴諺, 下, 48ㅈ≫放一堆灰, ᄒᆞᆫ 무둑 ᄌᆡ롤 노흐면. ≪朴諺, 下, 48ㅈ≫那灰忽然飛將起來後頭, 뎌 ᄌᆡ 忽然히 ᄂᆞ라 니러난 후에야.

ᄌᆡ믈 명 재물. ⇔재(財). ≪朴諺, 中, 17ㅎ≫男兒無婦財無主, ᄉᆞ나희 겨집이 업스면 ᄌᆡ믈이 님재 업고. 婦人無夫身無主, 겨집이 지아비 업스면 몸이 님재 업다 ᄒᆞᄂᆞ니.

ᄌᆡ조 명 재주. ⇔본사(本事). ≪朴諺, 上, 55ㅈ≫你待買甚麽本事的馬, 네 므슴 ᄌᆡ조엣 ᄆᆞᆯ을 사고져 ᄒᆞᄂᆞᆫ다. ≪朴諺, 上, 55ㅎ≫那裏有一箇土黃馬好本事, 뎌긔 ᄒᆞᆫ 고라ᄆᆞᆯ이 이셔 ᄌᆡ죄 됴호되. ≪朴諺, 上, 55ㅎ≫沒本事, ᄌᆡ죄 업ᄉᆞ니.

ᄌᆡ화 명 재화(災禍). ⇔재(災). ≪朴諺, 下, 15ㅎ≫却又招災, ᄯᅩ ᄌᆡ화롤 브ᄅᆞ니.

ᄌᆞᆫ납이 명 원숭이. ⇔호손(胡孫). ≪朴諺, 下, 20ㅎ≫孫行者是箇胡孫, 孫行者ᄂᆞᆫ 이 ᄌᆞᆫ납이라. ≪朴諺, 下, 23ㅈ≫行者變做五寸來大的胡孫, 行者ㅣ 변ᄒᆞ여 五寸만치 큰 ᄌᆞᆫ납이 되여. ≪朴諺, 下, 26ㅎ≫這沒觜臉小胡孫, 이 얼굴 업순 져근 ᄌᆞᆫ납이.

징도림ᄒᆞ다 동 시합(試合)하다. 경기하다. ⇔비새(比賽). ≪朴諺, 中, 49ㅎ≫咱比賽, 우리 징도림ᄒᆞ쟈.

차 [명] 차(茶). ⇔차(茶). ≪朴諺, 中, 36ㅎ≫茶房裏喫茶去來, 茶房에 차 먹으라 가쟈. ≪朴諺, 下, 27ㅎ≫喫些茶去來, 져기 차 머그라 가쟈. ≪朴諺, 下, 27ㅎ≫問客官人們喫甚麽茶, 客官人ᄃᆞ려 무로ᄃᆡ 므슴 차 머글짜.

차(叉) [의] 갈래. ⇔가래. ≪朴諺, 上, 60ㅎ≫兩閣中間有三叉石橋, 두 집 ᄉᆞ이에 세 가래 石橋ㅣ 이시니.

차(且) [부] 아직. ❶⇔아직. ≪朴諺, 上, 11ㅎ≫咱們且啇(商)量脚錢着, 우리 아직 삭갑 혜아리쟈. ≪朴諺, 上, 35ㅎ≫你且休上馬, 네 아직 ᄆᆞᆯ ᄐᆞ디 말라. ≪朴諺, 上, 35ㅎ≫且着乾飯·肉湯, 아직 乾飯과 肉湯으로. ≪朴諺, 上, 46ㅎ≫且喂幾日賣時好, 아직 요ᄉᆞ이 먹여 ᄑᆞᆯ면 됴흐려니와. ≪朴諺, 上, 61ㅎ≫諸般殿舍且不索說, 여러 가지 殿舍ᄂᆞᆫ 아직 다 니ᄅᆞ디 아니ᄒᆞ거니와. ≪朴諺, 中, 10ㅎ≫五歲的小厮急且那裏走, 다ᄉᆞᆺ ᄉᆞᆯ엣 아ᄒᆡ 과거리 아직 어ᄃᆡ로 ᄃᆞ라나리오. ≪朴諺, 中, 19ㅈ≫你且休忙休心焦, 네 아직 밧바 말고 ᄆᆞᄋᆞᆷ을 ᄐᆡ오디 말라. ≪朴諺, 中, 29ㅎ≫我且外前坐的, 내 아직 밧긔 안잣쟈. ≪朴諺, 中, 49ㅎ≫你且來麽, 네 아직 오라. ≪朴諺, 中, 54ㅈ≫且慢着我看, 아직 날회라 니 보쟈. ≪朴諺, 下, 2ㅈ≫且休燒簽了, 아직 젹을 굽디 말고. ≪朴諺, 下, 5ㅎ≫且打將兩擔水來, 아직 두 메웁 믈을 기러다가. ≪朴諺, 下, 29ㅎ≫觜我把兒且打下我看着銲, 부리와 ᄌᆞᄅᆞᆯ 아직 ᄆᆡᆫᄃᆞ라 내 보와든 ᄠᅢ라. ≪朴諺, 下, 35ㅈ≫咱且打毬門窩兒了, 우리 아직 毬門 굼글 티고. ≪朴諺, 下, 56ㅈ≫我且問你, 내 아직 너ᄃᆞ려 뭇노니. ≪朴諺, 下, 57ㅈ≫且住, 아직 머믈라. ≪朴諺, 下, 61ㅎ≫先生且坐一坐, 先生은 아직 안ᄌᆞ라. ❷⇔안직. ≪集覽, 字解, 單字解, 2ㅈ≫且. 姑也 안직. 急且 과글이. 亦曰且節, 俗罕用.

차(此) [관] 이. ❶⇔이. ≪朴諺, 上, 54ㅎ≫故立此文契爲用, 짐즛 이 글월을 셰워 ᄡᅳ게 ᄒᆞ엿ᄂᆞ니. ≪朴諺, 上, 62ㅎ≫只此人間兜率, 그저 이 人間ㅅ 兜率이러라. ≪朴諺, 中, 10ㅎ≫故立此文字爲用, 짐즛 이 글월을 셰워 ᄡᅳ게 ᄒᆞ엿ᄂᆞ니. ≪朴諺, 中, 39ㅎ≫故立此賃房文字爲用, 짐즛 이 집 셰내ᄂᆞᆫ 글월을 셰워 ᄡᅳ게 ᄒᆞ노라. ≪朴諺, 下, 11ㅎ≫只此已外, 그저 이 밧긔ᄂᆞᆫ. ❷⇔이런. ≪朴諺, 上, 28ㅎ≫因此上, 이런 젼ᄎᆞ로. ≪朴諺, 上, 31ㅎ≫因此上, 이런 젼ᄎᆞ로. ≪朴諺, 上, 51ㅎ≫因此上, 이런 젼ᄎᆞ로. ≪朴諺, 中, 35ㅈ≫因此上賊廣, 이런 젼ᄎᆞ로 도직(적)이 흔ᄒᆞ니라. ≪朴諺, 下, 9ㅎ≫因此上見世報, 이런 젼ᄎᆞ로 見世에 報ᄒᆞᄂᆞ니라. ≪朴諺, 下, 54ㅎ≫有此情理難甘, 이런 情理 難甘홈이 이셔. ≪朴諺, 下, 56ㅎ≫因此不得工夫闕拜望, 이런 젼ᄎᆞ로 工夫ᄅᆞᆯ 엇디 몯ᄒᆞ여 拜望을 闕ᄒᆞ니.

차(此) [대] 이. ⇔이. ≪朴諺, 下, 61ㅎ≫張編修有此好文官, 張編修ㅣ 이 됴ᄒᆞᆫ 文官을 두엇다.

차(次) [의] 번. 차례. 회. ≪集覽, 字解, 單字解, 3ㅈ≫遍. 次也. 一遍 ᄒᆞᆫ 번. ≪集覽, 字解, 單字解, 5ㅎ≫頓. 一次也. 一頓飯. 又踙也. 頓坐 주잔ᄶᅡ. 又拜頭叩地也. 頓首百拜. ≪朴諺, 下, 32ㅈ≫水精角兒(集覽, 朴集, 下, 6ㅈ: 水精角兒. 又居家必用

云, 皮用白麪於滾湯攪作稠糊, 於冷水浸, 以豆粉和搜作劑, 打作皮, 包餡上籠, 緊火蒸熟, 洒兩次水, 方可下竈, 臨供時再洒些水便供.), 水精角兒과. ≪朴諺, 下, 32ㅎ≫ 水滑經帶麵(集覽, 朴集, 下, 6ㅈ: 水滑經帶麵. 如此三四次, 微軟和餅劑, 就案上用拗棒拗百餘棒, 多揉數百拳. 至麪性行, 方可搓如指頭大, 新凉水內浸兩時許, 伺麵〈麪〉性行, 方下鍋, 闊〈濶〉細任意做.), 제믈엣 칼국슈와.

차(扯) 동 ❶찢다. ⇔믜티다. ≪朴諺, 中, 58ㅈ≫把這窓孔的紙都扯了, 이 창 숨게 죵히를다가 다 믜티고. ❷빼다. 빼내다. ⇔싸히다. ≪朴諺, 中, 46ㅎ≫扯了我一把刀兒, 내 흔 즈르 칼을 싸히고.

차(借) 동 ❶빌리다. ⇔빌리다. ≪朴諺, 上, 49ㅈ≫你借饋我包指麽, 네 나를 헐거피를 빌려 주고려. ≪朴諺, 上, 57ㅎ≫借與我一箇, 날을 ᄒ나흘 빌려 주고려. ≪朴諺, 上, 58ㅈ≫你問他借時便饋你, 네 뎌ᄃ려 무러 빌면 곳 너를 주리라. ≪朴諺, 下, 34ㅎ≫借與崔舍打, 崔가를 빌려 주어 티게 ᄒ라. ≪朴諺, 下, 35ㅈ≫都借與你, 다 너를 빌려 주마. ❷꾸다. 빌리다. ⇔ᄭᅮ다. ≪朴諺, 上, 53ㅎ≫你與我寫一紙借錢文書, 네 나를 흔 댱 돈 ᄭᅮ는 文書를 써 주고려. ≪朴諺, 上, 54ㅎ≫將借錢人在家應有直錢物件, 돈 ᄭᅮᆫ 사ᄅᆞᆷ의 집의 應有ᄒ엿는 갑ᄊᆞᆫ 物件을다가. ≪朴諺, 上, 54ㅎ≫如借錢人無物准與, 만일 돈 ᄭᅮᆫ 사ᄅᆞᆷ이 准與홀 써시 업ᄉ면. ≪朴諺, 上, 54ㅎ≫某年月日借錢人某, 아모 年月日에 돈 ᄭᅮᆫ 사ᄅᆞᆷ 아모. 同借錢人某, ᄒᆞᆫ가지로 돈 ᄭᅮᆫ 사ᄅᆞᆷ 아모.

차(差) 부 그릇. 잘못. ⇔그릇. ≪朴諺, 上, 45ㅈ≫寫差字的, 字를 그릇 쓰는 이는.

차(茶) 명 차(茶). ⇔차. ≪朴諺, 中, 36ㅎ≫茶房裏喫茶去來, 茶房에 차 먹으라 가쟈. ≪朴諺, 下, 27ㅎ≫喫些茶去來, 져기 차 머그라 가쟈. ≪朴諺, 下, 27ㅎ≫問客官人們喫甚麽茶, 客官人ᄃ려 무로ᄃᆡ 므슴 차 머글짜. ≪朴諺, 下, 61ㅎ≫疾快將茶來, ᄲᆞᆯ리 茶를 가져오라.

차(搓) 동 비비다. 꼬다. ⇔비이다. ≪朴諺, 中, 54ㅎ≫着他搓各色線, 뎌로 ᄒ여 各色 실을 비이고.

차(搽) 동 ❶바르다. ⇔ᄇᆞᄅᆞ다. ≪朴諺, 上, 13ㅎ≫着唾沫白日黑夜不住的搽, 춤으로다가 白日 黑夜에 머므로디 말고 ᄇᆞᄅᆞ라. ≪朴諺, 下, 7ㅈ≫買將一兩疥藥來搽一遍, ᄒᆞᆫ 냥 疥藥을 사다가 ᄒᆞᆫ 번 ᄇᆞᄅᆞ면. ≪朴諺, 下, 7ㅎ≫撓破了疥瘡搽那藥, 疥瘡을 글거 헐우고 뎌 약을 ᄇᆞᆯ라. ❷잠기다[沈]. ⇔ᄌᆞᆷ기다. ≪朴諺, 中, 56ㅈ≫跳的河裡仰不搽, 믈에 뛰어드러 잣바 ᄌᆞᆷ기디 마쟈.

차(蹉) 부 그릇. 잘못. ⇔그릇. ≪朴諺, 上, 1ㅈ≫休蹉過了好時光, 됴흔 時光을 그릇 디내디 마쟈.

차과(蹉過) 동 지나치다. 기회를 놓치다. ≪朴諺, 上, 1ㅈ≫休蹉過了好時光, 됴흔 時光을 그릇 디내디 마쟈. ≪朴諺, 上, 1ㅈ≫休蹉過了好時光, 됴흔 時光을 그릇 디내디 마쟈.

차궤(借饋) 동 ❶빌려주다. ⇔빌려주다. ≪朴諺, 上, 49ㅈ≫你借饋我包指(集覽, 朴集, 上, 13ㅈ: 包指. 音義云, 헐거피.)麽, 네 나를 헐거피를 빌려 주고려. ❷꾸이다. 빌려주다. ⇔ᄭᅮ이다. ≪朴諺, 上, 31ㅈ≫別人便一兩要一兩利錢借饋, 다른 사ᄅᆞᆷ은 곳 ᄒᆞᆫ 냥에 ᄒᆞᆫ 냥 利錢을 밧고 ᄭᅮ이되.

차다 동 ❶차다[滿]. ⇔만(滿). ≪朴諺, 上, 50ㅈ≫滿月過了時喫的不妨事, ᄃᆞᆯ이 차 디나면 먹어도 일에 해롭디 아니ᄒ리라. ≪朴諺, 中, 21ㅈ≫智滿十身, 智는 十身에 찻도다. ≪朴諺, 中, 45ㅎ≫你的月日滿了不曾, 네 月日이 찻ᄂ냐 못ᄒ엿ᄂ냐. ≪朴諺, 中, 45ㅎ≫却早滿三十箇月, ᄇᆞᆯ셔 三十月이 찻도다. ❷차다[踢]. ⇔척(踢). ≪朴諺, 中, 1ㅎ≫吊下來踢上去, ᄂ려오거든 차 올려.

차다 형 차다[寒]. ⇔냉(冷). ≪朴諺, 中, 29ㅎ≫咳今日天氣冷殺人, 애 오ᄂᆞᆯ 하ᄂᆞᆯ 긔

운이 차 사ᄅᆞᆷ을 죽게 ᄒᆞ니.

차대(借貸) 동 꾸어 주거나 꾸어 오다. ≪朴諺, 上, 16ㅎ≫祭了社神(集覽, 朴集, 上, 6ㅈ: 社神. 元制, 五十戶爲一社. 今制, 每一鄕村之間, 或十五戶或二十戶, 隨其所便, 合爲一社. 擇其鄕里之民有義行者一人爲社長, 擇其殷實者一人爲副, 立社倉, 收掌錢穀, 借貸應急.), 社神의 祭ᄒᆞ여시니.

차도(借到) 동 꾸다[貸]. 빌리다. ⇔ᄭᅮ다. ≪朴諺, 上, 54ㅈ≫借到細絲官銀五十兩整, 細絲官銀 五十兩 덩이를 ᄭᅮ되.

차량(車輛) 명 수레. ⇔술위. ≪朴諺, 中, 19ㅎ≫收拾車輛, 술위를 收拾ᄒᆞ여. ≪朴諺, 中, 11ㅈ≫怎麼還不曾修理車輛, 엇디 당시롱 일즙 車輛을 修理티 아니ᄒᆞ엿ᄂᆞ뇨. ≪朴諺, 中, 11ㅈ≫車輛都有麽, 車輛이 다 잇ᄂᆞ냐.

차륜(車輪) 명 수레바퀴. ≪朴諺, 上, 25ㅎ≫江西十分上等眞結綜(棕)帽兒(集覽, 朴集, 上, 9ㅈ: 結椶帽. 椶, 木名, 高一二丈, 葉如車輪, 旁〈㫄〉無枝, 皆萃於木杪.)上, 江西 ᄀᆞ쟝 上等에 진짓 綜(棕)으로 ᄆᆡᄌᆞᆫ 갓 우희.

차박사(茶博士) 명 차를 파는 사람. 또는 찻집의 심부름꾼. 다방 종업원. ≪朴諺, 下, 27ㅎ≫茶博士(集覽, 朴集, 下, 5ㅈ: 茶博士. 音義云, 進茶人之假稱.)們, 茶博士들히. ≪朴諺, 下, 47ㅎ≫後頭又是箇茶博士們, 뒤희 또 이 茶博士들히.

차방 명 다방. 찻집. ⇔다방(茶房). ≪朴諺, 下, 27ㅎ≫請哥這茶房裏, 청ᄒᆞ노니 형아 이 차방에.

차부(箚付) 명 상급 관아에서 하급 관아로 보내는 공문서. ≪朴諺, 上, 9ㅈ≫小人也得了箚付(集覽, 朴集, 上, 4ㅎ: 箚付. 音義云, 禮部知會都堂總兵官文書, 內有事件, 体式詳見求政錄.)關字便上馬, 小人도 箚付 関字를 어드면 곳 上馬ᄒᆞ리로다.

차사(差使) 명 중요한 임무를 위하여 파견하던 임시 벼슬. 또는 그 벼슬아치. ≪集覽, 字解, 單字解, 5ㅎ≫使. 上聲, 差也, 役也. 使的我 날 ᄇᆞ려. 又用也. 使用了. 吏語, 行使 ᄡᅳ다. 又使船 ᄇᆡ 달호다. 又去聲, 使臣, 差使. 又官名. ≪朴諺, 上, 8ㅈ≫我有箇差使, 내 差使ㅣ 이셔. ≪朴諺, 上, 42ㅎ≫我這幾日差使出去, 내 요ᄉᆞ이 差使로 나가니. ≪朴諺, 中, 7ㅎ≫你不見這金字圓牌(集覽, 朴集, 中, 1ㅎ: 金字圓牌. 至正條格云, 元時, 中書省奏, 諸王·駙馬各投下有軍情緊急重事, 許令懸帶原降銀字圓牌應付鋪馬騎坐, 其餘差使人員有緊急軍情重事, 許令懸帶金字圓牌, 方付鋪馬.), 네 이 金字圓牌를 보디 못ᄒᆞᄂᆞᆫ다. ≪朴諺, 下, 1ㅈ≫我差使出去了, 내 差使로 나가매.

차수(叉竪) 명 작사리. (한 끝을 엇결어서 동여맨 작대기) ⇔쟉슈. ≪朴諺, 下, 12ㅎ≫樑, 납. 欏, ᄆᆞᄅᆞ. 椽, 혀. 柱, 기동. 短柱, 短柱. 叉竪, 쟉슈. 門框, 門얼굴. 門扇, 門ᄧᅡᆨ. 吊窓, 들창. 天窓, 울어리창. 雙扇, 상다디. 單扇, 외다디. 窓櫺, 창살로.

차아(叉兒) 명 첨자(籤子). (모양이 젓가락과 비슷하다) ⇔쳠ᄌᆞ. ≪朴諺, 上, 15ㅎ≫叉兒一箇, 쳠ᄌᆞ ᄒᆞ나.

차여(借與) 동 꾸이다. 빌려주다. ⇔ᄭᅱ이다. ≪朴諺, 上, 31ㅎ≫寫定文書借與他來, 文書를 써 定ᄒᆞ고 뎌를 ᄭᅱ엿더니.

차역(差役) 동 노역(勞役)을 시키다. ≪朴諺, 上, 2ㅎ≫光祿寺裡着姓李的館夫(集覽, 朴集, 上, 1ㅎ: 館夫. 質問云, 府·州·縣百姓擇撥〈差〉無差〈身〉役者, 做館夫答應使客, 待三年更替.)討去, 光祿寺에는 姓이 李가 館夫로 ᄒᆞ여 어드라 가게 ᄒᆞ고.

차용(借用) 동 차용(借用)하다. 빌려 쓰다. ≪集覽, 字解, 單字解, 7ㅎ≫蟬. 垂下也. 蟬下 드리워 잇다. 又借用爲趓避之趓. ≪朴諺, 中, 59ㅎ≫彪在横子閣落(集覽, 朴集, 中, 9ㅈ: 閣落. 音ᄀᆞ·랖, 指一隅深奧之處. 舊本未得本字, 而借用栲栳二字.)裡, 궷구석에 드리티고.

차일(次日) 명 다음날. 이튿날. ≪朴諺, 下, 32ㅎ≫麻尼汁經卷兒(集覽, 朴集, 下, 6ㅈ:

麻尼汁經卷兒. 飮膳〈饌〉正要云, 白麪一斤, 小油一斤, 小椒一兩炒去汗, 茴香一兩炒. 右件, 隔宿用酵子·塩·減(鹼)·溫水一同和麵〈麪〉, 次日入麪, 接肥, 再和成麪, 每斤作二箇入籠蒸.), 츰께즙 經卷兒와.

차전(叉椾) 동 조전(爪翦). '叉椾'은 '爪翦'의 잘못. ≪朴諺, 上, 20ㅈ≫一對耳墜兒(集覽, 朴集, 上, 7ㅎ: 耳墜兒. 事文類聚云, 莊子曰, 天子之侍御, 不叉椾(不爪翦), 不穿耳, 則穿耳自古有之. 今俗亦曰耳環, 卽八珠環也.), 흔 빵 귀옛골회과.

차전(借錢) 동 돈을 꾸다(빌리다). 빚내다. ≪朴諺, 上, 53ㅎ≫你與我寫一紙借錢文書, 네 나를 흔 댱 돈 ᄡᆞ는 文書를 써 주고려. ≪朴諺, 上, 54ㅎ≫將借錢人在家應有直錢物件, 돈 ᄭᅮᆫ 사름의 집의 應有ᄒᆞ엿는 갑ᄊᆞᆫ 物件을다가. ≪朴諺, 上, 54ㅎ≫如借錢人無物准與, 만일 돈 ᄭᅮᆫ 사름이 准與홀 ᄧᅥ시 업ᄉᆞ면. ≪朴諺, 上, 54ㅎ≫某年月日借錢人某, 아모 年月日에 돈 ᄭᅮᆫ 사름 아모. 同借錢人某, ᄒᆞᆫ가지로 돈 ᄭᅮᆫ 사름 아모.

차절(且節) 부 급자기. 문득. ⇔과글이. ≪集覽, 字解, 單字解, 2ㅈ≫且. 姑也 안직. 急且 과글이. 亦曰且節, 俗罕用.

차주(扯住) 동 잡다[執]. 붙잡다. ⇔잡다. ≪朴諺, 下, 54ㅈ≫將某衣領扯住言道, 某의 옷기슬 잡고 닐오되. (붙잡다)

차처(次妻) 명 첩(妾). ⇔식부(媳婦). ≪集覽, 字解, 單字解, 8ㅈ≫媳. 音息. 子之婦曰媳婦. 又古語泛稱婦人曰媳婦, 次妻亦曰媳婦.

차할빗ㅊ 명 다갈색(茶褐色). ⇔다갈(茶褐). ≪朴諺, 下, 38ㅎ≫車馬, 車馬와. 茶褐羅傘, 차할빗치 羅傘과.

차헐빗ㅊ 명 다갈색(茶褐色). ⇔다갈(茶褐). ≪朴諺, 下, 11ㅈ≫孩兒今將金色茶褐段子一箇, 孩兒ㅣ 이제 金色 차헐빗치 비단 흔 필과.

착(捉) 동 잡다[捕]. ⇔잡다. ≪朴諺, 下, 53ㅈ≫收捉上件賊人, 上件 賊人을 거두어 잡아. ≪朴諺, 下, 55ㅈ≫捉賊見贓, 도적 잡기는 장믈을 보고. 廝打驗傷, 서르 싸혼 ᄃᆡ는 傷處를 驗ᄒᆞᆫ다 ᄒᆞᄂᆞ니라.

착(窄) 형 좁다. ⇔좁다. ≪朴諺, 上, 37ㅎ≫一箇長甕兒窄窄口裏頭盛着糯米酒, 흔 긴 독 조븐 부리 안히 츱ᄡᆞᆯ 술 담은 거시여. ≪朴諺, 中, 38ㅎ≫嫌窄裏, 좁으믈 나므라.

착(着) 동 ❶놓다. ⇔놓다. ≪朴諺, 下, 44ㅎ≫着上些煤塊子, 져기 믹탄 덩이를 노코. ❷두다. 넣다. 타다. 치다. ⇔두다. ≪集覽, 字解, 單字解, 3ㅈ≫着. 使之爲也. 着落 히여곰, 着他 뎌 ᄒᆞ야. 又置也. 着塩 소곰 두다. 又中也. 着了 맛다. 又見人所行之事, 正合人所指望之, 方則亦曰着了 마초ᄒᆞ야다. 又實也. 着實실히. 又語助. 又穿衣服也. ≪朴諺, 上, 7ㅈ≫都着些細料物, 다 져기 ᄀᆞ는 교토를 두고. ≪朴諺, 中, 44ㅈ≫着碁論談能消日, 바독 두며 論談ᄒᆞ야 능히 消日ᄒᆞ고. ≪朴諺, 下, 44ㅈ≫着水停當着, 믈 두기를 마초 ᄒᆞ고. ❸만나다. ⇔만나다. ≪朴諺, 上, 42ㅎ≫正着了也多尋鈔, 경히 만나시니 錢鈔를 만히 어드리로다. ❹(비를) 맞다. ⇔맞다. ≪朴諺, 中, 25ㅎ≫着了幾遍雨時都走了搸子, 여러 번 비를 마즈면 다 듧ᄲᅳᆯ 양이로다. ❺쌓다. ⇔ᄡᆞ다. ≪朴諺, 上, 10ㅎ≫着墻板當着墻頭絟的牢着, 담 ᄡᆞ는 널로 담 머리예 막아 믹기를 굿(굳)이 ᄒᆞ고.

착(着) 동 ❶입다[被]. 당하다. ⇔닙다. ≪朴諺, 中, 47ㅎ≫臨了他也着我道兒, 나죵에 뎌도 내 쇠를 닙어다. ❷입히다[服]. 부착시키다. ⇔닙히다. ≪朴諺, 上, 53ㅎ≫着我看了之後, 날을 뵌 후에. 樺一樺, 봇 닙히라.

착(着) 동 하다. ⇔ᄒᆞ다. ≪朴諺, 下, 2ㅈ≫綽的乾淨着, ᄡᅳᆯ기를 乾淨히 ᄒᆞ고. ≪朴諺, 下, 5ㅎ≫在墻上驗的正着, 담 우희 견조기를 바로 ᄒᆞ라. ≪朴諺, 下, 6ㅈ≫將泥鏝來再抹的光着, 쇠손 가져다가 다시 스서 번번이 ᄒᆞ라. ≪朴諺, 下, 44ㅈ≫淘的米乾淨着, ᄡᆞᆯ 일기를 乾淨히 ᄒᆞ라. ≪朴

諺, 下, 44ㅈ≫着水停當着, 믈 두기를 마초 ᄒᆞ고.

착(着) 명 (바둑·장기의) 수(手). ⇔손. ≪朴諺, 上, 22ㅈ≫你饒四着時纔好, 네 네흘 졉혜야 ᄀᆞᆺ 됴흐리라. ≪朴諺, 上, 22ㅎ≫這一着好利害, 이 ᄒᆞᆫ 손이 ᄀᆞ장 利害ᄒᆞ다. ≪朴諺, 上, 22ㅎ≫我饒四着, 내 네흘 졉으마. ≪朴諺, 上, 23ㅈ≫你說饒我四着, 네 닐오ᄃᆡ 날을 네흘 졉쟈 ᄒᆞ더니.

착(着) 보동 하다. …하고 있다. ⇔ᄒᆞ다. ≪朴諺, 下, 1ㅈ≫着菖蒲末兒撒的勻了着, 菖蒲 ᄀᆞᄅᆞ로 ᄡᅳ리기를 고로게 ᄒᆞ고. ≪朴諺, 下, 5ㅎ≫把那麻刀一打裏和的勻着, 뎌 삼써울을다가 ᄒᆞᆫ 번의 섯기를 고로게 ᄒᆞ라. ≪朴諺, 下, 36ㅈ≫着先打, 몬져 티게 ᄒᆞ쟈. ≪朴諺, 下, 44ㅈ≫恰好着, 맛치 됴케 ᄒᆞ라.

착(着) 부 하여금. ⇔ᄒᆞ여. ≪集覽, 字解, 單字解, 3ㅈ≫着. 使之爲也. 着落 ᄒᆡ여곰, 着他 뎌 ᄒᆞ야. 又置也. 着塩 소곰 두다. 又中也. 着了 맛다. 又見人所行之事, 正合人所指望之, 方則亦曰着了 마초ᄒᆞ야다. 又實也. 着實 실히. 又語助. 又穿衣服也. ≪朴諺, 上, 1ㅎ≫着張三買羊去, 張三으로 ᄒᆞ여 羊을 사라 가. ≪朴諺, 上, 1ㅎ≫着李四買果子·拖爐·隨食去, 李四로 ᄒᆞ여 과실과 拖爐·隨食을 사라 가게 ᄒᆞ라. ≪朴諺, 上, 2ㅎ≫着誰去討, 눌로 ᄒᆞ여 가 어더 오료. ≪朴諺, 上, 2ㅎ≫光祿寺裡着姓李的館夫討去, 光祿寺에ᄂᆞᆫ 姓이 李가 館夫로 ᄒᆞ여 어드라 가게 ᄒᆞ고. ≪朴諺, 上, 3ㅈ≫內府裡着姓崔的外郎討去, 內府에ᄂᆞᆫ 姓이 崔가 外郎으로 ᄒᆞ여 어드라 가게 ᄒᆞ라. ≪朴諺, 上, 5ㅈ≫着張三去, 張三으로 ᄒᆞ여 가. ≪朴諺, 上, 6ㅎ≫叫將唱的根前來着他唱, 노래 브ᄅᆞᄂᆞ니를 블러 앏히 와 뎌로 ᄒᆞ여 브ᄅᆞ게 ᄒᆞ라. ≪朴諺, 上, 10ㅎ≫着他下工夫打, 뎌로 ᄒᆞ여 工夫 드려 다이라. ≪朴諺, 上, 15ㅈ≫着他打不得, 뎌 ᄒᆞ여 믿ᄃᆞ디 몯ᄒᆞ랴.

착(着) 형 있다. …하고 있다. …하고 있는 중이다. ⇔잇다. ≪朴諺, 上, 51ㅎ≫小人在那東角頭堂子間壁下着裏, 小人이 뎌 동녁 모롱이 堂子ㅅ ᄇᆞᄅᆞᆷ을 ᄉᆞ이ᄒᆞ여 브리워 잇노라.

착(錯) 부 그릇. 잘못. ⇔그릇. ≪朴諺, 下, 27ㅎ≫怕你錯買時, 네 그릇 사ᄂᆞᆫ가 서(저)프거든.

착락(着落) 부 하여금. ⇔ᄒᆡ여곰. ≪集覽, 字解, 累字解, 1ㅈ≫着落. 使之爲也. 吏語, 亦曰着令. 詳見上. ≪集覽, 字解, 單字解, 3ㅈ≫着. 使之爲也. 着落 ᄒᆡ여곰, 着他 뎌 ᄒᆞ야. 又置也. 着塩 소곰 두다. 又中也. 着了 맛다. 又見人所行之事, 正合人所指望之, 方則亦曰着了 마초ᄒᆞ야다. 又實也. 着實 실히. 又語助. 又穿衣服也.

착령(着令) 동 명령하다. 책임지게 하다. ≪集覽, 字解, 累字解, 1ㅈ≫着落. 使之爲也. 吏語, 亦曰着令. 詳見上.

착료(着了) 동 ❶꼭 맞게 하다. ⇔마초ᄒᆞ다. ≪集覽, 字解, 單字解, 3ㅈ≫着. 使之爲也. 着落 ᄒᆡ여곰, 着他 뎌 ᄒᆞ야. 又置也. 着塩 소곰 두다. 又中也. 着了 맛다. 又見人所行之事, 正合人所指望之, 方則亦曰着了 마초ᄒᆞ야다. 又實也. 着實 실히. 又語助. 又穿衣服也. ❷맞다. 적합하다. ⇔맛다. ≪集覽, 字解, 單字解, 3ㅈ≫着. 使之爲也. 着落 ᄒᆡ여곰, 着他 뎌 ᄒᆞ야. 又置也. 着塩 소곰 두다. 又中也. 着了 맛다. 又見人所行之事, 正合人所指望之, 方則亦曰着了 마초ᄒᆞ야다. 又實也. 着實 실히. 又語助. 又穿衣服也.

착실(着實) 부 실(實)히. 착실히. 확실히. ⇔실히. ≪集覽, 字解, 單字解, 3ㅈ≫着. 使之爲也. 着落 ᄒᆡ여곰, 着他 뎌 ᄒᆞ야. 又置也. 着塩 소곰 두다. 又中也. 着了 맛다. 又見人所行之事, 正合人所指望之, 方則亦曰着了 마초ᄒᆞ야다. 又實也. 着實 실히. 又語助. 又穿衣服也.

착염(着鹽) 동 소금을 두다. 소금을 뿌리다. ≪集覽, 字解, 單字解, 3ㅈ≫着. 使之

爲也. 着落 히여곰, 着他 뎌 ᄒᆞ야. 又置也. 着塩 소곰 두다. 又中也. 着了 맛다. 又見人所行之事, 正合人所指望之, 方則亦曰着了 마초ᄒᆞ야다. 又實也. 着實 실히. 又語助. 又穿衣服也.

착자(鑿子) 명 끌. ⇔쓸. ≪朴諺, 下, 12ㅎ≫ 你只取將墨斗, 네 그저 먹고조와. 墨箴, 먹갈과. 和鎊, 갓괴와. 錛子, 항괴와. 退鉋, ᄃᆡ패와. 鑿子, 쓸과. 斧子, 도최와. 銼子來做生活, 줄을 가져다가 셩녕ᄒᆞ라.

찬(爨) 동 삶다. 지지다. ⇔숢다. ≪朴諺, 上, 5ㅈ≫ 爨鴿子彈(集覽, 朴集, 上, 2ㅎ: 爨鴿子彈. 質問云, 鴿子彈糝於滾肉湯食之. 又云, 用肉湯在鍋, 再加椒料·菜·葱花, 燒火至滾沸, 方下鴿子卵, 盛之於碗, 以獻賓客.), 비둘기 알 숢은 이와.

찬(儹) 동 찬(趲). '儹'은 '趲'과 통용. ≪集覽, 字解, 單字解, 6ㅎ≫ 趲. 잔, 上聲, 逼使走也. 又促之也. 通作儹. 又縮之也. 儹短些 조려 댜ᄅᆞ게 ᄒᆞ다.

찬(趲) 동 줄이다. ⇔조리다. ≪集覽, 字解, 單字解, 6ㅎ≫ 趲. 잔, 上聲, 逼使走也. 又促之也. 通作儹. 又縮之也. 儹短些 조려 댜ᄅᆞ게 ᄒᆞ다.

찬(鑽) 동 찬(鑽). '鑽'은 '鑽'의 속자. ≪朴諺, 上, 38ㅈ≫ 鑽天錐下大水, 하ᄂᆞᆯ 뚤ᄂᆞᆫ 송곳 아릐 큰 믈이여. ≪朴諺, 中, 43ㅈ≫ 鑽在爭前立的, 비븨여 앏셔기를 ᄃᆞ토아.

찬(鑽) 동 뚫다. ❶⇔뚤다. ≪朴諺, 下, 5ㅎ≫ 這高處鑽些土, 이 노픈 곳의 홁을 뚤고. ❷⇔뚤다. ≪朴諺, 上, 14ㅈ≫ 話不說不知木不鑽不透, 말을 니ᄅᆞ디 아니면 아디 못ᄒᆞ고 남글 뚤디 아니면 ᄉᆞᄆᆞᆺ디 아닌ᄂᆞᆫ다 ᄒᆞ니라. ≪朴諺, 上, 38ㅈ≫ 鑽天錐下大水, 하ᄂᆞᆯ 뚤ᄂᆞᆫ 송곳 아릐 큰 믈이여.

찬(鑽) 동 ❶비비다. ⇔비븨다. ≪朴諺, 中, 35ㅎ≫ 鑽入裏面, 안히 비븨여 드려. ❷비비다. 또는 아첨하다. 빌붙다. ⇔비븨다. ≪朴諺, 中, 43ㅈ≫ 鑽在爭前立的, 비븨여 앏셔기를 ᄃᆞ토아.

찬(驏) 형 재다[敏]. 빠르다. ⇔재다. ≪朴諺, 上, 28ㅎ≫ 驏的那馬一似那箭, 잰 뎌 ᄆᆞᆯ은 뎌 살 ᄀᆞᄐᆞ니.

찬(爨) 명 종족(種族) 이름. 진대(晉代)에는 동서(東西) 두 찬(爨)으로 나뉘었고, 당대(唐代)에는 오만(烏蠻)과 백만(白蠻)으로, 원대(元代)에는 흑찬(黑爨)과 백찬(白爨)으로 불리었다. ≪朴諺, 上, 5ㅎ≫ 叫教坊司十數箇樂工和做院本(集覽, 朴集, 上, 2ㅎ: 院本. 院本則五人, 一曰副淨, 古謂之參軍, 一曰副末, 古謂之蒼鶻, 鶻能擊禽鳥, 末可打副淨, 古(故)云, 一曰引戲, 一曰末泥, 一曰孤裝, 又謂之五花爨弄. 或曰, 宋徽宗見爨國人來朝, 衣裝·鞵履·巾裹, 傅粉墨, 擧動如此, 使優人効之以爲戲.)諸般雜技的來, 教坊司의 여라믄 樂工과 院本에 여러 가지 雜技ᄒᆞᄂᆞ니롤 블러오라.

찬국(爨國) 명 찬족(爨族)이 세운 나라. ≪朴諺, 上, 5ㅎ≫ 叫教坊司(集覽, 朴集, 上, 2ㅎ: 院本. 院本則五人, 一曰副淨, 古謂之參軍, 一曰副末, 古謂之蒼鶻, 鶻能擊禽鳥, 末可打副淨, 古(故)云, 一曰引戲, 一曰末泥, 一曰孤裝, 又謂之五花爨弄. 或曰, 宋徽宗見爨國人來朝, 衣裝·鞵履·巾裹, 傅粉墨, 擧動如此, 使優人効之以爲戲.)諸般雜技的來, 教坊司의 여라믄 樂工과 院本에 여러 가지 雜技ᄒᆞᄂᆞ니롤 블러오라.

찬단(儹短) 동 찬단(趲短). '儹'은 '趲'과 통용. ≪集覽, 字解, 單字解, 6ㅎ≫ 趲. 잔, 上聲, 逼使走也. 又促之也. 通作儹. 又縮之也. 儹短些 조려 댜ᄅᆞ게 ᄒᆞ다. ≪朴諺, 上, 18ㅈ≫ 你饋我趲短些, 네 날을 져기 주려 주고려.

찬단(趲短) 동 줄이다. ⇔주리다. ≪集覽, 字解, 單字解, 6ㅎ≫ 趲. 잔, 上聲, 逼使走也. 又促之也. 通作儹. 又縮之也. 儹短些 조려 댜ᄅᆞ게 ᄒᆞ다. ≪朴諺, 上, 18ㅈ≫ 你饋我趲短些, 네 날을 져기 주려 주고려.

찬단사(儹短些) 동 찬단사(趲短些). '儹'은 '趲'과 통용. ≪集覽, 字解, 單字解, 6ㅎ≫

趲. 잔, 上聲, 逼使走也. 又促之也. 通作儹. 又縮之也. 儹短些 조려 ᄃᆞᄅᆞ게 ᄒᆞ다. ≪朴諺, 上, 18ㅈ≫你饋我趲短些, 네 날을 져기 주려 주고려.

찬단사(趲短些) 동 줄이어 짧게 하다. ≪集覽, 字解, 單字解, 6ㅎ≫趲. 잔, 上聲, 逼使走也. 又促之也. 通作儹. 又縮之也. 儹短些 조려 ᄃᆞᄅᆞ게 ᄒᆞ다. ≪朴諺, 上, 18ㅈ≫你饋我趲短些, 네 날을 져기 주려 주고려.

찬성(贊成) 동 동의(同意)하다. ≪朴諺, 下, 60ㅈ≫娘子柳氏(集覽, 朴集, 下, 12ㅎ: 娘子柳氏〈柳氏〉. 太祖聞之, 迎以爲妃. 後裴玄慶·申崇謙等推戴太祖, 后贊成之. 旣卽位, 策后爲元妃.)出來說道, 娘子 柳氏 ㅣ 나와 닐오ᄃᆡ.

찬적(儹積) 동 모아서 쌓다. ≪集覽, 字解, 單字解, 6ㅈ≫儹. 積也. 儹積下. 通作趲.

찬찬(趲趲) 동 나들다. 또는 서두르다. 다그치다. ⇔나아들다. ≪朴諺, 下, 30ㅈ≫四五對家簇簇趲趲的, 네다ᄉᆞᆺ 빵식 무둑무둑 나아드러.

찰(察) 동 살피다. ⇔ᄉᆞᆯ피다. ≪朴諺, 中, 22ㅈ≫以聲察聲拯悲酸於六道, 소ᄅᆡ로 뼈 소ᄅᆡ를 ᄉᆞᆯ펴 悲酸을 六道에 건디고.

찰상(擦床) 명 채칼. 채도(菜刀). ⇔혈갈. ≪朴諺, 中, 11ㅎ≫檫床兒(集覽, 朴集, 中, 2ㅈ: 擦床. 音義云, 用木小板長尺餘, 橫穿爲空二三十穴, 各用薄鉄〈鐵〉爲刃廂其中, 以蘿蔔等物按磨於鐵〈鉄〉刃之上, 其絲從穴下墜〈隊〉, 勝於刀切. 今按, 卽本國혈·갈.), 슉치칼.

찰상아(擦床兒) 명 채칼. 채도(菜刀). ⇔슉치칼. ≪朴諺, 中, 11ㅎ≫檫床兒(集覽, 朴集, 中, 2ㅈ: 擦床. 音義云, 用木小板長尺餘, 橫穿爲空二三十穴, 各用薄鉄〈鐵〉爲刃廂其中, 以蘿蔔等物按磨於鐵〈鉄〉刃之上, 其絲從穴下墜〈隊〉, 勝於刀切. 今按, 卽本國혈·갈.), 슉치칼.

찰원(察院) 명 당대(唐代)에 감찰어사(監察御史)가 있던 관아. ≪朴諺, 上, 8ㅈ≫都堂(集覽, 朴集, 上, 4ㅈ: 都堂. 唐制, 尙書省曰都堂. 元時亦有尙書省. 今按, 華制, 都察院有左右都御史·副都御史·僉都御史, 在外十三布政司及都司, 皆有御史一員, 都御史所在謂之都堂, 監察御史所在謂之察院.)捴兵官的詔書, 都堂 捴兵官의게 ᄒᆞᄂᆞᆫ 詔書라.

찰토(刹土) 명 〈불〉 부처가 있는 나라. 곧 극락(極樂)을 이른다. ≪朴諺, 中, 21ㅈ≫扇慈風於刹土(集覽, 朴集, 中, 4ㅈ: 刹土. 梵語, 刹, 此云竿, 卽幡柱也. 沙門於此法中勤苦得一法者, 便當竪幡, 以告四遠曰, 今有少欲人也云. 法苑云, 阿育王取金華金幡懸諸刹上. 瓔珞經云, 刹土, 乃聖賢所居之處. 又刹土猶言法界也. 又號伽藍曰梵刹者, 以柱爲表也.), 慈風을 刹土에 ᄇᆞᆺᄂᆞᆫ또다.

참(站) 명 역참(驛站). ≪朴諺, 中, 5ㅈ≫站家擂皷(集覽, 朴集, 中, 1ㅈ: 站家擂鼓. 舘驛門上皆設更鼓〈皷〉之樓, 凡使客入門必擊其鼓〈皷〉, 招集人衆, 應辦事務.), 站에셔 붑 티니. ≪朴諺, 中, 7ㅎ≫使臣這站裏不宿, 使臣이 이 站에 자디 아니ᄒᆞᆯ 거시니. ≪朴諺, 中, 8ㅈ≫一日九站十站家行, ᄒᆞᄅᆞ 아홉 站식 열 站식 녜거늘.

참(參) 동 ❶뵈다. 보이다. 알현하다. ⇔뵈다. ≪, 下, 11ㅎ≫喜面相參, 喜面으로 서ᄅᆞ 뵈면. ❷참견(參見)하다. 알현하다. ⇔참견ᄒᆞ다. ≪朴諺, 中, 23ㅎ≫如是菩薩不可不參, 이런 菩薩을 可히 참견티 아니티 몯ᄒᆞᆯ 거시라.

참(瞓) 동 깜작이다. ⇔ᄀᆞᆷ죽이다. ≪朴諺, 下, 44ㅎ≫瞓眼熟了, 눈 ᄀᆞᆷ죽일 사이예 니그리라.

참견(參見) 동 참견(參見)하다. 알현하다. ⇔참견ᄒᆞ다(參見-). ≪朴諺, 中, 20ㅎ≫參見觀音菩薩眞像去來, 觀音菩薩 眞像을 參見ᄒᆞ라 가쟈.

참견ᄒᆞ다 동 참견(參見)하다. 알현하다. ⇔참(參). ≪朴諺, 中, 23ㅎ≫如是菩薩不可不參, 이런 菩薩을 可히 참견티 아니티

못홀 거시라.

참견ᄒᆞ다(參見-) 동 참견(參見)하다. 알현하다. ⇔참견(參見). ≪朴諺, 中, 20ㅎ≫ 參見觀音菩薩眞像去來, 觀音菩薩 眞像을 參見ᄒᆞ라 가쟈.

참군(參軍) 명 부정(副淨)의 옛 이름. ≪朴諺, 上, 5ㅎ≫叫敎坊司十數箇樂工和做院本(集覽, 朴集, 上, 2ㅎ: 院本. 院本則五人, 一曰副淨, 古謂之叅軍, 一曰副末, 古謂之蒼鶻, 鶻能擊禽鳥, 末可打副淨, 古(故)云, 一曰引戲, 一曰末泥, 一曰孤裝, 又謂之五花爨弄.)諸般雜技的來, 敎坊司의 여라믄 樂工과 院本에 여러 가지 雜技ᄒᆞᄂᆞ니롤 블러오라.

참마(站馬) 명 각 역참(驛站)에 갖추어 둔 말. ≪朴諺, 下, 38ㅈ≫五箇鋪馬(集覽, 朴集, 下, 8ㅎ: 五箇鋪馬. 鋪馬, 站馬也.)去了, 다ᄉᆞᆺ 鋪馬로 가니라.

참신(斬新) 부 새로이. 한결같이. ⇔새로이. ≪集覽, 字解, 累字解, 1ㅈ≫剗新. 새로이. ≪集覽, 字解, 累字解, 1ㅈ≫斬新. 上同.

참안(瞓眼) 동 눈을 깜작이다. ⇔참안ᄒᆞ다(瞓眼-). ≪朴諺, 下, 44ㅎ≫瞓眼熟了, 눈 곱죽일 사이예 니그리라. ≪朴諺, 下, 51ㅈ≫瞓眼釣出箇老大的金色鯉漁(魚), 瞓眼홀 ᄉᆞ이예 ᄒᆞᆫ ᄀᆞ장 큰 금빗치 鯉魚롤 낫가 내니.

참안ᄒᆞ다(瞓眼-) 동 눈을 깜작이다. ⇔참안(瞓眼). ≪朴諺, 下, 51ㅈ≫瞓眼釣出箇老大的金色鯉漁(魚), 瞓眼홀 ᄉᆞ이예 ᄒᆞᆫ ᄀᆞ장 큰 금빗치 鯉魚롤 낫가 내니.

참월(攙越) 동 본분을 넘어서다. 권한이나 직무의 범위를 벗어나다. ≪集覽, 字解, 單字解, 2ㅎ≫挨. 音해, 平聲. 俗語挨次謂循次. 歷審無攙越之意 츤ᄎᆞ니 ᄒᆞ다. 又吏語, 挨究·挨捕.

참최(斬衰) 명 오복(五服)의 하나. 거친 베로 짓되 아랫단을 꿰매지 않고 접는 상복이다. ≪朴諺, 下, 43ㅈ≫穿着斬衰, 斬衰롤 닙엇더라.

참혹(慘酷) 형 비참하고 끔찍하다. 잔인하고 무자비하다. ≪朴諺, 中, 29ㅈ≫木椿(集覽, 朴集, 中, 7ㅈ: 木椿. 其制, 於刑人法場, 植一大柱, 縛着罪人於〈縛着罪人於其〉上, 劊子用法刀剮其肉以喂狗, 而只留〈留〉其骨, 極其慘酷, 方施大辟, 卽古之冎刑也. 劊子, 獄史刑罪人者也.)上剮了, 나모 기동에 믹고 짝가 죽이니라.

참화(參和) 동 섞다. 혼합하다. ≪朴諺, 上, 3ㅎ≫支與竹葉淸酒十五瓶·腦兒酒(集覽, 朴集, 上, 1ㅎ: 腦兒酒. 質問云, 做酒用糆麴藥料爲蘖, 久封不動, 其色紅而味最純厚. 又云, 以糯米爲之, 酒之帶糟者. 又云, 好麴〈麯〉好米作酒, 成熟粘稠有味, 不用參和.)五桶, 竹葉淸酒 十五瓶과 腦兒酒 五桶을 支與ᄒᆞ더라.

참회(懺悔) 동 〈불〉 과거의 죄를 뉘우치고 부처·보살 등 앞에서 고백하고 용서를 구하다. ⇔참회ᄒᆞ다(懺悔-). ≪朴諺, 上, 34ㅈ≫往深山裏懺悔(集覽, 朴集, 上, 10ㅎ: 懺悔. 自陳悔也. 六祖惠能大師曰, 懺者, 懺其前愆, 悔者, 悔其後過. 反(飜)譯名義云, 懺者, 首也, 悔者, 伏也. 不逆爲伏, 順從爲首, 正順道理, 不敢作非, 故名懺悔. 又修來爲懺, 改往爲悔.)去, 深山을 향ᄒᆞ야 懺悔ᄒᆞ라 가노라. ≪朴諺, 中, 24ㅈ≫誠心懺悔(集覽, 朴集, 中, 6ㅈ: 懺悔. 見上.)後不復作, 誠心으로 懺悔ᄒᆞ여 후에 다시 짓디 마쟈. ≪朴諺, 下, 10ㅈ≫你如今誠心懺悔, 네 이제란 誠心으로 懺悔ᄒᆞ여.

참회ᄒᆞ다(懺悔-) 동 〈불〉 과거의 죄를 뉘우치고 부처·보살 등 앞에서 고백하고 용서를 구하다. ⇔참회(懺悔). ≪朴諺, 上, 34ㅈ≫往深山裏懺悔去, 深山을 향ᄒᆞ야 懺悔ᄒᆞ라 가노라. ≪朴諺, 中, 24ㅈ≫誠心懺悔(集覽, 朴集, 中, 6ㅈ: 懺悔. 見上.)後不復作, 誠心으로 懺悔ᄒᆞ여 후에 다시 짓디 마쟈. ≪朴諺, 下, 10ㅈ≫你如今誠心懺悔, 네 이제란 誠心으로 懺悔ᄒᆞ여.

찻반 명 다반(茶盤). (다기를 놓는 쟁반) ⇔다반(茶盤). ≪朴諺, 中, 11ㅎ≫簸箕, 키. 篩子, 얼멍이. 馬尾羅兒, ᄆᆞᆯ총체. 卓兒, 상. 盤子, 반. 茶盤, 찻반. 擡盞, 졉잔. 壺瓶, 壺瓶. 酒鱉, 쥬벼ᄋᆞ. 銅杓, 놋쥬게를. 都收拾下着, 다 收拾ᄒᆞ여 두라.

창 명 창(窓). 창문. ❶⇔창(窓). ≪朴諺, 中, 18ㅎ≫又怕窓孔裏偸眼兒看, 또 창 굼그로 여어볼가 저페라. ≪朴諺, 中, 35ㅈ≫舌尖兒潤開了窓孔, 혓긋흐로 불워 창 굼글 뿔고. ≪朴諺, 中, 35ㅎ≫亮窓裏面把簾子幔上, 불근 창 안희 발을다가 디(티)고. ≪朴諺, 中, 58ㅈ≫把這窓孔的紙都扯了, 이 창 숨게 죵희를다가 다 믜티고. ❷⇔창아(窓兒). ≪朴諺, 中, 55ㅎ≫把這窓兒都支起着, 이 창을다가 다 벗틔오라.

창(倉) 명 곳집. 창고. ≪朴諺, 上, 11ㅈ≫今日開倉麽, 오늘 開倉ᄒᆞᄂᆞ냐.

창(唱) 동 부르다. ⇔브ᄅᆞ다. ≪朴諺, 上, 6ㅎ≫叫將唱的根前來着他唱, 노래 브ᄅᆞᄂᆞ니를 블러 앏희 와 뎌로 ᄒᆞ여 브ᄅᆞ게 ᄒᆞ라. ≪朴諺, 上, 7ㅎ≫如今唱達達曲兒, 이제 達達曲을 브ᄅᆞ고.

창(窓) 명 창. 창문. ⇔창. ≪朴諺, 中, 18ㅎ≫又怕窓孔裏偸眼兒看, 또 창 굼그로 여어볼가 저페라. ≪朴諺, 中, 35ㅈ≫舌尖兒潤開了窓孔, 혓긋흐로 불워 창 굼글 뿔고. ≪朴諺, 中, 35ㅎ≫亮窓裏面把簾子幔上, 불근 창 안희 발을다가 디(티)고. ≪朴諺, 中, 58ㅈ≫把這窓孔的紙都扯了, 이 창 숨게 죵희를다가 다 믜티고. ≪朴諺, 下, 13ㅈ≫臨窓看書亦看花, 窓에 臨ᄒᆞ여 글을 보고 또 곳출 보쟈.

창(槍) 명 창. (병장기의 하나) ≪朴諺, 下, 31ㅈ≫手柱槍的, 손에 槍을 딥흔 이.

창(漲) 동 넘다. 넘치다. ⇔넘다. ≪朴諺, 中, 58ㅈ≫風不來樹不搖, ᄇᆞ람이 부디 아니면 남기 흔드기디 아니ᄒᆞ고. 雨不來河不漲, 비 오디 아니면 믈이 넘디 아니ᄒᆞᆫ다 ᄒᆞᄂᆞ니라.

창(蒼) 형 푸르다. ≪朴諺, 上, 61ㅎ≫擎天耐寒傲雪蒼松, 擎天ᄒᆞᆫ 耐寒 傲雪ᄒᆞᄂᆞᆫ 蒼松과.

창(瘡) 명 부스럼. ≪朴諺, 上, 13ㅎ≫你那腮頰上甚麽瘡, 네 뎌 쌤에 므슴 瘡고. 不知甚麽瘡, 아디 몯ᄡᅦ라 므슴 瘡인디. ≪朴諺, 上, 13ㅎ≫將指頭那瘡口上, 손가락으로다가 뎌 瘡 부리예.

창골(蒼鶻) 명 부말(副末)의 옛 이름. ≪朴諺, 上, 5ㅎ≫叫教坊司十數箇樂工和做院本(集覽, 朴集, 上, 2ㅎ: 院本. 院本則五人, 一曰副淨, 古謂之叅軍, 一曰副末, 古謂之蒼鶻, 鶻能擊禽鳥, 末可打副淨, 古(故)云, 一曰引戲, 一曰末泥, 一曰孤裝, 又謂之五花爨弄.)諸般雜技的來, 教坊司의 여라믄 樂工과 院本에 여러 가지 雜技ᄒᆞᄂᆞ니를 블러오라.

창국현(昌國縣) 명 송대(宋代)에 두었다. 소재지는 절강성(浙江省) 주산시(舟山市)의 옛 정해현(定海縣) 지역에 있었다. ≪朴諺, 中, 20ㅎ≫南海普陀落伽山(集覽, 朴集, 中, 3ㅎ: 南海普陁落伽山. 山在寧波府定海縣, 古昌國縣海中.)裏, 南海 普陀落伽山에.

창념(唱念) 동 큰 소리로 반복하여 외우다. ⇔창념ᄒᆞ다(唱念-). ≪朴諺, 下, 8ㅎ≫唱念聲音壓衆, 唱念ᄒᆞᄂᆞᆫ 聲音은 衆을 壓ᄒᆞ고.

창념ᄒᆞ다(唱念-) 동 큰 소리로 반복하여 외우다. ⇔창념(唱念). ≪朴諺, 下, 8ㅎ≫唱念聲音壓衆, 唱念ᄒᆞᄂᆞᆫ 聲音은 衆을 壓ᄒᆞ고.

창령(窓櫺) 명 창살. ⇔창살. ≪朴諺, 下, 12ㅎ≫榱, 납. 樑, ᄆᆞᄅᆞ. 椽, 혀. 柱, 기동. 短柱, 短柱. 叉竪, 쟈슈. 門框, 門얼굴. 門扇, 門짝. 吊窓, 들창. 天窓, 울어리창. 雙扇, 샹다디. 單扇, 외다디. 窓櫺, 창살로.

창부(唱婦) 명 창부(娼婦). '唱'은 '娼'의 잘못. ≪朴諺, 上, 40ㅎ≫別處一箇官人娶娘子(集覽, 朴集, 上, 11ㅎ: 娘子. 南村輟耕[錄]云〈南村輟耕錄〉, 世謂穩婆曰老娘, 女巫曰師娘, 唱〈娼〉婦曰花娘, 達人又曰草

娘, 苗人謂妻曰夫娘, 南方謂婦人無行者曰夫娘, 謂婦人之卑賤者曰某娘, 曰幾娘, 鄙之曰婆娘.), 다른 고듸 흔 官人이 娘子롤 娶ᄒᆞ노라.

창부(娼婦) 명 창녀(娼女). 창기(娼妓). ≪朴諺, 上, 40ㅎ≫別處一箇官人娶娘子(集覽, 朴集, 上, 11ㅎ: 娘子. 南村輟耕[錄]云〈南村輟耕錄〉, 世謂穩婆曰老娘, 女巫曰師娘, 唱〈娼〉婦曰花娘, 達人又曰草娘, 苗人謂妻曰夫娘, 南方謂婦人無行者曰夫娘, 謂婦人之卑賤者曰某娘, 曰幾娘, 鄙之曰婆娘.), 다른 고듸 흔 官人이 娘子롤 娶ᄒᆞ노라.

창사(唱詞) 동 가사(歌辭)를 부르다. ⇔창사ᄒᆞ다(唱詞-). ≪朴諺, 中, 1ㅈ≫有諸般唱詞的, 여러 가지 唱詞ᄒᆞᄂᆞᆫ 이 이시며.

창사ᄒᆞ다(唱詞-) 동 가사(歌辭)를 부르다. ⇔창사(唱詞). ≪朴諺, 中, 1ㅈ≫有諸般唱詞的, 여러 가지 唱詞ᄒᆞᄂᆞᆫ 이 이시며.

창살 명 창살. ⇔창령(窓櫺). ≪朴諺, 下, 12ㅎ≫檁, 납. 樑, ᄆᆞᄅᆞ. 椽, 혀. 柱, 기동. 短柱, 短柱. 叉竪, 쟈슈. 門框, 門얼굴. 門扇, 門짝. 吊窓, 들창. 天窓, 울어리창. 雙扇, 상다디. 單扇, 외다디. 窓櫺, 창살로.

창송(蒼松) 명 짙푸른 소나무. ≪朴諺, 上, 61ㅎ≫擎天耐寒傲雪蒼松, 擎天흔 耐寒 傲雪ᄒᆞᄂᆞᆫ 蒼松과.

창수(槍手) 명 창(槍)을 주 무기로 삼던 병졸. ≪朴諺, 下, 53ㅈ≫着當該地分弓手(集覽, 朴集, 下, 12ㅈ: 弓手. 文獻通考曰, 弓手, 兵号, 如弩手·槍手之類.)人等, 當該 地分 弓手人 等으로 ᄒᆞ여.

창아(窓兒) 명 창(窓). 창문. ⇔창. ≪朴諺, 中, 55ㅎ≫把這窓兒都支起着, 이 창을다가 다 벗틔오라.

창야(唱喏) 동 읍(揖)하다. ⇔읍ᄒᆞ다. ≪朴諺, 上, 44ㅎ≫師傅上唱喏(集覽, 朴集, 上, 12ㅎ: 唱喏. 揖也. 詞曲曰, 一箇唱, 百箇喏, 謂一人呼唱於上, 衆人應諾於下. 如將帥在營幕下, 軍卒投謁於前者列立於〈軍卒投謁於前者列於〉庭, 將帥發一令語, 則衆下齊聲以應. 凡里巷子弟拜謁父兄亦然. 因謂揖曰唱喏, 未詳是否. 但家禮集註說云, 揖者, 拱手着胷也. 恐非所謂唱喏也. 今中朝俗以鞠躬拱手爲唱喏.), 스승님씌 읍ᄒᆞ고.

창우(娼優) 명 광대. 배우. 또는 기생. ≪朴諺, 中, 9ㅈ≫你與我甘結(集覽, 朴集, 中, 2ㅈ: 甘結. 今按, 如保擧人材者, 必寫稱所擧之人, 並無喪過及干娼優子嗣, 委的賢能, 如虛甘伏重罪云云.), 네 날을 甘結과 應付롤 주고려.

창원(唱諢) 명 송대(宋代) 설창문학(說唱文學)의 하나인 합생(合生) 중 우스갯소리로 웃기는 극(劇). ≪朴諺, 上, 5ㅎ≫叫教坊司十數箇樂工和做院本(集覽, 朴集, 上, 2ㅎ: 院本. 南村輟耕錄云, 唐有傳奇, 宋有戲曲·唱諢·詞說, 金有雜劇·諸宮調.)諸般雜技的來, 教坊司의 여라믄 樂工과 院本에 여러 가지 雜技ᄒᆞᄂᆞ니롤 블러오라.

창출채(蒼朮菜) 명 삽주. (국화과의 여러해살이풀) ⇔삽듀치. ≪朴諺, 中, 34ㅎ≫買些拳頭菜, 져기 고사리치. 貫衆菜, 회초미치. 搖頭菜, 두롭치. 蒼朮菜來, 삽듀치롤 사 오라.

창포(菖蒲) 명 창포. (천남성과의 여러해살이풀) ⇔포(蒲). ≪朴諺, 中, 58ㅎ≫你家裏不有菖蒲來, 네 집의 菖蒲ㅣ 잇디 아니ᄒᆞ냐. ≪朴諺, 中, 58ㅎ≫把那蒲葉兒來做席子, 뎌 菖蒲 닙흘다가 자리 민ᄃᆞ라. ≪朴諺, 下, 1ㅈ≫着菖蒲末兒撒的匀了着, 菖蒲 ᄀᆞᄅᆞ로 쁘리기롤 고로게 ᄒᆞ고.

채 명 ❶채. ⇔불자(拂子). ≪朴諺, 中, 55ㅎ≫將蠅拂子來都赶了, ᄑᆞ리채 가져다가 다 쫓고. ❷채찍. ⇔편(鞭). ≪朴諺, 上, 24ㅈ≫君子一言快馬一鞭, 君子ᄂᆞᆫ 一言이오 快馬ᄂᆞᆫ 一鞭이라 ᄒᆞᄂᆞ니라. ≪朴諺, 上, 36ㅎ≫鐵人鐵馬不着鐵鞭不下馬, 쇠사롬 쇠ᄆᆞᆯ씌 쇠채 아니면 ᄆᆞᆯ씌 ᄂᆞ리디 아니ᄒᆞᄂᆞᆫ 거시여.

채(倸) 동 상대하다. 거들떠보다. 아랑곳하다. 관심을 가지다. ⇔긔수ᄒᆞ다. ≪集覽,

字解, 單字解, 7ㅈ≫保. 音采. --, 聽理. 採用之謂. 保一保 채ᄒᆞ다. 不保 듣디 아니ᄒᆞ다. 又作揪保. ≪朴諺, 上, 31ㅎ≫他保也不保, 뎨 긔수홀 ᄃᆡ 긔수티 아니ᄒᆞ고. ≪朴諺, 中, 8ㅈ≫他不保好生打, 뎨 긔수티 아닐 거시니 ᄀᆞ장 티라. ≪朴諺, 中, 31ㅈ≫半點也不保, 半點도 긔수티 아니터라. 他要變時誰保他, 뎨 변코져 ᄒᆞ면 뉘 뎌를 긔수ᄒᆞ리오.

채(菜) 명 나물. ⇔ᄂᆞ믈. ≪朴諺, 上, 5ㅈ≫攢鴿子彈(集覽, 朴集, 上, 2ㅎ: 攢鴿子彈. 質問云, 鴿子彈糝於滾肉湯食之. 又云, 用肉湯在鍋, 再加椒料·菜·葱花, 燒火至滾沸, 方下鴿子卵, 盛之於碗, 以獻賔客.), 비둘기 알 ᄉᆞᆯ믄 이와. ≪朴諺, 中, 33ㅈ≫聽的賣菜子的過去麽, 드ᄅᆞ라 ᄂᆞ믈 ᄡᅵ 풀리 디나가ᄂᆞ냐. 買些菜子兒, 져기 ᄂᆞ믈 ᄡᅵ를 사. ≪朴諺, 中, 33ㅎ≫種菜來, ᄂᆞ믈 시므쟈. ≪朴諺, 中, 33ㅎ≫種甚麽菜來, 므슴 ᄂᆞ믈을 시므료. ≪朴諺, 中, 34ㅈ≫拔野菜去, 들ᄂᆞ믈을 ᄏᆡ라 가되. ≪朴諺, 中, 34ㅎ≫着那丫頭菜市裏, 뎌 丫頭로 ᄂᆞ믈 져제.

채(債) 동 빗[債]지다. ⇔빗지다.≪集覽, 字解, 單字解, 6ㅈ≫少. 多少. 又欠也. 少甚麽 므스거시 업스뇨. 少債 ᄂᆞᄆᆡ 비들 ᄡᅥ디워 잇다. 又缺也. 缺少口粮 양시기 그처디다. ≪朴諺, 上, 32ㅈ≫人貧只爲慳少債快說謊, 사ᄅᆞᆷ이 가난ᄒᆞ면 그저 다랍고 빗지면 거즛말 니ᄅᆞ기 잘ᄒᆞᆫ다 ᄒᆞᄂᆞ니라.

채(債) 명 빗[債]. ❶⇔빋. ≪集覽, 字解, 單字解, 4ㅎ≫討. 求也, 探也. 討去 어드라 가다, 討債去 빋 주니 바ᄃᆞ라 가다, 討價錢 빋 받다. 又本國傳習之解曰 빋 쇠오다, 亦通. ≪集覽, 字解, 單字解, 6ㅈ≫少. 多少. 又欠也. 少甚麽 므스거시 업스뇨. 少債 ᄂᆞᄆᆡ 비들 ᄡᅥ디워 잇다. 又缺也. 缺少口粮 양시기 그처디다. ❷⇔빗. ≪朴諺, 上, 32ㅈ≫債不殺人, 빗이 사ᄅᆞᆷ을 죽게 아니ᄒᆞᄂᆞ냐. ≪朴諺, 上, 32ㅈ≫人貧只爲慳少債快說謊, 사ᄅᆞᆷ이 가난ᄒᆞ면 그저 다랍고 빗지면 거즛말 니ᄅᆞ기 잘ᄒᆞᆫ다 ᄒᆞᄂᆞ니라. ≪朴諺, 中, 27ㅈ≫一箇放債財主, ᄒᆞᆫ 빗 주기 ᄒᆞᄂᆞᆫ 財主.

채(踹) 동 밟다. ≪朴諺, 中, 40ㅎ≫只怕躧(集覽, 朴集, 中, 7ㅎ: 躧. 音義云, 跐, 音채, 躧通用, 後同. 今按, 舊本作躧. 韻書, 跐, 音재, 又ᄌᆞ. 躧, 音새, 又시. 兩字爲채音者, 韻書不收, 而俗讀則俱從채音, 並上聲. 今亦從之. 字學啓蒙, 字作踹.)破了, 그저 ᄇᆞᆯ와 쁘릴가 저페라.

채문(彩門) 명 포구락(抛毬樂)을 할 때 세우는, 오색(五色)의 깁으로 장식한 가자(架子). ≪朴諺, 下, 35ㅈ≫咱打那一箇窩兒(集覽, 朴集, 下, 7ㅎ: 窩兒. 又一本質問畫毬門架子, 如本國抛毬樂架子. 而云木架子, 其高一丈, 用五色絹結成彩門, 中有圓眼, 擊起毬兒入眼過落窩者勝.), 우리 어ᄂᆡ ᄒᆞᆫ 굼글 티료.

채방사(採訪使) 명 채방처치사(採訪處置使)의 준말. 당(唐)나라 현종(玄宗) 개원(開元) 21년(733)에 중국을 15도(道)로 나누어 각 도에 두었다. 옥사(獄事)를 관장하고 소속 주현(州縣)의 관리를 감찰하였다. ≪朴諺, 上, 5ㅎ≫叫教坊司十數箇樂工和做院本(集覽, 朴集, 上, 2ㅎ: 院本.質問云, 院本有曰外, 或粧先生·採訪使·考試官·老人·達達之類, 皆是外扮, 曰淨, 有男淨·有女淨, 亦做醜態, 專一弄言取人歡笑.)諸般雜技的來, 教坊司의 여라믄 樂工과 院本에 여러 가지 雜技ᄒᆞᄂᆞ니를 블러오라.

채백(彩帛) 명 오색의 무늬를 넣어서 짠 비단. ≪朴諺, 中, 1ㅎ≫弄寶盖(集覽, 朴集, 中, 1ㅈ: 弄寶盖. 凡優人以造化鳥爲戲時, 一人擎一彩帛葆盖, 先入優場, 以告戲雀之由. 次有一人捧一雀以入作戲. 如本節〈莭〉所云, 造化鳥 죵〈죵〉다리, 雄曰銅觜, 雌曰鑞觜.)的, 寶盖 농ᄒᆞᄂᆞᆫ 이ᄂᆞᆫ.

채색(彩色) 명 여러 가지 고운 빛깔. ≪集覽, 字解, 單字解, 1ㅎ≫料. 凡人飼馬, 或用小黑豆, 或用蜀黍雜飼之. 故凡稱飼馬

穀豆曰料. 又該用物色雜稱曰物料, 造屋材木曰木料, 入畫彩色曰顔料. 又量也. 又理也. ≪朴諺, 上, 24ㅎ≫絟着一副鴉青段子滿刺(刺)嬌(集覽, 朴集, 上, 8ㅈ: 滿刺〈刺〉嬌. 質問云, 以蓮花·荷葉·藕〈耦〉·鴛鴦·蜂蝶之屬〈形〉, 或用五色絨綉, 或用彩色畫於段帛上, 謂之滿池嬌.)護膝, ᄒᆞᆫ 부 야쳥 비단에 滿刺(刺)嬌 ᄒᆞᆫ 슬갑을 미엿고. ≪朴諺, 下, 46ㅎ≫手拿結線鞭(集覽, 朴集, 下, 10ㅈ: 手拿結線鞭. 鞭子用柳枝, 長二尺四寸, 按二十四氣, 上用結子. 立春在孟日用麻, 仲日用苧, 季日用絲, 用五彩色醮染.), 손에 結線鞭을 잡고.

채석강(采石江) 명 중국 안휘성(安徽省) 마안산시(馬鞍山市) 장강(長江)의 동쪽, 우저산(牛渚山)의 아래에 있다. 이백(李白)이 술에 취하여 달을 바라보고 감상하며 즐기다가 빠져 죽은 곳이라 한다. ≪朴諺, 下, 51ㅎ≫也不想李白摸月(集覽, 朴集, 下, 11ㅎ: 李白摸月. 李白, 唐玄宗朝詩人也. 泛采石江, 見月影滿水, 以手弄月, 身飜〈翻〉而死.), 또 李白의 摸月을 ᄉᆡᆼ각디 아니ᄒᆞ고.

채소(菜蔬) 명 나물. ⇔ᄂᆞ믈. ≪朴諺, 上, 4ㅈ≫菜蔬, 菜蔬ㅣ오. ≪朴諺, 中, 6ㅈ≫諸般菜蔬·鷄鴠和升·斗·等子, 여러 가지 ᄂᆞ믈과 ᄃᆞᆰ긔알과 되과 말과 저울을.

채용(採用) 동 채용하다. 채택(採擇)하다. ≪集覽, 字解, 單字解, 7ㅈ≫倸. 音采. --, 聽理, 採用之謂. 倸一倸 채ᄒᆞ다. 不倸 듣디 아니ᄒᆞ다. 又作揪倸. ≪朴諺, 中, 59ㅎ≫颩在樻子閣落(集覽, 朴集, 中, 9ㅈ: 閣落. 按韻〈韵〉書, 栲栳, 木名, 筹筐, 柳器. 並音코랖, 皆上聲, 與本語字音大不相同. 但免疑韻略〈韵略〉及字學啓蒙字作旭旮, 音·ᄀᆞ랖. 此二字乃俗之自撰, 諸韻〈韵〉書所不收, 今不採用.)裡, 궤 구석에 드리티고.

채운(彩雲) 명 여러 빛깔로 아롱진 고운 구름. ≪朴諺, 中, 32ㅎ≫五色彩雲籠罩, 五色 彩雲이 ᄡᅴ엿고.

채원(菜園) 명 채소를 심어 가꾸는 규모가 큰 밭. ≪朴諺, 中, 34ㅎ≫那厮把菜園脩理的好着, 뎌 놈아 菜園을다가 脩理ᄒᆞ기를 잘ᄒᆞ고.

채윤공(蔡允恭) 명 수·당대(隋唐代) 형주(荊州) 강릉(江陵) 사람. 당초(唐初) 진왕부(秦王府) 십팔학사(十八學士)의 한 사람. 수 양제(隋煬帝)와 우문화급(宇文化及)·두건덕(竇建德)을 섬기다가 당에서 태자 세마(太子洗馬)를 지냈다. 시(詩)에 능하였다. ≪朴諺, 中, 44ㅎ≫掛十八學士(集覽, 朴集, 中, 8ㅈ: 十八學士. 唐太宗秦王時, 開館延文學之士, 杜如晦·房玄齡〈岭〉·虞世南·褚遂良·姚思廉·李玄道·蔡允恭·薛元敬·顔相時·蘇勗·于志寧·蘇世長·薛收·李守素·陸德明·孔穎達·蓋文達·許敬宗爲文學館學士, 分爲三番, 更日直宿.)大畫, 十八學士 그린 큰 그림을 걸고.

채일채(倸一倸) 동 상대하다. 거들떠보다. 아는 체하다. ⇔채ᄒᆞ다. ≪集覽, 字解, 單字解, 7ㅈ≫倸. 音采. --, 聽理, 採用之謂. 倸一倸 채ᄒᆞ다. 不倸 듣디 아니ᄒᆞ다. 又作揪倸.

채장(彩杖) 명 채색으로 장식한 의장(儀仗). ≪朴諺, 下, 45ㅈ≫宋舍看打春(集覽, 朴集, 下, 9ㅎ: 打春. 至日黎明, 官吏具香花·燈燭爲壇, 以祭先農. 至立春時, 官吏行禮畢, 各執彩杖, 環擊土牛者三, 以示勸農之意.)去來, 宋개아 닙츈 노롯ᄒᆞᄂᆞᆫ 양 보라 가쟈.

채정(彩亭) 명 채정자(彩亭子). ≪朴諺, 下, 46ㅈ≫前面彩亭裡頭, 前面 彩亭 안희.

채정자(彩亭子) 명 채색 비단으로 꾸며 받쳐 드는 작은 정자 모양의 기구. ≪朴諺, 下, 42ㅎ≫諸般彩亭子(集覽, 朴集, 下, 9ㅈ: 彩亭子. 亦以彩絹結作小輿, 爲前導. 漢俗皆於白日送殯, 凡結飾車輿·幢幡·傘蓋及紙造人馬爲前導者, 連亘四五十步. 僧尼·道士及鼓〈皷〉樂·鍾鈸塡咽大路, 遠近大小親鄰〈隣〉男女, 前後導從者, 不知幾

人, 後施夾障從之.), 여러 가지 彩亭子를 셰내고.

채채(保保) 동 아는 체하다. ≪集覽, 字解, 單字解, 7ㅈ≫保. 音采. --, 聽理, 採用之謂. 保一保 채ᄒᆞ다. 不保 듣디 아니ᄒᆞ다. 又作揪保.

채ᄒᆞ다 동 상대하다. 거들떠보다. 아랑곳하다. 관심을 가지다. ⇔채일채(保一保). ≪集覽, 字解, 單字解, 7ㅈ≫保. 音采. --, 聽理.採用之謂. 保一保 채ᄒᆞ다. 不保 듣디 아니ᄒᆞ다. 又作揪保.

처(妻) 명 아내. ≪朴諺, 中, 29ㅈ≫妻賢夫省事官淸民自安, 妻ㅣ 어딜면 지아븨 일이 덜리이고 官이 물그면 ᄇᆡᆨ셩이 스스로 편안ᄒᆞᄂᆞ니라.

처(處) 명 곳. ❶⇔곧. ≪集覽, 字解, 單字解, 6ㅈ≫多. 多少 언메나. 又許多 하나한. 又餘也. 三十里多地 삼십 리 나믄 ᄯᅡ. 吏語, 多餘. 又過也. 有甚麼多處 므스기 너믄 고디 이시리오. 又重也. 므스기 앗가온 고디 이시리오. ≪朴諺, 上, 40ㅎ≫別處一箇官人娶娘子, 다른 고ᄃᆡ ᄒᆞᆫ 官人이 娘子를 娶ᄒᆞ노라. ≪朴諺, 上, 55ㅈ≫我要打圍處騎的快走的馬, 내 산영ᄒᆞᄂᆞᆫ 고ᄃᆡ ᄐᆞᆯ 잘 ᄃᆞᆫᄂᆞᆫ ᄆᆞᆯ을 사고져 ᄒᆞ노라. ≪朴諺, 中, 51ㅎ≫我別處有些緊勾當去, 내 다른 고ᄃᆡ 져기 긴ᄒᆞᆫ 일이 이셔 가노라. ≪朴諺, 下, 55ㅈ≫我別處望相識去來, 내 다른 고ᄃᆡ 아ᄂᆞᆫ 이를 보라 가. ❷⇔곳. ≪朴諺, 上, 23ㅎ≫到處裏破別人誇自巳(己), 간 곳마다 다른 사ᄅᆞᆷ을 해야ᄇᆞ리며 내 몸을 쟈랑ᄒᆞ고. ≪朴諺, 上, 33ㅎ≫無處發落, 發落ᄒᆞᆯ 곳이 업고. ≪朴諺, 上, 35ㅈ≫那稍兒到處, 뎌 긋 간 곳을. ≪朴諺, 上, 55ㅈ≫空處寫大吉利, 뷘 곳에 大吉利라 쓰거나. ≪朴諺, 上, 59ㅈ≫有甚麼遲處, 므슴 더딘 곳이 이시리오. ≪朴諺, 中, 23ㅎ≫速詣其處, ᄲᆞᆯ리 그 곳에 나아가. ≪朴諺, 中, 30ㅎ≫他如今喫的穿的無處發落裏, 뎨 이제ᄂᆞᆫ 먹을 것 닙을 것시 發落ᄒᆞᆯ 곳이 업스니라. ≪朴諺, 中, 35ㅎ≫着釘子釘在三四處, 못으로 세네 곳을 박고. 着鋸鈒兒釘在兩三處, ᄇᆡ목으로 두세 곳을 박고. ≪朴諺, 中, 41ㅈ≫殺了有甚麼多處, 죽인들 므슴 앗가온 곳이 이시리오. ≪朴諺, 中, 57ㅈ≫有甚麼討價錢處, 므슴 갑슬 ᄢᅬ올 곳이 이시리오. ≪朴諺, 中, 58ㅎ≫不知道葉兒用處, 닙 ᄡᅳᄂᆞᆫ 곳은 아디 못ᄒᆞ더니. ≪朴諺, 下, 5ㅎ≫這一脫兒無處絟, 이 ᄒᆞᆫ 긋틀 ᄆᆡᆯ 곳이 업세라. 這高處鑽些土, 이 노픈 곳의 ᄒᆞᆰ을 ᄯᅮᆯ고. ≪朴諺, 下, 28ㅎ≫這的有甚麼商量處, 이아 므슴 혜아릴 곳이 이시리오. ≪朴諺, 下, 54ㅈ≫到某處, 아모 곳에 가. ≪朴諺, 下, 52ㅎ≫約至某處, 거의 아므 곳에 가되.

처(處) 명 데. ⇔ᄃᆡ. ≪朴諺, 上, 20ㅎ≫絟在陰凉處, 서늘ᄒᆞᆫ ᄃᆡ ᄆᆡ여 두고. ≪朴諺, 上, 55ㅈ≫東角頭牙家去處廣, 동녁 모롱이에 즈름 가ᄂᆞᆫ ᄃᆡ 만ᄒᆞ니. ≪朴諺, 中, 17ㅈ≫醬麴今年沒處尋, 메조를 올ᄒᆡ 어들 ᄃᆡ 업더니. ≪朴諺, 下, 6ㅈ≫咳我到處裏做生活時, 애 내 간 ᄃᆡ마다 셩녕을 호ᄃᆡ. ≪朴諺, 下, 40ㅈ≫他別處畫了一箇官人的影來, 뎨 다른 ᄃᆡ ᄒᆞᆫ 官人의 얼굴을 그리니.

처분(處分) 명 일정한 대상의 처리에 대한 지시나 결정. ≪朴諺, 下, 53ㅈ≫伏取處分, 업ᄃᆡ여 處分을 取ᄒᆞ노이다.

처사(處士) 명 예전에 벼슬을 하지 아니하고 초야에 묻혀 살던 선비. ≪朴諺, 中, 21ㅎ≫或分身居士·宰官(集覽, 朴集, 中, 5ㅈ: 居士宰官. 禮記玉藻曰, 居士錦帶. 注, 道藝處士也.), 或 居士·宰官에 分身ᄒᆞ고.

처실(妻室) 명 아내. 처(妻). ≪朴諺, 中, 16ㅎ≫大娘(集覽, 朴集, 中, 3ㅈ: 大娘. 今按, 汎稱尊長妻室曰大娘, 又稱人之正妻曰大娘, 妾曰小娘.)身子好麼, 大娘의 몸이 됴흐신가.

처엄 명 처음. ❶⇔두(頭). ≪朴諺, 下, 14ㅎ≫頭到發落公事, 처엄으로 公事를 發落ᄒᆞ

여. ❷⇔위두(爲頭). ≪朴諺, 中, 47ㅎ≫ 爲頭兒他瞞別人來, 처엄은 뎨 놈을 소겻더니.

처음 명 처음. ⇔위두(爲頭). ≪朴諺, 上, 21ㅈ≫爲頭兒只半筐兒草, 처음은 그저 반 광조리 여믈을.

처처(處處) 명 여러 곳. 또는 이곳저곳. ⇔곳곳. ≪朴諺, 中, 60ㅎ≫衙門處處向南開(集覽, 朴集, 中, 9ㅈ: 衙門處處向南開. 南村輟耕錄云, 凡衙門皆坐北南向者, 南方屬離卦, 離虛中則聰. 又南方火位, 火明則能破暗, 故表南面聰〈聡〉明, 爲民治愚暗之事. 臺門必北開者, 取肅殺就陰之象.), 衙門이 곳곳이 南을 향ᄒᆞ여 여러시나.

척(尺) 의 재[尺]. ❶⇔자. ≪朴諺, 上, 43ㅈ≫紫官素段子一尺, ᄌᆞ뎍 구읫나기 믠비단 ᄒᆞᆫ 자과. ≪朴諺, 上, 43ㅎ≫三尺半白淸水絹, 석 자 반 제믈엣 깁이야. ≪朴諺, 下, 31ㅎ≫三尺寬肩膀, 석 자나 너른 엇게오. ≪朴諺, 下, 31ㅈ≫身長六尺, 身長이 六尺이오. ≪朴諺, 下, 46ㅈ≫十尺來長尾子, 열 자 길의 ᄭᅩ리와. ❷⇔자ㅎ. ≪朴諺, 中, 43ㅈ≫每日馬肚皮塵埋三尺, ᄆᆡ일에 ᄆᆞᆯ 빗가족에 틧글이 석 자히나 무텻고.

척(隻) 의 ❶개. ≪朴諺, 下, 7ㅎ≫放着一箇三隻脚鐵蝦蟆兒便是, ᄒᆞᆫ 세 발 가진 쇠두텁이 노흔 거시 곳 이라. ❷짝. 쪽. ≪朴諺, 上, 19ㅎ≫把一對八珠環兒(集覽, 朴集, 上, 7ㅎ: 八珠環. 귀·엿골·회. 以珍〈珎〉珠大者四顆連綴爲一隻, 一雙〈雙〉共八珠.), ᄒᆞᆫ 빵 八珠環과. ❸척. ≪朴諺, 上, 62ㅈ≫官人們也上幾隻舡, 官人들도 여러 ᄇᆡ에 올라.

척(踢) 동 차다. ❶⇔차다. ≪朴諺, 中, 1ㅎ≫吊下來踢上去, ᄂᆞ려오거든 차 올려. ❷⇔ᄎᆞ다. ≪朴諺, 上, 17ㅎ≫一冬裏踢建子, ᄒᆞᆫ 겨울은 뎌기ᄎᆞ기 ᄒᆞ고.

척(擲) 동 던지다. ⇔더디다. ≪朴諺, 中, 49ㅎ≫是我先擲, 이 내 몬져 더디마. 你怎麼先擲, 네 엇디 몬져 더딜짜. ≪朴諺, 中, 50ㅈ≫不要聒譟連忙擲, 짓궤디 말고 밧비 더디라.

척(雙) 의 쌍(雙). ≪朴諺, 上, 19ㅎ≫把一對八珠環兒(集覽, 朴集, 上, 7ㅎ: 八珠環. 귀·엿골·회. 以珍〈珎〉珠大者四顆連綴爲一隻, 一雙〈雙〉共八珠.), ᄒᆞᆫ 빵 八珠環과.

척건자(踢建子) 명 제기차기. ⇔뎌기ᄎᆞ기. ≪朴諺, 上, 17ㅎ≫一冬裏踢建子(集覽, 朴集, 上, 6ㅎ: 建子. 아ᄒᆡ〈아히〉 ᄎᆞ·는 뎌기. 建, 免疑雜韻〈韵〉內字作毽, 音健, 俗自撰也.), ᄒᆞᆫ 겨울은 뎌기ᄎᆞ기 ᄒᆞ고.

척기구(踢氣毬) 명 축국(蹴鞠) 한 가지. 머리털로 속을 채운 가죽으로 된 공을 차는 운동인데, 본래는 무예를 단련하는 용도로 쓰이다가 뒤에 잡기(雜技) 놀이의 하나가 되었다. ≪朴諺, 下, 35ㅈ≫却打花房窩兒(集覽, 朴集, 下, 7ㅎ: 花房窩兒. 但今漢俗未見兩毬, 而惟見踢氣毬者, 卽古之蹴踘也. 此節〈莭〉打毬兒又與〈如〉上卷打毬兒, 名同事異.), 또 花房 굼글 티쟈.

척맥(尺脈) 명 맥박의 하나. 손목 뼈마디에서 한 치[寸]쯤 되는 곳에 있다. ≪朴諺, 中, 15ㅈ≫尺脉較沈(集覽, 朴集, 中, 3ㅈ: 尺脉較沈. 人手有寸·關·尺三部脉. 尺脉主腎命門, 屬水而沈. 脾屬土, 凡人飮食傷脾土, 則土不克水而見沈, 脉較差也. 脉沈, 又見老乞大集覽.), 尺脉이 젹이 沈ᄒᆞ니.

척배(脊背) 명 등[背]. ⇔등. ≪朴諺, 下, 21ㅈ≫脊背上咬一口, 등을 ᄒᆞᆫ 번 므니.

척아(脊兒) 명 등[背]. ⇔등. ≪朴諺, 上, 15ㅎ≫脊兒平正着, 등을 平正히 ᄒᆞ려 ᄒᆞ노라.

천(千) 관 천(千). ⇔쳔. ≪朴諺, 下, 43ㅎ≫三寸氣在千般有, 三寸 氣ㅣ 이시매 쳔 가지나 잇다가. 一日無常萬事休, 一日에 常이 업ᄉᆞ면 萬事ㅣ 休ᄒᆞᄂᆞ니라.

천(川) 명 ❶맹물. (그 자체에서 우러난 물) ⇔믠믈. ≪朴諺, 上, 5ㅈ≫川炒(集覽, 朴集, 上, 2ㅎ: 川炒. 音義云, 믠므레〈믠믈에〉 炒ᄒᆞᆫ 猪肉. 今按, 川炒, 塩水炒也.)猪肉, 제믈에 쵸ᄒᆞᆫ 뎨육과. ❷제물. (그 자

체에서 우러난 물) ⇔제믈. ≪朴諺, 上, 5ㅈ≫川炒(集覽, 朴集, 上, 2ㅎ: 川炒. 音義云, 민므레〈민믈에〉 炒흔 猪肉. 今按, 川炒, 塩水炒也.)猪肉, 제믈에 쵸흔 뎨육과.

천(天) 명 하늘. ❶⇔하늘. ≪朴諺, 上, 1ㅈ≫洪福齊天, 큰 福이 하늘과 ᄀ즉ᄒ야. ≪朴諺, 上, 37ㅎ≫滿天星宿一箇月三條繩子由你曳, 하늘에 ᄀ득흔 星宿에 흔 돌을 세 오리 노흐로 제대로 ᄉ으는 거시여. ≪朴諺, 上, 38ㅈ≫鑽天錐下大水, 하늘 뚤는 송곳 아릐 큰 믈이여. ≪朴諺, 中, 29ㅎ≫咳今日天氣冷殺人, 애 오늘 하늘 긔운이 차 사름을 죽게 ᄒ니. ≪朴諺, 中, 35ㅈ≫今年天旱田禾不收, 올히 하늘이 ᄆ므라 田禾를 거도디 못ᄒ여시니. ≪朴諺, 下, 31ㅎ≫這的擎天白玉柱, 이는 하늘을 바텬는 白玉柱ㅣ오. ❷⇔하늘ㅎ. ≪朴諺, 中, 58ㅈ≫這的便是仰面唾天, 이거시 곳 잣바 하늘헤 춤 바틈이로다.

천(串) 동 궤다. ❶⇔쎄다. ≪朴諺, 上, 28ㅈ≫底下垂下着兩頭青珠兒結串的駝毛肚帶, 미틔 드리온 거슨 두 머리예 프른 구슬로 믹자 쎄온 약대 털로 흔 빗대오. ≪朴諺, 中, 34ㅈ≫着針線串上, 바늘실로 쎄여. ❷⇔쉐다. ≪朴諺, 下, 25ㅈ≫沒有, 업고. 青白間串的上等玉珠兒有幾串, 青白 섯거 쉔 샹등 옥구슬 여러 쉐옴이 이셰라.

천(串) 의 궤미. ⇔쉐옴. ≪朴諺, 下, 25ㅈ≫沒有, 업고. 青白間串的上等玉珠兒有幾串, 青白 섯거 쉔 샹등 옥구슬 여러 쉐옴이 이셰라. ≪朴諺, 下, 26ㅈ≫燒子二兩家賣了幾串, 구은 이예 두 냥식 몃 쉐옴이나 ᄑ란는다.

천(穿) 동 ❶입다[服]. ⇔닙다. ≪朴諺, 上, 47ㅎ≫却穿衣服喫幾盞閉風酒, 또 옷 닙고 여러 잔 閉風酒를 먹으면. ≪朴諺, 中, 30ㅎ≫他如今喫的穿的無處發落裏, 데 이제는 먹을 것 닙을 것시 發落홀 곳이 업스니라. ≪朴諺, 中, 51ㅎ≫將我木綿衣撒來穿, 내 목면 이삭딕녕을 가져오라 닙쟈. ≪朴諺, 下, 43ㅈ≫穿着斬衰, 斬衰를 닙엇더라. ≪朴諺, 下, 47ㅈ≫身穿黃袍, 몸에 黃袍를 닙고. ❷입히다[服]. ⇔닙피다. ≪朴諺, 下, 60ㅎ≫穿與太祖身上, 太祖의 몸에 닙피니. ❸신다. ⇔신다. ≪朴諺, 上, 24ㅎ≫脚穿着皀麂皮嵌金線藍條子, 발에 신은 거슨 거믄 기ᄌ피예 金線남 오리로 갸품 ᄢ고. ≪朴諺, 上, 67ㅈ≫今日脫靴上炕, 오늘 훠를 벗고 炕에 올랏다가. 明日難保得穿, 닉일 어더 신기를 밋기 어렵다 ᄒᄂ니라. ≪朴諺, 下, 30ㅈ≫穿着花袴皀靴的勇士, 아롱바디예 거믄 훠 신은 勇士ㅣ. ≪朴諺, 下, 31ㅈ≫脚穿着朝雲靴, 발에 朝雲靴를 신고. ≪朴諺, 下, 47ㅈ≫脚穿朝雲靴, 발에 朝雲靴를 신고.

천(淺) 형 얕다. 얇다. ≪朴諺, 上, 22ㅈ≫你一般淺見薄識的人, 너 ᄀ튼 淺見 薄識엣 사름이.

천(釧) 명 팔찌. ≪朴諺, 上, 19ㅎ≫一對釧兒(集覽, 朴集, 上, 7ㅎ: 釧. 事物紀原云, 黃帝時, 西王母獻〈献〉白環, 舜時亦獻〈献〉. 通俗文云, 環臂謂之釧. 漢順帝時有功者賜金釧, 亦曰環釧.), 흔 빵 풀쇠로다가 ᄒ련노라.

천(賤) 형 천(賤)하다. 값싸다. 헐하다. ❶⇔천ᄒ다(賤-). ≪朴諺, 上, 46ㅎ≫今年較賤些箇, 올히 젹이 賤ᄒ니. ≪朴諺, 中, 14ㅈ≫草料貴賤, 딥과 콩이 貴ᄒ더냐 賤ᄒ더냐. ❷⇔쳔ᄒ다. ≪朴諺, 上, 14ㅎ≫好物不賤賤物不好, 됴흔 거슨 쳔티 아니ᄒ고 쳔흔 거슨 됴티 아니ᄒ니라. ≪朴諺, 中, 14ㅎ≫今年好生賤了, 올흔 ᄀ장 쳔ᄒ더라.

천(賤) 형 천(賤)하다. 낮다. 비천하다. ⇔쳔ᄒ다. ≪朴諺, 中, 17ㅎ≫人離鄉賤物離鄉貴, 사름이 離鄉ᄒ면 쳔ᄒ고 物이 離鄉ᄒ면 貴타 ᄒᄂ니라.

천(濺) 동 뿌리다. 또는 흩어져 퍼지다. ≪朴諺, 上, 39ㅈ≫狗有濺草之恩, 개는 濺草흔 恩이 잇고. 馬有垂繮之報, 믈은 垂繮흔 報ㅣ 잇다 ᄒ니라.

천견(淺見) 명 얕은 견문이나 견해. ≪朴諺, 上, 22ㅈ≫你一般淺見薄識的人, 너 ᄀᆞ튼 淺見 薄識엣 사ᄅᆞᆷ이.

천결(串結) 동 줄에 꿰어 묶다. ≪朴諺, 上, 41ㅈ≫珠鳳冠(集覽, 朴集, 上, 11ㅎ: 珠鳳冠. 音義云, 珠子結成鳳的冠. 今按, 用珍珠串結, 作成鳳形, 而至於翎毛, 則皆用綵線及翠羽爲飾(餙).), 珠鳳冠과.

천계(天階) 명 삼태성(三台星)의 다른 이름. ≪朴諺, 上, 18ㅈ≫那三台(集覽, 朴集, 上, 7ㅈ: 三台. 三台, 星名. 在天爲六座, 名天階, 亦曰泰階, 太上升降之道也.)板兒做得好, 뎌 三台 돈은 ᄆᆡᆫ돌기ᄅᆞᆯ 잘ᄒᆞ엿고.

천관(天官) 명 도관(道觀)에서 받들어 모시는 세 신관(神官)의 하나. ≪朴諺, 下, 49ㅈ≫好女不看燈(集覽, 朴集, 下, 11ㅈ: 好女不看燈. 宣和遺事云, 天官好樂, 地官好人, 水官好燈.), 好女는 看燈 아니ᄒᆞᆫ다 ᄒᆞᄂᆞ니라.

천궁(天弓) 명 고려(高麗) 태조(太祖) 왕건(王建)의 장인인 유천궁(柳天弓)의 이름. ≪朴諺, 下, 60ㅈ≫娘子柳氏(集覽, 朴集, 下, 12ㅎ: 娘子柳氏〈柳氏〉. 貞州柳天弓女也. 高麗太祖初爲弓裔將軍, 領兵過貞州, 憩古柳下, 見川上有一女子甚美, 問誰. 女對曰, 天弓之女. 太祖到其家, 天弓饗之甚欵, 以女薦寢.)出來說道, 娘子 柳氏ㅣ 나와 닐오ᄃᆡ.

천궁(天宮) 명 천제(天帝)나 신선이 산다는, 하늘에 있는 궁전. ≪朴諺, 下, 17ㅈ≫唐三藏引孫行者(集覽, 朴集, 下, 4ㅈ: 孫行者. 西遊記云, 西域有花菓山, 山下有水簾洞, 洞前有鐵板橋, 橋下有萬丈澗, 澗邊有萬箇小洞, 洞裏多猴. 有老猴精, 號齊天大聖, 神通廣大, 入天宮仙桃園偸蟠桃, 又偸老君靈丹藥, 又去王母宮偸王母繡仙衣一套, 來設慶仙衣會.), 唐三藏이 孫行者ᄅᆞᆯ ᄃᆞ리고. ≪朴諺, 下, 47ㅈ≫粧二郎爺爺(集覽, 朴集, 下, 10ㅎ: 二郎爺爺. 按西遊記, 西域花菓山洞有老猴精, 號齊天大聖, 神變〈变〉無測, 鬧(閙)乱天宮, 玉帝命李天王領神兵往捕, 相戰失利.), 二郎爺爺ᄅᆞᆯ 수며.

천기(天機) 명 남두육성(南斗六星)의 하나. ≪朴諺, 上, 18ㅎ≫南斗六星(集覽, 朴集, 上, 7ㅈ: 南斗. 南極老人星名, 曰天府, 曰天相, 曰天梁, 曰天童, 曰天樞, 曰天機.)板兒做得忒圓了些, 南斗六星 돈은 ᄆᆡᆫ돌기ᄅᆞᆯ 너모 두렷게 ᄒᆞ엿고.

천대장군(天大將軍) 명 전설상 천신(天神)의 군대를 지휘한다는 대장군. ≪朴諺, 中, 21ㅎ≫或作童女(集覽, 朴集, 中, 4ㅎ: 童男童女. 觀音現三十二應, 曰佛身, 曰辟支〈支〉, 曰圓覺, 曰聲聞, 曰梵王, 曰帝釋, 曰自在天, 曰大自在天, 曰天大將軍, 曰四天王, 曰四天太子, 曰人王, 曰長者, 曰居士, 曰宰官, 曰婆羅門, 曰比丘, 曰比丘尼, 曰優婆塞, 曰優婆夷, 曰女主, 曰童男, 曰童女, 曰天身, 曰龍身, 曰藥叉, 曰乾達婆, 曰阿脩羅, 曰緊那羅, 曰摩睺羅, 曰樂人, 曰非人.), 혹 童女ㅣ 되며.

천도(天道) 명 ❶천지와 자연의 도리. ≪朴諺, 上, 10ㅈ≫後日是天赦日(集覽, 朴集, 上, 5ㅈ: 天赦日. 春戊寅·夏甲午·秋戊申·冬甲子, 謂天道生育萬物而宥其罪也.), 모뢰는 이 天赦日이니. ❷〈불〉 육도(六道)의 하나. 중생(衆生)들이 윤회(輪廻)하는 길의 하나인 천상 세계로, 육욕천(六欲天)·십팔천(十八天)·무색천(無色天)을 통틀어 이르는 말이다. ≪朴諺, 中, 22ㅈ≫以聲察聲拯悲酸於六道(集覽, 朴集, 中, 5ㅈ: 六道. 人道·天道·阿脩羅道·餓鬼道·畜生道·地獄道, 亦名六趣, 加仙道, 名曰七趣.), 소ᄅᆡ로 뻐 소ᄅᆡᄅᆞᆯ 술펴 悲酸을 六道에 건디고.

천도(遷都) 동 도읍을 옮기다. ≪朴諺, 上, 11ㅎ≫我在平則門(集覽, 朴集, 上, 5ㅎ: 平則門. 元初爲燕京路, 後稱〈称〉大都路, 洪武初改爲北平布政司. 太宗皇帝龍潛於此, 及承大統, 遂爲北京, 遷都焉.)邊住, 내 平則門 ᄀᆞ의 이셔 사노라.

천동(天童) 명 남두육성(南斗六星) 중 남

쪽의 두 별. ≪朴諺, 上, 18ㅎ≫南斗六星(集覽, 朴集, 上, 7ㅈ: 南斗. 南極老人星名, 曰天府, 曰天相, 曰天梁, 曰天童, 曰天樞, 曰天機.)板兒做得忒圓了些, 南斗六星 돈은 민둘기를 너모 두렷게 ᄒᆞ엿고.

천랑(串廊) 명 행랑(行廊). ⇔월랑. ≪朴諺, 上, 61ㅈ≫影堂, 튕 잇는 집과. 串廊, 월랑과.

천량(天梁) 명 남두육성(南斗六星)의 하나. ≪朴諺, 上, 18ㅎ≫南斗六星(集覽, 朴集, 上, 7ㅈ: 南斗. 南極老人星名, 曰天府, 曰天相, 曰天梁, 曰天童, 曰天樞, 曰天機.)板兒做得忒圓了些, 南斗六星 돈은 민둘기를 너모 두렷게 ᄒᆞ엿고.

천령(千零) 명 1천 개의 자질구레(자잘한) 한 것. ≪朴諺, 上, 13ㅈ≫千零不如一頓, 千零이 一頓만 ᄀᆞᆺ디 못ᄒᆞ니라.

천령불여일돈(千零不如一頓) 구 천령(千零)이 한 덩이만 못하다는 뜻으로, 작고 보잘것없는 것이 제아무리 많더라도 크고 좋은 것 하나만은 못하다는 말. ≪朴諺, 上, 13ㅈ≫千零不如一頓, 千零이 一頓만 ᄀᆞᆺ디 못ᄒᆞ니라.

천룡(天龍) 명 〈불〉 불법을 지키는 여덟 신장 가운데 제천(諸天)과 용신(龍神)을 이르는 말. ≪朴諺, 下, 9ㅎ≫入寺敬三寶(集覽, 朴集, 下, 3ㅈ: 三寶. 又法數云, 十號圓明, 萬行具足, 天龍戴仰, 稱無上尊, 卽佛寶也.), 뎔에 드러는 三寶를 敬ᄒᆞ고.

천리(千里) 명 매우 먼 거리. ≪朴諺, 中, 19ㅈ≫有緣千里能相會, 인연이 이시면 千里라도 능히 서ᄅᆞ 못ᄀᆞᆺ고. 無緣對面不相逢, 인연이 업스면 ᄂᆞᆺ츨 ᄃᆡᄒᆞ여도 서ᄅᆞ 만나디 못ᄒᆞᄂᆞ니. ≪朴諺, 下, 39ㅎ≫送君千里終有一別, 送君千里나 終有一別이라 ᄒᆞ니라.

천리안(千里眼) 명 중국의 소설 서유기(西遊記)에 나오는 귀신의 이름. ≪朴諺, 下, 22ㅈ≫行者敎千里眼·順風耳(集覽, 朴集, 下, 5ㅈ: 千里眼·順風耳. 兩鬼名.)等兩箇鬼, 行者ㅣ 千里眼과 順風耳 等 두 鬼神으로 ᄒᆞ여.

천만(千萬) 명 천이나 만이라는 뜻으로, 아주 많은 수효를 이르는 말. ≪朴諺, 下, 61ㅈ≫先到宮門前等的萬千人, 몬져 宮門 앏희 가 기ᄃᆞ리리 萬千人이나 ᄒᆞ니.

천묘(天庙) 명 천묘(天廟). '庙'는 '廟'의 속자. ≪朴諺, 上, 18ㅎ≫南斗六星(集覽, 朴集, 上, 7ㅈ: 南斗. 晉書天文志, 六星天廟〈庙〉, 丞相太宰之位, 主褒賢進士, 稟授爵祿.)板兒做得忒圓了些, 南斗六星 돈은 민둘기를 너모 두렷게 ᄒᆞ엿고.

천묘(天廟) 명 혜성(彗星: 長星)의 남쪽에 있는 열 네 개의 별. ≪朴諺, 上, 18ㅎ≫南斗六星(集覽, 朴集, 上, 7ㅈ: 南斗. 晉書天文志, 六星天廟〈庙〉, 丞相太宰之位, 主褒賢進士, 稟授爵祿.)板兒做得忒圓了些, 南斗六星 돈은 민둘기를 너모 두렷게 ᄒᆞ엿고.

천문(千門) 명 매우 많은 집. ≪朴諺, 下, 49ㅈ≫好女不看燈(集覽, 朴集, 下, 11ㅈ: 好女不看燈. 其寺觀街巷, 燈明若晝. 士女夜遊, 車馬塞路, 有足不躡地浮行數十步者. 阡陌縱橫, 城闉下禁, 五陵年少, 滿路行歌, 萬戶千門, 笙簧未撤.), 好女는 看燈 아니ᄒᆞᆫ다 ᄒᆞᄂᆞ니라.

천민진(遷民鎭) 명 금대(金代)에 두었다. 요서(遼西) 서주(瑞州)의 경계에 있었으며 대령로(大寧路)에 속하였다. ≪朴諺, 中, 13ㅎ≫到遷民鎭(集覽, 朴集, 中, 2ㅎ: 遷民鎭. 鎭, 安也. 凡民聚爲市者曰鎭. 遷民鎭在遼西瑞州之境, 金所置, 屬大寧路.)口子裏, 遷民鎭 어귀예 다ᄃᆞ라.

천백(阡陌) 명 천(千)이나 백(百)이라는 뜻으로, 아주 많은 수효를 이르는 말. ≪朴諺, 下, 49ㅈ≫好女不看燈(集覽, 朴集, 下, 11ㅈ: 好女不看燈. 其寺觀街巷, 燈明若晝. 士女夜遊, 車馬塞路, 有足不躡地浮行數十步者. 阡陌縱橫, 城闉下禁, 五陵年少, 滿路行歌, 萬戶千門, 笙簧未撤.), 好女는 看燈 아니ᄒᆞᆫ다 ᄒᆞᄂᆞ니라.

천병(天兵) 명 전설상 천신(天神)의 군대.

≪朴諺, 下, 17ㅈ≫唐三藏引孫行者(集覽, 朴集, 下, 4ㅈ: 孫行者. 老君·王母俱奏于玉帝, 傳宣李天王, 引領天兵十萬及諸神將至花菓山, 與大聖相戰失利.), 唐三藏이 孫行者를 ᄃᆞ리고.

천복사(薦福寺) 명 중국 강서성(江西省) 파양현(鄱陽縣)에 있던 절 이름. ≪朴諺, 中, 22ㅈ≫起浮屠於泗水之間(集覽, 朴集, 中, 5ㅈ: 起浮屠於泗水之間. 中宗聞名, 遣使迎師, 居薦福寺, 頂上有一穴, 以絮窒之, 夜則去絮, 香從頂穴中出, 非常芬馥. 及曉, 香還頂中, 又以絮窒之.), 浮屠를 泗水ㅅ ᄉᆞ이에 니ᄅᆞ혀고.

천봉만학(千峰萬壑) 명 수많은 산과 골짜기. ≪朴諺, 中, 20ㅈ≫將二兩銀到西山(集覽, 朴集, 中, 3ㅎ: 西山. 每大雪初霽, 千峯萬壑〈砮〉, 積素凝華, 若圖畫然, 爲京師八景之一, 曰西山霽雪.)裏, 두 냥 은을 가지고 西山에 가.

천부(天府) 명 남두육성(南斗六星)의 하나. ≪朴諺, 上, 18ㅎ≫南斗六星(集覽, 朴集, 上, 7ㅈ: 南斗. 南極老人星名, 曰天府, 曰天相, 曰天梁, 曰天童, 曰天樞, 曰天機.)板兒做得忒圓了些, 南斗六星 돈은 민ᄃᆞᆯ기를 너모 두렷게 ᄒᆞ엿고.

천사일(天赦日) 명 음력에서 죄과(罪過)를 용서해 준다는 1년 중 제일 좋은 길일(吉日). 봄은 무인(戊寅), 여름은 갑오(甲午), 가을은 무신(戊申), 겨울은 갑자(甲子)의 날이라고 한다. 천사(天赦)는 총신(叢辰)의 이름이다. ≪朴諺, 上, 10ㅈ≫後日是天赦日(集覽, 朴集, 上, 5ㅈ: 天赦日. 春戊寅·夏甲午·秋戊申·冬甲子, 謂天道生育萬物而宥其罪也. 甲戊爲陽干之德, 子午爲陰陽之成, 寅申爲陰陽之立, 以干德配之爲赦也, 可修造起工〈土〉.), 모뢰ᄂᆞᆫ 이 天赦日이니.

천상(天上) 명 ❶하늘의 위. ≪朴諺, 下, 16ㅎ≫禍從天上來, 禍ㅣ 天上으로 조차 오ᄂᆞ니라. ❷신선이 산다는 천상계(天上界). ≪朴諺, 上, 62ㅎ≫休誇天上瑤池, 天上 瑤池를 쟈랑티 말라. ❸〈불〉 십계(十界)의 하나. 십선(十善)을 닦으면 간다고 하는 하늘 위의 세계를 이른다. ≪朴諺, 中, 21ㅎ≫或作童女(集覽, 朴集, 中, 4ㅎ: 童男童女. 應作種種身, 或在天上, 在人間, 隨其所樂, 皆令見衆生形相各不同, 行業音聲亦無量.), 혹 童女ㅣ 되며.

천상(天相) 명 남두육성(南斗六星)의 하나. ≪朴諺, 上, 18ㅎ≫南斗六星(集覽, 朴集, 上, 7ㅈ: 南斗. 南極老人星名, 曰天府, 曰天相, 曰天梁, 曰天童, 曰天樞, 曰天機.)板兒做得忒圓了些, 南斗六星 돈은 민ᄃᆞᆯ기를 너모 두렷게 ᄒᆞ엿고.

천생(天生) 명 천성적인. 선천적인. 자연적인. ≪朴諺, 上, 41ㅎ≫那女孩兒生的(集覽, 朴集, 上, 12ㅈ: 生的. 天生容範.)十分可喜, 뎌 새각시 얼굴이 ᄀᆞ장 고아. ≪朴諺, 中, 23ㅈ≫面圓璧月(集覽, 朴集, 中, 6ㅈ: 面圓璧月. 璧, 天生瑞玉, 盈尺餘, 形圓者也.), ᄂᆞᆺ촌 璧(璧)月ᄀᆞ티 두렷ᄒᆞ고.

천선(天仙) 명 〈불〉 하늘 위에 산다는, 신선 중 제일의 신선. 지선(地仙)의 상대어이다. ≪朴諺, 下, 24ㅈ≫行者念金頭揭地·銀頭揭地·波羅僧揭地(集覽, 朴集, 下, 5ㅈ: 金頭揭地·銀頭揭地·波羅僧揭地. 西遊記云, 釋迦牟尼佛在靈山雷音寺演說三乘教法, 傍有侍奉阿難·伽舍諸菩薩·聖僧·羅漢·八金剛·四揭地·十代明王·天仙·地仙.)之後, 行者ㅣ 金頭揭地와 銀頭揭地와 波羅僧揭地를 念ᄒᆞᆫ 後에.

천수(千愁) 명 썩 많은 근심. ≪朴諺, 中, 44ㅈ≫撫琴一操解千愁, 거믄고 ᄒᆞᆫ 곡됴를 어ᄅᆞ만져 千愁를 프ᄂᆞ니.

천신(天身) 명 〈불〉 만물을 주재(主宰)한다는 절대신. 상제(上帝). ≪朴諺, 中, 21ㅎ≫或作童女(集覽, 朴集, 中, 4ㅎ: 童男童女. 觀音現三十二應, 曰佛身, 曰辟支〈支〉, 曰圓覺, 曰聲聞, 曰梵王, 曰帝釋, 曰自在天, 曰大自在天, 曰天大將軍, 曰四天王, 曰四天太子, 曰人王, 曰長者, 曰居士, 曰宰官, 曰婆羅門, 曰比丘, 曰比丘尼,

曰優婆塞, 曰優婆夷, 曰女主, 曰童男, 曰童女, 曰天身, 曰龍身, 曰藥叉, 曰乾達婆, 曰阿脩羅, 曰緊那羅, 曰摩睺羅, 曰樂人, 曰非人.), 혹 童女ㅣ 되며.

천신(天神) 명 하늘의 신. 또는 하늘의 신령. ≪朴諺, 中, 11ㅈ≫一兩日上位郊天(集覽, 朴集, 中, 2ㅈ: 郊天. 天子設圜丘於南郊, 以祭天神·地祇·日月星辰·山川·嶽瀆, 以太祖配享.)去, ᄒᆞᄅᆞ 이틀만 ᄒᆞ면 上位ㅣ 郊天ᄒᆞ라 가실 거시니. ≪朴諺, 下, 18ㅎ≫做羅天大醮(集覽, 朴集, 下, 4ㅎ: 大醮. 又有消災度厄之法, 依陰陽五行之數, 推人年命, 書爲章䟽靑詞, 奏達天神, 謂之醮.), 羅天大醮ᄅᆞᆯ ᄒᆞ더니.

천신만고(千辛萬苦) 명 천 가지 매운 것과 만 가지 쓴 것이라는 뜻으로, 온갖 어려운 고비를 다 겪으며 심하게 고생함을 이르는 말. ⇔천신만고ᄒᆞ다(千辛萬苦-). ≪朴諺, 上, 51ㅎ≫千辛萬苦, 千辛萬苦ᄒᆞ야. ≪朴諺, 下, 4ㅈ≫行六年受多少千辛萬苦, 行ᄒᆞᆫ 여슷 ᄒᆡ예 언머 千辛萬苦ᄅᆞᆯ 밧고.

천신만고ᄒᆞ다(千辛萬苦-) 명 천 가지 매운 것과 만 가지 쓴 것이라는 뜻으로, 온갖 어려운 고비를 다 겪으며 심하게 고생함을 이르는 말. ⇔천신만고(千辛萬苦). ≪朴諺, 上, 51ㅎ≫千辛萬苦, 千辛萬苦ᄒᆞ야.

천아(釧兒) 명 팔찌. ⇔폴쇠. ≪朴諺, 上, 19ㅎ≫一對釧兒(集覽, 朴集, 上, 7ㅎ: 釧. 事物紀原云, 黃帝時, 西王母獻〈献〉白環, 舜時亦獻〈献〉. 通俗文云, 環臂謂之釧. 漢順帝時有功者賜金釧, 亦曰環釧.), ᄒᆞᆫ 빵 폴쇠로다가 ᄒᆞ련노라.

천악(天樂) 명 선계(仙界)의 음악. 아름답고 오묘한 음악을 이른다. ≪朴諺, 上, 23ㅈ≫斂些錢做翫月會(集覽, 朴集, 上, 8ㅈ: 翫月會. 東京錄云, 中秋夜, 貴家結飾臺榭, 民間爭占酒樓翫〈玩〉月, 絲簧鼎沸, 近內庭居民, 夜深遙聞笙竽之聲, 宛若雲外天樂, 閭里兒童連宵嬉戲, 夜市駢闐, 至於通曉.), 져기 돈 거두어 翫月會를 ᄒᆞ쟈.

천왕(天王) 명 하늘의 임금. ≪朴諺, 下, 17ㅈ≫唐三藏引孫行者(集覽, 朴集, 下, 4ㅈ: 孫行者. 老君·王母俱奏于玉帝, 傳宣李天王, 引領天兵十萬及諸神將至花菓山, 與大聖相戰失利. 巡山大力鬼上告天王, 擧灌州灌江口神曰小聖二郎, 可使拿獲. 天王遣太子木叉, 與大力鬼徃請二郎神, 領神兵圍花菓山, 衆猴出戰皆敗.), 唐三藏이 孫行者ᄅᆞᆯ ᄃᆞ리고.

천용(穿用) 동 입다[服]. 착용하다. ⇔닙다. ≪朴諺, 下, 11ㅎ≫父親·母親穿用, 父親·母親은 닙으쇼셔.

천인(天人) 명 천하(天下)의 사람. ≪朴諺, 下, 49ㅈ≫好女不看燈(集覽, 朴集, 下, 11ㅈ: 好女不看燈. 涅槃經云, 上元, 如來闍維訖, 收舍利, 置金床上, 天人散花, 奏樂繞城, 步步燃燈十二里.), 好女는 看燈 아니ᄒᆞᆫ다 ᄒᆞᄂᆞ니라.

천자(天子) 명 하늘을 대신하여 천하를 다스리는 이. 곧, 황제(黃帝). ≪朴諺, 上, 18ㅈ≫那三台(集覽, 朴集, 上, 7ㅈ: 三台. 事文類聚云, 上階爲天子, 中階爲諸侯·公卿·大夫, 下階爲士·庶人.)板兒做得好, 뎌 三台 돈은 민돌기ᄅᆞᆯ 잘ᄒᆞ엿고. ≪朴諺, 上, 20ㅈ≫一對耳墜兒(集覽, 朴集, 上, 7ㅎ: 耳墜兒. 事文類聚云, 莊子曰, 天子之侍御, 不叉揃(不爪翦), 不穿耳, 則穿耳自古有之. 今俗亦曰耳環, 卽八珠環也.), ᄒᆞᆫ 빵 귀엣골회과. ≪朴諺, 中, 11ㅈ≫一兩日上位郊天(集覽, 朴集, 中, 2ㅈ: 郊天. 天子設圜丘於南郊, 以祭天神·地祇·日月星辰·山川·嶽瀆, 以太祖配享.)去, ᄒᆞᄅᆞ 이틀만 ᄒᆞ면 上位ㅣ 郊天ᄒᆞ라 가실 거시니. ≪朴諺, 下, 31ㅎ≫天子百靈咸助, 天子는 百靈이 다 돕고. ≪朴諺, 下, 38ㅈ≫五箇鋪馬(集覽, 朴集, 下, 8ㅎ: 五箇鋪馬. 按禮, 天子六馬, 左右驂, 三公·九卿駟馬, 左驂.)去了, 다ᄉᆞᆺ 鋪馬로 가니라.

천조(天曹) 명 천상(天上)의 관부(官府)·관리(官吏)라는 뜻으로, 도교에서 사람의 선악에 따라 수명을 가감하는 권한이 있

다는 신(神). ≪朴諺, 下, 7ㅎ≫這七月十五日(集覽, 朴集, 下, 2ㅈ: 七月十五日. 道藏經云, 七月十五日, 謂之中元, 地官下降人間, 檢校世人, 甄別善惡, 上告天曹.)是諸佛解夏之日, 七月 十五日은 諸佛 解夏ᄒᆞᄂᆞᆫ 날이라.

천지(天地) 명 하늘과 땅. ≪朴諺, 中, 13ㅈ≫謝天地只願的好收着, 天地ㅅ긔 謝ᄒᆞ노니 그저 원컨대 잘 거도게 ᄒᆞ쇼셔. ≪朴諺, 中, 24ㅈ≫萬刼(集覽, 朴集, 中, 6ㅈ: 萬劫. 道經云, 天地一成一敗謂之劫〈刼〉.)再逢難, 萬劫이라도 다시 만나기 어려오니라.

천착(穿着) 동 입다[服]. ⇔닙다. ≪朴諺, 上, 33ㅈ≫穿着衲襖將着鉢盂, 누비옷 닙고 에우아리 가지고. ≪朴諺, 下, 61ㅈ≫穿着下次人的衣服, 下次人의 오슬 닙고.

천창(天窓) 명 지붕창. (채광이나 환기를 위하여 지붕에 낸 창) ⇔울어리창. ≪朴諺, 下, 12ㅎ≫槫, 납. 樑, ᄆᆞᄅᆞ. 椽, 혀. 柱, 기동. 短柱, 短柱. 叉竪, 쟉슈. 門框, 門얼굴. 門扇, 門짝. 吊窓, 들창. 天窓, 울어리창. 雙扇, 상다디. 單扇, 외다디. 窓櫺, 창살로.

천천(淺淺) 형 물이 얕은 모양. 또는 물살이 빠른 모양. ⇔천천ᄒᆞ다(淺淺-). ≪朴諺, 中, 32ㅎ≫有深深淺淺澗, 深深 淺淺ᄒᆞᆫ 시내 이시며.

천천ᄒᆞ다(淺淺-) 형 물이 얕은 모양. 또는 물살이 빠른 모양. ⇔천천(淺淺). ≪朴諺, 中, 32ㅎ≫有深深淺淺澗, 深深 淺淺ᄒᆞᆫ 시내 이시며.

천청(天靑) 명 천청(天靑)빛. 하늘빛. ⇔천청빗ㅊ(天靑-). ≪朴諺, 上, 28ㅈ≫天靑描金獅子韂, 天靑빗치 金으로 獅子 그린 ᄃᆞ래예.

천청빗ㅊ(天靑-) 명 천청(天靑)빛. 하늘빛. ⇔천청(天靑). ≪朴諺, 上, 28ㅈ≫天靑描金獅子韂, 天靑빗치 金으로 獅子 그린 ᄃᆞ래예.

천초(川炒) 동 ❶맹물에 볶(삶)다. ≪朴諺, 上, 5ㅈ≫川炒(集覽, 朴集, 上, 2ㅎ: 川炒. 音義云, 민므레〈민믈에〉 炒ᄒᆞᆫ 猪肉. 今按, 川炒, 塩水炒也.)猪肉, 제믈에 쵸ᄒᆞᆫ 뎨육과. ❷제물에 볶(삶)다. ≪朴諺, 上, 5ㅈ≫川炒猪肉, 제믈에 쵸ᄒᆞᆫ 뎨육과.

천초(濺草) 동 풀에 물을 뿌리다. ⇔천초ᄒᆞ다(濺草-). ≪朴諺, 上, 39ㅈ≫狗有濺草之恩(集覽, 朴集, 上, 11ㅈ: 狗有濺草之恩. 晉太和中, 楊生養狗, 甚愛之. 後生飮酒醉, 行至大澤, 草中眠. 時値冬月, 野火起, 風又猛, 狗呼喚, 生不覺. 前有一坑水, 狗便走往水中, 還以身洒生, 左右草沾水得着, 地火尋過去, 生醒而去.), 개ᄂᆞᆫ 濺草ᄒᆞᆫ 恩이 잇고. 馬有垂繮之報, ᄆᆞᆯ은 垂繮ᄒᆞᆫ 報ㅣ 잇다 ᄒᆞ니라.

천초ᄒᆞ다(濺草-) 동 풀에 물을 뿌리다. ⇔천초(濺草). ≪朴諺, 上, 39ㅈ≫狗有濺草之恩(集覽, 朴集, 上, 11ㅈ: 狗有濺草之恩. 晉太和中, 楊生養狗, 甚愛之. 後生飮酒醉, 行至大澤, 草中眠. 時値冬月, 野火起, 風又猛, 狗呼喚, 生不覺. 前有一坑水, 狗便走往水中, 還以身洒生, 左右草沾水得着, 地火尋過去, 生醒而去.), 개ᄂᆞᆫ 濺草ᄒᆞᆫ 恩이 잇고. 馬有垂繮之報, ᄆᆞᆯ은 垂繮ᄒᆞᆫ 報ㅣ 잇다 ᄒᆞ니라.

천추(天樞) 명 남두육성(南斗六星)의 하나. ≪朴諺, 上, 18ㅎ≫南斗六星(集覽, 朴集, 上, 7ㅈ: 南斗. 南極老人星名, 曰天府, 曰天相, 曰天梁, 曰天童, 曰天樞, 曰天機.)板兒做得忒圓了些, 南斗六星 돈은 민ᄃᆞᆯ기를 너모 두렷게 ᄒᆞ엿고.

천축(天竺) 명 인도(印度)의 옛 이름. ≪朴諺, 上, 33ㅈ≫穿着衲襖將着鉢盂(集覽, 朴集, 上, 10ㅈ: 鉢盂. 緫龜〈総亀〉云, 天竺國器也, 釋迦有女青石鉢, 宋廬陵王以銅鉢餉于五祖, 是宋·晉間中國始用也.), 누비옷 닙고 에우아리 가지고. ≪朴諺, 中, 22ㅎ≫執楊柳於掌内拂病體於輕安(集覽, 朴集, 中, 5ㅎ: 執楊柳於掌内拂病體於輕安. 佛圖澄, 天竺〈笁〉人也. 妙通玄術, 善誦呪, 能役使鬼神.), 楊柳를 손에 잡아 病

體를 輕安흐딕 썰티고.

천축(天竺) 명 천축(天竺). '竺'은 '竺'과 같다. ≪朴諺, 中, 22ㅎ≫執楊柳於掌內拂病體於輕安(集覽, 朴集, 中, 5ㅎ: 執楊柳於掌內拂病體於輕安. 佛圖澄, 天竺〈竺〉人也. 妙通玄術, 善誦呪, 能役使鬼神.), 楊柳를 손에 잡아 病體를 輕安흐딕 썰티고.

천침(薦寢) 동 잠자리에서 모시다. 잠자리에서 시중을 들다. ≪朴諺, 下, 60ㅈ≫娘子柳氏(集覽, 朴集, 下, 12ㅎ: 娘子柳氏〈柳氏〉. 太祖到其家, 天弓饗之甚欵, 以女薦寢. 旣去, 絶不往來, 女守節〈莭〉爲尼.)出來說道, 娘子 柳氏ㅣ 나와 닐오딕.

천파(穿波) 동 파도를 통과하다. ⇔천파ㅎ다(穿波-). ≪朴諺, 上, 62ㅈ≫弄水穿波的是覔死的魚蝦, 弄水 穿波ㅎ는 거슨 이 覔死ㅎ는 魚蝦오.

천파ㅎ다(穿波-) 동 파도를 통과하다. ⇔천파(穿波). ≪朴諺, 上, 62ㅈ≫弄水穿波的是覔死的魚蝦, 弄水 穿波ㅎ는 거슨 이 覔死ㅎ는 魚蝦오.

천하(天下) 명 하늘 아래 온 세상. ≪朴諺, 上, 12ㅈ≫平則門離這廣豊倉(集覽, 朴集, 上, 5ㅎ: 廣豊倉. 質問云, 在京師, 收天下米粮處也.)二十里地, 平則門이 이 廣豊倉에셔 뜸이 二十里 짜히니. ≪朴諺, 上, 18ㅈ≫那三台(集覽, 朴集, 上, 7ㅈ: 三台. 事文類聚云, 上階爲天子, 中階爲諸侯·公卿·大夫, 下階爲士·庶人. 三階平則陰陽和, 風雨時, 天下大安.)板兒做得好, 뎌 三台 돈은 민돌기를 잘ㅎ엿고. ≪朴諺, 上, 65ㅈ≫法名喚步虛(集覽, 朴集, 上, 15ㅎ: 步虛. 俗姓洪氏, 高麗洪州人, 法名普愚, 初名普虛, 號太古和尙. 有求法於天下之志.), 法名을 步虛ㅣ라 브르는 이. ≪朴諺, 中, 26ㅈ≫做雲南氈(集覽, 朴集, 中, 6ㅎ: 雲南氈. 雲南, 古梁州, 南境爲徼外夷也. 漢置益州郡, 元置路, 今改爲布政司. 州縣俱出氈, 細密爲天下最.)大帽兒一箇, 雲南氈으로 흔 큰갓 ㅎ나와. ≪朴諺, 下, 7ㅎ≫這七月十五日是諸佛解夏(集覽, 朴集, 下, 2ㅈ: 解夏. 荊楚歲時記云, 天下僧尼, 於四月十五日, 就禪刹掛搭不出門, 謂之結夏, 亦曰結制.)之日, 七月 十五日은 諸佛 解夏ㅎ는 날이라. ≪朴諺, 下, 39ㅎ≫天下沒雙, 天下에 雙이 업ㅅ니라. ≪朴諺, 下, 61ㅎ≫君子不出戶而知天下, 君子는 戶에 나디 아니ㅎ여셔 天下를 안다 ㅎ니.

천하(天河) 명 은하(銀河). 은하수. ≪朴諺, 上, 60ㅈ≫近看時遠侵碧漢(集覽, 朴集, 上, 15ㅈ: 碧漢. 〈卽〉天河也. 河精上爲天漢. 爾雅, 析木爲之津. ㄴ在箕斗間, 自坤抵艮爲地紀, 亦名雲漢, 曰天潢, 曰銀河, 曰銀漢, 曰河漢.), 갓가이셔 보면 멀리 碧漢을 侵ㅎ고.

천한(天漢) 명 은하(銀河). 은하수. ≪朴諺, 上, 60ㅈ≫近看時遠侵碧漢(集覽, 朴集, 上, 15ㅈ: 碧漢. 〈卽〉天河也. 河精上爲天漢.), 갓가이셔 보면 멀리 碧漢을 侵ㅎ고.

천향(串香) 명 몸에 지니기 위하여 여러 가지 향을 한데 모아 놓은 것. ≪朴諺, 上, 63ㅈ≫我的串香褐(集覽, 朴集, 上, 15ㅎ: 串香褐. 串香者, 合和諸香以爲佩者也.)通袖膝欄五彩綉帖裏, 내 팀향빗체 通袖 膝欄ㅎ고 五彩로 綉노흔 텰릭과.

천향갈(串香褐) 명 황갈색(黃褐色). ⇔팀향빗ㅊ. ≪朴諺, 上, 63ㅈ≫我的串香褐(集覽, 朴集, 上, 15ㅎ: 串香褐. 串香者, 合和諸香以爲佩者也. 凡稱〈称〉染色之少文采〈彩〉者曰褐. 串香褐·麝香褐·鷹背褐·蜜褐·茶褐, 卽黃黑雜色也. 玉褐·艾褐·水褐·銀褐, 卽白黑雜色也. 藕褐, 卽紫黑雜色也. 深淺異色, 各取其像.)通袖膝欄五彩綉帖裏, 내 팀향빗체 通袖 膝欄ㅎ고 五彩로 綉노흔 텰릭과.

천호(千戶) 명 원·명대(元明代)에 둔 무관(武官) 벼슬. ≪朴諺, 上, 58ㅎ≫你昨日張千戶(集覽, 朴集, 上, 14ㅎ: 千戶. 軍士五千六百名爲一衛, 二千二百名爲一千戶所, 一百一十名爲一百戶所. 每百戶內設總〈総〉旗二名, 小旗二名.)的生日裏, 네 어

제 張千戶의 生日에. ≪朴諺, 中, 46ㅎ≫王千戶打背後來, 王千戶ㅣ 뒤흐로셔 와.

천호소(千戶所) 명 원·명대(元明代)에 군사 2천 2백 명으로 이루어진 단위 부대. 백호소(百戶所)의 위이며 위(衛)의 아래이다. ≪朴諺, 上, 58ㅎ≫你昨日張千戶(集覽, 朴集, 上, 14ㅎ: 千戶. 軍士五千六百名爲一衛, 二千二百名爲一千戶所, 一百一十名爲一百戶所. 每百戶內設總〈総〉旗二名, 小旗二名.)的生日裏, 네 어제 張千戶의 生日에.

천호암(天湖庵) 명 중국 호주(湖州) 하무산(霞霧山)에 있었다는 암자 이름. ≪朴諺, 上, 65ㅈ≫法名喚步虛(集覽, 朴集, 上, 15ㅎ: 步虛. 至正丙戌春, 入燕都, 聞南朝有臨濟正脉不斷〈断〉, 可往印可. 盖指臨濟直下雪嵒〈嵓〉嫡孫石屋和尙淸珙也. 遂往湖州霞霧山天湖庵謁和尙, 嗣法傳衣.), 法名을 步虛ㅣ라 브르는 이.

천화봉(穿花鳳) 동 봉(鳳)이 꽃에 드나들다. ≪朴諺, 中, 54ㅎ≫這深肉紅界地穿花鳳紵絲做比甲, 이 디튼 肉紅빗체 벽드르에 穿花鳳 문혼 비단으란 比甲을 짓고.

천황(天皇) 명 흔히 도가(道家)에서 하느님을 일컫는 말. ≪朴諺, 下, 18ㅎ≫做羅天大醮(集覽, 朴集, 下, 4ㅎ: 大醮. 道經云, 醮, 祭名. 夜中於星辰之下, 陳設餠餌·酒果·幣物, 禋祀天皇·太乙·地祇·列宿.), 羅天大醮를 ᄒᆞ더니.

천ᄒᆞ다(賤-) 형 천(賤)하다. 값싸다. 헐하다. ⇔천(賤). ≪朴諺, 上, 46ㅎ≫今年較賤些箇, 올히 젹이 賤ᄒᆞ니. 今年較賤些箇, 올히 젹이 賤ᄒᆞ니. ≪朴諺, 中, 14ㅈ≫草料貴賤, 딥과 콩이 貴ᄒᆞ더냐 賤ᄒᆞ더냐.

철(綴) 동 달다[懸]. ⇔둘다. ≪朴諺, 上, 26ㅈ≫綴着上等玲瓏羊脂玉頂兒, 上等에 玲瓏히 혼 羊脂玉 딩ᄌᆞ에. 又是箇鶵鵜翎兒, 또 이 두롬의 짓촐 ᄃᆞ랏고.

철(鐵) 명 쇠. 쇠붙이. ❶⇔쇠. ≪朴諺, 上, 36ㅎ≫鐵人鐵馬不着鐵鞭不下馬, 쇠사름 쇠ᄆᆞᆯ의 쇠채 아니면 ᄆᆞᆯ의 ᄂᆞ리디 아니ᄒᆞᄂᆞᆫ 거시여. ≪朴諺, 上, 37ㅎ≫金罐兒·鐵携兒裏頭盛着白沙蜜, 금탕권 쇠곡지 속에 白沙蜜 담은 거시여. ≪朴諺, 中, 46ㅎ≫命來鐵也爭光, 命이 오면 쇠도 비촐 ᄃᆞ토고. 運去黃金失色, 運이 가면 黃金도 비촐 일ᄂᆞᆫ다 ᄒᆞ니라. ≪朴諺, 下, 7ㅎ≫放着一箇三隻脚鐵蝦蟆兒便是, 혼 세 발 가진 쇠두텁이 노흔 거시 곳 이라. ≪朴諺, 下, 19ㅈ≫却把伯眼打了一鐵棒, 또 伯眼을다가 혼 쇠막대로 티니. ≪朴諺, 下, 19ㅈ≫又打了一鐵棒, 또 혼 쇠막대로 티니. ≪朴諺, 下, 20ㅈ≫更打了我兩鐵棒, 또 우리를 두 번 쇠막대로 티니. ❷⇔철두(鐵頭). ≪朴諺, 上, 15ㅎ≫着甚麼鐵頭打, 므슴 鐵로 티이려 ᄒᆞᄂᆞᆫ다.

철경록(輟耕錄) 명 송말(宋末) 도종의(陶宗儀) 지음. 30권. 원대(元代)의 법제(法制)와 지정(至正) 말기의 동남(東南)의 여러 성(省)의 반란(叛亂) 등을 기술하였다. ≪朴諺, 上, 5ㅎ≫叫教坊司十數箇樂工和做院本(集覽, 朴集, 上, 2ㅎ: 院本. 南村輟耕錄云, 唐有傳奇, 宋有戲曲·唱諢·詞說, 金有雜劇·諸宮調. 院本·雜劇, 其實一也. 國朝, 院本·雜劇, 始釐而二之.)諸般雜技(集覽, 朴集, 上, 3ㅈ: 雜劇. 劇〈ㅌ〉, 戲也. 南村輟耕錄曰, 稗官廢而傳奇作, 傳奇作而戲曲繼〈継〉. 金季國初, 樂府猶宋詞之流, 傳奇猶宋戲曲之變〈変〉, 世傳謂之雜劇.)的來, 教坊司의 여라믄 樂工과 院本에 여러 가지 雜技ᄒᆞᄂᆞ니를 블러오라. ≪朴諺, 中, 25ㅎ≫可知那廝使長的大帽(集覽, 朴集, 中, 6ㅎ: 大帽. 如本國笠子之制. 南村輟耕錄云, 胡石塘先生嘗應聘入京, 世皇召見於〈於〉便殿, 趍(趨)進, 不覺笠子欹側.)也做裏, 그리어니 뎌 놈이 使長의 큰갓도 ᄆᆡᆫᄃᆞ니.

철두(鐵頭) 명 쇠. 쇠붙이. ⇔철(鐵). ≪朴諺, 上, 15ㅎ≫着甚麼鐵頭打, 므슴 鐵로 티이려 ᄒᆞᄂᆞᆫ다.

철령(凸嶺) 명 툭 튀어나온 고갯마루. ≪朴諺, 中, 32ㅎ≫有凹坡凸嶺庵堂, 凹坡 凸

嶺엣 庵堂이 이시며.

철마(鐵馬) 명 쇠로 된 말. ⇔쇠몰. ≪朴諺, 上, 36ㅎ≫鐵人鐵馬不着鐵鞭不下馬, 쇠사름 쇠몰의 쇠채 아니면 몰의 누리디 아니ᄒᆞᄂᆞᆫ 거시여.

철명(徹明) 동 날이 밝을 때까지 이르다. ≪朴諺, 下, 49ㅈ≫好女不看燈(集覽, 朴集, 下, 11ㅈ: 好女不看燈. 今漢俗, 上元夜行過三橋, 則一年度厄, 謂之過橋. 傾城士女, 夜遊徹明, 頗有穢聲.), 好女ᄂᆞᆫ 看燈 아니ᄒᆞᆫ다 ᄒᆞᄂᆞ니라.

철방(鉄牓) 명 철방(鐵榜). '鉄牓'은 '鐵榜'의 속자. ≪朴諺, 下, 50ㅈ≫你這般金榜(集覽, 朴集, 下, 11ㅈ: 金榜. 唐崔昭暴卒復甦云, 見冥間〈間〉列榜〈牓〉, 書人姓名, 將相金榜〈牓〉, 次銀榜〈牓〉, 州縣小官鐵榜〈鉄牓〉. 故今之科苐(第)綴名之榜〈牓〉, 謂之金榜.)掛名的書生, 너ᄂᆞᆫ 이런 金榜에 掛名ᄒᆞᆯ 書生이니.

철방(鐵榜) 명 명간(冥間)에서 주현(州縣)의 벼슬이 낮은 관원의 이름을 게시하는 방(榜). ≪朴諺, 下, 50ㅈ≫你這般金榜(集覽, 朴集, 下, 11ㅈ: 金榜. 唐崔昭暴卒復甦云, 見冥間〈間〉列榜〈牓〉, 書人姓名, 將相金榜〈牓〉, 次銀榜〈牓〉, 州縣小官鐵榜〈鉄牓〉. 故今之科苐(第)綴名之榜〈牓〉, 謂之金榜.)掛名的書生, 너ᄂᆞᆫ 이런 金榜에 掛名ᄒᆞᆯ 書生이니.

철봉(鐵棒) 명 쇠막대. ⇔쇠막대. ≪朴諺, 下, 19ㅈ≫却把伯眼打了一鐵棒, 또 伯眼을다가 ᄒᆞᆫ 쇠막대로 티니. ≪朴諺, 下, 19ㅈ≫又打了一鐵棒, 또 ᄒᆞᆫ 쇠막대로 티니. ≪朴諺, 下, 20ㅈ≫更打了我兩鐵棒, 또 우리를 두 번 쇠막대로 티니.

철안(撤案) 동 음식상을 치우다(내어 가다). ≪朴諺, 上, 6ㅈ≫我們先喫兩巡酒後頭擡卓兒(集覽, 朴集, 上, 3ㅈ: 擡卓兒. 擡, 擧也. 進案撤案皆曰擡, 謂人所擧也. 卓, 卽本國所謂高足床也.), 우리 몬져 두 슌비 술 머근 후에 상을 드러든.

철원군(鉄圓郡) 명 철원군(鐵圓郡). '鉄'은 '鐵'의 속자. ≪朴諺, 下, 59ㅈ≫上泰封王弓裔(集覽, 朴集, 下, 12ㅎ: 弓裔. 一日, 持鉢赴齋, 有烏啣(啣)牙籤落鉢中, 視之, 有王字. 遂叛, 據鉄圓郡爲都, 卽今鐵〈鉄〉原府也.)手下, 泰封王 弓裔 手下에 올라.

철원군(鐵圓郡) 명 땅 이름. 강원도(江原道) 철원군(鐵原郡: 또는 毛乙冬非郡)의 고구려(高句麗) 때의 이름. ≪朴諺, 下, 59ㅈ≫上泰封王弓裔(集覽, 朴集, 下, 12ㅎ: 弓裔. 一日, 持鉢赴齋, 有烏啣(啣)牙籤落鉢中, 視之, 有王字. 遂叛, 據鉄圓郡爲都, 卽今鐵〈鉄〉原府也.)手下, 泰封王 弓裔 手下에 올라.

철원부(鉄原府) 명 철원부(鐵原府). '鉄'은 '鐵'의 약자. ≪朴諺, 下, 59ㅈ≫上泰封王弓裔(集覽, 朴集, 下, 12ㅎ: 弓裔. 一日, 持鉢赴齋, 有烏啣(啣)牙籤落鉢中, 視之, 有王字. 遂叛, 據鉄圓郡爲都, 卽今鐵〈鉄〉原府也.)手下, 泰封王 弓裔 手下에 올라.

철원부(鐵原府) 명 지금의 강원도(江原道) 철원군(鐵原郡) 지역에 있었다. 본래 고구려(高句麗)의 철원군(鐵圓郡: 毛乙冬非郡)이었는데 신라(新羅) 경덕왕(景德王) 때 철성군(鐵城郡)으로 고쳤고, 고려(高麗) 태조(太祖)가 즉위하여 송도(松都)로 도읍을 옮기고 이곳을 동주(東州)로 고쳤다. 고려 충선왕(忠宣王) 2년(1310)에 철원부(鐵原府)로 고쳤고, 조선(朝鮮) 세종(世宗) 16년(1434)에 경기도(京畿道)에서 강원도로 이속시켰으며, 고종(高宗) 32년(1895)에 군(郡)으로 강등하였다. ≪朴諺, 下, 59ㅈ≫上泰封王弓裔(集覽, 朴集, 下, 12ㅎ: 弓裔. 一日, 持鉢赴齋, 有烏啣(啣)牙籤落鉢中, 視之, 有王字. 遂叛, 據鉄圓郡爲都, 卽今鐵〈鉄〉原府也.)手下, 泰封王 弓裔 手下에 올라.

철인(鐵人) 명 쇠로 만든 사람. ⇔쇠사름. ≪朴諺, 上, 36ㅎ≫鐵人鐵馬不着鐵鞭不下馬, 쇠사름 쇠몰의 쇠채 아니면 몰의 누리디 아니ᄒᆞᄂᆞᆫ 거시여.

철장(鐵匠) 명 대장장이. ≪朴諺, 中, 29ㅎ≫

鐵匠家裏去, 鐵匠의 집의 가.

철조아(鐵條兒) 명 쇠로 된 가락. ⇔쇠가락. ≪朴諺, 中, 36ㅈ≫將指頭來大小的長鐵條兒, 손짜락 굴긔예 긴 쇠가락으로다가.

철청옥면마(鐵靑玉面馬) 명 이마와 뺨이 흰 철청총이. ⇔텰청총이광간쟈몰. ≪朴諺, 上, 28ㅈ≫騎着一箇十分膘鐵靑玉面馬, 훈 マ장 술진 텰청총이광간쟈몰을 탓고.

철추(鐵鎚) 명 마치. 망치. ⇔마치. ≪朴諺, 下, 29ㅎ≫鐵鎚, 마치. 鉗子, 집게. 鐵枕, 모로. 鍋兒, 도관.

철침(鐵枕) 명 모루. ⇔모로. ≪朴諺, 下, 29ㅎ≫鐵鎚, 마치. 鉗子, 집게. 鐵枕, 모로. 鍋兒, 도관.

철판교(鐵板橋) 명 중국의 소설 서유기(西遊記)에 나오는, 화과산(花菓山) 아래에 있는 수렴동(水簾洞) 앞에 놓은 다리 이름. ≪朴諺, 下, 17ㅈ≫唐三藏引孫行者(集覽, 朴集, 下, 4ㅈ: 孫行者. 西遊記云, 西域有花菓山, 山下有水簾洞, 洞前有鐵板橋, 橋下有萬丈澗, 澗邊有萬箇小洞, 洞裏多猴. 有老猴精, 號齊天大聖, 神通廣大, 入天宮仙桃園偸蟠桃, 又偸老君靈丹藥, 又去王母宮偸王母綉仙衣一套, 來設慶仙衣會.), 唐三藏이 孫行者를 드리고.

철하마(鐵蝦蟆) 명 쇠두꺼비. (쇠로 된 두꺼비) ≪朴諺, 下, 7ㅎ≫放着一箇三隻脚鐵蝦蟆兒(集覽, 朴集, 下, 2ㅈ: 三隻脚鐵蝦蟆. 今按, 漢俗, 優人作戱時, 手執三脚蝦蟆入優場作戱. 問之, 則曰, 唯仙家畜養三脚蝦蟆, 俗人聞氣者必死. 然未詳源流. 書言故事云, 月宮蟾蜍三足, 是爲羿(羿)妻所化.)便是, 훈 세 발 가진 쇠두텁이 노흔 거시 곳 이라.

철하마아(鐵蝦蟆兒) 명 쇠두꺼비. (쇠로 된 두꺼비) ⇔쇠두텁이. ≪朴諺, 下, 7ㅎ≫放着一箇三隻脚鐵蝦蟆兒便是, 훈 세 발 가진 쇠두텁이 노흔 거시 곳 이라.

철환(鉄丸) 명 철환(鐵丸). '鉄'은 '鐵'의 속자. ≪朴諺, 下, 17ㅈ≫唐三藏引孫行者(集覽, 朴集, 下, 4ㅈ: 孫行者. 大聖被執當死, 觀音上請于玉帝, 免死. 令巨靈神押大聖前往下方去, 乃於花菓山石縫內納身, 下截畫如來押字封着, 使山神·土地神鎭守. 飢食鉄〈鐵〉丸, 渴飮銅汁, 待我往東土尋取經之人, 經過此山, 觀大聖, 肯隨往西天, 則此時可放.), 唐三藏이 孫行者를 드리고.

철환(鐵丸) 명 쇠구슬. ≪朴諺, 下, 17ㅈ≫唐三藏引孫行者(集覽, 朴集, 下, 4ㅈ: 孫行者. 大聖被執當死, 觀音上請于玉帝, 免死. 令巨靈神押大聖前往下方去, 乃於花菓山石縫內納身, 下截畫如來押字封着, 使山神·土地神鎭守. 飢食鉄〈鐵〉丸, 渴飮銅汁, 待我往東土尋取經之人, 經過此山, 觀大聖, 肯隨往西天, 則此時可放.), 唐三藏이 孫行者를 드리고.

철휴아(鐵携兒) 명 쇠로 된 꼭지. ⇔쇠곡지. ≪朴諺, 上, 37ㅎ≫金罐兒·鐵携兒裏頭盛着白沙蜜, 금탕권 쇠곡지 속에 白沙蜜 담은 거시여.

철흠(鐵杴) 명 삽. ⇔삷. ≪朴諺, 下, 5ㅈ≫將鐵杴和鍬來掘土, 삷과 광이룰 가져다가 흙을 픽여.

첨(尖) 명 ❶끝. ⇔긋ㅎ. ≪朴諺, 中, 35ㅈ≫舌尖兒潤開了窓孔, 혓긋흐로 불워 창 굼글 뿔고. ❷부리. 가장자리. 끄트머리. ⇔부리. ≪朴諺, 上, 24ㅎ≫捲尖粉底, 부리 것고 디즈에 분칠ᄒ고.

첨(尖) 형 뾰족하다. ⇔뽀족ᄒ다. ≪朴諺, 上, 35ㅈ≫放在脚內踝尖骨頭上, 발 안쮜머리 뽀족혼 쌔 우희 노하.

첨(添) 동 ❶더하다. ⇔더ᄒ다. ≪朴諺, 下, 29ㅎ≫再添上三五兩銀子時勾也, 또 三五兩 銀을 더ᄒ면 유여ᄒ리라. ❷(살이) 오르다. 찌다. ⇔오ᄅ다. ≪朴諺, 上, 21ㅎ≫甚麽膘添不上, 므슴아라 술이 오ᄅ디 아니ᄒ리오.

첨(甜) 형 달다[甘]. ⇔돌다. ≪朴諺, 上, 49ㅎ≫休喫酸·甜·腥·葷等物, 싄 것 돈 것 비린 것 누린 것들을 먹디 말고. ≪朴諺, 下, 6ㅎ≫掐時甜殺人, 딕이면 ᄃ라 사룸

을 죽게 ᄒᆞᄂᆞ니라. ≪朴諺, 下, 28ㅈ≫先喫甜的金橘蜜煎·銀杏煎, 몬져 든 金橘蜜煎과 銀杏煎을 먹어든.

첨(甜) 형 달다. (흡족하여 기분이 좋다) ⇔ ᄃᆞᆯ다. ≪朴諺, 下, 6ㅎ≫掐時甜殺人, ᄃᆞᆨ이면 ᄃᆞ라 사ᄅᆞᆷ을 죽게 ᄒᆞᄂᆞ니라.

첨(簷) 명 처마. ≪朴諺, 下, 38ㅎ≫車馬, 車馬와. 茶褐羅傘(集覽, 朴集, 下, 8ㅎ: 羅傘. 〈卽〉丞用傘, 紅浮屠頂, 黑色茶褐羅表, 紅絹裏, 三簷.), 차할빗치 羅傘과.

첨(韂) 명 말다래. ⇔ᄃᆞ래. ≪朴諺, 上, 28ㅈ≫天青描金獅子韂, 天青빗치 金으로 獅子 그린 ᄃᆞ래예.

첨과(甜瓜) 명 참외. ⇔ᄎᆞᆷ외. ≪朴諺, 中, 34ㅎ≫種些冬瓜, 동화. 西瓜, 슈박. 甜瓜, ᄎᆞᆷ외. 挿葫, ᄌᆞᄅᆞ박. 稍瓜, 수세외. 黃瓜, 외. 茄子, 가지를 시므라.

첨녕(諂佞) 동 감언이설로 아첨하고 영합하다. ⇔첨녕ᄒᆞ다(諂佞-). ≪朴諺, 上, 23ㅎ≫說口諂佞, 말ᄒᆞᄂᆞᆫ 입이 諂佞ᄒᆞ여.

첨녕ᄒᆞ다(諂佞-) 동 감언이설로 아첨하고 영합하다. ⇔첨녕(諂佞). ≪朴諺, 上, 23ㅎ≫說口諂佞, 말ᄒᆞᄂᆞᆫ 입이 諂佞ᄒᆞ여.

첨도어사(僉都御史) 명 명대(明代) 도찰원(都察院)의 한 벼슬. ≪朴諺, 上, 8ㅈ≫都堂(集覽, 朴集, 上, 4ㅈ: 都堂. 今按, 華制, 都察院有左右都御史·副都御史·僉都御史, 在外十三布政司及都司, 皆有御史一員, 都御史所在謂之都堂, 監察御史所在謂之察院.)捴兵官的詔書, 都堂 捴兵官의게 ᄒᆞᄂᆞᆫ 詔書라.

첨아(簷兒) 명 도래. 갓양태. ⇔드르ㅎ. ≪朴諺, 中, 25ㅎ≫簷兒小, 드르히 젹고.

첨언(甜言) 명 달콤한 말. 감언(甘言). ≪朴諺, 上, 32ㅈ≫甜言美語的, 甜言 美語로.

첨언미어(甛言美語) 명 달콤하고 아름다운(듣기 좋은) 말. ≪朴諺, 上, 32ㅈ≫甜言美語的, 甜言 美語로.

첨자(簽子) 명 적(炙). (기름에 튀긴 음식) ⇔젹. ≪朴諺, 下, 2ㅈ≫且休燒簽子, 아직 젹을 굽디 말고.

첨첨(尖尖) 형 산이 뾰족하게 서 있다. ≪朴諺, 中, 32ㅈ≫尖尖險險的山, 尖尖 險險ᄒᆞᆫ 山과.

첩(貼) 동 ❶(돈을) 거스르다. 또는 보태다. 보충하다. ⇔거스리다. ≪朴諺, 中, 36ㅎ≫貼些銅錢, 져기 銅錢을 거스려. ❷붙이다. ⇔브티다. ≪朴諺, 上, 13ㅎ≫不須(須)貼膏藥, 모로미 膏藥을 브티디 말라. ≪朴諺, 下, 41ㅈ≫殃榜橫貼在門上, 殃榜을 문 우희 빗기 브텻더니. ≪朴諺, 下, 55ㅎ≫各處橋上角頭們貼去, 各處 ᄃᆞ리 모롱이들헤 브티고.

첩(貼) 명 약봉지에 싼 약의 뭉치. ⇔첩아(貼兒). ≪朴諺, 中, 16ㅈ≫貼兒上寫與你引子, 貼에 너를 引子를 써 주리라.

첩(韂) 명 말다래. ⇔ᄃᆞ래. ≪朴諺, 上, 26ㅎ≫羊肝漆韂, 羊肝빗ᄎᆞ로 칠ᄒᆞᆫ ᄃᆞ래예.

첩금(貼金) 명 두꺼운 종이나 물건의 겉에 얇은 금판을 싸서 입히는 일. 또는 그 금. ≪朴諺, 上, 43ㅈ≫不要紙金要五錢皮金(集覽, 朴集, 上, 12ㅎ: 皮金. 未詳. 質問云, 以厚紙上貼金, 女人粧〈綉〉 紃之用. 又云, 將金搥打如紙張之薄, 方言爲之皮金.), 紙金으란 말고 닷 돈 皮金을 ᄒᆞ고.

첩리(帖裏) 명 철릭. (융복(戎服)의 한 가지) ⇔텰릭. ≪朴諺, 上, 25ㅈ≫刺(刺)通袖膝欄羅帖裏上, ᄉᆞ매 ᄆᆞᄅᆞ 내 치질ᄒᆞ고 膝欄ᄒᆞᆫ 羅 텰릭에. ≪朴諺, 上, 27ㅈ≫柳綠蟒龍織金羅帖裏, 柳綠빗치 蟒龍을 織金ᄒᆞᆫ 羅 텰릭에. ≪朴諺, 上, 46ㅎ≫五箇黑帖裏布, 닷 필 거믄 텰릭 뵈를. ≪朴諺, 上, 63ㅈ≫我的串香褐通袖膝欄五彩綉帖裏, 내 텸향빗체 通袖 膝欄ᄒᆞ고 五彩로 綉노흔 텰릭과. ≪朴諺, 上, 63ㅎ≫你的大紅織金胷背帖裏對換着, 네 大紅빗체 금ᄉᆞ로 ᄧᆞᆫ 胷背 ᄒᆞᆫ 텰릭과 막밧고쟈. 我的帖裏怎麽赶上你的綉帖裏, 내 텰릭이 엇디 네 슈텰릭에 미ᄎᆞ리오. ≪朴諺, 中, 54ㅎ≫這明綠通袖膝欄綉的做帖裏, 이 明綠빗체 通袖 膝欄 슈ᄒᆞᆫ 거스란 텰릭 짓고.

첩아(帖兒) 명 장부. 문서. ≪朴諺, 上, 19ㅈ≫我今日印子鋪(集覽, 朴集, 上, 7ㅎ: 印子鋪. 質問云, 有錢之人開鋪, 那無錢之人拿衣服或器皿, 償借銅錢或銀子使用, 每十分加利一分, 亦與有印號帖兒, 以爲執照.)裏儅錢去, 내 오늘 印子鋪에 돈 典儅ᄒᆞ라 가노라.

첩아(貼兒) 명 ❶체자(帖子). 체지(帖紙). 장부. 문서. ⇔톄ᄌᆞ. ≪朴諺, 上, 12ㅎ≫將米貼兒(集覽, 朴集, 上, 5ㅎ: 米貼. 月俸之貼. 質問云, 收米·放米計數之票〈標〉也. 又云, 是文武官員關支(支)月米時, 各該衙門出給印信貼兒.)來對官號, ᄡᆞᆯ 톄ᄌᆞ 가져다가 官號 마초고. ≪朴諺, 上, 13ㅈ≫將碎貼兒(集覽, 朴集, 上, 6ㅈ: 碎貼兒. 音義云, 出門驗放之貼.)來過籌, 준톄ᄌᆞ 가져와 사슬 디내라. ❷약봉지에 싼 약의 뭉치. ⇔첩(貼). ≪朴諺, 中, 16ㅈ≫貼兒上寫與你引子, 貼에 너롤 引子롤 써 주리라.

첩언(疊言) 동 중첩하여 말하다. 또는 그 말. ≪集覽, 字解, 累字解, 3ㅈ≫打聽一打聽. 듣보다. 唯擧打聽二字, 可說而疊言之者, 此漢人好事者之說也. 今亦罕用.

첩첩(疊疊) 형 여러 겹으로 겹쳐 있다. ⇔첩첩ᄒᆞ다(疊疊-). ≪朴諺, 中, 32ㅎ≫有重重疊疊奇峯, 重重 疊疊ᄒᆞᆫ 奇峯이 이시며.

첩첩ᄒᆞ다(疊疊-) 형 여러 겹으로 겹쳐 있다. ⇔첩첩(疊疊). ≪朴諺, 中, 32ㅎ≫有重重疊疊奇峯, 重重 疊疊ᄒᆞᆫ 奇峯이 이시며.

첫 관 첫. ❶⇔두(頭). ≪集覽, 字解, 單字解, 7ㅈ≫頭. 首也, 東頭西頭 동녁 긋 셧녁 긋, 頭到 나죵내, 到頭 나죵애, 通作投. 又上頭 젼ᄎᆞ로. 又頭盤 첫 판, 頭館 첫 판, 頭雞 첫ᄃᆞᆰ. ≪朴諺, 上, 5ㅈ≫席面(集覽, 朴集, 上, 2ㅎ: 席面. 音義云, ·믓·첫·줄.)上, 席面에ᄂᆞᆫ. ≪朴諺, 上, 23ㅈ≫高碁輸頭盤, 놉흔 바독은 첫 판을 진다ᄒᆞᄂᆞ니라. ❷⇔일(一). ≪朴諺, 上, 4ㅈ≫外手一遭兒十六楪, 밧 첫 줄 열 여슷 뎝시에ᄂᆞᆫ.

첫ᄃᆞᆰ 명 첫닭. (새벽에 맨 처음으로 홰를 치며 우는 닭) ⇔두계(頭雞). ≪集覽, 字解, 單字解, 7ㅈ≫頭. 首也. 東頭·西頭 동녁 긋·셧녁 긋, 頭到 나죵내, 到頭 나죵애. 通作投. 又上頭 젼ᄎᆞ로. 又頭盤 첫 판, 頭舘 첫 판, 頭雞 첫 ᄃᆞᆰ.

첫판 명 첫판. (어떤 일이 벌어지는 첫머리의 판) ❶⇔두관(頭館). ≪集覽, 字解, 單字解, 7ㅈ≫頭. 首也. 東頭·西頭 동녁 긋·셧녁 긋, 頭到 나죵내, 到頭 나죵애. 通作投. 又上頭 젼ᄎᆞ로. 又頭盤 첫 판, 頭舘 첫 판, 頭雞 첫 ᄃᆞᆰ. ❷⇔두반(頭盤). ≪集覽, 字解, 單字解, 7ㅈ≫頭. 首也. 東頭·西頭 동녁 긋·셧녁 긋, 頭到 나죵내, 到頭 나죵애. 通作投. 又上頭 젼ᄎᆞ로. 又頭盤 첫 판, 頭舘 첫 판, 頭雞 첫 ᄃᆞᆰ.

청(青) 형 푸르다. ❶⇔프르다. ≪朴諺, 上, 27ㅈ≫鴨綠羅納綉獅子的抹口青絨氈襪上, 鴨頭綠 羅에 獅子롤 綉ᄒᆞ야 깃 도론 프른 부드러온 시욹청에. ≪朴諺, 上, 28ㅈ≫底下垂下着兩頭青珠兒結串的駝毛肚帶, 미틔 드리온 거슨 두 머리에 프른 구슬로 ᄆᆡ자 ᄲᅦ온 약대 털로 ᄒᆞᆫ 빗대오. ≪朴諺, 下, 8ㅎ≫青旋旋圓頂, 프른 旋旋ᄒᆞᆫ 圓頂이오. ❷⇔프ᄅᆞ다. ≪朴諺, 上, 60ㅈ≫遠望高接青霄, 멀리 ᄇᆞ라매 놉히 프른 하ᄂᆞᆯ에 졉ᄒᆞ엿고. ≪朴諺, 下, 21ㅈ≫和將一塊青泥來, ᄒᆞᆫ 덩이 프른 흙을 닉여 가져다가. ≪朴諺, 下, 21ㅈ≫變做青母蝎, 변ᄒᆞ여 프른 암 젼갈이 되여.

청(淸) 형 맑다. ⇔ᄆᆞᆰ다. ≪朴諺, 中, 29ㅈ≫妻賢夫省事官清民自安, 妻ㅣ 어딜면 지아븨 일이 덜리이고 官이 ᄆᆞᆰ그면 빅셩이 스스로 편안ᄒᆞᄂᆞ니라.

청(晴) 동 개다[晴]. ⇔개다. ≪朴諺, 中, 51ㅈ≫雨晴了也, 비 개엿다.

청(請) 동 청(請)하다. ❶⇔청ᄒᆞ다(請-). ≪朴諺, 中, 14ㅎ≫請將范太醫來看, 范太醫롤 請ᄒᆞ여 와 뵈라. ≪朴諺, 下, 19ㅎ≫王請

唐僧上殿, 王이 唐僧을 請ᄒᆞ여 뎐에 올린대. ≪朴諺, 下, 56ㅈ≫請的哥來把一盞, 형을 請ᄒᆞ여 와 ᄒᆞᆫ 盞을 자브마. ❷⇔청ᄒᆞ다. ≪朴諺, 上, 23ㅎ≫衆朋友們的名字都寫着請去, 모든 벗들의 名字를 다 써 청ᄒᆞ라 가쟈. ≪朴諺, 中, 9ㅈ≫我本待要請你去來, 내 본ᄃᆡ ᄒᆞ마 너를 청ᄒᆞ라 가고져 ᄒᆞ더니. ≪朴諺, 中, 14ㅎ≫請的屋裏來, 청ᄒᆞ여 집의 드러오라. ≪朴諺, 中, 29ㅎ≫請官人屋裏喫飯, 청컨대 官人은 집 안희셔 밥 먹으라. ≪朴諺, 中, 37ㅈ≫要時請下馬來看, ᄒᆞ려커든 청컨대 ᄆᆞᆯ ᄂᆞ려 보라. ≪朴諺, 下, 27ㅎ≫請哥這茶房裏, 청ᄒᆞ노니 형아 이 차방에. ≪朴諺, 下, 34ㅈ≫請也請不來, 청ᄒᆞ여도 오디 아니ᄒᆞ리니. ≪朴諺, 下, 40ㅈ≫你請他這裡來麽, 네 뎌를 청ᄒᆞ여 여긔 올싸. ≪朴諺, 下, 42ㅈ≫請佛入到殯前, 佛을 청ᄒᆞ여 殯前에 드리매. ≪朴諺, 下, 58ㅈ≫請坐, 청ᄒᆞ노니 안ᄌᆞ라.

청(聽) 동 청(聽).'聴'은 '聽'의 속자. ≪朴諺, 上, 48ㅈ≫哥你聴的麽, 형아 네 드런ᄂᆞᆫ다. ≪朴諺, 上, 54ㅈ≫我讀你聴, 내 닐거든 네 드르라. ≪朴諺, 上, 65ㅈ≫聴說佛法去來, 佛法 니ᄅᆞᄂᆞᆫ 양 드르라 가쟈. ≪朴諺, 中, 7ㅎ≫你聴我說與你, 네 드르라 내 너ᄃᆞ려 니ᄅᆞ마. ≪朴諺, 中, 13ㅈ≫聴的今年水賊廣, 드르니 올히 水賊이 흔타 ᄒᆞ니. ≪朴諺, 中, 13ㅈ≫後頭聴的, 후에 드르니. ≪朴諺, 中, 33ㅈ≫聴的賣菜子的過去麽, 드ᄅᆞ라 ᄂᆞᄆᆞᆯ ᄡᅵ ᄑᆞᆯ 리 디나가ᄂᆞ냐. ≪朴諺, 中, 38ㅎ≫你聴我念, 네 드ᄅᆞ라 내 닐그마. ≪朴諺, 中, 41ㅈ≫你來聴我說, 이바 내 닐옴을 드르라. ≪朴諺, 下, 45ㅎ≫你自聴我說, 네 스스로 내 니ᄅᆞᆷ을 드ᄅᆞ면. ≪朴諺, 下, 53ㅎ≫你聴我念, 네 드ᄅᆞ라 내 念ᄒᆞ마. ≪朴諺, 下, 56ㅎ≫只聴的高麗新事來, 그저 高麗ㅅ 新事를 드런노라. ≪朴諺, 下, 60ㅎ≫百姓們聴的歡喜無盡, 百姓들이 드ᄅᆞ매 歡喜호미 無盡ᄒᆞ야. ≪朴諺, 下, 60ㅎ≫咱婦人家也聴的這衆人之言, 우리 婦人도 이 衆人의 말을 드ᄅᆞ니.

청(聽) 동 듣다.❶⇔듣다. ≪朴諺, 上, 48ㅈ≫哥你聽的麽, 형아 네 드런ᄂᆞᆫ다. ≪朴諺, 上, 54ㅈ≫我讀你聽, 내 닐거든 네 드르라. ≪朴諺, 上, 65ㅈ≫聽說佛法去來, 佛法 니ᄅᆞᄂᆞᆫ 양 드르라 가쟈. ≪朴諺, 中, 7ㅎ≫你聽我說與你, 네 드르라 내 너ᄃᆞ려 니ᄅᆞ마. ≪朴諺, 中, 13ㅈ≫聽的今年水賊廣, 드르니 올히 水賊이 흔타 ᄒᆞ니. ≪朴諺, 中, 13ㅈ≫後頭聽的, 후에 드르니. ≪朴諺, 中, 33ㅈ≫聽的賣菜子的過去麽, 드ᄅᆞ라 ᄂᆞᄆᆞᆯ ᄡᅵ ᄑᆞᆯ 리 디나가ᄂᆞ냐. ≪朴諺, 中, 38ㅎ≫你聽我念, 네 드ᄅᆞ라 내 닐그마. ≪朴諺, 中, 41ㅈ≫你來聽我說, 이바 내 닐옴을 드르라. ≪朴諺, 下, 45ㅎ≫你自聽我說, 네 스스로 내 니ᄅᆞᆷ을 드ᄅᆞ면. ≪朴諺, 下, 53ㅎ≫你聽我念, 네 드ᄅᆞ라 내 念ᄒᆞ마. ≪朴諺, 下, 56ㅎ≫只聽的高麗新事來, 그저 高麗ㅅ 新事를 드런노라. ≪朴諺, 下, 60ㅎ≫百姓們聽的歡喜無盡, 百姓들이 드ᄅᆞ매 歡喜호미 無盡ᄒᆞ야. ≪朴諺, 下, 60ㅎ≫咱婦人家也聽的這衆人之言, 우리 婦人도 이 衆人의 말을 드ᄅᆞ니. ❷⇔듯다. ≪朴諺, 中, 18ㅈ≫隔簾聽笑語燈下看佳人, 발을 즈음ᄒᆞ여 笑語를 듯고 燈下에 佳人을 봄이라 ᄒᆞ니. ≪朴諺, 中, 28ㅎ≫老李聽了惱懆起來, 老李 듯고 노ᄒᆞ여 니러나. ≪朴諺, 中, 43ㅈ≫我每日才聽明鍾一聲響, 내 날마다 계요 明鍾 ᄒᆞᆫ 소릐를 듯고. ≪朴諺, 中, 48ㅎ≫娘子見了時聒譟難聽, 娘子ㅣ 보고 짓궤니 듯기 어렵더라. ≪朴諺, 下, 9ㅈ≫側耳聽聲, 귀를 기우려 소릐를 듯더니. ≪朴諺, 下, 9ㅎ≫不信佛法不聽經論, 佛法을 밋디 아니ᄒᆞ고 經論을 듯디 아니ᄒᆞ니. ≪朴諺, 下, 10ㅈ≫那達達聽師傅說, 뎌 達達이 師傅의 니ᄅᆞᆷ을 듯고. ≪朴諺, 下, 17ㅎ≫你說我聽, 네 니ᄅᆞ라 내 듯쟈. ≪朴諺, 下, 23ㅎ≫行者聽了跳出來, 行者ㅣ 듯고 ᄠᅱ여 나와.

청가(淸歌) 명 맑은 노랫소리. ≪朴諺, 下, 51ㅈ≫忽生得淸歌細舞之心, 믄득 淸歌 細舞홀 ᄆᆞᅀᆞᆷ을 내여.

청가세무(淸歌細舞) 명 청가(淸歌)와 부드러운 춤. ≪朴諺, 下, 51ㅈ≫忽生得淸歌細舞之心, 믄득 淸歌 細舞홀 ᄆᆞᅀᆞᆷ을 내여.

청걸(請乞) 동 간청하다. ≪集覽, 字解, 累字解, 1ㅎ≫央及. 請乞也. 字之取義未詳. 吏語, 亦只稱央字.

청고(淸高) 형 맑고 고결하다. ⇔청고ᄒᆞ다(淸高-). ≪朴諺, 下, 13ㅎ≫除好淸高, 벼슬이 ᄀᆞ장 淸高ᄒᆞ니라.

청고ᄒᆞ다(淸高-) 형 맑고 고결하다. ⇔청고(淸高). ≪朴諺, 下, 13ㅎ≫除好淸高, 벼슬이 ᄀᆞ장 淸高ᄒᆞ니라.

청공(淸珙) 명 원대(元代)의 중. 자(字)는 석옥(石屋). 속성(俗姓)은 온씨(溫氏). 상숙(常熟) 태생으로 천호(天湖)에서 살았다. 고려(高麗) 때 태고국사(太古國師) 보우(普愚) 등이 그 법을 이은 바 있다. ≪朴諺, 上, 65ㅈ≫法名喚步虛(集覽, 朴集, 上, 15ㅎ: 步虛. 至正丙戌春, 入燕都, 聞南朝有臨濟正脉不斷〈断〉, 可往印可. 盖指臨濟直下雪嵒〈嵓〉嫡孫石屋和尙淸珙也. 遂往湖州霞霧山天湖庵謁和尙, 嗣法傳衣.), 法名을 步虛ㅣ라 브르ᄂᆞᆫ 이.

청금(靑錦) 명 푸른 빛깔의 비단. ⇔청금. ≪朴諺, 中, 44ㅎ≫炕上鋪着靑錦褥(褥)子, 캉 우희 청금 요 ᄭᆞᆯ고.

청기(請期) 명 육례(六禮)의 하나로, 신랑 집에서 혼인날을 택하여 신부 집에 알리고 그 가부를 묻는 일. ≪朴諺, 上, 41ㅈ≫下多少財錢(集覽, 朴集, 上, 11ㅎ: 下多少財錢. 亦云下財. 家禮會通云, 婚有六禮, 納采·問名·納吉·納徵·請期·親迎. 今制, 納采·問名·納吉摠〈総〉一次行禮, 以從簡便, 謂之定禮, 亦爲之定親, 亦曰下紅定, 亦送幣物. 又涓吉送婚書, 行納徵禮, 亦曰納幣, 俗云下財, 亦曰送禮. 俗總稱〈総称〉曰羊酒花紅. 又一次有禮曰請期, 謂之催裝, 亦具禮物. 五品以下無請期之禮.), 언멋 財錢을 드리더뇨.

청렴(靑帘) 명 청기(靑旗). (중국에서 주막집의 표시로 세우던 기) ≪朴諺, 下, 7ㅈ≫我不知道那家有甚麽幌〈慌〉字(集覽, 朴集, 下, 2ㅈ: 幌字. 今按, 漢俗, 凡出賣諸物之家, 俱設標幟之物, 置於門口, 或於門前起立牌榜, 如曰張家出賣高麗布扇. 一如賣酒家標植靑帘之類, 俗呼靑帘曰酒家望子.), 내 아디 몯ᄒᆞ니 뎌 집의 므슴 보람이 잇ᄂᆞ뇨.

청리(聽理) 동 송사(訟事) 따위를 듣고 심리하다. ≪集覽, 字解, 單字解, 7ㅈ≫保. 音采. --, 聽理, 採用之謂. 保一保 채ᄒᆞ다. 不保 듣디 아니ᄒᆞ다. 又作揪保.

청마(靑馬) 명 총이말. ⇔총이ᄆᆞᆯ. ≪朴諺, 上, 55ㅎ≫一箇黑鬃靑馬快走, ᄒᆞᆫ 가리온 총이ᄆᆞᆯ이 잘 ᄃᆞᄅᆞ되.

청백(靑白) 명 청색과 백색. ≪朴諺, 下, 25ㅈ≫沒有, 업고. 靑白間串的上等玉珠兒有幾串, 靑白 섯거 쉔 샹등 옥구슬 여러 쒜옴이 이셰라.

청사(靑絲) 명 구성(九成). 금은(金銀)의 품질을 10등급으로 나누었을 때의 둘째 등급. 곧, 순도가 9할인 금은. ≪朴諺, 上, 30ㅈ≫我的都是細絲官銀(集覽, 朴集, 上, 9ㅎ: 細絲官銀. 銀十品曰十成, 曰足色, 曰成色, 曰細絲, 曰手絲兒, 曰吹螺, 曰白銀. 九品曰九成, 曰靑絲. 八品曰八成. 總稱〈総称〉元寶〈宝〉. 元寶釋見下.), 내 하ᄂᆞᆫ 다 이 細絲官銀이라.

청사(靑詞) 명 도사(道士)가 상제(上帝)에게 아뢰거나 신장(神將)을 부를 때 쓰던 부적. 푸른 종이에 붉은 글씨로 썼다. ≪朴諺, 下, 18ㅎ≫做羅天大醮(集覽, 朴集, 下, 4ㅎ: 大醮. 又有消災度厄之法, 依陰陽五行之數, 推人年命, 書爲章疏靑詞, 奏達天神, 謂之醮.), 羅天大醮를 ᄒᆞ더니.

청사(淸祀) 명 음력 12월에 지내는 납제(臘祭)를 은대(殷代)에 일컫던 이름. ≪朴諺, 中, 53ㅎ≫今日臘(集覽, 朴集, 中, 8ㅎ: 臘. 無定日, 冬至後第〈苐〉二戌日是

也. 夏曰嘉平, 殷曰淸祀, 周曰大䄍, 秦曰臘, 漢仍之.)月二十五日, 오늘이 臘月 二十五日이라.

청사(聽事) 동 청사(聽事). '聽'은 '聽'의 속자. ≪朴諺, 中, 5ㅈ≫怎麽沒一箇聽事的, 엇디 흔 聽事ᄒᆞ리도 업ᄂᆞ뇨.

청사(聽事) 동 일을 처리하다. ⇔청사ᄒᆞ다(聽事-). ≪朴諺, 中, 5ㅈ≫怎麽沒一箇聽事的, 엇디 흔 聽事ᄒᆞ리도 업ᄂᆞ뇨.

청사ᄒᆞ다(聽事-) 동 일을 처리하다. ⇔청사(聽事). ≪朴諺, 中, 5ㅈ≫怎麽沒一箇聽事的, 엇디 흔 聽事ᄒᆞ리도 업ᄂᆞ뇨.

청상(廳上) 명 관청의 우두머리. ≪朴諺, 中, 46ㅈ≫你却不道首領官署了卷廳上不曾押裏, 네 쏘 首領官은 권에 일홈두고 廳上이 일즙 슈례두디 아녓다 니ᄅᆞ디 아니ᄒᆞ던다.

청색(靑色) 명 파란색. ≪朴諺, 下, 45ㅎ≫粧點顔色(集覽, 朴集, 下, 10ㅈ: 粧點顔色. 牛色以立春日爲法, 日干爲頭·角·耳·色, 日支〈支〉爲身色, 納音爲蹄·尾·肚色. 日干, 甲·乙, 木, 靑色, 丙·丁, 火, 紅色之類.), 빗출 ᄭᅮ미고.

청서(靑鼠) 명 다람쥣과의 하나. 몸빛은 잿빛 갈색이며 네 다리와 귀의 긴 털은 검은색이다. ≪朴諺, 下, 1ㅈ≫把我的銀鼠(集覽, 朴集, 下, 1ㅈ: 銀鼠. 形如靑鼠而差小, 色純雪白, 出達子地, 價直甚高.)皮背子, 내 銀鼠皮 背子와.

청소(靑霄) 명 푸른 하늘. 높은 하늘. ≪朴諺, 上, 60ㅈ≫遠望高接靑霄, 멀리 ᄇᆞ라매 놉히 프른 하늘에 졉ᄒᆞ엿고.

청수(淸水) 명 제물. 또는 맹물. 곧, 무리풀이 섞이지 않은 물. ⇔제믈. ≪朴諺, 上, 43ㅎ≫三尺半白淸水(集覽, 朴集, 上, 12ㅎ: 白淸水絹. 무·리 ·픗〈플〉:긔 ·업·시 다ᄃᆞ·마 :돌호로 미·론 :깁·이·니, 光滑緻硬, 如本國擣砧者也. 卽不用糨粉而鍊〈練〉生絹, 以石碾者.)絹, 석 자 반 제믈엣 깁이야. ≪朴新諺 1, 46ㅈ≫ 白淸水絹(朴新注, 18ㅈ: 不用粉餙, 而碾光者.)三尺, 흰 제믈엣 깁 석 자는.

청수견(淸水絹) 명 무리풀을 먹이지 않고 다듬이질하여 반드럽게 한 비단. ⇔제믈엣깁. ≪朴諺, 上, 43ㅎ≫三尺半白淸水(集覽, 朴集, 上, 12ㅎ: 白淸水絹. 무·리 ·픗〈플〉:긔 ·업·시 다ᄃᆞ·마 :돌호로 미·론 :깁·이·니, 光滑緻硬, 如本國擣砧者也. 卽不用糨粉而鍊〈練〉生絹, 以石碾者.)絹, 석 자 반 제믈엣 깁이야. ≪朴新諺 1, 46ㅈ≫白淸水絹(朴新注, 18ㅈ: 不用粉餙, 而碾光者.)三尺, 흰 제믈엣 깁 석 자는.

청유리(靑琉璃) 명 푸른 빛깔의 유리. ≪朴諺, 上, 60ㅎ≫兩角獸頭都是靑瑠璃, 두 모헤 獸頭는 다 靑瑠璃오.

청유리(靑瑠璃) 명 청유리(靑琉璃). '瑠'는 '琉'와 같다. ≪朴諺, 上, 60ㅎ≫兩角獸頭都是靑瑠璃, 두 모헤 獸頭는 다 靑瑠璃오.

청이록(淸異錄) 명 송(宋)나라 도곡(陶穀) 지음. 2권. 당대(唐代)와 오대(五代)의 신이(神異)한 이야기를 수록하였다. ≪朴諺, 中, 35ㅈ≫拿着取燈兒(集覽, 朴集, 中, 7ㅎ: 取燈兒〈取燈〉. 宋陶學士淸異錄云, 夜有急, 苦於作燈之緩, 批杉木條染硫黃, 一與火遇, 得燄必速, 呼爲引光奴.), 取燈을 가지고.

청정(淸淨) 형 ❶〈불〉 나쁜 짓으로 지은 허물이나 번뇌에서 벗어나 깨끗하다. ≪朴諺, 上, 33ㅎ≫你布施(集覽, 朴集, 上, 10ㅎ: 布施. 捨施也, 財施爲凡, 法施爲聖. 凡布施, 必以滿三千世界, 七寶〈宝〉爲求福之具, 財施也. 此住相布施也. 菩薩布施, 但一心淸淨, 利益一切, 爲大施主, 法施也. 此不住相布施也.)人家齋飯錢, 네 人家에 보시흔 齋飯錢을. ≪朴諺, 中, 20ㅎ≫理圓四德(集覽, 朴集, 中, 4ㅈ: 理圓四德. 生死爲常, 不受二邊爲樂, 具入自在爲我, 三業淸淨爲淨. 又我者卽是佛義, 常者卽是法身義, 淨者卽是法義, 樂者卽是涅槃義.), 理는 四德에 ᄀᆞ잣고. ≪朴諺, 中, 21ㅎ≫或分身居士·宰官(集覽, 朴集, 中, 5ㅈ: 居士宰官. 飜〈翻〉譯名義云, 愛

談名言, 淸淨自居, 又多積財貨, 居業豐〈豊〉盈, 皆謂之居士.), 或 居士·宰官에 分身ᄒᆞ고. ≪朴諺, 中, 23ㅈ≫身瑩瓊瓌(集覽, 朴集, 中, 6ㅈ: 身瑩瓊瓌. 佛八十種好云, 身有光明, 又云身淸淨. 又云色潤澤如瑠璃.), 몸은 瓊瓌ㅣ ᄀᆞ티 ᄆᆞᆰ고. ≪朴諺, 下, 9ㅎ≫入寺敬三寶(集覽, 朴集, 下, 3ㅈ: 三寶. 一音演說, 普應群〈羣〉機, 究竟淸淨, 名離欲尊, 卽法寶也.), 뎔에 드러ᄂᆞᆫ 三寶ᄅᆞᆯ 敬ᄒᆞ고. ❷맑고 깨끗하다. 더럽거나 속되지 않다. ⇔청정ᄒᆞ다(淸淨－). ≪朴諺, 上, 33ㅈ≫揀(㨂)那淸淨山庵裏, 뎌 淸淨ᄒᆞᆫ 山庵을 ᄀᆞᆯ희여.

청정ᄒᆞ다(淸淨－) 형 맑고 깨끗하다. 더럽거나 속되지 않다. ⇔청정(淸淨). ≪朴諺, 上, 33ㅈ≫揀(㨂)那淸淨山庵裏, 뎌 淸淨ᄒᆞᆫ 山庵을 ᄀᆞᆯ희여.

청포(靑蒲) 명 푸른 빛깔의 창포(菖蒲). ≪朴諺, 下, 51ㅈ≫閑居兩岸靑蒲紅蓼灘邉, 兩岸 靑蒲 紅蓼 灘邉에 閑居ᄒᆞ야.

청ᄒᆞ다(請－) 동 청(請)하다. ⇔청(請). ≪朴諺, 上, 57ㅎ≫今日都請下了, 오ᄂᆞᆯ 다 請ᄒᆞ엿ᄂᆞ니라. ≪朴諺, 中, 14ㅎ≫請將范太醫來看, 范太醫ᄅᆞᆯ 請ᄒᆞ여 와 뵈라. ≪朴諺, 下, 19ㅎ≫王請唐僧上殿, 王이 唐僧을 請ᄒᆞ여 뎐에 올린대. ≪朴諺, 下, 56ㅈ≫請的哥來把一盞, 형을 請ᄒᆞ여 와 ᄒᆞᆫ 盞을 자브마.

체 명 체[篩]. ⇔나아(羅兒). ≪朴諺, 中, 11ㅎ≫簸箕, 키. 篩子, 얼멍이. 馬尾羅兒, ᄆᆞᆯ총체. 卓兒, 상. 盤子, 반. 茶盤, 찻반. 擡盞, 졉잔. 壺甁, 壺甁. 酒鼈, 쥬벼ᄋᆞ. 銅杓, 놋쥬게ᄅᆞᆯ. 都收拾下着, 다 收拾ᄒᆞ여 두라.

체(剃) 동 깎다. ❶⇔갓ㄱ다. ≪朴諺, 上, 40ㅈ≫剃了, 갓가다. ❷⇔갓다. ≪朴諺, 上, 39ㅎ≫叫將那剃頭(集覽, 朴集, 上, 11ㅈ: 剃頭. 漢俗, 凡梳頭者必剃去腦後頂上髮際細毛, 故曰剃頭.)的來, 뎌 머리 갓ᄂᆞᆫ 이ᄅᆞᆯ 블러오라. ≪朴諺, 上, 39ㅎ≫我剃頭的, 나ᄂᆞᆫ 머리 갓ᄂᆞᆫ 이라. ≪朴諺, 上, 50ㅈ≫纔只洗了孩兒剃了頭, 그제아 아희ᄅᆞᆯ 싯기고 머리 갓고. ❸⇔깍다. ≪朴諺, 上, 51ㅈ≫把孩兒又剃了頭頂上灸, 아희ᄅᆞᆯ다가 또 머리 깍고 뎡박이 ᄯᅳ고.

체(剃) 명 깎기. ⇔갓기. ≪朴諺, 上, 39ㅎ≫你剃的乾淨着, 네 갓기ᄅᆞᆯ 乾淨히 ᄒᆞ고. ≪朴諺, 上, 47ㅈ≫剃頭兩箇錢, 머리 갓기ᄂᆞᆫ 두 낫 돈이오.

체(砌) 동 뭇다. 쌓다. ⇔무오다. ≪朴諺, 上, 43ㅈ≫諸般絨線砌山子(集覽, 朴集, 上, 12ㅎ: 砌山子. 音義云, 귀·여ᄉᆞ 類·엣 것. 今按, 山子, 卽귀·여ᄉᆞ, 砌, 卽結成之意. 俗呼築城曰砌城, 謂疊石而築成之也.)·吊珠兒的麁白線, 여러 가지 보ᄃᆞ라온 실과 귀여ᄉᆞ 무오고 진쥬 ᄃᆞᆯ 굴근 흰 실과.

체(替) 동 ❶갈음하다. 대신하다. ⇔ᄀᆞᄅᆞ차다. ≪朴諺, 上, 54ㅎ≫代保人一面替還, 代保人이 一面으로 ᄀᆞᄅᆞ차 갑게 ᄒᆞ라. ≪朴諺, 中, 4ㅎ≫你便替我再染, 네 곳 날을 ᄀᆞᄅᆞ차 다시 드리리라. ❷체대(替代)하다. 대신하다. 대체하다. ⇔톄ᄃᆡᄒᆞ다. ≪朴諺, 中, 45ㅎ≫替的官人有麽, 톄ᄃᆡᄒᆞᆯ 官人이 잇ᄂᆞ냐.

체(替) 명 언치. (안장이나 길마 밑에 까는 방석이나 담요) ⇔어치. ≪朴諺, 上, 26ㅎ≫獖皮心兒藍斜皮邉兒的皮汗替, 獖皮 心児에 藍斜皮 邉児 ᄒᆞᆫ 가족 ᄯᆞᆷ어치에.

체(遞) 동 드리다[獻]. 건네주다. ⇔드리다. ≪朴諺, 上, 58ㅎ≫我也那一日遞了手帕之後, 나도 그 날에 手帕 드린 후에. ≪朴諺, 中, 55ㅈ≫三四十箇手帕也遞不勾, 셜마은 手帕ㅣ라도 드리기 유여티 못ᄒᆞ리라.

체당(替當) 동 남이 할 일을 대신하여 담당하다. ⇔체당ᄒᆞ다(替當－). ≪朴諺, 下, 39ㅈ≫你的伴當着一箇替當, 네 伴當 ᄒᆞ나흐로 替當ᄒᆞ거나.

체당ᄒᆞ다(替當－) 동 남이 할 일을 대신하여 담당하다. ⇔체당(替當). ≪朴諺, 下, 39ㅈ≫你的伴當着一箇替當, 네 伴當 ᄒᆞ나흐로 替當ᄒᆞ거나.

체대(替代) 동 체대(替代)하다. 대신하다. 대체하다. ⇔체대ᄒᆞ다(替代-). ≪朴諺, 中, 41ㅎ≫替代的代字怎麽寫, 替代ᄒᆞ다 ᄒᆞᆫ 代字를 어이 쓰ᄂᆞ뇨.

체대ᄒᆞ다(替代-) 동 체대(替代)하다. 대신하다. 대체하다. ⇔체대(替代). ≪朴諺, 中, 41ㅎ≫替代的代字怎麽寫, 替代ᄒᆞ다 ᄒᆞᆫ 代字를 어이 쓰ᄂᆞ뇨.

체두(剃頭) 동 머리를 깎다. 이발하다. ≪朴諺, 上, 39ㅎ≫叫將那剃頭(集覽, 朴集, 上, 11ㅈ: 剃頭. 漢俗, 凡梳頭者必剃去腦後頂上髮際細毛, 故曰剃頭.)的來, 뎌 머리 갓ᄂᆞᆫ 이를 블러오라. ≪朴諺, 上, 39ㅎ≫我剃頭的, 나는 머리 갓는 이라. ≪朴諺, 上, 47ㅈ≫剃頭兩箇錢, 머리 갓기는 두 낫 돈이오. ≪朴諺, 上, 50ㅈ≫纔只洗了孩兒剃了頭, 그제아 아ᄒᆡ를 싯기고 머리 갓고.

체례(体例) 명 체례(體例). '体'는 '體'의 속자. ≪朴諺, 上, 42ㅎ≫依體例(集覽, 朴集, 上, 12ㅈ: 體例. 謂官私通行格例曰体禮〈體例〉.)十兩裏一兩家除時, 體例대로 열 량에 ᄒᆞᆫ 냥식 덜면.

체례(體例) 명 기존의 규칙. 관례. ≪朴諺, 上, 42ㅎ≫依體例(集覽, 朴集, 上, 12ㅈ: 體例. 謂官私通行格例曰体禮〈體例〉.)十兩裏一兩家除時, 體例대로 열 량에 ᄒᆞᆫ 냥식 덜면. ≪朴諺, 下, 60ㅈ≫憑着大體例, 大體例를 의빙ᄒᆞ면.

체발(剃髮) 동 〈불〉 머리를 깎다. 곧, 출가(出家)하여 중이 되다. ≪朴諺, 上, 65ㅈ≫法名(集覽, 朴集, 上, 15ㅎ: 法名. 剃〈削〉髮披緇, 歸〈攸〉依佛法, 別立外號, 是謂法名.)喚步虛, 法名을 步虛ㅣ라 브ᄅᆞᄂᆞᆫ 이.

체성(砌城) 동 성을 쌓다. ≪朴諺, 上, 43ㅈ≫諸般絨線砌山子(集覽, 朴集, 上, 12ㅎ: 砌山子. 今按, 山子, 卽귀·여ᄉᆡ, 砌, 卽結成之意. 俗呼築城曰砌城, 謂疊石而築成之也.)·吊珠兒的麁白線, 여러 가지 보ᄃᆞ라온 실과 귀여ᄉᆡ 무오고 진쥬 ᄃᆞᆯ 굴근 흰 실과.

체식(体式) 명 체식(體式). '体'는 '體'의 속자. ≪朴諺, 上, 9ㅈ≫小人也得了箚付(集覽, 朴集, 上, 4ㅎ: 箚付. 音義云, 禮部知會都堂總兵官文書, 內有事件, 体式詳見求政錄.)關字(集覽, 朴集, 上, 4ㅎ: 関字. 音義云. 支〈支〉應馬匹〈疋〉幷廪給者, 体式詳見求政錄.)便上馬, 小人도 箚付 関字를 어드면 곳 上馬ᄒᆞ리로다. ≪朴諺, 下, 11ㅎ≫得了照會(集覽, 朴集, 下, 3ㅈ: 照會. 五軍都督府照會六部, 六部照會承宣布政使司, 使司照會提刑按察司. 体〈體〉式詳見求政錄.), 照會를 엇노라.

체식(體式) 명 체재와 방식. ≪朴諺, 上, 9ㅈ≫小人也得了箚付(集覽, 朴集, 上, 4ㅎ: 箚付. 音義云, 禮部知會都堂總兵官文書, 內有事件, 体式詳見求政錄.)關字(集覽, 朴集, 上, 4ㅎ: 関字. 音義云. 支〈支〉應馬匹〈疋〉幷廪給者, 体式詳見求政錄.)便上馬, 小人도 箚付 関字를 어드면 곳 上馬ᄒᆞ리로다. ≪朴諺, 下, 11ㅎ≫得了照會(集覽, 朴集, 下, 3ㅈ: 照會. 五軍都督府照會六部, 六部照會承宣布政使司, 使司照會提刑按察司. 体〈體〉式詳見求政錄.), 照會를 엇노라.

체한(替閑) 동 일정한 직무가 없는 벼슬아치를 교체(交替)하다. ≪集覽, 字解, 單字解, 7ㅎ≫閑. 雜也. 閑雜人. 又替也. 파직ᄒᆞ다, 罷閑了·替閑了. 又遊息曰閑. ᄒᆞᇰ뎡여 ᄃᆞᆫ닐시니, 遊閑了. 又練熟也. 弓馬熟閑. 又空也. 空閑田地 뷔엿ᄂᆞᆫ ᄯᅡ. 又等閑 부질업시, 又힘히미, 又간대롭다.

체환(替換) 동 교대하다. 교체하다. 바꾸다. ≪朴諺, 中, 45ㅎ≫解由(集覽, 朴集, 中, 8ㅈ: 解由. 質問云, 是當差的官人, 三年一替換, 滿日討了文書回家, 其文書, 方言謂之解由.)得了不曾, 解由를 어덧ᄂᆞ냐 몯ᄒᆞ엿ᄂᆞ냐.

쳔 관 천(千). ⇔천(千). ≪朴諺, 下, 43ㅎ≫三寸氣在千般有, 三寸 氣ㅣ 이시매 쳔 가지나 잇다가. 一日無常萬事休, 一日에 常이 업ᄉᆞ면 萬事ㅣ 休ᄒᆞᄂᆞ니라.

쳔 명 천량[錢糧]. 돈. 재물. ⇔전(錢). ≪朴諺, 下, 26ㅎ≫官人捨不的錢那裏買的, 官人이 쳔을 앗기니 어듸 사리오.

쳔뎐ᄒᆞ다 동 천전(遷轉)하다. 벼슬자리를 옮기다. ⇔전(轉). ≪朴諺, 中, 46ㅎ≫你高官裏轉除的有愁甚麽, 너ᄂᆞᆫ 노픈 벼슬에 쳔뎐ᄒᆞ여 뎨슈홈이 이실 써시니 므슴 근심ᄒᆞ리오.

쳔량 명 천량[錢糧]. 돈. 재물. ⇔전량(錢糧). ≪朴諺, 上, 42ㅈ≫無計筭的錢粮, 수 업슨 쳔량이니.

쳔ᄒᆞ다 형 ❶천(賤)하다. 값싸다. 헐하다. ⇔천(賤). ≪朴諺, 上, 14ㅎ≫好物不賤賤物不好, 됴흔 거슨 쳔티 아니ᄒᆞ고 쳔ᄒᆞᆫ 거슨 됴티 아니ᄒᆞᄂᆞ니라. ≪朴諺, 中, 14ㅎ≫今年好生賤了, 올흔 ᄀᆞ장 쳔ᄒᆞ더라. ❷천(賤)하다. 낮다. 비천하다. ⇔천(賤). ≪朴諺, 中, 17ㅎ≫人離鄕賤物離鄕貴, 사ᄅᆞᆷ이 離鄕ᄒᆞ면 쳔ᄒᆞ고 物이 離鄕ᄒᆞ면 貴타 ᄒᆞᄂᆞ니라.

쳠ᄌᆞ 명 첨자(籤子). (모양이 젓가락과 비슷하다) ⇔차아(叉兒). ≪朴諺, 上, 15ㅎ≫叉兒一箇, 쳠ᄌᆞ ᄒᆞ나.

쳠하 명 처마. ⇔방첨(房簷). ≪朴諺, 中, 51ㅎ≫我慢慢兒沿着人家房簷底下, 내 날회여 人家 쳠하ᄅᆞᆯ 조차.

쳥 명 버선. ⇔말(襪). ≪朴諺, 上, 24ㅎ≫白絨氈襪上, 흰 부드러온 시욹쳥에. ≪朴諺, 上, 27ㅈ≫鴨綠羅納綉獅子的抹口青絨氈襪上, 鴨頭綠 羅에 獅子ᄅᆞᆯ 綉ᄒᆞ야 깃 도론 프른 부드러온 시욹쳥에.

쳥금 명 청금(靑錦). 푸른 빛깔의 비단. ⇔청금(靑錦). ≪朴諺, 中, 44ㅎ≫炕上鋪着靑錦褥(褥)子, 캉 우희 쳥금 요 설고.

쳥ᄒᆞ다 동 청(請)하다. ⇔청(請). ≪朴諺, 上, 23ㅎ≫衆朋友們的名字都寫着請去, 모든 벗들의 名字ᄅᆞᆯ 다 써 쳥ᄒᆞ라 가쟈. ≪朴諺, 中, 9ㅈ≫我本待要請你去來, 내 본듸 ᄒᆞ마 너ᄅᆞᆯ 쳥ᄒᆞ라 가고져 ᄒᆞ더니. ≪朴諺, 中, 14ㅎ≫請的屋裏來, 쳥ᄒᆞ여 집의 드러오라. ≪朴諺, 中, 29ㅎ≫請官人屋裏喫飯, 쳥컨대 官人은 집 안희셔 밥 먹으라. ≪朴諺, 中, 37ㅈ≫要時請下馬來看, ᄒᆞ려커든 쳥컨대 ᄆᆞᆯ ᄂᆞ려 보라. ≪朴諺, 下, 27ㅎ≫請哥這茶房裏, 쳥ᄒᆞ노니 형아 이 차방에. ≪朴諺, 下, 34ㅈ≫請也請不來, 쳥ᄒᆞ여도 오디 아니ᄒᆞ리니. ≪朴諺, 下, 40ㅈ≫你請他這裡來麽, 네 뎌ᄅᆞᆯ 쳥ᄒᆞ여 여긔 올싸. ≪朴諺, 下, 42ㅈ≫請佛入到殯前, 佛을 쳥ᄒᆞ여 殯前에 드리매. ≪朴諺, 下, 58ㅈ≫請坐, 쳥ᄒᆞ노니 안ᄌᆞ라.

초 명 초(醋). ⇔초(醋). ≪朴諺, 中, 6ㅈ≫醋, 초와. 醬, 쟝과. 塩, 소금과. 芥末, 계ᄌᆞ ᄀᆞᄅᆞ와. 葱, 파과. 蒜, 마늘과. 薤菜, 부치와, 油, 기름과. 生蘿蔔, 댓무우과. 瓜, 외와. 茄等, 가지 등. ≪朴諺, 中, 58ㅎ≫我只會根兒解酒和做醋, 나ᄂᆞᆫ 그저 불회로 解酒ᄒᆞ고 초 빗ᄂᆞᆫ 줄만 알고. ≪朴諺, 下, 33ㅎ≫零碎和生薑·料物·葱·蒜·醋·塩都將來, 즌 것과 싱강과 교퇴와 파와 마늘과 초와 소금을 다 가져오라.

초(初) 접두 초-. ⇔초-. ≪朴諺, 上, 41ㅎ≫這月初十日立了婚書, 이 ᄃᆞᆯ 초열흘날 婚書을 셰오고.

초(招) 동 부르다[呼]. ❶⇔브르다. ≪朴諺, 中, 30ㅎ≫招做女壻來, 블러 사회ᄅᆞᆯ 삼으니. ❷⇔브ᄅᆞ다. ≪朴諺, 下, 15ㅎ≫却又招災, 또 직화ᄅᆞᆯ 브ᄅᆞ니.

초(炒) 동 초(炒)하다. 볶다. 삶다. ❶⇔쵸ᄒᆞ다(炒-). ≪朴諺, 上, 5ㅈ≫川炒(集覽, 朴集, 上, 2ㅎ: 川炒. 音義云, 민므레〈민믈에〉 炒ᄒᆞᆫ 猪肉. 今按, 川炒, 塩水炒也.) 猪肉, 제믈에 쵸ᄒᆞᆫ 뎨육과. ❷⇔쵸ᄒᆞ다. ≪朴諺, 上, 5ㅈ≫川炒猪肉, 제믈에 쵸ᄒᆞᆫ 뎨육과.

초(草) 명 짚. ❶⇔딥. ≪朴諺, 上, 58ㅈ≫散饋喂馬的草料錢, ᄆᆞᆯ 먹일 딥과 콩 갑슬 흐터 주라. ≪朴諺, 中, 14ㅈ≫草料貴賤, 딥과 콩이 貴ᄒᆞ더냐 賤ᄒᆞ더냐. ❷⇔딥ㅎ. ≪朴諺, 中, 14ㅈ≫草一錢銀子十一箇家大束(束)兒, 딥흔 ᄒᆞᆫ 돈 은에 열ᄒᆞᆫ 낫 큰 뭇이니. ≪朴諺, 中, 20ㅈ≫把摟草二錢半

一束(束)家, 허튼 딥흔(흘)다가 돈 둘 반에 흔 뭇식 ᄒᆞ여. ≪朴諺, 中, 20ㅈ≫五百來束(束)稻草裏放, 五百 뭇 볏딥헤 노흐라.

초(草) 명 ❶여물. 꼴. ⇔여믈. ≪朴諺, 上, 20ㅎ≫等一會兒餵些草喫, 흔 디위 기드려 져기 여믈을 주어 먹이고. ≪朴諺, 上, 21ㅈ≫懶小厮們一發滿槽子餵草, 게여른 아히들히 홈씌 귀유에 ᄀᆞ독이 여믈을 주고. ≪朴諺, 上, 21ㅈ≫切的草細着, 여믈 써흘기를 ᄀᆞ늘게 ᄒᆞ야. 爲頭兒只半筐兒草, 처음은 그저 반 광조리 여믈을. 着攪草棍拌餵他些料水喫, 여믈 버므리는 막대로 더롤 져기 콩믈을 버므려 주어 먹이고. ≪朴諺, 上, 38ㅎ≫一宿不喫草, ᄒᆞᄅᆞᆺ밤을 여믈을 먹디 아니ᄒᆞ니. ❷풀. ⇔플. ≪朴諺, 上, 35ㅈ≫將一根兒草來, 흔 낫 플을 가져다가. ≪朴諺, 上, 35ㅈ≫將那草梢兒, 뎌 플 긋틀다가. ≪朴諺, 中, 40ㅈ≫房上生出那草, 집 우희 뎌 플이 나. ≪朴諺, 中, 40ㅈ≫把那房上草來, 뎌 집 우희 플을다가.

초(草) 형 성기다. 설피다. ⇔얼믜다. ≪朴諺, 中, 58ㅈ≫孩兒你餵我買將草布蚊帳來, 아히아 네 날을 얼믠 뵈로 흔 모긔댱을 사다가 주고려. ≪朴諺, 中, 58ㅈ≫一發着草布糊了, 흔 번에 얼믠 뵈로 ᄇᆞᄅᆞ라.

초(椒) 명 후추. ⇔호쵸. ≪朴諺, 上, 5ㅈ≫燗牛肉(集覽, 朴集, 上, 2ㅎ: 燗牛肉. 音義, 燗, 音붕⟨붕⟩, 平聲. 質問云, 牛肉細切, 用椒塩燗食. 又云, 以水和醬成湯, 放入鍋內, 燒至滾沸, 方下細切的牛肉, 再加椒·醋·葱花盛供, 故曰燗.), 구은 쇠고기와. ≪朴諺, 上, 60ㅎ≫泥椒紅墻壁, 호쵸로 ᄇᆞ른 블근 墻壁에.

초(焦) 동 태우다[燒]. ⇔틔오다. ≪朴諺, 中, 19ㅈ≫你且休忙休心焦, 네 아직 밧바 말고 ᄆᆞᄋᆞᆷ을 틔오디 말라.

초(稍) 동 (글이나 물건을) 부치다. ⇔브티다. ≪集覽, 字解, 單字解, 1ㅎ≫稍. 寄也. 稍將來 브텨 가져오라. ≪朴諺, 上, 46ㅈ≫稍將來了, 브텨늘 가져왓노라. ≪朴諺, 上, 46ㅈ≫貴舂稍的十箇白毛施布, 貴舂이 브틴 열 필 흰 모시뵈과. ≪朴諺, 下, 10ㅎ≫先生你寫與我書稍的去, 先生아 네 날을 글 써 주어든 브텨 보내쟈. ≪朴諺, 下, 11ㅈ≫稍一箇水褐段匹, 흔 슈헐빗치 비단을 브텨. ≪朴諺, 下, 11ㅈ≫望稍書來着, ᄇᆞ라건대 글을 브텨 보내쇼서.

초(鈔) 명 돈. 재물. ⇔전초(錢鈔). ≪朴諺, 上, 42ㅎ≫正着了也多尋鈔, 졍히 만나시니 錢鈔롤 만히 어드리로다. ≪朴諺, 上, 48ㅈ≫今年錢鈔(集覽, 朴集, 上, 13ㅈ: 錢鈔. 錢者, 金帛之名. 古曰泉, 後鑄而曰錢. 古者天降災戾, 於是乎量資幣, 權輕重, 以救民困. 代各鑄錢, 輕重不一. 鈔, 楮幣也. 始於蜀之交子, 唐之飛錢, 至元朝有中統元寶. 交鈔, 通行寶鈔之名.)艱難, 올히 錢鈔ㅣ 艱難ᄒᆞ야.

초(醋) 명 초. ⇔초. ≪朴諺, 上, 5ㅈ≫燗牛肉(集覽, 朴集, 上, 2ㅎ: 燗牛肉. 音義, 燗, 音붕⟨붕⟩, 平聲. 質問云, 牛肉細切, 用椒塩燗食. 又云, 以水和醬成湯, 放入鍋內, 燒至滾沸, 方下細切的牛肉, 再加椒·醋·葱花盛供, 故曰燗.), 구은 쇠고기와. ≪朴諺, 中, 6ㅈ≫醋, 초와. 醬, 쟝과. 塩, 소금과. 芥末, 계ᄌᆞ ᄀᆞᄅᆞ와. 葱, 파과. 蒜, 마늘과. 薤菜, 부치와, 油, 기름과. 生蘿蔔, 댓무우과. 瓜, 외와. 茄等, 가지 등. ≪朴諺, 中, 58ㅎ≫我只會根兒解酒和做醋, 나는 그저 불회로 解酒ᄒᆞ고 초 빗는 줄만 알고. ≪朴諺, 下, 33ㅎ≫零碎和生薑·料物·葱·蒜·醋·塩都將來, 즈 것과 싱강과 교퇴와 파와 마늘과 초와 소금을 다 가져오라.

초- 접두 초-. ⇔초(初). ≪朴諺, 上, 41ㅎ≫這月初十日立了婚書, 이 ᄃᆞᆯ 초열흘날 婚書을 셰오고.

초과(稍瓜) 명 수세미외. ⇔수세외. ≪朴諺, 中, 34ㅎ≫種些冬瓜, 동화. 西瓜, 슈박. 甜瓜, 춤외. 揷葫, ᄌᆞᄅᆞ박. 稍瓜, 수세외. 黃瓜, 외. 茄子, 가지를 시므라.

초낭(草娘) 명 창녀(娼女). 창기. ≪朴諺,

上, 40ㅎ≫別處一箇官人娶娘子(集覽, 朴集, 上, 11ㅎ: 娘子. 南村輟耕[錄]云〈南村輟耕錄〉, 世謂穩婆曰老娘, 女巫曰師娘, 唱〈娼〉婦曰花娘, 達人又曰草娘, 苗人謂妻曰夫娘, 南方謂婦人無行者曰夫娘, 謂婦人之卑賤者曰某娘, 曰幾娘, 鄙之曰婆娘.), 다른 고듸 흔 官人이 娘子를 娶흐노라.

초두(初頭) 명 초순(初旬). ⇔초생(初生). ≪朴諺, 上, 48ㅈ≫八月初頭起, 八月 初生에 긔동홀러라. ≪朴諺, 中, 45ㅎ≫五月初頭禮上了也, 五月 初生에 츌관흐리라.

초두(草頭) 명 초두[艹]. 한자 부수(部首)의 이름. ≪朴諺, 中, 42ㅈ≫點水傍做草頭底下雨(兩)字, 點水 변에 草頭 아릐 雨(兩)字 흐엿ᄂᆞ니라.

초려(草廬) 명 초가집. ≪朴諺, 中, 22ㅎ≫結草廬於香山之上(集覽, 朴集, 中, 5ㅎ: 結草廬於香山之上. 飜〈翻〉譯名義云, 西域記云, 阿耨達, 水名, 在香山之南. 觀此則香山亦西域山也, 而未詳所在. 結廬事亦未詳.), 草廬를 香山 우희 지엇ᄯᅩ다.

초료(椒料) 명 향이 자극적인 조미료. ≪朴諺, 上, 5ㅈ≫燠鴿子彈(集覽, 朴集, 上, 2ㅎ: 燠鴿子彈. 質問云, 鴿子彈糝於滾肉湯食之. 又云, 用肉湯在鍋, 再加椒料·菜·葱花, 燒火至滾沸, 方下鴿子卵, 盛之於碗, 以獻賓客.), 비둘기 알 술믄 이와.

초맥(稍麥) 명 밀가루로 반죽하여 얇은 반대기를 만들고 그 속에 고기소를 넣어 만든 음식. 찐 만두. ≪朴諺, 下, 14ㅈ≫喫稍麥(集覽, 朴集, 下, 3ㅎ: 稍麥. 質問云, 以麥麵作成薄片, 包肉蒸熟, 與湯食之, 方言謂之稍麥. 麥, 亦作賣. 又云, 皮薄內實切碎肉, 當頂撮細, 似線稍繫, 故曰稍麥. 又云, 以麵作皮, 以肉爲餡, 當頂作爲花蕊, 方言謂之稍麥.)粉湯, 稍麥과 스면 먹고. ≪朴諺, 下, 32ㅈ≫素酸餡稍麥, 素酸소 흔 稍麥과. 匾食, 匾食과.

초목(草木) 명 풀과 나무. ≪朴諺, 中, 32ㅈ≫纏着乞留曲律藤(集覽, 朴集, 中, 7ㅈ: 乞留曲律〈葎〉藤. 漢人凡稱草木行蔓必曰藤, 非別有一物也.), 굽걸온 藤이 얼켯고. ≪朴諺, 下, 7ㅎ≫這七月十五日是諸佛解夏(集覽, 朴集, 下, 2ㅈ: 解夏. 盖夏乃長養之節〈莭〉, 在外行則恐傷草木·虫類. 故九十日安居不出, 至七月十五日, 應禪寺掛搭僧尼, 盡皆散去, 謂之解夏, 又謂解制. 掛搭, 詳見事林廣記.)之日, 七月 十五日은 諸佛 解夏흐는 날이라.

초묘충아(焦苗虫兒) 명 초묘충아(焦苗蟲兒). '虫'은 '蟲'의 속자. ≪朴諺, 下, 21ㅎ≫孫行者變做箇焦苗虫兒, 孫行者ㅣ 변흐여 흔 닥졍버릐 되여.

초묘충아(焦苗蟲兒) 명 딱정벌레. ⇔닥졍버릐. ≪朴諺, 下, 21ㅎ≫孫行者變做箇焦苗虫兒, 孫行者ㅣ 변흐여 흔 닥졍버릐 되여.

초미(粆米) 명 말린 쌀. ≪朴諺, 中, 30ㅈ≫稀粥(集覽, 朴集, 中, 7ㅈ: 稀粥也熬着. 北人好獵, 不力於農. 獵者·行者多齎粆米, 且其食性好粥, 尤好生肉湩酪, 故兩書皆元時所記, 多言稀粥及酪. 粆, 音抄, 卽本國米實也.)也熬着裏, 믉은 쥭도 ᄡᅮ엇다.

초범(超凡) 형 〈불〉 세속 밖에서 초연(超然)하다. 곧, 득도(得道)하여 성인(聖人)이 되다. ≪朴諺, 下, 9ㅎ≫入寺敬三寶(集覽, 朴集, 下, 3ㅈ: 三寶. 脫塵異俗, 圓頂方袍, 入聖超凡, 爲衆中尊, 卽僧寶也.), 뎔에 드러는 三寶를 敬흐고.

초생(初生) 동 처음 생겨나다. ≪朴諺, 上, 51ㅈ≫百歲日(集覽, 朴集, 上, 13ㅎ: 百歲日. 子生一七日, 謂之一臘, 一歲, 謂之百晬. 質問云, 初生孩兒以百日爲百歲日, 六親皆以禮賀之, 主人設席館待.)又做筵席, 百歲日에 ᄯᅩ 이바디흐면.

초생(初生) 명 초순(初旬). ⇔초두(初頭). ≪朴諺, 上, 48ㅈ≫八月初頭起, 八月 初生에 긔동홀러라. ≪朴諺, 中, 45ㅎ≫五月初頭禮上了也, 五月 初生에 츌관흐리라.

초생(草生) 명 풀이 이 세상에 살아 있는 동안. ≪朴諺, 上, 1ㅈ≫人生一世草生一秋, 人生 一世ㅣ오 草生 一秋ㅣ라.

초서피(貂鼠皮) 명 돈피(獤皮). 노랑가슴담비의 털가죽. ≪朴諺, 下, 1ㅈ≫貂鼠皮丢袖, 貂鼠皮 ᄉᆞ매 조차 내브틴 갓오ᄉᆞᆯ다가.

초성(初聲) 명 초성. 첫소리. ≪集覽, 字解, 單字解, 3ㅈ≫咱. 五音集韻, 子葛切. 俗謂自己爲咱. 免疑雜字, 音匝. 兩書皆有咱們之文, 們字初聲謂合口聲. 鄕習以們字初聲, 連咱字之終讀之, 故咱字亦似合口聲之字, 遂以咱字爲合口聲習以爲常, 誤矣. 又着於詞終則爲語助, 今罕用也.

초수(草尌) 명 초수(草樹). '尌'는 '樹'의 속자. ≪朴諺, 上, 25ㅈ≫剌(刺)通袖膝欄(集覽, 朴集, 上, 8ㅎ: 刺通袖膝欄. 元時好着此衣, 前後具胷背, 又連肩而通袖之脊, 至袖口爲紋, 當膝周圍亦爲紋如欄干, 然織成段疋爲衣者有之, 或皮或帛, 用綵線周遭回曲爲緣, 如花樣, 刺〈剌〉爲草樹〈尌〉·禽獸·山川·宮殿之文於〈紋於〉其內, 備極奇巧, 皆用團領着之, 其直甚高.)羅帖裏上, ᄉᆞ매 ᄆᆞᄅᆞ 내 치질ᄒᆞ고 膝欄ᄒᆞᆫ 羅 텰릭에.

초수(草樹) 명 풀과 나무. ≪朴諺, 上, 25ㅈ≫剌(刺)通袖膝欄(集覽, 朴集, 上, 8ㅎ: 刺通袖膝欄. 元時好着此衣, 前後具胷背, 又連肩而通袖之脊, 至袖口爲紋, 當膝周圍亦爲紋如欄干, 然織成段疋爲衣者有之, 或皮或帛, 用綵線周遭回曲爲緣, 如花樣, 刺〈剌〉爲草樹〈尌〉·禽獸·山川·宮殿之文於〈紋於〉其內, 備極奇巧, 皆用團領着之, 其直甚高.)羅帖裏上, ᄉᆞ매 ᄆᆞᄅᆞ 내 치질ᄒᆞ고 膝欄ᄒᆞᆫ 羅 텰릭에.

초십일(初十日) 명 초열흘날. ⇔초열흘날. ≪朴諺, 上, 41ㅎ≫這月初十日立了婚書, 이 ᄃᆞᆯ 초열흘날 婚書를 셰오고.

초아(梢兒) 명 끝. ❶⇔긋. ≪朴諺, 上, 35ㅈ≫那稍兒到處, 뎌 긋 간 곳을. ❷⇔긋ㅌ. ≪朴諺, 上, 35ㅈ≫將那草梢兒, 뎌 플 긋ᄐᆞᆯ다가.

초아(鞘兒) 명 칼집. ⇔갑플. ≪朴諺, 上, 15ㅈ≫起線花梨木鞘兒, 실 도틴 花梨木 갑플에. ≪朴諺, 上, 25ㅎ≫鞘兒都全, 갑플이 다 ᄀᆞ잣고.

초열흘날 명 초열흘날. ⇔초십일(初十日). ≪朴諺, 上, 41ㅎ≫這月初十日立了婚書, 이 ᄃᆞᆯ 초열흘날 婚書를 셰오고.

초염(炒塩) 명 초염(炒鹽). '塩'은 '鹽'의 속자. ≪朴諺, 下, 33ㅈ≫黃燒餠(集覽, 朴集, 下, 7ㅈ: 黃燒餠. 事林廣記云, 每麵〈糆〉一斤, 入油一兩半, 炒塩一錢, 冷水和捜得所, 骨魯槌砑開, 鏊上煿〈煿〉熟, 得硬煻火燒熟, 甚酥美. 酥, 걱걱ᄒᆞ다〈석석ᄒᆞ다〉.), 누론 쇼병과.

초염(炒鹽) 명 구운 소금. ≪朴諺, 下, 33ㅈ≫黃燒餠(集覽, 朴集, 下, 7ㅈ: 黃燒餠. 事林廣記云, 每麵〈糆〉一斤, 入油一兩半, 炒塩一錢, 冷水和捜得所, 骨魯槌砑開, 鏊上煿〈煿〉熟, 得硬煻火燒熟, 甚酥美. 酥, 걱걱ᄒᆞ다〈석석ᄒᆞ다〉.), 누론 쇼병과.

초염(椒塩) 명 초염(椒鹽). '塩'은 '鹽'의 속자. ≪朴諺, 上, 5ㅈ≫燜牛肉(集覽, 朴集, 上, 2ㅎ: 燜牛肉. 音義, 燜, 音붕〈붕〉, 平聲. 質問云, 牛肉細切, 用椒塩燜食. 又云, 以水和醬成湯, 放入鍋內, 燒至滾沸, 方下細切的牛肉, 再加椒·醋·葱花盛供, 故曰燜.), 구은 쇠고기와.

초염(椒鹽) 명 분디와 소금을 약한 불에 구워 빻아 만든 조미료. ≪朴諺, 上, 5ㅈ≫燜牛肉(集覽, 朴集, 上, 2ㅎ: 燜牛肉. 音義, 燜, 音붕〈붕〉, 平聲. 質問云, 牛肉細切, 用椒塩燜食. 又云, 以水和醬成湯, 放入鍋內, 燒至滾沸, 方下細切的牛肉, 再加椒·醋·葱花盛供, 故曰燜.), 구은 쇠고기와.

초정(鈔錠) 명 지폐와 은화(銀貨). 곧, 화폐. ≪朴諺, 中, 53ㅈ≫休道是偌多鈔錠段子, 이 만ᄒᆞᆫ 鈔錠과 비단을 니ᄅᆞ디 말라. ≪朴諺, 下, 2ㅎ≫把我二三年布施來的金銀·鈔錠, 내 二三年 布施ᄒᆞ여 온 金銀·鈔錠을다가.

초조(初祖) 명 가계(家系)나 유파(流派)의 초대 선조(先祖). ≪朴諺, 上, 65ㅎ≫得傳衣鉢(集覽, 朴集, 上, 16ㅈ: 傳衣鉢. 釋迦

佛生年十九出家, 住世四十九年, 傳衣鉢于迦葉初祖達摩, 達摩傳衣鉢于二祖, 二祖傳于三祖, 至於六祖, 至三十二祖弘忍. 盖以此爲傳道之器也.), 衣鉢 傳홈을 어더.

초조(焦懆) 동 노(怒)하다. 성내다. ⇔노히다. ≪朴諺, 下, 19ㅈ≫便焦懆起來, 곳 노히여 니러.

초지(草地) 명 풀이 나 있는 땅. ≪朴諺, 中, 50ㅎ≫咱這草地裏學摔挍, 우리 이 草地에셔 시름 비호쟈.

초집(招集) 동 불러서 모으다. ≪朴諺, 中, 5ㅈ≫站家擂皷(集覽, 朴集, 中, 1ㅈ: 站家擂鼓. 舘驛門上皆設更鼓〈皷〉之樓, 凡使客入門必擊其鼓〈皷〉, 招集人衆, 應辦事務.), 站에셔 붑 티니.

초추(苕帚) 명 ❶갈대의 이삭으로 맨 비. ≪朴諺, 中, 44ㅎ≫將苕箒(集覽, 朴集, 中, 8ㅈ: 苕箒. 周禮桃茢鄭云, 茢, 苕箒也, 苕, 葦華也. 今按, 苕乃凌霄花也, 苕帚之苕, 作芀是.)來掃的乾淨着, 닛븨 가져다가 쁠기를 간졍히 ᄒᆞ고. ❷잇비. 잇짚으로 맨 비. 또는 갈대의 이삭으로 맨 비. ⇔닛븨. ≪朴諺, 中, 44ㅎ≫將苕箒來掃的乾淨着, 닛븨 가져다가 쁠기를 간졍히 ᄒᆞ고. ≪朴諺, 下, 2ㅈ≫疾忙將苕箒來, 섈리 닛븨 가져다가.

초치(招致) 동 불러서 이르게 하다. 또는 야기하다. 초래하다. ≪朴諺, 上, 33ㅈ≫穿着衲襖(集覽, 朴集, 上, 10ㅈ: 衲襖. 反(飜)譯名義云, 好衣是未得道者生貪着處, 招致賊難, 或致奪肏(命), 有如是等患, 故受弊衲衣.)將着鉢盂, 누비옷 닙고 에우아리 가지고.

초학(初學) 동 막 배우기 시작하다. ≪集覽, 凡例≫質問者, 入中朝質問而來者也. 兩書皆元朝言語, 其沿舊未改者, 今難曉解. 前後質問亦有抵捂, 姑幷收以袪初學之碍. 間有未及質問, 大有疑碍者, 不敢强解, 宜竢更質. ≪集覽, 凡例≫凡漢人用字, 或取音同, 或取省文以書. 兩本多有誤字, 今皆去僞從眞, 以便初學之習.

초ᄒᆞ다(炒-) 동 초(炒)하다. 볶다. 삶다. ⇔초(炒). ≪朴諺, 上, 5ㅈ≫川炒(集覽, 朴集, 上, 2ㅎ: 川炒. 音義云, 민므레〈민믈에〉 炒ᄒᆞᆫ 猪肉. 今按, 川炒, 塩水炒也.)猪肉, 제믈에 쵸ᄒᆞᆫ 뎨육과.

촉부(囑付) 동 당부하다. 부탁하다. ⇔당부ᄒᆞ다. ≪朴諺, 中, 12ㅈ≫我囑付你, 내 너ᄃᆞ려 당부ᄒᆞ쟈. ≪朴諺, 下, 1ㅈ≫家裡好生囑付, 집의 ᄀᆞ장 당부ᄒᆞ여.

촉부(囑咐) 동 당부하다. 부탁하다. ⇔당부ᄒᆞ다. ≪集覽, 字解, 累字解, 2ㅈ≫丁囑. 당부ᄒᆞ다. ≪集覽, 字解, 累字解, 2ㅎ≫囑咐. 上同.

촉서(蜀黍) 명 수수. 고량(高粱). ≪集覽, 字解, 單字解, 1ㅎ≫料. 凡人飼馬, 或用小黑豆, 或用蜀黍雜飼之. 故凡稱飼馬穀豆曰料. 又該用物色雜稱曰物料, 造屋材木曰木料, 入畫彩色曰顔料. 又量也. 又理也.

촉직아(促織兒) 명 베짱이. ⇔뵈짱이. ≪朴諺, 上, 17ㅎ≫鬪(鬪)促織兒, 뵈짱이 싸홈브티고.

촉출(蜀秫) 명 수수. ⇔슈슈. ≪朴諺, 下, 37ㅈ≫稻子, 벼. 蜀秫, 슈슈. 黍子, 기장. 大麥, 보리. 小麥, 밀. 蕎麥, 모밀. 黃豆, 콩. 小豆, ᄑᆞᆺ. 菉豆, 녹두. 莞豆, 광쟝이. 黑豆, 거믄콩. 芝麻, ᄎᆞᆷ깨. 蘇子, 듧깨.

촌 명 촌(村). 시골. ⇔촌(村). ≪朴諺, 中, 9ㅎ≫大都某村住人錢小馬, 셔울 아모 촌의 사는 사름 錢小馬ㅣ. ≪朴諺, 下, 52ㅈ≫某村住某人, 아모 촌에 사는 아뫼. ≪朴諺, 下, 54ㅎ≫當有某縣某村住人王大戶爲證, 곳 아모 고을 아모 촌에 사는 사름 王大戶ㅣ 이셔 證ᄒᆞ엿ᄂᆞ니이다.

촌(村) 명 촌(村). 시골. ⇔촌. ≪朴諺, 中, 9ㅎ≫大都某村住人錢小馬, 셔울 아모 촌의 사는 사름 錢小馬ㅣ. ≪朴諺, 中, 43ㅎ≫我在村裏, 내 村에 이셔. ≪朴諺, 下, 52ㅈ≫某村住某人, 아모 촌에 사는 아뫼. ≪朴諺, 下, 54ㅎ≫當有某縣某村住人王大戶爲證, 곳 아모 고을 아모 촌에 사는

사름 王大戶ㅣ 이셔 證ᄒᆞ엿ᄂᆞ니이다.

촌관척(寸關尺) 명 손목에서 맥을 보는 세 자리. 요골(橈骨)의 경상 돌기 부위를 관(關), 손목 쪽을 촌(寸), 팔꿈치 쪽을 척(尺)이라 한다. ≪朴諺, 中, 15ㅈ≫尺脉較沈(集覽, 朴集, 中, 3ㅈ: 尺脉較沈. 人手有寸·關·尺三部脉. 尺脉主腎命門, 屬水而沈. 脾屬土.), 尺脉이 젹이 沈ᄒᆞ니.

촌맥(寸脈) 명 맥박의 하나. 양 손바닥 위의 관절에서 1치[寸] 되는 곳에 있다. 왼손의 것은 심장(心臟)과 소장(小腸), 오른손의 것은 폐(肺)와 대장(大腸)의 상태를 나타낸다. ≪朴諺, 中, 15ㅈ≫尺脉較沈(集覽, 朴集, 中, 3ㅈ: 尺脉較沈. 人手有寸·關·尺三部脉. 尺脉主腎命門, 屬水而沈. 脾屬土.), 尺脉이 젹이 沈ᄒᆞ니.

촌미(村味) 명 시골에 사는 맛. ≪朴諺, 中, 44ㅈ≫開呈村味, 村味를 開呈ᄒᆞ고.

촌심(寸心) 명 속으로 품은 작은 뜻. ≪朴諺, 下, 27ㅎ≫寸心不昧, 寸心이 어돕디 아니ᄒᆞ면. 萬法皆明, 萬法이 다 ᄇᆞᆰᄂᆞ니라.

촌심불매만법개명(寸心不昧 萬法皆明) 구 촌심(寸心)이 어둡지 않으면 모든 법률이나 규칙이 밝게 된다는 뜻. ≪朴諺, 下, 27ㅎ≫寸心不昧, 寸心이 어돕디 아니ᄒᆞ면. 萬法皆明, 萬法이 다 ᄇᆞᆰᄂᆞ니라.

촌어(村語) 명 속된 말. 촌스러운 말. ≪朴諺, 下, 26ㅈ≫村言村語的休罵人, 村言村語로 사름 ᄭᅮ짓디 말고.

촌언(村言) 명 속된 말. 촌스러운 말. ≪朴諺, 下, 26ㅈ≫村言村語的休罵人, 村言村語로 사름 ᄭᅮ짓디 말고.

촌우(村牛) 명 바보. 문맹(文盲)인 사람을 얕잡아 이르는 말. ≪朴諺, 下, 53ㅎ≫有一箇沒理的村牛, ᄒᆞᆫ 무리ᄒᆞᆫ 村牛ㅣ 이셔.

촌장(村莊) 명 마을. 부락. 촌. ≪朴諺, 上, 47ㅈ≫我是新來的莊家(集覽, 朴集, 上, 13ㅈ: 莊家. 村莊治農之人曰莊家, 謂不達時務之人.), 나는 이 새로 온 향암이라. ≪朴諺, 中, 43ㅎ≫那裏肯來我一般村莊人家, 어ᄃᆡ 즐겨 우리 ᄀᆞᄐᆞᆫ 村莊 人家에 오리오. ≪朴諺, 中, 43ㅎ≫你自說村莊無人來訪, 네 스스로 닐오ᄃᆡ 村莊에 와 ᄎᆞ즐 사름이 업다 ᄒᆞ거니와.

촌철(寸鐵) 명 작고 날카로운 쇠붙이나 무기. ≪朴諺, 下, 36ㅎ≫寸鐵入木九牛之力, 寸鐵이 남게 들매 九牛의 힘이라 ᄒᆞᄂᆞ니라.

촌철입목구우지력(寸鐵入木 九牛之力) 구 촌철(寸鐵)을 나무에 박는데도 구우(九牛)의 힘이 필요하다는 뜻으로, 무슨 일이든지 정성과 온 힘을 들여야 해낼 수 있다는 말. ≪朴諺, 下, 36ㅎ≫寸鐵入木九牛之力, 寸鐵이 남게 들매 九牛의 힘이라 ᄒᆞᄂᆞ니라.

총(葱) 명 파. ⇔파. ≪朴諺, 中, 6ㅈ≫醋, 초와. 醬, 장과. 塩, 소금과. 芥末, 계ᄌᆞᄀᆞᄅᆞ와. 葱, 파과. 蒜, 마ᄂᆞᆯ과. 薤菜, 부치와, 油, 기름과. 生蘿蔔, 댓무우과. 瓜, 외와. 茄等, 가지 등. ≪朴諺, 中, 33ㅎ≫蘿蔔, 댓무우. 蔓菁, 쉿무우. 萵苣, 부로. 葵菜, 아혹. 白菜, ᄇᆡ치. 赤根菜, 시근치. 園荽, 고싀. 蓼子, 역괴. 葱, 파. 蒜, 마ᄂᆞᆯ. 薤, 부치. 荊芥, 형개. 薄荷, 박하. 茼蒿, 믈ᄡᅮᆨ. 水蘿蔔, 믈한댓무우. 胡蘿蔔, 노론댓무우. 芋頭, 토란. 紫蘇都種來, 紫蘇를 다 시므라. ≪朴諺, 下, 33ㅎ≫零碎和生薑·料物·葱·蒜·醋·塩都將來, 즌 것과 싱강과 교퇴와 파와 마ᄂᆞᆯ과 초와 소금을 다 가져오라.

총갑(総甲) 명 총갑(總甲). '総'은 '總의 속자. ≪朴諺, 下, 52ㅈ≫叫到隣人幷巡宿総甲(集覽, 朴集, 下, 11ㅎ: 總甲. 軍制, 編成排甲, 每一小甲管軍人一十名, 總〈総〉甲管軍五十名, 每百戶該管一百一十二名. 又里制, 每里一百戶, 五家爲一火, 十家爲一甲, 每十戶, 甲首一名.)人等, 隣人과 巡宿ᄒᆞᄂᆞᆫ 総甲人 等을 아오로 블러.

총갑(總甲) 명 총갑(總甲). '總'은 '總의 속자. ≪朴諺, 下, 52ㅈ≫叫到隣人幷巡宿総甲(集覽, 朴集, 下, 11ㅎ: 總甲. 軍制, 編成排甲, 每一小甲管軍人一十名, 總〈総〉

甲管軍五十名, 每百戶該管一百一十二名. 又里制, 每里一百戶, 五家爲一火, 十家爲一甲, 每十戶, 甲首一名.)人等, 隣人과 巡宿ᄒᆞᄂᆞᆫ 総甲人 等을 아오로 블러.

총갑(總甲) 명 군대 편제에서 50명의 병졸을 지휘하던 우두머리. ≪朴諺, 下, 52ㅈ≫ 叫到隣人幷巡宿総甲(集覽, 朴集, 下, 11ㅎ: 總甲. 軍制, 編成排甲, 每一小甲管軍人一十名, 總〈総〉甲管軍五十名, 每百戶該管一百一十二名. 又里制, 每里一百戶, 五家爲一火, 十家爲一甲, 每十戶, 甲首一名.)人等, 隣人과 巡宿ᄒᆞᄂᆞᆫ 総甲人 等을 아오로 블러.

총기(総旗) 명 총기(總旗). '総'은 '總'과 같다. ≪朴諺, 上, 58ㅎ≫ 你昨日張千戶(集覽, 朴集, 上, 14ㅎ: 千戶. 軍士五千六百名爲一衛, 二千二百名爲一千戶所, 一百一十名爲一百戶所. 每百戶內設總〈総〉旗二名, 小旗二名.)的生日裏, 네 어제 張千戶의 生日에.

총기(緫旗) 명 총기(總旗). '緫'은 '總'의속자. ≪朴諺, 上, 58ㅎ≫ 你昨日張千戶(集覽, 朴集, 上, 14ㅎ: 千戶. 軍士五千六百名爲一衛, 二千二百名爲一千戶所, 一百一十名爲一百戶所. 每百戶內設總〈総〉旗二名, 小旗二名.)的生日裏, 네 어제 張千戶의 生日에.

총기(總旗) 명 원·명대(元明代)의 군대 편제. 병졸 50명으로 편성하였다. ≪朴諺, 上, 58ㅎ≫ 你昨日張千戶(集覽, 朴集, 上, 14ㅎ: 千戶. 軍士五千六百名爲一衛, 二千二百名爲一千戶所, 一百一十名爲一百戶所. 每百戶內設總〈総〉旗二名, 小旗二名.)的生日裏, 네 어제 張千戶의 生日에.

총명(聡明) 형 총명(聰明). '聡'은 '聰'의 속자. ≪朴諺, 中, 60ㅎ≫ 衙門處處向南開(集覽, 朴集, 中, 9ㅈ: 衙門處處向南開. 南村輟耕錄云, 凡衙門皆坐北南向者, 南方屬離卦, 離虛中則聰. 又南方火位, 火明則能破暗, 故表南面聰〈聡〉明, 爲民治愚暗之事. 臺門必北開者, 取肅殺就陰之象.), 衙門이 곳곳이 南을 향ᄒᆞ여 여러시나. ≪朴諺, 下, 8ㅎ≫ 聡明智慧過人, 聡明과 智慧ᄂᆞᆫ 사ᄅᆞᆷ의게 디나고.

총명(聴明) 형 총명(聰明). '聴'은 '聰'의 속자. ≪朴諺, 中, 60ㅎ≫ 衙門處處向南開(集覽, 朴集, 中, 9ㅈ: 衙門處處向南開. 南村輟耕錄云, 凡衙門皆坐北南向者, 南方屬離卦, 離虛中則聰. 又南方火位, 火明則能破暗, 故表南面聰〈聡〉明, 爲民治愚暗之事. 臺門必北開者, 取肅殺就陰之象.), 衙門이 곳곳이 南을 향ᄒᆞ여 여러시나. ≪朴諺, 下, 58ㅎ≫ 咱本國是太祖(集覽, 朴集, 下, 12ㅈ: 太祖. 姓王氏, 諱建, 字若天, 松岳郡人. 幼而聰明, 龍顏日角.)姓王諱建表德若天, 우리 本國이 太祖의 姓은 王이오 諱ᄂᆞᆫ 建이오 字ᄂᆞᆫ 若天이니.

총명(聰明) 형 매우 영리하고 재주가 있다. ≪朴諺, 中, 60ㅎ≫ 衙門處處向南開(集覽, 朴集, 中, 9ㅈ: 衙門處處向南開. 南村輟耕錄云, 凡衙門皆坐北南向者, 南方屬離卦, 離虛中則聰. 又南方火位, 火明則能破暗, 故表南面聰〈聡〉明, 爲民治愚暗之事. 臺門必北開者, 取肅殺就陰之象.), 衙門이 곳곳이 南을 향ᄒᆞ여 여러시나. ≪朴諺, 下, 8ㅎ≫ 聰明智慧過人, 聰明과 智慧ᄂᆞᆫ 사ᄅᆞᆷ의게 디나고. ≪朴諺, 下, 58ㅎ≫ 咱本國是太祖(集覽, 朴集, 下, 12ㅈ: 太祖. 姓王氏, 諱建, 字若天, 松岳郡人. 幼而聰明, 龍顏日角.)姓王諱建表德若天, 우리 本國이 太祖의 姓은 王이오 諱ᄂᆞᆫ 建이오 字ᄂᆞᆫ 若天이니.

총백(葱白) 명 엷은 푸른빛. ❶⇔총백빗(葱白-). ≪朴諺, 中, 37ㅎ≫ 葱白膝欄四兩銀子一匹, 葱白빗 膝欄에ᄂᆞᆫ 넉 냥 은에 ᄒᆞᆫ 필이라. ≪朴諺, 中, 38ㅈ≫ 葱白的三兩銀子如何, 葱白에ᄂᆞᆫ 석 냥 은에 홈이 엇더ᄒᆞ뇨. ❷⇔총백빗ㅊ(葱白-). ≪朴諺, 中, 36ㅎ≫ 葱白素通袖膝欄段子有麽, 葱白빗체 믠通袖 膝欄ᄒᆞᆫ 비단이 잇ᄂᆞ냐.

총백빗(葱白-) 명 엷은 푸른빛. ⇔총백(葱白). ≪朴諺, 中, 37ㅎ≫ 葱白膝欄四兩銀

子一匹, 葱白빗 膝欄에는 녁 냥 은에 흔 필이라.

총백빗ㅊ(葱白-) 명 엷은 푸른빛. ⇔총백(葱白). ≪朴諺, 中, 36ㅎ≫葱白素通袖膝欄段子有麽, 葱白빗체 믠通袖 膝欄흔 비단이 잇ᄂᆞ냐.

총병(総兵) 명 총병(總兵). '総'은 '總'과 같다. ≪朴諺, 中, 52ㅎ≫跟張総兵使的牢子, 張総兵을 ᄯᆞ와 브리이는 牢子ㅣ러라.

총병(緫兵) 명 총병관(總兵官). ≪朴諺, 中, 52ㅎ≫跟張総兵使的牢子, 張総兵을 ᄯᆞ와 브리이는 牢子ㅣ러라.

총병관(捴兵官) 명 총병관(總兵官). '捴'은 '總'과 같다. ≪朴諺, 上, 8ㅈ≫都堂捴兵官(集覽, 朴集, 上, 4ㅈ: 緫〈捴〉兵官. 各都司各有鎮守緫〈捴〉兵官一員, 以管兵政.)的詔書, 都堂 捴兵官의게 ᄒᆞ는 詔書라.

총병관(緫兵官) 명 총병관(總兵官). '緫'은 '總'과 같다. ≪朴諺, 上, 8ㅈ≫都堂捴兵官(集覽, 朴集, 上, 4ㅈ: 緫〈捴〉兵官. 各都司各有鎮守緫〈捴〉兵官一員, 以管兵政.)的詔書, 都堂 捴兵官의게 ᄒᆞ는 詔書라. ≪朴諺, 上, 9ㅈ≫小人也得了劄付(集覽, 朴集, 上, 4ㅎ: 劄付. 音義云, 禮部知會都堂緫兵官文書, 内有事件, 体式詳見求政錄.)關字便上馬, 小人도 劄付 関字를 어드면 곳 上馬ᄒᆞ리로다.

총병관(總兵官) 명 명·청대(明清代)에 각 성(省)의 제독(提督) 휘하에 두었던 군사 지휘관. 관할하는 곳이 진(鎭)이므로 총진(總鎭)이라고도 한다. ≪朴諺, 上, 8ㅈ≫都堂捴兵官(集覽, 朴集, 上, 4ㅈ: 緫〈捴〉兵官. 各都司各有鎮守緫〈捴〉兵官一員, 以管兵政.)的詔書, 都堂 捴兵官의게 ᄒᆞ는 詔書라. ≪朴諺, 上, 9ㅈ≫小人也得了劄付(集覽, 朴集, 上, 4ㅎ: 劄付. 音義云, 禮部知會都堂緫兵官文書, 内有事件, 体式詳見求政錄.)關字便上馬, 小人도 劄付 関字를 어드면 곳 上馬ᄒᆞ리로다.

총수(銃手) 명 총을 주 무기로 삼던 병졸. ≪朴諺, 下, 53ㅈ≫着當該地分弓手(集覽, 朴集, 下, 12ㅈ: 弓手. 今按, 軍制編成排甲, 每一百戶, 銃手十名, 刀牌手二十名, 弓箭手三十名, 槍手四十名.)人等, 當該地分 弓手人 等으로 ᄒᆞ여.

총준(聰俊) 형 슬기롭고 영리하다. ≪集覽, 字解, 累字解, 2ㅈ≫標致. 聰俊敏慧之稱, 俱美其人心貌之辭. 標字本在竝母, 則宜從俗呼爲去聲. 而今俗呼標致之標爲上聲, 則字宜作表字讀是.

총칭(総称) 동 총칭(總稱). '総'은 '總'과 같다. '称'은 '稱'의 속자. ≪朴諺, 上, 20ㅎ≫典一箇大宅子(集覽, 朴集, 上, 8ㅈ: 宅子. 俗緫稱〈総称〉家舍曰房子, 自稱〈称〉曰寒家, 文士呼曰寒居, 自指室内曰屋裏, 人稱王公·大人之家曰宅子.), ᄒᆞᆫ 큰 집을 典償ᄒᆞ리로다. ≪朴諺, 上, 30ㅈ≫我的都是細絲官銀(集覽, 朴集, 上, 9ㅎ: 細絲官銀. 銀十品曰十成, 曰足色, 曰成色, 曰細絲, 曰手絲兒, 曰吹螺, 曰白銀. 九品曰九成, 曰青絲. 八品曰八成. 緫稱〈総称〉元寶〈宝〉. 元寶釋見下.), 내 하는 다 이 細絲官銀이라. ≪朴諺, 上, 41ㅈ≫下多少財錢(集覽, 朴集, 上, 11ㅎ: 下多少財錢. 俗云下財, 亦曰送禮. 俗緫稱〈総称〉曰羊酒花紅.), 언멋 財錢을 드리더뇨.

총칭(緫稱) 동 총칭(總稱). '緫'은 '總'과 같다. ≪朴諺, 上, 20ㅎ≫典一箇大宅子(集覽, 朴集, 上, 8ㅈ: 宅子. 俗緫稱〈総称〉家舍曰房子, 自稱〈称〉曰寒家, 文士呼曰寒居, 自指室内曰屋裏, 人稱王公·大人之家曰宅子.), ᄒᆞᆫ 큰 집을 典償ᄒᆞ리로다. ≪朴諺, 上, 30ㅈ≫我的都是細絲官銀(集覽, 朴集, 上, 9ㅎ: 細絲官銀. 銀十品曰十成, 曰足色, 曰成色, 曰細絲, 曰手絲兒, 曰吹螺, 曰白銀. 九品曰九成, 曰青絲. 八品曰八成. 緫稱〈総称〉元寶〈宝〉. 元寶釋見下.), 내 하는 다 이 細絲官銀이라. ≪朴諺, 上, 41ㅈ≫下多少財錢(集覽, 朴集, 上, 11ㅎ: 下多少財錢. 俗云下財, 亦曰送禮. 俗緫稱〈総称〉曰羊酒花紅.), 언멋 財錢을 드리더뇨.

총칭(總稱) 명 모두를 아울러 일컫는 명칭. ≪集覽, 字解, 累字解, 1ㅈ≫茶飯. 摠稱食品之謂. ≪朴諺, 上, 20ㅎ≫典一箇大宅子(集覽, 朴集, 上, 8ㅈ: 宅子. 俗總稱〈総称〉家舍曰房子, 自稱〈称〉曰寒家, 文士呼曰寒居, 自指室內曰屋裏, 人稱王公·大人之家曰宅子.), 흔 큰 집을 典當ᄒᆞ리로다. ≪朴諺, 上, 30ㅈ≫我的都是細絲官銀(集覽, 朴集, 上, 9ㅎ: 細絲官銀. 銀十品曰十成, 曰足色, 曰成色, 曰細絲, 曰手絲兒, 曰吹螺, 曰白銀. 九品曰九成, 曰青絲. 八品曰八成. 總稱〈総称〉元寶〈宝〉. 元寶釋見下.), 내 하ᄂᆞᆫ 다 이 細絲官銀이라. ≪朴諺, 上, 41ㅈ≫下多少財錢(集覽, 朴集, 上, 11ㅎ: 下多少財錢. 俗云下財, 亦曰送禮. 俗總稱〈総称〉曰羊酒花紅.), 언멋 財錢을 드리더뇨.

총화(葱花) 명 (조미료로 쓰는) 잘게 썬 파. ≪朴諺, 上, 5ㅈ≫燴鴿子彈(集覽, 朴集, 上, 2ㅎ: 燴鴿子彈. 質問云, 鴿子彈糝於滾肉湯食之. 又云, 用肉湯在鍋, 再加椒料·菜·葱花, 燒火至滾沸, 方下鴿子卵, 盛之於碗, 以獻賓客.), 비돌기 알 술믄 이와. ≪朴諺, 上, 5ㅈ≫燜牛肉(集覽, 朴集, 上, 2ㅎ: 燜牛肉. 質問云, 牛肉細切, 用椒塩燜食. 又云, 以水和醬成湯, 放入鍋內, 燒至滾沸, 方下細切的牛肉, 再加椒·醋·葱花盛供, 故曰燜.), 구은 쇠고기와. ≪朴諺, 上, 7ㅈ≫第五道五軟三下鍋(集覽, 朴集, 上, 3ㅎ: 五軟三下鍋. 質問云, 五般無骨精肉〈五般精肉〉, 碎切爲片, 先用塩煎, 次用醋煮, 交葱花以食.), 第五道ᄂᆞᆫ 五軟三下鍋ㅣ오.

촬(撮) 동 빼다. 빼내다. ⇔쌔히다. ≪朴諺, 下, 49ㅈ≫撮下那明珠, 뎌 明珠를 쌔혀.

촬(撮) 의 자밤. ≪朴諺, 下, 32ㅎ≫餅餚(集覽, 朴集, 下, 6ㅈ: 餅餚. 質問云, 將菉豆粉糝和粘穀米, 着水浸濕, 用石磨磨, 細杓兒盛在鍋內, 一撮一撮煎熟而食.), 餅餚와. 煎餅, 煎餅과.

최(崔) 명 성씨(姓氏)의 하나. ≪朴諺, 上, 3ㅈ≫內府裡着姓崔的外郎討去, 內府에ᄂᆞᆫ 姓이 崔가 外郎으로 ᄒᆞ여 어드라 가게 ᄒᆞ라. ≪朴諺, 下, 34ㅈ≫那箇新來的崔舍, 뎌 새로 온 崔개아. ≪朴諺, 下, 34ㅎ≫借與崔舍打, 崔가를 빌려 주어 티게 ᄒᆞ라. ≪朴諺, 下, 36ㅈ≫新來的崔舍, 새로 온 崔개. ≪朴諺, 下, 36ㅈ≫崔舍又打上, 崔개 쏘 텨 올리니.

최(最) 부 가장. 매우. 자못. ⇔ᄀᆞ장. ≪集覽, 字解, 單字解, 6ㅈ≫殺. 氣殺我 애돌와 셜웨라, 猶言以此而可至於死也. 又愁殺人 사ᄅᆞᆷ을 ᄀᆞ장 근심ᄒᆞ야 섧게 ᄒᆞ다. 又廝殺 싸호다. 又助語辭. 最深殺 ᄀᆞ장 깁다. ≪朴諺, 上, 44ㅈ≫那的最容易, 뎌ᄂᆞᆫ ᄀᆞ장 쉬오니. ≪朴諺, 中, 17ㅈ≫一發稍將些醬麴來最好, 흠ᄭᅴ 젹이 메조를 브텨 가져오니 ᄀᆞ장 둇타. ≪朴諺, 中, 58ㅎ≫最好最好, ᄀᆞ장 됴타 ᄀᆞ장 됴타. ≪朴諺, 下, 9ㅎ≫這佛法最尊最貴不可不信, 이 佛法이 ᄀᆞ장 尊ᄒᆞ고 ᄀᆞ장 貴ᄒᆞ니 가히 밋디 아니티 못홀 써시라.

최상승선(最上乘禪) 명 〈불〉 가장 높고 수승(殊勝: 세상에 희유(稀有)하리만큼 아주 뛰어남)한 선. 곧, 자기의 심성이 본래 청정하고 번뇌가 없는 모든 지혜와 공덕이 본래 원만히 갖추어져 있으며, 이 마음이 바로 부처의 마음과 조금도 다르지 않음을 문득 깨달아서 닦는 선. ≪朴諺, 上, 33ㅈ≫安禪(集覽, 朴集, 上, 10ㅈ: 禪. 靜也. 傳燈錄有五等禪, 有外道禪·凡夫禪·小乘禪·大乘禪·最上乘禪, 又名如來清淨禪, 又名無上菩提. 又云, 被於身爲法, 說於口爲律, 行於心爲禪.)悟法却不好, 安禪 悟法홈이 쏘 됴티 아니ᄒᆞ냐.

최소(崔昭) 명 최소위(崔昭緯). 당(唐)나라 청하(清河) 사람. 자는 온요(蘊曜). 벼슬은 진사(進士)·상서 우복야(尙書右僕射)를 지냈다. ≪朴諺, 下, 50ㅈ≫你這般金榜(集覽, 朴集, 下, 11ㅈ: 金榜. 唐崔昭暴卒復甦云, 見冥閒〈間〉列榜〈楞〉, 書人姓名, 將相金榜〈楞〉, 次銀榜〈楞〉, 州縣小

官鐵榜〈鉄梼〉.)掛名的書生, 너는 이런 金榜에 掛名홀 書生이니.

최원량(崔元亮) 명 당(唐)나라 사람. 의서(醫書)인 해상방(海上方)을 지었다고 한다. ≪朴諺, 下, 7ㅎ≫休尋海上方(集覽, 朴集, 下, 2ㅈ: 海上方. 唐崔元亮著海上方, 卽醫方也.), 海上方을 춫디 말라.

최장(催裝) 명 (신랑 집에서 신부 집에) 혼인 날짜를 통보하고 허락을 청하는 일. ≪朴諺, 上, 41ㅈ≫下多少財錢(集覽, 朴集, 上, 11ㅎ: 下多少財錢. 又一次有禮曰請期, 謂之催裝, 亦具禮物. 五品以下無請期之禮.), 언멋 財錢을 드리더뇨.

최최(崔崔) 형 (산이) 높고 크다. ≪朴諺, 中, 32ㅎ≫有崔崔巍巍棧道, 崔崔 巍巍호 棧道ㅣ 잇고.

최호(最好) 형 가장 좋다. 제일 좋다. ≪朴諺, 中, 17ㅈ≫一發稍將些醬麴來最好, 흠쁴 젹이 몌조롤 브텨 가져오니 ᄀ장 둇타. ≪朴諺, 中, 58ㅎ≫最好最好, ᄀ장 됴타 ᄀ장 됴타.

쵸ᄒᆞ다 동 초(炒)하다. 볶다. 삶다. ⇔초(炒). ≪朴諺, 上, 5ㅈ≫川炒(集覽, 朴集, 上, 2ㅎ: 川炒. 音義云, 믿므레〈믿믈에〉 炒호 猪肉. 今按, 川炒, 塩水炒也.)猪肉, 제믈에 쵸호 뎨육과.

추(秋) 명 가을. ⇔ᄀ올. ≪朴諺, 中, 44ㅈ≫月明紗窓秋夜半, ᄃᆞᆯ이 紗窓에 붉고 ᄀ올 쌈이 반만 호 제. ≪朴諺, 下, 37ㅈ≫到秋他種來的, ᄀ올이 다ᄃᆞ라 뎌의 심근.

추(追) 동 물리다. 갚게 하다. 또는 환수(還收)하다. ⇔물리다. ≪朴諺, 下, 37ㅎ≫監下老安要追裡, 老安을 가도고 물리고져 ᄒᆞᄂᆞ니라.

추(推) 동 싣다. 또는 옮기다. ⇔싣다. ≪朴諺, 下, 15ㅎ≫煤場裏推煤去時莭(節), 煤場에 숫 실라 갈 때예.

추(麁) 형 추(麤). '麁'는 '麤'의 속자. ≪朴諺, 上, 17ㅈ≫五六十托麁麻線也放不勾, 五六十 발 굴근 삼실이라도 노키 유여티 못ᄒᆞ니리(라). ≪朴諺, 上, 43ㅈ≫諸般絨線砌山子吊珠兒的麁白線, 여러 가지 보ᄃᆞ라온 실과 귀여ᄉᆞ 무오고 진쥬 돌 굴근 흰 실과.

추(樞) 명 북두칠성의 첫째 별 이름. ≪朴諺, 上, 18ㅎ≫後面北斗(集覽, 朴集, 上, 7ㅈ: 北斗左輔右弼. 凡九星, 曰樞宮貪狼, 曰璇宮巨門, 曰璣〈幾〉宮祿存, 曰權宮文曲, 曰衡宮廉貞, 曰闓(開)陽宮武曲, 曰瑤光宮破軍, 曰洞明宮左輔, 曰隱元宮右弼.)七星板兒做的好, 後面 北斗七星 돈은 민ᄃᆞᆯ기롤 잘ᄒᆞ엿고.

추(醜) 형 더럽다. 추하다. ⇔더럽다. ≪朴諺, 上, 52ㅎ≫醜廝你來, 더러온 놈아 이바. ≪朴諺, 中, 30ㅎ≫孫舍那醜厮, 孫가 뎌 더러온 놈이.

추(錐) 명 송곳. ⇔송곳. ≪朴諺, 上, 38ㅈ≫鑽天錐下大水, 하늘 뚤는 송곳 아릐 큰 믈이여.

추(麤) 명 굵기. ⇔굴긔. ≪朴諺, 下, 46ㅈ≫椽子麁的四條繩, 혓가래 굴긔예 네 오리 노흐로.

추(麤) 형 ❶굵다. 거칠다. ⇔굵다. ≪朴諺, 上, 17ㅈ≫五六十托麁麻線也放不勾, 五六十 발 굴근 삼실이라도 노키 유여티 못ᄒᆞ니리(라). ≪朴諺, 上, 37ㅈ≫不知道我的麁和細, 나의 굴금과 ᄀᄂᆞᆷ을 아디 못ᄒᆞᄂᆞᆫ 거시여. ≪朴諺, 上, 43ㅈ≫諸般絨線砌山子吊珠兒的麁白線, 여러 가지 보ᄃᆞ라온 실과 귀여ᄉᆞ 무오고 진쥬 돌 굴근 흰 실과. ❷궂다. 거칠다. ⇔궂다. ≪朴諺, 中, 6ㅎ≫這米麤將去再篩一篩, 이 ᄡᆞᆯ이 구즈니 가져가 다시 슬흐라.

추간(追趕) 동 따르다. ⇔ᄯᆞᆯ오다. ≪朴諺, 下, 52ㅎ≫追赶賊人, 賊人을 ᄯᆞᆯ와.

추경(推敬) 동 존경하다. ≪集覽, 字解, 累字解, 1ㅈ≫大哥. 哥兄也. 人有數兄, 則呼長曰大哥, 次曰二哥, 三曰三哥. 雖非同胞而見儕輩, 可推敬者, 則亦呼爲哥. 或加大字, 或加老字, 推敬之重也. 只呼弟曰兄弟, 竝擧兄及弟曰弟兄. ≪朴諺, 上, 16ㅈ≫張舍(集覽, 朴集, 上, 6ㅈ: 張舍. 王公·大

人之家, 必有舍人, 卽家臣也. 如本國伴倘〈儻〉之類, 爲權勢倚任之人, 貧賤之所羨慕者也〈貧賤之所羨慕者〉. 故街巷呼親識爲張舍·李舍, 乃一時推敬之稱〈称〉.)你來, 張가야 이바.

추경(遒勁) 동 힘이 넘치다. ≪朴諺, 下, 8ㅈ≫慶壽寺(集覽, 朴集, 下, 2ㅎ: 慶壽寺. 一統志云, 在順天府西南, 內有飛虹·飛渡二橋, 石刻六大字, 極遒勁. 相傳金章宗所書.)裏爲諸亡靈, 慶壽寺에셔 모든 亡靈을 위ᄒᆞ여.

추계월(秋季月) 명 가을철의 끝 달. 곧, 계추(季秋)에 해당하는 음력 9월을 이르는 말. ≪朴諺, 下, 12ㅈ≫某年秋季月十有五日, 아므 ᄒᆡ 秋季月 十五日에.

추근(鞦根) 명 고리. ⇔군뎌귀. ≪朴諺, 上, 27ㅈ≫鞦皮穗兒鞦根都是斜皮的, 쥬피 딜채와 군뎌귀를 다 이 斜皮로 ᄒᆞ엿고.

추기(樞機) 명 문지도리와 쇠뇌의 발사 장치라는 뜻으로, 사물의 가장 중요한 부분을 비유하는 말. ≪朴諺, 上, 18ㅎ≫後面北斗(集覽, 朴集, 上, 7ㅈ: 北斗左輔右弼. 晉書天文志云, 七星在太微北, 七政之樞機, 陰陽之元本. 七星明, 其國昌, 輔星明, 則臣强.)七星板兒做的好, 後面 北斗七星 돈은 민ᄃᆞᆯ기를 잘ᄒᆞ엿고.

추대(推戴) 동 윗사람으로 떠받들다. ≪朴諺, 下, 60ㅈ≫娘子柳氏(集覽, 朴集, 下, 12ㅎ: 娘子柳氏〈柳氏〉. 太祖聞之, 迎以爲妃. 後裴玄慶·申崇謙等推戴太祖, 后贊成之. 旣卽位, 策后爲元妃.)出來說道, 娘子 柳氏ㅣ 나와 닐오ᄃᆡ.

추량(秋凉) 명 가을의 서늘한 기운. ≪朴諺, 中, 31ㅎ≫如今更秋凉丹楓八月好時莭(節), 이제 ᄯᅩ 秋凉 丹楓 八月 됴흔 ᄢᅢ니.

추밀원(樞密院) 명 추밀사(樞密使)가 관장하던 중앙 관아 이름. 오대 당(五代唐)나라 장종(莊宗) 때 숭정원(崇政院)을 고친 이름으로, 군사(軍事)에 관한 일을 관장하던 최고 관아이다. ≪朴諺, 下, 39ㅎ≫他在樞密院(集覽, 朴集, 下, 8ㅎ: 樞密院. 元制, 有使·副使·知院·同知院·簽書院, 與〈与〉中書號爲二府, 主兵政.)角頭住裏, 뎌 樞密院 모롱이에 이셔 사ᄂᆞ니라.

추분(抽分) 동 추렴하다. 관아에서 현물세를 거두어 들이다. (추분의 본래의 뜻은 연안 항구에서 수출입 상품에 대하여 징수하던 현물세) ⇔츄렴ᄒᆞ다. ≪朴諺, 中, 13ㅎ≫抽分了幾箇馬, 여러 ᄆᆞᆯ을 츄렴ᄒᆞ고. ≪朴諺, 中, 14ㅈ≫抽分了幾箇馬, 여러 ᄆᆞᆯ을 츄렴ᄒᆞ고. ≪朴諺, 中, 27ㅈ≫開着一座觧當庫(集覽, 朴集, 中, 6ㅎ: 解儅庫. 王莽令市官收賤賣貴, 謂如貸錢與民一百箇, 每月收利錢三箇, 銀一兩, 則每月取利三分之類. 後主量其貨物而抽分, 遺下亦收息百三.), 一座 解儅庫ᄅᆞᆯ 열고.

추사(秋社) 명 입추가 지난 뒤 다섯 번째의 무일(戊日)에 토지 신에게 농사의 풍년을 보답하기 위하여 지내는 제사. ≪朴諺, 上, 16ㅎ≫祭了社神(集覽, 朴集, 上, 6ㅈ: 社神. 立春後第〈莭〉五戊爲春社, 立秋後第〈莭〉五戊爲秋社.), 社神의 祭ᄒᆞ여시니.

추세(麁細) 명 추세(麤細). '麁'는 '麤'의 속자. ≪朴諺, 中, 1ㅈ≫停柱來麁細的, 기동만흔 굴긔예.

추세(麤細) 명 굵기. 또는 굵은 정도. ⇔굴긔. ≪朴諺, 中, 1ㅈ≫停柱來麁細的, 기동만흔 굴긔예.

추쇄(搥碎) 동 덩어리를 두드려 잘게 부수다. ≪朴諺, 下, 44ㅎ≫只有些和的濕煤(集覽, 朴集, 下, 9ㅎ: 濕煤. 今按, 石炭搥碎, 幷黃土以水和作塊, 晒乾, 臨用麁碎, 納於爐〈炉〉中, 總謂之水和炭. 未乾者謂之濕煤, 已乾者謂之煤箇兒, 亦曰煤塊子.), 그저 져기 버므린 濕煤ㅣ 이시되.

추아(錐兒) 명 송곳. ⇔송곳. ≪朴諺, 上, 15ㅎ≫錐兒一箇, 송곳 ᄒᆞ나.

추야(秋夜) 명 가을밤. ⇔ᄀᆞ올밤. ≪朴諺, 中, 44ㅈ≫月明紗窓秋夜半, ᄃᆞᆯ이 紗窓에 ᄇᆞᆰ고 ᄀᆞ올밤이 반만 ᄒᆞᆫ 제.

추연(蝤蜒) 명 그리마. (절지동물문 그리

맛과의 동물. 다리가 여러 쌍이며 머리에 긴 더듬이가 있다) ⇔지차리. ≪朴諺, 下, 2ㅈ≫不知道那裡躧死了一箇蛐蜒, 아디 못게라 어딕 흔 지차리 볼펴 죽엇ᄂᆞ뇨.

추옥(僦屋) 동 집을 세내다. 집을 임대하다. ≪集覽, 字解, 單字解, 6ㅈ≫賃. 僦屋以語曰賃, 지블 톨마다 銀 현 량곰 삭 물오 드러 이셔 살 시라. 又雇用驢馬·舟車之類曰賃, 라귀와 물돌홀 삭 주고 브릴 시라.

추월(秋月) 명 가을밤의 달. ≪朴諺, 中, 18ㅈ≫姐姐你再尋思我這秋月紗窓一片心, 姐姐ㅣ아 네 또 나의 이 秋月 紗窓 一片心을 싱각ᄒᆞ여.

추이(推移) 동 옮기다. 이동하다. ≪集覽, 字解, 單字解, 3ㅎ≫那. 平聲, 音노, 推移也. 那一那 논힐후다. 上聲 나, 何也. 那裏 어듸, 那箇 어닉. 又誰也. 那一箇 누고. 去聲 나. 那裏, 彼處也. 那箇 뎌것. 又語助. 有那沒 잇ᄂᆞ녀 업스녀.

추채(揪倸) 동 상대하다. 거들떠보다. 아는 체하다. ≪集覽, 字解, 單字解, 7ㅈ≫倸. 音采. --, 聽理, 採用之謂. 倸一倸 채ᄒᆞ다. 不倸 듣디 아니ᄒᆞ다. 又作揪倸.

추출후(推出後) 동 뒤보다. 똥 누다. ⇔뒤보다. ≪朴諺, 中, 18ㅎ≫推出後(集覽, 朴集, 中, 3ㅈ: 推出後. 漢人指廁爲後路, 詳見老乞大集覽〈詳見老乞大集覽上篇〉東廁下. 又大便·小便, 亦曰大後·小後.)去的一般出來時, 뒤보라 가는 톄 ᄒᆞᆫ가지로 나오면.

추타(搥打) 동 방망이로 치다. ≪朴諺, 上, 43ㅈ≫不要紙金要五錢皮金(集覽, 朴集, 上, 12ㅎ: 皮金. 未詳. 質問云, 以厚紙上貼金, 女人粧〈綉〉紃之用. 又云, 將金搥打如紙張之薄, 方言爲之皮金.), 紙金으란 말고 닷 돈 皮金을 ᄒᆞ고.

추태(醜態) 명 추한 행동이나 태도. ≪朴諺, 上, 5ㅎ≫叫敎坊司(十數箇樂工和做院本(集覽, 朴集, 上, 2ㅎ: 院本. 質問云, 院本有曰外, 或粧先生·採訪使·考試官·老人·達達之類, 皆是外扮, 曰淨, 有男淨·有女淨, 亦做醜態, 專一弄言取人歡笑.)諸般雜技的來, 敎坊司의 여라믄 樂工과 院本에 여러 가지 雜技ᄒᆞᄂᆞ니를 블러오라.

추풍(秋風) 명 추풍. 가을바람. ≪朴諺, 上, 17ㅈ≫八月秋風急, 八月에 秋風이 急ᄒᆞ면.

추피(鞦皮) 명 고들개. ⇔쥬피. ≪朴諺, 上, 27ㅈ≫鞦皮穗兒鞦根都是斜皮的, 쥬피 딜채와 군뎌귀를 다 이 斜皮로 ᄒᆞ엿고. ≪朴諺, 上, 28ㅎ≫白斜皮鞦皮轡頭, 白斜皮로 ᄒᆞᆫ 쥬피와 굴레오.

추후(秋後) 명 가을 이후. ≪朴諺, 上, 10ㅈ≫如今待秋後整治怕甚麽, 이제 秋後를 기ᄃᆞ려 整治ᄒᆞ면 므서시 저프리오.

축(丑) 명 중국의 정통 극에서의 배역의 하나. 어릿광대. (익살스러운 역을 연기하며 콧등에 하얀 가루를 발라 분장한다) ≪朴諺, 上, 5ㅎ≫叫敎坊司十數箇樂工和做院本(集覽, 朴集, 上, 2ㅎ: 院本.曰丑, 狂言戲弄, 或粧醉漢·太醫·吏員·媒婆之類.)諸般雜技的來, 敎坊司의 여라믄 樂工과 院本에 여러 가지 雜技ᄒᆞᄂᆞ니를 블러오라.

축(軸) 의 축. (두루마리로 된 서화(書畫)의 수효를 세는 단위) ⇔튝. ≪朴諺, 中, 44ㅎ≫掛幾軸畫兒, 여러 튝 그림을 걸고.

축(築) 동 쌓게 하다. ⇔ᄡᅡ이다. ≪朴諺, 上, 10ㅈ≫去角頭叫幾箇打墻的和坌工來築墻, 모롱이에 가 여러 담 ᄡᅡᆫ는 이와 조역을 블러다가 담 ᄡᅡ이리라.

축국(蹴踘) 명 공을 땅에 떨어뜨리지 않고 차던 놀이. 황제(黃帝) 때 비롯되어 처음에는 무예를 단련하는 용도로 쓰였다고 하며, 전국시대에 크게 유행하였다. ≪朴諺, 下, 35ㅈ≫却打花房窩兒(集覽, 朴集, 下, 7ㅎ: 花房窩兒. 但今漢俗未見兩毬, 而惟見踢氣毬者, 卽古之蹴踘也. 此節〈莭〉打毬兒又與〈如〉上卷打毬兒, 名同事異.), 또 花房 굼글 티쟈.

축발(祝髮) 동 〈불〉 머리털을 깎고 중이 되다. ≪朴諺, 下, 59ㅈ≫上泰封王弓裔(集

覽, 朴集, 下, 12ㅎ: 弓裔. 日官奏曰, 此兒以重午日生, 生而有齒, 且光燄〈焰〉異常, 恐將不利於國家, 宜勿擧. 王勅中使殺之, 乳婢竊〈窃〉奉而逃, 祝髮爲僧.)手下, 泰封王 弓裔 手下에 올라.

축사인(縮砂仁) 명 사인(砂仁). 축사밀(縮砂蔤)의 씨. (소화제로 쓴다) ≪朴諺, 上, 7ㅈ≫都着些細料物(集覽, 朴集. 上, 3ㅎ: 細料物. 事林廣記食饌類, 細料物, 官桂·良薑·蓽撥草·豆蔻·陳皮·縮砂仁〈砂仁〉·八角·茴香各一兩, 川椒二兩, 杏仁五兩, 甘草一兩半, 白檀末半兩. 右共爲細末用之.), 다 져기 ᄀᆞᄂᆞᆫ 교토를 두고.

축생(畜生) 명 〈불〉 축생도(畜生道). 삼악도(三惡道)의 하나. 죄업 때문에 죽은 뒤에 짐승으로 태어나 괴로움을 받는다는 세계이다. ≪朴諺, 上, 33ㅎ≫你布施人家齋飯(集覽, 朴集, 上, 10ㅎ: 齋飯. 佛氏日中而食, 瓶沙王問, 佛, 何故日中食. 答〈荅〉云, 早起諸天食, 日中三世佛食, 日西畜生食, 日暮鬼神食.)錢, 네 人家에 보시ᄒᆞᆫ 齋飯錢을.

축생도(畜生塗) 명 〈불〉 삼악도(三惡塗)의 하나. 죄업 때문에 죽은 뒤에 짐승으로 태어나 괴로움을 받는다는 세계이다. ≪朴諺, 中, 22ㅈ≫隨相現相救苦惱於三塗(集覽, 朴集, 中, 5ㅈ: 三塗. 餓鬼塗·畜生塗·地獄塗.), 샹을 조차 샹을 뵈야 苦惱를 三塗에 救ᄒᆞᄂᆞᆫ또다.

축생도(畜生道) 명 〈불〉 육도(六道)의 하나. 죄업 때문에 죽은 뒤에 짐승으로 태어나 괴로움을 받는다는 세계이다. ≪朴諺, 中, 22ㅈ≫以聲察聲拯悲酸於六道(集覽, 朴集, 中, 5ㅈ: 六道. 人道·天道·阿脩羅道·餓鬼道·畜生道·地獄道, 亦名六趣, 加仙道, 名曰七趣.), 소릐로 뻐 소릐를 슬펴 悲酸을 六道에 건디고.

축성(築城) 동 성을 쌓다. ≪朴諺, 上, 43ㅈ≫諸般絨線砌山子(集覽, 朴集, 上, 12ㅎ: 砌山子. 今按, 山子, 卽귀·여ᅀᅳ, 砌, 卽結成之意. 俗呼築城曰砌城, 謂疊石而築成之也.)·吊珠兒的麁白線, 여러 가지 보ᄃᆞ라온 실과 귀여ᅀᅳ 무오고 진쥬 들 굴근 흰 실과.

축시(丑時) 명 십이시(十二時)의 둘째 시. 오전 1시부터 3시까지이다. ≪朴諺, 下, 42ㅎ≫丑時入斂, 丑時에 入斂ᄒᆞ니라. ≪朴諺, 下, 46ㅎ≫頭戴耳掩或提在手裡(集覽, 朴集, 下, 10ㅈ: 頭戴耳掩或提在手裏. 寅時揭左邊, 亥時揭右邊而戴, 以寅·亥時爲通氣, 故揭一邊也, 子·丑時全戴, 爲嚴凝也.), 머리예 耳掩을 쓰며 혹 손에 들고.

춘(春) 명 봄. ⇔봄. ≪朴諺, 上, 1ㅈ≫又逢着這春二三月好時莭(節), 또 이 봄 二三月 됴흔 時莭(節)을 만나시니.

춘노(春奴) 명 사람 이름. 춘(春)은 성씨(姓氏). ≪朴諺, 下, 43ㅎ≫咳春奴, 애 春奴ㅣ아.

춘분(春分) 명 이십사절기(二十四節氣)의 하나. 경칩(驚蟄)과 청명(淸明)의 사이에 들며 양력 3월 21일 무렵이다. ≪朴諺, 上, 2ㅎ≫長春酒(集覽, 朴集, 上, 1ㅎ: 長春酒. 質問云, 春分日所造之酒, 永久不變其味, 方言謂之長春酒. 又云, 以春分日蒸麋下酒, 三日後封閉了瓮, 待夏後方榨.)一桶, 長春酒 ᄒᆞᆫ 통과.

춘분일(春分日) 명 춘분 날. ≪朴諺, 上, 2ㅎ≫長春酒(集覽, 朴集, 上, 1ㅎ: 長春酒. 質問云, 春分日所造之酒, 永久不變其味, 方言謂之長春酒. 又云, 以春分日蒸麋下酒, 三日後封閉了瓮, 待夏後方榨.)一桶, 長春酒 ᄒᆞᆫ 통과.

춘사(春社) 명 입춘이 지난 뒤 다섯 번째 무일(戊日)에 토지 신에게 풍년이 들기를 비는 제사. ≪朴諺, 上, 16ㅎ≫祭了社神(集覽, 朴集, 上, 6ㅈ: 社神. 立春後第〈莭〉五戊爲春社, 立秋後第〈莭〉五戊爲秋社.), 社神의 祭ᄒᆞ여시니.

춘신(春神) 명 봄에 관한 것을 맡은 신. ≪集覽, 字解, 單字解, 3ㅎ≫勾. 平聲, 曲也. 勾龍, 社神, 勾芒, 春神, 勾吳, 地名. 今按, 俗語勾了 유여ᄒᆞ다, 又에우다. 又能

勾 어루, 又유여히. 又吏語, 勾取 자피다, 又勾攝公事 공亽로 블리다, 又勾喚 블리다. 又去聲, 勾當, 幹管也, 又事也, 勾當亦去聲. ≪朴諺, 下, 46ㅎ≫牌上寫着勾芒神(集覽, 朴集, 下, 10ㅈ: 勾芒神. 春神之號. 太皥伏羲氏有子曰重, 主木, 爲勾芒神.), 牌예 勾芒神이라 쓰고.

춘우(春牛) 명 입춘(立春)날 봄맞이 행사에 쓰기 위하여 흙으로 빚어 만든 소. 뒤에는 갈대나 종이로 만들었다. 입춘 하루 전날 궁중이나 관청에서 토우(土牛)를 세워놓고, 입춘 당일에 붉은 채찍으로 때리면서 풍년과 권농(勸農)의 뜻을 표시하였다. ≪朴諺, 下, 45ㅎ≫塑一箇象一般大的春牛, 흔 象ㄱ티 큰 春牛를 믿ᄃᆞ라.

춘추(春秋) 명 어른의 나이를 높여 이르는 말. ≪朴諺, 下, 58ㅎ≫春秋何似, 春秋ㅣ 언머나 ᄒᆞᄂᆞ뇨.

춘희(春喜) 명 사람 이름. ≪朴諺, 中, 34ㅈ≫叫將翠兒春喜來, 翠兒와 春喜를 블러다가.

출(出) 동 ❶나가다. ⇔나가다. ≪朴諺, 上, 47ㅎ≫却出客位裏歇一會兒, 또 客位에 나가 흔 디위 쉬고. ≪朴諺, 上, 48ㅎ≫出外時端的是愁殺人, 밧씌 나가면 졍히 사름을 근심케 ᄒᆞᄂᆞ니. ≪朴諺, 下, 41ㅎ≫二十四日丁時殯出順城門, 二十四日 丁時예 殯이 順城門으로 나가니. ❷나다. 나오다. ⇔나다. ≪朴諺, 上, 46ㅎ≫出不上價錢, 노픈 갑시 나디 아니ᄒᆞ리라. ≪朴諺, 下, 61ㅎ≫君子不出戶而知天下, 君子ᄂᆞᆫ 戶에 나디 아니ᄒᆞ여셔 天下를 안다 ᄒᆞ니. ❸나오다. ⇔나오다. ≪朴諺, 下, 22ㅎ≫被鬼們當住出不來, 귀신들의 막으믈 닙어 나오디 못ᄒᆞ여. ≪朴諺, 下, 22ㅎ≫王見多時不出時, 王이 오래 나오디 아니믈 보고. ❹내다. ⇔내다. ≪朴諺, 上, 1ㅎ≫各人出一百箇銅錢, 各人이 一百 낫 銅錢을 내면. ≪朴諺, 上, 30ㅈ≫每一兩傾銀子出一錢裏, 每 흔 냥에 白臉銀을 디워 믿들려 ᄒᆞ면 흔 돈을 내리라. ≪朴諺, 上, 30ㅎ≫出饋你一錢八分銀子, 너를 흔 돈 八分 銀을 내여 주마. ≪朴諺, 上, 56ㅈ≫有人出十五兩銀子, 사름이 열단 냥 은을 내 리 잇더라. ≪朴諺, 中, 16ㅈ≫熱炕上熰着出些汗, 더온 캉에 블무회고 젹이 쑴 내라. ≪朴諺, 中, 28ㅎ≫都搜出三四十箇血瀝瀝的尸首和那珠子·布絹, 셜마은 피 쁘든ᄂᆞᆫ 尸首와 그 진쥬·布絹을 다 뒤여 내고. ≪朴諺, 中, 53ㅎ≫怎麽做不出一套衣裳來, 엇디 흔 볼 衣裳을 지어 내디 못ᄒᆞ리오. ≪朴諺, 下, 23ㅈ≫搭出箇爛骨頭的先生, 흔 므르노가 쌔만 잇ᄂᆞᆫ 先生을 건뎌 내니. ≪朴諺, 下, 24ㅎ≫怎生拿出他本像, 엇디 뎌 本像을 잡아 내리오. ≪朴諺, 下, 51ㅈ≫瞘眼釣出箇老大的金色鯉漁(魚), 瞘眼흘 ᄉᆞ이예 흔 ᄀ장 큰 금빗치 鯉魚를 낫가 내니. ≪朴諺, 下, 60ㅎ≫擡出金甲來, 金甲을 드러내여 와.

출가(出家) 동 〈불〉 번뇌에 얽매인 세속의 인연을 버리고 불문(佛門)에 들어가다. ≪朴諺, 上, 65ㅎ≫得傳衣鉢(集覽, 朴集, 上, 16ㅈ: 傳衣鉢. 釋迦佛生年十九出家, 住世四十九年, 傳衣鉢于迦葉初祖達摩, 達摩傳衣鉢于二祖, 二祖傳于三祖, 至於六祖, 至三十二祖弘忍. 盖以此爲傳道之器也.), 衣鉢 傳홈을 어더.

출거(出去) 동 나가다. ⇔나가다. ≪朴諺, 上, 42ㅎ≫我這幾日差使出去, 내 요ᄉᆞ이 差使로 나가니. ≪朴諺, 下, 1ㅈ≫我差使出去了, 내 差使로 나가매. ≪朴諺, 下, 52ㅎ≫却跳墻出去, 또 담을 뛰여 나가시니.

출관(出官) 동 도성(都城)을 떠나 지방관으로 나가다. ≪朴諺, 下, 30ㅎ≫四角頭立地的四箇將軍(集覽, 朴集, 下, 5ㅎ: 四箇將軍. 募選身軀長大壯偉異於人者, 紅盔銀甲, 立於殿前月臺上四隅, 名鎭殿將軍, 亦曰紅盔將軍, 亦曰大漢將軍. 其請給衣粮曰大漢衣粮. 年過五十, 方許出官.), 네 모히 셧ᄂᆞᆫ 네 將軍이.

출교(出郊) 동 교외(郊外)로 나가다. ≪朴

諺, 上, 59ㅈ≫寒食(集覽, 朴集, 上, 14ㅎ: 寒食. 東京錄云, 唐明皇詔寒食上墓, 近代相承, 皆用此日拜掃丘墓, 都人傾城出郊, 四野如芳市〈四野如市〉, 樹之下〈芳對之下〉, 園囿之間, 羅列杯〈盃〉盤, 抵暮而歸.)不遲, 寒食이라도 더듸디 아니타 ᄒᆞᄂᆞ니라.

출급(出給) 동 물건이나 문서 따위를 내어 주다. ≪朴諺, 上, 12ㅎ≫將米貼兒(集覽, 朴集, 上, 5ㅎ: 米貼. 月俸之貼. 質問云, 收米·放米計數之票〈標〉也. 又云, 是文武官員關支(支)月米時, 各該衙門出給印信貼兒.)來對官號, ᄡᆞᆯ 톄ᄌᆞ 가져다가 官號 마초고.

출납(出納) 동 돈이나 물품을 내어 주거나 받아들이다. ≪朴諺, 中, 46ㅈ≫你却不道首領官(集覽, 朴集, 中, 8ㅈ: 首領官. 今宗人府經歷爲首領官, 六部主事爲首領官之類, 然未詳取義. 但各衙門有首領官, 如有司之任, 主出納一司公事.)署了卷廳上不曾押裏, 네 또 首領官은 권에 일홈두고 廳上이 일즙 슈례두디 아녓다 니ᄅᆞ디 아니ᄒᆞ던다.

출래(出來) 동 ❶나가다. 나오다. ⇔나다. ≪朴諺, 上, 13ㅎ≫從幾時出來, 언제브터 낫ᄂᆞ뇨. 從前日箇出來, 그제브터 나시되. ❷나오다. ⇔나오다. ≪朴諺, 上, 11ㅎ≫關出米來, ᄡᆞᆯ 타 나오나든. ≪朴諺, 上, 58ㅎ≫便上馬出來了, 곳 ᄆᆞᆯ을 ᄐᆞ고 나올와. ≪朴諺, 中, 18ㅎ≫推出後去的一般出來時, 뒤보라 가는 톄 ᄒᆞᆫ가지로 나오면. ≪朴諺, 中, 25ㅈ≫我若出直房來, 내 만일 直房으로셔 나와. ≪朴諺, 下, 21ㅎ≫只留下桃核出來, 다만 복셩화 삐만 머므러 두고 나와. ≪朴諺, 下, 22ㅎ≫先生待要出來, 先生이 나오고져 ᄒᆞ거든. ≪朴諺, 下, 22ㅎ≫脚踏鍋邊待要出來, 발로 가맛 ᄀᆞ을 드듸고 나오고져 ᄒᆞ다가. ≪朴諺, 下, 23ㅎ≫行者聽了跳出來, 行者ㅣ 듯고 ᄠᅱ여 나와. ≪朴諺, 下, 60ㅈ≫娘子柳氏出來說道, 娘子 柳氏ㅣ 나와 닐오ᄃᆡ. ❸내다. ⇔내다. ≪朴諺, 上, 43ㅎ≫結裹不出來, 및숌여 내디 못ᄒᆞ리라.

출렵(出獵) 동 사냥을 하러 나가다. ≪朴諺, 下, 51ㅎ≫便是小太公(集覽, 朴集, 下, 11ㅎ: 太公. 周文王出獵, 過於渭水之陽, 與語大悅, 曰, 自吾先君太公曰, 當有聖人適周, 周以興. 子豈是耶. 吾太公望子久矣. 故號之曰太公望. 載與俱歸, 立爲師.), 곳 이 小太公이라.

출로(出路) 동 길을 나서다. 곧, 여행하다. ≪朴諺, 上, 7ㅈ≫都着些細料物(集覽, 朴集. 上, 3ㅎ: 細料物. 事林廣記食饌類, 細料物, 官桂·良薑·蓽撥草·豆蔻·陳皮·縮砂仁〈砂仁〉·八角·茴香各一兩, 川椒二兩, 杏仁五兩, 甘草一兩半, 白檀末半兩. 右共爲細末用之. 如欲出路停久用之者, 以水浸, 蒸餠爲丸, 如彈子大, 臨時湯泡用之.), 다 져기 ᄀᆞᄂᆞᆫ 교토를 두고.

출매(出賣) 동 물건을 내어다 팔다. 판매하다. ≪朴諺, 上, 2ㅈ≫酒京城槽房(集覽, 朴集, 上, 1ㅈ: 槽房. 釀酒出賣之家, 官收其稅.)雖然多, 술은 京城에 술집이 비록 만ᄒᆞ나. ≪朴諺, 上, 59ㅈ≫五錢銀子買一箇羊腔子(集覽, 朴集, 上, 14ㅎ: 羊腔子. 今按, 漢俗屠羊出賣者, 皆去其首.), 닷 돈 은에 ᄒᆞᆫ 양의 얼골을 사. ≪朴諺, 下, 7ㅈ≫我不知道那家有甚麽幌〈慌〉字(集覽, 朴集, 下, 2ㅈ: 幌字. 今按, 漢俗, 凡出賣諸物之家, 俱設標幟之物, 置於門口, 或於門前起立牌榜, 如曰張家出賣高麗布扇. 一如賣酒家標植青帘之類, 俗呼青帘曰酒家望子.), 내 아디 못ᄒᆞ니 뎌 집의 므슴 보람이 잇ᄂᆞ뇨.

출몰(出沒) 동 나타났다 숨었다 하다. ≪朴諺, 上, 59ㅎ≫揮使你曾到西湖(集覽, 朴集, 上, 15ㅈ: 西湖. 在玉泉山下, 泉水瀦而爲湖, 流入宮中. 西苑爲太液池, 出都城爲玉河, 東南流注于大通河. 環湖十餘里, 荷·蒲·菱·芡與夫沙禽·水鳥出沒, 隱暎於天光雲影中, 實佳境也.)景來麽, 揮使ㅣ 아 네 일즙 西湖ㅅ 景에 갓든다.

출문(出門) 동 문 밖으로 나가다. ≪朴諺, 上, 13ㅈ≫將碎貼兒(集覽, 朴集, 上, 6ㅈ: 碎貼兒. 音義云, 出門驗放之貼.)來過籌, 즌테ᄌᆞ 가져와 사슬 디내라. ≪朴諺, 上, 50ㅈ≫滿月(集覽, 朴集, 上, 13ㅎ: 滿月. 質問云, 産婦一箇月不出門, 不生理, 只補養本身, 一月之後出門, 又吃〈喫〉喜酒.)過了時喫的不妨事, ᄃᆞᆯ이 차 디나면 먹어도 일에 해롭디 아니ᄒᆞ리라. ≪朴諺, 下, 7ㅎ≫這七月十五日是諸佛解夏(集覽, 朴集, 下, 2ㅈ: 解夏. 荊楚歲時記云, 天下僧尼, 於四月十五日, 就禪刹掛搭不出門, 謂之結夏, 亦曰結制.)之日, 七月 十五日은 諸佛 解夏ᄒᆞᄂᆞᆫ 날이라.

출빈(出殯) 동 출빈(出殯)하다. 장례를 지내기 전에 집 밖에 차린 빈소(殯所)에 시신을 내어다 놓다. ⇔출빈ᄒᆞ다(出殯-). ≪朴諺, 下, 41ㅈ≫出殯也麽, 出殯ᄒᆞ냐. 今早起出殯來, 오ᄂᆞᆯ 새배 出殯ᄒᆞ니라.

출빈ᄒᆞ다(出殯-) 동 출빈(出殯)하다. 장례를 지내기 전에 집 밖에 차린 빈소(殯所)에 시신을 내어다 놓다. ⇔출빈(出殯-). ≪朴諺, 下, 41ㅈ≫出殯也麽, 出殯ᄒᆞ냐. 今早起出殯來, 오ᄂᆞᆯ 새배 出殯ᄒᆞ니라.

출사(出使) 동 벼슬아치가 지방에 출장을 가다. ≪朴諺, 下, 38ㅈ≫五箇鋪馬(集覽, 朴集, 下, 8ㅎ: 五箇鋪馬. 遯齋閑覽云, 漢朝臣出使爲太守, 增一馬, 故爲五馬.)去了, 다ᄉᆞᆺ 鋪馬로 가니라.

출세(出世) 동 〈불〉 출가(出家)하다. 속가(俗家)을 떠나 불문(佛門)에 들어가다. ≪朴諺, 下, 4ㅈ≫正是好人魔障(集覽, 朴集, 下, 1ㅎ: 魔障. 昔釋迦出世時, 魔王名波旬, 若人來供養恭敬〈若如來供養恭敬〉, 魔王依於佛法, 得善利, 不念報恩, 而反欲加毁. 故名波旬, 此言惡中惡.)多, 졍히 됴흔 사ᄅᆞᆷ은 魔障이 만흔디라.

출속(出俗) 동 〈불〉 출가(出家)하다. 속가(俗家)을 떠나 불문(佛門)에 들어가다. ≪朴諺, 下, 9ㅎ≫入寺敬三寶(集覽, 朴集, 下, 3ㅈ: 三寶. 佛·法·僧也. 功成妙智, 道登圓覺, 佛也, 玄理幽微, 正教精誠, 法也, 禁戒守眞, 威儀出俗, 僧也.), 뎔에 드러ᄂᆞᆫ 三寶ᄅᆞᆯ 敬ᄒᆞ고.

출외(出外) 동 집을 떠나 외지(外地)로 나가다. ≪朴諺, 中, 25ㅎ≫可知那廝使長的大帽(集覽, 朴集, 中, 6ㅎ: 大帽. 今俗唯出外行者及新婚壻郎無職者, 親迎之夕必戴大帽.)也做裏, 그리어니 뎌 놈이 使長의 큰갓도 ᄆᆡᆫᄃᆞ니.

출전(出戰) 동 싸우러 나가다. 또는 싸움터로 나가서 싸우다. ≪朴諺, 下, 17ㅈ≫唐三藏引孫行者(集覽, 朴集, 下, 4ㅈ: 孫行者. 巡山大力鬼上告天王, 擧灌州灌江口神曰小聖二郎, 可使拿獲. 天王遣太子木叉, 與大力鬼往請二郎神, 領神兵圍花菓山, 衆猴出戰皆敗.), 唐三藏이 孫行者ᄅᆞᆯ ᄃᆞ리고.

춤 명 춤. ⇔무(舞). ≪朴諺, 中, 1ㅎ≫翅兒舞, ᄂᆞᆯ개 춤 츠이고.

춤 명 침. ❶⇔타(唾). ≪朴諺, 中, 58ㅈ≫這的便是仰面唾天, 이거시 곳 잣바 하ᄂᆞᆯ헤 춤 바름이로다. ❷⇔타말(唾沫). ≪朴諺, 上, 13ㅎ≫着唾沫白日黑夜不住的搽, 춤으로다가 白日 黑夜에 머므로디 말고 ᄇᆞᄅᆞ라.

충(衝) 동 (대)지르다. 치다. 부딪다. ⇔디르다. ≪朴諺, 上, 9ㅎ≫把水門都衝壞了, 水門을다가 다 딜러 해야ᄇᆞ리고. ≪朴諺, 中, 13ㅈ≫衝將去了, 딜러 가져갓더니.

충군(忠君) 동 임금에게 충성하다. ⇔충군ᄒᆞ다(忠君-). ≪朴諺, 上, 45ㅎ≫輔國忠君·孝順父母, 輔國 忠君ᄒᆞ며 孝順 父母ᄒᆞ야.

충군ᄒᆞ다(忠君-) 동 임금에게 충성하다. ⇔충군(忠君). ≪朴諺, 上, 45ㅎ≫輔國忠君·孝順父母, 輔國 忠君ᄒᆞ며 孝順 父母ᄒᆞ야.

충류(虫類) 명 충류(蟲類). '虫'은 '蟲'의 속자. ≪朴諺, 下, 7ㅎ≫這七月十五日是諸佛解夏(集覽, 朴集, 下, 2ㅈ: 解夏. 盖夏乃長養之節〈莭〉, 在外行則恐傷草木·虫類.

故九十日安居不出, 至七月十五日, 應禪寺掛搭僧尼, 盡皆散去, 謂之解夏, 又謂解制.)之日, 七月 十五日은 諸佛 解夏ᄒᆞᄂᆞᆫ 날이라.

충류(蟲類) 명 벌레의 부류. ≪朴諺, 下, 7ㅎ≫這七月十五日是諸佛解夏(集覽, 朴集, 下, 2ㅈ: 解夏. 盖夏乃長養之節〈莭〉, 在外行則恐傷草木·虫類. 故九十日安居不出, 至七月十五日, 應禪寺掛搭僧尼, 盡皆散去, 謂之解夏, 又謂解制.)之日, 七月 十五日은 諸佛 解夏ᄒᆞᄂᆞᆫ 날이라.

충아(虫兒) 명 충아(蟲兒). '虫'은 '蟲'의 속자. ≪朴諺, 下, 21ㅎ≫孫行者變做箇焦苗虫兒, 孫行者ㅣ 변ᄒᆞ여 ᄒᆞᆫ 닥졍버릐 되여.

충아(蟲兒) 명 벌레. ⇔버릐. ≪朴諺, 下, 21ㅎ≫孫行者變做箇焦苗虫兒, 孫行者ㅣ 변ᄒᆞ여 ᄒᆞᆫ 닥졍버릐 되여.

충자(虫子) 명 충자(蟲子). '虫'은 '蟲'의 속자. ≪朴諺, 下, 1ㅎ≫虫子怎麽蛀的, 좀이 엇디 먹으리오. ≪朴諺, 下, 1ㅎ≫也恠不的虫子, 쏘 좀도 허믈 못ᄒᆞᆯ 거시니.

충자(蟲子) 명 좀[蠹]. ⇔좀. ≪朴諺, 下, 1ㅎ≫虫子怎麽蛀的, 좀이 엇디 먹으리오. ≪朴諺, 下, 1ㅎ≫也恠不的虫子, 쏘 좀도 허믈 못ᄒᆞᆯ 거시니.

충주(虫蛀) 동 충주(蟲蛀). '虫'은 '蟲'의 속자. ≪朴諺, 下, 1ㅈ≫虫蛀的無一根兒風毛, 좀이 먹어 ᄒᆞᆫ 낫 당티도 업서시니.

충주(蟲蛀) 동 좀먹다. 벌레 먹다. ≪朴諺, 下, 1ㅈ≫虫蛀的無一根兒風毛, 좀이 먹어 ᄒᆞᆫ 낫 당티도 업서시니.

충천(衝天) 동 하늘을 찌를 듯이 공중으로 높이 솟아오르다. ≪朴諺, 下, 3ㅈ≫西天取經去(集覽, 朴集, 下, 1ㅈ: 西天取經去. 乃以西天去東土十萬八千里之程, 妖恠〈怪〉又多, 諸衆不敢輕諾. 唯南海落伽〈迦〉山觀世音菩薩, 騰雲駕霧徃東土去, 遙見長安京兆府, 一道瑞氣衝天, 觀音化作老僧入城.)時莭(節), 西天의 經 가질라 갈 제.

충청(忠淸) 명 충청도(忠淸道). ≪朴諺, 中, 12ㅎ≫今年那裏慶尙·全羅·黃海·忠淸·江原各道裏, 올히 뎌긔 慶尙·全羅·黃海·忠淸·江原 各 道에.

췌(揣) 동 꽂다. ⇔곶다. ≪朴諺, 下, 28ㅎ≫我靴靿裏揣將去, 내 훠돈에 고자 가져가리라.

취(吹) 동 불다[吹]. ⇔불다. ≪朴諺, 上, 7ㅎ≫吹笛兒着, 뎌를 불라. ≪朴諺, 中, 2ㅈ≫因風吹火用力不多, ᄇᆞ람을 因ᄒᆞ여 블을 불면 힘쁨이 하디 아니타 ᄒᆞᄂᆞ니라. ≪朴諺, 中, 35ㅈ≫吹起火來, 블을 부러 니르켜. ≪朴諺, 中, 35ㅎ≫却吹殺那燈, 쏘 그 등잔을 부러 죽이고. ≪朴諺, 下, 42ㅈ≫吹螺打鈸, 고라 불고 바라 티고. ≪朴諺, 下, 47ㅈ≫前面動細樂·大樂吹角, 앏픠 細樂·大樂을 動ᄒᆞ며 角을 불고.

취(取) 동 ❶가지다. ⇔가지다. ≪朴諺, 上, 57ㅎ≫我家裏取氈衫和油帽去, 우리 집의 氈衫과 油帽를 가질라 가노라. ≪朴諺, 中, 5ㅈ≫幾時來取, 언제 와 가져가료. 外後日來取, 글픠 와 가져가라. ≪朴諺, 下, 3ㅈ≫西天取經去時莭(節), 西天의 經 가질라 갈 제. ≪朴諺, 下, 12ㅎ≫你只取將墨斗, 네 그저 먹고조와. 墨褄, 먹갈과. 和鐐, 갓괴와. 錛子, 항괴와. 退鉋, 딕패와. 鑿子, 끌과. 斧子, 도최와. 銼子來做生活, 줄을 가져다가 셩녕ᄒᆞ라. ≪朴諺, 下, 17ㅎ≫唐僧徃西天取經去時莭(節), 唐僧이 西天을 향ᄒᆞ여 經 가질라 갈 제. ❷취(取)하다. 받다. 얻다. ⇔취ᄒᆞ다(取-). ≪朴諺, 下, 53ㅈ≫伏取處分, 업ᄃᆡ여 處分을 取ᄒᆞ노이다.

취(臭) 형 더럽다. (냄새가) 구리다. 고약하다. 역겹다. ⇔더럽다. ≪朴諺, 中, 50ㅎ≫氣息臭的當不的, 내옴이 더러워 당티 못ᄒᆞ니.

취(娶) 동 취(娶)하다. (장가를 들어 아내를 맞아들이다) ❶⇔취ᄒᆞ다(娶-). ≪朴諺, 上, 40ㅎ≫別處一箇官人娶娘子, 다른 고ᄃᆡ ᄒᆞᆫ 官人이 娘子를 娶ᄒᆞ노라. ≪朴諺, 中, 29ㅈ≫一箇官人就便娶了那媳婦, ᄒᆞᆫ 官人이 임의셔 뎌 媳婦를 聚(娶)ᄒᆞ려 ᄒᆞ

니. ❷⇔취ᄒᆞ다. ≪朴諺, 上, 41ㅎ≫半頭娶將來做筵席, 보름끠 취ᄒᆞ여 ᄃᆞ려와 이바디ᄒᆞ고.

취(就) 뷔 곧. 즉시. 바로. 당장. ❶⇔이믜셔. ≪朴諺, 上, 3ㅈ≫寫勘合就使印信與我來, 勘合을 써 이믜셔 인텨 나를 주드라. ≪朴諺, 上, 6ㅈ≫就將那燒肉來, 이믜셔 뎌 燒肉을 가져오라. ≪朴諺, 下, 57ㅎ≫就望他去時也不多, 이믜셔 뎌도 보라 가면 쏘 多티 아니ᄒᆞ랴. ❷⇔임의셔. ≪朴諺, 上, 23ㅈ≫咱就那一日各自說箇重誓, 우리 임의셔 그 날에 각각 듕ᄒᆞᆫ 밍셔를 닐러. ≪朴諺, 上, 38ㅎ≫就蹄子放血, 임의셔 굽에 피 ᄲᅢ히리라. ≪朴諺, 上, 39ㅈ≫一發就蹄子放血着, ᄒᆞᆫ 번에 임의셔 굽에도 피 ᄲᅢ히라. ≪朴諺, 上, 57ㅈ≫明日就那裏上了墳, ᄂᆡ일 임의셔 게셔 上墳ᄒᆞ고. ≪朴諺, 下, 30ㅈ≫你就饋我掠餙, 네 임의셔 날을 빗 아사 주고려.

취(就) 뷔 드디어. ⇔드듸여. ≪集覽, 字解, 單字解, 5ㅎ≫就. 即也. 就將來 즉재 가져오라, 就有了·就去了. 又遂也. 就那裏睡了 게셔 자다, 就便 곧. 又就行 드듸여셔 ᄒᆞ다.

취(就) 뷔 즉시. 곧. 바로. 당장. ⇔즉재. ≪集覽, 字解, 單字解, 5ㅎ≫就. 即也. 就將來 즉재 가져오라, 就有了·就去了. 又遂也. 就那裏睡了 게셔 자다, 就便 곧. 又就行 드듸여셔 ᄒᆞ다.

취(觜) 명 부리. 주둥이. ⇔부리. ≪朴諺, 中, 2ㅈ≫便觜裏噙(啣)將來, 곳 부리로 므러 가져다가. ≪朴諺, 下, 29ㅎ≫觜我把兒且打下我看着銲, 부리와 줄를 아직 민ᄃᆞ라 내 보와든 ᄢᅢ라.

취(聚) 동 ❶취(娶). '聚'는 '娶'의 잘못. ≪朴諺, 中, 29ㅈ≫一箇官人就便娶了那媳婦, ᄒᆞᆫ 官人이 임의셔 뎌 媳婦를 聚(娶)ᄒᆞ려 ᄒᆞ니. ❷모이어. ⇔모다. ≪朴諺, 下, 14ㅎ≫時常這般早聚晩散麽, 시상에 이리 일 모다 늣게야 흣터디ᄂᆞ냐.

취(翠) 명 비취(翡翠). 물총새. ⇔비취. ≪朴諺, 上, 27ㅎ≫八瓣兒鋪翠眞言字粧金大帽上, 여ᄃᆞᆲ 뽁에 비취 짓 질고 眞言字를 금으로 숨인 큰갓에. ≪朴諺, 上, 60ㅈ≫四面盖的如鋪翠, 四面에 넨 거시 비취를 진 ᄃᆞᆺᄒᆞ야.

취(醉) 동 취(醉)하다. ⇔취ᄒᆞ다(醉-). ≪朴諺, 上, 7ㅎ≫酒也醉了茶飯也飽了, 술도 醉ᄒᆞ엿고 茶飯도 ᄇᆡ브르다. ≪朴諺, 下, 54ㅎ≫你醉家去, 네 醉ᄒᆞ여시니 집의 가라.

취거(聚居) 동 (한곳에) 모여 살다. 집거(集居)하다. ≪朴諺, 上, 58ㅎ≫八里庄(集覽, 朴集, 上, 14ㅎ: 八里庄. 地名. 凡鄕井之制, 在內曰街·坊·關·廂, 在外曰店·鎭·鄕·莊〈庄〉·啚·保·屯·務·寨·峪·灣·窩, 盖因俗呼得名, 皆指人所聚居之處也.) 梁家花園裏做來, 八里庄 梁家 花園의셔 ᄒᆞ니라.

취검(觜臉) 명 얼굴. 상판. 몰골. (표정과 안색) ⇔얼굴. ≪朴諺, 下, 26ㅎ≫這沒觜臉小胡孫, 이 얼굴 업ᄉᆞᆫ 져근 진납이.

취경(取經) 동 〈불〉 불교도(佛敎徒)가 인도에 가서 불경(佛經)을 구해오다. ≪朴諺, 下, 17ㅈ≫唐三藏引孫行者(集覽, 朴集, 下, 4ㅈ: 孫行者. 其後唐太宗勑玄奘法師, 往西天取經, 路經此山, 見此猴精壓在石縫, 去其佛押出之, 以爲徒弟, 賜法名吾空, 改号〈號〉爲孫行者, 與沙和尙及黑猪精·朱八戒偕往, 在路降妖去恠, 救師脫難, 皆是孫行者神通之力也.), 唐三藏이 孫行者를 ᄃᆞ리고.

취등(吹燈) 명 취등(取燈). ≪朴諺, 中, 35ㅈ≫拿着取燈兒(集覽, 朴集, 中, 7ㅎ: 取燈兒〈取燈〉. 南村輟耕錄云, 杭人削松木爲小片, 其薄如紙, 鎔硫黃塗木片頂分許, 名曰發燭, 又曰焠兒. 宋陶學士清異錄云, 夜有急, 苦於作燈之緩, 批杉木條染硫黃, 一與火遇, 得燄必速, 呼爲引光奴. 今之取燈兒, 其遺制也. 今按, 舊本作吹燈兒. 焠, 音·취, 則舊本吹燈之名, 恐或爲是.), 取燈을 가지고.

취등(取燈) 명 성냥개비의 한 가지. (얇게

깎아낸 소나무 조각의 한쪽 끝에 유황을 발라 불을 붙이거나 밝힐 때 쓰던 물건) ≪朴諺, 中, 35ㅈ≫拿着取燈兒(集覽, 朴集, 中, 7ㅎ: 取燈兒〈取燈〉. 南村輟耕錄云, 杭人削松木爲小片, 其薄如紙, 鎔硫黃塗木片頂分許, 名曰發燭, 又曰焠兒. 宋陶學士淸異錄云, 夜有急, 苦於作燈之緩, 批杉木條染硫黃, 一與火遇, 得焰必速, 呼爲引光奴. 今之取燈兒, 其遺制也. 今按, 舊本作吹燈兒. 焠, 音·취, 則舊本吹燈之名, 恐或爲是.), 取燈을 가지고.

취등아(吹燈兒) 명 취등(取燈). ≪朴諺, 中, 35ㅈ≫拿着取燈兒(集覽, 朴集, 中, 7ㅎ: 取燈兒〈取燈〉. 南村輟耕錄云, 杭人削松木爲小片, 其薄如紙, 鎔硫黃塗木片頂分許, 名曰發燭, 又曰焠兒. 宋陶學士淸異錄云, 夜有急, 苦於作燈之緩, 批杉木條染硫黃, 一與火遇, 得焰必速, 呼爲引光奴. 今之取燈兒, 其遺制也. 今按, 舊本作吹燈兒. 焠, 音·취, 則舊本吹燈之名, 恐或爲是.), 取燈을 가지고.

취등아(取燈兒) 명 취등(取燈). ≪朴諺, 中, 35ㅈ≫拿着取燈兒(集覽, 朴集, 中, 7ㅎ: 取燈兒〈取燈〉. 南村輟耕錄云, 杭人削松木爲小片, 其薄如紙, 鎔硫黃塗木片頂分許, 名曰發燭, 又曰焠兒. 宋陶學士淸異錄云, 夜有急, 苦於作燈之緩, 批杉木條染硫黃, 一與火遇, 得焰必速, 呼爲引光奴. 今之取燈兒, 其遺制也. 今按, 舊本作吹燈兒. 焠, 音·취, 則舊本吹燈之名, 恐或爲是.), 取燈을 가지고.

취라(吹螺) 명 십성(十成). 금은(金銀)의 품질을 10등분한 가운데 제1등. 곧, 순도가 10할인 금은. ≪朴諺, 上, 30ㅈ≫我的都是細絲官銀(集覽, 朴集, 上, 9ㅎ: 細絲官銀. 銀十品曰十成, 曰足色, 曰成色, 曰細絲, 曰手絲兒, 曰吹螺, 曰白銀.), 내 하ᄂᆞᆫ 다 이 細絲官銀이라.

취락(聚落) 명 촌락. 마을. ≪朴諺, 上, 33ㅈ≫披着袈裟(集覽, 朴集, 上, 10ㅈ: 袈裟. 一曰金縷僧伽黎, 卽大衣也, 入王宮聚落時衣, 乞食時着.), 袈裟 닙고.

취령(毳翎) 명 솜털과 깃털. ≪朴諺, 上, 40ㅎ≫捎箟(集覽, 朴集, 上, 11ㅈ: 消息(捎箟). 以禽鳥毳翎安於竹針頭, 用以取耳垢者, 俗呼爲消息(捎箟). 舊本作蒲樓翎兒.)來掏一掏耳朶, 짓븨 가져다가 귓바회 ᄧᅳᆯ라.

취리(就裏) 명 속. 안. 또는 속사정. ⇔속. ≪朴諺, 下, 40ㅎ≫你知道他就裡麽, 네 뎌의 속을 아ᄂᆞᆫ다.

취반(就飯) 동 밥반찬으로 하다. 조치개로 하다. ⇔밥ᄒᆞ다. ≪朴諺, 上, 50ㅈ≫只着些好醬瓜兒就飯喫, 그저 젹이 됴흔 醬瓜로 밥ᄒᆞ여 먹히라. ≪朴諺, 中, 30ㅈ≫再有甚麽就飯的, ᄯᅩ 므슴 밥ᄒᆞ여 먹을 것 잇ᄂᆞ뇨. ≪朴諺, 下, 26ㅎ≫你不賣將家去就飯喫, 네 ᄑᆞ디 아니ᄒᆞ고 집의 가져가 밥ᄒᆞ여 먹을ᄶᅡ.

취변(就便) 부 곧. 장차. ❶⇔곧. ≪集覽, 字解, 單字解, 5ㅎ≫就. 卽也. 就將來 즉재 가져오라, 就有了·就去了. 又遂也. 就那裏睡了 게셔 자다, 就便 곧. 又就行 드듸여셔 ᄒᆞ다. ❷⇔임의셔. ≪朴諺, 中, 29ㅈ≫一箇官人就便娶了那媳婦, ᄒᆞᆫ 官人이 임의셔 뎌 媳婦를 娶(娶)ᄒᆞ려 ᄒᆞ니.

취상(取償) 동 배상(賠償)을 요구하다. 배상시키다. ≪集覽, 字解, 單字解, 6ㅎ≫雇. 與賃字意同, 而賃字只用於物, 雇字人物通用. 律條踈議云, 驗日還價, 而不必取償也.

취속(取贖) 동 전당물(典當物)을 되찾다. ≪集覽, 字解, 單字解, 6ㅈ≫典. 凡人或缺少口粮, 或遇事用錢者, 以物折直, 立限賣與人爲質而求錢取用. 至限償還其直取物而還也. 律條踈議云, 以價易去, 而原價取贖曰典.

취수(翠水) 명 전설상 천상계(天上界) 곤륜산(崑崙山)의 백옥루(白玉樓) 오른쪽에 있다는 불사(不死)의 물. ≪朴諺, 上, 62ㅎ≫休誇天上瑤池(集覽, 朴集, 上, 15ㅈ: 瑤池. 列仙傳, 崐崘〈崑崙〉閬苑, 有〈白〉玉樓十二, 玄室九層, 左瑤池, 右翠

水, 環以弱水九重, 非颷(飈)車羽輪, 不可到也. 註, 瑤池, 王母所居.), 天上 瑤池를 쟈랑티 말라.

취아(翠兒) 명 사람 이름. ≪朴諺, 中, 34ㅈ≫ 叫將翠兒春喜來, 翠兒와 春喜를 블러다가.

취우(翠羽) 명 물총새의 깃. ≪朴諺, 上, 41ㅈ≫珠鳳冠(集覽, 朴集, 上, 11ㅎ: 珠鳳冠. 音義云, 珠子結成鳳的冠. 今按, 用珍珠串結, 作成鳳形, 而至於翎毛, 則皆用綵線及翠羽爲飾(餙).), 珠鳳冠과.

취의(取意) 동 뜻대로 하다. 뜻을 취하다. ≪集覽, 字解, 單字解, 4ㅈ≫打. 擊也, 着實打, 又打三下. 又爲也. 打酒來 술 사오라. 又曰, 打將來 ᄒᆞ야 오라, 打聽 듣보라, 打水 믈 긷다, 不打緊. 又打那裏去, 打東邊去, 有投向從往之意. 俗用打字, 似不合本意者多, 而實有取意不苟, 其用甚廣, 此不盡錄.

취죽(翠竹) 명 푸른 참대. 청대. ≪朴諺, 上, 61ㅎ≫也有帶霧披烟翠竹, 또 帶霧 披烟ᄒᆞᆫ 翠竹이 잇고.

취처(娶妻) 동 아내를 얻다. ≪朴諺, 上, 41ㅎ≫第三日做圓飯筵席(集覽, 朴集, 上, 12ㅈ: 圓飯筵席. 今按, 漢人娶妻親迎, 而女至男家以宿, 則女家送女食于男家, 三日而止. 止食之日, 女家必具酒饌, 送男家設宴, 謂之完飯筵席.)了時, 第三日에 圓飯 이바디ᄒᆞ면.

취추(炊箒) 명 솔[刷子]. ⇔솔. ≪朴諺, 中, 11ㅎ≫鑼鍋, 로고. 柳箱, 섥. 灑子, 드레. 三脚, 아리쇠. 椀·楪, 사발·뎝시. 匙筯, 술 져. 槝杓, 나모쥬게. 笊籬, 죠릭. 炊箒, 솔.

취한(醉漢) 명 술 취한 남자. 취객(醉客). ≪朴諺, 上, 5ㅎ≫叫教坊司十數箇樂工和做院本(集覽, 朴集, 上, 2ㅎ: 院本. 曰丑, 狂言戲弄, 或粧醉漢·太醫·吏員·媒婆之類.)諸般雜技的來, 教坊司의 여라믄 樂工과 院本에 여러 가지 雜技ᄒᆞᄂᆞ니를 블러오라.

취ᄒᆞ다(取-) 동 취(取)하다. 받다. 얻다. ⇔취(取). ≪朴諺, 下, 53ㅈ≫伏取處分, 업ᄃᆡ여 處分을 取ᄒᆞ노이다.

취ᄒᆞ다(娶-) 동 취(娶)하다. (장가를 들어 아내를 맞아들이다) ⇔취(娶). ≪朴諺, 上, 40ㅎ≫別處一箇官人娶娘子, 다른 고ᄃᆡ ᄒᆞᆫ 官人이 娘子를 娶ᄒᆞ노라. ≪朴諺, 中, 29ㅈ≫一箇官人就便娶了那媳婦, ᄒᆞᆫ 官人이 임의셔 더 媳婦를 聚(娶)ᄒᆞ려 ᄒᆞ니.

취ᄒᆞ다(醉-) 동 취(醉)하다. ⇔취(醉). ≪朴諺, 上, 7ㅎ≫酒也醉了茶飯也飽了, 술도 醉ᄒᆞ엿고 茶飯도 ᄇᆡ브르다. ≪朴諺, 下, 54ㅎ≫你醉家去, 네 醉ᄒᆞ여시니 집의 가라.

츄사ᄋᆞ 명 주사위. ⇔별기(鼈碁). ≪朴諺, 中, 49ㅈ≫咱們下蟞碁, 우리 츄사ᄋᆞ ᄒᆞ쟈.

츌관ᄒᆞ다 동 출관(出官)하다. 출사(出仕)하다. ⇔예상(禮上). ≪朴諺, 中, 45ㅎ≫五月初頭禮上了也, 五月 初生에 츌관ᄒᆞ리라. ≪譯語類解, 上, 官職≫禮上, 出仕하다.

츌렴ᄒᆞ다 동 추렴하다. 관아에서 현물세를 거두어 들이다. (추분(抽分)의 본래의 뜻은 연안 항구에서 수출입 상품에 대하여 징수하는 현물세) ⇔추분(抽分). ≪朴諺, 中, 13ㅎ≫抽分了幾箇馬, 여러 ᄆᆞᆯ을 츌렴ᄒᆞ고. ≪朴諺, 中, 14ㅈ≫抽分了幾箇馬, 여러 ᄆᆞᆯ을 츌렴ᄒᆞ고.

츼ᄒᆞ다 동 ❶취(醉)하다. ⇔대(帶). ≪朴諺, 下, 54ㅈ≫逢着本府張千帶酒, 本府 張千이 술 츼호믈 만나. ❷취(娶)하다. (장가를 들어 아내를 맞아들이다) ⇔취(娶). ≪朴諺, 上, 41ㅎ≫半頭娶將來做筵席, 보름ᄢᅴ 츼ᄒᆞ여 ᄃᆞ려와 이바디ᄒᆞ고.

츠이다 동 (춤을) 추게 하다. ≪朴諺, 中, 1ㅎ≫翅兒舞, ᄂᆞᆯ개 춤 츠이고.

측(側) 동 기울이다. ⇔기우리다. ≪朴諺, 下, 9ㅈ≫側耳聽聲, 귀를 기우려 소릭를 듯더니.

측(測) 동 혜아리다. ⇔혜아리다. ≪朴諺, 中, 23ㅈ≫由是威神莫測, 일로 말미암아 威神을 혜아리디 못ᄒᆞ고.

측의(測疑) 동 추측하다. 알아맞히다. ≪集覽, 字解, 單字解, 7ㅈ≫猜. 測疑也.

최다 동 비키다. 피하다. ⇔타일타(趓一趓). ≪集覽, 字解, 單字解, 7ㅎ≫趓. 逃也. 趓着走 에도라 ᄃᆞᆫ닌다. 又避也. 趓一趓 길 최라. 亦作躱, 通作嚲.

최여 부 치우쳐. ⇔편(偏). ≪集覽, 字解, 單字解, 3ㅈ≫偏. 독벼리, 又독혀. 又최여.

최이다 동 치우치다. ⇔일발(一發). ≪集覽, 字解, 累字解, 1ㅎ≫一發. 흠·ᄭᅴ. 又이·믜·셔. 又·최여.

치 명 ❶치. (말이나 노새 등의 눈 가운데가 부어올라 연골과 같이 굳어지는 병) ⇔골(骨). ≪朴諺, 上, 38ㅎ≫我的赤馬害骨眼, 내 절짜ᄆᆞᆯ이 눈에 치 알하. ≪朴諺, 上, 39ㅈ≫張五你饋我醫馬骨眼, 張五ㅣ야 네 나를 ᄆᆞᆯ 눈에 치 고텨 주고. ❷치. 것. ⇔적(的). ≪朴諺, 上, 53ㅈ≫你打十箇氣力的一張, 네 열 힘에 치 ᄒᆞᆫ 댱과. ≪朴諺, 中, 36ㅎ≫你要甚麽顏色的, 네 므슴 빗체 치를 ᄒᆞ려 ᄒᆞᄂᆞᆫ다. ≪朴諺, 中, 55ㅈ≫揀(揀)着十分細的大紅腰線上, ᄀᆞ장 ᄀᆞᄂᆞᆫ 大紅 감기엣 치를 ᄀᆞᆯ희라.

치(治) 동 ❶고치다. 치료하다. ⇔고티다. ≪朴諺, 上, 38ㅎ≫將那裏治去來, 가져 뎌긔 고티라 가. ≪朴諺, 上, 38ㅎ≫治得馬好時, ᄆᆞᆯ을 고텨 됴흐면. ≪朴諺, 中, 18ㅎ≫怕沒治病的心那, 저프건대 病 고틸 ᄆᆞᄋᆞᆷ이 업스랴마ᄂᆞᆫ. ❷다스리다. 치료하다. ⇔다ᄉᆞ리다. ≪朴諺, 中, 18ㅎ≫强如良藥治病, 良藥으로 病 다ᄉᆞ림도곤 나으리라.

치(治) 동 다스리다. ⇔다ᄉᆞ리다. ≪朴諺, 中, 45ㅈ≫家齊而後國治, 집이 ᄀᆞ즉ᄒᆞᆫ 후에 나라히 다ᄉᆞᆫ다 ᄒᆞ니라.

치(値) 형 비싸다. 값나가다. ⇔싸다. ≪朴諺, 中, 3ㅈ≫這樻子多直的一兩銀儘勾也, 이 樻 만히 싸야 ᄒᆞᆫ 냥 銀이 잇긋 유여ᄒᆞ거늘.

치(致) 동 이르다. ⇔니ᄅᆞ다. ≪朴諺, 上, 54ㅈ≫不致拖欠, ᄆᆞᆫ그어 ᄠᅥᄅᆞ팀애 니ᄅᆞ게 말고.

치(置) 동 두다. ⇔두다. ≪朴諺, 下, 43ㅎ≫置下千百口, 千百口를 두어도.

치(置) 형 있다. ⇔이시다. ≪朴諺, 下, 61ㅎ≫安置韓先生, 됴히 이시라 韓先生아.

치(齒) 명 이. ⇔니. ≪朴諺, 中, 23ㅈ≫齒排柯雪(集覽, 朴集, 中, 6ㅈ: 齒排柯雪. 謂齒如雪堆枝柯之上, 淨白頓整之形, 似人所編排然. 佛三十二相, 有四十齒相, 有齒白淨相, 有齒齊密相.), 니ᄂᆞᆫ 柯雪이 버럿ᄂᆞᆫ ᄃᆞᆺᄒᆞ고.

치경(致敬) 동 존경하는 뜻을 표하다. ≪朴諺, 下, 9ㅈ≫箇箇擎拳合掌(集覽, 朴集, 下, 2ㅎ: 擎拳合掌. 西域記云, 致敬之式, 其儀九等, 四曰合掌平拱.), 낫낫치 擎拳合掌ᄒᆞ야.

치경(緻硬) 형 조밀하고 견고하다. ≪朴諺, 上, 43ㅎ≫三尺半白淸水(集覽, 朴集, 上, 12ㅎ: 白淸水絹. 무·리 ·픗<플>:긔 ·업·시 다ᄃᆞ·마 :돌호로 미·론 :깁·이·니, 光滑緻硬, 如本國擣砧者也. 卽不用糨粉而鍊<練>生絹, 以石碾者.)絹, 석 자 반 제믈엣 깁이야.

치국(治國) 동 나라를 다스리다. ≪朴諺, 中, 25ㅎ≫可知那廝使長的大帽(集覽, 朴集, 中, 6ㅎ: 大帽. 如本國笠子之制. 上問曰, 秀才何學. 對曰, 脩身齊家治國平天下之學. 上咲<笑>曰, 自家笠子尙不端正, 又能平天下耶.)也做裏, 그리어니 뎌 놈이 使長의 큰갓도 ᄆᆡᆫᄃᆞ니. ≪朴諺, 中, 45ㅈ≫家齊而後國治, 집이 ᄀᆞ즉ᄒᆞᆫ 후에 나라히 다ᄉᆞᆫ다 ᄒᆞ니라.

치국평천하(治國平天下) 동 치국(治國)하고 온 세상을 평안하게 하다. ≪朴諺, 中, 25ㅎ≫可知那廝使長的大帽(集覽, 朴集, 中, 6ㅎ: 大帽. 上問曰, 秀才何學. 對曰, 脩身齊家治國平天下之學. 上咲<笑>曰, 自家笠子尙不端正, 又能平天下耶.)也做

裏, 그리어니 뎌 놈이 使長의 큰갓도 믿ᄃᆞ니.

치농(治農) 동 농사를 짓다. ≪朴諺, 上, 47ㅈ≫我是新來的莊家(集覽, 朴集, 上, 13ㅈ: 莊家. 村莊治農之人曰莊家, 謂不達時務之人.), 나는 이 새로 온 향암이라.

치심(痴心) 명 치심(癡心). '痴'는 '癡'의 속자. ≪朴諺, 上, 33ㅈ≫披着袈裟(集覽, 朴集, 上, 10ㅈ: 袈裟. 戒壇云, 五條下衣, 斷〈断〉貪身也, 七條中衣, 斷〈断〉嗔口也, 大衣上衣, 斷痴心也.), 袈裟 닙고.

치심(癡心) 명 어리석은 마음. 바보 같은 마음. ≪朴諺, 上, 33ㅈ≫披着袈裟(集覽, 朴集, 上, 10ㅈ: 袈裟. 戒壇云, 五條下衣, 斷〈断〉貪身也, 七條中衣, 斷〈断〉嗔口也, 大衣上衣, 斷痴心也.), 袈裟 닙고.

치전(治田) 동 밭을 갈다. 농사를 짓다. ≪朴諺, 中, 19ㅎ≫放稈草(集覽, 朴集, 中, 3ㅎ: 稈草. 中國北方土〈土〉地高燥, 宜粟不宜稻, 故治田好種粟.)五錢一束(束)家放, 조딥헤 노흐되 다숫 낫 돈에 ᄒᆞᆫ 뭇식 ᄒᆞ여 노코.

치전(直錢) 형 값지다. 값나가다. ❶⇔갑ᄉᆞ다. ≪朴諺, 中, 27ㅈ≫但是直錢物件來當時, 믈읫 갑ᄉᆞᆫ 物件으로 와 뎐당ᄒᆞ면. ❷⇔갑ᄊᆞ다. ≪朴諺, 上, 54ㅎ≫將借錢人在家應有直錢物件, 돈 쑨 사ᄅᆞᆷ의 집의 應有ᄒᆞ엿ᄂᆞᆫ 갑ᄊᆞᆫ 物件을다가. ≪朴諺, 中, 39ㅎ≫將賃房人家內應有直錢物件, 집 셰낸 사ᄅᆞᆷ의 집의 應有ᄒᆞᆫ 갑ᄊᆞᆫ 物件을다가.

치전(直錢) 형 비싸다. 값지다. 값나가다. ⇔빋ᄉᆞ다. ≪集覽, 字解, 單字解, 2ㅈ≫直. 用强務致之辭. 긋. 又直錢 빋ᄉᆞ다. 通作值.

치질ᄒᆞ다 동 수놓다. 자수(刺繡)하다. ⇔자(刺). ≪朴諺, 上, 25ㅈ≫刺(刺)通袖膝欄羅帖裏上, ᄉᆞ매 ᄆᆞᄅᆞ 내 치질ᄒᆞ고 膝欄ᄒᆞᆫ 羅 텰릭에. ≪朴諺, 上, 26ㅎ≫藍斜皮細邉兒刺(刺)靈芝草, 藍斜皮 細邉児에 靈芝草를 치질ᄒᆞ엿고. ≪朴諺, 中, 26ㅎ≫着刺邉兒, ᄀᆞ에 치질호ᄃᆡ. 刺的細勻着, 치질ᄒᆞ기를 ᄀᆞ늘고 고로게 ᄒᆞ라.

친(親) 명 혼인(婚姻). ⇔혼인. ≪集覽, 字解, 累字解, 2ㅎ≫悔親. 혼인 므르다. 亦曰退親.

친린(親隣) 명 친척이나 이웃. ≪朴諺, 下, 42ㅎ≫諸般彩亭子(集覽, 朴集, 下, 9ㅈ: 彩亭子. 漢俗皆於白日送殯, 凡結飾車輿·幢幡·傘盖及紙造人馬爲前導者, 連亘四五十步. 僧尼·道士及鼓〈皷〉樂·鍾鈸塡咽大路, 遠近大小親鄰〈隣〉男女, 前後導從者, 不知幾人, 後施夾障從之.), 여러 가지 彩亭子를 셰내고.

친린(親鄰) 명 친린(親隣). '鄰'은 '隣'의 본자. ≪朴諺, 下, 42ㅎ≫諸般彩亭子(集覽, 朴集, 下, 9ㅈ: 彩亭子. 漢俗皆於白日送殯, 凡結飾車輿·幢幡·傘盖及紙造人馬爲前導者, 連亘四五十步. 僧尼·道士及鼓〈皷〉樂·鍾鈸塡咽大路, 遠近大小親鄰〈隣〉男女, 前後導從者, 不知幾人, 後施夾障從之.), 여러 가지 彩亭子를 셰내고.

친생(親生) 동 자신이 낳다. 자신이 출산하다. ⇔친생ᄒᆞ다(親生-). ≪朴諺, 中, 9ㅎ≫今將親生孩兒小名喚神奴, 이제 親生ᄒᆞᆫ 아ᄒᆡ 小名을 神奴ㅣ라 브ᄅᆞ고.

친생ᄒᆞ다(親生-) 동 자신이 낳다. 자신이 출산하다. ⇔친생(親生). ≪朴諺, 中, 9ㅎ≫今將親生孩兒小名喚神奴, 이제 親生ᄒᆞᆫ 아ᄒᆡ 小名을 神奴ㅣ라 브ᄅᆞ고.

친식(親識) 동 서로 친하고 잘 알다. ≪朴諺, 上, 16ㅈ≫張舍(集覽, 朴集, 上, 6ㅈ: 張舍. 王公·大人之家, 必有舍人, 卽家臣也. 如本國伴倘〈儻〉之類, 爲權勢倚任之人, 貧賤之所羡慕者也〈貧賤之所羡慕者〉. 故街巷呼親識爲張舍·李舍, 乃一時推敬之稱〈称〉. 又質問云, 武職官下閑人, 謂之舍[人].)你來, 張가야 이바.

친영(親迎) 명 육례(六禮)의 하나로, 신랑이 신부의 집에 가서 신부를 직접 맞이하는 일. ≪朴諺, 上, 41ㅈ≫下多少財錢(集覽, 朴集, 上, 11ㅎ: 下多少財錢. 亦云下財. 家禮會通云, 婚有六禮, 納采·問名·

納吉·納徵·請期·親迎.), 언멋 財錢을 드리더뇨. ≪朴諺, 上, 41ㅎ≫第三日做圓飯筵席(集覽, 朴集, 上, 12ㅈ: 圓飯筵席. 圓作完是, 謂齊足之意. 今按, 漢人娶妻親迎, 而女至男家以宿, 則女家送女食于男家, 三日而止. 止食之日, 女家必具酒饌, 送男家設宴, 謂之完飯筵席.)了時, 第三日에 圓飯 이바디ᄒᆞ면. ≪朴諺, 中, 25ㅎ≫可知那厮使長的大帽(集覽, 朴集, 中, 6ㅎ: 大帽. 今俗唯出外行者及新婚壻郎無職者, 親迎之夕必戴大帽.)也做裏, 그리어니 뎌 놈이 使長의 큰갓도 ᄆᆡᆫᄃᆞ니.

친자(親自) 부 친(親)히. 몸소. 직접. ⇔친히. ≪朴諺, 下, 45ㅎ≫强如親自看, 친히 보니도곤 나으리라.

친제형(親弟兄) 명 친형제. ≪朴諺, 上, 63ㅎ≫爭甚麽一母所生親弟兄, 므슴 一毋(母) 所生 親弟兄에셔 ᄠᅳ리오.

친척(親戚) 명 권당(眷黨). 친척. ⇔권당. ≪朴諺, 上, 42ㅈ≫女孩兒家親戚們都去會親, 새각시 집 권당들히 다 가 會親ᄒᆞᄂᆞ니라. ≪朴諺, 上, 50ㅈ≫親戚們那水裏, 親戚들이 뎌 믈에. ≪朴諺, 上, 51ㅈ≫親戚們都來慶, 親戚들히 다 와 경하ᄒᆞᄂᆞ니라. ≪朴諺, 中, 10ㅈ≫遠近親戚閑雜人等, 遠近 親戚 閑雜人 等이.

친히 부 친(親)히. 몸소. 직접. ⇔친자(親自). ≪朴諺, 下, 45ㅎ≫强如親自看, 친히 보니도곤 나으리라.

칠(七) 관 일곱. ⇔닐곱. ≪朴諺, 上, 14ㅈ≫滿七托, ᄎᆞᆫ 닐곱 발이라. ≪朴諺, 上, 17ㅈ≫有六七等鶴兒, 여슷 닐곱 가지 연이 이시니. ≪朴諺, 上, 21ㅎ≫一夜裏喂到七八遍家, ᄒᆞᄅᆞᆺ밤의 먹이기를 닐곱 여ᄃᆞᆲ 번의 다ᄃᆞᆺ게 ᄒᆞ라. ≪朴諺, 上, 53ㅈ≫七八箇氣力的一張, 닐곱 여ᄃᆞᆲ 힘에 ᄒᆞᆫ 댱을 ᄆᆡᆫ들라. ≪朴諺, 上, 64ㅎ≫要七兩銀, 닐곱 냥 은을 바드려니와. ≪朴諺, 中, 3ㅎ≫這楊(揚)州綾子滿七托長, 이 楊(揚)州ㅅ 綾이 닐곱 발 기릐 ᄎᆞ고.

칠(七) 수 일곱. ⇔닐곱. ≪朴諺, 中, 29ㅈ≫將老李打了一百七, 老李를다가 一百 닐곱을 텨.

칠 명 칠(漆). ⇔유(油). ≪朴諺, 中, 2ㅎ≫油的也不好, 칠도 됴티 아니ᄒᆞ고.

칠(漆) 동 칠하다. ⇔칠ᄒᆞ다. ≪朴諺, 上, 26ㅎ≫羊肝漆粘, 羊肝빗ᄎᆞ로 칠ᄒᆞᆫ ᄃᆞ래예. ≪朴諺, 下, 21ㅈ≫擡過一箇紅漆櫃子來, ᄒᆞᆫ 블근 칠ᄒᆞᆫ 櫃를 드러 오라 ᄒᆞ여.

칠도(七渡) 명 내 이름. 하북성(河北省) 삼하현(三河縣)에 있다. ≪朴諺, 中, 13ㅎ≫到三河縣(集覽, 朴集, 中, 2ㅎ: 三河縣. 在順天府東七十里, 以地近七渡·鮑丘·臨泃〈洵〉三水, 故名.), 三河縣에 다ᄃᆞ라.

칠보(七寶) 명 ❶〈불〉 불교에서 이르는, 금(金)·은(銀)·유리(琉璃)·거거(硨磲)·산호(珊瑚)·마노(瑪瑙)·수정(水晶)의 일곱 가지 보물. ≪朴諺, 上, 33ㅎ≫你布施(集覽, 朴集, 上, 10ㅎ: 布施. 捨施也, 財施爲凡, 法施爲聖. 凡布施, 必以滿三千世界, 七寶〈宝〉爲求福之具, 財施也.)人家齋飯錢, 네 人家에 보시ᄒᆞᆫ 齋飯錢을. ❷ 도교에서 이르는 나무 이름. 일천(一天)을 가릴 수 있을 정도로 크다고 한다. ≪朴諺, 下, 18ㅎ≫做羅天(集覽, 朴集, 下, 4ㅎ: 羅天. 道經云, 七寶之樹各生一方, 弥覆一天, 八樹弥覆八天, 包羅衆天, 故云大羅, 此聖境也.)大醮, 羅天大醮를 ᄒᆞ더니.

칠성(七星) 명 탐랑(貪狼)·거문(巨門)·녹존(祿存)·문곡(文曲)·염정(廉貞)·무곡(武曲)·파군(破軍) 등 일곱 개의 별. 밀교(密敎)에서, 이것을 섬기면 천재지변(天災地變) 따위를 미리 막을 수 있다고 한다. ≪朴諺, 上, 18ㅎ≫後面北斗(集覽, 朴集, 上, 7ㅈ: 北斗左輔右弼. 晉書天文志云, 七星在太微北, 七政之樞機, 陰陽之元本. 七星明, 其國昌, 輔星明, 則臣强.)七星板兒做的好, 後面 北斗七星 돈은 ᄆᆡᆫ ᄃᆞᆯ기를 잘ᄒᆞ엿고.

칠십(七十) 수 일흔. ≪朴諺, 上, 66ㅎ≫人生七十古來稀, 人生 七十이 古來稀라 ᄒᆞ니.

칠언(七言) 명 한 구(句)가 일곱 자로 된 한시(漢詩)의 한 체. ≪朴諺, 上, 45ㅈ≫做七言四句詩, 七言 四句 詩를 짓고.

칠월(七月) 명 한 해의 열두 달 가운데 일곱째 달. ≪朴諺, 上, 16ㅎ≫如今這七月立了秋, 이제 이 七月이니 立秋 ᄒᆞ엿고.

칠정(七政) 명 천(天)·지(地)·인(人)과 사시(四時: 춘하추동)를 통틀어 이르는 말. ≪朴諺, 上, 18ㅎ≫後面北斗(集覽, 朴集, 上, 7ㅈ: 北斗左輔右弼. 晉書天文志云, 七星在太微北, 七政之樞機, 陰陽之元本. 七星明, 其國昌, 輔星明, 則臣强.)七星板兒做的好, 後面 北斗七星 돈은 민ᄃᆞᆯ기를 잘ᄒᆞ엿고.

칠조(七條) 명 〈불〉 중이 입는 삼의(三衣)의 한 가지. 중이 장삼 위 왼쪽 어깨에서 오른쪽 겨드랑이 밑으로 걸쳐 입는 법의(法衣). 일곱 조각으로 되어 있어서 붙여진 이름이다. 예불(禮佛)·독경(讀經)·청강(聽講) 등을 할 때 입는다. ≪朴諺, 上, 33ㅈ≫披着袈裟(集覽, 朴集, 上, 10ㅈ: 袈裟.華嚴云, 着袈裟者, 捨離三毒. 戒壇云, 五條下衣, 斷〈断〉貪身也, 七條中衣, 斷〈断〉嗔口也, 大衣上衣, 斷痴心也.), 袈裟 닙고.

칠취(七趣) 명 〈불〉 중생(衆生)들이 미혹함으로써 윤회하는 일곱 세계. 곧, 인취(人趣)·천취(天趣)·아수라취(阿修羅趣)·아귀취(餓鬼趣)·축생취(畜生趣)·지옥취(地獄趣)·신선취(神仙趣: 仙道趣). ≪朴諺, 中, 22ㅈ≫以聲察聲拯悲酸於六道(集覽, 朴集, 中, 5ㅈ: 六道. 人道·天道·阿脩羅道·餓鬼道·畜生道·地獄道, 亦名六趣, 加仙道, 名曰七趣.), 소리로 뻐 소리를 슬펴 悲酸을 六道에 건디고.

칠ᄒᆞ다 동 칠(漆)하다. ⇔칠(漆). ≪朴諺, 上, 26ㅎ≫羊肝漆粘, 羊肝빗ᄎᆞ로 칠ᄒᆞᆫ ᄃᆞ래예. ≪朴諺, 下, 21ㅈ≫擡過一箇紅漆櫃子來, ᄒᆞᆫ 블근 칠ᄒᆞᆫ 櫃를 드러 오라 ᄒᆞ여.

침 명 침(針). ⇔침(針). ≪朴諺, 上, 35ㅈ≫一箇太醫看我小肚皮上使一針, ᄒᆞᆫ 太醫 날을 보고 져근빅 우희 ᄒᆞᆫ 번 침 주고.

침(沈) 형 (맥이) 침(沈)하다. 낮고 약하다. ⇔침ᄒᆞ다(沈-). ≪朴諺, 中, 15ㅈ≫尺脉較沈, 尺脉이 젹이 沈ᄒᆞ니.

침(侵) 동 침노(侵擄)하다. ❶⇔침노ᄒᆞ다. ≪朴諺, 下, 4ㅈ≫見多少怪物·妖精侵他, 언머 怪物·妖精이 뎌를 침노홈을 보며. ❷⇔침ᄒᆞ다(侵-). ≪朴諺, 上, 60ㅈ≫近看時遠侵碧漢, 갓가이셔 보면 멀리 碧漢을 侵ᄒᆞ고.

침(浸) 동 잠그다. ⇔즘다. ≪朴諺, 上, 6ㅈ≫浸在氷盤裏好生好看, 氷盤에 즘가 두면 ᄀᆞ장 보기 됴ᄒᆞ니라.

침(針) 명 ❶바늘. ⇔바늘. ≪朴諺, 中, 34ㅈ≫着針線串上, 바늘실로 께여. ❷침(針). ⇔침. ≪朴諺, 上, 35ㅈ≫一箇太醫看我小肚皮上使一針, ᄒᆞᆫ 太醫 날을 보고 져근빅 우희 ᄒᆞᆫ 번 침 주고.

침(湛) 동 잠기다[沈]. ⇔즘기다. ≪朴諺, 中, 21ㅈ≫座飾芙蓉湛南海澄淸之水, 안즌 ᄃᆡ는 芙蓉으로 ᄭᅮ며시니 南海 澄淸ᄒᆞᆫ 水에 즘겻고.

침노ᄒᆞ다 동 침노(侵擄)하다. ⇔침(侵). ≪朴諺, 下, 4ㅈ≫見多少怪物·妖精侵他, 언머 怪物·妖精이 뎌를 침노홈을 보며.

침도(砧擣) 동 다듬이질을 하다. ≪朴諺, 中, 3ㅎ≫五箇大紅碾(集覽, 朴集, 中, 1ㅈ: 碾. 研石也. 形如磨磑一隻之半, 轉其外圓以碾絹, 則卽同砧擣者.)着, 닷 필은 다홍 드려 다듬고.

침선(針線) 명 바느질 실. ❶⇔바ᄂᆞ실. ≪朴諺, 上, 36ㅈ≫四哥是針線, 넷재 형은 이 바ᄂᆞ실이로다. ❷바늘실. ≪朴諺, 中, 34ㅈ≫着針線串上, 바늘실로 께여.

침선(針線) 명 바느질. ⇔바ᄂᆞ질. ≪朴諺, 中, 54ㅎ≫一箇不會針線的女兒, ᄒᆞᆫ 바ᄂᆞ질 아디 못ᄒᆞᄂᆞᆫ 女児란.

침식(寢食) 명 잠자는 일과 먹는 일. ≪朴諺, 中, 34ㅎ≫無功食祿寢食不安, 功이 업시 祿을 먹으면 寢食이 편안티 아니타 ᄒᆞ니라.

침식(寢食) 명 침식(寢食). '寑'은 '寢'과 같다. ≪朴諺, 中, 34ㅎ≫無功食祿寑食不安, 功이 업시 祿을 먹으면 寑食이 편안티 아니타 ᄒᆞ니라.

침ᄒᆞ다(沈-) 형 (맥이) 침(沈)하다. 낮고 약하다. ⇔침(沈). ≪朴諺, 中, 15ㅈ≫尺脉較沈, 尺脉이 져이 沈ᄒᆞ니.

침ᄒᆞ다(侵-) 동 침노(侵擄)하다. ⇔침(侵). ≪朴諺, 上, 60ㅈ≫近看時遠侵碧漢, 갓가이셔 보면 멀리 碧漢을 侵ᄒᆞ고.

칭(秤) 명 저울. ⇔저울. ≪朴諺, 上, 37ㅎ≫這箇是秤, 이거슨 이 저울이로다.

ᄎᆞ다 동 차다[滿]. ❶⇔구(勾). ≪朴諺, 上, 12ㅎ≫斗量時不勾, 말로 되면 ᄎᆞ디 못ᄒᆞ리라. ❷⇔만(滿). ≪朴諺, 上, 14ㅈ≫滿七托, ᄎᆞᆫ 닐곱 발이라. ≪朴諺, 上, 51ㅈ≫做滿月, ᄃᆞᆯ ᄎᆞᆫ 이바디ᄒᆞ면. ≪朴諺, 中, 3ㅎ≫這楊(揚)州綾子滿七托長, 이 楊(揚)州ㅅ 綾이 닐곱 발 기릐 ᄎᆞ고. ≪朴諺, 中, 45ㅎ≫這五月裏滿了, 이 五月에 ᄎᆞᄂᆞ니라. ❸⇔만료(滿了). ≪朴諺, 中, 46ㅈ≫滿了一任時, ᄒᆞᆫ 벼ᄉᆞᆯ이 ᄎᆞᆫ들.

ᄎᆞ다 동 ❶차다[帶]. ⇔대(帶). ≪朴諺, 上, 15ㅎ≫買將條兒來帶他, 條児을 사다가 뎌를 ᄎᆞ려 ᄒᆞ노라. ≪朴諺, 下, 26ㅎ≫我偏帶不的好珊瑚, 내라 독별이 됴흔 珊瑚를 ᄎᆞ디 못ᄒᆞ랴. ≪朴諺, 下, 27ㅈ≫這珊瑚帶的過, 이 珊瑚ㅣ ᄎᆞ든 거시로다. ≪朴諺, 下, 31ㅈ≫各自腰帶七寶環刀, 각각 허리예 七寶 ᄒᆞᆫ 環刀를 ᄎᆞ고. ❷차다[踢]. ⇔척(踢). ≪朴諺, 上, 17ㅎ≫一冬裏踢建子, ᄒᆞᆫ 겨올은 뎌기ᄎᆞ기 ᄒᆞ고.

ᄎᆞ다 형 차다[寒]. ❶⇔냉(冷). ≪朴諺, 中, 30ㅈ≫飯湯休着冷了, 밥과 탕을 ᄎᆞ게 말라. ≪朴諺, 下, 33ㅎ≫只要乾淨休着冷了, 그저 간졍히 ᄒᆞ고 ᄎᆞ게 말라. ❷⇔양(凉). ≪朴諺, 下, 28ㅈ≫再將凉酪來, 또 ᄎᆞᆫ 타락을 가져오라.

ᄎᆞ려내다 동 알아내다. 분간하다. 식별하다. ⇔변인(辨認). ≪集覽, 字解, 單字解, 6ㅎ≫認. 識也. 辨認 ᄎᆞ려내다. 又認得 사괴다. 又아다. 又認記 보람.

ᄎᆞ리다 동 (짐작하여) 알다. ≪集覽, 字解, 單字解, 6ㅎ≫認. 識也. 辨認 ᄎᆞ려내다. 又認得 사괴다. 又아다. 又認記 보람.

ᄎᆞ리다 동 (알아)차리다. ⇔이회(理會). ≪集覽, 字解, 累字解, 2ㅈ≫理會. :아다. 又 ᄎᆞ리·다.

ᄎᆞ자보다 동 찾아보다. ❶⇔망(望). ≪朴諺, 下, 14ㅎ≫繞地裏望官人, 두로 官人을 ᄎᆞ자보고. ❷⇔심견(尋見). ≪朴諺, 上, 30ㅎ≫你饋我尋見了拿將來, 네 ᄎᆞ자보아 잡아다가 날을 주고려.

ᄎᆞᆫᄎᆞ니 부 찬찬히. ≪集覽, 字解, 單字解, 2ㅎ≫挨. 音해, 平聲. 俗語挨次謂循次. 歷審無攙越之意 ᄎᆞᆫᄎᆞ니 ᄒᆞ다. 又吏語, 挨究·挨捕. ≪吏文輯覽 11≫挨究. 挨, 俗言 ᄎᆞᆫᄎᆞᆫ. 究, 窮尋.

ᄎᆞᆫᄎᆞᆫᄒᆞ다 형 찬찬하다. 차근차근하다. ⇔세상(細詳). ≪集覽, 字解, 單字解, 5ㅎ≫越. 尤甚也. 越好 ᄀᆞ장 됴타, 越細詳 더옥 ᄎᆞᆫᄎᆞᆫᄒᆞ다.

ᄎᆞᆷ다 동 참다[忍]. ⇔인(忍). ≪朴諺, 下, 15ㅈ≫忍多少飢, 인(언)머 주리믈 ᄎᆞ므며.

ᄎᆞᆷ빗 명 참빗. ⇔비자(篦子). ≪朴諺, 上, 40ㅈ≫先將那稀篦子撓了, 몬져 뎌 셩귄 ᄎᆞᆷ빗 가져다가 빗기고. ≪朴諺, 上, 40ㅈ≫用那密的篦子好生撓着, 뎌 빈 ᄎᆞᆷ빗을 뻐 ᄀᆞ장 빗겨.

ᄎᆞᆷᄸᆡ 명 참깨. ⇔지마(芝麻). ≪朴諺, 下, 33ㅈ≫芝麻燒餅, ᄎᆞᆷᄸᆡ 므틴 쇼병과. ≪朴諺, 下, 37ㅈ≫稻子, 벼. 薥秫, 슈슈. 黍子, 기장. 大麥, 보리. 小麥, 밀. 蕎麥, 모밀. 黃豆, 콩. 小豆, 퐃. 菉豆, 녹두. 莞豆, 광쟝이. 黑豆, 거믄콩. 芝麻, ᄎᆞᆷᄸᆡ. 蘇子, ᄃᆞᆯᄁᆡ.

ᄎᆞᆷᄸᆡ즙 명 참기름. ⇔마니즙(麻尼汁). ≪朴諺, 下, 32ㅎ≫麻尼汁經卷兒, ᄎᆞᆷᄸᆡ즙 經卷兒와.

ᄎᆞᆷ외 명 참외. ⇔첨과(甜瓜). ≪朴諺, 中, 34ㅎ≫種些冬瓜, 동화. 西瓜, 슈박. 甜瓜, ᄎᆞᆷ외. 揷葫, ᄌᆞᄅᆞ박. 稍瓜, 수세외. 黃瓜,

외. 茄子, 가지를 시므라.

촙ᄡᆞᆯ 명 찹쌀. ⇔나미(糯米). ≪朴諺, 上, 37ㅎ≫一箇長甕兒窄窄口裏頭盛着糯米酒, 흔 긴 독 조븐 부리 안히 촙ᄡᆞᆯ 술 담은 거시여.

촙ᄡᆞᆯ술 명 찹쌀술. 찹쌀로 빚은 술. ⇔나미주(糯米酒). ≪朴諺, 上, 37ㅎ≫一箇長甕兒窄窄口裏頭盛着糯米酒, 흔 긴 독 조븐 부리 안히 촙ᄡᆞᆯ 술 담은 거시여.

춧다 동 찾다. ⇔심(尋). ≪朴諺, 下, 7ㅎ≫休尋海上方, 海上方을 춧디 말라.

춫다 동 ❶찾다. 방문하다. ⇔방(訪). ≪朴諺, 中, 43ㅎ≫你自說村莊無人來訪, 네 스스로 닐오듸 村莊에 와 춧즐 사름이 업다 흐거니와. ❷찾다. ⇔심(尋). ≪朴諺, 上, 30ㅎ≫你饋我尋見了拿將來, 네 춧자 보아 잡아다가 날을 주고려. ≪朴諺, 上, 31ㅈ≫你尋他怎麽, 네 뎌를 춧자 므슴 흐려 흐눈다. ≪朴諺, 下, 51ㅈ≫尋着這蘆葦密處巖頭石崖, 이 蘆葦 密處 岩頭 石崖를 춧자. ≪朴諺, 下, 56ㅎ≫尋他講論些文書來, 뎌를 춧자 글을 講論흐노라.

취오다 동 채우다[滿]. ⇔만(滿). ≪朴諺, 下, 4ㅎ≫願滿成就着, 願을 취와 일오라.

칙 명 책. ⇔문서(文書). ≪朴諺, 下, 16ㅎ≫我兩箇部前買文書去來, 우리 둘히 部 앏픠 칙 사라 가쟈. 買甚麽文書去, 므슴 칙을 사라 가료.

칙녁 명 책력(冊曆). 달력. ⇔역두(曆頭). ≪朴諺, 中, 53ㅎ≫將曆頭來我看, 칙녁 가져오라 내 보쟈.

칵별이 부 각별이. ⇔별(別). ≪朴諺, 上, 47ㅎ≫精神便別有, 精神이 곳 칵별이 이시리라.

칼 명 칼. ❶⇔도아(刀兒). ≪朴諺, 中, 46ㅎ≫扯了我一把刀兒, 내 ᄒᆞᆫ ᄌᆞᄅᆞ 칼을 ᄲᅢ히고. ❷⇔도자(刀子). ≪朴諺, 上, 15ㅈ≫快打刀子的匠人那裏有, 칼 잘 ᄆᆡᆫᄃᆞᄂᆞᆫ 匠人이 어ᄃᆡ 인ᄂᆞ뇨. 我打一副刀子, 내 ᄒᆞᆫ ᄇᆞᆯ 칼을 ᄆᆡᆫᄃᆞᆯ려 ᄒᆞ노라. ≪朴諺, 上, 15ㅈ≫打的好刀子, ᄆᆡᆫᄃᆞᆫ 칼이 됴ᄒᆞ니라. ≪朴諺, 上, 15ㅎ≫大刀子一把, 큰 칼 ᄒᆞᆫ ᄌᆞᄅᆞ. 小刀子一把, 젹은 칼 ᄒᆞᆫ ᄌᆞᄅᆞ. ≪朴諺, 上, 16ㅈ≫你這五件兒刀子, 네 이 다ᄉᆞᆺ 발 칼을. ≪朴諺, 上, 16ㅈ≫咱這官人要打一副刀子, 우리 이 官人이 ᄒᆞᆫ ᄇᆞᆯ 칼을 ᄆᆡᆫᄃᆞᆯ고져 호되. ≪朴諺, 上, 16ㅈ≫這五件兒刀子, 이 다ᄉᆞᆺ ᄇᆞᆯ 칼을. ≪朴諺, 上, 25ㅎ≫五六件兒刀子, 다엿 ᄇᆞᆯ 칼은. ≪朴諺, 上, 39ㅎ≫你的刀子快也鈍, 네 칼이 드ᄂᆞ냐 무되냐. ≪朴諺, 上, 39ㅎ≫管甚麽來刀子鈍, 므서슬 ᄀᆞᄋᆞᆷ알관ᄃᆡ 칼이 무되리오. ≪朴諺, 中, 47ㅈ≫把他的小刀子拔了, 뎌의 져근 칼을다가 ᄲᅢ이고.

칼국슈 명 칼국수. ⇔경대면(經帶麵). ≪朴諺, 下, 32ㅎ≫水滑經帶麵, 제믈엣 칼국슈와. ≪林園十六志, 鼎俎志 2, 炊餾之類, 麵≫經帶麵方. 頭白麪二斤, 減一兩, 塩二兩硏細, 新汲水破開和搜, 比捍麪劑微軟, 以拗棒拗百餘下, 停一時間許, 再拗百餘下, 捍至極薄, 切如經帶樣, 滾湯下候熟, 入凉水拔汁任意.

캉 명 구들. ⇔항(炕). ≪朴諺, 中, 16ㅈ≫熱炕上熰着出些汗, 더온 캉에 블무회고 쳑이 ᄯᆞᆷ 내라. ≪朴諺, 中, 44ㅎ≫炕上鋪着青錦褥(褥)子, 캉 우희 청금 요 ᄭᆞᆯ고.

코 명 코. 콧물. ⇔농대(齈帶). ≪朴諺, 中, 47ㅎ≫擰了他齈帶揩的乾浄着, 제 코ᄅᆞᆯ 프러 ᄉᆞᆺ기ᄅᆞᆯ 간졍히 ᄒᆞᄂᆞ니라.

코 명 코. ❶⇔비(鼻). ≪朴諺, 上, 40ㅈ≫摘了那鼻孔的毫毛, 뎌 코ᄭᅮᆼ긔 터럭 ᄲᅡ히고. ≪朴諺, 中, 47ㅈ≫倒在床上打鼾睡, 상 우희 것구러뎌 코 고오고 자거ᄂᆞᆯ. ≪朴諺, 下, 21ㅈ≫大仙鼻凹裏放了, 大仙의 콧굼긔 노ᄒᆞ니. ❷⇔비자(鼻子). ≪朴諺, 下, 9ㅈ≫把鼻子跌破了, 코ᄅᆞᆯ다가 구러뎌 해여ᄇᆞ리니. 那講主見那達達跌破鼻子, 뎌 講主ㅣ 뎌 達達의 구러뎌 코 ᄲᅢ이믈 보고.

코고오다 동 코골다. ⇔타한(打鼾). ≪朴諺, 中, 47ㅈ≫倒在床上打鼾睡, 상 우희 것구러뎌 코 고오고 자거ᄂᆞᆯ.

코ᄭᅮᆼ긔 명 콧구멍. ⇔비공(鼻孔). ≪朴諺, 上, 40ㅈ≫摘了那鼻孔的毫毛, 뎌 코ᄭᅮᆼ긔 터럭 ᄲᅡ히고.

콯 명 코. ⇔비(鼻). ≪朴諺, 上, 62ㅈ≫噴鼻眼花的是紅白荷花, 코헤 ᄲᅮᆷ기고 눈에 밤ᄋᆡᆫ 거슨 이 紅白 荷花러라.

콧굼ㄱ 명 콧구멍. ⇔비요(鼻凹). ≪朴諺, 下, 21ㅈ≫大仙鼻凹裏放了, 大仙의 콧굼긔 노ᄒᆞ니.

콩 명 콩. ❶⇔두(豆). ≪朴諺, 中, 14ㅈ≫黑豆一錢銀子二斗, 거믄콩은 ᄒᆞᆫ 돈 은에 두 말이오. ≪朴諺, 中, 19ㅎ≫放黑豆, 거믄 콩에 노하. ❷⇔두자(豆子). ≪朴諺, 中, 27ㅎ≫將豆子來大的明眞珠一百顆來儅, 콩만치 큰 ᄇᆞᆯ근 眞珠 一百 낫ᄎᆞᆯ 가져다가 뎐당ᄒᆞ거ᄂᆞᆯ. ❸⇔요(料). ≪朴諺, 上, 21ㅎ≫半夜裏却拌饋他料喫, 半夜에 ᄯᅩ 뎌ᄅᆞᆯ 콩을 버므려 주어 먹이되. ≪朴諺,

上, 58ㅈ≫散饋喂馬的草料錢, 몰 먹일 딥과 콩 갑슬 흐터 주라. ≪朴諺, 中, 14ㅈ≫草料貴賤, 딥과 콩이 貴ᄒᆞ더냐 賤ᄒᆞ더냐. ❹⇔황두(黃豆). ≪朴諺, 下, 26ㅎ≫黃豆來大的, 콩만치 크고. ≪朴諺, 下, 37ㅈ≫稻子, 벼. 薥秫, 슈슈. 黍子, 기장. 大麥, 보리. 小麥, 밀. 蕎麥, 모밀. 黃豆, 콩. 小豆, 폿. 菉豆, 녹두. 莞豆, 광쟝이. 黑豆, 거믄콩. 芝麻, 츰깨. 蘇子, 듧깨.

콩믈 명 콩물. 콩을 삶은 물. ⇔요수(料水). ≪朴諺, 上, 21ㅈ≫着攪草棍拌饋他些料水喫, 여믈 버므리는 막대로 더를 져기 콩믈을 버므려 주어 먹이고.

쾌(快) 동 ❶(칼이 잘) 들다. 예리하다. 잘 베어지다. ⇔들다. ≪朴諺, 上, 39ㅎ≫你的刀子快也鈍, 네 칼이 드ᄂᆞ냐 무되냐. ❷잘하다. ⇔잘ᄒᆞ다. ≪朴諺, 上, 32ㅈ≫只是快說謊, 그저 거즛말 니ᄅᆞ기를 잘ᄒᆞ니. ≪朴諺, 上, 32ㅈ≫可知快說謊, 그리어니 거즛말 니ᄅᆞ기를 잘ᄒᆞᄂᆞ니. ≪朴諺, 上, 32ㅈ≫人貧只爲慳少債快說謊, 사름이 가난ᄒᆞ면 그저 다랍고 빗지면 거즛말 니ᄅᆞ기 잘ᄒᆞᆫ다 ᄒᆞᄂᆞ니라. ≪朴諺, 上, 38ㅎ≫他快醫頭口, 뎨 즘싱 고티기 잘ᄒᆞᄂᆞ니라. ❸즐기다. ⇔즐기다. ≪朴諺, 上, 30ㅎ≫覔得高麗錢大快三十年, 高麗ㅅ 錢을 어든들 크게 三十年을 즐기랴.

쾌(快) 부 ❶빨리. ⇔섈리. ≪朴諺, 下, 44ㅎ≫弄的火快時, 블 퓌오기를 섈리 ᄒᆞ면. ❷잘. ⇔잘. ≪集覽, 字解, 單字解, 7ㅎ≫走. 行也. ᄃᆞᆮ니다. 又逃回曰走回. 又跑也. 能走·快走 잘 ᄃᆞᆮᄂᆞ다. 又透漏也. 走話. 又洩也. 走了氣 김 나다. ≪朴諺, 上, 15ㅈ≫快打刀子的匠人那裏有, 칼 잘 ᄆᆡᆫᄃᆞᄂᆞᆫ 匠人이 어ᄃᆡ 인ᄂᆞ뇨. ≪朴諺, 上, 55ㅈ≫我要打圍處騎的快走的馬, 내 산영ᄒᆞᆫ 고ᄃᆡ ᄐᆞᆯ 잘 ᄃᆞᆮᄂᆞᆫ ᄆᆞᆯ을 사고져 ᄒᆞ노라. ≪朴諺, 上, 55ㅎ≫一箇黑鬃青馬快走, ᄒᆞᆫ 가리온총이ᄆᆞᆯ이 잘 ᄃᆞᄅᆞ뇌. ≪朴諺, 中, 7ㅈ≫我騎的十分快走的馬將來, 나 ᄐᆞᆯ 이란 ᄀᆞ장 잘 것ᄂᆞᆫ ᄆᆞᆯ을 가져오라. ≪朴諺, 中, 8ㅈ≫快走的點的都有了, 잘 걷ᄂᆞᆫ 이와 셰가탈ᄒᆞᄂᆞᆫ 이 다 이셰라. ≪朴諺, 下, 36ㅈ≫我不想這新來的莊家快打, 내 이 새로 온 항암이 잘 틸 줄을 ᄉᆡᆼ각디 못호롸.

쾌(快) 형 쾌(快)하다. ⇔쾌ᄒᆞ다(快-). ≪朴諺, 下, 3ㅈ≫一來是十分命不快, 一來 ᄀᆞ장 命이 快티 못ᄒᆞ여라.

쾌마(快馬) 명 준마(駿馬). (빠르게 잘 달리는 말) ≪朴諺, 上, 24ㅈ≫君子一言快馬一鞭, 君子ᄂᆞᆫ 一言이오 快馬ᄂᆞᆫ 一鞭이라 ᄒᆞᄂᆞ니라.

쾌살(快撒) 동 발각되다. 폭로되다. ≪朴諺, 中, 18ㅎ≫只怕同房人攪撒(集覽, 朴集, 中, 3ㅈ: 攪撒. 攪, 作覺是. 覺字雖入聲, 而凡入聲淸聲〈声〉, 則呼如上聲者多矣. 如角字, 亦或呼如上聲. 記書者以覺撒之, 覺呼爲上聲, 而謂覺字爲入聲, 不可呼如上聲, 故書用攪字耳. 撒, 猶知也. 俗語亦曰快撒了. 今以撒放之撒, 用爲知覺之義者, 亦未詳.)了, 그저 同房 사ᄅᆞᆷ이 알까 저프고.

쾌수(快手) 명 잘 닫는 사람. 빨리 달리는 사람. ≪集覽, 字解, 單字解, 5ㅈ≫快. 急也. 走的快·疾快. 又樂也. 快活·大快. 又快手 잘 ᄃᆞᆮᄂᆞᆫ 놈. 又呼筋曰快子.

쾌자(快子) 명 젓가락. ⇔져. ≪集覽, 字解, 單字解, 1ㅎ≫和. 平聲, 調和也. 又去聲, 與也, 及也. 我和你 너와 나와, 銅匙和快子 술와 밋 져와. ≪集覽, 字解, 單字解, 5ㅈ≫快. 急也. 走的快·疾快. 又樂也. 快活·大快. 又快手 잘 ᄃᆞᆮᄂᆞᆫ 놈. 又呼筋曰快子.

쾌주(快走) 동 아주 빨리 달리다. ≪集覽, 字解, 單字解, 7ㅎ≫走. 行也. ᄃᆞᆮ니다. 又逃回曰走回. 又跑也. 能走·快走 잘 ᄃᆞᆮᄂᆞ다. 又透漏也. 走話. 又洩也. 走了氣 김 나다.

쾌행(快行) 명 달리기 시합. 경주(競走). ≪朴諺, 中, 52ㅈ≫年時牢子們走(集覽, 朴集, 中, 8ㅎ: 牢子走.南村輟耕錄云, 牢子走者, 元時, 每歲一試之, 名曰放走, 亦名

ㅋ

貴由赤, 俗謂快行是也.)的你見來麼, 젼년에 牢子들희 ᄃᆞ름질을 네 본다.

쾌활(快活) 동 즐기다. ⇔즐기다. ≪集覽, 字解, 累字解, 2ㅎ≫快活. 즐기다. ≪朴諺, 上, 8ㅈ≫咱如今不快活時, 우리 이제 즐기디 아니ᄒᆞ면. ≪朴諺, 上, 61ㅎ≫自在快活的是對對兒鴛鴦, 제대로 즐기ᄂᆞᆫ 거슨 이 對對 鴛鴦이오. ≪朴諺, 上, 62ㅈ≫沿河快活, 河를 조차 즐기다가.

쾌활(快活) 형 즐겁다. ⇔즐겁다. ≪集覽, 字解, 單字解, 5ㅈ≫快. 急也. 走的快·疾快. 又樂也. 快活·大快. 又快手 잘 ᄃᆞᆮᄂᆞᆫ 놈. 又呼筋曰快子. ≪朴諺, 上, 48ㅎ≫不去的倒快活, 가디 아님이 도로혀 즐겁다.

쾌ᄒᆞ다(快-) 형 쾌(快)하다. ⇔쾌(快). ≪朴諺, 下, 3ㅈ≫一來是十分命不快, 一來 ᄀᆞ장 命이 快티 못ᄒᆞ여라.

크기 명 크기. 큰 정도. ⇔대소(大小). ≪朴諺, 上, 19ㅎ≫那珠兒多大小, 뎌 진쥬ㅣ 크기 언메나 ᄒᆞᄂᆞ뇨.

크다 형 크다. ❶⇔대(大). ≪集覽, 字解, 單字解, 5ㅎ≫忒. 太過也. 忒大 너므 크다. ≪集覽, 字解, 單字解, 7ㅈ≫偌. 太甚也. 偌大 너므 크다, 偌多 너므 하다. 又하나한. 通作熱. ≪朴諺, 上, 7ㅎ≫皇帝的大福陰裏, 皇帝 큰 福陰에. ≪朴諺, 上, 13ㅈ≫只着大車上裝去, 그저 큰 술위예 시러 가쟈. ≪朴諺, 上, 22ㅎ≫咳這官人好尋思計量大, 애 이 官人이 ᄀᆞ장(장) 尋思 計量이 크다. ≪朴諺, 上, 38ㅈ≫鑽天錐下大水, 하늘 ᄯᅮᆯᄂᆞᆫ 송곳 아릐 큰 믈이여. ≪朴諺, 上, 61ㅈ≫北岸上有一座大寺, 북편 언덕 우희 ᄒᆞᆫ 座 큰 뎔이 이시니. ≪朴諺, 中, 13ㅈ≫又高麗地面裏來載千餘筒布子的大船, ᄯᅩ 高麗ㅅ ᄯᅡ흐로셔 오ᄂᆞᆫ 千餘 筒 뵈 시른 큰 ᄇᆡ를. ≪朴諺, 中, 14ㅈ≫草一錢銀子十一箇家大束(束)兒, 딥흔 ᄒᆞᆫ 돈 은에 열ᄒᆞᆫ 낫 큰 뭇이니. ≪朴諺, 中, 25ㅎ≫頭盔大, 듸우ㅣ 크고. ≪朴諺, 中, 31ㅈ≫他如今氣象大起來時, 뎨 이제 氣象을 크게 니르혀면. ≪朴諺, 中, 44ㅎ≫掛十八學士大畫, 十八學士 그린 큰 그림을 걸고. ≪朴諺, 中, 55ㅈ≫紐子不要底似大恰好着, 돌마기를 너모 크게 말고 마치 됴케 ᄒᆞ라. 大時看的蠢坌了, 크면 보기 멀터오니라. ≪朴諺, 下, 20ㅈ≫這的不是大鏇, 이거시 큰 원쉬 아니가. ≪朴諺, 下, 26ㅎ≫黃豆來大的, 콩만치 크고. ≪朴諺, 下, 45ㅎ≫塑一箇象一般大的春牛, ᄒᆞᆫ 象ᄀᆞ티 큰 春牛를 ᄆᆡᆫᄃᆞ라. ≪朴諺, 下, 59ㅈ≫每番有大功勞, 每番에 큰 功勞ㅣ 이셔. ≪朴諺, 下, 62ㅈ≫這的高麗筆墨和二十張大紙將去, 이 高麗ㅅ 筆墨과 스므 댱 큰 죠희를 가져가. ❷⇔홍(洪). ≪朴諺, 上, 1ㅈ≫洪福齊天, 큰 福이 하ᄂᆞᆯ과 ᄀᆞᄌᆞᆨᄒᆞ야.

큰갓 명 갓양태와 갓모자가 일반 갓모다 큰 갓. ❶⇔대모(大帽). ≪朴諺, 上, 25ㅎ≫江西十分上等眞結綜(棕)帽兒(集覽, 朴集, 上, 9ㅈ: 結椶帽. 椶, 木名, 高一二丈, 葉如車輪, 旁〈𣃁〉無枝, 皆萃於木杪. 其下有皮, 重疊裹之, 每皮一匝爲一節〈莭〉, 花黃白色, 結實作房, 如魚子狀, 其皮皆是絲而經緯如織, 傍有細縷, 交相連綴不散. 取其絲理之, 以結成大帽.)上, 江西 ᄀᆞ쟝 上等에 진짓 綜(棕)으로 ᄆᆡᄌᆞᆫ 갓 우희. ≪朴諺, 上, 27ㅎ≫八瓣兒鋪翠眞言字粧金大帽上, 여ᄃᆞᆲ 뽁에 비취 짓 ᄭᆞᆯ고 眞言字를 금으로 ᄭᅮᆷ인 큰갓에. ≪朴諺, 中, 25ㅎ≫可知那厮使長的大帽(集覽, 朴集, 中, 6ㅎ: 大帽. 如本國笠子之制. 南村輟耕錄云, 胡石塘先生嘗應聘入京, 世皇召見於〈扵〉便殿, 趍(趨)進, 不覺笠子欹側. 上問曰, 秀才何學. 對曰, 脩身齊家治國平天下之學. 上咲〈笑〉曰, 自家笠子尙不端正, 又能平天下耶. 此元時戴笠也. 今俗唯出外行者及新婚壻郞無職者, 親迎之夕必戴大帽.)也做裏, 그리어니 뎌 놈이 使長의 큰갓도 ᄆᆡᆫᄃᆞ니. ❷⇔대모아(大帽兒). ≪朴諺, 中, 26ㅈ≫做雲南氊大帽兒一箇, 雲南氊으로 ᄒᆞᆫ 큰갓 ᄒᆞ나와. 陜(陝)西赶來的白駝氊大帽兒一箇, 陜(陝)西셔 미러 온 白駝氈

큰갓 ᄒᆞ나흘 ᄆᆡᆫ드되.

큰거리 명 큰길. 대로. ⇔대가(大街). ≪朴諺, 下, 57ㅈ≫大街街東, 큰 거리 거리 동녁.

큰술위 명 대형 짐수레. ⇔대거(大車). ≪朴諺, 上, 13ㅈ≫只着大車上裝去, 그저 큰 술위예 시러 가쟈.

큰집 명 왕공(王公)이나 대인(大人)이 사는 큰 집을 일컫는 말. ⇔대택자(大宅子). ≪朴諺, 上, 20ㅎ≫典一箇大宅子(集覽, 朴集, 上, 8ㅈ: 宅子. 俗總稱〈総称〉家舍曰房子, 自稱〈称〉曰寒家, 文士呼曰寒居, 自指室內曰屋裏, 人稱王公·大人之家曰宅子.), ᄒᆞᆫ 큰 집을 典儅ᄒᆞ리로다.

큰형 명 큰형. ⇔대가(大哥). ≪朴諺, 上, 36ㅈ≫大哥山上擂皷, 큰형은 山에셔 붑 티고. ≪朴諺, 上, 36ㅈ≫大哥是棒鎚, 큰형은 이 방취오.

킈 명 ❶키. ≪朴諺, 中, 50ㅎ≫咳那矬漢你那裏抵當的我, 애 뎌 킈 져근 놈이 네 어ᄃᆡ 내게 뎌당ᄒᆞ리오. ≪朴諺, 中, 50ㅎ≫敢是這矬漢喫來, 이 킈 져근 놈이 먹은 듯ᄒᆞ다. ≪朴諺, 中, 51ㅈ≫咳那矬金舍倒了也, 애 뎌 킈 져근 金舍ㅣ 것구러디거다. ❷키. ⇔신자아(身子兒). ≪朴諺, 中, 52ㅎ≫一箇細長身子兒, ᄒᆞᆫ 킈 힐힐ᄒᆞ고.

키 명 키[箕]. ⇔파기(簸箕). ≪朴諺, 中, 11ㅎ≫簸箕, 키. 篩子, 얼멍이. 馬尾羅兒, ᄆᆞᆯ총체. 卓兒, 상. 盤子, 반. 茶盤, 찻반. 擡盞, 졉잔. 壺瓶, 壺瓶. 酒鼈, 쥬벼ᄋᆞ. 銅杓, 놋쥬게ᄅᆞᆯ. 都收拾下着, 다 收拾ᄒᆞ여 두라. ≪朴諺, 下, 46ㅈ≫簸箕來大一對耳朶, 키만치 크게 ᄒᆞᆫ ᄒᆞᆫ 짱 귓바회와.

ᄏᆡ다 동 캐다. ⇔발(拔). ≪朴諺, 中, 34ㅈ≫拔野菜去, 들ᄂᆞᄆᆞᆯ을 ᄏᆡ라 가되. 拔將小蒜, 족지. 田菁, 샤ᄐᆡ올. 薺菜, 낭이. 芢苮, 비름을 ᄏᆡ여 오라. 都拔將來, 다 ᄏᆡ여 가져오나든.

ㅋ

ㅌ

타(他) 관 저[彼]. ⇔뎌. ≪集覽, 字解, 單字解, 7ㅈ≫他. 指人之辭. 又語助. ≪朴諺, 上, 31ㅎ≫上他家門前, 뎌 집 門 앏ᄒᆡ 가셔. ≪朴諺, 中, 1ㅎ≫放在他脚心上轉, 뎌 발빠당에 노하 구을리고. ≪朴諺, 中, 2ㅈ≫與他那主兒, 뎌 님자를 주ᄂᆞ니라. ≪朴諺, 下, 16ㅈ≫他一家住的漢兒人, 뎌 ᄒᆞᆫ 집의 사ᄂᆞᆫ 漢 사ᄅᆞᆷ이. ≪朴諺, 下, 24ㅎ≫怎生拿出他本像, 엇디 뎌 本像을 잡아 내리오. ≪朴諺, 下, 36ㅎ≫管着他官人家莊土種田來, 뎌 官人의 농소를 ᄀᆞ옴아라 種田ᄒᆞ더니.

타(他) 대 저[彼]. ⇔뎌. ≪集覽, 字解, 單字解, 3ㅈ≫着. 使之爲也. 着落 ᄒᆡ여곰, 着他 뎌 ᄒᆞ야. 又置也. 着塩 소곰 두다. 又中也. 着了 맛다. 又見人所行之事, 正合人所指望之, 方則亦曰着了 마초ᄒᆞ야다. 又實也. 着實 실히. 又語助. 又穿衣服也. ≪朴諺, 上, 6ㅎ≫叫將唱的根前來着他唱, 노래 브르ᄂᆞ니를 블러 앏ᄒᆡ 와 뎔로 ᄒᆞ여 브르게 ᄒᆞ라. ≪朴諺, 上, 15ㅈ≫着他打不得, 뎌 ᄒᆞ여 민ᄃᆞ디 못ᄒᆞ랴. ≪朴諺, 上, 37ㅈ≫墻上一箇琵琶任誰不敢拿他, 담우희 ᄒᆞᆫ 琵琶를 아므도 감히 뎌를 잡디 못ᄒᆞᄂᆞᆫ 거시여. ≪朴諺, 上, 51ㅎ≫按四時與他衣服, 四時를 조차 뎌를 衣服을 주니. ≪朴諺, 上, 65ㅎ≫拜他爲師傅, 뎌를 拜ᄒᆞ야 師傅를 삼고. ≪朴諺, 中, 1ㅈ≫一箇人與他五箇錢時放入去, ᄒᆞᆫ 사ᄅᆞᆷ이 뎌를 다ᄉᆞᆺ 낫 돈을 주면 노하 드려보내ᄂᆞ니라. ≪朴諺, 中, 8ㅈ≫轡頭都散與他, 구레를 다 흣터 뎌를 주라. ≪朴諺, 中, 26ㅈ≫說與他, 뎌ᄃᆞ려 닐러. ≪朴諺, 中, 31ㅈ≫他要變時誰保他, 뎨 변코져 ᄒᆞ면 뉘 뎌를 긔수ᄒᆞ리오. ≪朴諺, 中, 50ㅎ≫休問他, 뎌란 믓디 말고. ≪朴諺, 中, 60ㅈ≫你不與他一文錢, 네 뎌를 一文錢도 주디 아니ᄒᆞ고. ≪朴諺, 下, 1ㅎ≫每日這般用心弄他時, 每日에 이리 用心ᄒᆞ여 뎌를 달호면. ≪朴諺, 下, 4ㅈ≫見多少怪物·妖精侵他, 언머 怪物·妖精이 뎌를 침노홈을 보며. ≪朴諺, 下, 34ㅎ≫你休問他, 네 뎌를 믓디 말라. ≪朴諺, 下, 40ㅈ≫你請他這裡來麽, 네 뎌를 청ᄒᆞ여 여긔 올싸. ≪朴諺, 下, 55ㅎ≫與他二兩告子錢, 뎌를 두 냥 告子錢을 주고. ≪朴諺, 下, 60ㅈ≫怎受他苦, 엇디 뎌의 보채믈 바드리오.

타(他) 대 제. 저의. ❶⇔뎨. ≪朴諺, 下, 40ㅈ≫他家裏事多, 뎨 집의 일이 만ᄒᆞ니. ❷⇔제. ≪集覽, 字解, 單字解, 5ㅈ≫儘. 讓也, 任也. 儘他 제게 다와ᄃᆞ라, 儘讓 뎌긔 미다. 又縱令也. 儘教 므던타. 又儘一儘 지긔우다. 又儘船 빗 ᄀᆞ장. ≪朴諺, 上, 50ㅎ≫上頭盖着他衣裳, 우희 제 옷 덥고. ≪朴諺, 中, 1ㅎ≫他的主兒拿着諸般顔色的小旗兒, 제 님재 여러 가지 빗체 적은 旗를 가져다가. ≪朴諺, 中, 9ㅎ≫他的爺娘立與文書來, 제 어버이 文書를 셰워 주어시니. ≪朴諺, 中, 47ㅎ≫捧了他齈帶揩的乾浄着, 제 코를 프러 슷기를 간졍히 ᄒᆞᄂᆞ니라. ≪朴諺, 下, 23ㅎ≫孫行者把他的頭, 孫行者ㅣ 제 머리를다가.

타(他) 대 제. 제가. ⇔뎨. ≪朴諺, 上, 19ㅈ≫他要多少工錢, 뎨 언멋 工錢을 밧더뇨. ≪朴諺, 上, 31ㅈ≫他京裏臨起身時莭(節), 뎨 셔울셔 起身홀 ᄢᅢ에 臨ᄒᆞ여. ≪朴諺, 上, 31ㅎ≫他保也不保, 뎨 긔수홀 ᄃᆡ 긔수티 아니ᄒᆞ고. ≪朴諺, 上, 38ㅎ≫他快

醫頭口, 뎌 즘싱 고티기 잘ᄒᆞᄂᆞ니라. ≪朴諺, 上, 38ㅎ≫他要多少功錢, 뎌 언머 功錢을 밧ᄂᆞ뇨. ≪朴諺, 中, 8ㅈ≫他不保好生打, 뎌 긔수티 아닐 거시니 ᄀᆞ장 티라. ≪朴諺, 中, 28ㅈ≫對他男兒說勸, 제 ᄉᆞ나희ᄅᆞᆯ ᄃᆡᄒᆞ여 닐러 말리되. ≪朴諺, 中, 31ㅈ≫他敬我一分時, 뎌 날을 一分을 공경ᄒᆞ면. ≪朴諺, 中, 46ㅎ≫他輸了的猪頭也不肯買, 뎌 진 도틔 머리도 즐겨 사디 아니ᄒᆞ니. ≪朴諺, 中, 47ㅎ≫爲頭兒他瞞別人來, 처엄은 뎌 ᄂᆞᆷ을 소겻더니. ≪朴諺, 中, 52ㅎ≫他先走來, 뎌 몬져 ᄃᆞᄅᆞ니라. ≪朴諺, 下, 10ㅎ≫他也不肯信向, 뎌 즐겨 信向티 아니ᄒᆞ니. ≪朴諺, 下, 20ㅎ≫他却拔下一根毛衣(來), 뎌 ᄯᅩ ᄒᆞᆫ 낫 털을 ᄲᅢ혀. ≪朴諺, 下, 39ㅎ≫他在樞密院角頭住裏, 뎌 樞密院 모롱이에 이셔 사ᄂᆞ니라. 他是那裏人氏, 뎌 이 어ᄃᆡ 人氏고. ≪朴諺, 下, 40ㅈ≫他別處畫了一箇官人的影來, 뎌 다ᄅᆞᆫ ᄃᆡ ᄒᆞᆫ 官人의 얼굴을 그리니. ≪朴諺, 下, 40ㅎ≫他不曾開鋪的, 뎌 일즉 開鋪티 아니ᄒᆞᆫ 이니.

타(他) 명 남. ⇔ᄂᆞᆷ. ≪朴諺, 中, 25ㅈ≫常防賊心莫偸他物, 샹ᄒᆡ 도적 ᄆᆞ음을 막고 ᄂᆞᆷ의 것 도적디 말라 ᄒᆞᄂᆞ니라.

타(打) 동 ❶(코)골다. ⇔고오다. ≪朴諺, 中, 47ㅈ≫倒在床上打鼾睡, 상 우희 것구러뎌 코 고오고 자거늘. ❷(물을) 긷다. 뜨다. ⇔긷다. ≪集覽, 字解, 單字解, 4ㅈ≫打. 擊也, 着實打, 又打三下. 又爲也. 打酒來 술 사 오라. 又曰, 打將來 ᄒᆞ야 오라, 打聽 듣보라, 打水 믈 긷다, 不打緊. 又打那裏去, 打東邊去, 有投向從往之意. 俗用打字, 似不合本意者多, 而實有取意不苟, 其用甚廣, 此不盡錄. ≪朴諺, 下, 5ㅎ≫且打將兩擔水來, 아직 두 메움 믈을 기러다가. ❸(패(霸)를) 치다. ⇔티다. ≪朴諺, 上, 22ㅎ≫殺一殺入一入赶一赶扭將去打刼, 주기리 주기고 드리리 드리고 몰리 모라 에워 가 패 티쟈. ❹(활동이나 어떤 놀이를) 하다. ⇔ᄒᆞ다. ≪朴諺, 下, 19ㅎ≫見大仙打罷問訊, 大仙을 보고 뭇기를 뭇ᄎᆞ매. ≪朴諺, 下, 23ㅈ≫打一箇跟陡, ᄒᆞᆫ 번 跟陡질 ᄒᆞ여.

타(打) 동 다지다. ❶⇔다ᄋᆞ다. ≪朴諺, 上, 11ㅈ≫管的三年不要功錢打, 三年을 ᄀᆞ옴아라 工錢을 밧디 아니ᄒᆞ고 다ᄋᆞ게 ᄒᆞ라. ❷⇔다이다. ≪朴諺, 上, 10ㅎ≫着他下工夫打, 뎌로 ᄒᆞ여 工夫 드려 다이라. ≪朴諺, 上, 10ㅎ≫着石杵慢慢兒打, 돌고로다가 날회여 다이되. ≪朴諺, 上, 11ㅈ≫這般要他文書打了時, 이리 뎌의게 文書를 밧고 다이면.

타(打) 동 만들다.❶ ⇔ᄆᆡᆫ들다. ≪朴諺, 上, 15ㅈ≫梁兒·束兒打的輕妙着, ᄆᆞᄅᆞ쇠와 뭇금싀(쇠)를 ᄆᆡᆫ들기를 輕妙히 ᄒᆞ고. ≪朴諺, 上, 16ㅈ≫三錢銀子打的, 서 돈 은이야 ᄆᆡᆫ들리라. ≪朴諺, 上, 16ㅈ≫你用心下功夫打, 네 用心ᄒᆞ여 功夫 드려 ᄆᆡᆫ들라. ≪朴諺, 上, 53ㅈ≫你打十箇氣力的一張, 네 열 힘에 치 ᄒᆞᆫ 댱과. 七八箇氣力的一張, 닐곱 여듧 힘에 ᄒᆞᆫ 댱을 ᄆᆡᆫ들라. ❷⇔ᄆᆡᆫᄃᆞᆯ다. ≪朴諺, 上, 15ㅈ≫快打刀子的匠人那裏有, 칼 잘 ᄆᆡᆫᄃᆞᄂᆞᆫ 匠人이 어ᄃᆡ 잇ᄂᆞ뇨. 我打一副刀子, 내 ᄒᆞᆫ 불 칼을 ᄆᆡᆫᄃᆞᆯ려 ᄒᆞ노라. ≪朴諺, 上, 15ㅈ≫打的好刀子, ᄆᆡᆫᄃᆞᆫ 칼이 됴ᄒᆞ니라. 着他打不得, 뎌 ᄒᆞ여 ᄆᆡᆫᄃᆞ디 못ᄒᆞ랴. 你打時怎麽打, 네 ᄆᆡᆫᄃᆞᆯ면 엇디 ᄆᆡᆫᄃᆞᆯ려 ᄒᆞᄂᆞᆫ다. ≪朴諺, 上, 15ㅎ≫你打幾件兒, 네 몃 불을 ᄆᆡᆫᄃᆞᆯ다. ≪朴諺, 上, 16ㅈ≫這般打的可喜乾淨時, 이리 ᄆᆡᆫᄃᆞᆯ기를 곱고 乾淨히 ᄒᆞ려 ᄒᆞ면. ≪朴諺, 上, 52ㅎ≫你要打幾箇氣力的弓, 네 언머 힘에 활을 ᄆᆡᆫᄃᆞᆯ고져 ᄒᆞᄂᆞᆫ다. ≪朴諺, 上, 52ㅎ≫你打饋我兩張弓如何, 네 나를 두 댱 활을 ᄆᆡᆫᄃᆞ라 주미 엇더ᄒᆞ뇨. ≪朴諺, 下, 29ㅎ≫鱉兒打的匾着些箇, 鱉兒 ᄆᆡᆫᄃᆞᆯ기를 져기 납죡이 ᄒᆞ고. ≪朴諺, 下, 29ㅈ≫你打饋我一箇立鱉兒, 네 날을 ᄒᆞᆫ 立鱉兒와. 一箇蝦蟆·鱉兒和蝎虎盞兒, ᄒᆞᆫ 蝦蟆鱉兒와 蝎虎盞을 ᄆᆡᆫᄃᆞ라 주고려. ≪朴諺, 下, 29ㅎ≫揹我把兒且打

下我看着銲, 부리와 줄를 아직 ᄆᆡᆫᄃᆞ라 내 보와든 ᄠᅢ라. ≪朴諺, 下, 29ㅎ≫你自這裏打爐子, 네 손ᄌᆞ 여긔 풀무를 ᄆᆡᆫᄃᆞᆯ고.

타(打) 동 ❶맞다[打]. ⇔맞다. ≪朴諺, 上, 33ㅎ≫却喫這一頓打也是, ᄯᅩ 이 ᄒᆞᆫ 디위 마즘을 니버도 올ᄒᆞ니라. ≪朴諺, 中, 25ㅈ≫有些事時喫打, 져기 일이 이시면 마즘을 니브리라. ❷박다. ⇔박다. ≪朴諺, 下, 5ㅎ≫打一箇橛子絟不的, ᄒᆞᆫ 말뚝을 박고 ᄆᆡ디 못ᄒᆞᆯ소냐. ❸쌓다. ⇔ᄡᅡ다. ≪朴諺, 上, 10ㅈ≫去角頭叫幾箇打墻的和坌工來築墻, 모롱이에 가 여러 담 ᄡᆞᄂᆞᆫ 이와 조역을 블러다가 담 ᄡᅡ이리라. ≪朴諺, 下, 13ㅈ≫那西壁廂打一流兒短墻, 뎌 西 壁廂에 ᄒᆞᆫ 줄 短墻을 ᄡᅡ고. ❹잡다[捕]. ⇔잡다. ≪朴諺, 下, 50ㅈ≫咱們打魚兒去來, 우리 고기 잡으라 가쟈.

타(打) 동 ❶치다[設]. 설치하다. ⇔티다. ≪朴諺, 中, 58ㅈ≫孩兒你饋我買將草布蚊帳來, 아ᄒᆡ아 네 날을 얼믠 뵈로 ᄒᆞᆫ 모긔댱을 사다가 주고려. 打着睡, 티고 자쟈. ≪朴諺, 下, 35ㅈ≫咱且打毬門窩兒了, 우리 아직 毬門 굼글 티고. 打花臺窩兒(集覽, 朴集, 下, 7ㅎ: 花臺窩兒. 質問云, 以磚砌臺, 其上栽〈裁〉花藏窩, 將毬打入窩內爲勝.), 花臺ㅅ 굼글 티고. ❷치다. 던지다. ⇔티다. ≪朴諺, 中, 46ㅎ≫打雙陸時莭(節), 솽뉵 틸 적의. ❸치다. 때리다. ⇔티다. ≪朴諺, 上, 32ㅎ≫打的半死剌活的, 텨 반만 죽엇다가 되ᄡᅴ여나니. ≪朴諺, 上, 34ㅈ≫這一等和尙不打他要做甚麽, 이런 즁을 티디 아니ᄒᆞ고 므슴 ᄒᆞ리오. ≪朴諺, 上, 45ㅈ≫手心上打三戒方, 손바당을 세 번 젼반으로 티ᄂᆞ니라. ≪朴諺, 中, 7ㅎ≫將棍來打, 곤당 가져다가 티라. ≪朴諺, 中, 13ㅎ≫把那船上的人來打殺了, 그 ᄇᆡ엣 사ᄅᆞᆷ을 텨 죽이다 ᄒᆞ더라. ≪朴諺, 中, 25ㅈ≫却要打, ᄯᅩ 티리라. ≪朴諺, 中, 27ㅈ≫却打死那人, ᄯᅩ 그 사ᄅᆞᆷ을 텨 죽여. ≪朴諺, 中, 27ㅎ≫也打殺撇在那坑裏, ᄯᅩ 텨 죽여 그 디함에 드리티고. ≪朴諺, 中, 28ㅎ≫便要打殺那媳婦, 곳 뎌 媳婦를 텨 죽이고져 ᄒᆞ거늘. ≪朴諺, 中, 29ㅈ≫將老李打了一百七, 老李를다가 一百 닐곱을 텨. ≪朴諺, 中, 50ㅎ≫大家休打臉, 대개 빰 티디 말고. ≪朴諺, 下, 19ㅈ≫却把伯眼打了一鐵棒, ᄯᅩ 伯眼을다가 ᄒᆞᆫ 쇠막대로 티니. ≪朴諺, 下, 19ㅈ≫又打了一鐵棒, ᄯᅩ ᄒᆞᆫ 쇠막대로 티니. ≪朴諺, 下, 20ㅈ≫更打了我兩鐵棒, ᄯᅩ 우리를 두 번 쇠막대로 티니. ≪朴諺, 下, 48ㅎ≫把別的打的四分五落裡, 다른 이를다가 텨 四分五落ᄒᆞ야. ≪朴諺, 下, 53ㅎ≫打我來, 날을 텨세라. ≪朴諺, 下, 54ㅎ≫於某面上用拳打破, 某의 ᄂᆞᆺ출 주머괴로 텨 하야ᄇᆞ리되.

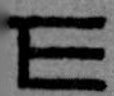

타(打) 동 치다[擊]. ❶⇔티다. ≪朴諺, 上, 17ㅎ≫打毬兒, 당방올티기 ᄒᆞ고. ≪朴諺, 下, 20ㅈ≫打一聲鍾響, ᄒᆞᆫ 소ᄅᆡ 鍾을 티고. ≪朴諺, 下, 34ㅈ≫咱們今日打毬兒如何, 우리 오늘 당방올 팀이 엇더ᄒᆞ뇨. ≪朴諺, 下, 34ㅈ≫你也打的麽, 너도 티기 ᄒᆞᄂᆞᆫ다. 我怎麽打不的, 내 엇디 티디 못ᄒᆞ리오. ≪朴諺, 下, 36ㅈ≫三迴連打上了, 세 번을 년ᄒᆞ야 텨 올려다. ≪朴諺, 下, 49ㅈ≫打的打躧的躧, 티리 티고 ᄇᆞᆯ피리 ᄇᆞᆯ피니. ≪朴諺, 下, 60ㅎ≫擂皷打鑼, 붑 티고 바라 티고. ❷⇔티이다. ≪朴諺, 上, 15ㅎ≫着甚麽鐵頭打, 므슴 鐵로 티이려 ᄒᆞᄂᆞᆫ다. ≪朴諺, 上, 15ㅎ≫着鑌鐵打, 鑌鐵로 티이되. ≪朴諺, 中, 29ㅎ≫打一對馬脚匙來釘上着, ᄒᆞᆫ 보 다갈을 티여다가 박으라.

타(打) 의 번. ⇔번. ≪朴諺, 上, 64ㅎ≫一打裏饋你十兩銀子, ᄒᆞᆫ번에 너를 열 량 은을 줄 거시니. ≪朴諺, 下, 5ㅎ≫把那麻刀一打裏和的勻着, 뎌 삼ᄡᅥ울을다가 ᄒᆞᆫ 번의 섯기를 고로게 ᄒᆞ라.

타(朶) 의 송이. ≪朴諺, 上, 7ㅈ≫第六道鷄脆芙蓉湯(集覽, 朴集, 上, 3ㅎ: 雞脆芙蓉湯. 質問云, 將雞〈鷄〉腰子作芙蓉花, 做湯食之. 又云, 以鷄子淸做成芙蓉花, 每碗

三朶. 今按, 上文五揲湯名之釋, 恐或失眞.), 第六道는 鷄脆芙蓉湯이니.

타(拖) 동 ❶(시간을) 끌다. 미루다. 지연하다. ⇔믄긋다. ≪朴諺, 上, 54ㅈ≫不致拖欠, 믄그어 떠르팀애 니르게 말고. ❷끌다. ⇔싯으다. ≪朴諺, 下, 24ㅈ≫把先生的頭拖將去, 先生의 머리롤다가 싯어 가져가니. ≪朴諺, 下, 24ㅎ≫行者直拖的王前面彫了, 行者ㅣ 바로 싯어 王의 앏픠 드리티니.

타(唾) 명 침. ⇔춤. ≪朴諺, 中, 58ㅈ≫這的便是仰面唾天, 이거시 곳 잣바 하늘헤 춤 바틈이로다.

타(趓) 동 ❶숨다. 피하다. 비키다. ⇔숨다. ≪集覽, 字解, 單字解, 7ㅎ≫趓. 逃也. 趓着走 에도라 든닌다. 又避也. 趓一趓趓길 츠라. 亦作躲, 通作彈. ≪朴諺, 上, 31ㅎ≫只趓着我走, 그저 날을 수머 든니고. ≪朴諺, 下, 23ㅎ≫左邉搭右邉趓, 좌편으로 건디려 ᄒᆞ면 우편으로 숨고. ❷에돌다. 피하다. 비키다. ⇔에돌다. ≪集覽, 字解, 單字解, 7ㅎ≫趓. 逃也. 趓着走 에도라 든닌다. 又避也. 趓一趓 길 츼라. 亦作躲, 通作彈.

타(躲) 동 타(趓). '躲'는 '趓'와 같다. ≪集覽, 字解, 單字解, 7ㅎ≫趓. 逃也. 趓着走 에도라 든닌다. 又避也. 趓一趓趓길 츠라. 亦作躲, 通作彈. ≪朴諺, 上, 31ㅎ≫只趓着我走, 그저 날을 수머 든니고.

타(駝) 명 약대. 낙타. ⇔약대. ≪朴諺, 上, 15ㅈ≫駝骨底子, 약대 뼈 밋히. ≪朴諺, 上, 28ㅈ≫底下垂下着兩頭靑珠兒結串的駝毛肚帶, 미티 드리온 거슨 두 머리예 프른 구슬로 믹자 쎄온 약대 털로 ᄒᆞᆫ 빗대오. ≪朴諺, 上, 43ㅎ≫氈子·駝毛我都有, 담과 약대 털은 내게 다 이시니.

타(彈) 동 타(趓). '彈'는 '趓'와 같다. ≪集覽, 字解, 單字解, 7ㅎ≫趓. 逃也. 趓着走 에도라 든닌다. 又避也. 趓一趓趓길 츠라. 亦作躲, 通作彈.

타견(拖牽) 동 끌다. ⇔싯으다. ≪朴諺, 下, 46ㅈ≫衆人拖牽, 모든 사름이 싯으고.

타곤(打滾) 동 구르다. (누워서 이리저리) 뒹굴다. ≪朴諺, 上, 38ㅎ≫我的赤馬害骨眼(集覽, 朴集, 上, 11ㅈ: 骨眼. 質問云, 馬害肚疼打滾, 割眼內肉, 方言謂之䡷眼, 音姑.), 내 절따몰이 눈에 치 알하. ≪朴諺, 上, 38ㅎ≫不住的臥倒打滾, 머므디 아니ᄒᆞ고 누우ᄯᅮ러.

타관절(打關莭) 동 타관절(打關節). '莭'은 '節'의 속자. ≪朴諺, 中, 59ㅈ≫那寃家們打關莭(節)(集覽, 朴集, 中, 9ㅈ: 打關節. 吏學指南云, 下之所以通欵曲於上者曰關節〈莭〉, 又造請權要謂之關節〈莭〉. 漢曰關說. 宋包拯剛直好駁, 時人語曰, 關節〈莭〉不到, 有閻羅包老. 如本國俗語 쇼쳥〈쳥〉ᄒᆞ다.)時, 뎌 寃家ㅣ 쇼쳥ᄒᆞ니.

타관절(打關節) 동 소청(訴請)하다. 또는 남몰래 부탁하다. ⇔쇼쳥ᄒᆞ다. ≪朴諺, 中, 59ㅈ≫那寃家們打關莭(節)(集覽, 朴集, 中, 9ㅈ: 打關節. 吏學指南云, 下之所以通欵曲於上者曰關節〈莭〉, 又造請權要謂之關節〈莭〉. 漢曰關說. 宋包拯剛直好駁, 時人語曰, 關節〈莭〉不到, 有閻羅包老. 如本國俗語 쇼쳥〈쳥〉ᄒᆞ다.)時, 뎌 寃家ㅣ 쇼쳥ᄒᆞ니.

타구(打毬) 명 ❶예전에 두 패로 갈라서 말을 타고 하던 운동 경기. 경기장 한복판에 놓인 자기편의 공을 숟가락 모양의 채를 이용하여 자기편 구문(毬門)에 먼저 넣으면 이긴다. ≪朴諺, 下, 35ㅈ≫却打花房窩兒(集覽, 朴集, 下, 7ㅎ: 花房窩兒. 質問云, 如打毬, 先立毬窩於花房之上, 然後用棒打入, 方言謂之花房窩兒.), 또 花房 굼글 티쟈. ❷장치기. ⇔당방올티기. ≪朴諺, 下, 36ㅎ≫再也敢和我打毬麽, 뇌여 싱심이나 날과 당방올티기 홀싸.

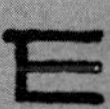

타구아(打毬兒) 명 장치기. ⇔당방올티기. ≪朴諺, 上, 17ㅎ≫打毬兒(集覽, 朴集, 上, 6ㅎ: 打毬兒. 質問云, 作成木圓毬二介, 用木杓一上一下連接不絕, 方言謂之打毬兒. 質問所釋, 疑卽本國優人所弄杓鈴之

戱, 與此節〈莭〉小兒之戱恐或不同. 詳見下卷集覽.), 당방올티기 ᄒᆞ고. ≪朴諺, 下, 34ㅈ≫咱們今日打毬兒(集覽, 朴集, 下, 7ㅈ: 打毬兒. 今按, 質問畫成毬兒, 卽如本國 : 댱방〈당방〉올. 注云, 以木刷圓.)如何, 우리 오ᄂᆞᆯ 댱방올 팀이 엇더ᄒᆞ뇨.

타기(打起) 동 들어 올리다. ≪朴諺, 下, 35ㅈ≫滾子, 방올과. 鷹觜擊起毬兒(集覽, 朴集, 下, 7ㅎ: 擊起毬兒. 質問云, 如人將木圓毬兒打起老高, 便落於窩內, 方言謂之擊起毬兒.), 鷹觜와 擊起 毬兒를.

타긴(打緊) 형 긴(緊)하다. 중요하다. 긴요하다. ❶⇔긴ᄒᆞ다. ≪集覽, 字解, 單字解, 4ㅈ≫打. 擊也, 着實打, 又打三下. 又爲也. 打酒來 술 사 오라. 又曰, 打將來 ᄒᆞ야 오라, 打聽 듣보라, 打水 믈 긷다, 不打緊. 又打那裏去, 打東邊去, 有投向從往之意. 俗用打字, 似不合本意者多, 而實有取意不苟, 其用甚廣, 此不盡錄. ≪朴諺, 上, 38ㅎ≫多少不打緊, 多少ᄂᆞᆫ 다 긴티 아니ᄒᆞ니라. ≪朴諺, 上, 63ㅎ≫打甚麽緊那, 므서시 다 긴ᄒᆞ리오. ❷⇔타긴ᄒᆞ다(打緊-). ≪朴諺, 上, 19ㅈ≫也不打緊, 또 打緊티 아니ᄒᆞ니.

타긴ᄒᆞ다(打緊-) 형 긴(緊)하다. 중요하다. 긴요하다. ⇔타긴(打緊). ≪朴諺, 上, 19ㅈ≫也不打緊, 또 打緊티 아니ᄒᆞ니.

타다 동 타다[受]. 받다. ❶⇔관(關). ≪朴諺, 上, 11ㅎ≫關出米來, ᄡᆞᆯ 타 나오나든. ❷⇔영(領). ≪朴諺, 上, 9ㅈ≫聖旨領了麽, 聖旨를 탓ᄂᆞᆫ다. 領了, 탓노라.

타다 동 타다[騎]. ❶⇔기(騎). ≪朴諺, 上, 28ㅈ≫騎着一箇十分膘鐵青玉面馬, ᄒᆞᆫ ᄀᆞ장 ᄉᆞᆯ진 텰청총이광간쟈ᄆᆞᆯ을 탓고. ❷⇔상(上). ≪朴諺, 中, 43ㅈ≫便上馬跟官人, 곳 ᄆᆞᆯ 타 官人을 ᄯᆞᆯ와.

타대(打擡) 명 중국 항주(杭州)에서 어린이들 사이에서 유행하던 놀이의 한 가지. 서너 치[寸] 되는 막대기를 하나씩 가지고 서로 공격하여 정해진 한계를 넘는 사람이 진다. ⇔태티기. ≪朴諺, 上, 17ㅈ≫九月裏打擡(集覽, 朴集, 上, 6ㅎ: 打擡. 音義云, 杭州小兒之戱也. 用小圓木長三四寸, 各持〈各持一〉塊, 彼此相擊, 出限者爲輸.), 九月에 태티기 ᄒᆞ고.

타돈(打頓) 동 졸다. ⇔조ᄋᆞ다. ≪朴諺, 下, 6ㅎ≫一會兒打頓(注: 頓, 集韻作盹, 朦朧欲睡之皃. 打盹, 今俗語, 조ᄋᆞ다.)着撓破了, ᄒᆞᆫ 디위 조ᄋᆞ다가 긁텨 헤여ᄇᆞ려ᄂᆞᆯ.

타락 명 타락(駝酪). 우유. ⇔낙(駱). ≪朴諺, 中, 6ㅈ≫一瓶米酒和駱(酪), ᄒᆞᆫ 병 米酒와 타락과. ≪朴諺, 下, 28ㅈ≫再將凉酪來, 또 ᄎᆞᆫ 타락을 가져오라.

타로(拖爐) 명 밀가루를 기름과 꿀에 반죽하여 조그맣게 떼어낸 뒤 떡살로 눌러 익혀 만든 떡. ≪朴諺, 上, 1ㅎ≫着李四買果子·拖爐(集覽, 朴集, 上, 1ㅈ: 拖爐. 音義云, 麵作小餠者〈麵作小餠〉. 質問云, 以麥麵和油蜜印成花餠, 烙熟食之.)·隨食去, 李四로 ᄒᆞ여 과실과 拖爐·隨食을 사라 가게 ᄒᆞ라.

타마(打磨) 동 (기물의 표면을 문질러) 광을 내다. 매끄럽게 하다. 연마하다. ≪朴諺, 上, 15ㅎ≫着鑌鐵(集覽, 朴集, 上, 6ㅈ: 鑌鐵. 總〈聡〉龜云, 出西番, 面上自有旋螺花者, 有芝麻花者. 凡刀劍器打磨光淨, 價直過於銀, 鐵〈銕〉中最利者也.)打, 鑌鐵로 티이되.

타말(唾沫) 명 침. ⇔춤. ≪朴諺, 上, 13ㅎ≫着唾沫白日黑夜不住的搽, 춤으로다가 白日 黑夜에 머므로디 말고 ᄇᆞᄅᆞ라.

타물(他物) 명 남의 물건. 자신에게 속하지 않은 물건. ≪朴諺, 中, 25ㅈ≫常防賊心莫偸他物, 샹히 도적 ᄆᆞᄋᆞᆷ을 막고 ᄂᆞᆷ의 것 도적디 말라 ᄒᆞᄂᆞ니라.

타발(打發) 동 ❶(예를 갖추어) 돌보아주다. 보살피다. ⇔타발ᄒᆞ다(打發-). ≪集覽, 字解, 累字解, 2ㅈ≫打發. 禮待應答之稱, 보ᄉᆞᆲ펴 ᄃᆡ답ᄒᆞ다. ≪朴諺, 上, 57ㅈ≫打發他去了纔來, 뎌를 打發ᄒᆞ여 보내고 ᄀᆞᆺ 올와. ❷보내다. 파견하다. ⇔타발ᄒᆞ다(打發-). ≪朴諺, 下, 25ㅈ≫賜行者金

錢三百貫打發了, 行者를 金돈 三百貫을 주어 打發ᄒᆞ니.

타발ᄒᆞ다(打發-) 동 ❶(예를 갖추어) 돌보아주다. 보살피다. ⇔타발(打發). ≪集覽, 字解, 累字解, 2ㅈ≫打發. 禮待應答之稱, 보ᅀᆞᆲ펴 ᄃᆡ답ᄒᆞ다. ≪朴諺, 上, 57ㅈ≫打發他去了纔來, 뎌를 打發ᄒᆞ여 보내고 ᄀᆺ 올와. ❷보내다. 파견하다. ⇔타발(打發). ≪朴諺, 下, 25ㅈ≫賜行者金錢三百貫打發了, 行者를 金돈 三百貫을 주어 打發ᄒᆞ니.

타분(打扮) 동 꾸미다. 단장하다. ❶⇔비오다. ≪朴諺, 上, 28ㅎ≫兩箇舍人打扮的風風流流, 두 舍人의 비온 거시 風風流流ᄒᆞ고. ❷⇔비ᄋᆞ다. ≪朴諺, 上, 24ㅎ≫一箇舍人打扮的, ᄒᆞᆫ 舍人 비ᄋᆞ기ᄂᆞᆫ. ≪朴諺, 上, 27ㅈ≫又一箇舍人打扮的, ᄯᅩ ᄒᆞᆫ 舍人 비ᄋᆞ기ᄂᆞᆫ.

타선자(打扇子) 명 부채질. ⇔부체질. ≪朴諺, 中, 15ㅎ≫着這小丫頭們打扇子, 이 아ᄒᆡ들로 ᄒᆞ여 부체질 ᄒᆞ엿노라.

타수(打水) 동 물을 긷다. ≪集覽, 字解, 單字解, 4ㅈ≫打. 擊也, 着實打, 又打三下. 又爲也. 打酒來 술 사 오라. 又曰, 打將來 ᄒᆞ야 오라, 打聽 듣보라, 打水 믈 긷다, 不打緊. 又打那裏去, 打東邊去, 有投向從往之意. 俗用打字, 似不合本意者多, 而實有取意不苟, 其用甚廣, 此不盡錄.

타순(打盹) 동 졸다. ⇔조으다. ≪朴諺, 下, 6ㅎ≫一會兒打頓(注: 頓, 集韻作盹, 朦朧欲睡之皃. 打盹, 今俗語, 조으다.)着撓破了, ᄒᆞᆫ 디위 조으다가 긁텨 ᄒᆡ여ᄇᆞ려놀.

타열불(打噎咈) 동 트림하다. ⇔트림ᄒᆞ다. ≪朴諺, 中, 50ㅎ≫誰喫蘿蔔打噎咈, 뉘 무우 먹고 트림ᄒᆞ엿ᄂᆞ뇨.

타위(打圍) 동 사냥하다. ⇔산영ᄒᆞ다. ≪朴諺, 上, 55ㅈ≫我要打圍處騎的快走的馬, 내 산영ᄒᆞᄂᆞᆫ 고ᄃᆡ ᄐᆞᆯ 잘 ᄃᆞᆫᄂᆞᆫ ᄆᆞᆯ을 사고져 ᄒᆞ노라. ≪朴諺, 下, 61ㅈ≫後頭打圍的人們, 後에 산영ᄒᆞᄂᆞᆫ 사ᄅᆞᆷ들히.

타인(他人) 명 남. ≪朴諺, 上, 7ㅎ≫無子無孫盡是他人之物, 無子 無孫ᄒᆞ면 다 他人의 거시라 ᄒᆞ니.

타일(他日) 명 (미래의) 어느 날. ≪朴諺, 下, 4ㅎ≫久後你也得證果金身(集覽, 朴集, 下, 1ㅎ: 證果金身. 又生時所作善惡謂之因, 他日報應謂之果. 謂證果者, 如三藏法師取經東還, 化爲梅檀佛如來.), 오란 후에 너도 證果金身홈을 어드리라.

타일타(趓一趓) 동 비키다. 피하다. ⇔츼다. ≪集覽, 字解, 單字解, 7ㅎ≫趓. 逃也. 趓着走 에도라 ᄃᆞᆫ닌다. 又避也. 趓一趓 길 츼라. 亦作躱, 通作彈.

타장래(打將來) 동 (어떤 일을) 하고 오다. ≪集覽, 字解, 單字解, 4ㅈ≫打. 擊也, 着實打, 又打三下. 又爲也, 打酒來 술 사 오라. 又曰, 打將來 ᄒᆞ야 오라, 打聽 듯보라, 打水 믈 깃다, 不打緊. 又打那裏去, 打東邊去, 有投向從往之意. 俗用打字, 似不合本意者多, 而實有取意不苟, 其用甚廣, 此不盡錄.

타착주(趓着走) 동 에돌아 다니다. 도망하여 다니다. ≪集覽, 字解, 單字解, 7ㅎ≫趓. 逃也. 趓着走 에도라 ᄃᆞᆫ닌다. 又避也. 趓一趓 길 츼라. 亦作躱, 通作彈.

타청(打聽) 동 타청(打聽). '聴'은 '聽'으 속자. ≪朴諺, 上, 55ㅈ≫你打聴一打聴, 네 듯보라.

타청(打聽) 동 듣보다. 또는 물어보다. 알아보다. ❶⇔듣보다. ≪集覽, 字解, 累字解, 3ㅈ≫打聽一打聽. 듣보다. 唯擧打聽二字, 可說而疊言之者, 此漢人好事者之說也. 今亦罕用. ≪集覽, 字解, 單字解, 4ㅈ≫打. 擊也, 着實打, 又打三下. 又爲也. 打酒來 술 사 오라. 又曰, 打將來 ᄒᆞ야 오라, 打聽 듣보라, 打水 믈 긷다, 不打緊. 又打那裏去, 打東邊去, 有投向從往之意. 俗用打字, 似不合本意者多, 而實有取意不苟, 其用甚廣, 此不盡錄. ❷⇔듯보다. ≪朴諺, 上, 55ㅈ≫你打聽一打聽, 네 듯보라.

타청일타청(打聽一打聽) 동 듣보다. 또는

물어보다. 알아보다. ⇔듣보다. ≪集覽, 字解, 累字解, 3ㅈ≫打聽—打聽. 듣보다. 唯擧打聽二字, 可說而疊言之者, 此漢人好事者之說也. 今亦罕用.

타춘(打春) 명 입춘 하루 전날 궁중이나 관청에서 토우(土牛)를 세워놓고, 입춘 당일에 붉은 채찍으로 때리면서 풍년과 권농(勸農)을 빌던 일. 타춘 또는 편춘(鞭春)이라고 하였다. ≪朴諺, 下, 45ㅈ≫宋舍看打春去來, 宋개아 넙츈 노롯ᄒᆞᄂᆞᆫ 양 보라 가쟈. ≪朴諺, 下, 47ㅈ≫粧二郎爺爺(集覽, 朴集, 下, 10ㅎ: 二郎爺爺. 廟額曰昭惠靈顯眞君之廟, 然未知何神. 打春之日, 取此塑像, 盖亦未詳.), 二郎爺爺ᄅᆞᆯ ᄭᅮ며.

타파(打破) 동 해어지다. ⇔ᄒᆡ여디다. ≪朴諺, 中, 30ㅈ≫凍面皮都打破了不中, 언 ᄂᆞᆺ가족이 다 ᄒᆡ여딜 거시니 맛당티 아니ᄒᆞ니.

타피(趓避) 동 (일부러) 피하다. 도피하다. 숨다. ⇔타피ᄒᆞ다(趓避-). ≪集覽, 字解, 單字解, 7ㅎ≫嚲. 垂下也. 嚲下 드리워 잇다. 又借用爲趓避之趓. ≪朴諺, 下, 54ㅈ≫卽時趓避, 즉제 趓避ᄒᆞ니.

타피ᄒᆞ다(趓避-) 동 피하다. 도피하다. 숨다. ⇔타피(趓避). ≪朴諺, 下, 54ㅈ≫卽時趓避, 즉제 趓避ᄒᆞ니.

타하(嚲下) 동 드리우다. 늘어뜨리다. ⇔드리우다. ≪集覽, 字解, 單字解, 7ㅎ≫嚲. 垂下也. 嚲下 드리워 잇다. 又借用爲趓避之趓.

타한(打鼾) 동 코골다. ⇔코고오다. ≪朴諺, 中, 47ㅈ≫倒在床上打鼾睡, 상 우희 것구러뎌 코 고오고 자거늘.

타향(他鄕) 명 제 고장이 아닌 다른 고장. ≪朴諺, 下, 54ㅈ≫係本府本縣附籍(集覽, 朴集, 下, 12ㅈ: 附籍. 非土著〈着〉戶, 而以他鄕之人, 來寓居者也.)人戶, 本府 本縣에 ᄆᆡ여 附籍ᄒᆞᆫ 人戶ㅣ.

탁(托) 동 입다[被]. 당하다. ⇔닙다. ≪朴諺, 下, 10ㅎ≫托着爺娘福蔭裏, 爺娘의 福蔭을 닙어.

탁(托) 의 발. (양팔을 벌린 길이) ⇔발. ≪朴諺, 上, 14ㅈ≫這的幾托, 이거시 몃 발고. 滿七托, ᄎᆞᆫ 닐굽 발이라. ≪朴諺, 上, 17ㅈ≫五六十托麁麻線也放不勾, 五六十 발 굴근 삼실이라도 노키 유여티 몯ᄒᆞ니리(라). ≪朴諺, 中, 1ㅈ≫一托來長短, ᄒᆞᆫ 발 기릐예. ≪朴諺, 中, 3ㅎ≫這楊(揚)州綾子滿七托長, 이 楊(揚)州ㅅ 綾이 닐굽 발 기릐 ᄎᆞ고. ≪朴諺, 下, 46ㅈ≫一托來長的兩箇機角, ᄒᆞᆫ 발 기릐에 두 ᄲᅳᆯ이오.

탁개(拆開) 동 갈라놓다. ≪朴諺, 下, 32ㅎ≫水滑經帶麵(集覽, 朴集, 下, 6ㅈ: 水滑經帶麵. 水滑麵〈麪〉用頭麪, 春夏秋用新汲水, 入油塩, 先攪作拌麪羹揉, 漸漸入水和搜成劑, 用水拆開, 作小塊子, 再用油水洒和, 以拳搟一二百拳.), 제믈엣 칼국슈와.

탁아(卓兒) 명 상(床). ⇔상. ≪朴諺, 上, 4ㅈ≫一遭擺卓兒, 一遭으로 상 버리라. ≪朴諺, 上, 6ㅈ≫我們先喫兩巡酒後頭擡卓兒(集覽, 朴集, 上, 3ㅈ: 擡卓兒. 擡, 擧也. 進案撤案皆曰擡, 謂人所擧也. 卓, 卽本國所謂高足床也.), 우리 몬져 두 슌븨 술 머근 후에 상을 드러ᄃᆞᆫ. ≪朴諺, 上, 6ㅎ≫如今擡卓兒上湯着, 이제 상을 들면 湯을 들일 거시니. ≪朴諺, 中, 11ㅎ≫簸箕, 키. 篩子, 얼멍이. 馬尾羅兒, ᄆᆞᆯ총체. 卓兒, 상. 盤子, 반. 茶盤, 찻반. 擡盞, 접잔. 壺瓶, 壺瓶. 酒鼈, 쥬벼ᄋᆞ. 銅杓, 놋쥬게ᄅᆞᆯ. 都收拾下着, 다 收拾ᄒᆞ여 두라.

탁아(卓兒) 명 탁자. ❶⇔탁자(卓子). ≪朴諺, 中, 1ㅈ≫一箇高卓兒上脫下衣裳, ᄒᆞᆫ 노픈 卓子 우희 옷 벗고. ❷⇔탁ᄌᆞ. ≪朴諺, 下, 42ㅈ≫爲頭兒門外前放一箇卓兒, 웃듬으로 문 밧긔 ᄒᆞᆫ 탁ᄌᆞᄅᆞᆯ 노코. ≪朴諺, 下, 43ㅈ≫都裝在卓兒上擡着, 다 탁ᄌᆞ에 담아 들고.

탁자(卓子) 명 탁자. ❶⇔상. ≪朴諺, 下, 14ㅈ≫擡了卓子, 상 들면. ❷⇔탁아(卓兒). ≪朴諺, 中, 1ㅈ≫一箇高卓兒上脫下衣裳, ᄒᆞᆫ 노픈 卓子 우희 옷 벗고.

탁ᄌᆞ 명 탁자(卓子). ⇔탁아(卓兒). ≪朴諺, 下, 42ㅈ≫爲頭兒門外前放一箇卓兒, 웃듬으로 문 밧긔 ᄒᆞᆫ 탁ᄌᆞ롤 노코. ≪朴諺, 下, 43ㅈ≫都裝在卓兒上擡着, 다 탁ᄌᆞ에 담아 들고.

탄(彈) 동 타다[彈]. 연주하다. ⇔ᄠᅳ다. ≪朴諺, 下, 50ㅎ≫彈一曲流水高山, 一曲 流水高山을 ᄠᅳ며.

탄(彈) 명 알[卵]. ⇔알. ≪朴諺, 上, 5ㅈ≫燌鴿子彈(集覽, 朴集, 上, 2ㅎ: 燌鴿子彈. 質問云, 鴿子彈糝於滚肉湯食之.), 비둘기 알 솔믄 이와.

탄변(灘邉) 명 탄변(灘邊). '邉'은 '邊'의 속자. ≪朴諺, 下, 51ㅈ≫閑居兩岸青蒲紅蓼灘邉, 兩岸 青蒲 紅蓼 灘邉에 閑居ᄒᆞ야.

탄변(灘邊) 명 여울의 가. ≪朴諺, 下, 51ㅈ≫閑居兩岸青蒲紅蓼灘邉, 兩岸 青蒲 紅蓼 灘邉에 閑居ᄒᆞ야.

탄생(誕生) 명 성인(聖人) 또는 귀인이 태어남을 높여 이르는 말. ≪朴諺, 下, 16ㅎ≫買趙太祖飛龍記(集覽, 朴集, 下, 3ㅎ: 趙太祖飛龍記. 宋太祖, 姓趙, 名匡胤. 母昭獻皇后夢日入懷而孕. 誕生之夕, 赤光滿室, 異香馥郁.), 趙太祖의 飛龍記와.

탄자(彈子) 명 탄환. 탄알. ≪朴諺, 上, 7ㅈ≫都着些細料物(集覽, 朴集. 上, 3ㅎ: 細料物. 事林廣記食饌類, 細料物, 官桂·良薑·華撥草·豆蔻·陳皮·縮砂仁〈砂仁〉·八角·茴香各一兩, 川椒二兩, 杏仁五兩, 甘草一兩半, 白檀末半兩. 右共爲細末用之. 如欲出路停久用之者, 以水浸, 蒸餅爲丸, 如彈子大, 臨時湯泡用之.), 다 져기 ᄀᆞᄂᆞᆫ 교토롤 두고.

탄핵(彈劾) 동 죄상을 들어서 책망하다. ≪朴諺, 中, 37ㅎ≫官人十分休駁彈(集覽, 朴集, 中, 7ㅎ: 褒彈. 今按, 包孝肅公名拯, 性剛直不撓, 其所彈劾, 不避權勢, 故時人呼爲包閻羅, 曰關節〈節〉不到, 有閻羅包老.), 官人아 ᄀᆞ장 나므라디 말라.

탄환(彈丸) 명 탄환. 탄알. ≪朴諺, 上, 4ㅈ≫龍眼(集覽, 朴集, 上, 2ㅈ: 龍眼. 一名圓眼. 樹如荔支〈支〉, 但枝葉稍小, 其子形如彈丸, 核如木槵, 肉白, 漿甘如蜜, 五六十顆作穗.), 龍眼과.

탈(脫) 동 벗다. ⇔벗다. ≪朴諺, 上, 67ㅈ≫今日脫靴上炕, 오ᄂᆞᆯ 훠롤 벗고 炕에 올랏다가. 明日難保得穿, ᄂᆡ일 어더 신기롤 밋기 어렵다 ᄒᆞᄂᆞ니라. ≪朴諺, 中, 15ㅎ≫把一身衣服都脫了, 一身에 衣服을 다 벗고. ≪朴諺, 下, 23ㅈ≫脫了衣裳, 오ᄉᆞᆯ 벗고.

탈(奪) 동 빼앗다. ⇔앗다. ≪朴諺, 中, 13ㅈ≫那賊們把那船上的物件都奪了, 뎌 도적들히 그 ᄇᆡ엣 物件을 다 앗고. ≪朴諺, 中, 27ㅈ≫便奪了那物, 곳 그 거ᄉᆞᆯ 앗고. ≪朴諺, 中, 27ㅎ≫又奪了, ᄯᅩ 앗고. ≪朴諺, 中, 27ㅎ≫把那布·絹來都奪了, 뎌 뵈와 깁을 다 앗고.

탈공(脫空) 형 부실하다. 또는 거짓말하다. ⇔섭섭ᄒᆞ다. ≪朴諺, 中, 47ㅎ≫老實常在, 고디식ᄒᆞ니ᄂᆞᆫ 덧덧이 잇고. 脫空常敗, 섭섭ᄒᆞᆫ 이ᄂᆞᆫ 덧덧이 패ᄒᆞᆫ다 ᄒᆞᄂᆞ니라.

탈난(脫難) 동 어려움에서 벗어나다. ≪朴諺, 下, 17ㅈ≫唐三藏引孫行者(集覽, 朴集, 下, 4ㅈ: 孫行者. 其後唐太宗勅玄奘法師, 往西天取經, 路經此山, 見此猴精壓在石縫, 去其佛押出之, 以爲徒弟, 賜法名吾空, 改号〈號〉爲孫行者, 與沙和尙及黑猪精·朱八戒偕往, 在路降妖去怪, 救師脫難, 皆是孫行者神通之力也.), 唐三藏이 孫行者롤 ᄃᆞ리고.

탈뇌(奪腦) 형 골치가 뜯는 듯이 아프다. ≪朴諺, 中, 15ㅈ≫奪腦(集覽, 朴集, 中, 2ㅎ: 奪腦. 奪字未詳. 鄕習傳解曰, ᄃᆡ고리ᄲᆞᆫ 앓〈알〉프다. 奪, 音ᄃᆞ, 去聲讀.)疼的, 골치 ᄲᅡᆺ 앓프고.

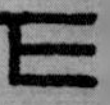

탈리(奪利) 동 이(利)를 탐하다. ⇔탈리ᄒᆞ다(奪利-). ≪朴諺, 中, 43ㅈ≫你一般爭名奪利的官人, 너 ᄒᆞᆫ가짓 爭名 奪利ᄒᆞᄂᆞᆫ 官人이.

탈리ᄒᆞ다(奪利-) 동 이(利)를 탐하다. ⇔탈리(奪利). ≪朴諺, 中, 43ㅈ≫你一般爭名奪利的官人, 너 ᄒᆞᆫ가짓 爭名 奪利ᄒᆞᄂᆞᆫ

官人이.

탈아(脫兒) 명 끝. ⇔긋ㅌ. ≪朴諺, 下, 5ㅎ≫這一脫兒無處絟, 이 혼 긋틀 밀 곳이 업세라.

탈진(脫塵) 동 〈불〉 속세를 벗어나다. ≪朴諺, 下, 9ㅎ≫入寺敬三寶(集覽, 朴集, 下, 3ㅈ: 三寶. 脫塵異俗, 圓頂方袍, 入聖超凡, 爲衆中尊, 卽僧寶也.), 뎔에 드러는 三寶를 敬ᄒᆞ고.

탈하(脫下) 동 벗다. ⇔벗다. ≪朴諺, 中, 1ㅈ≫一箇高卓兒上脫下衣裳, 혼 노픈 卓子 우희 옷 벗고. ≪朴諺, 下, 22ㅈ≫鹿皮先脫下衣服, 鹿皮ㅣ 몬져 오ᄉᆞᆯ 벗고.

탐(探) 동 (찾아가) 보다. 탐문(探問)하다. 문안(問安)하다. ⇔보다. ≪朴諺, 下, 58ㅈ≫探先生來裡, 先生을 보라 왓다 ᄒᆞ라. ≪朴諺, 下, 58ㅈ≫葛教授探先生來裡, 葛教授ㅣ라 ᄒᆞ리 先生을 보라 왓ᄂᆞ니라.

탐랑(貪狼) 명 구성(九星) 중의 첫째 별 이름. 거문성(巨門星)의 위에 있다. 매우 밝은 항성(恒星)으로 침략을 관장한다 하여 잔혹한 침략자를 비유하기도 한다. ≪朴諺, 上, 18ㅎ≫後面北斗(集覽, 朴集, 上, 7ㅈ: 北斗左輔右弼. 凡九星, 曰樞宮貪狼, 曰璇宮巨門, 曰璣〈幾〉宮祿存, 曰權宮文曲, 曰衡宮廉貞, 曰闓(開)陽宮武曲, 曰瑤光宮破軍, 曰洞明宮左輔, 曰隱元宮右弼.)七星板兒做的好, 後面 北斗七星 돈은 민 ᄃᆞᆯ기를 잘ᄒᆞ엿고.

탐망(探望) 동 문안하다. 방문하다. ⇔탐망ᄒᆞ다(探望-). ≪朴諺, 上, 34ㅎ≫探望去好來, 探望ᄒᆞ라 감이 됴탓다.

탐망ᄒᆞ다(探望-) 동 문안하다. 방문하다. ⇔탐망(探望). ≪朴諺, 上, 34ㅎ≫探望去好來, 探望ᄒᆞ라 감이 됴탓다.

탐신(貪身) 명 〈불〉 몸으로 느끼는 탐욕. ≪朴諺, 上, 33ㅈ≫披着袈裟(集覽, 朴集, 上, 10ㅈ: 袈裟. 戒壇云, 五條下衣, 斷〈断〉貪身也, 七條中衣, 斷〈断〉嗔口也, 大衣上衣, 斷痴心也.), 袈裟 닙고.

탐욕(貪欲) 명 〈불〉 십악(十惡)의 하나. 자신이 좋아하는 대상을 갖고 싶어 하고 또 구하는 마음을 이른다. ≪朴諺, 下, 9ㅎ≫因你貪嗔癡(集覽, 朴集, 下, 3ㅈ: 貪嗔癡. 大智論云, 有利益我者生貪欲, 有違逆我者生嗔恚. 不從智生, 從狂惑生, 是名爲癡, 爲一切煩惱之根本.)三毒不離於身, 네 貪嗔癡 三毒이 몸애 ᄯᅥ나디 아니믈 인ᄒᆞ여.

탐진치(貪嗔癡) 명 〈불〉 사람의 착한 마음을 해치는 세 가지 번뇌. 곧, 욕심[貪]·성냄[嗔]·어리석음[癡]. 삼독(三毒)이라고도 한다. ≪朴諺, 下, 9ㅎ≫因你貪嗔癡(集覽, 朴集, 下, 3ㅈ: 貪嗔癡. 卽三毒也. 又曰三業. 大智論云, 有利益我者生貪欲, 有違逆我者生嗔恚. 不從智生, 從狂惑生, 是名爲癡, 爲一切煩惱之根本.)三毒不離於身, 네 貪嗔癡 三毒이 몸애 ᄯᅥ나디 아니믈 인ᄒᆞ여.

탑 명 탑(塔). ❶⇔탑(塔). ≪朴諺, 中, 38ㅎ≫我羊市裏前頭磚塔衚衕裏, 내 양 져제 앏 벽탑골에. ❷⇔탑아(塔兒). ≪朴諺, 上, 38ㅈ≫這箇是塔兒, 이거슨 이 탑이로다.

탑(塌) 동 떨어지다. ⇔ᄠᅥ러디다. ≪朴諺, 下, 29ㅎ≫塌了半邉, 반 편이 ᄠᅥ러디고.

탑(塔) 명 탑(塔). ⇔탑. ≪朴諺, 中, 38ㅎ≫我羊市裏前頭磚塔衚衕裏, 내 양 져제 앏 벽탑골에.

탑(搭) 동 건지다. ⇔건디다. ≪朴諺, 下, 23ㅈ≫搭出箇爛骨頭的先生, 혼 므르노가 섀만 잇ᄂᆞᆫ 先生을 건뎌 내니. ≪朴諺, 下, 23ㅈ≫王說將軍你搭去, 王이 닐오ᄃᆡ 將軍아 네 건디라 가라. ≪朴諺, 下, 23ㅈ≫將軍用鈎子搭去, 將軍이 갈고리로 뼈 건디라 가니. ≪朴諺, 下, 23ㅎ≫左邉搭右邉趖, 좌편으로 건디려 ᄒᆞ면 우편으로 숨고. ≪朴諺, 下, 23ㅎ≫右邉搭左邉去, 우편으로 건디려 ᄒᆞ면 좌편으로 가매. 百般搭不着, 빅 가지로 호ᄃᆡ 건디디 못ᄒᆞ니.

탑련(搭連) 명 전대. ⇔대련. ≪朴諺, 上, 29ㅈ≫做坐褥·皮搭連, 아답개와 가족 대련을 ᄆᆡᆫᄃᆞᆯ려 ᄒᆞ노라.

탑아(塔兒) 명 탑(塔). ⇔탑. ≪朴諺, 上, 38ㅈ≫這箇是塔兒, 이거슨 이 탑이로다.

탑호(搭護) 명 더그레. 호의(號衣). (소매가 없고 양쪽 옷섶에 주름을 잡았다) ⇔더그레. ≪朴諺, 上, 25ㅎ≫明綠抹絨胷背的比甲(集覽, 朴集, 上, 8ㅎ: 比甲. 衣之無袖, 對襟爲襞積者曰比甲, 卽本國돕지털릭. 婦女亦依此制爲短襖着之, 亦曰比甲, 通稱搭護.), 明綠빗치 융ᄉᆞ로 ᄀᆞ두론 胷背 比甲과. ≪朴諺, 上, 25ㅎ≫鴉靑綉四花織金羅搭護(集覽, 朴集, 上, 8ㅎ: 搭護. 事物紀原云, 隋內官多服半臂, 餘皆長袖. 唐高祖減其袖, 謂之半臂, 卽今背子也. 江淮間或曰綽子, 庶人競服之. 今俗呼爲搭護, 더그레.), 鴉靑빗치 四花ᄅᆞᆯ 綉노코 織金ᄒᆞᆫ 羅 더그레오. ≪朴諺, 上, 27ㅎ≫柳黃餙金綉四花羅搭護, 柳黃빗치 金으로 ᄭᅮ며 四花ᄅᆞᆯ 綉ᄒᆞᆫ 羅 더그레예. ≪朴諺, 中, 54ㅎ≫這鷄冠紅綉四花做搭護, 이 만도람이빗체 四花 슈ᄒᆞᆫ 거ᄉᆞ란 더그레 짓고.

탑홀(搭忽) 명 더그레. 호의(號衣). (소매가 없고 양쪽 옷섶에 주름을 잡았다) ⇔더그레. ≪朴諺, 中, 4ㅈ≫這肉紅婦人搭忽表兒, 이 肉紅빗체 婦人의 더그레 것촌.

탕 명 탕. 국. ⇔탕(湯). ≪朴諺, 上, 57ㅈ≫一會兒喫罷湯時便上馬, ᄒᆞᆫ 디위 탕을 먹으면 곳 上馬ᄒᆞᆯ러라. ≪朴諺, 中, 30ㅈ≫飯湯休着冷了, 밥과 탕을 ᄎᆞ게 말라.

탕(湯) 명 탕. 국. ⇔탕. ≪朴諺, 上, 6ㅎ≫如今擡卓兒上湯着, 이제 상을 들면 湯을 들일 거시니. 捧湯的都來, 湯 들 리 다 오라. ≪朴諺, 上, 57ㅈ≫一會兒喫罷湯時便上馬, ᄒᆞᆫ 디위 탕을 먹으면 곳 上馬ᄒᆞᆯ러라. ≪朴諺, 上, 58ㅎ≫喫幾盞酒過兩道湯, 여러 잔 술 먹고 兩道 湯을 디내고. ≪朴諺, 中, 30ㅈ≫飯湯休着冷了, 밥과 탕을 ᄎᆞ게 말라. ≪朴諺, 下, 45ㅈ≫盛湯着, 湯을 ᄯᅳ라.

탕관(湯灌) 명 탕관(湯罐). '灌'은 '罐'과 통용. ≪朴諺, 下, 47ㅎ≫提湯灌的, 湯灌 든 이며.

탕권 명 탕관(湯罐). (국을 끓이거나 약을 달이는 자그마한 그릇) ⇔관아(罐兒). ≪朴諺, 上, 37ㅎ≫金罐兒·鐵携兒裏頭盛着白沙蜜, 금탕권 쇠곡지 속에 白沙蜜 담은 거시여.

탕숫고믈 명 고명. 꾸미. 양념. ⇔세요물(細料物). ≪朴諺, 上, 7ㅈ≫都着些細料物(集覽, 朴集. 上, 3ㅎ: 細料物. 事林廣記食饌類, 細料物, 官桂·良薑·蓽撥草·豆蔻·陳皮·縮砂仁〈砂仁〉·八角·茴香各一兩, 川椒二兩, 杏仁五兩, 甘草一兩半, 白檀末半兩. 右共爲細末用之. 如欲出路停久用之者, 以水浸, 蒸餠爲丸, 如彈子大, 臨時湯泡用之. 今按, 漢俗謂·탕·숫·고·믈曰細料物.), 다 져기 ᄀᆞᄂᆞᆫ 교토ᄅᆞᆯ 두고.

탕식(湯食) 명 탕과 밥. 곧, 음식. ≪朴諺, 下, 13ㅎ≫這衙門更是好湯食, 이 衙門이 ᄯᅩ 湯食이 됴흐니라.

탕자(湯子) 명 목욕탕. 욕실. ≪朴諺, 上, 46ㅎ≫孫舍混堂(集覽, 朴集, 上, 13ㅈ: 混堂. 人家設溫湯浴室處, 燕都多有之, 乃爇〈爇〉水爲湯, 非溫泉也. 或稱堂子, 舊本作湯子.)裏洗澡去來, 孫가아 混堂에 목욕곰으라 가쟈.

탕전(湯錢) 명 목욕료. ≪朴諺, 上, 47ㅈ≫多少湯錢, 湯錢이 언메나 ᄒᆞᄂᆞ뇨. ≪朴諺, 上, 47ㅈ≫湯錢五箇錢, 湯錢은 다ᄉᆞᆺ 낫 돈이오. ≪朴諺, 上, 47ㅈ≫我管着湯錢去來, 내 湯錢을 ᄀᆞ음아라 가마.

탕지(湯池) 명 목욕탕. 욕실. ≪朴諺, 上, 47ㅎ≫到裏間湯池裏洗了一會兒, 안짠 湯池에 가 ᄒᆞᆫ 디위 목욕곰고.

태(兌) 명 원수(元數). 본디의 수. ⇔원수. ≪集覽, 字解, 單字解, 5ㅎ≫虧. 損也, 少也. 虧你多少 네게 언메나 난브뇨, 虧着我 내게 난배라. 又次也. 吏語, 虧兌 원수에셔 ᄶᅳ다.

태(胎) 명 장치기공을 치는 공채의 끝에 달린 숟가락 모양의 것. 나무로 된 뼈대에 가죽으로 겉을 싸서 만든다. ≪朴諺, 下, 34ㅎ≫飛棒杓兒(集覽, 朴集, 下, 7ㅎ: 飛棒杓兒. 質問畫成毬棒, 卽本國武試毬杖

之形, 而下云煖木廂柄, 其杓用水牛皮爲之, 以木爲胎. 今按, 煖木, 黃蘗木也. 廂柄者, 以黃蘗皮裹其柄也. 胎者, 以木爲骨, 而以皮爲外裹也.), 飛棒 杓兒와.

태계(泰階) 명 삼태성(三台星)의 다른 이름. ≪朴諺, 上, 18ㅈ≫那三台(集覽, 朴集, 上, 7ㅈ: 三台. 三台, 星名. 在天爲六座, 名天階, 亦曰泰階, 太上升降之道也.)板兒做得好, 뎌 三台 돈은 민둘기를 잘ᄒᆞ엿고.

태고화상(太古和尙) 명 고려(高麗) 말의 중 보우(普愚)의 법호(法號). ≪朴諺, 上, 65ㅈ≫法名喚步虛(集覽, 朴集, 上, 15ㅎ: 步虛. 俗姓洪氏, 高麗洪州人, 法名普愚, 初名普虛, 號太古和尙. 有求法於天下之志.), 法名을 步虛ㅣ라 브르ᄂᆞᆫ 이.

태공(太公) 명 태공망(太公望). ≪朴諺, 下, 51ㅎ≫便是小太公(集覽, 朴集, 下, 11ㅎ: 太公. 姓呂, 名尙. 釣於渭水, 周文王出獵, 過於渭水之陽, 與語大悅, 曰, 自吾先君太公曰, 當有聖人適周, 周以興. 子豈是耶. 吾太公望子久矣. 故號之曰太公望. 載與俱歸, 立爲師.), 곳 이 小太公이라.

태공망(太公望) 명 주 문왕(周文王)의 스승. 성은 강(姜). 씨는 여(呂). 이름은 상(尙). 속칭은 강태공(姜太公). 문왕이 사냥을 갔다가 여상을 만나 위수(渭水) 가에서 대화를 하고는 크게 기뻐하여 '우리 태공께서 선생을 기다린 지 오래되었다(吾太公望子久矣)'고 한 데에서 비롯된 별호이다. ≪朴諺, 下, 51ㅎ≫便是小太公(集覽, 朴集, 下, 11ㅎ: 太公. 姓呂, 名尙. 釣於渭水, 周文王出獵, 過於渭水之陽, 與語大悅, 曰, 自吾先君太公曰, 當有聖人適周, 周以興. 子豈是耶. 吾太公望子久矣. 故號之曰太公望. 載與俱歸, 立爲師.), 곳 이 小太公이라.

태과(太過) 형 분에 넘치다. 너무 지나치다. ≪集覽, 字解, 累字解, 2ㅎ≫分外. 十者數之終, 十分爲數之極, 而甚言其太過則曰分外. ≪集覽, 字解, 單字解, 5ㅎ≫忒. 太過也. 忒大 너므 크다.

태당(兌當) 동 꾸미다. ⇔숢이다. ≪朴諺, 中, 60ㅎ≫這般兌當着幹時, 이리 숢여 일오면.

태만(怠慢) 형 태만(怠慢)하다. ⇔태만ᄒᆞ다(怠慢-). ≪朴諺, 下, 3ㅈ≫你休生怠慢心, 네 怠慢ᄒᆞᆫ ᄆᆞᄋᆞᆷ을 내디 말고.

태만ᄒᆞ다(怠慢-) 형 태만(怠慢)하다. ⇔태만(怠慢). ≪朴諺, 下, 3ㅈ≫你休生怠慢心, 네 怠慢ᄒᆞᆫ ᄆᆞᄋᆞᆷ을 내디 말고.

태미(太微) 명 태미원(太微垣). 사자자리를 중심으로 이루어진 별자리. 자미원(紫微垣)·천시원(天市垣)과 더불어 삼원(三垣)이라 부르며, 별자리를 천자(天子)에 비유한다. ≪朴諺, 上, 18ㅎ≫後面北斗(集覽, 朴集, 上, 7ㅈ: 北斗左輔右弼. 晉書天文志云, 七星在太微北, 七政之樞機, 陰陽之元本.)七星板兒做的好, 後面 北斗七星 돈은 민둘기를 잘ᄒᆞ엿고.

태백(太白) 동 자세하게 이르다. 세세하게 설명하다. ≪集覽, 字解, 單字解, 5ㅈ≫兒. 嬰孩也. 孩兒. 又呼物名, 必用兒字, 爲助語之辭. 杏兒·李兒. 凡呼物名則呼兒字, 只宜微用其音, 而不至太白可也.

태보(太保) 명 삼공(三公)의 하나. 주대(周代)에 천자(天子)를 보필하는 벼슬로 두어 진대(秦代)에 폐지되었다가 한대(漢代)에 다시 두었다. 후대에는 대신에게 주던 명예직이 되었다. ≪朴諺, 下, 48ㅎ≫太保(集覽, 朴集, 下, 10ㅎ: 太師太保. 元以太師·太傅·太保爲三師, 以太尉·司徒·司空爲三公. 漢·唐舊〈旧〉制也.)家的, 太保ㅅ 집.

태봉(泰封) 명 나라 이름. 신라(新羅) 효공왕(孝恭王) 5년(901)에 궁예(弓裔)가 송악(松嶽: 開城)에 웅거하며 국호를 후고구려(後高句麗)라 하였다가, 동왕 8년 국호를 마진(摩震), 연호를 무태(武泰)라 하였으며, 동왕 15년에 국호를 태봉으로 고치고 연호를 수덕만세(水德萬歲)로 고쳤다. ≪朴諺, 下, 59ㅈ≫上泰封王弓裔(集覽, 朴集, 下, 12ㅎ: 弓裔. 一日, 持鉢

赴齋, 有烏啣(啣)牙籤落鉢中, 視之, 有王字. 遂叛, 據鉄圓郡爲都, 卽今鐵〈鉄〉原府也. 國號摩震, 改元武泰, 後改國號〈号〉泰封.)手下, 泰封王 弓裔 手下에 올라.

태부(太傅) 명 삼공(三公)의 하나. 주대(周代)에 천자(天子)를 보필하는 벼슬로 두어 진대(秦代)에 폐지되었다가, 한대(漢代)에 태사(太師)의 버금으로 다시 두었다. ≪朴諺, 下, 48ㅎ≫太保(集覽, 朴集, 下, 10ㅎ: 太師太保. 元以太師·太傅·太保爲三師, 以太尉·司徒·司空爲三公. 漢·唐舊〈旧〉制也.)家的, 太保ㅅ 집.

태부(兌付) 동 여투다. 저축하다. 또는 (현금을) 지불하다. ⇔여토다. ≪朴諺, 中, 20ㅎ≫咱兌付些盤纏, 우리 젹이 盤纏을 여토아.

태사(太師) 명 삼공(三公) 가운데 으뜸 벼슬. 주대(周代)에 천자(天子)를 보필하는 벼슬로 두어 진대(秦代)에 폐지되었다가, 한대(漢代)에는 삼공(三公: 大司馬·大司徒·大司空) 보다 높게 두었으나 그 존폐는 일정하지 않았다. 당대(唐代)에는 삼공(三公: 大尉·司徒·司空)의 위에 두어 천자의 스승으로 삼았으나 실직(實職)은 없었다. ≪朴諺, 下, 48ㅈ≫纔只那箇太師家的, 그제야 아므 太師ㅅ 집. 太保(集覽, 朴集, 下, 10ㅎ: 太師太保. 元以太師·太傅·太保爲三師, 以太尉·司徒·司空爲三公. 漢·唐舊〈旧〉制也.)家的, 太保ㅅ 집.

태상(太上) 명 상제(上帝). 천제(天帝). ≪朴諺, 上, 18ㅈ≫那三台(集覽, 朴集, 上, 7ㅈ: 三台. 三台, 星名. 在天爲六座, 名天階, 亦曰泰階, 太上升降之道也.)板兒做得好, 뎌 三台 돈은 믿돌기를 잘ᄒᆞ엿고.

태상노군(太上老君) 명 도교에서 이르는 세 신(神) 가운데 태청 태상노군(太淸太上老君)을 이르는 말. ≪朴諺, 下, 18ㅈ≫起盖三淸(集覽, 朴集, 下, 4ㅎ: 三淸. 太淸, 十二天仙境也, 九仙所居, 太上老君所治.)大殿, 三淸大殿을 지으니.

태수(太守) 명 한대(漢代) 군(郡)의 장관(長官). 진대(秦代)에 천하를 36군(郡)으로 나누고 각각에 군수(郡守)를 두었는데, 한 경제(漢景帝)가 태수로 고쳤다. 당(唐)나라 초기에는 군을 주(州)로 고치고 태수를 자사(刺史)로 고쳤다. ≪朴諺, 下, 38ㅈ≫五箇鋪馬(集覽, 朴集, 下, 8ㅎ: 五箇鋪馬. 元制, 遠方之任官員, 一品五疋〈匹〉, 二品四疋〈匹〉, 三·四品三疋〈匹〉, 五品以下二疋〈匹〉. 古者常稱〈称〉太守曰五馬.)去了, 다ᄉᆞᆺ 鋪馬로 가니라. ≪朴諺, 下, 59ㅈ≫做了鐵原京太守, 鉄原京 太守ㅣ 되엿더니.

태심(太甚) 형 너무 심하다. ≪集覽, 字解, 單字解, 7ㅈ≫偌. 太甚也. 偌大 너므 크다, 偌多 너므 하다. 又하나한. 通作熱.

태액지(太液池) 명 중국 북경시(北京市) 옛 황성 서화문(西華門) 밖에 있던 북해(北海)·중해(中海)·남해(南海)의 삼해(三海). 원대(元代)에는 서화담(西華潭)이라 하였다. ≪朴諺, 上, 59ㅎ≫揮使你曾到西湖(集覽, 朴集, 上, 15ㅈ: 西湖. 在玉泉山下, 泉水瀦而爲湖, 流入宮中. 西苑爲太液池, 出都城爲玉河, 東南流注于大通河. 環湖十餘里, 荷·蒲·菱·芡與夫沙禽·水鳥出沒, 隱暎於天光雲影中, 實佳境也.)景來麽, 揮使ㅣ아 네 일즙 西湖ㅅ 景에 갓든다.

태위(太尉) 명 진·한대(秦漢代)에 군정(軍政)을 총괄하던 벼슬. 후한(後漢) 이후에는 승상(丞相)·어사대부(御史大夫)와 함께 삼공(三公)의 하나가 되었다. 원(元)나라 이후에 폐지되었다. ≪朴諺, 上, 18ㅈ≫那三台(集覽, 朴集, 上, 7ㅈ: 三台. 周禮䟽, 上台司命〈죽〉爲太尉, 中台司中爲司徒, 下台司祿爲司空, 三公之象.)板兒做得好, 뎌 三台 돈은 믿돌기를 잘ᄒᆞ엿고. ≪朴諺, 下, 48ㅎ≫太保(集覽, 朴集, 下, 10ㅎ: 太師太保. 元以太師·太傅·太保爲三師, 以太尉·司徒·司空爲三公. 漢·唐舊〈旧〉制也.)家的, 太保ㅅ 집.

태을(太乙) 명 음양가에서, 북쪽 하늘에 있으면서 병란(兵亂)·화(禍)·생사(生死) 따

위를 맡아 다스린다고 하는 신령한 별. ≪朴諺, 下, 18ㅎ≫做羅天大醮(集覽, 朴集, 下, 4ㅎ: 大醮. 道經云, 醮, 祭名. 夜中於星辰之下, 陳設餠餌·酒果·幣物, 禋祀天皇·太乙·地祇·列宿.), 羅天大醮를 ᄒᆞ더니. ≪朴諺, 下, 49ㅈ≫好兒不看春, 好兒ᄂᆞᆫ 看春 아니ᄒᆞ고. 好女不看燈(集覽, 朴集, 下, 11ㅈ: 好女不看燈. 容齋隨筆云, 漢家祠太乙, 以昏時祠到明.), 好女ᄂᆞᆫ 看燈 아니ᄒᆞᆫ다 ᄒᆞᄂᆞ니라.

태의(太醫) 명 의원(醫員). 의사. ≪朴諺, 上, 5ㅎ≫叫教坊司十數箇樂工和做院本(集覽, 朴集, 上, 2ㅎ: 院本. 曰丑, 狂言戲弄, 或粧醉漢·太醫·吏員·媒婆之類.)諸般雜技的來, 教坊司의 여라믄 樂工과 院本에 여러 가지 雜技ᄒᆞᄂᆞ니를 블러오라. ≪朴諺, 上, 13ㅎ≫太醫哥, 太醫 형아. ≪朴諺, 上, 14ㅈ≫太醫哥不說時, 太醫 형이 니ᄅᆞ디 아니면. ≪朴諺, 上, 35ㅈ≫一箇太醫看我小肚皮上使一針, ᄒᆞᆫ 太醫 날을 보고 져근빅 우희 ᄒᆞᆫ 번 침 주고. ≪朴諺, 中, 14ㅎ≫請將范太醫來看, 范太醫를 請ᄒᆞ여 와 뵈라. 太醫來這裏, 太醫 여긔 왓ᄂᆞ이다.

태의원(太醫院) 명 궁중에서 의약(醫藥)을 관장하던 관서. 금대(金代)에 두어 제점(提點)으로 장관을 삼았는데, 명·청대(明淸代)에는 장관(長官)만 원사(院使)라 하였다. ≪朴諺, 上, 8ㅈ≫好院判(集覽, 朴集, 上, 4ㅈ: 院判. 太醫院有院使一員, 院判一員.)哥, ᄆᆞᄋᆞᆷ 됴ᄒᆞᆫ 院判 형아.

태자(太子) 명 황제의 자리를 이을 황제의 아들. ≪朴諺, 上, 61ㅈ≫西壁廂有太子坐的地石床, 西壁廂에 太子 안ᄂᆞᆫ 石床이 잇고. ≪朴諺, 上, 65ㅈ≫法名喚步虛(集覽, 朴集, 上, 15ㅎ: 步虛. 還大都, 時適丁太子令辰十二月二十四日, 奉傳聖旨, 住持永寧禪寺, 開堂演法.), 法名을 步虛ㅣ라 브ᄅᆞᄂᆞᆫ 이. ≪朴諺, 下, 17ㅈ≫唐三藏引孫行者(集覽, 朴集, 下, 4ㅈ: 孫行者. 巡山大力鬼上告天王, 擧灌州灌江口神曰小聖二郎, 可使拿獲. 天王遣太子木叉, 與大力鬼往請二郎神, 領神兵圍花菓山, 衆猴出戰皆敗.), 唐三藏이 孫行者를 ᄃᆞ리고.

태장(笞杖) 명 태형(笞刑)과 장형(杖刑). ≪朴諺, 中, 29ㅈ≫將老李打了一百七(集覽, 朴集, 中, 7ㅈ: 一百七. 大德中, 刑部尙書王約上言, 國朝用刑寬恕, 笞杖十減其三, 故笞一十減爲七.), 老李를다가 一百 닐곱을 텨.

태재(太宰) 명 은대(殷代) 육태(六太)의 하나이자 주관(周官)의 총재(冢宰)인 육경(六卿)의 으뜸 벼슬. 주대(周代)에는 육전(六典)을 맡아 다스렸다. ≪朴諺, 上, 18ㅎ≫南斗六星(集覽, 朴集, 上, 7ㅈ: 南斗. 晉書天文志, 六星天廟〈庙〉, 丞相太宰之位, 主褒賢進士, 稟授爵祿.)板兒做得忒圓了些, 南斗六星 돈은 ᄆᆡᆫ돌기를 너모 두렷게 ᄒᆞ엿고.

태조(太祖) 명 한 왕조를 세운 첫째 임금에게 붙이던 묘호(廟號). ≪朴諺, 中, 11ㅈ≫一兩日上位郊天(集覽, 朴集, 中, 2ㅈ: 郊天. 天子設圜丘於南郊, 以祭天神·地祇·日月星辰·山川·嶽瀆, 以太祖配享.)去, ᄒᆞᄅᆞ 이틀만 ᄒᆞ면 上位ㅣ 郊天ᄒᆞ라 가실 거시니. ❶오대(五代) 후량(後梁) 태조(太祖: 朱全忠)의 묘호. ≪朴諺, 下, 59ㅎ≫梁貞明(集覽, 朴集, 下, 12ㅎ: 梁貞明. 梁, 國號, 卽五代朱梁也. 貞明, 均王年號. 均王名瑱, 太祖朱溫之第〈苐〉四子也.)四年三月裡, 梁貞明 四年 三月에. ❷고려(高麗) 태조(太祖: 王建)의 묘호. ≪朴諺, 下, 58ㅎ≫咱本國是太祖(集覽, 朴集, 下, 12ㅈ: 太祖. 姓王氏, 諱建, 字若天, 松岳郡人. 幼而聰明, 龍顔日角. 年二十, 始仕弓裔, 拜波珍餐. 其時, 洪儒等四人詣建第(第), 請擧義兵, 公固拒不從. 夫人柳氏曰, 妾聞諸公之言, 尙有感奮, 況大丈夫乎. 提甲領以披之, 諸將扶擁而出, 令人呼曰, 王公已擧義旗, 國人來赴者不可勝計. 先至宮門, 鼓〈皷〉噪以待者, 亦萬餘人. 弓裔微服逃至斧壤, 爲民所害. 太祖卽位, 國號高麗.)姓王諱建表德若天, 우리 本國

이 太祖의 姓은 王이오 諱ㄴ 建이오 字ㄴ 若天이니. ≪朴諺, 下, 59ㅎ≫到太祖宅裡商(商)量道, 太祖 宅에 가 혜아려 닐오듸. ≪朴諺, 下, 60ㅈ≫太祖不准的其間, 太祖ㅣ 허티 아닐 ᄉ이예. ≪朴諺, 下, 60ㅈ≫娘子柳氏(集覽, 朴集, 下, 12ㅎ: 娘子柳氏〈柳氏〉. 貞州柳天弓女也. 高麗太祖初爲弓裔將軍, 領兵過貞州, 憩古柳下, 見川上有一女子甚美, 問誰. 女對曰, 天弓之女.)出來說道, 娘子 柳氏ㅣ 나와 닐오듸. ≪朴諺, 下, 60ㅎ≫穿與太祖身上, 太祖의 몸에 닙피니. ❸송(宋)나라 태조(太祖: 趙匡胤)의 묘호. ≪朴諺, 下, 16ㅎ≫買趙太祖飛龍記(集覽, 朴集, 下, 3ㅎ: 趙太祖飛龍記. 宋太祖, 姓趙, 名匡胤. 母昭獻皇后夢日入懷而孕. 誕生之夕, 赤光滿室, 異香馥郁.), 趙太祖의 飛龍記와. ❹명(明)나라 태조(太祖: 朱元璋)의 묘호. ≪朴諺, 下, 38ㅈ≫除在南京應天府丞(集覽, 朴集, 下, 8ㅎ: 南京應天府丞. 南京, 古金陵之地, 吳·晉·宋·齊·梁·陳·南唐建都, 大明太祖定鼎於此, 爲京師, 設應天府, 以燕京爲北平布政司.), 南京 應天府丞을 除ᄒ엿ᄂ니라.

태종(太宗) 명 당(唐)나라 문무제(文武帝: 李世民)의 묘호(廟號). ≪朴諺, 下, 17ㅈ≫唐三藏引孫行者(集覽, 朴集, 下, 4ㅈ: 孫行者. 其後唐太宗勑玄奘法師, 往西天取經, 路經此山, 見此猴精壓在石縫, 去其佛押出之, 以爲徒弟, 賜法名吾空, 改号〈號〉爲孫行者, 與沙和尚及黑猪精·朱八戒偕往, 在路降妖去怪, 救師脫難, 皆是孫行者神通之力也.), 唐三藏이 孫行者를 ᄃ리고.

태청(太淸) 명 삼청(三淸)의 하나. 태상노군(太上老君)이 다스린다는 곳으로 옥청(玉淸)·상청(上淸)의 위에 있다. 달리 선경(仙境)을 이르는 말로도 쓰인다. ≪朴諺, 下, 18ㅈ≫起盖三淸(集覽, 朴集, 下, 4ㅎ: 三淸. 太淸, 十二天仙境也, 九仙所居, 太上老君所治.)大殿, 三淸大殿을 지으니.

태티기 명 중국 항주(杭州)에서 어린이들 사이에서 유행하던 놀이의 한 가지. 서너 치[寸] 되는 막대기를 가지고 서로 공격하여 정해진 한계를 넘는 사람이 진다. ⇔타대(打擡). ≪朴諺, 上, 17ㅈ≫九月裏打擡(集覽, 朴集, 上, 6ㅎ: 打擡. 音義云, 杭州小兒之戱也. 用小圓木長三四寸, 各持〈各持一〉塊, 彼此相擊, 出限者爲輸.), 九月에 태티기 ᄒ고.

태학사(大學士) 명 당(唐) 중종(中宗) 경룡(景龍) 2년(708) 수문관(修文館)에 둔 것을 시작으로, 송대(宋代)에는 소문관(昭文觀)과 집현전(集賢殿)에 두었고, 명대(明代)에는 전각 태학사(殿閣大學士)를 두어 황제의 고문(顧問)에 응하고 비답(批答)을 짓게 하였는데, 품계는 정오품(正五品)이었다. 청대(淸代)에는 내각(內閣)에 두고 정일품(正一品)으로 임명하였다. ≪朴諺, 上, 57ㅈ≫官人在文淵閣(集覽, 朴集, 上, 14ㅎ: 文淵閣. 一名玉堂. 有大學士, 正五品官.), 官人이 文淵閣에 이셔.

태항산(太行山) 명 중국 산서고원(山西高原)과 하북평원(河北平原) 사이에 있는 산. 서쪽에 비하여 동쪽이 가파르며, 황하(黃河)에 잘려 험한 계곡이 많다. ≪朴諺, 中, 20ㅈ≫將二兩銀到西山(集覽, 朴集, 中, 3ㅎ: 西山. 在順天府西三十里太行山首, 始于河內, 北至幽州, 强形鉅勢, 爭奇擁翠, 雲聳星拱于皇都之右.)裏, 두 냥 은을 가지고 西山에 가.

태호(太皥) 명 전설상의 제왕(帝王) 이름. 복희씨(伏羲氏). ≪朴諺, 下, 46ㅎ≫牌上寫着勾芒神(集覽, 朴集, 下, 10ㅈ: 勾芒神. 春神之號. 太皥伏羲氏有子曰重, 主木, 爲勾芒神.), 牌에 勾芒神이라 쓰고.

태화(太和) 명 진(晉)나라 폐제(廢帝)의 연호(336-371). ≪朴諺, 上, 39ㅈ≫狗有濺草之恩(集覽, 朴集, 上, 11ㅈ: 狗有濺草之恩. 晉太和中, 楊生養狗, 甚愛之.), 개ᄂ 濺草ᄒ 恩이 잇고. 馬有垂繮之報, ᄆ른 垂繮ᄒ 報ㅣ 잇다 ᄒ니라.

태화(太和) 혱 화목하다. ≪朴諺, 上, 32ㅎ≫ 一箇和尙(集覽, 朴集, 上, 9ㅎ: 和尙. 萬里相和曰和, 外道相尙曰尙. 又和者, 太和也, 尙者, 高尙也.)偸弄別人的媳婦, 흔 즁이 놈의 겨집을 도적ㅎ여 어르노라.

택발(擇撥) 동 많은 가운데서 뽑아내다. ≪朴諺, 上, 2ㅎ≫光祿寺裡着姓李的館夫(集覽, 朴集, 上, 1ㅎ: 館夫. 質問云, 府·州·縣百姓擇撥〈差〉無差〈身〉役者, 做館夫荅應使客, 待三年更替.)討去, 光祿寺에는 姓이 李가 館夫로 ㅎ여 어드라 가게 ㅎ고.

택자(宅子) 명 집. ⇔집. ≪朴諺, 上, 20ㅎ≫典一箇大宅子(集覽, 朴集, 上, 8ㅈ: 宅子. 俗總稱〈総称〉家舍曰房子, 自稱〈称〉曰寒家, 文士呼曰寒居, 自指室內曰屋裏, 人稱王公·大人之家曰宅子.), 흔 큰 집을 典當ㅎ리로다.

택차(擇差) 동 인재(人材)를 골라서 벼슬을 시키다. ≪朴諺, 上, 2ㅎ≫光祿寺裡着姓李的館夫(集覽, 朴集, 上, 1ㅎ: 館夫. 質問云, 府·州·縣百姓擇撥〈差〉無差〈身〉役者, 做館夫荅應使客, 待三年更替.)討去, 光祿寺에는 姓이 李가 館夫로 ㅎ여 어드라 가게 ㅎ고.

탱개(撐開) 동 (상앗대로 강바닥을 밀어 배가) 뜨게 하다. ⇔떠히다. ≪朴諺, 下, 51ㅈ≫或撐開入這荷國花城, 혹 비 떠혀 이 荷國 花城에 드러가.

탱두(撐頭) 명 수레의 뒤를 괴는 나무. ❶⇔거후괴오는나모(車後-). ≪朴諺, 中, 11ㅎ≫少梯子, 술위앏괴오는나모. 撐頭(集覽, 朴集, 中, 2ㅈ: 撐頭. 音義云, 車後괴오·는나모.), 술위뒤괴오는나모. 套繩, 멧줄. 撒繩, 쓰을줄. 拘索, 목집게. 籠頭, 바굴레. 脚索, 지달쏠바. 鞍子, 기ㄹ마. 肚帶, 빗대 업세라. ❷⇔술위뒤괴오는나모. ≪朴諺, 中, 11ㅎ≫少梯子, 술위앏괴오는나모. 撐頭(集覽, 朴集, 中, 2ㅈ: 撐頭. 音義云, 車後괴오·는나모.), 술위뒤괴오는나모. 套繩, 멧줄. 撒繩, 쓰을줄. 拘索, 목집게. 籠頭, 바굴레. 脚索, 지달쏠바. 鞍子, 기ㄹ마. 肚帶, 빗대 업세라.

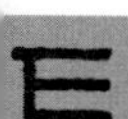

터럭 명 털. ⇔호모(毫毛). ≪朴諺, 上, 40ㅈ≫摘了那鼻孔的毫毛, 뎌 코궁긔 터럭 싸히고.

터럭장 명 털가죽으로 옷이나 모자를 만드는 장인. ⇔호모장(狐帽匠). ≪朴諺, 中, 19ㅈ≫一箇狐帽匠(集覽, 朴集, 中, 3ㅎ: 狐帽匠. 音義云, 터럭장〈장〉. 今按, 以有毛皮作大帽·小帽〈以有毛皮作大小帽〉者, 皆謂之胡帽匠〈謂之胡帽匠〉. 狐字作胡是. 猶本國毛衣匠之類〈猶本國毛衣匠之類〉.)家學生活去, ㅎ나흔 狐帽匠의 집의 셩녕 비호라 가고.

털 명 털. ❶⇔모(毛). ≪朴諺, 上, 28ㅈ≫底下垂下着兩頭靑珠兒結串的駝毛肚帶, 미틔 드리온 거슨 두 머리예 프른 구슬로 믹자 쎄온 약대 털로 흔 빗대오. ≪朴諺, 上, 43ㅎ≫氈子·駝毛我都有, 담과 약대 털은 내게 다 이시니. ≪朴諺, 下, 20ㅎ≫他却拔下一根毛衣(來), 뎨 또 흔 낫 털을 싸혀. ❷⇔발(髮). ≪朴諺, 下, 20ㅎ≫拔下一根頭髮, 흔 낫 머리털을 싸혀. ❸⇔전아(氈兒). ≪朴諺, 中, 26ㅎ≫套上氈兒, 털을 며 올려. ≪朴諺, 中, 26ㅎ≫纔套上氈兒, 그제야 털을 씌 올리ㄴ니라.

텨다 동 물어뜯다. ⇔교(齩). ≪朴諺, 中, 56ㅎ≫我的衣裳被兒包袱也都齩了, 내 衣裳과 니블 쁜 보흘 다 텨시니.

텰릭 명 철릭. (융복(戎服)의 한 가지) ⇔첩리(帖裏). ≪朴諺, 上, 25ㅈ≫剌(刺)通袖膝欄羅帖裏上, ᄉ매 므ᄅ 내 치질ㅎ고 膝欄흔 羅 텰릭에. ≪朴諺, 上, 27ㅈ≫柳綠蟒龍織金羅帖裏, 柳綠빗치 蟒龍을 織金흔 羅 텰릭에. ≪朴諺, 上, 46ㅎ≫五箇黑帖裏布, 닷 필 거믄 텰릭 뵈를. ≪朴諺, 上, 63ㅈ≫我的串香褐通袖膝欄五彩綉帖裏, 내 텸향빗체 通袖 膝欄ㅎ고 五彩로 綉노흔 텰릭과. ≪朴諺, 上, 63ㅎ≫你的大紅織金胷背帖裏對換着, 네 大紅빗체 금ᄉ로 짜 胷背 흔 텰릭과 막밧고쟈. 我的帖裏怎麽赶上你的綉帖裏, 내 텰릭이 엇

디 네 슈텰릭에 미추리오. ≪朴諺, 中, 54ㅎ≫這明綠通袖膝欄綉的做帖裏, 이 明綠 빗체 通袖 膝欄 슈흔 거스란 텰릭 짓고.

텰청총이광간쟈몰 명 이마와 빰이 흰 철청총이. ⇔철청옥면마(鐵青玉面馬). ≪朴諺, 上, 28ㅈ≫騎着一箇十分膘鐵青玉面馬, 흔 ᄀ장 술진 텰청총이광간쟈몰을 ᄐ고.

톄 명 체. ≪朴諺, 中, 18ㅎ≫推出後去的一般出來時, 뒤보라 가는 톄 흔가지로 나오면. ≪朴諺, 中, 24ㅎ≫街上休撒潑皮, 거리예 가 보피로온 톄 말고.

톄딕ᄒ다 동 체대(替代)하다. (어떤 일을 서로 번갈아 가며 대신하다) ⇔체(替). ≪朴諺, 中, 45ㅎ≫替的官人有麼, 톄딕흘 官人이 잇ᄂ냐.

톄ᄌ 명 체자(帖子). 체지(帖紙). 장부. 문서. ⇔첩아(貼兒). ≪朴諺, 上, 12ㅎ≫將米貼兒(集覽, 朴集, 上, 5ㅎ: 米貼. 月俸之貼. 質問云, 收米·放米計數之票〈標〉也. 又云, 是文武官員關支(支)月米時, 各該衙門出給印信貼兒.)來對官號, 발 톄ᄌ 가져다가 官號 마초고. ≪朴諺, 上, 13ㅈ≫將碎貼兒(集覽, 朴集, 上, 6ㅈ: 碎貼兒. 音義云, 出門驗放之貼.)來過籌, 준톄ᄌ 가져와 사술 디내라.

토(土) 명 흙. ❶⇔흙. ≪朴諺, 下, 5ㅈ≫將鐵杴和鍋來掘土, 삽과 광이를 가져다가 흙을 픠여. ≪朴諺, 下, 5ㅎ≫這高處鑽些土, 이 노픈 곳의 흙을 뚤고. ❷⇔흙. ≪朴諺, 上, 37ㅈ≫墻上一塊土吊下來禮拜, 담우희 흔 덩이 흙이 뻐러뎌 ᄂ려와 禮拜ᄒ는 거시여.

토(討) 동 ❶가지다. ⇔가지다. ≪朴諺, 上, 3ㅈ≫討酒的都迴來了, 술 가질라 갓더니 다 오나다. ❷달라고. ⇔달라. ≪朴諺, 上, 31ㅎ≫叫喚着討時, 블러 달라 ᄒ면. ≪朴諺, 上, 31ㅎ≫討了半年不肯還我, 달라 ᄒ연 디 半年이로ᄃ 즐겨 내게 갑디 아니ᄒ매. ❸받다. ⇔받다. ≪集覽, 字解, 單字解, 4ㅎ≫討. 求也, 探也. 討去 어드라 가다, 討債去 빋 주니 바ᄃ라 가다, 討價錢 빋 받다. 又本國傳習之解曰 빋 쇠오다, 亦通. ❹에누리하다. ⇔쇠오다. ≪集覽, 字解, 單字解, 4ㅎ≫討. 求也, 探也, 討去 어드라 가다, 討債去 빗 주니 바드라 가다, 討價錢 빗 받다. 又本國傳習之解曰 빗 쇠오다, 亦通. ≪朴諺, 上, 29ㅎ≫每一箇討五錢銀子, ᄆ 흔나히 닷 돈 은을 쇠오려니와. ≪朴諺, 上, 30ㅈ≫沒來由胡討價錢怎麼, 쇽절업시 간대로 갑슬 쇠옴은 엇디오. ≪朴諺, 上, 56ㅈ≫討多少銀子, 언머 은을 쇠오더뇨. ≪朴諺, 中, 37ㅎ≫你休胡討價錢, 네 간대로 갑슬 쇠오디 말라. 討的是虛還的是實, 쇠오는 거슨 이 거즛 거시오 갑는 거시아 이 실ᄒ니라. ≪朴諺, 中, 57ㅈ≫有甚麼討價錢處, 므슴 갑슬 쇠올 곳이 이시리오. ≪朴諺, 中, 57ㅎ≫你爲甚麼胡討價錢, 네 므슴아라 간대로 갑슬 쇠오ᄂ다. ≪朴諺, 下, 25ㅎ≫這珠兒討時討三兩價錢, 이 구슬을 쇠오면 석 냥 갑식 쇠오려니와.

토(討) 동 ❶얻다. 구하다. 요청하다. ⇔얻다. ≪集覽, 字解, 單字解, 4ㅎ≫討. 求也, 探也. 討去 어드라 가다, 討債去 빋 주니 바ᄃ라 가다, 討價錢 빋 받다. 又本國傳習之解曰 빋 쇠오다, 亦通. ≪朴諺, 上, 2ㅈ≫討南方來的蜜林檎燒酒一桶, 南方으로셔 온 蜜林檎燒酒 흔 통과……豆酒一桶, 豆酒 흔 통을 어더 오고. ≪朴諺, 上, 2ㅎ≫着誰去討, 눌로 ᄒ여 가 어더 오료. ≪朴諺, 上, 3ㅈ≫討將來了, 어더 가져왓노라. ❷얻다. 찾다. ⇔얻다. ≪朴諺, 下, 55ㅎ≫收討的六兩, 거두어 어드니는 엿 냥을 ᄒ여.

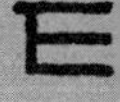

토가전(討價錢) 동 (물건) 값을 받다. ≪集覽, 字解, 單字解, 4ㅎ≫討. 求也, 探也. 討去 어드라 가다, 討債去 빋 주니 바ᄃ라 가다, 討價錢 빋 받다. 又本國傳習之解曰 빋 쇠오다, 亦通.

토거(討去) 동 얻으러 가다. ≪集覽, 字解, 單字解, 4ㅎ≫討. 求也, 探也. 討去 어드

라 가다, 討債去 빋 주니 바ᄃᆞ라 가다, 討價錢 빋 받다. 又本國傳習之解曰 빋 쐬오다, 亦通.

토괴(土塊) 명 흙덩이. ≪朴諺, 下, 44ㅎ≫只有些和的濕煤(集覽, 朴集, 下, 9ㅎ: 濕煤. 其燒過土塊曰乏煤, 揀(揀)其土塊, 更和石炭用之.), 그저 져기 버므린 濕煤ㅣ 이시되.

토란 명 토란. ⇔우두(芋頭). ≪朴諺, 中, 33ㅎ≫蘿蔔, 댓무우. 蔓菁, 쉿무우. 萵苣, 부로. 葵菜, 아혹. 白菜, ᄇᆡ치. 赤根菜, 시근치. 園荽, 고싀. 蓼子, 역괴. 葱, 파. 蒜, 마늘. 薤, 부치. 荊芥, 형개. 薄荷, 박하. 茼蒿, 믈쑥. 水蘿蔔, 믈한댓무우. 胡蘿蔔, 노론댓무우. 芋頭, 토란. 紫蘇都種來, 紫蘇롤 다 시므라.

토론(討論) 동 어떤 문제에 대하여 여러 사람이 논의하다. ≪朴諺, 中, 44ㅎ≫掛十八學士(集覽, 朴集, 中, 8ㅈ: 十八學士. 秦王暇日, 至館中討論文籍, 使閻立本圖像, 褚亮爲贊. 得與其選者, 世謂之登瀛洲.)大畫, 十八學士 그린 큰 그림을 걸고.

토산(土産) 명 선물(膳物). ⇔도산. ≪朴諺, 上, 44ㅈ≫多多的與你人事(集覽, 朴集, 上, 12ㅎ: 人事. 土産, 俗·도·산. 舊本作撒花.), 만히 네게 人事ᄒᆞ마. ≪朴諺, 下, 29ㅈ≫元寶(集覽, 朴集, 下, 5ㅎ: 元寶. 錠上有字, 曰楊(揚)州元寶. 後朝廷亦鑄. 又有遼陽元寶, 至元二十三年, 征遼所得銀子而鑄者也. 撒花, 元語, 猶本國語曰土産也.)我有半錠了, 元寶ㅣ 내게 반 뎡이 이시니.

토우(土牛) 명 흙으로 빚어 만든 소. ≪朴諺, 下, 45ㅈ≫宋舍看打春(集覽, 朴集, 下, 9ㅎ: 打春. 東京夢華錄云, 立春前五日, 造土牛·耕夫·犁具, 前一日順天府進農牛入禁中鞭春, 府縣官吏·士庶·耆社, 具鼓樂出東郊迎春, 牛芒神至府前, 各安方位.)去來, 宋개아 닙츈 노롯ᄒᆞᄂᆞᆫ 양 보라 가쟈. ≪朴諺, 下, 48ㅈ≫朝東放着土牛, 東을 향ᄒᆞ여 土牛롤 노코.

토지(土地) 명 ❶토지신(土地神). ≪集覽, 字解, 單字解, 3ㅎ≫地. 土也. 田地·土地·地方·地面. 又指當處. 土地之神亦曰土地. 又語助. 坐地. 又恁地, 猶言如此. ❷땅. 토지. ≪集覽, 字解, 單字解, 3ㅎ≫地. 土也. 田地·土地·地方·地面. 又指當處. 土地之神亦曰土地. 又語助. 坐地. 又恁地, 猶言如此. ≪朴諺, 上, 16ㅎ≫祭了社神(集覽, 朴集, 上, 6ㅈ: 社神. 孝經緯曰, 社, 土地之主也. 土地闊〈濶〉, 不可盡祭, 故封土爲社, 以報功也.), 社神ᄭᅴ 祭ᄒᆞ여시니. ≪朴諺, 中, 19ㅎ≫放稈草(集覽, 朴集, 中, 3ㅎ: 稈草. 中國北方士〈土〉地高燥, 宜粟不宜稻, 故治田好種粟.)五錢一束(束)家放, 조딥헤 노흐되 다ᄉᆞᆺ 낫 돈에 ᄒᆞᆫ 뭇식 ᄒᆞ여 노코.

토지신(土地神) 명 땅을 맡은 귀신. ≪朴諺, 下, 17ㅈ≫唐三藏引孫行者(集覽, 朴集, 下, 4ㅈ: 孫行者. 大聖被執當死, 觀音上請于玉帝, 免死. 令巨靈神押大聖前往下方去, 乃於花菓山石縫內納身, 下截畫如來押字封着, 使山神·土地神鎭守. 飢食鉄〈鐵〉丸, 渴飮銅汁, 待我往東土尋取經之人, 經過此山, 觀大聖, 肯隨往西天, 則此時可放.), 唐三藏이 孫行者롤 ᄃᆞ리고.

토지신귀(土地神鬼) 명 토지신(土地神). ≪朴諺, 下, 22ㅈ≫山神·土地神鬼都來了, 山神과 土地神鬼ㅣ 다 오나늘.

토착(土着) 동 대대로 그 땅에서 정주(定住)하다. ≪朴諺, 下, 54ㅈ≫係本府本縣附籍(集覽, 朴集, 下, 12ㅈ: 附籍. 非土著〈着〉戶, 而以他鄕之人, 來寓居者也.)人戶, 本府 本縣에 ᄆᆡ여 附籍ᄒᆞᆫ 人戶ㅣ.

토착(土著) 동 토착(土着). '著'은 '着'과 같다. ≪朴諺, 下, 54ㅈ≫係本府本縣附籍(集覽, 朴集, 下, 12ㅈ: 附籍. 非土著〈着〉戶, 而以他鄕之人, 來寓居者也.)人戶, 本府 本縣에 ᄆᆡ여 附籍ᄒᆞᆫ 人戶ㅣ.

토채거(討債去) 동 빚을 얻으러 가다. 빚을 내러 가다. ≪集覽, 字解, 單字解, 4ㅎ≫討. 求也, 探也. 討去 어드라 가다, 討債

去 빋 주니 바드라 가다, 討價錢 빋 받다. 又本國傳習之解曰 빋 쇠오다, 亦通.

토황마(土黃馬) 명 고라말. ⇔고라몰. ≪朴諺, 上, 55ㅎ≫那裏有一箇土黃馬好本事, 뎌긔 흔 고라몰이 이셔 직죄 됴호되.

톱 명 톱. ❶⇔거(鋸). ≪朴諺, 下, 18ㅈ≫便拿着曳車解鋸, 곳 잡아 술위 쯔이고 톱질 시겨. ❷⇔거아(鋸兒). ≪朴諺, 上, 15ㅎ≫鋸兒上鈒一箇好花樣兒, 톱 우희 흔 됴흔 花樣을 사기고.

톱질 명 톱질. ⇔해거(解鋸). ≪朴諺, 下, 18ㅈ≫便拿着曳車解鋸, 곳 잡아 술위 쯔이고 톱질 시겨.

톱칼 명 톱칼. (자루를 한쪽에만 박아 혼자 잡아당기어 켜는 톱) ⇔거아도자(鋸兒刀子). ≪朴諺, 上, 15ㅎ≫鋸兒刀子一箇, 톱칼 ᄒᆞ나흘 호되.

통 의 통. ⇔통(桶). ≪朴諺, 上, 2ㅈ≫討南方來的蜜林檎燒酒一桶, 南方으로셔 온 蜜林檎燒酒 흔 통과. ≪朴諺, 上, 2ㅎ≫長春酒一桶, 長春酒 흔 통과. 苦酒一桶, 苦酒 흔 통과. ≪朴諺, 上, 2ㅎ≫豆酒一桶(集覽, 朴集, 上, 1ㅎ: 桶. 質問云, 大者用容二十瓶, 小者容十五瓶.), 豆酒 흔 통을 어더 오고.

통(桶) 의 통. ⇔통. ≪朴諺, 上, 2ㅈ≫討南方來的蜜林檎燒酒一桶, 南方으로셔 온 蜜林檎燒酒 흔 통과. ≪朴諺, 上, 2ㅎ≫長春酒一桶, 長春酒 흔 통과. 苦酒一桶, 苦酒 흔 통과. ≪朴諺, 上, 2ㅎ≫豆酒一桶(集覽, 朴集, 上, 1ㅎ: 桶. 質問云, 大者用容二十瓶, 小者容十五瓶.), 豆酒 흔 통을 어더 오고. ≪朴諺, 上, 3ㅎ≫支與竹葉淸酒十五瓶·腦兒酒五桶, 竹葉淸酒 十五瓶과 腦兒酒 五桶을 支與ᄒᆞ더라.

통(通) 동 통(通)하다. ❶⇔통ᄒᆞ다. ≪朴諺, 上, 58ㅈ≫不通人情不得仁義的小廝, 人情을 통티 못ᄒᆞ고 仁義를 엇디 못흔 놈이라. ❷⇔통ᄒᆞ다(通-). ≪朴諺, 下, 8ㅎ≫經律論皆通, 經律論을 다 通ᄒᆞ니.

통(通) 동 통틀다. ❶⇔통ᄒᆞ다. ≪朴諺, 中, 4ㅎ≫都通染錢是五兩四錢半銀子, 대되 통ᄒᆞ여 믈갑시 닷 냥 너 돈 반 은이라. ❷⇔통ᄒᆞ다(通-). ≪朴諺, 上, 30ㅈ≫通該一兩八錢, 通ᄒᆞ여 혜오니 흔 냥 여듧 돈이로다.

통(通) 부 ❶내. 내내. 잇닿아. ⇔내. ≪朴諺, 上, 25ㅈ≫刺(刺)通袖膝欄羅帖裏上, ᄉᆞ매 ᄆᆞᄅᆞ 내 치질ᄒᆞ고 膝欄흔 羅 텰릭에. ❷모두. 통틀어. ⇔대되. ≪朴諺, 中, 4ㅈ≫通是二兩, 대되 두 냥이오.

통(筒) 의 동. (피륙 열 필을 단위로 이르는 말) ≪朴諺, 中, 13ㅈ≫又高麗地面裏來載千餘筒(集覽, 朴集, 中, 2ㅎ: 千餘同. 音義云, 十疋爲同.)布子的大船, 쏘 高麗ㅅ 짜흐로셔 오는 千餘 筒 뵈 시른 큰 비롤.

통공(通共) 부 모두. 도합. ≪集覽, 字解, 單字解, 2ㅈ≫滾. 煮水使沸曰滾滾花水 글흔 믈. 又輪轉曰滾滾了 구으다, 字作輥. 又通共和雜曰累滾 흔 믈와비라. 又滾子 방올.

통규(通逵) 명 크고 넓은 길. ≪朴諺, 上, 10ㅈ≫去角頭(集覽, 朴集, 上, 5ㅈ: 角頭. 音義云, 東南西北徃來人煙〈烟〉湊集之處. 今按, 角頭, 卽通逵達道要會之衝, 傭力求直之人坌集之所.)叫幾箇打墻的和坌工來築墻, 모롱이에 가 여러 담 쌋는 이와 조역을 블러다가 담 쌋이리라.

통기(通氣) 동 바람이 통하다. 또는 그렇게 하다. ≪朴諺, 下, 46ㅎ≫頭戴耳掩或提在手裡(集覽, 朴集, 下, 10ㅈ: 頭戴耳掩或提在手裏. 寅時揭左邊, 亥時揭右邊而戴, 以寅·亥時爲通氣, 故揭一邊也, 子·丑時全戴, 爲嚴凝也.), 머리예 耳掩을 쓰며 혹 손에 들고.

통속문(通俗文) 명 후한(後漢) 복건(服虔) 지음. 2권. 세속에서 행하던 여러 가지 일을 기술하였다. ≪朴諺, 上, 19ㅎ≫一對釧兒(集覽, 朴集, 上, 7ㅎ: 釧. 通俗文云, 環臂謂之釧. 漢順帝時有功者賜金釧, 亦曰環釧.), 흔 빵 풀쇠로다가 ᄒᆞ련노라.

통수(通袖) 명 긴 소매. ≪朴諺, 中, 36ㅎ≫

葱白素通袖膝欄段子有麽, 葱白빗체 뭔通袖 膝欄ᄒᆞᆫ 비단이 잇ᄂᆞ냐. ≪朴諺, 中, 54ㅎ≫這明綠通袖膝欄綉的做帖裏, 이 明綠빗체 通袖 膝欄 슈ᄒᆞᆫ 거스란 텰릭 짓고.

통와(筒瓦) 명 수키와. ⇔수디새. ≪朴諺, 上, 60ㅎ≫盖的都是龍鳳凹面花頭·筒瓦和仰瓦, 녠 거슨 다 龍鳳을 우묵겨 면 돗게 ᄒᆞᆫ 막새와 수디새와 암디새오.

통용(通用) 동 통용하다. ≪集覽, 字解, 單字解, 6ㅎ≫儅. 人有遇急用錢, 則必以重物, 納質于富家, 賒錢取用. 至限則幷其本利償還錢主, 方得退回己之重物而來也. 典字人物通用, 儅字人用於物.

통제(通濟) 동 융통하여 구제하다. ≪朴諺, 中, 14ㅈ≫到通州(集覽, 朴集, 中, 2ㅎ: 通州. 在順天府東四十五里, 卽古潞州, 金陞爲通州, 取漕運通濟之義.)賣了多一半兒, 通州ㅣ 다ᄃᆞ라 반남아 ᄑᆞᆯ고.

통주(通州) 명 금대(金代)에 두었다. 소재지는 하남성(河南省) 준현(浚縣)의 동쪽에 있었다. ≪朴諺, 中, 13ㅎ≫到三河縣(集覽, 朴集, 中, 2ㅎ: 三河縣. 在順天府東七十里, 以地近七渡·鮑丘·臨泃〈洵〉三水, 故名. 直隷通州.), 三河縣에 다ᄃᆞ라. ≪朴諺, 中, 14ㅈ≫到通州(集覽, 朴集, 中, 2ㅎ: 通州. 在順天府東四十五里, 卽古潞州, 金陞爲通州, 取漕運通濟之義. 今仍之. 直隷順天府.)賣了多一半兒, 通州ㅣ 다ᄃᆞ라 반남아 ᄑᆞᆯ고. ≪朴諺, 中, 29ㅎ≫我明日通州接尙書去, 내 ᄂᆡ일 通州 尙書 마즈라 가리라.

통칭(通稱) 명 일반적인 명칭. 통상적인 명칭. ≪朴諺, 上, 25ㅎ≫明綠抹絨胷背的比甲(集覽, 朴集, 上, 8ㅎ: 比甲. 衣之無袖, 對襟爲襞積者曰比甲, 卽本國둡지털릭. 婦女亦依此制爲短襖着之, 亦曰比甲, 通稱搭護.), 明綠빗치 융ᄉᆞ로 ᄀᆞ 두론 胷背 比甲과.

통합(統合) 동 모두 합쳐서 하나로 모으다. 곧, 통일하다. ≪朴諺, 下, 61ㅈ≫第二年, 第二年에. 移都松岳郡(集覽, 朴集, 下, 13ㅈ: 都松岳郡〈松岳郡〉. 時新羅監干八元善風水, 到扶蘇郡, 見扶蘇山形勝而童, 告康忠曰, 若移郡山南, 植松使不露巖〈岩〉石, 則統合三韓者出矣.), 松岳郡에 移都ᄒᆞ니.

통행(通行) 동 ❶물건이나 화폐가 돌아서 유통하다. ≪朴諺, 上, 48ㅈ≫今年錢鈔(集覽, 朴集, 上, 13ㅈ: 錢鈔. 鈔, 楮幣也. 始於蜀之交子, 唐之飛錢, 至元朝有中統元寶. 交鈔, 通行寶鈔之名.)艱難, 올히 錢鈔ㅣ 艱難ᄒᆞ야. ❷통행(通行)하다. (일정한 장소를 지나다니다) ⇔통행ᄒᆞ다(通行-). ≪朴諺, 上, 35ㅎ≫氣脉通行便好了, 氣脉이 通行ᄒᆞ야 곳 됴핫거니와.

통행ᄒᆞ다(通行-) 동 통행(通行)하다. (일정한 장소를 지나다니다) ⇔통행(通行). ≪朴諺, 上, 35ㅎ≫氣脉通行便好了, 氣脉이 通行ᄒᆞ야 곳 됴핫거니와.

통효(通曉) 동 통달하여 환하게 알다. ≪朴諺, 上, 65ㅎ≫大發明得悟(集覽, 朴集, 上, 16ㅈ: 作與頌字迴光返照大發明得悟. 音義云, 石屋和尙作佛頌與〈与〉步虛, 其佛光迴還返照於步虛之身, 其於生死輪迴之說, 靡不通曉.), 크게 發明 得悟ᄒᆞ야.

통효(通曉) 명 밤새. 밤사이. 밤 내내. 밤새도록. ≪朴諺, 上, 23ㅈ≫斂些錢做翫月會(集覽, 朴集, 上, 8ㅈ: 翫月會. 東京錄云, 中秋夜, 貴家結飾臺榭, 民間爭占酒樓翫〈玩〉月, 絲簧鼎沸, 近內庭居民, 夜深遙聞笙竽之聲, 宛若雲外天樂, 閭里兒童連宵嬉戲, 夜市駢闐, 至於通曉.), 져기 돈 거두어 翫月會를 ᄒᆞ쟈.

통ᄒᆞ다 동 ❶통틀다. ⇔통(通). ≪朴諺, 中, 4ㅎ≫都通染錢是五兩四錢半銀子, 대되 통ᄒᆞ여 믈갑시 닷 냥 너 돈 반 은이라. ❷통(通)하다. ⇔통(通). ≪朴諺, 上, 58ㅈ≫不通人情不得仁義的小廝, 人情을 통티 몯ᄒᆞ고 仁義를 엇디 몯ᄒᆞᆫ 놈이라.

통ᄒᆞ다(通-) 동 ❶통틀다. ⇔통(通). ≪朴諺, 上, 30ㅈ≫通該一兩八錢, 通ᄒᆞ여 혀오니 ᄒᆞᆫ 냥 여듧 돈이로다. ❷통(通)하

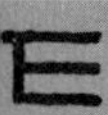

다. ⇔통(通). ≪朴諺, 下, 8ㅎ≫經律論皆通, 經律論을 다 通ᄒᆞ니.

퇴(堆) 동 쌓다. ⇔쌓다. ≪朴諺, 中, 45ㅈ≫堆的乾淨着, 싸키를 乾淨히 ᄒᆞ라.

퇴(堆) 의 무더기. ⇔무둑. ≪朴諺, 下, 48ㅈ≫放一堆灰, ᄒᆞᆫ 무둑 ᄌᆡ를 노흐면.

퇴(推) 동 밀다. ⇔밀다. ≪朴諺, 上, 13ㅈ≫一車兩擔家推將去, ᄒᆞᆫ 술위예 두 짐식 ᄒᆞ여 미러 가져가쟈.

퇴(退) 동 물리치다. ⇔믈리티다. ≪朴諺, 下, 48ㅎ≫這般赶退了, 이리 ᄧᅩ차 믈리티고.

퇴(腿) 명 허벅다리. ⇔싄다리. ≪朴諺, 上, 35ㅎ≫只是腿上十分無氣力, 그저 싄다리예 ᄀᆞ장 氣力이 업세라.

퇴건취습(推乾就濕) 구 아기는 마른자리에 누이고 자기는 진자리에 나아간다는 뜻으로, 자식을 키우는 어머니의 노고를 이르는 말. ≪朴諺, 上, 51ㅎ≫懷躭十月, ᄇᆡ아 열 ᄃᆞᆯ이오. 乳哺三年, 젓 머겨 三年이오. 推乾就濕, 推乾就濕ᄒᆞ야. 千辛萬苦, 千辛萬苦ᄒᆞ야. 養大成人, 養大 成人ᄒᆞ니.

퇴과(腿胯) 명 뒤. 뒷다리. ⇔뒤. ≪朴諺, 上, 55ㅎ≫只腿跨不開(集覽, 朴集, 上, 14ㅈ: 腿跨不開. 音義, 지·페딘믈.), 다믄 뒷지페 펴디디 못ᄒᆞ고.

퇴과불개(腿跨不開) 동 다리를 절름거리다. 다리를 절다. ⇔지페디다. ≪朴諺, 上, 55ㅎ≫只腿跨不開(集覽, 朴集, 上, 14ㅈ: 腿跨不開. 音義, 지·페딘믈.), 다믄 뒷지페 펴디디 못ᄒᆞ고.

퇴친(退親) 동 퇴혼(退婚)하다. 파혼하다. ≪集覽, 字解, 累字解, 2ㅎ≫悔親. 혼인므르다. 亦曰退親.

퇴포(退鉋) 명 대패. ⇔ᄃᆡ패. ≪朴諺, 下, 12ㅎ≫你只取將墨斗, 네 그저 먹고조와. 墨襊, 먹갈과. 和鎊, 갓괴와. 錛子, 항괴와. 退鉋, ᄃᆡ패와. 鑿子, 끌과. 斧子, 도치와. 鋸子來做生活, 줄을 가져다가 셩녕ᄒᆞ라.

퇴회(退回) 동 되찾아오다. 또는 되돌려 받다. ≪集覽, 字解, 單字解, 6ㅎ≫儅. 人有遇急用錢, 則必以重物, 納質于富家, 賒錢取用. 至限則幷其本利償還錢主, 方得退回己之重物而來也. 典字人物通用, 儅字人用於物.

툐상 명 의자(椅子). ⇔교상(交床). ≪朴諺, 中, 29ㅎ≫將交床來, 툐상을 가져오라.

툐아 명 이쑤시개. ⇔도아(挑牙). ≪朴諺, 上, 25ㅎ≫象牙細花兒挑牙, 象牙로 細花ᄒᆞᆫ 툐아에.

투(投) 동 ❶던져 넣다. 처넣다. 던지다. ⇔드리티다. ≪朴諺, 中, 24ㅈ≫一針投海底, 一針을 海底에 드리티면. ❷들다[入]. ⇔들다. ≪朴諺, 下, 18ㅎ≫正到城裏智海禪寺投宿, 졍히 셩 안 智海禪寺에 가 드러자다가.

투(套) 동 끼다[挾]. 끼우다. ❶⇔ᄢᅵ다. ≪朴諺, 中, 26ㅎ≫套上氈兒, 털을 ᄢᅧ 올려. ❷⇔ᄢᅵ다. ≪朴諺, 中, 26ㅎ≫纔套上氈兒, 그제야 털을 ᄢᅧ 올리ᄂᆞ니라. ≪朴諺, 中, 51ㅎ≫馬套上轡頭, ᄆᆞᆯ 굴레 ᄢᅧ.

투(套) 의 벌. ⇔불. ≪朴諺, 中, 53ㅎ≫怎麼做不出一套衣裳來, 엇디 ᄒᆞᆫ 불 衣裳을 지어 내디 못ᄒᆞ리오. ≪朴諺, 下, 17ㅈ≫唐三藏引孫行者(集覽, 朴集, 下, 4ㅈ: 孫行者. 西遊記云, 西域有花菓山, 山下有水簾洞, 洞前有鐵板橋, 橋下有萬丈澗, 澗邊有萬箇小洞, 洞裏多猴. 有老猴精, 號齊天大聖, 神通廣大, 入天宮仙桃園偸蟠桃, 又偸老君靈丹藥, 又去王母宮偸王母綉仙衣一套, 來設慶仙衣會.), 唐三藏이 孫行者를 ᄃᆞ리고.

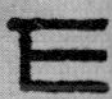

투(偸) 동 도둑질하다. ⇔도적ᄒᆞ다. ≪朴諺, 上, 32ㅎ≫一箇和尙偸弄別人的媳婦, ᄒᆞᆫ 즁이 ᄂᆞᆷ의 겨집을 도적ᄒᆞ여 어ᄅᆞ노라. 偸將去的時節(節), 도적ᄒᆞ여 갈 ᄢᅢ(ᄢᅢ)예. ≪朴諺, 上, 33ㅎ≫而今沒來由偸別人的媳婦怎麼, 이제 쇽졀업시 ᄂᆞᆷ의 겨집을 도적홈은 엇디오. ≪朴諺, 上, 34ㅈ≫你再敢偸別人媳婦麼, 네 다시 감히 ᄂᆞᆷ의 겨집

도적홀다. ≪朴諺, 下, 2ㅎ≫都偸將去了, 다 도적ᄒᆞ여 가져가니. ≪朴諺, 下, 16ㅈ≫却說我家漢子偸了, 또 닐오ᄃᆡ 우리 집 놈이 도적ᄒᆞ다 ᄒᆞ니.

투(透) 동 통하다. 통과하다. ⇔ᄉᆞ뭇다. ≪朴諺, 上, 14ㅈ≫話不說不知木不鑽不透, 말을 니ᄅᆞ디 아니면 아디 못ᄒᆞ고 남글 ᄯᅮᆯ디 아니면 ᄉᆞ뭇디 아닌ᄂᆞᆫ다 ᄒᆞ니라.

투(鬪) 명 투(鬪). '鬪'는 '鬪'의 속자. ≪朴諺, 上, 17ㅎ≫鬪(鬪)促織兒, 뵈ᄧᅡᆼ이 싸홈 브티고.

투(鬪) 명 싸움. ⇔싸홈. ≪朴諺, 上, 17ㅎ≫鬪(鬪)促織兒, 뵈ᄧᅡᆼ이 싸홈 브티고.

투강(投江) 동 몸이나 물건 따위를 강에 던지다. ≪朴諺, 下, 51ㅎ≫也不學屈原投江(集覽, 朴集, 下, 11ㅎ: 屈原投江. 屈原, 楚之大夫也. 諫懷王不聽, 投汨羅水而死.), 또 屈原의 投江을 ᄇᆡ호디 아니ᄒᆞ니.

투구 명 투구. ⇔회(盔). ≪朴諺, 中, 24ㅎ≫盔·甲一副, 투구와 갑옷 ᄒᆞᆫ 부와.

투도(偸盜) 동 도둑질하다. ⇔도적ᄒᆞ다. ≪朴諺, 下, 52ㅈ≫偸盜去布一百匹, 布 一百匹을 도적ᄒᆞ여 가니. ≪朴諺, 下, 52ㅎ≫偸盜前項物色, 도적ᄒᆞᆫ 前項 物色을. ≪朴諺, 下, 52ㅎ≫偸盜前項布匹, 前項 布匹을 도적ᄒᆞ여.

투력(鬪力) 동 투력(鬪力). '鬪'는 '鬪'의 속자. ≪朴諺, 上, 53ㅈ≫官裏前面揷柳(集覽, 朴集, 上, 14ㅈ: 钊〈揷〉柳. 總龜〈総亀〉云, 端午日, 武士射柳爲鬪(鬪)力之戲, 各料强弱相敵. 〈此作揷恐誤〉.)射弓的多有, 황뎨 앏희셔 버들 곳고 활 ᄯᅩᄂᆞ니 만히 이시니.

투력(鬪力) 동 힘을 겨루다. ≪朴諺, 上, 53ㅈ≫官裏前面揷柳(集覽, 朴集, 上, 14ㅈ: 钊〈揷〉柳. 總龜〈総亀〉云, 端午日, 武士射柳爲鬪(鬪)力之戲, 各料强弱相敵. 〈此作揷恐誤〉.)射弓的多有, 황뎨 앏희셔 버들 곳고 활 ᄯᅩᄂᆞ니 만히 이시니.

투루(透漏) 동 새다. 누설되다. ≪集覽, 字解, 單字解, 7ㅎ≫走. 行也. ᄃᆞᆫ니다. 又逃回曰走回. 又跑也. 能走·快走 잘 ᄃᆞᆫᄂᆞ다. 又透漏也. 走話. 又洩也. 走了氣 김 나다.

투마(套馬) 동 말을 메우다. 말에 마구를 씌우다. ≪朴諺, 中, 8ㅈ≫轡頭都散與(集覽, 朴集, 中, 1ㅎ: 轡頭散與. 女直·達子朝貢時, 到驛應付馬匹騎坐者, 各出轡頭, 散與馬夫, 馬夫受轡套馬, 令各轡主認轡占馬, 使無爭占之擾.)他, 구레를 다 흣터 뎌를 주라.

투상(套上) 동 껴 올리다. 끼워 올리다. ⇔ᄢᅧ올리다. ≪朴諺, 中, 26ㅎ≫套上氈兒, 털을 ᄢᅧ 올려.

투성(鬪聖) 동 투성(鬪聖). '鬪'는 '鬪'의 속자. ≪朴諺, 下, 20ㅈ≫咱兩箇對君王面前鬪(鬪)聖, 우리 둘히 君王 앏픠 ᄃᆡᄒᆞ여 鬪(鬪)聖ᄒᆞ야.

투성(鬪聖) 동 총명하고 슬기롭게 겨루다. ⇔투성ᄒᆞ다(鬪聖-). ≪朴諺, 下, 20ㅈ≫咱兩箇對君王面前鬪(鬪)聖, 우리 둘히 君王 앏픠 ᄃᆡᄒᆞ여 鬪(鬪)聖ᄒᆞ야.

투성ᄒᆞ다(鬪聖-) 동 총명하고 슬기롭게 겨루다. ⇔투성(鬪聖). ≪朴諺, 下, 20ㅈ≫咱兩箇對君王面前鬪(鬪)聖, 우리 둘히 君王 앏픠 ᄃᆡᄒᆞ여 鬪(鬪)聖ᄒᆞ야.

투숙(投宿) 동 집이나 여관에 들어가 자다. ≪朴諺, 下, 18ㅎ≫正到城裏智海禪寺投宿, 졍히 셩 안 智海禪寺에 가 드러 자다가.

투승(套繩) 명 메는 줄. ⇔멧줄. ≪朴諺, 中, 11ㅎ≫少梯子, 술위앏괴오ᄂᆞᆫ나모. 撑頭, 술위뒤괴오ᄂᆞᆫ나모. 套繩, 멧줄. 撒繩, ᄡᅳ을줄. 扮索, 목집게. 籠頭, 바굴레. 脚索, 지달쏠바. 鞍子, 기ᄅᆞ마. 肚帶, 빗대 업세라.

투아(套兒) 의 벌. ⇔ᄇᆞᆯ. ≪朴諺, 中, 51ㅎ≫一套兒衣裳都汚了泥, ᄒᆞᆫ ᄇᆞᆯ 衣裳을 다 즌흙에 더러엿더라.

투안아(偸眼兒) 부 남몰래. 살짝. 슬그머니. 슬며시. ⇔여어. ≪朴諺, 中, 18ㅎ≫又怕窓孔裏偸眼兒看, 또 창 굼그로 여어볼가 저페라.

투안아간(偸眼兒看) 동 엿보다. ⇔여어보다. ≪朴諺, 中, 18ㅎ≫又怕窓孔裏偸眼兒看, 또 창 굼그로 여어볼가 저페라.

투알(投謁) 동 명함을 전하여 뵙기를 청하다. ≪朴諺, 上, 44ㅎ≫師傅上唱喏(集覽, 朴集, 上, 12ㅎ: 唱喏. 揖也. 詞曲曰, 一箇唱, 百箇喏, 謂一人呼唱於上, 衆人應諾於下. 如將帥在營幕下, 軍卒投謁於前者列立於〈軍卒投謁於前者列於〉庭, 將帥發一令語, 則衆下齊聲以應.), 스승님의 읍ᄒᆞ고.

투쟁(鬪爭) 명 투쟁하다. 싸우다. ≪集覽, 字解, 單字解, 8ㅈ≫爭. 鬪爭也. 又ᄉᆞᄉᆡ ᄠᅳ다. 又不爭 므던히 너기다.

투하(投下) 명 원대(元代)에 제왕(諸王)이나 훈신(勳臣)에게 예속되어 지배를 받던 사람. 평시에는 영주(領主)에게 세금을 바치고, 전쟁이 일어나면 영주의 군사가 되어 싸움터에 나아갔다. 신분은 세습되었으며, 중앙에 진출한 영주는 다루가치(達魯花赤)를 파견하여 감시하였다. ≪朴諺, 中, 7ㅎ≫你不見這金字圓牌(集覽, 朴集, 中, 1ㅎ: 金字圓牌. 至正條格云, 元時, 中書省奏, 諸王·駙馬各投下有軍情緊急重事, 許令懸帶原降銀字圓牌應付鋪馬騎坐, 其餘差使人員有緊急軍情重事, 許令懸帶金字圓牌, 方付鋪馬.), 네 이 金字圓牌를 보디 몯ᄒᆞᄂᆞ다.

튝 의 축. (두루마리로 된 서화(書畫)를 세는 단위) ⇔축(軸). ≪朴諺, 中, 44ㅎ≫掛幾軸畫兒, 여러 튝 그림을 걸고.

트림ᄒᆞ다 동 트림하다. ⇔타열불(打噎咈). ≪朴諺, 中, 50ㅎ≫誰喫蘿蔔打噎咈, 뉘 무우 먹고 트림ᄒᆞ엿ᄂᆞ뇨.

특(忒) 부 너무. 매우. 몹시. ❶⇔너모. ≪朴諺, 上, 18ㅈ≫鞓帶忒長了, 바탕이 너모 기니. ≪朴諺, 上, 18ㅎ≫南斗六星板兒做得忒圓了些, 南斗六星 돈은 ᄆᆡᆫᄃᆞᆯ기를 너모 두렷게 ᄒᆞ엿고. ≪朴諺, 上, 30ㅎ≫咳你忒細詳, 애 네 너모 細詳ᄒᆞ다. ≪朴諺, 中, 49ㅎ≫我忒强時也不是, 내 너모 세오면 올티 아니ᄒᆞ니. ≪朴諺, 下, 44ㅈ≫忒軟了也不好, 너모 믈러도 됴티 아니ᄒᆞ고. ❷⇔너무. ≪朴諺, 上, 15ㅎ≫刃兒不要忒厚了, ᄂᆞᆯ을 너무 두터이 말고. ❸⇔너므. ≪集覽, 字解, 單字解, 5ㅎ≫忒. 太過也. 忒大 너므 크다.

특(特) 부 특별이. ⇔특별이. ≪朴諺, 下, 60ㅈ≫咱衆人們特來告報, 우리 모든 사ᄅᆞᆷ들히 특별이 와 告報ᄒᆞ노니.

특고리(特故裏) 부 부러. 일부러. ⇔부러. ≪集覽, 字解, 累字解, 2ㅎ≫特故裏. 부러. ≪朴諺, 中, 47ㅈ≫我特故裏把酒灌的他爛醉了, 내 부러 술을다가 뎌의게 브으니 爛醉ᄒᆞ여.

특대(忒大) 형 너무 크다. ≪集覽, 字解, 單字解, 5ㅎ≫忒. 太過也. 忒大 너므 크다.

특벼리 부 특별히. ⇔특지(特地). ≪集覽, 字解, 累字解, 2ㅎ≫特地. 부러. 又특벼리. 又ᄆᆞ장.

특별이 부 특별히. ⇔특(特). ≪朴諺, 下, 60ㅈ≫咱衆人們特來告報, 우리 모든 사ᄅᆞᆷ들히 특별이 와 告報ᄒᆞ노니.

특지(特地) 부 ❶가장. 자못. 매우. ⇔ᄆᆞ장. ≪集覽, 字解, 累字解, 2ㅎ≫特地. 부러. 又특벼리. 又ᄆᆞ장. ❷부러. 일부러. ⇔부러. ≪集覽, 字解, 累字解, 2ㅎ≫特地. 부러. 又특벼리. 又ᄆᆞ장. ❸특별히. ⇔특벼리. ≪集覽, 字解, 累字解, 2ㅎ≫特地. 부러. 又특벼리. 又ᄆᆞ장.

틧글 명 티끌. ⇔진(塵). ≪朴諺, 中, 43ㅈ≫每日馬肚皮塵埋三尺, ᄆᆡ일에 ᄆᆞᆯ 빗가족에 틧글이 석 자히나 무텻고.

티다 동 ❶(인(印))치다. (도장) 찍다. ⇔사(使). ≪朴諺, 上, 3ㅈ≫寫勘合就使印信與我來, 勘合을 써 이믜셔 인텨 나를 주드라. ❷(패(霸)를) 치다. ⇔타(打). ≪朴諺, 上, 22ㅎ≫殺一殺入一入赶一赶扭將去打劫, 주기리 주기고 드리리 드리고 몰 리 모라 에워 가 패 티쟈.

티다 동 치다[擊]. ❶⇔뇌(擂). ≪朴諺, 上, 36ㅈ≫大哥山上擂皷, 큰형은 山에셔 붑

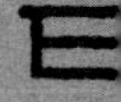

티고. ≪朴諺, 上, 44ㅎ≫每日打罷明鍾起來, 每日에 明鍾을 텨 罷ᄒᆞ면 니러. ≪朴諺, 中, 5ㅈ≫站家擂鼓, 站에셔 붑 티니. ≪朴諺, 下, 42ㅈ≫擂鼓撞磬, 붑 티며 경 티고. ≪朴諺, 下, 60ㅎ≫擂鼓打鑼, 붑 티고 바라 티고. ❷⇔당(撞). ≪朴諺, 下, 42ㅈ≫擂鼓撞磬, 붑 티며 경 티고. ❸⇔타(打). ≪朴諺, 上, 17ㅎ≫打毬兒, 당방올 티기 ᄒᆞ고. ≪朴諺, 下, 20ㅈ≫打一聲鍾響, ᄒᆞᆫ 소릐 鍾을 티고. ≪朴諺, 下, 34ㅈ≫咱們今日打毬兒如何, 우리 오ᄂᆞᆯ 당방올 팀이 엇더ᄒᆞ뇨. ≪朴諺, 下, 34ㅈ≫你也打的麽, 너도 티기 ᄒᆞᄂᆞᆫ다. 我怎麽打不的, 내 엇디 티디 못ᄒᆞ리오. ≪朴諺, 下, 36ㅈ≫三迴連打上了, 세 번을 년ᄒᆞ야 텨 올려다. ≪朴諺, 下, 49ㅈ≫打的打躍的躍, 티리 티고 불피리 불피니. ≪朴諺, 下, 60ㅎ≫擂鼓打鑼, 붑 티고 바라 티고.

티다 동 치다[設]. ❶⇔만(幔). ≪朴諺, 中, 35ㅎ≫亮窓裏面把簾子幔上, 볼근 창 안희 발을다가 디(티)고. ❷⇔타(打). ≪朴諺, 中, 58ㅈ≫孩兒你饋我買將草布蚊帳來, 아희아 네 날을 얼믠 뵈로 ᄒᆞᆫ 모긔댱을 사다가 주고려. 打着睡, 티고 자쟈. ≪朴諺, 下, 35ㅈ≫咱且打毬門窩兒了, 우리 아직 毬門 굼글 티고. 打花臺窩兒(集覽, 朴集, 下, 7ㅎ: 花臺窩兒. 質問云, 以磚砌臺, 其上栽〈裁〉花藏窩, 將毬打入窩內爲勝.), 花臺ㅅ 굼글 티고. ❸⇔하(下). ≪朴諺, 下, 51ㅈ≫纜船下網, ᄇᆡ ᄆᆡ고 그믈 티고.

티다 동 ❶치다. 돌리다. ⇔방(放). ≪朴諺, 上, 16ㅎ≫街上放空中的小厮們好生廣, 거리에 박핑이 틸 아희들 ᄀᆞ장 흔터라. ≪朴諺, 上, 16ㅎ≫正是放空中的時莭(節), 경히 박핑이 틸 빼로다. ❷치다. 던지다. ⇔타(打). ≪朴諺, 中, 46ㅎ≫打雙陸時莭(節), 쌍뉵 틸 적의. ❸치다. 때리다. ⇔타(打). ≪朴諺, 上, 32ㅎ≫打的半死剌活的, 텨 반만 죽엇다가 되ᄭᆡ여나니. ≪朴諺, 上, 34ㅈ≫這一等和尙不打他要做甚麽, 이런 즁을 티디 아니ᄒᆞ고 므슴 ᄒᆞ리오. ≪朴諺, 上, 45ㅈ≫手心上打三戒方, 손바당을 세 번 젼반으로 티ᄂᆞ니라. ≪朴諺, 中, 7ㅎ≫將棍來打, 곤당 가져다가 티라. ≪朴諺, 中, 13ㅎ≫把那船上的人來打殺了, 그 ᄇᆡ엣 사ᄅᆞᆷ을 텨 죽이다 ᄒᆞ더라. ≪朴諺, 中, 25ㅈ≫却要打, 또 티리라. ≪朴諺, 中, 27ㅈ≫却打死那人, 또 그 사ᄅᆞᆷ을 텨 죽여. ≪朴諺, 中, 27ㅎ≫也打殺撇在坑裏, 또 텨 죽여 디함에 드리티고. ≪朴諺, 中, 27ㅎ≫也打殺撇在那坑裏, 또 텨 죽여 그 디함에 드리티고. ≪朴諺, 中, 28ㅎ≫便要打殺那媳婦, 곳 뎌 媳婦를 텨 죽이고져 ᄒᆞ거ᄂᆞᆯ. ≪朴諺, 中, 29ㅈ≫將老李打了一百七, 老李를다가 一百 닐곱을 텨. ≪朴諺, 中, 50ㅎ≫大家休打臉, 대개 빰 티디 말고. ≪朴諺, 下, 19ㅈ≫却把伯眼打了一鐵棒, 또 伯眼을다가 ᄒᆞᆫ 쇠막대로 티니. ≪朴諺, 下, 19ㅈ≫又打了一鐵棒, 또 ᄒᆞᆫ 쇠막대로 티니. ≪朴諺, 下, 20ㅈ≫更打了我兩鐵棒, 또 우리를 두 번 쇠막대로 티니. ≪朴諺, 下, 48ㅎ≫把別的打的四分五落裡, 다른 이를다가 텨 四分五落ᄒᆞ야. ≪朴諺, 下, 53ㅎ≫打我來, 날을 텨셰라. ≪朴諺, 下, 54ㅎ≫於某面上用拳打破, 某의 ᄂᆞᆺ출 주머귀로 텨 하야ᄇᆞ리되.

티이다 동 치게 하다. ⇔타(打). ≪朴諺, 上, 15ㅎ≫着甚麽鐵頭打, 므슴 鐵로 티이려 ᄒᆞᄂᆞᆫ다. ≪朴諺, 上, 15ㅎ≫着鑌鐵打, 鑌鐵로 티이되. ≪朴諺, 中, 29ㅎ≫打一對馬脚匙來釘上着, ᄒᆞᆫ 보 다갈을 티여다가 박으라.

팀향빗ᄎᆞ 명 황갈색(黃褐色). ⇔천향갈(串香褐). ≪朴諺, 上, 63ㅈ≫我的串香褐通袖膝欄五彩綉帖裏, 내 팀향빗체 通袖 膝欄ᄒᆞ고 五彩로 綉노흔 텰릭과.

ᄐᆞ다 동 타다[受]. (녹봉을) 받다. ⇔관(關). ≪朴諺, 上, 11ㅈ≫關米麽, ᄡᆞᆯ을 ᄐᆞᆯ가. 我有兩箇月俸來關, 내 두 ᄃᆞᆯ 뇨 ᄐᆞᆯ 써시 이셰라. ≪朴諺, 上, 11ㅎ≫關幾擔, 몃 짐을 ᄐᆞ료. ≪朴諺, 上, 11ㅎ≫關八擔, 여ᄃᆞᆲ 짐을 ᄐᆞ리로다.

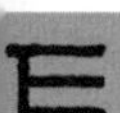

ᄐᆞ다 동 타다[騎]. ❶⇔기(騎). ≪朴諺, 上, 17ㅎ≫十月裏騎竹馬, 十月에 대ᄆᆞᆯᄐᆞ기 ᄒᆞ고. ≪朴諺, 上, 26ㅈ≫騎着一箇墨丁也似黑五明馬, ᄒᆞᆫ 墨丁 ᄀᆞᄐᆞᆫ 가라간쟈ᄉᆞ족빅ᄆᆞᆯ을 ᄐᆞ고. ≪朴諺, 上, 55ㅈ≫我要打圍處騎的快走的馬, 내 산영ᄒᆞᄂᆞᆫ 고ᄃᆡ ᄐᆞᆯ 잘 ᄃᆞᆮᄂᆞᆫ ᄆᆞᆯ을 사고져 ᄒᆞ노라. ≪朴諺, 上, 56ㅎ≫且胡亂騎時怕甚麽, 아직 간대로 ᄐᆞ면 므서시 저프리오. ≪朴諺, 中, 7ㅈ≫三箇官人騎的, 세 官人의 ᄐᆞᆯ. ≪朴諺, 中, 7ㅈ≫伴當騎的, 伴當 ᄐᆞᆯ. ≪朴諺, 中, 7ㅈ≫我騎的十分快走的馬將來, 나 ᄐᆞᆯ 이란 ᄀᆞ장 잘 것ᄂᆞᆫ ᄆᆞᆯ을 가져오라. ≪朴諺, 中, 9ㅈ≫更沒多騎鋪馬, 또 鋪馬ᄅᆞᆯ 만히 ᄐᆞᆷ이 업고. ≪朴諺, 中, 51ㅎ≫騎馬的官人們, ᄆᆞᆯ ᄐᆞᆫ 官人들히. ❷⇔기좌(騎坐). ≪朴諺, 下, 47ㅎ≫騎坐白馬珠鞍, 白馬 珠鞍을 ᄐᆞ고. ❸⇔상(上). ≪朴諺, 上, 34ㅎ≫不曾上馬, 일즙 ᄆᆞᆯ을 ᄐᆞ디 못ᄒᆞ더니라. ≪朴諺, 上, 35ㅎ≫你且休上馬, 네 아직 ᄆᆞᆯ ᄐᆞ디 말라. ≪朴諺, 上, 57ㅈ≫上馬往那裏去, ᄆᆞᆯ ᄐᆞ면 어ᄃᆡᄅᆞᆯ 향ᄒᆞ여 갈러뇨. ≪朴諺, 上, 58ㅎ≫便上馬出來了, 곳 ᄆᆞᆯ을 ᄐᆞ고 나올와. ≪朴諺, 中, 8ㅎ≫明日鷄兒叫一聲便上馬, ᄂᆡ일 ᄃᆞᆰ이 ᄒᆞᆫ 번 울어든 곳 ᄆᆞᆯ을 ᄐᆞᆯ 거시니. ≪朴諺, 下, 14ㅎ≫直到日平西纔上馬, 잇긋 날이 平西호매 다ᄃᆞᆺ게야 ᄀᆞᆺ ᄆᆞᆯ을 ᄐᆞᄂᆞ니라.

ᄐᆡ오다 동 ❶태우다[騎]. ⇔상(上). ≪朴諺, 下, 60ㅎ≫衆將軍們扶侍上馬, 모든 將軍들히 븟드러 ᄆᆞᆯ ᄐᆡ오고. ❷태우다[燒]. ⇔초(焦). ≪朴諺, 中, 19ㅈ≫你且休忙休心焦, 네 아직 밧바 말고 ᄆᆞ음을 ᄐᆡ오디 말라.

ᄐᆡᆼ 명 탱(幀). 탱화(幀畫). ⇔영(影). ≪朴諺, 上, 61ㅈ≫影堂, ᄐᆡᆼ 잇ᄂᆞᆫ 집과. 串廊, 월랑과.

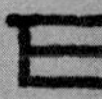

ㅍ

파 명 파. ⇔총(葱). ≪朴諺, 中, 6ㅈ≫醋, 초와. 醬, 장과. 塩, 소금과. 芥末, 계즈ᄀᆞᄅᆞ와. 葱, 파과. 蒜, 마늘과. 薤菜, 부칙와, 油, 기름과. 生蘿蔔, 댓무우과. 瓜, 외와. 茄等, 가지 등. ≪朴諺, 中, 33ㅎ≫蘿蔔, 댓무우. 蔓菁, 쉿무우. 萵苣, 부로. 葵菜, 아혹. 白菜, 빅치. 赤根菜, 시근치. 園荽, 고싀. 蓼子, 역괴. 葱, 파. 蒜, 마늘. 薤, 부칙. 荊芥, 형개. 薄荷, 박하. 茼蒿, 믈쑥. 水蘿蔔, 믈한댓무우. 胡蘿蔔, 노론댓무우. 芋頭, 토란. 紫蘇都種來, 紫蘇를 다 시므라. ≪朴諺, 下, 33ㅎ≫零碎和生薑·料物·葱·蒜·醋·塩都將來, 즌 것과 싱강과 교퇴와 파와 마늘과 초와 소금을 다 가져오라.

파(把) 동 ❶가지다. ⇔가지다. ≪朴諺, 下, 44ㅈ≫把那煤爐來, 뎌 煤炉를 가져다가. ❷잡다. ⇔잡다. ≪朴諺, 上, 7ㅎ≫把上馬盃兒, 上馬盃를 잡게 ᄒᆞ라. ≪朴諺, 上, 43ㅎ≫慢慢的把盞, 날호여 잔을 자브마. ≪朴諺, 下, 47ㅎ≫拿茶椀把盞的跟着, 茶椀 가지며 잔 잡은 이 ᄯᆞᆯ와. ≪朴諺, 下, 56ㅈ≫請的哥來把一盞, 형을 請ᄒᆞ여 와 ᄒᆞᆫ 盞을 자브마.

파(把) 의 ❶뼘. ⇔ᄲᅧᆷ. ≪朴諺, 上, 35ㅈ≫比着只一把長短鉸了, 그저 ᄒᆞᆫ ᄲᅧᆷ 기릐를 견초와 ᄀᆞᄋᆞ처. ❷줌. 움큼. ⇔줌. ≪集覽, 字解, 單字解, 4ㅈ≫把. 持也, 握也. 一把 ᄒᆞᆫ 줌, 又ᄒᆞᆫ ᄌᆞᄅᆞ. 把我們 우리를다가, 把來 그를다가, 與將字大同小異. 又元時語, 有把解之語, 猶言典儅也, 今不用. ❸자루. ⇔ᄌᆞᄅᆞ. ≪集覽, 字解, 單字解, 4ㅈ≫把. 持也, 握也. 一把 ᄒᆞᆫ 줌, 又ᄒᆞᆫ ᄌᆞᄅᆞ. 把我們 우리를다가, 把來 그를다가, 與將字大同小異. 又元時語, 有把解之語, 猶言典儅也, 今不用. ≪朴諺, 上, 15ㅎ≫大刀子一把, 큰 칼 ᄒᆞᆫ ᄌᆞᄅᆞ. 小刀子一把, 젹은 칼 ᄒᆞᆫ ᄌᆞᄅᆞ. ≪朴諺, 中, 46ㅎ≫扯了我一把刀兒, 내 ᄒᆞᆫ ᄌᆞᄅᆞ 칼을 ᄢᅡ히고. ≪朴諺, 中, 55ㅎ≫將一把扇兒來與我, ᄒᆞᆫ ᄌᆞᄅᆞ 부체 가져다가 날을 주고려.

파(把) 의 저울의 수효를 세는 단위. ≪集覽, 字解, 單字解, 7ㅈ≫連. 及也. 幷也 조쳐. 又秤一把曰一連. 又鷹一箇亦曰一連. 字又作聯.

파(把) 조 ❶'-를'의 뜻. (격조사 '를' 뒤에 붙는다) ⇔-다가. ≪集覽, 字解, 單字解, 4ㅈ≫把. 持也, 握也. 一把 ᄒᆞᆫ 줌, 又ᄒᆞᆫ ᄌᆞᄅᆞ. 把我們 우리를다가, 把來 그를다가, 與將字大同小異. 又元時語, 有把解之語, 猶言典儅也, 今不用. ≪朴諺, 中, 58ㅈ≫把這窓孔的紙都扯了, 이 창 굼게 죵희를다가 다 믜티고. ❷'-를'의 뜻. (격조사 '를' 뒤에 붙는다) ⇔-다가. ≪朴諺, 上, 32ㅈ≫把我的兩對新靴子都走破了, 내 두 쌍 새 훠를다가 다 ᄃᆞᆫ녀 해야ᄇᆞ리게 ᄒᆞ고. ≪朴諺, 上, 48ㅈ≫把田禾都收割了時, 田禾를다가 다 거두어 뷔면. ≪朴諺, 上, 50ㅎ≫把孩兒上搖車, 아희를다가 搖車에 올리ᄂᆞ니라. ≪朴諺, 上, 51ㅈ≫把孩兒又剃了頭頂上灸, 아희를다가 ᄯᅩ 머리 깍고 뎡박이 ᄯᅳ고. ≪朴諺, 中, 28ㅎ≫把咱們不償命那甚麽, 우리를다가 償命티 아니코 므슴 ᄒᆞ리오. ≪朴諺, 中, 28ㅎ≫把老李拿着背綁了, 老李를다가 자바 져차리켜 ᄆᆡ고. ≪朴諺, 中, 40ㅎ≫把瓦來都躧破了, 디새를다가 다 ᄇᆞᆯ와 ᄠᅢ려시니. ≪朴諺, 中, 51ㅎ≫把那尾子挽的牢着, 뎌

ᄭᅩ리ᄅᆞᆯ다가 ᄆᆡ기ᄅᆞᆯ 구디 ᄒᆞ라. ≪朴諺, 下, 9ㅈ≫把鼻子跌破了, 코ᄅᆞᆯ다가 구러뎌 해여ᄇᆞ리니. ≪朴諺, 下, 16ㅈ≫把我小的監了, 우리 아ᄒᆡᄅᆞᆯ다가 가도완ᄂᆞ니라. ≪朴諺, 下, 23ㅎ≫孫行者把他的頭, 孫行者ㅣ 제 머리ᄅᆞᆯ다가. ≪朴諺, 下, 24ㅈ≫把先生的頭拖將去, 先生의 머리ᄅᆞᆯ다가 ᄭᅳ어 가져가니. ≪朴諺, 下, 24ㅈ≫行者用手把頭提起, 行者ㅣ 손으로 뻐 머리ᄅᆞᆯ다가 잡아 니ᄅᆞ혀. ≪朴諺, 下, 48ㅎ≫把別的打的四分五落裡, 다ᄅᆞᆫ 이ᄅᆞᆯ다가 터 四分五落ᄒᆞ야.

파(把) 조 '-을'의 뜻. (격조사 '을' 뒤에 붙는다) ⇔-다가. ≪朴諺, 上, 9ㅎ≫把水門都衝壞了, 水門을다가 다 딜러 해야ᄇᆞ리고. ≪朴諺, 上, 35ㅎ≫把那艾來揉的細着, 뎌 쑥을다가 부뷔기ᄅᆞᆯ ᄀᆞᄂᆞᆯ게 ᄒᆞ야. ≪朴諺, 上, 50ㅎ≫把溺胡蘆正着那窟籠裏放了, 오좀 누ᄂᆞᆫ 박을다가 바로 뎌 굼긔 노코. ≪朴諺, 中, 20ㅈ≫把摟草二錢半一束(束)家, 허튼 딥흔(흘)다가 돈 둘 반에 ᄒᆞᆫ ᄆᆞᆺ식 ᄒᆞ여. ≪朴諺, 中, 30ㅈ≫你把那鑞壺瓶汕的乾淨着, 네 뎌 鑞甁을다가 부싀기ᄅᆞᆯ 乾淨히 ᄒᆞ야. ≪朴諺, 中, 34ㅈ≫把芒荇來煮喫, 비름을다가 ᄉᆞᆯ마 먹쟈. ≪朴諺, 中, 35ㅎ≫亮窓裏面把簾子幔上, ᄇᆞᆯ근 창 안희 발을다가 디(티)고. ≪朴諺, 中, 40ㅈ≫把那房上草來, 뎌 집 우희 플을다가. ≪朴諺, 中, 47ㅈ≫我特故裏把酒灌的他爛醉了, 내 부러 술을다가 뎌의게 브으니 爛醉ᄒᆞ여. ≪朴諺, 中, 55ㅎ≫把這簾子都捲起, 이 발을다가 다 것고. 把這窓兒都支起着, 이 창을다가 다 벗틔오라. ≪朴諺, 中, 58ㅎ≫把那蒲葉兒來做席子, 뎌 菖蒲 닙흘다가 자리 ᄆᆡᆫᄃᆞ라. ≪朴諺, 中, 59ㅎ≫把我的文卷來, 내 文卷을다가. ≪朴諺, 下, 2ㅎ≫把我二三年布施來的金銀·鈔錠, 내 二三年 布施ᄒᆞ여 온 金銀·鈔錠을다가. ≪朴諺, 下, 5ㅎ≫把那麻刀一打裏和的勻着, 뎌 삼써울을다가 ᄒᆞᆫ 번의 섯기ᄅᆞᆯ 고로게 ᄒᆞ라. ≪朴諺, 下, 15ㅎ≫把我家小廝拿將去監了貳日, 우리 집 놈을다가 잡아가 가도완디 이틀이오. ≪朴諺, 下, 19ㅈ≫却把伯眼打了一鐵棒, ᄯᅩ 伯眼을다가 ᄒᆞᆫ 쇠막대로 티니. ≪朴諺, 下, 21ㅎ≫把桃肉都喫了, 복셩화 ᄉᆞᆯ흘다가 다 먹고.

파(怕) 동 두려워하다. ⇔두려ᄒᆞ다. ≪朴諺, 中, 35ㅎ≫那廝們怕簾子, 뎌 놈들이 발을 두려ᄒᆞᄂᆞ니.

파(怕) 동 저어하다. 두려워하다. ❶⇔저퍼ᄒᆞ다. ≪朴諺, 下, 60ㅎ≫更是男子漢家怕甚麽, ᄯᅩ 이 男子漢이 므서슬 저퍼ᄒᆞ리오. ❷⇔접퍼ᄒᆞ다. ≪朴諺, 上, 34ㅎ≫一年經蛇咬三年怕井繩, ᄒᆞᆫ ᄒᆡᄅᆞᆯ ᄇᆡ얌 믈려 디내면 三年을 드렛줄도 접퍼ᄒᆞᆫ다 ᄒᆞᄂᆞ니라.

파(怕) 부 하다가. 만일. ⇔ᄒᆞ다가. ≪集覽, 字解, 單字解, 2ㅎ≫怕. 疑懼之意. 怕人知道.又設若之辭. 怕你不信 ᄒᆞ다가 너옷 밋디 몯거든. 又恐也. 害怕 두리여ᄒᆞ다.

파(怕) 형 ❶두려워라. ⇔저페라. ≪朴諺, 中, 18ㅎ≫又怕窓孔裏偸眼兒看, ᄯᅩ 창 굼그로 여어볼가 저페라. ≪朴諺, 中, 40ㅎ≫只怕躧破了, 그저 ᄇᆞᆯ와 ᄣᆞ릴가 저페라. ❷두렵다. ⇔저프다. ≪朴諺, 上, 10ㅈ≫如今待秋後整治怕甚麽, 이제 秋後ᄅᆞᆯ 기ᄃᆞ려 整治ᄒᆞ면 므서시 저프리오. ≪朴諺, 上, 13ㅈ≫新布袋那裏怕漏, 새 布袋니 어ᄃᆡ ᄉᆡᆯ가 저프리오. ≪朴諺, 上, 49ㅎ≫只怕産後風感冒, 그저 産後에 ᄇᆞᄅᆞᆷ에 感冒ᄒᆞᆯ가 저프니. ≪朴諺, 上, 56ㅎ≫且胡亂騎時怕甚麽, 아직 간대로 ᄐᆞ면 므서시 저프리오. ≪朴諺, 上, 64ㅎ≫怕你不信時, 저프건대 네 미더 아니ᄒᆞ거든. ≪朴諺, 中, 10ㅎ≫怕甚麽, 므서시 저프리오. ≪朴諺, 中, 18ㅎ≫怕沒治病的心那, 저프건대 病 고틸 ᄆᆞᅀᆞᆷ이 업스랴마ᄂᆞᆫ. 只怕同房人攪撒了, 그저 同房 사ᄅᆞᆷ이 알까 저프고. ≪朴諺, 中, 19ㅈ≫怕甚麽, 므서시 저프리오. ≪朴諺, 中, 26ㅎ≫又不怕雨雪, ᄯᅩ 雨雪이 저프디 아니ᄒᆞ니라. ≪朴諺, 中, 36ㅎ≫沒你時怕買不成, 네 업다 사디 못

훌가 저프랴. ≪朴諺, 中, 37ㅎ≫怕甚麽, 므서시 저프료. ≪朴諺, 下, 27ㅎ≫怕你錯買時, 네 그릇 사는가 서(저)프거든. ≪朴諺, 下, 39ㅈ≫怕甚麽, 므서시 저프리오. ≪朴諺, 下, 45ㅎ≫其實怕看去, 진실로 보라 가기 저프니라.

파(爬) 동 기다. ⇔긔다. ≪朴諺, 中, 47ㅎ≫會爬麽, 긔기를 아느냐. 爬得, 긔느니라.

파(派) 의 갈래. ≪朴諺, 上, 9ㅎ≫水渰過蘆溝橋(集覽, 朴集, 上, 4ㅎ: 蘆溝橋. 蘆溝本桑乾河, 俗曰渾河, 亦曰小黃河. 上自保安州界, 歷山南流入宛平縣境, 至都城四十里, 分爲二派.)獅子頭, 믈이 蘆溝橋 獅子ㅅ 머리를 줌가 너머.

파(破) 동 ❶해어지다. ⇔해야디다. ≪朴諺, 中, 48ㅎ≫額頭上跌破了, 니마히 구러뎌 해야디니. ❷헐게 하다. ⇔헐우다. ≪朴諺, 下, 7ㅎ≫撓破了疥瘡搽那藥, 疥瘡을 글거 헐우고 뎌 약을 블라. ❸헤치다. ⇔헤티다. ≪朴諺, 下, 51ㅈ≫銀絲鈎破波紋, 銀絲 낙시 波紋을 헤티고.

파(破) 동 깨뜨리다. ⇔ᄠᅳ리다. ≪朴諺, 中, 40ㅎ≫只怕躧破了, 그저 불와 ᄠᅳ릴가 저페라. ≪朴諺, 中, 40ㅎ≫把瓦來都躧破了, 디새를다가 다 불와 ᄠᅳ려시니.

파(破) 동 깨어지다. ❶⇔ᄣᅢ야디다. ≪朴諺, 中, 40ㅎ≫那瓦有破的麽, 뎌 디새 ᄣᅢ야디니 잇느냐. 多有破的, ᄣᅢ야디니 만히 잇다. ❷⇔ᄣᅢ여디다. ≪朴諺, 中, 40ㅈ≫你看那瓦有破的時, 네 보아 뎌 디새 ᄣᅢ여디니 잇거든.

파(破) 동 깨지다. ⇔ᄣᅢ이다. ≪朴諺, 下, 9ㅈ≫那講主見那達達跌破鼻子, 뎌 講主ㅣ 뎌 達達의 구러뎌 코 ᄣᅢ이믈 보고.

파(破) 동 해어뜨리다. 망가뜨리다. ❶⇔하야ᄇᆞ리다. ≪朴諺, 下, 54ㅎ≫於某面上用拳打破, 某의 ᄂᆞᆺ출 주머괴로 텨 하야ᄇᆞ리되. ❷⇔해야ᄇᆞ리다. ≪朴諺, 上, 23ㅎ≫到處裏破別人誇自已(己), 간 곳마다 다른 사ᄅᆞᆷ을 해야ᄇᆞ리며 내 몸을 자랑ᄒᆞ고. ≪朴諺, 上, 32ㅈ≫把我的兩對新靴子都走破了, 내 두 쌍 새 훠를다가 다 ᄃᆞᆫ녀 해야ᄇᆞ리게 ᄒᆞ고. ❸⇔해여ᄇᆞ리다. ≪朴諺, 下, 9ㅈ≫把鼻子跌破了, 코를다가 구러뎌 해여ᄇᆞ리니. ❹⇔헤여ᄇᆞ리다. ≪朴諺, 下, 6ㅎ≫一會兒打頓着撓破了, ᄒᆞᆫ 디위 조으다가 긁터 헤여ᄇᆞ려늘.

파(罷) 감 그만둬! 좋아! 됐어! ❶⇔두어. ≪朴諺, 上, 4ㅈ≫罷罷減不多, 두어 두어 감ᄒᆞᆫ 거시 하디 아니ᄒᆞ다. ≪朴諺, 上, 12ㅎ≫罷罷去來, 두어 두어 가쟈. ≪朴諺, 上, 22ㅎ≫罷罷來拈子爲定, 두어 두어 오라 뫼 잡바 뎡ᄒᆞ쟈. ≪朴諺, 上, 30ㅈ≫罷罷將銀子來看, 두어 두어 銀 가져오라 보쟈. ≪朴諺, 上, 30ㅎ≫罷罷我知道, 두어 두어 내 알과라. ≪朴諺, 上, 64ㅎ≫罷罷, 두어 두어. ≪朴諺, 上, 65ㅈ≫罷罷, 두어 두어. ≪朴諺, 中, 38ㅈ≫罷罷, 두어 두어. ≪朴諺, 中, 49ㅎ≫罷罷, 두어 두어. ≪朴諺, 下, 1ㅎ≫罷罷, 두어 두어. ≪朴諺, 下, 3ㅈ≫罷罷師傅善因不滅, 두어 두어 師傅ㅣ아 善因은 滅티 아니ᄒᆞᄂᆞ니. ≪朴諺, 下, 15ㅈ≫罷罷, 두어 두어. ≪朴諺, 下, 26ㅈ≫罷罷將來, 두어 두어 가져오라. ≪朴諺, 下, 27ㅎ≫罷罷, 두어 두어. ❷⇔두워. ≪集覽, 字解, 累字解, 8ㅎ≫罷罷. ·두워 ·두워. 亦曰也罷.

파(罷) 동 ❶말다. ⇔말다. ≪朴諺, 上, 64ㅎ≫不肯時罷, 즐기디 아니면 마쟈. ≪朴諺, 中, 3ㅈ≫罷麽相公, 마ᄅᆞ쇼셔 相公아. ≪朴諺, 中, 57ㅎ≫你也不買便罷, 너도 사디 아니커든 곳 말라. ❷파(罷)하다. ⇔파ᄒᆞ다(罷-). ≪朴諺, 上, 44ㅎ≫每日打罷明鍾起來, 每日에 明鍾을 텨 罷ᄒᆞ면 니러.

파(罷) 동 마치다. 끝내다. ❶⇔ᄆᆞᆺᄎᆞ다. ≪朴諺, 下, 19ㅎ≫見大仙打罷問訊, 大仙을 보고 뭇기를 ᄆᆞᆺᄎᆞ매. ❷⇔ᄆᆞᆾ다. ≪朴諺, 中, 28ㅎ≫說罷, 니ᄅᆞ기를 ᄆᆞᄎᆞ매. ≪朴諺, 下, 10ㅈ≫道罷, 니ᄅᆞ기를 ᄆᆞᄎᆞ매. ≪朴諺, 下, 20ㅈ≫說罷, 닐ᄋᆞ기를 ᄆᆞᄎᆞ매. ≪朴諺, 下, 24ㅎ≫說罷, 니ᄅᆞ기를 ᄆᆞᄎᆞ매. ≪朴諺, 下, 60ㅎ≫道罷, 니ᄅᆞ기를 ᄆᆞᄎᆞ매.

파(罷) 형 무던하다. 괜찮다. ⇔므던ᄒᆞ다. ≪朴諺, 中, 4ㅈ≫五箇染小紅乾色罷, 닷 필은 小紅 드려 건식으로 홈이 므던ᄒᆞ니.

파(擺) 동 벌이다[設]. ⇔버리다. ≪朴諺, 上, 4ㅈ≫一遍擺卓兒, 一遍으로 상 버리라. 怎麽擺, 엇디 버리료. ≪朴諺, 上, 22ㅎ≫咱擺着看, 우리 버려 보쟈. ≪朴諺, 中, 49ㅎ≫擺的滿着, 버리기를 ᄀᆞ득이 호ᄃᆡ. 咱休揀(揀)着擺, 우리 ᄀᆞᆯ히여 버리디 말고. ≪朴諺, 中, 49ㅎ≫老實擺着下, 고디식이 버리고 두쟈. ≪朴諺, 下, 14ㅈ≫擺茶飯又喫一會酒, 茶飯 버리고 쏘 ᄒᆞᆫ 디위 술 먹고. ≪朴諺, 下, 38ㅎ≫擺着四五里喝道, 四五里에 버러 喝道ᄒᆞ고. ≪朴諺, 下, 42ㅈ≫擺諸般茶果等味, 여러 가짓 茶果 等 味를 버리고. ≪朴諺, 下, 47ㅈ≫街上兩行擺着行, 거리예 두 줄로 버러 가며. ≪朴諺, 下, 47ㅎ≫這般擺隊行, 이리 隊를 버러 가.

파가파(婆加婆) 명 〈불〉 석가모니(釋迦牟尼). 부처. ≪朴諺, 上, 33ㅈ≫你是佛(集覽, 朴集, 上, 9ㅎ: 佛. 梵云婆加婆, 唐言佛. ㄴ者, 覺也, 自覺·ㄴ他. 一切有情咸具此道, 悟者卽名佛, 迷者曰衆生.)家弟子, 너는 이 佛家 弟子ㅣ라.

파군(破軍) 명 구성(九星) 중의 일곱째 별 이름. 칼 모양을 이루는 데, 술가(術家)에서는 이 별이 가리키는 방위(方位)에서 일을 하면 만사(萬事)가 불길하다고 한다. 무곡성(武曲星)의 아래 좌보성(左輔星)의 위에 있다. ≪朴諺, 上, 18ㅎ≫後面北斗(集覽, 朴集, 上, 7ㅈ: 北斗左輔右弼. 凡九星, 曰樞宮貪狼, 曰璇宮巨門, 曰璣〈幾〉宮祿存, 曰權宮文曲, 曰衡宮廉貞, 曰闓(開)陽宮武曲, 曰瑤光宮破軍, 曰洞明宮左輔, 曰隱元宮右弼.)七星板兒做的好, 後面 北斗七星 돈은 믿돌기를 잘ᄒᆞ엿고.

파기(簸箕) 명 키[箕]. ⇔키. ≪朴諺, 中, 11ㅎ≫簸箕, 키. 篩子, 얼멍이. 馬尾羅兒, ᄆᆞᆯ총체. 卓兒, 상. 盤子, 반. 茶盤, 찻반. 擡盞, 졉잔. 壺瓶, 壺瓶. 酒鼈, 쥬벼ᄋᆞ. 銅杓, 놋쥬게를. 都收拾下着, 다 收拾ᄒᆞ여 두라. ≪朴諺, 下, 46ㅈ≫簸箕來大一對耳朶, 키만치 크게 ᄒᆞᆫ ᄒᆞᆫ 빵 귓바회와.

파낭(婆娘) 명 ❶신분이나 지위 등이 낮거나 천한 여자. 곧, 여자 종 또는 하인. ≪朴諺, 上, 40ㅎ≫別處一箇官人娶娘子(集覽, 朴集, 上, 11ㅎ: 娘子. 南村輟耕[錄]云〈南村輟耕錄〉, 世謂穩婆曰老娘, 女巫曰師娘, 唱〈娼〉婦曰花娘, 達人又曰草娘, 苗人謂妻曰夫娘, 南方謂婦人無行者曰夫娘, 謂婦人之卑賤者曰某娘, 曰幾娘, 鄙之曰婆娘.), 다른 고ᄃᆡ ᄒᆞᆫ 官人이 娘子를 娶ᄒᆞ노라. ❷년[女]. (여인에 대한 욕) ⇔년. ≪朴諺, 下, 44ㅈ≫這婆娘(集覽, 朴集, 下, 9ㅎ: 婆娘. 怒詬之辭〈辞〉. 詳見上卷娘子下.)好不用意, 이 년이 ᄀᆞ장 用意티 아니ᄒᆞ엿다.

파뇨(把溺) 동 오줌을 누이다. ≪朴諺, 上, 50ㅎ≫把溺胡蘆正着那窟籠裏放了, 오좀 누는 박을다가 바로 뎌 굼긔 노코.

파망(擺忙) 형 ❶바쁘다. ⇔밧브다. ≪朴諺, 中, 50ㅎ≫擺忙裏說甚麽閑話來, 밧븐ᄃᆡ 므슴 힘힘ᄒᆞᆫ 말 닐ᄋᆞ리오. ❷빠르다. ⇔ᄲᆞᄅᆞ다. ≪集覽, 字解, 單字解, 7ㅎ≫忙. 疾也. 疾忙·連忙·擺忙 ᄲᆞᄅᆞ다. 走的忙·去的忙.

파문(波紋) 명 수면에 이는 물결. 또는 그 무늬. ≪朴諺, 下, 51ㅈ≫銀絲鈎破波紋, 銀絲 낙시 波紋을 헤티고.

파산(罷散) 동 마치다. 종료하다. ⇔파산ᄒᆞ다(罷散-). ≪朴諺, 上, 66ㅈ≫從今日起後日罷散, 오ᄂᆞᆯ브터 시작ᄒᆞ여 모뢰면 罷散ᄒᆞᆯ러라.

파산ᄒᆞ다(罷散-) 동 마치다. 종료하다. ⇔파산(罷散). ≪朴諺, 上, 66ㅈ≫從今日起後日罷散, 오ᄂᆞᆯ브터 시작ᄒᆞ여 모뢰면 罷散ᄒᆞᆯ러라.

파순(波旬) 명 〈불〉 사마(四魔)의 하나. 욕계(欲界) 제육천(第六天)에 사는 마왕(魔王). 불법(佛法) 수행과 사람이 착한 일을 행하는 것을 방해한다고 한다. ≪朴

諺, 下, 4ㅈ≫正是好人魔障(集覽, 朴集, 下, 1ㅎ: 魔障. 昔釋迦出世時, 魔王名波旬, 若人來供養恭敬〈若如來供養恭敬〉, 魔王依於佛法, 得善利, 不念報恩, 而反欲加毁. 故名波旬, 此言惡中惡.)多, 졍히 됴흔 사름은 魔障이 만흔디라.

파아(把兒) 명 자루[柄]. ❶⇔줄. ≪朴諺, 下, 29ㅎ≫觜我把兒且打下我看着銲, 부리와 줄롤 아직 민ᄃ라 내 보와든 ᄢᅢ라. ❷⇔줄ㄹ. ≪朴諺, 上, 15ㅈ≫紫檀把兒, 紫檀 줄레.

파일파(擺一擺) 명 다듬이질. ⇔다듬이. ≪朴諺, 中, 4ㅈ≫這細綿紬染鴉青擺一擺, 이 ᄀᆞᄂᆞᆫ 綿紬란 鴉青 드려 널 다듬이 ᄒᆞ고. ≪譯語類解, 下, 織造≫擺一擺. 同舒扯.

파잔(把盞) 동 술잔을 손에 잡(들)다. 또는 술을 부어 권하다. ≪朴諺, 上, 43ㅎ≫慢慢的把盞, 날호여 잔을 자브마.

파직ᄒᆞ다 동 파직(罷職)하다. ≪集覽, 字解, 單字解, 7ㅎ≫閑. 雜也. 閑雜人. 又替也. 파직ᄒᆞ다, 罷閑了·替閑了. 又遊息曰閑. 홍ᄯᅩᆼ여 ᄃᆞᆫ닐시니, 遊閑了. 又練熟也. 弓馬熟閑. 又空也. 空閑田地 뷔엿ᄂᆞᆫ ᄯᅡ. 又等閑 부질업시, 又힘히미, 又간대롭다.

파진찬(波珍飡) 명 벼슬 이름. 신라(新羅) 때의 17관등(官等) 가운데의 넷째 등급. 진골(眞骨)만이 받을 수 있었다. 공복(公服)의 빛깔은 자색(紫色)이었다. ≪朴諺, 下, 58ㅎ≫咱本國是太祖(集覽, 朴集, 下, 12ㅈ: 太祖. 姓王氏, 諱建, 字若天, 松岳郡人. 幼而聰明, 龍顔日角. 年二十, 始仕弓裔, 拜波珍飡.)姓王諱建表德若天, 우리 本國이 太祖의 姓은 王이오 諱ᄂᆞᆫ 建이오 字ᄂᆞᆫ 若天이니. ≪朴諺, 下, 59ㅎ≫陞做水軍將軍波珍飡侍中, 陞ᄒᆞ여 水軍將軍 波珍飡 侍中을 ᄒᆞ엿더니라.

파파(婆婆) 명 노파. 또는 부모 또는 그와 같은 항렬 이상에 속하는 친족의 부인. 또는 할머니. ≪朴諺, 中, 17ㅈ≫饋婆婆(集覽, 朴集, 中, 3ㅈ: 婆婆. 汎稱老媼之謂, 或呼尊屬老婦之稱. 又祖母曰婆婆.)口到些箇, 婆婆를 주어 져이 입브티쇼셔 ᄒᆞ더이다.

파한(罷閑) 동 일정한 직무가 없는 벼슬아치를 파직(罷職)하다. ≪集覽, 字解, 單字解, 7ㅎ≫閑. 雜也. 閑雜人. 又替也. 파직ᄒᆞ다, 罷閑了·替閑了. 又遊息曰閑. 홍ᄯᅩᆼ여 ᄃᆞᆫ닐시니, 遊閑了. 又練熟也. 弓馬熟閑. 又空也. 空閑田地 뷔엿ᄂᆞᆫ ᄯᅡ. 又等閑 부질업시, 又힘히미, 又간대롭다.

파해(把解) 명 전당포(典當舖)의 다른 이름. ≪集覽, 字解, 單字解, 4ㅈ≫把. 持也, 握也. 一把 ᄒᆞᆫ 줌, 又ᄒᆞᆫ ᄌᆞᄅᆞ. 把我們 우리를다가, 把來 그를다가, 與將字大同小異. 又元時語, 有把解之語, 猶言典儅也, 今不用. ≪朴諺, 中, 27ㅈ≫開着一座解儅庫(集覽, 朴集, 中, 6ㅎ: 解儅庫. 元時或稱印子鋪, 或稱把解, 人以重物來儅, 取錢而去, 在後償還本利, 還取其物而去, 此即解儅庫也.), 一座 解儅庫를 열고.

파협(巴峽) 명 중국 사천성(四川省) 파현(巴縣) 동쪽의 강에 인접한 석동협(石洞峽)·동라협(銅鑼峽)·명월협(明月峽)의 세 협곡. ≪朴諺, 上, 4ㅈ≫荔子(集覽, 朴集, 上, 2ㅈ: 荔子. 子作支〈支〉. 荔支〈支〉, 生巴峽間, 形狀團如帷盖, 葉如冬青, 花如橘, 春榮. 實如丹夏, 朶如葡萄, 核如枇杷, 殼如紅繒, 膜如紫綃, 瓤肉潔白如冰霜, 漿液甘如醴酪. 如離本枝, 一日色變, 二日香變, 三日味變, 四五日外色·香·味盡〈尽〉變.), 녀지오.

파희(把戲) 명 놀이. 장난. ⇔노롯. ≪朴諺, 中, 2ㅈ≫有呈諸般把戲的那, 여러 가지 노롯 呈ᄒᆞᄂᆞᆫ 이 잇ᄂᆞ냐.

파ᄒᆞ다(罷-) 동 파(罷)하다. ⇔파(罷). ≪朴諺, 上, 44ㅎ≫每日打罷明鍾起來, 每日에 明鍾을 텨 罷ᄒᆞ면 니러.

판 명 판(板). ⇔반(盤). ≪朴諺, 中, 49ㅎ≫將過碁盤來, 바독판 가져오라.

판 의 (장기나 바둑에서의) 판. 국. ❶⇔국(局). ≪朴諺, 上, 22ㅈ≫咱們下一局賭輸

ㅍ

嬴(贏)如何, 우리 흔 판 두어 지며 이긔믈 더느미 엇더흐뇨. ❷⇔반(盤). ≪朴諺, 上, 23ㅈ≫高碁輸頭盤, 놉흔 바독은 첫 판을 진다 흐느니라. ≪朴諺, 中, 49ㅎ≫咱們下一盤, 우리 흔 판 두쟈.

판 ㉺ 판. (담틀 하나의 넓이. 곧, 담장 6자 사방의 넓이. ⇔판(板). ≪朴諺, 上, 10ㅎ≫多少一板(集覽, 朴集, 上, 5ㅈ: 板. 六尺爲板.) (集覽, 朴集, 上, 5ㅈ: 堵. 五板爲堵.), 언머에 흔 판고. 二錢半一板家, 두 돈 반에 흔 판식 호딕. ≪朴諺, 上, 10ㅎ≫錢半一板, 돈 반에 흔 판이라.

판(板) ㉸ 널. 널빤지. ⇔널. ≪朴諺, 上, 10ㅎ≫着墻板當着墻頭絟的牢着, 담 쌋는 널로 담 머리예 막아 믹기를 굿(곳)이 흐고. ≪朴諺, 中, 27ㅎ≫用板盖在上頭, 널로 뻐 우희 덥고.

판(板) ㉺ 판. 담틀 하나의 넓이. 곧, 담장 6자 사방의 넓이. ⇔판. ≪朴諺, 上, 10ㅎ≫多少一板(集覽, 朴集, 上, 5ㅈ: 板. 六尺爲板.) (集覽, 朴集, 上, 5ㅈ: 堵. 五板爲堵.), 언머에 흔 판고. 二錢半一板家, 두 돈 반에 흔 판식 호딕. ≪朴諺, 上, 10ㅎ≫錢半一板, 돈 반에 흔 판이라.

판달문(板闥門) ㉸ 널문. 또는 (가게의) 덧문. ⇔널문. ≪朴諺, 上, 52ㅈ≫板闥門那甚麽門, 널문가 므슴 문고.

판아(板兒) ㉸ 띳돈. ⇔돈. ≪朴諺, 上, 18ㅈ≫那三台板兒做得好, 뎌 三台 돈은 믿둘기를 잘흐엿고. ≪朴諺, 上, 18ㅎ≫南斗六星板兒做得忒圓了些, 南斗六星 돈은 믿둘기를 너모 두렷게 흐엿고. ≪朴諺, 上, 18ㅎ≫左輔右弼板兒和兩箇束兒, 左輔右弼 돈과 두 뭇금쇠는. ≪朴諺, 上, 18ㅎ≫後面北斗七星板兒做的好, 後面 北斗七星 돈은 믿둘기를 잘흐엿고.

판아(瓣兒) ㉺ 쪽. ⇔뽁. ≪朴諺, 上, 27ㅎ≫八瓣兒鋪翠眞言字粧金大帽上, 여둛 뽁에 비취 짓 셜고 眞言字를 금으로 쑴인 큰 갓에.

판자(板子) ㉸ 널[板]. 판자. ⇔널. ≪朴諺, 中, 2ㅎ≫板子又薄, 널이 쏘 엷고.

판조(板條) ㉸ 가늘고 길게 켠 목재. ≪朴諺, 上, 45ㅈ≫手心上打三戒方(集覽, 朴集, 上, 12ㅎ: 戒方. 質問云, 讀書小兒送入學堂, 師傅敎寫字, 不用心寫好字, 師傅拿二尺長·寸半寬·半寸厚的木板條打手掌, 使後日寫好字, 免打手掌, 謂之戒方.), 손바당을 세 번 젼반으로 티느니라.

팔(八) ㉿ 여덟. ⇔여둛. ≪朴諺, 上, 11ㅎ≫闕八擔, 여둛 짐을 트리로다. ≪朴諺, 上, 21ㅎ≫一夜裏喂到七八遍家, 흐룻밤의 먹이기를 닐곱 여둛 번의 다둣게 흐라. ≪朴諺, 上, 27ㅎ≫八瓣兒鋪翠眞言字粧金大帽上, 여둛 뽁에 비취 짓 셜고 眞言字를 금으로 쑴인 큰갓에. ≪朴諺, 上, 30ㅈ≫通該一兩八錢, 通흐여 혀오니 흔 냥 여둛 돈이로다. ≪朴諺, 上, 53ㅈ≫七八箇氣力的一張, 닐곱 여둛 힘에 흔 댱을 믿들라. ≪朴諺, 中, 4ㅎ≫被表帶裏兒八錢, 니블 거족과 안쪄는 여둛 돈이니. ≪朴諺, 下, 27ㅈ≫八錢一顆家買你的, 여둛 돈에 흔 낫식 흐여 네 하를 사쟈.

팔각(八角) ㉸ ❶붓순나무. (붓순나뭇과의 상록 활엽 소교목(小喬木). 나무껍질과 열매는 향료로 쓴다) ≪朴諺, 上, 7ㅈ≫都着些細料物(集覽, 朴集, 上, 3ㅎ: 細料物. 事林廣記食饌類, 細料物, 官桂·良薑·華撥草·豆蔻·陳皮·縮砂仁〈砂仁〉·八角·茴香各一兩, 川椒二兩, 杏仁五兩, 甘草一兩半, 白檀末半兩. 右共爲細末用之.), 다 져기 ᄀ는 교토를 두고. ❷여덟 모. ⇔여둛모. ≪朴諺, 上, 17ㅈ≫鵝老翅鶴兒, 쇼로기연. 鮎魚鶴兒, 머유기연. 八角鶴兒, 여둛모연. 月樣鶴兒, 둘 ᄀ튼 연. 人樣鶴兒, 사름 ᄀ튼 연. 四方鶴兒, 네모연.

팔각학아(八角鶴兒) ㉸ 여덟 모 나게 만든 연. ⇔여둛모연. ≪朴諺, 上, 17ㅈ≫鵝老翅鶴兒, 쇼로기연. 鮎魚鶴兒, 머유기연. 八角鶴兒, 여둛모연. 月樣鶴兒, 둘 ᄀ튼 연. 人樣鶴兒, 사름 ᄀ튼 연. 四方鶴兒, 네모연.

ㅍ

팔리장(八里庄) 명 팔리장(八里庄). '庄'은 '莊'의 속자. ≪朴諺, 上, 58ㅎ≫八里庄(集覽, 朴集, 上, 14ㅎ: 八里庄. 地名. 凡鄕井之制, 在內曰街·坊·關·廂, 在外曰店·鎭·鄕·莊〈庄〉·啚·保·屯·務·寨·峪·灣·窩, 盖因俗呼得名, 皆指人所聚居之處也.)梁家花園裏做來, 八里庄 梁家 花園의셔 ᄒᆞ니라.

팔리장(八里莊) 명 땅 이름. 중국 하북성(河北省) 통현(通縣)에 있었다. ≪朴諺, 上, 58ㅎ≫八里庄(集覽, 朴集, 上, 14ㅎ: 八里庄. 地名. 凡鄕井之制, 在內曰街·坊·關·廂, 在外曰店·鎭·鄕·莊〈庄〉·啚·保·屯·務·寨·峪·灣·窩, 盖因俗呼得名, 皆指人所聚居之處也.)梁家花園裏做來, 八里庄 梁家 花園의셔 ᄒᆞ니라.

팔면(八面) 명 여러 방면. 또는 여러 측면. ≪朴諺, 下, 31ㅎ≫將軍八面威風, 將軍은 八面威風이러라.

팔보(八寶) 명 〈불〉 불교에서 도안으로 쓰이는, 윤(輪)·나(螺)·산(傘)·개(蓋)·화(花)·관(罐)·어(魚)·반장(盤長)의 여덟 가지. ≪朴諺, 上, 27ㅎ≫嵌八寶骨朶雲織金羅比甲, 八寶 씨고 굴근 운문ᄒᆞᆫ 織金 깁 比甲에.

팔사(八舍) 명 차례나 순서, 또는 장유(長幼)의 순서가 여덟 번째에 해당되는 사람. ≪朴諺, 上, 57ㅎ≫八舍(集覽, 朴集, 上, 14ㅎ: 八舍. 音義云, 行次第〈莭〉八之人.)你却那裏去, 八舍ㅣ아 네 또 어듸 가ᄂᆞᆫ다.

팔성(八成) 명 팔성은(八成銀). ≪朴諺, 上, 30ㅈ≫我的都是細絲官銀(集覽, 朴集, 上, 9ㅎ: 細絲官銀. 銀十品曰十成, 曰足色, 曰成色, 曰細絲, 曰手絲兒, 曰吹螺, 曰白銀. 九品曰九成, 曰青絲. 八品曰八成. 總稱〈総称〉元寶〈宝〉. 元寶釋見下.), 내 하ᄂᆞᆫ 다 이 細絲官銀이라.

팔성은(八成銀) 명 금은(金銀)의 품질을 10등급으로 나누었을 때의 셋째 등급의 은. 곧, 순도가 8할인 은. ≪朴諺, 下, 26ㅈ≫這的八成銀, 이거슨 八成銀이니.

팔십종호(八十種好) 명 〈불〉 부처가 갖추고 있다는 여든 가지의 좋은 상(相). 일명 팔십수형호(八十隨形好). ≪朴諺, 中, 23ㅈ≫面圓璧月(集覽, 朴集, 中, 6ㅈ: 面圓璧月. 佛八十種好, 云面圓淨如滿月.), ᄂᆞᆺ춘 壁(璧)月ᄀᆞ티 두렷ᄒᆞ고. ≪朴諺, 中, 23ㅈ≫身瑩瓊瓌(集覽, 朴集, 中, 6ㅈ: 身瑩瓊瓌. 佛八十種好云, 身有光明, 又云身淸淨. 又云色潤澤如瑠璃.), 몸은 瓊瓌ㅣᄀᆞ티 ᄆᆞᆰ고.

팔원(八元) 명 고려(高麗) 때 패강진(浿江鎭)의 두상대감(頭上大監)인 김팔원(金八元)의 이름. 고려 태조(太祖) 왕건(王建)의 4대조 강충(康忠)이 팔원의 풍수지리설을 믿고 부소산(扶蘇山)의 남쪽으로 옮겨 살며, 소나무를 온 산에 심고 부소군(扶蘇郡)을 송악군(松嶽郡)이라고 고쳤다. ≪朴諺, 下, 61ㅈ≫第二年, 第二年에. 移都松岳郡(集覽, 朴集, 下, 13ㅈ: 都松岳郡〈松岳郡〉. 時新羅監干八元善風水, 到扶蘇郡, 見扶蘇山形勝而童, 告康忠曰, 若移郡山南, 植松使不露巖〈岩〉石, 則統合三韓者出矣.), 松岳郡에 移都ᄒᆞ니.

팔월(八月) 명 한 해 12달 가운데 여덟째 달. ≪朴諺, 上, 17ㅈ≫八月裏却放鶴兒(集覽, 朴集, 上, 6ㅎ: 鶴兒. 質問云, 風旗也. 乃小兒三月放爲風箏〈筝〉, 八月放爲紙鶴也.), 八月에 또 연노히 ᄒᆞᄂᆞ니. ≪朴諺, 上, 17ㅈ≫八月秋風急, 八月에 秋風이 急ᄒᆞ면. ≪朴諺, 上, 23ㅈ≫這八月十五日仲秋莭(節), 이 八月 十五日 仲秋莭(節)에. ≪朴諺, 上, 48ㅈ≫八月初頭起, 八月 初生에 긔동ᄒᆞᆯ러라. ≪朴諺, 中, 31ㅎ≫如今更秋凉丹楓八月好時莭(節), 이제 또 秋凉 丹楓 八月 됴흔 빼니.

팔주환(八珠環) 명 (한쪽에 진주 네 개를 꿰어 만든) 귀고리. (한 쌍이면 여덟 개가 된다) ❶⇔귀엿골회. ≪朴諺, 上, 19ㅎ≫把一對八珠環兒(集覽, 朴集, 上, 7ㅎ: 八珠環. 귀·엿골·회. 以珍〈珎〉珠大者四顆連

ㅍ

綴爲一隻, 一雙〈雙〉共八珠.), 흔 빵 八珠環과. ≪朴諺, 上, 20ㅈ≫一對耳墜兒(集覽, 朴集, 上, 7ㅎ: 耳墜兒. 事文類聚云, 莊子曰, 天子之侍御, 不叉揃(不爪翦), 不穿耳, 則穿耳自古有之. 今俗亦曰耳環, 卽八珠環也.), 흔 빵 귀엿골회과. ❷⇔팔주환아(八珠環兒). ≪朴諺, 上, 19ㅎ≫把一對八珠環兒(集覽, 朴集, 上, 7ㅎ: 八珠環. 귀·엿골·회. 以珍〈珎〉珠大者四顆連綴爲一隻, 一雙〈雙〉共八珠.), 흔 빵 八珠環과. ≪朴諺, 上, 41ㅈ≫八珠環兒(集覽, 朴集, 上, 11ㅎ: 八珠環兒. 見上.), 八珠環과.

팔주환아(八珠環兒) 명 (한쪽에 진주 네 개를 꿰어 만든) 귀고리. (한 쌍이면 여덟 개가 된다) ⇔팔주환(八珠環). ≪朴諺, 上, 19ㅎ≫把一對八珠環兒(集覽, 朴集, 上, 7ㅎ: 八珠環. 귀·엿골·회. 以珍〈珎〉珠大者四顆連綴爲一隻, 一雙〈雙〉共八珠.), 흔 빵 八珠環과. ≪朴諺, 上, 41ㅈ≫八珠環兒(集覽, 朴集, 上, 11ㅎ: 八珠環兒. 見上.), 八珠環과.

팔품(八品) 명 팔성(八成). 금은(金銀)의 품질을 10등급으로 나누었을 때의 셋째 등급. 곧, 순도가 8할인 금은. ≪朴諺, 上, 30ㅈ≫我的都是細絲官銀(集覽, 朴集, 上, 9ㅎ: 細絲官銀. 銀十品曰十成, 曰足色, 曰成色, 曰細絲, 曰手絲兒, 曰吹螺, 曰白銀. 九品曰九成, 曰靑絲. 八品曰八成. 總稱〈総称〉元寶〈宝〉. 元寶釋見下.), 내 하는 다 이 細絲官銀이라.

패 명 (바둑의) 패(覇). ⇔겁(劫). ≪朴諺, 上, 22ㅎ≫殺一殺入一入赶一赶扭將去打刼, 주기리 주기고 드리리 드리고 몰 리 모라 에워 가 패 티쟈. 我輸了這刼時遲了, 내 이 패을 지면 사오나오니.

패(敗) 동 패(敗)하다. ⇔패ᄒᆞ다. ≪朴諺, 中, 47ㅎ≫老實常在, 고디식ᄒᆞ니는 덧덧이 잇고. 脫空常敗, 섭섭ᄒᆞᆫ 이는 덧덧이 패ᄒᆞ다 ᄒᆞᄂᆞ니라.

패(牌) 명 널리 알리기 위하여 밖에 내건 표지(標識). ≪朴諺, 下, 46ㅎ≫牌上寫着勾芒神, 牌예 勾芒神이라 쓰고.

패공(沛公) 명 한 고조(漢高祖) 유방(劉邦)이 제위(帝位)에 오르기 전, 패(沛) 땅에서 군대를 일으켰을 때 군중이 그를 옹립하며 붙인 칭호. ≪朴諺, 下, 11ㅎ≫衣錦還鄕(集覽, 朴集, 下, 3ㅈ: 衣錦還鄕. 項羽屠咸陽, 與沛公分王. 又懷東歸, 曰, 富貴不歸故鄕, 如衣綉〈繡〉夜行. 遂東歸, 都彭城. 故後人仕官〈宦〉榮貴還鄕里者曰衣錦還鄕.), 비단옷 닙고 고향의 도라가.

패관(稗官) 명 한(漢)나라 이후 민간에 떠도는 이야기를 모아 기록하는 일을 맡아 하던 임시 벼슬. 또는 이야기꾼. ≪朴諺, 上, 5ㅎ≫叫敎坊司十數箇樂工和做院本諸般雜技(集覽, 朴集, 上, 3ㅈ: 雜劇. 南村輟耕錄曰, 稗官廢而傳奇作, 傳奇作而戱曲繼〈継〉. 金季國初, 樂府猶宋詞之流, 傳奇猶宋戱曲之變〈変〉, 世傳謂之雜劇.)的來, 敎坊司의 여라믄 樂工과 院本에 여러 가지 雜技ᄒᆞᄂᆞ니를 블러오라.

패방(牌榜) 명 게시판 따위에 붙이거나 써 놓은 글. ≪朴諺, 下, 7ㅈ≫我不知道那家有甚麼幟〈慌〉字(集覽, 朴集, 下, 2ㅈ: 幟字. 今按, 漢俗, 凡出賣諸物之家, 俱設標幟之物, 置於門口, 或於門前起立牌榜, 如曰張家出賣高麗布扇. 一如賣酒家標植靑帘之類, 俗呼靑帘曰酒家望子.), 내 아디 몯ᄒᆞ니 뎌 집의 므슴 보람이 잇ᄂᆞ뇨.

패자(牌子) 명 마패(馬牌)와 여패(驢牌). ≪朴諺, 中, 8ㅎ≫牌子(集覽, 朴集, 中, 2ㅈ: 牌子. 凡馬驛設置, 馬驢不等, 其中管馬答應者, 謂之馬牌, 管驢者, 謂之驢牌, 總〈総〉稱牌子.)·令史們來, 牌子·令史들 흔 오라.

패ᄒᆞ다 동 패(敗)하다. ⇔패(敗). ≪朴諺, 中, 47ㅎ≫老實常在, 고디식ᄒᆞ니는 덧덧이 잇고. 脫空常敗, 섭섭ᄒᆞᆫ 이는 덧덧이 패ᄒᆞ다 ᄒᆞᄂᆞ니라.

팽성(彭城) 명 현(縣) 이름. 진·한대(秦漢代)에 두었다. 춘추시대 송(宋)나라의 읍(邑). 초 회왕(楚懷王)과 항우(項羽)가 도읍을 하였던 곳으로, 소재지는 강소성(江蘇省) 동산현(銅山縣) 지역에 있었다. ≪朴諺, 下, 11ㅎ≫衣錦還鄕(集覽, 朴集, 下, 3ㅈ: 衣錦還鄕. 項羽屠咸陽, 與沛公分王. 又懷東歸, 曰, 富貴不歸故鄕, 如衣綉〈繡〉夜行. 遂東歸, 都彭城. 故後人仕官〈宦〉榮貴還鄕里者曰衣錦還鄕.), 비단옷 닙고 고향의 도라가.

퍼디다 동 펴지다. ⇔개(開). ≪朴諺, 上, 55ㅎ≫只腿跨不開(集覽, 朴集, 上, 14ㅈ: 腿跨不開. 音義, 지·페딘뭘.), 다믄 뒷 지페 퍼디디 못ᄒᆞ고.

퍽이 의 포기. ⇔과(科). ≪朴諺, 上, 36ㅈ≫當路一科麻, 길헤 당ᄒᆞᆫ ᄒᆞᆫ 퍽이 삼이.

펴다 동 펴다. ⇔전개(展開). ≪朴諺, 下, 14ㅈ≫紫羅書案上展開, 紫羅 書案에 펴고.

편 명 편. 쪽. ⇔변(邊). ≪朴諺, 上, 12ㅎ≫西邉對籌去, 셔편에 사슬 마초라 가. ≪朴諺, 中, 25ㅎ≫如今搬在法藏寺西邉混堂間壁住裏, 이제 法藏寺 셔편 混堂 ᄉᆞ이 ᄇᆞ람에 올마 사ᄂᆞ니. ≪朴諺, 下, 23ㅎ≫左邉搭右邉趓, 좌편으로 건디려 ᄒᆞ면 우편으로 숨고. ≪朴諺, 下, 23ㅎ≫左邉搭右邉趓, 좌편으로 건디려 ᄒᆞ면 우편으로 숨고. ≪朴諺, 下, 23ㅎ≫右邉搭左邉去, 우편으로 건디려 ᄒᆞ면 좌편으로 가매. ≪朴諺, 下, 52ㅎ≫於本家那邉跳墻入來家內, 본집 뎌 편 담을 뛰여 안히 드러와.

편 의 편. 쪽. ⇔변(邊). ≪朴諺, 上, 49ㅈ≫一邉五箇家分着射, ᄒᆞᆫ 편에 다ᄉᆞᆺ식 ᄂᆞᆫ화 뽀쟈. ≪朴諺, 中, 33ㅎ≫麻骨一邉收拾下着用着, 삼대를 ᄒᆞᆫ 편에 收拾ᄒᆞ여 두라 ᄡᅳ쟈. ≪朴諺, 下, 22ㅎ≫油鍋兩邉看着, 기름 가마 두 편의셔 보와. ≪朴諺, 下, 29ㅎ≫塌了半邉, 반 편이 떠러디고.

편(片) 의 편(片). 조각. ≪朴諺, 中, 16ㅈ≫生薑三片棗一枚, 生薑 三片 棗 一枚를 ᄒᆞ야.

편(便) 명 적. (편리한) 때 또는 시기. ⇔적. ≪朴諺, 中, 40ㅎ≫每日家尋空便拿雀兒, 每日에 뷘 적을 어더 새 잡노라.

편(便) 형 편(便)하다. ⇔편ᄒᆞ다. ≪朴諺, 中, 37ㅎ≫官人你與多少便了, 官人아 네 언머를 주어야 편ᄒᆞ료.

편(偏) 부 특별히. 유달리. ❶⇔독벼리. ≪集覽, 字解, 單字解, 3ㅈ≫偏. 독벼리, 又독혀. 又츼여. ❷⇔독별이. ≪朴諺, 下, 26ㅎ≫我偏帶不的好珊瑚, 내라 독별이 됴ᄒᆞᆫ 珊瑚를 ᄎᆞ디 못ᄒᆞ랴.

편(偏) 부 ❶유별나게. 유독. 특별히. ⇔독혀. ≪集覽, 字解, 單字解, 3ㅈ≫偏. 독벼리, 又독혀. 又츼여. ❷치우쳐. ⇔츼여. ≪集覽, 字解, 單字解, 3ㅈ≫偏. 독벼리, 又독혀. 又츼여.

편(匾) 부 납작이. ⇔납쟉이. ≪朴諺, 下, 29ㅎ≫鼈兒打的匾着些箇, 鼈兒 믿ᄃᆞᆯ기를 져기 납쟉이 ᄒᆞ고.

편(遍) 명 책의 내용을 일정한 단락으로 크게 나눈 한 부분을 나타내는 말. ≪朴諺, 中, 23ㅎ≫尋聲救苦應念除災(集覽, 朴集, 中, 6ㅈ: 尋聲救苦應念除災. 史記, 昔盧景裕繫晉陽獄, 志心念觀世音菩薩, 枷鎖自脫. 又有人當死, 志心誦觀世音菩薩普門品經千百遍, 臨刑刀折, 因以赦之.), 尋聲 救苦ᄒᆞ며 應念 除灾ᄒᆞᄂᆞ니.

편(遍) 의 번(番). ❶⇔번. ≪集覽, 字解, 單字解, 3ㅈ≫遍. 次也. 一遍 ᄒᆞᆫ 번. ≪朴諺, 上, 20ㅎ≫一日三遍家, ᄒᆞᄅᆞ 세 번식. ≪朴諺, 上, 21ㅎ≫一夜裏喂到七八遍家, ᄒᆞᄅᆞᆺ 밤의 먹이기를 닐곱 여ᄃᆞᆲ 번의 다ᄃᆞᆺ게 ᄒᆞ라. ≪朴諺, 中, 25ㅎ≫着了幾遍雨時都走了㨾子, 여러 번 비를 마즈면 다 ᄃᆞᆲ뜰 양이로다. ≪朴諺, 下, 7ㅈ≫又蟒抓了一遍, 또 ᄒᆞᆫ 번을 긁티니. ≪朴諺, 下, 7ㅈ≫買將一兩疥藥來搽一遍, ᄒᆞᆫ 냥 疥藥을 사다가 ᄒᆞᆫ 번 ᄇᆞᄅᆞ면. ❷⇔변. ≪朴諺, 上, 63ㅈ≫一遍也不曾說知心腹的話, ᄒᆞᆫ 변도 일즉 心腹 아는 말을 니ᄅᆞ디 못ᄒᆞ여시니.

편(鞭) 명 채찍. ⇔채. ≪朴諺, 上, 24ㅈ≫君子一言快馬一鞭, 君子ᄂᆞᆫ 一言이오 快馬ᄂᆞᆫ 一鞭이라 ᄒᆞ니라. ≪朴諺, 上, 36ㅎ≫鐵人鐵馬不着鐵鞭不下馬, 쇠사롬 쇠뭘ᄭᅴ

ㅍ

쇠채 아니면 물셕 ᄂᆞ리디 아니ᄒᆞᄂᆞᆫ 거시여.

편고(遍告) 동 두루 알리다. ≪朴諺, 中, 22ㅈ≫隨相現相(集覽, 朴集, 中, 5ㅈ: 隨相現相. 飜譯名義云, 佛昔爲帝釋時, 遭飢歲, 疾疫流行, 醫療無功, 道殣相屬. 帝釋悲愍, 思所救濟, 乃變其形爲大蟒身, 殭屍川〈殭屍出于〉谷, 空中遍告, 聞者感慶, 相率〈寧(攣)〉奔赴, 隨割隨生, 療飢療疾.)救苦惱於三塗, 샹을 조차 샹을 뵈야 苦惱를 三塗에 救ᄒᆞᄂᆞᆫ뎌다.

편당(便當) 형 편리하다. 형편이 좋다. ≪集覽, 字解, 單字解, 4ㅎ≫便. 去聲, 卽也. 便行 즉재 가니라, 便去 즉재 가리라, 又즉재 가다. 又則也. 便有 곧 잇다, 便是 곧 올ᄒᆞ니라. 又順也, 順便. 又安也, 便當. 又宜也. 行方便 됴홀 양오로 ᄒᆞ다, 不方便 다히 마지 쉽사디 아니타. 又猶則也. 你去便就有了 너옷 가면 이시리라. 又平聲, 穩便 온당ᄒᆞ다. 吏語, 便益.

편배(編排) 동 (일정한 순서에 따라 앞뒤를) 배열하다. 편성하다. ≪朴諺, 中, 23ㅈ≫齒排柯雪(集覽, 朴集, 中, 6ㅈ: 齒排柯雪. 謂齒如雪堆枝柯之上, 淨白頓整之形, 似人所編排然. 佛三十二相, 有四十齒相, 有齒白淨相, 有齒齊密相.), 니ᄂᆞᆫ 柯雪이 버럿ᄂᆞᆫ 듯ᄒᆞ고.

편성(編成) 동 조직하고 형성하다. ≪朴諺, 下, 52ㅈ≫叫到隣人幷巡宿総甲(集覽, 朴集, 下, 11ㅎ: 總甲. 軍制, 編成排甲, 每一小甲管軍人一十名, 總〈総〉甲管軍五十名, 每百戶該管一百一十二名.)人等, 隣人과 巡宿ᄒᆞᄂᆞᆫ 総甲人 等을 아오로 블러. ≪朴諺, 下, 53ㅈ≫着當該地分弓手(集覽, 朴集, 下, 12ㅈ: 弓手. 今按, 軍制編成排甲, 每一百戶, 銃手十名, 刀牌手二十名, 弓箭手三十名, 槍手四十名.)人等, 當該 地分 弓手人 等으로 ᄒᆞ여.

편수(編修) 명 중국에서 국사(國史)의 편찬에 종사하던 사관(史官). 송대(宋代)에는 한림원(翰林院)에 소속되었다. ≪朴諺, 下, 57ㅈ≫張編修家裡下着, 張編修의 집의 브리윗ᄂᆞ니라. ≪朴諺, 下, 57ㅎ≫編修相公有麽, 編修 相公이 잇ᄂᆞ냐. ≪朴諺, 下, 61ㅎ≫張編修有此好文官, 張編修ㅣ 이 됴ᄒᆞᆫ 文官을 두엇다.

편식(匾食) 명 물만두. ≪朴諺, 中, 6ㅎ≫捏些匾食, 적이 匾食을 빗고. ≪朴諺, 下, 32ㅈ≫素酸餡稍麥, 素酸 소 ᄒᆞᆫ 稍麥과. 匾食, 匾食과.

편아(遍兒) 의 번. ⇔번. ≪朴諺, 下, 6ㅎ≫你饋我掐一遍兒, 네 날을 ᄒᆞᆫ 번 닥여 주고려.

편안히 부 편안히. ≪集覽, 字解, 累字解, 2ㅈ≫自在. 마ᄋᆞᆷ 편안히 잇다.

편안ᄒᆞ다 형 편안(便安)하다. ⇔안(安). ≪朴諺, 中, 29ㅈ≫妻賢夫省事官淸民自安, 妻ㅣ 어딜면 지아븨 일이 덜리이고 官이 ᄆᆞᆯ그면 ᄇᆡᆨ셩이 스스로 편안ᄒᆞᄂᆞ니라. ≪朴諺, 中, 34ㅎ≫無功食祿寢食不安, 功이 업시 祿을 먹으면 寢食이 편안티 아니타 ᄒᆞ니라.

편익(便益) 형 편리하고 유익하다. ≪集覽, 字解, 單字解, 4ㅎ≫便. 去聲, 卽也. 便行 즉재 가니라, 便去 즉재 가리라, 又즉재 가다. 又則也. 便有 곧 잇다, 便是 곧 올ᄒᆞ니라. 又順也, 順便. 又安也, 便當. 又宜也. 行方便 됴홀 양오로 ᄒᆞ다, 不方便 다히 마지 쉽사디 아니타. 又猶則也. 你去便就有了 너옷 가면 이시리라. 又平聲, 穩便 온당ᄒᆞ다. 吏語, 便益.

편자(鞭子) 명 채찍. ≪朴諺, 下, 46ㅎ≫手拿結線鞭(集覽, 朴集, 下, 10ㅈ: 手拿結線鞭. 鞭子用柳枝, 長二尺四寸, 按二十四氣, 上用結子. 立春在孟日用麻, 仲日用苧, 季日用絲, 用五彩色醮染.), 손에 結線鞭을 잡고.

편전(便殿) 명 임금이 항상 거처하면서 정사(政事)를 보던 궁전. ≪朴諺, 中, 25ㅎ≫可知那厮使長的大帽(集覽, 朴集, 中, 6ㅎ: 大帽. 南村輟耕錄云, 胡石塘先生嘗應聘入京, 世皇召見於〈於〉便殿, 趍(趨)進, 不覺笠子欹側.)也做裏, 그리어니 뎌 놈이

ㅍ

使長의 큰갓도 믿ᄂᆞ니.

편주(扁舟) 명 작은 배. ≪朴諺, 下, 51ㅎ≫我待學范蠡歸湖(集覽, 朴集, 下, 11ㅎ: 范蠡歸湖. 范蠡, 越之大夫也. 相越王勾踐敗吳, 曰, 越王爲人長頸烏〈烏〉喙, 可與啚〈圖〉患難, 不可與共安逸. 遂泛扁舟, 載西施, 遊五湖不返.), 내 范蠡의 歸湖를 비호고져 ᄒᆞ노라.

편첩(便捷) 형 민첩하다. ≪朴諺, 中, 52ㅈ≫年時牢子們走(集覽, 朴集, 中, 8ㅎ: 牢子走. 以脚力便捷者膺上賞, 故監役之官, 齊其名數而約之以繩, 使無後先參差之爭, 然後去繩放行.)的你見來麼, 젼년에 牢子들희 ᄃᆞ롬질을 네 본다.

편춘(鞭春) 명 입춘 하루 전날 궁중이나 관청에서 토우(土牛)를 세워놓고, 입춘 당일에 붉은 채찍으로 때리면서 풍년과 권농(勸農)을 빌던 일. 타춘(打春) 또는 편춘이라고 하였다. ≪朴諺, 下, 45ㅈ≫宋舍看打春(集覽, 朴集, 下, 9ㅎ: 打春. 東京夢華錄云, 立春前五日, 造土牛·耕夫·犁具, 前一日順天府進農牛入禁中鞭春, 府縣官吏·士庶·耆社, 具鼓樂出東郊迎春, 牛芒神至府前, 各安方位.)去來, 宋개아 닙츈 노롯ᄒᆞᄂᆞᆫ 양 보라 가쟈.

편히 부 편(便)히. ⇔온(穩). ≪朴諺, 中, 58ㅈ≫挸的穩着, 괴와 편히 ᄒᆞ고.

편ᄒᆞ다 형 편(便)하다. ❶⇔온(穩). ≪朴諺, 中, 58ㅈ≫裏頭床兒不穩, 안히 상이 편티 아니ᄒᆞ니. ❷⇔편(便). ≪朴諺, 中, 37ㅎ≫官人你與多少便了, 官人아 네 언머를 주어야 편ᄒᆞ료.

평공(平拱) 동 바르게 서서 두 손을 맞잡아 가슴 앞으로 올리다. ≪朴諺, 下, 9ㅈ≫箇箇擎拳合掌(集覽, 朴集, 下, 2ㅎ: 擎拳合掌. 西域記云, 致敬之式, 其儀九等, 四曰合掌平拱.), 낫낫치 擎拳 合掌ᄒᆞ야.

평서(平西) 동 해가 뉘엿뉘엿 서쪽으로 기울다. ⇔평서ᄒᆞ다(平西-). ≪朴諺, 下, 14ㅎ≫直到日平西纔上馬, 잇긋 날이 平西호매 다ᄃᆞ게야 ᄀᆞᆺ ᄆᆞᆯ을 ᄐᆞᄂᆞ니라.

평서ᄒᆞ다(平西-) 동 해가 뉘엿뉘엿 서쪽으로 기울다. ⇔평서(平西). ≪朴諺, 下, 14ㅎ≫直到日平西纔上馬, 잇긋 날이 平西호매 다ᄃᆞᆺ게야 ᄀᆞᆺ ᄆᆞᆯ을 ᄐᆞᄂᆞ니라.

평장(平章) 동 공정한 정치를 하다. ≪朴諺, 下, 38ㅎ≫比丞相(集覽, 朴集, 下, 8ㅎ: 丞相. 元中書省有左右丞相, 任宰相之職〈職〉, 左右天子平章萬機.)爭甚麼, 丞相에 比컨대 므서시 ᄠᅳ리오.

평정(平正) 부 평정(平正)히. 평평하고 반듯하게. ⇔평정히(平正-). ≪朴諺, 上, 15ㅎ≫脊兒平正着, 등을 平正히 ᄒᆞ려 ᄒᆞ노라.

평정(平正) 형 평평하다. ⇔평정ᄒᆞ다(平正-). ≪朴諺, 下, 6ㅈ≫你爲甚麼這炕面上灰泥的不平正, 네 므서슬 위ᄒᆞ여 이 炕面灰 ᄇᆞᄅᆞ미 平正티 못ᄒᆞ뇨.

평정히(平正-) 부 평정(平正)히. 평평하고 반듯하게. ⇔평정(平正). ≪朴諺, 上, 15ㅎ≫脊兒平正着, 등을 平正히 ᄒᆞ려 ᄒᆞ노라.

평정ᄒᆞ다(平正-) 형 평평하다. ⇔평정(平正). ≪朴諺, 下, 6ㅈ≫你爲甚麼這炕面上灰泥的不平正, 네 므서슬 위ᄒᆞ여 이 炕面灰 ᄇᆞᄅᆞ미 平正티 못ᄒᆞ뇨.

평지(平地) 명 바닥이 편편한 땅. ≪朴諺, 下, 35ㅈ≫咱且打毬門窩兒(集覽, 朴集, 下, 7ㅎ: 毬門窩兒. 質問云, 如打毬兒, 先竪一毬門, 上繫毬窩, 然後將毬打上, 方言謂之毬門窩兒. 又云, 平地窟成圓窩, 擊起毬兒落入窩者勝.)了, 우리 아직 毬門 굼글 티고. ≪朴諺, 下, 35ㅈ≫却打花房窩兒(集覽, 朴集, 下, 7ㅎ: 花房窩兒. 掘地如椀, 名窩兒. 或隔殿閣而作窩, 或於階上作窩, 或於平地作窩.), 또 花房 굼글 티쟈.

평천하(平天下) 동 천하를 평정하다. ≪朴諺, 中, 25ㅎ≫可知那廝使長的大帽(集覽, 朴集, 中, 6ㅎ: 大帽. 上問曰, 秀才何學. 對曰, 脩身齊家治國平天下之學. 上咲〈笑〉曰, 自家笠子尙不端正, 又能平天下耶.)也做裏, 그리어니 뎌 놈이 使長의 큰갓도

믿ᄃᆞ니.

평칙문(平則門) 명 중국 북경(北京) 내성(內城)에 있는 성문. 서직문(西直門) 남쪽에 있는 부성문(阜城門)의 원대(元代)의 이름이다. ≪朴諺, 上, 11ㅎ≫我在平則門(集覽, 朴集, 上, 5ㅎ: 平則門. 永樂十九年, 營建宮室, 立門九, 南曰正陽, 又曰午門, 元則曰麗正, 南之右曰宣武, 元則曰順承, 南之左曰文明, 元則曰崇文, 又曰哈噠, 北之東曰安定, 北之西曰德勝, 元則曰健德, 東之北曰崇仁, 一名東直, 元名同, 東之南曰朝陽, 元則曰齊華, 西之北曰西直, 西之南曰阜城, 元則曰平則. 元設十一門, 而今減其二.)邉住, 내 平則門 ᄀᆞᆺ의 이셔 사노라. ≪朴諺, 上, 12ㅈ≫平則門離這廣豊倉二十里地, 平則門이 이 廣豊倉에셔 ᄠᅳᆷ이 二十里 싸히니. ≪朴諺, 上, 24ㅎ≫午門(集覽, 朴集, 上, 8ㅈ: 午門. 見上平則門下.)外前看操馬去來, 午門 밧긔 ᄆᆞᆯ 됴습ᄒᆞᄂᆞᆫ 양 보라 가쟈. ≪朴諺, 下, 50ㅈ≫阜城是平則門, 阜城은 이 平則門이니라.

평탄(抨彈) 동 탄핵하다. ≪朴諺, 中, 37ㅎ≫官人十分休駁彈(集覽, 朴集, 中, 7ㅎ: 褒彈. 褒作包是. 事文類聚云, 包彈者, 以包孝肅公多所抨彈, 故云耳.), 官人아 ᄀᆞ장 나므라디 말라.

평평(平平) 형 높낮이가 없이 널찍하고 판판하다. ≪朴諺, 中, 33ㅈ≫只是平平斜斜石徑難行, 그저 平平 斜斜ᄒᆞᆫ 石徑에 行키 어려오니라.

평화(平話) 명 송대(宋代)에 민간에서 성행하던 구두 문학(口頭文學)의 한 가지. 설(說)과 창(唱)이 있었으며, 운문체와 산문체가 엇갈려 발전하다가 점차 산문체가 주를 이루었다. ≪朴諺, 下, 17ㅈ≫要怎麽那一等平話, 엇디 뎌 ᄒᆞᆫ 등 平話를 要ᄒᆞ리오.

폐(閉) 동 닫다. ⇔닷다. ≪朴諺, 下, 16ㅎ≫閉門屋裏坐, 문을 닷고 집의 안자셔도.

폐물(幣物) 명 선사하는 물건. ≪朴諺, 上, 41ㅈ≫下多少財錢(集覽, 朴集, 上, 11ㅎ: 下多少財錢. 今制, 納采·問名·納吉揔〈総〉一次行禮, 以從簡便, 謂之定禮, 亦爲之定親, 亦曰下紅定, 亦送幣物.), 언멋 財錢을 드리더뇨. ≪朴諺, 下, 18ㅎ≫做羅天大醮(集覽, 朴集, 下, 4ㅎ: 大醮. 道經云, 醮, 祭名. 夜中於星辰之下, 陳設餠餌·酒果·幣物, 禋祀天皇·太乙·地祇·列宿.), 羅天大醮를 ᄒᆞ더니.

폐색(閉塞) 동 닫아서 막다. ≪朴諺, 中, 44ㅈ≫撫琴一操(集覽, 朴集, 中, 8ㅈ: 操. 劉向別錄曰, 其道閉塞, 悲愁而作者, 其曲曰操. 言遇災害不失其操也. 仍名曲爲操.)解千愁, 거믄고 ᄒᆞᆫ 곡됴를 어ᄅᆞ만져 千愁를 프ᄂᆞ니.

폐지(廢址) 명 건물이 헐리고 난 뒤 버려둔 빈터. ≪朴諺, 上, 59ㅎ≫西湖是從玉泉(集覽, 朴集, 上, 15ㅈ: 玉泉. 一在山之根, 有泉湧出, 洞門刻玉泉二字, 有觀音閣. 又南有石巖〈岩〉, 號呂公洞, 其上有金時芙蓉殿廢址. 相傳以爲章宗避暑處.)裏流下來, 西湖는 이 玉泉으로 조차 흘러ᄂᆞ리니.

폐풍주(閉風酒) 명 바람[風症]을 예방하고 정신을 맑게 한다는 약술. ≪朴諺, 上, 47ㅎ≫却穿衣服喫幾盞閉風酒, 또 옷 닙고 여러 잔 閉風酒를 먹으면.

포(包) 동 싸다. ⇔ᄡᆞ다. ≪朴諺, 中, 56ㅎ≫我的衣裳被兒包袱也都敝了, 내 衣裳과 니블 ᄡᆞᆫ 보흘 다 터시니.

포(布) 명 베. ⇔뵈. ≪朴諺, 上, 46ㅎ≫五箇黑帖裏布, 닷 필 거믄 텰릭 뵈를. ≪朴諺, 中, 27ㅈ≫有一日賣布·絹的過去, ᄒᆞᄅᆞᆫ 布와 깁 ᄑᆞᆯ 리 디나가거늘. ≪朴諺, 中, 27ㅎ≫把那布·絹來都奪了, 뎌 뵈와 깁을 다 앗고. ≪朴諺, 中, 58ㅈ≫孩兒你饋我買將草布蚊帳來, 아히아 네 날을 얼믠 뵈로 ᄒᆞᆫ 모긔댱을 사다가 주고려. ≪朴諺, 中, 58ㅈ≫一發着草布糊了, ᄒᆞᆫ 번에 얼믠 뵈로 ᄇᆞᄅᆞ라. ≪朴諺, 下, 52ㅈ≫偷盜去布一百匹, 布 一百 匹을 도적ᄒᆞ여 가니.

ㅍ

포(抱) 동 안다. ⇔안다. ≪朴諺, 下, 31ㅈ≫腰濶三圍抱不匝, 허리 너ᄅᆞ기 세 아름이나 ᄒᆞ니 안아 두로디 몯ᄒᆞ고.

포(哺) 동 먹이다. ⇔머기다. ≪朴諺, 上, 51ㅎ≫乳哺三年, 졋 머겨 三年이오.

포(鉋) 동 글겅이질하다. ⇔글게질ᄒᆞ다. ≪朴諺, 上, 20ㅎ≫每日洗刷鉋的乾乾淨淨地, 每日에 싯빗겨 글게질ᄒᆞ기를 乾乾淨淨히 ᄒᆞ고.

포(蒲) 명 창포. (천남성과의 여러해살이풀) ⇔창포(菖蒲). ≪朴諺, 中, 58ㅎ≫把那蒲葉兒來做席子, 뎌 菖蒲 닙흘다가 자리 ᄆᆡᄃᆞ라.

포(飽) 부 배불리. ❶⇔ᄇᆡᄇᆞ리. ≪朴諺, 上, 10ㅎ≫一日三頓家饋他飽飯喫, ᄒᆞᄅᆞ 세 ᄢᅵ식 뎌를 주어 밥을 ᄇᆡᄇᆞ리 먹이고. ❷⇔ᄇᆡ블리. ≪朴諺, 下, 33ㅎ≫咱各自儘飽喫, 우리 각각 잇긋 ᄇᆡ블리 먹쟈.

포(飽) 형 배부르다. ⇔ᄇᆡᄇᆞ르다. ≪朴諺, 上, 7ㅎ≫酒也醉了茶飯也飽了, 술도 醉ᄒᆞ엿고 茶飯도 ᄇᆡᄇᆞ르다.

포(鋪) 동 깔다. ⇔ᄭᆞᆯ다. ≪朴諺, 上, 27ㅎ≫八瓣兒鋪翠眞言字粧金大帽上, 여ᄃᆞᆲ 뽁에 비취 짓 ᄭᆞᆯ고 眞言字를 금으로 ᄭᆞᆷ인 큰 갓에. ≪朴諺, 上, 50ㅎ≫底下鋪蒲席, 밋희 지즑 ᄭᆞᆯ고. 又鋪氈子, ᄯᅩ 담 ᄭᆞᆯ고. ≪朴諺, 上, 50ㅎ≫上頭鋪兩三箇褥子, 우희 두세 깃을 ᄭᆞᆯ고. ≪朴諺, 上, 53ㅈ≫你來這弓面上鋪筋將來, 이바 이 활 면에 힘을 ᄭᆞᆯ라 가져와. ≪朴諺, 上, 60ㅈ≫四面盖的如鋪翠, 四面에 녠 거시 비취를 ᄭᆞᆫ 듯ᄒᆞ야. ≪朴諺, 中, 8ㅎ≫我也鋪鋪盖睡些箇, 나도 鋪盖 ᄭᆞᆯ고 져기 자쟈. ≪朴諺, 中, 44ㅎ≫將花氈來底下鋪一條, 花氈 가져다가 밋희 ᄒᆞᆫ 블 ᄭᆞᆯ고. 炕上鋪着青錦褥(褥)子, 캉 우희 청금 요 ᄭᆞᆯ고. ≪朴諺, 中, 58ㅎ≫鋪着睡時, ᄭᆞᆯ고 자면.

포(鋪) 명 전방(廛). 전포(廛鋪). ⇔푸ᄌᆞ. ≪朴諺, 上, 43ㅈ≫如今鋪裏買去, 이제 푸ᄌᆞ에 사라 가쟈. ≪朴諺, 中, 19ㅈ≫一箇賊那靴鋪裏, ᄒᆞᆫ 도적은 뎌 훠ᄋᆞ푸ᄌᆞ에. ≪朴諺, 中, 36ㅎ≫這鋪裏有四季花段子麽, 이 푸ᄌᆞ에 四季花 문 ᄒᆞᆫ 비단 잇ᄂᆞ냐.

포개(鋪蓋) 명 요와 이불. ≪朴諺, 中, 8ㅎ≫我也鋪鋪盖睡些箇, 나도 鋪盖 ᄭᆞᆯ고 져기 자쟈. ≪朴諺, 中, 24ㅎ≫你將鋪盖送去, 네 鋪盖 가져 보내고.

포견(布絹) 명 베와 비단. ≪朴諺, 中, 28ㅎ≫都搜出三四十箇血瀝瀝的尸首和那珠子·布絹, 셜마은 피 ᄲᅳᆺ드ᄂᆞᆫ 尸首와 그 진쥬·布絹을 다 뒤여 내고.

포구(鮑丘) 명 하천 이름. 상류는 하북성(河北省) 조하(潮河)로 북경시(北京市) 밀운현(密雲縣)과 통현(通縣)을 경유하여 보지현(寶坻縣)에서 구하(泃河)와 합류한다. ≪朴諺, 中, 13ㅎ≫到三河縣(集覽, 朴集, 中, 2ㅎ: 三河縣. 在順天府東七十里, 以地近七渡·鮑丘·臨泃〈泃〉三水, 故名. 直隸通州.), 三河縣에 다ᄃᆞ라.

포구락(抛毬樂) 명 정재(呈才) 때에 추는 춤의 하나. 주로 기녀(妓女) 십여 명이 두 편으로 갈려 포구문(抛毬門)으로 공 넣기를 하며 춤을 춘다. ≪朴諺, 下, 35ㅈ≫咱打那一箇窩兒(集覽, 朴集, 下, 7ㅎ: 窩兒. 質問云, 如人打毬兒, 先掘一窩兒, 後將毬兒打入窩內, 方言謂之窩兒. 又一本質問畫毬門架子, 如本國抛毬樂架子. 而云木架子, 其高一丈, 用五色絹結成彩門, 中有圓眼, 擊起毬兒入眼過落窩者勝.), 우리 어ᄂᆡ ᄒᆞᆫ 굼글 티료. ≪朴諺, 下, 35ㅈ≫却打花房窩兒(集覽, 朴集, 下, 7ㅎ: 花房窩兒. 毬門及三窩兒之設, 一如本國抛毬樂之制.), ᄯᅩ 花房 굼글 티쟈.

포대(布帒) 명 포대(布袋). '帒'는 '袋'와 같다 . ≪朴諺, 上, 13ㅈ≫布帒不漏麽, 布帒 ᄉᆡ디 아니ᄒᆞᄂᆞ냐. ≪朴諺, 上, 13ㅈ≫新布帒那裏怕漏, 새 布帒니 어ᄃᆡ ᄉᆡᆯ가 저프리오.

포대(布袋) 명 포대(布袋). 베자루. ≪朴諺, 上, 13ㅈ≫布帒不漏麽, 布帒 ᄉᆡ디 아니ᄒᆞᄂᆞ냐. ≪朴諺, 上, 13ㅈ≫新布帒那裏怕漏, 새 布帒니 어ᄃᆡ ᄉᆡᆯ가 저프리오.

포도(葡萄) 명 포도. ≪朴諺, 上, 2ㅈ≫討南方來的蜜林檎燒酒(集覽, 朴集, 上, 1ㅈ: 蜜林檎燒酒. 質問云, 初蒸熱燒酒, 用蜜·葡萄相參〈叅〉浸, 久而食之, 方言謂之蜜林檎燒酒.)一桶, 南方으로셔 온 蜜林檎燒酒 흔 통과. ≪朴諺, 上, 4ㅈ≫荔子(集覽, 朴集, 上, 2ㅈ: 荔子. 子作支〈攴〉. 荔支〈攴〉, 生巴峽間, 形狀團如帷盖, 葉如冬青, 花如橘, 春榮. 實如丹夏, 朶如葡萄, 核如枇杷, 殼如紅繒, 膜如紫綃, 瓤肉潔白如冰霜, 漿液甘如醴酪. 如離本枝, 一日色變, 二日香變, 三日味變, 四五日外色·香·味盡〈尽〉變.), 녀지오. ≪朴諺, 中, 32ㅎ≫栗子·葡萄滿山峪, 밤과 葡萄ㅣ 山峪에 フ득ᄒᆞ여시니.

포라(包羅) 동 포괄하여 망라하다. ≪朴諺, 下, 18ㅎ≫做羅天(集覽, 朴集, 下, 4ㅎ: 羅天. 道經云, 七寶之樹各生一方, 弥覆一天, 八樹弥覆八天, 包羅衆天, 故云大羅, 此聖境也.)大醮, 羅天大醮를 ᄒᆞ더니.

포로(包老) 명 송(宋)나라의 포증(包拯)을 높여 이르는 말. ≪朴諺, 中, 37ㅎ≫官人十分休駁彈(集覽, 朴集, 中, 7ㅎ: 褒彈. 今按, 包孝肅公名拯, 性剛直不撓, 其所彈劾, 不避權勢, 故時人呼爲包閻羅, 曰關節〈莭〉不到, 有閻羅包老.), 官人아 ᄀᆞ장 나므라디 말라.

포루령아(蒲樓翎兒) 명 댓개비 끝에 깃을 비 모양으로 모아 단 귀이개의 한 가지. ≪朴諺, 上, 40ㅎ≫捎篦(集覽, 朴集, 上, 11ㅈ: 消息(捎篦). 以禽鳥毳翎安於竹針頭, 用以取耳垢者, 俗呼爲消息(捎篦). 舊本作蒲樓翎兒.)來掏一掏耳朶, 짓븨 가져다가 귓바회 ᄠᅳᆯ라.

포마(鋪馬) 명 역말[驛馬]. (각 역참에 갖추어 둔 말) ≪朴諺, 中, 7ㅎ≫你不見這金字圓牌(集覽, 朴集, 中, 1ㅎ: 金字圓牌. 至正條格云, 元時, 中書省奏, 諸王·駙馬各投下有軍情緊急重事, 許令懸帶原降銀字圓牌應付鋪馬騎坐, 其餘差使人員有緊急軍情重事, 許令懸帶金字圓牌, 方付鋪馬.), 네 이 金字圓牌를 보디 몯ᄒᆞᄂᆞᆫ다. ≪朴諺, 中, 9ㅈ≫更沒多騎鋪馬, ᄯᅩ 鋪馬를 만히 톰이 업고. ≪朴諺, 下, 38ㅈ≫鋪馬裏去也, 鋪馬로 가나. ≪朴諺, 下, 38ㅈ≫五箇鋪馬(集覽, 朴集, 下, 8ㅎ: 五箇鋪馬. 鋪馬, 站馬也.)去了, 다ᄉᆞᆺ 鋪馬로 가니라.

포면(鋪面) 명 가게(상점)의 앞면. ≪朴諺, 中, 39ㅈ≫鋪面周圍(集覽, 朴集, 中, 7ㅎ: 鋪面周圍. 漢人造屋於大街之間者, 向街周遭必設空屋, 聽令坐賈賃居爲市, 按月受直.)幾十間, 鋪面 周圍ㅣ 幾十間이오.

포봉(蒲棒) 명 부들의 이삭. (황갈색으로 몽둥이처럼 생겼다) ≪朴諺, 上, 62ㅈ≫無邊無涯的是浮萍蒲棒, 無邊 無涯ᄒᆞᆫ 거슨 이 浮萍과 蒲棒이오.

포석(蒲席) 명 기직. 부들자리. ⇔지즑. ≪朴諺, 上, 50ㅎ≫底下鋪蒲席, 밋희 지즑 ᄭᆞᆯ고.

포선(布扇) 명 베와 부채. ≪朴諺, 下, 7ㅈ≫我不知道那家有甚麽幌〈慌〉字(集覽, 朴集, 下, 2ㅈ: 幌字. 今按, 漢俗, 凡出賣諸物之家, 俱設標幟之物, 置於門口, 或於門前起立牌榜, 如曰張家出賣高麗布扇. 一如賣酒家標植青帘之類, 俗呼青帘曰酒家望子.), 내 아디 몯ᄒᆞ니 뎌 집의 므슴 보람이 잇ᄂᆞ뇨.

포아(包兒) 명 쌈[包]. ⇔봄. ≪朴諺, 中, 55ㅈ≫你來將那腰線包兒來, 이바 뎌 실감기 봄 가져다가.

포염라(包閻羅) 명 송(宋)나라 포증(包拯)을 달리 이르는 말. 포씨 성을 가진 염라대왕(閻羅大王)이라는 뜻으로, 포증이 대관(臺官)으로 있을 때 잘못이 있는 관원은 반드시 탄핵하였기 때문에 불리던 별명이다. ≪朴諺, 中, 37ㅎ≫官人十分休駁彈(集覽, 朴集, 中, 7ㅎ: 褒彈. 今按, 包孝肅公名拯, 性剛直不撓, 其所彈劾, 不避權勢, 故時人呼爲包閻羅, 曰關節〈莭〉不到, 有閻羅包老.), 官人아 ᄀᆞ장 나므라디 말라.

포엽(蒲葉) 명 창포의 잎. ≪朴諺, 中, 59ㅈ≫因你要蒲葉, 네 蒲葉 달라 홈을 인ᄒᆞ여.

포육(脯肉) 명 얇게 저미어서 양념을 하여

말린 고기. ≪朴諺, 中, 17ㅈ≫這海菜·乾魚·脯肉, 이 머육과 乾魚와 脯肉을.

포자(布子) 명 베. ⇔뵈. ≪朴諺, 中, 13ㅈ≫又高麗地面裏來載千餘筒布子的大船, 또 高麗ㅅ 싸흐로셔 오는 千餘 筒 뵈 시른 큰 빅를.

포자(鉋子) 명 글겅이. ⇔글게. ≪朴諺, 上, 20ㅎ≫着鉋子刮的乾淨着, 글게로다가 긁빗기기를 乾淨히 호되.

포정사(布政司) 명 명·청대(明清代)에 재정과 인사에 관한 일을 맡았던 관아 이름. ≪朴諺, 上, 8ㅈ≫都堂(集覽, 朴集, 上, 4ㅈ: 都堂. 唐制, 尙書省曰都堂. 元時亦有尙書省. 今按, 華制, 都察院有左右都御史·副都御史·僉都御史, 在外十三布政司及都司, 皆有御史一員, 都御史所在謂之都堂, 監察御史所在謂之察院.)摠兵官的詔書, 都堂 摠兵官의게 ᄒᆞᄂᆞᆫ 詔書라. ≪朴諺, 中, 26ㅈ≫做雲南氈(集覽, 朴集, 中, 6ㅎ: 雲南氈. 雲南, 古梁州, 南境爲徼外夷也. 漢置益州郡, 元置路, 今改爲布政司.)大帽兒一箇, 雲南氈으로 ᄒᆞᆫ 큰갓 ᄒᆞ나와. ≪朴諺, 下, 38ㅈ≫除在南京應天府丞(集覽, 朴集, 下, 8ㅎ: 南京應天府丞. 南京, 古金陵之地, 吳·晉·宋·齊·梁·陳·南唐建都, 大明太祖定鼎於此, 爲京師, 設應天府, 以燕京爲北平布政司.), 南京 應天府丞을 除ᄒᆞ엿ᄂᆞ니라.

포정전(布政殿) 명 정사(政事)를 시행하던 전각. ≪朴諺, 下, 61ㅈ≫便那一日卽位布政殿, 곳 그 날에 布政殿에 卽位ᄒᆞ고.

포증(包拯) 명 송대(宋代) 합비(合肥) 사람. 자는 희인(希仁). 시호는 효숙(孝肅). 벼슬은 예부 시랑(禮部侍郞)을 지냈다. 성품이 강직하여 귀척(貴戚)이나 환관(宦官)들이 잘못을 저지르면 반드시 탄핵하였다 한다. ≪朴諺, 中, 37ㅎ≫官人十分休駁彈(集覽, 朴集, 中, 7ㅎ: 褒彈. 褒作包是. 事文類聚云, 包彈者, 以包孝肅公多所抨彈, 故云耳. 今按, 包孝肅公名拯, 性剛直不撓, 其所彈劾, 不避權勢, 故時人呼爲包閻羅, 曰關節〈莭〉不到, 有閻羅包老.), 官人아 ᄀᆞ장 나므라디 말라. ≪朴諺, 中, 59ㅈ≫那寃家們打關莭(節)(集覽, 朴集, 中, 9ㅈ: 打關節. 宋包拯剛直好駁, 時人語曰, 關節〈莭〉不到, 有閻羅包老.)時, 뎌 寃家ㅣ 쇼쳥ᄒᆞ니.

포지(包指) 명 깍지. 각지(角指). ⇔혈거피. ≪朴諺, 上, 49ㅈ≫你借饋我包指(集覽, 朴集, 上, 13ㅈ: 包指. 音義云, 혈거피.)麽, 네 나를 혈거피를 빌려 주고려.

포초(炮炒) 동 간장과 물을 섞어 끓이다. 또는 장조림의 하나. 주로 돼지의 밥통을 간장으로 조려 만든다. ⇔포초ᄒᆞ다(炮炒-). ≪朴諺, 上, 5ㅈ≫炮炒(集覽, 朴集, 上, 2ㅎ: 炮炒. 用醬和水炒之. 質問云, 如猪肚生切, 置於鍋中, 用緊火炒熟, 方言謂炮炒.)猪肚, 炮炒ᄒᆞᆫ 돗희 양과.

포초ᄒᆞ다(炮炒-) 동 간장과 물을 섞어 끓이다. 또는 장조림의 하나. 주로 돼지의 밥통을 간장으로 조려 만든다. ⇔포초(炮炒). ≪朴諺, 上, 5ㅈ≫炮炒(集覽, 朴集, 上, 2ㅎ: 炮炒. 用醬和水炒之. 質問云, 如猪肚生切, 置於鍋中, 用緊火炒熟, 方言謂炮炒.)猪肚, 炮炒ᄒᆞᆫ 돗희 양과.

포탄(包彈) 동 비평(批評)하다. 잘못을 지적하다. 나무라다. 비난하다. (송(宋)나라의 포증(包拯)이 대관(臺官)으로 있을 때 잘못이 있는 관원은 반드시 탄핵(彈劾)하였기 때문에 비롯된 말이다) ≪朴諺, 中, 37ㅎ≫官人十分休駁彈(集覽, 朴集, 中, 7ㅎ: 褒彈. 褒作包是. 事文類聚云, 包彈者, 以包孝肅公多所抨彈, 故云耳. 今按, 包孝肅公名拯, 性剛直不撓, 其所彈劾, 不避權勢, 故時人呼爲包閻羅, 曰關節〈莭〉不到, 有閻羅包老.), 官人아 ᄀᆞ장 나므라디 말라.

포탄(褒彈) 동 비평(批評)하다. 잘못을 지적하다. 나무라다. 비난하다. ≪朴諺, 中, 37ㅎ≫官人十分休駁彈(集覽, 朴集, 中, 7ㅎ: 褒彈. 褒作包是. 事文類聚云, 包彈者, 以包孝肅公多所抨彈, 故云耳. 今按, 包孝

肅公名拯, 性剛直不撓, 其所彈劾, 不避權勢, 故時人呼爲包閻羅, 曰關節〈莭〉不到, 有閻羅包老.), 官人아 ᄀ장 나므라디 말라.

포필(布匹) 명 베. 또는 포목(布木)의 총칭. ≪朴諺, 上, 46ㅎ≫謝你將偌多布匹來, 네 만흔 布匹 가져옴을 謝ᄒ노라. ≪朴諺, 下, 52ㅎ≫偸盜前項布匹, 前項 布匹을 도적ᄒ여.

포함(包含) 동 포함(包含)하다. ≪朴諺, 下, 3ㅈ≫往常唐三藏(集覽, 朴集, 下, 1ㅈ: 唐三藏法師〈三蔵〉. 藏, 卽包含攝持之義. 非藏無以積錢財, 非藏無以蘊文義, 謂攝一切所應知義, 無令分散, 故名爲藏也.)師傅, 뎌적의 唐ㅅ 三藏 師傅ㅣ.

포현(褒賢) 동 어진 이를 장려하다. ≪朴諺, 上, 18ㅎ≫南斗六星(集覽, 朴集, 上, 7ㅈ: 南斗. 晉書天文志, 六星天廟〈庙〉, 丞相太宰之位, 主褒賢進士, 稟授爵祿.)板兒做得忒圓了些, 南斗六星 돈은 민들기를 너모 두렷게 ᄒ엿고.

포획(捕獲) 동 (적병을) 사로잡다. ≪朴諺, 下, 47ㅈ≫粧二郎爺爺(集覽, 朴集, 下, 10ㅎ: 二郎爺爺. 灌州灌江口立廟, 有神曰小聖二郎, 又號二郎賢聖天王, 請二郎捕獲大聖, 卽此.), 二郎爺爺를 ᄭᅮ며.

폭졸(暴卒) 동 갑자기 참혹하게 죽다. ≪朴諺, 下, 50ㅈ≫你這般金榜(集覽, 朴集, 下, 11ㅈ: 金榜. 唐崔昭暴卒復甦云, 見冥閒〈間〉列榜〈㮄〉, 書人姓名, 將相金榜〈㮄〉, 次銀榜〈㮄〉, 州縣小官鐵榜〈鉄㮄〉.)掛名的書生, 너는 이런 金榜에 掛名ᄒᆯ 書生이니.

표(表) 동 드러내다. 나타내다. 드러내 보이다. ⇔표ᄒ다(表-). ≪朴諺, 下, 58ㅎ≫無德可表, 德이 可히 表ᄒᆯ 거시 업고.

표(表) 명 ❶거죽. 겉감. ⇔거족. ≪朴諺, 中, 4ㅎ≫被表帶裏兒八錢, 니블 거족과 안쪄는 여ᄃᆞᆲ 돈이니. ❷겉. 겉감. ⇔것. ≪朴諺, 上, 41ㅈ≫十表十裏, 열 것과 열 안과. ≪朴諺, 下, 38ㅎ≫茶褐羅傘(集覽, 朴集, 下, 8ㅎ: 羅傘. 〈卽〉丞用傘, 紅浮屠頂, 黑色茶褐羅表, 紅綃裏, 三簷.), 차할 빗치 羅傘과.

표(膘) 명 살[肌]. ⇔ᄉᆞᆯ. ≪朴諺, 上, 21ㅎ≫甚麽膘添不上, 므슴아라 ᄉᆞᆯ이 오ᄅᆞ디 아니ᄒ리오. ≪朴諺, 上, 56ㅈ≫有九分膘, 九分이나 ᄉᆞᆯ이 잇고.

표(膘) 형 살지다. ⇔ᄉᆞᆯ지다. ≪朴諺, 上, 28ㅈ≫騎着一箇十分膘鐵青玉面馬, ᄒᆞᆫ ᄀ장 ᄉᆞᆯ진 텰청총이광간쟈ᄆᆞᆯ을 ᄐᆞᆺ고.

표(彪) 동 던져 넣다. 처넣다. 던지다. ⇔드리티다. ≪朴諺, 中, 27ㅈ≫彪在那裏頭, 그 안희 드리티더니. ≪朴諺, 中, 59ㅎ≫彪在槓子閣落裡, 쾻 구석에 드리티고. ≪朴諺, 下, 24ㅎ≫行者直拖的王前面彪了, 行者ㅣ 바로 ᄭᅳ어 王의 앏픠 드리티니.

표거(飆車) 명 바람이 끈다는 전설상의 신거(神車). ≪朴諺, 上, 62ㅎ≫休誇天上瑤池(集覽, 朴集, 上, 15ㅈ: 瑤池. 列仙傳, 崐崘〈崑崙〉閬苑, 有〈白〉玉樓十二, 玄室九層, 左瑤池, 右翠水, 環以弱水九重, 非飆(颷)車羽輪, 不可到也.), 天上 瑤池를 쟈랑티 말라.

표거(颷車) 명 표거(飆車). '颷'는 '飆'와 같다. ≪朴諺, 上, 62ㅎ≫休誇天上瑤池(集覽, 朴集, 上, 15ㅈ: 瑤池. 列仙傳, 崐崘〈崑崙〉閬苑, 有〈白〉玉樓十二, 玄室九層, 左瑤池, 右翠水, 環以弱水九重, 非飆(颷)車羽輪, 不可到也.), 天上 瑤池를 쟈랑티 말라.

표고 명 표고. (버섯의 한 가지) ❶⇔마과(磨果). ≪朴諺, 中, 44ㅎ≫將幾箇磨果釘子(集覽, 朴集, 中, 8ㅈ: 磨果釘子. 磨果, 卽香蕈也, 표고. 釘形似之, 故因名焉.)來, 여러 머리 뭉킨 못 가져다가. ❷⇔향심(香蕈). ≪朴諺, 中, 44ㅎ≫將幾箇磨果釘子(集覽, 朴集, 中, 8ㅈ: 磨果釘子. 磨果, 卽香蕈也, 표고. 釘形似之, 故因名焉.)來, 여러 머리 뭉킨 못 가져다가.

표덕(表德) 명 아호(雅號)나 별호(別號)를 이르는 말. ≪朴諺, 下, 58ㅎ≫表德何似, 表德은 므섯고.

표리(表裏) 명 ❶안팎. 안찝과 겉감. ⇔안

ㅍ

밧. ≪朴諺, 上, 42ㅈ≫媒人也有福(集覽, 朴集, 上, 12ㅈ: 媒人也有福. 兩次送禮之日, 媒人各有表裏之賞.), 媒人도 有福홀샤. ≪朴諺, 中, 53ㅈ≫上位賞了一百錠鈔兩表裏段子, 上位ㅣ 一百 錠鈔와 두 안밧 비단을 샹ᄒᆞ시니라. ❷안팎. ⇔안팟. ≪朴諺, 上, 36ㅎ≫金甕兒·銀甕兒表裏無縫兒, 금독·은독이 안팟의 솔 업슨 거시여.

표배호동(表褙衚衕) 명 고을 이름. ⇔빋뎝골. ≪朴諺, 中, 38ㅎ≫今日早起表褙(褙)衚衕裏, 오늘 아춤에 빋뎝골에.

표백포(漂白布) 명 중국인이 일컫는, 모시[苧麻布]의 다른 이름. ≪朴諺, 上, 46ㅈ≫貴眷稍的十箇白毛施布(集覽, 朴集, 上, 13ㅈ: 毛施布. 此卽本國人呼苧麻布之稱〈卽本國人呼苧麻布之稱〉, 漢人皆呼曰苧麻布, 亦曰麻布, 曰木絲布, 或書作沒絲布. 又曰漂白布, 又曰白布.), 貴眷이 브틴 열 필 흰 모시뵈과.

표식(標植) 동 표지(標識)를 세우다. ≪朴諺, 下, 7ㅈ≫我不知道那家有甚麽幌〈慌〉字(集覽, 朴集, 下, 2ㅈ: 幌字. 今按, 漢俗, 凡出賣諸物之家, 俱設標幟之物, 置於門口, 或於門前起立牌榜, 如曰張家出賣高麗布扇. 一如賣酒家標植青帘之類, 俗呼青帘曰酒家望子.), 내 아디 몯ᄒᆞ니 뎌 집의 므슴 보람이 잇ᄂᆞ뇨.

표아(杓兒) 명 장치기공을 치는 공채의 끝에 달린 숟가락 모양의 것. 나무로 된 뼈대에 가죽으로 겉을 싸서 만든다. ≪朴諺, 下, 34ㅎ≫飛棒杓兒(集覽, 朴集, 下, 7ㅎ: 飛棒杓兒. 質問畫成毬棒, 卽本國武試毬杖之形, 而下云煖木廂柄, 其杓用水牛皮爲之, 以木爲胎. 今按, 煖木, 黃蘗木也. 廂柄者, 以黃蘗皮裹其柄也. 胎者, 以木爲骨, 而以皮爲外裹也.), 飛棒 杓兒와. ≪朴諺, 下, 35ㅈ≫却打花房窩兒(集覽, 朴集, 下, 7ㅎ: 花房窩兒. 毬棒杓兒之制, 一如本國武試毬杖之設, 卽元時擊丸之事.), 또 花房 굼글 티쟈.

표아(表兒) 명 겉. 겉감. ⇔것ㅊ. ≪朴諺, 中, 4ㅈ≫這肉紅婦人搭忽表兒, 이 肉紅빗체 婦人의 더그레 것츤.

표치(標致) 형 영리하고 슬기롭다. (용모나 자태 등이) 예쁘다. 아름답다. ⇔영노슬갑다. ≪集覽, 字解, 累字解, 2ㅈ≫標致. 聰俊敏慧之稱, 俱美其人心貌之辭. 標字本在竝母, 則宜從俗呼爲去聲. 而今俗呼標致之標爲上聲, 則字宜作表字讀是. ≪朴諺, 上, 14ㅎ≫咳眞箇好標致, 애 진실로 ᄀᆞ장 영노슬갑다. ≪朴諺, 下, 40ㅈ≫他標致, 뎨 영노슬가오니.

표치(標幟) 명 눈에 잘 뜨이도록 해 놓은 표지(標識). ≪朴諺, 下, 7ㅈ≫我不知道那家有甚麽幌〈慌〉字(集覽, 朴集, 下, 2ㅈ: 幌字. 今按, 漢俗, 凡出賣諸物之家, 俱設標幟之物, 置於門口, 或於門前起立牌榜, 如曰張家出賣高麗布扇. 一如賣酒家標植青帘之類, 俗呼青帘曰酒家望子.), 내 아디 몯ᄒᆞ니 뎌 집의 므슴 보람이 잇ᄂᆞ뇨.

표ᄒᆞ다(表-) 동 표(表)하다. (태도나 의견 따위를 나타내다) ⇔표(表). ≪朴諺, 下, 58ㅎ≫無德可表, 德이 可히 表홀 거시 업고.

푸ᄌᆞ 명 전방[廛]. 전포(廛鋪). ⇔포(鋪). ≪朴諺, 上, 43ㅈ≫如今鋪裏買去, 이제 푸ᄌᆞ에 사라 가쟈. ≪朴諺, 中, 19ㅈ≫一箇賊那靴鋪裏, ᄒᆞᆫ 도적은 뎌 훠ᄋᆞ푸ᄌᆞ에. ≪朴諺, 中, 36ㅎ≫這鋪裏有四季花段子麽, 이 푸ᄌᆞ에 四季花 문 ᄒᆞᆫ 비단 잇ᄂᆞ냐.

푼 의 푼. ⇔분(分). ≪朴諺, 上, 54ㅈ≫每兩月利幾分, 每 兩에 月利 현 푼식 ᄒᆞ야.

풀무 명 풀무. ⇔노자(爐子). ≪朴諺, 下, 29ㅎ≫你自這裏打爐子, 네 손ᄌᆞ 여긔 풀무를 ᄆᆡᆫᄃᆞᆯ고.

품(稟) 동 취품(取稟)하다. ⇔품ᄒᆞ다(稟-). ≪朴諺, 上, 8ㅈ≫堂上稟去裏, 堂上씌 稟ᄒᆞ라 가노라.

품수(稟授) 동 주다. 제수하다. 지급하다. ≪朴諺, 上, 18ㅎ≫南斗六星(集覽, 朴集, 上, 7ㅈ: 南斗. 晉書天文志, 六星天廟〈庙〉, 丞相太宰之位, 主褒賢進士, 稟授爵祿.)板兒做得忒圓了些, 南斗六星 돈은

ㅍ

민둘기를 너모 두렷게 ᄒᆞ엿고.

품ᄒᆞ다(稟-) 동 취품(取稟)하다. (윗사람에게 여쭈어서 그 의견을 기다리다) ⇔품(稟). ≪朴諺, 上, 8ㅈ≫堂上稟去裏, 堂上ᄭᅴ 稟ᄒᆞ라 가노라.

풍(風) 명 바람. ❶⇔ᄇᆞ람. ≪朴諺, 上, 36ㅈ≫下雨開花刮風結子, 비 오면 곳 픠고 ᄇᆞ람 블면 여름 여ᄂᆞᆫ 거시여. ≪朴諺, 中, 2ㅈ≫因風吹火用力不多, ᄇᆞ람을 因ᄒᆞ여 블을 불면 힘씀이 하디 아니타 ᄒᆞᄂᆞ니라. ≪朴諺, 中, 58ㅈ≫風不來樹不搖, ᄇᆞ람이 부디 아니면 남기 흔드기디 아니ᄒᆞ고. ❷⇔ᄇᆞᄅᆞᆷ. ≪朴諺, 上, 49ㅎ≫只怕産後風感冒, 그저 産後에 ᄇᆞᄅᆞᆷ에 感冒홀가 저프니.

풍금(風禽) 명 연(鳶)의 다른 이름. ≪朴諺, 上, 17ㅈ≫八月裏却放鶴兒(集覽, 朴集, 上, 6ㅎ: 鶴兒. 卽紙鳶. 今漢俗呼爲風罾, 亦曰風禽, 又號爲〈又號〉紙鶴兒.), 八月에 또 연노히 ᄒᆞᄂᆞ니.

풍기(風旗) 명 연(鳶)의 다른 이름. ≪朴諺, 上, 17ㅈ≫八月裏却放鶴兒(集覽, 朴集, 上, 6ㅎ: 鶴兒. 質問云, 風旗也. 乃小兒三月放爲風箏〈罾〉, 八月放爲紙鶴也.), 八月에 또 연노히 ᄒᆞᄂᆞ니.

풍덕(豐德) 명 군(郡) 이름. 경기도(京畿道) 개풍군(開豐郡) 남쪽에 있었다. 본래 고구려(高句麗)의 정주(貞州)이었는데, 고려(高麗) 충선왕(忠宣王) 2년(1310)에 해풍군(海豐郡)이 되었다. 조선(朝鮮) 태종(太宗) 13년(1413)에 군(郡)을 폐하고 개성(開城)에 병합시켰다가, 동왕 18년에 다시 군이 되었다. ≪朴諺, 下, 60ㅈ≫娘子柳氏(集覽, 朴集, 下, 12ㅎ: 娘子柳氏〈柳氏〉. 貞州, 今豐〈豊〉德昇天浦古城北二里是也.)出來說道, 娘子 柳氏ㅣ 나와 닐오ᄃᆡ.

풍류(風流) 형 아름답다. 풍치 있고 멋들어지다. ⇔풍류ᄒᆞ다(風流-). ≪朴諺, 上, 28ㅎ≫兩箇舍人打扮的風風流流, 두 舍人의 비온 거시 風風流流ᄒᆞ고.

풍류ᄒᆞ다(風流-) 형 아름답다. 풍치 있고 멋들어지다. ⇔풍류(風流). ≪朴諺, 上, 28ㅎ≫兩箇舍人打扮的風風流流, 두 舍人의 비온 거시 風風流流ᄒᆞ고.

풍모(風毛) 명 솜털. ⇔당티. ≪朴諺, 下, 1ㅈ≫虫蛀的無一根兒風毛, 좀이 먹어 ᄒᆞᆫ 낫 당티도 업서시니.

풍불래수불요우불래하불창(風不來樹不搖 雨不來河不漲) 구 바람이 불지 않으면 나무가 흔들리지 아니하고, 비가 오지 않으면 물이 불어나지 않는다는 뜻. ≪朴諺, 中, 58ㅈ≫風不來樹不搖, ᄇᆞ람이 부디 아니면 남기 흔드기디 아니ᄒᆞ고. 雨不來河不漲, 비 오디 아니면 믈이 넘디 아니ᄒᆞᆫ다 ᄒᆞᄂᆞ니라.

풍설(風屑) 명 비듬. ⇔비듬. ≪朴諺, 上, 40ㅈ≫將風屑去的爽利着, 비듬을다가 업시ᄒᆞ야 ᄉᆡ훤케 ᄒᆞ라.

풍속통(風俗通) 명 원래 이름은 풍속통의(風俗通義). 보통 풍속통이라고 한다. 후한(後漢) 응소(應劭) 지음. 목록(目錄)에는 30권으로 나와 있으나, 당(唐) 이후에는 10권에 부록 1권이 전한다. 전례(典禮)를 살피고 당시의 풍속을 바로잡으려고 쓴 것으로, 황패(皇霸)·정실(正失)·건례(愆禮)·과예(過譽)·십반(十反) 등 10목(目)으로 되어 있다. ≪朴諺, 上, 18ㅈ≫是拘欄(集覽, 朴集, 上, 6ㅎ: 拘欄. 風俗通云, 漢文帝廟〈庙〉設抱老鉤〈鈎〉欄.)衚衕裏帶匠夏五廂的, 이 拘欄 골 ᄯᅴ장이 夏五ㅣ 젼메윗ᄂᆞ니라.

풍수(風水) 명 풍수지리(風水地理). ≪朴諺, 下, 61ㅈ≫第二年, 第二年에. 移都松岳郡(集覽, 朴集, 下, 13ㅈ: 都松岳郡〈松岳郡〉. 時新羅監干八元善風水, 到扶蘇郡, 見扶蘇山形勝而童, 告康忠曰, 若移郡山南, 植松使不露巖〈岩〉石, 則統合三韓者出矣.), 松岳郡에 移都ᄒᆞ니.

풍신(風汛) 명 바람과 조수(潮水). ≪朴諺, 中, 20ㅎ≫南海普陀落伽山(集覽, 朴集, 中, 3ㅎ: 南海普陁落伽山. 普陁落伽, 唐言小白花, 卽山礬花也. 山多小白花, 故仍

ㅍ

名. 往時高麗·新羅·日本諸國, 皆由此取道以候風汛.)裏, 南海 普陀 落伽山에.

풍영(豊盈) 형 풍성(豊盛)하게 꽉 차서 그득하다. ≪朴諺, 中, 21ㅎ≫或分身居士·宰官(集覽, 朴集, 中, 5ㅈ: 居士宰官. 飜〈翻〉譯名義云, 愛談名言, 淸淨自居, 又多積財貨, 居業豐〈豊〉盈, 皆謂之居士.), 或居士·宰官에 分身ᄒᆞ고.

풍우(風雨) 명 바람과 비. ≪朴諺, 上, 18ㅈ≫那三台(集覽, 朴集, 上, 7ㅈ: 三台. 事文類聚云, 上階爲天子, 中階爲諸侯·公卿·大夫, 下階爲士·庶人. 三階平則陰陽和, 風雨時, 天下大安.)板兒做得好, 뎌 三台 돈은 ᄆᆡᆫ들기를 잘ᄒᆞ엿고. ≪朴諺, 中, 21ㅈ≫扇慈風(集覽, 朴集, 中, 4ㅈ: 悲雨慈風. 佛發大慈悲, 廣濟衆生, 猶洒雨發風然, 無遠不被, 故曰風雨.)於刹土, 慈風을 刹土에 붓ᄂᆞᆫ또다.

풍쟁(風箏) 명 연(鳶)의 다른 이름. 특별히 아이들이 3월에 띄우는 연을 지칭하기도 한다. ≪朴諺, 上, 17ㅈ≫八月裏却放鶴兒(集覽, 朴集, 上, 6ㅎ: 鶴兒. 質問云, 風旗也. 乃小兒三月放爲風箏〈罾〉, 八月放爲紙鶴也.), 八月에 또 연노히 ᄒᆞᄂᆞ니.

풍조(風調) 형 바람이 고르다(온화하다). ≪朴諺, 上, 1ㅈ≫風調雨順, 風調 雨順ᄒᆞ고.

풍조우순(風調雨順) 명 풍조(風調)하고 비가 때맞추어 알맞게 내린다는 뜻으로, 농사에 알맞게 기후가 순조로움을 이르는 말. ≪朴諺, 上, 1ㅈ≫風調雨順, 風調 雨順ᄒᆞ고.

풍증(風罾) 명 연(鳶)의 다른 이름. ≪朴諺, 上, 17ㅈ≫八月裏却放鶴兒(集覽, 朴集, 上, 6ㅎ: 鶴兒. 質問云, 風旗也. 乃小兒三月放爲風箏〈罾〉, 八月放爲紙鶴也.), 八月에 또 연노히 ᄒᆞᄂᆞ니.

풍취(風吹) 동 바람이 불다. 또는 바람. ≪朴諺, 下, 3ㅎ≫受多少日炙風吹, 언머 日炙風吹를 바드며.

풍한(風寒) 명 ❶찬바람과 추위. ≪朴諺, 下, 3ㅎ≫經多少風寒暑濕, 언머 風寒과 暑濕을 디내며. ❷한의학에서 이르는, 병을 일으키는 두 요소인 풍사(風邪)와 한사(寒邪). ≪朴諺, 中, 15ㅈ≫感冒風寒, 風寒에 感冒ᄒᆞ엿다.

퓌오다 동 피우다[燃]. ❶⇔농(弄). ≪朴諺, 下, 7ㅎ≫火盆裏弄些火, 화로에 블 퓌오고. ≪朴諺, 下, 44ㅎ≫弄的火快時, 블 퓌오기를 ᄲᆞᆯ리 ᄒᆞ면. ❷⇔소(燒). ≪朴諺, 下, 2ㅈ≫將兩根香來燒, 두 ᄌᆞᄅᆞ 향을 가져다가 퓌오라. ❸⇔화(火). ≪朴諺, 下, 5ㅈ≫你只做饋我煤火炕着, 네 그저 날을 ᄆᆡ탄 퓌오ᄂᆞᆫ 구들을 ᄆᆡᆫᄃᆞ라 주되.

프르다 형 푸르다. ⇔청(青). ≪朴諺, 上, 27ㅈ≫鴨綠羅納綉獅子的抹口青絨氈襪上, 鴨頭綠 羅에 獅子를 綉ᄒᆞ야 깃 도론 프른 부드러온 시울청에. ≪朴諺, 上, 28ㅈ≫底下垂下着兩頭青珠兒結串的駝毛肚帶, 미틔 드리온 거슨 두 머리예 프른 구슬로 ᄆᆡ자 ᄢᅦ온 약대 털로 ᄒᆞᆫ 빗대오. ≪朴諺, 下, 8ㅎ≫青旋旋圓頂, 프른 旋旋ᄒᆞᆫ 圓頂이오.

ᄑᆞᄅᆞ다 형 푸르다. ⇔청(青). ≪朴諺, 上, 60ㅈ≫遠望高接青霄, 멀리 ᄇᆞ라매 놉히 프른 하늘에 졉ᄒᆞ엿고. ≪朴諺, 中, 1ㅎ≫又是一箇銅觜·鑞觜造化, 또 ᄒᆞᆫ 부리 노론 수좋다리 부리 프른 암좋다리 노롯호ᄃᆡ. ≪朴諺, 下, 21ㅈ≫和將一塊青泥來, ᄒᆞᆫ 덩이 프른 흙을 닉여 가져다가. ≪朴諺, 下, 21ㅈ≫變做青母蝎, 변ᄒᆞ여 프른 암 젼갈이 되여.

플 명 ❶풀[糊]. ≪朴諺, 上, 43ㅎ≫三尺半白淸水(集覽, 朴集, 上, 12ㅎ: 白淸水絹. 무·리 ·픗〈플〉:긔 ·업·시 다ᄃᆞ·마 :돌호로 미·론 :깁·이·니, 光滑緻硬, 如本國擣砧者也. 卽不用糨粉而錬〈練〉生絹, 以石碾者.)絹, 석 자 반 제플엣 깁이야. ❷풀[草]. ⇔초(草). ≪朴諺, 上, 35ㅈ≫將一根兒草來, ᄒᆞᆫ 낫 플을 가져다가. ≪朴諺, 上, 35ㅈ≫將那草梢兒, 뎌 플 긋틀다가. ≪朴諺, 中, 40ㅈ≫房上生出那草, 집 우희 뎌 플이 나. ≪朴諺, 中, 40ㅈ≫把那房上草來, 뎌

집 우희 플을다가.

플긔 명 풀기[糊氣]. ≪朴諺, 上, 43ㅎ≫三尺半白淸水(集覽, 朴集, 上, 12ㅎ: 白淸水絹. 무·리 ·픗〈플〉:긔 ·업·시 다ᄃᆞ·마 :돌호로 미·론 :깁·이·니, 光滑緻硬, 如本國擣砧者也. 卽不用糨粉而鍊〈練〉生絹, 以石碾者.)絹, 석 자 반 제믈엣 깁이야.

플다 동 ❶풀다[解]. ⇔해(解). ≪朴諺, 中, 37ㅈ≫小厮將那厨裏夾板來, 아ᄒᆡ아 뎌 듀방에 협판을 가져다가. 解與官人高的, 官人을 노픈 이를 프러 주라. ❷풀다. 없애다. ⇔해(解). ≪朴諺, 中, 44ㅈ≫撫琴一操解千愁, 거믄고 ᄒᆞᆫ 곡됴를 어ᄅᆞ만져 千愁를 프ᄂᆞ니. ❸(코를) 풀다. ⇔행(擤). ≪朴諺, 中, 47ㅎ≫擤了他鼽帶揩的乾浄着, 제 코를 프러 싯기를 간졍히 ᄒᆞᄂᆞ니라.

픗 명 풀[糊]의. ≪朴諺, 上, 43ㅎ≫三尺半白淸水(集覽, 朴集, 上, 12ㅎ: 白淸水絹. 무·리 ·픗〈플〉:긔 ·업·시 다ᄃᆞ·마 :돌호로 미·론 :깁·이·니, 光滑緻硬, 如本國擣砧者也. 卽不用糨粉而鍊〈練〉生絹, 以石碾者.)絹, 석 자 반 제믈엣 깁이야.

픗긔 명 풀기[糊氣]. ≪朴諺, 上, 43ㅎ≫三尺半白淸水(集覽, 朴集, 上, 12ㅎ: 白淸水絹. 무·리 ·픗〈플〉:긔 ·업·시 다ᄃᆞ·마 :돌호로 미·론 :깁·이·니, 光滑緻硬, 如本國擣砧者也. 卽不用糨粉而鍊〈練〉生絹, 以石碾者.)絹, 석 자 반 제믈엣 깁이야.

픠다 동 피다[發]. ⇔개(開). ≪朴諺, 上, 36ㅈ≫下雨開花刮風結子, 비 오면 곳 픠고 ᄇᆞ람 블면 여름 여ᄂᆞᆫ 거시여.

픠오다 동 피우다. ⇔소(燒). ≪朴諺, 上, 62ㅎ≫到寺裏燒香隨喜之後, 뎔에 가 향 픠오고 구경ᄒᆞᆫ 후에. ≪朴諺, 中, 45ㅈ≫燒些餠子香, 져기 餠子香 픠오고.

피 명 피. ⇔혈(血). ≪朴諺, 上, 38ㅎ≫就蹄子放血, 임의셔 굽에 피 ᄲᅡ히리라. ≪朴諺, 上, 39ㅈ≫一發就蹄子放血着, ᄒᆞᆫ 번에 임의셔 굽에도 피 ᄲᅡ히라. ≪朴諺, 中, 28ㅎ≫都搜出三四十箇血瀝瀝的尸首和那珠子·布絹, 셜마은 피 ᄠᅳᆮ듣ᄂᆞᆫ 尸首와 그 진쥬·布絹을 다 뒤여 내고. ≪朴諺, 下, 24ㅈ≫血瀝瀝的腔子立地, 피 ᄠᅳᆮ듣ᄂᆞᆫ 몸ᄯᅩᆼ만 ᄯᅡᄒᆡ 셔고.

피(皮) 명 가죽. ⇔가족. ≪朴諺, 上, 26ㅎ≫獐皮心兒藍斜皮邉兒的皮汗替, 獐皮 心兒에 藍斜皮 邉兒 ᄒᆞᆫ 가족 ᄯᅡᆷ어치에. ≪朴諺, 上, 29ㅈ≫做坐褥·皮搭連, 아답개와 가족 대련을 ᄆᆡᆫᄃᆞ려 ᄒᆞ노라. ≪朴諺, 中, 30ㅈ≫凍面皮都打破了不中, 언 ᄂᆞᆺ가족이 다 ᄒᆡ여딜 거시니 맛당티 아니ᄒᆞ니. ≪朴諺, 中, 43ㅈ≫每日馬肚皮塵埋三尺, ᄆᆡ일에 ᄆᆞᆯ 빗가족에 틧글이 석 자히나 무텃고. ≪朴諺, 下, 40ㅎ≫畫虎畫皮難畫骨, 범을 그리매 가족은 그려도 뼈 그리기 어렵고.

피(披) 동 입다[服]. 걸치다. ⇔닙다. ≪朴諺, 上, 33ㅈ≫披着袈裟, 袈裟 닙고. ≪朴諺, 下, 31ㅈ≫身披黃金鏁子甲, 몸에 黃金으로 ᄒᆞᆫ 사슬갑을 닙어시니. ≪朴諺, 下, 50ㅎ≫披着這篛笠·蓑衣, 이 篛笠·蓑衣를 닙고.

피(被) 동 입다[被]. 당하다. ⇔닙다. ≪朴諺, 下, 15ㅎ≫被巡夜的拿着, 巡夜의게 잡힘을 닙어. ≪朴諺, 下, 22ㅎ≫被鬼們當住出不來, 귀신들의 막으믈 닙어 나오디 몯ᄒᆞ여.

피(被) 명 이불. ⇔니블. ≪朴諺, 上, 36ㅎ≫皺皺氈皺皺被, ᄧᅵᆼ긘 담에 ᄧᅵᆼ긘 니블에. ≪朴諺, 中, 3ㅎ≫這被面大紅身兒, 이 니블 거족 다홍 몸ᄯᅩᆼ과. ≪朴諺, 中, 4ㅎ≫被表帶裏兒八錢, 니블 거족과 안ᄶᅧᄂᆞᆫ 여ᄃᆞᆲ 돈이니.

피금(皮金) 명 금박지. 또는 망치로 두드려 종잇장같이 얇게 만든 금종이. ≪朴諺, 上, 43ㅈ≫不要紙金要五錢皮金(集覽, 朴集, 上, 12ㅎ: 皮金. 未詳. 質問云, 以厚紙上貼金, 女人粧〈綉〉絈之用. 又云, 將金搥打如紙張之薄, 方言爲之皮金.), 紙金으란 말고 닷 돈 皮金을 ᄒᆞ고.

피기(避忌) 동 꺼리어서 피하다. ≪朴諺, 下, 41ㅈ≫殃榜(集覽, 朴集, 下, 9ㅈ: 殃

ㅍ

榜. 漢俗, 凡遇人死, 則其家必斜貼殃榜〈楞〉於門外壁上, 榜〈楞〉文如本節〈莭〉所云, 使生人臨喪知所避忌也.)橫貼在門上, 殃楞을 문 우희 빗기 브텻더니.

피대(皮帒) 명 피대(皮袋). '帒'는 '袋'와 같다. ≪朴諺, 下, 34ㅎ≫將我那提攬和皮帒來, 내 뎌 광주리와 皮帒를 가져다가.

피대(皮袋) 명 짐승의 가죽으로 만든 자루. ≪朴諺, 下, 34ㅎ≫將我那提攬和皮帒來, 내 뎌 광주리와 皮帒를 가져다가.

피박(皮薄) 명 밀방망이로 얇게 민 밀가루 반대기. ≪朴諺, 下, 14ㅈ≫喫稍麥(集覽, 朴集, 下, 3ㅎ: 稍麥. 又云, 皮薄內實切碎肉, 當頂撮細, 似線稍繫, 故曰稍麥.)粉湯, 稍麥과 스면 먹고.

피서(避暑) 동 선선한 곳으로 옮기어 더위를 피하다. ≪朴諺, 上, 59ㅎ≫西湖是從玉泉(集覽, 朴集, 上, 15ㅈ: 玉泉. 又南有石巖〈岩〉, 號呂公洞, 其上有金時芙蓉殿廢址. 相傳以爲章宗避暑處.)裏流下來, 西湖는 이 玉泉으로 조차 흘러ᄂᆞ리ᄂᆞ니.

피서처(避署處) 명 피서(避暑)하는 곳. 피서지. ≪朴諺, 上, 59ㅎ≫西湖是從玉泉(集覽, 朴集, 上, 15ㅈ: 玉泉. 又南有石巖〈岩〉, 號呂公洞, 其上有金時芙蓉殿廢址. 相傳以爲章宗避暑處.)裏流下來, 西湖는 이 玉泉으로 조차 흘러ᄂᆞ리ᄂᆞ니.

피아(被兒) 명 이불. ⇔니블. ≪朴諺, 中, 56ㅎ≫我的衣裳被兒包袱也都敵了, 내 衣裳과 니블 반 보흘 다 터시니.

피연(披烟) 동 내[烟]가 끼다. ⇔피연ᄒᆞ다(披烟-). ≪朴諺, 上, 61ㅎ≫也有帶霧披烟翠竹, 또 帶霧 披烟ᄒᆞᆫ 翠竹이 잇고.

피연ᄒᆞ다(披烟-) 동 내[烟]가 끼다. ⇔피연(披烟). ≪朴諺, 上, 61ㅎ≫也有帶霧披烟翠竹, 또 帶霧 披烟ᄒᆞᆫ 翠竹이 잇고.

피우(避雨) 동 비를 피하다. ≪朴諺, 上, 25ㅎ≫江西十分上等眞結綜(棕)帽兒(集覽, 朴集, 上, 9ㅈ: 結椶帽. 又剝其皮一匝, 編爲蓑衣, 亦可避雨.)上, 江西 ᄀᆞ장 上等에 진짓 綜(棕)으로 ᄆᆡ존 갓 우희.

피집(被執) 동 붙들리거나 붙잡히다. ≪朴諺, 下, 17ㅈ≫唐三藏引孫行者(集覽, 朴集, 下, 4ㅈ: 孫行者. 大聖被執當死, 觀音上請于玉帝, 免死. 令巨靈神押大聖前往下方去, 乃於花菓山石縫內納身, 下截畫如來押字封着, 使山神·土地神鎭守. 飢食鉄〈鐵〉丸, 渴飮銅汁, 待我往東土尋取經之人, 經過此山, 觀大聖, 肯隨往西天, 則此時可放.), 唐三藏이 孫行者를 ᄃᆞ리고.

피차(彼此) 명 피차. 서로. ≪朴諺, 上, 17ㅈ≫九月裏打𢷾(集覽, 朴集, 上, 6ㅎ: 打𢷾. 音義云, 杭州小兒之戱也. 用小圓木長三四寸, 各持〈各持一〉塊, 彼此相擊, 出限者爲輸.), 九月에 태티기 ᄒᆞ고.

피처(彼處) 대 저기. 저곳. 그곳. ≪集覽, 字解, 單字解, 3ㅎ≫那. 平聲, 音노, 推移也. 那一那 논힐후다. 上聲 나, 何也. 那裏 어듸, 那箇 어늬. 又誰也. 那一箇 누고. 去聲 나. 那裏, 彼處也. 那箇 뎌것. 又語助. 有那沒 잇ᄂᆞ녀 업스녀.

피체(皮替) 명 가죽 언치. (가죽으로 만든 언치) ≪朴諺, 上, 26ㅎ≫獂皮心兒藍斜皮邉兒的皮汗替, 獂皮 心児에 藍斜皮 邉児 ᄒᆞᆫ 가족 ᄯᅡᆷ어치에.

피치(披緇) 동 〈불〉 승복(僧服: 緇衣)을 입다(걸치다). 곧, 출가(出家)하여 중이 되다. ≪朴諺, 上, 65ㅈ≫法名(集覽, 朴集, 上, 15ㅎ: 法名. 剃〈削〉髮披緇, 歸〈攸〉依佛法, 別立外號, 是謂法名.)喚步虛, 法名을 步虛ㅣ라 브ᄅᆞᄂᆞᆫ 이.

피한체(皮汗替) 명 가죽으로 만든 땀받이 언치. ≪朴諺, 上, 26ㅎ≫獂皮心兒藍斜皮邉兒的皮汗替, 獂皮 心児에 藍斜皮 邉児 ᄒᆞᆫ 가족 ᄯᅡᆷ어치에.

필 의 필. (피륙을 세는 단위) ❶⇔개(箇). ≪朴諺, 上, 46ㅈ≫貴眷稍的十箇白毛施布, 貴眷이 브틴 열 필 흰 모시뵈과. ≪朴諺, 上, 46ㅎ≫五箇黃毛施布, 닷 필 누른 모시뵈와. 五箇黑帖裏布, 닷 필 거믄 텰릭 뵈를. ≪朴諺, 中, 3ㅎ≫這十箇絹裏, 이 열 필 깁에셔. ≪朴諺, 中, 3ㅎ≫五箇

大紅碾着, 닷 필은 다홍 드려 다듬고. 五箇染小紅乾色罷, 닷 필은 小紅 드려 건식으로 홈이 므던ᄒᆞ니. 十箇絹練的熟到着, 열 필 깁을 누우기를 닉게 잇긋 ᄒᆞ라. ≪朴諺, 中, 4ㅈ≫五箇大紅絹, 닷 필 다홍 깁은. ≪朴諺, 中, 4ㅈ≫五箇小紅絹, 닷 필 小紅 깁은. ≪朴諺, 中, 14ㅈ≫只將的八九十箇馬來了, 그저 八九十 필 ᄆᆞᆯ을 가져 오다가. ≪朴諺, 下, 11ㅈ≫孩兒今將金色茶褐段子一箇, 孩兒ㅣ 이제 金色 차헐빗치 비단 ᄒᆞᆫ 필과. ≪朴諺, 下, 11ㅈ≫藍長綾一箇, 藍 자 긴 綾 ᄒᆞᆫ 필을. ❷⇔필(匹). ≪朴諺, 中, 37ㅈ≫鴉青四季花六兩銀子一匹, 鴉青빗 四季花 문에ᄂᆞᆫ 엿 냥 은에 ᄒᆞᆫ 필이오. 葱白膝欄四兩銀子一匹, 葱白빗 膝欄에ᄂᆞᆫ 넉 냥 은에 ᄒᆞᆫ 필이라. ❸⇔필(疋). ≪朴諺, 中, 4ㅈ≫每一疋染錢四錢家, 每 ᄒᆞᆫ 필에 믈갑시 너 돈식이니.

필(匹) 의 필. (피륙을 세는 단위) ⇔필. ≪朴諺, 中, 37ㅈ≫鴉青四季花六兩銀子一匹, 鴉青빗 四季花 문에ᄂᆞᆫ 엿 냥 은에 ᄒᆞᆫ 필이오. 葱白膝欄四兩銀子一匹, 葱白빗 膝欄에ᄂᆞᆫ 넉 냥 은에 ᄒᆞᆫ 필이라. ≪朴諺, 下, 52ㅈ≫偷盜去布一百匹, 布 一百 匹을 도적ᄒᆞ여 가니.

필(必) 부 반드시. ⇔반ᄃᆞ시. ≪朴諺, 上, 28ㅎ≫積善之家必有餘慶, 積善ᄒᆞᆫ 집은 반ᄃᆞ시 餘慶이 잇다 ᄒᆞ니라. ≪朴諺, 中, 28ㅈ≫若作非理必受其殃, 만일 非理엣 일을 ᄒᆞ면 반ᄃᆞ시 그 앙화를 밧ᄂᆞᆫ다 ᄒᆞ니. ≪朴諺, 中, 36ㅈ≫小心必勝, 조심ᄒᆞ면 반ᄃᆞ시 이긘다 ᄒᆞᄂᆞ니라. ≪朴諺, 下, 17ㅈ≫必達周公之理, 반ᄃᆞ시 周公의 理를 達ᄒᆞᆯ 쩌시니. ≪朴諺, 下, 58ㅈ≫何必如此, 엇디 반ᄃᆞ시 이러틋 ᄒᆞᄂᆞ뇨.

필(疋) 의 ❶필. (마소를 세는 단위) ≪朴諺, 中, 20ㅈ≫一冬裏這頭口(集覽, 朴集, 上, 8ㅈ: 頭口. 汎指馬·牛·猪·羊之稱數, 猪以頭數, 牛亦曰頭數, 羊以口數, 獐亦曰口, 故泛稱畜口曰頭口, 牛·馬亦曰頭·疋.)們勾喫了, ᄒᆞᆫ 겨올을 이 즘싱들이 유여히 먹으리라. ❷필. (피륙을 세는 단위) ⇔필. ≪朴諺, 中, 4ㅈ≫每一疋染錢四錢家, 每 ᄒᆞᆫ 필에 믈갑시 너 돈식이니.

필(筆) 명 필(筆). '筆'은 '筆'의 와자. ≪朴諺, 上, 23ㅎ≫將筆(筆)來抹了着, 붇 가져다가 외오라.

필(畢) 동 마치다. 끝내다. ⇔ᄆᆞᆺ다. ≪朴諺, 下, 19ㅈ≫到國王前面告未畢, 國王의 앏픠 가 고ᄒᆞ기를 ᄆᆞᆺ디 못ᄒᆞ여셔.

필(筆) 명 붇. ⇔붇. ≪朴諺, 上, 23ㅎ≫將筆(筆)來抹了着, 붇 가져다가 외오라. ≪朴諺, 中, 47ㅈ≫又將筆來面皮上畫了, 또 붇을 가져다가 ᄂᆞᆺ체 그렷더니.

필마(匹馬) 명 한 필의 말. ≪朴諺, 上, 39ㅈ≫狗有濺草之恩, 개ᄂᆞᆫ 濺草ᄒᆞᆫ 恩이 잇고. 馬有垂韁之報(集覽, 朴集, 上, 11ㅈ: 馬有垂韁之報. 漢高祖與項王會鴻門, 舞劒事急, 謀脫. 匹〈疋〉馬南行, 道傍有一眢井, 馬到井邊不肯行.), ᄆᆞᆯ은 垂韁ᄒᆞᆫ 報ㅣ 잇다 ᄒᆞ니라.

필마(疋馬) 명 한 필의 말. ≪朴諺, 上, 39ㅈ≫狗有濺草之恩, 개ᄂᆞᆫ 濺草ᄒᆞᆫ 恩이 잇고. 馬有垂韁之報(集覽, 朴集, 上, 11ㅈ: 馬有垂韁之報. 漢高祖與項王會鴻門, 舞劒事急, 謀脫. 匹〈疋〉馬南行, 道傍有一眢井, 馬到井邊不肯行.), ᄆᆞᆯ은 垂韁ᄒᆞᆫ 報ㅣ 잇다 ᄒᆞ니라.

필묵(筆墨) 명 붇과 먹. ≪朴諺, 下, 62ㅈ≫這的高麗筆墨和二十張大紙將去, 이 高麗ㅅ 筆墨과 스므 당 큰 죠히를 가져가.

필발(蓽撥) 명 후춧과의 풀. 빛깔은 흑갈색인데 후추 냄새와 비슷하다. ≪朴諺, 上, 7ㅈ≫都着些細料物(集覽, 朴集. 上, 3ㅎ: 細料物. 事林廣記食饌類, 細料物, 官桂·良薑·蓽撥草·豆蔻·陳皮·縮砂仁〈砂仁〉·八角·茴香各一兩, 川椒二兩, 杏仁五兩, 甘草一兩半, 白檀末半兩. 右共爲細末用之.), 다 져기 ᄀᆞᄂᆞᆫ 교토를 두고.

필발초(蓽撥草) 명 필발(蓽撥)의 다른 이름. ≪朴諺, 上, 7ㅈ≫都着些細料物(集覽, 朴集. 上, 3ㅎ: 細料物. 事林廣記食饌類,

細料物, 官桂·良薑·蓽撥草·豆蔻·陳皮·縮砂仁〈砂仁〉·八角·茴香各一兩, 川椒二兩, 杏仁五兩, 甘草一兩半, 白檀末半兩. 右共爲細末用之.), 다 져기 ㄱᆞᄂᆞᆫ 교토롤 두고.

필사(必死) 동 반드시 죽다. ≪朴諺, 下, 7ㅎ≫放着一箇三隻脚鐵蝦蟆兒(集覽, 朴集, 下, 2ㅈ: 三隻脚鐵蝦蟆. 今按, 漢俗, 優人作戱時, 手執三脚蝦蟆入優場作戱. 問之, 則曰, 唯仙家蓄養三脚蝦蟆, 俗人聞氣者必死.)便是, ᄒᆞᆫ 세 발 가진 쇠두텁이 노흔 거시 곳 이라.

필설(筆舌) 명 말과 글. ≪朴諺, 上, 61ㅎ≫筆舌難窮, 筆舌로도 다ᄒᆞ기 어려오니라.

필연(筆硯) 명 필연(筆硯). '筆'은 '筆'의 와자. ≪朴諺, 上, 53ㅎ≫拿紙·墨·筆(筆)·硯來我寫與你, 紙·墨·筆(筆)·硯을 가져오라 내 써 너를 주마.

필연(筆硯) 명 붓과 벼루. ≪朴諺, 上, 53ㅎ≫拿紙·墨·筆(筆)·硯來我寫與你, 紙·墨·筆(筆)·硯을 가져오라 내 써 너를 주마.

필정(必定) 부 반드시. 필연코. ⇔일뎡. ≪朴諺, 中, 47ㅎ≫路上必定喫別人笑話, 길히 일뎡 ᄂᆞᆷ의 우임을 니브리라.

핍(乏) 동 모자라다. 결핍되다. ⇔ᄠᅳ다. ≪朴諺, 下, 44ㅎ≫揀(揀)着那乏煤, 뎌 ᄠᅳᆫ미탄을 골히여.

핍매(乏煤) 명 석탄을 완전히 태운 뒤에 남은 흙덩이. ⇔ᄠᅳᆫ미탄. ≪朴諺, 下, 44ㅎ≫只有些和的濕煤(集覽, 朴集, 下, 9ㅎ: 濕煤. 其燒過土塊曰乏煤, 揀(揀)其土塊, 更和石炭用之.), 그저 져기 버므린 濕煤ㅣ 이시되. ≪朴諺, 下, 44ㅎ≫揀(揀)着那乏煤, 뎌 ᄠᅳᆫ미탄을 골히여.

ᄑᆞ리 명 파리. ❶ ⇔승(蠅). ≪朴諺, 中, 55ㅎ≫怎麽這般蠅子廣, 엇디 이리 ᄑᆞ리 흔ᄒᆞ뇨. 將蠅拂子來都赶了, ᄑᆞ리채 가져다가 다 ᄧᅩᆺ고. ❷⇔승자(蠅子). ≪朴諺, 中, 55ㅎ≫怎麽這般蠅子廣, 엇디 이리 ᄑᆞ리 흔ᄒᆞ뇨. 將蠅拂子來都赶了, ᄑᆞ리채 가져다가 다 ᄧᅩᆺ고.

ᄑᆞ리채 명 파리채. ⇔승불자(蠅拂子). ≪朴諺, 中, 55ㅎ≫將蠅拂子來都赶了, ᄑᆞ리채 가져다가 다 ᄧᅩᆺ고.

ᄑᆞᆯ다 동 팔다. ⇔매(賣). ≪集覽, 字解, 單字解, 1ㅈ≫待. 擬要也 ᄒᆞ마 그리 호려 ᄒᆞ다라. 又欲也. 待賣幾箇馬去 여러 ᄆᆞ롤 ᄑᆞᆯ오져 ᄒᆞ야 가노라. ≪朴諺, 上, 29ㅈ≫賣猠皮的好猠皮有麽, 猠皮 ᄑᆞᄂᆞ니아 됴흔 猠皮 잇ᄂᆞ냐. ≪朴諺, 上, 38ㅈ≫兩箇先生合賣藥一箇坐一箇跳, 두 先生이 모다 약 ᄑᆞ노라 ᄒᆞ나흔 안잣고 ᄒᆞ나흔 ᄠᅱ노ᄂᆞᆫ 거시여. ≪朴諺, 上, 46ㅎ≫且喂幾日賣時好, 아직 요ᄉᆞ이 먹여 ᄑᆞᆯ면 됴흐려니와. 如今賣時, 이제 ᄑᆞᆯ면. ≪朴諺, 上, 55ㅈ≫那裏有賣的好馬, 어ᄃᆡ ᄑᆞᆯ 됴흔 ᄆᆞᆯ이 잇더뇨. ≪朴諺, 上, 64ㅈ≫那賣織金胸背段子的, 뎌 織金 胸背 비단 ᄑᆞᆯ 리아. ≪朴諺, 中, 10ㅈ≫如賣已後, 만일 ᄑᆞᆫ 후에. ≪朴諺, 中, 27ㅈ≫有一日賣布·絹的過去, ᄒᆞ로ᄂᆞᆫ 布와 깁 ᄑᆞᆯ 리 디나가거늘. ≪朴諺, 中, 38ㅈ≫小賣了五錢銀, 닷 돈 은을 디워 ᄑᆞ노라. ≪朴諺, 中, 56ㅎ≫是賣猫的, 이 괴 ᄑᆞᆯ 리로다. ≪朴諺, 下, 25ㅈ≫那賣珠兒的你來, 뎌 구슬 ᄑᆞᆯ 리아 이바. ≪朴諺, 下, 25ㅎ≫實要二兩銀子賣與你, 실로 두 냥 은을 밧고 네게 ᄑᆞᆯ마. ≪朴諺, 下, 26ㅈ≫與你一兩銀子賣麽, 너롤 ᄒᆞᆫ 냥 은을 줄 ᄧᅥ시니 ᄑᆞᆯᄯᅡ. ≪朴諺, 下, 28ㅈ≫賣刷子的將來, 刷子 ᄑᆞᄂᆞᆫ 이아 가져오라. ≪朴諺, 下, 62ㅈ≫賣劒賣與烈士, 劒을 ᄑᆞᆯ매 烈士의게 ᄑᆞᆯ고. 臙粉贈與佳人, 臙粉은 佳人의게 준다 ᄒᆞ니라.

ᄑᆞᆯ리 명 팔 이. 파는 사람. 곧, 장사꾼. ⇔매적(賣的). ≪朴諺, 上, 6ㅈ≫如今却早有賣的拳杏麽, 이제 블셔 拳杏 ᄑᆞᆯ 리 인ᄂᆞ냐. ≪朴諺, 上, 6ㅈ≫如今却早有賣的拳杏麽, 이제 블셔 拳杏 ᄑᆞᆯ 리 인ᄂᆞ냐. ≪朴諺, 下, 37ㅈ≫賣的賣了, ᄑᆞᆯ 리 ᄑᆞᆯ고.

ᄑᆞᆯ쇠 명 팔찌. ⇔천아(釧兒). ≪朴諺, 上, 19ㅎ≫一對釧兒, ᄒᆞᆫ ᄡᅡᆼ ᄑᆞᆯ쇠로다가 ᄒᆞ련노라.

ᄑᆞᆺ 명 팥. ❶⇔두자(豆子). ≪朴諺, 下, 42ㅎ≫

ㅍ

供養的是豆子粥, 供養ᄒᆞᄂᆞᆫ 거슨 이 ᄑᆞᆺ쥭과. ❷⇔소두(小豆). ≪朴諺, 下, 37ㅈ≫ 稻子, 벼. 薥秫, 슈슈. 黍子, 기장. 大麥, 보리. 小麥, 밀. 蕎麥, 모밀. 黃豆, 콩. 小豆, ᄑᆞᆺ. 菉豆, 녹두. 莞豆, 광장이. 黑豆, 거믄콩. 芝麻, ᄎᆞᆷ� 蘇子, 들ᄢᅢ.

ᄑᆞᆺ쥭 명 팥죽. ⇔두자죽(豆子粥). ≪朴諺, 下, 42ㅎ≫ 供養的是豆子粥, 供養ᄒᆞᄂᆞᆫ 거슨 이 ᄑᆞᆺ쥭과.

픠다 동 파이다[掘]. ❶⇔굴(掘). ≪朴諺, 下, 5ㅈ≫ 將鐵枚和鍋來掘土, 삷과 광이를 가져다가 흙을 픠여. ❷⇔굴개(掘開). ≪朴諺, 中, 27ㅈ≫ 正房背後掘開一箇老大深淺地坑, 正房 뒤헤 ᄒᆞᆫ 크고 기픈 디함을 픠고.

ㅎ

하 명 해. 것. ⇔적(的). ≪朴諺, 上, 30ㅈ≫三錢一箇家買你的, 서 돈에 ᄒᆞ나직(식) ᄒᆞ여 네 하ᄅᆞᆯ 사쟈. ≪朴諺, 上, 30ㅈ≫我的都是細絲官銀, 내 하ᄂᆞᆫ 다 이 細絲官銀이라. ≪朴諺, 上, 64ㅎ≫肯時要你的, 즐기면 네 하ᄅᆞᆯ ᄒᆞ고. ≪朴諺, 中, 5ㅈ≫不悞了你的, 네 하ᄅᆞᆯ 그릇 아니호리라. ≪朴諺, 下, 27ㅈ≫八錢一顆家買你的, 여ᄃᆞᆲ 돈에 ᄒᆞ낫식 ᄒᆞ여 네 하ᄅᆞᆯ 사쟈.

하(下) 동 ❶내려지다. 떨어지다. ⇔ᄂᆞ려디다. ≪朴諺, 下, 21ㅈ≫跳下床來了, 床에 ᄠᅱ여 ᄂᆞ려디니. ❷내리다. ⇔ᄂᆞ리다. ≪朴諺, 上, 36ㅎ≫鐵人鐵馬不着鐵鞭不下馬, 쇠사ᄅᆞᆷ 쇠ᄆᆞᆯ씌 쇠채 아니면 ᄆᆞᆯ씌 ᄂᆞ리디 아니ᄒᆞᄂᆞᆫ 거시여. ≪朴諺, 中, 37ㅈ≫要時請下馬來看, ᄒᆞ려커든 쳥컨대 ᄆᆞᆯ ᄂᆞ려 보라. ≪朴諺, 中, 43ㅈ≫直到點燈時分恰下馬, 잇긋 블혈 ᄢᅢ예 다ᄃᆞᆺ게야 ᄀᆞᆺ ᄆᆞᆯ게 ᄂᆞ리니. ≪朴諺, 下, 14ㅎ≫直是人定時分纔下馬, 잇긋 人定 ᄢᅢ예 ᄀᆞᆺ ᄆᆞᆯ을 ᄂᆞ리ᄂᆞ니라. ❸내리게 하다. 떨어지게 하다. ⇔ᄂᆞ리오다. ≪朴諺, 中, 60ㅎ≫反上反下, 도로혀 올리락 도로혀 ᄂᆞ리오락 ᄒᆞᆫ다 ᄒᆞ니.

하(下) 동 ❶다다르다. ⇔다ᄃᆞ라다. ≪朴諺, 中, 53ㅎ≫咳却早年莭(節)下也, 애 ᄇᆞᆯ셔 年莭(節)이 다ᄃᆞ랏ᄂᆞ나. ❷(짐을) 부리게 하다. 짐 부리다. 내리다. ⇔ᄇᆞ리우다. ≪朴諺, 上, 51ㅎ≫那裏下着裏, 어ᄃᆡ ᄇᆞ리웟ᄂᆞᆫ다. ≪朴諺, 上, 51ㅎ≫小人在那東角頭堂子間壁下着裏, 小人이 뎌 동녁 모롱이 堂子ㅅ ᄇᆞᄅᆞᆷ을 ᄉᆞ이ᄒᆞ여 ᄇᆞ리워 잇노라.

하(下) 동 ❶두다[置]. ⇔두다. ≪朴諺, 中, 8ㅎ≫茶飯都准備下着, 茶飯을 다 准備ᄒᆞ여 두라. ≪朴諺, 中, 11ㅎ≫都收拾下着, 다 收拾ᄒᆞ여 두라. ≪朴諺, 中, 33ㅎ≫麻骨一邉收拾下着用着, 삼대ᄅᆞᆯ ᄒᆞᆫ 편에 收拾ᄒᆞ여 두라 ᄡᅳ쟈. ≪朴諺, 下, 21ㅎ≫只留下桃核出來, 다만 복셩화 ᄡᅵ만 머므러 두고 나와. ❷(바둑·장기 따위를) 두다. 놓다. ⇔두다. ≪朴諺, 上, 21ㅎ≫今日下雨正好下碁, 오ᄂᆞᆯ 비 오니 졍히 바독 두기 됴타. ≪朴諺, 上, 22ㅈ≫咱們下一局賭輸羸(贏)如何, 우리 ᄒᆞᆫ 판 두어 지며 이긔믈 더느미 엇더ᄒᆞ뇨. ≪朴諺, 上, 22ㅎ≫這箇馬下了時好, 이 ᄆᆞᆯ을 두면 됴타. ≪朴諺, 中, 49ㅎ≫咱們下一盤, 우리 ᄒᆞᆫ 판 두쟈. ≪朴諺, 中, 49ㅎ≫老實擺着下, 고디식이 버리고 두쟈.

하(下) 동 ❶드리다[獻]. ⇔드리다. ≪朴諺, 上, 41ㅎ≫幾時下紅定, 언제 紅定을 드리더뇨. ≪朴諺, 上, 41ㅎ≫下了定禮, 定禮ᄅᆞᆯ 드리고. ❷들이다[入]. ⇔드리다. ≪朴諺, 上, 10ㅎ≫着他下工夫打, 뎌로 ᄒᆞ여 工夫 드려 다이라. ≪朴諺, 上, 16ㅈ≫你用心下功夫打, 네 用心ᄒᆞ여 功夫 드려 ᄆᆡᆫ들라. ≪朴諺, 上, 41ㅈ≫下多少財錢, 언멋 財錢을 드리더뇨.

하(下) 동 ❶벌이다[設]. ⇔버리다. ≪朴諺, 上, 22ㅎ≫咱停下, 우리 맛버리쟈. ≪朴諺, 上, 22ㅎ≫我不說停下來, 내 맛버리쟈 니ᄅᆞ디 아니ᄒᆞ드냐. ❷오다. 내리다. ⇔오다. ≪朴諺, 上, 21ㅎ≫今日下雨正好下碁, 오ᄂᆞᆯ 비 오니 졍히 바독 두기 됴타. ≪朴諺, 上, 36ㅈ≫下雨開花刮風結子, 비 오면 곳 픠고 ᄇᆞ람 블면 여름 여ᄂᆞᆫ 거시여. ≪朴諺, 中, 40ㅈ≫每日下雨, 每日에 비 와. ❸치다[設]. ⇔티다. ≪朴諺, 下, 51

ㅈ≫纜船下網, 빅 믹고 그믈 티고.

하(下) 명 아래. ⇔아릭. ≪朴諺, 上, 27ㅈ≫攀胷下滴溜着一箇珠兒網盖兒罕荅哈, 가슴거리 아릭 흔 구슬로 망 믹자 씐 罕荅哈를 드리웟더라. ≪朴諺, 上, 28ㅎ≫攀胷下滴溜着, 가슴거리 아릭 드리온 거슨. ≪朴諺, 上, 38ㅈ≫鑽天錐下大水, 하늘 뚤는 송곳 아릭 큰 믈이여. ≪朴諺, 中, 42ㅈ≫二字下一箇ノ, 二字 아릭 흔 긋 밧그로 비티고. ≪朴諺, 中, 42ㅎ≫一畫下日字, 흔 긋 아릭 日字 ᄒᆞ고.

하(何) 관 무슨. ❶⇔므스. ≪朴諺, 下, 16ㅈ≫種稻子那廝因何監着, 벼 시므든 뎌 놈은 므스 일을 인ᄒᆞ여 갓텻ᄂᆞ뇨. ❷⇔므슴. ≪朴諺, 上, 58ㅎ≫何故不來, 므슴 연고로 오디 아니ᄒᆞᆫ다. ≪朴諺, 中, 9ㅈ≫何故不與甘結, 므슴 연고로 甘結을 주디 아니ᄒᆞ리오. ≪朴諺, 下, 19ㅎ≫你有何寃讎, 네 므슴 寃讐ㅣ 잇다 ᄒᆞᄂᆞ뇨. ≪朴諺, 下, 55ㅈ≫你更有傷有何愁, 너는 또 傷ᄒᆞᆫ 딕 이시니 므슴 근심이 이시리오. ❸⇔므슴. ≪朴諺, 下, 56ㅎ≫先生有何新聞, 先生이 므슴 新聞이 잇ᄂᆞ뇨.

하(何) 부 어찌. ⇔엇디. ≪朴諺, 下, 58ㅈ≫何必如此, 엇디 반ᄃᆞ시 이러틋 ᄒᆞᄂᆞ뇨. ≪朴諺, 下, 61ㅎ≫何須謙讓, 엇디 모로미 겸양ᄒᆞᄂᆞ뇨.

하(河) 명 ❶내[川]. ⇔내ㅎ. ≪朴諺, 上, 20ㅎ≫背後河裏洗馬去來, 뒷 내헤 ᄆᆞᆯ 싯기라 가쟈. ≪朴諺, 上, 62ㅈ≫沿河快活, 河를 조차 즐기다가. ≪朴諺, 中, 56ㅈ≫背後河裡洗澡去, 뒷 내헤 목욕ᄒᆞ라 가라. ≪朴諺, 中, 56ㅈ≫咱河裏浪蕩去來, 우리 내희 ᄀᆞ래라 가쟈. ❷믈. 내[川]. ⇔믈. ≪朴諺, 上, 62ㅈ≫河邉兒窺魚的是無數目的水老鴉, 믈ᄭᅀᅴ 고기 엿는 거슨 이 수 업슨 가마오디오. ≪朴諺, 中, 56ㅈ≫跳的河裡仰不搽, 믈에 뛰어드러 쟛바 즘기디 마쟈. ≪朴諺, 中, 58ㅈ≫風不來樹不搖, ᄇᆞ람이 부디 아니면 남기 흔드기디 아니ᄒᆞ고. 雨不來河不漲, 비 오디 아니면 믈이 넘디 아니ᄒᆞᆫ다 ᄒᆞᄂᆞ니라.

하(夏) 명 여름. ❶⇔녀름. ≪朴諺, 上, 17ㅎ≫一夏裏藏藏昧昧, 흔 녀름은 수뭇져기 ᄒᆞᄂᆞ니라. ❷⇔녀름. ≪朴諺, 下, 1ㅈ≫一夏裡不曾好生收拾, 흔 녀름을 일즙 ᄀᆞ장 收拾디 못ᄒᆞ니.

하(蝦) 명 새우. ≪朴諺, 上, 62ㅈ≫撒網垂鈞的是大小漁艇, 撒網 垂鈞ᄒᆞᆫ 거슨 이 大小 漁艇이오. 弄水穿波的是覓死的魚蝦, 弄水 穿波ᄒᆞ는 거슨 이 覓死ᄒᆞ는 魚蝦오.

하강(下降) 동 신선이 속계(俗界)로 내려오다. ≪朴諺, 下, 7ㅎ≫這七月十五日(集覽, 朴集, 下, 2ㅈ: 七月十五日. 道藏經云, 七月十五日, 謂之中元, 地官下降人間, 檢校世人, 甄別善惡, 上告天曹.)是諸佛解夏之日, 七月 十五日은 諸佛 解夏ᄒᆞ는 날이라. ≪朴諺, 下, 49ㅈ≫好女不看燈(集覽, 朴集, 下, 11ㅈ: 好女不看燈. 道經云, 正月十五日, 謂之上元, 天官下降人閒〈間〉, 考定罪福. 是夜張燈, 士女鼓〈皷〉樂遊街.), 好女는 看燈 아니ᄒᆞᆫ다 ᄒᆞᄂᆞ니라.

하고(何故) 부 왜. 무슨 까닭으로. 무슨 이유로. 무엇 때문에. ≪朴諺, 上, 33ㅎ≫你布施人家齋飯(集覽, 朴集, 上, 10ㅎ: 齋飯. 請觀音經疏云, 齋者, 齊也, 齊身口業也. 佛氏日中而食, 瓶沙王問, 佛, 何故日中食. 答〈荅〉云, 早起諸天食, 日中三世佛食, 日西畜生食, 日暮鬼神食.)錢, 네 人家에 보시ᄒᆞᆫ 齋飯錢을.

하국(荷國) 명 연(蓮)이 많이 자라는 늪을 나라에 비유하여 이르는 말. ≪朴諺, 下, 51ㅈ≫或撑開入這荷國花城, 혹 빅 뻐혀 이 荷國 花城에 드러가.

하기(下碁) 동 바둑을 두다. 장기를 두다. ≪朴諺, 中, 49ㅎ≫咱比賽(集覽, 朴集, 中, 8ㅎ: 比賽. 兩人下碁擲色兒, 有點多者先下碁, 小者後下碁.), 우리 징도림ᄒᆞ쟈.

하나한 관 하고많은. 많고 많은. ❶⇔야다(偌多). ≪集覽, 字解, 單字解, 7ㅈ≫偌. 太甚也. 偌大 너므 크다, 偌多 너므 하다.

ㅎ

又하나한. 通作熱. ❷⇔허다(許多). ≪集覽, 字解, 單字解, 6ㅈ≫多. 多少 언메나. 又許多 하나한. 又餘也. 三十里多地 삼십 리 나믄 짜. 吏語, 多餘. 又過也. 有甚麽多處 므스기 너믄 고디 이시리오. 又重也. 므스기 앗가온 고디 이시리오.

하내(河內) 명 중국 황하(黃河) 이북 지역을 이르는 말. ≪朴諺, 中, 20ㅈ≫將二兩銀到西山(集覽, 朴集, 中, 3ㅎ: 西山. 在順天府西三十里太行山首, 始于河內, 北至幽州, 强形鉅勢, 爭奇擁翠, 雲聳星拱于皇都之右.)裏, 두 냥 은을 가지고 西山에 가.

하년(下年) 명 내년(來年). ⇔ᄂᆡ년. ≪朴諺, 上, 54ㅈ≫其銀限至下年幾月內, 그 은을 限이 ᄂᆡ년 아므 ᄃᆞᆯ ᄂᆡ에 니르게 ᄒᆞ야.

하ᄂᆞᆯ 명 하늘. ❶⇔소(霄). ≪朴諺, 上, 60ㅈ≫遠望高接青霄, 멀리 ᄇᆞ라매 놉히 프른 하ᄂᆞᆯ에 졉ᄒᆞ엿고. ❷⇔천(天). ≪朴諺, 上, 1ㅈ≫洪福齊天, 큰 福이 하ᄂᆞᆯ과 ᄀᆞᄌᆞᆨᄒᆞ야. ≪朴諺, 上, 37ㅎ≫滿天星宿一箇月三條繩子由你曳, 하ᄂᆞᆯ에 ᄀᆞ득ᄒᆞᆫ 星宿에 ᄒᆞᆫ ᄃᆞᆯ을 세 오리 노흐로 제대로 ᄭᅳ으는 거시여. ≪朴諺, 上, 38ㅈ≫鑽天錐下大水, 하ᄂᆞᆯ ᄯᅮᆯ는 송곳 아릐 큰 믈이여. ≪朴諺, 中, 29ㅎ≫咳今日天氣冷殺人, 애 오ᄂᆞᆯ 하ᄂᆞᆯ 긔운이 차 사ᄅᆞᆷ을 죽게 ᄒᆞ니. ≪朴諺, 中, 35ㅈ≫今年天旱田禾不收, 올히 하ᄂᆞᆯ이 ᄀᆞᄆᆞ라 田禾ᄅᆞᆯ 거도디 못ᄒᆞ여시니. ≪朴諺, 下, 31ㅎ≫這的擎天白玉柱, 이는 하ᄂᆞᆯ을 바텨는 白玉柱ㅣ오.

하ᄂᆞᆯㅎ 명 하늘. ⇔천(天). ≪朴諺, 中, 58ㅈ≫這的便是仰面唾天, 이거시 곳 쟛바 하ᄂᆞᆯ헤 춤 바ᄐᆞᆷ이로다.

하다 형 많다. ⇔다(多). ≪集覽, 字解, 單字解, 7ㅈ≫偌. 太甚也. 偌大 너므 크다, 偌多 너므 하다. 又하나한. 通作熱. ≪朴諺, 上, 4ㅈ≫罷罷減不多, 두어 두어 감ᄒᆞᆫ 거시 하디 아니ᄒᆞ다. ≪朴諺, 上, 64ㅎ≫要甚麽多話, 므슴ᄒᆞ라 말 한 양 ᄒᆞ리오. ≪朴諺, 中, 2ㅈ≫因風吹火用力不多, ᄇᆞ람을 因ᄒᆞ여 블을 불면 힘ᄡᅳᆷ이 하디 아니타 ᄒᆞᄂᆞ니라.

하돈어(河豚魚) 명 복어. ≪朴諺, 上, 7ㅈ≫第四道三鮮湯(集覽, 朴集, 上, 3ㅎ: 鮮湯. 質問云, 魚·蛤·蟹三味合爲一羹, 或鷄·鴨·鵝〈鵞〉三味合爲羹, 方言俱謂之三鮮湯. 又云〈言〉, 以羊腸·豆粉做假蓮蓬·假茨菰·假合呑魚, 謂之三鮮. 今按, 合呑魚恐是河豚魚之誤, 然亦未詳.), 第四道는 三鮮湯이오.

하딕ᄒᆞ다 동 하직(下直)하다. ⇔사(辭). ≪朴諺, 下, 39ㅈ≫辭了迴來, 하딕ᄒᆞ고 도라오라. ≪朴諺, 下, 39ㅈ≫送到三四日辭迴來, 보내여 三四日에 가 하딕고 도라오면.

하락(下落) 명 간 곳. 행방. ≪集覽, 字解, 單字解, 7ㅎ≫落. 落了 디다. 又院落 ᄠᅳᆯ. 又落下 ᄢᅥ디우다. 又數落了罪過 죄목 혜다. 又吏語, 下落 간 곧, 又發落 공ᄉᆞ 긂내다.

하래(下來) 동 ❶(동물이 새끼를) 낳다. ⇔낳다. ≪朴諺, 上, 31ㅎ≫那驢養下來的, 뎌 나귀 얼러 나흔 놈이. ❷내려오다. ⇔ᄂᆞ려오다. ≪朴諺, 上, 37ㅈ≫墻上一塊土吊下來禮拜, 담 우희 ᄒᆞᆫ 덩이 ᄒᆞᆰ이 ᄢᅥ러뎌 ᄂᆞ려와 禮拜ᄒᆞᄂᆞᆫ 거시여. ≪朴諺, 中, 1ㅎ≫吊下來踢上去, ᄂᆞ려오거든 차 올려. ❸내리다. 내려오다. ⇔ᄂᆞ리다. ≪朴諺, 上, 59ㅎ≫西湖是從玉泉裏流下來, 西湖는 이 玉泉으로 조차 흘러ᄂᆞ리니. ≪朴諺, 中, 40ㅈ≫好生流不下來, ᄀᆞ장 흘러ᄂᆞ리디 못ᄒᆞ여. ≪朴諺, 中, 48ㅈ≫眼脂兒眼角裏流下來, 눈곱이 눈 ᄉᆞ석에 흘러ᄂᆞ리되. ❹내리게 하다. ⇔ᄂᆞ리오다. ≪朴諺, 下, 20ㅎ≫便拿下來磕死了, 곳 잡아ᄂᆞ리와 즛긔텨 죽이고. ≪朴諺, 下, 24ㅈ≫伯眼大仙也割下頭來, 伯眼大仙도 머리ᄅᆞᆯ 버혀 ᄂᆞ리와. ❺내려치다. ⇔ᄂᆞ리티다. ≪朴諺, 下, 23ㅎ≫先割下來, 본(몬)져 버혀 ᄂᆞ리티니.

하려ᄒᆞ다 동 하려하다. ⇔요(要). ≪朴諺, 中, 37ㅈ≫要時請下馬來看, ᄒᆞ려커든 청

컨대 뎔 누려 보라.

하마(下馬) 동 말에서 내리다. ≪朴諺, 上, 39ㅈ≫狗有濺草之恩, 개는 濺草혼 恩이 잇고. 馬有垂繮之報(集覽, 朴集, 上, 11ㅈ: 馬有垂繮之報. 漢高祖與項王會鴻門, 舞劒事急, 謀脫. 匹〈疋〉馬南行, 道傍有一智井, 馬到井邊不肯行. 漢王恐追者至, 下馬入井.), 뎔은 垂繮혼 報ㅣ 잇다 ᄒᆞ니라.

하마(蝦蟆) 명 두꺼비. ≪朴諺, 下, 29ㅈ≫你打饋我一箇立鼈兒, 네 날을 ᄒᆞᆫ 立鼈兒와. 一箇蝦蟆·鼈兒和蝎虎盞兒, ᄒᆞᆫ 蝦蟆鼈兒와 蝎虎盞을 믿ᄃᆞ라 주고려.

하마아(蝦蟆兒) 명 두꺼비. ⇔두텁이. ≪朴諺, 下, 7ㅎ≫放着一箇三隻脚鐵蝦蟆兒便是, ᄒᆞᆫ 세 발 가진 쇠두텁이 노흔 거시 곳이라.

하마장(下馬莊) 명 땅 이름. ≪朴諺, 中, 19ㅎ≫將五兩銀子下馬莊(集覽, 朴集, 中, 3ㅎ: 下馬莊. 地名.)裏去, 닷 냥 은을 가지고 下馬莊에 가.

하무산(霞霧山) 명 중국 절강성(浙江省) 호주시(湖州市)에 있다. ≪朴諺, 上, 65ㅈ≫法名喚步虛(集覽, 朴集, 上, 15ㅎ: 步虛. 至正丙戌春, 入燕都, 聞南朝有臨濟正脉不斷〈断〉, 可往印可. 盖指臨濟直下雪嵒〈嵓〉嫡孫石屋和尙淸珙也. 遂往湖州霞霧山天湖庵謁和尙, 嗣法傳衣.), 法名을 步虛ㅣ라 브르ᄂᆞᆫ 이.

하반(下飯) 명 반찬(飯饌). ≪集覽, 字解, 累字解, 1ㅈ≫下飯. 以酒食爲主, 而以物爲酒食之助者, 則曰下飯.

하방(遐方) 명 서울에서 멀리 떨어진 곳. ≪朴諺, 中, 21ㅈ≫灑悲雨於遐方, 悲雨를 遐方에 ᄡᅳ리고.

하변(河邊) 명 물가. 강가. ⇔믈ᄀᆞᆺ. ≪朴諺, 上, 62ㅈ≫河邊兒窺魚的是無數目的水老鴉, 믈ᄀᆞᆺ의 고기 엿ᄂᆞᆫ 거슨 이 수 업슨 가마오디오.

하사(下司) 명 아래 등급의 관아. ≪朴諺, 下, 51ㅎ≫申(集覽, 朴集, 下, 11ㅎ: 申. 音義云, 下司達於上司之謂, 猶言所志.)竊盜狀, 窃盜狀을 申ᄒᆞ노니.

하사(何似) 대 무엇. ⇔므섯. ≪朴諺, 下, 58ㅎ≫表德何似, 表德은 므섯고.

하사(何似) 부 얼마나. ⇔언머나. ≪朴諺, 下, 58ㅎ≫春秋何似, 春秋ㅣ 언머나 ᄒᆞ뇨.

하서(河西) 명 중국 황하(黃河)의 서쪽 지역을 이르는 말. 춘추전국시대에는 지금의 산서성(山西省)과 섬서성(陝西省) 사이인 황하 남부 서쪽 지역을, 한·당대(漢唐代)에는 감숙성(甘肅省)과 청해성(靑海省)의 황하 서쪽 지역을 지칭하였다. ≪朴諺, 中, 52ㅈ≫年時牢子們走(集覽, 朴集, 中, 8ㅎ: 牢子走. 在大都則自河西務起程, 若上都則自泥河兒起程, 越三時, 走一百八十里, 直抵御前, 俯伏呼萬歲.)的你見來麽, 젼년에 牢子들희 ᄃᆞ롬질을 네 본다.

하세(下世) 동 죽다. 세상을 떠나다. ⇔하세ᄒᆞ다(下世-). ≪朴諺, 上, 66ㅎ≫不到三歲下世去的也有的, 三歲에 니ᄅᆞ디 못ᄒᆞ여셔 下世ᄒᆞ여 가ᄂᆞ니도 잇ᄂᆞ니라.

하세ᄒᆞ다(下世-) 동 죽다. 세상을 떠나다. ⇔하세(下世). ≪朴諺, 上, 66ㅎ≫不到三歲下世去的也有的, 三歲에 니ᄅᆞ디 못ᄒᆞ여셔 下世ᄒᆞ여 가ᄂᆞ니도 잇ᄂᆞ니라.

하수(下手) 동 어떤 일에 손을 대다. 또는 어떤 일을 시작하다. ⇔하수ᄒᆞ다(下手-). ≪朴諺, 中, 54ㅎ≫如今便下手縫, 이제 곳 下手ᄒᆞ여 짓고.

하수ᄒᆞ다(下手-) 동 어떤 일에 손을 대다. 또는 어떤 일을 시작하다. ⇔하수(下手). ≪朴諺, 中, 54ㅎ≫如今便下手縫, 이제 곳 下手ᄒᆞ여 짓고.

하시(何時) 대 언제. 어느 때. ≪集覽, 字解, 累字解, 1ㅎ≫早晩. 這早晩 이 늣도록. 又問何時曰, 多早晩 어느 ᄣᅢ.

하야ᄇᆞ리다 동 헐어버리다. 망가뜨리다. ⇔파(破). ≪朴諺, 下, 54ㅎ≫於某面上用拳打破, 某의 ᄂᆞᆺ촐 주머괴로 텨 하야ᄇᆞ리되.

하엽(荷葉) 명 연잎. ≪朴諺, 上, 24ㅎ≫絟

ㅎ

着一副鴉青段子滿刺(刺)嬌(集覽, 朴集, 上, 8ㅈ: 滿刺〈刺〉嬌. 質問云, 以蓮花·荷葉·藕〈耦〉·鴛鴦·蜂蝶之屬〈形〉, 或用五色絨綉, 或用彩色畫於段帛上, 謂之滿池嬌.)護膝, 흔 부 야쳥 비단에 滿刺(刺)嬌 흔 슬갑을 미엿고.

하오(夏五) 명 하씨(夏氏)의 다섯째 아들이란 뜻으로, 이름이나 신분이 뚜렷하지 못한 평범한 사람을 이르는 말. ≪朴諺, 上, 18ㅈ≫是抅欄(衚衕裏帶匠夏五廂的, 이 抅欄 솔 씌쟝이 夏五ㅣ 젼메윗ᄂᆞ니라.

하우(下雨) 동 비가 내리다. 비가 오다. ≪朴諺, 上, 21ㅎ≫今日下雨正好下碁, 오늘 비 오니 졍히 바독 두기 됴타.

하원(下元) 명 음력 10월 보름날. 이날 도교에서는 천상(天上)의 선관(仙官)이 인간의 선악을 살피는 때라 하여 초제(醮祭)를 지낸다. ≪朴諺, 下, 18ㅎ≫做羅天大醮(集覽, 朴集, 下, 4ㅎ: 大醮. 上元金籙齋, 帝王修奉, 設普天大醮. 中元玉籙齋, 保佑六宮, 輔寧妃后, 設周天大醮. 下元黃籙齋, 臣民通修, 普資家國, 設羅天大醮.), 羅天大醮를 ᄒᆞ더니.

하의(下衣) 명 〈불〉 중이 입는 삼의(三衣)의 한 가지. 안타회(安陁會: 下衣). 다섯 조각의 헝겊을 기워 보자기처럼 만드는데, 보통 일하거나 잘 때 입는다. ≪朴諺, 上, 33ㅈ≫披着袈裟(集覽, 朴集, 上, 10ㅈ: 袈裟. 戒壇云, 五條下衣, 斷〈断〉貪身也, 七條中衣, 斷〈断〉嗔口也, 大衣上衣, 斷痴心也.), 袈裟 닙고.

하인(下人) 명 아랫사람. ≪朴諺, 上, 14ㅈ≫這的大紅綉五爪蟒龍(集覽, 朴集, 上, 6ㅈ: 五爪蟒龍. 元制, 五爪二角龍爲紋〈文〉者, 止供御用, 不許下人穿用.), 이 大紅에 五瓜 蟒龍을 슈지질ᄒᆞ고. ≪朴諺, 上, 46ㅈ≫以至下人們, 뻐 下人들에 니르히.

하인(何人) 명 어떤 사람. ≪朴諺, 中, 22ㅈ≫起浮屠於泗水之間(集覽, 朴集, 中, 5ㅈ: 起浮屠於泗水之間. 中宗問萬迴和尙曰, 僧伽是何人. 迴曰, 觀音化身.), 浮屠를 泗水ㅅ ᄉᆞ이에 니르혀고.

하재(下財) 명 육례(六禮)의 하나로, (정혼(定婚)이 이루어진 증거로) 신랑 집에서 신부 집으로 물품이나 돈을 보내는 일. ≪朴諺, 上, 41ㅈ≫下多少財錢(集覽, 朴集, 上, 11ㅎ: 下多少財錢. 亦云下財. 家禮會通云, 婚有六禮, 納采·問名·納吉·納徵·請期·親迎. 今制, 納采·問名·納吉捴〈総〉一次行禮, 以從簡便, 謂之定禮, 亦爲之定親, 亦曰下紅定, 亦送幣物. 又涓吉送婚書, 行納徵禮, 亦曰納幣, 俗云下財, 亦曰送禮.), 언멋 財錢을 드리더뇨.

하정(河精) 명 중국 황하(黃河)의 신(神). ≪朴諺, 上, 60ㅈ≫近看時遠侵碧漢(集覽, 朴集, 上, 15ㅈ: 碧漢. 〈卽〉天河也. 河精上爲天漢.), 갓가이셔 보면 멀리 碧漢을 侵ᄒᆞ고.

하차인(下次人) 명 하인. 노복(奴僕). ≪朴諺, 下, 61ㅈ≫穿着下次人的衣服, 下次人의 오슬 닙고.

하처(下處) 명 여관. ≪朴諺, 上, 52ㅈ≫不知道下處不曾得望去, 下處를 아디 못ᄒᆞ여 일즙 보라 가디 못ᄒᆞ니.

하태(下台) 명 별 이름. 삼태(三台) 중의 하나. 또는 사공(司公)을 달리 이르는 말. ≪朴諺, 上, 18ㅈ≫那三台(集覽, 朴集, 上, 7ㅈ: 三台. 周禮䟽, 上台司命〈夻〉爲太尉, 中台司中爲司徒, 下台司祿爲司空, 三公之象.)板兒做得好, 뎌 三台 돈은 ᄆᆡᆫ돌기를 잘ᄒᆞ엿고.

하포(荷包) 명 주머니. 염낭. 쌈지. ⇔주머니. ≪朴諺, 上, 44ㅈ≫你做饋我荷包如何, 네 날을 주머니를 ᄆᆡᆫᄃᆞ라 줌이 엇더ᄒᆞ뇨.

하필(何必) 부 어찌하여 꼭. ≪朴諺, 中, 21ㅈ≫座飾芙蓉(集覽, 朴集, 中, 4ㅎ: 座飾芙蓉. 飜譯名義云, 大論問, 諸牀〈床〉可坐, 何必蓮華. 答曰, 牀爲世間白衣坐法, 又以蓮華軟淨, 欲現神力, 能坐其上, 令不壞故, 又以莊嚴妙法故, 又以此華華臺嚴淨香妙可坐故.)湛南海澄淸之水, 안즌 ᄃᆡᄂᆞᆫ 芙蓉으로 ᄭᅮᆷ여시니 南海 澄淸ᄒᆞᆫ 水에

즘겻고.

하하(下下) 형 매우 낮다. ⇔하하ᄒᆞ다(下下-). ≪朴諺, 中, 32ㅈ≫有高高下下坡, 高高 下下ᄒᆞᆫ 언덕이 이시며.

하하ᄒᆞ다(下下-) 형 매우 낮다. ⇔하하(下下). ≪朴諺, 中, 32ㅈ≫有高高下下坡, 高高 下下ᄒᆞᆫ 언덕이 이시며.

하한(河漢) 명 은하(銀河). 은하수. ≪朴諺, 上, 60ㅈ≫近看時遠侵碧漢(集覽, 朴集, 上, 15ㅈ: 碧漢. 〈卽〉天河也. 河精上爲天漢. 爾雅, 析木爲之津. ㄴ在箕斗間, 自坤抵艮爲地紀, 亦名雲漢, 曰天潢, 曰銀河, 曰銀漢, 曰河漢.), 갓가이셔 보면 멀리 碧漢을 侵ᄒᆞ고.

하홍정(下紅定) 동 약혼(約婚)하다. 예전에 정혼(定婚)할 때 신랑 집에서 신부 집에 혼서(婚書)를 보내다. ≪朴諺, 上, 41ㅈ≫下多少財錢(集覽, 朴集, 上, 11ㅎ: 下多少財錢. 今制, 納采·問名·納吉摠〈總〉一次行禮, 以從簡便, 謂之定禮, 亦爲之定親, 亦曰下紅定, 亦送幣物.), 언멋 財錢을 드리더뇨. ≪朴諺, 上, 41ㅎ≫幾時下紅定(集覽, 朴集, 上, 12ㅈ: 紅定. 晉武帝多簡良家女以充內職, 而自擇美者入選, 則以絳紗繫臂. 鎭軍將軍胡奮女入選, 亦以絳紗繫臂, 故俗謂定婚曰紅定.), 언제 紅定을 드리더뇨.

하화(荷花) 명 연꽃. ⇔련곳ㅊ. ≪朴諺, 上, 62ㅈ≫噴鼻眼花的是紅白荷花, 코헤 쐼기고 눈에 밤읜 거슨 이 紅白 荷花러라. ≪朴諺, 中, 33ㅈ≫滿池荷花香噴噴, 못에 ᄀᆞ득ᄒᆞᆫ 련곳치 향내 쐼기더라. ≪朴諺, 中, 43ㅎ≫亦看樓外滿池荷花, 또 樓外ㅅ 못에 ᄀᆞ독ᄒᆞᆫ 련곳촐 보노니.

하회옴 명 하품. ⇔가흠(呵欠). ≪朴諺, 中, 51ㅈ≫矮子呵欠氣兒不長, 난장의 하회옴은 긔운이 기디 아니타 ᄒᆞᄂᆞ니라.

하회옴ᄒᆞ다 동 하품하다. ⇔가흠(呵欠). ≪朴諺, 下, 9ㅈ≫內中一箇達達只管呵欠, 그듕에 ᄒᆞᆫ 達達이 그저 ᄉᆞ리여 하회옴ᄒᆞ다가.

학(學) 동 배우다. ⇔ᄇᆡ호다. ≪朴諺, 上, 44ㅎ≫你如今學甚麽文書, 네 이제 므슴 글을 ᄇᆡ호ᄂᆞᆫ다. ≪朴諺, 上, 45ㅎ≫越在意勤勤的學着, 더옥 뜻 두어 브즈런이 ᄇᆡ호라. ≪朴諺, 上, 45ㅎ≫你學的成人長大, 네 ᄇᆡ화 成人 長大ᄒᆞ야. ≪朴諺, 中, 19ㅈ≫學生活去, 셩녕 ᄇᆡ호라 가고. 一箇狐帽匠家學生活去, ᄒᆞ나흔 狐帽匠의 집의 셩녕 ᄇᆡ호라 가고. ≪朴諺, 中, 41ㅈ≫不學些禮體, 져기 禮體를 ᄇᆡ호디 아니ᄒᆞ니. ≪朴諺, 中, 48ㅈ≫恰學立的, ᄀᆞᆺ 셔기 ᄇᆡ호ᄃᆡ. ≪朴諺, 中, 48ㅎ≫我也做饋他一對學行的綉鞋, 나도 ᄒᆞᆫ 빵 거름 ᄇᆡ호ᄂᆞᆫ 슈신을 지어 뎌를 주리라. ≪朴諺, 中, 50ㅎ≫咱這草地裏學摔校, 우리 이 草地에서 시름 ᄇᆡ호쟈. ≪朴諺, 中, 59ㅈ≫我也學了, 나도 ᄇᆡ호과라. ≪朴諺, 下, 34ㅎ≫我學打這一會, 내 이 ᄒᆞᆫ 디위 ᄇᆡ화 티리라. ≪朴諺, 下, 51ㅎ≫也不學屈原投江, 또 屈原의 投江을 ᄇᆡ호디 아니ᄒᆞ니. ≪朴諺, 下, 51ㅎ≫我待學范蠡歸湖, 내 范蠡의 歸湖를 ᄇᆡ호고져 ᄒᆞ노라.

학(學) 명 학당. 글방. 학교. ≪朴諺, 上, 44ㅈ≫你今日怎麽學裏不曾去, 네 오늘 엇디 學에 일즙 가디 아니ᄒᆞ엿ᄂᆞᆫ다. ≪朴諺, 上, 44ㅎ≫洗臉到學裏, ᄂᆞᆺ 싯고 學에 가. ≪朴諺, 上, 45ㅈ≫却到學裏上書念一會, 또 學에 가 글 ᄇᆡ화 ᄒᆞᆫ 디위 念ᄒᆞ고. ≪朴諺, 中, 41ㅈ≫學裏也不肯去, 學에도 즐겨 가디 아니ᄒᆞ고.

학과전(學課錢) 명 수업료(授業料). ≪朴諺, 上, 44ㅎ≫多少學課錢, 學課錢이 언머나 ᄒᆞ뇨.

학당(學堂) 명 학당. 글방. 학교. ≪朴諺, 上, 45ㅈ≫手心上打三戒方(集覽, 朴集, 上, 12ㅎ: 戒方. 質問云, 讀書小兒送入學堂, 師傅教寫字, 不用心寫好字, 師傅拿二尺長·寸半寬·半寸厚的木板條打手掌, 使後日寫好字, 免打手掌, 謂之戒方.), 손바당을 세 번 젼반으로 티ᄂᆞ니라.

학벌(學罰) 명 학당에서 학칙에 어긋난 학

생에게 내리는 벌칙. ≪朴諺, 上, 45ㅈ≫手心上打三戒方(集覽, 朴集, 上, 12ㅎ: 戒方. 音義云, 學罰에 티는 것.), 손바당을 세 번 젼반으로 티ᄂᆞ니라.

학사(學士) 명 학자(學者). 글을 읽은 지식인. ≪朴諺, 中, 35ㅈ≫拿着取燈兒(集覽, 朴集, 中, 7ㅎ: 取燈兒〈取燈〉. 宋陶學士淸異錄云, 夜有急, 苦於作燈之緩, 批杉木條染硫黃, 一與火遇, 得燄必速, 呼爲引光奴.), 取燈을 가지고. ≪朴諺, 中, 44ㅎ≫掛十八學士(集覽, 朴集, 中, 8ㅈ: 十八學士. 唐太宗秦王時, 開館延文學之士, 杜如晦·房玄齡〈岭〉·虞世南·褚遂良·姚思廉·李玄道·蔡允恭·薛元敬·顔相時·蘇勗·于志寧·蘇世長·薛收·李守素·陸德明·孔穎達·蓋文達·許敬宗爲文學館學士, 分爲三番, 更日直宿.)大畫, 十八學士 그린 큰 그림을 걸고. ≪朴諺, 下, 8ㅈ≫慶壽寺(集覽, 朴集, 下, 2ㅎ: 慶壽寺. 一統志云, 在順天府西南, 內有飛虹·飛渡二橋, 石刻六大字, 極遒勁. 相傳金章宗所書. 又有金學士李晏碑文, 正統間重建, 賜額大興隆寺, 僧錄司在焉.)裏爲諸亡靈, 慶壽寺에셔 모든 亡靈을 위ᄒᆞ여.

학생(學生) 명 선비. 학생. ≪朴諺, 上, 44ㅈ≫你幾箇學生, 너희 몃 學生고. ≪朴諺, 上, 44ㅈ≫咱學長爲頭兒四十五箇學生, 우리 學長으로 爲頭ᄒᆞ여 마은 다ᄉᆞᆺ 學生이라.

학아(鶴兒) 명 연(鳶). ⇔연. ≪朴諺, 上, 17ㅈ≫八月裏却放鶴兒(集覽, 朴集, 上, 6ㅎ: 鶴兒. 卽紙鳶. 今漢俗呼爲風筲, 亦曰風禽, 又號爲〈又號〉紙鶴兒. 質問云, 風旗也. 乃小兒三月放爲風筝〈筲〉, 八月放爲紙鶴也.), 八月에 ᄯᅩ 연노히 ᄒᆞᄂᆞ니. 有幾等鶴兒, 여러 가지 연이 이시니. 鵓老翅鶴兒, 쇼로기연. 鮎魚鶴兒, 머유기연. 八角鶴兒, 여ᄃᆞᆲ모연. 月樣鶴兒, ᄃᆞᆯ ᄀᆞᄐᆞᆫ 연. 人樣鶴兒, 사ᄅᆞᆷ ᄀᆞᄐᆞᆫ 연. 四方鶴兒, 네모연. 有六七等鶴兒, 여ᄉᆞᆺ 닐곱 가지 연이 이시니.

학장(學長) 명 선배(先輩). 또는 자기보다 연상(年上)이며 학문이 뛰어난 동창. ≪朴諺, 上, 44ㅈ≫咱學長爲頭兒四十五箇學生, 우리 學長으로 爲頭ᄒᆞ여 마은 다ᄉᆞᆺ 學生이라.

한 명 한(漢). 중국. 한족(漢族). ⇔한아(漢兒). ≪朴諺, 中, 14ㅎ≫我不會漢兒言語, 내 한말을 아디 몯ᄒᆞ고.

한(汗) 명 땀. ⇔ᄯᆞᆷ. ≪朴諺, 上, 26ㅎ≫猠皮心兒藍斜皮邉兒的皮汗替, 猠皮 心児에 藍斜皮 邉児 ᄒᆞᆫ 가족 ᄯᆞᆷ어치에. ≪朴諺, 中, 16ㅈ≫熱炕上熰着出些汗, 더온 캉에 블무회고 젹이 ᄯᆞᆷ 내라.

한(旱) 동 가물다. ⇔ᄀᆞ믈다. ≪朴諺, 中, 35ㅈ≫今年天旱田禾不收, 올히 하늘이 ᄀᆞ므라 田禾롤 거도디 몯ᄒᆞ여시니.

한(旱) 명 뭍. 육지. ⇔뭇. ≪朴諺, 中, 12ㅎ≫旱路裏來, 뭇길로 온다.

한(恨) 동 미워하다. ⇔믜우다. ≪朴諺, 中, 47ㅈ≫恨的他當不得, 뎌롤 믜워 당티 몯ᄒᆞ여 ᄒᆞ더니.

한(恨) 형 밉다. ⇔믭다. ≪朴諺, 中, 56ㅎ≫恨的我沒是處, 믭기 내 올흔 곳이 업세라.

한(限) 동 기한(期限)하다. ≪朴諺, 上, 31ㅈ≫限至周年, 限을 周年에 니ᄅᆞ게 ᄒᆞ여. ≪朴諺, 上, 54ㅈ≫其銀限至下年幾月內, 그 은을 限이 ᄂᆡ년 아므 ᄃᆞᆯ ᄂᆡ에 니ᄅᆞ게 ᄒᆞ야.

한(閑) 부 심심히. 한가히. ⇔힘힘이. ≪朴諺, 中, 19ㅈ≫每日家閑浪蕩做甚麽, 날마다 힘힘이 ᄀᆞ래여 므슴 ᄒᆞ리오. ≪朴諺, 中, 36ㅎ≫我也與你做伴兒閑看去, 나도 널로 ᄃᆞ려 벗지어 힘힘이 보라 가쟈.

한(閑) 형 심심하다. 한가하다. ⇔힘힘ᄒᆞ다. ≪朴諺, 上, 32ㅎ≫傍邉看的閑人們說, 겨ᄐᆡ셔 보든 힘힘ᄒᆞᆫ 사ᄅᆞᆷ들히 닐오ᄃᆡ. ≪朴諺, 中, 37ㅈ≫說甚麽閑話, 므슴 힘힘ᄒᆞᆫ 말을 니ᄅᆞᄂᆞ다. ≪朴諺, 中, 50ㅎ≫擺忙裏說甚麽閑話來, 밧ᄇᆞᆫᄃᆡ 므슴 힘힘ᄒᆞᆫ 말 닐ᄋᆞ리오.

ㅎ

한(閑) [형] 한가하다. 한가롭다. ❶⇔결을ᄒᆞ다. ≪朴諺, 中, 49ㅈ≫我生活忙不閑耍, 내 셩녕이 밧바 놀기를 결을티 못ᄒᆞ여라. ❷⇔한가ᄒᆞ다. ≪朴諺, 中, 43ㅈ≫幾時得些閑, 언제 져기 한가홈을 어드리오.

한(漢) [명] ❶놈. (보통 사람) ⇔놈. ≪朴諺, 上, 36ㅎ≫一箇長大漢撒大鞋, ᄒᆞᆫ 킈 큰 놈이 큰 신 신으고. ≪朴諺, 中, 19ㅈ≫這幾箇賊漢們, 이 여러 도적놈들히. ≪朴諺, 中, 50ㅎ≫咳那矬漢你那裏抵當的我, 애 뎌 킈 져근 놈이 네 어ᄃᆡ 내게 뎌당ᄒᆞ리오. ≪朴諺, 中, 50ㅎ≫敢是這矬漢喫來, 이 킈 져근 놈이 먹은 ᄃᆞᆺᄒᆞ다. ❷중국. 한족(漢族). ⇔한아(漢兒). ≪朴諺, 中, 52ㅎ≫小團欒面皮兒的漢兒人, 젹이 ᄂᆞᆺ치 두렷ᄒᆞᆫ 漢ㅅ 사ᄅᆞᆷ이. ≪朴諺, 下, 15ㅎ≫和一箇漢兒人廝打來, ᄒᆞᆫ 漢ㅅ 사ᄅᆞᆷ과 싸홧더니. ≪朴諺, 下, 16ㅈ≫他一家住的漢兒人, 뎌 ᄒᆞᆫ 집의 사ᄂᆞᆫ 漢 사ᄅᆞᆷ이.

한(銲) [동] 때우다. 땜질하다. ⇔빼다. ≪朴諺, 下, 29ㅎ≫觜我把兒且打下我看着銲, 부리와 줄ᄅᆞᆯ 아직 ᄆᆡᆫᄃᆞ라 내 보와든 빼라.

한(韓) [명] 성씨(姓氏)의 하나. ≪朴諺, 下, 58ㅈ≫在下姓韓, 在下ㅣ 姓은 韓이라.

한가(寒家) [명] 누추한 집. 저의 집. ≪朴諺, 上, 20ㅎ≫典一箇大宅子(集覽, 朴集, 上, 8ㅈ: 宅子. 俗總稱〈総称〉家舍曰房子, 自稱〈称〉曰寒家, 文士呼曰寒居, 自指室內曰屋裏, 人稱王公·大人之家曰宅子.), ᄒᆞᆫ 큰 집을 典當ᄒᆞ리로다.

한가ᄒᆞ다 [형] 한가하다. 한가롭다. ⇔한(閑). ≪朴諺, 中, 43ㅈ≫幾時得些閑, 언제 져기 한가홈을 어드리오.

한거(寒居) [명] 누추한 집. 저의 집. ≪朴諺, 上, 20ㅎ≫典一箇大宅子(集覽, 朴集, 上, 8ㅈ: 宅子. 俗總稱〈総称〉家舍曰房子, 自稱〈称〉曰寒家, 文士呼曰寒居, 自指室內曰屋裏, 人稱王公·大人之家曰宅子.), ᄒᆞᆫ 큰 집을 典當ᄒᆞ리로다.

한거(閑居) [동] 한가하게 집에서 지내다. ⇔한거ᄒᆞ다(閑居-). ≪朴諺, 下, 51ㅈ≫閑居兩岸青蒲紅蓼灘邉, 兩岸 青蒲 紅蓼 灘邉에 閑居ᄒᆞ야.

한거ᄒᆞ다(閑居-) [동] 한가하게 집에서 지내다. ⇔한거(閑居). ≪朴諺, 下, 51ㅈ≫閑居兩岸青蒲紅蓼灘邉, 兩岸 青蒲 紅蓼 灘邉에 閑居ᄒᆞ야.

한답합(罕荅哈) [명] 삭모. (기(旗)나 창(槍) 따위에 다는 붉은 빛깔의 가는 털) ≪朴諺, 上, 27ㅈ≫攀胷下滴溜着一箇珠兒網盖兒罕荅哈, 가슴거리 아ᄅᆡ ᄒᆞᆫ 구슬로 망ᄆᆡ자 ᄢᅵᆫ 罕荅哈를 드리웟더라. ≪朴諺, 上, 28ㅎ≫珠結子的蓋兒野狗尾子罕荅哈, 구슬로 ᄆᆡ자 ᄢᅵᆫ 여ᄋᆞ ᄭᅩ리 罕荅哈ㅣ러라.

한로(旱路) [명] 뭍길. 육로(陸路). ⇔뭇길. ≪朴諺, 中, 12ㅎ≫旱路裏來, 뭇길로 온다.

한말 [명] 중국말. 한어(漢語). ⇔한아언어(漢兒言語). ≪朴諺, 中, 14ㅎ≫我不會漢兒言語, 내 한말을 아디 못ᄒᆞ고.

한망(閑忙) [명] 한가로움과 바쁨. ≪朴諺, 下, 46ㅎ≫立地赶牛(集覽, 朴集, 下, 10ㅎ: 立地赶牛. 芒神閑忙, 立春在正旦前後, 各五日內者是忙, 芒神與牛齊立, 在正旦前五辰外者是農早忙, 芒神在牛前立, 正旦後五辰外者是農晚閑, 芒神在牛後立, 子·寅·辰·午·申·戌陽年, 在左邊立, 丑·卯·巳·未·酉·亥陰年, 在右邊立.), 싸히 셔셔 쇼를 몰면.

한무제(漢武帝) [명] 한(漢)나라 무제(武帝) 유철(劉徹)의 시호(諡號). ≪朴諺, 下, 29ㅈ≫一箇蝦蟆·鼈兒和蝎虎(集覽, 朴集, 下, 5ㅈ: 蠍〈蝎〉虎. 五月五日捕其生者, 飼以朱砂, 明年端午搗〈擣〉之, 點宮人臂上, 經事則消, 否則雖死不改, 故名曰守宮. 漢武帝嘗試之, 果驗.)盞兒, ᄒᆞᆫ 蝦蟆鼈兒와 蝎虎盞을 ᄆᆡᆫᄃᆞ라 주고려.

한사ᄅᆞᆷ(漢-) [명] 중국인. 한족(漢族). ⇔한아인(漢兒人). ≪集覽, 老集, 上, 1ㅈ≫漢兒人有. 元時語必於言終用有字, 如語助而實非語助. 今俗不用. ≪朴諺, 下, 15ㅎ≫和一箇漢兒人廝打來, ᄒᆞᆫ 漢ㅅ 사ᄅᆞᆷ과 싸홧더니. ≪朴諺, 下, 16ㅈ≫他一家住的漢

ㅎ

兒人, 더 ᄒᆞᆫ 집의 사는 漢 사ᄅᆞᆷ이.

한생(寒生) 명 선비가 자기를 낮추어 이르는 말. ≪朴諺, 中, 16ㅎ≫不違寒生薄面, 寒生의 薄面을 어긔오디 아니ᄒᆞ고.

한속(漢俗) 명 한족(漢族)의 풍속. 중국의 풍속. ≪朴諺, 上, 39ㅎ≫叫將那剃頭(集覽, 朴集, 上, 11ㅈ: 剃頭. 漢俗, 凡梳頭者必剃去腦後頂上髮際細毛, 故曰剃頭.)的來, 뎌 머리 갓는 이ᄅᆞᆯ 블러오라. ≪朴諺, 下, 35ㅈ≫却打花房窩兒(集覽, 朴集, 下, 7ㅎ: 花房窩兒. 但今漢俗未見兩毬, 而惟見踢氣毬者, 卽古之蹴踘也.), 또 花房 굼글 티쟈. ≪朴諺, 下, 41ㅈ≫殃榜(集覽, 朴集, 下, 9ㅈ: 殃榜. 漢俗, 凡遇人死, 則其家必斜貼殃榜〈榜〉於門外壁上, 榜〈榜〉文如本節〈節〉所云, 使生人臨喪知所避忌也.)橫貼在門上, 殃榜을 문 우희 빗기 브텻더니. ≪朴諺, 下, 42ㅎ≫諸般彩亭子(集覽, 朴集, 下, 9ㅈ: 彩亭子. 漢俗皆於白日送殯, 凡結飾車輿·幢幡·傘盖及紙造人馬爲前導者, 連亘四五十步.), 여러 가지 彩亭子ᄅᆞᆯ 셰내고. ≪朴諺, 下, 49ㅈ≫好女不看燈(集覽, 朴集, 下, 11ㅈ: 好女不看燈. 今漢俗, 上元夜行過三橋, 則一年度厄, 謂之過橋.), 好女는 看燈 아니ᄒᆞᆫ다 ᄒᆞᄂᆞ니라.

한식(寒食) 명 명절의 하나. 청명(淸明)의 하루 전날로, 예전에는 이날부터 3일간 불을 때어서 밥을 짓지 않았다고 한다. ≪朴諺, 上, 59ㅈ≫寒食(集覽, 朴集, 上, 14ㅎ: 寒食. 荊楚記云, 去冬節〈節〉一百五日, 有疾風甚雨, 謂之寒食, 又謂之百五節〈節〉. 秦人呼爲熟食日, 言其不動煙〈烟〉火, 預辦熟食過節〈節〉也. 晉文公焚山求子推, 因燒死, 遂禁火以報之. 東京錄云, 唐明皇詔寒食上墓, 近代相承, 皆用此日拜掃丘墓, 都人傾城出郊, 四野如芳市〈四野如市〉, 樹之下〈芳對之下〉, 園圃之間, 羅列杯〈盃〉盤, 抵暮而歸.)不遲, 寒食이라도 더듸디 아니타 ᄒᆞᄂᆞ니라.

한아(漢兒) 명 중국. 한족(漢族). ❶⇔한. ≪朴諺, 中, 14ㅎ≫我不會漢兒言語, 내 한말을 아디 몯ᄒᆞ고. ❷⇔한(漢). ≪朴諺, 中, 52ㅎ≫小團欒面皮兒的漢兒人, 젹이 ᄂᆞᆺ치 두렷ᄒᆞᆫ 漢ㅅ 사ᄅᆞᆷ이. ≪朴諺, 下, 15ㅎ≫和一箇漢兒人廝打來, ᄒᆞᆫ 漢ㅅ 사ᄅᆞᆷ과 싸홧더니. ≪朴諺, 下, 16ㅈ≫他一家住的漢兒人, 뎌 ᄒᆞᆫ 집의 사는 漢 사ᄅᆞᆷ이.

한아(漢兒) 명 중국 북쪽 변방의 이민족인 흉노[胡人]가 중국인을 낮추어 이르는 말. ≪朴諺, 上, 32ㅎ≫正撞見他的漢子(集覽, 朴集, 上, 9ㅎ: 漢子. 至晉末, 五胡亂〈乱〉華, 胡人罵華人曰漢兒, 華人罵胡人曰胡虜, 此稱〈称〉漢之始也.), 졍히 뎌의 남진을 만나 보니.

한아언어(漢兒言語) 명 중국말. 한어(漢語). ⇔한말. ≪朴諺, 中, 14ㅎ≫我不會漢兒言語, 내 한말을 아디 몯ᄒᆞ고.

한아인(漢兒人) 명 중국인. 한족(漢族). ⇔한사ᄅᆞᆷ(漢-). ≪集覽, 老集, 上, 1ㅈ≫漢兒人有. 元時語必於言終用有字, 如語助而實非語助. 今俗不用. ≪朴諺, 下, 15ㅎ≫和一箇漢兒人廝打來, ᄒᆞᆫ 漢ㅅ 사ᄅᆞᆷ과 싸홧더니. ≪朴諺, 下, 16ㅈ≫他一家住的漢兒人, 뎌 ᄒᆞᆫ 집의 사는 漢 사ᄅᆞᆷ이.

한왕(漢王) 명 한(漢)나라의 왕 유방(劉邦)을 이르는 말. ≪朴諺, 上, 39ㅈ≫狗有濺草之恩, 개는 濺草ᄒᆞᆫ 恩이 잇고. 馬有垂繮之報(集覽, 朴集, 上, 11ㅈ: 馬有垂繮之報. 漢高祖與項王會鴻門, 舞劒事急, 謀脫. 匹〈疋〉馬南行, 道傍有一眢井, 馬到井邊不肯行. 漢王恐追者至, 下馬入井.), ᄆᆞᆯ은 垂繮ᄒᆞᆫ 報ㅣ 잇다 ᄒᆞ니라.

한인(閑人) 명 ❶측근자. 시종. 하인. ≪朴諺, 上, 16ㅈ≫張舍(集覽, 朴集, 上, 6ㅈ: 張舍. 王公·大人之家, 必有舍人, 卽家臣也. 如本國伴倘〈儻〉之類, 爲權勢倚任之人, 貧賤之所羨慕者也〈貧賤之所羨慕者〉. 故街巷呼親識爲張舍·李舍, 乃一時推敬之稱〈称〉. 又質問云, 武職官下閑人, 謂之舍[人].)你來, 張가야 이바. ❷한가한 사람. 또는 잡(雜)사람. (일과) 관련 없는

사람. ≪朴諺, 上, 32ㅎ≫傍邉看的閑人們說, 겨틔셔 보든 힘힘흔 사름들히 닐오딕.

한인(漢人) 명 한족(漢族)에 속하는 사람. 곧, 중국인. ≪集覽, 字解, 累字解, 3ㅈ≫打聽一打聽. 듣보다. 唯擧打聽二字, 可說而疊言之者, 此漢人好事者之說也. 今亦罕用. ≪朴諺, 上, 41ㅎ≫第三日做圓飯筵席(集覽, 朴集, 上, 12ㅈ: 圓飯筵席. 圓作完是, 謂齊足之意. 今按, 漢人娶妻親迎, 而女至男家以宿, 則女家送女食于男家, 三日而止.)了時, 第三日에 圓飯 이바디ᄒᆞ면. ≪朴諺, 上, 46ㅈ≫貴眷稍的十箇白毛施布(集覽, 朴集, 上, 13ㅈ: 毛施布. 此卽本國人呼苧麻布之稱〈卽本國人呼苧麻布之稱〉, 漢人皆呼曰苧麻布, 亦曰麻布, 曰木絲布, 或書作沒絲布. 又曰漂白布, 又曰白布. 今言毛施布, 卽沒絲〈卽沒絲布〉之訛也. 而漢人因麗人之稱, 見麗布則直稱此名而呼之. 記書者因其相稱而遂以爲名也.), 貴眷이 브틴 열 필 흰 모시뵈과. ≪朴諺, 上, 49ㅈ≫饋你濟機(集覽, 朴集, 上, 13ㅈ: 濟機. 今按, 漢人或牛角或鹿角爲之, 形如環, 着於拇指, 亦所以鉤〈所以鉤〉弦開弓.), 너를 각지를 주마. ≪朴諺, 中, 18ㅎ≫推出後(集覽, 朴集, 中, 3ㅈ: 推出後. 漢人指廁爲後路, 詳見老乞大集覽〈詳見老乞大集覽上篇〉東廁下.)去的一般出來時, 뒤보라 가는 톄 ᄒᆞᆫ가지로 나오면. ≪朴諺, 中, 32ㅈ≫纏着乞留曲葎藤(集覽, 朴集, 中, 7ㅈ: 乞留曲律〈葎〉藤. 漢人凡稱草木行蔓必曰藤, 非別有一物也.), 굽걸온 藤이 얼킈고. ≪朴諺, 中, 39ㅈ≫佛堂(集覽, 朴集, 中, 7ㅎ: 佛堂. 漢人酷好釋敎, 家設一堂, 或安金像, 或掛畫佛, 焚香頂禮, 朝夕不懈.)一間, 佛堂이 ᄒᆞᆫ 간. ≪朴諺, 中, 39ㅈ≫鋪面周圍(集覽, 朴集, 中, 7ㅎ: 鋪面周圍. 漢人造屋於大街之間者, 向街周遭必設空屋, 聽令坐賈賃居爲市, 按月受直.)幾十間, 鋪面 周圍ㅣ 幾十間이오. ≪朴諺, 下, 31ㅎ≫咱們食店裏喫些飯(集覽, 朴集, 下, 5ㅎ: 飯. 漢人凡稱餅·麪〈麵〉·酒食之類皆曰飯.)去來, 우리 밥뎜에 밥 먹으라 가쟈.

한자(漢子) 명 ❶남편. ⇔남진. ≪朴諺, 上, 32ㅎ≫正撞見他的漢子(集覽, 朴集, 上, 9ㅎ: 漢子. 泛稱〈称〉男兒曰漢, 又指婦女之夫曰漢子. 事物紀原云, 三代以降, 有國號者至多, 獨以漢爲名者, 取兩漢之盛. 漢武帝征討四夷, 專事匈奴, 由此有漢胡之斥. 至晉末, 五胡亂〈乱〉華, 胡人罵華人曰漢兒, 華人罵胡人曰胡虜, 此稱〈称〉漢之始也. 今按, 元時胡漢相雜, 故兩書稱〈称〉漢者居多.), 졍히 뎌의 남진을 만나 보니. ❷놈. (보통 사람) ⇔놈. ≪朴諺, 中, 19ㅎ≫兩箇漢子, 두 놈은. ≪朴諺, 下, 15ㅎ≫我家裏一箇漢子, 우리 집의 ᄒᆞᆫ 놈이. ≪朴諺, 下, 16ㅈ≫却說我家漢子偸了, ᄯᅩ 닐오ᄃᆡ 우리 집 놈이 도적ᄒᆞ다 ᄒᆞ니.

한잡인(閑雜人) 명 일과 무관한 사람. 또는 일정한 직무(직업)가 없는 사람. ≪集覽, 字解, 單字解, 7ㅎ≫閑. 雜也. 閑雜人. 又替也. 파직ᄒᆞ다, 罷閑了·替閑了. 又遊息曰閑. 흥쁑여 ᄃᆞᆫ닐시니, 遊閑了. 又練熟也. 弓馬熟閑. 又空也. 空閑田地 뷔엿는 ᄯᅡ. 又等閑 부질업시, 又힘히미, 又간대롭다. ≪朴諺, 中, 10ㅈ≫遠近親戚閑雜人等, 遠近 親戚 閑雜人 等이.

한제(漢制) 명 한(漢)나라의 제도. ≪朴諺, 下, 38ㅈ≫五箇鋪馬(集覽, 朴集, 下, 8ㅎ: 五箇鋪馬. 按禮, 天子六馬, 左右驂, 三公·九卿駟馬, 左驂. 則漢制太守駟馬, 其加秩中二千石乃右驂, 故以五馬爲貴.)去了, 다ᄉᆺ 鋪馬로 가니라.

한체(汗替) 명 땀받이 언치. ⇔ᄯᆞᆷ어치. ≪朴諺, 上, 26ㅎ≫猠皮心兒藍斜皮邉兒的皮汗替, 猠皮 心兒에 藍斜皮 邉兒 ᄒᆞᆫ 가족 ᄯᆞᆷ어치에.

한호(漢胡) 명 한족(漢族)과 호인(胡人). 곧, 중국인과 북쪽 변방의 이민족인 흉노. ≪朴諺, 上, 32ㅎ≫正撞見他的漢子(集覽, 朴集, 上, 9ㅎ: 漢子. 事物紀原云,

三代以降, 有國號者至多, 獨以漢爲名者, 取兩漢之盛. 漢武帝征討四夷, 專事匈奴, 由此有漢胡之斥.), 정히 뎌의 남진을 만나 보니.

한화(閑話) 명 잡담. 여담(餘談). 한담(閑談). 쓸데없는 말. ⇔힘힘ᄒᆞᆫ말. ≪朴諺, 中, 37ㅈ≫說甚麽閑話, 므슴 힘힘ᄒᆞᆫ 말을 니ᄅᆞᄂᆞ다.

할(割) 동 베다. 자르다. ❶⇔버히다. ≪朴諺, 下, 20ㅈ≫第四割頭再接, 넷재ᄂᆞᆫ 머리 버혀 다시 닛기 ᄒᆞ쟈. ≪朴諺, 下, 23ㅎ≫先割下來, 본(몬)져 버혀 ᄂᆞ리티니. ≪朴諺, 下, 24ㅈ≫伯眼大仙也割下頭來, 伯眼大仙도 머리를 버혀 ᄂᆞ리와. ❷⇔븨다. ≪朴諺, 上, 48ㅈ≫把田禾都收割了時, 田禾를다가 다 거두어 븨면. ≪朴諺, 中, 33ㅎ≫夜來箇都收割了麻, 어제 삼을 다 거두어 븨여시니.

할류(钊柳) 명 할류(割柳). '钊'은 '割'의 고자. ≪朴諺, 上, 53ㅈ≫官裏前面挃柳(集覽, 朴集, 上, 14ㅈ: 钊〈挃〉柳. 歲時樂事記云, 武士軍校䄍柳于擊塲. 今按, 䄍字, 卽钊音, 而钊字韻〈韵〉書不着〈著〉, 唯免疑雜韻〈韵〉內音乍, 卽與揷字音意同. 總龜〈総亀〉云, 端午日, 武士射柳爲閗(鬪)力之戲, 各料强弱相敵. 〈此作挃恐誤〉.)射弓的多有, 황뎨 앒희셔 버들 곳고 활 뽀ᄂᆞ니 만히 이시니.

할류(割柳) 명 단옷날 교장(敎場)에 세 그루의 버드나무를 세우고 말을 타고 달리면서 활로 쏘아 맞혀 실력을 겨루던 일. ≪朴諺, 上, 53ㅈ≫官裏前面挃柳(集覽, 朴集, 上, 14ㅈ: 钊〈挃〉柳. 歲時樂事記云, 武士軍校䄍柳于擊塲. 今按, 䄍字, 卽钊音, 而钊字韻〈韵〉書不着〈著〉, 唯免疑雜韻〈韵〉內音乍, 卽與揷字音意同. 總龜〈総亀〉云, 端午日, 武士射柳爲閗(鬪)力之戲, 各料强弱相敵. 〈此作挃恐誤〉.)射弓的多有, 황뎨 앒희셔 버들 곳고 활 뽀ᄂᆞ니 만히 이시니.

할시(瞎廝) 명 소경. 맹인(盲人). ⇔쇼경. ≪集覽, 字解, 單字解, 2ㅎ≫廝. 卑賤之稱. 這廝 이 놈. 又相也. 廝見 서르 보다. 又汎指人. 亦曰廝. 小廝 아희, 瞎廝 쇼경.

함(咸) 부 다. 모두. ⇔다. ≪朴諺, 下, 31ㅎ≫天子百靈咸助, 天子ᄂᆞᆫ 百靈이 다 돕고.

함(啣) 동 물다. ⇔믈다. ≪朴諺, 中, 2ㅈ≫嗬(啣)將那一箇顏色的旗來說時, 아므 ᄒᆞᆫ 빗체 旗를 므러 오라 니ᄅᆞ면. 便𨄖裏嗬(啣)將來, 곳 부리로 므러 가져다가.

함(餡) 명 (송편이나 만두 따위에 넣는) 소. ⇔소. ≪朴諺, 下, 32ㅈ≫羊肉餡饅頭, 羊肉 소 녀흔 상화과. ≪朴諺, 下, 32ㅈ≫素酸餡稍麥, 素酸 소 ᄒᆞᆫ 稍麥과. 匾食, 匾食과.

함양(咸陽) 명 현(縣) 이름. 당대(唐代)에 두었다. 옛 성(城)은 섬서성(陝西省) 함양현(咸陽縣)의 동쪽, 위하(渭河)의 북쪽에 있었다. 명대(明代)에 지금의 소재지로 옮겼는데, 섬서성에 속하였다. ≪朴諺, 下, 11ㅎ≫衣錦還郷(集覽, 朴集, 下, 3ㅈ: 衣錦還郷. 項羽屠咸陽, 與沛公分王. 又懷東歸, 曰, 富貴不歸故郷, 如衣綉〈繡〉夜行.), 비단옷 닙고 고향의 도라가.

합(合) 동 ❶모이어. ⇔모다. ≪朴諺, 上, 38ㅈ≫兩箇先生合賣藥一箇坐一箇跳, 두 先生이 모다 약 ᄑᆞ노라 ᄒᆞ나흔 안잣고 ᄒᆞ나흔 뛰노ᄂᆞᆫ 거시여. ❷(약을) 짓다[作]. 조제하다. ⇔짓다. ≪朴諺, 中, 16ㅈ≫我旋合與你藿香正氣散, 내 미조차 너를 藿香正氣散을 지어 줄 거시니. ❸(자격·조건·뜻 따위에) 일치하다. ⇔합ᄒᆞ다(合-). ≪朴諺, 中, 28ㅈ≫你做這般不合理的勾當, 네 이런 理에 合디 아닌 일을 ᄒᆞ다가. ≪朴諺, 中, 60ㅈ≫我放着合理的事, 내 理에 合ᄒᆞᆫ 일을 두고. ≪朴諺, 中, 60ㅈ≫你道是合理的事, 네 닐오ᄃᆡ 이 理에 合ᄒᆞᆫ 일이라 ᄒᆞ니.

합(合) 형 마땅하다. ⇔맛당ᄒᆞ다. ≪朴諺, 下, 53ㅎ≫不合加刑, 형벌을 더으미 맛당티 아니타 ᄒᆞ엿ᄂᆞ니.

합(欱) 동 마시다. ⇔마시다. ≪朴諺, 下,

33ㅎ≫你來歆汁熱着, 이바 마실 즙을 덥게 ᄒᆞ고.

합구(合口) 동 입씨름하다. 말다툼하다. ⇔입힐홈ᄒᆞ다. ≪朴諺, 上, 22ㅈ≫要甚麽合口, 므슴아라 입힐홈ᄒᆞ리오. ≪朴諺, 下, 16ㅈ≫那廝急性便合口廝打, 뎌 놈이 셩이 급ᄒᆞ여 곳 입힐홈ᄒᆞ여 싸홧더니.

합단(合斷) 동 결단(決斷)하다. ⇔결단ᄒᆞ다. ≪朴諺, 中, 59ㅈ≫合斷與小人, 결단ᄒᆞ여 小人의게 주엄 즉ᄒᆞ매.

합달문(哈噠門) 명 중국 북경(北京) 내성(內城)에 있는 성문. 정양문(正陽門) 동쪽에 있는 문명문(文明門)의 다른 이름이다. ≪朴諺, 上, 11ㅎ≫我在平則門(集覽, 朴集, 上, 5ㅎ: 平則門. 永樂十九年, 營建宮室, 立門九, 南曰正陽, 又曰午門, 元則曰麗正, 南之右曰宣武, 元則曰順承, 南之左曰文明, 元則曰崇文, 又曰哈噠, 北之東曰安定, 北之西曰德勝, 元則曰健德, 東之北曰崇仁, 一名東直, 元名同, 東之南曰朝陽, 元則曰齊華, 西之北曰西直, 西之南曰阜城, 元則曰平則. 元設十一門, 而今減其二.)邉住, 내 平則門 ᄀᆞ의 이셔 사노라. ≪朴諺, 下, 50ㅈ≫崇文是合噠門, 崇文은 이 合噠門이오.

합분(蛤粉) 명 굴껍질이나 조개껍질 등을 태우거나 갈아서 만든 가루. ≪朴諺, 下, 29ㅎ≫碎家事和將瀝靑(集覽, 朴集, 下, 5ㅎ: 瀝靑. 家禮儀制云, 生蛤粉·桐油, 合熬爲之.)來, ᄌᆞᆫ 연장과 瀝靑을 가져다가.

합선(合線) 동 실을 합하다. ⇔합선ᄒᆞ다(合線-). ≪朴諺, 上, 14ㅎ≫經·緯合線結織, 씨·늘을 合線ᄒᆞ여 ᄧᆞ시니.

합선ᄒᆞ다(合線-) 동 실을 합하다. ⇔합선(合線). ≪朴諺, 上, 14ㅎ≫經·緯合線結織, 씨·늘을 合線ᄒᆞ여 ᄧᆞ시니.

합자(鴿子) 명 비둘기. ⇔비둘기. ≪朴諺, 上, 5ㅈ≫爊鴿子彈(集覽, 朴集, 上, 2ㅎ: 爊鴿子彈. 質問云, 鴿子彈糝於滾肉湯食之. 又云, 用肉湯在鍋, 再加椒料·菜·葱花, 燒火至滾沸, 方下鴿子卵, 盛之於碗, 以獻賓客.), 비둘기 알 ᄉᆞᆯ믄 이와.

합장(合掌) 동 〈불〉 두 손바닥을 합하여 마음이 한결같음을 나타내다. ⇔합장ᄒᆞ다(合掌-). ≪朴諺, 下, 9ㅈ≫箇箇擎拳合掌(集覽, 朴集, 下, 2ㅎ: 擎拳合掌. 西域記云, 致敬之式, 其儀九等, 四曰合掌平拱.), 낫낫치 擎拳 合掌ᄒᆞ야.

합장ᄒᆞ다(合掌-) 동 〈불〉 두 손바닥을 합하여 마음이 한결같음을 나타내다. ⇔합장(合掌). ≪朴諺, 下, 9ㅈ≫箇箇擎拳合掌(集覽, 朴集, 下, 2ㅎ: 擎拳合掌. 西域記云, 致敬之式, 其儀九等, 四曰合掌平拱.), 낫낫치 擎拳 合掌ᄒᆞ야.

합종(合從) 동 굳게 맹세하여 서로 응하다. ≪朴諺, 中, 9ㅈ≫你與我甘結(集覽, 朴集, 中, 2ㅈ: 甘結. 吏學指南云, 所願曰甘, 合從曰結.)·應付, 네 날을 甘結과 應付를 주고려.

합즙(歆汁) 명 음식을 먹을 때 함께 마시는 국물. ≪朴諺, 下, 33ㅎ≫你來歆汁(集覽, 朴集, 下, 7ㅈ: 歆汁. 詳見老乞大集覽這湯下.)熱着, 이바 마실 즙을 덥게 ᄒᆞ고.

합집(合集) 동 합쳐서 모이다. 또는 그렇게 하다. ≪朴諺, 中, 23ㅎ≫咱這衆生(集覽, 朴集, 中, 6ㅈ: 衆生. 一切衆染, 合集而生, 故曰衆生. 又衆緣和合名曰衆生.)知不知, 우리 이 衆生이 알거나 아디 못ᄒᆞ거나.

합탄어(合呑魚) 명 물고기 이름. ≪朴諺, 上, 7ㅈ≫第四道三鮮湯(集覽, 朴集, 上, 3ㅎ: 鮮湯. 質問云, 魚·蛤·蠏三味合爲一羹, 或鷄·鴨·鵝〈鵞〉三味合爲羹, 方言俱謂之三鮮湯. 又云〈言〉, 以羊腸·豆粉做假蓮蓬·假茨菰·假合呑魚, 謂之三鮮. 今按, 合呑魚恐是河豚魚之誤, 然亦未詳.), 第四道ᄂᆞᆫ 三鮮湯이오.

합행(合行) 동 꼭 시행하다. ≪朴諺, 下, 51ㅎ≫申(集覽, 朴集, 下, 11ㅎ: 申. 某府爲某事云云, 合行申覆, 伏乞照驗施行, 須至申者, 右申某處承宣布政使司.)竊盜狀, 竊盜狀을 申ᄒᆞ노니.

합화(合和) 동 한데 어울려 합치다. ≪朴諺, 上, 63ㅈ≫我的串香褐(集覽, 朴集, 上, 15ㅎ: 串香褐. 串香者, 合和諸香以爲佩者也.)通袖膝欄五彩綉帖裏, 내 텹향빗체 通袖 膝欄ᄒᆞ고 五彩로 綉노흔 텰릭과.

합ᄒᆞ다(合-) 동 (자격·조건·뜻 따위에) 일치하다. ⇔합(合). ≪朴諺, 中, 28ㅈ≫你做這般不合理的勾當, 네 이런 理에 合디 아닌 일을 ᄒᆞ다가. ≪朴諺, 中, 60ㅈ≫我放着合理的事, 내 理에 合ᄒᆞᆫ 일을 두고. ≪朴諺, 中, 60ㅈ≫你道是合理的事, 네 닐오ᄃᆡ 이 理에 合ᄒᆞᆫ 일이라 ᄒᆞ니.

항(亢) 명 항수(亢宿). 이십팔수(二十八宿)의 하나. 동방(東方)에 있는 둘째 별자리로 처녀좌(處女座)에 있다. ≪朴諺, 中, 54ㅈ≫亢食, 亢은 食ᄒᆞ고.

항(行) 의 줄. ⇔줄. ≪朴諺, 下, 47ㅈ≫街上兩行擺着行, 거리예 두 줄로 버러 가며.

항(炕) 명 구들. ❶⇔구들. ≪朴諺, 下, 5ㅈ≫死火炕燒火炕, 블 아니 딧ᄂᆞᆫ 구들을 ᄒᆞ랴 블딧ᄂᆞᆫ 구들을 ᄒᆞ랴. ≪朴諺, 下, 5ㅈ≫你只做饋我煤火炕着, 네 그저 날을 ᄆᆡ탄 퓌오ᄂᆞᆫ 구들을 ᄆᆡᆫᄃᆞ라 주되. ❷⇔구돌. ≪朴諺, 上, 67ㅈ≫今日脫靴上炕, 오ᄂᆞᆯ 훠를 벗고 炕에 올랏다가. 明日難保得穿, ᄂᆡ일 어더 신기를 밋기 어렵다 ᄒᆞᄂᆞ니라. ≪朴諺, 下, 5ㅈ≫做炕時, 구돌을 ᄆᆡᆫ돌려 ᄒᆞ면. ❸⇔캉. ≪朴諺, 中, 16ㅈ≫熱炕上熰着出些汗, 더온 캉에 블무회고 젹이 ᄯᆞᆷ 내라. ≪朴諺, 中, 44ㅎ≫炕上鋪着青錦褥(褥)子, 캉 우희 청금 요 ᄭᆞᆯ고.

항괴 명 자귀. ⇔분자(錛子). ≪朴諺, 下, 12ㅎ≫你只取將墨斗, 네 그저 먹고조와. 墨篗, 먹갈과. 和鎊, 갓괴와. 錛子, 항괴와. 退鉋, ᄃᆡ패와. 鑿子, ᄭᆞᆯ과. 斧子, 도최와. 銼子來做生活, 줄을 가져다가 셩녕ᄒᆞ라.

항면(炕面) 명 방바닥. ≪朴諺, 下, 6ㅈ≫你爲甚麽這炕面上灰泥的不平正, 네 므서슬 위ᄒᆞ여 이 炕面 灰 ᄇᆞᄅᆞ미 平正티 못ᄒᆞ뇨.

항배(行輩) 명 항배(行輩). '輩'는 '輩'의 속자. ≪朴諺, 上, 1ㅎ≫着張三(集覽, 朴集, 上, 1ㅈ: 張三. 三, 或族次, 或朋友行輩之次, 或有官者以職次相呼, 或稱爲定名者有之. 李四·王五亦同.)買羊去, 張三으로 ᄒᆞ여 羊을 사라 가.

항배(行輩) 명 서열. (친구 사이에서 나이 등에 따라 구분되는 서열) ≪朴諺, 上, 1ㅎ≫着張三(集覽, 朴集, 上, 1ㅈ: 張三. 三, 或族次, 或朋友行輩之次, 或有官者以職次相呼, 或稱爲定名者有之. 李四·王五亦同.)買羊去, 張三으로 ᄒᆞ여 羊을 사라 가.

항벽(炕壁) 명 온돌과 벽. ≪朴諺, 中, 39ㅈ≫門窓炕壁俱全, 門窓 炕壁이 다 ᄀᆞ잣고. ≪朴諺, 下, 5ㅈ≫整治這炕壁, 이 炕壁을 整治ᄒᆞ쟈.

항산군(恒山郡) 명 한대(漢代)에 두었다. 소재지는 하북성(河北省) 정정현(正定縣) 남쪽에 있었다. 뒤에 전한(前漢)의 효문제(孝文帝: 劉恒)의 휘를 피하여 상산(常山)으로 고쳤다. ≪朴諺, 下, 39ㅎ≫是眞定(集覽, 朴集, 下, 9ㅈ: 眞定. 禹貢冀州之域, 周爲幷州地, 秦爲鉅鹿郡, 漢置恒山郡, 元爲眞定路, 今爲眞定府, 直隷京師.)人, 이 眞定 사ᄅᆞᆷ이라.

항왕(項王) 명 항우(項羽). ≪朴諺, 上, 39ㅈ≫狗有濺草之恩, 개ᄂᆞᆫ 濺草ᄒᆞᆫ 恩이 잇고. 馬有垂繮之報(集覽, 朴集, 上, 11ㅈ: 馬有垂繮之報. 漢高祖與項王會鴻門, 舞劒事急, 謀脫. 匹〈疋〉馬南行, 道傍有一眢井, 馬到井邊不肯行. 漢王恐追者至, 下馬入井. 項王追至井傍, 見馬跡至井而止, 謂漢王在井, 令人下井搜求.), ᄆᆞᆯ은 垂繮ᄒᆞᆫ 報ㅣ 잇다 ᄒᆞᄂᆞ니라.

항우(項羽) 명 진(秦)나라 말기의 무장(B.C. 232~B.C. 202). 이름은 적(籍). 우는 자(字)이다. 숙부 항량(項梁)과 함께 군사를 일으켜 유방(劉邦)과 협력하여 진나라를 멸망시키고 스스로 서초(西楚)의 패왕(霸王)이 되었다. 그 후 유방과 패권

ㅎ

을 다투다가 해하(垓下)에서 오강(烏江)으로 탈출하였으나 포위되자 자살하였다. ≪朴諺, 下, 11ㅎ≫衣錦還鄕(集覽, 朴集, 下, 3ㅈ: 衣錦還鄕. 項羽屠咸陽, 與沛公分王. 又懷東歸, 曰, 富貴不歸故鄕, 如衣綉〈繡〉夜行.), 비단옷 닙고 고향의 도라가.

항원(衏衏) 명 여기(女妓). 기생. ⇔녀기. ≪朴諺, 下, 47ㅈ≫第二一箇十分可喜的衏衏, 第二는 ᄒᆞᆫ ᄀᆞ장 고온 녀기와.

항인(杭人) 명 중국 항주(杭州) 사람. ≪朴諺, 中, 35ㅈ≫拿着取燈兒(集覽, 朴集, 中, 7ㅎ: 取燈兒〈取燈〉. 南村輟耕錄云, 杭人削松木爲小片, 其薄如紙, 鎔硫黃塗木片頂分許, 名曰發燭, 又曰焠兒.), 取燈을 가지고.

항주(杭州) 명 수(隋)나라 개황(開皇) 연간에 두었다. 소재지는 처음에 절강성(浙江省) 여항현(餘杭縣)에 두었다가 뒤에 전당현(錢塘縣): 지금의 杭州市)으로 옮겼다. 남송(南宋)의 도읍이었으며, 예로부터 무역항과 명승지로 유명하다. ≪朴諺, 上, 17ㅈ≫九月裏打擡(集覽, 朴集, 上, 6ㅎ: 打擡. 音義云, 杭州小兒之戲也. 用小圓木長三四寸, 各持〈各持一〉塊, 彼此相擊, 出限者爲輸.), 九月에 태티기 ᄒᆞ고. ≪朴諺, 下, 45ㅈ≫宋舍看打春(集覽, 朴集, 下, 9ㅎ: 打春. 音義云, 如今北京迎春時, 唯牛芒而已. 在前只有府縣官員, 幷師生耆老引赴順天府, 候春至之時. 此節〈節〉皆杭州所行, 非京都之事.)去來, 宋개아 닙츈 노롯ᄒᆞᄂᆞᆫ 양 보라 가쟈.

항차(行次) 명 순서. 차례. 또는 장유(長幼)의 순서. ≪朴諺, 上, 57ㅎ≫八舍(集覽, 朴集, 上, 14ㅎ: 八舍. 音義云, 行次第〈節〉八之人.)你却那裏去, 八舍ㅣ아 네 ᄯᅩ 어ᄃᆡ 가ᄂᆞᆫ다.

해(咳) 감 허! 아이고! ⇔애. ≪集覽, 字解, 單字解, 2ㅈ≫咳. 五音集韻, 何來切, 小兒笑也. 口溉切, 咳嗽逆氣也. 今呼驚嘆之聲曰咳, 音해, 借用爲字也, 考韻書作唉是. ≪朴諺, 上, 14ㅎ≫咳眞箇好標致, 애 진실로 ᄀᆞ장 영노슬갑다. ≪朴諺, 上, 22ㅎ≫咳這官人好尋思計量大, 애 이 官人이 ᄀᆞ창(장) 尋思 計量이 크다. ≪朴諺, 上, 34ㅎ≫咳我不曾知道來, 애 내 일즙 아디 못ᄒᆞ얏다. ≪朴諺, 上, 38ㅈ≫咳都猜着了也, 애 다 아ᄂᆞᆫ고나. ≪朴諺, 上, 58ㅎ≫咳我眞箇不曾知道來, 애 내 진실로 일즙 아디 못ᄒᆞ엿더니. ≪朴諺, 中, 15ㅈ≫咳相公脉息, 애 相公의 脉이. ≪朴諺, 中, 29ㅎ≫咳今日天氣冷殺人, 애 오ᄂᆞᆯ 하ᄂᆞᆯ 긔운이 차 사ᄅᆞᆷ을 죽게 ᄒᆞ니. ≪朴諺, 中, 50ㅎ≫咳那矬漢你那裏抵當的我, 애 뎌 킈 져근 놈이 네 어ᄃᆡ 내게 뎌당ᄒᆞ리오. ≪朴諺, 中, 55ㅈ≫咳今日熱氣蒸人裏, 애 오ᄂᆞᆯ 熱氣 사ᄅᆞᆷ을 ᄶᅵᄂᆞ니. ≪朴諺, 下, 1ㅈ≫咳可惜了, 애 앗가올셔. ≪朴諺, 下, 6ㅈ≫咳我到處裏做生活時, 애 내 간 ᄃᆡ마다 셩녕을 호ᄃᆡ. ≪朴諺, 下, 15ㅎ≫咳事不過三日, 애 일이 사흘이 디나디 못ᄒᆞ여셔. ≪朴諺, 下, 27ㅈ≫咳一件好物, 애 ᄒᆞᆫ 블됴흔 거시라. ≪朴諺, 下, 31ㅎ≫咳正是一條好漢, 애 졍히 一條 好漢이러라. ≪朴諺, 下, 41ㅈ≫咳年紀也小裡, 애 나도 졈닷다. ≪朴諺, 下, 61ㅎ≫咳美哉, 애 아ᄅᆞᆷ답다.

해(害) 동 (병을) 앓다. ⇔앓다. ≪集覽, 字解, 單字解, 7ㅎ≫害. 患也, 苦也. 害病 병ᄒᆞ다. 害怕 두리다. ≪朴諺, 上, 34ㅎ≫我這幾日害痢疾, 내 요ᄉᆞ이 痢疾 알하.

해(害) 형 아파. ⇔알파. ≪朴諺, 下, 6ㅎ≫我害疥痒當不的, 내 옴 알파 ᄀᆞ려옴을 당티 못ᄒᆞ니.

해(海) 명 바다. ⇔바다ㅎ. ≪朴諺, 下, 31ㅎ≫駕海紫金梁, 바다흘 걸탄ᄂᆞᆫ 紫金梁이로다. ≪朴諺, 下, 36ㅈ≫人不可貌相, 사ᄅᆞᆷ은 가히 얼굴로 상티 못ᄒᆞ고. 海不可斗量, 바다흔 가히 말로 되디 못ᄒᆞᆫ다 ᄒᆞ니.

해(解) 동 ❶풀다. ⇔플다. ≪朴諺, 中, 37ㅈ≫小厮將那廚裏夾板來, 아ᄒᆡ아 뎌 듀방에 협판을 가져다가. 解與官人高的, 官

ㅎ

人을 노픈 이를 프러 주라. ❷풀다. 없애다. ⇔플다. ≪朴諺, 中, 44ㅈ≫撫琴一操鮮千愁, 거믄고 흔 곡됴를 어루문져 千愁를 프ᄂᆞ니.

해(該) 동 아우르다. 합하다. ⇔히오다. ≪朴諺, 上, 30ㅈ≫通該一兩八錢, 通ᄒᆞ여 히오니 흔 냥 여돏 돈이로다.

해(該) 보형 직하다. ⇔즉ᄒᆞ다. ≪朴諺, 上, 3ㅎ≫照依前例該與多少, 前例대로 ᄒᆞ면 언메나 주엄 즉ᄒᆞ관ᄃᆡ.

해(薤) 명 부추. ⇔부치. ≪朴諺, 中, 33ㅎ≫蘿蔔, 댓무우. 蔓菁, 쉿무우. 萵苣, 부로. 葵菜, 아혹. 白菜, 비ᄎᆡ. 赤根菜, 시근ᄎᆡ. 園荽, 고싀. 蓼子, 역괴. 葱, 파. 蒜, 마ᄂᆞᆯ. 薤, 부치. 荊芥, 형개. 薄荷, 박하. 茼蒿, 믈쑥. 水蘿蔔, 믈한댓무우. 胡蘿蔔, 노론댓무우. 芋頭, 토란. 紫蘇都種來, 紫蘇를 다 시므라.

해(蟹) 명 게[蟹]. ⇔게. ≪朴諺, 中, 43ㅎ≫稻熟蠏肥魚正美, 베 닉고 게 슬지고 고기 졍히 아름다오매.

해(蠏) 명 해(蟹). '蠏'는 '蟹'의 본자. ≪朴諺, 中, 43ㅎ≫稻熟蠏肥魚正美, 베 닉고 게 슬지고 고기 졍히 아름다오매.

해거(解鋸) 명 톱질. ⇔톱질. ≪朴諺, 下, 18ㅈ≫便拿着曳車解鋸, 곳 잡아 술위 ᄭᅳ이고 톱질 시겨.

해고(觧庫) 명 해고(解庫). '觧'는 '解'의 속자. ≪朴諺, 中, 27ㅈ≫開着一座觧儅庫(集覽, 朴集, 中, 6ㅎ: 解儅庫. 王莽令市官收賤賣貴, 謂如貸錢與民一百箇, 每月收利錢三箇, 銀一兩, 則每月取利三分之類. 後主量其貨物而抽分, 遺下亦收息百三. 後人所以効之, 今之觧庫, 是其遺意.), 一座 解儅庫를 열고.

해고(解庫) 명 전당포(典當鋪)의 다른 이름. ≪朴諺, 中, 27ㅈ≫開着一座觧儅庫(集覽, 朴集, 中, 6ㅎ: 解儅庫. 王莽令市官收賤賣貴, 謂如貸錢與民一百箇, 每月收利錢三箇, 銀一兩, 則每月取利三分之類. 後主量其貨物而抽分, 遺下亦收息百三. 後人所以効之, 今之觧庫, 是其遺意.), 一座 解儅庫를 열고.

해관(該管) 동 가마는. 관리하는. ⇔ᄀᆞ옴아는. ≪朴諺, 中, 59ㅎ≫該管的外郎也受了些錢財, ᄀᆞ옴아는 外郎도 져기 錢財를 밧고.

해당고(觧儅庫) 명 해당고(解儅庫). '觧'는 '解'의 속자. ≪朴諺, 中, 27ㅈ≫開着一座觧儅庫(集覽, 朴集, 中, 6ㅎ: 解儅庫. 王莽令市官收賤賣貴, 謂如貸錢與民一百箇, 每月收利錢三箇, 銀一兩, 則每月取利三分之類. 後主量其貨物而抽分, 遺下亦收息百三. 後人所以効之, 今之觧庫, 是其遺意. 元時或稱印子鋪, 或稱把解, 人以重物來儅, 取錢而去, 在後償還本利, 還取其物而去, 此卽解儅庫也.), 一座 解儅庫를 열고.

해당고(解儅庫) 명 전당포(典當鋪)의 다른 이름. ≪朴諺, 中, 27ㅈ≫開着一座觧儅庫(集覽, 朴集, 中, 6ㅎ: 解儅庫. 王莽令市官收賤賣貴, 謂如貸錢與民一百箇, 每月收利錢三箇, 銀一兩, 則每月取利三分之類. 後主量其貨物而抽分, 遺下亦收息百三. 後人所以効之, 今之觧庫, 是其遺意. 元時或稱印子鋪, 或稱把解, 人以重物來儅, 取錢而去, 在後償還本利, 還取其物而去, 此卽解儅庫也.), 一座 解儅庫를 열고.

해도(海島) 명 바다 가운데 있는 섬. ≪朴諺, 中, 20ㅎ≫南海普陀落伽山(集覽, 朴集, 中, 3ㅎ: 南海普陁落伽山. 飜譯名義云, 補陁落迦(伽), 此云海島, 又云小白花.)裏, 南海 普陀 落伽山에.

해롭다 형 해롭다. ❶⇔방(妨). ≪朴諺, 上, 50ㅈ≫滿月過了時喫的不妨事, ᄃᆞᆯ이 차 디나면 먹어도 일에 해롭디 아니ᄒᆞ리라. ≪朴諺, 中, 2ㅈ≫不妨事, 일에 해롭디 아니ᄒᆞ다. ≪朴諺, 中, 18ㅈ≫不妨事, 일에 해롭디 아니ᄒᆞ다. ≪朴諺, 中, 38ㅈ≫不妨事, 일에 해롭디 아니ᄒᆞ니. ≪朴諺, 中, 48ㅈ≫不妨事, 일에 해롭디 아니ᄒᆞ니. ≪朴諺, 下, 28ㅎ≫不妨事, 일에 해롭디 아니ᄒᆞ니. ≪朴諺, 下, 61ㅎ≫喫些淡茶去不妨,

ㅎ

져기 淡茶를 먹고 가미 해롭디 아니ᄒᆞ니. ❷⇔애(碍). ≪朴諺, 上, 13ㅎ≫這們時不碍事, 이러면 일에 해롭디 아니ᄒᆞ다. ≪朴諺, 中, 33ㅈ≫碍甚麽事, 므슴 일에 해로오리오.

해만연석(鮮幔筵席) 명 해만연석(解幔筵席). '鮮'는 '解'의 속자. ≪朴諺, 上, 41ㅎ≫第三日做圓飯筵席(集覽, 朴集, 上, 12ㅈ: 圓飯筵席. 圓作完是, 謂齊足之意. 今按, 漢人娶妻親迎, 而女至男家以宿, 則女家送女食于男家, 三日而止. 止食之日, 女家必具酒饌, 送男家設宴, 謂之完飯筵席. 質問同. 舊本曰解〈鮮〉幔筵席.)了時, 第三日에 圓飯 이바디ᄒᆞ면.

해만연석(解幔筵席) 명 예전 중국의 혼인에서, 친영(親迎) 때 신부가 신랑 집에 가서 사흘을 묵는데, 마지막 날 신부 집에서 보내온 술과 음식으로 신랑 집에서 벌이는 잔치. ≪朴諺, 上, 41ㅎ≫第三日做圓飯筵席(集覽, 朴集, 上, 12ㅈ: 圓飯筵席. 圓作完是, 謂齊足之意. 今按, 漢人娶妻親迎, 而女至男家以宿, 則女家送女食于男家, 三日而止. 止食之日, 女家必具酒饌, 送男家設宴, 謂之完飯筵席. 質問同. 舊本曰解〈鮮〉幔筵席.)了時, 第三日에 圓飯 이바디ᄒᆞ면.

해민(害民) 동 백성을 해롭게 하다. ⇔해민ᄒᆞ다(害民-). ≪朴諺, 中, 9ㅈ≫沒一點非理害民, 一點도 非理로 害民홈이 업ᄉᆞ니.

해민(鮮悶) 동 해민(解悶). '鮮'는 '解'의 속자. ≪朴諺, 上, 1ㅈ≫咱們消愁鮮悶如何, 우리 消愁 解悶홈이 엇더ᄒᆞ뇨.

해민(解悶) 동 근심이나 고민을 풀어 버리다. ⇔해민ᄒᆞ다(解悶-). ≪朴諺, 上, 1ㅈ≫咱們消愁鮮悶如何, 우리 消愁 解悶홈이 엇더ᄒᆞ뇨.

해민ᄒᆞ다(害民-) 동 백성을 해롭게 하다. ⇔해민(害民). ≪朴諺, 中, 9ㅈ≫沒一點非理害民, 一點도 非理로 害民홈이 업ᄉᆞ니.

해민ᄒᆞ다(解悶-) 동 근심이나 고민을 풀어 버리다. ⇔해민(解悶). ≪朴諺, 上, 1ㅈ≫咱們消愁鮮悶如何, 우리 消愁 解悶홈이 엇더ᄒᆞ뇨.

해병(害病) 동 병에 걸리다. 앓다. ⇔병ᄒᆞ다. ≪集覽, 字解, 單字解, 7ㅎ≫害. 患也, 苦也. 害病 병ᄒᆞ다, 害怕 두리다.

해상방(海上方) 명 당(唐)나라 최원량(崔元亮)이 지었다는 의서(醫書). ≪朴諺, 下, 7ㅎ≫休尋海上方(集覽, 朴集, 下, 2ㅈ: 海上方. 唐崔元亮著海上方, 卽醫方也.), 海上方을 ᄎᆞᆺ디 말라.

해설(解說) 동 내용을 알기 쉽게 풀어 설명하다. ⇔해설ᄒᆞ다(解說-). ≪朴諺, 下, 10ㅈ≫一年一日解說戒法時, 一年 一日에 戒法을 解說ᄒᆞ되.

해설ᄒᆞ다(解說-) 동 내용을 알기 쉽게 풀어 설명하다. ⇔해설(解說). ≪朴諺, 下, 10ㅈ≫一年一日解說戒法時, 一年 一日에 戒法을 解說ᄒᆞ되.

해수(咳嗽) 명 기침. ≪集覽, 字解, 單字解, 2ㅈ≫咳. 五音集韻, 何來切, 小兒笑也. 口漑切, 咳嗽逆氣也. 今呼驚嘆之聲曰咳. 音해, 借用爲字也. 考韻書作唉是.

해시(亥時) 명 십이시(十二時)의 열두째 시. 밤 9시부터 11시까지이다. ≪朴諺, 下, 46ㅎ≫頭戴耳掩或提在手裡(集覽, 朴集, 下, 10ㅈ: 頭戴耳掩或提在手裏. 寅時揭左邊, 亥時揭右邊而戴, 以寅·亥時爲通氣, 故揭一邊也, 子·丑時全戴, 爲嚴凝也.), 머리에 耳掩을 쓰며 혹 손에 들고.

해아(孩兒) 명 ❶아이. 어린아이. ⇔아ᄒᆡ. ≪集覽, 字解, 單字解, 5ㅈ≫兒. 嬰孩也. 孩兒. 又呼物名, 必用兒字, 爲助語之辭. 杏兒·李兒. 凡呼物名則呼兒字, 只宜微用其音, 而不至太白可也. ≪朴諺, 上, 46ㅈ≫大小家眷小娃娃(集覽, 朴集, 上, 13ㅈ: 娃娃. 娃娃, 指孩兒之稱. 字作呱, 音·와. 是小兒啼聲.)們, 大小 家眷과 져근 아ᄒᆡ들로. ≪朴諺, 上, 50ㅈ≫着孩兒盆子水裏放着, 아ᄒᆡ를 盆子ㅅ 믈에 노흐면. ≪朴諺, 上, 50ㅎ≫着孩兒臥着, 아ᄒᆡ로

ᄒᆞ여 누이고. ≪朴諺, 上, 51ㅈ≫百歲日(集覽, 朴集, 上, 13ㅎ: 百歲日. 子生一七日, 謂之一臘, 一歲, 謂之百晬. 質問云, 初生孩兒以百日爲百歲日, 六親皆以禮賀之, 主人設席館待.)又做筵席, 百歲日에 또 이바디ᄒᆞ면. ≪朴諺, 中, 9ㅎ≫今將親生孩兒小名喚神奴, 이제 親生ᄒᆞᆫ 아ᄒᆡ 小名을 神奴ㅣ라 브르고. ≪朴諺, 中, 17ㅎ≫咳這孩兒也好不識, 애 이 아ᄒᆡ ᄯᅩ ᄀᆞ장 아디 못ᄒᆞᆫ다. ≪朴諺, 中, 48ㅈ≫孩兒碗掿兒碗掿兒, 아ᄒᆡ 완나이질 ᄒᆞᄂᆞ냐 완나이질 ᄒᆞᄂᆞ냐. ≪朴諺, 中, 58ㅈ≫孩兒你饋我買將草布蚊帳來, 아ᄒᆡ아 네 날을 얼믠 뵈로 ᄒᆞᆫ 모긔댱을 사다가 주고려. ≪朴諺, 下, 10ㅎ≫孩兒在都, 孩兒ㅣ 셔울 이셔. ≪朴諺, 下, 11ㅈ≫孩兒自拜別之後, 孩兒ㅣ 拜別ᄒᆞᆫ 後로브터. ≪朴諺, 下, 11ㅎ≫孩兒這裏所幹已成完備, 孩兒ㅣ 여긔 ᄒᆞᄂᆞᆫ 배 임의 完備케 되여시니. ≪朴諺, 下, 12ㅈ≫比及孩兒相會, 孩兒ㅣ 서르 모듬을 미처. ≪朴諺, 下, 37ㅈ≫養活他媳婦·孩兒, 뎌의 媳婦와 孩兒ᄅᆞᆯ 養活ᄒᆞ여. ❷자식. ⇔ᄌᆞ식. ≪集覽, 字解, 單字解, 7ㅎ≫養. 養成 기르다. 又生産曰養, 養孩兒 ᄌᆞ식 나타. 又呼淫婦宣淫者曰養漢的. ≪朴諺, 上, 51ㅎ≫養孩兒好難, ᄌᆞ식 기ᄅᆞ기 ᄀᆞ장 어렵더라. ≪朴諺, 下, 37ㅎ≫孩兒使爺娘的, ᄌᆞ식은 어버의 거슬 ᄡᅳ고. 奴婢使使長的, 죵은 뉘연의 거슬 ᄡᅳᄂᆞ니.

해안(海岸) 명 바닷가의 언덕이나 기슭. ≪朴諺, 中, 20ㅎ≫南海普陀落伽山(集覽, 朴集, 中, 3ㅎ: 南海普陁落伽山. 山在寧波府定海縣, 古昌國縣海中. 佛書所謂海岸高絶處, 普陀洛伽山, 世傳觀音現像于此, 上有普陀寺.)裏, 南海 普陀 落伽山에.

해야디다 동 해어지다. ⇔파(破). ≪朴諺, 中, 48ㅎ≫額頭上跌破了, 니마히 구러뎌 해야디니.

해야ᄇᆞ리다 동 해어뜨리다. 망가뜨리다. ❶⇔괴(壞). ≪朴諺, 上, 9ㅎ≫把水門都衝壞了, 水門을다가 다 딜러 해야ᄇᆞ리고. ❷⇔파(破). ≪朴諺, 上, 23ㅎ≫到處裏破別人誇自已(己), 간 곳마다 다ᄅᆞᆫ 사ᄅᆞᆷ을 해야ᄇᆞ리며 내 몸을 쟈랑ᄒᆞ고. ≪朴諺, 上, 32ㅈ≫把我的兩對新靴子都走破了, 내 두 쌍 새 훠ᄅᆞᆯ다가 다 ᄃᆞᆫ녀 해야ᄇᆞ리게 ᄒᆞ고.

해여ᄇᆞ리다 동 헐어버리다. 망가뜨리다. ❶⇔괴(壞). ≪朴諺, 下, 19ㅎ≫壞了我羅天大醮, 우리 羅天大醮ᄅᆞᆯ 해여ᄇᆞ리고. ❷⇔파(破). ≪朴諺, 下, 9ㅈ≫把鼻子跌破了, 코ᄅᆞᆯ다가 구러뎌 해여ᄇᆞ리니.

해열(害熱) 동 (몸에) 열이 나다. 더위를 느끼다. ⇔열ᄒᆞ다(熱─). ≪朴諺, 中, 15ㅎ≫來到家裏害熱時, 집의 오니 熱ᄒᆞ여.

해유(觧由) 명 해유(解由). '觧'는 '解'의 속자. ≪朴諺, 中, 45ㅎ≫觧由(集覽, 朴集, 中, 8ㅈ: 觧由. 吏學指南云, 考滿職除曰解, 歷其殿最曰由. 質問云, 是儅差的官人, 三年一替換, 滿日討了文書回家, 其文書, 方言謂之觧由.)得了不曾, 觧由ᄅᆞᆯ 어덧ᄂᆞ냐 못ᄒᆞ엿ᄂᆞ냐.

해유(解由) 명 송·원대(宋元代)에 벼슬아치의 전임(轉任)을 증명하던 문서. ≪朴諺, 中, 45ㅎ≫觧由(集覽, 朴集, 中, 8ㅈ: 觧由. 吏學指南云, 考滿職除曰解, 歷其殿最曰由. 質問云, 是儅差的官人, 三年一替換, 滿日討了文書回家, 其文書, 方言謂之觧由.)得了不曾, 觧由ᄅᆞᆯ 어덧ᄂᆞ냐 못ᄒᆞ엿ᄂᆞ냐.

해의(觧義) 동 해의(解義). '觧'는 '解'의 속자. ≪朴諺, 上, 4ㅎ≫放象生纏糖(集覽, 朴集, 上, 2ㅈ: 象生纏糖. 諸司職掌婚禮定親及納徵, 皆用芝痲·纏糖二合, 茶纏糖二合, 則纏與糖非二物矣. 况音義內解〈觧〉義相同, 則是亦明爲一物矣.), 生物을 象ᄒᆞ여 ᄆᆡᆫ든 沙糖이어나.

해의(解義) 동 뜻을 풀어 밝히다. ≪朴諺, 上, 4ㅎ≫放象生纏糖(集覽, 朴集, 上, 2ㅈ: 象生纏糖. 諸司職掌婚禮定親及納徵, 皆用芝痲·纏糖二合, 茶纏糖二合, 則纏與糖非二物矣. 况音義內解〈觧〉義相同, 則是

亦明爲一物矣.), 生物을 象ᄒᆞ여 ᄉᆞ민 沙糖이어나.

해자ᄒᆞ다 동 폐 끼치다. ⇔정해(定害). ≪集覽, 字解, 累字解, 1ㅎ≫定害. 너리과라. 又해자하이과라.

해저(海底) 명 바다의 밑바닥. ≪朴諺, 中, 24ㅈ≫一針投海底, 一針을 海底에 드리티면.

해제(解制) 동 음력 7월 보름날 또는 8월 보름날에 여름 안거(安居)를 마치다. ≪朴諺, 下, 7ㅎ≫這七月十五日是諸佛解夏(集覽, 朴集, 下, 2ㅈ: 解夏. 盖夏乃長養之節〈莭〉, 在外行則恐傷草木·虫類. 故九十日安居不出, 至七月十五日, 應禪寺掛搭僧尼, 盡皆散去, 謂之解夏, 又謂解制.)之日, 七月 十五日은 諸佛 解夏ᄒᆞᄂᆞᆫ 날이라.

해주(觧酒) 동 해주(解酒). '觧'는 '解'의 속자. ≪朴諺, 中, 58ㅎ≫我只會根兒觧酒和做醋, 나ᄂᆞᆫ 그저 불회로 觧酒ᄒᆞ고 초 빗ᄂᆞᆫ 줄만 알고.

해주(解酒) 동 숙취(宿醉)를 풀다. ⇔해주ᄒᆞ다(解酒-). ≪朴諺, 中, 58ㅎ≫我只會根兒觧酒和做醋, 나ᄂᆞᆫ 그저 불회로 觧酒ᄒᆞ고 초 빗ᄂᆞᆫ 줄만 알고.

해주ᄒᆞ다(解酒-) 동 숙취(宿醉)를 풀다. ⇔해주(解酒). ≪朴諺, 中, 58ㅎ≫我只會根兒觧酒和做醋, 나ᄂᆞᆫ 그저 불회로 觧酒ᄒᆞ고 초 빗ᄂᆞᆫ 줄만 알고.

해중(海中) 명 바다 가운데. ≪朴諺, 中, 22ㅈ≫以聲察聲拯悲酸於六道(集覽, 朴集, 中, 5ㅈ: 六道. 人道·天道·阿脩羅道·餓鬼道·畜生道·地獄道, 亦名六趣, 加仙道, 名曰七趣. 阿脩羅有大力神人, 嘗共天鬭(鬪), 立大海中, 其高半天.), 소리로 뼈 소리를 ᄉᆞᆯ펴 悲酸을 六道에 건디고. ≪朴諺, 下, 8ㅎ≫說目連尊者(集覽, 朴集, 下, 2ㅎ: 目連尊者. 事林廣記云, 佛書所謂王舍衛城, 卽賓童龍國也, 國在西南海中, 隷占城.)救母經, 目連尊者의 救母經을 니ᄅᆞ니.

해채(海菜) 명 미역. ⇔머육. ≪朴諺, 中, 17ㅈ≫這海菜·乾魚·脯肉, 이 머육과 乾魚와 脯肉을.

해채(薤菜) 명 부추. ⇔부칙. ≪朴諺, 中, 6ㅈ≫醋, 초와. 醬, 쟝과. 塩, 소금과. 芥末, 계ᄌᆞ ᄀᆞᄅᆞ와. 葱, 파과. 蒜, 마ᄂᆞᆯ과. 薤菜, 부칙와, 油, 기름과. 生蘿蔔, ᄃᆡᆺ무우과. 瓜, 외와. 茄等, 가지 등.

해추아(觧錐児) 명 해추아(解錐兒). '觧'와 '児'는 '解'와 '兒'의 속자. ≪朴諺, 上, 25ㅎ≫玲瓏龍頭觧錐兒, 龍頭ᄅᆞᆯ 玲瓏히 ᄒᆞᆫ 觧錐児와.

해추아(解錐兒) 명 뿔송곳. ≪朴諺, 上, 25ㅎ≫玲瓏龍頭觧錐兒, 龍頭ᄅᆞᆯ 玲瓏히 ᄒᆞᆫ 觧錐児와.

해파(害怕) 동 두려워하다. ❶⇔두리다. ≪集覽, 字解, 單字解, 7ㅎ≫害. 患也, 苦也. 害病 병ᄒᆞ다, 害怕 두리다. ❷⇔두리여ᄒᆞ다. ≪集覽, 字解, 單字解, 2ㅎ≫怕. 疑懼之意. 怕人知道.又設若之辭. 怕你不信 ᄒᆞ다가 너옷 밋디 몯거든. 又恐也. 害怕 두리여ᄒᆞ다.

해하(解夏) 동 음력 7월 보름날 또는 8월 보름날에 여름 안거(安居)를 마치다. ⇔해하ᄒᆞ다(解夏-). ≪朴諺, 下, 7ㅎ≫這七月十五日是諸佛解夏(集覽, 朴集, 下, 2ㅈ: 解夏. 荊楚歲時記云, 天下僧尼, 於四月十五日, 就禪刹掛搭不出門, 謂之結夏, 亦曰結制. 盖夏乃長養之節〈莭〉, 在外行則恐傷草木·虫類. 故九十日安居不出, 至七月十五日, 應禪寺掛搭僧尼, 盡皆散去, 謂之解夏, 又謂解制. 掛搭, 詳見事林廣記.)之日, 七月 十五日은 諸佛 解夏ᄒᆞᄂᆞᆫ 날이라.

해하ᄒᆞ다(解夏-) 동 음력 7월 보름날 또는 8월 보름날에 여름 안거(安居)를 마치다. ⇔해하(解夏). ≪朴諺, 下, 7ㅎ≫這七月十五日是諸佛解夏(集覽, 朴集, 下, 2ㅈ: 解夏. 荊楚歲時記云, 天下僧尼, 於四月十五日, 就禪刹掛搭不出門, 謂之結夏, 亦曰結制. 盖夏乃長養之節〈莭〉, 在外行則恐傷

草木·虫類. 故九十日安居不出, 至七月十五日, 應禪寺掛搭僧尼, 盡皆散去, 謂之解夏, 又謂解制. 掛搭, 詳見事林廣記.)之日, 七月 十五日은 諸佛 解夏ᄒᆞ는 날이라.

해해곤곤(垓垓滾滾) 동 구물구물하다. ⇔구믈구믈ᄒᆞ다. ≪朴諺, 下, 30ㅎ≫只是垓垓滾滾的, 그저 구믈구믈ᄒᆞ더라.

핵(核) 명 씨. 씨앗. ⇔ᄡᅵ. ≪朴諺, 下, 21ㅎ≫只留下桃核出來, 다만 복셩화 ᄡᅵ만 머므러 두고 나와. ≪朴諺, 下, 21ㅎ≫三藏說是一箇桃核, 三藏이 닐오ᄃᆡ 이 ᄒᆞᆫ 복셩화 ᄡᅵ로다. ≪朴諺, 下, 22ㅈ≫却是桃核, ᄯᅩ 이 복셩화 ᄡᅵ라.

핵도(核桃) 명 호도. 호두. ⇔호도. ≪朴諺, 上, 4ㅈ≫核桃(集覽, 朴集, 上, 2ㅈ: 核桃. 張騫使西域, 得胡桃回, 種于中國. 後五胡時, 避胡字, 改名核桃.), 호도와. ≪朴諺, 上, 36ㅎ≫這箇是核桃, 이거슨 이 호되로다.

행(行) 동 가다. ❶⇔가다. ≪朴諺, 上, 9ㅎ≫咱會同着一時行, 우리 모다 ᄒᆞᆷᄭᅴ 가쟈. ≪朴諺, 中, 14ㅎ≫遠行知馬力, 멀리 가매 ᄆᆞᆯ 힘을 알고. 日久見人心, 날이 오라매 사ᄅᆞᆷ의 ᄆᆞᅀᆞᆷ을 보ᄂᆞ니라. ≪朴諺, 下, 38ㅈ≫幾時行, 언제 가ᄂᆞᆫ. ≪朴諺, 下, 47ㅈ≫街上兩行擺着行, 거리예 두 줄로 버러 가며. ≪朴諺, 下, 47ㅎ≫這般擺隊行, 이리 隊로 버러 가. ❷⇔녜다. ≪朴諺, 中, 8ㅈ≫一日九站十站家行, ᄒᆞᄅᆞ 아홉 站식 열 站식 녜거늘.

행(行) 동 행(行)하다. ❶⇔행ᄒᆞ다(行-). ≪朴諺, 上, 39ㅈ≫半步也行不得, 半步도 行티 못ᄒᆞᄂᆞ니. ≪朴諺, 上, 45ㅎ≫如今國家行仁義重詩書, 이제 國家ㅣ 仁義ᄅᆞᆯ 行ᄒᆞ고 詩書ᄅᆞᆯ 重히 너기니. ≪朴諺, 中, 33ㅈ≫只是平平斜斜石徑難行, 그저 平平斜斜ᄒᆞᆫ 石徑에 行키 어려오니라. ≪朴諺, 下, 4ㅈ≫行六年受多少千辛萬苦, 行ᄒᆞᆫ 여슷 ᄒᆡ예 언머 千辛萬苦ᄅᆞᆯ 밧고. ≪朴諺, 下, 60ㅎ≫着一箇人前行, ᄒᆞᆫ 사ᄅᆞᆷ으로 앏픠 行ᄒᆞ여. ❷⇔힝ᄒᆞ다. ≪朴諺, 下, 58ㅈ≫主人先行客從之, 主人이 몬져 힝ᄒᆞ여든 客이 조ᄎᆞ리라.

행(行) 명 걸음. ❶⇔거름. ≪朴諺, 中, 48ㅎ≫我也做饋他一對學行的綉鞋, 나도 ᄒᆞᆫ ᄡᅡᆼ 거름 ᄇᆡ호ᄂᆞᆫ 슈신을 지어 뎌ᄅᆞᆯ 주리라. ❷⇔걸음. ≪朴諺, 上, 56ㅈ≫只是小行上遲, 그저 즌 걸음이 ᄠᅳ고.

행(杏) 명 살구. ⇔ᄉᆞᆯ고. ≪朴諺, 上, 6ㅈ≫大水杏半黃半生的有, 굵고 믈 한 ᄉᆞᆯ고ㅣ 半黃 半生ᄒᆞᆫ 이 잇더라.

행(擤) 동 (코를) 풀다. ⇔프다. ≪朴諺, 中, 47ㅎ≫擤了他鱧帶揩的乾浄着, 제 코ᄅᆞᆯ 프러 ᄉᆞᆺ기ᄅᆞᆯ 간졍히 ᄒᆞᄂᆞ니라. ≪譯語類解, 動靜≫擤鼻涕, 코 프다.

행도(行道) 동 ❶〈불〉 중이 경문(經文)을 외면서 걷다. 또는 그렇게 하는 일. ≪朴諺, 上, 33ㅈ≫披着袈裟(集覽, 朴集, 上, 10ㅈ: 袈裟. 一曰金縷僧伽黎, 卽大衣也, 入王宮聚落時衣, 乞食時着. 二曰鬱〈嗇〉多羅僧, 卽七條也, 此云上着衣也, 入衆時衣, 禮誦齋講時着. 三曰安陁會, 卽五條也, 院內行道雜作衣.), 袈裟 닙고. ❷도(道)를 행하다. ⇔행도ᄒᆞ다(行道-). ≪朴諺, 上, 45ㅎ≫立身行道, 立身 行道ᄒᆞ야.

행도ᄒᆞ다(行道-) 동 도(道)를 행하다. ⇔행도(行道). ≪朴諺, 上, 45ㅎ≫立身行道, 立身 行道ᄒᆞ야.

행례(行禮) 동 예식을 행하다. 또는 그런 일. ≪朴諺, 上, 41ㅈ≫下多少財錢(集覽, 朴集, 上, 11ㅎ: 下多少財錢. 亦云下財. 家禮會通云, 婚有六禮, 納采·問名·納吉·納徵·請期·親迎. 今制, 納采·問名·納吉揔〈総〉一次行禮, 以從簡便, 謂之定禮, 亦爲之定親, 亦曰下紅定, 亦送幣物. 又涓吉送婚書, 行納徵禮, 亦曰納幣, 俗云下財, 亦曰送禮. 俗總稱〈総称〉曰羊酒花紅.), 언멋 財錢을 드리더ᄂᆞᆫ. ≪朴諺, 下, 45ㅈ≫宋舍看打春(集覽, 朴集, 下, 9ㅎ: 打春. 至日黎明, 官吏具香花·燈燭爲壇, 以祭先農. 至立春時, 官吏行禮畢, 各執彩杖, 環擊土牛者三, 以示勸農之意.)去來, 宋개아

ㅎ

닙츈 노롯ᄒᆞᄂᆞᆫ 양 보라 가쟈.

행로(行路) 동 길을 가다. 또는 그 길. ≪朴諺, 下, 33ㅈ≫象眼粿子(集覽, 朴集, 下, 6ㅎ: 象眼餜子. 質問云, 以麥麵作成象眼樣大餜〈粿〉子, 行路便於食之, 方言謂之象眼餜子. 然餜子形劑未詳.), 象眼 ᄀᆞᄐᆞᆫ 粿子와. 柳葉餜子(集覽, 朴集, 下, 7ㅈ: 柳葉餜子. 質問云, 以麥麵作成柳葉樣餜子, 亦便於行路之食, 方言謂之柳葉餜子.), 柳葉 ᄀᆞᄐᆞᆫ 粿子와.

행리(行李) 명 말이나 수레 따위에 실은, 군대의 전투나 숙영에 필요한 여러 가지 물품. ≪朴諺, 下, 29ㅈ≫元寶(集覽, 朴集, 下, 5ㅎ: 元寶. 南村輟耕錄云, 至元十三年, 元兵平宋, 回至楊(揚)州, 丞相伯顔號令搜撿(檢)將士行李, 所得撒花銀子, 銷鑄作錠, 每五十兩爲一錠, 歸朝獻〈献〉納.) 我有半錠了, 元寶ㅣ 내게 반 뎡이 이시니.

행문(行文) 동 공문을 보내다. ≪集覽, 字解, 單字解, 6ㅎ≫弔. 以繩懸物曰弔着. 又自縊而死曰弔死. 又物自彫落曰弔了. 又行文州縣取其問囚卷宗曰弔取·曰弔卷. ≪朴諺, 下, 51ㅎ≫申(集覽, 朴集, 下, 11ㅎ: 申. 以此觀之, 則非所志也, 乃官行文移也. 詳見求政錄.)竊盜狀, 窃盜狀을 申ᄒᆞ노니.

행방(行房) 동 부부가 방사(房事)하다. 부부가 동침하다. ≪集覽, 字解, 單字解, 7ㅈ≫耍. 戲弄之辭曰耍子, 戲笑之事曰耍笑. 又行房亦曰耍子.

행방편(行方便) 동 좋은 모양으로 하다. 편의에 따라 적절히 일을 행하다. ≪集覽, 字解, 單字解, 4ㅎ≫便. 去聲, 卽也. 便行 즉재 가니라, 便去 즉재 가리라, 又 즉재 가다. 又則也. 便有 곧 잇다, 便是 곧 올ᄒᆞ니라. 又順也, 順便. 又安也, 便當. 又宜也. 行方便 됴홀 양오로 ᄒᆞ다, 不方便 다히 마지 쉽사디 아니타. 又猶則也. 你去便就有了 너옷 가면 이시리라. 又平聲, 穩便 온당ᄒᆞ다. 吏語, 便益.

행사(行使) 동 (부려서) 쓰다. 사용하다. 실행하다. ⇔쓰다. ≪集覽, 字解, 單字解, 5ㅎ≫使. 上聲, 差也, 役也. 使的我 날 브려. 又用也. 使用了. 吏語, 行使 쓰다. 又使船 ᄇᆡ 달호다. 又去聲, 使臣, 差使. 又官名.

행삼좌오(行三坐五) 동 형벌을 멋대로 행하다. 곧, 권세를 부리다. ≪朴諺, 中, 5ㅎ≫分例支應(集覽, 朴集, 中, 1ㅈ: 分例支應. 今制, 正官一員, 一日經過, 米三升, 宿頓五升, 從人一名, 經過二升, 宿頓三升. 漢俗今云行三坐五.), 分例로 支應ᄒᆞ라.

행아(杏兒) 명 살구. ⇔ᄉᆞᆯ고. ≪集覽, 字解, 單字解, 5ㅈ≫兒. 嬰孩也. 孩兒. 又呼物名, 必用兒字, 爲助語之辭. 杏兒·李兒. 凡呼物名則呼兒字, 只宜微用其音, 而不至太白可也. ≪朴諺, 上, 6ㅈ≫杏兒·櫻桃諸般鮮果, ᄉᆞᆯ고와 잉도와 여러 가지 鮮果를.

행업(行業) 명 〈불〉 고락(苦樂)의 과보(果報)를 받을 선악의 행위. ≪朴諺, 中, 21ㅎ≫或作童女(集覽, 朴集, 中, 4ㅎ: 童男童女. 應作種種身, 或在天上, 在人間, 隨其所樂, 皆令見衆生形相各不同, 行業音聲亦無量.), 혹 童女ㅣ 되며.

행인(行人) 명 길 가는 사람. ≪朴諺, 上, 9ㅎ≫水渰過蘆溝橋(集覽, 朴集, 上, 4ㅎ: 蘆溝橋. 橋之路西通關陝, 南達江淮. 兩旁多旅舍, 以其密邇京都, 行人·使客絡繹不絶.)獅子頭, 믈이 蘆溝橋 獅子ㅅ 머리를 ᄌᆞᆷ가 너머.

행인(杏仁) 명 살구의 씨를 한방에서 이르는 말. (기침·천식·변비 따위에 쓴다) ≪朴諺, 上, 7ㅈ≫都着些細料物(集覽, 朴集, 上, 3ㅎ: 細料物. 事林廣記食饌類, 細料物, 官桂·良薑·蓽撥草·豆蔻·陳皮·縮砂仁〈砂仁〉·八角·茴香各一兩, 川椒二兩, 杏仁五兩, 甘草一兩半, 白檀末半兩. 右共爲細末用之.), 다 져기 ᄀᆞᄂᆞᆫ 교토를 두고.

행자(行者) 명 ❶〈불〉 중이 되기 위하여 출가한 사람으로서 아직 도첩(度牒)을 받지 못한 사람. ≪朴諺, 上, 33ㅈ≫穿着衲襖(集覽, 朴集, 上, 10ㅈ: 衲襖. 反(飜)譯

ㅎ

名義云, 好衣是未得道者生貪着處, 招致賊難, 或致奪凂(命), 有如是等患, 故受弊衲衣. 大智論云, 行者少欲知是〈足〉, 衣趣盖形, 又國土多寒, 畜百衲具.)將着鉢盂, 누비옷 닙고 에우아리 가지고. ≪朴諺, 下, 17ㅈ≫唐三藏引孫行者(集覽, 朴集, 下, 4ㅈ: 孫行者. 行者, 僧未經關給度牒者, 謂之僧行, 亦曰行者.), 唐三藏이 孫行者를 ᄃᆞ리고. ≪朴諺, 下, 20ㅎ≫變做假行者, 변ᄒᆞ여 거즛 行者ㅣ 되어. ≪朴諺, 下, 22ㅈ≫行者敎千里眼·順風耳等兩箇鬼, 行者ㅣ 千里眼과 順風耳 等 두 鬼神으로 ᄒᆞ여. ≪朴諺, 下, 23ㅈ≫行者變做五寸來大的胡孫, 行者ㅣ 변ᄒᆞ여 五寸만치 큰 쥔납이 되여. ≪朴諺, 下, 23ㅎ≫行者油煎的肉都沒了, 行者ㅣ 기름에 지지여 술히 다 업더이다. ≪朴諺, 下, 24ㅎ≫行者直拖的王前面彫了, 行者ㅣ 바로 ᄭᅳ어 王의 앏픠 드리티니. ≪朴諺, 下, 25ㅈ≫賜行者金錢三百貫打發了, 行者를 金돈 三百貫을 주어 打發ᄒᆞ니. ❷행인(行人). 여행자. ≪朴諺, 中, 30ㅈ≫稀粥(集覽, 朴集, 中, 7ㅈ: 稀粥也熬着. 北人好獵, 不力於農. 獵者·行者多齎粆米, 且其食性好粥, 尤好生肉湩酪, 故兩書皆元時所記, 多言稀粥及酪.)也熬着裏, 믉은 쥭도 ᄡᆞ엇다.

행자(杏子) 몡 살구. ⇔ᄉᆞᆯ고. ≪朴諺, 上, 4ㅎ≫柑子, 柑子와. 石榴, 石榴와. 香水梨, 香水梨와. 櫻桃, 櫻桃와. 杏子, ᄉᆞᆯ고와.

행재소(行在所) 몡 임금이 궁을 떠나 멀리 순행할 때 머무르던 곳. ≪朴諺, 下, 38ㅈ≫除在南京應天府丞(集覽, 朴集, 下, 8ㅎ: 南京應天府丞. 永樂中, 於北平肇建北京, 爲行在所.), 南京 應天府丞을 除ᄒᆞ엿ᄂᆞ니라.

행ᄒᆞ다(行-) 동 행(行)하다. ⇔행(行). ≪朴諺, 上, 39ㅈ≫半步也行不得, 半步도 行티 못ᄒᆞᄂᆞ니. ≪朴諺, 上, 45ㅎ≫如今國家行仁義重詩書, 이제 國家ㅣ 仁義를 行ᄒᆞ고 詩書를 重히 너기니. ≪朴諺, 中, 33ㅈ≫只是平平斜斜石逕難行, 그저 平平斜斜ᄒᆞᆫ 石逕에 行키 어려오니라. ≪朴諺, 下, 4ㅈ≫行六年受多少千辛萬苦, 行ᄒᆞᆫ 여ᄉᆞᆺ 히예 언머 千辛萬苦를 밧고. ≪朴諺, 下, 60ㅎ≫着一箇人前行, ᄒᆞᆫ 사ᄅᆞᆷ으로 앏픠 行ᄒᆞ여.

향 몡 향(香). ⇔향(香). ≪朴諺, 上, 62ㅎ≫到寺裏燒香隨喜之後, 뎔에 가 향 ᄑᆡ오고 구경ᄒᆞᆫ 후에. ≪朴諺, 上, 66ㅎ≫咱兩箇將些布施和香去, 우리 둘히 져기 보시와 향을 가지고 가. ≪朴諺, 下, 2ㅈ≫將兩根香來燒, 두 ᄌᆞᄅᆞ 향을 가져다가 퓌오라.

향(向) 동 향(向)하다. ⇔향ᄒᆞ다. ≪朴諺, 中, 60ㅎ≫衙門處處向南開, 衙門이 곳곳이 南을 향ᄒᆞ여 여러시나.

향(向) 몡 데. 곳. ⇔ᄃᆡ. ≪朴諺, 下, 52ㅎ≫不知去向, 去向을 아디 못ᄒᆞ더니. ≪朴諺, 下, 55ㅈ≫不知去向, 간 ᄃᆡ를 아디 못ᄒᆞ니.

향(香) 몡 ❶향. ⇔향. ≪朴諺, 上, 62ㅎ≫到寺裏燒香隨喜之後, 뎔에 가 향 ᄑᆡ오고 구경ᄒᆞᆫ 후에. ≪朴諺, 上, 66ㅎ≫咱兩箇將些布施和香去, 우리 둘히 져기 보시와 향을 가지고 가. ≪朴諺, 下, 2ㅈ≫將兩根香來燒, 두 ᄌᆞᄅᆞ 향을 가져다가 퓌오라. ❷향내. 향냄새. ⇔향내. ≪朴諺, 中, 33ㅈ≫滿池荷花香噴噴, 못에 ᄀᆞ득ᄒᆞᆫ 년곳치 향내 쑴기더라.

향남(向南) 동 남쪽으로 향하다. ≪朴諺, 中, 60ㅎ≫衙門處處向南開(集覽, 朴集, 中, 9ㅈ: 衙門處處向南開. 南村輟耕錄云, 凡衙門皆坐北南向者, 南方屬離卦, 離虛中則聰. 又南方火位, 火明則能破暗, 故表南面聰〈聦〉明, 爲民治愚暗之事.), 衙門이 곳곳이 南을 향ᄒᆞ여 여러시나.

향내 몡 향내. 향냄새. ⇔향(香). ≪朴諺, 中, 33ㅈ≫滿池荷花香噴噴, 못에 ᄀᆞ득ᄒᆞᆫ 년곳치 향내 쑴기더라.

향로(香爐) 몡 향을 피우는 조그마한 화로. ≪朴諺, 中, 45ㅈ≫將鏤金香爐來, 鏤金香爐를 가져다가.

향리(鄕里) 몡 ❶고향. ≪朴諺, 下, 11ㅎ≫衣錦還鄕(集覽, 朴集, 下, 3ㅈ: 衣錦還鄕.

故後人仕官〈宦〉榮貴還鄕里者曰衣錦還鄕.), 비단옷 닙고 고향의 도라가. ❷시골의 마을. ≪朴諺, 上, 16ㅎ≫祭了社神(集覽, 朴集, 上, 6ㅈ: 社神. 今制, 每一鄕村之間, 或十五戶或二十戶, 隨其所便, 合爲一社. 擇其鄕里之民有義行者一人爲社長, 擇其殷實者一人爲副.), 社神씌 祭ᄒᆞ여시니.

향산(香山) 명 서역(西域)에 있다는 산 이름. ≪朴諺, 中, 22ㅎ≫結草廬於香山之上(集覽, 朴集, 中, 5ㅎ: 結草廬於香山之上. 飜〈翻〉譯名義云, 西域記云, 阿耨達, 水名, 在香山之南. 觀此則香山亦西域山也, 而未詳所在.), 草廬를 香山 우희 지엇쏘다.

향산(鄕產) 명 고국에서 나는 토산품. ≪朴諺, 下, 61ㅎ≫小子沒甚麽鄕產與先生, 小子ㅣ 아므란 鄕產을 先生씌 줄 써시 업ᄉᆞ니.

향선(向善) 동 선한 일을 지향하다. ≪朴諺, 上, 66ㅈ≫諸國人民一切善男善女(集覽, 朴集, 上, 16ㅎ: 善男善女. 金剛經疏曰, 向善之男女也. 又見下.), 諸國 人民 一切 善男善女ㅣ.

향소산자(香蘇散子) 명 향부자(香附子)·소엽(蘇葉) 따위를 넣어서 달여 만드는 탕약. (감기로 인한 두통·오한 따위에 쓴다) ≪朴諺, 中, 15ㅎ≫我如今先與你香蘇飮(散)子, 내 이제 몬져 너를 香蘇飮(散)子를 줄 거시니.

향소음자(香蘇飮子) 명 향소산자(香蘇散子). '飮'은 '散'의 잘못. ≪朴諺, 中, 15ㅎ≫我如今先與你香蘇飮(散)子, 내 이제 몬져 너를 香蘇飮(散)子를 줄 거시니.

향수(香酥) 형 향기롭고 부드럽다. ≪朴諺, 上, 1ㅎ≫着李四買果子·拖爐·隨食(集覽, 朴集, 上, 1ㅈ: 隨食. 質問云, 以麥麵和油作小餠, 喫茶時食之, 取其香酥也.)去, 李四로 ᄒᆞ여 과실과 拖爐·隨食을 사라 가게 ᄒᆞ라.

향수리(香水梨) 명 배[梨]의 한 가지. 빛깔은 황록색인데, 약간 떫은맛이 있고 즙이 많다. ≪朴諺, 上, 4ㅎ≫柑子, 柑子와. 石榴, 石榴와. 香水梨, 香水梨와. 櫻桃, 櫻桃와. 杏子, 술고와.

향심(香蕈) 명 표고. (버섯의 한 가지) ⇔ 표고. ≪朴諺, 中, 44ㅎ≫將幾箇磨果釘子(集覽, 朴集, 中, 8ㅈ: 磨果釘子. 磨果, 卽香蕈也, 표고. 釘形似之, 故因名焉.)來, 여러 머리 뭉킨 못 가져다가.

향암 명 향암(鄕闇). 시골뜨기. ⇔장가(莊家). ≪朴諺, 上, 47ㅈ≫我是新來的莊家(集覽, 朴集, 上, 13ㅈ: 莊家. 村莊治農之人曰莊家, 謂不達時務之人.), 나는 이 새로 온 향암이라. ≪朴諺, 下, 34ㅎ≫你是新來的莊家, 너는 이 새로 온 향암이라. ≪朴諺, 下, 36ㅈ≫我不想這新來的莊家快打, 내 이 새로 온 향암이 잘 틸 줄을 싱각디 몯호롸.

향어(鄕語) 명 우리나라의 말을 중국의 한어(漢語)에 상대하여 이르는 말. ≪集覽, 凡例≫諺音及字旁之點, 皆從鄕語·鄕音, 詳見反譯凡例. ≪朴諺, 上, 24ㅈ≫有官司(集覽, 朴集, 上, 8ㅈ: 官司. 凡干詞訟累禍之事, 皆謂之官司, 如鄕語구의종〈죵〉. 司字恐是事字之誤.)災難, 官司 災難이 잇거든. ≪朴諺, 下, 46ㅈ≫一托來長的兩箇機角(集覽, 朴集, 下, 10ㅈ: 機角. 華人鄕語呼角曰機角.), ᄒᆞᆫ 발 기릐에 두 쁠이오.

향음(鄕音) 명 우리나라의 말소리를 중국의 한음(漢音)에 상대하여 이르는 말. ≪集覽, 凡例≫諺音及字旁之點, 皆從鄕語·鄕音, 詳見反譯凡例.

향적사(香積寺) 명 절 이름. ≪朴諺, 中, 22ㅈ≫起浮屠於泗水之間(集覽, 朴集, 中, 5ㅈ: 起浮屠於泗水之間. 唐龍朔初, 於泗州臨淮縣信義坊, 將建伽藍, 掘得古香積寺銘記并金像一軀, 上有普照王佛字, 遂建寺焉.), 浮屠를 泗水ㅅ ᄉᆞ이에 니르혀고.

향정(鄕井) 명 고향(故鄕). ≪朴諺, 上, 58ㅎ≫八里庄(集覽, 朴集, 上, 14ㅎ: 八里庄. 地名. 凡鄕井之制, 在內曰街·坊·關·廂, 在外曰店·鎭·鄕·莊〈庄〉·啚·保·屯·務·寨·峪·灣·窩, 盖因俗呼得名, 皆指人所

聚居之處也.)梁家花園裏做來, 八里庄 梁家 花園의셔 ᄒᆞ니라.

향정자(香亭子) 명 장례식 때에 향합(香盒)·향로, 또는 그 밖의 제구(祭具)를 받쳐 드는 작은 정자(亭子) 모양의 기구. ≪朴諺, 下, 42ㅎ≫影亭子, 影亭子와. 香亭子, 香亭子와.

향채(香菜) 명 향기로운 나물. ≪朴諺, 下, 33ㅈ≫象眼棋子(集覽, 朴集, 下, 6ㅎ: 象眼餜子. 麁者再切, 細者有糜末, 却簸去, 皆要一揉極細如米粒. 下鍋煮熟, 連湯起在盆內. 用凉水寬投之, 三五次方得精細. 攪轉, 撈起控乾, 麻汁加碎肉·糟〈槽〉姜米·醬瓜米·黃瓜米·香菜等粧點用供.), 象眼 ᄀᆞᄐᆞᆫ 棋子와.

향촌(鄕村) 명 시골의 마을. ≪朴諺, 上, 16ㅎ≫祭了社神(集覽, 朴集, 上, 6ㅈ: 社神. 元制, 五十戶爲一社. 今制, 每一鄕村之間, 或十五戶或二十戶, 隨其所便, 合爲一社.), 社神의 祭ᄒᆞ여시니.

향화(香花) 명 향과 꽃. ≪朴諺, 下, 45ㅈ≫宋舍看打春(集覽, 朴集, 下, 9ㅎ: 打春. 至日黎明, 官吏具香花·燈燭爲壇, 以祭先農. 至立春時, 官吏行禮畢, 各執彩杖, 環擊土牛者三, 以示勸農之意.)去來, 宋개아 닙츈 노롯ᄒᆞᄂᆞᆫ 양 보라 가쟈.

향ᄒᆞ다 동 향(向)하다. ❶⇔왕(往). ≪集覽, 字解, 單字解, ㅈ≫往. 向也. 往那裏去 어드러 향ᄒᆞ야 가ᄂᆞᆫ다. 又昔也. 往常 아릐. ≪朴諺, 上, 8ㅎ≫往那箇地面裏去, 어ᄂᆡ 싸홀 향ᄒᆞ여 가ᄂᆞ뇨. ≪朴諺, 上, 8ㅎ≫往永平·大寧·遼陽·開元·瀋陽等處開去, 永平·大寧·遼陽·開元·瀋陽 等處를 향ᄒᆞ여 開讀ᄒᆞ라 가노라. ≪朴諺, 上, 9ㅈ≫我也往金剛山禪院·松廣等處降香去, 나도 金剛山 禪院·松廣 等處를 향ᄒᆞ야 降香ᄒᆞ라 가노라. ≪朴諺, 上, 34ㅈ≫往深山裏懺悔去, 深山을 향ᄒᆞ야 懺悔ᄒᆞ라 가노라. ≪朴諺, 上, 57ㅈ≫上馬往那裏去, ᄆᆞᆯ ᄐᆞ면 어ᄃᆡ를 향ᄒᆞ여 갈러뇨. ≪朴諺, 下, 2ㅎ≫我如今又往江南地面裡布施去, 내 이제 ᄯᅩ 江南 싸흘 향ᄒᆞ여 보시ᄒᆞ라 가려 ᄒᆞ니. ≪朴諺, 下, 17ㅎ≫唐僧往西天取經去時莭(節), 唐僧이 西天을 향ᄒᆞ여 經 가질라 갈 제. ❷⇔조(朝). ≪朴諺, 上, 52ㅈ≫朝南開着一箇小墻門便是, 남을 향ᄒᆞ여 ᄒᆞᆫ 小墻門 낸 거시 곳 이라. ≪朴諺, 下, 48ㅈ≫朝東放着土牛, 東을 향ᄒᆞ여 土牛를 노코. ❸⇔향(向). ≪朴諺, 中, 60ㅎ≫衙門處處向南開, 衙門이 곳곳이 南을 향ᄒᆞ여 여러시니.

허(虗) 명 허(虛). '虗'는 '虛'와 같다. ≪朴諺, 中, 37ㅎ≫討的是虗還的是實, 외오ᄂᆞᆫ 거슨 이 거즛 거시오 갑ᄂᆞᆫ 거시아 이 실ᄒᆞ니라. ≪朴諺, 中, 54ㅈ≫虗得粮, 虛ᄂᆞᆫ 得粮ᄒᆞ고.

허(虛) 명 ❶거짓. ⇔거즛. ≪朴諺, 中, 37ㅎ≫討的是虗還的是實, 외오ᄂᆞᆫ 거슨 이 거즛 거시오 갑ᄂᆞᆫ 거시아 이 실ᄒᆞ니라. ❷허수(虛宿). 이십팔수(二十八宿)의 하나. 북방(北方) 현무 칠수(玄武七宿)의 넷째 별자리. ≪朴諺, 中, 54ㅈ≫虗得粮, 虛ᄂᆞᆫ 得粮ᄒᆞ고.

허경종(許敬宗) 명 당(唐)나라 항주(杭州) 신성(新城) 사람. 자는 연족(延族). 수대(隋代)의 수재(秀才) 출신. 당초(唐初) 진왕부(秦王府) 십팔학사(十八學士)의 한 사람. 벼슬은 예부 상서(禮部尙書)·시중(侍中)을 지냈다. 실록(實錄) 편찬을 감수하였다. ≪朴諺, 中, 44ㅎ≫掛十八學士(集覽, 朴集, 中, 8ㅈ: 十八學士. 唐太宗秦王時, 開館延文學之士, 杜如晦·房玄齡〈玪〉·虞世南·褚遂良·姚思廉·李玄道·蔡允恭·薛元敬·顔相時·蘇勗·于志寧·蘇世長·薛收·李守素·陸德明·孔穎達·蓋文達·許敬宗爲文學館學士, 分爲三番, 更日直宿.)大畫, 十八學士 그린 큰 그림을 걸고.

허공(虛空) 명 〈불〉 다른 것을 막지 아니하고, 또한 다른 것에 의하여 막히지도 아니하며, 사물과 마음의 모든 법을 받아들이는 공간. ≪朴諺, 中, 21ㅈ≫智滿十

身(集覽, 朴集, 中, 4ㅈ: 智滿十身. 十身有調御. 十身, 曰無着, 曰弘願, 曰業報, 曰住持, 曰涅槃, 曰淨法, 曰眞心, 曰三昧, 曰道性, 曰如意. 有內十身, 曰菩提, 曰願, 曰化, 曰力持, 曰莊嚴, 曰威勢, 曰意生, 曰福德, 曰法, 曰智. 有外十身, 曰自, 曰衆生, 曰國土, 曰業報, 曰聲聞, 曰圓覺, 曰菩薩, 曰智, 曰法, 曰虛空.), 智는 十身에 찻도다.

허구(虛灸) 명 우각뜸. (쇠뿔을 불에 달구어 뜨는 뜸. 뜸 자국이 남지 않는다) ⇔우각뜸. ≪朴諺, 上, 35ㅈ≫虛灸那實灸, 우각뜸을 ᄒᆞ냐 실뜸을 ᄒᆞ냐. 怎麽虛灸, 엇디 우각뜸을 ᄒᆞ리오.

허다(許多) 관 하고많은. 많고 많은. 허다한. ⇔하나한. ≪集覽, 字解, 單字解, 6ㅈ≫多. 多少 언메나. 又許多 하나한. 又餘也. 三十里多地 삼십 리 나믄 짜. 吏語, 多餘. 又過也. 有甚麽多處 므스기 너믄 고디 이시리오. 又重也. 므스기 앗가온 고디 이시리오.

허리 명 허리. ❶⇔요(腰). ≪朴諺, 下, 31ㅈ≫腰濶三圍抱不匝, 허리 너ᄅᆞ기 세 아름이나 ᄒᆞ니 안아 두로디 몯ᄒᆞ고. ≪朴諺, 下, 31ㅈ≫各自腰帶七寶環刀, 각각 허리예 七寶 ᄒᆞᆫ 環刀를 ᄎᆞ고. ≪朴諺, 下, 47ㅈ≫腰繫白玉帶, 허리예 白玉帶를 ᄡᅴ고. ❷⇔요아(腰兒). ≪朴諺, 中, 48ㅈ≫腰兒軟休弄他, 허리 므ᄅᆞ니 뎌를 농티 말라.

허믈 명 허물[過]. 잘못. ❶⇔과(過). ≪朴諺, 中, 3ㅈ≫大人不見小人過, 大人은 小人의 허믈을 보디 아니ᄒᆞᄂᆞ니라. ❷⇔괴(怪). ≪朴諺, 上, 34ㅎ≫你休恠, 네 허믈 말라. ≪朴諺, 上, 47ㅎ≫你休恠, 네 허믈 말나. ≪朴諺, 上, 52ㅈ≫大舍休恠, 大舍ㅣ아 허믈 말라. ≪朴諺, 下, 1ㅎ≫這的是恠不的人, 이거ᄉᆞᆫ 이 사ᄅᆞᆷ도 허믈 못ᄒᆞ고. 也恠不的虫子, 또 좀도 허믈 못ᄒᆞᆯ 거시니.

허믈ᄒᆞ다 동 허물하다. 탓하다. 책망하다. ⇔괴(怪). ≪朴諺, 中, 48ㅎ≫不用心收拾時怪你, 용심ᄒᆞ여 슈습디 아니ᄒᆞ면 너를 허믈ᄒᆞ리라. ≪朴諺, 中, 49ㅎ≫你敢怪我的摸(模)樣, 네 날을 허믈ᄒᆞᆯ 듯ᄒᆞᆫ 양이로다.

허비ᄒᆞ다 동 허비하다. ⇔비(費). ≪朴諺, 上, 48ㅎ≫納房錢空費了, 房錢 드리ᄂᆞᆫ 거슬 속졀업시 허비ᄒᆞ놋다.

허수아(許瘦兒) 명 사람 이름. ≪朴諺, 中, 52ㅎ≫小名喚許瘦兒, 小名을 許瘦児ㅣ라 ᄒᆞ리.

허적(虛的) 형 헛되다. 쓸데없다. 공허하다. ≪集覽, 字解, 單字解, 3ㅎ≫的. 指物之辭. 你的 네 것, 好的 됴ᄒᆞᆫ 것. 又語助. 坐的 안짜, 通作地. 又明也, 實也, 端也. 吏語, 的確·的當·虛的·的委的

허튼 관 긁어모은. ≪朴諺, 中, 20ㅈ≫把摟草二錢半一束(束)家, 허튼 딥흔(흘)다가 돈 둘 반에 ᄒᆞᆫ 뭇식 ᄒᆞ여.

허튼딥ㅎ 명 (손이나 도구를 사용하여 자기 앞으로) 긁어모은 짚. ⇔누초(摟草). ≪朴諺, 中, 20ㅈ≫把摟草二錢半一束(束)家, 허튼 딥흔(흘)다가 돈 둘 반에 ᄒᆞᆫ 뭇식 ᄒᆞ여.

허한(虗汗) 명 허한(虛汗). '虗'는 '虛'와 같다. ≪朴諺, 中, 15ㅈ≫小人虗汗只是流水一般, 小人이 虗汗이 그저 流水와 ᄒᆞᆫ가지오.

허한(虗汗) 명 몸이 허약하여 나는 땀. ≪朴諺, 中, 15ㅈ≫小人虗汗只是流水一般, 小人이 虗汗이 그저 流水와 ᄒᆞᆫ가지오.

허ᄒᆞ다 동 허(許)하다. 허락하다. ⇔준(準). ≪朴諺, 下, 60ㅈ≫太祖不准的其間, 太祖ㅣ 허티 아닐 ᄉᆞ이예.

헌납(献納) 동 헌납(獻納). '献'는 '獻'의 속자. ≪朴諺, 下, 29ㅈ≫元寶(集覽, 朴集, 下, 5ㅎ: 元寶. 南村輟耕錄云, 至元十二年, 元兵平宋, 回至楊(揚)州, 丞相伯顔號令搜撿(檢)將士行李, 所得撒花銀子, 銷鑄作錠, 每五十兩爲一錠, 歸朝獻〈献〉納.) 我有半錠了, 元寶ㅣ 내게 반 뎡이 이시니.

헌납(獻納) 동 돈이나 물건을 바치다. ≪朴諺, 下, 29ㅈ≫元寶(集覽, 朴集, 下, 5ㅎ: 元寶. 南村輟耕錄云, 至元十三年, 元兵平

宋, 回至楊(揚)州, 丞相伯顔號令搜撿(檢)將士行李, 所得撒花銀子, 銷鑄作錠, 每五十兩爲一錠, 歸朝獻〈献〉納.)我有半錠了, 元寶ㅣ 내게 반 뎡이 이시니.

헌안왕(憲安王) 명 신라(新羅)의 제47대 왕(?~861). 이름은 의정(誼靖)·우정(祐靖). 균정(均貞)의 아들. 즉위 초에 제방을 쌓아 농사를 장려하였다. 병이 들자 사위인 응렴(膺廉: 景文王)에게 선위(禪位)하고 죽었다. 재위 5년(857~861). ≪朴諺, 下, 59ㅈ≫上泰封王弓裔(集覽, 朴集, 下, 12ㅎ: 弓裔. 新羅憲安王之庶子, 以五月五日生, 屋上有素光屬天如虹.)手下, 泰封王弓裔 手下에 올라.

헐(歇) 동 쉬다. ⇔쉬다. ≪朴諺, 上, 47ㅎ≫却出客位裏歇一會兒, 쏘 客位에 나가 흔 디위 쉬고. ≪朴諺, 上, 62ㅎ≫坐的歇一會兒, 안자 흔 디위 쉬고.

헐거피 명 깍지. 각지(角指). ⇔제기(濟機). ≪朴諺, 上, 49ㅈ≫饋你濟機(集覽, 朴集, 上, 13ㅈ: 濟機. 音義云, ·쌀로 밍·ᄀ·론〈밍근〉 헐거피 ·ᄀ·튼 것. 今按, 漢人或牛角或鹿角爲之, 形如環, 着於拇指, 亦所以鉤〈所以鉤〉弦開弓.), 너를 각지를 주마.

헐식(歇息) 동 쉬다. ⇔쉬다. ≪朴諺, 中, 43ㅎ≫不得撚指歇息, 손똡 다드믈 쉬기도 엇디 못ᄒ고.

헐우다 동 헐게 하다. ⇔파(破). ≪朴諺, 下, 7ㅎ≫撓破了疥瘡搽那藥, 疥瘡을 글거 헐우고 뎌 약을 불라.

험(驗) 동 ❶견주다. ⇔견조다. ≪朴諺, 下, 5ㅎ≫在墻上驗的正着, 담 우희 견조기를 바로 ᄒ라. ❷조사하다. 검사하다. ⇔험ᄒ다(驗-). ≪朴諺, 下, 55ㅈ≫捉賊見贓, 도적 잡기는 장믈을 보고. 厮打驗傷, 서르 싸혼 ᄃ는 傷處를 驗흔다 ᄒᄂ니라.

험도(險途) 명 험한 길. 위험한 길. ≪朴諺, 中, 22ㅎ≫傾甘露於瓶中濟險途於飢渴(集覽, 朴集, 中, 5ㅎ: 傾甘露於瓶中濟險途於飢渴. 飜〈翻〉譯名義云, 梵言軍持, 此云瓶. 軍持有二, 若甆瓦者是淨用, 若銅鐵者是觸用.), 甘露를 瓶中에 기우려 險途를 飢渴에 구졔ᄒᄂ다.

험방(驗放) 동 검사를 다 마친 뒤 통과시키다. ≪朴諺, 上, 13ㅈ≫將碎貼兒(集覽, 朴集, 上, 6ㅈ: 碎貼兒. 音義云, 出門驗放之貼.)來過籌, 죤톄즈 가져와 사슬 디내라.

험수(險水) 명 험난한 물길. ≪朴諺, 下, 4ㅈ≫過多少惡山·險水·難路, 언머 惡山·險水·難路를 디내며. ≪朴諺, 下, 4ㅈ≫逢多少惡物刁蹶(集覽, 朴集, 下, 1ㅎ: 刁蹶. 又過棘〈鈞洞·火炎山·薄屎洞·女人國及諸惡山險水, 怪〈怪〉害患苦, 不知其幾, 此所謂刁蹶也.), 언머 惡物의 놀쁨을 만나시리오.

험험(險險) 형 매우 험(險)하다. ⇔험험ᄒ다(險險-). ≪朴諺, 中, 32ㅈ≫尖尖險險的山, 尖尖 險險흔 山과.

험험ᄒ다(險險-) 형 매우 험(險)하다. ⇔험험(險險). ≪朴諺, 中, 32ㅈ≫尖尖險險的山, 尖尖 險險흔 山과.

험ᄒ다(驗-) 동 조사하다. 검사하다. ⇔험(驗). ≪朴諺, 下, 55ㅈ≫捉賊見贓, 도적 잡기는 장믈을 보고. 厮打驗傷, 서르 싸혼 ᄃ는 傷處를 驗흔다 ᄒᄂ니라.

헐다 동 (손이나 도구를 사용하여 물건을 자기 앞으로) 긁어모으다. ⇔누(摟). ≪朴諺, 中, 20ㅈ≫把摟草二錢半一束(束)家, 허튼 딥흔(흘)다가 돈 둘 반에 흔 뭇식 ᄒ여.

-헤 조 -에. ('ㅎ' 첨용(添用) 조사) ≪朴諺, 中, 19ㅎ≫放稈草五錢一束(束)家放, 조딥헤 노호되 다숫 낫 돈에 흔 뭇식 ᄒ여 노코. ≪朴諺, 中, 20ㅈ≫五百來束(束)稻草裏放, 五百 뭇 볏딥헤 노흐라. ≪朴諺, 中, 27ㅈ≫正房背後掘開一箇老大深淺地坑, 正房 뒤헤 흔 크고 기픈 디함을 픠고. ≪朴諺, 中, 56ㅈ≫背後河裡洗澡去, 뒷내헤 목욕ᄒ라 가라. ≪朴諺, 中, 58ㅈ≫這的便是仰面唾天, 이거시 곳 잣바 하늘헤 춤 바틈이로다.

헤왇다 동 (풀어) 헤치다. ⇔백획(剖劃). ≪朴

ㅎ

諺, 中, 17ㅎ≫怎刮劃(集覽, 朴集, 中, 3ㅈ: 刮劃. 排擠開割之意. 刮, 韻書不收, 免疑韻略音〈免疑韻略音作〉百. 凡陌韻陌字類諸字, 皆呼如泰韻之音, 故百字呼如擺字, 而鄕習傳呼刮字音배, 亦從上聲讀, 則字作擺亦通.)我這一場愁, 엇디 내 이 一場 愁를 헤와드료.

헤켜다 동 헤치다. ⇔살개(撒開). ≪朴諺, 上, 40ㅈ≫撒開頭髮梳, 머리터럭을 헤켜고 빗기되.

헤티다 동 헤치다. ❶⇔살료(撒了). ≪集覽, 字解, 單字解, 1ㅎ≫撒. 散之也. 撒了 헤티다. 又覺也. 覺撒了 아다. 又放也. 撒放罪人 죄신을 앗아라 노타. ❷⇔파(破). ≪朴諺, 下, 51ㅈ≫銀絲鈎破波紋, 銀絲 낙시 波紋을 헤티고.

혀 명 ❶혀. ⇔설(舌). ≪朴諺, 中, 35ㅈ≫舌尖兒潤開了窓孔, 혓긋흐로 불워 창 굼글 뿔고. ❷⇔설두(舌頭). ≪集覽, 字解, 單字解, 3ㅈ≫箇. 一枚也. 俗呼一枚爲一箇, 亦曰箇把. 又箇箇 난나치. 單言箇字, 亦爲一枚之意. 有箇人 흔 사르미. 又語助. 這箇·些箇. 又音이. 舌頭兩箇 혓 그토로, 今不用.

혀 명 서까래. ⇔연(椽). ≪朴諺, 下, 12ㅎ≫檁, 납. 樑, 므르. 椽, 혀. 柱, 기동. 短柱, 短柱. 又竪, 작슈. 門框, 門얼굴. 門扇, 門짝. 吊窓, 들창. 天窓, 울어리창. 雙扇, 상다디. 單扇, 외다디. 窓櫺, 창살로.

혀다 동 (불) 켜다. ⇔점(點). ≪朴諺, 中, 8ㅎ≫當直的點將燈來, 當直흐는 이아 등잔블 혀 오라. ≪朴諺, 下, 42ㅈ≫明點燈燭, 燈燭을 붉게 혀고. ≪朴諺, 下, 45ㅈ≫點將燈來喫飯, 등잔블 혀 가져오라 밥 먹쟈.

혀ᄎ다 동 혀 차다. ❶⇔갈(喝). ≪朴諺, 下, 10ㅈ≫便喝跳起來道, 곳 혀ᄎ고 뛰여 니러 닐오듸. ❷⇔갈채(喝保). ≪朴諺, 下, 22ㅈ≫王喝保的其間, 王이 혀촐 ᄉ이예. ≪朴諺, 下, 23ㅎ≫衆人喝保佛家贏了也, 모든 사름이 혀ᄎ고 佛家ㅣ 이긔어다 흐더라. ≪朴諺, 下, 27ㅈ≫你看那厮唧唧的喝保, 네 보라 뎌 놈이 唧唧히 혀ᄎᄂᆞᆫ 고나. ≪朴諺, 下, 36ㅈ≫衆人喝保道, 모든 사름이 혀ᄎ고 닐오듸.

현 관 몇. ⇔기(幾). ≪集覽, 字解, 單字解, 5ㅎ≫家. 止指一數之稱. 一箇家 흔 낫식, 幾箇家 몃 낫식, 又현 낫식, 幾年家 현 히식. 又槩也. 大家 대개. 又擧姓呼人之稱. 李家·張家. 又呼皇帝曰官家. 又語助. 沒有家 업다. ≪朴諺, 上, 54ㅈ≫每兩月利幾分, 每 兩에 月利 현 푼식 흐야. ≪朴諺, 中, 39ㅈ≫正房幾間, 正房이 현 간. 西房幾間, 西房이 현 간. 東房幾間, 東房이 현 간. 暖閣幾間, 暖閣이 현 간. 花房幾間, 花房이 현 간. 捲蓬(篷)幾間, 무량각이 현 간. ≪朴諺, 中, 39ㅈ≫庫房幾間, 庫房이 현 간. 馬房幾間, 馬房이 현 간. 廚房幾間, 廚房이 현 간. ≪朴諺, 中, 39ㅈ≫客位幾間, 客位ㅣ 현 간이오. ≪朴諺, 下, 48ㅈ≫甚時幾刻立春, 아ᄆ 빼 현 刻에 立春 흔다 흐면. ≪朴諺, 下, 52ㅎ≫約賊幾人, 거의 도적 현 사름이. ≪朴諺, 下, 52ㅈ≫年幾無病, 나히 현이오 병 업슨 이라. ≪朴諺, 下, 52ㅎ≫約賊幾人, 거의 도적 현 사름이. ≪朴諺, 下, 54ㅈ≫年幾歲無病, 나히 현이오 病 업슨이. ≪朴諺, 下, 55ㅎ≫牙幾歲, 나히 현이오.

현(現) 동 뵈다. 보이다. ⇔뵈다. ≪朴諺, 中, 22ㅈ≫隨相現相救苦惱於三塗, 샹을 조차 샹을 뵈야 苦惱를 三塗에 救흐ᄂᆞᆫ또다.

현(賢) 형 어질다. ⇔어딜다. ≪朴諺, 中, 29ㅈ≫妻賢夫省事官清民自安, 妻ㅣ 어딜면 지아븨 일이 덜리이고 官이 믈그면 빅셩이 스스로 편안흐ᄂ니라.

현(顯) 동 명성(名聲)을 드러내다. ⇔현흐다(顯-). ≪朴諺, 上, 45ㅎ≫以顯父母, 뻐 父母를 顯홈이.

현(縣) 명 고을. ⇔고을. ≪朴諺, 下, 54ㅎ≫當有某縣某村住人王大戶爲證, 곳 아모 고을 아모 촌에 사ᄂᆞᆫ 사름 王大戶ㅣ 이셔 證흐엿ᄂ니이다.

현능(賢能) 형 어질고 유능하다. 또는 그

ㅎ

런 사람. ≪朴諺, 中, 9ㅈ≫你與我甘結(集覽, 朴集, 中, 2ㅈ: 甘結. 今按, 如保擧人材者, 必寫稱所擧之人, 並無喪過及干娼優子嗣, 委的賢能, 如虛甘伏重罪云云.)·應付, 네 날을 甘結과 應付를 주고려.

현대(懸帶) 동 휴대하다. ≪朴諺, 中, 7ㅎ≫你不見這金字圓牌(集覽, 朴集, 中, 1ㅎ: 金字圓牌. 至正條格云, 元時, 中書省奏, 諸王·駙馬各投下有軍情緊急重事, 許令懸帶原降銀字圓牌應付鋪馬騎坐, 其餘差使人員有緊急軍情重事, 許令懸帶金字圓牌, 方付鋪馬.), 네 이 金字圓牌를 보디 몯ᄒᆞᄂᆞ다.

현도군(玄菟郡) 명 기원전 108년에 전한(前漢)의 무제(武帝)가 세운 한사군(漢四郡) 가운데 가장 북쪽에 있었다. 광개토대왕(廣開土大王) 14년(404) 이전에 요동군(遼東郡)과 함께 고구려(高句麗)에 병합되었다. ≪朴諺, 上, 8ㅎ≫往永平·大寧·遼陽·開元·瀋陽(集覽, 朴集, 上, 4ㅎ: 瀋陽. 今設瀋陽中衛, 地方廣衍, 東逼高麗, 北抵建州, 去衛治東北八十里, 有州曰貴德, 或謂玄菟郡.)等處開去, 永平·大寧·遼陽·開元·瀋陽 等處를 향ᄒᆞ여 開讀ᄒᆞ라 가노라.

현릉(玄陵) 명 고려(高麗) 제31대 공민왕(恭愍王)의 능(陵). 경기도(京畿道) 개풍군(開豐郡) 중서면(中西面) 여릉리(麗陵里)에 있다. ≪朴諺, 上, 65ㅈ≫法名喚步虛(集覽, 朴集, 上, 15ㅎ: 步虛. 戊午冬, 示寂放舍利玄陵, 賜謚圓證國師, 樹塔于重興寺之東, 以藏舍利.), 法名을 步虛ㅣ라 브ᄅᆞᄂᆞᆫ 이.

현리(玄理) 명 매우 오묘하고 깊은 이치. ≪朴諺, 下, 9ㅎ≫入寺敬三寶(集覽, 朴集, 下, 3ㅈ: 三寶. 佛·法·僧也. 功成妙智, 道登圓覺, 佛也, 玄理幽微, 正教精誠, 法也, 禁戒守眞, 威儀出俗, 僧也.), 뎔에 드러ᄂᆞᆫ 三寶를 敬ᄒᆞ고.

현상(現相) 명 〈불〉 생멸(生滅)·증감(增減)·시종(始終)이 존재하는 우주의 겉모습. ≪朴諺, 中, 49ㅈ≫做些好因緣(集覽, 朴集, 中, 8ㅎ: 因緣. 反(飜)譯名義云, 因, 謂先無其事而從彼生也, 緣, 謂素有其分而從彼起也. 又云, 前緣相生, 因也, 現相助成, 緣也.)時不好, 져기 됴흔 인연을 지으면 됴티 아니ᄒᆞ랴.

현상(現像) 동 〈불〉 부처나 보살 등이 인간 세상에 모습을 드러내다. ≪朴諺, 中, 20ㅎ≫南海普陀落伽山(集覽, 朴集, 中, 3ㅎ: 南海普陁落伽山. 佛書所謂海岸高絶處, 普陀洛伽山, 世傳觀音現像于此, 上有普陀寺.)裏, 南海 普陀 落伽山에.

현세(見世) 명 〈불〉 삼세(三世)의 하나. 지금 살아 있는 이 세상을 이른다. ≪朴諺, 下, 9ㅎ≫因此上見世報, 이런 젼ᄎᆞ로 見世에 報ᄒᆞᄂᆞ니라.

현실(玄室) 명 어두운 방. ≪朴諺, 上, 62ㅎ≫休誇天上瑤池(集覽, 朴集, 上, 15ㅈ: 瑤池. 列仙傳, 崐崘〈崑崙〉閬苑, 有〈白〉玉樓十二, 玄室九層, 左瑤池, 右翠水, 環以弱水九重, 非飆(飈)車羽輪, 不可到也.), 天上 瑤池를 쟈랑티 말라.

현장(玄奘) 명 당대(唐代)의 고승(602~664). 속성(俗姓)은 진씨(陳氏). 이름은 위(偉). 낙주(洛州) 구씨(緱氏) 사람. 일명 삼장법사(三藏法師). 중국 법상종(法相宗) 및 구사종(俱舍宗)의 시조. 태종(太宗)의 명에 따라 대반야경(大般若經) 등 많은 불경을 번역하였다. 저서에 대당서역기(大唐西域記) 12권이 전한다. ≪朴諺, 下, 3ㅈ≫往常唐三藏(集覽, 朴集, 下, 1ㅈ: 唐三藏法師〈三藏〉. 俗姓陳, 名偉, 洛州緱氏縣人也, 號玄奘法師.)師傅, 뎌적의 唐ㅅ 三藏 師傅ㅣ. ≪朴諺, 下, 17ㅈ≫唐三藏引孫行者(集覽, 朴集, 下, 4ㅈ: 孫行者. 其後唐太宗勅玄奘法師, 往西天取經, 路經此山, 見此猴精壓在石縫, 去其佛押出之, 以爲徒弟, 賜法名吾空, 改号〈號〉爲孫行者, 與沙和尙及黑猪精·朱八戒偕往, 在路降妖去恠, 救師脫難, 皆是孫行者神通之力也.), 唐三藏이 孫行者를 ᄃᆞ리고.

현장법사(玄奘法師) 명 당(唐)나라 현장(玄奘)의 법호(法號). ≪朴諺, 下, 3ㅈ≫往常唐三藏(集覽, 朴集, 下, 1ㅈ: 唐三藏法師〈三藏〉. 俗姓陳, 名偉, 洛州緱氏縣人也, 號玄奘法師.)師傅, 뎌적의 唐ㅅ 三藏 師傅ㅣ. ≪朴諺, 下, 17ㅈ≫唐三藏引孫行者(集覽, 朴集, 下, 4ㅈ: 孫行者. 其後唐太宗勅玄奘法師, 往西天取經, 路經此山, 見此猴精壓在石縫, 去其佛押出之, 以爲徒弟, 賜法名吾空, 改号〈號〉爲孫行者, 與沙和尙及黑猪精·朱八戒偕往, 在路降妖去恠, 救師脫難, 皆是孫行者神通之力也.), 唐三藏이 孫行者를 ᄃᆞ리고.

현재불(現在佛) 명 〈불〉 현재에 나타나 있는 부처. ≪朴諺, 下, 2ㅎ≫鑄了三尊佛(集覽, 朴集, 下, 1ㅈ: 三尊佛. 過去佛·現在佛·未來佛爲三尊佛也, 亦曰三世如來.), 三尊佛을 디워.

현존(賢尊) 명 남의 아버지를 높여 이르는 말. ≪朴諺, 下, 58ㅎ≫賢尊令堂有麽, 賢尊 令堂이 잇ᄂᆞ냐.

현종(玄宗) 명 당(唐)나라 제6대 황제(皇帝: 李隆基)의 묘호(廟號). ≪朴諺, 下, 51ㅎ≫也不想李白摸月(集覽, 朴集, 下, 11ㅎ: 李白摸月. 李白, 唐玄宗朝詩人也. 泛采石江, 見月影滿水, 以手弄月, 身飜〈翻〉而死.), 또 李白의 摸月을 ᄉᆡᇰ각디 아니ᄒᆞ고.

현질(現質) 동 〈불〉 부처나 보살 또는 신선이 갖가지 모습으로 세상에 나타나다. ⇔현질ᄒᆞ다(現質-). ≪朴諺, 中, 21ㅎ≫或現質梵王帝釋, 或 梵王帝釋에 現質ᄒᆞ며.

현질ᄒᆞ다(現質-) 동 〈불〉 부처나 보살 또는 신선이 갖가지 모습으로 세상에 나타나다. ⇔현질(現質). ≪朴諺, 中, 21ㅎ≫或現質梵王帝釋, 或 梵王帝釋에 現質ᄒᆞ며.

현학(玄鶴) 명 검은 빛깔의 학. ≪朴諺, 下, 13ㅈ≫上面畫六鶴舞琴(集覽, 朴集, 下, 3ㅈ: 六鶴舞琴. 史記, 師曠援琴而鼓, 一奏之, 有玄鶴二八集于廊門, 再奏之, 延頸而鳴, 舒翼而舞.), 上面에 六鶴舞琴을 그리고.

현현(晛晛) 명 눈을 조금 뜨고 힐끗 보는 모양. 또는 겁을 먹고 똑바로 보지 못하는 모양. ≪朴諺, 中, 32ㅎ≫有晛晛睆睆(睆睆)的山禽聲, 晛晛睆睆(睆睆)ᄒᆞᆫ 山禽聲이 이시며.

현ᄒᆞ다(顯-) 동 명성(名聲)을 드러내다. ⇔현(顯). ≪朴諺, 上, 45ㅎ≫以顯父母, ᄡᅧ 父母를 顯홈이.

혈(血) 명 피. ⇔피. ≪朴諺, 上, 38ㅎ≫就蹄子放血, 임의셔 굽에 피 ᄣᅡ히리라. ≪朴諺, 上, 39ㅈ≫一發就蹄子放血着, ᄒᆞᆫ 번에 임의셔 굽에도 피 ᄣᅡ히라. ≪朴諺, 中, 28ㅎ≫都搜出三四十箇血瀝瀝的尸首和那珠子·布絹, 셜마은 피 ᄠᅳ든ᄂᆞᆫ 尸首와 그 진쥬·布絹을 다 뒤여 내고. ≪朴諺, 下, 24ㅈ≫血瀝瀝的腔子立地, 피 ᄠᅳ든ᄂᆞᆫ 몸ᄯᅩᆼ만 ᄡᅡ히 셔고.

혈갈 명 채칼. 채도(菜刀). ⇔찰상(擦床). ≪朴諺, 中, 11ㅎ≫檫床兒(集覽, 朴集, 中, 2ㅈ: 擦床. 音義云, 用木小板長尺餘, 橫穿爲空二三十穴, 各用薄鉄〈鐵〉爲刃廂其中, 以蘿蔔等物按磨於鐵〈鉄〉刃之上, 其絲從穴下墜〈隊〉, 勝於刀切. 今按, 卽本國혈·갈.), 숙치칼.

혈거피 명 깍지. 각지(角指). ❶⇔제기(濟機). ≪朴諺, 上, 49ㅈ≫饋你濟機(集覽, 朴集, 上, 13ㅈ: 濟機. 音義云, ·ᄡᆞᆯ로 밍·ᄀᆞ·론〈밍근〉 혈거피 ·ᄀᆞ·튼 것. 今按, 漢人或牛角或鹿角爲之, 形如環, 着於拇指, 亦所以鉤〈所以鉤〉弦開弓.), 너를 각지를 주마. ❷⇔포지(包指). ≪朴諺, 上, 49ㅈ≫你借饋我包指(集覽, 朴集, 上, 13ㅈ: 包指. 音義云, 혈거피.)麽, 네 나를 혈거피를 빌려 주고려.

혈점(血點) 명 살갗에 피가 맺혀 생긴 점. ≪朴諺, 下, 26ㅎ≫血點也似, 血點 ᄀᆞᆺ고.

혐(嫌) 동 나무라다. 비난하다. ⇔나므라다. ≪朴諺, 中, 38ㅎ≫嫌窄裏, 좁으믈 나므라.

혐(嫌) 형 혐의(嫌疑)롭다. ⇔혐의롭다. ≪朴諺, 中, 34ㅎ≫休嫌生受, 슈고홈을 혐의로이 너기디 말라.

ㅎ

혐의롭다 [형] 혐의(嫌疑)롭다. ⇔혐(嫌). ≪朴諺, 中, 34ㅎ≫休嫌生受, 슈고홈을 혐의로이 너기디 말라.

협(夾) [동] 끼다. ⇔씨다. ≪朴諺, 中, 43ㅎ≫夾着那屁眼, 뎌 밋굼글 씨고. ≪朴諺, 中, 57ㅎ≫夾着屁眼家裡坐的去, 밋흘 씨고 집의 안자시라 가라.

협봉(夾縫) [동] 갸품을 끼워 넣다. ⇔갸품ᄒᆞ다. ≪朴諺, 上, 26ㅎ≫藍斜皮細邉兒金絲夾縫的鞍座兒, 藍斜皮 細邉児에 金絲로 갸품ᄒᆞᆫ 鞍座児에.

협서(陜西) [명] 섬서(陜西). '陜'은 '陝'의 잘못. ≪朴諺, 上, 64ㅈ≫這的是眞陜(陝)西(集覽, 朴集, 上, 15ㅎ: 陜(陝)西. 古雍州地, 漢所都長安之地. 唐置京圻〈畿〉道, 宋置陜(陝)西路, 元置陜(陝)西行中書省, 今置陜(陝)西布政使司〈司使〉.)地面裏來的, 이거시 이 진짓 陜(陝)西 싸흐로셔 온 거시로다.

협수(挾讐) [동] 원한을 품다. ⇔협수ᄒᆞ다(挾讐-). ≪朴諺, 下, 37ㅎ≫一箇挾讎的人, ᄒᆞᆫ 挾讐ᄒᆞᆫ 사ᄅᆞᆷ이.

협수(挾讎) [동] 협수(挾讐). '讎'는 '讐'와 같다. ≪朴諺, 下, 37ㅎ≫一箇挾讎的人, ᄒᆞᆫ 挾讐ᄒᆞᆫ 사ᄅᆞᆷ이.

협수ᄒᆞ다(挾讐-) [동] 원한을 품다. ⇔협수(挾讐). ≪朴諺, 下, 37ㅎ≫一箇挾讎的人, ᄒᆞᆫ 挾讐ᄒᆞᆫ 사ᄅᆞᆷ이.

협판 [명] 협판(夾板). 책이나 물건을 끼워 두는 판자. ⇔협판(夾板). ≪朴諺, 中, 37ㅈ≫小厮將那厨裏夾板來, 아히아 뎌 듀방에 협판을 가져다가.

협판(夾板) [명] 책이나 물건을 끼워 두는 판자. ⇔협판. ≪朴諺, 中, 37ㅈ≫小厮將那厨裏夾板來, 아히아 뎌 듀방에 협판을 가져다가.

혓가래 [명] 서까래. ⇔연자(椽子). ≪朴諺, 下, 46ㅈ≫椽子麁的四條繩, 혓가래 굴긔예 네 오리 노흐로.

혓글 [명] 혀끝. 혀의 끝. ⇔설두양개(舌頭兩箇). ≪集覽, 字解, 單字解, 3ㅈ≫箇. 一枚也. 俗呼一枚爲一箇, 亦曰箇把. 又箇箇난나치. 單言箇字, 亦爲一枚之意. 有箇人ᄒᆞᆫ 사ᄅᆞ미. 又語助. 這箇·些箇. 又音이. 舌頭兩箇 혓 그토로, 今不用.

혓쇠 [명] 날름쇠. ⇔작설아(雀舌兒). ≪朴諺, 上, 19ㅈ≫那雀舌兒牢壯便好, 뎌 혓쇠는 牢壯ᄒᆞ니 곳 됴타.

형 [명] ❶형. ⇔가(哥). ≪朴諺, 上, 36ㅈ≫大哥山上擂皷, 큰형은 山에셔 붑 티고. ≪朴諺, 上, 36ㅈ≫二哥來來去去, 둘재 형은 오락가락ᄒᆞ고. ≪朴諺, 上, 36ㅈ≫三哥待要分開, 셋재 형은 ᄂᆞᆫ호고져 ᄒᆞ고. ≪朴諺, 上, 36ㅈ≫四哥是針線, 넷재 형은 이 바ᄂᆞ실이로다. ≪朴諺, 上, 36ㅈ≫大哥是棒鎚, 큰형은 이 방취오. ≪朴諺, 上, 36ㅈ≫二哥是運斗, 둘재 형은 이 다리우리오. ≪朴諺, 上, 36ㅈ≫三哥是剪子, 셋재 형은 이 ᄀᆞ애오. ≪朴諺, 上, 36ㅈ≫四哥是針線, 넷재 형은 이 바ᄂᆞ실이로다. ❷형. (나이가 같은 또래의 친분이 있는 남자에 대한 존칭) ⇔가(哥). ≪朴諺, 上, 8ㅈ≫好院判哥, ᄆᆞ음 됴흔 院判 형아. ≪朴諺, 上, 13ㅎ≫太醫哥, 太醫 형아. ≪朴諺, 上, 14ㅈ≫太醫哥不說時, 太醫 형이 니ᄅᆞ디 아니면. ≪朴諺, 上, 48ㅈ≫哥你聽的麽, 형아 네 드런ᄂᆞ다. ≪朴諺, 上, 49ㅈ≫哥你放心, 형아 네 放心ᄒᆞ라. ≪朴諺, 上, 52ㅈ≫不敢哥, 不敢ᄒᆞ여라 형아. ≪朴諺, 上, 53ㅎ≫秀才哥, 秀才 형아. ≪朴諺, 中, 31ㅈ≫哥你說甚麽話, 형아 네 므슴 말을 니ᄅᆞᄂᆞ다. ≪朴諺, 中, 38ㅎ≫哥你寫與我房契, 형아 네 날을 집 글월 써 주고려. ≪朴諺, 中, 45ㅎ≫同知哥, 同知 형아. ≪朴諺, 下, 27ㅎ≫坐的哥, 안ᄌᆞ라 형아. ≪朴諺, 下, 28ㅎ≫哥我與你這一箇刷牙一箇掠頭, 형아 내 너를 이 ᄒᆞᆫ 刷牙와 ᄒᆞᆫ 귀밋빗기를 줄 써시니. ≪朴諺, 下, 36ㅎ≫哥你們, 형아 너희들이. ≪朴諺, 下, 38ㅈ≫你哥, 네 형이. ≪朴諺, 下, 50ㅈ≫秀才哥, 秀才 형아. ≪朴諺, 下, 56ㅈ≫請的哥來把一盞, 형을 請ᄒᆞ여 와 ᄒᆞᆫ 盞을 자브마.

❸형. (자신보다 나이가 많고 친분이 있는 남자에 대한 존칭) ⇔가가(哥哥). ≪朴諺, 上, 9ㅈ≫哥哥你幾時起身, 형아 네 언제 起身홀다. ≪朴諺, 上, 14ㅈ≫拜揖哥哥那裏去來, 拜揖ᄒᆞ노니 형아 어ᄃᆡ 갓ᄃᆞᆫ다. ≪朴諺, 上, 63ㅈ≫好哥哥弟兄們裏頭, ᄆᆞᄋᆞᆷ 됴ᄒᆞᆫ 형 아ᄋᆞ들 듕에. ≪朴諺, 中, 15ㅎ≫好哥哥弟兄們央及我, ᄆᆞᄋᆞᆷ 됴ᄒᆞᆫ 형 아ᄋᆞ들히 내게 빌거늘.

형(刑) 명 형벌(刑罰). ⇔형벌. ≪朴諺, 下, 53ㅎ≫不合加刑, 형벌을 더으미 맛당티 아니타 ᄒᆞ엿ᄂᆞ니.

형(衡) 명 북두칠성의 다섯째 별 이름. ≪朴諺, 上, 18ㅎ≫後面北斗(集覽, 朴集, 上, 7ㅈ: 北斗左輔右弼. 凡九星, 曰樞宮貪狼, 曰璇宮巨門, 曰璣〈幾〉宮祿存, 曰權宮文曲, 曰衡宮廉貞, 曰闓(開)陽宮武曲, 曰瑤光宮破軍, 曰洞明宮左輔, 曰隱元宮右弼.) 七星板兒做的好, 後面 北斗七星 돈은 ᄆᆡᆫ돌기ᄅᆞᆯ 잘ᄒᆞ엿고.

형개 명 형개(荊芥). 정가. 명아줏과의 한해살이풀. (잎과 줄기는 감기나 두통을 다스리고 피를 깨끗이 하므로 산후(産後)에 흔히 쓰인다) ⇔형개(荊芥). ≪朴諺, 中, 33ㅎ≫蘿蔔, 댓무우. 蔓菁, 쉿무우. 萵苣, 부로. 葵菜, 아혹. 白菜, 비ᄎᆡ. 赤根菜, 시근ᄎᆡ. 園荽, 고ᄉᆡ. 蓼子, 역괴. 葱, 파. 蒜, 마ᄂᆞᆯ. 薤, 부ᄎᆡ. 荊芥, 형개. 薄荷, 박하. 茼蒿, 믈ᄡᅮㄱ. 水蘿蔔, 믈한댓무우. 胡蘿蔔, 노론댓무우. 芋頭, 토란. 紫蘇都種來, 紫蘇ᄅᆞᆯ 다 시므라.

형개(荊芥) 명 정가. 명아줏과의 한해살이풀. (잎과 줄기는 감기나 두통을 다스리고 피를 깨끗이 하므로 산후(産後)에 흔히 쓰인다) ⇔형개. ≪朴諺, 中, 33ㅎ≫蘿蔔, 댓무우. 蔓菁, 쉿무우. 萵苣, 부로. 葵菜, 아혹. 白菜, 비ᄎᆡ. 赤根菜, 시근ᄎᆡ. 園荽, 고ᄉᆡ. 蓼子, 역괴. 葱, 파. 蒜, 마ᄂᆞᆯ. 薤, 부ᄎᆡ. 荊芥, 형개. 薄荷, 박하. 茼蒿, 믈ᄡᅮㄱ. 水蘿蔔, 믈한댓무우. 胡蘿蔔, 노론댓무우. 芋頭, 토란. 紫蘇都種來, 紫蘇ᄅᆞᆯ 다 시므라.

형벌 명 형벌(刑罰). ⇔형(刑). ≪朴諺, 下, 53ㅎ≫不合加刑, 형벌을 더으미 맛당티 아니타 ᄒᆞ엿ᄂᆞ니.

형부(刑部) 명 육부(六部)의 하나. 형법을 관장하고 송사를 담당하였다. ≪朴諺, 中, 29ㅈ≫將老李打了一百七(集覽, 朴集, 中, 7ㅈ: 一百七. 大德中, 刑部尙書王約上言, 國朝用刑寬恕, 笞杖十減其三, 故笞一十減爲七.), 老李ᄅᆞᆯ다가 一百 닐곱을 텨.

형상(形狀) 명 사물의 생긴 모양이나 상태. ≪朴諺, 上, 4ㅈ≫荔子(集覽, 朴集, 上, 2ㅈ: 荔子. 子作支〈支〉. 荔支〈支〉, 生巴峽間, 形狀團如帷盖, 葉如冬青, 花如橘, 春榮. 實如丹夏, 朶如葡萄.), 녀지오. ≪朴諺, 上, 9ㅎ≫水淤過蘆溝橋(集覽, 朴集, 上, 4ㅎ: 蘆溝橋. 其一東南流, 入于蘆溝, 又東入于東安縣界. 去都城三十里, 有石橋跨于河, 廣二百餘步, 其上兩旁皆石欄, 雕刻石獅, 形狀奇巧, 成於金明昌三年.)獅子頭, 믈이 蘆溝橋 獅子ㅅ 머리ᄅᆞᆯ ᄌᆞᆷ가 너머.

형상(形相) 명 사물의 생긴 모양이나 상태. ≪朴諺, 中, 21ㅎ≫或作童女(集覽, 朴集, 中, 4ㅎ: 童男童女. 應作種種身, 或在天上, 在人間, 隨其所樂, 皆令見衆生形相各不同, 行業音聲亦無量.), 혹 童女ㅣ 되며.

형수(兄嫂) 명 형과 형수. ≪朴諺, 上, 42ㅈ≫便着拜門(集覽, 朴集, 上, 12ㅈ: 拜門. 質問云, 女嫁九日, 公婆使兒子·女兒往丈人家, 拜丈人·丈母或兄嫂們, 方言謂之拜門.), 곳 拜門ᄒᆞ고.

형승(形勝) 형 지세나 풍경이 뛰어나다. 또는 그러한 지세나 풍경. ≪朴諺, 下, 61ㅈ≫第二年, 第二年에. 移都松岳郡(集覽, 朴集, 下, 13ㅈ: 都松岳郡〈松岳郡〉. 時新羅監干八元善風水, 到扶蘇郡, 見扶蘇山形勝而童, 告康忠曰, 若移郡山南, 植松使不露巖〈岩〉石, 則統合三韓者出矣.), 松岳郡에 移都ᄒᆞ니.

형용(形容) 동 말이나 글 따위로 사물의

뜻을 나타내다. ≪集覽, 凡例≫凡常用言語之義, 難以文字形容者, 直用諺文說解, 使人易曉庶不失眞.

형장(兄長) 명 맏이. 또는 형님. (동년배 남자 친구에 대한 높임말) ≪朴諺, 上, 24ㅈ≫咱休別了兄長之言, 우리 兄長의 말을 변티 말고.

형제(兄弟) 명 아우. ❶⇔아으. ≪朴諺, 上, 23ㅈ≫來麽兄弟, 오라 아으야. ❷⇔아ᄋᆞ. ≪集覽, 字解, 累字解, 1ㅈ≫大哥. 哥兄也. 人有數兄, 則呼長曰大哥, 次曰二哥, 三曰三哥. 雖非同胞而見儕輩, 可推敬者, 則亦呼爲哥. 或加大字, 或加老字, 推敬之重也. 只呼弟曰兄弟, 竝擧兄及弟曰弟兄. ≪朴諺, 下, 11ㅎ≫與兄弟佛童將去, 아ᄋᆞ 佛童을 주어 가져가니.

형제(形劑) 명 모양과 만드는 방법. ≪朴諺, 下, 33ㅈ≫象眼粸子(集覽, 朴集, 下, 6ㅎ: 象眼餜子. 質問云, 以麥麵作成象眼㨾大餜〈粸〉子, 行路便於食之, 方言謂之象眼餜子. 然餜子形劑未詳.), 象眼 ᄀᆞ튼 粸子와.

형초기(荊楚記) 명 형초세시기(荊楚歲時記)의 준말. ≪朴諺, 上, 59ㅈ≫寒食(集覽, 朴集, 上, 14ㅎ: 寒食. 荊楚記云, 去冬節〈莭〉一百五日, 有疾風甚雨, 謂之寒食, 又謂之百五節〈莭〉.)不遲, 寒食이라도 더듸디 아니타 ᄒᆞᄂᆞ니라.

형초세시기(荊楚歲時記) 명 남조 양(南朝梁) 종늠(宗懍)이 6세기 중기(中期)에 지었다. 1권. 중국 육조(六朝) 시대의 호북(湖北)과 호남(湖南) 지방의 연중행사와 세시 풍속을 기록하였다. ≪朴諺, 下, 7ㅎ≫這七月十五日是諸佛解夏(集覽, 朴集, 下, 2ㅈ: 解夏. 荊楚歲時記云, 天下僧尼, 於四月十五日, 就禪刹掛搭不出門, 謂之結夏, 亦曰結制.)之日, 七月 十五日은 諸佛解夏ᄒᆞᆫ 날이라.

혜(鞋) 명 신. ⇔신. ≪朴諺, 上, 36ㅎ≫一箇長大漢撒大鞋, ᄒᆞᆫ 킈 큰 놈이 큰 신 ᄡᅳ으고. ≪朴諺, 中, 48ㅎ≫我也做饋他一對學行的綉鞋, 나도 ᄒᆞᆫ 빵 거름 ᄇᆡ호ᄂᆞᆫ 슈신을 지어 뎌를 주리라.

혜능(惠能) 명 혜능(慧能). '惠'는 '慧'로도 쓴다. ≪朴諺, 上, 34ㅈ≫往深山裏懺悔(集覽, 朴集, 上, 10ㅎ: 懺悔. 自陳悔也. 六祖惠能大師曰, 懺者, 懺其前愆, 悔者, 悔其後過.)去, 深山을 향ᄒᆞ야 懺悔ᄒᆞ라 가노라.

혜능(慧能) 명 선종(禪宗)의 제6대 조사(祖師). 남종(南宗)의 시조가 되었으며, 오가칠종(五家七宗)으로 퍼지게 하였다. ≪朴諺, 上, 34ㅈ≫往深山裏懺悔(集覽, 朴集, 上, 10ㅎ: 懺悔. 自陳悔也. 六祖惠能大師曰, 懺者, 懺其前愆, 悔者, 悔其後過.)去, 深山을 향ᄒᆞ야 懺悔ᄒᆞ라 가노라.

혜다 동 ❶헤아리다. ⇔논(論). ≪朴諺, 中, 35ㅎ≫不論竿子上的槓子上的物件, 홰옛 거시나 궤옛 物件을 혜디 아니ᄒᆞ고. ❷헤아리다. 계산하다. 셈하다. ⇔산(算). ≪朴諺, 上, 43ㅎ≫不筭功錢時, 功錢을 혜디 아녀도. ≪朴諺, 下, 20ㅎ≫但動的便筭輸, 므릇 動ᄒᆞᄂᆞᆫ 이를 곳 지니로 혜니라. ≪朴諺, 下, 5ㅈ≫沒家事時筭甚麽泥水匠, 연장이 업ᄉᆞ면 므슴 泥匠이라 혜리오. ❸헤아리다. 또는 (잘못을 하나하나) 열거하며 꾸짖다. 일일이 따지며 질책하다. ⇔수락(數落). ≪集覽, 字解, 單字解, 7ㅎ≫落. 落了 디다. 又院落 뜰. 又落下 떠디우다. 又數落了罪過 죄목 혜다. 又吏語, 下落 간 곧, 又發落 공ᄉᆞ 긊내다.

혜리(鞵履) 명 신. ≪朴諺, 上, 5ㅎ≫叫教坊司十數箇樂工和做院本(集覽, 朴集, 上, 2ㅎ: 院本. 或曰, 宋徽宗見爨國人來朝, 衣裝・鞵履・巾裹, 傅粉墨, 擧動如此, 使優人効之以爲戱.)諸般雜技的來, 教坊司의 여라믄 樂工과 院本에 여러 가지 雜技ᄒᆞᄂᆞ니를 블러오라.

혜아리다 동 ❶헤아리다. 의논하다. 상의하다. ⇔상량(商量). ≪朴諺, 中, 27ㅎ≫小媳婦與大妻商(商)量說, 小媤婦ㅣ 大妻ᄃᆞ려 혜아려 닐오ᄃᆡ. ≪朴諺, 中, 31ㅎ≫

ㅎ

一箇日頭咱商(啇)量着, ᄒᆞᄅᆞ 우리 혜아려. ≪朴諺, 中, 59ㅈ≫都商(啇)量了, 다 혜아려. ≪朴諺, 下, 59ㅎ≫到太祖宅裡商(啇)量道, 太祖 宅에 가 혜아려 닐오ᄃᆡ. ❷헤아리다. 예상하다. 짐작하다. ⇔요(料). ≪朴諺, 中, 60ㅎ≫我料你那事色, 내 네 뎌 일을 혜아리니.

혜아리다 동 헤아리다. 계산하다. 셈하다. ❶⇔계교(計較). ≪朴諺, 上, 63ㅎ≫那裏計較, 어ᄃᆡ 혜아리리오. ❷⇔산(算). ≪朴諺, 上, 30ㅈ≫六箇猠皮每一箇三錢家筭時, 여ᄉᆞᆺ 猠皮에 ᄆᆡ ᄒᆞ나희 서 돈식 혜아리면. ≪朴諺, 下, 30ㅈ≫我不筭工錢, 내 공젼을 혜아리디 아니ᄒᆞ고. ❸⇔상량(商量). ≪朴諺, 上, 1ㅎ≫衆弟兄們商(啇)量了, 모든 弟兄들히 혜아리쟈. ≪朴諺, 上, 11ㅎ≫咱們且商(啇)量脚錢着, 우리 아직 삭 갑 혜아리쟈. ≪朴諺, 上, 29ㅎ≫這六箇商(啇)量價錢着, 이 여ᄉᆞᆺ 갑ᄉᆞᆯ 혜아리쟈. ≪朴諺, 中, 4ㅈ≫商(啇)量染錢着, ᄆᆞᆯ 갑ᄉᆞᆯ 혜아리쟈. ≪朴諺, 中, 20ㅈ≫商量着放饋, 혜아려 노하 주고. ≪朴諺, 中, 27ㅎ≫小媳婦與大妻商(啇)量說, 小媳婦ㅣ 大妻ᄃᆞ려 혜아려 닐오ᄃᆡ. ≪朴諺, 中, 31ㅎ≫一箇日頭咱商(啇)量着, ᄒᆞᄅᆞ 우리 혜아려. ≪朴諺, 中, 59ㅈ≫都商(啇)量了, 다 혜아려. ≪朴諺, 下, 12ㅈ≫木匠你來咱商(啇)量, 木匠아 이바 우리 혜아리쟈. ≪朴諺, 下, 28ㅎ≫這的有甚麽商量處, 이아 므슴 혜아릴 곳이 이시리오. ≪朴諺, 下, 40ㅎ≫咱商(啇)量了放下定錢, 우리 혜아려 定錢을 두쟈. ≪朴諺, 下, 59ㅎ≫到太祖宅裡商(啇)量道, 太祖 宅에 가 혜아려 닐오ᄃᆡ. ❹⇔양(量). ≪朴諺, 上, 60ㅈ≫深淺長短不可量, 深淺 長短을 可히 혜아리디 몯ᄒᆞ고. ❺⇔요(料). ≪朴諺, 上, 56ㅎ≫料着你那細詳時, 혜아리건대 네 뎌리 細詳ᄒᆞ면.

혜아리다 동 헤아리다. ⇔측(測). ≪朴諺, 中, 23ㅈ≫由是威神莫測, 일로 말미암아 威神을 혜아리디 몯ᄒᆞ고.

호(戶) 명 문(門). ≪朴諺, 下, 61ㅎ≫君子不出戶而知天下, 君子ᄂᆞᆫ 戶에 나디 아니ᄒᆞ여셔 天下ᄅᆞᆯ 안다 ᄒᆞ니.

호(好) 동 잘하다. ⇔잘ᄒᆞ다. ≪朴諺, 上, 18ㅈ≫那三台板兒做得好, 뎌 三台 돈은 ᄆᆡᆼ돌기를 잘ᄒᆞ엿고. ≪朴諺, 上, 18ㅎ≫後面北斗七星板兒做的好, 後面 北斗七星 돈은 ᄆᆡᆼ돌기를 잘ᄒᆞ엿고. ≪朴諺, 上, 19ㅈ≫若廂的好時, 만일 젼메오기를 잘ᄒᆞ면. ≪朴諺, 上, 39ㅈ≫喂的好着, 먹이기를 잘ᄒᆞ라. ≪朴諺, 上, 41ㅎ≫好剌(刺)綉生活, 슈지치 셩녕을 잘ᄒᆞ고. ≪朴諺, 上, 53ㅎ≫你用心做的好時, 네 用心ᄒᆞ여 ᄆᆡᆼ들기를 잘ᄒᆞ면. ≪朴諺, 中, 3ㅎ≫要染的好着, 믈드리기를 잘ᄒᆞ고져 ᄒᆞ노라. ≪朴諺, 中, 19ㅎ≫把那驢·騾們喂的好着, 뎌 나귀·노새들을 먹이기를 잘ᄒᆞ야. ≪朴諺, 中, 25ㅎ≫那厮十分做的好, 뎌 놈이 ᄀᆞ장 ᄆᆡᆼ돌기를 잘ᄒᆞᄂᆞ니라. ≪朴諺, 中, 34ㅈ≫水芹田也脩理的好着, 미나리밧도 脩理ᄒᆞ기를 잘ᄒᆞ라. ≪朴諺, 中, 34ㅎ≫那厮把菜園脩理的好着, 뎌 놈아 菜園을 다가 脩理ᄒᆞ기를 잘ᄒᆞ고. ≪朴諺, 下, 44ㅈ≫掠餙的好着, 싯닷기를 잘ᄒᆞ라.

호(好) 부 ❶가장. 매우. 자못. ⇔ᄀᆞ장. ≪朴諺, 上, 1ㅎ≫買二十箇好肥羊, 二十 낫 ᄀᆞ장 ᄉᆞᆯ진 羊을 사되. ≪朴諺, 上, 14ㅎ≫咳眞箇好標致, 애 진실로 ᄀᆞ장 영노ᄉᆞᆯ갑다. ≪朴諺, 上, 19ㅎ≫圓眼來大的好明淨, 龍眼만치 크고 ᄀᆞ장 明淨ᄒᆞ니라. ≪朴諺, 上, 22ㅎ≫這一着好利害, 이 ᄒᆞᆫ 손이 ᄀᆞ장 利害ᄒᆞ다. ≪朴諺, 上, 42ㅎ≫這兩口兒夫妻好爽利, 이 두 夫妻ㅣ ᄀᆞ장 영노ᄉᆞᆯ갑더라. ≪朴諺, 上, 51ㅎ≫養孩兒好難, ᄌᆞ식 기ᄅᆞ기 ᄀᆞ장 어렵더라. ≪朴諺, 中, 7ㅈ≫背包馬們都將好壯馬來, 背包馬들을 다 ᄀᆞ장 장ᄒᆞᆫ ᄆᆞᆯ을 가져오라. ≪朴諺, 中, 17ㅎ≫咳這孩兒也好不識, 애 이 아ᄒᆡ 또 ᄀᆞ장 아디 몯ᄒᆞᆫ다. ≪朴諺, 中, 26ㅎ≫那頭盔好瞧到了時, 뎌 ᄃᆡ우를 ᄀᆞ장 ᄢᅥ기를 잇긋 ᄒᆞ고. ≪朴諺, 中, 44ㅈ≫這客位

收拾的好不整齊, 이 客位 收拾기를 ᄀ장 정제히 못ᄒ여시니. ≪朴諺, 中, 48ㅈ≫ 這妳子也好不精細, 이 졋어미 ᄀ장 정셰티 아니ᄒ다. ≪朴諺, 下, 13ㅎ≫除好淸高, 벼슬이 ᄀ장 淸高ᄒ니라. ≪朴諺, 下, 19ㅈ≫這禿厮好沒道理, 이 머리믠놈이 ᄀ장 道理 업다 ᄒ고. ≪朴諺, 下, 26ㅎ≫ 好小看人, ᄀ장 사ᄅᆞᆷ 업슈이너긴다. ≪朴諺, 下, 40ㅈ≫是我好相識, 이 내 ᄀ장 서ᄅ 아ᄂᆞᆫ이라. ≪朴諺, 下, 44ㅈ≫這婆娘好不用意, 이 년이 ᄀ장 用意티 아니ᄒ엿다. ❷좋게. 좋이. ⇔됴히. ≪朴諺, 中, 50ㅎ≫好好的摔, 됴히 됴히 시름ᄒ쟈. 호(好). ≪朴諺, 中, 60ㅈ≫好好的說, 됴히 됴히 닐ᄋ라. ≪朴諺, 下, 3ㅈ≫沿路上用心好去着, 길흘 조차 用心ᄒ여 됴히 가라. ≪朴諺, 下, 18ㅈ≫那國王好善, 뎌 國王이 善을 됴히 너겨. ❸잘. ⇔잘. ≪朴諺, 中, 13ㅈ≫謝天地只願的好收着, 天地ㅅ긔 謝ᄒ노니 그저 원컨대 잘 거도게 ᄒ쇼셔. ≪朴諺, 中, 13ㅎ≫馬們都好將來也麼, ᄆᆞᆯ들흘 다 잘 가져온다. ≪朴諺, 下, 39ㅎ≫好畫匠那裏有, 그림 잘 그리ᄂᆞᆫ 쟝인이 어ᄃᆡ 잇ᄂᆞ뇨.

호(好) 형 좋다. ❶⇔됴타. ≪集覽, 字解, 單字解, 2ㅎ≫也. 在詞之上者, 又也. 也好 ᄯᅩ 됴타, 也是 ᄯᅩ 올타. 在詞之中者, 承上起下之辭. 我也去 나도 가마. 在詞之終者, 語助. ≪集覽, 字解, 單字解, 5ㅎ≫越. 尤甚也. 越好 ᄀ장 됴타, 越細詳 더옥 ᄎᆞᆫᄎᆞᆫᄒ다. ≪集覽, 字解, 單字解, 5ㅎ≫哏. 極也. 哏好 ᄀ장 됴타, 今不用. 音흔, 匣母. ≪朴諺, 上, 19ㅈ≫那雀舌兒牢壯便好, 뎌 혓쇠ᄂᆞᆫ 牢壯ᄒ니 곳 됴타. ≪朴諺, 上, 21ㅎ≫今日下雨正好下碁, 오ᄂᆞᆯ 비 오니 졍히 바독 두기 됴타. ≪朴諺, 上, 22ㅎ≫這箇馬下了時好, 이 ᄆᆞᆯ을 두면 됴타. ≪朴諺, 上, 29ㅎ≫你說都是好的, 네 닐오ᄃᆡ 다 이 됴타 ᄒ더니. ≪朴諺, 上, 34ㅎ≫探望去好來, 探望ᄒ라 감이 됴탓다. ≪朴諺, 上, 45ㅈ≫好好, 됴타 됴타. ≪朴諺, 中, 2ㅈ≫這般時倒好, 이러면 도로혀 됴타. ≪朴諺, 中, 30ㅈ≫好好, 됴타 됴타. ≪朴諺, 中, 31ㅎ≫好好, 됴타 됴타. ≪朴諺, 中, 58ㅎ≫最好最好, ᄀ장 됴타 ᄀ장 됴타. ≪朴諺, 下, 13ㅈ≫相公道的正好正好, 相公의 닐오미 졍히 됴타 졍히 됴타. ≪朴諺, 下, 57ㅎ≫那般時更好, 그러면 ᄯᅩ 됴타. ❷⇔돗타. ≪朴諺, 中, 17ㅈ≫一發稍將些醬麴來最好, ᄒᆞᆷᄭᅴ 젹이 메조를 브터 가져오니 ᄀ장 돗타. ❸⇔둏다. ≪集覽, 字解, 單字解, 3ㅎ≫的. 指物之辭. 你的 네 것, 好的 됴ᄒᆞᆫ 것. ≪朴諺, 上, 1ㅈ≫休蹉過了好時光, 됴ᄒᆞᆫ 時光을 그ᄅᆞᆺ 디내디 마쟈. ≪朴諺, 上, 13ㅎ≫你教與我這好法兒, 네 나를 이 됴ᄒᆞᆫ 법을 ᄀᄅ쳐 주고려. ≪朴諺, 上, 22ㅈ≫你饒四着時纔好, 네 네흘 졉혜야 ᄀᆺ 됴ᄒ리라. ≪朴諺, 上, 38ㅎ≫治得馬好時, ᄆᆞᆯ을 고텨 됴ᄒ면. ≪朴諺, 上, 46ㅎ≫且喂幾日賣時好, 아직 요ᄉ이 먹여 ᄑᆞᆯ면 됴ᄒ려니와. ≪朴諺, 上, 55ㅈ≫那裏有賣的好馬, 어ᄃᆡ ᄑᆞᆯ 됴ᄒᆞᆫ ᄆᆞᆯ이 잇더뇨. ≪朴諺, 上, 64ㅈ≫舍人敢不識好物麼, 舍人이 됴ᄒᆞᆫ 거슬 아디 못ᄒᄂᆞᆫ 듯ᄒ다. ≪朴諺, 中, 2ㅈ≫好看的甚麼沒, 보기 됴ᄒᆞᆫ 거시 므서시 업ᄉ리오. ≪朴諺, 中, 16ㅎ≫大娘身子好麼, 大娘의 몸이 됴ᄒ신가. ≪朴諺, 中, 28ㅈ≫帶累一家人都死也怎的好, 온 집 사ᄅᆞᆷ이 버므리여 다 죽을 ᄡᅧ시니 엇디ᄒ여야 됴ᄒ리오. ≪朴諺, 中, 60ㅎ≫好的一般, 됴ᄒᆞᆷ이 ᄒᆞᆫ가지어니ᄯᆞ녀. ≪朴諺, 下, 4ㅈ≫正是好人魔障多, 졍히 됴ᄒᆞᆫ 사ᄅᆞᆷ은 魔障이 만ᄒᆞᆫ디라. ≪朴諺, 下, 10ㅎ≫玉體安樂好麼, 玉體ㅣ 安樂ᄒ여 됴ᄒ신가. ≪朴諺, 下, 13ㅈ≫栽些好名花, 져기 됴ᄒᆞᆫ 名花를 시므고. ≪朴諺, 下, 16ㅎ≫買時買四書六經也好, 살 작시면 四書와 六經을 삼이 ᄯᅩ 됴ᄒ니. ≪朴諺, 下, 25ㅈ≫燒子珠兒好的有麼, 구은구슬 됴ᄒ니 잇ᄂᆞ냐. ≪朴諺, 下, 27ㅈ≫咳一件好物, 애 ᄒᆞᆫ 불 됴ᄒᆞᆫ 거시라. ≪朴諺, 下, 45ㅈ≫喫些箇好來, 져

기 먹기 됴흘러니.

호(好) 형 좋다. ❶⇔됴하다. ≪朴諺, 上, 34ㅎ≫如今都好了不曾, 이제 다 됴한는가 못ᄒ엿는가. ≪朴諺, 上, 35ㅎ≫氣脉通行便好了, 氣脉이 通行ᄒ야 곳 됴핫거니와. ❷⇔됴ᄒ다. ≪朴諺, 上, 6ㅈ≫浸在氷盤裏好生好看, 氷盤에 줌가 두면 ᄀ장 보기 됴ᄒ니라. ≪朴諺, 上, 55ㅎ≫那裏有一箇土黃馬好本事, 뎌긔 ᄒᆫ 고라ᄆᆞᆯ이 이셔 ᄌᆡ죄 됴호되. ≪朴諺, 上, 56ㅈ≫眞箇是好馬麽, 진실로 됴ᄒᆫ ᄆᆞᆯ이랏다. ≪朴諺, 中, 38ㅈ≫咱這裏沒牙子省些牙錢不好, 우리 여긔 ᄌ름이 업스니 져기 ᄌ름 갑시 덜림이 됴티 아니ᄒ냐. ≪朴諺, 下, 1ㅈ≫怎的好, 엇디ᄒ여야 됴ᄒ료. ≪朴諺, 下, 28ㅎ≫心裏好着, ᄆᆞ음에 됴ᄒ면. ≪朴諺, 下, 31ㅎ≫午門外前好飯店, 午門 밧기 밥뎜이 됴ᄒ니. ≪朴諺, 下, 40ㅈ≫和我兩箇至好麽, 날과 둘히 ᄀ장 됴컨마는. ≪朴諺, 下, 55ㅈ≫狀不過三日便告時好, 狀은 三日이 디나디 아녀셔 곳 告홈이 됴커니와. ≪朴諺, 下, 61ㅎ≫張編修有此好文官, 張編修ㅣ 이 됴ᄒᆫ 文官을 두엇다.

호(好) 형 어질다. ⇔어딜다. ≪朴諺, 中, 56ㅈ≫好孩兒好孩兒, 어딘 아히아 어딘 아히아.

호(虎) 명 범. ⇔범. ≪朴諺, 下, 24ㅎ≫也不見了虎, ᄯᅩ 범도 보디 못ᄒ고. ≪朴諺, 下, 24ㅎ≫只落下一箇虎頭, 그저 ᄒᆫ 범의 머리만 ᄠᅥ러뎌시니. ≪朴諺, 下, 40ㅎ≫畫虎畫皮難畫骨, 범을 그리매 가족은 그려도 ᄲᅧ 그리기 어렵고.

호(胡) 부 함부로. 되는대로. ⇔간대로. ≪集覽, 字解, 單字解, 2ㅈ≫胡. 亂也, 胡亂 간대로. ≪朴諺, 上, 30ㅈ≫沒來由胡討價錢怎麽, 쇽졀업시 간대로 갑슬 ᄭᅬ옴은 엇디오. ≪朴諺, 中, 37ㅎ≫你休胡討價錢, 네 간대로 갑슬 ᄭᅬ오디 말라. ≪朴諺, 中, 57ㅎ≫你爲甚麽胡討價錢, 네 므슴아라 간대로 갑슬 ᄭᅬ오는다.

호(壺) 의 병. ≪朴諺, 下, 50ㅎ≫我援琴一張酒一壺, 내 琴 一張 酒 一壺를 가지고.

호(湖) 명 물. 호수. ⇔믈. ≪朴諺, 上, 60ㅈ≫湖心中, 믈 ᄊᆞ온ᄃᆡ. ≪朴諺, 上, 61ㅎ≫湖心中浮上浮下的是雙雙兒鴨子, 湖 心中에 浮上 浮下ᄒ는 거슨 이 雙雙ᄒᆫ 올히오.

호(糊) 동 바르다[塗]. ⇔ᄇᆞᄅᆞ다. ≪朴諺, 中, 58ㅈ≫一發着草布糊了, ᄒᆫ 번에 얼믠 뵈로 ᄇᆞᄅᆞ라.

호남아(好男児) 명 호남아(好男兒). '児'는 '兒'의 속자. ≪朴諺, 上, 28ㅎ≫眞箇是好男兒, 진짓 이 好男児ㅣ러라.

호남아(好男兒) 명 호걸의 풍모나 기품이 있고 남성다우며 풍채가 좋은 사나이. ≪朴諺, 上, 28ㅎ≫眞箇是好男兒, 진짓 이 好男児ㅣ러라.

호녀(好女) 명 아름다운 여자. ≪朴諺, 下, 49ㅈ≫好女不看燈(集覽, 朴集, 下, 11ㅈ: 好女不看燈. 容齋隨筆云, 漢家祠太乙, 以昏時祠到明. 今人正月望夜, 夜遊觀月, 是其遺事.), 好女는 看燈 아니ᄒᆫ다 ᄒᆞᄂᆞ니라.

호다 동 호다[縫]. ⇔봉(縫). ≪朴諺, 中, 41ㅈ≫縫衣裳的縫字怎麽寫, 衣裳을 호다 ᄒ는 縫字를 어이 쓰ᄂ뇨.

호대(好歹) 부 모름지기. 반드시. ❶⇔모로매. ≪集覽, 字解, 單字解, 6ㅈ≫歹. 惡也, 雜也. 又好歹 모로매. 集韻作觧. ❷⇔모로미. ≪朴諺, 中, 55ㅎ≫好歹喫打去, 모로미 맛고 갈다.

호도 명 호도. 호두. ⇔핵도(核桃). ≪朴諺, 上, 4ㅈ≫核桃(集覽, 朴集, 上, 2ㅈ: 核桃. 張騫使西域, 得胡桃回, 種于中國. 後五胡時, 避胡字, 改名核桃.), 호도와. ≪朴諺, 上, 36ㅎ≫這箇是核桃, 이거슨 이 호되로다.

호동(衚衕) 명 골[洞]. ⇔골. ≪朴諺, 上, 18ㅈ≫是拘欄衚衕裏帶匠夏五廂的, 이 拘欄 골 ᄯᅴ장이 夏五ㅣ 젼메웟ᄂ니라. ≪朴諺, 中, 38ㅎ≫我羊市裏前頭磚塔衚衕裏, 내 양 져제 앏 벽탑골에. ≪朴諺, 中, 38ㅎ≫今日早起表褙(褙)衚衕裏, 오늘 아ᄎᆷ에 ᄇᆡ

뎝골에.

호되 동 하되. ≪朴諺, 上, 16ㅈ≫咱這官人要打一副刀子, 우리 이 官人이 ᄒᆞᆫ 불 칼을 ᄆᆡᆼᄀᆞᆯ고져 호되. ≪朴諺, 上, 20ㅎ≫着鉋子刮的乾淨着, 글게로다가 긁빗기기를 乾淨히 호되.

호ᄃᆡ 동 하되. ≪朴諺, 上, 10ㅎ≫二錢半一板家, 두 돈 반에 ᄒᆞᆫ 판식 호ᄃᆡ. ≪朴諺, 中, 49ㅎ≫擺的滿着, 버리기를 ᄀᆞ독이 호ᄃᆡ.

-호ᄃᆡ 접미 -하되. ≪朴諺, 中, 9ㅎ≫深爲未便, ᄀᆞ장 未便호ᄃᆡ. ≪朴諺, 中, 16ㅈ≫每服三錢, 每服 三錢호ᄃᆡ.

호라복(胡蘿蔔) 명 홍당무. 당근. ⇔노론댓무우. ≪朴諺, 中, 33ㅎ≫蘿蔔, 댓무우. 蔓菁, 쉿무우. 萵苣, 부로. 葵菜, 아혹. 白菜, ᄇᆡ치. 赤根菜, 시근치. 園荽, 고식. 蓼子, 역괴. 葱, 파. 蒜, 마늘. 薤, 부치. 荊芥, 형개. 薄荷, 박하. 茼蒿, 믈쑥. 水蘿蔔, 믈한댓무우. 胡蘿蔔, 노론댓무우. 芋頭, 토란. 紫蘇都種來, 紫蘇를 다 시므라.

호란(胡亂) 부 함부로. 되는대로. ⇔간대로. ≪集覽, 字解, 單字解, 2ㅈ≫胡. 亂也. 胡亂 간대로. ≪朴諺, 上, 56ㅎ≫且胡亂騎時怕甚麽, 아직 간대로 ᄐᆞ면 므서시 저프리오.

호랄빈(虎剌賓) 명 알이 굵은 자두. ⇔굴근외얏. ≪朴諺, 上, 4ㅎ≫虎剌賓(集覽, 朴集, 上, 2ㅈ: 虎刺(剌)賓. 質問云, 如李長大, 半青半紅色, 食之可口. 又云, 如赤李長而大者.), 굴근외얏이오.

호랄빈(虎剌賔) 명 호랄빈(虎剌賓). '賔'은 '賓'의 속자. ≪朴諺, 上, 4ㅎ≫虎剌賔(集覽, 朴集, 上, 2ㅈ: 虎刺(剌)賔. 質問云, 如李長大, 半青半紅色, 食之可口. 又云, 如赤李長而大者.), 굴근외얏이오.

호랑(互郎) 명 호시(互市)의 주릅(중개인). ≪朴諺, 上, 55ㅈ≫東角頭牙家(集覽, 朴集, 上, 14ㅈ: 牙家. 事文類聚云, 今人云駔驓爲牙, 本爲之互郎, 主互市事也.)去處廣, 동녁 모롱이에 즈름 가는 ᄃᆡ 만ᄒᆞ니.

호령(號令) 동 지휘하여 명령하다. 또는 그 명령. ≪朴諺, 下, 29ㅈ≫元寶(集覽, 朴集, 下, 5ㅎ: 元寶. 南村輟耕錄云, 至元十三年, 元兵平宋, 回至楊(揚)州, 丞相伯顔號令搜撿(檢)將士行李, 所得撒花銀子, 銷鑄作錠, 每五十兩爲一錠, 歸朝獻〈献〉納.)我有半錠了, 元寶ㅣ 내게 반 뎡이 이시니.

호로(胡虜) 명 중국에서 북방의 이민족인 흉노[胡人]를 낮추어 이르던 말. ≪朴諺, 上, 32ㅎ≫正撞見他的漢子(集覽, 朴集, 上, 9ㅎ: 漢子. 至晉末, 五胡亂〈乱〉華, 胡人罵華人曰漢兒, 華人罵胡人曰胡虜, 此稱〈称〉漢之始也.), 졍히 뎌의 남진을 만나 보니.

호로(胡蘆) 명 박. 호리병박. ⇔박. ≪朴諺, 上, 16ㅎ≫街上放空中(集覽, 朴集, 上, 6ㅈ: 空中. 質問云, 頑童將胡蘆用木釘串之, 傍作一眼, 以繩〈縄〉繫扯, 旋轉有聲, 亦謂之空中.)的小厮們好生廣, 거리에 박핑이 틸 아희들 ᄀᆞ장 흔터라. ≪朴諺, 上, 50ㅎ≫把溺胡蘆正着那窟籠裏放了, 오좀누는 박을다가 바로 뎌 굼긔 노코.

호로(葫蘆) 명 호리병박. ≪朴諺, 中, 34ㅎ≫種些冬瓜, 동화. 西瓜, 슈박. 甜瓜, 춤외. 挿葫(集覽, 朴集, 中, 7ㅈ: 挿葫. 質問云, 如葫蘆, 長一二尺者, 方言謂之挿葫.), ᄌᆞᄅᆞ박. 稍瓜, 수세외. 黃瓜, 외. 茄子, 가지를 시므라.

호모(毫毛) 명 털. ⇔터럭. ≪朴諺, 上, 40ㅈ≫摘了那鼻孔的毫毛, 뎌 코ㅅ굼긔 터럭 ᄲᅢ히고.

호모장(狐帽匠) 명 털가죽으로 옷이나 모자를 만드는 장인. ⇔터럭쟝. ≪朴諺, 中, 19ㅈ≫一箇狐帽匠(集覽, 朴集, 中, 3ㅎ: 狐帽匠. 音義云, 터럭쟝〈장〉. 今按, 以有毛皮作大帽·小帽〈以有毛皮作大小帽〉者, 皆謂之胡帽匠〈謂之胡帽匠〉. 狐字作胡是. 猶本國毛衣匠之類〈猶本國毛衣匠之類〉.)家學生活去, ᄒᆞ나ᄒᆞᆫ 狐帽匠의 집의 셩녕 ᄇᆡ호라 가고.

호물불천천물불호(好物不賤 賤物不好) 구 좋은 물건은 싸지 않고, 싼 물건은 좋지 않다는 뜻. ≪朴諺, 上, 14ㅎ≫好物不賤賤物不好, 됴흔 거슨 쳔티 아니ᄒᆞ고 쳔ᄒᆞᆫ 거슨 됴티 아니ᄒᆞᄂᆞ니라.

호발기(胡撥氣) 명 노린내. ⇔노린내. ≪朴諺, 下, 44ㅈ≫有些胡撥氣, 져기 노린내 이시니.

호병(胡餠) 명 소병(燒餠)의 옛 이름. ≪朴諺, 下, 33ㅈ≫黃燒餠(集覽, 朴集, 下, 7ㅈ: 黃燒餠. 總龜云, 燒餠, 卽古之胡餠也. 石勒諱胡, 改爲麻餠.), 누론 쇼병과.

호병(壺瓶) 명 술을 담는 그릇. 술그릇. ≪朴諺, 中, 11ㅎ≫簸箕, 키. 篩子, 얼멍이. 馬尾羅兒, ᄆᆞᆯ총체. 卓兒, 상. 盤子, 반. 茶盤, 찻반. 擡盞, 졉잔. 壺瓶, 壺瓶. 酒鼈, 쥬벼ᄋᆞ. 銅杓, 놋쥬게릴. 都收拾下着, 다 收拾ᄒᆞ여 두라.

호분(胡奮) 명 진(晉)나라 안정(安定) 임경(臨涇) 사람. 자(字)는 현위(玄威). 무제(武帝) 때 딸이 귀인(貴人)이 되어 총애를 입자 벼슬이 진군대장군(鎭軍大將軍)·개부의동삼사(開府儀同三司)까지 올랐다. ≪朴諺, 上, 41ㅎ≫幾時下紅定(集覽, 朴集, 上, 12ㅈ: 紅定. 晉武帝多簡良家女以充內職, 而自擇美者入選, 則以絳紗繫臂. 鎭軍將軍胡奮女入選, 亦以絳紗繫臂, 故俗謂定婚曰紅定.), 언제 紅定을 드리더뇨.

호사자(好事者) 명 남의 일에 특별히 흥미를 가지고 말하기 좋아하는 사람. ≪集覽, 字解, 累字解, 3ㅈ≫打聽一打聽. 듣보다. 唯擧打聽二字, 可說而疊言之者, 此漢人好事者之說也. 今亦罕用.

호상(互相) 부 서로. 상호(相互). ≪朴諺, 上, 59ㅈ≫有心拜莭(節)(集覽, 朴集, 上, 14ㅎ: 拜節. 歲時樂事記云, 元日, 士庶自早互相慶賀, 車馬交馳, 衣服華煥, 雜遝街市, 三四日乃止〈三四日而乃止〉.), 莭(節)에 拜ᄒᆞᆯ ᄆᆞᄋᆞᆷ이 이시면.

호생(好生) 부 가장. 매우. 자못. ⇔ᄀᆞ장. ≪集覽, 字解, 單字解, 6ㅈ≫好. 됴타. 又好生 ᄀᆞ장. 又去聲, 喜-·情-. ≪朴諺, 上, 6ㅈ≫浸在氷盤裏好生好看, 氷盤에 ᄌᆞᆷ가 두면 ᄀᆞ장 보기 됴ᄒᆞ니라. ≪朴諺, 上, 9ㅎ≫好生照覷我, ᄀᆞ장 날을 보숣피라. ≪朴諺, 上, 16ㅈ≫好生細詳, ᄀᆞ장 細詳ᄒᆞ니. ≪朴諺, 上, 16ㅎ≫街上放空中的小厮們好生廣, 거리에 박핑이 틸 아ᄒᆡ들 ᄀᆞ장 흔터라. ≪朴諺, 上, 21ㅈ≫黑夜好生用心喂他, 밤의 ᄀᆞ장 用心ᄒᆞ여 뎌ᄅᆞᆯ 먹이라. ≪朴諺, 上, 40ㅈ≫用那密的篦子好生撓着, 뎌 빈 춤빗을 ᄡᅥ ᄀᆞ장 빗겨. ≪朴諺, 上, 49ㅎ≫好生小心着, ᄀᆞ장 조심ᄒᆞ야. ≪朴諺, 中, 3ㅈ≫好生揑拐東西, ᄀᆞ장 ᄂᆞᆷ의 것 건디쥐기 ᄒᆞᄂᆞ니. ≪朴諺, 中, 12ㅎ≫黑夜用心好生看着, 밤의 用心ᄒᆞ여 ᄀᆞ장 보숣피라. ≪朴諺, 中, 14ㅎ≫今年好生賤了, 올흔 ᄀᆞ장 쳔ᄒᆞ더라. ≪朴諺, 中, 17ㅈ≫我這裏好生多喫了, 내 예셔 ᄀᆞ장 만히 먹을와. ≪朴諺, 中, 25ㅈ≫好生用心看家着, ᄀᆞ장 用心ᄒᆞ여 집을 보라. ≪朴諺, 中, 40ㅈ≫好生流不下來, ᄀᆞ장 흘러ᄂᆞ리디 못ᄒᆞ여. ≪朴諺, 中, 48ㅎ≫你好生用心看守着, 네 ᄀᆞ장 용심ᄒᆞ여 간슈ᄒᆞ라. ≪朴諺, 中, 56ㅎ≫我家裏老鼠好生廣, 내 집의 쥐 ᄀᆞ장 흔ᄒᆞ니. ≪朴諺, 下, 1ㅈ≫一夏裡不曾好生收拾, ᄒᆞᆫ 녀름을 일즙 ᄀᆞ장 收拾디 못ᄒᆞ니. ≪朴諺, 下, 1ㅈ≫家裡好生囑付, 집의 ᄀᆞ장 당부ᄒᆞ여. ≪朴諺, 下, 28ㅎ≫李舍哥好生定害你, 李舍 형아 ᄀᆞ장 네게 너리과라. ≪朴諺, 下, 45ㅈ≫好生不喫飯, ᄀᆞ장 밥 먹디 못ᄒᆞᆯ돠.

호손(胡孫) 명 원숭이. ⇔진납이. ≪朴諺, 下, 20ㅎ≫孫行者是箇胡孫, 孫行者ᄂᆞᆫ 이 진납이라. ≪朴諺, 下, 23ㅈ≫行者變做五寸來大的胡孫, 行者ㅣ 변ᄒᆞ여 五寸만치 큰 진납이 되여. ≪朴諺, 下, 25ㅈ≫那裏想胡孫手裏死了, 어ᄃᆡ 胡孫의 손에 죽을 줄을 ᄉᆡᆼ각ᄒᆞ리오. ≪朴諺, 下, 26ㅎ≫這沒觜臉小胡孫, 이 얼굴 업슨 져근 진납이.

호슬(護膝) 명 슬갑(膝甲). ⇔슬갑. ≪朴諺, 上, 24ㅎ≫絟着一副鴉靑段子滿刺(刺)嬌

護膝, 흔 부 야청 비단에 滿刺(刺)嬌 흔 슬갑을 믹엿고. ≪朴諺, 上, 27ㅈ≫絟着一對明綠綉四季花護膝, 흔 쌍 明綠빗치 四季花롤 綉흔 슬갑을 믹엿고. ≪朴諺, 上, 42ㅎ≫你做饋我一副護膝, 네 날을 흔 부 슬갑을 믿드라 주고려. ≪朴諺, 上, 43ㅈ≫護膝上但使的都說與我着, 슬갑에 믈윗 쓸 거슬 다 날드려 니르라. ≪朴諺, 上, 43ㅎ≫做一對護膝, 흔 쌍 슬갑을 믿들려 흐면.

호시(互市) 명 국가 간에 물물을 교역하던 무역장(貿易場). ≪朴諺, 上, 55ㅈ≫東角頭牙家(集覽, 朴集, 上, 14ㅈ: 牙家. 事文類聚云, 今人云駔驓爲牙, 本爲之互郎, 主互市事也.)去處廣, 동녁 모롱이에 즈름 가는 딕 만흐니.

호시절(好時莭) 명 호시절(好時節). '莭'는 '節'의 속자. ≪朴諺, 上, 1ㅈ≫又逢着這春二三月好時莭(節), 또 이 봄 二三月 됴흔 時莭(節)을 만나시니. ≪朴諺, 中, 31ㅎ≫如今更秋凉丹楓八月好時莭(節), 이제 또 秋凉 丹楓 八月 됴흔 빼니.

호시절(好時節) 명 좋은 시절(때). ≪朴諺, 上, 1ㅈ≫又逢着這春二三月好時莭(節), 또 이 봄 二三月 됴흔 時莭(節)을 만나시니. ≪朴諺, 中, 31ㅎ≫如今更秋凉丹楓八月好時莭(節), 이제 또 秋凉 丹楓 八月 됴흔 빼니.

호심(湖心) 명 호수의 가운데. ≪朴諺, 上, 62ㅎ≫却到湖心橋上玉石龍床上, 또 湖心橋上 玉石 龍床에 가.

호아(好兒) 명 잘난 아이. 아름다운 아이. ≪朴諺, 下, 49ㅈ≫好兒不看春, 好兒는 看春 아니흐고.

호육(瓠肉) 명 박의 껍질 안에 붙어 있는 살. ≪朴諺, 上, 4ㅈ≫荔子(集覽, 朴集, 上, 2ㅈ: 荔子. 子作支〈支〉. 荔支〈支〉, 生巴峽間, 形狀團如帷盖, 葉如冬靑, 花如橘, 春榮. 實如丹夏, 朶如葡萄, 核如枇杷, 殼如紅繒, 膜如紫綃, 瓠肉潔白如冰霜, 漿液甘如醴酪. 如離本枝, 一日色變, 二日香變, 三日味變, 四五日外色·香·味盡〈尽〉變.), 녀지오.

호은자 명 혼자. ⇔일면(一面). ≪集覽, 字解, 累字解, 1ㅎ≫一面. 호은자. 又흐녀고로. 又흔 번. ≪朴諺, 上, 54ㅎ≫代保人一面(集覽, 朴集, 上, 14ㅈ: 一面. 호은자. 詳見字解.)替還, 代保人이 一面으로 マ르차 갑게 흐라.

호인(胡人) 명 중국에서 한족(漢族) 이외의 북쪽 변방의 이민족인 흉노를 이르던 말. ≪朴諺, 上, 32ㅎ≫正撞見他的漢子(集覽, 朴集, 上, 9ㅎ: 漢子. 至晉末, 五胡亂〈乱〉華, 胡人罵華人曰漢兒, 華人罵胡人曰胡虜, 此稱〈称〉漢之始也.), 경히 뎌의 남진을 만나 보니.

호자빈(虎刺賓) 명 호랄빈(虎剌賓). '刺'는 '剌'의 잘못. ≪朴諺, 上, 4ㅎ≫虎刺賔(集覽, 朴集, 上, 2ㅈ: 虎剌(刺)賔. 質問云, 如李長大, 半靑半紅色, 食之可口. 又云, 如赤李長而大者.), 굴근외얏이오.

호적(好的) 명 좋은 것. ≪集覽, 字解, 單字解, 3ㅎ≫的. 指物之辭. 你的 네 것, 好的 됴흔 것. 又語助. 坐的 안싸, 通作地. 又明也, 實也, 端也. 吏語, 的確·的當·虛的·的實.

호정(虎精) 명 범의 정령(精靈). ≪朴諺, 下, 24ㅎ≫元來是一箇虎精, 본딕 이 흔 虎精이랏다.

호종(扈從) 동 임금이 탄 수레를 호위하며 따르다. 또는 그런 사람. ≪朴諺, 上, 27ㅎ≫嵌八寶骨朶(集覽, 朴集, 上, 9ㅈ: 骨朶. 事文類聚云, 宋景文筆錄謂俗以檛爲骨朶, 古無稽. 據國朝旣〈続〉名, 衛士執檛扈從者爲骨朶子班.)雲織金羅比甲, 八寶 끼고 굴근 운문흔 織金 깁 比甲에.

호주(好酒) 동 술을 좋아하다. ≪朴諺, 下, 13ㅈ≫上面畫六鶴舞琴(集覽, 朴集, 下, 3ㅈ: 六鶴舞琴. 善惡報應錄云, 江夏郡辛氏沽酒爲業, 有一先生入坐曰, 有好酒飮吾否. 辛飮以巨杯. 明日復來, 如此半載.), 上面에 六鶴舞琴을 그리고.

호주(湖州) 명 수대(隋代)에 두었다. 소재지는 절강성(浙江省) 호주시(湖州市)에 있었다. ≪朴諺, 上, 65ㅈ≫法名喚步虛(集覽, 朴集, 上, 15ㅎ: 步虛. 至正丙戌春, 入燕都, 聞南朝有臨濟正脉不斷〈断〉, 可往印可. 盖指臨濟直下雪嵒〈嵓〉嫡孫石屋和尙淸珙也. 遂往湖州霞霧山天湖庵謁和尙, 嗣法傳衣.), 法名을 步虛ㅣ라 브르는 이.

호지(護持) 동 보호(保護)하여 지니다. ≪朴諺, 上, 65ㅎ≫到江南地面石屋(集覽, 朴集, 上, 16ㅈ: 石屋. 遂以袈裟表信曰, 衣雖今日, 法自靈〈灵〉山流傳至今, 今附於汝, 汝善護持, 母〈毋〉令斷〈断〉絶.)法名的和尙根底, 江南 짜 石屋이라 法名 ᄒᆞᆫ 즁의손ᄃᆡ 가니.

호쵸 명 후추. ⇔초(椒). ≪朴諺, 上, 60ㅎ≫泥椒紅墻壁, 호쵸로 ᄇᆞ른 블근 墻壁에.

호한(好漢) 명 대장부(大丈夫). 사내대장부. ≪朴諺, 下, 31ㅎ≫咳正是一條好漢, 애 정히 一條 好漢이러라.

호한(胡漢) 명 호인(胡人)과 한족(漢族). 곧, 북쪽 변방의 이민족인 흉노와 중국인. ≪朴諺, 上, 32ㅎ≫正撞見他的漢子(集覽, 朴集, 上, 9ㅎ: 漢子. 至晉末, 五胡亂〈乱〉華, 胡人罵華人曰漢兒, 華人罵胡人曰胡虜, 此稱〈称〉漢之始也. 今按, 元時胡漢相雜, 故兩書稱〈称〉漢者居多.), 정히 뎌의 남진을 만나 보니.

호환(呼喚) 동 (큰 소리로) 부르다. 외치다. 고함치다. ≪朴諺, 上, 39ㅈ≫狗有濺草之恩(集覽, 朴集, 上, 11ㅈ: 狗有濺草之恩. 晉太和中, 楊生養狗, 甚愛之. 後生飮酒醉, 行至大澤, 草中眠. 時値冬月, 野火起, 風又猛, 狗呼喚, 生不覺.), 개는 濺草 ᄒᆞᆫ 恩이 잇고. 馬有垂韁之報), ᄆᆞᆯ은 垂韁 ᄒᆞᆫ 報ㅣ 잇다 ᄒᆞ니라.

혹 부 혹(或). 혹은. ❶⇔혹(或). ≪朴諺, 中, 21ㅎ≫或作童男, 혹 童男이 되며. ≪朴諺, 中, 21ㅎ≫或分身居士·宰官, 或 居士·宰官에 分身ᄒᆞ고. ≪朴諺, 下, 46ㅎ≫頭戴耳掩或提在手裡, 머리예 耳掩을 쓰며 혹 손에 들고. ≪朴諺, 下, 51ㅈ≫或撑開入這荷國花城, 혹 ᄇᆡ 떠혀 이 荷國 花城에 드러가. ❷⇔혹시(或是). ≪朴諺, 上, 4ㅎ≫或是獅仙糖, 혹 ᄉᆞ직 튼 신션 양으로 ᄆᆡᆫ근 沙糖을 노코. ≪朴諺, 上, 17ㅎ≫或是博錢拿錢, 혹 돈더ᄂᆞ기 ᄒᆞ며 쌍블잡기 ᄒᆞ고.

혹(或) 부 혹. 혹은. ⇔혹. ≪朴諺, 上, 55ㅈ≫或寫餘白兩字着, 或 餘白 兩字를 쓰라. ≪朴諺, 中, 21ㅎ≫或作童男, 혹 童男이 되며. ≪朴諺, 中, 21ㅎ≫或分身居士·宰官, 或 居士·宰官에 分身ᄒᆞ고. ≪朴諺, 下, 46ㅎ≫頭戴耳掩或提在手裡, 머리예 耳掩을 쓰며 혹 손에 들고. ≪朴諺, 下, 51ㅈ≫或撑開入這荷國花城, 혹 ᄇᆡ 떠혀 이 荷國 花城에 드러가.

혹시(或是) 부 혹. 혹은. ⇔혹. ≪朴諺, 上, 4ㅎ≫或是獅仙糖, 혹 ᄉᆞ직 튼 신션 양으로 ᄆᆡᆫ근 沙糖을 노코. ≪朴諺, 上, 17ㅎ≫或是博錢拿錢, 혹 돈더ᄂᆞ기 ᄒᆞ며 쌍블잡기 ᄒᆞ고.

혹호(酷好) 동 매우 좋아하다. ≪朴諺, 中, 39ㅈ≫佛堂(集覽, 朴集, 中, 7ㅎ: 佛堂. 漢人酷好釋敎, 家設一堂, 或安金像, 或掛畫佛, 焚香頂禮, 朝夕不解.)一間, 佛堂이 ᄒᆞᆫ 간.

혼가(婫家) 명 첩(妾). 소실(小室). 측실(側室). ⇔겨집. ≪朴諺, 中, 27ㅎ≫他有兩箇婫(渾)家, 뎨 두 겨집이 이시니. ≪譯語類解, 上, 親屬≫婫家, 仝偏房.

혼가(渾家) 명 아내. 처(妻). (예전에는 아내가 안살림을 주관하였기 때문이다) ⇔겨집. ≪朴諺, 中, 27ㅎ≫他有兩箇婫(渾)家, 뎨 두 겨집이 이시니.

혼거(魂車) 명 장례 때 혼백(魂帛)을 싣는 삭은 수레. 생전에 고인이 탄 수레를 본떴다. ≪朴諺, 下, 42ㅎ≫賃魂車(集覽, 朴集, 下, 9ㅈ: 魂車. 作小腰輿, 以黃絹結爲流蘇垂飾〈餙〉, 如本國結彩之施, 以貯魂〈靈〉帛, 爲前導.), 魂車와.

혼당(混堂) 명 목욕탕. 욕실. ≪朴諺, 上, 46ㅎ≫孫舍混堂(集覽, 朴集, 上, 13ㅈ: 混

堂. 人家設溫湯浴室處, 燕都多有之, 乃爇〈爇〉水爲湯, 非溫泉也. 或稱堂子, 舊本作湯子.)裏洗澡去來, 孫가아 混堂에 목욕 곰으라 가쟈. ≪朴諺, 上, 47ㅎ≫分付這管混堂的看着, 이 混堂 ᄀᆞᅀᆞᆷ아ᄂᆞ니게 分付ᄒᆞ여 보라 ᄒᆞ고. ≪朴諺, 上, 51ㅎ≫小人在那東角頭堂子(集覽, 朴集, 上, 13ㅎ: 堂子. 卽混堂. 釋見上.)間壁下着裏, 小人이 뎌 동녁 모롱이 堂子ㅅ ᄇᆞᄅᆞᆷ을 ᄉᆞ이ᄒᆞ여 브리워 잇노라. ≪朴諺, 中, 25ㅎ≫如今搬在法藏寺西邉混堂間壁住裏, 이제 法藏寺 셔편 混堂 ᄉᆞ이 ᄇᆞ람에 올마 사ᄂᆞ니.

혼례(婚禮) 명 결혼식. ≪朴諺, 上, 4ㅎ≫放象生纏糖(集覽, 朴集, 上, 2ㅈ: 象生纏糖. 諸司職掌婚禮定親及納徵, 皆用芝麻·纏糖二合, 茶纏糖二合, 則纏與糖非二物矣.), 生物을 象ᄒᆞ여 ᄉᆞ민 沙糖이어나.

혼마(魂馬) 명 장례에 쓰는 제구의 하나. 안장을 갖추고 상여 앞에서 가는 말을 이른다. ≪朴諺, 下, 43ㅈ≫又是魂馬(集覽, 朴集, 下, 9ㅎ: 魂馬. 以紙捏塑爲馬者也.)·衣帽·靴帶之類, ᄯᅩ 魂馬와 衣帽와 靴帶ㅅ 類와.

혼백(魂帛) 명 죽은 사람의 생몰 연월일시를 적어 묘에 묻는 흰 비단. ≪朴諺, 下, 42ㅎ≫賃魂車(集覽, 朴集, 下, 9ㅈ: 魂車. 作小腰輿, 以黃絹結爲流蘇垂餙〈飾〉, 如本國結彩之施, 以貯魂〈䰟〉帛, 爲前導.), 魂車와.

혼백(䰟帛) 명 혼백(魂帛). '䰟'은 '魂'의 속자. ≪朴諺, 下, 42ㅎ≫賃魂車(集覽, 朴集, 下, 9ㅈ: 魂車. 作小腰輿, 以黃絹結爲流蘇垂餙〈飾〉, 如本國結彩之施, 以貯魂〈䰟〉帛, 爲前導.), 魂車와.

혼서(婚書) 명 혼서. (혼인할 때에 신랑 집에서 예단과 함께 신부 집에 보내는 편지) ≪朴諺, 上, 41ㅈ≫下多少財錢(集覽, 朴集, 上, 11ㅎ: 下多少財錢. 今制, 納采·問名·納吉揔〈総〉一次行禮, 以從簡便, 謂之定禮, 亦爲之定親, 亦曰下紅定, 亦送幣物. 又涓吉送婚書, 行納徵禮, 亦曰納幣, 俗云下財, 亦曰送禮.), 언멋 財錢을 드리더뇨. ≪朴諺, 上, 41ㅎ≫這月初十日立了婚書, 이 ᄃᆞᆯ 초열흘날 婚書를 셰오고.

혼시(昬時) 명 어두운 때. 밤. ≪朴諺, 下, 49ㅈ≫好兒不看春, 好兒ᄂᆞᆫ 看春 아니ᄒᆞ고. 好女不看燈(集覽, 朴集, 下, 11ㅈ: 好女不看燈. 容齋隨筆云, 漢家祠太乙, 以昬時祠到明. 今人正月望夜, 夜遊觀月, 是其遺事.), 好女ᄂᆞᆫ 看燈 아니ᄒᆞᆫ다 ᄒᆞᄂᆞ니라.

혼인 명 혼인(婚姻). ⇔친(親). ≪集覽, 字解, 累字解, 2ㅎ≫悔親. 혼인 므르다. 亦曰退親.

혼자 부 혼자. ⇔독자(獨自). ≪朴諺, 上, 49ㅈ≫我獨自箇射時也贏的, 내 혼자 ᄡᅩ아도 이긔리로다.

혼칭(混稱) 동 서로 혼동하여 일컫다. 또는 그 명칭. ≪朴諺, 上, 50ㅎ≫上頭鋪兩三箇襦子(集覽, 朴集, 上, 13ㅎ: 襦子. 音義云, 𧝃褓, 接孴汚穢之物. 今按, 𧝃卽繃子, 褓卽襦子, 音義混而一之, 誤矣. 但譯語指南, 亦呼繃子, 混稱爲𧝃褓. 未詳是否. 襦子, 깃.), 우희 두세 깃을 ᄭᆞᆯ고.

혼하(渾河) 명 내 이름. 노구(蘆溝)의 속명(俗名). 중국 산서성(山西省) 북쪽에서 동쪽의 하북성(河北省)으로 흐르는 영정하(永定河)의 상류이다. ≪朴諺, 上, 9ㅎ≫水渰過蘆溝橋(集覽, 朴集, 上, 4ㅎ: 蘆溝橋. 蘆溝本桑乾河, 俗曰渾河, 亦曰小黃河.)獅子頭, 믈이 蘆溝橋 獅子ㅅ 머리를 ᄌᆞᆷ가 너머.

홀(忽) 부 문득. ⇔믄득. ≪朴諺, 下, 49ㅈ≫忽跳上牛去, 믄득 쇠게 ᄠᅱ여 올라. ≪朴諺, 下, 51ㅈ≫忽生得清歌細舞之心, 믄득 清歌 細舞홀 ᄆᆞᅀᆞᆷ을 내여.

홀로 부 홀로. ⇔독자(獨自). ≪朴諺, 下, 43ㅎ≫臨死獨自當, 죽으매 님ᄒᆞ여 홀로 당ᄒᆞ니.

홀연(忽然) 부 홀연. 홀연히. ⇔홀연히(忽然-). ≪朴諺, 下, 48ㅈ≫那灰忽然飛將起來後頭, 뎌 집 忽然히 ᄂᆞ라 니러난 후에야.

홀연히(忽然-) 부 홀연. 홀연히. ⇔홀연

(忽然). ≪朴諺, 下, 48ㅈ≫那灰忽然飛將起來後頭, 뎌 지 忽然히 ᄂᆞ라 니러난 후에야.

홈 동 함. ≪朴諺, 上, 35ㅎ≫這般時, 이리 홈애. ≪朴諺, 上, 63ㅎ≫有樂時同樂, 즐거옴이 잇거든 ᄒᆞᆫ가지로 즐겨 홈이. ≪朴諺, 中, 4ㅈ≫五箇染小紅乾色罷, 닷 필은 小紅 드려 건ᄉᆡᆨ으로 홈이 므던ᄒᆞ니. ≪朴諺, 中, 10ㅎ≫買人的文契只這的是, 사ᄅᆞᆷ 사ᄂᆞᆫ 글월을 그저 이리 홈이 올흐니. ≪朴諺, 中, 38ㅈ≫葱白的三兩銀子如何, 葱白에ᄂᆞᆫ 석 냥 은에 홈이 엇더ᄒᆞ뇨. ≪朴諺, 中, 59ㅈ≫因你要蒲葉, 네 蒲葉 달라 홈을 인ᄒᆞ여. ≪朴諺, 下, 2ㅎ≫沒計奈何, 계괴 엇디호미 업서. ≪朴諺, 下, 40ㅎ≫沒奈何晝, 엇디려뇨 홈이 업서 그리ᄂᆞ니라.

-홈 접미 -함. ≪朴諺, 上, 1ㅈ≫咱們消愁解悶如何, 우리 消愁 解悶홈이 엇더ᄒᆞ뇨. ≪朴諺, 中, 10ㅎ≫恐後無憑, 후에 의빙 홈이 업슬가 저허. ≪朴諺, 中, 17ㅎ≫這般的有甚麽稀罕, 이런 거시 므슴 稀罕홈이 이시리오.

홍(洪) 형 크다. ⇔크다. ≪朴諺, 上, 1ㅈ≫洪福齊天, 큰 福이 하늘과 ᄀᆞᄌᆞᆨᄒᆞ야.

홍(紅) 형 붉다. ⇔븕다. ≪朴諺, 上, 26ㅎ≫紅斜皮心兒, 紅斜皮 心児에. ≪朴諺, 上, 28ㅈ≫紅斜皮心兒, 紅斜皮 心児에. ≪朴諺, 上, 60ㅎ≫泥椒紅墻壁, 호쵸로 ᄇᆞ른 블근 墻壁에. ≪朴諺, 下, 21ㅈ≫擡過一箇紅漆横子來, ᄒᆞᆫ 블근 칠ᄒᆞᆫ 横를 드러오라 ᄒᆞ여.

홍교(紅橋) 명 중국 강소성(江蘇省)과 양주성(揚州城)의 북서쪽에 있던 다리 이름. ≪朴諺, 上, 38ㅎ≫那紅橋邊有一箇張獸醫, 뎌 紅橋 ᄀᆞᆺ에 ᄒᆞᆫ 張獸醫ㅣ 이시니.

홍롱(哄弄) 동 속이다. 농락하다. ⇔소기다. ≪朴諺, 中, 37ㅈ≫休哄弄我, 날을 소기디 말라.

홍료(紅蓼) 명 붉은 빛깔의 여뀌. ≪朴諺, 下, 51ㅈ≫閑居兩岸青蒲紅蓼灘邉, 兩岸 青蒲 紅蓼 灘邉에 閑居ᄒᆞ야.

홍무(洪武) 명 명(明)나라 태조(太祖) 주원장(朱元璋)의 연호(1368~1398). ≪朴諺, 上, 8ㅎ≫往永平(集覽, 朴集, 上, 4ㅈ: 永平. 洪武二年, 改永平府屬北平布政司, 北平卽燕都, 永樂都燕京, 以此直隷京師.)·大寧·遼陽·開元·瀋陽等處開去, 永平·大寧·遼陽·開元·瀋陽 等處를 향ᄒᆞ여 開讀ᄒᆞ라 가노라. ≪朴諺, 上, 11ㅎ≫我在平則門(集覽, 朴集, 上, 5ㅎ: 平則門. 元初爲燕京路, 後稱〈称〉大都路, 洪武初改爲北平布政司.)邉住, 내 平則門 ᄀᆞᆺ의 이셔 사노라. ≪朴諺, 中, 19ㅎ≫東安州(集覽, 朴集, 中, 3ㅎ: 東安州. 在東安縣西北. 金以前皆爲縣, 元陞爲州, 今避水患移今治, 在順天府南一百里, 故城遂廢〈癈〉, 洪武初改爲縣.)去, 東安州에 가.

홍문(鴻門) 명 중국 섬서성(陝西省) 임동현(臨潼縣) 동쪽에 있었다. 초(楚)나라의 항우(項羽)가 한(漢)나라의 유방(劉邦)을 죽이려고 연회를 베푼 곳으로 유명하다. ≪朴諺, 上, 39ㅈ≫狗有濺草之恩, 개ᄂᆞᆫ 濺草ᄒᆞᆫ 恩이 잇고. 馬有垂韁之報(集覽, 朴集, 上, 11ㅈ: 馬有垂韁之報. 漢高祖與項王會鴻門, 舞劒事急, 謀脫. 匹〈疋〉馬南行, 道傍有一眢井, 馬到井邊不肯行. 漢王恐追者至, 下馬入井.), ᄆᆞᆯ은 垂韁ᄒᆞᆫ 報ㅣ 잇다 ᄒᆞ니라.

홍백(紅白) 명 홍색과 백색. ≪朴諺, 上, 62ㅈ≫噴鼻眼花的是紅白荷花, 코헤 ᄲᅮᆷ기고 눈에 밤읜 거ᄉᆞᆫ 이 紅白 荷花러라.

홍복(洪福) 명 큰 행복. 큰 복력(福力). ≪朴諺, 上, 1ㅈ≫洪福齊天, 큰 福이 하늘과 ᄀᆞᄌᆞᆨᄒᆞ야.

홍사피(紅斜皮) 명 홍사피(紅斜皮). 홍색(紅色)의 돈피(獤皮). ≪朴諺, 上, 26ㅎ≫紅斜皮心兒, 紅斜皮 心児에. ≪朴諺, 上, 28ㅈ≫紅斜皮心兒, 紅斜皮 心児에.

홍색(紅色) 명 붉은색. ≪朴諺, 上, 4ㅎ≫虎刺賔(集覽, 朴集, 上, 2ㅈ: 虎刺(剌)賔. 質問云, 如李長大, 半青半紅色, 食之可口. 又云, 如赤李長而大者.), 굴근외얏이오.

≪朴諺, 下, 45ㅎ≫粧點顔色(集覽, 朴集, 下, 10ㅈ: 粧點顔色. 牛色以立春日爲法, 日干爲頭·角·耳·色, 日支〈支〉爲身色, 納音爲蹄·尾·肚色. 日干, 甲·乙, 木, 靑色, 丙·丁, 火, 紅色之類), 빗촐 ᄭᅮ미고.

홍원(弘願) 명 〈불〉 정토종에서, 모든 것을 널리 제도하고자 하는 아미타불의 본원(本願). ≪朴諺, 中, 21ㅈ≫智滿十身(集覽, 朴集, 中, 4ㅈ: 智滿十身. 十身有調御. 十身, 曰無着, 曰弘願, 曰業報, 曰住持, 曰涅槃, 曰淨法, 曰眞心, 曰三昧, 曰道性, 曰如意. 有內十身, 曰菩提, 曰願, 曰化, 曰力持, 曰莊嚴, 曰威勢, 曰意生, 曰福德, 曰法, 曰智. 有外十身, 曰自, 曰衆生, 曰國土, 曰業報, 曰聲聞, 曰圓覺, 曰菩薩, 曰智, 曰法, 曰虛空.), 智ᄂᆞᆫ 十身에 찻도다.

홍유(洪儒) 명 고려(高麗)의 개국 공신(?~936). 초명은 술(述·術). 시호는 충렬(忠烈). 처음에 궁예(弓裔)의 부하로 있다가 궁예의 횡포가 심하자 신숭겸(申崇謙) 등과 함께 왕건(王建)을 추대하여 고려를 개국하고 개국 공신 1등이 되었다. 벼슬은 대상(大相)에서 삼중대광(三重大匡)으로 승진되었다. 뒤에 후백제(後百濟)를 멸망시키는 데 큰 공을 세웠다. ≪朴諺, 下, 58ㅎ≫咱本國是太祖(集覽, 朴集, 下, 12ㅈ: 太祖. 年二十, 始仕弓裔, 拜波珍餐. 其時, 洪儒等四人詣建第(第), 請擧義兵, 公固拒不從.)姓王諱建表德若天, 우리 本國이 太祖의 姓은 王이오 諱ᄂᆞᆫ 建이오 字ᄂᆞᆫ 若天이니. ≪朴諺, 下, 59ㅎ≫將軍裵玄慶·洪儒·卜智謙·申崇謙等四箇人, 將軍 裵玄慶·洪儒·卜智謙·申崇謙等 네 사ᄅᆞᆷ이.

홍인(弘忍) 명 당대(唐代)의 고승(高僧). 황매현(黃梅縣) 주씨(周氏)의 아들. 법호(法號)는 대만선사(大滿禪師). 황매산(黃梅山)에 들어가 도신선사(道信禪師)로부터 도를 깨달은 뒤 법통(法統)을 이었고, 혜능(慧能)에게 법통을 전하였다. ≪朴諺, 上, 65ㅎ≫得傳衣鉢(集覽, 朴集, 上, 16ㅈ: 傳衣鉢. 釋迦佛生年十九出家, 住世四十九年, 傳衣鉢于迦葉初祖達摩, 達摩傳衣鉢于二祖, 二祖傳于三祖, 至於六祖, 至三十二祖弘忍. 盖以此爲傳道之器也.), 衣鉢 傳홈을 어더.

홍전(紅毡) 명 홍전(紅氈). '毡'은 '氈'의 속자. ≪朴諺, 下, 30ㅈ≫穿着花袴皂靴的勇士(集覽, 朴集, 下, 5ㅎ: 勇士. 華制, 以紅毡裁成勇字, 附於方帛之上, 施長帶於四角, 橫負於背. 侍衛則用之, 故曰勇士, 卽本國甲士也.), 아롱바디예 거믄 훠 신은 勇士ㅣ.

홍전(紅氈) 명 붉은 빛깔의 모전(毛氈). ≪朴諺, 下, 30ㅈ≫穿着花袴皂靴的勇士(集覽, 朴集, 下, 5ㅎ: 勇士. 華制, 以紅毡裁成勇字, 附於方帛之上, 施長帶於四角, 橫負於背. 侍衛則用之, 故曰勇士, 卽本國甲士也.), 아롱바디예 거믄 훠 신은 勇士ㅣ.

홍정(紅定) 동 정혼(定婚)하다. 혼인을 정하다. ≪朴諺, 上, 41ㅎ≫幾時下紅定(集覽, 朴集, 上, 12ㅈ: 紅定. 晉武帝多簡良家女以充內職, 而自擇美者入選, 則以絳紗繫臂. 鎭軍將軍胡奮女入選, 亦以絳紗繫臂, 故俗謂定婚曰紅定.), 언제 紅定을 드리더뇨.

홍주(洪州) 명 지금의 충청남도(忠淸南道) 홍성군(洪城郡) 지역에 있었다. 본래 백제(百濟)의 주류성(周留城)이었고, 신라(新羅)가 병합한 뒤에 임성군(任城郡)에 합하였다. 고려(高麗) 현종(顯宗) 9년(1019)에 홍주, 조선(朝鮮) 고종(高宗) 32년(1895)에 홍성군으로 고쳤다. ≪朴諺, 上, 65ㅈ≫法名喚步虛(集覽, 朴集, 上, 15ㅎ: 步虛. 俗姓洪氏, 高麗洪州人, 法名普愚, 初名普虛, 號太古和尙. 有求法於天下之志.), 法名을 步虛ㅣ라 브르ᄂᆞᆫ 이.

홍징(泓澄) 형 물이 깊고 맑다. ≪朴諺, 上, 59ㅎ≫西湖是從玉泉(集覽, 朴集, 上, 15ㅈ: 玉泉. 一在山之陽, 泉出石罅間, 鑿石爲螭頭, 泉從螭口噴出, 鳴若雜佩, 色如素鍊〈練〉, 泓澄百頃.)裏流下來, 西湖ᄂᆞᆫ 이

玉泉으로 조차 흘러ᄂᆞ리니.

홍초(紅綃) 명 붉은 빛깔의 비단. ≪朴諺, 下, 38ㅎ≫車馬, 車馬와. 茶褐羅傘(集覽, 朴集, 下, 8ㅎ: 羅傘. 〈卽〉丞用傘, 紅浮屠頂, 黑色茶褐羅表, 紅綃裏, 三簷.), 차할 빗치 羅傘과.

홍칠(紅漆) 명 붉은 빛깔의 칠. ≪朴諺, 上, 26ㅈ≫油心紅(集覽, 朴集, 上, 9ㅈ: 油心紅. 質問云, 朱紅, 一云如心之紅也. 油, 加油於紅漆之上也.)畫水波面兒的鞍橋子, 油心紅빗치 水波面 그린 기ᄅᆞ마가지오.

홍회(紅盔) 명 붉은 칠을 한 투구. ≪朴諺, 下, 30ㅎ≫四角頭立地的四箇將軍(集覽, 朴集, 下, 5ㅎ: 四箇將軍. 募選身軀長大壯偉異於人者, 紅盔銀甲, 立於殿前月臺上四隅, 名鎭殿將軍, 亦曰紅盔將軍, 亦曰大漢將軍. 其請給衣粮曰大漢衣粮. 年過五十, 方許出官.), 네 모히 셧ᄂᆞᆫ 네 將軍이.

홍회장군(紅盔將軍) 명 붉은 투구와 은빛 나는 갑옷을 입고 궁전 앞 월대(月臺)의 네 모퉁이에 서서 시위(侍衛)하는 병졸에 대한 칭호. ≪朴諺, 下, 30ㅎ≫四角頭立地的四箇將軍(集覽, 朴集, 下, 5ㅎ: 四箇將軍. 募選身軀長大壯偉異於人者, 紅盔銀甲, 立於殿前月臺上四隅, 名鎭殿將軍, 亦曰紅盔將軍, 亦曰大漢將軍. 其請給衣粮曰大漢衣粮.), 네 모히 셧ᄂᆞᆫ 네 將軍이.

화(化) 동 〈불〉 ❶중생을 교화하기 위하여 부처에 의탁하거나 여러 모습으로 변화하다. ≪朴諺, 中, 21ㅈ≫智滿十身(集覽, 朴集, 中, 4ㅈ: 智滿十身. 十身有調御. 十身, 曰無着, 曰弘願, 曰業報, 曰住持, 曰涅槃, 曰淨法, 曰眞心, 曰三昧, 曰道性, 曰如意. 有內十身, 曰菩提, 曰願, 曰化, 曰力持, 曰莊嚴, 曰威勢, 曰意生, 曰福德, 曰法, 曰智. 有外十身, 曰自, 曰衆生, 曰國土, 曰業報, 曰聲聞, 曰圓覺, 曰菩薩, 曰智, 曰法, 曰虛空.), 智ᄂᆞᆫ 十身에 찻도다. ❷교화(敎化)하다. 곧, 부처의 진리로 사람을 가르쳐 착한 마음을 가지게 하다. ⇔화ᄒᆞ다(化-). ≪朴諺, 下, 10ㅎ≫這的無緣衆生難化, 이런 인연 업슨 衆生은 化키 어려오니라.

화(火) 동 피우다[燃]. ⇔퓌오다. ≪朴諺, 下, 5ㅈ≫你只做饋我煤火炕着, 네 그저 날을 미탄 퓌오ᄂᆞᆫ 구들을 ᄆᆡᆫᄃᆞ라 주되.

화(火) 명 불. ⇔블. ≪朴諺, 中, 2ㅈ≫因風吹火用力不多, ᄇᆞ람을 因ᄒᆞ여 블을 ᄇᆞᆯ면 힘ᄡᅳ미 하디 아니타 ᄒᆞᄂᆞ니라. ≪朴諺, 中, 35ㅈ≫吹起火來, 블을 부러 니르켜. ≪朴諺, 下, 5ㅈ≫死火炕燒火炕, 블 아니 딧ᄂᆞᆫ 구들을 ᄒᆞ랴 블딧ᄂᆞᆫ 구들을 ᄒᆞ랴. ≪朴諺, 下, 7ㅎ≫火裏炙, 블에 뙤라. ≪朴諺, 下, 7ㅎ≫火盆裏弄些火, 화로에 블 퓌오고. ≪朴諺, 下, 44ㅎ≫弄的火快時, 블 퓌오기ᄅᆞᆯ ᄲᆞᆯ리 ᄒᆞ면.

화(火) 의 (약간의 인원으로 조직된) 무리. ⇔무리. ≪朴諺, 下, 48ㅎ≫各自一火家, 各各 ᄒᆞᆫ 무리식.

화(和) 동 버무리다. ⇔버므리다. ≪朴諺, 下, 44ㅎ≫只有些和的濕煤, 그저 져기 버므린 濕煤ㅣ 이시되. ≪朴諺, 下, 44ㅎ≫一打裡和着乾不的, ᄒᆞᆫᄃᆡ 버므려 ᄆᆞᆯ뢰디 못ᄒᆞᆯ소냐.

화(和) 동 섞다. ❶⇔석다. ≪朴諺, 中, 49ㅎ≫只好生和匀着, 그저 ᄀᆞ장 석기ᄅᆞᆯ 고로게 ᄒᆞ여. ❷⇔섯다. ≪朴諺, 下, 5ㅎ≫把那麻刀一打裏和的匀着, 뎌 삼ᄡᅥ울을다가 ᄒᆞᆫ 번의 섯기ᄅᆞᆯ 고로게 ᄒᆞ라.

화(和) 동 이기다. 반죽하다. ❶⇔니기다. ≪朴諺, 下, 5ㅎ≫這裏和泥, 예셔 ᄒᆞᆰ 니기라. ❷⇔닉이다. ≪朴諺, 下, 21ㅈ≫和將一塊青泥來, ᄒᆞᆫ 덩이 프른 ᄒᆞᆰ을 닉여 가져다가.

화(和) 부 및. ⇔밋. ≪集覽, 字解, 單字解, 1ㅎ≫和. 平聲, 調和也. 又去聲, 與也, 及也. 我和你 너와 나와, 銅匙和快子 술와 밋 져와.

화(和) 조 -과. ⇔-과. ≪朴諺, 上, 18ㅎ≫左輔右弼板兒和兩箇束兒, 左輔右弼 돈과 두 믓금쇠ᄂᆞᆫ. ≪朴諺, 上, 37ㅈ≫不知道我的麁和細, 나의 굴금과 ᄀᆞᄂᆞᆷ을 아디 못

ᄒᆞᄂᆞᆫ 거시여. ≪朴諺, 上, 57ㅎ≫我家裏取氈衫和油帽去, 우리 집의 氈衫과 油帽를 가질라 가노라. ≪朴諺, 中, 6ㅈ≫諸般菜蔬·鷄鴠和升·斗·等子, 여러 가지 ᄂᆞ믈과 ᄃᆞᆰ긔알과 되과 말과 저울을. ≪朴諺, 下, 5ㅈ≫將鐵杴和鍬來掘土, 삷과 광이를 가져다가 흙을 ᄑᆡ여. ≪朴諺, 下, 15ㅎ≫和一箇漢兒人廝打來, ᄒᆞᆫ 漢ㅅ 사ᄅᆞᆷ과 싸홧더니. ≪朴諺, 下, 17ㅎ≫和伯眼大仙, 伯眼大仙과. ≪朴諺, 下, 29ㅎ≫碎家事和將瀝青來, ᄌᆞᆫ 연장과 瀝青을 가져다가. ≪朴諺, 下, 33ㅎ≫零碎和生薑·料物·葱·蒜·醋·塩都將來, ᄌᆞᆫ 것과 싱강과 교퇴와 파와 마ᄂᆞᆯ과 초와 소금을 다 가져오라. ≪朴諺, 下, 36ㅎ≫再也敢和我打毬麽, 뇌여 싱심이나 날과 당방올티기 ᄒᆞᆯᄯᅡ. ≪朴諺, 下, 56ㅎ≫如今和小人望他去便了, 이제 쇼인과 뎌를 보라 가면 곳 ᄒᆞ리라. ≪朴諺, 下, 62ㅈ≫這的高麗筆墨和二十張大紙將去, 이 高麗ㅅ 筆墨과 스므 댱 큰 죠희를 가져가.

화(和) [조] -와. ❶⇔-과. ≪朴諺, 上, 11ㅈ≫你再和他商(商)量, 네 다시 뎌과 商(商)量ᄒᆞ여. ≪朴諺, 中, 37ㅈ≫和那弟子孩兒, 뎌 弟子 孩兒과. ❷⇔-와. ≪集覽, 字解, 單字解, 1ㅎ≫和. 平聲, 調和也. 又去聲, 與也, 及也. 我和你 너와 나와, 銅匙和快子 술와 밋 져와. ≪朴諺, 中, 15ㅎ≫燒酒和黃酒多喫了, 燒酒와 黃酒를 만히 먹고. ≪朴諺, 中, 28ㅎ≫都搜出三四十箇血瀝瀝的尸首和那珠子·布絹, 셜마은 피 ᄠᅳᆺ듣ᄂᆞᆫ 尸首와 그 진쥬·布絹을 다 뒤여 내고. ≪朴諺, 中, 6ㅈ≫一瓶米酒和駱(酪), ᄒᆞᆫ 병 米酒와 타락과. ≪朴諺, 下, 28ㅈ≫我和你拿棒子, 내 너와 개암 더ᄂᆞ기 ᄒᆞ쟈. ≪朴諺, 下, 34ㅎ≫將我那提攬和皮帒來, 내 뎌 광주리와 皮帒를 가져다가.

화(和) [형] 조화롭다. 화목하다. ≪集覽, 字解, 單字解, 1ㅎ≫和. 平聲, 調和也. 又去聲, 與也, 及也. 我和你 너와 나와, 銅匙和快子 술와 밋 져와.

화(花) [동] 섭새기다. ⇔섭사기다. ≪朴諺, 上, 19ㅈ≫做一條銀廂花帶, ᄒᆞᆫ 올이 銀 젼메온 섭사긴 ᄯᅴ를 ᄆᆡᆫᄃᆞᆯ게 ᄒᆞ라. ≪朴諺, 上, 26ㅎ≫銀絲兒獅子頭的花鐙, 銀 입ᄉᆞᄒᆞᆫ 獅子 머리 섭사긴 등ᄌᆞ에.

화(花) [명] 꽃. ❶⇔곳. ≪朴諺, 上, 36ㅈ≫下雨開花刮風結子, 비 오면 곳 픠고 ᄇᆞ람 블면 여름 여ᄂᆞᆫ 거시여. ❷⇔곳ㅊ. ≪朴諺, 上, 5ㅈ≫寶粧高頂揷花, 寶粧 高頂에 곳츨 곳고. ≪朴諺, 上, 7ㅎ≫有酒有花以爲眼前之樂, 술이 잇고 곳치 잇거든 ᄡᅥ 眼前의 樂을 ᄒᆞ라. ≪朴諺, 下, 13ㅈ≫臨窓看書亦看花, 窓에 臨ᄒᆞ여 글을 보고 ᄯᅩ 곳츨 보쟈.

화(花) [명] ❶아롱. 아롱이. ⇔아롱. ≪朴諺, 下, 30ㅈ≫穿着花袴皂靴的勇士, 아롱바디에 거믄 훠 신은 勇士ㅣ. ❷얼룩. ⇔어롱. ≪朴諺, 中, 56ㅎ≫我要這女花猫兒, 내 이 암 어롱괴를 사려 ᄒᆞ노라.

화(花) [형] (눈이) 흐릿하다. 침침하다. 아물아물하다. ❶⇔바믜다. ≪朴諺, 中, 1ㅎ≫弄的只是眼花了, 농ᄒᆞ기를 그저 눈이 바믜엿게 ᄒᆞ고. ❷⇔밤의다. ≪朴諺, 上, 62ㅈ≫噴鼻眼花的是紅白荷花, 코헤 ᄲᅮᆷ기고 눈에 밤읜 거슨 이 紅白 荷花러라.

화(畫) [동] 그리다. ⇔그리다. ≪朴諺, 上, 26ㅈ≫油心紅畫水波面兒的鞍橋子, 油心紅빗치 水波面 그린 기ᄅᆞ마가지오. ≪朴諺, 上, 62ㅎ≫眞箇是畫也畫不成, 진실로 그리려 ᄒᆞ여도 그리디 못ᄒᆞ고. ≪朴諺, 中, 1ㅈ≫油紅畫金棒子, 油紅빗체 金으로 그림 그린 막대를. ≪朴諺, 中, 47ㅈ≫又將筆來面皮上畫了, ᄯᅩ 붓을 가져다가 ᄂᆞ체 그렷더니. ≪朴諺, 下, 13ㅈ≫上面畫六鶴舞琴, 上面에 六鶴舞琴을 그리고. ≪朴諺, 下, 39ㅎ≫好畫匠那裏有, 그림 잘 그리ᄂᆞᆫ 쟝인이 어ᄃᆡ 잇ᄂᆞ뇨. ≪朴諺, 下, 40ㅈ≫你要畫甚麽, 네 므서슬 그리고져 ᄒᆞᄂᆞᆫ다. 要畫我的喜身裏, 내 진영을 그리고져 ᄒᆞ노라. ≪朴諺, 下, 40ㅈ≫他別處畫了一箇官人的影來, 뎨 다른 ᄃᆡ ᄒᆞᆫ 官人의

얼굴을 그리니. ≪朴諺, 下, 40ㅎ≫似不肯家畫麽, 즐겨 그리디 아닐 ᄃᆺᄒᆞ고. ≪朴諺, 下, 40ㅎ≫沒奈何畫, 엇디려뇨 홈이 업서 그리ᄂᆞ니라. ≪朴諺, 下, 40ㅎ≫畫虎畫皮難畫骨, 범을 그리매 가족은 그려도 쎼 그리기 어렵고.

화(畫) 명 그림. ⇔그림. ≪朴諺, 上, 57ㅈ≫官裏前面看書畫裏, 황뎨 앏희셔 書畫를 보니. ≪朴諺, 中, 44ㅎ≫掛十八學士大畫, 十八學士 그린 큰 그림을 걸고.

화(話) 명 말[語]. ⇔말. ≪朴諺, 上, 14ㅈ≫話不說不知木不鑽不透, 말을 니ᄅᆞ디 아니면 아디 못ᄒᆞ고 남글 쑬디 아니면 ᄉᆞ뭇디 아닌ᄂᆞᆫ다 ᄒᆞ니라. ≪朴諺, 上, 14ㅎ≫你說甚麽話, 네 므슴 말을 니ᄅᆞᄂᆞᆫ다. ≪朴諺, 上, 24ㅈ≫有甚麽話說, 므슴 말을 닐옴이 이시리오. ≪朴諺, 上, 49ㅎ≫你說甚麽話, 네 므슴 말 니ᄅᆞᄂᆞᆫ다. ≪朴諺, 上, 52ㅎ≫相公有甚麽話, 相公아 므슴 말이 이셔. ≪朴諺, 上, 63ㅈ≫一遍也不曾說知心腹的話, ᄒᆞᆫ 변도 일즉 心腹 아ᄂᆞᆫ 말을 니ᄅᆞ디 못ᄒᆞ여시니. ≪朴諺, 上, 64ㅎ≫要甚麽多話, 므슴ᄒᆞ라 말 한 양 ᄒᆞ리오. ≪朴諺, 中, 4ㅎ≫那的有甚麽話說, 그야 므슴 말을 니ᄅᆞ미 이시리오. ≪朴諺, 中, 18ㅈ≫咳你說甚麽話, 애 네 므슴 말을 니ᄅᆞᄂᆞᆫ다. ≪朴諺, 中, 18ㅈ≫再來休說這般不曉事的話, 뇌여란 이런 일 모로ᄂᆞᆫ 말 니ᄅᆞ디 말라. ≪朴諺, 中, 31ㅈ≫哥你說甚麽話, 형아 네 므슴 말을 니ᄅᆞᄂᆞᆫ다. ≪朴諺, 中, 37ㅈ≫說甚麽閑話, 므슴 힘힘ᄒᆞᆫ 말을 니ᄅᆞᄂᆞᆫ다. ≪朴諺, 中, 50ㅎ≫擺忙裏說甚麽閑話來, 밧브ᄃᆡ 므슴 힘힘ᄒᆞᆫ 말 닐ᄋᆞ리오. ≪朴諺, 下, 6ㅈ≫你說甚麽話, 네 므슴 말 니ᄅᆞᄂᆞᆫ다.

화(靴) 명 (목이 긴) 가죽신. ❶⇔훠. ≪朴諺, 上, 67ㅈ≫今日脫靴上炕, 오ᄂᆞᆯ 훠를 벗고 炕에 올랏다가. 明日難保得穿, ᄂᆡ일 어더 신기를 밋기 어렵다 ᄒᆞᄂᆞ니라. ≪朴諺, 下, 30ㅈ≫穿着花袴皀靴的勇士, 아롱바디예 거믄 훠 신은 勇士ㅣ. ❷⇔훠ᄋᆞ. ≪朴諺, 中, 19ㅈ≫一箇賊那靴鋪裏, ᄒᆞᆫ 도적은 뎌 훠ᄋᆞ푸ᄌᆞ에.

화(禍) 명 모든 재앙과 액화(厄禍). ≪朴諺, 下, 16ㅎ≫禍從天上來, 禍ㅣ 天上으로 조차 오ᄂᆞ니라.

화(樺) 명 봇나무. 자작나무. 또는 자작나무의 껍질. ⇔봇. ≪朴諺, 上, 53ㅎ≫樺一樺, 봇 닙히라.

화간(畫干) 명 그림을 그린 방패. ≪朴諺, 下, 31ㅈ≫手持畫干·方天戟的, 손에 畫干·方天戟을 잡으니와.

화개(禾稭) 명 볏짚. ≪朴諺, 中, 20ㅈ≫把摟草(集覽, 朴集, 中, 3ㅎ: 摟草. 摟, 探聚也. 收禾登場, 截穗取實, 亂撒禾稭在場, 仍而摟聚者曰摟草.)二錢半一束(束)家, 허튼 딥흔(흘)다가 돈 둘 반에 ᄒᆞᆫ 뭇식 ᄒᆞ여.

화격(花槅) 명 꽃을 아로새긴 격자(格子). ≪朴諺, 中, 12ㅈ≫各搽帳房室車(集覽, 朴集, 中, 2ㅎ: 細車〈室車〉. 質問云, 如婦人所乘車, 周圍雕刻花槅, 油飾花須, 方言謂之細車.), 여러 가지 帳房ᄒᆞᆫ 室車와.

화계(火計) 명 동무. 벗. 동료. ⇔동모. ≪集覽, 字解, 累字解, 2ㅎ≫火計. 동모.

화고(花袴) 명 아롱아롱한 무늬가 있는 옷감으로 지은 바지. ⇔아롱바디. ≪朴諺, 下, 30ㅈ≫穿着花袴皀靴的勇士, 아롱바디예 거믄 훠 신은 勇士ㅣ.

화과(花果) 명 꽃과 과일. ≪朴諺, 下, 43ㅈ≫花果·酒器家事, 花果와 酒器 家事를.

화과산(花菓山) 명 중국의 소설 서유기(西遊記)에 나오는, 서역(西域)에 있다는 산 이름. ≪朴諺, 下, 17ㅈ≫唐三藏引孫行者(集覽, 朴集, 下, 4ㅈ: 孫行者. 西遊記云, 西域有花菓山, 山下有水簾洞, 洞前有鐵板橋, 橋下有萬丈澗, 澗邊有萬箇小洞, 洞裏多猴. 有老猴精, 號齊天大聖, 神通廣大, 入天宮仙桃園偸蟠桃, 又偸老君靈丹藥, 又去王母宮偸王母綉仙衣一套, 來設慶仙衣會.), 唐三藏이 孫行者를 ᄃᆞ리고. ≪朴諺, 下, 47ㅈ≫粧二郎爺爺(集覽, 朴

集, 下, 10ㅎ: 二郎爺爺. 按西遊記, 西域花菓山洞有老猴精, 號齊天大聖, 神變〈变〉無測, 鬧(閙)乱天宮, 玉帝命李天王領神兵往捕, 相戰失利.), 二郎爺爺를 ᄉᆞ며.

화낭(花娘) 명 창부(娼婦). 창녀. ≪朴諺, 上, 40ㅎ≫別處一箇官人娶娘子(集覽, 朴集, 上, 11ㅎ: 娘子. 南村輟耕[錄]云〈南村輟耕錄〉, 世謂穩婆曰老娘, 女巫曰師娘, 唱〈娼〉婦曰花娘, 達人又曰草娘, 苗人謂妻曰夫娘, 南方謂婦人無行者曰夫娘, 謂婦人之卑賤者曰某娘, 曰幾娘, 鄙之曰婆娘.), 다른 고ᄃᆡ ᄒᆞᆫ 官人이 娘子를 娶ᄒᆞ노라.

화냥년 명 화냥년. (서방질을 하는 여자) ⇔양한(養漢). ≪朴諺, 下, 25ㅎ≫這賊養漢生的小驢精, 이 도적 화냥년의 난 나괴삐야.

화니(和泥) 동 흙을 이기다. ≪朴諺, 下, 5ㅎ≫這裏和泥, 예셔 흙 니기라.

화대(花帶) 명 꽃무늬를 섭새김한 띠. ≪朴諺, 上, 19ㅈ≫做一條銀廂花帶, ᄒᆞᆫ 올이 銀 젼메온 섭사긴 ᄯᅴ를 ᄆᆡᆫ들게 ᄒᆞ라.

화대(花臺) 명 둘레를 벽돌을 에워 쌓아 만든 화단(花壇). ⇔화대아(花臺兒). ≪朴諺, 下, 13ㅈ≫前面壘一箇花臺兒, 前面에 ᄒᆞᆫ 花臺를 무으고. ≪朴諺, 下, 35ㅈ≫打花臺窩兒(集覽, 朴集, 下, 7ㅎ: 花臺窩兒. 質問云, 以磚砌臺, 其上栽〈裁〉花藏窩, 將毬打入窩內爲勝.), 花臺ㅅ 굼글 티고.

화대(華臺) 명 〈불〉 연화대(蓮花臺). 연꽃 모양으로 만든 불상(佛像)의 자리. ≪朴諺, 中, 21ㅈ≫座飾芙蓉(集覽, 朴集, 中, 4ㅎ: 座飾芙蓉. 飜譯名義云, 大論問, 諸牀〈床〉可坐, 何必蓮華. 荅曰, 牀爲世間白衣坐法, 又以蓮華軟淨, 欲現神力, 能坐其上, 令不壞故, 又以莊嚴妙法故, 又以此華華臺嚴淨香妙可坐故.)湛南海澄淸之水, 안즌 ᄃᆡ는 芙蓉으로 ᄭᅮ며시니 南海 澄淸ᄒᆞᆫ 水에 즘겻고.

화대(靴帶) 명 가죽신과 띠. ≪朴諺, 下, 43ㅈ≫又是魂馬·衣帽·靴帶之類, ᄯᅩ 魂馬와 衣帽와 靴帶ㅅ 類와.

화대아(花臺兒) 명 둘레를 벽돌을 에워 쌓아 만든 화단(花壇). ⇔화대(花臺). ≪朴諺, 下, 13ㅈ≫前面壘一箇花臺兒, 前面에 ᄒᆞᆫ 花臺를 무으고. ≪朴諺, 下, 35ㅈ≫打花臺窩兒(集覽, 朴集, 下, 7ㅎ: 花臺窩兒. 質問云, 以磚砌臺, 其上栽〈裁〉花藏窩, 將毬打入窩內爲勝.), 花臺ㅅ 굼글 티고.

화대와아(花臺窩兒) 명 화대(花臺)에 만든, 공을 쳐 넣는 구멍. 꽃을 심어 구멍이 보이지 않게 가린다. ≪朴諺, 下, 13ㅈ≫前面壘一箇花臺兒, 前面에 ᄒᆞᆫ 花臺를 무으고. ≪朴諺, 下, 35ㅈ≫打花臺窩兒(集覽, 朴集, 下, 7ㅎ: 花臺窩兒. 質問云, 以磚砌臺, 其上栽〈裁〉花藏窩, 將毬打入窩內爲勝.), 花臺ㅅ 굼글 티고.

화두(花頭) 명 막새. 막새기와. ⇔막새. ≪朴諺, 上, 60ㅎ≫盖的都是龍鳳凹面花頭·筒瓦和仰瓦, 녠 거슨 다 龍鳳을 우묵겨 면 듯게 ᄒᆞᆫ 막새와 수디새와 암디새오.

화등(花鐙) 명 꽃무늬를 섭새김한 등자. ≪朴諺, 上, 26ㅎ≫銀絲兒獅子頭的花鐙, 銀 입ᄉᆞᄒᆞᆫ 獅子 머리 섭사긴 등ᄌᆞ에.

화로 명 화로(火爐). ⇔화분(火盆). ≪朴諺, 下, 7ㅎ≫火盆裏弄些火, 화로에 블 퓌오고.

화리목(花梨木) 명 화류(樺榴). 자단(紫檀)의 목재. ≪朴諺, 上, 15ㅈ≫起線花梨木鞘兒, 실 도틘 花梨木 갑플에.

화매(貨賣) 동 상품을 팔다. ≪朴諺, 下, 29ㅈ≫元寶(集覽, 朴集, 下, 5ㅎ: 元寶. 世祖大會王子·王孫·駙馬·國戚, 從而頒賜, 或用貨賣, 所以民間有此錠也.)我有半錠了, 元寶ㅣ 내게 반 뎡이 이시니.

화묘아(花猫兒) 명 얼룩 고양이. ⇔어롱괴. ≪朴諺, 中, 56ㅎ≫我要這女花猫兒, 내 이 암 어롱괴를 사려 ᄒᆞ노라.

화물(貨物) 명 운반할 수 있는 유형(有形)의 재화나 물품. ≪朴諺, 中, 27ㅈ≫開着一座解儅庫(集覽, 朴集, 中, 6ㅎ: 解儅庫. 王莽令市官收賤賣貴, 謂如貸錢與民一百箇, 每月收利錢三箇, 銀一兩, 則每月取利

三分之類. 後主量其貨物而抽分, 遺下亦收息百三.), 一座 解僧庫를 열고.

화반석(花班石) 명 돌의 한 가지. 붉고 흰 무늬가 섞이고, 바탕이 매우 곱고도 무르다. 도장·그릇 따위를 만드는 데 쓴다. ≪朴諺, 上, 60ㅎ≫地基地餙都是花班石, 地基 地餙은 다 花班石이오.

화방(花房) 명 ❶(화초를 재배하는) 온실(溫室). ≪朴諺, 中, 39ㅈ≫花房幾間, 花房이 현 간. ❷꽃부리. ≪朴諺, 下, 35ㅈ≫却打花房窩兒(集覽, 朴集, 下, 7ㅎ: 花房窩兒. 質問云, 如打毬, 先立毬窩於花房之上, 然後用棒打入, 方言謂之花房窩兒.), 또 花房 굼글 티쟈.

화방(和鎊) 명 까뀌. ⇔갓괴. ≪朴諺, 下, 12ㅎ≫你只取將墨斗, 네 그저 먹고조와. 墨篗, 먹갈과. 和鎊, 갓괴와. 錛子, 항괴와. 退鉋, 딕패와. 鑿子, 끌과. 斧子, 도최와. 鋸子來做生活, 줄을 가져다가 셩녕ᄒᆞ라.

화병(花餠) 명 꽃을 조각한 떡살로 찍어 만든 떡. ≪朴諺, 上, 1ㅎ≫着李四買果子·拖爐(集覽, 朴集, 上, 1ㅈ: 拖爐. 音義云, 麵作小餠者〈麵作小餠〉. 質問云, 以麥麵和油蜜印成花餠, 烙熟食之.)·隨食去, 李四로 ᄒᆞ여 과실과 拖爐·隨食을 사라 가게 ᄒᆞ라.

화분(火盆) 명 화로(火爐). ⇔화로. ≪朴諺, 下, 7ㅎ≫火盆裏弄些火, 화로에 블 퓌오고.

화불단행(禍不單行) 명 화는 혼자 오지 않는다는 뜻으로, 재앙은 번번이 겹쳐 온다는 말. ≪朴諺, 下, 16ㅈ≫禍不單行眞箇是, 禍不單行이 진실로 올타.

화불설부지목불찬불투(話不說不知 木不鑽不透) 구 말은 하지 않으면 명백해지지 않고, 나무는 뚫지 않으면 통하지 않는다는 뜻. ≪朴諺, 上, 14ㅈ≫話不說不知木不鑽不透, 말을 니ᄅᆞ디 아니면 아디 못ᄒᆞ고 남글 뚤디 아니면 ᄉᆞᄆᆞᆺ디 아닌ᄂᆞ다 ᄒᆞᄂᆞ니라.

화상(和尙) 명 중[僧]. 수계자(受戒者)의 사표(師表)가 되는 중. ⇔즁. ≪朴諺, 上, 32ㅎ≫一箇和尙(集覽, 朴集, 上, 9ㅎ: 和尙. 萬里相和曰和, 外道相尙曰尙. 又和者, 太和也, 尙者, 高尙也. 又和尙, 外國語, 此云近誦. 以弟子年少, 不離於師, 常遂相〈常〉近, 受經而誦者.)偸弄別人的媳婦, ᄒᆞᆫ 즁이 ᄂᆞᆷ의 겨집을 도적ᄒᆞ여 어ᄅᆞ노라. ≪朴諺, 上, 32ㅎ≫却拿着那和尙, 또 뎌 즁을 잡아. ≪朴諺, 上, 34ㅈ≫這一等和尙不打他要做甚麽, 이런 즁을 티디 아니ᄒᆞ고 므슴 ᄒᆞ리오. 衆人再問和尙, 모ᄃᆞᆫ 사ᄅᆞᆷ이 다시 즁ᄃᆞ려 무로ᄃᆡ. ≪朴諺, 上, 34ㅈ≫那和尙說再也不敢, 뎌 즁이 닐오ᄃᆡ ᄂᆡ여란 ᄉᆡᆼ심이나. ≪朴諺, 上, 65ㅈ≫一箇見性得道的高麗和尙, ᄒᆞᆫ 見性 得道ᄒᆞᆫ 高麗ㅅ 즁. ≪朴諺, 上, 65ㅎ≫到江南地面石屋(集覽, 朴集, 上, 16ㅈ: 石屋. 法名淸珙, 號石屋和尙, 臨濟十八世之嫡孫也.)法名的和尙根底, 江南 싸 石屋이라 法名 ᄒᆞᆫ 즁의손ᄃᆡ 가니. ≪朴諺, 下, 8ㅎ≫眞是一箇有德行的和尙, 진실로 이 ᄒᆞᆫ 德行 잇ᄂᆞᆫ 和尙이러라. ≪朴諺, 下, 18ㅈ≫但見和尙, 믈읫 즁을 보면.

화성(花城) 명 꽃의 성이라는 뜻으로, 꽃이 많이 피어 있는 아름다운 곳을 비유하는 말. ≪朴諺, 下, 51ㅈ≫或撑開入這荷國花城, 혹 ᄇᆡ ᄢᅥ혀 이 荷國 花城에 드러가.

화쇄(靴刷) 명 신의 먼지를 터는 솔. ≪朴諺, 下, 28ㅈ≫這帽刷·靴刷各一箇, 이 帽刷·靴刷 각 ᄒᆞ나와.

화수(花須) 명 꽃술. 화예(花蕊). ≪朴諺, 中, 12ㅈ≫各揉帳房室車(集覽, 朴集, 中, 2ㅎ: 細車〈室車〉. 質問云, 如婦人所乘車, 周圍雕刻花槅, 油飾花須, 方言謂之細車.), 여러 가지 帳房ᄒᆞᆫ 室車와.

화순(和順) 형 온화하고 양순하다. ⇔화순ᄒᆞ다(和順-). ≪朴諺, 上, 7ㅎ≫咱弟兄們和順的上頭, 우리 弟兄들히 和順ᄒᆞᆫ 젼ᄎᆞ로.

화순ᄒᆞ다(和順-) 형 온화하고 양순하다. ⇔화순(和順). ≪朴諺, 上, 7ㅎ≫咱弟兄們和順的上頭, 우리 弟兄들히 和順ᄒᆞᆫ 젼ᄎᆞ로.

화아(火兒) 의 (약간의 인원으로 조직된)

무리. ⇔무리. ≪朴諺, 下, 48ㅎ≫其中那一火兒强的, 그 듕에 아모 흔 무리 나은 이.

화아(花兒) 명 소름. 또는 그런 무늬. 곧, 좁쌀 모양의 무늬[粟紋]. ⇔소홈. ≪朴諺, 上, 29ㅎ≫這一等花兒勻大的, 이 흔 가지 소홈 고로고 크니를.

화아(畫兒) 명 그림. ⇔그림. ≪朴諺, 中, 44ㅎ≫掛幾軸畫兒, 여러 툭 그림을 걸고.

화양(花樣) 명 화양(花樣). '樣'은 '樣'과 같다. ≪朴諺, 上, 6ㅎ≫第三道鮮笋燈籠湯(集覽, 朴集, 上, 3ㅎ: 鮮笋燈龍湯. 質問云, 鮮笋, 以笋雕爲玲瓏花樣, 空其內, 糝肉作羹食之.), 第三道는 鮮笋燈籠湯이오. ≪朴諺, 上, 15ㅎ≫鋸兒上鈒一箇好花樣兒, 톱 우희 흔 됴흔 花樣을 사기고. ≪朴諺, 上, 25ㅈ≫剌(刺)通袖膝欄(集覽, 朴集, 上, 8ㅎ: 刺通袖膝欄. 元時好着此衣, 前後具胷背, 又連肩而通袖之脊, 至袖口爲紋, 當膝周圍亦爲紋如欄干, 然織成段匹爲衣者有之, 或皮或帛, 用綵線周遭回曲爲緣, 如花樣, 刺〈剌〉爲草樹〈尌〉·禽獸·山川·宮殿之文於〈紋於〉其內, 備極奇巧, 皆用團領着之, 其直甚高.)羅帖裏上, ᄉ매 ᄆᄅ 내 치질ᄒ고 膝欄ᄒ 羅 털릭에.

화양(花樣) 명 ❶꽃 모양. 또는 그런 무늬. ≪朴諺, 上, 6ㅎ≫第三道鮮笋燈籠湯(集覽, 朴集, 上, 3ㅎ: 鮮笋燈龍湯. 質問云, 鮮笋, 以笋雕爲玲瓏花樣, 空其內, 糝肉作羹食之.), 第三道는 鮮笋燈籠湯이오. ≪朴諺, 上, 15ㅎ≫鋸兒上鈒一箇好花樣兒, 톱 우희 흔 됴흔 花樣을 사기고. ≪朴諺, 上, 25ㅈ≫剌(刺)通袖膝欄(集覽, 朴集, 上, 8ㅎ: 刺通袖膝欄. 元時好着此衣, 前後具胷背, 又連肩而通袖之脊, 至袖口爲紋, 當膝周圍亦爲紋如欄干, 然織成段匹爲衣者有之, 或皮或帛, 用綵線周遭回曲爲緣, 如花樣, 刺〈剌〉爲草樹〈尌〉·禽獸·山川·宮殿之文於〈紋於〉其內, 備極奇巧, 皆用團領着之, 其直甚高.)羅帖裏上, ᄉ매 ᄆᄅ 내 치질ᄒ고 膝欄ᄒ 羅 털릭에. ❷꽃 모양. 또는 그런 무늬. ⇔화양아(花樣兒). ≪朴諺, 上, 15ㅎ≫鋸兒上鈒一箇好花樣兒, 톱 우희 흔 됴흔 花樣을 사기고.

화양아(花樣兒) 명 꽃 모양. 또는 그런 무늬. ⇔화양(花樣). ≪朴諺, 上, 15ㅎ≫鋸兒上鈒一箇好花樣兒, 톱 우희 흔 됴흔 花樣을 사기고.

화엄(華嚴) 명 〈불〉 정식 이름은 대방광불화엄경(大方廣佛華嚴經). 석가모니가 성도(成道)한 깨달음의 내용을 그대로 설법한 경문(經文). 불교의 가장 높은 교리(敎理)이다. ≪朴諺, 上, 33ㅈ≫披着袈裟(集覽, 朴集, 上, 10ㅈ: 袈裟. 華嚴云, 着袈裟者, 捨離三毒.), 袈裟 닙고.

화연(化緣) 명 〈불〉 중생(衆生)을 교화하는 인연(因緣). 불보살(佛菩薩)의 출현은 이 때문이며, 이 인연이 다하면 곧 열반(涅槃)에 든다고 한다. ≪朴諺, 中, 22ㅈ≫起浮屠於泗水之間(集覽, 朴集, 中, 5ㅈ: 起浮屠於泗水之間. 中宗問諸近臣, 近臣奏, 僧伽大師化緣在臨淮, 恐欲歸.), 浮屠를 泗水ㅅ ᄉ이에 니ᄅ혀고.

화예(花蕊) 명 꽃술. ≪朴諺, 下, 14ㅈ≫喫稍麥(集覽, 朴集, 下, 3ㅎ: 稍麥. 又云, 以麵作皮, 以肉爲餡, 當頂作爲花蕊, 方言謂之稍麥.)粉湯, 稍麥과 스면 먹고.

화요(靴靿) 명 (목이 긴) 가죽신의 목. ⇔휫돈. ≪朴諺, 下, 28ㅎ≫我靴靿裏揣將去, 내 휫돈에 고자 가져가리라.

화원(花園) 명 꽃밭. ≪朴諺, 上, 1ㅈ≫去那有名的花園裏, 뎌 有名ᄒ 花園에 가. ≪朴諺, 上, 58ㅎ≫八里庄梁家花園裏做來, 八里庄 梁家 花園의셔 ᄒ니라.

화인(華人) 명 중국인. 한족(漢族). ≪朴諺, 上, 32ㅎ≫正撞見他的漢子(集覽, 朴集, 上, 9ㅎ: 漢子. 至晉末, 五胡亂〈乱〉華, 胡人罵華人曰漢兒, 華人罵胡人曰胡虜, 此稱〈称〉漢之始也.), 졍히 뎌의 남진을 만나보니. ≪朴諺, 下, 46ㅈ≫一托來長的兩箇機角(集覽, 朴集, 下, 10ㅈ: 機角. 華人鄉語呼角曰機角.), ᄒ 발 기릐에 두 쁠이오.

화자(畫字) 동 수결(手決)하다. 서명(署名)하다. 화압(畫押)하다. ⇔일홈두다. ≪朴諺, 下, 12ㅈ≫畫箇字, 일홈두라.

화자(靴子) 명 (목이 긴) 가죽신. ❶⇔훠. ≪朴諺, 上, 32ㅈ≫把我的兩對新靴子都走破了, 내 두 쌍 새 훠를다가 다 든녀 해야ᄇᆞ리게 ᄒᆞ고. ≪朴諺, 上, 47ㅈ≫衣裳·帽子·靴子, 옷과 갓과 훠를. ❷⇔훠ᄋᆞ. ≪朴諺, 上, 24ㅎ≫五綵綉麒麟柳綠紵絲抹口的靴子, 五綵로 猉獜을 綉ᄒᆞ고 柳綠 빗체 비단으로 부리 두론 훠ᄋᆞ에. ≪朴諺, 上, 27ㅈ≫白麂皮靴子, 흰 기ᄌᆞ피 훠ᄋᆞ에. ≪朴諺, 上, 37ㅎ≫這箇是靴子, 이거슨 이 훠ᄋᆡ로다. ≪朴諺, 中, 51ㅎ≫你的靴子怎麽乾, 네 훠ᄋᆡ 엇디 ᄆᆞᄅᆞᆺᄂᆞ뇨.

화잡(和雜) 동 서로 섞이다. ≪集覽, 字解, 單字解, 2ㅈ≫滾. 煮水使沸曰滾滾花水 글른 믈. 又輪轉曰滾滾了 구으다, 字作轅. 又通共和雜曰累滾 ᄒᆞᆫ 믈와비라. 又滾子 방올.

화장(畫匠) 명 화공(畫工). 화가. ≪朴諺, 下, 39ㅎ≫一箇有名的畫匠, ᄒᆞᆫ 有名ᄒᆞᆫ 畫匠이.

화전(花氈) 명 꽃무늬를 넣어 짠 모전(毛氈). ≪朴諺, 中, 44ㅎ≫將花氈來底下鋪一條, 花氈 가져다가 밋희 ᄒᆞᆫ 볼 ᄭᆞᆯ고.

화제(華制) 명 중국의 제도. ≪朴諺, 下, 30ㅈ≫穿着花袴皀靴的勇士(集覽, 朴集, 下, 5ㅎ: 勇士. 華制, 以紅毡裁成勇字, 附於方帛之上, 施長帶於四角, 橫負於背. 侍衛則用之, 故曰勇士, 卽本國甲士也.), 아롱바디예 거믄 훠 신은 勇士ㅣ.

화포(靴鋪) 명 구둣방. ⇔훠ᄋᆞ푸자. ≪朴諺, 中, 19ㅈ≫一箇賊那靴鋪裏, ᄒᆞᆫ 도적은 뎌 훠ᄋᆞ푸ᄌᆞ에.

화합(和合) 동 화목하게 어울리다. ≪朴諺, 中, 23ㅎ≫咱這衆生(集覽, 朴集, 中, 6ㅈ: 衆生. 一切衆染, 合集而生, 故曰衆生. 又衆緣和合名曰衆生.)知不知, 우리 이 衆生이 알거나 아디 몯ᄒᆞ거나.

화호화피난화골지인지면부지심(畫虎畫皮難畫骨 知人知面不知心) 구 호랑이는 그려도 뼈를 그리기는 어려우며, 사람과 안면이 있어도 마음속을 알기는 어렵다는 뜻. ≪朴諺, 下, 40ㅎ≫畫虎畫皮難畫骨, 범을 그리매 가족은 그려도 ᄲᅧ 그리기 어렵고. 知人知面不知心, 사ᄅᆞᆷ을 알매 ᄂᆞᆺ춘 아라도 ᄆᆞᄋᆞᆷ은 아디 몯ᄒᆞᆫ다 ᄒᆞᄂᆞ니라.

화홍(花紅) 명 혼인 등 경사스런 일이 있을 때 보내는 예물. ≪朴諺, 上, 41ㅈ≫下多少財錢(集覽, 朴集, 上, 11ㅎ: 下多少財錢. 又涓吉送婚書, 行納徵禮, 亦曰納幣, 俗云下財, 亦曰送禮. 俗總稱〈総称〉曰羊酒花紅.), 언멋 財錢을 드리더뇨.

화화반(和和飯) 명 온반(溫飯). 장국밥. ⇔온반. ≪朴諺, 下, 42ㅎ≫臨明喫和和飯, 붉음애 님ᄒᆞ여 온반을 먹드라. ≪譯語類解, 上, 食餌≫和和飯, 온반.

화환(華煥) 동 광채가 눈부시게 빛나다. ≪朴諺, 上, 59ㅈ≫有心拜莭(節)(集覽, 朴集, 上, 14ㅎ: 拜節. 歲時樂事記云, 元日, 士庶自早互相慶賀, 車馬交馳, 衣服華煥, 雜遝街市, 三四日乃止〈三四日而乃止〉.), 莭(節)에 拜ᄒᆞᆯ ᄆᆞᄋᆞᆷ이 이시면.

화ᄒᆞ다(化-) 동 〈불〉 교화(敎化)하다. 곧, 부처의 진리로 사람을 가르쳐 착한 마음을 가지게 하다. ⇔화(化). ≪朴諺, 下, 10ㅎ≫這的無緣衆生難化, 이런 인연 업슨 衆生은 化키 어려오니라.

환(丸) 의 알. ≪朴諺, 中, 16ㅈ≫每服三十丸, 每服 三十丸 ᄒᆞ야.

환(喚) 동 ❶부르다[呼]. 일컫다. ⇔브ᄅᆞ다. ≪朴諺, 上, 65ㅈ≫法名喚步虗, 法名을 步虗ㅣ라 브ᄅᆞᄂᆞᆫ 이. ≪朴諺, 中, 9ㅎ≫今將親生孩兒小名喚神奴, 이제 親生ᄒᆞᆫ 아희 小名을 神奴ㅣ라 브ᄅᆞ고. ≪朴諺, 中, 27ㅈ≫小名喚李大舍, 小名을 李大舍ㅣ라 브ᄅᆞᄂᆞᆫ이. ≪朴諺, 中, 32ㅈ≫喚禪頂山, 禪頂山이라 브ᄅᆞ니. ≪朴諺, 下, 17ㅎ≫喚做車遲國, 車遲國이라 브ᄅᆞᄂᆞᆫ디라. ≪朴諺, 下, 18ㅈ≫外名喚燒金子道人, 外名은 燒金子道人이라 브ᄅᆞᄂᆞ니. ≪朴諺, 下,

18ㅈ≫喚伯眼, 伯眼이라 브르고. ❷이르다. 말하다. ⇔니르다. ≪朴諺, 下, 36ㅈ≫這的喚做, 이러모로 니르기를.

환(換) 동 바꾸다. ❶⇔밧고다. ≪朴諺, 上, 63ㅈ≫對換如何, 막밧곰이 엇더ᄒᆞ뇨. 咱對換甚麽東西, 우리 므스거슬 막밧고료. ≪朴諺, 上, 63ㅎ≫你的大紅織金胷背帖裏對換着, 네 大紅빗체 금ᄉᆞ로 짜 胷背ᄒᆞᆫ 텰릭과 막밧고쟈. ❷⇔밧꼬다. ≪朴諺, 中, 40ㅈ≫換箇新的, 새로 밧꼬고.

환(環) 명 귀고리. ⇔환아(環兒). ≪朴諺, 上, 19ㅎ≫把一對八珠環兒(集覽, 朴集, 上, 7ㅎ: 八珠環. 귀·엿골·회. 以珍〈珎〉珠大者四顆連綴爲一隻, 一雙〈雙〉共八珠.), ᄒᆞᆫ 빵 八珠環과.

환(還) 동 갚다. ❶⇔갑다. ≪集覽, 字解, 單字解, 1ㅈ≫還. 猶尙也, 再也, 還有多少당시론 언메나 잇ᄂᆞ뇨. 又다하, 還要多少다하 언메나 받고져 ᄒᆞ나뇨. 還有·還要之還, 或呼如孩字之音, 此或還音之訛, 或別有其字, 未可知也. 又償也, 還錢 갑 주다. ≪朴諺, 上, 31ㅎ≫只還我本錢, 그저 내게 本錢만 갑고. ≪朴諺, 上, 31ㅎ≫一分利錢也不肯還, 一分 利錢도 즐겨 갑디 아니ᄒᆞ니. ≪朴諺, 上, 31ㅎ≫討了半年不肯還我, 달라 ᄒᆞ연 디 半年이로ᄃᆡ 즐겨 내게 갑디 아니ᄒᆞ매. ≪朴諺, 上, 54ㅎ≫代保人一面替還, 代保人이 一面으로 ᄀᆞᄅᆞ차 갑게 ᄒᆞ라. ≪朴諺, 中, 37ㅎ≫討的是虛還的是實, 뵈오는 거슨 이 거즛 거시오 갑는 거시아 이 실ᄒᆞ니라. ❷⇔갑ㅎ다. ≪朴諺, 上, 32ㅈ≫只說明日後日還我, 그저 닐오ᄃᆡ ᄂᆡ일 모뢰 내게 갑흐마 ᄒᆞ니. ❸⇔갚다. ≪朴諺, 下, 27ㅈ≫我還與你價錢, 내 네게 갑술 가프되.

환(還) 동 돌아가다. ⇔도라가다. ≪朴諺, 下, 11ㅎ≫衣錦還鄕, 비단옷 닙고 고향의 도라가.

환(還) 동 주다. 갚다. ⇔주다. ≪集覽, 字解, 單字解, 1ㅈ≫還. 猶尙也, 再也. 還有多少 당시론 언메나 잇ᄂᆞ뇨. 又다하. 還要多少 다하 언메나 받고져 ᄒᆞ나뇨. 還有·還要之還, 或呼如孩字之音. 此或還音之訛, 或別有其字, 未可知也. 又償也. 還錢 갑 주다.

환(還) 부 다만. 오직. ⇔다하. ≪集覽, 字解, 單字解, 1ㅈ≫還. 猶尙也, 再也. 還有多少 당시론 언메나 잇ᄂᆞ뇨. 又다하. 還要多少 다하 언메나 받고져 ᄒᆞ나뇨. 還有·還要之還, 或呼如孩字之音. 此或還音之訛, 或別有其字, 未可知也. 又償也. 還錢 갑 주다.

환(還) 부 아직. 오히려. 도리어. ❶⇔당시론. ≪集覽, 字解, 單字解, 1ㅈ≫還. 猶尙也, 再也. 還有多少 당시론 언메나 잇ᄂᆞ뇨. 又다하. 還要多少 다하 언메나 받고져 ᄒᆞ나뇨. 還有·還要之還, 或呼如孩字之音. 此或還音之訛, 或別有其字, 未可知也. 又償也. 還錢 갑 주다. ❷⇔당시롱. ≪朴諺, 中, 11ㅈ≫怎麽還不曾修理車輛, 엇디 당시롱 일즙 車輛을 修理티 아니ᄒᆞ엿ᄂᆞ뇨. ≪朴諺, 中, 59ㅎ≫還不肯發落, 당시롱 즐겨 發落디 아니ᄒᆞ고.

환가(還價) 동 가격대로 값을 치르다. ≪集覽, 字解, 單字解, 6ㅎ≫雇. 與賃字意同, 而賃字只用於物, 雇字人物通用. 律條疏議云, 驗日還價, 而不必取償也.

환고(患苦) 명 근심 때문에 생기는 고통. ≪朴諺, 下, 4ㅈ≫逢多少惡物刁蹶(集覽, 朴集, 下, 1ㅎ: 刁蹶. 又過棘〈鈞洞·火炎山·薄屎洞·女人國及諸惡山險水, 恠〈怪〉害患苦, 不知其幾, 此所謂刁蹶也. 詳見西遊記.), 언머 惡物의 놉쁨을 만나시리오.

환구(圜丘) 명 천자(天子)가 동지(冬至)에 하늘에 제사를 지내던 곳. ≪朴諺, 中, 11ㅈ≫一兩日上位郊天(集覽, 朴集, 中, 2ㅈ: 郊天. 天子設圜丘於南郊, 以祭天神·地祇·日月星辰·山川·嶽瀆, 以太祖配享.)去, ᄒᆞᄅᆞ 이틀만 ᄒᆞ면 上位ㅣ 郊天ᄒᆞ라 가실 거시니.

환난(患難) 명 근심과 재난. ≪朴諺, 下, 51ㅎ≫我待學范蠡歸湖(集覽, 朴集, 下, 11

ᄒᆞ: 范蠡歸湖. 范蠡, 越之大夫也. 相越王勾踐敗吳, 曰, 越王爲人長頸鳥〈烏〉喙, 可與啚〈圖〉患難, 不可與共安逸. 遂泛扁舟, 載西施, 遊五湖不返.), 내 范蠡의 歸湖를 비호고져 ᄒᆞ노라.

환비(環臂) 명 팔찌. ≪朴諺, 上, 19ㅎ≫一對釧兒(集覽, 朴集, 上, 7ㅎ: 釧. 事物紀原云, 黃帝時, 西王母獻〈献〉白環, 舜時亦獻〈献〉. 通俗文云, 環臂謂之釧. 漢順帝時有功者賜金釧, 亦曰環釧.), ᄒᆞᆫ 짝 폴쇠로다가 ᄒᆞ련노라.

환도(環刀) 명 군복에 갖추어 차던 군도(軍刀)의 하나. ≪朴諺, 中, 24ㅎ≫環刀一口, 環刀 ᄒᆞ나흘. ≪朴諺, 下, 31ㅈ≫各自腰帶七寶環刀, 각각 허리예 七寶 ᄒᆞᆫ 環刀를 ᄎᆞ고.

환소(歡笑) 동 즐겁게 웃다. 환하게 웃다. ≪朴諺, 上, 5ㅎ≫叫教坊司十數箇樂工和做院本(集覽, 朴集, 上, 2ㅎ: 院本. 質問云, 院本有曰外, 或粧先生·採訪使·考試官·老人·達達之類, 皆是外扮, 曰淨, 有男淨·有女淨, 亦做醜態, 專一弄言取人歡笑.)諸般雜技的來, 教坊司의 여라믄 樂工과 院本에 여러 가지 雜技ᄒᆞᄂᆞ니를 블러오라.

환아(環兒) 명 귀고리. ⇔환(環). ≪朴諺, 上, 19ㅎ≫把一對八珠環兒(集覽, 朴集, 上, 7ㅎ: 八珠環. 귀·엿골·회. 以珍〈珎〉珠大者四顆連綴爲一隻, 一雙〈䨇〉共八珠.), ᄒᆞᆫ 짝 八珠環과.

환전(還錢) 동 값을 지불하다. ⇔갑주다. ≪集覽, 字解, 單字解, 1ㅈ≫還. 猶尙也, 再也. 還有多少 당시론 언메나 잇ᄂᆞ뇨. 又다하. 還要多少 다하 언메나 받고져 ᄒᆞ나뇨. 還有·還要之還, 或呼如孩字之音. 此或還音之訛, 或別有其字, 未可知也. 又償也. 還錢 갑 주다.

환천(環釧) 명 팔찌. 금팔찌. ≪朴諺, 上, 19ㅎ≫一對釧兒(集覽, 朴集, 上, 7ㅎ: 釧. 通俗文云, 環臂謂之釧. 漢順帝時有功者賜金釧, 亦曰環釧.), ᄒᆞᆫ 짝 폴쇠로다가 ᄒᆞ련노라.

환향(還鄕) 동 고향으로 돌아오다. ≪朴諺, 下, 11ㅎ≫衣錦還鄕(集覽, 朴集, 下, 3ㅈ: 衣錦還鄕. 項羽屠咸陽, 與沛公分王. 又懷東歸, 曰, 富貴不歸故鄕, 如衣綉〈繡〉夜行. 遂東歸, 都彭城. 故後人仕官〈宦〉榮貴還鄕里者曰衣錦還鄕.), 비단옷 닙고 고향의 도라가.

환환(睆睆) 동 환환(睆睆). '睆'은 '睆'과 같다. ≪朴諺, 中, 32ㅎ≫有睍睍睆睆(睆睆)的山禽聲, 睍睍睆睆(睆睆)ᄒᆞᆫ 山禽 聲이 이시며.

환환(睆睆) 동 (뚫어지게) 보다. 또는 그런 모양. ⇔환환ᄒᆞ다(睆睆-). ≪朴諺, 中, 32ㅎ≫有睍睍睆睆(睆睆)的山禽聲, 睍睍睆睆(睆睆)ᄒᆞᆫ 山禽 聲이 이시며.

환환ᄒᆞ다(睆睆-) 동 (뚫어지게) 보다. 또는 그런 모양. ⇔환환(睆睆). ≪朴諺, 中, 32ㅎ≫有睍睍睆睆(睆睆)的山禽聲, 睍睍睆睆(睆睆)ᄒᆞᆫ 山禽 聲이 이시며.

환흔(歡欣) 동 기뻐하고 즐거워하다. ≪朴諺, 中, 23ㅈ≫故得人天之喜躍鬼神之歡欣, 이러모로 人天의 喜躍과 鬼神의 歡欣을 어더.

환희(歡喜) 동 매우 기뻐하다. ⇔환희ᄒᆞ다(歡喜-). ≪朴諺, 下, 60ㅎ≫百姓們聽的歡喜無盡, 百姓들이 드ᄅᆞ매 歡喜호미 無盡ᄒᆞ야.

환희ᄒᆞ다(歡喜-) 동 매우 기뻐하다. ⇔환희(歡喜). ≪朴諺, 下, 60ㅎ≫百姓們聽的歡喜無盡, 百姓들이 드ᄅᆞ매 歡喜호미 無盡ᄒᆞ야.

활 명 ❶활. ⇔궁(弓). ≪朴諺, 上, 52ㅎ≫你打饋我兩張弓如何, 네 나를 두 댱 활을 ᄆᆡᆼᄃᆞ라 주미 엇더ᄒᆞ뇨. ≪朴諺, 上, 52ㅎ≫你要打幾箇氣力的弓, 네 언머 힘에 활을 ᄆᆡᆼᄃᆞᆯ고져 ᄒᆞᄂᆞ다. ≪朴諺, 上, 53ㅈ≫官裏前面揷柳射弓的多有, 황뎨 앏희셔 버들 곳고 활 ᄡᅩᄂᆞ니 만히 이시니. ≪朴諺, 上, 53ㅈ≫你來這弓面上鋪筋將來, 이바이 활 면에 힘을 ᄭᆞ라 가져와. ≪朴諺,

中, 24ㅎ≫弓帒裏揷一張弓, 弓帒에 ᄒᆞᆫ 댱 활을 곳고. ❷활. 화살. ⇔전(箭). ≪朴諺, 上, 48ㅎ≫咱們教場裏射箭去來, 우리 教場에 활 ᄡᅩ라 가쟈.

활(活) 동 ❶살다. 생존하다. ⇔살다. ≪朴諺, 下, 40ㅈ≫一似那活的, 뎌 사니 ᄀᆞᆺ고. ≪朴諺, 下, 45ㅈ≫夜飯少一口, 夜飯은 ᄒᆞᆫ 입을 젹게 ᄒᆞ면. 活到九十九, 살기를 九十九에 니르다 ᄒᆞ니라. ❷깨어나다. 소생하다. ⇔ᄭᅵ여나다. ≪朴諺, 上, 32ㅎ≫打的半死剌活的, 텨 반만 죽엇다가 되ᄭᅵ여나니.

활(闊) 형 너르다. 넓다. ⇔너ᄅᆞ다. ≪朴諺, 下, 31ㅈ≫腰濶三圍抱不匝, 허리 너ᄅᆞ기 세 아름이나 ᄒᆞ니 안아 두로디 못ᄒᆞ고.

활(濶) 형 활(闊). '濶'은 '闊'의 속자. ≪朴諺, 下, 31ㅈ≫腰濶三圍抱不匝, 허리 너ᄅᆞ기 세 아름이나 ᄒᆞ니 안아 두로디 못ᄒᆞ고.

활계(活計) 명 생계(生計). 살아 나갈 방도. ⇔ᄉᆡᆼ계. ≪集覽, 字解, 累字解, 2ㅎ≫活計. ᄉᆡᆼ계.

황(惶) 동 두려워하다. ⇔두리다. ≪朴諺, 下, 7ㅈ≫那厮惶了, 뎌 놈이 두려.

황(黃) 동 익다. 여물다. ≪朴諺, 上, 6ㅈ≫大水杏半黃半生的有, 굴고 믈 한 ᄉᆞᆯ고ㅣ 半黃 半生ᄒᆞᆫ 이 잇더라.

황(黃) 형 누르다. ⇔누로다. ≪朴諺, 上, 46ㅎ≫五箇黃毛施布, 닷 필 누론 모시뵈와. ≪朴諺, 下, 33ㅈ≫黃燒餠, 누론 쇼병과.

황(謊) 동 거짓말하다. ⇔거즛말ᄒᆞ다. ≪朴諺, 中, 30ㅎ≫那謊鬆一箇財主人家裏, 뎌 거즛말ᄒᆞ고 섭섭ᄒᆞᆫ ᄒᆞᆫ 財主人 家에셔.

황(謊) 명 거짓말. ⇔거즛말. ≪朴諺, 上, 32ㅈ≫只是快說謊, 그저 거즛말 니ᄅᆞ기를 잘ᄒᆞ니. ≪朴諺, 上, 32ㅈ≫可知快說謊, 그리어니 거즛말 니ᄅᆞ기를 잘ᄒᆞᄂᆞ니. ≪朴諺, 上, 32ㅈ≫人貧只爲慳少債快說謊, 사ᄅᆞᆷ이 가난ᄒᆞ면 그저 다랍고 빗지면 거즛말 니ᄅᆞ기 잘ᄒᆞᆫ다 ᄒᆞᄂᆞ니라.

황공(惶恐) 형 위엄이나 지위 따위에 눌리어 두렵다. ≪朴諺, 下, 58ㅈ≫咳惶恐惶恐, 애 惶恐 惶恐ᄒᆞ여라.

황과(黃瓜) 명 외. 오이. ⇔외. ≪朴諺, 中, 34ㅎ≫種些冬瓜, 동화. 西瓜, 슈박. 甜瓜, ᄎᆞᆷ외. 揷葫, ᄌᆞᄅᆞ박. 稍瓜, 수세외. 黃瓜, 외. 茄子, 가지를 시므라. ≪朴諺, 下, 33ㅈ≫象眼棋子(集覽, 朴集, 下, 6ㅎ: 象眼饃子. 麁者再切, 細者有糜末, 却簸去, 皆要一㨾極細如米粒. 下鍋煮熟, 連湯起在盆內. 用凉水寬投之, 三五次方得精細. 攪轉, 撈起控乾, 痳汁加碎肉·糟〈槽〉姜米·醬瓜米·黃瓜米·香菜等粧點用供.), 象眼 ᄀᆞᄐᆞᆫ 棋子와.

황과미(黃瓜米) 명 황과(黃瓜)를 썰어 쌀알과 같이 작게 만든 것. ≪朴諺, 下, 33ㅈ≫象眼棋子(集覽, 朴集, 下, 6ㅎ: 象眼饃子. 麁者再切, 細者有糜末, 却簸去, 皆要一㨾極細如米粒. 下鍋煮熟, 連湯起在盆內. 用凉水寬投之, 三五次方得精細. 攪轉, 撈起控乾, 痳汁加碎肉·糟〈槽〉姜米·醬瓜米·黃瓜米·香菜等粧點用供.), 象眼 ᄀᆞᄐᆞᆫ 棋子와.

황금(黃金) 명 누런빛의 금이라는 뜻으로, 금을 다른 금속과 구별하여 이르는 말. ≪朴諺, 中, 46ㅎ≫命來鐵也爭光, 命이 오면 쇠도 비촐 ᄃᆞ토고. 運去黃金失色, 運이 가면 黃金도 비출 일ᄂᆞᆫ다 ᄒᆞ니라. ≪朴諺, 下, 1ㅎ≫休道黃金貴, 黃金을 귀타 니ᄅᆞ디 말라. 安樂直錢多, 安樂호미 갑시 만타 ᄒᆞ니라. ≪朴諺, 下, 31ㅈ≫身披黃金鑁子甲, 몸에 黃金으로 ᄒᆞᆫ 사슬갑을 닙어시니.

황니수(黃泥水) 명 황톳물. ≪朴諺, 下, 44ㅎ≫乾的煤簡兒(集覽, 朴集, 下, 9ㅎ: 煤簡兒. 質問云, 如碎煤用黃泥水和成塊子, 方言謂之煤簡兒.)有麽, ᄆᆞ른 믯덩이 잇ᄂᆞ냐.

황뎨 명 황제(皇帝). ⇔관리(官裏). ≪朴諺, 上, 53ㅈ≫官裏(集覽, 朴集, 上, 14ㅈ: 官裏. 呼皇帝爲官家, 亦曰官裏. 五帝官天下·三王家天下, 故云耳〈三王家天下故耳〉.)前面㨶柳射弓的多有, 황뎨 앏희셔

버들 곳고 활 뽀ᄂᆞ니 만히 이시니. ≪朴諺, 上, 57ㅈ≫官裏前面看書畫裏, 황뎨 앏희셔 書畫를 보니. ≪朴諺, 上, 61ㅈ≫有官裏坐的地白玉石玲瓏龍床, 황뎨 안ᄂᆞᆫ 白玉石으로 玲瓏히 ᄒᆞᆫ 龍床이 잇고. ≪朴諺, 上, 62ㅈ≫官裏上龍舡, 황뎨 龍舡에 오ᄅᆞ면. ≪朴諺, 下, 30ㅈ≫我在官裏前面, 내 황뎨 앏픠 이셔. ≪朴諺, 下, 30ㅎ≫官裏前面丞相爲頭兒, 황뎨 앏픠 승샹 위두ᄒᆞ여.

황도(皇都) 명 황제(黃帝)가 있는 나라의 서울. ≪朴諺, 中, 20ㅈ≫將二兩銀到西山(集覽, 朴集, 中, 3ㅎ: 西山. 在順天府西三十里太行山首, 始于河內, 北至幽州, 强形鉅勢, 爭奇擁翠, 雲聳星拱于皇都之右.)裏, 두 냥 은을 가지고 西山에 가.

황두(黃豆) 명 콩. ⇔콩. ≪朴諺, 中, 13ㅈ≫圍着一箇西京來的載黃豆的船, ᄒᆞᆫ 西京으로셔 오ᄂᆞᆫ 黃豆 시른 ᄇᆡ를 에오고. ≪朴諺, 下, 26ㅎ≫黃豆來大的, 콩만치 크고. ≪朴諺, 下, 37ㅈ≫稻子, 벼. 薥秫, 슈슈. 黍子, 기장. 大麥, 보리. 小麥, 밀. 蕎麥, 모밀. 黃豆, 콩. 小豆, ᄑᆞᆺ. 菉豆, 녹두. 莞豆, 광쟝이. 黑豆, 거믄콩. 芝麻, 춤깨. 蘇子, 듧깨.

황록재(黃籙齋) 명 도사(道士)가 음력 10월 보름날에 거행하는 의식의 한 가지. 이때 나천대초(羅天大醮)를 베푼다. 의식 때 사용하는 부록(符籙)이 황색이기 때문이다. ≪朴諺, 下, 18ㅎ≫做羅天大醮(集覽, 朴集, 下, 4ㅎ: 大醮. 下元黃籙齋, 臣民通修, 普資家國, 設羅天大醮.), 羅天大醮를 ᄒᆞ더니.

황미(黃米) 명 기장쌀. ≪朴諺, 中, 6ㅈ≫一瓶米酒(集覽, 朴集, 中, 1ㅈ: 米酒. 舊本作一瓶牛酒, 新本作米酒. 今造酒用粳米·糯米·黃米.)和駱, ᄒᆞᆫ 병 米酒와 타락과.

황벽목(黃蘗木) 명 운향과의 낙엽 활엽 교목. (나무껍질은 코르크(cork)를 만들거나 열매와 함께 약용한다) ≪朴諺, 下, 34ㅎ≫飛棒杓兒(集覽, 朴集, 下, 7ㅎ: 飛棒杓兒. 今按, 煖木, 黃蘗木也. 廂柄者, 以黃蘗皮裹其柄也. 胎者, 以木爲骨, 而以皮爲外裹也.), 飛棒 杓兒와.

황벽피(黃蘗皮) 명 황벽목(黃蘗木)의 껍질. ≪朴諺, 下, 34ㅎ≫飛棒杓兒(集覽, 朴集, 下, 7ㅎ: 飛棒杓兒. 今按, 煖木, 黃蘗木也. 廂柄者, 以黃蘗皮裹其柄也. 胎者, 以木爲骨, 而以皮爲外裹也.), 飛棒 杓兒와.

황보누(皇甫瓃) 명 사람 이름. ≪朴諺, 下, 59ㅎ≫梁貞明(集覽, 朴集, 下, 12ㅎ: 梁貞明. 十一年, 唐人取曹州, 帝爲其臣皇甫瓃所弑, 是爲末帝.)四年三月裡, 梁貞明 四年 三月에.

황복(荒服) 명 오복(五服)의 하나. 경사(京師)로부터 2천 리~2천 5백 리 떨어진 변방. ≪朴諺, 上, 8ㅎ≫往永平·大寧·遼陽·開元(集覽, 朴集, 上, 4ㅈ: 開元. 遼誌云, 本肅愼氏地, 虞舜時高麗有其地, 周時爲荒服, 元設開元路, 元末屬納哈出, 今設三萬衛, 又設遼海衛.)·瀋陽等處開去, 永平·大寧·遼陽·開元·瀋陽 等處를 향ᄒᆞ여 開讀ᄒᆞ라 가노라.

황소병(黃燒餠) 명 밀가루를 반죽하여 떡 모양으로 만든 뒤 참깨를 뿌려 구운 떡. ≪朴諺, 下, 33ㅈ≫黃燒餠(集覽, 朴集, 下, 7ㅈ: 黃燒餠. 事林廣記云, 每麵〈糆〉一斤, 入油一兩半, 炒塩一錢, 冷水和搜得所, 骨魯槌砑開, 鏊上煿〈煿〉熟, 得硬煻火燒熟, 甚酥美. 酥, 걱걱ᄒᆞ다〈석석ᄒᆞ다〉.), 누론 쇼병과.

황수(黃瘦) 형 (얼굴이) 여위고 누렇다. ⇔황수ᄒᆞ다(黃瘦-). ≪朴諺, 上, 34ㅎ≫你來怎麼這般黃瘦, 이바 엇디 이리 黃瘦ᄒᆞ엿ᄂᆞ뇨.

황수ᄒᆞ다(黃瘦-) 형 (얼굴이) 여위고 누렇다. ⇔황수(黃瘦). ≪朴諺, 上, 34ㅎ≫你來怎麼這般黃瘦, 이바 엇디 이리 黃瘦ᄒᆞ엿ᄂᆞ뇨.

황자(幌字) 명 보람. (중국에서 주막집의 표시로 세우던) 표지(標識). 청기(靑旗). ⇔보람. ≪朴諺, 下, 7ㅈ≫我不知道那家

有甚麽幌〈慌〉字(集覽, 朴集, 下, 2ㅈ: 幌字. 今按, 漢俗, 凡出賣諸物之家, 俱設標幟之物, 置於門口, 或於門前起立牌榜, 如曰張家出賣高麗布扇. 一如賣酒家標植青帘之類, 俗呼青帘曰酒家望子.), 내 아디 못ᄒᆞ니 뎌 집의 므슴 보람이 잇ᄂᆞ뇨.

황자(慌字) 명 황자(幌字). '慌'은 '幌'의 잘못. ≪朴諺, 下, 7ㅈ≫我不知道那家有甚麽幌〈慌〉字(集覽, 朴集, 下, 2ㅈ: 幌字. 今按, 漢俗, 凡出賣諸物之家, 俱設標幟之物, 置於門口, 或於門前起立牌榜, 如曰張家出賣高麗布扇. 一如賣酒家標植青帘之類, 俗呼青帘曰酒家望子.), 내 아디 못ᄒᆞ니 뎌 집의 므슴 보람이 잇ᄂᆞ뇨.

황전피(黃猠皮) 명 황색의 전피. 무두질하여 부드럽게 만든, 황색의 양가죽[羊皮]. ≪朴諺, 上, 26ㅎ≫黃猠皮軟座兒, 黃猠皮軟座児에.

황제(皇帝) 명 ❶황제. ≪集覽, 字解, 單字解, 5ㅎ≫家. 止指一數之稱. 一箇家 ᄒᆞᆫ 낫식, 幾箇家 몃 낫식, 又현 낫식, 幾年家 현 ᄒᆡ식. 又槩也. 大家 대개. 又擧姓呼人之稱. 李家·張家. 又呼皇帝曰官家. 又語助. 沒有家 업다. ≪朴諺, 上, 7ㅎ≫皇帝的大福陰裏, 皇帝 큰 福陰에. ≪朴諺, 上, 53ㅈ≫官裏(集覽, 朴集, 上, 14ㅈ: 官裏. 呼皇帝爲官家, 亦曰官裏. 五帝官天下·三王家天下, 故云耳〈三王家天下故耳〉.) 前面搵柳射弓的多有, 황뎨 앏픠셔 버들 곳고 활 뽀ᄂᆞ니 만히 이시니. ≪朴諺, 上, 66ㅈ≫皇帝聖旨裏開場說法裏, 皇帝 聖旨로 開場 說法ᄒᆞᄂᆞ니라. ≪朴諺, 中, 53ㅈ≫皇帝人家的一條線也, 皇帝ㅅ 집 ᄒᆞᆫ 오리 실인들. ≪朴諺, 下, 16ㅎ≫買趙太祖飛龍記(集覽, 朴集, 下, 3ㅎ: 趙太祖飛龍記. 陳橋之變, 黃袍已加于身, 受周恭帝之禪, 卽皇帝位.), 趙太祖의 飛龍記와. ❷헌원씨(軒轅氏). 중국 고대 전설상의 제왕. 삼황(三皇)의 한 사람으로 처음으로 곡물 재배를 가르치고 문자·음악·도량형 따위를 정하였다고 한다. ≪朴諺, 上, 19ㅎ≫一對釧兒(集覽, 朴集, 上, 7ㅎ: 釧. 事物紀原云, 黃帝時, 西王母獻〈献〉白環, 舜時亦獻〈献〉.), ᄒᆞᆫ 빵 폴쇠로다가 ᄒᆞ련노라. ≪朴諺, 下, 35ㅈ≫却打花房窩兒(集覽, 朴集, 下, 7ㅎ: 花房窩兒. 又云擊鞠, 騎而以杖擊也, 黃帝習兵之勢. 或曰起於戰國, 所以練〈鍊〉武士, 因嬉戲而講習之, 猶打毬, 非蹋鞠之戲也.), 또 花房 굼글 티쟈.

황주(黃酒) 명 중국 술의 하나. 누룩과 차조 또는 찰수수 따위로 빚은 술. 색이 노랗고 알코올 함유량이 비교적 낮다. ≪朴諺, 中, 15ㅎ≫燒酒和黃酒多喫了, 燒酒와 黃酒를 만히 먹고.

황촌(黃村) 명 궁벽(窮僻)한 마을. 황량하고 외진 마을. ≪朴諺, 上, 57ㅈ≫今日到黃村宿, 오늘 黃村에 가 자고.

황토(黃土) 명 누렁고 거무스름한 흙. ≪朴諺, 下, 44ㅎ≫只有些和的濕煤(集覽, 朴集, 下, 9ㅎ: 濕煤. 今按, 石炭搥碎, 幷黃土以水和作塊, 晒乾, 臨用麁碎, 納於爐〈炉〉中, 總謂之水和炭. 未乾者謂之濕煤, 已乾者謂之煤簡兒, 亦曰煤塊子.), 그저 져기 버므린 濕煤ㅣ 이시되. ≪朴諺, 下, 44ㅎ≫黃土少些箇, 黃土ㅣ 져기 젹에라.

황포(黃袍) 명 황색 옷감으로 지은 황제의 예복. ≪朴諺, 下, 16ㅎ≫買趙太祖飛龍記(集覽, 朴集, 下, 3ㅎ: 趙太祖飛龍記. 陳橋之變, 黃袍已加于身, 受周恭帝之禪, 卽皇帝位.), 趙太祖의 飛龍記와. ≪朴諺, 下, 47ㅈ≫身穿黃袍, 몸에 黃袍를 닙고.

황해(黃海) 명 황해도(黃海道). ≪朴諺, 中, 12ㅎ≫今年那裏慶尙·全羅·黃海·忠淸·江原各道裏, 올히 뎌긔 慶尙·全羅·黃海·忠淸·江原 各 道에.

황행(黃杏) 명 누렇게 익은 살구. ≪朴諺, 上, 6ㅈ≫黃杏未有裏, 黃杏은 업고.

황화방(黃華坊) 명 땅 이름. ≪朴諺, 中, 38ㅎ≫京都在城黃華坊住人朱玉, 셔울 셩 안 黃華坊에셔 사는 사름 朱玉이.

황후(皇后) 명 황제의 정실(正室). ≪朴諺, 下, 21ㅎ≫皇后暗使一箇宮娥, 皇后ㅣ ㄱ

만이 흔 宮娥를 브려. ≪朴諺, 下, 21ㅎ≫皇后大笑猜不着了, 皇后ㅣ 크게 우으며 아디 못ᄒᆞ여다.

쇄 명 횃대. ⇔간자(竿子). ≪朴諺, 中, 35ㅎ≫不論竿子上的槓子上的物件, 쇄엣 거시나 궤엣 物件을 혜디 아니ᄒᆞ고.

회(回) 동 돌아오다. ⇔도라오다. ≪朴諺, 下, 14ㅎ≫但早散時實不見早回家, 다믄 일 홋터디되 실로 일즉이 집의 도라오믈 보디 못ᄒᆞ니.

회(回) 의 순(巡). 바퀴. ⇔슌. ≪集覽, 字解, 累字解, 2ㅎ≫一回. 흔 슌. ≪集覽, 字解, 累字解, 2ㅎ≫幾回. 몃 슌.

회(灰) 명 ❶석회(石灰). ≪朴諺, 下, 6ㅈ≫你爲甚麽這炕面上灰泥的不平正, 네 므서슬 위ᄒᆞ여 이 炕面 灰 ᄇᆞᄅᆞ미 平正티 못ᄒᆞ뇨. ❷재. ⇔지. ≪朴諺, 上, 35ㅎ≫直到做灰, 잇긋 지 되게 ᄒᆞ니. ≪朴諺, 下, 48ㅈ≫放一堆灰, 흔 무둑 지를 노흐면. ≪朴諺, 下, 48ㅈ≫那灰忽然飛將起來後頭, 뎌 지 忽然히 ᄂᆞ라 니러난 후에야.

회(迴) 동 돌아오다. ⇔도라오다. ≪朴諺, 上, 45ㅈ≫迴家喫飯, 집의 도라와 밥 먹고.

회(迴) 동 (산 물건을) 무르다. ⇔므르다. ≪朴諺, 中, 38ㅈ≫管着來迴, 와 므름을 ᄀᆞ옴알마.

회(迴) 의 번. ⇔번. ≪朴諺, 下, 36ㅈ≫三迴連打上了, 세 번을 년ᄒᆞ야 텨 올려다.

회(悔) 동 (산 물건을) 무르다. ⇔므르다. ≪集覽, 字解, 累字解, 2ㅎ≫番悔. 자븐 이를 므르다. 番字意未詳, 疑作返飜爲是. ≪集覽, 字解, 累字解, 2ㅎ≫悔交. 흥정 므르다. 亦曰倒裝.

회(悔) 동 (혼인을) 무르다. ⇔므르다. ≪集覽, 字解, 累字解, 2ㅎ≫悔親. 혼인 므르다. 亦曰退親.

회(盔) 명 투구. ⇔투구. ≪朴諺, 中, 24ㅎ≫盔·甲一副, 투구와 갑옷 흔 부와.

회(湏) 부 수(須). '湏'는 '須'의 잘못. ≪朴諺, 上, 13ㅎ≫不湏(須)貼膏藥, 모롬이 膏藥을 브티디 말라. ≪朴諺, 上, 16ㅈ≫這的你不湏(須)說, 이란 네 모롬이 니ᄅᆞ디 말라.

회(會) 동 모이다. ❶⇔몯다. ≪朴諺, 下, 12ㅈ≫比及孩兒相會, 孩兒ㅣ 서ᄅᆞ 모듬을 미처. ❷⇔못다. ≪朴諺, 中, 19ㅈ≫有緣千里能相會, 인연이 이시면 千里라도 능히 서ᄅᆞ 못ᄃᆞ고. 無緣對面不相逢, 인연이 업스면 ᄂᆞᆺ출 ᄃᆡᄒᆞ여도 서ᄅᆞ 만나디 못ᄒᆞᄂᆞ니.

회(會) 동 알다. ⇔알다. ≪朴諺, 上, 64ㅈ≫生達達·回回如今也都會了, 生達達·回回도 이제는 쏘 다 아ᄂᆞ니라. ≪朴諺, 中, 14ㅎ≫我不會漢兒言語, 내 한말을 아디 못ᄒᆞ고. 又不會做飯, 쏘 밥 짓기를 아디 못ᄒᆞ니. ≪朴諺, 中, 47ㅎ≫會爬麽, 긔기를 아ᄂᆞ냐. ≪朴諺, 中, 54ㅎ≫一箇不會針線的女兒, 흔 바ᄂᆞ질 아디 못ᄒᆞᄂᆞᆫ 女児란. ≪朴諺, 中, 58ㅎ≫我只會根兒觧酒和做醋, 나는 그저 불회로 觧酒ᄒᆞ고 초 빗ᄂᆞᆫ 줄만 알고. ≪朴諺, 下, 34ㅎ≫那裏會打, 어ᄃᆡ 티기를 알리오.

회(會) 명 즈음. 사이. ⇔즈음. ≪集覽, 字解, 累字解, 2ㅎ≫幾會. 여러 즈음.

회(會) 의 번. 차례. 회. ⇔디위. ≪朴諺, 上, 45ㅈ≫却到學裏上書念一會, 쏘 學에 가 글 ᄇᆡ화 흔 디위 念ᄒᆞ고. ≪朴諺, 下, 14ㅈ≫擺茶飯又喫一會酒, 茶飯 버리고 쏘 흔 디위 술 먹고. ≪朴諺, 下, 34ㅎ≫我學打這一會, 내 이 흔 디위 ᄇᆡ화 티리라. ≪朴諺, 下, 36ㅈ≫又打一會, 쏘 흔 디위 티더니.

회가(回家) 동 집으로 돌아가거나 돌아오다. ≪朴諺, 中, 45ㅎ≫觧由(集覽, 朴集, 中, 8ㅈ: 觧由. 質問云, 是當差的官人, 三年一替換, 滿日討了文書回家, 其文書, 方言謂之觧由.)得了不曾, 觧由를 어덧ᄂᆞ냐 못ᄒᆞ엿ᄂᆞ냐. ≪朴諺, 下, 14ㅎ≫但早散時實不見早回家, 다믄 일 홋터디되 실로 일즉이 집의 도라오믈 보디 못ᄒᆞ니.

회가(廻家) 동 집으로 돌아가거나 돌아오다. ≪朴諺, 上, 45ㅈ≫廻家喫飯, 집의 도라와 밥 먹고.

회곡(回曲) 형 휘어서 굽다. ≪朴諺, 上, 25ㅈ≫刺(刺)通袖膝欄(集覽, 朴集, 上, 8ㅎ: 刺通袖膝欄. 元時好着此衣, 前後具胷背, 又連肩而通袖之脊, 至袖口爲紋, 當膝周圍亦爲紋如欄干, 然織成段匹爲衣者有之, 或皮或帛, 用綵線周遭回曲爲緣, 如花樣, 刺〈刺〉爲草樹〈樹〉·禽獸·山川·宮殿之文於〈紋於〉其內, 備極奇巧, 皆用團領着之, 其直甚高.)羅帖裏上, ᄉᆞ매 ᄆᆞᄅᆞ 내 치질ᄒᆞ고 膝欄ᄒᆞᆫ 羅 텰릭에.

회광(廻光) 동 밝은 빛을 다른 곳으로 돌이키다. ≪朴諺, 上, 65ㅎ≫廻光反照, 廻光 反照ᄒᆞ야.

회광반조(廻光返照) 동 회광(廻光)하여 되비추다. ⇔회광반조ᄒᆞ다(廻光反照-). ≪朴諺, 上, 65ㅎ≫廻光反照, 廻光 反照ᄒᆞ야. ≪朴諺, 上, 65ㅎ≫大發明得悟(集覽, 朴集, 上, 16ㅈ: 作與頌字廻光返照大發明得悟. 音義云, 石屋和尙作佛頌與〈与〉步虛, 其佛光廻還返照於步虛之身, 其於生死輪廻之說, 靡不通曉.), 크게 發明 得悟ᄒᆞ야.

회광반조ᄒᆞ다(廻光反照-) 동 회광(廻光)하여 되비추다. ⇔회광반조(廻光返照). ≪朴諺, 上, 65ㅎ≫廻光反照, 廻光 反照ᄒᆞ야. ≪朴諺, 上, 65ㅎ≫大發明得悟(集覽, 朴集, 上, 16ㅈ: 作與頌字廻光返照大發明得悟. 音義云, 石屋和尙作佛頌與〈与〉步虛, 其佛光廻還返照於步虛之身, 其於生死輪廻之說, 靡不通曉.), 크게 發明 得悟ᄒᆞ야.

회교(悔交) 동 홍정을 무르다. ≪集覽, 字解, 累字解, 2ㅎ≫悔交. 홍졍 므르다. 亦曰倒裝.

회동(會同) 동 모이어. ⇔모다. ≪朴諺, 上, 9ㅎ≫咱會同着一時行, 우리 모다 ᄒᆞᆷᄭᅴ 가쟈.

회래(回來) 동 돌아오다. ⇔도라오다. ≪朴諺, 上, 44ㅈ≫我回來時, 내 도라오면.

회래(廻來) 동 ❶돌아오다. ⇔도라오다. ≪朴諺, 上, 57ㅈ≫上了墳廻來怎的, 上墳ᄒᆞ고 도라올러냐 엇딜러뇨. ≪朴諺, 上, 66ㅈ≫廻來到這永寧寺裏, 이 永寧寺에 도라오니. ≪朴諺, 下, 39ㅈ≫你送那裡廻來, 네 어듸 가 보내고 도라온다. ≪朴諺, 下, 39ㅈ≫辭了廻來, 하딕ᄒᆞ고 도라오롸. ≪朴諺, 下, 39ㅈ≫送到三四日辭廻來, 보내여 三四日에 가 하딕고 도라오면. ❷(돌아)오다. ⇔오다. ≪朴諺, 上, 3ㅈ≫討酒的都廻來了, 술 가질라 갓더니 다 오나다.

회례(廻禮) 명 사례의 뜻으로 나타내는 예. ⇔회례ᄒᆞ다(廻禮-). ≪朴諺, 下, 19ㅎ≫先生也稽首廻禮, 先生도 稽首ᄒᆞ고 廻禮ᄒᆞ더라.

회례ᄒᆞ다(廻禮-) 명 사례의 뜻으로 나타내는 예. ⇔회례(廻禮). ≪朴諺, 下, 19ㅎ≫先生也稽首廻禮, 先生도 稽首ᄒᆞ고 廻禮ᄒᆞ더라.

회망(廻望) 동 (상급자나 웃어른을) 만나 뵙고 안부를 여쭙다. ⇔회망ᄒᆞ다(廻望-). ≪朴諺, 上, 52ㅎ≫改日廻望大舍去, 다른 날 大舍를 廻望ᄒᆞ라 가.

회망ᄒᆞ다(廻望-) 동 (상급자나 웃어른을) 만나 뵙고 안부를 여쭙다. ⇔회망(廻望). ≪朴諺, 上, 52ㅎ≫改日廻望大舍去, 다른 날 大舍를 廻望ᄒᆞ라 가.

회서(回書) 명 답장. ≪朴諺, 下, 11ㅈ≫未見回書, 回書를 보디 못ᄒᆞ니.

회아(會兒) 의 번. 차례. 회. ❶⇔디위. ≪朴諺, 上, 20ㅎ≫等一會兒饋些草喫, ᄒᆞᆫ 디위 기ᄃᆞ려 져기 여믈을 주어 먹이고. ≪朴諺, 上, 47ㅎ≫到裏間湯池裏洗了一會兒, 안싼 湯池에 가 ᄒᆞᆫ 디위 목욕곰고. ≪朴諺, 上, 47ㅎ≫却出客位裏歇一會兒, ᄯᅩ 客位에 나가 ᄒᆞᆫ 디위 쉬고. ≪朴諺, 上, 57ㅈ≫一會兒喫罷湯時便上馬, ᄒᆞᆫ 디위 탕을 먹으면 곳 上馬홀러라. ≪朴諺, 上, 62ㅎ≫坐的歇一會兒, 안자 ᄒᆞᆫ 디위 쉬고. ≪朴諺, 中, 30ㅈ≫等一會兒喫, ᄒᆞᆫ 디위 기ᄃᆞ려 먹쟈. ≪朴諺, 下, 2ㅈ≫等一會兒喫, ᄒᆞᆫ 디위 기ᄃᆞ려 먹을 ᄶᅥ시니. ≪朴諺, 下, 6ㅎ≫一會兒打頓着撓破了, ᄒᆞᆫ 디위 조으다가 긁텨 히여ᄇᆞ려늘. ≪朴諺, 下, 9

ㅈ≫一會兒倚着欄干頓睡, 흔 디위 欄干을 지혀 조으더니. ❷⇔주숨亽싀. ≪集覽, 字解, 累字解, 2ㅎ≫一霎兒. 흔 주숨亽싀. ≪集覽, 字解, 累字解, 2ㅎ≫一會兒. 上同.

회양현(淮陽縣) 명 강원도(江原道) 회양군(淮陽郡) 지역에 있었다. 본래 고구려(高句麗)의 각련성군(各連城郡)이었는데, 신라(新羅) 경덕왕(景德王) 때 연성군(連城郡)으로 고쳤고, 고려(高麗) 충렬왕(忠烈王) 34년(1308)에 회주목(淮州牧), 조선(朝鮮) 고종(高宗) 32년(1895)에 군(郡)이 되었다. ≪朴諺, 上, 9ㅈ≫我也往金剛山(集覽, 朴集, 上, 4ㅎ: 金剛山. 一名皆骨山, 卽白頭山南條也. 南至淮陽縣之東, 高城郡之西爲金剛山, 凡一萬二千峯.)禪院·松廣等處降香去, 나도 金剛山 禪院·松廣等處롤 향흐야 降香흐라 가노라.

회언(回言) 동 대답하다. ⇔회언흐다(回言-). ≪朴諺, 下, 54ㅎ≫是某回言道, 이 某ㅣ 回言흐여 닐오되.

회언흐다(回言-) 동 대답하다. ⇔회언(回言). ≪朴諺, 下, 54ㅎ≫是某回言道, 이 某ㅣ 回言흐여 닐오되.

회왕(懷王) 명 전국시대 초(楚)나라의 왕. 위왕(威王)의 아들. 이름은 웅괴(熊槐). 시호는 회(懷). 소왕(昭王)과 혼인 관계를 맺은 뒤 굴원(屈原)의 만류를 무시하고 소왕을 만나러 갔다가 억류되어 죽었다. 재위 30년. ≪朴諺, 下, 51ㅎ≫也不學屈原投江(集覽, 朴集, 下, 11ㅎ: 屈原投江. 屈原, 楚之大夫也. 諫懷王不聽, 投汨羅水而死.), 또 屈原의 投江을 빈호디 아니흐니.

회율(檜栗) 명 편백나무와 밤나무. ≪朴諺, 中, 32ㅈ≫松栢·檜栗諸雜樹木上, 松栢·檜栗 여러 가짓 남게.

회자(劊子) 명 망나니. 회자수(劊子手). (예전에 사형을 집행하던 사람) ≪朴諺, 中, 29ㅈ≫木樁(集覽, 朴集, 中, 7ㅈ: 木樁. 其制, 於刑人法場, 植一大柱, 縛着罪人於〈縛着罪人於其〉上, 劊子用法刀剮其肉以喂狗, 而只留〈留〉其骨, 極其慘酷, 方施大辟, 卽古之冎刑也. 劊子, 獄史刑罪人者也.)上剮了, 나모 기동에 민고 쌱가 죽이니라.

회초미치 명 관중(貫衆). (면마과(綿馬科)의 여러해살이풀. 말린 뿌리줄기는 '면마근'이라 하여 구충제로 사용한다) ⇔관중채(貫衆菜). ≪朴諺, 中, 34ㅎ≫買些拳頭菜, 져기 고사리치. 貫衆菜, 회초미치. 搖頭菜, 두롭치. 蒼朮菜來, 삽듀치롤 사 오라.

회친(悔親) 동 혼인을 무르다. 퇴혼(退婚)하다. 파혼하다. ≪集覽, 字解, 累字解, 2ㅎ≫悔親. 혼인 므르다. 亦曰退親.

회친(會親) 동 결혼한 뒤에 양가에서 서로 친척들을 초대하여 상견(相見)하다. 또는 그런 예(禮). ⇔회친흐다(會親-). ≪朴諺, 上, 42ㅈ≫女孩兒家親戚們都去會親, 새각시 집 권당들히 다 가 會親흐ᄂ니라.

회친흐다(會親-) 동 결혼한 뒤에 양가에서 서로 친척들을 초대하여 상견(相見)하다. 또는 그런 예(禮). ⇔회친(會親). ≪朴諺, 上, 42ㅈ≫女孩兒家親戚們都去會親, 새각시 집 권당들히 다 가 會親흐ᄂ니라.

회탐(懷躭) 동 배다[孕]. 임신하다. ⇔빅다. ≪朴諺, 上, 51ㅎ≫懷躭十月, 빅아 열 둘이오.

회향(茴香) 명 산형과의 여러해살이풀. (열매로는 기름을 짜거나 향신료나 약재로 쓴다) ≪朴諺, 上, 7ㅈ≫都着些細料物(集覽, 朴集, 上, 3ㅎ: 細料物. 事林廣記食饌類, 細料物, 官桂·良薑·蓽撥草·豆蔻·陳皮·縮砂仁〈砂仁〉·八角·茴香各一兩, 川椒二兩, 杏仁五兩, 甘草一兩半, 白檀末半兩. 右共爲細末用之.), 다 져기 ᄀᆞᄂᆞᆫ 교토롤 두고. ≪朴諺, 下, 32ㅎ≫麻尼汁經卷兒(集覽, 朴集, 下, 6ㅈ: 麻尼汁經卷兒. 飮膳〈饌〉正要云, 白麪一斤, 小油一斤, 小椒一兩炒去汗, 茴香一兩炒. 右件, 隔宿用酵子·塩·減(鹹)·溫水一同和麵〈麪〉, 次日入麪, 接肥, 再和成麪, 每斤

作二箇入籠蒸.), 촘쌔즙 經卷兒와.

회환(迴換) 동 무르다. ⇔므르다. ≪朴諺, 中, 38ㅈ≫明日來管迴換, 너일 와 므르믈 ㄱ음알리라.

회환(廻還) 동 (원래의 곳으로) 돌아가다. 돌아오다. ≪朴諺, 上, 65ㅎ≫大發明得悟(集覽, 朴集, 上, 16ㅈ: 作與頌字迴光返照大發明得悟. 音義云, 石屋和尙作佛頌與〈与〉步虛, 其佛光迴還返照於步虛之身, 其於生死輪迴之說, 靡不通曉.), 크게 發明得悟ᄒᆞ야.

회회(回回) 명 회족(回族) 사람. 회흘(回紇). 위구르(Uighur). ≪朴諺, 上, 64ㅈ≫我又不是生達達·回回, 내 또 生達達·回回 아니라. 生達達·回回如今也都會了, 生達達·回回도 이제는 또 다 아ᄂᆞ니라.

획(畫) 명 획(畫). ⇔긋. ≪朴諺, 中, 42ㅎ≫一畫下日字, ᄒᆞᆫ 긋 아릐 日字 ᄒᆞ고.

-횟 조 -에 있는. ('ㅎ' 첨용(添用) 조사) ≪朴諺, 中, 39ㅈ≫捲蓬(篷)(集覽, 朴集, 中, 7ㅎ: 捲篷. 音義云, ·비 우횟 지·비〈집이〉·니 ᄆᆞᄅᆞ 업슨 지블 닐오ᄃᆡ 捲篷.)幾間, 무량각이 현 간.

횡(橫) 부 비스듬히. ⇔빗기. ≪朴諺, 下, 41ㅈ≫殃榜橫貼在門上, 殃榜을 문 우희 빗기 브텻더니.

횡재(橫財) 명 뜻밖에 얻은 재물. ≪朴諺, 上, 21ㅎ≫人不得橫財不富, 사ᄅᆞᆷ이 橫財를 엇디 못ᄒᆞ면 가ᄋᆞᆷ여디 못ᄒᆞ고. 馬不得夜草不肥, ᄆᆞᆯ이 夜草를 엇디 못ᄒᆞ면 ᄉᆞᆯ지디 못ᄒᆞᆫ다 ᄒᆞ니라.

효(孝) 명 효도. ≪朴諺, 上, 45ㅎ≫孝之終也, 孝의 終이니라.

효경(孝經) 명 공자(孔子)가 제자인 증자(曾子)에게 전한, 효도에 관한 내용을 기록한 책. 유교(儒敎) 경전(經典)의 하나이다. ≪朴諺, 上, 16ㅎ≫祭了社神(集覽, 朴集, 上, 6ㅈ: 社神. 孝經緯曰, 社, 土地之主也. 土地闊〈濶〉, 不可盡祭, 故封土爲社, 以報功也.), 社神ᄭᅴ 祭ᄒᆞ여시니.

효대(孝帶) 명 교대(絞帶). (상복(喪服)에 띠는 삼베 띠) ≪朴諺, 下, 43ㅎ≫都繫着孝帶, 다 孝帶를 ᄯᅴ엿더라.

효숙(孝肅) 명 송(宋)나라 포증(包拯)의 시호(諡號). ≪朴諺, 中, 37ㅎ≫官人十分休駁彈(集覽, 朴集, 中, 7ㅎ: 褒彈. 褒作包是. 事文類聚云, 包彈者, 以包孝肅公多所抨彈, 故云耳. 今按, 包孝肅公名拯, 性剛直不撓, 其所彈劾, 不避權勢, 故時人呼爲包閻羅, 曰關節〈莭〉不到, 有閻羅包老.), 官人아 ᄀᆞ장 나므라디 말라.

효순(孝順) 형 효성이 있고 유순하다. ⇔효순ᄒᆞ다(孝順-). ≪朴諺, 上, 45ㅎ≫輔國忠君·孝順父母, 輔國 忠君ᄒᆞ며 孝順 父母ᄒᆞ야. ≪朴諺, 下, 11ㅎ≫孝順父母, 父母ᄭᅴ 孝順ᄒᆞ며.

효순ᄒᆞ다(孝順-) 형 효성이 있고 유순하다. ⇔효순(孝順). ≪朴諺, 下, 11ㅎ≫孝順父母, 父母ᄭᅴ 孝順ᄒᆞ며.

효유(曉諭) 동 깨달아 알아듣도록 타이르다. ⇔효유ᄒᆞ다(曉諭-). ≪朴諺, 下, 60ㅎ≫曉諭衆百姓們道, 모든 百姓들의게 曉諭ᄒᆞ여 닐오ᄃᆡ.

효유ᄒᆞ다(曉諭-) 동 깨달아 알아듣도록 타이르다. ⇔효유(曉諭). ≪朴諺, 下, 60ㅎ≫曉諭衆百姓們道, 모든 百姓들의게 曉諭ᄒᆞ여 닐오ᄃᆡ.

효자(酵子) 명 효모(酵母). ≪朴諺, 下, 32ㅎ≫麻尼汁經卷兒(集覽, 朴集, 下, 6ㅈ: 麻尼汁經卷兒. 飮膳〈饍〉正要云, 白麪一斤, 小油一斤, 小椒一兩炒去汗, 茴香一兩炒. 右件, 隔宿用酵子·塩·減(鹹)·溫水一同和麵〈麪〉, 次日入麪, 接肥, 再和成麪, 每斤作二箇入籠蒸.), 촘쌔 즙 經卷兒와.

효찬(餚饌) 명 안주(按酒). ≪集覽, 字解, 累字解, 1ㅈ≫按酒. 飮酒時, 其所助酒按下之物曰按酒. 猶言餚饌.

효해(曉解) 동 깨닫다. 이해하다. ≪集覽, 凡例≫質問者, 入中朝質問而來者也. 兩書皆元朝言語, 其沿舊未改者, 今難曉解. 前後質問亦有抵捂, 姑幷收以祛初學之碍.

間有未及質問, 大有疑碍者, 不敢强解, 宜竢更質.

후 명 후(後). ❶⇔지후(之後). ≪朴諺, 上, 45ㅈ≫試文書的之後, 글을 바틴 후에. ≪朴諺, 上, 53ㅎ≫着我看了之後, 날을 뵌 후에. ≪朴諺, 上, 58ㅎ≫我也那一日遞了手帕之後, 나도 그 날에 手帕 드린 후에. ≪朴諺, 上, 62ㅎ≫到寺裏燒香隨喜之後, 뎔에 가 향 픠오고 구경흔 후에. ≪朴諺, 中, 26ㅎ≫着我看了的之後, 날로 ᄒᆞ여 뵌 후에. ≪朴諺, 中, 35ㅎ≫知道了的之後, 안 후에. ≪朴諺, 下, 11ㅈ≫與父親用來之後, 父親ᄭᅴ 밧ᄌᆞ와 ᄡᅳ게 흔 후에. ≪朴諺, 下, 14ㅈ≫又喫幾盞酒之後, ᄯᅩ 여러 잔 술을 먹은 후에. ❷⇔후(後). ≪朴諺, 上, 54ㅎ≫恐後無憑, 후에 의빙홈이 업슬가 저허. ≪朴諺, 中, 10ㅎ≫恐後無憑, 후에 의빙홈이 업슬가 저허. ≪朴諺, 中, 16ㅈ≫然後喫進食丸, 그린 후에 進食丸을 먹으되. ≪朴諺, 中, 24ㅈ≫誠心懺悔後不復作, 誠心으로 懺悔ᄒᆞ여 후에 다시 짓디 마쟈. ≪朴諺, 中, 39ㅎ≫恐後無憑, 후에 의빙홈이 업슬가 저허. ≪朴諺, 中, 45ㅈ≫家齊而後國治, 집이 ᄀᆞᄌᆞᆨ흔 후에 나라히 다ᄉᆞᆫ다 ᄒᆞ니라. ≪朴諺, 中, 50ㅈ≫先小人後君子, 몬져는 쇼인이라도 후에는 군ᄌᆞ로 흘 쎠시니라. ≪朴諺, 下, 4ㅎ≫久後你也得證果金身, 오란 후에 너도 證果金身 홈을 어드리라. ❸⇔후두(後頭). ≪朴諺, 上, 6ㅈ≫我們先喫兩巡酒後頭擡卓兒, 우리 몬져 두 슌빅 술 머근 후에 상을 드러든. ≪朴諺, 上, 9ㅈ≫開詔後頭, 詔書 開讀흔 후의. ≪朴諺, 中, 13ㅈ≫後頭聽的, 후에 드르니. ≪朴諺, 下, 14ㅈ≫或是淡粥後頭, 或 믈근 쥭을 흔 후에. ≪朴諺, 下, 37ㅈ≫另除了種子後頭, ᄡᅧ로 ᄡᅵ를 뎨흔 후에. ≪朴諺, 下, 48ㅈ≫那灰忽然飛將起來後頭, 뎌 ᄌᆡ 忽然히 ᄂᆞ라 니러난 후에야.

후 명 후(後). 이후(以後). ❶⇔이후(已後). ≪朴諺, 上, 24ㅈ≫定體已後不得改別, 定體흔 후의 改別티 마쟈. ≪朴諺, 中, 10ㅈ≫如賣已後, 만일 픈 후에. ❷⇔이후(而後). ≪朴諺, 中, 45ㅈ≫家齊而後國治, 집이 ᄀᆞᄌᆞᆨ흔 후에 나라히 다ᄉᆞᆫ다 ᄒᆞ니라.

후(厚) 부 두터이. 두껍게. ⇔두터이. ≪朴諺, 上, 15ㅎ≫刃兒不要忒厚了, 늘을 너무 두터이 말고.

후(後) 명 뒤. ❶⇔뒤. ≪朴諺, 上, 61ㅎ≫殿前閣後, 殿前 閣後에. ≪朴諺, 中, 28ㅎ≫家後坑裏, 집 뒤 디함에. ❷⇔뒤ㅎ. ≪朴諺, 上, 37ㅈ≫家後一群羊箇箇尾子長, 집 뒤희 흔 무리 양이 낫낫치 ᄭᅩ리 긴 거시여. ≪朴諺, 下, 20ㅎ≫唐僧耳門後咬, 唐僧의 귀 뒤흘 므러.

후(後) 명 후(後). ❶⇔후. ≪朴諺, 上, 54ㅎ≫恐後無憑, 후에 의빙홈이 업슬가 저허. ≪朴諺, 中, 10ㅎ≫恐後無憑, 후에 의빙홈이 업슬가 저허. ≪朴諺, 中, 16ㅈ≫然後喫進食丸, 그린 후에 進食丸을 먹으되. ≪朴諺, 中, 24ㅈ≫誠心懺悔後不復作, 誠心으로 懺悔ᄒᆞ여 후에 다시 짓디 마쟈. ≪朴諺, 中, 39ㅎ≫恐後無憑, 후에 의빙홈이 업슬가 저허. ≪朴諺, 中, 45ㅈ≫家齊而後國治, 집이 ᄀᆞᄌᆞᆨ흔 후에 나라히 다ᄉᆞᆫ다 ᄒᆞ니라. ≪朴諺, 中, 50ㅈ≫先小人後君子, 몬져는 쇼인이라도 후에는 군ᄌᆞ로 흘 쎠시니라. ≪朴諺, 下, 4ㅎ≫久後你也得證果金身, 오란 후에 너도 證果金身 홈을 어드리라. ❷⇔후두(後頭). ≪朴諺, 下, 61ㅈ≫後頭打圍的人們, 後에 산영ᄒᆞ는 사름들히.

후과(後過) 명 〈불〉 뒷날에 저지른 잘못이나 죄. ≪朴諺, 上, 34ㅈ≫往深山裏懺悔(集覽, 朴集, 上, 10ㅎ: 懺悔. 自陳悔也. 六祖惠能大師曰, 懺者, 懺其前愆, 悔者, 悔其後過.)去, 深山을 향ᄒᆞ야 懺悔ᄒᆞ라 가노라.

후대(候待) 동 기다리다. ≪集覽, 字解, 單字解, 1ㅈ≫等. 候待也. 等他·等着 기들우다. 又等子 저울. 又吏語, 用此爲等輩之意. 又等閑, 釋見下.

후두(後頭) 명 뒤. ⇔뒤ㅎ. ≪朴諺, 下, 47ㅎ≫後頭又是箇茶博士們, 뒤히 또 이 茶博士들히.

후두(後頭) 명 후(後). ❶⇔후. ≪朴諺, 上, 6ㅈ≫我們先喫兩巡酒後頭擡卓兒, 우리 몬져 두 순빗 술 머근 후에 상을 드러든. ≪朴諺, 上, 9ㅈ≫開詔後頭, 詔書 開讀흔 후의. ≪朴諺, 中, 13ㅈ≫後頭聽的, 후에 드르니. ≪朴諺, 下, 14ㅈ≫或是淡粥後頭, 或 믈근 쥭을 흔 후에. ≪朴諺, 下, 37ㅈ≫另除了種子後頭, ᄲᅡ로 씨롤 데흔 후에. ≪朴諺, 下, 48ㅈ≫那灰忽然飛將起來後頭, 더 직 忽然히 ᄂᆞ라 니러난 후에야. ❷⇔후(後). ≪朴諺, 下, 61ㅈ≫後頭打圍的人們, 後에 산영ᄒᆞᄂᆞᆫ 사ᄅᆞᆷ들히.

후로(後路) 명 측간(廁間). 변소(便所). ≪朴諺, 中, 18ㅎ≫推出後(集覽, 朴集, 中, 3ㅈ: 推出後. 漢人指廁爲後路, 詳見老乞大集覽〈詳見老乞大集覽上篇〉東廁下.)去的一般出來時, 뒤보라 가ᄂᆞᆫ 톄 ᄒᆞᆫ가지로 나오면.

후면(後面) 명 뒤. 뒤쪽. ≪朴諺, 上, 18ㅎ≫後面北斗七星板兒做的好, 後面 北斗七星 돈은 ᄆᆡᆫ돌기롤 잘ᄒᆞ엿고.

후문(後門) 명 고려(高麗) 말기와 조선(朝鮮) 초기에 여진(女眞)이 공식적으로 왕래하던 국경의 관문(關門). 함경도(咸鏡道)에 있었으며, 시대에 따라 그 장소가 변하였다. ≪朴諺, 上, 8ㅎ≫往永平·大寧·遼陽·開元(集覽, 朴集, 上, 4ㅈ: 開元. 永樂年間, 設安樂·自在二州, 俱隷遼東都司. 城東陸路, 舊有設站, 至三散口子, 通朝鮮後門, 管屬外夷往來朝貢之路, 四面皆古設站之地.)·瀋陽等處開去, 永平·大寧·遼陽·開元·瀋陽 等處롤 향ᄒᆞ여 開讀ᄒᆞ라 가노라.

후박(厚薄) 명 두꺼움과 얇음. ≪朴諺, 下, 35ㅈ≫却打花房窩兒(集覽, 朴集, 下, 7ㅎ: 花房窩兒. 又有滚棒, 所擊之毬輪而不起. 隨其厚薄大小, 厥名各異.), 또 花房 굼글 티쟈.

후비(后妃) 명 황후(皇后)와 비빈(妃嬪). ≪朴諺, 上, 20ㅈ≫一對窟嵌的金戒指兒(集覽, 朴集, 上, 7ㅎ: 窟嵌戒指. 事物紀原云, 古者后妃羣妾御于君, 所當御者, 以銀環進之, 娠則以金環退之, 進者着右手, 退者着左手.), ᄒᆞᆫ 빵 날박은 금가락지.

후세(後世) 명 다음에 오는 세상. ≪集覽, 老集, 上, 1ㅈ≫牙稅錢. 牙, 見朴通事集覽. 稅錢, 事物紀原云, 晉·宋·齊·梁時, 凡貨·牛馬·田宅有文劵者, 率輸四百入官, 賣主三百, 買主一百. 後世因之. 盖漢武帝筭商緡遺制. ≪朴諺, 上, 45ㅎ≫揚名於後世, 後世에 揚名ᄒᆞ야.

후신(後身) 명 죽어서 다시 태어난 몸. ≪朴諺, 上, 62ㅎ≫只此人間兜率(集覽, 朴集, 上, 15ㅈ: 兜率. 梵語兜率, 此云妙足, 又云知足於五欲知止足. 故佛地論云, 名憙足, 謂後身菩薩於中敎化, 多修憙足故. 卽欲界六天之一也. 兜率天, 人間四百世爲一日.), 그저 이 人間ㅅ 兜率이러라.

후원(後園) 명 뒷동산. 후원(後園). ⇔뒷동산. ≪朴諺, 中, 33ㅎ≫後園裏種時好, 뒷동산에 시므면 됴흐리라.

후인(後人) 명 후대의 사람. ≪朴諺, 下, 11ㅎ≫衣錦還鄕(集覽, 朴集, 下, 3ㅈ: 衣錦還鄕. 項羽屠咸陽, 與沛公分王. 又懷東歸, 曰, 富貴不歸故鄕, 如衣綉〈繡〉夜行. 遂東歸, 都彭城. 故後人仕官〈宦〉榮貴還鄕里者曰衣錦還鄕.), 비단옷 닙고 고향의 도라가.

후일(後日) 명 ❶뒷날. 앞으로 다가올 날. ≪朴諺, 上, 45ㅈ≫手心上打三戒方(集覽, 朴集, 上, 12ㅎ: 戒方. 音義云, 學罰에 티ᄂᆞᆫ 것. 質問云, 讀書小兒送入學堂, 師傅敎寫字, 不用心寫好字, 師傅拿二尺長·寸半寬·半寸厚的木板條打手掌, 使後日寫好字, 免打手掌, 謂之戒方.), 손바당을 세 번 젼반으로 티ᄂᆞ니라. ❷모레. ⇔모뢰. ≪朴諺, 上, 10ㅈ≫後日是天赦日, 모뢰ᄂᆞᆫ 이 天赦日이니. ≪朴諺, 上, 32ㅈ≫只說明日後日還我, 그저 닐오ᄃᆡ ᄂᆡ일 모뢰 내

게 갑ᄒᆞ마 ᄒᆞ니. ≪朴諺, 上, 66ㅈ≫從今日起後日罷散, 오ᄂᆞᆯ브터 시작ᄒᆞ여 모릐면 罷散ᄒᆞᆯ러라.

후정(猴精) 명 원숭이의 정령(精靈). ≪朴諺, 下, 17ㅈ≫唐三藏引孫行者(集覽, 朴集, 下, 4ㅈ: 孫行者. 其後唐太宗勅玄奘法師, 往西天取經, 路經此山, 見此猴精壓在石縫, 去其佛押出之, 以爲徒弟, 賜法名吾空, 改号〈號〉爲孫行者.), 唐三藏이 孫行者를 ᄃᆞ리고. ≪朴諺, 下, 47ㅈ≫粧二郎爺爺(集覽, 朴集, 下, 10ㅎ: 二郎爺爺. 按西遊記, 西域花菓山洞有老猴精, 號齊天大聖, 神變〈变〉無測, 鬧(閙)乱天宮, 玉帝命李天王領神兵往捕, 相戰失利.), 二郎爺爺를 ᄭᅮ미며.

후지(厚紙) 명 두꺼운 종이. ≪朴諺, 上, 43ㅈ≫不要紙金要五錢皮金(集覽, 朴集, 上, 12ㅎ: 皮金. 未詳. 質問云, 以厚紙上貼金, 女人粧〈綉〉紀之用. 又云, 將金搥打如紙張之薄, 方言爲之皮金.), 紙金으란 말고 닷 돈 皮金을 ᄒᆞ고.

후혼(後婚) 명 헌계집. ⇔니믈리기. ≪朴諺, 上, 40ㅎ≫女孩兒那後婚, 새각시러냐 니믈리기러냐.

훈(葷) 형 누리다. ⇔누리다. ≪朴諺, 上, 49ㅎ≫休喫酸·甜·腥·葷等物, 싄 것 ᄃᆞᆫ 것 비린 것 누린 것들을 먹디 말고.

훈함(葷餡) 명 고기로 만든 소. ≪朴諺, 下, 32ㅈ≫羊肉餡(集覽, 朴集, 下, 5ㅎ: 餡. 或肉或菜及諸料物拌匀〈匂〉爲胎, 納於餅中者曰餡. 酸餡·素餡·葷餡·生餡·熟餡, 供用合宜.)饅頭, 羊肉 소 녀흔 상화과.

훠 명 (목이 긴) 가죽신. ❶⇔화(靴). ≪朴諺, 上, 67ㅈ≫今日脫靴上炕, 오ᄂᆞᆯ 훠를 벗고 炕애 올랏다가. 明日難保得穿, ᄂᆡ일 어더 신기를 밋기 어렵다 ᄒᆞᄂᆞ니라. ≪朴諺, 下, 30ㅈ≫穿着花袴皀靴的勇士, 아롱바디에 거믄 훠 신은 勇士ㅣ. ❷⇔화자(靴子). ≪朴諺, 上, 32ㅈ≫把我的兩對新靴子都走破了, 내 두 쌍 새 훠를다가 다 ᄃᆞᆫ녀 해야ᄇᆞ리게 ᄒᆞ고. ≪朴諺, 上, 47ㅈ≫衣裳·帽子·靴子, 옷과 갓과 훠를.

훠ᄋᆞ 명 (목이 긴) 가죽신. ❶⇔화(靴). ≪朴諺, 中, 19ㅈ≫一箇賊那靴鋪裏, ᄒᆞᆫ 도적은 뎌 훠ᄋᆞ푸즈에. ❷⇔화자(靴子). ≪朴諺, 上, 24ㅎ≫五綵綉麒麟柳綠紵絲抹口的靴子, 五綵로 猉獜을 繡ᄒᆞ고 柳綠빗체 비단으로 부리 두론 훠ᄋᆞ에. ≪朴諺, 上, 27ㅈ≫白麂皮靴子, 흰 기ᄌᆞ피 훠ᄋᆞ에. ≪朴諺, 上, 37ㅎ≫這箇是靴子, 이거슨 이 훠ᄋᆡ로다. ≪朴諺, 中, 51ㅎ≫你的靴子怎麼乾, 네 훠ᄋᆡ 엇디 ᄆᆞᆯ랏ᄂᆞ뇨.

훠ᄋᆞ푸자 명 구둣방. ⇔화포(靴鋪). ≪朴諺, 中, 19ㅈ≫一箇賊那靴鋪裏, ᄒᆞᆫ 도적은 뎌 훠ᄋᆞ푸즈에.

훳돈 명 (목이 긴) 가죽신의 목. ⇔화요(靴靿). ≪朴諺, 下, 28ㅎ≫我靴靿裏揣將去, 내 훳돈에 고자 가져가리라.

휘 명 휘[斛]. ⇔곡(斛). ≪朴諺, 上, 12ㅎ≫着斛起, 휘로 되게 ᄒᆞ라.

휘(諱) 명 죽은 어른의 생전의 이름. ≪朴諺, 下, 58ㅎ≫咱本國是太祖姓王諱建表德若天, 우리 本國이 太祖의 姓은 王이오 諱ᄂᆞᆫ 建이오 字ᄂᆞᆫ 若天이니.

휘사(揮使) 명 지휘사(指揮使)의 준말. ≪朴諺, 上, 59ㅎ≫揮使(集覽, 朴集, 上, 15ㅈ: 揮使. 音義云, 指揮之美稱〈称〉. 今按, 指揮使, 官名. 都督府都指揮使, 正二品, 各衛指揮使, 正三品.)你曾到西湖景來麽, 揮使ㅣ아 네 일즙 西湖ㅅ 景에 갓던다.

휴(休) 동 ❶말다. ⇔말다. ≪朴諺, 上, 34ㅎ≫你休恠, 네 허믈 말라. ≪朴諺, 上, 43ㅈ≫這的你休愁, 이란 네 근심 말라. ≪朴諺, 上, 45ㅎ≫你休撒懶, 네 게얼리 말고. ≪朴諺, 上, 47ㅎ≫你休恠, 네 허믈 말라. ≪朴諺, 上, 52ㅈ≫大舍休恠, 大舍ㅣ아 허믈 말라. ≪朴諺, 中, 6ㅈ≫休多要你的, 네게도 만히 말고. 休少了我的便是, 우리게도 젹게 말미 곳 올흐니라. ≪朴諺, 中, 19ㅈ≫你且休忙休心焦, 네 아직 밧바 말고 ᄆᆞᄋᆞᆷ을 틱오디 말라. ≪朴諺, 中, 24ㅎ≫街上休撒潑皮, 거리예 가 보피

로온 뎨 말고. ≪朴諺, 中, 30ㅈ≫飯湯休着冷了, 밥과 탕을 ᄎᆞ게 말라. ≪朴諺, 下, 1ㅎ≫休煩惱, 서그러 말라. ≪朴諺, 下, 4ㅎ≫師傅你也休忙, 師傅ㅣ아 너도 밧바 말고. ≪朴諺, 下, 15ㅈ≫跟官人時休撒懶, 官人을 조출쟉시면 게어리 말고. ≪朴諺, 下, 27ㅈ≫你休自誇我知道, 네 손ᄌᆞ 쟈랑 말라 내 아노라. ≪朴諺, 下, 33ㅎ≫只要乾淨休着冷了, 그저 간경히 ᄒᆞ고 ᄎᆞ게 말라. ❷끝나다. 마치다. 끝장나다. ⇔휴ᄒᆞ다(休-). ≪朴諺, 下, 43ㅎ≫三寸氣在千般有, 三寸 氣ㅣ 이시매 쳔 가지나 잇다가. 一日無常萬事休, 一日에 常이 업ᄉᆞ면 萬事ㅣ 休ᄒᆞᄂᆞ니라.

휴(休) 보동 말다. ⇔말다. ≪集覽, 字解, 單字解, 1ㅈ≫休. 禁止之辭. 休去 가디 말라. ≪朴諺, 上, 1ㅈ≫休蹉過了好時光, 됴흔 時光을 그릇 디내디 마쟈. ≪朴諺, 上, 10ㅎ≫你來, 이바. 休愛惜那飯, 뎌 밥을 앗기디 말고. ≪朴諺, 上, 25ㅈ≫衫兒·袴児·褁肚等裏衣且休説, 젹삼·고의·褁肚等 속옷으란 아직 닐ᄋᆞ디 말려니와. ≪朴諺, 上, 35ㅎ≫你且休上馬, 네 아직 ᄆᆞᆯ ᄐᆞ디 말라. ≪朴諺, 上, 49ㅎ≫休喫酸·甜·腥·葷等物, 싄 것 ᄃᆞᆫ 것 비린 것 누린 것들을 먹디 말고. ≪朴諺, 上, 62ㅎ≫休誇天上瑤池, 天上 瑤池ᄅᆞᆯ 쟈랑티 말라. ≪朴諺, 中, 26ㅈ≫休道是街上百姓的, 이 거릿 百姓의 거슨 니ᄅᆞ디 말리라. ≪朴諺, 中, 28ㅎ≫你再來休做, 네 뇌여란 ᄒᆞ디 말라. ≪朴諺, 中, 37ㅈ≫休哄弄我, 날을 소기디 말라. ≪朴諺, 中, 46ㅎ≫休那般道, 뎌리 닐ᄋᆞ디 말라. ≪朴諺, 中, 50ㅎ≫休問他, 뎌란 묻디 말고. ≪朴諺, 中, 61ㅈ≫有理無錢休入來, 理 이셔도 돈이 업거든 드러오디 말라 ᄒᆞᄂᆞ니라. ≪朴諺, 下, 1ㅎ≫休道黃金貴, 黃金을 귀타 니ᄅᆞ디 말라. 安樂直錢多, 安樂호미 갑시 만타 ᄒᆞ니라. ≪朴諺, 下, 7ㅎ≫休尋海上方, 海上方을 ᄎᆞᆺ디 말라. ≪朴諺, 下, 26ㅈ≫村言村語的休罵人, 村言 村語로 사ᄅᆞᆷ ᄯᅮ짓디 말고. ≪朴諺, 下, 34ㅎ≫你休問他, 네 뎌를 뭇디 말라. ≪朴諺, 下, 36ㅎ≫你十分休小看人, 네 ᄀᆞ장 사ᄅᆞᆷ을 小看티 말라. ≪朴諺, 下, 45ㅎ≫你休强不要去, 네 세오디 말고 가디 말라.

휴(虧) 동 까다. 축나다. 또는 부족하다. 모자라다. ⇔ᄉᆡ다. ≪集覽, 字解, 單字解, 5ㅎ≫虧. 損也, 少也. 虧你多少 네게 언메나 난브뇨, 虧着我 내게 난배라. 又次也. 吏語, 虧兌 원수에셔 ᄉᆡ다.

휴(虧) 형 나쁘다. 또는 부족하다. 모자라다. ❶⇔난배다. ≪集覽, 字解, 單字解, 5ㅎ≫虧. 損也, 少也. 虧你多少 네게 언메나 난브뇨, 虧着我 내게 난배라. 又次也. 吏語, 虧兌 원수에셔 ᄉᆡ다. ❷⇔난브다. ≪集覽, 字解, 單字解, 5ㅎ≫虧. 損也, 少也. 虧你多少 네게 언메나 난브뇨, 虧着我 내게 난배라. 又次也. 吏語, 虧兌 원수에셔 ᄉᆡ다.

휴(虧) 형 섧다. 괴롭다. ❶⇔셜다. ≪集覽, 字解, 單字解, 5ㅎ≫虧. 損也, 少也, 虧你多少 네게 언메나 낫브뇨, 虧着我 내게 낫배라. 又次也, 吏語, 虧兌 원 슈에셔 ᄉᆡ다. ≪朴諺, 下, 26ㅈ≫虧死我也, 셜워 날을 죽게 ᄒᆞᄂᆞᆫ고나. ❷⇔셟다. ≪朴諺, 上, 12ㅈ≫却不虧着我, ᄯᅩ 내게 셟디 아니ᄒᆞ냐.

휴고(休告) 동 벼슬아치가 휴가를 청하다. ≪集覽, 字解, 單字解, 8ㅈ≫假. 上聲, 大也, 借也. 去聲, 休告也.

휴도황금귀안락치전다(休道黃金貴 安樂直錢多) 구 황금 보다는 안락한 것이 더 귀하고 좋다는 뜻. ≪朴諺, 下, 1ㅎ≫休道黃金貴, 黃金을 귀타 니ᄅᆞ디 말라. 安樂直錢多, 安樂호미 갑시 만타 ᄒᆞ니라.

휴아(携兒) 명 꼭지. ⇔곡지. ≪朴諺, 上, 37ㅎ≫金罐兒·鐵携兒裏頭盛着白沙蜜, 금탕권 쇠곡지 속에 白沙蜜 담은 거시여.

휴태(虧兌) 동 원수(元數)에서 까다. 본디의 액수에서 축나다. ≪集覽, 字解, 單字解, 5ㅎ≫虧. 損也, 少也. 虧你多少 네게 언메나 난브뇨, 虧着我 내게 난배라. 又

次也. 吏語, 虧兌 원수에셔 ᄭᅳᆺ다.

휴ᄒᆞ다(休-) 동 끝나다. 마치다. 끝장나다. ⇔휴(休). ≪朴諺, 下, 43ㅎ≫三寸氣在千般有, 三寸 氣ㅣ 이시매 쳔 가지나 잇다가. 一日無常萬事休, 一日에 常이 업ᄉᆞ면 萬事ㅣ 休ᄒᆞᄂᆞ니라.

흉노(匈奴) 명 기원전 4세기에서 1세기 사이에 몽고(蒙古) 지방에서 세력을 떨쳤던 유목 민족. ≪朴諺, 上, 32ㅎ≫正撞見他的漢子(集覽, 朴集, 上, 9ㅎ: 漢子. 事物紀原云, 三代以降, 有國號者至多, 獨以漢爲名者, 取兩漢之盛. 漢武帝征討四夷, 專事匈奴, 由此有漢胡之斥.), 졍히 뎌의 남진을 만나 보니.

흉배(胸背) 명 흉배. ≪朴諺, 上, 25ㅈ≫刺(剌)通袖膝欄(集覽, 朴集, 上, 8ㅎ: 刺通袖膝欄. 元時好着此衣, 前後具胷背, 又連肩而通袖之脊, 至袖口爲紋, 當膝周圍亦爲紋如欄干, 然織成段匹爲衣者有之, 或皮或帛, 用綵線周遭回曲爲緣, 如花樣, 刺〈剌〉爲草樹〈尌〉·禽獸·山川·宮殿之文於〈紋於〉其內, 備極奇巧, 皆用團領着之, 其直甚高.)羅帖裏上, ᄉᆞ매 ᄆᆞᄅᆞ 내 치질ᄒᆞ고 膝欄ᄒᆞᆫ 羅 텰릭에. ≪朴諺, 上, 25ㅎ≫明綠抹絨胷背(集覽, 朴集, 上, 8ㅎ: 抹絨胷背. 凡於紗羅·段帛之上, 以綵絨織成胷背之紋, 裁成衣服者也. 凡絲之練熟未合者曰絨, 已合爲綸者曰線.)的比甲, 明綠빗치 융ᄉᆞ로 ᄆᆡ두론 胷背 比甲과. ≪朴諺, 上, 63ㅎ≫你的大紅織金胷背帖裏對換着, 네 大紅빗체 금ᄉᆞ로 ᄧᆞᆫ 胷背 ᄒᆞᆫ 텰릭과 막밧고쟈. ≪朴諺, 上, 64ㅈ≫那賣織金胷背段子的, 뎌 織金 胷背 비단 ᄑᆞᆯ 리아. ≪朴諺, 上, 64ㅈ≫道地的好胷背, 본ᄡᅡ 됴ᄒᆞᆫ 胷背라.

흉배(胷背) 명 흉배(胸背). '胷'은 '胸'과 같다. ≪朴諺, 上, 25ㅈ≫刺(剌)通袖膝欄(集覽, 朴集, 上, 8ㅎ: 刺通袖膝欄. 元時好着此衣, 前後具胷背, 又連肩而通袖之脊, 至袖口爲紋, 當膝周圍亦爲紋如欄干, 然織成段匹爲衣者有之, 或皮或帛, 用綵線周遭回曲爲緣, 如花樣, 刺〈剌〉爲草樹〈尌〉·禽獸·山川·宮殿之文於〈紋於〉其內, 備極奇巧, 皆用團領着之, 其直甚高.)羅帖裏上, ᄉᆞ매 ᄆᆞᄅᆞ 내 치질ᄒᆞ고 膝欄ᄒᆞᆫ 羅 텰릭에. ≪朴諺, 上, 25ㅎ≫明綠抹絨胷背(集覽, 朴集, 上, 8ㅎ: 抹絨胷背. 凡於紗羅·段帛之上, 以綵絨織成胷背之紋, 裁成衣服者也. 凡絲之練熟未合者曰絨, 已合爲綸者曰線.)的比甲, 明綠빗치 융ᄉᆞ로 ᄆᆡ두론 胷背 比甲과. ≪朴諺, 上, 63ㅎ≫你的大紅織金胷背帖裏對換着, 네 大紅빗체 금ᄉᆞ로 ᄧᆞᆫ 胷背 ᄒᆞᆫ 텰릭과 막밧고쟈. ≪朴諺, 上, 64ㅈ≫那賣織金胷背段子的, 뎌 織金 胷背 비단 ᄑᆞᆯ 리아. ≪朴諺, 上, 64ㅈ≫道地的好胷背, 본ᄡᅡ 됴ᄒᆞᆫ 胷背라.

-ᄒᆞ로 조 ('ㅎ' 첨용(添用) 조사) ❶-로. ≪朴諺, 下, 39ㅈ≫你的伴當着一箇替當, 네 伴當 ᄒᆞ나ᄒᆞ로 替當ᄒᆞ거나. ❷-으로. ('ㅎ' 첨용(添用) 조사) ≪朴諺, 中, 35ㅈ≫舌尖兒潤開了窓孔, 혓긋ᄒᆞ로 불워 창 굼글 ᄠᅳᆯ고. ≪朴諺, 中, 42ㅎ≫一ノ一乀便是, ᄒᆞᆫ 긋 밧그로 비티고 ᄒᆞᆫ 긋 안ᄒᆞ로 비틴 거시 곳 이라.

-ᄒᆞ로셔 조 -으로부터. ('ㅎ' 첨용(添用) 조사) ≪朴諺, 中, 13ㅈ≫又高麗地面裏來載千餘筒布子的大船, ᄯᅩ 高麗ㅅ ᄯᅡᄒᆞ로셔 오ᄂᆞᆫ 千餘 筒 뵈 시른 큰 ᄇᆡ를. ≪朴諺, 中, 16ㅎ≫這幾日高麗地面裏來的, 요ᄉᆞ이 高麗ㅅ ᄯᅡᄒᆞ로셔 온. ≪朴諺, 中, 46ㅎ≫王千戶打背後來, 王千戶ㅣ 뒤ᄒᆞ로셔 와.

흐르다 동 흐르다. ⇔유(流). ≪朴諺, 中, 40ㅈ≫好生流不下來, ᄀᆞ장 흘러ᄂᆞ리디 몯ᄒᆞ여. ≪朴諺, 中, 48ㅈ≫眼脂兒眼角裏流下來, 눈곱이 눈 ᄉᆞ석에 흘러ᄂᆞ리되.

흐터디다 동 흩어지다. ⇔산(散). ≪朴諺, 上, 7ㅎ≫官人們待散也, 官人들히 ᄒᆞ마 흐터딜 ᄲᅥ시니. ≪朴諺, 下, 14ㅎ≫那般散了時, 그리 흐터디면.

흑(黑) 형 검다. ⇔검다. ≪朴諺, 上, 46ㅎ≫五箇黑帖裏布, 닷 필 거믄 텰릭 뵈를. ≪朴諺, 中, 14ㅈ≫黑豆一錢銀子二斗, 거믄콩

은 훈 돈 은에 두 말이오. ≪朴諺, 中, 19ㅎ≫放黑豆, 거믄콩에 노하. ≪朴諺, 下, 24ㅈ≫變做大黑狗, 변호여 큰 거믄 개 되여. ≪朴諺, 下, 37ㅈ≫稻子, 벼. 薥秫, 슈슈. 黍子, 기장. 大麥, 보리. 小麥, 밀. 蕎麥, 모밀. 黃豆, 콩. 小豆, 퐃. 菉豆, 녹두. 莞豆, 광쟝이. 黑豆, 거믄콩. 芝麻, 촘깨. 蘇子, 듧깨.

흑두(黑豆) 명 검은콩. ⇔거믄콩. ≪集覽, 字解, 單字解, 1ㅎ≫料. 凡人飼馬, 或用小黑豆, 或用蜀黍雜飼之. 故凡稱飼馬穀豆曰料. 又該用物色雜稱曰物料, 造屋材木曰木料, 入畫彩色曰顏料. 又量也. 又理也. ≪朴諺, 中, 14ㅈ≫黑豆一錢銀子二斗, 거믄콩은 훈 돈 은에 두 말이오. ≪朴諺, 中, 19ㅎ≫放黑豆, 거믄콩에 노하. ≪朴諺, 下, 37ㅈ≫稻子, 벼. 薥秫, 슈슈. 黍子, 기장. 大麥, 보리. 小麥, 밀. 蕎麥, 모밀. 黃豆, 콩. 小豆, 퐃. 菉豆, 녹두. 莞豆, 광쟝이. 黑豆, 거믄콩. 芝麻, 촘깨. 蘇子, 듧깨.

흑사피(黑斜皮) 명 흑색의 돈피(獤皮). ≪朴諺, 上, 28ㅈ≫時摟的黑斜皮鞍橋子, 시톄로 훈 黑斜皮 반 기르마가지오.

흑색(黑色) 명 검은색. ≪朴諺, 下, 38ㅎ≫車馬, 車馬와. 茶褐羅傘(集覽, 朴集, 下, 8ㅎ: 羅傘. 〈卽〉丞用傘, 紅浮屠頂, 黑色茶褐羅表, 紅綃裏, 三簷.), 차할빗칫 羅傘과. ≪朴諺, 下, 45ㅎ≫粧點顏色(集覽, 朴集, 下, 10ㅈ: 粧點顏色. 牛色以立春日爲法, 日干爲頭·角·耳·色, 日支〈支〉爲身色, 納音爲蹄·尾·肚色. 日干, 甲·乙, 木, 青色, 丙·丁, 火, 紅色之類. 日支〈支〉, 亥·子, 水, 黑色, 寅·卯, 木, 青色之類.), 빗촐 꾸미고.

흑수정(黑水精) 명 검은색을 띤 수정(水晶). ≪朴諺, 中, 32ㅎ≫遠望一似黑水精, 멀리 ᄇ라매 黑水精 굿고.

흑심(黑心) 명 게염. 검은 마음. ⇔게엄ᄆ음. ≪朴諺, 下, 18ㅈ≫便使黑心, 믄득 게엄ᄆ음을 브려.

흑야(黑夜) 명 밤[夜]. ⇔밤. ≪朴諺, 上, 13ㅎ≫着唾沫白日黑夜不住的搽, 춤으로다가 白日 黑夜에 머므로디 말고 ᄇᄅ라. ≪朴諺, 上, 21ㅈ≫黑夜好生用心喂他, 밤의 ᄀ장 用心ᄒ여 뎌를 먹이라. ≪朴諺, 上, 36ㅎ≫白日去黑夜來, 나죄 가고 밤은 오ᄂ 거시여. ≪朴諺, 上, 60ㅎ≫白日黑夜瑞雲生, 白日 黑夜에 瑞雲이 나니. ≪朴諺, 中, 12ㅎ≫黑夜用心好生看着, 밤의 用心ᄒ여 ᄀ장 보숣피라. ≪朴諺, 下, 42ㅈ≫黑夜道場裡你有來麼, 밤의 道場에 네 잇든다. ≪朴諺, 下, 45ㅈ≫黑夜不敢喫多, 밤이니 감히 먹기를 만히 못홀로다.

흑오명마(黑五明馬) 명 오명마(五明馬). (몸의 털 빛깔은 검고 이마와 네발은 흰 말) ⇔가라간쟈ᄉ죡빅물. ≪朴諺, 上, 26ㅈ≫騎着一箇墨丁也似黑五明馬, 훈 墨丁 ᄀ톤 가라간쟈ᄉ죡빅물을 ᄐ고.

흑웅정(黑熊精) 명 검은 곰의 정령(精靈). ≪朴諺, 下, 4ㅈ≫逢多少惡物刁蹶(集覽, 朴集, 下, 1ㅎ: 刁蹶. 今按, 法師往西天時, 初到師陀國界, 遇猛虎·毒蛇之害, 次遇黑熊精·黃風恠〈怪〉·地湧夫人·蜘蛛精·獅子恠〈怪〉·多目恠〈怪〉·紅孩兒恠〈怪〉, 幾死僅免.), 언머 惡物의 놀쁨을 만나시리오.

흑자(黑子) 명 사마귀. 또는 검은 점. ≪朴諺, 上, 15ㅈ≫有名的張黑子(集覽, 朴集, 上, 6ㅈ: 張黑子. 張, 姓. 黑子, 痣也. 張之面有痣, 因以爲號, 人號爲張黑子.), 有名훈 張黑子ㅣ. ≪朴諺, 上, 16ㅈ≫如今張黑子家裏去來, 이제 張黑子의 집의 가쟈.

흑저정(黑猪精) 명 검은 돼지의 정령(精靈). ≪朴諺, 下, 17ㅈ≫唐三藏引孫行者(集覽, 朴集, 下, 4ㅈ: 孫行者. 其後唐太宗勑玄奘法師, 往西天取經, 路經此山, 見此猴精壓在石縫, 去其佛押出之, 以爲徒弟, 賜法名吾空, 改号〈號〉爲孫行者, 與沙和尚及黑猪精·朱八戒偕往, 在路降妖去恠, 救師脫難, 皆是孫行者神通之力也.), 唐三藏이 孫行者를 ᄃ리고.

흑종(黑鬃) 형 갈기가 검다. 또는 그런 갈기. ≪朴諺, 上, 55ㅎ≫一箇黑鬃青馬快走, ᄒᆞᆫ 가리온춍이ᄆᆞᆯ이 잘 ᄃᆞᄅᆞ되.

흑종청마(黑鬃青馬) 명 갈기가 검은 총이말. ⇔가리온춍이ᄆᆞᆯ. ≪朴諺, 上, 55ㅎ≫一箇黑鬃青馬快走, ᄒᆞᆫ 가리온춍이ᄆᆞᆯ이 잘 ᄃᆞᄅᆞ되.

흔(哏) 부 가장. 매우. 아주. ⇔ᄀᆞ장. ≪集覽, 字解, 單字解, 5ㅎ≫哏. 極也. 哏好 ᄀᆞ장 됴타, 今不用. 音흔, 匣母.

-흔 조 ('ㅎ' 첨용(添用) 조사) ❶-는. ≪朴諺, 中, 14ㅎ≫今年好生賤了, 올흔 ᄀᆞ장 쳔ᄒᆞ더라. ≪朴諺, 中, 19ㅈ≫一箇狐帽匠家學生活去, ᄒᆞ나흔 狐帽匠의 집의 셩녕 ᄇᆡ호라 가고. ≪朴諺, 下, 36ㅈ≫人不可貌相, 사ᄅᆞᆷ은 가히 얼굴로 상티 못ᄒᆞ고. 海不可斗量, 바다흔 가히 말로 되디 못흔다 ᄒᆞ니. ❷-은. ≪朴諺, 中, 8ㅎ≫牌子·令史們來, 牌子·令史들흔 오라. ≪朴諺, 中, 14ㅈ≫草一錢銀子十一箇家大束(束)兒, 딥흔 ᄒᆞᆫ 돈 은에 열ᄒᆞᆫ 낫 큰 뭇이니. ≪朴諺, 下, 31ㅈ≫手柱槍的, 손에 槍을 딥흔 이.

흔드기다 동 흔들거리다. ⇔요(搖). ≪朴諺, 中, 58ㅈ≫風不來樹不搖, ᄇᆞ람이 부디 아니면 남기 흔드기디 아니ᄒᆞ고. 雨不來河不漲, 비 오디 아니면 믈이 넘디 아니흔다 ᄒᆞᄂᆞ니라.

흔들다 동 흔들다. ⇔요(搖). ≪朴諺, 上, 51ㅈ≫把搖車搖一搖便住了, 搖車ᄅᆞᆯ다가 흔들면 곳 그치ᄂᆞ니라.

흔사(哏似) 부 ❶가장. ⇔ᄀᆞ장. ≪集覽, 字解, 累字解, 2ㅈ≫底似. ᄀᆞ장. 又너므. 今不用. ≪集覽, 字解, 累字解, 2ㅈ≫哏似. 上同. 今不用. ❷너무. ⇔너므. ≪集覽, 字解, 累字解, 2ㅈ≫底似. ᄀᆞ장. 又너므. 今不用. ≪集覽, 字解, 累字解, 2ㅈ≫哏似. 上同. 今不用.

흔타 형 흔하다. ⇔광(廣). ≪朴諺, 中, 13ㅈ≫聽的今年水賊廣, 드르니 올히 水賊이 흔타 ᄒᆞ니.

흔호(哏好) 형 가장 좋다. ≪集覽, 字解, 單字解, 5ㅎ≫哏. 極也. 哏好 ᄀᆞ장 됴타, 今不用. 音흔, 匣母.

흔ᄒᆞ다 형 흔하다. ⇔광(廣). ≪集覽, 字解, 單字解, 7ㅈ≫廣. 多也. 흔ᄒᆞ다. ≪朴諺, 上, 16ㅎ≫街上放空中的小厮們好生廣, 거리에 박핑이 틸 아히들 ᄀᆞ장 흔터라. ≪朴諺, 中, 25ㅈ≫如今賊廣, 이제 도적이 흔ᄒᆞ니. ≪朴諺, 中, 35ㅈ≫如今怎麽那般賊廣, 이제 엇디 뎌리 도적이 흔ᄒᆞᆫ뇨. ≪朴諺, 中, 35ㅈ≫因此上賊廣, 이런 젼ᄎᆞ로 도직(적)이 흔ᄒᆞ니라. 使鉤子的賊們更是廣, 갈고리 ᄡᅳᄂᆞᆫ 도적이 ᄯᅩ 흔ᄒᆞ여. ≪朴諺, 中, 55ㅎ≫怎麽這般蠅子廣, 엇디 이리 ᄑᆞ리 흔ᄒᆞᆫ뇨. ≪朴諺, 中, 56ㅎ≫我家裏老鼠好生廣, 내 집의 쥐 ᄀᆞ장 흔ᄒᆞ니.

-흘 조 ('ㅎ' 첨용(添用) 조사) ❶-를. ≪朴諺, 中, 24ㅎ≫環刀一口, 環刀 ᄒᆞ나흘. ≪朴諺, 中, 26ㅈ≫陜(陝)西赶來的白駝氊大帽兒一箇, 陜(陝)西셔 미러 온 白駝氈 큰갓 ᄒᆞ나흘 ᄆᆡᆫ드되. ≪朴諺, 中, 56ㅎ≫我買一箇, 내 ᄒᆞ나흘 사쟈. ≪朴諺, 中, 56ㅎ≫我的衣裳被兒包袱也都齩了, 내 衣裳과 니블 ᄡᆞᆫ 보흘 다 텨시니. ≪朴諺, 下, 20ㅎ≫唐僧耳門後咬, 唐僧의 귀 뒤흘 므러. ≪朴諺, 下, 31ㅎ≫駕海紫金梁, 바다흘 걸탄ᄂᆞᆫ 紫金梁이로다. ❷-을. ≪朴諺, 中, 13ㅎ≫馬們都好將來也麽, ᄆᆞᆯ들흘 다 잘 가져온다. ≪朴諺, 中, 14ㅈ≫又不見了三箇, ᄯᅩ 세흘 일코. ≪朴諺, 中, 34ㅈ≫把那葉兒摘了, 뎌 닙흘다가 ᄕᅡ. ≪朴諺, 中, 51ㅈ≫那裏見路, 어ᄃᆡ 길흘 보리오. ≪朴諺, 中, 51ㅎ≫揀(揀)路兒行來, 길흘 ᄀᆞᆯ히여 오롸. ≪朴諺, 中, 57ㅎ≫夾着屁眼家裡坐的去, 밋흘 ᄢᅵ고 집의 안자시라 가라. ≪朴諺, 中, 58ㅎ≫你摘饋我些葉兒, 네 날을 져기 닙흘 ᄕᅡ 주고려. ≪朴諺, 中, 58ㅎ≫把那蒲葉兒來做席子, 뎌 菖蒲 닙흘다가 자리 ᄆᆡᆫᄃᆞ라.

흘낭(疙瀼) 명 더뎅이. ⇔더뎅이. ≪朴諺, 下, 6ㅎ≫滿指甲疙瀼和膿水怎麽當, 손돕

의 ᄀᆞ득ᄒᆞᆫ 더덩이와 고롬을 엇디 당ᄒᆞ리오.

흘달(疙疸) 명 뾰루지. 뾰두라지. 응어리. ⇔ᄆᆡ둡. ≪朴諺, 上, 36ㅎ≫皺(集覽, 朴集, 上, 10ㅎ: 皺. 音義云, 皺, 音疙. 今按, 疙, 音그(ᄀᆞ). 疙疸 ᄆᆡ둡.)皺皺皺皺被, 찡긘 담에 찡긘 니블에.

흘러ᄂᆞ리다 동 흘러내리다. ⇔유하래(流下來). ≪朴諺, 上, 59ㅎ≫西湖是從玉泉裏流下來, 西湖는 이 玉泉으로 조차 흘러ᄂᆞ리니. ≪朴諺, 中, 40ㅈ≫好生流不下來, ᄀᆞ장 흘러ᄂᆞ리디 못ᄒᆞ여. ≪朴諺, 中, 48ㅈ≫眼脂兒眼角裏流下來, 눈ᄇᆞᆸ이 눈 ᄉᆞ석에 흘러ᄂᆞ리되.

흘재(疙滓) 동 더뎅이 앉다. ⇔더덩이지다. ≪朴諺, 下, 7ㅈ≫便成疙滓都吊了, 곳 더덩이져 다 ᄠᅥ러디리라.

흘추(皺皺) 동 주름지다. 주름 잡히다. ⇔찡긔다. ≪朴諺, 上, 36ㅎ≫皺(集覽, 朴集, 上, 10ㅎ: 皺. 音義云, 皺, 音疙. 今按, 疙, 音그(ᄀᆞ). 疙疸 ᄆᆡ둡.)皺皺皺皺被, 찡긘 담에 찡긘 니블에. 皺皺娘娘裏頭睡, 찡긘 겨집이 안히셔 자는 거시여.

흙 명 흙. ❶⇔이(泥). ≪朴諺, 下, 5ㅎ≫這裏和泥, 예셔 흙 니기라. ≪朴諺, 下, 21ㅈ≫和將一塊青泥來, ᄒᆞᆫ 덩이 프른 흙을 니여 가져다가. ❷⇔토(土). ≪朴諺, 下, 5ㅈ≫將鐵杴和鍬來掘土, 삷과 광이를 가져다가 흙을 ᄑᆡ여. ≪朴諺, 下, 5ㅎ≫這高處鑽些土, 이 노픈 곳의 흙을 뚤고.

흙밧기 명 흙받기. ⇔이탁(泥托). ≪朴諺, 下, 5ㅈ≫你有泥鏝·泥托麽, 네게 흙손과 흙밧기 잇ᄂᆞ냐.

흙븨다 동 빗기 뵈다. ⇔사(斜). ≪朴諺, 上, 52ㅎ≫叫將那斜眼的弓匠王五來, 뎌 눈흙빈 弓匠 王五를 블러오라.

흙손 명 흙손. ⇔이만(泥鏝). ≪朴諺, 下, 5ㅈ≫你有泥鏝·泥托麽, 네게 흙손과 흙밧기 잇ᄂᆞ냐.

흠(欠) 동 떨어뜨리다. 또는 빚지다[債]. ⇔ᄠᅥᄅᆞ티다. ≪朴諺, 上, 54ㅈ≫不致拖欠, 믄그어 ᄠᅥᄅᆞ팀애 니ᄅᆞ게 말고.

흠(欠) 형 없다. 모자라다. 부족하다. ⇔업다. ≪朴諺, 上, 18ㅎ≫欠端正些, 端正홈이 업고.

흠천감(欽天監) 명 명·청대(明清代)에 천문(天文)·역수(曆數)·점후(占候) 따위를 맡아보던 관아. ≪朴諺, 下, 46ㅎ≫順天府官, 順天府官과. 司天臺(集覽, 朴集, 下, 10ㅎ: 司天臺. 元置, 以司曆占. 今改爲欽天監. 又設司天監於朝陽門城上.)官衆官人們, 司天臺官 모든 官人들히.

흡(恰) 부 ❶맞추어. ⇔마치. ≪朴諺, 中, 55ㅈ≫紐子不要底似(注: 底似, 너모)大恰好着, ᄃᆞᆯ마기를 너모 크게 말고 마치 됴케 ᄒᆞ라. ❷마침. ⇔맛치. ≪朴諺, 下, 44ㅈ≫恰好着, 맛치 됴케 ᄒᆞ라.

흡(恰) 부 갓. 겨우. 방금. ⇔ᄀᆞᆺ. ≪集覽, 字解, 單字解, 1ㅈ≫恰. 適當之辭, 恰便似 마치. 又方纔之辭, 恰纔 ᄀᆞᆺ. ≪朴諺, 上, 49ㅎ≫恰三日也, ᄀᆞᆺ 三日이라. ≪朴諺, 中, 8ㅈ≫這的恰將來的馬, 이 ᄀᆞᆺ 가져온 ᄆᆞᆯ이. ≪朴諺, 中, 12ㅎ≫昨日恰來到, 어제 ᄀᆞᆺ 올와. ≪朴諺, 中, 43ㅈ≫直到點燈時分恰下馬, 잇긋 블혈 ᄢᅢ예 다ᄃᆞᆺ게야 ᄀᆞᆺ ᄆᆞᆯ게 ᄂᆞ리니. ≪朴諺, 中, 48ㅈ≫恰學立的, ᄀᆞᆺ 셔기 ᄇᆡ호ᄃᆡ. ≪朴諺, 中, 49ㅈ≫恰十五歲的女孩兒, ᄀᆞᆺ 十五 歲엣 女孩兒ㅣ. ≪朴諺, 下, 57ㅈ≫先生恰說的秀才在那裡下着裡, 先生이 ᄀᆞᆺ 니ᄅᆞ든 秀才 어ᄃᆡ 브리원ᄂᆞ뇨. ≪朴諺, 下, 59ㅎ≫恰說的是甚麽官職, ᄀᆞᆺ 니ᄅᆞᄂᆞᆫ 거시 이 므슴 벼슬고.

흡재(恰纔) 부 갓. 겨우. 방금. ⇔ᄀᆞᆺ. ≪集覽, 字解, 單字解, 1ㅈ≫恰. 適當之辭. 恰便似 마치. 又方纔之辭. 恰纔 ᄀᆞᆺ. ≪集覽, 字解, 單字解, 2ㅎ≫纔. 方得僅始之辭. ᄀᆞᆺ, 纔自. 又剛纔, 又方纔, 又恰纔.

흡편사(恰便似) 부 마치. 흡사 …와 같다. 바로 …와 같다. ⇔마치. ≪集覽, 字解, 單字解, 1ㅈ≫恰. 適當之辭. 恰便似 마치. 又方纔之辭. 恰纔 ᄀᆞᆺ.

흣ㅌ다 동 흩다. ⇔산(散). ≪朴諺, 中, 8ㅈ≫

轡頭都散與他, 구레롤 다 흣터 뎌를 주라.

흣터디다 동 흩어지다. ⇔산(散). ≪朴諺, 下, 14ㅎ≫時常這般早聚晩散麽, 시샹에 이리 일 모다 늣게야 흣터디ᄂᆞ냐. 但早散時實不見早回家, 다만 일 흣터디되 실로 일즉이 집의 도라오믈 보디 몯ᄒᆞ니.

흥쑹이다 동 흥청거리다. ≪集覽, 字解, 單字解, 7ㅎ≫閑. 雜也. 閑雜人. 又替也. 파직ᄒᆞ다, 罷閑了·替閑了. 又遊息曰閑. 흥쑹여 ᄃᆞᆫ닐시니, 遊閑了. 又練熟也. 弓馬熟閑. 又空也. 空閑田地 뷔엿ᄂᆞᆫ ᄯᅡ. 又等閑 부질업시, 又힘히미, 又간대롭다.

흥졍 명 흥정. ❶⇔교(交). ≪集覽, 字解, 累字解, 2ㅎ≫悔交. 흥졍 므르다. 亦曰倒裝. ❷⇔매매(買賣). ≪朴諺, 中, 57ㅈ≫又不是大買賣, 도(또) 큰 흥졍이 아니니.

흥판(興販) 동 물건을 흥정하여 사고 팔다. ≪朴諺, 中, 13ㅎ≫抽分(集覽, 朴集, 中, 2ㅎ: 抽分. 音義云, 十分而取一分, 以利官用. 今按, 中朝設抽分竹木局, 如遇客商〈商〉興販竹木·柴炭等項, 照例抽分.)了幾箇馬, 여러 ᄆᆞᆯ을 츄렴ᄒᆞ고.

흩다 동 흩다. ⇔산(散). ≪朴諺, 上, 58ㅈ≫散饋喂馬的草料錢, ᄆᆞᆯ 먹일 딥과 콩 갑슬 흐터 주라.

희(稀) 형 ❶묽다. ⇔믉다. ≪朴諺, 中, 6ㅎ≫熬些稀粥, 젹이 믈근 쥭을 ᄡᆞᆫ고. ≪朴諺, 中, 30ㅈ≫稀粥也熬着裏, 믉은 쥭도 ᄡᆞ엇다. ❷성기다. 설피다. ⇔성긔다. ≪朴諺, 上, 40ㅈ≫先將那稀笓子撓了, 몬져 더 성긘 춤빗 가져다가 빗기고.

-희 조 ('ㅎ' 첨용(添用) 조사) ❶-에. ≪朴諺, 上, 15ㅎ≫鋸兒上鈒一箇好花樣兒, 톱 우희 ᄒᆞᆫ 됴흔 花樣을 사기고. ≪朴諺, 上, 25ㅎ≫江西十分上等眞結綜(棕)帽兒上, 江西 ᄀᆞ장 上等에 진짓 綜(棕)으로 ᄆᆡᄌᆞᆫ 갓 우희. ≪朴諺, 上, 35ㅈ≫一箇太醫看我小肚皮上使一針, ᄒᆞᆫ 太醫 날을 보고 져근ᄇᆡ 우희 ᄒᆞᆫ 번 침 주고. ≪朴諺, 上, 50ㅎ≫上頭鋪兩三箇襦子, 우희 두세 깃을 ᄭᆞᆯ고. ≪朴諺, 上, 61ㅈ≫北岸上有一座大寺, 북편 언덕 우희 ᄒᆞᆫ 座 큰 뎔이 이시니. ≪朴諺, 中, 1ㅈ≫一箇高卓兒上脫下衣裳, ᄒᆞᆫ 노픈 卓子 우희 옷 벗고. ≪朴諺, 中, 22ㅎ≫結草廬於香山之上, 草廬롤 香山 우희 지엇ᄯᅩ다. ≪朴諺, 中, 40ㅈ≫房上生出那草, 집 우희 뎌 플이 나. ≪朴諺, 中, 47ㅈ≫倒在床上打鼾睡, 상 우희 것구러뎌 코 고오고 자거늘. ≪朴諺, 下, 5ㅎ≫在墻上驗的正着, 담 우희 견조기롤 바로 ᄒᆞ라. ≪朴諺, 下, 19ㅈ≫到羅天大醮壇場上藏身, 羅天大醮ᄒᆞᄂᆞᆫ 壇場 우희 가 몸을 ᄀᆞᆷ초와. ≪朴諺, 下, 30ㅎ≫大明殿前月臺上, 大明殿 앏 月臺 우희. ≪朴諺, 下, 55ㅈ≫門前栓着帶鞍的白馬來, 門 앏희 기ᄅᆞ마지은 白馬롤 ᄆᆡ엿더니. ≪朴諺, 下, 61ㅈ≫先到宮門前等的萬千人, 몬져 宮門 앏희 가 기ᄃᆞ리리 萬千人이나 ᄒᆞ니. ❷-의. ≪朴諺, 中, 40ㅈ≫把那房上草來, 뎌 집 우희 플을다가. ≪朴諺, 中, 45ㅈ≫那書案上的各樣書冊, 뎌 셔안 우희 各樣 書冊을. ≪朴諺, 中, 52ㅈ≫年時牢子們走的你見來麽, 젼년에 牢子들희 ᄃᆞ룸질을 네 본다.

희곡(戲曲) 명 전통적인 연극 형식의 하나. 곤극(昆劇)·경극(京劇)과 각종 지방극을 포함하며, 노래와 춤을 주요 공연 형식으로 한다. ≪朴諺, 上, 5ㅎ≫叫教坊司十數箇樂工和做院本(集覽, 朴集, 上, 2ㅎ: 院本. 南村輟耕錄云, 唐有傳奇, 宋有戲曲·唱諢·詞說, 金有雜劇·諸宮調.)諸般雜技(集覽, 朴集, 上, 3ㅈ: 雜劇. 劇〈ㄷ〉, 戲也. 南村輟耕錄曰, 稗官廢而傳奇作, 傳奇作而戲曲繼〈継〉. 金季國初, 樂府猶宋詞之流, 傳奇猶宋戲曲之變〈変〉, 世傳謂之雜劇.)的來, 教坊司의 여라믄 樂工과 院本에 여러 가지 雜技ᄒᆞᄂᆞ니롤 블러오라.

희니(稀泥) 명 흙탕물. 또는 진흙. ≪朴諺, 下, 32ㅎ≫廠尼汁經卷兒(集覽, 朴集, 下, 6ㅈ: 廠尼汁經卷兒. 廠, 卽脂廠也. 擣脂廠爲汁, 如稀泥然, 故曰廠尼汁. 尼, 作泥是.), 촘ᄭᆡ즙 經卷兒와.

희다 형 희다. ⇔백(白). ≪朴諺, 上, 24ㅎ≫白絨氈襪上, 흰 부드러온 시울청에. ≪朴諺, 上, 27ㅈ≫白麂皮靴子, 흰 기ᄌᆞ피 훠ᄋᆞ에. ≪朴諺, 上, 28ㅈ≫鞍子是雪白鹿角邊兒, 기ᄅᆞ마는 이 눈ᄀᆞᆺ티 흰 鹿角 邊児에. ≪朴諺, 上, 43ㅈ≫諸般絨線砌山子吊珠兒的麁白線, 여러 가지 보ᄃᆞ라온 실과 귀여ᅀᆞ 무오고 진쥬 ᄃᆞᆯ 굴근 흰 실과. ≪朴諺, 上, 46ㅈ≫貴眷稍的十箇白毛施布, 貴眷이 브틴 열 필 흰 모시뵈과. ≪朴諺, 中, 6ㅎ≫你將那白麵來, 네 뎌 흰 ᄀᆞᄅᆞᆯ 가져다가. ≪朴諺, 下, 8ㅎ≫白淨淨顔面, 흰 淨淨ᄒᆞᆫ 顔面이오.

희롱(戲弄) 동 희롱하다. 장난하다. ≪集覽, 字解, 單字解, 7ㅈ≫耍. 戲弄之辭曰耍子, 戲笑之事曰耍笑. 又行房亦曰耍子. ≪朴諺, 上, 5ㅎ≫叫教坊司十數箇樂工和做院本(集覽, 朴集, 上, 2ㅎ: 院本. 曰丑, 狂言戲弄, 或粧醉漢·太醫·吏員·媒婆之類.)諸般雜技的來, 教坊司의 여라믄 樂工과 院本에 여러 가지 雜技ᄒᆞᄂᆞ니ᄅᆞᆯ 블러오라.

희면(喜面) 명 기쁜 얼굴. ≪朴諺, 下, 11ㅎ≫喜面相參, 喜面으로 서ᄅᆞ 뵈면.

희사(喜事) 명 기쁜 일. 경사(慶事). 축하할 만한 일. ≪朴諺, 上, 24ㅈ≫那一箇有喜事便去慶賀, 아모나 ᄒᆞ나히 喜事ㅣ 잇거든 곳 가 慶賀ᄒᆞ고.

-희셔 조 -에서. ('ㅎ' 첨용(添用) 조사) ≪朴諺, 中, 29ㅎ≫請官人屋裏喫飯, 청컨대 官人은 집 안희셔 밥 먹으라.

희소(戲笑) 동 우스갯소리하다. 농담(弄談)하다. 시시덕거리다. ≪集覽, 字解, 單字解, 7ㅈ≫耍. 戲弄之辭曰耍子, 戲笑之事曰耍笑. 又行房亦曰耍子.

희신(喜身) 명 진영(眞影). (주로 얼굴을 그린 화상(畫像)) ⇔진영. ≪朴諺, 下, 40ㅈ≫要畫我的喜身裏, 내 진영을 그리고져 ᄒᆞ노라.

희약(喜躍) 동 기뻐서 날뛰다. ≪朴諺, 中, 23ㅈ≫故得人天之喜躍鬼神之歡欣, 이러모로 人天의 喜躍과 鬼神의 歡欣을 어더.

희족(憙足) 형 만족하다. 만족함을 알다. ≪朴諺, 上, 62ㅎ≫只此人間兜率(集覽, 朴集, 上, 15ㅈ: 兜率. 梵語兜率, 此云妙足, 又云知足於五欲知止足. 故佛地論云, 名憙足, 謂後身菩薩於中教化, 多修憙足故. 卽欲界六天之一也. 兜率天, 人間四百世爲一日.), 그저 이 人間ㅅ 兜率이러라.

희종(僖宗) 명 당(唐)나라 제18대 왕 이현(李儇)의 묘호(廟號). ≪朴諺, 下, 59ㅈ≫唐昭宗(集覽, 朴集, 下, 12ㅎ: 唐昭宗. 姓李, 名曄, 僖宗第七子. 爲逆臣朱全忠所弑.)乾寧三年, 唐昭宗 乾寧 三年에. ≪朴諺, 下, 59ㅎ≫梁貞明(集覽, 朴集, 下, 12ㅎ: 梁貞明. 朱溫事唐僖宗, 賜名全忠, 拜宣武軍節〈莭〉度使, 封梁王.)四年三月裡, 梁貞明 四年 三月에.

희주(喜酒) 명 아이를 낳음을 축하하는 술. ≪朴諺, 上, 50ㅈ≫滿月(集覽, 朴集, 上, 13ㅎ: 滿月. 質問云, 産婦一箇月不出門, 不生理, 只補養本身, 一月之後出門, 又吃〈喫〉喜酒. 今按, 喜酒者, 賀生兒之宴.)過了時喫的不妨事, ᄃᆞᆯ이 차 디나면 먹어도 일에 해롭디 아니ᄒᆞ리라.

희죽(稀粥) 명 묽은 죽. ≪朴諺, 中, 30ㅈ≫稀粥(集覽, 朴集, 中, 7ㅈ: 稀粥也熬着. 北人好獵, 不力於農. 獵者·行者多齎粆米, 且其食性好粥, 尤好生肉湩酪, 故兩書皆元時所記, 多言稀粥及酪. 粆, 音抄, 卽本國米實也.)也熬着裏, 믈은 쥭도 ᄡᅮ엇다.

희한(稀罕) 형 희한(稀罕)하다. ⇔희한ᄒᆞ다(稀罕-). ≪朴諺, 中, 17ㅈ≫這般稀罕的好物, 이런 稀罕ᄒᆞᆫ 됴ᄒᆞᆫ 거슬. ≪朴諺, 中, 17ㅎ≫這般的有甚麽稀罕, 이런 거시 므슴 稀罕홈이 이시리오.

희한ᄒᆞ다(稀罕-) 형 희한(稀罕)하다. ⇔희한(稀罕). ≪朴諺, 中, 17ㅈ≫這般稀罕的好物, 이런 稀罕ᄒᆞᆫ 됴ᄒᆞᆫ 거슬. ≪朴諺, 中, 17ㅎ≫這般的有甚麽稀罕, 이런 거시 므슴 稀罕홈이 이시리오.

희호(喜好) 동 좋아하다. 애호하다. 호감을 가지다. 사랑하다. ≪集覽, 字解, 單字

解, 6ㅈ≫好. 됴타. 又好生 ᄀ장. 又去聲, 喜-·情-.

희희(嬉戲) 동 즐겁게 희롱하며 놀다. 장난치다. ≪朴諺, 上, 23ㅈ≫斂些錢翫月會(集覽, 朴集, 上, 8ㅈ: 翫月會. 東京錄云, 中秋夜, 貴家結飾臺榭, 民間爭占酒樓翫〈玩〉月, 絲簧鼎沸, 近內庭居民, 夜深遙聞笙竽之聲, 宛若雲外天樂, 閭里兒童連宵嬉戲, 夜市駢闐, 至於通曉.), 져기 돈 거두어 翫月會를 ᄒᆞ쟈. ≪朴諺, 下, 35ㅈ≫却打花房窩兒(集覽, 朴集, 下, 7ㅎ: 花房窩兒. 或曰起於戰國, 所以練〈鍊〉武士, 因嬉戲而講習之, 猶打毬, 非蹋鞠之戲也.), 또 花房 굼글 티쟈.

-히 조 ('ㅎ' 첨용(添用) 조사) ❶-가. ≪朴諺, 上, 66ㅈ≫不知其數, 不知其數히. ≪朴諺, 中, 9ㅎ≫年五歲無病, 나히 五歲오 병 업스니롤다가. ≪朴諺, 中, 25ㅎ≫簷兒小, 드르히 적고. ≪朴諺, 中, 45ㅈ≫家齊而後國治, 집이 ᄀᆞ즉ᄒᆞᆫ 후에 나라히 다ᄉᆞ다 ᄒᆞ니라. ≪朴諺, 下, 20ㅈ≫那一箇輸了時, 아므나 ᄒᆞ나히 지거든. ≪朴諺, 下, 34ㅈ≫一箇去百箇來, ᄒᆞ나히 가매 빅이 온다 ᄒᆞᄂᆞ니라. ≪朴諺, 下, 41ㅈ≫今年纔三十七歲, 올히 ᄀᆞᆺ 三十七歲라. ≪朴諺, 下, 53ㅎ≫這般着, 이러면. 那廝多少年紀, 뎌 놈이 나히 언메나 ᄒᆞ더뇨. ≪朴諺, 下, 54ㅈ≫年幾歲無病, 나히 현이오 病 업ᄉᆞᆫ이. ≪朴諺, 下, 59ㅈ≫年二十歲時分, 나히 스믈인 제. ❷-의. ≪朴諺, 中, 25ㅈ≫我說與你衆伴當們, 내 너희 모든 伴當들ᄃᆞ려 닐ᄋᆞ노니. ≪朴諺, 中, 37ㅈ≫你官人們, 너희 官人들히. ≪朴諺, 中, 40ㅎ≫都是你兩箇小畜生的勾當, 다 너희 두 가히ᄯᅵ의 일이라. ≪朴諺, 中, 56ㅈ≫你弟兄兩箇引的那小厮們, 너희 弟兄 둘히 뎌 아히들을 ᄃᆞ려. ≪朴諺, 下, 14ㅎ≫你伴當們其實受苦, 너희 伴當들히 실로 受苦ᄒᆞᄂᆞᆫ또다. ≪朴諺, 下, 36ㅎ≫哥你們, 형아 너희들이. ❸-이. ≪朴諺, 中, 3ㅎ≫裏兒都全, 안히 다 ᄀᆞ자시니. ≪朴諺, 中, 13ㅈ≫那賊們把那船上的物件都奪了, 뎌 도적들히 그 ᄇᆡ엣 物件을 다 앗고. ≪朴諺, 中, 19ㅈ≫這幾箇賊漢們, 이 여러 도적놈들히. ≪朴諺, 中, 32ㅈ≫有累累垂垂石, 累累 垂垂ᄒᆞᆫ 돌히 이시며. ≪朴諺, 中, 46ㅈ≫衙門令史們送的來了, 아문 령ᄉᆞ들히 보내여 왓거늘. ≪朴諺, 中, 50ㅎ≫咱兩箇交手時便見, 우리 둘히 交手ᄒᆞ면 곳 보리라. ≪朴諺, 中, 59ㅈ≫堂上官人們, 堂上 官人들히. ≪朴諺, 下, 16ㅎ≫我兩箇部前買文書去來, 우리 둘히 部 앏픠 칙 사라 가쟈. ≪朴諺, 下, 19ㅎ≫咱兩箇寃讎不小可裏, 우리 둘히 寃讎ㅣ 젹디 아니ᄒᆞ니라. ≪朴諺, 下, 20ㅈ≫咱兩箇對君王面前鬪(鬭)聖, 우리 둘히 君王 앏플 ᄃᆡᄒᆞ여 鬪(鬭)聖ᄒᆞ야. ≪朴諺, 下, 40ㅈ≫和我兩箇至好麽, 날과 둘히 ᄀᆞ장 됴컨마ᄂᆞᆫ. ≪朴諺, 下, 40ㅎ≫咱兩箇去來, 우리 둘히 가. ≪朴諺, 下, 57ㅎ≫沈進中和葛敬之教授兩箇, 沈進中과 葛敬之 教授 둘히.

힐문(纈文) 명 알록달록한 무늬. ≪朴諺, 下, 30ㅈ≫穿着花袴(集覽, 朴集, 下, 5ㅎ: 花袴. 以裩連上衣爲之者, 如倭奴上着纈文之衣.)皀靴的勇士, 아롱바디예 거믄 훠 신은 勇士ㅣ.

힐힐ᄒᆞ다 형 후리후리하다. ⇔세장(細長). ≪朴諺, 中, 52ㅎ≫一箇細長身子兒, ᄒᆞᆫ 킈 힐힐ᄒᆞ고.

힘 명 힘. 기력. ❶⇔기력(氣力). ≪朴諺, 中, 40ㅎ≫那瓦水潤了無些氣力, 뎌 디새 믈 ᄇᆡ야 져기 힘이 업스니. ❷⇔역(力). ≪朴諺, 中, 14ㅎ≫遠行知馬力, 멀리 가매 ᄆᆞᆯ 힘을 알고. 日久見人心, 날이 오라매 사ᄅᆞᄆᆡ ᄆᆞᅀᆞᄆᆞᆯ 보ᄂᆞ니라. ≪朴諺, 下, 36ㅎ≫寸鐵入木九牛之力, 寸鐵이 남게 들매 九牛의 힘이라 ᄒᆞᄂᆞ니라.

힘 명 ❶힘줄. ⇔근(筋). ≪朴諺, 上, 53ㅈ≫你來這弓面上鋪筋將來, 이바 이 활 면에 힘을 ᄭᆞ라 가져와. ❷힘. 활시위의 강도를 재는 힘의 단위. 20근(斤) 무게의 힘이다. ⇔기력(氣力). ≪朴諺, 上, 52ㅎ≫

你要打幾箇氣力的弓, 네 언머 힘에 활을 민둘고져 ᄒᆞᄂᆞ다. ≪朴諺, 上, 53ㅈ≫你打十箇氣力的一張, 네 열 힘에 치 ᄒᆞᆫ 댱과. 七八箇氣力的一張, 닐곱 여듧 힘에 ᄒᆞᆫ 댱을 민들라.

힘쓰다 동 힘쓰다. ⇔용력(用力). ≪朴諺, 中, 2ㅈ≫因風吹火用力不多, ᄇᆞ람을 因ᄒᆞ여 블을 불면 힘씀이 하디 아니타 ᄒᆞᄂᆞ니라.

힘히미 부 심심히. 한가히. ❶⇔등한(等閑). ≪集覽, 字解, 單字解, 7ㅎ≫閑. 雜也. 閑雜人. 又替也. 파직ᄒᆞ다, 罷閑了·替閑了. 又遊息曰閑. 흥뚱여 ᄃᆞᆫ닐시니, 遊閑了. 又練熟也. 弓馬熟閑. 又空也. 空閑田地 뷔엿ᄂᆞᆫ ᄯᅡ. 又等閑 부질업시, 又힘히미, 又간대롭다. ❷⇔무뢰(無賴). ≪集覽, 字解, 累字解, 2ㅎ≫無賴. 힘히미. 又부질업시.

힘힘이 부 심심히. 한가히. ⇔한(閑). ≪朴諺, 中, 19ㅈ≫每日家閑浪蕩做甚麽, 날마다 힘힘이 ᄀᆞ래여 므슴 ᄒᆞ리오. ≪朴諺, 中, 36ㅎ≫我也與你做伴兒閑看去, 나도 널로 ᄃᆞ려 벗지어 힘힘이 보라 가쟈.

힘힘ᄒᆞ다 형 심심하다. 한가하다. ⇔한(閑). ≪朴諺, 上, 32ㅎ≫傍邉看的閑人們說, 겨ᄐᆡ셔 보든 힘힘ᄒᆞᆫ 사ᄅᆞᆷ들히 닐오ᄃᆡ. ≪朴諺, 中, 37ㅈ≫說甚麽閑話, 므슴 힘힘ᄒᆞᆫ 말을 니ᄅᆞᄂᆞᆫ다. ≪朴諺, 中, 50ㅎ≫擺忙裏說甚麽閑話來, 밧븐ᄃᆡ 므슴 힘힘ᄒᆞᆫ 말 닐ᄋᆞ리오.

힘힘ᄒᆞᆫ말 명 잡담. 여담(餘談). 한담(閑談). ⇔한화(閑話). ≪朴諺, 中, 37ㅈ≫說甚麽閑話, 므슴 힘힘ᄒᆞᆫ 말을 니ᄅᆞᄂᆞᆫ다.

ᄒᆞ건양ᄒᆞ다 형 교만하다. 또는 뽐내다. 잘난 체하다. ⇔교(嬌). ≪朴諺, 中, 41ㅈ≫家富小兒嬌, 집이 가움열면 아ᄒᆡ ᄒᆞ건양ᄒᆞᆫ다 ᄒᆞᄂᆞ니라.

ᄒᆞ나 수 ❶하나. 한 (개). ⇔일개(一箇). ≪朴諺, 上, 15ㅎ≫叉兒一箇, 쳠ᄌᆞ ᄒᆞ나. 錐兒一箇, 송곳 ᄒᆞ나. ≪朴諺, 上, 30ㅈ≫四錢一箇家將去麽, 너 돈에 ᄒᆞ나식 ᄒᆞ여 가져 갈다. ≪朴諺, 上, 30ㅈ≫三錢一箇家買你的, 서 돈에 ᄒᆞ나직(식) ᄒᆞ여 네 하롤 사쟈. ≪朴諺, 中, 26ㅈ≫做雲南氊大帽兒一箇, 雲南氊으로 ᄒᆞᆫ 큰갓 ᄒᆞ나와. ❷하나. 한 (명). ⇔일개(一箇). ≪朴諺, 下, 36ㅈ≫看那一箇毬兒老時, 어ᄂᆡ ᄒᆞ나 댱방올티기 니그니롤 보와.

ᄒᆞ나 수 하나. 한 (개). ❶⇔일과(一顆). ≪朴諺, 下, 27ㅈ≫八錢一顆家買你的, 여듧 돈에 ᄒᆞ낫식 ᄒᆞ여 네 하롤 사쟈. ≪朴諺, 下, 27ㅎ≫九錢一顆家, 아홉 돈에 ᄒᆞ낫식 ᄒᆞ쟈. ❷⇔일안(一眼). ≪朴諺, 中, 39ㅈ≫井一眼, 우믈 ᄒᆞ나.

ᄒᆞ나ㅎ 수 ❶하나. 한 (개). ⇔일개(一箇). ≪朴諺, 上, 15ㅎ≫鋸兒刀子一箇, 톱칼 ᄒᆞ나흘 호ᄃᆡ. ≪朴諺, 上, 29ㅎ≫怎麽沒一箇中使的, 엇디 ᄒᆞ나토 ᄡᅥ즉ᄒᆞ니 업ᄂᆞ뇨. ≪朴諺, 上, 29ㅎ≫每一箇討五錢銀子, ᄆᆡ ᄒᆞ나ᄒᆡ 닷 돈 은을 ᄭᅬ오려니와. ≪朴諺, 上, 30ㅈ≫六箇猠皮每一箇三錢家筭時, 여슷 猠皮에 ᄆᆡ ᄒᆞ나ᄒᆡ 서 돈식 혜아리면. ≪朴諺, 上, 57ㅎ≫借與我一箇, 날을 ᄒᆞ나흘 빌려 주고려. ≪朴諺, 中, 26ㅈ≫陜(陝)西赶來的白駝氊大帽兒一箇, 陜(陝)西셔 미러 온 白駝氈 큰갓 ᄒᆞ나흘 민드되. ≪朴諺, 中, 56ㅎ≫我買一箇, 내 ᄒᆞ나흘 사쟈. ≪朴諺, 下, 24ㅎ≫賜唐僧金錢三百貫金鉢盂一箇, 唐僧을 金돈 三百貫과 金에우아리 ᄒᆞ나흘 주고. ❷하나. 한 (명). ⇔일개(一箇). ≪朴諺, 上, 22ㅈ≫有一箇輸了的便賽殺, ᄒᆞ나히 지ᄂᆞ니 이시면 곳 던기리라. ≪朴諺, 上, 24ㅈ≫那一箇有喜事便去慶賀, 아모나 ᄒᆞ나히 喜事ㅣ 잇거든 곳 가 慶賀ᄒᆞ고. ≪朴諺, 上, 38ㅈ≫兩箇先生合賣藥一箇坐一箇跳, 두 先生이 모다 약 ᄑᆞ노라 ᄒᆞ나흔 안잣고 ᄒᆞ나흔 ᄯᅱ노ᄂᆞᆫ 거시여. ≪朴諺, 中, 19ㅈ≫一箇狐帽匠家學生活去, ᄒᆞ나흔 狐帽匠의 집의 셩녕 ᄇᆡ호라 가고. ≪朴諺, 下, 20ㅈ≫那一箇輸了時, 아므나 ᄒᆞ나히 지거든. ≪朴諺, 下, 34ㅈ≫一箇去百箇來, ᄒᆞ나히 가매 ᄇᆡᆨ이 온다 ᄒᆞᄂᆞ니라. ≪朴諺, 下, 39ㅈ≫

你的伴當着一箇替當, 네 伴當 ᄒᆞ나흐로 替當ᄒᆞ거나. ≪朴諺, 下, 52ㅎ≫一箇入來屋內, ᄒᆞ나히 집 안히 드러와.

ᄒᆞ나ㅎ 수 하나. 한 (개). ⇔일구(一口). ≪朴諺, 中, 24ㅎ≫環刀一口, 環刀 ᄒᆞ나흘.

ᄒᆞ녁 명 한 녘. 한쪽. 한편. ⇔일면(一面). ≪集覽, 字解, 累字解, 1ㅎ≫一面. 호은자. 又ᄒᆞ녀고로. 又ᄒᆞᆫ 번.

ᄒᆞ다 형 크다. ≪集覽, 字解, 單字解, 2ㅈ≫滾. 煮水使沸曰滾滾花水 글른 믈. 又輪轉曰滾滾了 구으다, 字作輥. 又通共和雜曰累滾 ᄒᆞᆫ 믈와비라. 又滾子 방올.

ᄒᆞ다 동 (…하려고) 하다. ❶⇔간(幹). ≪朴諺, 中, 52ㅈ≫我也沒甚麽幹的勾當, 나도 아므란 ᄒᆞᆯ 일이 업고. ≪朴諺, 下, 11ㅎ≫孩兒這裏所幹已成完備, 孩兒ㅣ 여긔 ᄒᆞ는 배 임의 完備케 되여시니. ❷⇔대(待). ≪朴諺, 下, 23ㅈ≫纔待洗澡, ᄀᆞᆺ 모욕ᄒᆞ고져 ᄒᆞ더니. ≪朴諺, 下, 24ㅈ≫待要接, 닛고져 ᄒᆞ거ᄂᆞᆯ. ≪朴諺, 下, 51ㅎ≫我待學范蠡歸湖, 내 范蠡의 歸湖를 ᄇᆡ호고져 ᄒᆞ노라. ❸⇔대요(待要). ≪朴諺, 上, 36ㅈ≫三哥待要分開, 셋재 형은 ᄂᆞᆫ호고져 ᄒᆞ고. ❹⇔위(爲). ≪朴諺, 上, 54ㅎ≫故立此文契爲用, 짐즛 이 글월을 세워 ᄡᅳ게 ᄒᆞ엿ᄂᆞ니. ≪朴諺, 上, 63ㅎ≫爲之妙也, ᄒᆡ옴이 妙ᄒᆞ니라. ≪朴諺, 下, 13ㅎ≫可知每日兩箇羊爲頭兒, 그리어니 每日에 두 羊을 읏듬으로 ᄒᆞ고. ≪朴諺, 下, 59ㅎ≫靡所不爲, ᄒᆞ디 아닐 배 업므(으)니.

ᄒᆞ다 동 하다. ❶⇔작(作). ≪朴諺, 中, 28ㅈ≫若作非理必受其殃, 만일 非理엣 일을 ᄒᆞ면 반ᄃᆞ시 그 앙화를 밧ᄂᆞᆫ다 ᄒᆞ니. ❷⇔주(做). ≪朴諺, 上, 8ㅈ≫做甚麽, 므슴 ᄒᆞ리오. ≪朴諺, 上, 16ㅎ≫我也用心做生活, 나도 用心ᄒᆞ여 셩녕을 ᄒᆞ리라. ≪朴諺, 上, 19ㅎ≫儅那偌多做甚麽, 뎌리 만히 典儅ᄒᆞ여 므슴 ᄒᆞ려 ᄒᆞᄂᆞᆫ다. ≪朴諺, 上, 29ㅈ≫買獺皮做甚麽, 獺皮 사 므섯 ᄒᆞ려 ᄒᆞᄂᆞᆫ다. ≪朴諺, 上, 34ㅈ≫這一等和尙不打他要做甚麽, 이런 즁을 티디 아니ᄒᆞ고 므슴 ᄒᆞ리오. ≪朴諺, 上, 47ㅈ≫全做時只使的十九箇錢, 다 ᄒᆞ려 ᄒᆞ면 그저 열 아홉 낫 돈을 ᄡᅳ리라. ≪朴諺, 上, 58ㅎ≫八里庄梁家花園裏做來, 八里庄 梁家 花園의셔 ᄒᆞ니라. ≪朴諺, 中, 3ㅈ≫要做甚麽, ᄒᆞ여 므슴 ᄒᆞ리오. ≪朴諺, 中, 10ㅎ≫要做甚麽, ᄒᆞ여 므슴 ᄒᆞ리오. ≪朴諺, 中, 19ㅈ≫每日家閑浪蕩做甚麽, 날마다 힘힘이 ᄀᆞ래여 므슴 ᄒᆞ리오. ≪朴諺, 中, 28ㅎ≫你再來休做, 네 뇌여란 ᄒᆞ디 말라. ≪朴諺, 中, 41ㅈ≫紐絲傍做逢字, 실ᄉ 변에 逢字 ᄒᆞ여시니. ≪朴諺, 中, 42ㅎ≫做么字便是, 么字 ᄒᆞᆫ 거시 곳 이라. ≪朴諺, 下, 6ㅈ≫一般動脚動手做生活, ᄒᆞᆫ가지로 발손을 놀려 ᄒᆞᆫ 셩녕이. ≪朴諺, 下, 13ㅎ≫做了第幾位, 몃재 위를 ᄒᆞ엿ᄂᆞ뇨. ≪朴諺, 下, 18ㅎ≫做羅天大醮, 羅天大醮를 ᄒᆞ더니. ≪朴諺, 下, 37ㅎ≫便不使些箇做甚麽, 곳 져기 ᄡᅳ디 아니코 므슴 ᄒᆞ리오. ≪朴諺, 下, 46ㅈ≫叫做芒兒, ᄇᆞᄅᆞ기를 芒兒ㅣ라 ᄒᆞ고. ≪朴諺, 下, 59ㅎ≫陞做水軍將軍波珍餐侍中, 陞ᄒᆞ여 水軍將軍 波珍餐 侍中을 ᄒᆞ엿더니라. ❸⇔착(着). ≪朴諺, 下, 2ㅈ≫綽的乾淨着, ᄡᅳᆯ기를 乾淨히 ᄒᆞ고. ≪朴諺, 下, 5ㅎ≫在墻上驗的正着, 담 우희 견조기를 바로 ᄒᆞ라. ≪朴諺, 下, 6ㅈ≫將泥鏝來再抹的光着, 쇠손 가져다가 다시 스서 번번이 ᄒᆞ라. ≪朴諺, 下, 44ㅈ≫淘的米乾淨着, ᄡᆞᆯ 일기를 乾淨히 ᄒᆞ라. ≪朴諺, 下, 44ㅈ≫着水停當着, 믈 두기를 마초 ᄒᆞ고. ❹⇔타(打). ≪朴諺, 下, 23ㅈ≫打一箇跟㪷, ᄒᆞᆫ 번 跟㪷질 ᄒᆞ여.

ᄒᆞ다 보동 ❶하다. ≪朴諺, 中, 10ㅎ≫故立此文字爲用, 짐즛 이 글월을 세워 ᄡᅳ게 ᄒᆞ엿ᄂᆞ니. ≪朴諺, 中, 25ㅎ≫這帽兒也做得中中的, 이 갓을 ᄆᆡᆫ돌기를 알맛게 ᄒᆞ엿다. ≪朴諺, 中, 32ㅎ≫只是這箇愁人腸, 그저 이 사ᄅᆞᆷ의 간당을 시름ᄒᆞ게 ᄒᆞᄂᆞ니라. ≪朴諺, 中, 39ㅎ≫故立此賃房文字爲用, 짐즛 이 집 세내ᄂᆞᆫ 글월을 세워 ᄡᅳ게

ᄒᆞ노라. ≪朴諺, 中, 55ㅈ≫緻的細勻着, 마모로기를 ᄀᆞᄂᆞᆯ고 고로게 ᄒᆞ라. ≪朴諺, 下, 11ㅈ≫與父親用來之後, 父親ᄭᅴ 밧ᄌᆞ와 ᄡᅳ게 ᄒᆞᆫ 후에. ≪朴諺, 下, 19ㅈ≫師傅上說知, 스승의게 닐러 알게 ᄒᆞ고. ≪朴諺, 下, 21ㅎ≫王說今番着唐僧先猜, 王이 닐오ᄃᆡ 이번은 唐僧으로 몬져 알게 ᄒᆞ라. ≪朴諺, 下, 22ㅎ≫先生待要出來, 先生이 나오고져 ᄒᆞ거든. ≪朴諺, 下, 25ㅎ≫你敢要玉價錢, 네 감히 옥 갑슬 밧고져 ᄒᆞᄂᆞᆫ다. ≪朴諺, 下, 33ㅎ≫你來欲汁熱着, 이바 마실 즙을 덥게 ᄒᆞ고. ≪朴諺, 下, 42ㅈ≫直念到明, 잇긋 念홈을 ᄇᆞᆰ으매 다ᄃᆞᆺ게 ᄒᆞ고. ≪朴諺, 下, 51ㅎ≫我待學范蠡歸湖, 내 范蠡의 歸湖를 ᄇᆡ호고져 ᄒᆞ노라. ❷하다. ⇔요(要). ≪朴諺, 中, 3ㅎ≫要染的好着, 믈드리기를 잘ᄒᆞ고져 ᄒᆞ노라. ≪朴諺, 中, 28ㅎ≫便要打殺那媳婦, 곳 뎌 媳婦를 텨 죽이고져 ᄒᆞ거늘. ≪朴諺, 中, 31ㅈ≫他要變時誰保他, 뎨 변코져 ᄒᆞ면 뉘 뎌를 ᄀᆡ수ᄒᆞ리오. ≪朴諺, 下, 12ㅈ≫我要蓋一座書房, 내 一座 書房을 짓고져 ᄒᆞ니. ≪朴諺, 下, 18ㅈ≫要滅佛教, 佛教를 滅코져 ᄒᆞ여. ≪朴諺, 下, 20ㅎ≫要動禪, 禪을 動코져 ᄒᆞ거늘. ≪朴諺, 下, 26ㅎ≫你要那, 네 사고져 ᄒᆞᄂᆞᆫ다. ≪朴諺, 下, 33ㅎ≫官人們要時, 官人들히 ᄒᆞ고져 ᄒᆞ면. ≪朴諺, 下, 37ㅎ≫監下老安要追裡, 老安을 가도고 물리고져 ᄒᆞᄂᆞ니라. ≪朴諺, 下, 40ㅈ≫你要畫甚麽, 네 므서슬 그리고져 ᄒᆞᄂᆞᆫ다. 要畫我的喜身裏, 내 진영을 그리고져 ᄒᆞ노라. ≪朴諺, 下, 56ㅎ≫要說甚麽, 므서슬 니ᄅᆞ과뎌 ᄒᆞᄂᆞ뇨. ❸하다. ⇔착(着). ≪朴諺, 下, 1ㅈ≫着菖蒲末兒撒的勻了着, 菖蒲 ᄀᆞᄅᆞ로 ᄲᅳ리기를 고로게 ᄒᆞ고. ≪朴諺, 下, 5ㅎ≫把那麻刀一打裏和的勻着, 뎌 삼ᄡᅥ울을다가 ᄒᆞᆫ 번의 섯기를 고로게 ᄒᆞ라. ≪朴諺, 下, 36ㅈ≫着先打, 몬져 티게 ᄒᆞ쟈. ≪朴諺, 下, 44ㅈ≫恰好着, 맛치 됴케 ᄒᆞ라.

ᄒᆞ다가 [부] 하다가. 만일. 만약. ❶⇔여시(如是). ≪集覽, 字解, 累字解, 2ㅈ≫如是. ᄒᆞ다가. ❷⇔파(怕). ≪集覽, 字解, 單字解, 2ㅎ≫怕. 疑懼之意. 怕人知道.又設若之辭. 怕你不信 ᄒᆞ다가 너옷 믿디 몯거든. 又恐也. 害怕 두리여ᄒᆞ다.

ᄒᆞᄅᆞ [명] 하루. ❶⇔일개일두(一箇日頭). ≪朴諺, 上, 59ㅎ≫咱一箇日頭隨喜去來, 우리 ᄒᆞᄅᆞ 구경ᄒᆞ라 가쟈. ≪朴諺, 中, 31ㅎ≫一箇日頭咱商(商)量着, ᄒᆞᄅᆞ 우리 혜아려. ❷⇔일일(一日). ≪朴諺, 上, 10ㅎ≫一日三頓家饋他飽飯喫, ᄒᆞᄅᆞ 세 ᄢᅵ식 뎌를 주어 밥을 ᄇᆡ브리 먹이고. ≪朴諺, 上, 20ㅎ≫一日三遍家, ᄒᆞᄅᆞ 세 번식. ≪朴諺, 中, 8ㅈ≫一日九站十站家行, ᄒᆞᄅᆞ 아홉 站식 열 站식 녜거늘. ≪朴諺, 中, 11ㅈ≫一兩日上位郊天去, ᄒᆞᄅᆞ 이틀만 ᄒᆞ면 上位ㅣ 郊天ᄒᆞ라 가실 거시니. ≪朴諺, 中, 19ㅈ≫一日喫三頓家飯, ᄒᆞᄅᆞ 세 ᄢᅵ 밥 먹고.

ᄒᆞᄅᆞᆺ밤 [명] 하룻밤. ❶⇔일숙(一宿). ≪集覽, 字解, 累字解, 1ㅎ≫一宿. ᄒᆞᆫ숨. 又ᄒᆞᄅᆞᆺ밤. ≪朴諺, 上, 38ㅎ≫一宿不喫草, ᄒᆞᄅᆞᆺ밤을 여믈을 먹디 아니ᄒᆞ니. ≪朴諺, 中, 15ㅈ≫一宿不得半點睡, ᄒᆞᄅᆞᆺ밤을 半點도 자디 못ᄒᆞ니. ≪朴諺, 下, 39ㅈ≫宿了一宿, ᄒᆞᄅᆞᆺ밤 자고. ❷⇔일야(一夜). ≪朴諺, 上, 21ㅎ≫一夜裏喂到七八遍家, ᄒᆞᄅᆞᆺ밤의 먹이기를 닐곱 여ᄃᆞᆲ 번의 다ᄃᆞᆺ게 ᄒᆞ라.

ᄒᆞ마 [부] 장차. 이미. ⇔대(待). ≪集覽, 字解, 單字解, 1ㅈ≫待. 擬要也 ᄒᆞ마 그리호려 ᄒᆞ다라. 又欲也. 待賣幾箇馬去 여러 ᄆᆞᆯ를 ᄑᆞᆯ오져 ᄒᆞ야 가노라. ≪朴諺, 上, 7ㅎ≫官人們待散也, 官人들히 ᄒᆞ마 흐터딜 써시니. ≪朴諺, 中, 9ㅈ≫我本待要請你去來, 내 본ᄃᆡ ᄒᆞ마 너를 청ᄒᆞ라 가고져 ᄒᆞ더니. ≪朴諺, 中, 59ㅈ≫待到根前來, ᄒᆞ마 내손ᄃᆡ 왓더니. ≪朴諺, 下, 2ㅎ≫我待要上金來, 내 ᄒᆞ마 금을 올리려 ᄒᆞ더니. ≪朴諺, 下, 25ㅎ≫你待謾過我, 네 ᄒᆞ마 날을 소길랏다.

ᄒᆞ야 [부] 하여금. ⇔착(着). ≪集覽, 字解,

單字解, 3ㅈ≫着. 使之爲也. 着落 ᄒᆡ여곰, 着他 뎌 ᄒᆞ야. 又置也. 着塩 소곰 두다. 又中也. 着了 맛다. 又見人所行之事, 正合人所指望之, 方則亦曰着了 마초ᄒᆞ야다. 又實也. 着實 실히. 又語助. 又穿衣服也.

ᄒᆞ여 뿌 하여금. ❶⇔교(敎). ≪朴諺, 下, 19ㅎ≫你教徒弟, 네 徒弟로 ᄒᆞ여. ≪朴諺, 下, 22ㅈ≫行者敎千里眼·順風耳等兩箇鬼, 行者ㅣ 千里眼과 順風耳 等 두 鬼神으로 ᄒᆞ여. ≪朴諺, 下, 22ㅎ≫教將軍看, 將軍으로 ᄒᆞ여 보라 ᄒᆞ니. ❷⇔착(着). ≪朴諺, 上, 1ㅎ≫着張三買羊去, 張三으로 ᄒᆞ여 羊을 사라 가. ≪朴諺, 上, 3ㅈ≫內府裡着姓崔的外郎討去, 內府에ᄂᆞᆫ 姓이 崔가 外郎으로 ᄒᆞ여 어드라 가게 ᄒᆞ라. ≪朴諺, 上, 6ㅎ≫叫將唱的根前來着他唱, 노래 브ᄅᆞᄂᆞ니를 블러 앏히 와 뎔로 ᄒᆞ여 브ᄅᆞ게 ᄒᆞ라. ≪朴諺, 上, 10ㅎ≫着他下工夫打, 뎌로 ᄒᆞ여 工夫 드려 다이라. ≪朴諺, 上, 15ㅈ≫着他打不得, 뎌 ᄒᆞ여 민ᄃᆞ디 못ᄒᆞ랴. ≪朴諺, 中, 1ㅎ≫那主兒着那銅匠的, 그 님재 뎌 부리 노론 수 죵다리로 ᄒᆞ여. ≪朴諺, 中, 2ㅎ≫夜來着李三, 어제 李三으로 ᄒᆞ여. ≪朴諺, 中, 15ㅎ≫着這小丫頭們打扇子, 이 아ᄒᆡ들로 ᄒᆞ여 부체질 ᄒᆞ엿노라. ≪朴諺, 中, 26ㅎ≫着我看了的之後, 날로 ᄒᆞ여 뵌 후에. ≪朴諺, 中, 54ㅎ≫着他搓各色線, 뎔로 ᄒᆞ여 各色 실을 븨이고. ≪朴諺, 下, 6ㅎ≫我那幾日着那小厮掐來, 내 뎌적의 뎌 아ᄒᆡ로 ᄒᆞ여 딕이더니. ≪朴諺, 下, 21ㅈ≫着兩箇猜裏面有甚麽, 둘흐로 ᄒᆞ여 안히 므서시 잇ᄂᆞᆫ고 알라 ᄒᆞ니. ≪朴諺, 下, 27ㅎ≫着別人看去, 다른 사ᄅᆞᆷ으로 ᄒᆞ여 뵈라 가라. ≪朴諺, 下, 39ㅈ≫我這上直着誰當着, 내 이 上直을 눌로 ᄒᆞ여 당ᄒᆞ리오. ≪朴諺, 下, 55ㅎ≫着他沿街叫, 뎔로 ᄒᆞ여 거리를 조차 웨려 ᄒᆞ노라.

ᄒᆞᆫ 관 한[一]. ❶⇔일(一). ≪集覽, 字解, 累字解, 1ㅎ≫一面. 호은자. 又ᄒᆞᆫ녀고로. 又ᄒᆞᆫ 번. ≪集覽, 字解, 累字解, 2ㅎ≫一回. ᄒᆞᆫ 슌. ≪集覽, 字解, 單字解, 4ㅈ≫把. 持也, 握也. 一把 ᄒᆞᆫ 줌, 又ᄒᆞᆫ ᄌᆞᄅᆞ. ≪集覽, 字解, 單字解, 5ㅎ≫家. 止指一數之稱. 一箇家 ᄒᆞᆫ 낫식, 幾箇家 몃 낫식, 又현 낫식, 幾年家 현 ᄒᆡ식. 又槩也. 大家 대개. 又擧姓呼人之稱. 李家·張家. 又呼皇帝曰官家. 又語助. 沒有家 업다. ≪朴諺, 上, 10ㅈ≫澇了田禾沒一根兒, 田禾에 믈ᄢᅵ여 ᄒᆞᆫ 불회도 업고. ≪朴諺, 上, 20ㅈ≫我再把一副頭面, 내 ᄯᅩ ᄒᆞᆫ 불 곳갈과. ≪朴諺, 上, 29ㅎ≫這一等花兒勻大的, 이 ᄒᆞᆫ 가지 소홈 고로고 크니를. ≪朴諺, 上, 62ㅎ≫坐的歇一會兒, 안자 ᄒᆞᆫ 디위 쉬고. ≪朴諺, 中, 1ㅈ≫一托來長短, ᄒᆞᆫ 발 기릐예. ≪朴諺, 中, 14ㅈ≫黑豆一錢銀子二斗, 거믄콩은 ᄒᆞᆫ 돈 은에 두 말이오. ≪朴諺, 中, 19ㅎ≫放稈草五錢一束(束)家放, 조딥헤 노흐되 다ᄉᆺ 낫 돈에 ᄒᆞᆫ 뭇식 ᄒᆞ여 노코. ≪朴諺, 中, 37ㅈ≫鴉青四季花六兩銀子一匹, 鴉青빗 四季花 문에ᄂᆞᆫ 엿 냥 은에 ᄒᆞᆫ 필이오. ≪朴諺, 中, 49ㅎ≫咱們下一盤, 우리 ᄒᆞᆫ 판 두쟈. ≪朴諺, 中, 58ㅈ≫一發着草布糊了, ᄒᆞᆫ 번에 얼믠 뵈로 ᄇᆞᄅᆞ라. ≪朴諺, 下, 2ㅈ≫等一會兒喫, ᄒᆞᆫ 디위 기ᄃᆞ려 먹을 ᄶᅥ시니. ≪朴諺, 下, 13ㅈ≫那西壁廂打一流兒短墻, 뎌 西 壁廂에 ᄒᆞᆫ 줄 短墻을 ᄡᅡ고. ≪朴諺, 下, 23ㅈ≫打一箇跟阧, ᄒᆞᆫ 번 跟阧질 ᄒᆞ여. ≪朴諺, 下, 27ㅈ≫咳一件好物, 애 ᄒᆞᆫ 불 됴흔 거시라. ≪朴諺, 下, 34ㅎ≫我學打這一會, 내 이 ᄒᆞᆫ 디위 ᄇᆡ화 티리라. ≪朴諺, 下, 40ㅈ≫只少一口氣, 그저 ᄒᆞᆫ 입긔운만 업드라. ≪朴諺, 下, 46ㅈ≫一托來長的兩箇機角, ᄒᆞᆫ 발 기릐에 두 ᄲᅳᆯ이오. ≪朴諺, 下, 56ㅈ≫一張裏寫時全饋他, ᄒᆞᆫ 張에 써시면 오로 뎌를 주고. ❷⇔일(壹). ≪朴諺, 下, 11ㅎ≫各俱壹裏, 각각 ᄒᆞᆫ 안흘 ᄀᆞ초와.

ᄒᆞᆫ 관 ❶한 (개). ⇔일개(一箇). ≪朴諺, 上, 20ㅈ≫一箇七寶金簪兒, ᄒᆞᆫ 七寶 ᄒᆞᆫ 금빈

혀와. ≪朴諺, 上, 26ㅈ≫鞍子是一箇烏犀角邉兒幔玳瑁, 기ᄅᆞ마ᄂᆞᆫ 이 ᄒᆞᆫ 烏犀角 변ᄋᆞ에 玳瑁를 ᄭᅴ랏고. ≪朴諺, 上, 44ㅎ≫一箇月五錢家, ᄒᆞᆫ ᄃᆞᆯ에 닷 돈식이라. ≪朴諺, 上, 52ㅈ≫朝南開着一箇小墻門便是, 남을 향ᄒᆞ여 ᄒᆞᆫ 小墻門 낸 거시 곳 이라. ≪朴諺, 上, 57ㅎ≫我只有一箇油絹帽兒裏, 내게 다만 ᄒᆞᆫ 油絹帽ㅣ 잇고. ≪朴諺, 上, 61ㅈ≫前面放一箇玉石玲瓏酒卓兒, 前面에 ᄒᆞᆫ 玉石으로 玲瓏히 ᄒᆞᆫ 酒卓을 노핫고. ≪朴諺, 中, 2ㅈ≫喃(唎)將那一箇顔色的旗來說時, 아므 ᄒᆞᆫ 빗체 旗를 므러오라 니ᄅᆞ면. ≪朴諺, 中, 35ㅈ≫到那一箇人家裏, 아모 ᄒᆞᆫ 人家에 가. ≪朴諺, 中, 42ㅈ≫二字下一箇ノ, 二字 아ᄅᆡ ᄒᆞᆫ 긋 밧그로 비티고. ≪朴諺, 下, 11ㅈ≫稍一箇水褐段匹, ᄒᆞᆫ 슈헐빗치 비단을 브텨. ≪朴諺, 下, 29ㅈ≫你打饋我一箇立髗兒, 네 날을 ᄒᆞᆫ 立髗兒와. ≪朴諺, 下, 35ㅈ≫咱打那一箇窩兒, 우리 어ᄂᆡ ᄒᆞᆫ 굼글 티됴. ≪朴諺, 下, 53ㅎ≫你饋我寫一箇狀子, 네 날을 ᄒᆞᆫ 고장을 써 주고려. ❷한 (마리). ⇔일개(一箇). ≪朴諺, 上, 22ㅈ≫咱賭一箇羊着, 우리 ᄒᆞᆫ 羊을 더ᄂᆞ쟈. ≪朴諺, 上, 55ㅎ≫一箇栗色白臉馬, ᄒᆞᆫ 구렁빗치 간쟈ᄆᆞᆯ이. ≪朴諺, 中, 57ㅈ≫一箇猫兒怎麽直的一百箇錢, ᄒᆞᆫ 괴예 엇디 일ᄇᆡᆨ 낫 돈이 ᄲᆞ리오. ≪朴諺, 下, 45ㅎ≫塑一箇象一般大的春牛, ᄒᆞᆫ 象ᄀᆞ티 큰 春牛를 ᄆᆡᆫᄃᆞ라. ❸한 (명). ⇔일개(一箇). ≪朴諺, 上, 24ㅎ≫一箇舍人打扮的, ᄒᆞᆫ 舍人 비ᄋᆞ기ᄂᆞᆫ. ≪朴諺, 上, 32ㅎ≫一箇和尙偸弄別人的媳婦, ᄒᆞᆫ 즁이 ᄂᆞᆷ의 겨집을 도적ᄒᆞ여 어ᄅᆞ노라. ≪朴諺, 上, 38ㅎ≫那紅橋邉有一箇張獸醫, 뎌 紅橋 ᄀᆞᆺ에 ᄒᆞᆫ 張獸醫ㅣ 이시니. ≪朴諺, 中, 1ㅈ≫一箇人與他五箇錢時放入去, ᄒᆞᆫ 사ᄅᆞᆷ이 뎌를 다ᄉᆞᆺ 낫 돈을 주면 노하 드려보내ᄂᆞ니라. ≪朴諺, 中, 9ㅎ≫我今日買一箇小厮兒, 내 오ᄂᆞᆯ ᄒᆞᆫ 아ᄒᆡ를 사되. ≪朴諺, 中, 19ㅈ≫一箇賊那靴鋪裏, ᄒᆞᆫ 도적은 뎌 훠ᄋᆞ푸ᄌᆞ에. ≪朴諺, 中, 30ㅎ≫那謊鬆一箇財主人家裏, 뎌 거즛말ᄒᆞ고 섭섭ᄒᆞᆫ ᄒᆞᆫ 財主人 家에셔. ≪朴諺, 中, 55ㅈ≫又一箇女兒繳手帕着, 또 ᄒᆞᆫ 겨집은 手帕를 마모로되. ≪朴諺, 下, 15ㅎ≫又一箇小厮半夜裏起來, 또 ᄒᆞᆫ 놈은 半夜에 니러. ≪朴諺, 下, 40ㅈ≫他別處畫了一箇官人的影來, 뎨 다른 ᄃᆡ ᄒᆞᆫ 官人의 얼굴을 그리니. ≪朴諺, 下, 60ㅎ≫着一箇人前行, ᄒᆞᆫ 사ᄅᆞᆷ으로 앏픠 行ᄒᆞ여.

ᄒᆞᆫ 㐃 한 (개). ⇔일개(一箇). ≪朴諺, 上, 1ㅈ≫做一箇賞花筵席, ᄒᆞᆫ 賞花ᄒᆞᄂᆞᆫ 이바디를 ᄒᆞ여. ≪朴諺, 上, 15ㅎ≫鋸兒上鈒一箇好花摟兒, 톱 우희 ᄒᆞᆫ 됴흔 花摟을 사기고.

ᄒᆞᆫ가지 명 한가지. ⇔일반(一般). ≪朴諺, 中, 7ㅎ≫這使臣是使長耳目一般的使臣, 이 使臣은 이 使長의 耳目 ᄒᆞᆫ가짓 使臣이라. ≪朴諺, 中, 15ㅈ≫小人虛汗只是流水一般, 小人이 虛汗이 그저 流水와 ᄒᆞᆫ가지오. ≪朴諺, 中, 43ㅈ≫你一般爭名奪利的官人, 너 ᄒᆞᆫ가짓 爭名 奪利ᄒᆞᄂᆞᆫ 官人이. ≪朴諺, 中, 46ㅈ≫我一般雜職人家, 나 ᄒᆞᆫ가짓 雜職에 사ᄅᆞᆷ은. ≪朴諺, 中, 60ㅎ≫好的一般, 됴흠이 ᄒᆞᆫ가지어니ᄯᆞ녀. ≪朴諺, 下, 59ㅎ≫侍中是這裡丞相一般, 侍中은 이 여긔 丞相과 ᄒᆞᆫ가지라.

ᄒᆞᆫ가지로 뷔 함께. ❶⇔동(同). ≪朴諺, 上, 54ㅎ≫同借錢人某, ᄒᆞᆫ가지로 돈 쑨 사ᄅᆞᆷ 아모. ≪朴諺, 上, 63ㅎ≫有苦時同受, 고로옴이 잇거든 ᄒᆞᆫ가지로 밧고. 有樂時同樂, 즐거옴이 잇거든 ᄒᆞᆫ가지로 즐겨 홈이. ❷⇔일반(一般). ≪朴諺, 中, 18ㅎ≫推出後去的一般出來時, 뒤보라 가ᄂᆞᆫ 뎨 ᄒᆞᆫ가지로 나오면. ≪朴諺, 下, 6ㅈ≫一般動脚動手做生活, ᄒᆞᆫ가지로 발손을 놀려 ᄒᆞᆫ 셩녕이.

ᄒᆞᆫᄀᆞᆯᄀᆞ티 뷔 한결같이. ❶⇔일(一). ≪朴諺, 中, 43ㅎ≫一望成名, ᄒᆞᆫᄀᆞᆯᄀᆞ티 成名ᄒᆞ기를 ᄇᆞ라니. ❷⇔일잔(一剗). ≪朴諺, 中, 29ㅎ≫只是一剗狼牙也似, 그저 ᄒᆞᆫᄀᆞᆯ